VASSILI GROSSMAN

ŒUVRES

ÉDITION ÉTABLIE ET PRÉSENTÉE
PAR TZVETAN TODOROV

ROBERT LAFFONT

ISBN : 2-221-10193-6

Dépôt légal : mars 2006. – N° d'édition : 45491/01

Ce volume contient :

L'ensemble des œuvres présentées dans ce volume sont traduites du russe

LES COMBATS DE VASSILI GROSSMAN

par Tzvetan Todorov

UNE VIE, UN DESTIN

Vassili Semionovitch Grossman est né le 12 décembre 1905 à Berditchev, l'une des « capitales » juives de l'Ukraine (son nom de naissance est Iossif Solomonovitch, il adoptera la variante russe quand il commencera à écrire). Son père est ingénieur chimiste, sa mère professeur de français ; ils se séparent peu après sa naissance. L'enfant passe deux années avec sa mère à Genève, en 1910-1912 ; et toute sa vie Grossman pratiquera la langue française qu'enseigne sa mère. Il poursuit ses études de lycée à Kiev, entretenu par un oncle médecin plus riche, entre 1914 et 1919 ; revient à Berditchev, puis retourne à Kiev en 1921. En 1923, il se retrouve à Moscou et s'inscrit à l'université pour devenir chimiste. Il termine ses études, sans grand enthousiasme, en 1929, et part travailler dans les mines du Donbass.

Cependant, dès ses années d'études, une nouvelle vocation s'est affirmée en lui : il voudrait devenir écrivain. Ses premiers textes sont publiés en 1934. Ils sont d'abord critiqués, ensuite encouragés par le mentor de la littérature soviétique, Maxime Gorki. Ils suscitent en même temps la sympathie d'auteurs alors plus marginaux, comme Babel, Boulgakov, Platonov, ou des membres du groupe « Pereval ». En 1935, Grossman abandonne la chimie et devient écrivain à plein temps ; en 1937, il est admis comme membre à l'Union des écrivains soviétiques. Il correspond alors parfaitement à l'image que l'on peut se faire du jeune écrivain soviétique. Il doit tout au nouveau pouvoir et souhaite le servir loyalement. Il se définit lui-même comme marxiste mais ses tendances humanistes font sourire ses amis qui le traitent de « menchevik », c'est-à-dire l'équivalent d'un social-démocrate ; il ne sera jamais membre du Parti. Ses personnages sont, de préférence, des gens simples, sincèrement attachés aux valeurs soviétiques : mineurs, paysans, soldats ; il chante l'éloge du monde du travail et des vertus quotidiennes. Il publie de nombreuses « esquisses » (*ocherki*) dans la presse, trois recueils de nouvelles, enfin un long roman, *Stepane Koltchouguine*, également consacré à la vie des ouvriers. À la même époque, il écrit une pièce de théâtre, *Si l'on en croit les pythagoriciens*, qui doit être mise en scène ; mais les circonstances en décideront autrement.

Être un écrivain dans le monde soviétique, en particulier dans les années trente du xxᵉ siècle, est une position à la fois enviable et risquée. Enviable car privilégiée : l'homme de lettres touche de gros honoraires, en tant que membre de l'Union des écrivains il bénéficie de nombreux privilèges (logement plus confortable, maison de repos au bord de la mer), il est connu et respecté. Mais ces privilèges ont un prix : à cause d'eux, les écrivains sont enviés et jalousés, donc menacés ; en même temps, ils doivent rendre à l'État, en quelque sorte, la monnaie de sa pièce, à savoir des œuvres littéraires utiles au pouvoir. La part commune à ce qui est approprié pour l'État et à ce qui convient au talent de chaque écrivain se rétrécit parfois dangereusement.

L'époque, c'est le moins qu'on puisse dire, n'est pas de tout repos. Et Grossman ne peut l'ignorer, car les coups tombent tout près de lui ; mais, s'il veut rester indemne, il doit éviter de protester. En 1933, on arrête sa cousine Nadia, qui l'avait beaucoup aidé pour ses premiers pas d'écrivain (elle travaillait à l'Internationale syndicale) et chez qui il habitait quand il venait à Moscou. Grossman fait le gros dos, et n'entreprend aucune démarche en faveur de Nadia. En 1937, on arrête deux de ses meilleurs amis, romanciers, liés comme lui au groupe « Pereval » ; même silence. En 1938, à Berditchev, on arrête et exécute son oncle, celui-là même qui l'avait entretenu au temps du lycée ; Grossman se terre toujours. En revanche, en 1937, on trouve sa signature au bas d'une lettre collective publiée dans la presse, demandant la peine de mort pour les inculpés du grand procès en cours contre les dirigeants bolcheviques, dont Boukharine, accusés de trahison. En 1938, il intervient, il est vrai, pour faire libérer des prisons du NKVD sa propre femme, arrêtée en tant qu'ex-épouse d'un « ennemi du peuple ». Son premier mari, un des écrivains de « Pereval », avait été un ami de Grossman. L'intervention de Grossman auprès d'Ejov, chef de la police politique, est couronnée de succès, sa femme est libérée, mais l'ancien ami sera fusillé en prison.

Ce genre d'« incident » est monnaie courante dans les milieux privilégiés à l'époque, la délation et la soumission servile sont devenues un mode de survie. Grossman n'en est pas fier. On peut se faire une idée de son état d'esprit à la fin des années trente grâce à quelques nouvelles restées alors inédites (*La Jeune et la Vieille* ; *Quatre journées tristes*), nouvelles imprégnées d'une douloureuse conscience de la faiblesse humaine. Quelques années plus tôt (en 1931) se situe un autre épisode dont Grossman ne parlera que beaucoup plus tard : après une visite familiale à Berditchev, il doit prendre le train. À peine monté, il voit : entre les wagons errent des êtres émaciés, habillés de loques. Une femme s'approche de sa fenêtre et supplie d'une voix à peine audible : « Du pain, du pain. » Grossman ne dit rien.

En 1941 le pays est envahi par l'Allemagne nazie ; Grossman et d'autres intellectuels comme lui, qui avaient été ébranlés dans leur foi soviétique par la terreur stalinienne, semblent éprouver un soulagement : en défendant la patrie, ils peuvent lui offrir ce qu'elle leur demande sans avoir à se mentir à eux-mêmes. Cette convergence leur donne espoir. Comme le dit l'un des personnages dans *Vie et destin* : « Il sentait que, en luttant contre les Allemands, il luttait pour une vie libre en Russie, que la victoire sur Hitler serait aussi une victoire sur les camps de la mort où avaient péri sa mère, ses sœurs, son père » (p. 263)[1]. Grossman (qu'un début de tuberculose avait fait exempter du service militaire) devient dès les premiers jours correspondant de guerre. Il est de tous les combats, devant Moscou, à Stalingrad, en Ukraine, en Pologne, et il arrive en 1945 à Berlin ; toujours et partout, il fait preuve d'un courage exemplaire. Ses chroniques, récits et réflexions paraissent dans le journal de l'armée Rouge et sont aussitôt repris partout (en mars 1945, le Parti communiste français en publie une sélection consacrée à Stalingrad[2]). Il est le correspondant de guerre le plus populaire de toute la presse soviétique. Ses thèmes favoris ont trait aux destinées des gens ordinaires, leur dignité, leur héroïsme ; il les décrit avec beaucoup de détails, avec empathie mais sans emphase. Dans une lettre du front, adressée à sa femme, il écrit : « Il y a tant de gens merveilleux au front – on trouve ici tant de simplicité, courage, modestie, tant d'hospitalité merveilleuse, de souci de l'un pour l'autre. Je ne savais même pas qu'il y a autant de bonnes gens au monde[3]. » Au même moment, il écrit un récit plus long (*povest'*), *Le peuple est immortel*. Mais en ces années il vit aussi une douloureuse épreuve : en 1944, il apprend que sa propre mère est tombée, victime des bataillons d'extermination des Juifs, les *Einsatzgruppen*, au moment de l'occupation de Berditchev, en 1941.

Dès 1943, il entreprend d'écrire un grand roman sur la guerre, intitulé tantôt *Des gens simples*, tantôt *Stalingrad*. Mais il est appelé en même temps à d'autres tâches. Pendant la guerre, le gouvernement soviétique a décidé qu'il pouvait tirer un certain profit de la sympathie universelle suscitée par le martyre des Juifs. Il constitue, dès le mois d'août 1941, un Comité juif antifasciste qui est incité à faire appel à la solidarité des Juifs à l'étranger et il charge les deux écrivains juifs les plus connus du moment, Ilya Ehrenbourg et Vassili Grossman, de constituer un *Livre noir*, réunissant des témoignages sur la persécution et l'anéantissement des Juifs soviétiques par les nazis. Grossman se dévoue avec ferveur à

---

1. Toutes les références de page entre parenthèses renvoient au présent volume.
2. *Stalingrad, choses vues, septembre 1942-janvier 1943*, Paris, Éditions France d'abord, 1945.
3. « Pamjat' i pis'ma », *Daugava*, 11, 1990, p. 102 (il s'agit d'un choix de documents personnels, publiés par le beau-fils de l'écrivain, Fedor Gouber).

cette tâche : il commande et réunit des matériaux, réécrit certains récits, enquête lui-même.

Les choses changent toutefois au lendemain de la guerre. Il n'est plus de bon ton, en Union soviétique, d'insister sur les souffrances particulièrement graves des Juifs ; de plus, guerre froide aidant, la solidarité internationale des Juifs n'est plus bien vue. La publication du *Livre noir* sera retardée, puis annulée ; une version abrégée, pour laquelle Einstein avait initialement rédigé une préface, sera publiée aux États-Unis, la version complète ne paraîtra qu'en 1980 – en Israël[1]. Le socialisme national, comme l'appelle Grossman, se manifestant de plus en plus ouvertement, l'antisémitisme fait aussi sa réapparition. Les maisons d'édition publiant des ouvrages en yiddish sont fermées, les comités juifs antifascistes dissous, les personnages d'origine juive les plus en vue arrêtés et exécutés. On découvre le prétendu « complot des blouses blanches » (des médecins réputés qui auraient tenté d'abréger la vie de plusieurs hautes personnalités soviétiques) ; il est question de déporter tous les Juifs quelque part en Asie orientale. C'est à ce moment précis que se situe l'ultime geste que, plus tard, Grossman ne voudra pas se pardonner. Il a le malheur de se trouver à une réunion de la *Pravda* où l'on rédige une lettre demandant la punition sévère des coupables, afin que soient épargnés les « bons » Juifs. Grossman « s'était dit que, au prix de la mort de quelques-uns, on pourrait sauver ce malheureux peuple et, avec la majorité des présents, donna sa signature[2] ». Il n'oubliera pas cette expérience au moment où il écrira *Vie et destin* (elle y est attribuée à Strum).

D'un autre côté, Grossman commence à rencontrer des difficultés avec ses publications. Sa pièce *Si l'on en croit les pythagoriciens* est autorisée à paraître, mais elle suscite des critiques violentes : on lui reproche d'y prêcher un esprit de résignation, loin du pathos révolutionnaire, on s'indigne de l'optique morale sous-jacente à la pièce, qui semble suggérer que la condition humaine, ballottée entre bien et mal, ne change pas fondamentalement. Le roman sur la guerre pose également problème. Grossman termine en 1949 ce qu'il juge être la première partie d'un diptyque et le soumet pour publication ; les tergiversations des éditeurs prendront trois ans. On lui dit que le livre ne correspond pas tout à fait aux normes en vigueur. Le personnage principal, Strum (qu'on retrouvera dans *Vie et destin*), est juif, ce qui n'est pas très bien vu en cette période, et les héros sont encore les petites gens du peuple plutôt que les commissaires porteurs de l'esprit du Parti.

Grossman écrit à Staline pour faire accélérer la publication (inimaginable centralisation de l'État : son chef décide du rythme de publication dans les différentes revues !). À la suite de quelques interventions favorables, et après douze versions successives, destinées à satisfaire les exi-

1. I. Ehrenbourg et V. Grossman, *Le Livre noir*, Arles, Actes Sud, 1995.
2. S. Lipkine, *Le Destin de Vassili Grossman*, Lausanne, L'Âge d'homme, 1990, p. 40.

gences des différents censeurs, le roman paraît en revue en 1952, sous le titre *Pour une juste cause*. Dans un premier temps, le livre est salué comme une grande œuvre soviétique. Cependant, à la fin de 1952 et au début de 1953, des attaques contre son auteur sont déclenchées par des critiques particulièrement serviles, des écrivains envieux ou des administrateurs zélés : on stigmatise ce qu'on avait loué[1].

La mort de Staline, en mars 1953, entraîne un changement d'atmosphère. Nous ne pouvons que tenter de deviner ce qui s'est passé dans l'esprit de Grossman. Son meilleur ami, Semion Lipkine, rapporte qu'à cette époque Grossman avait faite sienne une phrase de Tchekhov selon laquelle « il était temps pour chacun de nous de se débarrasser de l'esclave qui était en nous[2] ». Le système totalitaire ne s'est pas effondré, mais la terreur s'est affaiblie de façon significative ; les portes des camps s'ouvrent et des revenants en sortent, qui y ont passé quinze ou vingt-cinq ans de leur vie. Les arrestations et les exécutions arbitraires prennent fin ; commence alors le « Dégel », associé au nom de Khrouchtchev. Grossman prend conscience du fait que le danger de mort n'est plus suspendu sur sa tête et décide : il ne fera pas de compromis sur l'essentiel. Du reste, dès juin 1953, on lui annonce que son roman est de nouveau accepté et peut paraître en livre.

À partir de ce moment, Grossman écrit ses œuvres de maturité, celles dans lesquelles il ne met plus que ce qu'il juge être sa vérité. Il rédige d'abord quelques nouvelles, *Abel*, *Tiergarten*, un bref essai, *La Madone Sixtine*, ensuite un récit plus long, la première version de *Tout passe* ; aucun de ces textes n'est envoyé à un éditeur. Puis, en 1955, il s'attelle à la seconde partie de son diptyque, mais qui se distingue fortement de la précédente : c'est *Vie et destin*, que Grossman termine en 1959.

En 1960 Grossman décide de soumettre son livre pour publication – une décision qui paraît, rétrospectivement, aussi naïve que téméraire : on ne peut s'imaginer un tel livre publié dans l'URSS totalitaire, même sous Khrouchtchev. Et ce qui devait arriver arrive : les pusillanimes rédacteurs de la revue *Znamia*, à laquelle Grossman a envoyé son manuscrit, s'en débarrassent précipitamment en le faisant suivre aux organes du KGB. En février 1961 débarquent chez Grossman les officiers de la police politique ; signe des temps, ils n'arrêtent pas l'écrivain, mais se contentent d'« arrêter » le manuscrit, en emportant tous les brouillons et toutes les copies, pour que l'écrivain ne puisse plus le reconstituer (n'oublions pas que nous sommes à une époque antérieure au photocopieur, sans parler des ordinateurs et autres courriers électroniques). Sous Staline on arrêtait et tuait les écrivains ; sous Khrouchtchev, on laisse les corps libres et l'on se

---

1. Pour connaître le détail de cette difficile publication, on consultera le journal de bord qu'en tint Grossman, traduit et présenté par Cécile Vaissié, dans *Communisme*, 65-66, 2001, p. 7-42.

2. *Ibid.*, p. 66.

contente d'enfermer les œuvres de l'esprit. Grossman ouvre tous ses tiroirs mais passe sous silence le fait qu'il a déposé deux exemplaires de son œuvre chez des amis sûrs.

Il est accablé mais nullement démonté ; cette fois, aucune velléité de repentir n'apparaît chez lui. Au contraire : il proteste, il tempête – sans obtenir le moindre résultat. En février 1962, il écrit une longue lettre à Khrouchtchev pour demander réparation ; il n'y exprime aucun repentir pour ce qu'il a mis dans le roman. Khrouchtchev ne lui répond pas directement, mais en juillet de la même année Grossman est reçu par Souslov, chef de la section idéologique du Parti. Celui-ci le traite avec paternalisme : il ne menace pas de l'envoyer au camp, mais le gronde et lui recommande de se remettre à écrire, comme avant, de bonnes œuvres soviétiques. Grossman n'en fait rien.

Interdit de publication, il continue d'écrire des textes plus brefs (*Le Repos éternel, Le Phosphore, La Route* et quelques autres). Pour des raisons alimentaires, il accepte de collaborer à la traduction d'un long roman arménien, et se rend pour cette raison en Arménie. Il en revient avec un récit-méditation sur ce pays, intitulé *Le bien soit avec vous !* Aucun de ces textes ne sera publié de son vivant.

Grossman meurt le 14 septembre 1964 d'un cancer, sans avoir été arrêté ni déporté, mais sans savoir non plus si ses écrits paraîtront un jour. À l'hôpital, quelques semaines avant sa mort, il demande au réveil à une amie : « Cette nuit on m'a mené à l'interrogatoire… Dites, je n'ai trahi personne[1] ? » Avant de mourir, il a juste le temps de rédiger une nouvelle version de *Tout passe*. Les changements les plus importants sont constitués par des digressions qui n'affectent pas le récit principal, celui du retour d'un ancien déporté : ce sont des réflexions sur le rôle de Lénine dans la mise en place du système totalitaire, sur l'extermination des paysans soviétiques par la famine au cours des années trente, sur le parallèle entre nazisme et communisme. Ce texte est son testament. Longtemps après sa mort, son ami Lipkine fera parvenir ses manuscrits en Occident, où ils paraîtront pour la première fois : *Tout passe* en 1970, *Vie et destin* en 1980. C'est en 1988 que *Vie et destin* verra le jour dans la patrie de Grossman et l'on peut dire que cette publication marque la fin du régime soviétique.

LA RUPTURE

Le destin de Grossman comporte une énigme qu'on pourrait formuler ainsi : comment se fait-il qu'il soit le seul écrivain soviétique connu à avoir subi une conversion radicale, passant de la soumission à la révolte, de l'aveuglement à la lucidité ? Le seul à avoir été, d'abord, un serviteur orthodoxe et apeuré du régime, et à avoir osé, dans un deuxième temps, affronter le problème de l'État totalitaire dans toute son ampleur ? Les deux

---

1. A. Berzer, *Proshchanie*, Moscou, Kniga, 1990, p. 251.

auteurs dont on pourrait être tenté de le rapprocher sont Pasternak (qu'il n'estime pas) et Soljenitsyne (qu'il admire), deux prix Nobel soviétiques. Mais si Pasternak est depuis de longues années déjà un écrivain soviétique de premier plan, son roman *Le Docteur Jivago*, publié en 1958 en Occident, n'est pas centré sur l'analyse du phénomène totalitaire. Soljenitsyne qui, lui, parlera ouvertement des camps et de la terreur quotidienne, et dont le premier récit, *Une journée d'Ivan Denissovitch*, paraît en 1962 à Moscou, est un débutant dans le monde littéraire soviétique : il n'a, en quelque sorte, rien à perdre. Grossman est l'exemple, sinon unique, en tout cas le plus significatif, d'un écrivain soviétique de premier plan qui subit une métamorphose complète : mort de l'esclave et résurrection de l'homme libre. Comment s'explique un destin aussi peu commun ?

On peut être tenté de répondre à cette question en évoquant l'affirmation progressive de son identité juive – une autre mutation, également incontestable. Il faut rappeler d'abord que Grossman appartient à une famille de Juifs assimilés, ne parlant que le russe. Quand il évoque son milieu, dans *Vie et destin* – attribué alors à la famille Strum –, il fait dire à la mère du physicien : « Je ne me suis jamais sentie juive ; depuis l'enfance je vivais parmi des amies russes, mes poètes préférés étaient Pouchkine et Nekrassov » (p. 62) ; quand on propose à cette femme d'émigrer, elle rétorque : « Je ne quitterai jamais la Russie, je me pendrai plutôt. » Il en va de même de son fils : « Strum n'avait jamais réfléchi avant la guerre au fait qu'il était juif, que sa mère était juive » (p. 68). Ces déclarations prennent tout leur sens si l'on se souvient des persécutions systématiques dont sont victimes les Juifs dans la Russie tsariste, depuis l'antisémitisme quotidien jusqu'aux pogromes. Les Grossman sont, d'autre part, comme de nombreux autres Juifs citadins assimilés, attirés par la Révolution et par le nouveau régime soviétique : celui-ci a supprimé leur statut antérieur de parias dans l'Empire russe, il a condamné l'antisémitisme et proclamé que tous les hommes sont égaux. Dans ses écrits d'avant-guerre, Grossman met souvent en scène des personnages juifs, mais sans insister sur leur particularisme : il tient à rappeler que certains Russes sont juifs, il n'est pas intéressé par la représentation de milieux exclusivement juifs, à la manière d'un Babel par exemple.

C'est Hitler qui se charge de rappeler à ces Juifs assimilés, qui se pensent avant tout comme russes et soviétiques, qu'ils resteront à jamais juifs. Ils sont prêts désormais à se réclamer de cette identité retrouvée, non par souci des origines, mais par solidarité avec les menacés et les souffrants. La mère de Strum écrit, dans sa lettre du ghetto, rédigée quelques heures avant sa mort : « En ces jours terribles, mon cœur s'est empli d'une tendresse maternelle pour le peuple juif » (p. 63). Il en va ainsi de Grossman lui-même, qui immortalise dans son roman le destin de sa propre mère. Tous les Juifs de Berditchev seront fusillés : environ 10 000 le 5 septembre 1941, les 20 000 restants, le 15 septembre de la même année ; sa mère fait partie de ce second groupe. À la différence du personnage du roman, elle ne parvient à envoyer aucune lettre à son fils. Celui-ci découvre la vérité au moment de la reconquête de l'Ukraine, mais il la redoutait depuis le début. Il vit cette perte d'autant plus douloureusement qu'il se reproche de n'avoir rien tenté pour faire sortir sa mère de Berditchev, entre le début de la guerre et l'occupation de la ville par l'armée allemande deux semaines plus tard.

Ce n'est pas tout. Dans tous les territoires libérés, Grossman voit des traces des massacres de masse. Il accompagne les premières divisions de l'armée Rouge qui arrivent en Pologne et découvre les restes du camp de Treblinka. Il enquête pendant plusieurs jours, interroge des témoins et des gardiens emprisonnés et publie, peu après, le premier récit qui soit sur les camps d'extermination, intitulé *L'Enfer de Treblinka*, un texte qui sera diffusé par les autorités soviétiques au procès de Nuremberg.

Au lendemain de la guerre, face aux nouvelles campagnes « anti-cosmopolites » (nom de code pour « antisémites »), Grossman ne peut davantage oublier qu'il est juif, même s'il n'évite pas les faux pas, comme la lettre signée en 1952. Et ces thèmes ne quitteront plus ses livres : non seulement il fait de Strum, un Juif, le personnage principal de *Pour une juste cause* et *Vie et destin*, mais le génocide hitlérien devient l'un des principaux sujets du deuxième roman. L'antisémitisme russe et ukrainien, de son côté, ne sera plus passé sous silence : Grossman lui consacre des développements significatifs aussi bien dans *Vie et destin* que dans *Le bien soit avec vous !* Quand on veut présenter une image fidèle de son identité, la dimension juive de l'œuvre de Grossman ne peut être ignorée. Pourtant, son évocation ne suffit pas pour expliquer la conversion radicale de l'écrivain.

On s'en aperçoit d'abord en regardant les dates : c'est entre 1941 et 1945 que Grossman reçoit le choc de son appartenance à la population destinée à l'extermination pendant la guerre ; or la réaction se produit en 1953-1954. Le contenu du changement pointe également dans une autre direction. C'est Hitler qui confirme Grossman dans sa judaïté, or la stigmatisation de Hitler est parfaitement licite en URSS. La conversion de Grossman concerne Staline, non Hitler : elle consiste à prendre conscience de ce que Hitler, condamné unanimement par tous, n'est guère pire que Staline, idole du monde communiste. Cette conclusion est d'autant plus difficile à tirer pour Grossman qu'il n'ignore nullement ce que les juifs russes doivent au pouvoir soviétique : l'abolition de leur statut discriminatoire, d'abord ; la protection de l'anéantissement projeté par Hitler, ensuite. Et si Staline est, de surcroît, antisémite, ce n'est pas la persécution des Juifs qui constitue son plus grand forfait. Ce qui conduit Grossman à sa conversion, ce sont des événements sans lien direct avec la découverte de son identité juive : le rejet, ensuite la publication de son roman *Pour une juste cause* ; les persécutions qu'il subit à la suite de cette parution ; les compromis auxquels l'amènent celles-ci ; enfin la mort de Staline.

Grossman lui-même n'aurait pas aimé qu'on explique sa conduite par son identité ethnique ; il s'est toujours voulu membre d'une seule communauté, le genre humain, le reste ne constituant que le parcours suivi par chaque individu pour y accéder. Dans les discussions qui entourent l'élaboration du *Livre noir*, il occupe une position un peu différente de celle de l'autre rédacteur, Ilya Ehrenbourg. Le sténogramme de ces réunions nous apprend qu'il voulait éviter la répétition trop fréquente du mot « juif ». Au cours de la discussion il affirme que les victimes juives doivent être traitées comme des êtres humains, non comme une nationalité à part. Il veut qu'elles soient identifiées d'abord comme juives, mais reconnues ensuite comme personnes individuelles et membres du genre humain[1]. Il généralisera ce propos dans *Vie et destin*, en retrouvant les accents des humanistes du XVIIIᵉ siècle : « L'essentiel, c'était que les hommes sont des hommes et qu'ensuite seulement ils sont évêques, russes, boutiquiers, tatars, ouvriers » (p. 232). Il se méfie de tout nationalisme, même de celui des petits peuples, objet habituel de la persécution des grands, comme il l'explique, à propos du peuple arménien, dans un chapitre de *Le bien soit avec vous !* : « Le nationalisme d'un petit peuple perd, avec une insidieuse facilité, son fondement humain et noble[2]. »

C'est pourquoi, sans plus jamais oublier qu'il est juif, Grossman cherchera dorénavant à faire profiter de son expérience amère les victimes d'autres persécutions, et plus seulement les Juifs. *Vie et destin* ne devient possible que grâce à ce passage du particulier au général et, de là, à un autre particulier : c'est parce qu'il a souffert dans sa chair des exactions hitlériennes que Grossman devient capable de comprendre le monde soviétique. Le nazisme dit la vérité du communisme, la révélation des secrets du Goulag devient possible grâce au Lager. Et le mouvement ne s'arrête pas là : lorsqu'il rapporte ses impressions de voyage en Arménie, en 1962, il raconte qu'un vieillard arménien lui sut gré de ce que, longtemps auparavant, il eût parlé des persécutions subies par les Arméniens. « Il parlait de sa compassion et de son amour pour les femmes et les enfants juifs qui avaient péri dans les chambres à gaz d'Auschwitz. [...] Il avait envie qu'un fils du peuple martyr arménien écrive sur les Juifs[3]. » La connaissance d'un mal subi aura alors servi à aider les victimes d'autres forfaits.

Ce n'est sûrement pas un hasard si le juif Grossman s'intéresse non seulement au massacre des Arméniens et à celui des paysans ukrainiens, mais encore à celui de la population japonaise. Celle-ci est pourtant anéantie par des bombes atomiques produites et lancées non par un régime totalitaire mais par un grand pays démocratique professant des

---

1. J. et C. Garrard, *The Bones of Berdichev. The Life and Fate of Vasily Grossman*, New York, The Free Press, 1996, p. 205.
2. *Dobro vam !*, in V. Grossman, *Pozdnjaja proza*, Moscou, Slovo, 1994, p. 165 (trad. fr. *La paix soit avec vous !*, Paris-Lausanne, Éd. de Fallois-L'Âge d'homme, 1989).
3. *Ibid.*, p. 226.

idéaux humanistes. Grossman s'est bien informé sur la fission nucléaire utilisée dans la bombe (Strum, dans *Vie et destin*, est un physicien qui fait une découverte comparable ; n'oublions pas que Grossman est chimiste de formation). En 1953, il consacre à la destruction d'Hiroshima un bref récit, *Abel*, dans lequel il imagine l'état d'esprit de l'équipage qui lâche la bombe sur la ville, mais aussi celui des victimes : « Ni ce petit garçon, ni sa grand-mère, ni des centaines d'autres enfants, de mères et de grand-mères ne savaient pourquoi c'était à eux de payer pour Pearl Harbor et Auschwitz » (p. 765).

Peut-on trouver une explication de la métamorphose de Grossman dans la personnalité qui ressort de ses écrits mêmes ? Deux traits caractérisent cette œuvre depuis le début : l'attachement aux gens simples et le goût pour la vérité. Bien qu'il vienne lui-même d'une famille cultivée et qu'il pratique un métier intellectuel, Grossman témoigne dans tous ses écrits d'une préférence pour les êtres ordinaires, prolongeant ainsi une vieille tradition chrétienne que célèbre tant Rousseau (« nous pouvons être hommes sans être savants ») que *L'Imitation de Jésus-Christ*. La richesse, la culture, le talent même ne suffisent pas à ses yeux pour assurer la valeur d'un être humain. Il écrit à la fin de sa vie : « Parmi les gens doués, talentueux, et parfois même les virtuoses géniaux de la formule mathématique, du vers poétique, de la phrase musicale, du ciseau et du pinceau, il y en a beaucoup qui sont dans l'âme nuls, faibles, mesquins, sensuels, goinfres, serviles, avides, envieux, mollusques, limaces, chez qui l'irritante angoisse de la conscience accompagne la naissance d'une perle[1]. »

Grossman consacre aussi à ce contraste l'un de ses derniers récits clairement autobiographiques, *Phosphore*, qui raconte le destin d'un groupe d'amis. Tous sont brillants, spirituels, talentueux, chacun dans un domaine différent : l'un est mathématicien, l'autre musicien génial, le troisième accomplit des découvertes paléontologiques, le quatrième dirige une immense usine, le cinquième – Grossman – est un écrivain connu. Un seul parmi eux ne brille pas, mais c'est un être attentif aux autres, il s'appelle Krougliak. Les années passent, les anciens amis sont tous des vainqueurs, chacun dans sa profession ; Krougliak, lui, se retrouve au camp, condamné à dix ans de travaux forcés. Quand il en sort, il poursuit son existence médiocre ; c'est pourtant le meilleur de tous, le seul à aider ceux qui en ont besoin.

Le goût de Grossman pour la vérité n'est pas moins prononcé et suscite les commentaires de ses contemporains. Au début des années trente, il provoque une réaction révélatrice de Gorki. Dans le rapport de lecture qu'il adresse à une maison d'édition, celui-ci commente ainsi les premiers pas du jeune écrivain : « Le naturalisme ne convient pas à la réalité sovié-

---

1. *Dobro vam !, op. cit.*, p. 215-216.

tique et ne fait que la déformer. L'auteur dit : "J'ai écrit la vérité." Mais il aurait dû se poser deux questions : Quelle vérité ? et Pourquoi ? […] Tant la matière examinée que l'auteur gagneraient à ce que l'auteur se demande : Pourquoi écris-je ? Quelle vérité suis-je en train de confirmer ? Quelle vérité est-ce que je désire voir triompher[1] ? »

Pour Gorki, à cette époque grand ordonnateur du réalisme socialiste, autrement dit de la littérature de propagande, dire la vérité n'est pas un principe suffisant. Existent selon lui de multiples vérités qui ne sont pas toutes appréciables, ce qui, dans le contexte politique de l'époque, ne signifie qu'une seule chose : la vérité est bonne à dire seulement si elle est avantageuse à la société soviétique. Ou même plus simplement : est vérité ce qui est utile au Parti. Visiblement, le jeune écrivain dont il évalue les travaux s'est laissé guider par un précepte différent.

Lorsque, trente ans plus tard, Grossman écrit à Khrouchtchev, il se réclame toujours de la vérité. « J'y ai écrit [dans mon livre] ce que je croyais être la vérité et, depuis, je n'ai pas changé d'avis. J'y ai consigné le résultat de mes pensées, mon vécu, mes souffrances. » C'est pour cette raison que, malgré la confiscation du manuscrit, Grossman ne se rétracte pas et ne veut en retirer aucune phrase. Ses détracteurs, du reste, ne l'accusent pas d'avoir menti ; ils prétendent que de telles vérités ne peuvent bien servir l'État soviétique. Et les méthodes employées contre lui – la dissimulation du livre – confirment encore qu'il a dit vrai : les mensonges, eux, sont réfutés. Grossman conclut : « Je continue de penser que j'y ai dit la vérité, qu'en l'écrivant j'étais mû par la foi dans l'homme, l'amour et la compassion. Je vous prie de rendre la liberté à mon livre » (p. 1005, 1008).

Il ne l'obtiendra pas, comme on l'a vu. L'explication que daignera lui fournir Souslov est tout à fait dans l'esprit du commentaire de Gorki : toutes les vérités ne sont pas bonnes à dire. « La sincérité n'est pas une condition suffisante pour créer une œuvre littéraire d'art aujourd'hui » ; une autre, de toute évidence, c'est l'utilité. Or la vérité de Grossman fera plus de mal à la société soviétique que *Le Docteur Jivago* de Pasternak : presque autant que les bombes atomiques préparées par les ennemis de l'URSS ! Ni la vérité ni la liberté n'ont de valeur autonome. « Nous ne comprenons pas la liberté de la même façon que les capitalistes, comme le droit de faire tout ce qui vous plaît, sans tenir compte des intérêts de la société. Cette liberté-là, seuls les impérialistes et les milliardaires en ont besoin. Nos écrivains soviétiques, dans leur travail, ne doivent faire que ce dont le peuple a besoin, ce qui est utile pour la société » (p. 1010). On reconnaît ici la logique du « il ne faut pas désespérer Billancourt »…

---

1. J. et C. Garrard, *The Bones of Budichev, The Life and Fate of Vasily Grossman*, éd. cit., p. 106-107.

Telles sont les constantes de l'esprit de Grossman. C'est à partir d'elles que s'établira aussi sa nouvelle personnalité. Mais pour que s'enclenche la mutation décisive, il a fallu un ingrédient supplémentaire : par un processus long et lent, Grossman est parvenu à faire sens de ce traumatisme exceptionnel, la mort de sa mère.

Après la mort de Grossman, on a découvert dans ses papiers une enveloppe contenant deux photos et deux lettres. Sur la première photo, on voit Grossman enfant avec sa mère. La seconde est atroce : elle montre un ravin rempli de corps de femmes nues ; elle a été prise par un officier SS après une exécution de femmes juives en Union soviétique. C'est ainsi qu'a dû terminer son existence terrestre la mère de Grossman. Les lettres sont toutes deux adressées par Grossman à sa mère, mais leurs dates sont étranges, 15 septembre 1950 et 15 septembre 1961, soit neuf et vingt ans après cet assassinat ; or Grossman lui écrit comme à une vivante. La première, rédigée donc au moment où il ne parvient pas à publier son roman, lui parle de la découverte de sa mort – en janvier 1944, mais aussi déjà, grâce à un rêve divinatoire, en septembre 1941 : Grossman entre dans une chambre qu'il sait être la sienne, voit un fauteuil vide, un châle qui avait appartenu à sa mère jeté sur le dossier. Dans la lettre, il lui dit son amour intact et sa peine tout aussi immuable ; il ne parvient pas à s'imaginer sa mort.

La seconde lettre, écrite donc à l'époque où il est en difficulté avec la seconde partie du roman, *Vie et destin*, est plus bouleversante encore. Il s'adresse toujours directement à sa mère, il l'assure qu'elle continue de vivre en lui et qu'il l'aime chaque jour davantage. Il y révèle que *Vie et destin* lui est dédié, et que le roman est l'expression des sentiments et des pensées qu'elle lui a inspirés : pitié pour son destin, admiration pour son exemple. Que symbolise sa mère pour lui, le destin des Russes, des femmes, des Juifs ? « Tu représentes pour moi l'humain par excellence et ton terrible destin est celui de l'humanité en des temps inhumains » (p. 1014). En même temps, sa mère incarne l'attitude qu'il admire face au malheur et au mal : elle a su aimer les autres, avec leurs imperfections et leurs faiblesses, elle a su rester toujours tendre et généreuse ; la haine dont elle a été victime ne l'a pas rendue haineuse. Le massacre des Juifs est donc bien le point de départ de la conversion, mais c'est un mouvement qui conduit Grossman à s'ouvrir à tous, à comprendre le monde et à aimer les hommes. D'avoir saisi le sens du destin de sa mère lui a donné des forces surprenantes : « Je ne crains rien, car ton amour est avec moi et mon amour est avec toi pour l'éternité » (p. 1015). Sa mère est devenue son témoin intérieur qui lui donne force et courage ; la certitude de son amour le rend invulnérable et lui permet d'aimer les autres. Les livres qu'il a écrits postérieurement à cette prise de conscience en sont le résultat direct, ils ne sont que la traduction en mots d'un état d'esprit que Grossman a découvert en sa mère, en se projetant en elle jusqu'à sa tombe. Puis la mort de Staline l'a libéré de la peur, il s'est donc réveillé un jour un autre homme.

LE TOTALITARISME

Nous pouvons nous tourner maintenant vers la pensée de Grossman, et plus particulièrement vers l'analyse à laquelle il soumet le régime totalitaire. Grossman n'est pas un lecteur assidu de textes philosophiques et il n'a probablement eu accès à aucun ouvrage d'analyse politique, critique à l'égard du régime soviétique. Mais, dans ses romans, il aime s'engager dans des digressions abstraites, renouant de ce point de vue avec la tradition des grands romanciers russes, tel Tolstoï ou Dostoïevski. Il y produit donc une analyse originale du phénomène totalitaire. Quels en sont les traits constitutifs ? Pour l'individu habitant l'Union soviétique dans les années trente, quarante ou cinquante de ce XXe siècle, la réponse ne va pas de soi. Ce dont il souffre quotidiennement, c'est de la pénurie économique, de l'exiguïté des logements, de la difficulté des transports. Mais ce n'est là qu'une conséquence des traits structurels du régime. Ce dont il souffre le plus, c'est de la peur causée par les récits sur les exécutions, les déportations, les tortures. Ou encore, de l'arrogance des membres de la nomenklatura, des mensonges de la propagande, de la délation et de la servilité érigées en règles de conduite quotidienne. Mais ce sont là des caractéristiques de la vie sous le communisme, non la définition de son principe.

À la base de la société totalitaire, on trouve, selon Grossman, une exigence : celle de la soumission de l'individu. La fin à laquelle aspire cette société n'est en effet pas le bien-être des hommes qui la composent, mais l'épanouissement d'une entité abstraite qu'on peut désigner comme l'État, et qui se confond aussi avec le Parti, voire avec la Police. En même temps, on demande aux individus de cesser de se percevoir comme la source de leur action, de renoncer à leur autonomie et d'obéir aux lois impersonnelles de l'histoire, énoncées par les pouvoirs publics, comme aux directives édictées jour après jour par les différents services. On peut dire en ce sens que l'État soviétique « a pour principe essentiel d'être un État sans liberté » (p. 992).

La théorie marxiste, origine idéologique du régime communiste, ne laissait déjà aucune place à la liberté de l'individu. Mais l'État soviétique a étendu ce principe à des domaines insoupçonnés par Marx, en superposant les contraintes posées par le pouvoir à celles exercées par l'histoire ou l'économie. « La liberté n'a pas été seulement vaincue dans le domaine de la politique et de l'activité publique. Partout la liberté a été écrasée, qu'il s'agisse d'agriculture – le droit de semer et de moissonner librement –, de poésie ou de philosophie. Que l'on soit bottier, que l'on s'occupe d'un cercle de lecture ou que l'on veuille changer de domicile, il n'y avait plus aucune liberté » (p. 994). L'absence de liberté s'étend à toutes les activités, y compris celle de la recherche de la vérité, ce qui a pour conséquence de transformer la science en une sous-section du département de la propagande : c'est ainsi qu'en Russie soviétique on condamnera la « prétendue théorie de la relativité » d'Einstein (p. 383).

La terreur, moyen employé par l'État pour s'assurer que la population reste soumise, n'est donc en rien irrationnelle ; elle est au contraire indispensable. On se trompe d'époque et de régime quand on n'y voit que la « manifestation insensée d'un pouvoir sans contrôle et sans limites exercé par un homme cruel ». La terreur est nécessaire pour détruire toute autonomie des individus. « L'antiliberté a versé ce sang pour vaincre la liberté » (p. 994) : tel était le but poursuivi. La police d'État a inversé le principe de Tolstoï selon lequel dans le monde il n'y a pas de coupables. « Nous autres, tchékistes, dit un personnage de *Vie et destin*, avons mis au point une thèse supérieure : il n'y a pas, sur terre, de gens innocents » (p. 541). Tous sont coupables de vouloir rester des individus, agissant au nom de leur volonté libre et donnant comme but à leurs actions le bonheur d'autres individus. Si l'on se fonde sur cette thèse, la terreur est légitime. C'est bien pourquoi les camps de concentration deviennent l'emblème de ce régime : la soumission de l'individu est leur unique justification. Ils sont en même temps la révélation de la vérité cachée du régime tout entier : « [...] hors des barbelés ou à l'intérieur des barbelés, la vie, dans son essence secrète, était la même » (p. 902).

Où faut-il chercher l'origine de la vision totalitaire du monde ? Ses ennemis actuels préfèrent la repousser aussi loin que possible de leur propre tradition. Pour le Russe Soljénitsyne, ce ne peut être qu'une importation occidentale ; pour l'Allemand Nolte, il s'agit d'une influence asiatique ou, à la rigueur, française. Grossman, qui se sent aussi russe qu'on peut l'être, et l'héritier d'une grande tradition littéraire, se demande d'abord si la faute n'en est pas à un goût russe pour la soumission, voire pour l'esclavage. Mais il doit se reprendre : « Les Russes ne sont pas les seuls à avoir connu ce chemin. Ils ne sont pas rares les peuples qui, sur tous les continents, ont connu de près ou de loin les mêmes malheurs » (p. 987). Tout ce qu'on peut dire est qu'une condition facilitant l'avènement du totalitarisme est la tendance, présente dans la tradition russe comme en certaines autres cultures, à séparer radicalement le corps et l'esprit, le concret et l'abstrait, le quotidien et le sublime : on accepte plus volontiers l'esclavage du corps quand on croit que l'âme en est indépendante.

Ce qui est sûr, en revanche, c'est que c'est bien en Russie, en 1917, qu'est né le premier État totalitaire ; et son accoucheur s'appelle Lénine. C'est là l'une des grandes thèses de Grossman : on ne peut isoler Ejov ou Beria, les chefs de la police politique, de Staline, chef de l'État ; ni séparer Staline de Lénine. C'est ce dernier qui fixe les grands traits du nouveau régime. La première caractéristique de son action est d'être entièrement soumise à un but, celui de l'emporter à tout prix. C'est un machiavélisme poussé à l'extrême, où la fin justifie tous les moyens, et où n'existe aucun absolu. « Lénine dans la discussion ne cherchait pas la vérité, il cherchait la victoire » (p. 978). Il ressemble à un chirurgien qui ne croit qu'à son bistouri ; pour accéder au but, il n'hésite pas à trancher dans le vif des tissus. La guerre étant la vérité de la vie, il n'y a aucune raison de s'abstenir de la pratiquer ; et la guerre contre l'ennemi intérieur s'appelle la terreur.

La continuité entre Lénine et Staline n'implique pas que Staline n'innove pas ; sa contribution concerne deux domaines principaux. Tout d'abord, c'est lui qui met en avant, en URSS, l'idée de la nation, ou plus exactement la priorité accordée à l'État national. Le régime issu de la révolution d'Octobre n'avait déjà rien d'universaliste, puisqu'il imposait la soumission, voire la liquidation d'une partie de l'humanité, celle des classes ennemies, « de la noblesse et de la bourgeoisie industrielle et commerçante » (p. 568). Dès le début aussi, le projet révolutionnaire se confondait avec le destin d'un pays unique, la Russie. En ce sens, écrit Grossman, Lénine, sans le savoir, « était en train de fonder le grand nationalisme du XXe siècle » (p. 339). Mais ce projet est alors dissimulé par la promotion de la révolution mondiale. Il faut attendre Staline pour le voir systématisé dans la pratique et même introduit dans la théorie (« le socialisme dans un seul pays », p. 339). On découvre alors que le socialisme international n'est que le camouflage d'un socialisme national : il ne cesse pas d'être un socialisme, mais ses objectifs se confondent avec ceux de l'État national.

C'est cette identification du régime avec la nation qui permet le grand sursaut des Russes au cours de l'invasion hitlérienne : modérément satisfaits de leur régime, ils se lèvent tous contre l'envahisseur et se battent avec acharnement pour défendre leur patrie. C'est la « grande guerre patriotique », au cours de laquelle on chante la gloire d'Alexandre Nevski et de Pierre le Grand plutôt que celle de Marx et d'Engels. La victoire de Stalingrad est une conséquence de ce « national-socialisme » ouvertement assumé. Mais une autre de ses conséquences est la persécution généralisée, au cours de ces mêmes années, des minorités nationales habitant le même territoire, et dont on se souvient, alors, qu'elles sont les ennemis héréditaires des Russes. On déporte dans la taïga glacée de la Sibérie les Kalmouks et les Tatars de Crimée, les Tchétchènes et les Balkares, les Bulgares et les Grecs russifiés. Peu de temps après, on commence à persécuter une autre minorité, celle des Juifs...

La seconde innovation que subit le régime communiste sous Staline consiste en ce que les hommes qui étaient arrivés à leurs convictions par eux-mêmes sont remplacés, à la direction de l'État, par des individus entièrement soumis au pouvoir central. Les uns appartiennent à la première génération de bolcheviks, celle qui pense avant tout à introduire l'utopie dans la réalité et qui, pour parvenir à cette fin, n'hésite pas à faire régner la terreur. Ce sont des hommes que caractérisent l'énergie, le courage, l'abnégation, mais aussi la brutalité, l'impatience, l'absence de souci pour les destins individuels. Ce sont eux qui ont écrasé toute manifestation de liberté.

Mais il arrive un moment où ces personnages deviennent gênants, et c'est pour s'en débarrasser que, de manière parfaitement rationnelle, Staline organise la Grande Terreur de 1936-1938, celle qui frappe de préférence les cadres communistes.

La nouvelle équipe qui, au lendemain de la guerre, s'installe à tous les niveaux du pouvoir n'est plus constituée d'« hommes désintéressés », d'« apôtres aux pieds nus » (p. 962), mais d'amateurs de belles datchas, de voitures et d'avantages matériels. Leur adversaire n'est plus la liberté, déjà défunte, mais la révolution. L'utopie initiale, l'idée d'une société idéale, cesse d'être un but et s'avère n'avoir été qu'un moyen, celui qui a permis de prendre le pouvoir, puis de le consolider et de le renforcer, jusqu'à lui faire occuper la place de l'État. « Les hommes qui ont créé cet État pensaient qu'il serait le moyen de réaliser leurs idéaux. Mais ce sont leurs rêves et leurs idéaux qui ont servi de moyen à l'État puissant et redoutable » (p. 973). Il n'y a plus de place pour des idéalistes, pour ceux qui agissent au nom de leurs propres convictions, seraient-elles strictement communistes. Mais comme on ne renonce pas à l'idéologie initiale, l'époque stalinienne voit en même temps s'instaurer le règne de l'hypocrisie : le discours ne sert pas à désigner le monde, ni même à inciter à sa transformation, sa fonction est maintenant de le dissimuler. On assiste désormais à une « mise en scène gigantesque » (p. 993), le monde entier devient un théâtre : les électeurs font semblant de voter, les directeurs de diriger, les syndicats imitent les démarches des vrais syndicats, les écrivains simulent l'expression de leurs sentiments, les paysans font mine de travailler d'arrache-pied. Seuls les spectacles théâtraux ne se présentent pas pour autre chose que ce qu'ils sont ! Pour l'accomplissement de cette tâche, les esprits soumis conviennent bien mieux que les esprits indépendants.

Cette description de l'État totalitaire résulte de l'observation de la Russie communiste. Nombre de ses traits se retrouvent cependant dans l'Allemagne nazie. Le fascisme allemand repose à son tour sur la négation de la liberté individuelle ; il traite les hommes comme s'ils étaient de la matière inerte, ce qui l'apparente aux autres scientismes contemporains. « Le fascisme a rejeté le concept d'individu, le concept d'homme et il opère par masses énormes » (p. 68). Comme le communisme, il postule que la guerre dit la vérité des rapports humains. Comme le communisme aussi, mais de manière plus ouverte encore, il combine l'idée socialiste (la soumission de l'individu) avec l'idée nationale (le culte du pouvoir illimité). Venant après le communisme, il s'en est probablement inspiré. « Les apôtres européens des révolutions nationales virent la flamme qui se levait à l'Est. Les Italiens, puis les Allemands se mirent à développer, chacun à sa façon, cette idée de socialisme national » (p. 986). Enfin la terreur leur est commune, ce qui permet à Grossman de parler du « grincement combiné des fils de fer barbelés de la taïga sibérienne et du camp d'Auschwitz » (p. 987).

La ressemblance entre les deux branches du totalitarisme, communiste et nazie, est le thème d'une grande scène dans *Vie et destin*, celle où s'affrontent, un peu comme des personnages dostoïevskiens, Mostovskoï, un vieux bolchevik, détenu dans un camp allemand, et Liss, un officier haut gradé de la Gestapo, représentant direct de Himmler. Liss cherche à convaincre Mostovskoï que les deux régimes sont des images en miroir. Aux caractéristiques communes déjà relevées, il ajoute des structures économiques moins opposées qu'il n'y paraît : les capitalistes allemands ne sont pas vraiment libres de leurs mouvements. Les deux États, ajoute-t-il, ont les mêmes ennemis : « Les communistes allemands que nous avons incarcérés dans les camps l'ont été par vous aussi en 1937 ». Pour ce qui est de la persécution des Juifs, Liss se contente d'imaginer « que demain vous la repreniez à votre propre compte » (p. 336). Mais l'imitation change parfois de direction : « C'est dans notre "Nuit des longs couteaux" que Staline a trouvé l'idée des grandes purges de 37 » (p. 339). Ces ressemblances n'empêchent pas le conflit entre les deux pays, bien entendu, mais le rendent paradoxal : le vaincu voit triompher ses propres principes. « Si nous perdons la guerre, nous la gagnerons, nous continuerons à nous développer sous une autre forme mais en conservant notre essence » (p. 335). Mostovskoï est troublé mais pas convaincu.

Peut-on maintenir l'idée d'une telle ressemblance si l'on pense au grand forfait du nazisme, l'extermination des Juifs ? Grossman, qui n'en ignore rien puisque sa propre mère en a été victime, s'interroge là-dessus à propos du terrible massacre provoqué par le pouvoir communiste : la destruction des paysans d'Ukraine au début des années trente. Celle-ci se déroule en trois étapes. La première est celle de la collectivisation des terres et la « dékoulakisation » concomitante, c'est-à-dire l'expropriation et la mise à l'écart de tous les paysans dont le revenu dépasse le minimum. Cette mise à l'écart signifie que les « koulaks » sont arrêtés et qu'une partie d'entre eux – la proportion varie selon les régions – sont exécutés à la suite d'un jugement sommaire. La seconde consiste à déporter les « koulaks » survivants, accompagnés de leurs familles, dans des régions inhabitées de la Sibérie. Les wagons à bestiaux surpeuplés mettent jusqu'à cinquante jours pour atteindre la destination finale ; de nombreux voyageurs meurent en route. On décharge les uns et les autres en pleine forêt, sans abri, en leur jetant quelques outils rudimentaires ; à eux de construire des maisons, de défricher les terres, de semer et de récolter. Une proportion importante parmi eux ne survivent pas à l'épreuve.

Mais le principal malheur est encore à venir : il se produit non en Sibérie, mais sur les terres fertiles de l'Ukraine, vidées des paysans les plus entreprenants. Une mécanique infernale s'est enclenchée : en l'absence des anciens propriétaires, la récolte baisse brutalement, cependant les délégués du Parti prétendent que tout va bien. Les paysans restants sont incapables de livrer à l'État les quantités de blé qu'on leur demande ; le pouvoir envoie des activistes pour leur enlever de force toutes leurs réserves de nourriture. Afin de les punir de leur mauvaise volonté, il leur interdit de s'approvisionner en ville. Les paysans mangent d'abord leurs rares réserves, puis les semences, ensuite les pommes de terre, enfin le bétail. Quand arrive l'hiver, ils se ruent sur les glands de chêne ; une fois qu'ils les ont mangés, ils consomment les chiens, les chats, les rats, les vipères, les fourmis et les vers de terre. C'est au printemps suivant que la famine se généralise, mais avant de mourir les gens deviennent fous : ils tentent de s'enfuir mais sont refoulés par la police ; ils se livrent à des actes de cannibalisme. « La famine était totale, la mort frappa. D'abord les enfants et les vieillards, ensuite les personnes d'âge moyen. Au début, on les a enterrés, ensuite on a cessé de le faire. Il y avait des cadavres partout, dans les rues, dans les cours... Ceux qui sont morts les derniers sont restés couchés dans leurs isbas. Le silence se fit. Tout le village mourut » (p. 955). On estime aujourd'hui que près de six millions de personnes ont péri dans ces conditions.

Les deux exterminations, celle des paysans et celle des Juifs, ont de nombreux traits distincts, mais elles ont aussi des caractéristiques communes. Il est d'abord frappant de constater qu'elles se déroulent, pour une part, sur les mêmes terres : c'est dans ces mêmes régions de l'Ukraine que vont sévir les *Einsatzgruppen* allemands, les unités mobiles de tuerie. Il existe même une relation plus étroite, que Grossman indique sans s'attarder : l'exécution des Juifs est facilitée par une milice supplétive ukrainienne, qui encadre les victimes ; les paysans croient prendre ainsi leur revanche des exactions subies de la part des Russes et des bolcheviks, associés pour l'occasion aux Juifs. On observe, chez les victimes des nazis comme des bolcheviks, la même passivité, la même incapacité de résister à la puissance de l'État totalitaire. Les unes et les autres sont punies pour ce qu'elles sont, non pour ce qu'elles font. « Une chose me paraît évidente, se dit Strum dans *Vie et destin*, il est horrible de tuer les Juifs sous prétexte qu'ils sont juifs. » C'est bien ce que fait Hitler. « Mais finalement, nous suivons le même principe : ce qui compte, c'est qu'on soit ou non d'origine noble, fils de koulak ou de marchand » (p. 493). La violence est semblable, quel que soit le critère choisi pour l'exclusion : « Elle saute d'un continent à l'autre, se change en lutte des classes et de lutte des classes en lutte des races » (p. 999).

Pour se faciliter la tâche, les bourreaux disent toujours : ce ne sont pas des êtres humains, ils appartiennent à une espèce inférieure et pour cette raison ne méritent pas de vivre. Un personnage de *Tout passe* qui a participé à la « dékoulakisation », Anna Sergueïevna, se souvient : « Comme ils ont souffert ces gens, comme on les a traités ! Mais moi, je disais : Ce ne sont pas des êtres humains, ce sont des koulaks. [...] Pour les tuer, il fallait déclarer : Les koulaks, ce ne sont pas des êtres humains. Tout comme les Allemands disaient : Les Juifs, ce ne sont pas des êtres humains. C'est ce qu'ont dit Lénine et Staline : Les koulaks, ce ne sont pas des êtres humains » (p. 946). Or ils le sont, les uns et les autres ; cessent en revanche de se comporter en humains ceux qui tuent en eux-mêmes toute humanité pour décider l'extermination des autres.

Et quand Grossman évoque la mort des victimes de l'un ou de l'autre régime totalitaire, il révèle la même émotion et éprouve la même compassion. Dans *Vie et destin*, la mère de Strum, Anna Semionovna, est fusillée par les *Einsatzgruppen*, comme l'avait été la mère de Grossman lui-même ; son amie Sofia Ossipovna Levinton périt dans une chambre à gaz. De l'autre côté, dans *Tout passe*, la douce Macha s'éteint dans un camp, séparée de son mari et de son enfant, comme périt aussi la famille de Vassili Timofeïevitch, sa femme Ganna, son enfant Grichka, épuisés par la faim. L'une des morts est rapide et cruelle, l'autre lente et cruelle ; leurs victimes méritent à titre égal d'être plaintes et rappelées à la mémoire des hommes.

Dans la guerre, Staline, allié aux démocraties occidentales, vaincra Hitler, et en tirera un prestige immense ; en triomphant du fascisme, il parvient à faire oublier, ou du moins minimiser, ses propres forfaits, les sanglantes années trente. Aux yeux de certains, la victoire permet même de justifier rétrospectivement la terreur : s'il n'avait pas écrasé tous ses adversaires à l'intérieur, aurait-il pu vaincre l'ennemi du dehors ? Mais, une fois la victoire emportée, la prédiction de Liss commence à se réaliser. C'est à la Russie, maintenant, de soumettre les pays d'Europe de l'Est, à elle d'organiser la déportation de populations entières, à elle de rouvrir les portes des camps pour y accueillir, non seulement les prisonniers de guerre allemands, mais les prisonniers de guerre soviétiques, fraîchement libérés des camps allemands ! C'est à elle d'organiser une nouvelle persécution des Juifs et de préparer une nouvelle déportation – qui ne sera suspendue que par la mort du tyran. Les deux totalitarismes ne se ressemblent pas en tout, mais ils se valent.

LIBERTÉ ET BONTÉ

La pensée de Grossman ne s'arrête pas à l'analyse critique du phénomène totalitaire, même si elle y trouve son assise. De ce qu'il voit comme source du mal totalitaire – la soumission et la dégradation de l'individu – il déduit son propre système de valeurs suprêmes, qui l'amène à un éloge de l'individu, à la fois comme source de l'action (autonomie du *je*) et comme son destinataire (finalité du *tu*) : l'individu comme incarnation simultanée de la liberté et de la bonté. Dans l'un des passages philosophiques de *Vie et destin*, Grossman écrit : « Le reflet de l'Univers dans la conscience d'un homme est le fondement de la force de l'homme, mais la vie ne devient bonheur, liberté, valeur suprême, que lorsque l'homme existe en tant que monde que personne, jamais, ne répétera dans l'infini des temps. Ce n'est qu'à cette condition qu'il éprouve le bonheur de la liberté et de la bonté, en trouvant chez les autres ce qu'il a trouvé en lui-même » (p. 473). La valeur de la liberté et de la bonté s'explique par l'unicité de l'individu. Dans le livre, ces réflexions sont inspirées au narrateur par l'agonie, dans la chambre à gaz, de Sofia Ossipovna et d'un petit garçon inconnu, David, qui s'accroche désespérément à elle jusqu'à la fin. « "Je suis mère", pensa-t-elle. Ce fut sa dernière pensée » (p. 473).

Grossman est l'héritier des grands prosateurs russes du XIXe siècle, ses personnages mènent des débats philosophiques comme dans *Les Démons* ou *Les Frères Karamazov* de Dostoïevski, *Vie et destin* imite la structure globale de *Guerre et paix* de Tolstoï – mais, du point de vue idéologique, le « classique » dont il se sent le plus proche, de son propre aveu, c'est Tchekhov, car c'est lui qui apporte à la littérature russe ce nouvel humanisme centré sur les idées de liberté et de bonté. La liberté est à entendre au sens large, comme la possibilité pour l'individu d'agir en sujet autonome. « Autrefois, dit l'un des porte-parole de Grossman, je pensais que la liberté, c'était la liberté de la parole, la liberté de la presse, la liberté de conscience. Mais la liberté s'étend à *toute* la vie de *tous* les hommes. La liberté, c'est le droit de semer ce que l'on veut, de faire des chaussures et des manteaux, c'est le droit pour celui qui a semé de faire du pain, de le vendre ou de ne pas le vendre, s'il le veut. C'est le droit pour le serrurier, le fondeur d'acier, l'artiste de vivre et de travailler comme ils l'entendent et non comme on le leur ordonne » (p. 922). L'homme se distingue de la matière inerte et même des autres animaux en ce qu'il peut choisir son destin, car il dispose d'une conscience ; c'est seulement en mourant qu'il quitte le royaume de la liberté pour rejoindre celui de la nécessité. Pour cette raison, tout le réel n'est pas rationnel – si l'on prend le mot non au sens de la raison instrumentale, mais à celui d'une justification ultime : tout ce qui, dans le monde, entrave la liberté est contraire à cette rationalité-là.

Que l'élan vers la liberté fasse partie de la vocation biologique de l'espèce humaine peut apparaître comme rassurant : cela suggère que les régimes qui reposent sur une suppression systématique des libertés individuelles sont condamnés à plus ou moins brève échéance. Même les États totalitaires n'ont pas réussi à provoquer une mutation de l'espèce pour lui désapprendre le goût de la liberté. « L'homme, condamné à l'esclavage, est esclave par destin et non par nature. L'aspiration de la nature humaine à la liberté est invincible, elle peut être écrasée mais elle ne peut être anéantie » (p. 169), écrit Grossman. C'est ce qu'illustrent les événements du XXe siècle, malgré le développement formidable des moyens de pression dont dispose l'État moderne pour soumettre ses sujets. Mais cela ne peut suffire pour nous rassurer : même si tel est le sens de l'évolution biologique (« Toute l'évolution du monde vivant va d'une liberté minimale à une liberté maximale », p. 590), rien ne prouve que tel soit aussi le sens de l'histoire humaine. Nos ancêtres étaient-ils moins libres que nous, qui nous sommes dotés d'États plus puissants que les leurs ?

La liberté est la première valeur humaniste, la bonté est la seconde. En effet, l'homme seul n'est pas l'homme entier, « l'individualisme n'est pas humanité » (p. 231), les hommes deviennent le but de leur action, et non seulement sa source. Or le sommet de la relation à autrui, c'est l'apparition de la simple bonté, le geste qui fait que, par nos soins, une autre personne devienne heureuse.

Grossman développe son éloge de la bonté en l'opposant aux doctrines du bien. Celles-ci ont toutes un défaut insurmontable : elles mettent au sommet des valeurs une abstraction, non les individus humains. Or les hommes ne font pas le mal pour le mal, ils croient toujours poursuivre le bien ; simplement, il se trouve qu'en cours de route ils sont amenés à faire souffrir les autres. C'est la thèse que développe de la manière la plus circonstanciée, dans *Vie et destin*, le « fol en Dieu » Ikonnikov, détenu dans un camp de concentration allemand, et qui a rédigé un petit traité sur la question. « Même Hérode ne versait pas le sang au nom du mal » (p. 342). La poursuite du bien, dans la mesure même où elle oublie les individus qui devaient en être les bénéficiaires, se confond avec la pratique du mal. Les souffrances des hommes proviennent même plus souvent de la poursuite du bien que de celle du mal. « Là où se lève l'aube du bien, des enfants et des vieillards périssent, le sang coule » (p. 343). Cette règle s'applique aussi bien aux religions anciennes qu'aux doctrines de salut modernes, tel le communisme. Mieux vaut donc renoncer à tout projet global d'extirper le mal de la terre pour y faire régner le bien.

Tchekhov a appris à Grossman qu'il faut mettre de côté les « grandes idées progressistes » et commencer tout en bas : « Commençons par l'homme ; soyons bons, soyons attentifs à l'égard de l'homme quel qu'il soit : évêque, moujik, industriel millionnaire, forçat de Sakhaline, serveur dans un restaurant » (p. 233). Ce rappel du caractère irréductible de l'individu permet de court-circuiter le détournement de la bienveillance vers le bien. C'est que, comme l'a relevé Lévinas interprétant Grossman, « la "petite bonté" allant d'un homme à son prochain se perd et se déforme dès qu'elle se veut doctrine, traité de politique et de théologie, Parti, État et même Église[1] ». Les justes n'aspirent pas au bien mais pratiquent la bonté : ils aident un blessé même si c'est un ennemi, cachent les Juifs persécutés, transmettent les lettres des détenus. Une scène de *Vie et destin* en illustre l'apparition : une femme russe tend un morceau de pain à un prisonnier allemand, alors qu'il s'attend à être lynché. Cette bonté s'incarne de façon emblématique dans l'amour maternel. Ainsi se termine la vie de Sofia Ossipovna, devenue mère par son geste de bonté ; c'est de cette manière aussi que commence la vie des hommes : « La tendresse, la sollicitude, la passion, l'instinct maternel de la femme, c'est le pain et l'eau de la vie » (p. 931).

Il ne suffit pourtant pas de dire que les hommes sont portés, par leur nature même, vers la liberté et la bonté. Car en dehors de leur nature, les hommes ont aussi un destin, une histoire, et en Europe, au XXᵉ siècle, cette histoire est parée des couleurs du totalitarisme. Or celui-ci nie

---

1. E. Lévinas, *Entre nous : essais sur le penser-à-l'autre*, Paris, Grasset, 1991, p. 242.

l'individu et supprime sa liberté ; les individus vivant dans la contrainte cessent d'être bons. La poursuite du bien sert d'excuse à leur dureté et à leur égoïsme. Le gentil Gricha (dans *Tout passe*), qui aime danser et chanter le soir au village, pousse à la mort les paysans affamés. Dix ans plus tard, ceux parmi eux qui ont survécu se réjouissent à leur tour de voir souffrir les Juifs et de pouvoir s'emparer de leurs meubles ou de leurs maisons. La « joie mauvaise » (p. 58) fait partie de l'interaction humaine.

Un chapitre inoubliable de *Tout passe* dresse le portrait d'une série de « Judas » : tous se sont comportés de manière ignoble avec leurs contemporains, ils ont dénoncé, calomnié, trahi, et pourtant ils ont aussi des excuses. Sous le totalitarisme, le « tous sont coupables » et le « tous sont innocents » se confondent. Convaincus que l'État était de toute façon plus puissant qu'eux, ils ont d'eux-mêmes renoncé à l'exercice de leur liberté. Ils ont assuré ainsi la victoire de cet État. Et pourtant ils n'ont pas cessé d'être humains, d'aimer leurs proches, d'admirer la belle musique et la grande littérature, de faire avancer la connaissance. « Ces hommes ne souhaitaient de mal à personne, mais toute leur vie ils avaient fait le mal » (p. 1002). L'histoire des hommes n'est pas moins puissante que leur nature, du moins à cette brève échéance qu'est la vie humaine.

Qu'en déduire ? D'un côté, Grossman nous conduit vers une conclusion qu'il ne formule pas en toutes lettres. Son contact avec les bourreaux les plus vils l'a convaincu d'une chose : on ne peut se débarrasser des méchants en les jugeant entièrement différents de nous, ni en attribuant leur conduite à leur origine ou à leur folie. En découvrant les assassins de Treblinka, il conclut : « Ce qui doit faire horreur, ce sont moins ces êtres que l'État qui les a tirés de leurs trous, de leurs ténèbres, de leurs souterrains, parce qu'ils lui étaient utiles, nécessaires, indispensables[1]. » Ce ne sont pas les « Allemands » ou les « Russes » qui sont mauvais, ce sont le nazisme et le communisme. Mais alors, ce qu'il faut combattre, c'est un régime, et à cela la simple bonté ne suffit pas. On ne peut compter sur la vertu des hommes, trop faibles ; le seul moyen de rendre le totalitarisme impossible est de lui opposer une autre structure politique. La justice et le régime démocratique sont peut-être issus de la bonté et de l'amour, mais ils s'en sont détachés ; or ce sont eux seuls, c'est-à-dire les forces politiques, qui arrêtent le totalitarisme, par les armes si besoin est, et rendent possible l'exercice de la bonté et de la liberté.

Quant aux individus, inutile d'opposer les bons aux méchants. « Tous étaient faibles, les justes comme les pécheurs. » La différence est plutôt dans l'image que chacun se fait de son action, dans sa bonne ou mauvaise conscience, selon qu'il se souvient de préférence de ses exploits ou de ses trahisons. Rien n'est jamais acquis une fois pour toutes. « À chaque jour,

---

1. « L'enfer de Treblinka », *in Années de guerre*, Paris, Autrement, 1993, p. 266.

à chaque heure, année après année, il fallait lutter pour le droit d'être un homme, le droit d'être bon et pur. Et ce combat ne devait s'accompagner d'aucune fierté, d'aucune prétention, il ne devait être qu'humilité » (p. 722). Dans ce combat quotidien pour la liberté et la bonté, la présence d'un « témoin intérieur », le souvenir d'un être incarnant l'amour, peut s'avérer d'un grand secours.

Vassili Grossman a su y puiser la force pour réussir sa propre résurrection et écrire ses livres magnifiques. Il n'est pas sûr qu'il ait pu y trouver repos et sérénité. Après avoir arpenté les terres de Treblinka, il rend ainsi compte de la sensation qui l'envahit : « Il semble que le cœur va cesser de battre, serré par une telle tristesse, une telle peine, une telle angoisse qu'un être humain n'est pas à même de le supporter. » Et tout à la fin de sa vie, alors qu'il vient de visiter une charmante bourgade arménienne, il avoue : « L'angoisse de l'âme humaine est terrible, inextinguible, on ne peut la calmer, on ne peut la fuir ; devant elle sont impuissants même les paisibles couchers de soleil champêtres, même le clapotis de la mer éternelle, même la douce ville de Dilijan[1]. »

---

1. *Années de guerre*, p. 291 (trad. modifiée) ; *Dobro vam !*, *op. cit.*, p. 200.

NOTE SUR LA PRÉSENTE ÉDITION

Ce volume reprend l'essentiel des écrits de Grossman postérieurs à la mort de Staline, en mars 1953. N'ont été laissés de côté que le récit de voyage en Arménie *Dobro vam*[1] ! et quelques nouvelles aux thèmes étrangers à l'ensemble proposé ici.

Ont été joints également plusieurs documents d'intérêt à la fois personnel et politique (une lettre à Nikita Krouchtchev, la transcription d'un entretien avec Mikhaïl Souslov...).

La traduction de *Vie* et *destin* donnée par l'Âge d'homme en 1980 a été révisée et restituée dans son intégralité, pour la première fois en français et conformément à l'édition russe de 2005.

Sauf mention contraire, Ludmila Gaav-Mathis a établi les notes de bas de page ainsi que le Dictionnaire qui éclaire le lecteur sur les personnalités, les institutions et les lieux évoqués par Vassili Grossman.

La graphie des noms russes reprend une transcription courante qui reproduit approximativement la prononciation russe.

---

1. *In* V. Grossman, *Pozdnjaja proza*, Moscou, Slovo, 1994, traduit en français par *La paix soit avec vous !*, Paris-Lausanne, Éd. de Fallois-L'Âge d'homme, 1989.

TABLE DES ABRÉVIATIONS

CC   Comité central
DCA   Défense contre aéronefs
FSB   Service fédéral de sécurité
GQG   Grand quartier général
KVT   Section culturelle et éducative
MGB   Ministère de la sécurité d'État
MTS   Station de machines et de tracteurs
MVD   Ministère de l'Intérieur
NKVD   Commissariat du peuple aux Affaires intérieures
PC   Poste de commandement
PCUS   Parti communiste de l'Union soviétique
QG   Quartier général
RSHA   Direction de la sécurité du Reich
SD   Social-démocrate
SR   Socialiste-révolutionnaire

VIE ET DESTIN

*Roman traduit du russe par Alexis Berelowitch
avec la collaboration d'Anne Coldefy-Faucard*

In Memoriam
Ekaterina Savelievna Grossman

PREMIÈRE PARTIE

1

Le brouillard recouvrait la terre. Les phares de la voiture se reflétaient dans les lignes à haute tension qui s'étiraient le long de la route.

Il n'avait pas plu mais, à l'aube, l'humidité s'abattit sur la terre et les feux dessinaient des taches rougeâtres sur l'asphalte mouillé. On sentait la respiration du camp à de nombreux kilomètres : les fils électriques, les routes, les voies de chemin de fer se dirigeaient tous vers lui, toujours plus denses. C'était un espace rempli de lignes droites, un espace de rectangles et de parallélogrammes qui fendaient la terre, le ciel automnal, le brouillard.

Des sirènes lointaines poussèrent un hurlement doux et plaintif.

La route venait se serrer contre la voie, et la colonne de camions chargés de sacs de ciment roula un certain temps à la hauteur du train de marchandises interminable. Les chauffeurs en uniforme ne regardaient pas les wagons, les taches pâles des visages.

La clôture du camp sortit du brouillard : des rangs de barbelés tendus sur des poteaux en béton. Les alignements de baraques formaient des rues larges et rectilignes. Leur uniformité exprimait le caractère inhumain du camp.

Parmi les millions d'isbas russes, il n'y a et il ne peut y avoir deux isbas parfaitement semblables. Toute vie est inimitable. L'identité de deux êtres humains, de deux buissons d'églantines est impensable... La vie devient impossible quand on efface par la force les différences et les particularités.

L'œil rapide mais attentif du vieux machiniste suivait le défilement des poteaux de béton, des grands mâts surmontés de projecteurs pivotants, des miradors au sommet desquels on voyait, derrière les vitres, les sentinelles auprès des mitrailleuses. Le mécanicien fit un signe à son aide et la locomotive lança un coup de sifflet d'avertissement. Ils entrevirent une guérite brillamment éclairée, une file de camions arrêtés par la barrière baissée du passage à niveau, l'œil rouge du feu clignotant.

Ils entendirent les sifflets d'un convoi qui venait à leur rencontre. Le mécanicien se tourna vers son aide :

— C'est Zucker, je le reconnais à sa voix délurée, il a livré la marchandise et file à vide vers Munich.

Le convoi vide croisa dans un bruit assourdissant celui qui, chargé, allait vers le camp, l'air déchiré criait, les lumières grises entre les wagons se succédaient, et soudain l'espace et la lumière grise de l'automne déchiqueté en lambeaux se réunirent à nouveau en une voie qui filait régulièrement.

L'aide-mécanicien sortit une petite glace de poche et examina sa joue salie. Le mécanicien la lui demanda d'un mouvement de la main.

Son aide dit d'une voix tendue :

— Ah ! *Genosse* Apfel, croyez-moi, nous aurions pu rentrer pour le dîner au lieu de rentrer à 4 heures du matin, en y laissant nos dernières forces, s'il n'y avait pas cette maudite désinfection des wagons. Comme s'il n'était pas possible de l'effectuer chez nous, au dépôt.

Le vieux en avait plus qu'assez de ces éternelles discussions à propos de la désinfection.

— Donne un coup de sifflet, dit-il, on nous aiguille directement vers la plate-forme de déchargement principale.

2

Dans le camp de concentration allemand, Mikhaïl Sidorovitch Mostovskoï[1] eut l'occasion, pour la première fois depuis le IIe Congrès du Komintern, d'utiliser sa connaissance des langues étrangères. Avant-guerre, à Leningrad, les occasions de parler à des étrangers étaient rares. Il se souvenait maintenant de ses années d'émigration à Londres et à Genève, où, dans les milieux révolutionnaires, on parlait, discutait, chantait dans presque toutes les langues d'Europe.

Son voisin de châlit, un prêtre italien du nom de Guardi, avait annoncé à Mostovskoï que la population du camp comptait cinquante-six nationalités.

Le sort, le teint du visage, la tenue, la démarche traînante, la soupe à base de rutabaga et de sagou artificiel que les détenus russes avaient surnommée œil de poisson, tout cela était commun aux dizaines de milliers de personnes qui habitaient les baraquements du camp.

---

1. *Vie et destin* constitue la suite de *Pour une juste cause*. Le premier roman, centré sur la famille d'Alexandra Vladimirovna Chapochnikova, dont Mostovskoï est un ami, se déroule au début de la Seconde Guerre mondiale. Le second reprend le récit de leur vie en 1942, tandis que de nouveaux héros apparaissent.

Pour le commandement du camp, les détenus se distinguaient par leur numéro et par la couleur de la bande de tissu cousue à leur veste : rouge pour les politiques, noire pour les saboteurs, verte pour les voleurs et les assassins.

La différence de langues empêchait ces hommes de se comprendre, mais ils étaient liés par une destinée commune. Des spécialistes de physique moléculaire ou de manuscrits anciens partageaient leur couche avec des paysans italiens ou des bergers croates incapables d'écrire leur nom. Celui qui, naguère, commandait ses repas à son cuisinier et inquiétait son majordome par son manque d'appétit, allait au travail dans le même rang que le mangeur de morue et tous les deux frappaient le sol de leurs semelles de bois, tous les deux guettaient avec angoisse la venue des *Kostträger*, les porteurs de baquets.

Les destinées des hommes du camp trouvaient leur ressemblance dans leur diversité. Le souvenir du passé pouvait être lié à un jardinet au bord d'une route italienne poussiéreuse, au mugissement lugubre de la mer du Nord ou à l'abat-jour de papier orange au-dessus de la table dans la maison d'un responsable dans les faubourgs de Bobrouïsk, mais pour tous les détenus sans exception ce passé était merveilleux.

Et plus ce passé d'avant le camp avait été difficile, plus le détenu mentait avec ferveur.

Ces mensonges ne poursuivaient pas de but pratique, ils servaient à glorifier la liberté : un homme hors du camp ne saurait être malheureux…

Avant la guerre ce camp s'appelait camp pour criminels politiques.

Le national-socialisme avait créé un nouveau type de détenus politiques : les criminels qui n'avaient pas commis de crime.

De nombreux détenus s'étaient retrouvés dans le camp pour avoir exprimé, entre amis, une critique du régime hitlérien, ou pour avoir lancé une blague à contenu politique. Ils n'avaient pas diffusé de tracts ni participé à l'activité de partis clandestins. Ils étaient accusés d'avoir été susceptibles de le faire.

L'internement de prisonniers de guerre dans les camps pour politiques était une autre innovation du nazisme. On trouvait là des pilotes anglais et américains abattus au-dessus de l'Allemagne ainsi que les officiers et commissaires politiques de l'armée Rouge qui présentaient de l'intérêt pour la Gestapo. On exigeait d'eux qu'ils livrent des renseignements, qu'ils donnent des conseils, qu'ils collaborent, qu'ils signent toutes sortes de proclamations.

Il y avait dans le camp des saboteurs : des hommes en absence irrégulière parce qu'ils avaient cherché à quitter sans autorisation les usines et chantiers militaires. L'internement dans les camps d'ouvriers pour cause de mauvais travail était également une découverte du national-socialisme.

Il y avait dans le camp des hommes avec des bandes de tissu couleur lilas, c'étaient des émigrés allemands qui avaient fui l'Allemagne nazie. Encore une nouveauté qu'avait introduite le nazisme : toute personne ayant quitté l'Allemagne, même si son attitude était restée parfaitement loyale à son égard, devenait un ennemi politique.

Les hommes portant une bande de couleur verte, les voleurs et les bandits, faisaient partie des privilégiés du camp ; la Kommandantur se servait d'eux pour surveiller les politiques.

Le pouvoir qu'exerçaient les droit commun sur les politiques était une manifestation de plus de l'esprit novateur du national-socialisme.

Il y avait dans le camp des hommes aux destinées si particulières qu'on n'avait pas trouvé de couleurs qui y correspondent. Mais l'Indien, charmeur de serpents, mais le Perse, venu de Téhéran afin d'étudier la peinture allemande, mais le Chinois, étudiant en physique, tous avaient reçu du national-socialisme une place sur les châlits, une gamelle de soupe et douze heures de travail aux fouilles.

Nuit et jour les convois arrivaient aux camps de concentration, aux camps de la mort. L'air était rempli du bruit des roues, des sifflets des locomotives, du piétinement sourd des centaines de milliers de détenus, un nombre de cinq chiffres cousu à leurs vestes, qui allaient au travail. Les camps étaient devenus les villes de la Nouvelle Europe. Ils croissaient et s'étendaient, ils avaient leurs plans, leurs rues et leurs places, leurs hôpitaux, leurs marchés de troc, leurs crématoires et leurs stades.

Comme elles semblaient naïves et même attendrissantes, les vieilles prisons blotties dans les faubourgs, en comparaison de ces villes, en comparaison du halo rouge et noir, du halo de terreur, au-dessus des fours crématoires.

On aurait pu croire qu'il fallait pour contrôler cette énorme masse de prisonniers une armée de surveillants, des millions de gardiens, mais il n'en était rien. Les uniformes SS ne se montraient pas dans les baraquements pendant des semaines entières. Les détenus eux-mêmes avaient pris sur eux la tâche d'assurer la surveillance policière à l'intérieur des camps. Les détenus eux-mêmes veillaient au respect du règlement intérieur dans les baraques, veillaient à ce que seules des pommes de terre pourries et gelées aillent dans leurs chaudrons, tandis que les bonnes, soigneusement triées, allaient approvisionner l'armée.

Les détenus étaient médecins dans les hôpitaux, bactériologues dans les laboratoires des camps ; ils balayaient les trottoirs des camps, ils étaient les ingénieurs qui donnaient la lumière et la chaleur aux camps et fournissaient les pièces détachées aux machines des camps.

Les kapos, la féroce police des camps, reconnaissables à leur large brassard sur la manche gauche, les *Lagerälteste, Blockälteste, Stubenälteste*[1] tenaient sous leur contrôle toute la vie du camp du haut jusqu'en bas. Cela allait d'affaires concernant tout le camp aux affaires privées qui se déroulaient la nuit sur les châlits. Les détenus avaient accès aux affaires les plus

---

1. Respectivement chef de camp, chef de baraquement, chef de chambrée.

secrètes de l'État carcéral : ils prenaient part à l'établissement des listes de « sélection », au travail sur les détenus dans les *Dunkelkammer*, les boîtes noires en béton. On avait l'impression que les chefs pouvaient disparaître, les détenus maintiendraient le courant à haute tension dans les fils pour ne pas se sauver et continuer à travailler.

Tous ces kapos et *Blockälteste* servaient leurs chefs, mais ils soupiraient ou versaient même quelques larmes sur ceux qu'ils menaient aux fours crématoires… Malgré tout, ce dédoublement n'était jamais total ; ils n'incluaient pas leurs noms dans les listes de sélection. Le pire, aux yeux de Mostovskoï, était que le national-socialisme ne portait pas monocle, qu'il n'avait pas l'air hautain d'un acteur de second ordre, qu'il n'était pas étranger au peuple. Le national-socialisme, dans les camps, ne vivait pas à l'écart du petit peuple, il aimait les mêmes plaisanteries et ses plaisanteries faisaient rire, il était plébéien et il ne faisait pas de manières ; il connaissait parfaitement la langue, l'âme et les pensées de ceux qu'il avait privés de liberté.

3

Les soldats allemands qui, par une nuit du mois d'août 1942, arrêtèrent Mostovskoï, Agrippina Petrovna, le médecin militaire Sofia Levintone et le chauffeur Semionov dans les faubourgs de Stalingrad, les emmenèrent au QG d'une division d'infanterie.

Après un bref interrogatoire, Agrippina Petrovna fut relâchée et, sur l'indication d'un collaborateur de la Feldgendarmerie, elle reçut une miche de pain et un peu d'argent ; Semionov partit avec une colonne de prisonniers pour un Stalag des environs. Mostovskoï et Sofia Ossipovna Levintone furent envoyés à l'état-major du groupement d'armées.

C'est là que Mostovskoï vit pour la dernière fois Sofia Ossipovna. Elle était debout au milieu de la cour poussiéreuse, on lui avait pris son calot, arraché les insignes de son grade ; l'expression sombre et haineuse de ses yeux, de tout son visage remplit Mostovskoï d'admiration.

Après le troisième interrogatoire, on mena Mostovskoï à pied jusqu'à la gare où un convoi de blé attendait le départ. Une dizaine de wagons, dans le train, étaient réservés à des jeunes gars et filles envoyés en Allemagne pour le travail obligatoire : Mostovskoï entendit les cris d'adieu au moment du départ. On enferma Mostovskoï dans le compartiment de service : le soldat qui l'escortait n'était pas grossier avec lui mais, chaque fois que Mostovskoï lui posait une question, une expression de sourd-muet gagnait son visage. De plus, Mostovskoï sentait que le soldat ne pensait qu'à une chose : surveiller son détenu. Il était comme un gardien de zoo expérimenté qui surveille dans un silence tendu la caisse qu'il est chargé de convoyer et où s'agite un fauve. Alors que le train roulait déjà en Pologne, un nouveau passager vint les rejoindre ; c'était un évêque polonais aux cheveux blancs, aux yeux tragiques et à la bouche enfantine.

Il raconta aussitôt à Mostovskoï les persécutions de Hitler contre le clergé polonais. Il parlait russe avec un fort accent. Mais quand Mostovskoï traita de tous les noms le catholicisme en général et le pape en particulier, l'évêque se tut et ne répondit plus qu'en polonais à ses questions. Quelques heures plus tard, à Poznan, on le fit descendre.

On emmena Mostovskoï jusqu'au camp sans passer par Berlin... Il avait l'impression qu'il se trouvait déjà depuis des années dans le bloc spécial où l'on avait placé les détenus qui intéressaient particulièrement la Gestapo. On y mangeait mieux que dans le camp de travail, mais c'était la vie facile de cobayes de laboratoire. L'homme de jour appelle un détenu à la porte : un copain veut faire un échange avantageux de son tabac contre une ration de pain, et le détenu regagne sa place avec un sourire satisfait. Un autre, de la même manière, interrompt sa conversation pour suivre l'homme de jour, mais son interlocuteur attendra en vain la fin du récit. Et quelque temps après, le kapo ordonne à l'homme de jour de débarrasser la place vacante des loques qui y traînent ; et quelqu'un demande au *Stubenälteste* Keise s'il peut occuper la place qui vient de se libérer. Les discussions, dans leur mélange incroyable, n'étonnaient plus Mostovskoï : on discutait de la « sélection », des fours crématoires, de la valeur des équipes de football du camp, la plus forte, c'est celle du *Plantage-Moorsoldaten*, celle du *Revier*[1] n'est pas mauvaise non plus, les cuisines ont une bonne attaque, l'équipe polonaise est nulle en défense... Il s'était habitué aux dizaines, aux centaines de bruits qui couraient dans le camp : sur l'invention d'une nouvelle arme, sur les dissensions entre les leaders nationaux-socialistes. Tous les bruits étaient toujours aussi beaux que mensongers. Les bruits, opium du peuple des camps.

4

La neige tomba au petit matin et tint jusqu'à midi. Les Russes éprouvèrent joie et tristesse. La Russie avait regardé de leur côté, avait jeté à leurs pieds misérables et meurtris son fichu de mère, elle avait blanchi les toits des baraques et celles-ci avaient, de loin, un petit air familier de maisons paysannes.

Mais cette joie qui avait brillé un instant s'était mêlée à la tristesse et noyée dans la tristesse.

L'homme de jour, un soldat espagnol du nom d'Andrea, s'approcha de Mostovskoï et lui dit en mauvais français que son ami, employé à l'administration du camp, avait vu un papier concernant un vieillard de nationalité russe, mais il n'avait pas eu le temps de le lire, son chef l'avait emporté.

« Ma vie est suspendue à ce petit bout de papier », pensa-t-il et il se réjouit de se sentir aussi calme.

---

1. Respectivement soldat de la tourbe, quartier.

— Mais ça ne fait rien, chuchota Andrea, on peut encore savoir ce qu'il y a dedans.

— Chez le commandant du camp ? demanda Guardi, et ses immenses yeux noirs brillèrent dans la pénombre : ou bien chez le représentant du SD, chez Liss en personne ?

Mostovskoï avait été surpris par la différence entre le Guardi de jour et le Guardi de nuit. Durant la journée, le prêtre parlait de soupe, des nouveaux venus, négociait avec ses voisins des échanges de rations, évoquait les plats italiens au goût relevé et riches en ail.

Les prisonniers de guerre russes connaissaient son expression préférée et, quand ils le rencontraient sur la place, ils lui criaient de loin : « Tonton Padre, tutti kaputi », et souriaient comme si ces mots donnaient courage. Ils l'appelaient tonton Padre, persuadés que Padre était son nom.

Un soir, les officiers et les commissaires soviétiques, qui se trouvaient dans un bloc à part, se mirent à plaisanter Guardi, doutant de sa capacité à observer ses vœux de chasteté.

Guardi écouta sans sourire les bribes de phrases où se mêlaient les mots français, allemands et russes.

Puis il parla et Mostovskoï traduisit ses paroles. Au nom de leurs idéaux, les révolutionnaires russes étaient allés au bagne et montés sur l'échafaud. Pourquoi donc ses interlocuteurs mettaient-ils en doute qu'un homme puisse, par idéal religieux, renoncer aux femmes ? C'était pourtant beaucoup plus facile que de sacrifier sa vie.

— Je n'en suis pas si sûr, fit remarquer le commissaire de brigade Ossipov.

La nuit, quand tout le monde dormait, Guardi devenait tout autre. Il s'agenouillait sur le châlit et priait. On aurait dit que toutes les souffrances de ce bagne pouvaient se noyer dans ses yeux extatiques, dans leur velours noir et profond. Les tendons de son cou brun s'étiraient comme s'il était en train de travailler, son visage long et apathique acquérait une expression faite de bonheur sombre et d'entêtement. Il priait longuement et Mikhaïl Sidorovitch s'endormait au son du murmure doux et rapide de l'Italien. Habituellement, Mostovskoï se réveillait une ou deux heures plus tard et, à ce moment-là, Guardi dormait déjà. Le sommeil de l'Italien était agité comme si ses deux hypostases, la diurne et la nocturne, se réunissaient en lui en cet instant ; il ronflait, claquait des lèvres, grinçait des dents, lâchait ses gaz à grand bruit et prononçait soudain d'une voix chantante les paroles splendides de la prière sur la Miséricorde de Dieu et de la Sainte Vierge.

Il ne reprochait jamais au vieux communiste russe son athéisme et il le questionnait souvent sur la Russie soviétique.

En écoutant Mostovskoï, le prêtre hochait la tête comme s'il approuvait les fermetures des églises et des monastères, les nationalisations des terres appartenant au Saint-Synode.

Ses yeux noirs fixaient avec tristesse le vieux communiste et Mikhaïl Sidorovitch demandait, irrité :

— *Vous me comprenez*[1] ?

Guardi souriait de son sourire quotidien, celui qui accompagnait les recettes de sauce tomate et d'osso buco.

— Je comprends tout ce que vous dites, je ne comprends pas seulement pourquoi vous dites cela.

Les détenus russes qui se trouvaient dans le bloc spécial n'étaient pas exemptés des travaux, aussi Mostovskoï ne les voyait-il et ne discutait-il avec eux que tard le soir ou la nuit. Seuls n'allaient pas travailler le général Goudz et le commissaire de brigade Ossipov.

Mostovskoï discutait souvent avec un être étrange à l'âge incertain, Ikonnikov le Morse. Il avait la plus mauvaise place dans le baraquement : près de la porte d'entrée, où soufflait un courant d'air glacé et où, un temps, se trouvait un énorme baquet, la tinette.

Les détenus russes avaient surnommé Ikonnikov « l'ancêtre parachutiste[2] », ils voyaient en lui un simple d'esprit et le traitaient avec pitié et dégoût[3]. Il était doué d'une résistance extraordinaire, une résistance que seuls possèdent les fous et les innocents. Il ne prenait jamais froid, bien qu'en se couchant il n'ôtât jamais ses vêtements trempés par la pluie d'automne. Il semblait que, de fait, seul un fou pût parler d'une voix aussi claire et sonore.

Mostovskoï avait fait sa connaissance de la façon suivante. Ikonnikov s'approcha un jour de lui et se mit à le détailler en silence.

— Quelle bonne nouvelle va nous annoncer le camarade ? demanda Mostovskoï et il eut un sourire moqueur quand Ikonnikov, d'une voix chantante, proféra :

— Annoncer une bonne nouvelle ? Mais qu'est-ce qui est bon ?

Ces mots reportèrent Mostovskoï au temps où, enfant, il écoutait son frère aîné, de retour du séminaire, discuter avec son père de problèmes théologiques.

— C'est un problème qui a depuis longtemps une barbe blanche, dit Mostovskoï. Les bouddhistes déjà et les premiers chrétiens se l'étaient posé. Les marxistes aussi ont pas mal réfléchi à sa solution.

— Et ils l'ont trouvée ? demanda Ikonnikov sur un ton qui égaya Mostovskoï.

— L'armée Rouge est justement en train de le résoudre, répondit Mostovskoï. Mais, pardonnez-moi, il me semble entendre dans votre voix une certaine componction, des intonations de pope ou de tolstoïen.

— Il ne peut en être autrement, fit Ikonnikov, j'ai été tolstoïen.

— Pas possible ! dit Mostovskoï.

---

1. En français dans le texte [NdT].
2. La tinette étant appelée *paracha* dans le langage argotique des prisons russes, ceux qui dormaient à côté étaient surnommés « parachutistes ».
3. Dans la tradition chrétienne russe, les simples d'esprit et les fous de Dieu sont traités respectueusement, comme des gens possédant le don de prophétie et capables de « dire la vérité aux puissants de ce monde ».

L'homme commençait à l'intéresser.

— Voyez-vous, dit Ikonnikov, je suis persuadé que les persécutions de l'Église par les bolcheviks après la révolution ont été bénéfiques à l'idée chrétienne. L'Église, à la veille de la révolution, était dans un état pitoyable.

Mikhaïl Sidorovitch plaisanta gentiment :

— Vous êtes un véritable dialecticien. Et voilà que moi aussi, sur mes vieux jours, j'ai la chance d'assister à un miracle.

— Non, répondit sombrement Ikonnikov. Vous, vous pensez que votre fin justifie les moyens, et vos moyens sont impitoyables. Je ne suis pas un miracle, je ne suis pas dialecticien.

— Bien, fit Mostovskoï, soudain irrité. Mais en quoi puis-je vous être utile ?

Ikonnikov, debout dans la position d'un soldat au garde-à-vous, dit :

— Ne vous moquez pas de moi. (Sa voix sonna tragiquement.) Je ne suis pas venu vers vous pour plaisanter. Le 15 septembre de l'année dernière, j'ai vu l'exécution de vingt mille Juifs, de femmes, d'enfants, de vieillards. Ce jour-là, j'ai compris que Dieu n'aurait pas permis une telle chose et il m'a paru évident que Dieu n'existait pas. Dans les ténèbres actuelles, je vois votre force qui lutte avec un mal terrible...

— Soit, dit Mikhaïl Sidorovitch, discutons.

Ikonnikov était aux travaux de terrassement dans les marécages proches du camp où l'on plaçait une énorme canalisation en béton pour détourner une rivière et des ruisseaux et assécher ainsi tout le creux. On avait surnommé ceux qui travaillaient là les *Moorsoldaten* ; généralement on y envoyait ceux qui étaient mal vus du commandement.

Les mains d'Ikonnikov étaient petites, aux doigts fins, aux ongles d'enfant. Il revenait du travail couvert d'argile, trempé, il s'approchait du châlit de Mostovskoï et demandait :

— Me permettez-vous de rester un moment à côté de vous ?

Il s'asseyait, souriait sans regarder son interlocuteur, se passant la main sur le front. Son front avait quelque chose d'étonnant ; il n'était pas très grand, très bombé, très clair, si clair qu'on aurait pu croire qu'il existait indépendamment des oreilles sales, du cou d'un brun foncé et des mains aux ongles cassés. Les détenus soviétiques, hommes aux biographies limpides, voyaient en lui un être obscur et trouble.

Depuis l'époque de Pierre le Grand, tous les ancêtres d'Ikonnikov étaient prêtres de père en fils[1]. Seule la dernière génération des Ikonnikov avait choisi une autre voie : tous les fils Ikonnikov avaient reçu, selon les vœux de leur père, une instruction laïque.

Ikonnikov était entré à l'Institut de technologie[2] de Saint-Pétersbourg, mais, séduit par la doctrine de Tolstoï, il avait abandonné ses études en

---

1. Dans l'Église orthodoxe russe, les prêtres ont le droit de se marier à la différence des moines. Le nom de famille d'Ikonnikov provient du mot « icône ».
2. Voir « Institut de technologie de Saint-Pétersbourg » dans le Dictionnaire.

dernière année pour devenir maître d'école dans un village du gouvernement de Perm. Il y vécut près de huit ans, puis déménagea dans le Sud, à Odessa, embarqua sur un cargo comme mécanicien, séjourna en Inde et au Japon, vécut à Sydney. Après la révolution, il revint en Russie et entra dans une commune agricole. C'était un rêve très ancien ; il croyait que le travail communiste de la terre instaurerait le règne de Dieu sur terre.

Pendant la collectivisation générale, il vit les convois où étaient entassées des familles de *dékoulakisés*. Il vit des hommes épuisés tomber dans la neige pour ne plus se relever. Il vit les villages « fermés » sans âme qui vive, aux portes et aux fenêtres condamnées. Il vit une paysanne en guenilles qui avait été arrêtée, une femme aux mains noires de travailleuse, au cou décharné ; ceux qui l'escortaient la regardaient avec horreur ; elle avait mangé, rendue folle par la faim, ses deux enfants.

À cette époque, sans quitter la commune, il se mit à prêcher l'Évangile, à prier Dieu de prendre les victimes en pitié. Il finit par se faire arrêter, mais il apparut que les souffrances des années trente lui avaient troublé la raison. Après une année de détention dans un hôpital psychiatrique, il fut relâché et s'installa en Biélorussie, chez son frère aîné, professeur en biologie, qui lui trouva une place dans une bibliothèque technique. Mais ces événements sinistres l'avaient irrémédiablement marqué.

Quand commença la guerre et quand les Allemands envahirent la Biélorussie, Ikonnikov vit les souffrances des prisonniers de guerre, les exécutions des Juifs dans les villes et dans les *shtetl*. Il tomba de nouveau dans un état proche de l'hystérie, suppliant des connaissances et des inconnus de cacher les Juifs, lui-même tentant de sauver des femmes et des enfants juifs. Il fut rapidement dénoncé et, ayant échappé par miracle à la potence, il se retrouva dans un camp.

Dans la tête du « parachutiste » régnait le chaos, il professait une morale grotesque et ridicule, au-dessus de la lutte des classes.

— Quand s'exerce la violence, expliquait Ikonnikov, le malheur règne et le sang coule. J'ai assisté aux grandes souffrances de la paysannerie et pourtant le but de la collectivisation était le bien. Je ne crois pas au bien, je crois à la bonté.

— À vous suivre, nous devrions être horrifiés quand, au nom du bien, on pendra haut et court Hitler et Himmler. Moi, je ne le serai pas, répondit Mostovskoï.

— Interrogez Hitler, dit Ikonnikov, et il vous expliquera que les camps, eux aussi, ont le bien pour but.

Mostovskoï avait l'impression que durant ses discussions avec Ikonnikov, ses raisonnements logiques avaient la même efficacité que des coups de couteau que l'on porterait vainement à une méduse.

— Le monde n'a pas dépassé la vérité qu'a formulée un chrétien de Syrie vivant au VIᵉ siècle : « Condamne le péché et pardonne au pécheur », répéta Ikonnikov.

Il y avait dans le baraquement un autre vieillard russe : Tchernetsov. Il était borgne. Un gardien avait brisé son œil de verre et son orbite vide faisait une tache rouge, étrange dans ce visage blanc.

Quand il s'adressait à quelqu'un, il masquait de la main le trou béant.

C'était un menchevik qui avait fui l'Union soviétique en 1921. Il avait passé vingt ans à Paris, comptable dans une banque. Il avait échoué dans le camp pour avoir appelé les employés de la banque à saboter les directives de la nouvelle administration. Mostovskoï s'efforçait de ne pas avoir affaire à lui.

La popularité de Mostovskoï semblait inquiéter le menchevik. Tous, que ce soit un soldat espagnol, un propriétaire de papeterie norvégien ou un avocat belge, étaient attirés par le vieux bolchevik, tous l'interrogeaient.

Un jour, le chef de file des prisonniers de guerre soviétiques, le major Erchov, vint s'asseoir à côté de Mostovskoï. Le major s'était légèrement laissé aller contre lui, lui avait posé la main sur l'épaule et parlait avec chaleur.

Soudain, Mostovskoï leva les yeux, il vit à l'autre bout du baraquement Tchernetsov qui les regardait. Mostovskoï pensa que la tristesse qui se lisait dans l'œil vivant était plus effrayante encore que le trou rouge qui béait à la place de son œil perdu.

« Ouais, mon vieux, ce n'est pas gai pour toi », pensa Mostovskoï sans éprouver de joie mauvaise à cette idée.

Ce n'était pas le hasard, bien sûr, qui voulait que tous aient besoin d'Erchov. « Où est Erchov ? Vous n'avez pas vu Erchov ? Camarade Erchov ! Major Erchov ! Erchov a dit... Demande à Erchov... » On venait le voir des autres baraquements, il y avait toujours du mouvement autour de sa place.

Mostovskoï avait qualifié Erchov de maître à penser. Dans les années 1860, les maîtres à penser étaient les révolutionnaires démocrates, puis ce furent les populistes, il y eut ensuite Mikhaïlovski, puis il disparut à son tour. Le camp hitlérien avait son maître à penser. La solitude du borgne ressemblait, dans ce camp, à un symbole tragique.

Des dizaines d'années s'étaient écoulées depuis le premier séjour de Mostovskoï dans une prison tsariste. C'était même en un autre siècle, au XIXe.

Il se souvenait maintenant comme il avait été vexé, ces dernières années, parce que les dirigeants du Parti mettaient en doute sa capacité à mener un travail pratique. Maintenant, il se sentait fort, il voyait le poids qu'avaient ses paroles pour le général Goudz, pour le commissaire Ossipov et pour le major Kirillov, toujours triste et abattu.

Avant la guerre, il se consolait d'être éloigné de l'action pratique, en se disant qu'ainsi, au moins, il ne participait que dans une moindre mesure à tout ce qui provoquait en lui protestation et refus : le pouvoir absolu de

Staline dans le Parti, les procès sanglants contre l'opposition[1], le manque de respect pour la vieille garde bolchevique. L'exécution de Boukharine, qu'il avait connu et aimé, l'avait longtemps fait souffrir. Mais il savait que s'il s'opposait au Parti sur une de ces questions, il s'opposerait par là même, indépendamment de sa volonté, à l'entreprise de Lénine, alors qu'il lui avait consacré sa vie. Parfois les doutes le torturaient. Et si c'était par faiblesse, par peur, qu'il se taisait et ne manifestait pas son désaccord ? Il y avait eu tant de choses horribles avant la guerre ! Il pensait souvent à Lounatcharski, mort maintenant ; comme il aurait aimé le revoir, c'était si agréable de discuter avec lui, ils se comprenaient à demi-mot.

Maintenant, dans l'horreur du camp, il se sentait assuré et fort. Mais une inquiétude diffuse ne le lâchait pas. Même dans le camp, il ne pouvait retrouver le sentiment simple, jeune, achevé d'être sien parmi les siens et étranger parmi les étrangers.

Ce n'était pas parce qu'un officier anglais lui avait demandé si l'interdiction en Russie d'exprimer un point de vue antimarxiste ne l'avait pas gêné pour s'occuper de philosophie.

— Cela en gêne peut-être certains. Mais moi, marxiste, cela ne me gênait pas, répondit Mostovskoï.

— Je vous ai posé cette question justement parce que vous êtes un vieux marxiste, dit l'Anglais.

Et bien que cette phrase le fît grimacer de douleur, il sut y répondre.

Non, le problème était que des hommes comme Ossipov, Erchov, Goudz lui pesaient parfois, bien qu'ils lui fussent très proches. Son malheur était que bien des choses en lui-même lui étaient devenues étrangères. Plus d'une fois, retrouvant un vieil ami, il s'était aperçu malgré sa joie qu'ils étaient devenus étrangers l'un à l'autre.

Mais comment faire quand une part de vous-même est étrangère au temps présent... On ne peut pas rompre avec soi-même.

Au cours de ses discussions avec Ikonnikov, il s'irritait, devenait grossier, se moquait de lui, le traitait de chiffe molle, de nouille, de moule. Mais, dans le même temps, il lui manquait quand il ne le voyait pas.

C'était en cela principalement que sa situation actuelle différait de ses années de prison dans sa jeunesse.

Quand il était jeune, tout, chez ses amis et camarades de Parti, lui était proche, compréhensible. Toute pensée, toute opinion chez ses ennemis lui semblait étrangère, monstrueuse.

Maintenant, il retrouvait dans les pensées d'un étranger ce qui lui avait été proche dans les temps anciens, et à l'inverse il découvrait soudain des choses qui lui étaient étrangères dans les pensées de ses amis.

« C'est parce que je vis depuis trop longtemps », se disait Mostovskoï.

---

1. Voir « Procès de Moscou » dans le Dictionnaire.

5

Dans le baraquement spécial vivait un colonel américain. Il avait droit à un box individuel, à un dîner particulier, il pouvait sortir librement du baraquement après dîner. On disait que la Suède s'était enquise à son sujet sur la requête du président Roosevelt.

Un jour, le colonel avait apporté une tablette de chocolat à Nikonov, un major russe qui était alors malade. Les prisonniers russes l'intéressaient beaucoup. Il essayait d'entamer la conversation avec eux à propos de la tactique des Allemands et des causes des revers soviétiques en 1941.

Il aimait parler avec Erchov, et quand il regardait les yeux pleins d'intelligence, rieurs et sérieux à la fois du major, il oubliait qu'Erchov ne comprenait pas l'anglais.

Il lui semblait étrange qu'un homme au visage si intelligent pût ne pas le comprendre, d'autant plus qu'il s'agissait de choses qui les passionnaient tous deux.

— C'est pas possible, s'étonnait-il, attristé, c'est vrai que vous ne me comprenez pas ?

Erchov lui répondait en russe :

— Notre estimable sergent parlait toutes les langues, sauf les étrangères.

Mais malgré tout, en un langage fait de sourires, de regards, de tapotements sur l'épaule et d'une dizaine ou deux de mots russes, allemands, anglais et français affreusement écorchés, les Russes du camp parvenaient à discuter de camaraderie, de solidarité, d'aide, d'amour du foyer, des femmes, des enfants avec des hommes appartenant à des dizaines de nationalités différentes.

Kamerad, Gut, Brot, Suppe, Kinder, Zigarette, Arbeit et une douzaine de mots engendrés par les camps, *Revier, Blockälteste, Kapo, Vernichtungslager, Appell, Appellplatz, Waschraum, Flugpunkt, Lagerschütze*[1], suffisaient à exprimer l'essentiel dans la vie simple et complexe des hommes des camps.

Certains détenus utilisaient également des mots russes comme *rebiata, tabatchok, tovarichtch.* Quant au mot russe *dokhodiaga*[2], qui servait à définir le détenu sur le point de mourir, il avait gagné les cinquante-six nationalités qui composaient le camp.

Avec pour tout bagage une dizaine, une quinzaine de mots, le grand peuple allemand avait fait irruption dans les villes et les campagnes où vivait le grand peuple russe, et des millions de villageoises, de vieux et d'enfants, des millions de soldats allemands s'expliquaient à coups de

---

1. Respectivement camarade, bon, pain, soupe, enfants, cigarette, travail, quartier, doyen du bloc, kapo, camp d'extermination, appel, place d'appel, douches, terrain d'aviation, tireur.
2. *Rebiata*, « les gars » ; *tabatchok*, forme diminutive de *tabak*, « tabac » ; *tovarichtch*, « camarade » ou « compagnon » ; *dokhodiaga*, personne au bout de ses ressources vitales (du verbe russe *dokhodit*, « être à bout de forces », « être cuit à point »).

matka, pan, rouki vierkh, kourka, iaïka[1]*, kaput.* Pareilles explications ne les menaient pas loin. Le grand peuple allemand, toutefois, n'avait pas besoin de plus pour le genre de chose qu'il commettait en Russie.

Les tentatives de Tchernetsov pour lier conversation avec les prisonniers soviétiques ne le menaient guère plus loin. Pourtant, en vingt ans d'émigration il n'avait pas oublié le russe qu'il possédait à la perfection. Mais il ne parvenait pas à comprendre les prisonniers soviétiques qui l'évitaient.

De la même façon, il était impossible aux prisonniers de guerre soviétiques de se mettre d'accord ; les uns étaient prêts à mourir pour ne pas trahir, les autres pensaient déjà à s'enrôler dans les troupes de Vlassov. Plus ils parlaient, plus ils débattaient et moins ils se comprenaient. Puis ils se taisaient, pleins de haine et de mépris mutuels.

Dans ce silence de muets et ces discours d'aveugles, dans ce mélange épais d'êtres unis par la terreur, l'espoir et le malheur, dans cette incompréhension et cette haine d'hommes parlant la même langue, s'exprimait tragiquement une des plaies du XXe siècle.

6

Les discussions du soir des prisonniers russes furent particulièrement tristes le jour où la neige était tombée.

Même le colonel Zlatokrylets et le commissaire Ossipov, pourtant d'habitude pleins d'énergie et de vie, étaient ce soir-là sombres et silencieux. La nostalgie avait eu raison de tous.

Le major d'artillerie Kirillov était assis sur le châlit de Mostovskoï ; les épaules basses, il dodelinait de la tête. Ses yeux sombres et même tout son grand corps n'étaient que tristesse.

Des cancéreux condamnés ont ce regard et en le voyant même les êtres les plus proches pensent, apitoyés : « Vivement que tu meures ! »

Kotikov, l'omniprésent Kotikov, montrant Kirillov d'un signe de tête, murmura à l'oreille d'Ossipov :

— Ou bien il va se pendre, ou bien il ira chez Vlassov.

Mostovskoï frotta ses joues hérissées d'une barbe blanche :

— Dites voir, les Cosaques, c'est vrai que ça va bien. Vous ne comprenez donc pas ? Chaque jour qui passe et qui voit vivre l'État fondé par Lénine est insupportable pour le fascisme. Il n'a pas le choix : ou bien il doit nous dévorer, nous détruire, ou bien il périra. La haine que nous voue le fascisme est la preuve que l'œuvre de Lénine est juste. Une preuve de plus et non des moindres. Comprenez donc que plus le fascisme nous hait, plus nous devons être sûrs d'avoir raison. Et nous vaincrons.

Il se tourna brusquement vers Kirillov :

---

1. Respectivement la mère, monsieur (en polonais), les mains en l'air (déformé), poule, œuf [NdT].

— Ne vous laissez pas aller ! Vous vous rappelez, chez Gorki, pendant la promenade dans la cour de la prison[1], un Géorgien lui cria : « Pourquoi toi marcher comme une poule ? Marche tête haute ! »

Tous éclatèrent de rire.

— Il avait raison. Allons, tête haute, dit Mostovskoï. Pensez-y : le gigantesque, le grand État soviétique défend l'idéal communiste. Hitler peut toujours essayer de venir à bout de l'un et de l'autre. Stalingrad tient bon. Parfois, on se demandait avant la guerre si nous n'avions pas un peu trop serré les vis, si nous n'avions pas été trop durs. Mais, maintenant, même un aveugle peut voir que la fin justifie les moyens.

— Oui, vous les avez bien serrées, les vis. Ça, c'est vrai, prononça Erchov.

— On ne les a pas assez serrées, dit le général Goudz. On aurait dû y aller encore plus fort et ils ne seraient pas arrivés jusqu'à la Volga.

— Ce n'est pas à nous de donner des leçons à Staline, dit Ossipov.

— Et voilà, dit Mostovskoï. Et si nous devons « périr dans les prisons ou les mines humides », c'est que telle était notre destinée. Ce n'est pas à cela que nous devons penser.

— Et à quoi donc ? demanda Erchov d'une voix forte.

Les présents se regardèrent, regardèrent autour d'eux et restèrent silencieux.

— Ah ! Kirillov, cher Kirillov ! dit soudain Erchov. Il a raison notre père, la haine des fascistes doit nous réjouir. Nous les haïssons et eux nous haïssent. Tu comprends ? Et maintenant pense à ce que ça représente de se retrouver dans un camp tenu par les siens. Prisonnier des tiens. Ça, c'est un malheur. Tandis qu'ici, ce n'est rien. Nous sommes des gars solides, on leur en fera encore voir, aux Allemands !

7

Le commandement de la 62ᵉ armée[2] avait perdu la liaison avec la troupe. Les radios de l'état-major ne marchaient plus ; les fils téléphoniques étaient constamment coupés.

Par moments, la surface ridée de la Volga paraissait immobile aux hommes qui la contemplaient, et la terre, blottie tout contre elle, palpitait. Des centaines de pièces de l'artillerie lourde soviétique faisaient feu de la rive orientale. La terre se cabrait au pied des dispositifs allemands, sur le flanc gauche du Mamaïev Kourgan.

---

1. L'épisode de l'emprisonnement de Gorki date de 1905. Il passa un mois et demi dans la prison politique de la forteresse Pierre-et-Paul pour avoir protesté contre l'autocratie pendant les événements du « Dimanche sanglant », le 9 janvier 1905.
2. Depuis le 29 août 1942, la 62ᵉ armée faisait partie du front sud-ouest du pays qui défendait le centre et le nord de Stalingrad.

Les nuages de terre laissaient retomber une pluie de mottes tandis qu'une poussière impalpable montait dans le ciel.

Les combattants, assourdis, les yeux rougis, faisaient face plusieurs fois par jour aux attaques de l'infanterie et des blindés allemands.

La journée semblait interminable au commandement coupé de ses troupes.

Tchouïkov, Krylov et Gourov avaient tout essayé pour emplir la journée, se donner l'illusion d'une activité quelconque, ils avaient fait leur courrier, discuté des déplacements possibles de l'ennemi, plaisanté, bu de la vodka, écouté les bombardements. Une pluie de fer fauchait autour du QG toute vie, tout ce qui dépassait la surface du sol. L'état-major était paralysé.

— Si on se faisait une partie de cartes ? suggéra Tchouïkov en écartant un vaste cendrier rempli de mégots.

Même Krylov, le chef d'état-major, avait perdu son calme. Il pianota sur la table et dit :

— Il n'y a rien de pire que de rester comme ça à attendre de se faire bouffer par les Allemands.

Tchouïkov distribua les cartes, annonça « atout cœur », puis, brusquement, mélangea le jeu :

— Non, je ne peux pas ; on est là à taper le carton…

Il restait assis, silencieux. Son visage exprimait une telle haine, un tel tourment qu'il en était horrible.

Gourov, comme s'il avait deviné sa fin, murmura :

— Encore une journée comme ça et je mourrai d'un arrêt du cœur.

Puis il raconta en riant :

— Aller faire ses besoins au PC de la division est une entreprise folle. On m'a rapporté que le chef d'état-major de Lioudnikov s'est laissé tomber dans l'abri en exultant : « Hourra, les gars, j'ai chié ! » Il se retourne et il voit la doctoresse dont il est amoureux.

À la tombée de la nuit, les attaques de l'aviation allemande cessèrent. Il est probable qu'un homme qui se serait retrouvé la nuit à Stalingrad aurait cru, écrasé par le bruit, que la malchance l'avait amené là au moment précis où devait se déclencher l'attaque décisive ; mais pour les anciens de Stalingrad, c'était l'heure où l'on pouvait se raser, faire sa lessive, écrire des lettres, c'était l'heure où les tourneurs, les chaudronniers, les soudeurs fabriquaient, à partir de douilles d'obus, des briquets, des fume-cigarettes, ou des « calots » qu'ils équipaient d'une mèche faite de lambeaux de capote.

Les éclairs intermittents des explosions éclairaient la berge, les ruines de la ville, les réservoirs d'hydrocarbures, les cheminées d'usines, et en ces brefs éclairs la ville et la rive étaient sinistres.

À la tombée de la nuit, le centre de transmissions de l'armée s'éveilla. Les machines à écrire cliquetaient, multipliant les rapports, les groupes autogènes ronronnaient, le morse crépitait et les téléphonistes s'interpellaient en branchant sur le réseau les PC de divisions, de régiments, de batteries, de bataillons… Les officiers de liaison toussotaient gravement, en attendant de faire leurs rapports à l'officier de jour. Le vieux Pojarski, qui commandait l'artillerie, Tkatchenko, général du génie, responsable des traversées où l'on risquait sa peau, Gourtiev, commandant d'une division de Sibérie, et le lieutenant Batiouk, vieux Stalingradois, dont la division était disposée au Mamaïev Kourgan, se précipitèrent au rapport chez Tchouïkov et Krylov. Dans les comptes rendus politiques à Gourov, membre du Conseil d'armée, résonnèrent des noms fameux de Stalingrad : ceux du pointeur de mortier Bezdidko, des tireurs d'élite Vassili Zaïtsev et Anatoli Tchekhov, du sergent Pavlov ; d'autres vinrent s'y joindre, cités pour la première fois à Stalingrad : les Chonine, Vlassov, Bryssine auxquels leur premier jour en ce lieu avait apporté la gloire. En première ligne, on remettait au facteur les lettres pliées en triangle : « Vite, vole vers l'orient, dire bonjour à ma maman… Porte vers elle mon amour, et qu'elle réponde à son tour… Bonjour ou peut-être bonsoir. » En première ligne, on enterrait les tués, et les morts passaient la première nuit de leur sommeil éternel à côté des abris et des tranchées où leurs camarades écrivaient des lettres, se rasaient, mangeaient du pain, buvaient du thé, faisaient leur toilette dans des bains improvisés.

8

Commencèrent, pour les défenseurs de Stalingrad, les jours les plus durs.

Dans la confusion des combats de rue, des attaques et des contre-attaques, dans la lutte pour le contrôle de la « Maison du Spécialiste », du moulin, du bâtiment de la banque, dans la lutte dans les caves, les cours et sur les places, la supériorité des Allemands se faisait manifeste.

Le coin que les Allemands avaient enfoncé dans la partie sud de Stalingrad, près du jardin des Lapchine et de l'Elchanka, s'élargissait et les mitrailleuses allemandes camouflées à la limite de l'eau tenaient sous leur feu la rive gauche de la Volga au sud de la Krasnaïa Sloboda. Les officiers de l'état-major qui reportaient sur la carte la ligne du front voyaient progresser inexorablement les lignes bleues et fondre la bande comprise entre la ligne rouge de la défense soviétique et le bleu de la Volga.

L'initiative, l'âme de la guerre, était ces jours-là entre les mains des Allemands. Ils avançaient et toute la fureur des contre-attaques soviétiques ne pouvait arrêter leur mouvement, un mouvement lent mais inexorable.

Et dans le ciel, du matin au soir, hurlaient les attaques en piqué des avions allemands qui pilonnaient la terre douloureuse. Et des centaines de têtes étaient vrillées par une seule pensée : qu'adviendra-t-il demain, dans une semaine, quand l'étroite bande de la défense soviétique sera réduite à un fil et se rompra, rongée par les dents de fer de l'offensive allemande ?

9

La nuit était avancée quand, dans son abri, le général Krylov s'allongea sur son lit de camp. Après les dizaines de cigarettes fumées dans la journée, il avait mal au cœur et il lui semblait que sa tête allait se fendre. Krylov passa sa langue sur son palais desséché et se tourna vers le mur. Au seuil du sommeil, il mêlait dans son souvenir les combats d'Odessa et de Sébastopol, les cris de l'infanterie roumaine se lançant à l'attaque, les cours pavées entourées de lierre d'Odessa et la beauté marine de Sébastopol.

Il se croyait à nouveau dans son PC à Sébastopol, et dans la brume du sommeil il voyait briller le pince-nez du général Petrov ; le pince-nez se brisa en mille éclats et il voyait déjà la mer ; la poussière grise, que soulevaient les obus allemands dans les falaises, passa au-dessus des têtes des soldats et des marins pour s'immobiliser au-dessus de la montagne Sapoun.

Il entendit le clapotis indifférent des vagues soulevées par la vedette et la voix abrupte du sous-marinier : « Saute ! » Il croyait avoir sauté dans l'eau mais son pied toucha aussitôt la coque du sous-marin... Un dernier regard pour Sébastopol, pour le ciel étoilé, pour les incendies sur le rivage...

Krylov s'assoupit. Mais la guerre le gardait en son pouvoir. Le sous-marin l'emportait de Sébastopol pour Novorossisk. Il avait replié ses jambes engourdies, il avait le dos et la poitrine couverts de sueur, le bruit du moteur battait dans ses tempes. Et soudain le moteur se tut, le sous-marin se coucha doucement sur le fond. La touffeur devint insupportable, la voûte métallique, coupée en carrés par le pointillé des rivets, l'oppressait...

Il entendit hurler des voix, puis l'explosion d'une bombe sous-marine, puis une vague le frappa et le jeta à bas de sa couchette. Krylov ouvrit les yeux, tout était en flammes, devant la porte ouverte de l'abri un flot de feu coulait vers la Volga ; on entendait des cris, le crépitement des pistolets-mitrailleurs.

— Couvre-toi la tête de cette capote, cria un soldat inconnu à Krylov en lui tendant un manteau.

Mais Krylov l'écarta, cria :

— Où est Tchouïkov ?

Soudain il comprit : les Allemands avaient mis le feu aux réservoirs et le pétrole enflammé allait se jeter dans la Volga.

Il semblait impossible d'échapper à ce feu liquide. Le feu s'arrachait en mugissant du pétrole qui emplissait les creux et les trous d'obus, qui s'engouffrait dans les tranchées de communication. La terre, l'argile, la pierre s'imbibaient de pétrole et se mettaient à fumer. Le pétrole se déversait en gros bouillons hors des réservoirs transpercés par les balles incendiaires ; c'était comme si l'on déroulait d'énormes rouleaux de feu et de fumée comprimés jusqu'alors dans les citernes.

La vie qui régnait sur la terre des centaines de millions d'années auparavant, la vie formidable et grossière des monstres primitifs, s'était arrachée à la profondeur de ses tombes, elle rugissait à nouveau, piétinant tout sur son passage de ses énormes pattes, elle hurlait, dévorant toutes choses alentour. Le feu montait à des centaines de mètres, entraînant des nuages de gaz enflammés qui explosaient haut dans le ciel. Une voûte noire, épaisse et mouvante séparait les étoiles d'automne de la terre en feu. Vue d'en bas, cette masse fluctuante, noire et grasse, inspirait l'épouvante.

Les colonnes de fumée et de feu prenaient par instants les formes d'êtres en proie au désespoir et à la fureur, ou de peupliers frissonnants, de trembles frémissants. Le noir et le rouge tournoyaient dans les lambeaux de feu comme des filles brunes et rousses enlacées dans une danse folle.

Le pétrole en feu s'étalait sur l'eau en une mince pellicule qui, emportée par le courant, chuintait, fumait, se tordait.

L'extraordinaire était que, dès les premières minutes, les soldats avaient compris comment atteindre la rive. Ils criaient : « Par ici, cours par ici, par ce sentier ! » Certains avaient déjà eu le temps de faire plusieurs allers et retours jusqu'aux abris en flammes afin d'aider les officiers d'état-major à atteindre un promontoire où, entre les rivières de feu se jetant dans la Volga, s'était retrouvé un petit groupe de rescapés.

Ils avaient aidé à descendre jusqu'au bord le général commandant l'armée et les officiers de l'état-major. Ils sortirent dans leurs bras le général Krylov que l'on croyait déjà perdu et de nouveau, battant de leurs paupières aux cils calcinés, se frayèrent un chemin à travers les broussailles rougeoyantes vers les abris.

Le personnel de l'état-major resta jusqu'au matin sur le minuscule promontoire. Se protégeant le visage de l'air brûlant, secouant de leurs vêtements les étincelles qui tombaient dessus, ils observaient le commandant de l'armée. Il portait une capote jetée sur les épaules, des mèches lui collaient au front. Il était sombre, renfrogné, mais semblait calme.

Gourov regarda les hommes qui l'entouraient :

— Ainsi, même le feu ne nous brûle pas… et il tâta les boutons brûlants de sa capote.

— Eh ! le soldat avec la pelle, cria le responsable des sapeurs, le général Tkatchenko, creuse donc en vitesse une petite tranchée ici, le feu pourrait bien nous couler dessus de cette colline.

Et il ajouta, se tournant vers Krylov :

— C'est le monde à l'envers : le feu coule comme de l'eau, et la Volga vous brûle. Encore heureux qu'il n'y ait pas de vent, on se serait tous fait rôtir.

Quand une brise se levait sur la Volga, le lourd voile de l'incendie oscillait, se penchait et les hommes se jetaient en arrière, hors d'atteinte des flammes.

Certains s'approchaient de l'eau, mouillaient leurs bottes et l'eau s'évaporait au contact du cuir brûlant. D'autres se taisaient, fixant la terre à leurs pieds, d'autres encore, surmontant leur angoisse, plaisantaient : « Même pas besoin d'allumettes, on peut allumer sa cigarette avec la Volga ou le vent. » Il en était aussi qui se palpaient le corps et secouaient la tête en sentant les boucles métalliques brûlantes de leurs ceinturons.

On entendit des explosions, c'étaient les grenades dans l'abri de la section de défense rapprochée de l'état-major. Puis claquèrent les balles dans les bandes des mitrailleuses. Une mine allemande siffla, traversant les flammes, et alla exploser loin dans la Volga. On devinait, à travers la fumée, des silhouettes lointaines ; on essayait probablement de détourner le feu du QG, mais tout disparaissait à nouveau dans la fumée et le feu.

Krylov, suivant du regard le feu qui coulait autour de lui, n'évoquait pas des souvenirs et ne se livrait pas à des comparaisons ; il se demandait si les Allemands n'avaient pas eu l'idée de profiter de l'incendie pour lancer une attaque. Les Allemands ne savaient pas dans quelle situation se trouvait le commandement de l'armée, le prisonnier d'hier n'arrivait pas à croire que l'état-major de l'armée était disposé sur la rive droite... De toute évidence c'était une offensive locale, il y avait donc une chance de vivre jusqu'au matin... si le vent ne se levait pas.

Il jeta un coup d'œil à Tchouïkov qui se tenait à ses côtés ; Tchouïkov observait l'incendie, son visage couvert de suie semblait de cuivre incandescent. Il ôta sa casquette, passa une main dans ses cheveux et se mit tout soudain à évoquer un forgeron de village en sueur ; des étincelles bondissaient au-dessus de sa tête frisée. Et voici qu'il levait les yeux vers le bruyant dôme de feu, puis jetait un regard derrière lui, en direction de la Volga où les ténèbres tentaient des percées au milieu des flammes sinueuses. Krylov se dit que le commandant de l'armée devait réfléchir intensément aux mêmes problèmes que lui : est-ce que les Allemands allaient déclencher une offensive importante... Où pourrait-on trouver une place pour le QG au cas où ils auraient la chance de survivre jusqu'au matin...

Tchouïkov sentit sur lui le regard de son chef d'état-major, lui sourit et dit avec un large geste de la main au-dessus de sa tête :

— Drôlement beau, hein ?

L'incendie était parfaitement visible du Krasni Sad, de l'autre côté de la Volga, où se trouvait le QG du front de Stalingrad. Le chef d'état-major, le général Zakharov, avait été le premier informé et avait transmis l'information à Eremenko ; le général en chef demanda à Zakharov de se rendre personnellement au centre de transmission et de joindre Tchouïkov. Zakharov, le souffle court, marchait d'un pas rapide. L'aide de camp éclairait le chemin avec une lampe de poche, prévenait de temps en temps Zakharov d'un « Attention, camarade général » et écartait les branches basses des pommiers au-dessus du sentier.

Tout baignait dans une couleur rosâtre, la lueur lointaine de l'incendie éclairait les troncs d'arbres. Cette lumière incertaine emplissait le cœur d'inquiétude. Le silence, que seuls rompaient les appels étouffés des sentinelles, rendait plus angoissant encore le feu pâle et muet.

La téléphoniste de permanence, le regard fixé sur Zakharov hors d'haleine, dit qu'il n'y avait aucune liaison avec Tchouïkov ni par téléphone, ni par télégraphe, ni par radio.

— Et avec les divisions ? demanda Zakharov d'une voix brève.

— On vient d'avoir Batiouk, camarade général.

— Passez-le-moi, en vitesse !

La jeune fille n'osait pas regarder Zakharov, craignant une explosion de colère, son caractère difficile et emporté était connu de tous. Mais soudain elle s'écria, joyeuse :

— Le voilà, je vous en prie, camarade général ; et elle lui tendit l'écouteur.

Au bout du fil se trouvait le chef d'état-major de la division. Tout comme la jeune fille, il prit peur en entendant la respiration haletante et la voix impérieuse du chef d'état-major du groupe d'armées.

— Alors, qu'est-ce qui se passe ? Rendez compte. Avez-vous une liaison avec Tchouïkov ?

Dans son rapport, le chef de l'état-major de la division relata l'incendie des réservoirs, le torrent de feu qui s'était jeté sur le QG de l'armée ; il informa que la division n'avait aucune liaison avec Tchouïkov, que selon toute apparence il y avait des survivants, car on devinait, à travers les flammes et la fumée, la présence d'hommes sur un monticule au bord du fleuve ; mais on ne pouvait les approcher ni par la rive ni en barque, la Volga était en feu. Batiouk était parti avec la section de défense rapprochée en direction de l'incendie, pour tenter de détourner le pétrole en flammes et d'aider les hommes sur la rive à se sortir du feu.

À la fin du rapport, Zakharov prononça :

— Transmettez à Tchouïkov... Si vous le trouvez en vie, transmettez à Tchouïkov...

Zakharov se tut.

La jeune fille, étonnée par le long silence du général et s'attendant à des éclats de voix, jeta un regard craintif dans sa direction ; il essuyait ses larmes avec un mouchoir.

Cette nuit-là, quarante officiers de l'état-major périrent par le feu dans leurs abris effondrés.

10

Krymov arriva à Stalingrad peu de temps après l'incendie des réservoirs.

Tchouïkov avait installé son QG au pied du coteau, parmi les dispositifs du régiment d'infanterie qui faisait partie de la division de Batiouk. Tchouïkov inspecta l'abri de l'officier commandant le régiment, le capitaine Mikhaïlov ; il examina le vaste abri recouvert par plusieurs couches de rondins et en fut satisfait. À la vue de l'expression chagrine que prenait le visage parsemé de taches de son du capitaine, il lui jeta gaiement :

— Tu t'es fait construire un abri trop luxueux pour ton grade, capitaine.

L'état-major du régiment ramassa ses impedimenta et descendit de quelques dizaines de mètres le cours de la Volga et, là, le rouquin Mikhaïlov délogea à son tour, sans ménagement, le commandant de son bataillon.

Le commandant du bataillon, resté sans logis, ne toucha pas ses chefs de compagnie (ils étaient déjà suffisamment à l'étroit) et ordonna de creuser un abri sur les hauts.

Quand Krymov arriva au QG de la 62ᵉ armée, les travaux y battaient leur plein, les sapeurs creusaient des tranchées pour relier les divers bureaux de l'état-major, l'opérationnel, le politique, les artilleurs, tout un réseau de rues et de ruelles.

À deux reprises Krymov vit Tchouïkov qui sortait constater l'avancement des travaux.

Nulle part au monde, peut-être, la construction des abris n'avait droit à autant de considération qu'à Stalingrad. On ne les construisait pas pour avoir chaud ou pour servir d'exemple à la postérité. La possibilité de rencontrer un nouveau jour, de dîner une fois de plus dépendait très strictement de l'épaisseur de terre au-dessus des têtes, de la profondeur des voies de communication, de la proximité des feuillées, de l'art du camouflage antiaérien.

En parlant de quelqu'un, on parlait en même temps de son abri.

— Il a bien travaillé aujourd'hui, Batiouk, avec ses mortiers sur le Mamaïev Kourgan... et d'ailleurs, il a un de ces abris, je ne vous dis que ça : la porte est en chêne, épaisse, une vraie porte de sénat, il en a là-dedans...

Et parfois on disait :

— Eh oui, il a été refoulé cette nuit, il a perdu une position clef, il était coupé des sections. Sa cagna se voit d'en haut, en guise de porte il a une toile de tente, contre les mouches peut-être ; un rien du tout, j'ai entendu dire que sa femme l'a quitté avant la guerre.

Il courait beaucoup d'histoires sur les abris de Stalingrad. Comment l'eau fit irruption dans l'égout où était installé l'état-major de Rodimtsev, rejetant sur la rive toute sa paperasserie, et comment des plaisantins portèrent sur la carte l'endroit où l'état-major de Rodimtsev se jetait dans la Volga. Comment fut soufflée la célèbre porte de Batiouk. Comment Jolioudev et tout son état-major furent ensevelis à l'usine de tracteurs.

Le coteau au-dessus de la Volga, truffé d'abris, évoquait, aux yeux de Krymov, un gigantesque navire de guerre : la Volga à bâbord et la muraille du feu ennemi à tribord.

La Direction politique du groupe d'armées avait chargé Krymov de tirer au clair la brouille qui opposait l'officier commandant le régiment d'infanterie et son commissaire dans la division de Rodimtsev.

En allant chez Rodimtsev, Krymov avait l'intention de faire un exposé aux officiers de l'état-major, puis de s'occuper de cette affaire.

L'agent de liaison de la section politique de l'armée le conduisit jusqu'à l'embouchure d'un vaste égout en pierre où était installé le QG de Rodimtsev. La sentinelle annonça l'arrivée d'un commissaire envoyé par l'état-major du groupe d'armées et une voix épaisse fit :

— Fais-le entrer, il n'est pas habitué, il a dû faire dans sa culotte.

Krymov pénétra sous la voûte et, sentant les regards braqués sur lui, il se présenta au commissaire de division, un homme bien en chair installé sur une caisse de boîtes de conserve.

— C'est très bien, c'est une bonne chose d'écouter un exposé, dit le commissaire. Parce que je me suis laissé dire que Manouilski en personne et quelques autres avec lui sont arrivés sur la rive gauche, mais ils ne trouvent pas le temps de venir chez nous.

— D'autre part, dit Krymov, j'ai été chargé par le chef de la section politique de régler le différend entre le commandant du régiment d'infanterie et son commissaire.

— Il y avait en effet un problème, répondit le commissaire. Il a été réglé hier : une bombe d'une tonne est tombée sur le PC du régiment, tuant dix-huit personnes dont le commandant et le commissaire.

Il ajouta avec une simplicité confiante :

— Tout était à l'envers chez eux, même l'apparence : le commandant était un homme simple, un fils de paysans, alors que le commissaire portait des gants, une alliance. Maintenant, ils sont couchés côte à côte.

En homme habitué à commander son humeur et celle des autres il changea brusquement de ton et, d'une voix joyeuse, se mit à raconter :

— Quand notre division se trouvait près de Kotliouban, j'ai dû conduire vers le front dans ma voiture un conférencier de Moscou, c'était Pavel Fio-dorovitch Ioudine. Le membre du Conseil de groupe d'armées[1] me dit : « S'il perd un seul de ses cheveux, toi tu perdras la tête. » Je m'en suis vu, avec lui. Dès qu'on voyait un avion, hop ! on plongeait sur les bas-côtés de la route. Ça ne me disait rien, de perdre la tête. Faut dire que le camarade Ioudine prenait soin de sa personne, il faisait preuve d'un esprit de décision remarquable.

Les hommes qui écoutaient leur conversation riaient et Krymov sentit derechef monter en lui une irritation contre ce ton de moquerie condescendante.

Généralement, Krymov établissait de bonnes relations avec les officiers de troupe, de fort correctes avec les officiers d'état-major et des relations difficiles, pas toujours sincères, avec ses confrères, les politiques. C'était de nouveau le cas maintenant, le commissaire de la division l'irritait : encore un bleu qui jouait au vétéran, et ça devait être pareil dans le Parti ; sûr qu'il avait adhéré juste avant la guerre, mais qu'Engels ne lui convenait pas.

De toute évidence, Krymov aussi irritait le commissaire de division.

---

1. Voir « Conseil de groupe d'armées » dans le Dictionnaire.

Cette impression ne quittait pas Krymov tandis que l'ordonnance préparait son coucher, puis, plus tard, quand il buvait son thé.

Chaque unité a son style, distinct des autres. À l'état-major de la division de Rodimtsev, chacun s'enorgueillissait d'avoir un général aussi jeune.

À la fin de l'exposé, on posa des questions à Krymov.

Belski, le chef d'état-major, assis à côté de Rodimtsev, demanda :

— Quand donc, camarade conférencier, les Alliés vont-ils ouvrir le second front ?

Le commissaire, à moitié allongé sur son étroit châlit, s'assit, écarta des deux mains le foin et dit :

— Pas besoin de se presser. Moi, ce qui m'intéresse avant tout, c'est de savoir quand notre commandement a l'intention de se mettre à agir.

Krymov se tourna, agacé, vers le commissaire :

— Si votre commissaire voit les choses ainsi, la réponse appartient au général.

Tous regardèrent Rodimtsev.

— On ne peut pas se déplier ici. En un mot comme en mille, on est dans un tuyau d'égout. Il n'y a pas grand mérite à être sur la défensive. Mais on ne peut pas mener une offensive à partir d'un tuyau. On le voudrait bien, mais ce n'est pas dans un tuyau qu'on peut concentrer des réserves.

Le téléphone sonna ; Rodimtsev décrocha.

Tous le fixaient.

Ayant raccroché, Rodimtsev se pencha vers Belski et lui dit quelques mots à voix basse. Celui-ci tendit la main vers le téléphone mais Rodimtsev l'arrêta :

— Pour quoi faire, vous n'entendez pas ?

On entendait bien des choses sous les voûtes de pierre de la galerie éclairée par la lueur des lampes fabriquées avec des douilles d'obus, qui scintillaient et fumaient. Des rafales d'armes automatiques résonnaient avec fracas au-dessus des hommes présents, on eût dit des charrettes franchissant un pont de bois. De temps à autre, des grenades explosaient. Tous les sons s'amplifiaient à l'intérieur de l'égout.

Rodimtsev appelait l'un ou l'autre des gars de l'état-major, avant de recoller à son oreille l'impatient combiné.

Rodimtsev croisa le regard de Krymov et lui sourit gentiment, familièrement :

— La Volga s'agite, camarade conférencier.

Le téléphone sonnait maintenant sans discontinuer. En écoutant Rodimtsev, Krymov arriva à se faire une idée de ce qui se passait. L'adjoint du général, le colonel Borissov, se pencha au-dessus de la caisse où était étalée la carte de Stalingrad et, d'un geste spectaculaire, traça un trait bleu bien gras qui coupait à la perpendiculaire le pointillé rouge de la défense soviétique pour s'arrêter à la Volga. Borissov jeta un regard significatif à Rodimtsev. Celui-ci se leva brusquement à la rencontre d'un homme surgi de l'obscurité.

Sa démarche, l'expression de son visage disaient clairement d'où il venait. Il était enveloppé d'un invisible nuage chauffé au rouge, on eût dit, si prompts étaient ses mouvements, que ce n'était pas de la toile de tente qui bruissait mais l'électricité dont il était saturé qui crépitait.

— Camarade général, se plaignit-il, ils m'ont bousculé, les salauds, ils ont atteint le ravin et foncent vers la Volga. Il faut me renforcer.

— Stoppez l'ennemi vous-même à n'importe quel prix. Je n'ai pas de réserves.

— Stopper à tout prix, reprit l'officier et tous comprirent, quand il se dirigea vers la sortie, qu'il savait le prix qu'il allait payer.

— C'est là ? demanda Krymov, en indiquant sur la carte la ligne tortueuse de la rive.

Mais Rodimtsev n'eut pas le temps de répondre. Des coups de pistolet retentirent à l'entrée de la canalisation, des grenades éclatèrent.

Un coup de sifflet strident de commandement se fit entendre. Le chef d'état-major se précipita vers Rodimtsev :

— Camarade général, l'ennemi a atteint votre QG !...

Et soudain le général au calme légèrement ostentatoire qui portait sur la carte les mouvements avec un bout de crayon, ce général disparut ; et avec lui disparut le sentiment que la guerre dans les ruines et les ravins se mène à l'aide d'acier chromé et de lampes cathodiques. D'une voix pleine d'entrain, l'homme aux lèvres minces s'écria :

— Allez, l'état-major ! Vérifiez vos armes, prenez des grenades et suivez-moi ! On va repousser l'ennemi !

Sa voix, ses yeux, qui glissèrent sur Krymov, avaient le froid brûlant de l'alcool. On aurait pu croire que la force de cet homme n'était pas dans son expérience, dans son art de lire les cartes mais dans son âme impétueuse pleine de gaieté et de fureur.

Quelques instants plus tard, officiers, secrétaires, agents de liaison, téléphonistes, se gênant et se bousculant, se déversaient hors de l'égout et, avec Rodimtsev à leur tête, couraient en direction du ravin d'où parvenaient explosions, détonations, cris, injures.

Quand Krymov, hors d'haleine, parvint un des premiers au ravin et jeta un regard dedans, son cœur frémit de dégoût, de peur et de haine à la fois. On voyait, au fond de la fente, s'agiter des ombres indécises, s'allumer les éclairs des coups de feu, briller des lumières vertes ou rouges ; des sifflements métalliques fendaient l'air tout autour. Krymov avait l'impression de regarder dans une gigantesque fosse à serpents où des centaines de créatures venimeuses, affolées, rampaient hâtivement en tous sens, les yeux étincelants, faisant bruire les herbes sèches.

Et, avec un sentiment de répulsion, de fureur, de crainte, il se mit à tirer sur les ombres qui rampaient sur les versants du ravin.

Des Allemands se découpèrent au bord du ravin, à quelques dizaines de mètres de lui. Les explosions rapprochées des grenades ébranlaient la terre et l'air. Le groupe d'assaut allemand cherchait à atteindre coûte que coûte l'embouchure de l'égout.

Des ombres humaines, des éclairs de coups de feu surgissaient çà et là dans l'obscurité, des cris, des gémissements jaillissaient et mouraient. Krymov plongea dans ce chaudron bouillonnant et il lui fut dorénavant impossible de penser, de sentir comme avant. Par moments, il avait l'impression de diriger les mouvements du tourbillon qui s'était emparé de lui, mais à d'autres l'angoisse de la mort l'envahissait, et une poix noire lui rentrait par les yeux et le nez et il n'y avait plus d'air pour respirer, il n'y avait plus de ciel étoilé au-dessus de lui, il n'y avait plus que l'obscurité, le ravin et des créatures étranges qui bruissaient dans les herbes sèches.

Et pourtant, malgré l'impression de confusion totale, se renforçait en lui un sentiment clair, diurne, de solidarité avec les hommes qui rampaient sur la pente, le sentiment de sa force liée à la force de ceux qui tiraient à ses côtés, un sentiment de joie à l'idée que non loin de lui se trouvait Rodimtsev.

Ce sentiment étonnant, issu du combat nocturne où l'on ne pouvait distinguer à trois pas qui se trouvait à vos côtés, un ami ou un ennemi prêt à tuer, ce sentiment se mêlait à un autre, tout aussi étonnant et inexplicable, le sens du déroulement général du combat, ce sens qui permet aux soldats de juger du rapport de forces, de deviner l'issue du combat.

11

Le sens de l'issue globale du combat, né chez l'homme coupé des autres par la fumée et le feu, assourdi, se révèle souvent plus juste que le jugement porté en regardant les cartes d'état-major.

À l'instant où la bataille prend un tournant, un changement se produit parfois où l'assaillant, qui croit avoir atteint son objectif, regarde autour de lui, désorienté, et cesse de voir ceux avec lesquels il avait entamé solidairement la progression vers le but, tandis que l'ennemi qu'il avait jusqu'alors perçu comme isolé, faible, stupide, se fait brusquement innombrable et, par conséquent, invincible. En cet instant si net pour ceux qui le vivent, où le combat prend un nouveau tour, instant mystérieux, inexplicable pour ceux qui, extérieurs, tentent de l'anticiper et de le comprendre, un changement se produit dans la perception : l'intelligent « nous » se mue en un timide et fragile « moi », et le malchanceux ennemi, perçu jusqu'alors comme l'objet isolé de la traque, se change en un terrifiant et formidable « eux » monolithique.

Auparavant, tous les événements du combat étaient perçus isolément par l'assaillant qui forçait la résistance adverse : l'explosion d'un obus… une rafale de mitrailleuse… l'autre, là-bas, tirant à couvert… il va se mettre à courir, il ne peut pas faire autrement, parce qu'il est seul, isolé de son canon lui-même isolé, de sa mitrailleuse également isolée, du tireur voisin aussi isolé que lui, tandis que moi c'est nous, moi c'est toute la gigantesque infanterie passant à l'attaque, moi c'est l'artillerie qui me soutient, ce sont les tanks qui me couvrent, moi c'est la fusée qui éclaire notre combat commun. Or voici que je reste seul et que tout ce qui était séparé, donc faible, se fond en un tout effroyable de tirs ennemis de fusils, de mitrailleuses, d'artillerie, et la force qui m'eût aidé à vaincre cette unité n'existe plus. Mon salut est dans la fuite, mon salut consiste à dissimuler ma tête, abriter mon épaule, mon front, ma mâchoire.

Mais dans l'obscurité nocturne, ceux qui se sont vus confrontés à une attaque soudaine et qui, dès l'abord, se sentaient faibles, isolés, commencent à démanteler l'unité de l'ennemi qui a fondu sur eux, ils commencent à ressentir leur propre unité, laquelle recèle la force de la victoire.

C'est dans la compréhension de ce retournement que réside bien souvent ce qui permet de parler à bon droit d'art militaire.

Dans cette sensation d'unicité et de multiplicité, dans le passage effectué par la conscience de la notion d'unicité à celle de multiplicité se trouve non seulement le lien des événements entre eux, lors des assauts nocturnes des compagnies et bataillons, mais encore la marque des efforts militaires des armées et des peuples.

Il est une autre sensation que les hommes au combat perdent presque complètement : celle du temps. Une gamine qui danse jusqu'au matin au bal du Nouvel An ne peut répondre si on lui demande quelle fut sa perception du temps pendant la soirée : lui a-t-il paru long ou court ?

De même, le prisonnier de Schlusselbourg, détenu pendant vingt-cinq ans, dira-t-il : « J'ai l'impression d'avoir passé une éternité dans cette forteresse et, en même temps, il me semble n'y être resté que de courtes semaines. »

La petite du bal est imprégnée d'événements fugaces : regards, phrases musicales, sourires, effleurements, et chacun d'eux semble si rapide qu'il n'a pu laisser dans sa conscience un sentiment de durée. Mais la somme de ces brefs événements a engendré l'impression d'un temps important, recelant toute la joie de la vie humaine.

Le phénomène est inverse pour le prisonnier de Schlusselbourg, ses vingt-cinq ans de détention se composent de laps de temps d'une épuisante longueur, de la fouille du matin à celle du soir, du petit déjeuner au dîner. Pourtant, la somme de ces piètres événements finit par engendrer une nouvelle perception : dans la monotonie crépusculaire de la succession des mois et des ans, le temps s'est condensé, ratatiné… Ainsi naît une impression simultanée de brièveté et d'infini, ainsi naît une proximité de perception entre les fêtards du Nouvel An et ceux qui restent en détention des décennies durant. Dans les deux cas, la somme des événements engendre le sentiment simultané du long et du court.

Plus complexe est le processus de déformation qui affecte la perception de la brièveté du temps et de sa durée chez l'homme au combat. Là, les choses vont plus loin, là, ce sont les toutes premières sensations individuelles qui se voient déformées, perverties. Au combat, les secondes s'étirent, tandis que les heures s'aplatissent. L'impression de longueur est liée à des événements fulgurants : sifflement des obus et des bombes aériennes, éclairs des coups de feu et des explosions.

La sensation de brièveté est en corrélation avec des événements étirés dans le temps : progression sous le feu à travers la plaine labourée, ou d'un couvert à l'autre en rampant. Quant au corps à corps, il se situe hors du temps. L'indétermination concerne aussi, en l'occurrence, les différentes composantes et, au bout du compte, la déformation affecte la somme des composantes et chacune d'entre elles.

Or il en est une infinité.

La perception de la durée du combat est, globalement, si profondément déformée qu'elle devient complètement floue, ne ressortissant ni à la longueur ni à la brièveté.

Dans le chaos où se mêlaient lumière aveuglante et aveuglante ténèbre, cris, fracas des explosions, rafales d'armes automatiques, dans ce chaos qui ne laissait de la perception du temps que lambeaux, Krymov le comprit avec une stupéfiante netteté : les Allemands étaient cuits, les Allemands étaient vaincus. Il le comprit, tout comme les secrétaires et les agents de liaison qui tiraient à côté de lui, par un sentiment intérieur.

12

C'était le matin. Les corps des tués étaient là, parmi les herbes brûlées. Une eau sombre et sans joie respirait lourdement auprès de la rive. Les cœurs se serraient d'angoisse à la vue de la terre retournée, des carcasses des maisons incendiées.

Une nouvelle journée commençait et la guerre s'apprêtait à l'emplir jusqu'aux bords de fumée, de fer, de pansements ensanglantés. Et toutes les journées précédentes avaient été semblables. Et plus rien n'existait que cette terre labourée par le fer et ce ciel en feu.

Krymov, assis sur une caisse, la tête appuyée contre la paroi de l'égout, sommeillait.

Il entendait des voix indistinctes, un tintement de tasses : le commissaire et le chef de l'état-major buvaient le thé en échangeant des phrases ensommeillées. L'Allemand qu'on avait fait prisonnier était un sapeur ; son bataillon avait été amené par avion de Magdebourg à Stalingrad quelques jours auparavant. Une image de manuel surgit dans l'esprit de Krymov. Deux lourds chevaux, poussés par des palefreniers coiffés de bonnets pointus, s'efforcent de détacher l'une de l'autre deux demi-sphères[1]. Et l'ennui qu'éveillait en lui cette image dans son enfance l'effleura de nouveau.

---

1. Célèbre expérience des hémisphères de Magdebourg (1654), effectuée par le physicien allemand Otto von Guericke, qui mit en évidence la pression atmosphérique.

— C'est bon signe, dit Belski, cela veut dire qu'ils utilisent leurs réserves.

— Et comment que c'est bien, acquiesça Vavilov, l'état-major de division est obligé de participer à des contre-attaques.

Krymov entendit la voix mesurée de Rodimtsev :

— Ce n'est qu'un avant-goût, attendez la suite.

On eût dit que Krymov avait épuisé toutes les forces de son âme dans ce combat nocturne. Pour voir Rodimtsev, il lui eût suffi de tourner la tête mais il ne le fit pas. « Un puits dont on a pris toute l'eau doit se sentir aussi vide », se dit-il. Il s'assoupit à nouveau, les voix et les détonations se fondirent en un grondement monocorde.

Mais une nouvelle impression entra dans l'esprit de Krymov ; il est couché dans une chambre aux volets fermés et suit du regard une tache de lumière sur les papiers peints. La tache se déplace jusqu'à l'arête du miroir et s'épanouit en arc-en-ciel. Le cœur du garçon frémit et l'homme aux tempes grisonnantes, un lourd pistolet accroché à la ceinture, s'éveilla.

Au milieu de l'égout se tenait un soldat, vêtu d'une vareuse usée, un calot délavé sur sa tête penchée ; il jouait du violon.

Vavilov vit que Krymov avait ouvert les yeux, se pencha vers lui :

— C'est notre coiffeur, Roubintchik, un trè-è-ès grand spécialiste !

Parfois quelqu'un interrompait son jeu d'une grossièreté, sans se gêner, quelqu'un coupait parfois le musicien d'un « Mon colonel » et faisait son rapport au chef d'état-major, une cuiller tintait contre un quart de ferblanc, quelqu'un bâilla bruyamment, « A-a-a-a », et rassembla du foin pour se coucher.

Le coiffeur veillait à ce que son violon ne dérangeât pas les officiers, prêt à s'interrompre à chaque instant.

Mais pourquoi Kubelik, auquel venait de penser Krymov, Kubelik à la chevelure argentée, en habit, recula-t-il et s'inclina-t-il devant le coiffeur de l'état-major ? Pourquoi la chanson sans malice que jouait ce violon de quatre sous semblait-elle, en cet instant, exprimer mieux et plus fort que Bach ou Mozart toute la profondeur de l'âme humaine ?

Pour la millième fois Krymov ressentit la douleur de la solitude. Guenia[1] l'avait quitté.

Il se dit une fois de plus que le départ de Guenia avait mis à nu le mécanisme de sa vie. Il était là mais il n'était plus. Et elle était partie.

Il se dit une fois de plus qu'il lui fallait s'avouer bien des choses terribles, cruelles, impitoyables... il ne pouvait pas continuer à fermer les yeux, à avoir peur...

On eût dit que la musique lui avait fait comprendre le temps.

---

1. Diminutif d'Evguenia. C'est la benjamine d'Alexandra Vladimirovna Chapochnikova, l'aînée étant Lioudmila et la cadette Maria (Maroussia).

Le temps est le milieu transparent dans lequel les hommes naissent, se meuvent et disparaissent sans laisser de traces. Dans le temps naissent puis disparaissent les cités. Le temps les apporte et les emporte.

Mais une tout autre compréhension du temps venait de naître en Krymov. Cette vision particulière qui fait dire : « De mon temps... ce n'est pas notre temps... »

Le temps se coule dans l'homme, dans l'État, il s'y niche et puis le temps s'en va, disparaît, alors que l'homme, l'État restent... l'État-royaume est resté, mais son temps est parti... L'homme est là mais son temps s'est envolé... Où est-il ? Voici un homme, il respire, il pense, il pleure, or ce temps unique, particulier, qui lui est propre et qui n'appartient qu'à lui, est parti, envolé, ce temps a disparu. Mais l'homme reste.

Rien n'est plus dur que d'être orphelin du temps. Rien n'est plus dur que le sort du mal-aimé qui n'est pas de son temps. Les mal-aimés du temps se reconnaissent sur-le-champ, dans les services du personnel, dans les comités du parti, dans les sections politiques de l'armée, dans les rédactions des journaux, dans la rue... Le temps n'aime que ceux qu'il a enfantés, ses enfants, ses héros, ses travailleurs. Jamais, jamais, il n'aimera les enfants du temps passé, et les femmes n'aiment pas les héros du temps passé, et les mères n'aiment pas les enfants des autres.

Tel est le temps ; tout passe et il reste. Tout reste, seul le temps s'en va. Comme le temps passe facilement et sans bruit. Hier encore tu étais sûr de toi, gai, plein de forces, fils de ton temps. Mais aujourd'hui un autre temps est là et toi, tu ne t'en es pas rendu compte.

Le temps, que le combat avait déchiqueté, sortait du violon en contre-plaqué du coiffeur. Le violon disait aux uns que leur temps était venu, aux autres que leur temps était fini.

« Fini, fini... », se dit Krymov.

Il regardait le visage calme et bon enfant du commissaire Vavilov. Vavilov buvait son thé à petites gorgées, mâchait lentement et soigneusement un morceau de pain avec du saucisson, ses yeux impénétrables étaient tournés vers la lumière qui provenait de l'ouverture de l'égout.

Rodimtsev, la tête rentrée dans les épaules, le visage clair et attentif, fixait le musicien devant lui.

Un colonel, le commandant de l'artillerie de la division, regardait une carte étalée devant lui ; son front plissé rendait son visage méchant et seuls ses yeux doux et tristes révélaient qu'il ne regardait pas la carte mais écoutait. Belski écrivait rapidement son rapport pour l'état-major de l'armée ; il semblait plongé dans son travail mais il écrivait la tête penchée et l'oreille tendue vers le violoniste. Les autres, les téléphonistes, les secrétaires, les agents de liaison étaient assis un peu plus loin et sur leurs visages tirés, dans leurs yeux, on lisait le même sérieux que celui d'un paysan en train de manger du pain.

Krymov revit soudain une nuit d'été, les grands yeux sombres d'une jeune cosaque, son ardent chuchotement... La vie était belle, malgré tout !

Quand le musicien cessa de jouer, on entendit un murmure : de l'eau courait sous le plancher et Krymov eut l'impression que son âme, ce puits invisible asséché, vidé, se remplissait peu à peu.

Peu de temps après, le violoniste faisait la barbe de Krymov et, avec le sérieux exagéré et comique des coiffeurs, il lui demandait si le rasoir ne l'irritait pas, passait la main pour vérifier si les joues de son client étaient bien rasées. Dans le sombre royaume de terre et de fer s'insinua une odeur grotesque et triste, une odeur étrange et saisissante d'eau de Cologne et de poudre de riz.

Rodimtsev examina d'un œil critique le visage poudré et aspergé d'eau de Cologne de Krymov et en fut satisfait :

— Tu as bien travaillé. À mon tour maintenant.

Les grands yeux sombres du violoniste s'emplirent de joie. Il jeta un coup d'œil sur la tête de Rodimtsev, secoua sa serviette blanche et suggéra :

— Peut-être qu'on pourrait vous rafraîchir les pattes, camarade général de la Garde ?

13

Le général Eremenko décida, après l'incendie des réservoirs, d'aller à Stalingrad, chez Tchouïkov.

Cette dangereuse visite n'avait aucune utilité pratique.

Mais sa nécessité humaine était grande et Eremenko perdit trois jours à attendre la traversée.

Les murs clairs de son QG à Krasni Sad avaient un air paisible, les ombres des pommiers étaient bien plaisantes pendant les promenades matinales du commandant du front.

Le fracas lointain et le feu de Stalingrad se fondaient dans le bruit du feuillage et le bruissement des roseaux et il y avait quelque chose d'indiciblement pénible dans cette union ; au cours de ses promenades matinales, Eremenko grognait et jurait.

Un matin, il annonça à Zakharov sa décision d'aller à Stalingrad et lui ordonna de prendre le commandement durant son absence.

Il plaisanta avec la serveuse qui dressait la table pour le petit déjeuner, autorisa le sous-chef d'état-major à partir pour deux jours à Saratov, accéda à la prière du général Troufanov, le commandant d'une des armées de la steppe, et lui promit de faire bombarder une forte concentration d'artillerie roumaine. « D'accord, d'accord, je te les donnerai, tes bombardiers. »

Les officiers d'ordonnance essayaient de deviner les raisons de cette bonne humeur. Étaient-ce de bonnes nouvelles de Tchouïkov ? Une conversation favorable par radio avec Moscou ? Une lettre de chez lui ?

Mais d'habitude, des nouvelles de ce type ne restaient pas ignorées, or Moscou n'avait pas téléphoné au général et les nouvelles en provenance de Tchouïkov n'étaient pas réjouissantes.

Après son petit déjeuner, Eremenko enfila sa veste molletonnée et sortit faire sa promenade. À dix pas derrière marchait son officier d'ordonnance, Parkhomenko. Le général, selon son habitude, avançait lentement ; il se gratta à plusieurs reprises la cuisse et regarda en direction de la Volga.

Eremenko s'approcha d'un bataillon de travailleurs en train de creuser un fossé. C'étaient des hommes âgés aux cous noirs de soleil, aux visages sombres et tristes. Ils travaillaient en silence et jetaient des regards irrités à cet homme bien en chair qui se tenait, oisif, au bord du fossé.

— Dites voir, les gars, demanda Eremenko, qui travaille le moins bien ici ?

La question sembla opportune aux terrassiers, ils en avaient assez d'agiter leurs pelles. Tous regardèrent du côté d'un homme qui avait retourné sa poche et en extrayait de la poussière de tabac et des miettes de pain.

— Probable que c'est lui, dirent deux des soldats en interrogeant les autres du regard.

— C'est donc lui, dit Eremenko. C'est donc lui le plus tire-au-flanc.

Le soldat poussa un soupir plein de dignité et regarda de bas en haut Eremenko de ses yeux doux et tristes ; s'étant convaincu que toutes ces questions n'avaient pas de but pratique, qu'elles étaient posées comme ça, pour rien, il décida de ne pas se mêler à la conversation.

— Et qui parmi vous travaille le mieux ? demanda Eremenko.

Et tous montrèrent un homme âgé aux cheveux blancs et au crâne dégarni.

— Trochnikov, c'est lui, là, il y met beaucoup de zèle, dit quelqu'un.

— Il a l'habitude de travailler, il n'y peut rien, confirmèrent les autres comme s'ils cherchaient à le justifier.

Eremenko mit la main dans sa poche, en sortit une montre en or et, se penchant à grand-peine, la tendit à Trochnikov.

Celui-ci, sans rien comprendre, fixait Eremenko.

— Prends, dit Eremenko, c'est une récompense.

Et il ajouta :

— Parkhomenko, tu lui rédiges son « témoignage de satisfaction ».

Il poursuivit son chemin ; derrière lui les terrassiers s'exclamaient et riaient, s'étonnant de la chance incroyable de Trochnikov, celui qui ne savait pas ne pas travailler.

Le commandant du groupe d'armées attendit la traversée pendant deux jours. Durant ces deux jours, la liaison avec la rive droite fut pratiquement interrompue. Les vedettes qui parvenaient à forcer le passage atteignaient la rive, après les quelques minutes que durait la traversée, le pont couvert de sang et la coque percée en cinquante ou soixante endroits.

Eremenko ne décolérait pas.

Les responsables de la traversée, en entendant le tir des Allemands, ne craignaient pas les bombes et les obus ennemis mais la colère du général. Eremenko semblait croire que des majors inactifs et des capitaines incompétents étaient responsables de l'insolence de l'aviation, des mortiers et des canons allemands.

La nuit, Eremenko sortit de son abri et resta longtemps à regarder l'eau du haut d'une petite dune.

La carte de la guerre, qui était étalée devant le commandant du front à son QG de Krasni Sad, ici grondait et fumait, respirait la vie et la mort.

Il croyait reconnaître le pointillé de feu de la première ligne, qu'il avait tracé de sa main ; il croyait reconnaître les flèches des avancées de Paulus vers la Volga, les concentrations des pièces d'artillerie, les centres de la défense qu'il avait entourés au crayon de couleur. Mais quand, dans son QG, il regardait la carte étalée sur la table, il se sentait capable d'infléchir, de déplacer la ligne du front, il pouvait obliger l'artillerie lourde sur la rive gauche à se mettre en action. Il s'y sentait le maître.

Ici un tout autre sentiment s'empara de lui... Le halo de feu au-dessus de Stalingrad, le grondement incessant, tout cela frappait par sa force et sa passion, tout cela était en dehors du pouvoir du commandant.

Un son à peine perceptible, couvert par le bruit des détonations et des explosions, parvint du quartier des usines : « A-a-a-a-a... »

Ce long cri que poussaient les fantassins de Stalingrad en montant à l'attaque n'était pas seulement terrible, il éveillait un sentiment de tristesse et d'angoisse.

« A-a-a-a... » Le cri flottait au-dessus de la Volga... Le « hourra » perdait, en traversant les eaux froides du fleuve sous les froides étoiles du ciel automnal, sa passion et son ardeur pour exprimer tout autre chose, non plus la bravoure ou la fougue mais la tristesse de l'âme ; c'était comme si quelqu'un disait adieu à ses proches, les appelait à s'éveiller pour entendre une dernière fois leur père, leur mari, leur fils, leur frère...

La tristesse du soldat étreignit le cœur du général.

La guerre, que d'ordinaire il commandait, l'avait aspiré ; il restait immobile, debout sur le monticule de sable, il était un soldat frappé de stupeur par le feu et le bruit, il était là comme étaient là, sur la rive, des milliers, des centaines de milliers de soldats, il sentait que la guerre de tout un peuple était plus grande que son art, sa volonté, son pouvoir. Le général Eremenko n'avait peut-être jamais mieux compris la guerre qu'en cet instant.

Au petit matin, Eremenko passa sur la rive droite. Averti par téléphone, Tchouïkov s'était approché de l'eau et suivait la course rapide de la vedette blindée.

Eremenko, faisant plier la passerelle sous son poids, descendit lentement à terre, fit quelques pas maladroits sur les galets et s'approcha de Tchouïkov.

— Bonjour, camarade Tchouïkov.

— Bonjour, camarade général, répondit Tchouïkov.

— Je suis venu voir comment vous vivez ici. On dirait que tu n'as pas trop grillé pendant l'incendie. Toujours aussi chevelu. Tu n'as même pas maigri. Nous te nourrissons quand même pas trop mal.

— Je ne peux guère maigrir, je passe nuit et jour à mon QG, répondit Tchouïkov.

Et comme la remarque à propos de la bonne nourriture lui sembla offensante, il ajouta :

— Mais cela ne se fait pas de recevoir un invité sur la rive.

Et, en effet, la qualité d'invité à Stalingrad que lui attribuait Tchouïkov mit Eremenko en colère. Aussi quand Tchouïkov proposa d'entrer, Eremenko répondit :

— Je suis bien ici, à l'air libre.

Au même instant leur parvint l'énorme voix des haut-parleurs du Zavolgié[1].

Leur rive était éclairée par les incendies, les fusées éclairantes, les explosions et elle paraissait déserte. La lumière pâlissait et s'embrasait tour à tour, elle jaillissait par instants, d'une blancheur aveuglante. Eremenko scrutait la rive abrupte que creusaient les tranchées et les abris, les amas de pierres qui s'amoncelaient le long de l'eau et que les lueurs des explosions faisaient sortir de l'obscurité pour y replonger aussitôt.

La voix chantait :

> *Par un noble courroux nos cœurs sont embrasés ;*
> *Allons guerre du peuple, notre guerre sacrée*[2]...

Et comme l'on ne voyait personne et que tout, la terre, la Volga, le ciel, était éclairé par les flammes, on aurait cru que c'était la guerre qui chantait, que par-dessus les têtes des hommes elle roulait ces mots pesants.

Eremenko se sentait mal à l'aise de découvrir ainsi, en curieux, Stalingrad, comme si, de fait, il était un invité reçu par le maître des lieux. Il était irrité à l'idée que, visiblement, Tchouïkov avait compris l'angoisse qui l'avait obligé à traverser la Volga, que Tchouïkov connaissait ses promenades inquiètes à Krasni Sad.

Eremenko interrogea le patron de tout ce malheur sur l'utilisation des réserves, sur l'action conjointe de l'infanterie et de l'artillerie, sur la concentration de troupes allemandes dans le quartier des usines. Il posait ses questions et Tchouïkov y répondait comme il convient de répondre aux questions de son supérieur.

---

1. La rive gauche de la Volga.
2. *La Guerre sacrée*, chanson emblématique du temps de la Grande Guerre patriotique, composée par A. Alexandrov, auteur de la musique de l'hymne soviétique, sur les vers de V. Lebedev-Koumatch, au début de la guerre. Très populaire à partir de l'automne 1941, elle était exécutée tous les jours à la radio après le son du carillon du Kremlin et à la gare pendant le départ des troupes pour le front.

Ils restèrent un moment silencieux et Tchouïkov fut sur le point de poser cette seule question : « C'est la plus grande défensive que l'Histoire ait connue, mais qu'en est-il de l'offensive ? »

Mais il n'osa pas, de peur qu'Eremenko ne soupçonne les défenseurs de Stalingrad d'être à bout de patience, de chercher à se débarrasser du fardeau qui pesait sur eux.

Soudain Eremenko demanda :

— Ton père et ta mère sont bien de la région de Toula, ils sont de la campagne ?

— Oui, camarade général.

— Le vieux t'écrit ?

— Oui, camarade général. Il travaille encore.

Ils se regardèrent. Les lunettes d'Eremenko étaient colorées en rose par la lueur de l'incendie.

On aurait pu croire qu'une seconde encore et ils entameraient la discussion qui leur était à tous deux nécessaire, une discussion toute simple sur le sens de Stalingrad.

— Tu veux sûrement poser la question, dit Eremenko, que l'on pose toujours à un supérieur : où en sont les renforts en hommes et en munitions ?

Et la discussion qui seule aurait eu un sens ce jour-là n'eut pas lieu.

La sentinelle qui se tenait sur la crête leur jetait des regards et Tchouïkov, suivant des yeux un obus qui passait, le remarqua et plaisanta :

— Il doit se demander quels sont ces deux gaziers qui bavardent au bord de l'eau.

Eremenko grogna, se cura le nez.

Le moment de se quitter approchait. Selon une règle non écrite du code de conduite, un chef qui se tient sous le feu de l'ennemi ne s'en va que lorsque ses subordonnés le lui demandent. Mais l'indifférence d'Eremenko au danger était si totale et naturelle que ces règles ne le concernaient pas.

Il tourna distraitement la tête en direction du sifflement de l'obus.

— Eh bien, Tchouïkov, il est temps que je m'en aille.

Tchouïkov resta quelques instants sur le rivage à regarder la vedette qui s'éloignait. Le sillon d'écume qui suivait la poupe lui évoquait un mouchoir blanc qu'une femme eût agité en signe d'adieu.

Eremenko, debout sur le pont, fixait la rive devant lui, elle palpitait dans la lueur incertaine de Stalingrad alors que le fleuve s'était figé en une dalle de pierre.

Eremenko, mécontent de lui, passa d'un bord à l'autre ; les dizaines de soucis habituels l'emplissaient à nouveau. L'essentiel était maintenant de concentrer des forces blindées pour lancer l'offensive sur le flanc gauche que lui avait confiée la *Stavka*. Mais il n'en avait pas dit un mot à Tchouïkov.

Tchouïkov, lui, retourna dans son QG et tous, le soldat en sentinelle devant la porte, l'officier d'ordonnance dans l'entrée, le chef d'état-major de la division de Gouriev qu'il avait fait appeler, tous virent que leur général était de méchante humeur. Et il y avait de quoi.

Car les divisions fondaient, car les attaques et contre-attaques allemandes rognaient de précieux mètres de la terre de Stalingrad. Car deux divisions d'infanterie au grand complet venaient d'arriver des arrières au quartier de l'usine de tracteurs et restaient dans une réserve inquiétante.

Non, Tchouïkov n'avait pas révélé au commandant du groupe d'armées toutes ses inquiétudes, ses craintes, ses idées noires.

Mais ni l'un ni l'autre ne savaient la cause de leur mécontentement. L'essentiel dans cette rencontre était au-dessus des affaires courantes, c'était quelque chose qu'ils n'avaient su, ni l'un ni l'autre, exprimer à haute voix.

14

À son réveil, par une froide matinée d'octobre, le major Beriozkine pensa à sa femme et à sa fille, aux mitrailleuses lourdes et tendit l'oreille, à l'écoute du fracas, devenu en un mois familier, de Stalingrad ; puis il appela Glouchkov, un soldat qui lui servait d'ordonnance, et lui ordonna d'apporter de l'eau pour la toilette.

— Elle est bien froide comme vous l'aimez, annonça Glouchkov, souriant à la pensée du plaisir qu'apporterait cette toilette matinale à Beriozkine.

— Dans l'Oural, où sont ma femme et ma fille, la première neige est sûrement déjà tombée ; c'est que... elles ne m'écrivent pas, tu comprends.

— Elles vont le faire, camarade major, répondit Glouchkov.

Tandis que Beriozkine s'essuyait puis enfilait sa vareuse, Glouchkov lui racontait les nouvelles de la matinée.

— Un obus est tombé sur les cuisines, le magasinier a été tué ; le chef d'état-major du deuxième bataillon est sorti pour ses besoins et a été blessé à l'épaule par un éclat d'obus ; des soldats du génie ont pêché un sandre d'une dizaine de livres qui avait été assommé par une bombe, et ils l'ont apporté en cadeau à leur capitaine, le camarade Movchovitch. Le commissaire est passé, il veut que vous lui téléphoniez à votre réveil.

— Bien, dit Beriozkine.

Il but une tasse de thé, mangea du pied de veau en gelée, téléphona au commissaire et au chef de son état-major, avertit qu'il allait faire le tour des bataillons, enfila sa veste ouatinée et se dirigea vers la porte.

Glouchkov secoua la serviette, l'accrocha à un clou, vérifia les grenades à sa ceinture, tâta la poche où se trouvait la blague à tabac et, prenant au passage sa mitraillette, sortit à la suite du major.

Après l'obscurité de l'abri, la lumière éclatante éblouit Beriozkine. Le paysage, devenu familier en un mois, s'étendait devant lui : l'éboulement argileux, la pente brune, semée des taches des toiles de tentes maculées, les gourbis abritant les soldats, les cheminées fumantes des poêles bricolés. En haut se détachaient, sombres, des bâtiments d'usine dont les toits avaient été soufflés.

Plus à gauche, en approchant de la Volga, se dressaient les cheminées de l'usine *Octobre rouge*, des wagons de marchandises s'entassaient, pareils à un troupeau hébété, groupé autour du corps de son chef tué : la locomotive gisant sur le flanc. Plus loin encore, se dessinait la large dentelle des ruines mortes de la ville et le ciel automnal apparaissait dans les brèches des fenêtres en milliers de taches bleues.

Entre les ateliers d'usines montait de la fumée, une flamme jaillissait çà et là, l'air transparent était empli, tantôt d'un bruissement prolongé, tantôt d'un crépitement sec. On eût pu croire que les usines marchaient à plein rendement.

Beriozkine examina d'un œil attentif ses trois cents mètres de terrain, la ligne de défense de son régiment qui passait entre les pavillons d'une cité ouvrière. Un sixième sens lui permettait de deviner les maisonnettes où ses soldats faisaient cuire leur *kacha*[1] et celles où les soldats allemands mangeaient du lard et buvaient du schnaps.

Beriozkine rentra la tête et poussa un juron, un obus passa dans un bruissement.

Sur le versant opposé du ravin, une fumée monta, cachant l'entrée d'un abri, puis une détonation claqua sèchement. La porte de l'abri s'ouvrit et le commandant du bataillon de transmission de la division voisine se montra, sans vareuse, en bretelles. À peine eut-il fait un pas qu'un nouveau sifflement traversa l'air et l'officier se retira rapidement et referma la porte, l'obus explosa à une dizaine de mètres devant. Sur le seuil de l'abri situé au croisement du ravin et de la pente menant à la Volga, se tenait Batiouk, occupé à observer ce qui se passait.

Chaque fois que le responsable des transmissions tentait d'avancer d'un pas, Batiouk criait, en ahanant : « Feu ! », et l'Allemand balançait une mine.

Batiouk aperçut Beriozkine et lança : « Salut, voisin ! »

L'entreprise de Beriozkine était, en fait, d'un risque mortel : les Allemands, après avoir bien dormi et pris leur petit déjeuner, observaient avec vigilance le sentier qu'il devait emprunter ; ils tiraient sans ménager les munitions sur tout ce qui bougeait. À un tournant, Beriozkine s'arrêta à l'abri d'un tas de gravats et mesura du regard l'espace, tapi dans une attente sournoise.

— Vas-y, Glouchkov, passe le premier.

---

1. Plat typique de la cuisine russe populaire, à base de céréales cuites (sarrasin, millet, semoule, etc.).

— Mais non, voyons, ils ont un tireur d'élite posté ici, répondit Glouchkov.

Traverser en premier un espace considéré comme dangereux était un privilège réservé aux chefs : généralement, l'ennemi ne réagissait pas à temps pour ouvrir le feu sur celui qui passait en tête.

Beriozkine lorgna du côté des maisons allemandes, fit un clin d'œil à Glouchkov et s'élança. Quand il parvint jusqu'au remblai qui le protégeait des maisons allemandes, il entendit claquer derrière lui une balle explosive.

Beriozkine alluma une cigarette. Glouchkov partit d'une longue foulée. Une rafale souleva la terre à ses pieds, on aurait dit un envol de moineaux. Glouchkov sauta de côté, trébucha, tomba, se releva d'un bond et rejoignit Beriozkine.

— J'ai failli y passer, dit-il.

Et après avoir repris son souffle il expliqua :

— Je pensais qu'il allait s'allumer une cigarette pour se consoler de vous avoir loupé, mais ça doit être un non-fumeur, le salaud.

Glouchkov palpa le pan déchiqueté de sa capote en injuriant l'Allemand.

Quand ils approchèrent du PC du bataillon, Beriozkine demanda :

— Il t'a touché ?

— Il m'a rogné le talon, répondit Glouchkov, il m'a déshabillé, le cochon.

Le PC du bataillon était installé dans la cave d'un magasin d'alimentation *Gastronome* et dans l'atmosphère humide régnait une odeur de chou et de pommes marinés. Sur la table brûlaient deux « calots » faits dans des douilles d'obus. Une pancarte clouée au-dessus de la porte proclamait : « Vendeur et client, soyez mutuellement courtois. »

La cave abritait les états-majors du bataillon d'infanterie et du bataillon du génie. Les deux capitaines, Podchoufarov et Movchovitch, étaient à table et déjeunaient.

En ouvrant la porte, Beriozkine entendit la voix animée de Podchoufarov :

— Moi, je n'aime pas délayer l'alcool, je préfère ne rien boire.

Les deux capitaines se levèrent, se mirent au garde-à-vous ; le chef d'état-major cacha une bouteille de vodka sous un tas de grenades et le cuisinier se mit devant le poisson pour le dissimuler. L'ordonnance de Podchoufarov qui, accroupi devant le gramophone, s'apprêtait à mettre sur indication de son commandant *Sérénade de Chine*, se releva si vite qu'il n'eut que le temps d'enlever le disque et le moteur du gramophone continua à ronronner à vide ; l'ordonnance, le regard franc et ouvert, comme il sied à un bon soldat, voyait du coin de l'œil les regards furieux que lui lançait Podchoufarov quand le gramophone se mettait à grincer avec une ardeur particulière.

Tous les convives connaissaient bien les préjugés des supérieurs : les hommes, dans un bataillon, doivent soit combattre, soit observer l'ennemi à la jumelle, soit encore réfléchir, penchés au-dessus de la carte. Mais un homme ne peut pas, vingt-quatre heures sur vingt-quatre, tirer, téléphoner à ses subordonnés et ses supérieurs ; il lui faut aussi manger.

Beriozkine loucha en direction du phonographe et sourit :

— Bien, camarades, rasseyez-vous, poursuivez.

Ces paroles pouvaient, aussi bien, dire le contraire de ce qu'elles semblaient dire et le visage de Podchoufarov exprima une tristesse teintée de remords, alors que Movchovitch, qui, en tant que chef d'un bataillon du génie, ne dépendait pas directement de Beriozkine, se contenta d'exprimer de la tristesse sans remords.

— Et où donc est votre sandre de dix livres, camarade Movchovitch ? poursuivit Beriozkine sur un ton particulièrement désagréable ; toute la division est au courant.

Le visage toujours empreint de tristesse, Movchovitch ordonna :

— Cuistot, montrez, s'il vous plaît, le poisson.

Le cuisinier, qui était le seul à remplir ses obligations, expliqua sans malice :

— Le camarade capitaine m'a ordonné de le farcir à la juive ; j'ai le poivre, j'ai aussi du laurier, mais je n'ai pas de pain blanc, et il n'y aura pas non plus de raifort.

— Je vois, fit Beriozkine. J'ai eu l'occasion d'en manger une fois, à la juive, c'était à Bobrouïsk, chez une certaine Sarah Aronovitch, on ne peut pas dire que cela m'a beaucoup plu.

Et soudain, les hommes dans la cave s'aperçurent que leur major n'avait pas du tout l'intention de se mettre en colère.

Comme s'il savait que Podchoufarov avait repoussé une attaque nocturne, qu'il avait été enseveli et que son ordonnance, celui-là même qui mettait *Sérénade de Chine*, l'avait déterré en criant : « Ne vous en faites pas, camarade capitaine, je vous sortirai de là. »

Comme s'il savait que Movchovitch avait rampé avec ses sapeurs dans une rue propice à une attaque de blindés pour y camoufler les mines antichars sous de la terre et de la poussière de briques.

Leur jeunesse se réjouissait de vivre un matin de plus, de pouvoir, une fois encore, lever son quart et dire « à la santé », de mâcher du chou mariné et de se griller une cigarette…

Finalement rien ne s'était passé, les habitants de la cave étaient restés un moment debout devant leur supérieur, puis ils l'avaient invité à déjeuner avec eux.

Beriozkine comparait souvent la bataille de Stalingrad et l'année de guerre qui venait de s'écouler. Il comprenait qu'il était capable de supporter cette tension dans la mesure seulement où il sentait en lui-même calme et repos. Et les combattants étaient capables de manger leur soupe, raccommoder leurs chaussures, parler de leurs femmes, des bons et des mauvais chefs dans des conditions où l'on pouvait croire que seuls étaient possibles la rage, l'effroi ou l'épuisement. Il constatait que les hommes qui ne possédaient pas cette profondeur et cette paix de l'âme ne tenaient pas le coup, quel que soit par ailleurs leur courage ou leur témérité dans le combat. Pour Beriozkine, la peur était un état passager, une sorte de rhume que l'on pouvait guérir.

Ce qu'étaient le courage et la peur, il ne le savait pas au juste. Un jour, au début de la guerre, il avait reçu un blâme de ses supérieurs pour s'être montré timoré, il avait pris sur lui de faire reculer son régiment hors de portée du feu ennemi. Juste avant Stalingrad, il avait ordonné à un capitaine de faire reculer son bataillon sur le versant non exposé d'une colline pour mettre ses hommes à l'abri de ces voyous de mortiers allemands.

— Eh bien, camarade Beriozkine, lui avait dit avec reproche le commandant de la division, on m'avait pourtant dit que vous étiez un homme courageux, qui ne s'affole pas facilement.

Beriozkine n'avait rien répondu et s'était contenté de soupirer : on l'avait mal jugé, sûrement.

Podchoufarov, roux flamboyant aux yeux bleus éclatants, refrénait avec peine son habitude de se mettre brusquement à rire, de la façon la plus inattendue, et de piquer tout aussi brusquement une colère.

Movchovitch répondait d'une voix enrouée aux questions du major. Il sortit un carnet et dessina un nouveau schéma de minage des secteurs où pouvaient passer des chars.

— Passez-moi ce croquis pour mémoire, dit Beriozkine et, se penchant sur la table, il ajouta à mi-voix : Le commandant de la division m'a fait appeler ; selon les indices recueillis par le service de renseignements de l'armée, les Allemands retirent des unités de la ville pour les concentrer contre nous. Il y a beaucoup de chars. Vous comprenez ?

Une explosion ébranla les murs de la cave, Beriozkine sourit :

— C'est calme ici, chez vous. Chez moi, dans mon ravin, j'aurais déjà eu la visite de plusieurs bonshommes de l'état-major de l'armée, j'ai tout le temps des commissions sur le dos.

Une nouvelle secousse ébranla les murs, et des morceaux de plâtre tombèrent du plafond.

— C'est bien vrai, ce que vous dites, fit Podchoufarov, c'est calme, personne ne nous dérange spécialement.

— C'est bien ce que je dis, fit Beriozkine.

Il parlait sur un ton de confidence, oubliant en toute bonne foi qu'il était ici le supérieur, peut-être par habitude d'être le subordonné.

— Vous savez bien comment ils sont, les chefs. Pourquoi vous n'attaquez pas ? Pourquoi y a-t-il des pertes ? Pourquoi n'y a-t-il pas de pertes ? Pourquoi tu n'as pas fait ton rapport ? Pourquoi tu dors ? Pourquoi…

Beriozkine se leva :

— Allons-y, camarade Podchoufarov, je voudrais voir votre ligne de défense.

Une tristesse poignante se dégageait de la petite rue aux maisons éventrées qui révélaient des papiers peints à fleurs, aux jardins et potagers labourés par les chars, aux dahlias qui fleurissaient sans raison.

Soudain Beriozkine se tourna vers Podchoufarov :

— C'est que... je n'ai pas de lettres de ma femme, tout ce que je sais, c'est qu'elle est partie pour l'Oural avec notre fille.

— Sûr qu'elles vous écriront, camarade major, dit Podchoufarov.

Dans le sous-sol d'une maison basse, les blessés, allongés sous les fenêtres murées, attendaient l'évacuation de nuit. Il y avait, au milieu de la pièce, un seau d'eau et un quart ; sur le mur entre les fenêtres, face à la porte, on avait punaisé une image de carte postale : *Le major fait sa demande.*

— Ce sont les arrières, expliqua Podchoufarov, le front est plus loin.

— Son tour viendra, répondit Beriozkine.

Ils traversèrent une entrée au plafond défoncé, et l'impression que l'on a lorsqu'on quitte les bureaux de l'usine pour entrer dans les ateliers s'empara d'eux. Une odeur alarmante de poudre flottait dans l'air, des douilles traînaient sur le sol, une voiture d'enfant blanche contenait des mines antichars.

— La ruine, là-bas, les Allemands me l'ont prise cette nuit, dit Podchoufarov en s'approchant de la fenêtre. Qu'est-ce que je la regrette. Une maison magnifique, ses fenêtres étaient orientées sud-ouest. Maintenant j'ai toute mon aile gauche sous leur feu.

Devant l'étroite fente ménagée dans une fenêtre murée, une mitrailleuse était en batterie ; le servant, la tête entourée d'un pansement gris de poussière et de suie, engageait une nouvelle bande, tandis que le tireur mâchait une rondelle de saucisson et s'apprêtait à reprendre son tir.

Un lieutenant, le commandant de la compagnie, s'approcha. Il avait mis une marguerite à sa boutonnière.

— Bravo, approuva Beriozkine.

— Heureusement que je vous vois, camarade capitaine, dit le lieutenant. C'est comme je vous l'ai dit cette nuit, ils attaquent la maison « 6 *bis*[1] ». Ils ont commencé pile à 9 heures.

— Le major est devant vous, c'est à lui que vous devez faire votre rapport.

— Pardonnez, je n'ai pas vu, s'excusa le lieutenant en saluant.

Cela faisait six jours que l'ennemi avait isolé quelques maisons dans leur zone et depuis il les digérait lentement et systématiquement, à l'allemande. La défense soviétique s'éteignait comme s'éteignaient les vies des soldats. Mais dans une des maisons, aux caves particulièrement profondes, la défense

---

1. La célèbre « maison Pavlov » servit en partie de modèle pour cet immeuble imaginé par Grossman.

continuait à tenir. Les murs, bien que percés par les obus et rongés par les roquettes, résistaient encore. Les Allemands avaient attaqué la maison par air, des avions l'avaient bombardée à trois reprises ; tout un angle s'était effondré mais, sous les ruines, la cave était restée intacte ; les occupants déblayèrent les décombres, installèrent les mitrailleuses, des mortiers et un canon de petit calibre et continuèrent à maintenir les Allemands à distance. La maison était heureusement disposée, on ne pouvait l'approcher à couvert.

Le lieutenant faisait son rapport :

— Nous avons essayé de les joindre cette nuit, ça n'a pas marché. On a eu un tué et deux sont rentrés blessés.

— Couchés ! cria le soldat chargé de surveiller les lignes ennemies ; quelques hommes se laissèrent tomber à plat ventre, le lieutenant s'interrompit, leva les bras comme pour plonger et se jeta sur le sol.

Le hurlement devint intolérable et se changea soudain en un tonnerre d'explosions puantes et suffocantes qui secouaient la terre et les âmes. Un gros rondin noir tomba sur le sol, rebondit et roula jusqu'aux pieds de Beriozkine ; il crut qu'une bûche, soulevée par l'explosion, avait failli l'atteindre.

Soudain il vit que c'était un obus. Un instant, la tension fut insoutenable. Mais l'obus n'explosa pas et l'ombre noire qui avait englouti le ciel et la terre, recouvert le passé et supprimé l'avenir, disparut.

Le lieutenant se releva.

— Un joli morceau, fit une voix.

Une autre s'exclama en riant :

— Je croyais que ça y était…

Beriozkine essuya la sueur sur son front, ramassa la marguerite et la refixa sur la vareuse du lieutenant.

— Sûrement un cadeau…

Puis il reprit son explication :

— Pourquoi peut-on dire, quand même, que c'est calme chez vous ? Parce que les chefs ne viennent pas ici. Il leur faut toujours quelque chose : tu as un bon cuisinier ? Je te prends le cuisinier. Tu as un coiffeur ou bien, je ne sais pas, moi, un tailleur qui connaît son métier ? Donne-le-moi. Tu t'es fait faire un bon abri ? Cède-le. Ton chou mariné est bon ? Envoie-le-moi.

Il demanda soudain au lieutenant :

— Comment se fait-il que deux soient rentrés ? Pourquoi n'ont-ils pas rejoint les encerclés ?

— Ils ont été blessés, camarade commandant.

— Je vois.

— Vous avez de la chance, dit Podchoufarov alors qu'ils gagnaient les potagers où, parmi les fanes jaunies des pommes de terre, étaient creusées les cagnas et les tranchées de la deuxième compagnie.

— Qui sait si j'ai de la chance, répondit Beriozkine, et il sauta au fond de la tranchée. Comme en campagne, dit-il, sur le ton de : « Comme en vacances. »

— La terre est ce qu'il y a de mieux adapté à la guerre, elle a l'habitude.

Revenant à la discussion commencée par Beriozkine, Podchoufarov poursuivit :

— Les cuisiniers, ce n'est rien, on les a vus vous prendre les nanas.

La tranchée retentissait de cris, d'appels, du tir des fusils et des armes automatiques.

— Le lieutenant a été tué et c'est Sochkine, le commissaire de la compagnie, qui a pris le commandement, dit Podchoufarov. Voilà son abri.

— Bien, fit Beriozkine en jetant un coup d'œil à l'intérieur par la porte entrouverte.

Sochkine, le teint rougeaud, les sourcils noirs et fournis, les rattrapa du côté des mitrailleuses. Il annonça d'une voix trop forte que la compagnie cherchait à entraver la concentration des Allemands qui s'apprêtaient à attaquer la maison « 6 *bis* ».

Beriozkine lui prit ses jumelles, observa les brèves lueurs des fusils, les longues flammes lancées par les tubes des mortiers.

— Là, la deuxième fenêtre du second étage, il y a un fusil à lunette, je crois.

À peine eut-il terminé sa phrase qu'un éclair brilla dans la fenêtre qu'il venait d'indiquer et une balle vint s'écraser contre la paroi de la tranchée, juste entre les têtes de Beriozkine et de Sochkine.

— Vous avez de la chance, dit Podchoufarov.

— Qui sait si j'ai de la chance, répondit Beriozkine.

Ils suivirent la tranchée jusqu'à une invention du cru : un fusil antichar fixé sur une roue de charrette.

— C'est notre DCA, dit un sergent aux yeux inquiets.

— Un char à cent mètres, à côté de la maison au toit vert ! cria Beriozkine comme à l'exercice.

Le sergent fit rapidement tourner la roue et le canon allongé du fusil antichar s'abaissa.

— Il y a un soldat chez Dyrkine, dit Beriozkine, il a, lui, fixé une lunette sur son fusil antichar, et en une journée il a anéanti trois mitrailleuses ennemies.

Le sergent haussa les épaules.

— Il n'a pas de problèmes, Dyrkine, il est dans l'usine.

Ils continuèrent leur chemin et Beriozkine reprit leur discussion du début :

— Je leur ai envoyé un joli colis. Et voilà, voyez-vous, ma femme ne m'écrit pas. Pas de réponse, un point c'est tout. Je ne sais même pas si elles ont reçu mon colis. Peut-être qu'elles sont tombées malades, un malheur est si vite arrivé quand on est évacué.

Podchoufarov se souvint tout à coup, comment, dans les anciens temps, des charpentiers qui partaient travailler l'hiver à Moscou revenaient au village et rapportaient des cadeaux à leurs vieux, leurs femmes, leurs enfants. Pour eux, la vie à la campagne, la chaleur du foyer avaient toujours été plus importantes que les bruits et les feux de la capitale.

Au bout d'une demi-heure ils revinrent au PC du bataillon mais Beriozkine ne descendit pas dans la cave et quitta Podchoufarov dehors.

— Fournissez à la maison « 6 *bis* » toute l'aide dont vous êtes capables, dit-il. N'essayez plus de les atteindre, nous le ferons avec les forces du régiment. Maintenant... Un, votre attitude à l'égard des blessés ne me plaît pas : à votre PC, vous avez des canapés et vous laissez les blessés couchés par terre ; deux, vous n'avez pas envoyé chercher du pain et les soldats n'ont que du pain dur ; trois, le commissaire Sochkine est plein comme un œuf ; quatre...

Podchoufarov écoutait et ne parvenait pas à comprendre comment le major avait trouvé le moyen, au cours de sa tournée, de tout remarquer... l'adjudant porte un pantalon allemand, le lieutenant du premier bataillon a deux montres à son poignet.

— L'Allemand va lancer une offensive, dit Beriozkine d'un ton sentencieux. C'est clair ?

Il partit en direction de l'usine ; Glouchkov, qui avait déjà eu le temps de réparer son talon et ravauder sa veste, demanda :

— On va à la maison ?

Beriozkine ne répondit pas et se retourna vers Podchoufarov :

— Téléphonez au commissaire du régiment ; vous lui direz que je suis chez Dyrkine, dans les ateliers n° 3.

Il ajouta avec un signe de connivence :

— Et envoyez-moi donc un peu de votre chou mariné, il n'est pas mauvais. Après tout, moi aussi, je suis un chef.

15

Tolia[1] n'écrivait pas... Le matin, la mère et le mari de Lioudmila Nikolaïevna partaient au travail et sa fille, Nadia[2], à l'école. Sa mère partait la première, elle travaillait comme chimiste à la célèbre savonnerie de Kazan. Quand elle passait devant la chambre de son gendre, Alexandra Vladimirovna aimait à répéter une plaisanterie qu'elle avait

---

1. Diminutif d'Anatoli. Tolia est le fils de Lioudmila Nikolaïevna et de son premier mari, Abartchouk, condamné au camp.
2. Diminutif de Nadejda (« espérance » en russe).

entendue à l'usine : « Les patrons de l'usine embauchent à 6 heures et leurs employés à 9 heures. »

Puis c'étoit au tour de Nadia de s'en aller ; ou plutôt de se précipiter dehors au grand galop ; il était impossible de la lever à l'heure, elle sautait hors du lit à la dernière minute, attrapait ses bas, ses livres, ses cahiers, se brûlait en avalant un peu de thé et dégringolait l'escalier tout en enfilant son manteau et en enroulant son écharpe.

Quand Victor Pavlovitch, le mari, se mettait à table, la bouilloire avait déjà eu le temps de refroidir et il fallait la remettre sur le feu.

Alexandra Vladimirovna s'irritait quand Nadia disait : « Vivement qu'on me sorte de ce trou perdu. » Ne savait-elle donc pas que Derjavine avait vécu à Kazan, ainsi qu'Aksakov, Tolstoï, Lénine, Zinine, Lobatchevski, que Maxime Gorki y avait travaillé dans une boulangerie ?

— Quelle indifférence sénile ! disait Alexandra Vladimirovna.

Et ce reproche semblait étrange dans la bouche d'une vieille femme qui s'adressait à une adolescente.

Lioudmila voyait que sa mère continuait à s'intéresser aux gens, à son nouveau travail. Si la force morale de sa mère suscitait son admiration, un tout autre sentiment vivait également en elle : comment pouvait-on, au milieu de tels malheurs, s'intéresser à l'hydrogénisation des graisses, aux rues et aux musées de Kazan ?

Aussi, quand, un jour, Strum dit quelque chose à sa femme à propos de la jeunesse de caractère de sa belle-mère, Lioudmila ne put se retenir et lui répondit :

— Chez maman, ce n'est pas de la jeunesse mais un égoïsme de vieux.

— Grand-mère n'est pas une égoïste, c'est une populiste, dit Nadia et elle ajouta : les populistes étaient des gens très bien mais pas très intelligents.

Nadia exprimait toujours des opinions sans appel et, sûrement par manque de temps, sous une forme lapidaire. « De la merde », disait-elle avec des « r » plein la bouche. Elle ne laissait pas passer un seul bulletin du *Sovinformburo*, était au courant des opérations militaires et intervenait dans les discussions politiques. Après un séjour, l'été précédent, dans un kolkhoze, Nadia expliqua à sa mère les causes de la faible productivité du travail kolkhozien.

Elle ne montrait pas ses notes à sa mère ; un jour seulement, elle lui annonça, étonnée :

— Tu sais, on m'a collé un 4 en conduite[1]. Tu imagines, la prof de maths m'a dit de prendre la porte et moi, en sortant, j'ai lancé « good bye », tout le monde se tordait.

Comme beaucoup d'enfants de familles aisées, qui n'avaient jamais connu avant la guerre de difficultés matérielles, Nadia, après leur évacuation à

---

1. Dans l'échelle de notation russe et soviétique, qui varie de 1 à 5, la note 4 équivaut à « bien », la note 5 correspondant à « très bien ».

Kazan, parlait constamment de ration, des qualités et des défauts des divers « économats » ; elle savait pourquoi l'huile était préférable au beurre et le sucre en morceaux au sucre en poudre, elle pouvait expliquer les avantages et les inconvénients des céréales concassées.

— Tu sais, disait-elle à sa mère, j'ai décidé qu'à partir d'aujourd'hui je boirais le thé avec du miel plutôt qu'avec du lait concentré, toi, ça t'est égal et moi, je crois que j'y gagne.

Parfois Nadia était sombre, disait des grossièretés aux adultes, les regardait avec un sourire méprisant. Un jour, en présence de sa mère, elle lança à son père :

— Tu es idiot.

Elle le dit avec une telle violence que Strum ne sut que répondre.

Parfois sa mère remarquait qu'elle pleurait en lisant un livre. Elle se voyait comme un être attardé, malchanceux, condamné à mener une vie terne et pénible.

— Je n'ai pas d'ami, je suis bête, je n'intéresse personne, dit-elle un jour à table. Personne ne voudra se marier avec moi. Je vais suivre des cours de pharmacie et je partirai à la campagne.

— Il n'y a pas de pharmacie dans les villages, dit Alexandra Vladimirovna.

— Pour ce qui est du mariage, tes prévisions me semblent exagérément pessimistes, dit Strum. Tu as embelli ces derniers temps.

— Rien à fiche, lança Nadia avec un regard méchant à l'adresse de son père.

Et la même nuit, Lioudmila vit sa fille lire un livre de vers qu'elle tenait d'une main, ayant sorti son bras nu et maigre de dessous la couverture.

Un jour, ayant rapporté de l'économat qui desservait l'Académie des sciences deux kilos de beurre et un grand paquet de riz, Nadia dit :

— Les gens, moi y compris, sont des salauds et des crapules, ils profitent de tout ça. Comme si les malades peu instruits et les enfants chétifs ne devaient pas manger à leur faim parce qu'ils ne connaissent pas la physique ou parce qu'ils ne peuvent pas remplir un plan à 100 %... Seuls les élus ont le droit de bouffer du beurre.

Au dîner, elle dit avec défi :

— Maman, donne-moi une double ration de beurre et de miel, je n'y ai pas eu droit ce matin, je dormais.

Nadia ressemblait beaucoup à son père. Lioudmila Nikolaïevna remarquait que son mari était particulièrement irrité par les traits de caractère qui, chez sa fille, ressemblaient aux siens.

Un jour, Nadia dit en reprenant exactement l'intonation de son père :

— Ce Postoïev, c'est un inculte, un arriviste, un escroc.

— Comment peux-tu, toi, une écolière, parler ainsi d'un académicien ? s'indigna Strum.

Mais Lioudmila se souvenait parfaitement comment Victor, encore étudiant, traitait les plus grandes sommités de la science de minables, d'incultes, de carriéristes.

Lioudmila comprenait que sa fille souffrait, qu'elle avait une nature compliquée, secrète, difficile.

Victor Pavlovitch buvait le thé après le départ de Nadia. Il louchait sur un livre posé à côté de lui, avalait sans mâcher, prenait un air étonné et obtus, cherchait sa tasse à tâtons, sans quitter le livre des yeux, disait : « Verse-m'en, bien chaud, si possible. » Elle connaissait tous ses gestes. Il se grattait la tête, faisait la moue ou bien, avec une grimace, se curait les dents, et elle lui disait :

— Quand donc iras-tu chez le dentiste ?

Elle savait que s'il se grattait la tête ou faisait la moue, ce n'était pas parce que sa tête le grattait ou que son nez le chatouillait mais parce qu'il pensait à son travail. Elle savait que si elle lui disait : « Vitia, tu n'écoutes même pas ce que je te dis », il répondrait, sans lever les yeux de son livre : « J'entends parfaitement tout ce que tu me dis, si tu veux, je peux répéter : "Quand donc iras-tu chez le dentiste ?" », puis avalerait une gorgée de thé, prendrait de nouveau un air étonné, se renfrognerait et tout cela signifierait que, parcourant un ouvrage d'un physicien ami, il était sur certains points d'accord avec lui, mais en désaccord sur d'autres. Puis Victor Pavlovitch resterait un long moment immobile, dodelinant de la tête d'un air résigné et sénile (c'est cette expression du visage qu'ont sûrement les malades atteints d'une tumeur au cerveau). Et Lioudmila Nikolaïevna comprendrait que Strum pensait à sa mère.

Et quand il buvait le thé, pensait à son travail, soupirait, plein de désespoir, Lioudmila Nikolaïevna regardait les yeux qu'elle embrassait, les cheveux frisés qu'elle caressait, les lèvres qui l'embrassaient, les mains aux doigts petits et faibles dont elle coupait les ongles, en disant : « Quel sans-soin tu fais ! »

Elle savait tout de lui. Elle savait qu'il lisait des livres pour enfants avant de s'endormir. Elle connaissait l'expression de son visage quand il allait se laver les dents, elle se souvenait de sa voix sonore et vibrante quand il avait commencé, dans son costume des grands jours, son exposé sur l'irradiation par neutrons. Elle savait qu'il aimait le bortsch ukrainien avec des haricots, qu'il gémissait doucement quand il changeait de côté dans son sommeil. Elle savait qu'il déformait rapidement sa chaussure gauche et qu'il salissait les poignets de ses chemises ; elle savait qu'il aimait dormir avec deux oreillers ; elle connaissait sa peur secrète de traverser les grandes places ; elle connaissait l'odeur de sa peau, la forme de ses trous de chaussettes. Elle savait quel air il chantonnait quand il avait faim et qu'il attendait le dîner, elle savait quelle était la forme de l'ongle de son grand orteil, elle connaissait le petit nom tendre que lui donnait sa mère quand il avait deux ans ; elle connaissait sa démarche traînante ; elle connaissait les noms des gamins qui se battaient avec lui quand il était au cours préparatoire. Elle connaissait son esprit moqueur, son habitude de taquiner Tolia, Nadia, ses camarades. Même maintenant, alors qu'il était presque continuellement de mauvaise humeur, Strum aimait à la taquiner, en se moquant de sa meilleure amie, Maria Ivanovna Sokolov, qui lisait peu et qui avait, un jour, au cours d'une conversation, confondu Balzac et Flaubert.

Il connaissait à la perfection l'art de taquiner Lioudmila, elle perdait patience chaque fois. Et là aussi, elle prenait la défense de son amie et répondait sans sourire, sur un ton irrité :

— Tu te moques toujours des gens que j'aime. Macha[1] a un goût parfait, elle n'a pas besoin de lire beaucoup, elle sait sentir un livre.

— Bien sûr, bien sûr, répondait-il. Elle est persuadée que *Max et Moritz*[2] est un roman d'Anatole France.

Elle connaissait son amour pour la musique, ses opinions politiques. Elle l'avait vu un jour en larmes, elle l'avait vu, furieux, déchirer sa chemise et, s'empêtrant dans ses caleçons, se précipiter vers elle le poing levé, prêt à frapper. Elle connaissait sa droiture sans faiblesse, ses instants d'inspiration ; elle l'avait vu prenant du laxatif.

Elle sentait que son mari était, en ce moment, fâché contre elle bien que, en apparence, rien n'eût changé dans leurs relations. Et pourtant il y avait eu un changement : il ne lui parlait plus de son travail. Il lui parlait des lettres qu'il recevait et des rationnements ; il lui parlait parfois de ses affaires à l'Institut, du laboratoire, de l'élaboration du plan de travail, il racontait des histoires sur ses collaborateurs : Savostianov s'était enivré la nuit et s'était endormi le lendemain matin à son travail, les laborantines avaient fait cuire des pommes de terre sous la hotte d'aération, Markov préparait une nouvelle série d'expériences.

Mais il ne lui parlait plus de son travail, de ce travail interne dont elle était l'unique confidente.

Il avait un jour avoué à Lioudmila qu'il lui suffisait de lire ses notes, de livrer ses réflexions à un ami, même très proche, pour que, le lendemain, son travail lui semblât éventé, pour qu'il lui fût difficile de s'y remettre.

Lioudmila Nikolaïevna était la seule personne à qui il pouvait confier ses doutes, ses notes fragmentaires, ses hypothèses folles sans qu'il lui en restât un arrière-goût désagréable.

Maintenant il avait cessé d'en parler avec elle.

Maintenant, plongé dans sa tristesse, il cherchait un soulagement en trouvant des griefs contre Lioudmila. Il pensait sans cesse à sa mère. Alors que cela ne l'avait jamais effleuré auparavant, le fascisme l'avait contraint de se rappeler que sa mère était juive et de se poser le problème de sa propre judéité.

---

1. Diminutif de Maria.
2. Livre d'enfants écrit par Wilhelm Busch (1832-1908), en vers et en images. Première « bande dessinée », cet ouvrage en allemand était très populaire en Russie.

En son for intérieur il reprochait à Lioudmila sa froideur à l'égard d'Anna Semionovna. Un jour il lui dit :

— Si tu avais su t'entendre avec ma mère, elle aurait vécu avec nous, à Moscou.

Lioudmila, elle, pensait à toutes les injustices qu'avait commises Victor Pavlovitch à l'égard de Tolia, et bien sûr, il y en avait plus qu'assez. Elle lui en voulait de l'attitude injuste et grossière qu'il avait à l'égard de son beau-fils ; il ne voyait que ses défauts, il ne savait rien lui pardonner. En revanche, il pardonnait tout à leur fille, et sa grossièreté, et sa paresse, et son allure négligée, et sa mauvaise volonté à aider sa mère.

Elle pensait à la mère de Victor Pavlovitch. Certes, son sort était affreux. Mais de quel droit exigeait-il de sa femme de l'amitié pour Anna Semionovna, alors qu'Anna Semionovna n'avait qu'inimitié pour Tolia ? C'est pour cette raison que les lettres de sa belle-mère, ses venues à Moscou, lui étaient insupportables. Nadia, Nadia, Nadia… Nadia a les yeux de Victor… Nadia est distraite, Nadia est spirituelle, Nadia est réfléchie. La tendresse, l'amour d'Anna Semionovna pour son fils se reportait sur sa petite-fille. Alors que Tolia… il ne tenait pas sa fourchette comme Victor.

Chose étrange, elle pensait de plus en plus souvent au père de Tolia. Elle avait envie de retrouver la famille de son premier mari, sa sœur aînée ; la sœur d'Abartchouk aurait reconnu dans les yeux de Tolia, dans la déformation de son pouce, dans son nez épais, les yeux, les mains, le nez de son frère.

Et de même qu'elle ne voulait pas se rappeler tout ce que Victor Pavlovitch avait fait pour Tolia, de même elle pardonnait à Abartchouk tout ce qu'il avait fait de mal, même de l'avoir abandonnée avec son nouveau-né, même d'avoir interdit de donner à Tolia le nom des Abartchouk.

Le matin, Lioudmila Nikolaïevna restait seule chez elle. Elle attendait ce moment, ses proches la gênaient. Tout au monde, la guerre, le sort de ses sœurs, le travail de son mari, le caractère de Nadia, la santé de sa mère, sa pitié pour les blessés, sa douleur à la pensée des morts dans les camps allemands, tout devenait inquiétude pour son fils, souffrance.

Elle voyait que les sentiments de sa mère, de son mari, de sa fille étaient d'une autre nature. Leur attachement et leur amour pour Tolia lui semblaient peu profonds. Pour elle, le monde se résumait à Tolia, pour eux, Tolia n'était qu'une partie du monde.

Passaient les jours, passaient les semaines, Tolia n'écrivait pas.

Chaque jour, la radio transmettait les bulletins du *Sovinformburo* ; chaque jour, la guerre emplissait les journaux. Les troupes soviétiques reculaient. Dans les bulletins et les journaux il était question d'artillerie. Tolia était dans l'artillerie. Tolia n'écrivait pas.

Il lui semblait qu'un seul être comprenait son angoisse : Maria Ivanovna, la femme de Sokolov.

Lioudmila Nikolaïevna n'aimait pas fréquenter les femmes des collègues de son mari. Les conversations sur les succès scientifiques des époux, les robes et les bonnes l'irritaient. Mais, probablement parce que le caractère doux et timide de Maria Ivanovna était à l'opposé du sien et parce que l'intérêt de Maria Ivanovna pour Tolia la touchait, elle s'était attachée à elle. Lioudmila lui parlait plus librement de Tolia qu'à sa mère ou son mari et chaque fois elle se sentait mieux, plus calme. Et, bien que Maria Ivanovna passât presque quotidiennement chez les Strum, Lioudmila Nikolaïevna s'impatientait de ne pas la voir venir et guettait par la fenêtre sa mince silhouette.

Tolia n'écrivait pas.

16

Alexandra Vladimirovna, Lioudmila et Nadia étaient à la cuisine. Nadia rajoutait de temps en temps des feuilles de cahier en boule dans le poêle, le feu reprenait, le poêle s'emplissait d'une flamme vive mais fugace.

— Hier, je suis passée chez une laborantine, dit Alexandra Vladimirovna en regardant sa fille. Mon Dieu ! la promiscuité, la misère, la faim... en comparaison nous vivons comme des rois ici ; des voisins s'étaient réunis, la conversation était tombée sur ce qu'on aimait avant-guerre ; la première dit : « Des paupiettes », et la seconde : « De la blanquette. » Et la fille de cette laborantine dit : « Moi, c'est la fin de l'alerte. »

Lioudmila Nicolaïevna ne répondit pas mais Nadia s'étonna :

— Grand-mère, vous avez déjà trouvé le temps de vous faire des millions d'amis.

— Et toi aucun.

— Et c'est très bien comme ça, dit Lioudmila Nikolaïevna. Victor va souvent chez les Sokolov ces derniers temps. Il s'y rassemble toutes sortes de gens et je n'arrive pas à comprendre comment Vitia[1] et Sokolov peuvent passer des heures entières à bavarder avec des hommes pareils... Comment n'en ont-ils pas assez de causer pour ne rien dire ? Ils pourraient avoir pitié de Maria Ivanovna, elle a besoin de repos, et quand ils sont là elle ne peut pas se coucher ni même s'asseoir, ne serait-ce qu'un moment, et puis ils fument comme des sapeurs.

— Karimov, le Tatare, me plaît bien, dit Alexandra Vladimirovna.

— Un sale type.

— Maman me ressemble, dit Nadia. Personne ne lui plaît si ce n'est, là, Maria Ivanovna.

— Vous êtes de drôles de gens, poursuivit Alexandra Vladimirovna. Vous avez votre milieu que vous avez amené avec vous ici de Moscou. Les gens que vous rencontrez dans les trains, au théâtre, tout ça, ce n'est pas votre monde, vos gens, ce sont ceux qui ont fait construire leur datcha

---

1. Diminutif de Victor.

au même endroit que vous ; j'ai déjà remarqué la même chose chez Guenia... il y a d'infimes indices qui vous permettent de reconnaître les gens de votre monde : « Oh, c'est une rien du tout, elle n'aime pas Blok, et lui un bouseux, il ne comprend pas Picasso... Oh, elle lui a offert un vase de cristal ; quel mauvais goût ! » Victor, lui, c'est un démocrate, il s'en fiche de tous ces raffinements.

— Ce n'est pas ça du tout. Que viennent faire les datchas dans l'histoire ? Il existe des bourgeois avec ou sans datchas et il faut les éviter, ils sont répugnants.

Alexandra Vladimirovna avait remarqué que sa fille s'irritait de plus en plus souvent contre elle.

Lioudmila Nikolaïevna donnait des conseils à son mari, faisait des remarques à sa fille, la grondait ou lui pardonnait, la gâtait ou refusait de la gâter mais elle sentait constamment que sa mère jugeait ses actes. Alexandra Vladimirovna n'exprimait pas son avis mais il existait. Parfois Strum échangeait un regard de connivence avec sa belle-mère et une lumière ironique s'allumait dans ses yeux comme s'ils avaient débattu entre eux des étrangetés du caractère de Lioudmila. En avaient-ils réellement débattu ou non, cela n'avait pas d'importance ; ce qui importait, c'était l'apparition d'une nouvelle force dans la famille, qui, par sa seule présence, avait modifié les relations habituelles.

Victor Pavlovitch dit un jour à Lioudmila qu'à sa place il céderait à sa mère la conduite de la maison : qu'elle se sente la maîtresse de maison et non une invitée.

Lioudmila ne crut pas à la sincérité de Victor Pavlovitch, il lui sembla même qu'il voulait étaler ses sentiments chaleureux à l'égard de sa belle-mère et souligner ainsi, involontairement peut-être, la froideur de Lioudmila à l'égard de sa mère à lui.

Jamais elle n'aurait osé le lui avouer et pourtant l'amour que portait Victor Pavlovitch aux enfants, tout particulièrement à Nadia, la rendait jalouse. Mais maintenant, il ne s'agissait pas de jalousie. Comment aurait-elle pu s'avouer que sa mère, qui avait trouvé refuge chez elle, l'irritait et que sa présence lui pesait ? C'était d'ailleurs une irritation étrange, car dans le même temps, Lioudmila était prête, en cas de besoin, à donner sa dernière robe, à partager avec elle son dernier morceau de pain.

De son côté, Alexandra Vladimirovna était parfois près d'éclater en sanglots sans raison apparente ; ou bien, par moments, elle aspirait à mourir ; certains soirs elle n'avait pas envie de rentrer à la maison et s'apprêtait à passer la nuit par terre chez une collègue ; parfois l'idée lui venait de partir soudain pour Stalingrad à la recherche de ses proches, de Serioja, de Vera, de Stepan Fiodorovitch[1].

---

1. Les proches d'Alexandra Vladimirovna Fedorovna sont Serioja (Sergueï), fils de son fils Dmitri, arrêté en 1937 ; Vera, fille de sa fille cadette Maroussia, morte pendant la bataille de Stalingrad, Stepan Fiodorovitch Spiridonov, mari de cette dernière.

Alexandra Vladimirovna approuvait presque toujours les actes et les opinions de son gendre alors que Lioudmila était la plupart du temps en désaccord avec son mari. Nadia l'avait remarqué et disait à son père :

— Va te plaindre à grand-mère que maman n'est pas gentille avec toi.

Cette fois-là encore, Alexandra Vladimirovna dit :

— Vous vivez comme des chouettes. Victor est un homme normal, lui.

— Tout ça, c'est des mots, dit Lioudmila. Quand viendra le jour de rentrer à Moscou, Victor et toi serez heureux comme les autres.

— Tu sais, ma jolie, répondit soudain Alexandra Vladimirovna, quand viendra le jour de rentrer à Moscou, je ne partirai pas avec vous ; je resterai ici, il n'y a pas de place pour moi chez toi, à Moscou. C'est clair ? J'arriverai à convaincre Guenia de déménager ici ou bien j'irai moi-même chez elle, à Kouïbychev.

Ce fut un instant difficile dans les relations de la mère et de la fille. Tout ce qu'Alexandra Vladimirovna gardait sur le cœur fut exprimé dans son refus d'aller à Moscou. Tout ce que Lioudmila gardait de non-dit sur le cœur devint explicite. Mais Lioudmila Nikolaïevna se vexa, comme si elle n'était pas coupable devant sa mère. Alexandra Vladimirovna vit le visage douloureux de sa fille et se sentit en faute. Et bien qu'elles fussent toutes deux directes jusqu'à la cruauté, elles prirent peur de leur rectitude et reculèrent.

— « Aimons la vérité mais préférons l'amour », nouveau proverbe, proféra Nadia et Alexandra Vladimirovna regarda avec mécontentement et même avec une sorte d'effroi cette petite fille, cette écolière qui voyait clair dans ce qui restait encore obscur à ses propres yeux.

Peu de temps après, Victor Pavlovitch entra. Il avait ouvert la porte avec sa clef et apparut soudain dans la cuisine.

— Quelle agréable surprise, dit Nadia en l'accueillant. Nous pensions que tu resterais toute la soirée chez les Sokolov.

— Hé... Tout le monde est là, autour du poêle, très bien, très bien, c'est parfait, dit-il en tendant ses mains vers le feu.

— Tu as le nez qui coule, mouche-toi, dit Lioudmila. Qu'est-ce qui est parfait ? Je ne comprends pas.

Nadia s'étrangla de rire et singea l'intonation de sa mère :

— Mouche-toi, tu ne comprends pas ce qu'on te dit.

— Nadia... Nadia..., fit Lioudmila Nikolaïevna sur un ton d'avertissement : elle ne permettait à personne de partager avec elle son droit à éduquer son mari.

— Oui, oui, le vent est très froid, dit Victor Pavlovitch.

Il passa dans la pièce et ils le virent, par la porte ouverte, s'asseoir à la table.

— Papa écrit de nouveau sur le dos d'un livre, remarqua Nadia.

— Ça ne te regarde pas, dit Lioudmila Nikolaïevna.

Elle se tourna vers sa mère :

— Pourquoi ça le réjouit tellement de nous voir tous à la maison ? Parce qu'il a une lubie, si quelqu'un n'est pas là, il est inquiet. Alors, aujourd'hui, il doit encore être en train de réfléchir à ses problèmes et il est content parce qu'il ne sera pas distrait par une inquiétude inutile.

— Plus bas, on le gêne réellement, dit Alexandra Vladimirovna.

— C'est tout le contraire, rétorqua Nadia, quand on parle fort, il ne fait pas attention mais il suffit de baisser la voix pour qu'il arrive et demande : « Qu'est-ce que c'est que ces messes basses ? »

— Nadia, tu parles de ton père comme un guide qui explique les instincts des animaux.

Elles se regardèrent et éclatèrent de rire.

— Maman, comment avez-vous pu m'offenser ainsi ? dit Lioudmila.

Sans répondre, sa mère lui caressa la tête.

Puis ils dînèrent à la cuisine. Il semblait à Victor Pavlovitch que la chaleur de la cuisine avait une douceur particulière ce soir-là. Une idée qui donnerait une explication inattendue aux expériences contradictoires accumulées par le laboratoire l'occupait sans cesse ces derniers temps.

Une impatience heureuse le torturait alors qu'il était assis à la cuisine, ses doigts tremblaient du désir contenu de reprendre le crayon.

— La bouillie est extraordinaire ce soir, dit-il en tapotant l'assiette de sa cuiller.

— C'est une allusion ? demanda Lioudmila Nikolaïevna.

Tout en passant l'assiette à sa femme, il ajouta :

— Tu te souviens, bien sûr, de l'hypothèse de Prout ?

Lioudmila, interdite, resta la cuiller en l'air.

— C'est sur l'origine des éléments, dit Alexandra Vladimirovna.

— Ah, oui, bien sûr ! dit Lioudmila. Tous les éléments proviennent de l'hydrogène. Mais quel rapport avec la bouillie ?

— La bouillie ? s'étonna Victor Pavlovitch... Voici ce qui est arrivé à Prout : il a émis une hypothèse exacte principalement parce que de son temps on commettait des erreurs grossières dans la définition des masses atomiques. Si l'on avait été capable, à l'époque, de déterminer les masses atomiques avec la précision atteinte par Dumas et Stass il n'aurait jamais osé supposer que les masses atomiques des éléments sont des multiples de l'hydrogène. Ainsi, il a vu juste parce qu'il se trompait.

— Mais, quand même, quel rapport avec la bouillie ? redemanda Nadia.

— La bouillie ? s'étonna à nouveau Victor Pavlovitch et, se rappelant ce qu'il avait dit, il reprit : La bouillie n'a aucun rapport... Il n'est pas facile de s'y retrouver dans cette bouillie, il a fallu cent ans pour s'y retrouver.

— Votre conférence d'aujourd'hui portait là-dessus ? demanda Alexandra Vladimirovna.

— Non, c'est comme ça, pour rien, d'ailleurs je ne fais pas de conférences...

Il croisa le regard de sa femme et il sentit qu'elle avait compris : il était de nouveau pris par le travail.

— Comment va la vie ? demanda-t-il. Maria Ivanovna est passée ? Elle t'a sûrement lu des extraits de *Madame Bovary*, le roman de Balzac ?

— Arrête, dit Lioudmila.

La nuit, Lioudmila s'attendait à ce que son mari lui parlât de son travail. Mais il ne lui dit rien et elle ne lui posa pas de questions.

17

Combien naïves avaient semblé à Strum les idées des physiciens au milieu du XIXe siècle, le point de vue de Helmholtz qui ramenait la tâche de la physique à la simple étude des forces d'attraction et de répulsion, lesquelles ne dépendaient que de la distance.

Le champ de forces, âme de la matière ! L'unité entre l'onde énergétique et le corpuscule matériel... la structure granulaire de la lumière... était-ce une pluie de gouttes lumineuses ou une onde fulgurante ?

Aux lois régissant les individus physiques, la théorie quantique en avait substitué d'autres, les lois des probabilités, celles d'une statistique particulière qui rejetait la notion d'individu, ne reconnaissait que les grands nombres. Les physiciens du précédent siècle évoquaient pour Strum des gens aux moustaches teintes, en costume à col droit amidonné et à manchettes raides, se pressant autour d'une table de billard. Ces grands hommes aux pensées profondes, armés de règles et de chronomètres, fronçant leurs épais sourcils, mesuraient vitesses et accélérations, déterminaient les masses des sphères élastiques emplissant le drap vert de l'espace mondial.

Or l'espace mesuré à l'aide de tiges de fer et de règles métalliques, le temps chronométré par des montres ultraperfectionnées s'étaient soudain mis à se déformer, à s'étirer et à s'aplatir. Leur caractère immuable s'était révélé, non point le fondement de la science, mais les barreaux et les murs de sa prison. L'heure avait sonné du Jugement dernier, des vérités millénaires étaient déclarées erronées. La vérité dormait depuis des siècles au milieu des antiques préjugés, erreurs, imprécisions, comme dans un cocon.

Le monde n'était plus euclidien, sa nature géométrique était formée par les masses et leurs vitesses.

La progression de la science gagnait en rapidité dans le monde libéré par Einstein des chaînes du temps et de l'espace absolus.

Deux courants, l'un fonçant avec l'Univers, l'autre visant à percer le noyau atomique, tout en divergeant ne se perdaient pas, bien que l'un courût dans le monde des parsecs, tandis que l'autre se mesurait en millimicrons. Plus les physiciens s'enfonçaient au cœur de l'atome, plus clairement leur apparaissaient les lois régissant la luminescence des étoiles. Le rouge déplacement le long du rayon optique dans le spectre des lointaines galaxies avait fait naître la représentation d'univers divergeant dans l'espace infini. Il suffisait cependant de préférer l'espace fini d'une lentille déformé par les vitesses et les masses pour pouvoir se représenter que l'espace lui-même était saisi d'élargissement, entraînant les galaxies à sa suite.

Pour Strum, il n'y avait pas au monde d'hommes plus heureux que les savants… Parfois, le matin en allant vers l'Institut ou le soir en se promenant ou la nuit en pensant à son travail, il était pris par un sentiment de bonheur, d'humilité et d'exaltation.

Les forces qui emplissaient l'univers de la douce clarté des étoiles étaient libérées par la transformation de l'hydrogène en hélium…

Deux jeunes chercheurs allemands avaient, deux ans avant le début de la guerre, provoqué la fission du noyau d'un atome lourd à l'aide de neutrons ; les physiciens soviétiques, qui étaient parvenus à des résultats similaires par d'autres voies, avaient soudain ressenti ce qu'avait éprouvé des centaines de milliers d'années auparavant l'homme des cavernes en allumant son premier feu…

Il était évident que, au XXe siècle, la physique était déterminante… De même qu'en 1942, Stalingrad était devenu déterminant pour tous les fronts de la guerre mondiale.

Mais Strum était poursuivi, pas à pas, par le doute, la souffrance, le désespoir.

18

« Je suis sûre, Vitia, que cette lettre te parviendra, bien que je sois derrière la ligne du front et derrière les barbelés du ghetto juif. Je ne recevrai pas ta réponse car je ne serai plus de ce monde. Je veux que tu saches ce qu'ont été mes derniers jours, il me sera plus facile de quitter la vie à cette idée.

« Il est difficile, Vitia, de comprendre réellement les hommes… Les Allemands sont entrés dans la ville le 7 juillet. La radio, dans le parc de la ville, transmettait les dernières informations, je rentrais de la polyclinique après les consultations et je me suis arrêtée pour les écouter, la speakerine lisait en ukrainien un article sur les derniers combats. J'ai entendu des détonations éloignées, puis des hommes traversèrent en courant le parc, je repris le chemin de la maison en me demandant comment j'avais fait pour ne pas entendre les sirènes de l'alerte aérienne. Soudain, je vis un tank et une voix cria : "Les Allemands sont passés !"

« J'ai dit : "Ne créez pas de panique !" ; la veille, j'étais passée chez le secrétaire du soviet de la ville et je lui avais posé le problème de l'évacuation, il s'était mis en colère : "Il est trop tôt pour en parler, nous n'avons même pas établi de listes." Bref, c'étaient les Allemands. Toute la nuit les gens allaient les uns chez les autres, ne sont restés calmes que les petits enfants et moi. J'avais décidé : qu'il m'arrive ce qui arrivera aux autres. Au début, j'ai été prise de terreur, j'avais compris que je ne te reverrais jamais plus et j'ai eu un désir fou de te regarder une fois encore, de baiser ton front, tes yeux ; mais ensuite je me suis dit que c'était un grand bonheur, que tu étais en sécurité.

« Je me suis endormie au petit matin et, quand je me suis éveillée, j'ai senti une affreuse tristesse. J'étais dans ma chambre, dans mon lit, et pourtant je me sentais en terre étrangère, oubliée, solitaire.

« Ce même matin on m'a rappelé ce que j'avais eu le temps d'oublier pendant les années de pouvoir soviétique : j'étais une Juive. Des Allemands passaient dans des camions en criant : *"Juden kaputt !"*

« Et puis des voisins me l'ont rappelé eux aussi. La femme du gardien, qui se trouvait sous ma fenêtre, disait à une voisine : "Dieu merci, on va être débarrassé de tous ces youpins." D'où cela peut-il venir ? Son fils est marié à une Juive et la vieille séjournait chez son fils, elle me parlait ensuite de ses petits-enfants.

« Ma voisine d'appartement, une veuve, elle, a une fille de six ans, Alionouchka[1], de splendides yeux bleus, je t'en ai parlé dans une de mes lettres, cette voisine est entrée dans ma chambre et m'a dit : "Anna Semionovna, je vous prie de retirer vos affaires de votre chambre avant ce soir, je vais m'y installer.

"— Entendu, dans ce cas, je m'installerai dans la vôtre, lui répondis-je.

"— Non, vous, vous passerez dans l'arrière-cuisine."

« J'ai refusé, il n'y avait ni fenêtre ni poêle. Je suis partie pour la polyclinique et quand je suis rentrée, on avait forcé ma porte, mes affaires avaient été jetées dans le cagibi. La voisine m'a dit : "J'ai gardé votre canapé, de toute façon, il n'entre pas dans votre nouvelle chambre."

« Étonnant, c'est une femme qui a fait des études, son défunt mari était un homme charmant et doux qui travaillait comme comptable. "Vous êtes hors la loi", m'a-t-elle dit comme si cela lui était d'un grand profit. Son Alionouchka est restée chez moi toute la soirée, je lui ai raconté des contes. Elle ne voulait pas aller se coucher et sa mère l'a emportée dans ses bras. Ce fut mon premier soir dans ma nouvelle chambre. Puis, on a rouvert notre polyclinique et j'ai été licenciée ainsi qu'un autre médecin juif. J'ai été demander l'argent qu'on me devait pour le mois écoulé mais le nouveau responsable m'a dit : "Vous n'avez qu'à vous faire payer par Staline le travail que vous avez fait sous le pouvoir soviétique ; écrivez-lui donc à Moscou." Une femme de salle, Maroussia, m'a embrassée et s'est mise à pleurer tout bas : "Mais qu'allez-vous donc devenir ; mon Dieu, qu'allez-vous donc devenir !" Et le docteur Tkatchev m'a serré la main en silence. Je ne sais pas ce qui est le plus pénible, la joie mauvaise des uns ou les regards apitoyés des autres, comme s'ils voyaient un chien galeux en train de crever. Je n'aurais jamais pensé que j'aurais à vivre cela.

---

1. Diminutif affectueux d'Elena.

« Bien des personnes m'ont stupéfié. Et pas seulement des êtres incultes, aigris et bornés. Par exemple, un enseignant à la retraite, il a soixante-quinze ans, il me demande toujours de tes nouvelles, il disait de toi : "C'est notre fierté." Et en ces jours maudits il s'est détourné de moi dans la rue, il ne m'a pas saluée. Ensuite on m'a transmis qu'il avait déclaré lors d'une réunion à la Kommandantur : "L'air s'est purifié, ça ne sent plus l'ail." Pourquoi a-t-il fait cela ? Ces paroles le salissent. Et à cette même réunion, que de calomnies contre les Juifs… Mais, bien sûr, tous ne sont pas allés à la réunion. Beaucoup ont refusé. Et, tu sais, j'avais toujours cru que l'antisémitisme allait de pair avec le nationalisme obtus comme, avant la Révolution, chez les hommes de l'Union de l'archange saint Michel[1]. Mais maintenant, j'ai constaté que les hommes qui appellent à libérer la Russie des Juifs sont aussi ceux qui s'humilient devant les Allemands, serviles et pitoyables, ces hommes sont prêts à vendre la Russie pour trente deniers allemands. Et pendant ce temps les êtres frustes venus des faubourgs s'emparent des appartements, des couvertures, des robes ; ce sont leurs semblables, sûrement, qui tuaient les médecins pendant les révoltes du choléra. Il y a aussi des êtres à la morale atrophiée, ils sont prêts à approuver tous les crimes pourvu qu'on ne les soupçonne pas de désaccord avec les autorités.

« Des amis et des relations accourent à tout instant pour m'apporter des nouvelles, les gens ont les yeux hagards, ils sont en délire. Nous avons un nouveau jeu : les gens passent leur temps à chercher de nouvelles cachettes pour leurs affaires, la cachette du voisin paraît plus sûre.

« Peu de temps après on a annoncé la création d'un ghetto, chaque personne avait le droit de prendre avec elle quinze kilos d'affaires personnelles. On avait collé sur les murs des maisons de petites affiches jaunes : "Tous les habitants juifs sont invités à déménager dans le quartier de la Ville Vieille avant le 15 juillet à 6 heures." La peine de mort pour ceux qui n'obéiraient pas.

« Et voilà, mon petit Vitia, moi aussi, j'ai préparé mes affaires. J'ai pris un oreiller, un peu de linge, la tasse que tu m'as un jour offerte, une cuiller, un couteau, deux assiettes. Que faut-il de plus ? J'ai pris ma trousse de médecin ; j'ai pris tes lettres, les photos de maman et de l'oncle David, la photo où l'on te voit avec papa, le petit recueil de Pouchkine, *Les Lettres de mon moulin* et le Maupassant en français, là où il y a *Une vie*, un petit dictionnaire, j'ai pris le Tchekhov, celui où il y a *Une banale histoire* et *L'Évêque* et mon panier était plein[2]. Que de lettres je t'ai écrites sous ce toit, que de larmes j'y ai versées, je peux te le dire maintenant, sur ma solitude.

---

1. Voir « Cent-Noirs » dans le Dictionnaire.
2. Anton Tchekhov travailla pendant deux ans et demi à la nouvelle *L'Évêque* (terminée en 1902). Pénétré par le pressentiment d'une fin proche, ce récit d'une mort dans la nuit de Pâques est une réflexion sur la vie et la mort, la foi et le péché, l'amour et la solitude. *Une banale histoire*, datant des débuts de sa gloire littéraire (1889), est également un bilan qui traite, entre autres choses, de la divergence entre le nom, le statut social et l'être intime et profond du personnage.

« J'ai dit adieu à la maison, au jardin, je suis restée quelques minutes assise sous l'arbre, j'ai dit adieu aux voisins. Certaines personnes sont bizarrement faites, quand même. Deux de mes voisines se sont mises à se disputer mes affaires en ma présence, qui prendrait les chaises, qui prendrait mon petit bureau ; mais quand est venu le moment de se dire adieu, elles ont pleuré. J'ai demandé à des voisins, les Bassanko, de tout te raconter en détail si tu viens ici aux nouvelles, après la guerre, et ils me l'ont promis. J'ai été émue par Toby, le chien de la maison, il a été spécialement affectueux le dernier soir. Si tu viens, donne-lui à manger en souvenir d'une vieille Juive.

« Alors que je m'apprêtais à partir et me demandais comment faire pour traîner mon lourd panier jusqu'à la Ville Vieille, un de mes anciens patients, un certain Choukine, un homme sombre et, pensais-je, au cœur sec, vint me voir. Il me proposa de porter mon panier, me donna trois cents roubles et me dit qu'il m'apporterait du pain une fois par semaine. Il travaille dans une imprimerie, on ne l'a pas mobilisé à cause d'une maladie des yeux. Je l'avais soigné avant-guerre, et si l'on m'avait proposé de nommer des gens purs et sensibles j'aurais donné des dizaines de noms mais pas le sien. Tu sais, Vitia, après sa venue, je me suis sentie de nouveau un être humain, ainsi, les chiens des rues n'étaient pas les seuls à avoir une attitude humaine.

« Il m'a raconté qu'à l'imprimerie officielle de la ville on était en train d'imprimer un arrêté : il est interdit aux Juifs de marcher sur les trottoirs, ils doivent porter une étoile jaune à six branches cousue sur la poitrine, ils n'ont pas le droit d'utiliser les transports en commun, de fréquenter les bains publics, d'aller aux consultations dans les hôpitaux, d'aller au cinéma, il leur est interdit d'acheter de la viande, des œufs, du lait, du beurre, du pain blanc, tous les légumes à l'exception des pommes de terre, les achats au marché ne sont autorisés qu'après 6 heures (quand les paysans sont déjà partis). La Ville Vieille sera entourée de barbelés et toute sortie sera interdite sauf sous escorte pour des travaux obligatoires. Tout Russe qui abritera chez lui un Juif sera fusillé, comme s'il avait caché un partisan.

« Le beau-père de Choukine, un vieux paysan, était venu de Tchoudnov, un *shtetl* proche de la ville, il avait vu de ses propres yeux les Allemands chasser dans la forêt tous les Juifs avec leurs baluchons et leurs valises ; pendant toute la journée on avait entendu des coups de feu et des cris, pas un n'est revenu. Les Allemands qui étaient cantonnés chez son beau-père revinrent tard le soir, ils étaient déjà ivres et ils burent et chantèrent toute la nuit ; le vieux les vit partager des broches, des bagues, des bracelets. Je ne sais pas si c'était un acte isolé ou l'annonce de ce qui nous attend tous.

« Qu'il était triste, mon fils, mon chemin vers le ghetto moyenâgeux. Je traversais la ville où j'avais travaillé pendant vingt ans. Au début nous sommes passés par la rue Svetchnaïa qui était déserte. Mais quand nous sommes arrivés à la rue Nikolskaïa, j'ai vu des centaines de gens en marche pour ce maudit ghetto. La rue était blanche d'oreillers, de baluchons. On soutenait les malades. On portait le père paralytique du docteur Margoulis dans une couverture. Un jeune homme tenait une vieille dans ses bras, sa femme et ses enfants le suivaient, avec des baluchons. Gordon, le gérant de l'épicerie, un homme gros, au souffle court, avait enfilé un manteau à col de fourrure et la sueur ruisselait sur son visage. J'ai été frappée par un jeune homme : il ne portait rien, il marchait la tête haute, le visage calme et hautain, il lisait un livre qu'il tenait ouvert devant lui. Mais, à côté de cela, que de personnes affolées, terrifiées !

« Nous marchions dans la rue, sur les trottoirs se tenaient les habitants de la ville qui nous regardaient passer.

« J'ai marché un temps non loin des Margoulis et j'entendais les soupirs de compassion des femmes. Mais on se moquait de Gordon et de son manteau, bien que, crois-moi, il fût plus effrayant que drôle. J'ai vu beaucoup de visages connus. Certains me faisaient un léger signe, d'autres se détournaient. Il me semble qu'il n'y avait pas, dans cette foule, de regards indifférents ; il y avait des yeux curieux, des yeux impitoyables et, plusieurs fois, j'ai vu des yeux pleins de larmes.

« Je voyais deux foules ; les Juifs en manteau et chapeau, les femmes coiffées de fichus, et, sur les trottoirs, une autre foule, en vêtements d'été. Des corsages aux couleurs gaies, les hommes en bras de chemise, souvent brodée à l'ukrainienne. J'avais l'impression que même le soleil était refusé aux Juifs, qu'ils marchaient dans le froid d'une nuit de décembre.

« À l'entrée du ghetto, je dis adieu à mon compagnon et il me montra l'endroit, dans la clôture de barbelés, où il m'apporterait du pain.

« Sais-tu, Vitia, ce que j'ai ressenti derrière les barbelés ? Je pensais que je serais horrifiée. Mais, en fait, une fois dans cet enclos pour bétail, je me suis sentie plus à l'aise. N'imagine pas que c'est parce que j'ai une âme d'esclave. Non. Mais j'étais entourée par des hommes qui partageaient mon destin. Je n'étais pas obligée, dans le ghetto, de marcher, comme un cheval, au milieu de la rue ; les gens ne m'y regardaient pas avec haine et ceux que je connaissais ne détournaient pas les yeux et ne m'évitaient pas. Dans cet enclos tous portent le sceau dont nous ont marqués les nazis, aussi est-il moins brûlant sur ma poitrine. Je me suis sentie ici non plus du bétail mais une femme malheureuse. Et je me suis sentie mieux.

« J'ai trouvé à me loger avec un collègue, le docteur Sperling, dans une maisonnette en pisé, deux pièces en tout. Il a deux filles, déjà adultes, et un fils d'une douzaine d'années. Je regarde longuement son visage maigre, ses grands yeux tristes ; il s'appelle Iouri, deux fois je l'ai appelé Vitia, et il me corrige : "Non, je ne suis pas Vitia, je suis Iouri."

« Que les hommes sont différents les uns des autres ! Sperling est, à cinquante-huit ans, débordant d'énergie. Il s'est procuré des matelas, du pétrole, une charretée de bois de chauffage. Ils ont apporté de nuit un sac de farine et un demi-sac de haricots. Il se réjouit de ses succès comme un jeune marié. Hier, il accrochait aux murs des tapis. "Ce n'est rien, ce n'est rien, nous survivrons, répétait-il. L'essentiel, c'est de faire des réserves de bois et de nourriture."

« Il m'a dit qu'il faudrait organiser une école dans le ghetto. Il m'a même proposé de donner des leçons de français à Iouri et de me payer une assiette de soupe la leçon. J'ai accepté.

« La femme de Sperling, la grosse Fania Borissovna, soupire : "Nous sommes perdus, tout est perdu", mais cela ne l'empêche pas de surveiller sa fille aînée, Liouba[1], un être bon et doux, pour qu'elle ne donne pas à quelqu'un une poignée de haricots ou un morceau de pain. La cadette, Alia[2], la préférée de sa mère, est une créature infernale : impérieuse, avare, soupçonneuse ; elle s'en prend continuellement à son père et à sa sœur. Elle était venue avant la guerre leur rendre visite et elle est restée coincée ici.

« Mon Dieu, quelle misère partout ! Que ceux qui parlent toujours de la richesse des Juifs, qui affirment qu'ils ont toujours de l'argent de côté pour les mauvais jours, que ces gens viennent voir notre Ville Vieille ! Les voilà, les mauvais jours, il n'en est pas de plus mauvais. Dans la Ville Vieille il n'y a pas que les nouveaux venus avec leurs quinze kilos de bagages, des artisans, des ouvriers, des femmes de salle y vivent depuis toujours… Si tu voyais cette promiscuité ! Si tu voyais ce qu'ils mangent, dans quelles masures aux trois quarts en ruine ils vivent !

« J'ai vu ici, mon petit Vitia, beaucoup de mauvaises gens, des avides, des malins, et même des traîtres. Il y a là un homme affreux, un certain Epstein, qui est arrivé ici d'une ville polonaise, je ne sais pas laquelle au juste ; il porte un brassard et accompagne les Allemands pendant les perquisitions, participe aux interrogatoires, s'enivre avec les *politsaï* ukrainiens et ils l'envoient chez les gens extorquer de la vodka, de l'argent, de la nourriture. Je l'ai vu une ou deux fois, c'est un homme de haute taille, assez beau, élégant dans son costume de couleur crème, et même l'étoile cousue à son veston prend des allures de camélia jaune.

« Mais je voudrais te parler aussi d'autre chose. Je ne me suis jamais sentie juive ; depuis l'enfance je vivais parmi des amies russes, mes poètes préférés étaient Pouchkine et Nekrassov et la pièce où j'ai pleuré avec toute la salle, au congrès des médecins de campagne, est *Oncle Vania*, avec Stanislavski dans le rôle principal. Et il y a bien longtemps, j'avais quatorze ans, ma famille avait décidé de partir pour l'Amérique du Sud. Et j'ai dit à papa : "Je ne quitterai jamais la Russie, je me pendrai plutôt." Et je ne suis pas partie.

---

1. Diminutif de Lubov (« amour » en russe ; c'est-à-dire Aimée).
2. Diminutif d'Alexandra.

« Et pourtant, en ces jours terribles, mon cœur s'est empli d'une tendresse maternelle pour le peuple juif. Je ne me connaissais pas cet amour auparavant. Il me rappelle l'amour que j'ai pour toi, mon fils bien-aimé.

« Je fais des visites aux malades. Des dizaines de personnes, vieillards presque aveugles, bébés, femmes enceintes, vivent entassées dans une pièce minuscule.

« J'ai l'habitude de lire dans les yeux les symptômes des maladies, les glaucomes, les cataractes. Je ne peux plus regarder ainsi les yeux, je vois dans les yeux le reflet de l'âme. D'une âme bonne, Vitia ! D'une âme bonne et triste, moqueuse et condamnée, vaincue par la force mais, en même temps, triomphant de la force. Une âme forte, Vitia !

« Si tu voyais avec quelle gentillesse de vieilles personnes m'interrogent à ton sujet ; avec quelle chaleur me consolent des gens auxquels je ne me suis pas plainte et qui se trouvent dans une situation bien plus horrible que la mienne. Avec quelle délicatesse touchante on me donne pour mes soins un morceau de pain, un oignon, une poignée de haricots.

« Crois-moi, ce ne sont pas des honoraires pour une visite. Quand un vieil ouvrier me serre la main, glisse dans mon filet quelques pommes de terre et me dit : "Allons, allons, docteur, je vous en prie", des larmes me montent aux yeux. Il y a dans tout cela quelque chose de pur, de paternel, de bon, je ne sais comment l'exprimer à l'aide de mots.

« Je ne veux pas te consoler en te disant que ma vie a été facile ici, tu dois t'étonner que mon cœur n'ait pas éclaté de douleur. Mais ne te tourmente pas en te disant que j'ai souffert de la faim, de tout ce temps je n'ai pas eu faim une seule fois. Et aussi, je ne me suis jamais sentie seule.

« Que te dire des hommes ? Ils m'étonnent en bien et en mal. Ils sont extraordinairement divers, bien que tous connaissent le même destin. Mais si, pendant l'orage, tous s'efforcent de s'abriter de la pluie, cela ne veut pas encore dire que tous les hommes sont semblables. D'ailleurs ils s'abritent chacun à sa façon.

« Le docteur Sperling est convaincu que les persécutions contre les Juifs ne sont que temporaires et cesseront avec la guerre. Il y en a beaucoup comme lui et j'ai constaté que plus les hommes sont optimistes, plus ils sont mesquins, égoïstes. Si quelqu'un entre pendant le dîner, Alia et Fania Borissovna cachent aussitôt la nourriture.

« Les Sperling m'aiment bien, d'autant plus que je mange peu et que j'apporte plus de nourriture que je n'en consomme. Mais j'ai décidé de les quitter, ils me dégoûtent. Je me trouverai un coin. Plus il y a de tristesse en l'homme, moins il espère survivre et meilleur il est.

« Les pauvres, les étameurs, les tailleurs, qui se savent condamnés, sont bien plus nobles, plus larges, plus intelligents que ceux qui se sont débrouillés pour faire des réserves de nourriture. De jeunes institutrices, un original, le vieux professeur et joueur d'échecs Spielberg, de douces bibliothécaires, l'ingénieur Reivitch qui est plus désarmé qu'un enfant mais qui rêve de fournir le ghetto en grenades artisanales... Quels gens merveilleux, inadaptés, charmants, tristes et bons.

« J'ai pu voir ici que l'espoir n'est presque jamais lié à la raison, il est insensé, il est, je pense, engendré par l'instinct.

« Les gens vivent comme s'ils avaient de longues années devant eux. Il est difficile de savoir si c'est bête ou au contraire intelligent, c'est ainsi, voilà tout. Et je me suis soumise à cette loi. Deux femmes venant d'un *shtetl* racontent la même chose que mon ami. Les Allemands dans toute la région exterminent les Juifs sans épargner les enfants et les vieillards. Des Allemands et des *politsaï* arrivent en camions, réquisitionnent quelques dizaines d'hommes pour des travaux de terrassement, ils creusent des tranchées, puis, deux ou trois jours plus tard, les Allemands mènent à ces fossés toute la population juive et les fusillent tous jusqu'au dernier. Partout, dans toutes les bourgades autour de la ville, surgissent ces tertres juifs.

« Dans la maison voisine vit une jeune fille qui vient de Pologne. Elle raconte que là-bas, les meurtres des Juifs ne s'arrêtent pas un instant, on extermine les Juifs systématiquement, il ne reste des Juifs que dans quelques ghettos, à Varsovie, à Lodz, à Radom. Et quand j'ai réfléchi à tout cela, il m'est clairement apparu que l'on nous avait réunis ici non pour nous conserver comme des aurochs dans une réserve naturelle mais comme du bétail à l'abattoir. Notre tour doit être prévu par le plan dans une semaine ou deux. Mais figure-toi que, tout en comprenant cela, je continue à soigner les malades et je leur dis : "Si vous baignez vos yeux quotidiennement, vos yeux guériront dans deux ou trois semaines." J'examine un vieillard dont on pourra opérer la cataracte dans six mois ou un an.

« Je donne des leçons de français à Iouri, je me désole de sa mauvaise prononciation.

« Et au même moment des Allemands font irruption dans le ghetto et se livrent au pillage, des sentinelles tirent sur des enfants à travers les barbelés en guise de divertissement et des témoignages toujours plus nombreux confirment que notre sort doit se décider d'un jour à l'autre.

« Et voilà comment cela se passe, les hommes continuent à vivre. Nous avons même eu il y a quelques jours une noce. Les bruits naissent par centaines. Tantôt mon voisin m'annonce, en s'étranglant de joie, que nos troupes sont passées à l'offensive et que les Allemands sont en fuite. Tantôt le bruit se répand que le gouvernement soviétique et Churchill ont lancé un ultimatum aux Allemands et que Hitler a ordonné de ne plus tuer les Juifs. Tantôt on annonce que les Juifs seront échangés contre les prisonniers de guerre allemands.

« Ainsi le ghetto est l'endroit au monde où il y a le plus d'espérance. Le monde est rempli d'événements qui n'ont qu'un sens, qu'une cause : le salut des Juifs. L'espoir est indéracinable ! Et la source de cet espoir est une : l'instinct de vie, qui résiste sans aucune logique à l'idée effroyable que nous sommes tous condamnés à périr sans laisser de traces. Je regarde autour de moi et je me dis : "Est-il possible que nous soyons tous des condamnés à mort qui attendent leur exécution ?" Les coiffeurs, les cordonniers, les tailleurs, les médecins, les chauffagistes... tous travaillent. On a même ouvert une maternité, ou plutôt un semblant de maternité. Les lessives se font, le linge sèche sur les cordes, à partir du 1er septembre les enfants vont à l'école et les mères interrogent les maîtres sur les notes de leurs enfants.

« Le vieux Spielberg a donné plusieurs livres à relier. Alia Sperling fait quotidiennement sa gymnastique matinale ; chaque soir, avant de se coucher, elle se met des papillotes et elle se dispute avec son père pour qu'il lui donne un coupon de tissu d'été.

« Et moi aussi, je suis prise du matin au soir. Je fais mes visites aux malades, je donne des leçons, je fais du raccommodage, de la lessive, je me prépare pour l'hiver : je fais mettre une doublure chaude à mon manteau. J'écoute les récits : la femme d'un conseiller juridique que je connais a été battue sans pitié parce qu'elle avait acheté un œuf de cane pour son enfant ; une sentinelle a blessé à l'épaule un garçon, le fils du pharmacien Sirota, alors qu'il essayait de se glisser sous les barbelés pour rattraper son ballon. Puis, de nouveau, des bruits, des bruits, des bruits...

« Et maintenant voilà autre chose que des bruits. Aujourd'hui les Allemands ont emmené quatre-vingts jeunes gens à l'arrachage des pommes de terre. Certains se réjouissent : ils pourront peut-être rapporter quelques pommes de terre pour la famille. Mais j'ai compris de quelles pommes de terre il s'agit.

« La nuit, dans le ghetto, est un temps à part. Tu te souviens, mon fils, je t'ai toujours appris à me dire la vérité, un fils doit la vérité à sa mère. Mais une mère doit, elle aussi, la vérité à son fils. Ne t'imagine pas, Vitia, que ta mère soit une femme forte. Je suis faible. Je crains la douleur et j'ai peur quand je vais chez le dentiste. Quand j'étais petite fille, j'avais peur du tonnerre, j'avais peur du noir. Une fois vieille, j'ai eu peur de la maladie, de la solitude, je craignais que, malade, je ne puisse plus travailler et que je devienne une charge pour toi et que tu me le fasses sentir. Je craignais la guerre. Maintenant, la nuit, je suis prise d'une terreur qui me gèle le cœur. La mort m'attend. J'ai envie de t'appeler au secours.

« Il y a bien longtemps, petit enfant, tu accourais chercher refuge auprès de moi. Maintenant, en ces instants de faiblesse, j'ai envie de cacher ma tête sur tes genoux pour que tu me défendes, me protèges, toi qui es fort et si intelligent. Je n'ai pas seulement l'âme forte, Vitia, elle est faible aussi. Je pense souvent au suicide et je ne sais pas ce qui me retient, est-ce ma faiblesse, ma force ou un espoir insensé ?

« Mais en voilà assez. Je m'endors et je vois des rêves. Je vois souvent ma mère, je lui parle. Cette nuit, j'ai vu en rêve Alexandra Chapochnikova[1], à l'époque où nous vivions ensemble à Paris. Mais je ne t'ai pas vu une seule fois en rêve bien que je pense sans cesse à toi, même dans les

1. Alexandra Vladimirovna, la mère de Lioudmila, femme de Strum.

moments les plus durs. Je me réveille et de nouveau ce plafond, et je me souviens que les Allemands occupent notre terre, que je suis une lépreuse et il me semble que je ne me suis pas réveillée mais, au contraire, que je viens de m'endormir et que je rêve.

« Puis quelques minutes passent, j'entends Alia et Liouba se disputer pour savoir qui doit aller chercher l'eau au puits, j'entends quelqu'un raconter que les Allemands ont brisé le crâne d'un vieillard dans la rue voisine.

« Une élève de l'Institut pédagogique, que je connais, est venue me chercher pour examiner un malade. J'ai appris qu'elle cachait un lieutenant avec une blessure à l'épaule et un œil brûlé. Un gentil jeune homme avec l'accent de la Volga. Il est passé la nuit sous les barbelés et il a trouvé refuge dans le ghetto. Son œil n'était pas fortement atteint et j'ai pu stopper la suppuration. Il m'a beaucoup parlé des combats, de la fuite de nos troupes, ces récits m'ont déprimée. Il veut reprendre des forces et traverser la ligne du front. Plusieurs de nos jeunes gens vont partir avec lui, l'un d'eux a été mon élève. Oh ! si je pouvais partir avec eux ! J'étais si heureuse d'aider ce garçon, il me semblait que moi aussi je participais à la guerre contre le fascisme.

« On lui a apporté des pommes de terre, des haricots, une grand-mère lui a tricoté des chaussettes de laine.

« Aujourd'hui la journée est riche en drames. Alia s'est procuré, hier, le passeport d'une jeune fille russe, morte à l'hôpital. Cette nuit, Alia va partir. Et nous avons appris aujourd'hui, d'un paysan ami qui passait à côté des barbelés, que les Juifs qu'on avait emmenés arracher des pommes de terre sont en train de creuser de profondes tranchées à quatre kilomètres de la ville, près de l'aérodrome, sur la route de Romanovka. Retiens ce nom, Vitia, c'est là que tu trouveras la fosse commune où sera enterrée ta mère.

« Même Sperling a tout compris, il est pâle, ses lèvres tremblent et il me demande, affolé : "Y a-t-il de l'espoir qu'on laisse en vie les gens qualifiés ?" En effet, on raconte que, parfois, on n'a pas exécuté les meilleurs tailleurs, cordonniers et médecins.

« Et malgré tout, Sperling a fait venir le soir un maçon qui lui a aménagé une cachette pour la farine et le sel. Et moi, le soir, j'ai lu avec Iouri *Les Lettres de mon moulin*. Tu te rappelles, nous avions lu à voix haute mon récit préféré, *Les Vieux*, et quand nous l'avions terminé nous nous étions regardés et nous avions ri, mais nous avions tous les deux les yeux pleins de larmes. Puis j'ai dicté à Iouri les leçons à apprendre pour demain. Il faut qu'il en soit ainsi. Mais quel sentiment déchirant quand je regardais la petite mine triste de mon élève, ses doigts qui notaient dans le cahier les numéros des paragraphes de grammaire qu'il devait apprendre.

« Que d'enfants ici, des yeux merveilleux, des cheveux bruns et bouclés, il y a sûrement parmi eux de futurs savants, des professeurs de médecine, des musiciens, des poètes peut-être.

« Je les regarde quand ils courent le matin à l'école, ils ont un sérieux qui n'est pas de leur âge, et leurs yeux tragiques leur mangent le visage. Parfois ils se battent, se disputent, rient, mais cela est encore pire.

« On dit que les enfants sont notre avenir, mais que peut-on dire de ces enfants-là ? Ils ne deviendront pas musiciens, cordonniers, tailleurs. Et je me suis représentée très clairement, cette nuit, comment ce monde bruyant de papas barbus et affairés, de grand-mères grognons, créatrices de gâteaux au miel et de cous d'oies farcis, ce monde aux rituels de mariage compliqués, ce monde des proverbes et des jours de sabbat, je me suis représenté comment ce monde disparaîtrait à jamais sous terre ; après la guerre la vie reprendra et nous ne serons plus là, nous aurons disparu comme ont disparu les Aztèques.

« Le paysan qui nous a annoncé qu'on était en train de creuser des fosses communes raconte que sa femme a pleuré toute la nuit et qu'elle se lamentait : "Ils sont tailleurs et cordonniers, ils travaillent le cuir, ils réparent les montres, ils vendent les médicaments dans les pharmacies… Que va-t-il se passer quand on les aura tous tués ?"

« Et j'ai vu très clairement un homme qui, en passant devant des ruines, dirait : "Tu te souviens, c'est ici que vivait Boruch, le cordonnier ; le soir de sabbat, sa vieille restait assise sur un banc et des enfants jouaient autour d'elle." Et le deuxième passant dirait : "Et là-bas, sous le vieux poirier, d'habitude on voyait la doctoresse, je ne me rappelle plus son nom, je me suis fait soigner les yeux chez elle un jour ; après le travail elle s'installait toujours sur une chaise cannée, sous le poirier, et lisait un livre." Il en sera ainsi, Vitia.

« C'est comme si un souffle d'effroi était passé sur les visages ; tous ont compris que le temps approche.

« Vitia, je voudrais te dire… Non, ce n'est pas ça.

« Vitia, je termine ma lettre et je vais la porter à la limite du ghetto pour la donner à mon ami. Il ne m'est pas facile d'interrompre cette lettre, elle est ma dernière conversation avec toi ; quand je l'aurai transmise, je t'aurai définitivement quitté, jamais tu ne sauras ce qu'auront été mes dernières heures. C'est notre toute dernière séparation. Que te dire avant de te quitter pour toujours ? Tu as été ma joie ces derniers jours, comme tu l'as été durant toute ma vie. La nuit, je me souvenais de tes vêtements d'enfant, de tes premiers livres, je me souvenais de ta première lettre, de ton premier jour d'école, je me suis souvenue de tout, depuis les premiers jours de ton existence jusqu'à la dernière nouvelle qui me soit venue de toi, le télégramme que j'ai reçu le 30 juin. Je fermais les yeux et il me semblait que tu allais me protéger de l'horreur qui s'avançait sur moi. Et quand je me rappelais ce qui se passait autour de moi, je me réjouissais de ton absence ; ainsi tu ne connaîtrais pas cet horrible destin.

« J'ai toujours été solitaire, Vitia. Pendant des nuits blanches, j'ai souvent pleuré de désespoir. Car personne ne le savait. Mon unique consolation était la pensée, qu'un jour, je te raconterais ma vie. Que je te raconterais pourquoi nous nous sommes séparés, ton père et moi, pourquoi, toutes ces longues années, j'ai vécu seule. Et je me disais souvent : "Comme il sera étonné, Vitia, quand il apprendra que sa mère a fait des folies, qu'elle était jalouse et qu'on la jalousait, que sa mère a été comme tous les jeunes." Mais mon destin est de mourir en solitaire sans m'être ouverte à toi. Parfois, je pensais que je ne devais pas vivre loin de toi, que je t'aimais trop et que cet amour me donnait le droit de finir ma vie à tes côtés. Parfois, je pensais que je ne devais pas vivre avec toi, que je t'aimais trop.

« *Enfin...* Sois heureux avec ceux que tu aimes, qui t'entourent ; qui te sont devenus plus chers que ta mère. Pardonne-moi.

« On entend dans la rue des pleurs de femmes, des jurons de policiers et moi, je regarde ces pages et il me semble que je suis protégée de ce monde horrible, plein de souffrances.

« Comment finir cette lettre ? Où trouver la force pour le faire, mon chéri ? Y a-t-il des mots en ce monde capables d'exprimer mon amour pour toi ? Je t'embrasse, j'embrasse tes yeux, ton front, tes yeux.

« Souviens-toi qu'en tes jours de bonheur et qu'en tes jours de peine l'amour de ta mère est avec toi, personne n'a le pouvoir de le tuer.

« Vitenka[1]... Voilà la dernière ligne de la dernière lettre de ta maman. Vis, vis, vis toujours... Ta maman. »

19

Strum n'avait jamais réfléchi avant la guerre au fait qu'il était juif, que sa mère était juive. Jamais sa mère ne lui en avait parlé, ni dans son enfance ni plus tard, quand il était étudiant. Jamais, pendant ses années d'études à l'université de Moscou, un étudiant, un professeur, ou un directeur de séminaire n'avait entamé de conversation sur ce sujet.

Ni à l'Institut ni à l'Académie des sciences il n'avait eu, avant-guerre, l'occasion d'entendre des conversations sur ce sujet.

Jamais, pas une fois, il n'eut envie d'en parler à Nadia, de lui expliquer que sa mère était russe et que son père était juif.

Le siècle d'Einstein et de Planck était aussi le siècle de Hitler. La Gestapo et la renaissance scientifique étaient les enfants d'un même siècle. Que le XIXe siècle, le siècle de la physique naïve, était humain en comparaison du XXe ! Le XXe avait tué sa mère. Il y a une ressemblance hideuse entre les principes du fascisme et les principes de la physique moderne.

Le fascisme a rejeté le concept d'individu, le concept d'homme et il opère par masses énormes. La physique moderne parle d'une plus ou moins grande probabilité des phénomènes dans tel ou tel ensemble d'individus physiques. Le fascisme ne se fonde-t-il pas, dans sa terrifiante mécanique, sur les lois d'une politique quantique, sur une théorie des probabilités politiques ?

---

1. Diminutif affectueux de Victor.

Le fascisme a décidé d'exterminer des couches entières de la population, d'ensembles nationaux ou raciaux, en partant de l'idée que la probabilité de conflits ouverts ou cachés était plus grande dans ces ensembles que dans d'autres ensembles humains. La mécanique des probabilités et des ensembles humains.

Mais non, bien sûr ! Et le fascisme périra justement parce qu'il a cru pouvoir appliquer à l'homme les lois des atomes et des pavés.

Le fascisme et l'homme ne peuvent coexister. Quand le fascisme est vainqueur, l'homme cesse d'exister, seuls subsistent des humanoïdes, extérieurement semblables à l'homme mais complètement modifiés à l'intérieur. Mais quand l'homme doué de raison et de bonté est vainqueur, le fascisme périt et les êtres qui s'y sont soumis redeviennent des hommes.

N'était-ce pas reconnaître la justesse des idées de Tchepyjine sur le magma, qu'il avait discutées au cours de l'été ? Le moment de cette conversation lui paraissait infiniment lointain, on eût dit que des décennies séparaient cette soirée moscovite estivale du jour présent.

On eût dit qu'un autre homme, qui n'était pas Strum, traversait alors la place Troubnaïa, écoutait en émoi, disputait avec ardeur et assurance.

Maman... Maroussia[1]... Tolia...

Par instants, il lui semblait que la science était une tromperie qui masquait la folie et la cruauté de la vie.

Était-ce seulement un hasard si la science était devenue la compagne de ce siècle terrifiant ? Qu'il se sentait seul ! Il ne savait à qui confier ses pensées. Tchepyjine était loin ; Postoïev aurait trouvé tout cela bizarre et inintéressant.

Sokolov avait des tendances mystiques et faisait preuve d'une sorte de résignation religieuse face à l'injustice et à la cruauté de César.

Dans son labo, il y avait deux magnifiques chercheurs, Markov, l'expérimentateur, et Svostianov, l'ivrogne bourré de talent. Mais s'il avait eu l'idée de leur parler de tout cela, ils l'auraient pris pour un malade mental.

Il sortit de son bureau la lettre de sa mère et la relut une fois encore.

« Je suis sûr, Vitia, que cette lettre te parviendra, bien que je sois derrière la ligne du front et derrière les barbelés du ghetto juif... Où trouver la force pour le faire, mon chéri... »

Et la lame froide le frappait une fois de plus à la gorge...

20

Lioudmila Nikolaïevna sortit de la boîte une lettre des armées.

Elle entra à grands pas dans la pièce et, rapprochant la lettre de la lumière, elle déchira le bord de l'enveloppe en papier grossier.

---

1. Diminutif de Maria.

Un instant, elle crut voir tomber de l'enveloppe des photos de Tolia ; Tolia est un minuscule bébé qui ne tient pas encore sa tête, il est couché tout nu sur un coussin, les pattes en l'air, la bouche ouverte.

Il semblait que, sans même lire les mots, en s'imprégnant du texte calligraphié par une main appliquée, elle avait compris : il est en vie, il vit.

Elle lut que Tolia était gravement blessé à la poitrine et au flanc, qu'il avait perdu beaucoup de sang, qu'il était faible, qu'il ne pouvait pas écrire lui-même et que depuis quatre semaines la fièvre ne tombait pas... Mais des larmes de joie lui voilaient les yeux, tel avait été son désespoir quelques instants auparavant.

Elle sortit dans l'escalier, lut les premières lignes de la lettre et, apaisée, se dirigea vers le bûcher. Là, dans la froide pénombre, elle lut le milieu et la fin de la lettre et pensa que cette lettre était un adieu avant la mort.

Lioudmila Nikolaïevna empila les bûches dans le sac. Et bien que le médecin qui la soignait à Moscou à la polyclinique des savants lui eût ordonné de ne pas soulever plus de trois kilos et de ne faire que des mouvements lents et doux, elle jeta avec un « han ! » de bûcheron le sac plein de bois vert sur son épaule et monta d'un élan à l'étage. Elle laissa tomber le sac par terre et la vaisselle tinta sur la table.

Lioudmila mit son manteau, jeta son fichu sur sa tête et sortit dans la rue.

Des gens la croisaient puis se retournaient. Elle traversa la rue, un tramway freina brusquement et la conductrice la menaça du poing.

En tournant à gauche, on peut atteindre par la ruelle l'usine où travaille maman.

Si Tolia meurt, son père ne le saura pas. Dans quel camp se trouve-t-il ? Peut-être est-il mort depuis longtemps...

Lioudmila Nikolaïevna alla à l'Institut chez Victor Pavlovitch. En passant devant la maisonnette des Sokolov, elle entra dans la cour, frappa à la fenêtre, mais le rideau resta baissé. Maria Ivanovna n'était pas chez elle.

« Victor Pavlovitch vient de passer dans son bureau », lui dit quelqu'un et elle remercia sans savoir à qui elle avait eu affaire, un homme, une femme, une connaissance, un inconnu... Elle entra dans la salle du laboratoire où, comme d'habitude, on avait l'impression que personne ne travaillait. Généralement, il semble que les hommes bavardent ou bien fument en parcourant distraitement un livre, alors que les femmes sont très occupées, elles font du thé dans des matras, enlèvent leur vernis à ongles avec du dissolvant, tricotent.

Elle notait tous les détails, des dizaines de détails ; elle remarqua le papier qu'utilisait un garçon de labo pour rouler sa cigarette.

Dans le bureau de Victor Pavlovitch, elle fut accueillie à grands cris et Sokolov se précipita vers elle en agitant une grande enveloppe blanche.

— On nous donne un espoir, dit-il, il y a un plan, on prévoit de nous ramener à Moscou, avec tous les impedimenta, avec l'appareillage, les familles. Pas mal, hein ? C'est vrai que les délais ne sont pas fixés. Mais quand même !

Elle sentit de la haine pour ce visage animé, pour ces yeux. Si elle avait su qu'elle verrait tant de visages joyeux elle ne serait, bien sûr, jamais allée chez Victor. Et Victor aussi est joyeux et sa joie entrera ce soir à la maison, et Nadia sera heureuse, ils quitteront enfin cette ville si détestée.

Valent-ils, tous ces gens, tous tant qu'ils sont, le jeune sang qui a payé leur joie ?

Elle leva des yeux pleins de reproches sur son mari.

Il la regardait, compréhensif, inquiet.

Quand ils restèrent seuls, il lui dit qu'il avait immédiatement compris, dès qu'elle était entrée, qu'un malheur était arrivé.

Il lut la lettre et dit :

— Que faire, mon Dieu, que faire ?

Il mit son manteau et ils se dirigèrent vers la sortie.

— Je ne viendrai plus aujourd'hui, dit-il à Sokolov qui se trouvait à côté du nouveau chef du personnel, Doubenkov, un homme de haute taille, à la tête ronde, vêtu à la mode d'un veston trop étroit pour ses larges épaules.

Strum lâcha une seconde la main de Lioudmila, dit à mi-voix à Doubenkov :

— Nous voulions commencer à faire les listes pour Moscou, mais je ne pourrai pas aujourd'hui. Je vous expliquerai plus tard.

— Ne vous inquiétez pas, Victor Pavlovitch, dit d'une petite voix de basse Doubenkov. Il y a tout le temps. Ce ne sont que des prévisions pour l'avenir, je prends sur moi tout le travail préparatoire.

Sokolov agita les mains, hocha la tête, et Strum comprit qu'il avait deviné le nouveau malheur qui venait de le frapper.

Un vent froid balayait les rues, soulevant la poussière. Tantôt il la tordait en une tresse, tantôt il la semait comme un grain inutile. Il y avait une rudesse implacable dans ce froid, dans les claquements osseux des branches, dans le bleu glacial des rails de tramway.

Sa femme tourna vers lui un visage rajeuni et creusé par la souffrance ; elle fixait d'un regard implorant Victor Pavlovitch.

Ils avaient eu autrefois une jeune chatte ; à sa première portée, elle ne put pas mettre au monde son chaton et, mourante, elle rampa jusqu'à Strum et se mit à crier en le fixant de ses yeux écarquillés. Mais qui pouvait-on supplier dans cet immense ciel vide, sur cette terre poussiéreuse et impitoyable ?

— Voilà l'hôpital militaire où j'ai travaillé, dit-elle.

— Vas-y ! Comment n'y avons-nous pas pensé plus tôt ! Ils pourront te dire à quelle ville correspond la boîte postale.

Il vit Lioudmila gravir l'escalier, s'expliquer avec le gardien. Strum allait et venait, passait le coin, puis revenait vers l'entrée. Des passants couraient,

avec dans leurs filets des bocaux où des nouilles et des pommes de terre
grises nageaient dans une soupe grise.

— Vitia, l'appela sa femme.

Il comprit à sa voix qu'elle s'était reprise.

— Alors voilà, dit-elle. C'est à Saratov. L'adjoint du médecin-chef y
était il n'y a pas longtemps. Il m'a donné la rue et le numéro.

Ils furent soudain très occupés : il fallait savoir quand passerait le bateau,
se procurer un billet, préparer les bagages, trouver de la nourriture, il fallait
emprunter de l'argent, obtenir un ordre de mission quelconque pour justifier le voyage.

Lioudmila Nikolaïevna partit sans bagages ni nourriture, sans affaires
pour Tolia, presque sans argent ; elle monta sur le pont sans billet, profitant du désordre et de la presse qui régnaient pendant l'embarquement.

Elle n'emporta avec elle que le souvenir des adieux avec sa mère, son
mari, Nadia, par une sombre soirée d'automne. Des vagues noires frappaient la coque et le vent soulevait des embruns.

<h2 style="text-align:center">21</h2>

Dementi Trifonovitch Guetmanov, le secrétaire du Parti d'une des
régions d'Ukraine occupées par les Allemands, avait été nommé commissaire politique d'un corps d'armée de blindés en formation dans l'Oural.

Avant de rejoindre son poste, Guetmanov avait fait un saut en Douglas
à Oufa où avait été évacuée sa famille.

Les camarades du Parti, à Oufa, avaient été très attentionnés à l'égard
de sa famille ; le logement, les conditions de vie lui apparurent fort
décents. Galina Terentievna, la femme de Guetmanov, qui se distinguait
avant la guerre par sa corpulence (un métabolisme déficient), n'avait pas
maigri, elle avait même plutôt gagné du poids pendant l'évacuation. Les
deux filles et le petit garçon, qui n'allait pas encore à l'école, semblaient
en bonne santé.

Guetmanov passa trois jours à Oufa. Avant son départ, quelques proches
vinrent lui dire au revoir : le frère cadet de sa femme, adjoint au chef de
cabinet du gouvernement d'Ukraine, un vieil ami, le Kiévien Machouk, qui
servait dans les organes de sécurité, et un deuxième beau-frère, un des responsables du secteur de propagande du Comité central d'Ukraine, qui
répondait au nom de Sagaïdak.

Sagaïdak arriva vers 11 heures ; les enfants étaient déjà couchés et l'on
parlait à voix basse.

— Et si on se buvait un petit gorgeon de vodka, chers camarades ? proposa Guetmanov.

Tout était gros chez lui : sa caboche à la chevelure grisonnante, son large
front, son nez charnu, ses mains, ses doigts, ses épaules, son cou puissant.
Mais lui, cet assemblage de pièces massives, il était de petite taille. Et,

chose étrange, dans ce large visage, on remarquait et retenait tout particulièrement les yeux : ils étaient étroits, à peine visibles entre les paupières bouffies. Leur couleur était incertaine, un mélange de gris et de bleu. Mais ils recelaient beaucoup de finesse, de vie, une perspicacité aiguë.

Galina Terentievna souleva légèrement son gros corps et sortit de la pièce ; les hommes se turent comme cela arrive souvent quand on attend l'arrivée de l'alcool sur la table. Galina Terentievna revint bientôt chargée d'un plateau. Il semblait étonnant que de si grosses mains aient su, en si peu de temps, ouvrir une telle quantité de boîtes de conserve ou sortir la vaisselle.

Machouk regarda les murs décorés de tissus artisanaux, le large divan, les bouteilles accueillantes, les boîtes de conserve et déclara :

— Je me souviens de ce divan quand il était dans votre appartement et je vous félicite d'avoir su l'emporter avec vous, vous avez un talent d'organisateur-né.

— Et faut savoir, dit Guetmanov, que j'étais déjà parti quand elle a été évacuée, elle a tout fait toute seule.

— Je n'allais quand même pas le laisser aux Allemands, dit Galina Terentievna. Et puis, Dima[1] l'aimait tellement, quand il revenait d'une réunion du bureau de l'*obkom*[2], il s'installait dessus et lisait ses dossiers.

— On les connaît, ses dossiers, dit Sagaïdak, il dormait, oui.

Elle repartit pour la cuisine et Machouk, l'œil égrillard, se pencha vers Guetmanov et lui glissa :

— Oh ! je la vois d'ici la doctoresse, le médecin militaire, dont notre Dementi Trifonovitch va faire connaissance !

— Il leur en fera voir, ajouta Sagaïdak.

Guetmanov haussa les épaules :

— Laissez tomber, les gars, je suis un invalide.

— Oui, oui, bien sûr, poursuivit Machouk. Et qui rentrait à 3 heures du matin à la maison de repos de Kislovodsk ?

Les hôtes éclatèrent de rire et Guetmanov lança un coup d'œil bref mais aigu au frère de sa femme.

Galina Terentievna revint et regarda les hommes en train de rire :

— Il suffit que sa femme ait le dos tourné pour que vous lui racontiez vos bêtises, à mon pauvre Dima.

Guetmanov versa la vodka dans les verres et tous s'affairèrent autour des boîtes. Guetmanov regarda le portrait de Staline suspendu au mur et leva son verre :

— Eh bien, camarades, le premier toast sera à la santé de notre père, bonne santé à lui.

Il prononça ces mots sur un ton un peu rude, entre amis. Cette simplicité voulue devait signifier que tout le monde connaissait la grandeur de

---

1. Diminutif de Dementi.
2. Comité régional du Parti, en russe *oblastnoï komitet*.

Staline mais que les personnes réunies autour de cette table voyaient d'abord en lui et aimaient en lui l'homme, un homme simple, modeste et sensible. Et Staline, sur son mur, contemplait de ses yeux plissés la table et la poitrine opulente de Galina Terentievna et semblait dire : « Attendez, les gars, j'allume ma pipe et je vous rejoins. »

— C'est ça, *khaï* notre *batko*[1] vive toujours, dit le frère de la maîtresse de maison, Nikolaï Terentievitch. Que deviendrions-nous sans lui ?

Il se tourna vers Sagaïdak, en gardant son verre levé, dans l'attente que celui-ci dise quelque chose à son tour. Mais Sagaïdak se contenta de regarder le portrait : « Il n'y a rien à ajouter, père, tu sais tout », et vida son verre. Les autres l'imitèrent.

Dementi Trifonovitch Guetmanov était originaire de Liven, de la région de Voronej, mais il avait des liens de longue date avec les camarades d'Ukraine car il avait été longtemps à des postes responsables du Parti en Ukraine. Ses liens avec Kiev s'étaient renforcés à l'occasion de son mariage avec Galina Terentievna dont la nombreuse parenté occupait des postes en vue tant à l'intérieur de l'appareil du Parti que dans celui de l'État.

La vie de Dementi Trifonovitch était assez pauvre en événements. Il n'avait pas fait la guerre civile. Il n'avait pas été pourchassé par la police politique tsariste et les tribunaux tsaristes ne l'avaient pas exilé en Sibérie. Généralement, il se contentait de lire les rapports qu'il faisait aux conférences et aux congrès du Parti. Il lisait bien, sans bafouiller, en y mettant le ton, bien que ce ne fût pas lui qui les rédigeât. Mais il est vrai qu'ils étaient faciles à lire, ils étaient tapés en gros caractères, à double intervalle, et le nom de Staline était tapé spécialement en rouge. Il avait été dans le temps un petit gars discipliné et pas bête, il voulait suivre des cours dans un institut technique mais il avait été mobilisé dans les organes de la Sécurité et il était devenu en peu de temps le garde du corps d'un secrétaire de territoire. Puis il fut remarqué et envoyé à l'école du Parti, après quoi il se retrouva dans l'appareil du Parti ; il fut d'abord dans la section organisation d'un territoire, puis à la section des cadres au CC. Un an plus tard il était *instructeur* à la section des cadres dirigeants. Et peu après 1937 il devint le secrétaire d'une région, le maître absolu d'une région.

Un mot de lui pouvait décider du sort d'un titulaire de chaire à l'université, d'un ingénieur, d'un directeur de banque, d'un secrétaire de syndicat, d'un kolkhoze, d'une mise en scène.

La confiance du Parti ! Guetmanov savait ce que ces mots-là voulaient dire. Le Parti lui faisait confiance ! Le travail de sa vie, où il n'y avait ni grands livres, ni grandes découvertes, ni batailles remportées, était un travail immense, méthodique, obstiné, un travail fait de tension et de nuits blanches. Le sens suprême de ce travail était qu'il se faisait sur ordre du

---

1. « Que notre petit père », en ukrainien.

Parti et au nom de ses intérêts. La récompense suprême de ce travail consistait en une seule chose : la confiance du Parti.

L'esprit de Parti, les intérêts du Parti devaient inspirer toutes ses décisions, en toutes circonstances. Il pouvait s'agir d'un enfant qu'il fallait envoyer dans un orphelinat, de la réorganisation de la chaire de biologie à l'université, de l'expulsion d'un bâtiment appartenant à la bibliothèque d'un atelier fabriquant des objets de plastique. L'esprit de Parti devait inspirer l'attitude du dirigeant à l'égard du travail, à l'égard d'un livre ou d'un tableau. Il fallait donc qu'il soit en mesure de renoncer à son travail habituel, à son livre préféré, si les intérêts du Parti entraient en contradiction avec ses goûts. Mais Guetmanov savait qu'il existait un degré encore plus élevé de l'esprit de Parti : l'homme n'avait plus de goûts et d'inclinations susceptibles d'entrer en contradiction avec l'esprit de Parti ; tout ce qu'un dirigeant du Parti aime ou apprécie, il l'aime, il l'apprécie justement parce que cela exprime l'esprit de Parti.

Les sacrifices que consentait Guetmanov à l'esprit de Parti étaient parfois rudes et cruels. Là, plus rien ne compte, ami d'enfance ou vieux maître à qui l'on doit tout ; il n'y a plus ni pitié ni amour. Là, des mots comme « se détourner », « ne pas soutenir », « trahir », « faire périr » n'entrent plus en ligne de compte. Mais ce qui caractérise l'esprit de Parti, c'est précisément que les sacrifices ne sont pas nécessaires, ils ne sont pas nécessaires parce que les sentiments personnels, l'amour, l'amitié, la solidarité, disparaissent d'eux-mêmes quand ils entrent en contradiction avec l'esprit de Parti.

Il ne se voit pas, le travail des hommes qui ont la confiance du Parti. Mais il est immense, il faut dépenser son âme et son intelligence sans compter. Pour être fort, un dirigeant du Parti n'avait besoin ni du talent du savant ni des dons de l'écrivain. Sa force se situait au-dessus du talent et des dons. La parole de Guetmanov, cette parole qui orientait et décidait, était écoutée avec avidité par des centaines de personnes qui possédaient le don de chercher, de chanter, d'écrire des livres ; et pourtant Guetmanov ne savait ni chanter, ni jouer du piano, ni créer des mises en scène, et même il n'était pas capable de comprendre et goûter les créations de la science, de la poésie, de la musique, de la peinture... La force de sa parole était due au fait que le Parti lui avait confié ses intérêts dans les domaines de la culture et de l'art.

Et la somme de pouvoirs qu'il détenait, lui, le secrétaire de l'organisation régionale du Parti, ni un tribun du peuple ni un penseur n'auraient pu y prétendre.

Guetmanov pensait que l'essence même de la notion « esprit de Parti » était exprimée par l'opinion, le sentiment de Staline. C'est dans sa confiance pour ses compagnons, pour ses ministres et ses maréchaux que se trouvait l'essence de la ligne du Parti.

Les hôtes parlaient principalement de la nouvelle nomination de Guetmanov. Ils comprenaient que Guetmanov aurait pu espérer un poste plus élevé, des gens de son rang dans le Parti devenaient, quand ils passaient dans l'armée, membres des Conseils d'armée ou même des Conseils de groupe d'armées.

Ayant reçu sa nomination dans un corps d'armée, Guetmanov s'inquiéta et se renseigna, par l'intermédiaire d'un ami, membre du secrétariat, pour savoir s'il n'y avait rien contre lui là-haut. Mais non, il n'y avait rien d'inquiétant.

Alors, pour se consoler, Guetmanov commença à trouver de bons côtés à sa nomination. On n'envoie pas n'importe qui dans un corps d'armée de blindés, on l'enverrait plutôt dans une armée de seconde zone. Ainsi, le parti lui avait manifesté sa confiance. Mais il était malgré tout ulcéré ; et il aimait beaucoup, ayant enfilé son uniforme, se regarder dans la glace et annoncer :

— Le commissaire de brigade Guetmanov, membre du Conseil d'armée.

Pour une raison mystérieuse, c'était le commandant du corps d'armée, le colonel Novikov, qui l'irritait le plus. Il ne l'avait encore jamais vu mais tout ce qu'il savait à son sujet lui déplaisait profondément.

Ses amis comprenaient son état d'esprit et tout ce qu'ils disaient de sa nouvelle nomination ne pouvait que lui plaire.

Sagaïdak dit qu'on enverrait très probablement le corps d'armée à Stalingrad, que le camarade Staline connaissait le commandant du front, le général Eremenko, depuis la guerre civile, qu'il lui téléphonait souvent par la ligne directe et qu'il recevait le général lors de ses déplacements à Moscou… Tout récemment, le général Eremenko avait été reçu par Staline à sa datcha près de Moscou et leur entretien avait duré deux heures. Il est bon de se trouver sous les ordres d'un chef qui bénéficie d'une telle confiance de la part du camarade Staline.

Puis quelqu'un dit que Nikita Sergueïevitch (autrement dit Khrouchtchev) n'avait pas oublié Guetmanov depuis le temps où il dirigeait le Parti en Ukraine, et que ce serait une grande chance pour Guetmanov de se trouver sur le front dont Nikita Sergueïevitch était le responsable politique.

— Ce n'est pas un hasard, dit Nikolaï Terentievitch, si le camarade Staline a envoyé précisément Nikita Sergueïevitch dans le groupe d'armées de Stalingrad, c'est le front décisif, qui aurait-il envoyé d'autre ?

— Et mon Dementi Trifonovitch, c'est par hasard que Staline l'envoie dans un corps d'armée ? dit Galina Terentievna sur le ton de la plaisanterie.

— Eh oui, dit Guetmanov, pour moi, atterrir dans un corps d'armée, c'est à peu près comme si d'un poste de secrétaire de région j'étais promu secrétaire de district. Il n'y a pas de quoi pavoiser.

— Non… Non…, répondit sérieusement Sagaïdak. Cette nomination est une manifestation de la confiance que te fait le Parti. Un district ? Si tu veux, mais pas n'importe lequel ; pas un district rural mais Magnitogorsk. Un corps d'armée ? D'accord, mais pas n'importe lequel, des blindés.

Machouk dit que le commandant du corps d'armée, dont Guetmanov allait être le commissaire, venait d'être nommé, il n'avait jamais commandé auparavant d'unité de cette importance. C'était quelqu'un de la section spéciale du groupe d'armées, de passage à Oufa, qui le lui avait appris.

— Il m'a dit encore autre chose à son sujet…, poursuivit Machouk, mais il s'interrompit et conclut : Je ne vois pas pourquoi je vous parle de tout ça, vous devez en savoir plus sur lui que lui-même.

Les yeux déjà étroits de Guetmanov se réduisirent à une fente, ses narines charnues frémirent.

— Plus… Plus… N'exagérons rien.

Machouk eut un mince sourire et tous les présents le notèrent. Chose étrange, bien que Machouk fût un parent des Guetmanov, bien qu'aux réunions de famille il se comportât en homme simple et discret, aimant la plaisanterie, les Guetmanov éprouvaient toujours une certaine tension quand ils entendaient cette voix trop douce, quand ils regardaient ces yeux calmes, ce visage allongé et pâle. Et Guetmanov ne s'étonnait pas, il comprenait quelle force se trouvait derrière Machouk, il comprenait que Machouk savait des choses que lui-même, parfois, ignorait.

— Et alors ? demanda Sagaïdak.

Guetmanov condescendit à répondre :

— Un de ces hommes que la guerre a mis en avant. Il n'avait rien fait de particulier avant.

— Il ne faisait pas partie de la nomenklatura ? demanda en souriant le frère chef de cabinet.

— La nomenklatura ? Tu parles…, dit Guetmanov en agitant les mains. Mais c'est un homme utile. Il paraît que c'est un bon spécialiste des chars. Son chef d'état-major est le général Neoudobnov. J'ai fait sa connaissance au XVIIIᵉ Congrès du Parti. C'est loin d'être un idiot.

— Neoudobnov ? Illarion Innokentievitch ? s'exclama Machouk. Bien sûr que c'est un gars bien. C'est avec lui que j'ai commencé puis le destin nous a séparés. Je l'ai rencontré avant la guerre chez Lavrenti Pavlovitch[1].

— « Séparés », c'est beaucoup dire, fit Sagaïdak en souriant. Il faut approcher les problèmes d'un point de vue dialectique. Il faut chercher l'identité et l'unité, non les contradictions.

Machouk reprit :

— Cette guerre a tout mis sens dessus dessous ; un colonel se retrouve commandant de corps d'armée et Neoudobnov devient son subordonné !

— Il n'a pas d'expérience militaire, faut en tenir compte, dit Guetmanov.

Mais Machouk continuait de s'étonner.

— Neoudobnov, ce n'est pas rien, une seule de ses paroles décidait bien des choses. C'est un homme qui était déjà dans le Parti avant la révolution, qui a une très grande expérience des affaires de l'État. On pensait, un temps, qu'il pourrait devenir chef de cabinet.

Le reste des invités le soutint.

---

1. Beria.

Il leur était plus facile d'exprimer leur sympathie pour Guetmanov en plaignant Neoudobnov.

— Eh oui. Elle a tout bouleversé, cette guerre, vivement qu'elle se termine, dit le frère de Galina.

Guetmanov leva la main en direction de Sagaïdak et dit :

— Vous avez connu Krymov ? Il est de Moscou, il était venu à Kiev faire un exposé sur la situation internationale pour les collaborateurs du CC.

— Il était venu juste avant la guerre ? Une espèce de déviationniste ? Il avait travaillé au Komintern ?

— C'est ça. Eh bien, mon colonel a l'intention de se marier avec son ancienne femme.

Cette nouvelle réjouit tout le monde bien que personne ne connût ni l'ancienne femme de Krymov ni le colonel qui désirait l'épouser.

— Ouais, dit Machouk. Ce n'est pas pour rien que notre Guetmanov a commencé sa carrière chez nous, dans les *organes*. Il est même déjà au courant du futur mariage.

— Il sait s'y prendre, il n'y a rien à dire, dit Nikolaï Terentievitch.

— Que faire ?... Le commandement suprême n'aime pas les négligents.

— Notre Guetmanov est tout sauf négligent, murmura Sagaïdak.

D'une voix sérieuse et quotidienne, comme s'il se trouvait dans son bureau, Machouk dit :

— Ce Krymov, je m'en souviens, il n'est pas net. Il a depuis longtemps des liaisons et avec les trotskistes, et avec les droitiers[1]. Et si l'on examine de près...

Il parlait franchement et simplement, aussi simplement, aurait-on dit, que le directeur d'une usine de bonneterie ou un enseignant d'un centre d'apprentissage parlant de son travail. Mais tous comprenaient que cette simplicité et cette franchise n'étaient qu'apparentes ; mieux que quiconque, Machouk savait ce dont il avait le droit de parler et ce qu'il fallait taire. Et Guetmanov, qui aimait, lui aussi, frapper ses interlocuteurs par son audace, sa simplicité et sa sincérité, connaissait les profondeurs secrètes qui se taisaient sous la surface d'une conversation vivante et spontanée.

Sagaïdak, qui était généralement le plus occupé et le plus sérieux des trois, n'avait pas envie de voir la conversation prendre un tour trop sérieux et expliqua gaiement à Guetmanov :

— Si sa femme l'a quitté, ça doit être justement parce qu'il n'est pas un camarade totalement sûr.

— Si c'était pour ça, ce serait parfait, dit Guetmanov. Mais j'ai idée que mon colonel va se marier avec une femme qui n'a rien de la vraie femme soviétique.

---

1. En 1928-1929, pendant la dernière étape de la lutte pour le pouvoir, Staline, qui prônait l'industrialisation forcée aux dépens des paysans et l'accroissement de la lutte des classes, fit face à l'« opposition de droite » menée par Boukharine, Tomski, Rykov, qui approuvaient les idées d'« intégration » au socialisme, de soutien aux paysans et de paix civile.

— Et puis alors, de quoi je me mêle ? dit Galina Terentievna. L'essentiel est qu'ils s'aiment.

— L'amour, bien sûr, c'est important, tout le monde le sait, dit Guetmanov. Mais il existe à côté de cela des choses que certains Soviétiques oublient.

— Tout juste, approuva Machouk, or il ne faut rien oublier.

— Et après certains s'étonnent que le CC ne les maintienne pas à leurs postes, ils s'étonnent que ci et que ça, mais eux, est-ce qu'ils font tout pour mériter la confiance du Parti ?

Soudain, Galina Terentievna s'étonna :

— Vous avez une drôle de conversation, comme s'il n'y avait pas de guerre et que le seul problème était de savoir qui va épouser le colonel et qui est l'ancien mari de sa future femme. Contre qui tu as l'intention de faire la guerre, Dima ?

Elle fixa les hommes d'un air moqueur et ses beaux yeux bruns avaient quelque chose de commun avec les fentes étroites de son mari, probablement la perspicacité.

— Est-ce qu'on peut l'oublier, la guerre ? fit Sagaïdak d'une voix triste. Nos fils et nos frères partent pour la guerre, du dernier des kolkhozes et du Kremlin. Cette guerre est grande et elle est patriotique.

— Le camarade Staline a son fils, Vassili, qui est dans la chasse, et puis Mikoïan a, lui aussi, son fils qui fait la guerre dans l'aviation ; Lavrenti Pavlovitch, à ce que j'ai entendu dire, a son fils au front mais je ne sais pas dans quelle arme. Je continue : Timour Frounze est lieutenant, dans l'infanterie je crois ; il y a encore, comment elle s'appelle… Dolorès Ibarruri, son fils est tombé à Stalingrad.

— Le camarade Staline a ses deux fils au front, dit le frère de la maîtresse de maison. Le deuxième, Iakov[1], commandait une batterie. Plus exactement, c'est lui le premier, Vassili est le cadet, et Iakov l'aîné. Le pauvre gars, il a été fait prisonnier.

Il se tut, sentant qu'il avait touché là un sujet tabou. Cherchant à rompre le silence pesant qui s'était instauré, il poursuivit sur un ton insouciant :

— À propos, les Allemands lancent des tracts parfaitement mensongers qui affirment que Iakov Staline leur donne volontiers toutes sortes d'indications.

Mais le vide autour de lui se fit encore plus inquiétant. Il venait d'évoquer quelque chose dont on ne pouvait parler, sérieusement ou non ; il convenait de l'éviter, un point c'est tout. Que quelqu'un s'avisât seulement de s'indigner des rumeurs sur les relations de Joseph Vissarionovitch et de sa femme, et sa tentative sincère de les réfuter, eût été une

---

1. Il s'agit de Iakov Djougachvili.

gaffe non moindre que le fait d'en répandre : aborder le sujet était inacceptable.

Guetmanov, se tournant brusquement vers sa femme, déclara :

— Mon cœur est là où le camarade Staline a pris les choses en main, et bien pris en main.

Nikolaï Terentievitch, l'air coupable, cherchait des yeux le regard de Guetmanov.

Mais les gens assis à cette table n'étaient pas des excités, ils ne s'étaient pas réunis pour faire de cette maladresse une véritable affaire, pour créer un dossier.

Sagaïdak intervint, conciliant :

— Tout juste ; et nous aussi, chacun dans son secteur, faisons pour le mieux.

— Et évitons les bavardages inutiles, ajouta Guetmanov.

Qu'il ait, au lieu de se taire, blâmé, quasi ouvertement, la légèreté de son beau-frère voulait dire qu'il lui pardonnait et Sagaïdak et Machouk hochèrent la tête en signe d'accord.

Nikolaï Terentievitch savait que cet incident sans importance serait oublié, mais il savait aussi qu'il ne le serait pas totalement. Un jour, il serait question de pourvoir un poste ou de confier une mission particulièrement délicate et quand on proposerait Nikolaï Terentievitch, Guetmanov, Sagaïdak et Machouk acquiesceraient, mais avec un petit sourire entendu ; si l'interlocuteur curieux leur demandait la signification de ce sourire, ils diraient : « Peut-être un poil étourdi », et montreraient, sur le bout du petit doigt, la dimension du poil.

Tous comprenaient, au fond d'eux-mêmes, que les tracts n'étaient pas si mensongers que cela. Et c'était justement la raison pour laquelle il ne fallait pas en parler.

Mieux que tout autre, Sagaïdak comprenait cela. Il avait longtemps travaillé dans un journal ; il avait été responsable des faits divers, puis de l'agriculture et avait été, pendant deux ans, le rédacteur en chef d'un journal de Kiev. Il pensait que le rôle d'un journal était d'éduquer son lecteur et non de lui donner en vrac des informations sur les événements les plus divers et fortuits. Si le rédacteur en chef Sagaïdak estimait nécessaire de taire quelque chose, d'ignorer une mauvaise récolte, un poème idéologiquement incertain, une toile formaliste, un tremblement de terre, une épizootie, s'il ne voulait pas voir un raz de marée qui avait noyé des milliers de personnes ou un gigantesque incendie dans une mine (tout cela n'avait pas d'importance à ses yeux), il lui semblait que le lecteur, le journaliste ou l'écrivain n'avaient pas à s'en soucier. Parfois, il lui arrivait de donner des explications très particulières à un événement, et ces explications allaient à l'encontre du bon sens habituel. Il lui semblait que sa force de rédacteur, son expérience, son savoir-faire s'exprimaient dans sa capacité à amener à la conscience des lecteurs les points de vue nécessaires, ceux à visée éducative.

Pendant la collectivisation totale, Sagaïdak expliquait, avant la parution de l'article de Staline « Le vertige du succès[1] », que la famine était due aux koulaks qui enterraient le blé, qui ne voulaient pas manger, enflaient de faim et se laissaient mourir par villages entiers y compris les enfants et les vieillards, dans le seul but de nuire à l'État soviétique.

Et dans le même journal il publiait des reportages sur les crèches des kolkhozes où les enfants se nourrissaient de bouillon de poulet, de croquettes de riz et côtelettes de veau. Pendant ce temps-là les enfants enflaient de faim.

Ce fut la guerre. Une des guerres les plus terribles et cruelles que la Russie ait connues au cours de ses mille ans d'existence. Pendant les épreuves les plus dures des premières semaines et des premiers mois, son feu exterminateur avait remis au premier plan le cours réel des événements ; la guerre décidait de tout, de toutes les vies, de celle du Parti comme de toutes les autres. Mais cette période prit fin. Et aussitôt l'écrivain Korneïtchouk expliqua dans sa pièce *Le Front* que tous les échecs du début étaient dus à des généraux idiots qui ne savaient pas exécuter les ordres sages et infaillibles du commandement suprême.

Ce soir-là, Nikolaï Terentievitch ne fut pas le seul à connaître des moments désagréables. Machouk feuilletait un gros album-photos relié de cuir et soudain son visage exprima un tel étonnement que tous suivirent son regard. La photo représentait Guetmanov dans son bureau avant la guerre. Vêtu d'une vareuse analogue à celle de Staline, il était assis derrière un bureau vaste comme la steppe. On voyait, sur le mur derrière lui, un immense portrait de Staline, comme il ne pouvait y en avoir que dans le bureau d'un secrétaire d'obkom. Le portrait avait été griffonné et un crayon bleu lui avait ajouté une barbiche et des boucles d'oreilles.

— Mais quel voyou ! s'exclama Guetmanov en levant les bras au ciel.

Galina Terentievna, désolée, répétait, en regardant ses hôtes :

— Et vous savez, pas plus tard qu'hier, il m'a dit, avant de s'endormir : « J'aime tonton Staline autant que mon papa. »

— C'est une gaminerie, dit Sagaïdak.

— Non, ce n'est pas une gaminerie, c'est un crime, soupira Guetmanov.

Il jeta un coup d'œil inquiet à Machouk. Et tous deux se souvinrent d'une histoire qui s'était passée avant la guerre : le neveu d'un « pays », un étudiant, avait tiré, dans le foyer où il vivait, sur le portrait de Staline avec un fusil à air comprimé.

Ils savaient que ce crétin d'étudiant l'avait fait par bêtise et n'avait à l'esprit aucune intention politique et terroriste. Son oncle, un brave gars, directeur d'une MTS[2], avait demandé à Guetmanov de le sauver.

---

1. Le 2 mars 1930, la *Pravda* publia l'article de Staline, « Le vertige du succès », dans lequel il cherchait à rejeter la responsabilité des conséquences désastreuses de la collectivisation sur les pouvoirs locaux en expliquant qu'il fallait freiner l'inscription forcée dans les kolkhozes.
2. Voir « Station de machines et de tracteurs » dans le Dictionnaire.

Guetmanov avait raconté l'histoire à Machouk, après une réunion du bureau de l'obkom.

— Dementi Trifonovitch, lui avait dit Machouk, nous ne jouons pas à des jeux d'enfants. Coupable, pas coupable, quelle importance ? Mais imagine que je ferme le dossier, le lendemain on fera savoir à Moscou, peut-être à Lavrenti Pavlovitch en personne, que Machouk a été très indulgent à l'égard de ceux qui tirent sur le portrait du grand Staline. Aujourd'hui, je suis assis dans ce cabinet et demain je ne serai plus que de la poussière de camp. Vous voulez prendre la responsabilité vous-même ? Voilà ce qu'on dira : « Il a tiré sur le portrait, demain il tirera sur autre chose ; mais Guetmanov a l'air de trouver ce jeune homme sympathique, ou bien, peut-être, il apprécie son acte. » Alors ? Vous êtes prêt à cela ?

Un mois plus tard, Guetmanov avait demandé à Machouk :

— Alors, qu'est-ce qu'il devient, le tireur ?

Machouk l'avait regardé de ses yeux calmes et avait répondu :

— Pas la peine de te faire du souci pour lui ; on a appris que c'était un salaud, une raclure de bidet de koulak ; il a tout avoué à l'interrogatoire.

Et maintenant, regardant Machouk d'un œil inquiet, Guetmanov répéta :

— Non, ce n'est pas une gaminerie.

— Allons, grogna Machouk, il n'a pas cinq ans, il faut quand même tenir compte de l'âge.

— Je vais vous avouer, dit Sagaïdak avec une émotion que tous perçurent, moi, je n'ai pas la force de me montrer intraitable politiquement avec les enfants. Il le faudrait, je le sais bien, mais je n'en ai pas le courage. Pour moi, tant qu'ils ont la santé…

Tous regardaient Sagaïdak avec compassion. Il était un père malheureux. Son fils aîné, Vitali, quand il était encore à l'école, menait déjà une vie dissipée. Il fut arrêté un jour par la milice pour avoir participé à une beuverie dans un restaurant ; son père dut intervenir auprès de l'adjoint du ministre de l'Intérieur pour étouffer le scandale auquel étaient mêlés des enfants d'hommes en vue : fils de généraux, fils d'académiciens, la fille d'un écrivain, la fille du ministre de l'Agriculture… Pendant la guerre, le jeune Sagaïdak décida de s'enrôler comme volontaire et son père lui trouva une place dans une école d'artillerie. Vitali s'en fit exclure pour indiscipline et faillit être envoyé au front. Depuis un mois il se trouvait dans une autre école et il n'avait encore rien fait ; ses parents se réjouissaient et espéraient, mais vivaient dans l'inquiétude.

Le deuxième fils, Igor, avait été gravement malade à deux ans et était resté paralysé des jambes. Il se déplaçait à l'aide de béquilles et n'avait pu aller à l'école ; les maîtres venaient donner des leçons au petit Igor à domicile. Il étudiait avec zèle et application.

Il n'y avait pas de neurologue éminent – non seulement en Ukraine mais à Moscou, Leningrad, Tomsk – que Sagaïdak n'eût consulté ; il n'y avait pas de nouveau médicament étranger que Sagaïdak ne se fût procuré par l'intermédiaire des missions commerciales ou des ambassades. Il savait qu'on pouvait lui reprocher cet amour excessif, mais il savait aussi que son péché n'était pas un péché mortel : il savait que les hommes d'un type nouveau aimaient les enfants d'un amour particulièrement profond. On lui pardonnerait la guérisseuse amenée d'Odessa en avion, comme on lui pardonnerait l'herbe envoyée à Kiev par la poste gouvernementale, une herbe miraculeuse fournie par un mystérieux saint homme d'Extrême-Orient.

— Nos chefs sont des êtres à part, dit Sagaïdak. Je ne parle même pas du camarade Staline, on ne peut rien en dire, mais de ses plus proches compagnons... Même là, ils savent mettre le Parti au-dessus de leurs sentiments paternels.

— Oui, ils savent qu'on ne peut pas demander cela de tout le monde, approuva Guetmanov et il fit allusion à la sévérité dont avait fait preuve un secrétaire du CC à l'égard de son fils.

La conversation sur les enfants prit un nouveau cours, plus simple et plus familial. Il semblait que toute la force intérieure de ces hommes, toutes leurs joies étaient liées à la couleur des joues de leur Tania et de leur Vitali, aux notes qu'ils leur apportaient de l'école, au passage dans la classe supérieure de leur Vladimir ou de leur Lioudmila.

Galina Terentievna parlait de ses filles :

— Jusqu'à l'âge de quatre ans, ma petite Svetlana avait colite sur colite. Et vous savez ce qui l'a guérie ? Des pommes râpées.

— Et vous savez ce qu'elle m'a dit en rentrant de l'école aujourd'hui ? enchaîna Guetmanov. « À l'école, on nous appelle, Zoïa et moi, filles de général. » Zoïa s'est mise à rire et elle me dit : « Tu parles, fille de général, c'est pas grand-chose. Il y a dans notre classe une fille de maréchal, ça, je comprends ! »

— Vous voyez, dit gaiement Sagaïdak, ils ne sont jamais contents. Il n'y a pas longtemps, Igor m'a déclaré : « Troisième secrétaire, ce n'est pas si terrible que ça ! »

Nikolaï aurait pu, lui aussi, en raconter de bien bonnes sur ses enfants, mais il comprenait qu'il ne lui seyait pas de parler de l'intelligence de ses enfants alors que l'on parlait de l'intelligence du petit Igor Sagaïdak et des filles Guetmanov.

— Ils ne faisaient pas tant de manières, nos pères, à la campagne, dit Machouk, pensivement.

— Mais ça ne les empêchait pas d'aimer les enfants, dit Nikolaï.

— Ils les aimaient, sûr qu'ils les aimaient, mais ils les battaient aussi, moi, en tout cas.

Guetmanov évoqua des souvenirs :

— Je me souviens comment mon père, il est mort maintenant, est parti pour la guerre ; c'était en 1915. Ne riez pas, il a fini adjudant, il a été décoré deux fois de la croix de Saint-Georges. Ma mère préparait ses affaires : elle lui a mis dans le sac des chaussettes, une chemise de dessous, des œufs durs, un peu de pain. Ma sœur et moi, nous étions couchés et nous le regardions, c'était l'aube, assis pour la dernière fois à table. Il alla puiser de l'eau, fendit du bois. Ma mère s'en souvenait toujours, après.

Il regarda sa montre et fit :

— Oh, oh...

— Donc, c'est pour demain, dit Sagaïdak en se levant.

— L'avion décolle à 7 heures.

— À l'aérodrome civil ? demanda Machouk.

Guetmanov acquiesça.

— C'est mieux, fit Nikolaï en se levant lui aussi. Le militaire est à quinze kilomètres.

— Quelle importance, pour un soldat ? dit Guetmanov.

Les adieux commencèrent, ils s'embrassèrent, rirent, firent du bruit et ce n'est que dans l'entrée, quand tous avaient déjà mis leurs manteaux, que Guetmanov reprit sa pensée :

— Le soldat s'habitue à tout. La terre lui sert de lit et le ciel de couverture. Mais il y a une chose à laquelle il est impossible de s'habituer, c'est d'être séparé de ses enfants.

À sa voix, à l'expression de son visage, aux regards des partants, on voyait qu'ils ne plaisantaient plus.

22

La nuit, Dementi Trifonovitch, déjà en uniforme, écrivait assis à son bureau. Sa femme, en robe de chambre, était assise auprès de lui et suivait du regard la main qui écrivait. Il plia la lettre et dit :

— Ça, c'est pour le directeur du service de santé, dans le cas où tu aurais besoin d'un traitement spécial ou d'aller dans une autre ville pour une consultation. Ton frère te fera le laissez-passer et le directeur te donnera les papiers médicaux.

— Tu m'as donné la procuration pour toucher les rations maximales ?

— Pas la peine. Tu n'as qu'à téléphoner au chef de cabinet de l'obkom ou, mieux encore, directement à Pouzitchenko, il s'en occupera.

Il feuilleta la pile de lettres, de procurations, de mots d'introduction et conclut :

— Bon, je crois que c'est tout.

Ils restèrent un moment silencieux.

— J'ai peur pour toi, mon grand nigaud, dit-elle. Tu pars quand même pour la guerre.

Il se leva.

— Prends soin de toi, prends soin des enfants. Tu as mis le cognac dans la valise ?

— Oui, oui, bien sûr. Tu te souviens, il y a deux ans, avant de partir pour Kislovodsk, tu m'écrivais comme ça, au petit matin, les procurations ?

— Maintenant Kislovodsk est occupé par les Allemands.

Guetmanov fit quelques pas dans la pièce, tendit l'oreille :

— Ils dorment ?

— Bien sûr, répondit Galina Terentievna.

Ils passèrent dans la chambre des enfants. Ces deux grands corps massifs se déplaçaient dans la pénombre avec une légèreté étonnante. Les têtes des enfants endormis ressortaient sur la blancheur des oreillers. Guetmanov guettait leur respiration.

Il serra sa main contre sa poitrine craignant que les battements violents de son cœur ne dérangent le sommeil des enfants. Ici, dans cette obscurité, il était envahi par un sentiment poignant de tendresse, de pitié et d'inquiétude pour ses enfants. Il était pris d'une envie passionnée d'étreindre son fils, ses filles, de baiser leurs visages endormis. Ici, il n'était plus que tendresse impuissante et amour irraisonné, il était désarmé et faible.

Sa nouvelle tâche ne lui faisait pas peur. Il avait souvent eu à se lancer dans un travail nouveau pour lui et il avait toujours su trouver rapidement la seule ligne juste. Il savait qu'il en serait de même maintenant.

Mais ici, comment faire pour lier sa fermeté implacable, sa volonté de fer et cette tendresse, cet amour qui ne connaissaient ni loi ni ligne juste.

Il regarda sa femme. Elle se tenait, la tête appuyée contre sa main, dans la pose d'une paysanne. Dans la pénombre, son visage semblait amaigri et rajeuni, tel qu'il était, il y a longtemps, quand ils étaient partis en voyage de noces au bord de la mer, dans la maison de repos « Ukraine ».

On corna avec prévenance sous la fenêtre, c'était la voiture de l'obkom qui l'attendait. Guetmanov se tourna à nouveau vers les enfants et ouvrit les bras en un geste qui exprimait son impuissance face à un sentiment qu'il ne pouvait maîtriser.

Dans le couloir, après les paroles et les baisers d'adieu, il mit sa pelisse de mouton retourné et son bonnet d'astrakan, puis attendit que le chauffeur sorte les valises.

— Et voilà, dit-il.

Soudain il retira son bonnet, fit un pas et, à nouveau, étreignit sa femme. Et ce nouvel et dernier adieu, quand l'air froid et humide du dehors vint se mêler par la porte entrouverte à la chaleur du foyer, quand la peau grossièrement tannée de la pelisse se frotta contre la soie parfumée de la robe de chambre, cet adieu leur fit sentir que leur vie, une jusqu'alors, venait de se fendre en deux et l'angoisse brûla leurs cœurs.

23

À Kouïbychev, Evguenia Nikolaïevna Chapochnikova, la sœur cadette de Lioudmila, avait trouvé à se loger chez Jenny Heinrichsohn, une vieille Allemande qui avait été, il y a bien longtemps, avant la révolution, gouvernante dans la maison des Chapochnikov.

Evguenia Nikolaïevna éprouvait un sentiment étrange à se retrouver, après Stalingrad, dans une chambre paisible aux côtés d'une petite vieille qui passait son temps à s'étonner que sa fillette aux si jolies nattes soit devenue cette femme adulte.

Jenny Heinrichsohn vivait dans un réduit. Le réduit avait servi, en son temps, de chambre de bonne dans cet appartement qui avait appartenu à de riches marchands. Maintenant, il y avait une famille par pièce, et chaque pièce était divisée, à l'aide de paravents, rideaux, dossiers de canapés, en coins et recoins où l'on dormait, dînait, recevait les invités, où l'infirmière venait faire des piqûres à un vieillard paralysé[1].

Le soir, la cuisine bourdonnait des voix des locataires.

Evguenia aimait la cuisine aux voûtes enfumées, les flammes rouge et noir des réchauds à pétrole.

Les locataires, en robes de chambre, canadiennes, vareuses, s'agitaient au milieu du linge qui séchait, suspendu à des cordes. Des nuages de vapeur montaient des bassines et des lessiveuses au-dessus desquelles s'affairaient les maîtresses de maison. On n'allumait jamais la vaste cuisinière, ses flancs carrelés de faïence blanche restaient froids comme le sommet neigeux d'un volcan éteint.

Dans l'appartement vivaient la famille d'un docker parti au front, un gynécologue, un ingénieur d'une usine d'armement, une mère célibataire qui travaillait comme caissière dans un centre de ravitaillement, la veuve d'un coiffeur tué au front, enfin, dans la plus grande pièce, l'ancien salon, vivait le directeur d'une polyclinique.

L'appartement était aussi vaste qu'une ville et il avait même son fou, un petit vieux aux yeux doux de gentil chiot.

Les gens vivaient les uns sur les autres mais isolés, sans entraide, ils se querellaient, se fâchaient puis se réconciliaient ; ils dissimulaient leurs problèmes et leur vie pour en révéler soudain tous les détails à leurs voisins.

Evguenia avait envie de peindre cet appartement, non les locataires et les objets mais le sentiment qu'ils éveillaient en elle. Ce sentiment était complexe et difficile ; même un grand artiste, semblait-il, n'aurait pu l'exprimer. Il naissait au confluent de la puissance militaire énorme du peuple et de l'État d'une part et de cette cuisine enfumée, de la misère, des ragots, des mesquineries, d'autre part ; il provenait de l'union de l'acier mortel avec les casseroles et les épluchures de pommes de terre.

La petite vieille était un être craintif et serviable. Elle portait une robe noire avec un col de dentelle. Ses joues étaient toujours roses bien qu'elle ne mangeât jamais à sa faim.

Elle gardait le souvenir des sottises de Lioudmila quand elle entra à l'école, des mots d'enfant de Maroussia, de Dmitri, âgé de deux ans,

---

1. Voir « Appartements communautaires » dans le Dictionnaire.

passant dans la salle à manger vêtu de son petit tablier et proclamant : « À tab', à tab' ! »

Maintenant, elle travaillait comme femme de ménage chez une dentiste ; elle s'occupait de sa vieille mère, restée impotente après une attaque. La dentiste devait s'absenter pour une semaine de temps à autre, envoyée dans des villages par le service de santé, et la vieille Heinrichsohn passait la nuit avec la mère impotente.

Jenny Heinrichsohn était dénuée de tout sens de la propriété, elle s'excusait constamment auprès d'Evguenia Nikolaïevna, lui demandait la permission quand elle voulait ouvrir la fenêtre pour son chat. Tous ses intérêts tournaient autour de cet énorme matou, elle craignait constamment une méchanceté de la part des autres locataires.

Un voisin, l'ingénieur Draguine, observait d'un œil mauvais son visage ridé, sa silhouette desséchée de vieille fille, son lorgnon suspendu à un ruban noir. Ses origines plébéiennes le faisaient s'indigner quand elle racontait avec un sourire béat comment elle promenait ses petits en carrosse, comment elle avait accompagné *Madame* à Venise, Paris et Vienne. Ses « petits » avaient le plus souvent combattu dans les rangs de Denikine et de Wrangel pendant la guerre civile, nombre d'entre eux avaient été tués par les gars de l'armée Rouge, mais la vieille gouvernante n'était préoccupée que par les souvenirs des scarlatine, coqueluche et diphtérie qu'avaient attrapées ses chers enfants.

Evguenia Nikolaïevna disait à Draguine :

— Je n'ai de ma vie rencontré un être aussi innocent et inoffensif. Croyez-moi, elle est la meilleure de tous les locataires de cet appartement.

Draguine la fixait d'un regard sans-gêne, ouvertement admiratif, et répondait :

— Cause toujours, mon lapin ; vous vous êtes vendue à l'Allemand pour quelques mètres carrés.

Jenny Heinrichsohn, manifestement, n'aimait pas les enfants pleins de santé. Elle parlait très souvent à Evguenia Nikolaïevna de son pupille le plus chétif, fils d'un manufacturier juif, elle conservait ses dessins, ses cahiers et se mettait à pleurer chaque fois qu'elle en venait à évoquer la mort de cet enfant tranquille.

Jenny Heinrichsohn avait vécu il y a très longtemps chez les Chapochnikov, mais elle se souvenait de tous les prénoms et surnoms des enfants et fondit en larmes en apprenant la mort de Maroussia. Elle voulait envoyer une lettre à Alexandra Vladimirovna à Kazan, mais elle n'arrivait jamais à la terminer.

Elle appelait « caviar[1] » les œufs de saumon et racontait à Guenia que les enfants dont elle avait la charge avant la révolution avaient au petit

---

1. En français dans le texte. [NdT]

déjeuner une tasse de bouillon gras et une petite tranche de viande de renne.

Elle donnait presque toute sa ration à son chat qu'elle appelait « mon cher petit en sucre ». Le chat, une brute égoïste, adorait la vieille ; il se transformait en sa présence en un être gai et affectueux.

Draguine interrogeait toujours la vieille sur ses sentiments à l'égard de Hitler : « Alors, vous êtes sûrement contente ? » mais la maligne vieillarde s'était déclarée antifasciste et traitait le Führer de cannibale.

Elle était parfaitement désarmée dans la vie, elle ne savait faire ni la cuisine ni la lessive ; quand elle allait s'acheter une boîte d'allumettes, elle se faisait immanquablement prendre dans la presse ses tickets de viande ou de sucre pour un mois par un vendeur distrait.

Les enfants d'aujourd'hui ne ressemblaient en rien à ceux qu'elle avait connus en son temps, celui qu'elle appelait l'avant-guerre. Tout avait changé, même les jeux ; avant-guerre, les fillettes jouaient au cerceau, lançaient en l'air des diabolos de caoutchouc, elles portaient un ballon mou aux couleurs vives dans un filet blanc. Aujourd'hui, elles faisaient du volley, nageaient le crawl ; l'hiver, elles mettaient des fuseaux pour jouer au hockey sur glace, elles criaient et sifflaient.

Elles en savaient plus que la vieille femme sur les pensions alimentaires, les avortements, le marché noir des tickets de ravitaillement, sur les officiers qui rapportaient du front des matières grasses et des conserves pour d'autres femmes que les leurs.

Evguenia Nikolaïevna aimait beaucoup entendre la vieille Allemande évoquer leur famille, son père, son frère Dmitri que Jenny Heinrichsohn se rappelait tout particulièrement : il avait eu la coqueluche et la diphtérie alors qu'elle s'en occupait.

Un jour, sa gouvernante lui parla de ses derniers maîtres, en 1917 :

— Monsieur était adjoint au ministre des Finances, il faisait les cent pas dans la salle à manger et disait : « Tout est perdu, on brûle les propriétés, les usines sont arrêtées, l'argent se dévalue, les coffres-forts sont pillés. » Et c'est comme votre famille maintenant, ils se sont tous dispersés. Monsieur, Madame et Mademoiselle sont partis en Suède, mon élève s'est enrôlé chez Kornilov ; Madame pleurait : « Tous les jours des adieux, c'est la fin. »

Evguenia Nikolaïevna sourit tristement et ne répondit pas.

Un soir, un milicien vint apporter une convocation pour Jenny Heinrichsohn. La vieille gouvernante mit son chapeau à fleurs blanches et demanda à Evguenia Nikolaïevna de nourrir le chat : après la milice, elle irait directement chez la mère de la dentiste, elle pensait revenir dans vingt-quatre heures. Quand Evguenia Nikolaïevna revint du travail, elle trouva la pièce sens dessus dessous, les voisins lui annoncèrent que la vieille Allemande avait été arrêtée.

Evguenia Nikolaïevna essaya de se renseigner sur son sort. À la milice, on lui dit que la vieille était expédiée dans le Nord dans un convoi d'Allemands[1].

Le lendemain apparut un milicien qui mit sous scellés et emporta le coffre d'osier qui contenait des chiffons, des photos et des lettres jaunies. Evguenia s'adressa au NKVD pour essayer de transmettre un fichu de laine à sa gouvernante. L'homme assis derrière le guichet lui demanda :

— Et vous, qui vous êtes, une Allemande ?

— Non, je suis russe.

— Rentrez chez vous et ne dérangez plus les gens.

— Mais c'est pour transmettre des vêtements d'hiver.

— Vous avez compris ? dit l'homme d'une voix si calme et si basse qu'Evguenia Nikolaïevna prit peur.

Le soir même, elle surprit une conversation entre les locataires à la cuisine, ils parlaient d'elle.

Une voix dit :

— Ce n'est quand même pas joli, ce qu'elle a fait.

Une deuxième voix répondit :

— Et moi je trouve qu'elle s'est bien débrouillée. Elle a mis un pied dans la place, elle a informé qui de droit, a vidé la vieille, et la voilà maintenant propriétaire d'une chambre.

Une voix masculine fit :

— Tu parles d'une chambre, c'est un réduit.

Une quatrième voix proclama :

— Oui, une femme comme ça s'en sortira toujours.

La fin du chat fut triste. Il sommeillait, abattu, à la cuisine, tandis que les locataires discutaient de son sort.

— Qu'il aille au diable, cet Allemand ! disaient les femmes.

Soudain, Draguine déclara qu'il était prêt à nourrir le chat. Mais le chat ne survécut pas longtemps ; une des voisines, par accident ou par méchanceté, l'ébouillanta et il mourut.

24

Evguenia Nikolaïevna aimait sa vie solitaire à Kouïbychev. Elle n'avait jamais été aussi libre que maintenant. Elle se sentait légère et libre malgré les difficultés. Elle resta longtemps sans droit de résidence et n'avait pas de carte de ravitaillement. Elle ne mangeait qu'une fois par jour à la

---

1. En 1941-1942, les personnes d'origine allemande furent exilées des grandes villes. Ces déportations furent particulièrement importantes à Leningrad, où existait une nombreuse diaspora allemande (environ cent mille personnes), constituée depuis la fondation de la ville au début du XVIIIe siècle.

cantine. Dès le matin, elle pensait à l'instant où elle pénétrerait dans la cantine et où on lui donnerait une assiette de soupe.

Pendant cette période, elle pensait peu à Novikov. Elle pensait plus souvent, presque constamment, à Krymov, mais elle y pensait sans chaleur. Le souvenir de Novikov venait et disparaissait sans la faire souffrir. Mais un jour, elle vit un officier de haute taille dans la rue et elle crut, quelques secondes, que c'était Novikov. Elle se sentit oppressée, ses jambes la lâchèrent, une vague de bonheur la prit au dépourvu. Quand elle comprit qu'elle s'était trompée, elle oublia aussitôt son émotion.

Mais elle se réveilla au milieu de la nuit et se demanda pourquoi il n'écrivait pas, alors qu'il avait son adresse.

Elle vivait seule, il n'y avait ni Krymov, ni Novikov, ni aucun de ses proches. Et il lui semblait qu'elle devait son bonheur à cette liberté solitaire. Mais ce n'était qu'une apparence.

Kouïbychev abritait de nombreux ministères, des administrations, des journaux. C'était devenu la capitale d'un jour, où s'était réfugiée la vie de Moscou avec son corps diplomatique, le ballet du Bolchoï, ses écrivains célèbres et ses correspondants étrangers.

Ces milliers de personnes s'entassaient dans des chambres d'hôtel, des réduits, des foyers et poursuivaient leurs activités habituelles : les secrétaires d'État, les chefs de cabinet, les directeurs des administrations commandaient à leurs subordonnés et dirigeaient l'économie du pays ; les ambassadeurs et plénipotentiaires se rendaient en luxueuses limousines aux réceptions organisées par les dirigeants de la politique extérieure soviétique ; Oulanova dansait et Lemechev chantait, à la grande joie des amateurs de ballet et d'opéra ; M. Shapiro, le correspondant de United Press, posait des questions embarrassantes à Salomon Abramovitch Lozovski, le responsable du *Sovinformburo*, lors des conférences de presse ; les écrivains écrivaient pour les radios et les journaux soviétiques et étrangers ; les journalistes recueillaient des renseignements dans les hôpitaux pour des reportages sur la guerre.

Mais leur vie était tout autre qu'à Moscou. À la fin des repas, qu'elle prenait dans le restaurant de son hôtel en échange de tickets de ravitaillement, Lady Cripps, l'épouse de SE l'ambassadeur de Grande-Bretagne, enveloppait les restes de pain et de sucre dans une feuille de journal et les remontait dans sa chambre ; les correspondants d'agences de presse traînaient les marchés où ils débattaient longuement avec des invalides de la qualité des feuilles de tabac que ceux-ci vendaient, ou bien faisaient patiemment la queue devant les bains publics ; des écrivains, célèbres pour leurs dîners, discutaient des problèmes mondiaux et des destinées de la littérature autour d'un verre de goutte accompagné d'une tranche de pain noir.

D'énormes administrations se glissaient dans les appartements exigus de Kouïbychev ; les rédacteurs en chef des grands journaux soviétiques recevaient leurs visiteurs à une table de cuisine, où, après les heures de bureau, les enfants faisaient leurs devoirs.

Il y avait quelque chose de plaisant dans ce mélange entre la grandeur de l'État et la vie de bohème de l'évacuation.

Evguenia Nikolaïevna eut beaucoup de difficultés pour obtenir son droit de séjour.

Rizine, le directeur du bureau d'études où elle travaillait, un lieutenant-colonel à la voix douce, commença, dès les premiers jours, à se lamenter sur le sort des chefs qui devaient prendre sur eux la responsabilité d'embaucher un collaborateur sans droit de séjour. Rizine lui ordonna d'aller au commissariat local et lui fournit un certificat de travail.

Un employé lui prit son passeport intérieur, ses certificats et lui ordonna de revenir chercher la réponse dans trois jours.

Le jour dit, Evguenia Nikolaïevna entra dans le corridor où d'autres gens attendaient déjà. Ils avaient cette expression propre à ceux qui attendent une autorisation de la milice. Elle s'approcha du guichet. Une main de femme aux ongles rouge foncé lui tendit son passeport et une voix paisible lui dit :

— Refusé.

Elle prit son tour dans la file d'attente pour le chef du bureau. Les gens parlaient à mi-voix et suivaient du regard les employées aux lèvres peintes, mais en bottes et en vestes ouatinées, qui allaient et venaient dans le couloir. Un homme passa sans se presser, sortit une clef et entra dans son cabinet, c'était Grichine, le responsable des droits de séjour. Evguenia Nikolaïevna remarqua que ceux dont le tour d'être reçu arrivait, loin de se réjouir, comme c'est le cas d'habitude après une longue attente, avançaient craintivement comme s'ils s'apprêtaient à fuir à la dernière seconde.

Dans la file d'attente, Evguenia Nikolaïevna entendit maints récits sur une fille qu'on avait empêchée de vivre avec sa mère, sur une femme paralysée qu'on avait séparée de son frère, sur une femme qui était venue soigner son mari invalide et qui n'avait pas obtenu son droit de séjour.

Evguenia Nikolaïevna entra dans le cabinet de Grichine. Sans un mot, il lui fit signe de s'asseoir et examina ses papiers.

— On vous a refusé, dit-il, que vous faut-il encore ?

— Camarade Grichine, fit-elle d'une voix tremblante, il faut que vous compreniez que pendant tout ce temps je ne reçois pas de tickets d'alimentation.

Il la regardait avec des yeux immobiles et tout son large visage exprimait une indifférence songeuse.

— Camarade Grichine, reprit-elle d'une voix qui tremblait, comprenez donc : il y a une rue de Kouïbychev qui porte mon nom. Mon père a été un des pionniers du mouvement révolutionnaire dans cette ville et on interdit à sa fille d'y habiter…

Les yeux calmes de Grichine la fixaient, il écoutait ce qu'elle lui disait.

— Il faut une demande de votre employeur, sinon je ne vous accorderai pas le droit de séjour.

— Mais je travaille pour l'armée.

— Ça ne se voit pas sur votre certificat de travail.

— Et si c'était indiqué, cela aiderait ?

— Peut-être, marmonna-t-il à contrecœur.

Le lendemain matin, Evguenia Nikolaïevna raconta à son chef qu'on lui avait refusé le droit de séjour. Il écarta les mains en un geste d'impuissance :

— Les idiots, ils ne comprennent donc pas que vous nous êtes devenue indispensable, vous travaillez pour la Défense.

— Justement, dit Evguenia. On m'a demandé un certificat comme quoi notre bureau d'études dépend du ministère de la Défense. Je vous en prie, ne pourriez-vous pas m'en faire un ? Je le porterai ce soir à la milice.

Quelques heures plus tard, Rizine s'approcha d'un air coupable d'Evguenia Nikolaïevna :

— Il faut que la milice nous envoie une demande écrite. Je n'ai pas le droit de vous donner un tel certificat sans demande de leur part.

Le soir même elle retournait à la milice où, après une longue attente, elle demanda à Grichine, avec un sourire implorant qu'elle ne pouvait contrôler, d'envoyer une demande de certificat à Rizine.

— Il n'en est pas question, dit Grichine.

Quand il apprit ce nouveau refus, Rizine dit qu'il pourrait, peut-être, se contenter d'une demande verbale.

Le soir suivant, Evguenia devait passer chez Limonov, un écrivain de Moscou qui avait connu son père. Aussitôt après le travail, elle retourna à la milice, demanda à la file d'attente de la laisser passer, « J'en ai pour une seconde, juste une question à poser », mais les gens haussaient les épaules, détournaient les yeux.

— Vous le prenez comme ça, dit-elle avec rage, alors, allons-y, après qui je dois prendre la queue ?

Ce jour-là, elle retira une impression particulièrement pénible du commissariat. Une femme eut une crise d'hystérie dans le bureau de Grichine, elle sanglotait : « Je vous en supplie, je vous en supplie. » Un manchot hurlait des mots orduriers, le suivant hurlait lui aussi, on l'entendait crier : « Je ne sortirai pas d'ici. » Mais il sortit très rapidement. Pendant tout ce temps on n'entendait pas Grichine, pas une fois il ne haussa la voix, on aurait dit que les gens criaient et menaçaient dans un cabinet vide.

Elle attendit une heure et demie avant de pénétrer dans le bureau. Elle se détestait pour son sourire implorant, pour son « merci beaucoup » lancé précipitamment en réponse au vague signe de tête de Grichine en direction de la chaise. Elle entreprit de le prier de téléphoner à son chef. Rizine avait d'abord émis des réserves : il n'avait sûrement pas le droit de délivrer un certificat sans demande écrite dûment enregistrée et tamponnée, puis il avait accepté ; il le rédigerait avec cette mention : « En réponse à votre demande verbale de tel jour, tel mois. »

Evguenia Nikolaïevna posa sur le bureau un papier préparé à l'avance où elle avait écrit en lettres capitales le nom, le prénom, le grade, le poste et le téléphone de Rizine, et, en minuscules, entre parenthèses : « Pause déjeuner de… à… » Sans regarder le papier, Grichine dit :

— Il n'en est pas question.

— Mais pourquoi ? demanda-t-elle.

— Je n'ai pas à le faire.

— Le lieutenant-colonel Rizine dit qu'il n'a pas le droit d'envoyer un certificat sans une demande de votre part.

— S'il n'a pas le droit, il n'a qu'à pas l'envoyer.

— Mais qu'est-ce que je vais devenir ?

— À vous de voir.

Evguenia ne savait quelle attitude adopter, face à cette indifférence ; elle aurait préféré qu'il se mît en colère, mais il restait assis, sans la presser, sans qu'un trait de son visage ne bougeât.

Elle savait que les hommes étaient sensibles à sa beauté et elle le sentait quand ils lui parlaient. Mais Grichine la regardait comme il regardait les vieilles aux yeux larmoyants et les invalides de guerre : en entrant dans ce bureau elle n'était plus un être humain, une jeune et jolie femme, mais un solliciteur.

Elle sentait sa faiblesse et ne savait que faire face à ce mur de béton. Elle marchait rapidement dans la rue, en retard de plus d'une heure à son rendez-vous avec Limonov, mais, tout en hâtant le pas, elle ne ressentait plus aucune joie à l'idée de cette rencontre. Elle sentait encore l'odeur du corridor, elle voyait encore les visages des solliciteurs, le portrait de Staline éclairé par la faible lumière d'une ampoule électrique, et elle voyait Grichine, Grichine, simple et calme, Grichine dont l'âme mortelle était porteuse de toute l'omnipotence de l'État.

Limonov, un homme grand et gros, une couronne de cheveux autour d'une calvitie, l'accueillit chaleureusement.

— Je craignais déjà que vous ne veniez plus, lui dit-il en l'aidant à ôter son manteau.

Il la questionna sur Alexandra Vladimirovna :

— Votre maman est toujours restée pour moi, depuis que nous étions étudiants, le symbole de la femme russe avec son courage inflexible. Je parle toujours d'elle dans mes livres, enfin, pas d'elle en personne, mais en général, enfin, vous me comprenez.

Baissant la voix et regardant du côté de la porte, il demanda :

— Vous avez des nouvelles de Dmitri ?

Puis ils parlèrent peinture, s'en prirent à Répine. Limonov fit cuire une omelette sur son réchaud électrique, affirma qu'il était le plus grand spécialiste des omelettes en Russie et qu'il avait même donné des conseils au chef du *National*[1].

---

1. Restaurant célèbre à Moscou, situé place du Manège, à quelques pas du Kremlin.

— Alors ? demanda-t-il, inquiet, en servant Evguenia. Puis, avec un soupir, il ajouta : Avouons-le, j'aime bien bouffer.

Que le poids des impressions policières était grand ! Evguenia était installée dans une pièce confortable, pleine de livres et de revues, où deux vieilles personnes pleines d'esprit et férues d'art étaient venues rejoindre Limonov, mais elle ne pouvait sortir Grichine de son cœur glacé.

Mais grande est la force d'une parole libre et intelligente et, par instants, Evguenia oubliait Grichine et les visages abattus de la file d'attente. Il semblait qu'il n'existait rien d'autre que les discussions sur Roublev et Picasso, sur les vers d'Anna Akhmatova et Pasternak, sur les pièces de Boulgakov…

Elle sortit dans la rue et oublia immédiatement les conversations d'intellectuels.

Grichine… Grichine… Personne dans l'appartement ne lui demandait si elle avait obtenu le droit de séjour et ne demandait à voir le tampon de la milice sur son passeport. Mais elle avait l'impression depuis plusieurs jours que Glafira Dmitrievna, la « doyenne » de l'appartement, la surveillait. Glafira Dmitrievna était une femme discrète et furtive, avec une voix douce et infiniment fausse. Chaque fois qu'elle la croisait dans le couloir, Evguenia prenait peur. Il lui semblait qu'en son absence Glafira Dmitrievna entrait dans sa chambre à l'aide d'un passe-partout, qu'elle y fouillait ses papiers, recopiait ses déclarations à la milice, lisait ses lettres.

Evguenia s'efforçait de sortir de sa chambre sans faire de bruit, elle marchait dans le couloir sur la pointe des pieds, tant elle craignait de rencontrer la doyenne qui, tout à coup, pourrait lui dire : « Et alors ? Vous désobéissez aux règlements, et après, c'est encore moi qui serai la coupable. »

Le matin, Evguenia Nikolaïevna passa chez Rizine et lui raconta son nouvel échec au bureau des passeports.

— Aidez-moi à me procurer un billet de bateau pour Kazan, sinon je vais me retrouver à extraire de la tourbe pour non-respect des règlements sur le droit de séjour.

Elle parlait méchamment, ne demandait plus rien.

Le bel homme à la voix douce la regardait, honteux de sa faiblesse. Elle sentait constamment son regard tendre et triste. Il regardait ses épaules, ses jambes, son cou et elle sentait sur ses épaules et sur sa nuque ce regard lourd et admiratif. Mais la force qui régissait la circulation des papiers officiels n'était pas une force pour rire.

Dans la journée, Rizine s'approcha d'Evguenia et posa sur sa table à dessin le certificat tant désiré.

Evguenia le regarda et les larmes lui montèrent aux yeux.

— Je l'ai demandé par l'intermédiaire du secteur secret, dit-il, je n'y comptais pas et voilà que j'ai reçu l'aval de mon chef.

Les collègues d'Evguenia la félicitaient, « Vos souffrances sont enfin terminées », disaient-ils.

Elle alla à la milice. Les gens, dans la file d'attente, la reconnaissaient, certains la saluaient, lui demandaient comment ça allait.

Quelques voix firent :

— Passez directement, ne faites pas la queue, vous en avez pour une minute, vous n'allez pas encore attendre pendant deux heures.

Le bureau, le coffre-fort peint façon bois ne lui semblaient plus, cette fois-ci, aussi froids et sinistres.

Grichine, à la vue du papier qu'Evguenia déposa d'une main tremblante sur sa table, eut un imperceptible geste de satisfaction :

— Bien, laissez votre passeport, les certificats et revenez dans trois jours retirer vos papiers à l'enregistrement.

Il avait son intonation habituelle mais il sembla à Evguenia que ses yeux clairs lui souriaient.

Sur le chemin du retour elle pensait que, finalement, Grichine s'était révélé être un homme comme les autres : il avait pu rendre service et il avait eu un sourire. Elle se dit qu'il avait un cœur comme tous les hommes et eut honte de tout le mal qu'elle avait pensé de lui.

Trois jours plus tard, une forte main de femme aux ongles rouge foncé lui tendit par le guichet son passeport à l'intérieur duquel on avait soigneusement rangé ses papiers. Evguenia lut la décision portée d'une main ferme : « Droit de séjour refusé, n'a pas droit à la pièce qu'elle occupe. »

— Ordure, dit Evguenia à haute voix et, incapable de se retenir, elle poursuivit : Menteur, bourreau !

Elle criait, agitant son passeport, et quêtait un soutien auprès de la file d'attente mais tout le monde se détournait. L'esprit de révolte, la rage et le désespoir flambèrent en elle. Elle criait comme criaient parfois les femmes dans les files d'attente devant les prisons en 1937, quand, folles de désespoir, elles cherchaient à avoir des nouvelles d'un mari ou d'un frère, « condamné sans droit de correspondance ».

Le milicien de garde dans le corridor prit Evguenia par le coude, la poussa vers la sortie.

— Laissez-moi, ne me touchez pas, cria-t-elle en arrachant sa main et le repoussant.

— Citoyenne, dit-il d'une voix enrouée, arrêtez, ne nous obligez pas à vous en coller pour dix ans.

Il lui sembla voir dans les yeux du milicien une étincelle de compassion et de pitié.

Elle sortit rapidement.

La nuit, elle rêva d'un incendie, elle se penchait sur un homme qui gisait, blessé, face contre terre, tentait de le traîner et comprenait, bien qu'elle ne vît pas son visage, que c'était Krymov.

Elle se réveilla éreintée, écrasée.

« S'il pouvait revenir vite », se disait-elle. Et elle marmonnait :

— Aide-moi, aide-moi.

Elle eut alors passionnément envie, jusqu'à la douleur, de voir non pas Krymov qu'elle avait essayé de sauver durant la nuit, mais Novikov, tel qu'elle l'avait connu, durant l'été, à Stalingrad.

Dans la rue, les passants la bousculaient, ils avaient leurs cartes de séjour et leurs cartes de rationnement...

Cette vie sans droits, sans carte de séjour, sans tickets, cette crainte perpétuelle du gardien, du gérant, de la doyenne de l'appartement, tout cela elle le supportait de plus en plus mal. Evguenia se faufilait dans la cuisine quand tout le monde dormait déjà et se levait la première le matin pour faire sa toilette avant les autres locataires. Et quand ceux-ci lui adressaient la parole, elle prenait un ton horriblement affable, un ton qui n'était pas le sien, un ton de baptiste.

À son travail, elle écrivit le jour même une lettre de démission.

Elle avait entendu dire qu'en cas de refus du droit de séjour, un milicien faisait signer un engagement de quitter Kouïbychev dans les trois jours, sinon... Evguenia ne voulait pas de sinon. Elle s'était faite à l'idée qu'il lui fallait quitter Kouïbychev. Elle se sentait plus calme, Grichine, Glafira Dmitrievna cessèrent de l'inquiéter. Elle avait renoncé à l'illégalité et s'était soumise à la loi.

Quand elle eut fini la lettre qu'elle s'apprêtait à porter chez Rizine, le téléphone sonna. C'était Limonov.

Il lui demanda si elle était libre le lendemain soir, il voulait lui faire rencontrer un homme qui venait de Tachkent et qui racontait très drôlement la vie là-bas... Elle sentit à nouveau le souffle d'une autre vie. Bien qu'elle n'eût pas l'intention de le faire, elle raconta toute son histoire à Limonov.

Il l'écouta sans l'interrompre puis il dit :

— Vraiment curieux. Le papa a sa rue à Kouïbychev et on vide la fille. Très amusant.

Il réfléchit un instant.

— Écoutez-moi. Ne donnez pas votre démission aujourd'hui, j'assiste ce soir à une réunion chez le secrétaire de l'obkom et je lui raconterai ce qui vous arrive.

Evguenia remercia mais se dit que Limonov oublierait dès qu'il aurait raccroché. Malgré tout, elle ne remit pas sa démission à Rizine et se contenta de lui demander de lui procurer un billet par bateau pour Kazan.

— Rien de plus facile, dit Rizine. L'ennui, c'est la milice. Mais que faire ? Kouïbychev a un statut spécial et ils ont reçu des instructions.

Il lui demanda si elle était libre le soir.

— Non, je suis prise, dit-elle d'une voix rageuse.

Elle se disait, en rentrant chez elle, qu'elle reverrait bientôt sa mère, sa sœur, Victor Pavlovitch, Nadia et que, à Kazan, la vie serait plus facile qu'ici. Elle s'étonnait de ses craintes et de ses colères. Qu'est-ce qu'elle en avait à fiche, après tout, de Kouïbychev ?

Le lendemain, à peine était-elle arrivée au travail qu'on lui téléphona et une voix aimable la pria de passer au bureau des passeports de la ville pour retirer son permis de séjour.

25

Evguenia fit la connaissance d'un des locataires de son appartement. Quand Chargorodski se tournait brusquement, il semblait que sa grosse tête allait se détacher de son cou frêle pour rouler par terre. Evguenia avait été frappée par les reflets bleus sur le visage du vieillard. Il était de très vieille noblesse et comme ses yeux étaient bleus, eux aussi, Evguenia s'amusait à l'idée que, s'il lui avait fallu faire le portrait de Chargorodski, elle l'aurait peint en bleu.

La vie était devenue moins dure pour Vladimir Andreïevitch Chargorodski depuis le début de la guerre. Il trouvait maintenant un peu de travail de temps en temps. Le *Sovinformburo* lui commandait des papiers sur Dmitri Donskoï, Souvorov, Ouchakov, sur les traditions de l'armée russe, sur des poètes du XIXe siècle, Tiouttchev, Baratynski...

Chargorodski raconta à Evguenia qu'il était, par sa mère, d'une famille de princes plus ancienne que les Romanov.

Dans sa jeunesse, il avait travaillé au *zemstvo* et prêchait aux fils de nobles, aux instituteurs de village et aux jeunes prêtres les idées de Voltaire et de Tchaadaïev.

Le maréchal de la noblesse lui avait dit un jour (il y avait quarante-quatre ans maintenant) : « Vous êtes le descendant d'une des plus anciennes familles de Russie et vous cherchez à convaincre les moujiks que vous descendez des singes. Le moujik va vous demander :... et le tsarévitch ? et la tsarine ? et le tsar... ? »

Vladimir Andreïevitch avait continué à troubler les esprits et avait été, pour finir, exilé à Tachkent. Il avait été pardonné un an plus tard et était parti en Suisse. Il y avait fait la connaissance de nombreux révolutionnaires bolcheviques et mencheviques, SR et anarchistes. Tout le monde connaissait le prince. Il assistait aux réunions et débats, était amical avec certains mais en accord avec personne. À l'époque, il s'était lié avec un étudiant juif, militant du Bund.

Il était revenu en Russie juste avant la Première Guerre mondiale et s'était installé sur ses terres. Il publiait des articles sur la littérature ou l'histoire dans *La Gazette de Nijni-Novgorod*.

Il laissait à sa mère le soin de s'occuper du domaine.

Chargorodski avait été le seul propriétaire à être épargné par les paysans en 1917. Le comité des paysans pauvres lui avait même attribué une charretée de bois et quarante choux. Vladimir Andreïevitch habitait dans l'unique pièce qui avait encore des vitres aux fenêtres et que l'on pouvait chauffer. Il lisait et écrivait des vers. Il lut un de ses poèmes à Evguenia, il avait pour titre *Russie* :

Une folle insouciance
À tous les quatre vents.
La plaine. L'espace immense.
Les corbeaux croassant.

Le sang. Les incendies.
L'obtuse indifférence.
L'opaque et sombre orgie.
Grandeur et permanence[1].

Il lisait les vers en prononçant chaque mot, respectant les points et les virgules ; il levait ses sourcils mais son grand front n'en semblait pas plus petit.

En 1926, Chargorodski avait eu l'idée de faire des conférences sur l'histoire de la littérature russe.

Il contestait toute valeur à Demian Bedny et glorifiait Fet, il participait à des débats, alors à la mode, sur la beauté et le réel, il s'était déclaré l'ennemi de toute forme d'État, affirmait que le marxisme était une doctrine bornée, parlait de la destinée tragique de l'âme russe et finit par se faire envoyer une seconde fois à Tachkent. Il y était resté jusqu'en 1933, s'étonnant de la puissance des arguments géographiques dans les discussions de caractère théorique, puis avait reçu l'autorisation de s'installer à Kouïbychev, chez sa sœur aînée. Elle était morte peu avant la guerre.

Chargorodski n'invitait jamais dans sa chambre. Mais Evguenia entrevit un jour les appartements princiers : des tas de livres et de vieux journaux s'amoncelaient dans les coins, des fauteuils anciens étaient empilés jusqu'au plafond, des portraits dans leurs cadres dorés étaient posés à même le sol. Sur un canapé de velours rouge traînait une vieille couverture d'où s'échappaient des lambeaux d'ouate.

C'était un homme doux et peu pratique dans la vie de tous les jours. Il était de ces gens dont on dit : « Il a une âme d'enfant » ou « Il est d'une douceur angélique ». Mais il pouvait passer avec indifférence, récitant ses vers préférés, devant un enfant mourant de faim ou la main tendue d'une vieille en guenilles.

Quand elle écoutait Chargorodski, Evguenia se rappelait son premier mari ; le vieil amoureux de Fet et de Soloviev était l'opposé du militant du Komintern, Krymov.

Elle s'étonnait de ce que Krymov, qui était totalement indifférent au charme du paysage russe ou du conte russe, à la beauté des poésies de Fet et Tiouttchev, fût tout autant un Russe que le vieux Chargorodski. Tout ce qui, dans la vie russe, était cher à Krymov depuis sa jeunesse, les hommes sans lesquels il ne concevait pas la Russie, tout cela était indifférent et souvent hostile à Chargorodski.

---

1. Ce poème est de Zvenigorodski, poète peu connu. Composé en 1916, il imite par sa forme une célèbre poésie de Fet, écrite avec des propositions elliptiques ne contenant pas de verbes ; il fait partie du troisième recueil *Presque à tire-d'aile* (1938), qui resta sous forme manuscrite.

Pour Chargorodski, Fet était un dieu, et, avant tout, un dieu russe. Comme étaient divins le conte russe et les romances de Glinka. Et si grande que fût son admiration pour Dante, il lui manquait, à ses yeux, le caractère divin de la musique russe, de la poésie russe.

Krymov, lui, ne faisait pas de différence entre Dobrolioubov et Lassalle, entre Tchernychevski et Engels. Pour lui, Marx était plus grand que tous les génies russes et la *Symphonie héroïque* de Beethoven triomphait de toute la musique russe. Il n'y avait peut-être que Nekrassov qu'il considérait comme le plus grand des poètes au monde. Parfois, Evguenia se disait que Chargorodski l'aidait à mieux comprendre Krymov et les relations qu'elle avait avec lui.

Elle aimait discuter avec le vieillard. Généralement, ils parlaient d'abord des derniers bulletins d'information, puis Chargorodski se lançait dans des réflexions sur le destin de la Russie.

— La noblesse russe, disait-il, a eu des torts envers la Russie, mais elle savait aussi l'aimer. Lors de la guerre, l'autre, la première, on ne nous a fait grâce de rien, on nous a tout reproché : et nos idiots et benêts, et nos goinfres endormis, et Raspoutine, et les allées de tilleuls dans nos propriétés, et notre insouciance, et les isbas en ruine… Les six fils de ma sœur ont péri en Galicie, mon frère, un homme âgé et malade, a été tué au combat, mais l'Histoire ne leur en a pas su gré… Elle aurait dû pourtant…

Ses jugements littéraires ne ressemblaient en rien aux idées actuelles. Il plaçait Fet plus haut que Pouchkine. Il connaissait Fet mieux que quiconque, et Fet lui-même ne devait plus se rappeler, à la fin de sa vie, tout ce que savait de lui Vladimir Andreïevitch.

Il trouvait Léon Tolstoï trop proche de la réalité et, tout en rendant justice à sa poésie, il ne l'appréciait pas. Il appréciait Tourgueniev mais estimait qu'il n'était pas très profond. Il préférait Gogol et Leskov. Il pensait que Bielinski et Tchernychevski étaient les fossoyeurs de la poésie russe.

Il dit à Evguenia qu'il aimait, outre la poésie russe, trois choses, et que les trois commençaient par la lettre « s », le sucre, le soleil, le sommeil.

— Est-il possible que je meure sans avoir vu un seul de mes poèmes imprimé ? demandait-il.

Un soir, Evguenia rencontra Limonov en rentrant de son travail. Il l'accompagna jusque chez elle et Evguenia l'invita à boire une tasse de thé. Il la regarda attentivement et dit :

— Merci, d'ailleurs, vous me devez une bouteille de vodka pour mon aide.

Une fois dans la chambre, sa voix acquit soudain une intonation peu naturelle ; il entreprit d'exposer sa théorie de l'amour, des relations amoureuses.

— Une avitaminose. C'est une avitaminose de l'âme, disait-il en respirant avec bruit. Vous comprenez, c'est un besoin vital, comme les vaches ou les cerfs qui cherchent du sel à lécher. Je cherche dans celle que j'aime ce que je ne trouve pas chez mes proches, chez ma femme. Ma femme est la cause de mon avitaminose. Et l'homme aspire à trouver dans l'objet de son amour ce qu'il n'a pu trouver pendant des décennies chez sa femme. Vous me comprenez ?

Il lui prit la main et la caressa, puis passa à l'épaule, effleura le cou, la nuque.

— Vous me comprenez, répéta-t-il d'une voix doucereuse. C'est tout simple. Une avitaminose de l'âme !

Evguenia suivit d'un œil amusé et gêné la grande main blanche, aux ongles soignés, qui venait d'atteindre, après un voyage prudent, sa poitrine.

— Il semblerait qu'il existe aussi une avitaminose du corps, dit-elle sur le ton d'une maîtresse de cours préparatoire en train de faire la leçon à ses élèves. Ce n'est pas la peine de me peloter, pas la peine, je vous assure.

Il la regarda d'un air abasourdi puis éclata de rire et elle rit avec lui. Ils burent du thé et parlèrent de Sarian. On frappa à la porte. C'était Chargorodski.

Il apparut que Limonov connaissait Chargorodski de nom, il l'avait rencontré dans des correspondances, des notes manuscrites. Chargorodski n'avait jamais rien lu de Limonov mais avait entendu parler de lui : le nom de Limonov revenait souvent dans les articles de journaux consacrés aux écrivains spécialisés dans les œuvres historico-militaires.

Ils se parlèrent, se comprirent, se réjouirent de leur communauté d'intérêts. Ils évoquèrent Soloviev, Merejkovski, Rozanov, Biely, Milioukov, Berdiaïev, Remizov, Evreïnov…

Evguenia se dit que c'était comme si ces deux hommes avaient remonté du fond de la mer tout un monde englouti de livres, de tableaux, de systèmes philosophiques, de mises en scène.

Soudain Limonov dit à haute voix ce qu'elle venait de penser :

— J'ai l'impression que nous sommes en train de remonter l'Atlantide du fond de l'Océan.

— Oui, oui, acquiesça tristement Chargorodski. Mais vous, vous n'êtes qu'un explorateur de cette Atlantide, tandis que moi, je suis un de ses habitants, qui s'est, avec elle, enfoncé au fond de la mer.

— Oui, fit Limonov, mais enfin, la guerre en a fait remonter quelques-uns à la surface.

— Finalement, dit Chargorodski, les fondateurs de la IIIᵉ Internationale n'ont rien trouvé de mieux, quand l'heure du danger a sonné, que de reprendre la vieille phrase sur la terre sacrée de nos ancêtres.

Il sourit.

— Vous verrez, poursuivit-il, si cette guerre se termine par une victoire, nos internationalistes vont déclarer que « la Russie est la mère de tous les peuples ».

Evguenia Nikolaïevna sentait que leur animation, leur éloquence, leur esprit n'avaient pas pour seule raison la découverte d'un nouvel interlocuteur. Elle comprenait que tous deux, un vieillard et un homme âgé, sentaient sa présence et cherchaient à lui plaire. Tout cela était bien étrange.

Il n'était pas moins étrange que cela lui fût indifférent et même l'amusât, mais que, dans le même temps, cela ne lui fût pas du tout indifférent et, au contraire, lui plût beaucoup.

Evguenia les regardait et se disait qu'il était impossible de se comprendre soi-même. « Pourquoi le passé ne me laisse-t-il pas en paix ? Pourquoi ai-je à ce point pitié de Krymov ? Pourquoi ne puis-je m'empêcher de penser constamment à lui ? »

Elle, qui, en son temps, n'éprouvait qu'indifférence pour les amis anglais et allemands de Krymov au Komintern, était irritée, aujourd'hui, quand Chargorodski se moquait des communistes. Même la théorie de l'avitaminose chère à Limonov ne pouvait l'aider à comprendre cela. Et d'ailleurs, il n'y a pas de théorie dans ce domaine.

Et soudain elle crut comprendre qu'elle pensait constamment à Krymov avec une telle sollicitude parce qu'elle souffrait de l'absence d'un autre homme, un homme auquel pourtant, semblait-il, elle ne pensait presque jamais.

« Est-il possible que je l'aime vraiment ? » s'étonna-t-elle.

26

Une fois la nuit tombée, le ciel au-dessus de la Volga s'éclaircit. Les collines, séparées par les gorges sombres des ravins, passaient lentement devant le bateau.

Parfois une étoile filante traversait le ciel et Lioudmila Nikolaïevna disait à voix basse : « Je veux que Tolia reste en vie. »

C'était son seul vœu, elle n'attendait rien d'autre du ciel.

Quand elle était encore étudiante à la faculté de physique et mathématiques, elle avait travaillé un temps à l'Observatoire. Elle y avait appris que les météorites tombaient en essaims et qu'ils avaient reçu des noms liés à l'époque où ils rencontraient la Terre : les Perséides, les Léonides, les Géminides… il devait y avoir aussi les Andromédides. Elle avait oublié le nom que portaient les météorites du mois de novembre… Mais elle voulait que Tolia reste en vie.

Victor lui reprochait de ne pas aimer aider les gens, de ne pas aimer sa belle-famille. Il était convaincu qu'il aurait suffi d'un peu de bonne volonté de sa part pour qu'Anna Semionovna vive avec eux au lieu de rester en Ukraine.

Quand un cousin de Victor était sorti de camp et était passé à Moscou sur le chemin de l'exil, elle avait refusé de le laisser dormir une nuit à la maison, de peur que le gérant de l'immeuble ne l'apprît. Elle le savait bien, jamais sa mère n'oublierait qu'elle avait refusé d'interrompre ses vacances au bord de la mer alors que son père était en train de mourir et qu'elle n'était revenue à Moscou que le lendemain des funérailles.

Il arrivait à sa mère de lui parler de Dmitri, le frère de Lioudmila[1], de dire son horreur devant ce qui lui était arrivé.

— Petit garçon, il disait toujours la vérité et il est resté comme ça toute sa vie. Et tout à coup on l'accuse d'espionnage, de préparer un attentat contre Kaganovitch et Vorochilov… Qui a besoin de ces mensonges monstrueux ? Qui a besoin de chercher la perte d'êtres honnêtes, sincères ?…

Un jour, elle avait répondu à sa mère :

— Tu ne peux pas te porter totalement garante de Dmitri. Les innocents, on ne les met pas en prison.

Et maintenant, elle se souvenait du regard que lui avait lancé sa mère.

Une fois, elle lui avait dit :

— Je n'ai jamais pu sentir la femme de Dmitri, et je te le dis ouvertement, je ne vois pas pourquoi je changerais d'avis.

Et maintenant elle se souvenait de la réponse de sa mère :

— Mais enfin, tu saisis ce que ça veut dire, mettre une femme en prison pour dix ans parce qu'elle n'a pas dénoncé son mari ?

Elle se souvint aussi du jour où elle avait rapporté à la maison un jeune chiot qu'elle avait trouvé dans la rue, Victor ne voulait pas du chien et elle lui avait crié :

— Tu es cruel !

Et il lui avait répondu :

— Mon Dieu, Liouda[2], je ne désire pas que tu sois jeune et belle, je ne voudrais qu'une chose, que tu sois bonne à l'égard des hommes comme tu l'es à l'égard des animaux.

Et maintenant, assise sur le pont, pour la première fois elle ne s'aimait pas, elle se rappelait, sans chercher à accuser les autres ni à se trouver des excuses, toutes les paroles amères qu'elle avait entendues à son adresse dans la vie… Une fois, son mari avait dit au téléphone, en riant : « Depuis que nous avons un petit chat, j'entends la voix tendre de ma femme. »

Un autre jour, sa mère : « Liouda, comment peux-tu refuser une pièce à un mendiant ? Songe un peu : un affamé te demande une obole, à toi qui es rassasiée !… »

Pourtant, elle n'était pas ladre. Elle aimait recevoir, ses dîners étaient célèbres parmi ses amis.

Personne ne la voyait pleurer, assise dans la nuit froide. Oui, elle était dure, elle ne se rappelait plus rien de ce qu'elle avait appris, elle n'était bonne à rien, elle ne pouvait plus plaire à personne, elle était grosse, ses cheveux étaient gris, elle faisait de la tension, oui, son mari ne l'aimait pas et c'est pour ça qu'il la trouvait sans cœur. Mais elle voulait que Tolia reste en vie. Elle voulait bien tout avouer, tout admettre, elle voulait

---

1. Dmitri Chapochnikov, fils d'Alexandra Vladimirovna, qui fut arrêté.
2. Diminutif de Lioudmila.

bien se repentir de tout le mal que lui prêtaient ses proches, mais il fallait que Tolia reste en vie.

Pourquoi pensait-elle tout le temps à son premier mari ? Où était-il ? Où le chercher ? Pourquoi n'avait-elle pas écrit à sa sœur à Rostov ? Maintenant c'était impossible, les Allemands y étaient. La sœur aurait pu donner des nouvelles de Tolia à son frère.

Le bruit des machines, les vibrations du pont, le clapotis de l'eau, le scintillement des étoiles dans le ciel, tout se mêla et Lioudmila Nikolaïevna s'assoupit.

L'aube approchait. Le brouillard flottait au-dessus de la Volga et il semblait qu'il avait englouti toute vie.

Soudain le soleil apparut, comme une explosion d'espoir. Le ciel se refléta dans l'eau et l'eau sombre respira et le soleil sembla crier dans les vagues du fleuve. La rive était blanche de givre et les arbres roux ressortaient gaiement sur ce fond blanc. Le vent forcit, le brouillard disparut, le monde avait la transparence aiguë du cristal, et il n'y avait de chaleur ni dans le soleil éclatant, ni dans le bleu du ciel, ni dans le bleu de l'eau.

La terre s'étirait, immense et sans fin. Et, immense et éternel comme la terre, il y avait le malheur.

Dans le bateau voyageaient, dans les cabines de 1re classe, des responsables de ministères, bien vêtus, coiffés de bonnets d'astrakan. Dans les cabines de 2e classe voyageaient les épouses et les belles-mères des dirigeants, chacune dans sa tenue respective, comme s'il y avait un uniforme pour les femmes de dirigeants et un autre pour les mères et belles-mères. Les femmes étaient en manteaux de fourrure et fichus blancs alors que les mères et belles-mères étaient en pelisses de drap bleu à col d'astrakan noir et coiffées de fichus couleur marron. Elles étaient accompagnées d'enfants aux yeux blasés. On distinguait, par les fenêtres des cabines, les provisions que ces passagers emportaient avec eux ; l'œil expérimenté de Lioudmila devinait sans peine le contenu de ces sacs, de ces boîtes hermétiquement fermées, de ces bouteilles sombres aux bouchons cachetés. D'après des bribes de conversation qu'elle avait surprises alors que les passagers des cabines se promenaient sur le pont, elle avait compris qu'ils étaient tous préoccupés par un train qui devait partir de Kouïbychev pour Moscou.

Lioudmila pensa que ces femmes regardaient avec indifférence les soldats et lieutenants entassés dans les couloirs, comme si elles n'avaient ni fils ni frères au front.

Quand, le matin, la radio transmettait le bulletin du *Sovinformburo*, elles ne restaient pas avec les soldats et les matelots du bateau à écouter devant le haut-parleur, mais, jetant un coup d'œil ensommeillé à l'attroupement, elles continuaient de vaquer à leurs occupations.

Lioudmila avait appris par les matelots que le bateau entier était réservé à des cadres du parti et des ministères qui revenaient à Moscou en passant par Kouïbychev, mais que, à Kazan, les autorités militaires avaient ordonné de prendre à bord des soldats et des civils. Les passagers réguliers s'insurgèrent, refusèrent de laisser monter les militaires, téléphonèrent à un représentant du ministère de la Défense.

C'était un spectacle étrange et incroyable que de voir ces soldats, en route pour Stalingrad, se sentant fautifs parce qu'ils dérangeaient des passagers forts de leurs droits.

Lioudmila ne pouvait supporter les yeux tranquilles de ces femmes. Les grand-mères appelaient leurs petits-enfants et, sans interrompre la conversation, leur fourraient dans la bouche un gâteau d'un geste coutumier. Et quand une vieille, trapue, en manteau de vison, sortit de sa cabine, située à l'avant, pour promener sur le pont deux jeunes garçons, les femmes la saluèrent avec empressement et lui sourirent tandis que les visages des serviteurs de l'État prirent une expression tendre et inquiète.

Si la radio avait soudain annoncé l'ouverture du second front ou la rupture du siège de Leningrad, pas une d'entre elles n'aurait levé un œil, mais si quelqu'un leur avait dit qu'on avait retiré le wagon-lit international du train pour Moscou, tous les événements de la guerre auraient disparu au profit des passions qu'aurait déchaînées la bataille pour les places de 1re classe.

Et pourtant... Par sa tenue, un manteau d'astrakan gris, Lioudmila Nikolaïevna ressemblait aux voyageuses de 1re et 2e classe. Et il n'y avait pas si longtemps que, elle aussi, s'indignait parce qu'on n'avait pas donné un billet de première à Victor Pavlovitch quand il était allé à Moscou.

Elle raconta à un lieutenant d'artillerie que son fils, lieutenant d'artillerie lui aussi, était gravement blessé et se trouvait à l'hôpital de Saratov. Elle avait parlé à une vieille malade de Maroussia et de Vera, de sa belle-mère disparue dans un territoire occupé. Son malheur était le malheur qui régnait sur ce pont, le malheur des tombes et des hôpitaux de guerre, ce malheur qui avait toujours su trouver son chemin vers les isbas des paysans et les baraques sans numéro des camps anonymes.

En partant, elle n'avait pas emporté de pain ni même un quart ; il lui avait semblé que, durant tout le voyage, elle ne pourrait ni boire ni manger.

Mais maintenant, sur le bateau, elle avait très faim depuis le matin et elle se rendait compte que cela ne serait pas facile. Le deuxième jour, des soldats se mirent d'accord avec les mécaniciens et les chauffeurs pour faire cuire du millet dans la salle des machines, ils appelèrent Lioudmila et lui tendirent une gamelle pleine de bouillie.

Assise sur une caisse vide, Lioudmila mangeait la bouillie brûlante avec une cuiller empruntée.

— Pas sale, ma bouillie ! dit un des cuistots, et devant le silence de Lioudmila, il lui demanda : C'est peut-être pas vrai ? Elle n'est pas assez épaisse ?

C'était justement dans cette recherche de compliments de la part de son invitée que se manifestait sa générosité naïve.

Elle aida un soldat à remettre un ressort récalcitrant dans son pistolet-mitrailleur, ce que même le sergent décoré de l'Étoile rouge n'avait su faire.

Ayant surpris une discussion des lieutenants d'artillerie, elle prit un crayon et les aida à calculer une formule trigonométrique. Après cela, le lieutenant, qui l'appelait jusqu'alors « ma petite dame », lui demanda respectueusement son prénom[1]. Et la nuit, Lioudmila marchait sur le pont.

Un froid glacial montait de la rivière, un vent bas et impitoyable soufflait de l'obscurité. Au-dessus d'elle, les étoiles brillaient et le ciel de feu et de glace qui la dominait ne lui apportait ni paix ni consolation.

27

Avant l'arrivée à Kouïbychev, le capitaine du bateau reçut l'ordre de poursuivre sa route jusqu'à Saratov pour y prendre des blessés.

Les passagers des cabines sortaient les valises et paquets, les mettaient sur le pont, se préparaient à débarquer.

On vit apparaître, sur la rive, les silhouettes des usines, des maisonnettes sous leurs toits de tôle, des baraques. Puis, lentement, la masse grise, rousse, noire, de Kouïbychev sortit de l'horizon. Des fenêtres étincelaient au soleil, les lambeaux de fumée des trains s'étiraient au-dessus de la ville.

Les passagers qui devaient descendre s'étaient rassemblés devant la passerelle. Ils ne disaient au revoir à personne car ils n'avaient lié connaissance avec personne.

Une grande limousine noire, une Zis 101, attendait la grand-mère en manteau de vison et ses deux petits-fils. Un officier se mit au garde-à-vous devant la vieille et serra la main aux deux garçons.

En quelques minutes, les passagers avec leurs enfants, leurs valises, leurs paquets disparurent comme s'ils n'avaient jamais existé.

Lioudmila Nikolaïevna crut que maintenant elle se sentirait mieux, entourée de gens unis dans le même malheur, le même travail, le même destin.

Mais elle se trompait.

28

L'accueil que réserva Saratov à Lioudmila Nikolaïevna fut rude et cruel.

Dès le débarcadère, elle se heurta à un ivrogne ; il trébucha, la bouscula et l'injuria de façon ordurière.

Lioudmila Nikolaïevna grimpa la côte mal pavée qui menait à la ville ; une fois en haut, elle se retourna. Le bateau, petite tache blanche au milieu des hangars gris du port, sembla comprendre ce qui se passait en elle et lança un léger coup de sirène : « Vas-y, mais vas-y donc… » Et elle alla.

---

1. La plupart des mots d'adresse polis traditionnels ayant disparu après 1917 et les nouveaux mots d'adresse, « citoyen », « citoyenne » ou « camarade », étant d'une impersonnalité froide, la seule façon polie de s'adresser à une personne peu familière reste le prénom suivi du patronyme.

À l'arrêt du tramway, de jeunes femmes repoussaient avec une application silencieuse les personnes plus faibles ou âgées. Un aveugle, visiblement un soldat qui sortait à peine de l'hôpital, ne savait comment monter et agitait fébrilement sa canne devant lui ; de toute évidence il n'était pas encore habitué à son nouvel état. Il saisit avec l'avidité d'un enfant la manche d'une femme qui passait. La femme, d'un certain âge, arracha sa main, pressa le pas, faisant sonner ses talons ferrés sur le pavé. L'aveugle, s'accrochant toujours à sa manche, expliqua précipitamment :

— Aidez-moi à monter, je sors de l'hôpital.

La femme jura, le poussa et l'aveugle tomba assis dans la rue.

Lioudmila regarda le visage de la femme.

D'où venait ce visage inhumain, quelle en était la cause ? La famine de 1921 qu'elle avait connue dans son enfance ? Celle de 1930 ? Une vie pleine à ras bord de misère[1] ?

L'aveugle resta un instant figé puis se releva et se mit à crier d'une voix écorchée. Il s'était vu, de ses yeux morts, le bonnet de travers, brandissant sa canne en un geste insensé.

L'aveugle frappait l'air de sa canne, et dans ces moulinets s'exprimait sa haine contre le monde impitoyable des voyants. Les gens montaient en se bousculant dans le tramway et lui restait là, pleurant et criant. Et les hommes que Lioudmila avait unis avec espoir et amour en une seule famille solidaire dans le travail, la misère, la bonté et le malheur, ces hommes semblaient s'être donné le mot pour ne pas se conduire en hommes. Ils semblaient s'être donné le mot pour infirmer l'idée que l'on peut, sans hésitation, trouver la bonté dans les cœurs des hommes dont les vêtements et les mains sont noircis par le travail.

Lioudmila se sentit effleurer par un monde méchant, sombre, qui, par son seul attouchement, l'emplit du froid et de la nuit des espaces infinis de la Russie misérable. Elle se sentit désemparée.

Lioudmila demanda pour la seconde fois à la receveuse où elle devait descendre et la femme lui dit d'une voix calme :

— Je l'ai déjà annoncé, vous êtes sourde ou quoi ?

Les passagers debout dans le passage refusaient de se pousser, ne répondaient pas quand on leur demandait s'ils descendaient à la prochaine.

Petite fille, Lioudmila avait été élève en 11e, le cours préparatoire, au lycée de filles de Saratov. Les matins d'hiver, elle était installée à table et, balançant les pieds sous sa chaise, elle buvait son thé pendant que son père, qu'elle adorait, lui mettait du beurre sur une brioche encore chaude. La lampe se reflétait dans le flanc arrondi du samovar et elle n'avait pas envie de quitter la chaleur du samovar, de la brioche, de la main de son père.

---

1. Voir « Famines (années 1920-1930) » dans le Dictionnaire.

Et on aurait pu croire qu'en ce temps-là il n'y avait dans cette ville ni vent froid de novembre, ni suicides, ni enfants mourant dans les hôpitaux, qu'il n'y avait que chaleur, chaleur, chaleur.

Là, dans ce cimetière, était enterrée sa sœur aînée, Sofia, morte du croup. Alexandra Vladimirovna l'avait prénommée Sofia en hommage à Sofia Lvovna Perovskaïa. Il semblait aussi que son grand-père fût enterré ici.

Elle était arrivée à un bâtiment de deux étages, une ancienne école transformée en hôpital militaire ; c'était là que se trouvait Tolia.

Il n'y avait pas de sentinelle à la porte et elle se dit que c'était un présage favorable. Elle se retrouva dans cet air, propre aux hôpitaux, si lourd et gluant que même les hommes épuisés par le froid ne goûtent pas sa chaleur et aspirent à s'en échapper dans le froid du dehors. Elle passa devant les toilettes qui avaient gardé les écriteaux « garçons » et « filles ». Elle passa par un couloir où des odeurs de cuisine l'agressèrent. Elle alla plus loin et vit, par une fenêtre embuée, des boîtes empilées dans la cour intérieure, c'étaient les cercueils, et elle se dit à nouveau, comme elle se l'était dit dans l'entrée avec la lettre encore cachetée entre les mains : « Mon Dieu, si je pouvais mourir maintenant. » Mais elle continua son chemin à grands pas, sentit sous ses pieds un tapis, et, après être passée devant des plantes d'appartement qui lui étaient familières, des asparagus et des philodendrons, elle s'approcha d'une porte où, à côté d'un écriteau annonçant « Cours moyen », était punaisée une feuille avec, écrit à la main, « Réception ».

Lioudmila ouvrit la porte et le soleil, perçant les nuages, frappa les vitres, faisant tout briller autour d'elle.

Et, quelques minutes plus tard, un secrétaire volubile, tout en consultant les fiches dans un long tiroir où venait se refléter le soleil, lui disait :

— Bien, bien, bien... Vous dites, Chapochnikov, Anatoli, voilà, voilà... Vous avez de la chance de ne pas avoir rencontré le directeur militaire, comme ça, en manteau, il vous en aurait fait voir... Donc, Chapochnikov... le voilà... C'est ça... C'est bien lui, lieutenant, c'est exact.

Lioudmila regardait les doigts qui sortaient la fiche de la boîte et il lui semblait qu'elle était debout devant Dieu et qu'il avait le pouvoir de faire vivre ou de faire mourir, mais qu'il avait pris du retard et qu'il n'avait pas encore décidé si le fils de Lioudmila devait vivre ou mourir.

29

Lioudmila Nikolaïevna était arrivée à Saratov une semaine après qu'on eut fait subir une opération, la troisième, à Tolia. Il avait été opéré par le chirurgien militaire de 2e rang Maazel. L'opération avait été difficile, Tolia était resté plus de quatre heures sous anesthésie générale et on lui avait injecté à deux reprises de l'hexonal. Cette opération n'avait encore jamais été réalisée à Saratov, ni par les chirurgiens militaires ni par les chirurgiens civils du centre hospitalo-universitaire. On ne la connaissait que par la description détaillée qu'en avaient donnée les Américains dans une revue de médecine militaire en 1941.

En raison de la gravité de l'opération, le docteur Maazel avait eu un entretien avec le lieutenant après une dernière séance de radiographie. Il lui avait expliqué la nature des processus pathologiques provoqués par sa blessure. Il avait également exposé, sans rien cacher, les risques que cette opération faisait courir. Il lui avait dit que, parmi les médecins consultés, tous n'étaient pas favorables à l'opération, le vieux professeur Rodionov y était opposé. Le lieutenant Chapochnikov avait posé deux ou trois questions et, après une réflexion de quelques minutes, avait donné son accord.

L'opération avait commencé à 11 heures et n'avait pris fin qu'à 3 heures. Dimitrouk, le médecin militaire responsable de l'hôpital, y avait assisté. Selon tous les médecins qui l'avaient suivie, elle avait été brillamment réalisée.

Maazel avait résolu correctement des difficultés inattendues que l'article américain n'avait pas décrites.

L'état du malade pendant l'opération était satisfaisant, son pouls bien frappé.

Vers 2 heures, le docteur Maazel, un homme corpulent et plus tout jeune, s'était senti mal et avait dû s'arrêter pendant quelques minutes. Le médecin généraliste Klestova lui avait donné des gouttes pour le cœur, après quoi Maazel ne s'était plus interrompu jusqu'à la fin de l'opération. Mais, alors que le lieutenant se trouvait déjà dans un box réservé aux cas graves, Maazel avait été victime d'une crise d'angine de poitrine. Plusieurs injections de camphre et une prise de trinitrine avaient été nécessaires pour faire céder les spasmes des artères coronaires.

Une infirmière restait aux côtés du lieutenant dans le box. Klestova y était entrée, avait vérifié le pouls de l'opéré qui n'avait pas repris connaissance. Son état était satisfaisant ; Klestova avait dit à l'infirmière :

— Maazel lui a sauvé la vie, mais lui-même, il a failli y passer.

Terentieva, l'infirmière, avait répondu :

— Mon Dieu, si seulement ce lieutenant Tolia pouvait s'en sortir !

La respiration du lieutenant était imperceptible. Son visage restait immobile, ses bras maigres, son cou ressemblaient à ceux d'un enfant ; on devinait, à travers sa pâleur, les traces de hâle qu'avaient laissées les marches forcées dans la steppe. Chapochnikov se trouvait dans un état semi-comateux, dû à l'anesthésie et à l'épuisement de ses forces physiques et morales.

Le malade laissait échapper des mots et parfois des phrases entières. L'infirmière avait cru l'entendre marmonner : « Heureusement que tu ne me vois pas dans cet état. » Puis il était resté silencieux, les coins de ses lèvres s'étaient abaissés en une moue et on eût dit qu'il pleurait sans sortir de son évanouissement.

Vers 8 heures, il avait ouvert les yeux et demandé à boire d'une voix claire qui avait réjoui Terentieva. Elle avait dit qu'il lui était interdit de boire et ajouté que l'opération s'était très bien passée et qu'il allait guérir. Elle lui avait demandé comment il se sentait, et il lui avait répondu que son côté et son dos ne lui faisaient pas très mal.

Elle avait vérifié une fois de plus son pouls et lui avait passé une serviette humide sur les lèvres et le front.

À cet instant un infirmier était entré dans la chambre et avait dit à Terentieva que Platonov, le chef du service chirurgical, l'attendait au bout du fil. L'infirmière était allée dans le bureau de l'infirmière-chef, avait pris le téléphone et dit au chef du service que l'opéré s'était réveillé et qu'il semblait dans un état satisfaisant compte tenu de la gravité de l'opération. Elle avait demandé à être remplacée car elle était convoquée par le bureau de recrutement, Platonov avait promis de le faire mais lui avait ordonné de veiller sur le malade jusqu'à ce qu'il l'examine.

L'infirmière avait regagné le box. Elle avait trouvé l'opéré dans la pose où elle l'avait laissé mais l'expression de souffrance s'était atténuée, les coins des lèvres étaient remontés et le visage semblait calme, presque souriant. La douleur devait vieillir le lieutenant, car maintenant son visage souriant avait frappé l'infirmière par sa jeunesse : on aurait dit que ces joues creuses, ces grosses lèvres, ce grand front sans la moindre ride n'appartenaient pas à un adulte, pas même à un adolescent mais à un enfant. L'infirmière lui avait demandé comment il se sentait mais il ne lui avait pas répondu, visiblement il s'était endormi.

L'infirmière avait été légèrement alertée par l'expression du visage. Elle avait pris le poignet de Chapochnikov ; on ne sentait plus le pouls, la main était à peine tiède, de cette chaleur à peine perceptible que garde un poêle éteint de la veille.

Et bien que l'infirmière eût vécu toute sa vie en ville, elle s'était laissée tomber à genoux et, doucement, pour ne pas déranger les vivants, s'était lamentée comme les pleureuses à la campagne :

— Notre chéri adoré, pourquoi nous as-tu quittés ? Où donc es-tu allé ?

30

Bientôt on apprit dans l'hôpital la venue de la mère du lieutenant Chapochnikov. La mère du lieutenant fut reçue par le commissaire politique de l'hôpital, un certain Chimanski, dont l'accent révélait ses origines polonaises. Il attendait, l'air sombre, appréhendant les inévitables pleurs ou même, qui sait, l'évanouissement de Lioudmila Nikolaïevna. Il passait sa langue sur sa récente moustache, plaignait le malheureux lieutenant, plaignait sa mère et, justement pour cela, se sentait irrité et contre le lieutenant, et contre sa mère : s'il fallait se mettre à recevoir maintenant toutes les mamans de tous les lieutenants qui mouraient, on ne tiendrait plus le coup.

Ayant installé Lioudmila Nikolaïevna, Chimanski, avant d'entamer la conversation, approcha d'elle une carafe d'eau. Elle le remercia mais refusa de boire.

Elle écouta attentivement le commissaire lui raconter la consultation des médecins (il ne jugea pas utile de lui parler du médecin qui était contre l'opération), les difficultés rencontrées pendant l'opération, son bon déroulement ; les chirurgiens estiment, précisa-t-il, qu'on doit effectuer cette opération en cas de blessures graves, du type de celles qu'avait le lieutenant Chapochnikov. Il dit que la mort du lieutenant Chapochnikov avait été causée par un arrêt subit du cœur, et que, comme l'avaient confirmé les conclusions de l'autopsie, cette issue fatale était imprévisible.

Puis le commissaire dit qu'il connaissait peu de malades, et il en avait vu passer des centaines, que le personnel soignant eût autant aimés. Le lieutenant Chapochnikov était un malade bien élevé, timide, qui craignait toujours de demander quelque chose, de déranger le personnel soignant.

Le commissaire déclara qu'une mère devait être fière d'avoir élevé un fils qui avait su, avec courage et abnégation, donner sa vie à la patrie.

Puis il demanda si la mère du lieutenant Chapochnikov avait des souhaits à formuler.

Lioudmila Nikolaïevna s'excusa auprès du commissaire de lui prendre son temps, sortit une feuille de papier de son sac à main et lut ses requêtes.

Elle demanda qu'on lui indique l'endroit où son fils avait été enterré.

Le commissaire hocha la tête, nota quelque chose dans son carnet.

Elle voulait parler au docteur Maazel.

Le commissaire dit que le docteur Maazel, ayant appris son arrivée, voulait lui-même la rencontrer.

Elle voulait voir l'infirmière qui avait veillé son fils.

Le commissaire hocha la tête et nota quelque chose dans son carnet. Elle demanda l'autorisation de recevoir en souvenir les affaires de son fils.

De nouveau, le commissaire prit note.

Puis elle demanda qu'on transmît aux blessés les cadeaux qu'elle avait apportés pour son fils et elle posa sur la table deux boîtes de sardines et un petit sac de bonbons.

Ses yeux rencontrèrent les yeux du commissaire et il s'effraya de leur éclat.

Le commissaire demanda à Lioudmila de revenir à l'hôpital le lendemain à 9 h 30. Toutes ses demandes seraient satisfaites.

Le commissaire regarda la porte qui s'était refermée sur Lioudmila Nikolaïevna, regarda les cadeaux qu'elle avait laissés aux blessés, essaya de se prendre le pouls, n'y parvint pas, haussa les épaules et but l'eau qu'il avait préparée au début de l'entretien pour Lioudmila.

31

Lioudmila Nikolaïevna n'avait pas une minute de libre. La nuit, elle marchait dans les rues, s'asseyait sur un banc dans le parc de la ville, entrait dans la gare pour se réchauffer, puis parcourait à nouveau les rues de la ville d'un pas rapide et déterminé.

Le commissaire fit tout ce qu'elle avait demandé.

À 9 h 30 du matin, Lioudmila Nikolaïevna rencontra l'infirmière Terentieva.

Lioudmila Nikolaïevna lui demanda de raconter tout ce qu'elle savait sur Tolia.

Lioudmila Nikolaïevna enfila une blouse blanche et monta en compagnie de l'infirmière au premier étage, parcourut le corridor qui menait au bloc opératoire et par lequel on avait emmené son fils, resta un moment devant la porte du box, regarda l'étroit lit d'hôpital, vide ce matin-là. L'infirmière marchait tout le temps à ses côtés et se mouchait sans cesse. Elles descendirent au rez-de-chaussée où Terentieva prit congé de Lioudmila Nikolaïevna. Peu de temps après, un homme d'un certain âge, les cheveux blancs, les yeux cernés, entra dans la salle d'attente en respirant avec difficulté. La blouse empesée du docteur Maazel semblait encore plus blanche par contraste avec sa peau mate et ses yeux sombres.

Maazel expliqua à Lioudmila Nikolaïevna pourquoi le professeur Rodionov était contre l'opération. Il semblait deviner toutes les questions que se posait Lioudmila. Il lui rapporta ses discussions avec le lieutenant Tolia avant l'opération. Il comprenait l'état d'esprit de Lioudmila et lui raconta le déroulement de l'opération sans lui faire grâce de rien.

Puis il dit qu'il avait une affection quasi paternelle pour Tolia et la voix grave de Maazel se fêla. Elle regarda pour la première fois les mains du chirurgien ; elles vivaient de leur vie propre, distinctes de l'homme aux yeux plaintifs, des mains lourdes et rudes, aux doigts vigoureux. Maazel cacha ses mains sous la table. Et, comme s'il lisait dans ses pensées, il dit à Lioudmila Nikolaïevna :

— J'ai fait tout mon possible, mais, finalement, mes mains ont rapproché sa mort au lieu de la vaincre.

Il posa de nouveau ses mains sur la table.

Elle comprit que tout ce que disait Maazel était vrai.

Chacune de ses paroles, qu'elle attendait avec impatience, la brûlait. Mais il y avait autre chose dans cette conversation, et cela la rendait encore plus pénible, elle sentait que Maazel avait cherché cet entretien pour lui et non pour elle. Et elle en éprouvait de la rancune contre le chirurgien.

Au moment de le quitter, elle lui déclara être persuadée qu'il avait fait tout ce qui était en son pouvoir pour sauver son fils. Elle sentit que ses paroles apportaient un soulagement au chirurgien ; elle comprit à nouveau qu'il se savait le droit d'entendre ces mots et que c'est dans ce but qu'il avait cherché à la voir, et l'avait vue.

Et elle se dit avec amertume que c'était d'elle qu'on attendait des paroles de consolation.

Le chirurgien repartit et Lioudmila Nikolaïevna alla chez le directeur militaire. Il se mit au garde-à-vous puis lui annonça que le commissaire politique l'avait chargé de lui fournir une voiture pour la conduire sur la tombe de son fils. La voiture aurait dix minutes de retard. Les affaires du lieutenant étaient prêtes, elle pourrait les prendre au retour du cimetière.

Tous les souhaits de Lioudmila Nikolaïevna avaient été réalisés de façon nette et précise, comme il convenait à des militaires. Mais, dans l'attitude à son égard du directeur, de l'infirmière, du commissaire, on sentait qu'eux aussi attendaient d'elle apaisement et pardon.

Le commissaire se sentait coupable parce que des hommes mouraient dans son hôpital. Avant l'arrivée de Lioudmila Nikolaïevna, cela ne le dérangeait pas, n'est-ce pas la norme pour un hôpital en temps de guerre ? Le côté médical ne suscitait pas de mécontentement chez ses supérieurs. On lui reprochait surtout une activité politique insuffisante et le manque de renseignements sur l'état d'esprit des blessés.

Il ne menait pas la lutte avec assez d'énergie contre les blessés défaitistes, contre les manœuvres hostiles au pouvoir soviétique de certains blessés qui se permettaient de critiquer la mise en place des kolkhozes. On avait signalé des cas où des blessés avaient révélé des secrets militaires.

Chimanski avait été convoqué par la section politique auprès des services de santé de la région militaire, où on lui avait promis de l'envoyer au front si la section spéciale leur fournissait des renseignements sur de nouvelles défaillances dans l'action idéologique à l'hôpital.

Mais maintenant, le commissaire se sentait coupable devant la mère du lieutenant décédé parce que trois nouveaux blessés étaient morts la veille, alors que lui, la veille, il avait pris une douche, avait commandé son plat préféré, du *bigoch*[1], au cuisinier et avait bu un bidon de bière acheté dans un magasin de la ville.

L'infirmière se sentait coupable devant la mère du lieutenant décédé parce que son mari, ingénieur militaire, était dans un état-major d'armée et n'était jamais allé au front, et que son fils, qui avait un an de plus que Chapochnikov, travaillait au bureau d'études d'une usine d'aviation. Le directeur savait qu'il était coupable : militaire de carrière, il servait dans un hôpital loin du front ; il avait envoyé à sa famille un coupon de gabardine et de belles bottes, le lieutenant avait laissé à sa mère un uniforme de coton.

L'adjudant, un gars aux grosses oreilles charnues, qui était responsable des enterrements, se sentait en faute devant la femme qu'il emmenait au

---

1. Sorte de choucroute composée de saucisses ou de saucisson coupé en rondelles et de chou salé.

cimetière. Les cercueils étaient faits de minces planches déclassées ; les morts étaient enterrés dans leurs sous-vêtements ; les soldats étaient entassés dans les fosses communes ; les inscriptions sur les tombes se faisaient sur une vague planchette avec une peinture qui tenait mal. Il est vrai que dans les hôpitaux de campagne, les morts étaient enterrés sans cercueil dans des fosses communes et les inscriptions se faisaient au crayon chimique, lisibles jusqu'à la première pluie. Et ceux qui étaient tués au combat, dans les forêts, les marécages, les ravins ou en plein champ, restaient parfois sans sépulture, et seuls le sable, les feuilles mortes ou la neige se chargeaient de les recouvrir.

Mais malgré tout l'adjudant se sentait responsable de la mauvaise qualité des planches envers la femme qui lui demandait comment on enterrait les morts, comment on habillait les corps, et quelles paroles, si paroles il y avait, on prononçait sur la tombe.

Sa gêne venait aussi de ce que, avant de partir, il avait fait un saut à la pharmacie de l'hôpital et avait descendu, avec son copain, un flacon d'alcool à 90° légèrement délayé qu'il avait accompagné de pain et d'oignons. Il avait honte de l'odeur d'alcool et d'oignon qu'il répandait dans la voiture mais ne pouvait rien y faire.

Il regardait, maussade, dans le rétroviseur et le petit miroir rectangulaire lui renvoyait les yeux rieurs du chauffeur, qui le mettaient mal à l'aise.

« Hé, il en tient une bonne, l'adjudant ! », disaient les jeunes yeux impitoyablement joyeux.

Tous les hommes sont coupables devant une mère qui a perdu son fils à la guerre, et tous cherchent en vain à se justifier devant elle depuis que le monde est monde.

32

De vieux rappelés déchargeaient des cercueils d'un camion. On devinait une grande habitude dans leurs gestes mesurés et efficaces. Un des soldats, debout dans le camion, approchait le cercueil du bord, un deuxième le prenait sur l'épaule et le tenait en équilibre le temps que le troisième prenne sur son épaule l'autre extrémité du cercueil. Faisant crisser leurs chaussures sur la terre gelée, ils portaient les cercueils au bord d'une grande fosse commune, puis revenaient au camion. Quand le camion, une fois vide, retourna en ville, les soldats s'installèrent sur les cercueils auprès de la tombe ouverte, et se roulèrent des cigarettes avec beaucoup de papier et peu de tabac.

— On dirait qu'on est un peu moins bousculé, aujourd'hui, dit un des soldats en battant le briquet.

— Le juteux, il a dit qu'il y aura encore un camion, pas plus, dit un deuxième en allumant sa cigarette et laissant échapper une grosse bouffée de fumée.

— On arrangera la tombe quand il arrivera.

— Sûr, on fera tout d'un coup, et il aura la liste, il vérifiera, dit un troisième, qui ne fumait pas.

Il sortit un morceau de pain de sa poche, le secoua, souffla dessus et commença à manger.

— Tu lui diras, au juteux, qu'il nous donne des pioches et des barres à mine ; le sol est gelé sur vingt centimètres, demain faudra en creuser une nouvelle, on s'en sortira jamais avec des pelles.

Le premier, celui qui avait allumé le briquet, fit sauter le reste de la cigarette de son fume-cigarette en bois et le tapota doucement contre le couvercle du cercueil.

Tous trois se turent, comme s'ils écoutaient. Tout était silencieux.

— C'est vrai, ce qu'on dit, qu'on n'aura plus de repas chauds ? demanda le non-fumeur en baissant la voix pour ne pas déranger les morts dans leurs cercueils par une conversation sans intérêt pour eux.

Tout redevint silencieux.

— Il fait pas mauvais aujourd'hui, à part le vent.

— Écoutez, j'entends le camion qui arrive, on aura fini dans la matinée.

— Non, ce n'est pas notre camion, c'est une voiture.

Leur adjudant et une femme coiffée d'un fichu sortirent de la voiture et se dirigèrent vers la grille de fonte le long de laquelle ils avaient enterré la semaine dernière mais avaient dû cesser par manque de place.

— On en enterre, et il n'y a personne pour les accompagner, dit l'un des soldats. En temps de paix, tu sais comment c'est : on enterre un seul gars et tu en as cent derrière lui à porter des fleurs.

— On les pleure aussi, ceux-là, dit un autre en tapotant délicatement le couvercle de son ongle poli par le travail comme un galet par la mer. Mais nous ne les voyons pas, ces larmes… Regarde, voilà notre adjudant.

Ils allumèrent une nouvelle cigarette, cette fois-ci tous les trois. L'adjudant s'approcha.

— Alors, les gars, dit-il sans colère, toujours à fumer ? Et qui va faire le boulot à votre place ?

Ils lancèrent sans répondre trois nuages de fumée. Puis le possesseur du briquet proféra :

— Tu parles qu'on peut fumer ici… J'entends le camion qui arrive, je le reconnais au bruit.

33

Lioudmila Nikolaïevna s'approcha du monticule de terre et lut sur la planchette de contre-plaqué le nom et le grade de son fils.

Elle sentit distinctement ses cheveux remuer sous le fichu, une main froide jouait avec.

Des deux côtés, à droite et à gauche, s'étendaient des monticules identiques, gris, sans herbe ni fleurs, avec seulement une tige de bois jaillie de la terre tombale. À son extrémité, une planchette avec un nom. Elles étaient nombreuses ; leur uniformité et leur densité évoquaient un champ de blé…

Et voilà, elle avait enfin retrouvé Tolia. Il lui était souvent arrivé de chercher à deviner où il était, ce qu'il faisait, à quoi il pensait. Son petit dormait-il adossé à la paroi d'une tranchée, buvait-il du thé, le quart dans une main et un morceau de sucre dans l'autre, courait-il sous les balles à travers un champ ?… Elle voulait être à ses côtés, il avait besoin d'elle : elle lui aurait rajouté un peu de thé dans son quart, elle lui aurait demandé : « Tu ne veux pas encore un peu de pain ? », elle l'aurait aidé à se déchausser et aurait lavé ses pieds couverts d'ampoules, elle lui aurait mis une écharpe autour du cou… Mais chaque fois il s'esquivait et elle ne parvenait pas à le trouver. Et maintenant elle avait enfin retrouvé Tolia, mais il n'avait plus besoin d'elle.

Un peu plus loin apparaissaient des tombes aux croix de granit d'avant la révolution. Les pierres funéraires étaient dressées, pareilles à une foule d'inutiles vieillards qui laissaient tout le monde indifférent ; les unes avaient un air penché, d'autres s'appuyaient, sans force, à des troncs d'arbres.

Il semblait que le ciel s'était vidé de son air, comme si on l'avait pompé, et il n'y avait plus, au-dessus d'elle, que vide et poussière sèche. Et l'énorme pompe, ayant vidé le ciel de son air, continuait à pomper en silence, et non seulement le ciel disparut, mais il n'y avait plus ni foi ni espoir pour Lioudmila. Il n'y avait plus, dans l'immensité vide, qu'un tertre de mottes de terre gelées.

Tout ce qui était vie, Nadia, les yeux de Victor, sa mère, les bulletins du front, tout avait cessé d'exister.

Toute vie avait cessé de vivre. Dans le monde entier, seul Tolia était en vie. Mais quel silence tout autour. Savait-il qu'elle était venue…

Lioudmila s'agenouilla et redressa la planchette, doucement, pour ne pas déranger son fils, il se mettait toujours en colère quand elle lui arrangeait ses cols, quand elle l'accompagnait à l'école.

— Me voilà ; et toi, tu devais te demander pourquoi ta maman ne venait pas…

Elle parlait à mi-voix, de peur d'être entendue par les passants de l'autre côté de la grille.

Des camions passaient, un vent bas soulevait la poussière sur l'asphalte. Des marchandes de lait avec leurs bidons, des hommes portant des sacs, des écoliers en bonnets d'uniforme et vestes ouatinées longeaient la grille.

Mais ce monde plein de mouvement n'était plus pour elle qu'une image floue.

Quel silence !

Elle parlait avec son fils, se souvenait de détails de leur vie passée, et ces souvenirs, qui ne vivaient plus que dans sa conscience, emplirent l'espace d'une voix d'enfant, de pleurs, du bruissement d'un livre d'images qu'on feuillette, du tintement de la cuiller contre le bord de l'assiette blanche, du grésillement d'une radio à galène, du crissement des skis sur la neige, du grincement des tolets sur l'étang des vacances, du froissement d'un papier de bonbon que l'on jette, des visions fugitives d'un visage d'enfant, de ses épaules, sa poitrine.

Son désespoir avait ramené à la vie les larmes, les chagrins, les bonnes et mauvaises actions. Ils existaient, concrets et perceptibles.

Ce n'étaient pas des souvenirs du passé mais des émotions du présent qui s'étaient emparées d'elle.

Pourquoi faut-il qu'il lise toute la nuit avec cet éclairage, il s'abîme les yeux, porter des lunettes à son âge...

Pourquoi l'a-t-on couché sans rien ? Juste un maillot de peau, pieds nus. Il faudrait au moins une couverture, la terre est glacée et les nuits si froides.

Soudain Lioudmila se mit à saigner du nez. Le mouchoir devint lourd de sang. La tête lui tourna, tout s'obscurcit, durant un bref instant elle crut qu'elle perdait connaissance. Elle ferma les yeux et quand elle les rouvrit, le monde ramené à la vie par son désespoir avait déjà disparu. Seule la poussière soulevée par le vent tourbillonnait au-dessus des tombes ; tantôt l'une, tantôt l'autre se mettait à fumer.

L'eau vive qui avait jailli de dessous la glace et qui avait sorti Tolia de la nuit avait reflué, disparu et le monde qu'avait créé le désespoir d'une mère, le monde qui, brisant les chaînes, avait voulu devenir réalité, ce monde s'était évanoui. Le désespoir de la mère avait, tel le Seigneur, sorti le lieutenant de sa tombe et avait couvert le ciel de nouvelles étoiles.

Au cours des minutes qui venaient de s'écouler, il était seul en vie dans le monde entier et par lui existait tout le reste.

Mais la force de la mère n'avait pu soumettre plus longtemps les foules humaines, les océans, la terre, les villes à son fils mort.

Elle porta son mouchoir à ses yeux, les yeux étaient secs et le mouchoir humide de sang, elle sentit que son visage était barbouillé de sang séché. Voûtée, résignée, elle commençait, imperceptiblement, à admettre la mort de Tolia.

Les gens de l'hôpital avaient été frappés par son calme, ses questions. Ils n'avaient pas compris qu'elle était incapable de ressentir ce qui était pour eux une évidence : l'absence de Tolia parmi les vivants. Son amour pour son fils était si fort que la force du fait accompli ne pouvait en venir à bout, il vivait toujours.

C'était une folie que personne ne voyait. Enfin, elle avait retrouvé Tolia. Une chatte ayant retrouvé son chaton mort se réjouit et le lèche.

L'âme traverse de longues années, parfois des décennies de souffrance avant d'ériger, pierre après pierre, sa tombe au-dessus de l'être cher, avant d'admettre sa mort.

Les soldats avaient fini leur travail et étaient partis, le soleil s'apprêtait à partir, les ombres des piquets sur les tombes s'étaient allongées. Lioudmila resta seule.

Elle se dit qu'il fallait annoncer la mort de Tolia à la famille, à son père, à son vrai père, celui qui était dans un camp. À quoi pensait-il avant l'opération ? Comment le nourrissait-on, à la petite cuiller ? Avait-il pu dormir un peu, couché sur le côté ou sur le dos ? Il aime la citronnade sucrée. Comment est-il maintenant, lui a-t-on rasé les cheveux ?

Le monde autour d'elle, sans doute sous le poids de sa douleur, devenait de plus en plus sombre.

Elle pensa soudain que son malheur serait éternel, Victor mourrait, les petits-enfants de sa fille mourraient et son malheur vivrait toujours.

Quand son angoisse devint insupportable, la frontière entre le réel et le monde qui vivait en Lioudmila s'effaça de nouveau, et l'éternité recula devant son amour.

Ce n'était pas la peine, se dit-elle, d'annoncer la mort de Tolia à son père, à Victor, à tous les proches, après tout, rien n'était sûr... Il valait mieux attendre, peut-être que tout finirait par s'arranger.

Elle murmura :

— Toi non plus, ne dis rien à personne, rien n'est sûr, peut-être que tout va s'arranger.

Lioudmila couvrit d'un pan de son manteau les pieds de Tolia. Elle retira son fichu et en couvrit les épaules de son fils.

— Mon Dieu, ce n'est pas possible, pourquoi on ne t'a pas donné de couverture. Couvre-toi bien les pieds, au moins.

Dans une sorte de demi-sommeil elle continuait à parler avec son fils, lui reprochait ses lettres trop brèves. Elle se réveillait, remontait le fichu que le vent avait fait glisser.

Comme c'était bien d'être seuls, tous les deux, personne ne les dérangeait. Personne n'aimait Tolia. Ils disaient tous qu'il était laid ; il a de grosses lèvres, il se conduit de façon bizarre, il est irritable, il se vexe tout le temps. Elle non plus personne ne l'aimait, tous ses proches ne voyaient en elle que des défauts... Mon pauvre garçon, mon doux, mon bon, mon malheureux garçon... Lui seul l'aimait et maintenant, la nuit, dans ce cimetière, lui seul restait avec elle, il ne la quitterait jamais, et quand elle ne serait plus qu'une vieille inutile, il l'aimerait toujours... Comme il est désarmé dans la vie. Il ne sait pas demander, il est timide, ridicule ; la maîtresse dit qu'il est le souffre-douleur de ses camarades de classe, ils le taquinent, se moquent de lui, et il pleure comme un enfant. Tolia, ne me laisse pas.

Puis le jour se leva, une aurore rouge et glacée gagnait la steppe. Un camion passa dans un grondement.

La folie s'en était allée. Elle est assise à côté de la tombe de son fils. Le corps de Tolia est recouvert de terre. Il n'est plus.

Elle vit ses doigts sales, le mouchoir qui traînait par terre ; ses jambes étaient engourdies, elle sentait que son visage était couvert de taches. Sa gorge était sèche.

Tout lui était indifférent. Si quelqu'un lui avait dit que la guerre était finie, que sa fille était morte, si quelqu'un lui avait donné un verre de lait chaud, elle n'aurait pas bougé, n'aurait pas tendu la main. Son cerveau était vide. Tout était inutile. Il ne restait plus qu'une souffrance régulière qui lui serrait le cœur et écrasait ses tempes. Les gens de l'hôpital lui disaient quelque chose sur Tolia, elle voyait leurs bouches s'ouvrir mais n'entendait pas les mots qui en sortaient. Elle vit par terre la lettre qu'elle avait reçue de l'hôpital et qui avait dû tomber de sa poche, elle n'avait pas envie de la ramasser, d'en enlever la poussière. Elle ne pensait pas à Tolia quand, à deux ans, il poursuivait, tricotant des jambes, têtu et patient, un criquet ; elle ne pensait pas à l'infirmière à qui elle avait oublié de demander comment il était couché le matin de son opération, le dernier jour de sa vie, sur le côté ou sur le dos ? Elle voyait la lumière du jour, elle ne pouvait pas ne pas la voir.

Soudain, elle revit Tolia : on fêtait ses trois ans ; le soir, on avait servi le gâteau d'anniversaire et il avait demandé : « Maman, pourquoi il fait nuit ? C'est pourtant mon anniversaire aujourd'hui. »

Elle voyait les branches des arbres, les pierres du cimetière, la planchette avec le nom de son fils : « Chapoch » était écrit en grosses lettres mais il n'y avait pas eu de place pour « nikov » et les lettres étaient petites, serrées les unes contre les autres. Elle ne pensait pas, la douleur était partie. Tout était parti.

Elle se leva, ramassa la lettre, enleva une motte de terre de son manteau, l'épousseta, essuya ses chaussures, secoua longuement son fichu jusqu'à ce qu'il retrouve sa couleur blanche. Elle le noua autour de sa tête, ôta avec une des pointes la poussière sur ses sourcils, frotta les taches de sang sur ses lèvres et son menton. Elle se dirigea vers le portail, sans se retourner, d'un pas égal, sans se presser mais sans s'attarder.

34

Après son retour à Kazan, Lioudmila Nikolaïevna commença à maigrir ; elle ressemblait à ses photos de jeunesse, du temps où elle était étudiante. Elle allait chercher les provisions à l'économat, préparait les repas, allumait le feu dans les poêles, lavait les planchers, faisait la lessive. Les journées d'automne lui semblaient très longues et elle ne savait comment les remplir.

Le jour de son arrivée, elle raconta son voyage. Elle raconta ses réflexions sur sa culpabilité envers ses proches, son arrivée à l'hôpital ; elle ouvrit le paquet qui contenait la tenue ensanglantée et déchiquetée de Tolia. Pendant son récit, Alexandra Vladimirovna respirait difficilement, Nadia pleurait, les mains de Victor Pavlovitch se mirent à trembler, il ne pouvait pas soulever la tasse de thé devant lui. Maria Ivanovna, qui était accourue aux nouvelles, était blanche, la bouche ouverte, les yeux emplis de souffrance. Seule Lioudmila parlait d'une voix calme, les fixant de ses yeux d'un bleu éclatant.

Elle ne contredisait plus personne, alors que toute sa vie elle avait toujours contredit tout le monde. Avant, il suffisait que quelqu'un dise comment aller à la gare pour que Lioudmila, énervée et rageuse, affirme qu'il fallait prendre un tout autre chemin et un tout autre trolleybus.

Un jour, Victor Pavlovitch lui demanda :

— Avec qui tu parles la nuit ?

Elle répondit :

— Je ne sais pas, tu as dû te tromper.

Il ne lui posa plus de questions mais raconta à sa belle-mère que presque toutes les nuits, Lioudmila ouvrait les valises, étendait une couverture sur le petit divan dans le coin de la pièce et parlait à mi-voix.

— J'ai l'impression qu'elle est comme dans un rêve quand elle est avec nous dans la journée, alors que la nuit elle a une voix animée, comme avant la guerre, dit Victor Pavlovitch. J'ai le sentiment qu'elle est tombée malade, qu'elle est devenue une autre personne.

— Je ne sais pas quoi dire, répondit Alexandra Vladimirovna. Nous sommes tous dans le malheur. Nous le vivons tous de la même façon et chacun à sa façon.

Leur conversation fut interrompue par quelqu'un qui frappait à la porte d'entrée. Victor Pavlovitch se leva. Mais Lioudmila Nikolaïevna cria de la cuisine :

— J'y vais.

Ils avaient tous remarqué que, pour une raison inconnue, depuis qu'elle était revenue de Saratov, Lioudmila Nikolaïevna vérifiait plusieurs fois par jour s'il y avait du courrier dans la boîte aux lettres. Et que, quand on frappait à la porte, elle se précipitait pour ouvrir la première.

Et cette fois-là aussi, Victor Pavlovitch et Alexandra Vladimirovna se regardèrent en entendant les pas précipités de Lioudmila.

Ils entendirent sa voix irritée :

— Je n'ai rien, je n'ai rien pour vous aujourd'hui ; et ne revenez pas si souvent, je vous ai déjà donné une livre de pain il y a deux jours.

35

Le lieutenant Viktorov était convoqué chez le major Zaklabouka, le commandant du régiment de chasse cantonné en réserve. L'officier de jour, le lieutenant Velikanov, lui annonça que le major était parti en U-2 pour le QG de l'armée, dans la région de Kalinine, et qu'il ne reviendrait que le soir. Quand Viktorov lui demanda la raison de sa convocation, il eut un sourire complice et lui dit que, très probablement, c'était en rapport avec la beuverie à la cantine.

Viktorov passa la tête par le rideau, une toile de tente et une couverture épinglées ensemble, derrière lequel on entendait le crépitement d'une machine à écrire. Volkonski, le chef du secrétariat, devançant la question, laissa tomber :

— Non, pas de lettres, camarade lieutenant.

La dactylo, une salariée, à la vue du lieutenant, se regarda dans un miroir allemand pris sur un avion abattu, un cadeau de Demidov, qui avait depuis péri au combat ; elle redressa son calot, déplaça la règle sur le document qu'elle était en train de recopier et réattaqua les touches de sa machine.

Ce lieutenant, à la gueule longue comme un jour sans pain, et qui posait toujours une seule et unique question au chef du secrétariat, déprimait la petite Lenotchka[1].

Sur le chemin du retour, vers l'aérodrome, Viktorov fit un crochet jusqu'à la lisière de la forêt.

Cela faisait un mois que leur régiment était stationné sur un terrain de l'arrière pour recomplètement en matériel et en effectifs.

À leur arrivée, cette nature du Nord avait étonné Viktorov, qui la voyait pour la première fois. La vie de la forêt, la jeune rivière qui courait entre les collines abruptes, l'odeur des feuilles pourrissantes et des champignons, la vibration des arbres, tout cela ne le laissait en repos ni le jour ni la nuit.

Au cours des vols, Viktorov avait l'impression que les odeurs terrestres parvenaient jusqu'à la cabine du chasseur. La vie de la vieille Russie, celle que Viktorov ne connaissait que par les livres, vivait dans cette forêt, ces lacs... Ici, passaient les routes anciennes ; ces forêts avaient servi à bâtir les isbas et les églises, elles avaient donné les mâts des navires. L'ancien temps s'était attardé ici, perdu dans ses songes, le loup gris et son compère le renard couraient encore, la petite fille des trois ours s'était égarée dans la forêt que longeait en ce moment Viktorov. Il lui semblait que cette époque révolue devait être naïve, simple, jeune, que les demoiselles dans leurs isbas mais aussi les marchands aux barbes grises, les diacres et les patriarches étaient de mille ans plus jeunes que les gars à la coule, les aviateurs appartenant au monde de la vitesse, des avions, des canons à tir rapide, des diesels, du cinéma et de la radio, des jeunes gens venus dans ces forêts avec le régiment de chasse du major Zaklabouka. La Volga, rapide et maigrichonne, entre ses rives colorées, dans la verte forêt, dans ses ramages rouges et bleus, était comme le symbole de cette jeunesse enfuie.

Combien sont-ils, ces lieutenants, ces sergents, ces simples soldats, à marcher sur la route de la guerre ? Ils fument leur ration de cigarettes, raclent leur fond de gamelle de leur cuiller en fer-blanc, jouent aux cartes

---

1. Diminutif affectueux d'Elena.

dans les trains, se régalent d'esquimaux en ville, boivent, en s'étranglant, leur dose réglementaire de cent grammes de vodka[1], crient pour se faire entendre dans le téléphone de campagne, tirent au canon, du 75 ou du gros calibre, appuient sur l'accélérateur dans leur T-34...

Sous ses bottes, la terre crissait, élastique, comme un vieux matelas ; les feuilles, sur le dessus, légères, fragiles, avaient gardé leur différence par-delà la mort, dessous, les feuilles, mortes depuis des années, s'étaient fondues en une seule masse brune, restes d'une vie qui faisait éclater les bourgeons, qui bruissait sous l'orage, qui brillait au soleil après la pluie. Les brindilles de bois mort s'émiettaient sous les pas. Une lumière douce, tamisée par l'écran des arbres, parvenait jusqu'au sol. L'air, dans la forêt, était figé, épais ; l'aviateur de chasse le ressentait particulièrement. Les arbres, échauffés et suants, sentaient le bois vert et humide. Mais l'odeur des arbres morts recouvrait l'odeur de la forêt vivante. Sous les sapins, la gamme des odeurs était coupée par la note haute de l'essence de térébenthine. L'odeur du tremble était douceâtre et écœurante, celle de l'aulne était âcre. La forêt vivait à part du reste du monde et Viktorov avait l'impression d'entrer dans une maison inconnue où rien n'était comme au-dehors : les sons, les odeurs, la lumière qui traversait les rideaux ; il ne se sentait pas à l'aise, comme s'il s'était trouvé en compagnie de personnes peu connues. On se croirait au fond de l'eau, à regarder vers le haut, à travers la masse dense de l'air forestier, et les feuilles clapotent, la toile d'araignée craquante qui s'accroche à l'étoile verte du calot évoque des algues suspendues entre la surface et les profondeurs d'un bassin. Les mouches véloces aux grosses têtes, les moucherons indolents, le coq de bruyère se frayant un chemin, telle une poule, entre les branches, paraissent agiter des nageoires et ne jamais devoir s'élever au-dessus de la forêt, de même que les poissons ne peuvent aller plus haut que la surface. Et si, d'aventure, une pie s'envole au-delà de la cime d'un tremble, elle replonge aussitôt entre les branches, comme le poisson lance, un instant, l'éclair de son corps blanc avant de retomber dans l'eau. Qu'elle paraît étrange, la mousse semée de gouttes de rosée, bleues, vertes, qui s'éteignent dans les profondeurs crépusculaires de la forêt !

Il est agréable de sortir de cette pénombre silencieuse pour déboucher soudain sur une clairière. Tout est autre : la terre chaude, l'odeur du genièvre sous le soleil, la mobilité de l'air, les grosses clochettes des campanules, les œillets sauvages avec leurs tiges collantes... On se sent l'âme légère et cette clairière est comme un jour de bonheur dans une vie de misère. Les papillons jaunes, les scarabées d'un bleu d'encre, vernissés, les fourmis, la couleuvre qui fait bruire l'herbe ne se soucient point d'eux-mêmes, tous accomplissent de conserve un ouvrage commun. Une branche de bouleau, semée de petites feuilles, effleure son visage ;

---

1. En Russie, l'alcool se sert au poids.

une sauterelle fait un bond, elle vient donner contre l'homme comme s'il était un tronc d'arbre. Accrochée à son ceinturon, elle raidit tranquillement ses pattes vertes et reste posée, avec ses yeux ronds, que l'on dirait de cuir, et sa gueule de mouton miniature. Il fait chaud, des fraises des bois sont encore en fleur, la boucle du ceinturon et les boutons de l'uniforme sont brûlants. Sûr que cette clairière n'avait jamais été survolée par un U-88 ou un Heinkel[1] nocturne.

36

Souvent, la nuit, il se souvenait des mois passés à l'hôpital de Stalingrad. Il ne se souvenait plus de la chemise de nuit humide de sueur, de l'eau saumâtre qui soulevait le cœur, il ne se souvenait pas des odeurs qui l'avaient fait tellement souffrir. Il n'y voyait qu'une époque de bonheur. Et, ici, dans la forêt, écoutant le gémissement des arbres, il se demandait s'il avait vraiment entendu le bruit de ses pas.

Cela avait-il vraiment eu lieu ? Elle l'embrassait, lui caressait les cheveux, elle pleurait et il baisait ses yeux salés.

Parfois, Viktorov se représentait comment il ferait pour parvenir à Stalingrad en Yak. Il y en avait pour quelques heures de vol, il pourrait faire le plein à Riazan, puis aller jusqu'à Engels où l'officier-contrôleur à la vigie était un copain. Après, on pourrait toujours le fusiller.

Il aimait se rappeler une histoire qu'il avait lue dans un vieux livre. Les frères Cheremetiev, les fils du *Feldmarschall*, avaient marié leur sœur, âgée de seize ans, au prince Dolgorouki ; la jeune fille l'avait vu peut-être une fois, pas plus, avant le mariage. Les frères, immensément riches, avaient accordé une dot énorme : l'argenterie à elle seule occupait trois pièces. Mais, deux jours après le mariage, Pierre II est tué. Dolgorouki, un de ses proches, est arrêté, emmené dans le Nord et enfermé dans une tour. La jeune épouse n'écouta pas les conseils ; alors qu'elle aurait pu se libérer de ce mariage qui n'avait pas duré deux jours, elle suivit son mari, s'installa dans une contrée reculée, en pleine forêt, dans une isba de paysan. Tous les jours, pendant dix ans, elle allait jusqu'à la tour où était détenu Dolgorouki. Un matin, elle vit qu'on avait laissé la porte de la tour grande ouverte. La jeune princesse parcourut la rue, tomba à genoux devant les passants, gardes, paysans, peu importe, et elle les supplia de lui dire où était son mari. De bonnes gens lui apprirent qu'il avait été emmené à Nijni-Novgorod. Que de souffrances elle endura pour faire ce long chemin à pied ! Mais une fois arrivée, elle apprit que Dolgorouki avait été écartelé. Alors, la princesse décida de se retirer dans un couvent et elle partit pour la laure de Kiev. Le jour où elle devait prendre le voile,

---

1. *U-88* : avion de chasse produit par la société Junkers. *Heinkel* : bombardier bimoteurs He-111, produit par la société Heinkel, et largement utilisé entre 1939 et 1945.

elle erra longtemps sur la rive du Dniepr. Mais ce n'était pas sa liberté qu'elle pleurait ; elle devait enlever son anneau nuptial et elle ne parvenait pas à s'en séparer... De longues heures durant, elle parcourut la rive et enfin, quand le soleil était déjà bas dans le ciel, elle enleva l'anneau de son doigt, le lança dans le Dniepr et alla vers la porte du couvent[1].

Et le lieutenant des forces aériennes, pupille d'un orphelinat, mécano dans un atelier de réparations, ne pouvait oublier la princesse Dolgorouki. Tout en marchant dans la forêt, il rêvait. Il n'est plus de ce monde, on l'a enterré, son avion, descendu par un Frisé, le nez dans la terre, est déjà mangé par la rouille et tombe en morceaux que l'herbe recouvre ; Vera Chapochnikova[2] erre en cet endroit, elle s'arrête, descend la pente jusqu'au bord de la Volga, regarde l'eau couler... Dans le même pays où, deux cents ans plus tôt, avait erré la princesse Dolgorouki, Vera débouchera sur une clairière, coupera un champ de lin, écartera les buissons parsemés de baies rouges.

Et le lieutenant avait mal, et il était triste, il était désespéré et attendri.

Le petit lieutenant, dans sa vareuse élimée, marche dans la forêt ; combien seront-ils, de cette époque inoubliable, à être oubliés.

37

Avant même de pénétrer sur l'aérodrome, Viktorov comprit qu'il se passait quelque chose d'extraordinaire. Les camions-citernes allaient et venaient sur les pistes, les mécanos s'affairaient autour des appareils dissimulés sous leur toile de camouflage. D'ordinaire silencieux, le vibreur de la radio frappait, concentré et précis.

« Pigé », se dit Viktorov en accélérant le pas.

Tout se confirma quand il rencontra Solomatine, un lieutenant aux joues marquées de rose par des brûlures.

— On sort des réserves, l'ordre est arrivé, dit-il.

— On va au front ? demanda Viktorov.

— Où veux-tu qu'on aille, à Tachkent, peut-être ? railla Solomatine et il s'éloigna en direction du village.

Visiblement, il était malheureux ; entre lui et sa logeuse, c'était du sérieux et, sûrement, il courait la rejoindre.

— Notre Solomatine et sa proprio vont partager leurs biens : l'isba pour elle, la vache pour lui, dit une voix familière à côté de Viktorov.

C'était le lieutenant Érémine, l'équipier de patrouille de Viktorov.

— Où nous envoie-t-on ? demanda Viktorov.

---

1. Voir « Dolgoroukaïa, Natalia Borissovna » dans le Dictionnaire.
2. Petite-fille d'Alexandra Vladimirovna Chapochnikova.

— Peut-être sur le front nord-ouest : il va passer à l'offensive. Le commandant de la division vient d'arriver. J'ai un copain, il est pilote sur le Douglas du QG, on peut lui demander, il est au courant de tout.

— Pas la peine de demander, ils nous le diront bien eux-mêmes.

L'alerte, après avoir gagné l'état-major et les pilotes sur l'aérodrome, s'était emparée du village. Korol, un sous-lieutenant à l'œil noir et à la bouche lippue, le plus jeune pilote du régiment, marchait dans la rue en portant devant lui son linge lavé et repassé, par-dessus le linge étaient disposés une galette et un petit sac de baies séchées.

On plaisantait Korol à cause des deux vieilles, deux veuves, chez qui il était cantonné. Elles le bourraient de pâtisseries et, quand il revenait de mission, elles allaient à sa rencontre sur la route de l'aérodrome. L'une était haute et droite, l'autre toute voûtée, et Korol marchait entre les deux, en garçon gâté, l'air rageur et embarrassé. Les pilotes disaient que Korol marchait encadré par un point d'exclamation et un point d'interrogation.

Le chef d'escadrille Martynov sortit de sa maison vêtu de sa capote, il portait sa valise dans une main et sa casquette de parade dans l'autre : il évitait, pour ne pas la froisser, de la ranger dans sa valise. La fille de la maison, une rousse avec une permanente maison, le suivait d'un regard qui rendait tout commentaire superflu.

Un garçon boiteux annonça à Viktorov que ses compagnons de cantonnement, l'instructeur politique Goloub et le lieutenant Skotnoï, étaient déjà partis en emportant leurs affaires.

Viktorov avait déménagé quelques jours plus tôt ; auparavant il avait vécu, avec Goloub, chez une femme méchante au grand front bombé et aux yeux jaunes dont le regard mettait mal à l'aise.

Pour se débarrasser de ses locataires, elle enfumait l'isba, et même, un jour, elle mit des cendres dans le thé. Goloub voulait que Viktorov écrive un rapport au commissaire du régiment, mais Viktorov n'en avait guère envie. Qu'elle aille se faire fiche, la vieille, acquiesça Goloub et il ajouta ces mots, entendus de sa mère lorsqu'il était enfant :

— On n'en est pas débarrassé, ces morues-là, c'est pis que la glu.

Ils avaient changé de cantonnement et leur nouveau logis leur semblait un paradis. Mais ils n'en profitèrent pas longtemps.

Et bientôt, Viktorov marchait lui aussi, avec son barda, le long des hautes isbas grises ; le petit boiteux sautillait à ses côtés en visant les poules et les avions qui tournaient au-dessus du village, avec l'étui à revolver allemand que lui avait offert Viktorov. Il passa devant l'isba où la vieille Evdokia Mikeïevna l'avait enfumé, et il vit son visage immobile derrière les carreaux troubles de la fenêtre. Elle était solitaire ; personne ne lui parlait quand elle allait chercher de l'eau au puits et qu'elle s'arrêtait pour souffler. Elle n'avait ni vache, ni brebis, ni martinets sous son toit. Goloub avait essayé de se renseigner sur son compte, il cherchait à lui trouver des origines koulaks, mais il était apparu qu'elle était d'une famille pauvre. Les femmes racontaient qu'elle semblait avoir perdu l'esprit après la mort de son mari ; par une froide journée d'automne, elle était restée vingt-quatre heures dans l'eau du lac. Les hommes l'en avaient sortie à grand-peine. Mais, ajoutaient les femmes, même avant la mort de son mari, et même avant son mariage, elle était renfermée et taciturne.

Dans quelques heures, Viktorov aurait quitté pour toujours ce village de forêt et tout ce monde, la forêt frémissante, le village, les potagers où les élans venaient faire des incursions, les coulées jaunes de la résine, les coucous, tout ce monde cesserait d'exister pour lui. Et avec lui disparaîtraient les vieux et les petites filles, les discussions sur les méthodes de la collectivisation, les récits sur les ours qui prenaient aux femmes leur panier de framboises, sur les garçons qui mettaient leur pied nu sur la tête d'une vipère... Ce village, insolite à ses yeux, ce village, tourné vers la forêt comme était tournée vers l'usine la cité ouvrière où il était né et où il avait grandi, ce village disparaîtrait.

Puis son chasseur atterrirait et en un instant surgiraient, se mettraient à exister le nouvel aérodrome, le village ou la cité ouvrière avec ses vieilles, ses filles, ses larmes et ses rires, ses matous au nez balafré, avec ses récits sur la collectivisation totale, avec ses histoires du passé, avec ses bonnes et mauvaises logeuses.

Et le beau Solomatine, dans ce nouveau contexte, coiffera sa casquette aux instants de liberté et déambulera dans la rue, il chantera au son de la guitare et tournera la tête à quelque gamine.

Le major Zaklabouka, le visage de bronze, le crâne rasé tout blanc, lut aux pilotes l'ordre de mission. Il se balançait, en lisant, sur ses jambes torses, et ses cinq médailles de l'ordre du Drapeau rouge s'entrechoquaient. Puis, il ajouta que le plan de vol leur serait communiqué le lendemain, qu'il ordonnait de dormir dans les abris, qu'il était interdit de quitter l'aérodrome, et que ça ne rigolerait pas avec ceux qui désobéiraient.

— Je veux pas que vous dormiez là-haut, il faut que vous passiez une bonne nuit avant le départ.

Puis, ce fut au tour de Berman, le commissaire du régiment, de prendre la parole. Bien qu'il sût parler avec compétence et éloquence des finesses de pilotage, on ne l'aimait pas en raison de son caractère hautain. Et on l'aima encore moins après l'histoire avec Moukhine. Le Moukhine en question filait le parfait amour avec la radio, la belle Lida Voïnova. Cela plaisait à tout le monde : à peine avaient-ils une minute de libre qu'ils se retrouvaient, allaient se promener le long de la rivière en se tenant comme toujours par la main. Tout était si évident dans leurs relations qu'on ne se moquait même pas d'eux.

Et soudain le bruit courut, et ce bruit provenait de Lida en personne qui s'était confiée à son amie qui en avait parlé à tout le régiment, le bruit courut que, au cours d'une de leurs promenades, Moukhine avait violé Voïnova en la menaçant d'une arme à feu.

L'ayant appris, Berman entra dans une rage folle et déploya une telle énergie qu'en dix jours Moukhine fut jugé par un tribunal militaire et condamné à être fusillé.

Avant l'exécution de la sentence, le général Alexeïev, commissaire politique de l'armée de l'air, arriva dans le régiment et enquêta sur les circonstances du crime. Lida plongea le général dans le trouble le plus profond : elle se mit à genoux devant lui et l'assura, en le suppliant de la croire, que toute l'affaire était pure invention.

Elle lui raconta comment tout s'était passé. Ils s'étaient étendus dans une clairière, avaient passé un moment à s'embrasser, puis elle s'était endormie. Désirant lui jouer un tour, Moukhine lui avait doucement glissé un pistolet entre les genoux et avait tiré un coup de feu dans le sol. Elle s'était éveillé en hurlant et ils avaient repris leurs jeux. Et c'est dans l'interprétation qu'en avait donnée son amie, à qui elle avait tout raconté, que la plaisanterie s'était transformée en viol. Dans toute cette histoire, il y avait une vérité, fort simple : son amour pour Moukhine. Tout finit heureusement, la sentence fut annulée et Moukhine muté dans un autre régiment.

Et c'était depuis ce temps-là que les pilotes n'aimaient pas Berman.

Solomatine dit un jour, à la cantine, qu'un Russe n'aurait pas agi ainsi.

Quelqu'un, Moltchanov peut-être, rétorqua qu'il y avait des gens bons et mauvais dans toutes les nations.

— Korol, par exemple, il est juif, eh bien, j'aime bien voler en patrouille avec lui, dit Vania Skotnoï. Quand tu pars en mission avec lui, tu sais que tu as dans ta queue un ami sur qui tu peux compter.

— Qu'est-ce que tu vas chercher, ce n'est pas un Juif, Korol, dit Solomatine ; j'ai plus confiance en lui qu'en moi-même. C'était près de Rjev, il a descendu un Messer de sous ma queue. Et moi, deux fois que j'ai abandonné la poursuite de Frisés qui se sauvaient pour aider Korol et pourtant, tu le sais, j'en oublie ma propre mère quand je vais à l'attaque !

— Drôle de raisonnement, fit Viktorov, quand un Juif est bien, tu dis qu'il n'est pas juif.

Tous éclatèrent de rire, mais Solomatine grogna :

— Vous pouvez toujours rire, mais Moukhine, lui, il ne riait pas, quand Berman l'a fait condamner à mort.

C'est à cet instant que Korol entra dans la cantine et quelqu'un lui demanda d'un ton compatissant si c'était vrai qu'il était juif.

Korol s'étonna mais répondit :

— Oui, je suis juif.

— Sûr ?

— Tout à fait sûr.

— Tu es circoncis ?

— Va te faire foutre, répondit Korol.

Tout le monde rit.

Mais sur le chemin de l'aérodrome au village, Solomatine se porta à la hauteur de Viktorov.

— Tu sais, dit-il, tu n'avais pas à faire tes discours. Quand je travaillais dans une savonnerie, il y en avait plein, de Juifs, chez nous, tous des cadres ; je les connais bien, ces Isaac Abramovitch ; et puis, tu peux être certain, ils ne se laissent pas tomber, ça se tient les coudes, cette engeance-là !

— Mais qu'est-ce que tu me veux ? s'étonna Viktorov. Pourquoi tu me mets dans le même sac qu'eux ?

Et donc, Berman prit la parole. Il dit qu'une nouvelle ère s'ouvrait à eux, que c'en était fini de la vie facile de l'arrière. Tout le monde le savait sans lui mais on l'écoutait avec attention, à l'affût d'une allusion qui permettrait de savoir si le régiment resterait sur le front nord-ouest, en étant simplement transféré près de Rjev, ou s'il serait jeté à l'ouest ou au sud.

Berman parlait.

— Ainsi donc, la première qualité d'un pilote de combat est une bonne connaissance technique de sa machine, la deuxième, c'est l'amour pour sa machine, il doit l'aimer, l'aimer comme sa sœur, comme sa mère ; la troisième, c'est l'audace et encore l'audace, c'est un esprit froid et un cœur chaud. La quatrième, c'est la camaraderie, toute la vie soviétique l'a éduquée en vous. La cinquième qualité d'un pilote, c'est la cohésion. Suis ton leader de patrouille ! Un bon pilote, c'est celui qui, même à terre, analyse les combats passés, qui se demande s'il n'a pas commis d'erreurs.

Les pilotes regardaient le commissaire avec un intérêt feint sur le visage et conversaient à voix basse.

— Peut-être va-t-on escorter les Douglas qui ravitaillent Leningrad[1] ? dit Solomatine, qui avait une petite amie là-bas.

— Ou peut-être sur le front de Moscou ? poursuivit Moltchanov dont la famille vivait à Kountsevo, dans la banlieue de Moscou.

— Et si c'était à Stalingrad ? s'interrogea Viktorov.

— Peu probable, fit Skotnoï.

Lui, la future destination du régiment ne l'intéressait pas. Tous ses proches étaient en Ukraine, en territoire occupé.

— Et toi, Boris, demanda Solomatine à Korol, où veux-tu aller ? Dans ta capitale juive, à Berditchev ?

Soudain, les yeux sombres de Korol s'assombrirent encore de rage et il envoya, à haute et intelligible voix, Solomatine se faire foutre.

— Lieutenant Korol ! cria Berman.

— À vos ordres, camarade commissaire...

— Silence...

Mais Korol s'était déjà tu.

---

1. Leningrad, coupé du reste du pays depuis septembre 1941, n'était ravitaillé que par les avions. Voir « Leningrad, siège de » dans le Dictionnaire.

Zaklabouka avait une réputation de grand expert dans l'art de jurer et il n'aurait jamais pensé à faire une histoire parce qu'un pilote de combat avait juré en présence de supérieurs. Lui-même, chaque matin, criait à son ordonnance : « Mazioukine, putain de ta mère, tu me l'apportes cette bordel de merde de serviette ! »

Mais connaissant l'amour de Berman pour les rapports, Zaklabouka n'osa pas amnistier sur-le-champ Korol. Le commissaire aurait aussitôt dénoncé dans un rapport l'attitude du commandant du régiment qui avait déconsidéré la direction politique en présence des pilotes. Berman avait déjà écrit à la direction politique de l'armée que, depuis que le régiment était en réserve, Zaklabouka avait organisé sa propre ferme, qu'il s'était enivré avec des officiers de son état-major et qu'enfin il avait une liaison avec la kolkhozienne Evguenia Bondareva.

Aussi le major entreprit-il une manœuvre tournante.

— Qu'est-ce que c'est que cette tenue, lieutenant Korol ? lança-t-il d'une voix rauque et menaçante. Deux pas en avant ! Où vous croyez-vous ?

Puis il embraya :

— Instructeur politique Goloub, pour quelle raison le lieutenant Korol a-t-il enfreint la discipline ?

— À vos ordres, camarade major ! Le lieutenant Korol s'est disputé avec le lieutenant Solomatine, mais je n'ai pas entendu pourquoi.

— Lieutenant Solomatine !

— À vos ordres, camarade major !

— Faites votre rapport ! Pas à moi ! Au commissaire !

— À vos ordres, camarade major !

— Allez-y, dit Berman sans regarder Solomatine.

Il sentait que le major suivait un plan. Il savait que Zaklabouka était extrêmement rusé, sur terre comme dans le ciel où il savait, mieux que quiconque, deviner le plan de l'adversaire, sa tactique, et répondre par une ruse à ses ruses. Sur terre, il savait comment se comporter avec ses supérieurs, jouer à l'idiot quand il le fallait, rire aux plaisanteries stupides d'un homme stupide ; il savait tenir ses lieutenants qui ne craignaient ni Dieu ni diable.

À l'arrière, Zaklabouka avait manifesté un engouement certain pour l'agriculture, principalement pour l'élevage. Mais il ne négligeait pas non plus les possibilités qu'offrait la forêt : il faisait de la liqueur de framboise, marinait et salait des champignons. Sa table était réputée, et nombre d'officiers venaient, quand ils avaient un moment de libre, lui rendre visite en U-2. Mais le major ne donnait rien pour rien.

Berman connaissait au major encore un trait de caractère qui rendait les rapports avec Zaklabouka particulièrement délicats. Si rusé, prudent et calculateur qu'il fût, Zaklabouka était dans le même temps un homme capable de prendre le mors aux dents et de foncer droit devant au mépris de sa propre vie.

« S'opposer à ses chefs, disait-il à Berman, c'est comme pisser face au vent. »

Et soudain il commettait un acte insensé qui allait contre ses intérêts et le commissaire ne savait plus que penser.

Quand ils étaient tous deux de bonne humeur, ils se lançaient des clins d'yeux et se donnaient de grandes claques dans le dos ou sur le ventre :

« Il est malin, notre commissaire, disait Zaklabouka.

— Il est fort, notre héros de major », disait Berman.

Zaklabouka n'aimait pas le commissaire à cause de son caractère doucereux, du zèle qu'il mettait à noter dans ses rapports toute parole un peu imprudente ; il se moquait de l'amour que portait Berman aux jolies filles et à la poule bouillie (« je voudrais le pilon »), son manque de goût pour la vodka ; il condamnait l'indifférence de Berman pour les problèmes des autres et son attachement à son confort personnel. Mais le major appréciait en Berman son intelligence, son aptitude à entrer en conflit avec le commandement quand c'était nécessaire, son courage, il lui semblait parfois que Berman ne comprenait pas comme il était facile de perdre la vie.

Et ces deux hommes, qui devaient mener au front un régiment de chasse, écoutaient, en se surveillant du coin de l'œil, le rapport de Solomatine.

— C'est de ma faute, camarade commissaire, si Korol a enfreint la discipline. Je me moquais de lui, et il a fini par perdre patience.

— Que lui avez-vous dit ? l'interrompit Zaklabouka.

— On était en train d'essayer de deviner où on nous enverrait, sur quel front. Alors moi, j'ai dit à Korol : « Toi, sûr que tu veux aller dans ta capitale, à Berditchev. »

Les pilotes observaient Berman.

— Je ne comprends pas. De quelle capitale parlez-vous ? dit Berman, et soudain il comprit.

Il se troubla, tout le monde le sentit ; et le major fut frappé que cela arrivât à cet homme affûté comme une lame de rasoir. Mais ce qui suivit fut tout aussi étonnant.

— Et puis après ? dit Berman. Et si vous, Korol, vous aviez demandé à Solomatine, qui, comme chacun sait, est né dans un village du district de Novo-Rouzki, s'il avait envie de combattre au-dessus de son Dorokhovo, qu'est-ce qu'il aurait dû faire, à votre avis, vous casser la gueule ? Drôle d'attitude ! Mentalité de ghetto incompatible avec le titre de jeune communiste !

Il prononçait des mots qui exerçaient toujours une sorte de pouvoir hypnotique sur les hommes. Tous comprenaient que Solomatine avait cherché à offenser Korol et qu'il y était parvenu, mais Berman expliquait avec aplomb que Korol n'avait pas su se débarrasser des préjugés nationalistes et que sa conduite était une injure à l'amitié entre les peuples. Korol ne devrait pas oublier que ce sont précisément les fascistes qui jouent sur les préjugés nationalistes.

Tout ce que disait Berman était, dans l'abstrait, parfaitement juste. C'étaient la révolution et la démocratie qui avaient engendré les idées dont il parlait maintenant avec tant de flamme. Mais la force de Berman en cet instant venait de ce qu'il n'était pas au service de l'idée, c'étaient les idées qui étaient à son service, au service de son projet.

— Comme vous voyez, camarades, disait Berman, quand il n'y a pas de clarté dans les idées, il n'y a pas de discipline. C'est ce qui explique l'acte commis aujourd'hui par Korol.

Il s'arrêta un instant et ajouta :

— L'acte inqualifiable de Korol, l'attitude de Korol, indigne d'un Soviétique.

Bien sûr, à ce stade, Zaklabouka ne pouvait plus intervenir. Berman avait transformé l'incident en une affaire politique et Zaklabouka savait qu'aucun officier ne pouvait se permettre d'intervenir dans l'action des organes politiques.

— Et voilà, camarades (Berman se tut un moment pour souligner la suite) ; le premier responsable de cet acte indécent est le coupable direct mais moi aussi, le commissaire de ce régiment, je suis responsable, car je n'ai pas su aider le lieutenant Korol à surmonter les survivances de nationalisme répugnant qu'il y avait en lui. Le problème est plus grave que je ne le pensais au début, c'est pourquoi je ne punirai pas aujourd'hui le lieutenant Korol mais je prends sur moi l'engagement de le rééduquer.

Les pilotes s'agitèrent sur leurs sièges, s'installant plus confortablement. Il était clair que l'incident était clos.

Korol regarda le commissaire et quelque chose dans son regard obligea Berman à tressaillir et à se détourner.

Le soir, Solomatine disait à Viktorov :

— Tu vois ce que je disais. C'est toujours comme ça avec eux. L'un couvre l'autre et pas de vagues. Si ç'avait été toi ou Vania Skotnoï, tu peux être sûr que Berman vous aurait collé dans un bataillon disciplinaire.

38

Le soir, les pilotes ne dormaient pas ; allongés sur les châlits, ils fumaient et bavardaient. Skotnoï, qui avait bu sa ration de vodka, chantonnait :

> *Le piège tombe en vrille*
> *Dans son dernier parcours,*
> *Pleure pas, petite fille,*
> *Oublie-moi pour toujours*[1].

---

1. Vieille chanson de mineurs popularisée par le cinéma d'avant et d'après la guerre.

Finalement, Velikanov ne tint pas sa langue et tous apprirent que leur régiment était envoyé à Stalingrad.

La lune s'était levée au-dessus de la forêt et sa lumière inquiète se devinait derrière les arbres. Le village sombre, silencieux, semblait enfoncé dans de la cendre. Les pilotes, assis à l'entrée de leur abri, contemplaient le monde merveilleux de la terre. Viktorov regardait les ombres légères que projetaient les ailes des Yak et accompagnait à voix basse le chanteur :

> *Sous un tas de ferraille,*
> *Nos corps ils trouveront,*
> *Pour le dernier voyage,*
> *Les éperviers voleront.*

Ceux qui étaient déjà couchés bavardaient. On ne pouvait distinguer les visages dans la pénombre, mais ils reconnaissaient la voix de celui qui parlait et n'avaient pas besoin de demander à qui il fallait répondre.

— Tu te souviens, Demidov, quand il ne volait pas, il en maigrissait ; il suppliait qu'on lui donne une mission.

— Et tu te souviens, près de Rjev, nous escortions des Petliakov[1], et huit Messer lui sont tombés dessus, il a accepté le combat et il s'est défendu pendant dix-sept minutes.

— En vol, il chantait toujours. Tous les jours, je chante ses chansons. Il chantait même des chansons de Vertinski.

— C'est qu'il était cultivé, il était de Moscou.

— Ouais, celui-là, en l'air, il ne te laissait pas tomber. Il gardait toujours un œil sur ceux qui restaient à la traîne.

— Tu n'as même pas eu le temps de le connaître.

— Que si ! Tu apprends à connaître ton équipier à sa façon de voler. Je savais comment il était.

Skotnoï, après un nouveau couplet, s'arrêta et tous se turent en attendant qu'il reprenne. Mais Skotnoï ne continua pas.

La conversation tomba sur les Allemands.

— Eux aussi, tu vois tout de suite si c'est un bon pilote ou s'il cherche les jeunots et guette les traînards.

— Souvent, leurs patrouilles se tiennent moins bien les coudes que les nôtres.

— J'en suis pas persuadé.

— Le Boche, il ne te lâchera pas un blessé jusqu'à ce qu'il l'ait descendu, mais quand il a affaire à un bon pilote, il refuse le combat.

— Seul à seul, il peut bien avoir deux moteurs, je le dégommerai !

— Ne te fâche pas, mais moi, je ne donnerais pas de décoration pour un Junkers.

— Le rentre-dedans, voilà la manière russe !

---

1. Avion de bombardement en piqué, conçu par le constructeur Petliakov (1891-1942).

— Pourquoi je me fâcherais, mes décorations, tu pourras pas me les retirer !

— À propos de rentre-dedans, il y a beau temps que ça me démange… Un bon coup d'hélice, et on n'en parle plus !

— Le rentre-dedans, oui, le rentre-dedans ! Tu le harcèles, tu le crèves, plein gaz !

— Je voudrais bien savoir : notre chef va emporter sa vache et ses poulets sur son Douglas ?

— On les a déjà tous égorgés, on est en train d'en faire des salaisons.

— Moi, dit une voix rêveuse, je n'oserai plus aller danser avec une jeune fille.

— Solomatine, en revanche, ne serait pas gêné, lui.

— T'es peut-être jaloux ?

— Du fait, pas de l'objectif.

— Pigé. Fidèle jusqu'à la tombe.

Ils parlèrent ensuite du combat près de Rjev, le dernier avant leur mise en réserve, quand sept de leurs chasseurs s'étaient heurtés à un fort groupe de Junkers qui allaient bombarder, accompagnés par des Messer. Chacun semblait parler de lui-même, mais ce n'était qu'une impression, chacun parlait de tous.

— Tant qu'ils étaient sur fond de forêt, on ne les a pas vus, mais dès qu'ils sont montés, je les ai tout de suite repérés. Ils volaient sur trois niveaux ! Des Ju-87, pas difficiles à reconnaître avec leurs pattes qui traînent et leurs nez jaunes ! Bon, que je me suis dit, ça va chauffer !

— Et moi, j'ai d'abord cru que c'était la DCA qui nous tirait dessus.

— Le soleil nous a aidés, bien sûr ! Je lui suis tombé dessus avec le soleil dans le dos. J'étais le leader de gauche. Et voilà que mon siège fait un saut d'au moins trente mètres. Je branle le manche, l'avion répondait. J'ai ouvert le feu avec toutes mes mitrailleuses, je lui ai foutu le feu, au Junkers. Mais voilà-t-il pas que je vois un Messer qui vire vers moi, il n'était pas à la bourre ! Je vois les lueurs des balles traçantes sur ma carlingue.

— Et moi, je voyais les miennes qui faisaient mouche.

— Doucement.

— Quand j'étais gosse, je passais déjà tout mon temps à lancer des cerfs-volants, même que mon père me filait de sacrées tournées. Quand je travaillais à l'usine, j'allais à l'aéroclub, sept kilomètres aller, sept kilomètres retour, j'avais la langue qui traînait par terre. Mais je n'ai pas sauté un seul cours.

— Non, écoute un peu plutôt. Il me fout en flammes : les réservoirs, la tuyauterie. Ça brûle dans la carlingue. Et en plus il m'a touché le pare-brise, j'ai les lunettes en miettes, des éclats de verre partout ! Alors moi, je lui passe sous le ventre, j'arrache mes lunettes ! Solomatine m'a couvert. Et tu sais, le siège est en flammes et moi, je n'ai même pas le temps d'avoir peur ! J'ai fini par atterrir, je n'ai pas brûlé, mes bottes ont brûlé, et l'avion.

— Moi, je vois, le copain va se faire descendre. Je fais deux virages, il bat des ailes, « tu peux partir ». Je n'avais pas d'équipier, j'aidais ceux qui ne s'en sortaient pas.

— Douze fois, que j'ai attaqué ce Messer, j'ai fini par le toucher. Je vois que le pilote branle de la tête, il a sa dose. Je l'ai descendu avec mon canon à vingt-cinq mètres.

— En général, ils n'aiment pas les combats dans le plan vertical, ils préfèrent le plan horizontal.

— T'en as de bonnes !

— Eh quoi ?

— Tout le monde le sait, même les filles du village ! Il décroche dans les virages.

Puis le silence tomba et quelqu'un dit :

— Nous partirons demain et Demidov restera ici tout seul.

— Bon, les gars, chacun fait ce qu'il veut, mais moi, je vais faire un tour au village.

— La visite d'adieu ? On y va ?

Tout, la rivière, les champs, la forêt, était si merveilleux et si calme dans la nuit qui les entourait que la haine, la trahison, la vieillesse semblaient impossibles ; seul l'amour pouvait exister. Rares furent ceux qui passèrent la nuit dans leur abri. On pouvait deviner des fichus blancs, entendre des rires, à l'extrémité du village. Dans le silence, un arbre frissonnait, effrayé par un mauvais rêve ; puis l'eau de la rivière marmonnait quelque chose d'indistinct et se remettait à glisser sans un bruit.

Une heure amère avait sonné pour l'amour, heure de séparation, heure fatidique : telle, qui pleurait aujourd'hui, serait oubliée dès le lendemain, la mort en séparerait d'autres, tandis que le destin promettait à certains fidélité ou rencontre.

Vint le matin. Les moteurs hurlèrent, le vent des avions plaqua l'herbe au sol... Les avions de combat, l'un après l'autre, montaient dans le ciel, emportant avec eux canons et mitrailleuses, attendaient leurs camarades, se regroupaient en escadrilles...

Et ce qui cette nuit encore semblait infini s'enfonce dans le bleu du ciel. On voit les petits cubes gris des maisons, les rectangles des potagers, ils glissent et s'en vont. On ne voit déjà plus le chemin gagné par les herbes, on ne voit déjà plus la tombe de Demidov... En route ! Et la forêt glisse sous les ailes de l'avion.

— Bonjour, Vera ! dit Viktorov.

39

À 5 heures du matin, les hommes de jour réveillèrent les détenus. Il faisait nuit noire, les baraques étaient éclairées par cette lumière impitoyable que connaissent les prisons, les gares de triage et les salles de consultation dans les hôpitaux.

Des milliers d'hommes, toussant et crachant, enfilaient leurs pantalons ouatinés et leurs chaussettes, se grattaient les flancs, le cou, le ventre.

Quand les détenus qui couchaient en haut des châlits donnaient, en descendant, des coups de pied à ceux qui s'habillaient en bas, ces derniers ne protestaient pas et se contentaient de repousser le pied qui les gênait.

Il y avait quelque chose de profondément antinaturel dans cet éveil nocturne d'une multitude humaine, dans cette agitation de têtes et de dos, dans cette épaisse fumée de cigarettes, cette lumière électrique enfiévrée : des centaines de kilomètres carrés de taïga étaient figés dans un silence glacial, et le camp était bourré d'hommes, plein de mouvement, de fumée, de lumière.

La neige était tombée pendant toute la première moitié de la nuit et les congères avaient enseveli les entrées des baraques, recouvert la route qui menait à la mine...

Les sirènes des mines hurlèrent lentement et, peut-être, quelque part dans la taïga, des loups accompagnaient-ils leur hurlement sinistre. Sur la place du camp, les chiens-loups aboyaient, les gardes lançaient leurs appels ; plus loin, on entendait geindre les tracteurs qui étaient en train de déblayer la route de la mine.

La neige sèche, éclairée par les projecteurs, brillait d'un éclat tendre et doux. Accompagné par les aboiements incessants des chiens, l'appel sur la grande place commença. Les voix des soldats d'escorte résonnaient, gelées, irritées... La rivière humaine, gonflée par la multitude, s'ébranla enfin en direction des puits de mine ; la neige crissait sous les bottes de feutre et les chaussures. Le mirador écarquillait son œil unique dans la nuit.

Le chœur des sirènes du nord, proches ou lointaines, hurlait toujours. Leur hurlement s'étendait sur la région de Krasnoïarsk, sur la République autonome des Komi, sur les neiges de la Kolyma, sur la toundra de la Tchoukotka, sur les camps de Mourmansk et du Kazakhstan du Nord...

Levés par les sirènes, par des coups de barre contre un rail suspendu à une branche, les hommes partaient extraire la potasse de Solikamsk, le cuivre de Ridder et des rives du lac Balkhach, le plomb et le nickel de la Kolyma, la houille de Kouznetsk et de Sakhaline, ils partaient construire la voie ferrée le long de l'océan Arctique et les routes de la Kolyma, ils partaient abattre le bois en Sibérie, dans l'Oural du Nord, dans les régions de Mourmansk et d'Arkhangelsk.

Dans la neige et la nuit, la journée de travail avait commencé sur toute l'étendue de l'énorme système des camps du *Dalstroï*[1].

---

1. Les noms énumérés plus haut sont ceux des régions aux conditions climatiques très rudes où se trouvaient les camps du Goulag (« Administration principale des camps »), lequel faisait partie de la structure du NKVD. Les camps du Dalstroï (« chantiers de construction du Grand Nord ») étaient également administrés par le NKVD.

40

Cette nuit-là, le *zek* Abartchouk avait eu un accès de désespoir. Ce n'était pas le désespoir pesant et quotidien mais un désespoir brûlant comme la fièvre, un désespoir qui vous fait crier, qui vous jette au bas du châlit et vous fait vous donner des coups de poing sur le crâne.

Quand, le matin, les détenus se préparèrent à partir au travail, Néoumolimov, qui avait commandé une brigade de cavalerie dans l'armée Rouge du temps de la guerre civile et qui était maintenant voisin de châlit d'Abartchouk, lui demanda :

— Qu'est-ce que t'avais à t'agiter, cette nuit, t'as rêvé d'une bonne femme ? Même que tu rigolais.

— Toi et tes bonnes femmes, répondit Abartchouk.

— Et moi, je croyais que tu pleurais en dormant, je voulais te réveiller, dit l'autre voisin d'Abartchouk, un planqué du nom de Monidze. Il avait été membre du présidium du KIM, de l'Internationale de la Jeunesse communiste.

Le troisième ami d'Abartchouk, l'infirmier Abraham Roubine, n'avait rien remarqué et dit, tandis qu'ils étaient en train de sortir dans l'obscurité glacée :

— Tu sais, cette nuit, j'ai vu en rêve Boukharine, il était venu dans notre Institut des professeurs rouges, gai et animé comme d'habitude, et tout le monde s'engueulait à propos des théories d'Entchmène et de son matérialisme vulgaire.

Abartchouk arriva au magasin d'outillage où il travaillait. Son aide, un certain Barkhatov, qui avait égorgé une famille de six personnes pour les voler, chargeait le poêle à bois des rebuts de la scierie. Abartchouk devait trier les outils dans les caisses. Il trouvait que la dureté froide des limes et des burins correspondait bien à ce qu'il avait éprouvé cette nuit.

La journée ne se distinguait en rien des précédentes. Le comptable lui avait envoyé les demandes en outils formulées par les camps annexes. Il fallait prendre les outils correspondants, les emballer dans des caisses, remplir les bordereaux. Il fallait faire des papiers particuliers pour les caisses incomplètes.

Comme toujours, Barkhatov ne faisait rien et il était impossible de l'obliger à travailler. Au magasin, il ne s'occupait que de se nourrir. Ce jour-là, il entreprit de se faire une soupe de pommes de terre et de feuilles de choux. Un professeur de latin, de l'université de Kharkov, commissionnaire rattaché à la première unité, passa voir Barkhatov et lui versa un peu de millet sale sur la table ; ses doigts rouges de froid tremblaient. Pour de sombres raisons, Barkhatov l'avait mis à l'amende.

Abartchouk fut convoqué par le service financier, certains comptes ne tombaient pas juste dans sa comptabilité. L'adjoint du chef comptable le menaça d'envoyer un rapport au chef du camp. Abartchouk ne savait que dire : seul, sans aide, il ne pouvait venir à bout de son travail mais il n'osait pas se plaindre de Barkhatov. Il était fatigué, il avait peur de perdre son poste de magasinier et de se retrouver à la mine ou à l'abattage du bois. Ses cheveux étaient devenus blancs, sa force l'abandonnait... C'était cela la raison de son accès de désespoir : sa vie était partie dans la glace sibérienne.

Quand il revint du service financier, il trouva Barkhatov endormi ; sa tête reposait sur des bottes de feutre qu'avait dû lui apporter un droit commun, il avait laissé à côté de lui la casserole de soupe vide, un peu du millet de la rançon était resté collé sur sa joue.

Abartchouk savait que Barkhatov volait des outils, peut-être que les bottes provenaient justement d'un troc. Quand, un jour, ayant constaté qu'il manquait trois limes, Abartchouk lui dit qu'il devrait avoir honte de voler le précieux métal alors que la Russie était en guerre, Barkhatov répondit : « Toi, le pou, ferme ta gueule ! sinon... »

Abartchouk n'osa pas réveiller directement Barkhatov et se mit à faire du bruit, il déplaça des rubans de scie, toussa, fit tomber un marteau. Barkhatov avait ouvert les yeux et le suivait du regard.

— Il y a un gars, arrivé avec le convoi d'hier, dit-il d'une voix douce, il m'a raconté qu'il existait des camps pires qu'ici. Les zeks ont des fers aux pieds, la moitié du crâne rasé. Pas de noms, un numéro cousu sur la poitrine et c'est tout.

— Des racontars, dit Abartchouk.

— Il faudrait y coller tous les fascistes de politiques, proféra Barkhatov d'une voix rêveuse. Et toi, la salope, en premier, ça t'apprendrait à me réveiller.

— Excusez-moi, monsieur Barkhatov, d'avoir troublé votre repos, dit Abartchouk.

Il avait très peur de Barkhatov mais ne parvenait pas toujours à maîtriser son irritation.

À l'heure du changement d'équipe, Néoumolimov, noir de charbon, passa voir Abartchouk.

— Alors, ça marche, l'émulation socialiste ? demanda Abartchouk. Les gens s'y mettent ?

— Tout doucement. On a besoin du charbon pour le front, et ça, tout le monde le comprend. On a reçu de nouvelles affiches de la section d'animation culturelle : « Aidons la patrie par notre travail ».

Abartchouk soupira :

— Tu sais, il faudrait écrire une étude sur le désespoir dans les camps. Il y a le désespoir qui t'écrase, il y a celui qui se jette sur toi à l'improviste, il y a celui qui t'étouffe, qui ne te permet plus de respirer. Et puis il y a celui qui ne t'écrase pas et ne t'étouffe pas ; c'est celui qui déchire l'homme de l'intérieur, comme les monstres des profondeurs qu'on remonte à la surface de l'océan.

Néoumolimov eut un sourire triste, mais ses dents ne se détachèrent pas sur la noirceur du visage, elles étaient gâtées, et leur couleur se fondait avec celle du charbon.

Barkhatov s'approcha d'eux et Abartchouk, se retournant, lui dit :

— Tu ne fais pas un bruit en marchant, tu es là avant qu'on t'ait entendu arriver, je sursaute à tous les coups.

Barkhatov, l'homme qui ne souriait jamais, annonça, d'un ton préoccupé :

— Je vais faire un saut au magasin de vivres, tu n'as rien contre ?

Il sortit et Abartchouk dit à son ami :

— Cette nuit, j'ai pensé à mon fils, que j'ai eu de ma première femme.

Il se pencha vers Néoumolimov :

— Je voudrais qu'en grandissant il devienne un bon communiste. Je me disais, un jour, je le retrouverais et je lui dirais : souviens-toi, ce qui est arrivé à ton père n'est qu'un hasard malheureux, un détail. Le but que poursuit le parti est sacré. Il est la loi suprême de notre temps !

— Il porte ton nom ?

— Non, je ne voulais pas, je pensais qu'il deviendrait un petit-bourgeois.

La veille au soir et cette nuit, il avait pensé à Lioudmila, il avait envie de la voir. Il cherchait dans des lambeaux de journaux qui traînaient la photo de son fils. Sait-on jamais ? S'il tombait d'un seul coup sur une photo avec, en légende : « Le lieutenant Anatoli Abartchouk » ? Il comprendrait alors que son fils avait choisi de porter le nom de son père.

Pour la première fois de sa vie, il avait envie d'être plaint ; il s'imaginait en train de marcher vers son fils, il aurait le souffle coupé et il montrerait son cou de la main : « Je ne peux pas parler. »

Tolia le prendrait dans ses bras et il poserait sa tête sur la poitrine de son fils et il pleurerait sans se cacher, il pleurerait, il pleurerait.

Et ils resteraient longtemps comme ça, le fils dépassant son père d'une tête…

Tolia aurait pensé constamment à son père. Il aurait retrouvé des amis de son père qui lui auraient raconté comment son père avait combattu pour la révolution. Tolia dirait : « Papa, mon papa, tes cheveux sont devenus tout blancs, que ton cou est maigre et ridé, tu as lutté toutes ces années, tu as mené un grand combat, et ce combat était solitaire. »

Au cours de l'instruction, on lui avait donné pendant trois jours de la nourriture salée sans rien lui donner à boire, on l'avait battu.

Il avait compris que le but recherché, c'était moins d'obtenir des aveux ou des accusations contre d'autres, que de le faire douter de la cause à laquelle il avait consacré sa vie. Durant l'instruction, il avait d'abord cru qu'il était tombé entre les mains de bandits et qu'il suffisait d'obtenir une entrevue avec le chef du service pour faire arrêter le juge d'instruction criminel.

Mais le temps passa et il comprit qu'il ne s'agissait pas seulement de quelques sadiques.

Il apprit les lois qui régissaient les trains et les bateaux de prisonniers. Il vit les droit commun jouer aux cartes les affaires des autres mais aussi la vie des autres. Il vit une débauche pitoyable et il vit des trahisons. Il vit « l'Inde des truands[1] », hystérique, sanglante, d'une cruauté inouïe. Il vit des rixes terribles entre les « putes », ceux qui acceptaient de travailler, et les « hommes », les orthodoxes qui refusaient de travailler[2].

Il disait : « On ne met pas en prison pour rien », il pensait qu'il n'y avait qu'un groupe infime, dont il faisait partie, mis en prison par erreur et que les autres, l'immense majorité, l'avaient été à juste titre ; le glaive de la justice avait frappé les ennemis de la révolution.

Il vit la servilité, le reniement, la soumission, la cruauté... Il appelait cela les tares bourgeoises héritées du passé et pensait qu'on les trouvait seulement chez les hommes de l'ancien régime, les officiers blancs, les koulaks, les nationalistes bourgeois.

Sa foi était infinie, sa fidélité au parti était inébranlable.

Alors qu'il était sur le point de partir, Néoumolimov dit soudain :

— Ah ! oui, au fait, il y a quelqu'un qui demandait après toi aujourd'hui.

— Où ça ?

— Quelqu'un du convoi qui est arrivé hier. On était en train de les répartir pour le travail. Il y en a un qui a demandé s'il n'y aurait pas par hasard quelqu'un qui te connaîtrait. Je lui ai dit : « Si. Je le connais par hasard. Ça fait par hasard quatre ans que nous dormons sur le même châlit. » Il m'a dit son nom mais ça m'est sorti de la tête.

— Quelle allure il a ? demanda Abartchouk.

— Eh bien... Un petit vieux chétif avec une cicatrice sur la tempe.

— Mon Dieu, s'écria Abartchouk, ça ne serait pas Magar ?

— Si, si, c'est ça.

— C'est mon aîné, mon maître, c'est lui qui m'a fait entrer au Parti ! Qu'est-ce qu'il a demandé ? Qu'est-ce qu'il a dit ?

— Les choses habituelles : combien tu tires, tout ça. Je lui ai répondu : il en a demandé cinq mais en a récolté dix. Maintenant, j'ai dit, il tousse ; il va quitter le camp plus vite que prévu.

Abartchouk n'écoutait pas Néoumolimov, il répétait :

— Magar... Mon Dieu, Magar... Il a travaillé un temps à la Tchéka. C'était un homme à part, tu sais, à part. Il était capable de donner à un camarade tout ce qu'il possédait, il t'aurait laissé son manteau en hiver, son dernier morceau de pain. Et puis intelligent, cultivé. Et de pure souche prolétarienne, fils d'un marin pêcheur de Kertch.

Il jeta un coup d'œil derrière lui, se pencha vers Néoumolimov :

---

1. Surnom du baraquement où habitaient les condamnés de droit commun les plus endurcis.
2. Voir « Classification des détenus » dans le Dictionnaire.

— Tu te souviens, nous disions, il faudrait que les communistes du camp créent leur cellule pour aider le Parti et Roubine a dit : « Et qui on mettrait comme secrétaire ? » C'est lui qu'il faudrait mettre.

— Moi, je voterais pour toi, dit Néoumolimov, je ne le connais pas. Où veux-tu le trouver, maintenant ? On a emmené les gars en camions vers les annexes, sûrement qu'il en était, lui aussi.

— Ça ne fait rien, on le retrouvera. Alors il cherchait après moi ? Ah ! Magar... Magar...

— J'ai failli oublier pourquoi j'étais venu, dit Néoumolimov. Passe-moi une feuille de papier. Quelle mémoire j'ai !

— Une lettre ?

— Non, une requête que j'envoie à mon ancien chef, à Semion Boudienny. Je demande à être envoyé au front.

— On ne t'acceptera pas.

— Semion se souvient de moi.

— On n'accepte pas les politiques dans l'armée. Si nos mines donnent plus de charbon, les combattants nous diront merci et tu auras ta part dans ce charbon.

— Je veux faire la guerre.

— Boudienny ne te sera d'aucun secours. Moi, j'ai même écrit à Staline en personne.

— Aucun secours ? Tu plaisantes, Boudienny, ce n'est pas le premier venu. Peut-être que tu ne veux pas donner de ton papier ? Je ne t'en demanderais pas si je pouvais en obtenir à la section éducative, mais ils ne m'en donnent pas, j'ai dépassé ma norme.

— Bon, d'accord, je te donnerai une feuille, dit Abartchouk.

Il avait un peu de papier de côté pour lequel il n'avait pas de comptes à rendre. À la section éducative, on comptait les feuilles de papier et il fallait, ensuite, justifier leur emploi.

Le soir, le baraquement vivait de sa vie habituelle.

Toungoussov, un vieil officier de la garde impériale, racontait un interminable roman de son cru ; les droit commun l'écoutaient attentivement, en hochant de temps à autre la tête en signe d'approbation.

Toungoussov improvisait une histoire rocambolesque où il avait introduit des danseuses qu'il avait connues, les aventures de Lawrence d'Arabie et des Trois Mousquetaires, les voyages du *Nautilus*.

— Attends une seconde, dit un des auditeurs, comment elle a fait pour traverser la frontière perse ? Hier, tu disais que les espions l'avaient empoisonnée.

Toungoussov s'interrompit, regarda son critique d'un air docile, et repartit de plus belle :

— L'état de Yolande n'était désespéré qu'en apparence. Grâce aux efforts du médecin tibétain qui versa entre ses lèvres entrouvertes quelques gouttes d'un élixir extrait des herbes bleues des hautes montagnes de l'Himalaya, Yolande revint à la vie. Au lever du jour, elle était déjà suffisamment remise pour se déplacer dans sa chambre sans être aidée. Elle retrouvait ses forces d'heure en heure.

Les auditeurs furent satisfaits de l'explication.

— Compris. La suite, dit une voix.

Dans un coin du baraquement, dit le coin des kolkhoziens, les gens riaient en écoutant les quatrains cochons que chantait un vieux blagueur qui avait été le chef d'un village occupé par les Allemands :

> *Cul nu, le pot, il est à poil*
> *Et v'là le pépé sur le poêle...*

Suivaient des rimes telles que les auditeurs en crevaient de rire.

Un journaliste et écrivain de Moscou, un homme bon, intelligent et craintif, mâchait lentement du pain blanc séché qu'il avait reçu la veille dans un colis envoyé par sa femme. Visiblement, le goût et le bruit du croûton qui craquait sous la dent lui rappelaient sa vie passée, et il avait les yeux pleins de larmes.

Néoumolimov se querellait avec un chef de char, qui se trouvait dans le camp pour viol et meurtre. Le soldat divertissait son public en se moquant de la cavalerie, et Néoumolimov criait, blanc de rage :

— Tu sais ce qu'on a fait avec nos sabres, en 1920 !

— Oh, oui ! Vous égorgiez des poules volées. Un seul char pourrait mettre toute votre 1re armée de cavalerie en déroute. Ça ne peut pas se comparer, la guerre civile et celle-ci.

Le jeune voleur Kolia Ougarov s'en était pris à Roubine ; il essayait de le convaincre d'échanger ses chaussures contre des pantoufles déchirées.

Roubine, sentant le danger, bâillait nerveusement, se tournant vers ses voisins à la recherche d'un soutien.

— Fais gaffe, le youpin, disait Kolia qui ressemblait à un chat sauvage aux yeux clairs, fais gaffe, mon salaud, tu me cherches.

Puis Ougarov dit :

— Pourquoi tu ne me portes pas pâle ?

— Je n'ai pas le droit, tu es en parfaite santé.

— Alors, tu ne le feras pas ?

— Kolia, mon vieux, je t'assure que je le ferais si je le pouvais.

— Alors, tu ne le feras pas ?

— Mais comprends donc, bien sûr que si je pouvais...

— Bon, d'accord.

— Attends un peu, comprends donc...

— J'ai tout compris. C'est toi qui vas comprendre maintenant.

Stedding, un Suédois russifié, dont on disait qu'il était pour de vrai un espion, leva les yeux du tableau qu'il était en train de peindre sur un morceau de carton reçu au KVT, regarda Ougarov, Roubine, hocha la tête et se replongea dans son tableau. Le tableau s'appelait *Notre mère taïga*.

Stedding n'avait pas peur des droit commun, pour une raison inconnue ils le laissaient en paix.

Quand Ougarov s'éloigna, Stedding dit à Roubine :

— Vous n'êtes pas sage, Abraham Efimovitch.

Le Biélorusse Konachevitch ne craignait pas, lui non plus, les droit commun. Il avait été mécanicien d'avion et avait remporté les championnats militaires de boxe dans la catégorie des poids mi-lourds. Il était respecté par les droit commun mais il ne prenait jamais la défense de ceux que les voleurs malmenaient.

Abartchouk avançait lentement dans l'étroite travée entre les châlits à deux niveaux ; le désespoir l'avait à nouveau gagné. L'extrémité du baraquement, long de cent mètres, était noyée dans la fumée des cigarettes et, chaque fois, il semblait à Abartchouk que l'horizon du baraquement atteint, il découvrirait quelque chose de neuf, mais c'était toujours la même chose : le tambour où des détenus faisaient leur lessive sous les chéneaux en bois où coulait l'eau, les serpillières dans un coin, les seaux, les matelas sur les châlits qui perdaient leurs copeaux par les trous de la toile de sac, le bruit régulier des conversations, les visages émaciés des prisonniers, tous de la même teinte.

La majorité des zeks, en attendant l'extinction des feux, bavardaient, assis sur les châlits. Ils parlaient de la soupe, des femmes, du coupeur de pain qui était malhonnête, de leurs lettres à Staline, de leurs déclarations au procureur général de l'URSS, des nouvelles normes pour l'abattage et le herchage du charbon, du froid qu'il avait fait aujourd'hui et du froid qu'il ferait demain.

Abartchouk avançait lentement, en écoutant des bribes de conversations. On aurait dit que des milliers d'hommes menaient depuis des années une seule et même conversation, dans les wagons à bestiaux et dans les baraques des camps, dans les prisons et les convois ; les jeunes parlaient de femmes et les vieux de nourriture. Mais c'était particulièrement désagréable quand des vieux se mettaient à parler des femmes avec concupiscence et de jeunes gars des bons repas d'avant le camp.

En passant devant le châlit où était assis Gassioutchenko, Abartchouk accéléra le pas : le vieil homme, qui avait une femme aimée et respectée de ses enfants et petits-enfants, tenait de tels propos qu'on avait les cheveux qui se dressaient sur la tête.

Vivement l'extinction des feux, qu'il puisse s'étendre sur le châlit, se couvrir la tête de la veste, ne plus rien voir, ne plus rien entendre !

Abartchouk regarda du côté de la porte, il espérait voir entrer soudain Magar. Abartchouk arriverait bien à convaincre le chef de chambrée de l'installer à côté de lui et, la nuit, ils pourraient discuter ensemble, à cœur ouvert, en communistes, le maître et l'élève, deux membres du Parti.

Les puissances de la chambrée, Perekrest (le chef d'équipe de la mine), Barkhatov, Zarokov (le chef de chambrée), avaient organisé un gueuleton dans leur coin. Jeliabov, dit Vingt-deux, le larbin du caïd Perekrest, avait étalé une serviette et disposait le lard, le hareng, des gâteaux secs, le tribut que percevait Perekrest des détenus qui travaillaient dans son équipe.

En passant devant le coin des chefs, Abartchouk frémit dans l'espoir d'être invité. Il avait tellement envie de manger quelque chose de bon. Cochon de Barkhatov ! Il faisait ce qu'il voulait au magasin. Abartchouk savait bien qu'il volait des clous, qu'il avait pris trois limes, mais il n'en avait rien dit aux gardes... Barkhatov aurait pu l'appeler : « Eh ! chef, viens par ici ! » Abartchouk sentait, et ne s'en méprisait que plus, que ce n'était pas seulement l'envie de manger qui le poussait, mais quelque chose d'autre, propre aux camps. Il avait envie de se trouver parmi les forts, de bavarder avec Perekrest qui faisait trembler tout le camp.

Et Abartchouk se traita de salopard. Et aussitôt après traita Barkhatov de salopard.

On ne l'invita pas, on invita Néoumolimov. Et le héros de la guerre civile, décoré à deux reprises de l'ordre du Drapeau rouge, se dirigea, en souriant de toutes ses dents noircies, vers le châlit de Perekrest. L'homme qui s'approchait en souriant de la table des voleurs avait, il y a vingt ans de cela, mené les régiments de cavalerie au combat pour instaurer la Commune mondiale...

Pourquoi avait-il parlé à Néoumolimov de Tolia, de ce qu'il avait de plus cher ?

Mais lui aussi, après tout, avait combattu pour la Commune, il avait envoyé, de son cabinet du Kouzbass, des rapports à Staline sur l'avancement du grand chantier, et lui aussi espérait qu'on l'appellerait, quand il était passé, les yeux baissés, l'air faussement indifférent, devant la table de nuit recouverte d'une serviette sale.

Abartchouk s'approcha de la place de Monidze qui reprisait une chaussette.

— Tu sais ce que j'ai pensé ? Je n'envie plus ceux qui sont en liberté. J'envie ceux qui se retrouvent dans les camps de concentration allemands. Ça, c'est bien ! Être prisonnier et savoir qu'on se fait bousiller par les nazis ! Nous, on se paie le plus terrible, le plus dur : ce sont les nôtres, les nôtres, les nôtres, on est chez les nôtres !

Monidze leva sur lui ses grands yeux tristes et dit :

— Et moi, aujourd'hui, Perekrest m'a menacé : « Méfie-toi, sale Géorgien, qu'il m'a dit, je vais te donner un coup sur le crâne et au poste de garde on me dira merci, tu es le dernier des traîtres. »

Roubine, qui était assis à la place d'à côté, dit :

— Et ce n'est pas le pire.

— Oui, oui, dit Abartchouk, tu as vu notre commandant de cavalerie, comme il était content d'être invité ?

— Et toi, tu te désoles parce que ce n'est pas toi qu'on a invité ? dit Roubine.

— Lis dans ton âme si ça te chante, mais laisse la mienne tranquille, dit Abartchouk avec cette haine qu'éveille un reproche ou un soupçon justifié.

Roubine, les yeux mi-clos, comme une poule sur son perchoir, murmura :

— Moi ? Moi, je n'ose même pas me désoler. Je suis un hors-caste, un intouchable. Tu as entendu ce que m'a dit Ougarov ?

— Ce n'est pas ça, pas ça, dit en se détournant Abartchouk.

Il se leva et reprit sa marche dans le baraquement, dans l'étroite travée, entre les châlits. Et à nouveau les bribes de l'interminable conversation parvenaient jusqu'à lui :

— ... du bortsch avec du porc tous les jours, dimanche compris.

— Elle avait de ces nichons, pas croyable !

— Moi, j'aime ce qui est simple, du mouton avec de la kacha, je n'en ai rien à faire de vos sauces.

Il revint vers la place de Monidze, s'assit, écouta la conversation.

— Au début, je n'avais pas compris, racontait Roubine, pourquoi il m'avait dit que je deviendrais un musicien. Il parlait des mouchards, parce qu'ils vont à l'opéra, autrement dit, ils vont chez l'*oper*, l'officier opérationnel.

Monidze, sans interrompre son ravaudage, dit :

— Qu'il aille se faire fiche, moucharder, c'est vraiment le dernier truc à faire.

— Que veut dire moucharder ? s'indigna Abartchouk, tu es un communiste.

— Comme toi, répondit Monidze, un ex.

— Je ne suis pas un ex-communiste, dit Abartchouk, et toi non plus.

Et de nouveau Abartchouk fut ulcéré par un soupçon justifié de Roubine, toujours plus offensant et pénible que s'il eût été injuste :

— Ça n'a rien à voir avec le communisme. Il y en a marre de cette eau de vaisselle trois fois par jour. Je peux plus la voir, cette soupe de maïs. Ça, c'est ce qui pousse à moucharder. Ce qui en empêche, c'est d'être battu à mort la nuit et d'être descendu dans la lunette des chiottes, comme c'est arrivé à Orlov. Tu as entendu ce que m'a dit Ougarov ?

— La tête en bas, les pieds dehors, dit Monidze et il se mit à rire, peut-être parce qu'il n'y avait rien de drôle.

— Tu crois, alors, que je n'obéis qu'à l'instinct de conservation ? cria Abartchouk et il sentit monter en lui le désir hystérique de frapper Roubine.

Il se leva de nouveau, reprit sa marche.

Bien sûr, il en avait assez de ce brouet de maïs. Combien de jours ça fait déjà, qu'il essaie de deviner ce qu'on leur servira au dîner pour l'anniversaire de la révolution : des nouilles, un gratin, une purée de légumes ?

Bien sûr, beaucoup de choses dépendaient de l'*oper*, bien sûr, les voies qui mènent vers les sommets de la vie, par exemple être responsable du bain ou des rations de pain, sont sombres et mystérieuses. Il pourrait travailler au laboratoire, blouse blanche, un ingénieur de l'extérieur pour responsable, il pourrait ne plus dépendre des droit commun ; il pourrait travailler dans le département du plan, diriger une mine... Mais Roubine se trompe. Roubine veut l'humilier, il cherche à saper la force de l'homme, il trouve dans l'homme ce qui se glisse en lui contre sa volonté. Roubine est un ennemi.

Abartchouk avait été toute sa vie implacable à l'égard des opportunistes de droite et de gauche, toute sa vie il avait haï les hésitants, les hypocrites, les ennemis objectifs.

Sa force morale, sa foi reposaient sur le droit de juger. Il avait douté de sa femme et il l'avait quittée. Il l'avait crue incapable de faire de son fils un soldat de la révolution et il avait refusé de donner son nom à son fils. Il condamnait ceux qui doutaient, méprisait les geignards et les faibles. Il avait déféré devant les tribunaux les ingénieurs du Kouzbass qui ne pouvaient se passer de leur famille restée à Moscou. Il avait fait condamner quarante ouvriers qui avaient quitté le chantier pour retourner dans leurs villages. Il avait renié son bourgeois de père.

Il est doux d'être inflexible. En jugeant, il affirmait sa force intérieure, son idéal, sa pureté. Là étaient sa consolation et sa foi. Il n'avait pas une fois essayé d'éviter les mobilisations du Parti. Il avait volontairement renoncé au salaire majoré des cadres du Parti. En renonçant, il s'affirmait. Il portait toujours la même vareuse et les mêmes bottes, que ce soit pour aller au travail, participer à une conférence au ministère, ou se promener sur le bord de mer à Yalta quand le Parti l'y avait envoyé pour se faire soigner. Il voulait ressembler à Staline.

En perdant le droit de juger, il se perdait lui-même. Et Roubine le sentait. Presque tous les jours, il faisait des allusions à la faiblesse, à la peur, aux désirs pitoyables qui se glissent peu à peu dans une âme de détenu.

Avant-hier, il avait dit :

— Barkhatov fournit en métal piqué au magasin tous les voyous du camp, mais notre Robespierre garde le silence. Comme dit la chanson : « Le poulet veut vivre aussi [1]... »

Quand Abartchouk voulait condamner quelqu'un mais qu'il sentait que lui aussi était coupable, quand il se mettait à hésiter, il était pris de désespoir, il ne savait plus où il en était.

Abartchouk s'arrêta à côté du châlit du prince Dolgorouki. Le vieux prince parlait avec un jeune professeur de l'Institut d'économie du nom de Stepanov. Stepanov avait un comportement hautain, il refusait de se lever quand les autorités du camp entraient dans le baraquement, expri-

---

1. Allusion à une chansonnette anarchiste du temps de la révolution, *Poulet grillé*, qui, dans une version modifiée, était toujours populaire dans les années 1920.

Poulet grillé, poulet bouilli,	*Je suis pas des KD, ni des soviets,*
Le poulet veut vivre aussi.	*Mais un commissaire des poulets.*
On l'a capturé et arrêté	*Je n'ai fait pendre personne, ni fusiller,*
Son passeport l'a fait montrer.	*Je n'ai fait que les plumer.*

mait ouvertement des opinions antisoviétiques. Il était fier d'avoir été condamné pour quelque chose, à la différence de la grande masse des détenus politiques. Il avait écrit un article qui s'intitulait : « L'État de Lénine et Staline » et il l'avait donné à lire à des étudiants. Le troisième ou peut-être le quatrième de ses lecteurs l'avait dénoncé.

Dolgorouki était revenu en Union soviétique après avoir vécu en Suède. Auparavant, il avait longuement séjourné à Paris et souffrait du mal du pays. Une semaine après son retour il avait été arrêté. Dans le camp, il priait beaucoup, fréquentait les croyants de diverses sectes et écrivait des poèmes d'inspiration mystique.

En ce moment, il était en train de lire ses vers à Stepanov.

Abartchouk, appuyé sur les planches du châlit, écouta. Dolgorouki, d'une voix chevrotante, récitait :

> *N'est-ce pas moi qui ai choisi l'heure, le lieu,*
> *L'année et la nation, le jour de ma naissance,*
> *Afin de traverser les souffrances du feu,*
> *Le baptême de l'eau, les traits de la conscience ?*
> *Tombé dans les bas-fonds, l'horrible et le sordide,*
> *Dans le sang et le pus, les puanteurs putrides,*
> *Englouti par la bête aux dix cornes, je crois !*
> *Ses blasphèmes n'ont pas dénaturé ma foi.*
> *Je crois en l'équité des forces supérieures*
> *Qui firent déchaîner les pires éléments.*
> *De la Russie brûlée, du fond de son malheur,*
> *Je dis : ô mon Seigneur, juste est ton jugement !*
> *Tu trempes dans le feu les profondeurs de l'être,*
> *Jusqu'à ce qu'il soit dur et pur tel un cristal.*
> *Et si le four tiédit, s'il faut brûler pour naître,*
> *Prends ma chair, ô mon Dieu, pour fondre le métal[1] !*

Quand il eut fini, il resta un moment les yeux fermés, ses lèvres tressautaient encore.

— C'est de la merde, dit Stepanov, complètement décadent.

Dolgorouki eut un geste circulaire.

— Vous voyez où Tchernychevski et Herzen ont amené la Russie ? Vous souvenez-vous de la troisième lettre philosophique de Tchaadaïev[2] ?

Stepanov déclara d'un ton professoral :

— Vous et votre obscurantisme mystique, vous me répugnez autant que les organisateurs de ce camp. Comme vous, ils semblent oublier qu'il existe une troisième voie pour la Russie, la plus naturelle, la voie de la démocratie et de la liberté.

---

1. Le poème *Don de soi*, tiré du cycle « Guerre fratricide » du recueil *Buisson ardent*, est de Maximilian Volochine.
2. Dans cette lettre, Tchaadaïev réfléchit sur les rapports entre la foi et la raison, la liberté et la contrainte, la loi morale et les lois de la nature.

Plus d'une fois déjà, Abartchouk avait eu l'occasion de s'opposer à Stepanov, mais aujourd'hui il n'avait pas envie de se mêler à la conversation, de dénoncer en Stepanov l'ennemi, l'émigré intérieur. Il alla dans le coin des baptistes, resta un moment à les écouter marmonner.

Soudain, Zarokov, le chef de chambrée, cria d'une voix forte :

— Debout !

Tous se levèrent d'un bond : c'étaient les gardiens. Abartchouk observait du coin de l'œil le long visage pâle de Dolgorouki qui se tenait au garde-à-vous ; ses lèvres continuaient à remuer, il devait répéter ses vers. « Il n'en a plus pour longtemps », pensa Abartchouk. Stepanov était, comme toujours, resté assis, il refusait de se soumettre, par instinct anarchiste, aux règles raisonnables du camp.

— La fouille, c'est la fouille.

Mais ce n'était pas une fouille. Deux jeunes gardiens passèrent entre les châlits en observant les détenus.

Arrivé à la hauteur de Stepanov, l'un d'eux lança :

— Alors, le professeur, toujours assis, tu as peur d'attraper froid au cul ?

Stepanov tourna vers eux sa face large, au nez retroussé, et récita d'une voix de perroquet sa phrase habituelle :

— Citoyen commandant, je vous prie de me vouvoyer, je suis un détenu politique.

Cette même nuit, Roubine fut assassiné.

Le meurtrier lui avait mis, alors qu'il dormait, un gros clou contre l'oreille et, d'un grand coup, l'avait enfoncé dans le cerveau. Cinq personnes, dont Abartchouk, furent convoquées chez l'officier opérationnel. Visiblement, l'*oper* cherchait à savoir comment l'assassin s'était procuré le clou. Ces clous venaient d'arriver au magasin d'outillage et n'avaient pas encore été mis en circulation.

Pendant la toilette, Barkhatov se mit à côté d'Abartchouk devant le bac. Il tourna vers lui son visage mouillé, se passa la langue sur les lèvres pour lécher des gouttes d'eau et dit à voix basse :

— N'oublie pas, merdeux, si tu me mouchardes à l'*oper*, moi, je n'aurai rien, mais toi, je te crèverai la nuit qui suit, et t'auras pas une mort facile.

Après s'être essuyé, il plongea ses yeux calmes, encore humides, dans les yeux d'Abartchouk et, y trouvant ce qu'il voulait y trouver, il lui serra la main.

À la cantine, Abartchouk donna sa gamelle de soupe au maïs à Néoumolimov.

— Les monstres. Notre Abraham ! Quel homme c'était ! dit Néoumolimov d'une voix tremblante, et il attira vers lui la gamelle de soupe.

Abartchouk, sans répondre, quitta la table.

À l'entrée, les détenus s'écartèrent, Perekrest entra dans la cantine. Il se voûta pour passer le seuil, le plafond était trop bas pour sa taille.

— C'est mon anniversaire, aujourd'hui, dit-il à Abartchouk. Viens, on fera la fête, on boira de la vodka.

L'horreur ! Des dizaines de personnes avaient entendu le meurtre de cette nuit, avaient vu l'homme qui s'était glissé jusqu'à la place de Roubine.

Il aurait été facile de sauter de sa couchette, de réveiller toute la chambrée ; ils auraient pu, tous ensemble, venir à bout de l'assassin, sauver leur camarade. Mais personne n'avait levé la tête, personne n'avait crié. On avait tué un homme comme on égorge un mouton. Les gens étaient restés couchés, faisant semblant de dormir, se retenant de tousser, ils avaient recouvert leur tête de leur veste pour ne pas entendre le mourant en train de se débattre.

Quelle lâcheté, quelle soumission !

Mais lui non plus ne dormait pas, lui non plus ne s'était pas levé ; lui aussi avait recouvert sa tête de sa veste... Il savait pertinemment que cette soumission n'était pas venue de rien, qu'elle était le fruit de l'expérience, de la connaissance des lois du camp.

Ils auraient pu se lever, ils auraient pu arrêter l'assassin, mais de toute façon un homme armé d'un couteau est plus fort qu'un homme désarmé. La force d'une chambrée ne dure qu'un instant alors qu'un couteau reste toujours un couteau.

Abartchouk pensait à l'interrogatoire qui l'attendait ; il était facile à l'*oper* d'exiger des témoignages : il ne dormait pas dans la baraque, il ne se lavait pas dans les lavabos en offrant son dos à un couteau, il ne marchait pas dans les galeries de la mine, il n'allait pas dans les latrines du camp, où on pouvait te sauter dessus à plusieurs et te couvrir la tête d'un sac.

Oui, il avait vu cette nuit l'homme qui s'était approché de Roubine. Il avait entendu les râles, il avait entendu Roubine agonisant battre des pieds et des mains contre son châlit.

Le capitaine Michanine, l'officier opérationnel, fit venir Abartchouk dans son bureau, ferma la porte et dit :

— Détenu Abartchouk, asseyez-vous.

Il posa les premières questions, les questions auxquelles les détenus politiques répondaient toujours rapidement et précisément.

Puis il leva ses yeux fatigués sur Abartchouk et le regarda quelques instants en silence. Il comprenait parfaitement que, homme d'expérience, le détenu, craignant une vengeance inévitable, ne lui dirait jamais comment le meurtrier avait pu se procurer ce clou.

Abartchouk, lui aussi, regardait le visage du capitaine, ses cheveux, ses sourcils, les taches de rousseur sur son nez et se disait qu'il devait avoir deux ou trois ans de plus que son fils.

L'*oper* posa la question décisive, c'était pour poser cette question qu'il avait convoqué les détenus et déjà trois d'entre eux avaient refusé d'y répondre.

Abartchouk se taisait.

— Et alors, vous êtes sourd ?

Abartchouk se taisait toujours. Comme il aurait voulu que l'officier, même si ce n'était pas sincère, même si ce n'était qu'un procédé d'interrogatoire, lui dise : « Écoute, camarade Abartchouk, tu es un communiste. Aujourd'hui tu es dans un camp mais demain, peut-être, nous verserons nos cotisations dans la même cellule. Alors, aide-moi, comme un communiste doit aider un autre communiste ; aide-moi en tant que membre du Parti. »

Mais le capitaine Michanine dit :

— Vous dormez ou quoi ? Je vais vous réveiller, moi.

Mais il ne fallait pas réveiller Abartchouk.

D'une voix sourde, il commença :

— C'est Barkhatov qui a volé les clous. En outre, il a pris trois limes. À mon avis, c'est Ougarov qui a tué Roubine. Je sais que Barkhatov lui avait donné les clous et Ougarov a menacé plus d'une fois Roubine de le tuer. Et hier, il le lui a promis une fois de plus : Roubine refusait de lui donner un certificat de maladie.

Puis il prit la cigarette que lui tendait le capitaine.

— J'ai estimé, dit-il, que c'était mon devoir de communiste de vous le dire, camarade capitaine. Le camarade Roubine était un vieux membre du Parti.

Michanine lui offrit du feu et se mit à écrire rapidement.

— Vous devez savoir, détenu, dit-il d'une voix douce, que vous n'avez pas le droit de parler d'appartenance au Parti. Vous n'avez pas le droit non plus de m'appeler camarade. Pour vous, je suis citoyen commandant.

— Pardonnez-moi, citoyen commandant, dit Abartchouk.

— Pendant quelques jours, le temps que je finisse mon enquête, il n'y aura pas de problèmes. Ensuite, vous savez, on pourra vous transférer dans un autre camp.

— Non, je n'ai pas peur, citoyen commandant, répondit Abartchouk.

Il alla au magasin, il savait que Barkhatov ne lui demanderait rien. Barkhatov le suivrait sans cesse, et trouverait la vérité en observant ses gestes, ses regards, ses soupirs…

Abartchouk était heureux, il avait remporté une victoire sur lui-même.

Il avait retrouvé le droit de juger. Et, pensant à Roubine, il regrettait de ne pas pouvoir lui dire le mal qu'il avait pensé de lui la veille.

Trois jours passèrent, mais Magar ne se manifestait toujours pas, Abartchouk se renseigna auprès de la direction de la mine, mais les secrétaires que connaissait Abartchouk ne trouvèrent nulle part le nom de Magar.

Le soir, alors qu'Abartchouk s'était déjà résigné à l'idée de ne pas revoir son ami, un infirmier couvert de neige entra dans le baraquement et avertit Abartchouk qu'un nouvel arrivant, à l'infirmerie, avait demandé à le voir. L'infirmier ajouta :

— Le mieux, c'est que je te conduise tout de suite. Demande l'autorisation de sortir maintenant, sinon, tu sais, ces zeks, on ne peut pas se fier à eux ; ton gars, il peut casser sa pipe en moins de deux et après tu pourras toujours essayer de lui causer quand il aura enfilé son manteau de sapin.

41

L'infirmier introduisit Abartchouk dans le couloir de l'infirmerie ; il y régnait une puanteur particulière, distincte de celle des baraques. Ils passèrent devant des civières entassées et des ballots de vêtements, qui attendaient probablement d'être envoyés à la désinfection.

Magar était dans une chambre séparée, ou plutôt une sorte de réduit aux murs de rondins. Il y avait à peine la place pour les deux lits. Cette chambre était réservée aux malades infectieux et aux « musulmans », c'est-à-dire aux mourants. Les pieds des lits étaient si fins qu'ils semblaient faits de fil de fer mais ils restaient bien droits, les hommes qu'on posait sur ces lits ne pesaient jamais très lourd.

— Pas là, pas là, regarde plus à droite, dit une voix si familière qu'Abartchouk eut soudain l'impression qu'il n'y avait ni prison ni cheveux blancs et qu'il avait retrouvé ce qui l'avait fait vivre tant et tant d'années.

— Bonjour, bonjour, bonjour..., répétait-il en fixant le visage de Magar.

— Assieds-toi donc sur l'autre lit, dit Magar.

Voyant le regard qu'Abartchouk jetait sur le lit voisin, il ajouta :

— Tu ne le dérangeras pas, plus rien ne le dérangera maintenant.

Abartchouk se pencha pour mieux voir le visage de son ami puis regarda de nouveau le corps sous la couverture.

— Il y a longtemps ?

— Ça doit faire deux heures qu'il est mort, les infirmiers n'y touchent pas pour l'instant, ils attendent le médecin ; c'est mieux ainsi, sinon ils vont en mettre un autre, et un vivant nous empêcherait de parler.

— Tu as raison, dit Abartchouk, et il ne posa pas les questions qui lui brûlaient les lèvres : « Alors, tu as été pris avec l'affaire Boubnov, ou bien de Sokolnikov ? Tu tires combien d'années ? Tu étais dans quelle prison, à Souzdal ou à Vladimir ? Tu es passé devant un tribunal militaire ou bien tu as eu droit à l'Osso ? Tu as signé tes aveux ? »

Il demanda, indiquant le corps :

— Qui c'est ? De quoi il est mort ?

— Il est mort du camp, c'est un dékoulakisé. Il appelait tout le temps une Nastia[1], voulait s'en aller...

Abartchouk distinguait maintenant dans la pénombre le visage de Magar. Il ne l'aurait pas reconnu, on ne pouvait même plus dire que Magar avait changé, c'était un vieillard en train de mourir qu'il avait devant lui.

Il se dit, le dos effleuré par le bras raide et replié du mort, et sentant sur lui le regard de son ami, que, sûrement, Magar devait se dire lui aussi qu'il ne l'aurait jamais reconnu.

---

1. Diminutif d'Anastasia.

Mais Magar dit :

— Je viens de comprendre : il disait tout le temps quelque chose dans le genre de « ba... ba... ba... ba... », en fait il demandait : « À boire... à boire... » Il y avait une timbale à côté de lui, j'aurais pu satisfaire son dernier désir.

— Tu vois, le mort aussi nous empêche de parler tranquillement.

— Et ça peut s'expliquer. (Abartchouk reconnut son intonation : c'est ainsi que Magar commençait habituellement une discussion sérieuse.) Nous parlons de lui, mais il s'agit de nous.

— Non, non ! cria Abartchouk.

Il saisit la main de Magar, la serra, puis l'étreignit contre lui. Des sanglots le secouèrent.

— Merci, murmura Magar, merci, merci.

Ils se turent. Tous deux respiraient difficilement. Leurs deux souffles se mêlaient et il semblait à Abartchouk que ce n'étaient pas seulement leurs souffles.

Magar reprit la parole :

— Écoute, mon ami, et c'est la dernière fois que je peux t'appeler ainsi.

— Arrête, qu'est-ce que tu racontes, tu vivras.

Magar s'assit.

— Je ne voulais pas en parler ; c'est, pour moi, pire que toutes les tortures, mais il le faut. Toi aussi, écoute, dit-il, s'adressant au corps allongé à côté d'eux et dont Abartchouk sentait le coude pointu dans son dos, ça vous concerne, toi et ta Nastia. C'est mon dernier devoir de révolutionnaire et je le remplirai. Tu es une nature à part, camarade Abartchouk. Et nous nous sommes rencontrés dans un temps à part, notre meilleur temps, je crois. Alors, je dois te dire... Nous nous sommes trompés. Et voilà où ça a mené, notre erreur, regarde... Nous devons lui demander pardon. Donne-moi une cigarette. Et puis, il ne s'agit pas de se repentir. Jamais, rien, aucun repentir ne pourra expier ce que nous avons fait. Ça, c'est la première chose que je voulais te dire. La deuxième, maintenant. Nous n'avons pas compris ce qu'est la liberté. Nous l'avons écrasée. Marx aussi l'a sous-estimée : elle est la base et le sens, elle est l'infrastructure des infrastructures. Sans liberté, il n'y a pas de révolution prolétarienne. Ça, c'est le deuxième point, et maintenant, écoute le troisième. Nous sommes passés par les camps et la taïga, mais notre foi est restée la plus forte. Mais cette force n'est que faiblesse ; elle n'est qu'instinct de conservation. Ainsi, dehors, l'instinct de conservation a poussé les gens à changer pour ne pas périr, pour ne pas se retrouver dans un camp. Les communistes se sont créé une idole, ont remis des épaulettes, ont réintroduit le nationalisme, ils s'en sont pris à la classe ouvrière et, s'il le faut, ils finiront comme les Cent-Noirs[1]... Mais là, dans le camp, le même instinct de conservation nous ordonne de ne pas changer : si tu ne

---

1. Voir « Cent-Noirs » dans le Dictionnaire.

veux pas finir dans un manteau de sapin, surtout ne change pas pendant les dix ans que tu as à passer dans les camps... ce sont les deux faces de la piécette...

— Arrête ! s'écria Abartchouk en approchant son poing du visage de Magar. On t'a brisé ! Tu n'as pas tenu le coup ! Tout ce que tu racontes, c'est du délire.

— J'aimerais bien, mais non, je ne délire pas. De nouveau, je t'appelle à me suivre. Comme il y a vingt ans. Et si nous ne pouvons plus vivre en révolutionnaires, alors il vaut mieux mourir ; on ne peut pas vivre ainsi.

— Ça suffit.

— Pardonne-moi. Je comprends bien, je ressemble à une vieille putain qui pleure sa virginité perdue. Mais je te le dis : souviens-toi ! Encore une fois : pardonne-moi.

— Te pardonner ? Mais il vaudrait mieux que je... Il vaudrait mieux que tu sois couché là, comme ce cadavre, que tu sois mort avant notre rencontre...

Et, sur le pas de la porte, Abartchouk ajouta :

— Je reviendrai te voir... Je te remettrai la cervelle en place, maintenant c'est moi qui serai ton maître.

Le lendemain matin, Abartchouk rencontra l'infirmier sur la place du camp. Il tirait une luge avec un bidon de lait. Il était étrange qu'au-delà du cercle polaire un homme eût le visage en sueur.

— Ton petit copain ne boira plus de lait, dit-il. Il s'est pendu cette nuit.

Il est agréable de frapper son interlocuteur d'une nouvelle inattendue. L'infirmier regarda Abartchouk d'un air triomphant.

— Il a laissé une lettre ? demanda Abartchouk en avalant une profonde gorgée d'air.

Il lui semblait que Magar ne pouvait pas ne pas avoir laissé de lettre, que la scène d'hier n'était qu'un hasard.

— Une lettre, pour quoi faire ? Tout ce qu'on écrit finit chez l'*oper.*

Cette nuit fut la plus dure qu'ait connue Abartchouk. Il était couché sur le dos, les dents serrées, les yeux grands ouverts, il fixait le mur d'en face, maculé de traces de punaises écrasées.

Il s'adressait à son fils, auquel il avait naguère refusé son nom ; il l'appelait à son secours : « Tu es tout ce qui me reste, tu es mon seul espoir. Tu vois, mon ami, mon maître a voulu tuer en moi la volonté et la raison et il s'est tué lui-même. Tolia, mon Tolia, tu es tout ce qui me reste au monde. Est-ce que tu me vois, est-ce que tu m'entends ? Sauras-tu un jour que ton père n'a pas plié, n'a pas succombé au doute ? »

Autour de lui, le camp dormait. Le camp dormait d'un sommeil lourd, bruyant, hideux. L'air empuanti était traversé par des ronflements, des gémissements, des cris, des grincements de dents.

Abartchouk se souleva soudain sur sa couche : il lui avait semblé voir bouger une ombre.

42

À la fin de l'été 1942, l'armée de Kleist s'était emparée avec Maïkop du principal centre pétrolifère de l'Union soviétique. Les troupes allemandes occupaient la Crète et le cap Nord, le nord de la Finlande et les côtes de la Manche. Le Renard du Désert, le maréchal Erwin Rommel, était à quatre-vingts kilomètres d'Alexandrie. Le drapeau à croix gammée flottait sur l'Elbrouz. Manstein avait reçu l'ordre de concentrer des canons géants et les lance-roquettes multitubes Nebelwerfer autour de Leningrad. Mussolini mettait au point la prise du Caire et s'entraînait à faire du cheval sur un étalon arabe. Dietl, le combattant des neiges, avait atteint des latitudes septentrionales qu'aucun conquérant d'Europe n'avait atteintes avant lui.

Paris, Vienne, Prague, Bruxelles n'étaient plus que des chefs-lieux de province de l'empire allemand.

Le moment était venu de réaliser les plans les plus atroces du national-socialisme, ceux qui visaient l'homme, sa vie et sa liberté. Les chefs nazis mentaient quand ils affirmaient que seule la tension de la lutte les obligeait à être aussi barbares. Bien au contraire, le danger les rendait raisonnables, le manque de confiance en leurs forces les obligeait à se modérer.

Le monde serait noyé dans son sang lorsque le nazisme serait parfaitement sûr de sa victoire. Si le nazisme n'avait plus d'adversaires armés sur terre, ses bourreaux ne connaîtraient plus de limites. Car l'homme était son principal ennemi.

Au cours de l'automne 1942, des lois particulièrement inhumaines furent adoptées.

En particulier, le 12 septembre 1942, à l'apogée des succès militaires du national-socialisme, les Juifs des pays d'Europe furent déclarés hors la loi et passèrent sous la juridiction de la Gestapo.

Les dirigeants du Parti et Adolf Hitler en personne prirent la décision d'anéantir le peuple juif.

43

Sofia Levintone pensait parfois à sa vie passée. Ses cinq années d'études à l'université de Zurich, les vacances à Paris et en Italie, les concerts à la Philharmonie, les expéditions dans les montagnes de l'Asie centrale, son travail de médecin pendant trente-deux ans, ses plats préférés, ses amis, dont les vies, avec leurs jours de bonheur et leurs jours de peine, avaient croisé la sienne, les conversations quotidiennes au téléphone, les petits mots de tous les jours : « Salut… comment va… », les parties de cartes, les affaires qu'elle avait laissées dans sa pièce à Moscou.

Elle pensait aux Chapochnikov, des amis qu'elle s'était faits à Stalingrad : à Evguenia, Alexandra Vladimirovna, Serioja, Vera…

Un soir, alors que leur wagon à bestiaux était, avec le reste du convoi, sur une voie de garage dans une des gares de triage des environs de Kiev, elle épouillait le col de sa vareuse ; deux vieilles femmes, assises à côté d'elle, parlaient à voix basse et rapide en yiddish. C'est à cet instant qu'elle comprit, avec une acuité extraordinaire, que c'était à elle, à Sonia[1], à Sofia Ossipovna Levintone, médecin-major de l'armée Rouge, que tout cela était arrivé.

L'essence de la métamorphose que subissaient les hommes consistait en un affaiblissement de leur nature propre, de leur personnalité et en un renforcement du sentiment du destin.

« Qui suis-je, en fin de compte, qui c'est, moi, moi, moi ? pensait Sofia Ossipovna. La fille chétive et morveuse qui avait peur de papa et maman, la grosse femme autoritaire avec ses deux galons ou bien celle-ci, pouilleuse et galeuse ? »

L'aspiration au bonheur avait disparu, mais de nombreux désirs avaient pris sa place : tuer les poux… atteindre la fente et respirer un peu d'air frais… uriner… laver ne fût-ce qu'un pied… et le désir de tout son corps : boire.

On l'avait jetée dans le wagon, elle essaya de distinguer quelque chose dans l'obscurité qui lui parut d'abord totale, et entendit un léger rire.

— Qui rit ici, des fous ? demanda-t-elle.

— Non, répondit une voix d'homme. On se raconte des blagues, ici.

— Encore une Juive pour notre triste convoi, dit une voix mélancolique.

Sofia Ossipovna, restée debout près de la porte, répondit aux questions.

Et aussitôt, à travers les pleurs, les gémissements, la puanteur, elle fut plongée dans l'atmosphère des intonations et des mots oubliés depuis l'enfance.

Sofia Ossipovna voulut faire un pas à l'intérieur du wagon, mais c'était impossible. Elle trouva à tâtons de maigres jambes d'enfant en culottes courtes et s'excusa :

— Excuse-moi, mon garçon, j'ai dû te faire mal ?

Mais le garçon ne répondit pas. Elle lança dans l'obscurité :

— La maman de l'enfant muet pourrait peut-être le déplacer, je ne peux quand même pas rester debout durant tout le voyage.

— Il fallait envoyer un télégramme, dit une voix de comédien aux accents hystériques, on vous aurait réservé une chambre avec salle de bains.

— Crétin ! dit Sofia Ossipovna d'une voix forte.

Une femme, dont elle pouvait déjà distinguer le visage dans la pénombre, lui dit d'une voix chantonnante :

— Venez par ici, il y a des masses de place.

En entendant cette expression, Sofia Ossipovna sentit ses mains trembler.

---

1. Diminutif de Sofia.

C'était le monde qu'elle connaissait depuis l'enfance, le monde du *shtetl*. Mais elle s'aperçut vite que ce monde avait changé.

Il y avait dans le wagon des élèves d'une école technique, des enseignants de centres professionnels, un électricien, un ingénieur d'une conserverie, une jeune fille vétérinaire. C'étaient des métiers jusqu'alors inconnus chez les Juifs. Mais d'autre part, elle, Sofia Ossipovna, n'avait pas changé, elle était restée celle qui avait peur de papa maman ; alors, peut-être, ce monde nouveau était-il, en fait, resté inchangé. Mais, finalement, cela avait-il de l'importance ? Nouveau ou inchangé, de toute façon, ce monde-là, le monde yiddish, roulait vers l'abîme.

Elle entendit une voix de jeune femme qui disait :

— Les Allemands d'aujourd'hui sont des sauvages, ils ne savent même pas qui est Heine.

— Mais pour finir, rétorqua une voix d'homme dans un autre coin, les sauvages nous transportent comme du bétail. Et à quoi a servi votre Heine ?

On interrogea Sofia Ossipovna sur la situation au front et, comme ses informations n'avaient rien de réjouissant, on lui expliqua qu'elles étaient fausses, et elle comprit que le wagon à bestiaux avait sa propre stratégie, basée sur le désir passionné de vivre.

— Vous ne savez donc pas qu'on a envoyé à Hitler un ultimatum pour qu'il relâche immédiatement tous les Juifs ?

Bien sûr, l'opium absurde de l'optimisme vient au secours des hommes quand le sentiment aigu de l'horreur prend la place d'un désespoir résigné.

Bientôt plus personne ne s'intéressa à Sofia Ossipovna ; elle devint un compagnon de voyage comme les autres, qui ne savait pas plus que les autres où on les emmenait et dans quel but. Personne ne lui avait demandé comment elle s'appelait.

Sofia Ossipovna s'étonnait : il avait suffi de quelques jours pour parcourir en sens inverse le chemin qui mène de la bête sale et misérable, privée de nom et de liberté, jusqu'à l'homme, et pourtant le chemin vers l'homme avait duré des millions d'années.

Dans cet énorme malheur qui les avait frappés, les gens, à son grand étonnement, continuaient à se préoccuper de petits détails banals, à se mettre en colère pour des causes insignifiantes.

Une vieille femme lui dit à l'oreille :

— Dis, la doctoresse, regarde-moi cette grande dame qui s'est installée là-bas près de la fente, on pourrait croire qu'il n'y a que son enfant qui a besoin d'air pur. Madame va aux eaux.

Le train s'arrêta à deux reprises au cours de la nuit. Tous écoutaient le bruit des pas de l'escorte, les phrases indistinctes en allemand et en russe.

Elle était devenue terrible, la langue de Goethe, quand on l'entendait dans la nuit des petites gares russes, mais la langue maternelle que parlaient les Russes engagés dans la police allemande était plus sinistre encore.

Comme tous les autres, Sofia Ossipovna souffrait de faim et de soif. Son rêve était étriqué et timide ; elle rêvait d'une boîte de conserve cabossée

avec un peu de liquide tiède dans le fond. Elle se grattait avec des mouvements brefs et saccadés comme un chien qui a des puces.

Sofia Ossipovna croyait avoir compris maintenant la différence entre la
vie et l'existence. Sa vie était finie, mais l'existence, elle, durait encore.
Et bien que cette existence fût misérable, la pensée d'une mort prochaine
emplissait le cœur de terreur.

Il se mit à pleuvoir, quelques gouttes passèrent par la lucarne grillagée.
Sofia Ossipovna arracha une bande de tissu à sa chemise et, s'approchant
de la paroi du wagon, elle la passa par une fente ; puis elle attendit que le
morceau de tissu s'imbibe d'eau. Ensuite elle tira le chiffon humide à
l'intérieur et se mit à le mâcher.

Et aussitôt les gens se mirent, eux aussi, à arracher des lambeaux de tissu
et Sofia Ossipovna se sentit fière d'avoir trouvé un moyen pour s'emparer
de la pluie.

Le garçon que Sofia Ossipovna avait bousculé en entrant était assis non
loin d'elle, il observait les gens en train de passer leurs chiffons par les
fentes entre le sol et la porte. Malgré la lumière incertaine, elle pouvait distinguer son visage maigre où ressortait un nez aiguisé. Il devait avoir dans
les six ans. Sofia Ossipovna se dit que, depuis qu'elle était entrée dans le
wagon, personne ne s'était adressé au garçon et qu'il était resté sans bouger
ni parler à qui que ce soit. Elle lui tendit son chiffon humide et dit :

— Prends-le, mon gars.

Il ne répondit pas.

— Prends, mais prends donc, insista-t-elle et il tendit une main hésitante.

— Comment t'appelles-tu ? demanda-t-elle.

Il murmura :

— David.

Moussia Borissovna, une femme qui était assise à côté d'elle, lui
expliqua que David était venu de Moscou pour passer ses vacances chez
sa grand-mère et que la guerre l'avait séparé de sa mère. La grand-mère
avait péri dans le ghetto ; il y avait dans le wagon une tante de David, elle
s'appelait Rébecca Buchman, elle était avec son mari malade, et elle ne
permettait même pas au garçon de s'asseoir à ses côtés.

À la fin de la journée, Sofia Ossipovna était pleine de récits, de conversations, de disputes, elle-même avait raconté et parlé. Maintenant, elle
s'adressait à ses interlocuteurs par un : « *Brider yidn*[1], voilà ce que je vais
vous dire… »

Nombreux étaient ceux qui attendaient avec espoir la fin du voyage ; ils
pensaient qu'on les emmenait dans des camps où tout le monde pourrait
travailler selon sa spécialité, tandis que les malades seraient installés dans
des baraques pour invalides. Tous en parlaient sans arrêt. Et pendant ce
temps l'horreur muette ne les quittait pas et se terrait au fond de leurs âmes.

---

1. « Mes frères juifs. »

On raconta à Sofia Ossipovna l'histoire d'une femme qui avait mis sa sœur paralysée dehors par une nuit d'hiver et l'avait laissée mourir de froid. On lui raconta qu'il y avait des mères qui avaient tué leurs enfants et qu'une des femmes du wagon l'avait fait. On lui parla de gens qui avaient vécu pendant des mois comme des rats dans les égouts en se nourrissant d'immondices, prêts à tout endurer pour sauver leur existence.

La vie des Juifs, sous le nazisme, était effroyable, or les Juifs n'étaient ni des saints ni des monstres, ils étaient des êtres humains.

Le sentiment de pitié qu'éprouvait Sofia Ossipovna pour ces gens se faisait plus fort encore quand elle regardait le petit David.

La plupart du temps, il restait immobile et silencieux. Parfois il sortait une vieille boîte d'allumettes, jetait un coup d'œil à l'intérieur puis la remettait dans sa poche.

Cela faisait plusieurs nuits que Sofia Ossipovna ne dormait pas, elle n'avait pas sommeil. Cette nuit-là aussi, elle resta à veiller dans l'obscurité puante. « Où peut être en ce moment Evguenia Chapochnikov ? » se dit-elle soudain. Elle écoutait les murmures et les cris, et se disait que dans tous ces cerveaux enfiévrés devaient vivre des images que les mots ne pouvaient plus exprimer. Comment faire pour les fixer, les conserver au cas où l'homme vivrait encore sur terre et voudrait savoir ce qui fut.

— Golda ! Golda ! cria une voix d'homme entrecoupée de sanglots.

44

… Le cerveau de Nahum Rozenberg, un comptable de quarante ans, effectue ses calculs habituels. Nahum Rozenberg marche sur la route et compte : plus 110 avant-hier, plus 61 hier, plus 612 la semaine dernière, cela fait un total de 783… Il aurait dû tenir un compte séparé pour les hommes, les femmes et les enfants… Les femmes brûlent plus facilement. Un *brenner*[1] expérimenté dispose les corps de façon à mettre les vieux, osseux et riches en cendres, à côté des femmes. Bientôt va venir l'ordre de quitter la route, comme ont dû recevoir cet ordre il y a un an ceux qu'ils vont déterrer et sortir de la fosse à l'aide de crochets au bout de cordes. Un brenner expérimenté peut déterminer d'après le monticule, avant même d'y avoir touché, combien de corps sont enfouis dans la fosse, 50, 100, 200, 600, 1 000… Le Scharführer Elf exige que l'on ne parle pas de corps mais de figures : 100 figures, 200 figures ; mais Rozenberg continue à dire : des personnes, un homme assassiné, un enfant exécuté, un vieillard exécuté. Il le dit tout doucement, pour lui-même, sinon le Scharführer le tuerait, mais il s'entête et marmonne : tu sors de la fosse, l'homme… ne te cramponne donc pas à ta maman, mon petit, elle ne s'en ira pas, vous allez rester ensemble…

1. Un « brûleur ».

— Qu'est-ce que t'as à marmonner ?

— Moi ? Rien, il vous a semblé.

Et il continue à marmonner, il lutte, c'est son combat... Avant-hier ils ont ouvert une fosse avec seulement huit morts. Le Scharführer criait : « Ce n'est pas sérieux. Une équipe de vingt brenner fait brûler huit figures. » Il a raison, mais que faire d'autre ? Il n'y avait que deux familles juives dans ce village. L'ordre est formel : ouvrir toutes les tombes et brûler tous les corps... Et voilà, ils ont quitté la route et marchent dans l'herbe à travers champs, et, pour la cent quinzième fois, les voilà devant un monticule de terre grise au centre d'une clairière : une tombe. Huit brenner creusent ; quatre d'entre eux abattent des chênes et les scient en rondins de longueur égale, celle d'un corps humain ; deux d'entre eux les fendent avec des coins et des cognées ; deux autres ramassent sur la route de vieilles planches et du petit bois pour faire partir le feu, les quatre autres préparent l'emplacement du bûcher, ils creusent une rigole pour donner de l'air au feu, il faut repérer d'où vient le vent.

L'odeur de la forêt disparaît brutalement, les soldats de l'escorte rient et se bouchent le nez, le Scharführer s'écarte en jurant. Les brenner laissent leurs pelles, prennent les crochets, s'entourent le nez et la bouche de chiffons... Bonjour, grand-père, vous allez voir encore une fois la lumière du jour ; que vous êtes lourd... Une mère et trois enfants, deux garçons, l'aîné devait déjà aller à l'école, la fille doit être de 39, elle était atteinte de rachitisme, ça ne fait rien, elle n'en a plus maintenant... Ne te cramponne pas comme ça à ta maman, mon petit, elle ne partira pas... « Combien de figures ? » crie le Scharführer de loin. « Dix-neuf », et doucement, pour lui-même, « personnes de tuées ». Tous jurent, une demi-journée de perdue. En revanche, la semaine dernière, ils ont ouvert une fosse où il y avait deux cents jeunes femmes. Quand ils ont eu retiré la couche de terre en surface, une vapeur grise est montée au-dessus du charnier, les soldats riaient : « Elles ont le sang chaud, les garces ! » Sur les tranchées qui amènent l'air frais on met du bois sec, puis des bûches de chêne, elles donnent de la bonne braise, puis les corps des femmes, puis des bûches, puis les corps des hommes, encore des bûches, puis des morceaux de corps anonymes, puis on verse de l'essence, puis, au milieu, une bombe incendiaire, puis le Scharführer lance un ordre et les soldats de l'escorte sourient d'avance : les brenner vont chanter en chœur. Le bûcher flambe ! Puis on jette les cendres dans le trou. Et tout est silencieux à nouveau. Le silence est redevenu silence. Et ensuite on les conduit dans un bois, il n'y a pas de monticule au milieu de la clairière, le Scharführer ordonne de creuser un trou de quatre mètres sur deux ; tous comprennent ; ils ont rempli leur tâche : 89 villages, plus 18 *shtetl*, plus 4 hameaux, plus 2 chefs-lieux de district, plus 3 sovkhozes, 2 céréaliers et 1 d'élevage, au total 116 agglomérations, 116 charniers que les brenner ont déterrés... Tout en creusant la fosse pour lui et ses compagnons, le comptable Nahum Rozenberg poursuit ses calculs : la semaine écoulée, 783 ; les trois décades précédentes ont fait au total 4 826 corps brûlés, cela fait un total général de

5 609 corps brûlés. Il compte, compte et le temps passe insensiblement, il compte le nombre moyen de figures, non, pas de figures, de corps par charnier, il faut diviser 5 609 par le nombre de charniers, c'est-à-dire 116, cela fait 48,35 corps par fosse commune, on peut donc dire, en arrondissant, 48 corps humains par tombe. Maintenant, si l'on compte que 20 brenner ont travaillé pendant 37 jours, cela fait… « En rang ! » crie le chef de l'escorte et le Scharführer ordonne : « In die Grube mursch[1] ! » Mais il ne veut pas aller dans la tombe. Il court, tombe, repart, il court mal, le comptable ne sait pas courir, mais on n'a pas su le tuer et il est couché dans l'herbe, parmi les arbres ; tout est calme. Il ne pense pas au ciel au-dessus de lui, il ne pense pas à Golda qui était enceinte de six mois quand on l'a tuée ; il est étendu dans l'herbe et il calcule ce qu'il n'a pas eu le temps de calculer dans la tombe : 20 brenner, 37 jours, cela fait un ratio de… Ensuite il lui faut calculer combien cela fait en moyenne de stères par corps ; quelle est la durée moyenne de la combustion d'une figure ; combien…

La police l'avait rattrapé au bout d'une semaine et conduit au ghetto.

Et maintenant, dans le wagon, il marmonnait, il comptait, multipliait, divisait. Le bilan comptable de l'année. Il faut le présenter à Buchman, le chef comptable de la Gosbank. Et soudain, la nuit, pendant son sommeil, des larmes brûlantes arrachèrent l'écorce qui recouvrait son cerveau et son cœur.

— Golda ! Golda ! appela-t-il.

45

La fenêtre de sa chambre donnait sur les barbelés du ghetto. Une nuit, Moussia Borissovna se réveilla, souleva le coin du rideau et vit deux soldats en train de tirer une mitrailleuse ; la lumière bleue de la lune jouait sur l'acier poli, les lunettes de l'officier qui marchait en tête scintillaient. Elle entendit le grondement assourdi des moteurs. Les camions approchaient du ghetto tous phares éteints, leurs roues soulevaient des nuages de poussière argentée, et ils se déplaçaient, comme des divinités, sur leurs nuages.

Durant les quelques minutes au clair de lune dont eurent besoin les détachements de SS et SD, les polizei ukrainiens et une colonne motorisée appartenant aux réserves du Reichssicherheitshauptamt[2], pour s'approcher de l'entrée du ghetto endormi, Moussia Borissovna put voir ce qu'était la fatalité du XXe siècle.

Le clair de lune, le mouvement lent et majestueux des détachements en armes, les camions puissants et noirs, le tic-tac de la pendule sur le mur, le chandail, le soutien-gorge et les bas sur la chaise, la douce odeur du logis, l'impossible conciliation entre les inconciliables.

---

1. « Descends dans la fosse ! »
2. Direction de la sécurité du Reich.

46

Natacha Karassik, la fille d'un médecin arrêté et exécuté en 1937, essayait, de temps en temps, de chanter. Parfois elle chantait même la nuit, mais les gens du wagon ne lui en voulaient pas.

Elle était timide, parlait toujours à voix basse, les yeux baissés ; elle ne rendait visite qu'à ses parents les plus proches et s'étonnait de l'audace des jeunes filles qui osaient aller danser.

À l'heure de la sélection, on ne la rangea pas dans le petit groupe de médecins et d'artisans qu'on gardait en vie parce qu'ils étaient utiles ; personne n'avait besoin de l'existence d'une jeune fille fanée aux cheveux grisonnants.

Un policier la poussa vers un groupe de trois hommes ivres qui se tenaient sur un talus de la place du marché. Elle avait connu l'un d'entre eux avant la guerre, il était magasinier dans un entrepôt du chemin de fer, et était, maintenant, le chef de la police. Elle n'avait pas même compris que ces trois-là décidaient de la vie et de la mort d'un peuple ; un policier la poussa dans une foule bruyante de milliers d'hommes, de femmes, d'enfants reconnus inutiles.

Puis, sous le soleil torride d'août, leur dernier soleil, ils marchèrent vers l'aéroport. Ils marchaient entre les pommiers poussiéreux qui bordaient la route, ils poussaient pour la dernière fois des cris perçants, déchiraient leurs vêtements, priaient. Natacha marchait en silence.

Jamais elle n'aurait cru que le sang puisse être d'un rouge vif sous le soleil. Quand, pour un instant, les cris, les détonations, les râles s'interrompaient, on entendait, dans la fosse, le sang ruisseler ; il courait sur les corps blancs comme sur des pierres blanches.

La suite fut bien moins effrayante : le crépitement de la mitraillette, le visage bon enfant et fatigué du bourreau qui attendait patiemment tandis qu'elle s'approchait craintivement de lui et se plaçait au bord de la fosse ruisselante.

La nuit, après avoir essoré sa chemise mouillée, elle retourna à la ville. Les morts ne sortent pas des tombes, elle était donc vivante.

Et, alors qu'elle se faufilait de cour en cour, pour regagner le ghetto, Natacha vit, sur la grand-place, un bal populaire. Un orchestre, cuivres et cordes, jouait des valses dont la mélodie mélancolique et rêveuse lui avait toujours plu ; et à la lumière blafarde des lampadaires et de la lune, des couples, soldats et jeunes filles, tournaient sur la place poussiéreuse, et le frottement des pieds se mêlait à la musique. Et soudain, la jeune fille fanée se sentit gaie et pleine d'assurance, et depuis elle chantait, chantait sans cesse dans l'attente du bonheur à venir, et parfois, si personne ne la voyait, s'essayait à valser.

47

David se souvenait mal de tout ce qui s'était passé depuis le début de la guerre. Mais une nuit, dans le wagon, des scènes se pressèrent dans son cerveau.

Il fait noir, sa grand-mère le conduit chez les Buchman. Le ciel est couvert d'étoiles et l'horizon est clair, d'un jaune verdâtre. Des feuilles de bardane lui frôlent le visage comme des mains froides et humides.

Dans le grenier, derrière la fausse paroi en brique de la cachette, des gens sont terrés. Les plaques de tôle ondulée du toit chauffent pendant la journée. Parfois la cachette s'emplit d'une odeur de brûlé, le ghetto flambe. Quand il fait jour, tous restent immobiles. La petite Svetlana, la fille des Buchman, pleure. Buchman a le cœur malade, dans la journée tout le monde le croit mort. La nuit, il mange et se dispute avec sa femme.

Soudain, des aboiements de chiens. Des mots d'une langue étrangère : « *Asta ! Asta ! Wo sind die Juden*[1] *?* » et, au-dessus des têtes, le bruit grandit, les Allemands sont passés sur le toit par une trappe.

Puis le fracas ferré des bottes allemandes dans le ciel de tôle noire s'interrompt. On entend des petits coups sournois de l'autre côté de la cloison, quelqu'un ausculte les murs.

Un silence passionné s'installe dans l'abri, un silence fait de cous et d'épaules tendus, d'yeux écarquillés par l'attente, de bouches grimaçantes.

Svetlana reprend sa mélopée sans paroles qu'accompagnent les coups dans le mur. Soudain les pleurs cessent, David se retourne et rencontre les yeux enragés de la mère de Svetlana.

Une ou deux fois par la suite, David revit la scène, les yeux enragés de Rébecca Buchman et Svetlana la tête pendant sur le côté comme une poupée de chiffon.

Mais il se rappelait très bien et revoyait souvent sa vie avant la guerre. Dans le wagon, tel un vieillard, David vivait dans le passé, il l'aimait et le chérissait.

48

Le 19 décembre, le jour de son anniversaire, sa maman lui avait acheté un livre de contes. Au centre d'une clairière se tenait un chevreau, tout autour la forêt obscure semblait particulièrement menaçante. Parmi les troncs marron foncé des arbres et les champignons rouge et blanc, on devinait la gueule ouverte aux dents longues et les yeux verts du loup.

---

1. « Où sont les Juifs ? »

Seul David savait qu'un meurtre allait être commis. Il tapait du poing sur la table, cachait la clairière de sa main ouverte, mais il comprenait qu'il ne pourrait pas sauver le chevreau.

La nuit, il criait : « Maman, maman, maman ! »

Réveillée, elle s'approchait de son lit, tel un nuage blanc dans les ténèbres de la nuit, et il s'étirait dans un bâillement bienheureux, comprenant que la plus grande force au monde le protégeait contre le noir de la forêt nocturne.

Plus tard, il eut peur des chiens rouges du *Livre de la jungle*. Une nuit, les fauves rouges envahirent la chambre, et David, s'aidant des tiroirs ouverts de la commode, se faufila dans le lit de sa mère.

Quand David avait une forte fièvre et délirait, il faisait toujours le même cauchemar : il est couché sur une plage au bord de la mer et de minuscules vagues chatouillent son corps. Soudain, s'élève à l'horizon une montagne liquide, elle grandit et s'approche à une vitesse vertigineuse. David est couché sur le sable chaud et l'énorme montagne d'eau noire fond sur lui. C'était plus effrayant que le loup et les chiens rouges.

Le matin, sa mère partait au travail. Il sortait sur l'escalier de service et versait du lait dans une boîte à sardines pour un chat sans maître à la queue longue et fine, au nez blanc et aux yeux chassieux. Mais un jour, une voisine annonça qu'enfin des hommes étaient venus et avaient, Dieu merci, emporté cet horrible chat errant à l'Institut.

— Où veux-tu que j'aille ? Quel institut ? C'est parfaitement impossible, tu ferais mieux d'oublier l'existence de ce malheureux chat ! disait sa mère en regardant les yeux implorants de son fils. Comment feras-tu dans la vie ? Ce n'est pas possible d'être à ce point vulnérable !

Sa mère voulait l'envoyer en vacances dans un camp de pionniers, il pleurait, la suppliait, criait :

— Je te promets, j'irai chez grand-mère, mais, s'il te plaît, ne m'envoie pas au camp !

Tout le temps que dura le voyage, quand sa mère l'emmena en Ukraine où vivait la grand-mère, il ne mangea presque rien, il lui semblait honteux de manger des œufs durs ou de ronger une cuisse de poulet enveloppée dans un papier graisseux.

La mère de David resta cinq jours chez la grand-mère. Puis elle repartit travailler à Moscou.

Il ne pleura pas au moment des adieux mais il la serra si fort par le cou qu'elle lui dit :

— Tu m'étouffes, gros bêta. Tu auras plein de fraises, elles ne sont pas chères ici, et dans deux mois je reviendrai te chercher.

À côté de la maison de grand-mère Rosa, il y avait un arrêt de l'autobus qui allait jusqu'à la tannerie. En ukrainien, on ne disait pas arrêt mais *zoupynka*.

Défunt grand-père avait été un membre du Bund, c'était un grand homme, il avait vécu à Paris. Cela avait valu à grand-mère beaucoup de respect et de nombreux licenciements.

On entendait par les fenêtres ouvertes la radio qui annonçait : « *Ouvaga, ouvaga*[1], ici Kiev.* »

Pendant la journée, la rue était déserte ; elle s'animait quand les élèves du centre d'apprentissage de la tannerie rentraient à la maison. Ils criaient d'un trottoir à l'autre : « Bella, t'as passé ton examen ? Yacha, viens ce soir réviser le marxisme ! »

Vers le soir, les ouvriers de la tannerie, les vendeurs de magasin, l'électricien rentraient à leur tour. La grand-mère travaillait comme employée à la polyclinique de la ville.

Pendant son absence, David ne s'ennuyait pas.

Auprès de la maison, il y avait un verger abandonné. Là, parmi les pommiers stériles, une vieille chèvre broutait de l'herbe et des poules marquées à la peinture cherchaient leur nourriture. Les citadins, moineaux et corneilles, se conduisaient de façon effrontée alors que les oiseaux des champs, dont David ignorait les noms, égarés dans le verger, ressemblaient à des filles de la campagne intimidées.

Il entendit pour la première fois de nombreux mots, et il y retrouvait des reflets de sa langue maternelle, le russe. Il entendit pour la première fois parler yiddish et fut stupéfait quand il entendit sa mère et sa grand-mère parler devant lui en yiddish. Il n'avait jamais entendu sa mère parler une langue qu'il ne comprenait pas.

La grand-mère emmena un jour David chez sa nièce, la grosse Rébecca Buchman. David fut frappé par la quantité de rideaux et de napperons de dentelle. Bientôt Édouard Isaacovitch Buchman, chef comptable à la Gosbank, entra dans la pièce. Il était dans une tenue aux allures d'uniforme, en vareuse et en bottes.

— Chaïm, dit Rébecca, voilà notre hôte de Moscou, c'est le fils de Rachel.

Elle ajouta :

— Dis bonjour à tonton Édouard.

— Tonton Édouard, pourquoi ma tante vous appelle Chaïm ? demanda David.

— Oh ! ça, c'est une vraie question ! dit Édouard Isaacovitch. Tu ne sais donc pas qu'en Angleterre tous les Chaïm s'appellent Édouard ?

Puis un chat gratta à la porte et quand il parvint à l'ouvrir, tous virent dans la pièce d'à côté une petite fille assise, l'air grave, sur son pot.

Le dimanche, David accompagna sa grand-mère au marché. Des vieilles en fichus noirs, des femmes de responsables locaux à l'air hautain, des paysannes chaussées de bottes trop grandes se pressaient dans la même direction qu'eux.

Des mendiants juifs criaient avec des voix méchantes et il semblait qu'on leur donnait l'aumône plus par crainte que par pitié. Les camions des

---

1. « Attention, attention ! »

kolkhozes chargés de sacs de pommes de terre et de poules qui caquetaient dans les cahots comme de vieilles Juives malades brinquebalaient sur les pavés de la chaussée.

Les étals de boucherie le fascinaient et le repoussaient. David vit des hommes décharger un corps de veau mort, sa langue pâle pendait et le pelage frisotté sur son cou était taché de sang.

La grand-mère acheta une petite poule tachetée et elle la portait en la tenant par ses pattes qu'attachait un petit chiffon blanc ; David marchait à côté et s'efforçait d'aider la poule à lever sa tête qui pendait sans force ; il s'étonnait de voir sa grand-mère faire preuve soudain d'une cruauté si inhumaine.

Il se souvint des paroles incompréhensibles de sa mère disant que la famille du côté de son grand-père était de tradition intellectuelle mais que, du côté de la grand-mère, c'étaient tous des boutiquiers. C'était sûrement pour cela que sa grand-mère n'avait pas pitié de la poule.

Ils pénétrèrent dans une cour, un vieillard, coiffé d'une calotte, sortit à leur rencontre et la grand-mère prononça quelques phrases en yiddish. Le petit vieux prit la poule, marmonna quelque chose, la poule, rassurée, caquetait. Puis il fit un geste rapide, à peine perceptible mais sûrement horrible, et jeta la poule par-dessus son épaule ; elle poussa un cri et se sauva en battant des ailes, et le garçon vit qu'elle n'avait plus de tête, seul courait un corps sans tête ; le petit vieux l'avait tuée. Après quelques pas, le corps tomba et griffa le sol de ses pattes jeunes et puissantes puis cessa de vivre.

Au cours de la nuit, David eut l'impression qu'une odeur humide de vaches abattues et d'enfants égorgés pénétrait dans la chambre.

La mort, qui vivait jusqu'alors dans une image de forêt où une image de loup guettait une image de chevreau, quitta ce jour-là les pages du livre de contes. Pour la première fois, il comprit avec une acuité extraordinaire que lui aussi mourrait un jour, pas dans un conte mais pour de vrai.

Il comprit qu'un jour sa mère mourrait. La mort, la sienne, celle de sa mère, ne viendrait pas de la forêt imaginaire où des sapins se dressent dans la pénombre, elle viendrait de l'air qui l'entoure, des murs de sa chambre, de sa vie, et il était impossible de se cacher.

Il ressentit la mort avec l'acuité et la profondeur dont seuls les enfants et les grands philosophes sont capables.

Les chaises dont les sièges défoncés étaient recouverts d'une plaque de contre-plaqué, la grosse armoire pleine de vêtements avaient une odeur tranquille et bonne, la même que les cheveux et les robes de grand-mère. Tout autour c'était la nuit, d'un calme trompeur.

49

Cet été-là, la vie descendit des faces des cubes, des images dessinées dans les livres de lecture. Il connut le bleu d'une aile de canard et la bonne humeur ironique de son sourire et de son coin-coin. Il grimpa sur le tronc rugueux d'un cerisier et cueillit le bigarreau blanc qu'il avait vu dans les feuilles. Il s'approcha d'un veau attaché à un piquet dans un terrain vague et lui tendit un morceau de sucre ; pétrifié de bonheur, il vit de près les yeux attendrissants de l'énorme bébé.

Pyntchik le rouquin s'approcha de David dans la cour et lui dit, sans prononcer les « r » :

— Faisons la baga'e !

Dans la cour de la grand-mère, les Juifs et les Ukrainiens se ressemblaient. La vieille Partynski passait souvent chez la grand-mère et disait de sa voix traînante :

— Rosa Noussinovna, ma toute bonne, la Sonia s'en va à Kiev, elle s'est encore rabibochée avec son mari.

La grand-mère frappait dans ses mains et répondait en riant :

— Eh ben, vous nous en faites une comédie !

Ce monde semblait bien plus plaisant à David que son monde de Moscou, dans la maison de la rue Kirov, où la vieille Drago-Dragon à la figure peinte promenait son caniche dans le puits asphalté de la cour, où une limousine officielle stationnait le matin devant la porte d'entrée, où une voisine, à pince-nez, une cigarette entre des lèvres rouge vif, grinçait, penchée au-dessus de la gazinière de la cuisine commune : « Espèce de trotskiste, tu as encore changé mon café de brûleur. »

Sa mère le conduisait de la gare chez la grand-mère. Ils marchaient dans une rue pavée, éclairée par la lune, ils passèrent devant une église catholique où, dans une niche, un Christ maigrelet, de la taille d'un enfant de douze ans, courbait la tête sous la couronne d'épines, ils passèrent devant l'école normale où maman avait fait ses études.

Quelques jours plus tard, le vendredi soir, il vit les vieillards aller à la synagogue dans la poussière dorée que soulevaient les footballeurs du terrain vague.

Un charme poignant naissait de cette union de chaumières ukrainiennes passées à la chaux, du grincement des puits et des antiques broderies sur le Thaleth noir et blanc. Et dans le même temps, *Le Kobzar*, Pouchkine et Tolstoï, les manuels de physique, et *La Maladie infantile du communisme*[1], les fils de tailleurs et de cordonniers qui avaient combattu pendant la guerre civile, et dans le même temps, les « instructeurs » du Parti, les tribuns et les mauvais coucheurs des syndicats, les camionneurs, les inspecteurs de police, les conférenciers du marxisme-léninisme.

David apprit chez sa grand-mère que sa mère était malheureuse. La première à le lui annoncer fut tante Rachel, grosse femme aux joues si rouges qu'elle semblait avoir éternellement honte :

---

1. Plus exactement, *La Maladie infantile du gauchisme dans le mouvement communiste*, livre écrit par Lénine pour l'ouverture du IIe Congrès du Komintern (1920). Consacré aux problèmes de stratégie et de tactique des partis communistes, il servit de base aux décisions du congrès.

— Abandonner une femme comme ta mère ! *Nicht derleben soll men es*[1] *!*

Le lendemain, David savait déjà que son père avait quitté sa mère pour une Russe, son aînée de huit ans, qu'il gagnait deux mille cinq cents roubles par mois à la Philharmonie, que sa mère n'avait pas voulu de pension alimentaire et vivait de son salaire : trois cent dix roubles par mois.

Un jour, David montra à sa grand-mère le cocon qu'il gardait dans une boîte d'allumettes.

Mais sa grand-mère se contenta de dire :

— Pouah ! Pour quoi faire, cette saleté ? Jette-le en vitesse !

David alla regarder, par deux fois, comment on chargeait du bétail à la gare de marchandises. Il entendit un taureau mugir et il ne comprit pas si le taureau se plaignait ou s'il implorait la pitié. L'âme de l'enfant s'emplit d'horreur, mais les cheminots en vestes graisseuses qui passaient à côté du wagon ne tournèrent même pas leurs visages émaciés en direction de la bête qui criait.

Une semaine après l'arrivée de David, une voisine de la grand-mère, Deborah, la femme de Lazare Yankelevitch, qui travaillait comme mécanicien à l'usine de machines agricoles, mit au monde son premier enfant. Elle était allée l'année précédente chez sa sœur, dans la région de Kolyma, et avait été frappée par la foudre ; on l'avait ranimée puis recouverte de terre, elle était restée deux heures comme morte, et voilà, elle avait mis au monde l'enfant qu'elle n'arrivait pas à avoir depuis quinze ans. C'est la grand-mère qui raconta la nouvelle à David, en ajoutant :

— C'est ce que disent les gens, mais on lui a fait par ailleurs une opération l'année dernière.

Donc, David et sa grand-mère allèrent rendre visite aux voisins.

— Eh bien, Lazare, eh bien, Deba, dit la grand-mère après avoir contemplé la petite chose dans le panier à linge.

Elle le dit d'un ton menaçant, comme si elle avait voulu avertir le père et la mère qu'ils ne devraient jamais prendre à la légère le miracle de cette naissance.

Dans une petite maison près de la voie ferrée, vivaient la vieille Sorkine et ses deux fils, coiffeurs sourds-muets. Tous les voisins en avaient peur et la vieille Partynski racontait à David :

— Tout doux, qu'ils sont, tout tranquilles, tant qu'ils s'ivrognent point. Mais dès qu'ils lèvent le coude, ils se jettent l'un sur l'autre, et ça crie, ça braille pis qu'des chevals !

Un jour, grand-mère envoya David porter un pot de crème fraîche chez Moussia Borissovna… La chambre était minuscule. Une petite tasse était posée sur la table. Une petite photographie où l'on voyait David bébé dans les bras de sa mère était accrochée au-dessus du petit lit, à côté d'une petite

---

1. En yiddish : « Je ne voudrais pas vivre cela » [NdT].

étagère avec de petits livres. Quand David regarda la photo, Moussia Borissovna rougit et se justifia :

— Tu sais, ta maman et moi, nous étions de grandes amies à l'école.

Il lui récita la fable de la cigale et de la fourmi et elle lui récita d'une
voix douce le début du *Sacha* de Nekrassov : « Sacha pleurait les arbres
abattus[1]… »

Le matin, la cour était en émoi : on avait volé à Solomon Slepoï son
manteau de fourrure rangé pour l'été dans la naphtaline.

Quand la grand-mère apprit le vol du manteau, elle se réjouit :

— Merci, mon Dieu, il aura eu au moins cela comme punition.

David apprit que Solomon était un mouchard, qu'il avait dénoncé beaucoup de gens, quand, après la révolution, on confisquait l'or et les devises
étrangères. Et il avait recommencé en 1937. Parmi ceux qu'il avait
dénoncés, deux furent fusillés et un mourut à l'infirmerie de la prison.

La nuit, pleine de bruits effrayants, le sang innocent, le chant des
oiseaux, tout se fondit en un mélange en ébullition. David aurait pu analyser cela bien des années plus tard, mais il en ressentait nuit et jour, dans
son petit cœur, l'horreur et le charme poignant.

50

L'abattage du bétail malade demande des préparatifs : il faut transporter
les bêtes, les rassembler, trouver du personnel qualifié, creuser des fosses.

La population aide les autorités à mener les bêtes à l'abattoir, à retrouver
celles qui se sont échappées, non par haine pour les veaux et les vaches,
mais par instinct de conservation.

De même, quand on procède à un abattage de masse d'êtres humains, la
population n'éprouve pas de haine sanguinaire contre les femmes, vieillards
et enfants qu'il convient d'exterminer. Aussi est-il indispensable de préparer une campagne d'abattage d'êtres humains d'une façon particulière.
L'instinct de conservation, dans ce cas, ne suffit plus, et il est indispensable
de faire naître la répulsion et la haine dans la population.

C'est précisément dans une telle atmosphère de répulsion et de haine
qu'avait été préparée et réalisée l'extermination des Juifs d'Ukraine et de
Biélorussie. Sur ces mêmes terres, Staline avait en son temps mené la
campagne contre les koulaks « en tant que classe », contre les saboteurs,
contre la clique trotskiste et boukharinienne, il avait créé et mobilisé la
fureur des masses.

L'expérience a montré qu'au cours de telles campagnes, la majeure
partie de la population obéit de façon hypnotique aux indications du pouvoir. Une minorité suffit pour créer l'atmosphère de la campagne : cela

---

1. L'héroïne du poème de Nekrassov rappelle celles de certains récits et romans de Tourgueniev, prêtes à se sacrifier pour la cause sociale et le bien commun.

peut être des crétins idéologisés, des êtres sanguinaires qui se réjouissent et jubilent, cela peut être aussi des hommes qui cherchent à régler des comptes personnels, à voler les affaires ou les appartements, à prendre des postes qui se libèrent. La majorité des gens, tout en étant horrifiée par les exécutions massives, cache son sentiment à ses proches et à soi-même. Ces hommes emplissent les salles où se déroulent les réunions consacrées aux campagnes d'extermination, et si fréquentes que soient les réunions, si vastes que soient les salles, il n'y a presque pas de cas où quelqu'un ait brisé l'unanimité silencieuse. Et plus rares encore, bien sûr, furent ceux qui ne détournaient pas les yeux en croisant le regard implorant d'un chien supposé être enragé et le cachaient dans leur propre maison, mettant en danger leur femme et leurs enfants, mais malgré tout il y eut de tels cas.

La première moitié du XXe siècle restera l'époque des grandes découvertes scientifiques, des révolutions, de gigantesques bouleversements sociaux et de deux guerres mondiales.

Mais la première moitié du XXe siècle entrera aussi dans l'histoire de l'humanité comme la période de l'extermination totale d'énormes masses de la population juive, extermination qui s'est fondée sur des théories sociales ou raciales. Le monde actuel le tait avec une discrétion fort compréhensible.

Une des propriétés les plus extraordinaires de la nature humaine qu'ait révélée cette période est la soumission. On a vu d'immenses files d'attente se constituer devant les lieux d'exécution et les victimes elles-mêmes veillaient au bon ordre de ces files. On a vu des mères prévoyantes qui, sachant qu'il faudrait attendre l'exécution pendant une longue et chaude journée, apportaient des bouteilles d'eau et du pain pour leurs enfants. Des millions d'innocents, pressentant une arrestation prochaine, préparaient un paquet avec du linge et une serviette et faisaient à l'avance leurs adieux. Des millions d'êtres humains ont vécu dans des camps qu'ils avaient construits et qu'ils surveillaient eux-mêmes.

Et ce ne furent pas des dizaines de milliers, ni même des dizaines de millions, mais d'énormes masses humaines qui assistèrent sans broncher à l'extermination des innocents. Mais ils ne furent pas seulement des témoins résignés ; quand il le fallait, ils votaient pour l'extermination, ils marquaient d'un murmure approbateur leur accord avec les assassinats collectifs. Cette extraordinaire soumission des hommes révéla quelque chose de neuf et d'inattendu.

Bien sûr, il y eut la résistance, il y eut le courage et la ténacité des condamnés, il y eut des soulèvements, il y eut des sacrifices, quand, pour sauver un inconnu, des hommes risquaient leur vie et celle de leurs proches. Mais, malgré tout, la soumission massive reste un fait incontestable.

Que nous apprend-elle ? Est-ce un aspect nouveau et surprenant de la nature humaine ? Non, cette soumission nous révèle l'existence d'un nouveau et effroyable moyen d'action sur les hommes. La violence et la contrainte exercées par les systèmes sociaux totalitaires ont été capables de paralyser dans des continents entiers l'esprit de l'homme.

En se mettant au service du fascisme, l'âme de l'homme proclame que l'esclavage, ce mal absolu, porteur de malheur et de mort, est le seul et unique bien. L'homme ne renonce pas aux sentiments humains, mais il proclame que les crimes commis par le fascisme sont une forme supérieure de l'humanisme, il consent à partager les gens en purs et impurs, en dignes et indignes. La volonté de survivre à tout prix a eu pour résultat la compromission de l'âme avec l'instinct.

L'instinct reçoit l'aide de la puissance hypnotique qu'exercent des systèmes idéologiques globaux. Ils appellent à tous les sacrifices, ils invitent à utiliser tous les moyens au nom du but suprême : la grandeur future de la patrie, le progrès mondial, le bonheur de l'humanité, de la nation, d'une classe.

À côté de ces deux premières forces (l'instinct de conservation et la puissance hypnotique des grandes idées), il y en a une troisième : l'effroi provoqué par la violence sans limites qu'exerce un État puissant, par le meurtre érigé en moyen de gouvernement.

La violence exercée par un État totalitaire est si grande qu'elle cesse d'être un moyen pour devenir l'objet d'une adoration quasi mystique et religieuse.

Sinon, comment peut-on expliquer que des penseurs juifs non dépourvus d'intelligence aient pu affirmer qu'il était indispensable de tuer les Juifs pour réaliser le bonheur de l'humanité et qu'ils étaient prêts à conduire leurs propres enfants à l'abattoir, qu'ils étaient prêts à répéter, pour le bonheur de leur patrie, le sacrifice d'Abraham ?

Sinon, comment peut-on expliquer qu'un poète, fils de paysan, doué de raison et de talent, ait écrit un poème plein de sincérité qui glorifiait une époque de souffrances sanglantes de la paysannerie, une époque qui avait dévoré son père, un paysan travailleur, honnête et simple ?

Un des moyens qu'exerce le fascisme sur l'homme est l'aveuglement. L'homme ne peut croire qu'il est voué à l'extermination. L'optimisme dont faisaient preuve les gens alors qu'ils étaient au bord de la tombe est tout bonnement étonnant. Un espoir insensé, parfois vil, parfois lâche, engendrait une soumission du même ordre, une soumission pitoyable, parfois vile, parfois lâche.

Le soulèvement du ghetto de Varsovie, le soulèvement de Treblinka, le soulèvement de Sobibor, les petites révoltes des brenner sont nés du désespoir.

Mais, bien sûr, le désespoir lucide et total n'a pas seulement suscité des soulèvements et de la résistance, il a également suscité une aspiration, inconnue de l'homme normal, à être tué le plus rapidement possible.

Des hommes se disputaient à qui passerait le premier dans les files d'attente devant les fossés sanglants ; on entendit une voix exaltée, folle, exultante même, crier :

— Yidn, n'ayez pas peur, rien de terrible, cinq minutes à passer et c'est terminé !

Tout, tout engendrait la soumission, l'espoir aussi bien que le désespoir. Les gens d'une même destinée ne sont pas forcément de même nature.

Il faut s'interroger sur ce qu'a dû voir et endurer un homme pour en être réduit à attendre comme un bonheur le moment de son exécution. Et en premier lieu ceux qui devraient s'interroger là-dessus, ce sont les hommes qui sont enclins à expliquer comment il aurait fallu combattre dans des conditions dont, par chance, ces professeurs n'ont pas la moindre idée.

Étant établi que l'homme se soumet à une contrainte et à une violence infinies, il faut en tirer la déduction ultime, décisive pour la compréhension de l'homme et de son avenir.

La nature de l'homme subit-elle une mutation dans le creuset de l'État totalitaire ? L'homme perd-il son aspiration à la liberté ? Dans la réponse à ces questions résident le sort de l'homme et le sort de l'État totalitaire. Une transformation de la nature même de l'homme impliquerait le triomphe universel et définitif de la dictature de l'État, la conservation de l'instinct de liberté chez l'homme impliquerait la condamnation de l'État totalitaire.

Les glorieux soulèvements du ghetto de Varsovie, de Treblinka et de Sobibor, le gigantesque mouvement de résistance qui s'empara de dizaines de pays asservis par Hitler, les soulèvements qui eurent lieu après la mort de Staline à Berlin en 1953, en Hongrie en 1956 et ceux des camps de Sibérie et d'Extrême-Orient, les mouvements en Pologne, les mouvements étudiants pour la liberté de pensée dans de nombreuses villes, les grèves dans de nombreuses usines, tout cela a démontré que l'instinct de liberté chez l'homme est invincible. Il a été étouffé mais il a toujours existé. L'homme, condamné à l'esclavage, est esclave par destin et non par nature.

L'aspiration de la nature humaine à la liberté est invincible, elle peut être écrasée mais elle ne peut être anéantie. Le totalitarisme ne peut pas renoncer à la violence. S'il y renonce, il périt. La contrainte et la violence continuelles, directes ou masquées, sont le fondement du totalitarisme. L'homme ne renonce pas de son plein gré à la liberté. Cette conclusion est la lumière de notre temps, la lumière de l'avenir.

La machine électrique fait des calculs mathématiques, enregistre les événements historiques, joue aux échecs, traduit des livres. Elle surpasse l'homme, plus rapide que lui pour résoudre des problèmes de maths, et sa mémoire est sans reproche.

Est-il une limite au progrès qui crée la machine à l'image de l'homme et à sa ressemblance ? Apparemment, non.

On peut imaginer la machine des siècles et des millénaires à venir. Elle écoutera de la musique, saura apprécier la peinture, exécutera elle-même des tableaux, composera des mélodies, écrira de la poésie.

Est-il une limite à son perfectionnement ? Deviendra-t-elle l'égale de l'homme, le dépassera-t-elle ?

La reproduction de l'homme par la machine nécessitera de plus en plus d'électronique, de volume et de surface.

Souvenirs d'enfance... larmes de joie... amertume de la séparation... amour de la liberté... compassion pour le chiot malade... hypocondrie... tendresse maternelle... réflexions sur la mort... tristesse... amitié... amour des faibles... espoir soudain... heureuse trouvaille... mélancolie... gaieté sans motif... brusque désarroi...

Tout, la machine reproduira tout ! Seulement, on n'aura pas assez de toute la surface de la terre pour installer cette machine, de plus en plus gigantesque et volumineuse au fur et à mesure qu'elle deviendra capable de recréer l'esprit et l'âme de l'homme ordinaire, celui qu'on ne remarque pas.

Le fascisme a anéanti des dizaines de millions d'hommes.

51

Dans une maison claire, vaste et propre d'un village de l'Oural entouré de forêts, le commandant du corps de blindés Novikov et le commissaire Guetmanov finissaient l'examen des rapports des commandants de brigade qui avaient reçu l'ordre de se préparer à faire mouvement.

Un moment d'accalmie avait succédé aux nuits blanches et au travail des jours précédents.

Novikov et ses subordonnés avaient l'impression, comme toujours en pareil cas, qu'ils n'avaient pas eu assez de temps pour parfaire l'instruction des recrues. Mais la période d'instruction était terminée ; c'en était fini de l'étude des régimes du moteur et du train de roulement, de l'étude des tubes, de l'optique, des postes radio ; c'en était fini des exercices : direction des tirs, évaluation, choix et désignation des objectifs, choix du genre de tirs, ouverture du feu, observation des coups, correction des tirs, changement des objectifs.

Un nouveau maître, la guerre, aurait vite fait de rattraper les mauvais élèves, de combler les lacunes, d'indiquer les révisions à faire.

Guetmanov se dirigea vers un petit placard, entre deux fenêtres, y frappa du doigt et dit :

— Eh, l'ami, monte en première ligne.

Novikov ouvrit le placard, en sortit une bouteille de cognac et emplit deux gros verres bleutés.

— Alors, à qui allons-nous boire ? fit le commissaire, pensif.

Novikov savait en l'honneur de qui il fallait lever le premier verre, et que c'était justement pour cela que Guetmanov avait posé sa question.

— Je propose, camarade commissaire, que nous portions un toast à ceux que nous allons conduire au combat, souhaitons qu'ils ne versent pas trop de leur sang, prononça Novikov après une brève hésitation.

— Bonne idée, l'homme est le capital le plus précieux, buvons pour nos gars, dit Guetmanov.

Ils trinquèrent et vidèrent leurs verres.

Avec une hâte qu'il était incapable de dissimuler, Novikov emplit une seconde fois les verres et porta le second toast :

— Buvons au camarade Staline ! Faisons tout pour justifier sa confiance.

Il remarqua un léger sourire dans les yeux affectueux et attentifs de Guetmanov et il s'en voulut : « Je me suis trop pressé. »

Guetmanov reprit, sur un ton familier :

— D'accord, pour notre petit vieux, notre papa. On est arrivé jusqu'à la Volga sous sa direction.

Novikov regarda le commissaire, mais que peut-on lire dans les yeux en fente, gais et dépourvus de bonté, sur le visage large et souriant, plein d'intelligence, d'un homme de quarante ans ?

Soudain, Guetmanov parla de leur chef d'état-major, le général Neoudobnov :

— C'est un homme bien. Un bolchevik. Un vrai stalinien. Il a une grande expérience du travail dirigeant. Il a des nerfs d'acier. Je l'ai connu en 1937. Ejov l'avait envoyé nettoyer un peu la région militaire et moi, en ce temps-là, vous savez, je ne travaillais pas non plus dans un jardin d'enfants. Mais lui, alors, il en a fait. Une vraie hache, il liquidait les hommes par listes entières, il a fait aussi bien qu'Ulrich, Vassili Vassilievitch, il a mérité la confiance de Ejov. Il faut qu'on l'invite, sinon il va se vexer.

D'après son ton, on aurait pu croire qu'il condamnait la lutte contre les ennemis du peuple, lutte à laquelle, Novikov le savait, Guetmanov avait pris une part active. Et de nouveau, Novikov regarda Guetmanov sans pouvoir le déchiffrer.

— Eh oui, fit Novikov à contrecœur, il y en a qui ont fait du dégât en ce temps-là.

Guetmanov eut un geste de désespoir.

— Nous avons reçu aujourd'hui un bulletin du GQG. C'est terrifiant : les Allemands ne sont plus très loin de l'Elbrouz, ils jettent les nôtres dans la Volga à Stalingrad. Et moi, je le dis carrément, il y a de notre faute, nous avons tiré sur les nôtres, nous avons détruit nos cadres.

Novikov ressentit un brusque élan de confiance pour Guetmanov :

— On peut dire que ces gars-là, ils en ont expédié, des gens remarquables, ils ont fait beaucoup de mal dans l'armée, camarade commissaire. Tenez, ils ont crevé un œil au général Krivoroutchko, mais lui, il a cassé la tête de son juge d'instruction avec un encrier.

Guetmanov hocha la tête en signe d'accord et dit :

— Lavrenti Pavlovitch apprécie beaucoup notre Neoudobnov. Et Lavrenti Pavlovitch ne se trompe jamais, question homme, il en a là-dedans.

« Oh ! oui, bien sûr », se dit tristement Novikov, mais il resta silencieux.

Ils se turent et prêtèrent l'oreille aux voix basses et sifflantes qui provenaient de la pièce voisine.

— Ce n'est pas vrai, ces chaussettes sont à nous.

— Comment ça, à vous, camarade lieutenant, vous ne savez plus ce que vous dites.

La même voix ajouta, passant cette fois-ci au « tu » :

— Ne touche pas, c'est à nous ces cols.

— Et encore quoi, camarade instructeur, ils ne sont pas à vous, regarde !

C'étaient les officiers d'ordonnance de Novikov et de Guetmanov qui triaient le linge de leurs chefs après la lessive.

— Ça fait un moment que j'observe nos gaillards, dit Guetmanov. Nous allions aux exercices de tir dans le bataillon de Fatov. J'ai traversé le ruisseau en marchant sur des pierres ; vous, vous avez sauté par-dessus et tapé des pieds pour faire tomber la boue. Et qu'est-ce que je vois ? Mon ordonnance, lui aussi, marche sur les pierres tandis que le vôtre saute et tape des pieds.

— Eh, les guerriers, faites moins de bruit en vous injuriant, dit Novikov, et les voix se turent aussitôt.

Le général Neoudobnov, un homme au front haut, aux cheveux épais et grisonnants, entra dans la pièce. Il regarda la bouteille, les verres, posa un dossier sur la table et dit :

— Qu'allons-nous faire, camarade colonel, pour le chef d'état-major de la deuxième brigade ? Mikhalev reviendra de l'hôpital seulement dans six semaines, je viens de recevoir son certificat médical.

— Vous parlez d'un chef d'état-major avec un morceau de boyau et d'estomac en moins, dit Guetmanov.

Il se leva, versa du cognac dans un verre et le tendit à Neoudobnov.

— Buvez, camarade général, buvez tant que les boyaux sont en place.

Neoudobnov leva les sourcils, jeta un coup d'œil interrogateur en direction de Novikov.

— Je vous en prie, camarade général, l'invita celui-ci.

Les manières de Guetmanov l'irritaient. Où qu'il fût, Guetmanov se sentait toujours chez lui, il était convaincu de son droit de prendre longuement la parole à des conférences sur des problèmes techniques auxquels il n'entendait rien ; de même, tout aussi sûr de lui, convaincu de son bon droit, il pouvait offrir du cognac qui ne lui appartenait pas, installer quelqu'un à dormir dans le lit d'un autre, ou lire sur une table des papiers qui ne le regardaient pas.

— On pourrait peut-être nommer en attendant le major Bassangov ? dit Novikov. C'est un officier qui connaît son affaire, il a pris part à des combats de chars dès le début de la guerre, à Novograd-Volynsk. Notre commissaire n'a pas d'objections ?

— Bien sûr que non, dit Guetmanov. Quelles objections pourrais-je avoir ?… Mais j'ai quelques considérations à formuler. Le colonel commandant en second de la deuxième brigade est un Arménien, son chef d'état-major sera un Kalmouk, ajoutez à cela que le chef d'état-major de la troisième brigade est le lieutenant-colonel Lifchits. Peut-être pourrions-nous nous passer du Kalmouk ?

Il regarda Novikov, puis Neoudobnov.

— C'est ce que nous suggèrent le sens commun et notre cœur, mais le marxisme nous a appris à avoir un autre point de vue sur la question.

— L'essentiel, c'est de savoir comment le camarade en question combattra l'Allemand, voilà mon marxisme, dit Novikov. Quant à savoir où son père priait Dieu, dans une église, une mosquée... (il s'arrêta une seconde et poursuivit) ou une synagogue, ça m'est égal... Moi, je pense que l'essentiel, à la guerre, c'est de tirer.

— Tout juste, tout juste, approuva joyeusement Guetmanov. Aussi je ne vois pas pourquoi on transformerait un corps de blindés en synagogue ou Dieu sait quel autre lieu de culte. C'est quand même la Russie que nous défendons.

Soudain il se renfrogna et proféra avec rage :

— Je vais vous dire, moi, ça suffit ! Ça me fait vomir ! Au nom de l'amitié des peuples, nous sacrifions toujours l'homme russe. Les nationaux des minorités, ils savent à peine les lettres de l'alphabet qu'on les nomme déjà ministres. Et notre Ivan, même s'il a la grosse tête, on l'envoie aux pelotes, « laissez le passage aux nationaux ». Le grand peuple russe a été réduit à l'état de minorité nationale. Je suis pour l'amitié entre les peuples, mais pas de ce type. Ça suffit !

Novikov réfléchit un instant, regarda les papiers étalés devant lui, tapota du doigt son verre et finit par dire :

— C'est peut-être moi qui opprime les Russes par sympathie particulière pour les Kalmouks ?

Puis, se tournant vers Neoudobnov, il ordonna :

— Bon, eh bien, prenez note : le major Sazonov est nommé à titre temporaire chef d'état-major de la deuxième brigade.

— Un excellent officier, ce Sazonov, fit doucement Guetmanov.

Une fois de plus, Novikov, qui avait appris à être dur, impérieux, grossier, sentit qu'il manquait d'assurance face à son commissaire... « Bon, bon, d'accord..., se dit-il pour se consoler, en politique je suis un analphabète. Je suis tout juste un prolétaire spécialiste de la guerre. Notre boulot n'est pas bien sorcier : battre les Allemands. »

Mais, bien qu'il raillât intérieurement l'incompétence en matière militaire de Guetmanov, il lui était désagréable de sentir qu'il avait peur de lui.

Cet homme avec une grosse tête et un gros ventre, aux cheveux perpétuellement en bataille, de petite taille mais large d'épaules, à la voix forte, était toujours en mouvement, toujours prêt à rire, jamais fatigué.

Bien qu'il n'eût jamais été au front, on disait de lui : « Il n'a pas froid aux yeux, notre commissaire, un vrai baroudeur. »

Il aimait tenir des meetings : ses discours plaisaient aux soldats, son langage était simple, il avait la plaisanterie facile et ne craignait pas les expressions un peu vertes.

Il avait une démarche chaloupée et, généralement, s'appuyait sur une canne ; si un soldat distrait tardait à le saluer, Guetmanov s'arrêtait devant lui et, s'appuyant sur sa fameuse canne, s'inclinait bien bas à la manière d'un ancêtre de village.

Il était coléreux et n'aimait pas être contredit ; quand on s'opposait à lui, il se renfrognait et se mettait à souffler ; un jour, pris de fureur, il leva la main et, pour ainsi dire et en quelque sorte, il allongea un coup de poing au capitaine Goubenko, le chef d'état-major du régiment de chars lourds, un homme entêté et, selon l'expression de ses camarades, « affreusement à cheval sur les principes ».

L'ordonnance de Guetmanov condamna le capitaine entêté : « Le cochon, regardez ce qu'il a fait de notre commissaire. »

Guetmanov n'avait aucune considération pour ceux qui avaient vécu les jours difficiles du début de la guerre. Il disait du commandant de la première brigade, Makarov, le préféré de Novikov : « Je la lui ferai recracher, sa philosophie de 1941 ! »

Novikov ne répondait pas, bien qu'il aimât discuter avec Makarov des premiers jours de la guerre, jours terribles mais par certains côtés fascinants.

En apparence, Guetmanov, avec ses jugements à l'emporte-pièce, était le contraire vivant de Neoudobnov. Mais, malgré leurs dissemblances, les deux hommes étaient unis par une communauté profonde.

Le regard inexpressif mais attentif de Neoudobnov, sa parole toujours calme, ses phrases bien tournées décourageaient Novikov.

Alors que Guetmanov lançait avec un petit rire : « Nous avons eu de la chance, les Allemands se sont rendus plus insupportables à nos moujiks en un an que les communistes en vingt-cinq ans. »

Ou qu'il disait d'un air moqueur : « Il n'y a rien à dire, le papa, il aime bien qu'on dise qu'il est génial. »

Mais ces audaces n'encourageaient pas son interlocuteur, bien au contraire, elles faisaient monter en lui une sourde inquiétude.

Quand, avant la guerre, Guetmanov dirigeait une région, il parlait avec assurance du problème de la production de briques de chamotte, de l'organisation de la recherche dans une filiale de l'institut de la houille, de la qualité de la cuisson du pain dans les boulangeries de la ville, des défauts du roman *Les Flammes bleues* paru dans un almanach local, de la reconstruction du garage municipal, de l'épizootie de peste aviaire dans les basses-cours des kolkhozes.

Maintenant, il parlait avec la même assurance de la qualité du carburant, de la vitesse d'usure des moteurs, de la tactique des combats de chars, de la collaboration des blindés, de l'artillerie et de l'infanterie au cours d'une percée du front ennemi, des chars en ordre de marche, de l'assistance médicale pendant le combat, des transmissions radio en code, de la psychologie des combattants, des relations à l'intérieur d'un équipage de char, de l'entretien courant et des remises à neuf des chars, de l'évacuation hors du champ de bataille des chars endommagés.

Un jour, après des exercices de tir, Guetmanov et Novikov s'étaient arrêtés devant le char du bataillon de Fatov qui avait remporté la première place.

Le chef de l'équipage, tout en répondant aux questions de ses supérieurs, caressait, d'un geste affectueux de la paume, la paroi du blindé.

Guetmanov lui avait demandé s'il avait eu du mal à remporter la première place et le soldat, soudain animé, avait confié :

— Non, pourquoi donc ? C'est que je l'aime, mon char. Quand je suis arrivé de mon village au centre d'instruction et que je l'ai vu, je l'ai tout de suite aimé, si fort que c'est pas croyable.

— Le coup de foudre, alors, avait dit Guetmanov en éclatant de rire.

Et ce rire condescendant semblait condamner l'amour ridicule du jeune gars pour son char.

Novikov avait senti, en cet instant, que lui aussi était ridicule, que lui aussi pouvait aimer bêtement. Mais il n'avait pas eu envie d'en parler à Guetmanov. Aussi, quand Guetmanov, redevenu sérieux, avait dit d'un ton sentencieux : « C'est très bien, l'amour pour son char est une grande force. C'est parce que tu aimes ton char que tu as remporté ce grand succès », Novikov avait lancé, ironique :

— Et pourquoi au juste doit-on l'aimer ? Il offre une cible magnifique, rien de plus facile que de le mettre hors de combat, il fait un bruit de dingue, se livrant lui-même à l'ennemi, et l'équipage devient lui aussi dingue de bruit. En marche il secoue tellement qu'il est impossible d'observer et de tirer correctement.

Guetmanov avait souri ironiquement en regardant Novikov.

Et maintenant, Guetmanov avait le même sourire en remplissant les verres, il regarda Novikov et déclara :

— Notre chemin passe par Kouïbychev. Notre commandant va pouvoir rencontrer quelqu'un qu'il connaît. Buvons à cette rencontre.

« Il ne manquait plus que cela », pensa Novikov et il sentit qu'il rougissait comme un collégien.

Le général Neoudobnov avait été surpris par le début de la guerre à l'étranger. Ce n'est qu'au début de l'année 1942, de retour à Moscou, au ministère de la Défense, qu'il vit les barricades et les fossés antichars, qu'il entendit les sirènes des alertes aériennes.

Neoudobnov, tout comme Guetmanov, ne posait jamais de questions sur la guerre, peut-être avait-il honte de son inexpérience du front.

Novikov cherchait à comprendre quelles qualités avaient permis à Neoudobnov de devenir général, il étudiait sa biographie qui se reflétait, comme un bouleau dans un étang, dans les feuillets des enquêtes contenues dans son dossier.

Neoudobnov était plus âgé que Novikov et Guetmanov ; en 1916, il avait déjà été en prison pour avoir participé à un cercle de bolcheviks.

Après la guerre civile, il avait été envoyé par le Parti travailler dans la Guépéou, avait servi dans les troupes frontalières, puis été envoyé à l'Académie militaire (pendant ses études, il fut secrétaire du Parti de sa promotion)... Ensuite, il avait travaillé au département militaire du comité central, au cabinet du ministère de la Défense.

Il avait séjourné à deux reprises à l'étranger. Il faisait partie de la nomenklatura ; avant, Novikov ne se représentait pas très clairement ce que cela représentait, quelles particularités et avantages possédaient les gens appartenant à la nomenklatura.

La période, habituellement fort longue, qui sépare l'inscription au tableau d'avancement et la nomination était, pour ce qui était de Neoudobnov, réduite à un strict minimum. On aurait pu croire que le commissaire du peuple à la Guerre n'avait pas de tâches plus urgentes que de signer les arrêtés de nomination de Neoudobnov. Les renseignements que donnaient les enquêtes avaient une propriété étrange : ils expliquaient tous les mystères d'une vie, les causes des succès et des échecs, mais, une minute plus tard, il s'avérait qu'en d'autres circonstances ils n'expliquaient plus rien et ne faisaient que cacher l'essentiel.

La guerre avait réexaminé à sa façon les états de service, les distinctions, les biographies, les certificats et les diplômes d'honneur. Et ainsi, Neoudobnov, qui faisait partie de la nomenklatura, s'était retrouvé sous les ordres du colonel Novikov.

Mais Neoudobnov savait parfaitement que dès la fin de la guerre tout reprendrait sa place...

Il avait apporté avec lui un fusil de chasse qui avait laissé tous les amateurs pantois. Et Novikov avait émis l'hypothèse que Nicolas II devait chasser avec un fusil semblable. Neoudobnov l'avait reçu en 1938 dans un entrepôt spécial de biens confisqués, où il avait reçu, de la même façon, des meubles de style, des tapis, de la vaisselle en porcelaine et une datcha[1].

La conversation pouvait porter sur la guerre, sur les kolkhozes, le livre du général Dragomir[2], les Chinois, les qualités du général Rokossovski, le climat sibérien ou la beauté des blondes comparée à celle des brunes, les opinions de Neoudobnov ne sortaient jamais de la norme.

Il était difficile de deviner si c'était par réserve ou si c'était sa véritable nature.

Parfois, après dîner, il devenait plus loquace et racontait des histoires sur la mise hors d'état de nuire d'ennemis du peuple qui agissaient dans les sphères les plus inattendues : des usines fabriquant des instruments médicaux, des cordonneries de l'armée, des pâtisseries, des palais de pionniers, les écuries de l'hippodrome de Moscou, la galerie Tretiakov.

---

1. Voir « Nationalisation des biens » dans le Dictionnaire.
2. Sans doute s'agit-il plutôt de Mikhaïl Ivanovitch Dragomirov.

Il avait une mémoire excellente et, selon toute apparence, il avait beaucoup lu et étudié les œuvres de Lénine et Staline. Dans une discussion, il avait l'habitude de dire : « Déjà, au XVIIᵉ Congrès[1], le camarade Staline disait... », et il faisait une citation.

Un jour, Guetmanov lui dit :

— Il y a citation et citation. On en a dit des choses... Par exemple : « Nous ne voulons pas de la terre des autres, mais nous ne céderons pas un pouce de notre terre natale. » Et où sont les Allemands aujourd'hui ?

Mais Neoudobnov haussa les épaules, comme si la présence des Allemands sur la Volga n'avait aucune importance en comparaison de la phrase sur le pouce de terre que nous ne céderons pas.

Et soudain, tout s'évanouissait : les chars, le règlement de service en campagne, les exercices de tir, la forêt, Guetmanov, Neoudobnov... Guenia ! La reverrait-il ?

52

Novikov fut étonné quand Guetmanov, après avoir lu une lettre reçue de la maison, lui dit : « Mon épouse nous plaint beaucoup, je lui ai décrit dans quelles conditions nous vivions. »

Cette vie, que le commissaire trouvait difficile, mettait Novikov mal à l'aise par son luxe excessif.

C'était la première fois qu'il pouvait choisir son logement. Il avait dit au passage que le canapé ne lui plaisait pas et, quand il revint d'une brigade, le canapé était déjà remplacé par un fauteuil et Verchkov, son officier d'ordonnance, s'inquiétait de savoir si le fauteuil était au goût de son chef.

Le cuisinier demandait : « Comment trouvez-vous le bortsch, camarade colonel ? »

Depuis l'enfance, Novikov aimait les bêtes. Et, maintenant, il avait un hérisson qui vivait sous le lit, et qui, la nuit, courait à travers la pièce, et on entendait le petit bruit de ses pattes sur le sol ; dans une cage décorée d'un char, que lui avait offerte l'atelier de réparations, un jeune écureuil mangeait des noisettes. Il s'était rapidement habitué à Novikov, il lui arrivait de s'installer sur les genoux de son maître et de le regarder avec son petit œil d'enfant, confiant et curieux. Tous étaient pleins d'attentions et de gentillesse à l'égard des bêtes : Verchkov, le cuisinier, le chauffeur de la jeep.

Tout cela n'était pas sans importance pour Novikov. Quand, avant la guerre, il avait apporté un chiot dans le foyer des officiers et que celui-ci avait rongé une chaussure de la colonelle voisine et fait pipi trois fois en

[1]. Voir « Congrès des vainqueurs » dans le Dictionnaire.

une demi-heure, cela avait soulevé un tel remue-ménage dans la cuisine commune que Novikov avait dû aussitôt se séparer de son chien.

Novikov commença à se soucier de leurs futurs voisins dont les régiments de tirailleurs et d'artilleurs quittaient le jour même la réserve et faisaient mouvement vers la voie ferrée. Il commença à se soucier de celui devant lequel il devrait se mettre au garde-à-vous et dire : « Camarade général, permettez que je fasse mon rapport… »

Le jour du départ arriva et la méchante querelle entre le commandant du régiment de chars lourds et son chef d'état-major resta en suspens.

Le jour du départ arriva et avec lui les problèmes de carburant, de ravitaillement en cours de route, de chargement des blindés sur les plates-formes.

Le jour du départ arriva, et il n'avait pas trouvé le temps de rendre visite à son frère et à sa nièce. Quand il était parti pour l'Oural, il s'était dit qu'il serait à côté de son frère et voilà qu'il s'en allait sans avoir pu le voir.

On lui avait déjà annoncé que le hérisson et l'écureuil avaient été relâchés dans la forêt, que les brigades faisaient mouvement, que les plates-formes pour les chars lourds étaient avancées.

Il n'est pas facile d'être le maître absolu, de répondre du moindre détail. Les chars ont déjà été chargés, mais ont-ils été bien arrimés, a-t-on mis le frein, enclenché la première, fixé les tourelles canon en avant, bloqué les écoutilles ? A-t-on prévu les coins de bois pour empêcher les chars de bouger et faire tanguer les wagons ?

— Et si on se faisait une dernière partie de belote ? proposa Guetmanov.

— Je n'ai rien contre, dit Neoudobnov.

Mais Novikov avait envie de sortir à l'air libre et de rester un moment seul.

En ce début de soirée, l'air était d'une superbe limpidité et les objets les plus infimes ressortaient avec netteté. La fumée qui sortait des cheminées montait en filets parfaitement verticaux. Les bûches crépitaient dans les roulantes. Au milieu de la rue, une jeune fille étreignait un jeune soldat aux sourcils noirs et, la tête sur sa poitrine, pleurait. Des bâtiments de l'état-major, on sortait des caisses, des valises et des machines à écrire dans leurs étuis noirs. Les soldats des transmissions rembobinaient les gros fils noirs qui reliaient les brigades à l'état-major de la division. Les chauffeurs faisaient le plein des nouveaux camions-citernes, des Ford, et débarrassaient les capots de leurs housses capitonnées. Mais tout autour le monde restait figé dans son immobilité.

Novikov regardait, debout sur le perron, et la boule de soucis et d'angoisses qui l'étreignait se relâcha.

Avant la tombée de la nuit, il alla en jeep vers la chaussée qui menait à la gare.

Les chars sortaient de la forêt.

La terre, gelée par les premiers froids, sonnait légèrement sous leur poids. Le soleil couchant ravivait les cimes des pins d'où sortaient les chars de la brigade du lieutenant-colonel Karpov. Les régiments de Makarov passaient à travers de jeunes bois de bouleaux. Les soldats avaient décoré leurs chars avec des branches d'arbres et il semblait que les feuilles de bouleau et les aiguilles de pin fussent nées, comme les blindés, du grondement des moteurs, du cliquetis argentin des chenilles.

« Ça va être la fête ! » disent les militaires quand des troupes partent pour le front.

Novikov avait quitté la chaussée et regardait les chars qui passaient.

Que de drames, d'histoires horribles ou ridicules s'étaient déroulés ici ! Que d'événements, d'accidents, d'incidents on lui avait rapportés !... On a découvert une grenouille dans la soupe du dîner... Le sous-lieutenant Rojdestvenski, bachelier, a, en nettoyant son arme, blessé par accident un camarade au ventre, après quoi le sous-lieutenant Rojdestvenski s'est suicidé. Un soldat du régiment d'infanterie motorisée a refusé de prêter serment, « seulement à l'église », a-t-il affirmé.

Les fumées bleues et grises restaient accrochées aux broussailles sur les bas-côtés de la route.

Que de pensées diverses sous les casques de cuir ! Il y avait les pensées communes au peuple tout entier : l'amour de son pays, le malheur de la guerre, mais y régnait aussi cette extraordinaire diversité qui rend si belle la communauté des hommes.

Mon Dieu, mon Dieu... Combien sont-ils, dans leurs combinaisons de couleur noire, avec leurs larges ceinturons... Ils étaient larges d'épaules mais on les avait sélectionnés pour leur petite taille, afin qu'ils puissent plus facilement se glisser par l'écoutille à l'intérieur du tank et s'y activer. Que de réponses identiques aux questions des enquêtes sur les père et mère, la date de naissance, le nombre d'années d'études, sur leur expérience de tractoriste ! Les T-34 surbaissés, de couleur verte, toutes les écoutilles ouvertes, semblaient se fondre en un seul.

Un tankiste chantonne, un autre, les yeux mi-clos, est plein d'effroi et de pressentiments funestes ; le troisième pense à sa maison ; le quatrième mâche du pain et du saucisson et pense à son saucisson ; le cinquième, la bouche ouverte, cherche à identifier un oiseau sur un arbre : il croit reconnaître une huppe ; le sixième se demande avec inquiétude s'il n'a pas vexé son copain la veille en lui répondant grossièrement ; le septième, plein de colère fielleuse et de rancune, rêve de casser la gueule de son ennemi, le chef du T-34 qui roule devant lui ; le huitième compose de tête un poème : les adieux à la forêt automnale ; le neuvième pense aux seins d'une fille ; le dixième caresse un chien : celui-ci, sentant qu'on l'abandonnait, avait sauté sur le char et tentait de persuader le tankiste de le reprendre en agitant fébrilement la queue et en se tortillant d'un air plaintif ; le onzième se dit qu'il aimerait bien se cacher dans la forêt, vivre dans une cabane, se nourrir de baies, boire de l'eau de source et marcher pieds nus ; le douzième suppute s'il ne serait pas possible de se faire porter pâle et de rester quelque part en chemin dans un hôpital ; le treizième se raconte une histoire qu'il aimait quand il était petit ; le quatorzième évoque ses adieux avec son amie, il n'est pas triste que ce soit pour toujours, au contraire, il s'en réjouit ; le quinzième fait des plans d'avenir : il aimerait bien, la guerre finie, devenir directeur de cantine.

« Ah ! là là... les gars », se dit Novikov.

Ils le regardent. Sûrement qu'il vérifie la tenue des tankistes, qu'il écoute les moteurs, appréciant au bruit la maîtrise du conducteur, qu'il contrôle si les distances entre les chars et les escadrons sont respectées, si les casse-cou ne font pas la course.

Mais lui les regarde et il est comme eux, et ses pensées sont les mêmes que les leurs : il pense à sa bouteille de cognac que Guetmanov s'est permis de déboucher, il pense que Neoudobnov n'a pas un caractère facile, qu'il n'aura plus l'occasion de chasser dans les forêts de l'Oural et que la dernière chasse ne fut pas réussie : avec beaucoup de vodka, des tirs à la mitraillette et des blagues idiotes... il pense à la femme qu'il reverra bientôt et qu'il aime depuis des années... quand il apprit, six ans auparavant, qu'elle s'était mariée, il écrivit un mot : « Je pars en congé illimité, ci-joint mon revolver numéro 10322 » (il était à l'époque à Nikolsk-Oussouriïsk) et puis voilà, il n'avait pas pressé la détente...

Les timorés, les renfrognés, les rieurs et les réservés, les pensifs, les cavaleurs, les égoïstes inoffensifs, les vagabonds, les avares, les contemplatifs, les bons... Les voilà qui vont au combat pour une cause commune, pour une juste cause. Cette vérité est si simple qu'il semble gênant d'en parler. Mais cette simple vérité est oubliée justement par ceux qui devraient la prendre pour point de départ. Et là, quelque part, doit se trouver la réponse à la vieille question : l'homme vit-il pour le sabbat[1] ?

Les pensées à propos d'une maison dans un village perdu, d'un chien abandonné, la haine contre un copain qui t'a pris ton amie, tout cela est bien petit... Mais le problème est le suivant :

Un seul objectif détermine le sens des grands conglomérats humains : gagner pour les hommes le droit d'être dissemblables, de sentir, de penser, de vivre chacun à sa manière.

Pour conquérir ce droit, ou bien pour le défendre, ou encore l'élargir, les hommes s'unissent. C'est là que prend naissance un préjugé effroyable mais puissant ; préjugé qui fait croire que de telles unions au nom de la race, de Dieu, d'un parti, de l'État, constituent le sens de la vie et non un simple moyen. Non, non et non. C'est dans l'homme, dans sa modeste particularité, dans son droit à cette particularité que réside le seul sens, le sens véritable et éternel de la lutte pour la vie.

---

1. Évangile selon saint Marc, II, 27.

Novikov sentait qu'ils parviendraient à leurs fins, qu'ils seraient plus forts, plus malins, plus intelligents que leurs ennemis. Cette masse de travail, d'intelligence, de bravoure, de calcul, de savoir-faire, de colère, toute cette richesse humaine des combattants, étudiants, écoliers, instituteurs, électriciens, tourneurs, chauffeurs d'autobus, qui pouvaient être au choix méchants, bons, coléreux, lents, braves, prudents, aimant rire ou chanter ou jouer de l'accordéon, tout cela s'unirait, se fondrait, et, une fois unis, ils devaient vaincre, car ils constituaient une trop grande richesse pour être battus.

Si ce n'est pas l'un, ce sera l'autre, si ce n'est pas au centre, ce sera sur une aile, si ce n'est pas à la première heure de bataille, ce sera à la deuxième, mais ils y parviendront, ils surpasseront l'ennemi, en intelligence et en ruse, et là, ils le briseront, l'écraseront de toute leur masse... C'est d'eux que dépend la victoire, ce sont eux qui la gagneront dans la poussière et la fumée, en tournant et en se lançant plus vite, en tirant un dixième de seconde avant, un centimètre plus juste que l'ennemi.

Ce sont eux qui détiennent la réponse, eux, les gars dans les engins armés de canons et de mitrailleuses, eux, la force principale de la guerre.

Mais parviendront-ils à s'unir, parviendront-ils à ne former qu'une force unique ?

Novikov les regardait et une certitude joyeuse montait en lui : « Elle sera mienne, mienne, mienne. »

53

C'étaient des jours étonnants.

Krymov avait l'impression que l'histoire avait quitté les pages des livres pour se mêler à la vie.

Il ressentait de façon exacerbée la couleur du ciel et les nuages de Stalingrad. Il retrouvait son enfance, quand la première neige, une averse d'été, un arc-en-ciel l'emplissaient de bonheur. Ce sentiment merveilleux s'émousse, avec les ans, et disparaît chez presque tous les êtres vivants qui s'habituent au miracle de leur vie sur terre.

Tout ce qui, dans la vie de ces dernières années, semblait erroné à Krymov n'était pas sensible à Stalingrad. « C'est comme quand Lénine était encore en vie », pensait-il.

Il lui semblait que les gens avaient ici une attitude différente, meilleure à son égard qu'avant la guerre. Il ne se sentait plus le mal-aimé de son temps, comme il ne le sentait pas au moment de l'encerclement, au début de la guerre. Il y a peu de temps encore, quand il était dans les arrières, de l'autre côté de la Volga, il préparait avec enthousiasme ses exposés et ses conférences, il trouvait naturel que la Direction politique l'eût muté au poste de conférencier.

Mais maintenant, il se sentait profondément ulcéré. Pourquoi ne l'avait-on pas laissé à son poste de commissaire combattant ? Pourtant, à première vue, il ne s'en sortait pas plus mal et plutôt mieux que bien d'autres...

Les relations entre les gens étaient belles à Stalingrad. L'égalité et la dignité vivaient sur cette rive de glaise arrosée de sang.

L'intérêt pour l'avenir des kolkhozes, pour les relations futures entre les grands peuples et leurs gouvernements était quasi général. La vie en campagne, les soldats maniant la pelle, le couteau de cuisine pour la corvée de peluche ou l'allène pour réparer les bottes du bataillon, tout semblait avoir un rapport direct avec la vie que mènerait le peuple, de même que les autres peuples et les autres États, après la guerre.

Presque tous croyaient que le bien triompherait de cette guerre et que les hommes honnêtes, qui n'avaient pas hésité à verser leur sang, pourraient bâtir une vie juste et bonne. Cette croyance était touchante chez des hommes qui estimaient qu'eux-mêmes avaient peu de chances de survivre jusqu'à la fin de la guerre, et qui s'étonnaient quotidiennement d'avoir pu vivre jusqu'à la tombée de la nuit.

54

Le soir, après une nouvelle conférence, Krymov se retrouva dans l'abri du lieutenant-colonel Batiouk, le commandant de la division qui était disposée sur les pentes du Mamaïev Kourgan et à côté du Banny Ovrag.

Batiouk, un homme de petite taille, au visage de soldat épuisé par la guerre, se réjouit de la venue de Krymov.

Pour le dîner, on servit des pieds de veau en gelée et une bonne tourte, encore chaude, de fabrication maison. Tout en versant un verre de vodka à Krymov, Batiouk le regarda de dessous ses paupières baissées et fit :

— Et moi, quand j'ai appris que vous veniez chez nous faire des conférences, je me suis demandé où vous iriez en premier : chez Rodimtsev ou chez moi. Finalement, vous avez commencé par Rodimtsev.

Il eut un petit rire, se racla la gorge :

— La vie ici, c'est comme au village. Quand ça se calme un peu, le soir, on se téléphone, entre voisins, qu'est-ce que t'as mangé pour le dîner ? qui est venu te voir ? chez qui tu vas ? qu'est-ce que t'ont dit les chefs ? qui a la meilleure étuve pour le bain, qui a eu droit à un article dans le journal ? On ne parle jamais de nous mais toujours de Rodimtsev ; s'il faut en croire les journaux, il est le seul à faire la guerre à Stalingrad.

Batiouk servait son hôte mais se contentait, lui, de pain arrosé de thé ; il était, en fait, indifférent à la bonne chère.

Krymov découvrit que la lenteur des gestes de Batiouk, sa parole lente d'Ukrainien ne correspondaient pas aux problèmes difficiles qu'il avait en tête.

Batiouk ne posa pas la moindre question sur la conférence et Nikolaï Grigorievitch en fut peiné. Comme si la conférence qu'il avait faite n'avait abordé aucune des questions que se posait Batiouk.

Krymov fut profondément frappé par le récit que lui fit Batiouk des premières heures de la guerre. Lors de la retraite générale, Batiouk avait mené son régiment vers l'ouest pour reprendre à l'ennemi les passages de rivière. Le haut commandement, en train de reculer sur la route, s'était imaginé que Batiouk voulait se livrer aux Allemands. Sur place, au bord de la chaussée, après un interrogatoire fait d'injures et de cris hystériques, on avait décidé de le fusiller. Au dernier instant (on l'avait déjà collé contre un arbre) ses soldats l'avaient libéré.

— Eh oui..., dit Krymov. Ce n'était pas rien.

— Je ne suis pas mort d'un arrêt du cœur mais je suis quand même parvenu à attraper une maladie du cœur, ça oui.

— Entendez-vous les tirs du côté du Marché ? demanda Krymov d'un ton légèrement théâtral. Que fait donc Gorokhov en ce moment ?

Batiouk lorgna de son côté.

— Qu'est-ce qu'il peut faire ? Sûrement qu'il tape le carton.

Krymov dit qu'il avait entendu parler d'une réunion de tireurs d'élite qui devait avoir lieu chez Batiouk et que cela l'intéresserait d'y assister.

— Bien sûr, c'est intéressant. Pourquoi pas ? répondit Batiouk.

Ils parlèrent de la situation du front. La concentration nocturne des troupes allemandes au nord du secteur inquiétait Batiouk.

Quand les *sniper* se réunirent dans l'abri, Krymov comprit enfin à qui était destinée la tourte.

Des hommes vêtus de vestes ouatinées, des hommes intimidés et gênés mais dans le même temps forts de leur dignité s'installaient sur les bancs disposés le long des murs et de la table. Les nouveaux venus, comme des ouvriers qui auraient déposé leurs pelles et leurs haches, posaient dans un coin, en s'efforçant de faire le moins de bruit possible, leurs fusils et pistolets-mitrailleurs.

Le visage de Zaïtsev, un sniper célèbre, respirait une gentillesse familière : un bon gars de la campagne ; mais quand il tourna la tête et plissa les yeux, la dureté de ses traits ressortit.

Krymov se rappela soudain une impression d'avant-guerre. Un jour, au cours d'une réunion, il observait un vieil ami assis à côté de lui et, soudain, ce visage, qui semblait toujours plein de dureté, lui était apparu sous un tout autre jour : un œil papillotant, un nez baissé, une bouche entrouverte, un menton trop petit, tout cela avait composé un visage indécis et privé de volonté.

À côté de Zaïtsev étaient assis Bezdidko, un pointeur de mortier aux épaules étroites, aux yeux marron et rieurs, et un jeune Ouzbek aux lèvres encore gonflées par l'enfance, Souleïman Khalimov. Matsegour, un chef de pièce, ressemblait à un paisible père de famille au caractère peu compatible avec le terrible travail de sniper, il essuyait fréquemment son front inondé de sueur à l'aide d'un petit mouchoir.

Les autres, le lieutenant d'artillerie Choulkine, Tokarev, Manjoulia, Solodki, avaient des allures de jeunes gars timides et craintifs.

Batiouk les interrogeait, la tête penchée sur l'épaule, il ressemblait plus à un élève avide d'apprendre qu'à un des commandants les plus sages et expérimentés de Stalingrad.

Quand il s'adressa en ukrainien à Bezdidko, les yeux des assistants s'éclairèrent, dans l'attente d'une plaisanterie.

— Queument va t'o à matin[1] ?

— Hier, i l'eu z'en ai fé vouér d'la misère aux Boches ! Mais à matin l'en a tué que cinq avec quatre obus.

— Ouais, pas terrible, commenta Batiouk. Ce n'est pas comme Choulkine : avec un seul canon il a détruit quatorze chars.

— Choulkine, il a tiré avec ïun seul canon, pasqu'o n'avé pu qu'ïun dans sa batterie.

— Il leur a fait sauter leur bordel de campagne, aux Allemands, dit en rougissant Boulatov.

— Mâ, s'étonna Bezdidko, i o z'ai inscrit queume si ol é été in' guitoune.

— Moi, un obus a soufflé la porte de la mienne, de guitoune, dit Batiouk.

Puis, se tournant vers Bezdidko, il reprit en ukrainien sur un ton de reproche :

— Et mâ, i ai pensé : « Qué-t-o qu'l'ai en train de fére tïo fi'd'bougre de Bezdidko ! Ol'é pourtant bé mâ qui li ai appris à tirer ! »

Le pointeur Manjoulia, particulièrement intimidé, dit en goûtant à la tourte :

— La pâte est réussie, camarade lieutenant-colonel.

Batiouk tapota d'une balle de fusil le bord d'un verre.

— Eh bien, camarades, il est temps de passer aux choses sérieuses.

C'était une réunion de travail, semblable à celles qui se tiennent dans les ateliers ou dans les champs. Mais ce n'étaient pas des tisserands, des boulangers ou des tailleurs et ils ne parlaient ni de blé ni de battage.

Boulatov raconta comment, ayant vu un Allemand qui marchait sur la route en tenant une femme enlacée, il les avait forcés à se jeter à terre et comment, avant de les tuer, il les avait laissés se relever à trois reprises et forcés à trois reprises à se jeter à terre en soulevant de ses balles des petits nuages de poussière à leurs pieds.

— Et je l'ai tué alors qu'il se penchait sur elle, ils sont restés étendus en croix sur la route.

Boulatov racontait avec nonchalance, et son récit était horrible, d'une horreur que n'ont jamais les récits des soldats.

— Arrête tes salades, Boulatov, l'interrompit Zaïtsev.

---

1. Grossman rend savoureux et populaire le parler ukrainien.

— Ce n'est pas des salades, répondit sans comprendre Boulatov. Mon compte est de soixante-dix-sept au jour d'aujourd'hui. Le commissaire ne permettrait pas que je mente, voilà sa signature.

Krymov avait envie de se mêler à la conversation, de dire que, parmi les Allemands tués par Boulatov, il y avait peut-être des ouvriers, des révolutionnaires, des internationalistes... Qu'il fallait le garder en mémoire, et qu'on pouvait, sinon, se transformer en ultra-nationalistes. Mais Nikolaï Grigorievitch ne dit rien. Car ces pensées n'étaient pas utiles pour la guerre, elles n'armaient pas, mais désarmaient.

Le blond Solodki raconta d'une voix légèrement zézayante comment il avait tué huit Allemands pendant la journée de la veille. Puis il ajouta :

— Moi, donc, je suis d'un kolkhoze, vers Oumansk, les Allemands, ils ont fait des choses incroyables dans mon village. Moi aussi, j'ai perdu un petit peu de sang, j'ai été trois fois blessé. C'est comme ça que, de kolkhozien, je suis devenu tireur d'élite.

L'air sombre, Tokarev expliqua comment il fallait se placer sur la route qu'empruntaient les Allemands pour aller aux roulantes et pour chercher de l'eau ; il ajouta, en passant :

— Ma femme m'écrit ce qu'ils ont enduré en détention, nous sommes de la région de Mojaev, ils m'ont tué mon fils parce que je l'ai appelé Vladimir Ilitch.

Khalimov, ému, prit la parole :

— Moi, jamais pressé, quand tenir le cœur, moi tire. Moi arriver au front, avoir ami, sergent Gourov, lui apprendre moi russe, moi apprendre lui ouzbek. Allemand a tué lui, moi tuer douze Allemands. Pris sur officier jumelles et mis autour mon cou. Vos ordres ont été exécutés, camarade *politrouk*.

Ils étaient quand même un tant soit peu effrayants, ces rapports d'activité. Durant toute sa vie, Krymov s'était moqué des belles âmes intellectuelles, il s'était moqué de Strum et d'Evguenia Nikolaïevna qui se lamentaient sur le sort des dékoulakisés pendant la collectivisation. Il disait à Evguenia, pendant les événements de 1937 : « Ce qui est effrayant, ce n'est pas qu'on extermine les ennemis, que le diable les emporte ; non, ce qui est effrayant, c'est qu'on frappe les siens. »

Maintenant il avait envie de dire qu'il avait toujours été prêt à exterminer sans la moindre hésitation les gardes blancs, la saloperie menchevique et SR, puis la racaille koulak, qu'il n'avait jamais éprouvé la moindre pitié pour les ennemis de la révolution, mais qu'on ne pouvait quand même pas se réjouir de tuer, en même temps que des fascistes, des ouvriers allemands. Elle était quand même effrayante, cette discussion, bien que les soldats sussent au nom de quoi ils agissaient ainsi.

Zaïtsev raconta la lutte qu'il avait menée pendant des jours contre un sniper allemand au pied du Mamaïev Kourgan. L'Allemand savait que Zaïtsev le surveillait et il surveillait lui-même Zaïtsev. Ils devaient être de force à peu près égale et aucun des deux ne parvenait à prendre le dessus.

— Ce jour-là il en avait descendu trois des nôtres, et moi, je reste sans bouger dans mon fossé, je n'ai pas tiré un seul coup de feu. Le voilà qui tire encore une fois, il tire à coup sûr, le soldat tombe, sur le côté, les bras en croix. De leur côté il y a un soldat qui passe avec un papier, moi, je ne bouge toujours pas, j'observe... Et moi, je sais qu'il sait, lui, que s'il y avait un tireur d'élite de caché, le gars au papier, il l'aurait descendu, alors qu'il n'a rien eu. Et je sais que de là où il est, il ne voit pas le soldat qu'il a tué et qu'il voudrait bien voir. Plus rien. Un deuxième Allemand passe, avec un seau. Je ne tire toujours pas. L'autre attend encore un quart d'heure et il se soulève. Il se met debout. Je me lève aussi, de toute ma taille...

En revivant la scène, Zaïtsev se leva du banc, et cette expression de force qui était passée sur son visage tout à l'heure était devenue son expression dominante ; ce n'était plus le brave gars bien charpenté, il y avait quelque chose de léonin et de sinistre dans ce nez aux narines palpitantes, dans ce large front, dans ces yeux où s'était allumée une lueur victorieuse et terrible.

— Il a compris, il m'a reconnu. Et j'ai tiré.

Pendant un instant, le silence se fit. Le même silence, probablement, que le silence de la veille après la brève détonation. C'était comme si l'on avait entendu à nouveau le bruit que fait le corps d'un homme quand il tombe. Soudain Batiouk se tourna vers Krymov et demanda :

— Alors, ça vous intéresse ?

— C'est fort, dit Krymov et il ne dit rien d'autre. Krymov cantonnait chez Batiouk.

Batiouk remua les lèvres en comptant les gouttes pour le cœur qu'il versait dans un verre, puis il ajouta de l'eau.

Il raconta en bâillant à Krymov ce qui se passait dans la division, il ne parlait pas des combats, mais de divers événements de la vie quotidienne.

Krymov avait l'impression que tout ce que disait Batiouk avait un rapport avec ce qui lui était arrivé dans les premières heures de la guerre, que toutes les pensées de Batiouk y prenaient leur origine.

Depuis que Krymov était arrivé à Stalingrad, il n'arrivait pas à se défaire d'une impression étrange.

Tantôt, il lui semblait qu'il se trouvait dans un royaume où le parti n'existait pas ; tantôt, au contraire, il lui semblait qu'il respirait l'air des premiers jours de la révolution.

Soudain, Krymov demanda :

— Il y a longtemps que vous êtes au parti, camarade lieutenant-colonel ?

— Eh quoi, camarade commissaire, vous trouvez que je ne suis pas la ligne juste ?

Krymov ne répondit pas immédiatement.

— Vous savez, on peut dire que je ne suis pas un mauvais orateur dans le parti, j'ai eu à prendre la parole à de grands meetings d'ouvriers. Mais ici, j'ai tout le temps le sentiment non pas de montrer la voie, mais de suivre le mouvement. Voilà, c'est une drôle d'histoire. Oui, à ce propos, j'avais envie, tout à l'heure, de me mêler à la conversation de vos tireurs d'élite, d'apporter un correctif. Et puis, je me suis dit que le mieux était l'ennemi du bien. À vrai dire, ce n'est pas la seule raison de mon silence ; la Direction politique nous dit que nous devons faire entrer dans l'esprit des combattants que l'armée Rouge est une armée de vengeurs. Et moi, je me mettrais à discourir sur l'internationalisme, le point de vue de classe. L'essentiel est de mobiliser la haine des masses contre l'ennemi. Je ne veux pas être l'idiot du conte qui, invité à la noce, récite la prière des morts...

Il se tut un instant.

— Et puis il y a l'habitude... Généralement, le Parti mobilise la fureur, la haine des masses contre l'ennemi dans le but de le battre, de l'anéantir. Nous n'avons rien à faire de l'humanisme chrétien. Notre humanisme soviétique est rude... Nous ne prenons pas de gants... Il se tut un instant. Naturellement, je ne parle pas de cas comme le vôtre, quand on voulait vous fusiller pour rien. En 37 aussi, il arrivait qu'on frappe les nôtres : c'est notre malheur. Mais là, les Allemands se sont attaqués à la patrie des ouvriers et des paysans, tant pis pour eux ! La guerre, c'est la guerre !

Krymov attendait une réponse de Batiouk, mais elle ne vint pas, non parce que Batiouk ne savait que répondre mais parce qu'il s'était endormi.

55

Dans l'atelier des fours Martin de l'usine *Octobre rouge*, des hommes allaient et venaient dans la pénombre sonore, des détonations résonnaient, des flammes brèves s'allumaient, une sorte de brume ou de poussière flottait dans l'air.

Le commandant de la division, le général Gouriev, avait installé les PC des régiments à l'intérieur des fours Martin. Krymov se dit que les hommes qui se trouvaient dans ces fours, lesquels, récemment encore, fabriquaient de l'acier, étaient d'une trempe particulière, que leur cœur était d'acier.

On entendait d'ici le bruit des bottes allemandes, les ordres lancés par les officiers et même les claquements secs des fusils-mitrailleurs quand les soldats allemands les rechargeaient.

Quand Krymov se faufila, en rentrant la tête dans les épaules, à l'intérieur du four qui abritait le PC d'un des régiments, quand il sentit sous sa paume la chaleur que les briques réfractaires conservaient depuis plusieurs mois, une sorte de timidité s'empara de lui et il eut l'impression que le secret de cette grande résistance allait s'ouvrir à lui.

Il distingua dans la semi-obscurité un homme accroupi, vit son visage, entendit une voix amicale :

— Tiens, voilà un hôte dans notre palais, entrez donc, tout de suite cent grammes de vodka et un œuf dur pour faire passer.

Krymov pensa qu'il ne raconterait jamais à Evguenia Nikolaïevna comment il avait pensé à elle dans l'antre d'un four Martin à Stalingrad. Avant, il avait toujours envie de se débarrasser d'elle, de l'oublier. Mais maintenant il s'était accoutumé à l'idée qu'elle le suivait partout. La voilà qui l'avait suivi dans le four, la sorcière, pas moyen de lui échapper...

Bien sûr, tout cela était clair comme le jour. Personne n'en a besoin, des mal-aimés de leur temps. Collez-les avec les retraités, les invalides, faites-en du savon ! Le départ d'Evguenia n'avait fait que mettre en évidence sa vie ratée. Même ici, à Stalingrad, on ne lui avait pas confié un poste de combattant.

Le soir, après sa conférence, Krymov discutait, toujours dans le même atelier, avec le général Gouriev. Gouriev avait retiré sa veste et essuyait continuellement son visage rouge de chaleur. D'une voix rauque et forte, il proposait de la vodka à Krymov, criait des ordres au téléphone ; de la même voix il passait un savon à son cuisinier qui n'avait pas su faire griller les brochettes selon les règles, téléphonait à son voisin, Batiouk, pour lui demander si on avait eu le temps de jouer aux dominos sur le Mamaïev Kourgan.

— En gros, nous avons des gars bien ici, dit Gouriev. Batiouk, il en a là-dedans, le général Joloudev, à l'usine de tracteurs, est un vieil ami à moi. Aux Barricades[1], le colonel Gourtiev est bien lui aussi, mais il mène une vraie vie de moine, il ne boit plus du tout de vodka. Là, il a tort, bien sûr.

Puis il entreprit d'expliquer à Krymov que personne n'avait aussi peu d'hommes que lui, six ou huit par compagnie, pas plus ; personne n'était aussi coupé des arrières que lui, il arrivait que, sur une vedette de renforts, il débarquât un tiers de blessés à l'arrivée ; seul Gorokhov, peut-être, au Marché, dégustait autant que lui.

— Hier, Tchouïkov a convoqué Chouba, mon chef d'état-major, il n'était pas d'accord sur des détails dans le tracé de la première ligne, eh bien, mon colonel, Chouba est revenu en piteux état.

Il jeta un coup d'œil à Krymov.

— Vous croyez que je veux dire que Tchouïkov l'a injurié ? demanda-t-il et il éclata de rire. Non, moi-même je l'injurie tous les jours. Il lui a fait sauter toutes les dents de devant.

— Oui..., fit Krymov d'un ton pensif.

Ce « oui » voulait dire que la dignité de l'individu ne triomphait pas toujours sur les pentes de Stalingrad.

Puis Gouriev se mit à expliquer pourquoi les journalistes écrivaient si mal sur la guerre.

---

1. Quartier ouvrier de Stalingrad avant la guerre.

— Ils restent planqués, les fils de pute, de l'autre côté de la Volga, ils ne voient rien de leurs propres yeux et après ils écrivent. Si quelqu'un les reçoit bien, ils parlent de lui. Prenez Léon Tolstoï, il a écrit *Guerre et Paix* et voilà cent ans qu'on le lit et on le lira encore dans cent ans. Et pourquoi ? Il a fait la guerre lui-même, il y a pris part, et il sait de qui il faut parler.

— Permettez, camarade général, dit Krymov, Tolstoï n'a pas pris part à la guerre de 1812.

— Comment cela ? demanda le général.

— C'est tout simple, laissa tomber Krymov. Tolstoï n'était pas encore né au moment de la guerre contre Napoléon.

— Pas né ? (Gouriev reposa la question.) Comment cela : « Pas né » ? Que voulez-vous dire ?

Et ils entamèrent une discussion passionnée. C'était la première fois qu'une discussion suivait une conférence faite par Krymov. Et au grand étonnement de Krymov, il ne parvint pas à convaincre son interlocuteur.

56

Le lendemain, Krymov se rendit aux Barricades, où se trouvait la division de tirailleurs sibériens du colonel Gourtiev.

Il s'interrogeait de plus en plus chaque jour sur l'utilité de ses exposés. Il lui semblait parfois qu'on l'écoutait par politesse, comme les non-croyants écoutent un vieux prêtre. Certes, on se réjouissait de sa venue mais il comprenait qu'on était content de le voir, lui, pas d'entendre ses discours. Il était à présent un de ces instructeurs politiques qui s'occupaient de paperasseries, n'en fichaient pas une, gênaient les combattants. Les seuls politiques qui n'étaient pas déplacés étaient ceux qui ne posaient pas de questions, ne faisaient pas de propagande, ne passaient pas leur temps en longs rapports et comptes-rendus, ne s'occupaient pas d'agitation, mais combattaient.

Il se rappelait les cours qu'il donnait à l'Université du marxisme-léninisme, avant guerre ; ils s'ennuyaient à mourir, lui et ses auditeurs, en étudiant, tel un catéchisme, *L'Abrégé de l'histoire du Parti*.

Seulement, en temps de paix, cet ennui était légitime, inévitable, tandis qu'ici, à Stalingrad, il devenait absurde, insensé. À quoi tout cela rimait-il ?

Krymov rencontra Gourtiev à l'entrée de l'abri de l'état-major et eut du mal à se faire à l'idée que cet homme maigrichon, chaussé de bottes en faux cuir et vêtu d'une capote de soldat étriquée, pût commander une division.

L'exposé de Krymov avait lieu dans un vaste abri au plafond bas. Jamais, depuis que Krymov se trouvait à Stalingrad, il n'avait entendu pareils tirs d'artillerie. Il était obligé de crier sans cesse.

Le commissaire de la division, Svirine, homme au discours puissant, solide, émaillé de bons mots qui portaient, déclara au début de la conférence :

— Pourquoi limiter le public aux seuls gradés ? Allez, les topographes, les combattants de la compagnie de protection qui font relâche, les gars des transmissions et les radios qui ne sont pas de service, tous à l'exposé sur la situation internationale ! Ensuite, cinéma. Et danses jusqu'à l'aube !

Il adressa un clin d'œil à Krymov, comme pour lui dire : « Et voilà, ça va être sensationnel ! Ça ne peut qu'être bon pour vous et pour nous. »

Au sourire de Gourtiev regardant Svirine, à la façon qu'eut ce dernier d'arranger la capote jetée sur les épaules de Gourtiev, Krymov comprit quelle amitié régnait dans l'abri.

Aussitôt après l'exposé, le commandant et le commissaire de division furent appelés d'urgence chez le commandant d'armée. Krymov engagea la conversation avec Savrassov. C'était, manifestement, un homme au caractère pénible et brutal, ambitieux et qui se vexait facilement. Bien des choses en lui – son ambition, sa brutalité, le cynisme goguenard avec lequel il parlait des gens – étaient déplaisantes.

Les yeux rivés à Krymov, Savrassov se lança dans un monologue :

— À Stalingrad, n'importe quel régiment le sait : le plus fort, celui qui décide, c'est le commandant du régiment ! Ça, c'est sûr ! Ici, on ne cherche pas à savoir combien le tonton d'Untel ou d'Untel a de vaches. On ne regarde qu'une chose : si le type a de la cervelle. Oui ? Alors, c'est un bon. On ne bidonne pas, ici. Mais en temps de paix, hein ?

Il découvrit ses dents jaunes en un sourire que Krymov reçut de plein fouet, avant de poursuivre :

— Vous savez, moi, la politique, je ne peux pas l'encaisser. Tous ces gars de droite, de gauche, ces opportunistes, ces théoriciens... Je ne supporte pas les bénis-oui-oui. Pourtant, même sans que je me mêle de politique, on a voulu me griller une bonne dizaine de fois. Une chance, encore, que je ne sois pas au Parti, sans ça, on me collerait une étiquette d'ivrogne ou de coureur de jupons. Faudrait que je fasse semblant, c'est ça ? Je ne peux pas.

Krymov eut envie de lui rétorquer qu'à Stalingrad non plus, son destin à lui, Krymov, ne s'arrangeait pas, qu'il traînaillait, qu'il n'avait rien de sérieux à faire. Pourquoi était-ce Vavilov, et non lui, qu'on avait nommé commissaire dans la division de Rodimtsev ? Pourquoi le Parti témoignait-il plus de confiance à Svirine qu'à lui ? Après tout, il était plus intelligent, il avait une vision plus large des choses, plus d'expérience de Parti et pas mal de courage. En outre, s'il le fallait, il saurait montrer la dureté nécessaire, son bras ne tremblerait pas... Comparés à lui, les autres n'étaient que des militants de l'alphabétisation ! Seulement, c'était...

« Dégagez, camarade Krymov, votre temps est fini ! »

Ce colonel aux yeux jaunes l'avait échauffé, mis en ébullition, déprimé.

Pouvait-on, Seigneur, avoir le moindre doute ? Sa vie privée s'était effondrée, elle était partie en quenouille... Le problème n'était pas, bien sûr, que Guenia eût perçu sa faiblesse matérielle. Elle s'en moquait bien, c'était un être pur. Simplement, elle avait cessé de l'aimer. On ne peut tomber amoureux d'un homme dépassé, vaincu. D'un homme sans auréole. Si, si, on l'avait éjecté de la nomenclature... Encore que... Pure, elle l'était, il n'empêche que le matériel comptait aussi pour elle. Il fallait bien vivre. Ça valait tout autant pour Evguenia Nikolaïevna. Jamais, c'était certain, elle n'épouserait un peintre sans le sou, même si elle décrétait que ses barbouillages étaient géniaux...

Krymov aurait pu confier nombre de ces pensées au colonel aux yeux jaunes, mais il ne lui répondit que sur les points où il s'accordait fondamentalement avec lui.

— Allons donc, camarade colonel, vous simplifiez vraiment beaucoup. Avant guerre, on ne se préoccupait pas uniquement de savoir combien le tonton d'Untel avait de vaches. Et puis, on ne peut pas non plus choisir les cadres sur le seul critère d'efficacité.

La guerre empêchait de discuter de ce qui existait avant qu'elle ne se déclenche. Il y eut une grosse explosion et l'on vit émerger du brouillard et de la poussière un capitaine à l'air soucieux, un téléphoniste donna de la voix : on appelait d'un régiment. Un tank allemand avait ouvert le feu sur l'état-major du régiment en question, et des mitrailleurs, qui avaient réussi à se faufiler à la suite du tank, s'étaient embusqués dans une maison de pierre où se trouvaient les chefs d'une division d'artillerie lourde. Ces derniers, qui étaient alors à l'étage, avaient engagé le combat avec les Allemands. Le tank avait incendié une maison de bois du voisinage et le vent fort qui soufflait de la Volga avait propagé les flammes jusqu'au poste de commandement de Tchamov, lequel avait commencé à suffoquer, avec son état-major, et décidé de changer d'air. Seulement, en plein jour, sous les tirs d'artillerie et de mitrailleuses lourdes, ce n'était pas chose facile.

Tous ces événements se déroulaient simultanément dans le périmètre de défense de la division. Les uns demandaient conseil, d'autres un soutien de l'artillerie, les troisièmes l'autorisation de se replier, les quatrièmes se contentaient d'informer, les cinquièmes voulaient des informations. Chacun se voyait confronté à un problème particulier et tous avaient en commun le fait que c'était une question de vie ou de mort.

Quand les choses se calmèrent un peu, Savrassov demanda à Krymov :

— Et si on cassait une petite croûte, camarade commissaire de bataillon, tant que les chefs ne sont pas rentrés de l'état-major de l'armée ?

Il refusait la règle édictée par le commandant et le commissaire de division et ne crachait pas sur la vodka. Aussi préférait-il déjeuner à part.

— Gourtiev est un bon militaire, déclara Savrassov, un peu éméché. Il est instruit, honnête. Le malheur, c'est qu'on ne fait pas pire dans le genre ascète ! Avec lui, on se croirait au monastère. Or, moi, j'ai un appétit de loup pour les filles, ces affaires-là, je les aime, pire que les araignées. En présence de Gourtiev, t'as pas intérêt à raconter une histoire un peu salace. À part ça, on se bat assez bien, tous les deux. Le commissaire, lui, ne m'aime pas, pourtant, dans le genre moine, il n'est pas mieux que moi. Vous vous figurez peut-être que j'ai pris un coup de vieux à Stalingrad ? Avec le régime d'ici, au contraire, je suis frais comme un gardon.

— Moi, je suis de la trempe du commissaire, lança Krymov.

Savrassov secoua la tête.

— Peut-être, mais c'est pas la bonne. Cette vodka-là ne marche pas, alors que celle-ci...

Et il tapota la bouteille, puis se tapota le front.

Ils avaient fini de manger quand le commandant et le commissaire de division rentrèrent du poste de commandement de Tchouïkov.

— Quoi de neuf ? s'enquit Gourtiev d'un ton bref et strict, en examinant la table.

— On a le chef des transmissions qui est blessé, les Allemands sont allés se frotter à Jeloudev, ils ont incendié un bout de maison au point de jonction de Tchamov et Mikhalev. Tchamov a un peu toussé, il avait avalé trop de fumée. À part ça, rien de particulier, répondit Savrassov.

Fixant son visage rougeaud, Svirine déclara d'un ton affectueux et traînant :

— On s'en jette, on s'en jette des petits godets, camarade colonel !

57

La division demanda au commandant Beriozkine de lui faire un rapport sur la situation de l'immeuble « 6 *bis* » : fallait-il en retirer les troupes ?

Beriozkine conseilla au commandant de la division de ne pas en retirer les troupes bien que la maison fût menacée d'encerclement. Celle-ci abritait les postes d'observation de l'artillerie lourde de l'autre rive. Elle abritait également un détachement du génie qui était en mesure de paralyser l'avance des blindés ennemis. Il était peu vraisemblable que les Allemands lancent une attaque généralisée avant d'avoir liquidé ce foyer de résistance, leurs règles étaient, sur ce point, bien connues. Donc, si on assurait un minimum de soutien à l'immeuble « 6 *bis* », il pouvait tenir encore longtemps et, de ce fait, perturber les plans des Allemands. Dans la mesure où les agents de liaison ne pouvaient atteindre la maison que durant quelques heures au milieu de la nuit, et dans la mesure où les communications téléphoniques étaient constamment interrompues, il aurait été opportun d'y faire passer un radio.

La division approuva la position de Beriozkine. Au cours de la nuit, le commissaire Sochkine, accompagné de quelques combattants, parvint à la maison « 6 *bis* » et apporta aux défenseurs de la maison plusieurs caisses de munitions et de grenades. Dans le même temps, il y amena une radio, une toute jeune fille, et un émetteur-récepteur.

Une fois de retour, au petit matin, l'instructeur politique raconta que le chef du détachement avait refusé de rédiger un rapport, affirmant qu'« il n'avait pas de temps à perdre en paperasseries, et qu'il n'avait de comptes à rendre qu'aux Frisés ».

— De façon générale, je ne comprends rien à ce qui se passe chez eux, dit Sochkine. Tout le monde a peur de ce Grekov, mais lui, il joue au copain, ils dorment tous en tas et lui avec tout le monde, ils le tutoient et l'appellent Vania. Excusez, mais on a l'impression d'avoir devant soi, non un détachement militaire, mais quelque chose dans le genre de la Commune de Paris.

Beriozkine hocha la tête, redemanda :

— Alors, il a refusé de rédiger le rapport ? Le sacré gaillard !

Puis le commissaire du régiment prononça un discours sur les militaires qui jouent aux francs-tireurs. Conciliant, Beriozkine dit :

— Eh bien, quoi, les francs-tireurs… C'est l'esprit d'initiative, l'indépendance. Moi aussi, il m'arrive de souhaiter d'être encerclé pour être débarrassé de tous ces rapports.

— À propos de rapports, fit Pivovarov, faites-en un détaillé que j'enverrai au commissaire de la division.

La division prit au sérieux le rapport de Sochkine.

Le commissaire de la division ordonna à Pivovarov de recueillir des renseignements détaillés sur la situation dans la maison « 6 *bis* » et de remettre à Grekov la cervelle à l'endroit. Dans le même temps, le commissaire de la division adressa un rapport à un membre du Conseil d'armée et au chef du service politique de l'armée, dans lequel il faisait état de faits inquiétants en ce qui concernait l'état moral et le niveau politique des combattants.

Les renseignements rapportés par le commissaire Sochkine furent pris avec encore plus de sérieux au niveau de l'armée. Le commissaire de division reçut des instructions pour s'occuper, toutes affaires cessantes, de la maison encerclée. Le chef du service politique de l'armée, qui avait rang de général de brigade, envoya un rapport au chef du service politique du groupe d'armées, qui avait rang de général de division.

Katia Vengrova, la radio, parvint à la maison « 6 *bis* » de nuit. Le matin, elle se présenta à Grekov, le « gérant » de la maison. Grekov, tout en écoutant le rapport de la jeune fille, scrutait ses yeux craintifs, éperdus, mais en même temps moqueurs.

Elle avait une grande bouche aux lèvres exsangues. Grekov tarda quelques secondes avant de répondre à son « Permettez de me retirer ? ».

Des pensées qui n'avaient rien à voir avec la guerre surgirent dans sa tête durant ces quelques secondes : « Il n'y a pas à dire, elle est très mignonne... de jolies jambes... elle a peur... visiblement, c'est une fifille à sa maman. Combien elle peut avoir ? À tout casser dix-huit ans. Pourvu que mes gars ne lui sautent pas dessus... »

Toutes ces considérations aboutirent à une pensée qui semblait n'avoir aucun rapport avec les précédentes : « Et qui est le maître ici, qui a mis les Allemands sur les dents, hein ? »

Puis il répondit à la question de la jeune fille :

— Où voulez-vous vous retirer, mademoiselle ? Restez auprès de votre radio. On trouvera bien quelque chose à vous faire émettre.

Il tapota sur le récepteur-émetteur, lorgna vers le ciel où vrombissaient les bombardiers allemands.

— Vous êtes de Moscou ? demanda-t-il.

— Oui, répondit-elle.

— Asseyez-vous ; chez nous, c'est sans façon, on est de la campagne.

La jeune fille fit un pas de côté, les débris de briques crissaient sous ses bottes, le soleil faisait briller les canons des mitrailleuses, l'acier bruni du pistolet allemand de Grekov. Elle s'assit, regarda le tas de capotes au pied d'un mur effondré. Un bref instant, elle s'étonna que plus rien, ici, ne lui semble étonnant. Elle savait que les mitrailleuses devant les brèches des murs étaient des Degterev, qu'il y avait huit balles dans le chargeur d'un Walther, qu'il avait une grande puissance de feu mais qu'il était malcommode, elle savait que les manteaux empilés dans un coin avaient été retirés aux tués, que les tués n'étaient pas enterrés profond : à l'odeur de brûlé se mêlait une autre odeur qui lui était devenue familière. De même, l'appareil qu'on lui avait donné cette nuit ressemblait à celui dont elle se servait à Kotliouban : le même cadran, le même commutateur. Elle se souvint d'un jour, au milieu des steppes, où elle s'était servie de l'écran poussiéreux de l'ampèremètre comme miroir pour arranger ses cheveux qui s'échappaient de dessous son calot.

Personne ne lui parlait, on aurait dit que la vie agitée et terrible de la maison l'évitait.

Mais quand un soldat, un homme d'un certain âge – elle comprit d'après la conversation qu'il s'agissait d'un servant de mortier –, jura grossièrement devant elle, Grekov l'arrêta :

— Doucement, le père. Il y a une jeune fille ici. Il faut faire attention.

Katia frissonna ; ce n'étaient pas les jurons du soldat qui en étaient la cause, mais le regard que lui avait lancé Grekov.

Elle sentait que, même si on ne lui adressait pas la parole, sa présence avait mis la maison en alerte. Elle ressentait de toute sa peau la tension qui régnait autour d'elle. Cette tension ne se dissipa pas quand les bombardiers en piqué lâchèrent leurs bombes et qu'une pluie de briques s'abattit sur eux.

Malgré tout, elle avait une certaine habitude des bombardements, du sifflement des éclats, elle en avait moins peur maintenant, mais les lourds regards des hommes fixés sur elle éveillaient en toujours elle le même effroi.

La veille au soir, les jeunes filles des transmissions l'avaient plainte : « Oh, ce que tu auras peur là-bas ! »

La nuit, un soldat l'avait amenée au PC du régiment. On y sentait déjà de façon aiguë la proximité du front, la fragilité de la vie. Les hommes étaient incertains : à l'instant ils étaient encore là, l'instant d'après ils avaient disparu.

Le commandant du régiment avait hoché la tête d'un air désolé : « Ce n'est pas possible d'envoyer des enfants comme ça à la guerre. »

Puis il avait ajouté : « N'ayez pas peur, ma petite, s'il y a quelque chose qui ne va pas, faites-le-moi savoir directement par radio. »

Sa voix était si bonne, si paternelle, que Katia n'avait retenu ses larmes qu'à grand-peine.

Puis, un autre soldat l'avait conduite au PC du bataillon. Un gramophone y jouait et le commandant du bataillon, un rouquin, lui avait proposé de boire un verre et de danser sur l'air de *Sérénade de Chine*.

Au bataillon, la peur était encore plus intense, et Katia s'était dit que l'officier avait bu moins pour s'amuser que pour étouffer une terreur insupportable, pour oublier sa fragilité.

Mais maintenant, elle était assise sur un tas de briques dans la maison « 6 *bis* » et, elle ne savait pourquoi, elle n'éprouvait aucune crainte ; elle pensait à sa vie merveilleuse d'avant-guerre.

Dans la maison encerclée, les hommes semblaient particulièrement forts, sûrs d'eux, et cette assurance apaisait. Ils avaient cette assurance propre aux grands médecins, aux ouvriers qualifiés dans une laminerie, aux tailleurs coupant un tissu précieux, aux vieux instituteurs en train d'expliquer devant le tableau noir.

Avant la guerre, Katia pensait qu'elle était destinée à vivre une vie sans joie. Avant la guerre, elle trouvait que ses amis et connaissances qui prenaient l'autobus étaient dépensiers. Des gens qui sortaient d'un restaurant minable lui semblaient des êtres fabuleux et il lui arrivait de suivre dans la rue une bande qui déboulait d'un quelconque *Caucase* ou *Aux Chasseurs*, pour essayer de saisir leur conversation. En rentrant de l'école, à la maison, elle annonçait solennellement à sa mère : « Tu sais ce qui m'est arrivé aujourd'hui ? Une fille m'a offert un verre d'eau gazeuse au sirop, du vrai sirop qui sentait le cassis ! »

Il ne leur était pas facile d'établir un budget avec l'argent qui restait des quatre cents roubles que touchait sa mère, après qu'on en avait déduit l'impôt sur le revenu, l'impôt culturel, l'emprunt d'État. Elles n'achetaient pas de vêtements, mais retaillaient les vieux ; alors que les autres locataires payaient Maroussia, la gardienne de l'immeuble, pour qu'elle fasse le ménage dans les parties communes de l'appartement, elles préféraient assurer elles-mêmes leur tour et Katia lavait les planchers et vidait les ordures ; elles n'achetaient pas leur lait chez la laitière mais dans les magasins d'État où les queues étaient interminables, mais cela leur permettait d'économiser six roubles par mois ; et quand il n'y avait pas de lait dans les magasins d'État, la mère de Katia allait le soir au marché kolkhozien, car les marchandes, pressées de prendre le train, baissaient leur prix et cela ne revenait guère plus cher que dans les magasins. Elles ne prenaient jamais l'autobus et n'empruntaient le tramway que les jours où elles devaient parcourir une longue distance. Katia n'allait jamais chez le coiffeur, c'était sa mère qui lui coupait les cheveux. La lessive, bien sûr, elles la faisaient elles-mêmes ; elles utilisaient dans leur chambre une ampoule très faible, à peine plus lumineuse que les lampes des parties communes. Elles préparaient le dîner pour trois jours à la fois. C'était de la soupe, parfois du gruau avec un peu d'huile ; un jour, après avoir mangé trois assiettes de soupe, Katia avait fait : « Et voilà, nous aussi, aujourd'hui, nous avions trois plats à notre dîner. »

La mère n'évoquait jamais le temps où ils vivaient avec le père de Katia, et Katia, elle, ne s'en souvenait déjà plus. Seule, parfois, Vera Dmitrievna, une amie de maman, disait en regardant la mère et la fille se mettre à table : « Eh oui, nous aussi, nous avons connu notre heure de gloire. »

Mais maman se mettait en colère et Vera Dmitrievna ne précisait pas ce qu'était la vie au temps où Katia et sa mère avaient connu leur heure de gloire.

Un jour, Katia trouva dans l'armoire une photo de son père. Elle voyait pour la première fois son visage mais elle comprit immédiatement que c'était son père. Sur le dos, il y avait : « À Lida, j'appartiens à la tribu des Asra, ce sont ces Asra qui meurent quand ils aiment[1]. » Elle ne dit rien à sa mère, mais, en revenant de l'école, elle sortait la photo et fixait longuement les yeux noirs et, trouvait-elle, tristes de son père.

Un soir, elle demanda :

— Où est papa maintenant ?

Sa mère répondit :

— Je ne sais pas.

Mais quand Katia partit pour l'armée, sa mère en parla pour la première fois ; Katia apprit qu'il avait été arrêté en 1937, elle apprit l'histoire de son second mariage.

Elles passèrent toute la nuit à parler. L'univers basculait ; sa mère, d'habitude si réservée, racontait sa jalousie, son humiliation, son amour, sa pitié. Katia était stupéfaite, et si grande lui semblait l'âme humaine, que même la guerre s'effaçait derrière elle. La mère attira la tête de Katia, le sac à dos lui tirait les épaules en arrière. Katia prononça : « J'appartiens à la tribu des Asra qui meurent quand ils aiment. »

Puis sa mère la poussa légèrement par l'épaule :

— C'est l'heure, Katia, va.

---

1. Citation du poème de Heine *Un Asra*. Une romance, composée par A. Rubinstein (1829-1894) en 1856 sur ce poème, le rendit très populaire en Russie, au point d'inspirer des parodies telles que *Le Pauvre Asra,* œuvre de Teffi, poétesse et écrivain satirique.

Et Katia s'en alla, comme s'en allaient en ce temps-là des millions de jeunes et de vieux, elle s'en alla, quittant la maison maternelle pour, peut-être, n'y plus jamais revenir, ou pour y revenir changée, à jamais séparée de sa tendre et dure enfance.

Et maintenant, elle est assise à côté de Grekov, le gérant d'immeuble de Stalingrad, et elle regarde sa grosse tête, sa gueule lippue et renfrognée.

58

Le premier jour, la liaison téléphonique marchait. L'inactivité et le sentiment d'être exclue de la vie de la maison « 6 *bis* » pesaient de plus en plus sur la jeune radio.

Mais cette première journée fit beaucoup pour la préparer à la vie qui l'attendait dans la maison « 6 *bis* ».

Elle apprit que dans les ruines du premier étage se trouvaient des observateurs qui transmettaient des données à l'artillerie de l'autre côté de la Volga, et que leur chef était le lieutenant en vareuse sale dont les lunettes glissaient sans cesse sur un nez retroussé.

Elle comprit que le vieux soldat grossier venait d'une milice de volontaires et qu'il était très fier d'être chef de pièce. Entre un haut mur et un monticule de gravats étaient installés les soldats du génie, y régnait un homme corpulent qui grognait et grimaçait toujours quand il marchait comme s'il souffrait de cors aux pieds.

Le chef de l'unique canon était un homme chauve en marinière rayée ; il s'appelait Kolomeïtsev. Katia avait entendu Grekov crier :

— Eh ! Kolomeïtsev, j'ai comme l'impression que tu as encore loupé une occasion comme ça !

Le responsable de l'infanterie et des mitrailleuses était un sous-lieutenant à la barbe blonde. Cette barbe soulignait la jeunesse de son visage, alors qu'il devait être persuadé qu'elle lui donnait l'air d'un homme mûr de trente ans au moins.

On lui donna à manger du pain et du saucisson de mouton. Puis elle se souvint qu'il lui restait un bonbon dans la poche de sa vareuse et elle le glissa en cachette dans sa bouche. Après le repas, elle eut sommeil, bien que les tirs fussent tout proches. Elle s'endormit ; mais dans son sommeil elle continuait à sucer son bonbon, à souffrir dans l'attente angoissée d'un malheur. Soudain une voix chantante parvint jusqu'à elle. Les yeux fermés, elle écoutait :

Mais comme un vin prend force en vieillissant,
S'augmente en moi la tristesse d'antan[1]...

---

1. A. Pouchkine, *Élégie* (1830), traduction de J.-L. Moreau. Cette poésie fut l'une des premières œuvres écrites pendant l'« automne de Boldino », période de recueillement avant le mariage de Pouchkine avec Nathalie Gontcharov. C'est un bilan lyrique du passé et une réflexion sur le sens de la vie, à l'un des tournants de l'existence du poète.

Dans ce puits de pierre, éclairé par une lumière d'ambre, se tenait un jeune gars, sale, les cheveux décoiffés, qui lisait un livre. Cinq ou six hommes étaient assis sur des briques, Grekov était allongé sur son manteau, sa tête reposant sur ses mains. Un soldat, il semblait être géorgien, écoutait d'un air soupçonneux, comme s'il voulait dire : « Non, mon vieux, laisse tomber, tu ne m'auras pas avec des idioties pareilles. »

Une explosion proche souleva un nuage de brique ; on aurait dit un brouillard rouge sorti des légendes, les hommes assis sur des amas de briques sanglantes, leurs armes dans le brouillard rouge semblaient venir de la journée terrible que raconte le *Dit de la bataille d'Igor* [1]. Et soudain le cœur de la jeune fille frémit dans l'attente incongrue d'un bonheur imminent.

Le deuxième jour. Ce jour-là survint un événement qui horrifia les habitants, pourtant habitués à tout, de la maison « 6 *bis* ».

Le locataire du premier était le lieutenant Batrakov. Il avait à ses côtés un observateur et un calculateur. Katia les voyait plusieurs fois par jour : le malin et naïf Bountchouk, le morne Lampassov, l'étrange lieutenant binoclard qui souriait continuellement à ses propres pensées.

Dans les minutes de silence, on pouvait les entendre par le trou du plafond.

Avant-guerre, Lampassov s'occupait d'élevage de poules et il aimait à entretenir Bountchouk de l'intelligence et des mœurs traîtresses des poules. Bountchouk, l'œil collé à la lunette, rendait compte d'une voix traînante :

— I voué un soula de voitures boches de Kalatch, ol'a au mitan un tank, do Boches qui marchant d'leu peds, un bataillan… Queume hier, ol'a do roulantes qui fumant…

Certaines de ses observations ne présentaient pas d'intérêt militaire. Il chantonnait :

— I voué in'officier qui promeune avec san chin, le chin r'nifie, le va p'têt ben pisser. Ol'é p'ê ben ine chenne. In'officier et deux drôlesses de la ville qui causant avec do Boches, qui rigolant… On'a yine qui prend in'cigarette, l'autre branle la téte, a veut p'tê pas fumer.

Et soudain, sur le même ton chantonnant, Bountchouk annonça :

— I voué… sur la place des Boches, ol'a do musiciens… O mitan ol'a in'estrade, nan, un bûcher…

Puis il se tut un long moment ; quand il reprit, sa voix, toujours chantonnante, vibrait de désespoir :

— I voué, camarade lieutenant, l'amenant in'bounne femme, en chemise, qui crie ; à couté, ol'a un p'tit drôle… A crie… Leu l'attachant à un

---

1. Poème épique anonyme du XIIᵉ siècle qui raconte la campagne (en 1185) du prince Igor contre les Polovets. Cet épisode tragique de la lutte incessante entre les Russes et les nomades inspira à l'auteur inconnu, qui appelle les princes à l'unité, des réflexions amères sur les guerres fratricides. Le manuscrit du poème, découvert par le comte Moussine-Pouchkine et publié en 1800, brûla dans l'incendie de Moscou (1812).

poteau... L'attachant le drôle aussi... Camarade lieutenant, iv'dré pas voir tchieu... Deux Frisés versant de l'essence...

Batrakov transmit la nouvelle par téléphone à l'artillerie lourde, de l'autre côté de la Volga.

Il se colla à la lunette et imitant le parler de Bountchouk, il hurla :

— I voué, les gars, tout est couvert de fumée et l'orchestre joue... Feu ! cria-t-il d'une voix terrible en direction de l'outre-Volga.

Mais l'outre-Volga restait silencieuse...

Quelques secondes s'écoulèrent, le lieu du supplice fut anéanti par un tir concentré des pièces du régiment d'artillerie lourde. La place fut cachée par un nuage de fumée et de poussière.

Un peu plus tard, on apprit par Klimov, l'éclaireur, que les Allemands s'apprêtaient à faire brûler un enfant et une femme tsiganes, soupçonnés d'espionnage. La veille, Klimov avait laissé du linge sale à une vieille qui vivait avec son petit-fils et une chèvre dans une cave et lui avait dit qu'il reviendrait le lendemain chercher le linge lavé. Il voulait obtenir de la vieille des renseignements sur les Tsiganes. Avaient-ils été tués par les obus soviétiques ou bien avaient-ils eu le temps de brûler sur le bûcher allemand ? Klimov rampa par des passages que lui seul connaissait mais un bombardier de nuit soviétique avait lâché une bombe à l'endroit où se trouvait l'abri de la vieille et il n'y avait plus ni vieille, ni petit-fils, ni chèvre, ni caleçons et chemise de Klimov. Parmi les débris de rondins et les gravats il ne découvrit qu'un chaton. Le chaton était en piètre état, il ne demandait rien, n'attendait rien, il devait croire que la vie sur terre c'était cela : le bruit, le feu, la faim.

Klimov ne parvint jamais à comprendre pourquoi il avait tout à coup fourré le chat dans sa poche.

Katia était étonnée par les relations qui régnaient entre les hommes de la maison « 6 *bis* ». Klimov fit son rapport à Grekov non pas debout, comme l'exigeait le règlement, mais assis à ses côtés ; ils discutaient comme deux vieux copains. Klimov alluma sa cigarette à celle de Grekov.

Quand Klimov eut achevé son récit, il s'approcha de Katia et lui dit :

— Voilà ce qui se passe sur terre, mademoiselle.

Elle soupira et rougit, sentant le regard dur qu'il portait sur elle.

Il sortit de sa poche le chaton et l'installa sur une brique à côté d'elle.

Ce jour-là, une dizaine de personnes entamèrent avec la jeune fille des conversations portant sur les chats, mais personne ne lui parla de la Tsigane, bien que l'histoire les eût tous troublés. Ceux qui avaient envie d'une conversation sentimentale à cœur ouvert lui parlaient sur un ton grossièrement moqueur ; ceux qui cherchaient sans malice à coucher avec elle prenaient un air cérémonieux et lui parlaient avec une délicatesse douceâtre.

Le chat fut pris de tremblements : visiblement, il avait subi une commotion.

Le vieux chef de pièce laissa tomber avec une grimace de dégoût :

— Il n'y a qu'à l'achever. Mais il ajouta aussitôt : Tu devrais lui enlever ses puces.

Le deuxième servant du mortier, Tchentsov, lui aussi un volontaire, donna un conseil :

— Jetez cette saloperie, mademoiselle. Je comprendrais, encore, si c'était un chat de Sibérie…

Liakhov, un soldat du génie au visage méchant et aux lèvres minces, était le seul à s'intéresser réellement au sort du chat, et à rester indifférent aux charmes de la radio.

— Quand nous étions dans les steppes, dit-il à Katia, j'ai reçu un sacré coup, j'ai pensé à un obus en fin de course. C'était un lièvre. Il est resté avec moi jusqu'au soir et dès que ça s'est calmé, il est parti.

Il développa son idée :

— Vous, par exemple, vous êtes une jeune fille, mais quand même vous comprenez : ça, c'est un 108 ; ça, c'est un Vanioucha[1], qui joue son air, ça, c'est un avion de reconnaissance. Tandis que le lièvre, lui, cet idiot, il n'y comprend rien. Il est incapable de distinguer un tir de mortier d'un tir d'obusier. L'Allemand lance des fusées éclairantes, et lui, il tremble de tout son corps, on ne peut rien lui expliquer. C'est pour ça que je les plains.

La jeune fille, sentant que son interlocuteur lui parlait sérieusement, lui répondit avec le même sérieux :

— Je ne suis pas tout à fait d'accord. Les chiens, par exemple, s'y retrouvent très bien en aviation. Quand nous étions cantonnés dans un village, il y avait un bâtard, Kerzon on l'appelait, quand c'étaient nos IL qui passaient, il restait couché et ne relevait même pas la tête. Mais dès qu'on entendait les Junkers, Kerzon se mettait à l'abri. C'était un sacré malin.

L'air frémit, ébranlé par le grincement atroce d'un Vanioucha allemand. Un fracas métallique gronda, une fumée noire se mêla à la poussière sanglante des briques, une pluie de pierres dégringola sur eux. Mais une minute plus tard, quand la poussière retomba, la radio et Liakhov poursuivirent leur conversation comme si de rien n'était, comme si ce n'étaient pas eux qui venaient de plonger à terre. L'assurance des hommes du « 6 bis » avait, semble-t-il, gagné Katia. Ils avaient l'air de croire que, dans cette maison en ruine, tout était fragile, le fer et la pierre, à l'exception d'eux-mêmes.

Au-dessus d'eux, sifflèrent les balles d'une rafale de mitrailleuse, puis d'une seconde.

Liakhov dit :

— Ce printemps, nous étions dans les environs de Sviatogorsk. Ça se met à siffler au-dessus de nos têtes, mais on n'entendait pas les détona-

---

1. Voir « Lance-missiles » dans le Dictionnaire.

tions. On n'y comprenait rien. C'étaient les merles qui avaient appris à imiter le sifflement des balles... Même que le lieutenant nous a mis en alerte, tellement ils sifflaient bien.

— À la maison, je m'imaginais que la guerre c'étaient des cris d'enfants, le feu partout, des chats qui courent... Je suis arrivée à Stalingrad, et j'ai vu que c'était réellement ainsi.

Peu de temps après, ce fut Zoubarev, le barbu, qui s'approcha de la radio.

— Alors, demanda-t-il, plein de sollicitude, il est en vie, le jeune homme à moustache ?

Il souleva le chiffon qui recouvrait le chat.

— Oh ! le pauvre. Comme il a l'air faible ! dit-il, mais ses yeux brillaient d'un éclat plein d'insolence.

Le soir, après un bref combat, les Allemands parvinrent à progresser légèrement sur le flanc de la maison, ils tenaient maintenant sous le feu d'une mitrailleuse le chemin qui reliait la maison à la défense soviétique. La liaison téléphonique entre la maison et l'état-major du régiment fut coupée. Grekov ordonna de percer une communication entre la cave et un tunnel qui passait non loin de la maison.

— Du plastic, on en a, dit à Grekov l'adjudant Antsiferov, tenant dans une main un quart de thé et dans l'autre un morceau de sucre.

Les habitants de la maison, installés dans un trou, au pied d'un mur de refend, causaient. Ils ne parlaient toujours pas de l'exécution de la Tsigane. Ils semblaient indifférents à l'encerclement.

Ce calme paraissait étrange à Katia, mais elle s'y soumettait, et même le mot, effrayant, d'encerclement ne l'effrayait pas, ici, au milieu des hommes pleins d'assurance du « 6 bis ». Elle ne fut pas plus effrayée quand une rafale partit juste à côté et que Grekov cria : « Tirez, tirez, regardez, ils sont là. » Elle n'avait pas peur quand Grekov disait : « À chacun sa manière, qui préfère la grenade, qui le couteau, qui la pelle. Je ne vous ferai pas la leçon, le mieux est l'ennemi du bien. Je vous demande une chose, tuez, chacun à sa manière. »

Dans les minutes d'accalmie, les habitants du « 6 bis » discutaient, dans les moindres détails, sans se presser, du physique de la jeune radio. Batrakov, qu'on aurait pu croire étranger à ces choses et qui de surcroît était myope, se révéla être parfaitement averti des divers aspects de la question.

— Pour moi, l'essentiel chez une dame, c'est le buste, annonça-t-il.

Kolomeïtsev, l'artilleur, n'était pas du même avis. Selon l'expression de Zoubarev, il « appelait un chat, un chat ».

— À propos de chat, tu lui en as parlé ? demanda Zoubarev.

— Sûr, répondit Batrakov. Même notre papa a fait des approches sur ce plan. À travers le cœur de l'enfant, on vise le corps de la mère.

Le vieux milicien cracha entre ses dents et passa sa main sur sa poitrine.

— Où est-ce qu'elle a ici ce qu'une fille doit avoir ? Je vous le demande ?

Mais ce qui le mit en fureur, ce furent les allusions à l'intérêt que portait Grekov à la jeune fille.

— Bien sûr, dans nos conditions, même une Katia peut faire l'affaire, au pays des aveugles, les borgnes sont rois. Elle a les jambes longues comme un héron, elle est plate comme une limande par-devant et par-derrière. Elle a de grands yeux, qu'on dirait une vache. Et vous appelez ça une fille ?

Tchentsov rétorqua :

— Toi, tout ce qu'il te faut, c'est des nichons. C'est un point de vue dépassé, d'avant la révolution.

Kolomeïtsev, un homme vicelard et ordurier, dont la grosse tête chauve cachait bien des contradictions, ricanait en plissant ses yeux d'un gris trouble.

— La fillette, elle a de la classe, dit-il. Mais moi, j'ai mon opinion sur la question. J'aime les petites brunes, des Arméniennes ou des Juives, avec de grands yeux, des rapides, des remuantes, avec des cheveux coupés court.

Zoubarev regarda d'un air pensif le ciel noir rayé par les projecteurs, puis lança :

— Mais quand même, j'aimerais bien savoir comment ça se terminera.

— Tu veux savoir avec qui elle ira ? Avec Grekov, c'est clair.

— Non, ce n'est pas clair, dit Zoubarev et, ramassant un bout de brique par terre, il le lança avec force contre le mur.

Ses copains le regardèrent, regardèrent sa barbe et éclatèrent de rire.

— Et comment tu comptes la séduire, s'enquit Batrakov, avec ton poil au menton ?

— Par son chant, suggéra Kolomeïtsev. Ils feront une émission : notre fantassin au micro ; il chantera et elle émettra. Ils feront un de ces couples, je ne vous dis que ça.

Zoubarev se tourna vers le jeune gars qui, la veille, avait lu des vers.

— Et toi ?

Le vieux milicien maugréa :

— S'il se tait, c'est qu'il n'a pas envie de parler.

Puis, sur le ton d'un père qui fait la leçon à son jeune fils parce qu'il écoute la conversation des grandes personnes, il ajouta :

— Tu ferais mieux d'aller dans la cave dormir un peu tant que c'est possible.

— Il y a Antsiferov, dans la cave, il va creuser un passage au plastic, dit Batrakov.

Grekov, au même moment, dictait un rapport à la radio.

Il faisait savoir à l'état-major de l'armée que, d'après toutes les données dont il disposait, les Allemands préparaient une offensive qui, selon toute apparence, porterait sur la zone de l'usine de tracteurs. La seule chose qu'il ne communiqua pas, c'était que, selon lui, l'axe même de l'offensive passerait par la maison où lui et ses hommes s'étaient incrustés. Mais, alors qu'il regardait le cou de la jeune fille, ses lèvres, ses cils baissés, il se représentait, il se représentait très vivement, ce tendre cou brisé, une vertèbre d'un blanc nacré sortant par la peau déchiquetée, et ces cils au-dessus d'un œil vitreux de poisson, ces lèvres mortes comme faites d'un caoutchouc gris poussière.

Il avait envie de l'étreindre, de sentir sa chaleur, sa vie, tant que lui et elle n'avaient pas encore disparu, tant que toute cette grâce habitait encore ce jeune corps. Il lui semblait que c'était pure pitié s'il avait envie d'étreindre la jeune fille, mais la pitié ne fait pas bourdonner les oreilles, ne fait pas battre le sang dans les tempes.

L'état-major ne répondit pas aussitôt.

Grekov s'étira avec une telle violence que toutes ses articulations craquèrent, il soupira bruyamment, se dit : « Ça va, ça va, on a toute la nuit devant nous », puis demanda tendrement :

— Alors, comment il va, le chaton qu'a apporté Klimov ? Il a repris des forces ?

— Il en est loin, répondit la radio.

Quand Katia se représentait la femme et l'enfant tsiganes sur le bûcher, ses doigts se mettaient à trembler, et elle regardait du côté de Grekov, se demandant s'il le remarquait.

Hier encore, elle pensait que personne ne lui parlerait dans la maison « 6 *bis* », mais aujourd'hui, alors qu'elle mangeait du gruau, le barbu passa devant elle en courant, un pistolet-mitrailleur à la main, lui cria, comme si elle était une vieille connaissance : « Katia, un peu d'énergie » et lui montra d'un geste de la main comment il fallait enfoncer la cuiller dans la gamelle.

Elle revit le garçon qui, hier, lisait des vers, en train de traîner des obus de mortier sur une toile de tente. Une autre fois, elle se retourna et le vit, debout près de la chaudière pleine d'eau. Elle comprit qu'elle avait senti son regard mais qu'il avait eu le temps de se détourner.

Elle était déjà capable de deviner qui demain lui montrerait ses lettres et ses photos, qui pousserait des soupirs et la regarderait en silence de loin, qui lui apporterait des cadeaux – une gourde à moitié pleine d'eau, un peu de pain séché –, qui lui raconterait qu'il ne croyait plus en l'amour des femmes et qu'il n'aimerait jamais plus. Quant au fantassin barbu, sûr qu'il allait essayer de la peloter.

Enfin, l'état-major répondit ; Katia transmit la réponse à Grekov : « Je vous ordonne de donner un rapport détaillé quotidien à 12 heures… »

Soudain Grekov frappa la main de Katia sur le commutateur, coupa la communication. Elle poussa un cri d'effroi.

Il eut un sourire en coin.

— Un éclat d'obus a mis l'émetteur hors d'usage, nous rétablirons le contact quand cela conviendra à Grekov.

La jeune fille le regarda, étonnée.

— Pardonne-moi, Katia, fit-il en lui prenant la main.

59

Au petit matin, le régiment de Beriozkine informa l'état-major de la division que les hommes encerclés dans la maison « 6 *bis* » avaient creusé un passage qui les reliait à un tunnel en béton de l'usine de tracteurs et qu'ils avaient débouché dans un des ateliers. L'officier de jour de la division transmit l'information à l'état-major de l'armée, où l'on mit au courant le général Krylov ; le général Krylov ordonna de lui amener un des rescapés. L'officier des transmissions amena un jeune gars, choisi par l'officier de jour de l'état-major, au QG de l'armée. Ils prirent un ravin qui menait vers la berge ; en chemin le garçon s'inquiétait, posait des questions.

— Il faut que je rentre à la maison, je devais seulement mener une reconnaissance dans le tunnel, pour voir comment évacuer les blessés.

— T'en fais pas, répondait l'officier. Tu vas chez un chef qui est légèrement supérieur au tien ; tu feras ce qu'on t'ordonnera !

En chemin, le jeune soldat raconta à l'officier qu'ils se trouvaient dans la maison « 6 *bis* » depuis plus de quinze jours, que pendant un temps ils s'étaient nourris de pommes de terre qu'ils avaient trouvées dans la cave, qu'ils buvaient l'eau du chauffage central, qu'ils en avaient tellement fait voir aux Allemands que ceux-ci avaient envoyé un parlementaire et leur avaient proposé de sortir de l'encerclement, s'engageant à les laisser regagner l'usine mais que, bien sûr, leur commandant (le garçon l'appelait le gérant) avait ordonné d'ouvrir le feu en guise de réponse.

Quand ils parvinrent à la Volga, le jeune gars s'étendit sur le sol et but longuement ; après s'être désaltéré il fit tomber dans le creux de sa main les gouttes d'eau qui étaient restées sur sa veste et il les lécha comme un affamé qui ramasse des miettes de pain. Il raconta que l'eau, dans la chaudière, était croupie, et que, les premiers jours, tous avaient souffert du ventre, mais que le gérant avait ordonné de faire bouillir l'eau dans les gamelles et que les dérangements avaient cessé. Puis ils marchèrent en silence. Le jeune garçon écoutait les bombardiers de nuit, regardait le ciel coloré par les fusées rouges et vertes, parcouru par les trajectoires des balles traçantes et des obus. Il regardait les flammes mourantes des incendies en ville, les éclairs blancs des canons, les gerbes bleues que soulevaient les obus de l'artillerie lourde en tombant dans la Volga. Il ralentit de plus en plus le pas jusqu'à ce que l'officier le rappelle à l'ordre :

— Allez, un peu de nerf !

Ils avançaient parmi les roches de la rive, des obus passaient en sifflant, des sentinelles les interpellaient. Puis ils grimpèrent par un sentier qui montait au sommet du coteau parmi les tranchées, parmi les abris creusés dans la paroi de glaise ; tantôt ils empruntaient des marches taillées dans la terre, tantôt ils faisaient résonner sous leurs bottes des caillebotis et ils arrivèrent finalement à un passage barré par des barbelés, c'était le QG de la 62ᵉ armée. L'officier remit de l'ordre dans sa tenue et enfila une tranchée menant à des abris qui se distinguaient par l'épaisseur de leurs rondins.

La sentinelle alla chercher l'aide de camp, la lumière douce d'une lampe électrique sous son abat-jour brilla un instant.

L'aide de camp éclaira les nouveaux venus avec une lampe de poche, demanda le nom du garçon, lui ordonna d'attendre.

— Et comment je ferai pour revenir à la maison ? demanda celui-ci.

— T'inquiète pas, tous les chemins mènent à Kiev, dit l'aide de camp. Puis il ajouta sévèrement :

— Entrez donc, si vous vous faites tuer, ça sera encore moi qui devrai en répondre devant le général.

Dans la petite entrée, obscure et tiède, le garçon s'assit par terre et s'endormit.

Une main le secoua violemment et une voix irritée fit irruption dans son sommeil où se mêlaient les hurlements atroces des derniers jours de combats et le chuchotement paisible de sa maison natale, depuis longtemps disparue :

— Soldat Chapochnikov, chez le général, en vitesse...

60

Serioja Chapochnikov passa deux jours dans l'abri de la section de défense rapprochée de l'état-major. Cette vie lui pesait. Il avait l'impression que les gens, ici, traînaient à ne rien faire du matin au soir.

Il se souvint comment il avait, avec sa grand-mère, passé huit heures à Rostov dans l'attente du train pour Sotchi et il se dit que son attente actuelle ressemblait fort à cette correspondance d'avant-guerre. Puis cette comparaison de la maison « 6 *bis* » avec la station balnéaire de Sotchi l'amusa. Il pria le chef des services de l'état-major de le laisser repartir, mais celui-ci laissait traîner les choses car il n'avait pas d'instruction explicite de la part du général. Quand Chapochnikov s'était présenté, le général lui avait posé deux questions, puis l'interrogatoire avait été interrompu par une conversation téléphonique et le général avait oublié Chapochnikov. Le major avait décidé de retenir pour l'instant le jeune gars pour le cas où le général se souviendrait de lui.

Chaque fois, en pénétrant dans l'abri, le major sentait sur lui le regard de Chapochnikov et disait :

— T'énerve pas. Je m'en souviens.

Parfois, les yeux implorants du soldat l'irritaient et il disait :

— Qu'est-ce qui ne te plaît pas ici ? On te nourrit au poil, tu es au chaud. Tu auras toujours le temps de te faire tuer là-bas.

Quand la journée est pleine de bruit, quand l'homme est plongé jusqu'aux oreilles dans le chaudron de la guerre, il n'est pas en mesure de comprendre, de voir sa vie ; il lui faut s'écarter, ne serait-ce que de quelques pas. Alors, comme un homme sur la rive, il voit toute l'immensité de la rivière. Était-ce vraiment lui qui nageait au milieu de ces eaux en furie quelques instants plus tôt ?

Elle lui semblait paisible, à Serioja, la vie dans son régiment de miliciens volontaires cantonné dans la steppe : les gardes de nuit, les discussions des soldats...

Ils n'étaient que trois à s'être retrouvés dans le quartier de l'usine de tracteurs. Poliakov, qui n'aimait pas Tchentsov, disait : « De tout les miliciens volontaires, il n'en resta que trois, le grand, le petit et le niais. »

La vie au « 6 *bis* » avait masqué l'existence antérieure. Bien que cette vie fût incroyable, elle était la seule réelle et tout ce qui avait eu lieu auparavant était devenu irréel.

Parfois seulement, la nuit, il revoyait les cheveux blancs d'Alexandra Vladimirovna, les yeux moqueurs de tante Genia et son cœur se serrait, envahi par l'amour.

Au cours des premiers jours à la maison « 6 *bis* », il s'était dit qu'il aurait été incongru, dément, de voir apparaître dans sa vie familiale les Grekov, Kolomeïtsev, Antsiferov... Mais maintenant il s'imaginait à quel point seraient déplacés sa tante, sa cousine, l'oncle Victor Pavlovitch dans sa vie actuelle.

Oh, si grand-mère pouvait entendre comme il jurait maintenant !...

Grekov !

Il ne savait pas au juste si à la maison « 6 *bis* » s'étaient retrouvés des hommes hors du commun, ou si des hommes ordinaires, une fois dans cette maison, étaient devenus extraordinaires.

Grekov ! Un étonnant mélange de force, de courage, d'autorité et de sens pratique dans la vie quotidienne. Il se souvenait du prix que coûtaient des chaussures d'enfant avant-guerre, du salaire que touchait une femme de ménage ou un ajusteur, du montant en blé et en argent d'un *troudodien*[1] dans le kolkhoze où travaillait son oncle.

Ou bien il parlait de ce qui se passait dans l'armée avant-guerre avec les purges, les réexamens, le piston pour obtenir un appartement, il parlait des hommes qui étaient parvenus jusqu'au grade de général en 1937, en dénonçant par dizaines les « ennemis du peuple ».

Parfois il semblait que sa force résidait dans la bravoure folle qui le projetait par la brèche du mur à la rencontre des Allemands en criant : « Vous ne passerez pas, fils de garces » et en lançant des grenades.

Parfois il semblait que sa force résidait dans son art d'être ami avec tous les habitants de la maison, dans ses relations à la bonne franquette.

Avant la guerre, sa vie ne se distinguait par rien d'extraordinaire, il avait été chef d'équipe à la mine, puis contremaître dans le bâtiment ; il devint ensuite capitaine d'infanterie dans une unité cantonnée dans les environs de

---

1. Voir « Journée-travail » dans le Dictionnaire.

Minsk ; il faisait faire l'exercice à la caserne et sur le champ de manœuvres ; il suivait des cours de perfectionnement à Minsk ; il lisait un peu, le soir, des livres pas trop compliqués, il ne crachait pas sur la vodka, aimait aller au cinéma, jouait aux cartes avec les copains, se disputait avec sa femme qui était jalouse, non sans raisons, de nombreuses dames et demoiselles de la petite ville de garnison. Il avait raconté tout cela lui-même. Et soudain il était devenu aux yeux de Serioja, et pas seulement de Serioja, une sorte de preux de légende, un défenseur de la justice.

Des gens nouveaux étaient entrés dans la vie de Serioja et ils avaient pris dans son âme la place des êtres qui lui avaient été les plus proches.

L'artilleur Kolomeïtsev était un marin de carrière, il avait servi sur des vaisseaux de guerre, avait coulé à trois reprises dans la mer Baltique.

Serioja appréciait que Kolomeïtsev, qui pouvait parler avec mépris de gens ayant droit d'habitude à la plus grande des déférences, respectât profondément les savants et les écrivains. Selon lui, les chefs de tout poil et de tous grades n'étaient rien en comparaison de ce gringalet de Lobatchevski ou du vieux Romain Rolland.

Il arrivait que Kolomeïtsev parlât de littérature. Ce qu'il disait ne ressemblait en rien aux raisonnements de Tchentsov sur la littérature patriotique et éducative. Il aimait particulièrement un écrivain anglais ou, peut-être, américain. Bien que Serioja n'eût jamais lu cet auteur et que Kolomeïtsev en eût oublié le nom, celui-ci trouvait des mots si crus, si colorés, si savoureux pour en parler que Serioja était persuadé que c'était un bon écrivain.

— Moi, ce que j'aime en lui, disait Kolomeïtsev, c'est qu'il ne me fait pas la leçon. Un gars saute une bonne femme, un soldat se saoule la gueule, point à la ligne, pas de commentaire ; un vieux perd sa vieille, il décrit tout comme c'est. On rit, on pleure, on est intéressé, et de toute façon on ne sait pas pourquoi vivent les hommes.

Kolomeïtsev avait pour ami Vassili Klimov, l'éclaireur.

Un jour, Klimov et Chapochnikov devaient pénétrer à l'intérieur des positions ennemies ; ils franchirent le remblai de la voie ferrée et rampèrent jusqu'au bord d'un trou d'obus qui abritait une mitrailleuse lourde, ses servants et un officier d'artillerie. Les deux éclaireurs observèrent, collés au sol, la vie des Allemands. Un des soldats avait déboutonné sa vareuse, avait passé un mouchoir à carreaux rouges dans le col de sa chemise et se rasait. Serioja entendait la barbe dure et poussiéreuse crisser sous la lame du rasoir. Un autre était en train de manger dans une petite boîte de conserve plate ; durant un bref mais interminable instant, Serioja regarda cette large face concentrée sur son plaisir. L'officier remontait son bracelet-montre. Serioja fut pris de l'envie de lui demander, doucement pour ne pas lui faire peur : « Hé !, dites donc, quelle heure est-il ? »

Klimov dégoupilla une grenade et la lança au fond du trou. La poussière n'était pas encore retombée qu'il en lançait une deuxième et sautait à sa suite dans l'entonnoir. Les Allemands étaient morts, comme si, quelques secondes auparavant, ils n'avaient pas été vivants. Klimov, que les gaz de l'explosion et la poussière faisaient éternuer, prenait tout ce dont il avait besoin : la culasse de la mitrailleuse, les jumelles, il détacha la montre de la main encore tiède de l'officier, il retira avec précaution, pour ne pas se tacher, les papiers des soldats de leurs vestes déchiquetées.

Klimov rendit ses prises, raconta ce qui s'était passé, pria Serioja de lui verser un peu d'eau sur les mains, s'assit aux côtés de Kolomeïtsev et dit :

— On va pouvoir s'en griller une maintenant.

Mais au même moment accourut Perfiliev, celui qui se définissait comme « un paisible habitant de Riazan aimant pêcher à la ligne ».

— Dis donc, Klimov, arrête de te prélasser, cria Perfiliev. Il y a le gérant qui te cherche, faut que tu ailles dans les maisons allemandes.

— J'arrive, j'arrive, dit Klimov d'un air coupable.

Il ramassa ses affaires, le pistolet-mitrailleur, la musette contenant les grenades. Il avait des gestes délicats, comme s'il craignait de faire mal aux objets.

Il vouvoyait presque tout le monde et jamais il ne jurait.

— Tu ne serais pas baptiste par hasard ? demanda un jour le vieux Poliakov à Klimov qui avait tué cent dix personnes.

Klimov n'était pas taciturne, il aimait tout particulièrement parler de sa jeunesse. Son père était ouvrier chez Poutilov[1]. Klimov, lui, était un tourneur hautement qualifié, et avant-guerre il enseignait dans un centre d'apprentissage. Serioja avait beaucoup ri quand Klimov avait raconté comment un de ses apprentis s'était étranglé avec une vis ; il étouffait et était devenu tout bleu et Klimov, avant que n'arrive l'ambulance, avait retiré la vis de la gorge de son élève avec une pince.

Mais un jour, Serioja vit Klimov s'enivrer avec du schnaps pris aux Allemands ; il était effrayant et même Grekov en avait peur.

De tous les habitants du « 6 bis », Batrakov était le plus négligé. Il ne cirait jamais ses bottes, l'une d'elles bâillait, la semelle claquait par terre à chaque pas ; les soldats n'avaient pas besoin de lever la tête pour savoir que le lieutenant d'artillerie passait près d'eux. En revanche, le lieutenant essuyait ses lunettes des dizaines de fois par jour avec une petite peau de chamois, ses lunettes ne correspondaient pas à sa vue et il lui semblait constamment qu'une pellicule de fumée et de poussière provenant des explosions recouvrait ses verres. Klimov lui avait apporté plusieurs fois des lunettes qu'il avait trouvées sur des cadavres d'Allemands. Mais Batrakov n'avait pas de chance : les montures étaient belles mais les verres n'étaient jamais les bons.

Avant-guerre, Batrakov enseignait les mathématiques dans une école technique, il était plein de morgue et parlait avec un grand dédain de ses cancres.

---

1. Importantes usines d'armement de Saint-Pétersbourg avant 1917 [NdT].

Il fit passer à Serioja un véritable examen en mathématiques et Serioja se couvrit de honte. Les habitants de la maison plaisantaient : « On va te faire redoubler ! »

Un jour, pendant un raid aérien, alors que les forgerons en folie martelaient de leurs masses la pierre, le fer, la terre, Grekov trouva Batrakov assis en haut de la cage d'escalier béante en train de lire un livre.

— Non, rien à fiche, les Allemands peuvent toujours se brosser, ils n'arriveront à rien. Qu'est-ce que vous voulez qu'ils fassent avec un crétin pareil ?

Les actions des Allemands n'éveillaient, chez les habitants du « 6 *bis* », ni crainte ni, encore moins, terreur, mais plutôt une ironie condescendante. « Oh, là ! Ils s'appliquent aujourd'hui, les Frisés. » « Regarde, mais regarde ; qu'est-ce qu'ils ne vont pas aller inventer, ces voyous ! » « Pas fort, le gars, regarde où il lâche ses bombes… »

Batrakov avait pour ami Antsiferov, le chef de la section de sapeurs ; c'était un homme d'une quarantaine d'années qui aimait beaucoup discuter de ses maladies, ce qui était rare au front : ulcères et sciatiques guérissaient d'eux-mêmes sous le feu.

Mais Antsiferov, lui, continuait à souffrir des nombreuses maladies qu'abritait son vaste corps. La médecine allemande s'était révélée impuissante.

Cet homme paraissait parfaitement invraisemblable quand, le visage large, le crâne dégarni, les yeux ronds, il se régalait à boire le thé avec ses soldats dans les lueurs sinistres des incendies. Généralement, il se déchaussait car il souffrait de cors aux pieds ; il ôtait sa vareuse car il avait toujours trop chaud. Il buvait son thé à petites gorgées dans une tasse à fleurs, essuyait sa calvitie avec un mouchoir, poussait un soupir, souriait et se remettait à souffler sur son thé brûlant ; Liakhov, un soldat à la tête bandée, lui rajoutait sans cesse de l'eau croupie qui bouillait en permanence dans une énorme bouilloire couverte de suie. De temps en temps, sans même enfiler ses bottes, il montait, maugréant et grognant, sur un monticule de briques pour voir ce qui se passait dehors. Il était là, pieds nus, en bras de chemise, sans son calot, et on aurait dit un paysan sur le seuil de sa maison en train de regarder une pluie d'orage s'abattre sur son potager.

Avant-guerre, il travaillait comme chef de chantier. Maintenant, son expérience du bâtiment avait, en quelque sorte, changé de signe. Son esprit était constamment préoccupé par des problèmes de destruction d'immeubles, de voûtes de caves.

Les conversations entre Batrakov et Antsiferov étaient principalement d'ordre philosophique. Après être passé de l'édification à la destruction, Antsiferov éprouvait le besoin de comprendre ce passage inhabituel.

Parfois leur conversation quittait les hauteurs philosophiques (la vie a-t-elle un sens ? existe-t-il un pouvoir soviétique dans d'autres mondes que la Terre ? en quoi l'esprit de l'homme est-il supérieur à l'esprit de la femme ?) pour passer à des problèmes de la vie de tous les jours.

Ici, parmi les ruines de Stalingrad, tout était autre et la sagesse était souvent du côté de cet empoté de Batrakov.

— Tu sais, Vania, disait Antsiferov à Batrakov, j'ai l'impression que, grâce à toi, je commence à comprendre un peu les choses. Pourtant, avant, je croyais que je connaissais la vie dans les coins : à celui-ci, il faut refiler une bouteille de vodka ; à celui-là, il faut procurer des pneus neufs ; et au troisième, il faut tout simplement graisser la patte avec cent roubles.

Batrakov était réellement persuadé que c'étaient ses considérations fumeuses et non Stalingrad qui avaient transformé l'attitude d'Antsiferov à l'égard des hommes et il lui répondait d'un air condescendant :

— Eh oui, mon cher, on ne peut que regretter, à tout point de vue, que nous ne nous soyons pas rencontrés avant-guerre.

L'infanterie logeait dans la cave. C'était elle qui repoussait les attaques allemandes et, à l'appel de la voix perçante de Grekov, passait à la contre-attaque.

Ici, c'était le lieutenant Zoubarev qui dirigeait les opérations. Avant-guerre, il suivait des cours de chant au Conservatoire. Parfois, la nuit, il se glissait vers les maisons allemandes et se mettait à chanter : « Oh ! effluves du printemps, ne m'éveillez pas[1] » ou les grands airs d'*Eugène Onéguine*[2].

Zoubarev ne répondait pas quand on lui demandait ce qui le poussait à chanter parmi les ruines, au risque de se faire tuer. Peut-être voulait-il, en cet endroit où l'odeur des cadavres en décomposition empuantissait l'air, se prouver, prouver à ses camarades et même à ses ennemis que les forces destructrices, si fortes fussent-elles, ne pourraient jamais venir à bout de la beauté et du charme de la vie.

Serioja ne parvenait pas à croire qu'il avait pu vivre sans connaître Grekov, Kolomeïtsev, Poliakov, Klimov, Zoubarev et sa barbe, Batrakov.

Serioja, qui, toute sa vie, avait vécu dans un milieu d'intellectuels, se rendait compte maintenant que sa grand-mère avait raison quand elle affirmait que les gens simples, les ouvriers étaient des gens bien.

Mais Serioja, malin, avait su remarquer la faiblesse de grand-mère : malgré tout, elle considérait que les gens simples étaient simples.

Les hommes du « 6 *bis* » n'étaient pas simples. Un jour, des paroles de Grekov frappèrent Serioja :

— On ne peut pas diriger les hommes comme on dirige des moutons ; il était pourtant intelligent, Lénine, et même lui n'a pas compris cela. On fait la révolution pour que personne ne dirige les hommes. Lénine, lui,

---

1. Cet air de *Werther*, opéra de Jules Massenet, était très connu en URSS dans son interprétation par Sergueï Lemechev.
2. Grossman, dans le texte original, évoque plus particulièrement l'air de Lenski de l'opéra *Eugène Onéguine* de Tchaïkovski (d'après le roman en vers d'Alexandre Pouchkine). Cet air, toujours considéré en Russie comme la « pierre de touche » du répertoire ténor, était aussi un des fleurons de celui de Sergueï Lemechev.

disait : « Avant on vous dirigeait bêtement, et moi je vais vous diriger intelligemment. »

Jamais Serioja n'avait entendu des gens condamner avec une telle audace les ministres de l'Intérieur qui avaient fait périr des innocents par dizaines de milliers en 1937[1].

Jamais Serioja n'avait entendu des gens parler avec une telle douleur des souffrances et des malheurs qui avaient été le lot des paysans pendant la collectivisation. C'était Grekov qui parlait le plus sur ces sujets, mais cela arrivait aussi à Kolomeïtsev ou Batrakov.

Et maintenant, dans l'abri de l'état-major, Serioja trouvait que chaque minute passée loin de la maison « 6 *bis* » traînait de façon insupportable. Il lui semblait inconcevable d'écouter des conversations sur les tableaux de service, les convocations par les chefs des divers services de l'état-major.

Il essayait d'imaginer ce que pouvaient être en train de faire Poliakov, Kolomeïtsev, Grekov...

Le soir, pendant l'accalmie, ils devaient tous parler de la radio.

Quand Grekov avait décidé quelque chose, plus rien ni personne ne pouvait l'arrêter, même si Bouddha ou Tchouïkov intervenaient personnellement.

Les habitants du « 6 *bis* » étaient des hommes exceptionnels, forts, insensibles à la peur. Sûr que Zoubarev avait, cette nuit aussi, lancé ses arias... Et elle, elle devait attendre, impuissante, son destin.

« Je les tuerai », pensa-t-il sans savoir à qui il songeait au juste.

À quoi pouvait-il prétendre ? Il n'avait jamais embrassé une fille, alors que ces gars-là étaient expérimentés ; bien sûr qu'ils sauraient l'embobiner.

Il en avait entendu des histoires sur les infirmières, les téléphonistes, les petites filles sortant de l'école qui devenaient contre leur gré les maîtresses des commandants de régiments ou de divisions. Ces histoires ne l'intéressaient pas.

Il regarda la porte. Comment se faisait-il qu'il ne lui fût pas venu à l'esprit qu'il pouvait se lever et, sans rien demander à personne, partir d'ici ?

Il se leva, ouvrit la porte et sortit.

Or, au même moment, le service politique du groupe d'armées téléphonait à l'officier de jour d'état-major de l'armée pour qu'il envoie le soldat de la maison encerclée chez le commissaire Vassiliev.

Si l'histoire de Daphnis et Chloé touche depuis toujours le cœur des hommes, ce n'est pas parce que leur amour est né sous le ciel bleu à l'ombre des oliviers.

---

1. L'année 1937 est devenue emblématique de la Grande Terreur, bien que les procès de Moscou et les purges massives contre la « vieille garde bolchevique » couvrent la période allant de 1936 à 1938.

L'histoire de Daphnis et Chloé se répète partout et toujours, dans un sous-sol étouffant et sentant la morue, dans un bunker de camp de concentration, dans le cliquetis des bouliers d'un service comptable, dans l'atmosphère gorgée de poussière d'un atelier de filature.

Et cette histoire naquit à nouveau parmi les ruines, au son des bombardiers allemands ; elle naquit en un lieu où les hommes nourrissaient leurs corps, couverts de crasse et de sueur, non de miel, mais de pommes de terre pourries et de l'eau croupie d'une vieille chaudière ; elle naquit en un lieu où les gravats, le bruit et la puanteur tenaient la place de paisibles rêveries.

61

Le vieil Andreïev qui travaillait comme gardien à la centrale électrique de Stalingrad reçut un petit mot de Leninsk où avait été évacuée sa belle-fille ; elle lui annonçait la mort de Varvara Alexandrovna : sa femme était morte d'une pneumonie.

Après la nouvelle de la mort de sa femme, Andreïev se renferma encore plus, il passait rarement chez les Spiridonov, une famille amie, et, le soir, il s'asseyait devant l'entrée du foyer d'ouvriers, regardait les éclairs des pièces d'artillerie et les faisceaux des projecteurs dans le ciel nuageux. Quand, parfois, un gars du foyer lui adressait la parole, il ne répondait pas. Croyant que le vieux entendait mal, celui-ci répétait sa question plus fort. Alors Andreïev prononçait, l'air sombre : « J'entends, j'entends, je suis pas sourd », et il se taisait à nouveau.

La mort de sa femme l'avait bouleversé. Sa vie s'était reflétée dans celle de sa femme ; ce qui lui arrivait de bien ou de mal, sa bonne ou sa mauvaise humeur, tout n'existait qu'en se reflétant dans l'âme de Varvara Alexandrovna.

Au cours d'un bombardement particulièrement violent, quand explosaient des bombes de plusieurs tonnes, Andreïev avait regardé les murs de terre qu'elles soulevaient dans les ateliers de la centrale et s'était dit : « Eh bien ! Si ma vieille voyait ça… Oh, regarde-moi ça, Varvara ! »

Et à ce moment-là, elle n'était déjà plus en vie.

Il lui semblait que les ruines des bâtiments détruits par les bombes et les obus, la cour de la centrale labourée par la guerre, tas de ferrailles tordues, amoncellements de terre, fumées âcres et humides, flamme jaune et reptilienne des isolateurs en feu, étaient l'expression de ce qui lui restait de vie.

Était-ce bien lui, l'homme qui, il y avait peu de temps encore, prenait son déjeuner dans une jolie pièce claire avant de partir au travail, sa femme se tenant à ses côtés et guettant ses mouvements pour, si besoin était, le resservir ?

Oui, il ne lui restait plus qu'à mourir seul.

Soudain il la revoyait dans sa jeunesse, les yeux vifs, les mains hâlées.

Le moment viendrait, il n'était plus si loin.

Un soir, il descendit lentement, en faisant grincer les marches, dans l'abri des Spiridonov. Stepan Fiodorovitch[1] regarda le visage du vieux et dit :

— Ça ne va pas, Pavel Andreïevitch ?

— Vous, vous êtes encore jeune, répondit Andreïev. Vous avez moins de force que moi, vous vous consolerez, mais moi, j'aurai assez de force, je parviendrai jusqu'au bout tout seul.

Vera, qui faisait la vaisselle, se retourna, ne comprenant pas ce que voulait dire le vieux.

Andreïev, qui ne voulait pas de compassion, changea de conversation :

— Il serait temps que vous partiez, Vera, une infirmière n'a rien à faire ici, il n'y a plus d'hôpital, rien que des tanks et des avions.

Elle eut un petit sourire mais ne répondit pas.

— Même des inconnus lui en parlent, dit Stepan Fiodorovitch avec colère. Dès que quelqu'un la voit, avec son ventre : « Faut que vous passiez la Volga. » Hier, un membre du Conseil d'armée est passé ici, il est entré dans l'abri, il a vu Vera, il n'a rien dit, mais au moment de s'installer dans sa voiture, il a commencé à m'engueuler : « Qu'est-ce que vous faites ? Êtes-vous son père, oui ou non ? Si vous voulez, on la passera en vedette blindée sur l'autre rive. » Qu'est-ce que j'aurais pu lui répondre ? Elle ne veut pas et il n'y a rien à faire.

Il parlait vite et sans chercher ses mots, comme quelqu'un qui discute tous les jours de la même chose et répète de jour en jour les mêmes arguments. Andreïev fixait sur la manche de son veston une reprise trop familière qui s'était décousue et il se taisait.

— Quelles lettres de son pilote peut-elle attendre ? poursuivait Stepan Fiodorovitch. Comme s'il y avait encore une poste ici ! Ça fait combien de temps que nous sommes là ? Et pas la moindre lettre ni de la grandmère, ni d'Evguenia, ni de Lioudmila… Où sont Tolia et Serioja ? On ne peut rien savoir ici.

— Et pourtant, regarde, Pavel Andreïevitch a bien reçu une lettre, lui, dit Vera.

— Pas une lettre, un avis de décès, dit Stepan Fiodorovitch et, s'effrayant de ses propres paroles, il montra les murs de l'abri, le rideau qui cachait le lit de Vera, et poursuivit d'un ton irrité : Comment peut-elle vivre là-dedans ? Une jeune fille, une femme, et autour il y a tout le temps des hommes, jour et nuit des ouvriers, des gardes sont là à crier, à fumer.

Andreïev dit :

— Pensez au bébé, il ne fera pas de vieux os ici.

---

1. Stepan Fiodorovitch Spiridonov : directeur de la centrale électrique de Stalingrad, mari de Maroussia, fille cadette d'Alexandra Vladimirovna. Maroussia a été tuée pendant l'évacuation de Stalingrad.

— Réfléchis un peu, si les Allemands font irruption, qu'est-ce qui se passera ?

Vera restait muette.

Elle s'était persuadée qu'un jour Viktorov entrerait par le portail en ruine de la centrale et qu'elle le verrait de loin, vêtu de sa combinaison de vol, de ses bottes, le porte-cartes sur le côté.

Elle allait sur la route pour guetter sa venue. Les soldats qui passaient dans les camions lui criaient :

— Eh, la belle, qui attends-tu ? Viens avec nous.

Retrouvant un instant sa gaieté, elle lançait :

— Là où je vais, un camion ne peut pas aller.

Quand les avions soviétiques passaient au-dessus de la centrale, elle observait les chasseurs, qui volaient bas, et il lui semblait qu'elle allait à l'instant distinguer et reconnaître Viktorov.

Quand, un jour, un chasseur vint survoler la centrale, Vera poussa un cri d'oiseau désespéré, s'élança en trébuchant dans la cour et tomba ; après quoi elle eut mal au dos pendant plusieurs jours.

À la fin octobre, elle vit un combat aérien. Le combat s'acheva sans résultat : les avions soviétiques disparurent dans les nuages, les allemands firent demi-tour et repartirent vers l'ouest. Mais Vera resta debout à fixer le ciel vide et ses yeux élargis exprimaient une telle tension qu'un électricien, qui traversait la cour, lui demanda :

— Qu'avez-vous, camarade Spiridonova ? Vous n'auriez pas été touchée par hasard ?

Elle avait foi en sa rencontre avec Viktorov précisément ici, à la centrale ; il lui semblait que, si elle en parlait à son père, le destin s'irriterait contre elle et empêcherait leur rencontre. Cette conviction était par moments si forte qu'elle se mettait à cuire des galettes d'orge et de pommes de terre, à balayer subitement le sol, à déplacer les objets, à cirer ses chaussures... Parfois, alors qu'elle était à table avec son père, elle tendait l'oreille, disait :

— Attends, j'en ai pour une seconde...

Et, jetant son manteau sur ses épaules, elle remontait à la surface et regardait autour d'elle à la recherche d'un pilote qui serait debout dans la cour et demanderait où habitaient les Spiridonov.

Jamais, pas un seul instant, il ne lui était venu à l'esprit qu'il aurait pu l'oublier. Elle était certaine que Viktorov pensait à elle jour et nuit tout comme elle pensait à lui.

Les grosses pièces allemandes tiraient sur la centrale presque tous les jours. Les Allemands avaient pris le coup et ne manquaient pas leur cible, les obus tombaient sur les ateliers, le fracas des explosions secouait à tout moment le sol. Souvent, des bombardiers errants parvenaient en solitaires jusqu'à la centrale et lâchaient leurs bombes. Les Messerschmitt, passant en rase-mottes, tiraient des rafales de mitrailleuse. On voyait apparaître parfois des chars allemands sur les collines et on entendait alors très distinctement le tir précipité des armes individuelles.

Stepan Fiodorovitch semblait s'être habitué aux obus et aux bombes, comme semblaient s'y être habitués les autres travailleurs de la centrale. Mais les uns et les autres y dépensaient leurs dernières réserves de force et, par moments, un épuisement total s'emparait de Spiridonov. Il avait envie de s'allonger, de se recouvrir la tête de son manteau et de rester ainsi, les yeux clos, sans bouger. Parfois, il avait envie de courir jusqu'au bord de la Volga, de la traverser et de marcher à travers la steppe vers l'est sans un regard pour la centrale ; il était prêt à accepter la honte de la désertion pour ne plus entendre le bruit terrifiant des bombes et des obus allemands. Quand Spiridonov téléphonait à Moscou, par l'intermédiaire du QG de la 64e armée qui était disposée non loin de là, et que le vice-ministre lui disait : « Camarade Spiridonov, transmettez le salut de Moscou aux travailleurs héroïques que vous dirigez », Stepan Fiodorovitch se sentait mal à l'aise : de quel héroïsme pouvait-il être question ? Qui plus est, selon des bruits, les Allemands s'apprêtaient à effectuer un raid massif sur la centrale, ils se seraient promis de la raser au moyen de bombes monstrueuses. Dans la journée, ses yeux se tournaient involontairement vers le ciel gris, guettant la venue des avions ; la nuit, il se levait en sursaut, il lui semblait entendre le grondement dense et grandissant des armadas allemandes. Son dos, sa poitrine se couvraient de sueur.

De toute évidence, il n'était pas le seul à avoir les nerfs à vif. Kamychov, l'ingénieur en chef, lui avoua un jour : « Je n'en peux plus, il me semble voir sans cesse des horreurs ; je regarde la route et je me dis que je ficherais bien le camp d'ici. » Le responsable du Parti passa un soir chez lui et lui demanda un verre de vodka. « J'ai fini ma bouteille, et ces temps-ci je n'arrive plus à dormir sans cet antibombine. » Et, en versant la vodka, Spiridonov lui dit : « On en apprend tous les jours. J'aurais dû choisir une profession où on peut facilement évacuer le matériel. Les turbines, elles, ne peuvent pas bouger et nous, on doit rester avec. Les gens des autres usines, il y a belle lurette qu'ils se promènent à Sverdlovsk. »

Essayant, une fois de plus, de convaincre Vera qu'il fallait qu'elle parte, il lui dit :

— Vraiment, tu m'étonnes. Les gens viennent me voir tous les jours, me demandent de les laisser partir sous n'importe quel prétexte ; et toi, je te supplie de t'en aller d'ici, et tu ne veux rien entendre. Si on me le permettait, je ne resterais pas une minute de plus.

— C'est à cause de toi que je reste, lui répondit-elle rudement. Sans moi, tu ne dessoûlerais plus.

Mais, bien sûr, Spiridonov ne faisait pas que trembler devant le feu ennemi. Il y avait aussi le travail épuisant, le courage, le rire, les blagues et le sentiment enivrant de vivre une destinée sans pitié.

Vera pensait sans cesse à son futur bébé. Elle craignait qu'il ne naisse malingre, que la vie qu'elle menait dans ce sous-sol étouffant et enfumé, les bombardements quotidiens ne le rendent malade. Les derniers temps, elle avait souvent mal au cœur et elle était sujette aux vertiges. Qu'il serait triste, qu'il serait craintif, son enfant, se disait-elle, si les yeux de sa mère n'avaient devant eux que des ruines, le feu, une terre torturée, des avions aux croix noires dans le ciel gris. Peut-être même qu'il entendait le bruit des explosions et que son petit corps recroquevillé se figeait, que sa tête rentrait dans ses épaules quand hurlaient les bombes.

Des hommes en manteau graisseux serré à la taille d'un ceinturon de soldat la croisaient et la saluaient de la main.

— Comment va la vie, Vera, criaient-ils dans un grand sourire. Est-ce que tu penses à moi ?

Elle sentait la tendresse qui l'entourait, elle, la future mère. Peut-être que son bébé sentait, lui aussi, cette tendresse, et que son cœur serait pur et bon.

Parfois elle allait jusqu'à l'atelier de réparations où on remettait en état les blindés. Viktorov y travaillait, avant la guerre. Elle essayait de deviner où se trouvait son poste. Elle s'efforçait de l'imaginer en bleu de travail comme les ouvriers, bien sûr, mais aussi les soldats du centre d'entretien. Les ouvriers de l'usine et les ouvriers de la guerre étaient impossibles à distinguer : les mêmes vestes ouatées et graisseuses, les mêmes bonnets à oreillettes froissés, les mêmes mains noircies.

Vera ne pouvait penser qu'à Viktorov et à son enfant, qu'elle sentait en elle chaque jour plus fortement. Ses craintes pour sa grand-mère, pour la tante Evguenia, pour Tolia et Serioja avaient reflué dans son cœur, elle ne sentait plus qu'une inquiétude diffuse quand elle pensait à eux.

La nuit, elle souffrait de l'absence de sa mère, elle l'appelait, se plaignait à elle, la suppliait de lui venir en aide, murmurait : « Maman, sois gentille, aide-moi. »

Elle se sentait faible et abandonnée ; elle n'avait plus rien de commun avec celle qui répondait calmement à son père :

— Pas la peine de m'en parler, je ne partirai pas d'ici.

62

Au cours du déjeuner, Nadia fit, pensive :

— Tolia préférait les pommes de terre bouillies aux pommes de terre frites.

Lioudmila Nikolaïevna dit :

— Demain, il aura exactement dix-neuf ans et sept mois.

Le soir, elle dit :

— Maroussia aurait eu de la peine si elle avait pu entendre parler du vandalisme des Allemands à Iasnaïa Poliana[1].

Peu de temps après, Alexandra Vladimirovna rentra à la maison après une réunion à l'usine et dit à Strum, qui l'aidait à retirer son manteau :

— Il fait un temps magnifique, Vitia, l'air est coupant et froid. Votre mère disait : « comme de la vodka ».

Strum lui répondit :

— Et quand elle mangeait de la bonne choucroute, elle disait : « C'est du raisin. »

La vie se mouvait ainsi qu'un iceberg dans la mer, sa partie inférieure, plongée dans les ténèbres, donnait une assise à la partie supérieure, celle qui reflétait les vagues, écoutait le bruit de l'eau, respirait...

Quand des jeunes gens de familles amies finissaient leurs études, soutenaient une thèse, tombaient amoureux, se mariaient, une note de tristesse venait se mêler aux discussions familiales.

Quand Strum apprenait la mort au front d'une personne qu'il connaissait, il avait l'impression qu'une parcelle de vie s'éteignait en lui. Mais la voix du mort continuait à se faire entendre dans le bruit de la vie.

L'époque à laquelle étaient liées la pensée et l'âme de Strum était terrible, elle s'était soulevée contre les femmes et les enfants. Voilà que dans sa famille aussi elle avait tué deux femmes et un adolescent, presque un enfant.

Et deux vers du poète Mandelstam, qu'il avait entendu citer par Madiarov, un historien parent de Sokolov, lui revenaient souvent à l'esprit :

> *Et le siècle chien-loup me bondit sur le dos*
> *un loup je ne suis*[2]*...*

Mais ce siècle était le sien, il vivait avec ce siècle et y resterait lié même après la mort.

Le travail de Strum progressait toujours aussi mal.

Ses expériences, commencées longtemps avant la guerre, ne donnaient pas les résultats prévus par la théorie.

Un chaos absurde et décourageant régnait dans la dispersion des résultats expérimentaux, dans l'entêtement qu'ils mettaient à contredire la théorie.

Pour commencer, Strum fut persuadé que ces échecs étaient dus à l'insuffisance expérimentale, à l'absence d'un nouvel appareillage. Ses col-

---

1. Propriété de Léon Tolstoï, près de Toula, où l'écrivain vécut soixante ans durant. Devenu un foyer culturel du vivant de l'écrivain, elle fut transformée en musée en 1921. En 1941-1945, la région de Toula étant occupée par les Allemands, la propriété fut gravement endommagée. Grâce à l'évacuation de la bibliothèque et des objets personnels de Tolstoï, le musée fut restauré après la guerre.
2. Vers d'Ossip Mandelstam, traduits par M. Aucouturier. Le poème fut écrit en 1931. Arrêté puis exilé en 1934 pour avoir composé un poème contre Staline, Mandelstam disparut tragiquement dans les camps en 1938.

laborateurs l'irritaient, il lui semblait qu'ils ne consacraient pas assez de forces à leur travail, qu'ils se laissaient distraire par les soucis extérieurs.

Mais les problèmes ne venaient pas de ce que Savostianov, gai, charmant, bourré de talent, était constamment à la recherche de tickets de vodka ; de ce que l'omniscient Markov faisait des conférences pendant son temps de travail ou expliquait aux autres collaborateurs quelles rations alimentaires touchaient les divers académiciens et comment l'académicien X partageait sa ration entre ses deux ex-femmes et sa troisième femme actuellement en service ; de ce qu'Anna Nahumovna racontait avec un luxe de détails insupportable ses rapports avec sa logeuse.

La pensée de Savostianov restait vivante et claire. Comme toujours, Markov ravissait Strum par l'ampleur de ses connaissances, par sa capacité à mettre au point en artiste les expériences les plus sophistiquées, par sa logique tranquille. Bien qu'Anna Nahumovna habitât un couloir, non chauffé et à moitié en ruine, elle travaillait avec une opiniâtreté et une conscience professionnelle surhumaines. Et, comme toujours, Strum était fier d'avoir Sokolov comme collaborateur.

Ni la rigueur dans le respect des conditions expérimentales, ni les répétitions de l'expérience, ni les réétalonnages des instruments de mesure n'apportaient une quelconque amélioration. Le chaos avait fait irruption dans l'étude des sels organiques de métaux lourds soumis à l'action d'un rayonnement très énergétique.

Parfois, Strum se représentait cette particule de sel sous la forme d'un gnome ayant perdu toute décence et raison, un gnome coiffé d'un bonnet de travers, à la gueule rouge, se livrant à des grimaces et des gestes obscènes, un gnome qui ferait, de ses membres minuscules, un bras d'honneur à la face sévère de la théorie. Des physiciens de renommée mondiale avaient participé à l'élaboration de cette théorie, son appareil mathématique était sans défaut, les données expérimentales qu'avaient accumulées les laboratoires les plus réputés d'Allemagne et d'Angleterre durant des décennies y trouvaient leur place. Peu de temps avant la guerre, on avait monté à Cambridge une expérience qui devait confirmer le comportement des particules dans certaines conditions. Le succès de cette expérience avait marqué le triomphe suprême de la théorie. Strum la trouvait aussi élevée et poétique que l'expérience qui avait vérifié la déviation, prévue par la théorie de la relativité, d'un rayon de lumière en provenance d'une étoile lorsqu'il passe dans le champ d'attraction du soleil. Il semblait impensable de s'attaquer à la théorie : c'était comme si un soldat se mettait en tête d'arracher les pattes d'épaule dorées d'un maréchal.

Mais le gnome continuait ses pitreries et ses obscénités et il ne voulait rien entendre. Peu de temps avant le départ de Lioudmila Nikolaïevna pour Saratov, Strum s'était dit qu'il était possible d'élargir le cadre de la théorie ; il est vrai qu'il fallait pour cela admettre deux hypothèses arbitraires et alourdir de façon considérable l'outil mathématique.

Les nouvelles équations concernaient la branche des mathématiques dans laquelle Sokolov était particulièrement fort. Strum demanda à Sokolov de l'aider, il ne se sentait pas assez sûr de lui dans ce domaine des mathématiques. Assez rapidement, Sokolov parvint à établir de nouvelles équations pour la théorie élargie.

Il semblait que le problème fût résolu, les données expérimentales ne contredisaient plus la théorie. Strum était heureux de ce succès, il félicitait Sokolov. Sokolov félicitait Strum, mais les sentiments d'inquiétude et d'insatisfaction persistaient.

Le découragement gagna de nouveau Strum.

— J'ai remarqué, dit-il de Sokolov, que mon humeur se gâte quand, le soir, je regarde ma femme repriser des chaussettes. Cela me rappelle ce que nous sommes en train de faire : nous avons reprisé la théorie, un travail grossier, les fils ne sont pas de la même couleur, un boulot d'amateur.

Les doutes ne le laissaient pas en paix ; par bonheur, il ne savait pas se mentir, il sentait instinctivement que l'autosatisfaction le mènerait à la défaite.

Cet élargissement de la théorie ne donnait rien de bon. Une fois reprisée, elle perdait son équilibre interne, les hypothèses lui ôtaient sa force, son autonomie, ses équations étaient devenues pesantes, difficiles à manier. Elle avait maintenant quelque chose d'arbitraire, de talmudique, d'anémié. C'était comme si toute vie, toute musculature l'avait quittée.

Pendant ce temps, la nouvelle série d'expériences, brillamment mises au point par Markov, entrait de nouveau en contradiction avec les nouvelles équations. Pour rendre compte de cette nouvelle contradiction, il aurait fallu admettre de nouvelles hypothèses, étayer à nouveau la théorie avec force allumettes et bouts de bois.

« C'est du bricolage », se dit Strum. Il comprenait qu'il s'était fourvoyé.

Il reçut de l'Oural une lettre de l'ingénieur Krymov, l'ex-beau-frère d'Evguenia. Celui-ci lui annonçait qu'il était obligé de remettre pour un certain temps la fabrication des appareils commandés par Strum ; l'usine était surchargée par des commandes de guerre ; le matériel ne pourrait être livré qu'avec un retard de six semaines au moins.

Mais cette lettre n'attrista pas Strum, il n'attendait plus ce nouveau matériel avec l'impatience de naguère, il ne pensait plus qu'il pouvait en attendre un changement quelconque dans les résultats des expériences. Par moments, il se sentait pris de rage et désirait recevoir au plus vite ce nouveau matériel pour se convaincre une fois pour toutes que les nouvelles données expérimentales contredisaient de façon totale et définitive la théorie.

Ses insuccès dans le travail s'associaient dans son esprit avec ses malheurs personnels ; tout s'était fondu en une grisaille sans la moindre percée de lumière.

Cette prostration durait depuis des semaines, il était devenu irritable, manifestait un intérêt soudain pour le train-train de la maison, se mêlait de la cuisine, passait son temps à s'étonner des dépenses excessives de Lioudmila.

Il se tenait au courant de la discussion qui opposait Lioudmila à leurs propriétaires : ceux-ci exigeaient, pour leur permettre d'utiliser le bûcher, un supplément de loyer.

— Alors, où en sont les pourparlers avec Nina Matveïevna ? demandait-il.

Puis, après avoir écouté le récit de Lioudmila, il commentait :

— Quelle sale bonne femme !

Maintenant, il ne réfléchissait plus aux liens qui existaient entre la science et la vie des hommes ; il ne se demandait pas si elle était bonheur ou malheur. Pour ce genre de pensées, il faut se sentir maître de la situation, il faut être un vainqueur. Il lui semblait qu'il n'était qu'un apprenti malchanceux.

Il lui semblait qu'il ne pourrait plus jamais travailler comme avant, son malheur l'avait privé de son talent de chercheur.

Il passait en revue les noms des grands physiciens, mathématiciens et écrivains qui avaient accompli l'essentiel de leur œuvre dans leur jeunesse et qui n'avaient plus rien créé de considérable après trente-cinq, quarante ans. Ils pouvaient être fiers de ce qu'ils avaient fait, alors que lui, il aurait à traîner le reste de son existence sans avoir rien fait dans sa jeunesse dont il pourrait se souvenir. Évariste Galois, qui avait tracé les voies de la mathématique un siècle à l'avance, avait été tué à vingt et un ans ; Einstein avait vingt-six ans quand il fit paraître son traité sur la relativité restreinte, Hertz n'avait pas atteint la quarantaine. Quel gouffre séparait ces hommes de Strum !

Strum annonça à Sokolov qu'il voulait interrompre pour un temps les travaux de laboratoire. Mais Piotr Lavrentievitch estimait qu'il fallait poursuivre les expériences, il attendait beaucoup du nouvel appareillage. Strum se souvint qu'il ne lui avait même pas parlé de la lettre que lui avait envoyée l'usine.

Victor Pavlovitch voyait que sa femme était au courant de ses échecs, mais elle ne l'interrogeait pas sur son travail.

Elle ne s'intéressait pas à ce qui faisait l'essentiel de sa vie, alors qu'elle trouvait le temps de s'occuper du ménage, de bavarder avec Maria Ivanovna, de se disputer avec la propriétaire, de coudre une robe pour Nadia, de voir la femme de Postoïev. Il s'irritait contre Lioudmila, incapable qu'il était de comprendre son état.

Il lui semblait que Lioudmila avait repris sa vie habituelle, alors qu'elle accomplissait les actes habituels justement parce qu'ils étaient habituels et qu'ils ne demandaient de sa part aucun effort, effort qui était maintenant au-dessus de ses forces.

Elle faisait la soupe au vermicelle et parlait des chaussures de Nadia, parce qu'elle tenait la maison depuis de longues années et que, maintenant, elle répétait mécaniquement les gestes habituels. Mais il ne voyait pas que, tout en poursuivant la vie qu'elle menait avant, elle lui était devenue étrangère.

Pour parler avec son mari de son travail, il lui aurait fallu trouver de nouvelles forces, des intérêts nouveaux. Elle n'avait pas la force. Strum, lui, avait l'impression que Lioudmila continuait à s'intéresser à tout, sauf à son travail.

Quand elle parlait de son fils, elle évoquait le plus souvent des scènes où Victor Pavlovitch ne s'était pas montré suffisamment gentil à l'égard de Tolia ; Strum se sentait offensé. On aurait dit qu'elle faisait le bilan des rapports entre Tolia et son beau-père, et ce bilan n'était pas favorable à Victor Pavlovitch.

Lioudmila disait à sa mère :

— Le pauvre, comme il était malheureux quand il avait des boutons sur la figure. Il m'avait même demandé de lui procurer une crème à l'institut de beauté. Victor le taquinait sans cesse.

Et c'était vrai.

Strum aimait taquiner Tolia ; quand le jeune homme, rentrant à la maison, passait lui dire bonjour, Victor Pavlovitch avait coutume de l'examiner attentivement, de hocher la tête et de proférer, songeur :

— Ben, mon vieux, tu l'es, étoilé !

Ces derniers temps, Strum n'aimait pas rester le soir à la maison. Il lui arrivait d'aller chez Postoïev faire une partie d'échecs, écouter un peu de musique : la femme de Postoïev était une assez bonne pianiste. Parfois, il passait chez une nouvelle relation qu'il s'était faite à Kazan, Karimov. Mais le plus souvent il allait passer la soirée chez les Sokolov.

Il aimait leur petite chambre, le doux sourire de l'hospitalière Maria Ivanovna, et, par-dessus tout, les conversations qui s'y tenaient à table.

Mais quand, tard le soir, il s'approchait de chez lui, l'angoisse qui l'avait un instant lâché le reprenait.

63

À la sortie de l'Institut, Strum alla directement chez son nouvel ami, Karimov, pour se rendre avec lui chez les Sokolov.

Karimov était un homme laid, au visage grêlé. Sa peau mate soulignait la blancheur de ses cheveux et ses cheveux blancs faisaient paraître sa peau plus sombre encore.

Karimov parlait un russe correct et il fallait l'écouter attentivement pour saisir des traces d'accent.

Strum n'avait jamais entendu son nom mais, en fait, il était connu et pas seulement à Kazan. Karimov avait traduit en tatare *La Divine Comédie, Les Voyages de Gulliver* et il était en train de traduire l'*Iliade*. Il leur arrivait souvent, avant d'avoir fait connaissance, de se rencontrer, au sortir de la bibliothèque universitaire, dans le coin réservé aux fumeurs. La bibliothécaire, une vieille bavarde, les lèvres peintes et négligée de sa personne, avait abondamment renseigné Strum sur Karimov. Karimov avait fait ses études à la Sorbonne, il avait une datcha en Crimée, et avant-guerre il passait la majeure partie de l'année au bord de la mer. Au début de la guerre, la femme et la fille de Karimov y étaient restées bloquées et depuis lors il était sans nouvelles. La bibliothécaire fit allusion à des épreuves que cet homme avait connues durant sept ans de sa vie mais Strum accueillit cette information d'un œil incompréhensif. Il semblait bien que la vieille avait aussi parlé de Strum à Karimov. Ayant beaucoup entendu parler l'un de l'autre, ils se sentaient gênés de ne pas avoir lié connaissance, mais, lorsqu'ils se rencontraient, ils ne se souriaient pas, bien au contraire ils prenaient un air renfrogné. Tout cela se termina le jour où ils buttèrent l'un sur l'autre dans le vestibule de la bibliothèque, se regardèrent, éclatèrent simultanément de rire et entamèrent la conversation.

Strum ignorait si ce qu'il disait intéressait Karimov, mais lui, Strum, trouvait de l'intérêt à parler quand Karimov l'écoutait. Strum savait d'expérience qu'un interlocuteur, si intelligent et spirituel fût-il, pouvait se révéler mortellement ennuyeux.

Il y avait des gens en présence desquels Strum était incapable de prononcer le moindre mot ; sa langue devenait de bois, la conversation perdait tout sens, toute couleur, telle une conversation d'aveugles sourds-muets.

Il y avait des gens en présence desquels une parole sincère devenait fausse.

Il y avait des gens, de vieux amis, en présence desquels Strum se sentait encore plus solitaire.

Quelle en était la cause ? La même qui faisait qu'on rencontrait un homme, un voisin de wagon, un voisin de camp, un interlocuteur de hasard, et que, soudain, en leur présence, le monde intérieur cessait d'être muet.

Ils marchaient côte à côte, en bavardant, et Strum se dit qu'il était capable maintenant de rester des heures entières sans penser à son travail, particulièrement le soir, au cours des discussions chez Sokolov. Cela ne lui était jamais arrivé auparavant, il avait toujours pensé à son travail, debout dans le tramway, en écoutant de la musique, en mangeant son repas ou en s'essuyant le visage après la toilette du matin.

Telle était l'impasse où il s'était fourvoyé qu'il devait sûrement s'interdire, sans même s'en rendre compte, de penser à son travail…

— Alors, bien travaillé aujourd'hui, Akhmet Ousmanovitch ? demanda-t-il.

— J'ai la tête vide, impossible de me concentrer, répondit Karimov. Je ne fais que penser à ma femme et à ma fille ; parfois je me dis que tout finira bien, et par moments j'ai le pressentiment qu'elles ont péri toutes deux.

— Je vous comprends, fit Strum.

— Je sais, dit Karimov.

Strum se dit que, bizarrement, il était prêt à raconter à cet homme qu'il connaissait depuis quelques semaines à peine, ce qu'il taisait à sa fille et à sa femme.

64

Les hommes qui se réunissaient chaque soir dans la petite pièce des Sokolov ne se seraient probablement jamais rencontrés à Moscou.

Sokolov, un chercheur de grand talent, parlait de tout d'une façon verbeuse et livresque. Son discours était si lisse qu'on avait peine à imaginer que son père avait été matelot sur la Volga. C'était un homme au caractère noble et bon, mais son visage avait une expression rusée et même cruelle.

Piotr Lavrentievitch, et en cela non plus il ne ressemblait guère à un matelot de la Volga, ne buvait pas une goutte d'alcool, avait peur des courants d'air, se lavait sans cesse les mains et évitait de manger la croûte du pain à l'endroit où il le tenait par peur des microbes.

Chaque fois qu'il lisait ses travaux, Strum se demandait comment un homme qui pensait d'une façon aussi élégante et audacieuse, qui savait exposer et démontrer brièvement les idées les plus complexes, pouvait se transformer en un raseur verbeux et morne au cours de leurs conversations du soir.

Strum, comme beaucoup de gens ayant grandi dans un milieu intellectuel et livresque, aimait à placer, au cours d'une conversation, des mots comme « de la merde », « faire du foin », à traiter, au cours d'une discussion avec un académicien, une « savante » acariâtre de « vieille garce » ou d'« emmerdeuse ».

Avant la guerre, Sokolov n'admettait pas les discussions politiques. Dès que Strum abordait un sujet politique, Sokolov se renfermait ou changeait de façon ostentatoire de conversation.

Il avait fait preuve d'une étrange soumission, d'une étrange mansuétude face aux cruels événements du temps de la collectivisation ou de 1937. Il semblait accepter la colère de l'État comme on accepte la colère de la nature ou d'un dieu. Strum avait l'impression que Sokolov croyait en Dieu et que sa foi se sentait dans ses travaux, dans son humilité soumise face aux grands de ce monde et dans ses rapports personnels.

Un jour, Strum lui demanda carrément :

— Vous croyez en Dieu, Piotr Lavrentievitch ?

Mais Sokolov se renfrogna et ne répondit pas.

Il était étonnant que des gens se réunissent à présent, le soir, chez Sokolov, qu'ils discutent de sujets politiques et que Sokolov, non seulement le supporte mais y participe parfois.

Petite, menue, avec des gestes malhabiles d'adolescente, Maria Ivanovna portait aux propos de son mari une attention particulière dans laquelle se mêlait le timide respect de l'étudiante, l'admiration de la femme amoureuse, le souci et l'anxiété de la mère.

Certes, ces discussions étaient suscitées par les bulletins militaires, mais ensuite, elles s'éloignaient considérablement de la guerre. Et malgré tout, quel que fût le sujet de la conversation, tout était lié au fait que les Allemands avaient atteint le Caucase et la Basse-Volga.

Parallèlement aux moroses pensées engendrées par les revers militaires, vivait un sentiment d'insouciance, d'audace désespérées : perdu pour perdu !...

On abordait bien des sujets, le soir, dans la petite pièce, à croire que les cloisons étaient tombées dans cet espace confiné, restreint, et les gens ne parlaient pas comme d'habitude.

Époux de la défunte sœur de Sokolov, l'historien Madiarov, avec sa grosse tête et ses lèvres épaisses, sa peau de caoutchouc d'un brun bleuté, évoquait parfois ces choses que l'on n'écrivait pas sur la guerre civile : le Hongrois Gavro, qui commandait le régiment internationaliste, le commandant de corps d'armée Krivoroutchko, Bojenko, le tout jeune officier Chtchors qui avait fait donner le fouet, dans son wagon, aux membres d'une commission envoyée par le Conseil de guerre révolutionnaire contrôler son état-major. Il narrait l'étrange et terrible destin de la mère de Gavro, vieille paysanne hongroise qui ne savait pas un mot de russe. Elle était venue rejoindre son fils en URSS et, après l'arrestation de celui-ci, tous s'étaient mis à la fuir, tous la craignaient et elle errait, telle une folle, incapable de s'exprimer, à travers Moscou.

Madiarov parlait des maréchaux des logis et des sous-officiers aux crânes rasés bleutés, en culottes de cheval pourpres à empiècements de cuir, devenus commandants de divisions et de corps d'armées. Il racontait comment ces hommes châtiaient et graciaient, puis, quittant la cavalerie, se lançaient aux trousses d'une bonne femme qui leur avait plu... Il évoquait les commissaires de régiments et de divisions, coiffés de boudienovkas[1] de cuir noir, qui lisaient *Ainsi parlait Zarathoustra* et mettaient en garde les combattants contre l'hérésie bakouninienne... Il parlait des élèves officiers de l'armée tsariste, devenus maréchaux et commandants d'armées de première classe.

Une fois, baissant la voix, il dit :

— C'était au temps où Trotski n'était encore que Léon Davydovitch...

Et dans ses yeux tristes, de ces yeux que l'on voit aux hommes corpulents, intelligents et malades, apparut une expression particulière.

Puis, il eut un sourire et reprit :

— Nous avions monté un orchestre dans notre régiment, un mélange de cuivres, d'archets et de cordes pincées. Il jouait toujours le même air : *Dans la rue se promène une grande crocodile, une grande crocodile*

---

1. Coiffure des soldats de l'armée Rouge pendant la guerre civile, inaugurée par Boudienny, d'où son nom [NdT].

toute verte... Dans toutes les circonstances, en passant à l'attaque ou en enterrant des héros, on servait cette histoire de crocodile verte. À un moment d'épouvantable retraite, Trotski est venu remonter le moral des troupes. On a ameuté le régiment. On était dans un bout de ville poussiéreuse, morne, avec des chiens errants. On a monté une tribune au milieu de la place. Je revois le tableau : une chaleur à crever, on est abrutis par le manque de sommeil, et voilà que Trotski, arborant un nœud rouge, les yeux étincelants, déclare : « Camarades soldats de l'armée Rouge », d'une voix de tonnerre, on a l'impression que l'orage nous tombe dessus... Ensuite, l'orchestre nous sert la *Crocodile*. C'est drôle, mais cette crocodile pour balalaïka, j'en suis dingue, autrement plus que d'une vraie musique militaire qui joue *L'Internationale*. Elle me mènerait, tiens, à prendre à mains nues Varsovie, Berlin...

Madiarov racontait tranquillement, sans se presser ; il ne justifiait pas les commandants de l'armée Rouge qui avaient été fusillés comme « ennemis du peuple » et « traîtres à leur patrie », il ne justifiait pas Trotski mais quand on l'entendait parler avec admiration de Krivoroutchko et de Doubov[1], quand on l'entendait évoquer simplement ou même avec respect les noms de chefs et de commissaires politiques de l'armée Rouge qui avaient été liquidés en 1937, on comprenait : il ne croyait pas que les maréchaux Toukhatchevski, Blücher et Egorov, que Mouralov, que les chefs d'armée Levandovski, Gamarnik, Dybenko, Boubnov, que Sklianski, le successeur de Trotski, qu'Unschlicht étaient des ennemis du peuple et des traîtres à leur patrie.

Le ton tranquille et quotidien de Madiarov semblait inconcevable. L'État n'avait-il pas mis sa puissance à créer un nouveau passé, à faire se mouvoir la cavalerie rouge selon ses propres conceptions, à désigner de nouveaux auteurs à des exploits déjà anciens, à faire disparaître les héros véritables ? L'État avait assez de pouvoir pour rejouer ce qui avait déjà eu lieu une fois et à jamais, pour changer les figures de bronze et de granit, pour transformer les discours depuis longtemps prononcés, pour modifier la disposition des personnages sur une photo documentaire.

En vérité, c'était une nouvelle histoire. Et même les hommes de cette époque, ceux qui étaient restés en vie, vivaient une deuxième vie, transformant eux-mêmes celle qu'ils avaient vécue, les braves se transformant en couards, les révolutionnaires en agents de l'étranger.

Mais, en écoutant parler Madiarov, on ne pouvait s'empêcher de penser qu'une autre logique, plus puissante encore, viendrait un jour, sans faute : la logique de la vérité. Jamais on ne discutait de ces choses avant la guerre.

Il dit :

---

1. Il s'agit d'Ivan Naoumovitch Doubovoï.

— Tous ces hommes se battraient aujourd'hui contre le fascisme, sans ménager leur sang ; pourquoi les a-t-on tués ?

L'appartement où les Sokolov louaient une pièce était celui d'un ingénieur chimiste, un habitant de Kazan, Vladimir Romanovitch Artelev. Sa femme rentrait du travail le soir. Leurs deux fils étaient au front. Artelev était responsable d'un atelier à l'usine de produits chimiques de Kazan. Il était mal habillé, n'avait ni manteau pour l'hiver ni bonnet de fourrure ; il portait, sous son imperméable, pour ne pas avoir froid, un gilet molletonné. Il avait, en guise de couvre-chef, une casquette graisseuse qu'il enfonçait jusqu'aux oreilles avant de sortir.

Quand Strum le voyait entrer chez les Sokolov, en train de souffler sur ses doigts rougis par le froid, il lui semblait qu'il n'avait pas affaire au maître de maison, au chef d'un atelier important d'une grande usine, mais à un miséreux vivant aux crochets de ses voisins.

Ainsi, ce soir-là, il restait debout, immobile, près de la porte, et écoutait, sans bruit, parler Madiarov.

Allant à la cuisine, Maria Ivanovna s'arrêta et lui demanda quelque chose à l'oreille ; il secoua la tête avec effroi ; visiblement, elle lui avait proposé de se mettre à table avec eux.

— Hier, racontait Madiarov, un colonel – il est en train de se faire soigner – me disait qu'il devait se présenter devant la commission d'enquête du parti parce qu'il avait cassé la gueule à un lieutenant. Au temps de la guerre civile, un tel acte était inconcevable.

— Pourtant, vous racontiez vous-même, objecta Strum, que Chtchors avait fait fouetter les membres d'une commission envoyée par le Conseil militaire de la révolution.

— C'était un subordonné qui faisait donner le fouet à ses supérieurs, répondit Madiarov. Cela fait une petite différence.

— C'est la même chose à l'usine, dit Artelev. Notre directeur dit « tu » à tous les ingénieurs mais si tu lui dis simplement « camarade Chouriev » et non « Léonti Kouzmitch », il se vexe. Il n'y a pas longtemps, un vieil ingénieur, un chimiste comme moi, l'a irrité. Chouriev l'a injurié, puis lui a crié : « Si je le dis, tu n'as qu'à exécuter ; sinon je te viderai de l'usine à coups de pied dans le cul ! » Le vieux a soixante-douze ans.

— Et le syndicat, il ne dit rien ? demanda Sokolov.

— Le syndicat ? tu parles…, dit Madiarov. Le syndicat appelle aux sacrifices : avant la guerre, on doit se préparer à la guerre, pendant la guerre, on le sait : « tout pour le front », après la guerre, le syndicat appellera à travailler pour effacer les conséquences de la guerre. Alors, avec tout ça, comment veux-tu qu'il s'occupe d'un vieux ?

— Peut-être qu'on peut servir le thé ? demanda à mi-voix Maria Ivanovna à Sokolov.

— Bien sûr, bien sûr, dit-il, sers-nous du thé.

« Étonnant, comme elle se déplace sans bruit », se dit Strum en suivant d'un regard distrait Maria Ivanovna qui venait de se glisser par la porte entrouverte de la cuisine.

— Ah, mes très chers amis, s'exclama soudain Madiarov, vous savez ce que c'est, la liberté de la presse ? Un beau matin d'après-guerre, vous ouvrez votre journal et, au lieu d'y trouver un éditorial triomphant, une lettre des travailleurs au grand Staline, un article sur les vaillants ouvriers métallurgistes qui ont dédié leur travail aux élections du Soviet suprême, un autre article sur les travailleurs américains qui, à la veille du nouvel an, sont plongés dans le désespoir par le chômage grandissant et la misère, vous trouvez... Devinez quoi ! Des informations ! Vous arrivez à imaginer cela ? Un journal qui vous donne des informations !

« Et voilà ce que vous lisez : un article sur la mauvaise récolte dans la région de Koursk, un compte rendu d'une inspection de la prison des Boutyrki, une discussion sur l'opportunité de la construction du canal entre la mer Blanche et la Baltique[1], vous apprenez que l'ouvrier Bidalère a pris la parole contre le lancement d'un nouvel emprunt d'État.

« Bref, vous êtes au courant de tout ce qui se passe dans votre pays : récoltes records et sécheresses ; élans d'enthousiasme et vols à main armée ; ouverture d'une nouvelle mine et accident dans une autre mine ; désaccord entre Molotov et Malenkov ; vous lisez un reportage sur une grève de protestation parce qu'un directeur d'usine a offensé un ingénieur, un vieillard de soixante-dix ans ; vous lisez les discours de Churchill et de Blum et non plus ce qu'ils ont « prétendu » ; vous lisez le compte rendu d'une réunion de la Chambre des communes ; vous apprenez combien de personnes se sont suicidées hier à Moscou, combien de personnes ont été victimes d'accidents de la circulation. Vous savez pourquoi il n'y a plus de sarrasin à Moscou au lieu d'apprendre que les premières fraises sont arrivées en avion de Tachkent à Moscou. Vous apprenez combien de grammes de blé touche un kolkhozien pour une journée de travail en lisant votre journal et non d'après les récits de votre femme de ménage chez qui vient d'arriver sa nièce, venue de la campagne à Moscou pour acheter du pain. Oui, oui, oui... et malgré cela, vous restez pleinement soviétique.

« Vous entrez dans une librairie et vous achetez les livres que vous voulez et vous restez pleinement soviétique ; vous lisez des philosophes, des historiens, des économistes, des journalistes politiques aussi bien français qu'anglais ou américains. Vous êtes capable de comprendre par vous-même en quoi ils ont raison et en quoi ils ont tort ; vous pouvez vous promener tout seul, sans nourrice, dans la rue.

Alors que Madiarov terminait son discours, Maria entra dans la pièce, apportant une pyramide de vaisselle pour le thé.

Soudain, Sokolov frappa du poing sur la table.

---

1. Voir « Canal de la mer Blanche à la Baltique » dans le Dictionnaire.

— En voilà assez ! dit-il. Je vous demande instamment de mettre fin à ce genre de discussions.

Maria Ivanovna fixait, bouche bée, son mari. La vaisselle, dans ses mains, tintait ; visiblement, elle tremblait.

— Eh bien voilà, s'exclama Strum, notre Piotr Lavrentievitch a liquidé la liberté de la presse ! Elle n'a pas duré bien longtemps. Heureusement que Maria Ivanovna n'a pas entendu les paroles séditieuses qu'on a proférées ici.

— Notre système, fit Sokolov d'un ton irrité, a prouvé sa supériorité. Les démocraties occidentales se sont effondrées.

— Oui, certes, il l'a montré, dit Strum ; mais en 1940, la démocratie bourgeoise et dégénérée de Finlande s'est heurtée à notre centralisme et cela n'a pas tourné à notre avantage. Je ne suis pas un partisan des démocraties bourgeoises mais les faits restent les faits. Et puis, que vient faire là le vieux chimiste ?

Strum tourna la tête et vit les yeux attentifs de Maria Ivanovna qui le fixaient.

— Le problème, ce n'était pas la Finlande mais l'hiver finlandais, dit Sokolov.

— Arrête, fit Madiarov.

— Disons, proposa Strum, que l'État soviétique a montré, pendant la guerre, et ses qualités et ses défauts.

— À quoi pensez-vous en parlant de défauts ? demanda Sokolov.

— Eh bien, par exemple, dit Madiarov, il y a tous ceux qui pourraient combattre maintenant et qu'on a arrêtés. Regardez où on en est, on se bat sur la Volga !

— Et le système, qu'est-ce qu'il a à voir là-dedans ? demanda Sokolov.

— Comment ça, « qu'est-ce qu'il a à voir » ? répliqua Strum. Alors, selon vous, la veuve du sous-officier s'est fusillée elle-même en 1937[1] ?

Et de nouveau il sentit sur lui le regard attentif de Maria Ivanovna. Il se dit que, dans la discussion, il se comportait de façon étrange : dès que Madiarov se mettait à critiquer l'État soviétique, Strum le contredisait ; mais quand Sokolov s'en prenait à Madiarov, Strum le critiquait à son tour.

Sokolov aimait à se moquer, parfois, d'un article particulièrement stupide ou d'un discours analphabète, mais quand la discussion touchait à la ligne principale, il devenait de béton armé. Alors que Madiarov ne faisait pas mystère de ses opinions.

— Vous cherchez une explication à nos revers dans les imperfections du système soviétique, dit Sokolov, mais le coup que nous ont porté les Allemands était d'une force telle qu'un État qui a pu supporter ce choc a prouvé à l'évidence non sa faiblesse mais sa puissance. Vous voyez l'ombre projetée par un géant, et vous dites : regardez cette ombre ! Mais

---

1. « La veuve du sous-officier » est une expression devenue proverbiale qui fait allusion à la pièce de Nicolas Gogol, *Revizor*, dans laquelle le gouverneur qui a fait fouetter une veuve prétend, pour se justifier, qu'elle s'est fouettée elle-même.

vous oubliez le géant. Notre centralisme est un moteur social d'une puissance incomparable, il permet d'accomplir des miracles. Et il en a accompli. Il en accomplira encore.

— Si l'État n'a pas besoin de vous, il vous pressurera, vous usera avec toutes vos idées, vos plans, vos œuvres, dit Karimov. Mais si votre idée correspond aux intérêts de l'État, à vous les tapis volants !

— Tout juste, approuva Artelev. J'ai été en mission pendant un mois dans une usine particulièrement importante travaillant pour la défense. Staline en personne suivait la mise en route des ateliers, téléphonait au directeur... Un équipement ! Les matières premières, les pièces détachées apparaissaient comme par miracle. Je ne parle pas des conditions de vie. Salle de bains, lait à domicile le matin. Je n'ai jamais connu cela de toute ma vie. Une cantine extraordinaire ! Et l'essentiel, c'est qu'il n'y avait pas la moindre bureaucratie. Tout se faisait sans paperasserie.

— Ou plus exactement, ajouta Karimov, le bureaucratisme étatique, tel le géant du conte, servait les hommes.

— Si l'on a pu atteindre une telle perfection dans une entreprise essentielle pour la défense, dit Sokolov, alors le principe est clair : on peut mettre en œuvre ces méthodes dans toute l'industrie.

— C'est le principe des « concessions », dit Madiarov. Cela fait deux principes totalement différents et non un principe. Staline fait bâtir ce dont a besoin l'État et non ce dont ont besoin les hommes. L'industrie lourde est nécessaire à l'État, pas aux hommes. Le canal mer Blanche-Baltique est inutile aux êtres humains. Les besoins de l'État se trouvent à un des pôles, les besoins des hommes se trouvent à l'autre, et rien ne pourra jamais les concilier.

— Tout juste, approuva Artelev. Et si l'on fait un seul pas hors des « concessions », on se retrouve en plein délire. Kazan a besoin de mes produits, mais, d'après le plan, je dois les envoyer au diable, à Tchita, et puis, de Tchita on les fera revenir à Kazan. J'ai besoin de monteurs-ajusteurs mais il me reste des crédits pour les crèches. Qu'est-ce que je fais ? Je fais passer mes ouvriers monteurs dans la rubrique des crèches comme puéricultrices. La centralisation nous étouffe ! Un chercheur a trouvé un moyen pour produire quinze cents pièces au lieu de deux cents ; le directeur l'a envoyé aux pelotes : le plan est calculé en poids total de la production, il n'a pas intérêt à innover. Et si son usine s'arrête et qu'il peut acheter les matériaux manquants au marché, eh bien, il ne le fera pas. Il préférera subir des pertes de deux millions de roubles plutôt que de se risquer à acheter pour trente roubles de marchandises.

Artelev jeta un coup d'œil à ses interlocuteurs et reprit, comme s'il avait peur d'être interrompu :

— Un ouvrier touche peu, mais il est payé en fonction du travail fourni. Un marchand d'eau gazeuse dans la rue a plus qu'un ingénieur. Mais les directeurs, les ministères ne savent qu'une chose : remplissez le plan ! Tu peux crever de faim, mais tu dois remplir le plan ! On avait un directeur, par exemple, il s'appelait Chmatkov ; eh bien, ce Chmatkov criait pendant les réunions : « L'usine doit compter plus pour vous que votre propre mère ! Vous devez vous sortir les tripes si besoin est, mais vous devez remplir le plan. Et ceux qui ne le comprennent pas, je leur sortirai les tripes moi-même. » Et soudain j'apprends que Chmatkov est muté à Voskressensk. Je lui ai demandé : « Comment faites-vous pour abandonner votre usine alors qu'elle ne remplit pas le plan ? » Et lui, tout de go, sans démagogie, il me répond comme ça : « Oh, vous savez, nous avons nos enfants qui font leurs études supérieures à Moscou et Voskressensk est plus près de Moscou. Et puis, là-bas, on nous promet un bon logement, avec un jardin, ma femme est toujours un peu malade, elle a besoin d'air pur. » Alors je m'étonne. Je ne comprends pas pourquoi l'État fait confiance à des hommes de cet acabit alors que les ouvriers, des savants célèbres, quand ils ne sont pas membres du Parti, doivent tirer le diable par la queue.

— C'est tout simple, fit Madiarov. L'État confie à ces gens quelque chose de bien plus important que des usines ou des instituts, il leur a confié le cœur du système, le saint des saints : la force vitale du bureaucratisme soviétique.

— C'est bien ce que je dis, poursuivit Artelev sans relever la plaisanterie de Madiarov. J'aime mon atelier, je ne me ménage pas. Mais je ne sais pas faire l'essentiel, je ne sais pas sortir les tripes à des êtres vivants. Je pourrais encore me les sortir à moi-même, mais pas à un ouvrier, je n'ai pas le cœur assez bien accroché.

S'entêtant dans une attitude qu'il n'arrivait pas lui-même à comprendre, Strum éprouvait maintenant le besoin de contredire Madiarov, bien que tout ce que disait Madiarov lui semblât parfaitement juste.

— Il y a quelque chose qui ne colle pas dans votre raisonnement, dit-il. Est-ce qu'on peut prétendre qu'aujourd'hui les intérêts de l'individu ne coïncident pas avec ceux de l'État qui a créé une industrie de guerre ? Il me semble que les canons, les chars, les avions avec lesquels nos fils et nos frères font la guerre sont indispensables à chacun d'entre nous.

— Parfaitement exact, approuva Sokolov.

65

Maria Ivanovna servit le thé. On parla littérature.

— Dostoïevski est oublié de nos jours, dit Madiarov. Les bibliothèques n'aiment pas le prêter, les maisons d'édition ne le rééditent plus.

— Parce que c'est un réactionnaire, dit Strum.

— Tout juste, acquiesça Sokolov. Il n'aurait pas dû écrire *Les Démons*[1].

---

1. Roman pamphlet de Dostoïevski dirigé contre les nihilistes, écrit en 1870-1871.

Mais cette fois-ci, Strum demanda :

— Vous êtes sûr, Piotr Lavrentievitch, qu'il n'aurait pas dû écrire *Les Démons* ? À tout prendre, il aurait mieux fait de ne pas écrire le *Journal d'un écrivain*[1].

— Il ne faut pas émonder les génies, dit Madiarov. Dostoïevski ne trouve pas sa place dans notre idéologie. Ce n'est pas comme Maïakovski. Staline a eu raison de dire qu'il était le meilleur et le plus doué. Il est l'État personnifié jusque dans ses émotions. Alors que Dostoïevski est l'humanité en personne, jusque dans son étatisme.

— À raisonner ainsi, rien dans la littérature du XIXe siècle ne peut trouver place chez nous.

— Pas d'accord, laissa tomber Madiarov. Tolstoï, par exemple, a chanté l'idée de la guerre populaire ; l'État mène une guerre populaire juste. Comme vient de nous le dire Karimov, votre idée correspond aux intérêts de l'État et à vous les tapis volants ! On entend Tolstoï à la radio, à des soirées de lecture ; on l'édite, nos chefs le citent.

— C'est Tchekhov qui a la meilleure part, dit Sokolov. Il a été reconnu par son époque et il l'est par la nôtre.

— C'est la meilleure ! s'exclama Madiarov en tapant sur la table. Mais c'est pur malentendu si Tchekhov est reconnu chez nous. Un peu comme l'est Zochtchenko, qui est, en quelque sorte, son continuateur.

— Je ne comprends pas ce que vous dites, fit Sokolov. Tchekhov est un réaliste, alors que ce sont les décadents que l'on critique chez nous.

— Tu ne comprends pas ? reprit Madiarov. Attends, je vais t'expliquer.

— Ne touchez pas à Tchekhov, dit Maria Ivanovna. Je l'aime plus que tous les autres écrivains.

— Et tu as bien raison, ma petite Macha, répondit Madiarov. Toi, Piotr Lavrentievitch, c'est de l'humanité que tu cherches chez les décadents.

Mais Sokolov, en colère, ne l'écoutait plus.

Madiarov non plus ne faisait pas attention à Sokolov. Il lui fallait exprimer son idée et, pour cela, il lui fallait un Sokolov qui cherchât de l'humanité chez les décadents.

— L'individualisme n'est pas humanité ! Vous confondez ; tout le monde confond tout. Vous trouvez que l'on tape sur les décadents ? Sottises ! Ils ne sont pas dangereux pour l'État ; ils sont simplement inutiles, indifférents. Je suis persuadé qu'il n'y a pas de fossé entre le réalisme socialiste et les décadents. On a beaucoup discuté pour trouver une définition du réalisme socialiste. C'est un miroir auquel le parti ou le gouvernement demande : « Miroir, mon beau miroir doré, qui est le plus beau dans le monde entier ? » et qui répond immanquablement : « C'est toi, le parti, le gouvernement, l'État, qui es le plus beau ! » Les décadents, eux, répondent : « C'est moi, moi, moi, le décadent, qui suis le plus beau. » Ça ne fait pas

---

1. Publication mensuelle entièrement rédigée par Dostoïevski durant les années 1873-1876 et 1880, qui joua un grand rôle dans la vie intellectuelle de l'époque.

une telle différence. Le réalisme socialiste, c'est l'affirmation de la supériorité de l'État ; le mouvement décadent, c'est l'affirmation de la supériorité de l'individu. Les méthodes sont différentes, mais le fond reste le même : l'extase devant sa propre supériorité. L'État génial et sans défaut n'a que faire de ceux qui ne lui ressemblent pas. Et le décadent en dentelles est parfaitement indifférent aux autres personnes, à l'exception de deux : avec l'une, il mène des conversations raffinées, avec l'autre il échange des baisers. Mais en apparence, le mouvement décadent, l'individualisme mènent le combat pour l'homme. En fait, ils n'en ont rien à faire ! Tout comme l'État, les décadents ne se préoccupent pas de l'homme. Il n'y a pas de gouffre entre eux.

Sokolov, les yeux mi-clos, suivait attentivement les propos de Madiarov ; il sentit que l'autre allait aborder des thèmes encore plus impossibles que les précédents et l'interrompit :

— Une seconde, quel est le rapport avec Tchekhov ?

— C'est de lui que je parle. Parce que, entre lui et l'État, il y a un gouffre infranchissable. Il a pris sur ses épaules cette démocratie russe qui n'a pu se réaliser. La voie de Tchekhov, c'était la voie de la liberté. Nous avons emprunté une autre voie, comme a dit Lénine. Essayez donc un peu de faire le tour de tous les personnages tchékhoviens. Seul Balzac a su, peut-être, introduire dans la conscience collective une telle quantité de gens. Non, même pas. Réfléchissez un peu : des médecins, des ingénieurs, des avocats, des instituteurs, des professeurs, des propriétaires terriens, des industriels, des boutiquiers, des gouvernantes, des laquais, des étudiants, des fonctionnaires de tous grades, des marchands de bestiaux, des entremetteuses, des sacristains, des évêques, des paysans, des ouvriers, des cordonniers, des modèles, des horticulteurs, des zoologistes, des aubergistes, des gardes-chasse, des prostituées, des pêcheurs, des officiers, des sous-officiers, des artistes peintres, des cuisinières, des écrivains, des concierges, des religieuses, des soldats, des sages-femmes, des forçats de Sakhaline…

— Ça suffit, ça suffit ! s'écria Sokolov.

— Ah, ça suffit ? reprit, sur un ton de menace plaisante, Madiarov. Non, cela ne suffit pas ! Tchekhov a fait entrer dans nos consciences toute la Russie dans son énormité ; des hommes de toutes les classes, de toutes les couches sociales, de tous les âges… Mais ce n'est pas tout ! Il a introduit ces millions de gens en démocrate, comprenez-vous, en démocrate russe. Il a dit, comme personne ne l'avait fait avant lui, pas même Tolstoï, il a dit que nous sommes avant tout des êtres humains ; comprenez-vous : des êtres humains ! Il a dit que l'essentiel, c'était que les hommes sont des hommes et qu'ensuite seulement ils sont évêques, russes, boutiquiers, tatars, ouvriers. Vous comprenez ? Les hommes sont bons ou mauvais non en tant que Tatars ou Ukrainiens, ouvriers ou évêques ; les hommes sont égaux parce qu'ils sont des hommes. Il y a cinquante ans on pensait, aveuglé par des œillères partisanes, que Tchekhov était le porte-parole

d'une fin de siècle. Alors que Tchekhov a brandi le drapeau le plus glorieux qu'ait connu la Russie dans son histoire millénaire : le drapeau
d'une véritable démocratie russe, bonne et humaine ; le drapeau de la
dignité de l'homme russe, de la liberté russe. Notre humanisme a toujours
été sectaire, cruel, intolérant. D'Avvakoum à Lénine, notre conception de
la liberté et de l'homme a toujours été partisane, fanatique ; elle a toujours sacrifié l'homme concret à une conception abstraite de l'homme.
Même Tolstoï, avec sa théorie de la non-résistance au mal par la violence,
est intolérant, et surtout, son point de départ n'est pas l'homme mais
Dieu. Il veut que triomphe l'idée de la bonté, mais les hommes de Dieu
ont toujours aspiré à faire entrer de force Dieu en l'homme ; et pour
arriver à ce but, en Russie, on ne reculera devant rien : on te tuera, on
t'égorgera sans hésiter.

« Qu'a dit Tchekhov ? Que Dieu se mette au second plan, que se mettent au second plan les « grandes idées progressistes », comme on les
appelle ; commençons par l'homme ; soyons bons, soyons attentifs à
l'égard de l'homme quel qu'il soit : évêque, moujik, industriel millionnaire, forçat de Sakhaline, serveur dans un restaurant ; commençons par
aimer, respecter, plaindre l'homme ; sans cela, rien ne marchera jamais
chez nous. Et cela s'appelle la démocratie, la démocratie du peuple russe,
une démocratie qui n'a pas vu le jour.

« En mille ans, l'homme russe a vu de tout, la grandeur et la super-
grandeur, mais il n'a jamais vu une chose, la démocratie. Et voilà (nous y
revenons) ce qui sépare les décadents de Tchekhov. L'État peut s'irriter
contre le décadent, lui donner une taloche ou un coup de pied au cul ;
mais l'État est incapable de comprendre l'essentiel chez Tchekhov, et
c'est pourquoi il le tolère. La démocratie n'a pas sa place chez nous, la
véritable démocratie, bien sûr, la démocratie humaine.

À l'évidence, l'audace de Madiarov déplaisait profondément à Sokolov.

Et Strum, s'en rendant compte, dit avec une jouissance qu'il n'arrivait
pas à s'expliquer :

— C'est très bien dit. C'est très juste, très intelligent. Je ne vous
demande qu'un peu d'indulgence pour Scriabine ; il me semble qu'il doit
faire partie des décadents, mais je l'aime beaucoup.

Il fit, en direction de la femme de Sokolov qui lui servait de la confiture, un geste de refus et dit :

— Non, non, merci, je n'en veux pas.

— C'est de la confiture de cassis, dit-elle.

Il regarda ses yeux marron doré et demanda :

— Vous aurais-je parlé de mon faible pour le cassis ?

Elle fit signe que oui en souriant. Sa denture était irrégulière, ses lèvres
minces et sans éclat. Son visage, pâle et même grisâtre, se fit, en souriant,
agréable et attirant.

« Elle est gentille et plaisante ; dommage que son nez soit continuellement rouge », se dit Strum.

Karimov répondait à Madiarov :

— Comment peut-on concilier votre discours passionné sur l'humanisme de Tchekhov avec votre hymne à Dostoïevski ? Pour Dostoïevski, tous les hommes ne sont pas égaux en Russie. Hitler a traité Tolstoï de dégénéré, alors qu'il a, dit-on, accroché un portrait de Dostoïevski dans son cabinet. J'appartiens à une minorité nationale de l'Empire russe, je suis tatar, je suis né en Russie, je ne peux pardonner à un écrivain russe sa haine contre les Pollacks et les Youpins. Non, je ne peux pas, même si c'est un génie. Trop longtemps, nous avons eu droit, dans la Russie tsariste, au sang, aux crachats dans les yeux, aux pogromes. En Russie, un grand écrivain n'a pas le droit de persécuter les allogènes, de mépriser les Polonais et les Tatars, les Juifs, les Arméniens et les Tchouvaches.

Le vieux Tatar, aux cheveux blancs, aux yeux sombres, eut un sourire mauvais et hautain de Mongol.

— Vous avez peut-être lu, dit-il à Madiarov, *Hadji Mourat*, le récit de Tolstoï ? Ou peut-être avez-vous lu *Les Cosaques* ? Ou son récit *Le Prisonnier du Caucase* ? Tout cela, c'est un comte russe qui l'a écrit, plus russe que le Lituanien Dostoïevski. Tant que les Tatars seront de ce monde, ils prieront Allah pour Tolstoï.

Strum regarda Karimov.

« Ah ! tu es comme ça », pensa-t-il.

— Ahmet Ousmanovitch, dit Sokolov à Karimov, je respecte profondément votre amour pour votre peuple. Mais permettez-moi d'être, moi aussi, fier de mon peuple, permettez que je sois fier d'être russe, que j'aime Tolstoï pas seulement parce qu'il a dit du bien des Tatars. Nous autres Russes, nous n'avons pas le droit, on ne sait pourquoi, d'être fiers de notre peuple. Ou bien on vous fait aussitôt passer pour un membre des Centuries noires.

Karimov se leva. Son visage s'était couvert de grosses gouttes de sueur.

— Je vais vous dire la vérité, commença-t-il. En effet, pourquoi dirais-je des mensonges alors qu'existe une vérité ? Si on se rappelle comment, dans les années vingt, on a exterminé tous ceux dont le peuple tatar s'enorgueillissait, tous nos grands hommes de culture, alors, on peut se demander, en effet, pourquoi on interdit le *Journal d'un écrivain*.

— Il n'y a pas que vous qui avez souffert, cela a été pareil pour nous, dit Artelev.

— Mais chez nous, reprit Karimov, on ne s'est pas contenté d'anéantir des hommes, on a anéanti toute une culture. Les intellectuels tatars que nous connaissons actuellement sont des analphabètes en comparaison de ceux qui ont disparu.

— Tout juste, dit Madiarov, ironique, ceux-là auraient pu créer leur culture nationale, mais aussi une politique extérieure et intérieure des Tatars et ça… ce n'était pas tolérable.

— Mais vous avez votre État, s'étonna Sokolov, vous avez vos instituts, vos écoles, vos opéras, vos livres, vos journaux en tatar, tout cela, c'est la révolution qui vous l'a donné.

— Parfaitement, nous avons un opéra d'État et un État d'opérette. Mais c'est Moscou qui engrange et c'est Moscou qui enferme.

— Vous savez, fit Madiarov, si c'étaient des Tatars à la place de Moscou, ce ne serait pas mieux.

— Et si personne n'enfermait personne ? demanda Maria Ivanovna.

— Elle en veut des choses, notre Maria, dit Madiarov.

Il regarda sa montre et s'exclama :

— Oh, oh ! Il se fait tard.

— Restez dormir chez nous, s'empressa de proposer Maria Ivanovna. Je vous installerai un lit de camp.

Il avait confié un jour à Maria Ivanovna qu'il ressentait particulièrement sa solitude quand il rentrait le soir chez lui et quand il pénétrait dans sa chambre obscure et vide, sachant que personne ne l'y attendait.

— Je ne suis pas contre, dit Madiarov. Piotr Lavrentievitch, tu n'as rien à y redire ?

— Mais non, bien sûr, répondit Sokolov.

Et Madiarov ajouta, pour rire :

— … dit le maître de maison sans le moindre enthousiasme.

Tous se levèrent de table et prirent congé.

Sokolov sortit pour accompagner ses hôtes, et Maria Ivanovna, baissant la voix, dit à Madiarov :

— Comme c'est bien que Piotr Lavrentievitch n'évite plus ce genre de conversations. À Moscou, il suffisait d'une allusion pour qu'il se taise et se renferme sur lui-même.

Elle prononçait le prénom et le patronyme de son mari avec une tendresse et un respect particuliers. Elle recopiait à la main, souvent de nuit, les manuscrits de son mari, elle conservait ses brouillons, collait sur des feuilles de carton ses griffonnages de hasard. Elle voyait en lui un grand homme mais le traitait en petit enfant.

— Il me plaît, ce Strum, dit Madiarov. Je ne comprends pas pourquoi il a la réputation d'un homme désagréable.

Il ajouta, moqueur :

— J'ai remarqué que tous ses discours, il les prononce en votre présence. Quand vous étiez à la cuisine, il ménageait son éloquence.

Elle se tenait face à la porte et se taisait, comme si elle n'avait pas entendu Madiarov, puis elle répondit :

— Mais non, il ne fait pas plus attention à moi qu'à une fourmi. Piotr pense que c'est un homme moqueur, hautain, sans bonté ; c'est pour cela que les physiciens ne l'aiment pas et que certains le craignent. Mais je ne suis pas d'accord, il me semble qu'il est très bon.

— À mon avis, il est rien moins que bon. Il couvre tout le monde de sarcasmes, jamais d'accord avec personne ; mais il a l'esprit libre, il n'est pas endoctriné.

— Non, non. Il est bon, vulnérable.

— Mais il faut reconnaître que notre cher Piotr ne dit pas un mot de trop, même maintenant.

Juste à ce moment-là, Sokolov entra et entendit les paroles de Madiarov.

— Je vais te demander deux choses, dit-il. D'abord je te fais grâce de tes conseils, et deuxièmement, je te prierais d'éviter ce genre de conversation en ma présence.

— Tu sais, moi non plus, je n'ai rien à faire de tes conseils. Je réponds de mes paroles comme toi tu réponds des tiennes.

Sokolov fut sur le point de répliquer violemment, mais il se retint et sortit à nouveau de la pièce.

— Eh bien, je crois que je vais rentrer chez moi, dit Madiarov.

— Non, vous me feriez de la peine, l'arrêta Maria Ivanovna. Vous savez comme il est bon. Il va se faire du mauvais sang toute la nuit.

Elle entreprit de lui expliquer que Piotr Lavrentievitch avait le cœur très sensible, qu'il avait beaucoup souffert, qu'en 1937 il avait été soumis à des interrogatoires extrêmement durs et qu'il avait, à la suite de cela, passé quatre mois dans une clinique pour malades nerveux.

Madiarov écoutait et acquiesçait.

— D'accord, d'accord, Macha, vous m'avez convaincu.

Mais, soudain, dans un accès de rage, il ajouta :

— Tout ça est bel et bon mais il n'y a pas que votre cher Piotr qui ait subi des interrogatoires. Vous vous souvenez quand on m'a gardé durant onze mois à la Loubianka[1] ? De tout ce temps, Piotr n'a téléphoné qu'une fois à ma femme, à sa propre sœur, hein ? Et peut-être vous souvenez-vous qu'il vous avait interdit, à vous aussi, de lui téléphoner. Ce fut très douloureux pour Klava... Peut-être qu'il est un grand physicien mais il a une âme de laquais.

Maria Ivanovna était assise, muette, le visage dans les mains.

— Personne, personne ne peut comprendre comme tout cela me fait souffrir, dit-elle à voix basse.

Elle était seule à savoir l'horreur qu'avait éprouvée son mari devant les atrocités de la collectivisation totale et celles de 1937, elle savait qu'il était pur intérieurement. Mais elle savait aussi que grande était sa soumission, son obéissance servile au pouvoir.

C'est pour cela qu'il se conduisait à la maison en tyran domestique, qu'il se faisait cirer ses chaussures par Macha, qu'elle devait l'éventer avec un foulard pendant les grandes chaleurs, qu'elle devait, pendant les

---

1. Siège de l'Oguépéou-NKVD situé place de la Loubianka.

promenades dans les environs de Moscou, chasser les moustiques à l'aide d'une petite branche.

66

Un jour, alors qu'il était étudiant en dernière année, Strum avait dit soudain à son camarade de cours : « Impossible à lire, c'est d'un ennui mortel ! » et jeté par terre la *Pravda* qu'il lisait.

À peine l'avait-il dit qu'il s'était senti gagné par la peur. Il avait ramassé le journal, l'avait épousseté, avait eu un petit sourire étonnant de bassesse ; bien des années plus tard, il se couvrait de sueur au seul souvenir de ce sourire de chien battu.

Quelques jours plus tard, il avait tendu à ce même camarade un numéro de la *Pravda* et lancé d'un ton guilleret :

— Dis donc, Gricha, tu devrais lire l'éditorial, c'est drôlement bien.

Le camarade avait pris le journal et répondu d'un ton apitoyé :

— Notre Vitia était peureux[1]... Tu pensais que j'allais te dénoncer ?

C'est en ce temps-là que Strum, encore étudiant, s'était juré ou bien de se taire, de ne pas exprimer de pensées dangereuses, ou bien, s'il les avait exprimées, de ne pas faire machine arrière. Mais il n'avait pas tenu parole. Il lui arrivait souvent de perdre toute prudence, de s'enflammer et de lâcher le morceau et, l'ayant fait, il prenait peur et s'appliquait à éteindre le feu qu'il avait lui-même allumé.

En 1938, après le procès Boukharine, il avait déclaré à Krymov :

— Vous pouvez me dire ce que vous voulez, mais je connaissais personnellement Boukharine, je lui ai parlé à deux reprises, une grosse tête, un sourire intelligent et fin, bref un homme d'une grande pureté et d'un grand charme.

Aussitôt, inquiété par le regard sombre de Krymov, il avait marmonné :

— Mais, après tout, qu'est-ce que j'en sais, espionnage, agent de l'Okhrana, il n'est plus question de pureté et de charme... Répugnant !

Et de nouveau il avait été pris au dépourvu. L'air toujours aussi renfrogné, Krymov lui avait dit :

— Profitant de nos liens de parenté, je peux vous annoncer la chose suivante : dans mon esprit, Boukharine et l'Okhrana ne vont et n'iront jamais ensemble.

Et Strum, en rage contre lui-même et contre cette force qui empêchait les hommes d'être des hommes, s'était écrié :

— Bon Dieu, je n'y crois pas à ces horreurs ! Ces procès sont le cauchemar de ma vie ; mais pourquoi donc, dans quel but avouent-ils ?

---

1. Allusion au premier vers, devenu expression proverbiale, du poème de Pouchkine *Vampire*, écrit sur un ton badin, dont le héros, traversant un cimetière la nuit, est effrayé par un chien qui ronge un os.

Krymov n'avait pas poursuivi la conversation. Visiblement, il en avait déjà trop dit...

Oh, la force claire et merveilleuse d'une conversation sincère ! Oh, la force de la vérité ! Quel prix terrible payaient parfois des hommes pour quelques mots courageux prononcés sans arrière-pensée.

Que de fois, la nuit, Strum restait-il allongé à écouter les automobiles qui passaient dans la rue ! Voilà Lioudmila qui se lève, qui va, pieds nus, à la fenêtre et écarte le rideau. Elle regarde, attend un moment, puis sans bruit (elle croit qu'il est en train de dormir), regagne le lit, se recouche. Le lendemain elle demande :

— Tu as passé une bonne nuit ?

— Pas mal, merci, et toi ?

— Il faisait un peu lourd, je suis allée à la fenêtre chercher un peu d'air.

— Ah ! bon.

Comment rendre cet état nocturne où se mêlent le sentiment de son innocence et la certitude d'une fin imminente ?

« Souviens-toi, Vitia, que chacune de nos paroles leur parvient. Tu causeras ta perte, la mienne et celle des enfants. »

Une autre conversation :

« Je ne peux pas tout t'expliquer, mais je t'en supplie, écoute-moi bien, ne dis pas un mot de trop, à personne, tu entends, à personne ; nous vivons une époque terrible, tu ne peux pas avoir idée. Souviens-toi, Victor, pas un mot, à personne... »

Et Victor Pavlovitch voit devant lui les yeux opaques, pleins de souffrance, d'un homme qu'il connaît depuis l'enfance et ce ne sont pas ses paroles qui font naître la peur, elle vient de ce que le vieil ami ne dit pas tout, de ce que Victor Pavlovitch n'ose pas demander : « Tu es un agent, tu collabores ? »

Victor Pavlovitch se souvient du visage de son assistant lorsqu'il lança, en guise de plaisanterie, que Staline avait énoncé les lois de la gravitation universelle avant Newton.

— Vous n'avez rien dit, je n'ai rien entendu, répondit gaiement le jeune physicien.

Pourquoi toutes ces plaisanteries ? Plaisanter est idiot, c'est comme si l'on s'amusait à donner des chiquenaudes à un flacon de nitroglycérine.

Oh, la force claire d'une parole libre et joyeuse ! Elle existe justement parce qu'on la prononce soudain malgré toutes les peurs.

Comprenait-il, Strum, tout ce qu'avaient de tragique leurs discussions actuelles, menées si librement ? Tous les participants à ces discussions haïssaient le nazisme, tous en avaient horreur... Pourquoi donc la liberté s'était-elle montrée en ces jours où la guerre avait atteint les rives de la Volga, où ils vivaient tous le malheur des défaites militaires qui pouvaient amener un esclavage honni ?

Strum marchait en silence aux côtés de Karimov.

— C'est étrange, dit-il, quand on lit des romans étrangers où figurent des intellectuels, en ce moment, par exemple, je lis du Hemingway, tous ces intellectuels boivent sans arrêt au cours de leurs discussions. Cocktails, whisky, rhum, cognac, encore des cocktails, des whiskies de toutes origines. Alors que l'intelligentsia russe a toujours mené ses discussions essentielles autour d'une tasse de thé. C'est autour de cette tasse de thé à peine coloré que s'accordaient les populistes, les membres de la *Volonté du Peuple*[1] ou les sociaux-démocrates ; Lénine aussi a préparé la révolution avec ses amis autour d'une tasse de thé. Mais, paraît-il, Staline préfère le cognac.

— Oui, oui, oui, fit Karimov. Et notre discussion de ce soir, elle aussi, était accompagnée de thé. Vous avez raison.

— C'est bien ce que je dis. Madiarov est quelqu'un d'intelligent, de courageux. Je suis captivé par ses propos, si follement inhabituels !

Karimov prit Strum par le bras.

— Avez-vous remarqué, Victor Pavlovitch, que les choses les plus innocentes prennent chez lui des allures de lois générales ? Cela m'inquiète. Vous savez, il a été détenu pendant quelques mois en 1937 et puis on l'a relâché. Pourtant, à l'époque, on ne relâchait personne. Vous voyez ce que je veux dire ?

— Bien sûr que je comprends, le contraire serait étonnant, dit lentement Strum. Vous vous demandez si ce n'est pas un provocateur.

Ils se séparèrent au coin de la rue et Strum se dirigea chez lui.

« Et puis zut, quelle importance cela peut-il avoir, se disait-il, au moins on a pu avoir une véritable discussion, sans peur, sans hypocrisie, sans convention, on a pu parler de tout, à fond. Paris vaut bien une messe. »

Heureusement qu'il y avait encore des hommes comme Madiarov, des hommes qui n'avaient pas perdu leur indépendance intérieure. Et ce qu'avait dit Karimov au moment de le quitter ne lui avait pas glacé le cœur du froid habituel.

Il se dit qu'il avait de nouveau oublié de parler à Sokolov de la lettre qu'il avait reçue de l'Oural.

Il marchait dans la rue déserte et mal éclairée.

L'idée surgit brutalement. Et aussitôt, sans hésiter, il comprit, il sentit que l'idée était juste. Il vit une explication neuve, extraordinairement neuve, des phénomènes nucléaires qui, jusqu'alors, semblaient inexplicables ; soudain, les gouffres s'étaient changés en passerelles. Quelle simplicité, quelle clarté ! Que cette idée était gracieuse et belle ! Il lui semblait que ce n'était pas lui qui l'avait fait naître, mais qu'elle était montée à la surface, simple et légère, comme une fleur blanche sortie de la profondeur tranquille d'un lac, et il eut une exclamation de bonheur en la voyant si belle...

Et quelle étrange coïncidence, pensa-t-il soudain, que cette idée lui soit venue alors que son esprit était loin de toute science, alors qu'il était

---

1. Sur la « Volonté du Peuple », voir « Populistes » dans le Dictionnaire.

préoccupé par leurs discussions sur le sens de leur vie, discussions
d'hommes libres, où seule l'amère liberté déterminait ses paroles et celles
de ses interlocuteurs !

67

Triste et ennuyeuse apparaît la steppe kalmouke quand on la voit pour
la première fois, quand on roule en voiture, soucieux et inquiet, et quand
les yeux suivent distraitement la montée puis l'éloignement des collines
qui sortent une à une de l'horizon pour, une à une, y disparaître… Le
lieutenant-colonel Darenski avait l'impression que c'était toujours le
même mamelon érodé par le vent qui se déplaçait devant lui, la même
courbe qui s'ouvrait devant la voiture. Les cavaliers dans la steppe semblaient, eux aussi, toujours les mêmes, bien qu'ils fussent tantôt jeunes et
imberbes, tantôt avec une barbe grise, que la robe de leurs petits chevaux
fût tantôt noire, tantôt isabelle.

La voiture traversait des hameaux et des villages, passait devant des
maisonnettes aux fenêtres minuscules, derrière lesquelles, comme dans un
aquarium, s'entassaient des géraniums ; il aurait suffi de briser la vitre,
semblait-il, pour que l'air s'écoule dans la steppe environnante et que les
fleurs se dessèchent et meurent ; la voiture passait devant les yourtes cir-
culaires, enduites de glaise, elle allait, allait toujours parmi les hautes et
ternes graminées des steppes, parmi les herbes à chameau couvertes de
piquants, parmi les taches brillantes des plaques de sel, elle dépassait les
nuages de poussière que soulevaient les troupeaux de brebis, les feux sans
fumée oscillant dans le vent…

Pour le voyageur venu en voiture de la ville, tout se fondait en une grisaille misérable et uniforme, tout devenait d'une ressemblance monotone…
Dans cette steppe kalmouke qui s'étend vers l'est jusqu'à l'estuaire de la
Volga et les bords de la mer Caspienne, où elle se transforme en désert, la
terre et le ciel se sont reflétés l'un dans l'autre depuis si longtemps qu'ils se
ressemblent, comme se ressemblent mari et femme quand ils ont vécu toute
leur vie ensemble. Et il est impossible de savoir si c'est le gris de l'herbe
qui pousse sur le bleu incertain et délavé du ciel ou la steppe qui s'est
imprégnée du bleu du ciel, et il devient impossible de distinguer le ciel de
la terre, ils se fondent dans une même poussière sans âge. Quand on
regarde l'eau épaisse et lourde des lacs Datsa et Barmantsak, on croit voir
des plaques de sel à la surface de la terre ; les plaques de sel, elles, elles
imitent à s'y méprendre l'eau des lacs.

Étonnante, aux jours sans neige de novembre et décembre, la route
dans la steppe kalmouke : la même végétation sèche, gris-vert, la même
poussière tourbillonnant au-dessus du chemin. Et l'on ne sait plus si la
steppe est desséchée, calcinée par le soleil ou le gel.

Peut-être est-ce pour cette raison qu'il y a tant de mirages ? Les frontières entre l'air et la terre, entre l'eau et le sel n'existent plus. Un élan de la pensée, une impulsion du cerveau d'un voyageur assoiffé suffisent pour reconstruire cet univers, et l'air chaud se transforme en élégants édifices de pierre bleutée, et la terre se met à ruisseler, et les palmeraies s'étendent jusqu'à l'horizon, et les rayons du soleil terrible et dévastateur, traversant les nuages de poussière, se métamorphosent en coupoles dorées de palais...

L'homme, en un instant d'épuisement, crée lui-même, à partir de ce ciel et de cette terre, le monde de ses désirs.

La voiture n'en finit pas de courir sur la route, traversant la steppe morne.

Et soudain le désert de la steppe se montre sous un tout autre jour.

La steppe ! Une nature sans la moindre couleur criarde, sans la moindre aspérité dans le relief ; la sobre mélancolie des nuances grises et bleues peut surpasser en richesse le flot coloré de la forêt russe en automne ; les lignes douces, à peine arrondies, des collines s'emparent de l'âme plus sûrement que les pics du Caucase ; les lacs avares, remplis d'une eau vieille comme le monde, disent ce qu'est l'eau mieux que toutes les mers et tous les océans.

Tout passe, mais ce soleil, ce soleil énorme et lourd, ce soleil de fonte dans les fumées du soir, mais ce vent, ce vent âcre, gorgé d'absinthe, jamais on ne peut les oublier. Riche est la steppe...

La voilà au printemps, jeune, couverte de tulipes, océan de couleurs... L'herbe à chameau est verte et ses piquants sont encore tendres et doux.

Les nuits d'été dans la steppe, on voit se dresser de toute sa hauteur le gratte-ciel galactique, depuis les blocs d'étoiles bleus et blancs du fondement jusqu'aux nébuleuses embrumées et aux coupoles légères des agglomérats sphériques qui atteignent le toit du monde...

Mais toujours – au matin, en été ou en hiver, par de sombres nuits de pluie ou par clair de lune –, toujours et avant toute chose, la steppe parle à l'homme de la liberté... Elle la rappelle à ceux qui l'ont perdue.

Darenski était sorti de sa voiture et regardait un cavalier immobile au sommet d'une colline. Son *khalat* ceint d'une corde, il montait un petit cheval à poil long : du haut de son monticule, il observait la steppe. Il était vieux, son visage avait la dureté de la pierre.

Darenski héla le vieillard, alla vers lui et tendit son porte-cigarettes. Le vieux se tourna sur la selle avec la légèreté d'un jeune homme et la grave lenteur de la vieillesse ; ses yeux se posèrent sur la main qui tendait les cigarettes, puis sur le visage de Darenski, son pistolet accroché à la ceinture, ses barrettes de lieutenant-colonel, ses bottes élégantes de dandy. Ensuite, il prit une cigarette et il la fit rouler entre ses petits doigts fins, si petits et si fins qu'on aurait dit une main d'enfant.

Le visage dur, aux pommettes saillantes, du vieux Kalmouk se transforma, et entre les rides, c'étaient maintenant des yeux pleins de bonté et d'intelligence qui regardaient Darenski. Et il devait y avoir quelque chose dans le regard de ces yeux bruns, à la fois confiants et scrutateurs, car Darenski se sentit soudain, sans raison aucune, gai et heureux. Le cheval, méfiant, qui avait dressé les oreilles à l'approche de Darenski, pointa vers lui une oreille curieuse, puis l'autre, enfin il sourit de toutes ses grandes dents et de ses yeux merveilleux.

— Merci, dit le vieux d'une voix fluette.

Il passa sa main sur l'épaule de Darenski et dit :

— J'avais mes deux fils dans cavalerie ; l'aîné (il leva sa main légèrement au-dessus de la tête du cheval) il est tué, le cadet (il baissa la main légèrement en dessous de la tête du cheval), lui est mitrailleur, lui a trois médailles.

Puis il demanda :

— Tu as père ?

— Ma mère vit toujours, mais mon père est mort.

— Aïe, aïe, ce n'est pas bien, compatit le vieux en hochant la tête.

Et Darenski songea que le vieux ne le disait pas par politesse mais qu'il avait réellement le cœur triste en apprenant que le colonel russe qui lui avait offert une cigarette avait perdu son père.

Soudain le vieux poussa un cri perçant et le cheval dévala la pente avec une légèreté, une vitesse indescriptibles.

À quoi pouvait penser le cavalier en galopant à travers la steppe ? À ses fils, au fait que le colonel russe, resté debout auprès de sa voiture en panne, avait perdu son père ?

Darenski suivait du regard le galop du vieillard ; ce n'était pas du sang qui battait dans ses tempes mais un mot, un seul : « Libre… libre… libre… »

Il enviait le vieux Kalmouk.

68

Darenski avait été envoyé par l'état-major du groupe d'armées en mission de longue durée dans l'armée qui était disposée à l'extrême gauche du front. Les officiers de l'état-major répugnaient à y aller : le manque d'eau, l'absence de logement, la longueur des distances, l'état des routes faisaient peur. Le Haut Commandement n'avait pas de données précises sur la situation des troupes perdues dans les sables entre les rives de la Caspienne et les steppes kalmoukes, aussi Darenski était-il chargé d'un grand nombre de tâches.

Après avoir parcouru des centaines de kilomètres dans la steppe, Darenski se sentit vaincu par l'ennui. Personne, ici, ne pensait à l'offensive ; la situation de ces troupes chassées par les Allemands au bout du monde semblait sans espoir.

La tension continuelle du QG du groupement d'armées, les supputations sur une offensive prochaine, les mouvements des réserves, les télégrammes, les codes, le travail incessant du centre des transmissions, le grondement des colonnes de blindés et de camions venant du nord, tout cela semblait bien loin, presque irréel.

Darenski écoutait les conversations sans joie des officiers, réunissait et contrôlait les rapports sur l'état du matériel, inspectait les batteries et les divisions d'artillerie, voyait les visages renfrognés des soldats et des officiers, observait avec quelle lenteur se déplaçaient les hommes dans la poussière de la steppe et, peu à peu, Darenski se soumit à l'ennui du lieu. Et voilà, pensait-il, la Russie en est arrivée là, à ces steppes à chameaux, à ces dunes de sable, elle s'est couchée sur cette terre avare et c'en est fini d'elle, elle ne se relèvera pas.

Darenski arriva au QG de l'armée. Dans une pièce, vaste et sombre, un gaillard au visage bien nourri et au cheveu rare jouait aux cartes avec deux femmes en uniforme. Les deux femmes, des lieutenants, et le garçon qui, lui, n'avait pas de signes distinctifs sur son uniforme, n'interrompirent pas leur jeu et se contentèrent de jeter un coup d'œil distrait au nouveau venu.

— Tu veux de l'atout, peut-être ? Tu voudrais un valet ?

Darenski attendit que se termine la donne et demanda :

— Est-ce ici qu'est installé le général commandant l'armée ?

L'une des deux jeunes femmes répondit :

— Il est parti sur le flanc droit, il ne sera de retour que ce soir.

Elle examina Darenski d'un œil expérimenté et affirma plus qu'elle ne demanda :

— Vous êtes de l'état-major du groupe d'armées, camarade lieutenant-colonel ?

— Exact, répondit Darenski.

Et, avec un rapide clin d'œil, il tenta à nouveau sa chance :

— Excusez-moi, mais le membre du Conseil d'armée ne serait-il pas là ?

— Il est parti avec le commandant d'armée, il ne sera de retour que ce soir, répondit la seconde jeune femme en interrogeant à son tour : Vous ne seriez pas de l'état-major de l'artillerie ?

— Exact, répondit Darenski.

Darenski trouva la première des deux femmes particulièrement attirante, bien qu'elle fût nettement la plus âgée des deux. Elle était de ce genre de femmes qui semblent très belles mais qui, soudain, vues sous un certain angle, paraissent fanées, vieilles, peu attirantes. Elle avait un beau nez droit, des yeux bleus et sans chaleur qui laissaient voir que cette femme savait parfaitement ce qu'elle valait et ce que valaient les autres.

Son visage paraissait très jeune, on lui aurait donné vingt-cinq ans, pas plus, mais il suffisait qu'elle restât songeuse un moment, qu'elle fronçât le sourcil pour que deviennent visibles les rides aux commissures des lèvres, la peau distendue du cou et elle faisait bien quarante-cinq ans, sinon plus. Mais ce qu'elle avait de bien, à coup sûr, c'étaient ses jambes et ses pieds chaussés de jolies bottes manifestement faites sur mesure.

Tous ces détails, longs à exposer, furent notés en un instant par l'œil expérimenté de Darenski.

Quant à la seconde, elle était jeune, mais déjà trop forte, gagnée par l'embonpoint ; tout en elle, pris séparément, n'avait rien d'extraordinaire : les cheveux manquaient d'épaisseur, le visage était large, les yeux étaient d'une couleur incertaine, mais elle était jeune et féminine. Si féminine que même un aveugle, semblait-il, assis à ses côtés, n'aurait pu ne pas le sentir.

Cela aussi, Darenski le remarqua immédiatement.

Il eut même le temps de comparer les mérites respectifs de l'une et de l'autre et de faire ce choix sans conséquence pratique que font presque toujours les hommes en regardant les femmes. Darenski, qui cherchait à mettre la main sur le commandant de l'armée, qui se demandait si celui-ci lui donnerait les chiffres dont il avait besoin, qui se demandait où il pourrait trouver à manger et à dormir, qui aurait aimé savoir si la division où il devait se rendre n'était pas trop éloignée et si la route qui y menait n'était pas trop mauvaise, Darenski, donc, eut le temps de se dire pour la forme (mais quand même pas seulement pour la forme) : « Celle-là ! » Et il advint qu'il n'alla pas chez le chef de l'état-major mais resta à jouer aux cartes.

Pendant la partie (il jouait avec la femme aux yeux bleus), Darenski apprit beaucoup de choses : sa partenaire s'appelait Alla Sergueïevna, la seconde, la plus jeune, travaillait à l'infirmerie, le jeune homme trop bien nourri s'appelait Volodia[1] et semblait avoir des liens de parenté avec un membre du Haut Commandement, il travaillait comme cuisinier au mess du Conseil d'armée.

Darenski sentit aussitôt le pouvoir qu'exerçait Alla Sergueïevna. Cela se sentait au ton des gens qui entraient dans la pièce. Selon toute vraisemblance, elle était la femme légitime du commandant d'armée et non sa maîtresse, comme il l'avait cru au premier abord.

Il n'arrivait pas à comprendre pourquoi le dénommé Volodia était si familier avec elle. Mais, un peu plus tard, saisi d'une illumination soudaine, Darenski crut en deviner la raison : Volodia devait être le frère de la première femme du général. Certes, il restait à savoir si la première femme était encore en vie et, dans ce cas, si le divorce avait été prononcé.

La jeune, elle s'appelait Klavdia, n'était visiblement pas mariée avec le membre du Conseil. Dans l'attitude d'Alla Sergueïevna à son égard se glissaient des notes hautaines et condescendantes : « Bien sûr, nous jouons aux cartes ensemble, nous nous tutoyons, mais ce ne sont que les exigences de la guerre à laquelle nous participons l'une et l'autre. »

---

1. Diminutif de Vladimir.

Cependant Klavdia, elle aussi, éprouvait un sentiment de supériorité à l'égard d'Alla Sergueïevna. Darenski le traduisait approximativement ainsi : « Peut-être que je ne suis pas légalement mariée, je ne suis qu'une compagne de guerre, mais moi, je suis fidèle, alors que toi, toute épouse légitime que tu es, je connais deux trois petites choses sur ton compte. Essaie un peu de me traiter de repos du guerrier et tu verras... »

Volodia ne cherchait pas à dissimuler à quel point Klavdia lui plaisait. Il semblait dire : Mon amour est sans espoir, est-ce que je peux, moi, un vulgaire cuisinier, rivaliser avec un membre du Conseil d'armée ? Mais tout cuisinier que je suis, je t'aime d'un amour pur, tu dois le sentir toi-même, je ne demande qu'à te regarder dans tes jolis petits yeux, rien d'autre.

Darenski jouait mal et Alla Sergueïevna le prit sous sa protection. L'élégant colonel plaisait à Alla Sergueïevna ; il disait : « Je vous remercie », il marmonnait : « Je vous prie de m'excuser » quand leurs mains se touchaient au moment de la donne, il regardait d'un air navré Volodia se moucher dans ses doigts et les essuyer ensuite avec un mouchoir ; le colonel souriait poliment aux plaisanteries des autres et il savait être spirituel.

Après un des bons mots de Darenski, elle lui dit :

— Spirituel !... je n'avais pas saisi. Cette vie dans la steppe vous rend bête.

Elle le dit à mi-voix, comme si elle voulait lui faire comprendre, ou plus exactement sentir, que pouvait se nouer entre eux une conversation où il n'y aurait plus qu'eux deux, une conversation qui fait courir des frissons dans le dos, cette conversation particulière qui seule importe entre un homme et une femme.

Darenski commettait sans cesse des erreurs, elle le corrigeait ; et dans le même temps naissait entre eux un autre jeu, et dans ce jeu-là, Darenski ne commettait plus d'erreurs, il le connaissait trop bien... Bien que rien n'eût été dit, si ce n'est « défaussez-vous de vos petits piques » ou bien « jouez atout, n'ayez pas peur », elle avait déjà vu et apprécié tous les attraits de Darenski : sa douceur et sa force, sa discrétion et son audace... Tout cela, elle l'avait senti parce qu'elle avait su le remarquer mais aussi parce qu'il avait su le lui montrer. À son tour, elle avait su lui montrer qu'elle comprenait la manière dont il regardait sa poitrine sous l'élégante vareuse de gabardine, les mouvements de ses mains aux ongles soignés, ses haussements d'épaules, ses jambes, ses sourires. Il sentait qu'Alla s'appliquait à parler avec une intonation plus chantante qu'à l'ordinaire, à sourire plus longuement que nécessaire afin qu'il pût apprécier la beauté de sa voix, la blancheur de ses dents, la séduction de ses fossettes...

Darenski était sous le coup du sentiment soudain qui s'était emparé de lui. Il ne s'y était jamais fait, il avait chaque fois l'impression que cela lui arrivait pour la première fois. Sa grande expérience dans les relations avec les femmes ne s'était jamais transformée en habitude ; il y avait l'expérience d'une part et l'étonnement du bonheur de l'autre. C'est à cela qu'on reconnaît les véritables hommes à femmes.

Le hasard voulut qu'il restât cette nuit-là au QG.

Le matin, il passa voir le chef de l'état-major ; c'était un colonel taciturne qui ne lui posa pas la moindre question sur Stalingrad, sur les nouvelles du front, sur la situation au nord-ouest du front. À l'issue de leur conversation, Darenski comprit que ce colonel ne satisferait pas son besoin de renseignements, il le pria seulement de mettre un tampon sur sa feuille de mission et partit inspecter les unités.

Quand il s'installa dans la voiture, il avait une impression étrange de légèreté et de vide dans les membres, d'absence de pensées et de désirs ; une sensation d'assouvissement total et une sensation de vide total cohabitaient en lui... Il lui semblait que, autour de lui, tout était devenu fade et vide : le ciel, l'herbe des steppes, les dunes qui, pourtant, lui plaisaient tellement hier encore. Il n'avait plus envie de parler et de blaguer avec son chauffeur. Et quand il s'efforçait de réfléchir sur le combat dans les steppes, aux confins de la terre russe, ses réflexions restaient molles et sans passion.

À chaque instant, Darenski hochait la tête et répétait avec une sorte d'étonnement obtus : « Quelle femme, mais quelle femme... »

De vagues remords s'éveillaient en lui, il se disait que ce genre de passade ne menait généralement à rien de bon ; il se rappelait confusément une phrase trouvée dans une nouvelle de Kouprine ou peut-être dans un roman étranger, phrase qui comparait l'amour au charbon : incandescent, il brûle, froid, il salit... Il avait même envie de pleurer, ou plutôt de pleurnicher, de se plaindre à quelqu'un, car si le pauvre lieutenant-colonel était réduit à cette sorte d'amour, ce n'était pas de son plein gré mais par la volonté du destin... Puis il s'endormit et quand il s'éveilla, il se dit soudain : « Si je ne me fais pas tuer sur le chemin du retour, faut absolument que j'aille revoir ma petite Allotchka[1]. »

69

Le commandant Erchov s'arrêta, en revenant du travail, devant la couchette de Mostovskoï et lui dit :

— Un Américain a entendu la radio, notre résistance à Stalingrad a brisé les plans des Allemands.

Il plissa le front et ajouta :

— Et puis, il y a une information en provenance de Moscou, il paraîtrait qu'on aurait dissous le Komintern.

---

1. Diminutif affectueux d'Alla.

— Qu'est-ce que vous racontez ? s'exclama Mostovskoï, plongeant son regard dans les yeux intelligents, semblables à des eaux de printemps, troubles et froides, d'Erchov. Vous ne savez pas ce que vous dites !

— Peut-être que le Ricain a tout mélangé, répondit Erchov en se grattant la poitrine, peut-être que c'est tout le contraire et qu'on élargit le Komintern.

Au cours de sa vie, Mostovskoï en avait connu de ces gens qui devenaient en quelque sorte la membrane sensible, le porte-parole des idéaux, des passions et des pensées de toute la société. Aucun événement considérable ne pouvait, semblait-il, passer à côté de ces gens. Tel était Erchov qui exprimait toujours les pensées et les aspirations du camp. Mais le bruit sur la liquidation du Komintern laissait parfaitement indifférent le maître à penser du camp.

Ossipov, le commissaire politique, qui avait rang de général et avait été responsable de l'éducation politique de grandes unités militaires, n'était, lui aussi, que médiocrement intéressé par la nouvelle.

— Vous savez ce que m'a dit le général Goudz ? fit-il, s'adressant à Mostovskoï. Il m'a dit : « C'est la faute de votre éducation internationaliste, camarade commissaire, si nous avons connu la débandade, il fallait éduquer le peuple dans un esprit patriotique, un esprit russe. »

— Que voulez-vous dire ? ricana Mostovskoï. « Pour notre Dieu, notre Tsar, et notre Patrie », c'est ça ?

— Tout ça, ce sont des bêtises, dit Ossipov dans un bâillement nerveux. Le problème n'est pas de savoir si c'est du marxisme orthodoxe ou pas, le problème c'est que les Allemands vont nous faire la peau, cher camarade Mostovskoï, mon bon père.

Un soldat espagnol, que les Russes appelaient Andrioucha, avait écrit sur une planchette : « Stalingrad » et, la nuit, il regardait son inscription ; le matin, il retournait sa planchette pour que les kapos, qui furetaient dans le baraquement, ne voient pas le mot célèbre.

Le major Kirillov dit à Mostovskoï :

— Avant, quand on ne me menait pas de force au travail, je passais des journées à traîner sur le châlit. Alors que maintenant, j'ai lavé ma chemise et je mâche des copeaux de pin contre le scorbut.

Quant aux disciplinaires SS (surnommés « les joyeux drilles » parce qu'ils se rendaient toujours au travail en chantant), ils s'en prenaient aux Russes avec encore plus de cruauté que d'habitude.

Des fils invisibles reliaient les habitants des baraques à la ville sur la Volga. Alors que le Komintern, d'évidence, laissait tout le monde indifférent.

C'est vers cette époque que Tchernetsov, l'émigré, aborda pour la première fois Mostovskoï.

Recouvrant d'une main son orbite vide, il lui parla de l'émission qu'avait surprise l'Américain.

Et le désir qu'éprouvait Mostovskoï d'en parler était si fort qu'il se réjouit de cette occasion.

— Ce n'est pas une source très autorisée, dit Mostovskoï, ce sont des racontars, sûr que ce sont des racontars.

Tchernetsov haussa les sourcils. Il n'avait pas belle allure, ce sourcil interrogateur et neurasthénique au-dessus d'un œil vide.

— Et pourquoi donc ? demanda le menchevik borgne. Pourquoi serait-ce invraisemblable ? Messieurs les Bolcheviks ont créé la IIIe Internationale, messieurs les Bolcheviks ont créé la théorie du soi-disant socialisme en un seul pays. L'association de ces deux termes est un non-sens. De la glace en friture... Dans un de ses derniers articles, Plekhanov écrivait : « Le socialisme ne peut exister que comme système mondial international, soit ne pas exister du tout. »

— Le soi-disant socialisme, vous dites ? répéta Mostovskoï.

— Oui, le soi-disant socialisme. Le socialisme soviétique.

Tchernetsov sourit et vit le sourire de Mostovskoï. Ils se souriaient parce qu'ils retrouvaient leur passé dans ces paroles haineuses, dans ces intonations moqueuses.

C'était comme s'ils voyaient la lame de leur vieille opposition, fendant les décennies, briller à nouveau devant eux. Et cette rencontre dans un camp hitlérien ne leur rappelait pas seulement leur haine, elle leur rappelait aussi leur jeunesse.

Cet homme, qui lui était étranger et même hostile, connaissait et aimait ce qu'avait connu et aimé Mostovskoï dans sa jeunesse. C'était lui, et non Ossipov ou Erchov, qui se rappelait les récits sur le Ier Congrès du Parti, les noms de gens qui n'intéressaient plus qu'eux. L'un et l'autre se sentaient concernés par les rapports de Marx avec Bakounine, par ce qu'avait dit Lénine et par ce qu'avait dit Plekhanov sur l'aile dure et l'aile molle de l'*Iskra*[1]. Par l'attitude chaleureuse du vieil Engels à l'égard des jeunes sociaux-démocrates russes qui venaient le voir, et par l'attitude insupportable de Lioubotchka Axelrod à Zurich.

Ressentant visiblement la même chose que Mostovskoï, Tchernetsov eut un sourire amer :

— Les écrivains aiment à décrire l'émouvante rencontre d'amis de jeunesse, mais une rencontre d'ennemis de jeunesse, de vieux chiens blanchis et épuisés comme vous et moi, ce n'est, après tout, pas plus mal.

Mostovskoï vit une larme couler sur la joue de Tchernetsov. Ils comprenaient tous deux, que, dans un avenir proche, la mort des camps recouvri-

---

1. L'*Iskra* (l'« Étincelle ») est le premier journal marxiste russe publié entre décembre 1900 et octobre 1905. Lénine en fut le fondateur et le rédacteur en chef de 1900 à 1903. Après le IIe Congrès des sociaux-démocrates, qui déclara le journal « organe du Parti », la rédaction fut contrôlée par les mencheviks. Imprimé à l'étranger (Leipzig, Munich, Londres et Genève), l'*Iskra* fut introduit clandestinement en Russie. Le tirage variait entre huit et dix mille exemplaires.

rait de sable tout ce qu'avaient été leurs longues vies : et les erreurs, et les succès, et la haine.

— Eh oui, dit Mostovskoï, ceux qui luttent contre vous durant toute votre vie en deviennent involontairement les protagonistes.

— C'est étrange, poursuivit Tchernetsov, de se retrouver ainsi dans cet enfer.

Et soudain, il ajouta :

— Le blé, le seigle, une giboulée... quels jolis mots !...

— Quelle horreur doit être ce camp, dit en riant Mostovskoï, pour que même une rencontre avec un menchevik puisse y sembler agréable.

Tchernetsov hocha tristement la tête :

— Oui, ça ne doit vraiment pas être facile pour vous.

— L'hitlérisme..., proféra Mostovskoï. L'hitlérisme, je n'aurais jamais cru possible un tel enfer.

— Je ne vois pas ce qui vous étonne, dit Tchernetsov. La terreur n'est pas chose nouvelle pour vous.

Et on aurait pu croire que ce qui venait de se passer entre eux n'avait jamais existé. Ils entamèrent une dispute violente et sans pitié.

Les calomnies de Tchernetsov avaient ceci d'affreux qu'elles n'avaient pas le mensonge pour seul fondement. Tchernetsov érigeait en ligne générale les actes de cruauté, les erreurs qui s'étaient produits pendant la construction du socialisme. Il le dit explicitement à Mostovskoï.

— Bien sûr, cela vous arrange de croire que les événements de 1937 ne furent que des excès, que les crimes commis pendant la collectivisation sont dus au « vertige du succès » et que votre cher grand homme est quelque peu cruel et avide de pouvoir. Alors que c'est tout le contraire : c'est sa monstrueuse cruauté qui a fait de Staline le continuateur de Lénine. Comme on aime à l'écrire chez vous : Staline, c'est le Lénine de notre temps. Vous êtes toujours persuadé que la misère dans les campagnes et l'asservissement des ouvriers ne sont que temporaires, ne sont que des difficultés de croissance. Vous, vous êtes les véritables koulaks et monopolistes, vous achetez le blé au moujik à cinq kopecks le kilo, et vous le revendez au même moujik à un rouble le kilo. C'est cela la base première de votre édification du socialisme.

— Même vous, le menchevik, l'émigré, vous reconnaissez que Staline est le Lénine de notre temps, dit Mostovskoï. Nous sommes les héritiers de toutes les générations de révolutionnaires russes depuis Pougatchev et Razine. Les héritiers de Razine, de Dobrolioubov, de Herzen, ce n'est pas vous, renégats mencheviques qui avez fui à l'étranger, mais Staline.

— Ah, oui ! les héritiers, dit Tchernetsov. Savez-vous ce que représentaient pour la Russie les élections libres à l'Assemblée constituante ? Dans un pays soumis à un servage millénaire ! En mille ans, la Russie a été libre pendant six mois à peine. Votre Lénine n'est pas l'héritier mais le fossoyeur de la liberté russe. Quand je pense aux procès de 1937, c'est un tout autre héritage qui me revient à l'esprit. Vous souvenez-vous du colonel Soudeïkine, le chef de la IIIe section ? Il avait voulu, en commun avec Degaïev, créer de toutes pièces des complots, faire peur au tsar et ainsi renforcer son pouvoir. Et vous considérez toujours, après cela, que Staline est l'héritier de Herzen ?

— Vous faites semblant ou vous êtes réellement idiot ? demanda Mostovskoï. Vous êtes vraiment sérieux quand vous parlez de Soudeïkine ? Et que faites-vous de la plus grande révolution sociale de tous les temps, de l'expropriation des expropriateurs, des usines prises aux capitalistes et des terres prises aux seigneurs ? Vous ne l'avez pas remarqué ? C'est l'héritage de qui, ça ? De Soudeïkine, peut-être ? Et l'alphabétisation générale, et l'industrie lourde ? Et l'irruption du quart-état, des ouvriers et des paysans, dans toutes les sphères de l'activité humaine ? C'est quoi, l'héritage de Soudeïkine ? Vous me faites pitié.

— Je sais, je sais, dit Tchernetsov, on ne peut s'opposer aux faits, comme vous dites. Mais on les explique. Vos maréchaux et vos écrivains, vos docteurs ès sciences et vos ministres ne sont pas les serviteurs du prolétariat. Ils sont les serviteurs de l'État. Et ceux qui travaillent dans les champs ou dans les usines, vous n'oserez pas, je pense, dire d'eux qu'ils sont les maîtres. Drôles de maîtres !

Soudain, il se pencha vers Mostovskoï :

— Je vais vous dire, de vous tous, le seul que je respecte, c'est Staline. C'est votre maçon, tandis que vous, vous n'êtes que des saintes-nitouches ! Staline, lui, il sait que la terreur, les camps, les procès de sorcières moyenâgeux sont le fondement du socialisme en un seul pays.

Mikhaïl Sidorovitch dit :

— Mon cher, toutes ces saloperies, nous les entendons depuis longtemps. Mais, je dois vous avouer, vous dites tout cela d'une façon particulièrement ignoble. Seul un homme qui a vécu depuis l'enfance dans votre maison et qui en a été chassé peut se livrer à de telles saletés. Et savez-vous qui est cet homme ? Un laquais !

Il fixa un moment Tchernetsov et poursuivit :

— Je ne vous cacherai pas que, pour commencer, j'avais plutôt envie de me rappeler ce qui nous unissait en 1898 et non ce qui nous a séparés en 1903[1].

— Vous aviez envie de causer de l'époque où l'on n'avait pas encore chassé le laquais de la maison ?

Mais Mostovskoï était réellement en colère.

— Oui, oui... tout juste ! Un laquais que l'on a chassé et qui s'est enfui ! Un laquais en gants de fil blanc ! Nous ne le cachons pas : nous n'avons pas de gants. Nos mains sont couvertes de sang et de boue ! Soit ! Nous sommes entrés dans le mouvement ouvrier sans les gants de Plekhanov. Que vous ont apporté vos gants de laquais ? Les deniers de

---

1. 1898 : création du Parti ouvrier social-démocrate russe ; 1903 : scission du Parti social-démocrate russe en fractions bolchevique et menchevique.

Judas que vous recevez pour vos misérables articles dans le *Sotsialisti-tcheski Vestnik* [1] ? Les Anglais, les Français, les Polonais, les Norvégiens, les Hollandais qui sont dans ce camp ont confiance en nous, ils croient en nous ! Le salut du monde est entre nos mains ! Entre les mains de l'armée Rouge. Elle est l'armée de la liberté !

— Vous êtes bien sûr ? l'interrompit Tchernetsov. Et que faites-vous de 1939 où vous vous êtes emparés de la Pologne en accord avec Hitler ? Et la Lituanie, l'Estonie, la Lettonie écrasées sous vos chars ? Et la Finlande que vous avez envahie ? Votre armée et Staline ont repris aux petits peuples ce que leur avait donné la révolution. Et la répression des soulèvements paysans en Asie ? Et la répression de Cronstadt ? Tout cela, c'était au nom de la liberté et de la démocratie ? Vous croyez ?

Mostovskoï mit ses mains sous les yeux de Tchernetsov :

— Les voilà, les mains sans gants de laquais !

— Vous vous souvenez, demanda Tchernetsov, de Strelnikov, le chef de la police politique avant la révolution ? Lui aussi, il travaillait sans mettre de gants. Il écrivait de faux aveux au nom des révolutionnaires qu'il avait fait battre à mort, ou presque. Pourquoi avez-vous eu besoin de 1937, pour lutter contre Hitler, peut-être ? Qui a été votre maître, Marx ou Strelnikov ?

— Vos paroles nauséabondes ne m'étonnent pas, fit Mostovskoï. Vous n'êtes pas capable de dire autre chose. Vous savez ce qui m'étonne, en fait ? C'est ce qui a pu pousser les nazis à vous enfermer dans un camp. Nous, ils nous haïssent à la folie. Là, tout est clair. Mais vous, vous et vos semblables, pourquoi donc Hitler vous a-t-il mis dans des camps ?

Tchernetsov sourit et son visage retrouva l'expression qu'il avait au début de leur discussion.

— Et pourtant, comme vous voyez, ils nous y gardent. Ils ne nous laissent pas sortir. Intervenez en notre faveur, peut-être qu'ils voudront bien me laisser sortir.

Mais Mostovskoï n'accepta pas la plaisanterie.

— Avec votre haine à notre égard, vous ne devriez pas vous trouver dans un camp hitlérien, ni vous ni ce type, dit-il en montrant Ikonnikov-le-Morse qui se dirigeait vers eux.

Le visage et les mains d'Ikonnikov étaient couverts de glaise. Il fourra dans les mains de Mostovskoï quelques feuillets crasseux.

— Tenez, lisez-les, dit-il. Peut-être que demain je serai mort.

Mostovskoï cacha les feuillets sous la paillasse et laissa tomber :

— Je les lirai ; mais qu'est-ce qui vous prend de vouloir quitter ce monde ?

---

1. *Le Messager socialiste*, journal menchevique très critique envers les bolcheviks et le pouvoir soviétique, fondé en 1921 à Berlin par le groupe Délégation étrangère du Parti ouvrier social-démocrate menchevique, dirigé par I. Martov et R. Abramovitch.

— Vous savez ce que j'ai entendu dire ? Les terrassements que nous sommes en train de faire sont destinés à des chambres à gaz. On a commencé aujourd'hui à couler le béton des fondations.

— Le bruit en court, en effet, dit Tchernetsov. Il courait déjà quand on a amené la voie ferrée.

Il se retourna, et Mostovskoï se dit que Tchernetsov voulait voir si les détenus qui revenaient des travaux avaient bien remarqué qu'il était en train de bavarder familièrement avec un vieux bolchevik. Cela devait l'emplir de fierté, d'être vu ainsi par les Italiens, les Espagnols, les Anglais... et surtout par les Russes.

— Et nous allons poursuivre ce travail ? demanda Ikonnikov-le-Morse. Nous allons participer aux préparatifs de cette épouvante ?

Tchernetsov haussa les épaules.

— Où vous croyez-vous ? s'étonna-t-il. En Angleterre, peut-être ? Que ces milliers de personnes refusent de travailler et on les tuera toutes dans l'heure qui suit.

— Non, je ne peux pas, dit Ikonnikov. Je n'irai pas, non, je n'irai pas.

— Si vous refusez de travailler, on vous fera la peau sur-le-champ, intervint à son tour Mostovskoï.

— Juste, confirma Tchernetsov. Vous pouvez en croire le camarade ici présent. Il sait ce que cela veut dire d'appeler à la grève dans un pays privé de démocratie.

Il était déçu par sa conversation avec Mostovskoï. Ici, dans ce camp hitlérien, les paroles qu'il avait si souvent proférées dans son appartement parisien sonnaient faux à ses propres oreilles. Lorsqu'il écoutait des conversations entre détenus, il surprenait souvent le mot « Stalingrad », et, que cela lui plût ou non, les destinées du monde étaient liées à ce mot.

Un jeune Anglais fit le signe de la Victoire et lui dit :

— Je prie pour vous. Stalingrad a arrêté le déferlement des hordes.

Et Tchernetsov se sentit ému et heureux.

— Vous savez, fit-il à l'adresse de Mostovskoï, Heine disait que seuls les idiots découvrent leurs faiblesses devant l'ennemi. Mais, bon, je serai un idiot, je vais vous dire que je comprends parfaitement l'immense portée de la lutte que mène votre armée. Il est dur pour un socialiste russe de comprendre cela, et le comprenant, de se réjouir, d'être fier et de vous haïr.

Il fixait Mostovskoï qui eut soudain l'impression que le deuxième œil de Tchernetsov, le bon, était lui aussi injecté de sang.

— Est-il possible que, même ici, vous n'ayez pas senti dans votre chair que l'homme ne peut pas vivre sans démocratie et liberté ? demanda Tchernetsov. Vous l'aviez oublié, là-bas, chez vous ?

— Écoutez, ça suffit, vos histoires, fit Mostovskoï.

Il jeta un coup d'œil derrière lui et Tchernetsov se dit que Mostovskoï craignait d'être aperçu par les arrivants en train de bavarder amicalement avec un émigré menchevique. Il devait avoir honte d'être vu ainsi par les étrangers, et surtout par les détenus russes.

Le trou sanglant et aveugle fixait Mostovskoï à bout portant.

Ikonnikov attrapa le pied déchaussé du prêtre assis au-dessus d'eux et, mélangeant français, allemand et italien, l'interrogea :

— Que dois-je faire, *mio padre* ? Nous travaillons dans un *Vernichtungslager*.

Les yeux anthracite de Guardi firent le tour des visages.

— Tout le monde travaille là-bas. Et moi je travaille là-bas. Nous sommes des esclaves, dit-il lentement, *Dieu nous pardonnera*.

— *C'est son métier*, ajouta Mostovskoï.

— *Mais ce n'est pas votre métier*[1], fit Guardi sur un ton de reproche.

Les mots se bousculaient dans la bouche d'Ikonnikov :

— Voilà, c'est justement, c'est ce que vous dites aussi, je ne veux pas qu'on me pardonne mes péchés. Ne dites surtout pas : les coupables sont ceux qui te contraignent, tu es un esclave, tu n'es pas coupable car tu n'es pas libre. Je suis libre ! Je suis en train de construire un *Vernichtungslager*, j'en réponds devant les hommes qu'on y gazera. Je peux dire « non » ! Quelle force peut me l'interdire si je trouve en moi celle de ne pas craindre la mort ? Je dirai « non » ! *Je dirai non, mio padre, je dirai non*[2] !

La main de Guardi frôla les cheveux blancs d'Ikonnikov.

— *Donnez votre main*[3], dit-il.

— Bon, nous allons assister aux admonestations du pasteur à sa brebis égarée par l'orgueil, dit Tchernetsov.

Et Mostovskoï eut un signe d'acquiescement involontaire.

Mais Guardi n'admonesta pas Ikonnikov ; il porta la main sale d'Ikonnikov à ses lèvres et la baisa.

70

Le lendemain, Tchernetsov discutait avec une de ses rares relations soviétiques, un dénommé Pavlioukov, un soldat de l'armée Rouge qui travaillait maintenant comme infirmier au *Revier*.

Pavlioukov confiait sa crainte d'être chassé du *Revier* et d'être conduit aux travaux de terrassement.

— Tout ça, c'est un coup des gars du Parti, dit-il à Tchernetsov. Ils ne peuvent pas supporter l'idée que je me trouve à une bonne place, parce que j'ai su graisser la patte au gars qu'il fallait. Eux, ils se sont planqués partout : comme balayeurs, aux cuisines, au *Waschraum*[4], vous vous souvenez, pépé, comment c'était avant la guerre ? Le comité de Parti ? c'est pour leur pomme, le syndicat ? pareil... C'est peut-être pas vrai ? Et ici, la même

---

1. En français dans le texte. Allusion à la célèbre phrase de Heinrich Heine.
2. En français dans le texte.
3. En français dans le texte.
4. Douches.

chose, ils se serrent les coudes, ce sont des gars de chez eux qui travaillent aux cuisines et ils réservent les bonnes rations aux petits copains. Le vieux bolchevik, ils le soignent si bien qu'il pourrait se croire en maison de repos, tandis que vous, vous pouvez crever la gueule ouverte, ils ne vous regarderont même pas. C'est la justice, ça ? Nous aussi, on a trimé toute notre vie pour le pouvoir soviétique.

Tchernetsov lui dit, gêné, qu'il ne vivait plus en URSS depuis vingt ans. Il avait déjà remarqué que des mots comme « émigrant », « à l'étranger » éloignaient aussitôt les détenus soviétiques. Mais la réponse de Tchernetsov ne dérangea pas Pavlioukov.

Ils s'assirent sur un tas de planches ; Pavlioukov, le front large, l'os épais, « un vrai fils du peuple », pensa Tchernetsov, regarda du côté du mirador en béton où une sentinelle marchait de long en large et dit :

— Je suis coincé ; il ne reste que l'armée de volontaires. Ou crever.

— Pour sauver sa peau, alors ? demanda Tchernetsov.

— Moi, en fait, je ne suis pas un koulak, on ne m'a pas fait trimer dans les coupes forestières à abattre le bois ; mais n'empêche que j'en veux aux communistes. On ne vous laisse pas faire votre vie à votre façon. Ça, faut pas que t'en sèmes, elle, faut que tu l'épouses, ça, c'est pas un travail pour toi. On n'est plus un homme mais un con. Depuis mon enfance, j'ai envie d'ouvrir un magasin où on pourrait acheter tout ce qu'on veut. Et à côté de la boutique il y aurait un petit restaurant. Après avoir fait vos achats, si le cœur vous en dit, vous pourriez prendre un petit verre, une tranche de viande froide, une bière… Et, vous savez, j'aurais fait ça pour pas cher. On y aurait servi des choses simples, des plats de paysan, du lard à l'ail, du chou, des pommes de terre au four. Vous savez ce que j'aurais servi aux gens avec la vodka ? Des os à moelle ! Il y en aurait tout le temps eu à cuire dans un chaudron. Tu te prends ton carafon et moi, je t'offre un morceau de pain noir, un os, bon, du sel bien sûr. Et partout des fauteuils en cuir pour éviter les poux. Vous êtes là à vous reposer et on vous sert. Si j'en avais parlé quelque part, de mon idée, on m'aurait expédié aussi sec en Sibérie. Et moi, maintenant, je me demande : quel mal ça aurait fait au peuple ? Mes prix auraient été la moitié des prix d'État.

Pavlioukov lorgna du côté de son interlocuteur :

— Dans notre baraque, il y a quarante gars qui se sont portés volontaires.

— Et qu'est-ce qui les a poussés ?

— Une assiette de soupe, un manteau, ne pas travailler jusqu'à ce qu'on vous pète le crâne.

— Et encore ?

— Certains poussés par leurs idées.

— Lesquelles ?

— Ça dépend. Les uns pour leurs proches, tués dans les camps ; les autres en ont assez de la misère à la campagne. Ils ne supportent pas le communisme.

— Mais c'est une honte ! fit Tchernetsov.

L'émigrant sentit sur lui le regard du Soviétique, il y lut une surprise moqueuse.

— C'est honteux, déshonorant, immoral, dit Tchernetsov. Ce n'est pas le moment de régler ses comptes, et ce n'est pas ainsi qu'on les règle. Immoral face à soi-même et face à son pays.

Il se leva et se passa la main sur le derrière.

— On ne peut pas me soupçonner de tendresse pour les bolcheviks, dit-il. Mais ce n'est vraiment pas le moment de régler ses comptes. N'allez pas rejoindre Vlassov.

Il s'interrompit et ajouta soudain :

— Vous entendez, camarade, n'y allez pas.

Et après avoir prononcé, comme dans l'ancien temps, le temps de sa jeunesse, le mot « camarade », il ne put cacher son émotion, et il ne la cacha pas, bafouilla :

— Mon Dieu, aurais-je pu…

… Le train avait quitté le quai. L'air était embué par la poussière, l'odeur des lilas et des eaux sales, des fumées des locomotives et de la cuisine du buffet.

La lanterne rouge s'éloigna, puis elle sembla s'immobiliser parmi d'autres feux verts et rouges.

L'étudiant resta un moment sur le quai et sortit par le portillon. La femme qu'il venait de quitter l'avait étreint par le cou et avait embrassé son front, ses cheveux, prise au dépourvu, tout comme lui, par la violence soudaine du sentiment qui s'était emparé d'elle… Il marchait et le bonheur grandissait en lui, lui tournait la tête ; il lui semblait que c'était un commencement, le début de ce qui allait, par la suite, emplir toute sa vie…

Il se souvint de cet instant où il quitta la Russie pour Slavouta ; il s'en souvint plus tard à Paris, après son opération, une ablation de l'œil atteint de glaucome ; il s'en souvenait chaque fois qu'il passait sous le porche toujours sombre de la banque où il travaillait.

Le poète Khodassevitch, qui, comme lui, avait fui la Russie pour Paris, en avait parlé dans un de ses poèmes :

> *Un pèlerin qui s'en va dans la brume :*
> *C'est toi qui me viens à l'esprit.*
> *Une voiture sur la route qui fume :*
> *C'est toi qui me viens à l'esprit.*
>
> *Le soir, on allume la lumière :*
> *C'est toi qui me viens à l'esprit.*
> *Quoi qu'il arrive, sur terre, sur mer*
> *Ou au ciel, je n'ai que toi à l'esprit.*

Il avait envie de retrouver Mostovskoï et de lui demander :

— Vous n'avez pas connu une certaine Natacha Zadonskaïa, est-elle encore en vie ? Est-il possible que vous ayez vécu toutes ces décennies sur la même terre ?

71

À l'appel du soir, le *Stubenältelste* Keise, un cambrioleur de Hambourg, était de bonne humeur. Keise portait des guêtres de cuir jaune et un veston à carreaux de couleur crème. Il chantonnait, en estropiant les mots russes : *Kali zavtra voïna, esli zavtra v pokhod*[1]...

Ce soir-là, son visage à la peau fripée, couleur safran, aux yeux bruns, respirait la bienveillance. De sa main blanche et douce, sans le moindre poil, aux doigts capables d'étrangler un cheval, il donnait des tapes sur le dos et les épaules des détenus. Tuer était pour lui aussi simple que de faire un croche-pied pour blaguer. Après un meurtre, il restait quelque temps tout émoustillé, comme un jeune chat qui vient de mettre à mal un hanneton.

Le plus souvent il tuait sur ordre du *Sturmführer* Drottenhahr qui était responsable du block sanitaire dans le quartier ouest.

Le plus compliqué était de transporter les corps jusqu'au crématoire, mais cela n'entrait pas dans les attributions de Keise, et personne n'aurait osé lui demander un tel travail. Drottenhahr était trop expérimenté pour laisser les hommes s'affaiblir au point qu'on soit obligé de les transporter jusqu'au lieu d'exécution en civière.

Keise ne pressait pas ceux qui étaient destinés à l'opération, il ne leur faisait pas de remarques acerbes, jamais il ne les bousculait ou les frappait. Il avait déjà gravi plus de quatre cents fois les deux marches en béton qui menaient au local où il procédait à l'opération, mais il éprouvait toujours un vif intérêt pour l'homme qu'il allait traiter : pour le regard fait de terreur et d'impatience, de soumission, de souffrance, de crainte et de curiosité folle que le condamné lançait à l'homme venu pour le tuer.

Keise ne pouvait s'expliquer pourquoi, dans son travail, ce qui lui plaisait le plus, c'était le caractère banal et quotidien. Le local n'avait rien d'extraordinaire : un tabouret, un sol de ciment, une rigole d'écoulement, un robinet, un tuyau de caoutchouc, un bureau avec un livre d'enregistrement.

L'opération même avait été réduite à une totale banalité, on en parlait toujours sur un ton de plaisanterie. Si la procédure avait lieu à l'aide d'un pistolet, Keise disait qu'il allait « envoyer un grain de café dans la tête » ; si c'était au moyen d'une injection de phénol, Keise parlait d'« une petite dose d'élixir ».

Le mystère de la vie humaine trouvait une explication étonnamment simple, pensait Keise, dans un grain de café et une dose d'élixir.

---

1. « Si demain commence la guerre, s'il faut se mettre en route... », chanson soviétique populaire dont les paroles sont signées de Lebedev-Koumatch, également auteur des paroles de la chanson *La Guerre sacrée*, l'hymne officieux de l'époque.

On aurait dit que ses yeux bruns, coulés dans du plastique, n'appartenaient pas à un être vivant. C'était une résine brun-jaune qui s'était pétrifiée... Et, quand les yeux en béton de Keise s'emplissaient soudain de gaieté, ils inspiraient la peur.

Ici, au camp, Keise éprouvait un sentiment de supériorité à l'égard des peintres, des révolutionnaires, des savants, des généraux, des prédicateurs qui peuplaient les baraques. Et il ne s'agissait pas du grain de café ou de l'élixir ; c'était un sentiment de supériorité naturelle et ce sentiment l'emplissait de joie.

Il ne se réjouissait pas de son immense force naturelle, de sa capacité à marcher droit devant en écrasant tout sur son passage, de son adresse à fracturer les coffres-forts. Il était en admiration devant lui-même, devant son âme et son intelligence ; il se sentait mystérieux et compliqué. Sa colère ou sa faveur semblait n'obéir à aucune logique. Quand, au printemps, un convoi avait amené des prisonniers de guerre soviétiques sélectionnés par la Gestapo et qu'ils avaient été réunis dans une baraque à part, Keise leur avait demandé de lui chanter ses chansons préférées.

Quatre Russes, au regard d'outre-tombe, aux mains gonflées, s'étaient évertués : « Où es-tu, ô, ma Souliko[1] ? »

Keise avait écouté, mélancolique, tout en jetant des coups d'œil à un homme aux pommettes saillantes qui se tenait à l'écart. Keise, par égard pour les artistes, n'avait pas interrompu leur chant, mais, quand les chanteurs s'étaient tus, il avait dit à l'homme que, n'ayant pas participé au chœur, il n'avait qu'à chanter maintenant en soliste. En regardant le col sale de la vareuse où l'on voyait encore les traces des galons, Keise avait demandé :

« *Verstehen Sie, Herr Major ?* toi compris, zalop ? »

L'homme avait hoché la tête, il avait compris.

Keise l'avait saisi par le col et lui avait donné une secousse comme on secoue un réveil qui refuse d'avancer. Le prisonnier avait repoussé Keise d'un coup de poing dans la figure et avait lancé un juron.

On avait pu croire que c'en était fini de lui. Mais le « geleiter » du baraquement spécial n'avait pas tué le major Erchov, il l'avait conduit vers le châlit du coin, près de la fenêtre. La place était vide, Keise la réservait à quelqu'un qui lui serait agréable. Le même jour, Keise avait apporté à Erchov un œuf d'oie dur et lui avait dit dans un gros rire : *Ihre Stimme wird schön*[2] !

Depuis ce jour Keise était bien disposé à l'égard d'Erchov. Et dans le baraquement tout le monde respectait Erchov dont la dureté inflexible s'associait à un caractère doux et joyeux.

Seul le commissaire de brigade Ossipov, un des chanteurs, en voulait à Erchov après l'histoire avec Keise :

« Un caractère impossible », disait-il.

---

1. Chanson populaire géorgienne. Traduite en russe, elle fut popularisée à l'époque soviétique. C'était une des chansons préférées de Staline.
2. « Ça vous fera une belle voix ! »

C'est peu de temps après que Mostovskoï avait baptisé Erchov le « maître à penser ».

Outre le commissaire, un autre prisonnier éprouvait de l'antipathie à l'égard d'Erchov : Kotikov. C'était un détenu silencieux, renfermé, qui savait tout sur tout le monde ; il semblait incolore, sa voix n'avait pas de couleur, pas plus que ses yeux ou ses lèvres. Mais telle était cette absence de couleurs qu'elle frappait et qu'on s'en souvenait.

Ce soir-là, la gaieté de Keise pendant l'appel ne faisait qu'accroître la tension et la peur parmi les détenus. Les habitants des baraques vivaient dans l'attente continuelle de quelque chose de funeste et la peur, les pressentiments, l'angoisse, tantôt plus faibles, tantôt plus forts, étaient en eux nuit et jour.

Alors que se terminait l'appel du soir, huit policiers du camp, les kapos, casquettes de clown, brassards jaune vif, entrèrent dans le baraquement. À leur visage, on pouvait deviner qu'ils n'emplissaient pas leur gamelle avec l'ordinaire du camp.

Ils avaient pour chef un beau blond, de haute taille, vêtu d'une capote gris acier d'où l'on avait décousu tous les signes distinctifs. Ses bottes de cuir clair avaient l'éclat du diamant.

C'était Kœnig, le chef de la police intérieure du camp, un SS dégradé et condamné au camp pour crime de droit commun.

— *Mütze ab*[1] ! cria Keise.

La fouille commença. Les kapos, avec des gestes machinaux, comme des ouvriers sur la chaîne, auscultaient les tables à la recherche de cavités, secouaient une à une les loques des détenus, palpaient de leurs doigts prestes et intelligents les coutures des habits, contrôlaient l'intérieur des gamelles.

Parfois, pour plaisanter, ils donnaient un coup de genou dans le derrière d'un détenu en lui disant : « À ta santé. »

De temps en temps, un des kapos tendait à Kœnig sa trouvaille : un carnet, une feuille manuscrite, une lame de rasoir. Kœnig, d'un mouvement de gants, indiquait si l'objet trouvé lui semblait digne d'intérêt.

Pendant la fouille, les détenus se tenaient debout, alignés sur un rang.

Mostovskoï et Erchov se retrouvèrent côte à côte, ils regardaient en direction de Kœnig et de Keise. Les deux Allemands semblaient coulés dans le bronze.

Mostovskoï vacillait, la tête lui tournait. Indiquant du doigt Keise, il dit à Erchov :

— Quel engin !

— Un Aryen de première classe, répondit Erchov.

Pour que Tchernetsov, debout à côté d'eux, ne l'entende pas, il se pencha vers l'oreille de Mostovskoï :

---

1. « Enlevez vos casquettes ! »

— Mais nos petits gars peuvent être pas mal non plus !

Tchernetsov, intervenant dans la conversation qu'il n'avait pas entendue, dit à son tour :

— Le droit sacré de tout peuple est d'avoir ses héros, ses saints, comme ses salauds.

— Bien sûr, nous avons aussi nos canailles, dit Mostovskoï en s'adressant à Erchov mais en répondant aux deux. Mais l'assassin allemand a quelque chose d'inimitable qu'on ne peut trouver que chez les Allemands.

La fouille prit fin. On donna le signal du couvre-feu. Les détenus grimpèrent à leur place sur les châlits.

Mostovskoï s'allongea, étendit ses jambes. Il se dit qu'il avait oublié de vérifier si toutes ses affaires étaient intactes après la fouille.

Il se redressa en grognant, se mit à les examiner.

Il lui semblait qu'avaient disparu son cache-nez et les bandes de tissu lui servant de chaussettes, mais il retrouva le tout sans que son angoisse diminue.

Erchov s'approcha de lui et dit à voix basse :

— Nedzelski, le kapo, raconte partout qu'on va dissoudre notre block, ils en laisseront une partie ici, pour interrogatoire supplémentaire, les autres, la majorité, iront dans les camps ordinaires.

— Et puis après, fit Mostovskoï, on s'en fiche.

Erchov s'assit sur le châlit et dit d'une voix basse mais distincte :

— Mikhaïl Sidorovitch.

Mostovskoï se releva sur un coude, le regarda.

— Mikhaïl Sidorovitch, j'ai un grand projet, je veux en discuter avec vous. S'il faut périr, que ça se passe au moins en fanfare ! Le temps est précieux. Si les Allemands s'emparent de ce satané Stalingrad, les gens seront à nouveau bons à rien. Ça se voit à des gars comme Kirillov.

Erchov proposait de créer une union de combat des prisonniers de guerre. Il énonça de mémoire les divers points du programme comme s'il le lisait.

— … Instauration d'une discipline et d'une autorité uniques pour les Soviétiques du camp, mise à l'écart des traîtres, porter des coups à l'ennemi, création de comités de lutte parmi les détenus polonais, français, yougoslaves, tchèques…

Fixant la pénombre au-dessus des châlits, il dit :

— Il y a des gars qui me font confiance parmi ceux qui travaillent dans les usines de guerre, nous allons accumuler des armes. Il faut voir large. Il faut établir des liaisons avec des dizaines de camps, créer des unités de combat de trois personnes, s'unir aux clandestins allemands, utiliser la terreur contre les traîtres. Le but final : le soulèvement général, la création d'une Europe libre et unie…

Mostovskoï répéta :

— Une Europe libre et unie… Ah, mon cher Erchov !

— Je ne parle pas pour ne rien dire. Notre discussion est le début de ce travail.

— Je me mets sur les rangs, dit Mostovskoï.

Puis il répéta, en hochant la tête :

— Une Europe libre... Notre camp va connaître, lui aussi, une section de l'Internationale communiste, elle compte deux membres dont un est sans parti.

— Vous connaissez l'allemand, l'anglais, le français, des milliers de liens se créeront. Quel Komintern vous faut-il encore ? Détenus de tous les pays, unissez-vous !

En regardant Erchov, Mostovskoï prononça des mots depuis longtemps oubliés :

— La volonté du peuple !

Et lui-même se demanda pourquoi ces mots lui étaient venus soudain à l'esprit.

— Il faut se mettre d'accord avec Ossipov et le lieutenant-colonel Zlato-krylets, dit Erchov. Ossipov représente une grande force. Mais il ne m'aime pas, c'est vous qui vous en chargerez. Moi, je parlerai dès aujourd'hui avec le colonel. Nous formerons un quarteron.

72

Erchov réfléchissait sans cesse à son plan d'une organisation clandestine dans tous les camps allemands, aux moyens de liaison entre eux, il retenait les noms des camps de travail, des camps de concentration et des gares. Il réfléchissait à la mise au point d'un code secret, au moyen d'utiliser les détenus travaillant dans l'administration des camps pour inclure dans les listes de transports les organisateurs clandestins qui devraient se déplacer de camp en camp.

Une vision habitait son âme. L'activité de milliers de clandestins, de héros du sabotage, préparait le soulèvement et la conquête de tous les camps. Les révoltés s'empareraient des batteries antiaériennes qui étaient chargées de la défense des camps et les transformeraient en canons contre l'infanterie et les chars. Il faudrait repérer les artilleurs détenus et préparer les calculs pour les pièces saisies par les groupes d'assaut.

Le major Erchov connaissait la vie des camps, il voyait la force de la corruption, de la peur, la volonté de se bourrer l'estomac, il avait vu bien des hommes échanger leurs honnêtes vareuses pour les capotes bleues avec pattes d'épaule que portaient les troupes de Vlassov.

Il avait vu l'abattement, la flagornerie, la trahison et la soumission, il avait vu l'horreur face à l'horreur, les hommes paralysés par l'apparition des terrifiants gradés du *Sicherheitsdienst*.

Et malgré cela, les pensées du major loqueteux n'étaient en rien celles d'un rêveur. Pendant l'époque noire de l'offensive allemande sur le front ouest, il avait soutenu ses camarades par des paroles joyeuses et hardies, il était parvenu à mener au combat des hommes mourant de faim. Un mépris inextinguible et gai de la contrainte vivait en lui.

Les gens sentaient la chaleur joyeuse qui émanait d'Erchov comme la bonne et nécessaire chaleur qui émane d'un poêle russe où brûlent des bûches de bouleau.

Et, sûrement, cette bonne chaleur lui avait permis, tout autant que son intelligence et son courage, de devenir le maître incontesté des prisonniers de guerre russes.

Erchov avait compris depuis longtemps que Mostovskoï serait le premier auquel il dévoilerait ses pensées. Il restait étendu sur son châlit, les yeux ouverts, et fixait les planches rugueuses du plafond, comme si, du fond d'un cercueil, il en regardait le couvercle. Mais son cœur battait.

Ici, au camp, il éprouvait, comme il ne l'avait jamais éprouvé durant les trente-trois années de sa vie, le sentiment de sa propre force.

Sa vie, avant la guerre, n'avait pas été heureuse. Son père, un paysan de la région de Voronej, avait été dékoulakisé en 1930. À l'époque, Erchov servait dans l'armée.

Erchov ne rompit pas avec son père. Il ne fut pas reçu à l'Académie militaire, bien qu'il eût passé l'examen d'entrée avec mention très bien. Il put à grand-peine achever l'École militaire. Il fut affecté dans un bureau de recrutement de district. Son père, à ce moment-là, vivait avec toute sa famille, en tant que déporté, dans le nord de l'Oural. Erchov prit un congé et alla le voir. À partir de Sverdlovsk, il fit deux cents kilomètres en chemin de fer. Une voie étroite et unique. Des deux côtés de la voie, ce n'étaient que forêts et marécages, piles de bois, barbelés des camps, baraquements et habitations précaires, simples trous creusés dans le sol : un peu partout, semblables à des champignons au pied trop haut, se dressaient des miradors. Le train fut arrêté à deux reprises, des gardiens cherchaient un détenu en fuite. Une nuit, leur train dut attendre sur une voie d'évitement le passage d'un autre train, Erchov ne trouvait pas le sommeil et écoutait les aboiements des bergers allemands du NKVD, les sifflets des sentinelles : la gare était proche d'un camp important.

Erchov ne parvint au terminus qu'au troisième jour de son voyage et, bien qu'il fût en uniforme de lieutenant, que tous ses papiers et son laissez-passer fussent en règle, il s'attendait à ce que, lors d'un contrôle, on lui dise : « Ramasse tes affaires » et qu'on l'emmène dans un camp.

L'air même, en ces lieux, était embarbelé.

Puis, il parcourut encore soixante-dix kilomètres de marécages à l'arrière d'un camion. Le camion appartenait au sovkhoze *Oguépéou* où travaillait le père d'Erchov. Ils étaient serrés à l'arrière, le camion transportait des ouvriers déportés qu'on emmenait à l'annexe d'un camp pour abattre du bois. Erchov tenta de les questionner, mais ils répondaient par monosyllabes ; de toute évidence, ils avaient peur de son uniforme.

Vers le soir, le camion atteignit un hameau, coincé entre la lisière d'un bois et le bord d'un marécage. Il retint le coucher de soleil, si calme et si doux parmi les marécages du Nord concentrationnaire. À la lumière du soir, les isbas semblaient noires, comme si elles avaient été passées au goudron.

Il descendit dans la cahute à moitié enterrée ; avec lui y pénétra la lumière du soir ; à sa rencontre se levèrent l'humidité, la touffeur, la fumée, une odeur misérable de nourriture, de guenilles, de literie…

Son père sortit de cette obscurité ; son visage émacié, ses yeux merveilleux frappèrent Erchov par leur expression indicible.

Les vieilles mains, maigres et rugueuses, étreignirent le cou du fils, et le mouvement convulsif de ces mains qui entourèrent le cou du jeune officier exprima une telle douleur, une plainte si timide, une demande de protection si confiante qu'Erchov ne sut répondre à tout cela qu'en pleurant.

Puis ils allèrent sur les trois tombes : la mère était morte le premier hiver, la sœur aînée, Anna, le second, et Maroussia, le troisième.

Dans cette région de camps, le cimetière s'était fondu avec le village et la même mousse recouvrait le pied des isbas, les toits des cahutes, les tombes et les marais. C'est ici, sous ce ciel, qu'elles resteraient pour toujours, sa mère et ses sœurs, l'hiver, quand le froid chassait l'humidité, et l'automne, quand la terre du cimetière se gonflait de la boue noire des marais qui montait en elle.

Le père, debout auprès de son fils silencieux, gardait, lui aussi, le silence ; puis il leva les yeux, regarda son fils et ouvrit les bras : « Pardonnez-moi, les vivants et les morts, je n'ai pas su garder en vie ceux que j'aimais. »

Toute la nuit, le père raconta. Il parlait calmement. Ce qu'il racontait, on ne pouvait le dire que calmement, les cris et les larmes n'auraient pu l'exprimer.

Sur une caisse recouverte d'un journal, le fils avait disposé la nourriture et la bouteille de vodka qu'il avait apportées en cadeau. Le vieux parlait, et le fils, à côté de lui, écoutait.

Le père parlait de la famine, de la mort de voisins, de vieilles femmes devenues folles, d'enfants dont le corps ne pesait pas plus lourd qu'un poulet ; il parlait des hurlements de faim qui régnaient, jour et nuit, dans le village ; il parlait des maisons condamnées, aux fenêtres aveugles.

Il raconta les cinquante jours de voyage en plein hiver, dans des wagons à bestiaux aux toits crevés, les morts qui avaient continué leur route en compagnie des vivants durant des jours et des jours. Il raconta comment ils avaient marché, les femmes portant les enfants dans les bras. La mère d'Erchov avait fait ce chemin, fiévreuse, à moitié folle. Il raconta comment on les avait amenés en pleine forêt, sans une tente, sans le moindre abri et comment ils y avaient commencé une vie nouvelle (selon l'expression préférée des journaux), allumant des feux, aménageant des couches à l'aide de branches de sapins, faisant fondre la neige dans des gamelles ; il raconta comment ils avaient enterré leurs morts.

« Tout cela, c'est la volonté de Staline », dit le père. Et dans ses paroles il n'y avait ni haine ni rancœur. Il en parlait comme les gens simples parlent d'un destin qui ne connaît ni doute ni faiblesse.

Quand Erchov revint de son congé, il écrivit à Kalinine pour le prier d'accorder une grâce impossible : pardonner à un innocent ; il demandait que l'on autorisât le vieillard à rejoindre son fils. Mais sa lettre n'était pas encore arrivée à Moscou qu'il était convoqué par son commandant : il avait été dénoncé, on était au courant de son voyage.

Il fut chassé de l'armée. Il partit pour un chantier, décida de gagner un peu d'argent et de rejoindre son père. Mais, bientôt, il reçut un mot qui lui annonçait sa mort.

Au deuxième jour de guerre, le lieutenant de réserve Erchov fut mobilisé.

Pendant les combats près de Roslavl, le commandant du régiment fut tué, Erchov prit le commandement, ramena les fuyards, attaqua l'ennemi, reprit le contrôle du gué et permit la retraite de l'artillerie lourde des réserves du GQG.

Il ne connaissait pas sa force. La soumission, en fait, n'était pas dans sa nature. Et plus la contrainte devenait forte, plus il avait envie de se battre.

Parfois, il se demandait d'où venait sa haine de Vlassov. Les appels de Vlassov parlaient de ce que lui avait raconté son père. Il savait bien, lui, qu'ils disaient la vérité. Mais il savait aussi que cette vérité, dans la bouche de Vlassov et des Allemands, devenait mensonge.

Il sentait que, en luttant contre les Allemands, il luttait pour une vie libre en Russie, que la victoire sur Hitler serait aussi une victoire sur les camps de la mort où avaient péri sa mère, ses sœurs, son père.

Un sentiment amer mais bon l'animait : ici, dans le camp où la pureté de la biographie ne représentait rien, il était devenu une force, on le suivait. Ici, ni les grades, ni les décorations, ni le service spécial, ni la première section, ni le service du personnel, ni le coup de fil du raïkom, ni l'opinion du secrétaire à la section politique ne comptaient.

Un jour, Mostovskoï lui dit :

— Il y a longtemps déjà que Heine l'a dit : « Nous sommes tous nus sous nos habits… » mais les uns, quand ils enlèvent leur uniforme, découvrent un corps anémié et pitoyable, alors que d'autres sont défigurés par des habits trop serrés et quand ils les enlèvent, on comprend où est la force.

Ce qui jusqu'à maintenant n'avait été qu'un rêve était devenu une tâche concrète. Qui allait-il mettre au courant, qui allait-il enrôler ? Il reprenait un à un les hommes qu'il connaissait, pesait le pour et le contre.

Qui devrait entrer dans l'état-major clandestin ? Cinq noms lui vinrent à l'esprit. Les défauts de caractère, les bizarreries prenaient une dimension nouvelle, devenaient importants.

Goudz a son autorité de général, mais il manque de volonté, il est assez froussard, visiblement pas très instruit, il doit être bien quand il a auprès de lui un bon second, un état-major, il attend toujours que les autres officiers lui rendent des services, lui donnent de leur nourriture et il accepte tout cela comme un dû, sans la moindre reconnaissance. Il semble bien qu'il se souvienne plus souvent de son cuisinier que de sa femme et de sa fille. Il aime plus que tout parler de chasse, canards, oies…, le temps qu'il a passé au Caucase se résume aux sangliers et aux bouquetins. Selon toute apparence il était porté sur la boisson. Il aime à parler de 1941, tous autour de lui commettaient des erreurs, le voisin de gauche comme le voisin de droite, seul le général Goudz avait toujours raison. Jamais il ne rend responsable des échecs le Haut Commandement. Dans les affaires courantes, malin comme un singe. Mais, dans l'ensemble, si cela dépendait de lui, Erchov ne lui aurait même pas confié un régiment, encore moins un corps d'armée.

Ossipov, le commissaire de brigade, est intelligent. Il est capable de lancer, avec un sourire en coin, une phrase sur ceux qui s'apprêtaient à faire la guerre à bon compte sur le territoire ennemi, et de vous fixer de son œil brun. Mais le même Ossipov, une heure plus tard, dur comme de la pierre, fait un sermon au pauvre gars qui s'est permis d'émettre un doute. Et le lendemain, il remet ça :

— Oui, chers camarades, nous volons plus haut que le reste du monde, plus loin et plus vite, regardez où nous avons atterri.

Il parle intelligemment des défaites des premiers mois, mais il n'en souffre pas, il en parle avec l'impavidité d'un joueur d'échecs.

Il se lie facilement avec les gens, mais son ton de bonne camaraderie n'est qu'une imitation. Seules les discussions avec Kotikov l'intéressent réellement.

Qu'est-ce que le commissaire de brigade peut trouver à ce Kotikov ?

Ossipov est un homme de grande expérience. Il connaît les hommes. Cette expérience est nécessaire, l'état-major clandestin ne peut se passer d'Ossipov. Mais si son expérience peut être utile, elle peut aussi devenir une gêne.

Il arrive à Ossipov de raconter des anecdotes sur de grands chefs militaires ; en parlant d'eux, il dit Semion Boudienny, Andrioucha Eremenko.

Un jour, il dit à Erchov :

— Toukhatchevski, Egorov, Blücher ne sont pas plus coupables que toi et moi.

Mais Kirillov apprit à Erchov qu'en 1937 Ossipov était le vice-directeur de l'Académie militaire et qu'il avait dénoncé sans pitié des dizaines de personnes, les accusant d'être des ennemis du peuple.

Il est terrifié par l'idée d'être malade : il se palpe, tire la langue et louche dessus pour voir si elle n'est pas chargée. Mais de la mort, cela se voit, il n'a pas peur.

Le colonel Zlatokrylets est taciturne, il ne fait pas de manières ; il commandait un régiment d'infanterie. Il pense, lui, que c'est le Haut Commandement qui porte la responsabilité de la retraite de 1941. Tous ressentent sa force de combattant, d'officier. Il est solide. Sa voix aussi est forte, elle semble faite pour arrêter les fuyards ou mener la troupe à l'assaut. Grossier.

Il n'aime pas expliquer, il ordonne. Bon camarade. Prêt à partager sa soupe avec un soldat. Mais il est trop grossier.

Les hommes sentent la force de sa volonté. Au travail, il est le chef, personne n'ose lui désobéir.

Il n'est pas du genre à céder, on ne la lui fait pas. On peut se reposer sur lui, mais qu'est-ce qu'il est grossier !

Kirillov, lui, est intelligent, mais il y a de la mollesse en lui. Il remarque le moindre détail mais contemple tout d'un œil las... Il est indifférent, il n'aime pas les gens, mais il leur pardonne leurs faiblesses et leurs lâchetés. Il n'a pas peur de la mort, et semble même, par moments, la rechercher.

De tous, c'est peut-être lui qui parle le mieux de la défaite de 1941. Lui, le sans-parti, a dit un jour à Erchov :

— Je n'y crois pas, moi, que les communistes puissent rendre les hommes meilleurs. L'Histoire ne connaît pas de précédents.

Rien ne semble le toucher et pourtant, une nuit, il pleurait et, à la question d'Erchov, il avait répondu, après un long silence, doucement : « Je pleure la Russie. » Mais il a quelque chose de mou. « La musique me manque », a-t-il dit un jour. Et hier, il a dit avec un sourire étrange : « Erchov, écoutez-moi, je vais vous lire un petit poème. » Les vers n'avaient pas plu à Erchov, mais il les avait retenus et ils tournaient sans cesse dans sa tête.

> *Camarade, en ta longue agonie,*
> *Ne crie pas au secours, c'est trop tard.*
> *Laisse-moi réchauffer mes mains transies*
> *Au-dessus de ton sang qui s'égare.*
> *N'aie pas peur, ne pleure pas ni ne sanglote :*
> *Tu n'es pas blessé, mais seulement abattu.*
> *Laisse-moi plutôt prendre tes bottes,*
> *Car j'ai encore à me battre, vois-tu[1].*

Il se demandait qui en était l'auteur.

Non, Kirillov ne peut faire l'affaire. Comment pourrait-il entraîner les autres alors qu'il se traîne à peine lui-même ?

Mostovskoï, c'est autre chose ! Il a tout, une culture, que c'est rien de le dire, une volonté de fer. On raconte que, pendant les interrogatoires, il n'a pas faibli un seul instant.

---

1. *Les Bottes de feutre* (1944), poème de Jon Degen. Ces vers auraient été trouvés dans la planchette d'un officier tué sur le Mamaïev Kourgan. Le nom de l'auteur, Jon Degen, un tankiste, est longtemps resté inconnu et entouré de légende. Plusieurs fois blessé dans les combats, il devint médecin après la guerre. Émigré en 1977 en Israël, il fut célèbre après la publication de son livre *Les Poèmes de la planchette*.

Mais, chose étrange, pas un seul, aux yeux d'Erchov, n'était sans défaut.

Quelques jours auparavant, il avait fait un reproche à Mostovskoï :

— Pourquoi donc ces bavardages avec tous ces merdeux, avec ce dingue d'Ikonnikov-le-Morse, ou bien avec ce salopard d'émigré borgne ?

— Et alors, avait répondu Mostovskoï, vous pensez que je vais me mettre à douter, me transformer en évangéliste ou, mieux encore, en menchevik ?

— Je ne sais pas, avait fait Erchov, mais, comme dit le proverbe : « Si tu ne veux pas que ça pue, touche pas à la merde. » Ce morse a été en camp chez nous. Maintenant, ce sont les Allemands qui le traînent d'interrogatoire en interrogatoire. Il se vendra, et il vous vendra ainsi que ceux qui vous entourent.

La conclusion de cet examen était qu'il n'y avait pas d'hommes idéaux pour le travail clandestin. Il fallait peser les forces et les faiblesses de chacun. Ce n'était pas bien difficile. Mais seule l'essence de l'homme permettait de savoir s'il ferait l'affaire ou pas. Et il était impossible de la mesurer. On pouvait seulement la sentir, la deviner. C'était comme cela qu'il avait décidé de commencer par Mostovskoï.

73

Le souffle court, le général Goudz s'approcha de Mostovskoï, il traînait les pieds, se raclait la gorge, avançait sa lèvre inférieure, faisant trembler les plis de son cou et de ses joues ; tous ces gestes dataient du temps de sa majestueuse corpulence et produisaient un effet étrange, maintenant qu'il était faible et amaigri.

— Vous êtes notre père à tous, dit-il à Mostovskoï, et si je me permettais de vous faire des remarques, ce serait comme si un capitaine se mettait à faire la leçon à son général. Je vous le dis très simplement : vous avez tort d'avoir fondé avec cet Erchov votre fraternité des peuples. Cet homme n'est pas parfaitement clair. Il n'a pas de connaissances militaires. Ça a l'intelligence d'un lieutenant et ça veut jouer au chef, ça se mêle de commander aux colonels. Il faut se méfier de lui.

— Vous racontez des sornettes, Votre Excellence, dit Mostovskoï.

— Certes, certes, ce sont des sornettes, répéta Goudz en se raclant la gorge. On m'a communiqué qu'hier il y a encore une dizaine d'hommes du baraquement commun qui se sont enrôlés dans cette putain d'armée russe de libération. Et combien il y a de koulaks parmi eux ? Je ne vous donne pas seulement mon opinion personnelle, je représente quelqu'un qui possède une certaine expérience politique.

— Ce ne serait pas par hasard Ossipov ? demanda Mostovskoï.

— Quand bien même. Vous êtes un théoricien, vous ne pouvez pas comprendre tout le fumier d'ici.

— Drôle de conversation, dit Mostovskoï. Je commence à croire qu'il ne reste en vous que de la méfiance. Qui aurait pu le penser !

Goudz se concentra sur les grincements et les gargouillis de sa bronchite et murmura, pris d'angoisse :

— Jamais je ne reverrai la liberté, non, jamais.

Mostovskoï le suivit du regard et soudain se donna un grand coup de poing sur le genou : il venait de comprendre pourquoi il se sentait inquiet et angoissé pendant la fouille. Les papiers que lui avait confiés Ikonnikov avaient disparu.

— Qu'est-ce qu'il a bien pu y écrire, ce crétin ? Peut-être qu'Erchov avait raison, et que ce pitoyable Ikonnikov a prêté la main à une provocation, quand il m'a refilé ses malheureux écrits. Qu'a-t-il bien pu y mettre ?

Il se dirigea vers la place d'Ikonnikov. Mais Ikonnikov n'y était pas, et ses voisins ignoraient où il se trouvait. Et tout cela, la disparition des papiers, la place vide d'Ikonnikov, lui fit comprendre qu'il n'avait pas eu une conduite juste, qu'il avait eu tort de se lancer dans des débats avec ce fol en Dieu.

Bien sûr, dans ses discussions avec Tchernetsov, il s'opposait à lui, mais ça ne voulait rien dire. Et c'était en présence de Tchernetsov que l'innocent lui avait remis ses papiers. Il y avait le délateur et il y avait le témoin.

Il avait besoin maintenant de sa vie pour agir et lutter et voilà qu'il pouvait la perdre pour rien.

« Vieil imbécile, qu'avais-tu besoin de fréquenter ces rebuts ? Te voilà perdu le jour où tu pouvais enfin mener une activité révolutionnaire. »

Son inquiétude ne faisait que grandir.

Il tomba sur Ossipov dans le *Washraum*. À la triste lumière d'une lampe anémique, le colonel faisait sa lessive dans une bassine.

— Je suis content de vous voir, dit Mostovskoï. J'ai à vous parler.

Ossipov acquiesça, jeta un regard autour de lui, s'essuya les mains sur la poitrine. Ils s'assirent sur une avancée cimentée du mur.

— C'est bien ce que je pensais, notre gaillard ne perd pas de temps, dit Ossipov quand Mostovskoï l'entretint d'Erchov.

Il caressa la main de Mostovskoï de sa paume encore humide.

— Camarade Mostovskoï, dit-il, je suis émerveillé par votre force de caractère. Vous êtes un bolchevik de la vieille garde léniniste, l'âge n'existe pas pour vous. Votre exemple sera pour nous tous un soutien.

Il baissa la voix.

— Camarade Mostovskoï, nous avons déjà créé notre groupe de combat, nous avions décidé de ne pas vous en parler pour l'instant, nous voulions préserver votre vie ; mais, visiblement, le temps n'a pas de prise sur les compagnons de Lénine. Je vous le dis très simplement : nous ne pouvons pas faire confiance à Erchov. Comme on dit, il a une bio qui ne vaut rien : un koulak, un koulak rendu haineux par les répressions. Mais nous sommes des réalistes. Pour l'instant, nous ne pouvons pas nous passer de lui. Il s'est forgé une popularité facile. Nous sommes contraints d'en tenir compte. Vous savez mieux que moi comment le Parti a su utiliser, à certaines étapes de son histoire, des types de ce genre. Mais vous devez connaître notre opinion sur lui : prudemment et pour un temps.

— Camarade Ossipov, Erchov ira jusqu'au bout, j'en suis persuadé.

On entendait le bruit de l'eau qui gouttait sur le sol cimenté.

— Eh bien, voilà, camarade Mostovskoï, dit en détachant chaque mot Ossipov, nous n'avons pas de secrets pour vous. Nous avons ici un camarade envoyé par Moscou. Je peux vous donner son nom, c'est Kotikov. Ce que je viens de vous dire, c'est son point de vue sur Erchov, et pas seulement le mien. Ses décisions sont pour nous, communistes, obligatoires. Ce sont les ordres du Parti, les ordres de Staline dans des circonstances particulières. Mais nous avons décidé que nous collaborerions avec votre filleul, votre « maître à penser », nous l'avons décidé et c'est ce que nous ferons. Une seule chose est importante : être réaliste, être dialectique. Mais ce n'est pas à moi de vous l'apprendre.

Mostovskoï se taisait. Ossipov l'étreignit et l'embrassa par trois fois sur la bouche. Dans ses yeux brillaient des larmes.

— Je vous embrasse comme j'embrasserais mon père, dit-il, et j'ai envie de vous bénir, comme me bénissait, dans mon enfance, ma mère.

Et Mikhaïl Sidorovitch sentit que ce qui le torturait ces derniers jours, l'affreuse complexité des choses, était en train de fondre. De nouveau, comme dans sa jeunesse, le monde lui apparaissait simple et limpide : les siens d'un côté, les ennemis de l'autre.

La nuit, des SS entrèrent dans le baraquement spécial et emmenèrent six personnes. Parmi elles, Mikhaïl Sidorovitch Mostovskoï.

DEUXIÈME PARTIE

1

Quand, à l'arrière, les hommes voient des convois qui partent vers le front, ils se sentent gagnés par une attente joyeuse ; il leur semble que ces canons, ces tanks, qui sentent encore la peinture fraîche, sont destinés à porter le coup décisif qui hâtera l'issue heureuse de la guerre.

Les hommes qui, après un séjour loin du front, montent dans les convois éprouvent, eux, une tension particulière. Les jeunes officiers rêvent d'ordres de Staline dans des enveloppes cachetées à la cire... Bien sûr, les hommes d'expérience ne rêvent à rien de tel, ils boivent de l'eau chaude en guise de thé, ramollissent le poisson séché avant de le manger, discutent de la vie privée du major et des possibilités qu'offrira le troc à la prochaine gare. Les hommes d'expérience ont déjà vu comment cela se passe : on débarque les troupes quelque part dans la zone du front, dans une gare perdue que seuls les avions allemands semblent connaître, et, sous leurs premières bombes, les bleus ont tendance à perdre leur bonne humeur... Les hommes, qui en écrasaient jour et nuit dans le train, n'ont même plus maintenant une heure de repos ; les marches forcées durent des jours et des jours, pas le temps de boire, pas le temps de manger, les tempes éclatent au grondement incessant des moteurs surchauffés, les mains n'ont plus la force de tenir les leviers de commande. Quant au commandant de l'unité, il a eu tout son soûl de messages, de cris et d'injures par radio : les supérieurs ont besoin de boucher au plus vite les brèches dans le front et personne ne se soucie des bonnes notes qu'a pu recevoir le bataillon de chars pendant les exercices de tir. « Fonce, fonce, fonce. » C'est le seul mot qu'entend le commandant de l'unité, et il fonce, il ne s'attarde pas, il fonce à tout-va. Et parfois, sans même reconnaître les lieux, encore en ordre de marche, les chars entrent dans la bataille, une voix énervée et lasse ordonne : « Contre-attaquez immédiatement, là, le long des petites hauteurs, on n'a personne dans le coin et l'autre, il y va, tout fout le camp. »

Le bruit et le fracas de la longue route se mêlaient, dans les têtes des conducteurs, radios, artilleurs, aux hurlements des obus allemands et aux explosions.

C'est là que la folie de la guerre devient tangible ; une heure passe et voilà ce qui reste d'un travail énorme : des blindés en pièces, aux canons tordus, aux chenilles arrachées, qui achèvent de brûler en fumant.

Où sont passés les mois d'apprentissage zélé, le travail patient des métallurgistes, des électriciens ?

Et l'officier supérieur, pour dissimuler sa hâte irréfléchie, pour dissimuler la perte inutile de l'unité venue de l'arrière, rédige un rapport standard : « L'action des forces venues de l'arrière a permis de freiner pour un temps l'avance de l'ennemi et de regrouper les forces dont j'avais le commandement. »

S'il n'avait pas crié « fonce, fonce », s'il avait laissé le temps d'effectuer une reconnaissance du terrain (qui aurait permis d'éviter le champ de mines), les chars auraient peut-être pu, même sans rien faire de décisif, se battre contre les Allemands et les gêner un peu.

Le corps de blindés de Novikov marchait vers le front.

Les jeunes tankistes naïfs, qui n'avaient pas encore reçu le baptême du feu, étaient persuadés qu'ils allaient, eux et personne d'autre, prendre part aux combats décisifs. Les anciens, qui connaissaient la musique, riaient de leur enthousiasme ; Makarov, le commandant de la première brigade, et Fatov, le meilleur commandant de bataillon, connaissaient tout cela par cœur, ils l'avaient vu plus d'une fois...

Les sceptiques, les pessimistes sont des gens d'expérience qui ont payé de leur sang et de leurs souffrances leur dur savoir, leur compréhension de la guerre. C'est là que réside leur supériorité sur les innocents aux joues roses. Mais les gens d'amère expérience s'étaient trompés. Les chars du colonel Novikov devaient participer aux combats qui allaient décider de l'issue de la guerre et du sort de centaines de millions de gens après la guerre.

2

Novikov avait reçu l'ordre de prendre contact, à Kouïbychev, avec le représentant du Grand Quartier général, le général Rioutine, afin de lui fournir un certain nombre d'éclaircissements.

Novikov pensait que quelqu'un serait venu l'attendre à la gare, mais l'officier de permanence, un major au regard affolé et dans le même temps complètement endormi, lui dit que personne ne s'était enquis de Novikov. Il ne parvint pas à téléphoner au général de la gare ; le numéro du général était un secret si bien gardé qu'il était impossible de lui téléphoner.

Novikov partit à pied pour l'état-major.

Sur la place de la gare, il se sentit gagné par cette inquiétude qui s'empare d'un officier de carrière dans le cadre inhabituel d'une ville. Le sentiment d'être le centre du monde s'effondrait : plus d'officier d'ordonnance pour tendre le combiné, plus de chauffeur qui se précipite pour démarrer l'automobile.

Des hommes couraient sur les gros pavés de la rue vers les queues qui se formaient devant les magasins. « C'est qui le dernier arrivé ?... C'est moi le suivant... »

On aurait pu croire qu'il n'y avait rien de plus précieux, pour ces gens aux bidons tintinnabulants, que ces files d'attente devant les portes écaillées des magasins d'alimentation. La vue des militaires irritait tout particulièrement Novikov, ils avaient presque tous une valise ou un paquet à la main. « Les fourrer tous, ces saligauds, dans un convoi, et en route pour le front », pensa-t-il.

C'était donc possible ? Il la verrait dès ce soir ? Il marchait dans la rue et pensait à elle. Allô, Evguenia ?

Son entrevue avec le général Rioutine fut brève. À peine eurent-ils commencé que le général fut convoqué par téléphone pour Moscou, il devait partir avec le premier avion.

Rioutine s'excusa auprès de Novikov et téléphona en ville.

— Macha, tout est remis. Le Douglas décolle à l'aube, annonce-le à Anna Aristarkhovna. On n'aura pas le temps d'aller chercher les pommes de terre, les sacs sont au sovkhoze...

Son visage blafard se tordit en une grimace d'impatience et de dégoût. Et, coupant, de toute évidence, le flot de paroles qui venait à sa rencontre, il lança :

— Qu'est-ce que tu proposes ? Que je fasse savoir au GQG que je ne peux pas partir parce que la couturière n'a pas terminé le manteau de ma femme ?

Le général raccrocha et se tourna vers Novikov :

— Quelle est votre opinion, camarade colonel, sur le train de roulement du char ? Satisfait-il au cahier des charges ?

Novikov en avait assez de cette discussion. Durant ces quelques mois de commandement, il avait appris à évaluer précisément les hommes, ou du moins leur poids réel. En un instant, il évaluait à coup sûr le pouvoir de tous ces inspecteurs, instructeurs, envoyés spéciaux, présidents de commission qui venaient dans son corps d'armée.

Il savait ce que voulaient dire les quelques mots tout simples : « Le camarade Malenkov m'a dit de vous transmettre... » et il savait également qu'il y avait des hommes, couverts de décorations et portant uniforme de général, des hommes bruyants et pleins d'éloquence, qui étaient incapables d'obtenir une tonne de gas-oil, de nommer un magasinier ou de destituer un gratte-papier.

Rioutine ne fonctionnait pas au sommet de l'énorme machine étatique. Il travaillait pour la statistique, pour la représentation, pour la vision d'ensemble et Novikov, tout en poursuivant la conversation, jetait de fréquents coups d'œil à sa montre.

Le général referma son grand bloc-notes.

— Hélas, dit-il, je dois vous quitter, je décolle à l'aube pour le GQG. Je ne sais que faire, c'est tout juste s'il ne faudrait pas vous faire venir à Moscou, pourquoi pas ?

— Oui, bien sûr, camarade général, à Moscou, avec les chars dont j'ai le commandement, pourquoi pas ? fit froidement Novikov.

Novikov prit congé. Rioutine lui demanda de transmettre le bonjour au général Neoudobnov qu'il avait connu avant-guerre. Novikov marchait vers la porte du vaste cabinet quand il entendit Rioutine parler au téléphone :

— Mettez-moi en communication avec le chef du sovkhoze numéro 1.

« Faut pas laisser perdre ses pommes de terre », se dit Novikov.

Il se dirigea vers la maison d'Evguenia Nikolaïevna. Par une nuit étouffante d'été, il avait ainsi marché vers la maison d'Evguenia à Stalingrad, il venait de la steppe, tout imprégné de la poussière et de la fumée de la retraite. Et voilà qu'il marchait à nouveau vers sa maison, et il lui semblait qu'un gouffre séparait l'homme d'alors et l'homme actuel et pourtant il était pareil, c'était lui, un seul et même homme.

« Tu seras mienne, pensa-t-il. Tu seras mienne. »

3

C'était une maison à un étage, de construction ancienne ; une de ces maisons refermées sur elles-mêmes, qui sont toujours en retard d'une saison : en été, elles restent d'une fraîcheur humide, et en automne, quand arrivent les premiers froids, elles gardent, entre leurs murs épais, une chaleur étouffante et poussiéreuse.

Il sonna. La porte s'ouvrit, laissant échapper une odeur de renfermé, et il vit, dans le couloir encombré de malles et de coffres, Evguenia Nikolaïevna. Il la voyait sans voir le foulard blanc qui coiffait sa tête, ni sa robe noire, ni ses yeux, ni son visage, ni ses épaules… Il ne la voyait pas avec ses yeux, mais avec son cœur. Elle étouffa une exclamation mais n'eut pas ce mouvement de recul qu'ont d'habitude les gens pris au dépourvu.

Elle répondit quelque chose à son bonjour.

Il fit un pas dans sa direction, les yeux fermés, et il sentit le bonheur de la vie, et il fut prêt à mourir sur-le-champ, et il perçut sa chaleur toute proche.

Et il découvrit que ce sentiment inconnu de lui jusqu'alors, le sentiment du bonheur, n'avait besoin ni de regards, ni de paroles, ni de pensées.

Elle lui demanda quelque chose et il lui répondit ; il marchait sur ses talons et lui tenait la main comme un garçonnet qui aurait peur de se perdre dans la foule.

« Qu'il est large ce couloir, pensa-t-il, un char lourd pourrait y passer. » Ils entrèrent dans une pièce dont la fenêtre donnait sur un mur aveugle.

Deux lits, un de chaque côté, meublaient la pièce. Le premier était recouvert d'une couverture grise, son oreiller était tout plat et fripé ; sur le second, au couvre-lit de dentelles blanches, s'élevait une pile d'oreillers bien gonflés. Au-dessus du lit étaient suspendues des cartes de vœux de nouvel an et de Pâques, illustrées d'hommes du monde en smoking et de poussins sortant de leur coquille.

Le coin de la table, sur laquelle s'amoncelaient des rouleaux de papier à dessin, était occupé par une bouteille d'huile, un morceau de pain et une moitié d'oignon fanée.

— Evguenia…, dit-il.

Le regard de la jeune femme, habituellement observateur et ironique, était étrange. Elle demanda :

— Vous avez faim ? Vous venez d'arriver ?

Visiblement, elle cherchait à détruire, à briser ce quelque chose de neuf qui était né entre eux et qu'il était déjà impossible de briser. Il était devenu autre, différent de ce qu'il était ; l'homme qui avait tout pouvoir sur des centaines d'hommes et de machines de guerre avait le regard plaintif d'un gamin malheureux. Cette discordance la troublait, elle avait envie de le plaindre, sans penser à sa force. Son bonheur venait de sa liberté. Mais sa liberté la quittait et elle était heureuse.

— Eh bien, quoi ! tu ne comprends donc pas, fit-il soudain.

Et de nouveau il cessa d'entendre ce qu'ils se disaient.

Et de nouveau le sentiment du bonheur monta en lui, et avec lui un autre sentiment, lié au premier : il avait le sentiment qu'il était prêt à mourir sur l'heure. Elle le prit par le cou, ses cheveux, comme une eau tiède, ruisselèrent sur le front et les joues de Novikov ; il vit, dans la pénombre des cheveux épars, les yeux d'Evguenia.

Le chuchotement de sa voix couvrit le bruit de la guerre, le grondement des chars…

Le soir, ils burent de l'eau chaude, mangèrent un peu de pain et Evguenia dit :

— Notre chef ne sait plus ce que c'est que du pain noir.

Elle servit une casserole de sarrasin, mise au frais sur le rebord de la fenêtre ; les grains gelés avaient pris des couleurs bleu-violet. Ils se couvrirent de buée.

— Ça ressemble à du lilas double, remarqua Evguenia.

Novikov goûta du lilas double… « Quelle horreur », se dit-il.

— Notre chef ne sait plus ce que c'est, répéta-t-elle.

« Heureusement que je n'ai pas écouté Guetmanov et que je ne lui ai rien apporté à manger », pensa Novikov.

— Quand la guerre a commencé, dit-il, j'étais dans les environs de Brest-Litovsk, dans une escadrille. Les pilotes se sont précipités vers l'aérodrome et j'ai entendu une Polonaise s'écrier : « Qui c'est ? » et un petit Polack lui a répondu : « Un zolnierz russe » ; et à ce moment-là, j'ai senti avec acuité que oui, j'étais un soldat russe, que j'étais un Russe... C'est que... Tu comprends, toute ma vie j'ai su que je n'étais pas un Turc, mais là, je me suis senti vibrer : je suis russe, russe... À dire vrai, on avait été élevé dans un autre esprit avant la guerre. Aujourd'hui, là, tout de suite, c'est le plus beau jour de ma vie, et je te regarde et c'est comme l'autre fois : le malheur russe, le bonheur russe... C'est un tel... Je voudrais te dire...

Il s'interrompit :

— Qu'est-ce que tu as ?

Elle entrevit, devant elle, la tête ébouriffée de Krymov. Mon Dieu, s'étaient-ils vraiment séparés à jamais ?

En ces instants de bonheur, l'idée qu'ils ne se reverraient plus jamais lui était insupportable.

Elle eut soudain l'impression fugitive qu'elle était sur le point de réunir, la journée présente, les paroles de l'homme d'aujourd'hui, de l'homme qui était en train de l'embrasser, avec le temps passé et qu'alors elle comprendrait les cheminements secrets de sa vie, et qu'elle verrait ce qui doit rester interdit au regard, les profondeurs de son propre cœur, où se joue la destinée.

— Cette chambre appartient à une Allemande, dit Evguenia. Elle m'a recueillie. Ce petit lit d'ange, c'est le sien. De toute ma vie je n'ai connu d'être plus démuni, plus innocent... Bizarre quand même, pendant une guerre contre les Allemands, je suis convaincue qu'il n'y a pas de personne aussi bonne qu'elle dans toute la ville. Bizarre, hein ?

— Elle rentre bientôt ? demanda-t-il.

— Non, la guerre contre elle est terminée, on l'a déportée.

— Et tant mieux, dit Novikov.

Elle aurait voulu lui parler de sa pitié pour l'homme qu'elle avait quitté ; il n'avait personne à qui écrire, personne à voir, il ne lui restait plus que la tristesse, la tristesse sans espoir, et la solitude.

S'y mêlait le désir de parler à Novikov de Limonov et de Chargorodski, de toutes les choses nouvelles et étranges qu'elle associait à leurs noms. Elle avait envie de lui parler de Jenny, comment elle notait les mots d'enfant des petits Chapochnikov et les conservait dans des cahiers qu'il pouvait regarder, ils étaient là, sur la table. Elle avait aussi envie de lui parler de l'histoire du droit de séjour et de Grichine, le chef du bureau. Mais sa confiance en lui n'était pas encore assez forte ; elle était un peu gênée et se demandait s'il avait besoin de tous ces récits.

Chose étrange... elle avait l'impression de revivre sa rupture avec Krymov. Elle avait toujours cru, au fond d'elle-même, que tout pourrait s'arranger, que le passé pourrait renaître. Et maintenant qu'elle se sentait portée par cette force nouvelle, elle était torturée par l'effroi : était-ce donc irréversible, était-ce donc vraiment irréparable ? Pauvre, pauvre Krymov. Qu'avait-il fait pour mériter ces souffrances ?

— Qu'allons-nous devenir ? demanda-t-elle.

— Evguenia Nikolaïevna Novikov, prononça-t-il.

Elle rit en scrutant son visage.

— Tu m'es étranger, complètement étranger. Qui es-tu, au fait ?

— Ça, je n'en sais rien, mais toi, tu es Novikov, Evguenia Nikolaïevna.

Elle ne survolait plus la vie. Elle lui versait de l'eau bouillante dans sa tasse, lui proposait encore un peu de pain.

Soudain, elle lui dit :

— S'il arrive quelque chose à Krymov, s'il est mutilé ou s'il est arrêté, je le rejoindrai. Il faut que tu le saches.

— Et pourquoi donc on l'arrêterait ? demanda-t-il, l'air sombre.

— On ne sait jamais. C'est un ancien du Komintern. Trotski le connaissait, et même il avait dit, à propos d'un des articles de Krymov : « C'est du marbre ! »

— Essaie toujours, si tu retournes à lui, il te chassera.

— T'inquiète pas ; ça, c'est mon affaire.

Il lui dit qu'après la guerre, elle serait la maîtresse d'une grande et belle maison et que la maison serait entourée d'un jardin.

C'était donc pour toujours, pour toute la vie ?

Dieu sait pourquoi, elle voulait à tout prix que Novikov comprenne que Krymov était un homme intelligent et plein de talent, qu'elle lui était attachée, qu'elle l'aimait. Elle ne voulait pas que Novikov soit jaloux de Krymov, mais, sans même s'en rendre compte, elle faisait tout pour éveiller cette jalousie. Mais elle lui avait raconté, à lui seul, ce qu'un jour Krymov lui avait raconté, à elle seule : la phrase de Trotski. « Si quelqu'un, à part moi, avait eu vent de cette histoire, Krymov n'aurait sûrement pas survécu à la terreur de 37. » Son sentiment pour Novikov exigeait qu'elle lui fît confiance en tout et elle lui confia la vie de l'homme qu'elle avait rendu malheureux.

Des bribes de pensée se bousculaient dans son esprit. Elle pensait au futur, au jour présent, au passé ; elle se réjouissait, avait honte, s'attendrissait, s'inquiétait, s'effrayait. Elle liait des dizaines de personnes, mère, sœurs, neveux, Vera, au changement qui venait de survenir dans sa vie. Comment Novikov aurait-il discuté avec Limonov, comment aurait-il écouté les débats sur l'art et la poésie ? Il n'aurait pas eu honte, même s'il ignorait qui étaient Matisse et Chagall... Il était fort, fort, fort. Aussi s'était-elle soumise. La guerre allait se terminer. Était-il possible qu'elle ne revoie jamais Nikolaï ? Seigneur, qu'avait-elle fait ! Il ne fallait pas y penser. On ne savait pas ce que cachait l'avenir.

— Je viens juste de m'en apercevoir : je ne te connais pas du tout, tu m'es étranger. Une maison, un jardin... Pour quoi faire ? Tu parlais sérieusement ?

— Si tu veux, après la guerre, je quitte l'armée et je pars comme contremaître sur un chantier quelque part en Sibérie orientale. On vivra dans un baraquement pour ouvriers mariés.

Il parlait sérieusement ; il n'avait pas du tout l'air de plaisanter.

— Pas obligatoirement mariés.

— Si, c'est indispensable.

— Mais tu es fou. Pourquoi tu me racontes tout ça ?

Et elle pensa : « Nikolaï. »

— Comment cela « pourquoi » ? demanda-t-il, effrayé.

Il ne pensait ni au futur ni au passé. Il était heureux. Et même la pensée qu'il devrait la quitter dans quelques minutes ne l'effrayait pas. Il était assis à ses côtés, il la regardait... Evguenia Nikolaïevna Novikov... Il était heureux. Peu importait qu'elle fût jeune, belle, intelligente. Il l'aimait vraiment. Au début, il n'osait pas espérer qu'elle deviendrait sa femme. Puis, il en avait rêvé de longues années. Mais maintenant, comme avant, il guettait, craintif et soumis, son sourire et ses paroles ironiques. Mais il voyait bien : quelque chose de nouveau était né.

Elle le regardait en train de se préparer au départ.

— Je vois que l'heure est venue pour toi de rejoindre tes vaillants compagnons et pour moi de me jeter dans la vague qui déferle[1].

Quand Novikov fit ses adieux, il comprit qu'elle n'était pas si forte que cela, et qu'une femme restait une femme, même si Dieu lui avait fait don d'une intelligence claire et aiguë.

— Je voulais te dire tant de choses et je n'ai eu le temps de rien te dire, répétait-elle sans cesse.

Mais ce n'était pas vrai. Ce qui est important, ce qui décide de la vie des gens, avait eu le temps de se préciser pendant leur rencontre. Il l'aimait vraiment.

4

Novikov marchait vers la gare.

... Evguenia, son chuchotement éperdu, ses pieds nus, son tendre chuchotement, ses larmes au moment des adieux, son pouvoir sur lui, sa pauvreté et sa pureté, l'odeur de ses cheveux, sa pudeur attendrissante, la chaleur de son corps...

Il se rappelait sa gêne de n'être qu'un simple ouvrier-soldat, mais aussi sa fierté d'appartenir aux simples ouvriers-soldats.

---

1. Allusion aux paroles d'une chanson russe dont le héros, chef d'une insurrection, Stepan Razine, sacrifie une princesse perse sur l'insistance de ses camarades. Les vers, inspirés à l'ethnographe et poète russe D. N. Sadovnikov (1847-1883) par le folklore des régions de la Volga, sont devenus célèbres grâce à un air populaire.

Novikov franchissait des voies ferrées quand une aiguille acérée s'enfonça dans le nuage mouvant et chaud de ses pensées : la peur d'avoir laissé partir son train, que connaît tout soldat rejoignant son unité.

Il vit de loin les plates-formes, les chars dont les formes anguleuses se dessinaient sous les bâches, les sentinelles sous leurs casques noirs, le wagon de l'état-major avec des rideaux blancs aux fenêtres.

Il monta dans le wagon en passant devant la sentinelle qui rectifia sa position.

Verchkov, son officier d'ordonnance, vexé parce que Novikov ne l'avait pas pris avec lui en ville, posa sans un mot un message codé du GQG sur la table. Il devait aller jusqu'à Saratov puis prendre l'embranchement d'Astrakhan...

Neoudobnov pénétra dans le compartiment et dit en regardant, non le visage de Novikov, mais le télégramme que tenait celui-ci :

— On nous a confirmé l'itinéraire.

— Eh oui, Mikhaïl Petrovitch, pas seulement l'itinéraire mais notre destin : c'est Stalingrad.

Puis il ajouta :

— Je dois vous transmettre le bonjour du général Rioutine.

— Ah bon, fit Neoudobnov, et il était impossible de deviner si ce « ah bon » indifférent se rapportait au bonjour de Rioutine ou à Stalingrad.

C'était un homme étrange, ce Neoudobnov, et il inquiétait parfois Novikov. Quand survenait, en route, le moindre incident, un retard dû à un train allant en sens contraire, une boîte d'essieu défectueuse dans un des wagons, un régulateur ne donnant pas l'ordre de marche à temps, Neoudobnov s'animait aussitôt : « Le nom, notez le nom, disait-il, c'est un saboteur, il faut le coller au trou, ce salaud. »

Au fond de lui-même, Novikov n'éprouvait pas de haine mais plutôt de l'indifférence à l'égard des hommes qu'on nommait « ennemis du peuple », « koulaks », « saboteurs ». Il n'avait jamais eu le désir de fourrer quelqu'un en prison, de mener quelqu'un au tribunal, de le dénoncer au cours d'une réunion publique. Mais il mettait cette indifférence bon enfant sur le compte de son manque de maturité politique.

Il lui semblait au contraire que Neoudobnov, lorsqu'il voyait un homme pour la première fois, commençait par se demander, en camarade vigilant, s'il n'avait pas en face de lui un ennemi du peuple. La veille, il avait raconté à Novikov et à Guetmanov l'histoire des architectes saboteurs qui avaient tenté de transformer les grandes rues de Moscou en terrain d'atterrissage pour l'aviation ennemie.

— À mon avis, ce sont des sornettes, avait dit Novikov. Techniquement, cela n'a pas de sens.

Mais maintenant, Neoudobnov avait entrepris Novikov sur sa vie de famille, un sujet qu'il aimait également beaucoup. Ayant tâté les tuyaux du chauffage, il se mit soudain à raconter comment il avait fait installer le chauffage central dans sa maison de campagne peu avant la guerre.

Tout à coup, Novikov se passionna pour le problème, demanda à Neoudobnov de lui faire un croquis de l'installation et le rangea soigneusement dans la poche intérieure de sa veste.

— Cela pourra toujours servir, commenta-t-il.

Peu de temps après, Guetmanov pénétra à son tour dans le compartiment ; il salua le retour de Novikov à grand bruit :

— Enfin, nous sommes de nouveau avec notre chef ; on commençait à se demander s'il ne nous faudrait pas élire un nouvel ataman[1], on se disait que, peut-être bien, notre Stepan Razine avait abandonné ses compagnons.

Il regardait amicalement Novikov entre ses paupières plissées, et Novikov riait des plaisanteries de son commissaire, mais il sentait naître en lui un sentiment d'inquiétude qui lui devenait habituel.

Les plaisanteries de Guetmanov avaient une propriété étrange. On avait l'impression, à les entendre, que Guetmanov en savait long sur Novikov et qu'il profitait de ses plaisanteries pour le faire sentir.

Cette fois-ci encore, il avait répété les paroles qu'avait prononcées Evguenia au moment de leur séparation, mais là, bien sûr, ce n'était qu'une coïncidence.

Guetmanov jeta un coup d'œil à sa montre :

— Bon, les cosaques, lança-t-il, c'est mon tour de partir en ville. Personne n'y voit d'inconvénient ?

— Je vous en prie, on ne s'ennuiera pas sans vous ici, répondit Novikov.

— Ça, c'est sûr, dit Guetmanov, vous n'avez pas, camarade colonel, pour habitude de vous ennuyer à Kouïbychev.

Et cette plaisanterie n'était pas due à une coïncidence.

Sur le pas de la porte, Guetmanov se retourna pour demander :

— Comment va Evguenia Nikolaïevna ?

Le visage de Guetmanov était sérieux, ses yeux ne riaient plus.

— Merci, ça va, mais elle a beaucoup de travail, répondit Novikov.

Et, désirant changer de conversation, il demanda à Neoudobnov :

— Et vous, Mikhaïl Petrovitch, pourquoi n'iriez-vous pas faire un tour d'une heure à Kouïbychev ?

— Qu'est-ce que j'irais y voir ? répondit Neoudobnov.

Ils étaient assis côte à côte ; Novikov, tout en écoutant Neoudobnov, parcourait les papiers, les mettait de côté et laissait tomber de temps à autre :

— Bien, bien, bien… Poursuivez…

Toute sa vie, Novikov avait fait des rapports à des supérieurs qui, en parcourant des papiers, laissaient tomber un distrait « Bien, bien, bien…

---

1. Voir « Ataman » dans le Dictionnaire.

Poursuivez... » : et chaque fois, Novikov s'était senti offensé et s'était dit que jamais il n'en ferait autant.

— Voilà le problème, dit Novikov, il faut envoyer à l'avance un papier au service de réparations pour faire une demande en personnel : nous avons suffisamment de spécialistes pour les engins à roues mais nous n'avons pratiquement personne pour les trains-chenilles.

— J'ai déjà préparé la note, je pense qu'il vaut mieux l'envoyer directement au général d'armée, de toute façon ça irait chez lui pour la signature.

— Bien, bien, bien, dit Novikov et il signa la note. Il faut vérifier, ajouta-t-il, les moyens de lutte antiaérienne dont disposent les brigades ; passé Saratov, des raids aériens peuvent se produire.

— J'ai déjà transmis des instructions dans ce sens à l'état-major.

— Ça ne va pas, il faut que ce soit sous la responsabilité personnelle de chaque chef de convoi, au rapport à 16 heures.

Neoudobnov poursuivit :

— La nomination de Sazonov au poste de chef d'état-major de brigade a été ratifiée.

— Vite fait, par télégraphe.

Cette fois-ci, Neoudobnov ne détourna pas le regard, il sourit, comprenant parfaitement l'irritation et la gêne de Novikov.

Généralement, Novikov ne trouvait pas le courage de défendre jusqu'au bout les hommes qu'il jugeait dignes d'occuper des postes de commandement. Dès qu'on en venait aux qualités politiques de l'officier, Novikov perdait sa conviction et les qualités professionnelles des gens lui semblaient soudain perdre de leur importance.

Mais cette fois-ci, il ne cacha pas sa colère. Aujourd'hui, il ne cherchait pas la paix.

— C'est une erreur de ma part, dit-il en fixant Neoudobnov. J'ai fait passer les qualités de soldat après la pureté politique de la biographie. On y remettra de l'ordre une fois au front, une biographie pure n'y suffit plus pour combattre. Je renverrai Sazonov au diable dès le premier jour s'il le faut.

— Personnellement je n'ai rien contre ce Kalmouk de Bassangov, dit Neoudobnov en haussant les épaules, mais il faut donner la préférence à un Russe. L'amitié entre les peuples est une sainte chose mais, voyez-vous, il y a un fort pourcentage, parmi les minorités, d'hommes fluctuants, hostiles au régime, peu nets à tous égards.

— Il fallait y penser en 37, dit Novikov. Je connaissais quelqu'un, Mitka Evseïev il s'appelait, il criait tout le temps : « Je suis un Russe, d'abord et avant tout ! » Alors, on lui a fait voir de l'homme russe, il a été arrêté.

— Chaque chose en son temps, répondit Neoudobnov. Mais pour ce qui est d'arrêter, on n'arrête personne pour rien, chez nous. On arrête les salauds, les ennemis. Il y a un quart de siècle, nous avons conclu la paix de Brest-Litovsk avec les Allemands, et c'était ça, l'attitude bolchevique ;

maintenant, le camarade Staline appelle à exterminer jusqu'au dernier les occupants allemands qui ont pénétré sur le territoire de notre patrie soviétique, et ça aussi, c'est l'attitude bolchevique.

Il ajouta d'un ton sentencieux :

— À l'heure actuelle, un bolchevik, c'est avant tout un patriote russe.

Novikov était irrité : il avait forgé sa « russitude » dans les durs combats du début, alors que Neoudobnov semblait l'avoir empruntée toute prête dans un bureau dont l'entrée était interdite à Novikov.

Il discutait avec Neoudobnov, s'irritait, pensait à mille choses... Mais ses joues brûlaient comme par grand froid, et son cœur battait à grands coups sourds et ne voulait pas s'apaiser.

Verchkov passa la tête dans le compartiment et annonça d'un ton d'excuse, doucereux :

— Camarade colonel, le cuisinier me fait la vie, ça fait deux heures que le repas est prêt.

— D'accord, mais en vitesse alors.

Aussitôt, le cuisinier, en sueur, accourut et, avec une expression de souffrance, de bonheur et de rancune peinte sur le visage, disposa sur la table des marinades apportées de l'Oural.

— Pour moi, ce sera une bouteille de bière, dit Neoudobnov d'une voix dolente.

Novikov eut soudain une telle envie de manger, après son long jeûne, que des larmes lui montèrent aux yeux. « Notre chef a pris l'habitude de manger », se dit-il en pensant au « lilas double » de naguère.

Neoudobnov et Novikov regardèrent ensemble par la fenêtre : un tankiste ivre, soutenu par un milicien l'arme à la bretelle, titubait sur les voies en poussant des cris perçants.

Le soldat essayait de se débarrasser du milicien et de le frapper, mais celui-ci le tenait fermement par les épaules ; l'esprit du soldat devait être fort brumeux car, oubliant son désir de se battre, pris d'un attendrissement soudain, il baisa la joue du milicien.

— Tirez ça au clair immédiatement et faites-moi un rapport, ordonna Novikov à son officier d'ordonnance.

— Il faut me fusiller ce salaud de désorganisateur, dit Neoudobnov en tirant le rideau.

Le visage simplet de Verchkov refléta des sentiments mêlés. Avant tout, Verchkov se désolait de voir son colonel se gâcher l'appétit ; mais aussi, il éprouvait de la compassion pour le soldat. On pouvait lire sur son visage toutes les nuances de la moquerie, de l'encouragement, de l'admiration amicale, de la tendresse paternelle, de la tristesse et de l'inquiétude.

Après avoir répondu, comme il convient, « à vos ordres », il se lança aussitôt dans une improvisation :

— Il a sa mère qui vit ici, et l'homme russe, est-ce qu'il connaît la mesure ? Il était triste, il voulait marquer son départ et il n'a pas su calculer la bonne dose.

Novikov se gratta le crâne, puis approcha son assiette. « Pas question qu'on m'y reprenne à quitter le convoi », pensa-t-il en s'adressant mentalement à la femme qui l'attendait.

Guetmanov revint peu avant le départ du convoi, l'air guilleret, le teint vif ; il refusa de dîner et demanda seulement une bouteille d'eau gazeuse à la mandarine, sa boisson préférée.

Il retira ses bottes en geignant, s'allongea sur une banquette, ferma la porte du compartiment de son pied déchaussé.

Il raconta à Novikov les nouvelles dont lui avait fait part un vieux camarade, un secrétaire de l'obkom, qui revenait de Moscou ; il y avait été reçu par un de ces hommes qui, lors des défilés sur la place Rouge, montent à la tribune du mausolée mais ne trouvent pas place derrière le micro, aux côtés de Staline. Cet homme, bien sûr, ne savait pas tout, et, bien sûr, n'avait pas dit tout ce qu'il savait au secrétaire de l'obkom, qu'il avait connu du temps où le secrétaire n'était qu'instructeur de raïkom dans une petite ville sur les bords de la Volga. Le secrétaire de l'obkom, ayant soupesé son interlocuteur sur une balance invisible, n'avait pas confié grand-chose de ce qu'il savait au commissaire Guetmanov. Et, bien sûr, Guetmanov à son tour n'avait pas raconté au colonel Novikov grand-chose de ce que lui avait appris le secrétaire de l'obkom.

Mais ce soir-là, Guetmanov avait un ton particulièrement confiant. Il faisait comme si Novikov était parfaitement au courant des secrets des grands : que Malenkov avait un énorme pouvoir exécutif, que seuls Beria et Molotov tutoyaient Staline, que Staline détestait plus que tout les initiatives personnelles, que le camarade Staline aimait le soulgouni, un fromage géorgien, que le camarade Staline, à cause du mauvais état de ses dents, trempait son pain dans son vin, que le camarade Molotov n'était plus depuis longtemps le numéro deux du Parti, que Joseph Vissarionovitch n'était pas très bien disposé ces temps derniers à l'égard de Nikita Sergueïevitch[1] et qu'il l'avait même injurié lors d'une récente discussion par radio.

Le ton confiant de Guetmanov, alors qu'il parlait des autorités suprêmes de l'État, du bon mot de Staline qui s'était signé lors d'un entretien avec Churchill, du mécontentement qu'avait provoqué chez Staline la trop grande assurance d'un de ses maréchaux, ce ton confiant semblait plus important que l'information provenant de l'homme du mausolée, à laquelle Guetmanov avait fait allusion. Cette information, l'âme de Novikov l'attendait depuis longtemps : le moment de la contre-attaque approchait. Il se disait,

---

1. Khrouchtchev.

avec un sourire de contentement idiot dont il avait honte lui-même : « Ça alors, voilà que moi aussi je fais partie de la nomenklatura. »

Le convoi démarra sans sonnerie ni annonce.

Novikov alla au bout du couloir, ouvrit la portière et fixa l'obscurité qui recouvrait la ville. Et de nouveau retentit en lui : Guenia, Guenia, Guenia. À travers le fracas des roues, venant de la tête du train, des bribes de la chanson sur Ermak parvenaient jusqu'à lui.

Le bruit des roues d'acier sur les rails d'acier, les crissements métalliques des wagons, qui menaient au front les masses d'acier des chars, les voix juvéniles des chanteurs, le vent froid qui soufflait de la Volga, et le ciel immense, rempli d'étoiles, tout cela prit soudain une autre coloration ; c'était différent de ce qu'il ressentait une seconde auparavant, différent de ce qu'il avait ressenti durant toute cette première année de guerre. C'était une joie dure et hautaine, le gai bonheur de sentir sa force, son aptitude à se battre ; pour lui, le visage de la guerre avait changé, il n'était plus seulement fait de souffrance et de haine... Le chant sombre et triste qui venait de l'obscurité se fit soudain menaçant et terrible.

Mais, chose étrange, son bonheur actuel n'éveillait en lui aucune bonté, aucune envie de pardonner. Son bonheur provoquait en lui haine, colère, volonté de prouver sa force, d'anéantir tout ce qui se mettrait sur sa route.

Il revint dans son compartiment. Et, si le charme de la nuit d'automne l'avait ravi quelques instants auparavant, maintenant il était pris par la touffeur du wagon, la fumée de tabac, l'odeur de viande grillée et de cirage, l'odeur de sueur des officiers d'état-major bien en chair. Guetmanov, le pyjama largement ouvert et laissant voir la peau blanche de sa poitrine, était toujours allongé sur le divan.

— Alors, on se fait une partie de dominos ? Notre général n'aurait rien contre.

— Pourquoi pas ? Ça peut se faire, répondit Novikov.

Guetmanov laissa échapper un rot discret.

— Je dois avoir un ulcère quelque part, fit-il d'un ton préoccupé. Après manger, j'ai des brûlures d'estomac.

— Fallait pas laisser partir le toubib avec le deuxième convoi, dit Novikov.

« Il n'y a pas longtemps, je voulais caser Darenski, se disait Novikov en s'échauffant tout seul, il a suffi que Fedorenko fronce le sourcil pour que je fasse machine arrière. J'en ai parlé à Guetmanov et à Neoudobnov, ils ont froncé le sourcil, ils ne voulaient pas d'un ancien zek et j'ai eu la frousse. Je leur ai proposé Bassangov, ça n'allait pas non plus, ce n'était pas un Russe, et j'ai fait machine arrière encore une fois... Faudrait savoir si je pense quelque chose ou pas. » Il regardait Guetmanov et se disait, poussant volontairement son idée jusqu'à l'absurde : « Aujourd'hui il m'offre mon propre cognac et demain, si ma femme vient, il voudra coucher avec elle. »

Mais pourquoi, alors qu'il était persuadé que c'était lui, et personne d'autre, qui aurait à briser le dos à la machine de guerre allemande, pourquoi était-il toujours faible et craintif lorsqu'il discutait avec Guetmanov ou Neoudobnov ?

Il avait accumulé de la haine contre ces hommes pendant les longues années de sa vie passée où – et cela semblait normal – des gaillards militairement incompétents, mais habitués au pouvoir, à la bonne chère, aux décorations, écoutaient les rapports qu'il leur présentait, lui faisaient la grâce d'intervenir pour qu'il obtienne une chambre dans le foyer des officiers et le citaient à l'ordre du jour. Ces hommes qui ne connaissaient pas les calibres des pièces, ces hommes incapables de lire correctement les discours que d'autres leur avaient écrits, ces hommes incapables de s'orienter sur une carte, ces hommes qui disaient « Helzinski », « un aéropage imminent », « je ne suis pas sans ignorer », avaient été, toute sa vie, ses supérieurs. Il leur faisait ses rapports. Leur ignorance ne s'expliquait pas par leur origine ouvrière : lui aussi avait un père mineur, un grand-père mineur, un frère mineur. Il lui semblait parfois que la force de ces hommes-là résidait précisément dans leur ignorance. Son langage correct, son amour des livres, son savoir faisaient sa faiblesse. Il pensait, avant la guerre, que ces hommes avaient sur lui l'avantage de la volonté et de la foi. Mais la guerre avait montré qu'il n'en était rien.

La guerre l'avait promu à un poste élevé. Mais il n'en était pas devenu pour autant le patron. Comme avant, il se soumettait à une force qu'il sentait constamment présente mais qu'il ne pouvait s'expliquer. Les deux hommes qui étaient ses subordonnés, qui n'avaient pas droit au commandement, se trouvaient être les représentants de cette force.

Et le voilà qui fondait de plaisir quand Guetmanov lui confiait quelques histoires sur le monde où, de toute évidence, vivait cette force à laquelle on ne pouvait que se soumettre.

Mais la guerre montrerait à qui la Russie devrait être reconnaissante : aux Guetmanov, ou aux hommes tels que lui, Novikov.

Son rêve s'était, aujourd'hui, enfin exaucé, celle qu'il aimait depuis de longues années serait sa femme... Et le même jour ses chars avaient reçu l'ordre de marcher sur Stalingrad.

— Vous savez, dit soudain Guetmanov à Novikov, pendant que vous étiez en ville, nous avons eu une petite discussion, Mikhaïl Petrovitch et moi.

Il se laissa aller contre le dossier du divan et poursuivit, après une gorgée de bière :

— Moi, je suis un homme simple et je vais vous le dire carrément : nous avons parlé de la camarade Chapochnikova. En 1937, son frère a fait le plongeon (Guetmanov pointa un doigt vers le plancher). En fait, Neoudobnov l'a connu à cette époque, et moi, j'ai connu Krymov, le premier mari ;

celui-là, on peut dire que c'est un miracle s'il a survécu. Il faisait partie du groupe des conférenciers auprès du Comité central. Et alors, Neoudobnov, il disait que le camarade Novikov a tort de lier sa vie à une personne issue d'un milieu peu net du point de vue social et politique, et ce, au moment même où le peuple soviétique et le camarade Staline ont placé en lui toute leur confiance.

— Et en quoi elle le regarde, ma vie personnelle ? demanda Novikov.

— Tout juste, acquiesça Guetmanov. Tout ça, ce sont des restes des habitudes de 1937, il faut avoir une vue plus large de ces choses. Mais n'interprétez pas en mal ce que je viens de vous dire. Neoudobnov est un homme magnifique, un homme d'une pureté de cristal, un communiste inflexible forgé par Staline. Mais il faut lui reconnaître un léger défaut : il ne sait pas toujours être sensible aux changements. L'essentiel, pour lui, ce sont les citations tirées de nos grands classiques. Et il ne sait pas toujours voir les enseignements de la vie. On a parfois l'impression qu'à force de se bourrer de citations, il ne sait plus dans quel État il vit. Et pourtant, elle nous en apprend des choses, la guerre. Le général Rokossovski, les généraux Gorbatov, Poultous, Belov, tous ils ont fait du camp. Cela n'a pas empêché le camarade Staline de juger qu'il pouvait leur confier des postes de commandement. Mitritch, c'est le camarade chez qui je suis allé aujourd'hui, m'a raconté comment Rokossovski est passé directement du camp au poste de général. Il était dans son baraquement en train de faire sa lessive et on vient le chercher : en vitesse ! Bon, qu'il se dit, on ne m'aura même pas laissé le temps de finir de laver mes chaussettes : la veille il avait eu droit à un interrogatoire poussé et on l'avait un peu malmené. Et là, on le fourre dans un Douglas et on te l'amène directement au Kremlin. Il faut quand même tirer des conclusions de tout cela. Mais notre Neoudobnov, c'est un enthousiaste des méthodes de 1937, et rien ne le fera changer. Je ne sais pas ce qu'il avait commis, ce frère d'Evguenia Niko-laïevna, mais peut-être qu'aujourd'hui le camarade Beria le libérerait lui aussi et qu'il commanderait une armée. Quant à Krymov, il est à l'armée. Il a sa carte du parti, pas de problèmes. Pas la peine de faire des histoires.

Mais ce furent justement ces derniers mots qui firent exploser Novikov.

— Mais qu'est-ce que ça peut bien me faire ! s'écria-t-il, et il s'étonna lui-même des éclats que sa voix venait de trouver. Rien à foutre qu'il ait été ennemi du peuple ou pas, le frère Chapochnikov. Nous n'avons pas gardé les cochons ensemble ! Quant à ce Krymov, paraît que Trotski a dit d'un de ses articles que c'était du marbre. Et moi, j'en ai rien à foutre. C'est du marbre ? Va pour le marbre. Il pourrait bien être le chouchou de Trotski, de Boukharine et de Pouchkine à la fois, qu'est-ce que ma vie a à voir là-dedans ? Moi, je ne les ai pas lus, ses articles de marbre. Et Evguenia Nikolaïevna, qu'est-ce qu'elle a à voir, elle ? C'est peut-être elle qui a travaillé au Komintern jusqu'en 1937 ? Diriger, ça, tout le monde sait le faire, essayez un peu de combattre, chers camarades, essayez un peu de travailler. Ça suffit, mes petits gars ! Y en a marre !

Ses joues brûlaient, son cœur battait à grands coups sourds, ses pensées étaient claires, nettes et dures mais sa tête était pleine de brouillard : « Guenia, Guenia, Guenia. »

Il entendait sa voix et il n'arrivait pas à comprendre que c'était lui qui, pour la première fois de sa vie, parlait aussi librement, aussi durement à un haut fonctionnaire du parti. Il regarda Guetmanov et, étouffant en lui remords et crainte, il se sentit joyeux.

Soudain, Guetmanov bondit sur ses pieds et s'exclama en ouvrant ses gros bras :

— Viens là que je t'embrasse, t'es un homme, et un vrai !

Novikov, ne sachant pas trop où il en était, étreignit Guetmanov et ils s'embrassèrent.

— Verchkov, apporte-nous le cognac, cria Guetmanov, le commandant du corps d'armée et le commissaire ont décidé de se tutoyer et il faut arroser cela.

5

« Eh bien voilà, c'est fini », se dit, toute contente, Evguenia Nikolaïevna quand elle eut achevé le ménage dans sa chambre, comme si elle avait dans le même temps mis de l'ordre dans sa chambre, où le lit était fait et les plis de l'oreiller effacés, et dans son âme. Evguenia comprit qu'elle cherchait à se leurrer, qu'elle n'avait besoin que d'une chose au monde : Novikov. Elle éprouva l'envie de raconter ce qui venait de se passer dans sa vie à Sofia Ossipovna, à Sofia Ossipovna et à personne d'autre, ni à sa sœur ni à sa mère. Et elle sentait confusément pourquoi elle eût aimé en parler précisément à Sofia Ossipovna.

— Ah ! ma petite Sonia, ma petite Levintonnette, fit Evguenia à voix haute.

Puis elle se dit que Maroussia était morte. Elle comprenait qu'elle ne pouvait vivre sans Novikov et, de désespoir, se mit à taper du poing sur la table. Puis elle lança : « Et zut, je n'ai besoin de personne », après quoi elle se mit à genoux devant l'endroit où naguère était suspendu son manteau et murmura : « Ne meurs pas. »

Puis elle se dit : « Tout ça, c'est de la comédie, tu es une bonne femme pas possible. »

Elle cherchait à se faire mal et prononça un monologue intérieur qui lui était adressé et qu'elle prononça au nom d'un être bas et perfide de sexe indéterminé :

— C'est clair, elle en avait assez, la petite dame, d'être privée de mâle, ce sont les meilleures années qui passent... Elle en a plaqué un, bien sûr il ne faisait plus le poids, ce Krymov, il était en passe d'ailleurs de se faire exclure du parti. Alors que là, femme d'un commandant de corps d'armée. Et quel homme ! On la comprend... Mais que faire maintenant

pour le garder ? Tu as déjà donné l'essentiel... Pas de doute, tu es bonne
pour les nuits d'insomnie à te demander s'il ne s'est pas fait tuer ou s'il
ne s'est pas trouvé une petite téléphoniste de dix-neuf ans.

Et, débusquant une pensée dont Evguenia ne savait rien encore, la voix
cynique ajouta :

— T'en fais pas, tu fileras bientôt le rejoindre.

Elle ne comprenait pas pourquoi elle avait cessé d'aimer Krymov. Mais
là, il n'y avait pas besoin de comprendre, elle était heureuse. Soudain, elle
se dit que Krymov gênait son bonheur. Il était constamment entre elle et
Novikov, il lui empoisonnait sa joie. Il continuait de lui gâcher la vie. Pourquoi fallait-il qu'elle se torture, pourquoi ces remords ? Qu'attendait-il
d'elle, pourquoi la poursuivait-il ? Elle avait le droit d'être heureuse, elle
avait le droit d'aimer celui qu'elle aimait. Pourquoi fallait-il qu'elle vît en
Krymov un être faible, perdu, solitaire, sans défense ? Pas si faible que
cela ! Pas si bon que cela !

Elle se sentait de plus en plus irritée contre Krymov. Non, mille fois
non, elle ne lui sacrifierait pas son bonheur... Il était cruel, inflexible,
d'un fanatisme borné. Elle n'avait jamais pu admettre son indifférence à
l'égard des souffrances humaines. Comme tout cela leur était étranger, à
elle, à sa mère, à son père... « Pas de pitié pour les koulaks », disait-il
alors que, dans les campagnes russe et ukrainienne, des dizaines de milliers de femmes et d'enfants mouraient de faim. « On n'arrête pas des
innocents », disait-il, alors que régnaient Iagoda et Ejov. Quand, un jour,
Alexandra Vladimirovna avait raconté comment, en 1918, à Kamychine,
on avait chargé sur une péniche et noyé dans la Volga de riches marchands et des propriétaires immobiliers avec leurs enfants (il y avait
parmi eux des camarades de classe de Maroussia), les Minaïev, les Gor-
bounov, les Kassatkine, les Sapojnikov, Krymov avait rétorqué, irrité :
« Et qu'est-ce que vous voulez qu'on fasse avec les ennemis de notre
révolution, qu'on leur donne de la brioche ? » Pourquoi n'aurait-elle pas
droit au bonheur ? Pourquoi devrait-elle se déchirer, plaindre un homme
qui, lui, n'avait jamais plaint les faibles ?

Mais au fond d'elle-même, à travers sa colère, elle savait qu'elle avait
tort et que Nikolaï Grigorievitch n'était pas si cruel que cela.

Elle ôta sa jupe d'hiver, une jupe qu'elle avait eue à la foire au troc, et
enfila sa robe d'été, la seule qui lui restait après l'incendie de Stalingrad,
la robe qu'elle portait le soir où Novikov et elle s'étaient promenés au
bord de la Volga, à Stalingrad.

Un jour, peu de temps avant la déportation de Jenny, elle lui avait
demandé si elle avait connu l'amour.

Jenny avait rougi de confusion et avait répondu que, oui, elle avait été
amoureuse d'un garçonnet aux boucles dorées et aux yeux bleus. Il portait une veste de velours et un col de dentelle. Elle avait onze ans et ne le
connaissait que de vue. Où était maintenant le garçonnet bouclé en veste
de velours, où était Jenny ?

Evguenia Nikolaïevna s'assit sur le lit, regarda sa montre. C'était à cette heure-là que, d'habitude, Chargorodski passait la voir. Mon Dieu, qu'elle n'avait pas envie, aujourd'hui, de conversations intelligentes !

Elle enfila précipitamment son manteau, mit son fichu. Cela n'avait pas de sens, le convoi devait être parti depuis longtemps.

Aux alentours de la gare palpitait une masse énorme d'hommes assis sur leurs sacs et baluchons, Evguenia Nikolaïevna rôdait dans les ruelles environnantes, une femme lui demanda des bons de rationnement, une autre des bons de voyage... Des hommes la suivaient d'un regard endormi et soupçonneux. Un convoi pesant passa sur la voie numéro 1, les murs de la gare tremblèrent, les vitres tintèrent. Elle crut que son cœur, lui aussi, tremblait. Les chars chargés sur les plates-formes passaient devant la gare.

Elle se sentait heureuse. Et les chars continuaient à défiler devant elle, avec, assis dessus, des soldats casqués, mitraillette sur la poitrine.

Elle rentra chez elle, elle marchait en balançant les bras comme un gamin, elle avait ouvert son manteau et jetait de temps en temps un coup d'œil sur sa robe d'été.

Soudain, le soleil couchant éclaira les rues et aussitôt la ville froide et poussiéreuse, méchante et éraillée, devint claire, rose, majestueuse... Elle entra dans sa maison et la doyenne de l'appartement, qui avait remarqué dans la journée la venue chez Evguenia Nikolaïevna d'un colonel, annonça avec un sourire flagorneur :

— Il y a une lettre qui vous attend.

« Oui, c'est mon jour de bonheur », pensa Evguenia et elle décacheta la lettre qui venait de Kazan, de sa mère.

Elle lut les premières lignes, elle poussa un petit cri et appela :

— Tolia, Tolia !

6

L'idée qui avait frappé Strum au milieu de la nuit, en plein dans la rue, servit de base à une théorie nouvelle. Les équations qu'il avait développées en quelques semaines de travail ne servaient absolument pas à élargir la théorie classique, acceptée par tous les physiciens, elles n'en étaient pas le complément ; bien au contraire, c'était la théorie classique qui était devenue un cas particulier de la nouvelle théorie, plus large, qu'avait élaborée Strum ; ses équations incluaient l'ancienne théorie qui jusqu'alors semblait globale.

Strum cessa pour un temps d'aller à l'Institut et c'était Sokolov qui dirigeait les travaux du laboratoire. Strum ne sortait presque plus de chez lui, marchait de long en large dans la chambre, passait des heures assis à son bureau. Parfois, le soir, il sortait se promener et choisissait dans ce cas les ruelles désertes autour de la gare afin d'éviter les gens de connaissance. À la maison, il n'avait pas changé d'habitude ; il plaisantait à table, lisait les journaux, écoutait le bulletin d'information du *Sovinform-buro*, s'en prenait à Nadia, posait des questions à Alexandra Vladimi-rovna sur son travail à l'usine, discutait avec sa femme.

Lioudmila Nikolaïevna sentait que, tous ces jours, son mari s'était mis à lui ressembler ; il faisait tout ce qu'il avait coutume de faire mais il ne participait pas à la vie qu'il menait ; il s'y conformait aisément pour la seule raison qu'elle lui était familière. Mais cette similitude n'avait pas rapproché Lioudmila Nikolaïevna de son mari, car elle n'était qu'apparente. Des causes radicalement opposées étaient à l'origine de leur indif-férence intérieure à la maison : la vie et la mort.

Strum ne doutait pas de la justesse de ses résultats. Cette assurance ne lui était pas naturelle. Mais précisément maintenant, alors qu'il avait for-mulé la plus grande découverte scientifique de sa vie, il n'avait pas un instant été effleuré par le doute. À la seconde où lui était venue l'idée d'un nouveau système d'équations qui permettaient d'interpréter de façon nouvelle tout un ensemble de phénomènes physiques, il avait senti, sans éprouver les doutes et hésitations habituels, que son idée était juste.

Et maintenant, alors qu'il arrivait au terme de son travail mathéma-tique, qu'il vérifiait et revérifiait la démarche de ses raisonnements, sa certitude n'était pas plus grande qu'à l'instant où, dans une rue déserte, il avait été frappé par une illumination soudaine.

Il lui arrivait d'essayer de comprendre la voie qu'il avait suivie. En apparence, tout était simple.

Les expériences qu'ils avaient montées au laboratoire devaient confirmer ce que la théorie prédisait. Mais ce ne fut pas le cas. Les contradictions entre les expériences et la théorie l'amenèrent tout naturellement à mettre en doute la précision des expériences. La théorie, qui avait été élaborée à partir des travaux que des chercheurs avaient menés pendant des décennies et qui, à son tour, avait permis d'expliquer nombre de résultats expérimen-taux, cette théorie semblait intouchable. Les expériences, maintes fois répé-tées, montraient chaque fois que les déflexions subies par les particules chargées en interaction avec les noyaux ne correspondaient toujours pas à ce que prévoyait la théorie. Les diverses corrections, même les plus géné-reuses, pour tenir compte de l'imprécision des expériences, de l'imperfec-tion des appareils de mesure et de l'émulsion photographique utilisée pour photographier les fissions des noyaux, ne pouvaient expliquer de si grands écarts.

Il devint évident alors que les résultats des expériences ne pouvaient être mis en doute, et Strum s'efforça de raccommoder la théorie ancienne en y introduisant une série de nouveaux postulats, postulats qui devaient permettre à la théorie de rendre compte des nouveaux résultats obtenus au laboratoire.

Tout ce qu'il faisait découlait d'une idée fondamentale : la théorie était déduite de la pratique, aussi l'expérience ne pouvait contredire la théorie.

Un énorme travail fut dépensé en vain pour rendre la théorie compatible avec les résultats.

Mais la théorie, qu'il lui semblait toujours impensable de rejeter, avait beau avoir été raccommodée, elle n'aidait pas plus qu'avant à expliquer les données expérimentales contraires que le laboratoire continuait à fournir.

C'est alors que tout bascula. Strum avait gagné son bâton de maréchal !

L'ancienne théorie cessa d'être la base, le fondement, le tout global. Elle n'était pas fausse, elle n'était pas un égarement mais elle n'était plus qu'un cas particulier de la nouvelle théorie... La reine douairière s'inclina devant la nouvelle reine. Tout cela n'avait pris qu'un instant.

Quand Strum voulut repenser la naissance dans son esprit de la nouvelle théorie, un fait inattendu le frappa.

La logique simplette qui relie la théorie à l'expérience semblait absente. Les traces de pas s'interrompaient, il ne pouvait comprendre la voie qu'il avait suivie.

Il avait toujours cru que la théorie sortait de l'expérience. Il pensait que les contradictions entre la théorie et de nouvelles expériences menaient naturellement à l'élaboration d'une nouvelle théorie, plus large que la précédente.

Mais, chose étrange, il venait de se convaincre que cela ne se passait absolument pas ainsi. Le succès était venu alors qu'il n'essayait pas de relier l'expérience à la théorie, ni la théorie à l'expérience.

Le nouveau était sorti, semblait-il, non pas tant de l'expérience que de la tête de Strum. C'était pour lui d'une évidence aveuglante. Le nouveau était né librement. Sa tête avait donné naissance à une théorie. La logique de cette théorie, ses déterminations n'étaient pas liées aux expériences que menait Markov au laboratoire. La théorie, semblait-il, était née librement du libre jeu de l'intelligence et c'était ce libre jeu, qui se serait comme détaché de l'expérience, qui avait permis de trouver une explication à toute la richesse des résultats expérimentaux anciens et nouveaux.

L'expérience avait été le choc extérieur qui avait mis en branle la pensée. Mais celui-ci n'avait pas déterminé le contenu même de la pensée.

C'était stupéfiant...

Son cerveau était rempli de relations mathématiques, d'équations différentielles, de lois des probabilités, de la théorie des nombres. Ces relations mathématiques avaient leur vie propre dans un néant de vide, en dehors du monde des atomes et des étoiles, en dehors des champs électromagnétiques, en dehors des champs de gravitation, en dehors du temps et de l'espace, en dehors de l'histoire humaine et de l'histoire géologique de la Terre. Mais elles étaient dans sa tête.

Et, dans le même temps, sa tête était pleine d'autres relations et d'autres lois : d'interactions quantiques, de champs de forces, de constantes qui déterminent les processus nucléaires, la propagation de la lumière, la contraction et la dilatation du temps et de l'espace. Et, curieusement, dans sa tête de physicien, les processus du monde matériel n'étaient que le reflet de lois engendrées dans le désert mathématique. Dans l'esprit de Strum, ce n'était pas la mathématique qui était le reflet du monde, mais le monde qui était une projection d'équations différentielles, le monde était un reflet de la mathématique.

Et, dans le même temps, sa tête était pleine d'indications de divers compteurs et appareils de mesure, de pointillés qui avaient fixé sur l'émulsion du papier les trajectoires des particules et les fissions des noyaux.

Et dans le même temps, vivaient dans sa tête et le bruit des feuilles dans les arbres et le clair de lune, et la bouillie de sarrasin au lait, et le ronflement du feu dans le poêle, et des bribes de mélodies, et des aboiements de chiens, et le sénat de Rome, et les bulletins du *Sovinformburo*, et la haine de l'esclavage, et le goût pour les graines de potiron.

Et de toute cette bouillie était sortie une théorie, elle avait surgi des profondeurs où il n'y a ni mathématiques, ni physique, ni expériences dans un laboratoire de physique, ni expérience tout court, où il n'y avait pas de conscience mais la tourbe inflammable de l'inconscient…

Et la logique mathématique, sans lien avec le monde, s'était reflétée et exprimée, s'était incarnée dans une théorie physique réelle ; et soudain la théorie s'était inscrite avec une exactitude divine dans l'entrelacs de pointillés qui s'était imprimé sur le papier photo.

Quant à l'homme dans la tête duquel tout cela s'était passé, il regardait les équations différentielles et les bouts de photos qui confirmaient la théorie qu'il avait créée, il poussait de petits sanglots et essuyait les larmes de bonheur qui coulaient de ses yeux.

Et malgré tout, s'il n'y avait pas eu ces expériences malheureuses, s'il n'y avait pas eu ce chaos et ces absurdités, Sokolov et lui auraient raccommodé tant bien que mal l'ancienne théorie et ils se seraient trompés.

Quelle chance que le chaos n'eût pas cédé devant leur insistance !

Et malgré tout, même si cette nouvelle explication était née dans sa tête, elle était liée aux expériences de Markov. Car quand même, s'il n'y avait pas d'atomes et de noyaux d'atomes dans le monde réel, il n'y en aurait pas dans le cerveau de l'homme. Oui, s'il n'y avait pas eu les Petouchkov, ces merveilleux souffleurs de verre, les centrales électriques de Moscou, les hauts fourneaux, s'il n'y avait pas eu la production de réactifs purs, il n'y aurait pas eu de mathématiques prédisant la réalité dans la tête du physicien.

Ce qui étonnait le plus Strum, c'était qu'il avait obtenu son plus brillant succès scientifique au moment où il était écrasé de chagrin. Comment cela se pouvait-il ?

Et pourquoi avait-il en quelques brèves secondes trouvé une solution à ces problèmes insolubles, au moment où il sortait de discussions dangereuses et acérées qui n'avaient aucun rapport avec son travail ? Mais, bien sûr, c'était là pure coïncidence.

Il était malaisé de tirer tout cela au clair.

Son travail était achevé et Strum éprouva le besoin d'en parler ; jusqu'alors il ne s'était pas demandé à qui il pourrait confier ses idées.

Il eut envie de rencontrer Sokolov, d'écrire à Tchepyjine ; il s'imaginait les réactions de Mandelstam, Joffe, Landau, Tamm, Kourtchatov quand ils verraient ses nouvelles équations ; il voulait savoir l'effet qu'elles produiraient sur ses collaborateurs du laboratoire ou sur les Léningradois. Il cherchait un titre pour sa publication. Il s'interrogeait sur l'attitude qu'aurait Bohr à l'égard de son travail, sur ce que dirait Fermi. Peut-être même qu'Einstein le lirait et lui écrirait quelques mots.

Il se demandait quels seraient ses adversaires, et quels problèmes il aiderait à résoudre.

Il n'avait pas envie de parler de son travail à sa femme. D'ordinaire, avant d'envoyer la moindre lettre d'affaire, il la lisait à Lioudmila. Quand il rencontrait par hasard un vieil ami dans la rue, sa première pensée était : « C'est Lioudmila qui sera étonnée ! » Quand, au cours d'une discussion avec le directeur de l'Institut, il lançait une réplique un peu sèche, il se disait : « Ce soir, je raconterai à Lioudmila ce que je lui ai mis. » Il ne concevait pas qu'il pût voir un film ou assister à une pièce de théâtre sans savoir que Lioudmila était à côté de lui et qu'il pouvait lui glisser : « Seigneur, quelle merde ! » Il partageait avec elle ses craintes les plus intimes ; au temps où il était encore étudiant, il lui disait : « Tu sais, je crois bien que je suis un crétin. »

Pourquoi se taisait-il maintenant ? Ce besoin qu'il avait de lui faire partager sa vie reposait peut-être sur la certitude qu'elle vivait plus par sa vie à lui que par la sienne propre, que la vie de son mari était sa vie. Et cette certitude l'avait fui. Avait-elle cessé de l'aimer ? Peut-être était-ce lui qui avait cessé de l'aimer.

Et malgré tout, bien qu'il n'en eût pas envie, il parla de son travail à Lioudmila.

— Tu comprends, dit-il, c'est une drôle de sensation, il peut m'arriver n'importe quoi maintenant, je sais au fond de moi que je n'ai pas vécu pour rien. Tu comprends, c'est maintenant, précisément maintenant, que pour la première fois je n'ai pas peur de mourir, là, sur-le-champ ; c'est que cela est, c'est né !

Et il lui montra sur la table un feuillet tout griffonné.

— Je n'exagère pas, c'est un nouveau point de vue sur la nature des forces nucléaires, un nouveau principe, pas de doute, c'est une clé pour bien des portes qui restent encore fermées... Et, tu comprends, quand j'étais petit... non, ce n'est pas ça, mais tu sais, ce que je ressens, c'est comme si soudain un nénuphar sortait d'une eau noire, ah, mon Dieu !

— Je suis très contente, vraiment très contente, dit-elle en souriant.

Il voyait bien qu'elle était plongée dans ses propres pensées, qu'elle ne partageait ni ses émotions ni ses joies.

Et elle n'en parla ni à sa mère ni à Nadia ; elle ne s'en rappelait sûrement plus.

Le soir, Strum alla chez les Sokolov.

Ce n'est pas seulement de son travail qu'il voulait parler avec Sokolov ; il voulait aussi lui faire part de ses sentiments.

Sokolov le comprendrait, il n'était pas seulement intelligent, il était aussi une âme pure et bonne.

Mais il avait en même temps peur que Sokolov ne lui fît des reproches et ne lui rappelât ses moments de découragement. Sokolov aimait beaucoup expliquer aux autres leurs propres actes et se lancer dans de verbeuses leçons de morale.

Il n'était pas retourné chez Sokolov depuis longtemps, bien qu'il en ait eu l'intention à trois ou quatre reprises. Il revit les yeux à fleur de tête de Madiarov. « C'est qu'il ne manque pas d'audace, le cochon », pensa-t-il. Il n'avait pas une seule fois, il s'en étonnait lui-même, pensé à leurs débats nocturnes. Et même maintenant, il n'avait pas envie d'y penser. Une inquiétude diffuse, l'attente d'un malheur inéluctable étaient liées à ces discussions nocturnes. Il fallait dire qu'ils avaient vraiment perdu toute mesure, à jouer les oiseaux de mauvais augure. Et pourtant, Stalingrad résistait toujours, les Allemands étaient arrêtés, les évacués commençaient à rentrer à Moscou.

Il avait dit la veille à Lioudmila que maintenant il n'avait plus peur de la mort, mais il avait peur de repenser à ses critiques d'alors. Sans parler de Madiarov qui racontait vraiment Dieu sait quoi. Rien que d'y penser... Quant aux soupçons de Karimov, ils étaient tout bonnement terrifiants. Et si c'était vrai que Madiarov n'était qu'un provocateur ?

« Bien sûr, bien sûr, se disait Strum, je n'ai pas peur de la mort, mais je suis maintenant un prolétaire qui n'a pas que ses chaînes à perdre. »

Sokolov, vêtu d'une veste d'intérieur, lisait un livre.

— Et où est donc Maria Ivanovna ? demanda Strum, étonné.

Et il s'étonna lui-même de son étonnement. Ne trouvant pas Maria Ivanovna chez elle, il ne savait plus que faire, comme si ce n'était pas avec Sokolov mais avec sa femme qu'il était venu discuter de physique théorique.

Sokolov rangea ses lunettes dans leur étui et sourit :

— Est-ce que Maria Ivanovna est censée rester toujours à la maison ?

Et alors, ému, Strum entreprit, avec force « euh », hésitations et toussotements, d'exposer ses idées et de développer les équations.

Sokolov était la première personne à qui Strum confiait sa théorie, et Strum ressentit tout autrement ce qu'il avait fait.

— Eh bien voilà, c'est tout, fit Strum d'une voix qui se brisa car il sentait l'émotion de Sokolov.

Ils gardèrent le silence, et ce silence sembla à Strum merveilleux. Il restait tête baissée, l'œil sombre, et hochait tristement la tête. Finalement il osa lancer un regard craintif en direction de Sokolov, et il crut voir des larmes.

Deux hommes étaient assis dans une pièce misérable, pendant une guerre terrible qui s'était emparée du monde entier, et un lien merveilleux les unissait à des hommes qui vivaient dans d'autres pays, à des hommes qui avaient vécu il y avait des centaines d'années, à des hommes dont la pensée avait toujours aspiré à ce que l'homme peut faire de plus beau et de plus pur.

Strum aurait voulu que Sokolov continue à se taire ; il y avait quelque chose de divin dans ce silence...

Ils restèrent longtemps ainsi. Puis Sokolov s'approcha de Strum, lui posa la main sur l'épaule et Strum sentit qu'il allait se mettre à pleurer.

— Une merveille, incroyable, d'une élégance..., dit Sokolov. Je vous félicite de tout mon cœur. Quelle force, quelle logique, quelle élégance ! Vos conclusions sont même esthétiquement parfaites.

« Mon Dieu, pensa Strum, il s'agit bien d'élégance ! »

— Vous voyez bien, poursuivait Sokolov, que vous aviez tort quand vous aviez perdu courage, quand vous parliez de tout remettre à Moscou.

Et, sur ce ton de prêche que Strum ne supportait pas, il commença :

— Vous manquez de foi, vous manquez de patience. C'est votre grand défaut...

— Je sais, je sais, l'interrompit précipitamment Strum. J'étais profondément déprimé par cette impasse, je n'avais plus le cœur à rien.

Mais Sokolov s'était déjà lancé dans ses raisonnements, et tout ce qu'il disait déplaisait à Strum bien que Piotr Lavrentievitch eût saisi la portée de son travail et qu'il le louât en termes superlatifs. Mais Strum trouvait toutes ces appréciations plates et fausses.

« Votre travail promet de grands résultats... » Qu'est-ce que c'était que ce « promet » ? Il n'avait pas besoin de Sokolov pour savoir ce que son travail « promettait ». Et pourquoi « promet » ? Son travail était en lui-même un résultat, pas besoin de promettre. « Vous avez employé une méthode originale... » Le problème n'était pas de savoir si c'était original ou pas... C'était du pain, du simple pain noir...

Strum fit dévier la conversation sur les affaires du laboratoire :

— À propos, Piotr Lavrentievitch, j'avais oublié de vous en parler, j'ai reçu une lettre de l'Oural, ils ont pris du retard pour réaliser notre commande.

— Et voilà, dit Sokolov, le nouveau matériel va arriver, et nous, nous serons déjà à Moscou. Cela a un aspect positif. De toute façon nous ne l'aurions pas monté à Kazan et on nous aurait accusés de prendre du retard dans notre travail.

Il parla longuement des affaires du laboratoire, du plan à remplir. Et bien que Strum eût lui-même choisi ce nouveau sujet, il était triste de voir Sokolov l'accepter si facilement et abandonner l'autre, le principal.

En ces instants, Strum ressentit plus vivement que jamais sa solitude.

Se pouvait-il que Sokolov ne comprît pas qu'il s'agissait de quelque chose de plus important que les habituelles affaires de labo ?

Il s'agissait probablement de la plus grande découverte qu'eût faite Strum, elle influait sur les conceptions théoriques des physiciens. Visiblement, Sokolov comprit, d'après le visage de Strum, qu'il avait accepté trop facilement de changer de sujet.

— C'est intéressant, dit-il, vous avez confirmé sous un angle totalement nouveau ce truc avec les neutrons et le noyau lourd (il fit un geste de la main qui évoquait une luge dévalant une pente), et là, nous aurons besoin de notre nouvel appareillage.

— Oui, en effet, dit Strum, mais ce n'est qu'un détail.

— Pas d'accord, c'est un détail suffisamment important, admettez que c'est une énergie fantastique.

— Laissez-la donc en paix, fit Strum. Ce qui est intéressant dans tout cela, c'est un nouveau point de vue sur la nature des microforces. Il se peut que cela en réjouisse quelques-uns et que cela mette fin à bien des tâtonnements.

— Pour ce qui est de se réjouir, comptez-y ! dit Sokolov. Ils se réjouiront comme se réjouissent des sportifs quand ce ne sont pas eux mais quelqu'un d'autre qui bat un record.

Strum ne répondit pas. Sokolov avait abordé un sujet qui avait été débattu récemment au laboratoire.

Savostianov avait tracé un parallèle entre le savant et le sportif : le savant se préparait, s'entraînait, sa tension, quand il cherchait à résoudre un problème scientifique, était celle d'un sportif qui tentait de battre un record. C'était, d'un côté comme de l'autre, une question de record.

Strum, mais plus encore Solokov, s'était indigné. Solokov avait même prononcé tout un discours, traitant Savostianov de cynique. La science, à l'entendre, était quasiment une religion où s'exprimait l'aspiration de l'homme au divin.

Strum comprenait que, s'il s'était mis en colère contre Savostianov, la seule raison n'en était pas la fausseté des affirmations de ce dernier. Plus d'une fois, Strum avait éprouvé la joie purement sportive d'une victoire, la passion et l'envie du sportif.

Mais il savait que l'envie, la volonté d'être premier, les émois sportifs, la recherche du record, tout cela n'était que la surface de sa relation à la science. Il s'était mis en colère contre Savostianov parce que ce dernier avait raison mais aussi parce qu'il avait tort.

Ce qu'était véritablement son sentiment à l'égard de la science, sentiment né dans sa jeunesse, il ne le disait à personne, pas même à sa femme. Et il lui avait été agréable d'entendre Sokolov parler de la science sur un ton si juste et si élevé lors de sa discussion avec Savostianov.

Pourquoi fallait-il maintenant que Piotr Lavrentievitch parle des savants qui ressemblaient à des sportifs ? Pourquoi l'avait-il fait précisément en cet instant, si crucial pour Strum ?

Ulcéré, il lança brutalement à Sokolov :

— Et alors, Piotr Lavrentievitch, là maintenant, ce n'est pourtant pas vous qui êtes le recordman, vous n'avez aucune joie devant ce dont nous discutons ?

Sokolov était justement en train de se dire que la solution trouvée par Strum allait de soi, qu'elle était d'une simplicité évidente, qu'elle existait déjà dans sa tête à lui, Sokolov, et qu'il était sur le point de la formuler lui aussi.

— Non, de la même manière que Lawrence n'éprouva aucun enthousiasme quand ce fut Einstein, et non pas lui, qui transforma les équations que lui, Lawrence, avait établies.

Le naturel de l'aveu étonna Strum, qui regretta son animosité à l'égard de Sokolov.

Mais Sokolov ajouta aussitôt :

— Je dis cela pour rire, bien sûr, Lawrence n'a rien à voir. Ce n'est pas ça que je pense. Mais malgré tout, c'est moi qui ai raison et non pas vous, même si je ne pense pas ce que j'ai dit.

— Évidemment, fit Strum, vous avez dit cela pour rire.

Mais son irritation ne passait pas et il était fermement convaincu que Sokolov pensait ce qu'il avait dit.

« Il n'est pas sincère aujourd'hui, pensa Strum. Mais il est pur comme un enfant, ça se voit tout de suite quand il n'est pas sincère. »

— Dites-moi, demanda-t-il, on se réunit chez vous samedi comme d'habitude ?

Sokolov tordit son gros nez de brigand, sembla sur le point de dire quelque chose mais resta silencieux. Strum le fixait d'un œil interrogateur.

— Vous savez, se décida enfin Sokolov, entre nous soit dit, nos petites soirées ne me plaisent plus tellement.

C'était à lui maintenant de fixer Strum d'un air interrogateur et, bien que Strum ne répondît rien, il poursuivit :

— Vous voulez savoir pourquoi ? Vous comprenez bien vous-même… On ne plaisante pas avec ces choses-là. On avait la langue trop longue.

— Vous, ça ne vous concerne pas, dit Strum, vous vous taisiez la plupart du temps.

— Ben, vous savez, c'est justement là le problème.

— Bon, alors faisons-le chez moi, j'en serais très heureux, dit Strum.

C'était à n'y rien comprendre. Lui non plus n'arrivait pas à être sincère ! Pourquoi fallait-il qu'il mente ? Pourquoi contredisait-il Sokolov, alors qu'en son for intérieur il était d'accord avec lui ? Car lui aussi maintenant craignait ces rencontres et ne souhaitait pas les voir reprendre.

— Pourquoi chez vous ? demanda Sokolov. Ce n'est pas le problème. Et puis, à dire vrai, je me suis brouillé avec notre principal orateur, et mon parent, autrement dit avec Madiarov.

Strum avait très envie de demander : « Êtes-vous sûr qu'on peut faire confiance à Madiarov ? Pouvez-vous vous en porter garant ? » Mais au lieu de cela, il dit :

— Pourquoi en faites-vous une histoire ? Vous vous êtes persuadé que la moindre parole courageuse mettait l'État en péril. Dommage que vous vous soyez disputé avec Madiarov, il me plaît, et même beaucoup.

— Ce n'est pas bien que des Russes, en ces temps difficiles pour la Russie, s'amusent à tout critiquer, prononça Sokolov.

De nouveau, Strum eut envie de demander : « Piotr Lavrentievitch, c'est une affaire sérieuse, vous êtes tout à fait sûr que Madiarov n'est pas un provocateur ? »

Mais il ne posa pas la question qui lui brûlait les lèvres.

— Permettez, dit-il, justement cela va un peu mieux maintenant. Stalingrad est l'hirondelle qui annonce le printemps. Regardez, nous venons d'établir les listes de personnes qui doivent rentrer à Moscou. Et rappelez-vous à quoi on pensait il y a deux mois à peine. L'Oural, la taïga, le Kazakhstan, voilà ce qu'on avait en tête.

— Raison de plus, fit Sokolov, je ne vois pas de raison pour croasser.

— Croasser ? répéta Strum.

— Précisément, croasser.

— Mais enfin, pourquoi dites-vous des choses pareilles ? s'étonna Strum.

Quand il prit congé de Sokolov, il se sentait égaré et oppressé.

Sa solitude lui était insupportable. Dès le matin il avait été mal à l'aise, il avait espéré voir Sokolov. Il s'était dit que ce serait une rencontre qui ne serait pas comme les autres. Mais en fait, tout ce que lui avait dit Sokolov lui avait semblé mesquin, peu sincère.

Mais lui non plus n'avait pas été sincère. Le sentiment de solitude ne l'avait pas lâché et devenait même de plus en plus intense.

Il sortit dans la rue. Il était encore devant la porte d'entrée quand il entendit une voix de femme l'appeler doucement. Il reconnut la voix.

La lumière terne du lampadaire éclairait le visage de Maria Ivanovna ; son front, ses joues étaient brillants de pluie. Avec son fichu de laine sur la tête et son manteau râpé, cette femme d'un docteur ès sciences, d'un professeur d'Université, semblait une incarnation de la pauvre vie des évacués en temps de guerre.

« Une femme de ménage », pensa-t-il.

— Comment va Lioudmila Nikolaïevna ? demanda-t-elle en fixant Strum d'un regard attentif.

— Toujours la même chose, fit-il en haussant les épaules.

— Je passerai chez vous demain de bonne heure, dit-elle.

— Même sans cela, vous êtes son ange gardien, dit Strum. Encore heureux que Piotr Lavrentievitch le tolère : vous passez des heures et des heures avec Lioudmila Nikolaïevna et lui, c'est un véritable enfant, il ne peut se passer de vous ne serait-ce qu'un instant.

Elle le fixait toujours, l'air pensif, comme si elle l'écoutait sans l'entendre.

— Vous avez aujourd'hui un visage tout à fait particulier, dit-elle soudain. Vous est-il arrivé quelque chose d'heureux ?

— Qu'est-ce qui vous fait dire cela ?

— Vous n'avez pas les mêmes yeux que d'habitude. C'est votre travail, ajouta-t-elle, c'est votre travail qui marche, c'est cela ? Eh bien, vous voyez, et vous qui disiez que vous n'étiez plus bon à rien à cause du grand malheur qui vous était arrivé.

— Où avez-vous appris tout cela ? Et qu'avez-vous donc trouvé de si extraordinaire au fond de mes beaux yeux ? demanda-t-il, cachant son irritation sous l'ironie.

« Quelles bavardes, ces bonnes femmes, pensa-t-il, c'est sûrement Lioudmila qui lui a tout raconté. »

Elle ne répondit pas immédiatement, réfléchissant à ce qu'il venait de lui dire, et quand elle parla, ce ne fut pas sur le ton plaisant qu'il lui proposait :

— On voit toujours une souffrance dans vos yeux, mais pas aujourd'hui.

Et il lui parla :

— Comme tout est étrange, Maria Ivanovna. Je le sens : je viens d'accomplir la grande affaire de ma vie. La science, c'est le pain, le pain de l'âme. Et cela s'est passé maintenant, à une époque si dure, si cruelle. Comme c'est étrange, comme tout est embrouillé dans la vie ! Comme je voudrais que... Oh ! et puis pourquoi en parler...

Elle l'écoutait sans le quitter du regard.

— Comme je voudrais, dit-elle à voix basse, chasser le malheur de votre maison.

— Merci, ma chère Maria Ivanovna, dit Strum en la quittant.

Il s'était soudain apaisé, comme si c'était elle qu'il voulait voir et qu'il lui eût dit ce qu'il tenait à dire.

Mais, une minute plus tard, il marchait dans la rue sans lumière, les ruelles sombres soufflaient le froid, le vent soulevait les pans de son manteau aux carrefours, et il avait complètement oublié les Sokolov. Strum marchait, la tête rentrée dans les épaules, le front plissé : se pouvait-il que maman ne sût jamais ce que son fils avait accompli ?

7

Strum réunit tous les collaborateurs du laboratoire (les physiciens Markov, Savostianov et Anna Nahumovna Weispapier, le mécanicien Nozdrine, l'électricien Perepelitsyne) et il leur annonça que les doutes qu'ils avaient eus sur la précision de leur appareillage n'étaient pas fondés. Tout au contraire, c'était l'extrême précision des mesures qui avait amené à des résultats identiques, quelles que fussent les variations des conditions de l'expérience.

Strum et Sokolov étaient théoriciens ; au labo, les travaux expérimentaux étaient menés par Markov. Il avait un talent étonnant pour résoudre les problèmes les plus embrouillés, au cours des expériences, et savait se repérer très exactement dans les nouveaux matériels les plus complexes.

Strum admirait l'assurance avec laquelle Markov découvrait un nouvel appareil ; sans recourir à aucun mode d'emploi, il en saisissait, en quelques secondes, les grands principes de fonctionnement et les moindres détails. Il devait, manifestement, considérer les appareils de physique comme des êtres vivants. Il lui semblait naturel, lorsqu'il regardait un chat, de voir ses yeux, sa queue, ses oreilles, ses griffes, de sentir les battements de son cœur, de dire ce qui se trouvait à l'intérieur de son corps et à quoi cela servait.

Mais chaque fois que le labo avait besoin de mettre au point un nouvel appareil et qu'il fallait faire l'impossible, le principal atout était le hautain mécanicien Nozdrine, dont le joyeux et blond Savostianov disait, en riant :

« Quand Stepan Stepanovitch mourra, l'Institut du cerveau récupérera ses mains pour les étudier. »

Nozdrine, toutefois, ne goûtait pas la plaisanterie, il regardait toujours de haut ces scientifiques, comprenant que, sans ses solides mains d'ouvrier, le laboratoire ne tournerait pas.

Le chouchou du labo était Savostianov qui réussissait aisément aussi bien dans la théorie que dans l'expérimentation.

Il faisait tout en plaisantant, vite, sans effort.

Ses cheveux blonds comme les blés semblaient rayonnants de soleil même aux jours d'automne les plus maussades. Strum, qui se régalait de le voir, se disait que ses cheveux étaient blonds parce que son esprit, lui aussi, était clair, radieux. Sokolov appréciait également Savostianov.

— C'est autre chose que nous autres, chaldéens et talmudistes. Quand nous serons morts, il réunira en lui, vous, Markov et moi, avait un jour lancé Strum à Sokolov.

Les fins esprits du labo avaient surnommé Anna Nahumovna la « poule étalon ». Elle avait une capacité de travail et une patience surhumaines : elle avait dû rester, une fois, dix-huit heures d'affilée rivée au microscope, à étudier des émulsions photographiques.

Bien des responsables de sections de l'Institut estimaient que Strum avait de la chance : l'équipe de son labo était sacrément bien choisie ! Strum répliquait en plaisantant le plus souvent : « Un chef de service a les collaborateurs qu'il mérite… »

— Tous, nous avons été inquiets et déprimés, dit Strum. Maintenant, tous, nous pouvons nous réjouir. Les expériences ont été menées par le professeur Markov de manière irréprochable ; c'est aussi, bien sûr, le mérite de l'atelier de mécanique et des garçons de laboratoire qui ont procédé à des centaines et des milliers d'observations et de calculs.

— On voudrait que vous exposiez, dit Markov avec un petit toussotement, votre point de vue de façon aussi détaillée que possible.

Baissant la voix, il ajouta :

— J'ai entendu dire que les travaux de Kotchkourov dans un domaine voisin laissaient espérer des applications pratiques. J'ai entendu dire qu'à Moscou on s'était enquis de ses résultats.

Markov était généralement au courant des dessous de tous les événements possibles et imaginables. Quand les collaborateurs de l'Institut avaient été évacués par chemin de fer, Markov avait apporté dans le wagon quantité de nouvelles, concernant les embouteillages, le changement de locomotive, les points de ravitaillement que l'on trouverait en route.

— Faudra que je boive tout l'alcool du laboratoire pour arroser cela, dit Savostianov l'air préoccupé.

Anna Nahumovna, grande militante devant l'Éternel, s'exclama :

— Quel bonheur ! On commençait déjà à nous accuser de tous les péchés du monde, au cours des réunions du syndicat sur l'efficacité des laboratoires.

Nozdrine, le mécanicien, se taisait et se frottait la joue.

Perepelitsyne, le jeune électricien unijambiste, devint tout rouge et laissa tomber sa béquille.

Cette journée apporta beaucoup de joie à Strum.

Pimenov, le jeune directeur, lui avait parlé le matin au téléphone et l'avait couvert d'éloges. Pimenov devait prendre l'avion pour Moscou : on en était aux derniers préparatifs et le retour à Moscou de la quasi-totalité des laboratoires de leur Institut était imminent.

« Victor Pavlovitch, avait dit en guise d'adieu Pimenov, nous nous reverrons donc bientôt à Moscou. Je suis heureux et fier d'être le directeur de cet Institut au moment où vous avez mené à leur terme vos remarquables travaux. »

De même, toute la réunion avec les collaborateurs du laboratoire lui fut très agréable.

Markov, qui ironisait volontiers sur les mœurs de son laboratoire et aimait à dire : « Chez nous, il y a un régiment de docteurs, un bataillon d'attachés de recherche, et comme soldat nous n'avons que Nozdrine. Nous sommes une pyramide inversée. Il nous faudrait un régiment de Nozdrine ! », dit, après l'exposé de Strum :

— Ouais, je pouvais toujours causer des régiments et des pyramides !

Quant à Savostianov, qui proclamait que la recherche scientifique était une sorte de sport, il regardait Strum, après son exposé, avec des yeux extraordinairement bons et heureux.

Strum comprit qu'en cet instant Savostianov ne le regardait pas comme un footballeur qui regarde son entraîneur mais comme un croyant qui regarde un apôtre.

Il se souvint de sa récente discussion avec Solokov, il se souvint du récent débat entre Solokov et Savostianov et se dit que s'il comprenait peut-être quelque chose à la nature des forces nucléaires, il ne comprenait décidément rien de rien à la nature de l'homme.

Alors que la journée de travail tirait à sa fin, Anna Nahumovna entra dans le bureau de Strum.

— Le nouveau chef du personnel, lui dit-elle, ne m'a pas inscrite sur la liste des personnes qui rentrent à Moscou ; je viens de la voir.

— Je suis au courant, répondit Strum, mais il ne faut pas vous en faire. On a constitué deux listes, vous partirez avec la seconde, quelques semaines plus tard, c'est tout.

— Mais, bizarrement, je suis la seule de notre groupe à ne pas avoir été inscrite sur la première liste. Je crois que je vais devenir folle, tellement j'en ai assez de vivre ici. Toutes les nuits, je rêve de Moscou. Et puis, je ne comprends pas, cela voudrait dire que l'on commencerait le montage à Moscou sans moi ?

— Oui, oui, bien sûr… Mais, voyez-vous, la liste a déjà été visée, ce serait très difficile de la faire modifier. Svetchine, du laboratoire de magnétique, a déjà essayé pour Boris Israelevitch, à qui il est arrivé la même histoire qu'à vous, et cela s'est révélé extrêmement difficile. Je pense qu'il vaudrait mieux que vous vous armiez de patience.

Et soudain il explosa :

— On se demande ce qui leur sert de tête, cria-t-il, ils ont fourré dans la liste des incapables en pagaille, alors que vous, qui seriez indispensable pour le montage principal, on vous a oubliée.

— On ne m'a pas oubliée, dit Anna Nahumovna, on m'a fait pire que cela…

Anna Nahumovna lança un regard étrange, presque furtif, vers la porte entrouverte et poursuivit en baissant la voix :

— On n'a rayé des listes que les noms juifs ; Rimma, la secrétaire du service du personnel, m'a dit qu'à Oufa on a rayé pratiquement tous les noms juifs sur la liste de l'Académie des sciences d'Ukraine ; on n'a laissé que les docteurs.

Strum, ébahi, resta un instant bouche bée puis éclata de rire.

— Mais, ma chère, vous ne savez plus du tout ce que vous dites ! Dieu merci, nous ne sommes plus dans la Russie des tsars. Qu'est-ce que c'est que ce complexe d'infériorité de Juif du ghetto ? Et cessez immédiatement d'inventer des bêtises pareilles !

8

L'amitié ! Il en existe tant de sortes.

L'amitié dans le travail. L'amitié dans l'action révolutionnaire ou le temps d'un long voyage, l'amitié des soldats, l'amitié dans une prison de transit où l'on fait connaissance et l'on se quitte en simplement deux ou trois jours, mais le souvenir vous en reste des années durant. L'amitié dans la joie, l'amitié dans la peine. L'amitié dans l'égalité et l'inégalité.

Qu'est-ce donc que l'amitié ? N'existe-t-elle que dans une communauté de labeur et de destin ? Ne voit-on point, parfois, une haine plus grande entre membres d'un même parti, dont les opinions ne divergent que sur des détails, que celle qu'ils vouent aux ennemis de leur parti ? Des soldats qui marchent ensemble au combat ne se vouent-ils point, parfois, une haine plus tenace que celle qu'ils nourrissent envers leur ennemi commun ? Ne trouve-t-on point des détenus qui se haïssent plus fort qu'ils ne haïssent leurs geôliers ?

Les amis, il est vrai, se rencontrent plus souvent parmi des gens de même destin, de même profession, de mêmes desseins, mais en conclure que cette communauté détermine l'amitié serait aller un peu vite en besogne.

En effet, peuvent se lier d'amitié, cela se voit, des hommes unis par un même rejet de leur profession. Les héros de la guerre ou du travail ne sont pas les seuls à avoir des amis, les déserteurs de la guerre ou du travail en ont aussi. Il n'en demeure pas moins que cette notion de communauté, qu'elle qu'en soit la nature, est le fondement de l'amitié.

Deux caractères opposés peuvent-ils se lier d'amitié ? Bien sûr !

L'amitié est parfois un lien désintéressé.

L'amitié est parfois égoïste, parfois pleine d'abnégation. Cependant, aussi étonnant que cela paraisse, l'égoïsme de l'amitié est profitable à celui avec lequel on est ami, tandis que l'abnégation de l'amitié est, au départ, égoïste.

L'amitié est un miroir dans lequel l'homme se contemple lui-même. Parfois, en bavardant avec un ami, on se reconnaît soi-même : c'est avec soi-même qu'on discute, avec soi-même qu'on s'entretient.

L'amitié est égalité et ressemblance. Mais elle est simultanément inégalité et dissemblance.

L'amitié peut être affairée, active, dans un effort commun, une lutte commune pour la survie, pour un morceau de pain.

Il est des amitiés pour un idéal élevé, l'amitié philosophique d'interlocuteurs contemplatifs, celle de gens qui travaillent différemment, séparément, mais jugent ensemble de la vie.

Il se peut qu'une amitié supérieure unisse l'amitié active, celle de l'effort et de la lutte, et l'amitié des interlocuteurs contemplatifs.

Les amis ont toujours besoin l'un de l'autre, mais tous deux ne retirent pas forcément autant de l'amitié. Les amis ne veulent pas toujours en retirer la même chose. L'un offre à l'autre son expérience, l'autre s'enrichit de cette expérience. L'un aide son ami, plus faible, jeune, inexpérimenté et, par là même, prend conscience de sa force, de sa maturité, cependant que l'autre trouve chez lui le reflet de son idéal : la force, l'expérience, la maturité. C'est ainsi que l'un donne généreusement, tandis que l'autre se réjouit de ses présents.

Il arrive qu'un ami soit une instance muette, au travers de laquelle l'homme s'entretient avec lui-même, découvre de la joie en lui-même, dans ses pensées qui deviennent intelligibles, tangibles, parce qu'elles trouvent un écho dans l'âme de l'ami.

L'amitié de l'esprit, l'amitié contemplative, philosophique, exige d'ordinaire une union de pensée, mais cette union n'est pas obligatoirement totale. L'amitié s'exprime parfois dans la dispute et la divergence.

Quand les amis sont identiques en tous points, quand ils se reflètent mutuellement, leurs disputes sont des disputes avec eux-mêmes.

L'ami est celui qui justifie vos faiblesses, vos insuffisances voire vos vices, et qui confirme votre bon droit, votre talent, vos mérites.

L'ami est celui qui, aimant, démasque vos faiblesses, vos insuffisances et vos vices.

L'amitié est donc ce qui, fondé sur la ressemblance, transparaît dans les différences, les contradictions, les dissemblances. Dans l'amitié, l'homme vise à recevoir de son ami ce qu'il ne possède pas lui-même. Dans l'amitié, l'homme vise à transmettre généreusement ce qu'il possède.

Il est dans la nature de l'homme de rechercher l'amitié, et celui qui ne trouve pas d'ami chez les hommes en trouvera chez les animaux, chiens, chevaux, chats, souris, araignées.

Un être absolument fort n'a pas besoin d'amitié mais, de toute évidence, seul Dieu est de cette trempe.

La véritable amitié ne dépend pas du fait que ton ami soit sur un trône ou que, renversé de ce trône, il se retrouve en prison. La véritable amitié est tournée vers les qualités de l'âme et indifférente à la gloire, à la puissance extérieure.

L'amitié prend des formes multiples et multiple est son contenu, mais il est un fondement intangible de l'amitié : la foi dans le caractère inébranlable de l'ami, dans la loyauté de l'ami. C'est pourquoi particulièrement belle est l'amitié là où l'homme sert le divin. Là où l'amitié et l'ami se voient sacrifiés au nom d'intérêts supérieurs, l'homme, déclaré ennemi de l'idéal suprême, perd tous ses amis mais garde sa foi en celui qui est son unique ami.

9

De retour à la maison, Strum vit, accroché à la patère, un manteau qu'il connaissait bien : Karimov était passé le voir et l'attendait.

Karimov posa le journal qu'il était en train de lire, et Strum se dit que, selon toute apparence, Lioudmila n'avait pas voulu faire la conversation à son hôte.

— J'arrive directement d'un kolkhoze où j'ai fait une conférence, dit Karimov. Surtout, je vous en prie, ne vous dérangez pas, j'ai énormément mangé au kolkhoze, notre peuple est si hospitalier.

Et Strum se dit que Lioudmila n'avait même pas proposé à Karimov une tasse de thé.

Ce n'est qu'en examinant de près le visage de Karimov que Strum parvenait à y surprendre, d'après des traits infimes, quelque chose qui le distinguait du type commun aux Russes, aux Slaves. Mais, par instants, il suffisait que Karimov tourne la tête sous un angle inattendu pour que ces traits infimes transforment le visage de Karimov en visage de Mongol.

De même, parfois, il arrivait à Strum de deviner le Juif chez un blond aux yeux bleus et au nez retroussé. Quelque chose d'à peine décelable dénotait l'origine juive : parfois un sourire, parfois la manière de plisser le front pour marquer son étonnement, parfois un haussement d'épaules.

Karimov parla de sa rencontre avec un lieutenant qui était en permission de convalescence chez ses parents. Visiblement c'était ce récit qui avait amené Karimov chez Strum.

— Un bon petit gars, dit Karimov. Il parlait de tout très honnêtement.

— En tatare ? demanda Strum.

— Bien sûr.

Et Strum se dit que, s'il rencontrait un lieutenant juif blessé, il ne pourrait lui parler la langue des Juifs ; il connaissait à peine une dizaine de mots yiddish et encore, c'étaient des mots comme *bekitser* ou *haloimes* qui lui servaient à prendre le ton de la plaisanterie.

Le lieutenant avait été fait prisonnier en automne 1941 dans la région de Kertch. Les Allemands l'avaient envoyé dans les champs récolter du blé, abandonné sous la neige, pour fournir du fourrage aux chevaux. Le lieutenant, saisissant un moment propice, s'était enfui. La population russe et tatare l'avait aidé à se cacher.

— J'ai maintenant bon espoir de revoir ma femme et ma fille, dit Karimov. Il paraît que les Allemands ont, comme nous, des cartes de rationnement de différentes catégories. Le lieutenant racontait que beaucoup de Tatares s'en vont dans les montagnes, bien que les Allemands les laissent en paix.

— Il y a longtemps, j'étais encore étudiant, j'ai fait de la montagne en Crimée, dit Strum.

Il se souvint que sa mère lui avait envoyé de l'argent pour le voyage.

— Et des Juifs, il en a vu, votre lieutenant ? demanda Strum.

Lioudmila Nikolaïevna passa la tête par la porte.

— Maman n'est toujours pas rentrée, dit-elle. Je suis très inquiète.

— Ah oui, en effet, où peut-elle bien être ? s'étonna distraitement Strum.

Et quand Lioudmila Nikolaïevna referma la porte, il répéta sa question :

— Que dit votre lieutenant à propos des Juifs ?

— Il a vu comment on emmenait fusiller une famille juive, une vieille, deux jeunes filles.

— Mon Dieu, dit Strum.

— Et puis il a entendu parler de camps en Pologne où l'on rassemble les Juifs ; on les tue et on dépèce les corps comme à l'abattoir. Il semblerait bien que ce soit pure imagination. Je l'ai spécialement interrogé sur les Juifs, je savais que cela vous intéressait.

« Pourquoi seulement moi ? pensa Strum. Cela n'intéresserait donc pas les autres ? »

— Ah oui, j'oubliais, il m'a aussi raconté qu'on ordonnait de livrer à la Kommandantur les bébés juifs, qu'on leur passait sur les lèvres une mystérieuse pommade incolore et qu'ils mouraient sur-le-champ.

— Des bébés ? répéta Strum.

— Il me semble que c'est une invention dans le même genre que les camps où l'on dépèce les cadavres.

Strum se leva, fit quelques pas.

— Quand je me dis que, de nos jours, on tue des nouveau-nés, tous les efforts de la culture paraissent inutiles. Qu'ont-ils appris à l'humanité, les Bach et les Goethe ? On tue des nouveau-nés !

— Oui, c'est terrible, dit Karimov.

Strum sentait toute la compassion de Karimov, mais il sentait aussi son émotion joyeuse : le récit du lieutenant lui avait redonné l'espoir de revoir sa femme.

Strum, lui, savait qu'il ne reverrait pas sa mère après la victoire.

Karimov s'apprêta à rentrer chez lui, et Strum, qui ne voulait pas le quitter, décida de le raccompagner.

— Vous savez, dit Strum, nous, les savants soviétiques, nous avons de la chance. Que doit ressentir un honnête physicien ou chimiste allemand qui sait que ses découvertes profitent à Hitler ? Pouvez-vous vous représenter un physicien juif, dont on abat les proches comme des chiens enragés, et qui se réjouit en faisant une découverte, quand cette découverte, contre sa volonté, renforce la puissance militaire du nazisme ? Il voit, il comprend tout, et pourtant il ne peut s'empêcher de se réjouir de sa découverte… affreux !

— Oui, c'est certain, approuva Karimov. Mais un homme qui a toujours pensé ne peut pas se forcer à ne plus penser.

Ils sortirent.

— Ça me gêne que vous me raccompagniez, dit Karimov. Il fait un temps épouvantable, vous veniez de rentrer chez vous, et voilà que vous ressortez.

— Ce n'est rien, je vous accompagnerai seulement jusqu'au coin. Et puis, ajouta Strum en regardant son hôte, cela me fait plaisir de marcher un peu avec vous dans la rue.

— Vous allez bientôt repartir pour Moscou, il faudra bien se séparer, et moi, j'aimais beaucoup nos rencontres.

— Je vous assure que cela me fera de la peine à moi aussi.

Alors que Strum rentrait chez lui, quelqu'un le héla sans qu'il l'entende.

Les yeux sombres de Madiarov le fixaient. Le col de son manteau était relevé.

— Alors, fit-il, c'est en fini de nos assemblées ? Vous, vous avez totalement disparu, Piotr Lavrentievitch me boude...

— Oui, bien sûr, c'est dommage, répondit Strum, mais, avouez-le, on y a dit pas mal de bêtises tous les deux dans le feu de la discussion.

— Qui accorde de l'importance à des paroles lancées dans une discussion ?

Madiarov rapprocha son visage de Strum, ses grands yeux tristes devinrent encore plus tristes.

— Ce n'est peut-être en effet pas plus mal que nos assemblées aient pris fin.

— Et pourquoi donc ? s'étonna Strum.

— Faut que je vous dise, proféra Madiarov, le souffle court, le vieux Karimov, il me semble qu'il collabore. Vous saisissez ? Et je crois que vous vous voyez assez souvent ?

— Ce n'est pas possible, je n'y crois pas ! s'exclama Strum.

— Et vous ne vous êtes pas dit que tous ses amis et que tous les amis de ses amis étaient depuis longtemps réduits en poussière, que tout son entourage avait disparu sans laisser de traces ; il ne reste plus que lui, et qui plus est, il est florissant, il est docteur d'État.

— Et alors ? Moi aussi, je suis docteur, et vous aussi.

— Réfléchissez un peu à cette destinée merveilleuse, vous n'êtes plus un enfant, mon cher, que je sache !

10

— Vitia, maman vient seulement d'arriver, dit Lioudmila Nikolaïevna.

Alexandra Vladimirovna était assise à la table, son fichu sur les épaules, elle approcha sa tasse de thé puis l'éloigna à nouveau.

— Eh bien voilà, dit-elle, j'ai parlé avec un homme qui a vu Mitia juste avant la guerre.

Très émue, et pour cette raison d'une voix particulièrement calme et mesurée, elle expliqua que les voisins d'appartement de sa collègue, une laborantine, avaient reçu la visite d'un pays. La laborantine avait, par hasard, prononcé le nom de Chapochnikov, et l'invité avait demandé si Alexandra Vladimirovna n'avait pas un Dmitri parmi ses parents.

Après le travail, Alexandra Vladimirovna s'était rendue chez la laborantine. Elle y avait appris que l'homme venait d'être libéré après sept années de camp. Il était correcteur de son métier et avait été arrêté parce qu'il avait laissé passer une coquille dans l'éditorial du journal : les typos avaient interverti deux lettres dans Staline. Avant la guerre, il avait été transféré, pour infraction à la discipline, dans un camp à régime sévère, aux « camps des lacs », en Extrême-Orient. C'est là que Dmitri Chapochnikov avait été son voisin de baraque.

— J'ai tout de suite compris qu'il s'agissait bien de Mitia. Il m'a dit : « Il restait allongé à sa place et il chantonnait sans cesse *Ah, vous dirais-je maman...* » Juste avant son arrestation, Mitia venait me voir et à toutes mes questions, il répondait par un petit sourire en coin et chantonnait *Ah, vous dirais-je maman...* Cet homme doit partir dès ce soir pour Laïchevo où habite toute sa famille. Mitia, à ce qu'il dit, était malade : le scorbut et le cœur. Il m'a dit que Mitia ne croyait pas qu'il sortirait de là. Mitia lui a parlé de moi, de Serioja... Mitia travaillait aux cuisines, paraît que c'est un très bon travail.

— Oui, c'est pour cela qu'il a dû faire deux instituts, dit Strum.

— On ne peut pas être sûr, cet homme, c'est peut-être un provocateur, dit Lioudmila.

— Qui a besoin d'une vieille comme moi ?

— Oui, mais Victor, on s'y intéresse, là où vous savez.

— Des bêtises, laissa tomber Victor Pavlovitch qui perdait patience.

— Et il t'a expliqué comment cela se fait qu'il est libre ? demanda Nadia.

— Ce qu'il raconte, c'est incroyable. C'est tout un monde, on dirait un mauvais rêve. C'est comme s'il venait d'une autre planète. Ils ont leurs coutumes, leur Moyen Âge et leurs Temps modernes à eux, ils ont leurs dictons et leurs proverbes. Je lui ai demandé pourquoi on l'avait libéré ; il s'est étonné de mon ignorance. « Comment, a-t-il dit, vous ne savez pas ? J'ai été radié pour vétusté », et à nouveau je n'ai pas compris. Il m'a expliqué : les mourants, les « crevards », on les libère. Ils ont leur classification : les travailleurs, les planqués, les putes[1]... Je lui ai demandé ce que voulaient dire les dix ans de détention sans droit de correspondance[2] auxquels ont été condamnés des milliers de personnes en 1937. Il m'a dit qu'il n'a jamais vu personne dans les camps qui ait reçu une telle condamnation et pourtant il a été dans des dizaines de camps. « Et où sont ces gens, alors ? » lui ai-je demandé. « Je ne sais pas, pas dans les camps, en tout cas », m'a-t-il répondu.

« L'abattage du bois. Les déportés, les assignés à résidence... Il m'a écrasée. Et Mitia a vécu là-dedans et, lui aussi, il devait dire : « Les crevards, les planqués, les putes... » Il m'a parlé d'une façon qu'on a de se suicider dans les marécages de la Kolyma : on arrête de manger et on boit pendant plusieurs jours de suite l'eau des marais, on meurt d'œdème. Chez eux, ça s'appelle : il a bu de l'eau, il a commencé à boire. Bien sûr, c'est si on a le cœur malade.

Elle voyait le visage tendu et angoissé de Strum, les sourcils froncés de Nadia. La tête en feu, la bouche sèche, elle poursuivit son récit.

— Il a dit que le pire, pire que le camp, c'est la route. Les droit commun font ce qu'ils veulent dans les convois, ils prennent les vête-

---

1. Voir « Classification des détenus » dans le Dictionnaire.
2. Formule officiellement utilisée pour cacher qu'une sentence de mort avait été prononcée.

ments, la nourriture, ils jouent la vie des politiques aux cartes, celui qui perd doit tuer un homme au couteau, et la victime ignore jusqu'au dernier instant qu'on a joué sa vie aux cartes. Ce qui est horrible aussi, c'est que les droit commun ont tous les postes de commandement à l'intérieur des camps : ils sont chefs de chambrée, chefs d'équipe ; les politiques n'ont aucun droit, on les tutoie, « le fasciste », disaient les droit commun en parlant de Mitia.

Alexandra Vladimirovna lança d'une voix forte, comme si elle s'adressait à une assemblée :

— Cet homme a été transféré du camp où se trouvait Mitia à Syktyvar ; un certain Kachkotine est arrivé au début de la guerre dans le groupe de camps où était resté Mitia et il y a organisé la mise à mort d'une dizaine de milliers de détenus.

— Mon Dieu, dit Lioudmila Nikolaïevna, je voudrais comprendre : estce que Staline est au courant de toutes ces horreurs ?

— Mon Dieu, fit Nadia en singeant sa mère, tu ne comprends donc pas ? C'est Staline qui a donné l'ordre de les tuer.

— Nadia ! cria Strum, veux-tu te taire !

Il fut pris de rage, comme cela arrive souvent aux gens quand ils sentent que quelqu'un a deviné leurs faiblesses cachées.

— Et n'oublie pas que Staline est le commandant suprême de l'armée qui combat le fascisme ; ta grand-mère a espéré en Staline jusqu'à son dernier jour ; nous tous, nous ne vivons que parce qu'il y a Staline et l'armée Rouge… Commence d'abord par apprendre à te moucher toute seule et après tu pourras critiquer Staline qui a barré le chemin au fascisme à Stalingrad.

— Staline est à Moscou, et tu sais très bien *qui* a barré le chemin à Stalingrad, dit Nadia. Je n'arrive pas à te comprendre : tu disais la même chose que moi quand tu revenais de chez les Sokolov…

Il sentit monter en lui un afflux de rage si violent contre Nadia que, lui semblait-il, il en aurait assez pour toute sa vie.

— Tu racontes n'importe quoi, je n'ai jamais rien dit de semblable.

— Pourquoi faut-il évoquer toutes ces horreurs alors que les enfants soviétiques meurent à la guerre pour leur patrie ? dit Lioudmila.

C'est alors que Nadia montra toute sa connaissance des faiblesses cachées de son père :

— Non, bien sûr, tu n'as rien dit. Maintenant que ça marche si bien à ton travail et qu'on a arrêté les Allemands à Stalingrad.

— Comment oses-tu, dit Strum, comment oses-tu soupçonner ton père d'être malhonnête ? Tu entends ce qu'elle dit, Lioudmila ?

Il s'attendait à être soutenu par sa femme, mais Lioudmila Nikolaïevna ne le soutint pas.

— Je ne vois pas ce qui t'étonne, dit-elle. Nadia répète ce que tu disais. De quoi d'autre parliez-vous avec ton Karimov et ce répugnant Madiarov ?

Maria Ivanovna m'a parlé de vos discussions. D'ailleurs tu en as suffisamment parlé toi-même à la maison. Vivement qu'on retourne à Moscou !

— Ça suffit, lança Strum, je sais déjà toutes les choses agréables que tu veux me dire.

Nadia se tut ; son visage soudain fané et enlaidi ressemblait à celui d'une petite vieille. Elle s'était détournée de son père, mais quand Strum parvint enfin à croiser son regard, il fut surpris par la haine qu'on pouvait y lire.

L'air devint irrespirable, tant de choses mauvaises s'y étaient répandues. Tout ce qui vit dans l'ombre pendant des années dans presque toutes les familles, qui affleure par moments pour être aussitôt refoulé par l'amour et la confiance, venait de remonter à la surface et s'étalait maintenant, remplissant toute leur vie ; on aurait pu croire que seuls l'incompréhension, le soupçon, la haine, les reproches existaient maintenant entre le père, la mère et la fille.

Comme si leur peine et leur destin communs ne pouvaient engendrer que méfiance et solitude.

— Grand-mère ! dit Nadia.

Strum et Lioudmila se tournèrent d'un même mouvement vers Alexandra Vladimirovna : elle tenait sa tête serrée entre ses mains, comme en proie à une douleur insoutenable.

Son impuissance, son inutilité avaient quelque chose d'infiniment pitoyable ; personne ne semblait se soucier d'elle et de son malheur, elle ne faisait que gêner, elle n'avait servi qu'à semer la discorde dans sa famille ; cette femme si forte et sévère d'habitude semblait abandonnée et désemparée.

Se laissant soudain tomber à genoux, Nadia appuya son front contre les jambes d'Alexandra Vladimirovna.

— Grand-mère, ma petite chérie…

Victor Pavlovitch s'approcha du mur, brancha le haut-parleur en carton de la radio et des grondements, des sifflements, des plaintes en sortirent. On aurait dit la méchante nuit d'automne qui régnait sur le front, les villages incendiés, les tombes des soldats, les camps de la Kolyma et de Vorkouta.

Strum regarda le visage sombre de Lioudmila, s'approcha d'Alexandra Vladimirovna, prit ses mains entre les siennes et les baisa.

Puis, il se pencha et caressa la tête de sa fille. On aurait pu croire qu'il ne s'était rien passé pendant ces quelques minutes, c'étaient toujours les mêmes personnes qui se tenaient dans la même pièce, c'était toujours le même malheur qui les écrasait, ils étaient toujours menés par le même destin. Ils étaient seuls à savoir quelle chaleur merveilleuse avait en ces quelques instants empli leurs cœurs…

Une voix bien timbrée envahit soudain la pièce :

« Nos troupes ont mené ce jour des combats contre l'ennemi dans les régions de Stalingrad, de Touapsé et de Naltchik. Rien à signaler sur les autres fronts. »

11

Le lieutenant Peter Bach avait été hospitalisé pour une blessure à l'épaule. Cette blessure se révéla sans gravité, et les camarades qui accompagnaient Bach au fourgon sanitaire le félicitèrent de sa chance.

Intensément heureux, bien que gémissant de douleur, Bach, soutenu par un infirmier, alla prendre son bain.

Le contact de l'eau chaude lui apporta une grande sensation de volupté.

— C'est mieux que dans les tranchées ? demanda l'infirmier qui, désireux de dire quelque chose d'agréable au blessé, ajouta : quand vous sortirez d'ici, tout ira sûrement bien là-bas.

Il fit un geste dans la direction d'où parvenait un grondement régulier et continu.

— Il n'y a pas longtemps que vous êtes ici ? demanda Bach.

L'infirmier frotta un instant le dos du lieutenant puis répondit :

— Qu'est-ce qui vous fait dire ça ?

— C'est que, là-bas, il n'y a plus personne pour penser que les choses finiront bientôt. Au contraire, on pense que ça ne finira pas de sitôt.

L'infirmier regarda l'officier nu dans la baignoire. Bach se souvint que le personnel des hôpitaux avait ordre de faire des rapports sur les opinions des blessés, or ses paroles trahissaient son manque de confiance dans la puissance des forces armées. Il répéta pourtant distinctement :

— Oui, pour le moment, personne ne sait comment les choses vont tourner.

Pourquoi avait-il redit ces paroles dangereuses ? Seul un homme vivant dans un empire totalitaire pouvait le comprendre.

Il les avait répétées par agacement contre la peur qu'il avait éprouvée en les prononçant la première fois. C'était une manière de tactique défensive pour tromper, par son insouciance, son délateur présumé.

Puis, pour dissiper la mauvaise impression produite par ses paroles de contestation, il déclara :

— Il n'y a probablement jamais eu, depuis le début de la guerre, de forces aussi importantes que celles qui ont été rassemblées ici, croyez-moi.

Mais ce jeu compliqué et desséchant finit par le dégoûter et il se réfugia dans un jeu d'enfant en essayant de retenir dans sa main l'eau tiède et savonneuse qui jaillissait tantôt vers le bord de la baignoire, tantôt vers son propre visage.

— C'est le principe du lance-flammes, dit-il à l'infirmier.

Comme il avait maigri ! Il contempla ses bras nus, sa poitrine, et pensa à la jeune femme russe qui l'embrassait deux jours plus tôt. Aurait-il jamais imaginé avoir une aventure avec une femme russe à Stalingrad ? À vrai dire, il était difficile d'appeler cela une aventure. C'était plutôt une liaison due aux hasards de la guerre. Des circonstances extraordinaires, fantastiques, une rencontre dans une cave, il s'avance vers elle parmi les décombres qu'illuminent les éclairs des explosions. Une rencontre telle qu'on en voit dans les livres. Il devait aller la voir hier. Elle pensait sûrement qu'il avait été tué. Quand il serait guéri, il retournerait la voir. Il se demandait qui aurait occupé sa place entre-temps. La nature a horreur du vide...

Peu après son bain, on l'envoya au service de radiologie et le radiologue le plaça devant l'écran.

— Il faisait chaud, là-bas, lieutenant ?

— Plus chaud pour les Russes que pour nous, répondit Bach, désireux de plaire au médecin et d'obtenir un bon diagnostic qui rendrait l'opération facile et indolore.

Le chirurgien entra. Les deux médecins avaient vue sur les tréfonds de Bach et la radioscopie devait leur révéler toutes les impuretés contestataires enfouies au fond de son cœur.

Le chirurgien saisit Bach par le bras et le fit tourner, de façon à le rapprocher ou à l'éloigner de l'écran. Toute son attention allait à la blessure par éclat de balle : qu'à cette blessure fût rattaché un jeune homme ayant fait des études supérieures semblait un hasard négligeable.

Les médecins se mirent à parler un mélange de latin et de joyeux jurons allemands, et Bach comprit que son cas n'était pas trop grave et qu'il sauverait son bras.

— Préparez-le pour l'opération. Moi, je vais m'occuper maintenant de la blessure crânienne. Un cas difficile.

L'infirmier lui enleva sa chemise puis l'assistante du chirurgien le fit asseoir sur un tabouret.

— Bon sang, dit Bach avec un sourire piteux, gêné de sa nudité. Il aurait fallu, Fraulein, réchauffer le tabouret avant d'y faire asseoir, fesses nues, un combattant de la bataille de Stalingrad.

Elle lui répondit sans sourire :

— Cela ne fait pas partie de nos attributions.

Et elle se mit à sortir d'une armoire vitrée des instruments qui firent à Bach une impression terrifiante.

L'extraction de son éclat de balle fut rapide et facile. Bach en voulut même un peu au médecin qui semblait englober le blessé dans son mépris pour une opération si insignifiante.

L'assistante demanda à Bach s'il voulait qu'on le raccompagne dans sa chambre.

— Non, je vais y arriver, répondit-il.

— Vous n'aurez pas besoin de rester longtemps chez nous, lui dit-elle d'un ton rassurant.

— Parfait, répondit-il, car je commençais justement à me languir.

Elle sourit.

L'infirmière se représentait probablement les blessés tels qu'ils étaient décrits dans les journaux. Écrivains et journalistes y racontaient des histoires de blessés qui s'évadaient des hôpitaux pour rejoindre leur cher bataillon et leur régiment, mus par un besoin impérieux de tirer sur l'ennemi, faute de quoi leur vie ne leur semblait pas valoir la peine d'être vécue.

Il était fort possible que les journalistes aient parfois trouvé de tels hommes dans les hôpitaux, ce qui n'empêcha pas Bach d'éprouver un indigne plaisir à se coucher dans son lit aux draps frais, à manger son assiettée de riz au lait, à aspirer les premières bouffées de sa cigarette (il était strictement interdit de fumer dans les chambres) et à engager la conversation avec ses voisins.

Ils étaient quatre blessés dans la chambre : trois officiers du front et un fonctionnaire à la poitrine creuse et au ventre ballonné, envoyé en mission depuis l'arrière et victime d'un accident d'automobile dans la région de Gumrak. Quand il était couché sur le dos, les mains croisées sur le ventre, il donnait l'impression d'un homme maigre à qui on aurait fait la farce de mettre un ballon de football sous la couverture.

C'était sans doute la raison pour laquelle il avait été surnommé « le gardien de but ».

« Le gardien de but » était le seul à se lamenter des effets de sa blessure. Il parlait avec emphase de la patrie, de l'armée, de son devoir, et se disait fier de la mutilation que lui avait value la bataille de Stalingrad.

Les officiers du front, qui avaient versé leur sang pour le peuple, considéraient son patriotisme avec ironie.

L'un d'eux, que sa blessure aux fesses obligeait à rester couché sur le ventre, était le commandant Krapp, il avait été à la tête d'une compagnie d'éclaireurs : c'était un homme au teint blême, avec de grosses lèvres et des yeux bruns à fleur de tête.

— Vous êtes sûrement un de ces gardiens de but, dit-il, qui ne se contentent pas seulement d'arrêter le ballon, mais ne répugnent pas à l'envoyer dans les buts adverses.

L'éclaireur faisait une véritable fixation érotique : sa conversation tournait essentiellement autour des relations sexuelles.

« Le gardien de but » voulut vexer son offenseur en retour et lui demanda :

— Comment se fait-il que vous soyez si pâle ? Vous travaillez sans doute dans les bureaux ?

Mais Krapp ne travaillait pas dans les bureaux.

— Je suis un oiseau de nuit, dit-il : ma chasse se fait la nuit. Quant aux femmes, contrairement à vous, c'est le jour que je couche avec.

La chambrée s'entendait pour critiquer les bureaucrates, qui déguerpissaient tous les soirs de Berlin en voiture pour gagner leur maison de campagne ; on tapait aussi sur les foudres de guerre de l'intendance, qui gagnaient leurs médailles plus vite que les hommes du front. On se racontait les malheurs subis par les familles de ces derniers, leurs maisons bombardées. On tapait sur les chauds lapins restés à l'arrière et qui en profitaient pour s'approprier les femmes des mobilisés. On critiquait enfin les cantines du front, incapables de vendre autre chose que de l'eau de Cologne et des lames de rasoir.

Bach avait pour voisin le lieutenant Gerne. Bach avait eu l'impression que Gerne était d'origine noble, mais il apprit que c'était un de ces paysans promus par le coup d'État national-socialiste. Il était l'adjoint du chef d'état-major du régiment et avait été blessé par un éclat de bombe lors d'un bombardement nocturne.

Quand on eut emporté le gardien de but pour l'opérer, le lieutenant Fresser, qui occupait le lit du coin, déclara à sa façon d'homme simple :

— Moi, je me fais tirer dessus depuis 39, et je n'ai jamais clamé mon patriotisme. On me donne à boire et à manger, on m'habille, eh bien, je me bats ! Sans philosopher.

Bach dit :

— Non, pas tout à fait. Quand les gars du front se moquent de l'hypocrisie du gardien de but, c'est déjà une espèce de philosophie.

— Tiens donc ! dit Gerne. Et dites-nous voir un peu quelle est cette philosophie ?

À l'expression hostile de son regard, Bach eut le sentiment familier d'avoir en face de lui, en Gerne, un homme qui haïssait l'intelligentsia d'avant Hitler.

Bach en avait lu, en avait entendu, des discours sur l'ancienne intelligentsia, qui tendait vers la ploutocratie américaine, sur ses sympathies cachées pour le talmudisme et l'abstraction hébraïque, pour le style judaïsant en peinture et en littérature. Il sentit la haine monter en lui. Maintenant qu'il était prêt à s'incliner devant la puissance brutale de ces hommes nouveaux, pourquoi le regardait-on avec cette sombre et farouche méfiance ? N'avait-il pas souffert des poux, du gel, tout comme eux ? Il était officier de première ligne, et on ne le considérait pas comme un Allemand. Bach ferma les yeux et se tourna vers le mur.

« Pourquoi y a-t-il tant de venin dans votre question ? » marmonnerait-il avec ressentiment ; à quoi Gerne répondrait avec un sourire méprisant et avantageux :

« Comme si vous ne compreniez pas !

— Je vous ai dit que je ne comprenais pas, répondrait Bach, agacé, et il ajouterait : mais je devine. »

Bien entendu, Gerne éclaterait de rire.

« Vous me soupçonnez de duplicité, c'est cela ? » s'écrierait Bach.

« C'est cela, exactement : de duplicité », dirait joyeusement Gerne.

« D'impuissance morale ? »

Là, Fresser se mettrait à ricaner. Krapp, se relevant sur ses coudes, regarderait Bach avec une parfaite insolence.

« Bande de dégénérés, proférerait Bach d'une voix tonitruante. Ces deux-là sont complètement en deçà de la pensée humaine, mais vous, Gerne, vous êtes quand même déjà quelque part à mi-chemin entre le singe et l'homme... Il faut parler sérieusement. »

Il se sentit glacé de haine et ferma très fort les yeux.

« Il suffit que vous ayez commis un opuscule sur je ne sais quel sujet infime, et vous osez déjà haïr ceux qui ont posé les fondements de la science allemande. Vous n'avez pas plutôt publié une misérable petite nouvelle que vous bafouez la gloire de la littérature allemande. Vous vous imaginez la science et les arts comme des sortes de ministères où les fonctionnaires de l'ancienne génération ne vous laissent pas monter en grade. Vous vous y sentez à l'étroit avec votre opuscule : Koch, Nernst, Planck et Kellerman vous gênent... Les sciences et les arts ne sont pas des bureaux, c'est le mont Parnasse sous le ciel infini, où il y a place pour tous les talents, tout au long de l'histoire de l'humanité, tant que vous ne vous mêlez pas de vouloir y porter vos fruits secs. Il n'y manque pas de place : simplement, votre place n'est pas là. Vous cherchez à y faire le vide, mais ce n'est pas cela qui fera monter vos misérables ballons mal gonflés. Vous en avez chassé Einstein, mais sa place n'est pas pour vous. Oui, oui, Einstein, un Juif, et cependant un génie, mille pardons. Il n'est pas de puissance au monde qui puisse vous aider à occuper sa place. Demandez-vous un peu si cela vaut la peine de dépenser tant d'énergie pour détruire ceux dont les places resteront vides à tout jamais. Si votre impuissance vous empêche de suivre la voie ouverte par Hitler, la faute en revient à vous seuls, et il est inutile de déverser votre haine sur ceux qui valent mieux que vous. La méthode de la haine policière n'aboutit à rien dans le domaine de la culture. Vous voyez bien que Hitler, Goebbels comprennent cela parfaitement. Ils nous montrent l'exemple. Voyez avec combien d'amour, de patience et de tact ils prennent soin des sciences, de la littérature et de la peinture allemandes. Prenez exemple sur eux, suivez la voie de la consolidation, au lieu d'apporter la discorde dans cette cause allemande qui nous est commune ! »

Après avoir prononcé intérieurement son discours imaginaire, Bach rouvrit les yeux.

Ses voisins étaient sagement couchés sous leurs couvertures.

Fresser annonça :

— Camarades, regardez par ici !

Et, d'un geste de prestidigitateur, il extirpa de dessous son oreiller un litre de cognac italien « Trois Valets ». Gerne émit un curieux bruit de gorge : seul un authentique ivrogne, et un ivrogne paysan, pouvait couver une bouteille d'un tel regard.

« Et pourtant, ce n'est pas un mauvais homme : c'est clair comme le jour qu'il n'est pas mauvais », pensa Bach, et il eut honte du discours hystérique qu'il avait prononcé sans le prononcer.

Pendant ce temps, Fresser sautillait sur une jambe et versait le cognac dans les verres qui se trouvaient sur les tables de chevet.

— Vous êtes un lion ! dit l'éclaireur en souriant.

— Voilà un vrai soldat, dit Gerne.

Fresser dit à son tour :

— Un des toubibs en chef a remarqué ma bouteille et m'a demandé : « Qu'est-ce qu'il y a d'enveloppé dans ce journal ? » Je lui ai répondu : « C'est les lettres de ma mère, je ne m'en sépare jamais. »

Il leva son verre :

— Bon, bien le bonjour du front, lieutenant Fresser ! Ils vidèrent tous leur verre.

Gerne eut aussitôt envie de boire un deuxième coup :

— Zut, il faut en laisser pour le gardien de but.

— Tant pis pour lui, pas vrai, lieutenant ? demanda Krapp.

— Il n'a qu'à accomplir son devoir envers la patrie, pendant ce temps-là, nous, on boit, dit Fresser. On a tous envie de vivre.

— Mon cul revit, dit l'éclaireur. Manque plus qu'une dame un peu potelée.

Ils se sentaient tous d'humeur gaie et légère.

— Allez, c'est parti, dit Gerne en levant son verre. Et chacun de vider le sien.

— C'est bien qu'on soit tombés dans la même chambre.

— Et moi, j'ai tout de suite compris, quand je vous ai vus. Je me suis dit : « Ça, c'est des vrais gars du front. »

— Moi, à vrai dire, j'avais des doutes sur Bach. J'ai pensé : « Celui-là, il est au parti. »

— Non, je ne suis pas au parti.

Ils commençaient à avoir chaud et rejetèrent leurs couvertures. La conversation s'engagea sur les combats du front.

Fresser avait combattu sur le flanc gauche, aux environs du village d'Okatovka.

— Va savoir pourquoi, dit-il, les Russes sont incapables de mener une offensive. Mais nous voilà déjà début novembre et, nous non plus, on ne bouge pas. Qu'est-ce qu'on a bu comme vodka, au mois d'août, en trinquant toujours à la même chose : ne pas se perdre de vue après la guerre ; fonder une association des anciens combattants de Stalingrad.

— L'offensive, ça peut aller, dit l'éclaireur, qui s'était battu dans le quartier des usines. Ce qu'ils ne savent pas faire, c'est consolider leurs positions. Ils vous foutent dehors et les voilà aussitôt partis se coucher ou bouffer, pendant que leurs chefs se bourrent la gueule.

— De vrais sauvages, dit Fresser avec un clin d'œil. On a dépensé plus de ferraille contre ces sauvages de Stalingrad que contre l'Europe tout entière.

— Pas seulement de la ferraille, dit Bach. Dans notre régiment, il y en a qui pleurent sans raison et d'autres qui poussent des cris de coq.

— Si aucune action décisive n'intervient avant l'hiver, dit Gerne, ça va être la guerre à la chinoise. Une invraisemblable cohue.

L'éclaireur dit à mi-voix :

— Vous savez que nous préparons une offensive dans le quartier des usines : on y a rassemblé plus de troupes qu'il n'y en a jamais eu jusqu'à présent. Ça va péter d'un jour à l'autre. Le 20 novembre, on aura chacun une fille de Saratov dans son lit.

De derrière les fenêtres tendues de rideaux parvenaient l'ample et majestueux grondement de l'artillerie et le vrombissement des avions dans la nuit.

— Tiens, ça c'est le bruit des coucous russes[1], dit Bach. C'est à cette heure-ci qu'ils bombardent. Certains les appellent des scies à nerfs.

— Dans notre état-major à nous, dit Gerne, on les appelle le sous-officier de service.

— Chut ! dit l'éclaireur, un doigt levé. Vous entendez les gros calibres !

— Pendant ce temps-là, nous, on déguste notre petit cognac dans la salle des blessés légers, dit Fresser.

Pour la troisième fois de la journée, ils se sentirent tout gais.

Ils se mirent à parler des femmes russes. Chacun avait son histoire à raconter. Bach n'aimait pas ce genre de conversations.

Et pourtant, ce soir-là, à l'hôpital, il parla de Zina, qui vivait dans la cave d'une maison en ruine : il en parla si gaillardement qu'il fit rire tout le monde.

Soudain, l'infirmier entra : il considéra un instant les visages joyeux des blessés puis se mit à défaire le lit du gardien de but.

— Alors, notre défenseur de la patrie berlinois, vous l'avez renvoyé pour simulation ? demanda Fresser.

— Pourquoi tu ne réponds pas ? dit Gerne : on est tous des hommes, s'il lui est arrivé quelque chose, tu peux nous le dire.

— Il est mort, dit l'infirmier. Arrêt du cœur.

— Voilà où mènent les discours patriotiques, dit Gerne.

Bach intervint :

— Ce n'est pas bien de parler ainsi d'un mort. Il ne mentait pas : il n'avait pas de raison de nous mentir. Il était donc sincère. Non, ce n'est pas bien, camarade.

— Ah ! ah ! dit Gerne, il me semblait bien que le lieutenant était chargé de nous apporter la parole du parti. J'ai tout de suite compris qu'il appartenait à la nouvelle race idéologique.

12

Cette nuit-là, Bach n'arriva pas à s'endormir : il se sentait trop bien installé. Il se remémorait avec un sentiment étrange son abri, ses camarades, l'arrivée de Lenard et se revoyait, contemplant avec eux le coucher

---

1. Voir « U-2 » dans le Dictionnaire.

du soleil par la porte ouverte de l'abri, buvant le café de leur thermos et fumant.

La veille, au moment de monter dans le fourgon sanitaire, il avait passé son bras valide autour des épaules de Lenard, ils s'étaient regardés tous deux dans les yeux puis avaient éclaté de rire.

Aurait-il jamais pensé qu'il boirait un jour en compagnie d'un SS dans un bunker de Stalingrad, et qu'il marcherait à travers les ruines éclairées par les lueurs d'un incendie vers sa maîtresse russe ?

Ce qui lui était arrivé avait quelque chose d'étonnant. Pendant de longues années il avait haï Hitler. Quand il entendait les paroles éhontées de ces professeurs chenus qui déclaraient que Faraday, Darwin et Edison n'étaient qu'une bande de filous qui avaient pillé la science allemande et que Hitler était le plus grand savant de tous les temps et de tous les peuples, il pensait avec une joie mauvaise : « Toutes ces inepties finiront bien par être balayées un jour. » Il avait le même sentiment à la lecture de ces romans qui décrivaient à grand renfort de mensonges effarants des hommes sans défauts, le bonheur des ouvriers et des paysans bien dans la ligne, le beau travail d'éducation des masses accompli par le parti. Mon Dieu, quels misérables poèmes paraissaient dans les revues ! C'était peut-être ce qui le touchait le plus : lycéen, il avait lui-même écrit des vers.

Et voici qu'à Stalingrad il avait voulu entrer au Parti. Lorsqu'il était enfant et qu'il discutait avec son père, il avait si peur que son père réussisse à le faire changer d'opinion qu'il se bouchait les oreilles et criait : « Je ne veux pas écouter, je ne veux pas... » Mais cette fois, il avait entendu ! Le monde avait tourné autour de son axe.

La nullité des pièces de théâtre et des films continuait à le dégoûter. Peut-être faudrait-il que le peuple se passe de poésie pendant quelques années, une dizaine d'années, qui sait ? Mais qu'y faire ? Pourtant, il était parfaitement possible d'écrire la vérité aujourd'hui même ! Et cette vérité, c'était l'âme allemande elle-même, elle qui donnait son sens au monde. Les maîtres de la Renaissance avaient bien su exprimer, dans leurs œuvres, faites sur commandes de princes ou d'évêques, les plus grandes valeurs spirituelles...

L'éclaireur Krapp dormait toujours, tout en participant à un combat nocturne qui le fit crier si fort qu'on aurait sans doute pu entendre son cri de l'extérieur : « Balancez-lui une grenade, une grenade ! » Il voulut ramper, se retourna maladroitement, poussa un hurlement de douleur, puis se rendormit et se remit à ronfler.

Même le massacre des Juifs, qui le faisait frémir, lui apparaissait à présent sous un jour nouveau. Oh ! bien sûr, s'il avait été au pouvoir, il aurait fait cesser immédiatement le génocide des Juifs. Il avait certes un certain nombre d'amis juifs, mais il fallait bien reconnaître qu'il existait un caractère allemand, une âme allemande et, par conséquent, un caractère et une âme juifs.

Le marxisme avait fait faillite ! C'était là une pensée difficile à admettre pour un homme dont le père et la mère avaient été des sociaux-démocrates.

Marx ressemblait à un physicien qui aurait fondé sa théorie de la structure de la matière sur les forces centrifuges sans tenir compte de l'attraction terrestre. Il avait défini les forces centrifuges des classes sociales, et c'était lui qui les avait le mieux mises en lumière tout au long de l'histoire de l'humanité. Mais, et c'était ce qui arrivait souvent aux auteurs d'une grande découverte, il s'était abusé lui-même, croyant que les forces de la lutte des classes qu'il avait définies étaient seules à déterminer l'évolution de la société et la marche de l'Histoire. Il n'avait pas vu les forces puissantes qui unissaient une nation par-dessus les classes, et sa physique sociale, élaborée sans tenir compte de la loi universelle de l'attraction nationale, était absurde.

L'État n'était pas l'effet, il était la cause !

C'était une loi mystérieuse et divine qui déterminait la naissance d'un État national ! Il constituait une unité vivante, il était seul à pouvoir exprimer ce que des millions d'hommes avaient de plus précieux, d'immortel, à savoir le caractère allemand, la volonté allemande, l'abnégation allemande.

Bach demeura étendu un long moment, les yeux fermés. Pour essayer de s'endormir, il essaya de compter des moutons : un blanc, un noir, un blanc, un noir, encore un blanc et encore un noir...

Le lendemain matin, après le petit déjeuner, Bach écrivit une lettre à sa mère. Il soupirait, le front plissé : tout ce qu'il écrivait lui serait désagréable. Mais c'était à elle qu'il lui fallait dire ce qu'il ressentait ces derniers temps. Lors de sa dernière permission, il ne lui avait rien dit. Mais elle avait bien vu son agacement, et son peu d'envie de l'écouter raconter ses éternels souvenirs sur son père, toujours les mêmes.

« Il renie la foi de son père », penserait-elle. Justement pas. Car il refusait d'être un renégat.

Les malades, fatigués par les soins du matin, se taisaient. Un blessé grave amené au cours de la nuit occupait le lit du gardien de but. Il n'avait pas repris connaissance, et on ne pouvait pas savoir à quelle unité il appartenait.

Comment faire pour expliquer à sa mère que les hommes de la nouvelle Allemagne lui étaient aujourd'hui plus proches que ses amis d'enfance ?

Un infirmier entra et demanda :

— Le lieutenant Bach ?

— C'est moi, dit Bach en cachant de sa main le début de sa lettre.

— Monsieur le lieutenant, une Russe vous demande.

— Moi ? dit Bach, stupéfait, et il comprit aussitôt que c'était son amie de Stalingrad, Zina. Comment avait-elle pu savoir où il se trouvait ? Il se souvint alors que ce devait être le chauffeur du fourgon sanitaire du régiment. Il se réjouit et fut ému : elle en avait eu du courage, pour faire du stop, la nuit, puis pour parcourir à pied six ou huit kilomètres. Il se rappela son teint pâle, ses grands yeux, son cou gracile et son fichu gris sur la tête.

La chambrée se mit à glousser.

— Chapeau, lieutenant Bach, dit Gerne. Ça, c'est du vrai travail sur la population indigène !

Fresser agita les mains avec un sifflement d'admiration, et dit :

— Amenez-la ici, infirmier. Le lit du lieutenant est assez large. On va les marier.

L'éclaireur Krapp dit à son tour :

— Les femmes, c'est comme les chiens : elles suivent l'homme à la trace.

Bach se sentit brusquement indigné. Qu'est-ce qu'elle s'imaginait donc ? Elle se permettait d'entrer dans un hôpital militaire ! Il était interdit aux officiers allemands d'avoir des relations avec les femmes russes. Et s'il y avait eu des membres de sa famille travaillant dans cet hôpital, ou simplement des gens connaissant la famille Forster ? Après des relations si insignifiantes, même une Allemande n'aurait pas osé venir lui rendre visite.

Le blessé grave, toujours inconscient, sembla éclater d'un rire dégoûté.

— Dites à cette femme que je ne peux pas sortir la voir, dit-il en se renfrognant et, pour ne pas participer à la joyeuse conversation de la chambrée, il reprit aussitôt son crayon et se mit à relire ce qu'il avait écrit.

« … Ce qu'il y a d'étonnant, c'est que j'ai considéré pendant de longues années que l'État m'opprimait. Mais maintenant, j'ai compris que c'est précisément lui qui exprime mes aspirations. Je ne veux pas d'un destin facile. S'il le faut, je romprai avec mes anciens amis. Je sais que ceux vers qui je me tourne ne me considéreront jamais entièrement comme un des leurs. Mais je me plierai à ce qu'il y a d'essentiel en moi… »

La chambrée était toujours aussi joviale.

— Chut, ne le dérangez pas. Il écrit à sa fiancée, dit Gerne.

Bach se mit à rire. Par instants, son rire contenu ressemblait à des sanglots et il pensa qu'il aurait pu tout aussi bien pleurer.

13

Les généraux et les officiers qui ne voyaient pas souvent Paulus, le commandant de la VIe armée d'infanterie, estimaient qu'il n'y avait eu de changement ni dans les idées ni dans l'état d'esprit du général. Son attitude, sa façon de commander, le sourire avec lequel il écoutait aussi bien les petites remarques de détail que les rapports importants témoignaient de ce que le général en chef continuait à soumettre les divers aléas de la guerre à sa propre autorité.

Seuls ceux qui l'approchaient de très près, comme son aide de camp, le colonel Adams, ou le général Schmidt, chef d'état-major de l'armée, comprenaient à quel point Paulus avait changé depuis le commencement des combats de Stalingrad. Il avait gardé son charme, son humour, sa bienveillance et cette faculté d'entrer tantôt avec hauteur, tantôt avec amitié dans les circonstances de la vie de ses officiers. Il était toujours en son pouvoir de mener au combat des régiments et des divisions entières, d'élever ou de rétrograder ses hommes, d'attribuer des décorations. Il fumait toujours les mêmes cigares... Mais l'essentiel, le fond caché de son âme se transformait de jour en jour et allait connaître un changement irrévocable.

Le sentiment qu'il avait eu jusque-là de maîtriser les circonstances et le temps l'abandonnait. Encore tout récemment, il parcourait d'un regard paisible les rapports du service de renseignement de l'état-major ; peu lui importaient les intentions des Russes ou les mouvements de leurs unités de réserve.

À présent, Adams s'apercevait que, parmi les différents rapports et documents qu'il posait le matin sur le bureau du commandant, celui-ci commençait par extraire les renseignements sur les mouvements que les Russes avaient effectués pendant la nuit.

Un jour, Adams modifia l'ordre dans lequel les différents documents étaient disposés dans le dossier et plaça au-dessus les rapports du service de renseignement. Paulus ouvrit le dossier, regarda le premier document. Ses longs sourcils remontèrent, puis il referma brusquement le dossier.

Le colonel Adams comprit qu'il avait commis une indélicatesse. Il fut surpris par le bref regard, presque pitoyable, du général.

Quelques jours plus tard, après avoir parcouru les rapports et les documents disposés, cette fois, dans l'ordre habituel, Paulus sourit et dit à son officier d'ordonnance :

— Monsieur le novateur, vous me semblez perspicace.

Ce soir-là, une paisible soirée d'automne, le général Schmidt avait au cœur une certaine fierté en se rendant chez Paulus pour lui faire son rapport.

Schmidt se dirigeait vers la maison du commandant par une des larges rues du village ; il respirait avec plaisir l'air froid qui lui semblait laver sa gorge encrassée de tout le tabac qu'il avait fumé pendant la nuit. De temps en temps, il regardait le ciel que coloraient les teintes sombres du crépuscule de la steppe. Il avait l'âme sereine, pensait à la peinture et constatait que ses brûlures d'estomac avaient enfin cessé de le tourmenter.

Il marchait le long de la rue, paisible et déserte le soir, et dans sa tête, sous sa casquette à la lourde visière, prenait place tout ce qui devait concourir au combat le plus acharné qui avait jamais été préparé depuis le début de la bataille de Stalingrad. Ce fut d'ailleurs ce qu'il dit au commandant lorsque celui-ci l'invita à s'asseoir et s'apprêta à l'écouter.

— Bien sûr, dit-il, l'histoire de nos armes a connu des attaques mobilisant des quantités infiniment plus importantes de matériel. Mais, en ce qui me concerne, je n'ai jamais été amené à créer une telle densité d'armements, à la fois de terre et d'air, sur une superficie du front si réduite.

Paulus écoutait le chef d'état-major dans une attitude qui n'était pas celle d'un vrai général. Le dos voûté, il tournait la tête avec une sorte de docilité empressée pour suivre les mouvements du doigt de Schmidt qui indiquait les différentes colonnes du graphique et les secteurs de la carte. C'était lui qui avait conçu cette offensive. C'était lui, Paulus, qui en avait défini les paramètres. Or, à présent, en écoutant Schmidt, le plus brillant chef d'état-major avec lequel il ait jamais eu l'occasion de travailler, il ne reconnaissait pas ses propres idées dans l'élaboration détaillée de cette prochaine action.

Il lui semblait qu'au lieu d'exposer les conceptions de Paulus sous forme de programme tactique, Schmidt lui imposait sa propre volonté et préparait contre son gré l'offensive de l'infanterie, des chars et des bataillons du génie.

— Oui, dit Paulus, cette densité impressionne d'autant plus si on la compare avec le vide de notre aile gauche.

— Impossible de faire autrement, dit Schmidt, il y a trop de terre à l'est, plus que de soldats allemands.

— Je ne suis pas le seul à m'en inquiéter ; von Weichs m'a dit : « Ce n'est pas avec le poing que nous avons frappé, mais avec la main grande ouverte, les doigts largement écartés sur toute l'étendue de l'Est. » Cela n'inquiète pas non plus que Weichs. Le seul à ne pas s'en inquiéter, c'est…

Il ne finit pas sa phrase.

Tout se passait à la fois comme il le fallait et comme il ne le fallait pas.

On avait l'impression que, des imprécisions dues au hasard et des détails pernicieux de ces dernières semaines de combat, allait surgir incessamment le véritable visage de la guerre, morne et désespéré.

Le service de renseignement continuait obstinément à annoncer une concentration de troupes soviétiques au nord-ouest. L'aviation n'était pas en mesure d'empêcher cette concentration. Weichs ne possédait pas de réserves allemandes sur les flancs de l'armée de Paulus. Il tentait de désinformer les Russes en implantant des émetteurs de radio allemands en zone roumaine. Mais cela ne transformerait pas les Roumains en Allemands.

… La campagne africaine avait commencé par des victoires, ainsi que la superbe vengeance prise sur les Anglais à Dunkerque, en Norvège, en Grèce : mais tout cela n'avait pas été couronné par la prise des îles Britanniques. Les formidables victoires à l'est, la percée sur des milliers de kilomètres vers la Volga n'avaient pas non plus abouti à l'anéantissement définitif de l'armée soviétique… Il semblait toujours que le plus important fût accompli et que seul un obstacle insignifiant, dû au hasard, eût empêché de mener les choses à bonne fin.

Que signifiaient ces quelques centaines de mètres qui le séparaient de la Volga, ces usines à demi détruites, ces carcasses vides de maisons incendiées, comparées aux espaces grandioses conquis pendant l'offensive de cet été ?... Ce n'étaient aussi que quelques kilomètres de désert qui séparaient Rommel de son oasis égyptienne[1]. Il n'avait manqué que quelques heures et quelques kilomètres, enfin, à Dunkerque, pour que le triomphe fût complet sur la France brisée[2]... Partout et toujours ces mêmes quelques kilomètres les séparaient de la victoire décisive sur l'ennemi, partout et toujours c'était le vide sur leurs flancs, d'immenses espaces derrière leurs troupes victorieuses et le manque de réserves.

Ce fameux été 1942 ! Il n'est donné à l'homme qu'une fois dans sa vie de vivre des jours tels que ceux-là. Il avait senti sur son visage le souffle de l'Inde. Si l'avalanche qui balaie les forêts et fait sortir les rivières de leur lit pouvait éprouver des sensations, elle aurait éprouvé ce qu'il avait ressenti à ce moment-là.

Car c'est à ce moment-là que l'idée lui était venue que l'oreille allemande s'était habituée au nom de Friedrich : c'était une plaisanterie, ce n'était pas une idée sérieuse, mais il l'avait eue tout de même. Et c'est justement à ce moment-là qu'un petit grain de sable bien dur avait crissé sous son pied, ou peut-être entre ses dents. Au sein du quartier général régnait l'exaltation du bonheur et du triomphe. Il recevait des commandants d'unités des rapports écrits, des rapports oraux, des rapports radio, des rapports téléphoniques. On avait l'impression que ce n'était plus le dur travail du soldat, mais l'expression symbolique du triomphe allemand...

Mais un jour, le téléphone avait sonné : « Mon général... » À la voix, Paulus avait reconnu celui qui parlait : c'était l'intonation de la guerre quotidienne, peu en harmonie avec les carillons dont résonnaient l'air et les ondes. Le commandant de division Weller lui avait annoncé que, dans son secteur, les Russes étaient passés à l'offensive et qu'une de leurs unités d'infanterie équivalant à peu près à un bataillon renforcé avait réussi une percée vers l'ouest et occupait la gare de Stalingrad. C'était cet événement insignifiant qui avait fait naître en Paulus son sentiment d'inquiétude.

Schmidt lut à haute voix son projet de l'ordre d'opérations, redressa insensiblement les épaules et releva le menton pour exprimer qu'il ressentait bien le côté officiel du moment, nonobstant les bonnes relations qu'il entretenait avec le général.

Celui-ci eut alors ces paroles étranges et inattendues, qu'il prononça à mi-voix, sur un ton qui n'avait rien de celui d'un militaire et encore moins d'un général, et qui troublèrent Schmidt :

— Je crois au succès. Mais vous savez, il faut dire que notre lutte dans cette ville est totalement inutile et insensée.

---

1. En juin 1942, les troupes de Rommel se trouvaient à 100 kilomètres d'Alexandrie et du delta du Nil. Cela fut un moment dramatique pour les troupes britanniques qui risquaient de perdre le contrôle du canal de Suez.
2. Il s'agit de la bataille de Dunkerque, où les Allemands ne purent anéantir les Franco-Britanniques encerclés, ce qui permit le rembarquement vers l'Angleterre d'une partie des forces alliées (mai-juin 1940).

— C'est un peu inattendu de la part de celui qui commande les armées de Stalingrad, dit Schmidt.

— Vous trouvez cela inattendu ? Stalingrad a cessé d'exister en tant que centre de communications et d'industrie lourde. Qu'avons-nous à y faire maintenant ? Nous pouvons couvrir le flanc nord-est des armées du Caucase le long de la ligne Astrakhan-Kalatch. Pour cela, nous n'avons pas besoin de Stalingrad. Je crois au succès, Schmidt : nous réussirons à prendre l'usine de tracteurs. Mais cela ne nous permettra pas de protéger notre aile. Von Weichs ne doute pas un instant que les Russes vont frapper. Le bluff ne les arrêtera pas.

À quoi Schmidt répondit :

— Le cours des événements modifie leur sens, mais le Führer ne s'est jamais replié sans avoir rempli sa mission jusqu'au bout.

Paulus pensait, lui aussi, que les plus brillantes victoires n'avaient malheureusement pas porté leurs fruits, parce qu'elles n'avaient pas été menées jusqu'au bout avec la ténacité et la fermeté nécessaires. Mais il lui semblait en même temps que savoir refuser d'accomplir certaines missions quand elles avaient perdu tout leur sens prouvait la véritable force d'un général.

Devant le regard pressant et intelligent du général Schmidt, il ajouta :

— Ce n'est pas à nous d'imposer notre volonté à un grand stratège.

Il prit le texte de l'ordre d'opérations et le signa.

— Seulement quatre exemplaires, dit Schmidt : ultra-secret.

14

Après sa visite à l'état-major de l'armée des steppes, Darenski se rendit dans une unité disposée sur le flanc sud-ouest, dans les étendues sablonneuses et désertiques autour de la mer Caspienne.

Darenski avait l'impression maintenant que les steppes avec les cours d'eau et les lacs étaient une sorte de paradis terrestre, on y voyait de l'herbe, parfois un arbre, on y entendait hennir les chevaux.

Des milliers d'hommes habitués à la rosée du matin, au bruissement du foin, à l'air humide étaient installés dans ce désert de sable. Le sable fouette la peau, pénètre dans les oreilles, il crisse dans la bouillie et dans le pain, il se glisse dans le sel et les culasses, dans les mécanismes des montres, dans les rêves des soldats… Le corps de l'homme, ses narines, sa gorge, ses mollets souffrent. Le corps de l'homme y vit comme une télègue qui quitterait la route pour rouler à travers champs.

Darenski passa sa journée à inspecter les positions de l'artillerie, il discutait, écrivait, dessinait des schémas, examinait les pièces et les stocks de munitions. Le soir, il était épuisé, ses oreilles bourdonnaient, ses jambes, peu habituées à marcher dans le sable, lui faisaient mal.

Darenski avait remarqué depuis longtemps que les généraux devenaient particulièrement attentifs aux besoins de leurs subordonnés quand une armée battait en retraite ; les commandants d'armées et les membres de conseils d'armée faisaient preuve, en veux-tu en voilà, de modestie, de scepticisme, d'esprit critique. Jamais une armée ne connaissait autant d'esprits profonds que pendant une retraite désespérée quand l'ennemi avançait et que la *Stavka* cherchait des coupables.

Mais ici, dans les sables, les hommes étaient plongés dans une somnolence indifférente. On aurait pu croire que les officiers d'état-major et de troupes s'étaient persuadés qu'il n'y avait rien à faire, que de toute façon, demain et après-demain et dans un an, il n'y aurait que du sable.

Bova, le chef d'état-major du régiment d'artillerie, invita Darenski à passer la nuit chez lui. Malgré son nom de preux de légende, Bova était voûté, chauve et sourd d'une oreille[1]. Il avait un jour été convoqué à l'état-major d'artillerie du front et les avait tous stupéfiés par son incroyable mémoire. On eût dit qu'il ne pouvait y avoir dans son crâne pelé, planté sur d'étroites épaules voûtées, que des chiffres, des numéros de batteries et de divisions, des noms d'agglomérations et de commandants, des calculs de hauteur de tir.

Bova vivait dans une cahute de planches enduites d'argile et de fumier, le sol était couvert de quelques plaques de tôle rouillée. Elle ressemblait en tout point aux cahutes qu'habitaient les officiers à travers les sables.

— Salut, dit Bova en secouant énergiquement la main de Darenski. On est bien ici, hein ? (Il montra les murs tout autour.) C'est là qu'il faudra passer l'hiver, dans cette niche enduite de merde.

— Oui, pas terrible comme logis, fit Darenski, étonné par la transformation du doux et calme Bova.

Il installa Darenski sur une caisse qui avait contenu des conserves américaines, lui tendit un grand verre sale, couvert de traces de dentifrice, qu'il emplit à ras bord de vodka et lui présenta une tomate marinée sur un lambeau de journal détrempé.

— Régalez-vous, camarade lieutenant-colonel, voilà le champagne et les ananas.

Darenski, peu porté sur l'alcool, but une petite gorgée précautionneuse, posa le verre loin de lui et entreprit d'interroger Bova sur la situation dans l'armée. Mais Bova n'avait pas envie de parler travail :

— Je ne pensais qu'au service, je ne voulais pas me laisser distraire, service service, et pourtant, il y avait de ces bonnes femmes quand on était en Ukraine, sans parler du Kouban. Seigneur... et pas farouches avec ça, suffisait de claquer des doigts ! Et moi, espèce de crétin, j'usais mes fonds de pantalons au bureau-opérations, j'ai compris trop tard : j'étais déjà au milieu des sables !

---

1. Allusion au prince Bova, preux, vaillant héros d'un conte populaire, connu en Russie depuis la fin du XVIIᵉ siècle et inspiré par un poème de la littérature italienne médiévale.

Si, pour commencer, Darenski était irrité parce que Bova ne voulait pas discuter de la densité moyenne des troupes par kilomètre de front ou de la supériorité du mortier sur l'artillerie classique dans les conditions du désert, il finit par s'intéresser au tour qu'avait pris la conversation.

— Pas qu'un peu, fit-il, les Ukrainiennes sont de belles femmes. En 1941, notre état-major était à Kiev, je fréquentais quelqu'un, une Ukrainienne, c'était une beauté !

Il se souleva, leva la main, ses doigts touchant le plafond bas, et ajouta :

— Pour ce qui est du Kouban, ce n'est pas moi qui vais vous contredire. De ce point de vue, on peut le mettre à une des toutes premières places : un énorme pourcentage de belles femmes.

Les paroles de Darenski eurent un effet extraordinaire sur Bova : il jura et poussa un cri de désespoir.

— Et maintenant, tout ce qu'on a, c'est des Kalmoukes !

— Là, je ne suis pas d'accord, dit Darenski.

Et il prononça un discours assez bien construit sur le charme des femmes des steppes, sentant l'herbe et la fumée, aux pommettes hautes et à la peau basanée. Il se souvint d'Alla Sergueïevna et conclut :

— D'ailleurs, des femmes, il y en a partout. Il n'y a pas d'eau dans le désert, ça, c'est vrai, mais des dames, ça se trouve.

Bova ne répondit pas, Darenski s'aperçut que son hôte dormait, et il comprit que Bova était fin soûl.

Les ronflements de Bova ressemblaient aux râles d'un mourant, sa tête pendait du lit. Darenski, avec cette patience et cette bonté particulières qu'éprouve l'homme russe à l'égard d'un ivrogne, mit un oreiller sous la tête de Bova, essuya un filet de bave, puis il chercha un endroit où il pourrait s'installer pour dormir.

Darenski étendit sur le sol la capote du maître des lieux, puis la sienne, prit, en guise d'oreiller, sa sacoche qui, en mission, lui servait tout à la fois de bureau, de stock de vivres et de trousse de toilette.

Il sortit, avala l'air frais de la nuit, en soupira d'aise, se soulagea tout en contemplant les étoiles, se dit : « Ouais, le cosmos » et rentra dormir.

Il s'étendit sur le manteau de Bova, se couvrit du sien, mais, au lieu de fermer les yeux, il resta à fixer l'obscurité.

Quelle pauvreté l'entourait ! Couché par terre, il regardait des restes de tomates marinées et une valise en carton bouilli qui devait contenir une serviette marquée d'un tampon noir, une boîte à savon ébréchée et un étui à revolver vide.

L'isba de Pogromne, où il avait passé une nuit l'automne dernier, lui semblait maintenant bien luxueuse ; mais dans un an, quand, au fond d'un trou où il n'aurait plus ni rasoir, ni bagage, ni même bouts de chiffons pour s'envelopper les pieds, il se souviendrait de cette cabane, elle lui apparaîtrait d'un confort raffiné.

Darenski avait beaucoup changé pendant ces quelques mois à l'état-major de l'artillerie. Il y avait satisfait sa soif de travail et il n'éprouvait pas plus de bonheur maintenant à travailler que n'en éprouve un homme qui boit tous les jours à sa soif.

Il travaillait bien et ses supérieurs l'appréciaient. Il s'en réjouissait les premiers temps, en homme qui n'a pas l'habitude de se sentir indispensable. Il avait même été habitué au contraire pendant de longues années.

Il ne se demandait pas pourquoi la supériorité qu'il ressentait sur ses collègues ne se traduisait pas par une bienveillance affable à l'égard de ses camarades, marque des gens authentiquement forts. Fort, de toute évidence, il ne l'était pas.

Il s'irritait souvent, criait, jurait, puis regardait d'un œil douloureux ceux qu'il avait offensés, sans jamais, pourtant, leur demander pardon. On lui en voulait mais on ne le tenait pas pour un mauvais homme. Il était, peut-être, encore plus apprécié à l'état-major du groupe d'armées de Stalingrad que ne l'avait été Novikov au groupe d'armées du sud-ouest. On disait que des pages entières de ses rapports passaient dans les notes qu'adressaient ses supérieurs à Moscou. Ainsi, son intelligence, son travail étaient utiles. Mais sa femme l'avait quitté cinq ans avant la guerre parce qu'il était « un ennemi du peuple qui avait su cacher sa nature visqueuse et hypocrite ». Ses origines nobles, par son père et par sa mère, l'avaient souvent empêché de trouver du travail[1]. Darenski avait fini par croire qu'il n'était réellement pas digne d'un travail opérationnel, d'un poste à responsabilités. Après les camps, il s'était définitivement convaincu de son infériorité.

Et voilà que cette guerre terrible révélait qu'il n'en était rien.

Darenski remonta sa capote sur ses épaules, découvrant ses pieds à l'air froid qui venait de la porte, et se dit que maintenant, où ses capacités étaient enfin reconnues, il dormait à même le sol dans une cage à lapins, il entendait les cris perçants des chameaux, et rêvait non de palaces ou de plages privées, mais de mettre des caleçons propres et de pouvoir se laver avec un rogaton de savon noir.

Il était fier que sa promotion ne lui apportât aucun avantage matériel, mais en même temps cela l'irritait.

La haute opinion qu'il avait de lui-même s'associait à un manque d'assurance dans la vie courante : Darenski avait l'impression que les biens de la vie n'étaient pas faits pour lui. Ce manque d'assurance, le manque d'argent, le sentiment de porter des vêtements usés lui étaient coutumiers depuis l'enfance.

Et maintenant, en sa période faste, ce sentiment ne le quittait pas.

L'idée qu'il pourrait se présenter au mess du conseil militaire et que la serveuse lui dirait : « Camarade colonel, vous n'avez droit qu'à la cantine de l'économat », l'effrayait. Et ensuite, à une quelconque réunion, un quelconque général, amateur de plaisanteries, lui lancerait : « Alors, colonel, il est bon le bortsch au mess du conseil ? » L'assurance dont faisaient preuve

---

1. Voir « Droits civiques » dans le Dictionnaire.

les généraux, bien sûr, mais même les simples reporters photographes, quand ils mangeaient, buvaient, exigeaient essence et cigarettes là où ils n'y avaient pas droit, l'emplissait d'étonnement.

Ainsi allait la vie, son père n'avait pu trouver de travail pendant de longues années, c'était sa mère qui faisait vivre la famille en travaillant comme dactylo.

Au milieu de la nuit, les ronflements de Bova s'interrompirent et Darenski prêta l'oreille au silence inquiétant qui s'instaura.

— Vous ne dormez pas, camarade colonel ? demanda soudain Bova.

— Non, je n'ai pas sommeil.

— Pardonnez-moi de ne pas vous avoir mieux reçu hier. J'avais un peu trop bu. À présent, j'ai la tête claire, comme si de rien n'était. Vous savez, je suis là, à me demander comment nous avons fait pour nous retrouver dans ce coin perdu. Qui nous a aidés à atterrir dans cette région oubliée de Dieu ?

— Qui vous voulez que ce soit ? Les Allemands, bien sûr.

— Passez donc sur le lit, et moi, je me mettrai par terre, proposa Bova.

— Mais non, voyons, je suis très bien ici.

— Ça ne se fait pas chez les Caucasiens : le maître de maison se prélasse dans le lit, alors que l'invité doit rester par terre.

— Ce n'est pas grave, nous ne sommes pas des Caucasiens tout de même !

— Presque ! Les premiers contreforts du Caucase ne sont plus très loin. Vous me dites que ce sont les Allemands qui nous ont aidés. Mais, voyez-vous, peut-être que ce ne sont pas seulement les Allemands, peut-être que nous nous sommes aidés nous-mêmes.

Bova s'était sûrement redressé car Darenski entendit le lit grincer.

— Ouais…, ajouta-t-il.

— Oui, oui, oui…, laissa tomber Darenski sans s'engager.

Bova avait lancé la conversation sur une voie inhabituelle et maintenant, ils se taisaient, chacun se demandait s'il fallait poursuivre ce genre de discussion avec un quasi-inconnu.

Bova alluma une cigarette.

L'allumette éclaira un instant son visage ; il parut à Darenski fripé, sombre, étranger.

Darenski alluma à son tour une cigarette.

Bova vit le visage de Darenski ; il lui parut froid, hautain, étranger.

Et juste après, commença la discussion qu'il n'aurait pas fallu mener.

— Eh oui, dit Bova d'une voix ferme, cette fois, la bureaucratie et les bureaucrates, c'est ça qui nous a amenés jusqu'ici.

— C'est terrible, la bureaucratie, approuva Darenski. Mon chauffeur me racontait que, dans son village, on ne pouvait obtenir le moindre papier si l'on n'offrait pas une bouteille de vodka.

— Ne plaisantez pas. Il n'y a pas de quoi rire. La bureaucratie, ce n'est pas drôle ; même en temps de paix, elle vous réduisait un homme à moins que rien. Mais au front... la bureaucratie peut être encore plus effrayante. Je peux vous donner un exemple. Un pilote saute de son avion : un Messer l'avait allumé. Le pilote n'avait rien mais ses pantalons avaient brûlé. Écoutez la suite : on ne lui donne pas de pantalons ! L'intendant refuse : les précédents n'avaient pas fini leur temps, point à la ligne ! Le pilote est resté trois jours sans pantalons ! Il a fallu remonter jusqu'au chef d'escadrille.

— Pardon, mais ça n'a pas de rapport, dit Darenski. Ce n'est pas parce qu'un idiot a refusé quelque part de délivrer des pantalons que nous avons reculé de Brest au désert de la Caspienne. Ça ne vaut pas la peine d'en parler. La bureaucratie habituelle.

Boria eut un toussotement amer et reprit :

— Est-ce que je dis que c'est la faute des pantalons ? Je vais vous donner un autre exemple. Une unité se trouve encerclée, les hommes n'ont rien à manger. Une escadrille reçoit l'ordre de leur parachuter des vivres. L'intendance refuse : il nous faut une signature de décharge sur le bon de livraison, qu'ils disent, et si on leur jette des sacs d'en haut, on ne voit pas comment on pourra avoir notre décharge. Il n'y avait rien à faire. On n'a pas pu les convaincre. Il leur a fallu un ordre écrit de leurs supérieurs.

Darenski sourit.

— C'est drôle, mais, une fois de plus, ce n'est qu'un détail. Trop pointilleux. Dans les conditions du front, la bureaucratie peut avoir des effets monstrueux. Vous connaissez l'ordre : « Pas un pas en arrière[1] » ? Et voilà que l'Allemand pilonne les nôtres, et il suffirait de passer sur l'autre versant pour que les hommes soient à l'abri : ça ne change rien à la situation et ça peut sauver le matériel. Mais un ordre a été donné : « Pas un pas », et l'on garde les hommes sous le feu, et les hommes périssent et le matériel est détruit.

— Tout juste, c'est exactement ça, dit Bova. En 1941, on nous a envoyé deux colonels de Moscou précisément pour contrôler l'exécution de cet ordre : « Pas un pas en arrière. » Ils n'avaient pas de voiture, et nous, on avait fui de deux cents kilomètres en trois jours depuis Gomel. Je prends les deux colonels dans mon camion. Ils sont secoués comme des sacs de pommes de terre à l'arrière mais ça ne les empêche pas de me demander quelles mesures on a prises pour appliquer le « Pas un pas en arrière ». Le rapport, que voulez-vous !

Darenski prit une profonde inspiration, comme s'il s'apprêtait à plonger et, visiblement, il plongea :

— La bureaucratie, c'est effrayant quand un soldat a défendu une hauteur, seul contre soixante-dix Allemands, quand il a retardé l'offensive ennemie, qu'il a péri, que l'armée s'est inclinée devant lui, et quand on chasse sa femme tuberculeuse de l'appartement qu'elle habite et que le responsable du soviet lui crie : dehors, saleté ! La bureaucratie, c'est

---

1. Ordre du narkom de la Défense, promulgué le 28 juillet 1942.

quand on ordonne à quelqu'un de remplir trente-six questionnaires et que pour finir il se repent en réunion publique : « J'avoue, je ne suis pas un camarade. » Mais quand un homme affirme : « oui, notre État est un État ouvrier et paysan, mes parents sont des nobles, des parasites, des raclures de bidet, chassez-moi », alors là, oui, tout va bien.

— Eh bien, moi, je ne vois pas de bureaucratie là-dedans, dit Bova. C'est en effet comme ça, nous avons un État ouvrier et paysan et il est dirigé par des ouvriers et des paysans. Qu'y a-t-il de mal à cela ? C'est juste. L'État bourgeois, lui, ne confie pas ses affaires à des va-nu-pieds.

Darenski resta interloqué, il apparaissait que son interlocuteur avait une façon de pensée différente de la sienne.

Bova frotta une allumette et éclaira le visage de Darenski. Celui-ci plissa les yeux avec le sentiment qu'éprouve un soldat pris dans le faisceau de lumière d'un projecteur ennemi.

— Moi, par exemple, continua Bova, je suis de pure origine prolétarienne, mon père était ouvrier, mon grand-père aussi. J'ai une « bio » pure comme le cristal. Eh bien, moi non plus, je ne faisais pas l'affaire avant la guerre.

— Et pourquoi donc ? s'étonna Darenski.

— Je ne vois pas de bureaucratie quand l'État ouvrier fait preuve de vigilance à l'égard de nobles. Mais moi, un ouvrier, pourquoi m'a-t-on pris à la gorge ? Je ne savais plus quoi faire. Aller trier les patates dans les entrepôts de légumes ou me faire balayeur. Et pourtant je n'avais fait qu'exprimer un point de vue de classe : j'avais critiqué nos chefs, ils menaient un peu trop la belle vie. Et on m'a foutu dehors. C'est là, à mon avis, qu'est la racine de la bureaucratie, quand l'ouvrier est la victime de son propre État.

Darenski sentit que son interlocuteur touchait là quelque chose de particulièrement important. Et, comme il n'avait pas l'habitude de parler de ce qui lui tenait à cœur et qu'il n'avait pas plus l'habitude d'entendre les autres en parler, il se sentit gagné par une émotion extraordinaire : le bonheur de parler sans arrière-pensées de ses préoccupations les plus profondes.

Mais ici, dans cette cahute, allongé par terre, dans cette discussion avec un simple soldat à peine dessoûlé, rien n'était comme d'habitude. Et il se produisit cette chose si simple, si naturelle, si désirée et si nécessaire, cette chose si inaccessible et impensable : une conversation à cœur ouvert entre deux hommes.

— En quoi vous avez tort ? commença Darenski. Je vais vous le dire. Les bourgeois ne laissent pas entrer les va-nu-pieds au Sénat, c'est parfaitement vrai ; mais quand un pauvre a su devenir millionnaire, on le laisse entrer au Sénat. Un Ford est d'origine ouvrière. On ne laisse pas accéder, chez nous, les bourgeois et les nobles aux postes de direction, et c'est normal. Mais si l'on marque du sceau de l'infamie un honnête travailleur pour la seule raison que son père ou son grand-père était un paysan enrichi ou un prêtre, ce n'est plus du tout la même chose. Cela n'a plus rien à voir avec le point de vue de classe. Vous croyez, peut-être, que je n'en ai pas vu des ouvriers de chez Poutilov ou des mineurs du Donets pendant mes années de camp ? Tant que vous voulez ! Notre bureaucratie est terrible quand on comprend qu'elle n'est pas une tumeur sur le corps sain de l'État (on peut enlever une tumeur), mais qu'elle est le corps même de l'État. Le premier larbin venu peut écrire « refusé » sur une demande ou chasser de son cabinet la veuve d'un soldat, mais pour chasser l'Allemand il faut être un homme, un vrai.

— Rien de plus juste, approuva Bova.

— Je n'en veux à personne. Merci, mille mercis. Je suis heureux. Ce qui est affreux, c'est qu'il ait fallu des épreuves aussi terribles pour que je puisse être heureux, pour que je puisse donner toutes mes forces à la Russie. À ce prix, qu'il aille se faire voir, mon bonheur, qu'il soit plutôt maudit !

Darenski sentait malgré tout qu'il n'était pas parvenu à rendre clair ce qui constituait le fond de leur conversation, ce qui aurait éclairé la vie d'une lumière simple et évidente. Mais il avait quand même pensé, il avait dit des choses que d'ordinaire il s'interdisait et cela le rendait heureux.

— Vous savez, dit-il à son interlocuteur, jamais de ma vie, quoi qu'il arrive dans le futur, je ne regretterai notre conversation de cette nuit.

15

Mikhaïl Sidorovitch avait passé plus de trois semaines dans une cellule individuelle auprès du Revier. Il était bien nourri et un médecin SS l'avait examiné à deux reprises et lui avait prescrit des injections de glucose.

Pendant les premières heures de sa détention, en attendant l'interrogatoire, Mostovskoï s'en voulait d'avoir accepté les discussions avec Ikonnikov. L'innocent l'avait sûrement dénoncé et lui avait refilé des papiers compromettants juste avant la fouille.

Mais les jours passaient et l'interrogatoire ne venait toujours pas. Il préparait mentalement des discussions politiques avec les détenus, se demandait qui parmi eux pourrait faire l'affaire dans l'entreprise d'Erchov. Il composait, les nuits d'insomnie, les textes de tracts, il choisissait les mots qu'il faudrait inclure dans le lexique qu'il avait l'intention de fabriquer afin de faciliter les rapports entre les détenus de nationalités différentes.

Il essayait de se rappeler les vieilles règles de conspiration, qui devraient permettre d'éviter un écroulement total de l'organisation si un provocateur les dénonçait.

Il aurait voulu questionner Erchov et Ossipov sur les premiers pas de l'organisation. Il était persuadé qu'il saurait vaincre les préjugés d'Ossipov à l'égard d'Erchov.

Tchernetsov, avec sa haine du bolchevisme et son espoir de voir gagner l'armée Rouge, lui semblait pitoyable. Il attendait son interrogatoire avec calme.

Mostovskoï fut pris, au cours de la nuit, d'un malaise cardiaque. L'angoisse propre aux mourants dans une prison l'étreignait. La douleur lui fit perdre connaissance. Quand il revint à lui, il sentit que la douleur n'était plus aussi violente ; son visage, sa poitrine, les paumes de ses mains se couvrirent de sueur. Il avait l'impression, trompeuse, d'avoir à nouveau l'esprit clair.

Dans son esprit, la discussion sur le mal avec le prêtre italien se mêlait au sentiment de bonheur qu'avait éprouvé le jeune garçon qui, surpris par l'averse, s'était réfugié dans la pièce où sa mère était en train de coudre, au souvenir de sa femme qui était venue le rejoindre dans son exil sibérien, et de ses yeux pleins de larmes et de bonheur, au souvenir de Dzerjinski, au visage blême, qu'il avait interrogé, pendant un congrès du parti, sur le sort d'un charmant jeune homme SR et à la réponse de Dzerjinski : « Fusillé. » Les yeux tristes du major Kirillov… On traîne sur une luge le cadavre d'un ami qui n'a pas voulu de son aide pendant le blocus de Leningrad.

La tête aux cheveux en bataille du garçon rêveur et ce crâne chauve appuyé contre les planches rugueuses d'une baraque de camp.

Puis le passé se mit à reculer, perdit ses couleurs, son volume. Il semblait s'enfoncer lentement dans une eau froide. Mostovskoï s'endormit pour se réveiller dans la pénombre de l'aube au son de la sirène.

Le matin, on conduisit Mostovskoï aux bains du Revier. Il examina d'un œil critique ses bras maigres, sa poitrine creuse.

« On ne peut guérir de la vieillesse », se dit-il.

Quand le gardien qui l'escortait sortit fumer une cigarette, un détenu malingre, qui passait une serpillière sur le sol en ciment, lui adressa la parole :

— Erchov m'a ordonné de vous informer que les nôtres repoussent toutes les attaques des Boches à Stalingrad ; et aussi que tout va bien. Il vous demande de rédiger un tract que vous transmettrez au prochain bain.

Mostovskoï voulut dire qu'il n'avait ni crayon ni papier, mais il fut interrompu par le retour du gardien.

Au moment de se rhabiller, Mostovskoï sentit un paquet dans une de ses poches. Il contenait une dizaine de morceaux de sucre, un petit morceau de lard enveloppé d'un chiffon, un bout de papier blanc et un reste de crayon.

Mostovskoï se sentit heureux. Que pouvait-il désirer de plus ? Il pourrait finir sa vie autrement qu'à se faire du souci à propos de son estomac, ses rhumatismes et ses malaises cardiaques.

Il serra contre sa poitrine les morceaux de sucre et le bout de crayon.

Un sous-officier SS le fit sortir le soir même du Revier, l'emmena par la rue du camp. Le vent froid lui soufflait par rafales au visage. Mikhaïl

Sidorovitch se tourna du côté des baraques endormies et se dit : « Ça ira, les nerfs du camarade Mostovskoï ne céderont pas ; dormez tranquilles, les gars. »

Ils pénétrèrent dans le bâtiment de la direction du camp. On n'y percevait plus l'odeur habituelle d'ammoniaque ; une odeur de tabac froid flottait dans l'air. Mostovskoï remarqua une cigarette à peine entamée qui traînait par terre et il résista à l'envie de la ramasser.

Ils montèrent directement au second étage ; le soldat ordonna à Mostovskoï de s'essuyer les pieds et lui-même frotta longuement ses semelles sur le paillasson. Essoufflé par la montée de l'escalier, Mostovskoï cherchait à reprendre haleine.

Ils suivirent un couloir recouvert de moquette. Des lampes aux abat-jour en tulipes répandaient une lumière chaude et douce. Ils passèrent devant une porte qui portait l'inscription *Kommandant* pour s'arrêter devant une autre sur laquelle, de la même manière, était inscrit *Obersturmbannführer Liss.*

Mostovskoï avait entendu prononcer ce nom plus d'une fois : c'était le représentant de Himmler auprès de la direction du camp. Mostovskoï avait bien ri quand le général Goudz s'était plaint d'être interrogé par un adjoint de Liss alors qu'Ossipov avait eu droit à Liss lui-même. Goudz y avait vu un manque de considération pour les officiers opérationnels.

Ossipov racontait que Liss l'avait interrogé sans l'aide d'un interprète : Liss était un Allemand de Riga et connaissait le russe.

Un jeune officier sortit dans le couloir, dit quelques mots au soldat et fit entrer Mostovskoï dans le cabinet sans refermer la porte derrière lui.

Le cabinet était vide. Tapis par terre, fleurs dans un vase, tableau au mur (lisière de forêt et toits de tuiles rouges) ; Mostovskoï se dit qu'il se trouvait dans le cabinet d'un directeur d'abattoir : tout autour les râles des bêtes mourantes, les entrailles fumantes, les hommes couverts de sang, mais dans le cabinet du directeur tout est calme et seuls les téléphones sur le bureau évoquent le lien qui existe entre l'abattoir et ce cabinet.

L'ennemi ! Quel mot clair et net ! Et de nouveau, il pensa à Tchernetsov. Quel triste destin à l'époque du *Sturm und Drang* ! Mais en gants de fil, Mostovskoï regarda ses mains, dans leurs gants de fil. Une porte s'ouvrit dans les profondeurs du cabinet. Et aussitôt la porte qui menait dans le couloir se referma. L'officier de jour venait de voir que Liss était entré dans son cabinet.

Mostovskoï attendait debout, l'air sombre.

— Bonjour, dit d'une voix douce l'homme qui venait d'entrer.

Il était de petite taille, on pouvait voir l'emblème des SS sur la manche de sa vareuse grise.

Liss n'avait rien de repoussant et c'était précisément ce qui le rendait encore plus effrayant aux yeux de Mostovskoï. Un nez en bec d'aigle, des yeux d'un gris foncé, un regard attentif, un grand front, des joues pâles et creuses, tout contribuait à donner une expression ascétique à son visage.

Liss attendit que Mostovskoï finisse de tousser et dit :

— J'ai envie de discuter avec vous.

— Et moi, je n'en ai pas envie, lui répondit Mostovskoï tout en regardant, dans le coin de la pièce où il s'attendait à voir apparaître les aides de Liss, les hommes de main de l'interrogatoire physique, qui allaient le battre.

— Je vous comprends parfaitement, fit Liss, asseyez-vous.

Il installa Mostovskoï dans un fauteuil et s'assit à ses côtés.

Son russe était comme désincarné, il avait ce goût de cendres froides propre à la langue des brochures de vulgarisation scientifique.

— Vous ne vous sentez pas bien ?

Mostovskoï haussa les épaules sans répondre.

— Oui, oui, je le sais. Je vous ai envoyé un médecin et il m'en a fait part. Je vous ai dérangé en pleine nuit. Mais j'avais vraiment très envie de converser avec vous.

« Tu parles », pensa Mostovskoï, mais il dit :

— Vous m'avez fait venir pour un interrogatoire. Je n'ai pas à tenir de conversation avec vous.

— Et pourquoi donc ? demanda Liss. Vous regardez mon uniforme. Mais je ne le porte pas de naissance. Notre guide, notre parti nous donnent un travail et nous y allons, nous, les soldats du parti. J'ai toujours été un théoricien dans le parti, je m'intéresse aux problèmes d'histoire et de philosophie, mais je suis membre du parti. Et chez vous, pensez-vous que tous les agents du NKVD aiment ce qu'ils font ?

Mostovskoï observait le visage de Liss. Il songea qu'il eût fallu faire figurer cette face blême, au front haut, tout en bas d'un tableau anthropologique. L'évolution en partirait et déboucherait, au sommet, sur l'homme de Néanderthal couvert de poils.

Si le Comité central vous avait chargé de renforcer le travail de la Tchéka, auriez-vous pu refuser ? Non, vous auriez mis de côté votre Hegel[1] et vous y seriez allé. Nous aussi, nous avons mis de côté Hegel.

Mikhaïl Sidorovitch coula un regard du côté de son interlocuteur ; il lui semblait étrange, sacrilège que ces lèvres impures puissent prononcer le nom de Hegel... Si un bandit avait entamé avec lui une conversation dans la cohue d'un tramway, il n'aurait pas écouté ce qu'il lui disait, il aurait suivi ses mains du regard, guettant l'instant où il aurait sorti un rasoir pour lui taillader le visage.

Liss leva ses mains, les regarda et dit :

— Nos mains comme les vôtres aiment le vrai travail et nous ne craignons pas de les salir.

---

1. En URSS, l'étude et l'enseignement de la dialectique hégélienne, dans une version plus ou moins simplifiée et schématisée, était incontournable en tant qu'« une des trois sources et trois composantes du marxisme » (Lénine), non seulement dans les écoles supérieures du Parti, mais aussi dans les universités et les écoles supérieures scientifiques et techniques.

Mikhaïl Sidorovitch grimaça : il lui était insupportable de retrouver chez son interlocuteur son propre geste et ses propres paroles.

Liss s'anima, ses paroles se précipitèrent, on eût dit qu'il avait déjà discuté avec Mostovskoï et que, maintenant, il se réjouissait de pouvoir reprendre leur discussion interrompue.

— Vingt heures de vol et vous voilà chez vous, en Union soviétique, à Magadan, installé dans le fauteuil d'un commandant de camp. Ici, chez nous, vous êtes chez vous, mais vous n'avez tout simplement pas eu de chance. J'éprouve beaucoup de peine quand votre propagande fait chorus à la propagande de la ploutocratie et parle de justice partisane.

Il hocha la tête. Les paroles qui suivirent furent encore plus surprenantes, effroyables, grotesques.

— Quand nous nous regardons, nous ne regardons pas seulement un visage haï, nous regardons dans un miroir. Là réside la tragédie de notre époque. Se peut-il que vous ne vous reconnaissiez pas en nous ? Que vous ne retrouviez pas votre volonté en nous ? Le monde n'est-il pas pour vous, comme pour nous, volonté ? Y a-t-il quelque chose qui puisse vous faire hésiter ou vous arrêter ?

Liss approcha son visage de Mostovskoï :

— Vous me comprenez ? Je ne parle pas parfaitement russe, mais je voudrais tant que vous me compreniez. Vous croyez que vous nous haïssez, mais ce n'est qu'apparence : vous vous haïssez vous-mêmes en nous. C'est horrible, n'est-ce pas ? Vous me comprenez ?

Mikhaïl Sidorovitch avait décidé de ne pas répondre, de ne pas se laisser entraîner dans la discussion.

Mais un bref instant, il lui sembla que l'homme qui cherchait son regard ne désirait pas le tromper, qu'il était réellement inquiet et s'efforçait de trouver les mots justes.

Et une angoisse douloureuse étreignit Mostovskoï, comme si une aiguille lui était entrée dans le cœur.

— Vous me comprenez ? Vous me comprenez ? répétait Liss, et il ne voyait même plus Mostovskoï, si grande était son excitation. Vous me comprenez ? Nous portons des coups à votre armée mais c'est nous que nous battons. Nos tanks ont rompu vos défenses, mais leurs chenilles écrasent le national-socialisme allemand. C'est affreux, un suicide commis en rêve. Cela peut avoir une conclusion tragique. Vous comprenez ? Si nous sommes vainqueurs, nous, les vainqueurs, nous resterons sans vous, nous resterons seuls face aux autres qui nous haïssent.

Il aurait été aisé de réfuter les raisonnements de cet homme. Ses yeux s'approchèrent encore de Mostovskoï. Mais il y avait quelque chose de plus répugnant et de plus dangereux que les paroles de ce provocateur SS, c'étaient les doutes répugnants que Mostovskoï trouvait au fond de lui-même et non plus dans le discours de son ennemi.

Ainsi il arrive qu'un homme ait peur d'être malade, qu'il craigne une tumeur maligne, mais il ne va pas consulter un médecin, il s'efforce de ne pas remarquer ses douleurs, évite de parler maladie avec ses proches. Et voilà qu'un jour on lui dit : « Dites-moi, il ne vous arrive pas d'avoir tel type de douleur, généralement après que vous avez... C'est cela... Oui... » — Me comprenez-vous, maître ? demanda Liss. Un Allemand fort intelligent, vous connaissez bien son livre, a écrit que la tragédie de Napoléon résidait en ce qu'il exprimait l'âme de l'Angleterre alors que c'était précisément en Angleterre que se trouvait son ennemi mortel.

« Mon Dieu, j'aimerais mieux qu'ils me passent à tabac », se dit Mostovskoï et en même temps : « Ah oui, il parle de Spengler. »

Liss alluma une cigarette et tendit son étui à Mostovskoï.

Mikhaïl Sidorovitch le coupa d'un ton sec.

— Non.

Il se sentit plus calme à l'idée que tous les policiers du monde, ceux qui lui avaient fait subir des interrogatoires il y avait maintenant quarante ans, et celui-là, capable de parler de Hegel et de Spengler, utilisaient le même procédé idiot : ils offraient des cigarettes à celui qu'ils interrogeaient. D'ailleurs, s'il était désorienté, c'était tout bêtement parce qu'il l'avait pris au dépourvu : il s'attendait à être passé à tabac et voilà qu'on lui infligeait cette conversation répugnante et grotesque. Même dans la police tsariste, il y avait des gens qui n'étaient pas complètement ignares en politique et il y en avait même de réellement instruits, il en avait connu un qui avait étudié *Le Capital*. Mais il aurait été intéressant de savoir s'il arrivait à ce flic de la police politique de ressentir une hésitation au fond de son âme à la lecture de Marx : et si Marx avait raison ?... Quels pouvaient bien être les sentiments du policier quand il se posait cette question ? Mais on pouvait être sûr d'une chose : il ne passait pas dans le camp des révolutionnaires. Il devait refouler ses doutes et restait dans la police... Et moi, qu'est-ce que je fais, sinon refouler mes doutes ? Oui, mais moi, je reste un révolutionnaire.

Liss, n'ayant pas même remarqué le refus de Mostovskoï, marmonna :

— Oui, oui, vous avez raison. C'est du très bon tabac.

Il referma son porte-cigarettes et sembla encore plus désolé.

— Pourquoi semblez-vous si étonné par notre conversation ? Attendiez-vous autre chose ? Vous aussi, vous devez avoir à votre siège de la place Loubianka des hommes instruits ? Des hommes capables de discuter avec l'académicien Pavlov ou avec Oldenbourg. Mais eux, ils poursuivent un but, tandis que moi, je ne poursuis aucun but dans cette conversation. Je vous en donne ma parole. Je suis torturé par les mêmes choses que vous.

Il sourit et ajouta :

— Parole d'honneur de gestapiste, et ce n'est pas rien.

Mostovskoï se répétait sans cesse : « Ne pas répondre, en aucun cas, surtout ne pas se laisser entraîner dans la discussion. »

Liss poursuivit, et on eût dit qu'il avait oublié la présence de Mostovskoï :

— Il y a deux pôles ! C'est cela ! Si ce n'était pas parfaitement exact, il n'y aurait pas cette guerre affreuse. Nous sommes vos ennemis mortels, oui, bien sûr. Mais notre victoire est en même temps la vôtre. Vous comprenez ? Si c'est vous qui gagnez, nous périrons, mais nous continuerons à vivre dans votre victoire. C'est un paradoxe : si nous perdons la guerre, nous la gagnerons, nous continuerons à nous développer sous une autre forme mais en conservant notre essence.

Mais pourquoi donc ce Liss, ce tout-puissant Liss, au lieu de se faire projeter des films, de boire de la vodka, de rédiger des rapports à Himmler, de lire des livres de jardinage, de relire les lettres de sa fille, de se payer du bon temps avec des jeunes filles choisies dans le dernier convoi, ou bien de dormir dans sa chambre spacieuse après avoir pris un médicament améliorant son métabolisme, pourquoi a-t-il fait venir au milieu de la nuit un vieux bolchevik russe qui puait le camp ?

« Qu'a-t-il en tête ? Pourquoi cache-t-il son jeu ? Quelle information cherche-t-il à m'arracher ? »

Mikhaïl Sidorovitch ne craignait pas la torture ; il avait peur d'autre chose. Et si l'Allemand ne mentait pas ? S'il était sincère ? S'il avait simplement envie de discuter ?

Quelle pensée répugnante ! Ils étaient deux êtres malades, torturés par le même mal, mais l'un d'eux n'avait pu tenir et avait parlé, il faisait part de ses pensées, l'autre se taisait, se terrait, mais écoutait, écoutait…

Enfin, comme pour répondre à la muette interrogation de Mostovskoï, Liss ouvrit un dossier qui se trouvait sur le bureau devant lui et en sortit d'un geste dégoûté, entre deux doigts, une liasse de papiers sales. Et Mostovskoï les reconnut aussitôt : c'étaient les écrits d'Ikonnikov.

Liss devait espérer que la vue soudaine des papiers provocateurs d'Ikonnikov prendrait Mostovskoï au dépourvu…

Mais Mostovskoï ne perdit pas son sang-froid. Un sentiment proche du soulagement le gagna tandis qu'il regardait ces papiers : tout était clair, tout était bête et grossier, comme toujours quand il s'agit d'interrogatoire policier. Liss poussa les griffonnages d'Ikonnikov vers le bord du bureau puis les replaça devant lui.

— Vous voyez, dit-il en passant soudain à l'allemand, ce sont les papiers qu'on vous a pris pendant la fouille. Je n'avais pas lu les premiers mots que j'avais déjà compris que vous n'étiez pas l'auteur de ces bêtises, je n'avais pas besoin pour cela de connaître votre écriture.

Mostovskoï se taisait.

Liss tapota du doigt la liasse de papiers dans un geste d'invite amical.

Mais Mostovskoï se taisait toujours.

— Me serais-je trompé ? s'étonna Liss. Non ! Je n'ai pas pu me tromper. Vous et moi éprouvons le même dégoût pour les insanités de ce texte. Vous et moi sommes du même côté, et de l'autre côté, il y a « cela » !

Et Liss montra les papiers devant lui.

— Bon, eh bien, allons-y ! fit Mostovskoï, hargneux. Ces papiers ? Oui, ils m'ont été confisqués. Vous voulez savoir qui me les a transmis ? Ça ne vous regarde pas. Peut-être que c'est moi qui les ai écrits. Peut-être que c'est vous qui avez ordonné à votre agent de me les glisser en cachette sous mon matelas. C'est compris ?

Un instant, on aurait pu croire que Liss allait accepter le défi, qu'il allait hurler dans un accès de rage : « J'ai les moyens de vous faire parler ! » Comme Mostovskoï l'aurait voulu ! Comme tout serait devenu simple ! Comme tout serait devenu facile ! « L'ennemi », quel mot clair et net !

Mais Liss dit :

— Que viennent faire là ces papiers minables ? Qu'est-ce que ça peut bien faire, qui en est l'auteur ? Ce que je sais, c'est que ce n'est ni vous ni moi. Je suis très peiné. Réfléchissez : qui se trouve dans nos camps en temps de paix, quand il n'y a pas de prisonniers de guerre ? On y trouve les ennemis du parti, les ennemis du peuple. C'est une espèce que vous connaissez, ce sont ceux qu'on trouve également dans vos camps. Et si en temps de paix vos camps entraient dans notre système de la SS, nous ne laisserions pas sortir vos prisonniers. Vos prisonniers sont nos prisonniers.

Il esquissa un sourire.

— Les communistes allemands que nous avons incarcérés dans les camps l'ont été par vous aussi en 1937. Ejov les a mis dans des camps et le Reichsführer Himmler en a fait autant... Soyez hégélien, cher maître.

Il fit un clin d'œil à Mostovskoï.

— Je me disais : dans vos camps, votre connaissance des langues étrangères vous aurait été aussi utile que dans les nôtres. Aujourd'hui, vous êtes effrayé par notre haine du judaïsme. Mais il se peut que demain vous la repreniez à votre propre compte. Et après-demain, c'est nous qui deviendrons plus tolérants. J'ai parcouru une longue route, et j'avais pour guide un grand homme. Vous aussi, vous avez pour guide un grand homme, vous aussi, vous avez parcouru une longue et dure route. Vous y croyiez, vous, que Boukharine était un provocateur ? Seul un grand homme pouvait faire suivre cette voie. Moi, de même, j'ai connu Röhm, je croyais en lui. Mais il le fallait. Et voilà la pensée qui me torture : votre terreur a tué des millions de gens, et il n'y a que nous, les Allemands, qui, dans le monde entier, comprenons qu'il le fallait, que c'était bien ainsi.

« Comprenez-moi comme je vous comprends. Cette guerre doit vous faire horreur.

« Napoléon n'aurait pas dû faire la guerre contre l'Angleterre.

C'est alors qu'une nouvelle pensée frappa Mostovskoï.

Il ferma même les yeux : la lumière était-elle trop crue ou bien cherchait-il à fuir cette pensée torturante ?

Et si ses doutes n'étaient pas un signe de faiblesse, d'impuissance, de fatigue, de manque de foi ? Et si les doutes qui s'emparaient parfois de lui, tantôt timides, tantôt destructeurs, étaient justement ce qu'il y avait de plus honnête, de plus pur en lui ? Et lui, il les refoulait, les repoussait, les haïssait. Et si c'étaient eux qui contenaient le grain de la vérité révolutionnaire ? C'étaient eux qui contenaient la dynamite de la liberté !

Pour repousser Liss, ses doigts visqueux, il suffisait de ne plus haïr le menchevik Tchernetsov, de ne plus mépriser le fol en Dieu Ikonnikov ! Non, non, plus encore ! Il fallait renoncer à tout ce qui constituait sa vie à ce jour, condamner tout ce qu'il défendait et justifiait.

Mais non, non, bien plus ! Pas condamner mais haïr de toute son âme, de toute sa foi de révolutionnaire, les camps, la Loubianka, le sanglant Ejov, Iagoda, Beria ! Ce n'est pas assez, il faut haïr Staline et sa dictature !

Mais non, non, bien plus ! Il faut condamner Lénine ! Le chemin conduisait à l'abîme.

La voilà, la victoire de Liss ! Ce n'était pas une victoire remportée sur les champs de bataille, mais dans cette guerre sans coups de feu, pleine de venin, que menait contre lui le gestapiste.

La folie le guettait. Et soudain il poussa un soupir de soulagement. La pensée qui l'avait, l'espace d'un instant, aveuglé et terrifié tombait en poussière, semblait ridicule et pitoyable. Son égarement n'avait duré que quelques secondes.

Comment avait-il pu, ne fût-ce qu'une seconde, ne fût-ce qu'une fraction de seconde, douter de la justesse de la grande cause ?

Liss le fixa, mâchonna un instant, et poursuivit :

— Aujourd'hui, on nous regarde avec horreur et on vous regarde avec amour et espoir. Mais, n'en doutez pas, ceux qui nous regardent avec horreur vous regarderont, vous aussi, avec horreur.

Mostovskoï ne craignait plus rien. Maintenant, il savait ce que valaient ses doutes. Ils ne menaient pas dans le marais, comme il avait pu le penser auparavant, mais à l'abîme !

Liss reprit les papiers d'Ikonnikov.

— Pourquoi fréquentez-vous des gens pareils ? Cette maudite guerre a tout perturbé, tout mélangé. Ah, si j'avais la force de démêler cet écheveau !

— Non, monsieur Liss, il n'y a rien à démêlcr. Tout est clair et net. Ce n'est pas en nous unissant à des Ikonnikov ou des Tchernetsov que nous vous avons vaincus. Nous sommes assez forts pour venir à bout et des uns et des autres.

Maintenant, Mostovskoï voyait clairement que Liss réunissait en lui tout le monde de l'obscur, or toutes les décharges dégagent la même odeur, tous les débris se ressemblent. Il ne faut pas chercher ressemblances et différences dans les débris, les ordures, il faut les chercher dans l'idée, le projet du bâtisseur.

Et une rage heureuse et triomphante s'empara de lui. Une rage qui n'avait pas pour seul objet Liss et Hitler ; elle était aussi tournée contre l'officier anglais qui l'avait interrogé sur la critique du marxisme en Russie, contre les discours répugnants du menchevik borgne, contre le prêcheur pleurnichard qui n'était en fin de compte qu'un agent provocateur. Où donc tous ces gens trouveraient-ils les idiots qui pourraient croire qu'il y avait l'ombre d'une ressemblance entre l'empire nazi et un État socialiste ? Liss, ce gestapiste, était l'unique consommateur de leur marchandise sortie des poubelles de l'Histoire. Mikhaïl Sidorovitch comprit en cet instant, comme jamais auparavant, le lien qui unissait le fascisme et ses agents.

« N'est-ce pas là, se dit Mostovskoï, que réside le génie de Staline ? Quand il exterminait les gens de cette sorte, il était le seul à voir la fraternité secrète qui unissait le fascisme aux pharisiens qui se faisaient les apôtres d'une liberté abstraite. » Et cette idée lui sembla si évidente qu'il eut envie d'en faire part à Liss pour le convaincre de l'absurdité de ses élucubrations. Mais il se contenta de sourire : il était un vieux singe, et ce n'était pas lui qui irait discuter avec l'ennemi de ses affaires.

Fixant Liss droit dans les yeux, il dit d'une voix forte que durent entendre les gardes derrière la porte :

— Suivez mon conseil, vous perdez votre temps avec moi, collez-moi au mur ou faites-moi balancer au bout d'une corde, tuez-moi.

Liss répliqua aussitôt :

— Calmez-vous, s'il vous plaît. Personne n'a l'intention de vous tuer.

— Je ne m'inquiète pas, répondit gaiement Mostovskoï, je n'ai absolument pas l'intention de m'inquiéter.

— Vous devez vous inquiéter. Que mon insomnie soit la vôtre ! Mais quelle est donc la cause de l'hostilité qui nous sépare ? Je ne peux pas la comprendre. Adolf Hitler ne serait pas un Führer mais le laquais des Krupp et des Stinnes ? Chez vous la terre n'est pas propriété privée ? Les usines et les banques appartiennent au peuple ? Vous êtes des internationalistes, alors que nous prêchons la haine raciale ? Nous avons allumé l'incendie, tandis que vous vous efforcez de l'éteindre ? On nous déteste alors que l'humanité regarde avec espoir du côté de Stalingrad ? C'est cela qu'on dit chez vous ? Balivernes ! Il n'y a pas de gouffre entre nous. C'est une invention. Nous sommes des formes différentes d'une même essence : l'État-parti. Nos capitalistes ne sont pas les maîtres. L'État leur donne un plan et un programme. L'État leur prend leur production et leurs profits. Ils ne gardent que six pour cent de leurs profits pour eux, c'est leur salaire. Votre État-parti définit lui aussi le plan et le programme ; il prend, lui aussi, la production. Ceux que vous nommez les maîtres, les ouvriers, reçoivent, eux aussi, un salaire de l'État-parti.

Mikhaïl Sidorovitch regarda Liss et s'étonna : « Comment est-il possible que cet ignoble bavardage ait pu me troubler, même un instant ? Comment est-il possible que je me sois noyé dans ce flot de boue malodorante ? »

Liss poussa un soupir de découragement.

— Le drapeau rouge du prolétariat flotte aussi au-dessus de notre État populaire ; nous aussi, nous appelons à l'unité et à l'effort national ; nous aussi, nous disons que le parti exprime les aspirations de l'ouvrier allemand. Vous aussi, vous avez les mots « labeur » et « national » à la bouche.

Vous savez aussi bien que nous que le nationalisme est la grande force du xxe siècle. Le nationalisme est l'âme de notre temps ! Le socialisme dans un seul pays est l'expression suprême du nationalisme !

« Je ne vois pas ce qui nous sépare. Mais notre maître génial, le guide du peuple allemand, notre père, le meilleur ami de la mère allemande, le plus grand stratège de tous les temps et de tous les peuples a décidé cette guerre. Malgré cela je crois en Hitler ! Je crois que l'esprit de votre Staline n'est pas obscurci par la colère et la douleur. Il voit la vérité à travers les fumées et les flammes de la guerre. Il sait qui sont ses ennemis. Il le sait, oui, il le sait, alors même qu'il discute avec eux d'une stratégie commune contre nous et qu'il lève son verre à leur santé. Il y a sur terre deux grands révolutionnaires : Staline et notre Führer. Leur volonté a fait naître le socialisme national de l'État.

« En ce qui me concerne, notre fraternité avec vous est plus importante que la guerre que nous menons contre vous pour les territoires de l'Est. Nous bâtissons deux maisons et elles doivent se trouver côte à côte. Je voudrais, cher maître, que vous viviez un temps dans le calme de la solitude et que vous réfléchissiez, réfléchissiez longuement avant notre prochain entretien.

— Pour quoi faire ? C'est idiot ! Insensé ! Grotesque ! dit Mostovskoï. Et que signifie ce « cher maître » ridicule ?

— Oh, non ! il n'est pas ridicule. Nous devons comprendre, vous et moi, que l'avenir ne se décide pas sur les champs de bataille. Vous avez personnellement connu Lénine. Il a fondé un parti de type nouveau[1]. Il a été le premier à comprendre que seuls le parti et le chef expriment l'élan vital d'une nation, et il a mis fin à l'Assemblée constituante[2]. Quand, en physique, Maxwell détruisit la mécanique newtonienne, il était persuadé qu'il était en train de la confirmer ; de même Lénine se prenait pour le fondateur de l'Internationale, alors qu'il était en train de fonder le grand nationalisme du xxe siècle. Puis Staline nous apprit énormément de choses. Pour qu'existe le socialisme en un seul pays il fallait priver les paysans du droit de semer et de vendre librement, et Staline n'hésita pas : il liquida des millions de paysans. Notre Hitler s'aperçut que des ennemis entravaient la marche de notre mouvement national et socialiste, et il décida de liquider des millions de Juifs. Mais Hitler n'est pas qu'un disciple, il est un génie ! C'est dans notre « Nuit des longs couteaux » que Staline a trouvé l'idée des grandes purges de 37.

---

1. Formule soulignant la différence principale entre le Parti bolchevique et les autres partis sociaux-démocrates de la IIe Internationale. La conférence de Prague de janvier 1912, où fut adoptée la résolution « Sur le caractère et les formes d'organisation du travail du parti », confirma la victoire des bolcheviks dans le Parti et l'expulsion des mencheviks.

2. L'Assemblée constituante, composée de représentants de tout le pays, devait élire le gouvernement russe. Elle fut convoquée avec du retard par le Gouvernement provisoire et ne se réunit que le 18 janvier 1918, soit trois mois après la prise du pouvoir par les bolcheviks. La Constituante, présidée par Tchernov, leader des SR qui y avaient la majorité absolue, fut dissoute le lendemain de l'ouverture par les troupes bolcheviques.

Hitler non plus n'hésita pas... Vous devez me croire. J'ai parlé, vous vous êtes tu, mais je sais que j'ai été pour vous un miroir.

Mostovskoï prononça :

— Un miroir ? Tout ce que vous avez dit est mensonge du premier au dernier mot. Ma dignité ne me permet pas de réfuter votre sale bavardage de provocateur. Un miroir ? Qu'est-ce qui vous prend ? Vous avez définitivement perdu la tête ? Stalingrad vous ramènera à la raison.

Liss se leva et Mostovskoï, en qui se mêlaient désarroi, enthousiasme et haine, se dit : « C'est la fin, il va m'abattre ! »

Mais on aurait cru que Liss n'avait pas entendu les paroles de Mostovskoï. Il s'inclina respectueusement devant lui.

— Vous serez toujours nos maîtres, dit-il, et en même temps nos disciples. Alors nous devons réfléchir en commun.

Son visage était triste mais ses yeux riaient. Et de nouveau une pointe venimeuse piqua Mostovskoï au cœur. Liss regarda sa montre.

— Le temps ne passe pas comme ça, en vain.

Il sonna, dit doucement :

— Prenez cela, si vous en avez besoin. Nous nous reverrons bientôt. *Gute Nacht.*

Mostovskoï prit, sans savoir pourquoi, les feuillets sur la table et les fourra dans sa poche.

On le fit sortir du bâtiment de la direction, il inspira une profonde bouffée d'air froid. Comme elle était agréable, cette nuit humide avec le hurlement des sirènes dans l'obscurité du petit matin, après le cabinet du gestapiste et la voix douce du théoricien en national-socialisme !

Il vit passer, alors qu'il approchait du Revier, une voiture aux phares bleus. Mostovskoï comprit que Liss rentrait prendre du repos. Un nouvel accès d'angoisse s'empara de Mostovskoï. Le sous-officier le fit entrer dans son box, ferma la porte à clef.

« Si je croyais en Dieu, se dit Mostovskoï, je me dirais que cet étrange interlocuteur m'a été envoyé pour me punir de mes doutes. »

Il n'arrivait pas à trouver le sommeil. Une journée nouvelle commençait. Adossé au mur fait de planches de sapin mal rabotées, Mostovskoï entreprit de déchiffrer les gribouillages d'Ikonnikov.

16

« La plupart des êtres qui vivent sur terre ne se fixent pas pour but de définir le "bien". En quoi consiste le bien ? Le bien pour qui ? Le bien de qui ? Existe-t-il un bien en général, applicable à tous les êtres, à tous les peuples, à toutes les circonstances ? Ou, peut-être, mon bien réside-t-il dans le mal d'autrui, le bien de mon peuple dans le mal de ton peuple ? Le bien est-il éternel et immuable, ou, peut-être, le bien d'hier est-il aujourd'hui un vice et le mal d'hier aujourd'hui le bien ?

« Le Jugement dernier approche, les philosophes et les théologiens ne sont plus les seuls à se poser le problème du bien et du mal, il se pose à tous les hommes, cultivés ou analphabètes.

« Les hommes ont-ils avancé dans l'image qu'ils se font du bien au cours des millénaires ? Est-ce une notion commune à tous les hommes, et "il n'y a pas de différence de Juif et de Grec", comme disait l'apôtre. Ou peut-être est-ce une notion encore plus large, commune aussi aux animaux, aux arbres, aux lichens, cette largeur qu'ont mise dans la notion de bien Bouddha et ses disciples ? Bouddha qui, pour englober le monde dans l'amour et le bien, a dû finir par le nier.

« Je le vois : la succession, au cours des millénaires, des différents systèmes moraux et philosophiques des guides de l'humanité conduit au rétrécissement de la notion du bien.

« Les idées chrétiennes, que cinq siècles séparent du bouddhisme, rétrécissent le monde vivant auquel s'appliquent les notions de bien et de mal : ce n'est plus le monde vivant dans sa totalité mais seulement les hommes.

« Au bien des premiers chrétiens, le bien de tous les hommes, a succédé le bien pour les seuls chrétiens, et à côté existait le bien des musulmans, le bien des juifs.

« Des siècles s'écoulèrent et le bien des chrétiens se divisa et il y eut le bien des catholiques, celui des protestants et celui des orthodoxes. Puis, du bien orthodoxe naquit le bien de la nouvelle et de l'ancienne foi.

« Et vivaient côte à côte le bien des riches et le bien des pauvres, et le bien des Jaunes, des Noirs, des Blancs.

« Et, se fragmentant de plus en plus, apparut le bien pour une secte, une race, une classe ; tous ceux qui se trouvaient au-delà du cercle étroit n'étaient plus concernés.

« Et les hommes virent que beaucoup de sang était versé à cause de ce petit, de ce mauvais bien, au nom de la lutte que menait ce bien contre tout ce qu'il estimait, lui, le petit bien, être le mal.

« Et parfois, la notion même d'un tel bien devenait un fléau, devenait un mal plus grand que le mal.

« Un tel bien n'est que de la balle d'où est tombée la graine. Qui rendra la graine aux hommes ?

« Donc, qu'est-ce que le bien ? On disait : c'est un dessein, et, liée à ce dessein, une action qui mène au triomphe de l'humanité, d'une famille, d'une nation, d'un État, d'une classe, d'une croyance.

« Ceux qui luttent pour le bien d'un groupe s'efforcent de le faire passer pour le bien général. Ils proclament : mon bien coïncide avec le bien général ; mon bien n'est pas seulement indispensable pour moi, il est indispensable à tous. Cherchant mon propre bien, je sers le bien général.

« Ainsi, le bien ayant perdu son universalité, le bien d'une secte, d'une classe, d'une nation, d'un État, prétend à cette universalité pour justifier sa lutte contre tout ce qui lui apparaît comme étant le mal.

« Mais même Hérode ne versait pas le sang au nom du mal, il le versait pour son bien à lui, Hérode. Une nouvelle puissance était née qui le menaçait, menaçait sa famille, ses amis et ses favoris, son royaume, son armée.

« Or ce qui était né n'était pas un mal mais le christianisme. Jamais encore l'humanité n'avait entendu ces paroles : "Ne jugez pas et vous ne serez pas jugés ; car, du jugement dont vous jugerez, vous serez jugés ; et de la mesure dont vous mesurerez, il vous sera mesuré... Aimez vos ennemis ; faites du bien à ceux qui vous haïssent ; bénissez ceux qui vous maudissent ; priez pour ceux qui vous insultent... Toutes les choses que vous voulez que les hommes vous fassent, faites-les donc aussi pour eux ; car c'est cela, la loi et les prophètes[1]."

« Qu'apporta à l'humanité cette doctrine de paix et d'amour ?

« Les tortures de l'Inquisition, la lutte contre les hérésies en France, en Italie, en Flandre, en Allemagne, la guerre entre les protestants et les catholiques, la cruauté des ordres monastiques, la lutte entre Avvakoum et Nikon, les persécutions séculaires contre la science et la liberté, le génocide de peuples entiers, les criminels brûlant les villages de nègres en Afrique.

« Tout cela coûta plus de souffrances que les crimes des brigands et des criminels faisant le mal pour le mal...

« Telle est la destinée terrible, qui laisse l'esprit en cendres, de la doctrine la plus humaine de l'humanité ; le christianisme n'a pas échappé au sort commun et il s'est lui aussi divisé en une série de petits "biens" privés. La cruauté de la vie fait naître le bien dans les grands cœurs, ils portent ce bien dans la vie, brûlant du désir de transformer le monde à l'image du bien qui vit en eux. Mais ce ne sont pas les cercles de la vie qui se transforment à l'image du bien, c'est l'idée du bien qui, engluée dans le marécage de la vie, se fragmente, perd son universalité, se met au service du moment présent et ne modèle pas la vie à sa merveilleuse mais immatérielle image.

« L'homme perçoit toujours la vie comme une lutte entre le bien et le mal, mais il n'en est pas ainsi. Les hommes qui veulent le bien de l'humanité sont impuissants à réduire le mal sur terre.

« Les grandes idées sont nécessaires pour frayer de nouvelles voies, déplacer les rochers, abattre les falaises ; les rêves d'un bien universel pour que les grandes eaux puissent couler en un seul flot. Si la mer pouvait penser, l'idée et l'espoir du bonheur naîtraient dans ses eaux à chaque tempête ; et la vague, en se brisant contre les rochers, penserait qu'elle périt pour le bien des eaux de la mer, il ne lui viendrait pas à l'idée qu'elle est soulevée par la force du vent, que le vent l'a soulevée comme il en a soulevé des milliers avant elle et comme il en soulèvera des milliers après.

---

1. Allusion au « Sermon sur la montagne » de l'Évangile.

« Des milliers de livres ont été écrits pour indiquer comment lutter contre le mal, pour définir ce que sont le bien et le mal.

« Mais le triste en tout cela est le fait suivant, et il est incontestable : là où se lève l'aube du bien, qui est éternel mais ne vaincra jamais le mal, qui lui aussi est éternel mais ne vaincra jamais le bien, là où se lève l'aube du bien, des enfants et des vieillards périssent, le sang coule. Non seulement les hommes mais même Dieu n'a pas le pouvoir de réduire le mal sur terre.

« Une voix a été ouïe à Rama, des lamentations et des pleurs et de grands gémissements. Rachel pleure ses enfants ; et elle ne veut pas être consolée, parce qu'ils ne sont plus. Et il lui importe peu, à la mère qui a perdu ses enfants, ce que les sages estiment être le bien et ce qu'ils estiment être le mal.

« Mais alors, peut-être que la vie, c'est le mal ?

« J'ai pu voir en action la force implacable de l'idée de bien social qui est née dans notre pays. Je l'ai vue au cours de la collectivisation totale ; je l'ai vue encore une fois en 1937. J'ai vu qu'au nom d'une idée du bien, aussi belle et humaine que celle du christianisme, on exterminait les gens. J'ai vu des villages entiers mourant de faim, j'ai vu, en Sibérie, des enfants de paysans déportés mourant dans la neige, j'ai vu les convois qui emmenaient en Sibérie des centaines et des milliers de gens de Moscou, de Leningrad, de toutes les villes de la Russie, des gens dont on avait dit qu'ils étaient les ennemis de la grande et lumineuse idée du bien social. Cette grande et belle idée tuait sans pitié les uns, brisait la vie des autres, elle séparait les femmes et les maris, elle arrachait les pères à leurs enfants.

« Maintenant, l'horreur du fascisme allemand est suspendue au-dessus du monde. Les cris et les pleurs des mourants emplissent l'air. Le ciel est noir, la fumée des fours crématoires a éteint le soleil.

« Mais ces crimes inouïs, jamais vus encore dans l'univers entier, jamais vus même par l'homme sur terre, ces crimes sont commis au nom du bien.

« Il y a longtemps, alors que je vivais dans les forêts du Nord, je m'étais imaginé que le bien n'était pas dans l'homme, qu'il n'était pas dans le monde des animaux et des insectes, mais qu'il était dans le royaume silencieux des arbres. Mais non ! J'ai vu la vie de la forêt, la lutte cruelle que mènent les arbres contre les herbes et les taillis pour la conquête de la terre. Des milliards de semences, en poussant, étouffent l'herbe, font des coupes dans les taillis solidaires ; des milliards de pousses autosemencées entrent en lutte les unes contre les autres. Et seules celles qui sortent victorieuses de la compétition forment une frondaison où dominent les essences de lumière. Et seuls ces arbres forment une futaie, une alliance entre égaux. Les sapins et les hêtres végètent dans un bagne crépusculaire, dans l'ombre du dôme de verdure que forment les essences de lumière. Mais vient, pour eux, le temps de la sénescence et c'est au tour des sapins de monter vers la lumière en mettant à mort les bouleaux.

« Ainsi vit la forêt dans une lutte perpétuelle de tous contre tous. Seuls des aveugles peuvent croire que la forêt est le royaume du bien. Est-il vraiment possible que la vie soit le mal ?

« Le bien n'est pas dans la nature, il n'est pas non plus dans les prédications des prophètes, les grandes doctrines sociales, l'éthique des philosophes… Mais les gens simples portent en leur cœur l'amour de tout ce qui est vivant, ils aiment naturellement la vie, ils protègent la vie ; après une journée de travail, ils se réjouissent de la chaleur du foyer et ne vont pas sur les places allumer des brasiers et des incendies.

« C'est ainsi qu'il existe, à côté de ce grand bien si terrible, la bonté humaine dans la vie de tous les jours. C'est la bonté d'une vieille, qui, sur le bord de la route, donne un morceau de pain à un bagnard qui passe, c'est la bonté d'un soldat qui tend sa gourde à un ennemi blessé, la bonté de la jeunesse qui a pitié de la vieillesse, la bonté d'un paysan qui cache dans sa grange un vieillard juif. C'est la bonté de ces gardiens de prison, qui, risquant leur propre liberté, transmettent des lettres de détenus adressées aux femmes et aux mères.

« Cette bonté privée d'un individu à l'égard d'un autre individu est une bonté sans témoins, une petite bonté sans idéologie. On pourrait la qualifier de bonté sans pensée. La bonté des hommes hors du bien religieux ou social.

« Mais, si nous y réfléchissons, nous voyons que cette bonté privée, occasionnelle, sans idéologie, est éternelle. Elle s'étend sur tout ce qui vit, même sur la souris, même sur la branche brisée que le passant, s'arrêtant un instant, remet dans la bonne position pour qu'elle puisse cicatriser et revivre.

« En ces temps terribles où la démence règne au nom de la gloire des États, des nations et du bien universel, en ces temps où les hommes ne ressemblent plus à des hommes, où ils ne font que s'agiter comme des branches d'arbre, rouler comme des pierres qui, s'entraînant les unes les autres, comblent les ravins et les fossés, en ce temps de terreur et de démence, la pauvre bonté sans idée n'a pas disparu.

« Des Allemands, un détachement punitif, sont entrés dans le village. Deux soldats allemands avaient été tués la veille sur la route. Le soir, on réunit les femmes du village et on leur ordonna de creuser une fosse à la lisière de la forêt. Plusieurs soldats s'installèrent dans l'isba d'une vieille femme. Son mari fut emmené par un *politsaï* au bureau, où on avait déjà rassemblé une vingtaine de paysans. Elle resta éveillée toute la nuit : les Allemands avaient trouvé dans la cave un panier d'œufs et un pot de miel, ils allumèrent eux-mêmes le poêle, se préparèrent une omelette et burent de la vodka. Puis, l'un d'entre eux, le plus âgé, joua de l'harmonica, les autres, tapant du pied, chantaient. Ils ne regardaient même pas la maîtresse de maison, comme si elle était un chat et non un être humain. Au lever du jour, ils vérifièrent leurs mitraillettes, l'un d'entre eux, le plus âgé, appuya par mégarde sur la détente et reçut une rafale dans le ventre. Les autres criaient, couraient à travers la maison. Ils le pansèrent tant bien que mal et le couchèrent sur le lit. À ce moment-là, on les appela tous au-dehors. Ils ordonnèrent par signes de veiller sur le blessé. La femme vit qu'elle pourrait aisément l'étrangler : il bredouillait des mots insensés, avait les yeux fermés, pleurait, ses lèvres tremblaient. Puis il ouvrit soudain les yeux et demanda d'une voix claire : "Mère, à boire." "Maudit, dit la femme, je devrais t'étrangler." Et elle lui donna à boire. Il la saisit par la main et lui montra qu'il voulait s'asseoir, le sang l'étouffait. Elle le souleva et lui s'accrocha à son cou. À cet instant, on entendit la fusillade, la femme fut secouée de tremblements.

« Par la suite, elle raconta ce qui s'était passé, mais personne ne pouvait la comprendre et elle ne pouvait expliquer ce qu'elle avait fait.

« C'était cette sorte de bonté que condamne pour son absurdité la fable de l'ermite qui réchauffa un serpent en son sein. C'est la bonté qui épargne la tarentule qui vient de piquer un enfant. Une bonté aveugle, insensée, nuisible !

« Les hommes aiment à représenter dans des fables ou des récits des exemples du mal que provoque cette bonté insensée. Il ne faut pas la craindre ! Ce serait craindre un poisson d'eau douce accidentellement entraîné par le fleuve dans les eaux salées de l'océan.

« Le tort que peut causer cette bonté insensée à la société, à une classe, une race, un État pâlit en comparaison de la lumière qu'irradient les hommes qui en sont doués.

« Elle est, cette bonté folle, ce qu'il y a d'humain en l'homme, elle est ce qui définit l'homme, elle est le point le plus haut qu'ait atteint l'esprit humain. La vie n'est pas le mal, nous dit-elle.

« Cette bonté n'a pas de discours et n'a pas de sens. Elle est instinctive et aveugle. Quand le christianisme lui donna une forme dans l'enseignement des Pères de l'Église elle se ternit, le grain se fit paille. Elle est forte tant qu'elle est muette et inconsciente, tant qu'elle vit dans l'obscurité du cœur humain, tant qu'elle n'est pas l'instrument et la marchandise des prédicateurs, tant que la pépite d'or ne sert pas à battre la monnaie de la sainteté. Elle est simple comme la vie. Même l'enseignement du Christ l'a privée de sa force : sa force réside dans le silence du cœur de l'homme.

« Mais ayant perdu la foi dans le bien, j'ai douté de la bonté. Je parle de son impuissance ! À quoi sert-elle alors, elle n'est pas contagieuse.

« Je me suis dit : elle est impuissante, elle est belle et impuissante comme l'est la rosée.

« Comment peut-on en faire une force sans la perdre, sans la dessécher comme le fit l'Église ? La bonté est forte tant qu'elle est sans forces ! Sitôt que l'homme veut en faire une force elle se perd, se ternit, disparaît.

« Maintenant, je vois ce qu'est la force réelle du mal. Les cieux sont vides. Sur terre, il n'y a que l'homme. Avec quoi peut-on éteindre le mal ? Avec les gouttes de rosée ? la bonté humaine ? Mais cet incendie ne peut être éteint par l'eau de toutes les mers et de tous les nuages, il ne peut être éteint par les quelques gouttes de rosée rassemblées depuis le temps des Évangiles jusqu'à notre époque de fer...

« Ainsi, ayant perdu l'espoir de trouver le bien en Dieu et dans la nature, j'ai commencé à perdre la foi en la bonté.

« Mais plus les ténèbres du fascisme s'ouvrent devant moi, plus je vois clairement que l'humain continue invinciblement à vivre en l'homme, même au bord de la fosse sanglante, même à l'entrée de la chambre à gaz.

« J'ai trempé ma foi dans l'enfer. Ma foi est sortie du feu des fours crématoires, elle a franchi le béton des chambres à gaz. J'ai vu que ce n'était pas l'homme qui était impuissant dans sa lutte contre le mal, j'ai vu que c'était le mal qui était impuissant dans sa lutte contre l'homme. Le secret de l'immortalité de la bonté est dans son impuissance. Elle est invincible. Plus elle est insensée, plus elle est absurde, impuissante, plus elle est grande. Le mal ne peut rien contre elle ! Les prophètes, les maîtres de la foi, les réformateurs, les leaders, les guides ne peuvent rien contre elle ! L'amour aveugle et muet est le sens de l'homme.

« L'histoire des hommes n'est pas le combat du bien cherchant à vaincre le mal. L'histoire de l'homme c'est le combat du mal cherchant à écraser la minuscule graine d'humanité. Mais si, encore maintenant, l'humain n'a pas été tué en l'homme, alors jamais le mal ne vaincra. »

Sa lecture achevée, Mostovskoï resta quelques minutes les yeux fermés.

C'était là le texte d'un homme profondément ébranlé. L'effondrement d'un esprit affaibli.

La chiffe molle avait proclamé que les cieux étaient vides... Il voyait dans la vie la guerre de tous contre tous. Pour finir, il entamait une vieille rengaine sur la bonté des petites vieilles, et comptait éteindre l'incendie mondial avec une poire à lavement. Comme tout cela était minable !

Mostovskoï regardait le mur de béton gris du cachot et se souvenait du fauteuil bleu, de sa discussion avec Liss ; une sensation pesante s'empara de lui. Ce n'était pas une angoisse cérébrale, son cœur était angoissé et il ne pouvait plus respirer. Visiblement, il avait eu tort de soupçonner Ikonnikov. Il n'était pas le seul à regarder avec mépris le texte de l'innocent, son répugnant interlocuteur de cette nuit avait eu la même réaction. Il pensa de nouveau à son attitude à l'égard de Tchernetsov et au mépris haineux avec lequel l'officier de la Gestapo parlait de ce genre d'hommes. L'angoisse bourbeuse qui le tenait était pire qu'une souffrance physique.

17

Serioja Chapochnikov montra un livre posé sur une brique, à côté du havresac, et demanda :

— Tu l'as lu ?

— Je le relisais.

— Tu aimes ?

— Je préfère Dickens.

— Tu parles, Dickens !

Il avait un ton moqueur et condescendant.

— Et *La Chartreuse de Parme*, t'as aimé ?

— Pas tellement, répondit-il après un moment de réflexion. Aujourd'hui, je vais avec les fantassins vider les Allemands de la baraque d'à côté.

Il ajouta, comprenant le regard de la jeune fille :

— Ordre de Grekov, bien sûr.

— Et les autres artilleurs, Tchentsov, il les envoie, eux ?

— Non, il n'y a que moi.

Ils se turent.

— Il te court après ?

Elle hocha la tête.

— Et toi ?

— Tu le sais bien, dit-elle, et elle pensa aux Asra qui meurent quand ils aiment.

— J'ai l'impression que je vais me faire tuer aujourd'hui.

— Pourquoi on t'envoie ? Tu es servant de mortier, pas fantassin.

— Et pourquoi Grekov te garde ici ? La radio est en miettes. Il y a longtemps qu'il aurait dû te renvoyer dans le régiment et, de toute façon, tu devrais être sur l'autre rive. Tu n'as rien à faire ici.

— Au moins, on se voit tous les jours.

Il coupa court en se levant et s'en alla.

Katia vit que Bountchouk l'observait du premier étage. Chapochnikov avait dû, lui aussi, le remarquer, c'est pourquoi il était parti aussi brusquement.

Jusqu'au soir, les Allemands soumirent la maison à des tirs d'artillerie, trois soldats furent légèrement blessés, un mur intérieur s'écroula et boucha l'entrée de la cave, on la dégagea, mais un obus fit écrouler un pan de mur et boucha l'issue une seconde fois, on la déblaya à nouveau.

Antsiferov jeta un coup d'œil dans la pénombre gorgée de poussière et demanda :

— Alors, radio, vous êtes encore vivante ?

— Oui, répondit Vengrova dans l'obscurité, et elle éternua et cracha de la poussière rouge.

— À vos souhaits, dit le sapeur.

Quand la nuit fut tombée, les Allemands lancèrent des fusées éclairantes et ouvrirent le feu à la mitrailleuse ; un bombardier survola la maison à plusieurs reprises et lâcha des bombes explosives. Personne ne dormait. Grekov lui-même dut se mettre à la mitrailleuse ; à deux reprises, les fantassins, jurant tout ce qu'ils savaient, se jetèrent en avant pour repousser l'ennemi.

On eût dit que les Allemands sentaient l'attaque qui se préparait contre la maison du no man's land qu'ils avaient occupée.

Quand la fusillade se calma, Katia les entendit crier, elle entendit même assez clairement leurs rires.

Les Allemands avaient une tout autre prononciation que les professeurs de langue étrangère. Elle remarqua que le chaton avait quitté son tas de chiffons. Ses pattes de derrière étaient inertes et il rampait, s'aidant des seules pattes de devant, s'efforçant d'atteindre Katia le plus vite qu'il pouvait.

Puis il s'arrêta de ramper, sa mâchoire s'ouvrit et se referma plusieurs fois... Katia essaya de soulever sa paupière. « Crevé », pensa-t-elle, et elle éprouva une sensation de dégoût. Elle comprit tout à coup que le petit animal, pressentant son anéantissement, avait pensé à elle, avait rampé vers elle alors qu'il était déjà à moitié paralysé... Elle déposa le petit corps dans un trou et le recouvrit de morceaux de brique.

La lumière d'une fusée éclairante emplit la cave, il lui sembla qu'il n'y avait plus d'air autour d'elle, qu'elle respirait un liquide sanguinolent qui coulait du plafond, suintait d'entre les briques.

Les Allemands sortaient des coins sombres, ils allaient l'atteindre, l'attraper, l'emmener. Tout près d'elle, on tirait des rafales de mitraillette. Peut-être que les Allemands étaient en train de nettoyer le premier ? Peut-être qu'ils n'allaient pas sortir d'en bas mais surgiraient d'en haut, par le trou dans le plafond ?

Pour se calmer elle essayait de se remémorer la liste des locataires sur la porte de leur appartement : « Tikhomirov : un coup de sonnette ; Dzyga : deux ; Tchériomouchkine : trois ; Feinberg : quatre ; Vengrov : cinq ; Andriouchenko : six ; Pégov : un long[1]... » Elle essayait de revoir en imagination la grande casserole des Feinberg suspendue dans la cuisine commune, la bassine servant à la lessive des Andriouchenko, la cuvette à l'émail écaillé accrochée par une ficelle dans un coin. C'est le soir, elle fait son lit et glisse sous le drap, là où les ressorts sont particulièrement agressifs, le fichu brun de sa mère, un manteau craqué aux coutures, une pièce de ouatine...

Puis elle pensa à la maison « 6 *bis* ». Maintenant que les nazis sortaient de dessous terre, les amateurs de grivoiseries ne lui semblaient plus grossiers, le regard de Grekov, qui la faisait rougir jusqu'aux épaules, ne lui faisait pas peur.

Elle en avait entendu, des cochonneries, pendant ces quelques mois de guerre ! Elle avait eu une discussion pénible avec un lieutenant-colonel, au réseau radio, quand celui-ci lui avait expliqué ce qu'elle devait faire pour rester sur la rive gauche de la Volga, au centre de transmissions... Il y avait une chanson que les jeunes filles chantaient à mi-voix :

> *Et puis, par une belle nuit d'automne,*
> *Le commandant la choya en personne.*
> *Jusqu'à l'aube, elle fut sa colombe,*
> *Après quoi elle fut à tout le monde...*

---

1. Voir « Appartements communautaires » dans le Dictionnaire.

Elle avait vu Chapochnikov pour la première fois alors qu'il lisait des poèmes, et elle s'était dit alors : « Quel idiot ! » Puis il avait disparu pendant deux jours, et elle n'avait pas osé se renseigner sur lui, craignant qu'il ne fût tué. Puis il était réapparu, la nuit, à la surprise générale, et elle l'avait entendu dire à Grekov qu'il était parti sans autorisation du QG.

— T'as bien eu raison, fit Grekov ; t'as déserté pour nous rejoindre en enfer.

En s'éloignant, Chapochnikov passa devant elle sans même la regarder. Elle en fut d'abord attristée, puis elle se mit en colère et à nouveau elle se dit : « Espèce d'idiot. »

Une autre fois, elle surprit une conversation entre plusieurs « locataires » de la maison. Ils discutaient pour savoir lequel aurait le plus de chances de coucher le premier avec Katia. L'un dit : « C'est clair, Grekov. »

Un deuxième protesta : « Ce n'est pas encore du tout cuit. Mais à coup sûr, le dernier de la liste, c'est Serioja. Les filles, plus elles sont jeunes, et plus elles se sentent attirées par les hommes d'expérience. »

Plus tard, elle remarqua que les plaisanteries, les tentatives de flirt avaient pratiquement cessé. Grekov laissait clairement voir qu'il n'appréciait pas que les autres locataires entreprennent Katia.

Un jour, Zoubarev s'adressa à elle, en l'appelant « Eh ! l'épouse du gérant. »

Grekov ne se pressait pas, mais il était, à l'évidence, sûr de son fait et elle sentait cette assurance. Après que la radio avait été cassée par un éclat de bombe, il lui avait ordonné de s'installer dans la plus profonde des caves.

La veille, il lui avait dit : « Des filles comme toi, je n'en ai encore jamais rencontré. Si je t'avais rencontrée avant la guerre, je t'aurais épousée. »

Elle avait eu envie de lui dire qu'il faudrait lui demander son avis mais elle n'avait pas osé.

Il ne lui avait rien fait, il ne lui avait pas dit un seul mot grossier ou équivoque mais, quand elle pensait à Grekov, elle avait peur.

La veille encore, il lui avait dit, l'air triste : « Les Allemands vont bientôt déclencher leur offensive. Probable que nous y resterons tous. Le centre de l'offensive passe par notre maison. »

Il avait laissé peser sur elle un regard lent et attentif, et elle avait eu peur, non à l'idée de l'offensive allemande, mais de ce regard calme et lent. « Je passerai te voir », avait-il ajouté. On eût pu croire qu'il n'y avait pas de lien entre ces mots et ce qu'il venait de dire à propos de leur mort probable à tous ; mais ce lien existait et elle l'avait compris.

Il ne ressemblait pas aux officiers qu'elle avait vus à l'arrière. Il parlait sans crier ni menacer et tout le monde lui obéissait. Il était là, assis avec les autres en train de fumer, de raconter, d'écouter, impossible de le distinguer des soldats. Il avait une autorité immense.

Elle n'avait jamais eu de véritable discussion avec Chapochnikov. Par moments, il lui semblait qu'il était amoureux d'elle mais, comme elle, impuissant face à l'homme qu'ils craignaient et admiraient tous deux.

Chapochnikov était faible, sans expérience, mais elle avait envie de lui demander son aide, de lui dire : « Reste à côté de moi… » Et parfois, elle éprouvait le besoin de le consoler. Leurs rares conversations avaient un caractère étrange, on eût dit qu'il n'y avait ni guerre ni maison « 6 *bis* ». Il devait le sentir et s'efforçait de paraître plus grossier qu'il ne l'était.

Et maintenant, elle avait l'impression qu'il y avait un lien cruel entre ses pensées et ses sentiments confus et le fait que Grekov envoie Chapochnikov à l'assaut de la maison allemande.

Elle écouta les tirs d'armes automatiques et vit Chapochnikov, étendu sur un tas de briques, sa tête aux cheveux trop longs pendant dans le vide.

Un sentiment de déchirante pitié l'étreignit ; en son âme se mêlèrent les feux multicolores dans la nuit, la peur de Grekov, son admiration pour lui, qui, à partir de ces quelques ruines isolées, lançait une attaque contre les divisions de fer des Allemands et des visions de sa mère.

Elle se dit qu'elle sacrifierait tout au monde pour revoir Chapochnikov vivant.

« Et si on te disait, c'est ta mère ou lui », pensa-t-elle. Puis elle entendit des pas, ses doigts se crispèrent sur la brique, elle écouta.

La fusillade avait cessé, tout était silencieux.

Son dos, ses épaules, ses genoux la démangeaient, mais elle avait peur de se gratter de crainte de faire le moindre bruit.

On demandait toujours à Batrakov pourquoi il se grattait et il répondait : « C'est nerveux. » Mais hier, il avait dit : « J'ai trouvé onze poux. » Kolomeïtsev s'était moqué de lui : « Des poux nerveux se sont attaqués à Batrakov. »

Elle avait été tuée. Les soldats, la traînant vers un trou, se disaient entre eux : « Pauvre fille, elle est couverte de poux. »

Mais peut-être que c'était réellement nerveux. Et elle comprit qu'un homme se dirigeait vers elle, un homme qui n'était pas le résultat, fait de lambeaux de lumière et d'ombre, de son imagination, de son cœur défaillant. Katia demanda :

— Qui vive ?

— N'aie pas peur, c'est moi, répondit l'obscurité.

18

— L'assaut n'aura pas lieu aujourd'hui. Grekov l'a reporté à demain ; aujourd'hui ce sont les Allemands qui avancent. À propos, je voulais te dire que je ne l'ai jamais lue, cette *Chartreuse*.

Elle ne répondit pas.

Il s'efforçait de distinguer ses traits dans le noir et, répondant à ses désirs, la lueur d'une explosion éclaira son visage. Puis l'obscurité se fit à nouveau et, comme s'ils en étaient convenus, ils attendaient une nouvelle explosion, une nouvelle lueur. Serioja lui prit la main. Elle lui serra les doigts. Pour la première fois de sa vie, il tenait dans sa main la main d'une jeune fille.

La radio, pouilleuse, sale, restait assise sans un mot et l'on voyait son cou blanc dans le noir.

Une fusée les éclaira et leurs têtes se rapprochèrent. Il l'étreignit et elle ferma les yeux, ils connaissaient tous deux l'histoire qui se raconte à l'école : si on embrasse les yeux ouverts, c'est qu'on n'aime pas.

— C'est sérieux, hein ? demanda-t-il.

Elle lui serra la tête entre ses paumes, l'obligeant à se tourner vers elle.

— C'est pour toute la vie, dit-il lentement.

— C'est extraordinaire, fit-elle, j'ai peur que quelqu'un entre. Et avant, quel bonheur c'était quand quelqu'un arrivait : Liakhov, Kolomeïtsev, Zoubarev, n'importe qui...

— Grekov, suggéra-t-il.

— Oh non ! s'exclama-t-elle.

Il lui embrassa le cou, défit le bouton métallique du col de sa vareuse et effleura de ses lèvres le creux de ses maigres épaules, il n'osa pas embrasser sa poitrine. Elle caressait ses cheveux raides et sales comme s'il était un enfant, elle savait déjà que tout ce qui se passait était inéluctable, qu'il fallait qu'il en fût ainsi.

Il regarda le cadran lumineux de sa montre.

— Qui vous conduit demain, demanda-t-elle, Grekov ?

— Pourquoi parler de ça ? On ira bien nous-mêmes, pas besoin de nous conduire.

Il l'étreignit à nouveau et, soudain, sentit le bout de ses doigts devenir gourds, un frisson glacé lui traversa la poitrine, il était résolu. Elle était à moitié couchée sur sa capote, on eût dit qu'elle ne respirait plus. Il sentait sous ses doigts le tissu raide et poussiéreux de la vareuse et de la jupe, la matière rugueuse des bottes. Il sentit sous sa main la chaleur du corps. Elle tenta de se rasseoir mais il l'embrassa de nouveau. Une lueur éclaira, l'espace d'un instant, le calot de Katia sur le sol, son visage qui lui sembla inconnu. Et aussitôt l'obscurité revint, une obscurité particulière...

— Katia !

— Oui ?

— Rien, je voulais entendre ta voix. Pourquoi tu ne me regardes pas ?

— Non, non, je ne veux pas, éteins !

Elle pensa de nouveau à Serioja et à sa mère. Qui lui était le plus cher ?

— Pardonne-moi, dit-elle.

Il ne la comprit pas.

— Ne crains rien, c'est pour la vie, si nous avons une vie.

— Je pensais à maman.

— Ma mère à moi est morte. Je viens juste de le comprendre, on l'a déportée à cause de mon père.

Ils s'endormirent sur la capote de Katia, dans les bras l'un de l'autre. Grekov s'approcha d'eux et les regarda dormir. La tête du deuxième classe Chapochnikov reposait sur l'épaule de la radio, son bras l'entourait comme s'il avait peur de la perdre. Leur sommeil était si calme et immobile que Grekov avait l'impression qu'ils étaient morts.

À l'aube, Liakhov, se montrant à l'entrée de la cave, lança :

— Hé, Chapochnikov ! hé, Vengrova ! le patron veut vous voir, et en quatrième vitesse !

Le visage de Grekov était dur, impitoyable. Il se tenait contre un mur, ses cheveux en désordre tombaient sur son front bas.

Ils étaient debout devant lui, se balançant d'une jambe sur l'autre sans même s'apercevoir qu'ils se tenaient par la main.

— Eh bien, voilà ! dit Grekov, et les narines de son nez épaté se gonflèrent, Chapochnikov, tu vas te rendre au PC du régiment, je t'y détache.

Serioja sentit frémir les doigts de la jeune fille et les serra, et elle sentit que les doigts du garçon tremblaient. Il avala sa salive, sa langue et sa bouche étaient sèches.

Le silence envahit le ciel nuageux et la terre. Il semblait que les hommes, couchés pêle-mêle sur le sol, ne dormaient pas sous leurs manteaux, mais attendaient en retenant leur souffle.

Tout, autour d'eux, était merveilleux et familier ; Serioja pensa : « On me chasse du paradis, il nous sépare comme des serfs », et il fixait Grekov avec des yeux pleins de haine et de supplication.

Grekov plissa les yeux, étudiant le visage de la jeune fille, et son regard semblait impudent à Chapochnikov.

— C'est tout, ajouta Grekov. La radio ira avec toi, elle n'a rien à faire ici sans émetteur, tu l'accompagneras jusqu'au PC du régiment.

Il sourit.

— Une fois là-bas, vous trouverez votre chemin vous-mêmes ; prends ce papier, j'en ai fait un seul pour vous deux, je ne peux pas sentir la paperasserie. Compris ?

Et soudain, Serioja se rendit compte que les yeux merveilleux le fixaient, des yeux intelligents et tristes, des yeux comme il n'en avait jamais vu de sa vie.

19

Pour finir, le commissaire de régiment Pivovarov n'eut pas l'occasion de se rendre à la maison « 6 *bis* ».

La communication radio avec la maison avait été coupée, on ne savait pas si c'était leur émetteur qui était hors d'usage ou si c'était le capitaine Grekov, qui faisait la pluie et le beau temps dans cette maison et qui en avait eu assez des ordres stricts du commandement.

On avait reçu, un temps, des renseignements sur la maison encerclée, par l'intermédiaire de Tchentsov, un servant de mortier membre du Parti ; il avait fait savoir que le capitaine se permettait n'importe quoi, qu'il racontait les pires hérésies à ses soldats. Il est vrai que Grekov se battait bien contre les Allemands, cela l'informateur ne le niait pas.

Il était couché dans l'abri, le visage en feu, les yeux d'une pureté de cristal, inhumaine, le regard fou.

La nuit où Pivovarov devait se faufiler jusqu'à la maison « 6 *bis* », Beriozkine, le commandant du régiment, tomba gravement malade.

Le médecin, après avoir examiné Beriozkine, ne savait que faire. Il avait l'habitude de soigner les membres écrasés, les crânes enfoncés, et voilà qu'un homme tombait malade de lui-même.

— Faudrait lui mettre des ventouses, dit le médecin, mais où voulez-vous que j'en trouve ?

Pivovarov décida d'informer ses supérieurs, mais déjà le commissaire de la division lui téléphonait et lui ordonnait de se présenter d'urgence au QG.

Quand Pivovarov, quelque peu essoufflé (des explosions proches l'avaient forcé par deux fois à se jeter au sol), entra dans l'abri, le commissaire de division était en train de discuter avec un commissaire de bataillon qui venait de la rive gauche. Pivovarov avait entendu parler de cet homme qui faisait des conférences aux unités disposées dans les usines.

Pivovarov s'annonça d'une voix forte :

— Commissaire Pivovarov, à vos ordres.

Il ajouta aussitôt que Beriozkine était malade.

— Ouais, c'est la merde, dit le commissaire de division. Il faudra que vous preniez le commandement du régiment.

— Et la maison encerclée ?

— Ce n'est plus votre affaire ; on a fait un de ces foins, ici, autour de cette maison. C'est remonté jusqu'à l'état-major de l'armée. C'est d'ailleurs pour ça que je vous ai fait venir. Voici le camarade Krymov, il a été chargé par la Direction politique du groupe d'armées de rejoindre la maison encerclée, d'y rétablir l'ordre bolchevique, d'en être le commissaire politique et, en cas de besoin, d'écarter ce Grekov pour prendre lui-même le commandement... Dans la mesure où tout cela se passe dans le secteur de votre régiment, vous assurerez tout le nécessaire, le trajet jusqu'à la maison et les liaisons par la suite. Compris ?

— À vos ordres, répondit Pivovarov.

Puis, passant à un ton habituel, non officiel, il demanda au commissaire nouveau venu :

— C'est votre profil, les gars de ce genre ?

— Absolument, répondit le commissaire avec un sourire. Au cours de l'été 41, j'ai fait sortir de l'encerclement deux cents personnes en Ukraine, alors la mentalité franc-tireur, je sais ce que c'est.

— Bon, dit le commissaire de division. Alors, camarade Krymov, agissez. Restez en liaison avec moi. Un État dans l'État, ce n'est pas une bonne chose.

— Ah, oui ! ajouta Pivovarov, il y a aussi, dans cette maison, une histoire pas nette avec une radio, une toute jeune fille. Beriozkine était inquiet : la maison n'émettait plus, et les gars, là-bas, sont capables de tout.

— D'accord. Vous aviserez sur place. Bonne chance ! dit le commissaire de division.

20

Vingt-quatre heures après que Grekov eut renvoyé Chapochnikov et la radio, Krymov, accompagné d'un soldat, se mit en route pour la célèbre maison.

Ils sortirent, par une froide et claire soirée, du PC du régiment. À peine mit-il le pied sur l'asphalte de la cour que Krymov ressentit le danger d'être anéanti comme jamais auparavant.

Mais, en même temps, il se sentait joyeux et plein d'allant. Le message codé en provenance de l'état-major du groupe d'armées semblait lui confirmer qu'ici, à Stalingrad, tout était différent : les relations, les appréciations, les exigences. Krymov était de nouveau Krymov, il n'était plus un mutilé dans un bataillon d'invalides mais un commissaire combattant, un bolchevik. Sa mission, dangereuse et difficile, ne lui faisait pas peur. Il lui était si doux de retrouver dans les yeux de Pivovarov, dans ceux du commissaire de division ce que, naguère encore, il voyait constamment chez ses camarades du Parti.

Un soldat mort était étendu au milieu de plaques d'asphalte soulevées par une explosion, à côté d'un mortier déchiqueté.

Pour une raison mystérieuse, en cet instant où il se sentait plein d'allégresse, la vue du corps frappa Krymov. Il avait vu beaucoup de cadavres et leur vue le laissait indifférent. Mais là, il frissonna : le corps, empli d'une mort éternelle, gisait, tel un oiseau fragile, les jambes repliées sous lui, comme s'il avait froid.

Un instructeur politique, vêtu d'un imperméable raide et gris, tenant contre sa tête une musette bien remplie, passa devant le tué ; des soldats traînaient dans une toile de tente des roquettes antichars pêle-mêle avec des miches de pain.

Mais le mort n'avait pas besoin de pain ni de munitions, il ne désirait pas recevoir de lettre de sa femme aimante. Il n'était pas fort dans la mort, il était le plus faible, moineau tué, que ne craignent ni mouches ni papillons.

Des artilleurs étaient en train de mettre en batterie un canon devant la brèche d'un mur de l'atelier et ils s'injuriaient avec les servants d'une mitrailleuse lourde. On pouvait aisément deviner, d'après leurs gestes, l'objet de leur dispute.

— Tu sais depuis combien de temps elle est là, notre mitrailleuse ? Vous vous tourniez les pouces sur l'autre rive quand nous, on tirait déjà.

— Vous êtes des insolents, voilà ce que vous êtes !

L'air hurla, un obus explosa dans un coin de l'atelier. Les éclats tambourinèrent contre les murs. Le soldat qui marchait devant Krymov se retourna pour s'assurer que le commissaire n'avait pas été tué. Il attendit Krymov et lui dit :

— Ne vous en faites pas, camarade commissaire, nous, on dit que c'est la seconde ligne, l'arrière.

Peu de temps après, Krymov comprit que la cour à côté du mur d'atelier était en effet un endroit tranquille.

Ils durent courir et se laisser tomber, face contre terre, puis courir encore pour se laisser tomber à nouveau. Ils s'arrêtèrent à deux reprises dans des tranchées occupées par l'infanterie ; ils traversèrent des pavillons incendiés où il n'y avait plus d'hommes, où seul le fer sifflait...

— Ce n'est rien, dit le soldat, rassurant Krymov. Le principal, c'est qu'il n'y a pas d'attaques en piqué.

Puis il lança :

— Allons, camarade commissaire, on va jusqu'au trou, là-bas.

Krymov se laissa glisser au fond du trou de bombe ; il regarda en l'air : un ciel bleu s'étendait au-dessus de lui, sa tête était toujours sur ses épaules. C'était étrange, la seule manifestation d'une présence humaine était la mort hurlante que des hommes envoyaient au-dessus de lui.

C'était étrange, cette sensation de sécurité dans une excavation creusée par la mort.

Le soldat ne lui laissa pas le temps de retrouver son souffle.

— Suivez-moi !

Il s'enfonça dans un boyau qui commençait au fond du trou. Krymov le suivit, le passage s'élargissait, sa voûte remonta et ils se retrouvèrent dans un tunnel.

On entendait, sous terre, la tempête qui faisait rage à la surface, les parois tremblaient et des grondements traversaient le sous-sol. À un embranchement, où se divisaient des câbles noirs, de l'épaisseur d'un bras, où les conduites de fonte étaient particulièrement denses, Krymov lut une inscription faite au minium sur la paroi : « Makhov est un con. » Le soldat éclaira devant lui avec sa lampe de poche et commenta :

— Au-dessus de nos têtes, ce sont les Allemands.

Bientôt, ils bifurquèrent vers une tache gris clair à peine perceptible au bout du passage ; plus la tache devenait claire et plus les rafales de mitrailleuses et les explosions étaient nettes.

Krymov, un bref instant, eut l'impression de marcher vers l'échafaud. Mais ils parvinrent à la surface et la première chose que vit Krymov, ce fut des visages : ils lui semblèrent divinement calmes.

Un sentiment indescriptible s'empara de Krymov, allègre, léger. Même la guerre ne lui apparaissait pas comme une frontière fatale entre la vie et la mort, mais comme un orage au-dessus de la tête d'un jeune voyageur plein de force et de vie.

Il était habité par la certitude absolue qu'il était en train de vivre un tournant heureux de sa destinée.

Il croyait voir son avenir dans la claire lumière du jour ; il vivrait à nouveau dans un engagement total de son intelligence, de sa volonté, de sa passion de bolchevik.

Le sentiment de joie et d'assurance se mêlait à la tristesse d'avoir perdu sa femme. Mais maintenant, elle ne lui semblait plus partie à jamais. Elle reviendrait comme lui étaient revenues sa force et sa vie passées. Il allait la retrouver.

Un vieux, son calot enfoncé sur le front, retournait, avec la pointe d'une baïonnette, des galettes de pommes de terre qui cuisaient sur une plaque de tôle posée sur un feu à même le sol ; il mettait les galettes cuites dans un casque. À la vue du soldat de liaison qui accompagnait Krymov, il lui demanda :

— Serioja est chez vous ?

— Je conduis un gradé, répondit le soldat d'un ton rogue.

— Quel âge ça vous fait, le père ? demanda Krymov.

— Soixante, je suis de la milice ouvrière, expliqua le vieux.

Il regarda de nouveau en direction du soldat.

— Serioja est chez vous ?

— Il n'est pas dans notre régiment, il a dû atterrir chez le voisin.

— Zut, fit le vieux avec dépit, il ne s'en sortira pas.

Krymov lançait des « bonjour », regardait autour de lui, examinait la cave aux cloisons de bois à moitié abattues. Un canon léger était pointé par une meurtrière ménagée dans un mur.

— Comme sur un vaisseau de guerre, dit Krymov.

— L'eau en moins, rétorqua un soldat.

Un peu plus loin, dans des trous, dans des fissures, des mortiers étaient mis en batterie.

Par terre, on voyait des obus, un accordéon sur une toile de tente.

— Voilà donc la maison « 6 bis » qui tient toujours, qui ne se rend pas aux nazis, dit d'une voix forte Krymov. Le monde entier, des millions de gens ont les yeux fixés sur vous et se réjouissent.

Les soldats se taisaient.

Le vieux Poliakov tendit le casque plein de galettes à Krymov.

— Et personne n'écrit comment Poliakov sait préparer les galettes ?

— Toujours à rire, dit Poliakov. Mais notre Serioja, on l'a emmené.

— On n'a pas ouvert le deuxième front ? demanda quelqu'un. Pas de nouvelles ?

— Pas pour l'instant, répondit Krymov.

— Quand notre artillerie lourde s'est mise à tirer sur nous de l'autre rive, dit un soldat en maillot de corps, Koloméïtsev s'est fait renverser par l'onde de choc ; il se relève et il dit : « Ça y est, les gars, on a ouvert le deuxième front. »

— Tu parles pour ne rien dire, fit un soldat aux cheveux bruns, s'il n'y avait pas l'artillerie, les Allemands nous auraient bouffés depuis longtemps.

— Mais enfin, où est votre commandant ? demanda Krymov.

— Là, il s'est casé juste en première ligne.

Le chef du détachement était allongé sur un tas de briques et observait quelque chose à la jumelle.

Quand Krymov l'interpella, il tourna lentement la tête, mit le doigt sur ses lèvres en signe de silence et reprit ses jumelles. Quelques instants plus tard ses épaules se mirent à tressauter : il riait. Il se laissa glisser du haut de son tas et dit en souriant :

— Pire que les échecs.

Remarquant les barrettes vertes et l'étoile de commissaire sur la vareuse de Krymov, il ajouta :

— Bienvenue dans notre maison, camarade commissaire. Puis il se présenta : Le gérant de la maison, Grekov. Vous êtes venu par notre passage ?

Tout, en lui, le regard, les gestes rapides, les larges narines de son nez épaté, tout respirait l'insolence.

« Ça ne fait rien, je te materai », pensa Krymov.

Krymov entreprit de l'interroger. Grekov répondait distraitement, du bout des lèvres, il bâillait et regardait autour de lui comme si les questions de Krymov l'empêchaient de se rappeler quelque chose de réellement important et utile.

— Il faut peut-être assurer votre relève ?

— Pas la peine, répondit Grekov. Il n'y a que la question tabac, et puis, bien sûr, il nous faudrait des grenades, des obus et, si ça ne vous faisait rien, vous pourriez nous lancer un peu de vodka et de la bouffe par un *koukourouznik*[1]...

En énumérant, il comptait sur ses doigts.

— Donc, pas l'intention de partir ? demanda Krymov, rageant mais ne pouvant s'empêcher d'admirer le visage ingrat de Grekov.

Ils se turent et pendant ce bref silence Krymov surmonta son sentiment d'infériorité morale face aux habitants de la maison encerclée.

— Vous tenez un journal des actions militaires ? demanda-t-il.

— Je n'ai pas de papier, répondit Grekov. Je n'ai rien sur quoi écrire, je n'ai pas le temps et ça ne sert à rien.

— Vous êtes sous le commandement du commandant du 176e régiment de tirailleurs, dit Krymov.

— À vos ordres, camarade commissaire de bataillon, répondit Grekov en ajoutant, l'air moqueur : Quand les Allemands ont coupé ce secteur,

---

1. Voir « U-2 » dans le Dictionnaire.

quand j'ai réuni dans cette maison des hommes et des armes, quand j'ai repoussé trente attaques et incendié six chars, je n'avais pas de chef.

— Connaissez-vous précisément vos effectifs au moment présent ? Les avez-vous contrôlés ?

— Pour quoi faire ? Je ne présente pas de rapports, je ne reçois pas de rations de l'intendance. On vit de pommes de terre pourries et d'eau croupie.

— Y a-t-il des femmes dans la maison ?

— On dirait, camarade commissaire, que vous voulez me soumettre à un interrogatoire ?

— Est-ce que certains de vos hommes ont été faits prisonniers par les Allemands ?

— Non.

— Et où est donc votre radio ?

Grekov se mordit les lèvres, ses sourcils se réunirent.

— Cette jeune fille était une espionne allemande, répondit-il. Elle m'a enrôlé, puis je l'ai violée et puis je l'ai abattue.

Il tendit le cou et demanda :

— C'est ce genre de réponse que vous attendez de moi ? Je vois que ça commence à sentir le bataillon disciplinaire ou bien fais-je erreur, Monsieur le commandant ?

Krymov le regarda quelques secondes en silence.

— Ah, Grekov ! Vous perdez le sens de la mesure. L'orgueil vous fait perdre la tête. Moi aussi, j'ai été pris dans un encerclement ; et moi aussi, j'ai été interrogé.

Après une pause, il poursuivit :

— J'ai reçu l'ordre de vous démettre, en cas de besoin, de votre commandement et de le prendre à votre place. Pourquoi me poussez-vous dans cette voie ?

Grekov se taisait. Il réfléchit, écouta, puis dit :

— Ça se calme, l'Allemand s'apaise.

21

— Parfait, dit Krymov, nous allons pouvoir rester tous les deux et préciser la suite.

— Pourquoi à deux ? s'étonna Grekov, nous faisons la guerre tous ensemble, et nous préciserons la suite tous ensemble.

L'insolence de Grekov plaisait à Krymov, mais elle l'irritait également. Il avait envie de raconter à Grekov comment il avait été pris dans un encerclement en Ukraine, lui parler de sa vie avant la guerre, pour que Grekov ne voie pas en lui un fonctionnaire. Mais, sentait Krymov, un tel récit aurait révélé sa faiblesse. Et Krymov était venu dans cette maison montrer sa force, non sa faiblesse. Il n'était pas un fonctionnaire de l'administration politique mais le commissaire d'une unité combattante.

« Ça ira, se dit-il, le commissaire tiendra le coup. »

Les hommes s'étaient assis ou allongés sur les tas de briques, mettant la pause à profit.

— L'Allemand ne nous embêtera plus aujourd'hui. Si on mangeait ? proposa Grekov à Krymov.

Krymov s'assit à côté de Grekov parmi les hommes en train de se reposer.

— Je vous regarde, là, dit Krymov, et ça me fait penser à la vieille formule : « Les Russes ont toujours battu la Prusse[1]. »

— Très juste, confirma une voix traînante.

Ce « très juste » exprimait une telle ironie à l'égard des formules toutes faites qu'un léger rire parcourut l'assemblée. Ils connaissaient aussi bien que l'homme qui avait le premier lancé cette phrase la force des Russes, ils étaient d'ailleurs cette force, mais ils savaient et comprenaient que si la Prusse avait atteint la Volga et Stalingrad, ce n'était certes pas parce que les Russes avaient toujours battu la Prusse.

Krymov, en cet instant, était la proie d'un étrange phénomène. Il n'aimait pas quand les instructeurs politiques glorifiaient les chefs de guerre de l'ancienne Russie, les allusions à Dragomirov dans les articles de *L'Étoile rouge*[2] heurtaient son esprit révolutionnaire, il trouvait inutile la création de décorations à l'effigie de Souvorov, Koutouzov ou Bogdan Khmelnitski. La révolution était la révolution et son armée n'avait besoin que d'un drapeau, le rouge.

Autrefois, alors qu'il œuvrait au sein du Comité révolutionnaire d'Odessa, il avait pris part à la manifestation de débardeurs et de jeunes communistes, venus déboulonner la statue en bronze du grand chef d'armée qui avait conduit l'armée russe serve jusqu'en Italie[3].

Et ce fut là, dans la maison « 6 *bis* », que Krymov, reprenant les paroles de Souvorov pour la première fois de sa vie, perçut la gloire, identique au long des siècles, du peuple russe en armes. Il lui parut qu'il ressentait autrement, non seulement le thème de ses conférences, mais celui de toute sa vie. Mais pourquoi fallait-il que, précisément aujourd'hui, quand il avait retrouvé l'esprit de la révolution et de Lénine, il soit gagné par ce type de pensée et de sentiment ?

Le « très juste » moqueur lancé par un des soldats l'avait ulcéré.

— Pas besoin de vous apprendre à combattre, dit Krymov, vous pourriez vous-mêmes donner des leçons à n'importe qui. Pourquoi donc le

---

1. Quand Paul Ier, devenu empereur en 1796, décida de réformer l'armée russe à la façon prussienne, notamment en obligeant les officiers à porter des perruques poudrées, le grand chef de guerre de l'époque de Catherine II, Souvorov, répondit : « Les Russes ont toujours battu les Prussiens, alors il n'y a rien à imiter », ce qui entraîna sa disgrâce.
2. Journal de l'armée soviétique.
3. Allusion à Souvorov et à la campagne d'Italie (1799).

commandement a-t-il jugé bon de m'envoyer parmi vous ? Pourquoi suis-je parmi vous ?

— Pour la soupe, peut-être ? proposa quelqu'un sans méchanceté.

Un rire bruyant accueillit la timide supposition. Krymov regarda Grekov. Grekov riait avec les autres.

— Camarades, cria Krymov, rouge de colère, un peu de sérieux, je suis envoyé ici par le Parti.

Qu'est-ce que cela pouvait bien signifier ? Une humeur passagère, une révolte ? Leur peu d'envie d'écouter le commissaire s'expliquait peut-être par le sentiment de leur propre force, de leur expérience. Ou peut-être que cette gaieté n'avait rien de criminel, qu'elle n'était que le fruit de ce sentiment d'égalité qui était si fort à Stalingrad.

Mais pourquoi donc ce sentiment d'égalité qui ravissait auparavant Krymov n'éveillait-il maintenant en lui qu'un sentiment de colère, que l'envie de l'étouffer ?

Si Krymov ne parvenait pas à établir ici le lien avec les hommes, cela ne venait pas de ce qu'ils étaient effrayés, abattus, désorientés. Ici, les hommes se sentaient sûrs d'eux, et comment se faisait-il que ce sentiment de force affaiblît leurs liens avec le commissaire Krymov, provoquât méfiance et hostilité de part et d'autre ?

Le vieux qui était en train de cuire des galettes leva la tête.

— Ça fait longtemps, dit-il, que j'avais envie de demander à un homme du Parti si c'était vrai ce qu'on dit, comme quoi, sous le communisme, chacun recevra selon ses besoins[1]. Qu'est-ce que ça va donner, si chacun, dès le matin, touche selon ses besoins ? Tout le monde sera ivre, non ?

Krymov se tourna vers le vieux et lut sur son visage une inquiétude non feinte.

Grekov riait, ses yeux riaient, ses larges narines s'élargissaient encore.

Un sapeur, la tête entourée d'un pansement sale et ensanglanté, s'adressa à son tour à Krymov.

— Et pour ce qui est des kolkhozes, camarade commissaire, ça serait bien si on les supprimait après la guerre.

— Ça serait pas mal de nous faire un petit exposé sur la question, fit Grekov.

— Je ne suis pas venu ici pour vous faire des conférences, dit Krymov. Je suis venu mettre fin à vos agissements de francs-tireurs.

— Allez-y, dit Grekov, mais qui mettra fin aux agissements des Allemands ?

---

1. Si le slogan socialiste disait : « De chacun selon ses capacités, à chacun selon son travail », le slogan communiste promettait : « De chacun selon ses capacités, à chacun selon ses besoins. »

— On trouvera, ne vous inquiétez pas. Je ne suis pas venu ici pour la soupe, comme disait quelqu'un, mais pour vous faire goûter la cuisine bolchevique.

— Eh bien allez-y, mettez fin aux agissements, faites votre cuisine.

— Et s'il le faut, coupa Krymov en riant mais sérieusement malgré tout, s'il le faut on vous mangera avec, Grekov !

Maintenant, Krymov se sentait calme et sûr de lui. Ses doutes étaient dissipés. Il fallait retirer le commandement à Grekov.

Maintenant, Krymov voyait clairement en quoi Grekov était un élément hostile et étranger au pouvoir soviétique. Tout ce qui s'était fait d'héroïque dans la maison encerclée ne pouvait le dissimuler ou le minimiser. Il savait qu'il viendrait à bout de Grekov.

Quand la nuit fut tombée, Krymov s'approcha de Grekov.

— Parlons un peu, franchement et clairement. Que voulez-vous ?

Grekov jeta un regard rapide, de bas en haut (il était assis et Krymov était debout), à Krymov et répondit gaiement :

— Ce que je veux ? La liberté. C'est pour elle que je me bats.

— Nous voulons tous la liberté.

— Arrêtez, lança Grekov, qu'est-ce que vous en avez à foutre, de la liberté ? Tout ce que vous cherchez, c'est à battre les Allemands.

— Cessez vos plaisanteries, camarade Grekov, dit Krymov. Dites-moi plutôt, comment se fait-il que vous tolériez que certains soldats expriment des opinions politiques erronées ? Hein ? Avec l'autorité que vous avez sur eux, vous pourriez y mettre le holà aussi bien qu'un commissaire. J'ai comme l'impression que les hommes disent leurs bêtises puis se tournent vers vous comme s'ils quêtaient votre approbation. Celui qui parlait des kolkhozes, pourquoi l'avez-vous soutenu ? Je vous le dis franchement : mettons-y bon ordre ensemble. Et si vous ne voulez pas, je vous le dis tout aussi franchement, ça va barder.

— Pour ce qui est des kolkhozes, qu'est-ce qu'il a dit de si extraordinaire ? C'est vrai, on ne les aime pas, vous le savez aussi bien que moi.

— Qu'est-ce qui vous prend ? Vous voulez peut-être changer le cours de l'Histoire ?

— Et vous, vous voulez que tout reprenne comme avant ?

— Quoi « tout » ?

— Tout. La contrainte générale.

Grekov parlait paresseusement, comme à contrecœur, laissant tomber les mots un à un. Soudain il se redressa.

— Camarade commissaire, laissez tomber. Tout ce que je voulais, c'était vous faire marcher un peu. Je suis tout aussi soviétique que vous. Votre défiance me vexe.

— Alors, discutons sérieusement pour savoir comment éliminer le mauvais esprit, l'esprit non soviétique qui règne ici. Vous l'avez fait naître, aidez-moi à le tuer. Vous aurez encore à combattre glorieusement.

— J'ai envie de dormir. Et vous aussi, il faudrait que vous vous reposiez un peu. Vous allez voir ce qui va se passer ici dès l'aube.

— Bon, va pour demain. Je ne suis pas pressé, je n'ai pas l'intention de m'en aller.

— Vous verrez, nous arriverons à nous entendre, dit Grekov en riant.

« Pas de doute, se dit Krymov, ce n'est pas d'homéopathie qu'il s'agit. Il faut régler ça au bistouri. On ne redresse pas un bossu politique en lui faisant des remontrances. »

— Vous avez des yeux qui me plaisent, dit soudain Grekov. Vous avez eu un malheur.

Krymov en resta les bras ballants de stupeur et ne dit mot. Et Grekov, comme s'il avait entendu une réponse positive, poursuivit :

— Moi aussi, vous savez, j'ai un malheur, mais ce n'est rien d'important, une affaire personnelle, on ne peut pas mettre ça dans un rapport.

La nuit, Krymov fut blessé à la tête pendant son sommeil par une balle perdue. La balle lui avait arraché la peau et égratigné le crâne. Ce n'était pas grave, mais la tête lui tournait et il ne pouvait pas tenir sur ses jambes. Il était pris de nausée.

Grekov ordonna de confectionner une civière et on évacua le blessé de la maison encerclée.

Grekov accompagna la civière jusqu'à l'entrée du souterrain.

— Pas de chance, camarade commissaire, dit-il à Krymov.

Krymov comprit soudain : Et si c'était Grekov qui avait tiré sur lui cette nuit ?

À la tombée du jour, le mal de tête s'accentua, les vomissements devinrent plus fréquents.

On le garda deux jours à l'hôpital de campagne, puis on l'évacua sur la rive gauche de la Volga dans un hôpital de l'arrière.

22

Le commissaire Pivovarov pénétra dans les abris étroits du poste de secours. Les blessés jonchaient le sol, il ne trouva pas parmi eux Krymov qui avait été évacué la veille de l'autre côté du fleuve.

« Comment s'est-il débrouillé pour être blessé sur-le-champ ? se demanda Pivovarov. Pas de chance. Ou, au contraire, il a bien de la chance. »

Pivovarov était également venu au poste de secours pour voir s'il valait la peine d'y transférer le commandant du régiment. À son retour au PC du régiment (il avait failli en chemin se faire tuer par un éclat d'obus), Pivovarov expliqua au soldat Glouchkov qu'il n'y avait pas moyen de soigner un malade au poste de secours. Partout des tas de gaze ensanglantée, des pansements, de l'ouate, c'était effrayant à voir.

— Bien sûr, camarade commissaire, dit Glouchkov, on est quand même mieux dans son abri.

— Oui, et là-bas on ne fait pas la différence, soldat ou colonel, tous dorment sur le sol.

Et Glouchkov, auquel son grade donnait droit à une paillasse, dit, compatissant :

— Bien sûr, ce n'est pas bien.

— Est-ce qu'il a dit quelque chose ? demanda Pivovarov.

— Non, même qu'il a reçu une lettre de sa femme et il ne l'a même pas regardée.

— Qu'est-ce que tu dis ? Il est bien malade ! Quelle affaire, il ne l'a même pas regardée, tu dis ?

Il prit la lettre, la soupesa, l'approcha du visage de Beriozkine et lui dit d'un ton sévère :

— Ivan Leontievitch, vous avez reçu une lettre de votre épouse.

Il se tut un instant et ajouta sur un tout autre ton :

— Vania, une lettre de ta femme, tu ne comprends donc pas ? Eh, Vania !

Mais Beriozkine ne comprenait pas.

Son visage était rouge, ses yeux brillants, fixes et vides.

Toute la journée, la guerre frappa à la porte de l'abri où gisait le commandant malade. Presque toutes les liaisons téléphoniques avaient été coupées au cours de la nuit et seul, pour une raison mystérieuse, le téléphone dans l'abri de Beriozkine marchait toujours. Tout le monde l'utilisait donc. On téléphonait de l'état-major d'armée, le commandant du régiment de la division voisine Gouriev téléphonait à Beriozkine, lui téléphonaient également ses deux subordonnés, les chefs de bataillon Podchoufarov et Dyrkine.

Des hommes entraient et sortaient sans cesse, la porte grinçait, la bâche, suspendue par Glouchkov, claquait. L'inquiétude et l'attente s'étaient emparées des hommes depuis le matin. Tous, en cette journée, marquée par de rares tirs d'artillerie, par des raids d'aviation imprécis et dépourvus de conviction, attendaient avec une certitude angoissée le déclenchement de l'offensive allemande. Cette certitude torturait aussi bien Tchouïkov que le commissaire Pivovarov, que les combattants de la maison « 6 *bis* », que le commandant de la compagnie disposée dans l'usine de tracteurs qui fêtait son anniversaire en buvant de la vodka toute la journée.

Chaque fois que la conversation, dans l'abri de Beriozkine, devenait particulièrement drôle ou intéressante, tout le monde se tournait vers le commandant du régiment, espérant chaque fois qu'au moins celle-là, il l'avait entendue.

Le commandant de compagnie Khrenov racontait à Pivovarov, d'une voix enrouée par la fraîcheur nocturne, comment, avant le lever du jour, il était sorti de la cave où se trouvait son poste de commandant, s'était assis sur une pierre, avait tendu l'oreille pour savoir si les Allemands ne faisaient pas de sottises. Soudain, une voix furieuse, hargneuse, était descendue du ciel : « Hé, Khren de mes deux[1], pourquoi t'as pas allumé les lampions ? »

Khrenov en fut un instant effaré : qui donc connaissait son nom ? Il prit même peur, mais il apparut que c'était un petit coucou : le pilote avait stoppé son moteur et planait ; il voulait, visiblement, balancer des vivres à l'intention de la maison « 6 *bis* » et râlait parce qu'il n'avait aucune indication.

Tous, dans l'abri, regardèrent Beriozkine : avait-il esquissé un sourire ? Seul Glouchkov eut l'impression que dans les yeux brillants et vitreux du malade, une lueur de vie était apparue.

À l'heure du dîner, l'abri se vida. Beriozkine restait allongé sans bouger et Glouchkov, à ses côtés, poussait de profonds soupirs : la lettre tant attendue était là et Beriozkine ne pouvait pas la lire. Pivovarov et le major, le remplaçant de Kochenkov, le chef d'état-major tué récemment, étaient partis manger, ils devaient se régaler avec un bortsch de première, se descendre leur verre de vodka. Le cuistot avait déjà fait goûter de ce bortsch à Glouchkov. Et le commandant du régiment, le patron, ne mangeait rien, il avait tout juste bu une gorgée d'eau...

Glouchkov décacheta l'enveloppe et, s'approchant du lit de camp à le toucher, lut d'une voix basse, lente et distincte : « Bonjour, mon Ivan, bonjour, mon chéri, mon adoré... »

Glouchkov se renfrogna et continua sa lecture à voix haute. Il lisait à son commandant, étendu sans connaissance sur son lit, la lettre de sa femme. Une lettre qu'avait déjà lue le censeur de la censure militaire, une lettre triste, bonne et tendre, une lettre qu'un seul homme au monde pouvait lire : Beriozkine.

Glouchkov ne fut pas très étonné quand Beriozkine tourna la tête et tendit le bras en disant :

— Donne-moi ça.

Les mots et le feuillet tremblaient entre les gros doigts tremblants.

« ... Vania[2], ici, la nature est très belle, Vania, j'ai du mal à vivre sans toi. Liouba me demande tout le temps pourquoi papa n'est pas avec nous. Nous vivons au bord d'un lac, la maison est bien chauffée, la propriétaire a une vache, nous buvons du lait, nous avons l'argent que tu nous as envoyé ; le matin, je sors et je vois flotter sur l'eau froide du lac les feuilles rouges et jaunes des érables, et autour il y a déjà de la neige, et l'eau paraît encore plus bleue, et les feuilles d'un jaune extraordinaire, d'un rouge extraordinaire. Et Liouba me demande : Pourquoi tu pleures ? Vania, Vania, mon chéri, merci pour tout, pour tout, pour ta bonté, pour tout. Pourquoi je pleure ? Comment te dire ? Je pleure parce que je vis, je pleure de chagrin parce que Slava n'est plus et que je vis. Je pleure de

---

1. Jeu de mots sur le nom de famille du personnage, issu du mot *khren* (« raifort ») dont un des sens est obscène [NdT].
2. Diminutif d'Ivan.

bonheur, tu es en vie ; je pleure quand je pense à maman, à mes sœurs ; je pleure à cause de la lumière du matin : tout est si beau autour et le malheur est si grand. Pour tous, et pour moi aussi. Vania, Vania, mon adoré, mon chéri, mon Vania… »

Et la tête vous tourne, et tout se mêle devant vos yeux, les mains tremblent et la lettre tremble avec l'air brûlant.

— Glouchkov, appela Beriozkine, il faut me remettre en état aujourd'hui (Tamara n'aimait pas cette expression). Est-ce que le réchaud n'a pas été endommagé ?

— Non, il n'a rien eu. Mais comment voulez-vous être sur pied en une journée ? Vous avez quarante de fièvre, autant de degrés que la vodka, comment voulez-vous que ça descende d'un coup ?

Les soldats firent rouler dans l'abri un fût d'essence vide. Ils le remplirent à moitié avec l'eau trouble de la rivière qui, chauffée au préalable, emplit l'abri de vapeur.

Glouchkov aida Beriozkine à se déshabiller et le conduisit jusqu'à la baignoire improvisée.

— Elle est trop chaude, mon colonel, dit-il en touchant la paroi brûlante du fût et en retirant rapidement sa main. Vous allez cuire là-dedans. J'ai demandé au commissaire de venir, mais il est à une réunion chez le commandant de la division. On ferait mieux d'attendre son retour.

— Pour quoi faire ?

— S'il vous arrive quelque chose, je me tuerai. Et si je n'y arrive pas tout seul, le commissaire Pivovarov s'en chargera.

— Aide-moi.

— Permettez-moi d'appeler au moins le chef d'état-major.

— Ça vient ?

Et bien que ce « ça vient ? » eût été prononcé par un homme nu qui tenait à grand-peine sur ses jambes, Glouchkov cessa de discuter.

En entrant dans l'eau, Beriozkine poussa un cri et eut un mouvement de recul ; Glouchkov tournait autour du fût en poussant des gémissements.

« C'est comme un accouchement », se dit-il bizarrement.

Beriozkine perdit connaissance ; tout, l'attente de l'offensive, la fièvre, se fondit en un épais brouillard. Soudain, son cœur s'arrêta et il ne sentit plus la brûlure de l'eau trop chaude. Puis il revint à lui et dit à Glouchkov :

— Faut essuyer par terre.

Glouchkov ne remarquait pas l'eau qui débordait. Le visage pourpre du colonel blêmit soudain, sa bouche s'ouvrit, de grosses gouttes de sueur apparurent sur son crâne rasé. Beriozkine perdait à nouveau connaissance ; mais quand Glouchkov voulut le sortir, il dit d'une voix ferme :

— Pas encore.

Une quinte de toux l'interrompit. Quand elle cessa, il ordonna :

— Rajoute donc un peu d'eau bouillante.

Quand il sortit enfin de l'eau, son apparence fit perdre définitivement tout courage à Glouchkov. Il essuya Beriozkine, le coucha, l'emmitoufla dans tout ce qu'il put trouver dans l'abri : couverture, capotes, toiles de tente, vestes ouatinées, pantalons.

Au retour de Pivovarov, tout était rangé mais il régnait encore une atmosphère humide de bains publics. Beriozkine dormait paisiblement. Pivovarov resta un moment à le regarder.

« Il a un bon visage quand même, il n'a pas écrit de dénonciations, lui. »

Au cours de cette journée d'attente inquiète, Pivovarov était poursuivi par le souvenir de son camarade de promotion, son ami Chmelev, qu'il avait contribué à démasquer comme ennemi du peuple. Pendant cette accalmie sinistre, toutes sortes de bêtises vous passaient par la tête et Pivovarov revoyait Chmelev, son regard oblique, son visage malheureux et pitoyable. Chmelev en train d'écouter, pendant la réunion publique, la déclaration de son copain Pivovarov.

Aux environs de minuit, Tchouïkov téléphona directement, par-dessus la tête de la division, au régiment qui tenait l'usine de tracteurs. Il se faisait beaucoup de souci pour ce régiment, le service de renseignement lui avait annoncé que dans ce secteur les Allemands procédaient à une concentration particulièrement importante en troupes et en blindés.

— Et alors, qu'est-ce qui se passe chez vous ? dit-il d'un ton irrité. Qui commande ce régiment, à la fin ? Batiouk me dit que le commandant a une congestion pulmonaire et qu'il s'apprête à le faire évacuer sur l'autre rive.

Une voix enrouée lui répondit :

— C'est moi, le lieutenant-colonel Beriozkine, qui assure le commandement du régiment. J'ai pris froid mais maintenant tout est rentré dans l'ordre.

— J'entends ça, dit Tchouïkov avec une sorte de joie mauvaise. Tu es drôlement enroué, les Allemands se chargeront de te donner du lait chaud au miel. Il est prêt, ils vont bientôt te le servir, alors méfie-toi.

— Compris, mon général.

— Ah, tu as compris, menaça Tchouïkov, alors il faut que tu saches que s'il te venait à l'idée de reculer, je te réserve une tisane qui vaudra bien le lait allemand.

23

Le vieux Poliakov s'était mis d'accord avec l'éclaireur Klimov pour aller avec lui jusqu'au régiment au cours de la nuit : Poliakov avait très envie de revoir Chapochnikov.

Poliakov fit part de son intention à Grekov qui se réjouit :

— Vas-y, vas-y, le père ; tu prendras un peu de force à l'arrière et puis tu reviendras nous raconter comment ils vont là-bas.

— Avec Katia, vous voulez dire ? demanda Poliakov qui comprit aussitôt pourquoi Grekov le laissait partir.

— Ils ne sont plus au régiment, intervint Klimov. J'ai entendu dire que le colonel les avait envoyés de l'autre côté du fleuve. Ils ont dû déjà se marier à Akhtouba.

Poliakov, qui avait l'esprit sarcastique, demanda :

— Peut-être qu'il faut ajourner mon départ, alors, ou bien voulez-vous transmettre une lettre ?

Grekov lui jeta un regard rapide mais répondit paisiblement :

— C'était d'accord, alors vas-y.

Ils s'engagèrent dans le passage souterrain à 5 heures du matin. Poliakov heurtait sans cesse de la tête les soutènements et traitait de tous les noms Chapochnikov. Il avait un peu honte, en effet, de l'affection qu'il lui portait.

Le passage s'élargit. Ils s'assirent pour se reposer un instant. Klimov, l'œil rieur, demanda à Poliakov pourquoi il n'avait pas apporté de cadeau.

— Qu'il aille au diable, ce petit morveux ! J'aurais dû prendre une brique pour lui en donner un coup sur la tête.

— Ah, oui, je comprends. C'est pour ça que tu viens avec moi et que tu es prêt à traverser la Volga à la nage. Ou bien peut-être que c'est Katia que tu veux voir, tu dois être jaloux, c'est ça ?

— Allons-y, dit Poliakov.

Ils sortirent à la surface et s'engagèrent dans le no man's land. Tout était silencieux.

« Peut-être bien que la guerre est finie », se dit Poliakov et il se représenta avec une acuité saisissante leur pièce : une assiette de soupe fume sur la table, sa femme prépare le poisson qu'il a pêché. Une bouffée de chaleur lui monta au visage.

Cette même nuit le général Paulus donna l'ordre de déclencher l'offensive dans le secteur de l'usine de tracteurs.

Deux divisions d'infanterie devaient pénétrer dans la brèche qu'ouvriraient l'artillerie et l'aviation. Depuis minuit, les bouts des cigarettes rougeoyaient à l'abri des paumes des soldats.

Une heure et demie avant l'heure H, les Junkers survolèrent l'usine de tracteurs. Il n'y avait, dans le bombardement, ni répit ni trêve ; la moindre pause dans cette avalanche de bruit était aussitôt remplie par les sifflements des bombes qui tentaient de toutes leurs forces d'atteindre la terre au plus vite. Le fracas continu et compact pouvait, semblait-il, briser un crâne, casser une colonne vertébrale.

L'aube se levait, mais dans le secteur des usines la nuit restait totale. Il semblait que c'était la terre qui lançait les éclairs, la fumée et la poussière noire.

Le coup le plus violent porta sur le régiment de Beriozkine et sur la maison « 6 *bis* ».

Tout au long du dispositif du régiment, les hommes abasourdis se levaient en sursaut, comprenant que l'Allemand entreprenait là quelque chose de jamais vu encore.

Klimov et son compagnon, surpris par le bombardement, s'élancèrent en direction du no man's land où, en septembre, des bombes d'une tonne avaient creusé d'énormes cratères. Des soldats de Podchoufarov, qui avaient eu le temps de s'échapper des tranchées effondrées, couraient dans la même direction.

La distance qui séparait les premières lignes russe et allemande était si faible que le coup porta pour une part sur les tranchées allemandes où les groupes d'assaut se préparaient à l'attaque.

Poliakov avait l'impression que le vent d'Astrakhan se déchaînait sur la Volga en furie. À plusieurs reprises, Poliakov fut jeté à terre, il tombait, se relevait, courait, il ne savait plus où il se trouvait, s'il était vieux ou jeune, s'il y avait encore un haut et un bas. Mais Klimov l'entraînait à sa suite et ils finirent par se laisser tomber dans un profond trou de bombe, glissèrent jusqu'à son fond plein de boue. L'obscurité y était triple ; l'obscurité de la nuit, l'obscurité de la fumée et de la poussière, l'obscurité d'une cave profonde.

Ils étaient allongés côte à côte ; dans les deux têtes, la jeune et la vieille, vivait une douce lumière : la soif de vivre. Cette lumière, cet espoir touchant étaient ceux qui vivent dans toutes les têtes, dans tous les cœurs, pas seulement ceux des hommes, mais aussi ceux des bêtes, des oiseaux.

Poliakov jurait à voix basse, il rejetait toute la faute sur Serioja Chapochnikov, marmonnait : « Tout ça, c'est Serioja. » Mais au fond de son âme, il lui semblait qu'il priait.

Cette explosion était trop violente pour pouvoir durer longtemps. Or le temps passait et les hurlements et les déflagrations ne cessaient pas, la nuée de fumée noire ne s'éclaircissait pas mais s'épaississait, reliant toujours plus étroitement le ciel à la terre.

Klimov trouva à tâtons la grosse main du vieux soldat et la serra, et le geste amical qu'elle eut en réponse le consola un bref instant dans sa tombe découverte. Une explosion proche leur fit tomber dessus une pluie de mottes de terre, de pierres, de briques ; quelques morceaux frappèrent Poliakov dans le dos. Ils crurent leur fin arrivée, quand des pans de terre se décrochèrent des parois du trou. Le voilà, le trou où l'homme avait été chassé et où il ne verrait plus la lumière du jour ; l'Allemand recouvrirait le trou de là-haut et en égaliserait les bords.

D'ordinaire, quand il partait en mission de reconnaissance, Klimov n'aimait pas avoir de compagnon et il s'éloignait au plus vite tout seul. Mais ici, au fond de ce trou, il était content d'avoir Poliakov à ses côtés.

Le temps avait perdu son cours égal, il était devenu fou, se jetait en avant comme une onde de choc, s'enroulait sur lui-même comme une coquille d'escargot.

Mais les hommes dans le trou relevèrent la tête. Une lumière blafarde les éclairait, le vent chassait la poussière et la fumée… La terre s'apaisait, le fracas continu se divisait en explosions distinctes. Leurs âmes étaient vides comme si l'on en avait pressé toutes les forces vives pour n'y laisser que l'angoisse.

Klimov se releva, un Allemand couvert de poussière, usé, mâché par la guerre du calot aux bottes était allongé à côté de lui. Klimov ne craignait pas les Allemands, il était sûr de sa force, de sa capacité à presser la détente, lancer la grenade, donner un coup de crosse ou de couteau une fraction de seconde avant l'adversaire.

Mais là, il ne savait que faire ; il était frappé par l'idée que, assourdi et aveuglé, il se consolait en sentant la présence d'un Allemand et qu'il avait confondu sa main avec celle de Poliakov. Ils se regardaient.

La même force les écrasait tous deux et tous deux étaient impuissants à la combattre, il apparaissait qu'elle ne protégeait pas l'un d'entre eux mais qu'elle représentait pour l'un et pour l'autre une égale menace.

Ils se taisaient, les deux habitants de la guerre. L'automatisme parfait et infaillible, l'automatisme de tuer qu'ils possédaient l'un et l'autre n'avait pas joué.

Quant à Poliakov, il était assis un peu plus loin et fixait, lui aussi, le soldat allemand. Poliakov n'aimait pas rester longtemps silencieux, mais là, il se taisait aussi.

La vie était horrible. Et ils eurent la prescience qu'une fois la guerre terminée, la force qui les avait jetés au fond de ce trou, leur avait enfoncé la gueule dans la boue, cette force opprimerait les vainqueurs aussi bien que les vaincus.

Comme par un muet accord, ils se mirent à grimper ensemble hors du trou, présentant leur dos, leur crâne à un coup de feu facile, mais parfaitement sûrs, tous trois, d'être en sécurité.

Poliakov glissa mais l'Allemand, qui rampait à ses côtés, ne l'aida pas ; le vieux roula jusqu'en bas, jurant comme un forcené et maudissant le ciel, vers lequel il grimpa derechef. Klimov et l'Allemand arrivèrent en haut et regardèrent l'un et l'autre (le premier vers l'est, le second vers l'ouest) si leurs chefs n'avaient pas vu qu'ils sortaient du même trou et qu'ils ne se tiraient pas dessus. Sans se retourner, sans un au revoir ils partirent vers leurs tranchées par les monts et les plaines d'une terre labourée qui fumait encore.

— Notre maison n'est plus là, ils l'ont rasée, dit Klimov, épouvanté, à Poliakov qui marchait derrière. Dites, les frères, vous n'avez pas tous été tués tout de même ?

C'est alors que commença le tir des mitrailleuses et des canons. Les troupes allemandes montaient à l'attaque. Ce fut la journée la plus dure que connut Stalingrad.

— Tout ça, c'est ce maudit Serioja, continuait à marmonner Poliakov qui ne se rendait pas encore compte de ce qui s'était passé, qu'il ne restait plus personne de la maison « 6 *bis* ». Et les sanglots et les cris de Klimov l'irritaient.

24

Une bombe avait atteint, pendant l'attaque aérienne, la pièce souterraine qui abritait le PC du bataillon et elle enterra Beriozkine qui s'y trouvait à ce moment-là, Dyrkine, le chef du bataillon, et le téléphoniste. Plongé dans le noir absolu, assourdi, étouffé par la poussière, Beriozkine croyait qu'il était déjà mort quand, pendant une brève accalmie, Dyrkine éternua et demanda :

— Vous êtes en vie, camarade colonel ?

Et Beriozkine répondit :

— Oui.

Dyrkine retrouva sa bonne humeur coutumière en entendant la voix de son colonel.

— Alors, tout va bien, dit-il en toussant et crachant, bien que les choses n'allassent pas si bien que cela.

Dyrkine et le téléphoniste étaient recouverts de gravats et ils ne pouvaient savoir s'ils avaient quelque chose de cassé ; ils étaient dans l'impossibilité de se tâter. Une poutrelle d'acier pendait au-dessus d'eux et les empêchait de se redresser ; mais, selon toute apparence, c'était justement cette poutrelle qui leur avait sauvé la vie. Dyrkine alluma une lampe de poche et ce qu'ils virent était, de fait, effrayant. Des pierres tenant à peine au-dessus de leurs têtes, des barres de fer tordues, des murs de béton gonflés, des câbles déchiquetés baignant dans des flaques d'huile. Il semblait qu'il aurait suffi d'un nouveau choc pour que le fer et le béton se referment sur eux.

Ils restèrent un moment silencieux, se recroquevillèrent, une force insensée frappait à coups redoublés sur les ateliers là-haut. Ces ateliers, même morts, se dit Beriozkine, continuaient à travailler pour la défense : pas facile de briser du béton, du fer, de déchirer une armature.

Ensuite, ils auscultèrent les murs et comprirent qu'ils ne pourraient s'en sortir par leurs propres forces. Le téléphone n'avait rien eu mais restait muet, le fil avait été coupé.

Ils ne pouvaient presque pas parler : le fracas des explosions couvrait leurs voix, la poussière les faisait tousser.

Beriozkine qui, vingt-quatre heures auparavant, délirait de fièvre ne sentait maintenant aucune faiblesse. Sa force s'imposait dans le combat aux officiers et aux soldats. Mais ce n'était pas une force militaire et guerrière, c'était la force simple et raisonnable d'un homme. Rares étaient les hommes qui savaient la conserver dans l'enfer du combat, et c'étaient ces hommes, ceux qui possédaient cette force civile, familière et raisonnable, qui étaient les véritables maîtres de la guerre.

Mais le bruit du bombardement cessa et les hommes emmurés entendirent un grondement métallique. Beriozkine s'essuya le nez, toussa et dit :

— Les loups hurlent. Les tanks marchent sur l'usine de tracteurs. Et nous, nous sommes sur leur passage.

Et peut-être parce qu'il ne pouvait plus rien arriver de pire, Dyrkine se mit à chanter, à tousser, d'une voix forte, une chanson de film :

> *La vie est belle pour nous, les gars.*
> *Avec not' chef, on n's'en fait pas.*

Le téléphoniste crut que son chef de bataillon était devenu fou, néanmoins il se joignit, toussant et crachant, à son officier :

> *Ma femme me pleurera, mais m'oubliera bien vite,*
> *M'oubliera vite et se remariera[1].*

Pendant ce temps, en surface, Glouchkov s'arrachait la peau des mains en déblayant pierres et morceaux de béton, en tordant les armatures de fer dans l'atelier plein de fumée, de poussière, du grondement des chars. Glouchkov travaillait avec frénésie et cela seul lui permettait de soulever des poutrelles, des pierres pour lesquelles dix hommes auraient été nécessaires.

Beriozkine revit la lumière poussiéreuse et sale, entendit le grondement des chars, les explosions des obus, les tirs des mitrailleuses. Et néanmoins c'était la lumière du jour, douce et claire, et à sa vue la première pensée de Beriozkine fut : « Tu vois, Tamara, tu as bien tort de t'inquiéter, je te disais bien que cela n'avait rien de terrible. »

Les bras de Glouchkov l'étreignirent.

D'une voix qui se brisait, Dyrkine s'adressa à Beriozkine :

— J'ai sous mes ordres un bataillon mort.

Il montra de la main autour de lui.

— Vania est mort, notre Ivan est mort.

Il montra le cadavre du commissaire du bataillon, gisant sur le flanc dans une flaque de velours noir, de sang et d'huile mêlés.

Le PC du régiment n'avait pas trop souffert, seuls le lit et la table avaient disparu sous un tas de terre.

En voyant Beriozkine, Pivovarov jura de bonheur et se précipita vers lui. Beriozkine lui posa mille questions :

---

1. Vieille chanson cosaque, devenue populaire grâce à un film soviétique sur la révolution et la guerre civile. Elle était chantée par l'acteur qui jouait le rôle de Nestor Makhno.

— Qu'en est-il de la liaison avec les bataillons ? Que devient la maison « 6 *bis* » ? Que fait Podchoufarov ? Avec Dyrkine, on s'est retrouvés dans une souricière, pas de lumière, pas de liaison. Je ne sais pas qui est en vie, qui est mort, où sont les Allemands, où sont les nôtres, je ne sais rien. Raconte, vite !

Pivovarov lui fit part des pertes subies, lui annonça la fin de la maison « 6 *bis* », tous avaient été tués avec ce sacré Grekov, seuls un éclaireur et un vieux soldat des milices en avaient réchappé.

Mais le régiment avait tenu le coup, ceux qui étaient encore en vie vivaient.

À ce moment-là, le téléphone sonna et les officiers comprirent, en voyant l'expression de l'agent de liaison, qu'à l'autre bout du fil se tenait le chef de Stalingrad.

Beriozkine prit le combiné ; dans l'abri soudain silencieux, on entendit distinctement la voix grave et forte de Tchouïkov :

— Beriozkine ? Le commandant de la division est blessé, le commandant en second et le chef d'état-major sont tués. Je vous ordonne de prendre le commandement de la division.

Puis il ajouta, d'une voix mesurée et pénétrée :

— Tu as assuré le commandement de ton régiment dans des conditions insensées, inouïes, mais tu as tenu. Je te dis merci. Je t'embrasse. Bonne chance.

Le combat dans les ateliers de l'usine de tracteurs commençait. Ceux qui étaient encore en vie vivaient.

La maison « 6 *bis* » se taisait. Pas un coup de feu ne provenait des ruines. Visiblement, la force principale de l'attaque aérienne était tombée sur la maison, les murs s'étaient effondrés, le monticule de pierres avait été égalisé. Les chars allemands tenaient sous leur feu le bataillon de Podchoufarov en s'abritant derrière les derniers restes de la maison morte.

Les ruines de la maison qui, il y avait si peu de temps encore, était un danger terrible pour les Allemands, s'étaient transformées en abri.

Vus de loin, les tas de briques ressemblaient à des lambeaux de chair crue, encore fumante, et les soldats gris-vert bourdonnaient parmi les blocs de briques de la maison abattue.

— Tu n'as qu'à prendre le commandement du régiment, dit Beriozkine à Pivovarov. Jamais, de toute la guerre, mes chefs n'ont été contents de moi, ajouta-t-il. Or là, je suis resté sous terre à ne rien faire, j'ai chanté quelques chansons, et voilà, j'ai les remerciements de Tchouïkov. Ce n'est quand même pas rien, le commandement d'une division ! Maintenant, méfie-toi, je ne te laisserai rien passer.

Mais l'Allemand fonçait, ce n'était pas le moment de plaisanter.

25

Strum, sa femme et leur fille arrivèrent à Moscou en pleine période de neige et de froid. Alexandra Vladimirovna, qui ne voulait pas interrompre son travail à l'usine, était restée à Kazan, bien que Strum se fût engagé à la faire entrer à l'Institut Karpov.

C'étaient des jours étranges, on se sentait le cœur joyeux et angoissé tout à la fois. Les Allemands paraissaient tout aussi menaçants, puissants, ils semblaient préparer de nouveaux coups terribles.

Rien n'indiquait encore, apparemment, que la guerre fût à un tournant. Mais le désir des gens de retrouver Moscou était naturel et compréhensible et la réévacuation de certains services à Moscou, entreprise par le gouvernement, paraissait bien fondée.

Les gens percevaient déjà les signes secrets de ce printemps de guerre. Et pourtant, la capitale, en ce second hiver de guerre, avait un air triste et morose.

Des monceaux de neige sale bordaient les trottoirs. Dans les faubourgs, des sentiers, comme à la campagne, reliaient les entrées des maisons aux arrêts de tramway et aux magasins d'alimentation. Souvent, on voyait fumer aux fenêtres les tuyaux métalliques de poêles de fortune, et les murs des immeubles étaient couverts d'une couche de suie jaune et gelée.

Avec leurs pelisses courtes et leurs fichus, les Moscovites avaient une allure provinciale, campagnarde.

Durant le trajet qui les éloignait de la gare, Victor Pavlovitch, assis sur les bagages, dans la benne du camion, fixait le visage renfrogné de Nadia, installée près de lui.

— Eh bien, mademoiselle, demanda Strum. Ce n'est pas ainsi que tu voyais Moscou, dans tes rêves de Kazan ?

Vexée que son père eût perçu son humeur, Nadia ne répondit rien.

Victor Pavlovitch entreprit de lui expliquer :

— L'homme ne comprend pas que les villes, créées par lui, ne sont pas partie intégrante de la nature. Il ne peut pas se permettre de lâcher son fusil, sa pelle ou son balai, s'il veut défendre sa culture contre les loups, les tempêtes de neige et les mauvaises herbes. Qu'il baye aux corneilles, qu'il se laisse distraire un an ou deux, et c'est terminé : les loups sortent des forêts, le chardon fleurit, la ville croule sous la neige, disparaît sous la poussière. Combien de grandes capitales ont péri sous la poussière, la neige ou les broussailles !

Strum eut soudain envie que Lioudmila, assise dans la cabine avec le chauffeur, profitât de ces considérations, et, se penchant par-dessus la ridelle, il demanda par la vitre à demi baissée :

— Tu es bien installée, Liouda ?

Nadia intervint :

— Que vient faire dans l'histoire la mort de la culture ? Les concierges ne balaient pas la neige, c'est tout !

— Petite idiote, répondit Strum. Regarde-moi ces banquises.

Une forte secousse ébranla le camion, tous les ballots et les valises sautèrent dans la benne, et Strum et Nadia avec eux. Ils se regardèrent et éclatèrent de rire.

C'était étrange, étrange. Comment aurait-il pu imaginer qu'il accomplirait sa grande œuvre, la principale, justement l'année de la guerre, année de peines et d'errance, et d'évacuation à Kazan.

On eût pu croire qu'en approchant de Moscou, leur seul sentiment eût été un émoi solennel. On eût pu croire que leur chagrin pour Anna Semionovna, Tolia et Maroussia, la pensée des victimes que l'on comptait dans presque chaque famille, se mêleraient à la joie du retour et empliraient leur âme.

Mais rien ne se passait comme prévu. Dans le train, Strum s'était énervé pour des vétilles. Il était furieux que Lioudmila Nikolaïevna dormît autant, qu'elle ne regardât pas, par la fenêtre, cette terre que son fils avait défendue pied à pied. Elle ronflait fort dans son sommeil, et un blessé de guerre qui traversait le wagon s'était exclamé en l'entendant : « Oh oh ! Un vrai soldat de la garde ! »

Nadia aussi l'agaçait : elle laissait sa mère ranger les restes du repas après avoir mangé, et, avec un égoïsme de sauvage, se choisissait, dans le sac, les galettes les plus dorées. Dans le train, elle affectait, à l'égard de son père, un ton stupide, railleur. Strum l'avait entendue déclarer, dans le compartiment voisin : « Mon cher papa est grand amateur de musique et tâte même du piano. »

Leurs voisins de compartiment parlaient du plaisir qu'il y aurait de retrouver à Moscou le chauffage central et le tout-à-l'égout, des locataires insouciants qui n'avaient pas pensé à payer leur loyer pendant leur absence et qui avaient perdu leur logement, ou encore des denrées les plus avantageuses à emporter à Moscou. Strum ne supportait pas les thèmes domestiques et pourtant, lui aussi parlait du gérant, des conduites d'eau et, la nuit, quand il ne pouvait pas dormir, pensait qu'il faudrait se faire inscrire à l'économat de l'Académie des sciences et se demandait si le téléphone avait été coupé.

La responsable de wagon, une bonne femme hargneuse, avait découvert sous la banquette, en balayant le compartiment, un pilon de poule abandonné par Strum et avait déclaré : « De vrais porcs ! Et ça joue les gens bien élevés ! »

À Mourom, Strum et Nadia s'étaient promenés sur le quai. Ils avaient croisé des jeunes gens, vêtus de longs manteaux à col d'astrakan, et l'un d'eux s'était exclamé : « Tiens, voilà un Lévy qui nous rentre d'évacuation ! »

Et l'autre avait précisé : « Isaac est pressé de décrocher la médaille pour la défense de Moscou. »

À l'arrêt de Kanach, le train s'était immobilisé près d'un convoi de prisonniers. Des sentinelles montaient la garde le long des wagons à bestiaux, et l'on voyait se presser contre les petites fenêtres grillagées les visages blêmes des prisonniers qui criaient : « Fumer », « Tabac ». Les sentinelles les insultaient, les forçaient à s'écarter des ouvertures.

Le soir, il avait fait un tour dans le wagon voisin, où voyageaient les Sokolov. La tête couverte d'un fichu de couleur, Maria Ivanovna préparait les lits : celui de Piotr Lavrentievitch sur la couchette du bas, et le sien au-dessus. Elle se demandait avec inquiétude si Piotr Lavrentievitch serait bien installé, et répondait tout de travers aux questions de Strum. Elle ne s'était même pas enquise de la santé de Lioudmila Nikolaïevna.

Sokolov bâillait, se plaignait d'être accablé par la chaleur du wagon. Strum s'était senti curieusement vexé de la distraction de Sokolov et du peu d'enthousiasme que suscitait sa visite.

— C'est la première fois de ma vie, avait commencé Strum, que je vois un homme obliger sa femme à grimper sur la couchette supérieure et dormir au-dessous.

Il avait dit ces mots d'un ton irrité et il s'était étonné qu'un fait de ce genre le mît à ce point en colère.

— Nous faisons toujours ainsi, avait répondu Maria Ivanovna. Piotr Lavrentievitch étouffe, là-haut, et moi, cela ne me gêne pas.

Et elle avait embrassé Sokolov sur la tempe.

— Bon, je vous laisse, avait dit Strum.

Et de nouveau, il s'était senti vexé que les Sokolov ne fissent pas un geste pour le retenir.

La nuit, dans le wagon, on étouffait littéralement.

Les souvenirs affluaient : Kazan, Karimov, Alexandra Vladimirovna, les conversations avec Madiarov, le petit bureau exigu à l'université... Quel charmant regard angoissé avait Maria Ivanovna, quand Strum, en visite, le soir, chez les Sokolov, se lançait dans des considérations politiques ! Ils étaient moins distraits, alors, moins distants que dans ce wagon.

« A-t-on jamais vu ça ? se dit-il. Dormir en bas, bien au frais ! Parlez d'un tyran domestique ! »

Puis, furieux contre Maria Ivanovna, qu'il considérait comme la meilleure des femmes, si douce, si bonne, il conclut : « Une lapine au nez rouge ! Un type pas facile, ce Piotr Lavrentievitch. Gentil, certes, réservé, et en même temps d'une présomption sans bornes, hypocrite et rancunier. Oui, elle en bave, la pauvre ! »

Il ne parvenait pas à s'endormir, essayait de penser aux amis qu'il allait revoir, à Tchepyjine ; beaucoup, déjà, connaissaient son travail. Comment l'accueillerait-on, là-bas ? Après tout, il rentrait victorieux. Que diraient Gourevitch et Tchepyjine ?

Il pensa que Markov, qui avait mis au point dans les moindres détails le nouveau montage, n'arriverait à Moscou que dans une semaine, et qu'il ne pouvait, sans lui, commencer le travail. Ennuyeux, que nous ne soyons,

Sokolov et moi, que de petits rigolos, des théoriciens aux mains stupides, lourdaudes…

Oui, vainqueur ! Il était vainqueur !

Mais ses pensées se déroulaient paresseusement, avec des interruptions.

Il revoyait sans cesse ces gens qui voulaient du tabac, des cigarettes, et les beaux gars qui l'avaient traité de « Lévy ». Un jour, en sa présence, Postoïev avait dit à Sokolov une bien étrange phrase. Sokolov évoquait les travaux du jeune physicien Landesman et Postoïev avait répliqué : « Landesman, tu parles ! Victor Pavlovitch, voilà quelqu'un qui a étonné le monde par une découverte de premier ordre. » Et, prenant Sokolov par les épaules, il avait ajouté : « Mais l'essentiel, après tout, c'est que nous sommes tous russes, vous et moi. »

Le téléphone avait-il été maintenu ? Le gaz fonctionnait-il ? Était-il possible que les gens, rentrant à Moscou après la défaite de Napoléon, il y avait un peu plus de cent ans, n'aient eu en tête que ce genre de bêtises !

Le camion s'arrêta tout près de la maison et les Strum revirent enfin les quatre fenêtres de leur appartement, avec les croix de papier bleu, collées sur les vitres l'été précédent, la porte d'entrée, les tilleuls au bord du trottoir, puis la pancarte : « Lait » et la petite plaque sur la porte du gérant.

— Bien sûr, l'ascenseur est en panne, grommela Lioudmila Nikolaïevna et, se tournant vers le chauffeur, elle demanda : Camarade, ne pourriez-vous pas nous aider à porter nos affaires jusqu'au second ?

Le chauffeur répondit :

— Pas de problème. Vous me paierez avec du pain.

On déchargea la voiture. On laissa Nadia pour garder les bagages, et Strum et sa femme montèrent à l'appartement. Ils grimpaient lentement, s'étonnant que rien n'eût changé : la porte tapissée de toile cirée noire, au second, les boîtes aux lettres, familières. Qu'il était curieux de penser que les rues, les maisons, les choses que l'on oubliait ne disparaissaient pas, et de les retrouver, de se retrouver parmi elles !

Autrefois, Tolia, sans avoir la patience d'attendre l'ascenseur, grimpait quatre à quatre au second et, d'en haut, criait à Strum : « Ah ah ! Je suis à la maison ! »

— Arrêtons-nous sur le palier. Tu es tout essoufflée, proposa Victor Pavlovitch.

— Mon Dieu ! s'exclama Lioudmila Nikolaïevna. Dans quel état est l'escalier ! Dès demain, j'irai chez le gérant et j'obtiendrai de Vassili Ivanovitch qu'il entreprenne le nettoyage.

De nouveau, ils se tenaient devant la porte de leur maison, tous deux : le mari et la femme.

— Peut-être souhaites-tu ouvrir toi-même la porte ?

— Non, non, fais-le, tu es le maître de maison.

Ils entrèrent dans l'appartement, firent le tour des pièces, sans quitter leurs manteaux ; elle tâta le radiateur, décrocha le combiné du téléphone, souffla dedans et déclara :

— Eh bien, figure-toi qu'il marche !

Puis, elle passa à la cuisine, et dit :

— Il y a même de l'eau ; on pourra donc se servir des toilettes.

Elle s'approcha de la cuisinière, vérifia les robinets : le gaz avait été coupé.

Seigneur, Seigneur, c'était fini. L'ennemi avait été stoppé. Ils étaient de retour chez eux. Comme si ce fameux samedi 21 juin 1941 était hier. Tout était pareil, et tout avait changé ! Des gens nouveaux avaient franchi le seuil de la maison, ils avaient un cœur différent, un autre destin, ils vivaient dans une autre époque. Pourquoi était-ce si angoissant, si quotidien ? Pourquoi la vie enfuie d'avant-guerre leur semblait-elle si belle et si heureuse ? Pourquoi étaient-ils hantés par le souci du lendemain : le service des cartes de rationnement, l'autorisation de résidence, le terme pour l'électricité, l'ascenseur en panne ou en état de marche, les abonnements aux journaux ?... De nouveau entendre, la nuit, de son lit, la pendule sonner.

Il suivait sa femme et, soudain, se rappela sa venue à Moscou, l'été, la jolie Nina qui buvait du vin avec lui – la bouteille vide était encore à la cuisine, près de l'évier.

Il se rappela la nuit après la lettre de sa mère, apportée par le colonel Novikov, et son brusque départ pour Tcheliabinsk. C'est ici, tiens, qu'il avait embrassé Nina et qu'une épingle était tombée de ses cheveux. Ils ne l'avaient pas retrouvée. L'angoisse le saisit : l'épingle n'était-elle pas visible, sur le sol, Nina n'avait-elle pas oublié son bâton de rouge, son poudrier ?

Mais à cet instant, le chauffeur, haletant, posa une valise, parcourut la pièce des yeux, et demanda :

— Vous occupez tout ça à une famille ?

— Oui, répondit Strum d'un ton coupable.

— Nous, on vit à six dans huit mètres carrés, reprit le chauffeur. Ma vieille dort le jour, quand tout le monde est au travail. La nuit, elle la passe assise sur une chaise.

Strum s'approcha de la fenêtre : Nadia était plantée au milieu des bagages, près du camion, elle sautillait, en soufflant sur ses doigts.

Chère Nadia, pauvre fille Strum, c'était sa maison !

Le chauffeur monta le sac de vivres et le porte-plaid, puis, assis au bord d'une chaise, entreprit de se rouler une cigarette.

De toute évidence, le problème du logement le préoccupait vivement, il ne cessait d'évoquer, avec Strum, les normes sanitaires, et les employés de la Direction régionale du logement[1], tous des vendus !

---

1. Dans les années 1930, la surface habitable moyenne par personne à Moscou était de 5,5 m^2 ; dans les années 1940, elle n'était plus que de 4 m^2.

Un bruit de casseroles se fit entendre dans la cuisine.

— Une bonne maîtresse de maison, constata le chauffeur, et il fit un clin d'œil à Strum.

Strum, de nouveau, regarda par la fenêtre.

— Tout va bien, quoi ! conclut le chauffeur. On va mettre la pâtée aux Allemands, à Stalingrad, les gens commenceront à rentrer d'évacuation et, question place, ça va être encore plus pénible. Chez nous, à l'usine, on a vu revenir un ouvrier, deux fois blessé ; sa maison, naturellement, a été réduite en poussière par les bombardements, alors il s'est installé avec sa famille dans une cave insalubre ; sa femme, bien sûr, était enceinte et ses deux gosses tuberculeux. Leur cave a été inondée, ils avaient de l'eau plus haut que le genou. Alors, ils ont posé des planches sur des tabourets, et ça leur permettait de se déplacer du lit à la table, de la table au réchaud. Et puis, il a essayé de décrocher un appartement : et que je me rends au comité local du Parti, au *raïkom*, et que je t'écris à Staline ! Ça, des promesses, il en avait ! Une nuit, il a pris sa femme, ses gosses et tout leur bazar, et le voilà qui s'installe au quatrième étage, réservé au conseil régional. Une pièce de huit mètres quarante-trois. L'histoire que ça a déclenchée ! Il a été convoqué chez le procureur : tu débarrasses les lieux dans les vingt-quatre heures, qu'on lui a dit, ou on te colle cinq ans de camp et on flanque tes gosses dans un orphelinat. Et qu'est-ce qu'il a fait ? Il avait eu des médailles, à la guerre, eh bien, il se les est plantées dans la poitrine, carrément dans la chair, et s'est pendu à l'atelier, pendant la pause déjeuner. Les copains s'en sont aperçus, et clac, que je te coupe la corde ! L'ambulance l'a conduit à l'hôpital. Et aussi sec, il a obtenu un logement ; il n'avait pas quitté l'hôpital qu'il l'avait déjà. Il a eu de la chance : c'est petit, bien sûr, mais il y a tout le confort. En fin de compte, ça lui a réussi.

Nadia fit son entrée, au moment où le chauffeur achevait son récit.

— Et si on vous vole vos affaires, qui sera responsable ? demanda le chauffeur.

Nadia haussa les épaules et fit le tour des pièces, en soufflant sur ses doigts gelés.

Elle était à peine dans la maison qu'elle irritait déjà Strum.

— Tu pourrais au moins rabattre ton col, lui dit-il ; mais Nadia eut un geste insouciant et cria en direction de la cuisine :

— Maman, j'ai une faim terrible !

Lioudmila Nikolaïevna déploya ce jour-là une telle activité que Strum se dit que les Allemands auraient déjà reculé de cent kilomètres de plus si cette énergie avait été utilisée au front.

Le plombier mit le chauffage en marche. Les tuyaux étaient en bon état ; ils restaient tiédasses, il est vrai. Ce ne fut pas une mince affaire d'obtenir un gazier. Lioudmila Nikolaïevna parvint à joindre par téléphone le directeur du réseau, qui leur dépêcha un employé du service des réparations. Lioudmila Nikolaïevna alluma tous les brûleurs, posa des fers dessus et, bien que le gaz brûlât faiblement, on pouvait quitter son manteau. Après le passage du chauffeur, du plombier et du gazier, le sac de pain était devenu bien léger.

Jusque tard le soir, Lioudmila Nikolaïevna s'employa aux travaux ménagers. Enveloppant le balai d'un chiffon, elle essuya la poussière des plafonds et des murs. Elle nettoya le lustre, porta dans l'entrée de service les fleurs desséchées et rassembla quantité de vieilleries, de papiers, de chiffons : Nadia, à trois reprises, descendit la poubelle en râlant.

Lioudmila Nikolaïevna lava toute la vaisselle de la cuisine et de la salle à manger et, sous sa direction, Victor Pavlovitch essuya les assiettes, les fourchettes, les couteaux, mais elle ne lui confia pas le service à thé. Elle mit en train la lessive dans la salle de bains, fit dégeler l'huile sur la cuisinière, et tria les pommes de terre rapportées de Kazan.

Strum téléphona à Sokolov ; ce fut Maria Ivanovna qui répondit :

— J'ai mis Piotr Lavrentievitch au lit, le voyage l'a fatigué, mais si c'est urgent, je peux le réveiller.

— Non, non, je voulais juste bavarder avec lui, dit Strum.

— Je suis si heureuse, reprit Maria Ivanovna. J'ai sans cesse envie de pleurer.

— Venez nous voir, dit Strum. Êtes-vous libres, ce soir ?

— Mais non, voyons, ce soir c'est impossible, fit en riant Maria Ivanovna. Avec tout le travail que nous avons, Lioudmila Nikolaïevna et moi.

Elle se renseigna sur le délai pour l'électricité, la plomberie, et il l'interrompit soudain, assez grossièrement :

— J'appelle Lioudmila, elle poursuivra cette discussion de tuyaux.

Et aussitôt, il ajouta, sur le mode plaisant :

— Dommage, vraiment, que vous ne puissiez venir. Nous aurions lu *Max et Moritz*, le livre de Busch[1].

Sans relever la plaisanterie, elle dit :

— Je vous rappellerai plus tard. Avec le travail que me donne une seule pièce, je peux imaginer tous les soucis de Lioudmila Nikolaïevna.

Strum comprit qu'elle avait été choquée par sa grossièreté. Et il eut soudain envie de se retrouver à Kazan. Décidément, l'homme est un étrange animal.

Strum voulut appeler les Postoïev, mais leur ligne était coupée.

Il téléphona à son collègue Gourevitch, mais les voisins lui répondirent que Gourevitch était chez sa sœur.

Il appela Tchepyjine, mais personne ne répondit.

Puis, le téléphone sonna et une voix de gamin demanda Nadia, qui, à ce moment-là, était en expédition aux poubelles.

— C'est de la part de qui ? demanda Strum, d'un ton sévère.

— Aucune importance. Une relation.

_____

1. Voir note 2, p. 50.

— Vitia, assez bavardé au téléphone, aide-moi à pousser l'armoire !
appela Lioudmila Nikolaïevna.

— Je ne bavarde pas ! Personne n'a besoin de moi, ici, protesta Strum.
Si au moins tu me donnais quelque chose à manger. Sokolov s'est déjà
rempli la panse, et il dort à l'heure qu'il est.

Lioudmila semblait avoir mis encore plus de désordre dans la maison,
partout gisaient des monceaux de linge, la vaisselle, sortie des placards,
était posée à même le sol, des casseroles, des cuvettes, des sacs gênaient
le passage dans les pièces et le couloir.

Strum pensait que Lioudmila, les premiers temps, n'entrerait pas dans
la chambre de Tolia, mais il se trompait.

Toute rouge, les yeux inquiets, elle lui dit :

— Vitia, Victor, pose le vase chinois dans la chambre de Tolia, sur la
bibliothèque. J'ai tout nettoyé.

Le téléphone sonna encore et il entendit Nadia répondre :

— Salut ! Mais non, je n'étais pas sortie. C'est ma mère qui m'avait
envoyée porter la poubelle.

Mais Lioudmila Nikolaïevna le pressait :

— Vitia, ne t'endors pas, aide-moi. J'ai encore tant de choses à faire.

Quel instinct puissant habitait les femmes, un instinct fort et simple !

Au soir, le désordre fut vaincu ; les pièces s'étaient réchauffées, elles
avaient un peu repris leur aspect d'avant-guerre.

Ils dînèrent à la cuisine. Lioudmila Nikolaïevna avait mis des galettes au
four et fait frire des boulettes avec la kacha, préparée dans l'après-midi.

— Qui t'a téléphoné ? demanda Strum à Nadia.

— Un copain, répondit Nadia, en éclatant de rire. Ça fait quatre jours
qu'il appelle, il a fini par m'avoir.

— Tu lui écrivais, ou quoi ? Tu l'avais prévenu de notre arrivée ?
demanda Lioudmila Nikolaïevna.

Irritée, Nadia fronça les sourcils et eut un haussement d'épaules.

— Si on pouvait m'appeler, moi ! Même un chien, ça me ferait plaisir !
déclara Strum.

Victor Pavlovitch s'éveilla au milieu de la nuit. Lioudmila, en chemise,
était devant la porte de Tolia, grande ouverte, et elle disait :

— Tu vois, mon petit Tolia, j'ai eu le temps de tout nettoyer. Jamais, à
voir ta chambre, on ne penserait à la guerre, mon tout-petit...

26

Dans une des salles de l'Académie des sciences s'étaient réunis les
savants, retour d'évacuation. Tous ces gens, vieux et jeunes, blêmes,
chauves, aux yeux grands ou petits et vifs, au front large ou étroit, ressentaient, une fois rassemblés, la forme de poésie la plus élevée qui fût jamais :
la poésie de la prose.

Les draps mouillés et les pages humides des livres, trop longtemps restés dans des pièces sans chauffage, les conférences faites en manteau, le col relevé, les formules notées par les doigts rouges et gourds, la salade « moscovite », composée de pommes de terre gluantes et de feuilles de choux à moitié rongées, la bousculade aux distributions de tickets, l'obsession d'avoir à s'inscrire pour toucher du poisson salé et un supplément d'huile, tout cela, soudain, semblait très loin. À chaque connaissance qu'on rencontrait, c'étaient de bruyantes effusions.

Strum aperçut Tchepyjine, en compagnie de l'académicien Chichakov.

— Dmitri Petrovitch ! Dmitri Petrovitch ! répéta Strum, les yeux fixés sur le visage qui lui était cher.

Tchepyjine le serra dans ses bras.

— Comment vont vos gosses, au front ? Vous avez de leurs nouvelles ? demanda Strum.

— Oui, oui, ils vont bien.

Et à la façon dont Tchepyjine s'assombrit, Strum comprit qu'il était au courant de la mort de Tolia.

— Victor Pavlovitch, dit-il, transmettez mes profondes salutations à votre épouse. Mes très profondes salutations. Les miennes et celles de Nadejda Fiodorovna.

Et aussitôt, il ajouta :

— J'ai lu votre travail, c'est très intéressant. Un ouvrage considérable, encore plus qu'il n'y paraît. Vous comprenez : cela présente plus d'intérêt qu'on ne peut l'imaginer actuellement.

Et il embrassa Strum sur le front.

— Mais non, voyons, ce n'est pas grand-chose, vraiment…, balbutia Strum, heureux et confus.

En se rendant à la réunion, il n'avait cessé de se demander, assez vaniteusement, qui aurait lu son travail et ce qu'on en dirait. Et si personne ne l'avait lu ? Après la déclaration de Tchepyjine, il fut certain qu'on ne parlerait que de lui, de son travail.

Chichakov était là, tout près, et Strum avait encore à dire à Tchepyjine bien des choses impossibles à confier en présence d'un tiers, surtout devant Chichakov.

En voyant Chichakov, Strum ne pouvait, d'ordinaire, s'empêcher de penser à l'expression facétieuse de Gleb Ouspenski : « Un buffle pyramidal ».

Le visage de Chichakov, carré, débordant de viande, sa bouche charnue, arrogante, ses gros doigts boudinés, aux ongles polis, sa brosse grise et drue, coulée d'argent, ses costumes à la coupe toujours impeccable, tout cela écrasait littéralement Strum. Chaque fois qu'il croisait Chichakov, il se surprenait à se demander : « Va-t-il me reconnaître ? », « Va-t-il me saluer ? », et, furieux contre lui-même, se sentait tout heureux quand Chichakov laissait lentement échapper de ses lèvres charnues des mots qui semblaient, eux aussi, faits de viande, de hachis de bœuf.

— Un taureau arrogant ! Devant lui, je suis aussi intimidé qu'un Juif de shtetl devant un colonel de cavalerie.

— Et pourtant ! répondait Sokolov. Il est connu partout pour avoir été incapable de reconnaître un positon sur une photo. N'importe quel chercheur débutant est au courant ! L'erreur de l'académicien Chichakov !

Sokolov disait rarement du mal des gens, soit par prudence, soit que ses convictions religieuses lui interdissent de juger son prochain. Mais Chichakov l'énervait au dernier degré, et Piotr Lavrentievitch le dénigrait souvent, ironisait sur son compte. C'était plus fort que lui.

On parla de la guerre.

— On a stoppé l'avance allemande sur la Volga, dit Tchepyjine. C'est ça, la force de la Volga ! De l'eau vive, une force vive !

— Stalingrad, Stalingrad ! enchaîna Chichakov. Triomphe de notre stratégie et fermeté de notre peuple, en ce point confondus !

— Alexeï Alexeïevitch, avez-vous pris connaissance du dernier ouvrage de Victor Pavlovitch ? demanda soudain Tchepyjine.

— J'en ai entendu parler, naturellement, mais je ne l'ai pas encore lu.

Impossible de lire sur le visage de Chichakov ce qu'il avait entendu dire, exactement, de l'ouvrage de Strum.

Strum fixa Tchepyjine dans les yeux, un long moment, afin que son vieil ami et maître comprît ce qu'il avait subi, afin qu'il connût ses sacrifices et ses doutes. Mais Strum ne vit lui-même en Tchepyjine que tristesse et lourdes pensées ainsi qu'une lassitude de vieillard.

Sokolov s'approcha et tandis que Tchepyjine lui serrait la main, le regard de l'académicien Chichakov glissait, dédaigneux, sur le petit veston vieillot de Piotr Lavrentievitch. Et quand Postoïev se montra, Chichakov sourit joyeusement, de toute la viande de son gros visage, et dit :

— Bonjour, bonjour, mon cher ! Voilà enfin quelqu'un que je suis heureux de revoir.

Ils évoquèrent leur santé, leurs femmes, leurs enfants, leurs maisons de campagne – en grands seigneurs magnifiques.

Strum demanda doucement à Sokolov :

— Comment êtes-vous installés ? Il fait chaud, chez vous ?

— Pour le moment, cela n'est guère mieux qu'à Kazan. Macha m'a instamment prié de vous saluer. Elle passera vous voir demain, dans la journée.

— Magnifique ! répondit Strum. Cela commençait à nous manquer. À Kazan, nous avions pris l'habitude de nous voir tous les jours.

— Tous les jours ! reprit Sokolov. Dis plutôt que Macha passait chez vous quelque trois fois par jour ! Je lui avais même suggéré de s'installer chez vous.

Strum éclata de rire, mais il se dit que son rire sonnait faux. Le mathématicien Leontiev, membre de l'Académie, entra dans la salle ; il avait un gros nez, un crâne chauve imposant et portait d'énormes lunettes à monture jaune. Dans le temps, alors qu'ils séjournaient à Gaspra, ils s'étaient rendus à Yalta, avaient bu quantité de vin à la cave coopérative et avaient fait une entrée spectaculaire à la cantine, en chantant une chanson inconvenante, ce qui avait eu pour effet de semer la panique dans le personnel et d'amuser beaucoup les autres estivants. Apercevant Strum, Leontiev esquissa un sourire. Victor Pavlovitch baissa un peu les yeux, s'attendant à ce que Leontiev lui parle de ses travaux.

Mais Leontiev, visiblement, s'était souvenu de leur aventure de Gaspra, car il s'écria, balayant l'air de sa main :

— Eh bien, Victor Pavlovitch, si on chantait ?

Un jeune homme brun entra, vêtu d'un costume noir, et Strum remarqua que l'académicien Chichakov s'était empressé de le saluer.

Le jeune homme fut abordé par Souslakov, chargé d'affaires très importantes – quoique obscures – auprès du Praesidium de l'Académie ; une chose était sûre : son appui était préférable à celui du président, il pouvait transférer un docteur ès science d'Alma-Ata à Kazan, vous aider à obtenir un appartement. C'était un homme au visage las de ceux qui travaillent la nuit, aux joues fripées, au teint terreux, mais tout le monde avait toujours besoin de lui.

Tous s'étaient habitués à ce que Souslakov, durant les assemblées, fumât des « Palmyre », tandis que les académiciens se contentaient de tabac ordinaire ou de gros gris, et l'on savait qu'en sortant de l'Académie, ce n'étaient pas les célébrités qui lui proposaient : « Je vous raccompagne », mais lui qui, en s'approchant de sa ZIS, proposait aux célébrités de les raccompagner.

Mais Strum voyait, cette fois, en observant Souslakov en grande conversation avec le jeune homme brun, que ce dernier ne lui demandait pas de faveur ; car aussi élégante que soit la façon de demander, il est toujours possible de deviner qui demande à qui. Là, au contraire, le jeune semblait désireux d'en terminer au plus vite avec Souslakov. Le jeune homme salua Tchepyjine, avec une déférence appuyée, mais ce respect était teinté d'un mépris imperceptible, et pourtant parfaitement sensible.

— Dites-moi, qui est ce jeune seigneur ? demanda Strum.

Postoïev lui répondit à mi-voix :

— Il travaille depuis peu à la section scientifique du Comité central.

— Vous savez, dit Strum, j'éprouve un curieux sentiment. Il me semble que notre ténacité, là-bas, à Stalingrad, est la même que celle de Newton ou d'Einstein ; que la victoire remportée sur la Volga marque le triomphe des idées d'Einstein, bref, vous voyez, une impression de ce genre.

Chichakov eut un petit rire perplexe et hocha légèrement la tête.

— Ne comprenez-vous pas, Alexeï Alexeïevitch ? demanda Strum.

— Obscures les eaux nébuleuses ! fit remarquer, en souriant, le jeune homme de la section scientifique, qui se trouvait tout à côté. Sans doute la prétendue théorie de la relativité permet-elle d'établir un lien entre la Volga russe et Albert Einstein.

— Pourquoi « prétendue » ? s'étonna Strum. Et il s'assombrit devant l'hostilité railleuse dont il était l'objet.

Cherchant un appui, il regarda Chichakov, mais le dédain tranquille du « pyramidal » Alexeï Alexeïevitch s'étendait, de toute évidence, à Einstein.

Un mauvais sentiment, un agacement douloureux envahirent Strum. Cela lui arrivait parfois : un affront le faisait bouillonner et il ne se retenait qu'au prix de gros efforts. Et ce n'est que le soir, de retour chez lui, qu'il se permettait de répondre à ses détracteurs, le cœur en déroute. Parfois, il s'oubliait, criait, gesticulait, défendant son amour dans ces discours imaginaires et ridiculisant ses ennemis. Lioudmila Nikolaïevna disait alors à Nadia : « Voilà papa qui refait un discours. »

Cette fois, il n'était pas furieux seulement pour Einstein. Il lui semblait que tous les gens qu'il connaissait auraient dû lui parler de son travail, et qu'il aurait dû être le centre d'intérêt de l'assistance. Il se sentait humilié, blessé. Il comprenait qu'il était stupide de se vexer pour des choses pareilles, n'empêche qu'il se vexait. Tchepyjine avait été le seul à parler de ses travaux.

Strum dit d'une voix timide :

— Les nazis ont banni le génial Einstein, et leur physique, de ce fait, est devenue une physique de singes. Mais, grâce à Dieu, nous avons stoppé leur avance. Et tout cela va ensemble : la Volga, Stalingrad, le plus grand génie de notre temps, Albert Einstein, le village le plus obscur, la vieille paysanne illettrée, la liberté, aussi, dont chacun a besoin. Tout cela s'est trouvé uni. Ma façon de m'exprimer est sans doute embrouillée, mais je pense, au fond, qu'il n'est rien de plus clair que cet embrouillamini.

— J'ai l'impression, Victor Pavlovitch, que votre panégyrique d'Einstein est tout de même très outré, déclara Chichakov.

— Dans l'ensemble, renchérit Postoïev d'un ton enjoué, je suis d'accord : il y a outrance.

Quant au jeune homme de la section scientifique, il considéra Strum avec tristesse.

— Voyez-vous, camarade Strum, commença-t-il, et, de nouveau, Strum perçut du mépris dans sa voix, il vous semble normal, à un moment si important pour notre peuple, de réunir dans votre cœur Einstein et la Volga. Seulement, cette période éveille chez vos contradicteurs des sentiments bien différents. Bien sûr, nul n'est maître de son cœur et je ne discuterai donc pas. Mais pour ce qui est de votre appréciation d'Einstein, là, on peut discuter. Car il me semble inopportun de faire passer une théorie idéaliste pour le sommet de la science.

— Arrêtez, je vous prie ! coupa Strum.

Et d'un ton docte et dédaigneux, il poursuivit :

— Alexeï Alexeïevitch, la physique moderne sans Einstein n'est qu'une physique de singes. Nous n'avons pas le droit de rire des noms d'Einstein, de Galilée ou de Newton.

Levant un doigt, il mit en garde Alexeï Alexeïevitch et le vit battre des paupières.

Un instant plus tard, près de la fenêtre, tour à tour murmurant et parlant à voix haute, Strum informa Sokolov de cette prise de bec imprévue.

— Vous étiez tout près et n'avez même pas entendu, dit Strum.

— Et comme par un fait exprès, Tchepyjine s'était écarté et il n'a rien entendu.

Il se renfrogna et se tut. Comme il était puéril, naïf, le rêve de son jour de triomphe ! En fin de compte, l'assemblée avait été mise en émoi par l'arrivée d'un jeune homme d'une quelconque administration.

— Et savez-vous le nom de ce damoiseau ? demanda soudain Sokolov, comme s'il eût saisi sa pensée. Savez-vous de qui il est parent ?

— Je n'en ai pas la moindre idée, répondit Strum.

Sokolov s'approcha de Strum et lui murmura quelque chose à l'oreille.

— Que dites-vous ? s'exclama Strum.

Et, se rappelant l'attitude incompréhensible de l'académicien pyramidal et de Souslakov à l'égard du jeune homme encore presque d'âge scolaire, il ajouta d'un ton traînant :

— Ah ! bo-o-o-on, c'était donc ça ! Je me disais aussi...

Sokolov dit à Strum, en riant :

— Dès le premier jour, vous vous faites des amis à la section scientifique du CC et dans les hautes sphères de l'Académie. Vous êtes comme ce personnage de Mark Twain qui se vante de ses revenus devant l'inspecteur des impôts.

Mais cet humour déplut à Strum, qui demanda :

— Vraiment, vous n'avez pas entendu notre discussion, alors que vous étiez tout à côté de moi ? Mais peut-être ne souhaitiez-vous pas vous mêler à cette conversation avec l'inspecteur des impôts.

Les petits yeux de Sokolov sourirent à Strum, ils s'adoucirent, ce qui les rendit beaux.

— Victor Pavlovitch, dit-il, ne soyez pas chagriné. Croyez-vous sérieusement que Chichakov puisse apprécier votre travail ? Ah ! mon Dieu, mon Dieu, que de mesquine vanité, quand votre travail, lui, est si important !

Dans ses yeux et dans sa voix, il y avait ce sérieux, cette chaleur que Strum avait attendus de lui, en venant le trouver, un soir d'automne à Kazan. À l'époque, Victor Pavlovitch n'avait pas eu ce qu'il souhaitait.

La réunion commença. Les orateurs parlèrent des tâches de la science aux jours pénibles de la guerre, ils se dirent tous prêts à consacrer leurs forces à la cause du peuple, à aider l'armée dans sa lutte contre les nazis. On évoqua les travaux des instituts de l'Académie, l'aide qu'apporterait aux chercheurs le Comité central du Parti, le camarade Staline qui, tout en dirigeant l'armée et le peuple, trouvait encore le temps de s'intéresser aux questions scientifiques, enfin, les savants qui se devaient d'honorer la confiance du Parti et du camarade Staline personnellement.

Il fut aussi question de réformes pratiques, imposées par la situation nouvelle. À leur grand étonnement, les physiciens apprirent qu'ils étaient mécontents des projets scientifiques de leur institut ; on accordait trop d'importance aux problèmes de théorie pure. Dans la salle, on se répétait, en murmurant, les paroles de Souslakov : « L'Institut est trop coupé de la vie. »

27

Au Comité central du Parti, on examinait la question de l'état des recherches scientifiques dans le pays. On annonça que le Parti, dorénavant, s'intéresserait principalement au développement de la physique, des mathématiques et de la chimie.

Le Comité central estimait que la science devait se tourner radicalement vers la production, se rapprocher de la vie, établir avec elle des liens étroits.

On racontait que Staline avait assisté à la séance : comme à l'accoutumée, il avait arpenté la salle, sa pipe à la main, interrompant parfois rêveusement sa promenade, pour écouter un orateur ou mieux saisir sa pensée.

L'assistance s'était vigoureusement élevée contre l'idéalisme et contre toute sous-estimation de la science et de la philosophie nationales.

Staline n'était intervenu qu'à deux reprises. Quand Chtcherbakov s'était prononcé pour une réduction du budget de l'Académie, Staline avait secoué la tête, et déclaré :

— Faire la science, ça n'est pas faire des savonnettes. Nous ne ferons pas d'économies sur le dos de l'Académie.

Il avait prononcé sa seconde réplique au moment où l'assemblée évoquait le problème de l'admiration sans bornes que portaient certains savants à la science occidentale. Staline avait approuvé de la tête et dit :

— Il nous faut, à la fin, protéger nos gens des émules d'Araktcheïev.

Les chercheurs, invités à l'assemblée, en parlèrent à leurs amis, après leur avoir fait jurer de tenir leur langue. Trois jours plus tard, le tout-Moscou scientifique – des dizaines de familles et de cercles d'amis – discutait à mi-voix des détails de la réunion.

On chuchotait que Staline avait des cheveux blancs, que ses dents étaient noires, gâtées, qu'il avait de belles mains aux doigts fins et un visage grêlé par la petite vérole.

On prévenait les adolescents qui entendaient ces récits :

— Attention, si tu vas raconter ça, non seulement tu te perds, mais tu nous assassines tous.

Tous considéraient que la situation des chercheurs allait s'améliorer, les paroles de Staline sur les émules d'Araktcheïev soulevaient de grands espoirs.

Quelques jours plus tard, on arrêta un botaniste renommé, le généticien Tchetverikov. Les rumeurs les plus diverses couraient sur son arrestation : les uns affirmaient que c'était un espion, d'autres qu'au cours de ses voyages à l'étranger il était en relation avec des émigrés russes, certains prétendaient que sa femme, une Allemande, correspondait, avant la guerre, avec sa sœur qui vivait à Berlin, d'autres qu'il avait essayé d'imposer des variétés de blé de mauvaise qualité afin de provoquer la famine, d'autres encore liaient son arrestation à une phrase qu'il aurait dite sur le « doigt de Dieu », ou bien à une anecdote politique qu'il aurait racontée à un camarade d'enfance.

Depuis le début de la guerre, on entendait rarement parler, relativement, d'arrestations politiques, et beaucoup – Strum était de ceux-là – commençaient à se dire que ces terribles pratiques avaient cessé pour de bon.

Soudain, on se rappelait l'année 37, où presque quotidiennement on citait des noms de personnes arrêtées au cours de la nuit. On se revoyait s'informer les uns les autres par téléphone : « Cette nuit, le mari d'Anna Andreïevna est tombé malade[1]... » On se souvenait des voisins qui, à propos des personnes arrêtées, vous répondaient au téléphone : « Il est parti et on ne sait pas quand il reviendra... » On se remémorait les récits des scénarios d'arrestation : ils étaient arrivés chez lui, au moment où il baignait son gosse ; on l'avait pris au travail, au théâtre, tard dans la nuit... Des phrases revenaient : « La perquisition a duré quarante-huit heures, ils ont tout retourné, ils ont même cassé le plancher... », « Ils n'ont pratiquement rien fouillé, juste feuilleté quelques livres, histoire de dire... »

On se rappelait des dizaines de personnes, ainsi « parties » et jamais revenues : l'académicien Vavilov... Vizé... le poète Mandelstam, l'écrivain Babel... Boris Pilniak... Meyerhold... les bactériologistes Korchounov et Zlatogorov... le professeur Pletnev... le docteur Lévine...

Mais le fait qu'il s'agît de gens éminents, de célébrités n'avait pas d'importance. Seul comptait le fait que, célèbres ou anonymes, modestes, discrets, tous étaient innocents, tous travaillaient honnêtement.

Est-ce que cela allait recommencer ? Est-ce qu'après la guerre les cœurs devraient s'arrêter de battre chaque fois qu'on entendrait, la nuit, un bruit de pas ou l'avertisseur d'une voiture ?

Comme il était difficile de concilier dans son esprit la lutte pour la liberté et tout cela... oui, nous avions eu tort de tant bavarder à Kazan.

Une semaine après l'arrestation de Tchetverikov, Tchepyjine annonça qu'il quittait l'Institut de physique. Chichakov lui succéda.

Le président de l'Académie avait rendu visite à Tchepyjine chez lui ; on racontait que ce dernier avait été convoqué par Beria ou par Malenkov, mais qu'il avait refusé de modifier le plan de travail de l'Institut.

---

1. Allusion à l'arrestation de Nikolaï Pounine, mari de la poétesse Anna Akhmatova.

On prétendait qu'étant donné les services qu'il avait rendus à la science, on n'avait pas voulu, au début, prendre, à son encontre, des mesures extrêmes. On profita de l'occasion pour révoquer le directeur administratif, Pimenov, un jeune libéral, comme inapte aux exigences de sa fonction.

On confia à l'académicien Chichakov la fonction de directeur et le rôle de responsable scientifique que jouait, jusqu'alors, Tchepyjine.

Le bruit courut que Tchepyjine, à la suite de ces événements, avait eu une attaque cardiaque. Strum s'apprêta aussitôt à lui rendre visite, mais, au téléphone, la femme de ménage lui expliqua qu'en effet Dmitri Petrovitch, ces derniers temps, ne s'était pas senti très bien et que, sur les conseils de son docteur, il était parti aux environs de Moscou, en compagnie de Nadejda Fiodorovna et qu'il ne rentrerait que dans deux ou trois semaines.

Strum dit à Lioudmila :

— Et voilà : on vous fait un croche-pied, comme à un gamin, et on appelle cela protéger les gens contre les émules d'Araktcheïev. Quelle importance pour la physique que Tchepyjine soit marxiste, bouddhiste ou lamaïste ? Tchepyjine a créé une école. Tchepyjine est l'ami de Rutherford. N'importe quel concierge connaît l'équation de Tchepyjine.

— Pour les concierges, papa, tu pousses un peu, déclara Nadia.

Strum répliqua :

— Attention : si tu vas le raconter, non seulement tu te perds, mais tu nous assassines tous.

— Je sais bien que ce genre de discours n'est valable qu'à la maison.

Strum dit timidement :

— Hélas, ma petite Nadia, que puis-je faire pour modifier les décisions du CC ? Me taper la tête contre les murs ? Après tout, c'est Dmitri Petrovitch lui-même qui a exprimé le désir de partir. Et comme on dit : le peuple ne l'a pas bissé.

Lioudmila Nikolaïevna dit à son mari :

— Il ne faut pas, ainsi, te mettre dans tous tes états. D'ailleurs, tu n'étais pas toujours d'accord avec Dmitri Petrovitch.

— Sans discussions, il n'est pas de véritable amitié.

— C'est bien le problème, répliqua Lioudmila Nikolaïevna. Et avec ta langue, tu verras qu'on te retirera la direction du laboratoire.

— Ce n'est pas cela qui me tracasse, répondit Strum. Nadia a raison : tous mes discours ne sont qu'à usage interne, c'est comme si je crachais en l'air ! Tu devrais téléphoner à la femme de Tchetverikov, passer la voir. Tout de même, tu la connais !

— Cela ne se fait pas, et puis je ne la connais pas si bien que cela, fit Lioudmila Nikolaïevna. Je ne peux l'aider en rien. Tu parles comme elle doit avoir envie de me recevoir ! Et toi, tu as téléphoné à quelqu'un, après des événements de ce genre ?

— Moi, je trouve qu'il faut le faire, intervint Nadia.

Strum fronça les sourcils.

— En fait, les coups de téléphone, ça aussi, c'est cracher en l'air.

Il aurait voulu parler à Sokolov du départ de Tchepyjine, mais ce n'était pas un sujet pour sa femme et sa fille. Il se retenait toutefois de téléphoner à Piotr Lavrentievitch : on ne parlait pas de ces choses-là au téléphone.

Étrange, tout de même. Pourquoi Chichakov ? Il était évident que le dernier ouvrage de Strum était un événement scientifique. Tchepyjine avait dit, au Conseil scientifique, que c'était l'événement le plus important de ces dix dernières années, dans la théorie physique soviétique. Et voilà qu'on nommait Chichakov à la tête de l'Institut. Ce n'était pas rien. On avait nommé un homme qui avait eu la découverte du positon à portée de main. Il avait vu des centaines de photos avec des traces d'électrons déviant à gauche, et voilà qu'un jour on lui mettait sous le nez des photos avec les mêmes traces des mêmes particules mais cette fois déviant à droite. Le jeune Savostianov aurait compris, lui ! Or Chichakov avait simplement fait la moue et rejeté les photos qu'il avait crues défectueuses. « Maligne, va ! s'était exclamé Selifane. C'est ce que je disais : ça ne sait pas reconnaître sa droite de sa gauche[1] ? »

Mais le plus étonnant était que ces choses-là n'étonnaient personne. Elles étaient, en quelque sorte, devenues naturelles. Les amis de Strum, sa femme et Strum lui-même avaient fini par admettre que c'était légitime. Strum n'était pas valable comme directeur, Chichakov, si.

Comment avait dit Postoïev ? Ah ! ah ! oui… « L'essentiel est que nous soyons tous russes. »

Mais il semblait difficile d'être plus russe que Tchepyjine.

Le matin, en allant à l'Institut, Strum était persuadé que tous les collaborateurs, depuis les assistants de laboratoire jusqu'aux docteurs, ne parleraient que de l'affaire Tchepyjine.

Devant l'entrée se tenait une ZIS, le chauffeur, un homme entre deux âges portant lunettes, lisait son journal.

Le vieux gardien, avec lequel Strum, l'été, buvait du thé au laboratoire, l'accueillit dans l'escalier par ces mots :

— Le nouveau chef est arrivé. Et il ajouta, désolé : Et notre pauvre Dmitri Petrovitch, hein ?

Dans la salle, les assistants de laboratoire parlaient de l'installation du matériel, arrivé la veille de Kazan. De volumineuses caisses encombraient la grande salle du labo. De nouveaux appareils, fabriqués dans l'Oural, s'étaient ajoutés à l'ancien matériel. Le visage hautain – c'est, du moins, ce qu'il sembla à Strum –, Nozdrine se tenait près d'une énorme caisse en bois.

---

1. Allusion à une réplique célèbre du cocher de Tchitchikov, Selifane, dans *Les Âmes mortes* de Gogol, qui l'adresse avec condescendance à une petite paysanne qui essaie de lui montrer le chemin.

Perepelitsyne sautait sur un pied autour de cette caisse, sa béquille sous le bras.

Anna Stepanovna dit en désignant les paquets :

— Vous voyez, Victor Pavlovitch !

— Un bazar pareil, même un aveugle le verrait, répondit Strum.

Mais Anna Stepanovna ne parlait pas des caisses.

— Je vois, bien sûr que je vois, reprit Strum.

— Les ouvriers arrivent dans une heure, intervint Nozdrine. Nous nous sommes entendus avec le professeur Markov.

Il prononça ces mots d'un ton calme, tranquille, de propriétaire. Désormais, c'était lui le patron.

Strum passa dans son cabinet. Markov et Savostianov étaient assis sur le divan, Sokolov debout près de la fenêtre. Svetchine, qui dirigeait le laboratoire magnétique voisin, avait pris place au bureau et se roulait une cigarette.

Quand Strum entra, Svetchine se leva et lui céda le fauteuil :

— La place du patron.

— Mais non, mais non, restez assis, dit Strum et il demanda aussitôt : Quel est le thème de cette réunion au sommet ?

Markov répondit :

— Nous parlions des magasins fermés. Il semble que les académiciens aient droit à quinze cents roubles de marchandises par mois, alors que les simples mortels, comme les artistes du peuple et les grands poètes dans le genre de Lebedev-Koumatch, n'auront droit qu'à cinq cents roubles.

— On commence à installer le matériel, fit Strum, et Dmitri Petrovitch n'est plus à l'Institut. Comme on dit : la maison brûle et la pendule marche toujours.

Mais l'auditoire dédaigna le sujet de conversation suggéré par Strum.

Savostianov raconta :

— Hier, mon cousin est passé chez nous. Il sortait de l'hôpital et repartait au front. Il fallait boire un verre, alors j'ai acheté un demi-litre de vodka à ma voisine. J'en ai eu pour trois cent cinquante roubles.

— Inouï ! s'exclama Svetchine.

— Faire la science, ça n'est pas faire des savonnettes, fit gaiement remarquer Savostianov, mais il comprit, en regardant ses interlocuteurs, que sa plaisanterie n'était pas de mise.

— Le nouveau chef est déjà là, dit Strum.

— Un homme extrêmement énergique, enchaîna Svetchine.

— Avec quelqu'un comme Alexeï Alexeïevitch, on n'a pas à s'en faire, déclara Markov. Il a pris le thé chez le camarade Jdanov.

Markov était vraiment étonnant : apparemment, il connaissait peu de monde, mais il était toujours au courant de tout ; il savait qu'au labo d'à côté la doctoresse de troisième cycle Gabritchevskaïa était enceinte, que le mari de Lida, la femme de service, était de nouveau à l'hôpital militaire, et que la commission centrale des thèses avait refusé le titre de docteur à Smorodintsev.

— Que voulez-vous, commença Savostianov. Nous connaissons tous la célèbre erreur de Chichakov. Mais cela mis à part, c'est plutôt le brave type. À propos, savez-vous la différence entre un brave type et un mauvais ? Le brave type fait des saloperies malgré lui.

— Une erreur est une erreur, enchaîna le responsable du labo magnétique. Mais bon, ce n'est pas pour une erreur qu'on nomme quelqu'un académicien.

Svetchine était membre du bureau du Parti, à l'Institut. Il avait adhéré au cours de l'automne 1941, et, comme beaucoup de ceux qui avaient depuis peu intégré la vie du Parti, il se montrait d'une droiture inébranlable et s'acquittait de ses missions avec un sérieux quasi religieux.

— Victor Pavlovitch, dit-il, j'ai quelque chose à vous demander : le bureau du Parti vous prie d'intervenir à la réunion à propos des nouvelles dispositions.

— Critiquer les erreurs de la direction et de Tchepyjine ? demanda Strum, agacé. (La conversation ne prenait pas le tour qu'il avait souhaité.) Je ne sais pas si je suis un brave type ou un mauvais, mais je n'aime pas faire des saloperies.

Et, se tournant vers ses collègues du laboratoire, il demanda :

— Vous, par exemple, camarades, vous êtes d'accord avec le départ de Tchepyjine ?

Il était, à l'avance, sûr de leur soutien et se troubla quand Savostianov lui répondit par un vague haussement d'épaules.

— En vieillissant, on devient moins bon.

Svetchine ajouta :

— Tchepyjine avait annoncé qu'il n'entreprendrait rien de nouveau. Que pouvions-nous faire ? D'ailleurs, c'est lui qui a refusé, tout le monde lui demandait de rester.

— C'est lui l'Araktcheïev ? demanda Strum. Enfin, on en a trouvé un ?

Markov dit en baissant la voix :

— Victor Pavlovitch, on raconte qu'à une époque Rutherford avait juré de ne pas commencer à travailler sur les neutrons, craignant de créer, par là même, une gigantesque force explosive. C'est noble, bien sûr, mais c'est d'une intransigeance absolument ridicule. À ce qu'on raconte, Dmitri Petrovitch a tenu des discours dans le même style « évangéliste ».

« Seigneur, pensa Strum, comment sait-on tout cela ? »

Il intervint :

— Il apparaît, Piotr Lavrentievitch, que nous ne sommes pas en majorité.

Sokolov hocha la tête :

— Il me semble, Victor Pavlovitch, que l'individualisme et l'insubordination ne sont pas tolérables actuellement. Nous sommes en guerre.

Tchepyjine n'aurait pas dû penser à lui, à ses intérêts personnels, quand les camarades placés au-dessus de lui l'ont convoqué.

— Ah ! Alors, toi aussi, tu joues les Brutus ? plaisanta Strum, pour masquer son désarroi.

Mais, curieusement, il était plus réjoui que perplexe. « Évidemment, je le savais », se dit-il. Pourquoi : « évidemment » ? Après tout, il ne pouvait prévoir que Sokolov lui répondrait de cette façon. Et même, en admettant qu'il l'eût soupçonné, il n'y avait pas de quoi se réjouir !

— Vous devez intervenir, insista Svetchine. Personne ne vous demande de critiquer Tchepyjine. Dites simplement quelques mots des perspectives de votre travail, en liaison avec la décision du CC.

Avant la guerre, Strum rencontrait Svetchine aux concerts symphoniques du Conservatoire. On racontait que, dans sa jeunesse, Svetchine, alors étudiant en maths-physique, écrivait des poèmes complètement hermétiques et portait un chrysanthème à la boutonnière. Aujourd'hui, le même Svetchine parlait des décisions du bureau du Parti, comme s'il s'agissait de vérités absolues.

Strum avait parfois envie de lui faire un clin d'œil, de le pousser légèrement du doigt et de lui dire : « Hé, vieux, parlons simplement. »

Mais il savait qu'avec Svetchine c'était désormais impossible. Et cependant, très affecté par le discours de Sokolov, Strum se mit à parler tout simplement.

— L'arrestation de Tchetverikov, demanda-t-il, est-elle liée, elle aussi, aux nouvelles dispositions ? Est-ce également pour cela que le vieux Vavilov a été en prison ? Et si je me permettais d'affirmer que Dmitri Petrovitch fait, pour moi, plus autorité, en matière de physique, que le camarade Jdanov, qui dirige la section scientifique du CC, ou même que…

Il vit le regard de ses interlocuteurs, qui attendaient qu'il lâchât le nom de Staline, et dit, avec un geste de renoncement :

— Bon, cela suffit, allons dans la salle du labo.

Les caisses de nouveau matériel, venues de l'Oural, avaient déjà été ouvertes et la pièce maîtresse du montage, qui pesait ses trois quarts de tonne, avait été soigneusement extraite des copeaux, du papier et des planches de bois brut arrachés à la caisse. Strum effleura la surface polie du métal.

Ce ventre métallique engendrerait un impétueux torrent de particules qui jaillirait comme la Volga sous la petite chapelle du lac Seliguer.

Beaux étaient les yeux des gens, à cet instant. Comme il était bon de sentir qu'il existait, au monde, une pareille géante. Que désirer de plus ?

Après le travail, Strum et Sokolov restèrent seuls dans le labo.

— Victor Pavlovitch, pourquoi vous dressez-vous sur vos ergots comme un coq ? Êtes-vous donc incapable d'humilité ? J'ai raconté à Macha votre exploit de l'Académie, quand, en une demi-heure, vous avez réussi à gâcher vos rapports avec le nouveau directeur et ce gamin de la section scientifique. Macha en a été terriblement désolée, elle n'a pas fermé l'œil de la nuit. Vous savez, pourtant, quelle époque nous vivons. J'ai vu avec quels yeux vous la regardiez. Allez-vous sacrifier tout cela pour quelques mots sans intérêt ?

— Attendez, attendez, coupa Strum. Laissez-moi respirer.

— Ah ! Seigneur ! répliqua Sokolov. Personne ne vous dérangera dans votre travail. Respirez tant que vous voulez.

— Vous savez, mon cher, reprit Strum avec un sourire forcé, je vous dis merci de tout cœur pour vos reproches amicaux. Permettez-moi, à mon tour, par sincérité mutuelle, d'en formuler quelques-uns. Pourquoi, grands dieux, avez-vous tenu ces propos sur Dmitri Petrovitch devant Svetchine ? Après la liberté de ton que j'ai constatée à Kazan, cela me fait mal. En ce qui me concerne, malheureusement, je ne suis pas si téméraire. Je ne m'appelle pas Danton, comme on disait dans ma jeunesse.

— Heureusement que vous n'êtes pas Danton. À franchement parler, j'ai toujours estimé que tous ces ténors de la politique étaient des gens incapables de s'exprimer dans une œuvre de création. Nous, nous en sommes capables.

— Elle est bonne, celle-là ! s'exclama Strum. Et que faites-vous alors d'un petit Français nommé Galois ? Que faites-vous de Kibaltchitch ?

Sokolov repoussa sa chaise et répondit :

— Kibaltchitch, vous savez, a fini sur le billot. Non, je parle de tous ces bavardages creux. Dans le style de Madiarov, par exemple.

Strum demanda :

— Autrement dit, je ne suis, moi aussi, qu'un bavard ?

Sokolov se contenta de hausser les épaules.

Cette brouille, semblait-il, serait vite oubliée, comme tant d'autres disputes ou conflits. Et pourtant, cette brève querelle ne s'effaça pas, elle lui resta en mémoire. Quand la vie d'un homme croise amicalement celle d'un autre, il arrive qu'ils se disputent, qu'ils soient injustes, mais les offenses subies disparaissent sans laisser de traces. Cependant, si des divergences profondes se font jour entre ces hommes, qui n'en ont pas encore conscience, alors, le moindre mot, la moindre parole imprudente deviennent un épieu mortel pour l'amitié.

Et souvent la cassure va se nicher si profondément que jamais elle n'apparaît à la surface, que jamais les personnes n'en prennent conscience. Alors, une dispute un peu vive pour un détail, un mot lâché imprudemment deviennent la cause funeste de la mort d'une longue amitié.

Non, ce n'était pas pour un jars que les deux Ivan se querellaient[1].

---

1. Allusion au récit de Gogol « La brouille des deux Ivan » du recueil *Mirgorod* (1836).

28

Du nouveau sous-directeur de l'Institut, Kassian Terentievitch Kovtchenko, on disait : « C'est un des hommes de Chichakov. » Affable, émaillant son discours de mots ukrainiens, Kovtchenko parvint à décrocher, à une vitesse phénoménale, un appartement et une voiture de fonction.

Markov, qui connaissait quantité d'histoires sur les académiciens et le gratin de l'Académie, racontait que Kovtchenko s'était vu décerner le prix Staline pour un ouvrage qu'il n'avait lu que bien après sa publication ; sa participation au travail avait consisté à fournir le matériel introuvable sur le marché et à pousser l'ouvrage auprès des diverses instances.

Chichakov confia à Kovtchenko la tâche d'organiser un concours pour attribuer les places vacantes. On annonça l'embauche de directeurs de recherches, les places de responsable du laboratoire de vide et de celui des basses températures étaient disponibles.

Le Département de la guerre fournit le matériel et les ouvriers, on rebâtit les ateliers de mécanique, on restaura le bâtiment de l'Institut, la centrale de Moscou accorda à l'Institut une énergie illimitée, des usines secrètes lui cédèrent les matières premières rares. Kovtchenko dirigeait tout cela allègrement.

D'ordinaire, quand un nouveau chef est nommé quelque part, on dit de lui avec respect : « Il arrive au travail avant tout le monde et en repart bien après. » On le disait de Kovtchenko. Mais on respecte bien plus encore un supérieur dont on peut dire : « Cela fait déjà deux semaines qu'il est nommé, et on ne l'a vu, en tout et pour tout, qu'une petite demi-heure. Il n'est jamais là. » Cela signifie que le nouveau chef élabore de nouvelles tables de la loi et qu'il plane dans les sphères gouvernementales.

C'est ce qu'on dit, les premiers temps, de l'académicien Chichakov.

Tchepyjine, lui, était parti travailler dans sa maison de campagne, ou, comme il disait lui-même, dans sa ferme-laboratoire. Le professeur Feingardt, un célèbre cardiologue, lui avait conseillé d'éviter tout mouvement brusque et de ne pas soulever de poids trop lourds. À la campagne, Tchepyjine fendait son bois, creusait des rigoles et se sentait en pleine forme ; il écrivit à Feingardt que ce régime de vie très strict lui avait fait beaucoup de bien.

À Moscou, où régnaient le froid et la famine, l'Institut semblait une oasis chaude et bien pourvue. En arrivant le matin au travail, les chercheurs qui, la nuit, s'étaient gelés dans leurs appartements humides, posaient, avec délices, leurs mains sur les radiateurs brûlants.

La nouvelle cantine, installée à l'entresol, avait toutes les faveurs du public de l'Institut. Un buffet en dépendait, où l'on pouvait consommer du caillé, du café sucré et du saucisson. Et en vous délivrant la marchandise, l'employée du buffet ne vous prenait jamais vos tickets de viande ou de matières grasses sur les cartes de ravitaillement, ce que le public de l'Institut appréciait particulièrement.

Les repas de la cantine se divisaient en six catégories : pour les docteurs ès sciences, pour les chargés de recherches, pour les attachés de recherches, pour les assistants de laboratoires, pour le personnel technique et pour le personnel de service.

Les repas des catégories supérieures, qui avaient droit à un dessert composé de fruits au sirop ou de poudre de fruits en gelée, mettaient plus particulièrement les esprits en émoi. Mais beaucoup étaient également troublés par les colis de vivres livrés à domicile aux docteurs et aux chefs de laboratoire.

Savostianov affirmait que, de toute évidence, la théorie de Copernic avait suscité moins de commentaires que ces fameux colis de vivres.

On avait parfois l'impression que l'élaboration des règles irrationnelles de distribution n'était pas seulement le fait de la direction et du comité du Parti, mais que des forces supérieures, mystérieuses y participaient.

Un soir, Lioudmila Nikolaïevna déclara :

— C'est étrange, tout de même, aujourd'hui j'ai reçu ton colis ; Svetchine, cette parfaite nullité sur le plan scientifique, a touché deux dizaines d'œufs, mais toi tu n'as droit qu'à quinze. J'ai même vérifié sur la liste. Sokolov et toi n'avez droit qu'à quinze.

Strum se lança dans un discours ironique :

— Nom d'une pipe ! Qu'est-ce que cela signifie ! Tout le monde sait, pourtant, que les savants, chez nous, se divisent en plusieurs catégories : les très grands, les grands, les éminents, les remarquables, enfin les très vieux. Dans la mesure où les très grands et les grands ne sont plus de ce monde, ils n'ont pas besoin d'œufs. Les autres reçoivent du chou, de la semoule et des œufs, en fonction de leur poids scientifique. Seulement, chez nous, on mélange tout : on regarde si vous militez ou non, si vous dirigez un séminaire de marxisme, si vous êtes dans les petits papiers de la direction. Et finalement, on fait n'importe quoi. Le responsable du garage de l'Académie est mis sur le même plan qu'un Zelinski : il touche ses vingt-cinq œufs. Hier, dans le laboratoire de Svetchine, une charmante jeune femme a même sangloté d'humiliation et refusé d'absorber toute nourriture, tout comme Gandhi.

Nadia riait aux éclats, en écoutant son père, puis elle dit :

— Tu sais, papa, je trouve étonnant que vous n'ayez pas honte de bâfrer vos côtelettes de mouton devant les femmes de ménage. Jamais grand-mère n'aurait fait ça.

— Vois-tu, expliqua Lioudmila Nikolaïevna, on se base sur le principe : à chacun selon son travail.

— Des blagues ! Toutes ces histoires de cantine ne sentent guère le socialisme, dit Strum, et il ajouta : D'ailleurs, cela suffit, je me moque de tout cela. Savez-vous ce que m'a raconté Markov, aujourd'hui ? Les gens de notre institut, mais aussi ceux de l'Institut de mathématiques et de mécanique, font, à la machine à écrire, des copies de mon ouvrage et se les donnent à lire.

— Comme les poèmes de Mandelstam ? demanda Nadia.

— Ne te moque pas, répondit Strum. Les étudiants des dernières années demandent même une conférence spéciale à ce sujet.

— Hé ! reprit Nadia, Alka Postoïeva me le disait bien : « Ton papa, à présent, fait partie des génies. »

— Je veux bien admettre que j'ai encore un bout de chemin à faire de ce côté-là, reconnut Strum.

Il partit dans sa chambre, mais revint bientôt et dit à sa femme :

— Je n'arrive pas à me sortir cette bêtise de l'esprit : octroyer deux dizaines d'œufs à Svetchine ! C'est incroyable comme chez nous on sait s'y prendre pour humilier les gens !

C'était lamentable, bien sûr, n'empêche que Strum était piqué au vif de savoir que Sokolov avait, sur la liste, le même rang que lui. Il eût fallu, cela tombait sous le sens, reconnaître la supériorité de Strum, ne fût-ce que par un œuf supplémentaire. « Je ne sais pas, moi, ils n'en auraient donné que quatorze à Sokolov. »

Il avait beau se tourner en ridicule, une irritation pitoyable le tenaillait : le fait d'être à égalité, sur la liste de vivres, avec Sokolov l'offensait plus que les privilèges de Svetchine. Pour ce dernier, c'était plus simple : il était membre du bureau du Parti, ses avantages étaient politiques. Et cela laissait Strum parfaitement indifférent.

Mais avec Sokolov, sa valeur scientifique, ses mérites de chercheur étaient en jeu. À cela, Strum ne pouvait être indifférent. Une rage épuisante, venant du fond de l'âme, l'envahit soudain. Quelle manière ridicule, minable, ils avaient trouvée pour apprécier les gens ! Il le comprenait. Mais quoi ? Si l'homme n'est pas toujours grand, il lui arrive, aussi, d'être pitoyable.

En se couchant, Strum se rappela sa récente conversation avec Sokolov, à propos de Tchepyjine, et il dit à voix haute, avec colère :

— *Homo laqueus !*

— De qui parles-tu ? demanda Lioudmila Nikolaïevna, qui, déjà au lit, lisait.

— Mais de Sokolov, répondit Strum. C'est un laquais.

Marquant sa page avec un doigt, Lioudmila répondit, sans même tourner la tête vers son mari :

— Tout ce que tu vas récolter, c'est de te faire renvoyer de l'Institut pour le simple plaisir de dire un bon mot. Tu es irritable, tu fais la leçon à tout le monde… Tu es brouillé avec toutes tes connaissances et je vois, maintenant, que tu veux faire de même avec Sokolov. Bientôt, plus personne ne mettra les pieds chez nous.

Strum reprit :

— Mais non, mais non, Liouda, ma chérie. Ah ! comment t'expliquer ? Tu comprends, retrouver, comme avant la guerre, cette peur de chaque mot qu'on prononce, cette impuissance totale ! Tchepyjine ! Vraiment, Liouda, c'est un grand homme ! Je pensais que l'Institut serait en effervescence, et, en réalité, seul le vieux gardien était triste pour lui. Et Postoïev qui disait à Sokolov : « L'essentiel, c'est que nous soyons tous russes. » Pourquoi a-t-il dit cela ?

Il aurait voulu bavarder longuement avec Lioudmila, lui faire part de ses pensées. Il avait honte de se soucier, malgré lui, de ces histoires de distributions de vivres. Pourquoi ? Pourquoi, à Moscou, avait-il l'impression d'être devenu vieux, terne, pourquoi se préoccupait-il de ces détails mesquins, de ces problèmes petits-bourgeois, de ces histoires de service ? Pourquoi, en province, à Kazan, sa vie spirituelle était-elle plus profonde, plus importante, plus pure qu'ici ? Pourquoi le centre même de ses préoccupations de savant, pourquoi sa joie étaient-ils mêlés de petites pensées ambitieuses et mesquines ?

— C'est dur, Liouda, je suis mal. Pourquoi ne dis-tu rien ? Hein, Liouda ?

Lioudmila Nikolaïevna ne répondit pas. Elle dormait.

Il éclata doucement de rire ; il lui semblait comique que sur les deux femmes qui avaient appris ses ennuis, l'une n'eût pas fermé l'œil et l'autre se fût endormie.

Puis, il se représenta le petit visage maigre de Maria Ivanovna et répéta les mots qu'il venait de dire à sa femme :

— Tu me comprends ? Hein, Macha ?

« Nom d'une pipe, il me vient de drôles d'idées », se dit-il en s'endormant.

De drôles d'idées, en effet.

Strum était incapable de faire quoi que ce fût de ses mains. D'ordinaire, quand le fer à repasser grillait, ou quand les plombs sautaient, Lioudmila Nikolaïevna se chargeait des réparations.

Durant les premières années de leur vie commune, la maladresse de Strum attendrissait Lioudmila Nikolaïevna. Mais depuis quelque temps, elle l'irritait et, un jour, elle s'était exclamée, en découvrant la bouilloire vide, posée sur le feu : « Mais ce n'est pas possible d'être aussi empoté ! Vous parlez d'un Gribouille ! »

Depuis, chaque fois qu'à l'Institut on procédait à une installation d'appareils, Strum se rappelait ce nom qui l'avait humilié et mis en colère.

Markov et Nozdrine étaient devenus les maîtres du laboratoire.

Savostianov fut le premier à le ressentir et il déclara à la réunion de production :

— Il n'y a pas de dieu, sinon le professeur Markov, et Nozdrine est son prophète !

Markov avait perdu sa retenue et son air collet monté. Markov ravissait Strum par l'audace de sa pensée, par la facilité avec laquelle il réglait, comme cela, en passant, tous les problèmes qui surgissaient. Strum le voyait comme un chirurgien, maniant le scalpel au milieu d'un entrelacs de vaisseaux sanguins et de paquets de nerfs. On avait l'impression que naissait, entre ses mains, un être doué de raison, à l'intelligence puissante, incisive. Et le nouvel organisme métallique, le premier au monde, semblait doté d'un cœur, de sentiments, et capable de se réjouir ou de souffrir, au même titre que les hommes qui l'avaient créé.

Strum avait toujours été amusé de constater que Markov était fermement persuadé que son travail, les instruments qu'il créait avaient plus d'importance que les vaines occupations d'un Mahomet ou d'un Bouddha, ou que les livres de Tolstoï et de Dostoïevski.

Tolstoï doutait de l'utilité de son grand travail d'écrivain ! Le génie n'était pas persuadé de faire œuvre utile. Les physiciens, eux, en étaient sûrs. Et Markov était de ceux-là.

Mais aujourd'hui, l'assurance de Markov ne faisait plus rire Strum.

Strum aimait à voir Nozdrine travailler, maniant la lime, les pinces, le tournevis, ou examinant rêveusement des écheveaux de fils électriques, pour aider les électriciens à installer le circuit électrique des nouveaux appareils.

Sur le plancher, s'entassaient des rouleaux de fils électriques et des feuilles de plomb bleuté. Au milieu de la pièce, était posée sur une plaque de fonte la pièce maîtresse, apportée de l'Oural, et festonnée de découpes rondes et rectangulaires. Cette masse grossière de métal qui allait permettre une étude de la matière d'une finesse fantastique avait un charme émouvant, angoissant.

Au bord de la mer, il y avait quelque mille ou deux mille ans, une poignée d'hommes avaient ainsi construit un radeau de robustes rondins, qu'ils avaient attachés avec des cordes et des crochets. Sur le rivage sablonneux, ils avaient disposé leurs treuils et leurs établis, et fait fondre sur des feux le goudron dans des pots… Bientôt, ils embarqueraient.

Le soir, les constructeurs rentraient chez eux, ils s'imprégnaient de l'odeur de leurs foyers, de la chaleur des braises, écoutaient les disputes et les rires des femmes. Parfois, ils se mêlaient aux querelles domestiques, criaient un peu, talochaient les gamins, se prenaient de bec avec les voisins. Puis, à la nuit tombée, dans la tiédeur des ténèbres, ils entendaient le bruit de la mer, et leur cœur se serrait à l'idée de leur prochain voyage vers l'inconnu.

D'ordinaire, Sokolov, en observant le travail, restait silencieux, Strum, le plus souvent, surprenait son regard, sérieux, attentif, et il lui semblait que cette chose importante, bonne, qui avait toujours existé entre eux, était encore bien vivante.

Strum souhaitait une franche conversation avec Piotr Lavrentievitch. Tout était si étrange. Ces passions, par exemple, que déchaînaient les tickets, les normes de ravitaillement qui étaient si humiliantes, ces petites pensées mesquines sur la façon de mesurer l'estime qu'on vous portait ou l'attention que vous témoignaient les autorités. Et aussitôt après, dans votre âme, continuaient de vibrer ces choses qui ne dépendaient pas de vos supérieurs, de vos succès professionnels, ou de vos échecs, ni d'une quelconque prime.

De nouveau les soirées de Kazan semblaient belles et jeunes, elles avaient quelque chose des rassemblements d'étudiants avant la révolution. Si seulement Madiarov pouvait se révéler un honnête homme ! C'était étrange : Karimov soupçonnait Madiarov. Et Madiarov Karimov... Tous deux étaient honnêtes ! Il en avait la certitude. Et puis, après tout, comme disait Heine : « *Die beide stincken*[1]. »

Il évoquait sa conversation avec Tchepyjine à propos du « magma[2] ». Pourquoi, depuis son retour à Moscou, remuait-il toutes ces choses mesquines, dérisoires ? Pourquoi ne voyait-il remonter, du fond de sa mémoire, que des gens qu'il n'estimait pas ? Pourquoi ceux qu'il croyait forts, talentueux, honnêtes, ne se montraient-ils d'aucun secours ? Car Tchepyjine avait parlé de l'Allemagne hitlérienne, et Tchepyjine avait tort.

— C'est étonnant, fit remarquer Strum à Sokolov. Les gens viennent de tous les laboratoires assister au montage de notre installation. Seul Chichakov n'a pas condescendu à se montrer.

— Il a tellement de choses à faire, répondit Sokolov.

— Bien sûr, bien sûr, s'empressa d'acquiescer Strum.

Allez donc, de retour à Moscou, essayer d'avoir avec Piotr Lavrentievitch une conversation sincère, amicale. On ne connaît jamais les siens.

Curieusement, il avait cessé de discuter les avis de Sokolov sous le moindre prétexte. Désormais il cherchait toujours à éviter les discussions.

Mais ce n'était pas non plus très facile. Parfois, les discussions surgissaient brusquement, au moment où Strum s'y attendait le moins.

Strum dit d'un ton traînant :

— Je pensais à nos conversations de Kazan... À propos, où en est Madiarov ? Vous écrit-il ?

Sokolov hocha la tête, en signe de dénégation.

— Je ne sais pas ce qu'il devient. Je croyais vous avoir dit que nous avions cessé de nous voir juste avant notre départ. Et il m'est de plus en plus désagréable de repenser à nos conversations de cette époque. Nous étions si déprimés que nous tentions d'expliquer les difficultés temporaires, liées à la guerre, par je ne sais quels vices inexistants de la vie soviétique. Tout ce que nous reprochions à l'État soviétique s'est révélé être à son avantage.

— L'année 37, par exemple ? demanda Strum.

Sokolov répondit :

— Victor Pavlovitch, depuis quelque temps, vous transformez nos conversations les plus banales en polémiques.

_____

1. Citation libre du poème de Heine *La Dispute*, du recueil *Romanzero*. La reine, à qui l'on demande un jugement sur la dispute savante entre un rabbin et un capucin, répond que « les deux puent ».

2. Allusion à un épisode de *Pour une juste cause*. Pendant une discussion entre Strum et Tchepyjine, ce dernier avait comparé l'humanité à un magma, lieu de lutte entre les éléments bons et mauvais, qui n'aboutit pas au progrès.

Strum aurait voulu lui dire qu'il était, au contraire, d'humeur conciliante, et que lui, Sokolov, était irrité et que cette irritation intérieure le poussait à polémiquer sur tout.

Mais il se contenta de répliquer :

— Il est possible, Piotr Lavrentievitch, que cela soit lié à mon mauvais caractère, qui devient pire de jour en jour. Lioudmila Nikolaïevna l'a, comme vous, constaté.

Tout en prononçant ces paroles, il se disait : « Comme je suis seul. Partout, chez moi, avec mon ami, je suis seul. »

29

Une réunion devait avoir lieu chez le Reichsführer Himmler sur les mesures spéciales prises par la RSHA, la Direction générale de la sécurité du Reich. Cette réunion était particulièrement importante, puisque Himmler devait se rendre ensuite au quartier général du Führer.

L'Obersturmbannführer Liss reçut de Berlin l'ordre de faire un rapport sur la construction de l'objectif spécial situé près de la direction du camp.

Avant de commencer la visite de cet objectif, Liss devait aller voir les usines de fabrications mécaniques de la firme Foss et l'usine chimique chargées d'exécuter les commandes de la Direction de la sécurité. Après quoi, Liss devrait se rendre à Berlin pour faire son rapport à l'Obersturmbannführer Eichmann, responsable de la préparation de la réunion.

Liss se réjouit de cette mission, car l'atmosphère du camp, les relations constantes avec ces gens frustes et primitifs lui pesaient.

En montant dans la voiture, il repensa à Mostovskoï. Le vieux, dans sa cellule, passait sûrement ses jours et ses nuits à essayer de deviner pourquoi Liss l'avait fait venir et à l'attendre avec impatience.

Or Liss ne voulait rien de plus que vérifier quelques hypothèses dans l'espoir d'écrire un travail sur « L'idéologie de l'adversaire et ses leaders ».

Quel caractère ! En pénétrant dans le noyau de l'atome, les forces centrifuges n'étaient plus les seules à agir sur lui, il y avait aussi les forces centripètes.

La voiture franchit les portes du camp et Liss oublia Mostovskoï.

Il arriva aux usines Foss le lendemain matin de bonne heure.

Après le petit déjeuner, Liss s'entretint dans le bureau de Foss avec le constructeur Praschke, puis avec les ingénieurs chefs de production. Le directeur commercial lui communiqua l'estimation des prix des équipements commandés.

Il passa plusieurs heures dans les ateliers, circulant au milieu du fracas métallique : à la fin de la journée, il était exténué.

Les usines Foss exécutaient une part importante de la commande passée par la Direction de la sécurité, et Liss fut satisfait de leur travail, que les dirigeants de l'entreprise prenaient très au sérieux, respectant scrupuleusement le cahier des charges. Les ingénieurs mécaniciens avaient même perfectionné la construction des convoyeurs ; de leur côté, les thermo-techniciens avaient mis au point un plan de fonctionnement plus écono-mique pour les fours.

Après cette pénible journée passée à l'usine, la soirée au sein de la famille Foss parut à Liss particulièrement agréable.

Liss fut déçu, en revanche, par sa visite des usines chimiques : la pro-duction atteignait à peine quarante pour cent de la quantité prévue.

Un grand nombre de gens se plaignaient de ce que cette production fût complexe et aléatoire, ce qui finit par agacer Liss. Au cours d'un raid aérien, la ventilation avait été détériorée et tout un atelier avait été vic-time d'une intoxication. Le *Kieselguhr*, destiné à imprégner la production stabilisée, ne parvenait pas régulièrement ; le transport ferroviaire retar-dait l'arrivée des emballages hermétiques…

La direction de la société chimique était cependant parfaitement consciente de l'importance de la commande passée par la Direction de la sécurité. Kirchgarten, ingénieur chimiste en chef de la société d'action-naires, assura Liss que la commande serait honorée dans les délais. Pour ce faire, la direction avait même pris la décision de freiner l'exécution des commandes passées par le ministère des Munitions, fait sans précé-dent depuis septembre 1939.

Liss refusa d'assister aux essais de laboratoire, mais vérifia les procès-verbaux signés par les physiologistes, les chimistes et les biochimistes.

Le même jour, Liss rencontra les chercheurs responsables de ces essais : c'étaient de jeunes chercheurs, deux femmes, l'une physiologiste et l'autre biochimiste, un médecin spécialiste d'anatomie pathologique, un chimiste spécialisé dans l'étude des combinaisons organiques à basse température d'ébullition, enfin, le professeur Fischer, toxicologue et chef du groupe.

Tous devaient participer à la réunion et firent sur Liss une excellente impression.

Ils avaient tous intérêt à ce que la méthode qu'ils avaient mise au point fût approuvée, mais ils n'en cachèrent pas les points faibles à Liss et lui firent part de leurs doutes.

Le troisième jour, Liss prit l'avion avec l'ingénieur de l'entreprise d'ins-tallation, Oberstein, pour gagner le chantier. Il se sentait bien, ce voyage le divertissait. Il avait encore devant lui la partie la plus agréable de sa mis-sion, puisque, après la visite du chantier, il devait aller à Berlin avec les directeurs techniques du chantier pour présenter son rapport à la RSHA.

Il faisait un temps détestable, avec cette pluie glaciale de novembre. L'avion eut un atterrissage difficile sur l'aérodrome central du camp : les ailes avaient commencé à se givrer à moyenne altitude et il y avait du brouillard au sol.

Au lever du jour, il neigeait ; par endroits, les mottes de terre argileuse étaient couvertes de plaques de neige glacée et grise qui avaient persisté malgré la pluie.

Les chapeaux de feutre des ingénieurs avaient leurs bords qui ployaient, imprégnés d'une pluie lourde comme du plomb.

Des rails conduisaient au chantier et reliaient celui-ci directement à la voie principale.

On commença la visite par les dépôts, situés le long de cette voie ferrée. Sous un premier hangar se faisait le tri des chargements, pièces détachées appartenant à divers mécanismes, gouttières de transporteurs, différentes parties des convoyeurs, tuyaux de tous calibres, souffleries et ventilateurs, broyeurs à boulets pour les os, appareillages de mesure électrique et analyseurs de gaz destinés à être montés sur des pupitres, bobines de câbles, ciment, bennes basculantes, montagnes de rails, meubles de bureau.

Dans des locaux à part, munis d'innombrables bouches d'aération et de gros ventilateurs vrombissants, gardés par des gradés SS, se trouvait le dépôt de la production qui commençait à parvenir de l'usine chimique : bouteilles de gaz aux robinets rouges, boîtes de quinze litres aux étiquettes rouges et ressemblant, de loin, à des bocaux de confiture bulgare.

En sortant de ces locaux à demi enfoncés dans le sol, Liss et ses compagnons tombèrent sur le professeur Stahlgang, ingénieur en chef du projet, arrivé en train de Berlin, et sur le chef de chantier von Reineke, géant en veste de cuir jaune.

Stahlgang avait une respiration sifflante : l'air humide lui avait provoqué une crise d'asthme. Les ingénieurs qui l'entouraient lui reprochèrent de ne pas se ménager : ils savaient tous que le répertoire des travaux de Stahlgang faisait partie de la bibliothèque personnelle de Hitler.

Le site ne se distinguait en rien de ces gigantesques chantiers caractéristiques du milieu du XXe siècle.

On entendait les sifflets des gardiens autour des excavations, le grincement des pelleteuses, le mouvement des grues, les cris d'oiseaux des locomotives.

Liss et ses compagnons se dirigèrent vers un édifice carré, gris et sans fenêtres. L'ensemble de tous ces bâtiments industriels, des fours en brique rouge, des larges cheminées, des tourelles de commande et des miradors sous leurs cloches de verre, tout tendait vers cet édifice gris, aveugle et sans visage.

Les cantonniers finissaient d'asphalter les allées, de dessous les rouleaux compresseurs montait une fumée grise et brûlante qui se mélangeait au brouillard gris et froid.

Reineke dit à Liss que les essais d'étanchéité de l'unité n° 1 n'avaient pas donné de résultats satisfaisants. De sa voix rauque et exaltée, oubliant son asthme, Stahlgang exposa à Liss l'idée architecturale de ce nouvel édifice.

Sous une apparente simplicité et de petites dimensions, la turbine hydraulique traditionnelle concentre en elle des forces, des masses et des vitesses énormes : en arrivant dans ses spires, la puissance géologique de l'eau se transforme en travail.

Le présent édifice était construit sur le principe de la turbine. Il transformait la vie et toutes les formes d'énergie qui lui appartiennent en matière inorganique. Cette turbine d'un type nouveau devait vaincre la force de l'énergie psychique, nerveuse, respiratoire, cardiaque, musculaire et circulatoire. Cette nouvelle installation réunissait à la fois les principes de la turbine, de l'abattoir et de l'usine d'incinération des ordures. Il avait fallu trouver une solution architecturale simple rassemblant toutes ces caractéristiques.

— On sait que notre cher Hitler, dit Stahlgang, lorsqu'il visite les installations industrielles les plus ordinaires, n'oublie jamais l'architecture.

Il baissa la voix, pour que seul Liss puisse l'entendre.

— Vous n'ignorez pas qu'il y a eu des errements mystiques dans la réalisation architecturale des camps près de Varsovie, qui ont causé de graves ennuis au Reichsführer. Il fallait absolument en tenir compte.

L'aspect intérieur de la chambre de béton correspondait tout à fait à cette époque d'industrie de masse et de vitesse.

En affluant par les canaux adducteurs, la vie ne pouvait plus ni s'arrêter ni refluer : sa vitesse d'écoulement le long du couloir de béton était déterminée par des formules analogues à celles de Stockes sur le mouvement d'un liquide dans un tube, lequel est fonction de sa densité, de son poids spécifique, de sa viscosité et du frottement. Des lampes électriques étaient encastrées dans le plafond et protégées par un verre épais et presque opaque.

Plus on approchait, plus la lumière devenait vive : à l'entrée de la chambre, que fermait une porte en acier poli, elle était d'une froide et aveuglante blancheur.

Près de l'entrée régnait cette exaltation particulière qui s'empare des constructeurs et des monteurs au moment de mettre en marche une installation nouvelle. Des manœuvres lavaient le sol avec des tuyaux d'arrosage. Un chimiste en blouse blanche, un homme d'un certain âge, effectuait près de la porte des mesures de pression. Reineke fit ouvrir la porte. En entrant dans la vaste salle au bas plafond de béton, plusieurs ingénieurs enlevèrent leur chapeau. Le sol était constitué de lourdes dalles mobiles à encadrement métallique parfaitement jointes. Un mécanisme commandé depuis la salle de contrôle permettait de faire basculer ces dalles en position verticale, de telle sorte que le contenu de la chambre était évacué dans les locaux souterrains. C'est là que la matière organique était soumise au traitement de brigades de dentistes qui en extrayaient les métaux précieux des prothèses. Après quoi on mettait en action le convoyeur conduisant aux fours crématoires, où la matière organique désormais exempte de pensée et de sensibilité subissait, sous l'effet de l'énergie thermique, une dégradation ultérieure pour se transformer en engrais minéraux phosphatés, en chaux et en cendres, en ammoniac, en gaz carbonique et sulfureux.

Un officier de liaison vint vers Liss et lui tendit un télégramme.

Chacun put voir le visage de l'Obersturmbannführer s'assombrir à la lecture de celui-ci.

Le télégramme annonçait à Liss que l'Obersturmbannführer Eichmann le rencontrerait le soir même sur le chantier, où il arriverait en voiture par l'autoroute de Munich.

Pour Liss, cela signifiait que son voyage à Berlin tombait à l'eau. Lui qui espérait passer la nuit à venir dans sa maison de campagne, où l'attendait sa femme malade. Avant de se coucher, il aurait passé une heure ou deux dans son fauteuil, les pieds dans ses pantoufles, dans la chaleur et l'intimité, et il aurait oublié la rigueur des temps. C'était si agréable d'écouter, la nuit, du fond de son lit campagnard, le grondement lointain des pièces de DCA de Berlin.

Dans la soirée, à Berlin même, il avait projeté, après avoir fait son rapport à la Prinz-Albertstrasse et avant de partir pour la campagne, à l'heure tranquille où il n'y a ni alertes ni raids aériens, de rendre visite à une jeune rédactrice de l'Institut de philosophie : elle seule savait combien cette vie lui pesait et quel était son désarroi moral. Pour cette rencontre, il avait déjà préparé dans sa serviette une bouteille de cognac et une boîte de chocolats. Maintenant, tout tombait à l'eau.

Les ingénieurs, les chimistes et les architectes le regardaient en se demandant quelles pouvaient être les craintes qui assombrissaient l'inspecteur de la Direction générale de la sécurité.

Ils avaient par moments l'impression que la chambre échappait déjà à ses créateurs et vivait de sa propre vie de béton, de sa propre avidité de béton, qu'elle allait se mettre à sécréter des toxines, à mâcher de sa mâchoire d'acier et à digérer.

Stahlgang fit un clin d'œil à Reineke et lui chuchota :

— Liss vient sans doute d'apprendre que le Gruppenführer entendra son rapport ici, mais moi je le savais depuis ce matin. Son repos en famille est fichu, sans compter, probablement, un rendez-vous avec une jolie femme.

30

Liss rencontra Eichmann de nuit.

Eichmann avait environ trente-cinq ans. Ses gants, sa casquette et ses bottes, incarnation matérielle de la poésie, de l'arrogance et de la supériorité de l'armée allemande, ressemblaient à ceux que portait le Reichsführer Himmler.

Liss connaissait la famille Eichmann avant la guerre, ils étaient de la même ville. Lorsqu'il étudiait à l'université de Berlin, tout en travaillant successivement pour un quotidien puis pour une revue philosophique, il revenait de temps à autre dans sa ville natale et apprenait ce que devenaient ses compagnons de lycée. Les uns avaient été portés par la vague vers le faîte de la société, puis la vague refluait, la chance disparaissait et c'est à d'autres qu'allaient sourire la célébrité et la réussite matérielle. Le jeune Eichmann, lui, vivait invariablement la même vie terne et uniforme. Le fracas des armes de Verdun, la victoire peut-être imminente, la défaite et l'inflation, la lutte politique au Reichstag, le tourbillon des forces de gauche et d'extrême gauche en peinture, au théâtre, en musique, les modes et leurs naufrages, rien n'atteignait son mode de vie uniforme.

Il travailla comme agent d'une firme de province. En famille et avec les gens en général, il était à la fois modérément brutal et modérément attentionné. Il se heurtait, dans sa vie, à une foule bruyante, gesticulante et hostile. Il se voyait repoussé de partout par des gens vifs et lestes, aux yeux sombres et brillants, habiles et expérimentés, qui le considéraient tous avec un sourire condescendant...

À Berlin, après le lycée, il ne réussit pas à trouver de travail. Les chefs de service et les patrons d'entreprise lui répondaient que, malheureusement, le poste était déjà occupé, mais Eichmann apprenait par ailleurs que la place avait été offerte à je ne sais quel avorton pourri de nationalité indéfinie, polonaise ou italienne. Il tenta d'entrer à l'université, mais l'injustice qui y régnait l'en empêcha. Il constatait que les examinateurs, en voyant son visage rond aux yeux clairs, ses cheveux blonds coiffés en brosse, son nez droit et court, se renfrognaient. Il avait l'impression que leur préférence allait aux étudiants à longue face, aux yeux sombres, aux épaules voûtées et étroites, bref, aux dégénérés. Il n'était du reste pas le seul à être ainsi rejeté vers la province. Ce fut le lot de bien d'autres. Cette race de gens qui régnait à Berlin se rencontrait à tous les niveaux de la société. Mais elle pullulait surtout dans cette intelligentsia cosmopolite qui avait perdu tout caractère national et était incapable de faire la différence entre un Allemand et un Italien, un Allemand et un Polonais.

C'était une race particulière, étrange, qui écrasait tous ceux qui tentaient de lui faire concurrence dans le domaine de l'esprit, de la culture et de l'indifférence ironique. Le pire, c'était de sentir leur intelligence supérieure, si pleine de vie et de joie ; cette puissance spirituelle s'exprimait dans les goûts étranges de ces gens, dans leur genre de vie, avec ce mélange de respect de la mode et de négligence voire d'indifférence pour celle-ci, dans leur amour pour les animaux allié à un style de vie parfaitement citadin, dans leur don pour la spéculation abstraite allié à une passion pour le brut dans la vie et dans l'art...

C'étaient ces mêmes gens qui faisaient avancer pour l'Allemagne la chimie des colorants et la synthèse de l'azote, les recherches sur les rayons gamma et la production d'acier fin. C'était pour les voir, eux, que venaient en Allemagne des savants étrangers, des artistes, des philosophes et des ingénieurs. Et c'étaient pourtant eux qui ressemblaient moins que tout autre à des Allemands : ils circulaient à travers le monde entier, leurs amitiés n'étaient pas des amitiés allemandes et leurs origines allemandes étaient très incertaines.

Dans ces conditions, quelle chance pouvait bien avoir un fonctionnaire de province de progresser vers une vie meilleure ? Encore heureux qu'il n'eût pas souffert de la faim.

Et le voici maintenant sortant de son bureau, après avoir enfermé dans son coffre des papiers dont seuls trois hommes au monde connaissent la teneur : Hitler, Himmler et Kaltenbrunner. Une grosse voiture noire l'attend à la porte. Les sentinelles le saluent, l'officier d'ordonnance lui ouvre grand la portière : l'Obersturmbannführer Eichmann prend la route. Le chauffeur démarre en trombe et la puissante limousine de la Gestapo, respectueusement saluée par la police civile qui s'empresse de mettre le feu vert, après avoir franchi les rues de Berlin, s'élance sur l'autoroute. Pluie, brouillard, panneaux de signalisation, virages en douceur de l'autoroute.

À Smolevitchi, il y a des petites maisons paisibles parmi les jardins et l'herbe pousse sur les trottoirs. Dans les rues des bas quartiers de Berditchev, des poules sales courent dans la poussière, avec leurs pattes d'un jaune sulfureux marquées d'encre violette et rouge. À Kiev, dans le quartier du Podol et sur l'avenue Vassilievskaïa, dans les grands immeubles aux fenêtres sales, les marches des escaliers sont usées par des millions de chaussures d'enfants et de savates de vieillards.

Dans les cours d'Odessa, il y a des platanes aux troncs écaillés, des draps, des chemises et des caleçons qui sèchent, des bassines de confiture de cornouilles qui fument sur les réchauds, des nouveau-nés vagissants dans des berceaux, dont la peau bistre n'a pas encore vu le soleil.

À Varsovie, dans les six étages d'un immeuble osseux et étroit d'épaules vivent des couturières, des relieurs, des précepteurs, des chanteuses de cabaret, des étudiants, des horlogers.

À Stalindorf, le soir, on allume le feu dans les isbas, le vent souffle de Perekop, ça sent le sel et la poussière chaude et les vaches meuglent en secouant leurs lourdes têtes...

À Budapest comme à Fastov, à Vienne comme à Melitopol et à Amsterdam vivaient, dans des hôtels particuliers aux fenêtres étincelantes ou dans des maisons noyées dans les fumées d'usines, les hommes appartenant à la nation juive.

Les barbelés du camp, les murs de la chambre à gaz, la terre glaise du fossé antichar unissaient désormais des millions de gens d'âge, de profession, de langue, d'intérêts matériels et spirituels différents ; des croyants fanatiques et des fanatiques athées, des ouvriers, des parasites, des médecins et des marchands, des sages et des idiots, des voleurs, des idéalistes, des rêveurs, des bons vivants, des saints et des escrocs. Tous étaient promis à l'extermination.

La limousine de la Gestapo filait et virait le long des autoroutes d'automne.

31

Ils se rencontrèrent donc de nuit. Eichmann entra directement dans le bureau : avant même de s'asseoir dans le fauteuil, il avait déjà commencé à poser ses questions :

— J'ai peu de temps, je dois être à Varsovie demain au plus tard, dit-il.

Il avait déjà eu le temps de voir le commandant du camp et de parler au chef de chantier.

— Comment fonctionnent les usines ? quelles sont vos impressions sur la personnalité de Foss ? pensez-vous que les chimistes soient à la hauteur ? demanda-t-il avec précipitation.

Ses grands doigts blancs aux ongles roses retournaient les papiers sur la table et, de temps à autre, l'Obersturmbannführer inscrivait une remarque d'une main automatique. Liss avait l'impression qu'Eichmann ne voyait rien de particulier à cette entreprise, qui suscitait pourtant dans les cœurs les plus endurcis un secret sursaut d'horreur.

Liss avait beaucoup bu ces derniers jours. Il respirait plus difficilement et, la nuit, il sentait le poids de son cœur. Mais il lui semblait que l'alcool avait un effet moins néfaste sur sa santé que cette tension nerveuse dans laquelle il vivait constamment. Il rêvait de retourner à son étude sur les personnalités hostiles au national-socialisme et de chercher la solution à des problèmes certes cruels et complexes, mais qui pouvaient se résoudre sans effusion de sang. Il pourrait alors s'arrêter de boire et ne fumerait plus que deux ou trois cigarettes par jour. Quelque temps auparavant, il avait fait venir dans son bureau, la nuit, un vieux bolchevik russe avec lequel il avait fait une partie d'échecs politiques. Rentré chez lui, il avait dormi sans somnifères et ne s'était réveillé qu'après 9 heures du matin.

Une petite surprise attendait l'Obersturmbannführer et Liss pour leur visite nocturne de la chambre à gaz. Les ingénieurs avaient installé au milieu de la chambre une petite table avec du vin et des hors-d'œuvre, et Reineke convia Eichmann et Liss à prendre un verre.

Eichmann rit de cette charmante idée et dit :

— C'est avec grand plaisir que je mangerai un morceau.

Il confia sa casquette à son garde et se mit à table. Son grand visage prit brusquement une expression de gravité bienveillante, celle de millions d'hommes aimant la bonne chère lorsqu'ils s'installent devant une table servie.

Reineke remplit les verres, chacun prit le sien et tous attendirent le toast d'Eichmann.

Il y avait dans ce silence de béton et dans ces verres pleins une telle tension que Liss crut que son cœur ne résisterait pas. Il aurait aimé qu'un bon gros toast à la gloire de l'idéal allemand vînt détendre l'atmosphère. Mais la tension persistait, croissait, pendant que l'Obersturmbannführer mâchait son sandwich.

— Eh bien, messieurs ? dit Eichmann. Le jambon est excellent.

— Nous attendons le toast du maître de maison, dit Liss.

L'Obersturmbannführer leva son verre.

— À notre réussite d'aujourd'hui et de demain, dit-il, je crois que nos services sont dignes d'un toast.

Il était le seul à ne presque rien boire et à beaucoup manger.

Le lendemain, Eichmann faisait sa gymnastique en caleçons devant la fenêtre grande ouverte. Les rangées régulières des baraquements du camp se profilaient dans le brouillard et on entendait les sifflets des locomotives.

Liss n'enviait pas Eichmann. Il jouissait lui-même d'une haute situation sans hautes fonctions : on le considérait comme un homme intelligent à la Direction de la sécurité du Reich. Himmler aimait à converser avec lui. Les hauts dignitaires évitaient en général de lui faire sentir leur supériorité hiérarchique. Il était habitué à rencontrer l'estime, même en dehors de la Gestapo. La SD respirait et vivait partout, que ce fût à l'Université, dans la signature du directeur d'un aérium d'enfants, dans les auditions des futurs chanteurs d'opéra, dans les décisions du jury chargé de choisir les tableaux de l'exposition de printemps comme dans la liste des candidats aux élections du Reichstag. Toute vie tournait autour d'elle. C'était grâce au travail de la Gestapo que le parti avait toujours raison, que sa logique ou son illogisme triomphait de toute autre logique et sa philosophie de toute autre philosophie. Elle était la baguette magique ! Il suffisait de la faire tomber pour que toute magie disparaisse, pour que le grand orateur se transforme en simple bavard et que les pontes de la science ne soient plus que les vulgarisateurs des idées d'autrui. Il ne fallait la laisser échapper à aucun prix.

En regardant Eichmann, Liss ressentit ce matin-là pour la première fois les pulsations d'une haine inquiète.

Quelques minutes avant son départ, Eichmann dit à Liss d'un ton pensif :

— Ne sommes-nous pas pays, Liss ?

Ils se prirent à énumérer les noms des rues qu'ils aimaient dans leur ville, des restaurants, des cinémas.

— Il y a, bien sûr, des endroits où je ne suis jamais allé, dit Eichmann, et il nomma un club où les fils d'artisans n'étaient pas admis.

Liss changea de sujet de conversation en demandant :

— Dites-moi : peut-on avoir une idée approximative de la quantité de Juifs dont il s'agit ?

Il savait qu'il avait posé la question des questions, à laquelle trois hommes dans le monde peut-être, outre Himmler et le Führer, pouvaient répondre.

Mais après les souvenirs des dures années de jeunesse du temps de la démocratie et du cosmopolitisme, le moment était bien choisi pour Liss d'avouer son ignorance et d'interroger Eichmann.

Eichmann répondit à sa question.

— Vous avez dit : millions ? redemanda Liss, stupéfait.

Eichmann haussa les épaules.

Ils se turent un moment.

— Je regrette beaucoup que nous ne nous soyons pas rencontrés au temps de nos études, dit Liss, au temps de nos années d'apprentissage, comme dit Goethe.

— Je n'ai pas fait mes études à Berlin, mais en province, ne regrettez rien, dit Eichmann. C'est la première fois que je prononce ce chiffre à haute voix. Il a peut-être été prononcé sept ou huit fois en comptant Berchtesgaden, la chancellerie du Reich et le service de notre Reichsführer.

— Si je comprends bien, ce n'est pas demain qu'on le lira dans les journaux.

— C'est bien ce que j'ai voulu dire, confirma Eichmann.

Il regarda Liss d'un air ironique et ce dernier eut un vague sentiment d'inquiétude à l'idée que son interlocuteur était plus intelligent que lui.

Eichmann poursuivit :

— À part le fait que notre chère petite ville natale est noyée dans la verdure, il y a une autre raison qui me pousse à vous révéler ce chiffre. Je voudrais qu'il nous unisse dans notre futur travail commun.

— Je vous remercie, dit Liss. Je dois y réfléchir : c'est une affaire très sérieuse.

— Naturellement. La proposition ne vient pas que de moi, dit Eichmann, l'index dressé. Si vous partagez ce travail avec moi et que Hitler perde, nous serons pendus ensemble, vous et moi.

— Excellente perspective, elle vaut la peine qu'on y réfléchisse, répondit Liss.

— Pouvez-vous imaginer que dans deux ans nous soyons à nouveau attablés ici, confortablement, et que nous nous disions : « En vingt mois, nous avons résolu le problème que l'humanité n'a pu résoudre en vingt siècles ! »

Ils se séparèrent. Liss regarda la voiture s'éloigner.

Il avait sa propre vision des relations humaines au sein d'un État. Dans un État national-socialiste, la vie ne pouvait se dérouler librement, il fallait diriger chacun de ses pas.

Et pour diriger les gens dans leur respiration, dans leur sentiment maternel, dans leurs cercles de lecture, leurs usines, leurs chants, leur armée, leurs randonnées d'été, il fallait des chefs. La vie ne pouvait plus se permettre de pousser comme l'herbe et d'onduler au vent comme la houle. Liss pensait qu'il y avait, en gros, quatre types de chefs.

Le premier type comportait des natures entières, le plus souvent sans intelligence ni finesse. Ils prenaient leurs slogans et leurs formules dans les journaux, dans les discours de Hitler et les articles de Goebbels, dans les livres de Franck et de Rosenberg. Étant dépourvus de bases, ils étaient très vite perdus. Ils ne réfléchissaient pas à ce qui reliait les différents phénomènes entre eux et se montraient cruels et intolérants à tout propos. Ils prenaient tout au sérieux, que ce fût la philosophie ou la science nationale-socialiste, de vagues découvertes ou les réalisations du théâtre moderne, la musique moderne ou la campagne électorale du Reichstag. Ils se réunissaient en groupes pour bûcher *Mein Kampf* et, comme des écoliers, mettaient en fiches exposés et brochures. Ils menaient, en général, une vie modeste, parfois difficile, et se laissaient plus aisément enrôler dans le parti et arracher à leurs familles que les autres catégories de chefs.

Liss avait eu l'impression, au premier abord, que c'était précisément à cette catégorie qu'appartenait Eichmann.

Le deuxième type était celui des cyniques intelligents, qui connaissaient l'existence de la baguette magique.

Entre amis sûrs ils se moquaient d'un tas de choses, de l'ignorance des professeurs et maîtres de conférences fraîchement émoulus, des bêtises et des mœurs des *Leiter* et des *Gauleiter*. La seule chose dont ils ne se moquaient pas était le Führer et les grands idéaux. Ils menaient, en général, grand train de vie et buvaient beaucoup. On rencontrait davantage de gens de ce type en haut de la hiérarchie du parti qu'en bas, où régnaient les caractères du premier type.

Tout en haut régnait le troisième type de chefs : il n'y avait place là que pour huit à dix personnes, qui en accueillaient quinze à vingt autres. C'était là que vivait un monde affranchi de tout dogme et jugeant de tout en toute liberté. Plus d'idéaux, rien d'autre qu'une certaine mathématique, les réjouissances et de grands maîtres parfaitement étrangers à la pitié.

Liss avait parfois l'impression que tout, en Allemagne, tournait autour d'eux et de leur bien-être.

Liss avait également remarqué que l'apparition au sommet de gens aux facultés limitées annonçait toujours des événements néfastes. Les maîtres du mécanisme social élevaient à des grades supérieurs des hommes du dogme afin de leur confier les tâches les plus sanglantes. Ces sots cédaient pour un temps à l'ivresse du pouvoir, mais, une fois leur tâche accomplie, ils disparaissaient, quand ils ne partageaient pas le destin de leurs propres victimes. Tout en haut, les joyeux maîtres demeuraient en place.

Les naïfs, appartenant au premier type, offraient un avantage inappréciable, celui de sortir du peuple. Ils savaient citer les classiques du national-socialisme, mais ils parlaient aussi la langue du peuple, dont leur grossièreté les rapprochait. Leurs plaisanteries faisaient rire les assemblées de paysans ou d'ouvriers.

Le quatrième type était celui des exécutants, parfaitement indifférents au dogme, aux idées, à la philosophie, étrangers à toute faculté d'analyse. Le national-socialisme les payait, ils le servaient. Leur unique grande passion était les services de vaisselle, les costumes, les maisons de campagne, les bijoux, les meubles, les voitures et les réfrigérateurs. Ils n'aimaient pas beaucoup l'argent, car ils ne croyaient pas à sa stabilité.

Liss aspirait à se trouver parmi les hauts dirigeants, il rêvait de leur compagnie et de leur intimité, de ce royaume de l'intelligence et de l'ironie, d'une logique élégante, où il se sentait si léger, si naturel, si à l'aise.

Mais il apercevait à une hauteur effrayante, au-dessus des plus hauts dirigeants, au-dessus de la stratosphère, un monde de brouillard, incompréhensible, d'un illogisme troublant, celui du Führer Adolf Hitler.

Ce qui effrayait Liss en Hitler, c'était cet inconcevable assemblage d'éléments opposés : il était le chef de tous les maîtres, le grand mécanicien, investi d'une cruauté mathématique supérieure à celle de tous ses compagnons les plus proches pris ensemble. Mais, en même temps, il avait cette frénésie du dogme, cette foi fanatique et aveugle, cet illogisme bovin que Liss n'avait rencontré qu'aux étages les plus bas, quasi souterrains, de la direction du parti. Créateur de la baguette magique, premier entre les prêtres, il était en même temps un fidèle obscur et frénétique.

Et voilà qu'en regardant s'éloigner la voiture d'Eichmann, Liss s'apercevait que ce dernier lui inspirait brusquement ce sentiment terrifiant et inexplicable que n'avait provoqué jusque-là en lui qu'un homme au monde, le Führer du peuple allemand Adolf Hitler.

32

L'antisémitisme peut se manifester aussi bien par un mépris moqueur que par des pogromes meurtriers.

Il peut prendre bien des formes : il peut être idéologique, interne, caché, historique, quotidien, physiologique ; divers aussi sont ses aspects : individuel, social, étatique.

L'antisémitisme se rencontre aussi bien sur un marché qu'au Praesidium de l'Académie des sciences, dans l'âme d'un vieillard que dans des jeux d'enfants. L'antisémitisme est passé sans dommage pour lui de l'époque de la lampe à huile, de la navigation à voile et des quenouilles à celle des réacteurs, des piles atomiques et des ordinateurs.

L'antisémitisme n'est jamais un but, il n'est qu'un moyen, il est la mesure des contradictions sans issues. L'antisémitisme est le miroir des défauts d'un homme pris individuellement, des sociétés civiles, des systèmes étatiques. Dis-moi de quoi tu accuses les Juifs et je te dirai de quoi tu es, toi-même, coupable.

La haine contre le servage dans sa patrie se muait, même chez le détenu de Schlusselbourg, même chez ce combattant de la liberté qu'était le paysan Oleïnitchouk, en haine contre les Polacks et les Youpins. Et même le génie qu'était Dostoïevski avait vu un usurier juif là où il aurait dû voir l'impitoyable entrepreneur, le propriétaire de serfs et le capitaine d'industrie russes.

Quand le national-socialisme prêtait à un peuple juif qu'il avait lui-même inventé des traits comme le racisme, la volonté de dominer le monde, l'indifférence cosmopolite pour sa patrie allemande, dotait les Juifs de ses propres caractéristiques. Mais ce n'est là qu'un des aspects de l'antisémitisme.

L'antisémitisme est l'expression du manque de talent, de l'incapacité de vaincre dans une lutte à armes égales ; cela joue dans tous les domaines, dans les sciences comme dans le commerce, dans l'artisanat comme en peinture. L'antisémitisme est la mesure du manque de talent dans l'homme. Les États cherchent des explications à leurs échecs dans les menées de la juiverie internationale. Mais ce n'est là qu'un des aspects de l'antisémitisme.

L'antisémitisme est aussi une manifestation de l'absence de culture dans les masses populaires, incapables d'analyser les causes de leurs souffrances. Les hommes incultes voient les causes de leurs malheurs dans les Juifs et non dans l'ordre social et étatique. Mais cet antisémitisme des masses n'est qu'un de ses aspects.

L'antisémitisme est la mesure des préjugés religieux qui couvent dans les bas-fonds de la société. Mais cela aussi n'est qu'un des aspects de l'antisémitisme.

L'aversion pour l'aspect extérieur du Juif, pour sa manière de parler, sa façon de se nourrir, n'est pas, bien évidemment, la cause réelle de l'antisémitisme physiologique. Car un homme qui parle avec aversion des cheveux crépus du Juif, de sa gesticulation excessive, s'extasie dans le même temps devant les enfants à la chevelure brune et crépue des tableaux de Murillo, ne prête pas attention à un accent chantonnant, à la gesticulation des Arméniens, et regarde sans animosité les grosses lèvres d'un Noir.

L'antisémitisme tient une place à part parmi les persécutions que subissent les minorités nationales. C'est un phénomène particulier parce que la destinée historique des Juifs a été particulière.

De même que l'ombre d'un homme nous donne une idée de ce qu'il est, de même l'antisémitisme nous donne une idée des voies et de la destinée historiques des Juifs. L'histoire du peuple juif s'est trouvée liée et mêlée à bien des problèmes politiques et religieux à travers le monde. C'est le premier trait distinctif de la minorité nationale juive. Les Juifs vivent dans pratiquement tous les pays du monde. Cette dispersion d'une minorité nationale dans les deux hémisphères constitue un deuxième trait distinctif des Juifs.

À l'apogée du capital marchand, des marchands et usuriers juifs firent leur apparition. À l'époque du plein développement de l'industrie, de nombreux Juifs se révélèrent dans les domaines techniques et industriels. À l'ère atomique, plus d'un Juif travaille dans le domaine de la physique nucléaire. Lors de luttes révolutionnaires, de nombreux Juifs furent d'éminents révolutionnaires. Les Juifs constituent une minorité nationale qui ne se marginalise pas mais s'efforce de jouer son rôle au centre du développement des forces idéologiques et productives. C'est là le troisième trait distinctif de la minorité nationale juive.

Une partie de la minorité juive s'assimile, elle se dissout dans la population autochtone, mais la base populaire conserve ses traits nationaux dans sa langue, sa religion, ses formes de vie. L'antisémitisme a pris pour règle d'accuser les Juifs assimilés de projets nationalistes et religieux secrets. Il rend responsables les Juifs non assimilés, de petits artisans pour la plupart, de ce que font les autres Juifs, ceux qui prennent part à une activité révolutionnaire, qui dirigent l'industrie, qui créent des réacteurs nucléaires, qui siègent dans les conseils d'administration.

L'un des traits évoqués peut appartenir à telle ou telle minorité nationale, mais, me semble-t-il, seule la nation juive réunit tous ces traits.

L'antisémitisme, lui aussi, reflète ces particularités, lui aussi est lié aux grands problèmes politiques, économiques, idéologiques, religieux de l'histoire du monde. C'est une particularité funeste de l'antisémitisme dont les bûchers ont éclairé les périodes les plus terribles de l'Histoire.

Quand la Renaissance a fait irruption dans le Moyen Âge catholique, les forces obscures ont allumé les bûchers de l'Inquisition. Leurs feux n'ont pas seulement éclairé la force du mal, ils ont aussi éclairé le spectacle de sa perte.

Au XXᵉ siècle, les formes nationales dépassées de régimes condamnés ont allumé les bûchers d'Auschwitz, les feux des fours crématoires de Treblinka et de Maïdanek. Leurs flammes ont éclairé le bref triomphe du nazisme, mais elles ont également indiqué au monde que celui-ci était condamné. Des époques historiques, mais aussi des gouvernements réactionnaires malchanceux, des particuliers qui cherchent à améliorer leur sort ont recours à l'antisémitisme pour tenter d'échapper à leur destin.

Y a-t-il eu, au cours de ces deux millénaires, des cas où la liberté, l'humanisme aient utilisé l'antisémitisme pour parvenir à leurs fins ? S'il y en a eu, je n'en ai pas eu connaissance.

L'antisémitisme quotidien est un antisémitisme qui ne fait pas couler de sang. Il atteste qu'il existe sur terre des idiots envieux et des ratés.

Un antisémitisme de la société peut prendre naissance dans des pays démocratiques ; il se manifeste dans la presse, qui représente certains groupes réactionnaires, dans les agissements de ces groupes, par exemple par le boycott de la main-d'œuvre ou de la marchandise juives ; il peut se manifester dans les systèmes idéologiques des réactionnaires.

Dans les États totalitaires, où la société civile n'existe pas, l'antisémitisme ne peut être qu'étatique.

L'antisémitisme étatique est le signe que l'État cherche à s'appuyer sur les idiots, les réactionnaires, les ratés, sur la bêtise des superstitions, la vindicte des affamés. À son premier stade, cet antisémitisme est discriminatoire : l'État limite les possibilités de choix du lieu de résidence, de la profession, il limite l'accès des Juifs aux postes élevés, à l'Université, aux titres universitaires, etc.

Puis l'antisémitisme étatique passe à l'étape de l'extermination.

À une époque où la réaction s'engage dans une lutte, qui lui sera fatale, contre les forces de la liberté, l'antisémitisme devient pour elle une idéologie de parti et d'État : c'est ce qui s'est passé au XXe siècle avec le nazisme.

33

Le mouvement des nouvelles unités en direction du front de Stalingrad s'effectuait en secret, de nuit.

Les forces du nouveau groupe d'armées se concentraient au nord-ouest de Stalingrad, sur le cours moyen du Don. Les convois se déchargeaient en pleine steppe, sur une voie nouvellement construite.

Les rivières de métal qui coulaient toute la nuit se figeaient dès l'aube, et seule une brume de poussière flottait au-dessus de la steppe. Les tubes des pièces d'artillerie se couvraient dans la journée d'herbes sèches et de bottes de paille, et on eût pu croire qu'il n'était pas au monde d'êtres plus paisibles que ces canons fondus dans la steppe automnale. Les avions, écrasés au sol, tels des insectes desséchés, se dissimulaient sous les filets de camouflage.

Les ronds, triangles, losanges devenaient de jour en jour plus nombreux, le réseau de chiffres, les numéros des unités, devenaient de jour en jour plus serrés sur la carte que ne connaissaient que quelques hommes au monde ; c'étaient les nouvelles armées du nouveau groupe d'armées du sud-ouest qui se constituait sur sa base de départ.

Sur la rive gauche de la Volga, les corps blindés et les divisions d'artillerie, contournant un Stalingrad grondant et fumant, allaient vers le sud et s'arrêtaient au bord d'anses paisibles. Les troupes, franchissant la Volga, se fixaient dans les steppes kalmoukes... C'était la concentration du sud, sur l'aile droite des Allemands. Le haut commandement soviétique préparait l'encerclement des divisions de Paulus à Stalingrad.

Des bateaux, des bacs, des péniches faisaient passer les blindés de Novikov sur la rive droite, kalmouke, au sud de Stalingrad.

Des milliers d'hommes virent les noms de chefs de guerre russes, « Koutouzov », « Souvorov », « Alexandre Nevski », tracés à la peinture blanche sur les tourelles des chars.

Des millions d'hommes virent les pièces d'artillerie lourde, les mortiers, les colonnes de Ford et de Dodge obtenus grâce au *landlease*[1] faire route vers Stalingrad.

Et malgré cela, bien que des millions d'hommes eussent vu cette concentration de forces militaires énormes, la préparation des offensives au nord-ouest et au sud de Stalingrad se menait en secret.

---

1. Voir « *Landlease* » dans le Dictionnaire.

Comment cela a-t-il été possible ? Car les Allemands aussi avaient connaissance de ces mouvements. Il était impossible de les dissimuler comme il est impossible de dissimuler le vent de la steppe à un homme traversant la steppe.

Les Allemands étaient au courant des mouvements de troupes en direction de Stalingrad mais l'offensive de Stalingrad restait pour eux un secret. Le premier lieutenant allemand venu pouvait, en jetant un coup d'œil sur la carte où étaient portés les points de concentration présumés des troupes soviétiques, deviner sans grand mal le secret militaire le mieux gardé de l'Union soviétique, un secret que seuls Staline, Joukov et Vassilievski connaissaient.

Et malgré cela, l'encerclement des troupes allemandes à Stalingrad fut une complète surprise pour les lieutenants et les Feldmarschall allemands.

Comment cela a-t-il été possible ?

Stalingrad tenait toujours, les attaques allemandes continuaient à se briser alors que des forces considérables y étaient engagées. Les régiments exsangues de l'armée Rouge ne comptaient parfois que quelques dizaines de soldats. Ces rares soldats qui supportèrent toute la violence des attaques furent la force qui induisit les Allemands en erreur.

L'ennemi ne pouvait imaginer que toutes ses attaques étaient repoussées par une poignée d'hommes, il lui semblait que les réserves soviétiques étaient destinées à renforcer la défense de Stalingrad. Les soldats qui repoussaient les attaques des divisions de Paulus sur les rives de la Volga furent les stratèges de l'offensive de Stalingrad.

Mais l'implacable malignité de l'Histoire se terrait encore plus profond ; dans ces profondeurs, la liberté qui faisait naître la victoire devenait, tout en restant le but de la guerre, un moyen de mener la guerre.

34

Une vieille, chargée d'une brassée de roseaux, s'approcha de la maison ; son visage renfrogné trahissait ses soucis ; elle passa devant une jeep couverte de poussière, devant le char de l'état-major sous sa bâche. Elle allait, osseuse et morne ; on eût pu croire qu'il n'était rien de plus normal que cette femme qui passait devant un char accoté à sa maison. Mais il n'était rien de plus important au monde que le lien qui existait entre cette vieille, sa fille sans grâce en train de traire une vache sous un auvent, son petit-fils en train de se curer le nez et de surveiller le lait qui jaillissait du pis de la vache et les troupes cantonnées dans la steppe.

Tous ces hommes, les officiers des états-majors d'armées et de divisions, les généraux fumant sous les sombres icônes d'une isba, les cuisiniers des généraux qui faisaient rôtir le gigot dans le four du poêle paysan, les téléphonistes qui enroulaient leurs cheveux autour de cartouches ou de clous, le chauffeur qui se rasait dans la cour, un œil sur le morceau de miroir et l'autre cherchant un avion allemand dans le ciel, tous ces hommes, tout ce monde fait d'acier, d'électricité, d'essence, tout ce monde de guerre étaient partie intégrante de la longue vie des villages, hameaux, fermes de la steppe.

Il n'y avait pas rupture, dans l'esprit de la vieille femme, entre les gars d'aujourd'hui dans leurs chars et les gars épuisés qui, l'été, étaient arrivés à pied, lui avaient demandé la permission de passer la nuit chez elle, qui avaient peur, qui n'avaient pas dormi de la nuit et sortaient sans cesse voir si tout était tranquille.

Il n'y avait pas de rupture entre cette vieille dans son village de la steppe et celle qui, dans l'Oural, apportait un samovar bouillant à l'état-major du corps blindé en formation, ou celle qui, en juin, étalait de la paille par terre pour installer le colonel et se signait en regardant par la fenêtre le halo rouge en direction de Voronej[1]. Mais ce lien allait à ce point de soi que la vieille portant son fagot ne le remarquait pas, pas plus que le colonel sur le seuil de la maison.

Un silence merveilleux régnait dans la steppe kalmouke. Savaient-ils, les Berlinois qui parcouraient l'avenue Unter den Linden ce matin-là, que la Russie s'était tournée vers l'Occident et qu'elle s'apprêtait à frapper et à avancer ?

— N'oublie pas les manteaux, le mien et celui du commissaire, cria Novikov au chauffeur Kharitonov. Nous rentrerons tard.

Guetmanov et Neoudobnov sortirent à leur tour de la maison.

— En cas de besoin, dit Novikov à Neoudobnov, vous pouvez me joindre chez Karpov et après 15 heures, vous pouvez téléphoner chez Belov ou Makarov.

— Que voulez-vous qu'il se passe ici ? dit Neoudobnov.

— Sait-on jamais, un supérieur qui nous tombe dessus, suggéra Novikov.

Deux petits points se détachèrent du soleil et plongèrent sur le village. Et leur vrombissement croissant, leur plongée firent voler en éclats la somnolence du village.

Kharitonov sortit d'un bond de la jeep et courut s'abriter derrière le mur d'une grange.

— Qu'est-ce qui te prend, espèce d'idiot ? cria Guetmanov. Tu as peur des nôtres maintenant ?

À cet instant, un des avions lâcha une rafale de mitrailleuse, et une bombe se détacha du second. Un hurlement monta, les vitres tintèrent, une femme poussa un cri perçant, un enfant se mit à pleurer, des mottes de terre, soulevées par l'explosion, martelèrent le sol.

Au bruit de la bombe, Novikov rentra la tête dans les épaules. Tout disparut pendant quelques instants et il ne put voir que Guetmanov, debout à côté de lui. Puis la silhouette de Neoudobnov émergea du nuage de pous-

---

1. Voir « Caucase, guerre du » dans le Dictionnaire.

sière. Il était resté debout, la tête droite, la poitrine en avant ; il était le seul à ne pas s'être courbé.

Guetmanov, un peu pâle mais gai et excité, époussetait son pantalon.

— Ça va, se vanta-t-il avec une naïveté charmante. Les pantalons sont restés secs. Et notre général n'a même pas fait un mouvement.

Guetmanov et Neoudobnov examinèrent le trou de la bombe, cherchèrent jusqu'où étaient allées les mottes, s'étonnèrent en constatant que les vitres des maisons éloignées étaient tombées alors qu'elles étaient restées intactes dans la maison la plus proche.

Novikov regardait avec curiosité des hommes qui assistaient pour la première fois à une explosion de bombe. Visiblement, ils étaient frappés par le fait qu'on ait fabriqué cette bombe, qu'on l'ait emportée dans le ciel puis jetée sur terre dans un seul but : tuer le père des petits Guetmanov et celui des petits Neoudobnov. Ainsi, c'était à cela qu'étaient occupés les hommes, à la guerre.

Une fois dans la voiture, Guetmanov parlait toujours du raid aérien. Il s'interrompit soudain :

— Ça doit te faire rire de m'entendre, tu as dû en essuyer des milliers, alors que moi, c'est ma première.

Et soudain, se coupant lui-même :

— Dis-moi, ce Krymov, il a été fait prisonnier par les Allemands ?

— Krymov ? En quoi ça te regarde ?

— Comme ça ; j'ai entendu à son sujet une conversation intéressante à l'état-major du groupe d'armées.

— Je crois qu'il a été pris dans un encerclement, mais il n'a pas été fait prisonnier. Qu'est-ce que c'était, cette conversation ?

Guetmanov n'écoutait pas. Il frappa l'épaule de Kharitonov :

— Tu prends ce chemin de terre, le long du ravin, ça mène à l'état-major de la 1re brigade. Je sais me repérer, hein ?

Novikov savait déjà que Guetmanov ne suivait jamais le fil d'une conversation : il racontait une histoire, posait soudain une question, se lançait dans un nouveau récit qu'il coupait d'une nouvelle question. On aurait dit que sa pensée allait en zigzag, sans aucune logique. Mais ce n'était qu'une apparence.

Guetmanov parlait souvent de sa femme et de ses enfants, il avait constamment sur lui un épais paquet de photos de famille, il avait envoyé à deux reprises un homme à Oufa leur porter des colis. Mais à peine arrivé, il était tombé amoureux de la brune doctoresse du poste de secours, et ce n'était pas une simple passade. Un matin, Verchkov avait annoncé à Novikov d'une voix tragique :

« Camarade colonel, la doctoresse a passé la nuit chez le commissaire, elle n'est repartie qu'à l'aube.

— Ce ne sont pas vos oignons, avait répondu Novikov. Vous feriez mieux de ne pas me prendre des sucreries en cachette. »

Guetmanov ne faisait pas mystère de sa liaison avec Tamara Pavlovna. Et là encore, dans la steppe, il se pencha vers Novikov :

— Y a un petit gars qu'est tombé amoureux de la doctoresse, dit-il d'une voix douce, tendre et plaintive.

— Ça, c'est un commissaire, dit Novikov en montrant du regard le chauffeur.

— Les bolcheviks ne sont pas des moines, que diable ! se justifia Guetmanov à voix basse. Tu comprends, je l'aime, espèce de vieil idiot que je suis.

Ils roulèrent en silence pendant quelques minutes.

Guetmanov reprit la parole, et c'était comme s'il n'avait pas fait de confidences quelques secondes auparavant.

— Et toi, dis donc, tu ne maigris pas. On peut dire que tu te retrouves dans ton élément ici. Moi, par exemple, je suis fait pour le travail dans le Parti. Je suis arrivé dans mon obkom au moment le plus dur, un autre que moi en serait crevé : le plan des livraisons de blé n'était pas rempli, Staline m'avait parlé à deux reprises au téléphone. Et moi, pas de problème, je grossissais comme pendant les vacances. Toi, c'est pareil.

— Je voudrais bien savoir pour quoi je suis fait. Peut-être bien pour la guerre, après tout.

Il éclata de rire.

— Je me suis aperçu que chaque fois qu'il m'arrive quelque chose d'intéressant, je me dis aussitôt qu'il ne faut pas que j'oublie d'en parler à Evguenia Nikolaïevna. Vous avez reçu votre première bombe, Neoudobnov et toi, et je me suis dit : faut que je lui raconte ça.

— Tu rédiges des rapports, quoi ! fit Guetmanov.

— En quelque sorte.

— C'est ta femme, c'est normal. C'est ce que nous avons de plus proche.

Ils arrivèrent à la 1re brigade, descendirent de voiture.

La tête de Novikov était toujours pleine de noms, de noms de lieux, de problèmes, de difficultés, de détails à résoudre ou déjà résolus, d'ordres à donner ou à reporter.

Parfois, il se réveillait au milieu de la nuit et commençait à s'interroger : fallait-il ouvrir le feu à une distance supérieure à l'échelle de hausse, le tir en marche se justifiait-il, les commandants des unités sauraient-ils apprécier vite et bien les changements de situation en cours de combat, sauraient-ils prendre des décisions de manière autonome ?

Puis il s'imaginait ses chars, échelon après échelon, en train de briser les positions défensives des Allemands et des Roumains. Ils pénètrent dans la trouée, ils passent à l'exploitation, soutenus par l'aviation d'assaut, les canons automoteurs, les sapeurs, l'infanterie motorisée ; ils foncent toujours plus à l'ouest, ils s'emparent des passages de rivière, des ponts, ils débordent les champs de mines, ils réduisent les centres de résistance. Gagné par une émotion joyeuse, il s'asseyait sur le lit, posait ses pieds nus par terre, et restait assis dans le noir, le souffle coupé par le bonheur qui l'attendait.

Il n'avait jamais envie de parler de ces instants à Guetmanov. Maintenant, dans la steppe, il se sentait plus irrité qu'auparavant par Neoudobnov et Guetmanov. « Ils arrivent pour le dessert », se disait-il.

Il n'était plus le même qu'en 1941. Il buvait plus, jurait plus souvent, s'irritait à tout propos ; un jour, il avait failli frapper le responsable du ravitaillement en carburant. Il avait remarqué qu'on le craignait.

— Je ne sais pas si je suis fait pour la guerre, poursuivit-il. Le mieux, ce serait de vivre avec la femme qu'on aime dans une isba, au fond de la forêt. Tu vas chasser, tu reviens le soir. Elle te fait à manger et vous allez vous coucher. Ce n'est pas la guerre qui nourrit un homme.

La tête penchée, Guetmanov le regarda avec attention.

Le commandant de la brigade, le colonel Karpov, était un homme aux joues rondes, aux cheveux roux et aux yeux de ce bleu lumineux propre aux rouquins. Il accueillit Novikov et Guetmanov auprès du poste radio de campagne.

Karpov avait combattu un temps sur le front nord-ouest où il avait plus d'une fois enterré ses chars pour les transformer en pièces de feu fixes.

Il accompagnait Novikov et Guetmanov dans leur inspection du 1er régiment, et l'on aurait pu croire, à voir ses gestes posés, que c'était lui le chef.

Pour être en conformité avec sa corpulence, il aurait dû être un brave homme, porté sur la bière et aimant la bonne chère. Or c'était un homme taciturne, froid, soupçonneux, mesquin. Il recevait mal ses hôtes, avait une réputation d'avarice.

Guetmanov le félicita pour le sérieux avec lequel avaient été creusés les abris, les emplacements pour les pièces d'artillerie, les abris pour les chars.

Le commandant de la brigade avait tenu compte de tous les facteurs : les terrains praticables pour une attaque des chars ennemis, la possibilité d'une attaque sur ses flancs ; il n'avait pas tenu compte d'une seule chose : qu'il lui fallait mener sa brigade dans des combats offensifs, créer une rupture du front, mener la poursuite.

Les hochements de tête approbateurs de Guetmanov irritaient de plus en plus Novikov. Karpov, par ses discours, semblait vouloir verser de l'huile sur le feu.

— Je voudrais raconter comme nous nous étions magnifiquement retranchés à Odessa. Le soir, nous avons lancé une contre-attaque, tapé un bon coup sur les Roumains ; la nuit, on s'est embarqués et les Roumains, à leur réveil, ont trouvé des tranchées vides, alors que nous, nous étions déjà en pleine mer Noire.

— Je vous souhaite de ne pas rester ici devant des lignes de défense roumaines vides, dit Novikov.

Il se demandait si Karpov saurait, pendant l'offensive, foncer de l'avant, laisser derrière lui des poches de résistance. Saurait-il foncer de l'avant en découvrant sa tête, sa nuque, ses flancs ? Était-il homme à être habité par la passion de la poursuite ? Non, sûrement non, ce n'était pas dans sa nature.

Tout, alentour, portait l'empreinte de la chaleur qui, peu auparavant, régnait dans la steppe, et la fraîcheur de l'air paraissait étrange.

Les tankistes, autour d'eux, vaquaient aux occupations ordinaires du soldat : l'un, assis sur le char, se rasait en se regardant dans un miroir appuyé contre la tourelle ; un autre nettoyait son arme ; un troisième écrivait une lettre, quelques-uns jouaient aux dominos sur une toile de tente ; tout un groupe faisait cercle autour de l'infirmière. Et ce tableau banal, sous le ciel immense, sur cette terre immense, s'emplissait d'une mélancolie vespérale.

Pendant ce temps, le chef de bataillon accourait tout en vérifiant sa tenue et lançait un perçant :

— Bataillon, garde à vous !

Et comme pour le contredire, Novikov répondit :

— Repos, repos.

Là où le commissaire passait, lançant des phrases de-ci de-là, les rires fusaient, les visages devenaient joyeux, les soldats se lançaient des regards animés. Le commissaire demandait comment ils supportaient la séparation d'avec les jeunes filles de l'Oural, s'ils avaient noirci beaucoup de papier à leur écrire des lettres, s'ils recevaient régulièrement *L'Étoile rouge*.

Le commissaire s'en prit à l'intendant :

— Qu'est-ce qu'il y avait aujourd'hui au repas ? Et hier ? Et avant-hier ? Toi aussi t'as mangé trois jours de suite de la soupe d'orge perlé et de tomates vertes ? Qu'on fasse venir le cuistot, ordonna-t-il, provoquant le rire des tankistes. Qu'il nous dise ce qu'il a préparé aujourd'hui pour le déjeuner de l'intendant.

Par ses questions sur le côté matériel de leur vie, Guetmanov semblait dire aux commandants des unités : « Pourquoi donc ne pensez-vous qu'au matériel et jamais aux hommes ? »

L'intendant, un homme maigre chaussé de vieilles bottes poussiéreuses, aux mains rouges de blanchisseuse, restait debout sans bouger devant Guetmanov et se raclait la gorge en guise de réponse.

Novikov eut pitié de lui et changea de sujet de conversation :

— Camarade commissaire, on va ensemble chez Belov ?

Avant guerre, déjà, on voyait en Guetmanov, et à juste titre, un homme de masse, qui savait gagner la sympathie et entraîner les hommes. À peine avait-il ouvert la bouche que les auditeurs souriaient ; son discours direct et vivant, les mots d'argot, les jurons avaient vite fait de gommer la distance qui sépare le secrétaire de l'obkom et un manœuvre en bleu de travail graisseux.

Il commençait toujours par poser des questions sur la matérielle : n'y a-t-il pas de retard dans les salaires ? Le magasin du village ou de l'usine est-il bien approvisionné ? Le foyer est-il bien chauffé ? La cuisine de campagne est-elle au point ?

Il savait particulièrement parler aux ouvrières et kolkhoziennes d'un certain âge ; tout le monde se réjouissait de voir que le secrétaire était un serviteur du peuple, qu'il s'en prenait violemment aux intendants, aux directeurs de foyer, et le cas échéant aux directeurs d'usine ou de MTS quand ils ne tenaient pas suffisamment compte des intérêts de l'homme ouvrier. Il était fils de paysan, il avait lui-même travaillé en usine et les ouvriers le sentaient. Mais quand il était dans son bureau de secrétaire d'obkom, il ne pensait qu'à sa responsabilité devant l'État ; les préoccupations de Moscou étaient ses seules préoccupations ; et les directeurs d'usine, aussi bien que les secrétaires de raïkom ruraux, le savaient.

— Tu mets en danger le plan, est-ce que tu es capable de le comprendre ? Sais-tu pourquoi le Parti t'a confié ce poste, oui ou non ? Peut-être qu'il faut que je te fasse un dessin !

Dans son cabinet, les plaisanteries et le rire n'étaient plus de mise ; on n'y parlait pas de l'eau chaude dans les foyers ou des plantes vertes dans les ateliers. On y fixait des plans de production tendus, on discutait de l'augmentation des normes, de la nécessité de reporter à plus tard la construction de logements ; on y disait qu'il fallait se serrer la ceinture, baisser les coûts de production, augmenter les prix de détail.

La force de cet homme se sentait plus particulièrement pendant les réunions qu'il tenait à l'obkom. Les gens entraient dans son bureau non pour y exposer leurs idées ou leurs exigences mais pour aider Guetmanov. Il semblait que toute la réunion fut déterminée à l'avance par la volonté et l'intelligence de Guetmanov.

Il parlait toujours doucement, sans se presser, sûr qu'il était de la docilité de ses auditeurs.

« Parle-nous de ton district, donnons la parole, camarades, à l'agronome. Ce serait bien si tu nous exposais ton point de vue, Piotr Mikhaïlovitch. Que Lazko dise ce qu'il a à dire, il a des problèmes à ce niveau. Je vois que toi aussi, camarade Rodionov, t'as envie de nous tenir un discours ; à mon avis tout est clair, camarades, il est temps de conclure, je pense que personne n'y trouvera à redire. Il y a un projet de résolution, je propose que le camarade Rodionov nous le lise. » Et Rodionov, qui avait l'intention d'exprimer quelques doutes ou même des arguments contraires, lisait consciencieusement la résolution en regardant le président de séance pour savoir si sa lecture était audible. « Eh bien voilà, les camarades n'ont pas d'objections. »

Le plus étonnant était que Guetmanov semblait toujours parfaitement sincère. Il restait lui-même quand il exigeait des secrétaires de raïkom qu'ils remplissent le plan, quand il retirait aux kolkhoziens les derniers grammes de blé qu'on leur devait, diminuait les salaires des ouvriers, exigeait un abaissement des coûts, et augmentait les prix de détail, mais aussi quand, tout ému, il discutait avec des paysannes de leurs difficultés ou se désolait de la promiscuité dans les foyers ouvriers.

Ce n'est pas facile à comprendre, mais est-ce que tout est facile à comprendre, dans la vie ?

Quand Novikov et Guetmanov montèrent en voiture, Guetmanov dit, rieur, à Karpov qui les accompagnait :

— On est forcés d'aller manger chez Belov, pas la peine d'espérer un repas de vous et de votre intendant.

— Camarade commissaire, dit Karpov, notre intendant n'a encore rien obtenu des services d'intendance de l'armée. Quant à lui, faut que je vous dise, il ne mange rien, il est malade de l'estomac.

— Il est malade ? Quel malheur ! fit Guetmanov.

Puis il étouffa un bâillement et fit signe au chauffeur de démarrer.

La brigade de Belov était stationnée nettement plus à l'ouest que celle de Karpov.

Belov, avec ses jambes torses de cavalier, sa maigreur, son esprit vif et sa parole rapide, plaisait à Novikov ; il voyait en lui l'homme des attaques soudaines, des percées dans le front ennemi. Il était estimé bien qu'il n'eût que fort peu d'actions de guerre à son actif : il avait effectué un raid contre les arrières de l'ennemi en décembre 1941 devant Moscou.

Mais maintenant, inquiet, Novikov ne remarquait que les défauts de Belov : il buvait comme un trou, il courait le jupon, il était distrait, il n'était pas aimé de ses subordonnés. Belov n'avait pas prévu de position défensive. La logistique ne semblait pas l'intéresser. Il ne s'était préoccupé que du ravitaillement en carburant et en munitions. Il n'avait pas suffisamment préparé l'organisation de l'évacuation des chars endommagés sur le champ de bataille et de leur remise en état.

— Et alors, camarade Belov, dit Novikov, nous ne sommes quand même plus dans l'Oural, mais dans la steppe !

— Oui, ajouta Guetmanov, on dirait un campement tsigane.

— J'ai pris des mesures contre les attaques aériennes, répondit du tac au tac Belov, et je ne crains pas d'attaques terrestres ; elles me semblent, si loin du front, peu vraisemblables.

Il poursuivit en soupirant :

— Pas envie de défensive, ce qu'il nous faudrait, c'est une bonne percée ; je pleure après.

— Bravo, bravo, un vrai Souvorov soviétique, dit Guetmanov. Et passant soudain au « tu », il ajouta, sur le ton de la confidence : Le responsable politique m'a dit que tu avais une aventure avec l'infirmière, c'est vrai, ça ?

Le ton bon enfant de Guetmanov avait empêché Belov de comprendre la question et son danger :

— Pardon, qu'est-ce qu'il a dit ?

Mais le sens de la question lui parvint avant que Guetmanov ne répète sa phrase.

— On est tous des hommes, dit-il, on est en campagne.

— Tu as une femme, un enfant.

— Trois enfants, corrigea Belov, l'air sombre.

— Eh bien, tu vois, trois enfants. Tu sais que dans la 2e brigade, on a relevé de son commandement Boulanovitch, un bon chef d'escadron pourtant, on l'a remplacé par Kobyline, et tout ça pour une histoire comme la tienne. Quel exemple donnes-tu à tes subordonnés ? Un officier russe, un père de trois enfants.

Belov prit la mouche et dit d'une voix forte :

— Ça ne regarde personne, je ne l'ai pas forcée. Quant à l'exemple, on l'a montré avant moi, et avant vous, et avant votre père.

Guetmanov repassa au « vous » et dit, sans élever la voix :

— Camarade Belov, pensez à votre carte du Parti. Tenez-vous correctement quand un supérieur vous parle.

Belov se redressa, se figea dans un garde-à-vous impeccable.

— Je regrette, camarade commissaire de brigade, je comprends mon erreur.

— Je suis sûr que tu sauras bien combattre, ton commandant a confiance en toi. Ne te déshonore pas sur le plan personnel.

Guetmanov regarda sa montre, se tourna vers Novikov :

— Piotr Pavlovitch, je dois me rendre à l'état-major. Je n'irai pas avec vous chez Makarov. J'emprunterai une jeep à Belov.

Quand ils sortirent de l'abri, Novikov n'y tint pas et demanda :

— Alors, tu as hâte de retrouver ta doctoresse ?

Des yeux froids le fixèrent avec étonnement et une voix irritée lui répondit :

— Je suis convoqué à l'état-major du groupe d'armées par le membre du Conseil d'armée.

Avant de rentrer, Novikov décida de passer chez son favori, le commandant de la 1re brigade, Makarov.

Ils allèrent au lac sur la rive duquel était stationné un des bataillons de la brigade. Makarov, dont les yeux tristes ne correspondaient pas à l'image qu'on se fait d'un commandant d'une brigade de chars lourds, demanda à Novikov s'il se souvenait des marécages biélorusses où les Allemands les avaient pourchassés.

Novikov se souvenait des marécages biélorusses.

Il pensa à Karpov et à Belov. Ce n'était pas seulement une question d'expérience mais de nature. L'expérience, ils pourraient l'acquérir, mais il ne fallait pas aller contre la nature. On ne pouvait transférer un pilote de chasse chez les bombardiers. Tout le monde ne pouvait être comme Makarov, aussi bon dans la défensive que dans la poursuite.

Guetmanov disait qu'il était fait pour le travail dans le Parti. Makarov, lui, était un soldat. On ne pouvait pas le changer, il resterait toujours un soldat de première.

Novikov ne voulait pas de comptes-rendus ni de rapports. Il voulait lui demander conseil, lui faire part de ses soucis : comment mener à l'attaque, dans un parfait ensemble, les fantassins, l'infanterie motorisée, les sapeurs, l'artillerie autopropulsée ? Leurs hypothèses sur les possibles desseins et actions de l'ennemi après le début de l'offensive concordaient-elles ? Évaluaient-ils pareillement la force de sa défense antichars ? Les aires de déploiement étaient-elles convenablement fixées ?

Ils arrivèrent au PC du bataillon.

Il se trouvait dans un ravin peu profond. Fatov, le chef du bataillon, à la vue de Novikov et Makarov, ne sut que faire ; il lui semblait que son abri ne convenait pas à ces hôtes de marque. Pour couronner le tout, un soldat avait utilisé de la poudre pour chauffer le poêle qui émettait à présent des bruits inconvenants.

— Nous ne devons pas oublier une chose, dit Novikov ; notre corps aura à remplir une mission décisive et j'en confierai la part la plus dure à Makarov ; et j'ai comme l'impression que Makarov confiera la part la plus difficile de sa mission au bataillon de Fatov. Ce sera à vous de résoudre vos problèmes, je n'irai pas vous imposer mes décisions pendant le combat.

Il interrogea Fatov sur l'organisation de la liaison avec l'état-major du régiment et les commandants des escadrons, sur la radio, sur les réserves en munitions, sur la qualité du carburant.

Avant de partir, Novikov demanda :

— Eh bien, Makarov, vous êtes prêt ?

— Pas encore tout à fait, camarade colonel.

— Vous aurez assez de trois jours ?

— Oui, camarade colonel.

Sur le chemin du retour, Novikov dit au chauffeur :

— Alors, Kharitonov, on dirait que tout va bien chez Makarov, hein ?

— Comment donc, répondit Kharitonov en louchant du côté de Novikov, tout est parfait. Le responsable de l'approvisionnement s'est soûlé et il est parti en fermant tout à clef ; un bataillon est venu chercher ses rations et s'est cassé le nez. Un sergent m'a raconté que le chef de son escadron avait bu à son anniversaire toute la ration de vodka de ses soldats. J'ai voulu leur demander une roue de secours, je voulais réparer une chambre à air, ils n'avaient même pas de rustines.

35

Neoudobnov se réjouit quand, se penchant à la fenêtre de l'isba, il vit arriver la jeep de Novikov dans un nuage de poussière.

Il avait déjà éprouvé ce sentiment un jour, dans son enfance. Ses parents sortaient et il se faisait une sorte de fête à l'idée de rester seul à la maison, mais à peine la porte d'entrée s'était-elle refermée qu'il voyait des voleurs dissimulés dans les coins, qu'il s'imaginait la maison en feu ; il allait de la porte à la fenêtre, tendait l'oreille, reniflait à la recherche d'une odeur de fumée.

Sans Novikov, il s'était senti désemparé. Ses méthodes de commandement ne servaient à rien.

Et si l'ennemi arrivait ? Il n'y avait que soixante kilomètres depuis le front jusqu'ici. Et alors, que faire ? Il ne suffisait plus de menacer de destitution ou d'accuser de liens avec des ennemis du peuple. Si les chars vous fonçaient dessus, comment faire pour les arrêter ? Une idée d'une évidence aveuglante frappa Neoudobnov : le courroux de l'État, qui faisait se courber des millions d'hommes, ici, au front, alors que les Allemands mettaient la pression, ne valait plus tripette. On ne pouvait obliger les Allemands à remplir des questionnaires, à raconter leur vie devant une assemblée, à trembler d'avoir à avouer quelle était la position sociale de père et mère avant 1917.

Tout ce qu'il aimait, ce dont il ne pouvait se passer, ses enfants, n'était plus sous la protection de son État, si grand, si terrible, si proche. Et pour la première fois, il pensa à Novikov avec un sentiment mêlé de crainte et d'admiration.

Le colonel, entrant dans l'isba de l'état-major, lança aussitôt :

— Pour moi, c'est clair maintenant : Makarov ! Il sait prendre des décisions rapides en toutes circonstances. Belov va tout le temps foncer de l'avant, il ne connaît rien d'autre. Et il faudra pousser Karpov au cul, il est lent, un vrai cheval de labour.

— Les hommes décident de tout, étudier les hommes sans relâche, c'est ce que nous a appris Staline, commenta Neoudobnov. Je me dis tout le temps, ajouta-t-il brusquement, qu'il doit y avoir un agent allemand dans le village ; c'est lui, le salaud, qui a donné la position de notre état-major.

Neoudobnov mit au courant Novikov de ce qui s'était passé en son absence et lui annonça que les commandants des unités de soutien allaient leur rendre visite, comme ça, en voisins, pour faire connaissance.

— Dommage que Guetmanov ne soit pas là, dit Novikov. Qu'est-ce qu'il est allé faire ?

Ils convinrent de manger ensemble et Novikov alla chez lui pour faire sa toilette et se changer. La rue du village était déserte ; seul, un vieux paysan se tenait devant le cratère creusé par la bombe. Les bras écartés, il semblait mesurer quelque chose, comme si c'était lui qui venait de creuser ce trou pour des besoins personnels. Arrivé à sa hauteur, Novikov lui demanda :

— Qu'est-ce que tu fabriques, le père ?

Le vieillard salua avant de répondre :

— J'ai été prisonnier des Allemands en 1915, mon colonel ; et je travaillais chez une fermière. Alors je me dis comme ça (il montra le trou) que c'est mon fiston, ce petit con, qui est venu me rendre visite.

Novikov éclata de rire :

— Sacré vieux !

Il passa devant la maison où était cantonné Guetmanov, c'était justement celle du vieux, regarda les volets fermés et de nouveau se demanda ce que Guetmanov était allé faire à l'état-major du groupe d'armées. Soudain, un doute se glissa dans son esprit : « Il est faux comme un jeton quand même ; il engueule Belov pour sa conduite immorale et il a suffi que je lui parle de sa doctoresse pour qu'il se glace. »

Mais aussitôt ces pensées lui semblèrent futiles et injustifiées ; Novikov n'était pas de nature soupçonneuse.

Il tourna le coin de la maison et vit sur la place herbeuse quelques dizaines de jeunes gens, sûrement des mobilisés, qui se rendaient au commissariat militaire local et se reposaient autour du puits. Le soldat qui les accompagnait, fatigué, s'était endormi ; des sacs, des baluchons s'empilaient à côté de lui. Les garçons avaient dû marcher longtemps dans la steppe, ils avaient des ampoules et plusieurs d'entre eux s'étaient déchaussés. On ne leur avait pas encore coupé les cheveux et, vus ainsi, de loin, on aurait dit les élèves d'une école de village bavardant pendant la récréation. Leurs visages maigres, leurs cous fins, leurs longs cheveux blonds, leurs vêtements rapiécés, taillés dans les pantalons et les vestes paternels, tout cela appartenait encore au monde de l'enfance. Quelques-uns jouaient à un vieux jeu de cour de récréation, Novikov y avait joué, lui aussi, en son temps ; ils jetaient des grosses pièces de cinq kopecks dans un trou. Les autres observaient le jeu, seuls leurs yeux n'avaient rien d'enfantin : ils étaient tristes et inquiets.

Ils avaient remarqué le colonel et ils regardaient du côté du soldat endormi ; visiblement, ils auraient voulu lui demander s'ils pouvaient rester assis à jouer en présence d'un officier.

— Ne vous arrêtez pas, dit Novikov, la voix douce, soudain.

Et il passa en leur faisant un petit signe amical.

Le sentiment de pitié qu'ils éveillèrent en lui était d'une violence qui l'étonna lui-même. Ces visages aux yeux trop grands, ces pauvres vêtements de petits paysans lui avaient rappelé avec une acuité étonnante qu'il avait affaire à des enfants, à des adolescents… Une fois dans l'armée, tout cela disparaissait sous le casque, la discipline, le grincement des bottes, dans les gestes et les phrases obligatoires. Alors que là, tout était clair.

Il rentra chez lui et de toutes les pensées, impressions, inquiétudes de la journée, c'est cette rencontre avec les recrues qui resta fichée dans son esprit.

« Les hommes, se répétait sans cesse Novikov, les hommes, les hommes. »

Toute sa vie de soldat, il avait connu la peur d'avoir à rendre compte d'une perte de matériel ou de munitions, de devoir se justifier pour avoir abandonné sans ordre un sommet ou un carrefour... Mais il n'avait jamais vu qu'un chef se mît en colère parce qu'une opération avait coûté cher en hommes. Parfois, un officier envoyait ses hommes sous le feu ennemi pour éviter la colère de ses supérieurs et pouvoir dire : « Je n'ai pas réussi, j'y ai laissé la moitié de mes hommes, mais je n'ai pas réussi à occuper l'objectif. »

Les hommes, les hommes.

Il avait vu mener les hommes sous un feu meurtrier juste par bravade, par entêtement. Le mystère des mystères dans la guerre, son caractère tragique résidait dans ce droit qu'avait un homme d'envoyer d'autres hommes à la mort. Ce droit reposait sur le fait que les hommes allaient au feu au nom d'une cause commune.

Mais un officier que connaissait Novikov, un homme raisonnable et lucide, n'avait pas voulu, alors qu'il se trouvait à un poste d'observation avancé, renoncer à son habitude de boire du lait frais chaque matin. De temps en temps les Allemands tuaient le soldat de second échelon qui lui apportait du lait dans une bouteille thermos ; ces jours-là, cet officier devait se passer de lait. Mais le lendemain, un nouveau planton lui apportait, sous le feu ennemi, sa bouteille de lait. Et ce lait, c'était un homme juste, soucieux de ses subordonnés – « notre père », disaient les soldats – qui le buvait. Pas facile de s'y retrouver.

Neoudobnov passa chercher Novikov. Et Novikov, tout en se peignant rapidement, lui dit :

— Oui, camarade général, c'est quand même une chose terrible que la guerre ! Vous avez vu les recrues ?

— Ouais, du matériel humain de seconde zone, des morveux. J'ai réveillé le soldat qui les escortait et je lui ai promis de l'envoyer dans un bataillon disciplinaire. Quel laisser-aller, pas croyable !

Les romans de Tourgueniev aiment nous raconter comment les voisins rendent visite à une châtelaine qui vient de se retirer sur ses terres. Le soir, deux jeeps s'arrêtèrent devant l'état-major et les maîtres de maison sortirent pour accueillir leurs invités : le commandant de la division d'artillerie lourde, le commandant du régiment d'obusiers et celui de la brigade de lance-roquettes.

« ... Donnez-moi la main, cher lecteur, et nous nous rendrons chez Tatiana Borissovna, ma voisine[1]... »

Novikov avait entendu parler de Morozov, le colonel d'artillerie qui commandait la division ; et même, il se le représentait parfaitement : la

---

1. Citation libre de la première ligne du récit « Tatiana Borissovna et son neveu » du recueil *Récits d'un chasseur* (1852) qui fut le premier grand succès littéraire de Tourgueniev.

tête ronde, sanguin... Mais, comme il se doit, c'était en fait un homme âgé au dos voûté.

Il semblait que ses yeux rieurs ne se trouvaient que par hasard sur ce visage renfrogné. Parfois, cependant, leur intelligence joyeuse se faisait si vive qu'il semblait que c'étaient eux, les yeux, qui constituaient l'essentiel du colonel, alors que tout le reste, les rides, le dos voûté, n'était que rajouts accidentels.

Lopatine, le commandant du régiment d'obusiers, aurait pu passer pour le fils ou même le petit-fils de Morozov.

Le troisième, Magid, un brun aux moustaches fines au-dessus d'une lèvre retroussée, se révéla être un joyeux convive, aimant la plaisanterie et la conversation.

Novikov convia ses invités à table.

— L'Oural vous souhaite la bienvenue, dit-il en désignant les assiettes de champignons marinés et salés.

Le cuisinier, debout dans une pose pittoresque près de la table dressée, s'empourpra, émit un petit cri et disparut : ses nerfs avaient lâché. Verchkov lui chuchota à l'oreille :

— Bien sûr, servez-la, on ne va pas la garder, cette vodka.

Morozov montra du doigt qu'il ne voulait pas plus d'un quart de verre :

— Pas plus, le foie.

— Et vous, lieutenant-colonel ?

— Pas de problème de foie, jusqu'en haut.

— Notre Magid ne mollit pas.

— Et vous, major, votre foie vous permet de boire ?

Lopatine, le commandant du régiment d'obusiers, couvrit son verre de la main :

— Non, merci, pas d'alcool.

Et, retirant sa main, il ajouta :

— Une goutte symbolique, juste pour trinquer.

— Lopatine va encore à la maternelle, dit Magid, il préfère les bonbons.

Ils levèrent leur verre au succès de leur travail commun. Puis, comme toujours dans ces cas-là, ils se trouvèrent des amis communs du temps des écoles militaires ou de l'Académie.

Ils parlèrent de leurs chefs, du désagrément de se retrouver en automne dans la steppe.

— Alors, c'est pour bientôt, la noce ? demanda Lopatine.

— Ça ne va plus tarder, maintenant, répondit Novikov.

— Quand il y a des Katioucha[1], la noce est assurée, fit Magid.

Magid avait une haute opinion du rôle que jouaient ses lance-roquettes. Après le premier verre, il se fit condescendant, ironique, sceptique et distrait, et il déplut fortement à Novikov.

---

1. Voir « Lance-missiles » dans le Dictionnaire.

Novikov avait tendance, ces derniers temps, à essayer d'imaginer quelle serait l'attitude d'Evguenia Nikolaïevna à l'égard des hommes qu'il rencontrait, et réciproquement comment se comporteraient ses connaissances en présence de Guenia.

« Magid, se dit Novikov, commencerait aussitôt à raconter des blagues, à se vanter, à faire le joli cœur. » Novikov éprouva soudain de la jalousie à l'égard de Magid, comme si Guenia était en train d'écouter les astuces de ce beau parleur.

Il voulut montrer à Guenia que lui aussi pouvait briller, et il se mit à discourir sur la nécessité de comprendre et de connaître les gens avec qui on allait combattre, d'être capable de prévoir comment ils se comporteraient. Il parla de Karpov, qu'il faudrait pousser, de Belov, qu'il faudrait retenir, et de Makarov, qui savait prendre les bonnes décisions dans n'importe quelle situation.

De ces propos assez vides naquit une discussion qui était, bien qu'animée, tout aussi vide.

— Certes, dit Morozov, il faut corriger un peu, donner une orientation aux gens, mais il ne faut en aucun cas aller contre leur volonté.

— Il faut exercer une direction ferme, dit Neoudobnov. Il ne faut pas avoir peur des responsabilités.

Lopatine changea le cours de la conversation :

— Qui n'a pas été à Stalingrad ne sait pas ce qu'est la guerre.

— Pardon, rétorqua Magid, qu'est-ce que c'est Stalingrad ? De l'héroïsme, une résistance farouche, je ne le conteste pas et ce serait ridicule de vouloir le contester. Mais je n'ai pas été à Stalingrad, moi, et pourtant j'ai la prétention de savoir ce qu'est la guerre. Je suis un officier d'offensive. J'ai pris part à trois offensives et à des percées du front allemand, j'ai pénétré dans les brèches ; eh bien, je peux vous dire que l'artillerie a montré ce dont elle était capable, nous avons dépassé l'infanterie, mais aussi les chars, et même, si vous voulez savoir, nous précédions l'aviation.

— Allons, n'insistez pas, dit Novikov d'une voix hargneuse ; tout le monde sait que le char est le maître de la guerre de mouvement. Ça ne se discute même pas.

— Il y a aussi un autre procédé, dit Lopatine, poursuivant sa pensée. En cas de succès, on se l'approprie ; et en cas d'échec, on rejette la faute sur les voisins.

— Parlons-en, des voisins, dit Morozov. Un jour, le commandant d'une unité d'infanterie, un général, me demande de le soutenir. « Dis, mon vieux, arrose-moi donc un peu les hauteurs, là-bas. — Quels calibres ? » je lui demande. Il me traite de tous les noms et répète sa phrase : « Ouvre le feu, que je te dis, et pas d'histoire ! » Après, j'ai découvert qu'il ne connaissait pas les calibres des tubes, la portée, et que, finalement, il savait à peine lire une carte. « Tire, fils de pute » ; et à ses subordonnés : « En avant, ou je te fais sauter toutes tes dents ! En avant, ou je te fais fusiller ! » ; après cela, il est sûr qu'il est un grand stratège. On peut aussi avoir un voisin dans ce genre-là et se retrouver sous ses ordres, il est général, après tout.

— Vos propos, excusez-moi, ne sont pas ceux d'un soldat soviétique, dit Neoudobnov. Il n'y a pas de chefs comme cela, qui plus est de généraux, dans les forces armées soviétiques !

— Comment ça, il n'y en a pas ? s'étonna Morozov. Mais j'en ai vu des tas, en une année de guerre, de gars de cet acabit. Je peux encore donner un exemple récent. Le chef de bataillon en pleurait : « Comment je peux mener mes hommes droit sur les mitrailleuses ? » Moi, je le soutiens : « Il a raison, laissez d'abord l'artillerie réduire leurs emplacements de tir. » Mais le commandant de la division, un général, lui aussi, se jette à coups de poing sur le chef de bataillon : « Ou tu montes à l'attaque, ou je te fais fusiller comme un chien ! » Que voulez-vous, il a mené ses hommes comme du bétail à l'abattoir.

— Oui, oui, ça s'appelle « car tel est mon bon plaisir », dit Magid. Et je dois ajouter que ces généraux ne se multiplient pas par bourgeonnement, mais qu'ils mettent la main sur les petites jeunes filles des transmissions.

— Ils ne peuvent pas écrire deux mots sans faire cinq fautes, ajouta Lopatine.

— Tout juste, dit Morozov qui n'avait pas entendu. Alors vous pouvez toujours essayer de ménager vos hommes après cela. Toute leur force, à ces gens-là, c'est qu'ils n'ont pas pitié des hommes.

Novikov se sentait en plein accord avec ce que disait Morozov. Lui aussi avait eu tout loisir de se heurter à des histoires du même genre. Et il dit :

— Comment voulez-vous ménager les hommes ? Si vous voulez ménager vos hommes, il ne faut pas faire la guerre.

Il avait été profondément ému par les jeunes recrues du matin, il avait envie d'en parler. Mais au lieu de laisser parler ce qu'il y avait de bon en lui, il répéta avec une rage et une grossièreté soudaines qui le laissèrent lui-même étonné :

— Et comment voulez-vous les ménager, les hommes ? À la guerre, on ne se ménage pas, et on ne ménage pas les autres. Le pire, c'est qu'on nous envoie des bleus à peine dégrossis et il faut leur confier un matériel précieux. Alors, je me demande, qu'est-ce qu'il faut ménager ?

Neoudobnov avait, pendant toute la conversation, suivi les interlocuteurs du regard.

Neoudobnov avait fait périr plus d'un homme du genre de ceux qui étaient assis à cette table. Novikov se dit, et cette pensée l'étonna, que le malheur causé par cet homme au front serait le même que celui qui attendait Morozov, qui l'attendait lui ainsi que Magid, Lopatine, les jeunes paysans qui se reposaient, le matin, sur la place du village.

— Ce n'est pas ce que nous dit le camarade Staline, commença Neoudobnov d'un ton sentencieux. Le camarade Staline nous dit que le bien le plus précieux, c'est l'homme. Notre capital le plus précieux est l'homme et nous devons y veiller comme à la prunelle de nos yeux.

Novikov remarqua que tout le monde écoutait avec sympathie les paroles de Neoudobnov et il se dit : « C'est quand même bizarre. Maintenant, nos voisins vont me prendre pour une brute alors que Neoudobnov, paraît-il, ménage les hommes. Dommage que Guetmanov ne soit pas là, lui, c'est carrément le petit saint. »

Et, coupant Neoudobnov, il lança encore plus méchamment et grossièrement :

— Les hommes, ça ne manque pas chez nous, ce qui manque, c'est le matériel. N'importe quel crétin peut le faire, un homme, ce n'est pas un char ou un avion. Si tu as pitié des hommes, ne te mêle pas de commander !

36

Le commandant du groupe d'armées de Stalingrad, le général Eremenko, avait fait venir le commandement du corps blindé, Novikov, Guetmanov, Neoudobnov. La veille, Eremenko avait inspecté les brigades mais n'était pas passé à l'état-major du corps d'armée. Tous les trois jetaient des regards à la dérobée, se demandant ce qui les attendait.

Eremenko intercepta le coup d'œil de Guetmanov, lorgnant la couchette à l'oreiller froissé, et dit :

— J'ai ma jambe qui m'en fait sacrément baver.

Et il la traita de tous les noms.

Tout le monde se taisait, tous avaient les yeux rivés sur lui.

— En gros, dit Eremenko, votre corps est prêt. Vous avez su trouver le temps pour le préparer.

Tout en parlant, il regardait du côté de Novikov, mais ce dernier ne semblait pas particulièrement se réjouir du compliment. Eremenko fut étonné par l'indifférence du commandant du corps d'armée car il savait qu'il avait la réputation d'être avare de compliments.

— Camarade général, dit Novikov, je vous ai déjà fait un rapport sur des unités de notre aviation d'assaut qui ont bombardé deux jours de suite la 137ᵉ brigade de chars dans le secteur des ravins.

Eremenko, les yeux plissés, se demandait quel but poursuivait Novikov : cherchait-il à se couvrir ou bien voulait-il couler le chef de l'aviation ?

— Heureusement encore, poursuivit Novikov, qu'ils n'ont pas atteint leurs objectifs. Ils n'ont pas appris à bombarder.

— Ce n'est rien, finit par répondre Eremenko. Vous aurez encore besoin d'eux. Ils sauront effacer leur faute.

— Bien sûr, camarade général, intervint à son tour Guetmanov. Nous n'avons pas l'intention de nous disputer avec les faucons de Staline.

— Très bien alors, dit Eremenko. Avez-vous pu voir le camarade Khrouchtchev comme vous le désiriez, camarade Guetmanov ?

— Nikita Sergueïevitch m'a ordonné de me présenter demain.

— Vous l'avez connu à Kiev ?

— Oui. J'ai travaillé deux ans avec Nikita Sergueïevitch.

— Dis-moi, général, dit soudain Eremenko en s'adressant à Neou-dobnov, c'est bien toi que j'ai vu un jour chez Tizian Petrovitch ?

— Oui, oui, ce jour-là, Tizian Petrovitch vous avait convoqué avec le maréchal Voronov.

— Ah oui, c'est juste.

— Et moi, à la demande de Tizian Petrovitch, j'ai rempli pendant un temps les fonctions de commissaire du peuple. C'est pour cela qu'il m'arrivait d'être invité chez lui.

— C'est donc cela. Je me disais bien que je vous avais déjà vu quelque part.

Et, désirant manifester une marque d'attention, il demanda :

— Tu ne t'ennuies pas dans la steppe, général ? J'espère que tu t'es bien installé ?

Et il hocha la tête en signe de satisfaction sans même attendre la réponse.

Les trois hommes sortaient déjà quand Eremenko rappela Novikov :

— Attends une seconde, colonel.

Novikov revint sur ses pas. Eremenko se pencha au-dessus du bureau, soulevant son corps de paysan alourdi, et dit d'un ton hargneux :

— Écoute un peu. Y en a un qui a travaillé avec Khrouchtchev, l'autre avec Tizian Petrovitch ; mais toi, tripe de soldat, mon enfant de salaud, n'oublie pas : c'est toi qui mèneras tes blindés dans la brèche.

37

Par une froide et sombre matinée, Krymov fut autorisé à quitter l'hôpital militaire. Sans même passer chez lui, il alla trouver le chef du service politique du groupe d'armées, le général Tochtcheïev, afin de lui rendre compte de son voyage à Stalingrad.

Il eut de la chance : Tochtcheïev était arrivé au bureau – une maison habillée de planches grises – de très bon matin, et il reçut Nikolaï Grigo-rievitch sans plus de délai.

Le chef du service politique, dont le nom correspondait à la silhouette[1] et qui ne cessait de loucher sur l'uniforme de général qu'il avait endossé depuis peu, fronça le nez, incommodé par l'odeur de phénol qui émanait de son visiteur.

---

1. Ce nom de famille, Tochtcheïev, est formé sur l'adjectif *tochtchi* : « maigre », « émacié ». Sa consonance évoque également le nom du maître du royaume du mal dans les contes russes : Kochtcheï l'Immortel.

— Je n'ai pu m'acquitter de ma mission de la maison « 6 *bis* », pour cause de blessure, commença Krymov. Mais je peux, dès à présent, y retourner.

Tochtcheïev lui lança un regard agacé, mécontent, et répondit :

— Inutile. Rédigez-moi une note de service.

Il ne posa pas la moindre question, ne critiqua ni n'approuva le rapport de Krymov.

Comme toujours, l'uniforme de général et les décorations détonnaient dans cette humble isba villageoise.

Mais ce n'était pas la seule chose étonnante.

Nikolaï Grigorievitch ne parvenait pas à comprendre d'où venait l'humeur morose de son supérieur.

Krymov se rendit dans la partie administrative du service politique afin d'y demander des tickets repas, d'y faire enregistrer son certificat de ravitaillement, et de régler diverses formalités concernant son retour de mission et les journées passées à l'hôpital.

Tandis qu'on s'occupait de ses papiers, Krymov, assis sur un tabouret, détaillait les visages des employés et collaborateurs.

Personne ne semblait s'intéresser à lui ; son retour de Stalingrad, sa blessure, rien de ce qu'il avait vu ou vécu n'avait le moindre sens, la moindre importance. Les gens des bureaux avaient autre chose à faire. Les machines à écrire crépitaient, on brassait du papier, les yeux des employés glissaient sur Krymov, puis replongeaient dans leurs dossiers, revenaient aux feuilles de papier éparpillées sur les tables.

Que de fronts plissés, que de tension dans les regards et les sourcils froncés, comme les gens semblaient absorbés par leur travail, avec quelle aisance ces mains triaient et classaient les papiers !

Seuls un bâillement convulsif, un coup d'œil furtif à la pendule – bientôt l'heure du déjeuner ? –, une expression hagarde, grise et ensommeillée, glissant dans le regard des uns ou des autres, témoignaient de l'ennui mortel éprouvé par ces gens, confits dans la chaleur des bureaux.

Un instructeur de la septième section, que Krymov avait déjà rencontré, vint jeter un coup d'œil. Krymov sortit avec lui dans le couloir pour fumer une cigarette.

— De retour ? demanda l'instructeur.

— Comme vous voyez.

Et comme l'instructeur ne demandait pas à Krymov ce qu'il avait vu à Stalingrad, Nikolaï Grigorievitch s'enquit :

— Quoi de neuf au service politique ?

La nouvelle la plus importante était la promotion du chef au rang de général.

Rigolard, l'instructeur raconta que Tochtcheïev, attendant son nouveau grade, était malade d'inquiétude – hé ! on ne rigole pas avec ces choses-là –, qu'il s'était commandé un uniforme chez le meilleur tailleur de l'armée, seulement voilà, Moscou tardait à envoyer la nomination. Des

bruits alarmants couraient, selon lesquels on s'apprêtait à transférer des
commissaires de régiment et de bataillon, et à les nommer capitaines ou
lieutenants d'active.

— Vous imaginez ? conclut l'instructeur. Servir comme moi huit ans
dans l'armée, en tant que politique, et me retrouver lieutenant d'active ?

Il y avait d'autres nouvelles. L'adjoint au chef de la section d'information avait été appelé à Moscou, à la Direction politique générale, où on
l'avait fait monter en grade, puis nommé adjoint au chef du service politique pour le groupe d'armées de Kalinine.

Un membre du Conseil d'armée avait enjoint aux instructeurs de ne
plus prendre leurs repas au mess du personnel d'encadrement, mais au
réfectoire commun. On avait reçu l'ordre de retirer leurs tickets repas aux
gens envoyés en mission, sans pour autant compenser par une ration de
campagne. Les poètes de la rédaction du front, Katz et Talalaïevski,
avaient été proposés pour l'ordre de l'Étoile rouge, mais d'après les nouvelles instructions du camarade Chtcherbakov, les demandes de décorations pour les collaborateurs de la presse devaient passer par la Direction
politique générale ; aussi les dossiers des deux poètes avaient-ils été
envoyés à Moscou, mais, pendant ce temps, Eremenko avait signé la liste
des propositions au niveau des groupes d'armées et tous ceux qui y
étaient inscrits arrosaient déjà leurs décorations.

— Vous n'avez pas déjeuné ? demanda l'instructeur. Allons-y ensemble.

Krymov répondit qu'il attendait que ses papiers fussent prêts.

— Alors, j'y vais, dit l'instructeur, et en guise d'adieu, il eut cette plaisanterie un peu frondeuse : Il faut se dépêcher, sinon ils finiront par nous servir
au réfectoire de l'économat militaire avec les salariés et les dactylos.

Ses papiers en règle, Krymov se retrouva bientôt dans la rue ; il s'emplit
les poumons de l'air humide d'automne.

Pourquoi le chef du service politique l'avait-il accueilli avec aussi peu
d'enthousiasme ? Pourquoi était-il fâché ? Parce que Krymov n'avait pas
rempli sa mission ? Peut-être le chef n'avait-il pas cru à sa blessure, peut-
être le soupçonnait-il de couardise ? Était-il vexé que Krymov soit venu
directement le voir, sans passer par les échelons intermédiaires, et à une
heure où, d'ordinaire, il ne recevait pas ? Peut-être en voulait-il à Krymov
de l'avoir appelé, à deux reprises, « camarade commissaire de brigade »,
au lieu de : « camarade général d'armée ». Ou encore, allez savoir, peut-
être Krymov n'avait-il rien à voir dans tout cela. Il suffisait que
Tochtcheïev n'ait pas été proposé pour l'ordre de Koutouzov. Ou qu'il ait
reçu une lettre lui annonçant que sa femme était malade. Qui pouvait
savoir pourquoi, ce matin-là, le chef du service politique du groupe
d'armées était d'aussi mauvaise humeur ?

Au cours des semaines passées à Stalingrad, Krymov avait oublié les
habitudes d'Akhtouba, oublié le regard indifférent des chefs du service
politique, de ses collègues instructeurs ou des femmes de service à la
cantine. À Stalingrad, tout était différent !

Au soir, il regagna sa chambre. Le chien de sa logeuse, qui semblait fait de deux morceaux distincts – un derrière roux tout hérissé de poils, et une gueule noir et blanc, toute en longueur – fut très heureux de le revoir. Ses deux parties manifestaient leur joie : son arrière-train roux, au crin embroussaillé, frétillait, tandis que sa gueule noir et blanc venait s'enfouir dans les mains de Krymov, et que ses bons yeux bruns le regardaient avec tendresse. Dans la pénombre crépusculaire, on eût dit que deux chiens faisaient des grâces à Krymov. Le chien l'accompagna jusque dans l'entrée. La logeuse apparut et lui cria d'un ton mauvais : « Veux-tu bien t'en aller, sale bête ! » Puis, tout aussi morose que le chef de la Direction politique, elle salua Krymov.

Qu'elle lui parut froide, solitaire, cette chambre paisible, avec son lit, son oreiller à housse blanche et ses rideaux de dentelle aux fenêtres, après ses chères tranchées de Stalingrad, leurs tanières camouflées par des toiles de tente, leurs abris enfumés et humides !

Krymov s'assit à la table et entreprit de rédiger son rapport. Il écrivait vite, jetant de rapides coups d'œil sur les notes prises à Stalingrad. Le plus pénible fut de parler de la maison « 6 *bis* ». Il se leva, arpenta la pièce, revint à la table, se releva, passa dans l'entrée, toussa, tendit l'oreille : cette maudite vieille n'allait-elle pas, enfin, lui proposer du thé ? Puis, avec le puisoir, il prit un peu d'eau dans le petit tonneau : l'eau était bonne, meilleure qu'à Stalingrad. Il revint dans sa chambre, se rassit et se mit à réfléchir, la plume à la main. Pour finir, il s'étendit sur sa couche et ferma les yeux.

Comment était-ce possible ? Grekov avait tiré sur lui !

À Stalingrad, il avait eu le sentiment croissant d'un lien avec les gens, il s'était senti proche d'eux. À Stalingrad, il respirait plus librement. Les gens, là-bas, n'avaient pas ces regards vides, indifférents. Tout permettait de penser que, dans la maison « 6 *bis* », il percevrait, plus fort encore, le souffle de Lénine. Mais à peine en avait-il eu franchi le seuil qu'il avait ressenti une hostilité railleuse ; lui-même s'était énervé, avait tenté de leur redresser la cervelle, les avait menacés. Pourquoi leur avait-il parlé de Souvorov ? Et Grekov qui avait tiré sur lui ! Aujourd'hui sa solitude, l'arrogance à son égard des « politiques » (des novices dans le Parti et des ignares, selon lui) étaient particulièrement pénibles. Quelle barbe d'avoir à se traîner chez un Tochtcheïev ! De sentir son regard tour à tour agacé, ironique et méprisant. Car Tochtcheïev, avec tous ses grades et ses médailles, n'arrivait pas à la cheville d'un Krymov, si on le mesurait vraiment à l'aune du Parti. Ils n'étaient, pour le Parti, que des gens de hasard, ils n'avaient rien à voir avec la tradition léniniste ! Beaucoup étaient entrés dans la carrière en 1937, en écrivant des dénonciations, en démasquant des ennemis du peuple. Et il se rappela cet extraordinaire sentiment de foi, de légèreté et de force qu'il avait éprouvé en marchant dans le passage, vers la tache de lumière.

La haine l'étouffait : Grekov l'avait chassé de cette vie qu'il désirait tant. En se rendant à cette maison, il se réjouissait de son nouveau destin. Il lui semblait que la vérité de Lénine vivait dans cette maison. Et Grekov avait tiré sur un bolchevik léniniste ! Il avait rejeté Krymov dans les bureaux d'Akhtouba, dans cette vie de naphtaline ! Le salaud !

Krymov se rassit à la table. Il n'y avait rien, dans ce qu'il avait écrit, qui ne fût la vérité.

Il relut ses notes. Tochtcheïev, bien sûr, transmettrait son rapport à la Section spéciale. Grekov avait piétiné, détruit, politiquement, la hiérarchie militaire : il avait tiré sur un délégué du Parti, un commissaire militaire. Krymov serait convoqué pour témoigner, sans doute même serait-il confronté avec le prévenu Grekov.

Il s'imaginait Grekov, pas rasé, le visage blême et jaunâtre, sans ceinturon, dans le bureau du juge d'instruction.

Comment Grekov avait-il dit ? « Vous avez eu un malheur, ça ne peut pas se mettre dans un rapport… »

Le secrétaire général du parti marxiste-léniniste avait été déclaré infaillible, presque divin ! En 1937, Staline n'avait pas épargné la vieille garde léniniste. Il avait trahi l'esprit de Lénine qui conciliait la démocratie qui régnait dans le Parti avec une discipline de fer.

Était-il pensable, légitime, d'avoir réglé leur compte aux membres du parti de Lénine avec tant de cruauté ? Grekov serait fusillé devant son régiment rassemblé. C'était terrible de frapper les siens ; mais Grekov n'était pas des leurs, Grekov était un ennemi.

Krymov ne déniait pas au Parti le droit de manier le glaive de la dictature. Il n'avait jamais eu de sympathie pour l'opposition. Il n'avait jamais considéré que Boukharine, Rykov, Zinoviev et Kamenev suivaient la voie léniniste. Trotski, malgré toute son intelligence et sa fougue révolutionnaire, n'était jamais parvenu à liquider son passé menchevique, il ne s'était pas élevé jusqu'à Lénine. Staline, oui, c'était une force ! C'est pour cela, d'ailleurs, qu'on l'appelait le Patron ! Jamais sa main n'avait tremblé, il n'avait pas la mollesse intellectuelle d'un Boukharine. Foudroyant ses ennemis, le parti de Lénine suivait Staline. Les mérites militaires de Grekov n'avaient rien à voir dans l'histoire. On ne discutait pas avec les ennemis, on ne prêtait pas l'oreille à leurs raisonnements.

Mais Nikolaï Grigorievitch eut beau faire, il n'éprouvait plus de haine à l'égard de Grekov.

Il se rappela la phrase : « Vous avez eu un malheur… »

« Aurais-je écrit, se demanda Krymov, une dénonciation ? Bien sûr, ce n'est pas mensonger, mais c'est tout de même une dénonciation… Rien à faire, mon cher, tu es membre du Parti… Tu dois remplir ton devoir. »

Au matin, Krymov remit son rapport au service politique du groupe d'armées de Stalingrad.

Deux jours plus tard, il fut convoqué par le responsable de la section d'agitation et de propagande, le commissaire Oguibalov. Tochtcheïev ne pouvait recevoir Krymov, il était occupé avec un commissaire des blindés, rentrant du front.

Tout en nez, le visage blafard, méthodique et réfléchi, le commissaire Oguibalov dit à Krymov :

— Il vous faudra prochainement retourner sur la rive droite, camarade Krymov, mais cette fois à la 64ᵉ armée, chez Choumilov. À propos, une de nos voitures se rendra au PC de l'obkom du Parti. De là, vous vous débrouillerez pour rejoindre Choumilov. Les secrétaires de l'obkom iront à Beketovka pour les fêtes de la révolution d'Octobre.

Sans hâte, il dicta à Krymov tout ce qu'il serait chargé de faire au service politique de la 64ᵉ armée ; on lui confiait des missions insignifiantes et inintéressantes au point d'en être humiliantes, qui consistaient toutes à recueillir des renseignements écrits, dont on avait besoin, non pour de vraies actions, mais pour la paperasse des bureaux.

— Mais, et mon exposé ? demanda Krymov. À votre demande, j'ai préparé un exposé que je devais lire, pour les fêtes d'Octobre, dans les différentes unités.

— Nous nous en abstiendrons pour le moment, répondit Oguibalov, et il entreprit d'expliquer pourquoi Krymov devait s'en abstenir.

Alors que Krymov s'apprêtait à prendre congé, le commissaire de régiment lui dit :

— Pour ce qui est de votre rapport, le chef du service politique m'a mis au courant.

Le cœur de Krymov se serra : l'affaire Grekov était en cours. Le commissaire reprit :

— Notre fringant Grekov a eu de la veine ; le chef du service politique de la 62ᵉ armée nous a informés, hier, qu'il avait péri, avec tout son détachement, quand les Allemands ont donné l'assaut de l'usine de tracteurs.

Pour consoler Krymov, il ajouta :

— Son commandant l'avait proposé pour devenir héros de l'Union soviétique à titre posthume. Il est clair que nous enterrerons cette proposition.

Krymov écarta les bras, comme pour dire : « Bon, tant mieux pour lui s'il a eu de la veine. »

Baissant la voix, Oguibalov poursuivit :

— Le chef de la Section spéciale estime qu'il est peut-être encore en vie. Il se pourrait qu'il soit passé à l'ennemi.

Un billet attendait Krymov chez lui : on le priait de venir à la Section spéciale.

Apparemment, l'affaire Grekov n'était pas terminée.

Krymov décida de reporter cette désagréable conversation à son retour : l'homme était mort, il n'y avait donc pas urgence.

38

Au sud de Stalingrad, à l'usine *Chantiers navals* du hameau de Beketovka, l'obkom du Parti décida d'organiser une séance solennelle, consacrée au vingt-cinquième anniversaire de la révolution d'Octobre.

De bon matin, le 6 novembre, au PC souterrain de l'obkom de Stalingrad, dans le petit bois de chênes sur la rive gauche de la Volga, se réunirent les responsables régionaux du Parti. Le premier secrétaire de l'obkom, les secrétaires de sections, les membres du bureau avalèrent un petit déjeuner bien chaud, de première catégorie, et quittèrent en voiture le petit bois de chênes, pour gagner la grand-route qui menait à la Volga.

C'était la route qu'empruntaient, de nuit, les chars et l'artillerie, pour se rendre au passage de Toumansk-sud. La steppe, défoncée par la guerre, hérissée de mottes de terre, brune, gelée et parsemée de flaques couleur de plomb, soudées par la glace, était d'une tristesse qui vous vrillait l'âme. La Volga charriait de la glace qu'on entendait crisser à plusieurs dizaines de mètres de la rive. Un vent fort soufflait en aval : la traversée de la Volga, sur un chaland de fer découvert, n'avait, ce jour-là, rien de drôle.

Attendant la traversée, des soldats, aux manteaux battus par le vent glacial de la Volga, avaient pris place sur le chaland, collés les uns aux autres, évitant de toucher le métal imprégné de froid. Les hommes jouaient un bien triste air de claquettes, ils ramenaient leurs pieds sous eux ; mais vint le vent glacial et puissant d'Astrakhan, ils n'eurent plus la force de souffler sur leurs doigts, de se battre les flancs, ni même de se moucher : les hommes étaient gelés. Au-dessus de la Volga planaient des lambeaux de fumée, provenant de la cheminée d'un bateau à vapeur. Sur la glace, la fumée semblait particulièrement noire, et la glace paraissait encore plus blanche sous le bas rideau de fumée. La glace apportait la guerre des rives de Stalingrad.

Un corbeau à grosse tête s'était posé sur un bloc de glace et réfléchissait. Il y avait, en effet, matière à réflexion. À côté, sur un autre bloc, gisait un pan de capote brûlée. Sur un troisième pointait une botte de feutre dure comme la pierre, et une carabine se dressait dont le canon tordu était pris dans la glace. Les voitures des secrétaires et des membres du bureau grimpèrent sur le chaland. Les secrétaires et les membres du bureau en descendirent et, debout près du bastingage, contemplèrent la glace qui voguait lentement et prêtèrent l'oreille à son crissement.

Un vieux soldat aux lèvres bleuies, coiffé d'une toque de l'armée Rouge et vêtu d'une courte pelisse – visiblement le responsable sur le chaland –, s'approcha du secrétaire chargé des transports, Laktionov, et, d'une voix rendue incroyablement rauque par l'humidité du fleuve et par des années de vodka et de tabac, déclara :

— Voilà, camarade secrétaire : on est parti ce matin, dans la première fournée, y avait un petit matelot, là, sur la glace, les gars l'ont repêché, ils ont bien failli s'y noyer, il a fallu dégager à la pioche. Il est là-bas, sur la rive, sous la bâche.

De sa mitaine sale, le vieillard indiqua la berge. Laktionov regarda, mais il ne vit pas le corps arraché à la glace, et, pour cacher son malaise, il demanda, abrupt, presque grossier, en indiquant le ciel :

— Ils pilonnent beaucoup par ici ? À quels moments, surtout ?

Le vieil homme eut un geste de dénégation :

— On les bombarde, en ce moment.

Et il envoya un juron à l'adresse de l'ennemi affaibli ; sa voix, pour débiter ces insultes, avait perdu son enrouement, elle sonnait gaie et claire.

Le remorqueur tirait doucement le chaland en direction de Beketovka, vers la rive de Stalingrad, qui semblait bien paisible, bien banale, avec son amoncellement d'entrepôts, de guérites, de baraques.

Les secrétaires et les membres du bureau qui se rendaient à la fête en eurent bientôt assez de rester dans le vent et ils réintégrèrent les voitures. Les soldats les regardaient à travers les vitres, comme des poissons nageant bien au chaud dans leur aquarium.

Les dirigeants du Parti de la région de Stalingrad, installés dans leurs voitures, fumaient, s'agitaient, bavardaient...

La séance solennelle eut lieu dans la nuit.

Les invitations ne se distinguaient de celles qu'on recevait en temps de paix que par le papier, gris, mou, de vraiment mauvaise qualité, et par le fait que le lieu de rendez-vous n'y figurait pas.

Les dirigeants du Parti de Stalingrad, les invités de la 64ᵉ armée, les ingénieurs et ouvriers des entreprises voisines se rendirent à l'assemblée, en compagnie de guides connaissant parfaitement la route : « On tourne ici, et là encore, attention, un trou d'obus, des rails, encore plus de prudence ici, il y a une fosse pleine de chaux... »

Partout, dans l'obscurité, résonnaient des voix, des bruits de bottes.

Krymov qui, dans la journée, avait eu le temps, après la traversée, de passer un moment au service politique de l'armée, se rendit à la fête avec les délégués de la 64ᵉ armée.

Il y avait, dans le mouvement secret, dispersé, de ces hommes, à travers le labyrinthe de l'usine, dans les ténèbres de la nuit, quelque chose qui évoquait les fêtes révolutionnaires de l'ancienne Russie.

Krymov haletait d'émotion, il sentait qu'il pourrait, là, au pied levé, prononcer un discours et savait, en tribun expérimenté, que les gens auraient éprouvé la même émotion, la même joie, en comprenant que l'exploit de Stalingrad était cousin du combat révolutionnaire des ouvriers russes.

Oui, oui, oui ! La guerre, qui avait soulevé de gigantesque forces nationales, était une guerre pour la révolution. Et il n'avait pas trahi la cause de la révolution, en évoquant Souvorov, dans la maison cernée. Stalingrad, Sébastopol, le destin de Radichtchev, la puissance du *Manifeste* de

Marx, l'appel lancé par Lénine sur son automitrailleuse, près de la gare de Finlande[1], tout cela ne faisait qu'un.

Il aperçut Priakhine[2] qui, comme toujours, cheminait d'un pas tranquille, sans hâte. C'était tout de même incroyable : Nikolaï Grigorievitch ne parvenait jamais à parler à Priakhine.

À peine arrivé au PC souterrain, il était allé trouver Priakhine ; il avait tant de choses à lui raconter. Mais il n'avait pas pu, car le téléphone sonnait sans cesse et les gens se succédaient dans le bureau du premier secrétaire. Priakhine avait soudain demandé à Krymov :

— Tu connaissais un certain Guetmanov ?

— Oui, avait dit Krymov. C'était en Ukraine, au CC du parti. Il était membre du bureau du CC. Pourquoi ?

Mais Priakhine n'avait pas répondu. Puis il y avait eu l'agitation du départ. Krymov avait été vexé : Priakhine ne lui avait pas proposé de prendre place dans sa voiture. À deux reprises, ils s'étaient, ensuite, trouvés nez à nez, mais Priakhine, comme s'il ne reconnaissait pas Nikolaï Grigorievitch, l'avait regardé dans les yeux avec froideur et indifférence.

Les militaires longeaient le couloir éclairé : il y avait là le commandant d'armée Choumilov, mou, avec sa grosse poitrine et son gros ventre, et le général Abramov, membre du Conseil d'armée, petit Sibérien aux yeux bruns, exorbités. Dans cette foule masculine, en vareuses, pelisses et vestes molletonnées, où marchaient des généraux et qui fleurait le tabac et la démocratie bon enfant, Krymov avait l'impression de retrouver l'esprit des premières années de la révolution, l'esprit de Lénine. Krymov l'avait éprouvé dès qu'il avait mis le pied sur la rive de Stalingrad.

Les membres de la présidence s'installèrent à leurs places et le président du soviet de Stalingrad, Piksine, les mains appuyées sur la table, comme tous les présidents, toussa lentement du côté où le bruit était le plus fort et déclara ouverte la séance solennelle que le soviet de Stalingrad et les organisations du Parti de la ville, en liaison avec les représentants des unités militaires et les ouvriers des usines de la ville, entendaient consacrer au vingt-cinquième anniversaire de la Grande Révolution d'Octobre.

Le bruit sec des applaudissements indiquait qu'ils provenaient de mains d'hommes, d'ouvriers et de soldats.

Puis, Priakhine, le premier secrétaire – lourd, lent, tout en front –, commença son rapport. Et il n'y eut plus de commune mesure entre la journée d'hier et celle d'aujourd'hui.

---

1. Le 3 avril 1917, Lénine revint à Petrograd, où il fut accueilli par des ouvriers et des soldats révolutionnaires, rassemblés par les bolcheviks de la capitale. Monté sur un blindé, il prononça devant la foule un discours appelant à la révolution socialiste, qui résumait le programme immédiat du parti bolchevique ; ce programme serait exposé par la suite dans ses *Thèses d'avril*. Un monument représentant Lénine sur son blindé fut érigé sur la place qui porte toujours son nom, le 7 novembre 1926.

2. Personnage du roman *Pour une juste cause*. C'est un vieil ami de Krymov, secrétaire du Parti.

On eût dit que Priakhine avait engagé une polémique avec Krymov, qu'il réfutait son inquiétude par ses propos calmes et posés.

Les entreprises de la région remplissaient le plan. Malgré un léger retard, les districts agricoles de la rive gauche avaient, dans l'ensemble, assuré l'approvisionnement de l'État de façon satisfaisante.

Les entreprises situées dans la ville, ou un peu au nord, n'avaient pu remplir leurs obligations envers l'État, parce qu'elles se trouvaient en pleine zone d'opérations militaires.

C'était le même homme qui, un jour, debout à côté de Krymov à un meeting du front, avait arraché son bonnet en s'écriant : « Camarades soldats, frères, à bas la guerre sanglante ! Vive la liberté ! »

À présent, les yeux braqués sur la salle, il racontait que la chute constatée dans la région pour les livraisons de céréales s'expliquait par le fait que les districts de Zimovni et de Kotelni étaient le théâtre des opérations militaires, et que ceux de Kalatch et de Kourmoïarsk étaient partiellement ou totalement tombés aux mains de l'ennemi.

Puis le rapporteur indiqua que la population, tout en continuant de travailler à remplir ses obligations envers l'État, avait pris une large part aux combats menés contre l'envahisseur fasciste. Il donna les chiffres de la participation des travailleurs de la ville aux unités de milice populaire, et, précisant que ses renseignements étaient incomplets, il lut la liste des habitants de Stalingrad décorés pour s'être acquittés de façon exemplaire des missions confiées par le haut commandement, et pour le courage et la vaillance dont ils avaient fait preuve.

Krymov comprenait, en écoutant la voix tranquille du premier secrétaire, que le désaccord criant entre ses pensées, ses sentiments et le discours sur l'agriculture et l'industrie de la région qui avaient rempli leurs obligations devant l'État exprimait non pas l'absurdité mais le sens de la vie.

Par sa froideur de pierre, le discours de Priakhine confirmait le triomphe absolu de l'État, que les hommes avaient défendu par leurs souffrances et leur passion de la liberté.

Les visages des soldats et des ouvriers étaient sérieux, graves.

Comme il était étrange, pénible d'évoquer ceux qu'il avait connus à Stalingrad, Tarassov, Batiouk, ses conversations avec les combattants de la maison « 6 *bis* » encerclée. Comme il était difficile, désagréable, de penser à Grekov, qui avait péri dans les ruines de la maison encerclée.

Après tout, que lui était-il, ce Grekov, qui avait prononcé ces paroles si troublantes ? Grekov avait tiré sur lui. Pourquoi lui semblaient-elles si froides, si étrangères, les paroles de Priakhine, ce vieux camarade, premier secrétaire du comité régional de Stalingrad ? Quel sentiment étrange, complexe !

Priakhine disait, près de conclure :

— Nous sommes heureux de rapporter au grand Staline que les travailleurs de la région ont rempli leurs obligations envers l'État soviétique...

Le rapport terminé, Krymov, se frayant un passage vers la sortie parmi la foule, chercha Priakhine des yeux. Ce n'était pas ainsi qu'il aurait dû faire son rapport, en ces jours où les combats faisaient rage à Stalingrad.

Soudain, Krymov l'aperçut : Priakhine avait quitté l'estrade et, debout à côté du commandant de la 64e armée, le fixait, lui, Krymov, d'un regard immobile, pesant. Puis, remarquant que Krymov regardait dans sa direction, Priakhine détourna lentement les yeux.

« Qu'est-ce que cela veut dire ? » se demanda Krymov.

39

Durant la nuit, après la séance solennelle, Krymov trouva une voiture qui se rendait à la centrale électrique.

La centrale avait, cette nuit-là, un air particulièrement lugubre. La veille, elle avait subi l'attaque des bombardiers lourds allemands. Les obus avaient creusé des cratères, élevé des remparts de mottes de terre. Par endroits, les ateliers, aveugles, sans vitres, s'étaient affaissés sous le choc, le bâtiment à deux étages de l'administration était déchiqueté.

Les transformateurs à huile fumaient, brûlant paresseusement d'une petite flamme dentelée.

La sentinelle, un jeune Géorgien, conduisit Krymov à travers la cour éclairée par la flamme. Krymov remarqua que les doigts de son guide tremblaient, lorsqu'il alluma sa cigarette : les immeubles de pierre n'étaient pas les seuls à brûler et à crouler sous les tonnes de bombes ; les hommes aussi brûlaient, rejoignaient le chaos.

Depuis l'instant où Krymov avait reçu l'ordre de se rendre à Beketovka, l'idée de rencontrer Spiridonov[1] ne le quittait pas.

Et si Guenia se trouvait là, à la centrale ? Peut-être Spiridonov avait-il des nouvelles, peut-être lui avait-elle envoyé une lettre, en ajoutant ce post-scriptum : « Savez-vous quelque chose de Nikolaï Grigorievitch ? »

Il était inquiet et heureux. Peut-être Spiridonov lui dirait-il : « Evgenia Nikolaïevna était toute triste. » Ou mieux encore : « Vous savez, elle pleurait. »

Depuis le matin, son impatience de se rendre à la centrale ne faisait que croître. Dans la journée, il avait eu très envie de passer chez Spiridonov, ne fût-ce que quelques instants.

Mais il s'était dominé, s'était rendu au QG de la 64e armée, bien qu'un instructeur du service politique lui eût murmuré à l'oreille :

— Inutile de vous presser de rendre visite au membre du Conseil d'armée. Il est soûl depuis ce matin.

---

1. Directeur de la centrale, mari de la sœur d'Evgenia Nikolaïevna, Maroussia.

Et en effet, Krymov avait eu tort de préférer le général à Spiridonov. Attendant d'être reçu dans le QG souterrain, il avait entendu, derrière la cloison en contre-plaqué, le membre du Conseil d'armée dicter à la dactylo une lettre de félicitations à son voisin Tchouïkov.

Il avait commencé, solennellement, par un : « Vassili Ivanovitch, soldat et ami ! »

Sur ce, le général avait fondu en larmes et répété plusieurs fois, en reniflant : « Soldat et ami, soldat et ami ! » Puis il avait sévèrement demandé : « Qu'est-ce que tu as écrit ? »

« Vassili Ivanovitch, soldat et ami », avait lu la dactylo.

Sans doute son ton ennuyé lui avait-il paru inconvenant, car il l'avait corrigée, en répétant, d'un ton noble : « Vassili Ivanovitch, soldat et ami. »

Puis, de nouveau, il avait versé dans la sentimentalité et marmonné : « Soldat et ami, soldat et ami. »

Enfin, surmontant ses larmes, le général avait demandé d'un ton sévère : « Qu'est-ce que tu as écrit ? »

« Vassili Ivanovitch, soldat et ami », avait répondu la dactylo.

Krymov avait compris qu'il aurait pu ne pas se dépêcher.

La flamme trouble embrouillait le chemin plus qu'elle ne l'éclairait. Elle semblait sortir des profondeurs de la terre ; mais peut-être était-ce la terre elle-même qui brûlait, tant cette flamme basse était humide et lourde.

Ils se rendirent au PC souterrain du directeur de la centrale. Des bombes, tombées tout près, avaient formé de hautes collines de terre, et l'on distinguait à peine le sentier vaguement tracé par les pas qui menaient jusqu'à l'abri.

La sentinelle déclara :

— Vous arrivez juste pour la fête.

Krymov se dit qu'il ne pourrait confier ni demander à Spiridonov tout ce qu'il voulait, en présence d'autres personnes. Il ordonna au garde de faire venir le directeur à la surface, en lui annonçant qu'un commissaire souhaitait le voir. Il se retrouva seul et une angoisse insurmontable s'empara de lui.

« Qu'est-ce qui m'arrive ? se dit-il. Je me croyais pourtant guéri. Est-il possible que la guerre ne m'ait pas guéri ? Que vais-je faire ? »

— File, file, file, tire-toi, sinon tu vas y laisser ta peau ! marmonnait-il.

Mais il n'avait pas la force de partir, de filer d'ici. Spiridonov sortit de l'abri.

— Je vous écoute, camarade, dit-il, d'une voix mécontente.

Krymov demanda :

— Tu ne me reconnais pas, Stepan Fiodorovitch ?

Spiridonov reprit, alarmé :

— Qui est là ?

Et, fixant le visage de Krymov, il s'exclama soudain :

— Nikolaï, Nikolaï Grigorievitch !

Ses bras entourèrent convulsivement le cou de Krymov.

— Mon cher Nikolaï ! dit-il avec un reniflement.

Et Krymov, saisi par cette rencontre au milieu des ruines, sentit qu'il pleurait. Seul, il était complètement seul... La confiance, la joie de Spiridonov lui montraient comme il était proche de la famille d'Evguenia Nikolaïevna et cette proximité lui faisait mesurer, de nouveau, la souffrance de son âme. Pourquoi, pourquoi était-elle partie, pourquoi avait-elle causé tant de souffrances ? Comment avait-elle pu faire cela ?

Spiridonov dit :

— Tu sais ce qu'a fait cette guerre ? Elle a ruiné ma vie. Ma Maroussia n'est plus.

Il parla de Vera, raconta que, quelques jours auparavant, elle avait enfin quitté la centrale et gagné la rive gauche de la Volga. Il conclut :

— C'est une sotte.

— Et son mari, où est-il ? demanda Krymov.

— Il y a sans doute longtemps qu'il n'est plus de ce monde. Tu parles, pilote de chasse...

Incapable de se retenir plus longtemps, Krymov demanda :

— Et Evguenia Nikolaïevna ? Est-elle toujours en vie ? Où est-elle ?

— Elle est vivante, à Kouïbychev ou à Kazan, je ne sais plus.

Et regardant Krymov, il ajouta :

— Elle est vivante, c'est l'essentiel !

— Oui, oui, bien sûr, c'est l'essentiel, répondit Krymov.

Mais il ne savait plus ce qui était l'essentiel. Il ne savait qu'une chose : cette douleur, là, dans son âme, existait toujours. Il savait que tout ce qui avait trait à Evguenia Nikolaïevna lui faisait mal. Qu'il apprît qu'elle était bien et vivait tranquillement ou qu'elle souffrait et avait connu le malheur, de toute façon il aurait aussi mal.

Stepan Fiodorovitch parla d'Alexandra Vladimirovna, de Serioja, de Lioudmila, et Krymov hochait la tête, en balbutiant tout bas :

— Oui, oui, oui... Oui, oui, oui...

— Entrons, Nikolaï, dit Stepan Fiodorovitch. Entrons chez moi. Désormais, je n'ai pas d'autre maison. Il ne me reste que celle-ci.

Les petites flammes vives des torches ne parvenaient pas à éclairer le souterrain, empli de paillasses, d'armoires, d'appareils, de bouteilles, de sacs de farine.

Le long des murs, des gens avaient pris place sur des lits de camp, des bancs, des caisses. Les conversations faisaient vibrer l'air étouffant.

Spiridonov versa l'alcool dans des verres, des quarts, des couvercles de gamelles. Le silence se fit, tous le regardaient étrangement. C'était un regard profond et sérieux, dénué d'angoisse, où on ne lisait que foi dans la justice.

Détaillant les visages des gens assis là, Krymov pensa : « C'est Grekov qui aurait été bien, ici. Voilà quelqu'un à qui il eût fallu servir un verre. »

Mais Grekov avait déjà vidé son compte de verres, il ne lui serait plus donné de boire sur cette terre.

Spiridonov se leva, un verre à la main, et Krymov se dit : « Il va tout gâcher. Il va nous balancer un discours dans le genre de Priakhine. »

Mais Stepan Fiodorovitch décrivit dans l'air un huit avec son verre et déclara :

— Eh bien, les gars, buvons. Je vous souhaite de bonnes fêtes.

Les verres et les quarts de fer-blanc s'entrechoquèrent, les buveurs se raclèrent le gosier, en hochant la tête.

Il y avait là les gens les plus divers ; l'État, avant la guerre, les avait tous répartis à des places différentes, et jamais ils ne se trouvaient à la même table, jamais ils ne se tapaient sur l'épaule, en disant : « Si, écoute voir un peu, j'ai quelque chose à te dire. »

Mais là, dans ce souterrain au-dessus duquel se trouvait la centrale en ruine, où brûlait l'incendie, était née cette fraternité toute simple pour laquelle on donnerait sa vie tant on l'apprécie.

Un vieillard aux cheveux gris, le gardien de nuit, entonna une vieille chanson qu'aimaient à chanter, avant la révolution, les gars de l'usine française, à Tsaritsyne[1].

Il chantait d'une voix aiguë, mélodieuse, celle de sa jeunesse, et elle lui semblait à lui-même étrangère, il l'écoutait avec l'étonnement amusé que suscite d'ordinaire la ritournelle d'un inconnu en goguette.

Un second vieillard, aux cheveux bruns, sérieux, le sourcil froncé, écoutait cette chanson sur l'amour, sur la souffrance amoureuse.

Et c'est vrai qu'il était plaisant d'écouter ce chant, c'est vrai qu'il était terrible et magnifique cet instant qui réunissait le directeur et le planton de la boulangerie, le gardien de nuit et la sentinelle, qui mêlait le Kalmouk, le Russe, le Géorgien.

Quand le gardien eut fini sa chanson d'amour, le vieillard brun se renfrogna encore et se mit à chanter, faux et sans voix : « Du passé, faisons table rase… »

Le délégué du CC du parti s'esclaffa, en hochant la tête, et Spiridonov fit de même.

Krymov s'esclaffa lui aussi et demanda à Spiridonov :

— Le vieux a dû être menchevique, fut un temps, non ?

Spiridonov connaissait tout d'Andreïev[2] et il l'aurait bien volontiers raconté à Krymov, mais il craignait que Nikolaïev n'entendît, et le sentiment de fraternité toute simple disparut un instant ; interrompant le chant, Spiridonov s'écria :

— Pavel Andreïevitch, vous vous trompez de chant !

Andreïev se tut aussitôt, le regarda, puis dit :

---

1. Voir « Volgograd » dans le Dictionnaire.
2. Andreïev, personnage du roman *Pour une juste cause*, est un ouvrier qui connaît Spiridonov depuis longtemps.

— Ah ! tiens, je n'aurais pas cru. J'ai dû rêver.

La sentinelle, un Géorgien, montra à Krymov sa main, à la peau arrachée.

— J'ai déterré un ami, Vorobiov Serioja qu'il s'appelait.

Ses yeux noirs étincelèrent, il dit, un peu essoufflé, et ce fut comme un cri perçant :

— Le Serioja, je l'aimais plus qu'un frère.

Le gardien de nuit aux cheveux gris, un peu ivre, tout en sueur, ne lâchait pas le délégué du CC, Nikolaïev :

— Non, écoute-moi plutôt ; Makouladze affirme qu'il aimait Serioja Vorobiov plus que son propre frère, s'il vous plaît ! Tu sais, j'ai travaillé dans une mine d'anthracite. Si tu avais vu comme le propriétaire m'aimait, me respectait ! On vidait une bouteille ensemble, et je lui chantais des chansons. Il me le disait carrément : T'es comme mon frère, bien que tu ne sois qu'un mineur. On bavardait, on déjeunait ensemble.

— Un Géorgien, sans doute ? demanda Nikolaïev.

— Qu'est-ce que tu viens me parler de Géorgiens ! C'était M. Voskressenski, qui possédait toutes les mines. Tu ne peux pas comprendre combien il me respectait. Un homme qui avait un capital d'un million ! Voilà quel homme c'était ! Tu piges ?

Nikolaïev échangea un regard avec Krymov, ils eurent tous deux un clin d'œil ironique, hochèrent la tête.

— Dites donc ! fit Nikolaïev. En effet ! On en apprend tous les jours.

— C'est ça, instruis-toi, rétorqua le vieillard, sans paraître remarquer les moqueries.

Ce fut une étrange soirée. Tard dans la nuit, quand les gens commencèrent à partir, Spiridonov dit à Krymov :

— Nikolaï, inutile de remettre votre manteau, je ne vous laisserai pas partir. Vous passerez la nuit chez moi.

Il fit un lit à Krymov, sans hâte, s'appliquant à bien disposer les choses : la couverture, le couvre-pieds doublé d'ouate, la toile de tente. Krymov sortit de l'abri ; il resta un moment dans l'obscurité, à regarder les flammes dansantes, puis redescendit. Spiridonov n'avait toujours pas terminé d'installer le lit.

Quand Krymov retira ses bottes et se coucha, Spiridonov lui demanda :

— Alors, bien installé ?

Il caressa les cheveux de Krymov et le gratifia d'un bon sourire, un peu ivre.

Curieusement, le feu qui brûlait là-haut avait rappelé à Krymov les feux de janvier 1924, à l'Okhotny Riad, quand on avait enterré Lénine.

Tous ceux qui passaient la nuit dans le souterrain semblaient s'être endormis. Les ténèbres étaient impénétrables.

Krymov était étendu, les yeux ouverts ; il ne remarquait pas l'obscurité, il pensait, pensait, se souvenait…

Il avait fait, tous ces jours-là, un froid terrible. Le ciel sombre d'hiver au-dessus des coupoles du monastère Strastnoï, des centaines de personnes coiffées de toques à oreillettes, de bonnets pointus, en capotes militaires et vestes de cuir. La place Strastnaïa était soudain devenue toute blanche, couverte de milliers de tracts : une proclamation du gouvernement.

La dépouille de Lénine avait été transportée de Gorki jusqu'à la gare sur un traîneau de paysan. Les patins crissaient, les chevaux s'ébrouaient. Kroupskaïa[1] suivait le cercueil, coiffée d'une petite toque ronde et emmitouflée dans un châle ; elle était accompagnée par les sœurs de Lénine, Anna et Maria[2], des amis et des paysans de Gorki[3]. C'est ainsi que l'on conduit à leur dernière demeure les instituteurs, les médecins de campagne, les agronomes.

Le silence était tombé sur Gorki. Les carreaux de faïence des poêles hollandais brillaient ; près du lit avec sa couverture de coton blanc, comme en été, il y avait une petite armoire, pleine de fioles aux goulots ceints d'une étiquette. Il flottait une odeur de médicaments. Une femme entre deux âges, vêtue d'une blouse d'infirmière, avait pénétré dans la pièce vide. Par habitude, elle marchait sur la pointe des pieds. Passant devant le lit, elle avait pris, sur une chaise, une ficelle où pendait un morceau de journal, et un jeune chat qui dormait sur un fauteuil, entendant le son familier de son jouet, avait brusquement levé la tête, regardé le lit déserté et, en bâillant, s'était recouché.

Les parents et les camarades proches qui suivaient le cercueil évoquaient le défunt. Les deux sœurs se rappelaient le petit garçon blond, son caractère difficile ; il se faisait parfois railleur, exigeant jusqu'à la cruauté, mais il était toujours gentil, aimait sa mère, ses sœurs, ses frères.

Son épouse se le rappelait à Zurich, accroupi, en grande conversation avec la petite-fille de Tilly, leur logeuse ; cette dernière avait dit, avec cet accent suisse qui amusait tant Vladimir : « Il vous faut avoir des enfants. »

Il avait alors lancé un regard rapide et malicieux à Nadejda Konstantinovna.

Les ouvriers de « Dynamo » étaient venus à Gorki. Vladimir était allé à leur rencontre, avait oublié son état, avait voulu leur parler ; il n'avait proféré qu'un pitoyable mugissement et avait eu un geste de découragement. Les ouvriers l'avaient entouré et s'étaient mis à pleurer en le voyant pleurer. Et ce regard qu'il avait eu à la fin, effrayé, pitoyable, comme d'un gosse à sa mère.

---

1. Nadejda Konstantinovna Kroupskaïa, l'épouse de Lénine.
2. Il s'agit d'Anna Ilinitchna Oulianova-Elisarova et de Maria Ilinitchna Oulianova.
3. Sur la demande des paysans du village de Gorki, où il résidait, Lénine avait prononcé devant eux un discours sur la situation en Russie et dans le monde. Il les avait également aidés à électrifier le village.

On distinguait au loin les bâtiments de la gare, sur la neige la locomotive se détachait plus noire encore, avec sa haute cheminée.

Les amis politiques du grand Lénine, qui, la barbe couverte de givre, marchaient derrière le traîneau – Rykov, Kamenev, Boukharine –, regardaient distraitement un homme grêlé, au visage mat, vêtu d'une longue capote militaire et chaussé de bottes en cuir souple. D'ordinaire, ils ne manifestaient qu'ironie condescendante à l'égard du costume de cet homme du Caucase. Si Staline avait eu plus de tact[1], il ne se serait pas rendu à Gorki où s'étaient réunis les plus proches parents et amis du grand Lénine. Ils ne pouvaient comprendre qu'il deviendrait le seul héritier de Lénine, qu'il les évincerait tous, même les plus proches, même sa femme.

Boukharine, Rykov, Zinoviev n'avaient pas la vérité léniniste de leur côté. Ni Trotski. Ils s'étaient trompés. Aucun d'eux n'était devenu le continuateur de Lénine. Mais Lénine lui-même, jusqu'à la fin de sa vie, n'avait pas compris, avait ignoré que l'œuvre de Lénine deviendrait celle de Staline.

Deux dizaines d'années environ s'étaient écoulées, depuis le jour où l'on avait transporté, sur un traîneau de campagne qui crissait sur la neige, le corps de l'homme qui avait déterminé le destin de la Russie, de l'Europe, de l'Asie, de l'humanité.

La pensée de Krymov revenait obstinément à cette époque, il évoquait ces jours glacés de janvier 1924, le crépitement des feux nocturnes, les murs blancs de givre du Kremlin, les centaines de milliers de personnes en larmes, le hurlement des sirènes d'usine qui vous déchirait le cœur, la voix forte d'Evdokimov, lisant, juché sur l'estrade de bois, un message à l'humanité laborieuse, le petit groupe compact portant le cercueil jusqu'au mausolée de bois, édifié à la hâte[2].

Krymov avait gravi l'escalier couvert d'un tapis de la Maison des Syndicats, il était passé devant les miroirs masqués de rubans rouges et noirs ; une musique déchirante emplissait l'air tiède, qui sentait les aiguilles de pin. En entrant dans la salle, il avait aperçu les têtes inclinées de ceux qu'il avait coutume de voir à la tribune du Smolny ou sur la

---

1. Le comportement rude de Staline pendant la maladie de Lénine provoqua maintes fois des tensions dans leurs rapports, ce qui força Nadejda Kroupskaïa à demander l'intercession des vieux camarades du Parti, Kamenev ou Zinoviev, pour résoudre les conflits. Dans son célèbre *Testament*, qui ne fut rendu public par Khrouchtchev qu'en 1956, Lénine conseillait à ses compagnons d'armes d'évincer Staline du poste de secrétaire général, qui concentrait un énorme pouvoir.

2. Le premier mausolée de bois fut érigé en trois jours d'après le projet de l'architecte A.V. Chtchoussev, pour permettre à tous ceux qui le voulaient de rendre un dernier hommage à Lénine, dont le corps fut embaumé le lendemain de sa mort pour les funérailles solennelles. La décision de construire le mausolée fut prise par le Comité central à la séance de deuil, le 26 janvier 1924. En six semaines, 100 000 personnes vinrent rendre hommage au chef de la révolution. Le deuxième mausolée, qui remplissait déjà les fonctions de sarcophage et de tribune, fut ouvert le 1er août 1924. En 1929, après qu'un pronostic de bonne conservation du corps eut été donné par les spécialistes, la décision fut prise d'ériger le monument qui est le mausolée actuel, d'après le projet du même architecte.

Vieille-Place. Il devait les revoir par la suite, ces têtes inclinées, au même endroit, à la Maison des Syndicats, en 1937. Et sans doute les prévenus, en écoutant la voix sonore, inhumaine de Vychinski, évoquaient-ils ces jours où ils avaient marché derrière le traîneau, avaient monté la garde près du cercueil de Lénine, tandis qu'une marche funèbre tintait à leurs oreilles.

Pourquoi repensait-il soudain, ici, à la centrale, en cette soirée de fête, à ces jours de janvier ? Des dizaines de personnes qui, aux côtés de Lénine, avaient fondé le parti bolchevique, s'étaient révélées des provocateurs, des agents à la solde des services secrets étrangers, seul un homme, qui jamais n'avait occupé de poste en vue dans le Parti, qui n'était pas connu comme théoricien, avait pu sauver la cause du Parti, s'était révélé détenteur de la vérité. Pourquoi avaient-ils avoué ?

Mieux valait ne pas y penser. Mais cette nuit-là, justement, Krymov y pensait. « Pourquoi avouent-ils ? Et pourquoi est-ce que je me tais ? Car je me tais, se répétait-il, je n'ai pas la force de dire : "Je doute que Boukharine soit un saboteur, un assassin, un provocateur." Au moment du vote, j'ai levé la main. Et puis j'ai signé. Ensuite, j'ai même fait un discours, rédigé un article. Et je crois moi-même à ma sincérité. Mais, dans ces moments-là, où sont mes doutes, mon désarroi ? Qu'est-ce que cela veut dire ? Serais-je un homme à deux consciences ? Ou y aurait-il en moi deux hommes, avec chacun sa conscience ? Comment le comprendre ? Or il en a toujours été ainsi, et pas seulement chez moi, chez les gens les plus différents. »

Grekov n'avait fait qu'exprimer ce que beaucoup ressentaient sans se l'avouer. Il exprimait ces choses cachées qui angoissaient, intéressaient et, parfois, attiraient Krymov. Mais à peine ces choses affleuraient-elles que Krymov éprouvait de la haine et de l'hostilité, le désir de faire plier, de briser Grekov. Et s'il l'avait fallu, il l'eût, sans hésiter, fusillé.

Priakhine, lui, parlait avec des mots de bureaucrate, des mots froids de fonctionnaire, il dévidait, au nom de l'État, des pourcentages de réalisation du plan, parlait de livraisons, d'obligations. Ces discours sans âme, de fonctionnaires sans âme, avaient toujours été étrangers à Krymov, ils lui déplaisaient ; mais il marchait main dans la main avec ces hommes, ils étaient à présent ses chefs et ses camarades. L'œuvre de Lénine avait produit Staline, elle s'était incarnée dans ces gens, avait pris le visage de l'État. Et Krymov était prêt, sans hésiter, à donner sa vie pour la renforcer et assurer sa gloire.

Et ce vieux bolchevik, Mostovskoï ! Pas une seule fois il n'avait pris la défense d'individus dont il ne mettait pas en doute l'honnêteté révolutionnaire. Il s'était tu. Pourquoi ?

Et celui qui fréquentait les cours de journalisme où Krymov enseignait autrefois, Koloskov, un brave gars intègre ? En débarquant de sa campagne, il avait raconté à Krymov un tas de choses sur la collectivisation, les salauds qui inscrivaient sur la liste des koulaks des gens dont ils lorgnaient la maison ou le jardin, bref, leurs ennemis personnels. Il lui avait parlé de la famine qui régnait dans les villages, et de la cruauté impitoyable avec laquelle on réquisitionnait jusqu'au dernier grain de blé... Il avait évoqué un vieux villageois fantastique, qui avait sacrifié sa vie pour sauver sa vieille et sa petite-fille ; et il avait versé des larmes. Mais peu après, Krymov avait lu, dans le journal mural, un récit de Koloskov sur les koulaks qui enterraient leur blé et dont l'haleine fétide n'exhalait que haine à l'égard de tout ce qui était nouveau.

Pourquoi avait-il écrit cela, ce Koloskov qui pleurait tant son cœur souffrait ? Pourquoi Mostovskoï s'était-il tu ? Était-ce simple poltronnerie ? Et combien de fois Krymov avait-il dit certaines choses, alors que son cœur lui soufflait le contraire ? Mais quand il les disait ou les écrivait, il lui semblait que c'était bien ce qu'il pensait, il était convaincu d'exprimer ses idées. Parfois, aussi, il se disait : « Rien à faire, c'est la révolution qui le veut. »

Il s'en était passé des choses, toutes sortes de choses. Krymov avait bien mal défendu ses amis, dont il ne doutait pas qu'ils fussent innocents. Parfois il se taisait, parfois il bredouillait vaguement. Parfois, c'était pis encore : on le convoquait au Parti ou aux organes de sécurité et on lui demandait son avis sur telle ou telle personne qu'il connaissait, sur des membres du Parti. Il ne disait jamais de mal de ses amis, ne calomniait jamais personne, il n'écrivait pas de dénonciations, de déclarations... Krymov avait bien mal, bien mollement défendu ses amis bolcheviques. Il avait rédigé des explications...

Et Grekov ? Grekov était un ennemi. Avec les ennemis, Krymov ne faisait pas de manières, il n'éprouvait aucune pitié à leur endroit.

Mais pourquoi avait-il cessé tout contact avec les familles de ses camarades victimes de la répression ? Il n'allait plus les voir, ne leur téléphonait plus. Néanmoins, lorsqu'il les rencontrait, il ne changeait pas de trottoir et, au contraire, les saluait.

N'empêche qu'il y avait des gens – le plus souvent de vieilles femmes, des ménagères, petites-bourgeoises sans parti – qui s'arrangeaient pour faire passer des colis dans les camps. À leur adresse, on pouvait se faire expédier des lettres des camps. Curieusement, elles n'avaient pas peur. Ces vieilles, parfois employées de maison, nourrices illettrées, bourrées de préjugés religieux, prenaient chez elles des gosses restés tout seuls après l'arrestation de leurs parents, elles les sauvaient des maisons d'enfants et des orphelinats. Les membres du Parti, eux, craignaient ces gosses comme le feu. Ces vieilles bourgeoises, ces bonnes femmes, ces nourrices ignares étaient-elles, en fin de compte, plus honnêtes et plus courageuses que les bolcheviks léninistes, que Mostovskoï ou Krymov ?

Mais pourquoi, pourquoi ? Était-ce la peur ? La simple lâcheté ?

Les gens savaient vaincre la peur. Les gosses se résolvaient à marcher dans le noir, les soldats allaient au combat, de jeunes gars sautaient dans le vide en parachute.

Mais cette peur, particulière, pesante, insurmontable pour des millions de personnes, n'était autre que celle, inscrite en lettres rouges à reflets, funeste, dans le ciel de plomb hivernal à Moscou : la peur d'État...

Non, non ! La peur seule n'était pas en mesure d'accomplir un tel travail. Au nom de la morale, la cause révolutionnaire nous avait délivrés de la morale, au nom de l'avenir elle justifiait les pharisiens d'aujourd'hui, les délateurs, les hypocrites, elle expliquait pourquoi, au nom du bonheur du peuple, l'homme devait pousser à la fosse des innocents. Au nom de la révolution, cette force permettait de se détourner des enfants dont les parents étaient en camp. Elle expliquait pourquoi la révolution exigeait que l'épouse qui n'avait pas dénoncé son mari innocent fût arrachée à ses enfants et envoyée pour dix ans en camp de concentration.

La force de la révolution s'était alliée à la peur de la mort, à la terreur des tortures, à l'angoisse qui étouffait ceux qui sentaient peser sur eux le souffle des camps lointains.

Dans le temps les gens savaient, en épousant la cause de la révolution, qu'ils allaient connaître la prison, le bagne, des années d'errance et de vie sans abri, le billot, peut-être.

Mais le plus terrible, le plus déroutant, le pire, aujourd'hui, était que la révolution payait ses fidèles, ceux qui servaient sa grande cause, en rations supplémentaires, en déjeuners à la cantine du Kremlin, en colis de vivres, en voitures particulières, en bons de séjour à Barvikha, en billets de wagon-lit.

— Vous ne dormez pas, Nikolaï Grigorievitch ? demanda Spiridonov dans l'obscurité.

Krymov répondit :

— Presque, je m'endors.

— Oh ! Excusez-moi. Je ne vous dérangerai plus.

40

Plus d'une semaine s'était écoulée depuis la nuit où Mostovskoï avait été convoqué par l'Obersturmbannführer Liss. Une pesanteur morne avait succédé à l'attente fiévreuse du début. Par moments, Mostovskoï avait l'impression qu'il était oublié de tous, aussi bien de ses amis que de ses ennemis ; les uns et les autres devaient le prendre pour un vieillard gâteux, un crevard inutile.

On le conduisit au bain par une matinée claire et sans vent. Cette fois, le SS qui l'escortait resta devant le block, s'assit sur les marches, posa sa mitraillette à côté de lui et alluma une cigarette. Le soleil commençait à chauffer et, visiblement, le SS n'avait pas envie d'aller s'enfermer dans le block humide des bains.

Le détenu qui travaillait aux bains s'approcha de Mostovskoï :

— Bonjour, cher camarade Mostovskoï.

Mostovskoï poussa un cri d'étonnement : l'homme en veste d'uniforme, bandeau du Revier au bras, était le commissaire Ossipov.

Ils s'étreignirent.

— J'ai réussi à obtenir ce travail, dit Ossipov d'une voix précipitée ; je fais un remplacement car je voulais absolument vous voir. Kotikov, le général, Zlatokrylets vous saluent. D'abord, comment allez-vous ? La santé ? Qu'est-ce qui se passe ? Qu'est-ce qu'on vous veut ? Dites-moi tout ça en vous déshabillant.

Mostovskoï lui parla de l'interrogatoire nocturne. Ossipov le fixait de ses yeux sombres, à fleur de tête.

— Ils veulent vous retourner.

— Mais pour quoi faire ? Quel est leur but ?

— Peut-être qu'ils veulent obtenir de vous des renseignements d'ordre historique, sur les fondateurs et les dirigeants du Parti, par exemple. Ou que peut-être c'est lié à des déclarations, des proclamations, des lettres ouvertes…

— C'est insensé, dit Mostovskoï.

— Ils vous tortureront.

— C'est insensé et idiot, répéta Mostovskoï. Et chez vous, comment ça se passe ?

— Mieux qu'on ne pouvait espérer. On a réussi l'essentiel : nous sommes en contact avec les prisonniers qui travaillent à l'usine et ils commencent à nous fournir des armes, des grenades et des mitraillettes. Ils les apportent en pièces détachées et nous les remontons la nuit dans les blocks. Bien sûr, nous n'en avons que très peu pour l'instant.

— C'est Erchov qui a arrangé ça, bravo ! dit Mostovskoï.

— Je dois vous dire, comme à mon aîné dans le Parti, qu'Erchov n'est plus ici.

— Comment cela ?

— Il a été transféré à Buchenwald.

— Qu'est-ce que vous dites ? s'écria Mostovskoï. Quel gars merveilleux c'était !

— Il restera un gars merveilleux à Buchenwald.

— Mais… pourquoi ? Qu'est-ce qui s'est passé ?

— Nous avons eu affaire à un double pouvoir. Beaucoup de gens se sentaient attirés par Erchov. Ça lui a tourné la tête. Il n'aurait jamais voulu se soumettre au centre. C'est un homme au passé pas très net, il n'est pas des nôtres. La situation devenait inextricable. Comme vous le savez, le premier commandement dans la clandestinité est de maintenir une discipline de fer. Et nous, nous nous étions retrouvés avec deux centres : les communistes et les sans-parti. Nous avons discuté de la situation et pris une décision. Un camarade tchèque, qui travaillait à l'administration du camp, a classé la fiche d'Erchov pour le « transport » de Buchenwald et il a été inscrit automatiquement dans la liste.

— En effet, quoi de plus simple ? dit Mostovskoï.

— Telle a été la décision unanime des communistes, fit Ossipov.

Il était debout devant Mostovskoï, habillé de loques, une serpillière à la main, dur, inébranlable, sûr de son bon droit, de son droit terrible, supérieur à Dieu, d'ériger la cause qu'il servait en juge suprême des destinées humaines.

Quant au vieillard nu et émacié, un des fondateurs de ce grand parti, il était resté assis, tête baissée, et il se taisait.

Le bureau nocturne de Liss surgit de nouveau devant lui. Et de nouveau, il eut peur. Et si Liss n'avait pas menti ? Et s'il ne poursuivait pas un but policier mais avait eu envie tout simplement de discuter ?

Il se redressa ; et comme toujours, comme dix ans auparavant, pendant la collectivisation, comme cinq ans auparavant, pendant les procès politiques qui menèrent à l'échafaud tous ses amis de jeunesse, il déclara :

— Je me soumets à cette décision, je l'accepte comme membre du Parti.

Et il sortit de la doublure de sa veste posée sur le banc quelques bouts de papier : les tracts qu'il avait rédigés.

Il pensa tout à coup à Ikonnikov, à son visage et à ses yeux de vache, il eut envie d'entendre la voix de l'apôtre de la bonté.

— Je voulais vous demander des nouvelles d'Ikonnikov, dit Mostovskoï. Le Tchèque n'aurait pas déplacé sa carte ?

— Ah ! le fol en Dieu, la vieille chiffe molle, comme vous l'appeliez. Il a été exécuté. Il a refusé de participer à la construction du camp d'extermination. Keise a reçu l'ordre de le tuer.

Cette même nuit, les tracts sur la bataille de Stalingrad rédigés par Mostovskoï furent collés sur les murs des blocks.

41

Après la guerre, on découvrit, dans les archives de la Gestapo à Munich, un dossier concernant une organisation clandestine dans un camp de concentration en Allemagne occidentale. Le document qui fermait le dossier annonçait que le verdict à l'encontre des membres de l'organisation avait été mis à exécution. Les corps avaient été incinérés dans un four crématoire. Le nom de Mostovskoï était le premier de la liste.

L'étude des documents ne permit pas d'établir quel était celui, du groupe, qui les avait dénoncés. La Gestapo l'avait probablement exécuté avec ceux qu'il avait dénoncés.

42

Il faisait bon dans le block du Sonderkommando qui desservait la chambre à gaz, le dépôt de Zyklon et les fours crématoires.

Les détenus qui travaillaient de façon permanente à l'unité n° 1 vivaient, eux aussi, dans de bonnes conditions. Il y avait une table de nuit auprès de chaque lit, des carafes d'eau, un tapis couvrait le passage entre les châlits.

Les ouvriers qui travaillaient au four crématoire étaient libérés de l'escorte et mangeaient dans un réfectoire à part. Les Allemands du Sonderkommando pouvaient établir leur menu. Ils bénéficiaient d'un traitement hors catégorie, touchaient presque trois fois plus, à grade égal, que leurs homologues combattants. Leurs familles avaient droit à de meilleurs logements, aux rations alimentaires des catégories supérieures, à l'évacuation prioritaire hors des zones soumises aux bombardements.

Le soldat Rosé était de surveillance devant le judas ; quand l'action était terminée, il donnait le signal de procéder au déchargement de la chambre à gaz. Il devait également surveiller si les dentistes faisaient consciencieusement leur travail. Il avait dû plus d'une fois faire un rapport au responsable de l'action spéciale, le Sturmbannführer Kaltluft, sur la difficulté qu'il y avait à mener à bien cette double tâche ; pendant que Rosé surveillait le gazage en haut, ceux qui travaillaient en bas, les dentistes et les ouvriers qui chargeaient les corps sur les glissières, pouvaient s'en mettre dans la poche et tirer au flanc.

Rosé s'était habitué à son travail ; il n'était plus, comme dans les premiers temps, ému par le spectacle qu'il observait par le judas. Son prédécesseur avait été un jour surpris en train de se livrer à une occupation qui eût plus convenu à un gamin de douze ans qu'à un SS en train d'effectuer une mission spéciale. Au début, Rosé ne comprenait pas pourquoi ses camarades lui faisaient des allusions à certaines choses qui se passaient pendant l'action, il ne comprit que plus tard ce qu'ils voulaient dire.

Son nouveau travail ne plaisait pas à Rosé, bien qu'il y fût habitué maintenant. Rosé était sensible au respect inhabituel dont on l'entourait. Au réfectoire, les serveurs lui demandaient pourquoi il était pâle. Toujours, aussi loin qu'il pût s'en souvenir, il avait vu sa mère pleurer. Son père était sans cesse renvoyé de son travail, il semblait qu'il fût licencié plus souvent qu'embauché. Rosé avait comme ses parents une démarche douce et effacée, qui ne devait en aucun cas déranger quelqu'un, il avait le même sourire amène et inquiet, adressé aux voisins, au propriétaire de l'immeuble, au chat du propriétaire, au directeur de l'école et à l'agent qui se tenait au carrefour. En apparence, affabilité et douceur étaient les traits fondamentaux de son caractère et il s'étonnait lui-même de la quantité de haine qui vivait en lui, il se demandait comment il avait pu ne pas la manifester pendant de longues années.

Il avait été affecté au Sonderkommando ; un profond connaisseur de l'âme humaine, son chef, avait su comprendre sa nature douce et féminine.

Il n'y avait rien de plaisant à observer les Juifs en train de se contorsionner dans la chambre à gaz. Rosé n'éprouvait qu'antipathie pour les soldats qui aimaient leur travail ici. Le détenu Joutchenko qui travaillait à la fermeture des portes dans l'équipe du matin lui était particulièrement désagréable. Le visage de ce détenu souriait tout le temps d'une sorte de sourire enfantin et pour cette raison spécialement désagréable. Rosé n'aimait pas son travail, mais il en connaissait tous les avantages, évidents ou cachés.

Chaque soir, à la fin de la journée de travail, un dentiste à l'air important transmettait à Rosé un petit paquet contenant quelques couronnes en or. Ces petits paquets ne constituaient qu'une part infime de la masse de métaux précieux que recevait quotidiennement la direction du camp et, néanmoins, Rosé avait déjà été en mesure de transmettre à deux reprises près d'un kilo d'or à sa femme. C'était leur avenir radieux, la réalisation de leur rêve d'une paisible vieillesse. Dans sa jeunesse, il avait été faible et craintif et il n'avait pu lutter pour vivre. Il n'avait jamais douté que le Parti avait pour seul but le bonheur des petites gens, des faibles. Et maintenant, il sentait déjà les conséquences heureuses de la politique de Hitler ; car il était, lui, un de ces petits hommes faibles et, à présent, sa vie, celle de sa famille étaient devenues bien meilleures, bien plus faciles.

43

Anton Khmelkov était parfois horrifié par son travail et, le soir, couché, écoutant le rire de Trofime Joutchenko, il restait plongé dans une stupeur froide et lourde.

Les mains aux doigts longs et forts de Joutchenko, ces mains qui refermaient les portes étanches, semblaient toujours sales, et il était désagréable de prendre du pain dans le même panier que lui.

Quand, le matin, Joutchenko allait à son travail et attendait la venue de la colonne de détenus en provenance du quai de débarquement, il éprouvait une émotion joyeuse. Le mouvement de la colonne lui semblait d'une lenteur insupportable, sa gorge émettait une note plaintive et sa mâchoire inférieure tremblait, comme celle d'un chat en train de guetter des moineaux derrière une vitre.

Cet homme était à l'origine de l'inquiétude qu'éprouvait Khmelkov. Bien sûr, Khmelkov, lui aussi, était capable, après un verre de trop, de prendre un peu de bon temps avec une femme dans la file. Il existait un passage qu'utilisaient les membres du Sonderkommando pour pénétrer dans le vestiaire et se choisir une femme. Un homme reste un homme. Khmelkov choisissait une femme ou une fillette, l'emmenait dans un box vide et la ramenait une demi-heure plus tard. Il se taisait, la femme aussi. Il n'était pas ici pour les femmes ou l'alcool, ni pour des culottes de cheval en gabardine ou des bottes en box.

Il avait été fait prisonnier un jour de juillet 1941. On l'avait battu à coups de crosse sur la tête et le cou ; il avait souffert de dysenterie ; on lui avait donné à boire une eau jaunâtre, couverte de taches de mazout ; on l'avait fait marcher sur la neige en bottes déchirées ; il avait arraché de ses mains des morceaux de viande noire et puante sur un cadavre de cheval, avait bouffé des rutabagas pourris et des épluchures de pommes de terre. Il avait choisi une seule chose : vivre, il ne désirait rien d'autre ; il s'était débattu contre dix morts : il ne voulait pas mourir de froid ou de faim, il ne voulait pas mourir de dysenterie, il ne voulait pas s'écrouler avec neuf grammes de plomb dans le crâne, il ne voulait pas enfler et mourir d'un œdème. Il n'était pas un criminel, il était coiffeur dans la ville de Kertch et personne n'avait jamais eu mauvaise opinion de lui : ni ses proches, ni ses voisins, ni ses amis avec lesquels il buvait du vin et jouait aux dominos. Et il pensait qu'il n'y avait rien de commun entre lui et Joutchenko. Mais parfois il lui semblait que ce qui le séparait de Joutchenko n'était qu'une broutille ; quelle importance avaient, après tout, pour Dieu et pour les hommes, les sentiments qui les animaient quand ils se rendaient à leur travail ? L'un était gai, l'autre ne l'était pas, mais ils faisaient le même travail.

Il ne comprenait pas que Joutchenko l'effrayait non pas parce qu'il était plus coupable que lui, mais parce que sa monstruosité innée le disculpait. Alors que lui, Khmelkov, n'était pas un monstre, il était un homme.

Il savait confusément qu'un homme qui voulait rester un homme sous le nazisme pouvait faire un choix plus facile que de sauver sa vie : la mort.

44

Le chef du Kommando, le Sturmbannführer Kaltluft, avait obtenu du poste de régulation qu'il lui fournisse, vingt-quatre heures à l'avance, le graphique d'arrivée des convois. Kaltluft pouvait ainsi donner des instructions sur le travail à effectuer : nombre total de wagons, nombre de personnes ; suivant le pays d'origine, on faisait appel à divers Kommandos de détenus, coiffeurs, escorteurs, manutentionnaires.

Kaltluft ne tolérait pas le laisser-aller ; il ne buvait pas et était mécontent quand ses subordonnés s'enivraient. On ne l'avait vu qu'une fois gai et animé ; il devait partir rejoindre sa famille pour les congés de Pâques, il était déjà monté en voiture quand il avait appelé le Sturmführer Hahn et lui avait montré des photos de sa fille qui, avec son visage large et ses grands yeux, ressemblait beaucoup à son père.

Kaltluft aimait travailler, se désolait quand il perdait son temps ; il ne venait jamais faire un tour au club après dîner, il ne jouait jamais aux cartes, il n'assistait pas aux projections de films. On avait, cet hiver, organisé un sapin de Noël pour le Sonderkommando, une chorale avait chanté et on avait donné une bouteille de cognac français pour deux. Kaltluft était venu passer une demi-heure au club et tout le monde avait pu voir qu'il avait des traces d'encre fraîche sur les doigts, il avait travaillé le soir de Noël.

Il avait vécu dans la ferme de ses parents et avait cru qu'il y passerait toute sa vie : il aimait le silence de la campagne et le travail ne lui faisait pas peur. Il avait rêvé d'étendre la ferme familiale, mais il pensait que, si grands que fussent les revenus que lui apporteraient l'élevage du porc et la vente du blé, jamais il ne quitterait la paisible et chaude maison de ses parents. Or la vie en avait décidé autrement. Vers la fin de la Première Guerre mondiale, il s'était retrouvé au front et avait suivi le chemin que le destin lui avait tracé. Le destin semblait avoir décidé pour lui son passage de la condition de paysan à celle de soldat, son passage des tranchées à la protection de l'état-major, du secrétariat au poste d'officier d'ordonnance, du travail dans l'administration centrale du RSHA à la direction des camps et, pour finir, à ce poste de chef d'un Sonderkommando dans un camp de la mort.

Si Kaltluft avait eu à répondre devant un tribunal céleste il aurait, pour justifier son âme, raconté en toute sincérité au juge comment le destin avait fait de lui un bourreau qui avait tué cinq cent quatre-vingt-dix mille personnes. Que pouvait-il face à des forces aussi puissantes que des guerres mondiales, un gigantesque mouvement national, un parti implacable, une contrainte étatique ? Qui aurait pu nager à contre-courant ? Il n'était qu'un homme, lui ; il aurait voulu vivre tranquillement dans la maison de ses pères. Il n'avait rien demandé, on l'avait poussé, il n'y était pas allé, on l'avait mené, le destin l'avait conduit par la main. Et c'est ainsi, ou presque ainsi, que se justifiaient face à Dieu ceux qui avaient envoyé Kaltluft à son travail et ceux que Kaltluft envoyait travailler.

Kaltluft n'eut pas à justifier son âme devant un tribunal divin, aussi Dieu n'eut-il pas à lui confirmer qu'il n'y avait pas de coupables.

Il existe un jugement divin, il existe le jugement de l'État et celui de la société, mais il existe aussi un jugement suprême : le jugement d'un pécheur par un autre pécheur. L'homme qui a péché connaît toute la puissance d'un État totalitaire : elle est incommensurable. Cette force énorme emprisonne la volonté de l'homme, au moyen de la propagande, de la solitude, du camp, d'une mort paisible, de la faim, du déshonneur... Mais dans chaque pas que fait l'homme sous la menace de la misère, de la faim, du camp et de la mort, se manifeste, en même temps que la nécessité, le libre arbitre de l'homme. Dans le chemin parcouru par le chef du Sonderkommando, on sentait toujours et partout, du village à la tranchée, de la condition de l'homme de la rue à celle de membre conscient du parti national-socialiste, toujours et partout on sentait la marque de sa volonté. Le destin mène l'homme, mais l'homme le suit parce qu'il veut et il est libre de ne pas vouloir. Le destin mène l'homme, l'homme devient un instrument des forces de destruction, mais lui, en l'occurrence, n'y perd pas, il y gagne. Il le sait et il va là où l'attendent des avantages ; l'implacable destin et l'homme poursuivent des buts différents mais leur chemin est commun.

Ce ne sera pas un juge céleste miséricordieux et parfait, ce ne sera pas une cour suprême de l'État ayant pour but le bien de l'État et de la société, ce ne sera pas le saint ou le juste qui rendront leur verdict, mais un être pitoyable, un homme écrasé par le nazisme, un pécheur qui a lui-même ressenti toute la terrible puissance de l'État totalitaire, un homme qui lui aussi est tombé, qui s'est courbé, qui a eu peur et qui s'est soumis.

Il dira :

— Il y a des coupables en ce monde terrible ! Coupable !

45

Et voilà, c'était le dernier jour du voyage. Les wagons grincèrent, les freins crissèrent et tout devint silencieux ; puis les verrous claquèrent, les portes s'ouvrirent, des voix crièrent :

— *Alle herraus*[1] *!*

Des gens se mirent à descendre sur le quai encore mouillé de pluie.

Qu'ils semblaient étranges ces visages familiers, à la lumière du jour ! Les manteaux, les fichus avaient moins changé que les êtres ; les vestes, les robes rappelaient la maison où on les avait mis, les miroirs devant lesquels on les avait ajustés.

En sortant des wagons, ils se serraient les uns contre les autres ; se retrouver ainsi en troupeau avait quelque chose de familier et d'apaisant ; la chaleur familière, l'odeur familière, les yeux et les visages épuisés, la densité de l'énorme foule descendue de quarante-deux wagons à bestiaux.

Deux soldats SS dans leur longues capotes passèrent sur le quai en faisant sonner sur l'asphalte leurs bottes ferrées. Rêveurs et hautains, ils passèrent sans un regard pour des jeunes Juifs qui sortaient d'un wagon le corps d'une vieille femme dont les cheveux blancs s'étaient répandus sur son blanc visage ; pour un homme-caniche crépu en train de laper à quatre pattes l'eau dans une flaque ; pour une bossue qui avait retroussé sa jupe afin d'arranger l'élastique de sa culotte.

De temps à autre, les deux SS échangeaient quelques mots. Ils se déplaçaient sur le quai comme le soleil se déplace dans le ciel. Le soleil ne surveille pas le vent, les nuages, la tempête ou le bruit des feuilles, mais dans son mouvement régulier, il sait que tout sur terre existe grâce à lui.

Des hommes en combinaisons bleues, coiffés de képis à longues visières et arborant un brassart blanc, pressaient les arrivants en une langue étrange : mélange de russe, d'allemand, de yiddish, de polonais et d'ukrainien.

Les gaillards en bleu ont vite fait d'organiser la foule sur le quai, ils sélectionnent ceux qui ne peuvent plus marcher, ils obligent les plus solides

---

1. « Tout le monde dehors ! »

à charger les mourants dans des camions, ils construisent dans ce chaos de mouvements désordonnés une colonne, lui donnent une direction et un sens. La colonne se met en rangs par six, et une nouvelle court les rangs : « Les douches, d'abord les douches ! »

Même un Dieu de miséricorde n'aurait pas pu mieux trouver.

— Alors, les Juifs, on va y aller ! crie un homme en képi, le chef de l'équipe de déchargement.

Les hommes et les femmes ramassent leurs sacs, les enfants s'agrippent aux jupes des mères et aux vestons des pères.

« Les douches... les douches... », ces mots ont un pouvoir hypnotique sur les consciences.

Le solide gaillard à képi a quelque chose de familier, d'attirant, il semble proche de ce pauvre monde, pas comme ceux-là en capotes grises, avec leurs casques. Une vieille caresse du bout des doigts, avec une délicatesse religieuse, la manche de sa combinaison et demande :

— *Ir sind a yid, a Litvek, mein kind*[1] ?

— Oui, mémé, bien sûr.

Et soudain, unissant dans une seule phrase les langues des deux armées ennemies, il cria d'une voix rauque mais forte :

— *Die Kolonne marsch ! Chagome march*[2] !

Le quai est vide, les hommes en combinaisons bleues balaient des chiffons, des bouts de bandage, une chaussure abandonnée, un cube en bois qu'un enfant a laissé tomber, ils referment avec fracas les portes des wagons. Le convoi démarre, il va être désinfecté.

Ayant terminé son travail, le Kommando regagne le camp par le portail de service. Les convois de l'Est sont les pires. C'est là qu'il y a le plus de morts, de malades ; on peut attraper des poux, les wagons puent.

On ne trouve pas dans ces convois, à la différence de ceux qui viennent de Hongrie ou de Hollande, un flacon de parfum, un paquet de cacao ou une boîte de lait concentré.

46

Une grande ville s'ouvrit aux yeux des voyageurs. Son extrémité occidentale se perdait dans le brouillard. La fumée noire qui sortait des lointaines cheminées d'usine se mêlait au brouillard ; le damier des blocks était couvert d'une brume et cette association du brouillard avec la géométrie des rues semblait étrange.

Au nord-est, un halo noir et rouge montait dans le ciel, on eût dit que le ciel humide de l'automne s'était embrasé. De temps en temps une flamme lente, sale, rampante en sortait.

---

1. « Es-tu juif ou lituanien, mon enfant ? » (en yiddish).
2. « Colonne, en avant ! Marchez au pas ! »

Les arrivants débouchèrent sur une vaste place. Une dizaine de personnes se tenaient sur une estrade dressée au milieu de la place. C'était un orchestre ; les hommes se différenciaient fortement les uns des autres, comme leurs instruments. Quelques-uns se tournaient du côté de la colonne qui arrivait. Mais l'homme aux cheveux blancs prononça quelques mots et les hommes sur l'estrade prirent leurs instruments. Soudain, le cri craintif et insolent d'un oiseau retentit : l'air, déchiré par les fils de fer barbelés et les hurlements des sirènes, empuanti par les immondices et gras de suie, l'air s'emplit de musique. C'était comme si une pluie chaude d'été s'était abattue, étincelante, sur le sol.

Les hommes dans les prisons, les hommes dans les camps, les hommes échappés des prisons, les hommes qui vont à la mort connaissent la force de la musique. Personne ne ressent la musique comme ceux qui ont connu la prison et le camp, comme ceux qui vont à la mort.

En touchant l'homme qui périt, la musique ne fait pas renaître en lui la pensée ou l'espoir, juste le sentiment aveugle et aigu du miracle de la vie. Un sanglot parcourut la colonne. Tout ce qui s'était émietté, la maison, le monde, l'enfance, le voyage, le bruit des roues, la soif, la peur et cette ville surgie du brouillard, cette aube d'un rouge terne, tout se réunit soudain ; ce n'était pas dans la mémoire ni dans un tableau, mais dans le sentiment aveugle, douloureux et brûlant d'une vie écoulée. C'est ici, à la lumière des fours, sur la place du camp, que les hommes sentirent que la vie est plus que le bonheur : elle est aussi malheur. La liberté n'est pas qu'un bien ; la liberté est difficile, elle est parfois malheur, elle est la vie.

La musique avait su exprimer le dernier ébranlement de l'âme qui avait réuni dans ses profondeurs aveugles tout ce qu'elle avait ressenti dans sa vie, ses joies et ses malheurs, avec ce matin brumeux et ce halo au-dessus des têtes. Mais peut-être n'en était-il pas ainsi. Peut-être la musique n'était-elle qu'une clef qui donnait accès aux sentiments de l'homme : elle avait ouvert son intérieur en cet instant terrible, mais ce n'était pas elle qui avait empli l'homme.

Il arrive qu'une chanson enfantine fasse pleurer un vieillard. Mais le vieillard ne pleure pas sur cette chanson : la chanson n'est qu'une clef qui ouvre son âme.

Alors que la colonne traçait lentement un demi-cercle dans la cour, une voiture couleur crème franchit les portes du camp. Un officier SS en sortit, il eut un geste impatient et le chef d'orchestre, qui le suivait du regard, abaissa aussitôt les bras, la musique s'interrompit.

De nombreuses voix crièrent : « *Halt !* »

L'officier marchait le long de la colonne. L'officier montrait un homme du doigt et le chef de la colonne le faisait sortir des rangs. L'officier fixait la personne qui se tenait devant lui d'un œil indifférent pendant que le chef de colonne posait des questions à voix basse pour ne pas troubler les pensées du SS.

— Âge ? Profession ?

Une trentaine de personnes furent ainsi choisies. Une question parcourut les rangs :

— Les médecins, les chirurgiens !

Personne ne répondit.

— Les médecins et les chirurgiens, sortez des rangs !

Personne ne répondit.

L'officier perdit tout intérêt pour la foule sur la place et regagna sa voiture.

Les sélectionnés furent alignés en rangs par cinq face à l'inscription au-dessus du portail du camp : « *Arbeit macht frei*[1] *!* »

Un bébé cria, des femmes poussèrent des cris perçants et sauvages. Les hommes sélectionnés restaient silencieux, tête baissée.

Comment faire pour rendre ce qui se passe chez un homme qui desserre la main de sa femme, qui jette un dernier, un rapide regard sur le visage aimé. Comment faire pour vivre quand une mémoire impitoyable te rappelle qu'à l'instant des adieux silencieux tes yeux se sont, pendant une fraction de seconde, détournés pour dissimuler la joie grossière d'avoir sauvé ton existence ?

Comment noyer le souvenir de la femme tendant à son mari un petit sac avec l'alliance, un morceau de pain et quelques morceaux de sucre ? Peut-on continuer à vivre quand on a vu la lueur rouge flamboyer avec une force nouvelle ? Dans les fours brûlent les mains qu'il a embrassées, les yeux qui s'éclairaient à sa venue, les cheveux dont il reconnaissait l'odeur dans le noir, ce sont ses enfants, sa femme, sa mère. Peut-on demander dans le block une place auprès du poêle, peut-on mettre sa gamelle sous la louche qui verse un litre d'un liquide grisâtre, peut-on rafistoler la semelle de chaussure qui se décolle ? Peut-on manier la barre à mine, respirer, boire ? Dans les oreilles résonnent des cris des enfants, le hurlement de la mère.

On mène ceux qui continueront à exister en direction du portail. Des cris parviennent jusqu'à eux, eux-mêmes poussent des cris, déchirent les chemises sur leurs poitrines. Mais une nouvelle vie vient à leur rencontre : les barbelés électrifiés, les miradors avec des mitrailleuses, les blocks, les visages blêmes de femmes et de jeunes filles qui les regardent passer, les colonnes de travailleurs avec des triangles rouges, jaunes, bleus cousus sur la poitrine.

L'orchestre se remet à jouer. Les hommes qui sont sélectionnés pour le travail entrent dans la ville construite sur des marécages. L'eau sombre se fraie un chemin entre les dalles gluantes de béton, entre les rochers pesants. Cette eau d'un noir roussâtre sent la pourriture, des plaques d'écume verte, des lambeaux sanglants provenant des salles d'opération, des chiffons sales flottent à la surface. L'eau s'enfoncera dans la terre du camp, ressortira à la surface, s'en ira à nouveau. Elle fera son chemin, car dans cette eau sinistre des camps vivent la vague de la mer et la rosée du matin.

Les condamnés allèrent à la mort.

---

1. « Le travail rend libre ! »

47

Sofia Ossipovna marchait d'un pas lourd et régulier, le garçon la tenait par la main. De son autre main, le petit garçon tenait dans sa poche la boîte d'allumettes où, dans du coton sale, il avait une chrysalide qui venait de sortir de son cocon. À leurs côtés marchaient le serrurier Lazare Yankele-vitch, sa femme Deborah Samouïlovna, portant leur enfant dans ses bras. Rebecca Buchmann marmonnait : « Oh, mon Dieu, oh, mon Dieu, oh, mon Dieu. » La cinquième dans leur rangée était Moussia Borissovna. Elle était bien coiffée, son col de dentelle semblait blanc. Pendant le voyage elle avait cédé à plusieurs reprises sa ration de pain contre un peu d'eau. Cette Moussia Borissovna était toujours prête à tout donner ; dans son wagon, on la prenait pour une sainte et les vieilles, qui connaissaient la vie et les hommes, baisaient le bas de sa robe. La rangée qui marchait devant eux ne comptait que quatre personnes ; pendant la sélection, l'officier avait fait sortir deux personnes d'un coup, le père et le fils Slepoï ; quand on leur avait demandé leur profession, ils avaient crié *Zahnarzt*[1]. Et l'officier avait fait oui de la tête, les Slepoï avaient deviné juste, ils avaient gagné leur vie. Sur les quatre restants, trois marchaient en balançant les bras, leurs bras qui avaient été jugés inutiles ; le quatrième avait relevé le col de son veston, il marchait les mains dans les poches, l'air indépendant, la tête haute. À quatre ou cinq rangs devant eux, un vieillard, coiffé d'un bonnet de l'armée Rouge, dépassait tous les autres d'une tête.

Moussia Vinokour marchait juste derrière Sofia Ossipovna, elle avait eu ses quatorze ans pendant le voyage.

La mort ! Elle était devenue apprivoisée, familière, elle passait voir les gens sans façon, elle entrait dans les cours, dans les échoppes ; elle ren-contrait la ménagère sur le marché et l'emmenait avec son cabas ; elle se mêlait au jeu des enfants, elle se faufilait dans l'atelier où le tailleur pour dames mettait la dernière main à un manteau ; elle prenait sa place dans les queues devant les boulangeries ; elle s'asseyait aux côtés d'une vieille en train de ravauder un bas.

La mort faisait son travail, les gens faisaient le leur. Parfois, elle laissait finir la cigarette, avaler la bouchée ; parfois, elle surprenait en vieux copain, grossièrement, avec un grand rire et des claques dans le dos.

Les hommes commençaient à la comprendre, elle leur avait révélé son caractère banal, sa simplicité enfantine. Car le passage était devenu bien simple, comme franchir un ruisseau avec quelques planches en guise de pont, la fumée des isbas sur une rive, les prés de l'autre côté ; quatre, cinq pas et c'est tout. Qu'y a-t-il d'effrayant à cela ? Un veau vient de passer,

---

1. « Dentiste ».

des gamins courent sur le pont, les talons de leurs pieds nus résonnent sur les planches.

Sofia Ossipovna entendit la musique. Elle l'avait entendue pour la première fois alors qu'elle n'était qu'une enfant, elle l'avait entendue quand elle était étudiante, puis jeune médecin ; cette musique lui avait toujours donné comme le pressentiment d'un avenir qui s'ouvrait devant elle. La musique la trompait. Sofia Ossipovna n'avait pas d'avenir, elle n'avait qu'une vie passée.

Et le sentiment de sa vie à elle, de la vie qu'elle, et personne d'autre, avait vécue dissimula un bref instant le présent : le bord du gouffre.

Le plus terrible des sentiments ! On ne peut le transmettre, on ne peut le faire partager à l'être le plus proche, femme, mère, frère, fils, ami, père, il est le secret de l'âme, et l'âme ne peut, même si elle le désire ardemment, révéler son secret. L'homme emporte avec lui le sentiment de sa vie, il ne le partagera avec personne. Le miracle d'un individu dont la conscience, dont l'inconscient réunissent tout le bien et tout le mal, le risible, l'attendrissant, le honteux, le pitoyable, le timide, le craintif, le tendre, l'étonné, tout ce qu'il a vécu depuis l'enfance et jusqu'à la vieillesse est dans ce sentiment unique, muet et secret de son unique vie.

Quand la musique se mit à jouer, David voulut sortir la boîte de sa poche, l'entrouvrir un instant, pour que la chysalide ne prenne pas froid, et la montrer aux musiciens. Mais, quelques pas plus tard, il ne pensait plus aux hommes sur l'estrade, il ne restait plus que la lueur dans le ciel et la musique. La musique puissante et triste emplit son âme à ras bord du désir douloureux de revoir sa mère. Pas sa mère forte et calme mais sa mère honteuse d'avoir été abandonnée par son mari. Elle lui avait fait une chemise et les autres locataires se moquaient des petites fleurs et des manches cousues de travers. Sa mère était son unique défense, son unique espoir. Il avait toujours compté sur elle de façon aveugle et inébranlable. Mais peut-être la musique avait-elle eu pour effet qu'il ne comptait plus sur sa mère. Il l'aimait, mais elle était aussi désarmée et faible que les gens qui marchaient à ses côtés. La musique douce et rêveuse lui semblait des vagues dans la mer ; il les avait vues dans son délire, quand il faisait de fortes fièvres, et il se laissait glisser de son oreiller brûlant sur le sable tiède et humide.

L'orchestre hurla, une gorge desséchée s'ouvrit, énorme, dans un cri.

Le mur noir, qui se dressait hors de l'eau pendant ses angines, le dominait maintenant, couvrant tout le ciel.

Tout, tout ce qui faisait peur à son cœur d'enfant s'était maintenant fondu en un. Et sa peur à la vue de l'image où le chevreau joue dans la clairière sans remarquer l'ombre du loup qui le guette derrière les sapins, et les têtes de veaux aux yeux bleus sur les étals du marché, et sa grand-mère morte, et la petite fille de Rebecca Buchmann étranglée par sa mère, et sa première angoisse nocturne qui l'avait fait lever de son lit en appelant sa mère. La mort se dressait de toute la hauteur du ciel immense et regardait : le petit David allait vers elle de ses petites jambes. Tout autour, il n'y avait que la musique, on ne pouvait pas s'y cramponner, on ne pouvait pas se briser la tête contre elle.

T'es juif et ça suffit.

La chrysalide n'a ni ailes, ni pattes, ni antennes, elle est dans sa boîte et elle attend, confiante, cette sotte.

Il hoquetait, le souffle coupé. S'il avait pu, il se serait étranglé lui-même. La musique cessa. Ses petites jambes, comme des dizaines d'autres, se dépêchaient, couraient. Il n'avait plus de pensées, il ne pouvait ni crier ni penser. Ses doigts moites de sueur serraient, dans sa poche, la boîte d'allumettes ; mais il avait même oublié le cocon. Seules ses petites jambes marchaient, marchaient, se dépêchaient, couraient.

Si la terreur qui s'était emparée de lui avait duré encore quelques minutes, il serait tombé, le cœur éclaté.

Quand la musique cessa, Sofia Ossipovna essuya ses larmes et dit :

— Eh bien, voilà.

Puis elle regarda le visage de l'enfant ; il était si effroyable que, même ici, il se distinguait par son expression particulière.

— Qu'est-ce que tu as ? Qu'est-ce qui te prend ? s'écria Sofia Ossipovna en le tirant brutalement par la main. Qu'est-ce qui te prend ? Nous allons au bain, c'est tout.

Quand on demanda s'il y avait des médecins, elle ne répondit pas, s'opposant à cette force qu'elle haïssait.

Dans les bras de sa mère, le bébé malingre, à la tête trop grosse, regardait autour de lui d'un regard songeur. La femme du serrurier avait, au cours d'une des nuits du voyage, volé une pincée de sucre pour son bébé. La victime du vol était très faible, et un vieillard, du nom de Lapidus (personne ne le voulait pour voisin car il faisait sous lui), avait pris sa défense.

Et maintenant, Deborah, la femme du serrurier, avançait, pensive, son bébé dans les bras. Et le bébé, qui avait crié jour et nuit, se taisait maintenant. Les yeux tristes et sombres de la mère éclipsaient la laideur de son visage sale, de ses lèvres fripées et exsangues.

« La Vierge à l'enfant », pensa Sofia Ossipovna.

Un jour, c'était deux ans avant le début de la guerre, elle était dans les monts T'ien-Chan et regardait le soleil levant qui éclairait les pins et les écureuils dans leurs branches, alors que le lac, dont le bleu dense avait le poli de la pierre, était encore plongé dans la pénombre ; elle avait pensé en cet instant qu'il n'était d'homme au monde qui n'eût voulu être à sa place et, au même instant, elle avait senti, avec une violence qui brûlait son cœur de quinquagénaire, qu'elle eût tout sacrifié pour que les bras d'un enfant l'étreignissent quelque part dans une chambre sombre et misérable.

David avait éveillé en elle une tendresse particulière, comme elle n'en avait jamais éprouvé jusqu'alors, bien qu'elle eût toujours aimé les enfants. Pendant le voyage, dans le wagon, elle lui donnait une part de son pain ; il tournait sa tête vers elle, et elle avait envie de pleurer, de le serrer dans ses bras, de le couvrir de ces baisers rapides et rapprochés que les mères donnent à leurs enfants. Elle répétait, à voix basse pour qu'il ne puisse entendre : « Mange, mon fils chéri, mange. »

Elle lui parlait peu, un étrange sentiment de honte la forçait à dissimuler le sentiment maternel qui était né en elle. Mais elle avait remarqué qu'il la suivait du regard quand elle changeait de place dans le wagon et qu'il s'apaisait quand elle se trouvait près de lui.

Elle ne voulait pas s'avouer à elle-même pourquoi elle n'avait pas répondu quand on avait appelé les médecins et chirurgiens, pourquoi elle était restée dans la colonne, pourquoi elle avait eu un sentiment d'exaltation en le faisant.

La colonne passait devant des barbelés, des miradors avec des mitrailleuses au sommet, des fossés, et il semblait à ces êtres qui avaient oublié ce qu'est la liberté que les barbelés et les mitrailleuses étaient là non pour empêcher les détenus de fuir mais pour que les condamnés à la mort ne puissent se dissimuler à l'intérieur du camp de travaux forcés.

Puis la route s'écarta des barbelés pour mener vers des bâtiments bas, aux toits plats ; de loin, ces parallélépipèdes gris et sans fenêtres rappelaient à David ses cubes, d'énormes cubes dont on eût détaché les images.

La colonne tourna et le garçon aperçut par le jour qui s'était ouvert entre les rangs les bâtiments aux portes grandes ouvertes ; sans savoir pourquoi, il sortit la boîte d'allumettes et, sans même dire adieu à la chrysalide, il la jeta sur le côté. Tu peux vivre !

— Ils savent construire, ces Allemands, dit l'homme qui marchait devant eux, comme s'il espérait que les gardes entendent et apprécient sa flatterie.

L'homme au col relevé esquissa un mouvement étrange des épaules, jeta un coup d'œil de part et d'autre, sembla devenir plus grand, plus fort et soudain, d'un bond léger, il fut sur le SS et le fit tomber à terre d'un coup de poing. Sofia Ossipovna se lança à sa suite avec un cri de haine mais trébucha, tomba. Aussitôt, des mains la relevèrent. Les rangées de derrière avançaient toujours, et David regarda derrière lui, craignant de se faire jeter à terre, et il vit les gardiens du camp traîner l'homme sur le côté.

Sofia Ossipovna avait oublié l'enfant pendant le bref instant où elle avait tenté de se jeter sur le gardien ; maintenant, elle le tenait de nouveau par la main. David avait pu voir ce qu'était la beauté, la colère, la clarté dans les yeux d'un être qui avait, l'espace d'une seconde, senti la liberté.

Pendant ce temps, les premiers rangs avaient déjà atteint la place asphaltée devant l'entrée des bains ; le bruit des pas changeait quand les gens passaient par les portes largement ouvertes.

48

Une pénombre tranquille et chaude régnait dans les vestiaires éclairés par de petites ouvertures rectangulaires.

Des bancs faits de grosses planches brutes portaient des numéros tracés à la peinture blanche. La salle était coupée en deux par une cloison à mi-hauteur qui allait de l'entrée au mur opposé ; les hommes devaient se déshabiller d'un côté, les femmes et les enfants de l'autre.

Cette séance de déshabillage n'inquiéta pas les gens car ils continuaient à se voir, à se parler : « Mania, Mania, tu es là ? — Oui, oui, je te vois. » Une voix cria : « Mathilde, apporte un gant pour me frotter le dos ! » La détente était générale.

Des hommes à l'air compétent, en blouses, marchaient dans les travées et tenaient des propos raisonnables sur la nécessité de mettre les chaussettes et les bas à l'intérieur des chaussures, de retenir le numéro de la travée et du portemanteau.

Les voix étaient faibles, comme assourdies.

Quand un être humain se met nu, il se rapproche de lui-même. Seigneur, que les poils sur la poitrine sont devenus raides et épais, et que de poils blancs ! Que ces ongles des orteils sont laids ! Quand un homme nu se regarde, il ne tire pas de conclusions si ce n'est « c'est moi ». Il reconnaît son moi, toujours le même. Gamin, il regarde son corps de grenouille et se dit : « c'est moi » et, cinquante ans après, il examine les veines gonflées sur les jambes, la poitrine grasse et tombante, et il se dit « c'est moi ».

Mais un autre sentiment frappa Sofia Ossipovna. Le maigre gamin au nez proéminent dont une vieille dit en hochant la tête : « Oï, mon pauvre hassid ! » ; la jeune fille de quatorze ans que, même ici, des centaines d'yeux regardaient avec admiration ; la laideur et la faiblesse des vieux et des vieilles qui éveillaient un respect religieux ; la force des dos poilus des hommes ; les jambes nerveuses et les fortes poitrines des femmes ; avec ces corps jeunes et vieux, le corps d'un peuple se débarrassait de ses guenilles. Sofia Ossipovna pensa le « c'est moi » non à l'égard d'elle-même mais à l'égard d'un peuple. C'était le corps dénudé d'un peuple, jeune et vieux, vivant, florissant, robuste, fané, beau et disgracieux. Elle regarda ses épaules fortes et blanches, personne ne les avait jamais embrassées, hormis sa mère il y avait bien longtemps. Puis elle reporta son regard sur le garçon. Était-ce vraiment elle qui avait, quelques instants auparavant, oublié le garçon pour se jeter, ivre de rage, sur le SS ? « Ce jeune bêta de Juif et son vieux disciple russe prônaient la non-violence[1], pensa-t-elle, mais ils ne connaissaient pas le nazisme. » Elle

---

1. Allusion au sermon évangélique de Tolstoï.

n'avait plus honte, maintenant, du sentiment maternel qu'elle éprouvait, elle, la vieille fille, et elle prit dans ses mains fortes de manuelle le petit visage de David ; il lui sembla qu'elle tenait ses yeux tièdes dans ses mains, et elle le baisa.

— Et voilà, mon petit, dit-elle, nous sommes arrivés aux bains.

Il lui sembla qu'elle avait entrevu, dans la pénombre du vestiaire, les yeux d'Alexandra Vladimirovna Chapochnikova. Était-elle encore en vie ? Elles s'étaient dit adieu et Sofia Ossipovna était partie, et la voilà arrivée maintenant, et Ania Strum[1] était arrivée, elle aussi.

Une femme voulut montrer à son mari leur petit garçon tout nu, mais le mari était de l'autre côté de la cloison et elle tendit le bébé à Sofia Ossipovna :

— Il suffisait de le déshabiller, dit-elle toute fière, pour qu'il ne pleure plus.

Un homme, le visage mangé par une barbe noire, avec un pantalon de pyjama déchiré en guise de caleçon, cria dans un éclair de ses yeux et de ses dents couronnées d'or :

— Mania, il y a un maillot de bain en vente ? j'achète !

Moussia Borissovna sourit à la plaisanterie. Elle cachait d'une main sa poitrine que découvrait sa chemise.

Sofia Ossipovna savait déjà que ces plaisanteries de condamnés n'étaient pas signe de force ; les craintifs et les faibles ont moins peur de leur peur quand ils en rient.

Rébecca Buchmann, le visage tiré, torturé et merveilleux, détournait ses yeux brûlants et immenses ; elle défaisait ses lourdes tresses pour y dissimuler bagues et boucles d'oreilles.

Elle était la proie de la force aveugle et cruelle de la vie. Le nazisme l'avait rabaissée à son niveau, bien qu'elle fût malheureuse et désemparée ; plus rien ne pouvait l'arrêter dans ses efforts pour sauver sa vie. Alors qu'elle cachait ses bagues, elle ne se rappelait pas qu'elle avait de ces mêmes mains serré le cou de son enfant, de peur qu'il ne révèle par ses pleurs leur cachette.

Mais au moment où elle poussait un profond soupir, le soupir d'un animal qui vient enfin de se mettre à l'abri dans des fourrés, elle vit une femme en blouse qui coupait à grands coups de ciseaux les nattes sur la tête de Moussia Borissovna. Une autre tondait une jeune fille et la soie noire des cheveux ruisselait sur le sol en béton. Les cheveux recouvraient le sol et l'on eût pu croire que les femmes se lavaient les pieds dans des eaux sombres et claires.

La femme en blouse écarta d'un geste tranquille la main de Rébecca, saisit les cheveux à la hauteur de la nuque, l'extrémité des ciseaux heurta une bague cachée dans les cheveux et la femme, sans s'interrompre, passa

---

1. Anna Semenovna, mère de Victor Strum et amie de Sofia Ossipovna.

rapidement la main et défit les bagues prises dans la chevelure ; elle se pencha à l'oreille de Rebecca et lui glissa :

— Tout vous sera rendu, puis, encore plus doucement : L'Allemand est là, il faut *ganz ruhig*[1].

Rebecca ne retint pas le visage de la femme, la femme en blouse n'avait pas d'yeux, de lèvres, elle n'était que des mains à la peau jaune veinée de bleu.

Un homme aux cheveux blancs, les lunettes de travers sur un nez de travers, se montra de l'autre côté de la cloison, il ressemblait à un diable malade et triste. Il parcourut du regard les bancs et dit d'une voix forte et distincte, articulant chaque syllabe comme quelqu'un habitué à parler à un sourd :

— Maman, maman, maman, comment te sens-tu ?

Une petite vieille ridée entendit la voix de son fils dans le brouhaha de centaines de voix, lui sourit tendrement et, devinant la question familière, répondit :

— Ça va, le pouls est bon, bien frappé, t'inquiète pas.

Une voix au côté de Sofia Ossipovna fit :

— C'est Guelman, un médecin célèbre.

Une jeune femme nue, qui tenait par la main une fillette en culotte blanche, se mit à crier :

— On va nous tuer, nous tuer, nous tuer !

— Faites taire cette folle, disaient les femmes.

Elles regardèrent autour d'elles, on ne voyait pas de gardes. Les yeux, les oreilles se reposaient dans l'ombre et le silence. Quelle volupté, oubliée depuis des mois, de pouvoir ôter les vêtements durcis par la sueur et la crasse, les chaussettes et les bas presque désagrégés. La tonte terminée, les femmes coiffeuses s'éloignèrent et les gens respirèrent encore plus librement. Les uns sommeillaient, d'autres examinaient les coutures de leurs vêtements, d'autres encore conversaient à voix basse.

— Dommage qu'on n'ait pas de cartes, lança une voix, on pourrait se taper un carton.

Mais à cet instant le chef du Sonderkommando, tirant sur son cigare, décrochait le téléphone ; le magasinier chargeait sur le chariot automoteur les boîtes métalliques contenant le Zyklon B dont les étiquettes rouges rappelaient des pots de confiture ; le responsable du groupe spécial attendait le signal de la lampe rouge.

L'ordre « debout ! » retentit à différentes extrémités du vestiaire. Là où s'arrêtaient les bancs se tenaient des Allemands en uniforme noir. Les gens pénétrèrent dans un large couloir faiblement éclairé par des lampes que protégeaient des verres épais. On voyait la puissance du béton qui, en une courbe progressive, aspirait le flot humain. On n'entendait que le bruissement des pieds nus sur le sol.

---

1. Il faut « se tenir tranquille ».

Au cours d'une conversation qu'elle avait eue avant la guerre avec Evguenia Nikolaïevna Chapochnikova, Sofia Ossipovna avait dit : « Si un homme doit être tué par un autre homme, il serait curieux de pouvoir suivre leurs vies, de voir leurs chemins se rapprocher. Au début, ils sont très éloignés l'un de l'autre : moi, je suis dans les montagnes du Pamir, je ramasse des roses alpestres et je mitraille avec mon Leica ; lui, ma mort, se trouve pendant ce temps à huit mille verstes[1] de là, il pêche, après l'école, des gardons dans la rivière. Je m'habille pour aller au concert, et lui, il achète un billet à la gare pour aller chez sa belle-mère ; mais de toute façon nous nous rencontrerons, l'affaire aura lieu. » Et maintenant, Sofia Ossipovna se rappelait cette conversation étrange. Elle regarda le plafond ; à travers cette épaisseur de béton elle ne pourra plus voir la casserole renversée de la Grande Ourse, elle ne pourrait plus entendre l'orage... Elle allait pieds nus à la rencontre d'une nouvelle courbe du couloir et le couloir s'ouvrait doucement et complaisamment devant elle ; le mouvement s'effectuait sans violence, de lui-même, une sorte de glissement à mi-chemin entre le sommeil et le réel, comme si tout, autour d'elle, et tout en elle était enduit de glycérine et glissait de lui-même.

L'entrée apparut malgré tout progressivement et soudainement. Le flot humain glissait lentement. Le vieux et la vieille qui avaient cinquante ans de vie commune derrière eux, séparés pendant la séance de déshabillage, marchaient à nouveau côte à côte ; la mère portait son enfant réveillé dans ses bras ; la mère et le fils regardaient par-dessus les têtes, ils regardaient le temps et non l'espace. Passa le visage du médecin, tout à côté il y avait les yeux emplis de bonté de Moussia Borissovna, le regard empli d'effroi de Rebecca Buchmann. Voici Lioussia Sterentahl, il est impossible d'assourdir, d'étouffer la beauté de ces jeunes yeux, de ce nez, de ce cou, de ces lèvres entrouvertes ; à côté marchait le vieux Lapidus, aux lèvres bleues, à la bouche fripée. Sofia Ossipovna serra de nouveau les épaules du garçon contre elle. Jamais encore son cœur n'avait connu une telle tendresse pour les gens.

Soudain Rebecca cria, son cri était plein d'une épouvante insupportable, le cri d'un homme qui se transforme en cendres.

À l'entrée de la chambre à gaz, se tenait un homme avec un tuyau de plomb à la main. Il portait une chemise marron à manches courtes, la fermeture éclair du col était ouverte. C'est en voyant son sourire trouble, insensé, enfantin et enivré que Rebecca Buchmann avait poussé son hurlement de terreur.

Les yeux de l'homme glissèrent sur le visage de Sofia Ossipovna : c'était bien lui, ils avaient donc fini quand même par se rencontrer !

Elle sentit que ses doigts devaient serrer ce cou qui rampait hors du col ouvert. Mais l'homme souriant leva d'un geste bref sa matraque. Et elle

---

1. Ancienne mesure de distance équivalant à 1,06 km.

entendit à travers le tintement du verre brisé et les cloches qui sonnaient dans sa tête :

— Tiens-toi tranquille, la Youpine.

Elle parvint à rester debout sur ses jambes et d'un pas lourd et régulier elle franchit avec David le seuil d'acier de la porte.

49

David passa la paume sur le châssis en acier de la porte et sentit son froid lisse. Il vit dans le miroir d'acier une tache gris clair aux contours imprécis : le reflet de son visage. Ses plantes de pied lui dirent que le sol dans la pièce était plus froid que dans le couloir, on l'avait récemment lavé et arrosé.

Il traversait à petits pas lents la boîte en béton gris, au plafond bas. Il ne voyait pas les lampes mais il régnait une lumière grise, comme si le soleil pénétrait ici à travers un ciel recouvert de béton, la lumière de béton ne semblait pas faite pour des êtres vivants.

Des hommes qui avaient été jusque-là tout le temps ensemble se perdirent de vue. David entrevit le visage de Lioussia Sterentahl. Quand, dans le wagon, David la regardait, il éprouvait pour elle un sentiment amoureux, doux et triste. Mais l'instant d'après, à la place de Lioussia, il y avait une petite femme sans cou. Et aussitôt, un vieillard aux yeux bleus, un léger duvet sur le crâne. Et aussitôt, le regard fixe et les yeux écarquillés d'un jeune homme.

C'était un mouvement qui n'était pas un mouvement propre à des êtres humains. Ce n'était pas un mouvement propre à des êtres vivants. Il n'avait ni sens ni but ; il n'était pas le résultat de la volonté d'êtres vivants. La foule s'écoulait dans la chambre à gaz, les arrivants poussaient ceux qui étaient déjà entrés, ceux-ci poussaient leurs voisins ; et de tous ces petits heurts du coude, de l'épaule, du ventre, naissait un mouvement en tout point semblable au mouvement moléculaire qu'avait découvert le botaniste Robert Brown.

David avait l'impression qu'on le menait, il fallait donc avancer. Il arriva au mur, toucha le froid brut du béton, d'abord du genou, puis de la poitrine, il ne pouvait plus avancer. Sofia Ossipovna s'adossa au mur.

Ils regardaient les hommes qui continuaient à affluer. La porte était loin et on ne pouvait la situer qu'à la plus grande densité de corps qui se serraient à l'entrée de la chambre à gaz.

David voyait les visages des gens. Depuis le matin, depuis la descente du train, il n'avait vu que des dos ; à présent, tout le convoi, semblait-il, était face à lui. Sofia Ossipovna était devenue autre ; sa voix avait changé dans l'espace de béton, elle-même avait changé depuis qu'elle était entrée. Quand elle lui avait dit : « Tiens-moi bien fort, mon petit gars », il avait senti qu'elle avait peur de le lâcher parce qu'elle avait peur de rester seule. Mais ils ne purent demeurer contre le mur ; ils s'en écartèrent et marchèrent à petits pas. David sentit qu'il se déplaçait plus rapidement que Sofia Ossipovna. Elle le tenait par la main, le serrait contre elle. Mais une force douce et insensible entraînait David, les doigts de Sofia Ossipovna s'ouvraient.

La foule devenait de plus en plus dense, les mouvements de plus en plus lents, les pas de plus en plus courts. Personne ne dirigeait les mouvements à l'intérieur de la boîte en béton. Les Allemands ne s'inquiétaient pas de savoir ce que fabriquaient les hommes dans la chambre à gaz, s'ils restaient immobiles ou s'ils décrivaient des boucles et des cercles insensés. Et le petit garçon nu faisait des petits pas sans but ni signification. La courbe du mouvement qu'effectuait son petit corps léger ne coïncida plus avec la courbe du mouvement qu'effectuait le grand corps pesant de Sofia Ossipovna, et ils se séparèrent. Il ne fallait pas le tenir par la main, mais comme ça, comme ces deux femmes, la mère et sa fille, convulsivement, avec le sombre entêtement de l'amour, se serrer joue contre joue, poitrine contre poitrine, devenir un seul corps.

La foule continuait à augmenter, et le mouvement des corps, de plus en plus serrés, n'obéissait plus à la loi d'Avogadro. Quand le garçon perdit Sofia Ossipovna, il se mit à crier. Mais aussitôt, Sofia Ossipovna se perdit dans le passé ; seul l'instant présent existait. Les bouches respiraient côte à côte, les corps se touchaient, les pensées et les sentiments s'unissaient.

David se trouva pris dans un tourbillon qui, se heurtant au mur du fond, repartait vers la porte. David vit trois personnes réunies : deux hommes et une vieille femme ; elle protégeait ses enfants, ils soutenaient leur mère. Et soudain, un nouveau mouvement se produisit à côté de David. Le bruit aussi était nouveau, il ne se confondait pas avec le bruissement et les murmures.

— Laissez passer !

Un homme, tête baissée, le cou épais, ses bras puissants tendus, se frayait un passage à travers la masse des corps. Il voulait échapper au rythme hypnotique entre les murs de béton ; son corps se révoltait, comme le corps du poisson sur la table de cuisine, aveugle et vide de pensées. Il se calma rapidement, suffoqua et reprit la marche à petits pas, la marche de tout le monde.

Le désordre que son corps avait produit dans le mouvement général rapprocha David de Sofia Ossipovna. Elle serra contre elle le petit garçon avec cette force que purent mesurer les membres des Sonderkommandos dans les camps de la mort : quand ils vidaient les chambres à gaz, ils ne cherchaient jamais à défaire l'étreinte de proches qui étaient restés enserrés.

Des cris parvinrent du côté de la porte ; les gens qui arrivaient, à la vue de la masse compacte qui emplissait la chambre, refusaient de passer la porte.

David vit la porte se fermer : l'acier de la porte se rapprocha doucement, progressivement, de l'acier du châssis, puis ils se fondirent, ne firent plus qu'un.

David remarqua que quelque chose de vivant avait bougé derrière le grillage, en haut du mur ; il crut d'abord à un rat, puis il comprit que c'était un ventilateur qui s'était mis en marche. Il sentit une faible odeur douceâtre.

Le bruissement des pas s'interrompit, on n'entendait plus que quelques paroles indistinctes, des plaintes, des cris rares et brefs. Ils n'avaient plus besoin de paroles et les actes n'avaient plus de sens ; les actes sont orientés vers l'avenir et il n'y avait pas d'avenir dans la chambre à gaz. Les mouvements de la tête et du cou chez David ne firent pas naître en Sofia Ossipovna le désir de regarder ce que regardait un autre être.

Ses yeux, qui avaient lu Homère, la *Pravda*, *Les Aventures de Huckleberry Finn*, Mayne Reid, la *Logique* de Hegel, ses yeux qui avaient vu des hommes bons et mauvais, des oies dans la campagne de Koursk, des étoiles à l'Observatoire de Poulkovo, l'éclat de l'acier chirurgical, *La Joconde* au Louvre, des tomates et des navets sur les étalages des marchés, les eaux bleues du lac Issyk-Koul, ses yeux ne lui étaient plus d'aucune utilité.

Elle respirait, mais respirer était devenu un dur travail et elle s'épuisait à faire le dur travail de respirer. Elle aurait voulu se concentrer sur sa dernière pensée malgré les cloches qui sonnaient dans sa tête ; mais elle n'avait pas de pensée. Sofia Ossipovna, les yeux grands ouverts, était aveugle et muette.

Le mouvement de l'enfant l'emplit de pitié. Son sentiment pour David était si simple qu'elle n'avait plus besoin de paroles et de regards. L'enfant respirait encore mais l'air qu'on lui donnait n'apportait pas la vie, il la chassait. Sa tête se tournait, il voulait encore regarder. Il voyait les corps s'affaisser, il voyait les bouches ouvertes, des bouches édentées, des dents blanches, des dents couronnées d'or, il voyait un filet de sang qui coulait du nez. Il vit des yeux curieux qui observaient l'intérieur de la chambre à gaz par un judas ; les yeux contemplatifs de Rosé avaient croisé le regard de David. Et il aurait eu besoin aussi de sa voix, il aurait demandé à tatie Sofia ce qu'étaient ces yeux de loup. Et il avait besoin aussi de ses pensées. Il n'avait eu le temps que de faire quelques pas dans la vie ; il avait vu les traces de pieds nus dans la poussière chaude, à Moscou il y avait maman, la lune regardait d'en haut et les yeux la voyaient d'en bas, l'eau dans la bouilloire chauffait sur le gaz ; le monde où courait une poule décapitée, le monde où il y avait le lait du matin et les grenouilles qu'il faisait danser en les tenant par les pattes de devant, le monde l'intéressait encore.

Pendant tout ce temps des mains fortes et chaudes étreignirent David. L'enfant ne sentit pas ses yeux devenir aveugles, son cœur vide et creux, son cerveau morne et noir. On l'avait tué et il avait cessé d'être.

Sofia Ossipovna sentit le corps de l'enfant s'affaisser dans ses bras. Elle était à nouveau séparée de lui. Dans les mines, les animaux témoins, les oiseaux et les souris, meurent sur-le-champ en présence de gaz dangereux. Ils ont de petits corps et le garçon au petit corps d'oiseau était mort avant elle.

« Je suis mère », pensa-t-elle.

Ce fut sa dernière pensée.

Mais son cœur vivait encore : il se serrait, souffrait, vous plaignait, vous, les vivants et les morts ; des vomissements jaillirent, Sofia Levintone serra contre elle David, poupée sans vie, et elle devint morte, poupée.

50

L'homme meurt et passe du royaume de la liberté à celui de l'esclavage. La vie, c'est la liberté, aussi le processus de la mort est-il le processus de l'anéantissement progressif de la liberté ; la conscience faiblit puis s'éteint ; les processus vitaux de l'organisme se poursuivent un certain temps après la disparition de la conscience ; la circulation sanguine, la respiration, les échanges cellulaires continuent à s'effectuer. Mais c'est un recul irréversible vers l'esclavage : la conscience s'est éteinte, la flamme de la liberté s'est éteinte.

Les étoiles se sont éteintes dans le ciel nocturne, la Voie lactée a disparu, le soleil s'est éteint, Vénus, Mars et Jupiter se sont éteints ; les océans se sont figés, les millions de feuilles se sont figées, le vent a cessé de souffler, les fleurs ont perdu leurs couleurs et leurs parfums, le pain a disparu, l'eau a disparu, la fraîcheur et la chaleur de l'air ont disparu. L'Univers qui existait en l'homme a cessé d'être. Cet Univers ressemblait de manière étonnante à l'autre, l'unique, celui qui existe en dehors des hommes. Cet Univers ressemblait de manière étonnante à l'Univers que continuent de refléter des millions de cerveaux vivants. Mais cet Univers avait ceci de particulièrement étonnant qu'il y avait en lui quelque chose qui distinguait le parfum de ses fleurs, le ressac de son océan, le frémissement de ses feuilles, les couleurs de ses granits, la tristesse de ses champs sous une pluie d'automne, de l'Univers qui vivait et qui vit en chaque homme, et de l'Univers qui existe éternellement en dehors des hommes. Son unicité et son originalité irréductible constituent l'âme d'une vie, sa liberté. Le reflet de l'Univers dans la conscience d'un homme est le fondement de la force de l'homme, mais la vie ne devient bonheur, liberté, valeur suprême, que lorsque l'homme existe en tant que monde que personne, jamais, ne répétera dans l'infini des temps. Ce n'est qu'à cette condition qu'il éprouve le bonheur de la liberté et de la bonté, en trouvant chez les autres ce qu'il a trouvé en lui-même.

51

Semionov[1], le chauffeur qui avait été fait prisonnier en même temps que Mostovskoï et Sofia Ossipovna à Stalingrad, avait passé dix semaines, mourant de faim, dans un camp proche du front avant d'être envoyé, avec un groupe important d'autres prisonniers de guerre, en direction de la frontière occidentale.

Il n'avait reçu, dans le premier camp, pas le moindre coup de poing, coup de crosse ou coup de botte.

Dans le camp, régnait la famine.

L'eau murmure dans le canal d'irrigation, elle clapote, soupire, bruit près de la rive, mais la voici qui gronde, hurle, entraîne des blocs de pierre, emporte des arbres gigantesques comme fétus de paille... Et le cœur vous manque à regarder la rivière qui, comprimée entre ses rives étroites, ébranle des falaises, et l'on dirait que ce n'est pas de l'eau mais des masses pesantes de plomb transparent, soudain douées de vie, déchaînées, cabrées.

La faim, comme l'eau, est liée naturellement à la vie, et soudain, comme l'eau, elle se transforme en une force qui détruit le corps, qui brise et mutile l'âme, qui extermine des masses humaines.

Le manque de nourriture, la neige, les sécheresses, les inondations, les épizooties emportent les troupeaux de brebis et de chevaux, les oiseaux et les renards, les abeilles sauvages, les chameaux, les truites et les vipères. Les êtres humains, lors de catastrophes naturelles, deviennent par leurs souffrances les égaux des bêtes.

L'État peut décider d'enserrer artificiellement la vie dans des digues et alors, telle l'eau prise entre des rives trop étroites, la force terrible de la faim mutile, brise, extermine l'homme, une race, un peuple.

Molécule après molécule, la faim élimine des cellules les protéines et les graisses ; la faim ramollit les os, tord les jambes rachitiques des enfants, liquéfie le sang, dessèche les muscles, mange les cellules nerveuses ; la faim écrase l'âme, chasse la gaieté et la foi, détruit la pensée, fait naître soumission, bassesse, cruauté, désespoir et indifférence.

L'humain peut alors disparaître en l'homme, et l'être affamé est capable de meurtre, de cannibalisme.

L'État est capable de construire un barrage qui sépare le blé et l'orge de ceux qui les ont semés et provoquer ainsi des morts massives comparables à celles des Léningradois pendant le blocus allemand, à celles de millions de prisonniers de guerre dans les camps hitlériens.

Nourriture ! Aliment ! Bouffe ! Vivres ! Pâtures ! Tortore ! Mangeaille ! Chère ! Pitance ! Un repas copieux, raffiné, modeste, de régime, campagnard ! Mets ! Nourriture...

---

1. Semionov est l'un des personnages du roman *Pour une juste cause*.

Pelures de pommes de terre, chiens, grenouilles, feuilles de choux pourries, betteraves moisies, cheval crevé, viande de chat, de corbeau et de choucas, graines crues, cuir de ceinturons, tiges de bottes, colle, terre imbibée des eaux grasses du mess, tout cela est de la nourriture. C'est ce qui passe le barrage.

Cette nourriture, on cherche à se la procurer, on la partage, on l'échange, on se la vole.

Au onzième jour de route, quand le convoi s'était arrêté à la gare de Khoutor Mikhaïlovski, les gardes sortirent du wagon Semionov inconscient et le remirent aux autorités de la gare.

Le commandant de la gare, un vieil Allemand, regarda quelques instants le soldat agonisant et dit à l'interprète :

— Laissons-le se traîner au village. Si je l'enferme, il mourra dans vingt-quatre heures, et il n'y a pas de motif pour le fusiller.

Semionov parvint jusqu'au village voisin de la gare.

On ne le laissa pas entrer dans la première maison.

— Nous n'avons plus rien, va-t'en, dit une voix de vieille derrière la porte.

Il frappa longuement à la porte de la deuxième maison mais personne ne répondit. La maison était vide ou fermée de l'intérieur.

La porte de la troisième isba était entrouverte ; il entra, personne ne se manifesta et il pénétra dans la pièce. Il sentit la bonne chaleur du poêle, la tête lui tourna et il s'étendit sur le banc, près de la porte. Sa respiration était rapide, entrecoupée. Il regardait autour de lui les murs passés à la chaux, les icônes, la table, le poêle qui occupait la moitié de la pièce. Tout cela le stupéfiait, après le camp.

Une ombre passa devant la fenêtre, une femme entra dans la pièce, vit Semionov et s'exclama :

— Qui êtes-vous ?

Il ne répondit pas. C'était clair, qui il était.

Ce jour-là, ce ne furent pas les forces impitoyables d'États puissants qui décidèrent de la vie et du destin de Semionov, mais un être humain, la vieille Krysta Tchouniak.

La femme tendit à Semionov un quart de lait qu'il se mit à boire difficilement mais avec avidité. Il but le lait et le rendit. Les vomissements le déchiraient, ses yeux pleuraient, il aspirait de l'air avec un râle de mourant, et vomissait encore et encore.

Il essayait de se retenir, il ne pensait qu'à une chose : il était sale, souillé, et la vieille allait le chasser. Il vit qu'elle apportait un chiffon, essuyait par terre. Il voulait lui dire qu'il ne fallait pas qu'elle essuie, qu'il allait tout nettoyer et laver lui-même, pourvu qu'elle ne le chasse pas. Mais il ne put que murmurer des sons indistincts en montrant quelque chose d'un doigt tremblant. Le temps passait. La vieille sortait de la maison, entrait à nouveau. Elle ne chassait pas Semionov. Peut-être

qu'elle avait demandé à une voisine d'aller chercher une patrouille allemande ou de prévenir le politsaï.

La vieille mit à chauffer un chaudron d'eau. Il faisait chaud, la vapeur
s'élevait au-dessus de l'eau. Le visage de la vieille paraissait dur, renfrogné.

« Elle va me chasser, puis elle va tout désinfecter », se dit Semionov.

La vieille sortit du linge et un pantalon du coffre. Elle aida Semionov à
se déshabiller, fit un paquet du linge sale. Il sentit l'odeur de son corps,
de son caleçon imbibé d'urine et d'excréments sanglants.

Elle aida Semionov à s'asseoir dans un baquet, et il sentit sur son corps
mangé par les poux le contact des mains fortes et rugueuses de la vieille ;
une eau savonneuse et chaude coula sur ses épaules, sur son dos. Soudain, il suffoqua, se mit à trembler de tout son corps, il glapit en avalant
la morve qui coulait, il cria :

— Maman, maman, maman...

Elle essuya avec un torchon de toile bise ses yeux larmoyants, ses cheveux, ses épaules. Elle attrapa Semionov sous les bras, l'assit sur le banc
et se mit à genoux pour essuyer ses jambes semblables à des cannes ; elle
lui mit une chemise et des caleçons, boutonna les petits boutons blancs,
recouverts de tissu.

Elle vida dehors l'eau noire et souillée du baquet. Elle étendit sur le
haut du poêle une peau de mouton, la recouvrit d'une toile rayée, prit sur
le lit un gros oreiller et le disposa à la tête de la couche. Puis elle souleva
Semionov sans effort, comme un poulet, et l'aida à grimper en haut du
poêle[1].

Semionov gisait dans une sorte de demi-délire. Son corps ressentait un
changement insensé ; la volonté du monde impitoyable qui cherchait à
anéantir une bête mourante avait cessé d'agir.

Mais il n'avait jamais autant souffert que maintenant, ni dans le camp
ni pendant le convoi ; ses jambes lui faisaient mal, une douleur sourde lui
brisait les doigts, ses os étaient douloureux, il avait mal au cœur, sa tête
s'emplissait d'une bouillie noire et liquide, ou, au contraire, vide et
légère, se mettait à tourner, ses yeux le piquaient, un hoquet le déchirait,
ses paupières le démangeaient. Par moments, son cœur se serrait, s'arrêtait, son corps s'emplissait de fumée et il lui semblait qu'il allait mourir.

Quatre jours passèrent. Semionov descendit du poêle, marcha dans la
pièce. Il était stupéfait de voir que le monde était plein de nourriture.
Dans le camp, il n'y avait que des betteraves pourries. Dans le camp, il
lui semblait que la seule chose qui existât en ce monde était le brouet, la
soupe du camp, une eau tiédasse sentant la pourriture.

Alors que maintenant il pouvait voir du millet, des pommes de terre, du
chou, du lard, il entendait un coq chanter.

---

1. Véritable « monument », le poêle de l'isba russe servait à la fois pour le chauffage et
la cuisine. Il comportait également une couchette où l'on dormait au chaud [NdT].

Il lui semblait, comme à un enfant, que deux magiciens se partageaient le monde, et il vivait dans la crainte que le méchant reprenne le dessus sur le bon, et que le monde chaud, bon et rassasié disparaisse et qu'il soit à nouveau obligé de mâcher un morceau de son ceinturon.

Il s'intéressa au moulin à blé de la vieille, son efficacité était nulle, on avait le front en sueur avant d'avoir pu moudre une poignée de farine grise et humide. Semionov nettoya la transmission avec une lime et de la toile émeri, resserra le boulon qui reliait le mécanisme aux meules faites de pierres plates. Il avait tout fait selon les règles, comme il convient à un mécanicien qualifié de Moscou ; il avait réparé le travail grossier d'un artisan de village, mais le moulin se mit à marcher encore plus mal.

Allongé sur le poêle, Semionov cherchait un moyen pour mieux moudre le blé. Le matin, il démonta une nouvelle fois le moulin, utilisa les rouages d'une pendulette hors d'usage.

— Regardez un peu, dit-il, tout faraud, en montrant à Krysta comment fonctionnait l'engrenage qu'il avait adapté au moulin.

Ils ne se parlaient presque pas. Elle ne lui parlait pas de son mari, mort en 1930, de ses fils disparus, de sa fille, partie pour Prilouki et qui avait oublié sa mère. Elle ne lui demandait pas comment il avait été fait prisonnier, d'où il était, de la ville ou de la campagne.

Il avait peur de sortir dans la rue, regardait longtemps par la fenêtre avant de se risquer dans la cour et rentrait aussitôt. Il suffisait que la porte claquât ou qu'une gamelle tombât par terre pour qu'il prît peur. Il lui semblait que c'en était fini de son bonheur, que la force de la vieille Krysta Tchouniak avait cessé d'agir.

Quand une voisine venait rendre visite à Krysta, Semionov se réfugiait sur le poêle où il restait allongé, sans un mouvement, ayant peur de respirer trop fort, d'éternuer. Mais les voisines passaient rarement chez Krysta.

Il n'y avait pas d'Allemands dans le village, ils étaient cantonnés dans une cité de cheminots, près de la gare.

Semionov n'avait pas de remords à la pensée qu'il vivait bien au chaud pendant que la guerre faisait rage alentour. Il avait très peur d'être entraîné à nouveau dans le monde de la faim et des camps.

Le matin, au réveil, il restait un moment sans ouvrir les yeux. Il lui semblait que le charme avait été rompu pendant la nuit et qu'il allait voir devant lui les barbelés et les gardiens, entendre le tintement des gamelles vides. Il écoutait, les yeux fermés, vérifiant si Krysta était là.

Il pensait rarement au passé récent ; il ne pensait pas à Krymov, à Stalingrad, au camp, au convoi. Mais il pleurait et criait chaque nuit dans son sommeil. Une nuit, il descendit du poêle, se terra sous un banc et y dormit jusqu'au matin. À son réveil, il ne souvenait plus de ce qu'il avait vu dans son sommeil.

Il put voir à plusieurs reprises passer des camions chargés de pommes de terre, de sacs de blé ; il vit un jour une Opel Kapitan. Le moteur était bon, les roues ne patinaient pas dans la boue du village.

Son cœur s'arrêtait quand il se représentait la scène : des voix rauques crient dans l'entrée, une patrouille allemande fait irruption dans l'isba.

Il interrogea Krysta sur les Allemands.

— Il y en a des pas mauvais, répondit-elle. Quand le front passait ici, j'en ai eu deux chez moi, un étudiant et un peintre. Ils jouaient avec les enfants. Après, j'ai eu un chauffeur, il avait toujours un chat. Quand il rentrait, le soir, le chat se ramenait, et va que je te lui donne du lard, du beurre. Il disait que, cette bête, il l'avait depuis la frontière. Il ne le lâchait jamais, même à table. Et il a été très bon pour moi, il m'a donné du bois, une fois il m'a donné un sac de farine. Mais il y a des Allemands, ils tuent les enfants, ils ont tué un voisin, un vieux grand-père ; on n'est pas des hommes, pour eux, ils se promènent tout nus devant les femmes, ils font leurs besoins dans l'isba. Et il y a les nôtres, aussi, du village, les politsaï, ils font de ces choses…

— Chez les nôtres, il n'y a pas de sauvages comme chez les Allemands, dit Semionov.

Et il demanda :

— Mais vous, vous n'avez pas peur de me garder ici ?

Elle secoua la tête et lui expliqua qu'il y avait dans le village beaucoup de prisonniers relâchés. C'étaient, bien sûr, des Ukrainiens, des gens du village, qui étaient rentrés chez eux. Mais elle pouvait toujours dire que Semionov était son neveu, le fils de sa sœur qui avait quitté le village pour suivre son mari en Russie.

Semionov connaissait déjà de vue tous les voisins. Il connaissait la vieille qui ne l'avait pas laissé entrer chez elle le premier jour. Il savait que les jeunes filles allaient le soir au cinéma, à la gare, qu'il y avait bal tous les samedis. Il avait très envie de savoir quels films projetaient les Allemands. Mais Krysta ne voyait que des vieux et il n'avait personne à qui le demander.

Une voisine apporta une lettre de sa fille qui avait été enrôlée en Allemagne. Certains passages restèrent obscurs pour Semionov et on dut les lui expliquer. La jeune fille écrivait : « Gricha et Vania sont venus, on a remplacé les vitres. » Gricha et Vania étaient dans l'aviation. Donc l'aviation soviétique avait bombardé la ville allemande où se trouvait la jeune fille.

Ailleurs, la jeune fille écrivait : « Il a plu comme aux Bakhmatchi. » Et cela, aussi, voulait dire qu'il y avait eu des raids aériens : au début de la guerre, on avait drôlement bombardé la gare des Bakhmatchi.

Ce même soir, un grand vieillard sec passa chez Krysta. Il regarda Semionov et demanda sans la moindre trace d'accent ukrainien :

— D'où viens-tu, le gars ?

— Je suis un prisonnier, répondit Semionov.

— Nous sommes tous des prisonniers.

Le vieux avait servi dans l'artillerie sous Nicolas II et il se souvenait avec une précision étonnante des commandements. Il les répéta pour Semionov, en prenant une voix rauque pour donner les ordres et une voix jeune, vibrante, pour annoncer leur exécution. Visiblement il avait retenu l'intonation de son chef et celle qu'il avait, lui, il y avait bien des années. Puis il se mit à injurier les Allemands.

Il expliqua à Semionov que les gens, au début, espéraient que les Allemands liquideraient les kolkhozes, mais les Allemands avaient eu vite fait de comprendre que les kolkhozes étaient une bonne chose pour eux aussi. Ils avaient mis en place des « quintes » et des « dizains » qui ne changeaient pas beaucoup des « équipes » et « brigades » des kolkhozes. La vieille Krysta répéta d'une voix morne et triste :

— Oh, les kolkhozes, les kolkhozes !

— Eh bien quoi, les kolkhozes ? s'étonna Semionov. Normal, on a partout des kolkhozes, chez nous.

— Tais-toi, dit soudain Krysta. Tu te souviens comment t'étais quand t'es arrivé ici de ton convoi ? Eh bien, toute l'Ukraine était comme ça en 1930. On a mangé des orties, quand il n'y a plus eu d'orties, on a mangé de la terre. Ils ont pris le grain jusqu'à la dernière petite graine. Mon homme est mort, et faut voir ce qu'il a enduré ! J'ai enflé, j'ai perdu la voix, je ne pouvais plus marcher.

Semionov fut frappé à l'idée que la vieille Krysta avait souffert de la faim tout comme lui. Il avait cru que la faim, la famine étaient impuissantes devant la maîtresse de la bonne isba.

— Peut-être que vous étiez des koulaks ? demanda-t-il.

— Tu parles, des koulaks ! Tout le monde y passait. Pire que pendant la guerre.

— Et toi, t'es de la campagne ou de la ville ? demanda le vieux.

— Je suis de Moscou, répondit Semionov, et mon père aussi est né à Moscou.

— Je peux te dire alors que si tu avais été ici au moment de la collectivisation, tu aurais crevé. Un gars de la ville. Moi, dit le vieux tout fier, si je suis encore en vie, c'est que je connais les plantes. Tu penses aux glands, aux feuilles de tilleul, aux orties ? Ils ont tout de suite été mangés. Mais moi, je connais cinquante-six plantes, pas moins, que l'homme peut manger. C'est pour ça que je suis encore ici. C'était le tout début du printemps, pas une feuille sur les arbres, mais moi, je déterrais déjà des racines. Je sais tout, moi, mon vieux : toutes les racines, les écorces, les fleurs, les herbes, je les comprends toutes. Une vache, une brebis ou un cheval, ils seraient crevés. Pas moi, je suis plus herbivore qu'eux.

— De Moscou ? répéta Krysta. Et moi, je ne savais pas que tu étais de Moscou.

Le voisin parti, Semionov s'était couché, mais la vieille Krysta restait assise, la tête dans les mains, et fixait le ciel noir de la nuit.

Ils avaient eu une belle récolte, cette année-là. Les blés se dressaient comme un mur ; les épis arrivaient à l'épaule de Vassili, quant à elle, elle aurait pu s'y cacher debout.

Le village était empli de gémissements doux et plaintifs ; de petits squelettes, les enfants, rampaient par terre, dans les isbas, en geignant. Les hommes, les pieds gonflés par l'œdème, erraient dans les cours, incapables du moindre effort. Les femmes cherchaient quelque chose à cuire, tout avait été cuit, tout avait été mangé : orties, glands, feuilles de tilleul, sabots, vieux os, cornes qui traînaient dans les arrière-cours, peaux de mouton... Et les gaillards venus de la ville allaient de maison en maison, passant devant les morts et les agonisants, ouvraient les caves, creusaient des trous dans les granges, sondaient le sol avec des tiges de fer : ils cherchaient et réquisitionnaient « le grain que cachaient les koulaks ».

Par une journée d'été étouffante, Vassili Tchouniak avait cessé de respirer. Juste à ce moment-là, les gars de la ville étaient de nouveau entrés chez eux ; et un garçon aux yeux bleus, roulant les « r » à la russe, tout comme Semionov, avait dit en regardant le mort : « Ils résistent, ces koulaks, jusqu'à en crever. »

Krysta soupira, se signa et alla dormir.

52

Strum estimait que seul un petit cercle de théoriciens serait en mesure d'apprécier ses travaux. Mais il n'en fut rien. Depuis quelque temps, il recevait des coups de téléphone de physiciens qu'il connaissait, mais aussi de mathématiciens et de chimistes. Certains lui demandaient des éclaircissements : ses déductions mathématiques étaient complexes.

Des délégués d'une association étudiante étaient venus le trouver, à l'Institut, pour le prier de faire un exposé à l'intention des étudiants en dernière année de physique et de mathématiques. À deux reprises, il avait fait une conférence à l'Académie. Markov, Savostianov lui avaient raconté qu'on discutait de ses travaux dans maints laboratoires de l'Institut.

Lioudmila Nikolaïevna avait même entendu, au magasin réservé, une femme de savant demander à une autre : « Vous faites la queue derrière qui ? » Et l'autre avait répondu : « Derrière la femme de Strum. » La première s'était alors exclamée : « Le fameux Strum ? »

Victor Pavlovitch s'efforçait de dissimuler combien cet intérêt subit pour ses travaux le réjouissait. Mais la gloire ne le laissait pas indifférent. Au Conseil scientifique de l'Institut, on décida de proposer son ouvrage pour le prix Staline. Strum ne se rendit pas à cette séance, mais, dans la soirée, il ne quitta pas le téléphone des yeux, attendant le coup de fil de Sokolov. Le premier à l'appeler, après la séance, fut Savostianov.

D'ordinaire railleur, voire cynique, Savostianov, cette fois, avait un autre ton.

— C'est un triomphe ! répétait-il. Un véritable triomphe !

Il lui raconta l'intervention de l'académicien Prassolov. Le vieux avait déclaré que depuis l'époque de son défunt ami Lebedev, qui avait étudié la pression lumineuse, les murs de l'Institut n'avaient pas connu de travaux de cette importance.

Le professeur Svetchine avait évoqué la méthode mathématique de Strum, en démontrant que cette méthode elle-même présentait des éléments novateurs. Il avait dit que seuls les Soviétiques étaient capables, en période de guerre, de consacrer leurs forces, avec autant de dévouement, à servir le peuple.

Beaucoup avaient pris la parole, et parmi eux Markov, mais le discours le plus brillant et le plus fort avait été celui de Gourevitch.

— Drôlement costaud ! dit Savostianov. Il a su trouver les mots qu'il fallait, a parlé sans restrictions ; il a dit que votre ouvrage était désormais un classique, à placer au niveau de ceux des fondateurs de la physique atomique, Planck, Bohr, Fermi.

« Fortiche ! » pensa Strum.

Peu après Savostianov, Sokolov appela.

— Impossible de vous avoir, aujourd'hui. J'appelle depuis vingt minutes, c'est toujours occupé, dit-il.

Sokolov, lui aussi, était excité et content.

Strum dit :

— J'ai oublié de demander à Savostianov comment s'était passé le vote.

Sokolov expliqua que le professeur Gavronov, spécialisé dans l'histoire de la physique, avait voté contre Strum ; d'après lui, les travaux de Strum n'étaient pas fondés scientifiquement, ils découlaient directement des conceptions idéalistes des physiciens occidentaux et n'ouvraient, pratiquement, aucune perspective.

— C'est plutôt bien que Gavronov soit contre, fit remarquer Strum.

— Peut-être, acquiesça Sokolov.

Gavronov était un homme étrange, qu'on avait surnommé, manière de plaisanterie : « Nos frères slaves ». Il s'entêtait à démontrer que toutes les grandes découvertes en physique étaient liées aux travaux des savants russes. Il mettait en avant les noms, presque inconnus, de Petrov, Oumov, Iakovlev, qu'il plaçait plus haut que ceux de Faraday, Maxwell, Einstein.

Sokolov plaisanta :

— Vous voyez, Victor Pavlovitch, Moscou a reconnu l'importance de vos travaux. Nous festoierons bientôt chez vous.

Maria Ivanovna s'empara du téléphone et dit :

— Compliments ! Félicitez pour moi Lioudmila Nikolaïevna. Je suis si heureuse pour vous et pour elle !

Strum répondit :

— Tout cela n'est que vanité.

Mais cette vanité l'émouvait et le réjouissait.

Durant la nuit, alors que Lioudmila Nikolaïevna s'apprêtait à dormir, Markov appela. Il était toujours très au fait de la conjoncture officielle, et il fit un récit du Conseil scientifique, très différent de ceux de Savos-tianov et de Sokolov. Après l'intervention de Gourevitch, Kovtchenko avait dit, suscitant, l'hilarité générale : « À l'Institut de mathématiques, les cloches sonnent aussi pour célébrer les travaux de Victor Pavlovitch. On n'a pas encore prévu de procession, mais les gonfalons sont tout prêts. »

Dans la plaisanterie de Kovtchenko, Markov, soupçonneux, avait flairé une certaine hostilité. Ses autres remarques avaient trait à Chichakov. Alexeï Alexeïevitch n'avait pas donné son avis sur l'ouvrage de Strum. Écoutant les orateurs, il opinait du bonnet, mais était-il approbateur, ou était-ce une façon de dire : « Cause toujours, gars, tu m'intéresses ! »

Chichakov faisait en sorte que le prix fût décerné au jeune professeur Molokanov ; ses travaux étaient consacrés à l'analyse radiographique de l'acier. Ils présentaient un intérêt strictement pratique pour quelques usines, qui se devaient de produire un métal de qualité.

Puis, Markov raconta qu'après la séance, Chichakov était allé parler à Gavronov.

Strum dit :

— Viatcheslav Ivanovitch, vous devriez travailler dans la diplomatie.

Markov, qui ne savait pas plaisanter, répondit :

— Non, je suis physicien.

Strum passa dans la chambre où se trouvait Lioudmila et annonça :

— On me propose pour le prix Staline. On dit un tas de choses agréa-bles sur mon compte.

Et il lui fit part des interventions des membres du Conseil.

— Bien sûr, tous ces succès officiels n'ont aucun intérêt. Mais tu sais, j'en ai par-dessus la tête de cet éternel complexe d'infériorité. Admettons que j'entre dans la salle de réunion. Eh bien, tu peux être sûre que même s'il y a de la place au premier rang, je n'oserai jamais m'y asseoir et que j'irai me poser au diable. Chichakov et Postoïev, eux, sans hésiter, vont s'installer au Praesidium. Tu comprends, ce fauteuil, je m'en fiche, mais j'aimerais, intérieurement, être convaincu que j'y ai droit.

— Tolia aurait été si content, fit remarquer Lioudmila Nikolaïevna.

— Je ne pourrai pas en parler à maman.

Lioudmila Nikolaïevna reprit :

— Vitia, il est 11 heures passées, et Nadia n'est toujours pas là. Hier, déjà, elle est rentrée à 11 heures.

— Et alors ?

— Elle dit qu'elle va chez une amie, mais cela m'inquiète. Elle prétend que le père de Maïka[1] a un laissez-passer pour circuler en voiture la nuit et qu'il l'a reconduite jusqu'au coin de l'immeuble.

---

1. Diminutif de Maïa.

— Alors, pourquoi s'inquiéter ? dit Victor Pavlovitch, en pensant à part soi : « Seigneur, comment peut-on ramener ces petits problèmes quotidiens au milieu d'une conversation où l'on parle d'un grand succès et du prix Staline ! »

Il se fit taciturne, eut un bref soupir.

Deux jours après l'assemblée du Conseil scientifique, Strum téléphona au domicile de Chichakov. Il voulait lui demander d'accepter la candidature du jeune physicien Landesman. La direction et le service du personnel faisaient traîner les choses. Il voulait également prier Alexeï Alexeïevitch d'accélérer les formalités, afin qu'Anna Nahumovna Weispapier pût rentrer de Kazan. Puisque, à présent, on embauchait à l'Institut, il n'avait aucune raison de laisser à Kazan des travailleurs qualifiés.

Il y avait bien longtemps qu'il voulait en parler à Chichakov, mais il avait l'impression que ce dernier n'était pas très bien disposé à son égard, et qu'il lui répondrait : « Adressez-vous à mon adjoint. » Alors, Strum repoussait cette conversation.

Mais aujourd'hui, le succès le portait. Seulement dix jours plus tôt, il eût à peine osé demander un entretien à Chichakov durant ses heures de réception. Et voilà qu'il lui semblait tout naturel et tout simple de lui téléphoner chez lui.

Une voix de femme s'enquit :

— C'est de la part de qui ?

Strum se présenta. Il eut plaisir à entendre sa voix, si calme, si posée, tandis qu'il se nommait.

La femme marqua un temps d'arrêt à l'autre bout du fil, puis elle dit aimablement : « Un petit moment », et un bref instant plus tard, elle reprit sur le même ton gentil :

— Soyez aimable de rappeler demain à 10 heures à l'Institut.

— Veuillez m'excuser, répondit Strum.

De tout son corps, de toute sa peau, il éprouvait une honte cuisante.

Il devinait tristement que ce sentiment ne le quitterait pas même dans son sommeil et qu'au réveil, il se demanderait : « Pourquoi suis-je si mal ? » et aussitôt, se souviendrait : « Ah oui ! ce stupide coup de téléphone ! »

Il alla trouver sa femme, dans la chambre, pour lui raconter sa conversation manquée avec Chichakov.

— Je vois, je vois. T'as misé sur le mauvais cheval, comme disait ta mère en parlant de moi.

Il se mit à insulter la femme qui lui avait répondu.

— Nom de nom, quelle ordure ! Je ne supporte pas cette odieuse façon de se renseigner, pour vous répondre ensuite : Monsieur est occupé.

D'ordinaire, en pareil cas, Lioudmila Nikolaïevna était indignée, et il avait envie de l'écouter parler.

— Tu te souviens, dit-il, je pensais que la froideur de Chichakov s'expliquait par le fait que mes travaux ne pouvaient rien lui rapporter. Seulement, aujourd'hui, il s'aperçoit que cela peut lui rapporter gros, mais d'une façon particulière : en me discréditant. Tu comprends, il le sait : Sadko ne m'aime pas[1].

— Seigneur, que tu es donc soupçonneux ! s'exclama Lioudmila Niko-laïevna. Quelle heure est-il ?

— 9 heures et quart.

— Tu vois, Nadia n'est toujours pas là.

— Seigneur, répliqua Strum. Que tu es donc soupçonneuse !

— À propos, reprit Lioudmila Nikolaïevna, aujourd'hui, j'ai entendu dire, au magasin réservé, que Svetchine était également proposé pour le prix.

— Elle est bonne, celle-là ! Il ne m'en a rien dit ! Et en quel honneur ?

— Pour sa théorie de la diffusion, apparemment.

— C'est inouï. Elle date d'avant la guerre, sa théorie.

— Et alors ? Le passé, ça compte aussi. Tu verras qu'il aura le prix, et pas toi. Tu fais d'ailleurs tout pour cela.

— Tu es stupide, Liouda. Sadko ne m'aime pas, c'est tout !

— Ta maman te manque. Elle aurait fait chorus avec toi.

— Je ne comprends pas ton agacement. Si, à une époque, tu avais témoigné à maman l'affection que j'ai toujours eue pour Alexandra Vla-dimirovna…

— Anna Semionovna n'aimait pas Tolia, répondit Lioudmila Niko-laïevna.

— C'est faux, c'est faux, protesta Strum.

Et sa femme lui parut étrangère. Elle l'effrayait par son entêtement injuste.

53

Au matin, à l'Institut, Sokolov apprit la nouvelle à Strum. La veille au soir, Chichakov avait invité chez lui plusieurs chercheurs de l'Institut. Kovtchenko était passé prendre Sokolov en voiture.

Se trouvait, parmi les convives, le responsable de la section scienti-fique du CC, le jeune Baldine.

Strum se recroquevilla de honte : de toute évidence, il avait téléphoné à Chichakov au moment même où il recevait ses hôtes.

Il eut un petit rire et dit à Sokolov :

— On notait la présence du comte de Saint-Germain. Et de quoi ces messieurs ont-ils parlé ?

Il se rappela soudain qu'au téléphone il avait dit son nom d'un ton velouté, persuadé qu'en entendant le mot « Strum » Alexeï Alexeïevitch se jetterait sur le téléphone. Ce souvenir lui arracha un gémissement. Il se

---

1. Allusion à l'opéra *Sadko* de Rimski-Korsakov, inspiré par un poème épique russe. « Sadko ne m'aime pas » sont les premières paroles de l'air de Lioubava, la femme de Sadko, qui doute de son amour. En les citant, Strum pense à Staline et au pouvoir suprême.

dit que seul un chien essayant de chasser une puce particulièrement maligne pouvait gémir aussi lamentablement.

— Je dois dire, reprit Sokolov, que question ravitaillement, on ne se serait jamais cru en guerre. Du café, du vin géorgien. Nous n'étions pas très nombreux, une dizaine.

— C'est bizarre, fit remarquer Strum, et Sokolov comprit que cette réflexion « rêveuse » s'adressait à lui. Il répondit, sur le même ton :

— Oui, je ne comprends pas très bien. Ou plutôt, je n'y comprends rien du tout.

— Nathan Samsonovitch était invité ? demanda Strum.

— Gourevitch n'était pas là. Il semble qu'on lui ait téléphoné, mais il avait un cours avec les étudiants de troisième cycle.

— Oui, oui, oui, fit Strum en pianotant sur la table. Puis, à sa grande stupéfaction, il s'entendit demander : « Piotr Lavrentievitch, a-t-on parlé de mes travaux ?

Sokolov hésita :

— J'ai le sentiment, Victor Pavlovitch, que vos admirateurs, vos inconditionnels vous jouent, en fin de compte, un sale tour : les chefs commencent à être agacés.

— Pourquoi vous taisez-vous ? Continuez !

Sokolov lui rapporta cette remarque de Gavronov : les travaux de Strum allaient à l'encontre des théories de Lénine sur la nature de la matière.

— Bon, fit Strum. Et alors ?

— Vous comprenez, Gavronov n'est rien. L'ennuyeux, c'est que Baldine l'a appuyé. En disant quelque chose comme quoi votre travail, bien que brillant, contredisait les grandes orientations définies lors de leur fameuse réunion.

Il jeta un coup d'œil à la porte, puis au téléphone, et ajouta à mi-voix :

— Vous comprenez, je me suis demandé si les huiles de l'Institut n'avaient pas l'intention de vous faire jouer les boucs émissaires, dans la campagne montée pour renforcer l'esprit de parti dans la recherche scientifique. Vous savez comment on déclenche les campagnes chez nous. On choisit une victime et on s'acharne sur elle. Ce serait horrible. D'autant que vos travaux sont remarquables, exceptionnels !

— Personne n'a pris ma défense ?

— Je ne crois pas.

— Et vous, Piotr Lavrentievitch ?

— J'ai jugé absurde d'engager une dispute. On ne réfute pas la démagogie.

Strum sentit la gêne de son ami, et se troubla lui aussi :

— Oui, oui, bien sûr. Vous avez raison, naturellement.

Ils se turent, mais leur silence était pesant. Le froid de la peur effleura Strum, cette peur qui vivait secrètement au fond de son cœur, la peur de la colère de l'État, la peur d'être victime de cette colère qui réduisait les hommes en poussière.

— Oui, oui, oui, fit-il rêveusement. La gloire ne sert pas à grand-chose quand on est mort.

— Comme je voudrais que vous le compreniez, fit Sokolov à mi-voix.

— Piotr Lavrentievitch, reprit Strum en baissant lui aussi la voix. Comment va Madiarov ? Ça marche ? Il vous écrit ? Parfois, je me fais du souci, je ne sais trop pourquoi.

Ce dialogue imprévu, chuchoté, était une façon de montrer que les gens avaient des relations bien à eux, humaines, qui ne relevaient pas de l'État.

Sokolov répondit tranquillement, distinctement :

— Non, aucune nouvelle de Kazan.

Il avait parlé d'une voix forte et paisible, comme pour démontrer que ces relations humaines, privilégiées, ne relevant pas de l'État, n'avaient pas lieu d'être, en ce qui les concernait.

Markov et Savostianov entrèrent dans le bureau et la conversation changea du tout au tout. Markov entreprit de citer des exemples de femmes qui empoisonnaient la vie de leurs maris.

— Chacun a la femme qu'il mérite, dit Sokolov, en jetant un coup d'œil à la pendule.

Et il quitta la pièce.

Rigolard Savostianov lança :

— Quand il n'y a qu'une place libre dans le trolley, Maria Ivanovna reste debout et Piotr Lavrentievitch s'assied. Si quelqu'un téléphone la nuit, pas question qu'il quitte son lit ! C'est la petite Macha qui court, en robe de chambre, demander qui appelle. C'est clair, non ? Voilà une épouse qui est vraiment la compagne de son mari.

— J'ai moins de veine, répliqua Markov. Moi, on me dit : « Tu es sourd, ou quoi ? Va ouvrir la porte ! »

Strum, soudain hargneux, intervint :

— Qu'allez-vous comparer ? Piotr Lavrentievitch est un astre, un époux dans toute sa splendeur !

— De quoi vous plaignez-vous, Viatcheslav Ivanovitch ? dit Savostianov. Maintenant, vous êtes jour et nuit dans votre laboratoire : vous êtes hors d'atteinte.

— Figurez-vous que je le paie cher ! répondit Markov.

— Je vois le genre, fit Savostianov. Et il se pourlécha les lèvres, savourant, à l'avance, un nouveau trait d'esprit : Reste à la maison ! Comme on dit : Ma maison est ma forteresse... Pierre-et-Paul !

Markov et Strum éclatèrent de rire, puis Markov, craignant que ces joyeux propos ne s'éternisent, se leva, en se disant à lui-même :

— À l'ouvrage, Viatcheslav Ivanovitch ! Il est l'heure !

Quand il fut sorti. Strum fit remarquer :

— Lui qui était si guindé, lui qui avait des gestes si mesurés ! À présent, on dirait qu'il est ivre. C'est vrai qu'il est jour et nuit dans son laboratoire.

— Exactement, appuya Savostianov. On dirait un oiseau qui bâtit son nid. Il est complètement absorbé par son travail.

Strum s'esclaffa :

— Il ne fait même plus attention aux potins. Il a cessé de les colporter. Oui, oui, ça me plaît : un oiseau qui bâtit son nid !

Savostianov se tourna brusquement vers Strum. Son jeune visage aux sourcils blonds devint sérieux.

— À propos de potins, je dois vous dire, Victor Pavlovitch, que la soirée d'hier chez Chichakov, où vous n'aviez pas été invité, était assez révoltante, inadmissible...

Strum se renfrogna. Cette compassion lui semblait humiliante.

— Allons, je vous en prie, cessez cela, dit-il sèchement.

— Victor Pavlovitch, reprit Savostianov. Bien sûr, quelle importance que Chichakov ne vous ait pas invité ? Mais Piotr Lavrentievitch a dû vous raconter la saloperie de Gavronov ! Il faut être sacrément culotté pour aller déclarer que vos travaux fleurent le judaïsme et que Gourevitch ne considère votre ouvrage comme un classique que parce que vous êtes juif. Le pire, c'est qu'il a dit toutes ces ignominies soutenu par le silence ricanant des autorités. Les voilà « nos frères slaves ».

Au déjeuner, Strum n'alla pas à la cantine. Il resta à arpenter son cabinet. Aurait-il pu penser que les gens pouvaient être aussi minables ? Sympa, le Savostianov ! Lui qui avait l'air d'un gamin assez creux, uniquement préoccupé de faire de l'esprit et de contempler des photos de filles en costume de bain. D'ailleurs, tout cela ne comptait pas. Les bavardages de Gavronov étaient sans importance, c'était un psychopathe, un misérable envieux. Et personne ne lui avait répliqué parce que ses déclarations avaient paru trop absurdes, trop ridicules.

N'empêche que ces bêtises sans importance l'angoissaient, le tourmentaient. Comment Chichakov avait-il pu ne pas inviter Strum ? C'est vrai, quoi, c'était grossier, stupide. Le plus vexant était que Strum se moquait bien de cette nullité de Chichakov et de ses sauteries. Pourtant, Strum souffrait, comme si un malheur irréparable était brusquement arrivé. Il comprenait que c'était idiot, mais il n'y pouvait rien. Oui, c'était cela : il voulait avoir droit à un œuf de plus que Sokolov ! Voyez-vous cela !

Une chose, cependant, lui déchirait vraiment le cœur.

Il eût voulu dire à Sokolov : « Comment n'avez-vous pas honte, mon ami ? Comment avez-vous pu me cacher que Gavronov m'avait couvert de boue ? Piotr Lavrentievitch, par deux fois vous vous êtes tu : là-bas, et devant moi. C'est honteux, honteux ! »

Mais son trouble ne l'empêcha pas de penser : « Toi aussi, tu te tais. Tu n'as pas dit à ton ami Sokolov de quoi Karimov soupçonnait son parent Madiarov ! Tu n'as rien dit ! Par gêne ? Par délicatesse ? Mensonges ! Une peur de Juif, voilà ce que c'était ! »

De toute évidence, il était écrit que cette journée serait pénible.

Anna Stepanovna entra dans le bureau et Strum, en voyant son visage défait, demanda :

— Anna Stepanovna, ma chère, que vous arrive-t-il ? « Aurait-elle eu vent de mes ennuis ? »

— Victor Pavlovitch, qu'est-ce que cela signifie ? commença-t-elle. Agir comme cela, dans mon dos ! En quoi l'ai-je mérité ?

On avait prié Anna Stepanovna de passer au service du personnel, pendant la pause déjeuner, et on lui avait suggéré de donner sa démission. La direction avait donné l'ordre de licencier les assistants de laboratoire sans formation supérieure.

— Quelle blague ! Je ne suis pas au courant, répondit Strum. Mais faites-moi confiance, je vais arranger tout cela.

Anna Stepanovna avait été particulièrement choquée par les paroles de Doubenkov, qui avait affirmé que l'administration n'avait rien à lui reprocher personnellement.

— Victor Pavlovitch, que pourrait-on avoir contre moi ? Pardonnezmoi, je vous en supplie, je vous empêche de travailler.

Strum jeta son manteau sur ses épaules et traversa la cour, en direction du bâtiment à étage qui abritait le service du personnel.

« Bon, bon, se disait-il. Bon, bon. » Il était incapable de penser autre chose. Mais ce « bon, bon » avait de multiples sens.

Doubenkov salua Strum et dit :

— Je m'apprêtais justement à vous téléphoner.

— À propos d'Anna Stepanovna ?

— Non, pourquoi ? Certaines circonstances nous conduisent à demander aux collaborateurs les plus en vue de notre Institut de remplir ce formulaire enquête.

Strum regarda la liasse de feuilles et s'exclama :

— Oh ! oh ! Il y en a pour une semaine de travail !

— Allons donc, Victor Pavlovitch ! Un point encore : en cas de réponse négative, ne mettez pas un trait, mais écrivez en toutes lettres : « Non, je ne suis pas allé à l'étranger ; non, je n'ai pas été membre d'autres partis ; non, je n'ai pas de parents émigrés. »

— Mon cher, voici ce qui m'amène, commença Strum. Il faut absolument annuler l'ordre de licenciement de l'assistante de laboratoire Anna Stepanovna Lochakova.

— Lochakova ? Voyons, Victor Pavlovitch, comment puis-je annuler un ordre de la direction ?

— Mais c'est effarant ! Elle a sauvé l'Institut, elle a monté la garde sous les bombes ! Et on la met dehors, pour des raisons purement administratives !

— Justement on ne licencie pas les gens sans raisons administratives chez nous ! repartit dignement Doubenkov.

— Non seulement Anna Stepanovna est une femme extraordinaire, mais elle est aussi une des meilleures collaboratrices de notre laboratoire.

— Si elle est à ce point irremplaçable, adressez-vous à Kassian Terentievitch, répondit Doubenkov. D'ailleurs, il a deux petites questions à régler avec vous, à propos de votre laboratoire.

Et il tendit à Strum deux papiers attachés ensemble.

— C'est à propos de la nomination d'un chercheur scientifique sur concours (il jeta un coup d'œil sur le papier et lut lentement) : Landesman Émile Pinkassovitch.

— C'est moi qui ai écrit cela, dit Strum, reconnaissant le papier que Doubenkov avait en main.

— Vous avez là la résolution de Kassian Terentievitch : « N'a pas les qualités requises. »

— Comment cela ? s'étonna Strum. Pas les qualités requises ? Je suis tout de même mieux placé pour le savoir. Comment Kovtchenko saurait-il ce dont j'ai besoin ?

— Voyez cela avec Kassian Terentievitch, rétorqua Doubenkov.

Il jeta un coup d'œil au second papier et dit :

— Et voici, avec votre requête, la demande de nos collaborateurs restés à Kazan.

— Oui ?

— Kassian Terentievitch écrit que c'est inopportun. Dans la mesure où ils effectuent un travail productif à l'université de Kazan, nous remettrons à la fin de l'année scolaire l'étude de cette question.

Il parlait bas, d'une voix douce, comme s'il souhaitait atténuer, par la gentillesse de son ton, la mauvaise nouvelle qu'il annonçait à Strum. Mais dans ses yeux, on ne lisait aucune gentillesse, rien qu'une curiosité peu amène.

— Je vous remercie, camarade Doubenkov, dit Strum.

Strum se retrouva dans la cour, à se répéter, encore et encore : « Bon, bon. » Il n'avait pas besoin du soutien de ses chefs, de l'affection de ses amis, de la compréhension de sa femme ; il pouvait lutter seul. Il atteignit le bâtiment principal et monta au premier étage.

Kovtchenko, en veston noir et chemise ukrainienne brodée, sortit de son bureau, sur les talons de sa secrétaire qui l'avait informé de la venue de Strum. Il lui dit :

— Je vous en prie, Victor Pavlovitch, entrez dans ma chaumière.

Strum pénétra dans la chaumière, meublée de fauteuils et canapés rouges. Kovtchenko le fit asseoir sur un canapé et prit place à côté de lui.

Il souriait en écoutant Strum, et son amabilité rappelait un peu celle de Doubenkov. Sans doute Gavronov avait-il le même sourire, tandis qu'il prononçait son discours sur la découverte de Strum.

— Que voulez-vous..., dit Kovtchenko, désolé, avec un geste d'impuissance. Nous n'avons pas souhaité cela. Elle est restée ici sous les bombes ? Actuellement, Victor Pavlovitch, cela n'a rien d'un exploit. Tous les citoyens soviétiques sont prêts à supporter les bombes, si la patrie le leur commande.

Kovtchenko resta un instant perdu dans ses réflexions et reprit :

— Il y a un moyen, mais cela fera des histoires. On peut nommer Lochakova à un poste de préparatrice. Nous lui laisserons sa carte pour les magasins réservés, cela, je vous le promets.

— Non, ce serait humiliant pour elle, répondit Strum.

Kovtchenko demanda :

— Victor Pavlovitch, souhaiteriez-vous que l'État soviétique soit régi par certaines lois, et le laboratoire de Strum par d'autres ?

— Au contraire, je désire justement que les lois soviétiques soient appliquées dans mon laboratoire. Si l'on s'en réfère à la loi soviétique, on n'a pas le droit de renvoyer Lochakova.

Puis il demanda :

— Et puisqu'on parle de loi, Kassian Terentievitch, pourquoi n'avez-vous pas nommé, dans mon laboratoire, le jeune et talentueux Landesman ?

Kovtchenko se mordilla les lèvres.

— Voyez-vous, Victor Pavlovitch, peut-être considérez-vous, pour votre part, qu'il peut fournir chez vous un travail fructueux. Mais il est d'autres critères. Et la direction de l'Institut doit tenir compte de tout.

— Parfait, répondit Strum. Parfait.

Puis, dans un murmure, il demanda :

— Sa fiche de renseignements, c'est cela ? Il a des parents à l'étranger ?

Kovtchenko eut un geste vague.

— Je prolongerai un peu cette agréable conversation, Kassian Terentievitch, en vous demandant pourquoi vous tardez à rappeler de Kazan ma collaboratrice Anna Nahumovna Weispapier ? Je vous signale qu'elle a une thèse de troisième cycle. Il n'y a donc, apparemment, aucune contradiction, ici, entre l'État et mon laboratoire !

Kovtchenko prit un air de martyr et déclara :

— Victor Pavlovitch, pourquoi cet interrogatoire ? Comprenez donc que je suis responsable du personnel.

— Parfait, parfait, reprit Strum, sentant qu'il allait bientôt devenir grossier. Le problème, sauf votre respect, commença-t-il, est que je ne peux plus travailler dans ces conditions. La science n'est pas au service de Doubenkov, ni même au vôtre. De la même façon, je ne suis ici que pour travailler, et non pour défendre les intérêts assez fumeux de je ne sais quel service du personnel. Je vais donc écrire à Alexeï Alexeïevitch de nommer Doubenkov à la tête du laboratoire nucléaire.

— Victor Pavlovitch, voyons, calmez-vous !

— Non, je ne travaillerai pas dans ces conditions.

— Vous n'imaginez pas, Victor Pavlovitch, combien la direction et moi en particulier estimons votre travail.

— Je me fiche bien de votre estime, fit Strum, mais loin de discerner de l'humiliation dans le regard de Kovtchenko, il n'y lut qu'un vif plaisir.

— Victor Pavlovitch, reprit Kovtchenko, nous ne permettrons en aucun cas que vous quittiez l'Institut.

Il se renfrogna et ajouta :

— Non que vous soyez irremplaçable. Auriez-vous la prétention de croire qu'on ne peut remplacer Victor Pavlovitch Strum ?

Et il termina, presque tendrement :

— N'y aura-t-il, en Russie, personne pour vous succéder, si vous ne pouvez œuvrer pour la science sans Landesman ni Weispapier ?

Il regarda Strum, et Victor Pavlovitch sentit qu'il allait lâcher les mots qui, telle une brume invisible, planaient entre eux, effleurant leurs yeux, leurs mains, leur cerveau.

Strum courba la tête. Le professeur, docteur d'État, l'éminent savant, auteur d'une remarquable découverte, l'homme qui savait être hautain et condescendant, indépendant et cassant, n'existait plus.

Il ne restait qu'un homme voûté, étriqué, au nez recourbé et aux cheveux crépus, battant des cils, comme s'il craignait de recevoir une gifle ; il regardait l'homme en chemise brodée ukrainienne, et attendait.

Kovtchenko dit doucement :

— Allons, Victor Pavlovitch, ne vous en faites pas. Ne vous en faites pas, voyons ! Que de bruit, grands dieux, pour une bêtise !

54

Dans la nuit, quand sa femme et sa fille furent couchées, Strum entreprit de remplir le questionnaire qu'on lui avait remis. Les questions étaient pratiquement les mêmes qu'avant la guerre. Et parce qu'elles étaient identiques, elles semblaient étranges à Victor Pavlovitch, porteuses d'angoisses nouvelles.

L'État ne s'inquiétait guère de savoir si l'outil mathématique dont Strum disposait pour son travail était suffisant, si le montage installé au laboratoire correspondait aux expériences complexes qui y étaient tentées, si les chercheurs étaient correctement protégés contre les rayons, si l'amitié et les relations de travail entre Strum et Sokolov étaient assez développées, si les chercheurs subalternes étaient préparés à effectuer des calculs épuisants, s'ils comprenaient que de leur patience, de leur tension et concentration permanentes dépendaient bien des résultats.

C'était un questionnaire magistral, le questionnaire des questionnaires ! On voulait tout savoir du père de Lioudmila, de sa mère, du grand-père et de la grand-mère de Victor Pavlovitch, des lieux où ils avaient vécu, de la date de leur décès et de l'endroit où ils étaient enterrés. En quel honneur le père de Victor Pavlovitch, Pavel Iossifovitch, s'était-il rendu à Berlin, en 1910 ? La curiosité de l'État était sérieuse, sinistre. Strum parcourut l'enquête et se prit à douter de lui-même ! était-il vraiment un homme sûr ?

1. *Nom, prénom, patronyme...* Qui était-il, l'homme qui répondait à cette enquête, à une heure avancée de la nuit ? Strum Victor Pavlovitch ? Après tout, sa mère n'avait contracté, avec son père, qu'un mariage civil.

Ne s'étaient-ils pas séparés, alors que le petit Victor n'avait que deux ans ? Il se rappelait que, sur les papiers de son père, figurait le prénom Pinkas et non Pavel. Pourquoi serais-je Victor Pavlovitch ? Qui suis-je ? Est-ce que je me connais ? Et si, en fait, je m'appelais Goldman, ou Sagaïdatchny. Si j'étais le Français Desforges, alias Doubrovski[1] ?

Et, dévoré par le doute, il passa à la deuxième question.

2. *Date de naissance... année... mois... jour... suivant l'ancien et le nouveau calendrier.* Que savait-il de cet obscur jour de décembre ? Pouvait-il vraiment affirmer qu'il était bien né ce jour-là ? Peut-être devrait-il ajouter, pour dégager sa responsabilité : « Selon les déclarations de... »

3. *Sexe...* Strum nota avec assurance : « Homme ». Puis il se dit : « Drôle d'homme ! Un homme, un vrai, n'aurait pas gardé le silence, lorsqu'on a évincé Tchepyjine. »

4. *Lieu de naissance, en indiquant les anciennes (gouvernement, district, canton, village) et les nouvelles (région, arrondissement, communauté urbaine ou rurale) divisions administratives...* Strum inscrivit : Kharkov. Sa mère lui avait raconté qu'il était né à Bakhmouta, mais qu'elle avait rectifié son acte de naissance quand elle s'était installée à Kharkov, deux mois après sa venue au monde. Fallait-il le préciser ?

5. *Nationalité...* Pas mal, le cinquième point ! Une question toute simple, insignifiante avant la guerre, mais qui prenait, aujourd'hui, une résonance particulière.

Appuyant sur sa plume, Strum inscrivit, d'une écriture ferme : Juif. Il ne pouvait deviner ce qu'il en coûterait bientôt d'avoir répondu à la cinquième question : Kalmouk... Balkarets... Tchétchène... Tatare de Crimée... Juif[2]...

Il ne pouvait prévoir que, d'année en année, d'obscures passions allaient se déchaîner autour de ce cinquième point, que la peur, la haine, le désespoir, le sang allaient passer, se déplacer du sixième point (« origine sociale ») au cinquième, que quelques années plus tard de nombreuses personnes rempliraient le cinquième point avec le même sentiment de fatalité que les enfants d'officiers cosaques, de nobles, de propriétaires d'usine, de prêtres lorsqu'ils répondaient au cours des décennies précédentes à la question suivante.

Pourtant, il percevait déjà, il pressentait que les lignes de force se concentraient autour de la cinquième question. La veille au soir, Landesman lui avait téléphoné, et Strum lui avait dit qu'il ne parvenait pas à arranger sa nomination. « J'en étais sûr », avait dit Landesman d'un ton mauvais, chargé de reproches à l'adresse de Strum. « Quelque chose ne va pas dans votre fiche de renseignements ? » avait demandé Strum. Lan-

---

1. Allusion au roman de Pouchkine, *Doubrovski*, dans lequel le héros, un hobereau ruiné, veut s'introduire chez l'homme dont il veut se venger, et prend pour cela le nom d'un précepteur français, engagé pour la fille de son ennemi.

2. Voir « Déportation des minorités nationales » dans le Dictionnaire.

desman avait eu un soupir méchant et déclaré : « Ce qui ne va pas, c'est mon nom. »

Et Nadia avait raconté, au thé du soir :

— Tu sais, papa, le père de Maïka a dit que, l'année prochaine, on ne prendrait aucun Juif à l'Institut des relations extérieures.

« Bref, se dit Strum. Quand on est juif, on est juif, et il faut bien l'écrire ! »

6. *Origine sociale...* C'était le tronc d'un arbre puissant dont les racines plongeaient loin dans la terre, et dont les branches s'étendaient bien au-dessus des larges feuilles de l'enquête : *origine sociale de la mère et du père, des parents de la mère et du père... Origine sociale du conjoint, des parents du conjoint... Si vous êtes divorcé, origine sociale de votre ancien conjoint* ; que faisaient ses parents avant la révolution ?

La Grande Révolution avait été une révolution sociale, celle des pauvres. Pour Strum, la sixième question était l'expression, parfaitement naturelle, d'une juste méfiance des pauvres, née de la tyrannie millénaire des riches.

Il écrivit : Petite bourgeoisie. Petite bourgeoisie ! Comment cela ! Soudain, sans doute était-ce l'effet de la guerre, il se dit qu'au fond la différence n'était peut-être pas si grande, entre la question soviétique légitime de l'origine sociale et le sanglant problème de la nationalité, tel qu'il se posait pour les Allemands. Il se rappela les discussions nocturnes de Kazan, le discours de Madiarov sur l'attitude de Tchekhov à l'égard du genre humain.

Il se dit : « La distinction sociale me semble juste, morale. Mais, pour les Allemands, les différences de nationalité sont tout aussi morales. Une chose me paraît évidente : il est horrible de tuer les Juifs sous prétexte qu'ils sont juifs. Ils sont des hommes comme les autres, ils peuvent être bons, mauvais, doués, stupides, bornés, gais, sensibles, généreux ou avares. Hitler dit, lui : aucune importance ! Ils sont juifs, le reste ne compte pas. Naturellement, je proteste de tout mon être. Mais finalement, nous suivons le même principe : ce qui compte, c'est qu'on soit ou non d'origine noble, fils de koulak ou de marchand. Et quelle importance que les gens soient bons, mauvais, doués, généreux, stupides ou gais ? Le pire, c'est qu'il ne s'agit même pas de nobles, de prêtres ou de marchands ! Il s'agit de leurs fils, ou de leurs petits-enfants. Que voulez-vous, ils ont la noblesse dans le sang, comme le judaïsme, à croire qu'on est marchand ou prêtre héréditairement ! C'est ridicule ! Sophie Perovskaïa était fille de général, bien plus, de gouverneur ! Fallait-il la jeter aux orties ? Et Komissarov, le larbin policier qui avait capturé Karakozov[1], aurait répondu à la sixième question : « Petit-bourgeois. » Et on l'aurait pris à l'université. Car Staline a dit : « Le fils n'a

---

1. Grossman fait ici une erreur de fait. Ossip Komissarov (1838-1892) n'était pas un policier, mais un paysan originaire de Kostroma, qui gagnait sa vie en fabriquant des casquettes. Se trouvant par hasard, au moment de l'attentat contre Alexandre II, dans la foule à côté de Karakozov, il détourna son bras au moment du tir, ce qui sauva la vie du tsar.

pas à répondre de son père. » Mais il a également dit : « La pomme ne tombe jamais loin du pommier. » Bref, puisque petit-bourgeois il y a...

7. *Situation sociale...* Fonctionnaire ? Un fonctionnaire, c'est un comptable, un officier de l'état civil... Le fonctionnaire Strum avait démontré, par les mathématiques, le mécanisme de désintégration des noyaux atomiques. Et à l'aide d'un nouveau dispositif expérimental, le fonctionnaire Markov s'apprêtait à prouver les déductions théoriques du fonctionnaire Strum.

« C'est exactement cela, se dit-il. Fonctionnaire ! »

Il haussait les épaules, arpentait la pièce, semblait, du geste, écarter quelqu'un au passage. Puis il se rasseyait au bureau et continuait de répondre aux questions.

29. *Avez-vous, vous ou l'un de vos proches, fait l'objet d'une enquête judiciaire ou d'un jugement ? Avez-vous été arrêté ? Avez-vous fait l'objet d'une condamnation, pénale ou administrative ? Quand, où et pourquoi exactement ? Au cas où la peine aurait été levée, indiquez depuis quand...*

La même question était posée pour la femme de Strum. Il se sentit le cœur glacé. Visiblement, on ne faisait pas de quartier ! C'était du sérieux ! Des noms défilaient dans sa tête... « Untel, je suis sûr qu'il est innocent... il n'est pas de ce monde... elle a été arrêtée parce qu'elle n'avait pas dénoncé son mari. Elle a eu droit à huit ans, ou quelque chose d'approchant, je ne sais pas exactement, je ne lui écris pas. Envoyée à Temniki, semble-t-il, je l'ai appris par hasard, en rencontrant sa fille dans la rue... Lui, je ne me rappelle plus très bien, je crois que c'est au début de 1938 qu'on l'a arrêté, oui, c'est cela, dix ans, sans droit de correspondance...

« Le frère de ma femme était membre du Parti ; je le voyais rarement. Ni ma femme ni moi ne lui écrivons. Je crois que la mère de ma femme est allée le voir, oui, oui, c'était bien avant la guerre. Sa seconde femme a été envoyée en camp, parce qu'elle ne l'a pas dénoncé ; elle est morte pendant la guerre, son fils s'est porté volontaire pour la défense de Stalingrad... Ma femme est séparée de son premier mari. Elle avait un fils de lui. Mon beau-fils est mort au front, à Stalingrad... Son premier mari a été arrêté, mais depuis le divorce, ma femme n'a plus eu de nouvelles... pour quelle raison a-t-il été jugé, je ne sais pas exactement, j'ai vaguement entendu parler d'une quelconque appartenance à l'opposition trotskiste, mais je n'en suis pas sûr, cela ne m'intéressait pas... »

Un sentiment désespérant de culpabilité, d'impureté s'empara de Strum. Il se souvint de ce membre du Parti qui, se repentant de ses fautes, s'était écrié, à la réunion : « Camarades, je ne suis pas des nôtres ! »

Et soudain, il s'insurgea. « Je ne suis pas de ceux qui se soumettent et se résignent ! Sadko ne m'aime pas ! Et alors ? Je suis seul, ma femme a cessé de s'intéresser à moi ? Tant pis ! Je ne renierai pas tous ces malheureux, morts, alors qu'ils étaient innocents.

« Vous devriez avoir honte, camarades, de remuer tout cela. Ces gens sont innocents, et leurs femmes, leurs gosses le sont d'autant plus ! Il vous faut vous repentir devant ces gens, leur demander pardon. Or, vous cherchez à prouver que je suis défaillant, à me retirer votre confiance, sous prétexte que des liens familiaux m'unissent à vos victimes ! Si je suis coupable, c'est uniquement de les avoir bien peu aidés dans leur malheur. »

Mais dans le cerveau de cet homme, d'autres pensées coulaient, suivant un cours exactement inverse.

« Après tout, je ne suis pas resté en rapport avec eux. Je ne suis pas en correspondance avec ces ennemis, je ne reçois pas de lettres des camps, je ne leur ai apporté aucun soutien matériel et ne les ai rencontrés que rarement, par hasard... »

30. *Avez-vous un parent à l'étranger (Où ? Depuis combien de temps ? Raisons de son départ ?) Êtes-vous toujours en relation avec lui ?*

Cette nouvelle question augmenta son cafard.

« Ne comprenez-vous pas, camarades, que dans les conditions de la Russie tsariste, l'émigration était inévitable ? Qui émigrait : les pauvres, les gens épris de liberté ! Après tout, Lénine a bien vécu à Londres, à Zurich, à Paris ! Pourquoi vous faites-vous des clins d'œil entendus en lisant que tel ou tel de mes oncles ou tantes et leurs enfants se trouvent à New York, Paris ou Buenos Aires... Qui a donc eu ce bon mot : "J'ai ma mère à New York... Avant, je croyais que je n'étais pas l'enfant de la faim, à présent je le vois bien : ma mère, c'est la famine." ? »

En fait, la liste de ses parents à l'étranger était presque aussi longue que celle de ses travaux scientifiques. Et si on ajoutait la liste des victimes de la répression...

Voilà comment on étendait un homme raide ! Jetez-le aux ordures, cet étranger ! Mais tout cela n'était que mensonges ! C'est de lui qu'avait besoin la science, pas de Gavronov ni de Doubenkov. Il était prêt à donner sa vie pour son pays ! Ils ne devaient pas manquer, les gens irréprochables sur le papier et capables de tromper, de trahir ! Ni ceux qui avaient noté sur leurs fiches de renseignements : « Père : truand » ou « ancien propriétaire terrien », et étaient morts au combat, étaient entrés dans la résistance, acceptant de finir sur l'échafaud.

Qu'est-ce que cela voulait dire ? Il le savait : c'était la méthode statistique ! les probabilités ! On avait plus de chances de découvrir un ennemi parmi les gens qui n'appartenaient pas à la classe laborieuse qu'au sein du prolétariat. Mais les nazis se fondaient sur les mêmes probabilités pour anéantir des peuples, des nations entières. Ce principe était inhumain. Inhumain et aveugle. Une seule démarche était admissible à l'égard des gens : une approche humaine.

Pour embaucher des gens au laboratoire, Victor Pavlovitch élaborerait une autre enquête, humaine, elle.

Il se moquait bien d'avoir à travailler avec un Russe, un Juif, un Ukrainien, un Arménien, avec un petit-fils d'ouvrier, de propriétaire d'usine ou de koulak ! Ses relations avec ses camarades de travail n'allaient pas changer sous prétexte que l'un d'entre eux avait un frère arrêté par le NKVD. Il se moquait bien de savoir si leurs sœurs vivaient à Kostroma ou à Genève.

Il leur demanderait, en revanche, depuis quel âge ils s'intéressaient à la physique théorique, ce qu'ils pensaient de la critique faite au vieux Planck par Einstein, s'ils étaient uniquement portés sur les raisonnements mathématiques ou s'ils étaient aussi attirés par le travail expérimental, leur opinion sur Heisenberg, et s'ils croyaient qu'il était possible de créer une équation unifiée du champ. L'essentiel était le talent, la flamme, l'étincelle divine.

Il demanderait, à condition, bien sûr, que son camarade de travail accepte de répondre, s'il aimait les promenades à pied, s'il buvait du vin, s'il allait aux concerts symphoniques, si les livres pour enfants de Setton-Thompson lui plaisaient dans sa jeunesse, s'il se sentait plus proche de Tolstoï ou de Dostoïevski, s'il se passionnait pour le jardinage ou la pêche à la ligne, ce qu'il pensait de Picasso et quelle nouvelle de Tchekhov il préférait.

Il aimerait savoir si son futur collègue était taciturne ou volontiers bavard, s'il aimait faire de l'esprit, s'il était rancunier, irritable, ambitieux, s'il risquait de nouer une intrigue avec la charmante Vera Ponomariova.

Curieux comme Madiarov avait bien exprimé tout cela. À se demander s'il n'était pas un provocateur !

Seigneur Dieu…

Strum prit sa plume et inscrivit : « Esther Semionovna Dachevskaïa, ma tante du côté de ma mère, vit à Buenos Aires depuis 1909 ; professeur de musique. »

55

Strum entra dans le cabinet de Chichakov, bien décidé à rester calme, à ne pas prononcer un seul mot agressif.

Il comprenait qu'il était stupide de s'énerver, de se vexer, sous prétexte que lui, Strum, et ses travaux occupaient, dans la tête du fonctionnaire-académicien, une des dernières places.

Mais à peine Strum aperçut-il le visage de Chichakov qu'il éprouva une insurmontable irritation.

— Alexeï Alexeïevitch, commença-t-il. Bien sûr, on ne peut aller contre sa nature, mais vous ne vous êtes pas une seule fois intéressé à la mise en place des nouveaux appareils.

Conciliant, Chichakov répondit :

— Je vous promets que je passerai chez vous dans les plus brefs délais.

Dans sa grande bonté, le chef promettait à Strum de lui accorder la faveur d'une visite.

Chichakov ajouta :

— Il me semble, d'ailleurs, que la direction est assez attentive à vos besoins.

— Surtout le service du personnel.

Toujours conciliant, Chichakov demanda :

— Voyons, en quoi le service du personnel peut-il vous gêner ? Vous êtes le premier chef de laboratoire à faire cette remarque.

— Alexeï Alexeïvitch, je vous demande instamment de rappeler de Kazan Weispapier ; elle est irremplaçable dans le domaine de la photographie nucléaire. Je proteste également, avec la dernière énergie, contre le licenciement de Lochakova. C'est une personne et une employée remarquable. Je n'arrive pas à concevoir qu'on puisse la renvoyer. C'est inhumain. Enfin, je vous prie d'accepter la candidature du docteur de troisième cycle Landesman. C'est un garçon brillant. Je crois que vous sous-estimez l'importance de notre laboratoire. Sinon, je n'aurais pas à perdre mon temps en discussions de ce genre.

— En l'occurrence, je perds aussi le mien, fit remarquer Chichakov.

Ravi qu'il abandonne enfin ce petit ton pacifique qui empêchait Strum d'exprimer son agacement, Victor Pavlovitch reprit :

— Il est tout de même déplaisant de constater que ces conflits tournent tous autour de personnes possédant un nom juif.

— Ah ! c'était donc cela ! répliqua Alexeï Alexeïevitch, et il engagea les hostilités. Victor Pavlovitch, dit-il, l'Institut a à effectuer des tâches à très grande responsabilité. Nul besoin de vous dire dans quel contexte difficile s'inscrivent ces tâches. J'estime que votre laboratoire ne peut, à l'heure actuelle, contribuer à résoudre tous ces problèmes. Par ailleurs, votre travail, certes intéressant, mais également parfaitement discutable, a fait beaucoup trop de bruit.

Il ajouta, d'un ton pénétré :

— Et je ne suis pas le seul à le penser. Les camarades considèrent que tout ce bazar désorganise les chercheurs scientifiques. Tenez, hier, on m'a abondamment parlé de cette question. On a émis l'opinion qu'il vous faudrait réfléchir, de nouveau, à vos conclusions. Elles contredisent les théories matérialistes sur la nature de la matière. Vous devez personnellement faire une mise au point à ce sujet. Pour des raisons qui m'échappent, certaines personnes ont intérêt à faire de théories discutables la ligne directrice de la science, et cela au moment même où il faudrait concentrer nos efforts sur les problèmes posés par la guerre. Tout cela est extrêmement grave. Vous venez me trouver avec de terribles insinuations concernant une certaine Lochakova. À première vue, ça n'a pas l'air d'être une Juive.

Strum était désarçonné. Personne ne lui avait ainsi jeté à la face cette hostilité à l'égard de ses travaux. Il la percevait, pour la première fois, chez l'académicien qui dirigeait l'institut où il travaillait.

Et, sans penser aux conséquences, il déversa tout ce qu'il avait sur le cœur et que, de ce fait même, il aurait fallu taire.

Il dit que la physique n'avait pas à s'occuper de correspondre à une philosophie. Il dit que la logique mathématique était supérieure à celle d'Engels ou de Lénine ; que c'était à Baldine, le délégué de la section scientifique du CC, d'adapter les théories de Lénine aux mathématiques et à la physique, et non aux physiciens et mathématiciens de s'adapter aux points de vue de

Lénine. Il dit qu'un trop grand pragmatisme tuait la science, fût-il commandé par « Dieu le Père lui-même » ; que seule une grande théorie pouvait engendrer une grande pratique. Qu'il était convaincu que les principaux problèmes techniques – et pas seulement techniques – seraient résolus, dès le XXe siècle, grâce à la théorie des processus nucléaires. Enfin, qu'il ferait volontiers une mise au point de ce genre, si les camarades, dont Chichakov lui taisait les noms, estimaient que cela était nécessaire.

— Quant à la question des noms juifs, Alexeï Alexeïevitch, vous ne pouvez, si vous êtes vraiment un intellectuel russe, compter vous en tirer par une pirouette. Si vous opposiez un refus à mes diverses demandes, je me verrais contraint de quitter l'Institut sans délai. Je ne peux travailler dans ces conditions.

Il reprit son souffle, regarda Chichakov, réfléchit et reprit :

— Il m'est pénible de travailler dans ces conditions. Je ne suis pas seulement un physicien. Je suis aussi un homme. J'ai honte devant ces gens qui attendent de moi aide et protection contre l'injustice.

Il se contenta de dire, cette fois, qu'il n'aimerait pas travailler dans ces conditions, le courage lui manqua pour réitérer sa menace de départ immédiat. Strum vit, sur le visage de Chichakov, que ce dernier avait remarqué la nuance.

Sans doute est-ce pour cela que Chichakov insista :

— Il est parfaitement absurde de continuer à parler en termes d'ultimatum. Je suis, bien entendu, obligé de tenir compte de vos desiderata.

Un sentiment étrange, à la fois triste et joyeux, emplit, toute la journée, le cœur de Strum. Les appareils au laboratoire, le nouveau montage qui serait bientôt terminé, tout cela lui paraissait le bonheur de sa vie, de son corps et de son cerveau. Comment pourrait-il vivre sans cela ?

Le souvenir des paroles hérétiques qu'il avait prononcées devant le directeur l'emplissait d'effroi. D'un autre côté, il se sentait fort. Son impuissance faisait sa force. Aurait-il pu penser que, de retour à Moscou, aux jours mêmes de son triomphe, il aurait à entamer pareille conversation ?

Personne ne pouvait être au courant de son heurt avec Chichakov, mais il avait l'impression que ses collaborateurs avaient, à son égard, une attitude particulièrement chaleureuse.

Anna Stepanovna lui prit la main et la serra.

— Victor Pavlovitch, je ne veux pas avoir l'air de vous remercier, mais je sais une chose : vous, c'est vous…

Il resta debout à côté d'elle, silencieux, ému et presque heureux.

« Maman, maman, pensa-t-il soudain. Tu vois, tu vois… »

En rentrant chez lui, il résolut de ne rien dire à sa femme, mais il avait tellement l'habitude de lui faire part de ce qui lui arrivait, que dès l'entrée, en ôtant son manteau, il déclara :

— Eh bien ! voilà, Lioudmila, je quitte l'Institut.

Lioudmila Nikolaïevna en fut désolée pour lui, mais elle s'arrangea pour trouver les mots qu'il ne fallait pas.

— Tu te conduis exactement comme si tu t'appelais Lomonossov ou Mendeleïev. Si tu pars, on mettra à ta place Sokolov ou Markov. (Elle leva la tête de son ouvrage.) Et pourquoi Landesman n'irait-il pas au front ? Autrement, les gens qui ont des idées préconçues pourront effectivement se dire que les Juifs s'arrangent entre eux pour se trouver des planques à l'Institut.

— Bon, bon, ça va, fit-il. Tu te souviens de ce qu'écrivait Nekrassov : « Le pauvre hère pensait se retrouver au temple de la gloire, bienheureux encore qu'il ne soit qu'à l'hôpital[1]. » J'estimais, moi, avoir mérité le pain que je mange, et voilà qu'on me demande de me repentir de mes fautes, de mes hérésies. Non mais franchement, tu imagines : une confession publique ! C'est délirant ! Et dans le même temps, on me propose pour le prix, les étudiants viennent me trouver… Tout ça, c'est à cause de Baldine ! Même pas, d'ailleurs ! Sadko ne m'aime pas.

Lioudmila Nikolaïevna s'approcha de lui, arrangea sa cravate, tira le pan de son veston et demanda :

— Tu n'as sûrement pas déjeuné, tu es tout pâle !

— Je n'ai pas faim.

— Mange une tartine, pour commencer, je vais te faire réchauffer ton repas.

Mais elle lui versa ses gouttes pour le cœur et dit :

— Bois. Je n'aime pas ta mine. Fais voir ton pouls.

Ils allèrent à la cuisine. Strum mâchonnait son pain en se regardant dans le petit miroir suspendu par Nadia près du compteur à gaz.

— C'est tout de même étrange, fou, dit-il. Aurais-je pu penser, à Kazan, que j'aurais à remplir des questionnaires à tiroirs et à entendre ce que j'ai entendu aujourd'hui ? Quelle puissance ! L'État et l'homme… Tantôt il l'élève, tantôt il le jette dans le gouffre, et le tout sans aucun effort.

— Vitia, je voudrais te parler de Nadia, fit Lioudmila Nikolaïevna. Elle rentre presque tous les jours après le couvre-feu.

— Tu m'en as déjà parlé, ces jours-ci, répondit Strum.

— Je m'en souviens parfaitement. Mais, hier soir, je me suis, par hasard, approchée de la fenêtre. Je soulève légèrement le rideau de camouflage, et qu'est-ce que je vois ? Nadia s'arrête, en compagnie d'un militaire, près de chez le laitier, et les voilà qui s'embrassent.

— Ça alors ! dit Strum et, d'étonnement, il cessa de manger.

Nadia embrassait un militaire. Strum resta silencieux quelques instants, puis il se mit à rire. Seule cette nouvelle stupéfiante pouvait peut-être le distraire de ses pénibles réflexions, l'éloigner de ses soucis. Leurs yeux se rencontrèrent l'espace d'un éclair, et Lioudmila Nikolaïevna fut la première surprise de s'entendre rire à son tour. Durant quelques secondes, ils

---

1. Ces vers sont tirés du poème *À l'hôpital* de Nekrassov. Il y est question d'un jeune provincial venu à la capitale dans l'espoir de faire une carrière littéraire.

furent liés par cette complicité totale, qui ne peut exister qu'à de rares minutes et n'a nul besoin de s'exprimer en mots ni en pensées.

Et Lioudmila Nikolaïevna ne fut pas étonnée d'entendre Strum demander, apparemment hors de propos :

— Pas mal, pas mal, mais reconnais que je lui ai rivé son clou, au Chichakov !

Ses pensées suivaient un cours extrêmement simple, mais il n'était pas si facile de le comprendre. Plusieurs idées se mêlaient : le souvenir de la vie passée, le destin de Tolia et d'Anna Semionovna, la guerre, le fait que l'homme, aussi riche et célèbre soit-il, finit toujours par partir, mourir, cédant la place à de plus jeunes et que l'essentiel était, peut-être, de vivre sa vie en restant honnête.

Strum demanda à sa femme :

— Hein, je lui ai rivé son clou ?

Lioudmila Nikolaïevna secoua la tête. Des dizaines d'années de vie commune, d'union, pouvaient aussi séparer.

— Tu sais, Liouda, dit Strum humblement. Dans la vie, ceux qui ont raison sont le plus souvent incapables de se conduire correctement : ils ont des sautes d'humeur, jurent, se montrent intolérants et dépourvus de tact. Et, d'ordinaire, on les rend responsables de tout ce qui ne va pas dans le travail ou la famille. Ceux qui ont tort, qui vous offensent, savent, eux, se comporter comme il faut, ils sont logiques, font preuve de doigté et ont toujours l'air d'avoir raison.

Nadia rentra vers 11 heures. En entendant la clef dans la serrure, Lioudmila Nikolaïevna souffla à son mari :

— Parle-lui, toi.

— Cela t'est plus facile. Je préfère que tu commences, répondit Victor Pavlovitch ; mais dès que Nadia entra, décoiffée, le nez rouge, dans la salle à manger, il demanda : Qui embrasses-tu ainsi devant la porte de l'immeuble ?

Nadia se retourna brusquement, comme si elle eût voulu s'enfuir, puis, la bouche entrouverte, elle regarda son père.

Au bout de quelques secondes, elle haussa les épaules et dit, avec indifférence :

— An... Andreï Lomov, il est lieutenant, à l'école militaire.

— Tu as l'intention de l'épouser, ou quoi ? reprit Strum, décontenancé par le ton assuré de Nadia.

Il regarda sa femme, se demandant si elle voyait aussi leur fille.

Comme une adulte, Nadia, plissant les yeux, lâchait parcimonieusement ses mots, avec agacement.

— L'épouser ? répéta-t-elle (et Strum fut stupéfait d'entendre ce mot par rapport à sa fille). Possible, j'y pense sérieusement !

Mais elle ajouta :

— Et peut-être pas, je n'ai pas encore décidé.

Lioudmila Nikolaïevna, jusque-là silencieuse, demanda :

— Nadia, pourquoi as-tu raconté ces histoires sur le père de je ne sais quelle Maïka et inventé ces leçons ? Je n'ai jamais menti à ma mère.

Strum se souvint qu'à l'époque où il courtisait Lioudmila, elle lui disait, quand elle venait le rejoindre :

— J'ai laissé Tolia à maman, j'ai raconté que je devais aller à la bibliothèque.

Redevenant la gamine qu'elle était, Nadia s'écria soudain, d'une voix hargneuse et pleurnicharde :

— Et tu trouves ça bien, de m'espionner ? Ta mère le faisait, avec toi ?

Furieux, Strum brailla :

— Idiote ! Cesse d'être insolente avec ta mère !

Elle lui jeta un regard ennuyé et patient.

— Ainsi, Nadejda Victorovna, vous n'avez pas encore décidé si vous alliez vous marier ou devenir la concubine d'un jeune colonel ?

— Non, je n'ai pas décidé. Par ailleurs, il n'est pas colonel, répondit Nadia.

Était-il pensable qu'un jeune gars en uniforme ait embrassé sa fille ? Comment pouvait-on tomber amoureux de cette gamine, Nadia, cette petite idiote, à la fois comique et intelligente ? Qui pouvait s'intéresser à ses yeux de chiot ?

Bref, c'était l'éternelle histoire.

Lioudmila Nikolaïevna ne disait mot ; elle comprenait que Nadia allait se fâcher, se murer dans le silence. Elle savait que lorsqu'elles se retrouveraient toutes les deux, elle caresserait les cheveux de sa fille, Nadia se mettrait à renifler, pour Dieu sait quelle raison, et Lioudmila Nikolaïevna, sans bien savoir pourquoi elle non plus, se sentirait transpercée de pitié. Au fond, qu'y avait-il de si terrible à ce qu'une jeune fille embrassât un jeune gars ? Nadia lui raconterait tout sur ce Lomov, et elle lui caresserait les cheveux, en se rappelant ses premiers baisers ; et elle penserait à Tolia, car elle reliait à lui tous les événements de sa vie. Tolia n'était plus.

Qu'il était triste, cet amour de jeune fille, suspendu au-dessus du gouffre de la guerre ! Tolia, Tolia...

Victor Pavlovitch, saisi par l'angoisse paternelle, s'agitait et faisait du bruit.

— Et où fait-il son service, ton grand nigaud ? demanda-t-il. J'irai trouver son commandant. Il lui apprendra à chanter des romances à des petites morveuses.

Nadia restait silencieuse, et Strum, fasciné par sa morgue, se tut malgré lui, puis demanda :

— Qu'est-ce que tu as à me regarder comme un être d'une race supérieure considérerait une amibe ?

Curieusement, le regard de Nadia lui rappelait sa conversation avec Chichakov : Alexeï Alexeïevitch, tranquille, sûr de lui, avait contemplé Strum du haut de sa magnificence d'académicien reconnu par l'État. Face aux yeux clairs de Chichakov, Strum avait instinctivement compris qu'il était inutile de protester, de s'indigner, de poser des ultimatums. La puissance de l'État se dressait devant lui comme un bloc de basalte, Chichakov observait, avec une tranquille indifférence, les protestations de Strum : le basalte était solide.

Assez étrangement, la gamine qui se tenait devant lui paraissait savoir, elle aussi, que, par son inquiétude et sa colère insensées, il voulait réaliser l'impossible : arrêter le cours de la vie.

Durant la nuit, Strum se dit qu'en rompant avec l'Institut, il gâcherait irrémédiablement sa vie. On donnerait à son départ un caractère politique, on raconterait qu'il était à l'origine, depuis quelque temps, de tendances oppositionnelles assez malsaines. Ajoutez à cela la guerre, le fait que l'Institut avait la faveur de Staline. Et cette enquête terrifiante...

Et par-dessus tout cela, cette conversation insensée avec Chichakov. Plus les discussions de Kazan, Madiarov...

Soudain, il eut si peur qu'il eut envie d'envoyer une lettre d'excuses à Chichakov et d'effacer tous les événements de la journée.

56

Dans la journée, en rentrant du ravitaillement, Lioudmila Nikolaïevna aperçut, dans la boîte aux lettres, la tache blanche d'une enveloppe. Les battements de son cœur, déjà accélérés par la montée de l'escalier, augmentèrent encore. La lettre à la main, elle se rendit dans la chambre de Tolia, ouvrit toute grande la porte : la pièce était vide. Aujourd'hui non plus, il n'était pas rentré.

Lioudmila Nikolaïevna parcourut rapidement les pages, couvertes de cette écriture qu'elle connaissait depuis l'enfance : celle de sa mère. Elle aperçut les noms de Guenia, Vera, Stepan Fiodorovitch, mais le nom de son fils n'était pas dans la lettre. Son espoir reflua une fois de plus, mais ne s'éteignit pas.

Alexandra Vladimirovna ne parlait pratiquement pas de sa vie, se bornant à constater, en quelques mots, que depuis le départ de Lioudmila, Nina Matveïevna, leur logeuse de Kazan, avait montré de très mauvais côtés. Elle n'avait aucune nouvelle de Serioja, de Stepan Fiodorovitch ni de Vera. Guenia inquiétait beaucoup Alexandra Vladimirovna. De toute évidence, des événements importants bouleversaient sa vie. Dans une lettre adressée à Alexandra Vladimirovna, Guenia avait fait allusion à des ennuis et au fait qu'il lui faudrait, peut-être, se rendre à Moscou.

Lioudmila Nikolaïevna ne savait pas être triste. Elle n'était capable que de se lamenter. Tolia, Tolia, Tolia.

Stepan Fiodorovitch était veuf... Vera était orpheline et sans foyer. Serioja était-il toujours vivant, gisait-il, mutilé, dans un hôpital militaire ? Son père avait été fusillé ou était mort en camp. Sa mère avait péri en exil... La maison d'Alexandra Vladimirovna avait brûlé, elle vivait seule, sans nouvelles de son fils ni de son petit-fils.

Sa mère ne disait rien de sa vie à Kazan, de sa santé, de sa chambre – était-elle bien chauffée ? – ni de l'approvisionnement – s'était-il amélioré ? Lioudmila Nikolaïevna savait pourquoi sa mère n'en faisait pas mention, et elle souffrait encore plus.

La maison de Lioudmila était, aujourd'hui, froide et vide. Comme si des bombes invisibles, terribles, l'eussent atteinte, détruisant tout à l'intérieur. La chaleur l'avait quittée. Elle était en ruine.

Ce jour-là, elle pensa beaucoup à Victor Pavlovitch. Leurs relations s'étaient détériorées. Victor était fâché contre elle, froid, et elle constatait avec tristesse que cela lui était indifférent. Elle le connaissait trop bien. Vu de l'extérieur, bien sûr, tout paraissait romantique et élevé. Elle n'avait pas ce rapport poétique et exalté à l'égard des individus. Maria Ivanovna, elle, voyait en Victor Pavlovitch un être sage, ayant le goût du sacrifice, une nature noble. Macha aimait la musique, elle devenait toute pâle quand elle entendait du piano, et Victor Pavlovitch jouait, parfois, à sa demande. Elle avait besoin, semblait-il, d'une idole à adorer, et elle s'était créé une image, avait inventé un Strum qui n'existait pas. Si Macha avait pu voir le Victor de tous les jours, elle eût été vite déçue. Lioudmila Nikolaïevna savait que l'égoïsme était le grand moteur de Victor, qu'il n'aimait personne. Et voilà qu'à présent, évoquant le conflit avec Chichakov, terriblement angoissée et inquiète pour son mari, elle ne pouvait s'empêcher de ressentir son habituel agacement : il était prêt à sacrifier la science et la tranquillité de ses proches, pour le simple plaisir de faire le malin, de poser au défenseur des faibles.

Pourtant, la veille, inquiet pour Nadia, il avait oublié son égoïsme. Mais Victor aurait-il pu, oubliant ses propres soucis, s'angoisser de la même façon pour Tolia ? Hier, elle s'était trompée. Nadia ne s'était pas vraiment ouverte à elle. Comment comprendre ce qui arrivait : était-ce un simple caprice d'enfant, ou le destin de Nadia se jouait-il vraiment ?

Nadia lui avait raconté dans quel milieu elle avait fait la connaissance de ce Lomov. Elle lui avait abondamment parlé des copains qui récitaient des poèmes classiques, de leurs discussions sur l'art ancien et moderne, de leur mépris railleur pour certaines choses qui, selon Lioudmila Nikolaïevna, n'auraient dû susciter ni raillerie ni mépris.

Nadia avait de bonne grâce répondu aux questions de Lioudmila et, apparemment, elle avait dit la vérité : « Mais non, on ne boit pas, bon, c'est arrivé une fois, un copain partait au front » ; « On parle politique, de temps à autre. Bien sûr, pas comme dans les journaux, mais c'est rare, ça s'est produit une ou deux fois tout au plus. »

Mais à peine Lioudmila Nikolaïevna posait-elle une question sur Lomov que Nadia retrouvait son ton agacé : « Non, il n'écrit pas de poèmes. » « Comment veux-tu que je sache qui sont ses parents ; bien sûr que je ne les ai jamais vus ! Qu'est-ce que cela a de bizarre ? Qu'est-ce que tu crois :

il ne sait rien de papa ! Il pense qu'il travaille dans un magasin d'alimentation. »

Comment comprendre : était-ce le destin de Nadia qui se jouait, ou une petite histoire qu'on aurait oubliée dans un mois ?

En préparant le repas, en faisant la lessive, elle pensait à sa mère, à Vera, Guenia et Serioja. Elle téléphona à Maria Ivanovna, mais personne ne répondit. Elle appela les Postoïev, mais la femme de ménage lui expliqua que sa patronne était partie faire les courses. Elle fit le numéro du gérant pour qu'on lui envoie le plombier – il y avait le robinet à réparer –, mais le plombier n'était pas venu travailler.

Elle entreprit d'écrire à sa mère. Elle pensait écrire une longue lettre, où elle exprimerait le regret de n'avoir pas su créer de bonnes conditions de vie à Alexandra Vladimirovna, et déplorerait que cette dernière préférât vivre seule à Kazan. Bien avant la guerre, déjà, aucun membre de la famille ne venait jamais passer quelque temps chez Lioudmila Nikolaïevna. Et aujourd'hui, c'était pareil : personne ne venait lui rendre visite dans son grand appartement de Moscou. Elle ne parvint pas à écrire la lettre, ne réussit qu'à gâcher quatre feuilles de papier.

Avant la fin de l'après-midi, Victor Pavlovitch téléphona pour l'avertir qu'il resterait assez tard à l'Institut : les techniciens de l'usine militaire qu'il avait convoqués devaient venir dans la soirée.

— Tu as du nouveau ? demanda Lioudmila Nikolaïevna.

— À quel propos ? répondit-il. Non, rien de neuf.

Le soir, Lioudmila Nikolaïevna relut la lettre de sa mère. Elle s'approcha de la fenêtre.

La lune brillait, la rue était déserte. Et de nouveau, elle aperçut Nadia, bras dessus bras dessous avec son militaire ; ils marchaient sur la chaussée, en direction de leur immeuble. Puis Nadia se mit à courir et le jeune gars en capote militaire resta planté au milieu de la rue déserte, à regarder de tous ses yeux. Le cœur de Lioudmila Nikolaïevna semblait réunir les sentiments les plus incompatibles : son amour pour Victor Pavlovitch, son inquiétude pour lui et sa rancune envers lui. Tolia, qui s'en était allé sans avoir connu les lèvres d'une fille, et ce lieutenant, debout au milieu de la rue ; Vera, heureuse, grimpant l'escalier de sa maison de Stalingrad, et Alexandra Vladimirovna qui n'avait plus de gîte…

Et la sensation de la vie, unique joie de l'homme et aussi son chagrin, emplit soudain son âme.

57

À l'entrée de l'Institut, Strum se heurta à Chichakov qui descendait de voiture.

Chichakov leva son chapeau, pour le saluer, mais ne manifesta aucun désir de s'arrêter pour lui parler.

« Mauvais pour moi », se dit Strum.

Au déjeuner, le professeur Svetchine, assis à la table voisine, évita de le regarder et ne lui adressa pas la parole. En quittant la cantine, le gros Gourevitch lui parla, ce jour-là, avec une gentillesse appuyée, il lui serra longuement la main, mais quand la porte de la direction s'entrouvrit, Gourevitch, sur un bref adieu, fila le long du couloir.

Au labo, Markov, avec lequel Strum discutait des appareils à préparer pour photographier des particules nucléaires, leva la tête de son cahier de notes et dit :

— Victor Pavlovitch, on m'a raconté qu'il y avait eu, au bureau du Parti, une discussion assez dure vous concernant. Kovtchenko vous a fait un tour en vache, en déclarant : « Strum ne veut pas travailler dans notre collectif. »

— Ça, il m'a drôlement arrangé ! répliqua Strum, et il sentit qu'une de ses paupières tressautait nerveusement.

Durant son entretien avec Markov à propos des photos nucléaires, Strum eut l'impression qu'il ne dirigeait plus le laboratoire, que Markov avait pris le relais. Markov parlait tranquillement, en patron, et, à deux reprises, Nozdrine vint lui poser des questions concernant le montage des appareils.

Puis, brusquement, le visage de Markov se fit plaintif, suppliant, et il dit doucement à Strum :

— Victor Pavlovitch, je vous en prie, ne faites pas allusion à moi, si vous parlez à cette réunion du comité du Parti. Sinon, j'aurai des ennuis, pour avoir révélé un secret du Parti.

— Voyons, cela va de soi, répondit Strum.

Markov reprit :

— Tout cela va se tasser.

— Eh ! s'exclama Strum. De toute façon on se débrouillera bien sans moi. Les équivoques autour de l'opérateur sont complètement délirantes.

— Je crois que vous faites erreur, répliqua Markov. J'en parlais justement, hier, avec Kotchkourov. Vous le connaissez, ce n'est pas un type qui plane dans les nuages. Il m'a dit : « Dans l'ouvrage de Strum, les mathématiques l'emportent sur la physique, mais, curieusement, elles m'éclairent, sans que je comprenne bien pourquoi. »

Strum comprit à quoi Markov faisait allusion : le jeune Kotchkourov était un fanatique des travaux liés à l'action des neutrons lents sur le noyau des atomes lourds ; il prétendait que les recherches de ce genre ouvraient des perspectives pratiques.

— Les Kotchkourov n'ont aucun pouvoir de décision, fit remarquer Strum. Ceux qui décident, ce sont les Baldine, or Baldine considère que je dois me repentir d'avoir entraîné les physiciens dans des abstractions talmudiques.

Tout le laboratoire semblait au courant du conflit qui opposait Strum à la direction et de la séance du comité du Parti qui s'était tenue la veille. Anna Stepanovna jetait à Strum des regards douloureux.

Strum aurait voulu bavarder avec Sokolov, mais ce dernier était à l'Académie depuis le matin ; il téléphona qu'il risquait d'y rester encore et qu'il n'aurait sans doute pas le temps de passer à l'Institut.

Savostianov, lui, avait l'humeur au beau fixe et ne cessait de faire le pitre.

— Victor Pavlovitch, dit-il, vous avez devant vous le vénérable Gourevitch, éminent et brillant savant.

Et, ce disant, il se passa la main sur le crâne et le ventre, faisant allusion à la calvitie et à la petite brioche de Gourevitch.

Dans la soirée, en rentrant à pied de l'Institut, Strum rencontra par hasard Maria Ivanovna, rue de Kalouga.

Elle le vit la première et le héla. Elle portait un manteau que Victor Pavlovitch n'avait jamais vu et il ne la reconnut pas tout de suite.

— C'est incroyable, dit-il. Comment vous êtes-vous retrouvée rue de Kalouga ?

Elle resta sans mot dire quelques instants, à le regarder. Puis elle secoua la tête et répondit :

— Ce n'est pas un hasard. Je voulais vous rencontrer, c'est pour cela que je suis ici.

Il se troubla, écarta légèrement les bras.

Un instant, son cœur cessa de battre. Il avait l'impression qu'elle allait lui apprendre une chose terrible, le prévenir d'un danger.

— Victor Pavlovitch, reprit-elle. Je souhaitais vous parler. Piotr Lavrentievitch m'a tout raconté.

— Ah ! Il vous a dit mes fantastiques succès, railla Strum.

Ils marchèrent côte à côte. On eût pu croire qu'ils ne se connaissaient pas.

Strum était gêné par le silence de Maria Ivanovna. Il la regarda de biais et dit :

— Lioudmila m'en veut de toute cette histoire. Je suppose que vous êtes fâchée, vous aussi.

— Non, répondit-elle. Je sais ce qui vous a poussé à agir de la sorte.

Il lui jeta un bref regard.

Elle ajouta :

— Vous pensiez à votre mère.

Il acquiesça.

Elle reprit :

— Piotr Lavrentievitch ne voulait pas vous le dire... Il a appris que la direction et le Parti se sont montés contre vous... Il a entendu Baldine déclarer : « Ce n'est pas simplement de l'hystérie. C'est de l'hystérie politique et antisoviétique. »

— Ah ! Ah ! Voilà donc la nature de mon hystérie ! dit Strum. Je sentais bien que Piotr Lavrentievitch ne voulait pas me raconter ce qu'il savait.

— Exactement. Et j'ai mal pour lui.

— Il a peur ?

— Oui. En outre, il considère qu'en général, vous avez tort.

Elle ajouta, à voix basse :

— Piotr Lavrentievitch n'est pas un mauvais homme. Il a eu beaucoup de malheurs.

— Oui, oui, acquiesça Strum. Et cela aussi fait mal : un savant si brillant, si audacieux, et une âme aussi craintive !

— Il a eu beaucoup de malheurs, répéta Maria Ivanovna.

— Et même ! rétorqua Strum. Ce n'était pas à vous, mais à lui de me raconter tout cela.

Il lui prit le bras.

— Écoutez, Maria Ivanovna, dit-il. Expliquez-moi ce qu'il en est de Madiarov. Je ne comprends pas ce qui a pu se passer.

Le souvenir de leurs discussions de Kazan ne cessait de le hanter ; il se rappelait bien souvent certaines phrases isolées, des mots, le sinistre avertissement de Karimov, les soupçons de Madiarov. Il lui semblait que les nuages qui, à Moscou, s'amoncelaient au-dessus de sa tête, finiraient par être liés à leurs bavardages de Kazan.

— Je ne comprends pas moi-même ce qui a pu se passer, répondit Maria Ivanovna. La lettre recommandée que nous avions envoyée à Leonid Sergueïevitch est revenue à Moscou. A-t-il changé d'adresse ? Est-il parti ? Le pire est-il arrivé ?

— Oui, oui, oui, bredouilla Strum, et il fut un instant désemparé.

De toute évidence, Maria Ivanovna était persuadée que Sokolov lui avait raconté l'histoire de la lettre retournée. Strum n'avait aucune idée de l'existence de cette lettre, Sokolov ne lui avait rien dit. En posant sa question, Strum pensait à la dispute entre Madiarov et Piotr Lavrentievitch.

— Si nous faisions une pause au Jardin des Plaisirs ? proposa-t-il.

— Mais nous n'allons pas dans la bonne direction.

— Il y a une entrée rue de Kalouga.

Il avait très envie d'en savoir plus sur Madiarov, sur ses soupçons à l'égard de Karimov et inversement. Dans le jardin désert, personne ne viendrait les déranger. Maria Ivanovna comprendrait tout de suite l'importance de cette conversation. Il sentait qu'il pourrait lui parler librement, en toute confiance, de ses préoccupations, et qu'elle serait franche avec lui.

La veille, déjà, le dégel avait commencé. Dans le Jardin des Plaisirs, on voyait pointer, sous la neige qui fondait sur les pentes des collines, des feuilles humides, mais dans les petites combes, la neige était encore dure. Au-dessus de leurs têtes s'étendait un ciel maussade, nuageux.

— Quelle belle soirée, dit Strum en aspirant l'air humide et froid.

— Oui, on est bien. Il n'y a pas un chat, on se croirait à la campagne.

Ils suivaient les sentiers boueux. Quand ils rencontraient une flaque, Strum tendait la main à Maria Ivanovna et l'aidait à sauter.

Ils marchèrent longtemps en silence. Strum n'avait pas envie de parler de la guerre, de l'Institut, de Madiarov, de ses craintes, de ses pressentiments, de ses soupçons. Il avait envie de marcher sans mot dire, aux côtés de cette petite femme au pas leste et maladroit, et de garder ce sentiment de légèreté et de paix qu'il éprouvait soudain.

Elle ne parlait pas non plus. Elle marchait, tête baissée. Ils débouchèrent sur le quai, le fleuve était encore couvert de glace sombre.

— On est bien, dit Strum.

— Oui, très, répondit-elle.

Le sentier goudronné qui suivait le quai était sec, ils marchèrent plus vite, comme deux compagnons partis pour un lointain voyage. Ils rencontrèrent un blessé de guerre, un lieutenant et une jeune fille, petite et râblée, en tenue de ski. Tous deux marchaient enlacés et s'embrassaient de temps à autre. Parvenus à la hauteur de Strum et de Maria Ivanovna, ils s'embrassèrent de nouveau, se retournèrent et éclatèrent de rire.

« Nadia est peut-être venue ici, avec son lieutenant », pensa Strum. Maria Ivanovna se retourna sur le couple et dit :

— Que c'est triste ! Et elle ajouta, en souriant : Lioudmila Nikolaïevna m'a parlé de Nadia.

— Oui, oui, fit Strum. C'est tout à fait étrange. Puis : J'ai décidé de téléphoner au directeur de l'institut d'électromécanique, afin de proposer mes services. S'il refuse de me prendre, je partirai à Novossibirsk ou à Krasnoïarsk.

— C'est sans doute la meilleure chose à faire. Vous ne pouviez pas agir autrement.

— Comme tout cela est triste, dit-il.

Il avait envie de lui raconter quel amour il éprouvait pour son travail, son laboratoire, de lui expliquer qu'en voyant les nouvelles installations où l'on effectuerait bientôt les premières expériences, il se sentait heureux et triste à la fois, et qu'il avait l'impression qu'il reviendrait, la nuit, à l'Institut, jeter un coup d'œil par la fenêtre. Il se dit que Maria Ivanovna percevrait dans ses paroles un côté un peu artificiel et se tut.

Ils arrivèrent à l'exposition de trophées. Ralentissant le pas, ils regardèrent les tanks allemands peints en gris, les canons, les mortiers, l'avion avec sa croix gammée noire sur les ailes.

— Même comme cela, ils font peur, déclara Maria Ivanovna.

— Ce n'est rien, répondit Strum. Il faut se consoler en se disant qu'à la prochaine guerre, tout cela aura l'air aussi innocent qu'un mousquet ou une hallebarde.

Alors qu'ils approchaient des grilles du parc, Victor Pavlovitch reprit :

— Notre promenade est terminée. Dommage que le Jardin des Plaisirs soit si petit. Vous n'êtes pas fatiguée ?

— Non, non, dit-elle, j'ai l'habitude. Je marche beaucoup.

Peut-être n'avait-elle pas compris ses paroles, ou peut-être faisait-elle mine de ne pas comprendre.

— Vous savez, ajouta-t-il, c'est tout de même curieux que nos rencontres dépendent de vos rendez-vous avec Lioudmila et des miens avec Piotr Lavrentievitch.

— Oui, fit-elle, mais peut-il en être autrement ?

Ils quittèrent le parc et le bruit de la ville les agressa, rompant le charme de leur promenade silencieuse. Ils arrivèrent sur une place, non loin de l'endroit où ils s'étaient rencontrés.

Le regardant de bas en haut, comme une petite fille, elle dit :

— Vous devez aimer plus que jamais votre travail, votre laboratoire, vos appareils. Mais vous ne pouviez agir autrement. Un autre l'aurait fait, mais pas vous. Je vous ai raconté des choses bien déplaisantes, pourtant il me semble qu'il vaut toujours mieux savoir la vérité.

— Je vous remercie, fit Strum en lui serrant la main. Et pas seulement pour cela.

Il eut l'impression que ses doigts tremblaient dans sa main.

— C'est étrange, dit-elle. Nous nous séparons presque à l'endroit où nous nous sommes rencontrés.

Il plaisanta :

— Les anciens disaient bien que la fin est contenue dans le commencement.

Elle plissa le front, réfléchissant visiblement à ces paroles, puis elle éclata de rire en disant :

— Je ne comprends pas.

Strum la suivit du regard : une petite femme maigrichonne, de celles sur lesquelles les hommes, dans la rue, ne se retournent jamais.

58

Darenski avait rarement connu de semaines aussi mornes que celles qu'il avait passées en mission dans les steppes kalmoukes. Il envoya un télégramme au QG du groupe d'armées pour annoncer que sa présence à l'extrême de l'aile gauche, où régnait un calme total, n'était plus nécessaire et qu'il avait rempli sa mission. Mais le commandement, avec un entêtement incompréhensible, persistait à ne pas vouloir le rappeler.

Les heures de travail allaient encore, le plus dur, c'étaient les heures de repos.

Le sable était partout, sec, mouvant, rugueux. Bien sûr, là aussi, la vie était présente. Un lézard, une tortue faisaient crisser le sable et laissaient derrière eux la trace de leur queue dans la poussière ; des épineux, couleur sable, poussaient par endroits ; des milans tournoyaient dans le ciel, en quête de charognes ; des araignées couraient sur leurs hautes pattes dans le sable.

La misère de cette nature austère, la monotonie froide d'un mois de novembre sans neige dans le désert avaient, semblait-il, non seulement appauvri la vie des gens, mais également vidé leurs pensées : elles étaient uniformes, plates, mornes.

Darenski s'était peu à peu soumis à cette morne uniformité du désert. Alors qu'il avait toujours été indifférent à ce qu'il mangeait, ici, il pensait sans cesse au dîner. La soupe faite d'orge perlé, dit « shrapnel », et de tomates vertes marinées était devenue le cauchemar de sa vie. Quand il était assis dans le hangar, avec devant lui une table (quelques planches mal rabotées) maculée de soupe, et qu'il entendait les hommes en train d'avaler leur brouet dans des gamelles de fer-blanc, l'envie le prenait de fuir le tintement des cuillers, l'odeur écœurante. Mais dès qu'il quittait le réfectoire, de nouveau il ne pensait qu'à lui et calculait le nombre d'heures qui le séparaient du prochain repas.

Il faisait froid la nuit dans les cahutes et Darenski dormait mal : il avait froid au dos, aux pieds, aux oreilles. Il dormait sans se déshabiller, enfilait plusieurs paires de chaussettes et s'enveloppait la tête dans une serviette.

Il s'étonnait, au début, en constatant que tous les hommes ici semblaient ne jamais penser à la guerre et avaient la tête bourrée d'histoires de bouffe, de tabac, de lessive. Mais bientôt il remarqua que lui aussi, tout en discutant avec les commandants de divisions ou de régiments de la préparation des pièces pour l'hiver, d'huile antigel, de ravitaillement en munitions, pensait constamment aux petits problèmes de la vie courante.

L'état-major du groupe d'armées semblait hors de portée. Ses rêves étaient plus modestes, il aurait voulu passer une journée à l'état-major de l'armée, près d'Elista. Mais quand il rêvait à ce voyage, il ne se représentait pas ses retrouvailles avec la belle Alla Sergueïevna. Il aspirait à un bon bain, à une soupe au vermicelle et à du linge propre.

Même la nuit qu'il avait passée chez Bova lui apparaissait maintenant comme un moment agréable. Sa cabane n'était pas si mal et ils avaient parlé d'autre chose que de nourriture et de lessive.

Il souffrait particulièrement des poux.

Il fut long à comprendre pourquoi il avait des démangeaisons de plus en plus fréquentes ; il ne remarquait pas les sourires entendus de ses interlocuteurs quand, au cours d'une discussion de travail, il se grattait furieusement les aisselles ou la cuisse. De jour en jour, il se grattait avec une ardeur accrue. Il s'habituait aux sensations de brûlure à la hauteur des clavicules et des aisselles.

Il pensait qu'il avait de l'eczéma et il l'expliquait par la sécheresse et le sable qui irritaient la peau.

Les démangeaisons se faisaient particulièrement fortes la nuit. Darenski se réveillait et se grattait la poitrine avec frénésie, jusqu'au sang. Un jour, couché sur le dos, il leva ses jambes et se mit à gratter ses mollets en gémissant. Il avait noté que la chaleur accentuait l'eczéma. Sous la couverture, son corps le grattait et le brûlait à la limite du supportable. Quand il sortait dans l'air glacé de la nuit, la démangeaison se calmait. Il envisageait de passer au poste de soins pour demander une pommade contre l'eczéma.

Un matin, il écarta le col de sa chemise et vit, le long de la couture, une file de poux de bonne taille. Il y en avait beaucoup. Darenski jeta un coup d'œil plein de honte et d'appréhension au capitaine qui dormait à côté de lui ; le capitaine, déjà éveillé, était assis sur son lit de camp et faisait la chasse aux poux sur ses caleçons étalés devant lui. Les lèvres du capitaine bougeaient : visiblement, il tenait le compte de son tableau de chasse.

Darenski enleva sa chemise et se mit, lui aussi, au travail.

La matinée était calme et brumeuse. Il n'y avait ni tirs ni passages d'avions, aussi le craquement qu'émettaient les poux en périssant sous l'ongle du capitaine était-il on ne peut plus net.

Le capitaine regarda de biais Darenski et marmonna :

— Oh, une costaude celle-là, une vraie truie, c'est une femelle reproductrice, sûr et certain.

— On ne donne donc pas de poudre ? demanda Darenski sans quitter son col de chemise du regard.

— Si, mais à quoi ça sert ? Il faudrait des bains-douches, or ici il n'y a même pas assez d'eau pour boire. On ne lave presque pas la vaisselle au réfectoire, on économise l'eau. Alors, les bains...

— Et les étuves ?

— Ça ne sert à rien, les uniformes reviennent brûlés, et les poux, ils en sortent bronzés, c'est tout. Ah ! parlez-moi de Penza, on y était cantonnés, ça c'était la belle vie ! Je n'allais même pas au réfectoire. C'était la logeuse qui me donnait à manger, une bonne femme pas vieille encore, bien juteuse. Les bains deux fois par semaine, la bière tous les jours.

— Que voulez-vous, dit Darenski, il y a loin d'ici à Penza.

Le capitaine prit l'air sérieux de quelqu'un qui va révéler un secret :

— Il y a un moyen, camarade colonel. Le tabac à priser. Vous prenez un peu de brique en poudre, vous la mélangez à du tabac à priser. Vous saupoudrez votre linge. Le poux éternue, il saute et se fracasse le crâne contre la brique.

Le sérieux du capitaine était tel que Darenski mit un moment à comprendre que le capitaine lui servait une des nombreuses blagues qui circulaient sur ce sujet.

En quelques jours, Darenski entendit raconter de nombreuses autres blagues du même type. Le folklore pouilleux était riche.

Maintenant, il pensait jour et nuit à de multiples problèmes : nourriture, lessive, change, poudre contre les poux, extermination des poux par le chaud, à l'aide d'une bouteille en guise de fer à repasser, et par le froid.

Il en avait oublié les femmes et aimait à se rappeler l'adage qu'il avait appris des droits-communs quand il était dans les camps : « Pour vivre, tu vivras, mais femme ne voudras. »

59

Darenski avait passé la journée sur les positions de la division d'artillerie. De toute la journée il n'avait entendu le moindre coup de feu, le moindre avion.

Le commandant de la division, un jeune Kazakh, déclara en prononçant chaque mot distinctement et sans accent :

— Je me dis que pour l'an prochain, je vais planter des melons, revenez les goûter.

Le commandant de division, lui, ne souffrait pas dans le désert. Il plaisantait, découvrant ses dents blanches dans un sourire, il marchait rapidement et sans effort dans le sable profond, il regardait amicalement les chameaux qui se tenaient attelés près des masures recouvertes d'un bout de tôle ondulée.

Mais la bonne humeur du jeune Kazakh irritait Darenski ; il décida, pour trouver la solitude, de retourner aux positions de tir de la première batterie, bien qu'il y fût déjà passé le jour même.

Une lune énorme, plus noire que rouge, venait de se lever. Rougissant sous l'effort, elle montait dans la noire transparence du ciel et dans sa lumière courroucée, le désert nocturne, les longs tubes des canons, les mortiers, les fusils antichars prenaient un tout autre aspect, inquiet et menaçant. Une caravane de chameaux s'étirait sur la route ; les chariots grinçants transportaient des caisses d'obus et du foin ; l'inconciliable se conciliait : les tracteurs, le camion contenant la typographie du journal d'armée, le matériel de la radio et les longs cous des chameaux, leur démarche mouvante qui créait l'illusion d'un corps sans os, fondu dans du latex.

Les chameaux s'éloignèrent, seule resta dans l'air l'odeur rustique du foin. La même lune, plus noire que rouge, énorme, montait dans le ciel au-dessus de la plaine déserte où allait combattre l'ost d'Igor[1]. La même lune se figeait dans le ciel quand les armées perses marchaient sur l'Hellade, quand les légions romaines faisaient irruption dans les forêts germaniques, quand les régiments du Premier consul campaient au pied des Pyramides.

---

1. Grossman évoque ici un poème épique du XIIᵉ siècle, le *Dit de la bataille d'Igor*, œuvre d'une grande beauté qui chante la campagne malheureuse au cours de laquelle le prince Igor livra une bataille aux Polovetsiens malgré les mauvais augures (voir *supra*, note 1, p. 198).

Quand la conscience humaine se tourne vers le passé, elle ne garde dans le tamis de la mémoire qu'un concentré des grands événements du passé, et laisse échapper les souffrances et les angoisses du soldat, son désarroi et sa tristesse. Il ne reste en mémoire qu'un récit vide sur le dispositif de l'armée qui a remporté la victoire et sur celui de l'armée qui a subi une défaite, sur le nombre de catapultes, de balistes, d'éléphants ou sur le nombre de canons, de blindés et de bombardiers ayant pris part à la bataille. La mémoire gardera le récit sur le sage et heureux stratège qui sut immobiliser le centre et frapper le flanc, sur les réserves qui, surgissant de derrière les collines au moment propice, décidèrent de l'issue du combat. C'est tout, si ce n'est l'histoire banale du chef de guerre qui, de retour au pays, fut soupçonné de vouloir renverser son souverain et paya sa victoire et le salut de sa patrie de sa tête ou, s'il eut de la chance, de l'exil.

Mais voilà le tableau du champ de bataille que peint l'artiste : une lune énorme et terne est suspendue au-dessus du champ de gloire, les preux gisent, les bras en croix, des quadriges brisés ou des tanks incendiés traînent sur le champ de bataille, et voici les vainqueurs, en tenue de camouflage, la mitraillette en bandoulière, coiffés du casque romain avec l'aigle de bronze, ou du bonnet à poils du grenadier.

Darenski, la tête dans les épaules, était assis sur une caisse de munitions et écoutait la discussion de deux soldats couchés près d'une pièce. Le commandant de la batterie était parti au QG de la division avec l'instructeur politique, le lieutenant-colonel envoyé par l'état-major du groupe d'armées (les soldats s'étaient déjà renseignés sur le compte de Darenski) semblait dormir. Les soldats fumaient avec délice du gros gris et laissaient échapper des volutes de fumée.

C'étaient, selon toute apparence, deux vrais amis, liés par ce sentiment qui caractérise l'amitié : la certitude que le moindre événement dans la vie de l'un semblera important à l'autre.

— Et alors ? demandait un des soldats d'un ton faussement ironique et indifférent.

— Et alors, répondait l'autre comme à contrecœur, on dirait que tu ne le connais pas. On a mal aux pieds, on ne peut pas marcher dans des chaussures pareilles.

— Et alors ?

— Eh bien, je suis resté avec ces chaussures, j'allais quand même pas marcher pieds nus.

— Donc, finalement, il t'a pas donné de bottes.

Et sa voix n'était plus ironique ou indifférente mais pleine d'intérêt pour l'événement.

Puis ils parlèrent de chez eux.

— Alors, ta femme, elle t'écrit ? Qu'est-ce qu'elle raconte ?

— Qu'est-ce que tu veux que raconte une bonne femme ? Il manque ci, il manque ça, le gamin est malade, ou bien c'est la fille. Une bonne femme, quoi !

— La mienne, c'est encore mieux, elle m'écrit comme ça, direct : vous n'avez pas de problèmes au front, nourris tous les jours, alors que nous, on ne sait plus quoi faire tellement c'est dur.

— Raisonnement de bonne femme, dit le premier ; elle est à l'arrière et elle est incapable de comprendre ce que c'est que d'être en première ligne. Elle n'est capable que de voir tes rations.

— Tout juste, approuva le second. Elle n'a pas trouvé de pétrole et elle croit déjà qu'il n'y a rien de plus terrible sur terre.

— Sûr, faire la queue pour du pétrole, c'est plus dur que de repousser les chars allemands dans les sables à coups de bouteilles d'essence.

Il parlait de chars et de bouteilles bien qu'il sût, tout comme son interlocuteur, que les Allemands n'avaient jamais lancé leurs chars ici.

Et, brusquement, l'un d'eux coupa l'éternelle discussion des couples – qui a la part la plus dure, l'homme ou la femme ? – et dit d'une voix hésitante :

— La mienne, elle est malade, quelque chose dans les reins ; si elle soulève quelque chose de lourd elle en a pour une semaine à se remettre.

Et, de nouveau, la conversation sembla changer complètement de cours, les deux artilleurs parlèrent du désert, de ces lieux maudits et sans eau.

Celui qui était le plus proche de Darenski prononça :

— Elle dit pas ça par méchanceté, elle comprend pas, c'est tout.

Et le premier artilleur ajouta, pour effacer les paroles mauvaises qu'il avait eues sur les femmes de soldats, mais sans les effacer tout à fait :

— T'as raison. Je disais ça par bêtise.

Ils fumèrent en silence, puis parlèrent des avantages respectifs que présentaient les rasoirs mécaniques et les coupe-choux, de l'uniforme neuf du commandant de la batterie et de ce que, si dure que fût la vie, on avait envie de vivre.

— Regarde-moi cette nuit. Tu sais, quand j'étais à l'école, on nous a montré un tableau : une lune au-dessus de la plaine, et partout les corps des preux tués pendant la bataille.

— Je vois pas le rapport, dit le second en éclatant de rire. Des preux, alors que nous, on est des moineaux.

60

Rompant le silence, une explosion retentit à la droite de Darenski. « 103 mm », détermina-t-il immédiatement. Aussitôt les pensées habituelles lui traversèrent l'esprit : « Un tir isolé ? Un tir de réglage ? Un tir de harcèlement ? Et si on était pris en fourchette ? Une attaque de blindés qui se prépare ? »

Tous les hommes habitués à la guerre se posaient les mêmes questions.

Les hommes habitués à la guerre savent reconnaître, parmi des centaines de bruits, le bruit qui annonce un véritable danger. Le soldat pouvait tenir une cuiller, nettoyer son fusil, se gratter le nez, lire le journal, ou être plongé dans cette absence totale de pensées qui s'empare parfois du soldat en ses instants de liberté, il redresse la tête et tend une oreille avide et intelligente.

Et la réponse ne tarda pas. Plusieurs déflagrations retentirent sur la droite de Darenski, puis sur sa gauche, et tout gronda, explosa, fuma, bougea.

C'était un tir d'artillerie en règle.

Les flammes des explosions perçaient à travers la fumée, la poussière, le sable et la fumée montaient des flammes.

Les hommes couraient, tombaient.

Un hurlement déchira le désert. Des obus de mortier tombèrent à côté des chameaux et les bêtes, renversant les piquets, couraient en traînant derrière elles les harnais rompus. Darenski, sans se soucier des explosions d'obus, se redressa de toute sa taille, frappé par l'horreur du spectacle.

Une pensée d'une extraordinaire évidence traversa son esprit : il assistait aux derniers moments de sa patrie. Un sentiment de fatalité le gagna. Ce cri terrifiant des chameaux affolés, ces voix russes pleines d'inquiétude, ces hommes courant vers des abris. La Russie mourait ! Elle était en train de mourir ici, chassée dans les sables gelés, aux abords de l'Asie, elle était en train de mourir sous une lune sombre et indifférente et la parole russe, qu'il chérissait si tendrement, se mêlait aux cris de peur et de désespoir des chameaux en fuite.

En cet instant amer, il n'éprouvait ni colère ni haine, mais un sentiment de fraternité à l'égard de tout ce qu'il y a de faible et de pauvre en ce monde ; il pensa – pourquoi, il n'aurait pas su le dire –, il pensa au vieux Kalmouk au visage mat, rencontré naguère dans la steppe, et il lui sembla proche, depuis longtemps familier.

« Eh bien ! le sort en est jeté », pensa-t-il et il comprit qu'il n'aurait plus le désir de vivre sur cette terre si la défaite était consommée.

Il regarda les soldats qui se dissimulaient dans des fentes du terrain, se redressa, prêt à prendre le commandement de la batterie dans ce combat sans espoir, et cria :

— Eh ! le téléphoniste, par ici !

Mais le fracas des explosions s'interrompit brusquement.

Cette même nuit, sur indication de Staline, les trois commandants des groupes d'armées, Vatoutine, Rokossovski et Eremenko, donnèrent l'ordre de déclencher l'offensive qui allait décider en cent heures de l'issue de la bataille de Stalingrad, du sort des trois cent mille hommes de l'armée de Paulus, qui allait marquer un tournant dans le cours de la guerre.

Un télégramme attendait Darenski à l'état-major : il devait rejoindre le corps de blindés du colonel Novikov et tenir informé le Grand Quartier général des opérations menées par le corps d'armée.

61

Peu après les cérémonies commémoratives de la révolution d'Octobre, dix-huit bombardiers allemands effectuèrent un nouveau raid sur la centrale électrique de Stalingrad.

Des nuages de fumée recouvrirent les ruines ; les destructions provoquées par l'aviation allemande interrompirent totalement la marche de la centrale.

Après ce raid, les mains de Spiridonov furent prises de tremblements ; quand il portait une tasse à ses lèvres, il en renversait le thé ou il était obligé de la reposer sur la table, conscient qu'il était que ses mains n'auraient pas la force de la tenir plus longtemps. Ses mains cessaient de trembler seulement quand il avait bu de la vodka.

La direction commença à laisser partir les ouvriers, qui passaient la Volga et s'en allaient par la steppe jusqu'à Akhtouba et Leninsk.

Les dirigeants demandèrent à Moscou la permission d'abandonner la centrale, leur présence sur la ligne du front dans une centrale détruite n'ayant plus de sens. Moscou tardait à répondre et Spiridonov était très inquiet. Nikolaïev, le responsable du Parti, avait été convoqué par le CC après le raid et était parti en Douglas pour Moscou.

Spiridonov et Kamychov erraient toute la journée parmi les ruines et se démontraient l'un à l'autre qu'ils n'avaient plus rien à faire ici, qu'il était temps de plier bagage. Mais Moscou se taisait toujours.

Le sort de Vera inquiétait tout particulièrement Spiridonov. Une fois passée sur la rive gauche, Vera s'était sentie mal et n'avait pu partir pour Leninsk. Faire près de cent kilomètres à l'arrière d'un camion roulant et sautant sur les chemins défoncés et les ornières gelées aurait été pour elle, en fin de grossesse, une folie.

Des ouvriers qu'elle connaissait l'emmenèrent dans une péniche immobilisée par la glace auprès de la rive, et que l'on avait transformée en foyer.

Peu après le bombardement, Spiridonov reçut un petit mot qu'elle lui fit transmettre par le mécanicien de la vedette. Elle lui disait de ne pas se faire de souci pour elle ; on lui avait trouvé un bon recoin dans la cale, derrière une cloison. Parmi les réfugiés de la péniche, il y avait une infirmière et une vieille sage-femme ; un hôpital de campagne était installé à quatre kilomètres de la péniche et, en cas de complications, il était toujours possible de faire appel à un médecin. Il y avait de l'eau chaude, un poêle, on faisait à manger en commun avec les provisions qu'envoyait l'obkom du Parti.

Bien que Vera demandât à son père de ne pas se faire de souci, chaque mot dans sa lettre l'emplissait d'inquiétude. Une seule chose le consolait un peu : Vera disait que leur péniche n'avait pas été bombardée une seule fois pendant les combats. Si Stepan Fiodorovitch avait pu passer sur l'autre rive, il aurait bien sûr trouvé un moyen de se procurer une voiture ou une ambulance et de transporter Vera ne serait-ce qu'à Akhtouba.

Mais Moscou se taisait et n'autorisait toujours pas le départ du directeur et du directeur technique, bien qu'il n'y eût besoin maintenant, dans la centrale détruite, que d'un petit groupe de surveillance armé. Les ouvriers et le personnel technique ne tenaient pas à traîner sans rien faire dans la centrale et tous, dès que Spiridonov leur en donnait l'autorisation, partaient à la recherche d'un moyen de passer la Volga.

Seul le vieil Andreïev ne voulut pas du papier officiel avec le cachet rond du directeur. Quand Stepan Fiodorovitch proposa à Andreïev de partir pour Leninsk où se trouvaient sa belle-fille et son petit-fils, le vieux lui répondit :

— Non, je resterai ici.

Il lui semblait qu'en restant sur la rive de Stalingrad il préservait un lien avec sa vie d'antan. Peut-être qu'il pourrait bientôt parvenir jusqu'à la cité de l'usine de tracteurs ; il marcherait parmi les maisons brûlées ou détruites, il arriverait dans le jardin planté par sa femme, il relèverait, étayerait les jeunes arbres brisés, vérifierait si les affaires enterrées étaient à leur place, puis il s'assiérait sur la pierre à côté de la palissade renversée.

— Donc, Varvara, la machine à coudre est toujours là, même pas rouillée, le pommier, celui qui est à côté de la palissade, est fichu, un éclat d'obus l'a coupé net, le chou mariné, dans le tonneau à la cave, a un peu de moisissure sur le dessus, c'est tout.

Stepan Fiodorovitch aurait voulu discuter de ses affaires avec Krymov ; mais, depuis les fêtes d'Octobre, Krymov ne s'était plus montré à la centrale.

Spiridonov et Kamychov décidèrent d'attendre le 17 novembre et ensuite de s'en aller, il n'y avait vraiment plus rien à faire à la centrale. Mais les Allemands continuaient à la prendre pour cible de temps à autre, et Kamychov, après un raid particulièrement sévère, dit à Spiridonov :

— Leur service de renseignements ne doit pas valoir grand-chose, s'ils continuent à nous bombarder. Ils peuvent remettre ça d'un moment à l'autre. Vous connaissez les Allemands, ils vont taper et taper dans le vide comme des taureaux.

Le 18 novembre, Stepan Fiodorovitch dit au revoir aux gardiens, embrassa Andreïev, contempla pour la dernière fois les ruines de la centrale et partit sans avoir obtenu l'autorisation de Moscou.

Il avait travaillé honnêtement, il avait travaillé dur pendant les combats de Stalingrad. Et son travail avait été d'autant plus dur et était d'autant plus digne de respect que Spiridonov avait peur de la guerre, qu'il n'avait pu s'habituer aux conditions de vie du front, vivait dans la crainte des raids, se liquéfiait pendant les bombardements, mais travaillait.

Il allait, une valise à la main, un baluchon sur l'épaule, et se retournait pour faire signe de la main à Andreïev, debout devant le portail détruit, pour regarder l'immeuble aux vitres brisées où avait habité le personnel d'encadrement, les murs sinistres de la salle des turbines, la fumée qui continuait à se dégager des isolateurs à huile.

Il quitta la centrale de Stalingrad quand il n'y fut plus utile, vingt-quatre heures avant le début de l'offensive des troupes soviétiques.

Mais ces vingt-quatre heures qu'il n'avait pas pu attendre effacèrent aux yeux de beaucoup son travail honnête et difficile ; ils étaient prêts à voir en lui un héros, et ils le traitèrent de lâche et de déserteur.

Il garda pour longtemps le souvenir torturant du moment où il s'éloignait, se retournait, agitait la main, et le vieil homme solitaire, debout devant le portail, le regardait.

62

Vera mit au monde un garçon.

Elle était allongée sur une couche faite de planches brutes clouées ensemble ; les femmes, pour qu'elle ait moins froid, avaient entassé des chiffons sur son lit ; le bébé, enveloppé dans un bout de drap, était couché à côté d'elle. Quand quelqu'un écartait le rideau pour entrer chez elle, elle voyait les gens, hommes et femmes, les affaires qui pendaient des couchettes du haut, elle entendait les cris des enfants, les allées et venues, le bourdonnement incessant des voix. Sa tête était pleine de brouillard, l'air empuanti était plein de brouillard.

On étouffait dans la cale, mais en même temps il y faisait très froid, du givre se formait par endroits sur les cloisons de planches. Les gens ne se déshabillaient pas pour dormir et passaient la nuit en bottes de feutre et en manteaux ; les femmes s'emmitouflaient toute la journée dans des fichus, des lambeaux de couvertures, elles soufflaient sur leurs doigts gourds pour les réchauffer.

La lumière ne pénétrait qu'à grand-peine par une ouverture découpée pratiquement au niveau de la glace, et même dans la journée la cale était plongée dans la pénombre. Le soir, on s'éclairait à l'aide de lampes à pétrole sans verre et les visages des gens étaient noirs de suie. Des nuages de vapeur faisaient irruption dans la cale quand on ouvrait la trappe qui donnait sur le pont.

Des vieilles coiffaient à longueur de journée leurs chevelures défaites ; des vieux étaient assis par terre, un quart d'eau chaude dans les mains, parmi les oreillers, les baluchons, les valises de contre-plaqué sur lesquels grimpaient des enfants qui jouaient.

Vera avait l'impression que le bébé, couché contre son sein, avait modifié ses pensées, son attitude à l'égard des autres, qu'il avait modifié son corps.

Elle pensait à son amie Zina Melnikova, à la vieille Sergueïevna qui s'occupait d'elle ici, elle pensait au printemps, à sa mère, au trou dans sa chemise, à la couverture ouatinée, à Serioja et à Tolia, au savon noir, aux avions allemands, à son abri dans la centrale électrique, à ses cheveux pas lavés, et tout ce qui lui passait par l'esprit était pénétré du sentiment qu'elle éprouvait pour l'enfant qu'elle avait mis au monde, tout était lié à lui, tout prenait ou perdait son sens en fonction de lui.

Elle regardait ses mains, ses jambes, sa poitrine, ses doigts. Ce n'étaient plus les mains qui jouaient au volley-ball, qui rédigeaient des devoirs, qui tournaient les pages des livres ; ce n'étaient plus les pieds qui montaient en courant les marches du lycée, les jambes piquées par les orties qui battaient l'eau tiède de la rivière, ces jambes qui faisaient se retourner les passants.

Et quand elle pensait à son enfant, elle pensait en même temps à Viktorov.

Les aérodromes se trouvaient sur la rive gauche de la Volga, Viktorov devait être à côté d'elle, la Volga ne les séparait plus.

Un lieutenant allait entrer dans la cale et elle lui demanderait : « Vous connaissez le lieutenant Viktorov ? »

Et le pilote dirait : « Oui », et elle dirait : « Dites-lui que son fils et sa femme sont ici. »

Les femmes venaient la voir dans son recoin, hochaient la tête, souriaient, soupiraient, certaines parfois pleuraient, penchées au-dessus du bébé.

Elles pleuraient sur leur sort et souriaient à l'enfant et il n'était pas besoin de mots pour les comprendre.

Les questions que l'on posait à Vera avaient un seul sens : en quoi la mère pouvait-elle être utile à l'enfant, avait-elle du lait ? n'avait-elle pas de gerçures aux seins, ne souffrait-elle pas de l'air humide ?

Son père arriva deux jours après l'accouchement. Avec sa petite valise et son baluchon, pas rasé, le manteau noué à la taille par une cravate, le nez et les joues brûlés par le vent glacial, ce n'était plus le directeur de la centrale électrique de Stalingrad.

Quand Stepan Fiodorovitch s'approcha du lit, elle remarqua que son premier regard n'était pas pour elle, mais pour l'être qui était à ses côtés.

Il se détourna et elle comprit, en voyant son dos et ses épaules, qu'il pleurait, qu'il pleurait parce que sa femme ne verrait jamais son petit-fils, qu'elle ne se pencherait jamais au-dessus de lui comme il venait de le faire.

Et ce n'est qu'après, mécontent et honteux d'avoir pleuré – des dizaines de personnes l'avaient vu –, qu'il dit d'une voix enrouée par le froid :

— Et voilà que tu m'as fait grand-père maintenant.

Il se pencha sur Vera, l'embrassa sur le front, lui caressa la joue d'une main froide et sale.

Puis il dit :

— Krymov est venu à la centrale pour les fêtes d'Octobre. Il ne savait pas que maman n'était plus. Il m'a interrogé sur Evguenia.

Un vieillard, vêtu d'une veste bleue qui laissait échapper des lambeaux d'ouate, s'approcha.

— On donne l'ordre de Koutouzov ou de Lénine, pour tuer le plus de gens, dit-il d'une voix entrecoupée par l'asthme. Combien qu'on en a descendu et des nôtres et des leurs. Alors, je me dis comme ça, quelle médaille il faudrait donner à votre fille, une médaille de deux kilos au moins, pour avoir donné une nouvelle vie dans ce bagne.

Ce fut la première personne qui, après la naissance du bébé, parla de Vera.

Stepan Fiodorovitch décida de rester sur la péniche, d'y attendre que Vera reprenne des forces pour aller avec elle à Leninsk. C'était sur le chemin de Kouïbychev, où il lui fallait se rendre pour obtenir une nouvelle affectation. Ayant constaté que le ravitaillement sur la péniche était en dessous de tout, Spiridonov décida, après s'être réchauffé, de partir à la recherche du PC de l'obkom, qui devait se trouver quelque part dans la forêt, pas très loin de la péniche. Il comptait s'y procurer un peu de sucre et de matières grasses auprès de ses relations.

63

Ce fut une dure journée dans la péniche. Les nuages pesaient sur la Volga. Les enfants ne jouaient pas sur la glace sale, couverte d'ordures et de déchets, les femmes ne lavaient pas le linge dans les trous creusés dans la glace, le vent, soufflant bas, se frayait un chemin dans la péniche par les fentes des parois, emplissait la cale de grincements et de hurlements.

Les gens, engourdis, restaient assis sans bouger, s'enveloppaient dans des fichus, des couvertures, des vestes ouatinées. Les plus bavardes s'étaient tues et écoutaient le hurlement du vent, les planches qui grinçaient.

Le jour tombait et il semblait que l'obscurité naquît de la tristesse des hommes, du froid exténuant, de la faim, de la crasse, des interminables souffrances de la guerre.

Vera, enfoncée jusqu'au menton sous une couverture, sentait sur ses joues les courants d'air froid qui pénétraient dans la cale quand le vent se faisait plus fort.

Tout allait mal, se disait-elle ; son père ne pourrait pas la sortir d'ici, la guerre ne finirait jamais, les Allemands passeraient l'Oural au printemps et se répandraient dans toute la Sibérie, leurs avions voleraient toujours dans le ciel, leurs bombes exploseraient toujours.

Pour la première fois, elle douta de la présence de Viktorov dans les parages. Il y en a des aérodromes sur toute l'étendue du front et peut-être n'est-il plus ni au front ni à l'arrière.

Elle écarta le drap, regarda le visage du bébé. Pourquoi pleurait-il ? Elle devait sûrement lui passer sa tristesse comme elle lui passait son lait et sa chaleur.

Tous, ce jour-là, étaient oppressés par la cruauté du froid, la violence implacable du vent, la monstruosité de la guerre dans les gigantesques étendues russes.

L'homme était-il capable de supporter une vie aussi terrible, faite de froid et de faim ?

La vieille Sergueïevna, qui l'avait aidée à accoucher, s'approcha.

— Tu ne me plais pas, aujourd'hui, dit-elle. Tu étais mieux le premier jour.

— Ça ne fait rien, dit Vera, papa revient demain et apportera à manger.

Et bien que Sergueïevna fût contente à l'idée que la jeune mère aurait du sucre et des matières grasses, elle lança d'une voix rude et méchante :

— Vous, les chefs, vous trouvez toujours à bouffer, il y en a toujours pour vous ; mais nous, tout ce qu'on a, c'est de la patate gelée.

— Silence ! cria quelqu'un. Taisez-vous !

On entendait confusément une voix à l'autre bout de la cale. Et soudain, la voix sonna haut et clair, étouffant tous les autres bruits.

Une voix lisait à la lumière d'une lampe qui fumait :

« Au cours des dernières heures… Une offensive réussie dans la zone de Stalingrad… Il y a quelques jours, nos troupes disposées aux abords de Stalingrad sont passées à l'offensive contre les forces nazies. L'offensive se déroule sur deux axes : au nord-ouest et au sud de Stalingrad[1]… »

Les hommes écoutaient debout et pleuraient. Un lien merveilleux s'était établi entre eux et les gars qui, protégeant leur visage du vent, marchaient en ce moment même dans la neige et ceux qui, le regard obscurci, couchés dans la neige et dans leur sang, disaient adieu à la vie.

Tous pleuraient, les vieux et les vieilles, les ouvriers, les enfants qui écoutaient la lecture avec des expressions qui n'avaient rien d'enfantin.

« Nos troupes ont pris la ville de Kalatch sur la rive est du Don, la gare de Krivomouzguinskaïa, la gare et la ville d'Abganérovo… », continuait le lecteur du communiqué.

Vera pleurait avec tous les autres. Elle aussi ressentait le lien existant entre les hommes qui marchaient dans l'obscurité froide de la nuit, tombaient, se relevaient pour tomber à nouveau, et cette cale de péniche où des êtres sans forces écoutaient l'annonce de l'offensive.

---

1. Le communiqué du Sovinformburo annonçant l'offensive, laquelle commença le 19 novembre, ne parut que le 22 novembre 1942.

C'était pour elle, pour son fils, pour les femmes aux mains gercées par l'eau froide, pour les vieillards, pour les enfants enveloppés dans les fichus déchirés de leurs mères que, là-bas, on allait à la mort.

Et, tout en pleurant, elle s'imaginait avec ravissement comment son mari entrerait dans la cale, et les femmes, les vieux ouvriers l'entoureraient et lui diraient : « Fiston ».

L'homme qui lisait le communiqué termina par ces mots : « L'offensive se poursuit. »

64

L'officier de permanence à l'état-major fit son rapport au commandant de la 8ᵉ armée de l'air sur les sorties des régiments de chasse pendant la journée écoulée.

— Il n'a pas de veine, Zaklabouka, dit le général en parcourant le rapport posé devant lui. Hier, c'était son commissaire qui se faisait abattre et aujourd'hui il s'est fait descendre encore deux pilotes.

— J'ai téléphoné à l'état-major du régiment, mon général. On enterrera le camarade commissaire Berman demain. Le membre du Conseil d'armée a promis d'aller y prononcer un discours.

— Notre membre aime beaucoup les discours, dit le général en souriant.

— Pour les pilotes, cela s'est passé ainsi : le lieutenant Korol a été abattu au-dessus des lignes tenues par la 38ᵉ division, quant au chef de patrouille, le lieutenant Viktorov, il a été touché par des Messer au-dessus d'un terrain allemand, il n'a pas pu rentrer et est tombé sur une hauteur, juste dans le no man's land. L'infanterie l'a vu, a essayé de s'approcher mais l'Allemand l'en a empêchée.

— Ouais, ce sont des choses qui arrivent, dit le général en se grattant le nez avec son crayon. Voilà ce que vous allez faire : téléphonez au QG du groupe d'armées et rappelez-leur que Zakharov nous a promis une nouvelle jeep, sinon on ne pourra bientôt plus se déplacer.

Le pilote mort gisait sur un monticule de neige ; la nuit était très froide et les étoiles brillaient d'un éclat extraordinaire. À l'aube, la colline devint toute rose et le pilote se retrouva étendu sur une colline rose. Puis le vent se leva et la neige recouvrit le corps.

TROISIÈME PARTIE

1

Quelques jours avant le début de l'offensive de Stalingrad, Krymov arriva au QG souterrain de la 64e armée. Assis au bureau, l'ordonnance du membre du Conseil d'armée Abramov avalait un bouillon de poule, qu'il accompagnait d'un pâté en croûte.

L'ordonnance laissa sa cuiller. Le soupir qu'il poussa indiquait clairement que la soupe était bonne. Les yeux de Krymov se mouillèrent : il eut soudain terriblement envie d'un petit pâté aux choux.

L'ordonnance l'annonça et le silence se fit de l'autre côté de la cloison. Puis une voix rauque retentit, que Krymov reconnut ; mais on parlait assez bas, et Krymov ne put distinguer un seul mot.

L'ordonnance revint et dit :

— Le membre du Conseil d'armée ne peut vous recevoir.

Krymov s'étonna :

— Je n'ai pas demandé à être reçu. Le camarade Abramov m'a fait appeler.

Perdu dans la contemplation de sa soupe, l'ordonnance ne répondit pas.

— Alors, c'est annulé ? Je n'y comprends rien, reprit Krymov.

Il remonta à la surface et chemina dans la petite combe, en direction de la Volga ; il savait que la rédaction du journal des armées se trouvait non loin de là.

Il marchait, furieux de cette absurde convocation, de cette envie soudaine qu'il avait eue en voyant l'autre manger son pâté. Il écoutait le tir des canons, paresseux et désordonné, du côté du ravin de Kouposs.

Il vit passer, en direction du bureau-opérations, une jeune fille vêtue d'une capote militaire et coiffée d'un calot. Krymov la regarda et pensa : « Drôlement mignonne. »

Comme chaque fois, son cœur se serra mélancoliquement : le souvenir de Guenia lui revint. Comme chaque fois, il se morigéna : « Chasse-la, chasse-la donc ! » Et il se rappela le bivouac, à la stanitsa, et la jeune Cosaque.

Puis il pensa à Spiridonov : « Un brave type. Ah ! bien sûr, il n'a rien d'un Spinoza. »

Ces pensées, ces tirs paresseux, sa rancœur contre Abramov, ce ciel d'automne, il devait longtemps s'en souvenir, avec une netteté douloureuse.

Il fut hélé par un homme de l'état-major, dont la capote s'ornait de barrettes de capitaine et qui l'avait suivi depuis le QG.

Krymov le regarda, perplexe.

— Par ici, par ici, je vous en prie, dit doucement le capitaine en indiquant la porte d'une isba.

Krymov passa devant la sentinelle et franchit le seuil.

Ils entrèrent dans une pièce où se trouvaient un bureau et, punaisé sur le mur de planches, un portrait de Staline.

Krymov s'attendait à ce que le capitaine lui tînt en gros ce discours : « Excusez-moi, camarade commissaire, vous ne refuserez sans doute pas de transmettre notre rapport à Tochtcheïev, sur la rive gauche ? »

Mais le capitaine eut un autre langage.

Il dit :

— Remettez-moi votre arme et vos papiers.

Désemparé, Krymov prononça ces paroles qui déjà n'avaient plus de sens :

— De quel droit ? Montrez-moi d'abord vos papiers, avant d'exiger les miens.

Puis, convaincu que c'était absurde, ridicule, et pourtant la vérité, il dit les mots que des milliers de personnes avaient, en pareil cas, prononcés avant lui :

— C'est effarant, je ne comprends pas, c'est un malentendu.

Mais ce n'étaient déjà plus des paroles d'homme libre.

2

— Arrête de faire l'imbécile. Réponds : qui t'a recruté au moment où tu t'es trouvé encerclé ?

On l'interrogeait sur la rive gauche de la Volga, à la Section spéciale du groupe d'armées.

Le plancher peint, les pots de fleurs à la fenêtre, la pendule accrochée au mur, tout respirait le calme de la vie provinciale. Le tressaillement des vitres, le grondement qui venait de Stalingrad – apparemment, sur la rive droite, les bombardiers larguaient des bombes –, tout cela semblait familier, sympathique.

Qu'il cadrait mal avec le fantasme du juge d'instruction aux lèvres blêmes, ce lieutenant-colonel d'active, assis à cette table de cuisine campagnarde !

Ce fut pourtant lui qui, l'épaule marquée d'une trace crayeuse laissée par le poêle blanchi à la chaux, s'approcha de l'humble tabouret de campagne, où se tenait le spécialiste du mouvement ouvrier pour les pays de l'Orient colonial. Il marcha sur l'homme qui portait un uniforme et, sur sa manche, une étoile de commissaire, sur cet homme, enfin, qu'une mère douce et affectueuse avait mis au monde, et il lui flanqua son poing dans la gueule.

Nikolaï Grigorievitch passa sa main sur ses lèvres et son nez ; il regarda sa paume et y vit du sang, mêlé de salive. Puis il essaya de mâcher. Sa langue était comme paralysée, ses lèvres refusaient de bouger. Il regarda le plancher peint, qu'on venait de laver, et avala son sang.

Durant la nuit, il sentit naître en lui de la haine pour l'homme de la Section spéciale. Mais, dans les premiers instants, il n'éprouva ni haine ni douleur physique. Ce coup au visage n'était que le signe tangible d'une catastrophe morale, il ne pouvait susciter que la stupeur, il ne pouvait que le paralyser.

Krymov regarda autour de lui, gêné de la présence de la sentinelle. Le soldat avait vu un communiste se faire frapper ! On battait le communiste Krymov, on le frappait devant un de ces gars pour lesquels la Grande Révolution avait été accomplie, cette révolution à laquelle Krymov avait participé.

Le lieutenant-colonel regarda la pendule. C'était l'heure du dîner, au mess des chefs de bureau.

Tandis qu'on emmenait Krymov à travers la cour tapissée du grésil poudreux de la neige, vers une prison de fortune bâtie en rondins, le fracas du bombardement aérien en provenance de Stalingrad se fit particulièrement net.

Lorsqu'il revint de sa stupeur, sa première pensée fut que les bombes allemandes pourraient détruire cette prison... Et cette idée lui parut simple et odieuse.

Dans la cellule étouffante, le désespoir et la fureur le submergèrent : il perdit tout contrôle de lui-même. C'était lui qui criait de cette voix rauque, lui encore qui courait vers l'avion pour accueillir son ami Dimitrov, lui qui portait le cercueil de Clara Zetkine, lui qui, d'un regard furtif, cherchait à savoir si l'homme de la Section spéciale le frapperait à nouveau. C'était lui qui sauvait de l'encerclement des hommes qui l'appelaient « camarade commissaire ». Mais c'était lui, aussi, que le kolkhozien-soldat avait regardé avec mépris, lui, ce communiste, rossé au cours d'un interrogatoire mené par un communiste...

Il était encore incapable de saisir l'importance colossale des mots : « privation de liberté ». Il devenait autre, tout en lui devait changer : il n'était plus un homme libre.

Il eut un vertige... Il irait trouver Chtcherbakov au Comité central, il avait la possibilité de s'adresser à Molotov, il n'aurait de cesse que ce salaud de lieutenant-colonel soit fusillé. Mais qu'attendez-vous pour décrocher le téléphone ? Appelez Krassine. Staline lui-même a entendu parler de moi, il connaît mon nom. Le camarade Staline avait, un jour, demandé à Jdanov : « Quel Krymov ? Celui qui travaillait au Komintern ? »

Nikolaï Grigorievitch sentit un gouffre s'ouvrir sous ses pieds. Il le savait : ce marécage sans fond, obscur, colloïdal, noir et gluant comme la poix, allait l'engloutir... Une chose s'était abattue sur lui, invincible, plus forte, semblait-il, que les panzers allemands. Il n'était plus un homme libre.

Guenia ! Guenia ! Est-ce que tu me vois ? Guenia ! Regarde-moi, il m'arrive un malheur épouvantable ! Je suis seul, abandonné. Toi aussi, tu m'as laissé.

Cet avorton l'avait frappé. Il perdait l'esprit, il voulait à toute force se jeter sur l'homme de la Section spéciale. Ses doigts en tremblaient.

Jamais il n'avait éprouvé tant de haine envers la police du tsar, les mencheviks, ou même l'officier SS qu'il avait interrogé.

Car dans l'homme qui le piétinait, Krymov ne voyait pas un étranger, il se voyait lui-même, ce gosse qui pleurait de bonheur, en lisant les mots époustouflants du Manifeste communiste : « Prolétaires de tous les pays, unissez-vous ! » Et cette proximité était vraiment terrible.

3

La nuit tomba. La rumeur de la bataille de Stalingrad déferlait parfois, emplissant l'air, rare et vicié, de la prison. Les Allemands frappaient peut-être Batiouk ou Rodimtsev qui luttaient pour une juste cause.

De temps à autre, le couloir s'animait. On ouvrait les portes de la cellule commune, où voisinaient déserteurs, traîtres à la patrie, maraudeurs, violeurs. Ils demandaient, parfois, à se rendre aux toilettes, et le garde, avant d'ouvrir la porte, discutait longuement.

Lorsqu'on amena Krymov des berges de Stalingrad, on le mit temporairement dans la cellule commune. Personne ne prêta attention au commissaire à l'étoile rouge, on lui demanda seulement s'il avait du papier pour rouler une cigarette de miettes de gros gris. Ces gens ne songeaient qu'à manger, fumer, satisfaire leurs besoins naturels.

Qui ? Qui avait manigancé toute cette affaire ? Quel tourment ! Savoir qu'on est innocent et éprouver, en même temps, l'impression glaciale d'avoir commis une faute irréparable ! L'égout de Rodimtsev, les ruines de la maison « 6 bis », les marais de Biélorussie, l'hiver de Voronej, les passages de rivières, toutes ces choses légères, faciles, étaient mortes pour lui.

Il avait envie de sortir dans la rue, de se promener en regardant le ciel. D'acheter un journal. De se raser. D'écrire à son frère. Il avait envie de boire du thé. Il eût fallu rendre le livre emprunté pour la soirée. Savoir l'heure. Aller aux bains. Prendre un mouchoir dans sa valise. Mais il ne pouvait rien. Il n'avait plus de liberté.

Bientôt, on fit sortir Krymov de la cellule commune dans le couloir. Le commandant passa un savon à la sentinelle :

— Je t'avais pourtant dit, nom de nom, de ne pas le fourrer dans cette cellule ! Je ne parle pas chinois, que je sache ! Continue comme ça, et tu te retrouves en première ligne ! C'est ça que tu veux ?

Le commandant partit et le garde se plaignit à Krymov :

— C'est toujours la même chose. La cellule individuelle est déjà prise ! C'est lui-même qui a ordonné de mettre au secret ceux qui doivent être fusillés. Si je vous expédie là-bas, où est-ce que je vais caser l'autre ?

Nikolaï Grigorievitch vit bientôt le peloton emmener le condamné de la cellule individuelle pour l'exécution. Les cheveux blonds du condamné s'étaient collés à sa nuque étroite et maigre. Il pouvait avoir vingt ans, comme il pouvait en avoir trente-cinq.

La cellule étant libre, on y transféra Krymov. Dans la demi-obscurité, il distingua sur la table une gamelle et, à côté, il reconnut en tâtonnant un petit lièvre façonné en mie de pain. Sans doute le condamné venait-il de le terminer : le pain était encore mou, seules les oreilles du lièvre avaient durci.

Le silence tomba… La bouche entrouverte, Krymov était assis sur son châlit. Il ne pouvait dormir, il avait trop à réfléchir. Mais sa tête, tout étourdie, refusait de fonctionner, ses tempes étaient comme prises dans un étau. Son crâne semblait balayé par une lame de fond, tout tournait, vacillait, clapotait, et rien pour se raccrocher, rien pour dérouler le fil d'une pensée.

Durant la nuit, le silence du couloir fut à nouveau troublé. Les gardes appelaient le gradé. Il y eut un grand bruit de bottes. Le commandant – Krymov reconnut sa voix – ordonna :

— Envoyez-moi au diable ce commissaire de bataillon. Qu'il aille dans la cellule commune. Et il ajouta : Quelle histoire ! Je vous le garantis, ça ira jusqu'au commandant !

La porte s'ouvrit, un soldat cria :

— Sors d'ici !

Krymov sortit. Un homme pieds nus, en linge de corps, se tenait debout dans le couloir.

Au cours de sa vie, Krymov avait vu un tas de choses moches. Mais à peine eut-il jeté un coup d'œil au visage de l'homme, il comprit qu'il n'avait jamais rien vu de pire. C'était un petit visage d'un jaune sale. Tout en lui pleurait lamentablement : ses rides, ses joues tremblotantes, ses lèvres. Seuls ses yeux ne pleuraient pas, mais leur expression était si atroce qu'il eût mieux valu ne pas les voir.

— Pressons, pressons.

Le soldat bouscula Krymov. Au poste de garde, la sentinelle lui raconta « l'histoire ».

— Ils veulent me faire peur en me menaçant de m'envoyer en première ligne ; mais ça ne peut pas être pire qu'ici. Ici, les nerfs n'y résistent pas… On emmène le type, un mutilé volontaire, pour le fusiller. Il s'était tiré un coup de feu dans la main gauche, à travers une miche de pain. On le fusille, on le recouvre de terre, et voilà qu'à la nuit il se ranime et revient chez nous !

Il s'adressait à Krymov, en évitant soigneusement de le tutoyer ou de le vouvoyer.

— Ils salopent tellement le boulot, que ça vous bousillerait les derniers nerfs qui vous restent ! Le bétail, ils l'abattent plus proprement ! Tout ça parce qu'ils bossent par-dessus la jambe ! La terre est gelée, alors on écarte quelques broussailles, un peu de terre par-dessus et le tour est joué ! Alors, bien sûr, il est revenu à la surface ! Si on l'avait enterré conformément aux instructions, jamais il ne serait remonté.

Et Krymov, qui toute sa vie avait répondu aux questions et remis en place la cervelle des gens, ne put s'empêcher de demander, dans son trouble :

— Mais pourquoi est-il revenu ?

Le garde eut un petit rire.

— Et l'adjudant qui l'a emmené dans la steppe, qui prétend maintenant lui donner du pain et du thé le temps qu'on arrange son histoire ! Seulement, l'intendant n'a pas l'air d'accord ! C'est vrai, quoi, comment il pourrait lui donner du thé, puisqu'on a fait sa sortie ! Moi je trouve qu'il a raison. C'est pas parce que l'adjudant salope le boulot que l'intendance doit porter le chapeau !

Krymov demanda soudain :

— Vous faisiez quoi, avant la guerre ?

— Dans le civil, je m'occupais d'abeilles, dans une exploitation d'État.

— Je vois, dit Krymov, car tout, autour de lui et en lui, était devenu obscur et fou.

À l'aube, on ramena Krymov dans la cellule individuelle. Le petit lièvre en mie de pain était toujours debout près de la gamelle. Mais il était devenu dur, rugueux. Une voix cajoleuse se faisait entendre dans la cellule collective :

— Garde, eh ! garde, sois chic, quoi, emmène-moi pisser.

À ce moment-là, dans la steppe, un soleil brun-rouge se leva, une betterave sale, gelée, monta dans le ciel, parsemée de mottes de terre et de glaise collantes.

On mit bientôt Krymov à l'arrière d'un camion. Un lieutenant sympathique – son convoyeur – prit place à ses côtés. Le caporal lui remit la valise de Krymov et le camion, en grinçant et tressautant dans la boue d'Akhtouba prise par le gel, s'en fut vers Leninsk et l'aérodrome.

Il s'emplissait les poumons d'humidité froide et son cœur déborda bientôt de foi et de lumière : il semblait que le cauchemar eût pris fin.

4

Nikolaï Grigorievitch descendit de la voiture et regarda l'étroit passage gris qui menait à la Loubianka. Il avait la tête pleine, après ces longues heures d'avion, du vrombissement des moteurs, de l'alternance des champs, moissonnés ou non, des rivières, des forêts, des moments de désespoir, de confiance et de doute.

La porte s'ouvrit et il pénétra dans ce royaume « radiographique », dans l'air suffocant des bureaux, dans leur diabolique lumière ; il pénétra dans un monde situé hors de la guerre, à côté d'elle, au-dessus d'elle.

Dans la pièce vide et étouffante, vivement éclairée par un projecteur, on lui ordonna de se mettre entièrement nu ; et tandis qu'un homme pensif en blouse blanche tâtait son corps, Krymov se disait, en se raidissant, que le fracas et toute la ferraille de la guerre ne pouvaient empêcher le mouvement méthodique de ces doigts impudiques.

L'image d'un soldat soviétique mort, avec, dans son masque à gaz, ce billet rédigé avant l'attaque : « Je meurs pour défendre le bonheur soviétique, je laisse derrière moi une femme et six gosses » ; un conducteur de char, brûlé, noir comme du goudron, des touffes de cheveux collées à sa jeune tête ; une armée populaire de plusieurs millions, à travers marais et forêts, tirant au canon, à la mitrailleuse…

Mais les doigts continuaient leur œuvre, tranquilles, sûrs, tandis que sous le feu le commissaire Krymov braillait : « Alors, camarade Gueneralov, on ne veut pas défendre la patrie soviétique ? »

— Tournez-vous, baissez-vous, écartez les jambes.

Il se rhabilla et on le photographia, avec le col de sa vareuse ouvert, le visage mobile et fixe, de face et de profil.

Avec un zèle indécent, il apposa ses empreintes sur une feuille de papier. Puis on lui ôta les boutons de son pantalon et on lui retira sa ceinture.

Il prit un ascenseur violemment éclairé, suivit le tapis d'un long couloir désert, bordé de portes aux yeux ronds. De vraies chambres de clinique chirurgicale, spécialité : cancer. L'air était chaud, confiné, tout dégoulinait de folle lumière. Un institut radiologique pour traiter la société…

— Qui a bien pu me faire arrêter ?

Dans cette atmosphère étouffante, aveugle, il était difficile de réfléchir. Il y perdait le sentiment de sa propre existence… Ai-je eu une mère ? Peut-être pas. Guenia lui était devenue indifférente. Les étoiles entre les cimes des pins, le passage du Don, la fusée verte des Allemands ; prolétaires de tous les pays, unissez-vous ; derrière chaque porte, des hommes ; je mourrai en communiste ; où peut bien être, en ce moment, Mikhaïl Sidorovitch Mostovskoï ; ma tête bourdonne ; est-il possible que Grekov ait tiré sur moi ; Grigori Evseïevitch, le président du Komintern[1], l'homme aux cheveux bouclés, avait emprunté ce couloir ; que l'air était donc lourd, pénible, maudits projecteurs… Grekov m'a tiré dessus ; l'homme de la Section spéciale m'a envoyé son poing dans les gencives ; les Allemands aussi m'ont tiré dessus ; que me réserve-t-on, maintenant ; je suis innocent, je le jure ; envie de

_____
1. Zinoviev.

pisser ; ces braves vieux qui chantaient chez Spiridonov, pour l'anniversaire d'Octobre ; la Tchéka, la Tchéka ; Dzerjinski était le maître de cette maison ; Genrikh Iagoda, Menjinski, puis Nikolaï Ivanovitch[1], petit prolétaire de Piter[2], avec ses yeux verts, et aujourd'hui, Lavrenti Pavlovitch, intelligent, affectueux ; on se voyait, bien sûr, que chantions-nous déjà ? « Lève-toi, prolétaire, pour défendre ta cause[3] » ; je suis innocent ; vont-ils me fusiller...

Qu'il était donc étrange de suivre ce couloir tout droit, comme tracé par une flèche, alors que la vie était si embrouillée, toute de sentiers, de ravins, de marécages, de ruisseaux, de steppes poussiéreuses, de champs de blé abandonnés ; il fallait contourner, se frayer un passage, mais le destin était droit, on marchait comme sur un fil, des couloirs, encore des couloirs, et dans ces couloirs, des portes.

Krymov avançait d'un pas régulier, ni trop rapide ni trop lent, comme si le garde eût marché devant lui, et non derrière.

Une chose nouvelle s'était produite, dès l'instant de son arrivée à la Loubianka.

« La disposition géométrique des points », s'était-il dit, quand on avait pris ses empreintes. Il ne savait pas pourquoi cette idée lui était venue, mais elle traduisait exactement ce fait nouveau apparu en lui.

Tout venait, en fait, de ce qu'il n'avait plus conscience de lui-même. S'il avait demandé à boire, on lui eût apporté de l'eau. Si brusquement son cœur avait lâché, le médecin lui eût fait la piqûre nécessaire. Mais il n'était plus Krymov, il le sentait, même s'il ne le comprenait pas. Il n'était plus le camarade Krymov, qui, lorsqu'il s'habillait, déjeunait, prenait une place de cinéma, réfléchissait ou se couchait, avait toujours conscience de lui-même. Le camarade Krymov se distinguait de tous les autres par son cœur, son intelligence, son ancienneté dans le Parti (il avait adhéré avant la révolution), ses articles parus dans la revue *L'Internationale communiste*, ses habitudes, ses manies, ses façons, ses intonations lors des discussions avec les Jeunesses communistes, les secrétaires de raïkom à Moscou, les ouvriers, les vieux membres du Parti, ses amis, les gens qui le sollicitaient. Son corps était à l'image du corps humain, ses mouvements, ses pensées étaient, eux aussi, humains, mais tout ce qui était le camarade, l'homme Krymov, ses mérites, sa liberté, tout cela avait disparu.

On le mena à une cellule rectangulaire, bien entretenue, avec quatre couchettes aux couvertures parfaitement tendues, sans le moindre pli, et aussitôt il eut conscience que trois hommes en regardaient un quatrième avec intérêt.

---

1. Ejov.
2. Appellation familière et affectueuse de Saint-Pétersbourg.
3. Refrain de l'hymne du Komintern (paroles de H. Eisler, musique de I. Frenkel).

C'étaient des hommes ; bons, mauvais, hostiles ou indifférents, il l'ignorait, mais la bonté, la méchanceté ou l'indifférence qui émanaient d'eux étaient humaines.

Il s'assit sur son châlit et les trois autres, assis eux aussi sur leurs couchettes, un livre ouvert sur les genoux, le regardèrent sans mot dire. Et cette chose étonnante, précieuse qu'il lui semblait avoir perdue, lui revint soudain.

L'un d'eux était massif, le front bombé, le visage raviné ; une masse de cheveux gris et noirs, emmêlés à la Beethoven, surmontait son front bas, mais charnu.

Le deuxième était un vieillard. Ses mains avaient la blancheur du papier, son crâne était chauve, osseux, et son visage semblait un bas-relief sculpté dans le métal. On eût dit que dans ses veines et ses artères coulait de la neige, et non du sang.

Le troisième occupait la couche voisine de celle de Krymov. Il avait l'air gentil ; ses lunettes, qu'il venait d'enlever, avaient laissé une marque en haut de son nez. Il paraissait bon et malheureux. Il désigna la porte, sourit imperceptiblement, hocha la tête, et Krymov comprit que le garde regardait à l'œilleton et qu'il fallait se taire.

Le premier à parler fut l'homme aux cheveux en broussaille.

— Bon, fit-il d'un ton paresseux et débonnaire. Je me permets, au nom de la société ici réunie, de saluer l'arrivée des forces armées. D'où venez-vous, cher camarade ?

Krymov eut un petit rire confus et répondit :

— De Stalingrad.

— Oh ! oh ! Qu'il est donc plaisant de contempler un de nos héroïques défenseurs ! Bienvenue dans notre modeste demeure !

— Vous fumez ? demanda le vieillard au visage blême.

— Oui, répondit Krymov.

Le gentil voisin myope intervint :

— Vous comprenez, j'ai joué un sale tour à mes camarades. J'ai dit à l'administration que je ne fumais pas, et, du coup, on ne me donne pas de tabac.

Il demanda :

— Il y a longtemps que vous avez quitté Stalingrad ?

— J'y étais encore ce matin.

— Oh ! oh ! répéta le géant. Vous avez voyagé en Douglas ?

— Précisément, répondit Krymov.

— Parlez-nous de Stalingrad. Nous n'avons pas eu le temps de nous abonner aux journaux.

— Vous avez faim, j'imagine ? demanda le gentil myope. Ici, on a déjà dîné.

— Non, dit Krymov. Quant à Stalingrad, les Allemands ne le prendront pas. Maintenant, c'est certain.

— Je n'en ai jamais douté, reprit le géant. La synagogue fut et la synagogue sera.

Le vieux referma son livre et demanda à Krymov :

— Vous êtes membre du Parti communiste, on dirait ?

— Oui, je suis communiste.

— Moins fort, moins fort, parlez en chuchotant, dit le gentil myope.

— Même quand il s'agit de votre appartenance au Parti, renchérit le géant.

Son visage semblait familier à Krymov. Et il comprit soudain pourquoi : c'était un présentateur de spectacles bien connu à Moscou. Un jour, Krymov s'était rendu, en compagnie de Guenia, à une soirée à la salle des Colonnes[1], et il l'avait vu sur la scène. Et voilà qu'ils se retrouvaient !

La porte s'ouvrit, le garde passa la tête pour demander :

— Qui a un nom commençant par « K » ?

Le géant répondit :

— Moi. Katzenelenbogen.

Il se leva, aplatit un peu la masse de ses cheveux et se dirigea sans hâte vers la porte.

— Interrogatoire, murmura le gentil voisin.

— Pourquoi spécialement un « K » ?

— C'est la règle. Avant-hier, le garde l'a appelé : « Qui a nom Katzenelenbogen commençant par un "K" ? » Marrant, non ? Un toqué !

— Oui, on a bien rigolé, renchérit le vieux.

« Et toi, avec tes airs de vieux comptable, comment es-tu arrivé ici ? se demanda Krymov. Mon nom aussi commence par un "K". »

Les détenus s'installèrent pour la nuit. La lumière était toujours aussi forte, et Krymov sentait qu'on l'observait par l'œilleton, tandis qu'il déroulait ses bandes molletières, serrait son caleçon, se grattait la poitrine. C'était une lumière particulière. Elle ne brillait pas pour les habitants de la cellule, mais pour permettre de mieux les voir. S'il avait été plus commode de les surveiller dans l'obscurité, ils n'eussent pas eu de lumière du tout.

Le vieux comptable était couché, le visage tourné vers le mur. Krymov et son voisin myope bavardaient en chuchotant, sans se regarder, cachant leur bouche de la main, afin que le garde ne pût voir leurs lèvres bouger.

De temps à autre, leur regard se portait sur la couchette vide : pas facile de faire de l'esprit à l'interrogatoire, même pour un comédien !

Le voisin murmura :

— Dans cette cellule, on est tous devenus froussards comme des lapins. Exactement comme dans le conte : le magicien touche les gens, et les voilà avec de grandes oreilles !

Il se mit à parler de leurs voisins de cellule.

---

1. Salle centrale de la Maison des Syndicats, ancienne Assemblée de la noblesse. Voir « Maison des Syndicats » dans le Dictionnaire.

Le vieux était un SR, un SD, ou un menchevik. Il s'appelait Dreling. Nikolaï Grigorievitch avait déjà entendu ce nom. Dreling avait passé plus de vingt ans en prison, en camp ou au cachot, pour raisons politiques. Il n'était pas loin de battre le record des prisonniers de Schlusselbourg : Morozov, Novorousski, Frolenko et Figner. On venait de le transférer à Moscou, sous un nouveau chef d'accusation : au camp, il avait eu l'idée de faire des conférences aux « dékoulakisés », sur la question agraire.

Le présentateur avait une aussi longue pratique de la Loubianka que Dreling. Plus de vingt ans auparavant, du temps de Dzerjinski, il avait commencé à travailler pour la Tchéka, puis dans la Guépéou sous les ordres de Iagoda, au NKVD avec Ejov, au MGB avec Beria. Il était soit dans l'appareil central, soit à la tête de gigantesques chantiers de camps.

Krymov s'était également trompé au sujet de Bogoleïev, son interlocuteur. Il était critique d'art, expert à la Direction des musées, avait écrit un recueil de poèmes jamais publié : ce qu'il écrivait n'était pas en conformité avec l'époque.

De nouveau, Bogoleïev murmura :

— Seulement maintenant, comprenez-vous, tout cela est fini. Terminé ! Je suis devenu un petit-lapin-trouillard.

Comme tout cela était étrange ! Pouvait-il exister autre chose que le franchissement du Boug et du Dniepr, l'encerclement de Piriatinsk et des marais d'Ovroutch, Mamaïev Kourgan, la maison « 6 *bis* », les exposés politiques, le manque de munitions, les instructeurs politiques blessés, les attaques nocturnes, le travail politique au combat et pendant les marches, les raids de la cavalerie, les mortiers, les états-majors, les mitrailleuses ?

Or, il apparaissait que ce même monde n'était composé que d'interrogatoires nocturnes, de réveils, de fouilles, d'excursions aux toilettes sous bonne garde, de cigarettes distribuées au compte-gouttes, de perquisitions, de confrontations, de juges d'instruction, de décisions de l'Osso.

Il y avait l'un et l'autre.

Mais pourquoi lui semblait-il normal, inévitable, que ses voisins, privés de liberté, fussent enfermés dans une cellule de la prison politique ? Et pourquoi jugeait-il scandaleux, absurde, impensable, de se retrouver, lui, Krymov, dans la même cellule, sur ce châlit ?

Krymov eut une envie irrésistible de parler un peu de lui. Il n'y tint plus et dit :

— Ma femme m'a quitté. Je n'ai donc pas de colis à attendre de qui que ce soit.

Le lit du géant tchékiste resta vide jusqu'au matin.

5

Autrefois, avant la guerre, il arrivait souvent à Krymov de passer, la nuit, devant la Loubianka et de se demander ce qui se tramait derrière les fenêtres toujours éclairées de cette maison. Les détenus restaient dans cette prison huit mois, un an, un an et demi, le temps que durait l'instruction. Puis, leurs proches recevaient une lettre des camps. On découvrait des noms nouveaux : Komi, Salekhard, Norilsk, Kotlas, Magadan, Vorkouta, la Kolyma, Kouznetsk, Krasnoïarsk, Karaganda[1]...

Des milliers de personnes, incarcérées dans la prison intérieure de la Loubianka, disparaissaient à tout jamais. Le procureur informait les familles que ces gens avaient été condamnés à dix ans « sans droit de correspondance ». Mais on ne trouvait pas ces condamnés dans les camps. Dix ans « sans droit de correspondance », cela signifiait, de toute évidence, que la personne avait été fusillée.

Des camps, les gens écrivaient qu'ils se portaient bien, qu'ils vivaient au chaud et demandaient si l'on pouvait leur faire parvenir de l'ail et de l'oignon. La famille expliquait que l'ail et l'oignon étaient excellents contre le scorbut. Personne n'évoquait jamais, dans ces lettres, les heures passées, durant l'instruction, dans la prison provisoire.

Il était particulièrement angoissant de passer dans le quartier de la Loubianka ou dans la ruelle Komsomolski, la nuit, au cours de l'été 1937.

Les rues sombres et étouffantes étaient désertes. Les immeubles se dressaient, noirs, fenêtres ouvertes, à la fois calmes et grouillants de vie. Leur tranquillité n'avait rien de paisible. Aux fenêtres éclairées, tendues de rideaux blancs, se profilaient des ombres ; à l'entrée, les portières des voitures claquaient, les phares vous éblouissaient. L'énorme ville semblait fascinée par le regard glauque et brillant de la Loubianka. On évoquait des gens que l'on avait connus. La distance qui vous séparait d'eux ne se mesurait pas en kilomètres ; ils existaient dans une autre dimension. Ni sur la terre ni au ciel il n'y avait de force assez grande pour franchir ce précipice, semblable au gouffre de la mort. Pourtant, ces gens n'étaient pas dans la terre, ils ne reposaient pas sous le couvercle scellé d'un cercueil, ils étaient là, tout près, vivants, ils respiraient, pensaient, pleuraient, ils n'étaient tout de même pas morts !

Les voitures ne cessaient de livrer leur cargaison de nouveaux détenus ; par centaines, par milliers, par dizaines de milliers les gens disparaissaient derrière les portes des prisons de la Loubianka, de la Boutyrka ou de Lefortovo.

Des nouveaux remplaçaient les détenus dans les raïkom, les ministères, les prétoires, les complexes industriels, les polycliniques, les bureaux des

---

1. Endroits où se trouvaient les camps du Goulag. Voir *Maman*, note 4, p. 822.

usines, les syndicats, les sections agricoles, les laboratoires bactériolo-
giques, les théâtres, les usines de construction aéronautique, les instituts
qui élaboraient les projets de gigantesques centres chimiques ou métallurgiques.

Assez rapidement, parfois, ceux qui avaient remplacé les ennemis du
peuple, les saboteurs et autres terroristes, devenaient à leur tour de dangereux ennemis qui avaient joué un double jeu, et on les arrêtait. Il arrivait
aussi que des gens de la troisième génération se révélassent des ennemis,
et on les arrêtait.

Un camarade de Leningrad avait confié à Krymov, en chuchotant, qu'il y
avait eu avec lui, dans sa cellule, trois secrétaires du même comité d'arrondissement de Leningrad. Chacun d'eux, à peine nommé, avait dénoncé les
manigances de son prédécesseur, ennemi et terroriste. Ils vivaient côte à
côte dans la cellule, sans éprouver de haine les uns envers les autres.

À une époque, Mitia Chapochnikov, le frère d'Evguenia Nikolaïevna,
était entré dans cet immeuble, avec un maigre baluchon blanc préparé par
sa femme : une serviette de toilette, du savon, deux changes de linge, une
brosse à dents, des chaussettes, trois mouchoirs. Il avait franchi cette
porte, gardant en mémoire le numéro à cinq chiffres de sa carte du Parti,
son bureau d'attaché commercial à Paris, le wagon-lit où, en route pour la
Crimée, il avait tiré au clair ses relations avec sa femme, bu de l'eau
gazeuse et feuilleté, en bâillant, *L'Âne d'or*.

Mitia, bien sûr, était innocent. Pourtant, on l'avait mis en prison, alors
que Krymov n'avait pas été inquiété.

À une époque, Abartchouk, le premier mari de Lioudmila Chapochnikova, avait suivi ce couloir fortement éclairé qui menait de la liberté à
la non-liberté. Abartchouk se rendait à l'interrogatoire, pressé de dissiper
l'affreux malentendu… Cinq, sept, huit mois avaient passé, puis Abartchouk avait écrit : « L'idée de tuer le camarade Staline me fut soufflée,
pour la première fois, par un "résident" des services secrets allemands
avec lequel j'avais été mis en rapport par un des chefs de l'opposition
clandestine… Cette conversation eut lieu après la parade du 1er Mai, boulevard de la Iaouza ; je promis de donner ma réponse définitive cinq jours
plus tard, et nous convînmes d'un nouveau rendez-vous… »

Un travail fantastique s'accomplissait derrière ces fenêtres. Fantastique,
en effet ! C'est qu'Abartchouk n'avait pas détourné les yeux à l'époque
où un officier de Koltchak l'avait mis en joue.

Bien sûr, on l'avait forcé à signer ces faux aveux.

Bien entendu, Abartchouk, ce véritable communiste, solide, de la génération de Lénine, était innocent. Pourtant, il avait été arrêté, avait avoué…
Krymov, lui, à la même époque, n'avait pas été inquiété, on ne l'avait pas
arrêté, pas contraint d'avouer…

Krymov savait, par ouï-dire, comment ces choses-là se passaient. Il
avait eu quelques renseignements par des gens qui disaient, dans un

souffle : « Je te préviens, si tu le racontes à qui que ce soit, à ta femme ou à ta mère, je suis perdu. »

Il obtenait quelques informations de ceux qui, échauffés par le vin et furieux de la bêtise suffisante de leur interlocuteur, lâchaient brusquement une parole imprudente, s'interrompaient aussitôt, et, le lendemain, mine de rien, demandaient : « Au fait, hier, je n'ai pas raconté trop de bêtises ? Tu ne t'en souviens pas ? Eh bien, tant mieux ! »

Il y avait aussi les récits des femmes d'amis, qui étaient allées dans les camps, profitant de leur droit de visite.

Mais tout cela n'était que rumeurs, commérages. Après tout, Krymov n'avait pas eu de ces ennuis.

Seulement, cette fois, il était en prison. C'était incroyable, absurde, inouï, il n'empêche que cela s'était produit. Du temps où l'on arrêtait les mencheviks, les SR, les blancs, les prêtres, les chefs koulaks, pas un instant il n'avait réfléchi à ce que pouvaient éprouver ces gens, en perdant la liberté et en attendant la sentence. De même qu'il n'avait jamais pensé à leurs femmes, leurs mères, leurs enfants.

Bien sûr, quand le point de mire s'était rapproché et que les coups avaient atteint, non plus des ennemis, mais les « siens », il n'avait plus été aussi indifférent : on n'arrêtait plus des ennemis, mais de vrais Soviétiques, des membres du Parti.

Et quand on avait arrêté des personnes qui lui étaient particulièrement proches, des gens de sa génération qu'il considérait comme de vrais bolcheviks léninistes, il avait reçu un choc, n'avait pas fermé l'œil de la nuit, se demandant, pour la première fois, si le camarade Staline avait vraiment le droit de priver ainsi les gens de liberté, de les tourmenter et de les fusiller. Il avait pensé à leurs souffrances, à celles de leurs femmes et de leurs mères. Car il ne s'agissait plus de koulaks ou de blancs, mais d'authentiques bolcheviks léninistes.

Et pourtant, il se rassurait : après tout, on ne l'avait pas arrêté, lui, Krymov, ni envoyé en camp : il n'avait rien signé, n'avait pas reconnu de crimes imaginaires.

Seulement voilà, Krymov, cet authentique bolchevik léniniste, était maintenant en prison. Plus moyen, à présent, de se rassurer, de trouver des explications, des justifications. C'était arrivé

Il avait eu le temps d'apprendre quelques petites choses. Les dents, les oreilles, les narines, le pli de l'aine faisaient, chez un homme nu, l'objet d'une fouille. Puis, l'individu en question, pitoyable, risible, empruntait le couloir, retenant son pantalon qui glissait et ses caleçons aux boutons arrachés. Aux myopes on retirait leurs lunettes et ils plissaient les yeux, se les frottaient, inquiets. L'homme entrait dans une cellule et devenait, en quelque sorte, un rat de laboratoire : de nouveaux réflexes apparaissaient en lui, il parlait en chuchotant, se levait de sa couchette, s'allongeait, satisfaisait ses besoins, dormait et rêvait sous constante surveillance. Tout était effroyablement cruel, absurde, inhumain. Pour la première fois, il comprit vraiment quelles choses terribles se commettaient à la Loubianka. On tourmentait un bolchevik, un léniniste, le camarade Krymov.

6

Les jours passaient, Krymov n'était toujours pas convoqué.

Il connaissait déjà les heures des repas et ce qu'on vous donnait à manger, les heures de promenade, et les jours où il y avait bain. Il connaissait l'odeur du tabac des prisons, les heures d'appel, avait, en gros, fait le tour de ce que contenait la bibliothèque, s'était familiarisé avec le visage des gardiens, s'inquiétait en attendant que ses voisins reviennent de l'interrogatoire. Katzenelenbogen était le plus fréquemment convoqué. Bogoleïev était toujours appelé dans la journée.

Vivre sans liberté ! C'était une maladie. Perdre la liberté revenait à perdre la santé. La lumière brûlait, il y avait de l'eau au robinet et de la soupe dans la gamelle, mais la lumière, l'eau, le pain étaient particuliers, on vous les distribuait car c'était prévu. Toutefois, si l'intérêt de l'instruction l'exigeait, on privait les détenus de lumière, de nourriture, de sommeil. Car tout cela n'était pas fait pour eux, mais dans l'intérêt de l'instruction.

Le vieillard osseux ne fut appelé qu'une fois. Il revint en disant, avec hauteur :

— En trois heures de silence, le citoyen juge d'instruction a réussi à se convaincre que mon nom était bien Dreling.

Bogoleïev était toujours aussi gentil, il s'adressait respectueusement à ses voisins de cellule, s'inquiétait de leur santé, leur demandait s'ils avaient bien dormi.

Un jour, il récita des vers à Krymov, mais s'interrompit soudain, en disant :

— Pardonnez-moi, cela ne vous intéresse sans doute pas.

Krymov s'esclaffa et répondit :

— À dire vrai, je n'en ai pas compris un traître mot. Quand je pense qu'à une époque je lisais Hegel sans problèmes !

Bogoleïev craignait terriblement les interrogatoires. Il perdait tous ses moyens quand le garde entrait dans la cellule et demandait : « Qui a un nom commençant par "B" ? » Et quand il revenait de chez le juge d'instruction, il avait l'air tout maigre, petit, vieux.

Les récits de ses interrogatoires étaient toujours confus ; il dansait d'un pied sur l'autre, plissait les yeux. Impossible de comprendre de quoi on l'accusait : avait-il attenté aux jours de Staline ou, simplement, lui reprochait-on de ne pas aimer les œuvres écrites dans l'esprit du réalisme socialiste ?

Le géant tchékiste dit un jour à Bogoleïev :

— Aidez donc ce brave gars à formuler votre chef d'accusation. Je vous conseille quelque chose du genre : « Nourrissant une haine féroce contre tout ce qui est nouveau, j'ai dénigré, sans aucune raison, les œuvres d'art qui s'étaient vu décerner le prix Staline. » On vous collera dix ans. Et puis, dénoncez un peu moins vos relations. Ce n'est pas ainsi que vous sauverez votre peau ; au contraire, on vous accusera d'avoir mis sur pied une organisation et vous vous farcirez un camp à régime sévère.

— Allons donc, répondit Bogoleïev. Comment pourrais-je les aider ? Ils savent tout.

Il lui arrivait souvent de philosopher, en chuchotant, sur les sujets les plus variés : nous sommes tous des personnages de conte. Que nous soyons commandants de division, parachutistes, disciples de Matisse ou Pissarev, membres du Parti, géologues, tchékistes, édificateurs des plans quinquennaux, pilotes, bâtisseurs de complexes métallurgiques géants... voilà que, sûrs de nous, orgueilleux, nous franchissons le seuil de la maison fantastique et qu'une baguette magique nous transforme en serins, en porcelets, en écureuils. Nous n'avons plus besoin que de moucherons ou d'œufs de fourmis.

Sa pensée était originale, étrange, visiblement profonde, mais son esprit était étriqué pour les choses quotidiennes ; il avait toujours peur d'avoir moins que les autres, ou des produits de moins bonne qualité, se plaignait que son temps de promenade lui était rogné ou que, pendant qu'il était dans la cour, quelqu'un avait mangé son quignon de pain.

Sa vie était pleine d'événements, mais elle restait vide, illusoire. Dans la cellule, les gens vivaient comme dans le lit asséché d'un ruisseau. Le juge d'instruction étudiait cet ancien cours d'eau, les galets, les fissures, les inégalités de la berge. Mais l'eau, qui avait autrefois creusé ce lit, n'existait plus.

Dreling se mêlait rarement aux conversations. S'il lui arrivait de discuter, c'était le plus souvent avec Bogoleïev, du fait, sans doute, qu'il n'était pas au Parti.

Mais, même avec Bogoleïev, il s'énervait souvent.

— Vous êtes un drôle de type, lui dit-il un jour. Vous êtes très respectueux et gentil avec des gens que vous méprisez. Par ailleurs, vous me demandez, chaque jour, des nouvelles de ma santé, alors que vous vous moquez bien de savoir si je vais crever ou rester en vie.

Bogoleïev leva les yeux au plafond, écarta les bras et répondit :

— Écoutez cela.

Et il se mit à chanter :

> *À la tortue j'ai demandé :*
> *— En quoi est donc ta carapace ?*
> *— Elle est en peurs accumulées,*
> *Il n'y a rien de plus tenace*[1].

---

1. Du cycle de poèmes *Sourire* de Lev Khalif, exclu de l'Union des écrivains soviétiques en 1974, émigré aux États-Unis en 1977.

— Un couplet de votre composition ? demanda Dreling.

Bogoleïev écarta de nouveau les bras, mais ne répondit rien.

— Le vieux a peur, il a accumulé un tas de peurs, déclara Katzenelenbogen.

Après le petit déjeuner, Dreling montra un livre à Bogoleïev et demanda :

— Vous aimez ?

— À dire vrai, non, répondit Bogoleïev.

Dreling eut un hochement de tête approbateur.

— Moi non plus, je ne suis pas fana de cette œuvre. Plekhanov a dit : « Le personnage de la mère, créé par Gorki, est une icône, et la classe ouvrière n'a pas besoin d'icônes[1]. »

— Les générations se succèdent et lisent *La Mère*[2], intervint Krymov. Je ne vois pas ce que ces histoires d'icônes viennent faire ici !

D'un ton de monitrice de jardin d'enfants, Dreling répondit :

— Ceux qui veulent assujettir la classe ouvrière ont besoin d'icônes. Prenez les autels communistes : vous y trouvez une icône de Lénine et du bienheureux Staline. Nekrassov, lui, n'en avait nul besoin.

Son front, son crâne, ses mains, son nez ne semblaient pas seulement sculptés dans l'ivoire, ses paroles cognaient aussi, comme faites d'os.

« Le fumier ! », se dit Krymov.

Furieux – Krymov n'avait jamais vu cet homme timide, gentil, toujours écrasé, dans un état pareil –, Bogoleïev répliqua :

— Pour vous, la poésie s'arrête à Nekrassov. Seulement depuis, il y a eu Blok, Mandelstam, Khlebnikov.

— Mandelstam, connais pas, rétorqua Dreling. Quant à Khlebnikov, c'est vraiment n'importe quoi ! La décadence !

— Allez vous faire voir ! reprit Bogoleïev, sèchement, et, pour une fois, à voix haute. Vos discours à la Plekhanov[3], j'en ai jusque-là ! Dans cette cellule, vous représentez diverses tendances du marxisme, mais vous avez un point commun : vous êtes sourds à la poésie, vous n'y comprenez rien.

Étrange histoire. Krymov supportait particulièrement mal l'idée qu'aux yeux des sentinelles, des gardiens de jour et de nuit, il ne valait pas mieux, lui, un bolchevik, un commissaire politique de l'armée, que ce vieux Dreling.

---

1. Critiquant le roman de Gorki *La Mère*, Plekhanov insistait sur la différence entre les rôles d'artiste et de prédicateur (dans sa préface au recueil d'essais *Bilan de vingt années*).

2. Le roman *La Mère* (1907), écrit par un Maxime Gorki fortement impressionné par les années 1905-1907, montre l'évolution d'une femme du peuple et son entrée dans la révolution, poussée par son amour maternel dans un contexte dramatique. Devenu l'un des « livres de chevet » des bolcheviks, *La Mère* était hautement apprécié de Lénine, qui le considérait comme un « livre utile, écrit bien à propos ».

3. Plekhanov fut le premier à penser l'art en termes marxistes. Dans son analyse, exposée dans *L'Art et la vie sociale* (1912), il considère l'art comme une forme d'idéologie d'une société, un élément de sa « superstructure », déterminé par les conditions matérielles et économiques de cette société, son « infrastructure ».

Lui qui n'avait jamais pu souffrir le symbolisme, la décadence, lui qui toute sa vie avait aimé Nekrassov, voilà qu'il se sentait prêt à soutenir Bogoleïev.

Et si le vieux sac d'os avait dit quoi que ce fût contre Ejov, il eût, d'un ton ferme, justifié l'exécution de Boukharine, les condamnations à des peines de camp des femmes qui n'avaient pas dénoncé leurs maris, les terribles interrogatoires et les terribles sentences.

Mais le sac d'os se tut.

La sentinelle entra pour conduire Dreling aux toilettes.

Katzenelenbogen dit à Krymov :

— Nous sommes restés, quatre ou cinq jours, tous deux, seuls dans cette cellule. Il était muet comme une carpe. J'ai fini par lui dire : « C'est tout de même ridicule ! Deux Juifs, en gros du même âge, qui passent leurs "veillées du hameau à la Loubianka[1]", et qui sont là sans rien se dire ! » Je t'en fiche ! Il a continué à se taire. Ça rime à quoi, ce mépris ? Pourquoi ne veut-il pas parler avec moi ? C'est une vengeance ? Ou alors il nous joue la grande scène du trois ? Ça rime à quoi ? Vieux collégien, va !

— Un ennemi, lança Krymov.

Visiblement, Dreling était un mystère pour le tchékiste.

— Il est ici parce qu'il a réellement fait quelque chose, vous comprenez ! dit-il. C'est tout de même fantastique ! Un type qui a déjà été en camp, et qui a comme avenir un manteau en sapin. Et lui, toujours en pleine forme ! Je l'envie ! On le convoque à l'interrogatoire : qui a un nom commençant par « D » ? Il reste là, sans répondre, comme une souche. Il a fini par obtenir qu'on l'appelle par son nom. Les gradés entrent dans la cellule, mais ils pourraient le tuer sur place, qu'il ne se lèverait pas.

Quand Dreling revint des toilettes, Krymov dit à Katzenelenbogen :

— Face au jugement de l'Histoire, tout cela ne compte guère. Même ici, nous continuons, vous et moi, à haïr les ennemis du communisme.

Dreling jeta à Krymov un regard de curiosité amusée.

— De quel jugement parlez-vous ? dit-il, sans paraître s'adresser à personne. C'est l'Histoire qui rend une justice sommaire.

Katzenelenbogen avait bien tort d'envier la force de cet homme tout en os. Car cette force n'avait plus rien d'humain. Un fanatisme aveugle, bestial, réchauffait, de sa chaleur artificielle, son cœur desséché et indifférent.

La guerre qui faisait rage en Russie et tous les événements qui étaient liés à elle ne le touchaient guère : il ne demandait jamais de nouvelles du front, ne parlait pas de Stalingrad. Il ignorait qu'il existait des villes nouvelles, une puissante industrie. Sa vie n'était plus celle d'un homme. Il

---

1. Allusion au titre du premier recueil de récits de Gogol, *Les Veillées du hameau près de Dikanka*.

jouait en prison une interminable partie d'échecs, abstraite, où il était seul concerné.

Katzenelenbogen intéressait vivement Krymov. Krymov sentait, voyait qu'il était intelligent. Il plaisantait, s'excitait, baratinait, mais ses yeux étaient intelligents, paresseux, las. Il avait le regard de ces gens qui connaissent tout, qui sont fatigués de vivre et ne redoutent pas la mort.

Un jour, à propos de la construction de la voie ferrée en bordure de l'océan Glacial, il dit à Krymov :

— Un projet vraiment magnifique. Et il ajouta : Il est vrai que sa réalisation aura coûté des dizaines de milliers de vies humaines.

— Assez effrayant, répondit Krymov.

Katzenelenbogen haussa les épaules :

— Si vous aviez vu les colonnes de zeks se rendre au travail ! Un silence de mort. Au-dessus de leurs têtes, l'aurore boréale, verte et bleue. Alentour, la glace, la neige et le mugissement de l'océan tout noir. C'est là qu'on sent la puissance !

Il donnait des conseils à Krymov :

— Il faut aider le juge d'instruction. C'est un nouveau, il a du mal à s'en sortir... Alors, si tu l'aides en lui soufflant quelques petits trucs, tu t'aideras toi-même : tu éviteras au moins les centaines d'heures d'interrogatoire à la chaîne. Et pour le reste, ça ne change rien, l'Osso te donnera ton dû.

Krymov tentait de discuter, mais Katzenelenbogen répondait :

— L'innocence personnelle est un vestige du Moyen Âge. C'est de l'alchimie ! Tolstoï a dit qu'il n'y avait pas, sur terre, d'hommes coupables. Nous autres, tchékistes, avons mis au point une thèse supérieure : il n'y a pas, sur terre, de gens innocents. Chaque individu mérite le tribunal. Est coupable toute personne qui fait l'objet d'un ordre d'arrestation. Et on peut en signer pour n'importe qui. Chaque homme a droit à un ordre d'arrestation. Y compris ceux qui ont passé leur vie à en signer pour les autres. Le Maure a accompli son œuvre, le Maure peut partir[1].

Il connaissait de nombreux amis de Krymov. En 1937, il avait même instruit l'affaire de quelques-uns. Il avait une étrange façon de parler de ces gens dont il avait été le juge d'instruction : il n'éprouvait à leur égard aucune haine, aucune émotion. L'un était « un type intéressant », l'autre « un toqué », un troisième « un gars sympa ».

Il évoquait souvent Anatole France, *Méditations sur Athanase*[2], aimait à citer le Benia Krik[3] de Babel, appelait par leurs prénoms et patronymes les chanteurs et les danseuses du Bolchoï. Il collectionnait les livres rares,

1. Citation tirée d'*Othello* de William Shakespeare.
2. Poème d'Édouard Bagritski (1895-1934), dont le héros est un paysan ayant « trahi la révolution ».
3. Héros des *Contes d'Odessa* d'Isaac Babel, « Robin des Bois » ou un « gentleman cambrioleur » juif d'un *shtetl* de la banlieue d'Odessa.

parlait d'une édition extrêmement précieuse de Radichtchev, qu'il avait dénichée peu de temps avant son arrestation.

— J'aimerais bien, disait-il, que ma collection soit transférée à la bibliothèque Lénine. Sinon, ces imbéciles disperseront les livres au petit bonheur, sans comprendre leur valeur.

Il avait épousé une ballerine. Mais, de toute évidence, le destin du livre de Radichtchev le préoccupait plus que le sort de sa femme. Et quand Krymov lui en fit la remarque, le tchékiste répondit :

— Mon Angelina a de la cervelle. Je ne me fais pas de souci : elle s'en sortira.

On eût dit qu'il comprenait tout, mais qu'il n'éprouvait rien. Des notions simples – la séparation, la souffrance, la liberté, l'amour, la fidélité d'une femme, le chagrin – lui étaient parfaitement étrangères. Sa voix ne vibrait d'émotion que lorsqu'il se mettait à parler de ses premières années de travail à la Tchéka. « Quelle époque ! Quels hommes ! » disait-il. Tout ce qui constituait la vie de Krymov ne lui paraissait que baratin de propagande.

De Staline, il disait :

— J'ai plus d'admiration pour lui que pour Lénine. Il est le seul être que j'aime vraiment.

Mais comment cet homme, qui avait participé à l'élaboration des procès des leaders de l'opposition, qui avait dirigé, sous Beria, un gigantesque chantier du Goulag au-delà du cercle polaire, pouvait-il admettre tranquillement, avec résignation, de se rendre, dans sa propre maison, aux interrogatoires nocturnes, en maintenant sur son ventre son pantalon sans boutons ? Comment pouvait-il s'angoisser, souffrir du silence par lequel Dreling le punissait ?

Parfois Krymov se mettait à douter lui-même. Pourquoi s'indignait-il, s'enflammait-il, en rédigeant ses lettres à Staline, pour se couvrir ensuite d'une sueur glacée ? Le Maure avait fait son œuvre. La même chose s'était produite en 1937, avec des dizaines de milliers de membres du Parti, semblables à lui, meilleurs même. Le Maure avait fait son œuvre. Pourquoi le mot « dénonciation » lui était-il aujourd'hui si insupportable ? Uniquement parce qu'il avait été arrêté sur une dénonciation. Il en recevait, pourtant, de ces rapports que lui envoyaient les informateurs politiques des différentes subdivisions. Cela se faisait couramment. Des dénonciations toutes bêtes. Le soldat Riabochtan porte une croix. Il traite les communistes de mécréants. Avait-il survécu longtemps, le soldat Riabochtan, lorsqu'il s'était retrouvé dans un bataillon disciplinaire ? Le soldat Gordeïev a déclaré qu'il ne croyait pas en la puissance de l'armement soviétique, et que la victoire de Hitler était inévitable. Avait-il survécu longtemps, lui aussi, dans son corps disciplinaire ? Le soldat Markievitch a déclaré : « Tous les communistes sont des voleurs, un jour viendra où nous les descendrons à coups de baïonnette et le peuple sera libre. » Le tribunal avait condamné Markievitch à la peine capitale. Lui-même était un délateur. N'avait-il pas dénoncé Grekov à la Direction politique ? Si Grekov n'avait pas été tué par une bombe allemande, il serait passé devant le peloton d'exécution. Qu'éprouvaient les gens, que pensaient-ils, quand on les envoyait dans les bataillons disciplinaires, quand on les jugeait, quand on les interrogeait dans les sections spéciales ?

Que de fois, avant-guerre, il avait été mêlé à des affaires de ce type, que de fois il avait entendu, très tranquillement, ses amis dire : « J'ai rapporté au comité du Parti ma conversation avec Piotr » ; « Avec la plus grande honnêteté, il a révélé, à l'assemblée du Parti, le contenu de la lettre d'Ivan » ; « Il a été convoqué et, en vrai communiste, il a dû tout raconter, parler de l'état d'esprit des copains et de la lettre de Volodia. »

Tout cela s'était produit, et plus d'une fois.

Et puis, à quoi bon... Toutes ces explications qu'il donnait oralement ou par écrit n'avaient aidé personne à sortir de prison. Elles n'avaient eu, au fond, qu'une raison d'être : lui éviter de tomber dans le gouffre, le protéger.

Krymov avait bien mal défendu ses amis, même s'il n'aimait pas, s'il redoutait et évitait ce genre d'histoires. Pourquoi se sentait-il, tour à tour, brûlant et glacé ? Que voulait-il ? Que le maton de service à la Loubianka connaisse sa solitude ? Que les juges d'instruction se mettent à soupirer sous prétexte que la femme qu'il aimait l'avait quitté ? Qu'ils soient plus indulgents, sous prétexte que, la nuit, il appelait Guenia, se mordait la main jusqu'au sang et que, pour sa maman, il était toujours resté le petit Nikolaï ?

Une nuit, Krymov s'éveilla et vit Dreling près du châlit de Katzenelenbogen. La lumière infernale éclairait le dos du vieux routier des camps. Bogoleïev, réveillé lui aussi, était assis sur sa couchette, les jambes dissimulées sous sa couverture.

Dreling s'élança vers la porte, la frappa de ses poings osseux, en criant :

— Garde ! Garde ! Vite, un médecin ! Un détenu a une crise cardiaque !

— Silence ! Cessez immédiatement ce chahut ! répondit le garde, qui était accouru regarder à l'œilleton.

— Comment ça, silence ! Un homme est en train de mourir ! hurla Krymov et, sautant à bas de son lit, il se mit, comme Dreling, à frapper la porte à coups redoublés. Il remarqua que Bogoleïev s'était recouché, qu'il avait disparu sous sa couverture, comme s'il eût craint d'être mêlé à cet événement nocturne.

La porte s'ouvrit bientôt et plusieurs hommes entrèrent.

Katzenelenbogen était dans le coma. Il fut extrêmement difficile de loger son corps immense sur le brancard.

Au matin, Dreling demanda soudain à Krymov :

— Dites-moi, vous est-il arrivé souvent, en tant que commissaire politique, de vous heurter, au front, à des manifestations de mécontentement ?

Krymov s'enquit :

— Comment cela de mécontentement ? Pourquoi ?

— Par exemple, des gens mécontents des kolkhozes bolcheviques, ou de la conduite générale de la guerre, bref, un mécontentement d'ordre politique.

— Jamais. Je n'ai même jamais perçu quoi que ce soit de ce genre, répondit Krymov.

— Je vois, c'est bien ce que je pensais, répliqua Dreling, et il eut un hochement de tête satisfait.

7

L'idée d'encercler les Allemands à Stalingrad est considérée comme un trait de génie.

La concentration discrète de troupes sur les flancs de l'armée Von Paulus reprenait un principe né au temps où les premiers hommes, pieds nus, le front bas, la mâchoire proéminente, se glissaient à travers les buissons et encerclaient les cavernes dont s'étaient emparés d'autres hommes venus des forêts. Quel est le plus étonnant : la différence entre le gourdin et l'artillerie longue portée ou la permanence millénaire du principe ?

Mais il n'y a ni à s'étonner ni à se désespérer du fait que la spirale de l'évolution humaine, dont les anneaux ne cessent de croître en largeur et hauteur, ait un axe qui, lui, ne change pas.

Si le principe de l'encerclement n'est pas nouveau, incontestable est le mérite de ceux qui ont mis sur pied l'offensive de Stalingrad, car ils ont su choisir le lieu où serait appliquée cette vieille méthode. Ils ont également su choisir le moment de l'opération, ont habilement préparé et massé les troupes. Un autre de leurs mérites est d'avoir fort bien agencé l'interaction de trois fronts : ceux du Sud-Ouest, du Don et de Stalingrad. La concentration secrète des troupes dans la steppe démunie de camouflages naturels était une tâche des plus ardues. Se glissant le long des épaules droite et gauche de l'armée allemande, les forces du nord et du sud se préparèrent à faire leur jonction aux environs de Kalatch, encerclant l'ennemi, brisant les os, comprimant le cœur et les poumons des troupes de Paulus. Nombre d'efforts furent consacrés à mettre au point les détails de l'opération, à obtenir des renseignements sur la puissance de feu, les moyens en hommes, les arrières, les communications de l'ennemi.

Il n'empêche que le fondement de ces efforts, auxquels prirent part le maréchal Joseph Staline, commandant suprême, les généraux Joukov, Vassilievski, Voronov, Eremenko, Rokossovski et tant d'autres talentueux officiers du GQG, était l'encerclement de l'ennemi par le flanc, méthode guerrière mise au point par les premiers hommes velus.

On peut réserver l'appellation de « génie » à ceux qui apportent des idées nouvelles, qui vont au cœur des choses, au lieu de rester en surface, qui ne s'occupent que de l'axe de la spirale. Mais, depuis le temps d'Alexandre de Macédoine, les innovations stratégiques et tactiques n'ont rien à voir avec ce genre d'exploit quasi divin. Écrasée par le caractère grandiose des opérations militaires, la conscience humaine tend à l'assimiler aux grandioses trouvailles des chefs de guerre.

L'histoire des batailles montre que les chefs militaires n'apportent aucun nouveau principe pour les percées, le harcèlement, l'encerclement, se contentant d'appliquer des méthodes connues depuis l'homme de Néanderthal, connues, au demeurant, tout autant des loups qui encerclent les troupeaux, et des troupeaux qui tentent de se défendre des loups.

Un énergique directeur d'usine, qui connaît son affaire, assure de bonnes réserves de matières premières et de combustible, de bonnes relations entre les ateliers et des dizaines d'autres choses, négligeables ou essentielles, indispensables, en tout cas, au bon fonctionnement de l'entreprise.

Mais lorsque les historiens déclarent que l'activité déployée par ce même directeur a fixé les principes de la métallurgie, de l'électrotechnique, de l'analyse du métal aux rayons X, la conscience de celui qui étudie l'histoire de l'usine se met à regimber : ce n'est pas notre directeur, mais Rentgen qui a découvert les rayons X... et les fours martin existaient avant lui.

Les vraies grandes découvertes scientifiques rendent l'homme plus sage que la nature. La nature apprend à se connaître dans ces découvertes, à travers elles. Ce que les Galilée, Newton, Einstein ont accompli dans l'exploration de l'espace, du temps, de la matière et de l'énergie ressortit précisément à ces exploits humains. Dans ces découvertes, l'homme a atteint une profondeur et une hauteur plus grandes que celles qui existaient naturellement, et favorisé de la sorte une meilleure connaissance de la nature elle-même, son enrichissement.

Les découvertes de moindre importance, les découvertes de deuxième plan sont celles où des principes existants, tangibles, visibles, formulés par la nature, sont reproduits par l'homme.

Le vol des oiseaux, le mode de locomotion des poissons, le mouvement du panicaut ou des roches erratiques, la force du vent qui fait se balancer les arbres et agite leurs branches, sont autant de manifestations de tel ou tel principe évident et tangible. L'homme extrait le principe d'un phénomène, le transporte dans son domaine particulier et le développe, selon ses possibilités et ses besoins.

Ces activités sont d'une importance capitale pour qu'existent les avions, les turbines, les moteurs à réaction, les fusées, et cependant l'humanité en doit la création à son talent, non à son génie.

Les découvertes qui exploitent des principes mis en évidence, cristallisés par les hommes, et non par la nature, le principe des champs électromagnétiques, par exemple, qui trouve à s'appliquer et se développe dans la radio, la télévision, les radars, sont également de deuxième plan. Il en va de même pour la libération de l'énergie atomique. Fermi, créateur de la première pile atomique, ne saurait certes prétendre au titre de génie de l'humanité, même si sa découverte a inauguré une ère nouvelle dans l'histoire mondiale.

Dans le cas des découvertes de troisième ordre, l'homme transforme ce qui existe déjà dans sa sphère d'activité : il met au point, par exemple, un nouveau moteur d'avion, substitue au moteur thermique d'un navire un moteur électrique.

C'est là, dans cette troisième catégorie, qu'il faut ranger l'activité humaine dans le domaine de l'art militaire où les nouvelles conditions techniques interagissent avec les vieux principes. Il serait absurde de nier l'importance d'un général dans la conduite d'une bataille. Il n'en demeure pas moins injuste de qualifier le même général de génie. Ce qui est stupide dans le cas d'un ingénieur d'usine, aussi capable soit-il, est non seulement stupide dans le cas d'un général, mais encore néfaste et dangereux.

8

Deux masses, l'une au nord, l'autre au sud, des millions de tonnes de métal et de chair attendaient le signal.

Ce furent les forces disposées au nord-ouest de Stalingrad qui, les premières, lancèrent l'offensive. Le 19 novembre 1942, à 7 h 30 du matin, une puissante préparation d'artillerie commença sur les fronts du sud-ouest et du Don, elle devait durer quatre-vingts minutes. Un déluge de feu s'abattit sur les positions que tenait la 3ᵉ armée roumaine.

Les blindés et l'infanterie passèrent à l'attaque à 8 h 50. Le moral des troupes soviétiques était extraordinairement élevé. La 76ᵉ division partit à l'attaque au son de sa fanfare.

Dès l'après-midi, le 1ᵉʳ échelon de la défense ennemie était percé sur toute sa profondeur. Les combats se déroulaient sur un immense territoire.

Le 4ᵉ corps d'armée roumain était écrasé. La 1ʳᵉ division de cavalerie roumaine était coupée et isolée des autres unités de la 4ᵉ armée dans la zone de Kraïnaïa.

L'offensive de la 5ᵉ armée de blindés soviétique partit des hauteurs à trente kilomètres au sud-ouest de Serafimovitch, fit une brèche dans les dispositifs du 2ᵉ corps d'armée roumain, et, marchant vers le sud, occupa, dès le milieu de la journée, les hauteurs situées au nord de Perelazovsk. Puis, obliquant vers le sud-est, les unités de blindés soviétiques atteignirent au soir de la première journée les villes de Goussynki et Kalmykov, pénétrant ainsi à l'intérieur du dispositif roumain.

Vingt-quatre heures après le début de l'offensive, à l'aube du 20 novembre, ce fut au tour des forces concentrées dans les steppes kalmoukes, au sud de Stalingrad, de passer à l'attaque.

9

Novikov se réveilla longtemps avant l'aube. Son angoisse était si grande qu'il ne la sentait pas.

— Vous prendrez du thé, camarade colonel ? demanda Verchkov d'un ton à la fois discret et solennel.

— Oui, dis au cuisinier de me préparer des œufs.

— Comment, camarade colonel ?

Novikov resta un moment songeur et Verchkov pensa que son commandant, plongé dans ses pensées, n'avait pas entendu sa question.

— Des œufs au plat, dit Novikov en regardant sa montre. Va voir si Guetmanov est levé, on démarre dans une demi-heure.

Il ne pensait pas, lui semblait-il, à la préparation d'artillerie qui commencerait dans une heure et demie, aux avions d'assaut et bombardiers qui empliraient le ciel de leur grondement, aux sapeurs qui ramperaient pour couper les barbelés et déminer les champs de mines, à l'infanterie qui, traînant les mitrailleuses, courrait vers les hauteurs brumeuses qu'il avait si souvent examinées à la jumelle. Il lui semblait qu'il n'était pas lié, en cet instant, à Belov, Makarov et Karpov. Il ne pensait pas, semblait-il, aux chars soviétiques qui, pénétrant dans la brèche ouverte par l'artillerie et l'infanterie dans le front allemand, marchaient sur Kalatch et au fait que lui aussi, dans quelques heures, allait faire mouvement à la rencontre de ceux du nord pour encercler l'armée de Paulus.

Il ne pensait pas au commandant du groupe d'armées et à la possibilité d'avoir son nom cité dans l'ordre du jour de Staline dès le lendemain. Il ne pensait pas à Evguenia Nikolaïevna, n'évoquait pas le lever du jour à Brest-Litovsk, où il courait vers le terrain d'aviation et que les premiers feux de la guerre allumée par les Allemands flamboyaient dans le ciel.

Mais tout cela, qu'il y pensât ou non, était en lui.

Il pensait : « Est-ce que je mets mes bottes neuves ou les vieilles ? Faut pas que j'oublie les cigarettes ; il m'a encore apporté du thé refroidi, cet enfant de salaud. » Il mangeait ses œufs au plat et sauçait soigneusement le beurre fondu dans la poêle avec un morceau de pain.

— Vos ordres ont été exécutés, camarade colonel, annonça Verchkov.

Puis il ajouta en confidence :

— Je demande au soldat : « Il est là ? » Et l'autre me répond : « Où qu'il pourrait être encore ? Il dort avec sa bonne femme. »

Le soldat avait employé un mot plus expressif que « bonne femme » mais Verchkov jugea qu'il ne pouvait le répéter au colonel.

Novikov se taisait et grapillait les miettes sur la table du bout de l'index.

Guetmanov arriva.

— Du thé ? proposa Novikov.

Guetmanov déclara d'un ton sec :

— Il est temps, Piotr Pavlovitch. Ni thé ni sucre, mais battre l'Allemand.

« Il est fort », pensa Verchkov.

Novikov passa dans la partie de la maison qui servait d'état-major, discuta avec Neoudobnov de la liaison, de la transmission des ordres, jeta un coup d'œil sur la carte.

Le calme trompeur de la nuit rappela à Novikov son enfance dans le Donbass. C'était ce même calme qui régnait dans les corons quelques minutes avant que les sirènes et les sifflets retentissent et que les hommes sortent de chez eux pour se diriger vers les mines et les usines. Mais le petit Petia Novikov, réveillé avant le signal de la sirène, savait que des centaines de mains cherchaient à tâtons les bottes dans le noir, que les pieds nus des femmes claquaient sur le plancher, que la vaisselle tintait.

— Verchkov, dit Novikov, approche mon char du poste d'observation ; j'en aurai besoin aujourd'hui.

— À vos ordres, dit Verchkov, je vais y mettre tout le barda, le vôtre et celui du commissaire.

— N'oublie pas le cacao, ordonna Guetmanov.

Neoudobnov, sa capote jetée sur les épaules, sortit de la maison.

— Tolboukhine vient de téléphoner, il voulait savoir si notre commandant avait rejoint le poste d'observation.

Novikov hocha la tête, tapa sur l'épaule du chauffeur :

— Vas-y, Kharitonov.

La route quitta le village, laissa derrière elle la dernière maison, tourna à gauche, tourna à droite, et partit droit vers l'ouest, parmi les plaques de neige et les herbes sèches de la steppe.

Ils longèrent le pli de terrain où étaient concentrés les chars de la 1re brigade.

Soudain, Novikov ordonna à Kharitonov de s'arrêter, sauta de la jeep et se dirigea vers les tanks dont les silhouettes se dessinaient confusément dans l'obscurité.

Il marchait sans s'arrêter, sans parler à quiconque, fixant les visages des soldats.

Il pensa aux jeunes recrues qu'il avait vues naguère sur la place du village. C'étaient bien des enfants, et tout dans le monde était fait pour les envoyer au feu : les plans du GQG, l'ordre du commandant du front, l'ordre qu'il allait lui-même donner dans une heure aux commandants des brigades, les discours que leur tenaient les commissaires, les articles, les récits, les vers que publiaient les écrivains dans les journaux. À l'attaque ! En avant ! Et à l'ouest, dans le noir, on n'attendait qu'une chose : les frapper, les battre, les écraser sous les chenilles.

« Allez, on la fera, la noce ! » Oui, on la fera, mais sans vin ni accordéon. « Gorko[1] ! », criera Novikov, et les promis de dix-neuf ans ne se défileront pas, ils embrasseront bien comme il faut leurs promises.

Il semblait à Novikov qu'il marchait parmi ses frères cadets, ses neveux, les fils des voisins, et que des milliers de femmes, de filles, de vieilles les regardaient, invisibles.

Les mères récusent le droit d'envoyer à la mort. Même à la guerre, on peut rencontrer des gens qui font partie de la résistance clandestine des mères. Ces gens disent : « Reste ici, petit, où veux-tu aller ? Tu n'entends donc pas comment ça tire dehors ? Mon rapport peut attendre encore un peu, mets plutôt la bouilloire sur le feu. » Ces hommes disent au téléphone : « À vos ordres, mon colonel, nous allons avancer la mitrailleuse » et, après avoir raccroché, ajoutent : « Pourquoi l'avancer, ça n'a pas de sens, et ils me tueront un bon gars. »

Novikov regagna sa voiture. Son visage était sombre et dur, comme s'il avait absorbé l'obscurité humide de cette aube de novembre. Quand la voiture démarra, Guetmanov lui jeta un regard plein de sympathie et lança :

— Tu sais, Piotr Pavlovitch, ce que j'ai envie de te dire, là maintenant : je t'aime bien, tu comprends, et j'ai confiance en toi.

10

Le silence était dense, uni, et il semblait qu'il n'existait ni steppe, ni brouillard, ni Volga, mais le silence et rien d'autre. Une lueur parcourut les nuages sombres, puis le brouillard, de gris qu'il était, devint pourpre et soudain le tonnerre s'empara de la terre et du ciel…

Les canons lointains et les canons proches unirent leurs voix, et l'écho renforçait leur lien, élargissait l'entremêlement des sons qui emplissaient tout le volume de l'énorme espace de la bataille.

Les maisons de pisé tremblaient, des morceaux d'argile se détachaient des murs, les portes des maisons s'ouvraient et se fermaient d'elles-mêmes, la glace encore fine sur les lacs craquait.

Balançant sa queue lourde de poils soyeux, le renard prit la fuite, et le lièvre ne le fuyait pas mais courait à sa suite ; oiseaux de nuit et oiseaux de jour, réunis pour la première fois, montèrent dans le ciel… Des mulots mal réveillés surgissaient de leurs trous comme des grands-pères ébouriffés sortant d'une isba en feu.

Manifestement, le contact de milliers de canons d'artillerie brûlants fit au moins monter d'un degré la température de l'air matinal humide sur les positions de combat.

---

1. Littéralement « Amer ! ». Exclamation qui retentit à maintes reprises lors des mariages à l'intention des jeunes mariés qui doivent aussitôt s'embrasser pour que leur vie commune soit douce [NdT].

On voyait distinctement, depuis le poste d'observation, les explosions des obus soviétiques, les fumées d'un noir huileux qui montaient : les geysers de terre et de neige, la blancheur laiteuse du feu d'acier.

L'artillerie se tut. Les nuages de fumée brûlante se mêlaient à l'humidité froide du brouillard sur la steppe.

Aussitôt, la steppe s'emplit d'un nouveau bruit, tendu, large, modulé : les avions soviétiques volaient vers l'ouest. Leur grondement, vrombissement, hurlement rendait tangible la hauteur du ciel aveugle ; les chasseurs et les avions d'assaut blindés volaient au ras du sol, pressés contre la terre par le plafond bas des nuages, mais on entendait dans les nuages et au-dessus les basses profondes des bombardiers invisibles.

Les Allemands dans le ciel au-dessus de Brest, le ciel russe au-dessus des steppes de la Volga… Novikov n'y pensait pas, ne se remémorait pas, ne comparait pas. Ce qui se passait en lui était plus important que les comparaisons, les souvenirs, les pensées.

Le silence revint. Les hommes qui attendaient le silence pour donner le signal de l'attaque et les hommes prêts, à ce signal, à s'élancer en direction des positions roumaines suffoquèrent dans le silence.

Durant ces quelques secondes de silence, Thétis primitive, mer trouble et muette, se déterminait le point où la courbe de l'humanité allait basculer. Quel bonheur de prendre part à la bataille qui décide du sort de ta patrie ! Quelle horreur, quel effroi, de se dresser de toute sa taille face à la mort, de ne pas fuir la mort mais de courir à sa rencontre ! Qu'il est effrayant de mourir jeune ! Envie de vivre. Il n'est pas au monde de désir plus fort que le désir de sauver une vie, une vie jeune, une vie qui a encore si peu vécu. Ce désir ne vit pas dans les pensées, il est plus fort que la pensée, il vit dans la respiration, les narines, les yeux, les muscles, l'hémoglobine avide d'oxygène. Ce désir est si grand que rien ne peut lui être comparé, il ne peut être mesuré. La peur. La peur qui précède l'attaque.

Guetmanov soupira bruyamment, regarda Novikov, puis le téléphone de campagne, puis la radio.

Le visage de Novikov frappa Guetmanov : ce n'était plus celui qu'il avait connu durant tous ces mois, et pourtant il l'avait vu soucieux, en colère, hautain, triste, gai, sombre.

Les batteries roumaines qui n'avaient pas été réduites reprenaient vie l'une après l'autre, et tiraient de l'arrière sur la ligne du front. Les puissantes pièces de la défense antiaérienne avaient ouvert le feu sur des objectifs terrestres.

— C'est le moment, Piotr Pavlovitch, dit Guetmanov, énervé. On ne fait pas d'omelette sans casser des œufs.

La nécessité de sacrifier des hommes à la cause lui avait toujours semblé naturelle et indiscutable, et pas seulement en temps de guerre.

Mais Novikov traînait, il se fit passer Lopatine, le commandant du régiment d'artillerie lourde, dont les pièces tiraient dans l'axe que devaient prendre les chars de Novikov.

— Méfie-toi, dit Guetmanov en désignant sa montre, Tolboukhine va te bouffer tout cru.

Novikov ne voulait pas s'avouer à lui-même, et encore moins à Guetmanov, un sentiment ridicule, presque honteux. Aussi se contenta-t-il de dire :

— J'ai peur pour les chars, on risque d'en perdre beaucoup. Nos T-34, des vraies merveilles... c'est une question de minutes : on va réduire les batteries antichars et antiaériennes, on les voit comme le nez au milieu de la figure.

La steppe fumait, les hommes qui étaient à ses côtés au poste d'observation ne le quittaient pas des yeux ; les commandants des brigades attendaient son ordre par radio.

Sa passion pour la guerre, celle d'un bon colonel artisan, le tenait ; sa vanité était à vif, Guetmanov le poussait et il craignait ses chefs.

Il savait parfaitement que ce qu'il dirait à Lopatine n'entrerait pas dans les manuels d'histoire et ne serait pas étudié à l'état-major général, que ses paroles ne lui vaudraient pas les compliments de Staline et de Joukov, qu'elles ne rendraient pas plus proche l'ordre de Souvorov qu'il convoitait.

Il existe un droit plus grand que celui d'envoyer les hommes à la mort sans se poser de questions : celui de se poser des questions en envoyant les hommes à la mort. Novikov avait pleinement exercé cette responsabilité.

11

Au Kremlin, Staline attendait le rapport du général Eremenko, le commandant du groupe d'armées de Stalingrad.

Il regarda sa montre ; la préparation d'artillerie venait de s'arrêter, c'était maintenant le tour de l'infanterie : les groupements de choc allaient s'élancer dans la brèche créée par l'artillerie. Les avions bombardaient les arrières, les routes, les terrains d'aviation.

Il avait parlé dix minutes plus tôt avec Vatoutine : la progression des unités de blindés et de cavalerie au nord de Stalingrad avait été plus rapide que prévu.

Il prit un crayon, regarda le téléphone qui demeurait muet. Il avait envie de porter sur la carte le mouvement de la branche du sud. Mais une crainte superstitieuse l'obligea à reposer son crayon. Il sentait que Hitler devait, en cet instant, penser à lui et qu'il savait que lui, Staline, pensait à Hitler.

Churchill et Roosevelt lui faisaient confiance, mais il comprenait que leur confiance n'était pas totale. Ils l'irritaient parce qu'ils aimaient conférer avec lui mais que, auparavant, ils se mettaient d'accord entre eux.

Ils savaient que les guerres allaient et venaient mais que la politique restait. Ils admiraient son esprit logique, ses connaissances, la clarté de ses raisonnements ; malgré tout il savait qu'ils voyaient en lui un potentat oriental et non le leader d'un pays européen, et cela lui déplaisait.

Soudain, il revit les yeux perçants de Trotski, leur intelligence impitoyable, le plissement méprisant des paupières, et il regretta pour la première fois que Trotski fût mort : il aurait entendu parler de ce jour.

Staline se sentait heureux, plein de force ; il n'avait plus ce goût de plomb dans la bouche, son cœur ne le faisait pas souffrir. Le sentiment de la vie, chez lui, se confondait avec le sentiment de sa force. Depuis les premiers jours de la guerre, une angoisse physique étreignait Staline. Elle ne le lâchait pas même quand les maréchaux, voyant sa colère, se figeaient de peur devant lui, ou quand les foules l'acclamaient, debout, au Bolchoï. Il avait constamment l'impression que son entourage se moquait secrètement de lui en pensant à son désarroi au cours de l'été 1941[1].

Un jour, en présence de Molotov, il s'était pris la tête entre les mains en marmonnant : « Que faire… que faire… » Sa voix s'était brisée pendant une réunion du Conseil d'État à la Défense et tous avaient détourné le regard. Il avait, à plusieurs reprises, donné des ordres absurdes et il avait vu que leur absurdité était évidente pour tout le monde… Il était à bout de nerfs quand il avait prononcé son discours du 3 juillet à la radio, il buvait de l'eau minérale et les ondes avaient transmis son émotion… Joukov l'avait contredit grossièrement en juin, et il était resté désarmé, se contentant de dire : « Faites pour le mieux. » Il avait parfois eu envie de céder ses responsabilités à ceux qu'il avait exterminés en 1937, à Rykov, Kamenev, Boukharine, ils n'auraient eu qu'à diriger l'armée, le pays, à sa place.

Parfois, un sentiment étrange et effrayant naissait en lui : il lui semblait que ses ennemis du jour n'étaient pas les seuls à le vaincre sur les champs de bataille. Il lui semblait voir marcher, à la suite des chars de Hitler, dans la poussière et la fumée, tous ceux que, croyait-il, il avait à jamais châtiés, pacifiés, calmés. Ils sortaient de la toundra, ils faisaient sauter la carapace de glace qui les enfermait, déchiraient les barbelés. Des convois chargés de morts ressuscités venaient de la Kolyma et des Komi. Les paysannes et leurs enfants sortaient de dessous terre, le visage exténué,

---

1. Après l'entrée brutale des Allemands en URSS le 22 juin 1941 à 4 heures du matin, le communiqué officiel annonçant à la population que le pays était en état de guerre fut lu à la radio à midi par Molotov, le vice-président du Sovnarkom. Staline, qui supporta mal ce choc, évita de prendre la parole et se retira dans sa datcha à Kountsevo. D'après les Mémoires de Khrouchtchev, il ne reprit ses fonctions de chef d'État qu'après une dizaine de jours, pressé par les autres membres du Politburo. Il ne s'adressa à la population, pour la première fois après le début de la guerre, que le 3 juillet 1941.

douloureux, effroyable, ils allaient, allaient toujours, le cherchaient de leurs yeux tristes et sans haine. Il savait, mieux que personne, que l'Histoire n'était pas la seule à juger les vaincus.

Beria lui était, par moments, insupportable, parce que, visiblement, il comprenait ce qui se passait dans l'esprit de Staline.

Cette faiblesse n'avait pas duré longtemps, quelques jours, elle n'affleurait que par instants. Mais il restait abattu, sa nuque le faisait souffrir, il avait des brûlures d'estomac, il était parfois pris de vertiges qui l'effrayaient.

Il regarda de nouveau le téléphone : Eremenko aurait dû lui annoncer l'offensive des blindés.

L'heure de sa puissance avait sonné. Ce qui se jouait en ces instants, c'était le sort de l'État fondé par Lénine : le Parti centralisé avait la possibilité de se réaliser dans la construction d'usines géantes, de centrales atomiques, d'avions à réaction, de fusées cosmiques et intercontinentales, de gratte-ciel, de palais de la science, de nouveaux canaux, de routes et de villes au-delà du cercle polaire.

Ce qui se jouait, c'était le sort de la France et de la Belgique occupées par les Allemands, le sort de l'Italie, des États scandinaves et des Balkans ; ce qui se jouait, c'était la fin d'Auschwitz et de Buchenwald, l'ouverture des neuf cents camps de concentration et de travail créés par les nazis.

Ce qui se jouait, c'était le sort des prisonniers de guerre allemands qui partiraient pour la Sibérie, et le sort des prisonniers de guerre soviétiques détenus dans les camps allemands qui, par la volonté de Staline, iraient après leur libération rejoindre les Allemands en Sibérie.

Ce qui se jouait, c'était le sort des Kalmouks, des Tatars de Crimée, des Tchétchènes et des Balkares exilés, sur ordre de Staline, en Sibérie et au Kazakhstan, ayant perdu le droit à la mémoire de leur histoire, le droit d'enseigner à leurs enfants dans leur langue maternelle.

Ce qui se jouait, c'était le sort de Mikhoels et de son ami l'acteur Zouskine, des écrivains Bergelson, Markish, Fefer, Kvitko, Noussinov[1], dont les exécutions devaient précéder le sinistre procès des médecins juifs[2], avec en tête le professeur Vovsi. Ce qui se jouait, c'était le sort des Juifs, que l'armée Rouge avait sauvés, et sur la tête desquels Staline s'apprêtait à abattre le glaive qu'il avait repris des mains de Hitler, commémorant ainsi le dixième anniversaire de la victoire du peuple à Stalingrad.

Ce qui se jouait, c'était le sort de la Pologne, de la Tchécoslovaquie et de la Roumanie.

Ce qui se jouait, c'était le sort des paysans et ouvriers russes, la liberté de la pensée russe, de la littérature et de la science russes.

---

1. Ces écrivains comptent parmi les condamnés à mort du procès fabriqué contre le Comité antifasciste juif en juillet 1952. Fusillés un mois après, ils furent réhabilités en 1955.
2. Voir « Médecins empoisonneurs, affaire des » dans le Dictionnaire.

Staline était ému. En cet instant, la puissance future de l'État se confondait avec sa volonté.

Sa grandeur, son génie n'existaient pas par eux-mêmes, indépendamment de la grandeur de l'État et des Forces armées. Les livres qu'il avait écrits, ses travaux scientifiques, sa philosophie ne prenaient un sens, ne devenaient objets d'étude et d'admiration de la part de millions de gens que lorsque l'État était victorieux.

On lui passa Eremenko.

— Alors, on en est où chez toi ? demanda Staline sans préambule. L'attaque des chars a commencé ?

En attendant la voix irritée de Staline, Eremenko éteignit sa cigarette.

— Non, camarade Staline, Tolboukhine termine la préparation d'artillerie. L'infanterie a nettoyé la première ligne. Mais les chars attendent encore.

Staline jura et raccrocha.

Eremenko ralluma une cigarette et téléphona au commandant de la 51ᵉ armée.

— Qu'attendent les blindés ? demanda-t-il.

Tolboukhine tenait le combiné d'une main, et de l'autre un mouchoir lui servant à essuyer la sueur qui coulait sur sa poitrine. Sa veste était ouverte, par le col de sa chemise d'une blancheur immaculée dépassaient les lourds plis de graisse à la base du cou.

Surmontant son asthme, il répondit avec la lenteur d'un homme très gros dont non seulement l'esprit mais aussi le corps savaient que toute agitation lui serait néfaste :

— Le commandant du corps blindé vient de me dire qu'il restait sur son axe des batteries ennemies qui n'avaient pas été réduites. Il a demandé quelques minutes de délai pour les écraser avec l'artillerie lourde.

— Annulez, dit brutalement Eremenko. Qu'ils attaquent immédiatement ! Vous m'informez sur l'exécution de l'ordre dans trois minutes.

— À vos ordres, dit Tolboukhine.

Eremenko eut envie d'injurier Tolboukhine mais au lieu de cela il lui demanda soudain :

— Pourquoi haletez-vous comme ça, vous êtes malade ?

— Non, non, ça va, merci, Andreï Nikolaïevitch, je viens de déjeuner, c'est tout.

— Alors allez-y, dit Eremenko en raccrochant.

Puis il lança une série de jurons imagés et dit :

— Il a déjeuné, il ne peut pas respirer…

Quand le téléphone sonna au PC, Novikov comprit que le commandant de l'armée allait exiger qu'il lance immédiatement ses chars.

« J'ai vu juste », se dit-il en écoutant Tolboukhine et il répondit :

— À vos ordres, camarade général.

Puis il eut un petit sourire en direction de Guetmanov :

— Ça ne fera pas de mal quand même d'attendre encore quatre minutes.

Trois minutes plus tard, le téléphone sonna à nouveau :

— Qu'est-ce que c'est que ces plaisanteries ? dit Tolboukhine d'une voix qui ne haletait plus. Pourquoi j'entends encore des tirs d'artillerie ? Vous allez exécuter mes ordres, oui ou non ?

Novikov ordonna au téléphoniste de le relier à Lopatine. Il entendait la voix de Lopatine mais ne répondait pas ; l'œil sur l'aiguille des secondes, il attendait la fin de la quatrième minute.

— Il est fort, notre papa ! s'exclama Guetmanov avec une admiration sincère.

Et, une minute plus tard, quand l'artillerie lourde se tut, il mit les écouteurs, appela le commandant de la brigade qui devait la première créer la percée.

— Belov ? dit-il.

— Je vous écoute, camarade colonel.

Novikov tordit la bouche dans un cri d'ivresse enragée :

— Belov, fonce !

Les gaz bleus épaissirent encore le brouillard, l'air frémissait du grondement des moteurs, le corps de blindés se lançait dans la brèche.

12

Les objectifs de la contre-offensive soviétique devinrent évidents pour le commandement du groupe d'armées « B » lorsque, à l'aube du 20 novembre, les canons tonnèrent dans la steppe kalmouke et que les groupements de choc entamèrent l'offensive, au sud de Stalingrad, contre la 4e armée roumaine disposée sur le flanc droit de Paulus.

Le corps de blindés en action sur l'aile gauche du groupement de choc soviétique pénétra dans la trouée entre le lac Tsatsa et le lac Barmantsak, puis il obliqua vers le nord-ouest, en direction de Kalatch, à la rencontre des unités de blindés et de cavalerie des groupes d'armées du Don et du sud-ouest.

Vers le milieu de la journée du 20 novembre, les unités d'assaut venant de Serafimovitch étaient parvenues au nord de Sourovikino, menaçant les lignes de communication de l'armée de Paulus.

Mais la 6e armée n'avait pas encore compris qu'elle était menacée d'encerclement. L'état-major de Paulus communiquait le 19 novembre à 18 heures au baron von Weichs, commandant du groupe « B », qu'il avait l'intention de poursuivre le 20 novembre les activités des éléments de reconnaissance dans Stalingrad.

Le soir, Paulus reçut l'ordre de von Weichs de cesser immédiatement toutes les opérations offensives, de détacher des unités de chars et d'infanterie ainsi que des moyens antichars et de les concentrer en les échelonnant derrière son flanc gauche dans le but de porter un coup en direction du nord-ouest.

Cet ordre, reçu par Paulus à 22 heures, marquait la fin de l'offensive allemande à Stalingrad.

Le développement fulgurant des événements rendit cet ordre caduc.

Le 21 novembre, les groupements de choc soviétiques, venant de Serafimovitch et Kletskaïa, opérèrent leur jonction et, effectuant un tournant de quatre-vingt-dix degrés, marchèrent sur le Don dans la région de Kalatch sur les arrières de l'armée de Paulus.

Ce jour-là, quarante chars soviétiques apparurent sur la rive gauche du Don, à quelques kilomètres de Goloubinskaïa, où était disposé le QG de Paulus. Un autre groupe de chars s'empara sans coup férir d'un pont sur le Don : les troupes de couverture allemandes prirent les chars soviétiques pour un détachement d'entraînement, équipé de prises de guerre russes, qui empruntait souvent ce pont. Les blindés soviétiques entrèrent dans Kalatch. Ainsi s'esquissait l'encerclement de deux armées allemandes : la 6e de Paulus et la 4e blindée de Hoth. Une des meilleures unités de Paulus, la 384e division d'infanterie, se mit en position défensive, tournant le front de son dispositif vers le nord-ouest.

Et pendant ce temps, les forces d'Eremenko balayaient la 29e division mécanisée allemande, écrasaient le 6e corps d'armée roumain et marchaient vers la voie ferrée Kalatch-Stalingrad.

Les chars de Novikov s'approchèrent à la tombée de la nuit d'un môle de résistance roumain.

Mais cette fois-ci, Novikov ne traîna pas, il ne chercha pas à profiter de l'obscurité pour procéder à une concentration cachée des chars avant l'attaque.

Sur ordre de Novikov, tous les chars, ainsi que tous les canons automoteurs, les véhicules de transport blindés, les camions de l'infanterie portée, tous mirent pleins phares. Des centaines de phares aveuglants firent voler la nuit en éclats. Une énorme masse était lancée dans la steppe, ses tirs de canons et de mitrailleuses, le grondement de ses moteurs assourdissaient, les poignards des lumières aveuglaient la défense roumaine, la paralysant, semant la panique.

Après de brefs combats, les chars poursuivirent leur mouvement.

Les chars venant du sud, de la steppe kalmouke, firent irruption dans Bouzinovka dans la première moitié de la journée du 22 novembre. Le soir même, les chars des échelons d'attaque venant du sud et du nord firent leur jonction à l'ouest de Kalatch, dans les arrières des deux armées allemandes de Paulus et Hoth. En prenant position le 23 novembre sur les rives des rivières Tchir et Aksaï, de grandes unités de fusiliers couvrirent efficacement les flancs des groupements de choc.

L'objectif qu'avait défini le commandement suprême était atteint : il avait fallu cent heures pour encercler les forces allemandes de Stalingrad.

Quel fut le cours ultérieur des événements ? Par quoi fut-il déterminé ? Quelle volonté humaine se fit l'instrument de la fatalité historique ?

Le 22 novembre à 18 heures, Paulus communiquait par radio à l'état-major du groupement d'armées « B » : « L'armée est encerclée. Toute la vallée de la Tsaritsa, la voie ferrée de Sovetskaïa à Kalatch, le pont sur le Don, les hauteurs sur la rive ouest du Don sont, malgré une résistance héroïque, aux mains des Russes... La situation en ce qui concerne les munitions est critique. Il reste pour six jours de vivres. Je demande que me soit accordée la liberté de décision au cas où nous ne parviendrions pas à établir une défense circulaire de Stalingrad. Nous pouvons être alors contraints d'abandonner Stalingrad et le secteur nord du front. »

Dans la nuit du 21 au 22 novembre, Paulus reçut l'ordre de Hitler de donner le nom de « citadelle » à la zone que tenait son armée.

L'ordre précédent avait été : « Ordre au commandant de l'armée de se rendre à Stalingrad avec son état-major. Ordre à la 6e armée d'adopter un dispositif de défense circulaire et d'attendre des instructions ultérieures. »

Après une conférence entre Paulus et les commandants des corps d'armée, le baron von Weichs télégraphiait au haut commandement : « Malgré tout le poids de la responsabilité que je ressens en prenant cette décision, je dois dire que je soutiens la proposition de Paulus de retirer la 6e armée... »

Le chef de l'état-major général des forces terrestres, le général Zeitzler, qui était en liaison constante avec von Weichs, partageait entièrement l'opinion de Paulus et de Weichs sur la nécessité d'abandonner Stalingrad ; il estimait qu'il serait parfaitement impossible de ravitailler par air les énormes forces prises dans l'encerclement.

Zeitzler communiqua à Weichs le 24 novembre à 2 heures du matin qu'il était enfin parvenu à convaincre Hitler de laisser Stalingrad. Ordre serait donné par Hitler à la 6e armée de sortir de l'encerclement le 24 novembre au matin.

L'unique liaison téléphonique entre le groupe d'armées « B » et la 6e armée fut coupée peu après 10 heures.

On attendait l'ordre de Hitler d'une minute à l'autre et, comme il fallait faire vite, Weichs décida de prendre sur lui la responsabilité de donner l'ordre de forcer l'encerclement.

Alors que les transmissions s'apprêtaient à envoyer le radio de Weichs, le chef du centre de transmissions entendit le radio en provenance du quartier général du Führer à destination du général Paulus : « La 6e armée est temporairement encerclée par les Russes. J'ai décidé de concentrer l'armée dans la zone nord-Stalingrad, Kotlouban, cote 137, cote 135. Marinovka, Tsybenko, sud-Stalingrad. L'armée peut me croire, je ferai tout ce qui est en mon pouvoir pour assurer son ravitaillement et la rupture de l'encerclement. Je connais la valeureuse 6e armée et son commandant, et je sais qu'ils accompliront leur devoir. Adolf Hitler. »

La volonté de Hitler fut l'instrument de la destinée funeste du IIIe Reich, elle devint le destin de l'armée de Paulus. Hitler écrivit une nouvelle page de l'histoire militaire des Allemands, il la fit écrire par

Paulus, Weichs, Zeitzler, par les commandants des corps d'armée et de
régiments, par les soldats, par tous ceux qui ne voulaient pas exécuter sa
volonté mais qui s'y soumirent jusqu'au bout.

13

Après cent heures de combats, la jonction des unités des groupes
d'armées de Stalingrad, du Don et du sud-ouest était chose faite.

La rencontre des chars des échelons d'attaque se fit aux abords de
Kalatch, sous un ciel sombre d'hiver. La neige sur la steppe était coupée
par des centaines de chenilles, brûlée par les explosions des obus. Les
lourds engins fonçaient dans des nuages de neige, un voile de neige flottait
en l'air. Là où les chars prenaient brutalement leurs virages, ils soulevaient,
en même temps que la neige, un nuage de poussière d'argile gelée.

Les chasseurs et avions d'assaut qui assuraient le soutien des chars
volaient très bas au-dessus de la steppe. Les pièces d'artillerie lourde
grondaient au nord-est et des lueurs indécises éclairaient le ciel sombre et
fumant.

Deux T-34 s'étaient arrêtés côte à côte auprès d'une petite maison en
bois. Les tankistes, sales, excités par le succès et la mort toujours proche,
respiraient avec bruit, avec délices, l'air froid du dehors, qui leur semblait
si gai après la puanteur d'huile et de gaz d'échappement à l'intérieur du
char. Les tankistes repoussèrent en arrière leurs casques de cuir noir et
entrèrent dans la maison. Là, le chef du char venant du lac Tsatsa sortit de
la poche de sa combinaison une bouteille de vodka... La femme qui habitait la maison sortit les verres qui tintaient dans ses mains tremblantes.

— Oh ! là ! là ! dit-elle en ravalant ses larmes, on ne croyait pas en
sortir vivant quand les nôtres ont commencé à tirer ; ils tiraient, tiraient...
J'ai passé deux jours dans la cave.

Deux autres tankistes, petits et larges d'épaules, deux cubes, entrèrent
dans la pièce.

— Dis donc, Valeri, t'as vu ce qu'on nous offre ? Je crois qu'on a
quelque chose pour accompagner la vodka, dit le chef du char qui venait
du groupe d'armées du Don.

Le dénommé Valeri plongea sa main dans la poche profonde de sa
combinaison et en sortit un saucisson fumé, enveloppé dans une feuille de
journal graisseuse. Il le cassa en morceaux, remettant soigneusement les
morceaux de lard blanc qui s'en échappaient.

Ils burent et se sentirent heureux. Un des tankistes sourit, la bouche
pleine, et dit :

— Ce que c'est que d'avoir fait notre jonction, vous avez la vodka et
nous, le saucisson.

L'idée plut à tout le monde et les tankistes répétaient la phrase en riant, ils mangeaient le saucisson, débordant de sympathie les uns à l'égard des autres.

14

Le chef du char venant du sud communiqua par radio à son chef d'escadron que la jonction avait été opérée dans la zone de Kalatch. Il ajouta que ceux du nord avaient l'air d'être des gars bien et qu'ils avaient vidé une bouteille ensemble.

Le rapport monta à toute vitesse et quelques minutes plus tard le commandant de brigade Karpov annonçait à Novikov que la jonction était faite.

Novikov sentait l'atmosphère d'amour admiratif qui l'entourait à l'état-major du corps blindé.

Leur corps n'avait presque pas subi de pertes, il avait atteint dans les délais les objectifs qui lui avaient été fixés.

Après avoir envoyé son rapport au commandant du front, Neoudobnov serra longuement la main de Novikov ; ses yeux, habituellement bilieux et méfiants, s'étaient adoucis.

— Vous voyez, dit-il, les miracles que peuvent accomplir nos hommes, une fois éliminés les ennemis et les saboteurs.

Guetmanov étreignit Novikov, regarda les officiers, les chauffeurs, les plantons, les agents de liaison, les radios, renifla et, d'une voix forte, afin que tous l'entendent, prononça :

— Merci à toi, Piotr Pavlovitch, un grand merci. Reçois le merci russe, le merci soviétique du communiste Guetmanov. Je m'incline.

Et il embrassa un Novikov ému.

— Tu as tout préparé, tout prévu, tu as étudié les hommes ; et maintenant tu recueilles le fruit de ton travail.

— Prévu, tu parles, dit Novikov, que les paroles de Guetmanov emplissaient de bonheur et de confusion.

Il agita une liasse de rapports.

— Les voilà, mes prévisions. Je comptais surtout sur Makarov, et Makarov n'a pas tenu le rythme, puis il a dévié de l'axe d'effort prévu et a perdu une heure et demie dans une escarmouche sur son flanc. J'étais sûr que Belov foncerait droit devant sans assurer ses flancs et ses arrières, qu'il arriverait le premier ; en fait, le deuxième jour, au lieu de déborder un centre de résistance, il s'est embourbé dans une opération contre des unités d'infanterie et il est même passé à la défensive ; finalement, il a perdu onze heures à ces bêtises. Quant à Karpov, il a été le premier à atteindre Kalatch, il a filé pleins gaz, sans s'occuper de ce qui se passait sur ses flancs, il a été le premier à couper les lignes de communication allemandes. Et voilà ma connaissance des hommes, voilà mes prévisions. Moi qui pensais qu'il faudrait le faire avancer à coups de trique.

— Bon, bon, d'accord, dit Guetmanov en souriant. La modestie nous embellit, nous savons tous cela. Le grand Staline nous apprend à être modestes.

Novikov était heureux. Il devait vraiment aimer Evguenia Nikolaïevna ; toute la journée il pensa à elle, il lui semblait qu'elle allait soudain se montrer et il la cherchait tout le temps du regard.

— Ce que je n'oublierai jamais, dit Guetmanov en baissant la voix jusqu'au chuchotement, c'est comment tu as retardé le débouché de l'attaque de huit minutes. Le commandant de l'armée attend. Le commandant du groupe d'armées exige que tu lances tes chars immédiatement. On m'a dit que Staline avait téléphoné à Eremenko pour savoir pourquoi tes tanks n'attaquaient pas. Tu as fait attendre Staline. Mais, en effet, on a effectué la percée sans perdre un seul char, un seul homme. Ça, je m'en souviendrai toute ma vie.

Et la nuit, quand Novikov partit sur son char pour Kalatch, Guetmanov passa chez le chef de l'état-major et lui dit :

— J'ai rédigé une lettre, camarade général, sur le comportement du chef du corps de blindés qui a, de son propre chef, retardé de huit minutes le déclenchement d'une opération décisive, capitale, d'une opération qui devait déterminer le sort de la Grande Guerre patriotique. Prenez connaissance, je vous prie, de ce document.

15

Staline avait à ses côtés son secrétaire, Poskrebychev, quand Vassilievski lui annonça par radio l'encerclement des armées allemandes. Staline, sans regarder Poskrebychev, resta quelques instants les yeux clos, comme assoupi. Poskrebychev retint sa respiration, évitant le moindre mouvement.

C'était l'heure de son triomphe. Il n'avait pas seulement vaincu son ennemi présent, il avait vaincu son passé. L'herbe se ferait plus épaisse sur les tombes de 1930 dans les villages. Les neiges et les glaces au-delà du cercle polaire resteraient silencieuses.

Il savait mieux que personne au monde qu'on ne juge pas les vainqueurs.

Staline aurait aimé avoir auprès de lui ses enfants, sa petite-fille, la fille de son malheureux Iakov. Calme, apaisé, il eût caressé les cheveux de la petite, sans un regard pour le monde aplati au seuil de sa chaumière. Une gentille gamine, une petite-fille douce et maladive, les souvenirs d'enfance, la fraîcheur du jardin, le bruit lointain de la rivière. Quelle importance avait tout le reste ? Sa force n'était pas dans ses régiments, ni dans la puissance de l'État.

Il dit, sans ouvrir les yeux, avec une intonation particulièrement douce :

> *Mon petit oiseau, te voilà bien pris,*
> *Tous les deux toujours nous serons unis*[1].

Poskrebychev regardait Staline, les cheveux blancs et rares, le visage marqué par la petite vérole, les yeux fermés, et soudain il sentit le bout de ses doigts devenir froids.

16

La réussite de l'offensive dans la zone de Stalingrad avait comblé les trous dans la ligne de défense soviétique. Ils avaient été comblés non seulement entre les gigantesques fronts de Stalingrad et du Don, non seulement entre l'armée de Tchouïkov et les divisions du nord, non seulement entre les bataillons et les compagnies coupés de leurs arrières, non seulement entre les groupes d'assaut embusqués dans les maisons de Stalingrad. Le sentiment d'être isolé, encerclé, avait également disparu dans la conscience des gens : lui avait succédé un sentiment d'unité et d'union. Et c'est dans ce sentiment de sa propre fusion avec la masse militaire que réside ce qu'on appelle un moral de vainqueurs.

Bien sûr, les âmes et les esprits des soldats allemands pris dans l'encerclement de Stalingrad connurent l'évolution inverse. Un énorme morceau de chair, fait de centaines de milliers de cellules douées de raison et sentiment, avait été détaché du corps des forces armées allemandes.

La fragile irréalité des ondes radio et celle, plus grande encore, de la propagande affirmant la constante liaison avec l'Allemagne confirmèrent que les divisions de Paulus à Stalingrad étaient encerclées.

L'idée, exprimée en son temps par Tolstoï, selon laquelle il était impossible d'encercler totalement une armée, se fondait sur l'expérience militaire du temps de Tolstoï.

La guerre de 1941-1945 a démontré qu'on peut encercler une armée, la clouer au sol, l'étreindre dans un anneau de fer. L'encerclement a été une réalité impitoyable pour de nombreuses armées soviétiques et allemandes au cours de la guerre de 1941-1945.

La pensée exprimée par Tolstoï avait sûrement été juste en son temps. Comme la majorité des pensées sur la guerre ou la politique exprimées par les grands hommes, elle n'était pas éternelle.

Les encerclements furent possibles à cause de l'extraordinaire mobilité des troupes et de l'extrême lenteur et de l'énormité des arrières sur lesquels s'appuie la mobilité. Les unités d'encerclement ont tous les avantages de la

---

1. *Petit oiseau* est une chanson pour enfants, composée par A. Ptchelnikov en 1859. Très populaire et excessivement mièvre, elle fut maintes fois parodiée.

mobilité. Les unités encerclées, au contraire, perdent toute mobilité, car, dans les conditions de l'encerclement, il est impossible d'organiser les arrières, massifs, complexes, véritables usines, dont a besoin une armée moderne. Les encerclés sont vaincus par la paralysie. Ceux qui les encerclent ont, eux, des moteurs et des ailes.

Une armée encerclée ne fait pas que perdre ses capacités technico-militaires en perdant sa mobilité. Les soldats et les officiers des armées encerclées sont comme exclus du monde moderne et renvoyés dans le monde du passé. Les soldats et les officiers des armées encerclées réévaluent les forces des armées en présence, les perspectives de la guerre, mais aussi la politique des États, la séduction des chefs de partis, les codes, la constitution, le caractère national, le passé et l'avenir de leur peuple.

Les mêmes réévaluations, mais avec le signe inverse, se passent dans l'esprit de ceux qui planent au-dessus de la victime clouée au sol.

L'encerclement de l'armée de Paulus à Stalingrad marqua un tournant dans le cours de la guerre.

Le triomphe de Stalingrad détermina l'issue de la guerre. Cependant, l'opposition muette entre le peuple victorieux et l'État victorieux se poursuivait. Et le destin de l'homme, sa liberté, en dépendaient.

17

À la frontière de la Prusse orientale et de la Lituanie, une petite pluie fine tombait sur la forêt automnale de Görlitz ; un homme de taille moyenne, en imperméable gris, marchait sur un sentier dans la futaie. Les sentinelles, à la vue de Hitler, retenaient leur souffle, se figeaient dans une immobilité parfaite et les gouttes de pluie couraient sur leur visage.

Il avait eu envie de rester seul et de prendre un peu l'air. La petite pluie froide était bien agréable. Qu'ils étaient beaux, ces arbres silencieux. Qu'il était plaisant de marcher sur le tapis souple des feuilles mortes.

Les gens, au QG de campagne, lui étaient aujourd'hui insupportables… Il n'avait jamais eu de respect pour Staline. Tout ce que faisait Staline avant la guerre lui semblait bête et grossier. Ses ruses et ses trahisons avaient la simplicité du moujik. Son État était absurde. Un jour, Churchill comprendrait le rôle tragique joué par le Reich : il avait protégé de son corps l'Europe contre le bolchevisme asiatique. Il évoqua ceux qui avaient insisté sur l'évacuation de Stalingrad : ils allaient être particulièrement réservés et respectueux. Ceux qui lui faisaient une confiance absolue l'irritaient ; ils allaient tenir des discours verbeux pour l'assurer de leur fidélité. Il avait constamment envie de penser avec mépris à Staline, de l'humilier, et il comprenait que ce désir venait de ce qu'il avait perdu le sentiment de sa supériorité. Ce boutiquier caucasien rancunier et cruel… Son succès d'aujourd'hui ne changeait rien… N'y avait-il pas aujourd'hui de l'ironie cachée dans le regard de ce vieux hongre de Zeitzler ? L'idée que Goebbels allait se faire un plaisir de lui rapporter les bons mots du Premier ministre anglais sur ses talents de chef militaire lui était insupportable. « Admets que c'est spirituel », lui dirait Goebbels en riant, et au fond de ses yeux se montrerait un bref instant la lueur de triomphe de l'envieux, qu'on eût pu croire à jamais étouffée.

Les ennuis de la 6e armée le distrayaient, l'empêchaient d'être lui-même. L'essentiel n'était pas dans la perte de Stalingrad, dans l'encerclement de l'armée, mais dans le fait que Staline avait pris le dessus sur lui.

Il redresserait cela.

Il avait toujours eu des pensées ordinaires et des faiblesses charmantes. Mais tant qu'il était grand et tout-puissant, tout cela attendrissait les gens et les emplissait d'admiration. Il incarnait l'élan national du peuple allemand. Or sa sagesse se ternissait, il perdait son génie dès que la puissance de la Nouvelle Allemagne et de ses forces armées vacillait.

Il n'enviait pas Napoléon. Il ne supportait pas les hommes dont la grandeur ne s'évanouissait pas dans la solitude, l'impuissance, la misère, les hommes qui conservaient leur force dans une cave ou un grenier.

Il ne parvint pas, au cours de sa promenade solitaire dans la forêt, à se détacher du quotidien pour trouver au fond de son âme la solution sincère et juste, inaccessible aux tâcherons de l'état-major général et de la direction du parti. Une angoisse douloureuse montait en lui, née du sentiment qu'il était redevenu l'égal des autres hommes.

Pour devenir le fondateur de la Nouvelle Allemagne, pour allumer la guerre et les fours d'Auschwitz, pour créer la Gestapo, un homme ne faisait pas l'affaire. Le fondateur et Führer de la Nouvelle Allemagne devait sortir de l'humanité. Ses sentiments, ses pensées, son quotidien ne pouvaient exister qu'au-dessus des hommes, en dehors des hommes.

Les chars russes l'avaient ramené au point d'où il était parti. Ses pensées, ses décisions, sa jalousie n'étaient pas tournées vers Dieu et le destin du monde. Les chars russes l'avaient ramené parmi les hommes.

Sa solitude au milieu de la forêt, qui avait commencé par lui plaire, l'effrayait à présent. Seul, sans gardes du corps, sans ses aides de camp, il lui semblait qu'il était le petit garçon du conte perdu dans l'obscurité de la forêt ensorcelée.

C'est ainsi que marchait le Petit Poucet, c'est ainsi que s'était perdu le chevreau, qui marchait sans savoir que le loup le guettait dans les fourrés obscurs. Et, franchissant les ténèbres des décennies écoulées, ses terreurs enfantines remontèrent à la surface. Il revit l'image dans son livre de contes : un chevreau qui gambade dans la clairière ensoleillée et, entre les troncs gris des arbres, les yeux rouges et les dents blanches du loup.

Et il eut envie de crier, comme dans son enfance, d'appeler sa mère, de fermer les yeux et de courir.

Dans la forêt, parmi les arbres, se dissimulait le régiment de sa garde personnelle, des milliers d'hommes entraînés, aux réflexes instantanés. Le but de leur vie était d'empêcher que le moindre souffle vînt déranger un cheveu sur sa tête. Les téléphones bourdonnaient discrètement, transmettant de zone en zone, de secteur en secteur, le moindre mouvement du Führer, qui avait décidé d'effectuer une promenade solitaire en forêt.

Il fit demi-tour, et, refrénant son envie de courir, il se dirigea vers les bâtiments vert sombre qui abritaient son quartier général de campagne.

Les gardes virent le Führer presser le pas, il avait sûrement des affaires urgentes à régler ; pouvaient-ils imaginer que la pénombre naissante avait éveillé chez le guide de l'Allemagne le souvenir du loup de son livre de contes ?

Il voyait les lumières de l'état-major à travers les arbres. Pour la première fois, en pensant aux fours crématoires des camps, il éprouva un effroi humain.

18

Une sensation étrange s'était emparée des hommes dans les abris et les PC de la 62ᵉ armée : on avait envie de se palper le visage, de tâter ses vêtements, de bouger ses orteils au fond des bottes. Les Allemands ne tiraient pas. Tout était silencieux.

Le silence donnait le vertige. Les gens avaient l'impression d'être devenus vides, il leur semblait que leurs cœurs s'engourdissaient, que leurs bras et leurs jambes n'avaient pas les mêmes mouvements que d'habitude. C'était étrange, inconcevable de manger paisiblement la kacha, d'écrire une lettre, de se réveiller la nuit dans le calme. Le silence avait ses propres bruits. Le silence avait fait naître une multitude de bruits, des bruits nouveaux et étranges : le bruit d'un couteau qu'on pose sur la table, le bruit d'une page qu'on tourne, le grincement d'une lame de parquet, le bruit de pieds nus, le tic-tac de la pendulette sur le mur de l'abri, le grincement d'une plume.

Le chef d'état-major Krylov entra dans l'abri de Tchouïkov ; le commandant de la 62ᵉ armée était assis sur le lit de camp, en face de lui était assis Gourov. Krylov voulait annoncer la dernière nouvelle : le groupe d'armées de Stalingrad était passé à l'offensive, l'encerclement de Paulus était une question d'heures. Il regarda Tchouïkov et Gourov et s'assit aux côtés de Tchouïkov. Krylov dut voir quelque chose de grave sur les visages de ses camarades pour ne pas leur communiquer son information qui n'était pas sans importance.

Les trois hommes se taisaient. Le silence avait fait naître de nouveaux sons, effacés jusqu'alors, à Stalingrad. Le silence allait faire naître de nouvelles pensées, de nouvelles passions, de nouvelles inquiétudes, inutiles pendant les combats.

Mais, en ces instants, ils ne connaissaient pas encore ces nouvelles pensées ; les inquiétudes, vexations, rancunes, jalousies n'étaient pas encore nées. Ils ne pensaient pas au fait que leurs noms étaient liés à jamais à une page glorieuse de l'histoire de leur pays.

Ces minutes de silence étaient les plus belles de leur vie. C'étaient des minutes où seuls régnaient des sentiments humains ; et aucun d'entre eux ne pourrait par la suite s'expliquer pourquoi ils avaient connu durant ces quelques instants un tel bonheur et une telle tristesse, un tel amour et un tel apaisement.

Faut-il poursuivre le récit sur les généraux de Stalingrad après que la défense eut pris fin ? Faut-il parler du pitoyable spectacle qu'offrirent certains des chefs de Stalingrad ? Des scènes incessantes d'ivrognerie, des disputes autour de la gloire à partager ? Comment un Tchouïkov ivre se jeta sur Rodimtsev et essaya de l'étrangler pour la seule raison qu'au cours du meeting en l'honneur de la victoire de Stalingrad Nikita Khrouchtchev avait embrassé Rodimtsev sans un regard pour lui, Tchouïkov, debout juste à côté ?

Faut-il raconter que Tchouïkov et son état-major ont quitté pour la première fois la « petite terre » sacrée de Stalingrad à l'occasion de la commémoration solennelle du vingt-cinquième anniversaire de la Tchéka-Guépéou ? Et faut-il raconter comment, à l'issue de cette fête, ivres morts, lui et ses compagnons d'armes faillirent se noyer dans la Volga et furent retirés des glaces par des soldats ? Faut-il parler des reproches, des soupçons, de l'envie ?

La vérité est une. Il n'y a pas deux vérités. Il est dur de vivre sans vérité, ou avec des bribes de vérité, avec une vérité tondue et raccourcie. Une vérité partielle n'est pas une vérité. En cette nuit calme, disons toute la vérité, sans restrictions. En cette nuit, portons au crédit des hommes ce qu'ils ont fait de bien, leurs journées de dur labeur.

Tchouïkov sortit de son abri et monta lentement au sommet du coteau qui dominait la Volga, les marches de bois grinçaient sous ses pieds. Il faisait nuit. L'est et l'ouest se taisaient. Les silhouettes des usines, les ruines des bâtiments de la ville, les tranchées, les abris s'étaient fondus dans l'obscurité calme et silencieuse de la terre, du ciel, de la Volga...

Ce fut cela l'expression de la victoire du peuple. Elle ne fut ni dans les défilés des troupes au son des fanfares, ni dans les feux d'artifice et les salves d'artillerie, mais dans ce calme campagnard, nocturne, humide, qui s'empara de la terre, de la ville, de la Volga...

Tchouïkov était ému, il entendait son cœur, endurci par la guerre, battre à grands coups dans sa poitrine. Il tendit l'oreille : le silence n'était pas total. On entendait chanter du côté de l'usine *Octobre rouge*. D'en bas, du bord de la Volga, montaient des voix assourdies, des sons de guitare.

Tchouïkov rentra dans son abri. Gourov l'attendait pour dîner.

— Ce n'est pas croyable, dit-il à Tchouïkov, tout est calme.

Tchouïkov renifla sans répondre.

Puis, quand ils furent à table, Gourov dit :

— Eh, camarade, toi aussi tu as dû en voir des malheurs pour pleurer en entendant une musique joyeuse.

Tchouïkov lui lança un regard étonné.

19

Dans un abri, creusé sur la pente qui descendait vers la Volga, quelques soldats étaient assis autour d'une table faite de quelques planches, un « calot » les éclairait.

L'adjudant versait de la vodka dans les quarts et les hommes surveillaient le précieux liquide qui montait jusqu'à l'ongle tordu de l'adjudant, lequel marquait sur le verre le niveau servant de mesure.

Ils burent et les mains se tendirent vers la miche de pain.

Un des soldats avala son morceau de pain et dit :

— Ouais, il nous en a fait voir, mais on a été les plus forts.

— Il s'est calmé, le Frisé, on ne l'entend plus.

— C'est fini pour lui.

— L'*époupée* de Stalingrad est terminée.

— Il en a fait des malheurs avant. Il a brûlé la moitié de la Russie.

Ils mâchaient leur pain longuement, sans hâte, retrouvaient, dans cette lenteur, le sentiment d'hommes qui, après un long et dur labeur, se reposent en mangeant et buvant.

Leurs têtes s'embrumaient, mais d'une brume particulière, qui leur laissait la tête claire. Le goût du pain, le craquement de l'oignon sous la dent, les armes rangées contre le mur d'argile de l'abri, la Volga, le souvenir de la maison, la victoire sur un ennemi puissant, victoire acquise de ces mains qui caressaient les cheveux des enfants, saisissaient les femmes, rompaient le pain, roulaient une cigarette, tout cela se ressentait avec une acuité particulière.

20

Les Moscovites qui se préparaient à rentrer d'évacuation se réjouissaient peut-être plus d'être enfin libérés de la vie d'évacué que de retrouver Moscou. Les rues et les maisons, les étoiles dans le ciel d'automne et le goût du pain, à Sverdlovsk, Omsk, Tachkent ou Krasnoïarsk, étaient devenus insupportables.

Quand le communiqué du *Sovinformburo* était bon, on disait :

— Il n'y en a plus pour longtemps.

Quand il était alarmant, on disait :

— Sûr qu'ils vont interrompre le rapatriement des familles.

Des récits sur des Moscovites qui seraient parvenus à rejoindre Moscou sans laissez-passer naissaient sans cesse. Il fallait changer plusieurs fois de train, passer des grandes lignes aux trains locaux, puis prendre un train de banlieue où il n'y avait pas de contrôle.

Les gens avaient oublié qu'en octobre 1941 chaque jour de plus passé à Moscou paraissait une torture. Avec quelle envie on regardait alors les Moscovites qui pouvaient échanger le dangereux ciel natal contre les cieux paisibles de la Tatarie ou de l'Ouzbekistan.

Les gens avaient oublié que certains, ne pouvant monter dans les convois au cours des funestes journées d'octobre, abandonnaient valises et baluchons pour rejoindre Zagorsk à pied, prêts à tout pour ne pas rester dans la capitale. Mais à présent, les gens étaient prêts à abandonner leurs affaires, leur travail, une vie bien agencée et à partir à pied pour Moscou ; tout plutôt que de rester en évacuation.

La raison principale de ces états d'esprit opposés (une volonté farouche de quitter Moscou et une volonté farouche de regagner Moscou) résidait dans la transformation qu'avaient subie les esprits en un an de guerre ; à une peur quasi mystique des Allemands avait succédé une confiance totale dans la supériorité des forces soviétiques.

La terrible aviation allemande ne semblait plus si terrible.

Le *Sovinformburo* annonça dans la seconde quinzaine de novembre qu'un coup avait été porté aux forces nazies dans la région de Vladicaucase (Orjonikidzé), puis qu'une offensive victorieuse avait été menée dans la région de Stalingrad. En deux semaines le speaker annonça à neuf reprises : « L'offensive de nos troupes continue... Un nouveau coup porté à l'ennemi... Nos forces armées ont, dans le secteur de Stalingrad, brisé la résistance de l'ennemi, rompu ses nouvelles lignes de défense sur la rive est du Don... nos troupes, poursuivant leur offensive, ont franchi 10-20 kilomètres... Nos troupes disposées sur le cours moyen du Don sont passées à l'offensive... L'offensive de nos troupes sur le cours moyen du Don se poursuit... Notre offensive dans le Nord-Caucase... Un nouveau coup porté par nos forces armées au sud-ouest de Stalingrad... L'offensive au sud de Stalingrad... »

Le *Sovinformburo* publia, à la veille du 1er janvier 1943, un communiqué qui s'intitulait : « Bilan de six semaines d'offensives dans la zone de Stalingrad » et qui exposait comment avaient été encerclées les armées allemandes à Stalingrad.

Tout aussi secrètement qu'on avait préparé l'offensive de Stalingrad, la conscience s'apprêtait à considérer autrement les événements de la vie. Cette transformation qui s'effectuait dans l'inconscient des hommes devint manifeste après l'offensive de Stalingrad.

Ce qui se passa à ce moment-là différait de ce qui s'était passé au moment de l'issue victorieuse de la bataille de Moscou, même si, en apparence, les deux phénomènes furent identiques.

La victoire de Moscou avait essentiellement changé l'attitude à l'égard des Allemands. La crainte mystique de l'armée allemande avait pris fin en décembre 1941.

Stalingrad, l'offensive de Stalingrad, contribua à créer une nouvelle conscience de soi dans l'armée et la population. Les Soviétiques, les Russes, avaient désormais une autre vision d'eux-mêmes, une autre attitude envers les autres nationalités. L'histoire de la Russie devenait l'histoire de la gloire russe au lieu d'être celle des souffrances et des humiliations des ouvriers et paysans russes. Le national changeait de nature ; il ne ressortissait plus à la forme mais au contenu, il était le nouveau fondement de la compréhension du monde.

Au moment de la victoire de Moscou, les gens pensaient encore selon les anciennes catégories, les anciennes normes, les représentations d'avant la guerre.

La réinterprétation des événements de la guerre, la prise de conscience de la force des armes et de l'État russe faisaient partie d'un processus long et complexe.

Ce processus avait pris naissance longtemps avant la guerre et s'était déroulé bien plus dans l'inconscient du peuple qu'au niveau conscient.

Trois événements grandioses furent à la base d'une nouvelle vision de la vie et des rapports humains : la collectivisation des campagnes, l'industrialisation, l'année 1937.

Ces événements, tout comme la révolution de 1917, entraînèrent des déplacements et des mouvements d'énormes masses de gens ; ces mouvements s'accompagnaient d'exterminations physiques supérieures en nombre à celles qui avaient eu lieu au moment de la liquidation de la noblesse et de la bourgeoisie industrielle et commerçante.

Ces événements, dont Staline fut le moteur, marquèrent le triomphe économique des bâtisseurs du nouvel État soviétique, du socialisme en un seul pays. Ces événements furent la continuation logique de la révolution d'Octobre.

Mais le nouvel ordre social qui avait triomphé au moment de la collectivisation, de l'industrialisation, du remplacement quasi total des cadres de la nation, ne voulut pas abandonner les anciennes formules et les représentations idéologiques, bien qu'elles eussent perdu, à ses yeux, tout contenu réel. Le nouvel ordre avait recours à l'ancienne phraséologie dont l'origine remontait au début du xxᵉ siècle, au moment de la formation de l'aile bolchevique au sein du Parti social-démocrate. Ce nouvel ordre avait pourtant comme caractéristique essentielle d'être étatico-national.

La guerre accéléra le processus jusqu'alors souterrain, elle permit l'éclosion du sentiment national ; le mot « russe » retrouva son sens.

Au départ, pendant la retraite, le mot « russe » s'associait principalement à des phénomènes négatifs : le retard russe, le désordre russe, le fatalisme russe... Mais, une fois né, le sentiment national attendait le jour du triomphe militaire.

De la même manière, l'État prenait conscience de lui-même à l'intérieur de catégories nouvelles.

Le sentiment national est une force puissante et merveilleuse quand un peuple est dans le malheur. Le sentiment national est merveilleux non pas parce qu'il est national, mais parce qu'il est humain. Il est la manifestation de la dignité humaine, de l'amour de l'homme pour la liberté, de sa foi dans le bien.

Mais, après s'être éveillé dans les années de souffrances, le sentiment national peut prendre des formes bien diverses.

Il est hors de doute que le sentiment national se manifeste différemment chez le chef du personnel qui protège son entreprise de la contamination des « cosmopolites » et « nationalistes bourgeois », et chez le soldat qui défend Stalingrad.

La vie de l'Union soviétique relia l'éveil du sentiment national aux tâches que se fixa l'État après la guerre : la lutte pour la souveraineté nationale, l'affirmation du soviétique, du russe dans tous les domaines de la vie.

Toutes ces tâches n'apparurent pas brutalement pendant la guerre et l'après-guerre ; elles se firent jour quand les événements qui se déroulèrent à la campagne, la création d'une industrie lourde nationale et la venue de nouveaux cadres dirigeants marquèrent le triomphe d'un régime que Staline définit comme « le socialisme en un seul pays ».

Les taches de naissance de la social-démocratie russe étaient effacées, supprimées.

Et ce processus devint manifeste au moment précis où la flamme de Stalingrad était le seul signal de liberté dans le royaume des ténèbres.

Ainsi, la logique des événements a fait que, au moment où la guerre populaire atteignit son acmé pendant la défense de Stalingrad, cette guerre permit à Staline de proclamer ouvertement l'idéologie du nationalisme étatique.

21

Au journal mural affiché dans le vestibule de l'Institut de physique parut un article intitulé : « Toujours avec le peuple ».

On y racontait que l'Union soviétique, guidée à travers la tempête de la guerre par le grand Staline, accordait une énorme importance à la science, que le Parti et le gouvernement entouraient les hommes de science, comme nulle part au monde, d'honneurs et de respect, que même durant la difficile période des hostilités l'État soviétique offrait aux savants toutes les conditions d'un travail normal et fructueux.

On évoquait, plus loin, les tâches grandioses qui attendaient l'Institut, les constructions nouvelles, l'agrandissement des anciens laboratoires, le lien entre la théorie et la pratique, et le rôle joué par les travaux des chercheurs dans l'industrie de la défense.

On mentionnait l'enthousiasme patriotique, qui soulevait le collectif des chercheurs scientifiques et les poussait à justifier les soins et la confiance dont les entouraient le Parti et le camarade Staline lui-même, à ne pas décevoir l'espoir que le peuple fondait sur cette glorieuse avant-garde de l'intelligentsia soviétique : les hommes de science.

La dernière partie de l'article était consacrée au fait que, malheureusement, on trouvait, dans ce collectif sain et fraternel, des individus isolés qui n'avaient pas le sens de leurs responsabilités envers le peuple et le Parti, des gens coupés de la grande famille soviétique. Ils s'opposaient à la collectivité, plaçaient leurs intérêts personnels au-dessus des tâches que le Parti confiait aux savants, ils étaient enclins à grossir leurs mérites scientifiques, réels ou illusoires. Volontairement ou non, certains se faisaient les porte-parole de points de vue et d'opinions non soviétiques, étrangers, ils prônaient des théories politiquement nuisibles. Ces gens, d'ordinaire, exigeaient une attitude neutre à l'égard des théories idéalistes, réactionnaires et obscurantistes des savants idéalistes étrangers, se targuaient de leurs liens avec eux, rabaissant, par là même, la fierté nationale des savants russes, et les mérites de la science soviétique.

Il leur arrivait de poser aux défenseurs de la justice bafouée, afin de s'assurer à bon compte la reconnaissance de gens confiants, imprévoyants et naïfs. Mais en réalité, ils semaient, dans la science soviétique, des graines de discorde, de méfiance, d'irrespect pour son passé et ses noms les plus glorieux. L'article appelait à liquider toute forme de pourriture, tout ce qui était étranger et hostile, tout ce qui empêchait la réalisation des grandes tâches confiées aux savants, durant la Grande Guerre patriotique, par le Parti et le peuple. L'article s'achevait par ces mots : « En avant, vers de nouvelles conquêtes de la science ! Suivons la voie glorieuse, brillamment éclairée par le phare de la philosophie marxiste, la voie sur laquelle nous guide le grand Parti de Lénine et Staline ! »

L'article ne donnait pas de nom, mais chacun comprit, au laboratoire, qu'il s'agissait de Strum.

Savostianov informa Strum de cet article. Strum n'alla pas le lire ; il se trouvait, à ce moment-là, avec les chercheurs qui mettaient la dernière main au montage des nouveaux appareils. Strum entoura de son bras les épaules de Nozdrine, et dit :

— Quoi qu'il arrive, ce géant fera son œuvre.

Nozdrine lança soudain une bordée d'injures et Victor Pavlovitch ne comprit pas tout de suite à qui elles s'adressaient.

À la fin de la journée, Sokolov vint le trouver.

— Je vous admire, Victor Pavlovitch, vous avez passé toute votre journée à travailler, comme si de rien n'était. Il y a en vous la force d'un Socrate.

— Si un homme est né blond, il ne deviendra pas brun sous prétexte qu'on parle de lui dans le journal mural, répondit Strum.

Il s'était habitué à l'idée d'en vouloir à Sokolov et, du coup, ce sentiment avait presque disparu. Il ne reprochait plus à Sokolov sa dissimulation, ses attitudes timorées. Il se disait même, parfois : « Il a beaucoup de qualités. Quant à ses défauts, après tout, qui n'en a pas ? »

— Il y a article et article, reprit Sokolov. Quand Anna Stepanovna l'a lu, elle s'est sentie mal. On l'a envoyée à l'infirmerie, puis expédiée chez elle.

Strum se dit alors : « Que peut-on avoir écrit de si épouvantable ? » Mais il ne posa pas la question à Sokolov et personne n'évoqua devant lui le contenu de l'article. Ainsi cesse-t-on, sans doute, de parler à un cancéreux du mal incurable qui le ronge.

Dans la soirée, Strum fut le dernier à quitter le labo. Alexeï Mikhaïlovitch, le vieux gardien muté au vestiaire, dit à Strum, en lui tendant son manteau :

— C'est comme ça, Victor Pavlovitch. On ne laisse pas, en ce bas monde, les braves gens tranquilles.

Strum enfila son manteau, puis reprit l'escalier et s'arrêta devant le panneau du journal mural.

Il lut l'article, puis se retourna, tout désemparé : un instant, il eut l'impression qu'on s'apprêtait à l'arrêter. Mais le vestibule était calme et désert.

Il ressentit physiquement la différence de poids entre le corps fragile de l'homme et la puissance colossale de l'État. Il lui sembla que l'État le fixait de ses immenses yeux clairs, qu'il allait s'abattre sur lui. Il craquerait, gémirait, crierait et disparaîtrait.

Dans la rue, il y avait foule. Mais Strum avait l'impression qu'une sorte de no man's land s'étendait entre les passants et lui.

Dans le trolley, un homme coiffé de la toque d'hiver des soldats dit à son compagnon d'un ton tout excité :

— Tu as entendu le dernier bulletin d'informations ?

À l'avant, quelqu'un cria :

— Stalingrad ! Les Frisés en ont avalé leur dentier.

Une femme d'un certain âge regarda Strum, comme si elle lui reprochait son silence.

Il évoqua Sokolov avec une certaine tendresse : les hommes sont pleins de défauts, j'en ai et il en a.

Mais l'idée que les hommes sont égaux par leurs faiblesses et leurs défauts n'est jamais complètement sincère. Et il rectifia aussitôt : « Ses opinions dépendent de l'amour que lui porte l'État, de la réussite de sa vie. Si la situation semble évoluer vers le printemps, vers la victoire, il n'osera plus broncher. Je ne suis pas ainsi : que l'État soit content ou non, qu'il me frappe ou me cajole, mes rapports avec lui ne changent pas. »

Chez lui, il raconterait à Lioudmila Nikolaïevna l'histoire de l'article. Cette fois, on s'occupait de lui sérieusement. Il dirait : « Et voilà pour le prix Staline, ma petite Liouda ! D'ordinaire, quand on écrit des articles de ce genre, c'est qu'on se prépare à arrêter les gens. »

« Nos destinées sont unies, se dit-il. Si demain, on m'invite à la Sorbonne pour un cycle de conférences, elle viendra avec moi ; si on m'envoie dans un camp de la Kolyma, elle me suivra, là aussi. »

« Tu as tout fait pour en arriver là », dirait Lioudmila Nikolaïevna.

Il répondrait sèchement : « Je n'ai pas besoin de critiques, j'ai besoin de compréhension et d'affection. Question critiques, j'ai ce qu'il faut à l'Institut. »

Nadia lui ouvrit la porte.

Dans la pénombre du couloir, elle le serra dans ses bras, colla sa joue contre sa poitrine.

— J'ai froid, je suis mouillé. Laisse-moi retirer mon manteau. Que se passe-t-il ? demanda-t-il.

— Tu n'es pas au courant ? Stalingrad ! C'est une immense victoire. Les Allemands sont encerclés. Entre, entre vite !

Elle l'aida à ôter son manteau et le tira hors du couloir par le bras.

— Par ici, par ici. Maman est dans la chambre de Tolia.

Elle ouvrit tout grand la porte. Lioudmila Nikolaïevna était assise au bureau. Elle tourna lentement la tête et lui sourit, triste, solennelle.

Ce soir-là, Strum ne raconta pas à Lioudmila ce qui s'était passé à l'Institut.

Ils restèrent assis au bureau de Tolia. Lioudmila Nikolaïevna dessina, sur une feuille de papier, la position des Allemands encerclés à Stalingrad. Elle expliqua à Nadia son propre plan d'opérations militaires.

Durant la nuit, dans sa chambre, Strum ne cessa de se répéter : « Ô Seigneur ! Il faudrait que j'écrive une lettre de repentir. Tout le monde fait ça, dans ce genre de situation. »

22

Plusieurs jours s'étaient écoulés depuis la parution de l'article dans le journal mural. Au laboratoire, le travail suivait son cours. Strum avait des moments d'abattement, puis l'énergie lui revenait, il était actif, arpentait le laboratoire, jouant, de ses doigts agiles, ses airs préférés sur l'appui des fenêtres ou les tambours métalliques.

Il disait, en riant, que l'Institut était visiblement frappé d'une épidémie de myopie, car les personnes qu'il connaissait s'éloignaient rêveusement, sans le saluer, quand il leur arrivait de tomber nez à nez avec lui. Gourevitch qui, de loin, avait repéré Strum, avait pris, lui aussi, un air pensif, changé de trottoir et s'était perdu dans la contemplation d'une affiche. Strum s'était retourné pour l'observer, et il s'était retourné au même moment. Leurs regards s'étaient croisés. Gourevitch avait eu un geste étonné, ravi, et l'avait salué. Mais cela n'avait rien de drôle.

Svetchine saluait Strum quand il le rencontrait ; il marquait soigneusement le pas, mais son visage était le même que s'il eût accueilli l'ambassadeur d'une puissance ennemie.

Victor Pavlovitch tenait les comptes : tant s'étaient détournés, tant avaient eu un signe, tant lui serraient la main.

De retour chez lui, il commençait par demander à sa femme :

— Personne n'a téléphoné ?

Et d'ordinaire Lioudmila répondait :

— Non, sauf, bien entendu, Maria Ivanovna.

Et, sachant à l'avance quelle question viendrait ensuite, elle ajoutait :

— Toujours pas de lettre de Madiarov.

— Tu comprends, expliquait-il, ceux qui téléphonaient chaque jour téléphonent maintenant de temps en temps ; et ceux qui n'appelaient que rarement ont, à présent, complètement cessé.

Il avait l'impression que, chez lui aussi, on avait à son égard une attitude différente. Une fois, Nadia était passée devant son père occupé à boire son thé sans lui dire bonjour.

Strum lui avait crié assez grossièrement :

— On ne dit plus bonjour, maintenant ! Je suis quoi ? Un objet ?

Son visage devait être si pitoyable, si douloureux, que Nadia comprenant son état d'esprit, au lieu de lui répondre par une grossièreté, s'était hâtée de dire :

— Excuse-moi, mon petit papa chéri.

Le même jour, il lui avait demandé :

— Écoute, Nadia, tu continues à voir ton grand stratège ?

Nadia s'était contentée de hausser les épaules.

— Je veux t'avertir d'une chose, avait-il repris. Ne t'avise surtout pas d'avoir, avec lui, des discussions politiques. Il ne manquerait plus qu'on me piège aussi de ce côté-là.

Et Nadia, au lieu de répondre par une insolence, lui avait dit :

— Tu peux être tranquille, papa.

Le matin, en approchant de l'Institut, Strum jetait des regards autour de lui et, suivant les circonstances, ralentissait ou accélérait le pas. Convaincu que le couloir était désert, il marchait rapidement, tête basse, et si d'aventure une porte s'ouvrait, le cœur de Victor Pavlovitch cessait de battre. Une fois dans le laboratoire, il exhalait enfin un profond soupir, tel un soldat ayant regagné sa tranchée sous les balles ennemies.

Un jour, Savostianov vint le trouver et lui dit :

— Victor Pavlovitch, je vous en prie, nous vous en prions tous : écrivez une lettre, repentez-vous ; je vous assure, cela vous aidera beaucoup. Voyons, réfléchissez : tout faire foirer, à un moment où une tâche… oh ! et puis pourquoi cette fausse modestie… alors qu'une grande œuvre vous attend et que les forces vives de notre science tournent vers vous des regards pleins d'espoir ! Écrivez une lettre, reconnaissez vos fautes.

— Mais me repentir de quoi ? Reconnaître quelles fautes ? demanda Strum.

— Quelle importance ! Tout le monde le fait. Les littéraires, les scientifiques, les dirigeants du Parti ; tenez, Chostakovitch, lui-même, reconnaît ses erreurs dans cette musique que vous aimez tant ; il écrit des lettres de repentir et ensuite, comme si de rien n'était, il continue son travail.

— Oui, mais de quoi devrais-je me repentir ? Et devant qui ?

— Écrivez à la direction, écrivez au CC Le destinataire n'a aucune importance. L'essentiel est que vous vous repentiez. Quelque chose du genre : « Je reconnais mon erreur, je reconnais avoir dénigré, j'en ai pris conscience et je promets de m'amender. » Vous voyez le style ? D'ailleurs, vous êtes au courant, ce sont des lettres standard. Mais en tout cas, ça marche ; ça ne peut que vous aider.

Les yeux de Savostianov, d'ordinaire gais, rieurs, étaient parfaitement sérieux. On eût dit qu'ils avaient changé de couleur.

— Merci, merci, mon cher, répondit Strum. Votre amitié me touche.

Une heure plus tard, Sokolov lui dit :

— Victor Pavlovitch, il y aura, la semaine prochaine, un conseil scientifique élargi. J'estime que vous devez intervenir.

— En quel honneur ? demanda Strum.

— Il me semble que vous devez apporter quelques éclaircissements, autrement dit, vous repentir de vos fautes.

Strum se mit à arpenter la pièce ; il s'arrêta brusquement devant la fenêtre, et dit, en regardant dehors :

— Peut-être vaudrait-il mieux, Piotr Lavrentievitch, que j'écrive une lettre. C'est tout de même plus facile que de se cracher sur la gueule devant tout le monde !

— Non, je crois que vous devez faire une intervention. J'ai discuté, hier, avec Svetchine, et il m'a laissé entendre que là-bas (il eut un geste vague vers la corniche de la porte), on souhaitait une intervention plutôt qu'une lettre.

Strum se tourna brutalement vers lui :

— Je ne ferai pas d'intervention et n'écrirai pas de lettre.

Sur le ton patient d'un psychiatre discutant avec un malade, Sokolov répliqua :

— Victor Pavlovitch, vous taire, dans la situation où vous êtes, équivaut à vous suicider en toute conscience. Des accusations d'ordre politique vous pendent au nez.

— Savez-vous ce qui m'est le plus pénible ? demanda Strum. Je ne comprends pas pourquoi cela m'arrive au moment où tout le monde se réjouit, au moment de la victoire. Penser que n'importe quel fils de salaud puisse déclarer que j'ai combattu ouvertement les principes du léninisme, parce que j'étais persuadé que c'était la fin du pouvoir soviétique ! Un peu dans le style : monsieur aime cogner les faibles !

— J'ai en effet entendu une opinion de ce genre, reprit Sokolov.

— Eh bien, je m'en fiche ! rétorqua Strum. Non et non, je ne ferai pas mon *mea culpa* !

Mais la nuit suivante, enfermé dans sa chambre, il entreprit d'écrire la lettre. Saisi de honte, il la déchira et se mit aussitôt à rédiger le texte de son intervention au Conseil scientifique. Il le relut, frappa du poing sur la table et mit son papier en pièces.

— Terminé, ça suffit comme ça ! dit-il à voix haute. Advienne que pourra ! Qu'ils m'arrêtent s'ils veulent !

Il resta immobile un certain temps à remâcher sa dernière décision. Puis il eut l'idée d'écrire la lettre qu'il eût envoyée, s'il avait décidé de se repentir. Cela n'avait rien d'humiliant. Personne ne verrait ce texte. Personne.

Il était seul, la porte était fermée à clé, dans la maison tout le monde dormait, dehors c'était le silence, on n'entendait ni avertisseur ni bruit de voitures.

Mais une force invisible pesait sur lui. Il sentait son pouvoir, elle le forçait à penser comme elle le désirait, à écrire sous sa dictée. Elle se trouvait en lui, pouvait faire cesser les battements de son cœur, réduisait à néant sa volonté, s'immisçait dans ses rapports avec sa femme et sa fille, dans son passé, dans ses souvenirs d'enfance. Il avait fini par se sentir lui-même trop bavard, terne, indigent, ennuyeux, fatigant pour son entourage. Son travail, lui aussi, avait perdu de son éclat, comme s'il s'était couvert de cendre, de poussière, il ne l'emplissait plus de lumière et de joie.

Seuls les gens qui n'ont jamais éprouvé cette force peuvent s'étonner que d'autres s'y soumettent. Ceux, au contraire, qui en ont fait l'expérience s'étonneront qu'il existe des individus capables, ne fût-ce qu'un instant, de faire un éclat, de lâcher un mot de colère, d'esquisser, même timidement, un geste de protestation.

Strum écrivit pour lui sa lettre de repentir. Il la cacherait, ne la montrerait à personne, mais il savait aussi, en son for intérieur, qu'elle pourrait lui servir. Alors, autant qu'elle existe !

Au matin, il but son thé, regarda sa montre : il était l'heure d'aller au laboratoire. Un sentiment glacial de solitude l'envahit. Il lui semblait que jusqu'à la fin de ses jours, personne ne viendrait plus le voir. Car la peur ne suffisait pas à expliquer la fin des coups de téléphone. On ne l'appelait plus parce qu'il était ennuyeux, inintéressant, sans talent.

— Bien entendu, hier, personne ne m'a demandé ? fit-il à Lioudmila Nikolaïevna. Et il déclama : « Je suis seul à la fenêtre, je n'attends ni hôte ni ami[1]... »

---

1. Citation du célèbre *Homme noir*, l'un des derniers poèmes de Sergueï Essénine. Œuvre énigmatique écrite sous la forme d'un dialogue entre le poète et l'« homme noir », l'« hôte malin », son alter ego et mauvais génie. L'œuvre, à la fois confession et parabole, se prête à plusieurs registres de lecture, esthétique autant que philosophique, symbolique, voire psychanalytique.

— J'ai oublié de te dire : Tchepyjine est de retour, il a téléphoné, il voudrait te voir.

— Oh ! dit Strum. Comment as-tu pu oublier ?

Et il joua, sur la table, une musique solennelle.

Lioudmila Nikolaïevna s'approcha de la fenêtre. Strum marchait sans hâte, grand, voûté, balançant de temps à autre son cartable. Elle savait qu'il pensait à sa rencontre avec Tchepyjine, qu'il en était heureux et bavardait déjà avec lui.

Elle plaignait beaucoup son mari depuis quelque temps, s'inquiétait pour lui, mais elle ne pouvait oublier ses défauts, surtout le principal : son égoïsme.

N'avait-il pas déclamé : « Je suis seul à la fenêtre, je n'attends pas d'ami », alors qu'il se rendait à son laboratoire où il était entouré de gens, où l'attendait son travail. Dans la soirée, il irait voir Tchepyjine, ne rentrerait sans doute pas avant minuit, sans penser un instant qu'elle serait restée tout le jour à la fenêtre, seule dans l'appartement vide, sans personne auprès d'elle, sans attendre ni hôte ni ami.

Lioudmila Nikolaïevna alla faire la vaisselle à la cuisine. Ce matin-là, elle avait le cœur particulièrement lourd. Maria Ivanovna ne téléphonerait pas de la journée, elle irait chez sa sœur aînée, à la Chabolovka.

Comme elle était inquiète pour Nadia ! Elle ne disait rien, mais, naturellement, en dépit des interdictions, continuait ses promenades nocturnes. Quant à Victor, il était trop absorbé par ses propres soucis pour s'occuper de Nadia.

La sonnette se fit entendre. C'était sans doute le menuisier auquel, la veille, elle avait demandé de réparer la porte de la chambre de Tolia. Lioudmila Nikolaïevna en fut tout heureuse. Enfin un être vivant ! Elle ouvrit la porte : dans la pénombre du couloir, se tenait une femme en toque d'astrakan gris, une valise à la main.

— Guenia ! s'écria Lioudmila, si fort, si plaintivement qu'elle en fut elle-même surprise.

Elle embrassa sa sœur, lui caressa les épaules, en disant :

— Tolia est mort, mort, mort.

23

Un petit filet d'eau chaude coulait faiblement dans la baignoire. Si l'on augmentait un tant soit peu le débit, l'eau devenait froide. La baignoire s'emplit lentement, mais les deux sœurs avaient l'impression que, depuis leurs retrouvailles, elles n'avaient pas eu le temps d'échanger deux paroles.

Et tandis que Guenia prenait son bain, Lioudmila Nikolaïevna venait, de temps à autre, à la porte de la salle de bains, et demandait :

— Ça va ? Tu n'as pas besoin qu'on te frotte le dos ? Surveille le gaz, qu'il ne s'éteigne pas…

Quelques instants plus tard, elle frappait du poing à la porte, en demandant avec colère :

— Alors ? Tu t'es endormie ?

Guenia sortit de la salle de bains, vêtue du peignoir en éponge de sa sœur.

— Sorcière, va ! dit Lioudmila Nikolaïevna.

Et Evguenia Nikolaïevna se souvint que Sofia Ossipovna l'avait appelée ainsi, quand Novikov était arrivé, une nuit, à Stalingrad.

Le couvert était mis.

— C'est bizarre, dit Evguenia Nikolaïevna. Après deux jours de voyage dans un wagon sans places réservées, j'ai enfin pris un bain ; je devrais être au comble de la félicité, et pourtant, dans mon âme...

— Qu'est-ce qui t'amène à Moscou ? Une mauvaise nouvelle ? demanda Lioudmila Nikolaïevna.

— Plus tard, plus tard.

Elle eut un geste évasif.

Lioudmila lui raconta les problèmes de Victor Pavlovitch, l'histoire d'amour de Nadia, aussi inattendue qu'amusante ; elle lui parla de leurs amis qui ne téléphonaient plus et faisaient mine de ne plus reconnaître Strum quand ils le rencontraient.

Evguenia Nikolaïevna lui raconta la venue de Spiridonov à Kouïbychev. Il était très brave et pitoyable. On ne lui donnerait pas de nouvelle affectation tant que son affaire ne serait pas réglée. Vera et l'enfant étaient à Leninsk et Stepan Fiodorovitch pleurait quand il parlait de son petit-fils. Puis elle raconta à Lioudmila la déportation de Jenny Guenrikhovna, lui dit combien le vieux Chargorodski était gentil et comment Limonov l'avait aidée à obtenir son autorisation de séjour.

La tête de Guenia était pleine de fumée de tabac, pleine du martèlement des roues, des conversations du wagon, et elle trouvait étrange de voir le visage de sa sœur, de sentir sur sa peau mouillée le doux contact du peignoir, d'être assise dans une pièce où il y avait un piano et un tapis.

Et dans tout ce que se racontaient les sœurs, les événements gais ou tristes, comiques ou émouvants de ces derniers temps, elles sentaient la présence des amis ou des proches qui n'étaient plus, mais restaient liés à elles pour toujours. Chaque fois qu'elles parlaient de Victor Pavlovitch, elles voyaient derrière lui l'ombre d'Anna Semionovna, derrière Serioja se tenaient son père et sa mère détenus en camp, et, jour et nuit, à côté de Lioudmila Nikolaïevna, résonnaient les pas d'un jeune homme timide, large d'épaules, aux lèvres proéminentes. Mais de tous ces gens, elles ne parlaient pas.

— Aucune nouvelle de Sofia Ossipovna. À croire qu'elle a disparu, fit remarquer Guenia.

— La Levintonnette ?

— Oui, oui, bien sûr.

— Je ne l'aimais pas, dit Lioudmila Nikolaïevna. Tu dessines toujours ?

— Pas à Kouïbychev. À Stalingrad, oui.

— Tu peux être fière. Lorsque nous avons été évacués, Victor a emporté deux de tes dessins.

Guenia sourit :

— Cela me fait plaisir.

Lioudmila Nikolaïevna reprit :

— Alors, madame la générale, on ne me raconte pas l'essentiel ? Tu es heureuse ? Tu l'aimes ?

Serrant le peignoir sur sa poitrine, Guenia répondit :

— Oui, oui, je suis heureuse, contente ; je l'aime, je suis aimée... Et après un bref regard à Lioudmila, elle ajouta : Tu sais pourquoi je suis à Moscou ? Nikolaï Grigorievitch a été arrêté. Il est à la Loubianka.

— Seigneur Dieu ! Mais pourquoi ? Il était sûr à cent pour cent !

— Et notre Mitia ? Et ton Abartchouk ? Celui-là, sûr, il l'était à deux cents pour cent !

Lioudmila Nikolaïevna fut un instant pensive, puis déclara :

— Mais Dieu qu'il était dur, ton Nikolaï ! Il n'avait guère pitié des paysans, au moment de la collectivisation. Je me souviens, je lui ai demandé : « Voyons, que se passe-t-il ? » Tu sais ce qu'il m'a répondu ? « Que les koulaks aillent se faire voir ! » Il avait beaucoup d'influence sur Victor.

Guenia lui dit avec reproche :

— Ah ! Liouda, tu ne te souviens que des mauvais côtés des gens et tu en parles ouvertement, juste au moment où il faudrait les taire.

— Que veux-tu que j'y fasse ? répliqua Lioudmila Nikolaïevna. Je dis les choses comme elles sont.

— Bon, bon, seulement, il n'y a pas de quoi en être fière.

Puis Guenia ajouta, dans un murmure :

— Liouda, j'ai été convoquée.

Elle prit sur le divan le foulard de sa sœur, et en couvrit le téléphone.

— On dit que, même raccrochés, les téléphones peuvent servir de micro pour les écoutes.

— Mais, autant que je sache, tu n'as jamais été mariée officiellement à Nikolaï ?

— Et alors ? On m'a interrogée, comme si j'étais sa femme. Je te raconterai. J'ai reçu l'ordre de me présenter, munie de mon passeport. En voyant cela, j'ai pensé à tout le monde : à Mitia, Ida, même à ton Abartchouk, j'ai passé en revue tous nos amis et connaissances qui ont fait de la prison, mais je dois dire que je n'ai pas songé un seul instant à Nikolaï. J'étais convoquée à 5 heures. Un bureau tout à fait ordinaire. Au mur, d'immenses portraits de Staline et Beria. Un jeune type, ordinaire, normal, mais avec le regard perçant de quelqu'un qui sait tout. Il n'y est pas allé par quatre chemins : « Vous connaissez les activités contre-révolutionnaires de Nikolaï

Grigorievitch Krymov ? » À plusieurs reprises, j'ai eu l'impression que je n'en sortirais pas. Imagine-toi qu'il a même laissé entendre que Novikov... bref, une saloperie effarante, comme quoi je serais entrée en rapport avec Novikov, pour lui soutirer des renseignements et les rapporter à Nikolaï Grigorievitch. Je me sentais complètement paralysée à l'intérieur. Je lui dis : « Vous savez, Krymov est un tel fanatique qu'avec lui on a toujours l'impression d'être à une réunion du Parti. » Et lui : « Ce qui revient à dire, si je ne m'abuse, que Novikov, lui, n'est pas un vrai Soviétique ? » « Vous faites un drôle de boulot, je lui dis. Les gens se battent au front contre les nazis, et vous, jeune homme, vous restez à l'arrière, pour traîner ces gens dans la boue. » J'étais sûre qu'après cela il allait me frapper, mais non, il s'est troublé, a rougi. Bref, Nikolaï a été arrêté. Des accusations complètement folles : trotskisme et liens avec la Gestapo.

— Quelle horreur !, dit Lioudmila Nikolaïevna en songeant que Tolia aurait pu être encerclé et accusé de pareilles choses. J'imagine comment Vitia prendra la nouvelle, ajouta-t-elle. Il est affreusement nerveux en ce moment, il se figure sans cesse qu'il va être arrêté. Il essaie, à tout instant, de se rappeler ce qu'il a dit, où et à qui. Surtout dans ce maudit Kazan.

Evguenia Nikolaïevna garda un instant les yeux fixés sur sa sœur et finit par lancer :

— Tu veux que je te dise le plus affreux ? Le juge d'instruction m'a demandé : « Comment pourriez-vous ignorer le trotskisme de votre mari, alors qu'il vous a rapporté ce que Trotski avait dit de son article : "Du marbre !" ? Et, en rentrant, je me suis souvenue que Nikolaï m'avait dit, en effet : "Tu es la seule à le savoir." Puis, la nuit, j'ai eu un choc : quand Novikov était à Kouïbychev, cet automne, je le lui avais raconté. J'ai cru perdre la raison, j'étais glacée d'horreur...

Lioudmila Nikolaïevna répondit :

— Tu n'as vraiment pas de chance. Mais il fallait s'attendre à ce que cela t'arrive.

— Pourquoi à moi ? demanda Evguenia Nikolaïevna. Il aurait pu t'arriver la même chose.

— Pas du tout. Tu en quittes un pour vivre avec l'autre, et tu fais au second des confidences sur le premier.

— Mais tu as bien quitté le père de Tolia ! J'imagine que tu as raconté un tas de choses à Victor Pavlovitch.

— Tu te trompes, répliqua Lioudmila Nikolaïevna d'un ton convaincu. Cela n'a rien à voir.

— Ah bon ? répliqua Guenia, soudain irritée par sa sœur aînée. Reconnais-le : ce que tu viens de dire est parfaitement stupide.

Lioudmila Nikolaïevna répondit tranquillement :

— Je ne sais pas. Oui, c'est peut-être stupide.

Evguenia Nikolaïevna demanda :

— Tu n'as pas l'heure ? Il faut que j'aille au 24, Kouznetski Most.

Et donnant libre cours à son agacement, elle déclara :

— Tu as un sacré caractère, Liouda. Je comprends pourquoi, alors que tu as quatre pièces, maman préfère vivre misérablement à Kazan.

Elle regretta aussitôt ces paroles cruelles et, pour faire comprendre à Lioudmila que leurs liens, fondés sur la confiance, étaient plus forts que leurs rares disputes, elle ajouta :

— Je veux croire en Novikov. Mais tout de même, tout de même...

« Pourquoi, comment ces mots sont-ils parvenus à la Sécurité ? Je nage en plein brouillard. C'est affreux ! »

Elle eût tellement voulu que sa mère fût près d'elle ! Elle aurait posé sa tête sur son épaule, en disant : « Maman, je suis si fatiguée ! »

Lioudmila Nikolaïevna reprit :

— Tu sais ce qui a pu se passer ? Ton général a peut-être rapporté cette conversation à quelqu'un qui aura envoyé une dénonciation.

— Oui, oui, acquiesça Guenia. C'est étrange : cette idée ne m'a pas effleurée.

Dans le silence et le calme de la maison de Lioudmila, elle ressentait, plus vivement encore, le trouble qui avait envahi son âme...

Tout ce qu'elle n'avait pas achevé de régler, tous ces sentiments refoulés au moment où elle avait quitté Krymov, tout ce qui l'angoissait, la tourmentait depuis qu'elle était partie, sa tendresse envers lui, toujours aussi grande, ses inquiétudes à son égard, l'habitude qu'elle avait de le voir, tout cela était revenu, s'était renforcé ces dernières semaines.

Elle pensait à lui au travail, dans le tramway, ou en faisant la queue devant les magasins. Elle rêvait de lui presque chaque nuit, gémissait, criait, se réveillait.

Ses rêves étaient terribles, il y avait le feu, la guerre, un danger qui menaçait Nikolaï Grigorievitch, et elle était toujours impuissante à écarter ce danger.

Au matin, se hâtant de s'habiller, de faire sa toilette, craignant d'arriver en retard au travail, elle continuait de penser à lui.

Il lui semblait qu'elle ne l'aimait pas. Mais pouvait-on penser ainsi, constamment, à un être qu'on n'aimait pas, souffrir autant pour lui de ce malheureux coup du sort ? Pourquoi avait-elle envie, chaque fois que Limonov et Chargorodski plaisantaient sur la nullité des poètes et des artistes qu'il préférait, de voir Nikolaï, de caresser ses cheveux, de le cajoler, de le plaindre ?

Elle avait oublié son fanatisme, son indifférence à l'égard des victimes de la répression, la haine avec laquelle il avait parlé des koulaks au moment de la collectivisation forcée.

Elle ne voyait plus que ses bons côtés, son romantisme, sa tristesse, tout ce qu'il avait de touchant. Sa faiblesse actuelle lui donnait un pouvoir sur elle. Il avait des yeux d'enfant, un sourire désemparé, des gestes maladroits.

Elle l'imaginait, les pattes d'épaules arrachées, pas rasé, couché, la nuit, sur un châlit, elle voyait son dos durant les promenades dans la cour de la prison… Il devait croire qu'elle avait prévu son destin et que cela expliquait leur séparation. Il était couché sur son châlit et pensait à elle… Madame la générale…

Elle n'aurait su dire si c'était de la pitié, de l'amour, un reste de conscience, un sentiment de devoir.

Novikov lui avait envoyé un laissez-passer et, par le téléphone des armées, s'était entendu avec un ami aviateur qui avait promis de conduire Guenia en Douglas à l'état-major du groupe d'armées. Ses chefs l'avaient autorisée à prendre trois semaines pour aller voir Novikov.

Elle se répétait, pour se rassurer : « Il comprendra, il comprendra que je ne pouvais agir autrement. »

Elle savait qu'elle s'était affreusement mal conduite envers Novikov : il était là-bas, à l'attendre.

Impitoyablement, elle lui avait tout raconté dans une lettre. La lettre envoyée, elle s'était dit que la censure militaire la lirait et que cela pouvait causer un tort terrible à Novikov.

« Non, non, il comprendra », se répétait-elle.

Elle le savait : il comprendrait, en effet, et la quitterait pour toujours.

L'aimait-elle vraiment, ou n'aimait-elle que l'amour qu'il avait pour elle ?

Un sentiment de peur, de tristesse, d'horreur l'envahit, lorsqu'elle pensa que leur séparation était inévitable.

L'idée qu'elle avait elle-même, de son plein gré, ruiné son bonheur lui paraissait particulièrement insupportable.

Mais l'idée qu'elle n'y pouvait plus rien changer, que leur séparation complète et définitive dépendait, à présent, de Novikov lui était tout aussi odieuse.

Quand il lui devenait trop douloureux, insupportable de penser à Novikov, elle se représentait Nikolaï Grigorievitch. Elle était convoquée pour une confrontation… Bonjour, mon pauvre chéri.

Novikov était grand, fort, large d'épaules, il jouissait d'un grand pouvoir. Il n'avait pas besoin de son soutien, il se débrouillerait tout seul. Elle le surnommait : « le cuirassier ». Elle n'oublierait jamais son beau, son cher visage, toujours elle regretterait ce bonheur qu'elle avait elle-même détruit. Tant pis, après tout ! Elle n'avait pas pitié d'elle-même. Elle ne redoutait pas ses propres souffrances.

Mais elle savait Novikov moins solide qu'il ne paraissait. Son visage, parfois, prenait une expression timide. Il semblait sans défense…

Et puis, elle n'était pas, non plus, si intransigeante pour elle-même, ni si indifférente à ses propres souffrances.

Lioudmila demanda, comme si elle avait deviné les pensées de sa sœur :

— Que va-t-il se passer, pour ton général ?

— Je préfère ne pas y penser.

— Tu mériterais une fessée !

— Je ne pouvais agir autrement ! protesta Evguenia Nikolaïevna.

— Tes hésitations perpétuelles ne me plaisent pas. Quand on part, on part. C'est pour de bon ! Pourquoi, toujours, ces situations doubles, pourquoi se mettre ainsi dans la mélasse ?

— Oui, je sais. Éloigne-toi du mal et fais le bien ! Je n'ai jamais su vivre selon ce principe.

— Je ne te parle pas de cela. Je respecte Krymov, même s'il ne me plaît pas. Quant à ton général, je ne l'ai jamais vu. Mais puisque tu as décidé de devenir sa femme, tu as, envers lui, une responsabilité. Or, tu es irresponsable. Un homme qui occupe des fonctions importantes, qui fait la guerre ! Et pendant ce temps-là, sa femme porte des colis à un détenu. Tu sais comment cela peut se terminer pour lui ?

— Je sais.

— En fin de compte, est-ce que tu l'aimes ?

— Arrête, pour l'amour du Ciel ! dit Guenia d'une voix lamentable. Et elle pensa : « Va savoir qui j'aime ! »

— C'est trop facile ! Réponds !

— Je ne pouvais pas agir autrement. Ce n'est pas pour leur plaisir que les gens franchissent le seuil de la Loubianka.

— Il ne faut pas penser qu'à soi.

— Je ne pense pas à moi.

— Victor raisonne comme toi. Mais à la base de tout cela, il n'y a que de l'égoïsme.

— Tu es d'une logique stupéfiante. Déjà, quand nous étions enfants, cela me frappait. Qu'est-ce que tu appelles « égoïsme » ?

— Mais réfléchis : comment peux-tu l'aider ? Tu ne changeras rien à sa condamnation.

— Je te souhaite d'aller en prison. Peut-être sauras-tu, alors, en quoi tes proches peuvent t'aider.

Lioudmila Nikolaïevna demanda, pour changer de sujet :

— Dis-moi, fille perdue, as-tu des photos de Maroussia ?

— Une seule. Tu sais, on l'avait prise à Sokolniki.

Elle mit sa tête sur l'épaule de Lioudmila et, plaintive, avoua :

— Je suis si fatiguée.

— Repose-toi, dors un peu, ne sors pas aujourd'hui, conseilla Lioudmila Nikolaïevna. J'ai préparé ton lit.

Les yeux mi-clos, Guenia secoua la tête.

— Non, non, ce n'est pas la peine. Je suis fatiguée de vivre.

Lioudmila Nikolaïevna apporta une grande enveloppe et fit tomber sur les genoux de sa sœur un paquet de photographies.

Guenia les regarda l'une après l'autre, en s'exclamant :

— … Mon Dieu, mon Dieu… Celle-ci, je m'en souviens. On l'a prise à la datcha… Que Nadia est drôle !… Une photo de papa, après son exil… Mitia en collégien… Serioja lui ressemble énormément, surtout le haut du visage… Et voici maman, tenant Maroussia dans ses bras. Je n'étais pas encore née…

Elle remarqua qu'il n'y avait pas une seule photographie de Tolia, mais n'en dit rien à sa sœur.

— Eh bien, madame, dit Lioudmila, il va falloir que je te fasse à manger.

— J'ai bon appétit, répondit Guenia. Comme quand j'étais petite. Les soucis n'y changent rien.

— Tant mieux ! répliqua Lioudmila Nikolaïevna en embrassant sa sœur.

24

Guenia quitta le trolley près du Bolchoï sous son camouflage, et remonta le Kouznetski Most, longeant les salles d'exposition de l'Union des peintres. Avant la guerre, on y exposait des peintres qu'elle connaissait, on y avait même présenté ses tableaux ; mais elle n'y pensa pas.

Un sentiment étrange l'envahit. Sa vie semblait un jeu de cartes battues par une Tsigane. Elle avait brusquement tiré la carte « Moscou ».

De loin, elle aperçut le mur de granit gris foncé du puissant immeuble de la Loubianka.

« Bonjour, Kolia », se dit-elle. Peut-être Nikolaï Grigorievitch sentait-il qu'elle se rapprochait de lui. Peut-être était-il ému, sans comprendre la raison de cette émotion.

Son ancienne destinée était devenue son nouveau destin. Ce qui semblait englouti dans le passé était devenu son avenir.

Le nouveau bureau de réception, vaste, dont les fenêtres miroitantes donnaient sur la rue, était fermé. Les visiteurs devaient se rendre à l'ancien.

Elle entra dans la cour sale, longea un mur décrépi, se dirigea vers une porte entrouverte. Dans le bureau de réception, tout paraissait étrangement normal : des tables parsemées de taches d'encre, des banquettes de bois le long des murs, des guichets à accoudoirs de bois, où l'on donnait des renseignements.

Il ne semblait y avoir aucun rapport entre le bâtiment énorme, aux nombreux étages, qui donnait sur la place de la Loubianka, la Sretenka et la rue Fourkassov, et cette pièce.

Il y avait foule dans le bureau ; les visiteurs, des femmes pour la plupart, faisaient la queue aux guichets. Certains avaient pris place sur les banquettes ; à une table, un vieillard portant des verres épais remplissait un papier. Guenia regarda ces visages d'hommes et de femmes, jeunes et vieux, et se dit que leurs yeux, le pli de leur bouche exprimaient tous les mêmes choses. Elle aurait pu, en les rencontrant dans le tram ou dans la rue, deviner qu'ils fréquentaient le 24, Kouznetski Most.

Elle s'adressa à un jeune planton qui, malgré son uniforme, ne faisait guère penser à un soldat. Il lui demanda :

— Vous venez pour la première fois ? Et il lui indiqua un guichet dans le mur.

Guenia rejoignit la queue, son passeport à la main. Ses doigts, ses mains étaient moites d'émotion. Une femme coiffée d'un béret, qui se trouvait devant elle, lui dit à mi-voix :

— S'il n'est pas dans cette prison, il faut aller à Matrosskaïa Tichina, puis aux Boutyrki ; mais ils ne reçoivent que certains jours, par ordre alphabétique. Ensuite, il faut essayer la prison militaire de Lefortovo, et enfin revenir ici. J'ai cherché mon fils pendant un mois et demi. Vous êtes déjà allée chez le procureur militaire ?

La queue avançait vite et Guenia se dit que c'était mauvais signe : sans doute donnait-on des réponses vagues, laconiques. Mais quand vint le tour d'une femme entre deux âges, coquettement vêtue, il y eut un moment d'interruption. Les gens se racontaient, en chuchotant, que l'employé de service était allé, lui-même, éclaircir certains points de son affaire, une conversation téléphonique s'étant révélée insuffisante. La femme était à demi tournée vers la file d'attente ; ses yeux, légèrement plissés, semblaient indiquer qu'elle n'entendait pas être mise sur le même plan que la foule misérable des parents des victimes de la répression.

La queue s'ébranla de nouveau et une jeune femme dit doucement en s'éloignant du guichet :

— Toujours la même réponse : impossible de rien faire passer.

La voisine expliqua à Evguenia Nikolaïevna :

— Cela veut dire que l'instruction n'est pas terminée.

— Et les visites ? demanda Guenia.

— Voyons, réfléchissez ! répondit la femme, et elle sourit de sa naïveté.

Jamais Evguenia Nikolaïevna n'aurait pensé qu'un dos pût exprimer tant de choses, qu'il pût aussi nettement refléter un état d'âme. En s'approchant du guichet, les gens avaient une façon particulière de tendre le cou, et leurs dos, avec leurs épaules relevées, leurs omoplates tendues, semblaient crier, pleurer, sangloter.

Quand Guenia se trouva à la septième place, le guichet se referma et on annonça une pause de vingt minutes. La file d'attente se dispersa sur les chaises et les banquettes.

Il y avait là des femmes, des mères ; il y avait un homme d'un certain âge, ingénieur, dont la femme avait été arrêtée ; une interprète des Relations culturelles, une élève de terminale dont on avait arrêté la mère et dont le père avait été condamné, en 37, à dix ans de camp « sans droit de correspondance » ; il y avait une vieille femme aveugle, amenée par une voisine d'appartement, et qui venait prendre des nouvelles de son fils ; il y avait une étrangère qui parlait mal le russe, la femme d'un communiste allemand, vêtue à l'occidentale d'un manteau à carreaux, un sac de toile bariolée à la main. Ses yeux ressemblaient à ceux des vieilles femmes russes.

Il y avait là des Russes, des Arméniennes, des Ukrainiennes, des Juives, une kolkhozienne des environs de Moscou. Le vieil homme qui remplissait un questionnaire était, en fait, professeur à l'académie Timiriazev. On avait arrêté son petit-fils, un écolier, qui avait eu le tort, selon toute vraisemblance, de se montrer trop bavard au cours d'une soirée.

En vingt minutes, Guenia apprit et entendit une foule de choses.

Aujourd'hui, l'employé a l'air sympathique... Aux Boutyrki, ils ne prennent pas les conserves ; il faut absolument apporter de l'ail et de l'oignon, c'est bon pour le scorbut... Mercredi dernier, un homme est venu chercher ses papiers ; on l'a gardé trois ans aux Boutyrki, sans l'interroger une seule fois, et puis on l'a libéré... En général, il s'écoule une année entre l'arrestation et le camp... Il ne faut pas leur faire passer de trop bonnes choses : au transit de la Krasnaïa Presnia, les « politiques » sont mélangés avec les droit commun et ces derniers leur prennent tout... L'autre jour, il y avait une femme dont le mari, un homme âgé, un ingénieur de premier ordre, avait été arrêté ; figurez-vous que, dans sa jeunesse, il avait eu une brève liaison avec une femme. Depuis, il lui versait une pension pour un gosse qu'il n'avait jamais vu, et ce gosse, devenu adulte, est passé, au front, dans le camp des Allemands. L'ingénieur a eu droit à dix ans, en tant que père d'un traître à la patrie... La plupart sont jugés d'après l'article 58-10 : propagande contre-révolutionnaire[1]. Des gens qui parlent trop, qui ne savent pas tenir leur langue... On l'a pris juste avant le 1er Mai, il y a toujours plus d'arrestations avant les fêtes... Il y avait une femme : le juge d'instruction téléphone chez elle et, tout à coup, elle entend la voix de son mari...

C'était étrange, mais là, dans le bureau de réception du NKVD, Guenia se sentait plus légère, plus tranquille que chez Lioudmila, même après son bain.

Qu'elles lui semblaient avoir de la chance, les femmes dont on acceptait les colis !

Quelqu'un, tout près, disait d'une voix étouffée :

— Pour les gens arrêtés en 37, ils vous répondent ce qui leur passe par la tête. Ils ont dit à une femme : « Il est vivant, il travaille. » Elle revient une seconde fois, et le même employé lui donne une attestation : « Mort en 39. »

L'homme du guichet leva les yeux sur Guenia. Il avait un visage ordinaire d'employé de bureau. Hier encore, il travaillait peut-être au service d'incendie et demain, si ses chefs le lui ordonnaient, il s'occuperait aussi bien des demandes de décorations.

— Je voudrais des nouvelles d'un détenu : Krymov Nikolaï Grigorievitch, dit Guenia et il lui sembla que ces gens, qui ne la connaissaient pas, se rendaient compte qu'elle n'avait pas sa voix habituelle.

— Quand a-t-il été arrêté ? demanda l'employé.

— En novembre, répondit-elle.

Il lui donna un questionnaire et expliqua :

---

1. L'article 58 traitait des crimes contre-révolutionnaires, le paragraphe 10, quant à lui, concernait l'agitation antisoviétique.

— Remplissez-le et rapportez-le-moi directement, sans faire la queue. Vous reviendrez demain chercher la réponse.

En lui tendant la feuille, il la regarda de nouveau, et ce coup d'œil rapide n'était pas celui d'un employé ordinaire : c'était le regard intelligent d'un tchékiste qui fixait tout dans sa mémoire.

Elle remplit le formulaire d'une main tremblante, comme le vieil homme de l'académie Timiriazev qui, peu avant, occupait cette chaise.

À la question : degré de parenté avec le détenu, elle répondit : « Épouse », puis biffa ce mot d'un trait gras.

Elle rendit le questionnaire et s'assit sur une banquette pour ranger son passeport dans son sac. Elle le changea plusieurs fois de compartiment et comprit qu'elle n'avait pas envie de quitter ces gens qui faisaient la queue.

Elle ne désirait qu'une chose, en cet instant : faire savoir à Krymov qu'elle était là, que, pour lui, pour venir à lui, elle avait tout laissé.

S'il pouvait savoir qu'elle était là, tout près.

Elle se retrouva dans la rue. Le soir tombait. Elle avait passé dans cette ville la plus grande partie de sa vie. Mais cette vie-là, avec ses expositions, ses théâtres, ses déjeuners au restaurant, ses séjours dans la maison de campagne, ses concerts symphoniques, était si loin qu'elle semblait ne plus faire partie de sa vie. Stalingrad aussi était loin, de même que Kouïbychev et le visage de Novikov qui lui semblait, par instants, avoir la beauté d'un dieu. Il ne restait que le bureau de réception, 24, Kouznetski Most, et elle avait l'impression de marcher dans les rues d'une ville inconnue.

25

Strum retira ses caoutchoucs dans l'entrée, salua la vieille employée de maison en jetant un coup d'œil vers la porte entrouverte du bureau de Tchepyjine.

Aidant Strum à retirer son manteau, la vieille Natalia Ivanovna lui dit :

— Va, va, il t'attend.

— Nadejda Fiodorovna est à la maison ? s'enquit Strum.

— Non, elle est partie hier, à la datcha, avec ses nièces. Vous ne savez pas, Victor Pavlovitch, si la guerre finira bientôt ?

Strum répondit :

— On raconte que des gens avaient persuadé le chauffeur de Joukov de lui demander quand la guerre finirait. Or Joukov monte dans sa voiture et dit à son chauffeur : « Quand cette guerre finira-t-elle, tu peux me le dire ? »

Tchepyjine vint accueillir Strum et dit :

— De quel droit, ma vieille, monopolises-tu mes invités ? Invite tes amis !

D'ordinaire, en arrivant chez Tchepyjine, Strum sentait son moral remonter en flèche. Cette fois encore, malgré son cafard, il éprouva cette légèreté dont il avait perdu l'habitude.

En entrant dans le cabinet de Tchepyjine, Strum avait coutume de regarder les rayons de livres et de reprendre, pour plaisanter, ces mots de *Guerre et Paix* : « Oui, on écrivait, on ne faisait pas la fête. »

Cette fois encore, il dit : « Oui, ils écrivaient... »

Le désordre des livres ressemblait au chaos apparent qui régnait dans les ateliers des usines de Tcheliabinsk.

Strum demanda :

— Vous avez reçu des lettres de vos gars ?

— Une de l'aîné, le plus jeune est en Extrême-Orient.

Tchepyjine saisit la main de Strum et, sans rien dire, la serra, exprimant par là même tout ce qu'on ne pouvait traduire en mots. La vieille Natalia Ivanovna s'approcha de Strum et lui embrassa l'épaule.

— Quoi de neuf, Victor Pavlovitch ? s'enquit Tchepyjine.

— La même chose que pour tout le monde. Stalingrad. Maintenant, c'est sûr : Hitler est kaputt ! En ce qui me concerne, je n'ai guère de bonnes nouvelles, tout va mal, au contraire.

Strum raconta ses malheurs à Tchepyjine.

— Mes amis et ma femme me conseillent de me repentir. De me repentir d'avoir raison !

Strum parla longuement, avidement de lui, ce grand malade préoccupé, jour et nuit, de sa maladie.

Il fit la grimace, haussa les épaules :

— Je n'arrête pas de repenser à notre conversation sur le magma et toutes les saletés qui remontent à la surface... Je n'ai jamais été entouré de tant d'ordures... Et c'est d'autant plus vexant, insupportablement vexant, que cela coïncide avec la victoire.

Il fixa le visage de Tchepyjine et demanda :

— À votre avis, ce n'est pas un hasard ?

Tchepyjine avait un visage étonnant : simple, grossier même ; des pommettes saillantes, un nez retroussé, un visage de paysan et en même temps si fin, si intellectuel, que les Anglais et lord Kelvin pouvaient le lui envier !

Tchepyjine répondit, maussade :

— Quand la guerre sera terminée, on pourra discuter de ce qui est un hasard et de ce qui n'en est pas un.

— Si d'ici là les petits cochons ne m'ont pas mangé. Demain, on doit régler mon sort au Conseil scientifique. Cela signifie que tout est déjà décidé par la direction et le comité du Parti. Le Conseil scientifique n'est là que pour la forme : c'est la voix du peuple, l'expression de l'opinion publique.

En bavardant avec Tchepyjine, Victor Pavlovitch avait un sentiment étrange : ils parlaient des événements angoissants de sa vie, mais il se sentait l'âme légère.

— Et moi qui pensais qu'on vous offrirait tout sur un plateau d'argent, d'or même ! fit remarquer Tchepyjine.

— Pourquoi cela ? J'ai entraîné la science dans le marais de l'abstraction talmudiste, je l'ai coupée de la pratique.

Tchepyjine reprit :

— Oui, oui, c'est fantastique ! Un homme, disons, aime une femme. Elle est tout le sens de sa vie, son bonheur, sa joie, sa passion. Mais il doit le dissimuler ; ce sentiment, Dieu sait pourquoi, n'est pas convenable. Il doit dire qu'il couche avec cette bonne femme parce qu'elle lui prépare ses repas, lui reprise ses chaussettes et lui lave son linge.

Il plaça ses mains, doigts écartés, devant son visage. Il avait des mains étonnantes : des mains d'ouvrier, des pinces solides, mais qui avaient quelque chose d'aristocratique.

Tchepyjine se déchaîna soudain :

— Eh bien, moi, je n'ai pas honte ! Je n'ai pas besoin de l'amour pour me préparer mes repas ! La science n'a de valeur que si elle apporte du bonheur aux gens ! Nos aigles de l'Académie affirment tous en chœur : la science est la servante de la pratique. Elle fonctionne selon le principe de Chtchedrine : « Qu'y a-t-il pour votre service ? » C'est pour cela que nous la tolérons ! Non ! Les découvertes scientifiques portent en elles-mêmes leur suprême valeur ! Elles contribuent bien plus au perfectionnement de l'homme que les locomotives à vapeur, les turbines, l'aviation et toute la métallurgie, depuis Noé jusqu'à nos jours. Elles perfectionnent l'âme ! L'âme !

— Je suis bien d'accord avec vous, Dmitri Petrovitch, mais je ne suis pas sûr que ce soit l'avis du camarade Staline.

— Et c'est dommage ! Dommage ! Car il faut voir le second aspect de la chose. Telle abstraction de Maxwell peut devenir, demain, le signal de la radio militaire. Les théories d'Einstein sur les champs magnétiques, la mécanique ondulatoire de Schrödinger et les conceptions de Bohr peuvent donner les résultats les plus concrets. C'est ce qu'il faudrait comprendre. C'est tellement simple qu'une oie le comprendrait !

Strum répondit :

— Mais vous savez pertinemment que nos dirigeants refusent de voir, dans les théories d'aujourd'hui, la pratique de demain. Cela vous a coûté votre place.

— Non, c'est l'inverse, dit lentement Tchepyjine. Je ne voulais pas diriger l'Institut parce que je savais, justement, que la théorie d'aujourd'hui deviendrait la pratique de demain. Mais c'est bizarre, vraiment bizarre : j'étais persuadé que Chichakov avait été mis en avant en vue de l'étude des processus nucléaires. Or, dans ce domaine, ils ne peuvent pas se passer de vous... C'est en tout cas ce que je pensais, et je continue à le penser.

Strum reprit :

— Je ne comprends pas les raisons qui vous ont poussé à quitter l'Institut. Je ne saisis pas très bien. Tout ce que je sais, c'est que nos chefs ont confié à l'Institut des tâches qui vous ont alarmé. Ça, c'est clair. Mais il arrive aux autorités de se tromper pour des choses plus évidentes. Prenez le Patron : il n'avait de cesse de renforcer nos liens d'amitié avec les Allemands. Quelques jours avant le début de la guerre, il envoyait encore à Hitler, à pleins wagons, du caoutchouc et un tas de matières premières stratégiques. Alors, dans notre domaine... les plus grands politiques peuvent y perdre leur latin. Dans ma vie, tout s'est fait à l'inverse. Mes travaux d'avant-guerre étaient directement pratiques. J'allais à l'usine de Tcheliabinsk, j'aidais à mettre en place les installations électroniques. Et pendant la guerre... (Il eut un geste de désespoir amusé :) Je me suis perdu dans le labyrinthe. Par moments, cela me fait peur, je me sens mal à l'aise. Ma parole !... J'essaie de mettre sur pied la physique des interactions nucléaires, et voilà que me tombent dessus la gravitation, la masse, le temps ; l'espace se dédouble, il n'a pas d'existence, n'a qu'un sens magnétique. J'ai chez moi, au labo, un type efficace, doué, le jeune Savostianov ; un jour, on en vient à parler de mon travail. Il me pose un tas de questions. Je lui explique que ce n'est pas encore une théorie, juste quelques petites idées, une direction de recherche. L'espace parallèle n'est qu'un paramètre dans une équation, non une réalité. La symétrie n'est possible que dans une équation mathématique ; j'ignore si elle correspond à la symétrie des particules. Les solutions mathématiques ont devancé la physique, et je ne sais si la physique des particules s'insérera dans mes équations. Savostianov m'écoute sans mot dire, puis il m'explique : « Cela me rappelle un camarade d'études. Il s'était complètement embrouillé dans ses équations et il a fini par me dire : tu sais, ce n'est pas de la science, on dirait deux aveugles en train de s'accoupler dans un buisson d'orties... »

Tchepyjine éclata de rire.

— En effet, il est curieux que vous ne parveniez pas à donner à vos mathématiques une valeur physique. On dirait le chat du Pays des merveilles : on voit d'abord apparaître un sourire, puis vient le chat lui-même.

Strum reprit :

— Mon Dieu ! Et pourtant, j'en suis profondément persuadé : nous touchons là l'axe central de la vie humaine. Je ne modifierai pas mon point de vue. Je ne suis pas un renégat.

Tchepyjine répondit :

— Je comprends ce que cela représente pour vous d'abandonner votre labo, au moment même où vous tenez peut-être le lien entre vos mathématiques et la physique. C'est dur, mais j'en suis heureux pour vous : l'honnêteté ne peut être réduite à néant.

— Espérons que je ne serai pas, moi-même, réduit à néant ! fit remarquer Strum.

Natalia Ivanovna apporta le thé ; elle poussa les livres pour faire de la place sur le bureau.

— Oh oh ! Du citron ! s'exclama Strum.

— Vous êtes un hôte cher, répondit Natalia Ivanovna.

— Dites plutôt : un double zéro ! répliqua Strum.

— Allons, allons ! intervint Tchepyjine. Pourquoi parler ainsi ?

— Mais c'est la vérité, Dmitri Petrovitch. Demain, on va me régler mon compte. Que vais-je faire, après-demain ?

Il approcha son verre de thé et, jouant avec sa cuiller la marche de son désespoir sur le bord de sa soucoupe, il reprit d'un ton distrait :

— Oh oh ! Du citron.

Et aussitôt, il se sentit confus d'avoir, à deux reprises, sur le même ton, prononcé ces paroles. Il y eut un silence, que rompit Tchepyjine :

— Je voudrais vous faire part de quelques idées.

— Toujours prêt à vous écouter, fit Strum, assez distrait.

— Oh ! c'est trois fois rien... Savez-vous qu'aujourd'hui c'est un truisme de parler de l'infini de l'Univers ? Un jour la métagalaxie ne sera rien de plus que le petit morceau de sucre que rongera, en buvant son thé, n'importe quel Lilliputien économe, et l'électron ou le neutron un monde peuplé de Gullivers. Tous les écoliers le savent.

Strum acquiesça, en pensant : « Effectivement, c'est trois fois rien. Le vieux n'est pas en forme, aujourd'hui. » Parallèlement, il se représentait Chichakov à la réunion du lendemain. « Non, non, je n'irai pas. Y aller signifierait se repentir, ou discuter de problèmes politiques, autrement dit courir au suicide... »

Il étouffa un bâillement et pensa : « Insuffisance cardiaque. C'est le cœur qui fait bâiller. »

Tchepyjine poursuivit :

— On pourrait croire que seul Dieu est en mesure de limiter l'infini... Car au-delà de la barrière cosmique, il nous faut bien admettre une puissance divine. N'est-ce pas ?

— Oui, oui, bien sûr, acquiesça Strum, en pensant : « Dmitri Petrovitch, je ne suis pas d'humeur à philosopher. Je peux être arrêté n'importe quand ! C'est presque couru ! J'en ai trop dit, à Kazan, à ce Madiarov. Ou c'est un mouchard, ou on le mettra en prison et on l'obligera à parler. Bref, je suis coincé de tous les côtés. »

Il regardait Tchepyjine, et ce dernier, épiant son regard faussement attentif, continuait de parler :

— Il me semble qu'il existe une barrière, limitant l'infini de l'Univers : la vie. Cette limite n'existe pas dans la courbure d'Einstein, elle se trouve dans l'opposition vie/matière inerte. J'ai le sentiment qu'on peut définir la vie comme étant la liberté. La vie est la liberté. La liberté est le grand principe de vie. Et vous avez là votre barrière : d'un côté la liberté, de l'autre l'esclavage ; d'un côté la matière inerte, de l'autre la vie.

« Puis je me suis dit que la liberté, une fois apparue, avait commencé à évoluer. Elle a suivi deux voies. L'homme jouit d'une plus grande liberté que les protozoaires. Toute l'évolution du monde vivant va d'une liberté minimale à une liberté maximale. Telle est la nature de l'évolution des formes vivantes. Les formes supérieures sont celles qui atteignent le plus haut degré de liberté. C'est la première ramification de l'évolution.

Plongé dans ses réflexions, Strum regardait Tchepyjine. Tchepyjine hocha la tête, comme s'il approuvait l'attention de son auditeur.

— Mais je me suis dit qu'il existait une seconde branche de l'évolution, importante numériquement. Si l'on considère que le poids moyen de l'être humain est de cinquante kilos, l'humanité pèse aujourd'hui cent millions de tonnes. Autrement dit, beaucoup plus, par exemple, qu'il y a mille ans. La masse de la matière vivante ne peut aller qu'en s'accroissant, au détriment de la matière inerte. Peu à peu, le globe terrestre prend vie. Après avoir peuplé les déserts, l'Arctique, l'homme ira s'installer sous terre, repoussant sans cesse l'horizon de ses villes et territoires souterrains. La masse vivante de la Terre finira par l'emporter. Puis les différentes planètes prendront vie, elles aussi. Si l'on essaie d'imaginer l'évolution de la vie dans l'infini du temps, on s'aperçoit que la transformation de la matière inerte en matière vivante se fera à l'échelle galactique. La matière, inerte au départ, deviendra vivante, libre. L'Univers s'animera, tout, dans le monde, prendra vie, donc deviendra libre. La liberté, la vie vaincront l'esclavage.

— Oui, oui, acquiesça Strum en souriant. On peut aller comme cela jusqu'à l'intégrale.

— C'est là le hic, répondit Tchepyjine. Je me suis intéressé à l'évolution des étoiles et j'ai compris qu'on ne pouvait pas se permettre de plaisanter avec le moindre mouvement de la moindre tache grise de mucus vivant. Réfléchissez à la première branche de l'évolution : celle qui va du degré le plus bas au degré suprême. Vous arrivez à un homme qui présentera toutes les caractéristiques de Dieu : omniprésent, omnipotent, omniscient. Le siècle qui vient apportera la solution au problème de la transformation de la matière en énergie et de la création de la matière vivante. Parallèlement, un mouvement se fera dans le sens de la conquête de l'espace et de l'acquisition d'une extrême rapidité. Dans les millénaires à venir le progrès s'attachera à maîtriser une forme suprême d'énergie : l'énergie psychique.

Soudain, tout ce que racontait Tchepyjine ne semblait plus à Strum du simple bavardage. Il s'aperçut qu'il n'était pas d'accord avec lui.

— L'homme sera capable de matérialiser, par ses appareils, le contenu, le rythme de l'activité psychique des êtres doués de raison, dans toute la métagalaxie. Le mouvement de l'énergie psychique, dans cet espace que la lumière met des millions d'années à franchir, se fera instantanément. La caractéristique de Dieu – son omniprésence – sera une conquête de l'esprit. Mais une fois égal à Dieu, l'homme ne s'arrêtera pas pour autant. Il entreprendra de résoudre des problèmes pour lesquels Dieu lui-même n'est pas de taille. Il établira des liens, dans d'autres temps, d'autres espaces, avec des êtres doués de raison, au plus haut degré de l'évolution, et pour lesquels l'histoire de l'humanité ne sera qu'une vague et fugitive étincelle. Il établira un lien conscient avec la vie du microcosmos, dont l'évolution se fait, pour l'homme, en un clin d'œil. Le gouffre de l'espace-temps n'existera plus. L'homme pourra regarder Dieu de haut.

Strum hocha la tête et dit :

— Dmitri Petrovitch, au début je vous ai écouté, en me disant que j'avais autre chose en tête que la philosophie. Pouvais-je philosopher, alors qu'on risquait de m'arrêter ? Et soudain, j'ai oublié l'existence de Kovtchenko, de Chichakov, du camarade Beria, oublié que demain on me virerait de mon labo par la peau du cou et qu'après-demain je pouvais parfaitement me retrouver dans une cellule. Et pourtant, en vous écoutant, je n'ai pas ressenti de joie, du désespoir, plutôt. Nous sommes sages et nous considérons Hercule comme le dernier des rachitiques. Mais pendant ce temps, les Allemands tuent des vieillards et des enfants juifs, comme s'ils étaient des chiens enragés ; et nous avons, nous, connu l'année 37, la collectivisation forcée, la déportation de millions de malheureux paysans, la famine, le cannibalisme… Autrefois, savez-vous, tout me paraissait clair et simple. Après tous ces malheurs, après ces pertes terribles, tout me semble compliqué, embrouillé. Vous dites que l'homme regardera Dieu de haut. Ne risque-t-il pas de considérer le Diable de la même manière ? Ne risque-t-il pas de le dépasser, lui aussi ? Vous dites que la vie est la liberté. Croyez-vous que les détenus des camps partagent votre opinion ? Répandue dans tout l'Univers, cette vie n'est-elle pas susceptible d'employer sa puissance à instaurer un esclavage, plus terrible encore que celui de la matière inerte dont vous parliez à l'instant ? L'homme du futur dépassera-t-il le Christ en bonté ? Car tout est là ! Qu'apportera au monde la puissance de cet être omniprésent et omniscient, s'il garde en lui la fatuité et l'égoïsme zoologiques qui sont les nôtres aujourd'hui : égoïsme de classe, de race, d'État ou simplement individuel ? Cet homme ne risque-t-il pas de transformer le monde en un camp de concentration à l'échelle galactique ? Croyez-vous vraiment, dites-moi, à l'évolution de la bonté, de la morale, de la générosité ? Croyez-vous l'homme capable d'une telle évolution ? (Strum prit l'air coupable.) Ne m'en veuillez pas d'insister sur cette question qui paraît encore plus abstraite que ces équations dont nous parlions.

— Elle n'est pas si abstraite que cela, répondit Tchepyjine. Et de ce fait, elle a eu, sur ma vie, une certaine influence. J'ai décidé de ne pas participer aux travaux ayant à voir avec la fission nucléaire. Vous le dites vous-même, l'homme n'est pas assez bon, il ignore trop ce qu'est le bien pour vivre raisonnablement. Alors, que se passera-t-il, si l'énergie contenue dans l'atome lui tombe entre les pattes ? L'énergie spirituelle se trouve aujourd'hui à un niveau lamentable. Mais j'ai foi en l'avenir ! Je crois que l'homme ne développera pas seulement sa puissance, mais aussi son amour, son âme.

Il s'interrompit, troublé par l'expression de Strum.

— J'ai pensé, réfléchi à tout cela, dit Strum. Et un jour, j'ai été saisi d'horreur. L'imperfection de l'homme nous tourmente. Or qui, pour ne prendre que l'exemple de mon laboratoire, se soucie de tout cela ? Sokolov ? Un type brillant, mais timoré, qui courbe la tête devant la puissance de l'État, et qui estime qu'il n'existe pas de pouvoir qui ne vienne de Dieu. Markov ? Il reste parfaitement extérieur à tous les problèmes du bien, du mal, de l'amour et de la morale. Un talent efficace. Il résout les problèmes scientifiques comme une partie d'échecs. Savostianov, que je mentionnais tout à l'heure ? Il est gentil, a de l'esprit, c'est un excellent physicien, mais c'est, comme on dit, un brave gars sans cervelle. Il est arrivé à Kazan avec, dans ses bagages, une montagne de photos de filles en maillot de bain ; il adore bien s'habiller, il aime boire, danser. Pour lui, la science est un sport, résoudre un problème, comprendre un phénomène revient à établir un record sportif, l'essentiel étant de ne pas se faire doubler. Moi non plus, d'ailleurs, je n'ai pas réfléchi sérieusement à tout cela. À notre époque, la science devrait être confiée à des gens à l'âme élevée, des prophètes, des saints ! Or elle est entre les mains de gens doués et efficaces, de joueurs d'échecs et de sportifs. Ils ne savent pas ce qu'ils font. Vous, bien sûr... Mais vous, c'est vous ! Le Tchepyjine qui travaille, en ce moment, à Berlin, ne refusera pas, lui, de travailler sur les neutrons ! Et alors ? Et moi, voyez ce qui m'arrive ! Tout me paraissait simple, et aujourd'hui plus du tout... Savez-vous que Tolstoï considérait ses œuvres les plus géniales comme un petit jeu sans importance ? Nous autres, physiciens, ne sommes pas des génies, et nous n'arrêtons pas de la ramener. (Les cils de Strum battirent plus rapidement.) Où puis-je trouver la foi, la force, la solidité ? dit-il précipitamment, et sa voix prit des intonations juives. Que vous dire ? Vous savez le malheur qui m'a frappé ; et aujourd'hui on me persécute, uniquement parce que je suis...

Il n'acheva pas, se leva soudain. Sa cuiller tomba sur le sol. Il tremblait, ses mains tremblaient.

— Victor Pavlovitch, calmez-vous, je vous en conjure, dit Tchepyjine. Parlons d'autre chose, voulez-vous ?

— Non, non, pardonnez-moi, je m'en vais. Je n'ai pas ma tête à moi. Excusez-moi.

Il fit ses adieux.

— Merci, merci, répéta Strum, sans regarder Tchepyjine. Il sentait qu'il ne pourrait maîtriser son émotion.

Strum descendit l'escalier : des larmes coulaient sur ses joues.

26

Quand Strum rentra, tous dormaient. Il avait le sentiment qu'il passerait le reste de la nuit à son bureau, à relire et à réécrire son discours de repentir, à se demander, pour la centième fois, s'il irait, le lendemain, à l'Institut.

Durant tout le trajet de retour, il n'avait pensé à rien, ni à ses larmes dans l'escalier, ni à sa conversation avec Tchepyjine, brusquement interrompue par cette crise nerveuse, ni au lendemain qui allait être si terrible pour lui, ni à la lettre de sa mère qu'il gardait dans la poche de son veston. Le silence nocturne de la ville le subjugua, sa tête était vide, ouverte à tous les vents, comme les trouées des rues de Moscou. Il ne s'inquiétait pas, n'avait pas honte de ses larmes, ne redoutait pas son destin ; il ne souhaitait pas que tout finît bien.

Au matin, Strum voulut passer à la salle de bains, mais la porte en était fermée.

— C'est toi, Lioudmila ? demanda-t-il.

Il eut une exclamation de surprise en entendant la voix de Guenia.

— Mon Dieu, Guenia, par quel hasard ? s'exclama-t-il, puis il demanda stupidement : Liouda sait que vous êtes ici ?

Elle sortit de la salle de bains et ils s'embrassèrent.

— Vous avez une mine épouvantable, dit Strum, et il ajouta : C'est ce qu'on appelle un compliment à la juive.

Sans plus attendre, dans le couloir, elle lui raconta l'arrestation de Krymov et le but de son voyage.

Il fut stupéfié. Mais après cette nouvelle, la venue de Guenia lui sembla d'autant plus précieuse. Si Guenia était arrivée, heureuse, uniquement préoccupée de sa nouvelle vie, elle ne lui eût pas semblé si chère et si proche.

Il bavarda avec elle, lui posa des questions, sans cesser de regarder l'heure.

— Comme tout cela est stupide, absurde, dit-il. Rappelez-vous mes disputes avec Nikolaï. Il voulait toujours me remettre les idées en place. Et maintenant… ! Moi, l'hérétique, je me promène en liberté, et lui, un communiste éprouvé, il est en prison.

Lioudmila Nikolaïevna fit remarquer :

— Attention, Vitia, la pendule de la salle à manger retarde de dix minutes.

Il bredouilla vaguement quelques mots et regagna sa chambre. Il eut le temps, à deux reprises, en traversant le couloir, de regarder l'heure.

La séance du Conseil scientifique était fixée à 11 heures du matin. Entouré de ses livres, d'objets familiers, il ressentait, avec une intensité particulière proche de l'hallucination, l'agitation et la tension qui devaient régner à l'Institut. 10 heures et demie. Sokolov doit quitter sa blouse. Savostianov murmure à Markov : « Visiblement, ce dingue a décidé de ne pas venir. » Gourevitch gratte son gros derrière, en regardant par la fenêtre : une voiture officielle s'approche de l'Institut, Chichakov en descend, coiffé d'un chapeau et vêtu d'un long manteau de pasteur. Une seconde voiture arrive : celle de Baldine. Kovtchenko arpente le couloir. Il y a déjà une quinzaine de personnes dans la salle de réunion ; elles parcourent les journaux. Elles sont venues à l'avance, pour trouver une

bonne place, sachant qu'il y aurait foule. Svetchine et Ramskov, le secrétaire du Parti à l'Institut, qui semble « porter sur le front le sceau du
secret », sont postés à la porte du Comité. Le vieil académicien Prassolov,
avec ses boucles grises, semble voguer, le nez en l'air, dans le couloir : à
ce genre d'assemblées, il tient des discours particulièrement odieux. Les
jeunes attachés de recherche forment des groupes bruyants.

Strum regarda l'heure, prit son texte dans son bureau, le mit dans sa
poche, et regarda l'heure une fois encore.

Il pouvait se rendre au Conseil scientifique, sans pour autant se repentir,
simplement pour y assister... Non... S'il y allait, il ne pourrait rester muet ;
et tant qu'à parler, autant se repentir. Mais ne pas y aller signifiait couper les
ponts...

Ils diront que je n'ai « pas eu le courage »..., que j'ai « défié la collectivité »..., ils parleront de « provocation politique »..., insisteront sur la
« nécessité de me tenir, désormais, un autre langage »... Il tira son texte de
sa poche et l'y remit aussitôt, sans y jeter un coup d'œil. Ces lignes, il les
avait relues des dizaines de fois : « Je reconnais avoir fait preuve de
défiance à l'égard de la direction du Parti et commis ainsi un acte incompatible avec les règles de conduite de l'homme soviétique. Aussi, sans en
avoir conscience, je me suis écarté, dans mes recherches, de la voie royale
de la science soviétique et me suis involontairement opposé... »

Il avait sans cesse envie de relire cette déclaration. Mais à peine
prenait-il le papier qu'il avait l'impression que chaque lettre lui en était
familière jusqu'à l'insupportable... Le communiste Krymov avait été
arrêté, il se trouvait à la Loubianka. Quant à Strum, avec ses doutes, sa
répulsion devant la cruauté de Staline, ses discours sur la liberté, le
bureaucratisme, et, aujourd'hui, son histoire très nettement marquée politiquement, il y avait belle lurette qu'il eût fallu l'envoyer quelque part à
la Kolyma...

Ces derniers jours, il avait des accès de peur de plus en plus fréquents :
on allait l'arrêter. D'ordinaire, on ne se limitait pas à renvoyer les gens de
leur travail. On commençait par leur faire la leçon, ensuite on les renvoyait et, pour finir, on les jetait en prison.

Une nouvelle fois, il regarda l'heure. La salle devait être pleine.

Les gens jetaient des regards furtifs vers la porte et murmuraient :
« Strum n'est toujours pas là... » Quelqu'un disait : « Il est presque midi
et Victor n'est pas encore arrivé[1]. » Chichakov avait pris place dans son
fauteuil de président et posé sa serviette sur la table. À côté de Kovtchenko se tenait une secrétaire venue lui demander quelques signatures
urgentes.

L'attente impatiente, agacée des dizaines de personnes réunies dans la
salle pesait terriblement sur Strum. À la Loubianka, sans doute, l'homme

---

1. Allusion aux premières paroles de l'air de Lisa dans l'opéra de Tchaïkovski *La Dame
de pique* : « Minuit s'approche et Herman n'est toujours pas là. »

qui s'intéressait plus spécialement à lui devait aussi attendre, en se demandant : « Est-il possible qu'il ne vienne pas ? » Il imaginait, voyait le visage renfrogné de l'homme du Comité central : « Monsieur n'a pas daigné venir ! » Il se représentait ses collègues disant à leurs femmes : « Un dingue ! » Au fond de son cœur, Lioudmila lui en voulait : Tolia avait donné sa vie pour un État que Victor contestait en pleine guerre.

Quand il songeait au nombre de personnes victimes de la répression, parmi les siens et les parents de Lioudmila, il se consolait d'ordinaire en pensant : « Si l'on me pose des questions, je répondrai : je ne suis pas entouré que de gens comme ceux-là. Prenez Krymov, un ami très proche, un communiste connu, un vieux membre du parti qui a travaillé dans la clandestinité... »

Pour Krymov, c'était raté ! On allait sans doute lui demander, là-bas, s'il se rappelait les propos hérétiques de Strum. D'ailleurs, Krymov n'était pas à ce point un ami : Guenia n'avait-elle pas divorcé ? Et puis, il n'avait pas tenu devant lui des discours si dangereux. Avant la guerre, Strum n'était pas tellement rongé par le doute.

Par contre, si l'on posait des questions à Madiarov...

Des dizaines, des centaines d'efforts, de pressions, de poussées, de coups formaient une résultante qui lui brisait les côtes, lui fendait le crâne.

Elle était absurde, la phrase du docteur Stockmann : « Est fort celui qui est seul... » Parlez s'il était fort ! Jetant derrière lui, tel un voleur, des regards furtifs, avec des grimaces pitoyables, il se hâta de nouer sa cravate, fourra ses papiers dans la poche de son veston des grands jours, chaussa ses nouvelles bottines jaunes.

Alors qu'il se tenait, tout prêt, à côté de sa table, Lioudmila entra dans la pièce. Elle vint à lui sans mot dire, l'embrassa et sortit.

Non, il ne lirait pas une déclaration de repentir aussi banale ! Il leur dirait la vérité, du fond du cœur ! Camarades, mes amis, je vous ai écoutés très douloureusement et, avec la même souffrance, je me suis demandé comment il se pouvait qu'aux jours heureux du grand tournant de Stalingrad, résultat d'une lutte acharnée, je sois là, seul, à écouter les reproches furieux de mes camarades, de mes amis, de mes frères... Je vous le jure : tout mon cerveau, mon sang, toutes mes forces... Oui, oui, oui, il savait, à présent, ce qu'il leur dirait... Vite, vite, il avait encore le temps... Camarades... Camarade Staline, je n'ai pas vécu comme il fallait ; j'ai dû atteindre le bord du gouffre pour percevoir mes fautes dans toute leur profondeur. Il leur dirait des choses qui viendraient du plus profond de son âme ! Camarades, mon fils est mort à Stalingrad...

Il se dirigea vers la porte.

Il venait enfin de tout décider, de trancher ; il ne lui restait plus qu'à se rendre au plus vite à l'Institut, à laisser son manteau au vestiaire, à entrer dans la salle, à entendre les murmures excités de ces dizaines de personnes, à repérer les visages connus et à dire : « Je demande la parole. Je voudrais, camarades, vous faire part des réflexions, des sentiments qui ont été les miens ces derniers jours… »

Mais, au même instant, il retira lentement sa veste et la suspendit au dossier d'une chaise ; il défit sa cravate, la roula, la posa sur un coin de table et s'assit pour délacer ses chaussures.

Une impression de légèreté, de pureté l'envahit. Il resta assis à remuer de calmes pensées. Il ne croyait pas en Dieu, mais il lui semblait que Dieu, en cet instant, le regardait. Jamais, au cours de sa vie, il n'avait éprouvé un tel bonheur, une telle humilité aussi. Il n'y avait pas, désormais, de force susceptible de démontrer qu'il avait tort.

Il pensa à sa mère. Peut-être s'était-elle trouvée à ses côtés quand il était, inconsciemment, revenu sur sa décision. Une minute plut tôt, il voulait, très sincèrement, exprimer ce repentir hystérique. Il n'avait pensé ni à Dieu ni à sa mère au moment où il avait senti naître en lui cette décision définitive. Mais peut-être étaient-ils, sans qu'il le sût, auprès de lui.

« Comme je suis bien et heureux ! » se dit-il.

Il imagina, de nouveau, la réunion, les visages des gens, les voix des orateurs.

« Comme je suis bien, comme tout est lumineux ! » s'exclama-t-il encore.

Jamais, semblait-il, ses réflexions sur la vie, ses proches, sa perception de lui-même, de son destin n'avaient été aussi sérieuses.

Lioudmila et Guenia entrèrent dans sa chambre. En le voyant sans veston, en chaussettes, le col de chemise ouvert, Lioudmila eut une exclamation de vieille femme.

— Mon Dieu, tu n'y es pas allé ! Que va-t-il se passer, à présent ?

— Je ne sais pas, répondit-il.

— Peut-être n'est-il pas trop tard, dit-elle, puis elle le regarda et ajouta : Je ne sais pas, je ne sais pas. Après tout, tu es majeur. Mais quand on prend de telles décisions, il ne faut pas penser seulement à ses principes.

Il ne répondit rien, puis soupira.

Guenia intervint :

— Lioudmila !

— Bon, bon, cela ne fait rien ! reprit Lioudmila. Advienne que pourra.

— Oui, ma petite Liouda, ajouta-t-il. « Nous reprendrons le lourd fardeau. »

Il couvrit son cou de sa main et dit en souriant :

— Pardonnez-moi, Geneviève, d'être sans cravate.

Il regardait Lioudmila et Guenia, et il avait l'impression de comprendre vraiment, pour la première fois, combien dure et sérieuse était la vie terrestre, quel rôle important jouaient les proches.

Il comprenait que la vie reprendrait son cours, que, de nouveau, il s'énerverait, s'inquiéterait pour des bêtises, se fâcherait contre sa femme et sa fille.

— Vous savez quoi ? Assez parlé de moi ! dit-il. Guenia, si on faisait une partie d'échecs ? Vous vous souvenez, quand vous m'avez mis mat deux fois de suite ?

Ils disposèrent les pièces et Strum, qui jouait avec les blancs, avança le pion du roi. Guenia fit remarquer :

— Nikolaï commençait toujours ainsi, quand il avait les blancs. Croyez-vous qu'on me donnera une réponse, aujourd'hui, à Kouznetski Most ?

Lioudmila Nikolaïevna se pencha et passa des pantoufles à Strum. Sans regarder, il tenta d'y glisser ses pieds. Lioudmila Nikolaïevna eut un soupir rageur, elle s'agenouilla sur le sol et l'aida à se chausser. Il lui déposa un baiser sur la tête, en disant d'un ton distrait :

— Merci, ma petite Liouda, merci.

Guenia, qui n'avait pas commencé à jouer, secoua violemment la tête :

— Non, je ne comprends pas. Le trotskisme, c'est une vieille histoire. Il a dû se produire quelque chose. Mais quoi ? Quoi ?

Lioudmila Nikolaïevna fit remarquer, en arrangeant soigneusement les pièces blanches :

— Je n'ai pratiquement pas dormi de la nuit. Un communiste aussi dévoué, aussi convaincu !

— Je crois que tu as passé une excellente nuit, rétorqua Guenia. Je me suis réveillée à plusieurs reprises et, chaque fois, je t'ai entendue ronfler.

Lioudmila Nikolaïevna se mit en colère :

— C'est faux ! Je n'ai pour ainsi dire pas fermé l'œil.

Et, répondant à voix haute à la question qui la tourmentait, elle dit à son mari :

— Cela ne fait rien. Du moment qu'on ne t'arrête pas ! Et même si on te prive de tout, je ne m'inquiète pas : nous vendrons des affaires, nous irons à la datcha, je vendrai des fraises au marché. Ou j'enseignerai la chimie à l'école.

— On vous reprendra la datcha, dit Guenia.

— Mais ne comprenez-vous pas que Nikolaï est innocent ? demanda Strum. C'est une autre génération. Avec des critères différents.

Ils étaient là, devant le jeu, à contempler l'unique pion qui avait été joué, et bavardaient.

— Guenia, ma chérie, dit Victor Pavlovitch, vous avez agi selon votre conscience. Croyez-moi, c'est ce que l'homme a de meilleur. Je ne sais pas ce que vous réserve la vie, mais je suis persuadé d'une chose : vous avez agi selon votre conscience. Tout notre drame vient de ce que nous refusons ce que nous dicte notre conscience. Nous ne disons pas ce que nous pensons. Nous sentons les choses d'une façon, mais nous agissons d'une autre. Rappelez-vous ce que Tolstoï écrivait, à propos des exécutions : « Je ne peux me taire[1] ! » Mais nous nous sommes tus, quand, en 37,

---

1. Tolstoï écrivit l'article qui porte ce titre en 1908, fort du souvenir des années 1905-1907.

on a exécuté des milliers d'innocents. Et encore, ce sont les meilleurs d'entre nous qui se sont tus ! Il s'en est aussi trouvé pour applaudir bruyamment. Nous nous sommes tus au moment des horreurs de la collectivisation. Nous avons trop vite clamé que le socialisme était arrivé. Le socialisme n'est pas seulement l'industrie lourde. C'est, avant tout, le droit à la conscience. Priver un homme de ce droit, c'est terrible ! Et quand un homme trouve la force d'agir selon sa conscience, il éprouve brusquement une telle joie ! Je suis heureux pour vous : vous avez agi selon votre conscience.

— Vitia, arrête un peu tes sermons. Cesse de désorienter cette petite sotte ! intervint Lioudmila Nikolaïevna. Que vient faire ici la conscience ? Elle ruine sa vie, elle tourmente un brave homme, et tout cela pour quoi ? En quoi cela peut-il aider Krymov ? Je ne crois pas qu'il puisse être heureux si on le relâche. Il allait parfaitement bien quand ils se sont séparés. Elle n'a rien à se reprocher à son égard.

Evguenia Nikolaïevna prit le roi, le fit tournoyer en l'air, regarda le petit bout de feutre collé dessous, et le remit à sa place.

— Liouda, dit-elle, de quel bonheur parles-tu ? Je ne pense pas au bonheur.

Strum regarda la pendule. Le cadran lui parut paisible, les aiguilles calmes, endormies.

— La discussion doit battre son plein. On doit me maudire à tour de bras. Mais je ne ressens ni haine ni humiliation.

— Moi, je casserais la gueule à ces sans-pudeur ! rétorqua Lioudmila. Un jour, on dit que tu es l'espoir de la science et, le lendemain, on te crache à la figure ! Quand dois-tu aller à Kouznetski Most, Guenia ?

— Vers 4 heures.

— Je vais te faire à manger. Tu iras ensuite.

— Qu'aurons-nous pour le déjeuner ? s'enquit Strum, et il ajouta en souriant : Savez-vous, Mesdames, ce que je vais vous demander ?

— Je sais, je sais, tu veux travailler, fit Lioudmila Nikolaïevna en se levant.

— Un autre se cognerait la tête contre les murs, un jour pareil, dit Guenia.

— C'est une faiblesse, chez moi, pas une force, répondit Strum. Hier, D.P. m'a tenu un grand discours sur la science. Mais j'ai une autre théorie, un autre point de vue sur la question. Un peu comme Tolstoï : il doutait, se tourmentait, se demandait si la littérature, les livres qu'il écrivait pouvaient servir aux gens.

— Tu sais quoi ? rétorqua Lioudmila. Commence donc par écrire *Guerre et Paix* de la physique.

Strum eut l'air terriblement gêné.

— Oui, oui, ma petite Liouda, tu as raison, assez de bafouillages, bredouilla-t-il en jetant malgré lui à sa femme un regard chargé de reproches. Seigneur ! Comment peut-on, en un moment pareil, souligner chaque mot que je dis de travers !

Il resta seul de nouveau. Il relut les notes qu'il avait prises la veille, tout en pensant à sa situation présente.

Pourquoi se sentait-il mieux, depuis que Lioudmila et Guenia avaient quitté la pièce ? Devant elles, il se sentait dans une situation fausse. Sa proposition de faire une partie d'échecs, son désir de travailler, tout cela était faux. Lioudmila l'avait sans doute perçu quand elle lui avait reproché ses sermons. Il avait lui-même remarqué, en faisant son éloge de la conscience, combien sa voix semblait de bois, combien elle sonnait faux. Redoutant d'être soupçonné d'auto-admiration, il s'était efforcé de parler de choses anodines, mais, là encore, comme dans ses sermons, son ton sonnait faux.

Une vague inquiétude l'avait envahi, il n'arrivait pas à comprendre ce qui lui manquait.

À plusieurs reprises, il se leva, se dirigea vers la porte, tendit l'oreille aux conversations de sa femme et d'Evguenia Nikolaïevna.

Il n'avait pas envie de savoir ce qu'on avait pu dire à la réunion, qui avait parlé avec le plus d'intolérance, ni à quelle résolution on était parvenu. Il écrirait un petit mot à Chichakov : sa santé le tiendrait éloigné de l'Institut pendant quelques jours. Par la suite, ce ne serait plus nécessaire. Il était toujours disposé à se rendre utile, dans la mesure où cela lui était possible. Voilà, c'était tout.

Pourquoi redoutait-il tant d'être arrêté, ces derniers jours ? Après tout, il n'avait rien fait de si grave. Bon, il avait eu la langue un peu longue. Et encore ! Pas tellement, en fin de compte. Ils le savaient, là-bas.

Un bref coup de sonnette retentit dans l'entrée. Strum bondit hors de sa chambre, criant en direction de la cuisine :

— J'ouvre, Lioudmila.

Il ouvrit tout grand la porte et, dans la pénombre du couloir, il vit, fixés sur lui, les yeux inquiets de Maria Ivanovna.

— Bien sûr, dit-elle doucement. Je savais que vous n'iriez pas.

En l'aidant à quitter son manteau, en sentant, sur ses mains, la chaleur de son cou et de sa nuque sur le col du vêtement, Strum comprit soudain qu'il l'attendait. Il pressentait sa venue et c'est pour cela qu'il tendait l'oreille, jetait sans cesse des coups d'œil vers la porte.

Il en eut la révélation par le sentiment de légèreté, de joie toute naturelle qu'il éprouva en la voyant. C'était donc elle qu'il souhaitait rencontrer le soir, quand il rentrait, le cœur lourd, de l'Institut, quand il détaillait anxieusement les passants, dévisageait les femmes derrière les vitres des tramways et des trolleybus. Et lorsque, de retour chez lui, il demandait à sa femme si personne n'était venu, il voulait en fait savoir si *elle* n'était pas venue. Cela remontait à loin… Elle venait, ils bavardaient, plaisantaient, puis elle repartait et il avait l'impression de l'oublier. Elle lui revenait en mémoire, quand il discutait avec Sokolov, ou quand Lioudmila Nikolaïevna lui transmettait un salut de sa part. On eût pu croire qu'elle n'existait que lorsqu'il la voyait, ou disait quelle femme charmante c'était. Parfois, pour taquiner Lioudmila, il racontait que son amie n'avait lu ni Pouchkine ni Tourgueniev.

Il se promenait avec elle au Jardin des Plaisirs, il aimait à la regarder, il était heureux qu'elle le comprît facilement, d'emblée, sans jamais se tromper ; elle le touchait, par cette façon enfantine qu'elle avait d'être attentive, de l'écouter. Puis, ils se séparaient et il cessait de penser à elle. Parfois, elle lui revenait en mémoire, tandis qu'il marchait dans les rues et, de nouveau, il l'oubliait.

Il comprit soudain qu'elle était constamment à ses côtés, il avait seulement eu l'impression qu'elle n'était pas là. Elle était toujours avec lui, même s'il ne pensait pas à elle. Il ne la voyait pas, ne s'en souvenait pas, mais elle continuait d'être là. Quand il n'y pensait pas, il avait l'impression qu'elle était ailleurs ; il ne s'apercevait pas qu'il souffrait constamment de son absence. Mais aujourd'hui, il se comprenait bien lui-même, et comprenait les gens dont la vie se déroulait tout près de la sienne et, en la regardant, il eut la révélation de ses sentiments pour elle. En l'apercevant, il se sentit tout heureux que la sensation épuisante de son absence se fût enfin évanouie. Il se sentit léger, parce qu'elle était avec lui, parce qu'il avait cessé de souffrir, inconsciemment, de son éloignement. Ces derniers temps, il s'était senti tellement seul. Il avait eu cette impression de solitude en discutant avec sa fille, ses amis, Tchepyjine, sa femme. Et il lui suffisait de voir Maria Ivanovna pour que sa solitude disparût comme par enchantement.

Mais cette découverte ne le surprenait point : elle était naturelle, indéniable. Comment avait-il pu, un ou deux mois plus tôt, à Kazan, ne pas comprendre une chose aussi simple, indiscutable ?

Et, tout naturellement, en ce jour où il avait si fortement ressenti son absence, les sentiments dissimulés au plus profond de son âme remontèrent à la surface, affleurèrent à sa pensée.

Et comme il lui était impossible de lui cacher quoi que ce fût, il lui déclara dans l'entrée, en la fixant, les yeux mi-clos :

— J'avais l'impression d'avoir une faim de loup, je ne cessais de regarder la porte en me demandant si nous déjeunerions bientôt ; mais, en fait, j'attendais impatiemment la venue de Maria Ivanovna.

Elle ne répondit rien – on eût dit qu'elle n'avait pas entendu – et entra dans la salle de séjour.

Elle était assise sur le divan, à côté de Guenia, qui lui avait été présentée, et les yeux de Victor Pavlovitch passaient de Guenia à Maria Ivanovna, puis à Lioudmila.

Que les deux sœurs étaient donc belles ! Ce jour-là, le visage de Lioudmila Nikolaïevna était particulièrement attirant. La dureté qui, bien souvent, l'enlaidissait avait presque disparu. Ses grands yeux clairs étaient doux et tristes.

Sentant sur elle le regard de Maria Ivanovna, Guenia arrangea ses cheveux.

— Pardonnez-moi, Evguenia Nikolaïevna, mais je n'imaginais pas qu'il pût exister une femme aussi belle. Je n'ai jamais vu un visage comme le vôtre.

Et en disant ces mots, elle rougit.

— Macha, regarde ses mains, ses doigts, renchérit Lioudmila Nikolaïevna, et son cou, ses cheveux !

— Et ses narines, ses narines ! dit Strum.

— Vous me prenez pour une jument, ou quoi ? protesta Guenia. Si vous saviez comme je m'en moque !

— Le cheval ne nourrit pas son homme, reprit Strum. Et ces paroles, bien que sibyllines, déclenchèrent les rires.

— Tu as faim, Vitia, c'est ça ? demanda Lioudmila Nikolaïevna.

— Mais non, pas du tout, répondit-il, et il vit que Maria Ivanovna rougissait à nouveau. Elle avait donc entendu ce qu'il avait dit dans l'entrée.

Elle était assise, toute grise comme un moineau, maigre, avec sa coiffure d'institutrice, son petit front bombé, son tricot rapiécé aux coudes ; chaque parole qu'elle prononçait semblait à Strum un sommet d'intelligence, de tact, de bonté, chacun de ses gestes était doux et gracieux.

Elle ne parla pas du Conseil scientifique, elle demanda des nouvelles de Nadia, se fit prêter par Lioudmila Nikolaïevna *La Montagne magique* de Mann, pria Guenia de lui raconter ce que devenaient Vera et son petit garçon, et ce qu'écrivait, de Kazan, Alexandra Vladimirovna.

Strum mit un certain temps à comprendre que Maria Ivanovna avait donné à la conversation le tour qu'il fallait. Elle semblait démontrer qu'il n'y avait pas de force au monde capable d'empêcher les gens de rester des gens, que l'État le plus puissant ne pouvait faire irruption dans le cercle des pères, des enfants, des sœurs, et qu'en ce jour fatal son admiration pour les êtres parmi lesquels elle se trouvait s'exprimait dans le fait que leur victoire leur donnait le droit de parler, non de ce qu'on leur imposait de l'extérieur, mais de ce qui existait à l'intérieur.

Elle avait deviné juste, et, tandis que les femmes parlaient de Nadia et de l'enfant de Vera, il resta silencieux, sentant que la lumière qui avait jailli en lui continuait de brûler, chaude et régulière, qu'elle ne vacillait pas, ne pâlissait pas.

Il avait l'impression que le charme de Maria Ivanovna subjuguait Guenia. Lioudmila Nikolaïevna partit à la cuisine et Maria Ivanovna l'y rejoignit pour l'aider.

— Quelle femme délicieuse, dit rêveusement Strum.

Guenia le rappela, en riant, à la réalité :

— Vitka, hé, Vitka !

Il en fut tout interloqué : il y avait bien vingt ans qu'on ne l'avait appelé Vitka.

— Cette petite dame est amoureuse de vous, cela saute aux yeux ! dit Guenia.

— Quelles fadaises ! répliqua-t-il. Et pourquoi « cette petite dame » ? Elle n'a rien d'une dame. Lioudmila n'a jamais eu d'amie. Mais avec Maria Ivanovna, c'est une véritable amitié.

— Et pour vous ? demanda Guenia, amusée.

— Je parle sérieusement, répondit Strum.

Voyant qu'il était en colère, elle le regarda, moqueuse.

— Vous savez quoi, ma petite Guenia ? Allez au diable ! dit-il.

Nadia arriva à ce moment-là. Elle demanda aussitôt, du couloir :

— Papa est allé se repentir ?

Elle entra dans la pièce. Strum la prit dans ses bras et l'embrassa. Evguenia Nikolaïevna, les yeux humides, regarda sa nièce.

— Elle n'a pas une goutte de sang slave, dit-elle. Une vraie fille de Judée.

— Les gènes de papa, rétorqua Nadia.

— Tu es mon point faible, Nadia, reprit Evguenia Nikolaïevna. Comme Serioja pour sa grand-mère.

— Ne t'inquiète pas, papa, nous ne te laisserons pas mourir de faim, dit Nadia.

— Qui ça, nous ? demanda Strum. Ton lieutenant et toi ? Lave-toi les mains, en rentrant de l'école.

— Avec qui maman parle-t-elle ?

— Avec Maria Ivanovna.

— Tu aimes Maria Ivanovna ? demanda Evguenia Nikolaïevna.

— Pour moi, il n'y a pas meilleure femme au monde, dit Nadia. Je l'épouserais sans hésiter.

— Elle est bonne, c'est un ange, renchérit Evguenia Nikolaïevna, railleuse.

— Elle ne vous plaît pas, tante Guenia ?

— Je n'aime pas les saints. Leur sainteté cache souvent de l'hystérie, répondit Evguenia Nikolaïevna. Je préfère une franche garce.

— De l'hystérie ? demanda Strum.

— Je vous assure, Victor, je ne parlais pas d'elle, c'était en général.

Nadia s'en fut à la cuisine et Evguenia Nikolaïevna dit à Strum :

— Quand je vivais à Stalingrad, Vera avait un lieutenant. Et Nadia, à présent, qui a le sien. Mais il disparaîtra. Ils périssent si facilement ! Vitia, c'est tellement triste.

— Ma petite Guenia, Geneviève, reprit Strum. Vraiment, vous n'aimez pas Maria Ivanovna ?

— Je ne sais pas, franchement, s'empressa-t-elle de répondre. Il y a des femmes qui ont ainsi un caractère accommodant, qui semblent avoir le goût du sacrifice. Une femme de ce genre ne dira jamais : « Je couche avec ce bonhomme parce que j'en ai envie. » Elle expliquera : « C'est mon devoir, il me fait de la peine, je me sacrifie. » Les bonnes femmes de ce type couchent avec des hommes, vivent avec eux ou les laissent tomber parce qu'elles en ont envie ; mais elles l'expriment toujours autrement : « C'était nécessaire, c'était mon devoir ; ma conscience l'exigeait ; j'ai refusé, je me suis sacrifiée. » En fait, elles n'ont rien sacrifié, elles n'ont fait que ce qu'elles voulaient, et le plus répugnant est que ces dames croient sincèrement être prêtes à se sacrifier. Je ne peux supporter ce genre de bonnes femmes ! Et savez-vous pourquoi ? Parce que j'ai souvent l'impression d'être moi-même de cette race.

Durant le déjeuner, Maria Ivanovna dit à Guenia :

— Si vous le permettez, Evguenia Nikolaïevna, je vous accompagnerai. J'ai, hélas, l'expérience de ces choses. Et puis, à deux, c'est plus facile.

Guenia se troubla et dit :

— Non, non, merci beaucoup, ce sont des choses qu'il faut faire seule. Impossible de partager ce fardeau.

Lioudmila Nikolaïevna jeta à sa sœur un coup d'œil en coin et, comme pour lui expliquer que Maria Ivanovna et elle ne se cachaient rien, elle dit :

— Cette chère Macha s'est mis dans la tête que tu ne l'aimais pas.

Evguenia Nikolaïevna ne répondit rien.

— Oui, oui, reprit Maria Ivanovna. Je le sens. Mais pardonnez-moi d'en avoir parlé. C'est stupide. Qu'avez-vous à faire de moi ? Lioudmila Nikolaïevna a eu tort d'aborder ce sujet. À présent, on dirait que je veux vous forcer à modifier votre impression. J'ai dit cela sans réfléchir. D'ailleurs…

Evguenia Nikolaïevna, à sa grande surprise, dit en toute sincérité :

— Mais non, ma chère, mais non. Je suis tellement désemparée, pardonnez-moi. Vous êtes très bien. Puis elle se leva précipitamment, en s'exclamant : Eh bien ! mes enfants, comme dit maman : « Il faut que j'y aille ! »

27

Dans la rue, il y avait foule.

— Vous êtes pressée ? demanda-t-il. On pourrait retourner aux Plaisirs.

— Voyons, les gens sortent du travail. Il faut que je sois rentrée pour accueillir Piotr Lavrentievitch.

Il se dit qu'elle l'inviterait à l'accompagner, pour que Sokolov lui raconte la réunion du Conseil scientifique. Mais elle ne dit rien, et il soupçonna Sokolov d'avoir peur de le rencontrer.

Il lui en voulait de se hâter de rentrer, et pourtant c'était bien naturel.

Ils passèrent devant un square, non loin de la rue qui menait au monastère Donskoï.

Elle s'arrêta soudain et proposa :

— Asseyons-nous un instant, ensuite je prendrai le trolley.

Ils ne disaient rien, mais il sentait son trouble. La tête légèrement penchée, elle regardait Strum dans les yeux.

Ils ne disaient toujours rien. Ses lèvres étaient closes, mais il lui semblait entendre sa voix. Tout était clair, tellement clair, comme s'ils s'étaient déjà tout dit. D'ailleurs, que pouvaient les mots ?

Il comprenait qu'il se produisait une chose extrêmement sérieuse, qu'une nouvelle empreinte allait marquer sa vie, qu'il devait s'attendre à une période troublée, particulièrement pénible. Il ne souhaitait pas causer de souffrances aux autres. Il vaudrait mieux que personne ne sût leur amour ; peut-être, alors, ne se l'avoueraient-ils pas. Mais peut-être aussi... Ils étaient incapables de dissimuler ce qui leur arrivait, leur joie et leur peine, et cela entraînait des changements inévitables, des bouleversements. Tout ce qui arrivait dépendait d'eux, il leur semblait pourtant que c'était la fatalité et qu'ils ne pouvaient que s'y résigner. Tout ce qui naissait entre eux était vrai, naturel – ils n'en étaient pas plus responsables que l'homme ne l'est de la lumière du jour –, mais cette vérité engendrait le mensonge, les faux semblants, la cruauté à l'égard de leurs proches. Il ne dépendait que d'eux d'éviter ce mensonge et cette cruauté, il suffisait de refuser cette lumière claire et naturelle.

Une chose semblait évidente à Strum : il perdait à jamais la paix de l'âme. Quoi qu'il pût lui arriver désormais, il ne connaîtrait plus jamais le repos. Qu'il dissimule ses sentiments à la femme assise près de lui ou que ces sentiments s'expriment et deviennent son nouveau destin, il ignorerait la paix.

Elle le regardait toujours avec une expression insupportable de bonheur et de désespoir.

Il ne s'était pas incliné, avait tenu bon lorsqu'il avait fait front à une force immense et impitoyable, et voilà que sur ce banc il se sentait tout faible.

— Victor Pavlovitch, dit-elle, il faut que je parte. Piotr Lavrentievitch m'attend.

Elle lui prit la main et dit :

— Nous ne nous reverrons plus. J'ai donné ma parole à Piotr Lavrentievitch de ne plus vous fréquenter.

Il ressentit les troubles qu'éprouvent les gens malades du cœur : son cœur dont le fonctionnement ne dépendait pas de la volonté humaine, cessa de battre ; le monde vacilla, se renversa, la terre et l'air disparurent.

— Pourquoi, Maria Ivanovna ? demanda-t-il.

— Piotr Lavrentievitch m'a fait promettre que je cesserais de vous voir. Je lui ai donné ma parole. C'est sans doute terrible, mais il est dans un tel état ! C'est un homme malade, je crains pour sa vie.

— Macha, dit-il.

Dans sa voix, sur son visage, il découvrait une force invincible, semblable à celle qu'il avait tenté de contrer tous ces derniers temps.

— Macha, répéta-t-il.

— Mon Dieu, mais vous comprenez, vous voyez que je ne dissimule pas. Pourquoi parler de tout cela ? Je ne peux pas, je ne peux pas. Piotr Lavrentievitch en a déjà tellement supporté. Vous savez tout cela. Et pensez aux souffrances qu'a endurées Lioudmila Nikolaïevna. C'est impossible.

— Oui, oui, nous n'avons pas le droit, renchérit-il.

— Mon chéri ! Mon pauvre, pauvre ami ! dit-elle.

Il avait laissé tomber son chapeau sur le sol. Les gens devaient les regarder.

— Oui, oui, nous n'avons pas le droit, répéta-t-il.

Il lui embrassait les mains, et, tandis qu'il tenait ses doigts petits et froids, il lui sembla que la force invincible de sa décision était liée à sa faiblesse, sa soumission, son impuissance…

Elle se leva et partit sans se retourner. Il resta assis à se dire que, pour la première fois, il avait vu son bonheur en face, la lumière de sa vie, et que tout cela l'avait quitté. Il lui semblait que cette femme, dont il venait d'embrasser les doigts, aurait pu remplacer tout ce qu'il souhaitait dans la vie, tout ce dont il rêvait : la science, la gloire, la joie d'être reconnu universellement.

28

Au lendemain de la réunion du Conseil scientifique, Strum reçut un coup de téléphone de Savostianov, qui s'enquit de sa santé et de celle de Lioudmila Nikolaïevna.

Strum lui demanda comment s'était passée la réunion, et Savostianov répondit :

— Je ne voudrais pas vous affliger, Victor Pavlovitch, mais il apparaît qu'il existe plus de minables que je ne pensais.

« Sokolov aurait-il pris la parole ? » se demanda Strum, mais il dit :

— Une résolution a été adoptée ?

— Oui, et dure ! On considère que certaines choses sont incompatibles… On a décidé de prier la direction de réexaminer la question de l'avenir de…

— Je vois, coupa Strum. Et bien qu'il fût persuadé qu'une telle résolution serait adoptée, il resta muet de surprise.

« Je suis innocent, se dit-il, et pourtant on va m'arrêter. Ils savaient, làbas, que Krymov n'avait rien fait et ils l'ont mis en prison. »

— Quelqu'un a-t-il voté contre ? demanda Strum, mais il ne reçut, en réponse, qu'un silence gêné de Savostianov.

— Non, Victor Pavlovitch, je crois qu'il y a eu unanimité, dit enfin Savostianov. Vous vous êtes fait beaucoup de tort en ne venant pas.

La voix de Savostianov n'était pas très nette, il devait appeler d'une cabine.

Le même jour, Anna Stepanovna appela, elle aussi. Elle ne figurait plus sur la liste des collaborateurs, n'allait plus à l'Institut et ignorait tout de la séance du Conseil scientifique. Elle dit qu'elle partait pour deux mois chez sa sœur, à Mourom, et Strum fut très touché par son amitié : elle l'invita à venir la voir.

— Merci, merci, dit-il. Quitte à aller à Mourom, autant ne pas s'y tourner les pouces. Mieux vaut enseigner la physique dans une école d'instituteurs.

— Seigneur, Victor Pavlovitch ! s'exclama Anna Stepanovna. Pourquoi avez-vous fait tout cela ? Je suis au désespoir. Tout est de ma faute. Est-ce que je valais cela ?

De toute évidence, elle avait pris ses paroles sur l'école d'instituteurs comme un reproche à son adresse. On l'entendait très mal, elle aussi, elle devait appeler d'une cabine.

« Sokolov aurait-il pris la parole ? » se demandait Strum.

Tard le soir, Tchepyjine appela. Toute la journée, tel un grand malade, Strum ne s'était animé que lorsqu'on lui parlait de sa maladie. Tchepyjine le sentit.

— Sokolov aurait-il pris la parole ? demandait Strum à Lioudmila Nikolaïevna, mais, bien entendu, elle n'en savait pas plus que lui sur la question.

Une sorte de voile s'était tissé entre ses proches et lui.

De toute évidence, Savostianov craignait de parler de ce qui intéressait Victor Pavlovitch, il ne voulait pas être son informateur. Il devait se dire : « Strum rencontrera bien des gens de l'Institut et il leur expliquera : je suis au courant, Savostianov m'a fait un compte rendu détaillé. »

Anna Stepanovna était très chaleureuse, mais en pareil cas elle aurait dû ne pas se contenter d'un coup de téléphone et venir lui rendre visite.

Quant à Tchepyjine, il aurait dû, pensait Victor Pavlovitch, lui proposer de collaborer aux travaux de l'Institut d'astrophysique, ou au moins envisager cette question.

« Ils m'en veulent, je leur en veux, ils auraient mieux fait de ne pas appeler. »

Il attendit toute la journée des coups de téléphone de Gourevitch, Markov, Pimenov.

Puis il se mit en colère contre les techniciens et les électriciens qui installaient les nouveaux appareils.

« Bandes de salauds, se disait-il. Ils n'ont rien à craindre, eux, les ouvriers ! »

La pensée de Sokolov lui était insupportable ; Piotr Lavrentievitch avait enjoint à Maria Ivanovna de ne plus appeler Strum ! Il pouvait pardonner à tous, à ses vieilles connaissances, ses parents, ses collègues. Mais un ami ! La pensée de Sokolov éveillait en lui une telle haine, une rancœur si douloureuse, qu'il avait peine à respirer. Cependant, tout en pensant à la trahison de son ami, Strum, sans en avoir conscience, cherchait à justifier sa propre trahison.

Sa nervosité l'amena à écrire à Chichakov une lettre absolument inutile, le priant de l'informer de la décision prise par la direction de l'Institut, sa santé l'empêchant, durant quelques jours, de venir travailler au laboratoire.

La journée du lendemain se passa tout entière sans coup de téléphone.

« Bon, de toute façon, ils m'arrêteront », se disait Strum.

Mais cette idée, désormais, ne le tourmentait plus, elle le consolait, au contraire. De la même façon, les malades se consolent en se disant : « Maladie ou pas, il faut bien mourir. »

Victor Pavlovitch dit à Lioudmila Nikolaïevna :

— La seule personne qui nous apporte des nouvelles, c'est Guenia. Remarque, des nouvelles qui viennent directement du NKVD...

— À présent, je suis persuadée, répondit Lioudmila Nikolaïevna, que Sokolov a pris la parole au Conseil scientifique. Le silence de Maria Ivanovna ne s'explique pas autrement. Après cela, elle a honte de téléphoner. Cela dit, je peux l'appeler moi-même, dans la journée, quand il sera au travail.

— En aucun cas ! s'écria Strum. Tu m'entends, Liouda, en aucun cas !

— Mais je n'ai rien à voir dans tes relations avec Sokolov, s'insurgea Lioudmila Nikolaïevna. En revanche, je suis amie avec Macha.

Il ne pouvait expliquer à Lioudmila pourquoi elle ne devait pas téléphoner à Maria Ivanovna. Il était gêné de penser que Lioudmila pourrait, sans le savoir, devenir un lien entre Maria Ivanovna et lui.

— Liouda, nous ne pouvons, désormais, avoir avec les gens que des relations à sens unique. Quand un homme est arrêté, sa femme ne peut plus rendre visite qu'aux gens qui acceptent de l'inviter. Elle n'a pas le droit de dire d'elle-même : j'ai envie de venir vous voir. Ce serait humiliant pour elle et son mari. Nous sommes entrés, toi et moi, dans une ère nouvelle. Nous ne pouvons plus écrire de lettres, nous ne pouvons que répondre. Nous n'avons plus le droit de téléphoner ; il ne nous reste que la possibilité de répondre quand on nous appelle. Nous n'avons plus le droit de saluer nos amis les premiers, car ils peuvent ne pas souhaiter nous dire bonjour. Et s'ils le font, ils peuvent ne pas désirer bavarder. N'importe qui est en droit de me faire un signe de tête mais de refuser de me parler. En revanche, si on engage la conversation, je répondrai. Nous faisons maintenant partie de la caste des parias.

Il fit une pause.

— Heureusement pour les parias, il y a quelques exceptions. Il y a une ou deux personnes – je ne parle pas de nos proches, de ta mère, de Guenia – qui méritent la confiance des parias. À eux, on peut téléphoner, écrire, sans attendre le signal. Tiens, prends Tchepyjine...

— Tu as raison, Vitia, tout cela est vrai, répondit Lioudmila Nikolaïevna, et il fut étonné d'entendre ces paroles. Il y avait bien longtemps qu'elle n'avait admis qu'il disait vrai. Mais moi aussi, j'ai une amie : Maria Ivanovna !

— Liouda ! s'écria-t-il. Liouda ! Sais-tu que Maria Ivanovna a promis à Sokolov de ne plus nous revoir ? Va donc l'appeler, après cela ! Eh bien ! vas-y, appelle !

Il décrocha le téléphone et tendit l'écouteur à Lioudmila Nikolaïevna.

À cet instant, il se prit à espérer, dans un recoin de sa conscience, que Lioudmila téléphonerait... et qu'elle entendrait, elle, la voix de Maria Ivanovna.

Mais Lioudmila Nikolaïevna dit seulement :

— Ah ! c'est comme cela !

Et elle raccrocha.

— Comment se fait-il que Geneviève ne rentre pas ? demanda Strum. Le malheur nous réunit. Je n'ai jamais éprouvé à son égard autant de tendresse qu'aujourd'hui.

Quand Nadia revint, Strum lui dit :

— Nadia, j'ai parlé avec ta mère, elle t'expliquera tout en détail. Il ne faut plus, maintenant que je suis devenu un épouvantail, que tu fréquentes les Postoïev, les Gourevitch et autres. Pour tous ces gens-là, tu es d'abord ma fille. Ma fille ! Comprends-tu qui tu es ? Un membre de ma famille ! Je t'en prie avec la dernière énergie...

Il savait par avance ce qu'elle répondrait, comment elle protesterait, s'indignerait.

Nadia leva la main pour l'interrompre :

— Bah !, je l'ai compris quand j'ai vu que tu n'allais pas à ton fameux conseil.

Désemparé, il regardait sa fille. Puis il lança, ironique :

— J'espère que tout ça n'influe pas sur ton lieutenant.

— Bien sûr que non !

— Alors ?

Elle haussa les épaules.

— Alors, rien. Tu comprends bien toi-même...

Strum regarda sa femme, sa fille, leur tendit les bras et partit dans sa chambre.

Et son geste recelait tant de désarroi, de culpabilité, de faiblesse, de gratitude et d'amour que toutes deux demeurèrent longtemps côte à côte, sans prononcer une parole, sans oser se regarder.

29

Pour la première fois depuis le début de la guerre, Darenski suivait la voie de l'offensive : il donnait la chasse à des unités blindées qui refluaient vers l'ouest.

Dans la neige, la plaine, au bord des routes, des tanks et des canons allemands, des camions italiens aux museaux obtus étaient immobilisés, des corps inanimés d'Allemands et de Roumains gisaient. La mort et le froid avaient préservé, afin qu'on en pût contempler le tableau, la défaite des troupes ennemies. Chaos, désarroi, souffrance, tout était incrusté, pris dans la neige qui conservait, dans une immobilité glacée, le désespoir ultime, les convulsions des machines et des hommes errant sur les routes.

Le feu et la fumée des obus, la flamme noire de fumée des feux de camp s'imprimaient sur la neige en taches roussâtres et sombres, en glace d'un brun jaunâtre.

Les armées soviétiques marchaient vers l'ouest et des foules de prisonniers se dirigeaient vers l'est.

Les Roumains portaient leurs capotes vertes et leurs hauts bonnets de mouton. Ils souffraient manifestement moins du froid que les Allemands. En les regardant, Darenski n'avait pas l'impression que c'étaient les soldats d'une armée vaincue : il avait devant lui des milliers et des milliers de paysans épuisés, affamés, coiffés de bonnets d'opérette. On se moquait des Roumains, mais sans méchanceté, avec un dédain teinté de pitié. Puis Darenski remarqua qu'on avait moins de hargne encore envers les Italiens.

Les Hongrois, les Finlandais et, surtout, les Allemands suscitaient d'autres sentiments.

Les prisonniers allemands étaient affreux à voir.

Ils marchaient, la tête et les épaules enveloppées dans des lambeaux de couvertures. Aux pieds, ils portaient, par-dessus leurs bottes, des bouts de sacs et des chiffons fixés à l'aide de fils de fer et de cordes.

Beaucoup avaient les oreilles, le nez, les joues tavelés de gangrène noire, due au froid. Le tintement des gamelles accrochées à leurs ceintures évoquait les fers des bagnards.

Darenski contemplait les cadavres, exhibant avec une impudeur involontaire leurs ventres tombants et leurs organes sexuels, il contemplait les visages burinés par le vent glacé de la steppe des hommes qui escortaient les prisonniers.

Étranges, complexes étaient les sentiments qu'éveillait en Darenski la vue des chars et des camions allemands abandonnés dans la steppe enneigée, la vue des cadavres gelés, des files d'hommes qui avançaient vers l'est sous escorte.

C'était l'expiation.

Il se rappelait les récits sur les Allemands qui se moquaient de la misère de l'isba russe, qui regardaient avec un étonnement dégoûté les berceaux rudimentaires, les grands poêles paysans, les pots de terre, les images fixées au mur, les baquets, les coqs d'argile, tout ce monde merveilleux et touchant où étaient nés et avaient grandi les garçons qui fuyaient devant les chars allemands.

— Regardez, camarade colonel, dit le chauffeur.

Quatre Allemands portaient un camarade dans une capote. Leurs visages, leurs cous tendus montraient clairement que, eux aussi, allaient tomber d'une seconde à l'autre. Ils chancelaient, balancés de part en part. Les chiffons dont ils s'étaient emmaillotés leur battaient les pieds, la neige sèche cinglait leurs yeux déments, leurs doigts gelés s'agrippaient aux coins de leur capote.

— Les voilà bien, les Boches, dit le chauffeur.

— Pas nous qui les avons appelés, répondit Darenski.

Et soudain un violent sentiment de bonheur le submergea. Dans un brouillard de neige, droit à travers la steppe, les chars soviétiques, des T-34 hargneux, rapides, musculeux, marchaient vers l'ouest.

Sortis à moitié du char, les tankistes, casques de cuir noir, peaux de mouton noir, filaient à travers l'océan de la steppe, à travers le brouillard de neige, laissant derrière eux une écume de neige sale. Fierté et bonheur coupaient le souffle.

Une Russie d'acier, terrible et sombre, allait vers l'ouest.

Un bouchon les arrêta à l'entrée d'un village. Darenski descendit de voiture, passa devant une double file de camions, devant des « Katioucha » recouvertes de bâches… On faisait traverser la route à un groupe de prisonniers. Un colonel, descendu de voiture lui aussi, regardait les prisonniers ; il portait un de ces bonnets d'astrakan argenté que l'on ne peut se procurer qu'en commandant une armée ou en entretenant des liens d'amitié avec un intendant. Les soldats de l'escorte criaient en levant les crosses :

— Allez, allez, plus vite.

Un mur invisible séparait les prisonniers des chauffeurs et soldats, un froid plus fort que celui de la steppe empêchait les yeux de se rencontrer.

— Regarde, regarde, il a une queue celui-là, dit une voix rieuse.

Un soldat allemand traversait la route à quatre pattes. Un lambeau de couverture d'où s'échappait de l'ouate traînait derrière lui. L'Allemand marchait le plus vite qu'il pouvait, sans lever la tête ; il ressemblait à un chien cherchant une trace. Il allait droit sur le colonel et un chauffeur, qui était à côté de lui, dit en riant :

— Attention, camarade colonel, il va vous mordre.

Le colonel fit un pas de côté et, quand le prisonnier arriva à sa hauteur, le poussa d'un coup de botte. Il suffit de ce faible coup pour briser l'Allemand. Il s'étala en croix sur la route.

Il leva les yeux sur celui qui l'avait frappé. Dans ses yeux, comme dans les yeux d'une brebis qu'on égorge, il n'y avait pas de reproche ni même de souffrance, seulement de la résignation.

— C'est qu'il vous toucherait, ce conquérant de merde ! dit le colonel en essuyant sa botte dans la neige.

Un léger rire parcourut l'assistance.

Darenski sentit sa tête s'embrumer ; quelqu'un d'autre, qu'il connaissait sans le connaître, quelqu'un qui ignorait le doute, dirigeait ses actes.

— Un Russe ne frappe pas un homme à terre, camarade colonel.

— Et moi, qu'est-ce que je suis, pas un Russe peut-être ?

— Vous, vous êtes un salaud.

Et, voyant le colonel marcher vers lui, il prit les devants et cria, coupant court aux colères et menaces de son supérieur :

— Mon nom est Darenski. Lieutenant-colonel Darenski, inspecteur du 3ᵉ bureau de l'état-major du groupe d'armées de Stalingrad. Je suis prêt à répéter ce que je viens de dire devant le commandant du groupe d'armées et devant la Cour martiale.

Le colonel lui jeta un regard chargé de haine.

— Bien, bien, lieutenant-colonel Darenski, ça ne se passera pas comme ça, vous entendrez parler de moi, dit-il en s'éloignant.

Quelques prisonniers tirèrent leur camarade sur le côté et, chose étrange, Darenski buttait maintenant sans cesse sur les regards de ces hommes serrés en tas, il semblait les attirer.

Il regagna lentement sa voiture et entendit une voix moqueuse qui lança :

— Ça y est, les Boches se sont trouvé un défenseur.

La voiture roulait à nouveau vers le front, et, à nouveau, les foules grises des Allemands et les foules vertes des Roumains marchaient à leur rencontre, entravant la circulation.

Le chauffeur regarda de biais les mains de Darenski qui tremblaient alors qu'il allumait une cigarette et dit :

— Moi, je n'éprouve pas de pitié pour eux, je tirerais sur le premier venu.

— D'accord, d'accord, dit Darenski ; tu n'avais qu'à leur tirer dessus en 1941 quand tu te sauvais, comme moi, à toute vitesse devant eux.

Il resta silencieux le reste du chemin.

Mais l'incident avec le prisonnier n'avait pas ouvert son cœur à la bonté. On eût dit qu'il avait dépensé toute la réserve de bonté qui lui avait été allouée.

Quelle différence entre la route dans la steppe kalmouke quand il allait à Jachkoul et la route d'aujourd'hui !

Était-ce lui, l'homme qui s'était dressé dans le brouillard de sable, sous la lune énorme, qui voyait les soldats en fuite, les chameaux aux cous de serpents, et réunissait tendrement en son âme tous les faibles et tous les pauvres qu'il chérissait à ces confins de la terre russe ?

30

L'état-major du corps blindé s'était installé dans une maison à l'entrée du village. La voiture de Darenski s'arrêta devant l'isba. La nuit tombait. Visiblement, l'état-major venait d'arriver dans le village : des soldats déchargeaient des valises, des matelas, d'autres installaient des lignes téléphoniques.

La sentinelle entra à contrecœur dans l'isba, appela l'aide de camp. L'aide de camp sortit à contrecœur sur le perron de l'isba.

— Camarade lieutenant-colonel, dit-il après avoir regardé comme tous les aides de camp les pattes d'épaule au lieu du visage, le commandant du corps d'armée revient juste d'une brigade, il prend un peu de repos. Passez voir au 3ᵉ bureau.

— Dites au commandant du corps d'armée que le lieutenant-colonel Darenski est arrivé. Compris ?, répliqua, hautain, le nouveau venu.

L'aide de camp soupira et rentra dans la maison.

Une minute plus tard, il sortait en appelant :

— Je vous en prie, camarade lieutenant-colonel.

Darenski montait les quelques marches quand Novikov sortit à sa rencontre. Ils s'examinèrent un instant en riant de plaisir.

— Et voilà, nous nous sommes retrouvés, dit Novikov.

Ce fut une bonne rencontre.

Deux têtes sages, comme dans le temps, se penchèrent sur la carte.

— Je progresse aussi vite que l'on décampait il n'y a pas si longtemps que ça, déclara Novikov. Et même encore plus vite, dans ce secteur.

— C'est l'hiver, que donnera l'été ?

— Je n'ai pas de doutes.

— Moi non plus.

C'était un plaisir pour Novikov de montrer la carte à Darenski. Une compréhension immédiate, un intérêt pour des détails que Novikov croyait être le seul à remarquer…

Baissant la voix, comme s'il lui confiait quelque chose d'intime, Novikov dit :

— Bien sûr, bien sûr, il y a l'éclairage dans la zone d'action des chars, il y a la combinaison des forces, le repérage du terrain, etc., mais, dans la zone d'action des chars, les opérations militaires de toutes les armes sont subordonnées à un seul dieu, au char, à notre T-34, notre reine !

Darenski connaissait la carte des opérations militaires ailleurs que sur l'aile sud du front de Stalingrad. Il apprit à Novikov les détails de l'opération du Caucase, le contenu des discussions, interceptées par les Soviétiques, entre Hitler et Paulus lui fournit des détails sur les mouvements de troupes du général d'artillerie Fretter-Pico.

— On voit déjà l'Ukraine par la fenêtre, dit Novikov.

Il montra la carte :

— Et même, il semblerait bien que c'est moi qui en suis le plus proche. Il n'y a que le groupement de Rodine qui me talonne.

Puis, écartant la carte, il déclara :

— Bon, maintenant, y en a marre de discuter tactique et stratégie.

— Alors, sur le plan personnel, rien de nouveau ? demanda Darenski.

— Tout est nouveau.

— Vous seriez-vous marié ?

— Ça va se faire d'un jour à l'autre, j'attends sa venue.

— Encore un bon gars de fichu, lança Darenski. Je vous félicite de tout cœur. Moi, je reste toujours à marier.

— Et comment va Bykov ?

— Bykov ? Il est chez Vatoutine maintenant.

— Il est fortiche, le cochon.

— Un roc.

— Qu'il aille se faire fiche, dit Novikov, et il cria en direction de la pièce voisine : Eh, Verchkov, tu as décidé de nous faire crever de faim ? Appelle le commissaire, nous allons dîner ensemble.

Mais il ne fut pas nécessaire d'appeler Guetmanov ; il vint de lui-même et, debout dans l'embrasure de la porte, dit d'un ton chagrin :

— Alors, qu'est-ce qui se passe, Piotr Pavlovitch, on dirait bien que Rodine nous a dépassés. Tu vas voir, il va arriver en Ukraine avant nous. Et, se tournant vers Darenski, il ajouta : C'est comme ça, maintenant, on craint plus son voisin que l'ennemi. Vous ne seriez pas un voisin, par hasard ? Non, non, c'est clair, vous êtes un vieux camarade.

— Je vois que tu es obsédé par la question ukrainienne, fit remarquer Novikov.

Guetmanov tira vers lui une boîte de conserve et dit sur un ton de menace plaisante :

— Bon, d'accord, mais méfie-toi, colonel, ton Evguenia Nikolaïevna va arriver, seulement, je ne vous marierai qu'une fois sur la terre ukrainienne. Je prends le lieutenant-colonel à témoin.

Il leva son verre et, montrant Novikov, énonça :

— Je propose que l'on boive à son cœur de Russe.

— Vous avez trouvé de bonnes paroles, répondit Darenski, touché.

Connaissant l'inimitié que portait Darenski aux commissaires, Novikov dit :

— Eh oui, ça fait longtemps que nous ne nous sommes pas vus.

Jetant un coup d'œil sur la table, Guetmanov commenta :

— Rien à offrir à notre invité, que des conserves. Le cuistot commence à peine à allumer le poêle que nous changeons déjà de PC. En mouvement jour et nuit. Vous auriez dû venir nous voir avant l'offensive. Mais maintenant, une heure d'arrêt pour vingt-quatre heures de route. On veut se dépasser soi-même.

— Tu aurais pu donner au moins une fourchette de plus, dit Novikov à l'officier d'ordonnance.

— Vous aviez ordonné de ne pas décharger la vaisselle, rétorqua l'officier.

Guetmanov raconta ce qu'il avait vu en traversant les territoires libérés.

— Les Russes et les Kalmouks, c'est le jour et la nuit, commença-t-il. Les Kalmouks, ils ont embouché la trompette des Allemands. On leur a donné des uniformes verts. Ils parcouraient la steppe pour attraper des Russes. Et pourtant, ils ont reçu des choses du pouvoir soviétique ! Qu'est-ce que c'était avant ? Des nomades miséreux, rongés par la syphilis, analphabètes. Comme dit le proverbe : Apprivoise le loup, il rêvera toujours à la steppe[1]. Et pendant la guerre civile ils étaient tous du côté des blancs... Et tout cet argent qu'on a dépensé à organiser des semaines de l'amitié entre les peuples ! On aurait mieux fait de l'utiliser à construire une usine de chars en Sibérie ! Une femme, une jeune cosaque du Don, m'a raconté ce qu'elle a enduré. Non, c'est clair, les Kalmouks ont trahi la confiance des Russes. C'est d'ailleurs ce que je vais mettre dans mon rapport au Conseil militaire.

Il poursuivit, en s'adressant à Novikov :

— Tu te souviens, je t'avais mis en garde contre Bassangov, mon flair de communiste ne m'avait pas trompé. Ne te vexe pas, ce n'est pas un reproche. Tu penses que moi, je ne me suis pas trompé dans la vie ? L'appartenance nationale, tu sais, ce n'est pas rien. Elle aura un rôle déterminant, c'est la pratique qui nous l'a montré pendant la guerre. Et tu sais quel est le critère de la vérité, pour nous, bolcheviks ? La pratique.

— Pour ce qui est des Kalmouks, je suis d'accord avec vous, dit Darenski. J'en viens, des steppes kalmoukes, de tous ces Chebener et Kitchener.

Pourquoi avait-il dit cela ? Il avait longuement parcouru la Kalmoukie, et jamais il n'avait éprouvé de haine contre les Kalmouks, au contraire il avait ressenti un intérêt très vif pour leur vie et leurs coutumes.

Mais, semblait-il, le commissaire possédait un pouvoir magnétique. Darenski éprouvait le besoin d'être toujours d'accord avec lui.

Novikov le regardait avec un sourire moqueur. Il connaissait bien, lui, cette force qui vous poussait à approuver tout ce que disait Guetmanov.

— Je vois bien que vous êtes de ceux qui ont souffert injustement en leur temps, dit soudain Guetmanov à Darenski. Mais ne gardez pas rancune contre le parti bolchevique, il veut le bien du peuple.

Et Darenski, qui avait toujours pensé que les commissaires ne servaient qu'à mettre la pagaille dans l'armée, répondit :

— Bien sûr, bien sûr, comme si je ne comprenais pas.

— Voilà, poursuivit Guetmanov, effectivement, il y a eu de la casse mais le peuple nous le pardonnera. Il nous pardonnera, vous dis-je. Car nous sommes des gars bien, et, dans le fond, pas mauvais bougres. C'est vrai ce que je dis ?

Novikov regarda tendrement ses convives et dit :

— Il n'est pas bien, notre commissaire ?

— Très très bien, approuva Darenski.

— Tout juste, enchérit Guetmanov et tous trois éclatèrent de rire.

Guetmanov sembla deviner le désir de Novikov et Darenski, et dit, après avoir regardé sa montre :

---

1. Le proverbe russe dit : « On a beau nourrir le loup, toujours la forêt l'attire. »

— Bon, je vais aller me reposer. Tout le temps sur les routes, pour une fois je vais essayer de passer une nuit normale. Ça fait dix jours que je ne retire pas mes bottes, un vrai Tsigane. Je parie que le chef d'état-major est déjà en train de dormir !

— Oh non, pas question de dormir ! Il est parti reconnaître les positions que nous devons occuper demain matin.

Quand Novikov et Darenski restèrent seuls, Darenski dit :

— Vous savez, Piotr Pavlovitch, il y a quelque chose que, de toute ma vie, je n'arrive pas à comprendre vraiment. Il n'y a pas longtemps j'étais encore dans les sables de la Caspienne ; j'étais profondément déprimé, j'avais l'impression que c'était la fin. Et regardez ce qui se passe maintenant : nous avons pu mettre sur pied cette force fantastique. Le reste n'est rien.

— Et moi, je comprends de mieux en mieux ce que c'est que l'homme russe ; nous sommes des loups forts et braves.

— Une force fantastique, répéta Darenski. Je vais vous dire l'essentiel : l'essentiel c'est que les Russes conduits par les bolcheviks prendront la tête de l'humanité. Le reste… des détails insignifiants.

— Écoutez, dit Novikov, voulez-vous que je repose le problème de votre mutation dans notre corps ? Vous seriez sous-chef d'état-major. On se battrait ensemble. Ça vous va ?

— Merci. Mais je serais l'adjoint de qui ?

— Du général Neoudobnov. C'est logique : un lieutenant-colonel est l'adjoint du général.

— Neoudobnov ? Il n'aurait pas été à l'étranger avant la guerre ? En Italie ?

— Tout juste. C'est bien lui. Cela n'en a pas fait un Souvorov, mais enfin, on peut s'en arranger.

Darenski se taisait. Novikov le regarda.

— Alors, on fait affaire ?

Darenski mit un doigt dans sa bouche et retroussa sa lèvre supérieure.

— Vous voyez les couronnes ? demanda-t-il. C'est Neoudobnov qui m'a fait sauter deux dents pendant un interrogatoire en 1937.

Ils se regardèrent, se turent, se regardèrent à nouveau.

Darenski brisa le silence :

— Bien sûr, c'est un homme compétent.

— Certes, certes, ce n'est pas un Kalmouk, c'est un Russe quand même, dit Novikov avec un sourire mauvais.

Et soudain il s'écria :

— Soûlons-nous la gueule, et cette fois-ci, ça sera vraiment à la russe !

C'était la première fois de sa vie que Darenski buvait autant ; mais, vu de l'extérieur, n'eût été les deux bouteilles de vodka vides, on n'aurait jamais pu penser que ces deux hommes avaient vraiment bu. Ils étaient cependant passés au « tu ».

Novikov pour la énième fois remplit les verres à dents.

— Bois, ne traîne pas.

Mais Darenski, qui ne buvait jamais, cette fois-ci ne traînait pas.

Ils parlèrent de la retraite, des premiers jours de la guerre. Ils évoquèrent Toukhatchevski et Blücher. Ils parlèrent de Joukov. Darenski raconta ce qu'on attendait de lui pendant l'interrogatoire.

Novikov raconta comment il avait retardé le début de l'offensive. Mais il ne raconta pas comment il s'était trompé sur le caractère de ses chefs de brigade. Ils parlèrent des Allemands et Novikov dit qu'il pensait avoir été aguerri par l'été 1941, mais que, ayant vu les premiers convois de prisonniers, il avait ordonné de les nourrir un peu mieux et d'emmener les prisonniers blessés ou souffrant d'engelures en camion.

— Nous avons dit du mal des Kalmouks avec ton commissaire et nous avions raison, dit Darenski. Dommage que ton Neoudobnov ne soit pas là, j'aurais bien aimé lui dire quelques mots. Oh oui, je lui aurais dit quelques mots !

— Comme s'il n'y avait pas de collabos chez les Russes de Koursk ou d'Orel. Vlassov n'est pas un Kalmouk, que je sache. Quant à mon Bassangov, c'est un bon soldat. Neoudobnov, lui, c'est un tchékiste, pas un soldat. Notre commissaire m'a parlé de lui. Nous autres, Russes, irons jusqu'à Berlin. Je le sens, l'Allemand ne pourra plus nous arrêter.

— Tu vois, dit Darenski, il y a les Neoudobnov, les Ejov, tout ça, mais il n'y a qu'une Russie maintenant, la Russie soviétique. Et je sais que même si l'on me fait sauter toutes les dents, mon amour pour la Russie ne faiblira pas. Je l'aimerai jusqu'à mon dernier souffle. Mais aller comme adjoint de cette pute, vous m'avez regardé, camarade ?

Novikov remplit les verres :

— Bois, ne traîne pas. Puis, après avoir vidé son verre, il ajouta : Je sais qu'il s'en passera encore des choses, un jour, moi aussi, je serai parmi les méchants. Puis, changeant de sujet de conversation : Il nous est arrivé un truc horrible : un conducteur de char a eu la tête arrachée mais il continuait à appuyer sur l'accélérateur, et le char continuait à avancer. En avant, toujours en avant !

— Nous avons dit du mal des Kalmouks avec ton commissaire, et moi, j'ai un vieux Kalmouk qui ne me sort pas de l'esprit en ce moment. Quel âge il a, ce Neoudobnov ? Peut-être que ça vaudrait la peine qu'on se voie ?

La langue pâteuse, Novikov énonça lentement :

— Moi, j'ai un grand bonheur. Il n'en est pas de plus grand.

Il sortit une photo de sa poche, la tendit à Darenski. Celui-ci la regarda longtemps sans mot dire. Puis la rendit en disant :

— Une vraie beauté, rien à dire.

— Une beauté ? répéta Novikov. La beauté ce n'est rien ; tu comprends, on n'aime pas comme je l'aime seulement pour la beauté.

Verchkov apparut et resta sur le seuil en regardant Novikov d'un œil interrogateur.

— Fiche-moi le camp d'ici, dit Novikov d'une voix pâteuse.

— Pourquoi tu le traites comme ça ? Il voulait savoir si t'avais besoin de quelque chose, dit Darenski.

— Bon, bon, je te disais que je ferais partie des méchants, que je serais grossier, j'en serais capable, pas besoin de me faire la leçon. Mais toi, tu es lieutenant-colonel, pourquoi tu me tutoies ? C'est contraire au règlement.

— Ah, c'est comme ça ! dit Darenski.

— Laisse tomber, tu ne comprends donc pas la plaisanterie ? dit Novikov tout en se félicitant de ne pas être vu dans cet état par Guenia.

— Je ne comprends pas les plaisanteries idiotes, répondit Darenski.

Ils se disputèrent longuement et se réconcilièrent quand Novikov proposa de partir à la recherche de Neoudobnov et de le faire passer par les verges. Bien sûr, ils n'allèrent nulle part mais vidèrent encore une bouteille.

31

Alexandra Vladimirovna reçut trois lettres le même jour : deux de ses filles, la troisième de sa petite-fille, Vera.

Avant même d'avoir décacheté les lettres, mais ayant reconnu leurs auteurs aux écritures, Alexandra Vladimirovna savait que les lettres ne lui apporteraient pas de bonnes nouvelles. Son expérience lui avait appris qu'on n'écrit pas aux mères pour partager des joies.

Toutes trois lui demandaient de venir : Lioudmila à Moscou, Guenia à Kouïbychev, Vera à Leninsk. Et ces invitations confirmèrent à Alexandra Vladimirovna que la vie n'était pas facile pour ses filles et sa petite-fille.

Vera parlait de son père ; il était à bout à cause d'ennuis qu'il avait dans son travail et au Parti. Il revenait d'un voyage à Kouïbychev où il avait été convoqué par son ministère. Vera disait que ce voyage l'avait plus épuisé que son travail à Stalingrad pendant les combats. Le cas de Stepan Fiodorovitch n'avait pas été réglé à Kouïbychev, on lui avait dit de retourner en attendant à Stalingrad pour y travailler à la reconstruction de la centrale, mais on l'avait prévenu qu'il n'était pas sûr qu'il serait maintenu dans le cadre du ministère de l'Énergie.

Vera avait décidé de rentrer à Stalingrad avec son père ; les Allemands ne tiraient plus, le centre de la ville était libéré. Des gens qui y étaient retournés racontaient que tout ce qui restait de la maison d'Alexandra Vladimirovna, c'était une carcasse avec un toit effondré. En revanche, l'appartement de fonction de Stepan Fiodorovitch était resté intact, hormis les plâtres qui étaient tombés et le fait qu'il n'y avait plus de vitres aux fenêtres. C'est là que comptaient s'installer Stepan Fiodorovitch et Vera avec son fils.

Vera parlait de son fils et cela faisait un drôle d'effet à Alexandra Vladimirovna de voir sa petite-fille, sa Vera, une gamine encore, parler comme une adulte, comme une femme, des maux de ventre, des éruptions, du mauvais sommeil de son bébé. C'est à son mari ou à sa mère que Vera aurait dû écrire tout cela mais elle l'écrivait à sa grand-mère. Elle n'avait pas de mari, pas de mère.

Vera parlait aussi du vieil Andreïev et de sa belle-fille Natacha, de tante Guenia que Stepan Fiodorovitch avait vue à Kouïbychev. Elle ne parlait pas d'elle-même, comme si sa vie ne pouvait intéresser Alexandra Vladimirovna.

Et dans la marge du dernier feuillet elle avait écrit : « Grand-mère, notre appartement est grand, il y aura de la place pour tout le monde. Je t'en prie, viens. » Et dans cet appel soudain s'exprimait tout ce que Vera n'avait pas mis dans sa lettre.

La lettre de Lioudmila était brève. Lioudmila disait : « Ma vie n'a plus de sens. Tolia n'est plus, quant à Vitia et Nadia, je ne leur sers à rien, ils se passeront très bien de moi. »

Jamais encore Lioudmila n'avait écrit de telles lettres à sa mère. Alexandra Vladimirovna comprit que cela n'allait plus du tout entre Lioudmila et son mari. Lioudmila invitait sa mère à Moscou et poursuivait : « Vitia a constamment des ennuis, et tu sais qu'il te les confie plus volontiers qu'à moi. »

Puis elle écrivait : « Nadia est devenue renfermée, elle ne se confie plus à moi, c'est comme ça que notre famille vit maintenant... »

La dernière lettre, celle de Guenia, était parfaitement incompréhensible. Evgenia passait son temps à faire de vagues allusions à des difficultés, des malheurs. Elle priait sa mère de venir la rejoindre à Kouïbychev mais elle annonçait un peu plus loin qu'elle devait partir toutes affaires cessantes pour Moscou. Elle parlait de Limonov qui chantait des panégyriques en l'honneur d'Alexandra Vladimirovna. Elle disait qu'Alexandra Vladimirovna aurait plaisir à le rencontrer, que c'était un homme intelligent et original, mais, un peu plus loin, elle annonçait que Limonov était parti pour Samarkand, et Alexandra Vladimirovna ne voyait pas comment elle ferait pour le rencontrer à Kouïbychev.

Une seule chose était claire ; et, ayant lu la lettre, Alexandra Vladimirovna se dit : « Ma pauvre petite fille. »

Les lettres bouleversèrent Alexandra Vladimirovna. Toutes trois s'enquéraient de sa santé, demandaient s'il ne faisait pas trop froid chez elle.

Cette sollicitude touchait Alexandra Vladimirovna, mais elle comprenait que les jeunes ne se demandaient pas si Alexandra Vladimirovna avait besoin d'eux.

Ils avaient besoin d'elle.

Mais il aurait pu en être autrement. Pourquoi ne demandait-elle pas l'aide de ses filles ? Pourquoi étaient-ce ses filles qui lui demandaient de les aider ?

Pourtant, elle vivait seule, elle était vieille, elle n'avait pas de foyer, elle avait perdu son fils, sa fille aînée, elle n'avait aucune nouvelle de Serioja.

Elle avait de plus en plus de mal à travailler, son cœur la faisait souffrir, elle était prise de vertiges.

Elle avait même demandé au directeur technique de la transférer au laboratoire ; elle n'en pouvait plus d'aller chaque jour d'atelier en atelier pour effectuer les prélèvements de contrôle.

Après le travail, elle faisait la queue dans les magasins et, de retour à la maison, elle allumait le poêle, se faisait à manger.

Et la vie était si pauvre, si dure ! Faire la queue n'était pas le plus terrible. Le pire, c'était quand il n'y avait pas de queue devant les étals vides. Le pire, c'était quand, de retour chez elle, elle n'allumait pas le poêle, ne se faisait pas à manger et allait se coucher, affamée, dans un lit humide et froid.

Tous, autour d'elle, souffraient. Une évacuée de Leningrad, médecin, lui avait raconté comment elle avait passé l'hiver dernier avec ses deux enfants dans un village à cent kilomètres d'Oufa. Elle logeait dans une isba inhabitée qui avait appartenu à un paysan dékoulakisé, où il n'y avait ni vitres ni toit. Elle avait six kilomètres de forêt à traverser pour se rendre à son travail, et parfois, à l'aube, elle voyait briller des yeux de loups entre les arbres. Le village vivait dans la misère, les kolkhoziens travaillaient à contrecœur car, disaient-ils, ils pouvaient travailler tant qu'ils voudraient, de toute façon on leur prendrait tout le blé. Le kolkhoze, en effet, ne remplissait pas le plan et était endetté vis-à-vis de l'État. Le mari de sa voisine était parti au front et elle était avec six enfants affamés ; pour tous les six, il n'y avait qu'une paire de bottes de feutre déchirées. La doctoresse avait raconté à Alexandra Vladimirovna qu'elle avait acheté une chèvre et qu'elle allait, au milieu de la nuit, par une neige profonde, vers des champs éloignés pour y voler un peu de sarrasin et prendre du foin pourri dans les meules qu'on avait laissées sous la neige. Elle avait raconté que ses enfants avaient appris à jurer en écoutant parler les habitants du village et que la maîtresse d'école, à Kazan, lui avait dit : « C'est la première fois que j'entends des enfants de cours préparatoire jurer comme des ivrognes ; et ça se dit de Leningrad ! »

Alexandra Vladimirovna vivait dans la petite chambre qui avait été, auparavant, celle de Strum. Les locataires officiels, qui avaient vécu dans un appentis tant que les Strum étaient là, avaient repris la grande pièce. C'étaient des gens agités qui se disputaient souvent pour des bêtises.

Alexandra Vladimirovna leur en voulait non pas à cause de leurs disputes ni du bruit qu'ils faisaient, mais parce qu'ils lui demandaient, à elle qui avait perdu son appartement dans les incendies de Stalingrad, un loyer très élevé pour une pièce minuscule. Elle payait deux cents roubles par mois, le tiers de son salaire. Il lui semblait que les cœurs de ces gens étaient faits de contre-plaqué et de fer-blanc. Ils ne savaient penser qu'à la nourriture, qu'aux choses. Toute la sainte journée, ils discutaient de pommes de terre, salaisons, huile, de ce qu'on pouvait vendre et acheter au marché aux puces. La nuit, ils se parlaient à voix basse. Nina Matveïevna, la logeuse, racontait à son mari que leur voisin, contremaître à l'usine, avait rapporté de la campagne des graines de tournesol et un sac entier de maïs, que le miel n'était pas cher aujourd'hui au marché.

Nina Matveïevna était une belle femme : grande, bien faite, les yeux gris. Elle avait travaillé en usine avant son mariage, y faisait partie d'une chorale, jouait dans une troupe de théâtre amateur. Son mari, Semion Ivanovitch, travaillait dans une usine de guerre, il était chaudronnier. Dans sa jeunesse, il avait servi sur un contre-torpilleur, il avait été champion de boxe mi-lourd de la flotte du Pacifique. Ce passé lointain de ses logeurs paraissait invraisemblable à Alexandra Vladimirovna. Semion Ivanovitch nourrissait les canards et préparait la nourriture du goret avant de partir au travail ; à son retour, il faisait à manger, réparait les chaussures, aiguisait les couteaux, lavait des bouteilles, parlait des chauffeurs de l'usine qui partaient pour de lointains kolkhozes et qui ramenaient de la farine, des œufs, du chevreau... Nina Matveïevna l'interrompait pour lui parler de ses innombrables maladies, de ses visites chez des sommités médicales, de la voisine qui avait acheté une veste en poulain et cinq soucoupes chez une évacuée, pour lui raconter comment elle avait échangé une serviette de toilette contre des haricots, elle lui parlait de graisses et de saindoux.

Ce n'étaient pas de méchantes gens, mais pas une fois ils n'avaient parlé à Alexandra Vladimirovna de la guerre, de Stalingrad, des communiqués du *Sovinformburo*.

Ils plaignaient et méprisaient Alexandra Vladimirovna parce que, après le départ de sa fille qui avait droit aux cartes de rationnement des académiciens, elle ne mangeait pas à sa faim. Elle n'avait pas de sucre, pas de beurre, buvait de l'eau chaude en guise de thé, mangeait la soupe de la cantine publique, une soupe qu'un jour le goret avait refusé d'avaler. Elle n'avait rien à vendre. Sa misère dérangeait ses logeurs. Alexandra Vladimirovna entendit un soir la logeuse dire à son mari : « J'ai dû donner une galette à la vieille ; ce n'est pas agréable de manger quand elle est là à vous regarder d'un air affamé. »

Alexandra Vladimirovna dormait mal. Pourquoi n'avait-elle pas de nouvelles de Serioja ? Elle restait allongée sur le lit-cage où avait dormi Lioudmila, et on aurait pu croire que sa fille lui avait transmis ses appréhensions et ses pensées nocturnes.

Que la mort anéantit facilement les êtres ! Que c'est dur pour ceux qui restent en vie ! Elle pensait à Vera. Le père du bébé avait été tué ou bien il l'avait oubliée ; Stepan Fiodorovitch vivait dans l'angoisse... Mais les malheurs, les morts n'avaient pas rapproché Lioudmila et Victor.

Le soir même, Alexandra Vladimirovna écrivit à Guenia : « Ma chère petite fille... » Et la nuit, elle pensa à sa fille, la plaignit. La pauvre, dans quelle situation s'était-elle mise ? Qu'est-ce qui l'attendait ?

Ania Strum, Sofia Levintone, Serioja... Comment c'était déjà chez Tchekhov : « Missious, où es-tu[1] ? »

Deux voix parvenaient de la chambre d'à côté.

— Faudrait tuer le canard pour les fêtes d'Octobre, dit Semion Ivanovitch.

— Je l'ai peut-être nourri avec des pommes de terre pour qu'on le tue ? Tu sais, je voudrais peindre le plancher quand la vieille sera partie, sinon j'ai peur qu'il pourrisse.

Ils parlaient toujours de choses et de nourriture ; le monde qu'ils habitaient était peuplé d'objets. Il n'y avait pas, dans ce monde, de sentiments humains, seulement des planches, de la peinture, du beurre, des billets de trente roubles. C'étaient des gens honnêtes et durs au travail, les voisins disaient d'eux qu'ils ne prendraient jamais quelque chose qui ne leur appartenait pas. Mais ils n'étaient pas concernés par la famine de 1921 sur la Volga, les blessés dans les hôpitaux, les aveugles, les enfants sans foyer.

Ils étaient l'opposé d'Alexandra Vladimirovna. Leur indifférence à l'égard des hommes, de la chose publique, des souffrances d'autrui était d'un naturel total. Tandis qu'Alexandra Vladimirovna était capable de penser aux autres, de s'inquiéter pour eux, d'entrer en rage à propos de choses qui ne la touchaient pas directement, ni elle ni sa famille... la collectivisation totale, l'année 1937, le sort des femmes envoyées dans les camps pour la seule raison que leur mari y était déjà, le sort des enfants dont les parents avaient été arrêtés et qui échouaient dans les internats et orphelinats... les exécutions sommaires des prisonniers par les Allemands, les malheurs de la guerre, tout cela la torturait, la privait de repos tout autant que les malheurs de sa propre famille.

Ce n'étaient pas les bons livres qui le lui avaient appris, pas plus que les traditions révolutionnaires et populistes de la famille où elle avait grandi, la vie, ses amis, son mari. Elle était tout simplement ainsi et aurait été incapable de se changer. Il ne lui restait plus d'argent six jours avant la paie. Elle avait faim, on aurait pu faire tenir toutes ses affaires dans un mouchoir de poche. Mais jamais, depuis qu'elle était à Kazan, elle n'avait pensé à tout ce qu'elle avait perdu quand son appartement de Stalingrad avait brûlé : meubles, piano, service à thé, argenterie. Elle ne regrettait même pas ses livres.

---

1. C'est la question que répète le héros du récit *La Maison à la mezzanine*, qui ne sait où se trouve sa bien-aimée.

Et il y avait quelque chose d'étrange dans le fait qu'elle vivait loin de ses proches qui avaient besoin d'elle, et sous le même toit que des gens dont l'existence chosifiée lui était totalement étrangère.

Karimov vint rendre visite à Alexandra Vladimirovna le surlendemain du jour où elle avait reçu les lettres.

Elle était heureuse de le voir et lui proposa de partager la tisane d'églantier qui lui tenait lieu de thé.

— Il y a longtemps que vous avez reçu des lettres de Moscou ? demanda Karimov.

— Avant-hier.

— Ah bon, dit Karimov en souriant. Je serais curieux de savoir combien de temps elles mettent.

— Regardez le cachet de la poste.

Karimov regarda l'enveloppe un bon moment et conclut, l'air soucieux :

— Huit jours.

Il resta songeur comme si la lenteur du courrier avait de l'importance pour lui.

— On dit que c'est à cause de la censure, dit Alexandra Vladimirovna. Elle est submergée par les lettres.

Il la regarda de ses beaux yeux sombres.

— Alors, ils vont bien là-bas, à Moscou ? Pas d'ennuis ?

— Vous avez mauvaise mine, dit Alexandra Vladimirovna.

— Qu'est-ce que vous dites ? Jamais de la vie, tout au contraire ! s'empressa de répondre Karimov, comme s'il cherchait à repousser une accusation.

Ils discutèrent un peu des opérations militaires.

— Il est évident, même pour un enfant, qu'il y a eu un tournant dans la guerre, dit Karimov.

— Oui, oui, dit Alexandra Vladimirovna en souriant. Maintenant, en effet, c'est évident même pour un enfant ; mais l'été dernier, les esprits profonds trouvaient évident que les Allemands gagneraient la guerre.

— Ça doit être dur, toute seule ? demanda soudain Karimov. Je vois que vous allumez le poêle vous-même.

Alexandra Vladimirovna ne répondit pas tout de suite, comme si elle ne pouvait répondre facilement à la question de Karimov.

— Akhmet Ousmanovitch, finit-elle par dire, vous êtes venu me voir pour me demander si je peux allumer le poêle toute seule ?

Il resta un long moment à examiner ses mains posées sur la table.

— J'ai été convoqué il y a quelques jours chez qui vous savez et on m'y a interrogé sur les discussions que nous avons eues.

— Pourquoi ne disiez-vous rien ? Pourquoi parliez-vous de poêle ?

— Bien sûr, dit Karimov en cherchant à croiser le regard d'Alexandra Vladimirovna, je n'ai pas pu nier que nous avions parlé de la guerre et de politique. Il aurait été ridicule de prétendre que quatre personnes adultes passaient leur temps à parler de cinéma. Bien sûr, j'ai dit que nous parlions en véritables patriotes de l'Union soviétique. Que nous avions toujours été sûrs de la victoire du peuple soviétique sous la conduite du Parti et du camarade Staline. Je dois reconnaître, d'ailleurs, que les questions n'avaient rien d'hostile. Mais quelques jours ont passé depuis, et je suis de plus en plus inquiet, je ne dors plus la nuit. J'ai l'impression qu'il est arrivé quelque chose à Victor Pavlovitch. En plus il y a cette drôle d'histoire avec Madiarov : il est parti pour dix jours à Kouïbychev, à l'Institut pédagogique, et il n'est toujours pas revenu. Les étudiants attendent, le doyen a envoyé un télégramme, pas de réponse. Alors, la nuit, il vous vient parfois de drôles de pensées.

Alexandra Vladimirovna ne soufflait mot.

— Quand on y pense, dit-il doucement, il suffit de discuter autour d'une tasse de thé pour que commencent aussitôt les soupçons, les convocations *là-bas*.

Elle ne répondait pas. Il la regarda d'un air interrogateur, l'invitant du regard à la discussion ; il avait dit tout ce qu'il avait à dire. Mais Alexandra Vladimirovna continuait à se taire et Karimov sentit qu'elle lui indiquait par là qu'il n'avait pas encore tout dit.

— Voilà l'histoire, conclut-il.

Alexandra Vladimirovna était muette.

— Ah, oui, j'oubliais. Il m'a encore demandé, ce camarade, comme ça : « Vous n'auriez pas parlé de la liberté de la presse ? » Or, en effet, nous en avons parlé. Ah, oui, et puis il m'a encore demandé, sans aucun rapport, si je connaissais la sœur cadette de Lioudmila Nikolaïevna et son ex-mari, il s'appelle Krymov, c'est ça ? Je ne les ai jamais vus, ni l'un ni l'autre ; Victor Pavlovitch ne m'a jamais parlé d'eux. C'est ce que j'ai répondu. Oui, il y a eu encore une question : « Est-ce que Victor Pavlovitch a discuté avec vous personnellement de la situation des Juifs ? » J'ai demandé : « Pourquoi justement avec moi ? » Il m'a été répondu : « Vous savez, vous êtes tatar, lui est juif… »

Tandis que, ayant déjà pris congé, mis son chapeau et son manteau, Karimov se tenait devant la porte et pianotait sur la boîte aux lettres d'où, naguère, Lioudmila Nikolaïevna avait sorti la lettre qui lui annonçait la blessure mortelle de son fils, Alexandra Vladimirovna dit :

— Étrange, quand même, qu'est-ce que Guenia a à voir avec tout ça ?

Mais, bien évidemment, ni elle ni Karimov ne pouvaient dire pourquoi un tchékiste de Kazan s'intéressait à Guenia, qui vivait à Kouïbychev, et à son ex-mari qui était au front.

Alexandra Vladimirovna inspirait confiance aux gens, aussi avait-elle souvent entendu ce genre de récits et de confidences ; elle s'était habituée au sentiment déplaisant que son interlocuteur ne disait jamais les choses jusqu'au bout. Elle n'avait pas envie de prévenir Strum, cela n'aurait servi qu'à l'inquiéter. Il était inutile de chercher à deviner lequel des interlocuteurs avait été trop bavard ou même avait fait un rapport ; ce genre d'hommes est difficile à repérer, il apparaît toujours, en fin de compte, que c'est celui qu'on soupçonnait le moins. Il arrivait qu'on ouvrît un dossier au MGB pour les raisons les plus inattendues : une allusion dans une lettre, une plaisanterie, une parole imprudente prononcée dans la cuisine commune. Mais pourquoi donc Karimov avait-il été interrogé sur Guenia et Nikolaï Grigorievitch ?

Et, de nouveau, elle fut longue à trouver le sommeil. Elle avait faim. Des odeurs de nourriture parvenaient de la cuisine, ils devaient être en train de faire frire des galettes de pommes de terre ; elle entendait le bruit des fourchettes contre les assiettes en métal, la voix tranquille de Semion Ivanovitch. Mon Dieu, qu'elle avait faim ! Quel infâme breuvage ils avaient eu, aujourd'hui, en guise de soupe à la cantine ! Alexandra Vladimirovna ne l'avait pas terminé et, maintenant, elle le regrettait. L'obsession de la nourriture coupait, embrouillait toutes les autres pensées.

Quand, le matin, elle franchit les portes de l'usine, elle rencontra la secrétaire du directeur, une femme âgée au visage hommasse et méchant.

— Venez me voir pendant la pause du déjeuner, camarade Chapochnikova, dit la secrétaire.

Alexandra Vladimirovna s'étonna : il était peu vraisemblable que le directeur eût déjà satisfait sa demande de mutation.

Elle traversait la cour de l'usine quand, soudain, elle pensa et, aussitôt, dit à voix haute :

— Il y en a assez de Kazan, je rentre chez moi, à Stalingrad.

32

Halb, le chef de la *Feldgendarmerie*, fit appeler au QG de la 6ᵉ armée l'officier Lehnard.

Lehnard arriva en retard. Un nouvel ordre de Paulus interdisait l'utilisation de l'essence pour les voitures particulières. La totalité du combustible était mise à la disposition du général Schmidt qui préférait voir mourir les gens dix fois plutôt que de signer un bon de cinq litres. Non seulement il n'y avait plus d'essence pour les briquets des soldats, mais il n'y en avait même plus pour les voitures des officiers.

Lehnard dut attendre jusqu'au soir pour partir avec la voiture de l'état-major qui emportait le courrier à la ville.

La petite voiture avançait sur l'asphalte verglacé. Des abris et des huttes de la première ligne s'élevaient de maigres fumées presque invisibles dans l'air immobile et glacé. Le long de la route marchaient des blessés, le crâne bandé de mouchoirs et de serviettes de toilette, des soldats que le commandement déplaçait de la ville vers les usines, et qui avaient eux aussi la tête bandée et les pieds enveloppés dans des chiffons.

Le chauffeur arrêta la voiture près du cadavre d'un cheval couché sur le bas-côté et se mit à trafiquer son moteur, pendant que Lehnard contemplait les hommes soucieux et mal rasés qui découpaient des quartiers de viande gelée à grands coups de sabre-baïonnette. Un soldat s'était introduit entre les côtes du cheval et ressemblait à un charpentier œuvrant parmi les chevrons d'un toit en construction. À deux pas de là, au milieu d'une maison en ruine, brûlait un feu au-dessus duquel un chaudron noir était suspendu à un trépied : tout autour, des soldats casqués ou portant calots, enveloppés dans des couvertures ou des châles, fusil à l'épaule, grenades au ceinturon. De la pointe de sa baïonnette, le cuisinier renfonçait dans l'eau du chaudron les morceaux de viande de cheval qui remontaient. Assis sur le toit d'un abri, un soldat rongeait lentement un os de cheval qui ressemblait à un incroyable et gigantesque harmonica.

Brusquement, le soleil couchant illumina la route et la maison en ruine. Les orbites calcinées des maisons semblèrent se remplir de sang glacé ; la neige, salie par la fumée des combats et labourée par les obus, prit des reflets dorés, tandis qu'au ras de la route les tourbillons de neige devenaient tourbillons de bronze intense.

La lumière du soir révèle la nature profonde des choses en donnant à nos impressions visuelles les dimensions d'un tableau, celles de l'Histoire et du destin. Mille voix parlent par ces taches de boue et de suie qu'éclaire le soleil couchant : le cœur serré, nous comprenons le bonheur perdu, l'irréparable malheur, l'amertume de nos fautes et l'inaltérable envoûtement de l'espoir.

On eût dit une scène de la vie au temps des cavernes. Les grenadiers, gloire de la nation, bâtisseurs de la grande Allemagne, étaient bannis du chemin de la victoire.

En voyant ces hommes enveloppés de chiffons, Lehnard eut l'intuition presque poétique que ce crépuscule finissant emportait le grand rêve.

La vie devait receler en elle une force étrangement grossière et obtuse pour que l'éblouissante énergie d'un Hitler, alliée à la puissance menaçante et ailée d'un peuple mû par une théorie d'avant-garde, aboutît là, sur les rives silencieuses de la Volga prise dans les glaces, parmi ces ruines et cette neige sale, ces fenêtres ruisselantes d'un crépuscule sanglant, à l'humilité de ces êtres en contemplation devant un chaudron de viande de cheval…

33

Au quartier général de Paulus, installé dans les caves d'un grand magasin incendié, tout continuait à se dérouler selon l'ordre établi : les chefs occupaient leurs bureaux, les officiers de jour faisaient leurs rapports et les informaient sur les changements de situation et sur les actions de l'ennemi.

Les téléphones sonnaient, les machines à écrire crépitaient et l'on entendait résonner, derrière la porte en contre-plaqué, le rire de basse du général Schenk, chef du deuxième bureau de l'état-major. Les bottes alertes des aides de camp crissaient sur les dalles de pierre ; dans le sillage du commandant des unités blindées, passé dans un éclair de monocle, il y avait toujours, dans l'air humide du couloir, ce mélange d'odeurs pourtant bien distinctes de tabac, de cirage et de parfum français. Les voix et le crépitement des machines se taisaient d'un seul coup quand les couloirs étroits des bureaux souterrains livraient passage au commandant de la 6ᵉ armée, serré dans son long manteau au col de fourrure, et des dizaines de paires d'yeux fixaient son visage pensif au nez aquilin. L'emploi du temps de Paulus demeurait le même, il consacrait toujours le même temps à fumer son cigare après le repas et à s'entretenir avec le général Schmidt. C'était avec la même insolence toute plébéienne, enfin, que le sous-officier radio passait devant le colonel Adams qui semblait l'ignorer, pour faire intrusion chez Paulus au mépris de l'ordre et de l'heure et lui apporter un télégramme de Hitler portant la mention « à remettre en main propre ».

Mais cette continuité n'était qu'apparente. En réalité, une quantité de changements avaient fait irruption dans la vie du QG depuis l'encerclement.

Ces changements se manifestaient dans la couleur du café, dans les lignes de communication qui s'étendaient à l'ouest sur de nouveaux secteurs du front, dans les nouvelles instructions régissant les dépenses de munitions, dans l'effroyable spectacle des avions-cargos Junkers qui tombaient chaque jour en flammes en essayant de forcer le blocus aérien. Un nom nouveau surgit et éclipsa tous les autres dans l'esprit des militaires : celui de Manstein.

L'énumération de ces changements serait vaine, car ils étaient flagrants : ceux qui, jusque-là, étaient bien nourris avaient faim ; ceux qui avaient déjà faim et étaient mal nourris avaient maintenant des visages terreux. Intérieurement aussi, les membres de l'état-major allemand avaient changé : l'orgueil et l'arrogance avaient molli, les vantards avaient cessé de se vanter, les optimistes s'étaient mis à critiquer jusqu'au Führer en personne et à douter du bien-fondé de sa politique.

Mais il y avait une autre sorte de changements qui commençaient à faire leur chemin dans les esprits et les sentiments de ces gens jusque-là ensorcelés et fascinés par l'État national : ces changements étaient enfouis au plus profond de la vie humaine, de sorte que les gens ne les comprenaient pas et ne les remarquaient même pas.

C'était une évolution aussi difficile à déceler que l'œuvre du temps. Les tourments de la faim, les nuits d'effroi, l'approche du malheur commençaient à libérer la liberté en l'homme, à humaniser les hommes, à faire triompher la vie sur la négation de la vie.

Les jours de décembre raccourcissaient, tandis que les nuits glaciales de dix-sept heures devenaient démesurées. L'encerclement se resserrait, le feu des canons et des mitrailleuses soviétiques se faisait plus cruellement sentir… Le froid glacial des steppes russes était impitoyable, intolérable même pour les Russes malgré les touloupes, les bottes de feutre et l'habitude.

Au-dessus des têtes respirait un abîme de froid noir et irréductible, un ciel de glace parsemé d'étoiles gelées comme d'un givre d'étain blanc.

Qui, de ces hommes périssant ou condamnés à périr, pouvait comprendre que c'étaient là les premières heures du retour à une vie humaine de dizaines de millions d'Allemands après dix ans d'inhumanité totale ?

34

Lehnard se dirigea vers le QG de la 6e armée, aperçut dans la pénombre du soir le visage terreux de la sentinelle debout contre le mur et sentit son cœur battre. Tout ce qu'il vit en avançant dans le couloir souterrain l'emplit d'amour et de tristesse.

Il lisait les plaques sur les portes, annonçant en lettres gothiques « 2e bureau », « Bureau des aides de camp », « Général Koch », « Major Traurig » ; il entendait le crépitement des machines à écrire, le son des voix et reconnaissait en tout cela, avec un sentiment à la fois filial et fraternel, son attachement à ce monde familier de frères d'armes, de camarades de parti, de compagnons de lutte SS et il les vit tous dans une lumière de crépuscule : la vie s'en allait.

Au moment où il s'approchait du bureau de Halb, il ignorait quelle serait leur conversation et si l'Obersturmbannführer lui confierait ses inquiétudes.

Comme il arrive souvent entre gens ayant milité au sein d'un même parti en temps de paix, ils n'accordaient aucune importance, dans leurs relations, à leur différence de grade militaire et demeuraient très simples entre eux. Lorsqu'ils se rencontraient, ils mêlaient les bavardages aux choses sérieuses.

Lehnard savait élucider en quelques mots une affaire complexe, et ses paroles voyageaient parfois longuement au gré des différents rapports pour parvenir jusque sur les bureaux des plus hauts fonctionnaires de Berlin.

Il pénétra dans le bureau de Halb mais ne le reconnut pas. Il contempla son visage rond et toujours aussi bien rempli et ne comprit pas tout de suite que seule avait changé l'expression de ses yeux sombres et intelligents.

Au mur, il y avait la carte du secteur de Stalingrad, sur laquelle on voyait l'implacable cercle d'un pourpre enflammé qui entourait la 6e armée.

— Nous sommes sur une île, dit Halb ; notre île n'est pas entourée d'eau, mais de la haine de brutes.

Ils parlèrent du froid russe, des bottes de feutre russes, du lard russe et de la vodka russe, d'autant plus traître qu'elle ne vous réchauffait que pour mieux vous livrer au gel.

Halb demanda quels étaient les changements dans les rapports entre les officiers et les soldats de première ligne.

— À vrai dire, répondit Lehnard, je ne vois pas de différence entre les idées d'un colonel et la philosophie des soldats. C'est, en gros, la même chanson : pas d'optimisme.

— C'est aussi la chanson de l'état-major, dit Halb, et il ajouta en faisant peser ses paroles de tout leur poids : Et le grand ténor, c'est le général en chef.

— On chante, mais personne ne déserte.

— Je dois fournir une information concernant un problème fondamental, dit Halb. Hitler tient à défendre la 6ᵉ armée ; Paulus, Weichs et Zeitzler veulent sauver l'existence physique des soldats et des officiers et proposent la capitulation. J'ai ordre de prendre discrètement les renseignements les plus précis sur les probabilités d'insoumission de la part des troupes assiégées dans Stalingrad et de déterminer le moment où cette probabilité peut exister. Les Russes appellent cela « faire traîner » – et il prononça l'expression russe avec un accent et un naturel parfaits.

Conscient de la gravité de la question, Lehnard resta d'abord silencieux, puis :

— Je voudrais d'abord vous raconter quelque chose.

Il raconta l'histoire de Bach, qui avait dans sa compagnie un soldat douteux.

— Il a d'abord été la risée des plus jeunes, mais, depuis l'encerclement, on a commencé à se rapprocher de lui et à l'écouter. Je me suis mis à réfléchir à la compagnie et à son chef. Au temps où tout allait bien, Bach était entièrement d'accord avec la politique du parti. Mais, à présent, je soupçonne qu'il se passe tout autre chose dans sa tête et qu'il commence à douter. Alors, je me demande pourquoi les soldats de sa compagnie s'intéressent à ce type qui leur paraissait jusque-là ridicule, qu'ils considéraient comme un clown un peu fou. Que fera ce type au moment crucial ? Vers quoi entraînera-t-il les soldats de la compagnie ? Que fera leur chef ? Il est difficile de répondre à tout cela, ajouta-t-il plus lentement. Mais il y a une question à laquelle je peux répondre : les soldats ne se rebelleront pas.

— C'est maintenant qu'apparaît pleinement la sagesse du parti, dit Halb. Nous n'avons pas hésité à extirper du corps du peuple non seulement les parties contaminées, mais même certaines parties saines d'apparence mais qui risquaient de pourrir dans les moments difficiles. Nous avons purgé les villes, les armées, les campagnes et l'Église des esprits forts et des idéologues hostiles. La médisance, les injures et les lettres anonymes fleuriront, néanmoins il n'y aura pas de rébellion, même si ce n'est pas simplement sur la Volga que l'ennemi nous encercle, mais jusque dans Berlin ! Nous pouvons tous en être reconnaissants à Hitler et bénir le ciel de nous avoir envoyé un tel homme au moment voulu.

Il écouta un instant le grondement sourd et lent au-dessus de leurs têtes ; impossible, dans cette cave profonde, de distinguer si c'étaient les armes allemandes ou l'explosion de bombes soviétiques.

Quand le fracas se fut apaisé, il poursuivit :

— Il est impensable que vous ne receviez qu'une simple ration d'officier. Je vous ai mis sur la liste des meilleurs amis et militants du parti : vous recevrez régulièrement des colis au QG de votre division.

— Merci, dit Lehnard, mais je ne le souhaite pas : je mangerai comme les autres.

Halb eut un geste d'étonnement et de regret.

— Que fait Manstein ? On dit qu'il a reçu de nouveaux armements.

— Je ne crois pas en Manstein, répondit Halb. À cet égard, je partage l'opinion de notre commandant.

Habitué depuis de longues années à ne dire que des choses très secrètes, il confia à mi-voix :

— J'ai la liste des amis et collaborateurs de la Sécurité qui trouveront une place dans l'avion au moment du dénouement. Vous en faites partie. Au cas où je ne serais pas là, c'est le colonel Osten qui aura mes instructions.

En réponse au regard interrogateur de Lehnard, il expliqua :

— J'aurai peut-être à me rendre en Allemagne. Il s'agit d'une affaire trop secrète pour être confiée au papier ou au chiffre. Il ajouta avec un clin d'œil : Je boirai un grand coup avant de m'envoler ; pas de joie, mais de peur, car les Soviets abattent beaucoup d'avions.

— Camarade Halb, dit Lehnard, je ne prendrai pas l'avion. J'aurais trop honte d'abandonner ceux que j'aurais persuadés de se battre jusqu'au bout.

Halb se redressa insensiblement.

— Je n'ai pas le droit de vous en dissuader.

Pour dissiper le ton solennel qu'avait pris leur conversation, Lehnard demanda :

— Si cela vous est possible, aidez-moi à regagner mon régiment : je n'ai pas de voiture.

— Hélas, dit Halb, je ne peux pas. Pour la première fois, je ne peux rien. C'est ce misérable Schmidt qui a toute l'essence et je ne peux pas en obtenir une goutte, vous comprenez ? C'est la première fois !

Il eut à nouveau cette expression désemparée qui l'avait rendu méconnaissable pour Lehnard au premier instant, et qui était pourtant bien à lui.

35

Dans la soirée, le temps se radoucit et la neige vint recouvrir toute la suie et la saleté de la guerre. À la nuit tombée, Bach fit sa ronde des fortifications de première ligne. La blancheur vaporeuse de cette neige de Noël scintillait dans les éclairs des coups de feu et prenait des reflets roses ou vert tendre au gré des fusées de signalisation.

Dans ces éclairs, les crêtes des pierres, les grottes, les vagues figées des briques, les centaines d'empreintes de lièvres fraîchement tracées là même où les gens devaient manger, se soulager, aller chercher des mines et des cartouches, traîner les blessés vers l'arrière, enfouir les corps des tués, tout semblait étrange et singulier. Et pourtant, tout semblait en même temps familier et ordinaire.

Bach s'approcha de l'endroit que les Russes, occupant les ruines d'une maison de trois étages, tenaient sous leur feu ; l'ennemi psalmodiait une complainte populaire en jouant de l'accordéon.

Par une brèche dans le mur, on pouvait voir la première ligne soviétique, avec ses usines et la Volga gelée.

Bach héla la sentinelle, mais n'entendit pas sa réponse, étouffée par la brusque explosion d'une bombe. La terre gelée vint tambouriner contre le mur de la maison : c'était un U2 qui volait en rase-mottes, moteur coupé, et qui venait de lâcher une bombe de cent.

— Encore un de ces corbeaux boiteux russes, dit la sentinelle en montrant le sombre ciel d'hiver.

Bach s'accroupit, appuya son coude sur le rebord de ce mur qu'il connaissait si bien et regarda autour de lui. Une légère lueur rose vacillait tout en haut du mur, celle du tuyau de poêle chauffé à blanc par les Russes. On avait l'impression que, dans leur abri, les Russes mastiquaient interminablement en avalant leur café brûlant avec de grands coups de glotte.

À droite, à l'endroit où les tranchées russes étaient le plus près des tranchées allemandes, on entendait les petits coups discrets et mesurés du métal sur la terre gelée.

Sans sortir de terre, lentement mais imperturbablement, les Russes faisaient avancer leur tranchée en direction des Allemands. Cette poussée à travers la terre gelée, dure comme la pierre, trahissait une passion à la fois puissante et obtuse. On eût dit que la terre elle-même se mouvait.

L'après-midi, un sous-officier avait signalé à Bach qu'une grenade avait été lancée depuis la tranchée russe, brisant le tuyau du poêle de la compagnie et envoyant dans leur tranchée toutes sortes de saletés.

Peu de temps après, un Russe vêtu d'une pelisse blanche et coiffé d'une bonne chapka toute neuve avait bondi hors de la tranchée en jurant tout ce qu'il savait et en menaçant les Allemands du poing.

Les Allemands n'avaient pas tiré, pressentant que la provocation était venue des soldats eux-mêmes.

— Eh ! poulet, cocos, russe glou-glou ? avait proposé le Russe.

Un Allemand en bleu et gris était alors sorti de la tranchée et avait crié à mi-voix, pour ne pas être entendu des officiers dans leur abri :

— Eh ! Russe, tire pas. Faut revoir mère. Prends fusil, donne chapka.

La réponse qui était parvenue de la tranchée russe avait été brève et sans équivoque. Le mot, bien que russe, avait été compris des Allemands et les avait mis en colère.

Une grenade avait volé par-dessus la tranchée et explosé dans le boyau de communication. Mais cela n'intéressait personne.

Quand l'incident lui fut rapporté par le sous-officier Eisenaug, Bach dit :

— Laissez-les crier, du moment que personne ne passe à l'ennemi.

Le sous-officier à l'haleine de betterave crue rapporta alors à Bach que le soldat Petenkoffer avait dû réussir à organiser un troc avec l'ennemi, car on avait trouvé dans son sac du sucre en morceaux et du pain russe. Un ami lui avait même confié un rasoir à échanger et il avait promis qu'il en obtiendrait un morceau de lard et deux cubes de kacha déshydratée, moyennant une commission de cent cinquante grammes de lard.

— Rien de plus simple, dit Bach, amenez-le-moi.

Mais il se trouva que, le matin même, Petenkoffer avait péri en brave en remplissant la mission que lui avait confiée le commandement.

— Alors, qu'est-ce que vous voulez que je fasse ? dit Bach. De toute façon, il y a longtemps que le peuple allemand et le peuple russe font du commerce ensemble.

Eisenaug n'avait toutefois pas envie de plaisanter. Il était arrivé à Stalingrad deux mois plus tôt avec une blessure qui n'arrivait pas à se cicatriser depuis qu'il l'avait reçue en France, en mai 1940. Auparavant, il avait servi dans un bataillon de police en Allemagne du Sud. Constamment affamé, gelé, dévoré par les poux et la peur, il était totalement dépourvu d'humour.

Et c'était là, à l'endroit où se dessinait vaguement dans l'obscurité la dentelle de pierre des maisons de la ville, que Bach avait commencé à vivre sa vie de Stalingrad. Le ciel noir de septembre constellé d'énormes étoiles, les flots troubles de la Volga, les murs des maisons encore brûlants après l'incendie, puis les steppes de la Russie du Sud-Est et la frontière du désert asiatique.

Les maisons de l'ouest de la ville étaient noyées dans l'obscurité, seules émergeaient des ruines couvertes de neige : là était sa vie…

Pourquoi donc avait-il écrit cette lettre à sa mère, lorsqu'il était à l'hôpital ? Elle avait dû la montrer à Gubert. Pourquoi s'était-il confié à Lehnard ?

Pourquoi les gens avaient-ils une mémoire ? On eût aimé parfois pouvoir mourir, cesser de se souvenir. Comment avait-il pu prendre un moment de folie ivre pour la vérité profonde de sa vie et faire ce qu'il n'avait jamais fait durant de longues et pénibles années ?

Il n'avait pas tué d'enfants, n'avait jamais arrêté personne. Mais il avait brisé la digue fragile qui séparait la pureté de son âme des ténèbres qui bouillonnaient autour de lui. Alors, le sang des camps et des ghettos avait déferlé sur lui, l'avait saisi, emporté, avait effacé ce qui le séparait des ténèbres auxquelles il appartenait désormais lui-même.

Comment tout cela était-il arrivé ? Était-ce la folie, le hasard, ou les lois de son âme ?

36

Il faisait bon dans l'abri de la compagnie. Les uns étaient assis, les autres couchés, leurs jambes croisées touchant le plafond trop bas ; d'autres dormaient, leur manteau rabattu sur le visage et découvrant leurs plantes de pied jaunies.

— Vous vous rappelez, dit un soldat d'une maigreur désolante en tirant sur sa chemise pour en scruter la couture de ce regard féroce dont tous les soldats du monde scrutent les coutures de leurs sous-vêtements. Vous vous rappelez, en septembre, la chouette petite cave où on s'était installés ?

À quoi un autre soldat, couché sur le dos, répondit :

— Moi, je suis arrivé quand vous étiez déjà ici.

Plusieurs voix confirmèrent :

— Tu peux nous croire, c'était une chouette cave... Il y avait des lits, comme dans les bonnes maisons...

— Près de Moscou aussi, il y en avait qui perdaient courage. Et nous voilà rendus jusqu'à la Volga !

Un soldat fendit une planche avec sa baïonnette puis ouvrit la porte du poêle pour alimenter le feu. La flamme éclaira son grand visage mal rasé et projeta sur son teint terreux un reflet de cuivre rouge.

— Il n'y a vraiment pas de quoi se réjouir, dit-il. On est sortis de notre fosse de Moscou pour tomber dans celle-ci, qui est encore plus puante.

Du coin sombre où étaient entassés les sacs parvint une petite voix guillerette :

— Ça y est, j'ai compris : le meilleur plat de Noël, c'est la viande de cheval !

On se mit à parler mangeaille dans l'animation générale. On discuta du meilleur moyen pour éliminer l'odeur de sueur de la viande de cheval bouillie. Les uns disaient qu'il fallait enlever l'écume noire du bouillon. Les autres recommandaient de ne pas faire bouillir à feu vif, ou de prendre la viande dans l'arrière-train et de ne pas mettre la viande gelée dans l'eau froide, mais directement dans l'eau bouillante.

— C'est les éclaireurs qui ont la vie belle, dit un jeune soldat : ils piquent les provisions des Russes et ravitaillent leurs bonnes femmes russes dans les caves. Après ça, on s'étonne qu'ils aient les plus jeunes et les plus belles.

— C'est bien le truc auquel je pense le moins pour le moment, répliqua celui qui s'occupait du poêle. Je ne sais pas si c'est à cause de l'ambiance, ou de la nourriture. En revanche, je voudrais bien revoir mes enfants avant de mourir, ne serait-ce qu'une petite heure...

— Les officiers, eux, ils y pensent. J'ai rencontré le capitaine dans une cave habitée par des civils. Il y est comme chez lui, autant dire le chef de famille.

— Et toi, qu'est-ce que tu faisais dans cette cave ?

— Oh, moi, j'allais faire laver mon linge.

— Un temps, j'ai été gardien de camp. J'ai vu les prisonniers de guerre fouiller les épluchures de pommes de terre, se battre autour de trois feuilles de chou pourries. Je me disais : « C'est vraiment pas des humains. » À présent, je m'aperçois qu'on est des porcs comme eux.

De la pénombre où étaient entassés les sacs, s'éleva une voix chantante :

— Tout ça, bien sûr, a commencé par les poules !

La porte s'ouvrit brutalement, livrant passage à un tourbillon de vapeur froide et à une grosse voix sonore :

— Debout ! Garde à vous !

C'étaient les mêmes mots depuis toujours, prononcés tranquillement, sans hâte.

Le « garde à vous » s'adressait à l'amertume, aux souffrances, au cafard, aux idées noires... Garde à vous !

Le visage de Bach apparut dans le brouillard, tandis qu'on entendait un crissement inhabituel et insolite de bottes ; les habitants de l'abri aperçurent alors le manteau bleu ciel du commandant de la division, ses yeux plissés de myope et sa main blanche de vieillard, ornée d'une alliance en or, qui essuyait un monocle avec une peau de chamois.

Une voix habituée à couvrir sans effort la place d'armes et à parvenir aussi bien aux colonels devant leur régiment qu'aux soldats des derniers rangs lança :

— Bonjour. Repos !

Les soldats répondirent dans le désordre.

Le général s'assit sur une caisse, le reflet jaune de la flamme du poêle éclaira la croix de fer noire sur sa poitrine.

— Je vous souhaite une joyeuse veille de Noël, dit le vieil homme.

Les soldats qui l'accompagnaient approchèrent une caisse du poêle et en firent sauter le couvercle avec leurs baïonnettes pour en extraire des sapins de Noël grands comme la main, emballés dans du papier cellophane. Chaque petit sapin était décoré d'un fil doré, de petites perles rondes ou allongées.

Le général observait les soldats en train de défaire les petits emballages ; il fit signe au lieutenant d'approcher, lui chuchota quelques mots et Bach annonça à haute voix :

— Le général vous fait dire que ce cadeau de Noël venu d'Allemagne est ici grâce à un pilote qui a été mortellement blessé au-dessus de Stalingrad. Quand on l'a sorti de sa cabine après l'atterrissage, il était mort.

37

Les hommes tenaient leurs minuscules sapins dans le creux de la main. Dans l'air chaud, les sapins s'étaient couverts d'une fine buée et remplissaient la cave d'une odeur de résine qui dominait celle de morgue et de forge caractéristique de la première ligne. Cette enivrante odeur de Noël semblait parvenir de la tête chenue du vieillard assis près du poêle.

Le cœur sensible de Bach ressentit toute la tristesse et toute la beauté de cet instant. Ces hommes qui défiaient l'artillerie lourde russe, endurcis, brutaux, rongés par la faim et la vermine, excédés par le manque de munitions, avaient tous compris, sans rien dire, que ce n'était pas de bandages, de pain ni de munitions qu'ils avaient besoin, mais précisément de ces branches de sapin enveloppées de ces inutiles guirlandes, de cette dérisoire consolation pour orphelins.

Les soldats entourèrent le vieil homme assis sur la caisse. C'était lui qui avait mené la division d'infanterie motorisée sur la Volga au cours de l'été. Toute sa vie, en toutes circonstances, il s'était conduit en acteur. Il jouait son rôle devant un régiment au garde-à-vous comme dans ses conversations avec le commandant de l'armée. Il se conduisait en acteur chez lui, devant sa femme, en se promenant au jardin, devant sa bru ou son petit-fils. Il jouait son rôle même la nuit, seul dans son lit, inspiré par la présence, sur le fauteuil, de son pantalon de général. Et, bien entendu, il jouait son rôle devant les soldats, quand il leur demandait des nouvelles de leurs mères, quand il fronçait les sourcils, quand il faisait des plaisanteries grossières sur leurs aventures amoureuses, quand il s'intéressait au contenu de leurs gamelles, goûtant la soupe avec une gravité exagérée, quand il baissait la tête avec une expression austère devant les tombes ouvertes des soldats, ou qu'il prononçait un discours vibrant de sentiment paternel devant une rangée de nouvelles recrues. Ce n'était pas, chez lui, une attitude extérieure : cela venait du plus profond de lui-même, de sa pensée même. Il en était parfaitement inconscient et cette façon d'être était aussi indissociable de lui que le sel dissous dans l'eau l'est de celle-ci. Cette théâtralité venait de pénétrer avec lui dans l'abri, dans sa façon d'ouvrir son manteau, de s'asseoir sur la caisse devant le poêle, dans ce regard à la fois triste et serein qu'il posait sur les soldats en leur souhaitant un joyeux Noël. Le vieil homme n'avait jamais été conscient de jouer un personnage ; et voici que, brusquement, cette théâtralité l'abandonnait, se dissociait de son être comme le sel solidifié se dissocie de l'eau gelée, laissant son âme à sa fadeur naturelle, le livrant à sa pitié de vieillard pour ces hommes affamés et exténués.

C'était maintenant un homme faible et sans ressort qui se trouvait parmi des malheureux ayant, eux aussi, perdu tout ressort.

Un des soldats entonna tout doucement :

O Tannenbaum, o Tannenbaum,
wie grün sind deine Blätter.

Deux ou trois voix le suivirent. L'odeur de résine donnait le vertige, les paroles de la chanson enfantine résonnaient comme les trompettes divines :

O Tannenbaum, o Tannenbaum...

Et, comme du fond des mers, des abysses glacés de l'oubli, surgirent des sentiments, des pensées dont on avait perdu depuis longtemps la trace...

Ils n'apportaient ni joie ni soulagement. Mais leur force était humaine, autrement dit, la plus grande force du monde.

On entendit l'explosion sourde des canons de gros calibre soviétiques tirant les uns après les autres. Les Russkoffs n'étaient pas contents : peut-être devinaient-ils que les assiégés fêtaient Noël. Nul ne prêta attention aux débris qui tombèrent du plafond ni au nuage d'étincelles rouges que cracha le poêle.

Une pluie de fer martela le sol et la terre cria : c'étaient les Russkoffs qui jouaient de leurs « Katioucha » bien-aimées. Aussitôt, les mitrailleuses se mirent à crépiter.

Le vieil homme était assis, la tête baissée, dans l'attitude d'un homme épuisé par une trop longue vie. Les feux de la rampe s'étaient éteints, les acteurs démaquillés apparaissaient à la lumière grise du jour dans laquelle ils se ressemblaient tous : du général légendaire, champion des percées de blindés éclairs, au petit sous-officier insignifiant ou au soldat Schmidt, soupçonné d'avoir de mauvaises pensées contre l'État... Bach pensa que Lehnard n'aurait pas été sensible à la beauté de cet instant, car il était déjà trop tard pour que tout ce qu'il y avait en lui d'allemand et de voué à l'État pût se convertir en sentiment humain.

Il tourna la tête vers la porte et aperçut Lehnard.

38

Stumpfe, autrefois le meilleur soldat de la compagnie, que les nouvelles recrues regardaient avec une admiration timide, était méconnaissable. Son large visage aux yeux bleus s'était creusé. Son uniforme et son manteau n'étaient plus que de vieux vêtements fripés protégeant vaguement le corps du froid et du vent russes. Il avait cessé de dire des choses intelligentes, ses plaisanteries n'amusaient plus.

La faim le faisait souffrir plus que les autres, car ses besoins alimentaires étaient proportionnels à sa taille, gigantesque.

Tenaillé par cette faim constante, il partait en chasse dès le matin ; il fouillait les ruines, quémandait, ramassait les miettes, guettait près de la cuisine. Bach était habitué à son expression attentive et tendue. Stumpfe pensait en permanence à sa nourriture, qu'il cherchait à chaque instant, même au combat.

En s'approchant de la cave, Bach aperçut le grand dos et les larges épaules du soldat éternellement affamé. Il explorait un terrain vague qu'avaient occupé, avant l'encerclement, les cuisines et les dépôts d'approvisionnement du régiment. Il arrachait des feuilles de chou, ramassait des pommes de terre grosses comme des glands qui avaient échappé à la marmite. De derrière le mur surgit une vieille femme de haute taille, vêtue d'un manteau d'homme en loques avec une ceinture en ficelle et chaussée de godillots éculés.

Elle avançait à la rencontre du soldat, le regard rivé au sol : elle fouillait la neige avec un crochet en gros fil de fer tordu.

Ils se virent sans lever la tête, à la rencontre de leurs deux ombres sur la neige.

Le gigantesque Allemand, tenant à la main une feuille de chou trouée et dure comme du mica, leva ses yeux confiants sur la vieille et lui dit avec une lenteur cérémonieuse :

— Bonjour, Madame.

La vieille releva tranquillement la guenille qui lui retombait sur le front, le regarda de ses yeux sombres, pleins de bonté et d'intelligence, et lui répondit majestueusement :

— Bonjour, Monsieur.

C'était la rencontre au sommet des représentants de deux grands peuples. Bach en fut le seul témoin ; quant au soldat et à la vieille, ils l'oublièrent aussitôt.

Le temps s'était radouci, il neigeait à gros flocons qui venaient se poser sur le rouge des briques en morceaux, sur les croix des tombes, sur les tourelles des chars au repos, dans les oreilles des morts qu'on n'avait pas encore eu le temps d'enterrer.

La neige remplissait l'espace d'un doux brouillard aux reflets bleus et gris, faisant taire le vent et le feu des armes, mêlant terre et ciel en un tout indistinct et gris, animé de molles ondulations.

La neige couvrait les épaules de Bach et tombait en flocons de silence sur la Volga immobile, sur la ville morte, sur les squelettes des chevaux. Il neigeait partout, sur la Terre, sur les étoiles : l'univers était empli de neige. Tout disparaissait sous la neige : les corps des tués, les armes, les pansements pleins de pus, la pierraille et le fer tordu.

Cette neige, c'était le temps lui-même, doux et blanc, qui s'amoncelait sur la ville détruite, tandis que le présent devenait passé : mais l'avenir était absent de ce lent tournoiement floconneux.

39

Bach était couché sur le lit, derrière le rideau de cotonnade qui isolait ce tout petit coin de cave. Sur son épaule reposait la tête d'une femme endormie. La maigreur donnait à son visage quelque chose d'enfantin et de fané à la fois. Bach contemplait son cou et sa poitrine décharnée qu'on devinait sous la chemise grise et sale. Tout doucement, d'un geste lent, pour ne pas réveiller la jeune femme, il porta à ses lèvres sa tresse défaite. Ses cheveux étaient vivants, odorants et tièdes.

La jeune femme ouvrit les yeux.

C'était une femme qui avait le sens des réalités, tout en étant parfois insouciante : elle était à la fois câline, rusée, patiente, prudente, soumise et coléreuse. À certains moments, elle paraissait stupide, accablée et morose ; à d'autres, elle chantonnait en russe des airs de *Carmen* ou de *Faust*.

Il n'avait pas cherché à savoir ce qu'elle faisait avant la guerre. Il venait la voir quand il en avait envie ; quand il n'avait pas envie de coucher avec elle, il ne se souvenait même pas de son existence et ne se souciait pas de savoir si elle mangeait à sa faim ou si elle n'avait pas été abattue par un tireur d'élite russe. Un jour, il sortit de sa poche une galette qu'il avait eue par hasard et la lui donna ; elle parut très contente puis offrit la galette à sa vieille voisine. Il fut touché de ce geste, mais il oubliait presque toujours de lui apporter quelque chose à manger en venant la voir.

Elle portait un nom étrange, qui ne ressemblait pas aux noms européens : Zina.

Avant la guerre, Zina ne connaissait pas la vieille femme qui habitait à côté d'elle. C'était une vieille fort désagréable, flagorneuse et mauvaise, incroyablement hypocrite, possédée par la passion de la nourriture. En ce moment, elle pilait méthodiquement des grains de blé brûlés et sentant le pétrole dans un mortier en bois à l'aide d'un pilon en bois.

Depuis l'encerclement, les soldats s'étaient mis à s'introduire dans les caves des civils (auparavant, ils ne les remarquaient même pas) et à y trouver mille occupations : on y faisait la lessive à la cendre, des plats confectionnés avec des déchets, toutes sortes de réparations, du raccommodage. Les vieilles étaient les principales organisatrices de toutes ces activités. Mais les soldats ne venaient pas voir les vieilles.

Bach croyait que personne n'était au courant de ses visites. Or, un jour qu'il était assis sur le lit, tenant entre ses mains les mains de Zina, il entendit parler allemand derrière le rideau ; une voix, qui lui parut familière, disait :

— Ne passe pas derrière ce rideau, c'est la Fraülein du lieutenant.

En ce moment, ils étaient couchés côte à côte en silence. Toute sa vie, ses amis, ses livres, son histoire d'amour avec Maria, son enfance, tout ce qui l'attachait à sa ville natale, à son école, à son université, le fracas de la campagne russe, tout cela ne signifiait plus rien… Tout cela n'avait été que le chemin vers ce lit fabriqué avec les planches d'une porte à moitié brûlée… Il fut saisi d'effroi à l'idée qu'il pourrait perdre cette femme qu'il avait trouvée, vers laquelle il était venu : tout ce qui s'était passé en Allemagne et en Europe avait prélude à cette rencontre… Il ne l'avait pas compris tout de suite : au début, il l'oubliait, elle lui plaisait précisément parce que rien de sérieux ne l'attachait à elle. Mais à présent, rien n'existait au monde en dehors d'elle : tout le reste était enfoui sous la neige... seuls existaient ce merveilleux visage, ces narines légèrement dilatées, ce regard étrange et cette bouleversante expression d'enfant perdu et fatigué. Au mois d'octobre, elle était venue le trouver à l'hôpital, à pied, et il avait refusé de quitter sa chambre pour la voir.

Elle savait bien qu'il n'était pas ivre. Il se mit à genoux, lui baisa les mains, puis les pieds : il releva la tête, appuya son front et sa joue contre ses genoux, tout en parlant très vite, avec passion, mais elle ne le comprenait pas, et il savait qu'elle ne le comprenait pas : elle ne connaissait que l'épouvantable langue des soldats de Stalingrad.

Il savait que le mouvement qui l'avait porté vers cette femme allait maintenant l'arracher à elle et les séparer à jamais. À genoux, il tenait ses jambes serrées dans ses bras, la regardait dans les yeux tandis qu'elle écoutait ardemment ses paroles précipitées et tentait de comprendre, de deviner ce qu'il disait et ce qui lui arrivait.

Elle n'avait jamais vu d'Allemands avec une telle expression : elle croyait que seuls les Russes pouvaient avoir un regard aussi douloureux, aussi implorant, aussi tendre et aussi fou.

Il lui dit que c'était là, dans cette cave, à ses pieds, qu'il avait compris pour la première fois dans sa chair ce qu'était l'amour, qu'il ne connaissait jusque-là qu'en paroles. Elle lui était plus chère que tout son passé, que sa mère, que l'Allemagne et que son avenir avec Maria... Il l'aimait, et les murailles dressées entre les États, la fureur raciste, le rideau de feu de l'artillerie lourde ne signifiaient rien, étaient impuissants devant la force de l'amour... Il remerciait le sort de lui avoir permis de comprendre cela avant de mourir.

Elle ne comprenait pas ses paroles, car elle ne connaissait que quelques mots : « *Halt, komm, bring, schneller*[1] » et n'avait entendu les Allemands dire que « tu couches, kaputt, sucre, pain, tire-toi, fous le camp ».

Mais elle devinait ce qui lui arrivait en voyant son désarroi. La frivole maîtresse de l'officier allemand, oubliant sa faim, considérait la faiblesse de son amant avec une tendre indulgence. Elle savait que le sort allait les séparer et prenait les choses avec calme. Pourtant, devant le désespoir de cet homme, elle sentait que sa liaison avec lui prenait une force et une profondeur qu'elle ne soupçonnait pas. Elle l'entendait dans sa voix, elle le sentait à ses baisers, à ses regards.

Tandis qu'elle caressait rêveusement les cheveux de Bach, surgissait dans sa petite tête rusée la crainte de voir cette force s'emparer d'elle aussi, la faire chanceler et la perdre... Son cœur battait à tout rompre, criant qu'il ne voulait pas entendre la voix rusée et prévoyante qui la menaçait.

---

1. « Arrête, viens, apporte, plus vite. »

40

Evguenia Nikolaïevna s'était fait de nouvelles relations : les gens des files d'attente de la prison. On lui demandait : « Alors ? Quelles nouvelles ? » Elle avait acquis une certaine expérience et ne se contentait plus d'écouter les conseils. Il lui arrivait de dire, elle aussi : « Ne vous inquiétez pas. Peut-être est-il à l'hôpital. À l'hôpital, on est bien ; ils rêvent tous, dans leurs cellules, de s'y retrouver. »

Elle avait réussi à savoir que Krymov était détenu à la prison de la Loubianka. Elle n'était pas encore parvenue à lui faire passer un colis, mais elle ne perdait pas espoir. Il arrivait, à Kouznetski Most, qu'on refuse vos colis une fois, deux fois, et brusquement, on vous disait : « Allez, donnez votre paquet. »

Elle s'était rendue à l'appartement de Krymov et la voisine lui avait raconté que deux mois auparavant deux militaires étaient venus, en compagnie du gérant, qu'ils avaient ouvert la porte de l'appartement, emporté un tas de livres et de papiers, et étaient repartis en mettant les scellés. Guenia avait les yeux fixés sur les sceaux de cire et leur petite queue en ficelle ; postée à côté d'elle, la voisine disait : « Seulement, pour l'amour de Dieu, je ne vous ai rien raconté ! »

Elle avait raccompagné Guenia à la porte et, prise d'une audace subite, elle avait murmuré : « Un homme si bien, qui s'était porté volontaire pour partir à la guerre. »

De Moscou, elle n'écrivit pas à Novikov.

Quelle confusion dans son âme ! On y trouvait, pêle-mêle, de la pitié, de l'amour, du repentir, la joie des victoires militaires, de l'inquiétude pour Novikov, de la honte envers lui, la peur de le perdre, et la sensation déprimante d'être soumise à l'arbitraire...

Récemment encore, elle vivait à Kouïbychev, elle s'apprêtait à rejoindre Novikov au front, et son lien avec lui semblait aussi inévitable, implacable que le destin. Guenia était épouvantée de constater qu'elle s'était liée à lui pour toujours, qu'elle avait définitivement rompu avec Krymov. Par instants, tout, en Novikov, lui semblait étranger. Ses inquiétudes, ses espoirs, le cercle de ses relations, tout était différent d'elle. Il lui paraissait absurde de servir le thé à sa table, de recevoir ses amis, de bavarder avec des femmes de généraux et de colonels.

Elle se rappela que Novikov était parfaitement indifférent à *L'Évêque* de Tchekhov ou à *Une banale histoire*. Ils l'intéressaient moins que les romans à thèse d'un Dreiser ou d'un Feuchtwanger. Elle comprenait, à présent, que sa rupture avec Novikov était consommée, qu'elle ne reviendrait jamais. Elle éprouvait pour lui de la tendresse, évoquait souvent son humble empressement à approuver tout ce qu'elle disait. Le chagrin, alors, l'envahissait : se pouvait-il que ses mains ne touchent plus ses épaules, qu'elle ne revoie plus son visage ?

Jamais encore elle n'avait rencontré cet extraordinaire alliage de force, de simplicité grossière et d'humanité, de timidité. Elle était tellement attirée vers lui, lui si étranger à tout fanatisme, lui qui avait cette bonté particulière, simple et intelligente, cette bonté de paysan ! Mais aussitôt lui venait, lancinante, la pensée d'une chose sale, louche qui s'était infiltrée dans ses rapports avec ses proches. Comment pouvait-on être au courant des paroles que Krymov lui avait dites ?... Comme tout ce qui la liait à Krymov apparaissait désespérément sérieux ! Elle n'avait pas su tirer un trait sur sa vie avec lui.

Elle suivrait Krymov. Et qu'importait s'il refusait de lui pardonner : elle avait mérité d'éternels reproches. Mais il avait besoin d'elle, en prison il ne pensait qu'à elle.

Novikov trouverait en lui la force de surmonter leur rupture. Pourtant, elle n'aurait su dire ce qu'il lui aurait fallu pour avoir l'âme en paix. Savoir qu'il avait cessé de l'aimer, s'était calmé et avait pardonné ? Ou, au contraire, qu'il l'aimait toujours, était inconsolable et lui gardait rancune ? Et préférait-elle, elle-même, savoir que leur séparation était définitive, ou croire, au fond de son cœur, qu'ils recommenceraient, un jour, à vivre ensemble ?

Que de souffrances elle avait causées à ses proches ! N'avait-elle fait tout cela que par caprice, pour elle-même, et non pour le bien des autres ? Intellectuelle névrosée, va !

Au soir, tandis que Strum, Lioudmila et Nadia étaient à table, Guenia demanda, en regardant sa sœur :

— Tu sais ce que je suis ?

— Toi ? s'étonna Lioudmila.

— Oui, oui, moi, reprit Guenia et elle expliqua : Je suis un petit chien de sexe féminin.

— Une petite chienne, alors ? demanda gaiement Nadia.

— C'est cela même, répondit Guenia.

Et soudain tous éclatèrent de rire, tout en comprenant que Guenia n'avait pas le cœur à plaisanter.

— Vous savez, reprit Guenia, Limonov, mon « flirt » de Kouïbychev, m'a expliqué ce qu'est l'amour, quand ce n'est pas le premier. Il disait que c'était l'avitaminose de l'âme. Un exemple : lorsqu'un mari vit un certain temps avec sa femme, il sent se développer en lui une sorte de fringale morale, comme une vache privée de sel ou un individu qui passe des années dans l'Arctique sans voir de légumes. Si son épouse est une femme volontaire, autoritaire, forte, le mari se prend à rêver d'une âme douce, timide, soumise, timorée.

— Un imbécile, ton Limonov, répliqua Lioudmila Nikolaïevna.

— Et si cet individu a besoin de plusieurs vitamines : A, B, C, D ? demanda Nadia.

Plus tard, quand tous s'apprêtaient à se coucher, Victor Pavlovitch dit :

— Geneviève, il est de bon ton, chez nous, de railler les intellectuels pour leur dédoublement à la Hamlet, leurs doutes, leurs hésitations. Dans ma jeunesse, je méprisais en moi ces traits de caractère. Mais j'ai, aujourd'hui, un autre point de vue : les grandes découvertes, les grands livres, l'humanité les doit à tous ces indécis, à tous ces gens qui doutent. Leur œuvre n'est pas moindre que celle de tous ces imbéciles qui ne dévient jamais. Ils sont capables d'aller au feu quand il le faut, et ils essuient les balles, aussi bien que tous ces gens résolus et volontaires.

Evguenia Nikolaïevna répondit :

— Merci, Vitia ; c'est au chien de sexe féminin que vous songez ?

— Précisément, acquiesça Victor Pavlovitch.

Il eut envie de lui faire plaisir :

— J'ai regardé, une fois encore, votre tableau, ma petite Guenia, fit-il. Il me plaît parce qu'on y trouve du sentiment. Dans l'ensemble, vous savez, les artistes d'avant-garde ne visent qu'à innover, à se montrer audacieux, mais Dieu est absent de leurs œuvres.

— Du sentiment, tu parles ! intervint Lioudmila Nikolaïevna. Des hommes verts, des isbas bleues. Rien à voir avec la réalité.

— Tu sais, Mila, répondit Evguenia Nikolaïevna, Matisse a dit : « Quand je mets de la couleur verte, cela ne veut pas dire que j'ai voulu dessiner de l'herbe, et quand je prends du bleu, ce n'est pas forcément pour peindre le ciel. » La couleur ne fait que traduire le sentiment profond de l'artiste au moment où il peint.

Strum aurait bien voulu ne dire à Guenia que des choses agréables, mais il ne put se retenir et lança ironiquement :

— Eckermann a pourtant écrit : « Si Goethe, comme Dieu, avait créé le monde, il aurait fait l'herbe verte et le ciel bleu. » Ces paroles sont, pour moi, très significatives. Après tout, le matériau dont Dieu s'est servi pour sa création ne m'est pas totalement étranger… De ce fait, il est vrai, je sais que les couleurs, les teintes n'existent pas : il n'y a que les atomes et le vide qui les sépare.

Dans l'ensemble, les discussions de ce genre étaient rares. On parlait, le plus souvent, de la guerre et des services du procureur…

C'était une période difficile. Guenia s'apprêtait à repartir pour Kouïbychev : son congé tirait à sa fin.

Elle redoutait la séance d'explication avec son supérieur. N'était-elle pas partie d'elle-même à Moscou, n'avait-elle pas, de longues journées durant, frappé aux portes des prisons, envoyé des demandes au procureur et au ministère de l'Intérieur ?

Toute sa vie, elle avait craint les administrations, évité de leur demander quelque chose, et chaque fois qu'elle avait dû renouveler son passeport, l'angoisse l'avait empêchée de dormir. Ces derniers temps, pourtant, son destin semblait fait tout entier d'histoires d'enregistrement, de passeport, de rencontres avec la milice, le procureur, de suppliques et de convocations.

Un calme mortel régnait dans la maison de sa sœur.

Victor Pavlovitch n'allait plus au travail, il passait des heures dans sa chambre. Lioudmila Nikolaïevna rentrait furieuse, déprimée, du magasin réservé : les épouses de leurs amis ne la saluaient plus.

Evguenia Nikolaïevna sentait toute la nervosité de Strum. La sonnerie du téléphone le faisait sursauter, il se précipitait pour décrocher. Souvent, au déjeuner ou au dîner, il interrompait les conversations, en disant : « Chut, chut, il me semble qu'on a sonné. » Il se rendait dans l'entrée et revenait avec un petit rire confus. Les deux sœurs comprenaient cette tension, cette attente permanente : il craignait d'être arrêté.

— C'est comme cela qu'on développe chez les gens la manie de la persécution, dit Lioudmila. En 37, les hôpitaux psychiatriques étaient pleins de malades de ce genre.

Evguenia Nikolaïevna, qui voyait toute l'angoisse de Strum, était d'autant plus touchée par sa gentillesse envers elle. Il lui dit un jour :

— Rappelez-vous, Geneviève, que je me moque éperdument de ce qu'on peut penser de votre présence chez moi et de vos démarches en faveur d'un détenu. Vous comprenez ? Vous êtes ici chez vous !

Le soir, Evguenia Nikolaïevna aimait à bavarder avec Nadia.

— Tu es trop intelligente, dit-elle un jour à sa nièce. On ne dirait pas une enfant. Tu pourrais presque militer dans une association d'anciens prisonniers politiques.

— Futurs, pas anciens, répliqua Strum. J'imagine que tu parles aussi de politique, avec ton lieutenant.

— Et alors ? demanda Nadia.

— Vous feriez mieux de passer votre temps à vous embrasser, dit Evguenia Nikolaïevna.

— C'est exactement ce que j'essaie de lui faire comprendre, renchérit Strum. C'est tout de même moins dangereux.

Nadia, en effet, abordait volontiers des thèmes épineux. Tantôt elle posait des questions sur Boukharine, tantôt elle demandait si, effectivement, Lénine appréciait Trotski et ne pouvait plus voir Staline dans les derniers mois de sa vie, et s'il avait vraiment écrit un testament que Staline avait empêché de publier. En tête à tête avec Nadia, Evguenia Nikolaïevna s'abstenait d'évoquer le lieutenant Lomov.

Mais à travers les discours de Nadia sur la politique, la guerre, les poèmes de Mandelstam et d'Akhmatova, leurs rencontres et leurs discussions avec des camarades, Evguenia Nikolaïevna en sut bientôt plus sur Lomov et ses relations avec Nadia que Lioudmila elle-même.

Lomov, de toute évidence, était un gamin à l'esprit caustique, au caractère difficile ; il considérait avec ironie toutes les vérités admises, reconnues officiellement. Il semblait lui-même écrire des poèmes, et Nadia avait adopté son attitude railleuse et méprisante à l'égard de Demian Biedny et de Tvardovski, son indifférence pour Cholokhov et Nikolaï Ostrovski. Apparemment, Nadia le citait mot pour mot, lorsqu'elle disait, en haussant les épaules : « Les révolutionnaires sont soit stupides, soit malhonnêtes. On n'a pas le droit de sacrifier toute une génération au nom d'un bonheur futur imaginaire... »

Un jour, Nadia dit à Evguenia Nikolaïevna :

— Tu sais, tantine, la vieille génération a toujours besoin de croire en quelque chose : pour Krymov, c'est Lénine et le communisme, pour papa la liberté, pour grand-mère le peuple et les travailleurs. Mais tout cela nous semble idiot, à nous, les jeunes. D'ailleurs, c'est bête de croire. Il faut vivre, sans croire à rien.

Evguenia Nikolaïevna demanda soudain :

— C'est la philosophie du lieutenant ?

La réponse de Nadia la stupéfia :

— Dans trois semaines, il sera au front. Alors, question philosophie, c'est simple : aujourd'hui en vie, mort demain.

Quand Evguenia Nikolaïevna bavardait avec Nadia, elle revoyait Stalingrad. C'est ainsi que Vera parlait avec elle, c'est ainsi que Vera était tombée amoureuse. Mais que le sentiment simple et clair de Vera tranchait avec la confusion que traduisait Nadia ! Que la vie de Guenia était donc différente, alors, de celle d'aujourd'hui ! Et que ses idées sur la guerre, à l'époque, se distinguaient de ce qu'elle pensait à présent, aux jours de la victoire ! Pourtant, la guerre suivait son cours, seul restait inchangé ce que disait Nadia : « Aujourd'hui en vie, mort demain. » La guerre se moquait bien de savoir si le lieutenant chantait, autrefois, sur des airs de guitare, s'il était volontaire pour travailler aux grands chantiers de construction, porté par sa foi en l'avènement du communisme, ou s'il récitait des poèmes d'Innokenti Annenski, sans croire un seul instant au bonheur imaginaire des générations futures.

Un jour, Nadia montra à Evguenia Nikolaïevna une chanson de camp recopiée à la main.

La chanson parlait de cales glaciales de navires, du mugissement de l'océan, du « roulis, tourmentant les zeks qui, tels des frères de sang, se tenaient embrassés », et de Magadan, « capitale de la Kolyma »[1], surgissant du brouillard.

Au début de leur retour à Moscou, Strum se mettait en colère et interrompait Nadia, lorsqu'elle abordait des sujets de ce genre.

Mais depuis, bien des choses avaient changé en lui. Il avait du mal à se retenir et déclarait lui-même, en présence de sa fille, qu'il était insupportable de lire ces lettres serviles de félicitations adressées « au grand maître, meilleur ami des sportifs, père plein de sagesse, puissant coryphée, radieux génie » ; et modeste avec cela, sensible, bon, compatissant ! On avait l'impression que Staline à lui seul labourait, fabriquait le métal, nourrissait les enfants des crèches à la petite cuiller, tirait à la mitrailleuse, tandis que

---

1. Une des plus célèbres chansons du folklore du Goulag, *La Kolyma* ou *Le Port Vaninski* ; il en existe plusieurs versions.

les ouvriers, les soldats, les étudiants et les savants priaient pour lui. Sans Staline, semblait-il, notre grand peuple eût péri tout entier, tas de brutes impuissantes.

Un jour, Strum compta que le nom de Staline était mentionné quatre-vingt-six fois dans la *Pravda* et, le lendemain, dix-huit fois rien que dans l'éditorial.

Il se plaignait des arrestations illégales, du manque de liberté, du droit de n'importe quel chefaillon, à peu près inculte mais membre du Parti, à commander des chercheurs, des écrivains, à les noter, à leur faire la leçon.

Un sentiment nouveau était né en lui. Sa terreur croissante devant la puissance destructrice de la colère de l'État, son impression grandissante de solitude, d'isolement et de faiblesse pitoyable, son sentiment d'être condamné, tout cela engendrait en lui, par instants, une sorte de désespérance, une indifférence gaillarde au danger, un mépris de la prudence.

Un matin, Strum entra en courant dans la chambre de Lioudmila, et, en voyant son visage excité, joyeux, elle se sentit toute désemparée, tant cette expression lui était inhabituelle.

— Liouda, Guenia ! Nous avons remis le pied en Ukraine. La radio vient de l'annoncer !

Dans la journée, Evguenia Nikolaïevna rentra du Kouznetski Most et, en voyant sa mine, Strum lui demanda, comme Lioudmila l'avait fait pour lui le matin :

— Que se passe-t-il ?

— Ils ont pris mon colis, ils ont pris mon colis ! répéta Guenia.

Lioudmila elle-même comprit ce que pouvait signifier pour Krymov ce colis de Guenia.

— Une vraie résurrection ! dit-elle, et elle ajouta : Apparemment, tu l'aimes encore, je ne t'ai jamais vu des yeux pareils !

— Tu sais, je dois être folle, murmura Evguenia Nikolaïevna à l'intention de sa sœur. Mais je suis heureuse que Nikolaï ait ce colis, et aussi parce que j'ai compris, aujourd'hui, que Novikov n'avait pas pu commettre une bassesse. Pas pu, tu comprends ?

Lioudmila Nikolaïevna répliqua avec colère :

— Tu n'es pas folle, tu es pire que cela.

— Cher Vitia, je vous en prie, jouez-nous quelque chose, demanda Evguenia Nikolaïevna.

Pas une seule fois, de tout ce temps, il ne s'était mis au piano. Mais il ne se fit pas prier, apporta une partition, la montra à Guenia en demandant : « Cela vous va ? » Lioudmila et Nadia qui n'aimaient pas la musique partirent à la cuisine et Strum se mit à jouer. Guenia écoutait. Il joua longuement, puis, son morceau achevé, resta silencieux, sans regarder Guenia, et rejoua autre chose. Elle avait l'impression, par ins-

tants, qu'il pleurait, mais elle ne pouvait voir son visage. Ouvrant la porte
à la volée, Nadia s'écria :

— Écoutez la radio, c'est un ordre !

La musique cessa, remplacée par la voix métallique, grondante, du
speaker, Lévitan, qui annonçait à cet instant : « La ville et un important
nœud ferroviaire ont été pris d'assaut... » Puis il énuméra les généraux et
les armées qui s'étaient particulièrement distingués au combat, à commencer par le général en chef Tolboukhine. Et soudain, Lévitan annonça
avec jubilation : « Citons aussi les blindés commandés par le colonel
Novikov. »

Guenia laissa doucement échapper une exclamation, puis, quand la
voix forte et mesurée du speaker déclara : « Gloire éternelle aux héros
tombés pour la liberté et l'indépendance de notre patrie », elle se mit à
pleurer.

41

Guenia partie, la maison Strum devint parfaitement morose.

Victor Pavlovitch passait des heures à sa table de travail, il lui arrivait
de rester sans sortir plusieurs jours d'affilée. Il avait peur, maintenant ; il
lui semblait qu'il rencontrerait dans la rue des gens particulièrement désagréables et mal intentionnés à son égard, il imaginait déjà leurs yeux
impitoyables.

Le téléphone était devenu muet, et quand la sonnerie se faisait entendre
– en moyenne une fois tous les deux ou trois jours –, Lioudmila Nikolaïevna disait :

— C'est pour Nadia.

Et en effet, c'était pour elle.

Strum ne perçut pas immédiatement tout le poids de ce qui lui arrivait.
Les premiers jours, même, il était soulagé de rester à la maison, au calme,
au milieu de ses livres préférés, loin de tous ces visages sombres et hostiles.

Bientôt, pourtant, le calme de la maison se mit à lui peser ; non seulement il l'attristait, mais il l'angoissait. Que se passait-il au laboratoire ?
Comment le travail marchait-il ? Que faisait Markov ? L'idée qu'on avait
besoin de lui au labo, et qu'il restait là, chez lui, suscitait en lui une agitation fiévreuse. Cependant, l'idée qu'il n'était pas indispensable lui était
tout aussi insupportable.

Lioudmila Nikolaïevna rencontra dans la rue son amie d'évacuation,
Stoïnikova, qui travaillait à l'administration de l'Académie. Stoïnikova lui
raconta en détail la réunion du Conseil scientifique ; elle l'avait sténogra-
phiée du début à la fin.

Un point était essentiel : Sokolov n'avait pas pris la parole. Il n'était
pas intervenu, malgré les prières de Chichakov : « Piotr Lavrentievitch,

nous désirons vous entendre. Vous avez travaillé avec Strum de nombreuses années durant. » Sokolov avait répondu qu'il avait eu un malaise cardiaque la nuit précédente et qu'il avait des difficultés pour parler.

Curieusement, cette nouvelle ne réjouit pas Strum.

Markov avait pris la parole, au nom du laboratoire. Il avait été plus modéré que les autres, n'avait pas lancé d'accusations politiques, avait surtout insisté sur le sale caractère de Strum et avait même évoqué son talent.

— Il ne pouvait pas refuser de parler, il est au Parti, on l'a obligé, dit Strum. On ne peut pas le lui reprocher.

Cependant, la plupart des interventions étaient terribles. Kovtchenko avait parlé de Strum comme d'un truand, d'un arriviste. Il avait dit : « Le dénommé Strum n'a pas daigné se présenter. Il passe toutes les bornes ! Nous allons donc être contraints d'adopter envers lui un tout autre langage. C'est visiblement ce qu'il cherche. »

Prassolov, l'homme aux cheveux blancs, qui avait comparé les travaux de Strum à ceux de Lebedev, avait déclaré : « Des personnes d'un genre bien particulier font autour des théorisations douteuses de Strum un bruit indécent. »

Gourevitch, docteur ès sciences physiques, avait eu des paroles très dures. Il avait reconnu qu'il s'était grossièrement trompé, qu'il avait surestimé les recherches de Strum ; il avait fait allusion à l'intolérance nationaliste de Strum et déclaré qu'une personne brouillonne en politique l'était forcément dans le domaine scientifique.

Svetchine avait parlé du « vénérable » Strum et rapporté les paroles de Victor Pavlovitch, selon lesquelles il n'y avait pas une physique américaine, allemande ou soviétique, qu'il y avait *la* physique.

— Je l'ai dit, en effet, fit remarquer Strum. Mais rapporter, en réunion, une conversation privée, c'est tout simplement de la délation.

Strum fut stupéfait d'apprendre que Pimenov, qui ne dépendait plus de l'Institut, avait, lui aussi, fait une déclaration que personne ne lui demandait. Il avait exprimé son regret d'avoir accordé trop d'importance aux travaux de Strum, d'en avoir ignoré les défauts. C'était fantastique ! Pimenov avait dit, autrefois, qu'il était à genoux devant les travaux de Strum, qu'il était heureux de contribuer à leur réalisation.

Chichakov avait été bref. La résolution avait été présentée par Ramskov, secrétaire du comité du Parti de l'Institut. Elle était très dure, on exigeait de la direction qu'elle ampute le collectif, sain dans son ensemble, de ses membres en décomposition. Le plus vexant était que la résolution ne faisait pas mention des mérites scientifiques de Strum.

— N'empêche que Sokolov s'est conduit très convenablement. Alors, pourquoi Maria Ivanovna a-t-elle disparu ? Est-il effrayé à ce point ? demanda Lioudmila Nikolaïevna.

Strum ne répondit pas.

C'était étrange ! Il n'en voulait à personne, mais il ignorait la notion chrétienne de pardon. Il n'était pas en colère contre Chichakov et Pimenov. Il ne gardait pas rancune à Svetchine, Gourevitch, Kovtchenko. Un seul être le mettait en fureur, faisait naître en lui une rage si lourde, si oppressante que Strum devenait fiévreux, étouffait, dès qu'il se mettait à penser à lui. On eût dit que toutes ces actions cruelles, injustes, entreprises contre lui, venaient de Sokolov. Comment Piotr Lavrentievitch avait-il pu interdire à Maria Ivanovna de fréquenter les Strum ? Quelle lâcheté, quelle cruauté, quelle bassesse, quelle ignominie !

Il ne pouvait admettre que sa fureur ne venait pas seulement de la culpabilité de Sokolov à l'égard de Strum, mais du sentiment profond de sa propre faute à l'égard de Sokolov.

Désormais, Lioudmila Nikolaïevna évoquait souvent les questions matérielles.

Surplus de surface habitable, attestation de salaire pour la Direction des logements, cartes de rationnement, démarches pour être rattachée à un nouveau magasin, tickets d'alimentation pour les trimestres à venir, passeports à renouveler et nécessité, pour ce faire, de présenter une attestation de travail, tout cela angoissait Lioudmila Nikolaïevna, elle y pensait jour et nuit. Où trouver l'argent pour vivre ?

Autrefois, Strum plastronnait et disait en riant : « Je m'occuperai de problèmes théoriques à la maison. Je vais me monter une ferme-laboratoire. »

Mais aujourd'hui, on n'avait plus envie de rire. L'argent qu'il touchait en tant que membre correspondant de l'Académie des sciences suffisait à peine à payer le loyer de l'appartement, la datcha, les diverses charges. La solitude lui pesait terriblement.

Et pourtant, il fallait vivre !

La fonction d'enseignant dans l'enseignement supérieur lui était fermée. Un individu politiquement douteux ne pouvait être mis en contact avec la jeunesse.

Que lui restait-il ?

Sa position de savant renommé lui ôtait toute possibilité de trouver un travail modeste. N'importe quel chef du personnel aurait eu une exclamation de stupéfaction et aurait refusé de nommer un docteur ès sciences rédacteur technique ou professeur de physique dans une école secondaire.

Quand il lui devenait trop pénible de penser à son travail perdu, au besoin, à la dépendance, aux humiliations subies, il se disait : « Vivement qu'on m'arrête ! »

Mais Lioudmila et Nadia resteraient. Il leur fallait bien vivre !

Cultiver des fraises à la datcha ? Tu parles ! On la leur prendrait, la location devait être renouvelée au mois de mai. La datcha n'appartenait pas à l'Académie, elle dépendait de son ancien service. Par négligence, il avait omis de payer la location. Il pensait, d'un coup, régler tous les mois en retard, plus six mois d'avance. Mais aujourd'hui, cette somme qui, un mois plus tôt, lui paraissait minime le plongeait dans l'horreur.

Où trouver l'argent ? Et Nadia qui avait besoin d'un manteau.

Emprunter ? Mais comment emprunter sans espoir de rendre ?

Vendre des choses ? Mais qui, en pleine guerre, voudrait acheter de la porcelaine, un piano ? Et puis, ce serait dommage : Lioudmila aimait tant sa collection. Même aujourd'hui, après la mort de Tolia, il lui arrivait de l'admirer.

L'idée lui venait souvent de se rendre au commissariat militaire, de renoncer à l'affectation spéciale que lui offrait l'Académie et de demander à être envoyé au front comme simple soldat.

Dans ces moments-là, son âme trouvait le repos.

Puis revenaient les pensées qui l'angoissaient, le tourmentaient. Comment vivraient Lioudmila et Nadia ? Trouver un poste dans une école ? Louer une des pièces ? Mais le gérant de l'immeuble[1] s'en mêlerait et, avec lui, la milice. La nuit, ils perquisitionneraient, il y aurait des amendes, des procès-verbaux.

Qu'ils paraissaient soudain puissants, sages et menaçants, ces gérants d'immeuble, ces miliciens de quartier, ces inspecteurs du logement, ces secrétaires employées au service du personnel !

Pour l'homme qui avait perdu tout appui, la moindre gamine travaillant au ravitaillement semblait dotée d'un pouvoir immense, d'une force tranquille. Un sentiment de peur, d'impuissance, d'indécision tenaillait Victor Pavlovitch tout au long de la journée. Un sentiment qui cependant variait, n'était pas uniforme. À chaque moment de la journée correspondaient une peur, une tristesse particulières. De bon matin, après la tiédeur du lit, quand la fenêtre se voilait encore d'une pénombre trouble et froide, il éprouvait, d'ordinaire, un sentiment d'impuissance enfantine, face à cette force immense qui s'était abattue sur lui. Il avait envie de se cacher sous ses couvertures, de se faire tout petit, de fermer les yeux et de ne plus bouger.

La première partie de la journée se passait dans le regret de son travail ; il avait très envie d'aller à l'Institut. Dans ces moments-là, il se sentait parfaitement inutile, stupide, nul.

Il lui semblait que l'État, dans sa colère, était capable de lui ôter, outre la paix et la liberté, le talent, la confiance en lui, de le transformer en un petit boutiquier obscur, borné, sinistre.

Il s'animait au moment du déjeuner, se sentait plus gai. Mais le repas terminé, il retrouvait son cafard, lancinant, stupide et vide.

Avec les ténèbres, venait la grande peur. Victor Pavlovitch craignait maintenant l'obscurité, comme un sauvage de l'âge de pierre que la nuit eût surpris dans la forêt. Sa peur augmentait, se faisait plus dense… Strum réfléchissait, évoquait des souvenirs. Dans les ténèbres, par la fenêtre, le malheur le guettait, cruel, inexorable. Bientôt, une voiture se

---

1. Personnage auquel son poste, modeste mais au cœur même du système des passeports et des autorisations de séjour, donnait de réels pouvoirs.

ferait entendre dans la rue, un coup de sonnette, des bruits de bottes...
Impossible d'y échapper. L'indifférence alors le submergeait, mauvaise,
joyeuse !

Strum dit à Lioudmila :

— Ils en avaient de la chance, tous ces nobles frondeurs de l'Ancien
Régime. L'un d'eux tombait-il en disgrâce ? Il quittait la capitale pour
son domaine de Penza. Et c'étaient les chasses, les joies de la campagne,
les voisins, le parc. On rédigeait ses Mémoires. Essayez donc, Messieurs
les voltairiens, cette nouvelle manière : deux semaines d'indemnités et,
dans une enveloppe cachetée, des références tellement bonnes qu'on ne
vous prendra même pas comme balayeur !

— Vitia, répondit Lioudmila Nikolaïevna. On s'en tirera ! Je ferai de la
couture, je prendrai du travail à domicile, je peindrai des foulards. Je me
ferai engager dans un laboratoire, comme laborantine. J'arriverai bien à te
nourrir.

Il lui embrassait les mains et elle ne pouvait comprendre pourquoi son
visage exprimait la culpabilité et la souffrance, pourquoi ses yeux se faisaient plaintifs, suppliants...

Victor Pavlovitch arpentait la pièce en fredonnant les paroles d'une
vieille romance :

... Il est seul, oublié[1]...

Apprenant que Strum songeait à s'engager pour partir au front, Nadia
raconta :

— Je connais une fille comme ça, Tonia Kogan, dont le père est parti
volontaire. Il est spécialiste de la Grèce antique ou de je ne sais quoi, et il
s'est retrouvé dans un régiment de réserve à Penza. On l'a mis à nettoyer
les cabinets, à balayer. Un jour, le capitaine est venu faire un tour, et lui,
qui y voit mal, lui a envoyé des saletés en balayant. L'autre lui a aussitôt
retourné un coup de poing sur l'oreille et lui a fait péter le tympan.

— Bon, conclut Strum. Je ne balaierai pas en direction du capitaine.

Désormais, Strum considérait Nadia comme une adulte. Jamais, semblait-
il, il n'avait vu sa fille d'un si bon œil. Elle rentrait à présent aussitôt ses
cours finis, et cela le touchait. Il se disait qu'elle ne voulait pas l'inquiéter.
Quand elle discutait avec lui, il y avait dans ses yeux narquois une expression nouvelle : sérieuse et tendre.

Un soir, il s'habilla et partit en direction de l'Institut ; il avait envie
de jeter un coup d'œil par la fenêtre de son laboratoire ; il voulait savoir
s'il y avait de la lumière, si la deuxième équipe y travaillait, si Markov
avait terminé les installations. Mais il n'alla pas jusqu'à l'Institut. Il eut
peur, soudain, de rencontrer des gens connus, tourna dans une ruelle
pour rentrer. La ruelle était sombre et déserte. Et soudain, une impres-

---

1. *L'Oublié*, romance composée par Moussorgski sur des paroles de Golenichtchev-Koutouzov, poète peu connu.

sion de bonheur envahit Strum. La neige, le ciel nocturne, l'air frais et glacé, le bruit de ses pas, les arbres aux branches sombres, le rai de lumière filtrant à travers le rideau de camouflage d'une petite maison de bois, tout cela était si beau ! Il respirait l'air de la nuit, marchait dans la ruelle paisible, et personne ne le regardait. Il était vivant et libre. Que pouvait-il rêver de mieux ? Victor Pavlovitch regagna sa maison et son bonheur disparut.

Les premiers jours, Strum avait attendu Maria Ivanovna avec une certaine impatience. Mais les jours passaient et Maria Ivanovna ne téléphonait pas. On lui avait vraiment tout pris : son travail, son honneur, sa tranquillité, sa foi en lui-même. Avait-on aussi décidé de le priver de son dernier refuge : l'amour ?

Parfois, il était au désespoir, se prenait la tête dans les mains : il lui semblait qu'il ne pourrait vivre sans la voir. Il marmonnait : « Allons, allons, allons. » Ou bien il se disait : « Personne n'a plus besoin de moi. »

Pourtant, une petite tache de lumière brillait, au fond de son désespoir : un sentiment de pureté qu'ils avaient su préserver, Maria Ivanovna et lui. Ils souffraient, mais ne tourmentaient pas les autres. Il comprenait aussi que toutes ses pensées – philosophiques, résignées, mauvaises – ne correspondaient guère à ce qui se produisait dans son âme. Sa rancune contre Maria Ivanovna, son ironie envers lui-même, son acceptation de la fatalité, son sens du devoir envers Lioudmila Nikolaïevna, la paix de sa conscience, tout cela n'était qu'un moyen de lutter contre le désespoir. Quand il se rappelait ses yeux, sa voix, une tristesse insoutenable l'envahissait. Ne la reverrait-il jamais plus ? Et quand la séparation lui semblait définitive, quand l'idée de la perdre lui devenait particulièrement insupportable, Victor Pavlovitch, honteux, disait à Lioudmila Nikolaïevna :

— Tu sais, je suis très inquiet pour Madiarov. Je me demande si tout va bien, si on a des nouvelles de lui. Tu devrais peut-être téléphoner à Maria Ivanovna.

Le plus curieux, sans doute, était qu'il continuait à travailler. Il travaillait, mais son cafard, son agitation, son chagrin ne diminuaient pas.

Le travail ne l'aidait pas à vaincre la tristesse et la peur, il n'était pas, pour lui, un remède moral ; Victor Pavlovitch n'en attendait pas l'oubli, le réconfort, car le travail était plus qu'un remède.

Il travaillait parce qu'il ne pouvait s'en passer.

42

Lioudmila Nikolaïevna raconta à son mari qu'elle avait rencontré le gérant. Ce dernier priait Strum de passer à la Direction des logements.

Ils tentèrent de deviner ce qui motivait cette invite. Trop de mètres carrés ? Le passeport à renouveler ? Un contrôle du commissariat militaire ?

Peut-être quelqu'un les avait-il informés que Guenia vivait chez eux sans visa de séjour.

— Tu aurais dû demander, dit Strum. Nous ne serions pas là à nous creuser la tête.

— J'aurais dû, bien sûr, reconnut Lioudmila Nikolaïevna. Mais j'ai été prise de court. Il m'a dit : que votre mari passe un matin, puisqu'il ne travaille plus.

— Oh ! Seigneur ! Ils sont déjà au courant de tout.

— Tu sais bien qu'ils sont tous là à épier : les concierges, les liftiers, les femmes de ménage des voisins. De quoi t'étonnes-tu ?

— C'est juste. Tu te souviens de ce jeune homme qui était venu, avant-guerre, avec sa carte du Parti, te proposer de l'informer sur les fréquentations des voisins ?

— Si je m'en souviens ! répondit Lioudmila Nikolaïevna. J'ai poussé un tel hurlement qu'il a tout juste eu le temps de me dire, à la porte : « Et moi qui croyais que vous aviez une conscience politique ! »

Lioudmila Nikolaïevna avait maintes fois raconté cette histoire. D'ordinaire, en l'écoutant, il mettait son grain de sel, pour tenter d'abréger le récit. Mais cette fois, il demanda à sa femme de lui narrer les faits dans les moindres détails et ne fit rien pour la presser.

— Tu sais, dit-elle. Peut-être tout cela vient-il de ces deux nappes que j'ai vendues au marché.

— Je ne pense pas. Pourquoi, alors, m'aurait-on convoqué plutôt que toi ?

Ses pensées étaient affreusement maussades. Il évoquait constamment ses conversations avec Chichakov et Kovtchenko : que n'avait-il pas dit, alors ! Il se rappelait ses discussions d'étudiant : quel bavard il faisait ! Et de parler avec Dmitri, avec Krymov, qu'il approuvait de temps à autre, il est vrai. N'empêche : de toute sa vie, il n'avait jamais été l'ennemi du Parti et du pouvoir soviétique.

Mais, ensuite, lui revenaient certaines paroles particulièrement sévères qu'il avait eues autrefois, et une sueur glacée l'envahissait. Krymov, ce communiste pur et dur, ce fanatique – en voilà un qui ignorait le doute ! – avait été arrêté ! Et ces maudits symposiums avec Madiarov et Karimov !

Comme tout était étrange !

D'ordinaire, le soir, au crépuscule, la pensée le hantait qu'on allait l'arrêter, et ce sentiment de terreur ne cessait de s'amplifier, de croître, de peser. Mais, au moment même où l'issue fatale semblait inexorable, il se sentait soudain joyeux, léger. Allez donc y comprendre quelque chose !

Il avait l'impression qu'il allait perdre la raison quand il pensait à l'injustice dont on avait fait preuve à l'égard de ses travaux. Mais quand l'idée qu'il était bête et sans talent, que ses travaux n'étaient qu'une caricature, terne et primaire, de la réalité cessait d'être une idée pour devenir une sensation bien vivante, il retrouvait la gaieté.

Il n'envisageait même plus de reconnaître ses fautes, il était pitoyable, ignare, ses regrets n'auraient rien changé. Repenti ou non, il n'était qu'une nullité face à l'État en colère.

Que Lioudmila avait changé, ces derniers temps ! Au téléphone, elle ne disait plus au gérant : « Envoyez-moi immédiatement un plombier ! » Elle ne menait plus d'enquêtes dans l'escalier : « Qui a encore renversé des épluchures à côté du vide-ordures ? » Elle s'habillait, si l'on peut dire, « nerveusement ». Tantôt, sans rime ni raison, elle mettait une veste de fourrure, très chère, pour aller acheter de l'huile, tantôt elle s'emmitouflait dans un vieux châle gris et enfilait le manteau qu'avant la guerre elle voulait offrir à la bonne femme de l'ascenseur.

Strum regardait Lioudmila, en se demandant à quoi ils ressembleraient, tous deux, dans dix ou quinze ans.

— Tu te souviens du récit de Tchekhov : *L'Évêque* ? La mère, en gardant sa vache, raconte aux autres femmes que son fils, autrefois, était évêque. Mais on ne la croit guère.

— Il y a longtemps que j'ai lu ça, j'étais encore gamine. Je ne me rappelle plus, répondit Lioudmila Nikolaïevna.

— Relis-le, reprit-il, agacé.

Toute sa vie, il en avait voulu à Lioudmila Nikolaïevna de son indifférence à l'égard de Tchekhov. Il la soupçonnait même de n'avoir jamais lu un grand nombre de ses récits.

C'était étrange, étrange ! Plus il était faible, impuissant, plus son esprit était proche de l'entropie, plus il était minable aux yeux du gérant, des filles du bureau de ravitaillement, des employés aux passeports ou au service du personnel, des garçons de laboratoire, des scientifiques, des amis, des parents, de Tchepyjine même, ou encore de sa femme…, plus il était proche et aimé de Macha. Ils ne se voyaient plus, mais il le savait, le sentait. À chaque nouveau coup du sort, à chaque humiliation, il lui demandait, mentalement : « Tu me vois, Macha ? »

Et ainsi bavardait-il avec sa femme, tout en remuant des pensées secrètes qu'elle ignorait.

Le téléphone sonna. Les coups de téléphone, désormais, les inquiétaient tout autant qu'un télégramme nocturne, annonciateur d'un malheur.

— Ah ! Je sais ! On a promis de m'appeler pour ce travail à la coopérative, dit Lioudmila Nikolaïevna.

Elle décrocha, haussa les sourcils et répondit :

— Je vous le passe.

— C'est pour toi, fit-elle.

Strum demanda du regard : « Qui ? »

La main sur le combiné, elle répondit :

— Une voix inconnue. Aucune idée.

Strum prit l'écouteur.

— Je vous en prie, j'attendrai, dit-il et, apercevant les yeux interroga-teurs de Lioudmila, il chercha à tâtons un crayon sur la petite table et griffonna quelques lettres bancales sur un bout de papier.

Sans avoir bien conscience de ce qu'elle faisait, Lioudmila Nikolaïevna se signa lentement, puis bénit Victor Pavlovitch. Ils ne disaient mot.

«… Un communiqué de toutes les radios d'Union soviétique.»

La voix, extraordinairement semblable à celle qui, le 3 juillet 1941, s'était adressée au peuple, à l'armée, au monde entier («Camarades, mes frères, mes amis[1]… »), s'adressait aujourd'hui à un seul homme, pendu au téléphone :

— Bonjour, camarade Strum.

À cet instant, des idées confuses, des bribes de pensées, des sentiments tronqués lui vinrent en bloc, mélange de triomphe, de faiblesse, de crainte d'une mystification de voyou, de pages de manuscrits à l'écriture serrée, de questionnaires, avec, en plus, l'immeuble de la Loubianka…

Il perçut avec acuité l'accomplissement de son destin, impression nuancée de tristesse : il lui semblait avoir perdu une chose étrangement chère, touchante, bonne.

— Bonjour, Joseph Vissarionovitch, dit Strum, stupéfait de prononcer, au téléphone, ces mots incroyables. Bonjour, Joseph Vissarionovitch.

L'entretien dura deux ou trois minutes.

— Je crois savoir que vous travaillez dans une direction intéressante, dit Staline.

Sa voix, lente, rauque, qui marquait très fort certaines syllabes, parais-sait contrefaite, tant elle ressemblait à l'autre, celle que Strum entendait à la radio. Quand Strum voulait s'amuser, c'est ainsi qu'il l'imitait, chez lui. C'est ainsi que la reproduisaient les gens qui avaient entendu Staline, lors d'un congrès, ou qui avaient été convoqués chez lui.

Serait-ce une mystification ?

— Je crois en ce que je fais, dit Strum.

Staline resta un instant silencieux, il semblait réfléchir aux paroles de Strum.

— Peut-être manquez-vous, du fait de la guerre, de documents étran-gers ou d'appareils ? demanda Staline.

Strum répondit, avec une sincérité qui l'étonna lui-même :

— Je vous remercie beaucoup, Joseph Vissarionovitch, mes conditions de travail sont tout à fait normales, satisfaisantes.

Lioudmila Nikolaïevna, debout, comme si Staline pouvait la voir, écoutait la conversation.

Strum lui fit un signe : « Assieds-toi, comment n'as-tu pas honte… » De nouveau, Staline se tut, réfléchissant aux paroles de Strum, puis il reprit :

---

1. Premier discours prononcé par Staline après le début de la guerre, célèbre pour la façon dont le dirigeant soviétique s'adressa à la population : « Frères et sœurs… »

— Au revoir, camarade Strum, je vous souhaite de réussir dans vos travaux.

— Au revoir, camarade Staline.

Strum raccrocha.

Ils se retrouvèrent assis, face à face, comme quelques instants plus tôt, lorsqu'ils parlaient des nappes que Lioudmila Nikolaïevna avait vendues au marché Tichinski.

— Je vous souhaite de réussir dans vos travaux, dit soudain Strum, avec un fort accent géorgien.

Le fait que rien n'eût changé, ni le buffet, ni le piano, ni les chaises, ni même les deux assiettes sales qui restaient sur la table comme pendant leur conversation à propos du gérant, avait quelque chose d'insensé, à vous faire perdre la raison. Car, au fond, tout avait changé, la situation s'était retournée, un nouveau destin les attendait.

— Que t'a-t-il dit ?

— Rien de spécial. Il m'a demandé si le manque de documents étrangers ne me gênait pas trop dans mes recherches, répondit Strum en s'efforçant d'avoir l'air calme et indifférent.

Par instants, il se sentait gêné de ce sentiment de bonheur qui l'avait envahi.

— Liouda, Liouda, fit-il. Tu imagines ! Je ne me suis pas repenti ! Je n'ai pas courbé la tête, je ne lui ai pas écrit de lettre. C'est lui qui m'a téléphoné, lui !

L'incroyable s'était produit. La portée de cet événement était incalculable. Était-ce bien le même Strum qui tournait comme un lion en cage, ne dormait pas des nuits entières, perdait ses moyens devant les questionnaires qu'on lui demandait de remplir, s'arrachait les cheveux en pensant à ce qu'on avait dit de lui au Conseil scientifique, évoquait ses péchés, se repentait mentalement et demandait pardon, s'attendait à être arrêté, pensait se retrouver dans la misère, tremblait à l'idée d'une discussion au bureau des passeports ou avec la fille du ravitaillement ?

— Mon Dieu, mon Dieu, fit Lioudmila Nikolaïevna. Et dire que Tolia ne verra jamais cela.

Elle se rendit à la chambre de Tolia, ouvrit tout grand la porte.

Strum décrocha le téléphone, mais raccrocha aussitôt.

— Et si c'était une blague ? dit-il soudain, en allant à la fenêtre.

La rue était déserte. Une femme passa, vêtue d'une veste molletonnée.

Une fois encore, il s'approcha du téléphone, tapota le combiné de son doigt recourbé.

— Comment était ma voix ? demanda-t-il.

— Tu parlais très lentement. Tu sais, je n'arrive pas à comprendre pourquoi je me suis soudain levée.

— Staline !

— Peut-être qu'en effet c'était une blague.

— Allons donc ! Qui pourrait s'y risquer ? Une blague comme ça, c'est dix ans à coup sûr.

Une heure plus tôt, il arpentait la pièce, en fredonnant une romance de Golenichtchev-Koutouzov :

... il est seul, oublié...

Les coups de téléphone de Staline ! Une fois ou deux par an, des rumeurs couraient dans Moscou : Staline avait appelé le metteur en scène Dovjenko, Staline avait téléphoné à l'écrivain Ehrenbourg.

Point ne lui était besoin d'ordonner : donnez un prix à un tel, ou un appartement, construisez-lui un institut scientifique ! Il était trop grand pour parler de ces choses. Ses subordonnés s'en occupaient, essayant de deviner ses désirs à l'expression de ses yeux, aux intonations de sa voix. Il lui suffisait d'adresser à un homme un petit rire bienveillant pour que son destin s'en trouve changé : il quittait les ténèbres, l'anonymat, pour un déluge de gloire, d'honneurs, de puissance. Des dizaines de personnes haut placées saluaient alors l'heureux élu : Staline lui avait souri, avait plaisanté avec lui, lui avait parlé au téléphone.

Les gens se répétaient les détails de ces conversations, chaque parole prononcée par Staline leur semblait étonnante. Plus les mots employés étaient banals, plus ils les stupéfiaient. Staline, à les croire, ne pouvait user de mots courants.

On racontait qu'il avait appelé un sculpteur célèbre et lui avait dit, en riant : « Bonjour, vieil ivrogne. »

Il avait appelé une autre célébrité, un homme honnête, et lui avait parlé d'un de ses camarades qu'on avait arrêté. L'autre, désemparé, avait bafouillé une réponse et Staline lui avait dit : « Vous défendez bien mal vos amis[1]. »

On racontait qu'il avait téléphoné à la rédaction d'un journal pour les jeunes, et que le rédacteur adjoint avait répondu : « Boubekine à l'appareil. »

Staline avait alors demandé : « Et qui est Boubekine ? »

Et Boubekine de répondre : « N'avez qu'à le savoir ! » Puis il avait brutalement raccroché.

Staline l'avait alors rappelé : « Camarade Boubekine, ici Staline. Soyez gentil de m'expliquer qui vous êtes. »

On racontait que Boubekine avait ensuite passé deux semaines à l'hôpital, pour se remettre du choc nerveux.

Une seule de ses paroles pouvait anéantir des milliers, des dizaines de milliers de personnes. Un maréchal, un commissaire du peuple, un

---

1. Il s'agit du coup de téléphone que Staline donna à Pasternak pour lui parler de Mandelstam. Pendant cette conversation, évoquée dans plusieurs livres de Mémoires, Staline demanda : « Mais il est un maître, l'est-il vraiment ? » Pasternak répondit qu'il souhaitait lui parler d'autre chose, de la vie et de la mort. Staline raccrocha brusquement.

membre du Comité central, un secrétaire d'obkom, tous ces gens qui, hier encore, commandaient une armée, un groupe d'armées, régnaient sur des régions, des républiques, d'énormes usines, pouvaient, aujourd'hui, sur un simple mot de colère de Staline, n'être plus que grains de poussière dans un camp, où ils attendraient leur rata, dans un tintement de gamelles.

On rapportait que Staline et Beria s'étaient rendus, de nuit, chez un vieux bolchevik, géorgien, récemment libéré de la Loubianka, et y étaient restés jusqu'au matin. Toute la nuit, les habitants de l'appartement s'étaient abstenus d'aller aux toilettes et, le lendemain, ils ne s'étaient pas rendus à leur travail. On racontait que la porte leur avait été ouverte par une sage-femme, la responsable de l'appartement. Elle était arrivée en chemise de nuit, un carlin dans les bras, furieuse que les visiteurs nocturnes n'aient pas donné le nombre de coups de sonnette convenu. Par la suite, elle racontait : « J'ouvre et je vois un portrait. Et voilà que le portrait avance vers moi. » On disait que Staline avait fait un tour dans le couloir et longuement contemplé la feuille de papier accrochée près du téléphone, sur laquelle les locataires indiquaient, au moyen de bâtons, le nombre de leurs conversations, afin qu'on pût s'y retrouver au moment de payer.

Ces récits stupéfiaient et amusaient les gens par le côté banal des paroles prononcées et des situations. L'incroyable, c'était cela : Staline parcourant le couloir d'un appartement communautaire !

Car sur un mot de lui, de gigantesques chantiers surgissaient, des colonnes de bûcherons gagnaient la taïga, des masses humaines de centaines de millions de personnes creusaient des canaux, édifiaient des villes, traçaient des routes dans la nuit polaire et les glaces éternelles. Il était l'incarnation d'un grand État. Le soleil de la Constitution stalinienne... Le Parti de Staline... Les plans quinquennaux de Staline... Les chantiers staliniens... La stratégie de Staline... L'aviation stalinienne... Un grand État s'était exprimé en lui, dans son caractère, ses façons.

Victor Pavlovitch ne cessait de répéter : « Je vous souhaite de réussir dans vos travaux... vous travaillez dans une direction très intéressante... »

C'était clair : Staline savait qu'à l'étranger on suivait avec intérêt les physiciens spécialistes du nucléaire.

Strum sentait que ce domaine suscitait une étrange tension. Il l'avait perçue entre les lignes des articles publiés par des physiciens anglais et américains, dans certaines réticences qui venaient entraver le cours logique de la pensée. Il avait noté que les noms des chercheurs fréquemment publiés avaient disparu des pages des revues de physique ; les gens qui travaillaient sur la fission du noyau lourd semblaient s'être évaporés, personne ne faisait allusion à leurs travaux. Et cette tension, ce silence s'accroissaient encore, dès lors qu'on en venait aux questions de désintégration du noyau d'uranium.

Tchepyjine, Sokolov, Markov avaient maintes fois entamé des discussions sur ce thème. Récemment encore, Tchepyjine évoquait ces gens à la vue courte, incapables de percevoir les perspectives pratiques liées à l'action des neutrons sur le noyau lourd. Mais Tchepyjine ne souhaitait pas, lui-même, travailler dans ce domaine...

Une tension nouvelle, silencieuse, était née, dans l'air plein de bruits de bottes, plein du feu de la guerre, de fumée, du grincement des chars ; la main la plus forte de ce monde avait pris le téléphone, et le spécialiste de physique théorique avait entendu la voix lente lui dire : « Je vous souhaite de réussir dans vos travaux. »

Une ombre nouvelle, imperceptible, muette, légère, s'était couchée sur la terre brûlée par la guerre, sur les têtes d'enfants et sur les têtes blanches. Les gens n'en avaient pas conscience, ils l'ignoraient, ne sentaient pas qu'était née cette force qui devait advenir.

Un long chemin séparait les tables de travail de quelques dizaines de physiciens, les feuilles de papier couvertes de bêta, alpha, ksi, gamma, sigma, les bibliothèques et les laboratoires de cette force cosmique diabolique, qui serait bientôt le sceptre du pouvoir d'État.

On avait commencé à parcourir cette distance, et l'ombre muette s'épaississait, devenait ténèbres, menaçait maintenant Moscou et New York.

Ce jour-là, Strum ne se réjouit guère du succès de ses travaux, qu'il avait crus à jamais abandonnés au fond du tiroir de son bureau. Ils allaient quitter leur prison pour le laboratoire, devenir conférences et rapports de professeurs. Il ne pensa pas au triomphe de la vérité scientifique, à sa victoire, au fait qu'il pourrait, à nouveau, faire avancer la science, avoir des élèves, retrouver une existence dans les pages des revues et des manuels, s'inquiéter de savoir si son idée correspondait à la vérité du compteur et du papier sensible.

Un autre sentiment le bouleversait : celui, orgueilleux, de son triomphe sur les gens qui le persécutaient. Récemment encore, il lui semblait qu'il ne leur gardait pas rancune. Il ne voulait plus, aujourd'hui, se venger, leur faire du mal, mais son cœur et son esprit étaient en liesse quand il songeait à toutes les actions mauvaises, malhonnêtes, cruelles et lâches qu'ils avaient commises. Plus ils avaient été grossiers et vils avec lui, plus il lui était doux, à présent, d'y penser.

Nadia revint de l'école. Lioudmila Nikolaïevna lui cria :

— Nadia, Staline a téléphoné à papa !

En voyant l'émotion de sa fille qui se précipitait dans la pièce, son manteau à demi ôté, son écharpe traînant sur le plancher, Strum se représenta plus clairement encore le désarroi des gens qui, aujourd'hui ou demain, apprendraient la nouvelle.

Ils se mirent à table. Strum repoussa brusquement sa cuiller en disant :

— En fait, je n'ai pas faim du tout.

Lioudmila Nikolaïevna déclara :

— C'est une défaite sanglante pour tous ceux qui te haïssaient et te tourmentaient. J'imagine ce qui va se passer à l'Institut et à l'Académie.

— Oui, oui, oui, dit-il.

— Et dans les magasins réservés, maman, toutes ces dames vont à nouveau te saluer et te sourire, fit remarquer Nadia.

— Exactement, approuva Lioudmila Nikolaïevna et elle eut un petit rire.

Strum avait toujours eu les lèche-bottes en horreur, mais aujourd'hui, il se représentait, non sans bonheur, le sourire obséquieux d'Alexeï Alexeïevitch Chichakov.

C'était étrange, incompréhensible ! Cette joie, ce sentiment de triomphe qu'il éprouvait maintenant étaient mêlés d'une sorte de tristesse souterraine, de regret d'une chose chère, sacrée, qu'il avait, en ces heures, l'impression de perdre. Il se sentait coupable de quelque chose envers quelqu'un, mais de quoi et envers qui, il l'ignorait.

Il mangeait sa soupe préférée – une bouillie de sarrasin et de pommes de terre – et évoquait ses pleurs d'enfant, en cette nuit de printemps où il marchait à Kiev, et où les étoiles clignotaient entre les fleurs de marronnier. Le monde alors lui semblait beau, l'avenir immense, plein de bonté et de radieuse lumière. Et voilà qu'au moment où s'accomplissait son destin, il avait l'impression de perdre cet amour pur, enfantin, presque religieux qu'il avait pour la magie de la science, de perdre ce sentiment qui lui était venu quelques semaines auparavant, quand, surmontant son immense peur, il avait refusé de se mentir à lui-même.

Seule une personne pouvait comprendre cela, mais cet être n'était pas aux côtés de Victor Pavlovitch.

C'était étrange. Son cœur était impatient, avide : vite, que tous connaissent la nouvelle ! À l'Institut, dans les amphis universitaires, au Comité central du Parti, à l'Académie, à la Direction du logement, au service des datchas, dans les chaires et les sociétés scientifiques ! Strum se moquait bien que Sokolov apprît la nouvelle. Mais hors de sa raison, au fond de son cœur, il souhaitait que Maria Ivanovna n'en sût rien. Il le sentait : il valait mieux, pour son amour, qu'il fût malheureux et persécuté. Il en avait, en tout cas, l'impression.

Il raconta à sa femme et sa fille une histoire que toutes deux connaissaient déjà avant-guerre : Staline, une nuit, prend le métro. Un peu éméché, il s'assied à côté d'une jeune femme et lui demande : « Que puis-je pour vous ? »

Elle répond : « Je voudrais tellement visiter le Kremlin[1]. »

Staline réfléchit et dit enfin : « Je crois que je pourrai vous arranger cela. »

---

1. Le Kremlin fut fermé aux visiteurs en 1918 après l'attentat de Fanny Kaplan contre Lénine. Sa réouverture fut décidée par le Politburo et Khrouchtchev, trente-sept ans plus tard, le 20 juillet 1955.

Nadia fit remarquer :

— Tu vois, papa, tu es si grand, aujourd'hui, que maman t'a laissé raconter ton histoire sans t'interrompre, alors qu'elle l'entendait pour la cent onzième fois.

Et pour la cent onzième fois, l'histoire de cette femme à l'âme simple les fit rire.

Lioudmila Nikolaïevna proposa :

— Vitia, et si on ouvrait une bouteille, pour l'occasion ?

Elle apporta une boîte de bonbons, prévue pour l'anniversaire de Nadia.

— Servez-vous, dit Lioudmila Nikolaïevna, mais je t'en prie, Nadia, ne te jette pas dessus comme un loup affamé.

— Au fond, papa, reprit Nadia, pourquoi rions-nous de cette femme du métro ? Pourquoi ne lui as-tu pas parlé d'oncle Mitia et de Nikolaï Grigorievitch ?

— Voyons, c'est impensable ! répondit-il.

— Je ne trouve pas. Grand-mère, elle, l'aurait tout de suite fait. Je suis certaine qu'elle en aurait parlé.

— Possible, fit Strum, possible.

— Suffit de dire des bêtises, coupa Lioudmila Nikolaïevna.

— La vie de ton frère, des bêtises ! Pas mal, fit remarquer Nadia.

— Vitia, reprit Lioudmila Nikolaïevna, il faut téléphoner à Chichakov.

— Tu ne mesures pas bien ce qui s'est passé. Il ne faut téléphoner à personne.

— Appelle Chichakov, s'entêta Lioudmila Nikolaïevna.

— C'est ça ! Staline me dit : « Je vous souhaite de réussir », et tout ce que je trouve à faire, c'est d'appeler un Chichakov !

Un sentiment étrange, nouveau, naquit, ce jour-là, en Victor Pavlovitch. Le culte dont Staline faisait l'objet l'avait toujours indigné. Les colonnes des journaux étaient, de la première à la dernière, emplies de son nom. Des portraits, des bustes, des statues, des oratorios, des poèmes, des hymnes…

On lui donnait le nom de père, de génie…

Strum s'indignait de voir que le nom de Staline éclipsait celui de Lénine, qu'on opposait son génie stratégique à la tournure d'esprit civile de Lénine. Dans une pièce d'Alexis Tolstoï, Lénine tendait complaisamment une allumette pour que Staline pût allumer sa pipe. Un peintre montrait Staline gravissant solennellement les marches du Smolny, tandis que Lénine courait derrière, excité comme un coq. Si un tableau représentait Lénine et Staline au milieu du peuple, seuls les vieillards, les bonnes femmes et les enfants regardaient tendrement Lénine, tandis que vers Staline marchaient, en procession, des géants armés – ouvriers et matelots, enrubannés de bandes de mitrailleuses. Décrivant les grands moments de l'histoire des Soviets, les historiens s'arrangeaient toujours pour montrer

Lénine demandant conseil à Staline : pour la révolte de Cronstadt, la défense de Tsaritsyne et l'invasion polonaise. La grève de Bakou, à laquelle Staline avait participé, le journal *Bdzola*[1], qu'il rédigeait à une époque, occupaient plus de place dans l'histoire du Parti que tout le mouvement révolutionnaire russe.

« *Bdzola, Bdzola*, répétait Victor Pavlovitch, courroucé. Il y a eu Jeliabov, Plekhanov, Kropotkine, les Décembristes, mais on ne parle plus que de *Bdzola*... »

Pendant mille ans, la Russie avait été la proie d'une fantastique autocratie, du pouvoir absolu, elle avait connu les tsars et leurs favoris. Et pourtant, en mille ans d'histoire, jamais la Russie n'avait connu de règne semblable à celui de Staline.

Mais aujourd'hui, Strum n'éprouvait ni indignation ni horreur. Plus grandiose était le pouvoir de Staline, plus assourdissants les hymnes et les cuivres, plus grand le nuage d'encens fumant aux pieds de l'idole vivante, plus fort était le bonheur de Strum.

La nuit tombait et il n'avait pas peur.

Staline lui avait parlé ! Staline lui avait dit : « Je vous souhaite de réussir dans votre travail. »

Quand il fit tout à fait noir, il sortit.

En cette soirée obscure, il n'éprouvait aucun sentiment d'impuissance ni de fatalité. Il était tranquille. Il en était sûr : là-bas, en ces lieux où l'on rédigeait les ordres, on savait déjà. Il était étrange de penser à Krymov, à Dmitri, à Abartchouk, à Madiarov ou Tchetverikov... Leur destinée n'était pas la sienne. Il pensait à eux avec tristesse, mais de l'extérieur.

Strum se réjouissait de sa victoire : sa force morale, sa cervelle avaient triomphé. Il ne s'inquiétait pas de savoir pourquoi son bonheur d'aujourd'hui ressemblait si peu à celui qu'il avait éprouvé le jour de son procès, quand il avait eu l'impression que sa mère se tenait à ses côtés. Il lui importait peu, à présent, de savoir si Madiarov avait été arrêté et si Krymov témoignait contre lui. Pour la première fois de sa vie, il ne redoutait pas ses plaisanteries frondeuses et ses discours imprudents.

Tard dans la nuit, alors que Lioudmila et Nadia étaient au lit, le téléphone sonna.

— Bonsoir, dit une petite voix, et une émotion plus grande encore, semblait-il, que celle que Strum avait connue dans la journée l'envahit.

— Bonsoir, dit-il.

— Je ne peux pas vivre sans entendre votre voix. Dites-moi quelque chose, fit-elle.

— Macha, ma petite Macha, balbutia-t-il, et il se tut.

---

1. Journal révolutionnaire géorgien de l'époque de la révolution de 1905-1907, dans lequel Staline publia nombre d'articles.

— Victor, mon chéri, reprit-elle, je ne pouvais mentir à Piotr Lavrentievitch. Je lui ai avoué que je vous aimais. Je lui ai fait le serment de ne jamais vous revoir.

Au matin, Lioudmila Nikolaïevna entra dans sa chambre, lui caressa les cheveux, lui embrassa le front.

— Dans mon sommeil, je t'ai entendu, cette nuit, téléphoner à quelqu'un.

— Tu as rêvé, dit-il en la regardant tranquillement dans les yeux.

— N'oublie pas que tu dois passer chez le gérant.

43

Le veston du juge d'instruction avait quelque chose d'étrange pour des yeux habitués aux vareuses et aux tuniques. Le visage, en revanche, était familier : des visages comme celui-ci, d'un blanc jaunâtre, il en avait vu beaucoup, parmi les majors employés dans les bureaux et les collaborateurs du service politique.

Il lui fut très facile de répondre aux premières questions, agréable même : il se dit que la suite serait aussi évidente que son nom, son prénom et son patronyme.

On percevait, dans les réponses du détenu, une volonté empressée de venir en aide au juge d'instruction. Ce dernier, après tout, ne savait rien de lui. Le bureau placé entre eux deux ne les séparait pas. Tous deux payaient leur cotisation au Parti, tous deux avaient vu le film *Tchapaïev*, tous deux avaient suivi les écoles du CC et étaient envoyés, chaque année, au 1er mai, prononcer des discours dans les entreprises.

Il y avait beaucoup de questions préalables, et le détenu se sentait de plus en plus tranquille. Ils entreraient bientôt dans le vif du sujet, et il raconterait comment il avait aidé ses hommes à sortir de l'encerclement.

Il apparaîtrait, enfin, que la créature assise près du bureau, le menton hérissé de poils, la vareuse largement échancrée et les vêtements sans boutons, avait un nom, un prénom et un patronyme, qu'elle était née un jour d'automne, qu'elle avait la nationalité russe, qu'elle avait fait deux guerres mondiales plus une civile, n'avait jamais appartenu à une bande quelconque, jamais été traînée en justice, était membre du Parti communiste (bolchevique) depuis vingt-cinq ans, avait été déléguée au congrès du Komintern et à celui des syndicats du Pacifique, qu'elle n'avait ni distinction ni grade honorifique…

La tension de Krymov venait de ce qu'il pensait à l'encerclement, à ces gens qui avaient marché avec lui dans les marais de Biélorussie et les champs ukrainiens.

Qui, parmi ces gens, avait été arrêté ? Qui avait perdu, au cours d'un interrogatoire, volonté et conscience ? C'est alors que vint une question concernant des années lointaines, une période bien différente, et qui stupéfia Krymov :

— Dites-moi à quand remontent vos relations avec Fritz Hacken ?

Il resta longtemps silencieux, puis répondit :

— Si je ne m'abuse, c'était à la Fédération des syndicats[1], dans le bureau de Tomski, au printemps 1927.

Le juge d'instruction acquiesça, comme s'il était au courant de ce fait lointain.

Il poussa un soupir, ouvrit un dossier portant la mention : « À conserver perpétuellement », en dénoua sans hâte les rubans blanchâtres, et se mit à feuilleter des pages écrites en tous sens. Krymov distingua vaguement des encres de couleurs différentes, des pages tapées à la machine, avec simple ou double interligne, de rares annotations, faites d'une écriture large, au stylo rouge ou bleu, ou au crayon.

Le juge d'instruction feuilletait lentement les pages, tel un brillant étudiant parcourant un manuel en sachant à l'avance qu'il connaît son sujet de A à Z.

De temps à autre, il jetait un coup d'œil à Krymov. Alors, on eût dit un peintre comparant son dessin avec l'original : les traits, le caractère, les yeux, ce miroir de l'âme…

Que son regard était devenu mauvais ! Son visage familier – Krymov en avait vu tant, après 1937, dans les comités de Parti, les bureaux de la milice, les bibliothèques et les maisons d'édition – avait soudain perdu sa banalité. Il parut à Krymov constitué de cubes, mais assemblés de telle façon qu'ils ne formaient pas un tout, une personne humaine. Un cube portait les yeux, un autre les mains aux gestes lents, un troisième la bouche qui posait les questions. Les cubes s'étaient mélangés, leurs proportions avaient changé : la bouche était démesurée, les yeux placés sous la bouche, au milieu du front plissé qui occupait la place du menton.

— C'est cela, c'est bien cela, dit le juge d'instruction, et son visage redevint humain.

Il ferma le dossier, mais sans renouer les rubans.

« Des lacets de chaussures dénoués », pensa la créature au pantalon et au caleçon sans boutons.

— L'Internationale communiste, dit le juge d'instruction d'une voix lente et solennelle, et il ajouta, reprenant son ton habituel : la IIIe Internationale.

Puis il resta un certain temps perdu dans ses réflexions.

— Oh ! plutôt délurée, cette Moussia Grinberg ! reprit-il, soudain vif, malicieux, dans le style : conversation entre hommes.

Et Krymov se troubla, perdit pied, rougit violemment.

---

1. Conseil central panrusse des syndicats.

C'était vrai ! Mais c'était si loin ! La honte, pourtant, restait. À l'époque, semblait-il, il aimait déjà Guenia. Autant qu'il s'en souvienne, il était passé, en sortant du travail, chez son vieil ami, pour rembourser ses dettes : il lui avait emprunté de l'argent pour un bon de séjour. La suite, il s'en souvenait comme si c'était hier. Konstantin n'était pas chez lui. Le pire, c'est qu'elle ne lui avait jamais plu, cette fille à la voix rendue rauque par l'usage permanent du tabac, cette fille qui jugeait de tout avec aplomb. Elle était deuxième secrétaire du Parti à l'Institut de philosophie, jolie, il est vrai, comme on dit : une bonne femme qui se remarque. Eh oui ! Il avait sauté la femme de Kostia[1] sur le divan et l'avait revue à deux reprises...

Une heure plus tôt, il était persuadé que le juge d'instruction, un vrai péquenot, ignorait tout de lui. Mais le temps passait, et le magistrat continuait de poser des questions sur les communistes étrangers, amis de Nikolaï Grigorievitch : il connaissait leurs petits noms, leurs sobriquets, les noms de leurs femmes, de leurs maîtresses. L'étendue de ses renseignements avait quelque chose d'angoissant. Même si Nikolaï Grigorievitch avait été un grand homme dont chaque parole aurait eu une portée historique, il n'eût pas été nécessaire de réunir, dans ce dossier, tant de vieilleries et de vétilles.

Mais tout avait de l'importance.

Partout où il était passé, il avait laissé une empreinte, il traînait une suite derrière lui, qui connaissait toute sa vie.

Une remarque ironique sur un camarade, un trait d'esprit sur un livre, un toast plaisant à un anniversaire, un entretien de trois minutes au téléphone, un méchant billet adressé à la présidence au cours d'une réunion, tout cela se retrouvait dans le dossier à rubans.

Ses paroles, ses actes y avaient été rassemblés, et, desséchés, composaient un volumineux herbier. Des doigts mauvais avaient patiemment réuni ronces, orties, chardons...

L'État, majestueux, s'intéressait à sa liaison avec Moussia Grinberg ! Des petits mots de rien, des détails venaient se mêler à sa foi ; son amour pour Evguenia Nikolaïevna ne comptait pas, seules importaient quelques rencontres de hasard, à tel point qu'il ne parvenait plus à démêler l'essentiel du détail. Une phrase irrévérencieuse sur les connaissances philosophiques de Staline semblait compter beaucoup plus que dix ans de nuits sans sommeil, passées à travailler pour le Parti. Avait-il vraiment dit, en 1932, bavardant dans le bureau de Lozovski avec un camarade venu d'Allemagne, que le mouvement syndical soviétique était trop bureaucratique et bien peu prolétaire ? Toujours est-il qu'un camarade avait mouchardé.

---

1. Diminutif de Konstantin.

Seigneur ! Tout cela n'était que mensonges ! Une toile d'araignée, craquante et gluante, emplissait sa bouche, ses narines.

— Comprenez-moi, camarade juge d'instruction.

— Citoyen juge d'instruction.

— Bien sûr, bien sûr, citoyen. Tout cela est de la blague, des idées préconçues. J'ai passé un quart de siècle au sein du Parti. Soulevé les soldats en 17. Fait quatre séjours en Chine. J'ai travaillé jour et nuit. Des centaines de personnes me connaissent... Au début de la Seconde Guerre mondiale, je suis parti au front comme volontaire, et dans les moments les plus durs, des hommes ont cru en moi et m'ont suivi... Je...

Le juge d'instruction demanda :

— Vous êtes venu ici pour recevoir un diplôme d'honneur, ou quoi ? Vous remplissez une demande de gratification ?

En effet, il n'était pas venu toucher une récompense.

Le juge d'instruction hocha la tête :

— Et par-dessus le marché, ça se plaint de ne pas recevoir de colis de sa femme ! Ah ! il est beau, le mari !

Ces paroles, il les avait confiées à Bogoleïev, dans la cellule. Mon Dieu ! Katzenelenbogen lui avait dit, en plaisantant : « Le Grec disait : "Tout passe", nous affirmons, nous : "Tous mouchardent". »

Une fois dans le dossier à rubans, sa vie tout entière perdait son volume, sa durée, ses proportions... Tout se fondait en un étrange vermicelle gris, gluant, et il en oubliait lui-même ce qui comptait le plus : quatre ans de travail clandestin incessant, dans la touffeur brûlante et épuisante de Shanghai, la percée de Stalingrad, sa foi révolutionnaire, ou quelques paroles irritées sur la pauvreté des journaux soviétiques, prononcées à la maison de vacances « Les Pins », devant un spécialiste de littérature assez peu connu.

Le juge d'instruction demanda, d'un ton bienveillant, doux, tendre :

— Et maintenant, racontez-moi comment le fasciste Hacken vous a convaincu de vous livrer à l'espionnage et au sabotage.

— Vous ne parlez pas sérieusement ?

— Cessez de faire l'imbécile, Krymov. Vous voyez bien : nous connaissons le moindre de vos faits et gestes.

— Justement, justement...

— Ça va, Krymov. Vous ne tromperez pas les organes de sécurité.

— Bien sûr. Mais tout cela n'est que mensonge !

— Le problème, Krymov, c'est que nous avons les aveux de Hacken. En reconnaissant son forfait, il a parlé du lien criminel qui vous unissait.

— Vous pouvez bien me montrer dix lettres d'aveux de Hacken. Tout cela est faux ! Du délire ! Si, effectivement, Hacken a avoué, pourquoi m'a-t-on confié, à moi, un espion et un saboteur, les fonctions de commissaire d'armée, pourquoi m'a-t-on laissé mener des hommes au combat ? Où étiez-vous alors ? Pourquoi cette négligence ?

— Vous êtes ici pour nous donner des leçons, peut-être ? On vous a convoqué pour diriger le travail des organes de sécurité ?

— De quelles leçons parlez-vous ? Je ne veux rien diriger. C'est une question de bon sens. Je connais Hacken. Il n'a pas pu dire qu'il m'avait recruté. C'est impossible !

— Pourquoi serait-ce impossible ?

— C'est un communiste, un combattant de la révolution.

Le juge d'instruction demanda :

— Vous en avez toujours été convaincu ?

— Oui, répondit Krymov, toujours.

Le juge d'instruction eut un hochement de tête, fouilla dans le dossier, en répétant, comme s'il était désemparé :

— Dans ce cas, cela change tout... cela change tout...

Il tendit à Krymov une feuille de papier.

— Lisez, dit-il, en cachant de la main une partie de la feuille.

Krymov lut le texte et haussa les épaules.

— Assez sordide, fit-il en se redressant.

— Pourquoi ?

— Un type qui n'a pas le courage de dire franchement que Hacken est un communiste honnête, et qui n'est pas assez salaud pour l'accuser de quoi que ce soit. Alors, il essaie de s'en tirer en louvoyant.

Le juge d'instruction ôta sa main et montra à Krymov sa propre signature, ainsi que la date : février 1938.

Il y eut un silence. Puis le juge d'instruction demanda, sévère :

— Peut-être vous avait-on battu, pour vous forcer à écrire ce témoignage ?

— Non, on ne m'avait pas battu.

Le visage du juge d'instruction s'était, à nouveau, divisé en cubes, son regard était irrité et dédaigneux, sa bouche disait :

— Et voilà. Lorsque vous avez été encerclé, vous avez abandonné votre détachement deux jours durant. Un avion militaire vous a conduit à l'état-major allemand, où vous avez fourni des renseignements importants et reçu de nouvelles instructions.

— C'est du délire pur et simple, marmonna la créature à la vareuse largement ouverte.

Mais le juge d'instruction poursuivit. Krymov n'avait plus l'impression d'être un homme à principes, fort, les idées claires, prêt à mourir pour la révolution.

Il se sentait faible, indécis, trop bavard ; il avait colporté des rumeurs stupides, s'était permis d'ironiser sur l'amour que le peuple soviétique portait au camarade Staline. Il avait manqué de clairvoyance dans le choix de ses relations ; parmi ses amis, on comptait de nombreuses victimes de la répression. La confusion la plus totale régnait dans ses théories. Il avait vécu avec la femme de son ami. Il avait fourni un témoignage lâche, ambigu, sur Hacken.

Était-ce bien lui qui se trouvait ici ? Était-ce à lui que tout cela arrivait ? C'était un rêve, le songe d'une nuit d'été...

— Avant la guerre, vous avez transmis au centre trotskiste, installé à l'étranger, des renseignements sur l'état d'esprit des principaux dirigeants du mouvement révolutionnaire international.

Point n'était besoin d'être un idiot ou un salaud pour soupçonner de trahison cette créature sale et pitoyable. À la place du juge d'instruction, Krymov n'aurait eu aucune confiance en cette créature. Il connaissait ces nouveaux hommes du Parti qui avaient pris le relais des membres liquidés, écartés ou rejetés en 1937. C'étaient des hommes d'une autre trempe. Ils lisaient d'autres livres, les lisaient autrement, ou plus exactement, les « travaillaient ». Ils aimaient et appréciaient les biens matériels ; le sens du sacrifice révolutionnaire leur était étranger, ou, en tout cas, n'était pas un trait essentiel de leur caractère. Ils ignoraient les langues étrangères, avaient la fibre russe, et parlaient leur langue incorrectement. Ils disaient : « une pourcentage », « une imper », prononçaient « Beurlin » et parlaient d'« éminences dirigeants ». On trouvait, parmi eux, des gens intelligents, mais leur grand moteur, dans le travail, n'était pas, semblait-il, l'idée ou la raison, plutôt le sens des affaires, la rouerie, un esprit rassis de petits-bourgeois.

Krymov comprenait que les anciens et les nouveaux cadres du Parti ne formaient qu'une grande communauté, que l'essentiel était l'unité, la communauté d'idées, non les différences. Mais il ne pouvait se défendre d'un certain sentiment de supériorité à l'égard de ces hommes nouveaux : la supériorité du bolchevik léniniste.

Il ne s'apercevait même pas que le lien qui le rattachait, à présent, au juge d'instruction ne tenait pas au fait qu'il se sentait prêt à le hausser jusqu'à lui, à reconnaître en lui un camarade de Parti. Désormais, son désir d'union avec le juge d'instruction n'était plus motivé que par l'espoir pitoyable que ce dernier accepterait de rapprocher de lui Nikolaï Grigorievitch Krymov, d'admettre qu'il n'était pas entièrement mauvais, minable, impur.

À présent – et cela non plus Krymov ne le remarquait pas – l'assurance du juge d'instruction était l'assurance d'un communiste.

— Si vous êtes vraiment capable de vous repentir sincèrement, si vous aimez encore un peu le Parti, aidez-le, en passant aux aveux.

Alors, arrachant d'un coup la croûte de faiblesse qui rongeait son cerveau, Krymov s'écria :

— Vous n'arriverez à rien ! Je ne signerai pas de faux témoignage, vous m'entendez ? Même sous la torture, je ne signerai rien !

Le juge d'instruction répondit :

— Réfléchissez !

Il se mit à feuilleter des papiers, sans prêter attention à Krymov. Le temps passait. Il repoussa le dossier de Krymov, sortit une feuille blanche de son bureau. Il semblait avoir oublié la présence de Krymov ; il écrivait, sans hâte, plissant les yeux quand il réfléchissait. Puis il relut ses notes, réfléchit encore, prit une enveloppe dans son tiroir et écrivit une adresse. Peut-être cette lettre n'avait-elle rien à voir avec son travail. Il relut l'adresse, souligna de deux traits le nom de famille sur l'enveloppe. Puis il remplit son stylo et, longuement, essuya, sur la plume, quelques gouttes d'encre. Il entreprit de tailler des crayons au-dessus du cendrier. La mine de l'un d'eux ne cessait de casser, mais le juge d'instruction ne s'énervait pas, il recommençait patiemment à l'affûter. Puis il essaya sur son doigt la pointe du crayon.

La créature, elle, pensait. Elle avait de quoi réfléchir.

D'où venaient tous ces mouchards ? Il fallait se souvenir, découvrir, dans tout ce fatras, qui avait pu le dénoncer. Mais à quoi bon ! Moussia Grinberg… Le juge d'instruction était bien capable de remonter jusqu'à Guenia… C'était étrange, il n'avait posé aucune question sur elle, il n'en avait pas soufflé mot… Vassia aurait-il témoigné contre lui ? Que pouvait-il avouer ? Il était là, et pourtant le mystère restait entier. En quoi cela était-il nécessaire au Parti ? Joseph, Koba, Sosso[1]. Pour quelles fautes avait-on anéanti tant d'hommes bons et forts ? Katzenelenbogen avait raison : les questions du juge d'instruction étaient moins redoutables que son silence, ce qu'il taisait. C'était clair : on avait dû, bien sûr, arrêter Guenia. Quel avait été le point de départ ? Comment tout cela avait-il commencé ? Était-ce bien lui qui se trouvait ici ? Quelle tristesse, que de saletés dans sa vie ! Que le camarade Staline lui pardonne ! Un mot de vous, Joseph Vissarionovitch ! Il était coupable, il s'était écarté du droit chemin, avait trop bavardé, douté, et le Parti savait tout, voyait tout. Pourquoi, pourquoi avait-il parlé à cet écrivaillon ? D'ailleurs, quelle importance ? Mais que venait faire l'encerclement dans cette histoire ? C'était affreux : des calomnies, des mensonges, des provocations. Pourquoi, pourquoi, à l'époque, n'avait-il pas dit à Hacken : « mon frère, mon ami, je ne doute pas un instant de ta probité » ? Et Hacken avait détourné ses yeux malheureux…

Le juge d'instruction demanda soudain :

— Alors, vous vous souvenez, maintenant ?

Krymov eut un geste d'impuissance et dit :

— Je ne vois pas de quoi je pourrais me souvenir.

Le téléphone sonna.

---

1. Prénom, pseudonyme et diminutif de Staline. Le pseudonyme Koba, utilisé au cours des années qu'il passa en Transcaucasie (1904-1917), était emprunté au roman *Le Parricide* de A. Kazbegui, classique de la littérature géorgienne. Le héros du roman, un montagnard solitaire, lutte pour l'indépendance de sa patrie. W. Pokhlebkine propose une autre interprétation : il viendrait du nom géorgien du tsar perse Kobadès qui avait transféré au VIᵉ siècle la capitale géorgienne à Tbilissi. Il fut porté sur le trône par les membres d'une secte égalitariste, qu'il détruisit par la suite. Le pseudonyme de la « période russe », Staline, est dérivé du mot russe *stal* signifiant « acier ». Il fut précédé par toute une série d'essais : Soline, Saline, qui proviennent du mot « sel » en russe et en latin.

— J'écoute, fit le juge d'instruction, et après un rapide coup d'œil à Krymov, il ajouta : Oui, prépare, c'est pour bientôt.

Et Krymov eut l'impression qu'il parlait de lui.

Le juge d'instruction raccrocha, puis décrocha de nouveau. Un coup de téléphone étrange. On eût dit qu'il ne parlait pas en présence d'un homme, mais d'un animal à deux pattes. Le juge d'instruction, visiblement, bavardait avec sa femme.

Il discuta d'abord de problèmes domestiques :

— À l'économat ? Une oie ? C'est bien. Pourquoi ne t'a-t-on pas servie avec ce ticket ? La femme de Serioguine leur a téléphoné et, avec le même ticket, elle a eu droit à un gigot. On est invité, tous les deux. Au fait, j'ai pris du fromage blanc au buffet. Non, non, il n'est pas aigre. J'en ai pris huit cents grammes... Et le gaz ? Il marche, aujourd'hui ? N'oublie pas le costume.

Puis il passa à autre chose :

— Dis voir un peu, tu ne t'ennuies pas trop ? En rêve ? Dans quelle tenue ? En caleçon ? Dommage... Dis voir un peu, tu attends que je revienne et tu iras au cours... Le ménage ? C'est bien, mais attention, ne soulève rien de lourd. Cela t'est complètement interdit.

Cette conversation banale, bourgeoise, avait quelque chose d'extraordinaire : plus les paroles étaient quotidiennes, humaines, moins celui qui les prononçait ressemblait à un homme. Le singe qui copie les mimiques de l'homme a quelque chose d'effrayant... Mais Krymov non plus ne se sentait pas un homme : on ne tient pas des discours de ce genre devant un autre individu... « Je t'embrasse sur la bouche... tu ne veux pas... bon, d'accord, d'accord... »

Bien sûr, si, conformément à la théorie de Bogoleïev, Krymov n'était qu'un chat angora, une grenouille, un chardonneret ou simplement un scarabée sur une brindille, cette conversation, alors, n'avait rien d'étonnant.

Pour finir, le juge d'instruction demanda :

— Ça brûle ? Alors, cours, cours ! À plus tard !

Il sortit un livre et un bloc-notes, se mit à lire, inscrivant quelques mots, de temps à autre, avec un petit crayon. Peut-être se préparait-il pour le cercle d'études, peut-être devait-il faire un exposé...

Il fit remarquer, terriblement agacé :

— Pourquoi ne cessez-vous pas de taper des pieds ? Vous vous croyez à une parade de gymnastes ?

— J'ai les pieds engourdis, citoyen juge d'instruction.

Mais le juge d'instruction s'était replongé dans la lecture de son livre savant.

Dix minutes plus tard, il redemanda distraitement :

— Alors ? Tu te souviens, maintenant ?

— Citoyen juge d'instruction, j'ai besoin d'aller aux toilettes.

Le juge d'instruction soupira, il alla à la porte, appela doucement. Il avait l'expression d'un homme dont le chien demanderait à sortir en dehors des heures prévues. Un soldat entra, en tenue de combat. L'œil exercé de Krymov le détailla rapidement : tout était en ordre, le ceinturon bien ajusté, le col immaculé, le calot impeccablement posé. Mais ce jeune soldat ne faisait pas son métier de combattant.

Krymov se leva. Ses jambes étaient engourdies après les heures passées sur cette chaise, et, au début, il chancela. Dans les toilettes, il réfléchit précipitamment, tandis que la sentinelle l'observait. Sur le chemin du retour, ses pensées, là aussi, se bousculaient. Il avait matière à penser.

Quand Krymov revint des toilettes, le juge d'instruction avait disparu, remplacé par un jeune homme en uniforme, avec des pattes d'épaule bleues, bordées d'un liséré rouge de capitaine. Le capitaine lança un regard maussade au détenu, comme s'il avait passé sa vie à le haïr.

— Pourquoi restes-tu planté ? demanda-t-il. Allons, assieds-toi ! Plus droit, bon Dieu, qu'est-ce que c'est que cette façon de courber le dos ! Attends que je te flanque un coup dans les abattis, je te garantis que tu te redresseras !

« Les présentations sont faites », pensa Krymov et il eut peur, comme jamais il n'avait eu peur à la guerre.

« Cela va recommencer », se dit-il.

Le capitaine exhala un nuage de fumée, et sa voix poursuivit, dans cette fumée grise :

— Voici un papier, un stylo. Tu ne t'imagines pas que je vais écrire à ta place !

Le capitaine avait plaisir à humilier Krymov. Peut-être, d'ailleurs, était-ce son travail. Au front, on donne parfois l'ordre aux artilleurs de tirer pour angoisser l'ennemi. Alors, ils tirent, jour et nuit.

— Tiens-toi correctement. Tu n'es pas ici pour dormir.

Quelques instants plus tard, il l'apostropha de nouveau :

— Hé ! Tu entends ce que je te dis ? Ou tu ne te sens pas concerné ?

Il s'approcha de la fenêtre, releva le rideau de camouflage, éteignit la lumière, et le matin maussade regarda Krymov dans les yeux. C'était la première fois, depuis son arrivée à la Loubianka, qu'il revoyait la lumière du jour.

« Eh bien, on a passé la nuit », se dit Nikolaï Grigorievitch.

Avait-il connu, dans sa vie, pire matinée ? Était-ce bien lui qui, quelques semaines auparavant, s'était retrouvé couché, heureux et libre, dans un cratère de bombe, tandis qu'au-dessus de sa tête hurlait l'acier ?

Le temps était bouleversé : il y avait une éternité qu'il était dans ce bureau, et il y avait si peu de temps qu'il avait quitté Stalingrad.

Qu'elle était grise, couleur de muraille, la lumière, de l'autre côté de cette fenêtre qui donnait sur la cour de la prison intérieure ! On eût dit de l'eau de vaisselle, pas de la lumière. Les objets en paraissaient encore plus administratifs, mornes, hostiles, qu'à la lumière électrique.

Non, ses bottes n'étaient pas devenues trop petites, ses pieds, simplement, étaient complètement engourdis.

Par quel moyen avait-on pu relier sa vie passée et son travail à l'encerclement de 1941 ? À qui appartenait la main qui avait pu lier l'inconciliable ? Et dans quel but ? À qui cela profitait-il ? Et pourquoi ?

Ces pensées étaient si brûlantes qu'il en oubliait, par instants, que son dos, ses reins étaient brisés, que la tige de ses bottes était déformée par ses jambes enflées.

Hacken, Fritz... Comment avait-il pu oublier qu'en 1938, déjà, il s'était retrouvé dans une pièce comme celle-ci ? À cette différence près : il avait en poche un laissez-passer. Il revoyait maintenant l'aspect le plus sordide de cette affaire : son désir de plaire à tout le monde, à l'employé du service des laissez-passer, aux portiers, au liftier en uniforme. Le juge d'instruction lui avait dit : « Camarade Krymov, je vous en prie, aidez-nous ! » Non, le plus sinistre n'était pas son désir de plaire. Le plus minable était cette volonté qu'il avait d'être sincère. Oh ! Il s'en souvenait, à présent ! Seule la sincérité comptait ! Et il avait été sincère, il avait évoqué les erreurs de Hacken dans son appréciation du mouvement spartakiste, son hostilité à Thälmann, son désir de toucher des honoraires pour son livre, son divorce d'avec Elsa lorsqu'elle s'était trouvée enceinte... Il avait, il est vrai, évoqué ses qualités... Le juge d'instruction avait noté une de ses phrases : « En me basant sur le fait que je le connais depuis de nombreuses années, je considère comme peu vraisemblable son éventuelle participation à des actes de sabotage contre le Parti, mais je ne peux complètement exclure la possibilité d'un double jeu... »

De la délation, ni plus ni moins... Tous les documents contenus dans ce dossier qui le suivrait éternellement se composaient de récits de camarades qui avaient, eux aussi, voulu être sincères. Pourquoi ce désir de sincérité ? Le devoir de Parti ? Mensonges ! La seule sincérité eût consisté à frapper du poing sur la table et à crier furieusement : « Hacken, ce frère, cet ami, ne peut être coupable ! » Et au lieu de cela, il avait remué, dans sa mémoire, un tas de sottises, coupé les cheveux en quatre, essayant d'entrer dans les bonnes grâces de cet homme, dont seule la signature pouvait rendre valable le bon lui permettant de quitter la grande maison grise. De cela aussi, il se souvenait : un sentiment de bonheur impatient s'était emparé de lui quand le juge d'instruction lui avait dit : « Un instant, que je vous signe votre laissez-passer, camarade Krymov. » Il avait contribué à faire mettre Hacken sous les verrous. Où était-il allé, ensuite, cet amoureux de la vérité, une fois signé son laissez-passer ? N'était-ce point chez Moussia Grinberg, la femme de son ami ? Mais quoi ! Tout ce qu'il avait dit sur Hacken était la vérité. Et de la même façon, tout ce qu'on avait dit sur lui, dans ce dossier, était exact. Il avait effectivement raconté à Fedia Evseïev que Staline souffrait d'un complexe d'infériorité dû à son manque de formation philosophique. Il y avait là une liste terrible de gens qu'il avait rencontrés : Nikolaï Ivanovitch[1], Grigori Evseïevitch[2], Lomov, Chatskine, Piatnitski, Lominadze, Rioutine, le rouquin Chliapnikov, Lev Borissovitch[3] chez qui il se rendait à « l'Académie », Lachevitch, Jan Gamarnik, Louppol, le vieux Riazanov qu'il voyait à l'Institut ; en Sibérie, il s'était arrêté deux fois chez Eïche, une vieille connaissance, puis, un temps, à Kiev, chez Skrypnik ; il y avait Stanislav Kossior à Kharkov, et Ruth Fischer, oh ! oh ! grâce à Dieu, le juge d'instruction avait oublié l'essentiel : car, à une époque, Lev Davidovitch[4] le tenait en estime...

Bref, il était complètement fichu. Pourquoi, au fait ? Et les autres n'étaient pas plus coupables que lui. Au moins avait-il, cette fois, refusé de signer. Attends, mon vieux Nikolaï, tu finiras bien par signer. Plutôt deux fois qu'une ! Les autres l'avaient bien fait ! On lui réservait, sans doute, une saloperie encore plus grande : le morceau de choix ! On allait le laisser sans dormir encore trois jours et trois nuits, et puis, on le battrait. Curieux, comme tout cela ne ressemblait guère au socialisme. Pourquoi son Parti avait-il besoin de l'anéantir ? Après tout, c'étaient eux, pas Malenkov ni Jdanov ou Chtcherbakov[5], qui avaient fait la révolution ! Pourquoi la révolution était-elle aussi cruelle envers ceux qui s'étaient montrés sans pitié pour les ennemis de la révolution ? Mais ceci expliquait peut-être cela. Peut-être la révolution n'était-elle pour rien dans l'histoire. Qu'avait-il à voir avec elle, ce capitaine ? La révolution, lui ? Un Cent-Noir, un bandit !

Il était là, à piler de l'eau dans un mortier, et le temps passait.

Cette douleur lancinante dans son dos et ses jambes, l'épuisement, tout le minait. Il ne pensait qu'à une chose : s'étendre sur son châlit, dénuder et remuer ses doigts de pied, relever ses jambes et se gratter les mollets.

— Interdiction de dormir ! cria le capitaine, comme s'il était au combat.

À croire que si Krymov fermait les yeux un instant, l'État soviétique s'écroulerait et que le front serait enfoncé.

Jamais, de toute sa vie, Krymov n'avait entendu autant d'injures.

Ses amis, ses chers collaborateurs, ses secrétaires, ceux à qui il avait parlé à cœur ouvert avaient recueilli chacune de ses paroles et chacun de ses actes. Les souvenirs affluaient et il était horrifié : « Cela, je l'avais dit à Ivan, à Ivan et à personne d'autre », « Ça, c'était au cours d'une conversation avec Gricha. Dire qu'on se connaissait depuis 1920 ! », « Et ça, c'était un entretien avec Macha Helzer. Ah ! Macha, Macha ! »

Il se rappela soudain que le juge d'instruction lui avait dit de ne pas compter recevoir un colis d'Evguenia Nikolaïevna... C'était la réponse à

---

1. Boukharine.
2. Zinoviev.
3. Il s'agit de Lev Borissovitch Rosenfeld, dit Kamenev.
4. Trotski.
5. La montée rapide de ces apparatchiks était liée au soutien que leur accordait Staline qui cherchait à s'entourer de fidèles.

une conversation récente qu'il avait eue, en cellule, avec Bogoleïev. Les gens ne cessaient de compléter l'herbier de Krymov...

Dans l'après-midi, on lui apporta une gamelle de soupe. Sa main tremblait tellement qu'il lui fallut pencher la tête et aspirer la soupe au bord de la gamelle, tandis que la cuiller tressautait.

— Tu manges comme un cochon, constata le capitaine, avec tristesse.

Puis il y eut un autre événement : Krymov demanda à aller aux toilettes. Il ne pensait plus à rien en longeant le couloir, mais, debout devant la cuvette, il se dit : « Heureusement qu'on m'a arraché mes boutons ; mes doigts tremblent tellement que j'aurais été incapable de déboutonner et reboutonner ma braguette. »

Le temps, de nouveau, passait, agissait. L'État aux pattes d'épaule de capitaine triomphait. Un brouillard épais, gris, emplissait sa tête, le même, sans doute, qui emplit le cerveau d'un singe. Le passé, l'avenir n'existaient plus, comme n'existait plus le dossier aux rubans dénoués. Seule une chose comptait : retirer ses bottes, se gratter et dormir.

Le juge d'instruction revint.

— Vous avez dormi ? demanda le capitaine.

— Les chefs ne dorment pas, ils prennent du repos, répondit, d'un ton docte, le juge d'instruction, reprenant une vieille blague de soldat.

— C'est juste, admit le capitaine. Leurs subordonnés, en revanche, piquent des roupillons.

Tel un ouvrier examinant sa machine et échangeant, d'un ton affairé, quelques mots avec son collègue de l'équipe précédente, le juge d'instruction jeta un regard à Krymov, à son bureau, et dit :

— Eh bien, c'est parfait, camarade capitaine.

Il regarda sa montre, sortit le dossier du tiroir, défit les rubans, feuilleta quelques papiers et, bouillonnant de vie et d'ardeur, déclara :

— Reprenons, Krymov.

Et ils se mirent à l'ouvrage.

Ce jour-là, le juge d'instruction s'intéressa à la guerre. Là encore, ses informations se révélèrent solides : il connaissait les affectations de Krymov, le numéro des régiments et des armées, les noms des hommes qui avaient combattu avec Krymov ; il lui rappela les paroles qu'il avait dites au service politique, ses déclarations sur le général incapable d'écrire une lettre correctement.

Tout le travail effectué au front par Krymov, ses discours prononcés sous le feu ennemi, la foi qu'il partageait avec les soldats aux jours noirs de la retraite, les privations, tout cela avait brusquement cessé d'exister.

Il n'était plus qu'un misérable bavard, qui, menant double jeu, avait contribué à corrompre ses camarades, les avait conduits au doute et au désespoir. Comment ne pas croire, alors, que les services secrets allemands l'avaient aidé à franchir la ligne du front, afin qu'il pût continuer ses actes de sabotage et son travail d'espion ?

Au début de l'interrogatoire, Krymov se sentit gagné par la forme et l'entrain du juge d'instruction, frais et dispos.

— Tout ce que vous voulez, dit-il, mais vous ne me ferez jamais avouer que je suis un espion !

Le juge d'instruction jeta un coup d'œil par la fenêtre : le soir tombait, il avait peine à distinguer les papiers sur le bureau.

Il alluma la lampe qui s'y trouvait, baissa le rideau bleu de camouflage.

Un hurlement de bête traquée retentit, de l'autre côté de la porte, et s'interrompit brusquement.

— Reprenons, Krymov, fit le juge d'instruction en se rasseyant.

Il demanda à Krymov s'il savait pourquoi on ne l'avait jamais fait monter en grade et écouta patiemment sa réponse confuse.

— C'est un fait, Krymov : vous avez traîné vos guêtres au front, comme commissaire de bataillon, alors que vous auriez dû être membre d'un conseil d'armée ou de groupe d'armées.

Il fit une pause, fixant Krymov sans ciller – c'était peut-être la première fois qu'il le regardait ainsi, en juge d'instruction – et dit solennellement :

— Trotski lui-même a dit de vos essais : « Du marbre ! » Si ce salaud avait pris le pouvoir, vous auriez eu un poste important. « Du marbre ! » Ce n'est pas rien.

« Nous y voilà, pensa Krymov. Il abat ses cartes. »

Bon, bon, il leur dirait tout : où cela s'était passé, à quel moment. Mais, au fond, on aurait pu poser les mêmes questions au camarade Staline. Le camarade Krymov n'avait jamais rien eu à voir avec les trotskistes ; il avait toujours voté contre leurs résolutions. Pas une seule fois il ne s'était prononcé pour !

De toute façon, l'important était, pour lui, de pouvoir retirer ses bottes, de s'étendre et de se gratter en dormant.

Le juge d'instruction reprit, d'une voix douce et tendre :

— Pourquoi ne voulez-vous pas nous aider ? Comme s'il était si important que vous n'ayez pas commis de crimes avant-guerre et que, lors de l'encerclement, vous n'ayez pas renoué vos contacts ni pris part à des réunions clandestines ! Le problème n'est pas là. L'affaire est beaucoup plus sérieuse, plus profonde. Il s'agit de la nouvelle orientation du Parti. Aidez le Parti, à cette nouvelle étape de sa lutte. Pour cela, vous devez abandonner votre ancienne vision des choses. Et cela, seuls les bolcheviks en sont capables. C'est pour cette raison que je parle avec vous.

— Bon, bon, d'accord, dit lentement Krymov d'une voix ensommeillée. Je puis admettre que je me suis fait, sans le vouloir, le porte-parole de théories hostiles au Parti. Sans doute mon internationalisme était-il en contradiction avec la notion d'État socialiste souverain. Je veux bien reconnaître qu'après 1937 la nouvelle orientation du Parti, ses nouveaux hommes me sont devenus étrangers. Tout cela, je suis prêt à l'admettre. Mais l'espionnage, les actes de sabotage…

— Pourquoi ce « mais » ? Vous voyez bien, vous prenez peu à peu conscience de votre hostilité à la cause du Parti. La forme importe-t-elle tant que cela ? Pourquoi ce « mais », si vous reconnaissez l'essentiel ?

— Non, je n'avouerai jamais que je suis un espion.

— Donc, vous refusez d'aider le Parti. On bavarde, et dès qu'on en arrive aux choses sérieuses, terminé, c'est ça ? Vous êtes une merde ! Une merde de chien !

Krymov bondit, saisit le juge d'instruction par sa cravate et frappa du poing sur le bureau. À l'intérieur du téléphone, il y eut un cliquetis et un tressaillement. Il se mit à crier d'une voix perçante, à glapir :

— Espèce d'enfant de pute, de salaud, où étais-tu pendant que je menais les gens au combat, en Ukraine et dans les forêts de Briansk ? Où étais-tu, tandis que je me battais, en plein hiver, du côté de Voronej ? Tu y es allé, toi, à Stalingrad ? Et c'est moi qui n'ai rien fait pour le Parti ? C'est peut-être toi, gueule de flic, qui as défendu la patrie soviétique, ici, à la Loubianka ? Et moi, à Stalingrad, je ne luttais pas pour notre cause ? C'est peut-être toi qui as failli être pendu, à Shanghai ? À toi, ordure, qu'un gars de Koltchak a logé une balle dans l'épaule gauche ?

Alors, on le battit, mais pas de façon primitive (sur la gueule, comme à la section spéciale du front), d'une façon raffinée, scientifique ; on sentait des connaissances en physiologie et en anatomie. Deux jeunes types œuvraient, vêtus d'uniformes neufs, et il leur criait :

— Bande de fumiers, c'est le bataillon disciplinaire qu'il vous faudrait... Il faudrait vous envoyer au front... déserteurs...

Ils faisaient leur boulot, sans fureur, sans passion. Ils ne donnaient pas l'impression de taper très fort, mais leurs coups étaient horribles, un peu comme une vacherie prononcée tranquillement.

Du sang coula de la bouche de Krymov ; pourtant, il n'avait pas reçu un seul coup dans les dents. Ce sang ne venait pas de son nez, de ses mâchoires, d'une morsure à la langue, comme à Akhtouba... Il venait de plus loin, des poumons. Il ne savait déjà plus où il se trouvait, ne savait plus ce qui lui arrivait... Il revit, au-dessus de lui, le visage du juge d'instruction. Ce dernier désigna un portrait de Gorki, au-dessus du bureau, et demanda :

— Qu'a dit le grand écrivain prolétarien Maxime Gorki ?

Et d'un ton docte, façon instituteur, il répondit :

— Quand l'ennemi refuse de se rendre, il faut l'anéantir[1].

Puis il aperçut la petite lampe au plafond et un homme aux pattes d'épaule étroites.

---

1. Titre de l'article de Maxime Gorki, publié le 15 novembre 1930 dans la *Pravda* et dans les *Izvestia* (où, d'ailleurs, le titre sonnait plus fort encore : « ... il faut l'exterminer »). L'article apportait une justification idéologique à la « dékoulakisation » (considérée comme l'extermination de l'« ennemi intérieur »).

— Eh bien, puisque la médecine nous y autorise, fit le juge d'instruction, fini le repos !

Krymov se retrouva bientôt, assis près du bureau, à écouter ce discours persuasif :

— On peut rester comme ça une semaine, un mois, un an… Alors, simplifions : admettons, vous n'êtes pas coupable, mais cela ne vous empêche pas de signer tout ce que je vous dirai. Suite de quoi, on cessera de vous battre. C'est clair ? Peut-être l'Osso vous condamnera-t-elle, mais on ne vous battra plus : c'est énorme ! Vous croyez que cela me fait plaisir, quand on vous bat ? On vous laissera même dormir. Vous pigez ?

Les heures passaient, l'entretien continuait. Rien ne pouvait plus, semblait-il, épater Krymov, le tirer de son hébétude somnolente.

Pourtant, en écoutant ce nouveau discours du juge d'instruction, il entrouvrit la bouche et releva la tête, étonné.

— Toutes ces affaires remontent à loin, on peut les oublier, dit le juge d'instruction en désignant le dossier de Krymov. Seulement, comment oublier votre trahison à la bataille de Stalingrad ? Il y a des témoins, des documents qui vous accusent ! Vous avez fait en sorte de saper la conscience politique des combattants de la maison « 6 *bis* », cernée par les Allemands. Vous avez poussé Grekov, ce patriote, à trahir, tenté de le faire passer à l'ennemi. Vous avez trompé la confiance de vos chefs, qui vous avaient envoyé dans cette maison en qualité de commissaire militaire. Or à quel titre y êtes-vous allé ? En tant qu'agent de l'ennemi !

À l'aube, on se remit à battre Nikolaï Grigorievitch, et il eut l'impression d'être plongé dans une sorte de lait noir et tiède. De nouveau, l'homme aux pattes d'épaule étroites acquiesça, en essuyant l'aiguille de sa seringue, et le juge d'instruction répéta :

— Eh bien, puisque la médecine nous y autorise…

Ils étaient assis face à face. Krymov regardait le visage las de son interlocuteur et s'étonnait d'être aussi calme : était-ce bien lui qui avait saisi cet homme par sa cravate et avait voulu l'étrangler ? De nouveau, Nikolaï Grigorievitch se sentait proche de lui. Le bureau ne les séparait plus : deux camarades étaient assis, face à face, deux hommes tristes.

Krymov revit soudain l'homme qu'on avait mal fusillé, revenant de la steppe à la section spéciale, vêtu, par cette nuit d'automne, de son linge de corps ensanglanté.

« Telle est ma destinée, se dit-il. Moi non plus je ne sais où aller. Il est trop tard. »

Puis il demanda à aller aux toilettes. Il vit ensuite revenir le capitaine de la veille, qui releva le rideau de camouflage, éteignit la lumière et alluma une cigarette.

Et, de nouveau, Nikolaï Grigorievitch aperçut la lumière du jour, maussade, comme si elle ne venait pas du soleil ni du ciel, mais des briques grises de la prison intérieure.

44

Les lits étaient vides : ses voisins avaient peut-être été transférés, ou bien ils en bavaient à l'interrogatoire.

Il gisait, en morceaux, perdu, sa vie fichue, une douleur épouvantable dans le dos. On avait dû lui bousiller les reins.

En ces heures d'amertume où l'on brisait sa vie, il comprit la valeur de l'amour d'une femme. Une épouse ! La seule qui puisse chérir un homme piétiné par des bottes de fonte ! Il est là, couvert de crachats, et elle lui lave les pieds, démêle ses cheveux, regarde ses yeux délavés. Et plus on a détruit son âme, plus il lui est proche, plus il lui est cher. Elle court derrière le camion, elle fait la queue sur le Kouznetski Most, près de la barrière du camp, elle voudrait tant lui faire passer quelques bonbons, de l'oignon ; sur un réchaud à pétrole, elle lui fait cuire des galettes, elle donne des années de sa vie pour le voir une demi-heure...

Toutes les femmes avec lesquelles on couche ne peuvent être votre femme !

Son désespoir était si grand qu'il lui donnait envie de faire du mal à quelqu'un.

Il imagina un début de lettre : « En apprenant ce qui s'est passé, tu as dû te réjouir, non de ma défaite, mais d'avoir pu, à temps, t'éloigner de moi, et tu bénis cet instinct de rat qui t'a poussée à quitter le navire en perdition... je suis seul... »

Il revoyait, par flashes, le téléphone sur le bureau du juge d'instruction... la brute épaisse qui lui cognait les flancs, les côtes... le capitaine relevant le rideau et éteignant la lumière... il entendait le bruissement incessant des feuilles de son dossier, et il finit par s'endormir.

Soudain, une vrille chauffée au rouge pénétra son crâne, il lui sembla que son cerveau dégageait une puanteur de brûlé : Evguenia Nikolaïevna l'avait dénoncé !

Du marbre ! Du marbre ! Ces mots, prononcés à l'aube, à la Znamenka, dans le bureau du président du Conseil révolutionnaire de la guerre[1]... L'homme à la barbiche pointue, au pince-nez étincelant, avait lu l'article de Krymov et lui parlait doucement, affectueusement. Il se rappelait, maintenant : durant la nuit, il avait dit à Guenia que le Comité central l'avait rappelé du Komintern pour lui confier la rédaction d'ouvrages aux Éditions politiques. Car il y eut un temps où il avait été un être humain. Il lui avait raconté que Trotski avait dit, en lisant son article « Révolution ou réforme : la Chine et l'Inde » : « Du marbre ! »

---

1. Trotski.

Il n'avait répété à personne ces paroles dites en tête à tête. Seule Guenia était au courant. Le juge d'instruction les tenait donc d'elle. Elle l'avait dénoncé.

Il avait oublié les soixante-dix heures passées sans sommeil. Il ne pouvait plus dormir. Peut-être y avait-elle été obligée. Et alors, quelle différence ? Camarades, Mikhaïl Sidorovitch, je suis mort ! On m'a tué. Pas d'un coup de pistolet, pas à coups de poing, pas par le manque de sommeil. C'est Guenia qui m'a tué. Je reconnaîtrai ce que vous voudrez, j'avouerai tout. À une condition : prouvez-moi qu'elle m'a dénoncé.

Il se laissa glisser de son lit et se mit à frapper la porte à coups de poing, en criant à la sentinelle qui s'était aussitôt précipitée à l'œilleton :

— Conduis-moi au juge d'instruction, je signerai tout.

Le responsable de service s'approcha et dit :

— Cessez ce bazar. Vous rédigerez des aveux quand on vous le demandera.

Il ne pouvait rester seul. Il préférait encore quand on le battait et qu'il perdait conscience. Puisque la médecine nous y autorise…

Il clopina jusqu'à son châlit, et au moment où il lui semblait qu'il ne supportait plus ce tourment de l'âme, au moment où il semblait que son cerveau éclatait et que des milliers d'aiguilles s'enfonçaient dans son cœur, dans sa gorge, dans ses yeux, il comprit : Guenia n'avait pas pu le trahir ! Il fut pris d'une quinte de toux, d'un tremblement nerveux :

— Pardonne-moi, pardonne-moi. Mon destin n'est pas de vivre heureux avec toi. Mais j'en suis responsable, pas toi.

Et un sentiment extraordinaire l'envahit. Il était sans doute le premier homme à l'éprouver dans cette maison, depuis que la botte de Dzerjinski en avait franchi le seuil.

Il s'éveilla. Katzenelenbogen était pesamment assis en face de lui, ses cheveux à la Beethoven tout embroussaillés.

Krymov lui sourit, et le front bas, charnu de son voisin se plissa : Krymov comprit que Katzenelenbogen interprétait son sourire comme un signe de folie.

— Je vois qu'ils y sont allés très fort, dit Katzenelenbogen en désignant la vareuse tachée de sang de Krymov.

— Très fort, oui, répondit Krymov, dans un rictus. Et vous, ça va ?

— J'ai fait un tour à l'hôpital. Nos voisins ne sont plus là : l'Osso a encore refilé dix ans à Dreling, ça lui en fera trente en tout, et Bogoleïev a été transféré dans une autre cellule.

— Et…, commença Krymov.

— Allez-y, videz votre sac.

— Je pense qu'après l'avènement du communisme, reprit Krymov, le MGB recueillera en douce des renseignements sur les meilleurs côtés des hommes, la moindre bonne parole qu'ils prononceront. Les agents chercheront, dans les écoutes téléphoniques, les lettres, les conversations à cœur ouvert, tout ce qui a trait à la fidélité, l'honnêteté et la bonté. Ils en informeront la Loubianka et feront des dossiers. Des dossiers de bonnes choses ! Et en ces lieux, on travaillera à renforcer la foi en l'homme, non à la détruire comme aujourd'hui. J'ai posé la première pierre... Je crois ! J'ai vaincu malgré les dénonciations, le mensonge, je crois, je crois !...

Katzenelenbogen l'avait écouté distraitement. Il dit :

— C'est vrai, tout se passera ainsi. Mais il faut ajouter qu'une fois ce merveilleux dossier constitué, on vous traînera ici, dans la grande maison, et on vous liquidera quand même.

Il scruta Krymov. Il ne parvenait pas à comprendre pourquoi le visage jaune terreux de Krymov, avec ses yeux cernés, bouffis, son menton strié de sang noir séché, avait ce sourire heureux et paisible.

45

Le colonel Adams, aide de camp de Paulus, contemplait une valise ouverte.

L'officier d'ordonnance Ritter, accroupi, triait le linge sur des journaux étalés par terre.

Adams et Ritter avaient passé une partie de la nuit à brûler des documents dans le bureau du Feldmarschall : ils avaient notamment brûlé la grande carte appartenant personnellement au général et qu'Adams considérait comme une relique sacrée de la guerre.

Paulus n'avait pas dormi de la nuit. Il avait refusé son café du matin et observait avec indifférence les allées et venues d'Adams. De temps à autre, il se levait et déambulait dans la chambre en enjambant les papiers entassés par terre qui attendaient d'être brûlés. Les cartes entoilées brûlaient difficilement : elles bouchaient la grille et obligeaient Ritter à tisonner le poêle.

Chaque fois que Ritter entrouvrait la porte du poêle, le Feldmarschall tendait les mains vers le feu. Adams voulut poser un manteau sur les épaules du Feldmarschall, mais celui-ci refusa d'un mouvement d'épaules agacé, de sorte qu'Adams remit le manteau où il était.

Peut-être le Feldmarschall se voyait-il prisonnier quelque part en Sibérie, se chauffant les mains au feu parmi les soldats ; devant lui, le désert, derrière lui, le désert.

Adams dit au Feldmarschall :

— J'ai demandé à Ritter de mettre dans votre valise une bonne quantité de sous-vêtements chauds : nous nous faisions une idée fausse du Jugement dernier, quand nous étions enfants, car il n'a rien à voir avec le feu ni les charbons ardents.

Le général Schmidt était passé à deux reprises dans la nuit. Les téléphones aux fils coupés se taisaient.

Du jour où ils avaient été encerclés, Paulus avait compris que ses troupes ne pourraient pas continuer à se battre sur la Volga.

De toutes les conditions qui avaient déterminé sa victoire de l'été, conditions tactiques, psychologiques, météorologiques et techniques, aucune ne se représentait maintenant, tous les avantages avaient tourné. Il s'était adressé à Hitler pour lui communiquer que, selon lui, la 6ᵉ armée devait briser l'encerclement en accord avec Manstein en direction du sud-ouest, former un corridor par lequel elle évacuerait ses divisions, en se résignant à l'avance à devoir abandonner sur place une grande partie de l'armement lourd.

Le 24 décembre, lorsque Eremenko battit Manstein sur la petite rivière Mychovka, il fut évident pour tout le monde, jusqu'au moindre chef de bataillon, que la résistance était impossible dans Stalingrad. Mais il y avait un homme, un seul, pour lequel ce n'était pas évident. Il rebaptisa la 6ᵉ armée « avant-poste » du front qui s'étendait de la mer Blanche au Térek. Il déclara que Stalingrad en était la place forte. Au QG de la 6ᵉ armée, on disait que Stalingrad était transformé en camp de prisonniers en armes. Paulus envoya un second message, signifiant qu'il y avait une petite chance de briser l'encerclement. Il s'attendait à un éclat de fureur terrible, car jamais personne n'avait osé contredire par deux fois le commandant en chef. On lui avait raconté que Hitler avait un jour arraché la croix de chevalier de la poitrine du Feldmarschall Rundstedt et que Brauchitsch, qui assistait à la scène, en avait fait une attaque. Il ne s'agissait pas de plaisanter avec le Führer.

Le 31 janvier, Paulus reçut enfin une réponse à son message : on lui décernait le titre de Feldmarschall. À la tentative suivante qu'il fit pour essayer d'avoir gain de cause, il reçut la plus haute décoration du Reich : la croix de chevalier avec feuille de chêne.

Il finit par comprendre que Hitler s'était mis à le traiter comme un défunt, lui décernant *post mortem* le titre de Feldmarschall puis la croix avec feuille de chêne, et qu'il ne servait plus qu'à une chose : donner l'image tragique du chef de la défense héroïque de Stalingrad. La propagande officielle avait fait des centaines de milliers d'hommes qui se trouvaient sous son commandement des saints et des martyrs. Ils étaient vivants, occupés à faire bouillir leur viande de cheval, à faire la chasse aux derniers chiens de Stalingrad, à attraper des pies dans la steppe, à écraser leurs poux, à fumer des cigarettes faites de papier roulé dans du papier, et, pendant ce temps-là, la radio officielle diffusait une musique solennelle et funèbre en l'honneur de ces héros surhumains.

Ils étaient vivants, soufflant sur leurs doigts rougis, la morve au nez, roulant dans leurs têtes tous les moyens possibles de trouver à manger, de chaparder, de passer pour malade, de se rendre à l'ennemi, de se réchauffer dans une cave avec une femme russe ; pendant ce temps-là, des chœurs de voix enfantines résonnaient sur les ondes et clamaient : « Ils sont morts pour que vive l'Allemagne. » Ils ne pourraient renaître à la délicieuse vie d'ici-bas qu'à condition que l'État périsse.

Tout se passait comme Paulus l'avait prédit.

Il vivait avec le pénible sentiment d'avoir raison : la perte intégrale et irrémédiable de son armée en témoignait. Il puisait dans ce désastre, malgré lui, une étrange satisfaction mêlée de lassitude, une sorte de fierté, en somme.

Les sombres pensées que les jours de gloire avaient réussi à chasser de son esprit revinrent.

Keitel et Jodl qualifiaient Hitler de Führer divin. Goebbels, lui, proclamait que ce qui faisait la tragédie de Hitler, c'était que la guerre ne lui offrait aucun stratège à la mesure de son génie. Quant à Zeitzler, il racontait que Hitler lui avait demandé de rectifier la ligne du front dont les sinuosités choquaient son sens esthétique. Et que dire de ce refus insensé, neurasthénique, d'attaquer Moscou ? Et cette lâcheté soudaine qui lui avait fait donner l'ordre d'arrêter la marche sur Leningrad ? Son fanatisme stratégique de la défense dure reposait entièrement sur la terreur qu'il avait de perdre son prestige.

À présent, tout cela était irrévocablement clair.

Cette évidence était précisément ce qui lui faisait peur. Bien sûr, il aurait pu ne pas se soumettre à l'ordre reçu ! Le Führer l'aurait fait exécuter, mais ses hommes auraient été sauvés. Il lisait ce reproche dans bien des regards.

Oui, il aurait pu sauver son armée !

Mais il avait peur de Hitler et craignait pour sa peau !

Récemment, au moment de prendre l'avion pour Berlin, Halb, qui était le représentant le plus important de la SD auprès du quartier général, lui avait dit en termes confus que même le peuple allemand n'avait pas su se montrer digne de l'immense grandeur du Führer. Bien sûr, bien sûr...

Déclaration, démagogie encore et toujours.

Adams mit la radio. Il y eut des grésillements puis une musique : l'Allemagne chantait la mémoire de ses fils tombés à Stalingrad. Cette musique possédait une force étrange. Ce mythe créé par le Führer signifiait peut-être davantage pour le peuple et pour les combats à venir que la vie des épaves gelées et pouilleuses qu'étaient devenus ses hommes. Sans doute n'était-ce pas en compulsant les règlements, en établissant la chronologie des combats ni en examinant les cartes stratégiques que l'on pouvait comprendre la logique du Führer.

Ou peut-être l'auréole de martyr à laquelle Hitler avait condamné la 6e armée apporterait-elle à Paulus et à ses soldats une existence nouvelle, un moyen nouveau de participer à l'avenir de l'Allemagne.

Adams, cher et fidèle Adams : les grandes âmes sont toujours et immanquablement vouées au doute. Ceux qui dominent le monde ne peuvent être que des hommes bornés, inébranlablement convaincus de leur bon droit. Les natures supérieures, elles, ne dirigent pas les États et ne prennent pas de grandes décisions.

— Les voilà ! s'écria Adams. Il ordonna à Ritter de faire disparaître valise et uniforme.

Les chaussettes du Feldmarschall, jetées à la hâte dans la valise, étaient trouées aux talons ; ce qui chagrina et inquiéta Ritter ne fut pas l'idée que l'insensé et impatient Paulus porterait des chaussettes trouées, mais que ces trous seraient vus par les yeux hostiles des Russes.

Adams était debout, les mains posées sur le dossier d'une chaise et tournant le dos à la porte qui allait s'ouvrir d'un instant à l'autre ; il regardait Paulus d'un air calme, attentionné et affectueux, adoptant l'attitude qu'il pensait devoir être celle d'un aide de camp de Feldmarschall.

Paulus se renversa légèrement sur sa chaise, les lèvres serrées. Même en cet instant, le Führer lui demandait de jouer son rôle, et il s'apprêtait à le jouer.

La porte s'ouvrirait, et cette pièce installée dans un sous-sol obscur s'offrirait aux yeux de ceux qui vivaient à la surface de la terre. La souffrance et l'amertume avaient disparu, il ne restait que l'horreur de voir entrer, au lieu des représentants du commandement soviétique, prêts, eux aussi, à jouer cette scène solennelle, d'impudents soldats à la détente facile. Il y avait aussi la peur de l'inconnu : quand la scène serait jouée, commencerait la vie humaine. Laquelle, où, en Sibérie, dans une prison de Moscou, dans un baraquement de camp ?

46

Cette nuit-là, les habitants de la rive gauche de la Volga virent des fusées de toutes les couleurs embraser le ciel au-dessus de Stalingrad. L'armée allemande venait de capituler.

Aussitôt, en pleine nuit, les gens s'acheminèrent vers la ville. Ils avaient entendu dire que les derniers habitants de Stalingrad avaient souffert d'une famine terrible ; soldats, officiers et marins de la flottille de guerre de la Volga étaient chargés de baluchons de pain et de conserves. Certains avaient emporté de la vodka et leur accordéon.

Mais, curieusement, ces soldats qui étaient les premiers à entrer sans armes dans Stalingrad et à venir offrir leur pain aux défenseurs de la ville, à les serrer dans leurs bras et à les embrasser, étaient presque tristes et ne songeaient ni à se réjouir ni à chanter.

Au matin du 2 février 1942, il y avait du brouillard. La buée montait des armoises qui bordaient la Volga et des trous percés dans la glace du fleuve. Le soleil se levait au-dessus de la steppe aussi âpre sous la canicule du mois d'août que sous la bise d'hiver. Une neige fine tournoyait au-dessus de la plaine, dessinant, au gré du vent, des torsades ou de grandes roues laiteuses, puis, lasse de tout, allait se poser. Partout, le paysage portait la marque du vent d'est : collerettes de neige au pied des ronces qui grinçaient au vent, houle figée de la neige sur les pentes des ravins, mottes d'argile dénudées...

Du haut de Stalingrad, on pouvait voir les gens surgir du brouillard pour traverser la Volga, comme sculptés à même le gel et le vent.

Ils n'avaient aucune mission à accomplir à Stalingrad, aucun chef ne leur avait donné l'ordre de s'y rendre, la guerre était finie. Tous venaient d'eux-mêmes : fantassins, soldats du train, boulangers, chauffeurs, artilleurs, tailleurs, électriciens et mécaniciens des ateliers de réparation. Ils traversaient la Volga et escaladaient la berge en compagnie de vieillards enveloppés dans des châles, de femmes en pantalons de soldats, de gamins et de fillettes traînant des luges chargées de baluchons et d'oreillers.

Une atmosphère étrange régnait dans la ville. Les voitures klaxonnaient, les moteurs de tracteurs grondaient, les gens déambulaient en braillant au son de leurs accordéons, les danseurs tassaient la neige sous leurs bottes de feutre, les soldats beuglaient et s'esclaffaient. Et pourtant, la ville ne revivait pas, elle semblait toujours morte.

Quelques mois auparavant, la ville avait cessé de vivre sa vie habituelle, lorsque tout avait cessé de fonctionner, depuis les écoles et les usines jusqu'aux ateliers de couture, en passant par les troupes d'amateurs, la police, les crèches et les cinémas...

Puis une nouvelle ville était née des flammes, c'était le Stalingrad de la guerre, avec son propre tracé des rues et des places, son architecture souterraine, sa circulation, son commerce, le grondement de ses usines, ses artisans, ses cimetières, ses bamboches et ses concerts.

Chaque époque a une ville qui la représente au monde et qui abrite son âme, sa volonté.

Stalingrad fut cette ville pendant un certain temps de la Seconde Guerre mondiale. Elle concentra toute la pensée et la passion du genre humain. Usines et fabriques, rotatives et linotypes, tout fonctionnait pour elle ; c'est pour parler d'elle que les leaders des parlements montaient à la tribune. Mais du jour où les gens montèrent en foule des steppes et se répandirent dans les rues désertes de Stalingrad, où les moteurs des premières voitures se remirent à tourner, la ville qui avait été le centre de la guerre mondiale cessa de vivre.

Ce jour-là, les journaux diffusèrent les détails de la capitulation allemande, et l'on apprit à travers toute l'Europe, l'Amérique ou l'Inde, comment le Feldmarschall était sorti de son abri souterrain, on apprit que les généraux allemands avaient subi leur premier interrogatoire au QG de la 64e armée du général Choumilov, on apprit quels vêtements portait le général Schmidt, le chef d'état-major de Paulus.

La capitale de la guerre mondiale n'existait plus. Hitler, Roosevelt et Churchill cherchaient déjà de nouveaux centres de tension pour la guerre mondiale. Martelant la table de son index, Staline demandait au chef de l'état-major général si tout était prêt pour le transfert des troupes de Stalingrad vers de nouveaux fronts. La capitale mondiale de la guerre, pourtant encore remplie de généraux et de spécialistes des combats de rue, d'armes, de cartes opératives, de voies de communication parfaitement au point, avait cessé d'exister, ou du moins avait entamé une nouvelle existence, semblable à celle d'Athènes ou de Rome. Historiens, guides de musée, maîtres d'école et écoliers éternellement moroses en devenaient insensiblement les maîtres.

Une nouvelle ville naissait, faite de labeur et de vie quotidienne, avec ses usines, ses écoles, ses maternités, sa police, son Opéra et sa prison.

Une neige fine avait saupoudré les sentiers par lesquels on transportait vers les positions de combat les obus et les miches de pain, les mitrailleuses et les gamelles de kacha, sentiers sinueux et capricieux qui menaient à leurs abris cachés les tireurs d'élite, les guetteurs et les observateurs.

La neige avait saupoudré les chemins le long desquels couraient les agents de liaison entre la compagnie et le bataillon, chemins qui menaient vers les abattoirs et les châteaux d'eau...

La neige avait saupoudré les chemins par lesquels les habitants de la noble ville s'en allaient pour tâcher de dégoter un peu de tabac, boire un verre de vodka à l'anniversaire d'un camarade, prendre un bain dans un abri souterrain, faire un petit domino ou goûter la choucroute du voisin ; c'étaient aussi les chemins qui menaient vers la belle Mania[1] ou la bonne Vera, vers les horlogers, les recycleurs de douilles en briquets, les tailleurs, les accordéonistes et les magasiniers.

À présent, des foules de gens frayaient des chemins nouveaux, allant et venant sans raser les murs des ruines ni faire de détours.

Les mille chemins du temps de la guerre, eux, étaient maintenant sous la première neige sans que la moindre trace fraîche ne vînt marquer le million de kilomètres de ces sentiers enneigés.

La première neige fut bientôt recouverte par la seconde et les sentiers s'estompèrent, se fondirent et disparurent...

Les habitants de l'ancienne capitale de la guerre éprouvaient un inexprimable sentiment de bonheur et de vide. Ceux qui avaient défendu Stalingrad se sentaient soudain étrangement abattus.

La ville s'était vidée et chacun percevait ce vide, depuis le commandant de l'armée, les commandants des divisions d'infanterie jusqu'au vieux volontaire Poliakov et au fantassin Glouchkov. C'était un sentiment absurde que cette tristesse devant la victoire et la fin de la mort.

Et pourtant, ce sentiment était bel et bien là. Sur le bureau du commandant, le téléphone gainé de cuir jaune était silencieux : de la neige s'était accumulée autour de la boîte de culasse de la mitrailleuse, les lunettes binoculaires et les embrasures étaient aveugles tandis que plans et cartes, couverts de traces de doigts, quittaient les sacoches pour passer dans les valises des chefs de sections, de compagnies ou de bataillons...

Les gens allaient et venaient en foule parmi les maisons mortes, s'embrassant, poussant des « hourra »... Ils se regardaient les uns les

---

1. Diminutif de Maria.

autres et pensaient : « Quel courage, dans quel état ils sont ; et ils sont si simples, ces héros en veste d'hiver, coiffés de chapkas, exactement comme nous. Quand on pense à ce que nous avons réussi, c'est terrible ! Nous avons porté à bout de bras la charge la plus lourde qui puisse exister sur terre, nous avons soutenu la vérité au-dessus du mensonge, essayez donc d'en faire autant ! On voit ça dans les contes, mais c'était la vraie vie. »

Ils appartenaient tous à la même terre, les uns venaient de Kouporosny Ovrag, les autres de Banny Ovrag, d'autres encore venaient des châteaux d'eau ou d'*Octobre rouge*, ou même du Mamaïev Kourgan : ceux qui allaient vers eux étaient les habitants du centre, qui vivaient sur les rives de la Tsaritsa ou du côté des réservoirs d'essence… Ils étaient à la fois maîtres et hôtes, s'entre-félicitant dans le vent glacé. De temps à autre, l'un d'eux tirait en l'air ou faisait exploser une grenade. Ils liaient connaissance en se donnant de grandes tapes sur les épaules, des baisers sur leurs lèvres froides, puis, pris de timidité, échangeaient de joyeux jurons… Tous avaient surgi de terre, les ajusteurs comme les tourneurs, les paysans, les charpentiers et les terrassiers, eux qui avaient ensemble chassé l'ennemi, labouré la pierre, le fer et la glaise.

Les habitants de la capitale mondiale de la guerre sentaient que leur ville se distinguait des autres villes parce qu'elle était reliée aux usines et aux champs du monde entier. Ils sentaient aussi et surtout que leur ville avait une âme.

Stalingrad avait une âme : cette âme, c'était la liberté.

La capitale de la guerre contre le nazisme était à présent réduite aux ruines glacées d'une ville de province d'avant-guerre à vocation industrielle et portuaire.

Dix ans plus tard s'élèverait en ces lieux une des plus gigantesques centrales hydroélectriques du monde, œuvre de milliers de détenus.

47

Tout arriva parce que, lorsque le sous-officier allemand se réveilla dans son abri, il ne savait pas que son armée avait capitulé. Il tira et blessa le sergent Zadnieprouk, ce qui provoqua la colère des Russes occupés à regarder les Allemands sortir des énormes bunkers et jeter leurs armes avec fracas sur un tas de plus en plus impressionnant.

Les prisonniers avançaient en s'efforçant de regarder droit devant eux, pour bien montrer que même leur regard était captif. Seul, le soldat Schmidt, le menton hérissé de poils gris, sourit à la lumière du jour et considéra les soldats russes, persuadé, semblait-il, qu'il allait reconnaître quelqu'un.

Arrivé la veille de Moscou, le colonel Filimonov, discrètement ivre, assistait, en compagnie de son interprète, à la reddition de la division du général Wegler.

Son manteau aux nouvelles pattes d'épaule dorées, galons rouges et liséré noir, faisait tache parmi les vestes sales et usées, les bonnets informes des commandants de compagnies et de bataillons de Stalingrad et les vêtements aussi informes, aussi usés et aussi sales des prisonniers allemands.

La veille, il avait raconté au mess qu'on avait retrouvé dans les stocks de l'intendance de Moscou du galon doré datant de l'ancienne armée russe et qu'il était de bon ton, parmi ses amis, de réussir à se procurer de cet excellent vieux galon.

Lorsqu'on entendit le coup de feu et le cri de Zadniéprouk qui venait d'être légèrement blessé, le colonel s'écria :

— Qui a tiré, qu'est-ce qui se passe ?

Plusieurs voix répondirent en même temps :

— C'est une espèce de crétin d'Allemand. Ça y est, on l'emmène déjà... Il prétend qu'il ne savait pas...

— C'est ça, il ne savait pas ! s'écria le colonel. Il trouve que notre sang n'a pas assez coulé, le salaud.

Il se retourna vers l'interprète, un grand Juif qui était également instructeur politique, et lui ordonna :

— Trouvez-moi l'officier. Il le paiera de sa tête, le salaud.

Au même moment, le colonel remarqua le large sourire du soldat Schmidt et se mit à hurler :

— Ça te fait rire, salaud, qu'on en ait encore bousillé un ?

Schmidt ne comprit pas pourquoi son sourire, dans lequel il mettait tant de bonnes intentions, avait provoqué la colère de l'officier russe ; puis quand, sans aucun rapport apparent avec ces cris, il entendit brusquement la détonation d'un pistolet, il n'y comprit plus rien du tout, trébucha et tomba sous les pas des soldats qui marchaient derrière lui. On traîna son corps un peu à l'écart ; il était couché sur le flanc et tous les soldats, ceux qui l'avaient connu comme les autres, passèrent devant lui. Puis, quand les prisonniers se furent éloignés, des gamins, que le mort n'effarouchait pas, se faufilèrent dans les bunkers désertés pour aller fouiller sous les planches des châlits.

Pendant ce temps, le colonel Filimonov examinait l'appartement souterrain du chef de bataillon, admirant la solidité et le confort de l'installation. Un fantassin lui amena un jeune officier allemand au regard clair et serein, et l'interprète annonça :

— Camarade colonel, voici le lieutenant Lehnard que vous avez ordonné d'amener.

— Qui ça ? dit le colonel, étonné.

Mais, comme le visage de l'officier allemand lui parut sympathique et comme il était contrarié d'avoir, pour la première fois de sa vie, pris part à un meurtre, Filimonov dit :

— Conduisez-le au point de rassemblement, mais attention, pas d'idioties, vous en êtes responsable : il doit arriver vivant.

Cette journée fatale tirait à sa fin, et le visage mort du soldat Schmidt ne souriait plus.

48

Le lieutenant-colonel Mikhaïlov, interprète en chef de la 7ᵉ section de la direction politique du groupe d'armées, devait accompagner le Feldmarschall captif au QG de la 64ᵉ armée.

Paulus sortit de son abri sans un regard pour les officiers et les soldats soviétiques, tous fascinés par le manteau du Feldmarschall, avec ses bandes de cuir vert allant de l'épaule à la taille et son bonnet en fourrure de lapin gris. Il passa devant eux à grands pas, la tête haute et le regard fixé sur la jeep qui l'attendait au-delà des ruines.

Avant la guerre, Mikhaïlov avait eu plus d'une fois l'occasion d'assister à des réceptions diplomatiques ; il avait avec Paulus des rapports pleins d'assurance, il connaissait la différence qui existe entre un respect empreint de froideur et une fébrilité excessive.

Assis à côté de Paulus, Mikhaïlov déchiffrait les expressions de son visage et attendait que le Feldmarschall brise le silence. Il ne se comportait pas comme les autres généraux, à l'interrogatoire préliminaire desquels il avait participé jusque-là.

Le chef d'état-major de la 6ᵉ armée déclara d'une voix lente et paresseuse que la catastrophe avait été provoquée par les Roumains et les Italiens. Le général Sixt von Armin, dont les médailles cliquetaient doucement, ajouta :

— Il n'y a pas eu que Garibaldi et sa 8ᵉ armée, il y a eu aussi le froid russe, l'absence de ravitaillement et de munitions.

Schlemmer, commandant grisonnant d'un corps de blindés, décoré de la croix de fer et d'une médaille pour avoir été blessé à cinq reprises, interrompit cette conversation pour demander à garder sa valise. Cette intervention déclencha celle de tous les autres, qui se mirent à parler en même temps : le général Rinaldo au doux sourire, chef du service sanitaire, le sombre colonel Ludwig au visage défiguré par un coup de sabre, commandant d'une division blindée. Celui qui se faisait le plus de souci était le colonel Adams, aide de camp de Paulus : il avait perdu son nécessaire de toilette et faisait des gestes désespérés tout en secouant la tête, avec son bonnet de léopard dont les oreilles remuaient comme celles d'un chien de race sortant de l'eau.

Tous avaient retrouvé leur côté humain, mais pas le meilleur.

Mikhaïlov ordonna de rouler plus lentement, à quoi le chauffeur, vêtu d'une superbe peau de mouton blanche, répondit doucement :

— À vos ordres, camarade colonel.

Il se voyait déjà rentré chez lui après la guerre et racontant à ses camarades chauffeurs qu'il avait conduit Paulus... Il s'appliquait à conduire la voiture de telle sorte que Paulus se dise : « C'est donc cela, un chauffeur soviétique : on voit tout de suite un professionnel de première classe. »

L'œil habitué aux premières lignes avait peine à croire à ce mélange d'Allemands et de Russes. De joyeuses équipes de fantassins fouillaient les abris, descendaient dans les bouches d'égout et ramenaient les Allemands au grand air.

Sur les terrains vagues et dans les rues, à grands coups de bousculades et de cris, les fantassins reformaient une nouvelle armée allemande et la rangeaient en colonnes de marche, mêlant des soldats appartenant aux armes les plus diverses.

Les Allemands avançaient en prenant garde de ne pas trébucher, jetant de temps en temps un coup d'œil sur les mains qui tenaient les armes derrière eux. Leur soumission ne venait pas que de la peur que leur inspirait la facilité avec laquelle les Russes étaient capables d'appuyer sur la détente. Le pouvoir appartenait aux vainqueurs, et les Allemands s'y soumettaient avec une sorte de passion affligée et hypnotique.

La voiture qui emportait le Feldmarschall se dirigeait vers le sud, tandis que des colonnes de prisonniers remontaient en sens inverse. De puissants haut-parleurs vociféraient une chanson :

> *Je suis parti hier pour des pays lointains,*
> *Ma bien-aimée agitait son mouchoir*[1]*...*

Deux hommes portaient un blessé qui s'agrippait à leur cou de ses bras blêmes et sales : les porteurs penchaient la tête l'un vers l'autre, entourant le visage mort au regard brûlant de leur camarade.

Quatre soldats sortaient d'un bunker en portant un blessé sur une couverture.

Des monceaux d'acier bleu-noir ponctuaient la neige, comme des meules de paille d'acier.

Au son d'une salve, on descendait dans sa tombe un soldat de l'armée Rouge, tandis qu'à quelques pas de là gisaient en tas des Allemands morts qu'on avait sortis d'un hôpital souterrain. Des soldats roumains plastronnaient avec leurs fières chapkas blanches et noires : ils s'esclaffaient, agitaient les bras et se moquaient des Allemands, vivants ou morts.

On amenait des prisonniers depuis la Tsaritsa, depuis la Maison des Spécialistes. Ils avaient une démarche particulière, celle des humains et des animaux qui ont perdu la liberté. Les blessés légers et ceux qui avaient eu

---

1. *Ma bien-aimée*, chanson lyrique, populaire pendant la guerre. Composée en 1941 par M. Blanter sur des paroles d'E. Dolmatovski.

des membres gelés s'appuyaient sur des bâtons ou des morceaux de planches à demi brûlées. Ils marchaient sans fin, ils avaient tous le même visage
au teint gris, les mêmes yeux et la même expression de souffrance et de
tristesse.

Et quel étonnement de voir qu'il y avait parmi eux tant d'hommes de
petite taille, tant de gros nez, de fronts bas, de petites bouches aux lèvres
molles, de petites têtes d'oiseaux. Tant d'Aryens à la peau bistre, pleins
de boutons et d'abcès, parsemés de taches de rousseur.

Ils étaient laids et faibles, tels qu'ils avaient été mis au monde par leurs
mères et tels qu'elles les aimaient. On cherchait en vain les représentants
de cette nation au menton lourd, à la bouche hautaine, têtes blondes,
visages clairs et poitrails de granit.

Ils ressemblaient comme des frères à ces misérables foules de malheureux, nés, eux, de mères russes, que les Allemands avaient chassés à
coups de baguette et de bâton vers les camps de l'ouest à l'automne 1941.
De temps en temps, on entendait résonner un coup de pistolet au fond
d'un bunker, et la foule qui se mouvait lentement vers la Volga gelée
comprenait à la seconde, comme un seul homme, ce que signifiaient ces
coups de pistolet.

Le lieutenant-colonel Mikhaïlov regardait à intervalles réguliers le
Feldmarschall assis à côté de lui. Le chauffeur, lui, jetait des coups d'œil
dans le rétroviseur. Mikhaïlov pouvait voir la longue joue creuse de
Paulus ; quant au chauffeur, il voyait son front, ses yeux et ses lèvres serrées sur son mutisme.

Ils passaient devant des canons aux tubes dressés vers le ciel, devant
des chars marqués d'une croix sur le côté, des camions aux bâches cla-
quant dans le vent, des voitures de transport blindées et des canons automoteurs.

Le corps métallique de la 6e armée, ses muscles de fer étaient pris dans la
terre gelée. Les hommes défilaient lentement devant lui et semblaient, eux
aussi, sur le point de s'immobiliser, de se figer et de se laisser prendre par
le gel.

Mikhaïlov et le chauffeur, et même le soldat de l'escorte, attendaient le
moment où Paulus se mettrait à parler, à appeler quelqu'un, à se retourner.
Mais il se taisait et rien ne permettait de comprendre ce que scrutait son
regard et ce qu'il pouvait bien ramener vers les profondeurs où se cache le
cœur de l'homme.

Paulus craignait-il d'être vu par ses soldats, ou, au contraire, le souhaitait-
il ? Il demanda brusquement à Mikhaïlov :

— *Sagen Sie mir bitte, was ist es, Machorka*[1] *?*

Mais cette question inattendue ne permit pas davantage à Mikhaïlov de
comprendre les pensées de Paulus. En fait, le Feldmarschall s'inquiétait

---

1. « Dites-moi, s'il vous plaît, qu'est-ce que c'est que la *makhorka* ? » *Makhorka* désigne
un tabac de qualité inférieure, l'équivalent du gros gris.

de savoir s'il aurait de la soupe chaque jour, s'il pourrait dormir au chaud et aurait de quoi fumer.

49

Des prisonniers allemands étaient en train de sortir des cadavres de Soviétiques d'une cave située sous une maison à deux étages qui avait abrité la Gestapo.

Quelques femmes, vieillards et gamins assistaient à l'opération, malgré le froid, et regardaient les Allemands coucher les cadavres sur la terre gelée.

La plupart des Allemands faisaient leur travail avec indifférence, en traînant les pieds, et respiraient sans broncher l'odeur des cadavres.

Un seul, un jeune homme en manteau d'officier, s'était noué un mouchoir sale autour de la bouche et du nez et balançait convulsivement la tête, comme un cheval piqué par des taons. Ses yeux exprimaient une souffrance proche de la folie.

Les prisonniers posaient les brancards à terre et demeuraient perplexes au-dessus de certains cadavres dont un bras ou une jambe s'était détaché, se demandant quelle extrémité appartenait à quel cadavre et faisant des essais pour voir. La plupart des morts étaient à demi nus ou en sous-vêtements, certains en pantalons de soldats. Il y en avait un qui était entièrement nu, la bouche grande ouverte sur son dernier cri, la peau du ventre plaquée sur la colonne vertébrale, des poils roux sur le sexe et des jambes d'une effrayante maigreur.

Il était impossible d'imaginer que ces cadavres aux bouches et aux yeux enfoncés avaient été des êtres vivants, avec des noms, des adresses, et qu'ils avaient pu dire : « Embrasse-moi, ma chérie, ma belle, et ne m'oublie pas », qu'ils avaient rêvé d'une chope de bière ou fumé des cigarettes.

L'officier au visage enveloppé d'un mouchoir semblait être le seul à ressentir cela.

Mais c'était justement lui qui agaçait les femmes debout près de l'entrée de la cave : elles ne le quittaient pas des yeux et n'avaient que des regards indifférents pour les autres prisonniers, dont deux portaient des manteaux marqués de traces plus claires aux endroits où avaient été arrachés leurs écussons SS.

— Ah ! tu détournes la tête, marmonnait une petite femme trapue, qui tenait un petit garçon par la main, en suivant l'officier du regard.

L'Allemand sentit peser sur lui ce regard lent et aigu. Un sentiment de haine flottait dans l'air sans trouver de destination, comme l'énergie électrique qui se concentre dans un nuage orageux et tombe aveuglément sur un des arbres de la forêt pour le réduire en cendres.

Le jeune officier allemand avait pour coéquipier un petit soldat avec un linge de toilette autour du cou et les pieds enveloppés dans des sacs retenus par des fils de téléphone.

Les assistants silencieux les regardaient avec une telle haine que les Allemands rentraient avec soulagement dans l'obscurité de la cave dont ils ne se hâtaient pas de ressortir, préférant les ténèbres et la puanteur à l'air frais et à la lumière.

Ils étaient en train de retourner une fois de plus vers la cave avec leur brancard vide, quand ils entendirent des jurons russes qui leur étaient plus que familiers.

Ils continuèrent à se diriger vers la cave sans accélérer le pas, sentant instinctivement qu'il eût suffi d'un geste brusque de leur part pour que la foule se jette sur eux.

L'Allemand en manteau d'officier poussa un cri et le garde dit sur un ton de reproche :

— Eh ! le môme, pourquoi tu jettes des pierres ? C'est toi qui sortiras les cadavres de la cave si le Boche s'allonge ?

En bas, dans la cave, les soldats échangeaient leurs inquiétudes :

— Pour le moment, il n'y a que le lieutenant qui prend.

— Tu as vu la bonne femme qui n'arrête pas de le regarder ?

Une voix dit dans l'obscurité :

— Mon lieutenant, si vous restiez un peu dans la cave. Ils commencent par vous et ils vont finir par nous.

L'officier répondit d'une voix endormie :

— Non, non, il ne faut pas se cacher, c'est le Jugement dernier. Puis il se tourna vers son coéquipier : Allez, on y va.

Cette fois-ci, les deux hommes sortirent de la cave d'un pas un peu plus rapide, car leur charge était plus légère. Ils portaient sur leur brancard le cadavre d'une adolescente. Son corps s'était recroquevillé, desséché, et seuls ses cheveux blonds en désordre avaient gardé la vie et la chaleur du blé ; ils entouraient son effrayant petit visage bistre d'oiseau torturé. La foule étouffa un cri d'horreur.

La voix perçante de la petite femme trapue s'éleva et trancha l'air glacé comme une lame d'acier.

— Mon enfant ! Mon enfant ! Mon enfant adorée !

Les gens furent frappés par ce cri d'une femme pleurant un enfant qui n'était pas le sien. La femme essayait de remettre en ordre les cheveux portant encore la trace d'une frisure récente de la jeune fille. Elle regardait avec avidité son visage, cette bouche tordue à jamais, ces traits horribles, dans lesquels elle voyait, comme seule une mère pouvait le voir, l'adorable visage plein de vie du bébé dans ses langes.

La femme se releva et s'avança vers l'Allemand. Tous les assistants remarquèrent que, tout en le regardant, elle cherchait des yeux une brique qui ne soit pas prise par la glace dans la masse des autres, et que sa main malade et déformée par un travail inhumain, par l'eau glacée et la lessive, pourrait détacher.

La sentinelle comprit que ce qui allait arriver était inéluctable, mais fut incapable d'arrêter la femme, car elle était plus forte que lui et que son arme. Les Allemands ne pouvaient en détacher leurs yeux, et les enfants la fixaient avec avidité et impatience.

La femme, elle, ne voyait plus rien d'autre que le visage de l'Allemand au mouchoir. Sans comprendre ce qui lui arrivait, objet de cette force qui assujettissait tout à la ronde, elle sortit de sa poche un morceau de pain que lui avait donné la veille un soldat russe, le tendit à l'Allemand et dit :

— Tiens, prends, bouffe.

Par la suite, elle ne parvint pas à comprendre ce qui lui avait pris ni pourquoi elle avait fait cela. Ils furent légion, dans sa vie, les moments d'humiliation, d'impuissance et de colère qui la bouleversèrent et l'empêchèrent de dormir la nuit. Il y eut cette dispute avec la voisine, qui l'accusait de lui avoir volé une petite bouteille d'huile, puis le président du soviet d'arrondissement l'avait chassée de son bureau, refusant d'écouter ses réclamations de locataire ; il y eut tout le chagrin et toute l'humiliation que lui causa son fils lorsque, une fois marié, il se mit à manœuvrer pour qu'elle quitte la chambre qu'ils habitaient en commun et lorsque sa bru enceinte la traita de vieille pute... Une nuit, cafardant dans son lit et ruminant sa colère, elle se souvint de ce matin d'hiver et pensa : « J'étais idiote et je le suis restée. »

50

Les commandants de brigade envoyaient des rapports alarmants à l'état-major du corps blindé de Novikov. Les services de renseignement avaient repéré de nouvelles unités d'artillerie et de blindés qui ne participaient pas aux combats. Visiblement, l'ennemi faisait monter ses réserves.

Ces renseignements inquiétaient Novikov : son avant-garde avançait sans garantir ses arrières, et si l'ennemi parvenait à contrôler les rares routes utilisables, les chars resteraient sans carburant, sans l'appui de l'infanterie.

Novikov discutait de la situation avec Guetmanov, il estimait qu'il fallait freiner, pour un bref laps de temps, la progression des chars afin de permettre aux arrières de se rapprocher. Guetmanov, lui, désirait ardemment que leur unité soit la première à pénétrer en Ukraine. Ils décidèrent que Novikov partirait vérifier la situation sur place pendant que Guetmanov se chargerait de resserrer les arrières.

Avant de partir dans les brigades, Novikov téléphona au commandant en second du groupe d'armées pour l'avertir de la situation. Il connaissait la réponse à l'avance, le commandant en second ne prendrait jamais la responsabilité d'arrêter le corps de blindés, ni celle d'ordonner la poursuite des mouvements.

De fait, le commandant en second dit qu'il prendrait des renseignements auprès du 2ᵉ bureau de l'état-major du groupe d'armées, et qu'il alerterait Eremenko.

Après cela, Novikov téléphona à son voisin, le commandant du corps d'armées d'infanterie Molokov. Molokov était un être grossier et irritable qui soupçonnait constamment ses voisins de donner à son sujet des informations défavorables au commandant du groupe d'armées. Ils s'injurièrent ; les jurons, il est vrai, ne visaient pas les personnes, mais l'écart grandissant entre les blindés et l'infanterie.

Novikov téléphona à son voisin de gauche, le commandant de la division d'artillerie.

Celui-ci dit que, sans ordre du QG, il n'avancerait pas. Novikov comprenait son point de vue. L'artilleur ne voulait pas rester cantonné dans un rôle d'auxiliaire, fournir un appui aux chars, il voulait avoir sa part.

Juste au moment où Novikov raccrochait, son chef d'état-major entra. Novikov ne l'avait encore jamais vu si inquiet et fébrile.

— Camarade colonel, dit-il, j'ai reçu un coup de fil du commandant de l'état-major de l'armée de l'air ; ils s'apprêtent à faire passer les avions qui assurent notre couverture sur l'aile gauche du front.

— Qu'est-ce que ça veut dire, ils sont tous devenus fous là-dedans ! s'écria Novikov.

— Il n'y a pas de mystère, dit Neoudobnov. Il y a des gens qui ne tiennent pas tellement à ce que nous soyons les premiers à pénétrer en Ukraine. Les amateurs de l'ordre de Souvorov ou de Khmelnitski ne manquent pas. Et sans couverture aérienne, nous serons bien obligés de nous arrêter.

— Je téléphone immédiatement au commandant.

Mais Novikov ne put joindre Eremenko, qui était dans l'armée de Tolboukhine. Son adjoint, auquel Novikov téléphona à nouveau, ne voulait toujours pas prendre de décision. Il s'étonna en constatant que Novikov n'était pas encore parti rejoindre ses unités.

— Je ne comprends pas, camarade général, dit Novikov, comment on peut, comme ça, sans coordination préalable, priver de couverture aérienne le corps d'armée qui a progressé le plus loin à l'ouest !

— Le commandement est mieux placé que vous pour savoir comment il doit utiliser l'aviation, répondit l'adjoint d'Eremenko d'un ton irrité ; vous n'êtes pas les seuls à prendre part à l'offensive.

— Et qu'est-ce que je vais dire à mes hommes, quand ils vont se faire taper dessus ? Je vais les couvrir avec vos directives, peut-être ?

Mais l'adjoint ne se mit pas en colère et répondit sur un ton conciliant :

— Allez rejoindre vos brigades, et moi j'exposerai la situation au commandant du groupe d'armées.

À peine Novikov eut-il posé le combiné que Guetmanov entra, il était déjà en manteau et bonnet d'astrakan. À la vue de Novikov, il écarta les bras en signe d'étonnement :

— Je te croyais déjà parti, dit-il avec un ton de reproche, et il ajouta gentiment : Tu vois, nos arrières sont à la traîne, et le chef du 4ᵉ bureau me dit qu'il ne fallait pas donner des camions pour transporter les prisonniers blessés, dépenser du carburant précieux.

Il jeta un coup d'œil matois à Novikov.

— Il a raison, nous ne sommes pas le Komintern, après tout, mais une unité combattante.

— Que vient faire là le Komintern ? s'étonna Novikov.

— Allez-y, partez, camarade colonel, supplia Neoudobnov, chaque minute compte. Je ferai le maximum, ici, pour les pourparlers avec le QG du groupe d'armées.

Après ce que lui avait raconté Darenski, Novikov observait constamment son chef d'état-major, surveillait ses mouvements, sa voix. « C'est avec cette main ? Comment est-ce possible ? » pensait-il quand Neoudobnov prenait une cuiller, piquait un cornichon avec une fourchette, décrochait le téléphone.

Mais maintenant, Novikov ne suivait pas la main de Neoudobnov. Jamais il ne l'avait vu aussi alarmé, aussi prévenant, charmant même.

Neoudobnov et Guetmanov étaient prêts à vendre leur âme au diable pour être les premiers à franchir la frontière ukrainienne, pour que leurs brigades continuent leurs mouvements vers l'ouest sans le moindre retard.

Ils étaient prêts à jouer leur tête, mais il y avait une chose qu'ils ne voulaient pas risquer : c'était de porter la responsabilité d'un échec éventuel.

Novikov se sentait gagné malgré lui par cette fièvre, il aurait voulu, lui aussi, envoyer un radiogramme au QG du groupe d'armées pour annoncer que les éléments avancés de son corps d'armée avaient franchi les premiers la frontière de l'Ukraine. Cet événement n'avait aucune signification sur le plan militaire, n'avait pas de conséquence particulière pour l'ennemi. Mais Novikov le voulait, le voulait pour la gloire, pour les félicitations d'Eremenko, pour l'ordre du jour de Staline qu'on transmettrait à la radio, pour le grade de général que cela lui assurerait, pour être jalousé par ses voisins. Jamais encore de telles pensées, de tels désirs n'avaient commandé ses actes, mais c'était, peut-être, la cause de leur intensité actuelle.

Ce désir n'avait rien de répréhensible... Comme à Stalingrad, comme en 1941, le froid était sans pitié, la fatigue brisait les os du soldat, la mort guettait. Mais l'air que l'on respirait était devenu autre.

Et Novikov, qui ne le comprenait pas, s'étonnait d'être pour la première fois en accord avec Guetmanov et Neoudobnov ; il ne se fâchait pas contre eux, ne se vexait pas, il voulait tout naturellement la même chose qu'eux.

S'il accélérait la progression de ses chars, l'occupant, de fait, serait chassé des villages ukrainiens quelques heures plus tôt. Et il serait heureux en voyant les visages émus des vieillards et des enfants ; et il verserait des larmes quand une vieille paysanne l'embrasserait comme un fils.

Mais dans le même temps, de nouvelles passions mûrissaient, un nouvel axe se dessinait dans le sens moral de la guerre, et ce qui avait été essentiel en 1941 et au cours des combats de Stalingrad n'était plus que secondaire, même si cela continuait à exister. L'homme qui, le premier, avait compris le mystère de cette mutation de la guerre était celui qui avait prononcé, le 3 juillet 1941 : « Frères et sœurs, mes amis... »

Bizarrement, alors que Novikov partageait l'agitation de Guetmanov et de Neoudobnov, il retardait son départ. Et c'est seulement dans la voiture qu'il comprit pourquoi : il attendait Guenia.

Voilà plus de trois semaines qu'il n'avait pas reçu de lettres de Guenia. Chaque fois qu'il revenait après une absence, il espérait trouver Guenia en train de l'attendre sur les marches de l'isba. Elle était devenue partie prenante de sa vie. Elle était à ses côtés quand il discutait avec un commandant de brigade, quand il cherchait à joindre par téléphone le QG du groupe d'armées, quand, en première ligne, les explosions allemandes faisaient trembler son char comme un jeune cheval. Il parlait de son enfance à Guetmanov et il lui semblait qu'il en parlait à Guenia. Il se disait : « Je pue la vodka, Guenia le sentirait immédiatement. » Parfois il se disait : « Ah ! si elle voyait ! » Il s'était demandé avec inquiétude ce qu'elle aurait pensé de lui quand il avait envoyé un major en cour martiale.

À d'autres moments, il entrait dans un gourbi des premières lignes et, dans la fumée de tabac, les voix des téléphonistes, les salves et les explosions de bombes, la pensée de Guenia le brûlait soudain tout entier...

Parfois, il était jaloux de son passé et était de mauvaise humeur. Parfois, il la voyait en rêve, et se réveillait pour ne plus se rendormir.

Tantôt il lui semblait que leur amour serait éternel, tantôt, au contraire, il lui semblait qu'il se retrouverait un jour de nouveau seul.

En montant dans la voiture, il se retourna pour regarder la route qui menait à la Volga. La route était déserte. Il se mit en colère : elle aurait dû être là depuis longtemps. Mais peut-être était-elle malade. Et de nouveau, il se souvint du jour où, en 1939, il avait appris le mariage de Guenia et avait voulu se tirer une balle dans la tête. Pourquoi l'aimait-il ? Il avait eu des femmes qui la valaient bien. Était-ce un bonheur ou une sorte de maladie de penser ainsi tout le temps à quelqu'un ? Encore heureux qu'il n'ait pas eu d'aventures avec une demoiselle de l'état-major. Tout était net pour sa venue. Il y avait bien eu un petit accroc trois semaines auparavant. Et si en chemin Guenia s'arrêtait justement dans cette isba du péché pour y passer la nuit ? La jeune maîtresse de maison ferait des confidences à Guenia, le décrirait et dirait : « Il était bien, ce colonel. » Quelles bêtises vous passent par la tête !

51

Novikov revint le lendemain aux environs de midi. Après les cahots incessants sur les routes défoncées par les chenilles des chars, il avait mal aux reins, au dos, à la nuque, il avait l'impression d'être contaminé par l'épuisement, l'hébétement des nombreuses nuits sans sommeil qui frappait les tankistes.

Alors que la voiture approchait de son QG, Novikov essayait de reconnaître les personnes qui se tenaient devant la maison. Et il vit : Evguenia Nikolaïevna était là, à côté de Guetmanov, et regardait la voiture qui s'approchait. Le feu le brûla, la folie s'empara de son cerveau, il suffoqua d'une joie qui devenait souffrance, se leva pour sauter de la voiture en marche.

Verchkov, assis derrière lui, dit :

— Notre commissaire prend le frais avec sa doctoresse ; faudrait prendre une photo et l'envoyer chez lui. C'est sa femme qui serait heureuse !

Novikov entra dans la maison, prit la lettre que lui tendait Guetmanov, la retourna dans ses mains, reconnut l'écriture d'Evguenia Nikolaïevna, et fourra la lettre dans sa poche.

— Bon, alors, écoute, je vais t'exposer la situation.

— Et la lettre, tu ne la lis pas ? Tu ne l'aimes donc plus ?

— Ça va, j'aurai encore le temps.

Neoudobnov entra et Novikov commença :

— Le problème, c'est les hommes. Ils s'endorment dans les chars pendant les combats. Ils ne tiennent plus debout. Les commandants de brigade y compris. Karpov, ça va encore plus ou moins, mais Belov, il s'est endormi en me parlant : ça fait cinq jours qu'il n'arrête pas. Les conducteurs s'endorment en marche, ils ne mangent plus, de fatigue.

— Et que penses-tu de la situation ? demanda Guetmanov.

— L'Allemand n'est pas actif. On ne risque pas de contre-offensive dans notre secteur. Ils n'ont rien ici, fuittt, le vide.

Tout en parlant, il tâtait la lettre au fond de sa poche. Il la lâchait une seconde et la reprenait aussitôt, il lui semblait qu'elle eût pu s'échapper de sa poche.

— Bon, eh bien ! je crois que c'est clair, dit Guetmanov. À mon tour maintenant. Neoudobnov et moi, on est remontés jusqu'au ciel. J'en ai discuté avec Nikita Sergueïevitch en personne. Il a promis de ne pas retirer l'aviation de notre secteur.

— Ce n'est pas lui qui assure le commandement opérationnel, dit Novikov en décachetant l'enveloppe dans sa poche.

— Oui et non, fit Guetmanov. Neoudobnov vient de recevoir confirmation de l'état-major de l'armée de l'air : l'aviation reste ici.

— Les arrières passeront, dit précipitamment Neoudobnov, les routes ne sont pas trop mauvaises. À vous de décider, camarade lieutenant-colonel.

« Il m'a rétrogradé, pensa Novikov ; il doit être bien nerveux. »

Guetmanov déclara :

— Oui, mes amis les *pan*, comme on dit chez nous, en Ukraine, j'ai bien l'impression que nous serons les premiers à commencer la libération de notre mère l'Ukraine. Je l'ai dit à Nikita Sergueïevitch : nos soldats assiègent le commandement ; le rêve de nos petits gars, c'est que notre corps d'armée prenne le nom de « corps d'armée ukrainien ».

Irrité par ces paroles qui sonnaient faux, Novikov dit :

— Ils ne rêvent que d'une chose : dormir. Cela fait cinq jours, comprenez-vous, qu'ils ne dorment pas.

— Alors, c'est décidé ? On continue ? dit Guetmanov.

Novikov avait à moitié décacheté l'enveloppe, y avait passé deux doigts et palpé la lettre. Tout son corps frémissait du désir de voir l'écriture si familière.

— Je pense prendre la décision suivante, dit-il. Je vais donner dix heures de repos. Ils ont besoin de reprendre un peu de force.

— Oh ! oh ! dit Neoudobnov. On va rater tout et le reste pendant ces dix heures.

— Attends voir, dit Guetmanov dont le cou, les oreilles, les joues prirent une couleur brique.

— C'est tout vu, dit Novikov avec un petit rire.

Et soudain, Guetmanov explosa :

— Mais qu'ils aillent se faire foutre ! Tu parles, ils n'ont pas assez dormi ! Ils dormiront plus tard ! Les cochons ne les mangeront pas ! Et c'est à cause de ça que tu vas tout arrêter pendant dix heures ? Tu fais du sentiment et je suis contre ! D'abord tu retardes l'offensive de huit minutes ; maintenant, tu installes les gens à dormir, ça devient un système, ça ! Je vais faire mon rapport au Conseil du groupe d'armées. Ce n'est pas une crèche que tu diriges, ici !

— Une minute, dit Novikov. Ce n'est peut-être pas toi qui m'as embrassé parce que j'ai fait écraser la résistance ennemie par l'artillerie lourde avant de lancer mes chars ? Tu n'as qu'à mettre ça dans ton rapport.

— Moi ? Je t'ai embrassé pour ça ? dit Guetmanov, stupéfait. Mais tu délires complètement. Je vais te dire quelque chose. Je suis inquiet en tant que communiste de voir que tu es, toi, un homme de pure origine proléta-rienne, sous l'influence d'éléments qui nous sont étrangers.

— Ah ! c'est comme ça, dit Novikov en élevant la voix. Bon, d'accord, j'ai compris.

Il se leva, bien droit, et lança avec rage :

— C'est moi qui commande ici. Ma décision est prise et il en sera ainsi. Et vous, camarade Guetmanov, vous pouvez écrire sur moi des rapports, des romans ou des poèmes et les envoyer à qui ça vous chante, même à Staline.

Il passa dans la pièce voisine.

Novikov reposa la lettre qu'il venait de lire et il siffla comme il sifflait, gamin, sous les fenêtres d'un copain pour l'appeler dehors... Cela faisait peut-être trente ans qu'il n'avait pas sifflé ainsi et voilà que soudain...

Puis, il regarda avec intérêt par la fenêtre : non, il faisait jour, la nuit n'était pas tombée. Puis il cria, joyeusement, d'une voix hystérique : merci, merci, merci pour tout.

Puis il eut l'impression qu'il allait tomber et mourir, mais il ne tomba pas, fit quelques pas dans la pièce. Puis il regarda la lettre posée sur la table et il lui sembla que c'était la peau blanche d'où venait de sortir un serpent. Il se passa les mains sur les côtes et la poitrine mais il ne le trouva pas, il était déjà passé en lui et lui brûlait le cœur.

Il resta un moment devant la fenêtre, les chauffeurs riaient en suivant du regard Maroussia, la téléphoniste, qui allait aux cabinets. Le conducteur du char de l'état-major revenait du puits avec un seau d'eau, les moineaux s'occupaient à leurs affaires de moineaux dans la paille devant l'étable. Guenia lui avait dit un jour que le moineau était son oiseau préféré... Il brûlait comme brûle une maison : les poutres tombaient, les plafonds s'effondraient, la vaisselle se fracassait, les armoires se renversaient, les livres, les oreillers voltigeaient dans les étincelles et la fumée... Pourquoi : « Je te serai toute ma vie reconnaissante pour tout ce que tu m'as apporté de noble et de pur, mais qu'y puis-je ? La vie passée est plus forte que moi, je ne peux la tuer, l'oublier... ne m'accuse pas, non parce que je ne suis pas coupable, mais parce que ni toi ni moi ne savons en quoi je suis coupable... Pardonne-moi, pardonne-moi, je nous pleure tous les deux. »

Elle pleure ! Il vit rouge. Sale punaise ! Garce ! Te frapper sur la bouche, dans l'œil, te casser ton nez de salope à coups de crosse...

Mais aussitôt, sur-le-champ, avec une brutalité insupportable, il se sentit tout faible, désemparé ; personne, aucune force au monde ne pouvait l'aider si ce n'était Guenia, mais c'était elle, justement, qui l'avait perdu.

Et, regardant dans la direction d'où elle aurait dû venir le rejoindre, il suppliait :

— Guenia, qu'as-tu fait de moi ? Guenia, tu m'entends ? Guenia, pourquoi ? Regarde-moi, regarde ce que tu as fait.

Il tendit les bras vers elle.

Puis il se dit : pourquoi tout cela, il avait attendu si longtemps, mais puisqu'elle s'était décidée, elle n'était plus une petite fille ; si elle s'était décidée après avoir hésité tant d'années, elle devait savoir, elle s'était quand même décidée.

Quelques secondes plus tard, il cherchait de nouveau le salut dans la haine. « Bien sûr, bien sûr, elle ne voulait pas de moi tant que j'étais un simple major et traînais dans des garnisons en Sibérie ; elle s'est décidée quand j'ai commencé à monter, femme de général, elles sont toutes pareilles. » Mais il comprenait que ses accusations ne tenaient pas debout, non, non, ce n'était pas cela, ç'aurait été trop beau. Elle allait rejoindre un homme qui devait aller dans les camps, à la Kolyma... Les femmes des Décembristes, les vers de Nekrassov, la femme russe... Elle ne m'aime pas, elle l'aime, lui... non, elle ne l'aime pas, elle a pitié de lui, seulement pitié. Et moi, pourquoi n'a-t-elle pas pitié de moi ? Je suis plus malheureux que tous ceux qui sont en prison à la Loubianka, qui sont dans les camps, que tous les mutilés sans bras ou sans jambes. Je suis prêt à y aller dans les camps, et alors, qui choisiras-tu ? L'autre ! Ils sont de même race, et moi je suis un étranger. Comme ça qu'elle m'appelait, « l'étranger ». Bien sûr, je peux devenir maréchal si je veux, mais je serai toujours un moujik, un mineur, pas un intellectuel, je ne comprends rien à sa peinture de merde...

Il demanda à haute voix, avec haine :

— Alors, pourquoi ? Pourquoi ?

Il sortit son pistolet de sa poche, le soupesa.

— Je me tuerai, pas parce que je ne veux plus vivre, mais pour que tu crèves de remords, putain.

Puis il remit le pistolet à sa place.

— Dans une semaine, elle m'aura oublié.

C'est lui qui devait l'oublier, ne plus y penser, ne pas se retourner.

Il s'approcha de la table, relut la lettre. « Mon pauvre, mon mignon, mon gentil... ! » Le plus affreux, ce ne sont pas les paroles cruelles, mais les paroles douces, pleines de pitié humiliante. Elles étaient insupportables. On ne pouvait plus respirer.

Il revit ses seins, ses épaules, ses genoux. Elle doit y aller, là, rejoindre son pitoyable Krymov. « Qu'y puis-je ? » Elle est dans un wagon sans air, serrée ; on l'interroge : « Rejoindre mon mari », dit-elle. Et elle a les yeux doux et tristes d'un chien.

C'est par cette fenêtre qu'il guettait sa venue. Ses épaules se mirent à tressauter, il renifla, aboya, s'étrangla en ravalant les sanglots qui lui échappaient. Il se souvint qu'il avait ordonné de ramener de l'intendance des chocolats et du nougat et qu'il avait dit à Verchkov : « Si tu y touches, je te tue. »

Et de nouveau, il marmonnait :

— Regarde, ma gentille, ma Guenia, regarde ce que tu as fait de moi, aie pitié de moi.

Il tira brusquement sa valise de dessous le lit, en sortit les lettres et les photos d'Evguenia Nikolaïevna, celles qu'il emportait partout avec lui depuis longtemps, et celle qu'elle lui avait envoyée dans sa dernière lettre, et la toute première, une photo d'identité, enveloppée dans de la cellophane, et se mit à les déchirer. À une bribe de phrase sur un bout de papier déchiré il reconnaissait les mots qu'il avait lus et relus si souvent, les mots qui lui faisaient perdre la tête. Il regardait disparaître le visage, périr les lèvres, les yeux, le cou sur les photos déchirées. Cela le soulageait, il lui semblait qu'il l'avait extirpée, piétinée tout entière, qu'il s'était libéré de la sorcière.

Il avait bien vécu sans elle. Il surmonterait cela ! Dans un an, il passerait devant elle sans s'arrêter. Il en avait besoin comme d'un emplâtre sur une jambe de bois. Et à peine avait-il pensé cela qu'il comprit la vanité de ses efforts. On ne peut rien arracher du cœur, le cœur n'est pas en papier et la vie n'y est pas écrite à l'encre, on ne peut pas le déchirer en morceaux, on ne peut extirper de longues années imprimées dans l'âme ou le cerveau.

Il l'avait impliquée dans son travail, son malheur, ses pensées, il en avait fait le témoin de ses jours de faiblesse et de force.

Les lettres déchirées n'avaient pas disparu, et ses yeux le regardaient, comme avant, sur les photos déchirées.

Il ouvrit l'armoire, remplit un grand verre de vodka jusqu'au bord, le vida, alluma une cigarette, l'alluma une seconde fois bien qu'elle ne fût pas éteinte. Le malheur bruissait dans sa tête, lui brûlait les tripes.

Il répéta à haute voix sa question :

— Guenia, ma petite, ma chérie, qu'as-tu fait, qu'as-tu fait ? Comment as-tu pu faire cela ?

Puis il fourra les morceaux de papier dans sa valise, rangea la bouteille de vodka dans l'armoire en se disant : « Ça soulage un peu. »

Bientôt ses chars allaient atteindre le Donbass, il allait revoir son coron natal, il trouverait l'endroit où ses vieux avaient été enterrés. Son père pourrait être fier de son Petia, sa mère pourrait plaindre son malheureux fils. Quand la guerre serait terminée, il irait vivre chez son frère et sa nièce lui demanderait : « Pourquoi tu te tais, tonton Petia ? »

Il revit une scène de son enfance : leur chien, une bête à poils longs, était parti courir après une chienne en chaleur. Il était revenu couvert de morsures, il lui manquait des touffes de poils, une des oreilles était déchirée, un œil fermé ; il restait devant la maison, la queue basse, et le père lui avait dit gentiment : « Alors, tu as tenu la chandelle ? »

Oui, il avait tenu la chandelle...

Verchkov entra dans la pièce :

— Vous vous reposez, camarade colonel ?

— Un petit peu.

Il regarda l'heure, se dit : « Arrêter les mouvements jusqu'à demain 7 heures. Transmettre en code. »

— Je vais retourner dans les brigades, dit-il à Verchkov.

La course folle de la voiture le soulagea un peu. Le chauffeur menait la jeep à quatre-vingts à l'heure sur une route impraticable ; la voiture sautait, dérapait, vacillait. À chaque instant, le chauffeur prenait peur, du regard il suppliait Novikov de l'autoriser à ralentir.

Il entra au PC de la brigade. Comme tout avait changé en quelques heures ! Comme Markov avait changé, c'était comme s'ils ne s'étaient pas revus depuis des années !

Oubliant le règlement, Markov dit en écartant les bras en signe d'incompréhension :

— Guetmanov vient de transmettre l'ordre d'Eremenko : votre décision est annulée, ordre de poursuivre l'offensive.

52

Trois semaines plus tard, le corps d'armée de Novikov fut retiré du front, mis en réserve pour recomplètement des effectifs et remise en état de service du matériel. Les hommes et le matériel avaient été éprouvés, après avoir parcouru en combattant quatre cents kilomètres.

En même temps, le colonel Novikov reçut l'ordre de se présenter à Moscou à l'état-major général et au chef du 1er bureau. Et on ne savait pas s'il reviendrait reprendre le commandement du corps d'armée.

Pendant son absence, ce fut le général Neoudobnov qui assura le commandement. Quelques jours auparavant, le commissaire de brigade Guetmanov avait été informé que le Comité central du Parti le retirait du service actif : il devait occuper le poste de secrétaire d'obkom dans une région nouvellement libérée du Donbass ; le Comité central accordait une grande importance à ce poste.

Le départ de Novikov souleva des discussions à l'état-major du groupe d'armées et à la Direction des forces blindées.

Les uns pensaient que cela ne voulait rien dire et qu'après son séjour à Moscou Novikov reviendrait à son poste actuel.

Certains estimaient que c'était la conséquence de la décision erronée, prise par Novikov en pleine offensive, d'assurer dix heures de repos aux tankistes et aussi du retard dans le débouché de l'attaque. D'autres étaient d'avis qu'il ne s'était pas entendu avec son commissaire et son chef d'état-major qui avaient, l'un et l'autre, de grands mérites.

Le secrétaire du Conseil militaire, un homme bien informé, dit que certains reprochaient à Novikov des relations personnelles douteuses. Le secrétaire avait cru, d'abord, que les malheurs de Novikov venaient des désaccords survenus entre lui et son commissaire. Mais, selon toute apparence, il n'en était rien. Le secrétaire avait vu de ses propres yeux une lettre envoyée par Guetmanov aux plus hautes instances. Guetmanov protestait contre la révocation de Novikov ; il disait que Novikov était un chef militaire remarquable, aux dons hors pair, qu'il était un homme irréprochable sur les plans politique et moral.

Mais le plus étrange fut qu'après de longues nuits d'insomnie Novikov s'endormit tranquillement le soir du jour où il reçut sa convocation et ne se réveilla que le lendemain matin.

53

On eût dit qu'un train emportait Strum avec fracas ; il avait du mal à penser et se remémorait, avec un sentiment d'étrangeté, le calme de son foyer. Le temps était devenu très dense, il était plein d'événements, de gens, de coups de téléphone. Le jour où Chichakov était venu chez Strum, aimable, prévenant, soucieux de sa santé, avec une foule d'explications plaisantes et amicales visant à jeter dans l'oubli tout ce qui s'était passé, semblait remonter à plus de dix ans.

Strum aurait cru que ces gens qui avaient tenté de le perdre auraient honte et n'oseraient pas le regarder, mais dès le jour de son retour à l'Institut, ils l'avaient joyeusement salué, le regardant droit dans les yeux, amicaux et dévoués. Le plus étonnant était que ces gens étaient parfaitement sincères, qu'ils ne souhaitaient maintenant à Strum que de bonnes choses.

De nouveau, on lui faisait un tas de compliments sur son travail. Malenkov le convoqua et, fixant sur lui ses yeux noirs et intelligents, discuta avec lui pendant quarante minutes. Strum fut stupéfait de s'apercevoir que Malenkov était au courant de ses travaux et qu'il maniait, assez habilement, les termes techniques[1].

En guise d'adieu, Malenkov dit à Strum des mots qui l'étonnèrent : « Nous serions désolés de gêner en quoi que ce fût vos recherches en physique théorique. Nous comprenons fort bien qu'il ne peut y avoir de pratique sans théorie. »

Il ne s'attendait pas à de telles paroles.

Comme il fut étrange, le jour suivant, de voir le regard inquiet, interrogateur d'Alexeï Alexeïevitch, et de se rappeler, parallèlement, le sentiment d'humiliation qui l'avait envahi, lors de cette réunion organisée par Chichakov chez lui, et où Strum n'avait pas été convié.

De nouveau, Markov se montrait gentil et cordial, Savostianov faisait de bons mots et plaisantait. Gourevitch vint au laboratoire, il serra Strum dans ses bras, en disant : « Comme je suis heureux, comme je suis heureux ! Vous êtes Veniamine le Bienheureux[2] ! »

Et le train l'emportait toujours.

On demanda à Strum s'il jugeait nécessaire de créer, sur la base de son laboratoire, un établissement de recherches indépendant. Il se rendit dans l'Oural, à bord d'un avion spécial, accompagné par un ministre

---

1. En 1921-1925, Malenkov avait fait ses études à l'École supérieure technique, une des meilleures du pays.

2. Ou Benjamin le Chanceux, personnage principal des *Vagabondages de Benjamin III*, œuvre du fondateur de la littérature hébraïque moderne, Shalom Yakov Abramovitz (1836-1917), mieux connu sous son nom de plume Mendele-Mocher-Sforim, qui signifie « marchand de livres », qu'il emprunta à l'un de ses personnages.

adjoint. On mit une voiture à sa disposition, et, désormais, Lioudmila Nikolaïevna l'utilisait pour se rendre au magasin réservé et en faisait profiter ces mêmes femmes qui, quelques semaines plus tôt, s'efforçaient de ne pas la voir.

Tout ce qui, autrefois, avait semblé complexe, embrouillé, se faisait facilement, tout seul.

Le jeune Landesman fut extrêmement touché : Kovtchenko lui téléphona chez lui. En une heure, Doubenkov remplit les formalités nécessaires pour qu'il soit embauché dans le labo de Strum.

Anna Nahumovna Weispapier rentra de Kazan et raconta à Strum qu'en quarante-huit heures elle avait reçu sa convocation et son visa de séjour, et qu'à Moscou Kovtchenko lui avait envoyé une voiture à la gare. Doubenkov avisa par écrit Anna Stepanovna qu'elle était réintégrée dans ses fonctions, et qu'avec l'accord du directeur adjoint l'interruption momentanée de son travail lui serait intégralement payée.

On gavait littéralement les nouveaux collaborateurs. Ils racontaient, en riant, que leur travail se résumait à se faire transporter, du matin au soir, dans les cantines « réservées » et à manger. Bien entendu, leur travail était tout autre.

Les nouvelles installations du laboratoire ne semblaient plus à Strum aussi perfectionnées ; il se disait que, d'ici un an, elles sembleraient aussi comiques que la première locomotive.

Tous ces événements de la vie de Strum semblaient parfaitement naturels et, en même temps, absolument contre nature. En effet, si son travail était effectivement très important, alors pourquoi ne pas l'en complimenter ? Si Landesman était un chercheur de talent, pourquoi n'eût-il pas travaillé à l'Institut ? Et si Anna Nahumovna était irremplaçable, pourquoi donc eût-elle stagné à Kazan ?

Mais d'un autre côté, Strum savait que, sans le coup de téléphone de Staline, personne, à l'Institut, n'aurait loué les remarquables travaux de Victor Pavlovitch, et que Landesman, avec tout son talent, n'aurait pas trouvé d'emploi.

Après tout, le coup de téléphone de Staline n'était pas un hasard, une lubie, un caprice. Staline, c'était l'État, et l'État ignorait les caprices.

Strum avait l'impression que le travail organisationnel – l'accueil des nouveaux chercheurs, les plans, les commandes de matériel, les conseils – occuperait tout son temps. Mais les voitures roulaient vite, les réunions étaient brèves et personne n'arrivait en retard, ses désirs se réalisaient rapidement, et Strum passait les heures les plus précieuses de la matinée dans son laboratoire. Durant ces heures de travail, les plus importantes, il était parfaitement libre. Personne ne le dérangeait, il ne pensait qu'à ce qui l'intéressait. Sa science continuait de lui appartenir.

Rien à voir avec ce qui s'était produit pour le peintre du *Portrait* de Gogol[1].

Personne ne se mêlait de ses centres d'intérêt scientifiques, ce qu'il craignait le plus au monde. « Effectivement, je suis libre », s'étonnait-il.

Victor Pavlovitch se rappela, un jour, les considérations de l'ingénieur Artelev, à Kazan, sur l'approvisionnement des usines de l'armée en matières premières, électricité, machines, et l'absence de bureaucratie.

« C'est clair, se dit Victor Pavlovitch, c'est dans l'absence même de bureaucratisme que ce dernier se manifeste le plus. Tout ce qui sert les grands intérêts de l'État se réalise à vitesse grand V ; le bureaucratisme porte en lui deux tendances contraires : il peut arrêter n'importe quel mouvement, ou l'accélérer de manière fantastique, comme s'il échappait brusquement à l'attraction terrestre. »

Mais les conversations de la petite chambre de Kazan lui revenaient rarement en mémoire, il y repensait avec indifférence et Madiarov ne lui semblait plus aussi remarquable et intelligent. Le destin de Madiarov ne l'obsédait plus, il ne revoyait plus aussi souvent, obstinément, la peur de Karimov devant Madiarov et inversement.

Tout ce qui s'était passé commençait, sans qu'il s'en rendît compte, à lui sembler normal, légitime. La nouvelle vie de Strum était devenue la norme. Et Strum, déjà, s'y habituait. Sa vie d'autrefois était l'exception et Strum, déjà, l'oubliait. Les considérations d'Artelev étaient-elles si justes ?

Autrefois, il s'énervait, s'irritait, dès qu'il franchissait le seuil du service du personnel, rien qu'à sentir sur lui le regard de Doubenkov. Mais Doubenkov était, en fait, un homme serviable et bienveillant.

Il téléphonait à Strum et disait :

— Ici Doubenkov. Je ne vous dérange pas, Victor Pavlovitch ?

Il avait toujours vu Kovtchenko comme un sinistre et perfide intrigant, capable d'anéantir tous ceux qui se dresseraient sur sa route, un démagogue, indifférent à la réalité profonde du travail, venu du monde mystérieux des instructions non écrites. En fait, Kovtchenko possédait des traits de caractère bien différents. Il passait chaque jour dans le labo de Strum, avait des manières très simples, plaisantait avec Anna Nahumovna ; c'était un vrai démocrate, qui serrait la main à tout le monde, bavardait avec les monteurs, les ajusteurs et qui, lui-même, dans sa jeunesse, avait travaillé comme tourneur.

Des années durant, Strum avait détesté Chichakov. Mais il était allé déjeuner chez lui, et Alexeï Alexeïvitch s'était montré très accueillant, fin gastronome, plein d'esprit, amateur d'anecdotes et de bon cognac et

---

1. Le héros de ce récit fantastique de Gogol, publié dans *Arabesques* en 1835, est fasciné par le portrait d'un vieil usurier qui s'anime et qui, avant de disparaître, lui donne une somme d'argent importante, le poussant à louer un appartement et à prostituer son talent en devenant un portraitiste à la mode.

collectionneur de gravures. Et surtout : il savait apprécier la théorie de Strum.

« J'ai gagné », se disait Strum. Mais il comprenait bien que ce n'était pas le triomphe, que les gens avec lesquels il était en contact n'avaient pas changé d'attitude ni cessé de lui faire obstacle parce qu'il avait su les charmer par la puissance de son esprit, de son talent ou Dieu sait quoi.

Et pourtant, il se réjouissait : il avait gagné !

Presque chaque soir, à la radio, on donnait des informations de « dernière heure ». L'offensive des armées soviétiques ne cessait de s'amplifier. Et Victor Pavlovitch trouvait à présent si facile, si simple d'accorder sa vie à l'évolution normale de la guerre, à la victoire du peuple, de l'armée, de l'État.

Mais il comprenait aussi que tout n'était pas si simple, il se moquait de cette volonté qu'il avait de ne voir que des choses d'une simplicité enfantine : « Staline par-ci, Staline par-là, vive Staline ! »

Il lui semblait que les administrateurs et les hommes du Parti ne parlaient, au sein de leurs familles, que de la pureté des cadres, signaient des papiers au crayon rouge, lisaient à voix haute à leurs femmes l'*Abrégé de l'histoire du Parti*[1] et ne rêvaient, la nuit, que de règlements temporaires et d'instructions obligatoires.

Et voilà que Strum découvrait en eux un autre aspect : leur côté humain.

Ainsi, Ramskov, le secrétaire du comité du Parti, était amateur de pêche à la ligne ; avant la guerre, il faisait du bateau, sur les fleuves de l'Oural, avec sa femme et ses fils.

— Eh ! Victor Pavlovitch, disait-il, que peut-on rêver de mieux dans la vie : on se lève à l'aube, tout est brillant de rosée, le sable est froid sur la rive, on lance ses lignes, et l'eau, encore sombre, engourdie, semble pleine de promesses... La guerre finie, je vous entraînerai dans la confrérie des pêcheurs...

Kovtchenko discuta un jour, avec Strum, des maladies infantiles, et Strum s'émerveilla de l'étendue de ses connaissances sur les moyens de guérir le rachitisme et les angines. Il apprit ainsi que Kassian Terentievitch, en plus de ses deux enfants, avait adopté un petit Espagnol. L'enfant était souvent malade et Kassian Terentievitch s'occupait personnellement de le soigner.

Svetchine lui-même, pourtant assez sec, parla à Strum de sa collection de cactus qu'il avait réussi à sauver durant l'hiver glacé de 1941.

« Eh ! mon Dieu, ce ne sont pas de si mauvaises gens, se disait Strum. Chaque individu a quelque chose d'humain. »

---

1. Rédigé par A. Jdanov, choisi par Staline en 1934 comme principal idéologue du Parti après l'éviction de Boukharine. L'*Abrégé* fut publié pour la première fois en 1938, afin de former les cadres du Parti dans le même esprit idéologique.

Bien sûr, au fond de son âme, Strum comprenait parfaitement que ces changements, en fait, ne changeaient rien. Il n'était ni stupide ni cynique, il savait réfléchir.

Durant cette période, il se souvint d'un récit de Krymov concernant un de ses vieux amis, Bagrianov, premier juge d'instruction des tribunaux militaires. Bagrianov avait été arrêté en 1937, mais en 1937, Beria, dans un brusque accès de libéralisme, l'avait relâché et autorisé à rentrer à Moscou.

Krymov racontait que Bagrianov était venu chez lui, directement de la gare, en pleine nuit, vêtu d'une chemise et d'un pantalon en lambeaux, avec, en poche, l'attestation du camp.

Durant cette première nuit, il avait prononcé des discours séditieux, compati au sort des détenus des camps, parlé de son intention de devenir apiculteur et jardinier.

Mais, peu à peu, au fur et à mesure qu'il retrouvait sa vie d'antan, ses discours s'étaient modifiés.

Krymov racontait en riant les transformations progressives de l'idéologie de Bagrianov. On lui avait rendu son uniforme ; il avait conservé ses idées libérales, mais ne jouait plus à dénoncer le mal, façon Danton.

Puis, en échange de son attestation de libération, on lui rendit son autorisation de séjour à Moscou. Dès lors, on le vit adopter des positions hégéliennes : « Le réel est raisonnable. » On lui rendit son appartement et il tint un langage tout à fait nouveau, disant qu'on trouvait, dans les camps, un grand nombre de détenus jugés pour crimes contre l'État soviétique. On lui rendit ses décorations. Il fut réintégré dans le Parti et on tint compte de ses années d'ancienneté.

À cette époque, Krymov connut ses premiers ennuis, au sein du Parti. Bagrianov cessa de lui téléphoner. Un jour, Krymov le rencontra : vêtu d'une vareuse ornée de deux losanges, Bagrianov descendait de voiture, devant la porte du tribunal militaire. Huit mois s'étaient écoulés depuis la nuit où il était arrivé chez Krymov, la chemise déchirée, son attestation en poche, la bouche pleine de discours sur les détenus innocents et l'arbitraire qui sévissait.

« Et moi qui pensais, cette nuit-là, en l'écoutant, qu'il était définitivement perdu pour les services du parquet, disait Krymov avec un petit rire mauvais. »

Ce n'était pas pour rien, bien sûr, que Victor Pavlovitch s'était souvenu de cette histoire, et il la raconta à Nadia et à Lioudmila Nikolaïevna.

Son jugement sur les gens qui avaient péri en 37 n'avait pas changé. Il était toujours horrifié par la cruauté de Staline.

La vie des gens ne se trouvait pas modifiée sous prétexte que Strum était devenu l'enfant chéri de la chance, après avoir été un paria. Les victimes de la collectivisation, les gens fusillés en 37 n'allaient pas ressusciter parce qu'on allait donner, ou refuser, à un dénommé Strum une médaille ou une décoration, parce que Malenkov l'inviterait ou qu'il ferait partie des convives de Chichakov.

Victor Pavlovitch le comprenait et ne l'oubliait pas. Et malgré tout, des changements se produisaient dans sa mémoire et sa compréhension des choses.

Était-ce qu'il n'éprouvait plus la même gêne, la même nostalgie de la liberté de parole et de la presse, était-ce que la pensée de tous les innocents qui avaient péri ne le brûlait plus aussi fort qu'avant ? Ou était-ce lié au fait qu'il ne ressentait plus, soir et matin, nuit et jour, la même peur aiguë ?

Victor Pavlovitch comprenait bien que tous les Kovtchenko, Doubenkov, Svetchine, Prassolov, Chichakov, Gourevitch et tant d'autres n'étaient pas devenus meilleurs parce qu'ils avaient changé d'attitude à son égard. Gavronov qui continuait, avec une obstination fanatique, à vouer aux gémonies Strum et ses travaux avait le mérite de l'honnêteté.

Un jour, Strum avait dit à Nadia : « Tu comprends, je trouve mieux de défendre des positions cent-noirs, quitte à se faire du tort, que, pour des motifs carriéristes, d'affecter de prendre le parti des Herzen et Dobrolioubov. »

Il était fier devant sa fille de sa capacité à se maîtriser, à contrôler ses pensées. Il ne lui arriverait pas ce qui s'était produit pour tant d'autres : le succès n'influerait pas sur ses points de vue, ses liens affectifs, le choix de ses amis... Nadia avait eu tort de le soupçonner, un temps, d'un pareil péché.

On ne la lui faisait pas, à lui ! Tout changeait dans sa vie, mais lui ne changeait pas. Il avait gardé son costume râpé, ses cravates fripées, ses souliers aux talons usés. Il continuait de sortir, les cheveux trop longs, hirsute, et d'aller aux réunions les plus importantes sans se donner la peine de se raser.

Il aimait toujours bavarder avec les concierges et les liftiers. Il considérait toujours de haut, avec mépris, les faiblesses humaines, condamnait sévèrement la pusillanimité de beaucoup. Il se consolait en pensant : « Moi, au moins, je n'ai pas plié, j'ai tenu bon, je ne me suis ni rendu ni repenti. On est venu me chercher. »

Il disait souvent à sa femme : « Que de minables, partout ! Que les gens ont donc peur de défendre leur droit à l'honnêteté, qu'ils cèdent facilement, qu'ils sont conciliants, que leurs actes sont pitoyables ! »

Il ne put s'empêcher, un jour, de blâmer Tchepyjine : « Sa passion pour la randonnée et l'alpinisme dissimule une peur inconsciente devant les difficultés de la vie, et son départ de l'Institut une peur consciente devant la grande question de notre vie. »

Quelque chose, c'était évident, avait changé en lui. Il le sentait, mais était incapable de dire quoi.

54

En revenant à son travail, Strum ne trouva pas Sokolov au laboratoire. Deux jours avant le retour de Strum à l'Institut, Piotr Lavrentievitch avait eu une pneumonie.

Strum apprit qu'à la veille de sa maladie, Sokolov s'était entendu avec Chichakov pour de nouvelles fonctions. Il devenait responsable de la réorganisation d'un autre laboratoire. Les affaires de Piotr Lavrentievitch suivaient une courbe ascendante.

Markov, pourtant au courant de tout, ignorait lui-même les véritables raisons qui avaient poussé Sokolov à demander à la direction la permission de quitter le laboratoire de Strum.

En apprenant ce départ, Victor Pavlovitch n'éprouva ni chagrin ni regret : l'idée de rencontrer Sokolov, d'avoir à travailler avec lui lui était pénible.

De quoi Sokolov aurait-il eu l'air devant Victor Pavlovitch ? Bien sûr, il n'avait pas le droit de penser comme il le faisait à la femme de son ami. Il n'avait pas le droit de se languir d'elle, de la rencontrer en cachette.

Si on lui avait rapporté une histoire semblable, il se serait indigné. Tromper sa femme ! Tromper un ami ! Pourtant, il se languissait d'elle et rêvait de la rencontrer.

Lioudmila avait renoué avec Maria Ivanovna. Elles s'étaient longuement expliquées au téléphone, s'étaient revues, avaient pleuré, chacune s'accusant de mauvaises pensées, de suspicion, d'avoir manqué de confiance en l'amitié.

Dieu, que la vie était complexe, embrouillée ! Maria Ivanovna, si sincère et si pure, mentait à Lioudmila, lui jouait la comédie. Bien sûr, c'était pour lui qu'elle agissait ainsi…

Strum voyait rarement Maria Ivanovna. La plupart des nouvelles qu'il avait d'elle lui venaient de Lioudmila.

Il apprit qu'on se proposait de décerner le prix Staline à Sokolov pour des travaux publiés avant guerre. Que Sokolov avait reçu une lettre enthousiaste de jeunes physiciens anglais. Qu'aux prochaines élections à l'Académie, Sokolov pouvait être élu membre correspondant. Tout cela, Maria Ivanovna l'avait raconté à Lioudmila. Lors de ses brèves rencontres avec elle, il ne lui parlait plus de Piotr Lavrentievitch.

Ses activités professionnelles, ses réunions, ses voyages ne parvenaient pas à dissiper son cafard : il avait constamment envie de la voir.

À plusieurs reprises, Lioudmila Nikolaïevna lui avait dit : « Je ne comprends pas pourquoi Sokolov est à ce point monté contre toi. Et Macha a été incapable de m'en donner une explication satisfaisante. »

La raison en était simple, mais Maria Ivanovna ne pouvait, bien entendu, l'expliquer à Lioudmila. C'était déjà bien assez d'avoir confié à son époux les sentiments qu'elle éprouvait pour Strum.

Cet aveu avait définitivement mis un terme aux relations de Strum et de Sokolov. Elle avait promis à son mari de ne jamais revoir Strum. Qu'elle dise un seul mot à Lioudmila et il serait, pour longtemps, sans nouvelles d'elle, ignorerait ce qu'elle deviendrait, où elle serait. Déjà qu'ils se voyaient si peu ! Et leurs rencontres étaient si brèves ! Ils ne parlaient guère quand ils se retrouvaient ; ils se promenaient, main dans la main dans les rues, ou passaient un moment sur un banc dans un square, sans mot dire.

Au temps de ses chagrins, de ses malheurs, elle avait compris avec une extraordinaire intuition tout ce qu'il ressentait. Elle avait deviné ses pensées, ses actes, on eût dit qu'elle avait toujours su à l'avance ce qui lui arriverait. Plus il était mal, plus fort et douloureux était son désir de la voir. Il trouvait, dans cette immense compréhension qu'elle lui témoignait, son seul bonheur du moment. Il lui semblait aujourd'hui qu'avec cette femme à ses côtés il eût aisément supporté ses malheurs. Avec elle, il eût été heureux.

Qu'y avait-il eu ? Leurs conversations de Kazan, leurs promenades au Jardin des Plaisirs, à Moscou, quelques instants passés sur un banc, dans un square rue de Kalouga, et c'était tout. Mais tout cela appartenait au passé. Il y avait aussi le présent : à plusieurs reprises, ils s'étaient téléphoné et rencontrés dans la rue, et il n'avait pas parlé à Lioudmila de ces brefs rendez-vous.

Il comprenait que leur péché commun ne se mesurait pas aux instants passés, en cachette, sur un banc. La faute était plus grave : il l'aimait. Pourquoi avait-elle pris une si grande place dans sa vie ?

Chacune des paroles qu'il disait à sa femme était un demi-mensonge. Malgré lui, chacun de ses mouvements, chacun de ses regards dissimulait la vérité.

Avec une indifférence feinte, il demandait à Lioudmila Nikolaïevna : « Ta copine t'a téléphoné ? Comment va-t-elle ? Et la santé de Piotr Lavrentievitch ? »

Il se réjouissait des succès de Sokolov. Non qu'il eût, pour lui, de la sympathie, mais parce qu'il lui semblait que la réussite de Sokolov donnait à Maria Ivanovna le droit de ne pas éprouver de remords.

Il lui était insupportable d'avoir par Lioudmila des nouvelles de Sokolov et de Maria Ivanovna. C'était humiliant pour sa femme, pour Maria Ivanovna et pour lui.

Demi-mensonges aussi les discussions qu'il avait avec Lioudmila sur Tolia, Nadia ou Alexandra Vladimirovna. Le mensonge était partout. Comment ? Pourquoi ? Les sentiments qu'il éprouvait envers Maria Ivanovna n'étaient-ils pas la vérité de son âme, de ses pensées, de ses désirs ? Comment cette vérité pouvait-elle engendrer tant de mensonges ? Il savait qu'en renonçant à cet amour, il eût délivré du mensonge Lioudmila, Maria Ivanovna et lui-même.

Mais chaque fois qu'il se disait qu'il fallait renoncer, un sentiment perfide, embrouillant ses pensées, refusant la souffrance, l'en dissuadait : « Ce mensonge, après tout, n'est pas si terrible, il ne fait de mal à personne. La souffrance est pire que le mensonge. »

Il lui semblait, parfois, qu'il aurait la force et la cruauté de rompre avec Lioudmila, de briser la vie de Sokolov, et cette idée le stimulait, lui permettait de se tenir le discours inverse : « Le mensonge est pire que tout. Mieux vaut se séparer de Lioudmila que la tromper et obliger Maria Ivanovna à mentir. Le mensonge est plus terrible que la souffrance ! »

Il ne remarquait pas que sa pensée était devenue la servante docile de ses sentiments, que ses sentiments dominaient et qu'il n'y avait qu'un moyen d'échapper à ce cercle vicieux : trancher dans le vif, se sacrifier, au lieu de sacrifier les autres.

Plus il pensait à tout cela, moins il s'y retrouvait. Comment comprendre ? Comment démêler l'écheveau ? Son amour pour Maria Ivanovna était la vérité et le mensonge de sa vie ! Il y avait eu, au cours de l'été, cette aventure avec la belle Nina. Il ne s'était pas conduit en collégien amoureux, ne s'était pas contenté de se promener avec elle dans un square. Pourtant, c'était maintenant qu'il éprouvait le sentiment d'avoir trompé, fait le malheur de sa famille et d'être coupable envers Lioudmila.

Il gaspillait beaucoup d'énergie, de pensées, s'agitait beaucoup autour de cette histoire. Planck ne s'était sans doute pas dépensé plus, pour élaborer sa théorie des quanta.

Il avait cru, un temps, que cet amour était né de ses chagrins, de ses malheurs... Sans eux, jamais il n'eût éprouvé ce sentiment...

Mais il avait remonté la pente et son désir de voir Maria Ivanovna ne diminuait pas...

Elle n'était pas comme tout le monde : la richesse, la gloire, la force ne l'attiraient pas. Elle ne souhaitait partager avec lui que le malheur, la peine, les privations... Et cela l'angoissait : n'allait-elle pas, à présent, se détourner de lui ?

Il savait que Maria Ivanovna adorait Piotr Lavrentievitch, et cela le rendait fou.

Sans doute Guenia avait-elle raison : ce deuxième amour, venu après de longues années de vie conjugale, devait être, en effet, la conséquence d'une avitaminose de l'âme. Les vaches, de la même façon, rêvent de lécher ce sel qu'elles cherchent des années durant et ne trouvent ni dans l'herbe, ni dans le foin, ni dans les feuilles des arbres. Cette faim de l'âme croissait peu à peu jusqu'à devenir incroyablement forte. C'était exactement cela. Dieu sait qu'il la connaissait, cette fringale de l'âme... Et Maria Ivanovna était décidément bien différente de Lioudmila.

Avait-il raison de penser ainsi ? Strum ne s'apercevait pas que la raison n'avait rien à voir avec ses pensées. Elles pouvaient être justes ou erronées, cela ne changeait rien à ses actes. La raison ne le guidait plus. Il souffrait de ne pas voir Maria Ivanovna, était heureux quand il savait qu'il la retrouverait. Heureux aussi, quand il se racontait qu'à l'avenir ils seraient toujours ensemble.

Pourquoi n'éprouvait-il aucun remords quand il pensait à Sokolov ? Pourquoi n'avait-il pas honte ?

Honte ? Et de quoi ? Après tout, ils n'avaient fait que se promener au Jardin des Plaisirs et passer un moment sur un banc.

Comme si c'était le problème, alors que, par ailleurs, il était prêt à rompre avec Lioudmila, à dire à son ami qu'il aimait sa femme et à la lui prendre !

Il revoyait tous les mauvais aspects de sa vie avec Lioudmila : l'attitude de sa femme à l'égard de sa mère, son refus d'offrir un asile à son cousin rentrant de camp. Il évoquait sa dureté, sa grossièreté, son entêtement et sa cruauté.

Et cela lui permettait de s'endurcir. Or il en avait besoin, s'il voulait se montrer cruel. D'un autre côté, Lioudmila avait passé sa vie avec lui, partageant ses soucis, ses difficultés. Ses cheveux grisonnaient : elle avait enduré trop de peines. N'avait-elle que des défauts ? Des années durant, elle avait été sa fierté, il s'était réjoui de sa franchise, de sa droiture. Oui, oui, oui, il allait se montrer bien cruel.

Un matin qu'il se préparait à se rendre au travail, Victor Pavlovitch se rappela la récente visite d'Evguenia Nikolaïevna et se dit : « Heureusement, tout de même, qu'elle est repartie à Kouïbychev. »

Il eut aussitôt honte de cette pensée, mais au même moment, Lioudmila Nikolaïevna déclara :

— Et Nikolaï qui vient s'ajouter à la liste de nos proches incarcérés. Encore heureux que Guenia ne soit plus à Moscou !

Il voulut lui reprocher ces paroles, mais se ravisa à temps et ne dit rien : ses remarques auraient sonné trop faux.

— Tchepyjine t'a téléphoné, dit Lioudmila Nikolaïevna.

Il regarda sa montre.

— Ce soir, je rentrerai plus tôt et je l'appellerai. Au fait, il est probable que je reparte dans l'Oural.

— Pour longtemps ?

— Non, deux ou trois jours.

Il était pressé : une grande journée l'attendait.

Son travail était important, ses affaires aussi – des affaires d'État ! – mais ses pensées, comme si elles étaient inversement proportionnelles, étaient petites, pitoyables, mesquines.

En partant, Guenia avait prié sa sœur de se rendre au Kouznetski Most et de faire passer deux cents roubles à Krymov.

— Lioudmila, dit-il, il faut transmettre cet argent que t'a laissé ta sœur. Tu n'as déjà que trop tardé.

Il ne dit pas cela parce qu'il s'inquiétait pour Krymov et Guenia ; il craignait simplement que cette négligence de Lioudmila ne précipitât la venue de Guenia à Moscou. Une fois dans la capitale, Guenia se mettrait à écrire des lettres, à téléphoner, et l'appartement de Strum deviendrait un centre d'activités en faveur des détenus.

Strum comprenait que ces pensées étaient non seulement petites et mesquines, mais lâches par-dessus le marché. Honteux, il dit :

— Écris à Guenia. Invite-la en notre nom à tous les deux. Peut-être a-t-elle besoin de venir à Moscou, et, sans invitation, ce n'est pas facile. Tu m'entends, Liouda ? Écris-lui tout de suite.

Cette déclaration faite, il se sentit mieux, mais, une fois de plus, il le savait, il n'avait dit tout cela que pour sa tranquillité personnelle... C'était curieux, tout de même. Quand il avait été reclus dans sa chambre, chassé de partout, craignant le gérant et les filles du bureau de ravitaillement, il avait la tête pleine de pensées sur la vie, la vérité, la liberté, Dieu... Personne n'avait besoin de lui, son téléphone restait muet des semaines entières et ses amis, ses relations évitaient de le saluer quand ils le voyaient dans la rue. Et aujourd'hui, alors que des dizaines de personnes l'attendaient, lui téléphonaient, lui écrivaient, alors qu'une ZIS-101 klaxonnait délicatement sous sa fenêtre, il ne pouvait se défaire d'un tas de pensées plus vides que des enveloppes de graines de tournesol, d'un sentiment pitoyable de dépit, de craintes ridicules. Là, il n'avait pas dit ce qu'il fallait, à un autre moment il avait ri imprudemment ; il était obsédé par des problèmes quotidiens parfaitement microscopiques.

Après le coup de téléphone de Staline, il avait cru, un temps, que la peur était complètement sortie de sa vie. Mais il s'apercevait qu'elle était toujours là ; elle avait simplement changé : une peur de seigneur, sans rien de plébéien. Une peur qui circulait en voiture, qui téléphonait sur la ligne du Kremlin, mais toujours présente.

Ce qui semblait impossible – cette rivalité envieuse avec les théories et les réalisations scientifiques des autres – était devenu naturel. Il s'inquiétait : n'allait-on pas le dépasser, le doubler ?

Il n'avait guère envie de bavarder avec Tchepyjine : un entretien long, ardu, lui semblait au-dessus de ses forces. Ils s'étaient imaginé un peu trop légèrement que la science dépendait entièrement de l'État. Car il était vraisemblablement libre : personne ne considérait plus ses hypothèses comme des absurdités, venues tout droit du Talmud. Personne n'osait plus y toucher. L'État avait besoin de la physique théorique et Chichakov, Baldine l'avaient compris. Pour que Markov pût déployer tout son talent dans ses expériences et Kotchkourov dans sa pratique, il fallait bien des gourdes de théoriciens. Depuis le coup de téléphone de Staline, chacun l'avait soudain compris. Comment expliquer à Dmitri Petrovitch que ce coup de fil avait apporté à Strum la liberté dans son travail ? D'un autre côté, pourquoi était-il devenu si intolérant aux défauts de Lioudmila ? Et pourquoi était-il si indulgent à l'égard d'Alexeï Alexeïevitch ?

Markov lui était devenu très sympathique. Il s'intéressait vraiment de très près aux problèmes personnels de ses chefs, aux événements secrets ou à moitié secrets, à l'humiliation de ceux qui n'étaient pas invités au Praesidium, à ceux qui avaient l'honneur de figurer sur les listes spéciales et à ceux qui entendaient cette phrase fatale : « Vous n'êtes pas sur la liste. »

Il aurait même préféré passer une soirée tranquille, à bavarder avec Markov, plutôt que de discuter comme il l'avait fait avec Madiarov à leurs assemblées de Kazan.

Markov avait le chic pour noter les côtés ridicules des gens, il savait railler les faiblesses humaines, sans méchanceté, mais de façon très caustique. Il avait un esprit raffiné et, par-dessus le marché, était un scientifique de premier ordre. Peut-être même le plus doué du pays en physique expérimentale.

Strum avait déjà mis son manteau, quand Lioudmila Nikolaïevna lui dit :

— Maria Ivanovna a appelé hier.

Il s'empressa de demander :

— Et alors ?

Son visage avait dû changer.

— Que t'arrive-t-il ? s'enquit Lioudmila Nikolaïevna.

— Rien, rien, fit-il, et il revint du couloir dans la pièce.

— En fait, je n'ai pas très bien compris. Une histoire déplaisante. Je crois que Kovtchenko leur a téléphoné. Bref, comme toujours, elle se tracasse pour toi, elle a peur que tu te fasses encore du tort.

— En quoi ? demanda-t-il d'un ton impatient. Je ne comprends pas.

— C'est ce que je te dis : je ne comprends pas non plus. Visiblement, elle ne tenait pas à s'étendre sur la question au téléphone.

— Bon, répète-moi tout ça, dit-il et, ouvrant son manteau, il s'assit sur une chaise, près de la porte.

Lioudmila le regarda en hochant la tête. Il lui sembla qu'elle le contemplait avec tristesse et reproche.

Et comme pour confirmer cette impression, elle dit :

— Tu vois, Vitia. Ce matin, tu n'avais pas le temps d'appeler Tchepyjine. Mais tu es toujours prêt à entendre parler de Macha... Tu es même revenu pour ça, alors que tu es en retard.

Il lui lança un regard hypocrite et dit :

— Oui, je suis en retard.

Il s'approcha de sa femme, lui baisa la main.

Elle lui caressa légèrement la tête, emmêlant ses cheveux.

— Tu vois comme cette Macha est devenue importante et intéressante, dit doucement Lioudmila. Et avec un sourire pitoyable, elle ajouta : Elle qui était incapable de distinguer Balzac de Flaubert !

Il la regarda : ses yeux étaient humides, il lui sembla que ses lèvres tremblaient.

Il eut un geste d'impuissance, se retourna, à la porte, pour la regarder de nouveau.

L'expression de son visage le stupéfia. En descendant l'escalier, il se dit que s'il devait se séparer de Lioudmila et ne plus la revoir, cette expression – sans défense, touchante, douloureuse, pleine de honte pour tous deux – ne le quitterait plus de toute sa vie. Il comprit qu'une chose très importante venait de se passer : sa femme lui avait laissé entendre qu'elle voyait son amour pour Maria Ivanovna, et il l'avait confirmé…

Il ne savait qu'une chose : s'il voyait Macha, il était heureux, s'il se disait qu'il ne la reverrait plus, il étouffait.

Quand la voiture de Strum arriva à proximité de l'Institut, la ZIS de Chichakov vint se placer à sa hauteur et les deux véhicules s'arrêtèrent ensemble devant l'entrée.

Ils traversèrent côte à côte le couloir, tout comme leurs ZIS avaient roulé côte à côte. Alexeï Alexeïevitch prit Strum par le bras et lui demanda :

— Alors, vous partez bientôt ?

Strum répondit :

— On dirait, oui.

— Bientôt, nous nous quitterons pour de bon. Vous serez votre propre maître, dit plaisamment Alexeï Alexeïevitch.

Strum pensa soudain : « Et quelle serait sa réaction, si je lui demandais s'il a déjà aimé la femme d'un autre ? »

— Victor Pavlovitch, dit Chichakov, vous serait-il possible de passer me voir, disons vers 2 heures ?

— Avec plaisir. À 2 heures, je suis libre.

Ce jour-là, il n'eut guère la tête à son travail.

Au labo, Markov, manches retroussées, sans veston, vint trouver Strum et lui dit vivement :

— Si vous permettez, Victor Pavlovitch, je reviendrai un peu plus tard. Il y a une discussion très intéressante. On taille une sacrée bavette.

— À 2 heures, je dois être chez Chichakov, répondit Strum. Venez ensuite. J'ai, moi aussi, quelque chose à vous raconter.

— À 2 heures chez Alexeï Alexeïevitch ? répéta Markov et, un instant, il eut l'air plongé dans ses pensées. Je crois savoir ce qu'il veut vous demander.

55

Chichakov dit, en voyant Strum :

— Je m'apprêtais à vous téléphoner, pour vous rappeler notre rendez-vous.

Strum regarda sa montre.

— Je ne crois pas être en retard.

Alexeï Alexeïevitch se dressait devant lui, énorme, moulé dans son costume gris des dimanches, ses cheveux argentés ornant sa tête massive. Mais Strum ne trouvait plus ses yeux froids et hautains. C'étaient des yeux de petit garçon, nourri de lectures de Dumas et de Mayne Reid.

— Je dois vous entretenir d'une affaire particulière, cher Victor Pavlovitch, dit en souriant Alexeï Alexeïevitch, et, prenant Strum par le bras, il le conduisit vers un fauteuil. Une affaire sérieuse et pas très agréable.

— Je resterai debout, pour me dégourdir les jambes, fit Strum, et il détailla d'un œil morne le cabinet de l'énorme académicien. Commençons par cette affaire désagréable.

— Eh bien ! voilà, dit Chichakov, à l'étranger, principalement en Angleterre, une campagne scélérate bat son plein. Nous portons sur nos épaules presque tout le poids de la guerre, et les savants anglais, au lieu d'exiger l'ouverture, sans délai, d'un nouveau front, lancent une campagne on ne peut plus étrange, ayant pour but de susciter une attitude hostile à l'égard de notre État.

Il regarda Strum droit dans les yeux. Victor Pavlovitch connaissait bien ce regard franc, honnête des gens qui s'apprêtent à commettre une mauvaise action.

— Je vois, je vois, je vois, fit Strum. Et en quoi consiste-t-elle exactement, cette campagne ?

— Une campagne de calomnies, répondit Chichakov. Ils ont publié une liste de savants et d'écrivains de chez nous, qu'on aurait soi-disant fusillés. On cite des chiffres fantastiques d'individus condamnés pour raisons politiques. Avec une violence incompréhensible, je dirais même douteuse, ils contestent les crimes – pourtant établis par l'instruction et le procès – des médecins Pletnev et Lévine, qui ont assassiné Maxime Gorki. Et tout cela est publié dans un journal proche des sphères gouvernementales.

— Je vois, je vois, je vois, répéta Strum. Quoi d'autre ?

— En gros, ceci : il est question du généticien Tchetverikov. Ils ont créé pour lui un comité de soutien.

— Mais, cher Alexeï Alexeïevitch, répondit Strum, Tchetverikov a effectivement été arrêté.

Chichakov haussa les épaules.

— Vous savez, Victor Pavlovitch, je ne suis pas au courant du travail des organes de sécurité. S'il a été arrêté, c'est sans doute parce qu'il avait commis quelque crime. Est-ce qu'on nous a arrêtés, vous et moi ?

À cet instant entrèrent Baldine et Kovtchenko. Strum comprit que Chichakov les attendait. Il avait dû, au préalable, s'entendre avec eux. Alexeï Alexeïevitch poursuivit, sans même prendre la peine de raconter aux autres de quoi ils parlaient :

— Je vous en prie, camarades, je vous en prie, asseyez-vous. Et, s'adressant à Strum : Victor Pavlovitch, toutes ces horreurs ont maintenant contaminé l'Amérique et ont été publiées dans le *New York Times*, soulevant, bien entendu, l'indignation de l'intelligentsia soviétique.

— Il ne pouvait en être autrement, renchérit Kovtchenko, enveloppant Strum d'un regard tendre et appuyé.

Ses yeux bruns étaient si amicaux que Victor Pavlovitch ne formula pas la pensée qui lui était venue logiquement à l'esprit : « Comment les intellectuels soviétiques ont-ils pu s'indigner, eux qui de leur vie n'ont vu le *New York Times* ? »

Strum haussa les épaules, poussa un grognement. Autant de choses qui pouvaient laisser entendre qu'il partageait le point de vue de Chichakov et Kovtchenko.

— Naturellement, reprit Chichakov, des gens ont souhaité, dans notre milieu, apporter un démenti à toutes ces ignominies. Et nous avons élaboré un document.

« Tu parles que tu l'as élaboré, on l'a écrit sans te demander ton avis », se dit Strum.

Chichakov déclara :

— Un document en forme de lettre.

Et Baldine intervint doucement :

— Je l'ai lue. C'est très bien rédigé, exactement ce qu'il fallait. Cette lettre doit être signée par un petit nombre de savants, les plus grands de notre pays, ceux dont la réputation a fait le tour de l'Europe et du monde.

Dès les premières paroles de Chichakov, Strum avait compris où on voulait en venir. Il ignorait seulement ce qu'on attendait de lui : lui demanderait-on d'intervenir au Conseil scientifique, d'écrire un article, de voter... ? Maintenant, il savait : on avait besoin de sa signature au bas de cette lettre.

Il eut la nausée. De nouveau, comme avant la réunion où il devait se repentir, il eut l'impression d'être une créature méprisable.

On allait encore charger ses épaules d'un poids de millions de tonnes de granit... Le professeur Pletnev ! Strum revit soudain l'article de la *Pravda*, dans lequel une espèce d'hystérique accusait le vieux médecin d'avoir commis des actes ignobles.

Comme toujours, on avait cru à ce que disait le journal. De toute évidence, la lecture de Gogol, Tolstoï, Tchekhov et Korolenko avait inspiré aux hommes un respect sacré pour la parole imprimée. Mais un beau jour, Strum avait compris que le journal mentait, que le professeur Pletnev avait été calomnié.

Bientôt, Pletnev et le docteur Lévine, une célébrité de l'hôpital du Kremlin, avaient été arrêtés et avaient avoué avoir assassiné Maxime Gorki.

Les trois hommes regardaient Strum. Leurs yeux étaient amicaux, tranquilles, affectueux. Strum était des leurs. Chichakov avait reconnu, fraternellement, l'importance de ses travaux. Kovtchenko le regardait avec respect. Et les yeux de Baldine disaient : « Oui, tout ce que tu faisais me semblait étranger. Mais je me trompais. Je n'avais pas compris. Le Parti m'a fait rectifier mon erreur. »

Kovtchenko ouvrit un dossier rouge et tendit à Strum une lettre tapée à la machine.

— Victor Pavlovitch, fit-il, je dois vous dire que cette campagne anglo-américaine fait parfaitement le jeu des nazis. Elle a visiblement été inspirée par ces ordures de la Cinquième Colonne.

Baldine l'interrompit :

— Pourquoi faire de la propagande à Victor Pavlovitch ? Il a, comme nous tous, un cœur de patriote. Il est russe. Soviétique !

— Bien entendu, renchérit Chichakov, vous avez parfaitement raison.

— Personne n'en doute, reprit Kovtchenko.

— Je vois, je vois, je vois, fit Strum.

Le plus étonnant était que ces gens, récemment encore pleins de mépris et de suspicion à son égard, étaient, à présent, naturellement confiants et amicaux ; et bien qu'il n'eût pas oublié leur cruauté, il acceptait, tout naturellement, leur amitié.

Leur gentillesse, leur confiance le paralysaient complètement, lui ôtaient toute force.

Si on l'avait insulté, piétiné, frappé, peut-être aurait-il réagi, résisté...

Staline lui avait parlé. Et les gens avec lesquels il se trouvait maintenant s'en souvenaient.

Mais Dieu ! qu'elle était épouvantable la lettre que ses camarades lui demandaient de signer ! Quelles horreurs elle racontait !

D'ailleurs, comment croire que le professeur Pletnev et le docteur Lévine avaient assassiné le grand écrivain ? Lors de ses séjours à Moscou, la mère de Strum fréquentait Lévine, et Lioudmila Nikolaïevna l'avait choisi comme médecin. C'était un homme intelligent, fin, doux. Quel monstre fallait-il être pour calomnier ainsi ces deux médecins !

Ces accusations avaient des relents de Moyen Âge. Des médecins assassins ! Ils avaient tué un grand écrivain, le dernier des classiques russes. À qui pouvaient servir ces sanglants ragots ? Les procès de sorcières, les bûchers de l'Inquisition, l'exécution des hérétiques, la fumée, la puanteur, l'huile bouillante... comment concilier tout cela avec Lénine, la construction du socialisme, la grande guerre contre le nazisme ?

Il entreprit de lire la première page de la lettre.

Était-il assez à son aise, avait-il assez de lumière ? demandait Alexeï Alexeïevitch. Peut-être préférait-il prendre le fauteuil ? Non, non, merci, c'était parfait.

Il lisait lentement. Les lettres collaient à son cerveau, mais sans le pénétrer, comme du sable sur une pomme.

Il lut : « En prenant la défense de ces dégénérés, de ces perversions du genre humain que sont Pletnev et Lévine, déshonneur de la médecine, vous apportez de l'eau au moulin de l'idéologie inhumaine du nazisme. »

Et plus loin : « Le peuple soviétique combat seul à seul le nazisme, qui a restauré les procès moyenâgeux contre les sorcières, les pogromes, les bûchers de l'Inquisition, les geôles et les tortures. »

Il y avait de quoi devenir fou.

Et encore : « Le sang versé par nos fils, à Stalingrad, a marqué un tournant dans la guerre contre l'hitlérisme, et vous, sans le vouloir, en prenant la défense de ces valets de la Cinquième Colonne... »

Oui, oui, oui... « Chez nous, comme nulle part ailleurs, les hommes de science sont entourés de l'affection du peuple et des soins de l'État. »

— Victor Pavlovitch, nous ne vous dérangeons pas, en discutant ?

— Non, non, voyons, répondit Strum et il se dit : « Quand je pense que certains ont la chance de pouvoir se défiler : ils sont à leur datcha, ou malades, ou encore... »

Kovtchenko déclara :

— J'ai entendu dire que Joseph Vissarionovitch était au courant de l'existence de cette lettre, et qu'il avait approuvé l'initiative de nos savants.

— En ce sens, la signature de Victor Pavlovitch..., commença Baldine.

La tristesse, le dégoût, le pressentiment de sa docilité l'envahirent. Il sentait sur lui le souffle tendre du grand État et il n'avait pas la force de se jeter dans les ténèbres glacées... Il n'avait plus de force du tout. Ce n'était pas la peur qui le paralysait, c'était autre chose, un sentiment terrifiant de soumission.

Que l'homme était donc curieusement bâti ! Il avait trouvé la force de renoncer à la vie, et il était soudain incapable de rejeter quelques gâteries.

Allez donc repousser la main omnipotente qui vous caresse la tête, vous tapote l'épaule !

Quelles fadaises ! Pourquoi se calomniait-il ? De quelles gâteries parlait-il ? Il avait toujours été indifférent aux conditions de sa vie quotidienne, aux biens matériels. Ses idées, son travail, ce qu'il avait de plus cher au monde, s'étaient révélés nécessaires, précieux dans la lutte contre le nazisme. Et cela, c'était le bonheur !

D'ailleurs, pourquoi chercher ? Ils avaient avoué durant l'instruction. Avoué au procès. Pouvait-on encore croire à leur innocence, puisqu'ils avaient avoué le meurtre du grand écrivain ?

Refuser de signer la lettre ? Cela eût signifié être complice des assassins de Gorki ! Non, c'était impossible. Douter de l'authenticité de leurs aveux ? On les leur aurait extorqués ? Allons donc ! On ne pourrait faire avouer à un homme brave et cultivé qu'il a travaillé comme homme de main et donc mérité la mort et le déshonneur que sous la torture. Et il serait insensé d'émettre la moindre hypothèse dans ce sens.

Mais qu'il était donc répugnant d'avoir à signer cette lettre infâme. Des réponses possibles se faisaient jour dans sa tête... « Camarades, je suis malade, j'ai des spasmes cardiaques. – Sottises ! La maladie, ça ne prend pas, vous avez une mine splendide. » « Camarades, pourquoi avez-vous besoin de ma signature ? Je ne suis connu que d'un petit cercle de spécialistes et ma réputation ne dépasse guère les limites de notre pays. – Sottises (quel plaisir de s'entendre dire que c'étaient des sottises !). Tout le monde vous connaît. Et comment ! Et puis, à quoi bon tergiverser ? Il est impensable de présenter cette lettre à Staline sans votre signature. Il pourrait fort bien demander pourquoi Strum n'a pas signé. »

« Camarades, je vous dirai franchement que certaines formules ne me semblent pas très heureuses. Elles donnent l'impression de jeter une ombre sur toute notre intelligentsia scientifique. – Je vous en prie, Victor Pavlovitch, faites-nous des propositions ; nous changerons bien volontiers tout ce qui vous paraît malheureux. »

« Comprenez-moi, camarades. Ici, par exemple, vous écrivez : l'écrivain ennemi du peuple Babel, l'écrivain ennemi du peuple Pilniak, l'académicien ennemi du peuple Vavilov, l'artiste ennemi du peuple Meyerhold... Je suis physicien, mathématicien, théoricien, certains me croient schizophrène, tant le domaine dont je m'occupe est abstrait. Franchement, je suis incompétent. Il vaut mieux laisser en paix les gens comme moi. Je ne comprends rien à ce genre d'affaires. – Allons donc, Victor Pavlovitch ! Vous comprenez parfaitement les problèmes politiques. Votre logique est exemplaire. Rappelez-vous : vous êtes tant de fois intervenu sur des questions politiques. »

« Mon Dieu ! Mais comprenez donc que j'ai une conscience ! J'ai mal, tout cela m'est pénible. Après tout, je n'y suis pas obligé. Pourquoi devrais-je signer cette lettre ? Je suis à bout. Laissez-moi la possibilité d'avoir la conscience nette. »

Le tout, accompagné d'un sentiment d'impuissance, de fascination ; la docilité du bétail bien nourri et bichonné, la peur de ruiner à nouveau sa vie, la peur d'avoir de nouveau peur...

C'était donc cela. Il fallait, encore une fois, s'opposer au groupe ? Retrouver la solitude ? Il était temps pour lui de considérer la vie avec sérieux. Il avait obtenu ce dont il n'osait rêver. En toute liberté, il faisait son travail, entouré de soins et de considération. Après tout, il n'avait rien demandé, ne s'était pas repenti. Il avait triomphé ! Que voulait-il de plus ? Staline lui avait téléphoné !

« Camarades, tout cela est tellement grave que j'aimerais réfléchir. Permettez-moi de remettre ma décision à demain. »

Mais aussitôt, il eut la vision d'une nuit sans sommeil, terrible, pleine de doutes, d'indécisions, de brusques résolutions suivies de peur, d'une succession d'hésitations et de décisions. Tout cela était plus épuisant que la plus effroyable crise de malaria. Et il voulait rallonger cette torture de plusieurs heures. Non, il n'en avait pas la force. Vite, vite, il fallait régler cela vite !

Il sortit son stylo.

Il vit alors l'air stupéfait de Chichakov : le rebelle était, aujourd'hui, l'homme le plus accommodant du monde.

Strum ne put travailler de toute la journée. Personne ne le dérangeait, le téléphone restait muet. Mais il ne pouvait travailler. Car ses travaux, aujourd'hui, lui semblaient vides, ennuyeux, sans intérêt.

Qui avait signé cette lettre ? Tchepyjine ? Ioffé avait signé, mais Krylov ? Et Mandelstam ? Il avait envie de trouver un paravent. D'un autre côté, il n'aurait pu refuser. C'eût été un suicide. Pas du tout ! Il aurait très bien pu refuser. Non, non, il avait bien fait. Mais personne ne le menaçait ! Si encore il avait signé sous l'effet de la peur, une peur animale ! Mais il n'avait pas peur. Il avait signé, mû par un sentiment obscur, écœurant, de soumission.

Strum fit venir Anna Stepanovna dans son bureau et la pria de développer, pour le lendemain, une pellicule : le film de contrôle des expériences effectuées avec les nouveaux appareils.

Elle nota le travail, mais ne partit pas.

Il lui jeta un regard interrogateur.

— Victor Pavlovitch, dit-elle, je pensais, autrefois, qu'on ne pouvait exprimer avec des mots ce que je veux maintenant vous dire. Vous rendez-vous compte de ce que vous avez fait pour moi et pour tant d'autres ? Pour les gens, c'est plus important que les plus grandes découvertes. Rien que de savoir que vous existez, on se sent bien. Savez-vous ce que disent de vous les monteurs, les femmes de ménage, les gardiens ? Ils disent : c'est un homme droit. Bien souvent, j'ai eu envie d'aller vous voir, chez vous, mais j'avais peur. Comprenez-moi : durant toutes ces heures terribles, je pensais à vous, et tout me semblait plus facile. Je vous remercie d'exister. Vous êtes un homme !

Et elle quitta précipitamment le bureau, sans laisser à Strum le temps de lui répondre.

Il eut envie de courir dans la rue, en hurlant… Tout, plutôt que ce tourment, cette honte ! Mais ce n'était que le commencement.

À la fin de la journée, le téléphone sonna.

— Vous me reconnaissez ?

S'il reconnaissait cette voix ? Il la reconnaissait, semblait-il, de toute son ouïe, mais aussi de ses doigts glacés qui serraient l'écouteur. Une fois de plus, Maria Ivanovna venait à lui aux heures terribles de sa vie.

— Je vous appelle d'une cabine. J'entends très mal, dit Maria Ivanovna. Piotr Lavrentievitch va mieux, alors je suis plus disponible. Si vous le pouvez, venez demain, à 8 heures, au petit square.

Et soudain, elle ajouta :

— Mon chéri, mon amour, la lumière de ma vie ! J'ai peur pour vous. On est venu nous voir à propos d'une lettre. Vous savez de quoi je veux parler ? Je suis sûre que c'est votre force qui a permis à Piotr Lavrentievitch de tenir bon. Et tout s'est très bien passé. Mais brusquement, je me suis imaginé quel tort vous vous étiez fait. Vous êtes si gauche. Là où un autre se ferait une simple bosse, vous vous mettez en sang.

Il raccrocha, se cacha le visage dans les mains.

Il saisissait toute l'horreur de sa situation : ce n'étaient pas ses ennemis qui le châtiaient, aujourd'hui. C'étaient ses proches, par la foi qu'ils avaient en lui.

De retour chez lui, sans même quitter son manteau, il appela Tchepy-jine. Lioudmila Nikolaïevna se tenait devant lui, tandis qu'il composait le numéro, persuadé à l'avance que son ami, son maître qui l'aimait, lui porterait, lui aussi, un coup terrible. Il se hâtait, il n'avait même pas pris le temps de dire à Lioudmila qu'il avait signé la lettre. Mon Dieu, que les cheveux de Lioudmila blanchissaient vite ! Oui, oui, c'est ça, bravo, frappons les têtes chenues !

— Beaucoup de bonnes choses, j'ai entendu le bulletin d'informations à la radio, disait Tchepyjine. Chez moi, rien de neuf. Ah si ! Je me suis disputé, hier, avec certaines personnes haut placées. Avez-vous entendu parler d'une lettre ?

Strum passa sa langue sur ses lèvres sèches et dit :

— Oui, vaguement.

— Bon, bon, je comprends. Ce ne sont pas des choses à dire au téléphone. Nous en reparlerons quand nous vous verrons, après votre retour, dit Tchepyjine.

Ce n'était rien encore. Nadia allait rentrer. Seigneur, Seigneur, qu'avait-il fait ?....

56

Strum passa une nuit blanche. Son cœur lui faisait mal. D'où lui venait ce cafard terrible ? Quel poids, quel poids ! Un vainqueur ! Tu parles !

À l'époque où il avait peur des employées de la Direction des logements, il était plus fort et plus libre qu'aujourd'hui. Il n'osait plus, à présent, ne fût-ce que discuter, émettre une opinion. En devenant puissant, il avait perdu sa liberté intérieure. Comment pourrait-il regarder Tchepyjine en face ? Bien que, allez savoir ! Peut-être serait-il aussi tranquille que les gens de l'Institut qui, à son retour, l'avaient accueilli avec bonhomie et gaieté.

Tous les souvenirs qui, cette nuit-là, lui venaient à l'esprit le blessaient, le tourmentaient. Rien ne lui apportait la paix. Ses sourires, ses gestes, ses actes, tout lui paraissait étranger, hostile. Les yeux de Nadia avaient, ce soir-là, une expression apitoyée et dégoûtée.

Seule Lioudmila, qui l'agaçait, le contredisait toujours, écouta son récit et dit soudain :

— Vitia, tu ne dois pas te tourmenter. Pour moi, tu es le plus honnête, le plus intelligent. Puisque tu as agi ainsi, c'est qu'il le fallait.

D'où lui venait ce désir de tout sanctionner, justifier ? Pourquoi était-il devenu si indulgent à l'égard de choses que, récemment encore, il ne supportait pas ? Quel que fût le sujet qu'on abordait avec lui, il se montrait toujours optimiste.

Les victoires militaires avaient correspondu à un tournant dans sa vie personnelle. Il voyait la puissance de l'armée, la grandeur de l'État, un avenir lumineux. Pourquoi les idées de Madiarov lui semblaient-elles si banales, aujourd'hui ?

Quand on l'avait chassé de l'Institut, il avait refusé de se repentir, et que son cœur, alors, était léger, radieux ! Quel bonheur représentaient ses proches, à ce moment-là : Lioudmila, Nadia, Tchepyjine, Guenia... Et cette rencontre avec Maria Ivanovna ? Que lui dirait-il ? Il avait toujours eu une attitude si hautaine face à la soumission, à la docilité de Piotr Lavrentievitch. Et aujourd'hui ? Il avait peur de penser à sa mère, il avait péché contre elle. Il n'osait toucher à sa dernière lettre. Avec horreur et tristesse, il comprenait qu'il était impuissant à préserver son âme, à la protéger. Une force était née en lui, qui le transformait en esclave.

Il avait commis une terrible lâcheté ! Lui, un être humain, il avait jeté la pierre à de pauvres gens, ensanglantés, sans défense.

La douleur qui lui serrait le cœur, le tourment qu'il éprouvait lui firent venir la sueur au front.

D'où tenait-il son assurance ? Qui lui donnait le droit de se vanter, devant les autres, de sa pureté, de son courage, de s'ériger en juge, de ne pardonner aux gens aucune faiblesse ?

Tous étaient faibles, les justes comme les pécheurs. La seule différence était qu'un misérable qui accomplissait une bonne action se pavanait ensuite toute sa vie, tandis qu'un juste qui en faisait tous les jours ne les remarquait pas, mais était obsédé, des années durant, par un seul péché.

Il s'était enorgueilli de son courage, de sa droiture, avait raillé les faibles, les timorés. Et voilà qu'il avait, lui, un homme, trompé ses semblables. Il se méprisait, avait honte de lui-même. La maison qu'il habitait, sa chaleur, sa lumière, tout s'était effrité, était devenu poussière, sable sec et mouvant.

Son amitié avec Tchepyjine, sa tendresse pour sa fille, son attachement à sa femme, son amour impossible pour Maria Ivanovna, ses fautes humaines et son bonheur d'homme, son travail, sa belle science, son affection pour sa mère et les pleurs qu'il versait sur elle, tout cela avait quitté son cœur.

Dans quel but avait-il commis ce terrible péché ? Tout semblait si misérable, comparé à ce qu'il avait perdu, comparé à la vérité, à la pureté d'un petit homme. Rien n'existait à côté, ni l'empire qui s'étendait du Pacifique à la mer Noire ni la science.

Il vit clairement qu'il n'était pas trop tard, qu'il avait encore la force de relever la tête, de rester le fils de sa mère.

Il ne se chercherait pas de consolation, de justification. Que cet acte lamentable, lâche, scélérat lui soit un reproche permanent ! Il y penserait jour et nuit. Non, non, non ! Ce n'était pas l'exploit qu'il fallait viser, pour ensuite s'enorgueillir et se pavaner.

À chaque jour, à chaque heure, année après année, il fallait lutter pour le droit d'être un homme, le droit d'être bon et pur. Et ce combat ne devait s'accompagner d'aucune fierté, d'aucune prétention, il ne devait être qu'humilité. Et si, au moment le plus terrible, survenait l'heure fatale, l'homme ne devait pas craindre la mort, il ne devait pas avoir peur s'il voulait rester un homme.

— Bon, on verra, dit-il. Peut-être aurai-je assez de force. De ta force, maman.

57

« Les veillées du hameau à la Loubianka... »

Après les interrogatoires, Krymov restait étendu sur sa couche, à gémir, penser, bavarder avec Katzenelenbogen.

Il ne trouvait plus si incroyables les aveux délirants de Boukharine, Rykov, Kamenev et Zinoviev, le procès des trotskistes et des centristes de droite ou de gauche, le destin de Boubnov, de Mouralov et Chliapnikov. La Russie se faisait écorcher vive car les temps nouveaux voulaient se glisser dans sa peau, et nul n'avait besoin des paquets de chair sanglante, des entrailles fumantes de la révolution prolétarienne, ils étaient bons à jeter aux ordures. Les temps nouveaux n'avaient besoin que de la peau de la révolution et on écorchait les hommes encore vivants. Ceux qui revêtaient la peau de la révolution parlaient sa langue, répétaient ses gestes, mais ils avaient un autre cerveau, d'autres poumons, un autre foie, d'autres yeux.

Staline ! Le grand Staline ! Il avait probablement une volonté de fer, mais il était le plus faible de tous. Un esclave du temps et des circonstances, serviteur humble et résigné du jour présent, ouvrant tout grand la porte aux temps nouveaux.

Oui, oui, oui... Et ceux qui ne saluaient pas la venue de cette ère nouvelle étaient jetés aux ordures.

Il savait maintenant comment on brisait un homme. La fouille, les boutons qu'on vous arrachait, les lunettes qu'on vous retirait, tout cela donnait à l'individu le sentiment de son impuissance. Dans le bureau du juge d'instruction, l'homme s'apercevait que sa participation à la révolution, à la guerre civile ne comptait pas, que ses connaissances, son travail n'étaient que sottises. Et il arrivait à cette seconde conclusion : la nullité de l'homme n'était pas seulement physique.

Ceux qui s'obstinaient à revendiquer le droit d'être des hommes étaient, peu à peu, ébranlés et détruits, brisés, cassés, grignotés et mis en pièces, jusqu'au moment où ils atteignaient un tel degré de friabilité, de mollesse, d'élasticité et de faiblesse, qu'ils ne pensaient plus à la justice, à la liberté, ni même à la paix, et ne désiraient qu'être débarrassés au plus vite de cette vie qu'ils haïssaient.

Les juges d'instruction réussissaient dans leur travail car ils savaient qu'il fallait considérer comme un tout l'homme physique et spirituel. L'âme et le corps sont des vases communicants et, en écrasant la résistance physique de l'homme, l'assaillant réussissait presque toujours à investir la brèche, il s'emparait de l'âme de l'individu et l'obligeait à une capitulation sans conditions.

Il n'avait pas la force de penser à tout cela ni celle de ne pas y penser. Qui avait bien pu le trahir ? Qui l'avait dénoncé ? Calomnié ? Il sentait que cette question ne l'intéressait plus.

Il s'était toujours flatté de savoir soumettre sa vie à la logique. Mais aujourd'hui, il en allait tout autrement. La logique voulait que les renseignements sur sa conversation avec Trotski leur eussent été fournis par Evguenia Nikolaïevna. Or, toute sa vie actuelle, sa lutte contre le juge d'instruction, sa faculté de respirer, de rester le camarade Krymov reposaient sur la certitude que Guenia n'avait pu faire cela. Il s'étonnait même d'en avoir douté un instant. Il n'existait pas de force au monde capable de l'obliger à ne plus croire en elle. Sa foi demeurait, bien qu'il sût qu'elle seule était au courant de cette conversation, bien qu'il sût que les femmes trahissaient, qu'elles étaient faibles et que Guenia l'avait quitté, abandonné en ces jours difficiles de sa vie.

Il raconta son interrogatoire à Katzenelenbogen, mais ne dit mot de cette affaire.

Katzenelenbogen ne faisait plus le pitre, le bouffon.

Krymov l'avait bien jugé. Il était intelligent. Mais tout ce qu'il disait était étrange et terrible. Parfois, il semblait à Krymov qu'il n'y avait rien d'injuste à ce que ce vieux tchékiste se trouvât enfermé dans une cellule de la Loubianka. Il ne pouvait en être autrement. Krymov avait l'impression, par moments, qu'il était fou.

Mais c'était un poète, le chantre des organes de sécurité.

La voix vibrante d'admiration, il raconta à Krymov comment Staline avait demandé à Ejov, lors d'une interruption de séance au dernier congrès du Parti, pourquoi il avait toléré des abus dans la politique de répression. Désemparé, Ejov avait répondu qu'il n'avait fait que suivre à la lettre les directives de Staline. Le guide, alors, s'était tourné vers les délégués massés autour de lui et avait dit tristement : « Et ce sont les propos d'un membre du Parti !.... »

Il lui raconta les terreurs de Iagoda…

Il évoqua les grands tchékistes, amateurs de Voltaire, fins connaisseurs de Rabelais, admirateurs de Verlaine, qui travaillaient, autrefois, dans la grande maison qui ne connaissait pas le sommeil.

Il lui parla d'un bourreau qui avait, de longues années durant, travaillé à Moscou. Un vieux Letton, brave, paisible, qui, avant d'exécuter un condamné, lui demandait la permission d'offrir ses vêtements à l'orphelinat. Sans transition, il évoqua un autre exécuteur des basses œuvres, qui buvait jour et nuit, s'ennuyait quand il n'avait rien à faire et qui, lorsqu'on l'envoya en retraite, entreprit de tuer les cochons dans les sovkhozes de la région de Moscou. Il rapportait toujours une bouteille de sang de porc, prétendant que son médecin le lui avait prescrit contre l'anémie.

Il lui raconta qu'en 37 on exécutait, chaque nuit, des centaines de condamnés « sans droit de correspondance » ; les cheminées du crématorium de Moscou fumaient toute la nuit et les membres des Jeunesses communistes, chargés des exécutions et du transport des cadavres, devenaient fous.

Il lui narra l'interrogatoire de Boukharine, l'entêtement de Kamenev. Une fois, ils bavardèrent toute la nuit.

Cette nuit-là, le tchékiste généralisa, exposa sa théorie.

Katzenelbogen raconta à Krymov l'étonnant destin du nepman-ingénieur Frenkel. Au début de la NEP, Frenkel avait monté, à Odessa, une usine de moteurs. Au milieu des années vingt, il fut arrêté et expédié aux Solovki. Du camp où il se trouvait, il proposa à Staline un projet génial. « Génial », tel fut le terme employé par le vieux tchékiste.

Le projet traitait en détail – arguments techniques et économiques à l'appui – de l'utilisation de l'immense masse des détenus pour construire des routes, des barrages, des centrales électriques, des réservoirs d'eau.

Le nepman-détenu devint général du MGB. Le « Patron » avait su apprécier son idée à sa juste valeur.

Le XXe siècle avait fait irruption dans le travail tout simple des pelles, des pioches, des haches et des scies, travail sanctifié par la simplicité des armées de détenus des anciens bagnes.

Le monde des camps avait commencé à intégrer le progrès, à intégrer les locomotives électriques, les escaliers roulants, les bulldozers, les scies électriques, les turbines, les haveuses, l'immense parc des tracteurs et des automobiles. Le monde des camps utilisait les avions de voyageurs et les avions-cargos, la radio, les machines automatiques, les techniques les plus modernes d'enrichissement des minerais. Le monde des camps faisait des projets, des plans, des graphiques, il engendrait des mines, des usines, de nouvelles mers, de gigantesques centrales électriques.

Il se développait à grande vitesse et les vieux bagnes, à côté, semblaient risibles, touchants comme des cubes d'enfants.

Et pourtant, poursuivait Katzenelbogen, les camps ne parvenaient pas à rattraper la vie dont ils se nourrissaient. Tout comme autrefois, on n'utilisait guère les nombreux savants et spécialistes : ils n'étaient pas en contact avec la technique ou la médecine…

Dans le système du Goulag, on ne trouvait pas à employer les historiens de renommée internationale, les mathématiciens, les astronomes, les chercheurs en littérature, les géographes, les critiques d'art, les spécialistes de sanskrit ou des anciens dialectes celtes. Les camps n'étaient pas assez évolués pour utiliser ces gens selon leurs spécialités. Ils travaillaient comme manœuvres, comme factotums dans les bureaux ou à la section d'animation culturelle et d'éducation, traînaient dans les camps pour invalides, sans trouver à employer leurs connaissances, souvent immenses.

Krymov écoutait Katzenelbogen : on eût dit un savant parlant de la grande œuvre de sa vie. Il ne se contentait pas de chanter les louanges du camp. Il faisait œuvre de chercheur, se livrait à des comparaisons, mettait en évidence défauts et contradictions, établissait des rapprochements, des parallèles.

Hors des barbelés, les défauts existaient aussi, mais sous une forme atténuée. On rencontrait, dans la vie, de nombreuses personnes qui ne faisaient pas ce qu'elles auraient pu faire, ni de la façon qu'elles souhaitaient, dans les universités, les rédactions, les instituts de recherche de l'Académie.

Dans les camps, racontait Katzenelenbogen, les « droit commun » dominaient les « politiques ». Débauchés, incultes, fainéants et cupides, enclins aux bagarres sanglantes et aux pillages, les droit commun y freinaient le développement d'une vie laborieuse et culturelle.

Mais il ajoutait aussitôt qu'en dehors des barbelés, le travail des savants et des grands promoteurs de la culture était souvent régenté par des individus peu instruits, bornés, limités.

Le camp était, en quelque sorte, le reflet hyperbolique, grossi de la vie hors des barbelés. Mais la vie menée de part et d'autre, loin de s'opposer, répondait aux lois de la symétrie.

À ce point de son discours, il se mit à parler, non plus en chantre du système ni en penseur, mais en prophète.

Il suffirait de développer logiquement, audacieusement, le système des camps en supprimant tout ce qui freinait, tous les défauts, pour qu'il n'y ait plus de différence. Les camps finiraient, un jour, par se fondre avec la vie extérieure. Cette fusion, cette disparition de l'antagonisme : monde des camps/monde extérieur signifierait l'épanouissement, le triomphe des grands principes. Le système des camps, malgré tous ses défauts, présentait un avantage de premier ordre : les camps étaient le seul endroit où le principe supérieur de la Raison s'opposait exactement au principe de la liberté individuelle. Ce principe de Raison permettrait aux camps d'atteindre un niveau suffisant pour disparaître, se fondre totalement avec la vie des campagnes et des villes.

Katzenelenbogen avait dirigé des bureaux d'études dans les camps, et il était persuadé que, prisonniers, les savants et les ingénieurs étaient capables de résoudre les problèmes les plus complexes. Ils étaient de taille à affronter les grandes questions de la pensée scientifique et technique, à l'échelle mondiale. Il suffisait, pour cela, de savoir diriger rationnellement les hommes, de leur offrir de bonnes conditions matérielles de vie. Et toutes les sornettes selon lesquelles il ne pouvait y avoir de science sans liberté étaient parfaitement ridicules.

— Quand les niveaux se rejoindront, dit-il – et nous ferons en sorte de mettre un signe d'égalité entre le monde des camps et le monde extérieur –, les répressions n'auront plus de raison d'être, nous cesserons de signer des ordres d'arrestation, nous raserons les prisons et autres lieux d'isolement. Les sections d'animation culturelle et d'éducation viendront à bout de toutes les anomalies. La montagne et Mahomet iront au-devant l'une de l'autre.

« La suppression des camps marquera le triomphe de l'humanisme. Ce qui ne veut pas dire que le principe de liberté individuelle, notion chaotique, primaire, digne des hommes des cavernes, renaîtra et l'emportera. Au contraire, il sera complètement dépassé.

Il fit une longue pause et ajouta que ce système lui-même serait peut-être aboli, à son tour, au bout de quelques siècles, qu'il céderait le pas à la démocratie et à la liberté individuelle.

— Rien n'est éternel, en ce monde, dit-il, mais je n'aimerais pas vivre à ce moment-là.

Krymov intervint :

— Vos idées sont absurdes. Cela n'a rien à voir avec le cœur, l'âme de la révolution. On dit que les psychiatres deviennent fous lorsqu'ils travaillent trop longtemps dans les hôpitaux psychiatriques. Pardonnez-moi, mais on ne vous a pas arrêté pour rien. Camarade Katzenelenbogen, vous élevez les organes de sécurité au rang de divinités. Il était temps, effectivement, de vous retirer du circuit.

Katzenelenbogen acquiesça volontiers :

— Oui, je crois en Dieu. Que voulez-vous, je suis un vieux bonhomme croyant, un obscurantiste. Les organes de sécurité sont rationnels et puissants, ils règnent sur l'homme du XXᵉ siècle. Autrefois, les tremblements de terre, les éclairs, le tonnerre, les incendies de forêt avaient une force équivalente, et l'homme en faisait des divinités. Mais je vous ferai remarquer que je ne suis pas seul en prison : on vous a arrêté, vous aussi. Il était temps, également, de vous retirer du circuit. L'Histoire dira qui de nous deux avait raison.

— En attendant, le vieux Dreling retourne chez lui, au camp, lança Krymov, conscient que ses paroles feraient leur effet.

Aussitôt, Katzenelenbogen déclara :

— Ce maudit vieux vient perturber ma foi.

58

Krymov entendit ces paroles, prononcées à voix basse :

— On a annoncé, tout à l'heure, que nos armées avaient achevé de liquider les quelques poches ennemies restées à Stalingrad. Paulus est prisonnier, me semble-t-il, mais je ne suis pas sûr d'avoir bien compris.

Krymov se mit à crier, à gesticuler, à se traîner sur le sol : il avait envie de se mêler à la foule des hommes en vestes matelassées et bottes de feutre… Leurs voix si chères couvraient la conversation qui se tenait, à voix basse, tout près de lui ; se frayant un passage parmi les tas de briques de Stalingrad, Grekov marchait en direction de Krymov.

Le médecin qui tenait Krymov par le bras avertit :

— Il faudrait faire une petite pause… recommencer le camphre. Le pouls est filant.

Krymov avala la boule salée qui lui serrait la gorge et dit :

— Mais non, continuez, puisque la médecine l'autorise... De toute façon, je ne signerai pas.

— Que si, tu signeras, répliqua le juge d'instruction, avec l'assurance débonnaire d'un contremaître. On en a fait signer de plus résistants que toi.

Le second interrogatoire prit fin au bout de trois jours, et Krymov retrouva sa cellule.

Le gardien de service déposa près de lui un colis.

— Signez-moi un reçu, citoyen détenu, dit-il.

Nikolaï Grigorievitch parcourut la liste, l'écriture lui en était familière. Oignons, ail, sucre, biscuits et là, en bas : « Ta Guenia. »

Mon Dieu, mon Dieu, il pleurait...

59

Le 1er avril 1943, Stepan Fiodorovitch Spiridonov reçut un extrait de la décision prise par le collège du ministère des Centrales électriques d'URSS : il devait démissionner de la centrale de Stalingrad et était muté dans l'Oural, comme directeur d'une petite centrale marchant à la tourbe. La punition n'était pas si terrible : il aurait pu passer en jugement. Chez lui, Spiridonov ne dit rien de cet ordre du ministère, décidant d'attendre la décision du bureau de l'obkom. Le 4 avril, ce dernier lui porta un blâme sévère pour avoir, en période difficile, abandonné la centrale. Ce n'était pas trop lourd, on aurait aussi bien pu l'exclure du Parti. Mais Spiridonov trouva cette décision injuste : ses camarades de l'obkom savaient fort bien qu'il était resté à son poste jusqu'au dernier jour de la défense de Stalingrad, qu'il était parti sur la rive gauche le jour où avait commencé l'offensive soviétique, pour voir sa fille qui venait d'accoucher dans une péniche. À la réunion, il tenta de discuter, mais Priakhine fut inflexible.

— Vous pouvez contester la décision du bureau auprès de la commission centrale de contrôle, mais je pense que le camarade Chkiriatov estimera que c'est une demi-mesure, trop douce.

— Je suis persuadé que la commission cassera cette décision, dit Spiridonov. Mais comme il avait entendu pas mal de choses sur Chkiriatov, il craignit de faire appel.

De plus, la sévérité de Priakhine lui semblait avoir d'autres causes que l'affaire de la centrale. Priakhine, bien sûr, savait que des liens familiaux unissaient Stepan Fiodorovitch, Evguenia Nikolaïevna Chapochnikova et Krymov : Priakhine voyait donc d'un mauvais œil quelqu'un qui savait que lui-même et le détenu Krymov se connaissaient depuis longtemps. Même s'il l'avait voulu, il n'aurait donc pas pu soutenir Spiridonov. S'il l'avait fait, les malveillants, nombreux à tourner autour des puissants, auraient aussitôt transmis à qui de droit que, par sympathie pour l'ennemi du peuple Krymov, Priakhine soutenait un parent de celui-ci, Spiridonov, un lâche. Mais Priakhine, apparemment, agissait ainsi non seulement parce qu'il ne pouvait pas, mais parce qu'il ne voulait pas soutenir Spiridonov. Il savait sûrement que la belle-mère de Krymov était ici, qu'elle vivait dans le même appartement que Spiridonov. Il savait aussi sans doute qu'Evguenia Nikolaïevna correspondait avec sa mère, qu'elle lui avait récemment envoyé la copie de sa lettre à Staline.

Après la réunion du bureau de l'obkom, Voronine, le chef de la section régionale du MGB, se trouva nez à nez au buffet avec Spiridonov, qui était venu acheter du fromage blanc et du saucisson ; il lui jeta un regard moqueur :

— Il ne perd pas le nord, ce Spiridonov ! Il vient de recevoir un blâme sévère, et il fait ses petites provisions !

— La famille, c'est la famille... Me voilà grand-père maintenant, dit Spiridonov avec un pauvre sourire coupable.

Voronine lui sourit également :

— Et moi qui croyais que tu préparais un colis.

À ces mots, Spiridonov se dit : « Heureusement qu'ils m'envoient dans l'Oural, je serais fichu ici. Que deviendraient Vera et le petit ? »

Dans la cabine du camion qui le menait à la centrale, il regardait par la vitre trouble la ville détruite qu'il allait bientôt quitter. Il songeait que ce trottoir, encombré de briques maintenant, sa femme l'empruntait avant la guerre pour aller à son travail, il pensait au réseau électrique, pensait que, quand on livrerait de Sverdlovsk les nouveaux câbles, il ne serait plus à la centrale, pensait que la malnutrition donnait à son petit-fils des boutons sur les bras et la poitrine. Il songeait : « Un blâme, bon, ça n'est pas si terrible ! » Il se disait qu'il n'aurait pas la médaille « Aux défenseurs de Stalingrad », et cela lui faisait plus de peine que de quitter cette ville à laquelle l'attachaient sa vie, son travail, le souvenir de Maroussia. Il en jura même de dépit, et le chauffeur lui demanda :

— Vous en voulez à qui, Stepan Fiodorovitch ? Vous avez oublié quelque chose à l'obkom ?

— Oui, oui, dit Stepan Fiodorovitch. Mais lui ne m'a pas oublié.

L'appartement des Spiridonov était humide et froid. Les fenêtres avaient été remplacées par du contre-plaqué et des planches, dans les pièces le plâtre était tombé en de nombreux endroits ; on apportait l'eau dans des seaux, et c'était au troisième, on chauffait les pièces par des poêles de fortune, faits en fer-blanc. Une des pièces était fermée, la cuisine, inutilisée, servait de réserve pour le bois et les pommes de terre. Stepan Fiodorovitch, Vera et le petit, Alexandra Vladimirovna, qui avait quitté Kazan pour les rejoindre, vivaient dans la grande pièce, l'ancienne salle à manger. Dans la petite pièce à côté de la cuisine, qui était avant la chambre de Vera, vivait le vieil Andreïev.

Stepan Fiodorovitch aurait pu faire réparer les plafonds, replâtrer les murs, installer des poêles en brique : il y avait à la centrale matériaux et artisans. Mais Stepan Fiodorovitch, homme habituellement attaché aux choses pratiques, tenace, n'avait pas eu envie, Dieu sait pourquoi, d'entreprendre ces travaux. Vera et Alexandra Vladimirovna, apparemment, préféraient vivre dans les ruines de la guerre : la vie d'avant guerre était détruite, à quoi bon alors remettre en état l'appartement, rappeler ce qui avait disparu et ne reviendrait plus ?

Quelques jours après l'arrivée d'Alexandra Vladimirovna, la bru d'Andreïev, Natalia, était arrivée de Leninsk. Là-bas, elle s'était fâchée avec la sœur de la défunte Varvara Alexandrovna, lui avait laissé son fils pour un temps, et avait débarqué à la centrale chez son beau-père. Voyant arriver sa bru, Andreïev s'était mis en colère :

— Tu te fâches, avec l'une, avec l'autre !.... Et pourquoi as-tu laissé là-bas le petit Volodia ?

Il faut croire que la vie était très dure pour Natalia à Leninsk. En entrant dans la pièce d'Andreïev, elle avait embrassé du regard le plafond, les murs et dit : « C'est bien ! » bien qu'il n'y eût rien de bien ni dans le tuyau de cheminée difforme, ni dans les débris qui pendaient du plafond, ni dans le tas de plâtre dans un coin. La lumière entrait dans la pièce par un petit carreau qu'on avait ménagé dans la construction de planches qui bouchait la fenêtre. Cette lucarne bricolée ouvrait sur une vue sinistre : des ruines, rien d'autre, des panneaux de murs, peints selon les étages en rose ou en bleu, un toit de fer arraché.

À son arrivée à Stalingrad, Alexandra Vladimirovna était tombée malade. Elle avait dû repousser son projet d'aller en ville regarder les ruines de sa maison. Les premiers jours, elle aidait Vera, essayant de lutter contre la maladie : elle allumait le poêle, lavait et faisait sécher les couches au-dessus du tuyau de poêle en fer-blanc, allait porter sur le palier des morceaux de plâtre, essayait même de monter l'eau. Mais son état empirait, elle avait des frissons dans la pièce chauffée, et dans la cuisine froide la sueur soudain lui venait au front. Elle ne voulait pas s'aliter et ne se plaignait pas, ne disait pas qu'elle se sentait mal. Mais un matin qu'elle était allée à la cuisine chercher du bois, elle perdit connaissance, tomba et se blessa cruellement à la tête. Stepan Fiodorovitch et Vera l'installèrent dans son lit. Quand elle eut repris ses esprits, elle appela Vera :

— Tu sais, la vie était plus dure pour moi à Kazan chez Lioudmila que chez vous. Ce n'est pas seulement pour vous que je suis venue ici, mais pour moi-même. Seulement, j'ai peur de te créer bien des tracas en restant alitée.

— Grand-mère, je suis contente que vous soyez là, dit Vera.

Mais ce fut réellement très dur pour elle. L'eau, le bois, le lait, tout était difficile à avoir. Dehors, il faisait doux, mais les pièces étaient froides et humides, il fallait chauffer beaucoup.

Le petit Mitia avait mal au ventre, il pleurait la nuit, le lait maternel ne lui suffisait pas. Vera s'affairait toute la journée dans la pièce et la cuisine, allait chercher du lait et du pain, faisait la lessive, la vaisselle, montait les seaux d'eau. Ses mains étaient rouges, son visage, abîmé par le vent, était couvert de taches. La fatigue, le travail incessant lui faisaient peser sur le cœur une lourdeur triste et monotone. Elle ne se coiffait pas, se lavait rarement, ne se regardait plus dans la glace, écrasée sous le poids de la vie. Elle avait sans cesse une envie lancinante de dormir. Quand venait le soir, elle avait des douleurs dans les bras, les jambes, les épaules, tant son corps aspirait au repos. Elle se couchait, et Mitia commençait à pleurer. Elle le prenait, le nourrissait, le changeait, marchait dans la pièce en le tenant dans ses bras. Une heure plus tard, il recommençait à pleurer, et elle se levait de nouveau. À l'aube, il se réveillait définitivement, et dans la pénombre elle commençait une nouvelle journée : la tête trouble et lourde par manque de sommeil, elle allait à la cuisine chercher du bois, mettait le poêle en marche, faisait chauffer de l'eau (pour le thé de son père et de sa grand-mère), se mettait à laver le linge. Mais, chose surprenante, elle ne s'énervait plus maintenant, elle était devenue douce et patiente.

Sa vie devint plus facile après l'arrivée de Natalia. Andreïev était parti aussitôt pour quelques jours dans sa cité au nord de Stalingrad. Soit qu'il voulût revoir sa maison et son usine, soit qu'il fût fâché contre sa bru qui avait laissé son fils à Leninsk, soit encore qu'il ne voulût pas qu'elle mangeât le pain des Spiridonov, et il était parti, lui laissant sa carte de rationnement.

Le jour même de son arrivée, Natalia, sans souffler, se mit à aider Vera. Elle travaillait avec facilité et générosité, tout entre ses mains semblait si léger : les lourds seaux, la lessiveuse remplie d'eau, le sac de charbon !

Maintenant Vera sortait promener Mitia pour un petit moment, elle s'asseyait sur une pierre, regardait scintiller l'eau printanière et la vapeur s'élever au-dessus de la steppe.

Elle scrutait le petit visage de son fils, couvert de boutons purulents, et la pitié lui serrait le cœur. En même temps, elle plaignait terriblement Viktorov. « Mon Dieu, mon Dieu, pauvre Vania, qui a un fils tout chétif, malingre, pleurnichard ! »

Puis elle montait, jusqu'à son troisième étage, les marches encombrées d'ordures et de briques cassées, se mettait à la tâche, et sa tristesse se noyait dans l'agitation, l'eau trouble, savonneuse, l'humidité qui suintait des murs.

Sa grand-mère lui disait de s'approcher, lui caressait les cheveux, et les yeux d'Alexandra Vladimirovna, toujours calmes et clairs, avaient alors une expression d'une tristesse et d'une tendresse insoutenables.

Pas une fois Vera ne parla de Viktorov, ni à son père, ni à sa grand-mère, ni même à son petit Mitia.

Après l'arrivée de Natalia, tout changea dans l'appartement. Natalia gratta la moisissure des murs, blanchit les coins noircis, nettoya la crasse qui semblait s'être incrustée à jamais dans les lames du parquet. Elle entreprit le nettoyage en grand que Vera repoussait, attendant les chaleurs, elle enleva, étage par étage, les ordures amassées dans l'escalier. Elle passa une demi-journée à bricoler le tuyau du poêle semblable à un boa noir : ce tuyau s'était horriblement affaissé, il en coulait, aux jointures, un liquide poisseux qui faisait des flaques par terre. Natalia passa le tuyau à la chaux, le redressa, l'accrocha avec des fils de fer et suspendit sous les jointures des boîtes de conserve vides où s'écoulait le liquide.

Elle se lia dès le premier jour avec Alexandra Vladimirovna ; il semblait pourtant que cette fille bruyante, effrontée, qui aimait raconter des histoires un peu lestes, aurait dû déplaire à la vieille femme. Natalia se fit aussitôt de nombreuses relations : l'électricien, le mécanicien de la salle des turbines, les chauffeurs de camion.

Un jour, Alexandra Vladimirovna dit à Natalia qui revenait de faire la queue :

— Quelqu'un a demandé après vous, un militaire.

— Un Géorgien, je parie ? Fichez-le dehors, s'il revient. Il s'est mis dans la tête de m'épouser, ce gros nez.

— Comme ça, si vite ?

— Vous croyez qu'il leur faut longtemps ? Il veut que j'aille vivre en Géorgie après la guerre. C'est pour lui, on croirait, que j'ai lavé l'escalier.

Le soir, elle dit à Vera :

— Si on allait en ville ? Il y aura un film. Le chauffeur Michka nous y conduira en camion. Tu te mettras dans la cabine avec le petit, et moi à l'arrière.

Vera secoua la tête.

— Mais vas-y donc, dit Alexandra Vladimirovna, si je me sentais mieux, j'irais avec vous.

— Non, non, pas question.

Natalia dit :

— Il faut quand même bien vivre, on se croirait ici à une assemblée de veufs et de veuves.

Puis elle ajouta, sur un ton de reproche :

— Tu restes tout le temps à la maison, tu ne veux aller nulle part, mais tu t'occupes mal de ton père. J'ai fait une lessive hier, son linge et ses chaussettes sont pleins de trous.

Vera prit le bébé dans ses bras, alla avec lui à la cuisine.

— Mitenka, pas vrai que ta maman n'est pas une veuve, dis ?...

Tous ces jours-ci, Stepan Fiodorovitch fut très attentionné à l'égard d'Alexandra Vladimirovna. Deux fois il ramena de la ville le médecin, il aidait Vera à lui mettre des ventouses, parfois lui glissait un bonbon dans la main, en disant :

— Ne le donnez pas à Vera, elle en a déjà eu un, c'est spécialement pour vous, il y en avait au buffet.

Alexandra Vladimirovna comprenait que Stepan Fiodorovitch était soucieux, avait des ennuis. Quand elle lui demandait s'il y avait des nouvelles de l'obkom, il secouait la tête et se mettait à parler d'autre chose.

Mais le soir où il fut informé que son cas allait être examiné, Stepan Fiodorovitch, en rentrant, vint s'asseoir sur le lit près d'Alexandra Vladimirovna et dit :

— Dans quel pétrin je suis, Maroussia en serait devenue folle, si elle était encore là.

— Mais que vous reproche-t-on ?

— J'ai tort de bout en bout.

Natalia et Vera entrèrent dans la pièce, et la conversation fut interrompue.

Alexandra Vladimirovna, en regardant Natalia, songeait qu'il y avait un type de beauté puissant, obstiné, sur lequel les dures conditions de vie ne pouvaient rien. Tout était beau chez Natalia : son cou, sa jeune poitrine, ses bras harmonieux, dénudés presque jusqu'aux épaules. « Un philosophe sans le savoir », pensa Alexandra Vladimirovna. Elle avait souvent remarqué que les femmes habituées à l'aisance se fanaient lorsque leurs conditions de vie se détérioraient, qu'elles cessaient de faire attention à leur physique : tel était le cas de Vera. Elle admirait les saisonnières, les ouvrières dans les ateliers les plus durs, les régulatrices de trafic qui, vivant dans des baraquements, travaillant dans la poussière, la boue, se mettaient des rouleaux, se regardaient dans un miroir de poche, poudraient leur nez pelé ; oiseaux obstinés qui, en pleine tempête, en dépit de tout, poussaient leur chant d'oiseau.

Stepan Fiodorovitch regardait aussi Natalia. Soudain il attrapa Vera par le bras, l'attira contre lui et, comme s'il demandait pardon, l'embrassa.

Et Alexandra Vladimirovna dit, tout à fait, semblait-il, hors de propos :

— Doucement, Stepan, on est encore jeunes pour mourir ! Moi, à quoi je sers, si vieille, eh bien, j'ai quand même l'intention de guérir et de vivre encore !

Il lui jeta un regard rapide, sourit. Natalia, elle, remplit une bassine d'eau chaude, la posa par terre près du lit et, à genoux, dit :

— Alexandra Vladimirovna, je veux vous laver les pieds, il fait chaud maintenant dans la pièce.

— Vous avez perdu l'esprit ! Idiote ! Relevez-vous tout de suite ! lui jeta Alexandra Vladimirovna.

60

Dans la journée, Andreïev revint de la cité ouvrière de l'usine de tracteurs.

Il entra dans la pièce pour voir Alexandra Vladimirovna, et son visage maussade s'éclaira d'un sourire : elle avait quitté son lit pour la première fois ce jour-là et, toute pâle et maigre, elle était assise à la table, ses lunettes sur le nez, à lire un livre.

Il raconta qu'il avait mis longtemps à trouver l'emplacement de sa maison : ça n'était plus que tranchées, trous d'obus, bris de verre et fossés. Il y avait déjà beaucoup de gens à l'usine, il en arrivait d'heure en heure, il y avait même la police. Il n'avait rien pu apprendre sur les combattants des milices populaires. On les enterrait, ces combattants, on les enterrait, et on continuait à en trouver dans les caves, les tranchées. Et de la ferraille, des débris, partout...

Alexandra Vladimirovna posait des questions, voulait savoir s'il lui avait été difficile de se rendre là-bas, où il avait dormi, mangé, si les fours Martin avaient subi beaucoup de dégâts, quel était le ravitaillement des ouvriers, s'il avait vu le directeur.

Le matin, avant l'arrivée d'Andreïev, Alexandra Vladimirovna avait dit à Vera :

— Je me suis toujours moquée des pressentiments et des superstitions, mais aujourd'hui, j'ai le ferme pressentiment que Pavel Andreïevitch apportera des nouvelles de Serioja.

Elle s'était trompée.

Ce que racontait Andreïev était important, que son auditeur fût heureux ou non. Les ouvriers avaient raconté à Andreïev : on n'a pas de ravitaillement, on ne nous donne pas de salaire, dans les caves et les abris il fait froid, humide. Le directeur n'est plus du tout le même : avant, quand les Allemands enfonçaient Stalingrad, il était copain avec tout le monde aux ateliers, maintenant il ne nous parle plus, on a construit une maison pour lui, on a fait venir de Saratov une voiture pour lui.

— À la centrale, là aussi c'est dur, mais il n'y a pas grand monde qui en veut à Stepan Fiodorovitch : on voit bien qu'il comprend les problèmes des gens.

— Tout ça n'est pas drôle, dit Alexandra Vladimirovna. Alors, qu'avez-vous décidé, Pavel Andreïevitch ?

— Je suis venu dire au revoir, je rentre à la maison, même s'il n'y a pas de maison. Je me suis trouvé une place dans un foyer, dans une cave.

— Vous avez raison, dit Alexandra Vladimirovna, votre vie est là-bas, quelle qu'elle soit.

— Tenez, j'ai trouvé ça dans la terre, dit-il, sortant de sa poche un dé à coudre rouillé.

— Bientôt, j'irai en ville, chez moi, rue Gogol, déterrer des bouts de verre, dit Alexandra Vladimirovna. J'ai envie d'aller chez moi.

— Est-ce que vous n'avez pas quitté le lit un peu tôt ? Vous êtes bien pâle.

— C'est votre récit qui m'a fait de la peine. On a envie que tout soit différent sur notre sainte terre.

Il eut une petite toux.

— Vous vous souvenez, Staline a dit il y a deux ans : frères et sœurs... Et maintenant qu'on a battu les Allemands, pour le directeur il y a une villa, on ne peut lui parler qu'officiellement, et les frères et sœurs vivent sous terre.

— Oui, oui, je ne vois là rien de bien, dit Alexandra Vladimirovna. Et aucune nouvelle de Serioja, c'est comme s'il n'avait jamais existé.

Le soir, Stepan Fiodorovitch revint de la ville. En partant pour Stalingrad le matin, il n'avait dit à personne que le bureau de l'obkom examinerait son cas.

— Andreïev est rentré ? demanda-t-il d'un ton brusque de dirigeant. Rien de nouveau sur Serioja ?

Vera remarqua aussitôt que son père avait bu. Cela se voyait à sa façon d'ouvrir la porte, à ses yeux malheureux qui brillaient d'un éclat joyeux, à la façon dont il mit sur la table des friandises rapportées de la ville et enleva son manteau, à sa manière de poser des questions.

Il s'approcha de Mitia qui dormait dans le panier à linge, se pencha au-dessus de lui.

— Ne va pas lui souffler dessus ! dit Vera.

— Ça ne fait rien, il faut bien qu'il s'habitue ! dit Spiridonov tout joyeux.

— Mets-toi à table, tu as bu, je suis sûre, sans rien manger. Grand-mère a quitté le lit aujourd'hui pour la première fois.

— Alors ça, c'est vraiment chouette, dit Stepan Fiodorovitch, et il laissa tomber sa cuiller dans son assiette, éclaboussant de soupe son veston.

— Oh oh, mon petit Stepan, vous avez sérieusement picolé aujourd'hui, dit Alexandra Vladimirovna. Pour fêter quoi ?

Il repoussa son assiette.

— Mange donc, dit Vera.

— Eh bien voilà, mes amis, dit doucement Stepan Fiodorovitch. J'ai une nouvelle. Mon cas a été réglé : au niveau du Parti, j'ai reçu un blâme sévère, et le ministère me mute dans la région de Sverdlovsk ; c'est une petite centrale rurale qui fonctionne à la tourbe, en un mot, de général à caporal. Je serai logé ; la prime d'installation équivaudra à deux mois de salaire. Demain je commence à passer la main. Nous toucherons des cartes de ravitaillement pour le voyage.

Alexandra Vladimirovna et Vera échangèrent un regard, puis Alexandra Vladimirovna déclara :

— Rien à dire, c'est une sérieuse raison de boire un coup.

— Vous aussi, maman, vous venez avec nous : il y aura une chambre à part pour vous, la meilleure, dit Stepan Fiodorovitch.

— Mais on ne vous donnera qu'une pièce, c'est sûr, dit Alexandra Vladimirovna.

— De toute façon, maman, elle est pour vous.

C'était la première fois de sa vie que Stepan Fiodorovitch l'appelait « maman ». Et il avait les larmes aux yeux : l'ivresse, sans doute.

Natalia entra et Stepan Fiodorovitch, changeant de conversation, demanda :

— Alors, qu'est-ce que notre vieux raconte à propos des usines ?
Natacha dit :

— Pavel Andreïevitch vous a attendu, mais il s'est endormi.

Elle s'assit à la table, appuya ses joues sur ses poings, et dit :

— À ce qu'il raconte, les ouvriers font cuire des graines, c'est ça l'essentiel de leur nourriture.

Soudain, elle demanda :

— Stepan Fiodorovitch, c'est vrai, vous vous en allez ?

— Ah tiens ! Moi aussi j'ai entendu dire ça, répondit-il d'un ton joyeux.

Elle ajouta :

— Les ouvriers le regrettent beaucoup.

— Il n'y a rien à regretter. Ils ont un nouveau patron, Tichka Batrov, un type bien. On était ensemble à l'institut.

Alexandra Vladimirovna reprit :

— Qui vous reprisera aussi artistement vos chaussettes, là-bas ? Vera n'en sera pas capable.

— Ça, c'est effectivement un problème, reconnut Stepan Fiodorovitch.

— Il va falloir vous déléguer Natacha, suggéra Alexandra Vladimirovna.

— Et alors ? j'irai, répliqua Natacha.

Ils rirent mais le silence qui suivit ce plaisant échange était gêné, tendu.

61

Alexandra Vladimirovna décida d'aller avec Stepan Fiodorovitch et Vera jusqu'à Kouïbychev : elle avait l'intention de s'installer quelque temps chez Evguenia Nikolaïevna.

La veille de son départ, Alexandra Vladimirovna demanda au nouveau directeur une voiture pour aller en ville voir les ruines de sa maison. En chemin, elle interrogeait le chauffeur :

— Et là, c'est quoi ? Et qu'est-ce qu'il y avait ici avant ?

— Quand ça, avant ? demandait le chauffeur, mécontent.

Dans les ruines, on voyait mises à nu trois strates de la vie : l'avant-guerre, la période des combats et la période actuelle, où la vie cherchait à reprendre son cours pacifique. Dans la maison qui abritait autrefois une teinturerie et un petit atelier de retouches, les fenêtres avaient été murées à la brique, et pendant les combats des mitrailleurs d'une division allemande tiraient par des meurtrières percées dans la maçonnerie de brique. Maintenant, on délivrait par cette meurtrière du pain aux femmes qui faisaient la queue dans la rue.

Les PC et abris s'étaient multipliés au milieu des ruines, et s'y étaient installés des soldats, des états-majors, des opérateurs radio ; on y avait rédigé des rapports, rechargé des pistolets-mitrailleurs et des bandes de mitrailleuses...

Et maintenant, on voyait en sortir par les cheminées une fumée de paix, du linge séchait devant, des enfants jouaient. La guerre laissait la place à la paix : une paix pauvre, miséreuse, presque aussi pénible que la guerre.

Des prisonniers de guerre travaillaient à dégager les décombres amoncelés dans la rue principale. Devant les magasins d'alimentation installés dans des caves, on voyait des gens faire la queue, des bidons à la main. Des prisonniers roumains fouillaient nonchalamment les gravats, dégageaient des cadavres. On ne voyait pas de militaires, on rencontrait seulement de temps en temps des marines de la flotte, et le chauffeur expliqua que la flottille de la Volga était restée à Stalingrad pour draguer les mines. Dans de nombreux endroits il y avait des planches neuves, des poutres, des sacs de ciment. On livrait des matériaux de construction. Parfois, au milieu des ruines, on regoudronnait les chaussées.

Sur une place déserte, une femme avançait, attelée à une charrette à deux roues chargée de ballots, deux enfants l'aidaient en tirant sur des cordes attachées aux brancards.

Tous cherchaient à rentrer chez eux, à Stalingrad, tandis qu'Alexandra Vladimirovna, qui y était revenue, en repartait. Elle demanda au chauffeur :

— Vous regrettez que Spiridonov quitte la centrale ?

— Qu'est-ce que ça change pour moi ? Spiridonov me faisait rouler et le nouveau fera pareil. C'est du même tabac. Il signe sa feuille de route, et moi je pars.

— Et ici, c'est quoi ? demanda-t-elle en montrant un large mur, noirci par le feu, où béaient les yeux immenses des fenêtres.

— Des bureaux ; on aurait mieux fait d'y installer des gens.

— Et avant, c'était quoi ?

— Avant, Paulus en personne était installé ici, c'est ici qu'il a été pris.

— Et avant, c'était quoi ?

— Vous ne reconnaissez pas ? Le Grand Magasin.

Il semblait que la guerre avait chassé le Stalingrad d'avant. On imaginait bien des officiers allemands sortant de la cave, le Feldmarschall avançant le long de ce mur noirci, et des sentinelles au garde-à-vous. Mais il semblait incroyable qu'Alexandra Vladimirovna eût acheté ici un coupon pour un manteau, la montre qu'elle avait offerte à Maroussia pour son anniversaire, qu'elle fût venue ici avec Serioja pour lui acheter des patins à glace au rayon sports.

Ceux qui viennent visiter Malakhov Kourgan à Sébastopol, Verdun, le champ de bataille de Borodino doivent, de même, trouver étrange de voir des enfants, des femmes à la lessive, un chariot chargé de foin, un vieux paysan, son râteau à la main. Là où maintenant pousse la vigne avançaient les colonnes de poilus, les camions couverts de bâches ; là où l'on voit une isba, un maigre troupeau, des pommiers, la cavalerie de Murat avançait, et d'ici Koutouzov, assis dans son fauteuil, d'un geste de sa main de vieillard lançait à la contre-attaque les fantassins russes. Sur le tertre, où dans la poussière des poules et des chèvres cherchent l'herbe entre les pierres, se tenait Nakhimov, et d'ici partaient les bombes éclairantes, ici les blessés criaient, les balles anglaises sifflaient.

Alexandra Vladimirovna trouvait elle aussi saugrenus ces files d'attente, ces cahutes, ces bonshommes déchargeant des planches, ces chemises séchant sur des cordes, ces draps rapiécés, ces bas qui s'entortillaient comme des vers, ces petites annonces accrochées à des façades mortes... Elle percevait à quel point la vie d'aujourd'hui semblait fade à Stepan Fiodorovitch, qui racontait les discussions au raïkom pour répartir les ouvriers, les planches, le ciment ; elle comprenait pourquoi la *Pravda de Stalingrad* l'ennuyait, avec ses articles sur le nettoyage des rues, le tri des décombres, l'installation de bains publics, de cantines ouvrières. Il s'animait en lui parlant des bombardements, des incendies, des visites à la centrale du commandant d'armée Choumilov, des tanks allemands qui descendaient des collines, des artilleurs soviétiques tirant de leurs canons sur ces tanks.

C'est dans ces rues que s'était décidé le sort de la guerre. L'issue de cette bataille allait définir la carte du monde de l'après-guerre, fixer la grandeur de Staline ou le pouvoir effrayant d'Adolf Hitler. Durant quatre-vingt-dix jours le seul mot de Stalingrad avait fait vivre, respirer et rêver le Kremlin et Berchtesgaden.

C'est Stalingrad qui devait déterminer les philosophies de l'Histoire, les systèmes sociaux de l'avenir. L'ombre du sort du monde avait caché aux yeux des hommes la ville qui avait connu naguère une vie normale, ordinaire. Stalingrad fut le signal de l'avenir.

La vieille femme, en s'approchant de sa maison, se trouvait sans s'en rendre compte au pouvoir des forces qui s'étaient manifestées à Stalingrad, où elle avait travaillé, élevé son petit-fils, écrit des lettres à ses filles, eu la grippe, s'était acheté des chaussures...

Elle demanda au chauffeur de s'arrêter, descendit de la voiture. Elle avançait difficilement dans la rue déserte, parmi les décombres, elle scrutait les ruines, cherchant en vain à reconnaître les restes des maisons qui étaient voisines de la sienne.

Le mur de sa maison qui donnait sur la rue était encore debout ; par les fenêtres béantes, Alexandra Vladimirovna aperçut de son regard presbyte de vieillard les murs de son appartement, en reconnut la couleur bleu et vert passé. Mais les pièces n'avaient ni plancher ni plafond, il n'y avait pas d'escalier par lequel elle aurait pu monter. Le feu avait laissé ses traces sur les briques, souvent creusées par des éclats.

Elle perçut sa vie entière avec une force brutale qui pénétra tout son être : ses filles, son pauvre fils, ses pertes irrémédiables, sa tête chenue et sans abri. Elle regardait les ruines de la maison : une vieille femme malade, vêtue d'un manteau usé, chaussée de souliers éculés. Que lui réservait l'avenir ? À soixante-dix ans, elle n'en savait rien. « On a la vie devant soi », pensa-t-elle. Que réservait la vie à ceux qu'elle aimait ? Elle ne le savait pas. Le soleil printanier la regardait par les fenêtres vides de sa maison.

Ses proches avaient une vie peu harmonieuse, une vie embrouillée, confuse, pleine de doutes, de malheurs, d'erreurs. Qu'est-ce qui attendait Lioudmila ? À quoi mènerait la discorde de son ménage ? Et Serioja ? Était-il vivant ? Comme la vie était difficile pour Victor Strum ! Qu'adviendrait-il de Stepan Fiodorovitch et de Vera ? Stepan saurait-il reconstruire sa vie, trouverait-il la paix ? Quelle voie allait suivre Nadia, si intelligente, bonne et mauvaise à la fois ? Et Vera ? Ploierait-elle sous le poids de la solitude, des besoins, des soucis quotidiens ? Que ferait Evguenia ? Irait-elle rejoindre Krymov en Sibérie, serait-elle elle-même internée, périrait-elle comme avait péri Dmitri ? Et Serioja pourrait-il pardonner à l'État la mort dans les camps de son père et de sa mère innocents ?

Pourquoi leur vie était-elle si embrouillée, si confuse ?

Et ceux qui étaient morts, avaient été tués, exécutés, étaient toujours avec les vivants. Elle se rappelait leurs sourires, leurs plaisanteries, leur rire, leurs yeux tristes, égarés, leur désespoir et leur espérance.

Dmitri, en l'étreignant, lui disait : « Ce n'est rien, maman, surtout ne t'en fais pas pour moi, ici aussi, au camp, il y a des gens bien. » Sofia Levintone, toute brune, la lèvre supérieure ombrée, jeune, fâchée et joyeuse, disait des vers. Ania Strum, intelligente et moqueuse, pâle et toujours triste. Tolia mangeait les nouilles au fromage râpé salement, goulûment, et cela la fâchait de le voir s'empiffrer, sans compter qu'il n'aidait jamais Lioudmila : « Même un verre d'eau, il n'ira pas le chercher... D'accord, d'accord, j'y vais, mais pourquoi pas Nadia ? » Et ma petite Maroussia ? Guenia se moquait toujours de tes sermons d'institutrice, tu faisais la leçon, tu apprenais à Stepan à penser dans la ligne... Et tu t'es noyée dans la Volga avec le petit Slava Beriozkine, la vieille Varvara Alexandrovna. « Expliquez-moi, Mikhaïl Sidorovitch. » Seigneur, que pourrait-il bien expliquer ?

Tous, cherchant leur voie, souffrant de chagrins, de doutes, d'une secrète douleur, espéraient le bonheur. Les uns venaient la voir, d'autres lui écrivaient et elle était toujours pénétrée d'un sentiment étrange : une famille grande et unie, mais quelque part au fond du cœur l'impression de sa propre solitude.

Et la voilà, vieille femme maintenant, qui vit et espère toujours le bien, garde la foi, craint le mal, pleine d'angoisse pour la vie de ceux qui vivent, ne les distinguant pas de ceux qui sont morts, admirant le ciel printanier sans même savoir qu'elle l'admire ; elle est là debout et se demande pourquoi l'avenir de ceux qu'elle aime est si peu clair, pourquoi il y a tant d'erreurs dans leur vie ; elle ne s'aperçoit pas que ce trouble, ce brouillard, ce malheur et cette confusion apportent justement la réponse, la clarté, l'espoir et qu'elle sait, comprend de toute son âme le sens de la vie qui leur a été donnée en partage à elle et à ses proches. Et bien que ni elle ni aucun d'entre eux ne puissent dire ce qui les attend, bien qu'ils sachent qu'aux époques terribles l'homme ne peut plus forger son bonheur, et que le destin du monde a reçu le droit de gracier et de châtier, d'élever aux honneurs ou d'enfoncer dans le besoin, de réduire en poussière de camps, néanmoins le destin du monde, la main de l'Histoire, le bras de la colère d'État, la gloire ou l'infamie des combats ne peuvent transformer ceux qui ont nom d'hommes : quoi que la vie leur réserve – célébrité due à leur travail ou bien solitude, désespoir et besoin, camp et exécution –, ils vivront en hommes et mourront en hommes, et ceux qui ont péri ont su mourir en hommes : c'est là, pour l'éternité, leur amère victoire d'hommes sur toutes les forces grandioses et inhumaines qui furent et seront dans le monde.

62

Ce dernier jour ne tourna pas la tête au seul Stepan Fiodorovitch, qui s'était mis à boire dès le matin. Alexandra Vladimirovna et Vera étaient en proie à l'énervement du départ. Des ouvriers vinrent à plusieurs reprises, demandant à voir Spiridonov. Celui-ci réglait ses dernières affaires, il était allé au raïkom chercher son détachement, téléphonait à des amis, faisait viser son changement d'affectation au commissariat militaire, se rendant dans les ateliers, causant, plaisantant et, se trouvant un instant seul dans la salle des turbines, il appuya sa joue sur le volant froid immobile et, fatigué, ferma les yeux.

Vera emballait les affaires, faisait sécher les dernières couches audessus du poêle, préparait pour le voyage des biberons de lait bouilli, fourrait du pain dans un sac. Elle quittait aujourd'hui pour toujours Viktorov, sa mère, qui resteraient seuls, et personne ne se soucierait plus d'eux.

Elle se consolait à l'idée qu'elle était maintenant la plus mûre de la famille, la plus paisible, acceptant le mieux les difficultés de la vie.

Alexandra Vladimirovna, en regardant les yeux de sa petite-fille, irrités par le manque de sommeil, dit :

— C'est comme ça, la vie. Le plus pénible, c'est de quitter la maison où on a tant souffert.

Natacha entreprit de faire aux Spiridonov des pâtés pour le voyage. Elle partit au matin, chargée de bois et de provisions, pour une cité où habitait une femme de sa connaissance qui avait un poêle russe. Elle prépara la farce, étendit la pâte. Son visage, échauffé par le travail aux fourneaux, avait rajeuni, embelli. Elle se regardait en riant dans son miroir de poche, se poudrait le nez et les joues d'un nuage de farine, mais quand la femme sortit de la pièce, elle vit Natacha qui pleurait, ses larmes coulaient sur la pâte.

— Pourquoi tu pleures, Natacha ?

— Je m'étais attachée à eux. La vieille est bonne, et puis j'ai pitié de cette Vera et du petit orphelin.

La femme écouta avec attention l'explication, et dit :

— Tu mens, Natacha, c'est pas de plus voir la vieille qui te fait pleurer.

— Si, si, c'est vrai, dit Natacha.

Le nouveau directeur promit de laisser partir Andreïev, mais exigea qu'il travaille encore cinq jours à la centrale. Natacha déclara qu'elle resterait elle aussi cinq jours ici avec son beau-père, puis qu'elle irait rejoindre son fils à Leninsk.

— Et là-bas, je verrai bien.

— Qu'est-ce que tu verras de plus là-bas ? demanda son beau-père, mais elle ne répondit pas.

Et si elle pleurait, c'était sans doute parce qu'elle n'y verrait rien. Andreïev n'aimait pas que sa bru se soucie de lui : elle avait l'impression qu'il pensait toujours à ses disputes avec Varvara Alexandrovna, qu'il la condamnait, ne voulait pas lui pardonner.

Stepan Fiodorovitch rentra pour le déjeuner ; il raconta les adieux que lui avaient faits les ouvriers dans la salle des machines.

— Ici aussi c'était un vrai pèlerinage, dit Alexandra Vladimirovna. Il y a bien cinq-six personnes qui voulaient vous voir.

— Alors, tout est prêt ? Le camion sera là à 5 heures précises. Batrov a quand même donné une voiture, merci à lui.

Tout était réglé, les affaires emballées, et pourtant Spiridonov se sentait toujours nerveux, excité, grisé. Il se mit à déplacer les valises, à renouer les baluchons, comme s'il était impatient de partir. Puis Andreïev rentra du bureau, et Stepan Fiodorovitch lui demanda :

— Alors, vous n'avez pas eu de télégramme de Moscou au sujet des câbles ?

— Non, rien du tout.

— Ah ! les cochons ! ils sabotent tout le boulot, on pourrait sinon remettre en route la première tranche pour les fêtes de Mai.

Andreïev dit à Alexandra Vladimirovna :

— Vous êtes vraiment mal en point, quelle idée d'entreprendre un voyage pareil !

— Ça ne fait rien, je suis increvable. D'ailleurs, que faire d'autre ? Rentrer chez moi, rue Gogol ? Et ici, les peintres sont déjà venus voir les travaux à faire pour le nouveau directeur.

— Il aurait pu attendre un jour, le mufle, dit Vera.

— Non, pourquoi ? dit Alexandra Vladimirovna. La vie suit son cours.

— Et le repas, il est prêt ? Qu'est-ce qu'on attend ?

— Natacha et ses pâtés.

— Si on attend les pâtés, on va rater le train, dit Stepan Fiodorovitch.

Il ne voulait pas manger, mais il avait mis de côté de la vodka pour le repas d'adieu et il avait très envie d'en boire.

Il voulait passer dans son bureau, y rester ne fût-ce que quelques minutes, mais ce n'était pas possible : son successeur, Batrov, y tenait une réunion des chefs d'atelier. L'amertume qu'il en ressentait aiguisait encore son désir de boire ; il secouait la tête : « Nous allons être en retard. »

Il y avait quelque chose d'agréable dans cette attente de Natacha, dans cette crainte d'être en retard, mais il ne pouvait arriver à comprendre pourquoi. Il ne parvenait pas à se souvenir des soirs d'avant-guerre où ils devaient, sa femme et lui, aller au théâtre, et qu'exactement de la même manière il regardait sa montre toutes les trente secondes en disant : « Nous allons être en retard. »

Il aurait voulu, ce jour-là, qu'on dise du bien de lui, et cette envie le rendait encore plus malheureux.

— Pourquoi me plaindre ? Je suis un déserteur et un lâche. J'aurais encore assez de culot pour demander la médaille de défenseur de Stalingrad !

— Mettons-nous à table, en effet, dit Alexandra Vladimirovna qui eut pitié de son gendre.

Vera apporta la casserole de soupe. Spiridonov sortit la bouteille de vodka. Alexandra Vladimirovna et Vera refusèrent de boire.

— Soit, on boira entre hommes, dit Spiridonov, ou bien, peut-être, on attend quand même Natacha ?

Et, juste à ce moment-là, elle entra et posa sur la table les pâtés qu'elle avait apportés dans un cabas.

Stepan Fiodorovitch emplit deux grands verres, pour Andreïev et pour lui, une moitié pour Natacha.

— L'été dernier, nous étions rue Gogol, chez Alexandra Vladimirovna, et nous mangions des pâtés, dit Andreïev.

— Ceux-là ne sont sûrement pas plus mauvais que ceux de l'an dernier, dit Alexandra Vladimirovna.

— Il y en avait du monde, ce jour-là ; et aujourd'hui il n'y a plus que vous, grand-mère, papa et moi, dit Vera.

— On a brisé les Allemands à Stalingrad, dit Andreïev.

— Une grande victoire. Elle a coûté cher aux hommes, dit Alexandra Vladimirovna. Reprenez de la soupe, on ne pourra rien manger de chaud pendant le voyage.

— Oui, la route sera dure, dit Andreïev. Et le départ aussi. Il n'y a pas de gare, ce sont des trains bourrés de militaires qui viennent du Caucase et qui passent ici en transit. En revanche ils transportent du pain blanc.

— Ils avançaient sur nous comme un orage : où est cet orage maintenant ? dit Stepan Fiodorovitch. La Russie soviétique a vaincu.

Il pensait aux chars allemands qu'il entendait naguère ici, et qu'on avait repoussés maintenant à des centaines de kilomètres, il pensait aux combats qui se déroulaient à Belgorod, Tchougouïevo, au Kouban.

Et de nouveau il parla de la blessure qui le torturait :

— Bon, d'accord, je suis un déserteur, mais qui me vote des blâmes ? Que les combattants de Stalingrad me jugent. Je suis prêt à reconnaître mes fautes devant eux.

— Ce jour-là, Pavel Andreïevitch, vous étiez assis à côté de Mostovskoï, dit Vera à Andreïev.

Mais Stepan Fiodorovitch coupa la conversation, son malheur ne le laissait pas en paix.

— J'ai téléphoné au premier secrétaire de l'obkom pour lui dire au revoir ; malgré tout, je suis le seul directeur à être resté sur la rive droite pendant toute la bataille, eh bien, Barouline, son adjoint, ne me l'a pas passé. « Le camarade Priakhine est occupé, m'a-t-il dit, il ne pourra pas vous parler. » S'il est occupé, va pour occupé.

— Et à côté de Serioja, poursuivait Vera comme si elle n'entendait pas son père, il y avait un lieutenant, un camarade de Tolia. Où est-il, maintenant, ce lieutenant ?

Comme elle avait envie que quelqu'un lui dise : « Où veux-tu qu'il soit, il doit être en train de se battre quelque part, sain et sauf ! »

Cela aurait adouci sa peine, si peu que ce fût.

— Moi, je lui dis, continua Spiridonov en poursuivant sa pensée, tu sais bien que je m'en vais aujourd'hui, et lui : dans ce cas, adressez-vous à lui, sous forme écrite. Bon, qu'il aille au diable, ça suffit ! Buvons encore un coup, c'est la dernière fois que nous sommes assis à cette table.

Il leva son verre en direction d'Andreïev.

— Ne m'en veuillez pas, Pavel Andreïevitch !

— Nous, les ouvriers, on est tous pour vous, dit Andreïev.

Spiridonov avala la vodka, resta quelques instants immobile, comme s'il sortait la tête de l'eau, et attaqua la soupe. On n'entendait plus, à table, que le bruit qu'il faisait en mangeant son pâté et en battant la mesure avec sa cuiller.

Le petit Mitia se mit à pleurer et Vera se leva de table pour le prendre dans ses bras.

— Mangez donc, dit Natacha à Alexandra Vladimirovna, comme si c'était une question de vie ou de mort.

— Sans faute, la rassura Alexandra Vladimirovna.

Stepan Fiodorovitch prononça avec une solennité d'ivrogne, pleine d'énergie joyeuse :

— Natacha, je vous le dis devant tout le monde, vous n'avez rien à faire ici. Partez à Leninsk, prenez votre fils, et venez nous rejoindre dans l'Oural. Nous serons ensemble, on est mieux ensemble.

Il aurait voulu saisir son regard, mais elle baissait la tête et il ne pouvait voir que son front, ses beaux sourcils bruns.

— Et vous aussi, Pavel Andreïevitch, venez avec nous. On est mieux ensemble.

— Où voulez-vous que j'aille ? Je ne commencerai pas une nouvelle vie.

Stepan Fiodorovitch se tourna vers Vera ; elle se tenait près de la table avec Mitia dans les bras et elle pleurait.

Et pour la première fois au cours de cette journée, il vit les murs qu'il allait quitter ; et tout s'effaça, perdit son importance : la douleur qui le tenaillait, le licenciement, la perte du travail qu'il aimait, la perte du respect des gens, la honte et la rancune qui le rendaient fou et le privaient de la joie de la victoire.

Alors la vieille femme qui était assise à côté de lui, la mère de Maroussia, de sa femme qu'il aimait et qu'il avait perdue à jamais, l'embrassa sur le front et lui dit :

— Ce n'est rien, ce n'est rien, mon Stepan, c'est la vie.

63

Toute la nuit, il avait fait chaud dans l'isba. On avait fait marcher le poêle le soir.

La locataire et son mari, un militaire blessé arrivé la veille en permission, avaient parlé toute la nuit. Ils parlaient à voix basse pour ne pas réveiller la vieille logeuse et leur fille qui dormait sur un coffre.

La vieille n'arrivait pas à trouver le sommeil. Elle était en colère contre sa locataire ; pourquoi ces messes basses ? Cela la gênait : elle écoutait malgré elle, tendait l'oreille pour relier entre eux les quelques mots qui parvenaient jusqu'à elle.

S'ils avaient parlé à haute voix, elle les aurait écoutés un petit peu, puis se serait endormie. Elle avait même envie de taper dans le mur : « Pourquoi baissez-vous la voix, vous pensez peut-être que c'est intéressant, ce que vous racontez ? »

La vieille saisissait quelques phrases, puis le murmure redevenait indistinct.

Le militaire dit :

— Je viens de l'hôpital, je n'ai même pas pu vous apporter des bonbons. C'est une autre paire de manches au front !

— Eh bien, moi, répondit la femme, je t'ai régalé avec des pommes de terre à l'huile.

Puis la vieille n'entendit plus rien, il lui sembla que la femme pleurait.

Puis la vieille l'entendit dire :

— C'est mon amour qui t'a sauvé.

« Briseur de cœurs », pensa la vieille.

La vieille s'assoupit et dut se mettre à ronfler car les deux voix se firent plus fortes.

Elle se réveilla et entendit :

— Pivovarov m'a écrit à l'hôpital ; à peine j'étais lieutenant-colonel qu'on m'a proposé pour un nouvel avancement, colonel cette fois. C'est le commandant de l'armée qui l'a fait. C'est qu'il m'a mis à commander une division. Et j'ai obtenu l'ordre de Lénine. Et tout ça pour le combat que j'ai passé à chanter comme un idiot, enterré sous les décombres, sans liaison avec mes bataillons. J'ai l'impression d'avoir trompé tout le monde. Tu ne peux pas t'imaginer comme je me sens mal à l'aise.

Puis ils durent remarquer que la logeuse ne ronflait plus et se remirent à parler à voix basse.

La vieille vivait seule, son mari était mort avant la guerre et sa fille l'avait quittée pour aller travailler à Sverdlovsk. La vieille n'avait pas de proches au front et elle ne parvenait pas à comprendre pourquoi la venue du militaire la dérangeait tellement.

Elle n'aimait pas sa locataire. C'était, pensait-elle, une femme qui ne savait pas vivre, sans indépendance. La locataire se levait tard, sa fillette était mal tenue, elle portait des vêtements déchirés, mangeait n'importe quoi. La locataire restait le plus souvent assise à table sans rien dire et regardait par la fenêtre. Mais, parfois, ça la prenait, elle se mettait à travailler et alors il apparaissait qu'elle savait tout faire : elle cousait, lavait les planchers, préparait une très bonne soupe, et même, bien qu'elle fût de la ville, elle savait traire. Visiblement, elle avait quelque chose qui ne tournait pas rond. Et sa fille aussi ; c'était une petite maigrichonne. Elle aimait beaucoup jouer avec des scarabées, des sauterelles, des cafards et elle jouait bizarrement, pas comme les autres enfants : elle les embrassait, leur racontait des histoires, puis elle les relâchait et après elle pleurait, les appelait par leur nom, les suppliait de revenir. La vieille lui avait apporté à l'automne un hérisson qu'elle avait trouvé dans la forêt, la fillette ne le quittait pas un seul instant, elle le suivait partout. Quand le hérisson poussait un grognement, elle fondait de joie. Quand le hérisson se réfugiait sous la commode, elle s'asseyait devant et disait à sa mère : « Fais pas de bruit, il dort. » Et quand le hérisson était reparti, elle était restée deux jours sans vouloir manger.

La vieille vivait dans la crainte que sa locataire se pende et qu'elle se retrouve avec la petite fille sur les bras ; elle n'avait pas envie d'avoir de nouveaux soucis à la fin de ses jours.

« Je ne dois rien à personne », se disait-elle. Et, chaque matin, elle se levait en se demandant si elle n'allait pas trouver sa locataire suspendue à un crochet au plafond. Que faire de la fille, dans ce cas ?

Elle était persuadée que le mari de sa locataire l'avait abandonnée, qu'il s'était trouvé une nouvelle femme au front, plus jeune que la première, et que c'était pour cela que sa locataire était si triste. Elle recevait rarement des lettres, et quand elle en recevait elle n'en devenait pas plus joyeuse. On ne pouvait rien tirer d'elle, elle se taisait tout le temps. Les voisines aussi avaient remarqué que la vieille avait une drôle de locataire.

La vieille n'avait pas été heureuse avec son mari. C'était un ivrogne et il avait le vin mauvais. Et il ne battait pas comme tout le monde, il voulait toujours l'atteindre avec un bâton ou le pique-feu. Il battait aussi sa fille. À jeun, ce n'était guère mieux, il trouvait toujours quelque chose à redire, il fourrait son nez dans les casseroles, pire qu'une bonne femme. Il était près de ses sous. Il lui faisait tout le temps la leçon : et elle ne savait pas faire la cuisine, et elle ne savait pas traire, et elle ne savait pas faire le lit. Et un juron tous les deux mots. Il l'avait habituée, elle aussi. Elle jurait pour un oui, pour un non, maintenant. Elle n'avait pas versé une larme à sa mort. Même vieux, il l'embêtait. Rien à faire, il était ivre. Il aurait pu au moins se sentir gêné en présence de sa fille. Rien que d'y penser, elle avait honte. Et qu'est-ce qu'il ronflait, surtout quand il était ivre ! Et sa vache, quelle cabocharde celle-là, qui veut toujours se sauver du troupeau. On ne peut pas la rattraper quand on est vieux.

La vieille écoutait les chuchotements derrière la cloison, ou bien elle se souvenait de sa vie passée avec son mari. Elle éprouvait, en même temps que de la rancune, de la pitié à son égard. Il travaillait dur et gagnait peu. Sans la vache, ils n'auraient pas survécu. Et s'il était mort, c'était à cause de la poussière qu'il avait avalée en travaillant à la mine. Elle n'était pas morte, elle, elle était encore en vie. Et un jour, il lui avait rapporté un collier de verre d'Ekaterinbourg, c'était sa fille maintenant qui le portait...

Tôt le matin, la petite fille n'était pas encore réveillée, ils allèrent au village. Il pouvait y obtenir du pain blanc avec ses cartes de rationnement.

Ils se tenaient par la main et marchaient en silence ; il fallait parcourir quinze cents mètres à travers la forêt puis descendre vers le lac et longer sa rive.

La neige n'avait pas encore fondu et prenait une couleur bleue. Entre ses gros cristaux rugueux naissait le bleu de l'eau du lac. Sur le côté ensoleillé de la colline, la neige fondait et l'eau courait dans le fossé le long de la route. L'éclat de la neige, de l'eau, des flaques, encore prises dans la glace, aveuglait. La lumière était si intense qu'il fallait se frayer un chemin à travers elle, comme à travers des fourrés. Elle dérangeait, gênait, et, quand ils brisaient la pellicule de glace en marchant sur les flaques, il leur semblait que c'était la lumière qui crissait sous leurs pas, qui se fendait en éclats-rayons aigus et piquants. La lumière coulait dans le fossé, et quand des pierres barraient le passage, la lumière se gonflait, écumait, clapotait et bruissait. Le soleil printanier s'était rapproché tout près de la terre. L'air était frais et tiède à la fois.

Il lui semblait que sa gorge, brûlée par le gel et la vodka, endurcie par le tabac et les gaz des explosions, par la poussière et les jurons, était lavée, rincée par la lumière et le bleu du ciel. Ils pénétrèrent dans la forêt, à l'ombre des premiers pins. La neige, ici, n'avait pas commencé à fondre. Dans les pins, les écureuils étaient au travail, et en bas la croûte gelée de la neige était jonchée d'écailles et de pommes de pin rongées.

Le silence dans la forêt venait de ce que la lumière, arrêtée par les ramures, ne faisait plus de bruit mais enveloppait précautionneusement la terre.

Ils marchaient toujours en silence, ils étaient réunis et c'était pour cette raison que tout était si beau alentour et que le printemps était arrivé.

Ils s'arrêtèrent d'un même mouvement. Deux gros bouvreuils étaient perchés sur une branche de sapin. Leurs poitrines rouges ressemblaient à des fleurs sur une neige ensorcelée. Étrange, étonnant était le silence en cette heure.

Il contenait le souvenir des feuillages de l'an passé, des pluies d'automne, des nids construits et abandonnés, de l'enfance, du travail ingrat des fourmis, de la perfidie des renards, de la guerre de tous contre tous, du bien et du mal nés en un seul cœur et morts avec ce cœur, des orages et des tonnerres qui avaient fait frémir les troncs des pins et les cœurs des lièvres. La vie écoulée – joie des rendez-vous amoureux, bavardage incertain des oiseaux en avril, rencontres avec des voisins d'abord étranges, puis devenus familiers – dormait sous la neige, dans la froide pénombre.

Dormaient les forts et les faibles, les audacieux et les craintifs, les heureux et les malheureux. C'était le dernier adieu, dans la maison vide et abandonnée, à tout ce qui était mort et parti pour toujours.

Mais on sentait le printemps avec plus d'acuité dans la forêt que dans la plaine éclairée par le soleil.

Dans ce silence de la forêt, la tristesse était plus forte que dans le silence de l'automne. On entendait dans son mutisme les morts qu'on pleure et la joie furieuse de vivre…

Il fait nuit encore, et il fait froid, mais encore un instant et les portes et les volets s'ouvriront, la maison déserte revivra, s'emplira de pleurs et de rires d'enfants, résonnera des pas pressés de la femme aimée, du pas assuré du maître de maison.

Ils restaient immobiles, tenant leur cabas à la main, et ils se taisaient.

NOUVELLES

ABEL. LE SIX AOÛT[1]

traduit du russe par Luba Jurgenson

1

Ce soir-là, le feuillage et les herbes sentaient fort, le silence était doux et limpide. Les lourds pétales des grandes fleurs blanches, dans le parterre devant la maison du chef, prirent une teinte rosée, puis l'ombre les recouvrit : la nuit était tombée. Les fleurs se détachaient en blanc, comme taillées dans une roche massive, épaisse incrustation sur fond d'obscurité bleue, dense. La mer étale, qui entourait l'île et exhalait chaleur et pourriture salée, perdit ses couleurs jaune et verte, devint rose, violette, puis on entendit le bruit régulier des vagues et des ténèbres étouffantes et humides s'abattre sur l'îlot perdu au milieu de l'eau, sur les constructions de l'aérodrome, sur la palmeraie et l'antenne argentée semblable au mât d'un bateau.

Des feux rouges et verts oscillaient dans le noir : c'étaient des signaux sur les hydravions dans la baie. Des étoiles apparurent, éclatantes, lourdes, grasses comme le sont les papillons, les fleurs et les vers luisants dans ces broussailles marécageuses où le pied s'enfonce et le souffle vous manque.

Même la nuit, le soleil continuait d'écraser la terre de sa poigne de fer : pas un souffle de fraîcheur, toujours la même chaleur moite, la même chemise qui colle au corps, la même sueur sur les tempes.

Sur la terrasse, des aviateurs étaient assis dans des fauteuils en osier : l'équipage d'un avion. Une jeune fille couleur chocolat en blouse blanche amidonnée, une coiffe blanche sur la tête, avec des lunettes rondes apporta des assiettes sur un plateau et posa sur la table des tasses remplies de thé noir froid.

Barens, le chef de l'équipage avait des mains d'enfant ; jamais on n'eût dit que ces doigts fins étaient capables de manipuler les commandes d'un grand bombardier.

---

1. © Ayants droit Vassili Grossman.
© Éditions Robert Laffont pour la traduction française, 2006.
Le 6 août 1945 est la date du bombardement atomique d'Hiroshima par les États-Unis.

Mais les pilotes savaient que le nom du lieutenant-colonel Barens se trouvait parmi les cinq premiers sur la liste, pourtant très longue, des officiers des forces aéronavales américaines. Ceux qui avaient été chez lui ou avaient participé à des combats aériens à ses côtés avaient du mal à concilier l'image du petit bonhomme en tablier de toile cirée, un petit arrosoir vert à la main, qui s'extasiait longuement sur la couleur et la forme de ses tulipes, et celle d'un grand aviateur taciturne et tenace, calme et impassible.

Black, le copilote, passait pour un mélancolique. Il perdait ses cheveux : sa tête se dégarnissait de partout. Rien que de voir sa peau toute pâle sous ses cheveux clairsemés, l'ennui vous prenait à la gorge. Il cherchait la recette d'une reconstruction radicale de la société, qui apporterait la prospérité économique et la paix dans le monde entier. En attendant, il conduisait un bombardier quadrimoteur.

Le troisième membre de l'équipage était Dill, le radio, un homme tiraillé entre deux passions : le sport et la gourmandise. Il avait fait partie, jusqu'à une date récente, de l'équipe de basket-ball des forces aéronavales. Mais sa gourmandise lui avait valu six kilos de trop, et il dut se transformer en supporter. Dill était cultivé, fort en théorie et ses cours d'électronique avaient un grand succès auprès des techniciens et des motoristes.

Le capitaine Mitscherlich, un bel homme grisonnant et mince, connaissait parfaitement son métier, lui aussi. Jusqu'en 1941, il avait enseigné à l'École supérieure d'aéronautique. Sa spécialité, c'étaient les équipements aéronavals. Il s'était engagé dès le début de la guerre et avait été envoyé dans un des régiments du Pacifique. Pour expliquer son attitude cynique envers les femmes, on disait que son cœur avait été ravagé par un amour malheureux.

Le cinquième membre de l'équipage était Joseph Connor, pilote bombardier de vingt-deux ans, un garçon aux joues vermeilles et aux yeux clairs. Il n'avait pas une grande expérience des vols, mais déjà pendant les exercices, à l'école militaire, il avait toujours été premier. Ses camarades de régiment lui attribuaient plusieurs records : il s'aventurait le plus loin en nageant, il riait plus souvent que les autres et recevait le plus grand nombre de lettres écrites par une main féminine. Ces lettres faisaient jaser ; il en rougissait, car en fait, elles lui étaient adressées par sa mère. Les beuveries le dégoûtaient ; il s'offrait des festins solitaires en cachette : du lait chaud non écrémé accompagné d'une cuillerée de confiture de pêche après chaque gorgée. Deux fois par semaine, il envoyait une lettre chez lui.

Après avoir survolé le Japon plusieurs nuits durant, l'équipage se retrouva soudain totalement désœuvré, et ce pendant une semaine entière.

Le seul à souffrir de cette oisiveté fut Connor ; les autres ne demandaient pas mieux. Le premier pilote déterrait des plantes qu'il trouvait sur l'île pour les mettre dans des pots fabriqués avec des boîtes de conserve.

Il avait décidé de rapporter quelques bulbes dans sa patrie et préparait en toute hâte un colis. Un ami aviateur, qui transportait des marchandises, se chargerait de le remettre à sa famille.

La nuit, Mitscherlich jouait au poker avec les intendants et le chef de l'entrepôt de combustibles ; puis, quand se levait le vent du nord-est et qu'il se mettait à faire moins chaud, il s'amusait avec la serveuse indigène, la jeune Molly aux gros seins, qui ne devait pas avoir plus de quinze ans.

Dill était occupé à tracer une courbe permettant de prévoir l'issue de n'importe quel match de basket-ball. C'était un travail fastidieux au cours duquel il analysait les résultats des matchs sur plusieurs années et faisait des calculs complexes. Le soir, Dill jouait les maîtres queux : il préparait du poisson à la chair tendre, pêché sur place, avec des légumes, des fruits et des épices apportées des États-Unis. Il mangeait lentement, plongé dans ses pensées, et n'invitait personne à partager son repas. Parfois, il levait les sourcils et haussait les épaules : cela voulait dire qu'il n'était pas complètement satisfait de son met. Alors, il réssayait la même recette plusieurs fois d'affilée.

Black le mélancolique restait allongé dans un hamac avec un tas de journaux et de brochures. Il faisait des marques dans les marges au crayon de couleur puis soudain, il s'endormait, comme tombant dans un trou d'air.

Connor se baignait souvent, écrivait des lettres à sa mère et lisait des romans. Il ne se rendait pas compte que les jeunes filles du secrétariat du chef, tout comme les serveuses noires, étaient folles de lui. Costume et képi d'un blanc immaculé, il revenait de la plage, sa serviette sur l'épaule, bronzé, les yeux bleus, véritable gravure de mode ; l'émotion gagnait alors la population féminine de l'île, fort peu nombreuse d'ailleurs, et le télégraphe sans fil transmettait le message : « Connor est là. »

Les oreilles féminines savaient distinguer le bruit des moteurs de son avion, au nombre de quatre, au moment de l'atterrissage ; aussitôt, la nouvelle se répandait sur l'île : « Il est rentré. » Mais le jeune bourreau des cœurs amateur de confiture affichait l'ignorance, l'indifférence et l'innocence.

Molly avait dit un jour à Mitscherlich qu'elle était prête à l'aimer des années, mais qu'un mot du bombardier au yeux bleus suffirait pour qu'elle oublie son attachement et le bon sens. Mitscherlich de répondre, avec une légère tape dans le dos : « À ta place, je ferais la même chose. » Mais un peu plus tard, voyant Connor allongé dans son hamac en train de lire un roman, il avait lancé en présence de Dill et de Black : « Voici une maquette d'homme en papier mâché. Un jeune idiot dépourvu de sexualité. »

Surpris par l'agressivité du beau Mitscherlich, Dill se mit à rire ; Black, lui, réagit en philosophe mélancolique grand connaisseur du genre humain :

« Résignez-vous, mon vieux, vous n'y pouvez rien ! »

Rien ou presque ne semblait lier entre eux ces hommes, l'équipage de l'hydravion réuni sur l'île par le Grand Quartier général. Ils avaient pourtant quelque chose en commun : chacun était le meilleur spécialiste dans son domaine. L'avion qu'on leur avait confié était équipé d'un moteur d'une perfection encore jamais vue, d'appareils électriques, de viseurs et de toutes sortes d'innovations. Même eux, qui avaient l'habitude de la technique, s'étaient sentis, dans un premier temps, comme un paysan qui se retrouve au volant d'une petite voiture alors qu'il a toujours conduit un gros tracteur.

Ils volaient souvent et longtemps. On ne les laissait jamais en paix. Plus le temps était affreux, le vent fort, la visibilité mauvaise, le ciel orageux et plus ils avaient de chances d'être envoyés en mission.

Leur chef leur disait qu'ils effectuaient des vols de reconnaissance, que les documents photographiques qu'ils avaient réalisés présentaient un immense intérêt pour le commandement.

Mais apparemment, ces vols servaient surtout à les entraîner. C'était clair, en tout cas pour Connor. À chaque mission, l'avion transportait une bombe de forme et de poids inhabituels. Il ne s'agissait pas d'engins incendiaires. Après leur explosion, quelle que soit la hauteur, il restait un nuage compact de fumée sombre : un signal. Pour les lâcher, on devait tenir compte d'un nombre incalculable de paramètres. Un contrôle photographique était effectué par la suite. Bien sûr, Joseph devint vite imbattable à ce petit jeu. Un jour, on les convoqua chez le chef, qui leur parla d'une nouvelle arme. Après quoi ils jurèrent solennellement de garder cette conversation secrète.

Certains militaires sont rassurés à l'idée qu'ils doivent obéir aux ordres sans se poser de questions. C'est aux gradés de prendre des décisions, de donner des directives, de se casser la tête ; les subalternes, eux, se contentent de donner leur vie.

À présent qu'ils avaient effectué quelques dizaines de vols, ils se sentaient sur la même longueur d'onde et formaient un groupe parfaitement soudé, comme les ouvriers d'une même usine, les mineurs à la mine, les pêcheurs sur un chalutier.

Pourtant il n'y avait pas entre eux de liens humains véritables qui aident à accomplir le dur labeur quotidien et qui font chaud au cœur.

Le soir, au moment du souper, ils se moquaient les uns des autres en regardant la nouvelle serveuse qui remplaçait Molly. Cette dernière avait une crise de malaria. Comme la plupart des gens qui, dans leur métier, risquent constamment leur vie, ils ne réfléchissaient pas au sens de l'existence et de la mort, et même Black, qui avait des velléités philosophiques, n'était pas une exception. La mort faisait partie des risques du métier, était une sorte d'échec professionnel lié à une panne ; personne n'était à l'abri. La mort d'un pilote, loin d'être une fatalité, un coup mystique, survenait pour des raisons techniques ou météorologiques, l'aviation de chasse et l'artillerie de l'adversaire étant trop perfectionnées, les moteurs pas assez puissants ou les conditions de navigation difficiles.

Après la mort d'un pilote ou la disparition de tout un équipage, ils demandaient : « Que s'est-il donc passé ? » Mais les réponses du style « le groupe de moteurs du côté droit de l'appareil s'est bloqué au moment où le pilote se dirigeait vers sa cible » ou « à l'approche de l'avion de chasse ennemi le canon a refusé de fonctionner » ne les satisfaisaient pas. Ils demandaient alors : « Et pourquoi les moteurs se sont-ils bloqués ? » « Pourquoi le canon n'a-t-il pas tiré ? » On leur disait qu'il y avait eu un faux contact, que l'alimentation en combustible ne se faisait plus ou que le mécanisme de chargement automatique du canon s'était bloqué, mais ils ne s'en contentaient pas non plus.

Lorsqu'ils comprenaient enfin, dans les moindres détails, les raisons de l'accident, celui-ci devenait naturel. Il faisait partie d'un processus technique.

Il était exceptionnel que les hommes soient responsables de leur mort : un pilote avait perdu la raison en plein vol, un autre avait décollé en état d'ébriété, deux aviateurs avaient manqué de réflexe. Mais là encore, tout se réduisait à une avarie : en fin de compte, c'était le moteur qui lâchait, pas l'homme. Voilà qui était essentiel.

Parfois, pris de boisson, les pilotes se faisaient des confidences. Après tout, un homme n'était qu'un homme : il avait une mère, un père, une sœur et, pour peu qu'il soit marié au moment où son avion s'écrasait, le monde comptait désormais une veuve et des orphelins de plus.

Ce soir-là, personne n'était vraiment ivre, mais les pilotes s'étaient mis à philosopher.

« N'oubliez pas, dit Black, qu'un pilote de chasse ne meurt jamais seul. »

Mitscherlich ajouta qu'il était capable non seulement de faire mourir un être humain, mais d'en faire naître un. Et d'ajouter, en regardant la nouvelle serveuse qui écoutait leur conversation avec curiosité :

« Et je veux bien vous le prouver dès qu'il fera un peu moins chaud. »

Joseph, gêné, s'étrangla et se mit à tousser.

La jeune fille lança avec défi :

« Vraiment ? J'ai des doutes. »

Quatre hommes se mirent à rire, Connor eut une nouvelle quinte de toux.

« Dans ce cas, posez votre plateau, dit Mitscherlich, et tant pis pour le facteur météorologique.

— Pour ce qui est de vos prouesses, je ne me prononce pas, dit le commandant de l'équipage, mais pour l'éducation, vous repasserez. »

Mitscherlich avait de l'amour-propre à revendre et une grande admiration pour sa propre personne : il aimait sa chevelure légèrement grisonnante, son profil, ses orteils, son rire, sa toux grasse, sa manière de porter le verre à ses lèvres, son indépendance, sa brutalité.

Mais il se maîtrisa et dit :

« Ce que vous dites est assez grossier aussi.

— Je réponds à une grossièreté dite à une femme », répliqua le capitaine.

La serveuse avait déjà quitté la terrasse, et Mitscherlich demanda, sincèrement étonné :

« Cette petite guenon binoclarde ?

— Cette jeune fille est née la même année que ma fille », répondit Barens.

Black reprit la parole. D'une voix monocorde, il débita tout d'une haleine que les hommes étaient égaux à leur naissance et devant la mort ; donc, pendant le court instant entre ces deux abîmes d'égalité, il fallait respecter les lois, pour lesquelles il n'y avait ni Noirs, ni Blancs, ni Jaunes, ni pauvres, ni riches.

Dill hasarda, sans avoir écouté sa harangue jusqu'au bout :

« La doctrine de Black consiste à faire de la lèche au chef et à mettre en cause le capitaine. »

Alors, perdant son flegme, Black cria au radio d'une voix sonore, autoritaire :

« Cessez de dire des saloperies sur moi !

— Arrêtez, les gars, dit Connor de sa voix chantante. Vous n'avez pas de raison de vous mettre en colère. C'est qu'on n'en peut plus de se tourner les pouces. »

C'était le plus jeune qui avait parlé, le morveux, le gourmand ; à cause de cela, ce qu'il dit parut comique et la phrase autocritique que chacun prononça sonna comme une moquerie.

Mitscherlich proféra sur un ton qu'on ne lui connaissait pas :

« On peut être intelligent et honnête et en même temps un raté complet. En cela, on est égal aux autres. C'est bien raison pour laquelle on dit que tous les hommes sont frères.

— Et chacun a plus d'amour pour lui-même que pour les autres, en cela on est tous pareils, ajouta Black, et l'égalité universelle a progressé d'un cran. La différence, c'est que les uns se vantent d'être égoïstes, comme Mitscherlich, d'autres le cachent, et certains, comme moi, font semblant d'aimer leur prochain plus qu'eux-mêmes, pour se faire plaisir bien sûr. »

Dill dit :

« Amen. Je me sens idiot à côté de vous. On a envie de sortir un carnet et de noter vos discours.

— Pas les miens », marmonna Barens.

Connor ajouta :

« Vous avez tous des occupations, et moi, je m'ennuie à mourir, ça me rend complètement débile, ce qui pour moi n'est pas si difficile. »

La fougue autocritique et la bonne humeur ne durèrent que quelques minutes. On se mit soudain à parler de guerre.

Black dit :

« N'oublions pas que nous luttons contre le mal suprême, le nazisme. On n'hésiterait pas à mourir pour cette cause. Le tout c'est de ne pas l'oublier.

— C'est juste, répondit Dill, mais comment y penser quand votre avion a pris feu et que vous tombez comme un sac de patates, les quatre fers en l'air ? Il y a de quoi oublier son propre nom. »

Mitscherlich demanda à Joseph en zézayant, comme s'il parlait à un bébé :

« La mort, c'est beurk, pas vrai ? C'est caca, la mort ! Mais moi, je laisse aux gradés le soin de discuter les objectifs de cette guerre. Je risque ma peau, ça me suffit. Sinon, on pourrait découvrir un jour que cette guerre n'était pas juste, et c'est encore moi qui vais trinquer.

— Personne ne pourra fuir ses responsabilités », dit Barens.

Et tous de protester : comment un soldat pourrait-il être tenu responsable de quoi que ce soit ?

« Je parle de responsabilité morale », rectifia Barens.

Black dit :

« Tu sais, la technique nous en libère. Autrefois, on brisait la tête de son ennemi à coup de massue, et sa cervelle vous éclaboussait : votre responsabilité était flagrante. Par la suite, la longueur de la lance, le vol de la flèche ont créé un écart entre lui et nous. On entendait juste le cri. L'ennemi s'est éloigné encore à la distance d'un tir d'arquebuse, de mousquet, on n'entendait même plus ses gémissements, on le voyait juste tomber, un petit bonhomme multicolore, puis une figurine grise, une silhouette floue, puis juste un point, et à la fin on a cessé de voir non seulement le bonhomme, mais même le bateau sur lequel il se trouvait... Qui est responsable ? Celui qui voit l'ennemi est un observateur, ce n'est pas lui qui tire ; l'artilleur, lui, ne voit rien, il réagit à des données qu'on lui soumet, de quoi voulez-vous qu'il réponde ? Non, les responsables ne sont pas ceux qui tirent. »

Joseph intervint dans la conversation :

« Je n'ai jamais vu un Japonais en uniforme.

— C'est tout bonnement ridicule ! Pourquoi ce gamin devrait savoir ce que veulent les chefs ? ajouta Dill. Il s'agit de tracer une courbe : l'axe des ordonnées marque la portée du tir, celui des abscisses la responsabilité. La courbe tend vers zéro, la responsabilité morale est infinitésimale, on peut pratiquement ne pas en tenir compte. C'est ainsi qu'on procède dans les calculs. »

La nuit, le bombardier écrivit une lettre :

Chère maman, si tu savais comme je m'ennuie de toi. Ce n'est pas ma faute si les gens d'ici ne m'intéressent pas. Leurs distractions, leurs discussions, leurs beuveries me donnent la nausée.

Si tu savais comme j'ai envie d'être près de toi. Je te dis la vérité : ce n'est pas seulement parce que je t'aime plus que tout au monde, mais parce que tu es la seule à comprendre que je suis plus près des petits que des grands et que je n'ai pas besoin de cocktails, ni de blagues scabreuses. Moi, je voudrais que le soir tu sois là pour m'appeler à table, pour veiller à ce que je ne traîne pas jusqu'au soir sur le terrain de basket. Je voudrais que tu me bordes dans mon lit et vérifies si j'ai bien plié mes vêtements. Les gens ici ne veulent pas faire de sport à cause de la chaleur, ils se moquent de moi parce que je ne joue pas aux cartes, ne me soûle pas, ni ne me lance, une fois ivre, dans des conversations idiotes sur des grandes questions. Et c'est sans fin, ça. Ce soir, Black nous a expliqué les buts de la guerre, mais je n'ai pas bien compris en quoi cela me concernait. Moi, je sais ce que je voudrais : être à la maison, près de toi et de toute notre famille, revoir ma chambre, notre jardin et notre cour, dîner avec toi, entendre ta voix...

Le matin, le commandant du vaisseau fut convoqué à l'état-major. En rentrant, il téléphona à tous les membres de l'équipage, les priant de passer chez lui.

Ils le trouvèrent dans le jardin, en train de déterrer des racines brunâtres, velues, semblables à des chenilles avec des pousses cylindriques d'un jaune ambré ; il les recouvrait de petites cloches de papier portant des inscriptions et des dates. Ses oreilles et son cou étaient tout rouges : il était complètement pris par son travail de jardinier.

« Nous avons reçu l'ordre de partir cette nuit, dit-il. Il se redressa, s'essuya les mains, plissa les yeux. Le jardinier avait disparu.

— Une mission de combat ? demandèrent-ils tous les quatre d'une même voix.

— Oui, la nouvelle arme. Bon, vous avez compris. Ce dont le chef nous avait parlé lors de l'entretien secret. Je ne sais pas pourquoi, on nous a confié un passager. Nous serons escortés par deux Boeings 29.

— La destination et la trajectoire ont-elles été définies ?

— Oui, le nom de la ville m'est sorti de la tête. Un instant, je vais consulter mes notes. Nous avons l'ordre de nous en tenir strictement à la trajectoire. Je vous la remettrai.

— Et la liaison radio ? demanda Dill.

— Il y a aussi des instructions te concernant. Bref, Dill, vous n'allez pas vous ennuyer.

— Et pour moi, il y a des instructions spéciales ? demanda Connor.

— Pas grand-chose. Il faut viser à peu près le centre géométrique de la ville. Il n'y a pas de cible plus précise. Attends que je vérifie. On garde l'altitude critique, six mille mètres, ni plus ni moins. »

Black ne posa pas de questions. Il n'était que copilote et s'énervait chaque fois qu'on le lui faisait sentir. C'était, bien sûr, à lui de donner des instructions et non pas à Barens.

Mitscherlich dit, s'adressant au chef de l'équipage :

« Ce n'est pas tout à fait comme d'habitude, on dirait ?

— Pas tout à fait », répondit Barens après une hésitation.

Pendant la journée, ils furent convoqués à l'état-major à deux reprises pour entretien et nouvelles instructions. Puis on leur fit rencontrer leur passager, un colonel maigre et voûté aux yeux bleus myopes avec une large calvitie blanche absolument ronde, comme tracée au compas. À ses manières, à ses gestes, on comprenait qu'il n'était pas familier de la vie militaire.

« Un professeur de médecine, propriétaire d'une clinique, dit Mitscherlich.

— Un pharmacien ou quelque chose dans ce genre, peut-être que c'est le vice-président », ajouta Dill.

Ils se rendirent auprès de l'avion, accompagnés de leur passager.

Le colonel s'intéressait surtout au bombardier. Il interrogea Joseph, examina le viseur automatique, le mécanisme du lance-bombes. Aux questions qu'il posait, on sentait qu'il était loin d'être idiot. C'était peut-être un inventeur. Personne ne connaissait son nom. Ensemble, ils vérifièrent le fonctionnement des moteurs et des appareils.

Le chef de l'équipage surveillait tout personnellement. Le colonel, lui, regagna sa base. Puis, un médecin les examina avec le soin d'une mère, on leur fit prendre un bain et on les envoya se coucher.

À présent, assis sur la terrasse, ils buvaient du thé froid bien infusé, regardaient la route étroite et les fleurs immenses, comme en cire, se détacher en blanc dans l'obscurité ; ils écoutaient les doux clapotis d'eau, le bruit du groupe électrogène à la centrale. Après tout, le mystère dont était entouré ce vol ne les inquiétait pas tant que cela. Quelle importance, finalement ? Fallait-il tester une nouvelle arme ou le premier appareil d'une série ? S'agissait-t-il d'un ultimatum ou de la promenade d'un haut gradé ? C'était le service, voilà tout.

Sur le chemin de l'aérodrome, Joseph était assis à côté du chauffeur, un gars rieur, sympathique, noiraud, qui avait le type grec. La voiture roulait à toute allure, balayant la nuit de la lumière bleue fantastique de ses phares.

À cet instant, il ressentit avec une acuité particulière le bonheur de l'existence. Jeunes et vieux, chiens, grenouilles, papillons, vers et oiseaux, tous profitaient de la vie...

Il étouffait de bonheur, la chaleur le submergeait ; son front se couvrit de sueur, il avait tellement envie de faire une bêtise pour prendre conscience de ses vingt-deux ans, dans la joie et la plénitude de son corps aux épaules larges, aux gestes légers et rapides, et de son cœur jeune et gai, bon envers tout ce qui était vivant.

Lorsque la voiture s'arrêta sur la rive, Joseph dit à Barens :

« Je m'absente pour une dizaine de minutes. D'accord ? »

Barens acquiesça d'un signe de tête :

« On a le temps. »

Joseph courut vers les arbres sombres, s'assit, se déshabilla rapidement et se dirigea vers l'eau en marchant sur le sable encore chaud. Debout, sur la rive en contrebas coupée du monde par des arbres, en voyant remuer les eaux vastes et paresseuses de l'océan, il sentit le bonheur de nouveau, sans raison.

Il courut, se jeta dans l'eau. Elle était chaude, il se mit à nager, plongea, un goût salé envahit ses lèvres ; l'eau ruisselait sur ses cheveux, lui chatouillait les tempes, lui coulait sur les yeux. À travers ce voile, les étoiles du ciel lui parurent particulièrement belles. Les gouttes tremblaient sur ses cils, une minuscule étincelle diluée dans chacune ; c'est sans doute parce que cette lumière avait traversé des abîmes d'espace-temps, et parce que ces gouttes salées l'avaient captée après s'être réchauffées à la chaleur vive de son corps, qu'une sensation délicieuse, étrange, poignante s'éveilla dans la poitrine du jeune homme. Il nageait, jeune et vivant : en cet instant, le passé et le présent ne faisaient qu'un. Il était le petit Jo, avec son tablier de bébé, qui fixait les yeux tristes de son père à peine rentré de travail et écoutait sa voix éraillée lui dire : « Bonjour, mon petit garçon chéri. » Il entendait, aussi, le vrombissement victo-rieux des moteurs de son avion au-dessus d'un océan de nuages blancs qui masquait l'autre, le vrai ; il se rappela le bourdonnement dans sa tête blonde aux mèches folles après la première cuite...

Il lui sembla qu'il avait déjà nagé ainsi, la nuit, dans de l'eau chaude, et que le monde avait été aussi beau ; le scintillement des étoiles sur ses cils mouillés était familier, proche, compréhensible. Venue des profon-deurs galactiques et intergalactiques, de Sirius, du Voile et de la Mouche indienne, du Serpent d'eau et du Centaure, des Nuages de Magellan grand et petit, elle était aussi proche et familière qu'une mère... À cet instant, il sentit un lien fraternel et filial, tendre et bon, avec tout ce qui existait sur la terre et dans les profondeurs de la mer, les protées aveugles dans les cavernes cachées sous l'eau, tout ce qui était vivant et dont le souffle léger et bon, venu des étoiles, traversait l'espace pour effleurer ses cils de sa douce fraîcheur bleuâtre.

Il poussa un cri joyeux, plongea, remonta à la surface, regarda de nou-veau le ciel à travers les embruns et les gouttelettes, poussa encore un cri et, saisi de la peur enfantine de se faire attraper la jambe par un monstre, requin ou pieuvre géante, nagea vers la rive.

2

Cela faisait deux heures qu'ils avaient décollé. L'avion suivait exacte-ment l'indication des appareils. Une épaisse grisaille recouvrait l'immen-sité.

La coordination des gestes de l'équipage était à ce point parfaite que l'avion semblait un être vivant doué de volonté, un organisme supérieur.

À présent, les décisions et les actes des gens n'étaient dictés que par les calculs des appareils, par des chiffres. Cela ne ressemblait pas du tout à la vie ordinaire. Des aiguilles rouges et bleu noir sur les cadrans grands et petits, des chiffres lumineux traduisaient la complexité du monde ; l'alti-tude, la vitesse, la pression atmosphérique, la latitude, la longitude, des déviations magnétiques avaient remplacé les passions humaines, les souve-nirs, les doutes, les attachements. Les cœurs et la respiration des pilotes n'étaient plus qu'une fonction mathématique du mouvement ondulatoire des sinus, du glissement des logarithmes, de l'indication des écrans, de la tension changeante du champ électromagnétique.

C'était étonnant. Cet avion, qui décidait du sort des gens et que les humains servaient avec passion, cet avion inanimé fait de métal, de verre et de plastique avait été créé et lancé à travers l'obscurité par la volonté de l'homme, obéissait à cette seule volonté vivante.

Cette poitrine d'oiseau blindée, ces hélices, ces ailes claires fendaient, brisaient, brassaient l'obscurité et l'espace. L'aveugle se dirigeait vers son objectif sans la moindre hésitation.

Une épaisse obscurité tourbillonnait au-dessus de la terre, en tout semblable à celle qui surmontait l'océan ; elle envahissait l'infini qui paraissait
oblique comme l'espace cosmique einsteinien. L'obscurité était impénétrable même pour l'objectif le plus puissant, mais les hommes sentaient
parfaitement son immensité.

Leur passager regardait par le hublot, baissant sa grande tête chauve,
fasciné par ce mouvement sinistre dans l'obscurité humide. C'était la première fois qu'il voyait cet océan de ténèbres, cette vision l'inquiétait.

C'était son baptême de l'air, mais cela ne suffisait pas à expliquer son
émotion. En fait, il avait reconnu cette vision. Il s'était rappelé sa mère en
train de lui lire les premières lignes de la Bible où Dieu, le bras tendu,
passait dans un chaos où se mêlaient le ciel, la terre et l'eau. L'image
d'un chaos informe avait également hanté ses rêves d'enfant : traversé par
des volutes tourbillonnantes, à la fois lourd et léger, celui-ci était ténèbres
et vie, glace éternelle de la mort et apesanteur du ciel, masse noire des
minerais, des terres et des eaux.

Le passager tendit sa main, regarda ses longs doigts fins déformés par
la goutte avec des poils courts, ses ongles bien soignés, toucha le petit cal
qui s'était formé à force d'écrire avec un stylo. Mais l'obscurité au-
dessus de l'abîme ne se dissipait toujours pas, et il abaissa sa main.

Le soleil se leva au moment où l'avion approchait des îles du Japon.

La première lueur du matin glissa sur la tête blonde ébouriffée du bombardier, formant autour d'elle un nimbe lumineux. Le jeune homme se
pencha au-dessus du viseur et, retenant son souffle, se mit à observer les
flèches des dispositifs afin de vérifier pour la dernière fois le déplacement
souple et lent de la ligne de visée, bien éloignée encore, pour le moment,
du point de contrôle.

Les deux pilotes étaient aux commandes. Black se rejeta en arrière,
s'éloignant du tableau de bord ; ses mains imitèrent les gestes d'un pianiste qui a terminé de jouer : c'était au premier pilote de conduire l'avion
vers sa cible.

Black regarda Mitscherlich, ils échangèrent un coup d'œil, heureux de
la précision de leur travail : sur presque mille kilomètres, l'avion s'était
dirigé à l'aveugle, dans la nuit, et c'est exactement au moment voulu, à la
seconde près, qu'il était arrivé à l'endroit prévu au-dessus de la côte. Il y
avait de quoi être fiers. Dans sa précision, l'homme faisait presque concurrence à l'outil ; il aurait pu, par exemple, remplacer pendant un moment
une lampe électronique tombée en panne. Les gars des Boeings n'avaient
pas perdu le cap, eux non plus.

Dill le radio aspira l'air à plusieurs reprises. Selon les instructions, il
pouvait se reposer un peu. Il avait assuré la liaison durant tout le vol. À présent, il pouvait l'interrompre, pour la reprendre au signal « se diriger vers la
cible ». Dill trouva dans sa poche une tablette de chocolat, la coupa en deux
d'un geste familier et se mit plusieurs carrés dans la bouche.

« C'est plus rigolo », se dit-il, louchant vers sa joue gonflée.

Le passager se pencha de nouveau vers le hublot. Le soleil sortait, impatient, des eaux lourdes et sombres ; il s'en détacha avec légèreté et monta. Aussitôt, la cime enneigée de la montagne sur la côte devint rose, sa pente grise et douce, couverte de pins japonais, s'illumina. L'immense étendue d'eau se colora de vert, de jaune, d'orange. Le silence de l'océan, cette surface vivante, semblait étrange, car des milliers de clapotis, de bruits, de chuintements, de grondements montaient au-dessus des eaux puissantes.

Là où la terre et la mer se rejoignaient, dans la brume matinale endormie en ces derniers instants d'obscurité, au fond d'une vallée en forme de calice que la pente d'une montagne éloignée protégeait du soleil levant, se trouvait la ville.

Dans l'obscurité qui fondait rapidement, on voyait émerger la jetée, les constructions du port, on devinait le massif du parc, les trouées des places et les lignes des rues ; on voyait briller le delta de la rivière à plusieurs bras.

Le passager se détourna du hublot, regarda les pilotes. Le dos du premier était carré, celui de l'autre long et voûté, les deux portaient des uniformes blancs. Mitscherlich qui, la veille, parlait des concerts de New York, était en train de tracer des repères sur la carte. Dill mangeait son chocolat d'un air concentré et observait tranquillement les appareils.

Le passager remuait ses lèvres, mais ses paroles se perdaient dans le bourdonnement des moteurs et le tintement de ses oreilles.

Joseph regarda de son côté ; le vieillard dévorait des yeux la main du jeune homme ; il était fasciné par cette main d'écolier aux ongles longs, une tache d'encre sur l'index, trace de la lettre qu'il avait écrite à sa mère la veille. À cet instant, personne ne se tenait à côté de ce jeune homme, ni le président, ni le maître d'école, ni Arnold, le général des forces de l'Air, ni les physiciens, le génial Einstein en tête, ni Dupont, ni sa propre mère. Il n'y avait personne à côté de lui à cet instant-là.

Mais étaient-ils complètement rompus, les liens entre ces doigts et le reste du monde ?

On n'entendait pas les paroles, mais à quelques sons confus et surtout au mouvement des lèvres, Joseph comprit que le pharmacien à la grosse tête était en train de prier. C'était trop compliqué pour lui. Il devait brancher le dispositif télé, tout le reste, c'était la technique qui s'en chargeait.

Il appuya sur un bouton blanc brillant qui s'enfonça facilement dans un nid d'acier prévu à cet effet ; bientôt, le coussinet de son index sentit un léger déclic confirmant que la bombe était partie vers sa cible. Cet instant était toujours agréable, rassurant : la tension s'apaisait. Comme si la bombe s'était détachée non pas du ventre de l'appareil, mais de ses propres viscères. Aussitôt, il respirait mieux, il se sentait libéré, tel un nageur lâchant le poids qui l'entraînait vers les profondeurs.

Il se pencha vers le dispositif stéréométrique, attendant que la bombe accomplisse sa trajectoire.

Des loupes puissantes et avides semblèrent soulever la terre et l'océan, comme étalés sur la paume d'une main géante, pour les approcher des yeux de Joseph. Il put voir cette matinée dans ses moindres détails : l'eau clapotante et agitée de l'océan, la dentelle déchirée rose blanc de l'écume charriée par le ressac, les pousses de riz vertes dans des eaux d'irrigation aux écailles diamantées. La ville flottait rapidement vers l'ouest. Elle avait ce charme poignant qu'ont les villes étrangères vues d'avion, surtout le matin. L'aspect inhabituel, exotique des immeubles et des rues, la toile d'araignée des routes, les taches colorées des toits, tout cela sautait aux yeux. Le cœur lui disait que dans cette ville étrangère, le matin, de jolies filles souriaient dans leur sommeil, des mères regardaient par la fenêtre leurs enfants courir vers l'école, des vieillards se réjouissaient de cette matinée riche en chaleur, en lumière, en bleu du ciel...

C'est à cet instant que le morceau d'uranium acheva sa chute, et une de ses parties cessa d'être matière. La bombe explosa à la hauteur prévue de deux mille pieds. Une lumière brilla, terrible, écrasante, la lumière de la mort.

Elle frappa telle une hache acérée et rapide, s'abattit sur les paupières, serra le crâne. Des protubérances de flammes pourpres, dorées, bleues et violettes éventrèrent l'air matinal jusqu'à la stratosphère, éclairèrent la terre et tout ce qui se mouvait à sa surface. Ce fut une luminescence incroyablement belle, grise et pourtant cent fois plus éclatante que le soleil tropical au zénith ou le soleil d'hiver au-dessus d'une vallée enneigée.

Une boule lumineuse, telle une étoile nouvellement née, s'élança vers le ciel, s'ouvrit dans la stratosphère à la manière d'un immense champignon, se transforma en une colonne de feu phosphorescente.

Le passager crut voir monter, dans l'entonnoir creusé par le feu au-dessous de l'épicentre de l'explosion, où était apparue une température inédite sur la planète, soixante-dix millions de degrés, s'élevaient des volutes de vapeur atomique incandescente faite de fer, d'aluminium, de granit, de verre, de fleurs, d'yeux humains, de noirs cheveux de femme, de cœurs, de sang, d'os. L'univers en était rempli.

Tous les hublots se refermèrent automatiquement, tous les dispositifs s'arrêtèrent. L'onde de choc secoua l'avion, sensible au séisme qu'il avait provoqué. Le passager tomba sur le sol, les yeux fermés, assommé. Il crut que le ciel et la terre étaient revenus à l'état de chaos. L'homme avait refermé le Livre de la Vie sans avoir vaincu le mal dont il était le père et le fils...

Cela ne dura qu'un instant. En ouvrant les yeux, il vit les petites mains du pilote qui n'avaient pas quitté le tableau de bord. Ces mains immobiles semblaient froides, comme taillées dans de la pierre.

Un instant plus tard, il entendit la voix du radio et pensa : « Le président est déjà au courant... »

Maigre gamin de quatorze ans, il marchait dans les rues calmes de la petite ville en parlant tout seul, et les passants se retournaient sur lui en riant... Il levait le bras vers le ciel sombre, de la même façon qu'il avait essayé de le faire dans l'avion, et il prononçait un serment : « Je consacrerai toute ma vie à une seule chose, à libérer l'énergie. Sans perdre une heure, sans m'écarter d'un pas. Nous réussirons là où les alchimistes ont échoué. La vie deviendra merveilleuse, l'homme volera vers les étoiles. »

Mitscherlich le navigateur aida le passager à se lever, le fit asseoir sur un siège bas en cuir. Un sourire apparut sur les lèvres pâles du navigateur qui dit :

« Vos histoires de concerts d'hiver m'ont ému hier. »

Black passa sa main sur ses yeux :

« On aurait dit un coup de couteau. Ils l'avaient bien cherché, ils ont eu ce qu'ils méritaient pour Pearl Harbor ! »

Le passager pensa :

« C'est étrange, j'étais complètement fasciné par ce jeune homme, et à présent que l'explosion a eu lieu, il ne m'intéresse plus du tout. Où sont-ils maintenant, ceux qui étaient en bas ? »

La radio diffusait les informations sans discontinuer. Des milliers de journaux publièrent des éditions spéciales. Deux milliards de personnes parlaient de la destruction d'une ville qui, la veille, n'intéressait personne. Le nombre de morts variait selon les sources, de quatre-vingt-dix mille à un demi-million.

La conscience des gens habitués à compter en millions les victimes des camps d'extermination fut frappée par la rapidité d'action de la bombe à uranium. Une seconde après l'explosion, le nombre de tués et de mourants avaient atteint soixante-dix mille ! Tout le monde comprit que, grâce au perfectionnement des moyens de destruction, la perspective de la disparition de l'humanité au nom de l'épanouissement et de la grandeur de l'État, du bonheur des peuples et de la paix dans le monde ne semblait plus impossible.

Dans les heures qui suivirent l'explosion, des politiciens, des philosophes, des militaires, des journalistes affirmèrent que le choc puissant de la bombe avait vengé les crimes contre l'humanité commis par les nazis. La résistance du Japon étant paralysée, cette paix que les mères du monde entier, soucieuses de la vie de leurs enfants, appelaient de leurs vœux, allait enfin s'installer. Ces arguments furent immédiatement entendus au Grand Quartier général du Japon, tout comme au palais impérial de Tokyo.

Mais un petit Japonais de quatre ans n'eut pas le temps de comprendre tout cela. En se réveillant à l'aube, il avait tendu ses petits bras potelés vers sa grand-mère. Dans la pénombre, derrière les rideaux baissés, il voyait ses cheveux gris et une dent en or. Ses yeux bridés larmoyants souriaient au milieu des rides sombres. Le petit garçon savait quelle joie il apportait à sa grand-mère : elle était heureuse de voir son petit-fils en se réveillant. Cette journée-là était particulièrement belle. L'indigestion, dont le petit garçon avait souffert, ne le tourmentait plus, il pourrait goûter autre chose que de l'eau de riz.

Ni ce petit garçon, ni sa grand-mère, ni des centaines d'autres enfants, de mères et de grand-mères ne savaient pourquoi c'était à eux de payer pour Pearl Harbor et Auschwitz. Mais les philosophes, les politiciens et les journalistes ne se penchaient pas sur cette question.

Le soir, après le dîner, les pilotes trinquaient sur la terrasse. Ils parlaient tous en même temps sans s'écouter les uns les autres. Pendant la journée, ils avaient reçu des télégrammes de remerciements de la part de personnes tellement haut placées qu'il semblait plus probable de capter un signal de la planète Mars.

Il faisait très chaud. On avait l'impression que le ventilateur, immense comme l'hélice d'un avion, tournait en vain au plafond.

Barens dit en se tournant vers ses camarades assis à table :

« Il n'y a rien qui m'agace plus que les vieux jardins à la dérive envahis par les broussailles, les bardanes avides qui prolifèrent, les orties, les fourrés tropicaux. Pourquoi sortent-elles de la terre, ces milliers de plantes ordinaires, voraces, qui ont toutes la même tronche ? J'ai toujours cru que les jardiniers allaient exterminer ces broussailles et que les lys, les platanes, les chênes, les frênes, les blés triompheraient dans ce monde.

— Tout est clair, dit Mitscherlich avec un rire sinistre de bouffon. Il était rouge comme un Indien. Tout est clair. Le commandant de l'équipage et moi, nous sommes contre les broussailles. »

Son cou était violacé, on aurait cru que ses cheveux blancs tout secs allaient s'enflammer d'un instant à l'autre. Cela lui arrivait quand il avait bien bu. Il apporta un verre à Barens en disant :

« Pour le succès des jardiniers. »

Le deuxième pilote expliqua :

« Aujourd'hui, Barens ne veut pas penser à la botanique, ni au végétarianisme.

— Black, mon cher ami, tout cela n'est rien. Mais où est Joseph ? Je voudrais boire un coup avec lui, dit Barens.

— Il est sorti se laver les mains.

— C'est la cinquième fois.

— Que veux-tu, c'est sa maman qui le lui a appris.

— Pour qui priait notre pharmacien au moment où Jo a appuyé sur le bouton, pour eux ou pour nous ? demanda Dill.

— Il fallait lui poser la question, si ça te préoccupe, car à présent, il est en train de faire son rapport à Washington : "Mitscherlich est un coureur de jupons, Dill est un goinfre", et le président se prend la tête à deux mains.

— Vous êtes flattés de savoir qu'il a entendu nos noms ? demanda Mitscherlich. Moi, je m'en fous.

— Et pourquoi ? Tu imagines comment on a procédé pour sélectionner les gens en vue d'une telle mission ? Hein ? Et c'est nous qu'ils ont choisis.

— Je n'y comprends rien, dit Connor en revenant sur la terrasse. Vous n'avez pas du tout changé.

— Tu devrais boire un peu moins, Joseph, ce n'est pas du lait, ça. Tous les records historiques ont été battus, je veux dire d'un coup.

— C'est la guerre, dit Black, n'oublie pas. C'est la guerre contre la bête, le fascisme. »

Joseph leva la main et examina ses doigts.

« On a bu à la santé des jardiniers, dit Barens. J'ai toujours cru que c'était le métier le plus pur, le plus innocent. Mais après réflexion, je me dis qu'il faudrait porter un toast aux monastères, hein ?

— En fait, c'est moi qui ai appuyé sur le bouton, pas vous. Tant pis !

— Arrête de t'exciter comme ça, tu vas réveiller tout le monde dans l'île !

— Il n'y a pas de quoi rigoler ! Eh, Dill ! Ça ne vous intéresse pas de savoir où ils sont tous passés ? cria Joseph au radio.

— Abel, Abel, où est ton frère Caïn ?

— Caïn est un gars normal, à peine moins bien qu'Abel. Cette ville était pleine de gens comme vous et moi. La seule différence, c'est que nous, nous existons, et eux, ils ont existé. Pas vrai, Black ? Tu as dit toi-même qu'il était temps de commencer à réfléchir.

— Tu nous ennuies pour de vrai, dit Black. Qui a besoin de tes ratiocinations d'ivrogne ? Tu sais, l'homme meurt pour longtemps et, s'il est bête, il meurt pour toujours. »

Des taches rouges apparurent sur son front et ses tempes.

« Je vais te dire, Connor, je t'observe depuis longtemps, tu as bu au moins autant que moi, annonça Dill.

— Moi ? Tu es aveugle ? Les filles peuvent témoigner, j'ai bu deux litres !

— C'est ça, on va leur demander de prêter serment. C'est impossible.

— Les filles, j'ai bu combien ? Dites la vérité !

— On devrait aller se coucher, fit Black en se levant.

— Non. J'ai à réfléchir.

— Tu vois, t'as trop bu. Tu réfléchiras une autre fois.

— Joseph, écoute le conseil d'un aîné, dit Black. Va dormir. Les astronomes n'ont pas besoin de nous pour savoir s'il y a de la vie sur la planète Terre.

— Le bébé n'a qu'à dormir avec une fillette, ce sera mieux qu'une tisane de tilleul ou une infusion de framboises. Demain, tu te réveilleras heureux et en pleine forme, dit Mitscherlich.

— Écoutez, Dill trace déjà la courbe des ronflements.

— Arrête de regarder tes paumes et tes doigts ! » cria enfin le chef de l'équipage.

Ils se retrouvèrent dans la journée, rasés de près après une bonne nuit de sommeil. Ils plissaient les yeux en souriant à l'idée du long congé qui les attendait.

Les ailes des avions brillaient d'une lumière aveuglante ; on avait l'impression que même le miroir infini du grand Océan ne parvenait pas à refléter l'éternel, l'inaltérable éclat du soleil. Sa lumière était généreuse, immense, elle remplissait l'espace, elle aveuglait les gens, les oiseaux, les animaux.

Barens dit en posant une pile de journaux sur la table :

« Vous avez le sommeil profond. J'ai déjeuné seul, personne n'a été chercher le courrier. Personne n'a rien entendu.

— Que s'est-il passé ?

— À l'aube, on a emmené Joseph à l'infirmerie, il a perdu la boule. »

Il ajouta, après avoir regardé ses camarades :

« Pas complètement, mais c'est tout comme. Il est allé se baigner au milieu de la nuit, en laissant une lettre sur la table. Ensuite, il a essayé de se pendre sur la rive, mais la sentinelle l'a découvert et le pire a été évité. J'ai lu le début de sa missive. Ce n'est pas la peine que je t'en dise plus : une lettre horrible, sa mère en prend plein la figure, comme si tout était de sa faute. »

Black sifflota et répondit d'un air désolé :

« Tu vois, Barens, hier, t'as oublié un truc. À part les monastères, il y a aussi les asiles. J'avais tout de suite remarqué que ça ne tournait pas rond. Mais ce n'est pas grave. Soit c'est pour la vie, soit ça lui passera dans quelques jours. »

1953

TIERGARTEN[1]

traduit du russe par Luba Jurgenson

1

Les habitants du zoo de Berlin écoutaient, dans l'angoisse, le grondement à peine perceptible des canons. Habituées aux sifflements et au fracas des bombes la nuit, aux détonations en cascade de l'artillerie lourde, les oreilles sensibles des ours, des éléphants, du gorille, du babouin perçurent immédiatement un son nouveau, différent : celui des pilonnages nocturnes qui leur parvenait assourdi, les combats ne s'étant pas encore rapprochés des voies ferroviaires et des autoroutes autour du grand Berlin.

L'intrusion de ce bruit troublait les animaux. De plus en plus souvent, on entendait des chars longer le mur du zoo dans un crissement. Cela ne ressemblait ni au chuintement habituel des pneus, ni au tintement du tramway, ni au grincement du métro aérien au-dessus des immeubles. Ces êtres porteurs de sons inconnus se déplaçaient presque toujours en troupeau et répandaient une odeur grasse d'huile brûlée, différente de celle, familière, des créatures à essence.

Chaque jour, la gamme des bruits se faisait plus riche. La rumeur de la ville, ce fond sonore naturel qui, pour les habitants des cages, avait remplacé les chuchotis de l'herbe rêche des steppes, le murmure de la pluie sur le feuillage charnu de la forêt équatoriale ou le crépitement de la banquise frôlant le rivage, cette rumeur de la ville, plus feutrée la nuit, plus intense le jour, avait changé ; elle s'était dissociée des révolutions de la Terre et de la Lune. À présent, la nuit, à l'heure où le calme s'empare de la ville, l'air était empli de bruits terrestres : voix humaines, claquements de talons, vrombissements de moteurs.

En revanche, les bruits en provenance du ciel, sifflements, détonations ou bourdonnement monotone associés à la fraîcheur nocturne, aux étoiles, à la lune, se prolongeaient désormais après le lever du soleil presque avec la

1. © Ayants droit Vassili Grossman.
© Éditions Robert Laffont pour la traduction française, 2006.

même intensité, jusqu'au coucher. Il y avait dans l'air trouble une odeur alarmante, angoissante pour tous ceux qui avaient dans leur sang l'ancestrale frayeur des incendies de steppe et de forêt, la hantise de la poussière brune qui s'élève au-dessus de la toundra en août. Des cendres noires craquantes se déposaient lentement au sol : les archives ministérielles brûlaient. Les animaux les reniflaient timidement, éternuant et soufflant.

Les gens, qui d'habitude déambulaient dans les allées du matin au soir, avaient soudain disparu. C'était nouveau aussi. Tout n'était plus que fer et béton, destin impénétrable et majestueux.

En une journée, trois personnes seulement s'étaient arrêtées devant les cages : une vieille femme, un petit garçon, un soldat. Simples et observateurs comme des enfants, les animaux les avaient remarqués et avaient gardé leur image en mémoire. Les yeux de la vieille femme étaient pleins de souffrance. Tournés vers les habitants des cages, ils imploraient leur compassion. Dans le regard du soldat se nichait une peur de la mort non dissimulée. Il enviait ces animaux qui avaient la vie sauve sans avoir à lutter pour l'existence. Les yeux bleu pâle du gamin, rivés sur les ours et le gorille, n'étaient qu'amour et admiration ; on sentait qu'il rêvait de quitter la ville, de s'en aller dans la forêt.

Le malheur, la terreur, l'amour perçus dans le regard de la vieille, du soldat et de l'enfant se communiquaient aux animaux. Il leur était désormais impossible de les oublier.

Puis il y eut deux autres visiteurs. Un blessé en tenue d'hôpital aux revers orange, un gros bandage autour de la tête d'où dépassaient des touffes d'ouate, le bras dans un plâtre imposant soutenu par une attelle, et une frêle jeune fille avec un bonnet amidonné marqué d'une croix rouge. Assis sur un banc, ils tournaient le dos aux animaux. Les habitants du zoo ne découvrirent jamais leurs yeux ni leurs visages. Ils restèrent penchés l'un vers l'autre, le jeune paysan miné par la guerre et la jeune fille.

Les gardiens, ces êtres qui jouissaient d'un pouvoir immense, tout en ressemblant physiquement à des hommes, avaient changé, eux aussi. Des années durant, ils avaient partagé avec les animaux leur butin, résultat d'une chasse de nuit invariablement réussie.

Ces derniers jours, la chasse ne rapportait plus. Parfois, ils rentraient carrément bredouille. Peut-être que le gibier s'était enfui, effrayé par le bruit et les incendies. Peut-être que les gardiens n'en avaient plus assez pour eux-mêmes et qu'ils s'apprêtaient à changer de terrain, à suivre les herbivores vers leurs nouveaux pâturages. Affamés, les tigres et les lions se jetaient sur les moineaux qui entraient par hasard dans leur cage ou pourchassaient des souris. Mais les moineaux et les souris ne les craignaient pas, sachant que ces créatures indolentes et inoffensives ne ressemblaient qu'en apparence aux chats de ville.

L'air enivrant du matin, la jeune herbe qui poussait à travers le macadam, les branches sombres alourdies par la montée de sève, les feuilles dont la douce fraîcheur inspirait même aux prédateurs le désir de devenir herbivores : tout respirait l'anxiété.

En avril, il est des jours délicieux où même les vieillards las de respirer sentent le monde faire peau neuve. Le quotidien, le trivial se met à nous parler et, devenu soudain palpable, se laisse saisir. Le terre-plein au milieu d'une place, l'eau des canaux, l'asphalte sombre des rues vespérales, la goutte d'eau sur la vitre sale du tramway, tout a un air de fête, tout est insolite.

Le lointain grondement souterrain, les parfums du printemps et les odeurs de brûlé finirent par donner aux animaux du zoo le pressentiment joyeux et sûr d'un changement, d'une vie nouvelle.

Certains, capturés bébés, n'avaient nul souvenir de la vie en liberté ; d'autres étaient nés en captivité. Quant aux descendants de ceux qui vivaient au zoo de génération en génération, on aurait pu croire que leur sang avait été purgé de tout sentiment de liberté. Pourtant, même eux qui n'avaient jamais connu la vie sauvage et en avaient oublié jusqu'à l'arrière-goût étaient saisis d'inquiétude ; ils se démenaient dans leur cage, mus par un pressentiment confus.

2

Ramm, le gardien de la singerie, était très attaché au gorille Fritzi. Les visiteurs, surtout les femmes, poussaient des cris d'horreur en voyant la face nue brunâtre et les crocs jaunes de l'immense singe anthropoïde. L'épais poil faisait paraître ses longs bras puissants et ses épaules noir basalte encore plus gros, plus massifs.

Entre le malheureux gorille et ses visiteurs, il y avait une grille, forgée sur commande dans les usines *Krupp*. Quand le gorille s'accrochait aux barreaux, les gens frissonnaient. Ramm savait pourtant qu'il existait peu d'êtres aussi bons que Fritzi au monde. Ses doigts, capables de tordre les gros barreaux de sa cage, serraient si délicatement la main du vieux gardien, le remerciant non seulement pour ses friandises, mais aussi pour son sourire ! Fritzi tendait en avant ses lèvres bleuâtres caoutchouteuses, demandant à Ramm la permission de lui faire un bisou.

Et de coller sa bouche sur le cou ridé du gardien ! Ramm arborait un sourire gêné : vieillard malmené par la vie, il n'était pas gâté côté câlins. Les gens regardaient avec indifférence, parfois avec dégoût, son visage usé, ses pauvres vêtements rapiécés. Lorsqu'il faisait la queue pour s'acheter à manger, personne ne lui adressait la parole. Personne ne lui demandait quelles étaient les nouvelles du front de l'Est ni ne lui cédait sa place dans l'autobus. Aussi le vieux était-il presque embarrassé par la tendresse et l'admiration du gorille.

Trois fils du vieux gardien avaient été tués au front ; le quatrième, secrétaire de l'Union des commis en mercerie, avait été arrêté par la police qui veillait sur la sécurité du peuple allemand. Trois ans plus tard, une petite boîte noire en plastique était arrivée de Dachau. Elle contenait quelques poignées de cendres blanchâtres et l'avis de décès : le détenu Theodor Ramm avait succombé à une pneumonie à l'âge de vingt-neuf ans.

De nombreuses familles avaient reçu des urnes noires en plastique avec des cendres poudreuses en provenance de Dachau et de Mauthausen. Ils rentraient enfin chez eux, ceux qui avaient été emmenés la nuit, arrêtés par cette police qui, soucieuse de la sécurité de l'État, avait pris sous son aile protectrice le peuple démuni. Ramm se rendait compte que sous le vernis opaque de l'État hitlérien il n'y avait ni bonheur ni satisfaction. Beaucoup de gens désiraient la liberté. Mais comment les rencontrer ? Les gens craignaient la Gestapo, les dénonciations. Ils se taisaient.

Jadis, Ramm avait de la sympathie pour les sociaux-démocrates ; depuis qu'il avait entendu Bebel parler, tout s'était mélangé dans son cerveau sénile, qui avait osé affronter les vraies questions. Lui qui n'avait jamais prétendu avoir des idées sur le destin de l'Allemagne y avait été contraint par le nazisme. Chacun échappait à l'uniformisation à sa manière. Les vieux gardiens, les vieux éboueurs, les caissiers et les comptables donnaient des définitions naïves et non scientifiques de ce que, jadis, certaines personnes privées, citoyens de grands États, Égyptiens, Hébreux, Grecs et Romains avaient tenté de définir avec presque le même dilettantisme.

Ramm tenait les animaux pour les êtres les plus opprimés de la planète. Fidèle à ses sympathies sociales-démocrates, il était du côté des déshérités. Les détenus du zoo ne recevaient pas de courrier, ils ne pouvaient confier leurs malheurs à personne. Nul ne s'intéressait à leur vie privée, à leur bonheur. Et bien sûr, aussi loin que le zoo existât, aucun d'entre eux n'était rentré au pays natal, leurs cendres n'étaient pas rendues aux forêts, ni à la savane. Ils n'avaient tout simplement aucun droit.

La nuit, dans la chambre solitaire du logement de fonction qu'il occupait au zoo, Ramm écoutait le vrombissement des avions anglais et américains, les détonations des canons et des bombes. Tout au long de ces nuits silencieuses, il prêtait l'oreille au grondement des voitures.

Chaque fois qu'un véhicule s'arrêtait dans un doux ronronnement devant le local de service du zoo, cela faisait peur. Une puissance étonnante émanait de cette nouvelle race d'hommes qui ignoraient le doute, des idées national-socialistes accessibles à tous, de l'État construit par Hitler, où il n'y avait nul besoin de penser.

Lorsqu'une auto s'arrêtait, la nuit, devant un immeuble berlinois, tous les cœurs défaillaient, et pas seulement ces cœurs juifs qui, par négligence des autorités, n'avaient pas encore cessé de battre. On pouvait d'ailleurs se demander si certaines nuits le Führer lui-même n'était pas saisi de terreur devant cette police secrète omniprésente, omnisciente et omnipotente.

Et voici que le vieux Ramm, père de quatre fils dont deux avaient péri au front de l'Est, le troisième en Afrique, dans l'armée de Römmel, et le quatrième au camp de concentration d'où il était revenu sous forme de cendres dans une urne, et mari d'une femme morte de chagrin, s'était mis à penser, avec sa pauvre cervelle sclérotique, pas très évoluée ni très futée, alors que penser était interdit.

Penser, c'était la liberté ! L'État de Hitler était fondé sur un tout autre principe. Ramm avait compris que l'État national-socialiste avait été construit sur d'étranges bases. Tout ce que le parti déclarait comme étant un idéal ou une conquête du peuple allemand, il en privait définitivement la population. Hitler avait annoncé qu'il luttait pour la liberté allemande, et le peuple était réduit en esclavage. La grandeur de l'Allemagne national-socialiste avait pour revers une terrible dépendance, l'absence de tout droit à l'intérieur du Reich souverain. Le développement de l'agriculture signifiait l'appauvrissement des paysans. La croissance industrielle entraînait la baisse des salaires des ouvriers. On luttait pour la dignité nationale, et les gens, y compris des Allemands, subissaient de terribles humiliations. Hitler veillait à l'aménagement des villes, créait des roseraies et des parcs, mais la vie dans ces villes était de plus en plus terne, désespérante. Pour la paix de l'humanité, on déclarait une guerre totale et l'humanité n'avait pas le choix.

Il était apparu que l'être vivant et libre, c'était l'État et non les gens ; les gens, dans cet État vivant, étaient semblables à des pierres qu'on peut et qu'on doit dynamiter, briser, tailler, polir. Quant au minerai humain inutile, il fallait le jeter à la déchetterie, tels les débris et les résidus dont on débarrasse les chantiers ; il n'était bon qu'à combler les fosses et les ravins.

Le processus de sélection était diabolique : les courageux, les libres, ceux qui avaient la pensée claire et le cœur généreux, c'étaient eux les déchets. Le calcaire et le sable avaient vaincu le granit.

L'État de Hitler s'engraissait pendant que les enfants souffraient d'inanition. Il dévorait l'âme et les cerveaux de ses citoyens, il s'en délectait. À mesure que l'âme, la liberté et la raison désertaient les hommes, l'État devenait plus heureux, criard et repu. Mais ce n'était même pas cet État hostile qui terrifiait Ramm. Le pire, c'était que tant de personnes privées de liberté, transformées en matière inerte étaient prêtes à le servir, à donner leur vie pour lui. Ils vénéraient le génie du Führer. Ramm continuait pourtant de croire, en son for intérieur, qu'un esclave ne l'était jamais de par sa nature, mais uniquement parce que le sort l'avait voulu. Le désir de liberté, on pouvait le faire taire, mais non le détruire. Dans les camps et les prisons, il y avait de nombreuses personnes éprises de liberté.

La nuit, on entendait, provenant du zoo, le rugissement des lions, semblable aux sons d'un orgue, les voix rauques des tigres, les aboiements des chacals. Ramm devinait que le vieux lion Phénix était énervé à cause de la pleine lune ; que la tigresse Lizzi, qui venait de mettre au monde deux petits, essayait d'écarter les barreaux pour laisser ses bébés jouer à la lumière verdâtre de la lune naissante. Ces rugissements, râles, ronronnements, toux et aboiements étaient doux et inoffensifs en comparaison avec les autres bruits du Berlin nocturne.

Un jour, Ramm avait reçu la visite de Rudolf, le fils d'un ami décédé. Rudolf avait été démobilisé, après avoir servi dans les unités SS chargées de la sécurité dans un camp : on lui avait découvert la tuberculose au stade terminal. Il passa plusieurs heures chez Ramm. Pris de boisson, ou sentant sa mort prochaine et parce que le vieillard lui rappelait le meilleur de ce qu'il connaissait sur ses parents et son enfance, il révéla à Ramm des choses qu'on hésite à raconter à confesse. Secoué par des quintes de toux, exhibant ses dents noires et ses couronnes en or, crachant dans une fiole en verre orange, jurant, essuyant la sueur, sanglotant, il lui parla dans un souffle des chambres à gaz et des fours crématoires d'Auschwitz, de foules immenses de femmes et d'enfants tués par le gaz et brûlés dont les cendres servaient d'engrais pour des potagers.

Ramm regardait le gars maigrichon en uniforme sans épaulettes ; on eût dit que ce SS malade qu'il avait jadis tenu dans ses bras et promené sur son dos sentait le cadavre et la chair brûlée. Le pire, c'est qu'il n'était pas un monstre. Il était un homme, c'est tout. Enfant, il avait été gentil et agréable. Certes, la vie rendait les gens terribles ; mais les gens, eux, rendaient à la vie la monnaie de sa pièce.

La nuit, le vieillard se leva, s'habilla et, accompagné du bruit de la sirène, se rendit dans la section des prédateurs. Il y resta jusqu'au petit matin. Il scrutait les grands yeux larmoyants du vieux Phénix et ceux de la tigresse Lizzi, aux pupilles immenses comme c'est normal chez les mères qui allaient ; les yeux brun rouge de la vieille hyène Bernard, qui commençait à avoir des poils blancs. Il ne vit rien de mal dans leurs yeux. À l'aube, avant de rentrer, il passa chez les singes. Fritzi dormait allongé sur le côté, un poing sous la tête. Il n'entendit pas Ramm s'approcher.

Les lèvres entrouvertes du gorille laissaient apercevoir d'énormes crocs. Sa gueule pouvait paraître effrayante.

Tout en dormant, le singe avait manifestement perçu l'odeur familière qui fit naître dans les souterrains de son inconscient, sous forme d'un rêve peut-être, l'image de celui qu'il aimait. Ses lèvres émirent un doux bruit de succion et sa tête prit cette merveilleuse expression qu'on voit parfois chez les tout petits enfants qui, déjà sur le point de se réveiller, sentent la chaleur, l'odeur, le sourire de leur mère penchée sur eux.

Ce que les animaux étaient simples ! Comme ils aimaient leurs gardiens ! Pourtant ces derniers les volaient. Phénix devenait fou de joie en entendant grincer les semelles de la gardienne, alors que ses chaussures, elle les avait payées avec l'argent de Phénix. Et pas seulement les chaussures, mais aussi les pantalons pour ses petits-enfants, la pelote de laine pour son tricot : tout cela était prélevé sur le budget des bêtes déshéritées. Les gardiens avaient une excuse : leur salaire suffisait tout juste pour acheter la nourriture, mais pas pour s'acheter les vêtements. Avaient-ils le choix ? Ramm avait péché, lui aussi. De temps en temps, il se rendait au marché du côté nord de la ménagerie, où des amateurs d'animaux venaient se procurer la pitance pour leurs écureuils, lapins, perruches et poissons tropicaux.

C'est que Ramm était porté sur la boisson…

Fritzi, dans sa naïveté, n'en avait pas le moindre soupçon. Il était tout heureux que son gardien partageât avec lui du sucre, des oranges, des carottes, de la soupe au riz, du lait, du pain blanc. Ramm se sentait coupable, et les animaux lui paraissaient particulièrement gentils. Bien sûr, ils ne connaissaient pas l'optique de Zeiss ni n'avaient contribué à produire de l'essence synthétique. Ce n'étaient pas eux qui avaient inventé le national-socialisme.

Le besoin de comprendre la vie tout seul, sans l'aide du Führer, le besoin involontaire, incontrôlable d'un homme qui avait perdu ses quatre fils et sa femme, souffla à Ramm l'idée qu'il existait un darwinisme à l'envers. Il lui semblait que, sous Hitler, l'évolution avait rebroussé chemin : les êtres vivants régressaient, retournaient à l'abîme. Les esclaves, les salauds, les médiocres, les sans-scrupules prospéraient. Les bons, les indépendants, les intelligents, les libres périssaient. Cette involution avait produit une race nouvelle, inférieure, pitoyable.

3

Parmi les gardiens du zoo, il y avait des gens bizarres. Ramm, lui, était toqué d'entre les toqués. Certains lui avaient même décerné le titre de fou.

Un samedi matin, le directeur adjoint envoya Ramm à l'abattoir. Il devait remplir des bons de commande pour faire en sorte que les abattoirs de la ville fournissent aux animaux des abats et des os en plus de la viande périmée. Désormais, n'importe quelle viande, fût-elle avariée, ferait l'affaire. Le front se rapprochant, l'approvisionnement se faisait de plus en plus difficile. La population devait se contenter de salaisons défraîchies, alors que dire des animaux ?

Par chance, les singes et les herbivores étaient relativement bien lotis : il y avait des réserves à l'entrepôt. Mais la viande ne se gardait pas longtemps, même au réfrigérateur.

Par une belle une matinée d'avril, Ramm monta dans un camion et se rendit à l'abattoir. Divers véhicules balayaient, lavaient, nettoyaient les rues : c'était l'heure. Des ruisseaux d'eau scintillaient, serpentaient joyeusement le long des trottoirs ; des brosses rondes et dures soulevaient, dans un bruissement, un arc-en-ciel d'éclaboussures. En cette matinée de printemps, l'immense ville à moitié détruite où régnait l'angoisse de la guerre semblait gaie et insouciante.

Comme Ramm s'approchait du bureau des abattoirs, des troupeaux descendus des wagons à bestiaux s'engouffraient par la porte grande ouverte. Habituellement, cela se passait avant l'aube, dans la pénombre. Cette fois-là, expliqua Bunge, le conducteur du camion, on avait pris du retard à cause des bombardements qui avaient abîmé les voies côté ouest.

La lente marche des troupeaux empêcha le camion d'avancer. Approchant son visage du pare-brise sale et poussiéreux, Ramm suivit des yeux les bovins, les brebis, les porcs que l'on conduisait à leur dernière destination. Les vaches et les taureaux balançaient leur gros front lourd, passant la langue sur leurs lèvres sèches, signe d'angoisse qui contredisait leur apparente indifférence et leur soumission. Leurs beaux yeux embrumés fixaient l'eau brillante et joyeuse des flaques restées après une petite pluie ; leurs narines percevaient le parfum des lilas en fleurs, la fraîcheur matinale de l'air, particulièrement délicieuse après l'obscurité et l'air vicié du wagon.

Comme tout était étrange autour d'eux : l'asphalte sous leurs pieds, les palissades grises en béton, les fenêtres brillantes de l'usine où les corps chauds, encore frémissants, des bêtes mises à mort étaient acheminés sur des convoyeurs ! Une odeur de sang à peine perceptible planait au-dessus de ce bâtiment construit selon les normes de l'hygiène... Même les génisses et les jeunes taureaux étaient anxieux.

Les gens en blouses bleues ou blanches qui examinaient les troupeaux ne frappaient pas les animaux à coup de bâton, ni avec leurs bottes ferrées, ils ne criaient pas. Ils déterminaient la qualité et la teneur en graisse de cette viande vivante, qui bougeait encore. Cette viande était capable de meugler, de mugir, de regarder, de râler, de se convulser. Mais, pour les gens en blouses blanches et bleues, ces animaux qui passaient par la porte de l'abattoir n'étaient pas une manifestation de la vie : c'étaient des protéines, des graisses, de l'épiderme, des cornes, des os.

Un vacher frappa sur les yeux une vieille vache essoufflée qui, prostrée, traînait à l'arrière du troupeau. Par ce geste brutal, il semblait reconnaître le droit du bétail à être considéré comme vivant. La méchanceté des bergers s'expliquait justement par le fait que les animaux condamnés à l'abattoir restaient vivants jusqu'à la dernière minute ; ils refusaient d'avancer, se braquaient en voyant des objets sombres, s'arrêtaient pour uriner ou éprouvaient le désir de toucher l'asphalte humide de leur langue.

Un veau agita sa tête, fit quelques sauts espiègles, heureux de cette matinée ; soudain il s'arrêta net, pétrifié par le pressentiment. Il baissa sa tête ébouriffée au gros front, pointant ses petites cornes de bébé contre le destin inéluctable. Il poussa un petit meuglement, une plainte, demandant à être rassuré et aimé. Une vieille vache fauve qui traînait ses jambes, le regarda de ses yeux larmoyants, s'arrêta près de lui, posa sa tête sur son cou chaud et court, lécha sa tête de bébé. Leur manège retarda le mouvement du troupeau et le vacher, dans une rage froide, frappa le veau sur son nez rose tout doux et la vieille vache sur les tendons de ses jambes de derrière.

Des brebis avançaient sur une route parallèle, couvertes d'une poussière gris sombre, la tête amaigrie, fatiguée. Leurs mouvements étaient saccadés, précipités comme ceux de vieilles femmes arrachées à la pénombre de leurs maisons paisibles, perdues dans le tourbillon de la lutte pour la survie. Leurs pitoyables efforts, en ces dernières minutes de leur existence, consistaient à se regrouper en tas. Infiniment démunies face à la destruction, elles auraient été incapables de faire du mal à un lièvre, à une souris, à un poussin. Leurs yeux, doux, pleins de tristesse biblique et de pureté évangélique, regardaient les hommes sans reproche et même sans crainte, leurs petits sabots faisaient un bruit de mitraille sur l'asphalte, pour la dernière fois. Agglutinées en un amas de laine sale, les brebis sentaient qu'il n'y avait point de salut, que la miséricorde et l'espoir étaient impensables. En cette heure terrible, leur seule consolation était de sentir, à travers leur pelage grossier et poussiéreux, la chaleur vivante d'une autre brebis, le seul être qui ne lui fût pas hostile en ce bel et majestueux univers. Elles se cachaient de la lumière en plongeant leurs têtes dans l'épaisse toison de leurs sœurs. Pour un instant, leurs yeux cessaient de voir le printemps, le soleil, le bleu du ciel, et leurs cœurs éprouvaient un maigre soulagement dans ces ténèbres, dans les odeurs et la chaleur familières, dans la solidarité amère des condamnés.

Les porcs, sales ou au contraire roses, tout propres, avançaient sur une troisième route. Leurs petits yeux intelligents exprimaient la peur. Leurs nerfs ne supportaient pas cette tension et l'air était saturé de leurs cris.

Sur la route où venaient de passer les vaches et les taureaux avançaient à présent, poussés par deux femmes aux épaules larges en manteaux de cuir noir, de vieux chevaux épuisés par le travail. C'étaient eux qui serviraient de nourriture aux habitants du zoo. Ils marchaient lentement, flageolant sur leurs jambes abîmées, balançant leur tête à chaque pas, secouant leur vieille crinière et leur queue. Il y avait dans leur regard une tristesse insondable. Celui qui avait croisé leur regard perdait son calme à jamais.

Le conducteur Bunge, un jeune gars démobilisé qui avait été blessé à trois reprises, dit en plantant son doigt dans le flanc de Ramm :

« Alors, on n'en peut plus de voir les petits cochons ? Que de saucisses, ma foi, que de litres de soupe aux pois et aux lardons ! Regardez, ça crie, ça se bouscule ! Ils sont pressés de se transformer en jambon. Seulement, pas la peine de saliver, ce ne sera pas pour notre table à nous. »

Bunge était tout émoustillé, on sentait qu'il en faisait un tout petit peu trop, qu'il lui était désagréable de voir ces animaux.

Le gardien ne dit rien. Bunge ajouta, méditatif :

« Le mouton, je n'ai jamais aimé ça. Même pas l'agneau. Quand j'étais dans l'armée du Caucase, on n'y mangeait que du mouton. Les gars se moquaient de moi, j'étais tout maigre à la fin. »

Il jeta un coup d'œil à Ramm, qui se taisait toujours : s'était-il endormi ? Non, le gardien regardait tranquillement par la fenêtre. Dieu sait à quoi il pouvait penser, le vieux !

4

Le samedi soir, Ramm se rendait généralement dans un bar.

Le patron et les serveuses finissent par connaître leurs clients, mais sous un seul aspect ; il y a « celui qui ne boit que de la bière de mars »,

« celui qui change de cravate tous les jours », « celui qui ne laisse jamais de pourboire », « celui qui lit le *Das Reich* ».

Les clients ont des surnoms, mais qui ne visent pas si juste que ça et, le plus souvent, définissent l'homme par son contraire : un gros est surnommé « le Maigrichon », le grippe-sou devient « le Noceur ». Ramm était appelé « le Bavard ».

Ce soir-là, le gardien des singes, qui, d'habitude, se contentait de lever le doigt pour commander sa chope de bière et de taper sur le zinc pour signaler qu'il voulait payer, justifia paradoxalement son surnom.

La première à s'en apercevoir fut la vieille serveuse maligne, la grosse Frau Anni, dont l'omniscience au royaume des serveurs et des clients atteignait celle du Dieu Sabaoth. Comme il la hélait d'un geste ample et affecté, elle comprit que ça ne tournait pas rond.

L'œil plissé de la serveuse, d'un vert jaunâtre, le toisa de biais. Anni vit le vieillard verser en toute hâte du schnaps dans sa bière d'une main mal assurée. Cela ne se faisait pas. Mais elle ne dit rien. Plus tard, passant devant sa table, elle poussa un soupir éloquent : de toute évidence, il ne s'agissait pas d'un demi-verre de schnaps comme on le faisait d'habitude, ni même d'un verre entier. Sa bière était devenue claire comme de l'eau.

Il n'y avait pas besoin d'avoir étudié l'analyse calorimétrique pour comprendre de quoi il retournait.

L'heure était grave. Le train-train quotidien ressemblait au silence trompeur d'un fleuve dont les eaux roulent vers une cataracte. Anni ne s'étonnait point de voir les gens renoncer à leurs habitudes ; un tel, qui s'enorgueillissait de ses cravates, exhibait soudain un col sale et ouvert ; le consommateur de bière de mars réclamait une bouteille de schnaps. Et ce n'était pas le plus étrange.

Bref, le vieux se soûla. Il terminait déjà sa chope de « dynamite » lorsqu'un quidam en tenue de sport, manifestement en proie à du vague à l'âme, vint s'asseoir à sa table.

Elle saisit en passant une bribe de phrase, à propos d'une chasse, qui avait été bonne ou mauvaise, elle ne savait pas trop…

Le lendemain, Anni rencontrait Lacht, un agent chargé de recueillir des renseignements sur les bars, cafés et restaurants du quartier. C'était un homme d'un certain âge, corpulent, aux joues rouges, mais avec ça, l'air maladif, avec un beau front de penseur et de beaux yeux gris attentifs, méditatifs. Il recevait ses informateurs au commissariat du quartier, dans un bureau où l'on pouvait pénétrer sans laissez-passer.

Anni monta un escalier en pierre aux marches usées. Dans un corridor obscur, elle croisa le maître d'hôtel du restaurant Astoria qui sortait du cabinet de Lacht. Ils échangèrent un clin d'œil. Ils se connaissaient depuis des années, ils avaient débuté ensemble dans un café de la banlieue. Anni se mit rapidement un peu de poudre sur le nez et maquilla ses lèvres déjà très rouges. En pénétrant dans le bureau du chef, elle était d'humeur à la fois amoureuse et inquiète. Ses visites à Lacht s'accompagnaient chaque fois d'une légère crainte, qui s'estompait dès qu'ils se mettaient à parler, car Lacht était un interlocuteur charmant et aimable. Une fois sortie de son bureau, elle retrouvait cette inquiétude, l'espace de deux ou trois minutes. Certaines nuits où elle n'arrivait pas à dormir, à cause de la fatigue et parce que le vacarme du bar continuaient de résonner à ses oreilles, l'angoisse revenait.

Ce jour-là, elle raconta l'incident avec le vieux gardien du zoo. Avec Lacht, elle se sentait toujours à l'aise, car il ne buvait pas. (Ce qui l'agaçait chez les hommes, c'était qu'en la voyant ils lui réclamaient immédiatement de la bière.) En sa présence, elle se sentait prodigieusement inspirée, comme si elle était en train de papoter avec une bonne copine qui connaissait sa vie sur le bout des doigts.

« Donc, ils se sont disputés, dit Lachs et il fit une pause exprimant son impatience à connaître la suite.

— Et comment ! Vous auriez vu le numéro qu'ils nous ont fait ! »

Anni savait imiter les clients du bar, reproduire leur voix et leurs mimiques ridicules. Elle tendit le bras, rejeta la tête en arrière d'un geste altier, les yeux rivés au plafond.

« Il vous a fait le coup du sermon à la Martin Luther ? » demanda Lachs.

Anni ne répondit pas : elle était rentrée dans la peau de son personnage. Elle serra les dents d'un air méprisant, ses joues légèrement pendantes s'arrondirent, frémissant.

« Comment osez-vous parler ainsi des prédateurs ? C'est vous, les prédateurs ! » brailla-t-elle d'une voix rauque.

Lacht se mit à rire, tout son corps était secoué.

Cette femme avait le talent de faire apparaître une personne qu'on ne connaissait absolument pas et dont chaque geste, chaque parole, chaque intonation devenaient crédibles. Comment parvenait-elle à vous faire voir ce dos voûté, ces doigts raidis par les rhumatismes, cette mâchoire tremblotante d'émotion ? C'est tout juste si des poils blancs ne se mettaient pas à pousser sur ses joues. Mais l'essentiel n'était ni le dos voûté ni les poils. L'essentiel était qu'on lisait, grâce à elle, dans l'âme d'autrui.

« Un tigre ou un lion rassasiés, est-ce qu'ils s'amusent à tuer ? Peut-on reprocher aux animaux de devoir se nourrir ? Mais toi, le dimanche, quand tu vas chasser, c'est par pur plaisir ! Ces os fracassés, ces pattes et ces têtes ensanglantées, tu t'en fiches ! Le lièvre crie, pleure comme un enfant pendant que toi qui rotes d'avoir trop mangé, tu lui brises le crâne sur une pierre ! » cria-t-elle d'une voix chevrotante.

Lacht écoutait, les paupières mi-closes ; il voyait le vieil ivrogne pitoyable, agité de tics, aux mains tremblantes, aux yeux déments. Même les visages des auditeurs éméchés lui apparurent, il les entendit ricaner et crier méchamment : « Chut ! Taisez-vous, vous l'empêchez de parler ! » Un sacré talent, cette serveuse.

« Quoi ? La chasse serait une chose honnête ? Imiter les odeurs et les voix de l'amour, empoisonner des bêtes affamées avec de l'arsenic, c'est honnête, ça ? Pardon ? Excusez-moi, je ne vous entends pas bien, pouvez-vous répéter ? Un peu plus fort ! » Anni porta la main à son oreille, la bouche entrouverte, l'air idiot, faisant semblant d'écouter. « Ah ! vous croyez que les animaux, eux aussi, chassent par plaisir ? C'est vous qui avez transformé les chiens de chasse en traîtres et en assassins ! Et tout cela non pour sauver votre vie, mais pour manger mieux, pour avoir des mets fins sur votre table ! Comment ? Et quand vous abattez les vieux chiens et chats ! Eux qui vous ont donné toute leur affection et leur honneur, vous les livrez aux instituts de recherche où on les torture avant de les tuer ! Avez-vous vu les yeux de ces condamnés au moment où on vient les chercher et où ils se tournent vers leur maître : Protège-nous, fais quelque chose ! » Et Anni de conclure, épuisée : « Jamais vous ne pourrez être heureux ! »

Elle se racla la gorge, se moucha, sortit de son sac à main une petite glace et de la poudre. Le spectacle était terminé. Manifestement, la force de son art était telle que Lacht avait du mal à retrouver son sérieux. Ravi, il hochait la tête, gesticulait, riant et soupirant en même temps. Il y avait quelque chose de poignant, d'angoissant dans le sermon comique du vieillard ivre et à moitié fou.

« C'est un petit sketch charmant, parfaitement réussi. Vous avez manqué votre vocation : le spectacle de variétés. »

Lacht était un homme fin et cultivé. Il s'occupait de restaurants et de clubs où se réunissaient, pour philosopher, des intellectuels éméchés. Le bar que représentait Anni ne l'intéressait que parce qu'il était situé dans le quartier du Tiergarten, non loin de la chancellerie du Reich. Lacht ouvrit un tiroir et proposa du chocolat à Anni. Comme tous les hommes qui ne boivent pas, il adorait les sucreries.

Mais le travail, c'était le travail. Le sermon du fou avait déclenché des allusions politiques. Le client, manifestement très ivre, avait crié :

« T'as choisi le meilleur moment pour plaindre les animaux enfermés dans leurs cages ! Moi aussi, je veux ma liberté ! Et je ne suis pas le seul. Toi aussi, tu la veux. Seulement va le dire au Führer ! Aujourd'hui, les abattoirs n'effraient personne, il y a des trucs bien mieux pour les humains ! »

Comme toujours, quand un ivrogne laissait échapper ce genre d'horreur contre l'État, personne ne le soutenait ni ne le contredisait, car dans les deux cas, on risquait des ennuis. Tout le monde faisait semblant de n'avoir rien entendu. On clignait des yeux d'un air innocent et on retournait à sa table.

Ils parlèrent longtemps du physique de cet ivrogne, évoquèrent des signes particuliers. Anni ne savait rien de lui. Les gens assis à sa table ne le connaissaient pas.

Lacht se leva, pris d'une soudaine inspiration :

« Ah, Frau Anni ! Le national-socialisme a un terrible ennemi, pire que les tanks et les canons qui viennent de l'Est : c'est ce penchant irrationnel et primitif pour la liberté ! La liberté est la première prostituée du diable ! Nous avons une noble tâche : à coup de poings et d'idées, nous devons libérer l'homme tout-puissant et sage du poison de la liberté ! Le renoncement au culte de la liberté, c'est une victoire de l'homme nouveau sur la bête ! »

Il s'assit, riant de s'être ainsi emporté.

« Une chose est claire, dit-il, ce vieillard est fou. Mais, tout ce que cette créature sénile a proféré revient de fait à de la propagande antinazie. À force de fréquenter les bêtes, ce vieillard du zoo s'est lui-même animalisé. Il est ennemi du peuple allemand, un ennemi juré, dangereux. Et le fait que notre Führer parraine en personne la Société protectrice des animaux du Reich n'y change rien. Anni, je vous prie, je vais me vexer. Servez-vous et prenez cette tablette pour votre petite fille. »

Il était attentif et sérieux, à croire qu'il n'y avait pas d'affaire plus importante à Berlin que ce vieux gardien fou ; de quoi vous faire oublier les combats sur l'Oder. L'« ordre nouveau » avait créé des hommes nouveaux, une race supérieure.

Comme toujours, Anni garda une impression de chaleur. Elle était amoureuse de Lacht, en secret, cela va sans dire. Et, comme toujours, une fois dans la rue, elle fut envahie d'un malaise momentané : et si ce fou du zoo disparaissait comme avaient disparu d'autres hommes dont elle avait parlé à son interlocuteur subtil et agréable ? Ce malaise était désormais doublé d'un autre qui, lui, ne passait pas : sur tous les visages, on lisait l'inquiétude, dans tous les regards, perçait l'angoisse. Les rues étaient pleines de voitures chargées de valises et de sacs préparés en toute hâte.

Les plus malins fuyaient vers l'ouest.

Et si toutes les notes du gentil Lacht qui s'étaient accumulées en huit ans de leur collaboration tombaient entre les mains de ceux qui venaient de l'Est ? Il n'en résulterait rien de bon.

Malgré sa crise d'angoisse, Anni continua de rire d'elle-même, parodiant avec précision les gestes, le sourire, l'intonation de Lacht : « Oui, très respectée Anni, je vous dois un petit quelque chose pour vos sketches que j'apprécie tant. Vous pouvez garder la monnaie. »

5

Ces derniers jours, Fritzi faisait la tête au vieux gardien. Il n'aurait pas pu se fâcher pour de vrai, il aimait trop le vieux. Il était jaloux. Ramm avait une nouvelle relation. Ce n'était pas la guenon Lerkhen, mère de nombreux bébés toujours à ses soucis, ni le capucin hypocrite et calculateur qui faisait de la lèche au vieux, ni non plus le jeune chimpanzé Ulysse, gai et communicatif, mais indifférent à l'égard du monde entier, égoïste, bouclé, la bouille ronde. Il s'agissait d'un homme.

Physiquement, il ressemblait à Ramm. De loin, on pouvait les confondre. De près, la ressemblance s'estompait. Mal vêtu, aux joues pâles, aux yeux tristes implorants, il avait une douce voix avec un léger bégaiement, des gestes amples et timides.

Le matin, ils étaient arrivés chez les singes ensemble et l'homme avait regardé Ramm entrer dans la cage de Fritzi pour préparer le petit déjeuner, poser des tasses bleues et des assiettes roses.

Ramm n'était pas devenu moins prévenant envers Fritzi. Une boisson à base de glands avec du lait, de la salade de choux et de rutabagas, de la compote de pommes séchées en provenance de Bulgarie et le traditionnel verre de vin de Moselle un peu acide au dessert, tout cela fut servi avec le même soin que d'habitude. Ramm se tenait près de Fritzi, l'air attentionné comme toujours. Le gorille s'essuya la bouche avec une serviette en papier et tendit ses mains pour se resservir tout en jetant un regard rapide au vieux, de bas en haut : Ramm appréciait-il sa bonne éducation ? Il ne s'était pas jeté sur le dessert, il avait fini ses patates au beurre. D'habitude, en de tels moments, leurs yeux se croisaient : le regard fier et affectueux de son ami aidait Fritzi à garder sa bonne humeur tout le reste de la journée. Mais aujourd'hui, un passant se présenta devant la cage et héla le vieillard.

Fritzi aida Ramm à ramasser les assiettes sales, les posa lui-même sur le plateau et raccompagna le gardien jusqu'à la porte. Là, il embrassa le vieillard sur l'épaule et la joue, comme d'habitude. Le nouvel ami de Ramm trouva cela très drôle et son rire, bien que gentil et affectueux, blessa Fritzi.

Après le petit déjeuner, le gorille sortit du local intérieur et s'installa dans la cage extérieure.

Vers midi, il commença à faire très chaud, trop pour la saison. Après une abondante pluie qui avait duré toute la nuit, une étouffante humidité imprégnait l'air. Le zoo semblait particulièrement vide. Fritzi jeta en l'air un ballon en bois, le fit rouler vers un coin dans un grand fracas, puis s'approcha du grillage et, prenant un barreau dans sa main, regarda autour de lui l'air distrait.

Dans l'allée d'à côté, son voisin le loup, maigre et voûté, tournait dans sa cage en proie à une angoisse mortelle. Il allait d'un coin à l'autre, se mettait sur ses pattes de derrière, basculait sa tête, agitait ses pattes de devant, se tournait et se retournait puis, poussé par une soif inextinguible de liberté, reprenait sa course. En apercevant Fritzi, il secoua la tête et repartit. Il ne pouvait plus s'arrêter. Cette grille devait bien se terminer quelque part, l'espace indigent de l'esclavage avait bien une limite ; il allait en sortir pour courir sur le sol doux et frais, libre et heureux de la forêt !

Comme d'habitude, deux ours de l'Himalaya s'acharnaient à détruire leur cage. Le premier avait saisi deux barreaux et les poussait avec sa poitrine blanche ; le deuxième léchait le grillage de sa langue fine. On avait l'impression que le barreau, ramolli par la salive, allait céder, se plier, et alors, le monde fabuleux des forêts de montagne et des rivières bouillonnantes, transparentes avalerait le misérable espace de la cage.

Le léopard, couché sur le côté, essayait, avec sa patte moelleuse, d'élargir la distance entre la bordure de zinc au sol et le pourtour en fer de la cage. Un jour, en observant son manège, un vieux mineur de la Ruhr dit à sa femme :

« Tiens, ça me rappelle quand j'ai été enseveli dans la mine de Kronprintz. J'étais couché, exactement comme ce malheureux, et j'arrachais des bouts de minerais avec mes doigts. Il n'y a pas que les animaux qui ont besoin de respirer librement.

— Tu ferais mieux de te taire », dit sa femme.

Mais Fritzi ignorait la gaffe du vieux mineur et la réponse de sa femme.

La tigresse Lizzi, qui d'habitude s'occupait de ses enfants, était inquiète. Elle tournait dans sa cage, on sentait son tourment à ses pas lourds, souples et silencieux. Elle bâillait, balançait sa queue, des caillots de muscles enflaient sous sa peau rayée, se raidissaient, puis se détendaient, disparaissaient. Elle était énervée contre ses bébés, qui miaulaient et réclamaient leur nourriture. Il y avait des moments où, de toute évidence, elle ne supportait pas ses enfants nés en captivité.

L'hyène Bernard restait allongée, épuisée ; sa queue inerte, ses yeux mi-clos rouges, larmoyants exprimaient fatigue et apathie.

Les condors et les aigles, complètement figés, ressemblaient à de froids blocs de granit. Toute la force de leur esprit forgé dans ces hauteurs glaciales dont l'air raréfié s'apparente déjà à l'espace céleste était concentrée dans leurs yeux. Leur regard fixe, clair et perçant exprimait une puissance cruelle. Leurs yeux, tels des diamants, étaient, semblait-il, capables de transpercer une masse de pierre, de trancher dans du verre... Depuis cinquante-deux ans, un aigle aux épaules larges et voûtées était enfermé dans sa cage ; depuis cinquante-deux ans, ses yeux fixes, telles des jumelles, suivaient le mouvement des nuages et, depuis quelque temps, les trajectoires des avions chasseurs du barrage aérien. Ses yeux d'éternel bagnard exprimaient la passion et non la souffrance angoissée. La liberté, c'était la richesse de la vie, aussi différente de la misérable existence d'esclave que l'immensité du ciel l'est du cube grillagé de la cage.

Le vieux lion était allongé, sa lourde tête ébouriffée reposait sur ses pattes fatiguées. Son gros nez tout sec, tel le talon d'une vieille chaussure en caoutchouc, ne captait plus les odeurs. La puanteur énervante d'essence et de gaz d'échappement, le remugle montant des caves des magasins d'alimentation et de vin, les résidus de gaz de ville dont les cuisines et les salles de bains étaient imprégnées, le souffle sulfureux des cheminées de l'usine *Wedding*, l'huile et la graisse des bateaux à moteur sur la Spree et, dans les tanières de pierre, la sueur le matin et l'alcool aigre le soir : il ne sentait rien de tout cela. Son nez n'était pas plus sensible qu'un récepteur radio éteint.

Puis le lion passa sa langue sur son nez et, humecté de salive, l'appareil fin et complexe se remit à fonctionner. Immobile, tel un bloc de calcaire jaune gris, le lion, grâce à son nez humidifié qui captait et filtrait, débrouillait l'immense pelote de mauvaises odeurs inutiles qui se mêlaient dans la capitale du IIIe Reich.

C'est à peine si on voyait son corps de pierre s'animer, le bout de sa queue bouger, un frémissement parcourir sa peau couleur de sable. Soudain, ses grosses paupières se relevèrent tout doucement et d'immenses yeux clairs, sévères fixèrent les puissants barreaux de sa cage ; puis ses paupières s'abaissèrent de nouveau cachant ses yeux, comme un mécanisme bien huilé. Le lion était redevenu une statue, son nez poreux s'asséchait, se débranchait, cessait de capter les odeurs de la ville.

Cette scène se répétait plusieurs fois au cours de la journée ; ces mouvements à peine perceptibles exprimaient l'affliction et l'espoir qui resteraient vivants tant que le lion serait capable de respirer et de regarder. Car chaque fois perçait, au milieu de ces odeurs indigentes, celle, amère, des champs (on déchargeait le foin dans les casernes de la cavalerie), le souffle de l'eau et des arbres qui poussaient en liberté. La liberté ! L'immensité de la savane africaine au clair de lune ! L'air torride, enivrant du désert ! Le lion ouvrait les yeux avec espoir : et si les barreaux avaient disparu et que la vie sauvage était là, devant lui ?

La clarté de cette matinée chaude et étouffante fut soudain brouillée par une pluie torrentielle. Des nuées noir et jaune tourbillonnaient dans le ciel tout bas au-dessus de Berlin. Le vent balayait les rues, charriant une poussière blanche et rouge, grège et brique, qui survolait les milliers de bâtiments détruits. Du sable, des papiers jaunes froissés, du coton sale, des bouts de cigares avec des traces de dents, des mégots de cigarettes avec des traces de rouge à lèvres furent emportés, des trombes d'eau chaudes souillées tombèrent du ciel ; tout se mêla en une brume aqueuse, d'épais torrents noirâtres se mirent à couler dans leur lit d'asphalte.

Fritzi était assis sur son siège. Le bruit de la pluie sur le zinc des cages et les feuilles des arbres, l'humidité étouffante, la brume, les nuages jaunes friables, tout cela ne faisait plus qu'un dans la conscience sommeillante du gorille, faisant naître un rêve bien plus éclatant que la réalité qui était la sienne…

C'était dans la forêt tropicale d'Afrique où, sous l'épais et dur tapis de branches, de lianes et de feuilles, l'obscurité régnait même en plein jour, où l'air était étouffant et immobile, à vous faire douter des lois d'Avogadro et de Gerhardt[1] qui, apparemment, ne s'appliquaient pas à ces molécules sommeillantes. Dans ces forêts, des averses chaudes d'une puissance fabuleuse capable de déclencher le déluge frappaient presque toute l'année une terre noire marécageuse. La chaleur, l'humidité, le sol enrichi par les feuilles

---

1. Voir « Avogadro, loi d' » dans le Dictionnaire.

pourries rendaient les arbres fous. Perdant leur individualité, leurs troncs pleins de sucs étaient serrés les uns contre les autres, entremêlant leurs branches, reliés par des centaines de milliers de lianes, autant de muscles, artères, viscères, et surmontés d'une toque chaude, lourde comme du plomb, en feuilles au cuir épais, formant un seul corps grandiose.

Ces broussailles vivantes, faites de feuilles et de troncs qui respiraient, étaient compactes, figées, lourdes, telles des strates géologiques. Dans cette forêt en apparence morte, la vie battait son plein. Elle répondait aux flots torrentiels par une explosion de vie, les cellules se divisaient à toute allure, les troncs poussaient à une vitesse phénoménale. La pesanteur de l'air, dont la densité était comparable à celle de l'eau chaude, était insupportable pour l'homme et la plupart des animaux. Ici, on étouffait sans scaphandre, comme sous l'eau. Entre deux averses, des centaines d'insectes qui s'étaient abrités sous chaque feuille sortaient pour se dégourdir les pattes et nettoyer leur trompe. Et il y avait beaucoup de feuilles. Un intense bourdonnement sourd semblait monter non pas de l'air, mais de la forêt elle-même avec ses billions de troncs, ses lianes, ses branches, ses feuilles. Les moustiques suspendus en l'air formaient, dans l'obscurité, une masse encore plus sombre, immobile, car trop nombreux par mètre cube pour bouger. Il y en avait autant que de grammes dans une planète.

En passant une journée ici, un homme jeune risquait de vieillir, d'y perdre la santé. C'est dans cette forêt qu'habitaient les gorilles. Celui qui dormait dans la cage du zoo de Berlin rêva de cette obscurité brûlante, il vit sa mère, ses grands frères et sœurs chasser les moustiques avec des branches : des larmes de bonheur coulèrent de ses yeux endormis, entre ses paupières brunes.

6

Durant la pluie, Ramm et son compagnon Krause s'abritèrent dans une buvette où, en été, on vendait des glaces. Elle n'était pas encore ouverte, mais on avait déjà installé les fauteuils en osier et les tables.

Le vieux gardien et Krause, assis dans les fauteuils, fumaient et conversaient en attendant que la pluie se termine.

Krause était relieur. Un accident de tramway l'avait rendu infirme : il avait perdu un bras et avait été blessé à la poitrine. Il touchait une pension d'invalidité. Un hasard les avait poussés l'un vers l'autre pendant que Ramm faisait sa tournée du soir. Ramm avait un cœur bon et pur, il ne s'y retrouvait pas dans la tourmente de la vie. Sa haine envers les terribles maîtres de l'Allemagne, qui avaient inventé la race des seigneurs, transformait son amour des hommes et sa compassion en mépris.

C'est maintenant, pendant la pluie, que Ramm exprima, pour la première fois, sa conviction intime :

« Notre race des seigneurs semble croire que le monde entier ne vaut rien à côté d'elle. Des êtres bons, honnêtes, sympathiques et sans défense ont tout perdu, et eux, ils se sont emparés de ce que la vie a de meilleur. Si certains animaux les gênent, ils n'hésitent pas à exterminer toute l'espèce. C'est pour eux du sable, des briques. Et s'ils en ont pris la décision, parce que ça les arrange ou par pur caprice, ils n'épargneront ni les vieillards, ni les femmes enceintes, ni les nouveau-nés, ils les chasseront de leurs tanières, les feront mourir de faim, les enfumeront.

« Autrefois survivaient ceux qui avaient une bonne fourrure, une épaisse couche de graisse, ou les plus beaux, ceux qui ont le pelage ou le plumage coloré. Mais aujourd'hui, il y a un nouveau système de sélection sacrément destructeur, bien plus cruel que les souffrances de la faim et la lutte pour l'amour. Aujourd'hui survivent les nus, les gris, les osseux, ceux qui n'ont ni poils ni fourrure et dont la chair pue… C'est ça, la sélection chez nous ! Elle vise la destruction de tout ce qui vit. Les putois sont canonisés !

« Pourquoi le massacre d'animaux n'est-il pas considéré comme un crime ? Pourquoi ? Un être supérieur doit prendre soin de ceux qui lui sont inférieurs, les protéger comme un adulte protège un enfant.

« Ce que j'en pense ? conclut-il, pensif, comme passant en revue ses idées. Eh bien, je pense que celui qui veut être le roi de l'univers doit apprendre à respecter même ce ver de terre. »

Il montra un ver rose pâle sorti de la terre boueuse. Sans ménager sa pauvre vieille veste, Krause courut sous la pluie et porta le ver en haut du parterre de fleurs sous les larges feuilles d'un palmier, où les torrents d'eau ne risquaient pas de l'emporter.

De retour à la buvette, il essuya ses joues creuses et blafardes et dit, tout en nettoyant ses semelles pleines de boue :

« Vous avez raison. Il faut apprendre à respecter la vie. »

Avant de rencontrer Krause, Ramm avait l'impression que tout homme auquel il se confierait le traiterait de fou, de dégénéré. Et voilà qu'il en était tout autrement !

Krause alluma une cigarette et dit en montrant les cages dans la brume :

« Mais ici, il n'y a pas d'espoir, il n'y a pas d'autre issue que la décharge.

— Ce n'est pas tout à fait vrai, dit Ramm. Il y a des siècles que les abattoirs existent. C'est même terrible à quel point nous nous y sommes habitués. Et pourtant, ils continuent d'espérer ! Même ceux qui ont pris le parti de leurs geôliers. »

Krause se pencha vers le vieillard et dit, agitant sa manche vide :

« La guerre approche de Berlin. Hitler nous a trompés. Les gens veulent que ça change. C'est évident ! Même si beaucoup de gens se sont comportés pire que les bêtes ces dernières années. »

Il poussa un soupir : aujourd'hui, en temps de guerre, de tels propos pouvaient lui valoir la prison de Moabit et la peine de mort. Son sort était à présent entre les mains de ce vieux fou de gardien mal rasé.

Ramm secoua la tête.

« Même les vers ont besoin de liberté ! J'écoute toujours, la nuit. Dans le noir, je vais de cage en cage et je leur dis : "Patientez un peu, patientez encore un peu." Il n'y a qu'eux à qui je peux parler. »

Il regarda les torrents d'eau couler entre les cages et dit :

« Un vrai déluge. Mais peut-être que les justes se sauveront. Les gens sont trop malheureux ici et, quand on les conduit à l'abattoir, j'ai envie de croire qu'ils méritent un sort meilleur. »

Le soir, Krause passa au bar après avoir changé de veste.

La serveuse mit très longtemps à lui apporter sa bière. Il dit en soufflant sur la mousse :

« Vous m'avez fait attendre, alors que j'ai à faire aujourd'hui ! Étonnée, hein ? Il faut que je vous parle d'un juste ! »

La serveuse regarda Krause de ses yeux à la fois larmoyants et moqueurs. Elle prononça, en se penchant vers son oreille :

« Personne n'en a plus besoin, de ton juste : le grand chef s'est suicidé. Ils sont foutus. »

7

Cette nuit-là, une nuit de printemps chaude et obscure, des combats éclatèrent au centre-ville.

Le cœur maléfique de la capitale hitlérienne était pris en étau par des troupes puissantes venues de l'Est.

Des unités mobiles, des chars, l'artillerie motorisée avaient fait une percée dans le quartier de Tiergarten.

Des coups de feu éclataient dans le noir, on voyait des rafales traçantes. L'air était imprégné d'odeurs de la bataille, pas seulement celles que l'odorat humain peut saisir, celle d'azote, de bois brûlé, de fumée et de suie, mais aussi de celles, à peine perceptibles, que seuls les animaux sentent. Cette nuit-là, ces odeurs inquiétaient les animaux davantage que les coups de feu et les bruits de la bataille.

Une brise venue de l'océan, la chaleur torride d'un désert, la fraîcheur des pâturages parfumés sur les contreforts de l'Himalaya, le souffle étouffant de la forêt, les parfums du printemps, tout s'était mêlé, roulant de cage en cage comme une boule.

Les ours, hissés sur leurs pattes de derrière, secouaient les barreaux de fer scrutant les ténèbres rouge foncé.

Le loup tantôt se plaquait au sol, tantôt bondissait sur ses pieds. D'un instant à l'autre, les branches souples et tendres caresseraient son dos voûté, ses griffes s'enfonceraient dans une mousse douce et spongieuse, la fraîcheur de la forêt se poserait sur ses yeux fatigués. Ses poils, sur les côtés, s'étaient usés à force de courir le long de la grille des années durant. Sa peau touchait le fer froid, nocturne et il reprenait conscience de sa vie d'esclave. Alors, pris de peur que la liberté ne passe à côté, qu'elle l'oublie, le loup oubliait sa prudence : il levait la tête et se mettait à l'appeler en hurlant.

La lueur de l'incendie se reflétait dans le sol métallique de la cage poli par les griffes de Phénix... On eût dit qu'une lune enfumée se levait au milieu de pierres sombres, au-dessus d'un immense désert qui respirait encore la chaleur du jour.

Fritzi s'était retiré à l'intérieur de la singerie, comme d'habitude. Il n'avait pas vu les feux de la bataille. Cette nuit-là, il se retrouva complètement seul dans le noir, séparé du monde par des murs épais.

Au milieu de la nuit, le quartier du zoo fut nettoyé des troupes allemandes et des détachements SS. Le fracas du combat s'apaisa pour un temps.

Des chars et des troupes d'infanterie soviétiques s'amassèrent devant les murs du zoo pour une nouvelle attaque, probablement la dernière. Les Allemands amenaient leur artillerie en toute hâte pour empêcher la concentration des chars.

Réveillé par les détonations, Fritzi se mit debout, les bras en croix, ses larges mains saisirent les barreaux, telles des ailes noires déployées de trois mètres d'envergure. Il clignait des yeux et marmonnait quelque chose en écoutant s'éteindre les bruits de la bataille. Il aspirait l'air avec bruit, le souffle court.

L'obscurité semblait franchir les murs de béton, se muer en une nuit de forêt douce et tranquille.

Le soir, comme Fritzi passait de sa cage dans sa « chambre à coucher », Ramm lui jeta une couverture sur les épaules et s'assit près de lui sur une chaise. Fritzi ne pouvait pas s'endormir seul. Comme toujours, Ramm lui caressa la tête jusqu'à ce que le sommeil l'envahisse. Ce soir-là, il n'y avait pas la tristesse habituelle dans les yeux de Ramm. Fritzi ne comprenait pas la parole humaine, mais les sonorités précipitées et douces que le vieillard prononçait en le couchant l'avaient ému.

Il ne pouvait que faire confiance à son vieux gardien. À présent, réveillé, debout dans la nuit, il s'inquiétait de ne pas le voir près de lui.

Soudain, de lourdes détonations retentirent faisant trembler la terre et tinter l'air. Les Allemands avaient ouvert un feu d'enfer sur les chars soviétiques massés dans le quartier du Tiergarten.

La porte de la singerie s'ouvrit en grand, arrachée par une explosion d'obus. Un éclair tranchant aveugla Fritzi.

Il crut qu'en ouvrant les yeux une minute plus tard il ne verrait plus ni l'insupportable mur de béton, ni le grillage, ni ses jouets préférés, ni son sommier rayé, ni sa couverture, ni son bol de café au lait que Ramm posait sur sa petite table de chevet. Le moment était venu pour lui de retourner dans sa forêt natale près du lac Kivu.

Le matin, un officier de la kommandantur soviétique, un binoclard voûté au visage fatigué et soucieux, fit le tour du zoo.

Près des cages où se trouvaient les animaux abasourdis par le combat nocturne se tenaient des soldats de l'armée Rouge. Ils les appelaient, leurs passaient à travers les barreaux du pain, du sucre, des biscuits, du saucisson.

En entrant dans la singerie, l'officier vit un vieux gardien en casquette d'uniforme assis près du cadavre d'un vieux singe immense ; un éclat d'obus lui avait ouvert la poitrine.

L'officier dit dans un allemand sommaire qu'il nommait ce vieillard, le seul à n'avoir pas quitté son poste, directeur du zoo. En attendant que les abattoirs de la ville se remettent à fonctionner, ce qui ne saurait tarder, les carnivores mangeraient la chair des chevaux tués : il y en avait partout.

Le vieillard comprit, remercia et, soudain, se mit à pleurer en montrant le cadavre du singe.

L'officier tapota le vieux sur l'épaule d'un geste de dépit et de compassion, et s'en alla par une allée latérale.

Deux Allemands étaient assis sur le banc sous un tilleul dont les feuilles venaient d'éclore : le blessé en blouse d'hôpital avec des revers oranges et la jeune fille avec une coiffe blanche marquée d'une croix rouge. Tout était silencieux sur la terre et dans le ciel. La tête du blessé était entourée de bandages sales, son bras reposait sur une attelle. Le soldat et la jeune fille se regardaient l'un l'autre en silence, comme ensorcelés ; l'officier de la kommandantur les dévisagea et lança un coup d'œil à la patrouille qui passait par là.

1953-1955

LA MADONE SIXTINE[1]

traduit du russe par Sophie Benech

1

Après avoir écrasé et anéanti l'armée de l'Allemagne fasciste, les troupes victorieuses de l'armée soviétique ont emporté à Moscou des tableaux du musée de Dresde. Ces tableaux y ont été conservés sous clé pendant près de dix ans.

Au printemps 1955, le gouvernement soviétique a résolu de renvoyer ces tableaux à Dresde. Avant de les réexpédier en Allemagne, on a décidé de les livrer au public pendant quatre-vingt-dix jours.

C'est ainsi que le 30 mai 1955, par un petit matin froid, après avoir remonté la rue Volkhonka le long des cordons de la milice moscovite qui contenait la foule des milliers de personnes désirant voir les tableaux des grands maîtres, je suis entré dans le musée Pouchkine, je suis monté au premier étage, et je me suis approché de la Madone Sixtine.

Dès le premier regard, une chose s'impose d'emblée, avant tout le reste : elle est immortelle.

J'ai compris qu'avant d'avoir vu la Madone Sixtine j'avais utilisé à la légère un mot terrible par sa puissance, le mot « immortalité », j'ai compris que j'avais confondu avec l'immortalité la vie puissante de certaines œuvres humaines particulièrement sublimes. Et, rempli de vénération pour Rembrandt, Beethoven et Tolstoï, j'ai compris que, parmi toutes les créations dues au pinceau, au burin ou à la plume qui avaient émerveillé mon cœur et mon esprit, seul ce tableau de Raphaël ne mourrait pas tant que des hommes vivraient. Mais peut-être, que si les hommes disparaissaient, les autres créatures qui prendraient leur place sur terre, loups, rats, ours ou hirondelles, se précipiteraient, à pied ou à tire-d'aile, pour venir voir la Madone...

---

1. © Éditions Interférences, 2002, pour la traduction française.
La nouvelle de Grossman *La Madone Sixtine* s'inscrit dans une longue tradition de réflexions inspirées par ce célèbre tableau de Raphaël. Voir « *Madone Sixtine* » dans le Dictionnaire.

Ce tableau, douze générations d'êtres humains l'ont regardé, un cinquième de l'humanité ayant vécu sur terre depuis le début des temps historiques jusqu'à nos jours.

Il a été regardé par de vieilles mendiantes, par des empereurs d'Europe et des étudiants, par des milliardaires venus de par-delà les océans, par des papes et des princes russes, il a été regardé par des vierges pures et par des prostituées, par des colonels d'état-major, des voleurs, des génies, des tisserands, des pilotes de bombardier et des instituteurs, il a été regardé par des bons et des méchants.

Depuis que ce tableau existe, des empires européens et coloniaux ont été fondés et se sont effondrés, on a vu apparaître le peuple américain, les usines de Pittsburgh et de Detroit, il y a eu des révolutions, la structure sociale du monde s'est transformée… Entre-temps, l'humanité a laissé derrière elle les superstitions des alchimistes, les métiers à tisser, les bateaux à voiles et les diligences, les mousquets et les hallebardes, elle est entrée dans le siècle des générateurs, des moteurs électriques et des turbines, le siècle des réacteurs atomiques et des réactions thermonucléaires. Entre-temps, Galilée a écrit ses *Discours* formulant sa connaissance de l'univers, Newton ses *Principia*, Einstein *Sur l'électrodynamique des corps en mouvement*. Entre-temps, Rembrandt, Goethe, Beethoven, Dostoïevski et Tolstoï ont approfondi l'âme et embelli la vie.

J'ai vu une jeune mère tenant un enfant dans ses bras.

Comment rendre la grâce exquise d'un pommier frêle et délicat qui vient de donner naissance à sa première pomme, lourde et blanche ; la grâce d'une oiselle ayant mis au monde ses premiers oisillons ; celle d'une jeune biche devenue mère… La maternité, et la fragilité d'une jeune fille, presque une enfant.

Cette grâce, après la Madone Sixtine, on ne peut plus la dire ineffable, mystérieuse.

Dans sa Madone, Raphaël a dévoilé le mystère de la maternité et de sa beauté. Mais ce n'est pas à cela que tient la vie inépuisable de son tableau. Elle tient au fait que le corps et le visage de cette jeune femme, c'est son âme même, et c'est pour cela que la Madone est si belle. Il y a dans cette représentation visuelle de l'âme maternelle quelque chose d'inaccessible à la conscience humaine.

Si nous connaissons les réactions thermonucléaires qui transforment la matière en une puissante quantité d'énergie, nous sommes encore incapables aujourd'hui de nous représenter le processus inverse, la matérialisation de l'énergie ; or ici, c'est la force de l'esprit, la maternité, qui se cristallise, transmuée en une humble Madone.

Sa beauté est étroitement liée à la vie terrestre. Elle est démocratique, humaine ; elle est inhérente à la masse des êtres humains — ceux qui ont la peau jaune, ceux qui louchent, les bossus aux longs nez pâles, les noirs aux cheveux frisés et aux grosses lèvres —, elle est universelle. Elle est l'âme et le miroir de l'humanité, et tous ceux qui la regardent voient en elle l'humain : elle est l'image de l'âme maternelle, c'est pourquoi sa beauté est à jamais entremêlée, confondue avec la beauté qui se cache, indestructible et profonde, partout où la vie naît et existe – dans les caves, les greniers, les palais et les bas-fonds.

Il me semble que cette Madone est l'expression la plus athée qui soit de la vie, de l'humain sans la participation du divin.

Par moments, j'avais l'impression qu'elle exprimait non seulement l'humain, mais aussi quelque chose d'inhérent à la vie terrestre prise dans son sens le plus vaste, au monde des animaux, partout où, dans les yeux bruns de la jument, de la vache ou de la chienne nourrissant ses petits, on peut voir, deviner l'ombre prodigieuse de la Madone.

Et plus terrestre encore me paraît l'enfant qu'elle tient dans ses bras. Son visage semble plus adulte que celui de sa mère.

Un regard aussi triste et aussi grave, dirigé à la fois droit devant lui et à l'intérieur de soi-même, est capable de connaître, de voir le destin.

Leurs visages sont calmes et tristes. Peut-être voient-ils le Golgotha, la route poussiéreuse et caillouteuse qui y mène, et la croix, monstrueuse, courte, lourde, en bois brut, destinée à reposer sur cette petite épaule qui ressent pour l'instant la chaleur du sein maternel…

Et le cœur se serre, mais pas d'angoisse ni de douleur. On est saisi par un sentiment nouveau, jamais éprouvé. Il est humain et il est nouveau, ce sentiment, c'est comme s'il émergeait des profondeurs amères et salées de l'océan, et son caractère insolite, sa nouveauté, font battre le cœur.

C'est encore une singularité de ce tableau.

Il suscite quelque chose de nouveau, comme si, aux sept couleurs du spectre, venait s'ajouter une huitième que l'œil ne connaît pas.

Pourquoi n'y a-t-il pas de peur sur le visage de la mère, pourquoi ses doigts ne se croisent-ils pas autour du corps de son fils avec assez de force pour que la mort ne puisse les desserrer, pourquoi ne veut-elle pas le soustraire au destin ?

Elle offre son enfant au destin, elle ne le dissimule pas.

Et le petit garçon ne cache pas son visage dans le sein de sa mère. Il est sur le point de s'arracher à son étreinte pour marcher à la rencontre du destin sur ses petits pieds nus.

Comment expliquer cela, comment le comprendre ?

Ils ne forment qu'un, et ils sont séparés. Ils voient, ils sentent et pensent ensemble, fondus l'un dans l'autre, mais tout dit qu'ils vont se séparer, qu'ils ne peuvent pas ne pas se séparer, que l'essence de leur communion, de leur fusion, c'est qu'ils vont se séparer.

Il arrive qu'à certains moments difficiles et douloureux ce soient justement les enfants qui surprennent les adultes par leur bon sens, leur calme, leur résignation. Ces qualités, des enfants chrétiens mourant au cours de famines en ont fait preuve, des enfants de boutiquiers et d'artisans juifs pendant le pogrom de Kichinev, des enfants de mineurs, quand les hurlements d'une sirène annoncent au village affolé une explosion souterraine.

Ce qu'il y a d'humain en l'homme va à la rencontre de son destin et, à chaque époque, ce destin est particulier, différent de celui de l'époque précédente. Ce que ces destins ont en commun, c'est d'être toujours difficiles…

Mais ce qu'il y a d'humain en l'homme continuait à exister alors qu'on le clouait sur des croix et qu'on le torturait dans des prisons.

Il vivait, ce quelque chose, dans les carrières de pierres, par les froids de moins cinquante sur les chantiers d'abattage de la taïga, dans les tranchées inondées près de Przemysl et de Verdun. Il vivait dans l'existence monotone des serviteurs, dans la misère des lingères et des femmes de ménage, dans leur lutte épuisante et vaine contre le besoin, dans le labeur sans joie des ouvriers d'usine.

La Madone avec son enfant dans les bras, c'est ce qu'il y a d'humain en l'homme, et c'est là son immortalité.

En regardant la Madone Sixtine, notre époque y discerne son propre destin. Chaque époque contemple cette femme avec son enfant dans les bras et, entre les hommes de générations différentes, de peuples, de races et de temps différents, surgit une fraternité tendre, émouvante et douloureuse. L'homme prend conscience de lui-même, de sa croix, il comprend soudain le lien merveilleux qui existe entre les époques, entre ce qui vit aujourd'hui et tout ce qui a été, tout ce qui sera.

2

Plus tard, en marchant dans la rue, stupéfié et bouleversé par la puissance de ces impressions soudaines, je n'essayais pas de débrouiller le mélange de mes sentiments et de mes pensées.

Je ne comparais ce trouble ni aux jours de larmes et de bonheur que j'avais connus à quinze ans en lisant *Guerre et Paix*, ni à ce que j'avais éprouvé en écoutant la musique de Beethoven lors de moments particulièrement sombres et difficiles de ma vie.

Et j'ai compris que la vision de cette jeune mère avec son enfant dans les bras me ramenait, non à un livre ou à une musique, mais à Treblinka…

« Ces pins, ce sable, cette vieille souche, des millions d'yeux humains les ont regardés depuis les wagons qui approchaient lentement du quai… Nous pénétrons dans le camp, nous foulons la terre de Treblinka. Des cosses de lupins éclatent au moindre frôlement, avec un léger tintement… Le bruit des graines qui tombent et le carillon des cosses qui s'ouvrent se fondent en une mélodie triste et tranquille. C'est comme si montait des tréfonds de la terre le glas mortuaire de petites clochettes, à peine audible, triste, ample, paisible… Voilà les chemises à moitié décomposées des morts, des chaussures, des rouages de montres, des canifs, des chandeliers, des souliers d'enfants avec des pompons rouges, du linge en dentelle, des serviettes avec des broderies ukrainiennes, des pots, des bidons, des tasses d'enfants en plastique, des lettres d'enfants écrites au crayon, de petites plaquettes de poèmes...

« Nous continuons d'avancer sur cette terre sans fond qui bascule, la terre de Treblinka, et soudain, nous nous arrêtons. D'épaisses chevelures jaunes et bouclées, du cuivre qui ondule, des cheveux de jeune fille, fins, légers, charmants, piétinés sur la terre et, à côté, des boucles tout aussi blondes, et plus loin, sur le sable clair, de lourdes tresses noires, et d'autres, d'autres encore...

« Et les cosses de lupins carillonnent, les graines tambourinent. Comme si montait vraiment du fond la terre le glas funèbre d'innombrables petites clochettes.

« Et on a l'impression que le cœur va s'arrêter, serré par un chagrin, par une douleur, une angoisse tels qu'un être humain ne saurait l'endurer[1]... »

Dans mon âme a surgi le souvenir de Treblinka et, au début, je n'ai pas compris...

C'était elle qui foulait de ses pieds nus et légers cette terre vacillante de Treblinka, marchant depuis l'endroit où l'on déchargeait les wagons jusqu'à la chambre à gaz. Je l'ai reconnue à l'expression de son visage et de ses yeux. J'ai vu son fils, et je l'ai reconnu à son expression étrange qui n'avait rien d'enfantin. C'était l'expression des mères et des enfants quand ils voyaient, sur le fond de la verdure sombre des pins, les murs blancs de la chambre à gaz de Treblinka, c'était ainsi qu'étaient leurs âmes.

Combien de fois n'avais-je pas regardé à travers un brouillard ces gens qui débarquaient des trains, mais je ne les voyais jamais clairement, tantôt leurs visages humains semblaient défigurés par une horreur sans nom et tout était recouvert par un cri terrible, tantôt l'épuisement physique et moral, le désespoir, voilaient leurs visages d'une indifférence obtuse et têtue, tantôt le sourire insouciant de la folie figeait les visages de ceux qui sortaient des convois et marchaient vers les chambres à gaz.

Et voilà que je voyais la vérité de ces visages, Raphaël les avait dessinés il y a quatre siècles : c'est ainsi que l'homme marche à la rencontre de son destin.

La chapelle Sixtine... Les chambres à gaz de Treblinka...

À notre époque, une jeune mère met un enfant au monde. C'est terrible de porter un enfant contre son cœur et d'entendre les hurlements d'un peuple saluant Adolf Hitler. La mère regarde le visage de son enfant nouveau-né, et elle entend des craquements, des crissements de verre cassé, le mugissement des sirènes, le chœur des loups chante la marche

1. Extrait de « L'enfer de Treblinka » de Vassili Grossman, dans le recueil *Années de guerre* publié en 1946 [NdT].

de Horst Wessel[1] dans les rues de Berlin. Et voilà le bruit sourd de la hache dans la prison de Moabit.

La mère nourrit son enfant au sein, et des centaines de milliers de gens bâtissent des murs, tendent du fil de fer barbelé, installent des baraques... Dans des cabinets tranquilles, on met au point des chambres à gaz, des automobiles tueuses, des fours crématoires...

Le temps des loups est arrivé, le temps du fascisme. En ce temps-là, les gens vivent comme des loups, les loups vivent comme des hommes.

En ce temps-là, une jeune mère a mis son enfant au monde et l'a élevé. Et le peintre Hitler était devant elle, dans le bâtiment du musée de Dresde, il décidait de son destin. Mais le maître de l'Europe ne pouvait rencontrer son regard, il ne pouvait rencontrer le regard de son fils, car c'étaient des êtres humains.

Leur force humaine triomphait de sa violence : sur ses pieds nus et légers, la Madone s'est avancée vers les chambres à gaz, elle a porté son fils sur la terre de Treblinka qui basculait.

Le fascisme allemand a été écrasé, la guerre a emporté des dizaines de millions de personnes, d'énormes villes ont été transformées en champs de ruines.

Au printemps 1945, la Madone a vu le ciel nordique. Elle est venue chez nous, non en invitée, non comme une étrangère de passage, mais avec des soldats et des chauffeurs, sur des routes défoncées par la guerre, elle fait partie de notre vie, elle est notre contemporaine.

Tout lui est familier ici, notre neige, la boue froide de l'automne, la gamelle cabossée du soldat avec sa soupe claire, et la tête d'oignon ramollie qui accompagne la croûte de pain noir.

Elle a marché avec nous, elle a roulé pendant un mois et demi dans un train cliquetant, elle a épouillé les cheveux sales et doux de son enfant.

Elle est contemporaine de l'époque de la collectivisation.

La voilà qui s'avance, pieds nus, avec son petit garçon, on l'embarque dans un wagon. Quelle longue route l'attend, depuis Oboïane, près de Koursk, depuis les terres noires de Voronej, vers la taïga, vers les marais boisés de l'autre côté de l'Oural, vers les sables du Kazakhstan[2] ?

Où donc est ton père ? Dans quel cratère d'obus, dans quelle équipe expédiée sur les chantiers de la taïga, dans quelle baraque de dysentériques est-il mort ?

Vania, mon petit Vania, pourquoi ton visage est-il si triste ? Derrière ta mère et toi, le destin a condamné les fenêtres de ta maison natale désertée.

---

1. *Horst Wessel lied* est une chanson de marche écrite par le militant nazi Hans-Horst Wessel (1907-1930), tué dans une rixe avec des communistes. Après sa mort, cette chanson est devenue l'hymne officiel de l'État hitlérien et un chant de marche pour les troupes de choc nazies.

2. Allusion au trajet des dékoulakisés, exilés d'Ukraine ou de Russie centrale vers la Sibérie ou le Kazakhstan.

Quel long voyage vous attend ? Arriverez-vous au bout ? Ou bien mourrez-vous d'épuisement quelque part au bord de la route, dans une station de chemin de fer, au fond d'une forêt, sur les rives marécageuses d'une petite rivière, de l'autre côté de l'Oural ?

Oui, c'est bien elle. Je l'ai vue en 1930 à la gare de Konotop, elle s'était approchée du wagon de l'express, brunie par les souffrances, elle avait levé ses yeux splendides et elle avait dit, sans parler, juste avec les lèvres : « Du pain[1]... »

J'ai vu son fils, il avait déjà trente ans, chaussé de bottines militaires éculées, de celles qu'on laisse aux pieds des morts tant elles sont inutilisables, vêtu d'une veste matelassée déchirée sur son épaule d'une blancheur de lait, il marchait sur un sentier dans un marécage, un nuage de moustiques était suspendu au-dessus de sa tête, il n'arrivait pas à chasser le nimbe vivant et palpitant des milliards d'insectes, ses mains maintenaient sur son épaule un tronc lourd et humide. Il a levé sa tête penchée, et j'ai vu son visage, sa barbe bouclée et claire qui lui mangeait la figure, ses lèvres entrouvertes, j'ai vu ses yeux, et je les ai tout de suite reconnus : c'étaient ces yeux-là qui me regardaient sur le portrait de Raphaël.

Nous l'avons rencontrée en 1937 : c'était elle qui, debout dans sa chambre, serrait son fils dans ses bras pour la dernière fois, lui disant adieu et dévorant son visage des yeux, puis elle descendait l'escalier désert de l'immeuble muet... Un sceau de cire était apposé sur la porte de sa chambre, une voiture officielle l'attendait en bas... Quel silence étrange, effarouché, en cette heure grise et cendrée du petit matin, comme les immeubles étaient muets...

Et voilà que de la pénombre de l'aube surgit son nouveau présent : le convoi, la prison de transit, les sentinelles sur des miradors en bois, le fil de fer barbelé, le travail de nuit dans les ateliers, l'eau bouillie, et des châlits, des châlits, toujours des châlits...

D'un pas lent et élastique, chaussé de bottines en chevreau à talons plats, Staline s'est approché du tableau, il a regardé longuement, très longuement, les visages de la mère et du fils, en caressant ses moustaches grises.

L'a-t-il reconnue ? Il l'avait rencontrée à l'époque de sa déportation en Sibérie, à Novoïoudinsk, à Touroukhane, à Koureïka[2], il l'avait rencontrée dans les convois, dans les prisons de transit... Pensait-il à elle du temps de sa grandeur ?

Mais nous, les hommes, nous l'avons reconnue, nous avons reconnu son fils : elle, c'est nous, leur destin, c'est nous, ils sont ce qu'il y a

---

1. Allusion aux années de famine en Ukraine (1932-1933), où les paysans affamés, dont tout le blé avait été confisqué, se rendaient dans les gares ou près des chemins de fer pour demander de la nourriture aux voyageurs.

2. De 1903 à 1913, Staline fut plusieurs fois arrêté et déporté pour ses activités révolutionnaires.

d'humain en l'homme. Et si l'avenir conduit un jour la Madone en Chine ou au Soudan, partout, les hommes la reconnaîtront comme nous l'avons reconnue aujourd'hui.

La force miraculeuse et sereine de ce tableau tient aussi à ce qu'il nous parle de la joie d'être une créature vivante sur cette terre.

Le monde entier, toute l'immensité de l'Univers, c'est l'esclavage résigné de la matière inanimée, seule la vie est le miracle de la liberté.

Ce tableau nous dit combien la vie doit être précieuse et magnifique, et qu'il n'est pas de force au monde capable de l'obliger à se transformer en quelque chose qui, tout en ressemblant extérieurement à la vie, ne serait plus la vie.

La force de la vie, la force de ce qu'il y a d'humain en l'homme est immense, et la violence la plus puissante, la plus absolue, ne peut asservir cette force, elle peut seulement la tuer. C'est pour cela que les visages de la mère et du fils sont si sereins : ils sont invincibles. En ces temps de fer, la mort de la vie n'est pas sa défaite.

Nous voilà devant elle, nous, jeunes et vieux, qui vivons en Russie. À une époque angoissante... Les blessures ne sont pas encore cicatrisées, les ruines sont encore noires de suie, on n'a pas encore dressé de monuments sur les fosses communes de millions de soldats, nos fils et nos frères. Les peupliers et les merisiers calcinés, morts, sont encore debout dans les campagnes brûlées vives, de tristes herbes folles poussent sur les corps des vieillards, des mères, des gamins et des fillettes brûlés dans les villages de résistants. La terre remue et frémit encore dans les fossés au fond desquels reposent les corps d'enfants juifs tués avec leur mère. Les sanglots des veuves résonnent encore la nuit dans d'innombrables maisons russes, biélorusses et ukrainiennes. La Madone a tout traversé avec nous, parce que elle, c'est nous, parce que son fils, c'est nous.

Et on a peur, on a honte, on a mal : pourquoi la vie a-t-elle été si horrible, n'est-ce pas de ma faute, de notre faute ? Pourquoi sommes-nous en vie ? Question terrible, pénible, les morts sont les seuls à pouvoir la poser aux vivants. Mais les morts se taisent, ils ne posent pas de question.

De temps à autres, le silence de l'après-guerre est brisé par des explosions, et un brouillard radioactif s'étire dans le ciel.

La terre sur laquelle nous vivons tous a tressailli : les armes thermonucléaires viennent remplacer la bombe atomique.

Nous allons bientôt prendre congé de la Madone.

Elle a vécu notre vie, avec nous. Jugez-nous donc, nous, tous les hommes, avec la Madone et son fils. Nous allons bientôt quitter la vie, nos cheveux sont déjà blancs. Mais elle, cette jeune mère, elle ira à la rencontre de son destin, son enfant dans les bras et, avec une nouvelle génération d'hommes, elle verra dans le ciel une lueur puissante, aveuglante : la première explosion d'une bombe à hydrogène superpuissante, annonçant le début d'une nouvelle guerre, totale.

Que pouvons-nous dire, nous les hommes de l'époque du fascisme, face au tribunal du passé et de l'avenir ? Nous n'avons aucune justification.

Nous dirons : il n'y a pas eu de temps plus dur que le nôtre, mais nous n'avons pas laissé mourir ce qu'il y a d'humain en l'homme.

En regardant partir la Madone Sixtine, nous gardons la foi que la vie et la liberté ne font qu'un, qu'il n'est rien de supérieur à ce qu'il y a d'humain en l'homme.

C'est cela qui vivra éternellement, et qui triomphera.

1955

REPOS ÉTERNEL[1]

traduit du russe par Sophie Benech

1

Près du cimetière de Vagankovo se trouvent les voies ferrées de la gare de Biélorussie, et à travers les troncs des érables du cimetière, on voit passer les trains pour Varsovie et Berlin, les vitres des wagons-restaurants scintillent, les express bleus Moscou-Minsk foncent à toute allure, de temps en temps, on entend les cliquetis des trains de banlieue, et la terre tremble sous le poids des lourds wagons de marchandises.

Près du cimetière passe la route de Zvenigorod, avec des voitures qui roulent, des camionnettes bourrées de bric-à-brac pour les vacances. Près du cimetière se trouve le marché de Vagankovo. Des hélicoptères bourdonnent dans le ciel, la voix bien nette du chef de gare chargé de la formation des trains retentit dans l'air du cimetière.

Mais dans le cimetière, c'est le repos éternel, la paix éternelle.

Les dimanches de printemps, il est difficile de monter dans les autobus qui vont dans cette direction ; des foules descendent à pied la rue de 1905 depuis les barrières de Presnia, longeant des immeubles neufs et des masures en bois, longeant l'Institut technique de la radio et les éventaires du marché. Les gens arrivent avec des pelles, des arrosoirs, des scies, des seaux de peinture et des pinceaux, avec des sacs remplis de boustifaille : ce sont les grands nettoyages de printemps qui commencent, on repeint les grilles, on s'occupe des parterres de fleurs[2].

Ces flots humains se rejoignent devant les portes du cimetière : la Babylone vivante empêche les nouveaux habitants de pénétrer dans l'enceinte du cimetière en corbillard. Que de soleil printanier, ici, que de verdure fraîche, que de visages animés et de conversations ordinaires, et

---

1. © Éditions Interférences, 2002, pour la traduction française.
2. Dans les cimetières russes, les tombes, ornées de croix ou de monuments et de parterres de fleurs, sont entourées de grilles.

comme on y trouve peu de chagrin ! Du moins, c'est l'impression que l'on a.

Cela sent la peinture, on entend des coups de marteau, le grincement des brouettes et des carrioles qui transportent du sable, du gazon, du ciment : le cimetière s'active.

Des gens avec des gants en toile besognent avec ardeur et dans l'euphorie, certains fredonnent tout bas, d'autres interpellent leurs voisins.

Une maman peint la grille d'un papa, et leur petite fille sautille à cloche-pied, elle essaye de faire le tour de la tombe sans poser le pied par terre.

« Non, mais qu'est-ce que c'est que cette petite ! Elle a de la peinture plein la manche ! »

Là-bas, on se repose déjà : la grille et le monument sont barbouillés d'une horrible couleur dorée, une nappe est étalée sur un banc, les gens cassent la croûte[1] et apparemment, ils ne font pas que cela : les voix sont un peu trop animées, les visages frustes ont pris des couleurs, les voilà soudain qui rient aux éclats, tous ensemble. Ont-ils jeté un regard à la tombe, penauds ? Non. Le défunt ne leur en voudra pas : il est content de leur travail de peinture.

C'est agréable de travailler en plein air, de planter des fleurs, d'arracher les mauvaises herbes enfoncées dans la terre de la tombe.

Où aller le dimanche ? Au zoo, à Sokolniki ? Le cimetière, c'est mieux, on travaille un peu, sans se presser, on prend l'air.

La vie est puissante, elle a fait irruption dans l'enceinte du cimetière, et le cimetière s'est incliné, il fait désormais partie de la vie.

Il n'y a ici guère moins d'émotions et de passions que dans les bureaux, dans les appartements communautaires ou sur le marché, à côté.

« Bien sûr, notre Vagankovo, ça n'est pas Novodivietchi, mais ici aussi, il y a des gens pas trop mal : le peintre Sourikov, Dahl, l'auteur du fameux dictionnaire, le professeur Timiriazev, Essenine… On a aussi des généraux et de vieux bolcheviks, c'est que Baouman est enterré chez nous, ce n'est pas une plaisanterie, ça, il y a un quartier entier de la capitale qui porte son nom… Et Kikvidze, le chef de division légendaire, le héros de la guerre civile, il est chez nous, lui aussi. Et puis, du temps des tsars, il n'y avait pas que des marchands qu'on enterrait ici, des fois, on y mettait même des évêques ! »

Il est difficile d'avoir une place au cimetière de Vagankovo, au moins autant que de décrocher une domiciliation à Moscou quand on vient de province.

---

1. C'est une coutume très répandue que de manger et de boire en souvenir des morts dans les cimetières, ainsi que de laisser sur la tombe un peu de nourriture, un verre de vodka avec un morceau de pain, ou encore des œufs peints à Pâques.

Et les arguments que les familles des défunts exposent à un homme au teint rouge brique, coiffé d'une chapka en cuir, chaussé de bottes et vêtu d'un blouson de cuir à fermeture Éclair, ce sont les mêmes que ceux qu'entendent chaque jour les employés du service des passeports de la police moscovite.

« Camarade directeur, c'est qu'il y a sa vieille mère ici, et son frère aîné ! Ce n'est pas possible, comment voulez-vous qu'on le mette à Vostriakovo ? »

Et le directeur répond lui aussi, comme au service des passeports :

« Impossible. J'ai des instructions spéciales du Soviet de Moscou, les quotas sont dépassés. On ne peut quand même pas mettre tout le monde à Vagankovo, il faut bien qu'il y en ait qui aillent à Vostriakovo ! »

Les instructions ont été particulièrement strictes avant le Festival international de la jeunesse, en 1957[1]. Le bruit avait couru que les croyants qui participaient au festival allaient venir à Vagankovo, et les employés du cimetière avaient perdu la tête, ils avaient mis de l'ordre et s'étaient préparés pour le festival.

Ceux qui en ont particulièrement pâti à ce moment-là, ce sont les mendiants, ceux qui chantent, les cassés en deux, ceux qui marmonnent et ceux qui tremblotent, les invalides de guerre, les aveugles, les demeurés… La milice les embarquait carrément par camions entiers. Il y avait des instructions spéciales.

À cette époque-là, au bureau, on disait à ceux qui se présentaient :

« Revenez quand le festival sera fini. »

Mais le festival s'est terminé, et la vie du cimetière qui s'était pomponné a repris son cours normal.

De nouveau, les gens quémandent auprès du directeur et de ses proches collaborateurs :

« Juste une petite place… »

Mais que faire ? Il n'y a pas beaucoup de place à Vagankovo, et les défunts n'en finissent pas d'arriver… Et personne ne veut aller à Vostriakovo.

Les gens discutent, menacent, pleurent.

Les uns apportent des attestations, des demandes émanant d'administrations, d'organisations sociales : le défunt était un spécialiste irremplaçable, un militant remarquable, titulaire d'une retraite pour mérites personnels de la plus haute importance pour la république, il a mérité de sa patrie pendant la guerre, il était déjà membre du Parti avant la révolution…

D'autres tentent d'user de stratagèmes, de subterfuges, et l'administration les confond :

---

1. Organisé à Moscou pour les « représentants de la jeunesse progressiste du monde », le festival fut l'un des événements qui marquèrent le début du « Dégel » khrouchtchevien avec sa libéralisation difficile et contradictoire.

« Vous avez déclaré que vous vouliez l'enterrer à côté de son mari, mais il s'agit de son premier mari, elle en a eu encore deux après lui ! Il faudrait quand même avoir un minimum de décence ! »

D'autres cherchent qui ils pourraient bien amadouer avec un pot-de-vin, avec un alcool coûteux. Les uns préfèrent donner aux administrateurs, les autres essayent de graisser la patte aux simples ouvriers qui manient la pelle.

D'autres encore tentent d'enterrer au culot, à l'emporte-pièce, exactement comme on emménage dans un logis sans autorisation, et ensuite, ils se lancent dans de longues et fastidieuses démarches pour obtenir les attestations.

Il y a des instructions : on doit liquider les tombes abandonnées et créer à leur place de nouvelles sépultures. Et les passions bouillonnent autour de ce genre d'affaires, autant qu'autour d'une surface habitable dans laquelle une vie solitaire de vieille femme n'en finit pas de s'éteindre.

Et l'autorisation d'occuper une tombe abandonnée finit par être délivrée. Il arrive alors qu'un cercueil soit placé sur un autre, et qu'il y en ait encore un troisième dessous. Et les voilà tous ensemble : un marchand qui a perdu son nom, un communard romantique qui s'est montré impitoyable envers la bourgeoisie, avec un brassard rouge tout moisi, et un cadre oublié de tous, lui aussi, directeur d'un service secret. Qui sera le quatrième ?

Pourquoi tant de gens aiment-ils se promener dans les cimetières ?

Il est évident que ce n'est pas seulement à cause de la verdure, ni parce qu'il est agréable de planter des fleurs, de raboter et de peindre.

Ce sont là des raisons accessoires — la surface des choses. La raison principale, elle, est cachée, comme c'est le cas pour la plupart des raisons principales, elle se trouve tout au fond.

Épuisés par le chagrin, par les nuits blanches et, bien souvent, par d'épouvantables remords, les gens arrivent au cimetière et se démènent pour trouver un emplacement.

Ces démarches sont pénibles, humiliantes. Par moments, on en veut au mort : lui, il s'en fiche, mais moi, mais nous ! Avec tout ce qu'on a souffert, toutes ces nuits passées sans dormir pendant qu'il agonisait ! Que de fois on a couru en pleine nuit à la pharmacie pour aller chercher des ballons d'oxygène, et les urgences qu'on appelait, et les médicaments, et les fruits ! On n'en voit toujours pas le bout. Il est mort, mais les problèmes, eux, continuent.

« Ne vous en faites pas, tout va s'arranger ! disent les gens intelligents. Ils ont beau être des bureaucrates, ils l'enterreront quand même, ça ne s'est encore jamais vu qu'on n'enterre pas quelqu'un. »

C'est vrai, on l'a enterré.

Et voilà qu'avec le bruit de la terre cognant contre le couvercle du cercueil la paix et le soulagement pénètrent, tel un rayon lumineux, dans les cœurs navrés et déchirés par le chagrin. Il est enterré…

Ce sentiment de soulagement tout petit, minuscule, c'est justement le germe à partir duquel vont se développer de nouvelles relations — les relations entre les vivants et les morts. C'est ce minuscule rayon qui est à l'origine de cette foule animée se dirigeant vers les portes du cimetière, de ces joyeux travaux de peinture et de jardinage.

Mais comment se développe ce germe ?

Pour suivre son développement, pour comprendre comment la déchirante séparation éternelle avec un proche se transforme en ces douces joies du cimetière, il faut quitter un instant le cimetière pour retourner en ville.

Les relations entre proches sont rarement étalées au grand jour, bien visibles — de plain-pied, pour ainsi dire, ou en ligne droite.

C'est un bâtiment aux murs épais, avec des caves profondes, des chambres obscures et chaudes, des étages rajoutés et des dépendances.

Que de choses se passent dans ces cagibis, dans ces caves, dans ces couloirs et ces greniers ! Que de choses ont pu voir et entendre les murs impalpables de ces édifices cachés au fond des cœurs ! La lumière, des reproches impitoyables, une éternelle cupidité, une satiété nauséeuse, la vérité, un désir fou de délivrance, une lente accumulation de petits riens au fil des années, des calculs au sou près, des haines terribles et secrètes, des bagarres, du sang, une humble douceur.

Parfois, tous frémissent soudain en entendant parler d'un fils qui, avec sa femme, a tué sa mère pour agrandir son espace vital. Deux filles ont allongé leur maman sur un divan pour la dévaliser, elles lui ont versé de l'eau bouillante dans la bouche. Un ouvrier avait gagné vingt-cinq mille roubles à la loterie, il a couru chez lui pour annoncer ce grand bonheur à sa femme et quand ils sont entrés chez eux, ils se sont aperçu que leur fille de trois ans avait brûlé le billet gagnant, elle l'avait transformé en cendres ; le père, la raison troublée par la folie du désespoir, a pris une hache et a tranché les mains de sa fille. Ce sont là des monstruosités terribles et rares, mais les monstruosités aussi sont engendrées par la vie.

Pourtant, on a parfois l'impression que les eaux calmes de l'existence sont encore plus terribles.

Cela fait des dizaines d'années qu'un mari et sa femme vivent dans une pièce et, depuis des dizaines d'années, il s'absente, tantôt pendant la journée, tantôt le soir, tantôt les jours de congé, parfois toute la nuit : il a une seconde famille. La femme ne dit rien, le mari ne dit rien, mais de quel poids terrible pèsent les reproches muets de la femme, son sourire pitoyable, ses efforts pour abuser les enfants et les amis, sa sollicitude pleine de soumission. Parfois, il est saisi d'horreur, mais que peut-il changer à ses sentiments ? Et là-bas, là où se trouve son amour, c'est aussi un sourire pitoyable, coupable et démuni, ce sont aussi des reproches, des comptes d'apothicaire.

Une belle-mère a de bonnes relations avec sa bru, des relations calmes et sans heurts. Ce calme est fondé sur le fait que la vieille femme a cédé sa chambre aux jeunes, elle s'est installée dans l'entrée, puis elle leur a donné son lit, elle dort sur un lit pliant, elle a sorti ses affaires de l'armoire et les a rangées dans une caisse en contre-plaqué dans le couloir, et l'armoire, elle l'a donnée à sa bru ; la bru n'aime pas les plantes, elles rendent l'atmosphère étouffante, alors la vieille femme a renoncé aux agaves et aux ficus qu'elle possédait depuis des années ; on a dit à la bru que les chats pouvaient donner des vers à la petite Sveta, et la vieille dame a dû se séparer de son vieux chat, un chat si âgé que le papa de Sveta était encore lui-même un petit garçon quand il était apparu dans la maison. La grand-mère l'a enveloppé dans un foulard propre et l'a emporté. Ce qui lui a donné de terribles remords, c'est que le chat, confiant, a somnolé dans ses bras pendant son dernier voyage. Elle ne dit rien, et son fils ne dit rien. Elle voit bien qu'il a peur de se retrouver seul avec elle, lui, il voit combien elle est démunie, mais elle comprend la pitoyable faiblesse de son fils et, hochant sa tête blanche et tremblante d'un air conciliant, elle l'écoute pendant des heures parler à sa femme d'un ton empressé et servile : « Ma chérie, ma petite chérie… »

Et ce vieillard — toute sa vie, il a tenu sa famille à bout de bras, il faisait des heures supplémentaires, acceptait des indemnités à la place de ses vacances, travaillait les jours de fête et de congé pour un double salaire, même au Nouvel An, il refusait sortir avec ses camarades, de boire une chope de bière. « C'est toi qui en as le plus besoin, ça se voit ! » lui disaient ses camarades. « J'ai une famille… », répondait-il d'un air coupable. Et c'était vrai, il avait une grande famille, mais tous mangeaient à leur faim, tous étaient chaussés, et tous ont fait des études, tous ont réussi. Maintenant, le vieillard est paralysé. Ses fils et ses filles ont eu beau s'adresser partout, rien à faire, les hôpitaux ne prennent pas les grabataires. Ses enfants le nourrissent à la petite cuillère, changent ses draps, lui apportent le bassin. Il ne bouge pas, il a perdu l'usage de la parole, mais il n'est pas sourd ni aveugle, il voit les visages de ses enfants et il entend leurs conversations. Son petit-fils a demandé à son père, le fils du vieillard : « Pourquoi grand-père a tout le temps des larmes qui lui coulent des yeux ? » « C'est parce qu'il a les yeux malades. » Le vieillard prie en silence pour que la mort vienne, mais elle ne vient pas.

Dans une famille d'ouvriers, il y a un fils unique, c'est un débile mental. Il a seize ans, et il ne sait toujours pas s'habiller tout seul, il ne prononce les mots les plus simples qu'à grand-peine, de façon indistincte, et toute la journée, il sourit d'un sourire doux et tranquille. Les parents ont tellement peur… Et si leur fils dément leur survivait ? Où ira-t-il, leur petit Sacha dont personne n'a besoin ? Et aussitôt, ils sont terrorisés à l'idée que cette créature faible et pitoyable qu'ils aiment d'un amour particulier, amer et tendre, puisse les quitter pour toujours. Ils désirent sa mort, car ils ont peur de le laisser seul au monde. Et en même temps, ils sont horrifiés par ce désir.

Ici, les médecins ont dit : c'est un cancer de l'estomac, il y a des métastases. Mon Dieu, quelle mort affreuse elle a eue, elle hurlait jour et nuit, se débattait, maudissait sa sœur aînée qui ne quittait pas son chevet.

Tout cela, ce sont les douleurs de la vie, les orages. Mais il n'y pas que des orages dans l'existence.

Il semble parfois que les tracas ordinaires et quotidiens liés au travail, à l'amour, à l'amitié, soient aussi pénibles que les orages de la vie.

Une famille vit dans une aisance tranquille, mais que de situations sans issue, compliquées, embrouillées ! Le père est blessé par l'esprit pratique de ses enfants — par la réussite outrecuidante de son fils, par ses liens et ses relations avec des gens bien placés et connus, par son indifférence envers les livres, envers la nature, par ses réflexions sur ce qui est profitable ou non ; que de bassesse dans le mariage de raison et d'intérêt qu'a fait sa fille, dans le monde respectable de l'aristocratie soviétique dans lequel elle s'est introduite ; de quelle simplicité animale elle fait preuve, cette fille, comme elle s'est révélée banale, avec sa nouvelle famille, avec ses petites histoires d'appartement, de datcha, de voiture ; lui qui l'appelait Alionouchka quand elle était petite, lui qui pressentait en elle l'intraitable conscience de la révolutionnaire Sophia Perovskaïa ! Mais sa femme, elle, est enchantée de la réussite de leur fils, de leur fille. « Tu m'as empoisonné la vie avec tes bêtises, maintenant, je m'en rends compte ! Nos enfants, eux, vivent comme des gens normaux ! » Il voit tout, il comprend tout, et sa vie a abouti à une impasse, il n'a plus envie de vivre.

Quel couple charmant, tous deux sont des scientifiques, ils ont une voiture, ils font de l'alpinisme, ils s'entendent bien et ont une vie intéressante.

Elle est docteur en sciences, lui, il est juste licencié, dans les invitations aux réceptions du Kremlin, il y a marqué « avec son époux ». Cela les fait rire, et leurs amis aussi. Pour son anniversaire, elle a reçu un télégramme de félicitations du président de l'Académie, partout où ils vont ensemble, c'est à elle que les gens s'intéressent, lui, ils ne le voient qu'à travers elle. Finalement, l'assurance de sa femme a fini par l'agacer, apparemment, elle est persuadée qu'il est heureux avec elle. Il lui en veut, mais bien sûr, ce n'est pas pour cette raison qu'il s'est lancé dans une liaison avec une charmante petite étudiante ! Sa femme n'avait rien remarqué, elle était sûre de sa fidélité. Mais, Seigneur, dans quel état elle s'est mise quand elle a lu un petit mot qu'il avait oublié ! Comme elle a pleuré, elle a voulu s'empoisonner. Lui aussi, il pleurait, il lui a demandé pardon, et elle lui a dit : « J'ai compris, j'ai compris, je suis une idiote, je ne t'arrive pas à la cheville, tu es ce qui compte le plus au monde pour moi ! » Bien entendu, même sur le coup, elle considérait qu'il n'avait pas

pu tomber amoureux d'une autre, qu'il s'était vengé de son humiliation.
Manifestement, ce qui la tourmentait le plus, c'était l'idée que lui, un
homme qui n'avait rien de remarquable, ait pu tromper une femme
comme elle, qui l'aimait tant ! Au début, il a été ému, il s'est repenti, puis
il a senti dans ses souffrances à elle quelque chose de trouble, d'insultant
pour lui. Il n'y a rien de bon à attendre de l'avenir, ce sera toujours le
même imbroglio sans espoir.

Celle-là a un second mari, le premier a été tué à la guerre. Et une fille qui
grandit, une fille de son premier mari. Le beau-père est mal disposé envers
la fillette. Mais il n'a rien dit tant qu'elle était là. Les années ont passé, la
fillette est devenue grande, elle s'est mariée, elle a un enfant. Le beau-père
interdit à sa femme de voir sa fille et son petit-fils, il la soupçonne d'aimer
le petit garçon parce qu'il ressemble à son défunt grand-père ; quand il part
en voyage, il ne dit pas quand il sera de retour afin de pouvoir surprendre
sa femme au cas où elle inviterait sa fille et son petit-fils. Il est jaloux, il
souffre et tourmente les autres. Leurs forces déclinent, leurs cheveux blan-
chissent, et tout est toujours aussi désespérément compliqué.

Encore une fois, les relations ne sont pas toujours compliquées et
contradictoires. Bien sûr. Mais, Seigneur, quel ennui impitoyable ronge
parfois les âmes dans les familles à la vie simple et tranquille !

Voilà un homme, un mari, un père. Il arrive chez lui, et voilà l'escalier
délabré avec sa marche cassée, la pénombre du couloir, une odeur poussiéreuse de vieilleries et de morue frite à l'huile de tournesol, le bout de
savon sur le lavabo et, accroché à un clou, la serviette humide qui n'a pas
eu le temps de sécher. Ils déjeunent, et le menu est toujours le même,
d'ailleurs tout est toujours pareil : la toile cirée sur la table, l'assiette avec
sa bordure bleuâtre tout effacée, la fourchette avec ses dents qui se che-
vauchent. Sa femme et lui ne se disputent jamais, ils ne se mentent pas,
ils considèrent la vie de la même façon, avec le même regard. Mais, Seigneur, comme ils s'ennuient ! Ils restent silencieux pendant des heures,
ils n'ont pas envie de parler, d'ailleurs ils n'ont rien à se dire. Quand ils
sont séparés, cela les ennuie de penser l'un à l'autre, et quand ils vont se
promener, les fleurs sur le boulevard, les nuages du crépuscule, tout
devient d'un ennui insupportable du seul fait qu'ils marchent l'un à côté
de l'autre. Et la nuit, quand ils se réveillent, quel ennui d'entendre à côté
des marmonnements ensommeillés, des ronflements !

« Qu'est-ce que tu avais mangé hier soir ? Tu avais une haleine épouvantable, cette nuit.

— Rien de spécial. »

« C'est bien ce que je dis, rien de spécial. »

Peut-être que l'irruption de la mort éternelle sera moins pénible que cet
éternel ennui ?

Et voilà le monticule de terre, une femme plante des touffes de myosotis
sur la tombe de son mari. Maintenant, au moins, il n'ira plus retrouver cette

semeuse de trouble. Tout est si calme. Une chose la tracasse : elle se demande si elle n'aurait pas mieux fait de planter des pensées. Elle a pardonné, et ce pardon la grandit.

À côté, de jeunes époux peignent une grille avec amour. Ils bavardent avec la veuve qui sait déjà que la vieille défunte aimait les chats et les ficus, qu'elle se privait de tout pour son fils et sa charmante épouse. La paix, la simplicité, le ciel bleu, un jeune moineau pépie d'une voix claire sur la tombe, son gosier n'a encore jamais avalé l'air glacé de janvier. Les yeux fous et désolés de la vieille femme ne sont plus là.

Ni les yeux larmoyants du vieillard figé dans sa paralysie.

Et le monticule de terre est si calme sur le petit garçon débile qui est mort. Tout est fini, le désarroi déchirant de ses parents, leur peur. Des pensées, des marguerites, des myosotis.

« Comme elle a souffert, la pauvre ! » dit une femme d'un certain âge en parlant de sa sœur.

Elle examine la tombe, le soleil traverse le feuillage juvénile des arbres et se pose, lumineux, sur la terre. Tout est si calme, les relations avec les morts sont si faciles, si paisibles.

« Plus tard, je planterai des capucines, ça pousse bien. »

Désormais, il n'y a plus de mur entre les époux qui s'aiment, leur amour n'est plus empoisonné par la jalousie, par la peur, par l'hostilité envers l'enfant d'un premier mari, envers le petit-fils auquel sa grand-mère voue une affection sans bornes. « Dors en paix, ami inoubliable. »

On est bien au cimetière. Tout ce qui était embrouillé et douloureux est devenu facile.

La personne aimée vit ici une vie particulière, une bonne vie, lumineuse, et les relations avec elle sont si délicieuses !

Le mari qui rentrait de son travail rempli d'ennui et d'idées noires apprécie maintenant la compagnie de sa femme ; c'est une joie pour lui d'aller au cimetière les jours de congé. La nature est si belle, il y a tant d'agréables petites choses à faire, tant de gens charmants qui viennent régulièrement rendre visite aux tombes voisines. Il parle de sa femme, il pense à elle. Se souvenir d'elle, penser à elle, ce n'est pas ennuyeux. Leurs relations connaissent un renouveau.

Qui donc a dit qu'il n'y avait rien de plus magnifique que la vie, qui donc a assuré aux hommes que la mort était épouvantable ?

Voilà qu'arrive avec des pelles, des scies, des marteaux et des pinceaux une foule de gens qui bâtissent une vie meilleure, une vie nouvelle. Leurs yeux regardent droit devant eux. Comme c'est pénible et difficile, en ville, et comme tout est lumineux au cimetière !

Y avait-il une issue, pouvait-on faire disparaître le gouffre qui séparait le père de ses enfants à la réussite si insignifiante ? Et voilà, maintenant, il n'y a plus de gouffre. « Repose en paix, cher maître, père, ami… »

En travaillant sur la tombe, les enfants discutent de leurs affaires, de leurs voyages, de leurs amis. Lui, le père, il est là, à côté, et on se sent si bien, si tranquille avec lui, il ne les regardera plus de cet air triste, pitoyable et honteux qu'il avait parfois.

Des foules de vivants franchissent les portes du cimetière, la ville les pousse. Et quand les gens, remplis de désespoir, épuisés, voient la tranquille verdure des tombes sous lesquelles dorment leurs maris, leurs mères, leurs pères, leurs femmes et leurs enfants, l'espoir entre dans leur cœur. Les gens bâtissent des relations nouvelles avec leurs proches, des relations meilleures, ils bâtissent une vie nouvelle, meilleure que celle qui leur déchirait le cœur.

2

Sur beaucoup de monuments sont gravées des informations concernant le défunt, ses titres universitaires ou son grade militaire, les postes qu'il a occupés, le nombre d'années passées dans le Parti.

Jusqu'en 1917, on écrivait que le défunt était un marchand de la première ou de la deuxième guilde, un conseiller d'État.

Il existe aussi une autre catégorie d'inscriptions, celles qui parlent des sentiments que les proches éprouvent pour le défunt. Ces inscriptions, en vers ou en prose, sont parfois extrêmement prolixes. Elles sont quelquefois incroyablement drôles, ces inscriptions, ou stupides, vulgaires et bourrées de fautes, mais cela n'a aucun rapport avec le fond de la question.

Le fond de la question, c'est que ces inscriptions concernant le métier du défunt et ses titres, de même que celles qui parlent de l'amour que lui portent ses proches, n'ont pour but que d'informer les étrangers, elles n'ont aucun rapport avec ce qui vit au plus profond des cœurs.

Ces inscriptions sont des déclarations banales, comme celles que l'on remplit quand on postule à un emploi, qu'on fait une demande en mariage ou qu'on propose quelqu'un pour une décoration.

Dans ces inscriptions, on ne parle jamais des métiers simples : « Ici repose un coiffeur, un charpentier, un balayeur, un mécanicien… »

Si on mentionne ce que faisait le défunt, il s'agit généralement d'un professeur, d'un artiste, d'un écrivain, d'un pilote de chasse, d'un médecin, d'un peintre.

Si on parle des grades, ce sont généralement les grades élevés que l'on mentionne : colonel, amiral, conseiller en justice de première classe. D'ordinaire, sur les monuments, on n'indique pas les laborantins ni les sous-lieutenants.

Le côté officiel et social poursuit l'homme jusqu'au cimetière. Ici aussi, le côté humain, lui, se montre timide.

Les inscriptions du second type, concernant l'affection, le chagrin éternel, les larmes brûlantes, indépendamment du fait qu'elles sont touchantes ou au contraire vulgaires, en vers magnifiques ou bien ridicules et truffées de fautes, ces inscriptions servent les mêmes buts superficiels et vaniteux, elles fournissent des informations pleines de suffisance.

En fait, l'inscription ne s'adresse pas au mort, il est évident qu'il ne peut pas la lire. Les inscriptions de ce genre, on ne les grave pas pour soi-même, chacun sait bien sans elles ce qui se passe dans son propre cœur.

L'inscription est faite pour être lue. L'information s'adresse aux passants.

Et puis, dans les cimetières, on entend des lamentations, des sanglots, une femme qui pleure son mari. Pourquoi crie-t-elle si fort ? Puisque le défunt n'entend pas. La douleur de l'âme n'a pas besoin d'être hurlée avec la force qu'un chanteur déploie sur la scène d'un théâtre. La veuve sait pourquoi elle crie : il faut que les passants l'entendent, elle proclame, elle informe.

Ceux qui vont régulièrement au cimetière mettent des vêtements de deuil et s'asseyent sur les bancs près des tombes avec des mines contrites : eux aussi, ils déclarent, ils informent.

Ceux-là ne ressemblent pas aux gens qui viennent au cimetière pour y bâtir une vie nouvelle[1], pour renouveler leurs relations, les rendre plus heureuses et plus raisonnables.

Ceux qui proclament trouvent que le plus important, dans la vie, c'est de prouver sa supériorité, la supériorité de ses sentiments, la profondeur de son cœur.

Oui, les gens vont au cimetière pour des raisons différentes, très différentes.

Un employé du commissariat aux Affaires intérieures, devenu fou durant la terrible année 1937, marche parmi les tombes, il crie, il menace du poing, les tombes se taisent, et cela plonge l'enquêteur fou dans le désespoir : il n'y a pas moyen d'obliger les défunts à parler, or les enquêtes ne sont pas closes...

Les gens vont au cimetière pour des raisons différentes, très différentes.

Les amoureux se donnent rendez-vous dans les cimetières. On s'y promène en quête d'un peu de fraîcheur.

3

Un cimetière vit une vie intense, remplie de passions.

Les tailleurs de pierre, les peintres, les mécaniciens, les fossoyeurs, ceux qui nettoient les tombes, ceux qui conduisent les camions transportant le gazon et le sable, les ouvriers de l'entrepôt où on loue les pelles et les arrosoirs, les vendeurs de fleurs et de plants, voilà ceux qui déterminent la vie matérielle du cimetière.

---

1. Allusion ironique au slogan socialiste omniprésent.

Chacune de ces professions, ou presque, a un équivalent dans le monde clandestin des services privés. C'est comme l'être dans les deux dimensions de la physique contemporaine.

Le monde clandestin des services privés a ses barèmes non écrits, ses normes : ceux qui travaillent dans le privé prennent plus cher que l'État, mais ils ont un matériel de meilleure qualité et davantage de choix.

Un cimetière, c'est une partie de l'État, et il est administré par la même hiérarchie que l'État.

L'administration d'un cimetière est centralisée, le pouvoir est concentré entre les mains du directeur, et cette centralisation, comme c'est toujours le cas, pèse aussi sur la direction : cette dernière n'élabore pas les directives, elle les exécute.

L'Église est séparée de l'État.

L'Église a ses propres cadres, tant au niveau supérieur qu'au niveau inférieur : le chœur, la vente des cierges et des pains bénis. Ce n'est pas uniquement pour enterrer des vieillards qu'on s'adresse à Dieu. Il arrive que même des membres du Parti emménagent au cimetière avec un prêtre. Un jeune homme à la profession la plus moderne qui soit, il travaillait sur l'atome ou les fusées, ou bien dans un studio de télévision. Il est mort, et l'Église participe à ses funérailles.

Dans le clergé aussi, il y a dédoublement : à côté du clergé officiel du patriarcat, il y a des dizaines de prêtres privés, séparés tant de l'Église que de l'État. Ils se promènent habillés en civil, mais à leur longue chevelure, à leur bon visage fripé et à leur beau nez rouge, on reconnaît en eux des prêtres « privés ».

L'Église officielle ne les aime pas du tout, ils font preuve d'une négligence sacrilège dans les rites et, en plus, ils acceptent n'importe quelle rétribution, la plupart du temps, l'équivalent d'un grand verre de vodka ou moins.

Un jour, à la grande satisfaction de l'évêché de Vagankovo, la milice a organisé une rafle de ces prêtres privés. De loin, cela paraissait très drôle de voir ces hommes aux longs cheveux galoper parmi les tombes sous les sifflets de la milice, ramper sur les coudes et sauter par-dessus l'enceinte.

Mais vus de près, avec leurs yeux larmoyants, leurs halètements pénibles et douloureux, l'expression de peur et de honte de leurs visages, ces vieillards n'avaient rien de drôle.

4

Le cimetière partage la vie du pays, du peuple, de l'État.

Durant l'été 1941, les voies ferrées de la gare de Biélorussie ont subi des bombardements allemands particulièrement violents. De lourdes bombes tombaient sur la terre de Vagankovo qui se trouve dans le voisinage immédiat des voies ferrées. Les bombes anéantissaient les arbres, éparpillaient les mottes de terre, le granit écrasé, les croix désintégrées. Parfois, arrachés par la force de l'explosion, des cercueils et des corps de défunts volaient dans les airs.

Durant les années de famine, pendant la guerre civile, on cueillait dans le cimetière de l'oseille et des feuilles de tilleul. On y cassait des branches pour le fourrage des chèvres. Et les crimes commis dans le cimetière sont étroitement liés à l'époque, aux conditions de vie du peuple.

Peu après la révolution, on racontait l'histoire du gardien du cimetière qui vendait de la viande de porc : il nourrissait ses porcs avec de la chair humaine, creusant les tombes pendant la nuit. Les agents de la police criminelle avaient été frappés par l'aspect de ces porcs : ils étaient énormes, sauvages, agressifs.

On racontait l'histoire d'une coopérative qui, pendant la NEP, fournissait des boutiques privées en saucisses pimentées truffées d'ail. Ces saucisses étaient fabriquées avec de la chair humaine.

Lorsque la vie est devenue « plus facile et plus gaie[1] », les fossoyeurs se sont intéressés aux bijoux, aux dents en or, aux costumes des défunts.

Après la guerre de quarante, il y a eu un afflux de vêtements étrangers, et les fossoyeurs sont partis à la chasse aux costumes et aux chaussures venant de l'étranger.

Un colonel qui avait servi dans les troupes d'occupation en Allemagne avait rapporté à sa petite fille une poupée qui parlait. La fillette était morte peu après et, comme elle adorait sa poupée, les parents l'avaient placée dans le cercueil de l'enfant. Quelque temps après, la mère avait vu une femme qui revendait cette poupée. Elle s'était évanouie.

Mais ces incidents sortent de l'ordinaire, ils sont particuliers.

Aujourd'hui, la criminalité des cimetières est devenue insignifiante, elle concerne surtout le vol des fleurs, des cadres de portraits, des vases, des grilles métalliques.

5

On peut dire, en paraphrasant Clausewitz, que le cimetière est la poursuite de la vie[2]. Les tombes expriment le caractère des hommes et le caractère de l'époque.

---

1. Allusion à la phrase de Staline : « La vie est devenue plus facile, plus gaie, camarades ! », prononcée à la première réunion des stakhanovistes en 1935, peu de temps avant les procès de Moscou. Répétée sans cesse par la propagande officielle, elle a souvent été utilisée à des fins parodiques.
2. Paraphrase de la formule « la guerre est la poursuite de la politique par d'autres moyens ».

Bien sûr, il y a beaucoup de tombes anodines. Mais il y a aussi pas mal de gens insipides, anodins.

Il existe un abîme entre les tombes d'avant la révolution, celles des conseillers privés et des marchands, et les tombes des trépassés d'aujourd'hui.

Mais il n'y a pas que ce gouffre qui soit instructif. Il existe une surprenante ressemblance entre les tombes populaires du passé et celles du siècle des fusées et des réacteurs atomiques. Quelle force il y a dans la ténacité ! Une croix en bois, un monticule de terre, une couronne en papier... Et si l'on examine des milliers de tombes campagnardes, c'est encore plus évident, encore plus flagrant.

« Tout passe, tout change », a dit un Grec.

Cela ne se voit pas d'après ces monticules avec leurs croix grises. Et si cela change, c'est de façon vraiment très imperceptible.

La conclusion qu'on peut en tirer va encore plus loin : il ne s'agit pas seulement là de la ténacité des traditions funéraires, mais de la ténacité, du caractère immuable de l'esprit de la vie, du fondement de la vie.

Quelle obstination ! Car tout a changé de façon fabuleuse, c'est devenu une banalité d'énumérer les innombrables changements nés d'un ordre nouveau, de l'énergie électrique, chimique, atomique.

Et cette petite croix grise, qui ressemble tant aux croix grises que l'on plantait il y a cent cinquante ans, est le symbole de la vanité des grandes révolutions, des changements techniques et scientifiques, qui sont impuissants à transformer les profondeurs de la vie. Mais plus les profondeurs de la vie sont immuables, plus les changements à la surface de l'océan sont brutaux.

On constate que les tempêtes vont et viennent, mais que les profondeurs de la mer, elles, restent.

Voici des traces de la tempête révolutionnaire : des monuments étranges et curieux parmi les hautes herbes du cimetière. Un bloc noir avec, dessus, une enclume. Un mât en bronze, couronné d'une faucille et d'un marteau. Une lourde coulée de métal brut. Un globe terrestre en granit mal dégrossi et rugueux sous une étoile à cinq branches, une étoile posée sur les océans et les continents. Ça, c'est nouveau !

Les inscriptions à demi effacées de la révolution sont plus difficiles à déchiffrer que celles qui ont été gravées dans le granit poli des marchands, des princes, des propriétaires d'usines.

Mais quel lyrisme enflammé émane de chaque mot à demi effacé écrit par la révolution ! Quelle foi, quelle flamme, quelle force passionnée !

Et comme ils sont peu nombreux, les monuments de ceux qui ont cru dans la commune mondiale ! Il faut les chercher longtemps parmi la forêt touffue des croix et des granits, parmi les grilles en fonte et les dalles en marbre, parmi les herbes et les ronces.

> *Ô victimes d'une folle pensée !*
> *Vous aviez peut-être l'espoir*
> *Que votre maigre sang suffirait*
> *À réchauffer le pôle éternel.*
> *Mais à peine avait-il fumé*
> *Sur la masse séculaire des glaces,*
> *Qu'un hiver de fer a soufflé,*
> *Et il n'en reste plus de traces[1].*

Staline a dit un jour, à propos de la culture soviétique, qu'elle était socialiste par son contenu et nationale par sa forme[2]. C'est le contraire qui s'est produit.

Le Vagankovo allemand et arménien[3], tout en reflétant les profondeurs de la vie, en a mal reflété la surface, il a mal reflété la vie soviétique entre la révolution d'Octobre et 1934, l'année de l'assassinat de Kirov. À cette époque, l'esprit national n'avait pas encore complètement déserté la forme de la vie soviétique pour se transformer en son contenu, l'esprit socialiste n'était pas encore définitivement passé dans la forme.

Cette période se reflète dans le cimetière qui se trouve à côté du crématorium de Moscou. Que de mariages mixtes ! Quelle merveilleuse égalité en termes de nationalités ! Que de noms allemands, italiens, français, et anglais[4] ! Sur certains monuments, les inscriptions sont en langues étrangères. Et que de Lettons, de Juifs, d'Arméniens, quelles devises belliqueuses sur les monuments !

On dirait qu'ici, dans ce cimetière entouré d'un mur rouge, brûle la flamme d'un jeune bolchevisme pas encore étatisé, qui porte encore en lui le lyrisme de la jeunesse, l'esprit de l'Internationale, le rêve délicieux de la Commune, les chants enivrants de la révolution.

6

Ce qu'il y a de plus magnifique au monde, c'est le cœur vivant de l'homme. Sa faculté d'aimer, de croire, de pardonner, de tout sacrifier au

---

1. Ces vers sont tirés du poème *14 décembre 1825* de Tiouttchev, un des rares « échos » sceptiques à l'insurrection des décembristes.
2. Cette idée de Staline, formulée dans l'analyse de l'application du marxisme au problème des nationalités (discours au XVIe Congrès du Parti communiste, « Marxisme et question nationale et coloniale... »), revient, tel un refrain, dans les écrits des auteurs soviétiques de cette époque.
3. Parties du cimetière réservées aux croyants de confession luthérienne et grégorienne.
4. Il s'agit du nouveau cimetière du monastère Donskoï, où sont enterrés plusieurs communistes étrangers, membres du Komintern, qui trouvèrent à cette époque un refuge politique à Moscou.

nom de l'amour, est une chose magnifique. Mais les cœurs vivants dorment d'un sommeil éternel dans la terre des cimetières.

L'âme d'un homme qui est mort, son amour et son malheur, on ne peut les voir ni les surprendre sur les pierres tombales, dans les inscriptions des monuments ou les fleurs poussant sur un tertre. Son mystère, la pierre, la musique, les pleurs et les prières sont impuissants à le rendre.

Devant le caractère sacré de ce mystère muet, tout est méprisable : tous les tambours et toutes les trompettes de cuivre de l'État, la sagesse de l'histoire, la pierre des monuments, le hurlement des mots et des prières pour les défunts. C'est cela, la mort.

1957-1960

MAMAN[1]

traduit du russe par Luba Jurgenson

1

L'orphelinat était en effervescence depuis le matin. Le directeur s'était disputé avec le médecin, avait injurié l'intendant. L'ordre avait été donné de cirer les planchers, de changer d'urgence les draps et les langes des nouveau-nés. Les puéricultrices enfilèrent des blouses blanches amidonnées. Le directeur convoqua dans son bureau le médecin et l'infirmière en chef. Ensemble, ils se rendirent dans les salles et examinèrent les enfants.

Peu après le biberon de midi, un homme corpulent d'un certain âge, en uniforme, arriva à l'orphelinat en auto, accompagné de deux jeunes militaires. Il toisa d'un air absent le personnel de l'orphelinat qui l'avait accueilli et passa dans le bureau du directeur. Il s'assit et demanda à la doctoresse la permission de fumer. Elle acquiesça d'un geste de la tête, se mit en quête d'un cendrier.

L'homme fumait en jetant les cendres sur une petite assiette pendant qu'on lui parlait des nourrissons dont les parents avaient été condamnés en tant qu'ennemis du peuple. Il y avait des braillards et des dormeurs, ceux qui boudaient le biberon et ceux qui se grattaient sans arrêt ; on parla des raisons de préférer un petit garçon ou une petite fille. Les jeunes militaires, qui avaient endossé la blouse blanche, arpentaient les couloirs de l'orphelinat, inspectaient les celliers, les débarras. Leur pantalon d'uniforme bleu dépassait sous la blouse. Les yeux de ces deux gars et leurs questions insistantes, par exemple « cette porte donne sur quoi ? » ou « vous avez la clé du grenier ? » donnaient la chair de poule aux puéricultrices.

---

1. © Ayants droit Vassili Grossman.
© Éditions Robert Laffont pour la traduction française, 2006.
Le modèle qui a inspiré le personnage de cette nouvelle, qui mêle fiction et documentaire, est la fille adoptive du « narkom de fer » Ejov : Natalia Nikolaïevna Khaïoutina (née en 1936), qui habite actuellement dans un village de la région de Magadan. Placée à l'orphelinat, elle reçut le nom de sa mère adoptive.

Ils retirèrent leur blouse, entrèrent dans le bureau du directeur et l'un d'eux dit :

« Camarade commissaire à la sécurité d'État, permettez-moi de faire mon rapport. »

Leur chef lui fit signe de parler...

Puis, jetant une blouse sur ses épaules, le gradé suivit le directeur et le médecin dans la salle des nourrissons.

« C'est elle », dit le directeur en indiquant un petit lit près du mur entre deux fenêtres.

La doctoresse dit avec le même empressement que tout à l'heure, quand elle cherchait le cendrier :

« Oui, je réponds de cette petite fille, c'est une enfant absolument normale, qui se développe bien. Normale, à tous les points de vue. »

Un peu plus tard, les infirmières et les aides-soignantes, le visage collé à la vitre, observaient le commissaire monter dans sa voiture. Le gradé parti, les jeunes militaires restés à l'orphelinat se mirent à lire le journal.

Dans la ruelle du Zamoskvoretchie[1] où se trouvait l'orphelinat, des gars en chapkas et caoutchoucs enfilés par-dessus les bottes expliquaient aux passants qu'ils devaient libérer le trottoir. Les gens s'empressaient de descendre sur la chaussée.

À six heures, comme la longue nuit de novembre était déjà tombée, une auto s'arrêta devant l'orphelinat. Une femme et un homme de petite taille[2] en manteau de demi-saison s'approchèrent de la porte. Ce fut le directeur qui ouvrit.

Le petit homme aspira l'air aigre imprégné d'odeur de lait, toussota et dit à la femme :

« Il vaut mieux ne pas fumer ici. »

Puis, il frotta ses mains gelées.

La femme sourit d'un air coupable et rangea ses cigarettes dans son sac. Elle avait un nez légèrement trop grand, son visage était fatigué et un brin fané.

Le directeur conduisit les visiteurs vers le petit lit près du mur entre deux fenêtres et il les laissa. Tout était silencieux, les nourrissons dormaient après le biberon du soir. Le directeur fit signe de sortir à l'aide-soignante.

La femme et le petit homme en veston ordinaire, confectionné par la fabrique Moskvochveï[3], regardaient le visage du bébé endormi. La fillette sourit sans ouvrir les yeux : sans doute avait-elle senti leur regard. Puis elle fronça le front, se rappelant peut-être quelque chose de triste.

Sa mémoire vieille de cinq mois n'avait pas retenu le souvenir de sa mère, l'instant où celle-ci la tenait dans ses bras sur un quai de gare à Lon-

---

1. Littéralement : « situé sur l'autre rive de la Moskova », un quartier de Moscou.
2. Ejov ne mesurait que 1,51 mètre.
3. La Moskvochveï est une fabrique soviétique de prêt-à-porter installée à Moscou et dont la production manque de qualité et d'élégance.

dres. Les autos klaxonnaient dans la brume ; une femme en chapeau disait tristement : « Qui va à présent chanter à nos fêtes de famille à l'ambassade ? » Mais, sans qu'elle en soit consciente, sa petite tête avait gardé l'image de cette gare, la brume de Londres[1], les clapotis des vagues de la Manche, le cri des mouettes, la voiture de première classe, le visage de ses parents penché sur elle au moment où l'express entrait en gare de Negoreloïe... Un jour, vieille femme chenue, elle aurait une vision qu'elle ne comprendrait pas : des trembles fauves d'automne et des yeux gris grands ouverts fixant les champs du pays natal ; elle sentirait la chaleur des bras maternels, le contact de doigts fins aux ongles roses sans vernis.

La fillette ouvrit les yeux, fit claquer sa langue et se rendormit aussitôt.

Le petit homme se tourna vers sa femme d'un air timide. Elle essuya une larme avec un mouchoir et dit :

« J'ai décidé, oui... C'est incroyable, tu sais... Elle a tes yeux[2]. »

Ils quittèrent rapidement l'orphelinat. Une puéricultrice les suivit portant le bébé enveloppé dans une couverture. Le petit homme dit doucement en prenant place à côté du chauffeur :

« On rentre. »

La femme prit le bébé d'un geste maladroit. Elle dit à la puéricultrice :

« Merci, camarade. » Puis elle se plaignit : « J'ai peur de la tenir dans mes bras et même de la regarder, j'ai l'impression de mal faire. »

Une minute plus tard, la grande voiture noire avait disparu, les militaires qui lisaient les journaux près des portes intérieures s'étaient évaporés, tout comme, d'ailleurs, les gars en chapkas et bottes qui gardaient la rue.

À la porte Saint-Sauveur du Kremlin, des sonneries retentirent, des signaux lumineux s'allumèrent et l'immense voiture noire du commissaire général à la sécurité de l'État, fidèle compagnon de Staline, Nikolaï Ivanovitch Ejov passa devant les gardiens à toute allure et pénétra dans le Kremlin.

Le bruit courut dans les ruelles du Zamoskvoretchie que l'orphelinat spécial avait été placé en quarantaine : il y avait eu un cas de peste ou de fièvre aphteuse.

2

Elle vivait dans une chambre claire et spacieuse. Si elle avait une indigestion ou mal à la gorge, une infirmière arrivait de l'hôpital du Kremlin pour seconder sa nounou Marfa Dementievna et, deux fois par jour, un médecin venait lui rendre visite.

---

1. Le deuxième mari de la femme de Ejov, Evguenia Solomonovna Khaïoutina-Gladoun (1904-1939) travailla comme secrétaire de l'ambassade soviétique à Londres.
2. D'après une autre version (provenant de la sœur de Ejov), l'enfant adoptée était la fille naturelle de Ejov.

Une fois, lorsqu'elle prit froid, elle fut auscultée par un grand-père aux mains chaudes, gentilles et tremblantes, et deux doctoresses.

Elle voyait sa maman tous les jours, mais maman ne restait pas longtemps. Tandis que Nadia mangeait sa bouillie du matin, sa mère lui disait : « Mange, mange, mon petit. Je dois aller à la rédaction[1]. »

Le soir, sa mère recevait des amies. Parfois, papa avait des invités, lui aussi. La nounou mettait alors un fichu empesé, des voix parvenaient de la salle à manger, on entendait le cliquetis des fourchettes et la voix lente de papa : « Eh bien, on n'a qu'à boire un coup... »

Parfois, un invité entrait dans sa chambre. Couchée dans son lit, elle faisait semblant de dormir, mais sa maman savait qu'elle ne dormait pas, elle disait d'une voix rieuse : « Doucement. » L'invité de papa la regardait, il sentait le vin. Maman disait : « Dors, ma fillette, dors », l'embrassait sur le front, et de nouveau, une légère odeur de vin lui montait aux narines.

Marfa Dementievna était plus grande que tous les invités de papa. Papa semblait tout petit à côté. Tout le monde la craignait : les invités et les parents, surtout papa. C'est sans doute à cause de cela qu'il n'était pas souvent là.

Nadia, elle, ne craignait pas sa nounou. Parfois Marfa Dementievna la prenait dans ses bras en chantonnant :

« Ma pauvre fillette, ma malheureuse... »

Même si le sens de ces mots avait été clair pour Nadia, elle n'aurait pas compris pourquoi sa nounou la trouvait malheureuse : elle avait beaucoup de jouets, une chambre ensoleillée, sa maman la promenait en poussette, des gens avec de belles casquettes bleu et rouge sortaient d'un bond hors de leur guérite pour ouvrir le portail de la datcha devant la voiture de son père.

Mais la voix douce et affectueuse de sa nounou lui pinçait le cœur, donnait envie de pleurer, doucement, délicieusement, de se blottir dans les grands bras de sa nounou comme une petite souris.

Elle connaissait les meilleures amies de sa mère et les principaux invités de son père ; elle savait que les uns et les autres ne se rencontraient jamais.

Il y avait une rousse qui s'appelait « amie d'enfance ». Maman s'asseyait avec elle près du lit de Nadia en disant : « C'est une folie. Une folie. » Il y avait un chauve à lunettes avec un sourire qui faisait sourire Nadia. Elle ne savait pas si c'était une amie ou un invité. Il ressemblait à un invité, mais il venait voir maman et ses amies. Quand il entrait, maman répondait à son sourire en souriant et disait : « Babel est venu nous voir[2]. »

---

1. Evguenia Khaïoutina travaillait comme journaliste à la revue *L'URSS en construction*, principal organe de propagande des années 1930, fondée par Maxime Gorki.

2. Evguenia Khaïoutina, qui connaissait bien le milieu littéraire de son époque, recevait de nombreux invités : Mikhaïl Koltsov, journaliste connu ; Lev Kassil, auteur de livres pour enfants ; Samouïl Marchak, poète et traducteur ; Cholokhov, auteur du *Don paisible* ; Otto Schmidt, explorateur de l'Arctique... L'écrivain Babel appartenait au cercle de ses amis proches.

Un jour, Nadia effleura de sa menotte son crâne chauve et son grand front. Il était chaud, gentil comme la joue de maman ou de la nounou.

Parmi les invités de papa, il y avait l'homme aux épaules larges et à la grosse voix qui sentait le vin, le rieur à la voix gutturale et au nez renifleur, le petit maigre aux yeux noirs qui arrivait en général avant le dîner avec une serviette et repartait aussitôt, le noiraud avec un gros bide et des lèvres rouges charnues. Une fois, il prit Nadia dans ses bras et lui chanta une petite chanson.

Un soir, elle vit un invité aux joues vermeilles, qui avait beaucoup de cheveux blancs, vêtu d'un uniforme. Après avoir bu du vin, il se mit à chanter. Un autre soir, elle vit un invité qui intimidait maman, avec un gros front, de petites lunettes et une voix obséquieuse. Il ne portait ni trench, ni vareuse, ni veste d'uniforme, mais un veston et une cravate. Il dit affectueusement à Nadia qu'il avait une petite fille.

Marfa Dementievna confondait Betal Kalmykov avec Beria et avec Malenkov, le maigrichon qui venait faire son rapport. Quant à Kaganovitch, Molotov, Vorochilov, elle les connaissait d'après leurs portraits.

Nadia, elle, ne connaissait le prénom d'aucun des invités. Elle savait juste dire « maman », « nounou », « papa ».

Un soir, il y eut un nouvel invité. Tout le monde l'attendait avec émotion et, comme papa se levait pour lui ouvrir la porte personnellement, la nounou se signa ; il avait une démarche silencieuse — personne ne marchait comme lui à l'exception du chat aux yeux verts qu'ils avaient à la datcha —, le visage grêlé, intelligent, une moustache poivre et sel, des gestes souples et doux. Mais ce n'est pas pour toutes ces raisons que Nadia le remarqua...

Tous les gens que Nadia connaissait avaient le même regard. Elle le retrouvait en croisant les yeux marron de maman, les yeux vert-de-gris de papa, les yeux jaunes de la cuisinière, ceux de tous les invités de papa, ceux des gens qui ouvraient le portail de la datcha, ceux du vieux docteur.

Mais les yeux de l'inconnu, qui fixèrent Nadia quelques longs instants sans curiosité, étaient absolument calmes, sans folie, sans angoisse ; on n'y lisait que l'assurance tranquille.

Dans la maison des Ejov, seule Marfa Dementievna avait le regard serein.

Elle voyait et notait bien des choses.

On n'entendait plus, dans la maison de Nikolaï Ivanovitch, le bruyant et gai Betal Kalmykov, l'homme aux épaules larges. La maîtresse de maison faisait les cent pas la nuit. Elle se penchait un instant sur le berceau de Nadia endormie, murmurait quelque chose, déplaçait les fioles de médicaments qui tintaient ; puis elle allumait les lumières : tout se mettait à briller comme du cristal. Elle revenait vers Nadia, elle murmurait, murmurait. Peut-être qu'elle priait ou qu'elle récitait des vers. Nikolaï Ivanovitch rentrait le matin, le teint gris, les traits tirés. Il allumait sa cigarette dans l'entrée et, tout en retirant son manteau, disait d'un air agacé : « Je ne déjeunerai pas et je ne veux pas de thé. » La maîtresse de maison lui posait une question. Soudain, elle poussait un cri de terreur. Désormais, son amie d'enfance rousse ne venait plus la voir et elle ne l'appelait plus au téléphone.

Un jour, comme Nikolaï Ivanovitch s'approchait de Nadia avec un sourire, elle le regarda dans les yeux et poussa un cri.

« Elle est malade ? demanda-t-il.

— Elle a eu peur, répondit Marfa Dementievna.

— Peur de quoi ?

— Comment pourrais-je savoir ? C'est une enfant. »

En rentrant de promenade avec Nadia, comme le gardien fixait le petit visage de la fillette, Marfa Dementievna faisait tout pour que l'enfant ne voie pas ce regard acéré telle la griffe sale et ensanglantée d'un vautour.

Probablement, dans le monde entier, elle était la seule à prendre en pitié Nikolaï Ivanovitch. À présent, même sa femme le craignait. Marfa Dementievna s'en rendait compte lorsqu'on entendait le bruit de la voiture et que Nikolaï Ivanovitch, livide, passait dans son bureau accompagné de deux ou trois hommes aussi livides.

Marfa Dementievna pensait au grand maître, le camarade Staline calme et grêlé, et elle avait de la compassion pour Nikolaï Ivanovitch. Il avait un regard de chien battu, désemparé. Elle avait l'air d'ignorer que le regard de Ejov avait glacé de terreur toute la grande Russie[1].

Jour et nuit, des interrogatoires se poursuivaient dans les prisons[2] Intérieure[3], Lefortovo, aux Boutyrki ; jour et nuit, des trains se dirigeaient vers la république des Komi, vers Norilsk, vers la Kolyma, Magadan, la baie de Nagaïevo[4]. Le matin, des camions bâchés emportaient les cadavres de ceux qui avaient été fusillés dans les sous-sols des prisons.

Marfa Dementievna se doutait-elle qu'il avait suffi d'une signature pour que soit scellé le sort du jeune diplomate de l'ambassade de Londres et de sa jolie femme qui allaitait encore sa petite fille et n'avait pas terminé ses études de chant au conservatoire ? Cette signature, portée sur une longue liste de noms, avait été apposée par son employeur, l'ouvrier de Londres, Nikolaï Ivanovitch Ejov. Il les signait par dizaines, ces immenses listes d'ennemis du peuple, après quoi une fumée noire s'échappait des cheminées du crématorium de Moscou.

---

1. Ejov était surnommé le « nain sanglant ».
2. Toutes ces prisons relevaient du NKVD, et servaient de lieu de détention pendant l'instruction.
3. En réalité la prison Loubianskaïa, place Loubianskaïa (ou Loubianka).
4. Les différentes régions où se trouvaient les camps du Goulag. Magadan est la capitale de la Kolyma. C'est dans la baie de Nagaïevo, à Magadan, qu'accostaient les bateaux de prisonniers.

3

Un jour, Marfa Dementievna entendit la cuisinière dire dans un chuchotement dans le dos de sa maîtresse, en allumant une cigarette :

« Et voilà, ton règne est fini, ma belle. »

Elle était probablement au courant de choses que la nounou ignorait encore.

Le silence, qui envahit la maison ces derniers jours, se grava dans la mémoire de Marfa Dementievna. Le téléphone ne sonnait plus. Il n'y avait plus d'invités. Le matin, le maître ne convoquait plus ses adjoints, secrétaires, aides et coursiers. Sa femme n'allait plus travailler, elle restait allongée sur le canapé en robe de chambre, lisait en bâillant, réfléchissait, souriait, puis se mettait à arpenter les chambres d'un pas silencieux, en chaussons.

On n'entendait que Nadia. Elle pleurait, riait, faisait du bruit avec ses jouets.

Un jour, la maîtresse de maison reçut la visite d'une vieille femme. Aucun son ne parvenait de la pièce où elles s'étaient retirées, comme si elles ne s'étaient même pas adressé la parole.

La cuisinière s'approcha de la porte et tendit l'oreille.

Les deux femmes entrèrent chez Nadia. Raccommodée et rapiécée de partout, la petite vieille semblait avoir peur non seulement d'ouvrir la bouche, mais même de regarder autour d'elle.

« Marfa Dementievna, faites connaissance, c'est ma mère », dit la maîtresse de maison.

Trois jours plus tard, elle annonça à Marfa Dementievna qu'elle devait subir une opération à l'hôpital du Kremlin. Elle parlait en précipitant les mots, fort, d'une voix mécanique. En partant, elle regarda distraitement Nadia et l'embrassa en hâte. Sur le seuil, elle regarda du côté de la cuisine, prit Marfa Dementievna dans ses bras et lui susurra à l'oreille :

« Nounou, rappelez-vous que s'il m'arrive quelque chose elle n'a que vous au monde, personne d'autre. »

La fillette, assise tranquillement sur sa petite chaise, regardait devant elle avec ses yeux gris, comme si elle comprenait qu'on parlait d'elle.

Ejov n'accompagna pas sa femme à l'hôpital, il la confia à ses sbires : un gros général avec un bouquet de roses rouges et le garde du corps personnel de Nikolaï Ivanovitch.

Ejov rentra du travail le matin et, sans même aller voir Nadia, se retira dans son bureau, écrivit, fuma, puis fit venir la voiture et repartit.

Après quoi, tant d'événements ébranlèrent la vie de leur maison, finissant par la détruire, que tout se mélangea dans la mémoire de Marfa Dementievna.

La maman de Nadia, épouse de Nikolaï Ivanovitch Ejov, mourut subitement à l'hôpital[1]. Bien qu'un peu bizarre, elle n'était pas méchante femme, et elle était attachée à sa fillette.

Ce jour-là, Nikolaï Ivanovitch rentra très tôt.

Il demanda à Marfa Dementievna de lui amener Nadia dans son bureau. Le père et la fille firent boire du thé au petit cochon en plastique, ils couchèrent la poupée et le nounours. Puis, Ejov fit les cent pas jusqu'au matin.

Un soir, Nikolaï Ivanovitch Ejov, le petit homme aux yeux vert-de-gris ne rentra pas de son travail.

La cuisinière resta assise sur le lit de sa défunte maîtresse, puis parla longtemps au téléphone dans la chambre du maître en fumant des cigarettes qu'elle lui avait prises.

Des hommes en uniforme et d'autres, en civil, pénétrèrent dans l'appartement. Sans enlever leur manteau ou leur capote, ils firent le tour des chambres ; leurs bottes et leurs caoutchoucs malpropres laissèrent des traces boueuses sur les tapis, en particulier sur celui, de couleur claire, qui menait vers la chambre de l'orpheline Nadia.

La nuit, Marfa Dementievna resta près de la fillette endormie et ne la quitta pas des yeux. Elle avait décidé d'emmener Nadia à la campagne et réfléchissait au voyage qui les attendait. À partir d'Elets, elles devraient monter sur une charrette de passage. Elle imaginait l'accueil que leur ferait son frère, elle voyait déjà Nadia pousser des cris de joie en voyant des oies, un veau, un coq.

« Elle ne manquera de rien, je l'enverrai à l'école », pensa Marfa Dementievna et un sentiment maternel illumina son âme de vieille fille.

Toute la nuit, les gradés firent du bruit en vidant les armoires, en sortant les livres, le linge, la vaisselle : c'était une perquisition.

Ces nouveaux venus avaient les yeux angoissés, déments, comme tous ceux que Marfa Dementievna voyait ces derniers temps.

Seule la petite Nadia, qui s'était réveillée pour faire pipi, bâillait paisiblement et Staline, les yeux tranquillement plissés et sans la moindre curiosité observait, depuis son portrait, ce qui était en train de s'accomplir et qui était parfaitement dans l'ordre des choses.

Le matin arriva l'homme gros au visage violacé que la cuisinière appelait « commandant ». Il passa directement dans la chambre de Nadia où la fillette, vêtue d'un petit tablier amidonné avec un coq rouge brodé, mangeait sa bouillie d'avoine d'un air calme et posé. Il ordonna :

« Habillez l'enfant et préparez ses affaires. »

Marfa Dementievna demanda calmement, dominant son émotion :

« Pour aller où ? »

---

1. Evguenia Khaïoutina mourut à Barvikha, une maison de repos réservée aux hauts fonctionnaires du Parti, où elle fut placée en raison d'un « syndrome d'asthénie dépressive ». Les circonstances de sa mort survenue quelques jours avant l'arrestation de Ejov, officiellement un suicide, restent mystérieuses.

« — L'enfant sera placée dans un orphelinat. Et vous, faites vos malles, vous allez toucher le salaire qu'on vous doit et votre billet pour rentrer chez vous, à la campagne.

— Où est ma maman ? » demanda soudain Nadia cessant de manger et repoussant son assiette lisérée de bleu.

Personne ne lui répondit.

4

Au foyer des ouvrières de l'usine de récepteurs radio, une propreté exemplaire régnait dans les pièces ainsi que dans les parties communes. Sur les lits des jeunes filles, on voyait des couvertures amidonnées et de jolies taies d'oreiller, des rideaux de dentelles achetés avec la bourse commune étaient accrochés aux fenêtres.

Sur les tables de chevet, près de certains lits, il y avait des vases avec de belles fleurs artificielles, roses, tulipes et coquelicots.

Le soir, les ouvrières lisaient des journaux et des livres au « coin rouge[1] », se rendaient au cercle de danse ou à la chorale, allaient voir des films et des spectacles d'amateurs au Palais de la Culture. Certaines jeunes filles apprenaient à coudre au cours du soir ou faisaient parallèlement des études dans un institut d'électromécanique.

Il était rare que les ouvrières restent en ville pendant les vacances. Le chef du comité du Parti offrait aux meilleures travailleuses des bons de voyage pour les maisons de repos du syndicat[2] ; d'autres rentraient dans leur famille, à la campagne.

On disait que dans ces maisons de repos certaines jeunes filles se conduisaient trop librement, sortaient la nuit, usaient leur santé au lieu de se reposer ; dans les chambres des hommes, on ne respectait pas l'heure de la sieste, on buvait et jouait aux cartes.

Une nuit, des garçons de l'usine des constructions mécaniques avaient pillé un kiosque, volant une caisse de bière et six bouteilles de vodka. Ils avaient consommé tout cela dans le salon de musique de la maison de repos. Alerté par le bruit, le médecin chef était accouru et avait été accueilli par des bordées d'injures. Tous ces jeunes gens furent expulsés ; on avertit le comité du Parti de l'usine. Quant aux trois vacanciers responsables de l'incident, ils furent convoqués au commissariat et condamnés à deux mois de travaux d'utilité publique.

Au foyer de l'usine de récepteurs radio, il n'y avait jamais rien eu de tel.

---

1. À l'origine, le coin de la pièce où se trouvaient les icônes. Pendant la période soviétique, une sorte de club dans les entreprises ou un établissement scolaire [NdT]. Notons ici que le mot *krasni*, « rouge », a aussi le sens de « beau » ; il y a donc un passage entre les deux registres symboliques.

2. Il s'agit, ici, de résidences de vacances collectives et non de lieux de cure [NdT].

La chef, Ouliana Petrovna, était une femme sévère. Un jour, une jeune fille avait invité un ami, qui était resté dormir, avec l'accord de ses voisines de chambrée. Ouliana Petrovna l'avait réprimandée publiquement et, vingt-quatre heures plus tard, celle-ci était renvoyée.

Mais Ouliana Petrovna savait également se montrer chaleureuse. On lui demandait conseil comme à un membre de la famille. Elle était une personne sûre, une activiste ; elle avait été élue plusieurs fois député du soviet de son quartier. Elle ne tolérait ni ivrognerie ni débauche, ni le tapage nocturne aux sons de l'accordéon.

L'assembleuse Nadia Ejov appréciait beaucoup ce foyer modèle, après les mœurs grossières et cruelles de l'orphelinat.

Les années passées dans les différents orphelinats avaient été les plus dramatiques de sa vie. Le pire, c'était à Penza, pendant la guerre. Même les orphelins, qui n'étaient pourtant pas gâtés, avaient du mal à avaler la soupe à base de farine de maïs pourrie, servie midi et soir. On changeait rarement le linge de corps et de lit : il n'y en avait pas assez. On repoussait sans cesse le jour de la lessive faute de savon et de bois. Selon la décision du Soviet de la ville, les enfants de l'orphelinat avaient le droit d'aller aux bains municipaux deux fois par mois, mais, les deux établissements de bains étant toujours occupés par des militaires des unités de réserve, cette règle n'était pas respectée ; quant au vieux bâtiment de bains situé derrière la gare, il s'y formait dès l'aube une queue silencieuse et agressive. Et on ne se sentait même pas joyeux après ce bain : il y soufflait un courant d'air glacial, le bois humide dégageait plus de fumée que de chaleur, l'eau était à peine tiède.

Nadia avait toujours froid : la nuit dans le dortoir, le jour dans la classe où les enfants suivaient des cours et cousaient des chemises pour le front, et même dans la cuisine où elle aidait parfois la cuisinière à nettoyer la farine de maïs infestée de vers. Et, aussi durs que la faim et le froid, il y avait la grossièreté des éducateurs, la méchanceté des enfants, les vols dans les dortoirs. Il suffisait d'un instant d'inattention, et on ne retrouvait plus son pain, ses crayons, ses culottes, son foulard. Une petite fille avait reçu un colis. Avant d'aller en cours, elle l'avait caché dans sa table de chevet. À son retour, le cadenas était toujours là, bien fermé, mais le colis avait disparu.

Certains garçons pratiquaient de petits larcins dans des magasins et à des arrêts d'autobus ; un gars, Jenia Pankratov, avait même participé à une attaque à main armée contre un convoyeur de fonds.

Bien sûr, après la guerre, la vie devint plus facile à l'orphelinat. Mais, lorsque la commission envoya Nadia à l'usine, après la septième classe, elle se crut au paradis.

À présent, elle ne comprenait plus comment, au lieu de se réjouir, elle avait pu pleurer une nuit entière en apprenant ce qui l'attendait. C'était à cause de son professeur de chant qu'elle était malheureuse. « Avec ta voix, tu pourrais entrer au conservatoire et chanter à l'opéra », lui disait cette femme. La commission chargée des nominations lui avait promis, en effet, de la faire entrer dans un lycée musical, puis une décision était arrivée du centre, et Nadia dut intégrer l'usine.

Pendant cette dernière nuit à l'orphelinat, elle pleurait en pensant qu'elle était la plus malheureuse de toutes ses camarades. Pas une seule fois elle n'avait séjourné dans un orphelinat de Moscou ou de Leningrad, on l'avait toujours envoyée au diable. Certaines filles recevaient des colis, des lettres de leur famille. Nadia, elle, ne reçut jamais une seule lettre, jamais personne ne lui envoya des pommes ou des sablés.

C'est sans doute pour cela qu'elle était devenue renfermée et qu'on l'avait surnommée « la muette ».

À présent qu'elle vivait dans un foyer modèle, elle avait compris qu'elle n'était pas si malchanceuse que cela.

Son travail était bien propre, agréable, pas très dur et bien payé ; le comité du Komsomol lui avait promis qu'elle pourrait suivre des cours de contremaîtres. Elle avait un beau manteau d'hiver, quelques jolies robes. Ouliana Petrovna lui avait même donné un bon pour un atelier de couture où elle s'était fait faire sur mesure une robe en crêpe de satin. Les filles de l'usine et du foyer la respectaient pour son esprit indépendant. Elles allaient ensemble au cinéma et au club où il y avait des soirées dansantes. Un gars lui plaisait, Micha, elle aimait bien danser avec lui. Il était aussi taciturne qu'elle et d'habitude, quand il la raccompagnait, ils n'échangeaient pas un mot jusqu'au foyer. Il habitait loin, derrière la gare de marchandises, et travaillait au dépôt des locomotives comme mécanicien.

Elle ne se souvenait presque plus de sa petite enfance ; il lui semblait que l'automobile noire toute brillante, la datcha aux somptueux parterres de fleurs, les promenades avec la nounou sur la colline du Kremlin, le visage distrait et affectueux de sa maman, le rire et les voix des invités de papa ne vivaient pas dans sa mémoire de manière autonome, mais étaient le souvenir d'un souvenir encore plus lointain, tel un écho qui se répète et se perd dans la brume.

Cette année-là fut particulièrement faste pour Nadia Ejov.

Elle fréquentait un cours du soir d'électromécanique et, pour avoir dépassé le plan, toucha une prime égale à un mois et demi de salaire. Le directeur du dépôt de locomotives promit à Micha de lui obtenir un appartement dans un immeuble que le ministère des Communications était en train de construire ; ils décidèrent de se marier. Nadia avait très envie d'avoir un enfant, elle se réjouissait de pouvoir devenir mère.

Quelques jours avant les vacances qu'elle allait passer en maison de repos, Nadia fit un rêve. Une femme, mais pas sa mère, tenait dans ses bras un bébé, peut-être Nadia, qu'elle tentait de protéger du vent ; tout autour, il y avait du bruit, des clapotis, le soleil faisait scintiller les vagues puis s'éteignait dans les nuages bas et rapides, des oiseaux blancs sillonnaient le ciel dans tous les sens en lançant des miaulements stridents.

Toute la journée, à l'atelier, dans la cuisine collective[1], ou pendant qu'elle remplissait les papiers pour son voyage au comité du Parti de l'usine, Nadia se rappelait le visage gentil et pitoyable de la femme qui serrait l'enfant contre elle. Soudain, elle comprit pourquoi elle avait fait ce rêve.

Jadis, à l'orphelinat de Penza, la directrice les avait amenés voir un film sur une jeune maman qui voyageait en mer ; à présent qu'elle pensait à sa future maternité, ces images à moitié oubliées lui étaient revenues en rêve.

1960

---

1. Voir « Fabrique-cuisine » dans le Dictionnaire.

LA ROUTE[1]

traduit du russe par Bassia Rabinovici et Corinne Fournier

La guerre toucha tous les habitants des Apennins.

Djou, le jeune mulet qui servait dans le charroi d'un régiment d'artillerie, ressentit immédiatement, dès le 22 juin 1941[2], de nombreux changements ; mais, bien entendu, il ne savait pas que le Führer avait convaincu le Duce d'entrer en guerre contre l'Union soviétique.

Les gens seraient bien étonnés s'ils apprenaient tout ce que le mulet remarqua le jour où la guerre commença à l'Est : la radio qui émettait sans arrêt, la musique, le portail de l'écurie grand ouvert, la foule des femmes et des enfants qui se tenaient près de la caserne, les drapeaux, l'odeur de vin sur ceux qui, la veille encore, ne sentaient pas le vin, et les mains tremblantes de Nicollo lorsqu'il sortit Djou de sa stalle et lui passa son collier.

Le conducteur n'aimait pas Djou, il l'attelait à gauche pour pouvoir lui donner plus facilement des coups de fouet de sa main droite. Les coups, il les lui donnait sur le ventre et non sur l'arrière-train, là où la peau est épaisse. La main de Nicollo était lourde, brune, les ongles racornis : une main de paysan.

Son coéquipier n'éveillait chez Djou qu'indifférence. C'était un grand animal, fort, appliqué, morose ; sur le poitrail et sur les flancs, le poil était usé par le collier et par les traits. Des plaques dénudées, grises, brillaient de l'éclat gras du graphite.

Les yeux du coéquipier étaient recouverts d'un voile bleuté, la tête aux dents jaunes et usées conservait un air indifférent, somnolent, que ce soit pendant une ascension sur l'asphalte ramolli par la chaleur de l'été ou pendant le repos, à l'ombre des arbres. Le voici qui s'arrête dans un col, devant lui s'étendent des jardins et des vignes entrelacés au ruban gris de

1. © Ayants droit Vassili Grossman.
© Éditions de l'Âge d'homme, 1987, pour la traduction française.
2. L'Allemagne nazie attaqua l'URSS sans déclaration de guerre le 22 juin 1941 à 4 heures du matin. L'Italie, alliée de l'Allemagne, n'entama les actions militaires que le 20 juillet.

l'asphalte déjà parcouru. Au loin brille la mer, dans l'air on sent l'odeur des leurs, de l'iode marin, de la fraîcheur des montagnes et, en même temps, celle de la poussière chaude et sèche de la route… Les yeux du coéquipier n'expriment qu'indifférence, ses narines ne bougent pas, de la lèvre inférieure à peine avancée pend une bave transparente. Parfois, une oreille frémit ; Djou a entendu les pas du conducteur Nicollo. Mais quand, au cours d'un entraînement, on tire le canon, on dirait que le vieux mulet dort, il ne bouge même pas ses longues oreilles.

Un jour, pour jouer, Djou essaya de pousser le vieux mulet, mais l'autre lui donna tranquillement, sans méchanceté, un coup de sabot et se tourna de l'autre côté. Parfois, Djou cessait de tirer sur ses traits et regardait le vieux du coin de l'œil. L'autre ne montrait pas les dents, n'aplatissait pas les oreilles mais tirait de toutes ses forces, soufflait et vite, vite, agitait la tête.

Ils avaient cessé de faire attention l'un à l'autre, même si chaque jour ils tiraient ensemble la charrette chargée de caisses de munitions, buvaient dans le même seau et même si, la nuit, Djou entendait le vieux respirer avec difficulté dans la stalle voisine.

Le conducteur, avec son itinéraire à suivre, son pouvoir, son fouet, sa botte et sa voix enrouée, ne provoquait pas chez Djou une admiration d'esclave.

À sa droite marchait le coéquipier, derrière son dos il y avait la charrette qui brinquebalait et le conducteur qui criait de temps en temps, et devant ses yeux s'étendait la route. Parfois, le conducteur semblait suivre la charrette et parfois c'est la charrette qui semblait obéir au conducteur. Le fouet ? Que faire ? Les mouches aussi piquaient jusqu'au sang le bout de ses oreilles. Mais les mouches n'étaient que des mouches. Le fouet, un fouet. Et le conducteur, un conducteur.

Au début, Djou était secrètement en colère contre l'asphalte interminable. On ne pouvait pas le mâcher, on ne pouvait pas le boire, alors qu'on était entouré d'une nourriture de feuilles et d'herbe, et que l'eau abondait dans les lacs et dans les mares.

C'est l'asphalte qui apparaissait comme l'ennemi principal. Mais très vite, Djou trouva plus désagréables encore le poids de la charrette et des rênes, la voix du conducteur.

Alors Djou se réconcilia avec la route. Il lui semblait qu'elle le libérait de la charrette et du conducteur. La route montait, la route s'entortillait parmi les orangers, et derrière son dos, la charrette roulait inlassablement dans un fracas monotone. Le collier de cuir comprimait les os de son poitrail.

Le labeur absurde qui lui était imposé provoquait en lui le désir de donner des coups de sabots dans la charrette, de déchirer les traits avec ses dents. De la route il n'attendait plus rien et il ne voulait plus marcher dessus. Dans sa grande tête vide apparaissaient tout le temps l'odeur et le goût de la nourriture, visions nébuleuses qui le tourmentaient. Tantôt l'odeur des juments, la douceur juteuse des feuilles, la chaleur du soleil après une nuit froide, tantôt la fraîcheur après la chaleur torride de Sicile...

Le matin, il passait péniblement la tête dans le collier préparé par le conducteur, et son poitrail ressentait toujours le froid du cuir luisant, mort. Il faisait maintenant ce geste comme son vieux coéquipier, sans rejeter la tête en arrière, sans montrer les dents. Le collier, la charrette, la route faisaient désormais partie de sa vie.

Tout était devenu habituel, légitime. Tout s'était noué, transformé en naturel de la vie : le labeur, l'asphalte, l'abreuvoir, l'odeur du lubrifiant pour les roues, le fracas et la puanteur des canons à longue crosse d'affût, les doigts du conducteur sentant le tabac et le cuir, le petit seau rempli, chaque soir, de grains de maïs, la brassée de foin piquant...

Il arrivait que la monotonie fût rompue. Un jour, il eut très peur lorsqu'une grue le souleva de la rive, enroulé de cordes, et le transporta sur un bateau. Il en eut la nausée, le sol en planches se déroba sous ses sabots. Il perdit l'appétit. Ensuite, il y eut une chaleur torride pire que celle d'Italie, on lui mit sur la tête un petit chapeau de paille. Il connut les pentes raides et obstinées des routes d'Abyssinie, rouges et pierreuses, les palmiers dont ses lèvres ne pouvaient atteindre les feuilles. Un jour, un singe sur un arbre le remplit d'étonnement et un serpent sur la route lui fit très peur. Les maisons étaient comestibles, il pouvait manger les murs en roseaux et les toits en herbe. Les canons tiraient souvent, et souvent, il y avait le feu. La nuit, quand le charroi s'arrêtait à l'orée sombre d'une forêt, il entendait des bruits insolites, inquiétants. Certains sons étaient même effrayants et Djou tremblait, haletait.

Ensuite, il eut de nouveau la nausée et le sol en planches se déroba sous ses sabots, tandis qu'autour de lui s'étendait une plaine bleutée. Sans que l'on puisse comprendre comment, car il avait peu bougé, brusquement surgit une écurie. La nuit, dans la stalle à côté de lui, son coéquipier respirait difficilement.

Bientôt, après cette journée marquée par la musique et le tremblement des mains du conducteur, l'écurie s'évanouit de nouveau, un sol en planches apparut, toc, toc, toc, secousses et grincements, puis l'obscurité et l'étroitesse de l'écurie grinçante furent remplacées par l'étendue de la plaine infinie.

Au-dessus de la plaine s'élevait une poussière douce, grise, qui n'était ni celle d'Italie ni celle d'Afrique et, sur la route, une file ininterrompue de camions, de tracteurs, de canons aux crosses d'affût courtes ou longues et de conducteurs à pied avançait vers le levant.

La vie était devenue particulièrement difficile, elle n'était plus que mouvement, la charrette était toujours chargée, le coéquipier respirait difficilement. Malgré le bruit qui régnait sur la route grise et poussiéreuse, on entendait son souffle.

Puis, chez les animaux vaincus par l'immensité de la plaine, ce fut le commencement de l'épizootie. On poussait les corps des mulets sur le bord de la route. Ils restaient là avec leur ventre gonflé, leurs jambes écartées, ces jambes qui avaient fini de marcher. Les gens les regardaient avec une totale indifférence et les mulets paraissaient ne pas remarquer leurs compagnons qui étaient morts. Ils agitaient la tête, tiraient, tiraient toujours. Mais il ne fallait pas s'y fier, ils voyaient bel et bien leurs morts.

Sur cette terre plate, la nourriture s'était avérée remarquable. C'était la première fois de sa vie que Djou mangeait une herbe si délicate et si juteuse. Pour la première fois, il mangeait un foin tendre et parfumé. L'eau dans ce pays si plat était savoureuse et douce, les balais faits de jeunes branches laissaient un goût à peine amer.

Le vent tiède de la plaine ne brûlait pas comme les vents africains ou siciliens, le soleil chauffait doucement la peau et ne ressemblait en rien à l'implacable soleil d'Afrique.

Même la fine poussière grise, suspendue jour et nuit dans l'air, paraissait soyeuse et tendre, comparée à la poussière rouge, piquante du désert.

Cependant, le vaste espace de cette plaine était inexorablement cruel, il était infini. Les mulets avaient beau avancer au trot, en agitant leurs oreilles, c'est la plaine qui se révélait la plus forte. Ils avançaient d'un pas rapide à la lumière du soleil, au clair de lune, mais la plaine s'étendait toujours. Les mulets couraient, et de leurs sabots ils frappaient l'asphalte, soulevaient la poussière des chemins de traverse, mais la plaine s'étendait, s'étendait toujours. Elle n'avait pas de fin, ni sous le soleil ni sous la lune et les étoiles. Elle n'engendrait ni mer ni montagnes.

Djou n'avait pas vu le temps des pluies arriver, cela s'était fait petit à petit. Des pluies froides s'étaient abattues, et la fatigue monotone qu'était sa vie s'était transformée en souffrance et en épuisement.

Tout ce qui composait la vie du mulet était de plus en plus pénible : la terre était gluante, elle clapotait, semblait parler ; la route était visqueuse, ce qui la rendait plus longue encore, chaque pas était comme une multitude de pas, la charrette était insupportablement paresseuse, têtue. On aurait dit que Djou et son coéquipier ne tiraient pas une seule charrette, mais tout un train. Le conducteur criait maintenant sans cesse, donnait des coups de fouet fréquents et douloureux. On aurait dit qu'il n'y avait pas un seul conducteur dans la charrette, mais plusieurs. Les fouets s'étaient multipliés et ils avaient tous une langue : ils étaient méchants, froids et brûlants à la fois, cinglants, pénétrants.

Il était plus doux de traîner la charrette sur l'asphalte que sur l'herbe ou le foin, mais pendant des journées entières, les sabots ne connurent pas l'asphalte.

Les mulets découvrirent le froid, le tremblement de la peau transie sous la petite pluie d'automne. Les mulets toussaient, atteints de pneumonie. De plus en plus souvent, on poussait sur le bas-côté ceux pour qui la route était terminée, ceux qui ne bougeaient plus.

La plaine s'était élargie. Ce n'étaient plus les yeux, mais les quatre pattes qui ressentaient son immensité... Les sabots pénétraient de plus en plus profondément dans le sol ramolli. Les mottes de terre collantes retenaient les pattes, et la plaine alourdie par la pluie s'étendait, de plus en plus large et puissante, gigantesque.

Dans le vaste cerveau du mulet, dans lequel naissaient des images nébuleuses d'odeurs, de formes, de couleurs, se formait maintenant une image plus abstraite, celle d'un concept créé par la pensée des philosophes et des mathématiciens : l'image de l'infini, l'image de la brumeuse plaine russe et de la pluie froide d'automne tombant sans cesse sur la plaine.

Et voilà qu'une image nouvelle, blanche, sèche et mouvante, qui brûlait les narines et les lèvres, vint remplacer l'image sombre, trouble, lourde.

L'hiver avait dévoré l'automne, mais cela ne supprimait pas les fardeaux. Une difficulté encore plus grande avait surgi. Le rapace cruel et vorace avait dévoré le rapace moins fort que lui...

Le long de la route, à côté des corps des mulets, étaient maintenant allongés des hommes morts. Le gel les avait privés de vie.

L'incessant surcroît de travail, le froid, la peau du poitrail usée par le collier jusqu'à la chair, les plaies sanguinolentes au garrot, les douleurs dans les pattes, les sabots usés qui s'effritaient, les oreilles transies, les élancements dans les yeux, les coliques provoquées par la nourriture et l'eau gelées, tout cela avait petit à petit épuisé les forces musculaires et spirituelles de Djou.

Il fut brusquement surpris par une indifférence démesurée. Le monde colossal le submergeait de son impassibilité. Le conducteur n'était plus méchant : il s'était ratatiné, il ne fouettait plus, ne donnait plus de coups de botte sur le petit os sensible de la patte de devant...

Lentement, inévitablement, la guerre et l'hiver écrasaient le mulet de leur poids et Djou répondit à l'énorme agression d'indifférence, prête à l'anéantir, par son indifférence à lui, infinie.

Il était devenu l'ombre de lui-même, et cette ombre cendrée mais encore vivante ne ressentait déjà plus ni le plaisir de manger ou de se reposer, ni sa propre chaleur. Il lui était égal de se déplacer sur la route verglacée en remuant ses pattes mécaniques ou bien de rester debout la tête baissée. Il ruminait le foin avec indifférence, sans joie, et supportait pareillement la faim, la soif et le vent coupant de l'hiver. La blancheur de la neige irritait ses yeux, mais le crépuscule et l'obscurité lui étaient équivalents. Il ne les désirait pas, ne les attendait pas.

Il cheminait à côté de son vieux coéquipier, lui ressemblant maintenant complètement. L'indifférence qu'ils ressentaient l'un envers l'autre n'avait d'égale que celle que chacun éprouvait envers lui-même.

Cette indifférence envers lui-même fut sa dernière révolte.

Être ou ne pas être était devenu sans importance pour Djou. On aurait dit que le mulet avait résolu le problème d'Hamlet.

Soumis à l'existence et à la non-existence, il perdit la notion du temps : le jour et la nuit s'étaient effacés dans son esprit, il ne distinguait plus un soleil glacé d'une nuit sans lune.

Quand l'offensive russe commença, le gel n'était pas particulièrement fort.

Djou ne perdit pas la tête au cours des préparatifs de l'artillerie destructrice. Il n'arracha pas les traits, il ne fit pas d'écarts lorsque dans le ciel nuageux flamba l'incendie de l'artillerie, lorsque le sol commença à s'ébranler et que l'air, déchiré par les gémissements et les rugissements de l'acier, se remplit de feu, de fumée, de mottes de neige et d'argile.

Le torrent de la déroute ne l'avait pas emporté, il restait debout, tête et queue basses, tandis qu'à côté de lui des gens couraient, tombaient, se relevaient, se traînaient, et que des tracteurs avançaient, que des camions fuyaient.

Son coéquipier poussa un cri bizarre, d'une voix qui avait l'air humaine, il tomba, agita ses pattes, puis se calma et la neige qui l'entourait devint toute rouge.

Le fouet était couché sur la neige et le conducteur Nicollo était, lui aussi, couché sur la neige. Djou n'entendait plus le grincement de ses bottes, il ne sentait plus les odeurs de tabac, de vin, de cuir brut.

Le mulet, insensible et soumis, n'attendait pas l'accomplissement de son destin, il était aussi indifférent à son ancien qu'à son nouveau sort.

Le crépuscule tomba. Tout devint silencieux. Le mulet était debout, tête baissée, la queue déployée comme un fouet. Il regardait pas autour de lui, il ne dressait pas les oreilles. Dans sa tête vide, le tir d'artillerie qui s'était tu depuis longtemps continuait à hurler. Parfois, il piétinait puis s'immobilisait à nouveau.

Des cadavres d'hommes et d'animaux gisaient autour de lui, des camions démantelés étaient renversés. Par endroits se dégageait paresseusement une fumée légère.

Plus loin, sans commencement, sans fin, s'étendait la plaine enneigée, brumeuse et crépusculaire.

La plaine avait absorbé toute sa vie passée : la chaleur torride, la raideur des routes rouges, l'odeur des juments et le bruit des ruisseaux. Maintenant, Djou se distinguait fort peu de l'immobilité environnante, il se mêlait à elle, il s'unissait avec la plaine brumeuse.

Lorsque le silence fut violé par les tanks, Djou les entendit parce que leur bruit métallique remplissait l'air, pénétrait dans les oreilles mortes des gens et des animaux, et pénétrait aussi dans les oreilles du mulet triste et vivant.

Lorsque l'immobilité de la plaine fut violée par les autochenilles à canons, Djou les vit se déployer vers le sud sur la terre en friche recouverte de neige. Elles se reflétaient dans les pare-brise et dans les rétroviseurs des automobiles abandonnées, elles se reflétaient dans les yeux du mulet, qui se tenait debout à côté de la charrette renversée. Il ne fit pas d'écart quand la chenille passa tout près de lui en dégageant une chaleur amère et une odeur d'huile brûlée.

De la plaine blanche se détachèrent de blanches silhouettes humaines ; elles se déplaçaient, rapides et silencieuses, non comme des hommes mais comme des rapaces, puis elles disparurent, se dissolvèrent, absorbées par l'immobilité de la terre en friche.

Puis le torrent d'hommes, d'automobiles et de canons venant du nord se mit à faire du bruit, les charrois grincèrent...

Le torrent dévalait la route et le mulet restait debout sans ciller, pendant que le mouvement continuait à côté de lui. Bientôt le mouvement s'amplifia au point de déborder sur les bas-côtés de la route.

Un homme tenant un fouet à la main s'approcha de Djou et l'examina. Le mulet sentit l'odeur de tabac et de cuir brut que dégageait l'homme.

L'homme, tout comme le faisait Nicollo, lui donna un coup dans les dents, dans la pommette, dans le flanc.

Il tira sur la bride, se mit à parler d'une voix sifflante, et le mulet regarda involontairement Nicollo, étendu sur la neige, mais celui-ci se taisait.

L'homme tira de nouveau sur la bride, mais le mulet ne bougea pas.

L'homme se mit à crier, leva son fouet, et sa façon menaçante de le houspiller se distinguait de celle de l'Italien non par la menace elle-même, mais par les sons nouveaux qui la transmettaient.

Puis l'homme donna au mulet un coup de botte sur le petit os de la patte de devant et la patte ressentit une douleur : c'était l'os sur lequel Nicollo le cognait toujours, c'est pourquoi il était particulièrement sensible.

Djou suivit l'homme. Ils approchèrent des charrettes et furent aussitôt entourés de conducteurs qui faisaient du bruit, agitaient les bras, riaient, et qui frappèrent à petits coups le dos et les flancs de Djou. On lui donna du foin et il mangea. Aux charrettes étaient attelés, par paires, des chevaux aux oreilles courtes et aux yeux méchants. Il n'y avait pas de mulets.

Le conducteur approcha Djou d'une charrette à laquelle était déjà attelé un cheval au pelage sombre à qui il manquait son coéquipier.

Le cheval était petit. Le mulet, qui était de bonne taille, se révéla être plus grand que lui. Le cheval le regarda, abaissa ses oreilles puis les releva, secoua la tête, la tourna de l'autre côté, souleva sa patte de derrière, prêt à donner un coup de sabot.

Il était maigre, et lorsqu'il aspirait l'air, ses côtes ondoyaient sous la peau, et sur sa peau, comme sur celle de Djou, on voyait des écorchures sanguinolentes.

Djou était debout tête baissée, toujours indifférent à la question d'être ou de ne pas être, indifférent au monde mais sans méchanceté aucune, parce que le monde de la plaine l'anéantissait par son indifférence.

Par habitude, comme il l'avait déjà fait des centaines de fois, il passa sa tête dans le collier qui n'était pas en cuir, mais qui, tout comme l'autre, effleura son poitrail fatigué. L'odeur qui s'en dégageait était insolite, bizarre, chevaline ; cependant, le mulet resta indifférent à cette odeur.

Le mulet resta aussi indifférent à la chaleur qui venait du flanc décharné du cheval.

Le cheval aplatit complètement les oreilles, il prit une expression méchante, carnassière, qui n'était pas celle d'un herbivore. Il roula les yeux, souleva sa lèvre supérieure en découvrant ses dents, prêt à mordre. Mais Djou, dans son indifférence, lui présentait sa pommette et son encolure découvertes. Même lorsque le cheval commença à reculer en tirant sur le harnais, afin de décocher au mulet un coup de sabot sur la croupe, le mulet ne s'en inquiéta nullement et resta tête baissée, comme il était resté à côté de la charrette cassée, près du coéquipier mort, près de Nicollo mort et du fouet couché sur la neige.

Le conducteur cria et donna un coup de fouet au cheval, puis, avec le même fouet (le frère du fouet couché sur la neige), il donna un coup au mulet. Le conducteur était visiblement irrité par cet animal triste, et sa main était comme celle de Nicollo : une main lourde de paysan.

Tout à coup, Djou regarda le cheval du coin de l'œil et le cheval regarda Djou.

Le charroi se mit en route. De nouveau, la charrette grinçait et, de nouveau, devant les yeux défilait la route, et derrière, il y avait le chargement, le conducteur et le fouet. Mais Djou savait que la route ne le soulagerait pas de sa charge. Il allait au petit trot et la plaine enneigée n'avait ni commencement ni fin.

Bizarrement, plongé comme il l'était dans un monde d'indifférence, il sentit que lui-même n'était pas indifférent au cheval qui courait à ses côtés.

Et soudain, voici que le cheval agita la queue en direction de Djou. La queue soyeuse et glissante ne ressemblait en rien au fouet ou à la queue du coéquipier mort. Elle glissa avec douceur sur la peau du mulet.

Au bout d'un certain temps, le cheval agita à nouveau la queue. Pourtant, dans la plaine enneigée, il n'y avait ni mouches ni moustiques.

Djou jeta un coup d'œil en coin sur le cheval qui courait à ses côtés, juste au moment où celui-ci jetait un coup d'œil en coin sur le mulet. L'œil du cheval n'était plus méchant, tout juste malicieux.

Et dans cette indifférence universelle s'insinua une petite faille, une fissure.

Dans la course, les corps se réchauffaient et Djou sentait l'odeur de transpiration du cheval, et l'haleine du cheval, qui sentait l'humidité et la douceur du foin, le touchait de plus en plus.

Sans savoir pourquoi lui-même, Djou tira sur les traits et sa cage thoracique ressentit la charge et la pression ; le cheval sentit l'avaloire s'écarter et il eut moins de mal à tirer la charrette.

Ils coururent ainsi un long moment et soudain, le cheval hennit. Il hennit doucement, tout doucement pour que ni le conducteur ni la plaine qui les entourait ne puissent entendre son hennissement.

Il avait henni tout doucement pour que seul le mulet qui courait à ses côtés puisse l'entendre.

Le mulet ne lui répondit pas. Mais d'après ses narines brusquement gonflées, il était clair qu'il avait entendu le hennissement. Longtemps, longtemps, jusqu'à ce que le charroi s'arrêtât pour bivouaquer, ils coururent côte à côte en gonflant leurs narines, et l'odeur du mulet et l'odeur du cheval, tous deux tirant la même charrette, se mélangèrent en une seule odeur.

Le charroi s'arrêta et le conducteur détela les deux bêtes. Elles mangèrent ensemble et burent de l'eau dans le même petit seau, puis le cheval s'approcha du mulet et posa la tête sur son encolure. Ses lèvres mobiles et douces touchèrent l'oreille du mulet et celui-ci plongea avec confiance ses yeux dans les yeux tristes du petit cheval kolkhozien, et sa respiration se mélangea avec la bonne et chaude respiration de celui-ci.

Dans cette bonne chaleur, ce qui était endormi se réveilla, ce qui était mort depuis longtemps ressuscita : le doux lait maternel qu'aime tant le nouveau-né, le premier brin d'herbe, la cruelle pierre rouge des routes montagneuses d'Abyssinie, la chaleur torride dans les vignes, les nuits de lune dans les orangeraies, le terrible surcroît de labeur qui semblait l'avoir tué pour toujours par sa charge impassible ; mais, finalement, il apparut que ce n'était pas pour toujours.

La vie du mulet Djou et le destin du cheval de Vologda se transmettaient distinctement, pour eux seuls, par la chaleur de leur respiration, par la fatigue des yeux. Un charme merveilleux émanait de ces êtres confiants et doux, qui allaient côte à côte au milieu de la plaine en guerre, sous le ciel gris d'hiver.

« Eh, on dirait que l'âne, enfin que le mulet s'est russifié, dit un conducteur en riant.

— Mais non, regarde, ils pleurent tous les deux », dit un autre.

Et c'était vrai, ils pleuraient.

1961-1962

LE PHOSPHORE[1]

traduit du russe par Marianne Gourg

1

Il y a de cela trente ans ; je venais de terminer mes études à l'université et avais demandé à partir travailler dans le Donbass.

J'avais un poste de chimiste dans un laboratoire d'analyse des gaz qui dépendait de la mine la plus profonde et la plus chaude du Donbass, la Smolianka 11.

Le puits de la Smolianka atteignait une profondeur de huit cent trente-deux mètres, les galeries-est se trouvaient à plus d'un kilomètre de fond. La Smolianka avait mauvaise réputation, il n'était pas rare que s'y produisent des coups de grisou accompagnés de havrit et de fraisil, des sortes d'éruptions volcaniques souterraines. Alors, des centaines de tonnes de scories et de poussière venaient recouvrir les excavations.

J'avais l'impression de vivre en plein romantisme ; pensez donc, la mine la plus profonde, la plus dangereuse, la plus exposée de toute l'Union soviétique ! J'étais sous le charme de la poésie du Donbass, de ses torrents de lumières électriques qui dessinaient des lignes discontinues sur les chemins de steppe recouverts de nuit, et puis il y avait le long hululement des sirènes au milieu du brouillard, les noirs terris, la sinistre lueur rouge qui flamboyait au-dessus de l'usine métallurgique.

Mais ces deux grandes forces que sont le romantisme et la poésie ne pouvaient adoucir la sotte tristesse de petit garçon abandonné que je ressentais lorsque je pensais à Moscou et à mes amis de là-bas que j'aimais tant.

On m'avait attribué un deux-pièces dans le coron car il n'y avait pas de maison disponible dans la cité des ingénieurs.

L'appartement était bien : de vastes pièces, une grande cuisine, une remise pour le charbon, deux débarras parquetés. Un de ces appartements où il fait bon vivre en famille, avec des objets. Moi j'y avais apporté un

1. © Ayants droit Vassili Grossman.
© Éditions Robert Laffont pour la traduction française, 2006. La première traduction française du *Phosphore* a été publiée par les éditions Alinéa en 1990.

matelas à ressorts, une théière, un verre, une cuillère et un couteau. J'avais installé mon matelas à même le sol au beau milieu de la pièce, juste sous l'ampoule électrique. Quand j'étais assis dessus à boire mon thé, le couvercle de ma valise tenait lieu de table. En ce temps-là, je fumais plus que je ne mangeais. J'avais mal aux dents et il m'arrivait de passer la nuit à arpenter ma chambre en fumant. Quand la douleur se calmait un peu, je m'allongeais sur mon matelas et je lisais, toujours en fumant. Au matin, la pièce était pleine de fumée et les mégots débordaient de la boîte de conserve qui me servait de cendrier.

Le soir venu, le cafard m'envahissait. Jamais personne ne venait me rendre visite. La timidité m'avait empêché de me lier avec les collègues de travail. Quand je descendais au fond, j'éprouvais de l'enthousiasme pour les abatteurs et les traceurs, mais eux, une fois remontés à la surface, ils se gaussaient de moi ; je savais que leurs femmes jetaient des coups d'œil aux fenêtres de mon appartement désert et disaient à leurs abatteurs et allumeurs de maris que je n'étais qu'un pauvre type. Mes pièces nues et ma cuisine vide les faisaient rire. Je ne prenais pas de petit déjeuner car je n'avais nulle envie d'avaler quoi que ce soit après des dizaines de cigarettes fumées pendant la nuit. À la cantine, on mangeait mal, nous étions en 1930, c'était l'austérité, la collectivisation battait son plein, le pays entamait le premier plan quinquennal.

De grands événements étaient en train de se produire et je ne voyais autour de moi que petits bourgeois à l'esprit étriqué, qu'il s'agisse des chefs de secteur, des maîtres-porions ou même du directeur de la mine. Ce n'étaient que conversations sur où et comment se procurer les denrées déficitaires, la femme de l'un avait rapporté ceci de Rostov et la belle-mère de l'autre cela de Mariapol, ajoutez-y l'omniprésence absurde d'un océan de vodka, le tout accompagné d'historiettes grossières, salaces et d'une rare bêtise ; ce n'étaient que ragots sur les chefs, que considérations mesquines sur qui avait pris ou allait prendre la place du voisin et voici que d'une façon aussi incompréhensible qu'étonnante venait se fondre à ce bourbier un travail plein de poésie et de romantisme, un travail dur et dangereux au cœur de la mine la plus profonde de l'Union soviétique, la sinistre Smolianka 11.

Je passais la journée à travailler, et la soirée seul dans ma cambuse pour famille nombreuse (au Donbass, au lieu d'*appartement* on dit *cambuse*). J'étais seul, seul avec mon mal de dents qui, lui, n'avait garde de m'oublier. Je passais des heures à arpenter mes pièces vides en me tenant la joue et je grillais cigarette sur cigarette, sans pouvoir m'arrêter. Parfois, je me surprenais à beugler, tout seul dans ma solitude…

Après quoi, je m'allongeais sur mon matelas et avalais d'un coup plusieurs comprimés d'aspirine ; la douleur s'apaisait et je m'endormais pour deux ou trois heures, le temps que durait l'effet du médicament.

J'avais le cafard, j'étais tourmenté par la jalousie, ma femme ne m'écrivait que rarement, elle était en dernière année d'études et très occupée.

J'avais la nostalgie de Moscou, des trottoirs asphaltés, de la vie nocturne des rues de la capitale, je rêvais au boulevard Strasnoï, au cinéma *Ars* où l'on passait *Le Docteur Mabuse, Les Nibelungen, Le Tombeau hindou*[1]. Je revoyais l'accueillante pénombre vert-jaune de la brasserie de la rue Bronnaïa où se produisait la tsigane Morozova. Mais ce que je regrettais par-dessus tout, c'étaient mes amis. J'avais des amis remarquables, intelligents, des amis têtes brûlées, gais, qui s'intéressaient à tout : à Einstein, à la politique, à la poésie, à la peinture, aux chansons de Bush et Dolivo, à la vodka et à la musique symphonique. Nous discutions beaucoup, nous lisions, nous buvions bière et vodka, nous faisions des promenades la nuit sur les boulevards, prenions des bains dans la Moskova près des monts des Moineaux. Parfois, nous chantions en chœur, nous faisions aussi les imbéciles. Un jour, aux étangs du Patriarche, nous n'avions rien trouvé de mieux que de nous lancer dans une bataille rangée contre toute une bande de gaillards éméchés. Dans ce combat, je n'avais guère brillé, puisque j'avais déclaré forfait pour devenir spectateur et mes amis m'en avaient longtemps voulu de ma conduite.

Le samedi, on se réunissait tantôt chez Jenka Doumarski, un mathématicien, tantôt chez Krougliak, le chimiste. Doumarski vivait chez ses parents, mais le samedi, quand nous débarquions chez eux, notre groupe bruyant et plébéien s'y sentait bien à l'aise.

Les parents adoraient leur fils, un gentil garçon aux dons multiples, et le culte familial de la personnalité de Jenka s'étendait à ses amis.

Nous étions parfois nombreux à rester dormir chez lui, sur des lits de fortune que l'on nous installait au sol avec les coussins des divans et des canapés.

Les Doumarski possédaient un piano à queue. Jenka aimait la musique et il n'était pas rare qu'il invite en même temps que nous le jeune pianiste Tedik. Doumarski était considéré comme un étudiant hors pair et, de fait, il devint par la suite un brillant professeur, auteur de nombreux travaux mathématiques. Mais il était tout le contraire d'un étroit spécialiste. Il se passionnait pour l'économie politique et la philosophie marxiste. Pour mieux comprendre la philosophie du prolétariat, il était allé travailler en usine. Il était en bonne condition physique, faisait beaucoup de sport. Tout en poursuivant ses études et en travaillant, il trouvait le temps d'aller au concert et d'avoir avec les filles des histoires d'amour simples et compliquées ; c'était lui le pilier de nos samedis. Le jour de la bataille des étangs du Patriarche, le poing de Jenka Doumarski avait grandement décidé de l'issue des hostilités.

Quand nos petites réunions hebdomadaires se tenaient dans la chambrette de célibataire de Krougliak, nous faisions beaucoup de tapage, chantions à gorges déployées, discutions — nos préoccupations étaient

---

1. Films du cinéaste allemand Fritz Lang (1890-1978).

d'ordre intellectuel : la relativité générale et la relativité restreinte, la poésie, à partir de Blok exclusivement, l'industrialisation et la surindustrialisation — et pourtant nous nous balancions dans les gencives des mots orduriers, les mots les plus orduriers dont dispose la langue russe.

Notre petit groupe pouvait sembler très hétéroclite : il y avait là le mathématicien Doumarski ; Vanka Medorov, étudiant de l'École supérieure des arts et techniques ; Tedik, le musicien ; Michka Semionov en qui s'unissaient, comme dit le poète, *le cheval plein d'ardeur et la timide biche*[1], puisqu'il était tout à la fois peintre et géologue. Moi, j'étais chimiste, mais la chimie ne suffisait pas à combler les aspirations de mon âme. Il y avait aussi Abracha, dit Abromeo. Il avait un grand visage pâle avec un épi de cheveux en broussaille et une biographie incroyable : à quinze ans et demi, il avait commandé un régiment, à dix-sept, il était chargé de mission de la Tchéka, on le retrouvait ensuite secrétaire d'un comité départemental des jeunesses communistes. Il allait en ce temps-là pieds nus dans des sandales, tête nue, été comme hiver, ses cheveux et sa barbe frisée lui cachant les yeux. Ses camarades de parti l'avaient surnommé le Christ. Nous, nous l'appelions Abram Outang. Devenu étudiant de l'université de Moscou, il s'y était révélé un garçon gai, peu enclin au fanatisme, et totalement infantile, qui aimait les mots croisés, se passionnait pour le jeu de la bataille navale, les morpions et les petits chevaux. Abromeo adorait les femmes, et l'on considérait qu'il était capable d'arriver à ses fins avec n'importe quelle étudiante.

Nos deux amateurs de femmes, Abromeo et Doumarski, ne s'intéressaient pas à la vodka ; nos grands buveurs devant l'Éternel étaient Vanka Medorov et Michka Semionov.

Medorov, qui devait plus tard superviser des constructions mécaniques à l'échelle du pays, avait une voix de basse ; à l'Institut, il était chargé des affaires sociales ; on le voyait toujours vêtu d'une veste de cuir, pour un peu, on aurait pu croire qu'il ne l'ôtait même pas pour dormir ; son visage au large front avait une expression renfrognée ; Essenine était son poète favori. Il n'avait pas de succès auprès des filles en dépit de ses larges épaules et de sa forte constitution. Nous lui avions donné un surnom long et sans joie : « Seize ans qu'a pas couché avec une gonzesse ».

Michka Semionov avait l'ivresse bruyante ; doué d'une grande force physique, il était capable de négliger n'importe quelle affaire pour peu qu'il y eût à la clé alcool et conversations intimes ; dans notre groupe, il était toujours le premier à lancer la chansonnette.

Oui, nous étions tous différents, par nos caractères comme par nos spécialités, nos destins et nos espoirs n'étaient pas les mêmes. Mais il y avait quelque chose qui liait tout le monde : le phosphore, le sel de la terre !

---

1. Allusion à un vers du poème de Pouchkine *Poltava*, devenu proverbial : « impossible d'atteler à la même télègue un cheval plein d'ardeur et une biche timide ».

Et de fait, tous ces étudiants gais, bambocheurs, amateurs de discussions, de gros mots et d'alcool devaient devenir des gens célèbres. Notre Jenka Doumarski fut invité à faire des cours à la Sorbonne, on étudiait ses travaux mathématiques dans les universités américaines ; quand notre pianiste donnait ses concerts, à plusieurs rues du conservatoire, il y avait toujours des gens qui demandaient si on n'avait pas, par hasard, un billet à revendre, et quand à quarante-cinq ans — il n'était plus Tedka mais Théodore — il fit ses débuts à New York, tout Carnegie Hall debout lui fit une ovation ; Ivan « Seize ans qu'a pas couché avec une gonzesse » devait devenir le constructeur en chef d'un immense combinat de machines-outils. Des centaines de jeunes ingénieurs travaillaient sur ses idées. Il avait reçu maintes distinctions honorifiques, plusieurs prix Staline, ensuite ce furent les prix Lénine ; deux ou trois fois l'an, il se rendait par avion spécial à des congrès et colloques en Europe et aux États-Unis. Je suis persuadé qu'Abromeo serait, lui aussi, devenu quelqu'un d'exceptionnel, un homme politique hors du commun sans doute, mais sa vie se termina tragiquement en 1937[1]. Et voici que Michka Semionov, celui qui entonnait à voix fracassante *Ah, pourquoi m'as-tu embrassé sans me dire le feu insensé qui brûlait ton cœur*[2]..., est déjà académicien, la Maison du Savant vient d'organiser une exposition de ses tableaux, et les peintres professionnels ont dit le plus grand bien de ses paysages de steppe.

Pour finir, moi aussi, je suis devenu célèbre, malheureusement pas comme chimiste.

Le seul dans notre groupe à n'avoir ni phosphore ni sel de la terre et à ne pas briller dans les amphithéâtres des universités était David Abramovitch Krougliak.

Nous étions tous deux étudiants de chimie, bûchions ensemble l'analyse quantitative et qualitative, fréquentions les mêmes restaurants universitaires. Krougliak avait une chambre rue Sadovo Samotetchnaïa. Un jour, peu après avoir fait sa connaissance, je me rendis chez lui pour emprunter un livre. Sa chambrette était impeccable, douillette, avec un tapis et une étagère pour les livres. Je fus séduit. Lui était visiblement heureux de ma visite. J'étais assis sur le divan près duquel Krougliak avait installé une petite table à jeux, il me servait du thé, s'inquiétait des courants d'air, me proposait un œuf à la coque.

Je devins un hôte assidu, nous préparions ensemble les examens. Parfois, je restais dormir chez lui, et quand je me lavais le matin dans la cuisine glaciale, Krougliak avait déjà trouvé le temps de balayer, de faire disparaître odeurs de tabac et de renfermé, d'aller acheter du pain frais et de faire du thé.

---

1. Dans les années 1936-1938, surnommées « ejovchtchina », les purges politiques touchèrent lourdement le NKVD. Dans son discours devant le tribunal, Ejov dit qu'il avait « éliminé 14 000 tchékistes ».
2. Refrain d'une chanson sentimentale de P. Batorine.

J'en vins à parler de Krougliak à mes amis et leur proposai d'organiser chez lui une de nos réunions du samedi. Et voici que mes amis, mes amis moqueurs, intelligents et difficiles virent d'un bon œil mon camarade d'étude. Il leur plut. Et pourtant, des tentatives précédentes pour introduire des gens nouveaux dans le groupe n'avaient jamais rien donné ; nous tournions en ridicule les nouveaux venus et décidions d'un commun accord de rejeter leur candidature. Néanmoins nous étions conscients de l'absence d'étincelle divine chez Krougliak. *Ô lointain sublime, ô appel perçant de ta flûte*, a écrit Rabindranàth Tagore[1]. Nous voyions tous que la flûte n'appelait pas Krougliak à des lointains sublimes.

Il n'arrivait pas à assimiler les intégrales. C'est mécaniquement et par cœur qu'il apprenait les lois de la thermodynamique, et lorsqu'il exposait les pages sur lesquelles il venait de bûcher, il avait l'habitude de dire : « Ne me fais par perdre le fil de mes idées en posant des questions. »

Nous lui plaisions, mais pas parce que nous étions des phénix. S'il se montrait un maître de maison hospitalier, ce n'était pas parce que les aristocrates de l'esprit étudiant lui en imposaient. Il aimait bien boire. Il connaissait beaucoup de filles, mais ce n'étaient pas des étudiantes.

Il se plaisait à prononcer les mots « beau », « le beau ». Parlant des habitués de nos samedis, il disait : « Ils sont beaux, ces gens ! » Mais quand il évoquait le saucisson du buffet de l'université, il disait de même, et ses yeux marron brillaient d'un vif éclat : « Il est beau. »

Il sortait d'une famille juive très pauvre, son père était bûcheron dans le Poliessié[2], son frère boulanger, ses sœurs couturières. Ils parlaient mal le russe, avec un accent rauque et chantant, et j'aimais la calme dignité de Krougliak quand il présentait sa famille à des gens de Moscou ou de Leningrad. Il ne songeait même pas à avoir honte de leur simplicité de petites gens venues des bourgades juives.

Je ne le connaissais qu'en tant que camarade d'université, on aurait pu dire qu'il venait d'un milieu qui m'était peu familier, qu'il n'était pas de mon milieu, pour tout dire, mais le jour où je me retrouvai à court d'argent, je n'hésitai pas à faire appel à lui. Et un soir que j'avais raté mon train (à l'époque j'habitais Vechniaki, en grande banlieue) et que je m'étais retrouvé planté sur la place du Manège, me demandant chez qui je pourrais bien aller, mon hésitation fut de courte durée : j'allai chez Krougliak.

Un dimanche, Abromeo eut l'idée d'une farce incroyablement bête, un vrai mauvais coup. Il téléphona à tous nos amis pour raconter que des bandits m'avaient attaqué, puis déshabillé et roué de coups et que, pieds nus, en chemise et la tête ensanglantée, j'étais venu le trouver au journal

---

1. Citation du poème *Jardinier* de Rabindranàth Tagore (1861-1941), écrivain, artiste et compositeur indien.
2. Immense étendue de forêts et de marais, à cheval entre la région centrale de la Russie, la Biélorussie et l'Ukraine. Poliessié vient du mot russe *les*, qui signifie « forêt ».

où il travaillait comme gardien de nuit ; et, ne pouvant s'absenter un seul instant — d'un moment à l'autre les collaborateurs du journal pouvaient arriver —, il ne pouvait vraiment m'aider.

« Les gars, il faut faire quelque chose », dit Abromeo. Et il raccrocha.

Ils vinrent tous mais Krougliak fut le premier à se présenter, porteur d'un gros paquet.

Je m'étais couché sur le divan pour l'accueillir. Abromeo m'avait recouvert de journaux et il m'avait fixé sur le front, en guise de bandeau, une feuille de papier blanc artistement éclaboussée d'encre rouge avec une inscription ordurière extrêmement injurieuse pour celui qui la lirait. Quand Krougliak me vit, il laissa tomber son paquet sur le sol, courut au divan et se pencha sur moi. Naturellement, il lut l'inscription qui lui était destinée.

Abromeo et moi, nous nous tordions de rire sur le sol. Ensuite nous nous mîmes en devoir de déballer le contenu du sac. Et nous voilà repartis à rire. Il y avait là le manteau d'hiver tout déchiré du père de Krougliak, des bottes de feutre noires rapiécées, une toque de fourrure râpée, le costume neuf de Krougliak. Un costume d'été, il est vrai, mais de bonne qualité. Tout cela suscitait en nous une folle gaieté. À chaque nouvel arrivant, nous faisions la démonstration de la garde-robe que Krougliak avait apportée et nous recommencions à rire de plus belle.

Mais j'avais quand même remarqué que Krougliak avait été le premier à se présenter et le seul à apporter des vêtements à la victime.

« Pourquoi tu viens si tard, toi ? » demandais-je à tout nouvel arrivant d'un ton furieux.

Chacun avait de sérieuses raisons. Ce jour-là, Michka Semionov devait montrer ses tableaux à Falk, et il va de soi que d'émotion, une fois l'épreuve passée, il était allé boire de la bière à la brasserie. Le dimanche, Tedka avait l'habitude de déjeuner chez son grand-père, célèbre médecin, une habitude sacrée. Mon ami Jenka Doumarski était à la bibliothèque Lénine où il préparait un exposé pour le cercle de mathématiques. Le dernier à venir fut Ivan « Seize ans qu'a pas couché avec une gonzesse », il était occupé à boire avec un contremaître de l'usine qui l'avait invité chez lui, et il va de soi qu'il ne pouvait offenser un homme du peuple ; quand on vide ensemble une bouteille de vodka, il faut causer.

On comprenait bien pourquoi personne n'avait apporté de vêtements, il est bien connu que ce n'est pas à la bibliothèque Lénine qu'on risque de trouver des bottes de feutre.

Bref, nous fîmes des gorges chaudes de Krougliak. Et la fin de l'histoire fut drôle elle aussi, nous partîmes joyeusement à la brasserie écouter chanter Morozova, tandis que le dindon de la farce regagnait ses pénates avec son paquet sous le bras.

Il nous traita de tous les noms, mais on sentait bien qu'il n'était pas vraiment en colère.

« Je ne regrette qu'une chose, dit-il, c'est le bouillon d'Esther, un si beau bouillon, et dire que j'ai laissé passer ça ! »

Et à présent, les années d'études étaient terminées, les laboratoires de l'université faisaient partie du passé au même titre que les promenades nocturnes, les réunions d'étudiants, nos samedis pleins de gaieté et d'esprit, et les lumières de la nuit moscovite. Où s'en était donc allée cette légèreté pleine de brillant et d'ivresse qui, sans qu'on s'y attende, par un sombre matin d'automne ou une froide nuit de janvier, vous comblait soudain de bonheur suprême, absurde et incompréhensible ?

Mes amis étaient restés à Moscou. Moi, j'habitais un coron, je pataugeais dans la boue gluante, je longeais des montagnes de scories noires qui s'élevaient sur une terre ingrate ; et le ciel d'automne était si lourd et si froid que, dans la cage qui me ramenait à la surface après de longues heures passées au fond, je ne me réjouissais même pas à l'idée de retrouver l'air libre.

J'étais triste, très triste. Il n'y avait pas que la rage de dents, il n'y avait pas que la solitude. La confusion régnait dans mon âme. Jeune homme, j'avais décidé de libérer l'énergie cachée dans l'atome, et quand j'étais petit garçon, je voulais fabriquer des protéines vivantes dans une cornue. Cela ne s'était pas réalisé.

La nuit, lorsque ma rage de dents me tenait éveillé, je pensais à Moscou. Tout cela avait-il seulement existé ? Les conversations avec Doumarski sur l'entropie, ses mots d'esprit qu'on avait envie de noter, les vers de Kipling *Poussière, poussière, poussière des bottes qui marchent*[1]..., Vania quand il déclamait d'une voix sinistre *L'homme noir... l'homme noir...*, les doigts du jeune pianiste qui couraient sur les touches et les larmes qui vous sourdaient aux yeux lorsqu'on entendait cette merveilleuses musique, la voix de Michka Semionov qui grondait *Ah, pourquoi m'as-tu embrassé*, ses gestes fous et désespérés qui rappelaient Mitia Karamazov[2]. Un jour, il avait appuyé contre sa tempe le canon d'un revolver : « Si le monde est condamné à la mort thermique, je ne désire pas vivre. » Doumarski détourna sa main au moment où il appuya sur la détente, et la balle alla se loger dans le plafond, non sans ensanglanter au passage la folle tête du candidat au suicide.

Et les claires nuits de mai annonciatrices des nuits blanches de Saint-Pétersbourg !

Tout cela avait existé, bien sûr ! Là-bas, à Moscou, cette vie, cette autre vie continuait d'exister. Mais je n'en faisais plus partie.

À l'évidence, j'étais malade. La nuit, lorsque le mal de dents daignait m'accorder quelques instants de sommeil, je me retrouvais les cheveux poisseux, trempés de sueur, des gouttes me coulaient sur le front ; ce n'était

---

1. Vers qui reviennent comme un leitmotiv dans le poème de Kipling, *Boots (Infantry columns)*.
2. Dmitri Karamazov (Mitia étant le diminutif de Dmitri) est un des principaux personnages du dernier roman de Dostoïevski *Les Frères Karamazov*.

plus la rage de dents qui me réveillait, mais les filets glacés qui me chatouillaient le visage, le cou, la poitrine. Je devenais jaune, vert, j'avais des accès de fièvre, de toux. Je me levais épuisé, sans énergie. On me fit passer « aux rayons » à l'hôpital de la mine, et le diagnostic tomba comme un couperet : les deux poumons étaient entièrement couverts de tubercules frais.

La tuberculose, la phtisie, les cavernes...

La nuit, je me retrouvais à fumer, assis sur mon matelas, je me tordais sous les assauts du mal de dents et relisais interminablement le verdict qu'avaient tracé les pattes de mouche du docteur. Ma femme ne venait toujours pas, le télégramme que je lui avais expédié plus de quinze jours auparavant restait sans réponse.

Alors, me sentant totalement incapable de rester seul avec mon malheur, je décidai d'écrire à Doumarski. Après tout, nous nous connaissions depuis l'école primaire. Je mis longtemps à rédiger ma lettre, j'y passai plusieurs soirées ; je racontais tout, ma maladie, ma dépression. La lettre était si triste que je pleurai en la relisant, mais je me sentais tout de même soulagé.

Qu'il m'était doux de regarder l'enveloppe qui portait l'adresse *Petrovka N 10, Moscou...*

Certes, j'avais eu raison d'écrire à Doumarski et à personne d'autre — il valait mieux cacher mon désespoir à ma mère qui serait tombée malade en apprenant ce qui m'arrivait. C'était à un homme qu'il fallait écrire, à un ami, à un camarade d'enfance. Et c'est ce que j'avais fait. L'attente commença, j'avais calculé le temps que devait mettre sa réponse à me parvenir, j'ajoutai cinq jours pour faire bonne mesure, puis cinq encore, ma correspondance avec ma femme m'avait donné l'habitude de ce genre de choses, mais la réponse ne vint pas. J'en éprouvai du chagrin, je me sentis offensé, puis je décidai que la lettre de Doumarski avait dû se perdre en route. Pour finir, je me calmai et cessai de penser à tout cela.

Un soir, à la fin de l'été, j'étais assis devant ma maison et tirais sur ma cigarette en regardant le soleil s'enfoncer à l'horizon. L'air embrumé du Donbass y rend les couchers de soleil d'une rare beauté. Ce jour-là, mes dents ne me faisaient pas souffrir, et je pouvais jouir tranquillement du calme vespéral et du ciel enflammé qui illuminait la rue déserte du coron.

Soudain, j'aperçus un personnage absolument inhabituel dans notre environnement : un homme vêtu d'un manteau à carreaux, avec une valise jaune à la main, qui se détachait sur notre paysage de clôtures et de toilettes publiques aux canalisations de bois pointées vers le ciel. Au-dessus du tableau flottaient des nuages emplis de pourpre. L'homme scrutait les maisons, à la recherche d'un numéro. C'était Krougliak.

Seigneur Dieu, comme je fus heureux de le voir ! C'est étrange, mais, durant mes nuits sans sommeil, lui ne me revenait presque jamais en mémoire.

2

Trente années ont passé. J'habite Moscou depuis fort longtemps, je ne fais plus de chimie, et je n'ai pas aidé à mettre l'énergie atomique au service des chagrins et des bonheurs des hommes.

Le phosphore a rempli son office, et durant ces trente années, mes amis de jeunesse ont beaucoup travaillé. Bien entendu, pas question de se retrouver aussi fréquemment qu'autrefois, il y a le travail, la famille, les enfants, les enfants, que dis-je ! les petits-enfants !

Et pourtant il n'y a pas que les fêtes et les anniversaires pour nous réunir. Il arrive que Doumarski me téléphone à l'improviste comme au bon vieux temps : « Dis-donc, j'ai deux billets pour le récital de l'Orchestre philarmonique de Boston, on y va ? » Et le concert fini, nous échangeons un regard de connivence : « On fait un saut au restaurant ? » Après, il fait nuit, nous nous promenons sur le boulevard de Tver et nous parlons. Nous parlons famille, politique et souvent, nous parlons de nos amis.

Je me souviens de lui avoir un jour rappelé ma lettre du Donbass, c'était un peu avant la guerre.

« Tu l'as reçue ? »

Il fit signe que oui.

« Et pourquoi ne m'as tu pas répondu, alors ?

« Je n'avais pas assez de poudre dans mes cartouches, vois-tu, pardonne-moi. »

Je pardonnai. Certes, il arrivait que ça me fasse un petit quelque chose quand, par hasard, j'y repensais, mais je pardonnai.

Le seul à ne pas avoir réussi dans l'existence, c'était Krougliak, qui n'était pas devenu un constructeur célèbre, ni un pianiste connu dans le monde entier, ni un académicien, ni un inventeur de brise-glace.

Il travaillait modestement dans un atelier de chimie. Lui qui nous semblait à tous d'un caractère doux et accommodant ne faisait que perdre ses emplois successifs, constamment en conflit avec ses chefs. Peu avant la guerre, il avait été licencié de son usine, et ayant longtemps cherché du travail, il avait fini par accepter un emploi des plus médiocres.

Quand on lui demandait : « Mais dis-nous où tu travailles, à la fin », il se contentait de répondre avec un petit rire : « Bof, coopérative, travail inutile[1] » et il faisait un geste désabusé de la main.

Ce fut le début de la guerre. Nous la fîmes tous. Doumarski était dans un institut de mécanique, où il dirigeait un groupe de recherches qui travaillait à résoudre des questions mathématiques extrêmement complexes appelées à jouer un rôle important dans le calcul de la résistance des matériaux employés pour les avions ultrarapides.

---

1. Cette plaisanterie, devenue proverbe, se moque de l'inutilité du travail qu'on fait.

Ivan « Seize ans qu'a pas couché avec une gonzesse » avait le grade de colonel et effectuait des missions spéciales pour le Comité de défense (cela concernait la construction des tanks). Nonobstant son sobriquet, il était devenu pendant la guerre père de quatre enfants. Moi, j'avais été affecté à l'état-major avec le grade de lieutenant-colonel. Jusqu'à notre Théodore qui donnait des concerts dans les hôpitaux militaires en uniforme de major. Le seul d'entre nous à faire la guerre en simple troufion se servant d'un canon antiaérien fut Krougliak, et ce n'est que vers la fin des hostilités qu'il obtint les galons de sergent, juste avant d'être démobilisé après sa blessure. Il s'en tirait sans grande gloire, sans même obtenir la médaille de la Valeur militaire.

On en riait, mais avec un sentiment de malaise au fond du cœur, surtout quand il racontait les terribles difficultés de la guerre pour les simples soldats. Nous, nous n'avions pour ainsi dire pas reniflé l'odeur de la poudre, ce qui ne nous avait pas empêchés de recevoir bon nombre de distinctions militaires.

Mais il y eut quelque chose, une vétille à proprement parler, qui me toucha particulièrement. En 1941, nos familles furent évacuées. Dans notre appartement désert, il était resté une vieille nourrice, Jenny Henrikovna, une Estonienne de l'île Ezel. Un être plein de bonté et d'insignifiance, en longue robe noire et col blanc, avec un peu de rose sur ses petites joues de vieille dame.

La deuxième année de la guerre, Jenny Henrikovna se mit à gonfler — l'œdème de la faim —, mais son honnêteté l'empêcha de vendre les affaires de ses patrons. Elle essaya d'obtenir les secours de mes amis ; certains d'entre eux étaient à Moscou et lui firent des promesses, mais ils eurent tôt fait de les oublier dans la fièvre et l'agitation de la guerre ; et elle, par timidité, n'osa pas revenir à la charge pour leur rappeler son existence. À cette époque, la batterie antiaérienne où servait Krougliak défendait une installation militaire aux portes de Moscou et un jour, il se rendit à mon appartement pour demander de mes nouvelles. La vieille dame ne lui parla pas de sa situation misérable, car il lui semblait impossible d'aller demander de l'aide à un soldat chaussé de bottes de cuir.

Mais une semaine plus tard, Krougliak revint la voir, il lui apportait quelques pommes de terre, de l'orge et un petit morceau de beurre. Puis il revint encore une ou deux fois porter des vivres.

Je me représente une silhouette de soldat : tout est énorme, la vareuse, les moufles, les bottes, la chapka ; le soldat, lui, est petit et tient dans sa main un filet à provisions avec au fond quelques pommes de terre et un petit peu de kacha. Le petit soldat marche dans l'énorme Moscou, il passe à côté de milliers de personnes qu'accablent les soucis de la guerre, il a sollicité une permission auprès du commandant d'une batterie qui fait partie de l'artillerie soviétique, il a une tâche importante à remplir, il porte ce filet de pommes de terre à une petite vieille insignifiante.

Après la guerre, il se produisit nombre d'événements dans le monde. Mao Tsé-toung prit la tête de la nouvelle Chine. L'Inde devint indépendante. L'Organisation des Nations unies fut créée. En Union soviétique, on mit en œuvre un énorme programme de reconstruction des villes, des usines, de l'agriculture. Des deux côtés de l'océan, on travailla à mettre au point la bombe à hydrogène.

Après la guerre, mes amis eurent des destins différents. Les uns connaissaient ennuis et difficultés, tandis que d'autres, comme Tedik et Medorov, suivaient une courbe ascendante comparable à celle d'une fusée : ils rencontraient les membres du gouvernement, se rendaient d'un coup d'avion à Moscou ou Washington, avaient leurs portraits dans les journaux. Mais dans l'ensemble, la vie suivit son cours, même pour ceux qui n'étaient pas des fusées ; Doumarski avait publié de nouveaux travaux mathématiques, il était question de son entrée à l'Académie ; la vie de bâton de chaise et la vodka commençaient à produire leur effet sur Semionov qui s'était mis à faire de la sténocardie, mais refusant de se considérer comme un malade, il avait accepté de diriger une expédition dans les glaces du pôle Nord, et les découvertes qu'y firent les paléontologues sous sa direction en étonnèrent plus d'un, en Union soviétique comme à l'étranger. Égal à sa réputation, il continuait à boire comme un trou et à fumer comme un pompier.

Après la guerre, la vie de Krougliak prit un tour des plus fâcheux. Lui aussi, sa santé s'était altérée, il souffrait de l'estomac, et les médecins avaient diagnostiqué un ulcère. Célibataire, il n'observait pas son régime et continuait d'habiter la chambrette où se réunissaient autrefois nos assourdissants samedis. J'ai oublié le nom du combinat industriel qui l'employait. On y produisait des couleurs à l'aniline destinées aux enfants. Les fonctions de notre ami ne se limitaient pas à la chimie ; faisant également de l'administration, il était entre autres chargé de se procurer la matière première quand elle venait à manquer.

Un jour, peu avant le Nouvel An, le frère aîné de Krougliak vint me voir, une sorte de Charlie Chaplin biélorusse de soixante-dix ans avec de grands yeux et des cheveux noirs. Il me raconta qu'à la suite d'un certain nombre de malversations et autres actions illégales la section de lutte contre le vol de la propriété socialiste avait arrêté plusieurs personnes du combinat ; Krougliak en faisait partie. La nouvelle était désagréable à tous points de vue. J'avais pitié de Krougliak et en même temps, j'étais furieux contre lui, et puis c'était moche, cette minable histoire de trafic.

Comment aider David ? Je dis à son frère que j'allais réfléchir pour voir s'il était possible de faire quelque chose, et le vieil homme s'en fut plein de reconnaissance, s'excusant d'avoir abusé de mon précieux temps, plein de confiance dans la grandeur et la toute-puissance des amis de son frère.

Je n'avais pas réussi à comprendre, en parlant avec le frère de Krougliak, quelle était la faute de notre ami ni son degré de gravité. Avait-il réellement violé les lois, ou, n'ayant pas remarqué en temps voulu les malversations de ses collègues, avait-il manqué de la force et du courage nécessaires pour les dénoncer, une fois le pot aux roses découvert ?

Je racontai l'histoire de Krougliak aux copains qui furent d'abord chagrinés et exprimèrent l'espoir que les choses se termineraient bien. Ils tombèrent d'accord pour dire qu'il fallait essayer de l'aider, mais personne n'avait envie, et moi moins que quiconque, de se trouver mêlé aux sombres histoires qui se tramaient dans son entreprise.

Mais les choses tournèrent mal, et Krougliak fut condamné à dix ans d'emprisonnement.

Lors de la soirée suivante, deux de nos habitués refusèrent de s'apitoyer sur le sort de Krougliak. Ivan Medorov, qui déclara qu'il avait toujours eu un mépris total pour les combines, les intermédiaires, le piston et les aigrefins et qu'il était incapable d'éprouver de la sympathie pour quelqu'un qui avait trempé dans ce genre d'histoire, qu'il s'agisse de son père, de son frère ou de son ami d'enfance. Et Théodore. Celui-ci fit savoir que le sentiment esthétique était le plus fort de tous ceux qu'il lui était donné de pouvoir ressentir ; il comprenait que c'était mal, mais ne pouvait surmonter l'aversion que lui inspirait désormais Krougliak.

Nous discutions à grand bruit sans que cela change quoi que ce soit, le débat restant dans l'ensemble purement théorique. À dire vrai, nul d'entre nous n'avait envie de se lancer dans la bagarre, d'écrire des lettres, de faire intervenir des gens ; moi non plus, je n'en avais pas envie. J'apaisai ma conscience en étant extrêmement chaleureux avec le frère de Krougliak qui venait me voir deux ou trois fois l'an. Je le faisais asseoir dans un fauteuil, lui servais du thé, lui posais des questions sur la santé de David ; je lui proposais de l'argent. Tout en soupirant, je disais :

« Ah, si vous saviez combien j'aimerais pouvoir faire quelque chose pour lui, nous sommes tous de cœur avec vous dans cette tragédie. »

Je dis que j'allais envoyer une lettre à David, mais il fit le geste de me barrer la route :

« Vous n'y pensez pas, quand je suis allé le voir, David m'a bien prévenu que vous ne deviez pas lui écrire, ça pourrait vous attirer des ennuis. »

Je fus touché par cette pensée et répondis :

« En tout cas, n'oubliez pas de lui transmettre mes très chaleureuses salutations dans chacune des lettres que vous lui enverrez. »

Je remarquai néanmoins *in petto* que la consigne de David faisait plus que me toucher, elle me réjouissait.

Quand nous nous retrouvions entre amis, nous évoquions nos années d'étudiants, et il y avait toujours quelqu'un pour dire :

« Allez, les enfants, buvons à la santé de Krougliak. »

Ce toast était en général favorablement accueilli si l'on excepte le jour où Medorov lança avec colère :

« Aujourd'hui, je ne sais pas ce que j'ai, mais je n'ai pas envie de boire à la santé de Krougliak. »

J'étais furieux, mais Ivan prit la mouche lui aussi et se mit à crier :

« Il se peut bien que ce soit le diable qui l'ait fait dévier une fois du bon chemin, comme tu le reconnais d'ailleurs toi-même, mais je ne vois vraiment pas pourquoi je serais obligé de boire à la santé de ceux que le diable a égarés. Que le diable le fasse, si ça lui chante ! »

La vie que Krougliak menait dans son camp aurait pu être plus désagréable. Bien sûr, un camp est un camp, c'est l'évidence, mais Krougliak y travaillait dans sa spécialité, il faisait des conférences dans le cadre d'un enseignement technique, et au lieu de vivre entassé avec les autres détenus, il avait sa chambrette à lui à deux pas du laboratoire. La direction l'avait même autorisé à cultiver un petit jardin où il élevait des lapins.

Un jour, son frère vint me faire part du désir de Krougliak de recevoir quelques ouvrages techniques ainsi qu'un certain nombre de tables. Je crois qu'il s'agissait des normes en vigueur dans le pays.

Je me mis en devoir de rechercher tout cela et téléphonai à Doumarski qui était plus proche que moi de la technique et me promit de se procurer livres et documents.

Je revins à la charge par deux fois. Il s'exclamait invariablement : « Comment ai-je pu oublier ! » mais, peu à peu, moi aussi, toute cette histoire finit par me sortir de l'esprit.

Je ne repensai à ma promesse non tenue qu'en rencontrant par hasard le frère de Krougliak dans la rue, et quand je voulus lui prodiguer mes excuses, il me tranquillisa : il y avait longtemps qu'il avait tout envoyé.

Le temps passant, nous nous étions accoutumés à l'idée de savoir Krougliak dans un camp. Parfois, lorsque nous nous rappelions son existence, nous soupirions : « Il faudrait faire un saut chez le frère de David, qu'est-ce que c'est ennuyeux les gens qui n'ont pas le téléphone. » Le frère de Krougliak habitait au diable. Pour aller chez lui, il fallait d'abord prendre le métro, puis le tramway. Les jours succédaient aux jours, les mois se transformaient en années, et en fin de compte, je ne me décidais jamais à aller le voir. Et quand je repensais à David, j'éprouvais un sentiment désagréable.

Un jour, à la veille d'une fête, nous nous réunîmes chez Doumarski. Il n'y avait là ni femmes ni enfants, et c'est avec une lucidité particulière que nous nous vîmes tels que nous avions été et aussi tels que nous étions devenus.

Autour de la table, nous avions tous les cheveux gris, et nous ressentîmes à la fois de la joie et de la tristesse. Nous n'avions pas vécu en vain, les « vainqueurs », c'étaient nous.

Que de durs travaux derrière nous ! Oui, ce que nous avions fait n'était pas rien ! Des milliers de kilomètres de taïga et de toundra parcourus à pied, et les richesses minières conquises ! Les avions et les brise-glace surgis de la pensée de mes amis, les machines étonnantes, les chaînes automatisées, les équations irréfutables dont la logique avait assuré la solidité des vis aériennes et la puissance des moteurs à turboréacteurs ; et regardez donc les mains de notre jeune pianiste, pensez à tout le bonheur que sa musique avait apporté aux hommes dans les salles de concert de Moscou et de Leningrad, de Berlin et de New York. Du travail, des livres, de la pensée !

Bizarrement, ce soir-là, nous sentions à l'unisson, nous pensions à l'unisson, nous éprouvions la même joie et la même tristesse sans avoir besoin de l'exprimer par des mots.

Oui, nos cheveux étaient gris, mais nous avions triomphé, et néanmoins, à l'approche de la vieillesse, la mélancolie nous envahissait.

Krougliak, lui, ne figurait pas au nombre des vainqueurs ; du reste, même sans le malheur qui l'avait frappé, il n'aurait jamais pu en être.

« Si nous chantions, les amis », proposa Doumarski. Et nous nous empressâmes d'entonner notre fameux *Ah, pourquoi m'as-tu embrassé sans me dire le feu insensé qui brûlait ton cœur.*

Nous chantions à tue-tête, aussi fort qu'à l'époque de nos vingt ans. Les vitres en tremblaient. J'ai toujours été amusé de voir notre pianiste heureux de chanter dans notre chœur, il lui arrivait même de s'y époumoner jusqu'à en être aphone. Nous aimions chanter, bien sûr, mais nous n'avions ni voix ni oreilles, et voici qu'à Théodore qui souffrait maladivement de la moindre dissonance ce chœur procurait du plaisir. De toute évidence l'effet produit n'avait rien à voir avec l'harmonie musicale. C'était des hommes aux cheveux gris qui chantaient, des hommes qui n'avaient pas vécu en vain, des vainqueurs.

3

Au début des années cinquante, je connus une période difficile. Je n'ai pas envie d'en raconter le pourquoi et le comment. Le fait est que ce fut dur.

Pouvais-je imaginer quand je travaillais à la Smolianka 11 et que, le soir venu, je regagnais ma cambuse vide faite pour une famille nombreuse, pouvais-je imaginer, dis-je, qu'un jour viendrait où je serais à Moscou, dans ma famille, entouré de mes amis et de mes livres favoris, occupé à mon travail et où, pourtant, m'envahirait un sentiment de mélancolie et de solitude, plus fort encore que là-bas, dans le Donbass ?

J'étais seul, déprimé. Me revenaient souvent en mémoire ces jours de ma jeunesse, où, tourmenté par le mal de dents, je passais la nuit à arpenter ma chambre vide en fumant cigarette sur cigarette. J'étais jeune, Moscou me manquait, mes amis me manquaient, ma femme me manquait ; elle habitait loin de moi et n'était guère pressée de venir me retrouver car elle ne m'aimait pas.

Maintenant, ma femme était à mes côtés, je vivais à Moscou, il me suffisait de décrocher le téléphone pour entendre la voix de mes amis. Et pourtant je me sentais plus solitaire et plus malheureux que jamais. Mes cheveux étaient devenus gris, beaucoup de choses s'étaient réalisées, mais il m'était bien difficile de vivre.

Sur ma table, le téléphone gardait un silence obstiné. Les journaux disaient du mal de moi et formulaient toutes sortes d'accusations.

Je les jugeais injustes, mais n'est-ce pas le cas de tous les accusés ? Il est également possible qu'accusé et condamné ne soient pas toujours uniquement coupables.

Cependant, tous les articles me concernant n'étaient que défavorables et quand, dans les réunions, on évoquait mon cas, ce n'était que pour dire du mal. Sur ma table, le téléphone continuait à se taire obstinément.

Doumarski ne m'appela pas... Je me souviens que, bien des années auparavant, il n'avait pas non plus répondu à ma lettre. Maintenant, je n'avais nul besoin de lui écrire pour le tenir au courant de mon malheur, il lui suffisait de lire le journal. Mais le temps passait, et il gardait le silence. Mes amis restaient muets. Personne ne vint me voir, ni Medorov, ni Michka Semionov, ni Tedik. Mais ce qui me rendait le plus malheureux, c'était le silence de Doumarski. Nous étions tout de même des amis d'enfance. Au cours préparatoire, nous étions tous deux au bout de la rangée, moi devant, lui derrière.

Cette fois, je n'eus pas assez de magnanimité, pas assez de vacuité d'âme pour le lui pardonner.

En cette triste époque, il se trouva que le frère de Krougliak vint me voir. C'était à présent un très vieil homme, mais il avait gardé ses cheveux noirs. Il me raconta que, peu de temps auparavant, il avait rendu visite à Krougliak au camp. Comme à l'accoutumée, les nouvelles étaient bonnes. J'avais remarqué depuis longtemps que les nouvelles des camps sont toujours bonnes, le contraire est tout simplement impossible. Krougliak était en bonne santé, son ulcère ne le faisait pas souffrir ; l'administration pénitentiaire était bienveillante — pour lui un jour de détention comptait triple —, il travaillait consciencieusement et avait bon espoir d'être bientôt libéré. Il avait donné à son frère une lettre pour moi. Les journaux parvenaient jusqu'aux camps et Krougliak était au courant de mes ennuis.

Il m'écrivait quelques mots de consolation et exprimait ses regrets de ne pouvoir venir passer une soirée chez moi pour bavarder de choses et d'autres.

Tout passe. Cette période difficile passa, et les nouvelles difficultés que je suis appelé à connaître ne sont pas encore arrivées. Le téléphone se remit à sonner sur ma table.

De nouveau, je ne pensai plus si souvent au petit homme malchanceux de l'atelier de chimie chez qui se rassemblaient aux jours lointains de leur jeunesse mes brillants et talentueux amis.

1958-1962

À KISLOVODSK[1]

traduit du russe par Luba Jurgenson

Nikolaï Viktorovitch s'apprêtait à rentrer. Il retira sa blouse, mais à cet instant, Anna Aristarkhovna, qui était célèbre parce que dans son jardin poussaient les meilleures fraises de la ville, lui dit :

« Nikolaï Viktorovitch, un colonel est arrivé en voiture.

— Un colonel ? Va pour un colonel », dit Nikolaï Viktorovitch, et il renfila sa blouse.

Le visage d'Anna Aristarkhovna exprima l'admiration, sans doute devant son calme olympien. Pourtant, l'arrivée de ce colonel l'avait terrifié tout autant qu'elle. Et puis, il avait prévu d'aller au théâtre avec sa femme, il n'avait pas envie d'être en retard.

Mais en présence des femmes, il se devait de paraître meilleur qu'il ne l'était. Il plaisait aux femmes depuis toujours et, par délicatesse ou par peur de perdre son aura, il n'osait pas leur montrer que les apparences sont parfois trompeuses.

Grisonnant, mais encore beau, grand, svelte, léger. Il était d'une élégance irréprochable ; son visage agréable et fin avait cette expression que les portraitistes essaient de donner aux grands hommes censés embellir le monde.

Les femmes tombaient amoureuses de lui sans soupçonner un instant que rien en lui ne ressemblait à son physique, qu'il était un être absolument ordinaire, que les grandes questions universelles le laissaient indifférent, qu'il ne connaissait rien à la littérature ni à la musique, qu'il ne s'intéressait qu'aux beaux vêtements et à son confort et pas du tout à son travail de médecin, qu'il appréciait les grosses pierres précieuses serties dans des chevalières massives jaune safran, les bons restaurants et les vacances à Moscou où il se rendait en première classe. Il aimait paraître au théâtre, dans les premiers rangs de l'orchestre, avec sa femme Elena

1. © Ayants droit Vassili Grossman.
© Éditions Robert Laffont pour la traduction française, 2006.

Petrovna, aussi belle, grande et élégante que lui et surprendre des regards admiratifs : « Quel couple ! »

C'est par amour de la vie mondaine, par dandysme, par considérations pratiques qu'il avait refusé un travail à l'hôpital de l'université pour devenir le médecin chef du somptueux sanatorium de Kislovodsk destiné aux membres du gouvernement. Naturellement, il ne faisait pas de recherche scientifique, mais c'était si agréable de marcher sous les colonnes de marbre, entouré de médecins officiers, tout en saluant d'un air décontracté, respectueux et nonchalant à la fois, ses connaissances, les maîtres de l'État.

Son héros préféré était Athos des *Trois Mousquetaires*. « Ce livre, c'est ma bible », disait-il à ses amis.

Jeune, il lui était arrivé d'engager de grosses sommes au poker ; on le tenait pour un connaisseur de chevaux. De passage à Moscou, il téléphonait à ses patients haut placés dont les noms étaient mentionnés dans l'Histoire du Parti et les portraits publiés dans la *Pravda*. Ils étaient aimables avec lui, cela le flattait.

À l'approche des unités motorisées et des chasseurs de montagne de la Wehrmacht, la population de Kislovodsk fut évacuée ; habitué au confort de son fauteuil tendu de maroquin, à ses meubles beaux et agréables, Nikolaï Viktorovitch eut peur des wagons inconfortables, des poêles fumants, des bouilloires en laiton.

Elena Petrovna, qui pourtant ne ressentait pas la moindre sympathie pour les Allemands, approuva sa décision. Elle était très attachée, elle aussi, aux tables anciennes incrustées de nacre, aux banquettes en acajou, aux porcelaines, au cristal, aux tapis.

Elena Petrovna adorait les toilettes étrangères, surtout celles qui provoquaient l'envie des dames de sa connaissance, épouses de grands dignitaires soviétiques. Vêtue avec un luxe dont ces dames ne pouvaient même pas rêver, elle arborait une mine lasse feignant le mépris de la vanité et de la pacotille...

En apercevant les troupes de reconnaissance motorisées allemandes dans les rues de Kislovodsk, Nikolaï Viktorovitch s'était senti complètement perdu, angoissé. Les visages des soldats, leurs fusils automatiques cornus, leurs casques à la croix gammée, tout lui avait semblé répugnant, insupportable.

Pour la première fois de sa vie, il avait passé une nuit blanche. Sans doute avait-il commis une erreur en restant là. Il aurait dû renoncer à son secrétaire Paul Ier et aux tapis faits main.

Toute la nuit, il avait pensé à son camarade d'enfance, Volodia Gladetski, qui s'était engagé comme volontaire pendant la guerre civile.

Maigre, les joues pâles et creuses, vêtu d'un vieux manteau serré à la taille par une ceinture, Gladetski marchait vers la gare en boitillant, laissant derrière lui tout ce qu'il aimait, tout ce qu'il avait : sa maison, sa femme, ses fils. Ensuite, ils ne s'étaient pas vus durant de longues années, mais Nikolaï Viktorovitch avait parfois de ses nouvelles.

Cette nuit-là il voyait deux chemins, le sien et celui de Gladetski. Comme ils étaient différents !

Sous le tsar, Gladetski avait été exclu de la dernière classe du gymnase. Il avait connu la relégation, mais on lui avait permis de rentrer au pays. Appelé sous les drapeaux en 1914, il fut blessé et démobilisé l'année suivante. Son âme de bolchevik avait toujours su triompher de ses attachements personnels ; les événements durs et sanglants qu'affrontaient son pays et son peuple, il les faisait siens.

Nikolaï Viktorovitch, lui, n'avait pas été dans la clandestinité comme bolchevik, n'avait jamais subi de persécutions de la part de la police du tsar, ni dirigé un bataillon contre Koltchak. En 1921, il n'était pas commissaire à l'approvisionnement d'une province, ne massacrait pas, la mort dans l'âme et les dents serrées, ses amis de jeunesse pour leur appartenance à l'opposition de droite ou de gauche, ne peinait pas vingt-quatre heures sur vingt-quatre sur un grand chantier de l'Oural, ne se précipitait pas au milieu de la nuit pour faire son rapport dans un certain bureau du Kremlin inondé de blanche lumière électrique...

Grâce à des amis, Nikolaï Viktorovitch échappa à la mobilisation dans la Ire armée de cavalerie. Il fit ses études à la faculté de médecine. La belle Elena Xenophontova, dont il était amoureux fou, devint sa femme. Afin d'assurer la survie de sa mère et de sa vieille tante, il se rendait à la campagne pour échanger manteaux et pelisses ayant appartenu à sa famille ainsi que les bottes de chasse de son père contre du blé, du lard, du miel... Durant les années romantiques de la grande tempête, sa vie à lui était tout sauf romantique, à ceci près que parfois, avec le lard et le miel, il rapportait du tord-boyaux de la campagne. Alors, à la lumière de lampes à huile, on organisait des soirées avec chants, danses, charades, on s'embrassait dans des cuisines glacées et des antichambres obscures, pendant que derrière les fenêtres camouflées avec des couvertures on entendait des coups de feu et des bruits de bottes...

Le pays vivait sa vie, mais l'existence de Nikolaï Viktorovitch ne rimait pas avec tempête, malheur, labeur, guerre... Ainsi, les jours de la victoire sur les fronts et les chantiers furent pour lui un moment de désespoir : il connut un chagrin d'amour. En revanche, une année terrible pour le peuple avait été pour lui une année de lumière et de bonheur...

Et, un beau soir, il entendit, devant la fenêtre noire de sa chambre, les bruits de la guerre, le crissement des chenilles des tanks, les ordres criés par des voix gutturales, il vit les lueurs des lampes de poche des sous-officiers.

Un an avant la guerre, un homme aux cheveux blancs, ridé et épuisé, avec des poches olivâtres sous les yeux, était venu se faire soigner au sanatorium. Nikolaï Viktorovitch avait reconnu son ami de jeunesse, Volodia Gladetski.

C'était une rencontre étrange, entre la joie et la méfiance, l'attraction et la répulsion. Ils désiraient parler à cœur ouvert tout en le craignant. Parfois, une confiance de collégiens s'installait entre eux, comme si elle était revenue, l'époque des confidences échangées dans les toilettes des garçons sur leurs frasques respectives par l'un et l'autre. En même temps, un abîme séparait Nikolaï Viktorovitch de son ami malade, cadre du Parti.

À chaque saison, un homme célèbre venait se faire soigner dans ce sanatorium. Prévenu par Moscou, le personnel libérait pour lui une chambre de luxe. Après son départ, on disait en parlant de lui : « Ça s'est passé l'année où Boudienny était venu. »

L'année qui précéda la guerre, l'invité d'honneur était un vieux bolchevik, un célèbre académicien ami de Lénine, le fameux Savva Feofilovitch qui, dans sa jeunesse, pendant sa détention dans une prison tsariste, avait composé un beau chant révolutionnaire[1].

Gladetski le voyait. Ils se promenaient, passaient leurs soirées ensemble. De temps en temps, quand le vieil homme se sentait mal, on leur servait le dîner dans la chambre de Savva Feofilovitch.

Un jour, Nikolaï Viktorovitch avait croisé les deux hommes dans le parc. Tous les trois s'étaient assis sur un banc entouré de lauriers. Nikolaï Viktorovitch éprouvait une sensation familière et pourtant toujours étrange, inquiétante et agréable à la fois : le puissant médecin chef du sanatorium, qui avait le droit d'entrer sans frapper dans le cœur malade de n'importe quel dignitaire, était malgré tout intimidé par ce vieillard corpulent au crâne chauve et massif parsemé de rares cheveux gris, dont la grosse main blanche avait serré tant de fois celle de Lénine.

Gladetski avait dit :

« Nikolaï Viktorovitch et moi étions camarades de gymnase. Vous savez, Savva Feofilovitch, nous avons eu un jour une altercation en rapport avec vous. »

Le vieillard était surpris. Gladetski avait alors raconté un épisode oublié par Nikolaï Viktorovitch : naguère, à l'époque où ils étaient tous les deux élèves, Gladetski avait invité Nikolaï Viktorovitch à la réunion d'un cercle où l'on apprenait un chant révolutionnaire. Nikolaï Viktorovitch s'était excusé en expliquant que ce soir-là une camarade du gymnase des filles fêtait son anniversaire. Cet épisode avait d'ailleurs mis fin aux activités révolutionnaires clandestines de Nikolaï Viktorovitch.

Ce chant, devenu célèbre par la suite, avait été écrit par Savva Feofilovitch.

Le vieillard avait répondu avec un rire débonnaire :

« Vous dites que c'était deux ans avant la guerre ? À cette époque, j'étais enfermé à la citadelle de Varsovie. »

Lors d'un examen de routine, Nikolaï Viktorovitch avait dit à Gladetski :

---

1. Allusion à la *Varchavianka*, « La Varsovienne », hymne révolutionnaire polonais et russe.

« C'est étonnant, le cœur de Savva Feofilovitch est plus jeune, en meilleur état que celui de bien des jeunes gens ! Il fait entendre un bruit plus pur ! »

Gladetski avait dit alors avec franchise, sur un ton de confidence qui rappelait les années de gymnase :

« C'est un surhomme, il a une puissance extraordinaire ! Et ce n'est pas parce qu'il a supporté la prison d'Orel et la citadelle de Varsovie, la faim, la clandestinité, la relégation en Iakoutie où l'hiver est terrible, la misère de l'émigration...

« Sa force est ailleurs. Elle lui a permis d'exiger, au nom de la révolution, la peine de mort pour Boukharine dont l'innocence ne faisait pas de doute pour lui, et de faire expulser de l'Université de jeunes savants talentueux uniquement parce qu'ils se trouvaient sur une liste noire. Tu crois que c'est facile, quand on a été un ami de Lénine ? Tu crois qu'il est facile de briser des vies d'enfants, de femmes, de vieillards dont on a pitié par ailleurs, alors que dans son for intérieur on est horrifié ? Tu crois qu'il est facile de commettre de grandes cruautés au nom de la Révolution ? Crois-moi, je le sais d'expérience, c'est à cela qu'on mesure la force ou l'impuissance de l'âme. »

La nuit où les Allemands étaient entrés dans la ville, Nikolaï Viktorovitch s'était rappelé cette conversation et il s'était senti pitoyable et impuissant. Il avait alors dit à sa femme Elena Petrovna, toujours jeune et étonnamment belle :

« Qu'avons-nous fait, Lena[1] ? Les Allemands sont là ! »

Elle avait répondu avec un grand sérieux :

« Ce n'est pas bien, je suis d'accord. Mais peu importe, Kolia[2], que l'occupant soit allemand, roumain ou turc, nous serons sauvés parce que nous ne voulons pas de mal aux hommes, nous restons toujours fidèles à nous-mêmes. Nous survivrons...

— Tu sais, j'ai eu une pensée terrible. Je me suis dit : les Allemands sont là et nous, on est resté en fait à cause de notre barda... »

Mais il n'avait pas révélé à sa femme ce que Gladetski avait raconté en riant à l'ami de Lénine à propos de l'anniversaire d'une jeune fille qu'il avait préféré à la réunion du cercle révolutionnaire... Cette jeune fille s'appelait Lena Xenophontova.

Elena Petrovna avait répondu, agacée :

« Pourquoi parles-tu de barda ? Nous y avons engagé des années de notre vie. Nos porcelaines, nos verres de cristal en forme de tulipe, nos coquillages océaniques roses, notre tapis, tu as dit toi-même qu'il sentait le printemps, qu'il était tissé avec des couleurs d'avril. C'est ainsi que nous sommes ! On ne nous changera pas. Et que pouvons-nous faire d'autre que d'aimer ce que nous avons aimé toute notre vie ? »

---

1. Diminutif d'Elena.
2. Diminutif de Nikolaï.

De sa main fine et très blanche elle avait frappé à plusieurs reprises sur la table en scandant obstinément au rythme des coups :

« Oui, oui, oui, oui. Nous sommes comme ça, il n'y a rien à faire, c'est ainsi que nous sommes.

— Ce que tu es intelligente », dit Nikolaï Viktorovitch. Il était rare qu'ils parlent sérieusement de leur vie, et ces paroles furent pour lui d'un grand réconfort.

Ils avaient continué de vivre, l'existence suivait son cours. On avait convoqué Nikolaï Viktorovitch à la kommandantur de la ville pour lui proposer de devenir médecin à l'hôpital où se trouvaient les soldats blessés de l'Armée rouge... On lui avait remis une carte de rationnement très avantageuse ; celle d'Elena Petrovna l'était moins. Ils touchaient du pain, du sucre, des pois secs. Ils avaient à la maison des provisions : du lait concentré, du beurre fondu, du miel et, agrémentant les rations allemandes avec ces réserves, Elena Petrovna se débrouillait pour préparer des repas copieux et même bons. Le matin, ils buvaient du café, selon leur habitude. Ils en avaient beaucoup en stock, et la laitière leur fournissait toujours du bon lait. D'ailleurs, le lait n'avait pas augmenté, simplement la monnaie avait changé.

On pouvait toujours acheter un bon poulet au marché, des œufs frais, des primeurs. Ces denrées n'étaient pas hors de prix, après tout. Parfois, les époux se faisaient plaisir en s'offrant du caviar : durant la période d'interrègne, Nikolaï Viktorovitch en avait pris dèux grosses boîtes à l'entrepôt du sanatorium.

Des cafés s'étaient ouverts dans la ville. Au cinéma, on donnait des films allemands. Certains, d'un ennui mortel, parlaient de la rééducation des jeunes par le parti national-socialiste. Cette jeunesse indigente sur le plan idéologique, invertébrée et inutile pour la société, prenait conscience de sa mission, devenait énergique et intrépide. Mais il y avait aussi de bons films : Elena Petrovna et Nikolaï Viktorovitch avaient particulièrement apprécié le *Rembrandt*. Un théâtre russe s'était ouvert. Il y avait là des acteurs extraordinaires, surtout le célèbre Blumenthal-Tamarine. Au début, on n'y donnait que *Intrigue et amour* de Schiller, mais ensuite, on y avait monté des pièces d'Ibsen, de Hauptmann, de Tchekhov, bref, cela valait le coup d'y faire un tour. Il était apparu que tout un groupe d'intellectuels était resté dans la ville : des médecins, des artistes, un décorateur de théâtre de Leningrad, cultivé et charmant. La vie se poursuivait, avec ses émotions. Tout comme avant la guerre, Nikolaï Viktorovitch réunissait chez lui des invités capables d'apprécier les belles porcelaines, le cristal, les courbures d'un meuble ancien, les beaux motifs de son tapis persan. Tous ces gens essayaient de se tenir à l'écart des colonels et des généraux du groupe d'armées B[1], du commandant et de la mairie ; loin

---

1. Le groupe d'armées B, placé sous le commandement du feld-maréchal von Bock, participa à la bataille de Stalingrad.

d'être chagrinés, ils se réjouissaient au contraire de n'avoir pas reçu d'invitation pour la réception donnée par le général List, gauleiter du Caucase[1]. Mais, s'ils avaient reçu le carton, ils se mettaient sur leur trente et un et se faisaient un sang d'encre pour les toilettes de leurs épouses : étaient-elles vêtues à la mode ? N'avaient-elles pas l'air de provinciales, n'étaient-elles pas ridicules ?

L'hôpital où travaillait Nikolaï Viktorovitch occupait trois petites salles. Il y avait deux infirmières et deux aides-soignantes.

Les blessés touchaient une bonne ration, car il y avait beaucoup de réserves à l'entrepôt. On ne manquait pas de médicaments ni de bandages. Le principal souci de Nikolaï Viktorovitch était de faire oublier cet hôpital aux autorités allemandes. Craignant que les blessés légers ne soient enfermés dans un camp, il leur faisait garder le lit.

Il semblait que les Allemands aient complètement oublié la petite maison située au fond du parc du sanatorium. Les blessés légers jouaient à la belote, se payaient des aventures avec les infirmières, des femmes d'un certain âge, et portaient aux nues Viktor Nikolaïevitch : ils avaient l'impression que c'était à lui qu'ils devaient leur vie paradisiaque.

Quand Nikolaï Viktorovitch rentrait après une journée de travail, sa femme demandait :

« Comment vont nos garçons ? »

N'ayant pas d'enfants, ils appelaient ainsi les jeunes soldats de l'Armée rouge. Et Nikolaï Viktorovitch racontait en riant à sa femme les événements drôles survenus dans le petit hôpital.

Or un jour, les Allemands s'étaient souvenus du bâtiment au fond du parc. Nikolaï Viktorovitch avait été convoqué à la mairie, à la section de gestion des établissements de santé, et on lui avait demandé de remettre la liste des blessés. Nikolaï Viktorovitch était dans tous ses états, mais le fonctionnaire allemand à qui il avait remis la liste l'avait rangée dans un dossier sans même y jeter un coup d'œil. Sans doute s'agissait-il d'une simple formalité.

Les Allemands continuaient d'avancer sur tous les fronts. Nikolaï Viktorovitch évitait de lire leurs communiqués triomphants.

Le bruit courait que bientôt les sanatoriums ouvriraient leurs portes pour accueillir non seulement des généraux et des dignitaires allemands, mais aussi des intellectuels du Reich.

Il apparut que certains Allemands qui logeaient chez l'habitant étaient cultivés et, manifestement, craignaient Hitler et Himmler, n'approuvant pas les atrocités dont parlaient ceux qui vivaient près de la Gestapo. La vie, tout compte fait, était semblable à celle d'avant. Nikolaï Viktorovitch se réjouis-

---

1. L'offensive allemande au Causase, baptisée « Edelweis » (juillet 1942-début janvier 1943), était effectuée sous le commandement du général-feld-maréchal W. List par le groupe d'armées A (40 divisions, 165 000 soldats et officiers), appuyé par une partie de la IVe armée de chars.

sait du confort de sa maison, du charme d'Elena Petrovna et se félicitait d'avoir jadis préféré l'anniversaire de Lena Xenophontova à la réunion du cercle révolutionnaire.

Et voici qu'au moment où Nikolaï Viktorovitch s'apprêtait à rentrer, pour dîner et se reposer un peu avant de se rendre au théâtre avec sa femme pour la représentation de *La Cloche engloutie*[1], on entendit un bruissement sur le gravier et une voiture s'approcha du petit bâtiment au fond du parc. Un homme en descendit. Gros, pommettes saillantes, nez retroussé, cheveux blonds et yeux gris, il aurait pu être un agronome soviétique, un chef de rayon ou un formateur donnant des cours sur la sécurité sociale à un groupe de femmes de ménage.

La casquette, l'uniforme gris avec épaulettes et ceinture, un bandeau autour du bras, un insigne du parti avec une croix gammée et une croix sur la poitrine confirmant que c'était un homme de la Gestapo au grade équivalent à celui de colonel de la Werhrmacht.

À côté de ce plébéien d'Allemand, trapu, pansu, taillé à la hache, fabriqué dans du matériau vil et grossier à deux sous, Nikolaï Viktorovitch, grand, imposant, avec son élégante chevelure grise, son beau teint et ses yeux expressifs comme ceux d'un acteur de cinéma muet, ressemblait à un joyeux aristocrate propriétaire terrien, un grand barine russe ou un duc étranger.

Mais l'illusion se dissipa vite.

« *Si schprechen deutsch ?*

— *Ja vohle*[2] », répondit Nikolaï Viktorovitch qui, petit enfant, avait fait un peu d'allemand avec sa nourrice Augusta Karlovna.

« Oh, se dit-il en lui-même, que de grâce, de zèle, de coquetterie, d'empressement à paraître gentil, bon et obéissant dans ce *Ja vohle* roucoulant. »

L'Allemand entendit la voix du beau barine grisonnant et lui adressa un regard omniscient semblable à celui d'un dieu, d'un être dont les actes s'accomplissaient dans les instances divines où il n'existe que la vie et la mort. Il comprit immédiatement à qui il avait affaire.

Le gros gradé trapu de la section « Sicher Dinst » avait à son actif des montagnes de chair humaine.

Il avait démoli, brisé, cassé et fait plier des milliers d'âmes, des catholiques et des orthodoxes, des pilotes de guerre et des princes monarchistes, des fonctionnaires du parti, des poètes inspirés qui faisaient fi des conventions, des moniales fanatiques qui s'étaient retirées du monde. Rien ni personne ne pouvait faire face à la menace de mort, tout le monde

---

1. *Die Versunkene Glocke* (1896), pièce de Gerhart Hauptmann (1862-1946), écrivain allemand. D'inspiration naturaliste, il évolua par la suite vers le symbolisme. Les pièces de Hauptmann, populaires en Russie avant la révolution, faisaient partie du répertoire du Théâtre d'art de Moscou, dirigé par K. S. Stanislavski.

2. Nous avons reproduit la graphie adoptée par Grossman [NdT].

se déboutonnait, se reniait, parfois après hésitation ou même résistance, parfois avec une facilité invraisemblable, grotesque. Le résultat était toujours le même, les exceptions ne faisant que confirmer la règle. Tels les enfants devant le sapin de Noël, les hommes tendaient leurs mains vers le jouet simple, primitif que le père Noël du Sicher Dinst leur proposait ou, au contraire, menaçait de leur reprendre. Tout le monde avait envie de vivre, Wolfgang Goethe comme Chmoulik du ghetto.

L'affaire n'était pas compliquée, et le fonctionnaire l'exposa en quelques phrases brèves et claires, sans la moindre expression grossière ou cynique. Il ajouta même quelques phrases de son cru. Les gens civilisés comprenaient très bien, disait-il, qu'une seule morale présidait aux actes des armées et des États : celle de l'utile. Les médecins allemands l'avaient compris depuis longtemps.

Nikolaï Viktorovitch l'écouta en hochant la tête dans un empressement docile. Ses beaux yeux exprimaient l'envie de plaire, on eût dit un élève qui boit les paroles de son maître. En fait, cette envie de retenir la leçon s'apparentait davantage à un dévouement de laquais fasciné par la force qu'à l'application d'un élève.

En regardant ce barine qui avait toujours pris soin de lui, ce médecin d'une ville de cure, le fonctionnaire de la Gestapo se dit avec indulgence que ce n'était même pas risible, car la vie multipliait les tentations et cet homme était esclave de son existence luxueuse qu'il menait depuis des années dans ce merveilleux climat, parmi les parterres de fleurs, bercé par ces eaux curatives russes pétillantes et murmurantes. Sa garde-robe devait être composée de costumes élégants, son appartement rempli de meubles anciens précieux ; il avait en réserve des denrées énergétiques coûteuses, il mangeait sans doute du caviar dérobé à l'entrepôt du sanatorium, buvait dans des verres de cristal ou faisait collection de fume-cigarette en ambre, de cannes avec un embout en ivoire… Et bien entendu, sa femme devait être une beauté…

Cet homme trapu au gros cou fabriqué dans du matériau vil et grossier à deux sous n'était pas si simple. Dans son travail, il devait sonder les tréfonds des âmes humaines, leur noyau le plus secret ; pour ce qui était de sa perspicacité et à bien d'autres égards, il aurait pu défier Dieu.

Ils sortirent de l'hôpital ensemble et Nikolaï Viktorovitch vit deux sentinelles allemandes à la porte : désormais plus personne ne pouvait y pénétrer librement ni en sortir.

Le fonctionnaire de la Gestapo proposa à Nikolaï Viktorovitch de le ramener. Assis sur les sièges durs de l'auto de l'état-major, ils regardaient en silence les jolies rues et les maisons confortables de cette petite ville connue dans le monde entier.

Avant de prendre congé de Nikolaï Viktorovitch, le colonel reprit brièvement ce qu'il avait déjà dit : le lendemain matin, une voiture viendrait chercher le médecin chef. Il fallait éloigner pour un moment tout le personnel de l'hôpital. Une fois que Nikolaï Viktorovitch aurait accompli la partie médicale de sa tâche et que les fourgons fermés auraient quitté l'hôpital, il faudrait expliquer au personnel que, sur ordre du commandement allemand, les blessés graves et les infirmes avaient été transférés dans un hôpital spécial situé hors de la ville. Naturellement, Nikolaï Viktorovitch n'avait pas du tout intérêt à en parler, l'affaire ne devait pas être ébruitée.

Lorsque Nikolaï Viktorovitch eut fini de tout raconter à Elena Petrovna, il ajouta : « Pardonne-moi. » Ils restèrent silencieux un moment.

Elle dit :

« Et moi qui avais préparé ton costume et avais repassé ma robe pour le théâtre. »

Il ne répondit rien et elle ajouta :

« Tu as raison, tu n'as pas le choix.

— Tu sais, j'ai pensé à une chose : en vingt ans, je n'ai jamais été au théâtre sans toi.

— Aujourd'hui, je serai avec toi comme toujours. Je te suivrai aussi dans ce théâtre-là.

— Tu es folle ! cria-t-il. Pourquoi toi ?

— Tu ne peux pas rester. Donc, moi non plus. »

Il se mit à baiser ses mains. Elle enlaça son cou et l'embrassa sur les lèvres, puis sur ses cheveux gris.

« Comme tu es beau, dit-elle. Que d'orphelins nous allons laisser.

— Mes pauvres petits garçons, je ne peux rien faire d'autre pour eux.

— Je ne parle pas d'eux, mais de nos autres orphelins. »

Ce qui suivit fut d'un mauvais goût absolu. Ils enfilèrent la tenue prévue pour le théâtre, elle se mit du parfum français. Puis ils dînèrent : ils mangèrent du caviar et burent du vin. Ils trinquèrent, Nikolaï baisa les doigts de sa femme, on eût dit deux amoureux au restaurant. Ils mirent un disque de Vertinski et dansèrent aux sons vulgaires de ses romances[1]. Ils pleuraient, car ils adoraient Vertinski. Puis, ils dirent adieu à leurs « enfants », et ce fut le comble du mauvais goût : ils embrassèrent leurs tasses en porcelaine, leurs tableaux, ils caressèrent leurs tapis, leurs meubles en acajou… Nikolaï ouvrit l'armoire et embrassa la lingerie et les chaussures de sa femme…

Après quoi elle lui dit d'une voix rauque :

« Et maintenant, empoisonne-moi comme si j'étais un chien enragé ! Et fais pareil pour toi ! »

1962-1963

---

1. Le jugement de Grossman sur Vertinski s'accorde dans ce cas avec le point de vue soviétique officiel sur la culture russe d'avant la révolution et celle de l'émigration, dénoncée comme l'expression de la « vulgarité et de la décadence bourgeoises ».

TOUT PASSE

Traduit du russe par Jacqueline Lafond

1

Le train de Khabarovsk arrivait à Moscou vers neuf heures[1].

Un jeune homme tout ébouriffé et vêtu d'un pyjama sortit dans le couloir en se grattant la tête. Il regarda par la fenêtre l'obscure clarté de ce matin d'automne puis s'adressa en bâillant aux personnes chargées de serviettes et de boîtes à savon qui faisaient la queue devant lui.

— Citoyens, lequel d'entre vous est le dernier ?

On lui expliqua qu'après le bonhomme qui tenait un tube de pâte dentifrice tout tordu et un morceau de savon enveloppé dans un bout de journal, c'était le tour d'une grosse personne qui s'était absentée momentanément.

— Pourquoi n'y a-t-il qu'une toilette d'ouverte ? demanda le jeune homme. Pourtant on approche du terminus, de la capitale... Mais les hôtesses ne s'occupent que du trafic des marchandises... Elles n'ont même plus le temps de faire convenablement leur service...

Quelques minutes plus tard, une grosse femme en robe de chambre fit son apparition et le jeune homme lui dit :

— Citoyenne, je suis derrière vous. En attendant, je retourne chez moi pour ne pas traîner dans le couloir.

Il rentra dans son compartiment, ouvrit une valise orange et se mit à contempler ses affaires avec ravissement.

L'un de ses voisins, à la nuque large et congestionnée, ronflait ; un autre, un jeune rougeaud tout chauve, rangeait ses papiers dans sa serviette ; quant au troisième, un vieil homme maigre, il était assis, le visage appuyé sur le poing – un poing très hâlé – et regardait par la fenêtre.

Le jeune homme demanda au rougeaud :

— Vous n'allez pas continuer à lire ?... Il faut que je range mon bouquin dans ma valise...

---

1. L'action se passe en 1954 [NdT].

Il voulait faire admirer à son voisin ses chemises de soie artificielle, son *Glossaire philosophique*, ses caleçons de bain et ses lunettes de soleil à monture blanche. Dans un coin de sa valise, sous un journal régional de petit format, on entrevoyait des galettes grises comme en font les paysans.

Le rougeaud répondit :

— Je vous en prie. D'ailleurs, ce livre-là... *Eugénie Grandet*, je l'ai déjà lu l'année dernière quand j'étais dans une maison de repos.

— C'est très fort, cette petite chose-là, il n'y a pas à dire...

Et le jeune homme rangea le livre dans sa valise.

Au cours du voyage, ils avaient joué à la préférence et, tout en buvant et en mangeant, ils avaient parlé de films, de disques, d'ameublement, d'agriculture socialiste. Ils avaient discuté sur la question de savoir laquelle des deux équipes de football, du Dynamo ou du Spartacus, avait la meilleure attaque. Le rougeaud chauve vivait dans une ville de province où il était inspecteur du Conseil central des syndicats de l'URSS, tandis que l'ébouriffé, qui était allé passer ses vacances à la campagne, rentrait à Moscou où il travaillait comme économiste au Gosplan de la RSFSR.

Le troisième voyageur, qui ronflait encore sur la banquette inférieure, était chef de chantier en Sibérie et il déplaisait fort aux deux autres par son *manque de culture* : il jurait, il rotait après avoir mangé et lorsqu'il avait appris que l'un de ses compagnons de route travaillait au Gosplan dans la section des sciences économiques, il avait demandé :

— L'économie politique ? Comment cela ? C'est au sujet des kolkhoziens qui viennent de la campagne dans les villes pour acheter du pain aux ouvriers ?

Il avait beaucoup bu au buffet de la gare d'embranchement où il était allé se faire pointer, comme il disait en plaisantant. Il avait empêché ses compagnons de dormir, il n'arrêtait pas de faire du bruit.

— Dans notre métier, si on agit conformément à la loi, on n'arrive à rien. Si on veut exécuter le plan, il faut travailler comme la vie l'exige : « Donnant, donnant... » Sous le tsar, on appelait ça l'initiative privée. Nous, on dit : Laisse l'homme vivre, il veut vivre ; c'est ça l'économie ! Mes ferrailleurs, pendant tout un trimestre, jusqu'à ce que les crédits arrivent, eh bien ils ont touché le salaire des nounous des crèches ! La loi va à l'encontre de la vie mais la vie a ses exigences. Tu réalises le plan, on te donne une prime mais tu peux écoper de dix ans. La loi est contre la vie et la vie est contre la loi.

Les jeunes gens n'avaient rien répondu mais quand le chef de chantier s'était calmé ou, plus exactement, lorsqu'il s'était mis à ronfler bruyamment, ils l'avaient jugé.

— Les hommes comme lui, il faut les avoir à l'œil... Sous le masque de braves types...

— C'est un affairiste. Un homme sans principe. Une sorte d'Abracha. Ils étaient fort irrités qu'un homme aussi fruste, et qui sortait du fin fond de sa province, les pût traiter avec ce mépris. Il leur avait dit, un des jours précédents :

— Les détenus qui travaillaient sur mon chantier, eh bien les hommes comme vous, ils les appelaient des planqués. Mais le temps viendra où ils comprendront qui a construit le communisme et alors on verra que *c'est vous qui avez labouré*[1].

Après quoi, il s'en était allé jouer aux cartes dans le compartiment voisin.

Quant au quatrième voyageur, on voyait qu'il n'était pas souvent monté dans un wagon à places réservées. La plupart du temps il restait assis, les mains sur les genoux, comme s'il voulait cacher les pièces et les reprises de son pantalon. Il portait une chemise de satinette noire à boutons blancs dont les manches lui arrivaient au-dessus du coude. Ces boutons que l'on voit d'ordinaire aux chemises des petits garçons formaient un contraste ridicule et touchant avec ses tempes blanches et son regard de vieil homme las.

Quand le chef de chantier ordonna d'une voix habituée au commandement : « Pépé, change de place, j'ai besoin de la tablette pour boire du thé », le vieil homme bondit à la façon d'un soldat et sortit dans le couloir. Sa valise de bois, dont la peinture s'écaillait, contenait du linge qui était usé à force d'avoir été lavé et une miche de pain qui s'émiettait. Il fumait le tabac le plus grossier et lorsqu'il roulait une cigarette, il allait dans l'entrée du wagon pour ne pas empester ses voisins.

Parfois ses compagnons le régalaient de saucisson. Un jour même, le chef de chantier lui avait offert un œuf dur et un petit verre de moskovskaïa. Ils le tutoyaient tous, y compris ceux qui étaient deux fois plus jeunes que lui et le chef de chantier disait pour le taquiner que, dès que « Pépé » serait arrivé dans la capitale, il se ferait passer pour célibataire et épouserait une jeunesse.

Un jour, la conversation était tombée sur les kolkhozes et le jeune économiste s'était mis à critiquer ces fainéants de paysans :

— Maintenant je me suis convaincu par mes propres yeux... Que font nos kolkhoziens ? Ils se rassemblent autour des bureaux de l'administration et... se grattent ! Avant de pouvoir les conduire au travail, le président du kolkhoze et les chefs d'équipe prennent trente-six suées... Mais eux, cela ne les empêche pas de se plaindre. Ils disent qu'on ne leur payait pas leurs *journées-travail*[2] sous Staline et que maintenant ils gagnent tout juste de quoi...

L'inspecteur des syndicats, tout en battant les cartes d'un air pensif, renchérit :

---

1. Allusion à une expression proverbiale de la fable « La mouche » (1803) du poète Dmitriev. Assise sur un bœuf qui revient des champs, une mouche dit à une autre : « Nous avons labouré. »
2. Voir « Journée-travail » dans le Dictionnaire.

— Pourquoi les payer, ces bons amis, s'ils ne font pas leurs livraisons ? Il faut les éduquer… comme ça !

Il montra le poing. Il avait de grandes mains blanches, ce fils de paysan, des mains qui n'avaient pas l'habitude du travail.

Le chef de chantier caressa les décorations graisseuses qui ornaient sa forte poitrine.

— Nous autres, au front, on avait du pain. C'est le peuple russe qui nous a nourris. Et personne ne l'avait éduqué.

— C'est juste, fit l'économiste. Mais nous sommes russes, c'est cela l'important. Ce n'est pas une plaisanterie : l'homme russe !

L'inspecteur fit en souriant un clin d'œil à son compagnon de voyage :

— Qui dit Russe dit frère aîné, *primus inter pares !*

— C'est bien là que le bât blesse : ce sont des Russes, ce ne sont pas des minorités nationales ! L'un d'eux n'a cessé de m'importuner : « On a mangé des feuilles de tilleul pendant cinq ans et, depuis 1947, on ne nous a payé aucune journée-travail… » Ils n'aiment pas travailler. Ils ne veulent pas comprendre que maintenant tout dépend du peuple.

Il regarda l'homme aux cheveux blancs qui écoutait la conversation sans rien dire :

— Toi, Pépé, ne te fâche pas. Vous ne faites pas votre devoir alors que l'État s'est tourné vers vous.

— Qu'est-ce que cela signifie pour eux ? dit le chef de chantier. Ils sont inconscients : ils veulent manger tous les jours.

Cette conversation ne mena à rien, comme la plupart des propos de train. Un commandant d'aviation, dont les dents en or brillaient, jeta un coup d'œil dans le compartiment et dit aux jeunes gens sur un ton de reproche :

— Eh bien, camarades, et le travail ?

Et ils allèrent achever la partie dans le compartiment voisin.

Le long voyage s'achève… Les voyageurs rangent leurs espadrilles dans leurs valises, déposent sur les tablettes des morceaux de pain rassis, des os de poulet sucés, rongés, bleuâtres, des restes livides enveloppés dans des peaux de saucisson.

Les hôtesses renfrognées ont déjà ramassé les couvertures et les oreillers fripés.

Le petit monde du train va bientôt se disperser. Et on oubliera les plaisanteries, les visages et les rires comme s'oublieront les confidences faites par hasard et les souffrances exprimées de même.

L'énorme ville, la capitale du grand État se rapproche de plus en plus. Finies les pensées et les inquiétudes du voyage. Oubliées les conversations avec la voisine dans l'entrée du wagon, où la grande plaine russe défile sous vos yeux, derrière les vitres troubles, tandis que l'on entend derrière soi le bruit de la chasse d'eau. Surgi pour quelques jours, le petit monde du train se désagrège. Il était régi par les mêmes lois que tous les autres mondes créés par l'homme et qui se meuvent en ligne droite et en ligne courbe dans l'espace et dans le temps.

Si grande est la puissance de l'énorme ville que même les personnes insouciantes qui viennent voir leurs amis, trotter dans les magasins, visiter le zoo ou le planétarium, sentent leur cœur se serrer. Tous ceux qui sont tombés dans le champ de force où se tend en lignes invisibles l'énergie vivante de la métropole éprouvent soudain une angoisse, se troublent.

L'économiste a failli laisser passer son tour. Il sort des toilettes, revient à sa place en se coiffant et regarde ses voisins.

Le chef de chantier range ses devis d'une main tremblante. (On a pas mal bu en route.)

L'inspecteur des syndicats a déjà mis son veston. En tombant dans le champ de force de l'agitation humaine, il a perdu son aplomb, il se sent tout intimidé. La vieille atrabilaire qui dirige les inspecteurs du Conseil central des syndicats de l'URSS a deux mots à lui dire...

Le train passe en coup de vent devant des maisonnettes en rondins et des usines en brique, des champs de choux couleur d'étain, des quais de gare où la pluie de la nuit s'est accumulée en flaques grises comme l'asphalte. Des banlieusards mornes, qui ont revêtu des imperméables en plastique par-dessus leur manteau, attendent sur les quais. Les fils à haute tension s'infléchissent sous les nuages gris... Sur des voies de garage, des wagons gris, de mauvais augure : « Gare : *Abattoir*. Voie de ceinture. »

Le train gronde et file à une allure accélérée et comme avec une joie maligne. Cette vitesse écrase, fait éclater l'espace et le temps.

Le vieil homme était accoudé sur la tablette, il regardait par la fenêtre en se tenant les tempes. Combien, combien y avait-il d'années que, jeune homme à la chevelure mal démêlée, il était assis de la sorte, près de la fenêtre d'un wagon de troisième classe ? Et bien que ses compagnons d'alors eussent disparu, que leurs visages, leurs propos fussent oubliés, ce qui semblait ne plus exister ressuscita soudain dans sa vieille tête blanche.

Le train s'était déjà engagé dans la ceinture verte de Moscou. La fumée déchirée accrochait ses lambeaux aux branches des sapins puis, rabattue par les courants d'air, se répandait sur les palissades des datchas.

Les silhouettes des rudes sapins du Nord étaient familières au vieil homme mais il fut tout étonné de voir à leurs côtés les toits pointus des datchas et ces palissades bleues, ces vérandas multicolores, ces massifs de dahlias.

Les lilas, les pensées, les allées de jardin saupoudrées de sable, les petits chariots des vendeurs d'eau gazeuse... Pas une seule fois tout au long de ces trente dernières années, il n'avait pensé que tout cela pût encore exister. Ainsi, la vie avait continué sans lui. Il en avait une nouvelle preuve. Il soupira avec tristesse.

2

Après avoir lu le télégramme, Nikolaï Andreïevitch regretta le pourboire qu'il avait donné au facteur. Ce télégramme, de toute évidence, ne lui était pas destiné. Puis, brusquement, il se ressouvint et poussa un cri : le télégramme était d'Ivan, son cousin germain. Il appela sa femme :

— Maria ! Maria !

Maria Pavlovna prit le télégramme :

— Mais tu sais bien que, sans lunettes, je suis complètement aveugle. Donne-les-moi… Oh ! il ne pourra pas rester à Moscou, je doute fort qu'on lui donne un permis de séjour.

— Ah, laisse cette question de permis !

Il se passa la main sur le front :

— Quand on y pense… Ivan va revenir et il ne trouvera que des tombes, que des tombes…

Maria Pavlovna prit un air pensif :

— Et les Sokolov ? Quel contretemps ! … On va envoyer un cadeau mais, tout de même, ça tombe mal… Sokolov a cinquante ans, c'est une date.

— Tant pis, je lui expliquerai.

— Et avec ce dîner d'anniversaire, tout Moscou va savoir qu'Ivan est revenu et qu'il est allé directement de la gare chez toi.

Nikolaï Andreïevitch agita le télégramme devant sa femme :

— Mais comprends-tu la place qu'Ivan tient dans mon cœur ?

Il était irrité contre sa femme : cette chose stupide qu'elle venait de lui dire, il y avait pensé avant même qu'elle lui en parlât. Et ce n'était pas la première fois que cela arrivait. Il s'irritait de voir en elle ses propres faiblesses. Mais il ne comprenait pas qu'il s'indignait non de ses imperfections à elle mais des siennes propres. Et si, lors des discussions qu'il avait avec sa femme, il se calmait si vite et si facilement, c'est qu'il s'aimait lui-même : en lui pardonnant, il se pardonnait.

Maintenant l'anniversaire de Sokolov, cette pensée stupide, lui trottait dans la tête… Mais la nouvelle de l'arrivée de son cousin l'avait si fort bouleversé que sa propre vie, faite de vérité et de mensonge, se dressa devant lui. Et il eut honte d'avoir regretté le dîner d'apparât et le sympathique flacon de vodka des Sokolov. Comme il eut honte de la mesquinerie de ses calculs. N'avait-il pas pensé, lui aussi, qu'il faudrait se démener pour obtenir le permis de séjour d'Ivan, que tout Moscou apprendrait ce retour et que cet événement pourrait compromettre son élection à l'Académie ?

Mais Maria Pavlovna continuait à le torturer en exprimant à haute voix ses pensées fortuites et imaginaires (elles n'avaient pas de réalité), en leur donnant une apparence diurne.

— Comme tu es bizarre, fit-il. Je crois qu'il aurait mieux valu que tu ne sois pas là quand j'ai reçu ce télégramme.

Ces paroles étaient blessantes, mais elle savait qu'il allait la prendre dans ses bras, en lui disant :

— Ma petite Maria, c'est ensemble que nous devons nous réjouir. Si je ne me réjouis pas avec toi, avec qui donc me réjouirai-je ?

Et c'est ce qu'il fit. Mais elle garda une expression patiente et désagréable qui signifiait : Tes paroles affectueuses ne me font aucun plaisir, mais je les supporte.

Ensuite, leurs regards se rencontrèrent et le sentiment de l'amour répara tout le mal.

Ils avaient vécu ensemble pendant vingt-huit ans, sans jamais se séparer. Il est difficile de comprendre quelles peuvent être les relations d'un homme et d'une femme qui ont cohabité pendant presque un tiers de siècle.

Cette femme à cheveux blancs, lorsque son vieux mari montait en voiture, elle allait le regarder par la fenêtre : dire qu'autrefois ils déjeunaient dans les petits restaurants d'étudiants du quartier de Bronnaïa !

— Nikolaï, dit à voix basse Maria Pavlovna, Ivan n'a jamais vu notre Valia. Quand on l'a arrêté, Valia n'était pas encore de ce monde, et maintenant qu'il revient, Valia est, depuis huit ans déjà, dans la tombe.

Cette idée la frappa.

3

En attendant son cousin, Nikolaï Andreïevitch pensait à sa vie. Il avait l'intention de se confier à Ivan, de faire amende honorable. Il s'imaginait aussi en train de lui faire visiter sa maison : ici, dans la salle à manger, un tapis du Turkménistan. *Regarde, il est beau, n'est-ce pas ? Maria a du goût.* Ivan n'ignore pas qui était son père : à Pétersbourg, grâce à Dieu, on savait vivre !

De quoi parler avec Ivan ? Des dizaines d'années ont passé, la vie a passé. Non, c'est justement de cela qu'on parlerait : la vie n'a pas passé, elle ne fait que commencer.

Quelles retrouvailles ! Ivan arrive à un moment extraordinaire. Combien de changements depuis la mort de Staline, et qui concernent tout le monde, y compris les ouvriers et les paysans ! Et le pain qui a fait sa réapparition ! Et voici qu'Ivan est sorti de son camp. Et il n'est pas le seul. Dans la vie de Nikolaï Andreïevitch aussi, il y a un changement déterminant.

Depuis l'université, Nikolaï Andreïevitch sentait peser sur lui la malchance. Ce poids de l'insuccès le tourmentait d'autant plus qu'il lui paraissait injuste. Il était instruit, il travaillait beaucoup, il passait pour un brillant causeur, il plaisait aux femmes.

Il était fier de sa réputation d'homme honnête, d'homme à principes, mais il n'y avait pas trace en lui d'hypocrisie chagrine : il aimait les bonnes histoires que l'on se raconte à table, il connaissait admirablement la carte des vins blancs secs auxquels il lui arrivait souvent d'ailleurs de préférer la vodka.

Quand on faisait l'éloge de Nikolaï Andreïevitch, Maria Pavlovna disait en regardant son mari avec des yeux plaisamment courroucés :

— Si vous viviez sous le même toit que lui, vous découvririez un drôle de Nikolaï : un despote, un psychopathe, un égoïste comme il n'y en a pas.

Ils connaissaient si bien, l'un et l'autre, toutes leurs faiblesses et tous leurs défauts qu'ils en arrivaient parfois à s'exaspérer mutuellement. Ils avaient alors l'impression qu'il vaudrait mieux divorcer. Mais ce n'était qu'une impression. Visiblement ils ne pouvaient pas vivre l'un sans l'autre, et s'ils avaient vécu séparément, ils eussent beaucoup souffert.

Maria Pavlovna n'était encore qu'une écolière lorsqu'elle s'était éprise de Nikolaï Andreïevitch : sa voix, son vaste front, ses grandes dents, son sourire – tout ce qui lui avait paru, trente ans plus tôt, admirable et beau – lui était devenu de plus en plus cher avec les années.

Et il l'aimait aussi, mais son amour avait changé. Ce qui avait fait autrefois l'essentiel de leurs relations était passé au second plan, tandis que ce qui paraissait ne pas être le plus important occupait maintenant la première place.

Grande femme aux yeux sombres, Maria Pavlovna avait été belle. Elle se distinguait encore par l'aisance de sa démarche et de ses gestes, et ses yeux n'avaient point perdu leur charme juvénile. Mais, dans sa jeunesse déjà et plus encore maintenant, le charme de son visage était gâté par son sourire qui découvrait les dents trop grandes et saillantes de sa mâchoire inférieure.

Nikolaï Andreïevitch éprouvait, depuis l'université, un sentiment d'échec quasi maladif : alors déjà ce n'étaient pas ses exposés soigneusement préparés mais les communications hâtives de ce rouquin de Rodionov ou de ce pochard de Pyjov qui suscitaient l'intérêt passionné des autres étudiants de leur groupe d'études.

Nikolaï Andreïevitch fut nommé collaborateur scientifique en titre d'un célèbre institut de recherche, publia des dizaines de travaux, soutint une thèse de doctorat. Mais seule sa femme savait quels tourments et quelles humiliations il avait endurés.

Quelques hommes – l'un était académicien, deux autres avaient une situation inférieure à celle de Nikolaï Andreïevitch, un quatrième n'avait pas même obtenu encore le grade de candidat[1] – étaient à la pointe de la recherche en biologie. Or ces hommes appréciaient Nikolaï Andreïevitch comme interlocuteur, ils l'estimaient pour sa probité, mais, en toute sincé-

---

1. Dans le système académique russe, la thèse de doctorat est une deuxième thèse, soutenue après celle de candidat. Elle est plus ou moins équivalente à la thèse de docteur d'État, la thèse de candidat correspondant à la thèse de troisième cycle dans l'ancien système académique français. Le grade de candidat est conféré par la Commission suprême d'attestation (VAK) à Moscou, qui valide la thèse dont la soutenance se passe devant un Conseil scientifique. À l'époque, les délais de validation pouvaient être très longs, quelques mois au moins, voire quelques années.

rité et quelle que fût leur bienveillance, ils ne le considéraient pas comme un savant.

Nikolaï Andreïevitch ne pouvait pas non plus ne pas sentir que ces hommes, et, en particulier, le boiteux Mandelstam, étaient entourés de respect, vivaient dans une atmosphère d'enthousiasme et d'intense activité de l'esprit.

Un jour, une revue scientifique de Londres qualifia Mandelstam de « grand continuateur de l'œuvre des fondateurs de la biologie moderne ». Quand Nikolaï Andreïevitch lut cette phrase, il lui sembla que s'il se fût agi de lui, il serait mort de bonheur.

Mandelstam ne se conduisait pas bien. Tantôt il était morose et déprimé, tantôt il s'expliquait d'un air hautain, sur un ton doctoral.

Chez des amis, après boire, il se mettait à tourner en dérision des savants qu'il connaissait personnellement, les traitant d'incapables notoires et même, certains d'entre eux, d'affairistes et de filous. Ce trait de son caractère irritait fort Nikolaï Andreïevitch qui ne pouvait admettre que Mandelstam dénigrât des hommes avec lesquels il était lié et chez lesquels il était reçu. Et il pensait que, sans doute, dans quelque autre maison où il fréquentait, Mandelstam le traitait, lui aussi, de filou et d'incapable.

L'épouse de Mandelstam l'irritait également. Cette grosse femme, qui avait été une jolie femme, paraissait ne plus aimer que les parties de cartes et la gloire scientifique de son mari boiteux.

Mais, en même temps, il était attiré par Mandelstam et disait que, pour les êtres d'exception, vivre n'est pas facile.

Cependant quand Mandelstam lui faisait la leçon avec condescendance, Nikolaï Andreïevitch enrageait, souffrait et, lorsqu'il rentrait chez lui, il le traitait de parvenu.

Maria Pavlovna considérait son mari comme un homme de grand talent. Nikolaï Andreïevitch lui parlait-il de l'indifférence condescendante des coryphées pour ses travaux, sa foi en lui ne faisait que s'exacerber. L'admiration et la foi de Maria Pavlovna étaient nécessaires à Nikolaï Andreïevitch comme la vodka à l'ivrogne. Il estimait qu'il y a des hommes qui ont de la chance et qu'il y a des hommes qui n'ont pas de chance, mais que, d'une manière générale, tous sont égaux. Mandelstam, par exemple, était marqué par la chance. C'était le *Benjamin le Chanceux* de la biologie[1]. Quant à Rodionov, il était entouré d'adorateurs comme un ténor d'opéra. (À vrai dire, Rodionov, qui avait un nez camus et des pommettes saillantes, ne ressemblait en rien à un ténor d'opéra.) Isaac Khavkine, lui aussi, paraissait avoir de la veine. Pourtant, on ne lui avait pas conféré le grade de candidat et, comme il était suspect de vitalisme[2], on ne l'avait pas accepté dans les instituts scientifiques, même dans les périodes les plus calmes. Et maintenant, cet homme qui n'était plus jeune travaillait

---

1. Voir *Vie et destin*, note 2, p. 702.
2. Voir « Vitalisme » dans le Dictionnaire.

dans le laboratoire de bactériologie d'un district, et portait un pantalon troué. Seulement voilà : des académiciens allaient s'entretenir avec lui dans son misérable laboratoire et il faisait des recherches dont beaucoup de gens parlaient et discutaient.

Quand la campagne contre les adeptes de Weismann, de Virchow et de Mendel[1] se déclencha, Nikolaï Andreïevitch fut attristé par la rigueur des mesures prises contre un grand nombre de ses collègues. Maria Pavlovna et lui furent en grand désarroi quand Rodionov refusa de reconnaître ses erreurs. On révoqua Rodionov, et Nikolaï Andreïevitch, tout en pestant contre son donquichottisme insensé, s'arrangea pour lui donner du travail à domicile, des textes anglais à traduire.

On accusa Pyjov de servilité envers l'Occident[2], on l'envoya travailler dans un laboratoire expérimental de la région de Tchkalov. Nikolaï Andreïevitch lui écrivit, lui fit parvenir des livres et Maria Pavlovna envoya un colis à sa famille pour le jour de l'An.

Les journaux se mirent à publier des articles dénonçant les *carriéristes* et les filous qui avaient obtenu par fraude des diplômes et des grades universitaires ; les médecins qui traitaient avec une cruauté criminelle les enfants malades et les accouchées ; les ingénieurs qui, au lieu d'écoles et d'hôpitaux, avaient construit des datchas pour toute leur parenté. Presque toutes les personnes dénoncées dans ces articles étaient juives et les journaux donnaient leurs prénoms et leurs patronymes avec un soin tout particulier : « Sroul Nakhmanovitch... Caïn Abramovitch... Israël Mendelevitch... » Si l'on rendait compte d'un livre écrit par un Juif portant un pseudonyme russe, on indiquait entre parenthèses le nom juif de l'auteur.

On avait l'impression qu'en URSS seuls les Juifs volaient, se livraient à la concussion, faisaient preuve d'une indifférence criminelle envers les souffrances des malades, écrivaient des livres pervers et rédigés n'importe comment.

Nikolaï Andreïevitch vit que ces articles ne plaisaient pas seulement aux concierges et aux voyageurs des trains de banlieue. Ces articles le révoltaient mais, en même temps, il était irrité contre ses amis juifs qui réagissaient à ces misérables écrits comme si c'était la fin du monde. Ils se plaignaient qu'on ne donnât pas de bourses de recherche aux jeunes Juifs de talent, qu'on n'acceptât pas les Juifs à la faculté de physique de l'université, qu'on ne les admît pas dans les ministères, dans l'industrie lourde et même légère, qu'on envoyât les Juifs ayant fait des études supérieures dans les provinces les plus éloignées. Ils disaient que, lorsqu'il y

---

1. Le point culminant de cette « lutte contre l'idéalisme », qui était censée « déraciner les idées de Mendel, de Weismann et de Virchow », fut la tristement célèbre session de l'Académie des sciences agricoles en août 1948.
2. Formule « critique » rituelle, qu'Andreï Jdanov avait inventée pendant la campagne d'après-guerre contre le « cosmopolitisme ».

avait des réductions de personnel, elles ne portaient presque toujours que sur des Juifs.

Naturellement, tout cela était vrai mais les Juifs s'imaginaient que l'État avait un plan grandiose qui les vouait à la faim, à la dégénération, à la mort. Nikolaï Andreïevitch estimait que l'affaire s'expliquait par l'hostilité qu'un certain nombre de militants du Parti et de travailleurs soviétiques éprouvaient envers les Juifs mais il ne pensait pas que les services du personnel et les comités d'admission des établissements d'enseignement supérieur eussent reçu des instructions dans ce sens : Staline n'était pas antisémite et il n'était sans doute pas au courant de ces affaires.

D'ailleurs, les Juifs n'étaient pas seuls à pâtir, on s'en était pris aussi au vieux Tchourkovski, à Pyjov, à Rodionov.

Mandelstam qui avait été à la tête de la section scientifique de l'institut devint un simple collaborateur du service où travaillait Nikolaï Andreïevitch. Il pouvait tout de même continuer à travailler et son doctorat lui permettait de recevoir un traitement important.

Mais après que la *Pravda* eut consacré un éditorial non signé aux critiques cosmopolites – Gourvitch, Youzovski et d'autres – qui tournaient en dérision le théâtre russe, une vaste campagne de dénonciation des cosmopolites dans tous les domaines de l'art et de la science se déclencha et Mandelstam fut déclaré antipatriote. La candidate ès sciences Bratova écrivit, pour le journal mural, un article intitulé : « *Au retour de ses lointaines pérégrinations, Marc Samuïlovitch Mandelstam a fait fi des principes de la science russe soviétique.* » Nikolaï Andreïevitch alla aussitôt chez Mandelstam. Celui-ci était ému, triste, et son épouse hautaine ne paraissait plus si hautaine. Ils burent de la vodka. Il appliqua quelques épithètes bien obscènes à ladite Bratova qui était son élève et, prenant sa tête à deux mains, il se désola que l'on chassât de la science ses élèves, ces garçons juifs si bien doués.

— Que veut-on ? Qu'ils vendent de la mercerie dans des échoppes ?

— Mais il ne faut pas s'alarmer. Il y aura du travail pour tous, pour vous, pour Khavkine et même pour la laborantine Anna Silberman, dit en plaisantant Nikolaï Andreïevitch. Cela s'arrangera. Tout le monde aura du pain et même du bon petit caviar !

— Mon Dieu, dit Mandelstam, il s'agit bien de caviar… C'est la dignité humaine qui est en question.

Pour ce qui était de Khavkine, Nikolaï Andreïevitch s'était trompé. Son affaire prit une mauvaise tournure. On l'arrêta peu de temps après que les journaux eurent publié le communiqué sur les médecins assassins.

Ce communiqué annonçant que des sommités du corps médical et le comédien Mikhoels avaient commis des crimes monstrueux bouleversa tout le monde. On avait l'impression qu'un brouillard noir planait au-dessus de Moscou et qu'il s'infiltrait dans les maisons, se glissait dans les écoles, s'insinuait dans le cœur des hommes.

Sous le titre de « Chronique », on put lire à la quatrième page des journaux que tous les médecins inculpés avaient avoué leur crime lors de l'instruction. Leur culpabilité ne faisait donc aucun doute.

Et, bien que tout cela parût inimaginable, on avait du mal à respirer, à travailler lorsqu'on savait que des professeurs, des académiciens étaient devenus des assassins, les assassins de Jdanov et Chtcherbakov, des empoisonneurs.

Nikolaï Andreïevitch se souvenait bien du gentil docteur Vovsi et de l'excellent acteur Mikhoels, et il lui parut invraisemblable, inimaginable qu'ils eussent pu commettre le crime dont on les accusait.

Mais ils avaient avoué… Si, n'étant pas coupables, ils s'étaient reconnus coupables, il fallait supposer qu'il y avait eu un autre crime encore plus atroce que celui dont on les accusait et que ce crime était perpétré… contre eux.

Le seul fait de penser à cela était effrayant. Il fallait avoir un singulier courage pour mettre en doute leur culpabilité, car alors les criminels, c'étaient les dirigeants de l'État socialiste ; le criminel, c'était Staline.

Des médecins qu'il connaissait bien disaient à Nikolaï Andreïevitch qu'il était affreusement pénible de travailler dans les hôpitaux et dans les polycliniques. Les malades, terrifiés par les communiqués officiels, étaient devenus soupçonneux. Beaucoup refusaient de se laisser soigner par des médecins juifs. Les médecins traitants racontaient qu'ils recevaient des masses de dénonciations de gens qui se plaignaient d'être soignés avec un manque de conscience délibéré. Dans les pharmacies, les clients soupçonnaient les préparateurs de vouloir leur refiler des médicaments toxiques. Dans les tramways, au marché, dans les services publics, on racontait que l'on avait fermé à Moscou quelques officines où des pharmaciens juifs, agents de l'Amérique, avaient vendu des cachets de poux desséchés. On racontait encore que, dans les maternités, on inoculait la syphilis aux nouveau-nés et aux accouchées et que, dans les centres dentaires, on provoquait des cancers de la mâchoire et de la langue. On parlait de boîtes d'allumettes toxiques. Certaines personnes, se remémorant les circonstances de la mort de parents décédés depuis peu, écrivaient aux services de sécurité pour demander que l'on ouvre une enquête sur les médecins juifs. Il n'y avait pas que des concierges, des débardeurs et des chauffeurs, des illettrés ou des ivrognes pour ajouter foi à ces histoires, il y avait aussi des docteurs ès sciences, des écrivains, des ingénieurs, des étudiants, et c'est cela qui était triste.

Cette suspicion générale était insupportable à Nikolaï Andreïevitch. Anna Nahumovna, la laborantine au grand nez, arrivait à son travail, blême, les yeux hagards et dilatés. Un jour, elle raconta qu'une femme qui habitait le même appartement qu'elle et qui travaillait dans une pharmacie s'était trompée de médicament en servant un malade. Quand on l'avait convoquée pour s'expliquer, elle avait été saisie de terreur et elle s'était suicidée, laissant deux orphelins, une fille qui faisait des études musicales et un fils qui allait encore à l'école. Anna Nahumovna se rendait à pied à son travail : quand elle prenait le tramway, des ivrognes l'entreprenaient sur les médecins juifs qui avaient tué Jdanov et Chtcherbakov.

Ryskov, le nouveau directeur de l'institut, inspirait du dégoût à Nikolaï Andreïevitch. Il affirmait qu'il était grand temps d'épurer la science russe de ses éléments non russes. Un jour, il déclara : « C'est la fin de la synagogue youtre. Si vous saviez comme je les hais ! »

Cependant Nikolaï Andreïevitch ne put réprimer un mouvement de joie involontaire lorsque Ryskov lui dit : « Les camarades du Comité central apprécient votre travail. C'est le travail d'un grand savant russe. »

Mandelstam ne travaillait plus à l'institut, il avait trouvé un emploi de méthodologiste dans un centre pédagogique. Nikolaï Andreïevitch l'invitait chez lui, obligeait sa femme à lui téléphoner de temps à autre. Mandelstam était devenu nerveux, soupçonneux et Nikolaï Andreïevitch n'était pas mécontent qu'il espaçât leurs rencontres qui devenaient de plus en plus pénibles. Dans des époques comme celle-là, n'était-il pas plus agréable de voir des gens heureux de vivre ?

Quand Nikolaï Andreïevitch apprit l'arrestation de Khavkine, il jeta un regard sur son téléphone et dit tout bas à sa femme :

— Je suis persuadé de l'innocence d'Isaac. Je le connais depuis trente ans.

Elle l'entoura de ses bras et lui caressa la tête.

— Je suis fière de toi. Comme tu prends à cœur tout ce qui concerne Khavkine et Mandelstam ! Il n'y a que moi qui sache combien d'affronts ils t'ont faits.

Mais les temps étaient difficiles. Nikolaï Andreïevitch dut prendre la parole à un meeting organisé contre les médecins juifs, parler de négligence, d'excès d'indulgence et de la nécessaire vigilance…

Après le meeting, Nikolaï Andreïevitch lia conversation avec un des collaborateurs de la section de chimie physiologique, le professeur Margoline, qui venait, lui aussi, de prononcer un grand discours. Margoline avait réclamé la peine de mort pour les médecins criminels et lu le texte d'une adresse à Lidia Timachouk qui avait démasqué les médecins assassins. Ce Margoline était très fort en philosophie marxiste. Il dirigeait les cours consacrés à l'étude du quatrième chapitre de l'*Histoire abrégée du Parti*.

— Oui, nous vivons des temps difficiles, Samson Abramovitch, dit Nikolaï Andreïevitch. Pour moi non plus ce n'est pas facile. Mais vous, comment pouvez-vous parler de ces questions ?

Margoline leva ses sourcils fins et demanda en avançant la lèvre inférieure qu'il avait mince et pâle :

— Pardonnez-moi, je ne comprends pas très bien. Que voulez-vous dire au juste ?

— Oh ! je parle comme ça, en général. Voyons, vous savez bien…
Vovsi, Etinger, Kogan… Qui aurait pu supposer cela ? J'ai été dans le service de Vovsi, à la clinique. Le personnel l'aimait. Quant aux malades, ils
avaient confiance en lui comme en Mahomet.

Margoline leva ses maigres épaules, remua ses narines exsangues :

— Ah, j'ai compris ! Vous pensez que cela m'est désagréable, à moi
qui suis juif, de stigmatiser ces monstres ? Mais au contraire ! Le nationalisme juif me dégoûte tout particulièrement. Et si les Juifs qui gravitent
vers l'Amérique deviennent un obstacle dans la marche au communisme,
je n'aurai pitié ni de moi-même ni de ma propre fille.

Nikolaï Andreïevitch comprit qu'il avait parlé en pure perte de l'amour
que ces gobe-mouches de malades avaient pour Vovsi. Si un homme n'a
pas même pitié de sa fille, il faut parler avec lui en formules bien frappées.

— Comment donc ! C'est notre unité morale et politique qui consom-
mera la perte de l'ennemi !

Oui, c'était une époque pénible et une seule chose consolait Nikolaï
Andreïevitch : son travail marchait bien.

On eût dit qu'il s'échappait pour la première fois de l'étroit espace de
son laboratoire et qu'il accédait enfin à des domaines vivants où il n'était
pas admis auparavant. Les gens lui faisaient des avances, recherchaient
ses conseils, se réjouissaient de connaître son avis. Les comités de rédaction des revues scientifiques, habituellement indifférents, se mirent à
manifester de l'intérêt pour ses articles. La société des relations culturelles avec l'étranger, qui ne s'était jamais adressée à lui, lui téléphona
pour lui demander d'envoyer le manuscrit d'un livre qu'il n'avait pas
encore achevé mais qu'elle envisageait déjà de publier dans les démocraties populaires.

Nikolaï Andreïevitch, profondément ému, accueillait à sa façon la
venue du succès. Maria Pavlovna était plus calme que lui : ce qui arrivait
à son Nikolaï ne pouvait pas ne pas arriver.

Et il y eut de plus en plus de changements dans la vie de Nikolaï
Andreïevitch. Les hommes nouveaux qui dirigeaient l'institut et qui favori-
saient sa promotion ne lui plaisaient guère. Leur grossièreté et leur extraordinaire assurance, la manière dont ils traitaient leurs adversaires de lèche-
bottes, de cosmopolites, d'agents du capital, de mercenaires de l'impéria-
lisme, le rebutaient. Mais il savait voir en eux, en ces hommes nouveaux,
l'essentiel : l'audace et la force.

Au fait, Mandelstam n'avait pas raison de les considérer comme des
idiots illettrés, des « ânes dogmatiques ». Il n'y avait pas d'étroitesse d'esprit
en eux mais de la passion et une volonté constamment tendue vers un seul et
même but orienté vers la vie et né d'elle. C'est pourquoi ils exécraient les
théoriciens abstraits, les *talmudistes*.

Les nouveaux chefs de l'institut, qui sentaient que Nikolaï Andreïevitch
avait des manières de voir et des habitudes différentes des leurs, le traitaient
tout de même bien, ils avaient confiance en lui : c'était un Russe ! Il reçut

une lettre chaleureuse de Lyssenko qui faisait grand cas de son manuscrit et lui demandait s'il accepterait de travailler avec lui.

Nikolaï Andreïevitch désapprouvait les théories de Lyssenko, mais cette lettre du célèbre agronome-académicien lui fit plaisir. Après tout, il ne fallait pas rejeter en bloc les travaux de Lyssenko. Et puis, la réputation qu'il avait d'être très dangereux pour ses adversaires, de recourir volontiers dans les discussions scientifiques aux arguments policiers et aux dénonciations, était sans doute exagérée.

Ryskov proposa plusieurs fois à Nikolaï Andreïevitch de faire un discours sur ce qu'il appelait le découronnement scientifique des cosmopolites qu'on avait chassés de la science biologique. Nikolaï Andreïevitch refusa bien qu'il vît le mécontentement de son directeur. Celui-ci souhaitait que l'opinion publique entendît la voix courroucée d'un savant russe n'appartenant pas au Parti.

À cette époque, le bruit courait qu'on construisait à la hâte en Sibérie orientale une immense ville de baraquements, destinée aux Juifs. On les y déporterait comme on avait déporté les Kalmouks, les Tatars de Crimée, les Bulgares, les Grecs, les Allemands de la Volga, les Balkars et les Tchétchènes[1].

Nikolaï Andreïevitch comprit qu'il avait été bien léger de promettre à Mandelstam des tartines de caviar.

Il était inquiet. Il attendait le procès des médecins assassins. Le matin, il parcourait les journaux : était-ce pour aujourd'hui ? Et comme tout le monde, il se perdait en conjectures. Le procès serait-il public ? Il questionnait souvent sa femme :

— Est-ce que tu crois qu'ils vont rendre compte du procès chaque jour, publier le réquisitoire, les interrogatoires, la déclaration finale des accusés ? Ou bien donneront-ils seulement le verdict du jury militaire ?

On confia, sous le sceau du secret, à Nikolaï Andreïevitch qu'on allait exécuter publiquement les médecins sur la place Rouge, après quoi une vague de pogromes déferlerait sur tout le pays. On en profiterait pour déporter les Juifs dans la taïga et à Karakoume, sur les chantiers du canal du Turkménistan. Cette déportation serait entreprise pour défendre les Juifs de la juste mais impitoyable colère populaire. Cette déportation exprimerait l'esprit éternellement vivant de l'internationalisme qui, tout en comprenant la colère du peuple, ne peut tout de même pas admettre la justice sommaire et les règlements de compte.

Comme tout ce qui se faisait dans le pays, cette révolte *spontanée* contre les crimes sanglants des Juifs avait été conçue à l'avance, organisée, planifiée.

---

1. Un des premiers témoignages sur les déportations fut donné par Soljenitsyne dans le chapitre « L'exil des peuples » de *L'Archipel du goulag* (1973). Voir « Déportation des minorités nationales » dans le Dictionnaire.

Les élections au Soviet suprême, elles aussi, se déroulaient selon un plan préconçu par Staline. Les futurs députés étaient désignés à l'avance. Ensuite, ils présentaient leur candidature et la propagande en leur faveur se faisait comme prévu. Après quoi, les élections générales pouvaient avoir lieu. Et tout était réglé, combiné de la sorte : les plus véhéments meetings de protestation, les explosions de colère populaire, les manifestations d'amitié fraternelle ; les reportages transmis de la place Rouge (« En ce moment, je vois défiler les tanks... ») qui étaient rédigés des semaines avant les parades militaires ; les initiatives *personnelles* d'Isotov, de Stakhanov, de Dousia Vinogradov[1], les engagements massifs dans les kolkhozes, les revendications ouvrières en faveur de l'emprunt ou de la suppression... des jours de congé. C'est ainsi qu'on décréta l'amour du peuple pour son chef. C'est ainsi que l'on désignait et que l'on destituait les héros légendaires de la guerre civile. C'est ainsi que l'on choisissait ceux à qui l'on ferait jouer le rôle d'agents secrets de l'étranger, de saboteurs, d'espions. Ces comptables, ces ingénieurs, ces conseillers juridiques, qui ne soupçonnaient pas quelque temps auparavant qu'ils étaient des suppôts de la contre-révolution, devaient avouer, lors d'interrogatoires croisés dont les procès-verbaux étaient préétablis, qu'ils avaient eu des activités d'espionnage et de terrorisme multiforme. C'est ainsi qu'étaient rédigées à l'avance les lettres que des mères, s'adressant à leur fils soldat, lisaient devant le micro avec des voix de robots. C'est ainsi que fut prise l'initiative patriotique de Feraponte Golovaty. C'est ainsi qu'étaient désignées les personnes qui participaient à des discussions libres – si l'on avait besoin, pour une raison ou une autre, de discussions libres – et que tout ce qu'elles devaient dire était convenu à l'avance.

Et soudain, le 5 mars 1953, Staline mourut. La mort de Staline fit littéralement irruption dans le système gigantesque de l'enthousiasme mécanisé, de la colère populaire et de l'amour populaire décrétés par le comité de district du Parti. Staline mourut sans qu'aucun plan l'eût prévu, sans instruction des organes directeurs. Staline mourut sans ordre personnel du camarade Staline. Cette liberté, cette fantaisie capricieuse de la mort contenait une sorte de dynamite qui contredisait l'essence la plus secrète de l'État. Le trouble s'empara des esprits et des cœurs.

Staline est mort ! Les uns eurent le sentiment d'un malheur. Dans certaines écoles, les maîtres forcèrent leurs élèves à se mettre à genoux, puis, s'agenouillant à leur tour et fondant en larmes, ils leur donnèrent lecture du communiqué officiel qui annonçait la mort du guide. Aux réunions qui se tinrent dans les établissements publics et dans les usines pour marquer le deuil, un grand nombre de gens furent pris d'une sorte d'hystérie. Des femmes criaient comme des démentes, éclataient en sanglots, certaines

---

1. Tous ces héros du travail socialiste ont fait des carrières administratives et politiques fulgurantes.

s'évanouissaient. Il était mort le grand dieu, idole du XXe siècle, et les femmes de pleurer...

D'autres eurent le sentiment d'un bonheur. La campagne, qui dépérissait sous la poigne de fer de Staline, poussa un soupir de soulagement.

Les millions d'hommes qui peuplaient les camps furent en liesse.

... Des colonnes de détenus se rendaient à leur travail dans les ténèbres du petit matin. Le rugissement de l'océan couvrait l'aboiement des chiens policiers et soudain, comme si se levait l'aurore boréale, une clameur jaillit dans les rangs : « Staline est mort ! » Les dizaines de milliers d'hommes sous escortes se transmettaient la nouvelle à voix basse : « Il a crevé... crevé ! » et ce chuchotement de milliers et de milliers d'hommes grondait comme le vent. La nuit noire recouvrait la terre polaire mais la glace de l'océan était rompue et l'océan Glacial rugissait.

Hommes instruits ou travailleurs manuels, ils furent nombreux ceux qui, en apprenant la nouvelle, furent partagés entre leur chagrin et le désir de danser de joie.

Le désarroi avait commencé à l'instant où la radio avait donné le bulletin de santé de Staline : « Respiration Cheyne-Stokes... urine... pouls... tension artérielle... » Le maître divinisé dévoilait soudain les misères de son corps sénile.

Staline est mort ! Il y avait dans cette mort un élément de liberté soudaine, absolument étranger à la nature de l'État stalinien.

Cette liberté soudaine fit frémir l'État, comme il avait frémi lors de l'attaque soudaine du 22 juin 1941.

Des millions d'hommes voulurent voir le défunt. Le jour des funérailles de Staline, non seulement Moscou mais encore les régions et les districts se ruèrent vers la Maison des syndicats. Les files de camions s'étendaient sur un grand nombre de kilomètres. Il y avait des embouteillages jusqu'à Serpoukhov et plus loin, entre Serpoukhov et Toula, la circulation fut paralysée.

Des millions de piétons marchaient vers le centre de Moscou. Des flots d'hommes, semblables à des fleuves noirs craquant dans la débâcle, se bousculaient, s'écrasaient contre des murs, tordaient et mettaient en pièces des voitures, arrachaient de leurs gonds des portes de fonte. Ce jour-là des milliers d'hommes périrent. Le jour du couronnement du tsar qui fut marqué par la catastrophe de Khodinka[1] paraissait terne auprès du jour de la mort du dieu terrestre russe, du fils grêlé du cordonnier de Gori.

On avait l'impression que les gens couraient à la mort dans un état de fascination, avec le sentiment mystique, chrétien ou bouddhique, de se perdre. On eût dit que Staline, le grand berger, rassemblait les brebis qui

---

1. Voir « Khodinka » dans le Dictionnaire.

ne l'avaient point encore été, excluant à titre posthume tout élément de hasard de son plan redoutable et grandiose.

Les compagnons d'armes de Staline se réunirent et lurent, en échangeant des regards, les communiqués monstrueux de la milice de Moscou et des morgues. Leur désarroi était lié au fait qu'ils éprouvaient un sentiment tout nouveau : ils n'avaient plus peur de l'inévitable colère du grand Staline. Le patron était mort.

Le 5 avril au matin, Nikolaï Andreïevitch réveilla sa femme en lui criant avec véhémence :

— Maria ! Les médecins ne sont pas coupables ! Maria, on les avait torturés !

L'État reconnaissait sa terrible culpabilité, avouait qu'on avait usé de méthodes d'interrogatoire prohibées par la loi.

La première minute de bonheur et de soulagement passée, Nikolaï Andreïevitch éprouva pour la première fois de sa vie et à sa grande surprise un sentiment inconnu, trouble, angoissant.

C'était un sentiment nouveau, étrange et particulier, un sentiment de culpabilité. Il se reprochait sa faiblesse morale, son intervention au meeting, sa signature au bas de la lettre collective stigmatisant les *monstres-médecins*, son empressement à acquiescer à ce mensonge notoire et le fait que cet acquiescement eût été spontané, lui fût venu du fond du cœur.

Avait-il vécu d'une façon juste ? Était-il vraiment honnête, comme le pensaient tous ceux qui l'entouraient ?

L'angoissant sentiment, le repentir, prenait de la force, grandissait dans son âme.

L'État divin et infaillible, en se repentant de son crime, dévoilait devant Nikolaï Andreïevitch sa chair terrestre, sa chair mortelle : l'État, comme Staline, avait un pouls intermittent et de l'albumine dans les urines.

La divinité, l'infaillibilité de l'État immortel ne faisaient pas qu'étouffer l'homme, elles le défendaient aussi, le soutenaient dans son infirmité, justifiaient son insignifiance ; l'État chargeait ses épaules de fer de tout le poids de la responsabilité, libérait les hommes de la chimère de la conscience.

Nikolaï Andreïevitch se sentit comme déshabillé et il eut l'impression que des milliers d'yeux regardaient son corps nu.

Le plus désagréable, c'est qu'il était, lui aussi, dans cette foule et qu'il se voyait nu et qu'il regardait avec tous les autres ses seins qui pendaient comme ceux d'une femme, son ventre flétri et mou d'homme trop bien nourri, les plis que formait la graisse sur ses hanches.

Oui, Staline avait un pouls intermittent et filiforme, l'État sécrétait de l'urine et Nikolaï Andreïevitch était nu sous son costume en *cover-coat*…

Oh ! ce n'était pas agréable cet examen de soi-même : la liste des lâchetés qu'il avait commises était incroyablement répugnante.

On y trouvait des assemblées générales et des séances du Conseil scientifique, des commémorations solennelles, des « réunions express » du laboratoire, des articles de revue, deux livres, des banquets, des visites chez les puissants et chez les méchants, des élections, des propos de table, des conversations avec les chefs du personnel, des signatures de lettres collectives, une audience chez le ministre.

Mais sur le rouleau de sa vie[1], il y avait encore d'autres lettres : celles qui n'avaient pas été écrites bien que Dieu eût ordonné de les écrire. Il y avait le silence là où Dieu avait ordonné de dire un mot. Il y avait l'appel téléphonique qu'il eût fallu faire et qui n'avait pas été fait. Il y avait les visites qu'il eût aussi fallu faire et qui n'avaient pas non plus été faites. Il y avait l'argent, les télégrammes qu'il eût fallu envoyer. Beaucoup, beaucoup de choses ne figuraient pas sur cette liste de sa vie.

Et il était absurde, maintenant qu'il était nu, d'être fier de ce dont il avait toujours été fier. Certes, il n'avait jamais dénoncé personne ; quand il avait été convoqué à la Loubianka, il avait refusé de donner des renseignements compromettants sur un de ses collègues qui avait été arrêté ; lorsqu'il avait rencontré la femme d'un camarade déporté, il ne s'était pas détourné, il lui avait serré la main et il avait demandé des nouvelles de ses enfants... Il y avait bien de quoi être fier !

Toute sa vie consistait en une grande obéissance. Il n'avait jamais désobéi.

Pas même pour Ivan. Pendant trente ans, Ivan avait erré dans les prisons et les camps. Mais Nikolaï Andreïevitch, qui s'honorait de ne l'avoir pas renié, ne lui avait pas écrit une seule fois durant ces trente années et quand il avait reçu une lettre de lui, il avait chargé une de leurs vieilles tantes de lui répondre.

Tout cela paraissait naturel auparavant et voici que soudain l'inquiétude et le remords se mettaient à le ronger.

Il se souvint qu'au meeting qui avait été organisé lors des procès de 1937[2], il avait voté la peine de mort pour Rykov et pour Boukharine.

Depuis dix-sept ans, il n'avait pas pensé à ces meetings et brusquement ils lui revenaient à la mémoire.

Il paraissait étrange, insensé à cette époque que le poète Pasternak et qu'un professeur d'institut minier dont il avait oublié le nom eussent refusé de voter la peine de mort pour Boukharine. Pourtant, ces scélérats eux-mêmes avaient avoué au procès. Un homme instruit, un universitaire, André Yanouarevitch Vychinsky, les avait interrogés publiquement. Leur culpabilité ne faisait pas de doute, pas l'ombre d'un doute !

---

1. Allusion à une image contenue dans le poème de Pouchkine « Le souvenir » (1828), où le poète parle du tourment des remords : « devant mes yeux le souvenir déploie dans le silence le long rouleau de ma vie ».
2. Voir « Procès de Moscou » dans le Dictionnaire.

Mais maintenant, Nikolaï Andreïevitch se souvenait qu'il avait eu des doutes. Il avait seulement fait semblant de n'avoir pas de doutes. Même s'il avait été convaincu, en son âme et conscience, de l'innocence de Boukharine, il aurait voté la peine de mort. C'était plus facile de ne pas douter et de voter. C'est pourquoi il s'était donné la comédie à lui-même. Et il ne pouvait pas ne pas voter, car il croyait aux buts grandioses du Parti de Lénine-Staline. Il croyait qu'on avait construit, pour la première fois dans l'histoire, une société socialiste sans propriété privée, que la dictature de l'État était nécessaire au socialisme. Mettre en doute la culpabilité de Boukharine, refuser de voter, c'eût été douter de l'État tout-puissant et de ses buts grandioses.

Pourtant, quelque part dans les profondeurs de son âme, vivait le doute... Même cette croyance sacrée, il la mettait en doute.

Était-ce cela le socialisme : Kolyma, le cannibalisme du temps de la collectivisation, la mort de millions d'hommes ? Et parfois, quelque chose de tout à fait autre s'insinuait dans les profondeurs secrètes de sa conscience : elle avait été très inhumaine la terreur, elles avaient été très grandes les souffrances des ouvriers et des paysans...

Oui, il avait passé sa vie à s'incliner, à obéir, à avoir peur, peur de la faim, peur de la torture, peur du bagne sibérien. Mais il avait éprouvé aussi une crainte particulièrement basse : celle de n'avoir plus que des œufs de saumon à la place de caviar. Et ses rêves de jeune homme, ses rêves du temps du communisme de guerre s'étaient mis au service de cette crainte vile. Il fallait surtout ne pas avoir de doutes, voter sans se retourner, signer. Oui, il avait eu peur pour sa peau, et c'est cette peur qui avait nourri ses convictions.

Et soudain l'État avait eu un soubresaut, avait bredouillé qu'on avait torturé les médecins. Et demain, l'État allait reconnaître que l'on avait soumis à la torture Boukharine, Zinoviev, Kamenev, Rykov, Piatakov et que ce n'étaient pas des ennemis du peuple qui avaient tué Maxime Gorki[1]. Et après-demain, l'État avouerait qu'on avait fait périr des millions de paysans pour rien.

Sa souffrance, le mépris qu'il avait de soi-même à certains moments étaient si grands qu'il en vint à adresser d'amers reproches à l'État : pourquoi, pourquoi donc avait-il avoué ? Il eût mieux fait de se taire ! Il n'avait pas le droit d'avouer. Que tout reste comme auparavant !

Que pouvait bien penser le professeur Margoline qui avait déclaré qu'il était prêt à faire périr non seulement les médecins assassins mais encore ses propres enfants, ses petits Juifs, pour la grande cause de l'Internationalisme ?

Il était insupportable d'avoir sur la conscience tant d'années de lâcheté et de soumission.

---

1. Les circonstances de la mort de Maxime Gorki, revenu en URSS en 1933 et qui soutenait le régime de Staline, restent obscures.

Mais, peu à peu, ce sentiment pénible s'adoucit. Il semblait que tout eût changé et, en même temps, que rien ne fût changé.

L'institut était plus calme. On y travaillait mieux et plus facilement. Ce changement fut surtout sensible lorsque Rykov, qui avait provoqué par sa grossièreté le mécontentement des instances supérieures, fut relevé de son poste de directeur.

La réussite dont avait rêvé Nikolaï Andreïevitch était enfin là. Ce n'était pas un succès limité à son service ou au ministère, c'était un vrai, un grand succès. Et cela se sentait à beaucoup de choses : aux articles des journaux, aux communications faites à certains colloques scientifiques, aux regards admiratifs de ses collaborateurs et des laborantines, aux lettres qu'il se mit à recevoir.

Nikolaï Andreïevitch fut nommé au Conseil supérieur de la recherche scientifique et, bientôt, le bureau de l'Académie le confirma dans ses fonctions de directeur scientifique de l'institut.

Nikolaï Andreïevitch voulut réintégrer les cosmopolites et les idéalistes qu'on avait chassés mais il lui fut impossible de faire prévaloir son avis sur celui du chef du personnel : cette jolie femme était très gentille mais extraordinairement entêtée. La seule chose qu'il pût faire, ce fut d'offrir aux personnes congédiées un travail de surnuméraire.

Et maintenant, en regardant Mandelstam, Nikolaï Andreïevitch pensait : Ce pauvre homme si pitoyable qui m'apporte à l'institut des liasses de traductions et d'annotations, comment a-t-on pu, il y a quelques années à l'étranger, parler de lui comme d'un savant important, presque comme d'un grand savant ? Et comment lui, Nikolaï Andreïevitch, avait-il pu rechercher avec tant d'ardeur son approbation ?

Autrefois, Mandelstam s'habillait d'une façon négligée mais maintenant, pour aller à l'institut, il mettait son meilleur costume. Nikolaï Andreïevitch le taquina à ce sujet et Mandelstam lui dit : « Un acteur sans engagement doit être toujours bien habillé. »

*
* *

Après avoir ainsi évoqué le passé, Nikolaï Andreïevitch éprouvait, à l'idée de retrouver Ivan, un sentiment curieux, fait d'amertume et de joie. Autrefois, dans leur famille, il était communément admis qu'Ivan surpasserait par l'esprit et par le talent tous ceux de sa génération. Nikolaï Andreïevitch en était convaincu, ou plutôt il n'en était pas complètement convaincu et même, dans le fond de son âme, il n'en était nullement convaincu mais il s'inclinait.

Ivan dévorait les ouvrages de mathématiques et de physique, il les comprenait à sa manière, d'une façon originale qui n'avait rien de scolaire. Depuis l'enfance, il avait montré des dispositions pour le modelage. Il était adroit à rendre dans la terre glaise l'expression d'un visage, le geste original, les attitudes et les mouvements qu'il avait surpris dans la vie. En dehors de son intérêt pour les mathématiques, il avait un goût très marqué pour l'Orient antique, ce qui était fort peu commun. Il connaissait tout ce qu'on avait écrit sur les manuscrits et les monuments des Parthes.

Chose curieuse, son caractère, depuis l'enfance, alliait des traits qui ne se rencontrent jamais chez une seule et même personne.

Jeune collégien, il avait, lors d'une bagarre, mis la tête de son adversaire en sang, ce qui lui avait valu de passer quarante-huit heures au commissariat. Mais, dans le même temps, il était timide, réservé et sensible. Il avait aménagé sous la maison de ses parents un hôpital pour animaux infirmes. Il avait recueilli un chien auquel manquait une patte, un chat aveugle et un triste choucas dont une aile était démise.

Étudiant, Ivan alliait toujours curieusement la délicatesse, la bonté et la timidité à une intransigeance si impitoyable qu'il lui arrivait de blesser profondément même les siens.

Il se peut que ces particularités de caractère expliquent qu'Ivan n'ait pas justifié les espoirs qu'on avait mis en lui : sa vie était brisée, il acheva de se perdre.

Dans les années 20, un grand nombre de jeunes gens bien doués ne purent faire d'études en raison de leur origine sociale : les enfants des nobles, des officiers tsaristes, des prêtres, des fabricants et des commerçants n'étaient pas admis dans les établissements d'enseignement supérieur.

Ivan put entrer à l'université car il sortait d'une famille d'intellectuels exerçant une profession. Il passa facilement au travers de cette féroce épuration de l'université qui fut menée selon le critère de la classe sociale.

Si le destin avait voulu qu'Ivan commençât sa vie maintenant, les terribles obstacles que suscite le cinquième point du questionnaire (la nationalité) ne l'eussent en rien concerné.

Mais Ivan, s'il eût commencé sa vie maintenant, aurait sans doute pris de nouveau le chemin de l'échec.

Ainsi, ce n'avait pas été une question de circonstances. Le destin amer et malheureux d'Ivan avait dépendu de lui seul.

À l'université, dans son cercle d'études philosophiques, il avait des discussions violentes avec les professeurs de matérialisme dialectique et ces discussions ne prirent fin que lorsqu'on eut dissous le groupe.

Alors Ivan prit la parole dans l'amphithéâtre. Il s'éleva contre la dictature. Il déclara que la liberté était un bien égal à la vie, que la limitation de la liberté mutilait les hommes à l'instar des coups de hache qui tranchent les doigts et les oreilles et que l'anéantissement de la liberté équivalait à un assassinat. Après ce discours, il fut exclu de l'université et relégué pour trois ans dans la région de Semipalatinsk.

Depuis, trente ans environ s'étaient écoulés et, durant ces trente années, Ivan n'avait pas été plus d'un an en liberté. Nikolaï Andreïevitch l'avait vu pour la dernière fois en 1936, peu de temps avant qu'il fût de nouveau arrêté. Il allait passer dix-neuf ans sans interruption dans les camps.

Ses amis d'enfance et ses camarades d'études gardèrent longtemps son souvenir. Ils disaient : « Ivan devrait être académicien maintenant. » « Oui, c'était malgré tout un homme hors série mais, naturellement, il n'a pas eu de chance... » Et certains ajoutaient : « Tout de même, il est fou. »

Anna Zamkovskaïa, l'amour d'Ivan, se souvint de lui, sans doute, plus longtemps que les autres.

Mais le temps fit son œuvre. Anna avait maintenant une santé précaire, elle avait les cheveux blancs et, quand on la rencontrait au théâtre ou à Gaspra en automne, elle ne demandait plus de ses nouvelles.

Il était sorti de la conscience d'autrui, des cœurs froids comme des cœurs ardents. Il s'était éloigné. Il existait d'une existence secrète. Il lui était de plus en plus difficile d'apparaître dans la mémoire de ceux qui l'avaient connu.

Et le temps travaillait sans se presser, consciencieusement : l'homme avait d'abord été rayé des registres de la vie, il était allé camper en nomade dans la mémoire des êtres qu'il avait connus ; ensuite, il s'était vu refuser son permis de séjour et s'était réfugié dans leur subconscient d'où alors il ne surgissait plus que rarement, comme un diable de sa boîte[1], les épouvantant par l'inattendu de ses apparitions momentanées.

Et le temps faisant son travail de fossoyeur, Ivan était sur le point de quitter la sombre cave du subconscient de ses amis pour s'installer dans le néant, dans l'oubli éternel...

Mais vinrent des temps nouveaux, les temps post-staliniens, et le destin ordonna à Ivan de faire de nouveau son entrée dans cette vie qui avait cessé de le penser et avait perdu jusqu'à son image...

4

Ivan Grigorievitch n'arriva que le soir. Ses hôtes le reçurent avec des sentiments mêlés où perçaient l'angoisse et même leur dépit d'avoir manqué le grand dîner des Sokolov. Ils s'exclamèrent à propos de ses cheveux blancs, de ses rides, de la vie perdue... Les yeux de Nikolaï Andreïevitch se mouillèrent – ainsi l'eau se déverse-t-elle après l'orage dans les ravins secs et argileux – et Maria Pavlovna pleura comme si elle portait de nouveau son fils en terre.

Le visage sombre et ridé, la veste ouatinée, les vieux brodequins de l'homme qui surgissait du royaume des camps tranchaient avec le monde des parquets cirés, des tableaux, des lustres et des bibliothèques.

Ivan Grigorievitch regardait son cousin germain. Ses yeux étaient embrumés par les larmes. Il dit en réprimant son émotion :

---

1. En russe *vanka-vstanka*, ce qui veut dire « Vanka lève-toi ». Vanka est un diminutif d'Ivan.

— Nikolaï, avant tout, je veux que tu saches que je ne te demanderai rien ni pour le permis de séjour, ni pour l'argent, ni pour le reste... À propos, je suis allé aux bains, je n'ai pas de parasites...

Nikolaï Andreïevitch se mit à rire en séchant ses larmes :

— Il a des cheveux blancs, il a des rides mais il est toujours le même, toujours le même, notre Ivan !

Il traça un cercle dans l'air et perça ce cercle imaginaire de son doigt.

— Insupportable, droit comme un piquet et, en même temps, le meilleur des hommes !

Maria Pavlovna regardait Nikolaï Andreïevitch. Elle avait démontré le matin même à son mari qu'Ivan Grigorievitch ferait mieux d'aller dans un établissement de bains. Chez eux, il n'arriverait pas à se laver comme il faut. Et puis, comment nettoyer la baignoire ? On ne pourrait la « ravoir » ni avec de l'ammoniaque ni avec de la cendre.

Leur conversation futile n'était pas seulement faite de paroles oiseuses mais aussi de sourires, de regards, de gestes, de toussotements, et tout cela aidait à découvrir, à expliquer, à comprendre de nouveau.

Nikolaï Andreïevitch avait grande envie de parler de lui-même plutôt que d'évoquer leur enfance et de passer en revue leurs parents morts, plutôt que de poser des questions à Ivan. Mais comme il était bien élevé, comme il savait dire et faire ce dont il n'avait pas envie, il déclara :

— Il faudrait aller à la campagne, dans un endroit où il n'y ait pas le téléphone pour t'écouter parler pendant une semaine, un mois, deux mois...

Ivan Grigorievitch s'imaginait assis dans un fauteuil, dégustant un bon petit vin et parlant des gens qui s'en étaient allés dans les ténèbres éternelles. Le destin de nombre d'entre eux avait été d'une tristesse si poignante que lorsque l'on parlait d'eux, fût-ce avec piété, c'était comme si l'on touchait d'une main rude et lourde un cœur à nu. Il ne fallait pas y toucher. Il hocha la tête :

— Oui, ce seraient les récits des Mille et Une Nuits... polaires.

Il était ému. Qui était le vrai Nikolaï : celui-là qui portait une chemise toute râpée et tenait un livre anglais sous le bras, qui était gai, spirituel et prévenant ou celui-ci qui avait de grandes joues molles, des cheveux blancs et un front dégarni ?

Toute sa vie, Ivan avait été fort. On s'était toujours adressé à lui pour lui demander d'expliquer les choses, de calmer les gens. Même les détenus de droit commun du baraquement qu'on appelait « L'Inde » lui avaient demandé son arbitrage. Un jour, il avait réussi à séparer des voleurs et des « moutons[1] » qui se battaient au couteau. Les hommes les plus divers le respectaient : des ingénieurs-saboteurs, un vieux chevalier-garde tout déguenillé, un lieutenant-colonel de Denikine passé maître dans l'art de scier, un gynécologue de Minsk accusé de nationalisme-juif-

---

1. Dans *Vie et destin*, ces termes sont traduits par : des « hommes » et des « putes ». Voir « Classification des détenus » dans le Dictionnaire.

bourgeois, un Tatar de Crimée qui s'était plaint que l'on eût déporté ses compatriotes des rives de la mer chaude dans la taïga, un paysan qui avait chipé un sac de pommes de terre afin de sortir du kolkhoze : après avoir purgé sa peine, il tenterait d'obtenir, sur certificat du camp, un passeport de six mois pour la ville[1]...

Oui, toute sa vie Ivan avait été fort mais, ce jour-là, il avait envie que des mains charitables déchargent ses épaules du fardeau qu'il portait. Il savait qu'il n'y a qu'une seule force au monde devant laquelle il est bon, merveilleusement bon, de se sentir petit et faible : la force maternelle. Or depuis longtemps déjà il n'avait plus de mère, il n'y avait donc personne qui pût le décharger du poids qu'il portait.

Quant à Nikolaï Andreïevitch, il éprouvait un sentiment étrange, tout à fait indépendant de sa volonté.

En attendant Ivan, il avait pensé avec attendrissement qu'il serait d'une franchise totale avec lui, comme il ne l'avait jamais été avec personne. Il avait envie de lui confesser tous les tourments de sa conscience, de lui parler avec humilité de sa faiblesse et de sa lâcheté.

Qu'Ivan le juge, qu'il comprenne s'il peut, qu'il pardonne s'il veut et, s'il ne comprend pas, s'il ne pardonne pas, alors qu'il aille au diable... Il était ému, son regard se voilait de larmes, il se redisait, de temps à autre, les vers de Nikolaï Nekrassov :

> *Le fils s'est incliné devant le père,*
> *Il a lavé les pieds du vieillard[2]...*

Il avait envie de dire à son cousin : « Ivan, cher Ivan, c'est bizarre, c'est étrange mais je t'envie. Je t'envie parce que, dans ces horribles camps, tu n'étais pas obligé de signer des lettres ignobles, de voter la condamnation à mort d'êtres innocents, de faire de lâches discours... »

Mais dès qu'il eut vu Ivan, un sentiment contraire se fit jour en lui. L'homme à la veste ouatinée, aux vieux brodequins, au visage corrodé par le froid et par la touffeur des baraquements, lui parut étranger, hostile, dépourvu de bonté.

Il avait déjà éprouvé ce genre de sentiment lors de ses voyages. Il lui paraissait inconcevable, impossible de faire part de ses doutes et de son expérience amère à des étrangers tirés à quatre épingles. Il ne parlait pas de ses inquiétudes, il ne parlait que de ce qui était essentiel et indiscutable : les réalisations historiques de l'État soviétique. Pour se défendre des étrangers, il défendait sa patrie.

---

1. Les kolkhoziens n'avaient plus droit aux passeports (jusqu'à l'époque de Khrouchtchev) et étaient de nouveau « attachés à la glèbe ». Voir « Passeport intérieur » dans le Dictionnaire.

2. Grossman cite ici le poème « Grand-père » (1870), et notamment la scène du retour du grand-père décembriste, tel un apôtre de la révolution, après l'exil et les travaux forcés en Sibérie.

Comment eût-il pu supposer qu'Ivan susciterait en lui le même sentiment ? Et pourquoi ? À cause de quoi ? Toujours est-il qu'il en était ainsi.

Il lui semblait qu'Ivan était venu pour rayer, biffer, effacer sa vie, qu'il
allait l'humilier, lui parler avec hauteur et condescendance.

Il eut passionnément envie de faire comprendre à Ivan, de lui expliquer
que tout avait changé, que toutes les valeurs anciennes étaient périmées,
que lui, Ivan, était vaincu, destitué et que son destin cruel n'était pas un
hasard : qu'avait-il fait dans sa vie et quel avenir avait-il, ce vieil étudiant
malchanceux ?

Et c'est sans doute parce que Nikolaï Andreïevitch désirait furieusement dire tout cela à Ivan qu'il dit exactement le contraire :

— Comme tout cela est bien ! Pour l'essentiel, Ivan, nous sommes à égalité. Moi aussi, je veux te dire ceci : si tu as le sentiment d'avoir perdu des
dizaines d'années, d'avoir perdu ta vie maintenant que tu vas rencontrer des
gens qui auront passé toutes ces années non pas à faire un travail de
bûcheron ou de terrassier mais à écrire des livres, etc., eh bien, chasse ce
sentiment ! Pour l'essentiel, cher Ivan, tu es l'égal de ceux qui font avancer
la science, de ceux qui ont réussi dans leur vie et dans leur travail.

Il sentit sa voix trembler d'émotion. Il avait le cœur délicieusement serré.

Il perçut le trouble d'Ivan, il vit le regard de sa femme, voilé de nouveau par l'émotion.

C'est qu'il aimait Ivan, il l'aimait, toute sa vie il l'avait aimé. Maria
Pavlovna n'avait jamais senti si pleinement la force d'âme de son mari
qu'en cet instant où il s'efforçait de réconforter le malheureux Ivan. Elle,
elle savait qui était le vainqueur et qui était le vaincu.

Que c'était donc étrange ! Même quand une Ziss avait conduit Nikolaï
à l'aérodrome de Vnoukovo d'où il allait s'envoler pour les Indes afin de
présenter au Premier ministre Nehru une délégation de savants soviétiques, même alors, elle n'avait pas éprouvé avec une telle intensité ce sentiment d'avoir réussi sa vie, ce sentiment de triomphe. Il est vrai que,
cette fois, ce sentiment était tout à fait particulier puisqu'il se mêlait aux
larmes qu'elle versait sur son fils mort et à la pitié, à l'affection qu'elle
portait à l'homme aux cheveux blancs et aux brodequins.

— Ivan, fit-elle, je vous ai préparé toute une garde-robe : vous avez la
même taille que Nikolaï…

Maria Pavlovna n'avait pas très bien choisi son moment pour parler
des vieux costumes de Nikolaï Andreïevitch et celui-ci l'interrompit :

— Seigneur ! A-t-on besoin de parler de ces choses ?… Naturellement,
Ivan, c'est de bon cœur…

— Ce n'est pas une question de cœur, répliqua Ivan Grigorievitch. Mais
tu es… trois fois comme moi !

Le regard attentif et quelque peu compatissant d'Ivan transperça
Maria Pavlovna. Visiblement, le fait que son mari se fût montré si
modeste avait empêché Ivan de se défaire de son ancienne attitude de
condescendance.

Ivan Grigorievitch but de la vodka et son visage prit une couleur brune. Il s'enquit de leurs anciennes connaissances.

Nikolaï Andreïevitch n'avait pas vu la plupart de leurs amis d'autrefois depuis des dizaines d'années. Beaucoup n'étaient plus de ce monde. Tout ce qui les liait – les émotions, les occupations communes – avait disparu. Les chemins avaient divergé comme s'étaient envolés les regrets et la tristesse qu'avait inspirés celui qui, sans droit de correspondance[1], s'en était allé sans retour. Nikolaï Andreïevitch ne voulait pas plus évoquer leurs amis d'autrefois qu'on ne veut s'approcher d'un tronc d'arbre solitaire et desséché autour duquel il n'y a plus que de la terre poussiéreuse et morte.

Il avait envie de parler d'amis qu'Ivan Grigorievitch ne connaissait pas. C'est à eux que se rattachaient les événements de sa vie. En parlant d'eux, il en viendrait à l'essentiel : il parlerait de lui.

Oui, c'est précisément en de tels instants qu'il faut se débarrasser du ver qui ronge chaque intellectuel. C'était maintenant qu'il devait se défaire de cette sensation de culpabilité, d'illégitimité qu'il éprouvait en pensant à tout ce qu'il lui était arrivé de merveilleux. Il n'avait plus envie de se repentir mais de s'affirmer.

Et il se mit à parler d'hommes qui le méprisaient avec bonhomie, qui ne le comprenaient pas et qui ne l'estimaient pas, d'hommes qu'il était prêt maintenant à aider de toute son âme.

— Mon chéri, dit Maria Pavlovna, parle d'Anna Zamkovskaïa.

Et les deux époux sentirent aussitôt l'émotion d'Ivan Grigorievitch.

— Elle t'a écrit, n'est-ce pas ? demanda Nikolaï Andreïevitch.

— Sa dernière lettre remonte à dix-huit ans.

— Oui, oui, elle est mariée. Son mari est physico-chimiste, enfin... il s'occupe de questions atomiques. Ils habitent à Leningrad, figure-toi, dans l'appartement où elle vivait autrefois avec ses cousins. Nous la voyons pendant les vacances, en automne. Autrefois, elle demandait toujours de tes nouvelles mais après la guerre, à vrai dire, elle ne l'a plus fait.

Ivan Grigorievitch toussa et dit d'une voix enrouée :

— Je croyais qu'elle était morte. Elle avait cessé d'écrire...

— Parlons de Mandelstam, reprit Nikolaï Andreïevitch. Tu te rappelles le vieux Zaozerski ? Mandelstam était son élève préféré. Zaozerski a disparu en 37. Il était allé à l'étranger. Il avait rencontré librement toutes sortes d'émigrés et aussi de ces gens qui n'ont pas voulu revenir ici, tu sais, comme Ipatiev, Tchitchibabine... Mais revenons à Mandelstam. Il a tout de suite fait carrière, mais je t'ai raconté la fin. On l'a accusé de cosmopolitisme, etc. Tout cela est absurde naturellement mais, à vrai dire, il était comme Zaozerski en relation avec tous ces savants européens, américains...

---

1. Voir *Vie et destin*, note 2, p. 306.

Nikolaï Andreïevitch pensait qu'il racontait tout cela non pour lui-même mais dans l'intérêt d'Ivan : celui-ci vivait sur des idées enfantines et périmées, il fallait le ramener dans l'actualité. Mais une pensée le traversa : « Seigneur, l'obséquiosité et l'hypocrisie se sont-elles à ce point enracinées en moi ? »

Il regarda les mains humbles, les mains bronzées d'Ivan et se lança dans une explication :

— Tu ne comprends peut-être pas très bien cette terminologie : le cosmopolitisme, le nationalisme bourgeois, la signification du cinquième point du questionnaire... Le cosmopolitisme équivaut à peu près à la participation à un complot monarchiste, à l'époque du premier congrès du Komintern. Mais c'est vrai que tu as vu de tout dans les camps : ceux qui remplaçaient ceux qu'on avait révoqués étaient destitués à leur tour et devenaient tes voisins de bat-flanc. Mais je crois que maintenant cela ne nous menace pas : le processus de la relève est achevé. L'élément national est passé dans notre vie, durant ces quelques dizaines d'années, du domaine de la forme dans le domaine du contenu, d'une façon grandiose et simple[1]. Mais cette simplicité, beaucoup de gens ne peuvent pas la comprendre. Tu sais, si l'on flanque un homme à la porte, il ne veut pas comprendre que c'est conforme aux lois de l'histoire, il voit seulement l'absurdité de la chose, l'erreur. Mais un fait reste un fait. Nos savants, nos techniciens ont créé les avions russes soviétiques, les piles atomiques et les machines électroniques russes et à cette souveraineté-là doit correspondre la souveraineté politique : l'élément russe est entré dans le domaine du contenu, de la base, du fondement...

Il dit qu'il détestait les *Cent-Noirs* mais qu'en même temps il voyait bien que Mandelstam et Khabkine, qui étaient des hommes indiscutablement doués (enfin, capables...) avaient été aveuglés. Ils avaient cru que tout ce qui se passait n'était que de l'antisémitisme et rien de plus. De même Pyjov, Rodionov et d'autres n'avaient pas compris que ce qui importait ce n'était pas la grossièreté ou l'intolérance de Lyssenko mais la science nationale que les hommes nouveaux comme lui fondaient.

Ivan Grigorievitch l'observait de ses yeux attentifs. Il éprouva alors la même inquiétude que dans son enfance quand il sentait sur lui le regard triste de sa mère et qu'il comprenait confusément qu'il ne fallait pas parler ainsi, que ce n'était pas bien.

Et pour apaiser ce sentiment confus, Nikolaï Andreïevitch se mit à parler en pesant ses mots et avec plus de cordialité encore :

— J'ai eu beaucoup d'épreuves, fit-il sincèrement et tristement. J'ai vécu une époque difficile, dure. Naturellement je n'ai pas bourdonné

---

1. Allusion à une citation des discours de Staline, devenue un slogan des années 1930 : « La culture soviétique est nationale par sa forme et socialiste par son contenu. » Voir *Repos éternel*, note 2, p. 815.

comme *La Cloche* de Herzen[1], je n'ai pas dénoncé Beria et les erreurs de Staline, ce serait absurde de le prétendre...

Ivan Grigorievitch baissa la tête et l'on ne pouvait savoir s'il sommeillait, s'il rêvait à quelque objet lointain ou s'il réfléchissait aux paroles de Nikolaï Andreïevitch. Ses mains tremblaient, sa tête était rentrée dans ses épaules. Il avait la même attitude que la veille dans le train lorsqu'il écoutait ses compagnons de voyage.

Nikolaï Andreïevitch ajouta :

— Les choses n'allaient pas bien pour moi du temps de Iagoda comme du temps de Ejov mais maintenant qu'il n'y a plus de Beria, d'Abakoumov, de Rioumine, de Merkoulov et de Koboulov, je suis bien en selle. Et surtout, je peux dormir tranquille, je n'attends plus de visites nocturnes. Et je ne suis pas le seul. Alors, malgré soi, on pense que ce n'est pas en vain que nous avons tous vécu ces temps cruels. Une vie nouvelle est née et chacun d'entre nous y participe selon ses forces.

— Nikolaï, Nikolaï... fit doucement Ivan Grigorievitch.

Ces mots irritèrent Maria Pavlovna. En même temps que son mari, elle lut sur le visage assombri de leur hôte une expression de pitié.

Elle s'adressa à son époux sur un ton de reproche :

— Pourquoi as-tu peur de dire que Mandelstam et Pyjov sont des êtres vaniteux, infatués de leur personne ? Pourquoi toutes ces jérémiades ? La vie les a remis à leur place. Oui, Dieu merci, elle les a remis à leur place.

Si elle s'adressait à son mari, le reproche était destiné à leur hôte. Et inquiète aussitôt de l'effet que pouvaient produire ses paroles blessantes, elle enchaîna :

— Je vais faire le lit. Notre Ivan est très fatigué et nous n'y avons pas pensé.

Ivan Grigorievitch qui savait déjà que, loin d'apporter un soulagement à ses peines, sa visite chez son cousin constituait une épreuve nouvelle, demanda d'un air sombre :

— Dis-moi, tu as signé la lettre qui condamnait les médecins assassins ? J'ai entendu parler de cette lettre dans les camps par ceux qu'on avait eu le temps de révoquer.

— Quel drôle d'homme tu fais...

Nikolaï Andreïevitch s'arrêta court. Il était glacé d'angoisse et, en même temps, il sentait qu'il était en sueur, qu'il avait rougi, que ses joues étaient en feu.

— Mon cher ami, il n'y a pas que pour vous, là-bas, dans les camps, que la vie était difficile. Pour nous non plus, ce n'était pas commode...

---

1. *Kolokol* (« La Cloche »), journal d'opposition, publié à Londres puis à Genève de 1857 à 1867 par Alexandre Herzen. Le journal, critique envers l'autocratie et appelant à l'abolition du servage, était interdit en Russie. Imprimé sur du papier très fin pour faciliter le passage de la frontière, il était diffusé clandestinement dans les pays et influençait l'opinion publique russe.

— Mais à Dieu ne plaise ! se hâta de dire Ivan Grigorievitch. Je n'ai pas à te juger, ni toi ni les autres. Moi, un juge ! Mais qu'est-ce que tu crois, qu'est-ce que tu as ? Mais au contraire...

— Non, non, je ne parle pas de cela, dit Nikolaï Andreïevitch. Je dis qu'il est important dans les contradictions, dans la fumée, dans la poussière de ne pas être aveugle, de voir l'immensité du chemin parcouru car, si l'on devient aveugle, on peut devenir fou.

Ivan Grigorievitch dit d'un air coupable :

— Oui, tu comprends, mon malheur c'est qu'apparemment je prends la vue pour la cécité.

— Où donc allons-nous installer notre Ivan ? demanda Maria Pavlovna. Où sera-t-il le mieux ?

Ivan Grigorievitch dit :

— Non, non, merci. Je ne peux pas passer la nuit chez vous.

— Mais pourquoi ? Où donc alors ? Maria, attachons-le !

— Il ne faut pas m'attacher.

Nikolaï Andreïevitch se renfrogna.

— Mais excusez-moi... Mais ce n'est pas cela du tout ! Je ne peux pas... tout simplement, pour une tout autre raison..., dit Ivan Grigorievitch.

— C'est donc cela, Ivan..., fit Nikolaï Andreïevitch et il se tut.

*
* *

Quand Ivan Grigorievitch fut parti, Maria Pavlovna regarda la table toute couverte de zakouski et les chaises écartées.

— Nous l'avons reçu comme un roi ! Nous n'aurions pas mieux fait pour les Nesmeïanov.

En effet, Maria Pavlovna avait préparé un riche repas. Il arrive que les avares surpassent en largesse les natures les plus généreuses. Une fois n'est pas coutume.

Nikolaï Andreïevitch s'approcha de la table :

— Oui, quand un homme est fou, c'est pour toute la vie.

Alors, Maria Pavlovna posa les mains sur les tempes de son époux et lui dit en l'embrassant :

— Mon incorrigible idéaliste ! Ne sois pas triste, voyons... Il ne faut pas.

5

Ivan Grigorievitch se réveilla à l'aube. Il était couché sur une planche, dans un de ces wagons où il n'y a pas de places réservées. Il prêta l'oreille au bruit des roues, entrouvrit les yeux et se mit à scruter l'obscurité de la nuit finissante...

À plusieurs reprises, durant ses vingt-neuf ans de détention, il avait revu en songe son enfance. Une fois, il avait rêvé d'une petite baie : au fond de l'eau calme, sur les galets, des crabes tout menus couraient de guingois, sans bruit et disparaissaient dans les algues... Il marchait lentement sur les pierres arrondies et sentait sous ses pieds la douceur du lin sous-marin. De tout petits maquereaux, semblables à des dizaines de gouttelettes allongées, jaillissaient, glissaient tel le vif-argent, se dispersaient... Soudain, le soleil avait éclairé les fosses sous-marines vertes et il avait eu l'impression que la baie n'était pas remplie d'eau salée, mais de lumière...

Il avait fait ce rêve dans le wagon à bestiaux du convoi et, bien qu'un quart de siècle se fût écoulé depuis lors, il se souvenait du désespoir qui s'était emparé de lui quand il avait vu la lumière grise de l'hiver, les visages gris des détenus, quand il avait entendu le crissement des bottes sur la neige et le cliquetis des marteaux des gardes vérifiant la caisse des wagons.

De temps à autre, il revoyait une maison surplombant la mer, sa maison ; les branches du vieux cerisier qui en ombrageait le toit ; le puits...

Sa mémoire, qu'il avait si bien exercée, était d'une acuité douloureuse. Il parvenait parfois à se rappeler l'éclat d'une feuille de magnolia, une pierre plate au milieu d'un ruisseau... Il se souvenait du silence et de la fraîcheur des pièces passées à la chaux, du dessin d'une nappe. Il se revoyait lisant, pelotonné sur le divan dont la moleskine le rafraîchissait si agréablement par les journées brûlantes de l'été. Quelquefois il essayait de se rappeler le visage de sa mère, son cœur languissait, il plissait les paupières et ses yeux clos se remplissaient de larmes comme dans son enfance lorsqu'il voulait fixer le soleil.

Il se souvenait des montagnes dans leurs moindres détails. On eût dit qu'il feuilletait un livre familier qui s'ouvre de lui-même à la page voulue... Il se frayait un passage à travers les mûriers et les branches tordues des ormeaux nains, il glissait sur la terre gris-jaune, pierreuse, craquelée, il parvenait jusqu'au col et, se retournant pour jeter un dernier regard sur la mer, il entrait dans la pénombre fraîche de la forêt. Avec quelle aisance les chênes puissants dressaient vers le ciel leur feuillage ciselé... Un silence humide régnait alentour.

Au milieu du siècle dernier, le littoral était peuplé de Tcherkesses.

Un vieux Grec, père du maraîcher Méthode, avait vu dans son enfance les aouls bien peuplés et les jardins.

Après la conquête du littoral par les Russes[1], les Tcherkesses étaient partis et la vie, dans ces montagnes côtières, s'était éteinte.

---

1. Voir « Caucase, guerre du » dans le Dictionnaire.

Des pruniers, des poiriers, des cerisiers courbés, rendus à l'état sauvage, poussaient çà et là au milieu des chênes. Il n'y avait plus de pêchers ni d'abricotiers. Leur existence avait été de courte durée.

On voyait dans la forêt des pierres noircies par la fumée, vestiges de foyers en ruine et, dans les cimetières abandonnés, des dalles mortuaires qui s'enfonçaient à moitié dans la terre.

Tout ce qui était minéral, les pierres, le fer était aspiré par la terre avec les années, se dissolvait en elle, tandis que la vie végétale en jaillissait. Le silence qui planait au-dessus des foyers éteints angoissait le petit garçon qui était bien aise, en rentrant chez lui, de sentir l'odeur des fumées de cuisine, d'entendre l'aboiement des chiens, le gloussement des poules. Un jour, il s'était approché de sa mère qui lisait près de la table. Il l'avait entourée de ses bras, s'était blotti contre ses genoux.

— Tu ne te sens pas bien ?

— Si, je vais bien, je suis si content, avait-il murmuré en baisant la robe de sa mère et en lui embrassant les mains avant de fondre en larmes.

Il ne pouvait pas expliquer à sa mère ce qu'il ressentait. Il lui semblait qu'il y avait quelqu'un dans l'obscurité de la forêt, quelqu'un qui se lamentait, qui cherchait des hommes disparus, regardait derrière les arbres, prêtait l'oreille aux voix des bergers tcherkesses, aux pleurs des jeunes enfants, tendait le nez pour essayer de sentir une odeur de fumée, de galettes chaudes.

Quand il rentrait de la forêt, il était heureux mais il avait aussi un peu honte de sentir le charme de leur maison.

Il eut l'impression que sa mère n'avait rien compris à ses explications lorsqu'elle lui dit :

— Mon petit, ne sois pas sot… Comme tu vas souffrir avec un cœur aussi vulnérable, aussi sensible…

Au dîner, le père échangea un regard avec la mère et dit :

— Ivan, tu sais certainement qu'autrefois notre Sotchi s'appelait le Poste Dakhovski et que les bourgs des montagnes étaient désignés sous le nom de « Première compagnie », « Deuxième compagnie »…

— Je sais, dit-il, et il renifla machinalement.

— C'étaient les bases des troupes russes. Elles avançaient non seulement avec des fusils mais aussi avec des haches, des pelles, perçant une route à travers les maquis où vivaient des montagnards sauvages et cruels.

Le père se gratta la barbe, sous le menton, et ajouta :

— Pardonne-moi d'employer de grands mots : ils ont frayé la route à la Russie. Et c'est ainsi que nous nous sommes installés ici. Moi, par exemple, j'ai contribué à créer des écoles. Yakov Yakovlevitch, lui, a planté des vignobles, des jardins. D'autres ont construit des hôpitaux, ont tracé des routes. Le progrès exige des victimes, il n'y a pas lieu de pleurer sur ce qui est inévitable. Tu comprends ce que je veux dire ?

— Je comprends, répondit Ivan. Mais il y avait des jardins ici bien avant nous et maintenant ils sont revenus à l'état sauvage.

— Oui, oui, mon ami, dit le père. Quand on abat une forêt, les copeaux volent. Et, à propos, nous n'avons pas chassé les Tcherkesses, ils sont partis d'eux-mêmes pour la Turquie. Ils pouvaient rester et s'initier à la civilisation russe. En Turquie, ils ont fait de la misère et beaucoup ont péri...

Au camp, tout ce qu'il avait vécu lui revenait à la mémoire. Il rêvait de sa terre natale ; il entendait des voix familières ; le chien de garde, aux yeux rougis par les larmes de vieillesse, venait de nouveau à sa rencontre...

Et il se réveillait en entendant gronder l'océan de la taïga sur lequel soufflait la tempête de neige.

Et maintenant qu'il vivait des jours de liberté, il attendait le retour de quelque chose de jeune et de bon.

Ce matin, dans le wagon, il s'était réveillé avec un sentiment de solitude, de solitude sans remède. L'entrevue qu'il avait eue la veille avec son cousin l'avait rempli d'amertume. Moscou l'avait assourdi, écrasé. La masse énorme des immeubles géants, les flots de voitures, les signaux lumineux, les foules se pressant sur les trottoirs, tout cela lui était étranger. La ville ressemblait à un énorme mécanisme bien réglé s'arrêtant au feu rouge et repartant au feu vert... La Russie avait vu beaucoup de choses en mille ans d'histoire. Depuis le début de la période soviétique, le pays avait connu de grandes victoires militaires, avait vu apparaître d'immenses chantiers, des villes nouvelles, des barrages arrêtant le cours du Dniepr et de la Volga, un canal unissant des mers, des tracteurs, des gratte-ciel... La seule chose que la Russie n'ait pas connue en mille ans, c'est la liberté.

Il avait pris l'autobus pour aller dans le sud-ouest de Moscou. Là, dans la boue des champs, au milieu d'étangs non asséchés, des immeubles de huit ou dix étages avaient surgi. Des isbas, des potagers, de petites granges achevaient leur existence, pressés de toute part par l'énorme offensive de la pierre et de l'asphalte.

Dans le chaos, au milieu du vrombissement des camions de cinq tonnes, on devinait les futures rues du nouveau Moscou. Ivan Grigorievitch avait erré dans la ville naissante où il n'y avait encore ni pavés ni trottoirs, où les gens regagnaient leur maison par des sentiers qui serpentaient au milieu de tas d'ordures. Partout sur les maisons il y avait les mêmes enseignes : « Viande », « Coiffeur ». Au crépuscule, les enseignes « Coiffeur » luisaient d'un vert strident.

Ces enseignes, qui avaient surgi avec les premiers habitants, semblaient révéler la nature charnelle de l'homme.

La viande, la viande, la viande... L'homme bâfrait de la viande. L'homme ne pouvait se passer de viande. Ici, il n'y avait pas encore de bibliothèques, de théâtres, de cinémas, d'ateliers de couture, il n'y avait même pas d'hôpitaux, de pharmacies, d'écoles, mais d'emblée, immédiatement, au milieu de la pierre, une lumière rouge s'était allumée : viande, viande, viande... Et aussitôt l'émeraude des enseignes des coiffeurs avait brillé. L'homme n'est-il pas un animal qui se nourrit de viande et se couvre de poils ?

Il était arrivé de nuit à la gare et avait appris que le dernier train pour Leningrad partait à deux heures. Il avait pris un billet et avait retiré ses affaires de la consigne. Il avait été tout étonné d'éprouver un sentiment de paix lorsqu'il s'était retrouvé dans un wagon vide et froid.

Le train avait longé les faubourgs de Moscou. Ivan Grigorievitch avait vu défiler les clairières et les bosquets au sombre feuillage d'automne et il avait éprouvé un immense soulagement à l'idée de s'échapper de Moscou, de cette énorme masse de lumières électriques, de pierres, d'automobiles et de ne plus entendre les théories de son cousin sur le cours *rationnel* de l'histoire, de l'histoire qui avait déblayé le terrain pour faire une place à Nikolaï Andreïevitch...

La tache de lumière de la lanterne de l'hôtesse avait brillé sur la banquette vernie comme sur de l'eau :

— Alors Pépé, on a son billet ?

— Oui, je l'ai déjà présenté.

Pendant des années, il avait pensé au moment où, rendu à la liberté, il retrouverait son cousin, le seul être au monde qui eût connu sa mère, son père, son enfance.

Et voici que ce matin, il s'était réveillé avec un sentiment de déréliction tel qu'il lui semblait impossible qu'aucun être humain pût y survivre.

Maintenant, il se rendait dans la ville où il avait été étudiant, dans la ville où vivait son amour.

Quand elle avait cessé d'écrire, il y avait de cela des années, il l'avait pleurée : seule la mort pouvait mettre fin à leur correspondance. Or, elle vivait, elle était vivante !

6

Ivan Grigorievitch passa trois jours à Leningrad. Il flâna à deux reprises autour de l'université et alla à Okhta, à l'institut polytechnique[1]. Il cherchait les rues et les maisons où avaient vécu ses amis. Il ne retrouvait plus les rues qui avaient été détruites pendant le siège et lorsqu'il retrouvait des maisons, aucun nom connu ne figurait sur la liste des locataires.

En se promenant dans ces lieux familiers, il était calme et distrait : il était entouré de compagnons invisibles, de ses compagnons de misère, il réentendait les conversations du camp. Mais, parfois, des souvenirs de sa

---

1. Voir « Institut polytechnique de Saint-Pétersbourg » dans le Dictionnaire.

jeunesse l'assaillaient, il s'arrêtait devant une maison, s'attardait à un carrefour qu'il reconnaissait. Il alla à l'Ermitage et en ressortit avec une sensation d'ennui et de froid. Comment était-il possible que ces tableaux eussent conservé leur beauté durant toutes ces années où il se métamorphosait, lui, en vieux bagnard ? Pourquoi n'avaient-ils pas changé ? Pourquoi les admirables visages de ces madones n'avaient-ils pas vieilli ? Pourquoi les pleurs n'avaient-ils pas aveuglé leurs yeux ? Peut-être l'éternité, l'immuabilité de ces œuvres étaient-elles leur faiblesse et non leur force. Peut-être est-ce ainsi que l'art trahit l'homme qui le crée.

Un jour, un souvenir s'était imposé à lui avec une force toute particulière, un souvenir fortuit, insignifiant : il avait aidé une vieille femme boiteuse à monter un panier au troisième étage d'un escalier sombre puis il était redescendu en courant et alors il avait crié de bonheur : le printemps était là, les flaques d'eau, le soleil de mars !

Il s'approcha de la maison où vivait Anna Zamkovskaïa et il lui sembla incroyable de revoir les hautes fenêtres et les murs recouverts de granit, les marches de marbre brillant dans la pénombre, la grille de l'ascenseur. Combien de fois avait-il évoqué cette maison ? Il accompagnait Anna après leurs promenades nocturnes et il restait devant la porte jusqu'à ce qu'il voie sa fenêtre s'éclairer. Elle lui disait : « Si tu revenais de la guerre sans bras, sans jambes et aveugle, je serais tout de même heureuse de t'aimer. »

Ivan Grigorievitch vit des fleurs sur la fenêtre entrouverte. Il resta quelque temps près de l'entrée puis s'éloigna. Son cœur battait normalement. Là-bas, derrière les barbelés, cette femme qu'il croyait morte était plus près de son cœur que maintenant qu'il était sous sa fenêtre.

Il reconnaissait la ville tout en ne la reconnaissant pas. Beaucoup de choses n'avaient pas changé. Ivan Grigorievitch avait l'impression d'être passé dans certaines rues quelques heures auparavant. Mais il y avait aussi beaucoup de maisons et de rues nouvelles. Et à la place de ce qui avait disparu, rien de nouveau n'était apparu.

Ivan Grigorievitch ne comprenait pas que ce n'était pas seulement la ville qui avait changé. Lui aussi, il avait changé, ses préoccupations et le regard qu'il jetait sur les choses étaient autres.

Il voyait maintenant dans la ville ce qu'il ne voyait pas autrefois : il était passé d'un étage de la vie à un autre. Il voyait maintenant les marchés aux puces, les commissariats, les bureaux des passeports, les gargotes, les services d'embauche, les offres d'emploi, les hôpitaux, les salles pour les voyageurs en transit… Quant au monde des affiches de théâtre, des salles de concert, des bouquinistes, des stades, des amphithéâtres universitaires, des salles de lecture et d'exposition, il avait disparu pour lui, il s'en était allé dans la quatrième dimension.

De même les malades chroniques ne connaissent-ils dans les villes que les pharmacies et les hôpitaux, les dispensaires et les commissions d'expertise médicale. Quant aux ivrognes, leur ville est construite en demi-litres de vodka (ces fameux demi-litres de vodka que l'on achète à trois et que l'on boit à la sauvette en empruntant des verres aux concierges). Et que dire des amoureux, pour qui la ville se réduit aux aiguilles des horloges municipales qui fixent les rendez-vous, aux bancs des boulevards, aux pièces de deux kopecks qu'on utilise dans les téléphones publics ?

Autrefois, ces rues étaient peuplées d'êtres connus, les fenêtres des amis s'éclairaient le soir. Maintenant, c'est du camp que des yeux lui sourient et que des lèvres pâles lui murmurent :

— Ivan Grigorievitch, salut !

Ici, dans cette ville, autrefois, il connaissait de vue les vendeurs des librairies et des épiceries, les marchands des kiosques à journaux, les marchandes de cigarettes.

Un jour, à Vorkouta, un surveillant s'était approché de lui en s'écriant :

— Mais je te connais, tu étais au transbordement d'Omsk !

Aujourd'hui, dans cette énorme foule de Leningrad, il ne voyait aucun visage familier et il sentait qu'il n'avait rien de commun avec tous ces inconnus. Même l'expression des visages lui semblait changée. Les liens visibles et invisibles s'étaient rompus, avaient disparu. Le temps et les déportations massives qui avaient suivi l'assassinat de Kirov les avaient rompus. Ils avaient disparu sous la neige et la poussière du Kazakhstan, sous la famine du siège, et ils n'existaient plus[1]. Il marchait seul, étranger à tout et à tous.

Le brassage des masses humaines était tel que les provinciaux aux pommettes saillantes et aux yeux clairs emplissaient les rues de Leningrad, tandis que les Pétersbourgeois mélancoliques et grasseyants peuplaient les baraquements des camps.

La perspective Nevski et la campagne étaient allées à la rencontre l'une de l'autre. Elles se mêlaient non seulement dans les autobus et les appartements mais dans les pages des livres et des revues, dans les salles de conférences des instituts scientifiques. Ivan Grigorievitch reconnut l'esprit de la caserne du camp en regardant par les fenêtres du commissariat de Leningrad, en écoutant les propos que son cousin lui avait tenus devant une table somptueusement garnie, en regardant l'enseigne du bureau des passeports. Il lui semblait que les barbelés n'étaient même pas nécessaires et que, hors des barbelés ou à l'intérieur des barbelés, la vie, dans son essence secrète, était la même.

L'énorme chaudière entourée de vapeur, de fumée et de flammes bouillonnait, glougloutait, geignait d'une manière chaotique et chacun croyait être seul à comprendre la loi de l'ébullition, être seul à savoir comment on a cuit la kacha et qui doit la manger.

Ivan Grigorievitch se retrouva avec ses vieux brodequins devant le cavalier aux pieds nus comme un dieu et couronné de lauriers[2]. Lorsque,

---

1. Voir « Leningrad, siège de » dans le Dictionnaire.
2. La statue équestre de Pierre le Grand, chef-d'œuvre du sculpteur français Étienne Falconet (1716-1791), commandée par Catherine II, est l'un des symboles de la ville. Pierre Ier y est représenté en empereur romain, monté sur un cheval escaladant un rocher.

jeune homme, il était venu ici trente ans plus tôt, le tsar d'airain était dans la plénitude de sa puissance. Enfin Ivan Grigorievitch rencontrait une figure familière.

Trente ans plus tôt, ou cent trente ans plus tôt quand Pouchkine avait amené sur cette place son héros, Pierre Ier, le divin Pierre n'était pas si grand qu'aujourd'hui. Il n'est pas au monde de force plus puissante que celle qu'il a captée et exprimée : la force grandiose de l'État divin. Elle a continué de grandir, cette force. Elle s'est élevée, elle a régné sur les champs, sur les fabriques, sur la table des poètes et des savants, sur les chantiers des canaux et des barrages, sur les carrières, les scieries, les coupes de bois. Dans sa toute-puissance, cette force a été capable de maîtriser l'immensité de l'espace et les profondeurs secrètes du cœur de l'homme qui, fasciné, lui a fait don de sa liberté et, même, de son désir de liberté.

« *Sankt-Peterburg, sanpropousnik* », se répétait Ivan Grigorievitch.

Ce jeu de mots stupide, qui associait le nom de la capitale au mot désignant les centres prophylactiques de désinfection, établissait un lien entre le grand cavalier et le gueux des camps.

Ivan Grigorievitch passa la nuit à la gare, dans la salle des voyageurs en transit. Il n'avait pas dépensé plus d'un rouble et demi dans la journée et il n'était pas pressé de quitter Leningrad.

Le troisième jour, il rencontra quelqu'un qu'il connaissait bien, un homme auquel il avait souvent pensé quand il était détenu.

Ils se reconnurent aussitôt, bien que l'actuel Ivan Grigorievitch ne ressemblât en rien à l'étudiant de troisième année qu'il avait été et que Vital Antonovitch Pineguine, vêtu d'un imperméable gris et coiffé d'un feutre, ne rappelât guère le jeune homme d'autrefois qui portait une tunique usée.

Ivan Grigorievitch remarqua l'ahurissement de Pinéguine :

— Tu me comptais apparemment au nombre des morts ?

Pineguine restait pantois :

— Il y a bien une dizaine d'années qu'on m'a dit que tu...

De ses yeux vifs et intelligents, il scrutait Ivan Grigorievitch jusqu'au fond du regard :

— Ne t'inquiète pas, dit celui-ci, je ne suis pas un revenant. Je ne suis pas non plus un évadé, ce qui serait encore pis. Je suis comme toi, j'ai un passeport intérieur et le reste...

Ces mots indignèrent Pineguine :

— Quand je rencontre un vieux camarade, je ne m'intéresse pas à ses papiers d'identité.

Il avait atteint les échelons supérieurs mais, au fond, il était resté bon garçon.

Qu'il parlât de ses fils ou qu'il dît : « Tu as rudement changé mais, tout de même, je t'ai reconnu du premier coup... » ses yeux ne cessaient d'observer Ivan Grigorievitch d'un regard avide et comme fasciné.

— Oui, voilà, en gros…, dit Pineguine. Qu'est-ce que je peux te raconter encore ?

« *Mais tu ferais mieux de raconter…* » Un instant, Pineguine sentit son cœur défaillir mais Ivan Grigorievitch, naturellement, n'avait rien dit de tel.

— Mais de toi, je ne sais rien, fit Pineguine.

Et, de nouveau, l'attente. Ivan Grigorievitch n'allait-il pas répondre : « *Tu as bien su parler de moi quand il le fallait. Qu'aurais-je donc à te raconter ?* »

Mais Ivan Grigorievitch se tut, renonça à parler.

Et Pineguine comprit soudain : ce pauvre diable d'Ivan ne savait rien et ne pouvait rien savoir. Les nerfs, les nerfs… Et dire que c'était justement aujourd'hui qu'il fallait envoyer la voiture à réviser au garage… Il avait pensé récemment à Ivan, il s'était dit qu'un de ses parents ferait, sans doute, des démarches pour obtenir sa réhabilitation posthume : on le verserait de la catégorie des âmes mortes dans celle des âmes vivantes… Et voici qu'en plein jour, ce pauvre diable d'Ivan réapparaissait après avoir fait trente ans de prison et de camp ! Sans doute avait-il dans sa poche un certificat : « Faute de corps du délit… »

Il regarda de nouveau Ivan Grigorievitch dans les yeux et comprit définitivement qu'il ne savait rien. Il eut honte de ses battements de cœur, de sa sueur froide : il avait bien failli pleurnicher, se lamenter…

La conviction qu'Ivan ne lui cracherait pas au visage et ne lui demanderait pas de comptes illumina Pineguine. Et c'est avec un sentiment de reconnaissance qu'il ne comprenait pas très bien lui-même qu'il dit :

— Écoute, Ivan, en toute simplicité, entre travailleurs… Mon père était forgeron, tu sais… Peut-être que tu as besoin d'argent ? Crois bien que c'est en toute camaraderie, de bon cœur…

Ivan Grigorievitch n'eut pas un mot de reproche mais il le regarda dans les yeux avec une vive curiosité mêlée de tristesse. Alors, pendant une seconde, juste une seconde, Pineguine eut le sentiment qu'il donnerait tout au monde : ses décorations, sa datcha, sa puissance, sa force, sa ravissante épouse, ses fils si bien doués qui étudiaient la physique nucléaire… tout pour ne pas sentir sur lui ce regard.

— Eh bien, porte-toi bien, Pineguine, fit Ivan Grigorievitch.

Et il partit vers la gare.

7

Qui est coupable ? Qui répondra ?

Il faut réfléchir, il ne faut pas se hâter de répondre.

Toutes ces fausses expertises des ingénieurs et des hommes de lettres, ces discours démasquant les ennemis du peuple, ces conversations intimes et ces confidences amicales qui se transformaient en rapports d'indicateurs, de mouchards et d'informateurs...

Les délations précédaient le mandat d'arrêt, accompagnaient l'enquête, influaient sur la condamnation. Ces mégatonnes de dénonciations mensongères servaient à établir les listes des hommes qui devaient être *dékoulakisés*, privés du droit de vote et de passeport intérieur, déportés, fusillés.

À un bout de la chaîne, deux hommes s'entretenaient à table en buvant du thé ; ensuite, à la lumière intime d'une lampe voilée d'un abat-jour, des aveux en bonne et due forme étaient rédigés... Ou encore, à une réunion de kolkhoze, un activiste du Parti faisait un discours à la bonne franquette et, à l'autre bout de la chaîne, il y avait des yeux hagards, des reins descendus, un crâne fracassé par une balle, des cadavres ravagés par le scorbut et entassés dans la morgue d'un camp, des doigts de pied purulents et gangrenés, gelés par le froid de la taïga.

Au commencement était le Verbe... En vérité.

Comment traiter les délateurs[1], ces assassins ?

Un homme sort d'un camp où il a passé vingt ans. Ses mains tremblent, il a les yeux creusés d'un martyr. Or, cet homme est un Judas. Appelons-le Judas Ier.

Ses amis chuchotent qu'en son temps il s'est mal conduit pendant les interrogatoires. Certains ont cessé de le saluer. Ceux qui sont un peu plus intelligents sont polis quand ils le rencontrent mais ils ne l'invitent pas chez eux. Ceux qui sont nettement plus intelligents, qui ont des vues plus larges et plus profondes, lui ouvrent leur porte mais lui ferment leur cœur.

Ils ont tous des datchas, des livrets de caisse d'épargne, des décorations, des voitures. Naturellement, il est maigre et ils sont gros mais, eux, ils ne se sont pas mal conduits lors des interrogatoires. À vrai dire, ils n'ont pas eu l'occasion de se montrer lâches : on ne les a jamais interrogés. Ils ont eu de la chance. On ne les a pas arrêtés. En quoi consiste la vraie supériorité morale de ces gros sur ce maigrichon ? Est-ce le hasard ou la nécessité qui a réglé leur destin ?

C'était un homme ordinaire. Il buvait du thé, mangeait des omelettes, aimait à s'entretenir avec ses amis de ses lectures, allait au *Théâtre des Arts*[2], faisait parfois preuve de bonté. Il est vrai qu'il était très impressionnable, nerveux et qu'il manquait de confiance en soi.

Mais on a fait pression sur cet homme. Non seulement on l'a injurié mais encore on l'a battu, on l'a empêché de dormir, on ne lui a pas donné à boire, on l'a nourri de hareng saur, on l'a terrorisé en le menaçant de la peine capitale. Mais, tout de même, on a beau dire, il a commis une action épouvantable : il a calomnié un innocent. Il est vrai que celui qu'il

---

1. En russe apparaît à cette époque un mot nouveau, correspondant à l'air du temps : *Secsot*, une abréviation de « collaborateur secret ». Les délateurs étaient recrutés en masse par les organes de la sécurité d'État.

2. Voir « Stanislavski » dans le Dictionnaire.

a dénoncé n'a pas été arrêté et que lui, qui était innocent et que l'on a obligé à dénoncer, a fait douze ans de bagne et en est sorti à peine vivant, dépourvu de tout, misérable, brisé, fini.

Ne jugeons pas à la légère. Réfléchissons sérieusement au cas de cet homme, de ce délateur.

Et voici un second Judas, Judas II. Celui-ci n'a pas passé un seul jour en prison. Il a joui d'une réputation d'intelligence et d'éloquence jusqu'au jour où des hommes sortant des camps plus morts que vifs affirmèrent qu'il était un indicateur. Il a contribué à perdre un grand nombre de gens. Pendant des années, il a eu des conversations intimes avec ses amis, qu'il consignait ensuite et communiquait à ses chefs. Ses rapports, ses témoignages, on ne les lui a pas extorqués par la torture, il faisait de lui-même preuve d'ingéniosité, il amenait imperceptiblement ses interlocuteurs à parler des questions dangereuses. Deux des hommes qu'il a dénoncés ne sont pas revenus du camp, un autre a été condamné à mort par un jury militaire et fusillé. Ceux qui sont revenus étaient atteints de plusieurs maladies si graves que pour chacune d'elles, la féroce Commission des expertises médicales elle-même vous accorde l'invalidité à cent pour cent.

Lui, pendant ce temps-là, il prenait du ventre et acquérait une réputation de gastronome et de connaisseur en vins géorgiens. Et il faisait aussi dans les belles-lettres, collectionnant, entre autres, des *unica* de poésie ancienne.

Mais ne nous hâtons pas de juger. Réfléchissons avant de rendre la sentence.

En effet, dès l'enfance, il avait vécu dans la terreur. Son père, qui avait de la fortune, était mort du typhus en 1919, dans un camp de concentration, sa tante avait émigré à Paris avec son mari, qui était général, son frère aîné combattait comme volontaire dans les armées blanches. Depuis toujours, la peur le hantait. Sa mère tremblait devant la milice, devant le gérant de l'immeuble, devant le responsable de leur appartement communautaire, devant les employés du soviet municipal. Tous les jours, à toute heure, ils sentaient, lui et sa famille, que le fait d'appartenir à leur classe sociale était une limitation, une tare. À l'école, il tremblait devant le secrétaire de la cellule. Il avait l'impression que Galia, la jolie cheftaine de pionniers, le regardait avec dégoût, comme un ver de terre, comme un intouchable. Il était épouvanté à l'idée qu'elle pourrait remarquer son regard amoureux.

Il était fasciné par la puissance du Monde Nouveau. Il ne pouvait détacher ses gentils petits yeux d'oiselet du regard étincelant du Monde Nouveau. Il désirait tant communier, être jugé digne… Et voici que le Monde Nouveau l'initia. Le petit moineau ne piaula pas, ses petites ailes ne tremblèrent pas quand ce redoutable Monde Nouveau eut besoin de son esprit et de son charme. Il apporta le tout sur l'autel de la patrie[1].

---

1. Cliché classique du discours patriotique du XIXᵉ siècle.

Tout cela est vrai, naturellement. Mais comme il s'est montré lâche, le gredin ! Tout en dénonçant autrui, il ne s'oubliait pas lui-même : il faisait bonne chère, il se dorlotait. Et cependant, il était toujours sans défense. Il était de ces hommes qui ont toujours besoin d'une nounou, d'une bonne petite épouse... Comment aurait-il pu avoir raison du colosse qui a courbé sous sa loi la moitié du monde et retourné tout l'Empire russe ? Il était d'une sensibilité frémissante, fin comme de la dentelle. À peine l'effleurait-on qu'il se troublait et que ses yeux prenaient une expression plaintive.

Et c'est cette vipère qui s'est insinuée dans la confiance de tant d'hommes pour leur malheur...

Il a causé la perte de ses semblables, d'amis de longue date, gentils, discrets, intelligents, timides... comme lui. Lui seul avait la clef de leur cœur : il comprenait tout. Ne pleurait-il pas en lisant *L'Évêque* de Tchekhov[1] ?

Et cependant, attendons, réfléchissons. Ne le châtions pas à la légère.

Mais voici un nouveau camarade : Judas III. Il a une voix saccadée et enrouée de maître d'équipage, un regard scrutateur et calme. Il a l'assurance d'un homme qui domine la vie. Tantôt on lui confie un travail idéologique, tantôt on l'emploie au stockage des « fruits et légumes ». Son curriculum vitae est blanc comme neige, il brille comme une auréole. Ses origines : des ouvriers d'usine et la plus pauvre paysannerie... héréditaire.

En 1937, cet homme a écrit à la volée, comme on dit, plus de deux cents dénonciations. Sa liste sanglante était fort variée. Des commissaires de l'époque de la guerre civile, un poète-chansonnier, le directeur d'une fonderie, deux secrétaires de comité de district du Parti, un directeur de journal et deux directeurs de maisons d'édition, un gérant de cantine, un professeur de philosophie, un vieil ingénieur sans parti, le directeur d'un « cabinet d'études communistes », un professeur de botanique, un serrurier de l'« administration des maisons », deux collaborateurs de la direction régionale de l'agriculture... On ne saurait les énumérer tous.

Tous les hommes qu'il a dénoncés étaient des citoyens soviétiques et non des hommes du passé. Ses victimes : des membres du Parti, des combattants de la guerre civile, des activistes. Il s'était fait une spécialité des membres du Parti qui s'étaient distingués par leur fanatisme.

Des deux cents hommes qui furent ses victimes, bien peu revinrent. Les uns furent fusillés, les autres furent revêtus d'un « caban de bois », moururent d'épuisement, furent fusillés au cours des épurations qui eurent lieu dans les camps. Ceux qui sont revenus sont mutilés moralement et physiquement et achèvent leur existence en liberté, comme ils le peuvent.

---

1. Voir *Vie et destin*, note 2, p. 59.

Pour lui, 1937 fut le temps des victoires. C'est qu'il n'était pas très instruit ce petit gars au regard vif : tous ceux qui l'entouraient lui étaient supérieurs et par leur éducation et par leur passé héroïque. Il ne pouvait pas rendre des points à ceux qui avaient entrepris et accompli la Révolution. Pourtant, après une seule rencontre avec lui, des hommes qui s'étaient couverts de gloire pendant la Révolution périrent par dizaines.

À partir de 1937, il fit une ascension vertigineuse. Il avait reçu la grâce, manifestation divine du Monde Nouveau.

Il semble que son cas soit clair : c'est en marchant sur les cadavres des suppliciés qu'il est devenu député et membre du bureau.

Cependant, il ne faut pas se hâter de juger. Il faut comprendre, il faut réfléchir avant de prononcer la sentence. Car il ne savait pas ce qu'il faisait.

De vieux mentors, parlant au nom du Parti, lui avaient dit :

« Malheur ! Nous sommes entourés d'ennemis ! Ils se font passer pour des membres du Parti d'une fidélité à toute épreuve, pour des militants clandestins d'avant la Révolution, pour d'anciens combattants de la guerre civile, mais ce sont des ennemis du peuple, des agents secrets, des provocateurs. » Le Parti lui dit : « Tu es jeune et pur, j'ai confiance en toi, mon petit gars. Aide-moi, autrement je périrai. Aide-moi à vaincre l'esprit impur. »

Le Parti lui a crié des ordres, en trépignant dans ses bottes staliniennes : « Si tu fais preuve d'indécision, tu te rangeras toi-même dans la catégorie de ces avortons et je te réduirai en poudre ! Souviens-toi, fils de chienne, de l'isba noire où tu es né. Moi, je te conduis vers la lumière : révère l'obéissance. C'est le grand Staline, ton père, qui te l'ordonne : Taïaut ! taïaut ! »

Non, il n'a pas réglé de comptes personnels... Membre des Jeunesses communistes rurales, il ne croyait pas en Dieu. Une autre foi l'habitait : la foi en l'implacabilité des châtiments infligés par la main du grand Staline. Il était mû par l'obéissance inconditionnelle du croyant. La force toute-puissante, les guides géniaux : Marx, Engels, Lénine, Staline l'intimidaient et lui inspiraient de la gratitude. Il était le petit soldat du grand Staline, il faisait sa volonté.

Naturellement, il éprouvait une aversion quasi biologique, instinctive pour les hommes appartenant à la génération des révolutionnaires intellectuels et fanatiques qu'il avait à pourchasser.

Il faisait son devoir, il ne procédait pas à des règlements de comptes, répétons-le, et s'il écrivait des dénonciations, c'était par instinct de conservation. Il acquérait ainsi un capital plus précieux que l'or ou la terre : la confiance du Parti. Il savait que, dans la vie soviétique, la confiance du Parti, c'est tout : la force, les honneurs, la puissance. Et il croyait que son mensonge servait une vérité supérieure, il percevait jusque dans la délation une vérité suprême.

Mais peut-on l'accuser quand de meilleurs esprits que le sien ne parvenaient pas à distinguer où était le mensonge et où était la vérité ; quand même des cœurs purs n'arrivaient pas à comprendre ce qui était le bien et ce qui était le mal.

Il avait la foi ou, plus exactement, il voulait croire ou, plus précisément encore, il ne pouvait pas ne pas croire.

En un sens, cette sombre besogne lui était désagréable mais c'était son devoir ! Et, par d'autres côtés, sa terrible activité lui plaisait : elle le grisait et il s'y enlisait. « Souviens-toi, lui avaient dit ses mentors, tu n'as ni père ni mère ni frères ni sœurs, tu n'as que le Parti. »

Et un sentiment étrange et troublant s'affirmait en lui : le fait de ne plus penser, d'obéir, loin d'être une faiblesse, lui donnait au contraire une force redoutable.

Dans ses yeux sans bonté, ses yeux de général, comme dans sa voix impérieuse et saccadée on pouvait percevoir parfois une tout autre nature qui vivait secrètement en lui : hébétée, abrutie, nourrie et abreuvée par des siècles d'esclavage russe, de despotisme asiatique.

Mais, ici encore, il convient de réfléchir. Condamner un homme est chose redoutable, même s'il s'agit du plus redoutable des hommes.

Et voici un nouveau camarade : Judas IV.

Il vit dans un appartement communautaire. C'est un petit employé, ou encore un activiste de kolkhoze. Qu'il soit jeune, vieux, laid ou qu'il ait la belle prestance et le teint vermeil d'un preux russe, son visage est toujours le même : on le reconnaît d'emblée. C'est un petit-bourgeois, un thésauriseur avide d'objets, un fanatique de l'intérêt matériel. Son fanatisme pour se procurer un lit-divan, du gruau de sarrasin, un buffet polonais, des matériaux de construction difficiles à trouver, des tissus d'importation s'égale en force au fanatisme d'un Giordano Bruno ou d'un André Jeliabov.

Il est l'inventeur d'un impératif catégorique qui est l'antithèse de celui de Kant : l'homme, l'humanité est toujours pour lui un moyen de satisfaire son goût des objets. Ses yeux, clairs et sombres, ont constamment une expression tendue, offensée et irritée. Il y a toujours quelqu'un qui lui a marché sur le pied, il a constamment des comptes à régler avec quelqu'un.

La passion qui pousse l'État à démasquer les ennemis du peuple est une bénédiction pour lui. Elle est comme l'alizé puissant qui souffle sur l'océan. Ce vent propice enfle sa petite voile jaune.

C'est au prix des souffrances de ceux qu'il perd qu'il se procure ce dont il a besoin : une plus grande surface locative, une augmentation de salaire, l'isba de son voisin, un mobilier polonais, un garage en matériau isolant pour sa Moskvitch, un petit jardin...

Il méprise les livres, la musique, la beauté de la nature, l'amour, la tendresse maternelle. Il ne se soucie que des objets, des seuls objets.

Il écrit une dénonciation contre un de ses collègues qui a suscité sa jalousie en dansant avec son épouse, contre un homme d'esprit qui s'est moqué de lui à un dîner et même contre son voisin qui l'a bousculé par inadvertance dans la cuisine de leur appartement communautaire.

Deux traits le distinguent : d'abord, c'est un volontaire de la délation, on ne l'a pas menacé, on ne l'a pas forcé, il dénonce de lui-même, point n'a été besoin de le terroriser. Ensuite, il voit dans chaque dénonciation l'avantage qu'il peut en tirer directement.

Et tout de même, retient le poing qui se lève pour le frapper : sa passion pour les objets est née de la misère.

Oh, il peut en parler, lui, de la chambre de huit mètres carrés où couchent onze personnes, où ronfle un paralytique, où gémissent de jeunes mariés tout frémissants, où une vieille femme marmonne ses prières, où l'enfant pleure qui a mouillé ses couches...

Il peut en parler du pain de campagne brun-vert fait de farine et de feuilles pilées, de l'unique soupe aux pommes de terre gelées achetées au rabais que l'on vous sert trois fois par jour à Moscou.

Il peut en parler de la maison où il n'y a pas un seul objet qui soit beau, des chaises dont les sièges sont en contreplaqué, des cuillers d'étain, des fourchettes qui n'ont plus que deux dents, des verres épais et troubles, du linge tout raccommodé, tout rapiécé, de l'imperméable sale sous lequel, en décembre, on met une veste ouatinée toute déchirée.

Il peut parler de l'attente de l'autobus, l'hiver, au petit matin, de l'impitoyable presse du tramway succédant à l'effroyable promiscuité de la nuit.

N'est-ce pas cette vie de brute qui a fait naître en lui cette passion sauvage pour les objets, pour les tanières spacieuses ? N'est-ce pas cette vie bestiale qui l'a rendu féroce ?

Oui, il en est bien ainsi naturellement. Mais on aura remarqué qu'il ne vivait pas plus mal que d'autres et que même s'il vivait mal, il vivait encore mieux que beaucoup d'autres, que tant d'autres.

Et ces autres, tous ces autres n'ont pas fait ce qu'il a fait.

Prenons le temps de réfléchir, ensuite nous jugerons.

L'accusateur public : Vous maintenez avoir écrit des dénonciations contre des citoyens soviétiques ?

Les indicateurs et les délateurs : Oui, en quelque sorte.

L'accusateur public : Vous vous reconnaissez coupables de la mort de citoyens soviétiques innocents ?

Les indicateurs et les délateurs : Non. Nous le nions catégoriquement. L'État avait condamné ces hommes à mort d'avance. Nous avons fait, si l'on peut dire, un travail d'encadrement. En réalité, quoi que nous eussions écrit et de quelque manière que nous l'eussions écrit, que nous les eussions accusés ou défendus, ces hommes étaient condamnés par l'État.

L'accusateur public : Mais vous avez écrit quelquefois en étant libres de votre choix. Dans ces cas-là, vous désigniez vous-mêmes la victime.

Les indicateurs et les délateurs : Cette liberté de notre choix n'était qu'apparence. Les gens étaient exterminés selon la méthode statistique.

Seuls les hommes appartenant à des couches sociales et idéologiques déterminées étaient voués à l'extermination. Si nous connaissions ces paramètres, c'est que vous aussi vous les connaissiez. Nous n'avons jamais dénoncé d'hommes appartenant à la couche saine qui ne doit pas être détruite.

L'accusateur public : C'est évangélique, pour ainsi dire : pousse celui qui tombe[1] ! Toutefois il y a eu des cas où, même dans cette période de rigueur, l'État a acquitté des personnes qui avaient été diffamées.

L'avocat : Oui, il y a eu, en effet, des cas de cette sorte. C'était la conséquence d'une erreur. Mais il n'y a que Dieu qui ne se trompe pas. Et puis, souvenez-vous que ces cas d'acquittement ont été rares, ce qui revient à dire que les erreurs aussi ont été rares.

L'accusateur public : Oui, les délateurs et les informateurs connaissaient leur affaire. Mais tout de même, répondez-moi. Pourquoi avez-vous dénoncé ?

Les indicateurs et les délateurs (en chœur) : On m'a forcé... on m'a battu... Et moi, la peur m'a hypnotisé... cette puissance de la violence sans limite... Quant à moi, j'ai fait mon devoir de membre du Parti, comme je le comprenais à cette époque-là.

L'accusateur public : Mais vous, le quatrième camarade, pourquoi vous taisez-vous ?

Judas IV : Moi, quoi ? Pourquoi me cherchez-vous chicane ? Je suis un homme obscur. Il est plus facile de m'offenser, moi, que les gens instruits, conscients...

L'avocat (l'interrompant) : Permettez-moi de vous expliquer... Mon client a, en effet, dénoncé à des fins personnelles. Toutefois, dans le cas présent, vous devez prendre en considération le fait que son intérêt personnel n'allait pas à l'encontre de l'intérêt de l'État. L'État n'a pas rejeté les dénonciations de mon client, par conséquent celui-ci a eu une activité utile à l'État bien qu'à première vue, si l'on juge d'une façon superficielle, il puisse sembler qu'il n'ait en effet dénoncé que pour des raisons personnelles, égoïstes. Et maintenant, voici où je veux en venir : du temps de Staline, vous l'accusateur public, on vous aurait accusé de sous-estimer le rôle de l'État. Savez-vous que les champs de force créés par notre État, sa masse de trillions de tonnes, la super-terreur et la super-résignation qu'il fait naître chez ce fétu de paille qu'est l'homme sont tels qu'ils rendent insensées toutes les accusations que l'on peut porter contre un homme faible et sans défense. On ne reproche pas à un fétu de paille de tomber par terre : c'est ridicule.

L'accusateur public : Votre position est fort claire : vous vous refusez à ce que vos clients prennent sur eux la moindre part de responsabilité. Seul l'État est responsable. Mais dites-moi, vous, les informateurs et les

---

1. Allusion au livre posthume de Nietzsche, *La Volonté de puissance.*

délateurs, est-ce que vraiment vous ne vous reconnaissez pas coupables, fût-ce dans une certaine mesure ?

(Les indicateurs et les délateurs échangent des regards, chuchotent puis l'indicateur érudit prend la parole.)

L'indicateur érudit : Permettez-moi de répondre. Votre question, dans son apparente simplicité, n'est pas si simple. D'abord, elle est dépourvue de sens mais… cela justement n'a pas d'importance. Vraiment, à quoi bon rechercher maintenant les responsables des crimes qui ont été commis à l'époque de Staline ? C'est comme si un homme ayant émigré de la Terre sur la Lune faisait un procès à propos de potager individuel, d'enclos ou d'une quelconque parcelle de kolkhoze. D'autre part, si l'on pense que les époques ne sont pas si éloignées les unes des autres et que, comme l'a dit le poète, dans les siècles elles sont presque côte à côte[1], un grand nombre d'autres complications surgissent. Pourquoi voulez-vous absolument nous accuser, nous les petits, les faibles ? Commencez par l'État, jugez-le ! Notre péché, c'est son péché : jugez-le. Sans peur, publiquement. Vous ne pouvez pas agir autrement qu'avec courage puisque vous parlez au nom de la vérité et de la justice. Eh bien, allez-y, agissez ! Ensuite dites-nous, s'il vous plaît, pourquoi vous vous êtes ressaisis justement maintenant. Vous nous connaissiez tous du vivant de Staline. Nous étions dans les meilleurs termes, vous faisiez antichambre chez nous. Là, parfois, à la porte de nos bureaux, il vous arrivait de parler de nous en chuchotant d'une voix de moineau. Eh bien, nous aussi nous chuchotions comme des moineaux… Vous avez joué, comme nous, un rôle pendant la période stalinienne. Pourquoi donc vous, qui avez été complices, devez-vous nous juger nous, qui avons été complices, établir notre culpabilité ? Vous comprenez en quoi l'affaire est complexe ? Peut-être sommes-nous coupables, mais il n'y a pas de juge qui ait moralement le droit de poser la question de notre culpabilité. Souvenez-vous de Tolstoï : dans le monde, il n'y a pas de coupables. Mais notre État a inventé une nouvelle formule : tout le monde est coupable. Il n'y a pas un seul innocent. Il s'agit seulement de déterminer le degré de culpabilité. Mais vous sied-il bien à vous, camarade procureur, de nous accuser ? Seuls les morts, ceux qui n'ont pas survécu, sont en droit de nous juger. Mais les morts ne posent pas de questions, les morts se taisent. Et maintenant, permettez-moi de répondre à votre question par une autre question. Je vous parle d'homme à homme, simplement, de toute mon âme, à la russe. Quelle est la cause de cette trop grande souplesse, de cette lâche faiblesse qui est notre fait, qui est votre fait, qui est le fait de tous et de chacun ?

L'accusateur public : Vous avez éludé ma question.

(Entre un secrétaire. Il tend un paquet à l'indicateur érudit en prononçant le mot « gouvernemental ».)

---

1. Métaphore rappelant les vers de Maïakovski dans le poème « À propos du jubilé » lorsque, dans un dialogue imaginaire avec Pouchkine, il dit : « Après la mort nous serons presque côte à côte : vous à la lettre P, moi à la lettre M. »

L'indicateur érudit (il lit un papier et le tend à l'accusateur public) : Lisez, je vous en prie. À l'occasion de mon soixantième anniversaire, on signale les mérites plus que modestes que j'ai acquis au service de la science de mon pays.

L'accusateur public (lisant le papier) : Je ne peux pas ne pas me réjouir pour vous, même involontairement : nous sommes tous des citoyens soviétiques.

L'indicateur érudit : Oui, oui, naturellement, merci. (Il marmonne, à part soi.) Permettez-moi de remercier par l'intermédiaire de votre journal... les institutions, les organisations et aussi les camarades et les amis.

L'avocat prend la pose et prononce sa plaidoirie : Camarade accusateur public et vous, Messieurs les jurés ! Le camarade procureur a dit à mon client qu'il avait éludé la question qui lui était posée : se reconnaît-il coupable, fût-ce dans une certaine mesure ? Mais vous non plus, vous ne lui avez pas répondu : quelle est la cause de notre trop grande souplesse, de cette malléabilité de tous et de chacun ? Peut-être est-ce la nature même de l'homme qui engendre les délateurs, les indicateurs, les informateurs et les mouchards. Peut-être naissent-ils des sécrétions des glandes internes, du bol alimentaire qui progresse dans l'intestin avec un bruit de ventouse, du gargouillement des gaz stomacaux, des muqueuses, du fonctionnement des reins, que sais-je ? Oui, peut-être naissent-ils de ces instincts sans yeux et sans odorat que sont les instincts de nutrition, de conservation, de reproduction...

Peu importe que les mouchards soient coupables ou qu'ils ne le soient point. Qu'ils soient coupables ou non, le répugnant, c'est qu'ils existent. Comme est répugnant le côté animal, végétal, minéral, physico-chimique de l'homme. C'est de cette muqueuse recouverte de poils, du côté bas de l'être humain que naissent les mouchards. Les mouchards germent dans l'homme, sortent de l'homme.

La terreur étatique a étuvé le genre humain, les graines qui sommeillaient se sont gonflées, se sont vivifiées. L'État est comme la terre. Si les graines n'étaient pas enfouies dans la terre, ni le blé ni les mauvaises herbes n'en jailliraient. L'homme n'est redevable qu'à lui-même de l'abjection humaine.

Mais savez-vous ce qu'il y a de plus sordide chez les mouchards et les délateurs ? Vous pensez que c'est le mal qui est en eux ?

Non, le plus épouvantable, c'est le bien qui est en eux, le plus triste, c'est qu'ils soient pleins de qualités, de vertus.

Ce sont des fils, des pères, des maris aimants et affectueux. Ils sont capables d'accomplir une bonne action, de faire des prouesses dans leur travail.

Ils aiment la science, la grande littérature russe, la belle musique. Certains jugent avec hardiesse et avec esprit les œuvres les plus complexes de la philosophie et de l'art modernes...

Et quels bons amis, quels amis dévoués on trouve parmi eux ! Qu'ils sont donc touchants lorsqu'ils vont voir un de leurs camarades à l'hôpital !

Quels soldats endurants et intrépides ils font, partageant avec leur compagnon leur dernier biscuit, la dernière pincée de tabac, emportant dans leurs bras le combattant qui perd son sang...

Et combien parmi eux de poètes, de musiciens, de physiciens, de médecins de talent, combien de serruriers et de charpentiers habiles, de ceux dont le peuple dit avec admiration qu'ils ont de l'or dans les mains.

Et c'est cela qui est effrayant : il y a beaucoup de bon chez ces êtres humains.

Qui juger ? La nature de l'homme ! C'est elle qui engendre ces monceaux de lâchetés, de mensonges, de pusillanimités, de faiblesses. Mais c'est elle aussi qui engendre le beau, le bien, le pur.

Les délateurs et les mouchards sont remplis de vertus, laissez-les rentrer chez eux. Mais parés de toutes leurs vertus et absous de tous leurs péchés, qu'ils sont donc abjects ! Quel est donc le mauvais plaisant qui a dit : « L'homme, cela sonne fier[1] ! » ?

Non, non, ils ne sont pas coupables. Des forces obscures, des forces saturniennes les ont poussés, des trillions de *pouds* ont pesé sur eux. Parmi les vivants, il n'est pas d'innocents. Tout le monde est coupable et toi, accusé, et toi, procureur, et moi qui pense à l'accusé, au procureur et au juge.

Mais pourquoi souffrons-nous tant, pourquoi avons-nous tellement honte de la... cochonnerie humaine ?

8

« C'est le diable qui m'a poussé à aller à pied », répétait Pineguine. Il n'avait pas envie de penser à ces choses obscures, à ces choses mauvaises qui dormaient en lui depuis des dizaines d'années et s'étaient réveillées soudain. Il se souciait peu d'avoir commis ou non une mauvaise action, il déplorait seulement le hasard stupide qui lui avait fait rencontrer l'homme dont il avait consommé la perte. S'ils ne s'étaient pas rencontrés par hasard dans la rue, le dormeur ne se serait pas réveillé.

Mais le dormeur s'était réveillé et Pineguine, sans même le remarquer, pensait de moins en moins au hasard stupide, s'inquiétait et se désolait de plus en plus : « Eh bien oui, c'est un fait, c'est moi qui l'ai dénoncé, Ivan. Évidemment, j'aurais pu ne pas le faire. J'ai brisé la vie de cet homme, je lui ai cassé les reins mais... que le diable l'emporte ! Sans cela, tout se serait passé normalement aujourd'hui. Ah, l'animal, il a soulevé toute cette boue dans mon âme ! C'est comme si on m'avait pris la main dans le sac en présence de tous mes rédacteurs, de mes secrétaires, de mon chauffeur. Quel malheur ! Mieux vaudrait cesser de vivre après une telle

---

1. Phrase prononcée par Satine, personnage de la pièce de Maxime Gorki *Les Bas-fonds* (1902).

saleté... Peut-être toute ma vie n'a-t-elle été qu'une suite ininterrompue de bassesses. Sans doute eût-il fallu vivre d'une tout autre manière. »

C'est dans cet état d'agitation extrême que Pineguine entra dans le restaurant de l'Intourist[1] où le maître d'hôtel, les serveurs et le portier le connaissaient de longue date.

Deux employés du vestiaire bondirent de derrière leur barrière, en renâclant légèrement comme des étalons : « Je *vous en prie, je vous en prie...* » et débarrassèrent le seigneur Pineguine de sa riche armure. Ils avaient de bons yeux, les yeux perçants des garçons russes, intelligents et racés du vestiaire de l'Intourist qui savent se souvenir avec précision des clients, de leur habillement, de ce qu'ils ont pu dire par mégarde. Mais ils réservaient toujours à Pineguine, qui portait l'insigne de député, un accueil franc et cordial. Ils le traitaient presque comme s'il était leur chef immédiat.

Pineguine passa dans la salle du restaurant sans se presser. Il prenait plaisir à sentir sous ses pieds la douceur moelleuse des tapis. La salle, haute et spacieuse, était plongée dans une obscurité solennelle. Pineguine aspira lentement l'air léger, frais et chaud, parcourut du regard les tables recouvertes de nappes empesées sur lesquelles les vases de cristal taillé, les coupes et les verres à pied scintillaient doucement. Il se dirigeait vers son coin habituel qu'abritait le feuillage découpé d'un rhododendron.

Il avançait au milieu des tables décorées des fanions d'un grand nombre de pays et il avait l'impression d'être un amiral passant en revue des cuirassés et des croiseurs.

Et c'est avec ce sentiment d'*amiralat*, sentiment qui aide incontestablement à vivre, qu'il s'assit à une petite table. Sans se presser le moins du monde, il prit le menu, somptueux dans sa reliure vert olive comme un diplôme de lauréat, l'ouvrit et plongea son regard dans la liste des *zakouski* froids.

Il lut les noms des plats, qui étaient imprimés dans sa langue maternelle et dans les principales langues du monde, retourna la carte, parcourut des yeux la section « potages », remua les lèvres, loucha sur le paragraphe « plats de viande, plats de gibier » et, au moment où il commençait à hésiter douloureusement entre la viande et le gibier, le serveur, devinant le dédoublement de ses goûts, déclara :

— Le filet, l'aloyau sont exceptionnels aujourd'hui.

Pinéguine se tut un long moment.

— Va pour le filet, fit-il.

---

1. La société Intourist (fondée en 1929, mais beaucoup plus active depuis l'ouverture du pays au tourisme étranger à la fin des années 1950) était l'agence touristique d'État. Elle disposait d'hôtels et de restaurants où l'on trouvait un meilleur confort qu'ailleurs, mais aussi une surveillance accrue.

Il était assis dans la pénombre et le silence, les yeux mi-clos. Sa bonne conscience le disputait au trouble et à la peur – la peur qui venait de ressusciter en lui – au feu et à la glace du repentir.

Mais voici que la lourde tenture de velours qui drapait la porte de la cuisine remua et Pineguine reconnut son serveur à sa calvitie : « C'est le mien. »

Le plateau, émergeant de la pénombre, voguait vers Pineguine. Il vit le saumon rose cendre qu'entouraient de petits soleils de citron, le bistre du caviar, le vert des cornichons de serre chaude, les flancs escarpés d'un carafon de vodka et d'une bouteille d'eau de Borjomi.

Il n'était pas tellement gastronome et il n'avait pas tellement envie de manger mais c'est précisément à cet instant-là que le vieil homme à la veste ouatinée cessa de troubler sa bonne conscience.

9

Ivan Grigorievitch sentit, lorsqu'il fut arrivé à la gare, qu'il n'avait plus de raison d'errer dans les rues de Leningrad. Il restait debout, dans le hall immense et froid et il réfléchissait. Peut-être quelque passant se dit-il, en voyant ce morne vieillard qui consultait le tableau des horaires : « Voilà un homme des camps, un Russe. Il se trouve à un carrefour, il cherche, il hésite, il choisit sa route[1]… » Non, il ne choisissait pas sa route.

Les dizaines de juges d'instruction qu'il avait connus au cours de sa vie avaient compris qu'il n'était ni monarchiste ni socialiste-révolutionnaire, ni social-démocrate, qu'il n'appartenait ni à l'opposition trotskiste ni à l'opposition boukhariniste. Il ne faisait partie ni de la nouvelle ni de l'ancienne Église. Il n'était pas non plus adventiste du Septième Jour.

En pensant aux jours pénibles qu'il venait de passer à Moscou et à Leningrad, il se souvint d'une conversation qu'il avait eue avec un général de l'artillerie impériale qui était son voisin de bat-flanc. Ce vieillard lui avait dit : « À quoi bon sortir du camp ? On est bien chauffé, on connaît les gens. L'un vous donne un morceau de sucre, l'autre un petit pâté qu'il prélève sur son colis. »

Il n'était pas rare qu'il rencontrât des vieillards de cette sorte. Ces hommes-là ne voulaient pas sortir du camp. Le camp, c'était leur maison, la nourriture à heure fixe, les petits cadeaux des bons voisins, la chaleur du poêle.

Au fait, où eussent-ils pu aller ? Les uns conservaient au plus profond de leur vieux cœur le souvenir de la splendeur des lustres de Tsarskoïe

---

1. Allusion à l'image de la poésie russe épique (popularisée par le tableau de V. Vasnetsov), « Le preux russe au carrefour des chemins », qui lit les inscriptions sur une pierre pour choisir sa route : « Si tu vas tout droit, tu perds ta tête, si tu tournes à droite, tu perds ton cheval, si tu tournes à gauche, tu ne ramasseras pas tes os. »

Selo, du soleil hivernal de Nice ; d'autres se souvenaient de Mendeleïev qui venait prendre le thé chez eux en voisin, du jeune Blok, de Scriabine et de Répine ; d'autres enfin conservaient sous la cendre encore chaude le souvenir de Plekhanov, de Guerchouni, de Trigoni, amis du grand Jeliabov. Il est même arrivé que des vieillards rendus à la liberté demandent à retourner au camp. Le tourbillon de la vie renversait ces êtres aux jambes débiles et tremblantes, la foule anonyme des grandes villes les épouvantait.

Ivan Grigorievitch avait envie de retourner derrière les fils barbelés, de retrouver ceux qui sont habitués aux haillons qui tiennent chaud, à l'écuelle de soupe, au poêle du baraquement. Il avait envie de leur dire : C'est vrai, c'est effrayant de vivre en liberté !

Il aurait raconté aux vieillards qui ont perdu toutes leurs forces qu'il était allé chez un de ses parents, qu'il était passé devant la maison où habitait la femme qu'il avait aimée, qu'il avait rencontré un de ses camarades de l'université qui lui avait proposé de lui venir en aide... Mais il leur aurait dit aussi aux vieux du camp qu'il n'y avait pas de bonheur plus grand que de sortir du camp, fût-ce aveugle, sans jambes, en rampant sur le ventre pour mourir en liberté, ne serait-ce qu'à dix mètres des barbelés maudits.

10

Ivan Grigorievitch se mit à chercher un gîte et du travail. Il trouva une place de serrurier dans un artel d'invalides. Il fit apposer sur son passeport intérieur le précieux cachet du permis de séjour. Il s'installa dans un coin de chambre qu'il loua pour quarante anciens roubles à la veuve du sergent Mikhaliov qui était mort au front. Et quand toutes ses démarches eurent abouti, il éprouva un sentiment de paix et de tristesse.

Anna Sergueievna Mikhaliov était maigre et elle avait les cheveux gris bien qu'elle fût encore jeune. Elle hébergeait un neveu, le fils de sa sœur qui était morte. Ce garçon de douze ans, au teint pâle, toujours vêtu d'une veste rapiécée, était un enfant extraordinairement timide, calme et avide de savoir comme il ne s'en trouve que dans les familles misérables. Une photographie de Mikhaliov était appendue au mur. Le visage de cet homme était empreint de tristesse comme si déjà à l'époque où on l'avait photographié, il eût prévu son destin. Quant au fils d'Anna Sergueievna, il faisait son service dans les convoyeurs. Sa photographie – il avait de grosses joues et était tondu au rasoir – était accrochée à côté de celle de son père.

Mikhaliov avait disparu dans les premiers jours de la guerre et l'unité dans laquelle il servait avait été taillée en pièces par les chars d'assaut allemands près de la frontière et il n'y avait plus aucun témoin pour dire si Mikhaliov avait été achevé par les mitrailleuses ennemies et abandonné sur le terrain sans sépulture ou s'il s'était constitué prisonnier. C'est pourquoi le commissariat à la Guerre ne versait pas de pension à sa veuve[1].

Anna Sergueievna était cuisinière dans une cantine et, cependant, elle vivait mal. Sa sœur aînée, qui était kolkhozienne, lui avait envoyé une seule fois de la campagne un colis pour leur neveu orphelin : des galettes de farine noire et de son, du miel trouble, mêlé de cire.

Dès qu'elle en avait la possibilité, Anna Sergueievna envoyait du ravitaillement à sa sœur de la campagne : de la farine, de l'huile de tournesol et, à l'occasion, du pain blanc et du sucre.

Ivan Grigorievitch s'étonnait qu'Anna Sergueievna, qui travaillait dans une cantine, fût si maigre et si pâle. Au camp, on pouvait reconnaître du premier coup le cuisinier à son visage rebondi.

Anna Sergueievna n'interrogea pas Ivan Grigorievitch sur sa vie au camp. (En revanche, le chef du personnel de l'artel lui posa toutes sortes de questions.) Mais, sans rien demander, Anna Sergueievna comprit beaucoup de choses en observant Ivan Grigorievitch : il pouvait dormir sur une planche, il buvait de l'eau bouillante sans thé et sans sucre, il mangeait du pain sec, il portait des chaussettes russes[2], il n'avait pas de drap de lit mais sa chemise, qui était jaune à force d'avoir été lavée, avait un col propre. Le matin, il prenait une vieille boîte à berlingots tout écaillée et toute cabossée, se lavait les dents et se savonnait avec soin le visage, le cou et les bras jusqu'au coude.

Le silence de la nuit parut étrange à Ivan Grigorievitch. Il avait été habitué à entendre, pendant des dizaines d'années, les ronflements, les reniflements, les chuchotements, les gémissements des centaines d'hommes qui dormaient dans les baraquements, le bruit des marteaux, le grincement des roues. Il n'avait été seul qu'au cachot et, au moment de l'enquête, quand il avait passé trois mois et demi dans une cellule individuelle.

Il était entré à l'artel par le plus heureux des hasards. Il avait parlé dans le jardin municipal avec un tuberculeux courbé comme un patin de traîneau dressé à la verticale et cet homme lui avait raconté qu'il abandonnait son poste de comptable dans un artel d'invalides. Il partait parce qu'il ne voulait pas être enterré dans une ville où le cimetière est situé dans un endroit marécageux si bien que les cercueils flottent dans l'eau qui envahit les tombes. Le comptable voulait reposer confortablement après sa mort. Il avait amassé de l'argent pour acheter un cercueil de chêne, il avait acheté de la bonne étoffe rouge pour le capitonner et un lot de ces clous en cuivre qui servent à tapisser les banquettes en cuir des salles d'attente. Il ne voulait pas tremper dans l'eau avec tout son bien.

---

1. Les soldats de l'armée Rouge qui étaient faits prisonniers par les Allemands tombaient dans la catégorie des personnes suspectes pour le régime et, par conséquent, la famille ne touchait pas de pension.
2. Des bandes molletières.

Il parlait de tout cela sur le ton de quelqu'un qui se dispose à emménager dans un nouvel appartement plus confortable.

C'est donc sur la recommandation de cet homme qui s'apprêtait à aller pendre la crémaillère ailleurs qu'Ivan Grigorievitch réussit à se caser comme serrurier dans un artel qui fabriquait des clefs, des cadenas et qui faisait l'étamage et la soudure des batteries de cuisine. Ce métier lui convenait. Ne l'avait-il pas exercé pendant quelque temps dans l'atelier de réparations du camp ?

Parmi les ouvriers, il y avait des invalides de la guerre patriotique, des accidentés du travail et des transports et trois vieillards, mutilés de la guerre de 1914. Il retrouva aussi à l'artel un ancien pensionnaire des camps, un ouvrier de l'usine Poutilov. Ce Mordagne avait été condamné en 1936 en vertu de l'article 58[1] et n'avait été libéré qu'après la fin de la guerre. Il n'avait pas voulu retourner à Leningrad où sa femme et sa fille étaient mortes pendant le siège. Il s'était installé chez sa sœur dans cette ville du Midi et était entré à l'artel.

Les invalides étaient en majeure partie des hommes gais, enclins à prendre la vie avec humour. Mais parfois l'un d'entre eux avait un accès de haut mal : le cri de l'épileptique qui, secoué par les convulsions, se débattait sur le sol se mêlait alors au fracas de marteaux et à la stridence des limes.

C'est ainsi que l'étameur aux moustaches blanches Patachkovski, qui avait été prisonnier pendant la guerre de 1914 (on disait qu'il était autrichien mais il se donnait pour polonais), sentait soudain ses mains se raidir et se figeait sur son tabouret, le marteau levé, tandis que son visage devenait immobile et hautain. Il fallait le secouer par l'épaule pour le tirer de son engourdissement. Un jour, un invalide eut une crise qui se communiqua à un grand nombre de ses compagnons. D'un bout à l'autre de l'atelier, jeunes et vieux se mirent à crier et à se convulser par terre.

Ivan Grigorievitch éprouvait une sensation nouvelle et incroyablement agréable : il travaillait comme salarié libre, sans être surveillé ni par une escorte ni par des sentinelles postées sur des miradors. C'était vraiment étrange : le travail était apparemment le même, les instruments lui étaient familiers mais personne ne le traitait de charogne, aucun voleur ne levait la main sur lui, aucun mouchard ne le menaçait du bâton.

Ivan Grigorievitch eut vite fait de voir comment les hommes s'y prenaient pour arrondir leurs maigres salaires. Certains fabriquaient des casseroles et des théières avec des matériaux qu'ils achetaient à titre privé. Ces objets étaient vendus par l'intermédiaire de l'artel au prix officiel, ni plus ni moins. D'autres réparaient tout un bric-à-brac pour une clientèle

---

1. Voir *Vie et destin*, note 1, p. 585.

privée et se faisaient payer sans signer de quittance. Et, cette fois encore, leurs prix étaient ceux de l'État.

Mordagne, dont les mains étaient si grandes qu'il semblait que l'on eût pu s'en servir pour râteler la neige des trottoirs en hiver, raconta un jour pendant la pause du déjeuner ce qui s'était passé la veille dans son immeuble. Cinq personnes habitaient l'appartement communautaire qui était contigu au sien : un tourneur, un tailleur, un monteur, deux veuves : l'une travaillait dans une fabrique de confection, l'autre faisait des ménages au soviet municipal. Et voici qu'en ce jour de congé, les deux veuves se retrouvèrent au poste de la milice. La *Section de lutte contre les déprédations de la propriété socialiste*[1] les avait arrêtées dans la rue, séparément, alors qu'elles vendaient des filets à provisions qu'elles tressaient la nuit, en se cachant l'une de l'autre. La milice fit une perquisition dans l'appartement et découvrit que le tailleur confectionnait, la nuit, des manteaux d'enfants et de femmes ; que le monteur avait installé sous le plancher un réchaud électrique et faisait des gaufres que sa femme vendait au marché ; que le tourneur de l'usine *Le Flambeau rouge* était cordonnier de nuit et faisait d'élégants souliers de femmes. Quant aux veuves, non seulement elles tressaient des filets à provisions mais encore elles tricotaient des pull-overs pour dames…

Mordagne divertit fort ses auditeurs. Il imita le monteur, qui protestait en criant qu'il faisait des gaufres pour sa famille, et l'inspecteur de la *Section de lutte contre les déprédations de la propriété socialiste* qui lui demandait si c'était vraiment pour sa famille qu'il avait préparé quelque trente-cinq kilos de pâte. Chaque contrevenant dut payer une amende de trois cents roubles, fut signalé à son lieu de travail et menacé de la déportation, tout cela en vue d'épurer la société soviétique de ses parasites et de ses éléments… improductifs.

Mordagne aimait à émailler la conversation de mots savants : en examinant un cadenas cassé, il disait gravement : « Oui, la clef ne réagit absolument pas à la serrure. » Un soir, en rentrant de leur travail, alors qu'il marchait dans la rue aux côtés d'Ivan Grigorievitch, il lui dit soudain :

— Si je ne suis pas retourné à Leningrad, ce n'est pas seulement parce que ma femme et ma fille y sont mortes. La vie que mène le prolétariat de Poutilov… moi, avec mes yeux d'ouvrier, j'peux pas voir ça… Faire la grève, même cela, nous ne le pouvons pas ! Mais, qu'est-ce donc qu'un ouvrier sans le droit de grève, je vous le demande !

Quand sa logeuse revenait de son travail, elle rapportait dans un cabas de la nourriture pour son neveu : de la soupe dans un petit bidon et le plat de résistance dans un pot de terre.

---

1. Voir « Section de lutte contre le vol de la propriété socialiste » dans le Dictionnaire.

— Peut-être mangerez-vous un peu ? demanda-t-elle un soir, d'une voix douce, à Ivan Grigorievitch. Nous avons de quoi...

— Je vois... Mais vous-même, vous ne mangez pas...

— Oh, je mange toute la journée, c'est mon travail... Et, comprenant son regard, elle ajouta : « Je me fatigue beaucoup là-bas. »

Les premiers jours, le visage pâle de sa logeuse lui avait semblé dépourvu de bienveillance mais, ensuite, il vit qu'elle était bonne. Parfois, elle parlait de la campagne. Elle avait été chef d'équipe et même, pendant un certain temps, présidente d'un kolkhoze. Les kolkhozes ne remplissaient pas les normes fixées par le plan. Tantôt c'était l'ensemencement qui était insuffisant, tantôt c'était la sécheresse, tantôt on avait littéralement écorché la terre et elle était épuisée, elle avait perdu sa force, tantôt c'étaient tous les hommes et tous les jeunes qui étaient partis pour la ville... Et, comme ils ne faisaient pas les livraisons imposées, les kolkhoziens recevaient de six à sept kopecks pour une *journée-travail* et cent grammes de seigle (certaines années même, ils n'en touchèrent pas un seul gramme). Mais les gens n'aiment pas travailler pour rien. Les kolkhoziens étaient en haillons, ils faisaient leur pain avec du seigle, des pommes de terre et des glands. Ils ne mangeaient de vrai pain que les jours de fête, en guise de gâteau. Un jour qu'Anna Sergueievna avait apporté du pain blanc à sa sœur aînée qui vivait à la campagne, les enfants avaient eu peur d'en manger : ils n'en avaient jamais vu de leur vie. Quant aux isbas, elles se délabraient. On ne donnait pas de bois pour la construction.

Ivan Grigorievitch écoutait et regardait Anna Sergueievna. Il émanait d'elle une douce lumière de bonté, de féminité. Pendant des dizaines d'années, il n'avait pas vu de femmes mais que d'interminables histoires n'avait-il pas dû écouter dans les baraquements ! Histoires sanglantes, histoires tristes, histoires sales. La femme, dans ces récits, apparaissait soit comme un être bas, inférieur à l'animal, soit comme un être pur, sublime, supérieur aux saintes. Mais l'idée constante de la femme était aussi indispensable au détenu que sa ration de pain. Elle l'accompagnait dans les conversations, dans les rêveries et les songes purs et impurs.

L'étrange, naturellement, c'est qu'après sa libération, il avait vu des femmes élégantes et jolies dans les rues de Moscou et de Leningrad, il s'était trouvé à la table de la belle Maria Pavlovna... Or, ni le chagrin qui s'était emparé de lui quand il avait appris que son amour de jeunesse l'avait trahi, ni le charme de la beauté et de l'élégance féminine, ni l'atmosphère de bien-être et de confort de la maison de Maria Pavlovna n'avaient suscité en lui le sentiment qu'il éprouvait en écoutant Anna Sergueievna, en regardant ses yeux tristes, son gentil visage, jeune et fané.

Et pourtant, il n'y avait rien là qui pût surprendre. Ce qui se passe, depuis des millénaires, entre l'homme et la femme ne saurait être étrange.

Un soir, elle expliqua à Ivan Grigorievitch :

— Envoyer des affamés au travail... l'âme ne le supporte pas. Ah, ce n'est pas à mon propos que l'on a dit qu'une cuisinière devrait pouvoir diriger l'État[1]. Certaines femmes, qui travaillaient sur une batteuse, cousaient une sorte de bas à l'intérieur de leur jupe et remplissaient cette poche de grains. Il fallait les fouiller, les déférer à la justice. Or tout vol de la propriété kolkhozienne est puni d'au moins sept ans[2]. Et ces femmes avaient des enfants... Une nuit, dans mon lit, je me suis dit : L'État achète le grain au kolkhoze six kopecks le kilo et vend le pain un rouble. Dans notre kolkhoze, on n'a pas donné aux paysans un seul gramme de grain en quatre ans. Et, s'ils prennent une poignée de ce grain qu'ils ont, qu'on le veuille ou non, semé, ils sont condamnés à sept ans ! Non, je ne suis pas d'accord... Alors, les nôtres m'ont fait venir à la ville comme cuisinière, pour nourrir les gens... Les ouvriers disent : Tout de même en ville, c'est mieux. Les ouvriers du bâtiment ont des tarifs : deux roubles et demi pour fixer une porte, pour encastrer une serrure. Mais pour ce même travail, fait un jour de congé, un particulier donnera cinquante roubles. L'État paie donc vingt-cinq fois moins cher mais, malgré tout, c'est encore aux paysans qu'on prend le plus. Qu'il s'agisse des citadins ou des paysans, j'estime que l'État prend... un peu beaucoup. Les maisons de repos, les écoles, les tracteurs, la défense, je comprends tout cela mais vraiment on prend trop, il faudrait prendre moins.

Elle regarda Ivan Grigorievitch :

— Peut-être est-ce à cause de cela que toute la vie est mal organisée ?

Puis elle tourna lentement les yeux vers son neveu et ajouta :

— Je sais qu'il ne faut pas parler de ces choses. Mais je vois quel homme vous êtes. C'est pourquoi je vous pose la question. Mais vous, vous ne savez pas qui je suis... et c'est pour cela que vous ne me répondez pas.

— Mais non, pourquoi ? Je vais vous répondre, dit Ivan Grigorievitch. Autrefois, je pensais que la liberté, c'était la liberté de la parole, la liberté de la presse, la liberté de conscience. Mais la liberté s'étend à *toute* la vie de *tous* les hommes. La liberté, c'est le droit de semer ce que l'on veut, de faire des chaussures et des manteaux, c'est le droit pour celui qui a semé de faire du pain, de le vendre ou de ne pas le vendre, s'il le veut. C'est le droit pour le serrurier, le fondeur d'acier, l'artiste de vivre et de travailler comme ils l'entendent et non comme on le leur ordonne. Mais ici il n'y a pas de liberté ni pour celui qui écrit des livres ni pour celui qui sème le blé ni pour celui qui fait des bottes...

La nuit, Ivan Grigorievitch écoutait dans l'obscurité une respiration endormie. Elle était si légère qu'il n'arrivait pas à savoir qui respirait ainsi, l'enfant ou la femme.

Il avait une impression étrange. Il lui semblait qu'il avait été toute sa vie en voyage, qu'il avait passé ses jours et ses nuits dans un wagon grin-

---

1. Allusion à la phrase de Lénine : « Nous apprendrons à chaque cuisinière à diriger l'État. »
2. Voir « Loi des trois épis » dans le Dictionnaire.

çant, qu'il avait écouté pendant des dizaines d'années le bruit des roues et qu'enfin il était arrivé : le convoi s'était arrêté.

Mais, en même temps, le bruit, le fracas de ce voyage de trente années continuait de résonner dans sa tête, de tinter dans ses oreilles comme si le convoi continuait, continuait d'avancer…

11

Aliocha, le neveu d'Anna Sergueievna, était si petit qu'on lui eût donné huit ans. Il était en sixième. Lorsqu'il rentrait de l'école, il allait chercher de l'eau et lavait la vaisselle. Après quoi, il faisait ses devoirs.

Parfois, il levait les yeux sur Ivan Grigorievitch et disait :

— Interrogez-moi en histoire, s'il vous plaît.

Un jour qu'Aliocha apprenait sa leçon de biologie, Ivan Grigorievitch se mit, par désœuvrement, à modeler dans de la terre glaise les différents animaux qui étaient représentés dans le manuel : une girafe, un rhinocéros, un gorille. Aliocha demeura confondu devant ces figurines tant elles lui paraissaient belles. Il les regardait, les changeait de place. Le soir, en se couchant, il les posa sur la table qui était près de lui. À l'aube, avant d'aller faire la queue pour avoir du lait, le petit garçon demanda, d'une voix basse et passionnée, à leur hôte qui se lavait dans le corridor :

— Ivan Grigorievitch, je peux emporter vos animaux à l'école ?

— Je t'en prie, prends-les. Ils sont à toi.

Le soir, Aliocha répéta à Ivan Grigorievitch les paroles de la maîtresse de dessin :

— Dis de ma part à votre locataire qu'il faut absolument qu'il étudie.

Anna Sergueievna, voyant rire pour la première fois Ivan Grigorievitch, intervint :

— Allez voir l'institutrice. Ne riez pas ! Peut-être pourrez-vous arrondir vos fins de mois en travaillant à domicile le soir. Autrement, quelle vie : trois cent soixante-quinze roubles par mois !

— Peu importe, cela me suffit. C'est il y a trente ans qu'il aurait fallu étudier…

Et aussitôt il pensa : Pourquoi suis-je inquiet ? Serais-je encore vivant ? Ne serais-je pas mort ?

Un jour qu'Ivan Grigorievitch racontait à Aliocha la campagne de Tamerlan, il remarqua qu'Anna Sergueievna avait délaissé son ouvrage et l'écoutait avec attention.

— Ce n'est pas dans un artel que vous devriez travailler, lui dit-elle en souriant malicieusement.

— Que pourrais-je faire d'autre ? Mes connaissances, je les ai acquises dans des livres dont bien des pages avaient été arrachées, où manquaient le début et la fin.

Aliocha comprit que c'était sans doute pour cette raison qu'Ivan Grigorievitch improvisait à sa façon, tandis que les maîtres répétaient le manuel du commencement jusqu'à la fin.

Cette histoire de modelage, qui était sans importance, émut vivement Ivan Grigorievitch : lui, naturellement, il n'avait pas un véritable talent mais combien de jeunes physiciens, d'historiens, de spécialistes des langues anciennes, de philosophes, de musiciens, combien de jeunes Swift, combien de jeunes Érasme russes avait-il vus périr, « revêtus du caban de bois » !

La littérature d'avant la Révolution pleurait souvent sur le sort des acteurs, des musiciens, des peintres serfs. Mais qui donc a plaint, dans la littérature actuelle, ces jeunes hommes et ces jeunes filles qui n'auront pas pu peindre leurs tableaux ni écrire leurs livres ? La terre russe est féconde, elle produit *ses propres Platon et ses Newton à l'esprit agile*[1] mais avec quelle atroce simplicité elle dévore ses enfants !

Le théâtre et le cinéma attristaient Ivan Grigorievitch, l'angoissaient. Il avait l'impression que quelqu'un le forçait à regarder la scène et que ce quelqu'un ne le lâcherait plus. La plupart des romans et des poèmes lui donnaient une insupportable sensation d'endoctrinement forcé, d'importunité. Il lui semblait que les livres parlaient d'une vie autre, d'une vie qu'il ne connaissait pas, d'une vie dans laquelle il n'y avait pas de baraquements à régime spécial, de chefs d'équipe, de gardes armés, de surveillants, de passeports intérieurs, d'une vie d'où étaient absents tous les sentiments, toutes les souffrances, les passions et les angoisses dont vivaient les hommes tout autour de lui.

Les écrivains inventaient des hommes, leurs sentiments et leurs pensées, inventaient les appartements où ils habitaient, les trains qu'ils prenaient... La littérature qui se disait *réaliste* n'était pas moins conventionnelle que les romans bucoliques du XVIIIᵉ siècle. Les kolkhoziens, les ouvriers, les paysannes de la littérature s'apparentaient aux villageoises fines et parées, aux bergers tout bouclés qui jouaient du chalumeau et dansaient sur les pelouses au milieu d'agneaux blancs enrubannés de bleu.

Pendant les années qu'il avait passées dans les camps, Ivan Grigorievitch avait appris à connaître les faiblesses humaines. Maintenant, il voyait qu'elles étaient fort nombreuses des deux côtés des barbelés. Les souffrances ne faisaient pas que purifier. La lutte pour obtenir une gorgée supplémentaire de soupe ou pour se faire exempter d'une corvée était féroce et les faibles s'abaissaient à un niveau pitoyable. Maintenant qu'il était en liberté, Ivan Grigorievitch cherchait à deviner comment tel ou tel personnage hautain et fort soigné dans sa mise raclerait de sa cuiller les écuelles vides des autres ou trotterait autour des cui-

---

1. Réminiscence d'une *Ode* de M. V. Lomonossov, savant et poète russe. Celle-ci fut écrite en l'honneur d'Élisabeth Iʳᵉ en 1747, l'année où l'impératrice octroya à l'Académie des sciences une nouvelle charte et doubla son financement.

sines à la recherche d'épluchures et de feuilles de chou pourries, à la façon d'un chacal...

Foulés, écrasés par la violence, la sous-alimentation, le froid, la privation de tabac, les hommes métamorphosés en chacals des camps, cherchant de leurs yeux hagards des miettes de pain et des mégots couverts de bave, éveillaient en lui la pitié.

Les hommes des camps l'aidaient à comprendre les hommes en liberté. Il discernait chez les uns et chez les autres une même faiblesse, une même cruauté, une même cupidité et une même peur. Les hommes étaient partout les mêmes et il les plaignait.

Dans les romans et les poèmes soviétiques comme dans l'art médiéval, les personnages exprimaient l'idée d'Église, de divinité : ils proclamaient un vrai dieu, l'homme n'existait pas par lui-même mais pour ce dieu, il existait pour louer ce dieu et son Église. Certains écrivains, tout en donnant le mensonge pour la vérité, reproduisaient avec un soin tout particulier les détails de l'habillement, de l'installation, plantaient dans des décors réels leurs personnages imaginaires en quête d'un dieu.

En liberté comme au camp, les hommes ne voulaient pas reconnaître qu'ils avaient un droit égal à la liberté. Certains déviationnistes de droite se considéraient comme innocents mais trouvaient juste la répression exercée à l'encontre des déviationnistes de gauche. Les déviationnistes de gauche et de droite n'aimaient pas les espions : ceux qui correspondaient avec des membres de leur famille vivant à l'étranger, ceux dont les parents russifiés portaient des noms polonais, lettons et allemands.

Les paysans avaient beau dire qu'ils avaient travaillé toute leur vie de leurs mains, les prisonniers politiques ne les croyaient pas : « Nous savons que ce n'est pas sans raison que l'on a entrepris la *dékoulakisation* des paysans pauvres. »

Lorsque Ivan Grigorievitch avait dit à un ancien chef de gardes rouges, son voisin de bat-flanc : « Mais vous, toute votre vie vous vous êtes dévoué à l'idée du bolchevisme. Vous êtes un héros de la guerre civile et, pourtant, on vous a accusé d'espionnage... », celui-ci lui avait répondu : « Moi ? Je suis victime d'une erreur ! Je suis un cas à part. On ne peut même pas comparer... »

Quand les « droit commun », ayant choisi une victime, se mettaient à la martyriser et à la piller, que faisaient les prisonniers politiques ? Les uns se détournaient, d'autres restaient assis, le visage figé et obtus, d'autres encore s'enfuyaient ou bien, faisant semblant de dormir, tiraient leur couverture sur leur tête.

Des centaines de détenus, parmi lesquels se trouvaient d'anciens combattants et des héros, étaient sans défense devant quelques criminels de droit commun. Ceux-ci faisaient de l'esclandre, se considéraient comme des patriotes, traitaient les politiques de fascistes et d'ennemis de la patrie. Dans les camps les hommes sont semblables à des grains de sable sec : ils se détachent les uns des autres.

L'un considérait qu'une erreur avait été commise en ce qui le concernait lui personnellement mais que, d'une façon générale, on n'arrêtait pas les gens sans raison.

D'autres, en revanche, raisonnaient ainsi : « Quand nous étions en liberté, nous estimions qu'on n'arrêtait pas les gens sans raison mais, maintenant que nous avons payé de notre personne, nous avons compris qu'on arrêtait pour rien. » Mais ils n'en tiraient aucune conclusion et soupiraient avec résignation.

Un travailleur du *Comité international de la jeunesse*[1], talmudiste et dialecticien, avait expliqué avec force tics à Ivan Grigorievitch qu'il n'avait commis aucun crime contre le Parti, mais que les organes de sécurité avaient eu raison de l'arrêter comme espion et adepte du double jeu car il appartenait à une couche hostile au Parti, à la couche qui donnait précisément naissance aux « double face », aux trotskistes, aux opportunistes de fait, aux geignards et aux mécréants.

Un détenu intelligent, qui avait été fonctionnaire du Parti en province, avait lié conversation avec Ivan Grigorievitch :

— *Quand on abat la forêt, les copeaux volent*, mais la vérité du Parti reste la vérité, elle est au-dessus de mon malheur et, se désignant lui-même, il avait ajouté : « Je suis un de ces copeaux. »

Il s'était troublé lorsque Ivan Grigorievitch lui avait répliqué :

— Mais justement, le malheur c'est qu'on abatte la forêt. Pourquoi abattre la forêt ?

Dans les camps, Ivan Grigorievitch n'avait rencontré que peu d'hommes qui eussent réellement lutté contre le pouvoir soviétique.

Qui trouvait-on dans les camps ? D'anciens officiers tsaristes. Ils avaient été arrêtés non pour avoir reconstitué une association monarchiste mais parce qu'ils auraient pu le faire.

Des sociaux-démocrates et des socialistes-révolutionnaires. Un grand nombre d'entre eux avaient été arrêtés alors qu'ils étaient loyaux et avaient perdu jusqu'au goût de toute activité. On les avait arrêtés non parce qu'ils luttaient contre l'État soviétique mais parce qu'ils étaient censés pouvoir le faire.

On déportait dans les camps des paysans non parce qu'ils avaient lutté contre les kolkhozes mais parce que, dans certaines conditions, ils eussent peut-être pu s'y opposer.

Certaines personnes se retrouvaient dans un camp pour avoir fait une critique innocente. L'un n'aimait pas les livres et les pièces primés par l'État, l'autre n'appréciait pas les postes de radio ou les stylos soviétiques. Dans certaines conditions, les hommes de cette sorte n'étaient-ils pas susceptibles de devenir des ennemis de l'État ?

---

1. Voir « Internationale de la jeunesse communiste » dans le Dictionnaire.

Des hommes étaient déportés pour avoir correspondu avec une tante ou un frère vivant à l'étranger : ils pouvaient plus facilement devenir des espions que ceux qui n'avaient pas de parents à l'étranger.

Cette terreur ne s'exerçait pas à l'encontre de criminels mais d'hommes qui, selon les organes de répression, risquaient un peu plus que d'autres de le devenir.

En dehors de cette sorte de détenus, on trouvait aussi dans les camps des hommes vraiment hostiles au pouvoir soviétique, qui avaient lutté contre lui : de vieux socialistes-révolutionnaires, des mencheviks, des anarchistes ou encore des partisans de l'indépendance de l'Ukraine, de l'Estonie, de la Lituanie et (pendant la Seconde Guerre mondiale) des partisans de Stepan Bendera.

Les détenus soviétiques les considéraient comme leurs ennemis mais, en même temps, ils les admiraient parce qu'ils avaient été arrêtés pour quelque chose.

Dans un camp à régime spécial, Ivan Grigorievitch avait rencontré un adolescent, un écolier, Boris Romachkine, qui avait été condamné à dix ans de détention : il avait réellement rédigé des tracts accusant l'État de condamner des innocents, il les avait réellement tapés à la machine, il les avait réellement collés la nuit sur les murs de certaines maisons de Moscou. Boris avait raconté à Ivan Grigorievitch que des dizaines d'employés du ministère de la Sûreté nationale (au nombre desquels figuraient plusieurs généraux) étaient venus le voir, le regarder : qu'un jeune garçon ait été arrêté pour avoir fait réellement quelque chose, cela les intéressait tous. Boris était célèbre dans le camp, tout le monde le connaissait, des détenus des camps voisins s'informaient de lui. Quand Ivan Grigorievitch avait été envoyé dans un nouveau camp situé à huit cents kilomètres du précédent, il avait entendu parler de Boris Romachkine dès le premier soir. Sa renommée courait dans toute la région de Kolyma.

Mais l'étonnant, c'est que tous les hommes condamnés pour avoir fait quelque chose, pour avoir réellement lutté contre le pouvoir soviétique, estimaient que tous les détenus politiques, tous les *zeks*, étaient innocents, que tous sans exception méritaient d'être remis en liberté. Tandis que ceux qui avaient été arrêtés « pour des prunes », pour des actions imaginaires, ceux dont les dossiers avaient été fabriqués – et ils étaient des millions dans ce cas – avaient tendance à n'amnistier qu'eux-mêmes et s'efforçaient de démontrer la culpabilité des faux espions, des faux koulaks, des faux saboteurs, de justifier la férocité de l'État.

Les détenus et les hommes vivant en liberté différaient dans leur mentalité. Ivan Grigorievitch avait constaté que les hommes des camps restaient fidèles à l'époque qui les avait vus naître. On retrouvait dans le caractère et dans la pensée de chacun d'eux les différentes périodes de la vie russe. Il y avait les combattants de la guerre civile, avec leurs chansons préférées, leurs héros, leurs livres ; les hommes de Petlioura – les

« verts » – avec toutes les passions de leur temps, avec leurs chansons, leurs poésies, leurs habitudes ; les militants du Komintern des années 20 avec leur enthousiasme, leur vocabulaire, leur philosophie, leur manière de se tenir, de prononcer les mots ; il y avait aussi des hommes très âgés : des monarchistes, des mencheviks, des socialistes-révolutionnaires. Ils avaient conservé en eux le monde des idées, la façon d'être des héros littéraires en vogue quarante-cinq ans auparavant.

On pouvait reconnaître du premier coup dans un vieillard tout dépenaillé et quinteux un chevalier-garde pusillanime, négligé mais non sans noblesse, dans son voisin de bat-flanc, également dépenaillé et mal rasé, un social-démocrate impénitent et dans l'infirmier tout voûté, le « planqué », un commissaire de train blindé.

Au contraire, les personnes âgées vivant en liberté ne portaient pas la marque du passé. Le passé s'était effacé en eux. Ils pensaient, ils vivaient en conformité avec le présent. Leur vocabulaire, leurs idées, leurs passions, leur sincérité même changeaient avec docilité et souplesse selon le cours des événements et la volonté des dirigeants.

Comment expliquer cette différence ? Peut-être qu'au camp, l'homme, comme anesthésié, se figeait.

Ivan Grigorievitch avait observé que les prisonniers aspiraient naturellement à s'échapper des barbelés, à rejoindre leur femme et leurs enfants. Or, quand il lui arrivait maintenant de rencontrer des hommes qui avaient été libérés des camps, il était frappé par ceci : leur hypocrite soumission, la peur de toute idée personnelle, leur terreur d'être de nouveau arrêtés étaient telles qu'ils semblaient plus sûrement emprisonnés que lorsqu'ils étaient aux travaux forcés.

Alors même qu'ils étaient sortis du camp, qu'ils travaillaient librement et qu'ils vivaient avec les leurs, les hommes de cette sorte se condamnaient parfois à une forme de captivité plus rigoureuse, plus totale que celle que leur avaient imposée les barbelés.

Et pourtant, au milieu des tourments et des affres, dans la vase et dans la boue de la vie concentrationnaire, la liberté était la lumière et la force des âmes captives. La liberté était immortelle.

C'est en vivant dans cette petite ville méridionale, chez la veuve du sergent Mikhaliov, qu'Ivan Grigorievitch commença à mieux sentir, à percevoir avec plus de force le sens de la liberté.

Dans le combat que les hommes livrent chaque jour pour vivre, dans les expédients auxquels recourent les ouvriers pour gagner un rouble de plus en travaillant la nuit, dans la lutte des kolkhoziens pour obtenir du blé et des pommes de terre, seul avantage qu'ils tirent de leur labeur, il devinait qu'il n'y avait pas seulement le désir de vivre mieux, d'habiller leurs enfants et de les nourrir à leur faim. Dans la lutte pour obtenir le droit de fabriquer des bottes, de tricoter des pull-overs, de semer librement ce que l'on veut transparaissait l'aspiration à la liberté, cette aspiration propre à l'être humain, naturelle, indestructible. Et cette même aspiration, il l'avait constatée chez les bagnards. La liberté était immortelle des deux côtés des barbelés.

Un soir, après le travail, les mots dont il usait au camp lui revinrent en mémoire. Mon Dieu ! À chaque lettre de l'alphabet correspondait un mot du camp. Et sur chacun de ces mots que d'articles, de poèmes, de romans ne pourrait-on pas écrire...

Arrestation... Baraquement... Camp de femmes... Déportation... Ennemi du peuple... Faim... Gardiens... et ainsi de suite jusqu'à la fin de l'alphabet. Un monde immense ayant sa propre langue, son économie, son code moral. Oui, les livres qu'on pourrait écrire rempliraient des rayons entiers. Ils tiendraient un peu plus de place que *L'Histoire des fabriques et des usines* entreprise par Gorki[1]...

Voici un sujet entre autres : histoire d'un convoi : sa formation, le voyage, la garde armée... Comme ils paraissent naïfs et confortables aux prisonniers d'aujourd'hui les convois des années 20, le déporté politique installé dans un compartiment de wagon de voyageurs en compagnie d'un gardien-philosophe qui le régale de *pirojki*... C'étaient les timides embryons de la culture concentrationnaire, le bon vieil âge de pierre, le poussin sortant de sa coquille.

Que dire du convoi de seize wagons qui se rend de nos jours dans la région de Krasnoïarsk ? Une ville-prison roulante, des wagons de marchandises à quatre essieux, des fenêtres grillagées, des lits de planches à trois étages, des wagons-dépôts, des wagons réservés à l'état-major et remplis de surveillants en armes, des wagons-cuisines, des wagons pour les chiens policiers qui trottent à l'arrêt le long du convoi... Le chef du convoi est entouré, comme le padichah des contes, d'une cour de cuisiniers et de prostituées, ses concubines. Lors des inspections, un surveillant grimpe dans le wagon, tandis que les gardes pointent leurs mitraillettes sur les portières ouvertes des autres voitures et mettent en joue les prisonniers. Les hommes sont entassés les uns contre les autres. Le surveillant fait adroitement passer les détenus qu'il a pointés d'une partie du wagon dans l'autre et ceux-ci ont beau se précipiter, un garde trouve toujours le moyen de leur assener un coup de bâton sur le derrière ou sur le crâne.

Récemment, après la grande guerre patriotique, des râteaux d'acier ont été installés sous la caisse des wagons de queue. Si un détenu parvient, en cours de route, à démonter le plancher et se jette à plat ventre entre les rails, le râteau le saisit, le tire et le lance sous la roue : match nul ! Pour le cas où un détenu parviendrait à trouver le plafond et à grimper sur le toit du wagon, des projecteurs-poignards ont été installés. Ils percent l'obscurité, depuis la locomotive jusqu'au wagon de queue et si, d'aventure, un homme court sur les toits, la mitrailleuse qui veille sur le convoi

---

1. Une série de livres, lancée en 1931 par Gorki, qui avait soutenu l'initiative des ouvriers correspondants des journaux et des revues, ainsi que celle des historiens du Parti.

connaît son affaire… Oui, tout évolue. La vie économique du convoi s'est *cristallisée*. Tout y est : la *valeur ajoutée*, le bien-être des officiers du convoi dans leur wagon d'état-major, les *prélèvements* opérés sur les marmites des détenus et des chiens, l'*indemnité de déplacement* calculée en fonction de ce trajet de seize jours qui mène le convoi vers les camps de Sibérie orientale, la *circulation des marchandises* dans les wagons des détenus, la féroce *accumulation primitive* et la *paupérisation* qui va de pair ! Oui, *Panta rei*, tout coule, tout passe : il n'y a pas deux convois qui se ressemblent.

Mais qui décrira le désespoir de ces hommes que chaque tour de roue éloigne un peu plus de leurs femmes, les confidences nocturnes qui se mêlent au bruit métallique des roues et au grincement des wagons, la résignation, la confiance, la plongée dans l'abîme concentrationnaire, les lettres jetées de la nuit des wagons dans les ténèbres de la steppe, et qui arrivaient à destination…

Dans le convoi, on n'a encore aucune des habitudes du camp, on n'en connaît pas encore la fatigue, on n'a pas l'esprit hébété par le travail forcé. On a le cœur en sang, tout est inhabituel, tout est terrifiant : le demi-jour, les grincements, les planches rugueuses, la redoutable agilité des voleurs, le regard de quartz des hommes de l'escorte.

Quelqu'un prend un gamin sur ses épaules et le hisse jusqu'à la fenêtre et l'enfant crie :

— Grand-père, grand-père, où est-ce qu'on nous emmène ?

Et tous, dans le wagon, entendent la voix traînante et brisée du vieillard :

— En Sibérie, mon chéri, au bagne…

Soudain, Ivan Grigorievitch pensa : était-ce vraiment ma voie, mon destin ? C'est dans ces convois que j'ai pris la route et maintenant le voyage est terminé.

Ces souvenirs du bagne, qui surgissaient souvent ainsi sans aucun lien, le tourmentaient par leur caractère chaotique. Mais il sentait, il se rappelait qu'on peut comprendre le chaos et il savait qu'il était en mesure de le faire maintenant que le périple des camps était achevé. Il était temps d'y voir clair, de dégager les lois de ce chaos de souffrances où la culpabilité contrastait avec la sainte innocence, les faux aveux de ses crimes avec le dévouement fanatique, l'absurdité de ce massacre de millions d'être innocents et dévoués au Parti avec la terrible signification de ces meurtres.

12

… Tous ces derniers jours, Ivan Grigorievitch était resté silencieux. Il n'avait presque pas parlé avec Anna Sergueievna, mais il avait souvent pensé à elle en travaillant. Il regardait tout le temps la pendule de l'atelier, impatient qu'il était de la retrouver.

Il ne savait pas pourquoi, durant tous ces jours qu'il avait passés à méditer en silence sur la vie concentrationnaire, il avait surtout évoqué le destin des femmes des camps. Jamais, sans doute, il n'avait tant pensé aux femmes.

Ce ne sont ni les universités ni les travaux des sociologues qui ont établi l'égalité de l'homme et de la femme. Cette égalité n'a pas été démontrée seulement à l'usine, dans les vols des cosmonautes ou dans le feu de la Révolution, elle s'est affirmée tout au long de l'histoire de la Russie, maintenant, toujours et dans les siècles des siècles, dans les souffrances du servage, des camps, des convois et des prisons.

À la face des siècles de servage, à la face des bagnes de Kolyma, de Norilsk, de Vorkouta, la femme est devenue l'égale de l'homme.

Le camp a confirmé aussi cette autre vérité, simple comme un des Dix Commandements : la vie des hommes et des femmes est indivisible.

Il y a une force satanique dans l'interdiction, dans la digue, dans le barrage. L'eau des rivières et des fleuves, lorsqu'elle est endiguée, acquiert une force obscure et secrète. Cette force cachée, dissimulée dans le sable fin, dans les reflets du soleil, dans les balancements des nénuphars révèle soudain l'inexorable malignité de l'eau : elle brise la pierre et entraîne à une vitesse folle les aubes des turbines.

La puissance de la faim est impitoyable dès qu'un barrage sépare l'être humain de son pain. Le bon, le naturel besoin de nourriture se transforme en une force bestiale qui anéantit des millions de vies et qui oblige les mères à dévorer leurs enfants.

L'interdiction qui sépare des hommes les femmes détenues dans les camps mutile leur corps et leur âme.

La tendresse, la sollicitude, la passion, l'instinct maternel de la femme, c'est le pain et l'eau de la vie. Et tout cela naît en elle grâce aux maris, aux fils, aux pères, aux frères. Et tout cela remplit la vie de l'homme parce qu'il y a des épouses, des mères, des filles, des sœurs.

Mais voici que la force de l'interdiction fait irruption dans la vie et tout ce qui était simple et bon – le pain et l'eau de la vie – devient perversité.

Comme par enchantement, la contrainte et l'interdiction transforment immanquablement le bien en mal, à l'intérieur de l'homme.

Une zone déserte s'étendait entre les camps des femmes et les camps des hommes. On l'appelait la zone de feu. Les mitrailleuses entraient en action dès qu'un être humain apparaissait sur ce *no man's land*. Et cependant, les prisonniers de droit commun parcouraient en rampant cette zone de feu, creusaient des passages, se glissaient sous les fils barbelés ou les enjambaient et ceux qui n'avaient pas de chance gisaient à jamais, la tête transpercée, les jambes brisées. Tout cela évoquait la course tragique et folle des poissons qui frayent dans des rivières fermées par des barrages.

En revanche, quand des serruriers, des chauffeurs, des charpentiers allaient sur ordre dans les sinistres camps à régime spécial, peuplés de femmes qui n'avaient pas vu de visage d'homme, et pas entendu de voix d'homme depuis de longues années, ils étaient martyrisés, torturés, mis à mort. Les criminels de droit commun avaient peur de ces camps où l'on considérait comme un bonheur de pouvoir toucher de la main l'épaule d'un homme mort. Ils avaient peur d'y aller, même sous la protection d'armes à feu.

Le morne et sombre malheur mutilait les bagnards, les transformait de telle sorte qu'ils cessaient d'être des personnes humaines.

Au bagne, des femmes forçaient d'autres femmes à un concubinage contre nature. Des femmes d'un type nouveau et absurde apparaissaient dans les baraquements : des femmes-mâles à la voix éraillée, à la démarche martiale, à l'allure virile, portant des pantalons resserrés dans des bottes de soldat. Et, à côté d'elles, surgissaient de pauvres créatures perdues : leurs femelles.

Les femmes-mâles buvaient de l'alcool et fumaient des *Troupe*. Quand elles étaient ivres, elles rossaient leurs amies frivoles et menteuses, ces mêmes amies qu'elles défendaient à coups de poing et à coups de couteau contre les affronts et les avances grossières de leurs semblables. Ces rapports tragiques et monstrueux, c'était cela l'amour au bagne. Ce monde était effrayant. Les voleurs et les assassins n'avaient pas envie d'en rire ni d'en plaisanter grassement. Il leur inspirait un seul sentiment, la terreur.

La frénésie amoureuse du bagne ignorait les distances de la taïga, les fils barbelés, les murailles, les sentinelles, les verrous des baraquements à régime renforcé ; elle s'exposait aux chiens-loups, à la lame du couteau, à la balle des gardiens. Les yeux exorbités, l'épine dorsale cassée, c'est ainsi que fraye le poisson sorti de l'océan qui se meurtrit sur les rochers et les cailloux des rapides et des cascades…

Mais, en même temps, les hommes des camps conservaient dans leur cœur l'amour de leur épouse et de leur mère et les « fiancées par procuration », qui n'avaient jamais vu et ne verraient jamais les promis qu'elles s'étaient choisis dans d'autres camps, étaient prêtes à subir n'importe quelle torture pour rester fidèles à leur élu infortuné, à leur vie imaginaire.

On peut pardonner bien des choses à l'homme si, dans la boue et la puanteur des camps, il reste malgré tout un être humain.

13

Douce, douce Macha… Elle ne porte plus de bas fins, elle n'a plus son tricot bleu. C'est difficile de rester propre dans un wagon à bestiaux… Elle écoute avec une attention extrême la langue étrange – on dirait que ce n'est pas du russe – que parlent ses voisines, les voleuses. Elle regarde avec épouvante la reine du convoi, maîtresse hystérique, amante aux lèvres pâles d'un célèbre voleur de Rostov.

Macha a lavé son mouchoir dans son gobelet. Avec ce qu'il restait d'eau, elle s'est frictionné les pieds. Elle sèche le mouchoir sur un de ses genoux. Elle scrute la pénombre.

Les mois qu'elle vient de vivre se confondent dans un brouillard : les pleurs de Youlka qui s'est donné une indigestion, le jour de son anniversaire ; les visages des hommes qui ont perquisitionné chez elle ; le linge, les dessins techniques, les poupées, la vaisselle jetés sur le plancher ; la plante verte, ce caoutchouc que sa mère lui avait offert pour son mariage, arrachée de son pot ; le dernier sourire que son mari lui a fait sur le seuil de la chambre, sourire pitoyable, sourire implorant sa fidélité. Rien qu'à l'évoquer ce sourire, elle criait, se prenait la tête à deux mains. Ensuite, des semaines folles où tout était comme auparavant à cela près que la casserole où cuisait la kacha de Youlka voisinait avec l'épouvante glacée de la Loubianka... Les files d'attente dans l'entrée de la prison intérieure ; la voix sortant du guichet : « Colis non autorisé » ; les allées et venues chez les parents ; les adresses des proches apprises par cœur, l'armoire à glace et les livres publiés par les éditions « Académia »[1] mal vendus, à la hâte ; la souffrance ressentie lorsque l'amie intime a cessé de téléphoner. Et, de nouveau, les hôtes de la nuit, la perquisition jusqu'à l'aube, les adieux à Youlka que l'on n'a certainement pas donnée à sa grand-mère mais qu'on a dû emmener dans un centre d'accueil. La prison Boutyrki où l'on parlait à voix basse, où les allumettes et les arêtes retirées de la soupe servaient d'aiguilles à coudre ; le bariolage de dizaines de mouchoirs, de slips et de soutiens-gorge que les détenues agitaient pour les faire sécher ; l'interrogatoire de nuit où, pour la première fois, on leva la main sur elle, on la tutoya, on la traita de putain, de prostituée. On l'accusait de n'avoir pas dénoncé son mari qui avait fait l'objet d'une condamnation à dix ans, assortie de la privation du droit d'écrire, pour « *non-dénonciation* de la terreur ».

Macha ne comprit pas pourquoi elle, et des dizaines d'autres femmes comme elle, devaient dénoncer leur mari ; pourquoi Andreï, et des centaines d'hommes comme lui, devaient dénoncer leurs camarades de travail, leurs amis d'enfance. Le juge d'instruction la convoqua une seule fois. Ensuite huit mois s'écoulèrent, huit mois passés en prison le jour et la nuit, la nuit et le jour. Le désespoir fit place à l'attente hébétée du destin. Parfois l'espoir l'inondait telle une vague marine et elle avait alors la certitude de retrouver bientôt son mari et sa fille.

Enfin, un surveillant lui remit une étroite feuille de papier à cigarette où elle lut : *Article 58, paragraphe 6, alinéa 12*.

Mais, même après cela, elle espéra encore : on allait lever sa condamnation, son mari avait été acquitté, Youlka était à la maison, ils allaient se

---

1. La maison d'édition (Leningrad-Moscou, 1922-1938), dirigée par Kamenev au début des années 1930, publiait de nombreux ouvrages consacrés au théâtre dans des éditions particulièrement soignées.

retrouver et plus rien jamais ne les séparerait. L'idée de ces retrouvailles la mettait en feu et lui donnait froid.

Une nuit, on la réveilla : « Lioubimova, prenez vos affaires ! » On la fit monter dans un fourgon cellulaire et, au lieu de la déposer à la prison de tri de Krasnaïa Presnia, on la mena à la gare de marchandises du chemin de fer de Iaroslavl où avait lieu le chargement des convois.

Un souvenir se détachait dans sa mémoire. Elle se rappelait la matinée qui avait suivi l'arrestation de son mari comme si cette matinée durait encore. La porte de l'immeuble avait claqué, on avait entendu le bruit d'un moteur et tout était redevenu silencieux. La peur pénétra dans son âme. Elle entendait le téléphone qui sonnait de temps à autre dans le corridor, l'ascenseur qui s'arrêtait soudain à leur étage, devant leur porte, la voisine qui sortait de la cuisine, en traînant les pieds, et le bruit de ses pas qui cessait d'une façon inattendue.

Elle essuya avec un chiffon les livres qui étaient éparpillés sur le plancher et les mit sur l'étagère, elle ramassa le linge qui était par terre et en fit un baluchon. Elle avait envie de le faire bouillir, tout ce qui était dans la chambre lui paraissait souillé. Elle remit la plante dans son pot et caressa ses feuilles de cuir. Andreï riait de ce caoutchouc. Il disait que c'était le symbole des petits-bourgeois et, au fond, elle pensait comme lui. Mais Macha n'admettait pas que l'on maltraitât ce caoutchouc, elle n'avait jamais permis à Andreï de le mettre dans la cuisine. Elle ne voulait pas faire de peine à sa pauvre mère, à sa vieille maman qui avait traversé tout Moscou avec son cadeau et l'avait monté chez eux au cinquième étage, l'ascenseur étant en panne.

Tout était calme ! Mais les voisins ne dormaient pas. Ils la plaignaient, ils avaient peur d'elle, ils se pâmaient de bonheur : ce n'était pas chez eux que l'on était venu avec un ordre de perquisition et un mandat d'amener... Youlka dormait et elle, elle rangeait la chambre. D'habitude, elle ne faisait pas le ménage avec tant de soin. D'une manière générale, elle était indifférente aux choses. Les lustres, la jolie vaisselle ne l'avaient jamais intéressée. Certaines personnes la considéraient même comme une mauvaise ménagère, comme une femme négligente. Or, l'indifférence que Macha témoignait aux objets et le désordre de la chambre plaisaient à Andreï. Mais maintenant, il lui semblait que si les choses reprenaient leur place, elle se sentirait mieux, elle serait plus tranquille.

Elle regarda dans le miroir, puis parcourut des yeux la chambre qu'elle venait de ranger. *Les Voyages de Gulliver* étaient sur l'étagère, à l'endroit même où ils se trouvaient la veille, avant la perquisition. Le caoutchouc était de nouveau sur la petite table. Et Youlka dormait, qui, cramponnée à sa mère, avait pleuré jusqu'à quatre heures du matin. Tout était calme dans le corridor et les voisins ne faisaient pas encore de bruit dans la cuisine. Dans sa chambre si bien rangée, Macha eut une crise de désespoir. Sa tendresse, son amour pour Andreï l'illumina soudain et, aussitôt après, dans le silence de la maison, au milieu des objets familiers, elle perçut

comme jamais la force impitoyable qui est capable de fausser l'axe de la
terre. Cette force avait pénétré en elle, en Youlka et dans cette petite
chambre dont elle disait :

— Je n'ai pas besoin de vingt mètres carrés avec un balcon puisqu'ici
je suis heureuse.

Youlka, Andreï... loin d'eux on l'enlève. Le bruit des roues lui crève le
cœur. Elle s'éloigne de plus en plus de Youlka. Chaque heure la rapproche
de la Sibérie, de cette Sibérie qu'on lui offre en échange de la vie qu'elle
menait avec ceux qu'elle aimait.

Macha ne porte plus sa jupe à carreaux et c'est avec son peigne que la
voleuse aux lèvres minces et pâles démêle ses cheveux chargés d'électricité.

Sans doute ne peuvent-ils cohabiter que dans un cœur de jeune femme
ces deux tourments : l'inquiétude maternelle, le désir passionné de sauver
son enfant abandonné et, en même temps, le sentiment d'être soi-même
désarmé comme un enfant devant le courroux de l'État, le désir de se
cacher la tête contre la poitrine de sa mère.

Ces ongles sales et cassés étaient soignés naguère, la couleur du vernis
intéressait beaucoup Youlka à qui son papa avait dit quand elle avait six
ans : « Les ongles de Maman sont comme des écailles de poisson. » Il ne
restait plus trace de sa permanente. Elle s'était fait coiffer un mois avant
l'arrestation d'Andreï quand ils étaient allés tous deux fêter l'anniversaire
de l'amie qui n'avait plus téléphoné par la suite.

Youlka, la petite Youlka, si timide, si nerveuse, dans un centre d'accueil !
Macha gémit doucement, sa vue se trouble. Comment préserver sa petite
fille des surveillantes cruelles, des enfants méchants et polissons, des vêtements grossiers et déchirés, des couvertures de soldat, des oreillers de paille
qui vous piquent ?... Mais le wagon grince, les roues cognent et plus
Moscou et Youlka s'éloignent, plus la Sibérie se rapproche.

Mon Dieu, est-ce bien vrai tout cela ? Un instant, il lui sembla que tout
ce qui se passait maintenant n'était qu'un rêve : cette demi-obscurité où
l'on étouffe, cette écuelle d'aluminium, ces voleuses installées sur leurs
lits de planches et qui vous enfument de leur mauvais tabac, le linge sale,
votre corps qui vous démange, l'angoisse qui vous serre le cœur : « Vivement le prochain arrêt ! Au moins, la garde nous protégera des "droit
commun" ! » Mais à l'arrêt, quelle frayeur à la vue des crosses levées et
des gardes qui profèrent des injures obscènes. On n'a plus qu'une idée :
repartir au plus vite ! Les voleuses elles-mêmes disent : « À Vologda, les
hommes d'escorte sont pires que la mort ! »

La détresse de Macha ne tenait ni à la cruauté des gardes, ni à l'indé-
cence des voleuses, ni aux lits de planches qui grinçaient, ni au givre qui
recouvrait les vitres du wagon dès que le poêle s'éteignait, mais au fait
qu'elle était en train de sortir de l'hébétude qui avait enfermé son âme
comme dans un cocon pendant les huit mois qu'elle avait passés en cellule.

Cette descente de neuf mille kilomètres au sépulcre sibérien, elle la sent, elle la vit de tout son être.

Ici elle n'a plus, comme en prison, l'espoir insensé de voir s'ouvrir la porte de sa cellule et d'entendre le surveillant crier : « Lioubimova, libérée ! Emportez vos nippes ! » Alors elle sortirait, prendrait l'autobus rue Novoslobodskaïa et rentrerait chez elle où l'attendent Andreï et Youlka...

Dans ce wagon, on n'est plus dans un état d'hébétude et on n'éprouve pas encore cette fatigue qui, dans les camps, procure l'oubli. Simplement, on a le cœur qui saigne.

Et si Youlka fait dans sa culotte... Mais se lave-t-elle les mains ?... Et si elle a besoin de se moucher... Il lui faut des légumes verts... Elle se découvre toujours la nuit... Elle dort toute nue...

Macha n'a plus de souliers, elle porte de vieux brodequins et un de ces brodequins n'a plus de semelle. Est-ce bien elle qui lisait Alexandre Blok, étudiait la philologie et faisait des poèmes à l'insu d'Andreï ? Qui courait prendre un rendez-vous *Chez Jean*, le coiffeur de l'Arbat[1] ? Qui non seulement lisait des livres mais encore réussissait le borchtch et les tartes Napoléon, savait coudre et avait allaité un enfant ? Macha était perpétuellement en admiration devant Andreï, son assiduité au travail, sa modestie, et elle faisait à son tour l'admiration de tous ceux qui l'entouraient tant elle était dévouée à son mari et à sa fille.

Le convoi roule toujours et Macha ressent les premières atteintes du typhus. Sa vue se trouble, ses idées s'obscurcissent, elle a la tête lourde. Mais non, elle n'a pas le typhus, elle est bien portante ! Ici de nouveau, dans ce convoi, l'espoir retrouve le chemin de son cœur : les voici arrivées au camp et on lui crie : « Lioubimova, sors du rang, il y a un télégramme pour toi. Tu es libérée ! » et ainsi de suite, et cetera. Elle prend un train de voyageurs pour Moscou et voici Sofrino et voici Pouchkino et voici la gare de Iaroslavl. Elle voit Andreï, elle prend Youlka dans ses bras...

Et elle languit d'espoir : qu'on arrive au plus vite au terminus sibérien pour recevoir le télégramme annonçant sa libération ! Comme ils se hâtent les petits pieds maigres de Youlka, comme elle court le long du wagon qui ralentit...

Dépouillée par les voleuses, Macha descend enfin du convoi. Elle cache ses doigts gelés dans les manches de sa veste ouatinée toute tachée de graisse, elle a noué sur sa tête une serviette éponge sale. Les souliers alignés des centaines de femmes de Moscou condamnées à dix ans de camp pour n'avoir pas dénoncé leur mari craquent sur la neige comme du verre. Les jambes revêtues de bas de soie marchent, les souliers à hauts talons trébuchent. On envie Macha. Elle a voyagé avec les voleuses et non avec les « épouses ». On l'a dépouillée mais maintenant elle a une veste ouatinée et peut bourrer ses brodequins de chiffons et de papier.

---

1. Artère principale d'un quartier de ruelles au centre de Moscou.

Elles trébuchent, elles se hâtent, elles tombent, les épouses des ennemis du peuple. Elles ramassent précipitamment les affaires qu'elles ont semées sur la neige mais elles ont peur de pleurer.

Macha regarde tout autour d'elle : dans son dos, la remise de la gare, les wagons de marchandises qui se détachent sur la neige comme un collier de perles rouges sur une peau blanche ; devant elle, le convoi des femmes qui se déroule comme un serpent noir en contournant une pile de bois saupoudré de neige, les hommes de l'escorte qui sont vêtus de demi-pelisses merveilleusement chaudes, les chiens policiers qui clabaudent dans leur pelage épais. Mais après deux mois de voyage, l'air pur vous enivre, plus coupant qu'une lame de rasoir. Le vent s'est levé. Une fumée de neige sèche s'est répandue sur les terres vierges et la tête de la colonne se noie dans le brouillard. Le vent cingle le visage et les jambes. Macha a le vertige.

Fatigue… peur de geler et d'attraper la gangrène… rêve de se retrouver au chaud, de se laver aux étuves… stupeur à la vue d'une vieille femme corpulente portant lorgnon, étendue sur la neige avec une expression étrange, sottement capricieuse… C'est à travers tous ces sentiments que Macha, cette jeune femme de vingt-six ans, entrevit soudain dans un brouillard de neige son destin concentrationnaire… Sur son destin antérieur, celui qui était derrière elle, à des milliers de verstes, rue Spassopeskovski, les scellés étaient mis. Des miradors, des gardiens vêtus de pelisses, des portes grandes ouvertes surgirent du brouillard. À cet instant, Macha vit avec une égale netteté ses deux vies : celle qui s'en était allée, celle qui venait.

Elle court, trébuche, souffle sur ses doigts glacés et la folie de l'espoir ne la quitte pas : elles arrivent au camp et là, on va lui annoncer sa libération prochaine. C'est pourquoi elle court à perdre le souffle.

… Quel travail difficile on lui a donné ! Elle avait mal au ventre, elle avait les reins brisés sous le poids, démesuré pour une femme, des sacs de chaux qu'elle transportait sur un bard qui, même lorsqu'il n'était pas chargé, vous faisait l'effet d'être en fonte. Qu'elles étaient lourdes les pelles, les planches, les poutres, les pinces et que dire des baquets d'eau sale, des tinettes pleines d'excréments, des tas de linge mouillé qui pesaient des dizaines de kilos ?

Qu'il était pénible le trajet qui vous menait au lieu du travail dans l'obscurité et dans le brouillard du petit matin ; qu'elles étaient donc épuisantes les inspections lorsque, par une forte gelée, on piétinait dans la boue ; comme elle vous écœurait et comme on la désirait la buvée de maïs où flottaient un bout de tripe, une écaille de poisson sale qui vous collait au palais ; qu'ils étaient lâches ces vols commis dans les baraquements ; quelles vilaines conversations, la nuit, sur les lits de planches… Et que dire de cette répugnante agitation nocturne, de ces murmures, de ces froissements d'étoffes… Comme on avait envie de pain, de bon vieux pain noir rassis !

Le « droit commun » Moukha, qui s'occupait des chaudières, vivait avec une jeune fille de seize ans, Lena Rudolf, qui couchait à côté de Macha. Lena attrapa la syphilis, ses ongles tombèrent et elle devint chauve. Le service sanitaire la transféra dans un camp d'invalides, mais sa mère, la bonne et serviable Suzanna Karlovna qui avait un regard lumineux et qui avait conservé dans le camp toute sa distinction, continuait de travailler, bien qu'elle eût les cheveux blancs. Elle faisait sa gymnastique avant le lever du jour et se frictionnait avec de la neige.

Macha travaillait jusqu'à la tombée de la nuit comme une jument, comme une chamelle, comme une ânesse. Dans ce camp à régime spécial, elle n'avait pas le droit d'écrire. Elle ne savait pas si son mari était vivant ou s'il avait été exécuté. Elle ne savait pas où était Youlka. Était-elle perdue comme un petit animal sans nom ? La mère de Macha l'avait-elle retrouvée ? Mais sa mère vivait-elle encore ? Et son frère Volodia était-il encore vivant ? On eût dit qu'elle s'était habituée à ne rien savoir des siens, qu'elle ne rêvait plus de recevoir une lettre, qu'elle ne pensait plus qu'à une chose : ne plus être exposée au froid, ne plus aller dans la taïga où les moustiques vous dévorent, faire un travail un peu moins dur, aux cuisines ou à l'infirmerie.

Mais l'inquiétude que lui inspiraient son mari et sa fille persistait et l'espoir n'était pas mort, ce n'était qu'une apparence. L'espoir dormait. Et Macha sentait son sommeil comme celui d'un enfant qui eût dormi dans ses bras et quand l'espoir se réveillait, le cœur de la jeune femme s'emplissait de bonheur, de lumière et de chagrin.

Elle reverra Youlka et son mari. Pas aujourd'hui naturellement ni demain. Les années passeront mais elle les reverra : comme tes cheveux ont blanchi, Andreï, comme tes yeux sont tristes... Youlka, ma petite Youlka ! Cette jeune fille si mince et si pâle, c'est sa fille. Et Macha se tourmente : Youlka va-t-elle la reconnaître, se souviendra-t-elle de sa maman du camp ? Ne va-t-elle pas lui tourner le dos ?

À l'automne, le premier automne qu'elle passait au camp, le surveillant en chef Semissotov la prit pour concubine, lui cassa deux dents, la frappa à la tempe. Elle tenta d'abord de se pendre mais n'y réussit point. La corde ne valait rien. Certaines femmes envièrent son sort. Ensuite, elle éprouva une sorte d'indifférence mêlée d'anxiété. Deux fois par semaine, elle se traînait derrière Semissotov jusqu'à l'entrepôt où il y avait des lits de planches recouverts de peaux de mouton. Semissotov était toujours d'humeur sombre, il ne disait rien. Il lui inspirait une terreur folle et quand, ivre, il se déchaînait, il lui soulevait le cœur. Mais, une fois, il lui donna cinq bonbons et elle pensa : « Il faudrait les envoyer à Youlka, à la maison d'enfants. » Ensuite, on les lui vola. Un jour, Semissotov lui dit : « Vous êtes comme un cochon, même une campagnarde ne se permettrait pas d'être aussi sale. » Il lui disait toujours « vous », même quand il était tout à fait ivre. Elle se réjouit de l'entendre parler ainsi, tout en pensant : « S'il me renvoie, il faudra que je travaille de nouveau au mortier. »

Un beau jour, Semissotov partit et ne reparut plus. Elle apprit par la suite qu'il avait été muté dans un autre camp. Elle fut contente de rester le soir dans le baraquement, de ne plus aller, en baissant la tête, à l'entrepôt. Mais ensuite on la chassa du bureau où, du temps de Semissotov, elle lavait le plancher et allumait les poêles. Elle n'avait plus de quoi graisser la patte à qui de droit. La voleuse, qui lui avait pris son tricot dans le convoi, la remplaça. Elle se réjouissait et, en même temps, elle était vexée : il ne lui avait pas dit un seul mot d'adieu, il l'avait traitée plus mal qu'un chien, elle qui bénéficiait autrefois à Moscou d'un permis de séjour permanent, elle qui habitait avec son mari et avec Youlka une chambre indépendante, elle qui se lavait dans une salle de bains et qui mangeait dans une assiette...

Le travail forcé était pénible pendant les mois d'hiver mais n'était-ce pas dur aussi de travailler l'été et durant les journées de printemps et d'automne ? Elle ne se souvenait plus ni de l'Arbat ni d'Andreï. Elle ne se rappelait plus qu'une seule chose : du temps de Semissotov, elle lavait les planchers du bureau. Et elle se demandait si c'était bien elle qui avait eu une telle chance.

Et, cependant, l'espoir couvait dans son cœur : ils se reverront. Naturellement, elle sera vieille alors. Ses cheveux seront tout blancs et Youlka aura des enfants mais, tout de même, ils se reverront, ils ne peuvent pas ne pas se revoir.

Et sa tête éclatait d'inquiétudes, de soucis, de malheurs : sa chemise était déchirée, elle avait des abcès, elle avait mal au ventre et on ne lui permettait pas d'aller à l'infirmerie, elle avait la peau des talons arrachée, elle boitait et ses chaussettes russes étaient noires de sang, une de ses bottes de feutre tombait en lambeaux, il fallait coûte que coûte, sans attendre le jour du bain de vapeur, se laver ne fût-ce qu'un petit peu, faire un brin de lessive, il fallait faire sécher la veste trempée par la pluie. On devait se battre pour obtenir la moindre chose : une marmite d'eau bouillante, du fil à repriser, une aiguille qu'on louait, une cuiller avec un manche entier, un chiffon pour mettre une pièce. Comment échapper aux moustiques, comment se préserver le visage et les mains du gel, de ce gel aussi impitoyable qu'un gardien de camp ?

Mais les querelles ordurières, les bagarres des détenues n'étaient pas moins pénibles que le travail forcé.

Et la vie de baraquement continuait, continuait toujours.

La mère Tania, originaire d'Orel et femme de ménage de son état, murmure : « Malheur à ceux qui vivent sur la terre... » Son visage de paysanne, aux traits grossiers, paraît dur et fanatique, mais il n'y a en elle ni cruauté ni fanatisme, rien que de la bonté. Pour quelle raison cette sainte se trouve-t-elle au camp ? Avec quelle douceur incompréhensible est-elle toujours prête à laver le plancher à la place des autres, à faire les corvées d'autrui...

Les vieilles moniales Varvara et Xenia marmonnent entre elles mais se taisent dès que des laïques, des pécheresses s'approchent d'elles. Elles vivent dans un monde à part : signer un papier est un péché, dire son nom laïque est un péché, boire dans le même gobelet que des laïques est un péché, porter le caban du camp est un péché. On peut les tuer, peu leur importe tant elles se complaisent dans leur sainteté. Leur sainteté se voit à leur habit, à leur voile blanc, à leurs lèvres pincées mais dans leurs yeux, on lit la froideur et le mépris du péché et des souffrances qu'elles endurent au camp. Les passions des femmes, les malheurs des femmes, les souffrances des mères et des épouses répugnent à leur saint célibat, tout cela leur paraît impur. L'essentiel, c'est de veiller à la propreté de leur voile, de leur gobelet, de se tenir à l'écart, les lèvres pincées, de la vie de péché que l'on mène au camp. Les voleuses les haïssent, les *épouses* ne les aiment guère, les évitent.

Épouses, épouses, de Moscou, de Leningrad, de Kiev, de Kharkov, de Rostov, celles qui sont tristes, celles qui sont pratiques et celles qui ne sont pas de ce monde, celles qui sont enclines au péché, les faibles, les douces, les méchantes, les rieuses, russes et non russes, toutes revêtues du caban du bagne... Épouses de médecins, d'ingénieurs, d'artistes et d'agronomes, épouses de maréchaux et de chimistes, épouses de procureurs et de fermiers dékoulakisés, de cultivateurs russes et biélorusses, elles sont toutes parties, à la suite de leur mari, dans les ténèbres scythiques de ces tertres funéraires d'un type nouveau, les baraquements.

Plus un ennemi du peuple était célèbre, plus nombreuses étaient les femmes appelées à le suivre sur la voie des camps : son épouse, son ancienne épouse, sa toute première femme, ses sœurs, ses secrétaires, sa fille, l'amie d'enfance de son épouse, la fille de son premier mariage.

On disait des unes : « Elle est étonnamment simple, modeste... » et des autres : « Oh, elle est absolument insupportable, hautaine... Elle joue à la grande dame, elle se croit au Kremlin. » Ces dernières conservaient même là une cour de pique-assiette et de lèche-bottes. Elles étaient entourées de l'auréole du pouvoir et de la condamnation sans appel. On chuchotait sur leur passage : « Celles-là, elles n'en sortiront pas vivantes ! »

Certaines vieilles femmes au regard paisible et las avaient été arrêtées sous Lénine et comptaient des dizaines d'années de prison et de camp. C'étaient des populistes, des socialistes-révolutionnaires, des social-démocrates. Les gardiens avaient de la considération pour elles, les voleuses les respectaient. Elles ne se levaient pas si le chef du camp entrait dans le baraquement. On racontait que l'une d'elles, Olga Nikolaïevna, une petite vieille avec des cheveux tout blancs, avait été anarchiste avant la Révolution. Elle avait jeté une bombe sur la calèche du gouverneur de Varsovie, elle avait tiré sur un général de gendarmerie. Maintenant elle est assise sur son lit de planches, lit un livre et boit de l'eau bouillie dans un gobelet. Une nuit que Macha rentrait de chez Semissotov, cette vieille femme s'était approchée d'elle, lui avait caressé la tête et lui avait dit : « Ma pauvre petite fille… » Ah, comme Macha avait pleuré alors !

Suzanna Karlovna Rudolf est couchée sur sa planche, pas très loin de Macha. Son mari était professeur d'université. Allemand américanisé et socialiste chrétien, il s'était installé avec sa famille en Russie soviétique et était devenu citoyen de ce pays. Le professeur Rudolf, qui avait été condamné à dix ans avec privation du droit d'écrire, fut fusillé à la Loubianka. Suzanna Karlovna et ses trois filles, Agnès, Louisa et Lena, furent envoyées dans des camps à régime spécial. Suzanna Karlovna ne savait rien de ses filles même de la plus jeune, Lena, qui avait d'abord été avec elle mais qui avait été transférée ensuite dans un camp d'invalides. Suzanna Karlovna ne dit pas bonjour à la vieille Olga Nicolaïevna qui a traité Staline de fasciste et Lénine d'assassin de la liberté russe. Suzanna Karlovna dit que, par son travail, elle aide à l'édification d'un monde nouveau et que cela lui donne la force de supporter la séparation d'avec son mari et ses filles. Suzanna Karlovna racontait que, quand ils habitaient à Londres, ils s'étaient liés d'amitié avec Herbert Wells et qu'à Washington ils avaient rencontré le président Roosevelt qui aimait à s'entretenir avec son mari. Elle accepte tout, tout est clair pour elle, sauf une chose : elle a vu l'homme qui arrêtait le professeur Rudolf mettre dans sa poche une pièce d'or unique en son genre, grande comme la paume d'un enfant, d'une valeur de cent dollars. Cette pièce représentait le profil d'un Indien coiffé de plumes. L'homme qui a fait la perquisition a pris la pièce pour son jeune fils, sans même penser qu'elle pouvait être en or…

Toutes, les pures et les déchues, les fourbues et les robustes, vivaient dans le monde de l'espoir. L'espoir dormait, l'espoir se réveillait mais jamais il ne les abandonnait.

Macha aussi espérait. L'espoir la tourmentait. Mais l'espoir lui permettait de respirer, même quand il la tourmentait.

Après l'hiver sibérien, long comme une peine à purger, vint un printemps tout pâlot. On envoya Macha et deux autres femmes déblayer le chemin qui menait à la *cité socialiste* où les chefs et le personnel salarié vivaient dans des *cottages* en rondins.

Elle aperçut de loin ses rideaux de l'Arbat qui pendaient à de hautes fenêtres et la silhouette d'un caoutchouc. Elle vit une petite fille avec un cartable qui montait sur le perron et entrait dans la maison du chef de l'administration des camps à régime spécial.

L'homme qui les escortait lui dit : « Alors quoi, t'es venue regarder le cinéma ? » Au crépuscule, sur le chemin de retour, elles entendirent, en passant devant l'entrepôt de la scierie, la radio de Magadan.

Macha et les deux femmes qui se traînaient avec elle en piétinant dans la boue posèrent leur pelle et s'arrêtèrent.

Sur un fond de ciel blafard se dressaient les miradors où des sentinelles en pelisses courtes et noires étaient posées comme de grosses mouches.

On eût dit que les baraquements trapus venaient de sortir de terre et se demandaient s'il ne valait pas mieux y rentrer.

La musique n'était pas triste mais gaie, c'était une musique de danse et Macha pleurait en l'écoutant comme jamais de sa vie elle n'avait pleuré. Ses deux compagnes, une ancienne koulak et une vieille femme de Leningrad qui portait des lunettes aux verres fêlés, pleuraient à ses côtés. Et on avait l'impression que les verres des lunettes étaient fêlés de larmes.

L'homme qui les escortait fut tout décontenancé : les détenues pleuraient rarement, leur cœur était pris par la glace comme la toundra. Il les poussait dans le dos, en les suppliant :

— Ça va, ça suffit, charognes… Au nom de l'honneur, putains, je vous en prie…

Il regardait tout autour de lui. Il ne lui était pas venu à l'idée que ces femmes pleuraient à cause de la radio.

Mais Macha elle-même ne comprenait pas pourquoi tout d'un coup, son cœur avait débordé de tristesse et de désespoir. C'était comme si tout ce qu'elle avait connu dans sa vie s'était soudain rassemblé : l'amour de sa mère, la robe de laine à carreaux qui lui allait si bien, son Andreï, les poèmes qu'elle aimait, le mufle du juge d'instruction, la mer bleue à Kelasouri, près de Soukhoum, lorsqu'au lever du jour elle s'illumine soudain, le babil de Youlka, Semissotov, les vieilles moniales, les querelles forcenées des femmes-mâles, l'angoisse à l'idée que la femme qui dirige l'équipe la regardait fixement en clignant de l'œil, comme le faisait Semissotov. Pourquoi, en entendant cette musique gaie, cette musique de danse, avait-elle senti brusquement sa chemise sale sur son corps, ses chaussures lourdes comme des fers à repasser, son caban à l'odeur aigre ? Pourquoi, soudain, cette question comme un coup de couteau au cœur : qu'avait-elle fait, elle, Macha, pour connaître un tel sort, ces froids glacials, cette dépravation, cette résignation progressive à son destin concentrationnaire ?

L'espoir, ce fardeau vivant qui lui oppressait le cœur, s'enfuit, mourut.

En entendant cette allègre musique de danse, Macha perdit pour toujours l'espoir de revoir Youlka, sa Youlka égarée parmi les centres d'accueil, les collecteurs, les colonies, les maisons d'enfants, dans l'immensité de l'Union des Républiques socialistes soviétiques. Dans les foyers et dans les clubs, les enfants dansent sur une musique comme celle-là… Et Macha comprit que son mari n'était nulle part, qu'il avait été fusillé et qu'elle ne le verrait jamais plus.

L'espoir l'ayant quittée, elle resta tout à fait seule. Elle ne reverrait jamais Youlka, ni aujourd'hui ni quand elle aurait des cheveux blancs, jamais.

Mon Dieu, mon Dieu, aie pitié d'elle, Seigneur, prends-la en ta sainte garde !

Un an plus tard, Macha sortit du camp. Avant de recouvrer la liberté, elle resta allongée dans une hutte glacée, sur un plancher de pin. On ne la pressait plus d'aller au travail. Personne ne la maltraitait. Les infirmiers placèrent Macha Lioubimova dans une boîte carrée, faite de planches que le service du contrôle technique avait mises au rebut. Ils regardèrent, pour la dernière fois, son visage. Il avait une expression d'extase enfantine et de désarroi, l'expression qu'elle avait eue en écoutant l'allègre musique, près de l'entrepôt de la scierie lorsque, d'abord toute à la joie, elle avait compris ensuite qu'il n'y avait pas d'espoir.

Ivan Grigorievitch se dit qu'au bagne de Kolyma, l'homme n'était pas l'égal de la femme. Malgré tout, le sort de l'homme était moins pénible.

14

Ivan Grigorievitch vit sa mère en rêve. Elle marchait sur le bord d'une route en prenant garde d'éviter le flot des tracteurs et des camions déchargeurs. Elle ne voyait pas son fils. Il criait : « Maman, maman, maman… » mais le bruit des véhicules étouffait sa voix.

Si seulement elle pouvait l'entendre, si seulement elle pouvait se retourner, alors, même au milieu de ce vacarme, elle le reconnaîtrait, lui, son fils, sous les traits de ce bagnard aux cheveux blancs. Il n'en doutait pas.

Il se réveilla, en proie au désespoir. Lorsqu'il ouvrit les yeux, il vit une femme à demi vêtue qui se penchait sur lui. En rêvant, il avait appelé sa mère et cette femme était venue vers lui.

Elle était à côté de lui et il sentit aussitôt de tout son être qu'elle était belle. Elle l'avait entendu crier alors qu'il rêvait et elle était allée à lui parce qu'elle éprouvait pour lui de la tendresse et de la pitié. Cette femme ne pleurait pas, mais il vit dans ses yeux quelque chose de plus que des larmes de compassion, il vit dans ses yeux ce qu'il n'avait jamais vu dans les yeux d'aucun être.

Elle était belle parce qu'elle était bonne. Il lui prit la main. Elle s'étendit à côté de lui et il sentit sa chaleur, sa tendre poitrine, ses épaules, ses cheveux. Il avait l'impression de n'être pas réveillé, de rêver encore : dans la réalité, il n'avait jamais été heureux.

Elle était toute bonté et il comprenait de tout son être charnel que la tendresse, la chaleur, les murmures de cette femme étaient beaux parce qu'elle avait le cœur rempli de bonté, parce que l'amour est bonté.

Ce fut sa première nuit d'amour.

On voudrait ne pas se souvenir, dit Anna Sergueievna, c'est trop pénible et, en même temps, on ne peut pas oublier. Tout cela, qui veille ou sommeille en nous, est encore vivant. C'est comme un éclat d'obus que l'on a dans le cœur. On ne peut s'en débarrasser. Comment oublier ? J'étais déjà une femme alors.

Mon chéri… j'aimais mon mari. J'étais jolie et pourtant je n'étais pas bonne, j'étais mauvaise. J'avais vingt-deux ans. Tu ne m'aurais pas aimée alors, malgré ma beauté… Nous sommes là, allongés côte à côte, mais je sais et, en tant que femme, je sens bien que je ne suis pas… que cela pour toi. Quant à moi, ne te fâche pas, je vois le Christ en toi. Je voudrais me confesser à toi, parler devant toi comme devant Dieu. Mon bel aimé, mon désiré… je vais tout te raconter, te dire comment les choses se sont passées.

Non, il n'y a pas eu de famine au moment de la dékoulakisation. Seuls les chevaux ont péri. La famine est apparue en 1932, deux ans après la dékoulakisation.

Je lavais les planchers du Comité exécutif du district, une de mes amies faisait le même travail au bureau de l'agriculture et nous savions ainsi beaucoup de choses. Je suis en mesure de raconter tout ce qui s'est passé. D'ailleurs, le comptable me disait : « Toi, tu devrais être ministre… » Je comprends vite et j'ai une bonne mémoire, c'est un fait.

La dékoulakisation a commencé en 1929, à la fin de l'année, mais elle a battu son plein en février et en mars 1930.

Je me souviens… avant de les arrêter, on les frappait d'un impôt. La première fois, ils le payaient, ils tenaient le coup. La seconde fois, ils vendaient ce qu'ils pouvaient pour s'acquitter. Ils croyaient que s'ils payaient, l'État leur ferait grâce. Certains abattaient leur bétail, faisaient de l'eau-de-vie de grain, buvaient, mangeaient puisque de toute façon, disaient-ils, la vie pour eux était finie.

Peut-être que cela s'est passé autrement dans d'autres régions, mais dans la nôtre ce fut ainsi. On a commencé par arrêter les chefs de famille, et seulement eux. On a pris en majeure partie des hommes qui avaient servi sous Denikine, dans des unités cosaques. C'était la Guépéou qui procédait aux arrestations, les militants, les activistes n'y ont pas pris part. Tout le premier contingent a été fusillé. Personne n'en a réchappé. Quant à ceux qu'on a arrêtés à la fin de décembre, on les a gardés en prison deux ou trois mois et on les a envoyés en « migrations spéciales ». Quand on arrêtait les pères, on ne touchait pas aux familles, on faisait seulement l'inventaire, la famille n'était plus considérée comme propriétaire mais se voyait confier la garde des biens.

La direction régionale faisait connaître le plan – le nombre des koulaks qu'il fallait arrêter – aux districts, les districts divisaient ce chiffre entre les divers soviets ruraux et les soviets ruraux établissaient les listes. Et c'est d'après ces listes que l'on appréhendait les hommes. Mais ces listes, qui les établissait ? Une *troïka*. Trois personnages douteux décidaient qui devait vivre, qui devait mourir. Mais bien évidemment toutes sortes de choses entraient en jeu : pots-de-vin, histoires de femmes, vengeances personnelles. Et pour finir, on décrétait que les paysans pauvres étaient des koulaks, tandis que ceux qui avaient de quoi payer achetaient leur liberté.

Mais, au fond, que ces listes aient pu être établies par des filous, cela importe peu. Il y avait plus d'hommes honnêtes que de filous parmi les activistes et le crime des uns et des autres était identique. Le malheur, je le comprends maintenant, c'est que toutes ces listes scélérates étaient injustes. Dès lors, qu'on y inscrive un tel ou un tel, cela revenait au même : Piotr et Ivan n'étaient-ils pas également innocents ? Mais qui a fixé le chiffre des victimes pour toute la Russie ? Qui a établi ce plan pour toute la paysannerie ? Qui l'a signé ?

Les pères ayant été arrêtés, ce fut le tour des familles, au début de 1930. La Guépéou n'y suffisant plus, on a mobilisé les activistes. C'étaient des hommes du pays, des gens que tout le monde connaissait mais on aurait dit qu'ils étaient comme hébétés, envoûtés. Les voilà qui menacent leurs victimes, qui parlent de canons... Ils traitent les enfants des koulaks de « fils de putain ». Ils leur crient : « Buveurs de sang ! » Mais les buveurs ont tellement peur qu'ils n'ont plus une goutte de sang dans les veines. Ils sont pâles comme la mort. Les activistes, eux, ont des yeux de verre, comme les chats. C'est que pour la plupart, ce sont des hommes du pays. Mais il est vrai qu'ils sont envoûtés... Ainsi, ils se sont persuadés qu'ils ne pouvaient toucher à rien : les serviettes sont souillées, on ne peut pas s'asseoir à la table de ces parasites, l'enfant du koulak est dégoûtant, sa fille est pire qu'un pou. Ils considèrent ces paysans comme du bétail, comme des cochons. Tout chez les koulaks est répugnant : leur personne d'abord, puis le fait qu'ils n'ont pas d'âme... Ensuite, ils puent, ils ont tous la vérole mais surtout, ce sont des ennemis du peuple, ils exploitent le travail d'autrui. Tandis que les pauvres, les komsomols et les miliciens sont tous des Tchapaïev, des héros. Mais, si on les regardait bien, ces militants, on voyait que c'étaient des hommes comme les autres. Il y avait des morveux parmi eux et ce n'étaient pas non plus les gredins qui manquaient.

Ces propos commencèrent à m'influencer, moi aussi, j'étais une gamine. On nous parlait des koulaks aux réunions. La radio, le cinéma, les écrivains et Staline lui-même disaient tous la même chose : les koulaks sont des parasites, ils brûlent le blé, ils tuent les enfants. Et on nous a déclaré sans ambages : il faut soulever les masses contre eux et les anéantir tous, en tant que classe, ces maudits... Et je cédai à mon tour à l'envoûtement : tout le malheur vient des koulaks. Dès qu'on les aura exterminés, une ère heureuse commencera pour la paysannerie.

Et pas de pitié ! Ce ne sont pas des hommes, ces créatures-là... On ne sait pas ce que c'est... Et je devins activiste. Il y avait de tout parmi nous : ceux qui y croyaient, haïssaient les parasites et pensaient défendre la paysannerie la plus misérable ; ceux qui faisaient leurs propres affaires ; ceux qui exécutaient les ordres, c'étaient les plus nombreux, ceux-là auraient tué père et mère rien que pour obéir aux instructions. Et les plus immondes, ce n'étaient pas ceux qui croyaient qu'il suffisait d'exterminer les koulaks pour que la vie soit heureuse – les bêtes féroces ne sont pas les plus effrayantes –, les plus immondes, c'étaient ceux qui faisaient leurs propres affaires en répandant le sang et qui parlaient très fort de conscience politique, alors qu'ils réglaient des comptes personnels et pillaient. Ceux-là dénonçaient par intérêt, pour des broutilles, pour une paire de bottes. Oh, ce n'était pas difficile de perdre un paysan, il suffisait d'écrire, sans même signer, qu'il avait eu à son service des ouvriers agricoles ou qu'il avait possédé trois vaches et il était aussitôt promu koulak. Je voyais tout cela et je me tourmentais naturellement mais, au fond de moi-même, je n'en souffrais pas vraiment. Si, dans une ferme collective, on avait tué du bétail contrairement au règlement, je m'en serais émue mais pas au point de perdre le sommeil.

Te souviens-tu de ce que tu m'as dit ? Moi, je n'oublierai jamais tes paroles. Elles sont claires comme le jour. Je te demandais : Comment des Allemands ont-ils pu faire mourir des enfants juifs dans des chambres à gaz et comment peuvent-ils continuer à vivre après cela ? Est-ce que vraiment ils ne seront jugés ni par Dieu ni par les hommes ? Et tu m'as répondu : Il y a un seul châtiment pour le bourreau ! Il ne considère pas sa victime comme un être humain et, par le fait même, il cesse lui-même d'être un être humain, il tue l'homme en lui-même, il est son propre bourreau. Quant à sa victime, même si on la tue, elle reste à jamais un être humain. Tu te souviens ?

Je comprends maintenant pourquoi j'ai pris cet emploi aux cuisines : je ne voulais plus être présidente de kolkhoze. Mais je t'ai déjà parlé de tout cela…

Quand je pense maintenant à la dékoulakisation, je vois tout d'une autre façon, je ne suis plus envoûtée et puis j'ai vu les hommes à l'œuvre… Comment ai-je pu avoir ce cœur de pierre ? Comme ils ont souffert ces gens, comme on les a traités ! Mais moi, je disais : Ce ne sont pas des êtres humains, ce sont des koulaks. Et plus j'y pense, plus je me demande qui a inventé ce mot : les koulaks. Est-il possible que ce soit Lénine ? Quelle damnation il encourt !… Pour les tuer, il fallait déclarer : Les koulaks, ce ne sont pas des êtres humains. Tout comme les Allemands disaient : Les Juifs, ce ne sont pas des êtres humains. C'est ce qu'ont dit Lénine et Staline : Les koulaks, ce ne sont pas des êtres humains. Mais ce n'est pas vrai, c'étaient des hommes, c'étaient des hommes ! Voilà ce que j'ai compris peu à peu. Nous sommes tous des êtres humains…

Donc, au début de l'année 30, on s'est mis à dékoulakiser les familles. Février et mars ont été marqués par une activité fébrile. On hâtait leur départ pour qu'il n'y ait plus un koulak dans le district au moment des semailles et que la vie prenne un cours nouveau. Nous disions : C'est le premier printemps des kolkhozes !

Les activistes, naturellement, étaient chargés de les expulser. Mais comment ? Il n'y avait pas d'instructions. Certains présidents de kolkhoze rassemblaient tant de chariots (dame, il s'agissait de koulaks !)

que c'est le chargement qui faisait défaut et les camions repartaient à moitié vides. Dans notre village, on faisait partir les paysans à pied. Mais que n'emportaient-ils pas ? Leur lit, leurs vêtements... La boue était telle qu'elle leur arrachait les bottes des pieds. C'était affreux de les voir. Ils marchaient en colonnes, ils se détournaient pour regarder leurs isbas, ils étaient encore tout imprégnés de la chaleur du foyer. Ce qu'ils ont souffert ! Ils étaient nés dans ces maisons, c'est dans ces maisons qu'ils avaient marié leurs filles... Ils venaient d'allumer leur poêle et ils ont dû tout abandonner, la soupe aux choux qui n'était pas encore tout à fait cuite, le lait qu'ils n'avaient pas eu le temps de boire. Les cheminées fumaient encore, les femmes pleuraient, elles avaient peur de crier. Mais pour nous, une seule chose comptait : nous sommes des activistes... Nous les chassions comme un troupeau d'oies. Une charrette les suivait sur laquelle on avait entassé Pélagie l'aveugle, Dmitri Ivanovitch, un petit vieux que ses jambes ne pouvaient plus porter, qui n'était pas sorti de sa maison depuis dix ans et Maroussia l'innocente, une fille de koulak qui avait reçu dans son enfance un coup de pied de cheval à la tempe. Depuis lors, elle était paralysée et tout hébétée...

Au centre du district, il y avait pénurie de prisons. Et il fallait la voir, la prison du centre : un vrai violon ! Et il y en avait du monde : de chaque village arrivait une colonne. Le cinéma, le théâtre, le club, les écoles étaient transformés en prisons. On gardait les gens peu de temps. On les emmenait à la gare où des convois, vides de marchandises, les attendaient sur les voies de garage. On les menait sous escorte – milice, Guépéou – comme des assassins : les grands-pères et les grand-mères, les femmes et les enfants. Il n'y avait pas de pères, on les avait tous pris, l'hiver précédent. Et les gens chuchotaient : « On chasse les koulaks... », comme si c'étaient des loups. Et certains même leur criaient : « Vous êtes maudits » mais eux, ils ne pleuraient plus, ils étaient devenus de pierre...

Comment on les a emmenés ? Je ne l'ai pas vu mais j'en ai entendu parler plus tard, quand certains d'entre nous sont allés chez les koulaks, là-bas, au-delà de l'Oural, pour tenter d'échapper à la famine... Moi-même, j'ai reçu une lettre d'une amie. Ensuite, quelques koulaks se sont enfuis et j'ai pu parler avec deux d'entre eux...

On les a emmenés dans des wagons scellés, leurs affaires ont été acheminées séparément, ils n'ont emporté que ce qu'ils pouvaient porter eux-mêmes. Mon amie m'a écrit qu'à une gare de transit, on avait fait monter des pères dans le convoi. Quelle joie dans les wagons ce jour-là, et aussi quels pleurs... Ils ont voyagé plus d'un mois : les lignes étaient encombrées de convois, de tous les coins de la Russie on transportait des paysans. Ils étaient entassés par terre, il n'y avait pas de lits de planches dans les wagons à bestiaux. Naturellement, les malades mouraient en route, n'arrivaient pas à destination. Mais on les nourrissait, c'était l'essentiel. Un seau de soupe, deux cents grammes de pain aux gares d'embranchement.

C'était un convoi militaire. L'escorte les traitait sans haine, comme du bétail, m'écrivait mon amie.

Comment c'était là-bas ? Les fugitifs me l'ont raconté. La région les répartissait dans la taïga. Là où il y avait un hameau forestier, on entassait dans les isbas ceux qui n'étaient plus en état de travailler. Ils y étaient aussi à l'étroit que dans le convoi. Là où il n'y avait pas de village à proximité, on les déchargeait directement sur la neige. Les faibles mouraient. Ceux qui étaient aptes à travailler se mettaient à abattre les arbres sans arracher les souches, elles ne les gênaient pas. Ils faisaient rouler les arbres et construisaient des huttes, des baraques, ils travaillaient sans répit, sans dormir pour ainsi dire, afin que leurs familles ne meurent pas de froid. Par la suite, ils se sont mis à bâtir des petites isbas de deux pièces, pour deux familles. Ils les construisaient sur la terre même et se servaient de mousse en guise de mastic.

Les exploitations forestières ont acheté au NKVD les paysans qui étaient aptes au travail. Elles assuraient leur ravitaillement et donnaient une ration aux personnes qui étaient à leur charge. On appelait cela une colonie de travail. Il y avait un commandant et des surveillants de travaux. On les payait, disait-on, le même prix que les autochtones mais tout leur salaire passait en achats à crédit. Ah, il est vigoureux notre peuple ! Ils ont bientôt gagné plus que les gens du pays. Ils n'avaient pas le droit de franchir certaines limites, de s'éloigner de la colonie ou de la coupe. J'ai entendu dire par la suite que, pendant la guerre, on leur avait permis de circuler à l'intérieur du district et qu'après la guerre on avait autorisé les héros du travail à en sortir. On a même donné un passeport intérieur à certains d'entre eux.

D'après ce que m'a écrit mon amie, on a organisé les paysans inaptes au travail en colonies agricoles qui devaient se suffire à elles-mêmes. Mais on leur a tout de même prêté des semences et, en attendant la première récolte, ils ont vécu d'une ration que leur allouait le NKVD. La surveillance était exercée par un commandant et par des gardiens, comme dans les colonies de travail. Plus tard, on a transformé ces colonies agricoles en artels et l'on a adjoint au commandant des représentants élus par les paysans.

Et une nouvelle vie a commencé pour nous, une vie sans koulaks. On a entrepris de regrouper les autres paysans dans le kolkhoze. On les réunissait dès le matin et c'étaient des cris, des jurons… Les uns hurlaient : Nous n'irons pas… Les autres : D'accord, nous irons mais nous ne donnerons pas nos vaches. Ensuite parut l'article de Staline : « Le vertige du succès[1] » et ce fut de nouveau le gâchis. Ils protestaient, ils criaient : « Staline interdit qu'on nous fasse entrer de force dans les kolkhozes. » Ils écrivaient leurs requêtes sur des bouts de journaux : « Je sors du kolkhoze et je retourne dans les exploitations individuelles… » Mais ensuite,

---

1. Voir *Vie et destin*, note 1, p. 81.

on les a parqués de nouveau dans les kolkhozes... Quant aux affaires qu'avaient laissées les koulaks, la plupart ont été volées.

Nous pensions qu'il ne pouvait pas y avoir de destin pire que celui des koulaks. Eh bien, nous nous trompions ! La hache a frappé tous les paysans du plus petit jusqu'au plus grand.

Et ce fut un autre supplice, le supplice de la famine.

À ce moment-là, je ne lavais plus les planchers, j'étais comptable. On m'a envoyée comme activiste en Ukraine pour « consolider » un kolkhoze. On nous a expliqué que, là-bas, l'instinct de la propriété privée était plus fort qu'en République fédérative de Russie. Et de fait, les choses allaient plus mal encore chez eux que chez nous. On ne m'a pas envoyée loin : à la frontière de l'Ukraine, à moins de trois heures de chez nous. C'était un endroit magnifique. Je suis arrivée là-bas et j'y ai trouvé des hommes semblables à tous les hommes... J'ai pris la direction de leur comptabilité.

Je crois que j'ai bien compris la situation. Ce n'est pas pour rien que le vieux m'appelait « le ministre ». Je te dis cela à toi parce que je te parle comme à moi-même mais tu penses bien que je ne ferais jamais mon propre éloge à un étranger... J'avais en tête toute la comptabilité. Je n'avais pas besoin de papier. Quand on nous convoquait au rapport, quand notre troïka siégeait, quand nos chefs buvaient de la vodka, partout et toujours j'écoutais les conversations.

Quelle était la situation ? Après la dékoulakisation, les surfaces emblavées avaient considérablement diminué et le rendement était bas. Mais, d'après les indications recueillies, notre vie était florissante depuis qu'il n'y avait plus de koulaks. Tout le monde mentait. Le soviet rural racontait des histoires au district, le district à la région, la région à Moscou. Moscou, se fondant sur les renseignements ainsi reçus, donnait ses ordres à la région qui les répercutait sur les districts. En conséquence, le plan a imposé à notre village une tâche telle que, même en dix ans, on n'aurait pas pu la remplir. Au soviet rural, même ceux qui ne buvaient pas se sont mis à boire pour noyer leur peur. Moscou, on le voyait, mettait tous ses espoirs en l'Ukraine. Ensuite, c'est contre l'Ukraine surtout qu'elle a fait éclater sa colère. Mais on connaît la chanson : Tu n'as pas réalisé le plan, donc tu es un koulak camouflé.

Naturellement, on ne pouvait pas faire les livraisons requises, les surfaces emblavées avaient diminué, le rendement avait baissé, où l'aurait-on prise cette *mer de blé* kolkhozien ? C'est donc que l'on cachait le blé ! Les koulaks camouflés étaient des fainéants. On avait bien emmené les koulaks mais leur esprit, l'esprit des koulaks demeurait ! L'Ukraine avait toujours en tête la propriété privée.

Qui a ordonné ce massacre général ? Je pense souvent à cela. Est-il possible que ce soit Staline ? Je crois que, depuis que la Russie existe, jamais un tel ordre n'avait été donné. Non seulement le tsar mais même les Tatars, même l'occupant allemand n'ont pas donné d'ordre tel :

l'ordre de tuer les paysans par la famine – en Ukraine, sur le Don, au Kouban –, de les tuer eux et leurs enfants. On donna aussi l'ordre de saisir tout le fonds de semences. On cherchait partout le grain comme si ce n'était pas du blé mais des bombes, ou des mitrailleuses. On faisait des trous dans la terre avec des baïonnettes, avec des baguettes de fusil, on creusait le sol des caves, on brisait les planchers, on fouillait les potagers. On cherchait le grain jusque dans les pots et les lessiveuses. Un jour, on a trouvé du pain chez une femme, on l'a chargée aussitôt sur un camion et expédiée au district. Les chariots grinçaient jour et nuit, un nuage de poussière s'élevait au-dessus de la terre, comme il n'y avait pas de silos, on déversait le grain à même le sol sous l'œil vigilant des sentinelles. Le grain avait été trempé par la pluie d'automne. Quand vint l'hiver, il était presque pourri. Le pouvoir soviétique n'avait pas assez de bâches pour abriter le blé des moujiks.

Lorsqu'on a emporté le grain des villages, la poussière s'est élevée alentour, tout était dans la fumée : le bourg, le champ, la lune quand il faisait nuit. Un paysan est devenu fou. Il criait qu'il brûlait, que le ciel brûlait, que la terre brûlait. Non, le ciel ne brûlait pas, c'est la vie qui brûlait.

C'est alors que j'ai compris : ce qui compte, avant tout, pour le pouvoir soviétique, c'est le plan. Réalise le plan ! Obéis aux réquisitions ! L'essentiel, c'est l'État. L'État est semblable au chiffre 1, les hommes sont le zéro qui le décuple.

Des pères et des mères voulaient-ils sauver leurs enfants, mettre un peu de grain de côté, on leur disait : « Vous haïssez d'une haine féroce le pays du socialisme, vous voulez faire échouer le plan. Vous n'êtes que des fainéants, des suppôts de koulaks, des reptiles. – Non, nous ne voulons pas faire échouer le plan, nous voulons sauver nos enfants et nous sauver nous-mêmes. Les hommes ont besoin de manger. »

Raconter... je peux tout raconter naturellement, seulement un récit, ce n'est jamais que des mots et ça, c'était la vie, la souffrance, la mort par la famine. À propos, quand on a pris tout le blé, on a expliqué aux activistes qu'on allait nourrir les paysans avec le fonds de semences. Ce n'était pas vrai. On n'a pas donné un seul grain de blé aux affamés.

Qui a enlevé le blé ? En majeure partie, les nôtres : ceux du Comité exécutif de district du Parti et puis les garçons, les gars du komsomol et naturellement la milice, le NKVD, il y avait même çà et là de la troupe. J'ai vu un garçon de Moscou qui avait été mobilisé et qui ne faisait pas de zèle, il faisait tout pour partir. Et de nouveau, comme pendant la dékoulakisation, les hommes sont devenus comme des bêtes féroces.

Gricha Saenko était milicien. Il était marié à une femme du pays et il venait s'amuser les jours de fête. Il était gai, il dansait bien le tango et la valse, il avait une belle voix et connaissait toutes les chansons ukrainiennes. Un jour, un vieux grand-père, une tête blanche, s'est approché de lui : « Gricha, vous nous réduisez tous à la misère, c'est pis qu'un assassinat. Pourquoi le pouvoir ouvrier et paysan traite-t-il la paysannerie comme le tsar ne l'a pas fait ? » Gricha l'a poussé, l'a bousculé puis est allé se laver les mains au puits en disant : « Comment pourrais-je prendre une cuiller après avoir touché de ma main cette gueule de parasite ? »

Et la poussière... Tant qu'on transporta le blé, partout, jour et nuit, la poussière... Et la lune comme une pierre à mi-ciel, cette lune qui donne à toute chose un aspect étrange et sauvage... Et la chaleur, la nuit, comme si l'on dormait sous une peau de mouton... Et le champ tant de fois parcouru, effrayant comme une sentence de mort... Et les gens qui perdent la tête... Et le bétail qui devient sauvage, a peur, beugle, gémit... Et les chiens qui hurlent, la nuit... Et la terre qui se fend...

Et voilà... Ensuite, ce fut un automne sans pluie, puis un hiver à grandes neiges. Il n'y avait pas de pain.

Au centre du district, on ne pouvait pas acheter de pain sans tickets, tout était contingenté. À la gare non plus. Au kiosque, pas davantage. La garde paramilitaire ne permettait pas qu'on s'en approche. Et en vente libre, même à un prix plus élevé, on n'en trouvait pas.

À partir de l'automne, ils se sont nourris surtout de pommes de terre et, comme il n'y avait pas de pain, ils sont vite arrivés au bout de leurs réserves. Vers la Noël, ils ont commencé à tuer leurs bêtes. Mais elles n'avaient plus que la peau et les os. Ils avaient déjà tué leurs poules, naturellement. Ils eurent vite fait de manger cette maigre viande. Il n'y avait plus une goutte de lait. Impossible de trouver le moindre œuf dans tout leur village. Mais surtout, il n'y avait pas de pain. On leur avait pris leur blé jusqu'au dernier grain. Ils ne pouvaient pas semer de blé au printemps : on leur avait pris tout leur fonds de semences. Ils n'avaient plus qu'un espoir : les blés d'hiver. Les blés d'hiver étaient encore sous la neige et le printemps n'était pas encore en vue que déjà le village entrait dans la famine. Ils avaient mangé toute la viande, tout le millet. Ils finirent de manger ce qu'il leur restait de pommes de terre, ceux qui avaient des familles nombreuses avaient déjà tout mangé.

C'était horrible. Les mères regardaient leurs enfants et criaient, épouvantées. Elles criaient comme si un serpent s'était introduit dans leur maison. Le serpent de la mort, de la famine. Que faire ? Les paysans n'ont qu'une idée en tête : manger, manger un peu. Ils ont des crampes de l'estomac et des mâchoires. La salive emplit leur bouche, ils l'avalent mais on ne se rassasie pas de salive. Quand on se réveille la nuit tout est calme. Pas de conversations, pas d'harmonica, on est comme dans une tombe. Seule la faim marche, elle, elle ne dort pas. Les enfants pleurent, dès le matin. Ils demandent du pain. Qu'est-ce que leur mère va leur donner ? De la neige ? Il n'y a de secours à attendre de personne. Les membres du Parti répondent tous la même chose : il fallait travailler, il ne fallait pas fainéanter. Ils disent aussi : « Cherchez chez vous, vous avez enterré des grains dans votre village, il y a de quoi vous nourrir pendant trois ans. »

Mais cet hiver-là, ce n'était pas encore une vraie famine. Naturellement ils étaient affaiblis, ils avaient le ventre ballonné à force de manger des épluchures de pommes de terre, mais ils n'avaient pas encore d'œdème. Ils déterraient les glands qui étaient enfouis sous la neige, ils les faisaient sécher. Le meunier a desserré un peu sa meule pour pouvoir les moudre. Avec cette farine, on a fait du pain ou, plutôt, des galettes plus foncées que le pain de seigle. Certains y ajoutaient du son ou des épluchures de pommes de terre pilées. Mais les glands furent vite épuisés, la chênaie n'était pas bien grande et trois villages s'étaient rués sur elle. Un délégué de la ville est venu au soviet rural et a dit : « Regardez ces parasites qui déterrent de leurs mains nues des glands enfouis sous la neige... Tout plutôt que de travailler ! »

Les élèves des grandes classes sont allés à l'école presque jusqu'au printemps, les petits ont cessé d'y aller cet hiver-là. Au printemps, on a fermé l'école. L'institutrice est partie pour la ville. L'aide-médecin a abandonné son poste de secours : il n'avait plus rien à manger. Et puis, est-ce qu'on guérit la faim avec des médicaments ? Le village est resté seul, les affamés étaient dans leurs isbas et, alentour, c'était le désert. Les divers délégués de la ville ont cessé de venir : À quoi bon ? Il n'y avait plus rien à prendre aux affamés, ce n'était donc plus la peine d'aller les voir. Ce n'était pas la peine non plus de les instruire. Dès lors que l'État ne peut rien prendre à un homme, celui-ci devient inutile. À quoi bon l'instruire et le soigner ?

Ils sont restés seuls, l'État s'est détourné des affamés. Alors, ils se sont mis à errer d'un village à l'autre : les pauvres demandaient aux pauvres, les affamés aux affamés. Ceux qui avaient un peu moins d'enfants ou qui n'avaient qu'un seul enfant possédaient encore quelque chose vers le printemps, c'est à eux que les pères de famille nombreuse s'adressaient, et parfois ils recevaient ainsi une poignée de son ou deux pommes de terre. Les membres du Parti, eux, ne donnaient rien, non par cupidité ou par méchanceté, mais ils avaient peur. Quant à l'État, il n'a pas donné un seul grain de blé aux affamés et pourtant il vivait du blé des paysans. Est-ce que Staline savait cela ? Les vieux racontaient : Il y a eu des famines sous Nicolas mais, tout de même, on nous aidait, on nous faisait des prêts ; les paysans allaient dans les villes, ils demandaient de l'aide au nom du Christ, on organisait des cantines, les étudiants faisaient des collectes. Mais sous le gouvernement ouvrier et paysan, on ne nous a pas donné un seul grain. Partout, sur toutes les routes, des barrages et des troupes, la milice et le NKVD. On ne laissait pas sortir les affamés de leurs villages. On ne pouvait pas s'approcher des villes. Autour de la gare, jusque dans les plus petites stations, on montait la garde. Il n'y a pas de pain pour vous qui nourrissez la nation ! Pendant ce temps-là dans les villes, on donnait aux ouvriers qui, eux, avaient une carte d'alimentation, huit cents grammes de pain. Huit cents grammes de pain ! Mon Dieu, est-ce imaginable ? Mais pour les enfants des paysans, pas un gramme. C'est comme les Allemands qui ont fait mourir les enfants juifs dans des chambres à gaz : vous n'avez pas le droit de vivre, vous êtes des Juifs... Mais là, c'est impossible à comprendre : Soviétiques contre Soviétiques, Russes contre Russes… Et le Pouvoir qui est ouvrier et paysan… Alors pourquoi, pourquoi cette persécution à mort ?

Quand la neige a commencé à fondre, le village s'est enfoncé jusqu'au cou dans la famine.

Les enfants crient, ils ne dorment pas et, la nuit, ils demandent du pain. Les hommes ont le visage terreux, le regard trouble et comme ivre. Ils marchent comme des somnambules, ils avancent en tâtant la terre du pied, en s'appuyant contre les murs. La faim les fait chanceler. Ils marchent moins. Ils s'étendent de plus en plus souvent. Ils croient sans cesse entendre le grincement d'un convoi de chariots : c'est Staline qui envoie de la farine pour sauver les enfants !

Les femmes étaient plus robustes que les hommes, elles s'accrochaient davantage à la vie. Et pourtant c'est elles qui eurent le plus à souffrir. N'est-ce pas à leurs mères que les enfants demandent à manger… Certaines femmes raisonnaient leurs petits, les embrassaient : « Allons, ne criez pas comme ça, un peu de patience. Où voulez-vous que j'en trouve de la nourriture ? » D'autres devenaient enragées : « Ne pleurniche pas ou je te tue ! » et elles battaient leurs enfants avec ce qui leur tombait sous la main. Tout, tout plutôt que de les entendre demander. D'autres s'enfuyaient de chez elles, se réfugiaient chez des voisins pour ne plus entendre crier leurs enfants.

À ce moment-là, il n'y avait plus ni chats ni chiens. On les avait tous tués. Ce n'était pourtant pas facile de les attraper. Ils avaient peur des hommes, ils vous regardaient avec des yeux sauvages. On les faisait bouillir, ce n'étaient que nerfs et tendons. De leur tête on extrayait une sorte de gelée.

Puis la neige a fondu et les gens se sont mis à enfler : l'œdème de carence, l'œdème de la faim… Ils avaient le visage bouffi, les jambes gonflées, le ventre plein d'eau. Ils pissaient sans arrêt, ils n'avaient même pas le temps de sortir… Et leurs enfants ! Tu as vu dans les journaux les enfants des camps allemands ? C'était exactement la même chose : une tête comme un boulet de canon, un cou de cigogne, les os des bras et des jambes qui percent sous la peau, cette peau tendue sur leur squelette comme une gaze jaune…

Ces enfants avaient un visage vieillot, tourmenté, comme s'ils étaient sur cette terre depuis soixante-dix ans. Mais au printemps, on ne pouvait même plus parler de leur visage : ils avaient des têtes d'oiseau avec un petit bec, ou encore des faces de grenouille aux lèvres minces et fendues. D'autres faisaient penser à un petit goujon, la bouche ouverte. Ils n'avaient plus figure humaine. Et leurs yeux, Seigneur ! Camarade Staline, par Dieu, ces yeux d'enfants, les as-tu vus ? Peut-être qu'en effet il ne savait pas, lui qui avait écrit un article sur « Le vertige du succès ».

Et que n'ont-ils pas mangé : ils attrapaient des souris, des rats, des vipères, des moineaux, des fourmis, des vers de terre. Ils ont pilé des os pour faire de la farine. En guise de pâtes, ils ont découpé du cuir, des semelles, de vieilles peaux toutes puantes. Ils ont fait cuire de la colle. Et quand l'herbe a été haute, ils se sont mis à déterrer des racines, à faire bouillir feuilles et bourgeons : pissenlit, bardane, campanule, asphodèle, herbe aux goutteux, branche-ursine, ortie et joubarbe, tout y passa. Ils faisaient sécher les feuilles de tilleul et en tiraient une farine mais il y avait peu de tilleuls. Les galettes de tilleul étaient vertes et plus mauvaises encore que celles de glands.

Et toujours aucun secours. Mais ils n'en demandaient même plus alors. Maintenant encore, quand je commence à penser à tout cela, je deviens folle. Est-il possible que Staline ait renoncé à ces hommes, qu'il ait commis cet épouvantable assassinat ? Mais Staline avait du pain. C'est donc volontairement qu'on a affamé, qu'on a tué ces hommes. On n'a pas voulu secourir les enfants. Staline serait-il pire qu'Hérode ? Est-il possible qu'il ait pris le pain et le blé et qu'ensuite il ait délibérément tué ces hommes par la famine ? Non, une telle chose ne peut exister. Mais ensuite, je me dis : Pourtant, c'est ainsi que cela s'est passé, c'est ainsi et, aussitôt après : Non, non, de telles choses ne peuvent pas exister !

Mais où en étais-je ? Ah oui... Quand ils avaient encore quelques forces, ils allaient à travers champs jusqu'au chemin de fer. Pas à la gare, non, la garde ne les aurait pas laissés s'approcher, mais directement sur la voie ferrée. Et quand passait le rapide Kiev-Odessa, ils se mettaient à genoux et criaient : Du pain ! du pain ! Certains tenaient à bout de bras leurs pitoyables enfants et, parfois, les gens leur jetaient des morceaux de pain et des rogatons. Puis le train s'éloignait en grondant, la poussière retombait et tout le village rampait le long de la voie, à la recherche de quelques croûtes. Mais ensuite des ordres furent donnés : quand un train traversait les régions affamées, la garde fermait les fenêtres et baissait les rideaux. On ne permettait pas aux voyageurs de s'approcher des fenêtres. Et puis, d'eux-mêmes, les paysans ont cessé de venir, ils n'avaient plus la force non seulement de se traîner jusqu'à la voie ferrée mais même de sortir de leur maison.

Un jour, je me rappelle, un vieil homme a apporté au président du kolkhoze un bout de journal, qu'il avait ramassé en chemin. Un Français était venu chez nous, un ministre connu, et on l'avait emmené dans la région de Dniepropetrovsk où sévissait la plus effroyable des famines, une famine pire encore que la nôtre. Là-bas, les hommes mangeaient de l'homme. On a donc amené ce ministre dans un village, au jardin d'enfants du kolkhoze et là, il a demandé : « Qu'est-ce que vous avez mangé aujourd'hui au déjeuner ? » Et les enfants ont répondu : « Du bouillon de poule, des *pirojki* et des croquettes de riz. » Dire que j'ai lu cela de mes propres yeux ! Ce bout de journal, je le vois encore. Mais qu'est-ce que c'est que ça ? On tue froidement des millions de gens et on abuse, on trompe le monde entier ! Du bouillon de poule, qu'ils écrivent ! Des croquettes ! Alors qu'ils mangeaient des vers de terre... Et le vieux a dit au président du kolkhoze : « Sous Nicolas, les journaux parlaient de la famine et s'adressaient au monde entier : Au secours, au secours ! La paysannerie se meurt ! Mais vous, nouveaux Hérodes, vous faites du théâtre ! ... »

Le village s'est mis à hurler lorsqu'il a vu sa propre mort. Ils ne poussaient pas de ces cris qui jaillissent du cœur ou de l'âme. Non, ils gémissaient comme les feuilles sous le vent, comme la paille qui craque et alors j'enrageais : pourquoi crient-ils si plaintivement ? Ce ne sont plus des êtres humains, alors pourquoi, pourquoi crient-ils si plaintivement ? Il eût fallu être de pierre pour écouter ces pleurs tout en mangeant. Parfois je sortais, j'allais dans les champs avec ma ration de pain et j'écoutais : ils hurlent. J'allais plus loin et j'avais l'impression que tout s'était tu. Je continuais d'avancer et, de nouveau, j'entendais mais, cette fois, c'était le village voisin qui hurlait. Et j'avais l'impression que toute la terre hurlait en même temps que les hommes et je me disais : Si Dieu n'existe pas, qui donc les entendra ?

Un commissaire du NKVD me dit : « Tu sais comment on appelle vos villages dans la région ? Le cimetière de la rude école... » Mais je n'ai pas tout de suite compris le sens de ces mots.

Et comme il faisait beau ! Au début de l'été, il y eut de petites ondées qui alternaient avec un soleil brûlant si bien que le blé fut très fourni. Il était plus haut qu'un homme. On aurait pu le couper à la hache. Cet été-là, je ne me lassais pas de regarder les arcs-en-ciel, les orages et la pluie tiède, la pluie tzigane, comme on dit là-bas.

Tous les paysans se demandaient l'hiver si la moisson serait bonne. Ils interrogeaient les vieillards. Ils invoquaient les précédents. Tout leur espoir reposait sur ce blé d'hiver. Et cet espoir s'est réalisé mais ils n'ont pas pu faucher. Je suis entrée dans une isba. Les gens étaient couchés sur le poêle, sur des lits. Les uns respiraient encore, les autres ne respiraient déjà plus. La fille de la maison, je la connaissais, était étendue par terre. Elle était devenue folle, elle rongeait le pied d'un tabouret. Et, chose affreuse, quand elle m'a entendue entrer, elle ne s'est même pas retournée, elle s'est mise à grogner comme un chien dont on s'approche quand il est en train de ronger un os.

La famine était totale, la mort frappa. D'abord les enfants et les vieillards, ensuite les personnes d'âge moyen. Au début, on les a enterrés, ensuite on a cessé de le faire. Il y avait des cadavres partout, dans les rues, dans les cours... Ceux qui sont morts les derniers sont restés couchés dans leurs isbas. Le silence se fit. Tout le village mourut. Je ne sais pas qui est mort le dernier. Nous autres qui travaillions dans l'administration, on nous a ramenés à la ville.

C'est ainsi que je me suis retrouvée à Kiev. L'État commençait justement à mettre du pain en vente libre. Dès le soir, les gens faisaient la queue. Les files d'attente s'allongeaient sur cinq cents mètres. Tu sais, des files d'attente, il y en a de toutes sortes : dans les unes, on attend son tour en riant, en grignotant des graines de tournesol. Dans d'autres, on inscrit votre numéro sur un papier. Il y en a aussi où l'on ne plaisante pas, on inscrit votre numéro sur la paume de votre main ou sur votre dos, à la craie. Mais là, c'était très particulier, je n'avais jamais vu cela : on se prenait par la taille et on se tenait l'un derrière l'autre. Si quelqu'un faisait un faux pas, toute la file chancelait comme si une vague passait au-dessus d'elle. C'était comme une danse, on se balançait d'un côté sur l'autre. Et tous tanguaient de plus en plus fort. Ils avaient peur de ne pas avoir la force de rester accrochés à la personne qui était devant eux. Ils avaient peur que leurs mains ne se desserrent. Des femmes se sont mises à crier et bientôt tous ces gens ont hurlé. On avait l'impression qu'ils devenaient fous, qu'ils dansaient et qu'ils chantaient. Parfois la racaille surgissait et cherchait ostensiblement le point faible où il lui serait facile de rompre la chaîne. Et quand la racaille s'approchait, toute la file recommençait à hurler de peur. On aurait dit qu'ils chantaient. C'était le peuple des villes qui faisait la queue pour avoir du pain en vente libre : hommes déchus de leurs droits civiques, sans-parti, artisans, banlieusards…

Mais bientôt c'est toute la paysannerie qui sort de la campagne. Il y a un cordon dans les gares, on fouille tous les trains. Le NKVD, les troupes barrent toutes les routes et, malgré tout, les paysans parviennent à Kiev. Ils se traînent, ils rampent à travers les marais, les champs, les terres vierges, les bois : on ne saurait mettre des barrières sur toute la terre… Ils ne peuvent même plus marcher, ils ne peuvent que ramper. Les citadins se hâtent à leurs affaires : l'un court à son travail, l'autre au cinéma, les tramways circulent et, au milieu de tout ce monde, les affamés rampent : enfants, hommes, jeunes filles. On dirait que ce ne sont pas des êtres humains mais des sortes de chats ou de chiens décharnés, à quatre pattes. Et ça veut encore se tenir comme des hommes ! Et ça a encore de la pudeur ! Comme cette fille bouffie comme un singe, et qui rampe. Elle geint, mais elle baisse sa jupe, elle a honte, elle cache ses cheveux sous son fichu : c'est la paysanne qui va, pour la première fois, à Kiev… Mais ce sont les chanceux qui ont pu ramper jusque-là, un sur dix mille. Et, de toute façon, il n'y a pas de salut pour eux : l'affamé est couché par terre, il bougonne, il quémande mais il ne peut pas manger. Il a une entame de pain à côté de lui mais il ne voit plus rien, il est à toute extrémité…

Le matin, des chevaux attelés à des chariots à plate-forme ramassaient ceux qui étaient morts la nuit. J'ai vu un de ces chariots chargés d'enfants. Comme je te l'ai dit : maigres, longs, des têtes d'oiseaux morts, des petits becs pointus. Ils ont volé jusqu'à Kiev ces oiselets, mais à quoi bon ? Et parmi eux, il y en avait encore qui piaillaient, leurs petites têtes ballottaient. J'ai interrogé le voiturier, il n'avait pas d'illusions : Avant que je les amène à destination, ils se seront tus.

J'ai vu une jeune fille traverser un trottoir en rampant. Un balayeur lui a donné un coup de pied, elle a roulé sur la chaussée. Elle ne s'est même pas retournée, elle rampait vite, elle n'avait plus de forces, mais elle a tout de même trouvé le moyen de secouer sa robe toute couverte de poussière. Et le même jour, j'ai acheté un journal de Moscou, j'ai lu un article de Maxime

Gorki. Il expliquait que les enfants avaient besoin de *jouets culturels*. Maxime Gorki ne savait-il donc rien de ces enfants que des chariots portaient à la voirie ? Est-ce bien de jouets qu'ils avaient besoin ? Mais peut-être était-il au courant et se taisait-il... comme tout le monde. Et il écrivait à la façon de ces journalistes qui, parlant des enfants que la famine avait déjà tués, affirmaient qu'ils buvaient du bouillon de poule[1]. Ce voiturier me dit : C'est avec le pain en vente libre qu'il y a le plus de morts. Si on a de l'œdème et qu'on en mange, on est perdu...

Ce Kiev m'est resté dans la mémoire, bien que je n'y aie passé en tout que trois jours.

Voici ce que j'ai compris. Au début, la faim chasse l'homme de sa maison. Dans les premiers temps, elle vous brûle comme le feu, elle vous tenaille, elle vous prend aux boyaux, elle vous déchire l'âme, l'homme s'enfuit de chez lui. Les gens déterrent des vers, cueillent de l'herbe, tu vois, certains sont même parvenus à se frayer un passage jusqu'à Kiev. Et tous partaient de chez eux, tous. Mais vient un jour où l'affamé rentre chez lui en rampant. Qu'est-ce que cela veut dire ? Que la faim a vaincu. L'homme ne peut plus être sauvé, il s'étend sur son lit et reste couché. Et, puisque la faim est venue à bout de l'homme, il ne se relèvera plus, non seulement parce qu'il n'a plus de forces mais parce qu'il ne s'intéresse plus à rien, parce qu'il n'a plus la volonté de vivre. Il reste couché paisiblement, et il ne faut pas s'aviser de le toucher. L'affamé ne veut pas manger, il pisse tout le temps, il a la diarrhée, il est somnolent, il ne faut pas le déranger, il ne demande qu'à être tranquille. Quand il reste couché, c'est qu'il est près de la fin. C'est ce que disaient les prisonniers de guerre : si l'un des leurs se couchait, s'il ne tendait pas la main vers sa ration, alors sa fin était proche. Mais certains paysans sont devenus fous. Et ceux-là ne retrouvaient la paix qu'avec la mort. On les reconnaissait à leurs yeux brillants. Ils débitaient les cadavres et les faisaient bouillir, ils tuaient leurs propres enfants et les mangeaient. En eux, la bête se réveillait, tandis que l'homme mourait. J'ai vu une femme que l'on amenait sous escorte au centre du district. Elle avait un visage humain mais des yeux de loup. Ces cannibales, on les a tous fusillés, à ce qu'on dit. Mais ils n'étaient pas coupables. Les coupables, ce sont ceux qui ont réduit une mère à manger ses enfants... Mais on aura beau chercher, trouvera-t-on le coupable ? C'est pour l'amour du bien, c'est pour l'amour de tous les hommes que l'on a réduit des mères à cette extrémité...

J'ai compris que tout affamé était, en son genre, un cannibale. Il consomme sa propre chair, il n'y a que les os qui restent. Il vit sur sa graisse jusqu'au dernier gramme. Ensuite, sa raison s'obscurcit : il a mangé sa cervelle. L'affamé s'est mangé tout entier.

---

1. Après son exil à Capri, Maxime Gorki participe à la rédaction d'un ouvrage élogieux sur les camps de rééducation des détenus par le travail, autrement dit du système du Goulag (voir à ce sujet la visite de Maxime Gorki dans le premier camp soviétique sur les îles Solovki, racontée par Soljenitsyne dans *L'Archipel du goulag*).

J'ai vu encore ceci : tout affamé meurt à sa façon. Dans une maison, c'est la guerre, on s'épie, on se dispute les miettes. La femme est hostile au mari, et le mari à la femme. La mère hait ses enfants. Mais dans une autre maison, l'amour est indestructible. J'ai connu une femme qui avait quatre enfants, elle ne pouvait plus remuer la langue mais elle leur racontait des histoires pour leur faire oublier qu'ils avaient faim. Elle n'avait plus la force de lever les bras, mais elle portait ses enfants dans ces mêmes bras. C'est que l'amour habitait cette femme. On a remarqué que là où il y avait de la haine, on mourait plus vite. Mais l'amour non plus n'a sauvé personne. Tous les habitants du village, tous jusqu'au dernier, ont péri. Et il n'est point resté de vie.

J'ai appris ensuite que le calme régnait dans notre village. On n'entendait plus les enfants. On n'avait plus besoin là-bas ni de jouets ni de bouillon de poule. On ne hurlait plus. Il n'y avait plus personne pour hurler. J'ai su que la troupe avait fauché les blés mais qu'on n'avait pas laissé pénétrer les soldats de l'Armée rouge dans le village. Ils campaient sous des tentes. On leur a expliqué qu'il y avait eu une épidémie. Mais ils se plaignaient de l'affreuse odeur qui venait du village. Ce sont aussi les troupes qui ont semé les blés d'hiver. L'année suivante, on a amené des colons de la région d'Orel. Dame, c'était de la terre d'Ukraine, du *tchernoziom*, tandis que les gens d'Orel, eux, ils avaient toujours eu de mauvaises récoltes. On a laissé les femmes et les enfants près de la gare, dans des baraques, et on a conduit les hommes au village. On leur a donné des faux et on leur a ordonné d'aller dans les maisons et d'en retirer les corps. Les morts gisaient, hommes et femmes, sur des lits ou à même le sol. L'affreuse odeur persistait. Les hommes se sont noué des mouchoirs autour de la tête pour se boucher le nez et la bouche et ils ont traîné les corps dehors, mais ceux-ci tombaient en morceaux. Ensuite, ils ont enterré ces morceaux hors du village. C'est alors que j'ai compris que c'était cela le *cimetière de la rude école*. Quand on eut vidé les isbas de leurs morts, on a amené les femmes pour laver les planchers et blanchir les murs. On a fait tout ce qu'il fallait mais l'odeur était toujours là. On a chaulé les murs une seconde fois, on a recouvert le sol d'une nouvelle couche de terre, l'odeur ne s'en allait toujours pas. Ne pouvant ni dormir ni manger dans ces maisons, ils sont retournés chez eux, dans la région d'Orel.

Mais naturellement la terre n'est pas restée déserte, une terre pareille !

Et ce fut comme s'ils n'avaient pas vécu. Et pourtant... Ils avaient aimé... Des femmes avaient quitté leur mari... Ils avaient marié leurs filles... Ils s'étaient querellés après boire... Ils avaient reçu des amis... Ils avaient fait du pain... Et comme ils avaient travaillé ! Et quelles chansons ils avaient chantées... Et les enfants qui allaient à l'école... Et le cinéma ambulant qui s'arrêtait au village, même les anciens allaient regarder les images animées...

Et de tout cela il ne restait rien. Mais où donc est-elle cette vie ? Où l'affreux supplice ? Est-il possible qu'il n'en reste rien ? Est-ce que personne ne répondra de tout cela ? Ainsi tout sera oublié, on n'en parlera plus ? L'herbe a repoussé.

Je te le demande, comment tout cela est-il possible ?

Eh bien, notre nuit aussi est finie. Regarde, il fait déjà jour. Apprêtons-nous, veux-tu ? Il est l'heure d'aller travailler.

15

Vassili Timofeievitch avait une voix faible, des gestes indécis. Quand il parlait à Ganna, elle baissait les yeux et répondait d'une façon à peine audible.

Après leur mariage, ils éprouvèrent une sorte de timidité, de gêne. Cet homme de soixante ans, que les enfants des voisins appelaient « Pépé », se sentait tout confus, il avait des scrupules d'avoir épousé cette jeune femme, lui qui avait des cheveux grisonnants, un début de calvitie et des rides. Mais, heureux d'être aimé d'elle, il murmurait en la regardant : « Mon petit cœur, ma douce colombe... » Autrefois, lorsqu'elle était encore une petite fille, elle se représentait son futur mari comme une sorte de Chtchors. Il serait le meilleur accordéoniste du village, il écrirait des vers inspirés comme Tarass Chevtchenko. Mais son cœur sensible avait su comprendre la force de l'amour de cet homme âgé, timide et pauvre qui avait vécu jusqu'alors non de sa propre vie mais de la vie d'autrui. Et lui aussi, il avait su la comprendre : elle avait espéré qu'un chevalier campagnard viendrait un jour l'enlever de la *khata* de son beau-père où elle vivait à l'étroit... Or c'était lui qui était venu la chercher en toussotant d'un air coupable, embarrassé qu'il était de ses grandes mains brunes de moujik et de ses vieilles bottes. Et maintenant, il la regardait avec adoration, avec bonheur, avec un sentiment de culpabilité, avec chagrin. Et elle aussi, la douce, la silencieuse, se sentait des torts envers lui...

Et il leur était né un fils, Gricha, doux et silencieux, lui aussi. Il ne pleurait jamais. La mère qui, après ses couches, avait l'air d'une maigre petite fille, s'approchait parfois du berceau la nuit et quand elle voyait que son petit garçon reposait les yeux grands ouverts, elle lui disait :

— Pleure un petit peu, Gricha... Pourquoi tu te tais, tu te tais toujours ?

Même dans leur maison, le mari et la femme parlaient à mi-voix et les voisins s'étonnaient :

— Mais pourquoi que vous parlez si bas ?

Et, chose étrange, elle, la jeune femme et lui, le vieil homme disgracié, se ressemblaient. Ils avaient la même douceur de cœur, la même timidité.

Ils travaillaient tous deux sans relâche et n'osaient même pas pousser un soupir quand le chef d'équipe les envoyait aux champs indûment, alors que ce n'était pas leur tour.

Un jour, Vassili Timofeievitch reçut l'ordre d'accompagner le président du kolkhoze au centre du district et, tandis que celui-ci allait au bureau financier et au service agricole, il attacha les chevaux à une borne, et alla au magasin central où il acheta des friandises pour sa femme : des gâteaux à la graine de pavot, des sucres d'orge, des craquelins, des noisettes. Il prit cent cinquante grammes de chaque sorte. Quand, rentré chez lui, il déposa son foulard blanc sur la table et le dénoua, sa femme poussa un cri de joie, en battant des mains comme un enfant : « Oh, Maman ! » Et Vassili Timofeievitch tout gêné sortit dans le vestibule pour qu'elle ne le voie pas pleurer de bonheur.

Pour Noël, elle avait fait une broderie sur une des chemises de son mari mais elle ne sut jamais que Vassili Timofeievitch Karpenko n'avait presque pas dormi cette nuit-là. Il était allé pieds nus regarder la chemise qui était posée sur la petite commode, il la caressait, il tâtait la petite broderie toute simple, faite au point de croix. Quand il avait ramené sa femme de la maternité de l'hôpital du district, elle tenait leur enfant dans ses bras et il eut alors le sentiment que, dût-il vivre mille ans, il n'oublierait jamais ce jour-là.

Parfois, il avait peur. Un tel bonheur, soudain, dans sa vie, était-ce possible ? Le bonheur de se réveiller au milieu de la nuit et d'entendre, d'écouter la respiration de sa femme et de son fils…

Et il existait ce bonheur. En rentrant de son travail, il voyait un lange qui séchait sur la haie et la fumée qui sortait de la cheminée. Il regardait sa femme. Elle était penchée sur le berceau. Elle posait sur la table une assiette de borchtch et souriait. Il contemplait ses mains, ses cheveux qui s'échappaient de son fichu, il écoutait ce qu'elle disait de leur petit, de la brebis de la voisine. Parfois elle sortait dans l'antichambre et il s'ennuyait, il languissait en l'attendant et, quand elle revenait, il était tout heureux. Et elle, saisissant son regard, lui souriait doucement et tristement.

Vassili Timofeievitch mourut le premier, devançant de deux jours le petit Gricha. Il donnait presque toutes les miettes de nourriture à sa femme et à son enfant et c'est pour cela qu'il est mort avant eux. Sans doute n'y eut-il pas en ce monde d'abnégation plus grande que celle dont il fit preuve ni de désespoir plus profond que celui qu'il éprouva lorsqu'il vit sa femme défigurée par l'œdème de la mort et son fils agonisant.

Jusqu'à sa dernière heure, il ne récrimina pas, il ne se mit pas en colère contre la grande œuvre, l'œuvre insensée qu'accomplissaient l'État et Staline. Il n'a même pas posé la question : Pourquoi, au nom de quoi, dans quel dessein sa femme et lui, qui étaient des êtres doux, humbles et laborieux, pourquoi leur tendre petit garçon d'un an avaient-ils été voués au supplice de la faim ?

Dans leurs haillons pourris, les squelettes passèrent l'hiver ensemble : le mari, la jeune femme et l'enfant souriaient de n'avoir pas été séparés dans la mort.

Ensuite, au printemps, quand les étourneaux furent arrivés, un délégué de la section agraire pénétra dans la *khata* en se couvrant la bouche et le nez de son mouchoir. Il examina la lampe à pétrole qui n'avait plus de verre, l'icône, la petite commode, les pots de fer vides et le lit :

— Ici, deux personnes et un enfant.

Le chef d'équipe, qui se tenait sur le seuil sacré de l'amour et de la douceur, acquiesça d'un signe de tête et fit une marque sur un bout de papier. Revenu à l'air, le délégué regarda les *khatas* blanches, les jardinets verts et dit :

— Emportez les cadavres. Quant à cette ruine, aucune raison de la restaurer.

16

À l'artel, Ivan Grigorievitch a appris bien des choses.

Le tribunal de la ville touche des pots-de-vin ; c'est à l'École de radiotechnique qu'on peut acheter de bonnes notes pour les jeunes gens qui passent des concours ; le directeur d'une usine livre un métal quasi introuvable aux artels qui fabriquent des objets de consommation courante : il suffit de lui graisser la patte ; le directeur du moulin s'est fait construire une maison d'un étage avec l'argent qu'il a volé et il a fait recouvrir le sol d'un parquet de chêne ; le chef de la milice a remis en liberté un joaillier connu, grand brasseur d'affaires, en exigeant de sa famille l'incroyable somme de six mille roubles. Même le père, le patron de la ville – le premier secrétaire du comité du Parti – peut ordonner au président du soviet municipal de vous délivrer, moyennant finances, un bon pour un appartement situé dans une des nouvelles maisons de la rue principale…

Les invalides étaient fort agités depuis le matin. On connaissait maintenant le verdict du procès du magasinier de l'artel le plus riche de la ville : l'atelier fourrure-couture. Cet artel confectionnait des pelisses, des manteaux de dame, des chapkas d'astrakan et de renne. Et, bien que le principal accusé fût un modeste magasinier, cette affaire avait pris des proportions grandioses, telle une pieuvre, elle enserrait dans ses tentacules toute la ville. Ce verdict, on l'attendait depuis longtemps et l'on en discutait d'ordinaire pendant la pause du déjeuner. Certains disaient que le juge d'instruction que Moscou avait envoyé dans la région était spécialisé dans les affaires importantes et qu'il n'aurait donc pas peur de divulguer la complicité des autorités locales.

Même les enfants savaient que le procureur circulait dans une Volga que lui avait offerte le magasinier bègue et chauve ; que le secrétaire du comité du Parti avait reçu de Riga un mobilier de chambre à coucher et de salle à manger, offert par qui ? par le magasinier bègue et chauve ; que la femme du chef de la milice était allée en avion à Adler, aux frais de qui ? du magasinier ; qu'elle avait passé deux mois dans la maison de repos du Conseil des ministres et que, le jour de son départ, elle s'était vu offrir une émeraude.

D'autres, les sceptiques, disaient que le Moscovite ne se résoudrait pas à faire un procès aux maîtres de la ville et que l'on ferait peser toutes les charges sur le magasinier et la direction de l'artel. Mais voici qu'un étudiant, le fils du magasinier, était arrivé en avion du chef-lieu, porteur d'une nouvelle inattendue : le juge chargé d'instruire les affaires particulièrement graves avait décidé de surseoir aux poursuites, faute de corps du délit. Le magasinier était donc libéré et l'assignation à résidence du président et de deux membres de l'artel rapportée.

La décision du grand juriste de Moscou fit la joie de l'artel, des sceptiques comme des optimistes. Pendant la pause du déjeuner, les invalides rirent et plaisantèrent en mangeant du pain, du saucisson, des tomates et des concombres et on ne savait ce qui les amusait le plus de l'humaine faiblesse du juge chargé d'instruire les affaires particulièrement graves ou de la toute-puissance du magasinier bègue et chauve.

Ivan Grigorievitch pensa que ce n'était pas tout à fait un hasard si la voie frayée par les hommes désintéressés, les apôtres aux pieds nus et les fanatiques de la Commune, aboutissait à ces hommes prêts à toutes les friponneries pour avoir une belle datcha, une automobile particulière et un bas de laine.

Ce soir-là, après son travail, Ivan Grigorievitch alla voir à la polyclinique un médecin dont Anna Sergueievna avait prononcé le nom devant lui. Ce médecin, qui avait fini sa consultation, était en train d'enlever sa blouse.

— Docteur, je voudrais savoir ce qu'a au juste Mikhaliov Anna Sergueievna.

— Mais qui êtes-vous, son mari, son père ?

— Non, je ne suis pas de sa famille mais nous sommes très liés.

— Ah, fit le docteur… Eh bien, je peux vous dire qu'elle a un cancer du poumon et que ni la chirurgie ni le sanatorium n'y feront rien.

17

Trois semaines passèrent et l'on envoya Anna Sergueievna à l'hôpital.

En quittant Ivan Grigorievitch, elle lui dit :

— Il faut croire que ce n'était pas notre destin d'être heureux en ce monde.

La sœur d'Anna Sergueievna vint l'après-midi, en l'absence d'Ivan Grigorievitch. Elle emmena Aliocha à la campagne.

Ivan rentra dans la chambre vide et silencieuse. Et lui, qui avait passé toute sa vie seul, il ne ressentit vraiment sa solitude que ce soir-là.

Il ne dormit pas de la nuit, il réfléchit : « Ce n'était pas notre destin... » Seule sa lointaine enfance lui paraissait lumineuse.

Maintenant que le bonheur l'avait regardé dans les yeux, qu'il avait senti son souffle sur lui, il pouvait mesurer la vie et ce qu'elle lui avait apporté.

Anna Sergueievna... Il ne pouvait rien pour elle, il ne pouvait pas la sauver, il ne pourrait pas adoucir ses ultimes souffrances. Ce sentiment d'impuissance l'accablait et, chose étrange, il ne trouvait d'apaisement à son chagrin qu'en pensant aux dizaines d'années qu'il avait passées dans les camps et les prisons.

Il y pensait en s'efforçant de comprendre la vraie nature de la vie russe, le lien qui rattache le passé au présent.

Il espérait qu'Anna Sergueievna reviendrait de l'hôpital et qu'il pourrait lui faire part de ses réflexions et de ses souvenirs.

Et elle accéderait avec lui à la compréhension, à l'intelligence des choses. Et elle porterait avec lui le fardeau de la connaissance et elle partagerait avec lui la sérénité que donne la connaissance.

Cette pensée était sa consolation. Tel était son amour.

18

Ivan Grigorievitch évoquait souvent les mois qu'il avait passés à la Prison intérieure, puis à Boutyrki.

Il avait séjourné trois fois à la prison Boutyrki mais il se souvenait tout particulièrement de l'été 1937. Il se trouvait alors dans une sorte de brouillard, dans un état de semi-conscience et ce n'était que maintenant, au bout de dix-sept ans, que ce brouillard se dissipait et qu'il commençait à distinguer ce qui s'était passé.

Les cellules étaient bondées en 1937. Là où l'on pouvait loger quelques dizaines de détenus, on en avait entassé des centaines. Dans la chaleur suffocante de juillet et d'août, les hommes hébétés et trempés de sueur gisaient, étroitement serrés les uns contre les autres. La nuit, ils ne pouvaient se retourner sur les bat-flanc que si le chef de cellule, ancien commandant d'une division de cavalerie, leur en donnait l'ordre à tous en même temps. Il fallait enjamber les corps pour aller à la tinette près de laquelle dormaient les parachutistes[1]. Le sommeil, dans cette touffeur et cette presse monstrueuses, ressemblait à une syncope, à un évanouissement, au délire qui accompagne le typhus.

---

1. Voir *Vie et destin*, note 2, p. 10.

On avait l'impression que les murs de la prison tremblaient comme les parois d'une chaudière sous l'effet d'une formidable pression intérieure. Toute la nuit, la vie de Boutyrki bourdonnait : grondement des voitures livrant dans la cour leur cargaison de prisonniers pâles comme la mort qui parcouraient des yeux le grand royaume de la prison ; vrombissement des énormes fourgons noirs emportant les détenus qui à la Loubianka pour un interrogatoire, qui au dépôt de Krasnaïa Presnia ou à Lefortovo, la prison aux tortures, qui à la gare de marchandises d'où partaient les convois pour la Sibérie. Dans ce dernier cas, les hommes de l'escorte cliquetaient et, quand deux détenus se rencontraient, on fourrait précipitamment l'un d'eux dans un box et il attendait là, dans l'obscurité.

Les fenêtres des cellules étaient obturées par d'épais écrans de bois, la lumière s'infiltrait par une fente étroite. On calculait l'heure non d'après le soleil et les étoiles mais d'après le règlement intérieur de la prison. L'électricité brûlait vingt-quatre heures sur vingt-quatre avec un éclat impitoyable et l'on avait l'impression que cette touffeur, cette chaleur suffocante émanaient de l'incandescence blanche de la lampe électrique. Jour et nuit, le ventilateur bourdonnait mais l'air torride de juillet qui semblait monter de l'asphalte n'apportait point de soulagement aux hommes. La nuit, l'air vous remplissait les poumons et le crâne, on aurait dit du feutre brûlant.

Vers le matin, les hommes revenaient des interrogatoires de la nuit. Ils se jetaient épuisés sur les bat-flanc. Les uns sanglotaient, gémissaient, les autres restaient assis, immobiles, en regardant fixement devant eux, d'autres encore massaient leurs jambes enflées et racontaient fiévreusement ce qui s'était passé. Certains étaient traînés jusqu'à leur cellule par les hommes de l'escorte. Quant à ceux dont l'interrogatoire ininterrompu avait duré plusieurs jours, on les portait sur des brancards à l'hôpital de la prison. Dans le cabinet du juge d'instruction, la cellule étouffante et puante paraissait un délice et c'est avec nostalgie qu'on évoquait les chers visages, épuisés et souffrants, de ses voisins de bat-flanc.

Ces dizaines, ces milliers, ces dizaines de milliers d'hommes – secrétaires de comités de district, de comités de région, commissaires militaires, chefs des sections politiques, directeurs d'usines et de sovkhozes, commandants de régiment, de division et d'armée, capitaines de vaisseau, agronomes, écrivains, zootechniciens, fonctionnaires du commerce extérieur, ingénieurs, ambassadeurs, partisans rouges, procureurs, présidents de comités d'usine, professeurs d'université –, exprimaient toute la diversité des couches de la vie soulevées par la Révolution. À côté des Russes, il y avait des Biélorusses, des Ukrainiens, des Juifs lituaniens et ukrainiens, des Arméniens, des Géorgiens, des Lettons, des Polonais, des indigènes des républiques d'Asie centrale. Qu'ils fussent soldats, ouvriers, paysans, collégiens, étudiants ou artisans, ils avaient tous participé à la Révolution et à la guerre civile. Ils avaient repoussé les armées de Kornilov et de Kaledine, de Koltchak, de Denikine, de Youdenitch et de

Wrangel jusqu'aux confins du pays pour déferler ensuite au cœur du désert russe. La Révolution a supprimé le *numerus clausus*, le cens, les privilèges de la noblesse, les zones de résidence obligatoire[1] et des centaines de milliers d'hommes (paysans, ouvriers, petits artisans, étudiants, jeunes gens des villages de la Volga et des bourgades juives) se sont mis à la tête des comités révolutionnaires, des commissions extraordinaires des provinces et des districts, des comités de district du Parti, des conseils économiques, des services des combustibles, des comités de ravitaillement, des sections d'instruction politique, des comités des pauvres. On a commencé alors à construire un État tel que le monde n'en avait encore jamais vu. Les victimes, les cruautés, les privations, rien de tout cela n'importait puisqu'on agissait au nom de la Russie et de l'humanité laborieuse, au nom du bonheur du monde ouvrier.

Quand vinrent les années 30, les jeunes gens qui avaient participé à la guerre civile étaient devenus des hommes de quarante ans aux cheveux argentés. La Révolution, les comités des pauvres, le premier et le second congrès du Komintern, c'était leur jeunesse, l'époque heureuse et romantique de leur vie. Ils avaient des bureaux avec des téléphones et des secrétaires, ils avaient troqué leur vareuse contre le veston et la cravate, ils circulaient en automobile, ils avaient pris goût au bon vin, aux cures à Kislovodsk, aux médecins en renom et, tout de même, le temps des bonnets à la Boudienny[2], des vestes de cuir[3], du millet, des bottes trouées, des idées planétaires et de la Commune mondiale restait la grande époque de leur vie. Ce n'était pas pour avoir des datchas et des voitures qu'ils construisaient un État nouveau. Ils le construisaient pour l'amour de la Révolution. Et c'est au nom de la Révolution et d'une Russie nouvelle sans propriétaires fonciers et sans capitalistes que l'on immolait des victimes et que s'accomplissaient tant d'actes de violence et de cruauté.

La génération de citoyens soviétiques qui disparut en 1936 et en 1939 n'était évidemment pas monolithique.

Les fanatiques, les destructeurs de l'Ancien Monde furent frappés les premiers. Leur enthousiasme, leur fanatisme, leur dévouement à la Révolution étaient inspirés par leur haine des ennemis de la Révolution.

Ils détestaient la bourgeoisie, la noblesse, les petits-bourgeois, les traîtres de la classe ouvrière (les mencheviks et les socialistes-révolutionnaires), les paysans aisés, les opportunistes, les spécialistes militaires, l'art bourgeois vénal, les universitaires vendus à la bourgeoisie, les dandys à cravate travaillant pour une clientèle privée, les femmes qui se poudraient le nez et qui se pavanaient en bas de soie, les étudiants qui faisaient doubler de soie

---

1. Voir « Shtetl » dans le Dictionnaire.
2. Ce bonnet avait la forme d'un heaume médiéval russe et s'appelait initialement *bogatyrka*, appellation dérivée du bogatyr, un preux de la poésie épique russe.
3. Les vestes de cuir, portées en masse par les commissaires rouges, sont devenues l'un des symboles de l'époque révolutionnaire.

blanche leur veste d'uniforme[1], les popes, les rabbins, les ingénieurs coiffés d'une casquette à cocarde, les poètes qui, à l'instar de Fet, écrivent des poèmes pervers sur la beauté de la nature. Ils haïssaient Kautsky, MacDonald. Ils n'avaient pas lu Bernstein mais le trouvaient épouvantable, bien que leur destin fît écho à ses paroles : « Le but n'est rien, le mouvement est tout. »

Ils avaient détruit l'Ancien Monde et aspiraient à un monde nouveau mais ils ne le construisirent pas eux-mêmes. Ces hommes, qui avaient inondé la terre de sang, qui avaient tant et si passionnément haï, avaient des cœurs sans méchanceté, cœurs d'enfants, de fanatiques, peut-être même de fous. Ils haïssaient au nom de l'amour.

Ils avaient été la dynamite dont le Parti s'était servi pour faire sauter la vieille Russie, déblayer le terrain, creuser le sol, fonder le Grand Régime dans le granit.

Après les dynamiteurs vinrent les premiers bâtisseurs. Toute leur énergie s'employa à organiser l'appareil du Parti et de l'État, à créer des fabriques et des usines, à tracer des routes et des voies ferrées, à creuser des canaux, à mécaniser l'agriculture.

Ce furent les premiers « marchands rouges », les pionniers de la fonte soviétique, des cotonnades et des avions. Ne se souciant ni du jour ni de la nuit, ni des grands froids sibériens ni de la chaleur torride de Kara-Koum, ils ont jeté les fondations et édifié les murs des gratte-ciel.

Gvakharia, Frankfurt, Zaveniaguine, Gugel…

On les compte ceux qui sont morts de leur belle mort.

À leurs côtés travaillaient les leaders du Parti, fondateurs et dirigeants des républiques soviétiques nationales, des territoires, des régions : Postychev, Kirov, Vareïkis, Betal, Kalmykov, Faizoula Khodjaïev, Mendel Khataïevitch, Eikhe…

Aucun d'eux n'est mort d'une mort naturelle.

C'étaient des hommes brillants : orateurs, bibliophiles, amateurs de philosophie et de poésie, chasseurs et riboteurs.

Leurs téléphones sonnaient vingt-quatre heures sur vingt-quatre. Leurs secrétaires, organisés en trois équipes, travaillaient de même. Mais, contrairement aux fanatiques et aux rêveurs, ils savaient se reposer, ils savaient apprécier les datchas spacieuses et claires, la chasse au sanglier et au bouquetin, les joyeux repas dominicaux qui durent des heures, le cognac arménien et les vins géorgiens. Non seulement ils ne sortaient plus l'hiver avec des vestes de cuir déchirées mais encore la gabardine de leurs vareuses à la Staline coûtait plus cher que le drap anglais.

L'énergie, la volonté et une totale inhumanité distinguaient ces hommes. Adorateurs de la nature, amateurs de poésie et de musique ou fêtards, ils étaient tous féroces.

---

1. « Les étudiants à doublure blanche » était le nom que l'on donnait à ceux qui étaient opposés au mouvement révolutionnaire.

Le monde nouveau devait être construit pour le peuple, cela allait de soi, mais le fait que les principaux obstacles s'opposant à sa construction se trouvassent dans le peuple même, chez les ouvriers, chez les paysans, chez les intellectuels, ne les gênait en aucune façon.

On avait parfois l'impression que l'énergie formidable, la volonté inflexible et la cruauté sans limites des guides du monde nouveau ne s'employaient qu'à une seule et même fin : forcer l'homme à travailler au-delà de ses forces, un trop grand nombre d'heures, sans congé et en ne mangeant pas à sa faim, à dormir dans des baraquements, à recevoir un salaire de misère tout en payant des impôts indirects – taxes, emprunts, redevances en nature – tels qu'on n'en avait encore jamais vu dans l'histoire.

Et l'homme construisait ce qui n'était pas nécessaire à l'homme. À quoi servaient le canal de la mer Blanche à la Baltique[1], les mines de l'Arctique, les chemins de fer construits au-delà du cercle polaire, les lourdes usines et les centrales électriques surpuissantes qui se cachaient dans la taïga inhabitée ? On avait l'impression que ces usines, ces mers et ces canaux déserts étaient inutiles non seulement aux hommes mais à l'État et que ces constructions puissantes n'avaient d'autre utilité que de mettre aux fers, d'enchaîner par le travail, des millions d'hommes.

Marx, le grand marxiste Lénine et le grand continuateur de son œuvre, Staline, ont posé comme vérité première de la doctrine révolutionnaire le primat de l'économique sur le politique.

Et aucun des bâtisseurs du Monde Nouveau n'a pensé qu'en construisant ces énormes usines inutiles aux hommes et souvent à l'État, ils renversaient la thèse de Marx.

L'État créé par Lénine et construit par Staline a été fondé sur la politique et non sur l'économie.

C'est la politique qui a déterminé le contenu des plans quinquennaux de Staline, le plan des grands travaux. La politique a triomphé sans partage de l'économie dans toutes les actions de Staline, de son Conseil des commissaires du peuple, de son Gosplan, de son Comité des approvisionnements, de ses commissariats à l'industrie lourde, à l'agriculture et au commerce.

Les bâtisseurs ne pensaient pas, comme on l'avait cru pendant la guerre civile, que la révolution mondiale, la Commune universelle étaient en train de se réaliser. Ils croyaient que le socialisme édifié dans un seul pays[2], la Russie nouvelle, figurait l'aube du jour socialiste universel.

Mais vint 1937 et les prisons se remplirent de centaines de milliers d'hommes appartenant à la génération de la Révolution et de la guerre civile. C'est eux qui avaient défendu l'État socialiste. Ils en étaient les pères et, en même temps, les enfants. Mais les prisons qu'ils avaient

---

1. Voir « Canal de la mer Blanche à la Baltique » dans le Dictionnaire.
2. Formule élaborée par Boukharine en 1925-1926 et reprise par Staline.

construites pour les ennemis de la Russie nouvelle s'ouvrirent devant eux, la formidable puissance du régime qu'ils avaient créé fondit sur eux, la force répressive de la dictature, le glaive de la Révolution qu'ils avaient forgé s'abattit sur leurs têtes. Beaucoup crurent qu'était venu le temps du chaos, de la folie.

Pourquoi les a-t-on forcés à avouer des crimes qu'ils n'avaient point commis ? Pourquoi les a-t-on déclarés ennemis du peuple ? Pourquoi les a-t-on *isolés* de la vie qu'ils avaient construite et qu'ils avaient défendue dans les combats ?

Il leur parut absurde d'être ravalés au niveau de ceux qu'ils avaient haïs et méprisés, qu'ils avaient eux-mêmes abattus – avec quel fanatisme et quelle férocité – comme des chiens enragés.

Ils se retrouvèrent dans les cellules et dans les baraquements des camps avec ceux des mencheviks qu'ils n'avaient pas achevés, avec les industriels et les propriétaires fonciers d'autrefois.

Certains d'entre eux crurent qu'il y avait eu un coup d'État, que leurs ennemis avaient pris le pouvoir et que, tout en se servant de la langue et des concepts soviétiques, ils réglaient leurs comptes à ceux qui avaient conçu et bâti l'État soviétique.

Parfois l'ancien secrétaire d'un comité de district, ennemi du peuple démasqué, et le nouveau secrétaire du même comité de district qui l'avait dénoncé, se retrouvaient en prison côte à côte. Et il n'était pas rare qu'ils fussent rejoints un mois plus tard dans leur cellule par le troisième secrétaire du comité de district qui avait démasqué le second avant d'être métamorphosé à son tour en ennemi du peuple.

Tout se mêlait : le fracas et le bruit de ferraille des roues des convois se dirigeant vers le nord ; l'aboiement des chiens policiers ; le craquement des bottes et des souliers des femmes sur la neige de la taïga ; le crissement des plumes des juges d'instruction ; le grincement des pelles sur la terre gelée, creusant des fosses pour les détenus morts du scorbut, morts du froid, morts d'une rupture d'anévrisme ; les voix de ceux qui, aux réunions du Parti, imploraient la clémence puis répétaient de leurs lèvres mortes, à la suite du juge d'instruction : « J'avoue que, devenu l'agent stipendié d'un réseau étranger et mû par la haine féroce de tout ce qui est soviétique, je me préparais à commettre des actes de terrorisme contre des hommes d'État soviétiques, que je faisais de l'espionnage au profit de… » ; le crépitement ininterrompu des coups de fusil et de pistolet, assourdis par les pierres des Boutyrki et de Lefortovo : neuf grammes de plomb[1] dans la poitrine ou dans la nuque des milliers et des dizaines de milliers d'innocents accusés d'activités de terrorisme et d'espionnage particulièrement perverses.

---

1. Poids d'une balle.

Ceux des bâtisseurs du Monde Nouveau qui étaient en liberté interrogeaient l'avenir : « M'arrêteront, m'arrêteront pas ? » Tous attendaient le coup de sonnette nocturne, le bruissement des roues des automobiles qui cesse subitement devant la porte de la maison.

La génération de la guerre civile a disparu dans le chaos, dans l'absurdité, dans la démence des accusations mensongères. Une nouvelle époque a commencé. Des hommes nouveaux sont apparus.

19

Lev Mekler, Lev Nahumovitch... En liberté, il portait des chaussures du 45, un costume Moskochveï du 58[1], et maintenant il était détenu en vertu de l'article 58 : trahison de la patrie, terreur, diversion et autres bagatelles.

On ne l'avait pas fusillé, sans doute parce qu'il avait été arrêté un des tout premiers. Il n'y avait pas alors une telle liberté dans l'exécution des condamnations à mort.

Il avait parcouru, en clignant de ses yeux myopes et distraits et en trébuchant, tous les cercles de l'enfer des prisons et des camps. Et s'il n'était pas mort, c'est que le feu de la foi qui le brûlait depuis l'adolescence l'avait protégé des vents cinglants et des fortes gelées, de la consomption et du scorbut. Il n'était pas mort sur la barge bondée de détenus qui avait coulé dans l'Ienisseï. Il n'était pas mort non plus de la dysenterie.

Les « droit commun » ne l'avaient pas égorgé. On ne l'avait pas torturé à mort dans son cachot. On ne l'avait pas battu à mort pendant les interrogatoires. On ne l'avait pas fusillé lors des grandes purges lorsque, selon l'antique coutume, on décimait les prisonniers.

D'où lui venait à lui, fils d'un boutiquier triste et astucieux de la bourgade de Fastov, ancien élève d'une école de commerce, lecteur de « La Bibliothèque dorée[2] » et de Louis Boussenard, d'où lui venait cette flamme puissante, ce fanatisme ? Ni lui ni son père n'avaient contracté la haine du capitalisme dans les mines ou dans des ateliers enfumés...

Qui lui avait donné une âme de lutteur ? L'exemple de Jeliabov et de Kaliaïev, la sagesse du *Manifeste communiste*, les misères qu'il avait côtoyées ?

Ou bien ces charbons ardents, ce feu intérieur couvaient-ils dans l'abîme millénaire de l'hérédité, prêts à s'enflammer tantôt dans la lutte contre les soldats du César romain ou contre les bûchers de l'Inquisition espagnole, tantôt dans la frénésie famélique de la *Talmud Thora* ou dans les groupes d'autodéfense locale contre les pogromes ?

---

1. Voir *Maman*, note 3, p. 818.
2. Série de livres pour les jeunes, écrits par des auteurs classiques publiés en édition de luxe par la maison de M. O. Wolf.

Peut-être la chaîne séculaire des humiliations, la nostalgie de la captivité de Babylone, l'opprobre du ghetto et l'instauration de zones de résidence obligatoire ont-ils provoqué cette insatiable soif de justice, forgé l'âme incandescente du bolchevik Lev Mekler.

Son incapacité à s'adapter à la vie quotidienne suscitait la raillerie et l'admiration. Certains le considéraient comme un saint, ce chef komsomol qui portait des sandales percées, une chemise d'indienne à col ouvert, une veste de cuir déchirée et qui sortait tantôt nu-tête tantôt coiffé d'un bonnet à la Boudienny marqué d'une étoile rouge, décolorée comme si elle avait perdu tout son sang. Et c'est dépenaillé de la sorte, mal rasé, vêtu l'hiver d'un manteau dont tous les boutons étaient arrachés que cet homme, qui était le maître de la justice en Ukraine, se rendait en automobile au Commissariat du peuple.

Il donnait l'impression d'être désarmé devant la vie, de n'être pas de ce monde, mais certains se rappelaient l'avoir écouté avec ferveur, quand il tenait des meetings sur le front, et l'avoir suivi sous le feu des mitrailleuses de Vrangel.

C'était un prédicateur, un apôtre et un combattant de la Révolution socialiste universelle. Pour elle, il eût donné sa vie sans hésiter et il eût sacrifié de même l'amour d'une femme et l'affection de tous ses proches. La seule chose qu'il n'eût pas pu donner, c'était son bonheur, car s'il eût sacrifié à la Révolution tout ce que l'homme chérit sur la terre, il aurait été encore heureux de monter pour elle sur le bûcher.

Le royaume mondial, le royaume futur lui paraissait infiniment beau et, pour en hâter l'avènement, il était prêt à user de la plus impitoyable violence.

Il était bon par nature. Un moustique lui avait-il sucé le sang, il ne l'écrasait pas mais le chassait d'une délicate chiquenaude. Une punaise était-elle prise sur le lieu du crime ? Il la glissait dans un papier et la déposait dans la rue.

Son activité au service du bien et de la Révolution fut marquée par le sang et par une totale absence de pitié envers la souffrance.

Mû par ses principes révolutionnaires, il fit mettre son père en prison et témoigna contre lui devant le tribunal de la Tchéka régionale. Et c'est avec dureté qu'il se détourna de sa sœur lorsque celle-ci lui demanda de protéger son mari, accusé de sabotage.

Cet homme si doux se montrait impitoyable envers ceux qui ne pensaient pas comme lui. La Révolution lui paraissait faible, confiante comme une enfant, traquée par des scélérats cruels et perfides et par d'immondes corrupteurs.

Et il fut sans pitié pour les ennemis de la Révolution.

Il n'avait qu'une tache sur sa conscience révolutionnaire : à l'insu du Parti, il avait aidé sa vieille mère qui était veuve… d'un homme que les organes de répression avaient fusillé. Et quand elle était morte, il avait donné de l'argent pour ses obsèques religieuses puisque telle avait été sa dernière et pitoyable volonté.

Son vocabulaire, sa façon de penser, ses actes avaient une seule et même source : les livres écrits à la gloire de la Révolution, le droit révolutionnaire, la morale révolutionnaire, la poésie de la Révolution et sa stratégie, la marche de ses soldats, ses visions d'avenir, ses chants. C'est avec les yeux de la Révolution qu'il regardait le ciel étoilé et le feuillage printanier des bouleaux ; c'est dans sa coupe enchantée qu'il but le philtre de son premier amour, c'est à travers sa sagesse qu'il apprit à connaître la lutte des patriciens et des esclaves, des seigneurs et des serfs, les luttes de classe qui opposent patrons d'usine et prolétaires. La Révolution était sa mère, sa bien-aimée, son soleil, son destin.

Et voici que la Révolution l'avait mis dans une cellule de la Prison intérieure et lui avait cassé huit dents. Elle l'avait frappé de ses bottes d'officier, elle lui avait adressé des injures obscènes, elle l'avait traité de Juif galeux. Elle avait exigé que lui, son fils, son apôtre bien-aimé s'avouât son ennemi caché, son ennemi mortel.

Naturellement il ne la renia pas. Sa foi ne vacilla pas un instant lors des interrogatoires sans fin. Elle ne vacilla pas non plus quand, couché par terre, il vit au-dessus de sa bouche ensanglantée le bout bien astiqué d'une botte en box-calf.

Grossière, stupide, cruelle, telle fut la Révolution pendant ces interrogatoires qui durèrent des centaines d'heures : la fidélité et la douce patience du bolchevik Mekler la mettaient en fureur.

Cette fureur, c'était celle du maître qui veut chasser son vieux chien de garde qui s'acharne à le suivre. D'abord le maître accélère le pas, puis il crie et tape du pied, ensuite, il lève la main sur l'animal et lui lance des pierres. Le mâtin s'éloigne en courant, s'arrête, mais quand le maître se retourne après avoir fait une centaine de pas, que voit-il ? Le chien estropié qui le suit toujours, comme si de rien n'était, en claudiquant, en clopinant, en boitant.

Ce que le maître supporte le moins en lui, ce qu'il abhorre le plus, ce sont ses yeux de chien : doux, tristes, aimants, fanatiquement dévoués.

Cet amour met le maître en fureur. Le chien s'en aperçoit mais ne peut en saisir la raison. Il ne peut comprendre qu'en commettant à son endroit une injustice encore jamais vue, le maître veut tant soit peu apaiser sa conscience. La douceur, le dévouement du chien lui ont obscurci la raison au point qu'il le hait plus qu'il n'a jamais haï les loups, les loups dont ce même chien de garde protégeait la maison de sa jeunesse. En se montrant brutal et grossier, il espère étouffer cet insupportable amour.

Mais le chien, bouleversé par cette cruauté inattendue, inexplicable, continue de suivre son maître.

Pourquoi ? Pourquoi ? Qu'ai-je donc fait ? se demande-t-il.

Il ne peut comprendre que cette haine subite dont il est l'objet n'a rien d'absurde ni de fou, mais qu'au contraire elle est *réelle donc rationnelle*[1].

---

1. Allusion à la thèse de Hegel, qui provoqua force discussions en 1830-1840 dans les cercles intellectuels russes.

Cette haine est normale, compréhensible, d'une logique toute mathématique. Mais le chien a l'impression que tout cela n'est qu'hallucination, absurdité, folie. Il est inquiet de son maître. Il veut le tirer de son égarement, non pour soi naturellement mais pour lui.

Quant au maître, il comprend que le chien ne le lâchera pas. Il sait déjà ce qu'il lui reste à faire : l'étrangler ou le tuer d'une balle.

Et pour que l'exécution du chien qui l'idolâtre, qui l'adore, ne suscite pas la réprobation des voisins, le maître décide de le transformer, par un artifice habile, en ennemi ; que le chien avoue donc avant de crever qu'il voulait le déchirer, lui son maître, à belles dents !

Il est plus facile de tuer un ennemi que de tuer un ami.

Dans la première maison que le maître avait construite parmi les ruines mornes et désertes, dans la maison où il avait été jeune et où il priait le cœur pur, ce chien avait été son ami, son gardien, son compagnon de tous les instants.

Qu'il reconnaisse donc maintenant, le mâtin, qu'il était de mèche avec les loups !

… Dans les derniers râles de l'agonie, le chien, étranglé par une corde, regarde son maître avec douceur et avec amour, avec une foi égale à celle qui conduisit à la mort les premiers martyrs chrétiens.

Il n'a pas compris une chose pourtant simple. Le maître a quitté la maison de sa jeunesse, la maison de l'allégresse et de la prière, il s'est installé dans un bâtiment de granit et de verre et le chien qu'il avait à la campagne n'a plus pour lui de raison d'être, il est devenu une charge. Une charge, et même un danger. C'est pourquoi il l'a tué.

20

Les années avaient passé, le brouillard et la poussière, qui empêchaient de discerner ce qui était en train de s'accomplir, se dissipaient. Tout ce qui semblait chaos, folie, autodestruction, concours de hasards extravagants, tout ce qui, dans sa tragique et mystérieuse absurdité, avait rendu les hommes fous prenait peu à peu les traits précis, clairs et saillants d'une vie nouvelle, d'une nouvelle réalité.

Le destin de la génération de la Révolution apparut sous un jour nouveau, non plus mystique mais logique. Et c'est seulement alors qu'Ivan Grigorievitch put se faire une idée du nouveau destin de son pays, destin né sur les ossements de la génération perdue.

Cette génération bolchevique s'était formée au temps de la Révolution, à l'époque où régnait sans partage l'idéal de la Commune mondiale, à l'époque du travail volontaire et enthousiaste des affamés (les *samedis communistes*). Elle a assumé l'héritage de la Guerre mondiale et de la guerre civile, la désorganisation, la famine, le typhus, l'anarchie, le banditisme. Elle a déclaré par la bouche de Lénine qu'il y avait un parti capable de conduire la Russie sur une nouvelle voie[1]. Elle a accepté l'héritage des centaines d'années d'arbitraire russe sous lequel des dizaines de générations sont nées et s'en sont allées, ne connaissant qu'un seul droit, le servage.

La génération bolchevique du temps de la guerre civile a participé sous la direction de Lénine à la dispersion de l'Assemblée constituante et à l'anéantissement des partis révolutionnaires démocratiques qui avaient lutté contre l'absolutisme russe.

La génération bolchevique de la guerre civile ne croyait pas en la valeur de la liberté de la personne, de la liberté de parole, de la liberté de la presse dans le contexte de la Russie bourgeoise.

Comme Lénine, elle tenait que les libertés dont avaient rêvé *l'intelligentsia* et tant d'ouvriers révolutionnaires étaient dénuées de valeur et comme tronquées.

Le jeune État détruisit les partis démocratiques, faisant place nette pour la construction soviétique. À la fin des années 20, ces partis furent complètement liquidés. Les hommes qui avaient été en prison sous le tsar y retournèrent ou allèrent au bagne.

En 1930, on brandit la hache de la collectivisation générale.

Et bientôt, la hache se leva de nouveau mais, cette fois, elle frappa la génération de la guerre civile. Une infime partie de cette génération survécut mais son âme, sa foi en la Commune mondiale, son romantisme, sa force révolutionnaire avaient disparu avec ceux qui ont été exterminés en 1937. Les survivants ont continué à vivre et à travailler, se sont adaptés au temps nouveau, aux hommes nouveaux.

Les hommes nouveaux ne croyaient pas à la Révolution. Ils n'étaient pas les enfants de la Révolution, ils étaient les enfants de l'État qu'elle avait fondé.

Le nouvel État n'avait que faire de saints apôtres, de bâtisseurs frénétiques et possédés, de disciples ayant la foi. Le nouvel État n'avait même plus besoin de serviteurs, il n'avait besoin que d'employés et il s'inquiétait de voir que ces employés étaient parfois des hommes fort médiocres, et roublards au demeurant.

La terreur et la dictature ont dévoré ceux qui les ont instaurées et l'État qui paraissait n'être qu'un moyen s'est révélé être le but.

Les hommes qui ont créé cet État pensaient qu'il serait le moyen de réaliser leurs idéaux. Mais ce sont leurs rêves et leurs idéaux qui ont servi de moyen à l'État puissant et redoutable. De serviteur du peuple, l'État s'est transformé en autocrate morne. Le peuple n'avait nul besoin de la terreur en 1919. Ce n'est pas le peuple qui a aboli la liberté de la presse et de la parole. Le peuple n'avait nul besoin de la mort de millions de paysans, de ces paysans qui constituaient la majeure partie du peuple. Ce

---

1. Au 1ᵉʳ Congrès des Soviets en juin 1917, en réponse au discours de Tsereteli, *leader* menchevik qui affirmait qu'aucun parti n'était capable de prendre le pouvoir et de maintenir l'ordre social en Russie, Lénine avait répliqué : « Un tel parti existe ! »

n'est pas le peuple qui a voulu remplir les prisons et les camps en 1937. Le peuple n'avait nul besoin des déportations dans la taïga, qui coûtèrent la vie à tant de Tatars de Crimée, de Kalmouks, de Balkares, de Bulgares et de Grecs russifiés, de Tchétchènes et d'Allemands de la Volga. Ce n'est pas le peuple qui a aboli le droit de grève et la liberté de semer. Ce n'est pas le peuple qui a obéré de surtaxes monstrueuses le prix de revient des marchandises.

L'État s'est fait patron. Il a fait passer l'élément national de la forme dans le contenu, il en a fait l'essentiel, tandis qu'il reléguait l'élément socialiste dans la paille des mots, dans la phraséologie, dans la forme.

La loi sacrée de la vie s'est formulée avec une évidence tragique : la liberté de l'homme est au-dessus de tout. Il n'existe aucun but au monde auquel on puisse sacrifier la liberté de l'homme.

21

Chose étrange, quand Ivan Grigorievitch pensait à 1937, aux femmes envoyées au bagne à cause de leur mari, à la collectivisation totale et à la famine des campagnes, aux lois punissant de prison les ouvriers pour un retard de vingt minutes ou condamnant les paysans à huit ans de camp pour le recel de quelques épis, ce n'était pas l'homme à la moustache, l'homme botté et portant vareuse qui lui venait à l'esprit mais Lénine. Lénine ! Comme si sa vie n'avait pas pris fin le 21 janvier 1924...

Ivan Grigorievitch notait parfois ses idées sur Lénine et sur Staline dans un cahier d'écolier qu'Aliocha avait laissé.

Toutes les victoires du Parti et de l'État sont liées au nom de Lénine mais Vladimir Ilitch porte aussi la tragique responsabilité de toutes les cruautés qui ont été commises dans le pays.

Ce qui s'est passé dans les campagnes, les événements de 1937, la nouvelle classe de fonctionnaires, la nouvelle petite-bourgeoisie, le travail forcé des détenus, tout cela a trouvé sa justification dans la passion révolutionnaire de Lénine, dans les discours, dans les articles, dans les appels de Lénine.

Et peu à peu, avec les années, les traits du personnage de Lénine ont changé, les traits de l'étudiant Volodia Oulianov, du jeune marxiste Touline[1], du déporté en Sibérie, de l'émigré révolutionnaire, du publiciste, du penseur Vladimir Ilitch Lénine, les traits de l'homme qui a proclamé l'ère de la Révolution socialiste mondiale, qui a instauré la dictature révolutionnaire en Russie, qui a liquidé tous les partis révolutionnaires sauf un, qui lui semblait le plus révolutionnaire, qui a dispersé l'Assemblée constituante, qui a représenté toutes les classes et tous les partis de la Russie postrévolu-

---

1. Volodia est l'un des diminutifs de Vladimir Ilitch Oulianov, dit Lénine ; Touline est un autre pseudonyme révolutionnaire dont usa Lénine.

tionnaire et qui a créé les soviets où ne devaient être représentés selon lui que les ouvriers et les paysans révolutionnaires.

Les traits du Lénine qu'on connaissait par ses portraits se modifiaient, l'image du premier président du gouvernement soviétique changeait.

L'œuvre de Lénine continuait et le personnage de Lénine mort s'enrichissait, en même temps que l'œuvre qu'il avait entreprise, de traits nouveaux.

C'était un intellectuel. Il appartenait à une famille de l'*intelligentsia* active. Ses sœurs, ses frères étaient des intellectuels révolutionnaires. Son frère aîné Alexandre[1], membre du parti *Narodnaïa Volia*, devint le héros et le saint martyr de la révolution.

Les mémorialistes affirment qu'alors même qu'il était devenu le guide de la Révolution, le fondateur du Parti, le chef du gouvernement soviétique, il était toujours aussi simple. Il ne fumait pas, il ne buvait pas et sans doute n'adressa-t-il jamais à personne d'injures obscènes. Ses loisirs étaient purs, des loisirs d'étudiant : musique, théâtre, lecture, promenades. Sa mise était démocratique, presque pauvre.

Ce Volodia aimé de ses sœurs et cher au cœur de sa mère, ce Volodia qui allait au théâtre – au poulailler – avec une cravate froissée et un vieux veston, qui écoutait l'*Appassionata*, lisait et relisait *Guerre et Paix*, est-il possible que ce soit lui qui ait fondé l'État qui a décoré de l'ordre suprême – son ordre, l'ordre de Lénine – la poitrine de Iagoda, de Ejov, de Beria, de Merkoulov, d'Abakoumov ? L'ordre de Lénine fut conféré à Lidia Timachouk le jour de l'anniversaire de la mort de Vladimir Ilitch : cela prouvait-il que l'œuvre de Lénine s'était tarie ou qu'au contraire elle triomphait ?

Les années des plans quinquennaux passèrent. Des dizaines d'années passèrent. Des événements considérables, pleins d'une actualité brûlante, se figeaient comme des blocs pris par le ciment du temps, se transformaient en histoire, en l'histoire de l'État soviétique :

> *On ne voit pas de portraits de Lénine*
> *... Il n'y en a pas eu, il n'y en a pas.*
> *... Les siècles termineront sans doute*
> *Le portrait inachevé*[2]*...*

Le poète a-t-il compris le sens tragique de ce qu'il écrivait là ? Les traits de caractère, relevés par les biographes de Lénine et les mémorialistes, paraissaient essentiels. Ils ont charmé des millions de cœurs et d'esprits. Or ils sont apparus comme contingents par rapport au cours de l'histoire. Ces traits d'humanité, l'histoire de l'État russe ne les a pas retenus. Elle les a rejetés comme un fatras inutile. L'histoire de l'État n'avait que faire d'un

---

1. Alexandre Ilitch Oulianov.
2. Ces lignes appartiennent à Nikolaï Gavrilovitch Poletaïev (1889-1935), poète soviétique maintenant presque oublié. La poésie citée (1923) est son œuvre la plus connue.

Lénine écoutant l'*Appassionata*, les yeux fermés, d'un Lénine admirateur fervent de *Guerre et Paix*. Elle ne se souciait pas davantage des goûts démocratiques de Lénine, de sa cordialité, de l'attention qu'il prêtait aux petites gens, secrétaires et chauffeurs, de ses conversations avec les enfants de paysans, de sa gentillesse envers les animaux domestiques, de la douleur qu'il éprouva lorsque, d'ami, Martov devint son ennemi.

En revanche, tout ce qu'on avait mis entre parenthèses comme traits de caractère passagers, contingents, attribuables aux circonstances particulières de la clandestinité et de la lutte acharnée lors des premières années soviétiques, s'est révélé constant, déterminant.

Lénine donnant l'ordre de perquisitionner chez Plekhanov mourant, c'est un de ces traits de caractère que n'ont pas relevé ses biographes et qui indiquent bien sa totale intolérance, son refus de toute démocratie politique. Et ces traits de caractère n'ont fait que se développer.

L'industriel, le marchand issu d'une famille de moujiks, qui habite un hôtel particulier et fait des croisières sur son yacht, conserve les traits de son caractère paysan : l'amour de la soupe aux choux, du kvas et des expressions populaires, pertinentes et crues. Le maréchal revêtu de son uniforme brodé d'or conserve l'amour des cigarettes que l'on roule soi-même et se souvient de l'humour simple des dictons militaires.

Mais ces traits de caractère et ces souvenirs jouent-ils un rôle quelconque dans le destin des usines, dans la vie de millions d'hommes qui sont liés par le travail et par le sort, qu'ils dépendent des mouvements de la Bourse ou du mouvement des troupes ?

Ce n'est pas en aimant les choux que l'on acquiert des capitaux, ce n'est pas en aimant le tabac de troupe que les généraux conquièrent la gloire.

Une femme, qui a laissé des souvenirs sur Lénine[1], raconte une promenade dominicale qu'elle a faite avec lui en Suisse. Parvenus au sommet d'une montagne fort escarpée, ils sont essoufflés et s'assoient. Elle a le sentiment que le regard éperdu de son compagnon s'imprègne de toute la beauté des Alpes. Cette jeune femme s'imagine alors avec émotion que la poésie emplit l'âme de Vladimir Ilitch lorsque soudain il pousse un soupir :

« Ah, ils nous en font des crasses les mencheviks... »

Ce charmant épisode est assez révélateur de la nature de Lénine : sur un plateau de la balance la création divine, sur l'autre, la cause, le Parti.

La révolution d'Octobre a opéré un tri : les traits de Vladimir Ilitch qui lui étaient utiles, elle les a conservés ; les autres, elle les a rejetés.

Tout au long de son histoire, le mouvement révolutionnaire russe a allié les traits les plus contradictoires. L'amour du peuple, inhérent à tant d'intellectuels révolutionnaires russes dont la douceur et la disposition au martyre

---

1. Il s'agit de Maria Moïsseïevna Essen.

n'avaient pas eu, semble-t-il, d'équivalent depuis l'antiquité chrétienne, s'alliait au mépris de la souffrance d'autrui et à l'implacabilité, à la vénération du principe abstrait, à la résolution d'exterminer non seulement ses ennemis mais encore ses compagnons dès qu'ils divergent tant soit peu sur l'interprétation desdits principes abstraits. Ce sectarisme, cette totale subordination au but, cette tendance à étrangler la liberté vivante, la liberté présente, au nom d'une liberté imaginaire, à transgresser les principes vivants de la morale au nom des principes de l'avenir ne se manifestaient-ils pas déjà dans le caractère de Pestel, de Bakounine et de Netchaïev, dans certains actes et dans certaines déclarations des membres de *Narodnaïa Volia* ?

Non, ce n'est pas seulement l'amour, ce n'est pas seulement la compassion qui ont mené ces hommes sur le chemin de la Révolution. Les origines, les sources de ces caractères sont lointaines ; elles se perdent dans les entrailles millénaires de la Russie.

De tels caractères existaient dans les siècles antérieurs mais c'est le XXe siècle qui les a fait passer des coulisses sur la scène de la vie.

Les hommes de cette trempe se conduisent comme le chirurgien dans une clinique : l'intérêt que celui-ci témoigne aux malades, aux pères, aux épouses, aux mères, ses plaisanteries, ses discussions, sa lutte en faveur de l'enfance délaissée, son souci des ouvriers ayant atteint l'âge de la retraite, tout cela n'est que balivernes et fariboles. Son âme est dans son couteau.

Ce qui caractérise ces hommes, c'est leur foi fanatique en la toute-puissance du bistouri. Le bistouri est le grand théoricien, le *leader* philosophique du XXe siècle.

Durant les cinquante-quatre années de sa vie, Lénine a écouté l'*Appassionata*, a lu et relu *Guerre et Paix*, a eu des conversations confiantes avec des délégués de village. Il s'est inquiété de savoir si son secrétaire avait un manteau d'hiver, il a admiré la nature russe. Mais il n'a pas fait que cela. Et, bien entendu, à côté de l'image, il y a aussi la personne.

Et l'on pourrait imaginer quantité de traits et de particularités de Lénine qui se manifestaient dans la vie quotidienne, cette vie à laquelle aucun homme n'échappe, qu'il soit conducteur de peuples, stomatologue ou coupeur dans un atelier de confection pour dames.

Ces traits se manifestent à différents moments du jour et de la nuit, quand l'homme se débarbouille, mange sa *kacha*, regarde par la fenêtre une jolie femme dont le vent a soulevé la jupe, se cure les dents avec une allumette, est jaloux de sa femme et la rend jalouse, examine ses pieds dans le bain et se gratte les aisselles, lit dans les toilettes des fragments de journaux en essayant d'assembler les morceaux déchirés, fait un bruit inconvenant et tousse ou fredonne pour le masquer.

Ce genre de choses qui se rencontrent dans toutes les vies, chez les grands comme chez les humbles, existaient aussi dans la vie de Lénine. C'est bien évident.

Peut-être la bedaine de Lénine tenait-elle au fait qu'il se bourrait de ces macaronis au beurre qu'il préférait aux légumes.

Peut-être que des choses aussi importantes que de se laver ou de ne point se laver les pieds, de se brosser les dents, de changer la chemise dont le col est graisseux suscitaient entre Nadjejda Konstantinovna et lui des démêlés que le monde ignore ?

On peut, en s'ouvrant un passage à travers les fortifications et les redoutes qui ne laissent voir qu'une image apparemment humaine mais en fait sublime et conventionnelle du chef, atteindre, en rampant et en bondissant, la nature simple et vraie de Lénine qu'aucun des mémorialistes n'a jamais évoquée.

Mais que peut apporter la connaissance des traits familiers et des singularités – que l'histoire a ignorées – de la conduite de Lénine dans sa salle de bains, dans sa chambre à coucher, dans sa salle à manger ? Cela nous aidera-t-il à comprendre en profondeur le leader de la Russie nouvelle, le fondateur du nouvel ordre mondial ? Cela nous permettra-t-il de rattacher par un lien vivant le caractère de Lénine au caractère de l'État qu'il a fondé ? Pour ce faire, il faudrait poser que les traits de Lénine, leader politique, sont équivalents aux traits de Lénine, homme privé. Mais une telle hypothèse est tout à fait arbitraire, il nous faut y renoncer. En effet, ce genre de lien est affecté tantôt du signe positif, tantôt du signe inverse.

Dans les relations privées, lorsqu'il passait la nuit chez des amis ou qu'il se promenait avec eux, quand il rendait service à ses camarades, Lénine faisait toujours preuve de délicatesse, de douceur, de politesse. Mais le même homme, dans le même temps, s'est montré constamment implacable, coupant et grossier envers ses adversaires politiques. Il n'a jamais admis qu'ils pussent avoir partiellement raison ou qu'il pût avoir partiellement tort.

« Vendu... valet... laquais... mercenaire... agent... Judas vendu pour trente deniers... », ainsi traite-t-il ses contradicteurs.

Lénine dans la discussion ne s'efforçait pas de convaincre son adversaire. Il ne s'adressait jamais à lui mais aux personnes qui étaient témoins de leur affrontement. Son but était de ridiculiser son adversaire, de le compromettre à leurs yeux. Ces témoins, ce pouvait être quelques intimes ou les mille délégués du Congrès ou encore un million de lecteurs, s'il s'agissait d'un article.

Lénine dans la discussion ne cherchait pas la vérité, il cherchait la victoire. Il lui fallait vaincre à tout prix et, pour ce faire, bien des moyens, rhétoriques s'entend, lui étaient bons : le croc-en-jambe, la gifle, le coup de poing sur la tête qui estourbit son homme.

Il est évident que les traits de l'homme privé ne correspondaient pas aux traits du leader du nouvel ordre mondial.

Ensuite, quand la discussion passa des revues et des journaux dans la rue, dans les champs de seigle et sur les champs de bataille, il apparut que, là encore, il ne reculait pas devant les moyens les plus cruels.

L'intolérance de Lénine, son activité constamment ordonnée vers le but qu'il s'était assigné, son mépris de la liberté, sa férocité envers les hommes qui ne pensaient pas comme lui, sa capacité de rayer de la face de la terre, sans trembler, non seulement des forteresses mais encore des cantons, des districts, des provinces qui se seraient permis de contester la justesse de ses thèses, tous ces traits n'ont pas surgi chez Lénine après Octobre. Ils existaient chez le petit Volodia Oulianov. Ils avaient des racines profondes.

Tous ses dons, sa volonté, sa passion étaient subordonnés à un seul but : prendre le pouvoir.

Pour prendre le pouvoir il a tout sacrifié. Il a immolé, il a tué ce qu'il y avait de plus sacré en Russie : la liberté. D'ailleurs, comment cette jeune liberté, âgée de dix-huit mois, née au pays de l'esclavage millénaire, aurait-elle pu avoir une quelconque expérience ?

Les traits de l'intellectuel, qui paraissaient être le fond véritable de l'âme et du caractère de Lénine, se réfugièrent dans la forme extérieure, insignifiante, dès qu'il dut passer à l'action, tandis que son caractère s'affirmait dans une volonté de fer, inflexible et frénétique.

Qu'est-ce qui a mis Lénine sur la voie de la révolution ? L'amour des hommes ? Le désir de mettre fin au malheur des paysans, à la misère et à l'absence de droits des ouvriers ? Sa foi en la vérité du marxisme, dans la juste cause du Parti ?

Pour lui, révolution ne signifiait pas liberté. Mais le pouvoir qu'il convoita avec tant de passion ne lui était pas nécessaire à lui personnellement.

Et ici nous touchons à une des singularités de Lénine : la simplicité engendrant la complexité.

Pour aspirer au pouvoir avec une telle force, il faut avoir une ambition politique effrénée, la passion du pouvoir. Ces traits de caractère sont simples, rudimentaires. Pourtant ce politique ambitieux, capable de tout pour satisfaire sa soif du pouvoir, était un homme extraordinairement modeste. Il n'a pas cherché à conquérir le pouvoir pour lui personnellement. Et c'est là que la simplicité cède la place à la complexité.

Si l'on imaginait un Lénine, homme privé, qui correspondît à ce que fut Lénine, homme politique, on verrait se dessiner un caractère primitif et grossier : impudent, despotique, impitoyable, follement ambitieux, dogmatique et querelleur.

Et si l'on transposait ces traits de caractère dans la vie quotidienne, dans les relations avec une épouse, une mère, des enfants, un ami, un colocataire, il y aurait de quoi frémir.

Mais il en est allé tout autrement. L'homme de l'arène politique et l'homme de la vie privée apparaissent comme deux figures inverses : plus et moins, moins et plus. Et il en résulte une image très différente de celle que nous attendions, fort complexe, parfois tragique.

L'ambition politique effrénée alliée au vieux veston, au verre de thé clair, à la mansarde d'étudiant...

L'habitude d'assourdir son adversaire, de le traîner dans la boue sans la moindre hésitation, alliée à une délicatesse timide, à un sourire doux... Une cruauté implacable, le mépris du trésor le plus sacré de la Révolution russe : la liberté et, en même temps, dans le cœur du même homme, un enthousiasme juvénile pour la belle musique, pour les livres.

Lénine... image divinisée. Ou bien le naïf tout d'une pièce créé par ses ennemis, qui allie en lui les traits féroces du leader du nouvel ordre mondial aux traits primitifs et frustes de l'homme privé... Ses ennemis n'ont vu que ces traits-là.

Il y a un troisième Lénine qui me paraît plus proche de la réalité, mais celui-là non plus n'est pas très facile à comprendre.

22

Pour comprendre Lénine, il ne suffit pas d'examiner attentivement les traits de Lénine, homme politique, il faut rattacher le caractère de Lénine au mythe du caractère national russe puis à la fatalité, au caractère de l'histoire russe.

L'ascétisme de Lénine, sa timidité naturelle l'apparentent aux pèlerins russes. Sa droiture et sa foi répondent à l'idéal populaire du maître de vie. Son attachement à la nature russe, à ses prés et à ses forêts est quasi paysan. Sa réceptivité à la pensée occidentale, à Hegel et à Marx, la faculté de s'imprégner de l'esprit de l'Occident et de l'exprimer est un trait profondément russe qu'a relevé Tchaadaïev. C'est cette sympathie universelle, cette étonnante faculté d'entrer dans l'esprit des autres peuples que Dostoïevski a discernée chez Pouchkine. Par ce trait, qui existe aussi chez Pierre le Grand, Lénine s'apparente à Pouchkine.

L'obsession de Lénine, sa conviction ne sont pas sans rappeler la frénésie d'Avvakoum, la foi d'Avvakoum. Or Avvakoum est un phénomène naturel, spontané, russe.

Au siècle dernier, les penseurs nationaux ont cherché dans les particularités du caractère national russe, dans l'âme russe, dans la religiosité russe, l'explication de la voie historique que la Russie a suivie.

Tchaadaïev, l'un des hommes les plus intelligents du XIXe siècle, a insisté sur l'esprit de sacrifice et d'ascèse du christianisme russe, sur sa nature byzantine, pure de tout apport étranger.

Dostoïevski considérait que l'humanité totale, l'aspiration à la fusion de l'humanité tout entière était le véritable fondement de l'âme russe.

Le XXe siècle russe aime à rappeler les prédictions qu'ont faites les penseurs et les prophètes de la Russie du XIXe siècle : Gogol, Tchaadaïev, Belinski, Dostoïevski.

Mais qui n'aimerait entendre parler de soi de la sorte ?

Les prophètes du XIXe siècle ont annoncé que les Russes seraient à la tête de l'évolution spirituelle non seulement des peuples européens mais encore des peuples du monde entier.

Ce n'est pas de la gloire militaire des Russes mais de la gloire du cœur russe, de la foi russe et de l'exemple russe qu'ont parlé ces prophètes.

L'oiseau-troïka... « C'est à l'âme russe universelle et universellement conciliatrice qu'il appartiendra d'englober dans un amour fraternel tous nos frères et de proférer peut-être enfin la parole définitive de la grande harmonie universelle, de l'entente fraternelle définitive de tous les peuples selon la loi évangélique du Christ ! »... « Quand nous occuperons naturellement notre place parmi les peuples qui sont destinés à agir dans l'humanité non seulement en qualité de tyrans mais aussi en qualité d'idées... » « Ne cours-tu pas toi aussi, Russie, comme une troïka rapide que nul ne peut dépasser ? À ton passage, les chemins fument, les ponts gémissent[1]... »

Tchaadaïev a génialement distingué un des traits frappants de l'histoire russe : « Le fait immense de l'asservissement graduel de nos populations rurales, qui résume en quelque sorte tout l'esprit de notre histoire. »

L'étouffement implacable de la personnalité, la subordination servile de la personne au souverain et à l'État se retrouvent tout au long de l'histoire millénaire de la Russie. Et ces traits-là aussi, les prophètes de la Russie les ont vus, reconnus.

Mais voici qu'à côté de cet écrasement de l'homme par le prince, par le propriétaire terrien, par le souverain et par l'État, les prophètes de la Russie ont discerné une pureté, une profondeur, une clarté inconnues du monde occidental : la force d'âme du Russe, force qui est du Christ. C'est à elle, à l'âme russe, que les prophètes ont prédit un avenir grandiose et radieux. Ils se sont accordés sur le fait que dans l'âme des Russes, l'idée du christianisme a pris une forme non étatique, une forme ascétique, byzantine, anti-occidentale. Les forces propres à l'âme populaire russe s'exprimeront dans la puissante influence qu'elles exerceront sur les peuples européens. Elles purifieront, transfigureront, illumineront dans un esprit de fraternité la vie du monde occidental. Celui-ci suivra avec joie, et avec confiance l'homme russe... Ces prophéties des meilleurs esprits et des meilleurs cœurs de Russie ont en commun un trait fatal : si elles ont toutes vu la force de l'âme russe, elles n'ont pas su voir que les particularités de l'âme russe ne tiraient pas leur origine de la liberté, que l'âme russe était esclave depuis mille ans. Que peut donner au monde une telle esclave, même devenue toute-puissante ?

---

1. Citations du prologue du premier volume des *Âmes mortes*, où Gogol donne sa célèbre vision métaphorique de la Russie et du *Discours sur Pouchkine* de Dostoïevski.

Il semblait que le XIXe siècle eût enfin rapproché ce temps annoncé par les prophètes de la Russie, le temps où la Russie, après avoir subi les influences spirituelles des autres nations, agira enfin elle-même sur le monde.

Pendant cent ans, la Russie s'est pénétrée d'une idée de la liberté qu'elle a empruntée à l'étranger. Pendant cent ans, la Russie a bu la pensée des philosophes de la liberté occidentale par la bouche de Pestel, de Ryleïev, de Herzen, de Tchernychevski, de Lavrov, de Bakounine ; par la bouche de ses écrivains ; par la bouche de ses martyrs, Jeliabov, Sofia Perovskaïa, Timothée Mikhaïlov, N. I. Kibaltchitch ; par la bouche de Plekhanov, Kropotkine, Mikhaïlovski, par la bouche de Sazonov et Kaliaïev ; par la bouche de Lénine, de Martov, de Tchernov ; par la bouche de son intelligentsia roturière, de ses étudiants et de ses ouvriers d'avant-garde. Cette pensée-là, les livres, les chaires d'université, les étudiants de Heidelberg et de Paris en étaient porteurs tout comme la véhiculaient les soldats de Bonaparte, les ingénieurs et les marchands instruits, les Occidentaux sans ressources qui venaient servir en Russie et qui avaient un tel sens de la dignité humaine qu'ils suscitaient l'étonnement et l'envie de nos princes.

Et c'est ainsi que, fécondée par les idéaux de la liberté et de la dignité humaine, la Révolution russe se fit.

Mais qu'allait faire l'âme russe des idéaux du monde occidental ? Comment allait-elle les assimiler ? Quelle nouvelle pousse allait-elle faire surgir du subconscient de l'histoire ?

... Russie, où cours-tu ? Pas de réponse...

Des dizaines et peut-être des centaines de chefs de parti, de prophètes ayant des doctrines révolutionnaires, des croyances et des programmes différents se sont offerts comme prétendants à la jeune Russie libérée des chaînes du tsarisme. Avec quelle passion, avec quelle supplication, ces guides du progrès russe regardaient le visage de la jeune fille...

Modérés, fanatiques, troudoviks[1], populistes, « amis des ouvriers », défenseurs des paysans, industriels instruits, hommes d'Église éclairés, anarchistes enragés formèrent un grand cercle autour d'elle.

Des liens invisibles, qu'eux-mêmes souvent ne percevaient pas, rattachaient tous ces hommes aux idéaux des monarchies constitutionnelles occidentales, des parlements, des évêques et des cardinaux les plus érudits, des industriels, des propriétaires terriens instruits, des leaders des syndicats ouvriers, des prédicateurs et des professeurs d'université.

La grande esclave hésita, s'interrogea, examina tous ses prétendants, puis elle arrêta son regard sur Lénine. Il fut l'élu.

Comme dans les contes d'autrefois, il devina sa pensée secrète, il la tira de son rêve indécis.

Mais en fut-il bien ainsi ?

S'il devint l'élu, c'est qu'il la choisit et qu'elle le choisit.

---

1. Voir « Troudoviks » dans le Dictionnaire.

Elle le suivit : il lui promettait monts et merveilles. Elle s'engagea à sa suite d'abord de bonne grâce, en toute confiance, sur un chemin distrayant, grisant, éclairé par les maisons des *pomiechtchiks*[1] qui flambaient. Ensuite, elle se mit à trébucher, à se retourner, horrifiée du chemin qui s'ouvrait devant elle tandis que se resserrait de plus en plus l'étreinte de la main de fer qui la guidait.

Animé d'une foi d'apôtre, Lénine entraînait à sa suite la Russie sans comprendre qu'il était lui-même victime d'une étrange illusion : l'obéissance, la soumission de la Russie (qui avait revêtu une forme nouvelle après le renversement du tsar), sa complaisance étaient telles que tout ce qu'il lui apportait, tout ce qu'il avait emprunté à l'Occident révolutionnaire épris de liberté, semblait aussitôt se décomposer, dépérir, se transformer.

Il avait le sentiment que son pouvoir dictatorial était le garant de la pureté et de la conservation de ce à quoi il croyait, de ce qu'il avait apporté à son pays.

Il était heureux d'avoir une telle puissance. Il l'identifiait à la justesse de sa cause, mais soudain il entrevit avec effroi et pour un instant que la fermeté inébranlable dont il usait envers l'influençable et docile Russie était le signe de sa propre impuissance.

Plus leur marche était pénible, plus sa main se faisait lourde. Plus la Russie se soumettait à la violence révolutionnaire et scientifique, moins il avait le pouvoir de lutter contre la force véritablement satanique du servage, du passé.

Comme un alcool vieux de mille ans, le principe du servage est devenu de plus en plus fort dans l'âme russe. À l'instar de l'eau régale, que nous appelons *la vodka du tsar*[2], il a dissous le métal et le sel de la dignité humaine, transformé la vie spirituelle de l'homme russe.

Pendant neuf cents ans, les vastes étendues de la Russie qui donnaient – à qui s'en tenait à une vue superficielle des choses – une sensation d'envergure morale, de hardiesse et de liberté n'ont été que l'alambic muet de l'esclavage.

Il a fallu neuf cents ans à la Russie pour sortir de ses villages forestiers et sauvages, de ses isbas sans cheminée, tout enfumées, de ses palais en rondins pour prendre le chemin des usines de l'Oural, des mines de charbon du Donetz, des palais de Pétersbourg, de l'Ermitage, des frégates et des chaudières à vapeur.

C'est une vue superficielle des choses qui a donné à certains la sensation d'une civilisation en progrès et d'un rapprochement avec l'Occident.

Plus la vie de la Russie ressemblait en surface à la vie de l'Occident, plus le fracas de ses usines, le bruit des roues de ses tarantass et de ses

---

1. Propriétaires fonciers [NdT].
2. L'eau régale, la « vodka du tsar » en russe, est un mélange d'acide chlorhydrique et d'acide azotique qui a la propriété de dissoudre l'or et le platine.

trains, le claquement des voiles de ses navires, la lumière cristalline des fenêtres de ses palais rappelaient la vie occidentale, plus l'abîme caché qui séparait la vie russe de la vie européenne se creusait.

Cet abîme tenait au fait que l'Occident avait été fécondé par un accroissement de la liberté et la Russie par un accroissement de l'esclavage.

L'histoire de l'humanité est l'histoire de sa liberté. L'accroissement de la puissance humaine s'exprime avant tout par l'accroissement de la liberté. La liberté n'est pas une nécessité dont on a pris conscience, comme le croyait Engels. La liberté est le contraire de la nécessité. La liberté, c'est la nécessité surmontée, vaincue. Le progrès, c'est essentiellement le progrès de la liberté humaine. D'ailleurs, la vie elle-même est liberté, l'évolution de la vie, c'est l'évolution de la liberté.

Le développement de la Russie a révélé son étrange nature : il s'est confondu avec le développement de la servitude. D'année en année, le servage devenait de plus en plus cruel et le droit du paysan à la terre s'amenuisait mais, dans le même temps, la science russe, la technique, l'instruction ne cessaient de progresser, allant de pair avec l'accroissement de l'esclavage.

La naissance de la forme spécifique de l'État russe a été marquée par l'asservissement définitif des paysans, par la suppression du dernier jour de liberté qui restât au moujik[1].

Il y a eu de moins en moins d'hommes « libres et francs », d'errants. Le nombre des esclaves se multiplia et la Russie se mit à marcher sur la large voie de l'histoire européenne. Le paysan avait été attaché à la glèbe, il le fut au propriétaire terrien et aux « hommes de service » qui représentaient l'État et l'armée. Et bientôt le propriétaire reçut le droit de juger les serfs auquel s'ajouta par la suite le droit de pratiquer la torture moscovite (c'est ainsi qu'on disait il y a quatre siècles), c'est-à-dire de suspendre les paysans par les bras liés derrière le dos et de leur donner le knout. Et, pendant ce temps, la métallurgie russe progressait, les magasins de farine s'agrandissaient, l'État et l'armée devenaient forts, l'aube de la gloire militaire russe s'embrasait, l'instruction élémentaire se répandait.

L'activité considérable de Pierre le Grand, initiateur du progrès scientifique et industriel de la Russie, fut liée à l'extension également considérable du servage. Pierre a donné aux serfs qui travaillaient la terre le même statut qu'aux serfs domestiques, il a transformé les éléments non recensés en serfs. Il a attaché à la glèbe les paysans libres du Nord[2] et les

---

1. Pendant la période de la fin des travaux agricoles, deux semaines avant et une semaine après la Saint-Georges, le 26 novembre d'après le calendrier julien, les paysans en Russie avaient le droit de changer de propriétaire terrien, ce qui avait été confirmé par les codes de lois de 1497 et 1550. Ce droit fut suspendu en 1580-1585, et définitivement annulé sous Boris Godounov (tsar de 1598 à 1605), ce qui est considéré comme le début de l'attachement des paysans à la glèbe.

2. Dans le texte russe, Grossman écrit les « gens d'araire noire », c'est-à-dire les paysans d'État qui vivaient sur les terres libres et payaient l'impôt de l'« araire noire ».

odnodvortsy[1] du Midi. Au servage proprement dit s'ajouta sous Pierre le servage d'État qui a favorisé l'instruction et le progrès. Pierre croyait qu'il rapprochait la Russie de l'Occident, et il en était bien ainsi, mais l'abîme, le gouffre qui séparait la liberté de la servitude ne cessait de se creuser.

Quand vint le siècle brillant de Catherine, siècle de la floraison des arts et de la civilisation russes, le servage fut porté à son comble.

Ainsi est-ce par une chaîne millénaire que le progrès et l'esclavage ont été liés l'un à l'autre. Chaque élan vers la lumière approfondissait le trou noir du servage.

Le XIXe siècle occupe une place à part dans l'histoire de la Russie.

C'est en ce siècle qu'a été ébranlé le principe fondamental de la vie russe : la connexité du progrès et du servage.

Les penseurs révolutionnaires russes n'ont pas mesuré l'importance de l'abolition du servage. Cet événement, comme l'a montré le siècle suivant, était plus révolutionnaire que l'avènement de la grande révolution d'Octobre. Cet événement a ébranlé les fondations millénaires de la Russie, fondations auxquelles n'ont touché ni Pierre ni Lénine : l'assujettissement du progrès à l'esclavage.

Après l'affranchissement des paysans, les leaders révolutionnaires, l'*intelligentsia*, les étudiants luttèrent avec fougue et avec abnégation pour la dignité humaine inconnue à la Russie, pour le progrès sans esclavage. Cette nouvelle loi était tout à fait étrangère au passé russe et personne ne savait ce que serait la Russie si elle renonçait au lien millénaire du progrès avec l'esclavage.

En février 1917, le chemin de la liberté s'ouvrit devant la Russie. Et la Russie choisit Lénine.

Lénine a opéré une cassure dans la vie russe : il a détruit toute la structure foncière qui reposait sur les *pomiechtchiks* ; il a éliminé les industriels et les marchands.

Et pourtant toute l'histoire de la Russie a obligé Lénine – quelque étrange et saugrenu que cela puisse paraître – à conserver la malédiction de la Russie, la connexité du progrès et du servage.

Les seuls vrais révolutionnaires sont ceux qui s'attaquent au fondement de la vieille Russie, à son âme d'esclave.

Or l'obsession révolutionnaire de Lénine, sa foi fanatique en la vérité du marxisme, sa totale intolérance envers ceux qui pensaient autrement que lui l'amenèrent à favoriser le développement de cette Russie-là qu'il haïssait de toutes les forces de son âme fanatique.

Cet homme, qui se délectait des livres de Léon Tolstoï et de la musique de Beethoven, a contribué au nouvel asservissement des paysans et des ouvriers, a réduit en laquais des antichambres de l'État des hommes aussi

---

1. Voir « Odnodvortsy » dans le Dictionnaire.

éminents qu'Alexis Tolstoï, que le chimiste Semionov et que le musicien Chostakovitch. N'est-ce pas tragique ?

Le débat engagé par les partisans de la liberté russe a pris fin. L'esclavage s'est révélé, cette fois encore, invincible.

La victoire de Lénine est devenue sa défaite.

Mais la tragédie de Lénine n'a pas été seulement une tragédie russe, elle est devenue une tragédie universelle.

A-t-il pensé, quand il faisait la révolution, que non seulement la Russie n'allait pas suivre les traces de l'Europe socialiste mais que l'esclavage russe caché allait sortir des frontières de la Russie et devenir le flambeau qui éclaire les voies nouvelles de l'humanité ?

La Russie ne s'inspirait plus de l'esprit de liberté de l'Occident. L'Occident regardait la scène russe de ses yeux fascinés : le progrès pouvait donc emprunter le chemin de la servitude ?

Le monde vit la simplicité magique de ce chemin. Le monde comprit la force de l'État populaire construit sur la servitude.

Il semblait que se fût accompli ce qu'avaient prévu les prophètes de la Russie, cent cinquante ans auparavant.

Mais de quelle façon étrange, effrayante…

La synthèse léniniste de la servitude et du socialisme a plus stupéfié le monde que la découverte de l'énergie atomique.

Les apôtres européens des révolutions nationales virent la flamme qui se levait à l'Est. Les Italiens, puis les Allemands, se mirent à développer, chacun à sa façon, cette idée de socialisme national.

Et la flamme se propagea partout : l'Asie, l'Afrique se l'approprièrent.

Les nations et les États pouvaient se développer au nom de la force et au mépris de la liberté !

Ce n'était pas une nourriture pour gens bien portants, c'était le narcotique des ratés, des malades et des faibles, des arriérés ou des vaincus.

Grâce à la volonté, à la passion et au génie de Lénine, la loi de développement qui avait prévalu en Russie pendant mille ans devint une loi universelle.

Telle fut la fatalité de l'histoire.

L'intolérance de Lénine, son opiniâtreté, son implacabilité envers ceux qui pensaient autrement que lui, son mépris de la liberté, le fanatisme de sa foi, la cruauté dont il faisait preuve envers ses ennemis, tout cela, qui assura la victoire de son œuvre, était né et s'était forgé dans les profondeurs millénaires du servage russe, de la servitude russe. C'est pourquoi la victoire de Lénine servit l'antiliberté. Et en même temps, les traits du gentil et modeste intellectuel russe qui avaient charmé des millions de gens survivaient d'une façon quasi immatérielle, sans avoir la moindre portée…

Eh bien, l'âme russe est-elle aussi énigmatique qu'auparavant ? Non, il n'y a pas d'énigme.

Mais y en eut-il jamais ? Quelle sorte d'énigme peut-il y avoir dans l'esclavage ?

Cette loi du développement est-elle typiquement russe, et seulement russe ? L'âme russe, et elle seule, serait-elle condamnée à évoluer de pair avec l'esclavage et non avec la liberté ? Est-ce vraiment la fatalité de l'âme russe qui s'exprime ici ?

Non, naturellement.

Cette loi est définie par les paramètres – il y en a des dizaines, peut-être des centaines – de l'histoire de la Russie.

Mais ce n'est pas une question d'âme. Si des Français, des Allemands, des Italiens ou des Anglais s'étaient implantés, il y a mille ans, dans les forêts et les steppes, dans les marais et les plaines, dans le champ de forces situé entre l'Europe et l'Asie, dans la tragique immensité russe, le cours de l'histoire se fût déroulé selon les mêmes lois. D'ailleurs, les Russes ne sont pas les seuls à avoir connu ce chemin. Ils ne sont pas rares les peuples qui, sur tous les continents, ont connu de près ou de loin les mêmes malheurs que les Russes.

Il serait temps que les devins qui prédisent l'avenir de la Russie comprennent que seul l'esclavage millénaire a créé la mystique de l'âme russe.

Dans l'admiration de la pureté ascétique byzantine et de la douceur chrétienne de l'âme russe transparaît la reconnaissance involontaire du caractère inébranlable de l'esclavage russe. Les sources de cette douceur chrétienne, de cette pureté ascétique byzantine sont les mêmes que les sources de la passion, de l'intolérance, de la foi fanatique de Lénine : elles se trouvent dans la servitude millénaire.

C'est pourquoi les prophètes de la Russie se sont si tragiquement trompés. Mais où est-elle l'âme russe « universelle et universellement conciliatrice » à laquelle Dostoïevski avait prédit qu'elle proférerait la parole définitive de la grande harmonie, de la concorde fraternelle définitive de tous les peuples selon la loi évangélique du Christ[1] ?

Mais où donc est-elle, Seigneur, cette âme universelle ? Les prophètes pouvaient-ils penser que le grincement combiné des fils de fer barbelés de la taïga sibérienne et du camp d'Auschwitz serait l'accomplissement de leurs prophéties sur le futur et très saint triomphe de l'âme russe ?

Lénine est, par bien des côtés, l'inverse des prophètes de la Russie. Il est fort éloigné de leurs idées, de la douceur et de la pureté du christianisme byzantin, de la loi évangélique. Mais, en même temps et aussi surprenant que cela puisse paraître, il est proche d'eux. En suivant une route tout à fait différente, il n'a pas essayé de préserver la Russie des marais sans fond de la servitude et, comme eux, il a reconnu le caractère inébranlable de l'esclavage russe. Comme eux, il est né de notre servitude.

L'âme serve qui se cache dans l'âme russe vit dans la foi russe et dans l'incrédulité russe, dans l'humble charité, dans l'insouciance, dans le houliganisme et dans la bravoure, dans la parcimonie et dans l'esprit petit-

---

1. Citation du *Discours sur Pouchkine* de Dostoïevski.

bourgeois, dans la docilité et l'assiduité au travail, dans la pureté ascétique, dans la filouterie éhontée, dans la redoutable intrépidité des guerriers russes, dans l'absence de dignité humaine, dans la révolte désespérée des rebelles russes, dans la frénésie des sectateurs. Cette âme serve se retrouve aussi dans la révolution léninienne, dans la réceptivité passionnée de Lénine aux doctrines révolutionnaires de l'Occident, dans l'obsession, dans la violence de Lénine et dans les victoires de l'État léniniste.

Partout où dans le monde existe l'esclavage, des âmes semblables naissent.

Où donc est l'espoir de la Russie si même ses grands prophètes ne distinguent pas la liberté de l'esclavage ?

Où donc est l'espérance si, pour le génie de la Russie, la douce et lumineuse beauté de son âme se manifeste dans la soumission ?

Où donc est l'espérance de la Russie si son grand réformateur, Lénine, n'a pas détruit mais consolidé le lien qui unit le progrès au servage ?

Où est-il le temps de l'âme russe libre ? Quand viendra-t-il ?

Peut-être ce temps-là ne viendra-t-il jamais.

23

Lénine est mort, mais le léninisme n'est pas mort. Le pouvoir conquis par Lénine est resté aux mains du Parti. Les camarades de Lénine, ses adjoints, ses compagnons d'armes et ses disciples ont continué son œuvre.

> *… Ceux à qui il a laissé le pays*
> *dans le déchaînement des crues*
> *doivent l'endiguer dans le béton.*
> *Qu'on n'aille pas leur dire : Lénine est mort !*
> *Sa mort ne les a pas découragés.*
> *Ils accomplissent son œuvre*
> *encore plus rigoureusement*[1].

La dictature du Parti que Lénine a instaurée s'est maintenue après sa mort comme se sont maintenues les armées, la milice, la Tchéka, les sociétés de liquidation de l'analphabétisme et les universités ouvrières qu'il a créées. Et il a laissé une œuvre en vingt-huit volumes… Lequel de ses frères d'armes saura le plus complètement, le plus profondément exprimer par son caractère, par son cœur, par son cerveau l'essence véritable du léninisme ? Qui recevra l'étendard de Lénine ? Qui le portera ? Qui construira le grand État fondé par Lénine ? Qui conduira ce parti d'un type nouveau[2] de victoire en victoire ? Qui consolidera l'ordre nouveau sur toute la terre ?

---

1. Citation du poème de Sergueï Essenine « Lénine », extrait d'un poème plus long, « Goulaï-pole » (1924).
2. Voir *Vie et destin*, note 1, p. 339.

Le brillant, l'impétueux, le magnifique Trotski ? Le séduisant Boukharine, ce théoricien doué d'un rare esprit de synthèse ? Rykov, l'homme aux yeux de vache, le politicien le plus proche du peuple, des paysans et des ouvriers ? Zinoviev, le meilleur spécialiste du mouvement ouvrier international, le polémiste-bretteur de classe internationale ?

Chacun de ces hommes, par l'esprit ou par le caractère, avait des traits communs avec Lénine. Mais il se révéla que ces traits communs ne constituaient pas l'essentiel du caractère de Lénine. Ce n'étaient pas ces traits-là qui avaient déterminé la nature du monde qui était en train de naître.

Tous les traits de Lénine qui se retrouvaient chez le quasi génial Trotski, chez Boukharine, chez Rykov, chez Zinoviev et chez Kamenev relevaient de l'esprit de sédition : ils ont mené ces hommes à l'échafaud, à leur perte.

Ces traits, loin d'exprimer l'essentiel du caractère de Lénine, révélaient sa faiblesse, son esprit factieux, ses bizarreries.

Lounatcharski ressemblait à un certain Lénine, à celui qui écoutait l'*Appassionata*, qui faisait ses délices de *Guerre et Paix*. Mais ce ne fut pas à ce pauvre diable de Lounatcharski qu'il incomba d'accomplir avec sévérité et rudesse l'œuvre essentielle du parti de Lénine. Ce n'est ni à Trotski ni à Boukharine ni à Rykov ni à Kamenev ni à Zinoviev que le destin a confié la tâche d'exprimer la vraie nature, la nature secrète de Lénine.

La haine de Staline pour les chefs de l'opposition, c'était la haine des traits de caractère de Lénine qui allaient à l'encontre de la vraie nature de celui-ci.

Staline a fait mourir les amis les plus intimes et les compagnons d'armes de Lénine parce qu'ils empêchaient, chacun à sa façon, le léninisme véritable de se réaliser.

En luttant contre eux, en les mettant à mort, il semblait lutter contre Lénine, tuer Lénine. Mais ce faisant, il a assuré la victoire de Lénine et du léninisme. Il a brandi l'étendard de Lénine et l'a accroché au-dessus de la Russie.

24

Le nom de Staline est inscrit à jamais dans l'histoire de Russie. C'est en regardant attentivement Staline que la Russie post-révolutionnaire s'est connue elle-même.

Les vingt-huit tomes des œuvres de Lénine – discours, conférences, programmes, études économiques et philosophiques – n'avaient pas aidé la Russie à se connaître, à connaître son destin. Le mélange de la révolution occidentale et du mode de développement propre à la Russie a engendré un chaos qui dépasse encore celui de Babylone.

Non seulement les matelots et les cavaliers de Boudienny, non seulement les paysans et les ouvriers russes mais Lénine lui-même n'étaient pas en mesure de comprendre ce qui se passait véritablement. Le mugissement de la tempête révolutionnaire, les lois de la dialectique matérialiste, la logique du *Capital* se mêlaient au son de l'accordéon, aux chansons comme *La Pomme*[1] et *Poulet grillé*[2], au bourdonnement des appareils des bouilleurs de cru, à l'appel des conférenciers et des propagandistes exhortant les matelots et les étudiants des universités populaires à ne pas céder à l'hérésie venimeuse de Kautsky, de Cunow, de Hilferding.

Le feu, la rébellion, la débauche qui gagnaient toute la Russie firent remonter du fond de la marmite russe toutes les offenses et toutes les rancœurs qui s'étaient accumulées pendant des siècles de servage.

C'est du romantisme de la Révolution, des folies du *Proletkult*[3], des républiques vertes des bouilleurs de cru, de la bravoure ivre et des révoltes paysannes, de la furie des matelots de l'*Almaze* qu'a surgi un nouvel Intendant de police tout-puissant, tel que la Russie n'en avait encore jamais vu.

Le peuple désirait passionnément devenir le maître de la terre arable. Or ce désir, qui a été compris et encouragé par Lénine, était incompatible avec l'État fondé par le même Lénine. L'aspiration du peuple à devenir maître de la terre était donc condamnée.

En 1930, l'État fondé par Lénine devint le propriétaire sans partage de toutes les terres, eaux et forêts de l'Union soviétique. La paysannerie fut dessaisie du droit de posséder des terres arables.

Le brouillard, les contradictions, la confusion régnaient non seulement dans les gares d'embranchement, sur les quais et sur les toits des convois, non seulement dans la tête enflammée des poètes et dans les espoirs que

---

1. *La Pomme* ou *Petite pomme* est une chanson composée de couplets satiriques populaires, chantée surtout par les soldats et les matelots anarchistes pendant la révolution et la guerre civile.

Eh, petite pomme	*Eh, petite pomme*
Sur une petite assiette.	*D'étain argenté,*
J'en ai marre de ma femme,	*Le pouvoir des commissaires*
Je vais voir une fillette.	*Qu'il soit damné.*
Eh, petite pomme,	*Communiste jeune,*
T'as pas bien mûri,	*À quoi bon te marier ?*
J'en ai marre de Koltchak,	*Quand Makhno viendra*
J'veux que vienne Lénine.	*Où pourras-tu te cacher ?*
Eh, petite pomme	*Eh, petite pomme,*
S'est mise à rouler.	*Où roules-tu, toi ?*
Le pouvoir de Koltchak	*Si tu tombes à la Vétchéka,*
S'est écroulé.	*Tu n'en reviens pas !*

2. Voir *Vie et destin*, note 1, p. 144.
3. Voir « Proletkult » dans le Dictionnaire.

nourrissaient les paysans mais encore dans la théorie révolutionnaire qui était en totale contradiction avec la pratique, avec les nouvelles constructions, claires comme le cristal, du premier théoricien du Parti.

Le principal slogan de Lénine était : « Tout le pouvoir aux soviets ! » mais la vie a montré que les soviets créés par Lénine n'avaient et n'ont toujours aucun pouvoir. Ils sont une sorte d'instance purement formelle, un simple organe d'exécution.

Toute la verve du jeune Lénine s'exerçait contre le populisme et le socialisme-révolutionnaire et tendait à démontrer que la Russie ne pourrait éviter la phase capitaliste. Toute la dialectique du Lénine de 1917 s'employa à démontrer que la Russie pouvait et devait suivre le chemin de la révolution prolétarienne en évitant la voie capitaliste qui est liée aux libertés démocratiques.

Lénine pouvait-il penser qu'en fondant l'internationale communiste et en lançant au deuxième congrès du Komintern le slogan de la révolution mondiale : « Prolétaires de tous les pays, unissez-vous ! » il préparait le terrain qui permettrait au principe de la souveraineté nationale de s'affirmer comme jamais encore dans l'histoire ?

La toute-puissance du nationalisme étatique et le nationalisme enragé des masses privées de liberté et de dignité humaine sont devenus le principal levier, la tête thermonucléaire de l'ordre nouveau. Ils ont décidé du destin du XXe siècle.

Staline remboîta le cerveau de la Russie postléninienne. *Chaque sœur*, comme dit le proverbe, *reçut sa paire de boucles d'oreille* mais celles qui n'en étaient pas jugées dignes se les virent arracher en même temps que les oreilles ou la tête.

Le parti des bolcheviks dut devenir le parti de l'État national. Cette fusion du Parti et de l'État trouva son expression dans la personne de Staline. C'est en Staline, dans son caractère, dans son esprit, dans sa volonté que l'État a exprimé son caractère, sa volonté, son esprit.

Staline semblait construire à son image et à sa ressemblance l'État fondé par Lénine. Mais il n'en était pas ainsi naturellement. C'est Staline qui était à l'image de l'État et c'est pourquoi il en est devenu le maître.

Mais, de toute évidence, il eut parfois l'impression, surtout vers la fin de sa vie, que l'État était à son service. Le caractère de l'État russe soviétique s'est exprimé en Staline, dans sa nature qui alliait l'Asiate au marxiste européen. Le principe national russe historique s'est incarné en Lénine.

Le système étatique russe a été engendré par l'Asie et s'est affublé à l'européenne. Il n'est pas historique mais suprahistorique. Son principe est universel, immuable, applicable à toutes les formes politiques qu'a connues la Russie tout au long de son histoire millénaire. Staline aidant, les catégories révolutionnaires héritées de Lénine qui les considérait comme provisoires (dictature, terreur, lutte contre les libertés bourgeoises) ont été transférées dans la base, dans le fondement, dans l'essentiel, se sont alliées à la servitude russe traditionnelle, nationale, millénaire. Ces catégories sont devenues le fond, le contenu de l'État, tandis que les survivances social-démocrates étaient reléguées dans la forme, dans le décor de théâtre.

Staline a rassemblé en lui tous les traits de la Russie du servage qui ignorait la pitié envers les êtres.

Son invraisemblable cruauté, son incroyable perfidie, sa faculté de feindre et de ruser, son esprit rancunier et vindicatif, sa grossièreté, son humour composent un personnage de satrape.

Sa connaissance des doctrines révolutionnaires, sa terminologie empruntée à l'Occident progressiste, sa connaissance de la littérature et du théâtre chers à l'*intelligentsia* démocrate, ses citations de Gogol et de Saltykov-Chtchedrine, son art de la conspiration qui le faisait recourir aux procédés les plus subtils et son amoralité composent un personnage de révolutionnaire du type de Netchaïev pour lequel la fin justifie les moyens, tous les moyens quels qu'ils soient. Mais naturellement Netchaïev eût frémi de voir jusqu'à quelle monstrueuse extrémité Joseph Staline a poussé le *netchaïevisme*.

Sa confiance dans la paperasse bureaucratique et dans la force policière, force principale de la vie, sa secrète passion des uniformes et des décorations, son mépris sans égal de la dignité humaine, sa divinisation du fonctionnariat et de la bureaucratie, son empressement à tuer en alléguant la lettre sacrée de la loi puis à faire fi de cette même loi en vertu d'un arbitraire monstrueux composent un personnage de policier, de gendarme.

Staline était fait de ces trois personnages.

Ce sont ces trois Staline qui ont érigé le système étatique stalinien, système dans lequel la loi n'est que l'instrument de l'arbitraire tandis que l'arbitraire est la loi ; système qui plonge ses racines dans le servage, qui a transformé les moujiks en esclaves, et dans le joug tatar qui a transformé ceux qui régnaient sur les moujiks en serfs ; système qui confine en même temps à l'Asie perfide, vindicative, hypocrite et cruelle et à l'Europe éclairée, démocratique, mercantile et vendue.

Cet Asiate en bottes de chevreau qui cite Saltykov-Chtchedrine et qui, tout en employant le vocabulaire de la Révolution, ne connaît d'autre loi que la vengeance sanglante, a introduit de la clarté dans le chaos d'après Octobre, a réalisé, a exprimé son caractère dans le caractère de l'État. Et cet État qu'il a construit a pour principe essentiel d'être un État sans liberté.

Dans cet État, non seulement les petits peuples mais encore le peuple russe n'ont pas de liberté nationale. Là où il n'y a pas de liberté humaine, il ne peut y avoir de liberté nationale puisque la liberté nationale est avant tout la liberté de l'homme.

Dans cet État, il n'y a pas de société puisque la société est fondée sur la libre intimité et sur le libre antagonisme des êtres, or, dans un État sans liberté, ces libres échanges sont inconcevables.

Le principe millénaire selon lequel l'accroissement de l'instruction, de la science et de la puissance industrielle est obtenu au moyen d'un accroissement parallèle de la servitude humaine, principe mis en pratique par la Russie des boyards, par Ivan le Terrible, par Pierre le Grand, par Catherine II a pleinement triomphé sous Staline.

N'est-il pas étonnant que Staline, après avoir extirpé jusqu'aux racines de la liberté, ait continué d'en avoir peur ? Mais peut-être est-ce cette terreur de la liberté qui l'a forcé à faire preuve d'une hypocrisie sans précédent.

L'hypocrisie de Staline a exprimé clairement l'hypocrisie de son État. Elle s'est exprimée surtout dans la manière dont il a *joué à la liberté*. Oh, l'État n'a pas craché sur la liberté défunte ! Le contenu infiniment précieux, vivant, radioactif de la liberté et de la démocratie a été tué et transformé en mannequin, réduit à la paille des mots. Les sauvages aux mains desquels tombent les sextants et les chronomètres les plus perfectionnés ne s'en servent-ils pas comme d'ornements ?

Ainsi en fut-il de la liberté. Dès qu'elle eut été mise à mort, elle devint un ornement de l'État, un ornement qui n'était pas sans utilité. On fit de la liberté morte le principal acteur d'une fantastique représentation théâtrale, montée dans une mise en scène gigantesque. L'État sans liberté établit une maquette de parlement, d'élections, de syndicats, une maquette de la société et de la vie sociale. Dans l'État sans liberté, c'étaient les maquettes des administrations de kolkhozes, des directions de l'Union des écrivains et des peintres, des præsidiums des Comités exécutifs de district et de région, les maquettes des bureaux, des assemblées plénières des Comités de district, des Comités de région et des Comités centraux des partis communistes nationaux qui examinaient les dossiers et prenaient les décisions qui avaient été prises auparavant et dans un tout autre lieu. Même le præsidium du Comité central du Parti n'était qu'un théâtre.

Ce théâtre était bien dans le caractère de Staline, et il était conforme au caractère de l'État sans liberté. C'est pourquoi l'État aussi avait besoin de Staline qui incarnait dans son caractère le caractère de l'État.

Qu'est-ce qui n'était pas théâtre mais réalité ? Qui ne faisait pas semblant de décider, mais décidait réellement ?

La force réelle, c'était Staline. C'est lui qui décidait. Mais naturellement il ne pouvait trancher personnellement toutes les questions qui se posaient : Faut-il donner un congé à l'institutrice Semionova ? Que faut-il semer dans le kolkhoze « Aurore », des petits pois ou des choux ?

Or le principe de l'État sans liberté eût exigé qu'il en fût ainsi, que Staline décidât de tout sans exception. Mais c'était physiquement impossible et c'étaient les hommes de confiance de Staline qui décidaient des questions secondaires, et toujours de la même façon : dans l'esprit de Staline.

C'est seulement pour cette raison qu'ils étaient les hommes de confiance de Staline ou les hommes de confiance de ses hommes de confiance. Leurs décisions avaient un trait commun : quelle que fût la question sur laquelle ils étaient appelés à se prononcer, qu'il s'agît de la construction d'une centrale hydro-électrique sur le cours inférieur de la Volga ou du stage de deux mois nécessaire à la trayeuse de vaches Aniouta Feoktistova, elles étaient prises dans l'esprit de Staline. Et l'essentiel, c'était que l'esprit de Staline et l'esprit de l'État ne fissent qu'un.

Dans les réunions, dans les meetings, dans les assemblées ou au congrès du Parti, on reconnaissait du premier coup les hommes de confiance de Staline-État : jamais personne ne pouvait discuter avec eux, ils parlaient au nom de Staline-État.

Le fait que l'État sans liberté agît toujours au nom de la liberté et de la démocratie, eût peur de faire un pas sans l'invoquer, attestait la force de la liberté. Staline craignait peu de gens mais constamment et jusqu'à la fin de sa vie, il eut peur de la liberté. Après l'avoir tuée, il recherchait encore les bonnes grâces de la morte.

On aurait tort de croire que ce qui s'est passé au moment de la collectivisation et du temps de Ejov n'était que la manifestation insensée d'un pouvoir sans contrôle et sans limites exercé par un homme cruel.

En réalité, le sang qui a été versé en 1930 et en 1937 était nécessaire à l'État. Comme l'a dit Staline, il ne l'a pas été pour rien. Sans lui, sans ce sang, l'État n'aurait pas survécu. L'antiliberté a versé ce sang pour vaincre la liberté. C'est une vieille histoire. Elle a commencé sous Lénine.

La liberté n'a pas été seulement vaincue dans le domaine de la politique et de l'activité publique. Partout la liberté a été écrasée, qu'il s'agisse d'agriculture – le droit de semer et de moissonner librement –, de poésie ou de philosophie. Que l'on soit bottier, que l'on s'occupe d'un cercle de lecture ou que l'on veuille changer de domicile, il n'y avait plus aucune liberté. Quant au travail des ouvriers, tout dépendait de la seule volonté de l'État : les normes de rendement, les salaires, les mesures de sécurité technique.

La servitude a triomphé sans partage, de la mer Noire à l'océan Pacifique. Elle était en tout et partout. Partout et en tout, la liberté a été tuée.

Ce fut une offensive victorieuse qui ne put se faire qu'en versant beaucoup de sang : la liberté, c'est la vie et en vainquant la liberté, Staline tuait la vie.

Le caractère de Staline s'est exprimé dans les gigantesques plans quinquennaux. Ces grondantes pyramides du XXᵉ siècle correspondaient aux palais et aux monuments somptueux de l'antiquité asiatique qui charmaient son âme. Ces constructions géantes n'étaient pas plus utiles à l'homme que les mosquées et les temples géants ne l'étaient à Dieu.

Le caractère de Staline s'est exprimé avec une force particulière dans l'activité des organes de sécurité qu'il a créés.

Les interrogatoires accompagnés de tortures, l'activité (fort nourricière, ne l'oublions pas) de *l'Opritchnina* qui avait pour mission d'anéantir non seulement les hommes mais les classes sociales, les méthodes policières qui n'ont cessé d'évoluer de Malouta Skouratov jusqu'au comte de Benckendorf, ont trouvé leurs équivalents dans l'âme de Staline, dans l'activité de l'appareil répressif qu'il a créé.

Mais sans doute ces équivalents ont-ils été particulièrement funestes du fait que, dans la nature de Staline, le principe révolutionnaire russe s'unissait au principe de la police secrète russe, effrénée et toute-puissante.

Cette fusion de la révolution et de la police qui s'est opérée dans la nature de Staline et qui s'est reflétée dans les organes de sécurité qu'il a créés avait son prototype dans l'État russe.

L'association de Degaïev – intellectuel, membre de *Narodnaïa Volia*, puis agent de l'Okhrana – avec le chef de la police, le colonel Soudeïkine, association qui s'est conclue alors que Joseph Djougachvili[1] était encore au maillot, est, en effet, le prototype de cette alliance monstrueuse.

Soudeïkine, esprit lucide et sceptique, qui connaissait bien la Russie révolutionnaire et qui observait d'un air narquois l'indigence du tsar et des ministres qu'il servait, a utilisé Degaïev à des fins policières. Membre de *Narodnaïa Volia*, Degaïev a servi en même temps la Révolution et la police.

Mais les plans de Soudeïkine ne devaient pas se réaliser. Il voulait se servir de la Révolution. Il l'aurait d'abord favorisée, puis il aurait fait des faux, monté de toutes pièces des affaires, il aurait effrayé le tsar, il serait arrivé au pouvoir, il serait devenu dictateur. Et parvenu à la tête de l'État, il aurait écrasé la Révolution. Mais ces rêves audacieux ne se réalisèrent pas. Degaïev tua Soudeïkine.

Et c'est Staline qui vainquit. Sa victoire, c'était un peu, à l'insu de tous et de lui-même, la victoire de Soudeïkine qui avait rêvé d'atteler au char de l'État deux chevaux : la Révolution et la police secrète.

Staline, qui était né de la Révolution, a réglé leur compte aux révolutionnaires et à la Révolution à l'aide de l'appareil policier.

Peut-être la manie de la persécution qui le tourmentait provenait-elle de la peur secrète, enfouie dans son subconscient, que Soudeïkine avait de Degaïev. Soumis, tenu en bride à la *Troisième Section*, le révolutionnaire de *Narodnaïa Volia* avait continué à faire peur au colonel de la police. Et le plus effrayant, c'est que tous deux vivaient – amis, ennemis et se trahissant – dans les ténèbres étroites de l'âme de Staline.

Mais c'est peut-être ici que se trouve la réponse à l'une des questions qui ont le plus embarrassé les hommes qui ont vécu les événements de 1937 : pourquoi tous ces *scénarios* ? Oui, pourquoi, lorsqu'on a exterminé tous ces êtres innocents et dévoués à la Révolution, a-t-on monté les scénarios les plus circonstanciés, mensongers du commencement jusqu'à

---

1. Le vrai nom de Staline.

la fin, de leur participation à des complots imaginaires, à des complots qui n'ont jamais existé ?

En les torturant des jours entiers, des semaines, des mois et parfois des années, les organes de sécurité ont obligé de malheureux comptables, ingénieurs ou agronomes à bout de force à participer à des représentations théâtrales, à jouer le rôle de scélérats, d'agents de l'étranger, de terroristes, de saboteurs.

Pourquoi avoir fait cela ? Des millions d'hommes se sont posé des millions de fois cette question.

Soudeïkine, quand il composait ses mises en scène, se proposait de tromper le tsar. Mais Staline n'avait pas besoin de tromper le tsar puisqu'il était lui-même le tsar.

Par ses mises en scène, Staline n'essayait-il pas tout de même de tromper le tsar qui, invisiblement, en dehors de sa volonté, vivait dans les ténèbres secrètes de son âme ?

Le souverain invisible continuait de vivre partout où, semblait-il, la servitude triomphait sans partage. C'est de lui, et de lui seul, que Staline eut peur jusqu'à la fin de ses jours.

Et jusqu'à la fin de ses jours, Staline ne put, même par la violence sanglante, avoir raison de la liberté, de la liberté au nom de laquelle avait commencé la révolution de Février.

L'Asiate qui vivait dans l'âme de Staline s'efforça de tromper la liberté. Et s'il rusa ainsi avec elle, c'est qu'il désespérait de pouvoir jamais l'achever.

25

De même que l'œuvre de Lénine n'est pas morte en 1924, l'œuvre de Staline s'est perpétuée après sa mort.

L'État sans liberté construit par Staline vit toujours. La puissance de l'industrie, des forces armées, des organes répressifs est toujours aux mains du Parti. La servitude triomphe toujours, de la mer Noire à l'océan Pacifique. La *loi du théâtre*, cette loi qui régit tout, n'a pas été ébranlée : le système des élections fonctionne toujours de la même façon, les syndicats sont toujours réduits en esclavage, les paysans sont toujours privés de liberté et de passeport intérieur, l'*intelligentsia* du grand pays travaille, fait du bruit, bourdonne avec toujours autant de talent dans les antichambres du pouvoir. On gouverne toujours l'État en appuyant sur un bouton, la puissance illimitée du *dispatcher* est toujours la même.

Mais naturellement beaucoup de choses ont changé, n'ont pas pu ne pas changer. C'était inévitable.

L'État sans liberté est entré dans sa troisième phase : Lénine l'a fondé, Staline l'a construit et maintenant il est mis en exploitation, comme disent les bâtisseurs.

Beaucoup de choses qui étaient nécessaires pendant la phase de la construction sont devenues inutiles. Il n'est plus, le temps où l'on détruisait les vieilles maisons se trouvant sur un chantier et où l'on expulsait, transplantait, exterminait les habitants des hôtels particuliers, des masures et des immeubles de rapport démolis.

Le gratte-ciel qui les remplace, ces maisons, est peuplé de nouveaux locataires. Naturellement, tout n'est pas fini, il y a encore beaucoup de choses à terminer mais point n'est besoin de recourir constamment aux méthodes d'extermination du grand chef de chantier, du vieux maître.

Le fondement du gratte-ciel – la servitude – est inébranlable comme auparavant.

Que se passera-t-il ensuite ? Ce fondement est-il vraiment inébranlable ?

Hegel a-t-il raison : tout ce qui est *réel* est-il *rationnel* ? Ce qui est inhumain est-il *réel*, est-il *rationnel* ?

La force de la Révolution populaire qui a débuté en février 1917 était si grande que même l'État dictatorial n'a pu la briser. Et tandis que l'État suivait son cours impitoyable, selon les lois de la croissance et de l'accumulation, sans même le savoir, il recelait en son sein la liberté.

La liberté a pris corps dans l'obscurité profonde et dans le secret, tandis que le fleuve qui balayait tout sur son chemin et qui était devenu une réalité pour tous coulait à la surface de la terre. Le nouvel État national, propriétaire de trésors innombrables – des usines, des fabriques, des piles atomiques, de toutes les terres –, maître sans partage de toutes les créatures, chantait victoire. Il semblait que la Révolution se fût faite pour lui, pour son pouvoir qui devait durer mille ans, pour son triomphe. Mais le seigneur et maître de la moitié du monde n'était pas seulement le fossoyeur de la liberté.

La liberté a pris corps en dépit du génie de Lénine, créateur inspiré du Monde Nouveau, et parce que les hommes continuaient à être des hommes.

Les hommes qui ont fait la révolution de février 1917, les hommes qui ont construit, sur l'ordre du nouvel État, des gratte-ciel, des usines et des piles atomiques ne se proposaient pas d'autre fin que la liberté. C'est pourquoi, tout en créant un monde nouveau, ils étaient restés des hommes.

Ivan Grigorievitch sentait et comprenait tout cela tantôt obscurément, tantôt clairement.

Quelque énormes que soient les gratte-ciel, quelque puissants que soient les canons, quelque illimité que soit le pouvoir de l'État et quelque forts que soient les empires, tout cela n'est que fumée, que brouillard et, comme tel, disparaîtra. Il n'y a qu'une force qui persiste, qui se développe, qui vive et cette force, elle réside dans la liberté. Vivre, cela signifie être un homme libre. Non, *tout ce qui est réel* n'est pas *rationnel*. Tout ce qui est inhumain est insensé et inutile.

Ivan Grigorievitch n'était pas étonné que le mot liberté fût déjà sur ses lèvres lorsque, jeune étudiant, il avait été envoyé en Sibérie, ni que ce mot eût continué de vivre en lui, dans son cœur comme dans son esprit.

26

Il était seul dans sa chambre mais il formulait ses pensées comme s'il s'entretenait avec Anna Sergueievna.

… Tu sais, dans les moments les plus difficiles, je pensais : que cela doit être bon d'être dans les bras d'une femme, de trouver l'oubli dans cette étreinte, de ne plus se souvenir de ce que l'on a vécu, comme si rien de tout cela n'avait existé. Et, vois-tu, c'est à toi justement que je dois raconter ce qui m'a le plus pesé, à toi qui m'as parlé toute une nuit. Mon bonheur, c'est de porter avec toi ce fardeau que je ne puis porter avec personne d'autre. Quand tu rentreras de l'hôpital, je te raconterai le moment le plus pénible de ma vie : une conversation dans une cellule, à l'aube, après un interrogatoire. J'avais pour voisin (il n'existe plus, il est mort à cette époque-là…) Alexis Samoïlovitch. Je crois que c'est l'homme le plus intelligent qu'il m'ait été donné de rencontrer. Mais son esprit m'effrayait. Non qu'il fût méchant : méchant, ce n'est pas effrayant… Mais cet esprit sans méchanceté n'avait pour la foi qu'indifférence et raillerie. Il m'effrayait et, plus encore, il m'attirait. Je ne pouvais le dominer. Je n'ai pas pu lui faire partager ma foi en la liberté.

Sa vie avait mal tourné. Au reste, cette vie n'avait rien de particulier. Il avait été arrêté et inculpé en vertu de l'article 58, alinéa 10, comme la plupart d'entre nous.

Mais il avait un cerveau puissant. Sa pensée vous soulevait comme la vague et je tressaillais en l'écoutant comme la terre que bat l'océan.

En revenant de l'interrogatoire, je réfléchissais. Qu'elle est longue la liste des violences ! Bûchers, prisons, techniques d'extermination : châteaux-prisons à étages multiples, camps immenses comme des chefs-lieux… À l'origine, le châtiment suprême avait pour instruments la massue, qui vous fracassait le crâne, et la corde. Aujourd'hui, le bourreau appuie sur une manette et châtie cent, mille, dix mille hommes. Il n'a plus besoin de brandir une hache. Notre siècle est le siècle où la violence qu'exerce l'État sur l'homme a atteint son plus haut degré. Mais c'est là précisément que résident la force et l'espérance des hommes : c'est le XXe siècle qui a ébranlé le principe hégélien du processus historique universel : « Tout ce qui est réel est rationnel », principe dont se réclamaient, dans des disputes passionnées qui durèrent des dizaines d'années, les penseurs russes du siècle dernier. Et c'est justement maintenant, à l'époque du triomphe de la puissance étatique sur la liberté de l'homme, que des penseurs russes, revêtus de la bure des camps, énoncent, en retournant la loi de Hegel, le principe suprême de l'histoire universelle : « Tout ce qui est inhumain est insensé et inutile. »

Oui, dans ce temps de triomphe total de l'inhumanité, il est devenu évident que tout ce qui a été créé par la violence est insensé, inutile, sans portée, sans avenir.

Telle est la foi qui m'anime et c'est avec cette foi que je revins dans ma cellule. Mais mon voisin me dit :

— À quoi bon défendre la liberté ? Autrefois, on voyait en elle la loi et la raison du progrès mais maintenant, à ce qu'on dit, tout est clair : d'une manière générale, il n'y a pas de progrès historique, l'histoire n'est qu'un processus moléculaire, l'homme est toujours égal à lui-même, on n'en fera rien, il n'y a pas d'évolution. Mais il y a une loi simple : la loi de la conservation de la violence. Aussi simple que la loi de la conservation de l'énergie. La violence est éternelle. Quoi qu'on ait pu faire pour la détruire, elle ne disparaît pas, elle ne diminue pas, elle se transforme simplement. La violence prend la forme, tantôt de l'esclavage, tantôt de l'invasion mongole. Elle saute d'un continent à l'autre, se change en lutte des classes et de lutte des classes en lutte des races. De la sphère matérielle, elle passe dans la religiosité médiévale. Elle s'exerce tantôt sur les gens de couleur, tantôt sur les écrivains et les artistes mais, d'une manière générale, la quantité de violence sur terre est la même. Les penseurs prennent le chaos de ses métamorphoses pour l'évolution et en cherchent les lois. Mais le chaos ne connaît pas de lois, d'évolution, de sens, de but. Gogol, génie de la Russie, a chanté l'*oiseau-troïka*. Dans sa course, il cherchait à deviner l'avenir. Or ce n'est pas dans la troïka de Gogol que se trouvait l'avenir mais dans une tout autre troïka : la bureaucratie russe, la troïka sans visage que forment les trois juges des Commissions spéciales, la troïka qui condamnait à être fusillé, établissait les listes de « dékoulakisation », excluait les jeunes hommes de l'université, privait de tickets de pain une vieille femme « ci-devant ».

Et de son bat-flanc, mon compagnon menaçait Gogol du doigt :

— Vous vous êtes trompé, Nikolaï Vassilievitch, vous n'avez pas compris, vous n'avez pas bien vu notre oiseau-troïka ! L'histoire des hommes n'est pas inscrite dans la course de la troïka mais dans le chaos, dans l'éternel passage d'une forme de violence à l'autre. Il vole l'oiseau-troïka, alors que tout est immobile, alors que tout est figé. L'homme surtout est immobile, son destin est immobile. Mais la troïka vole, elle ne se soucie pas des souffrances des Russes et, réciproquement, peu importe aux Russes que la troïka vole ou qu'elle reste immobile.

Et il est de fait que ce n'est pas la troïka de Gogol mais l'autre troïka qui signe les condamnations à la peine capitale.

Je suis couché sur le bat-flanc et tout ce qu'il y a de vivant en moi qui suis à demi mort, c'est ma foi : l'histoire des hommes, c'est l'histoire de la liberté. L'histoire de toute la vie, depuis l'amibe jusqu'au genre humain, c'est l'histoire de la liberté, le passage d'une moindre liberté à une plus grande liberté, et la vie elle-même est liberté. Cette foi me donne de la force et je caresse cette pensée qui se cache dans nos haillons de prisonnier : « Tout ce qui est inhumain est insensé et inutile. »

Alexis Samoïlovitch m'écoute, moi, le demi-mort, et me dit :

— Ce n'est là qu'une illusion pénible. L'histoire de la vie, c'est l'histoire de la violence invaincue, insurmontée. La violence est éternelle et indestructible. Elle se transforme mais ne disparaît pas et ne diminue pas. Le mot histoire a été inventé par les hommes. Il n'y a pas d'histoire. L'histoire ? C'est de l'eau que l'on pile dans un mortier. L'homme n'évolue pas de l'inférieur au supérieur. L'homme est immobile comme un bloc de granit. Sa bonté, son esprit, sa liberté sont immobiles. L'humain ne s'accroît pas dans l'homme. Quelle est donc l'histoire de l'homme si sa bonté est immobile ?

Tu sais, j'ai eu le sentiment que rien au monde ne pouvait être plus pénible que ces minutes-là. J'étais étendu sur le bat-flanc et je me disais : mon Dieu, comment est-il possible que ce soit justement cet homme intelligent qui ait fait naître en moi cette angoisse intolérable, ce supplice ?... Respirer, même cela m'était insupportable. Je n'avais plus qu'un seul désir : ne pas voir, ne pas entendre, ne pas respirer. Mais une aide m'est venue d'un tout autre côté : on m'a traîné de nouveau à l'interrogatoire, on ne m'a pas laissé souffler. Et je me suis senti mieux. De nouveau je crois en l'imminence de la liberté. Au diable l'oiseau-troïka qui vole, gronde et signe des condamnations... Un jour, liberté et Russie ne feront qu'un !

Tu ne m'entends pas... Quand rentreras-tu de l'hôpital, quand me reviendras-tu ?

Un jour d'hiver, Ivan Grigorievitch accompagna Anna Sergueievna à sa dernière demeure. Il ne lui avait pas été donné de partager avec elle tout ce qu'il avait évoqué, pensé, écrit pendant les longs mois qu'avait duré sa maladie.

Il porta les effets de la défunte à la campagne, passa une journée avec Aliocha, puis reprit son travail à l'artel.

27

C'était l'été. Ivan Grigorievitch partit pour une ville du littoral de la mer Noire où se trouvait, au pied d'une montagne verte, la maison de son père.

Le train longeait la côte. À l'un des arrêts, il descendit de son wagon, regarda l'eau verte et noire qui s'agitait doucement, huma la fraîcheur salée de l'air.

La mer et le vent... Ils existaient donc quand le juge d'instruction le faisait chercher pour un interrogatoire de nuit, quand on creusait la tombe d'un *zek* mort dans le convoi, quand les chiens policiers aboyaient sous les fenêtres du baraquement et que la neige crissait sous les pieds de l'homme d'escorte ?

La mer est éternelle et l'éternité de sa liberté s'apparentait à l'indifférence. La mer, cette liberté qui gronde et qui déferle, ne s'était pas souciée d'Ivan Grigorievitch lorsqu'il vivait au-delà du cercle polaire et elle ne s'inquiéterait pas davantage de lui quand il cesserait de vivre. Il pensa : Non, ce n'est pas la liberté, c'est un espace astronomique qui est venu sur la terre, un éclat d'éternité, mobile et indifférent.

La mer n'est pas la liberté. C'est son image, son symbole. Qu'elle est donc belle la liberté si sa seule évocation suffit à remplir de félicité le cœur de l'homme !

Il passa la nuit à la gare et, le lendemain matin de bonne heure, il partit à la recherche de sa maison. Le soleil d'automne, que rien ne distinguait d'un soleil printanier, se levait dans un ciel sans nuages.

Il marchait en silence dans la nature déserte et assoupie.

Il éprouvait un tel trouble qu'il crut que le cœur, ce cœur qui avait tout supporté, lui faillirait. Le monde, en ces instants, devint divinement immobile. Le doux sanctuaire de son enfance n'avait pas changé. Il était éternel. Ses pieds s'étaient posés autrefois sur ces mêmes pavés frais, ses yeux d'enfant avaient contemplé ces montagnes arrondies, marquées par la rouille de l'automne. Il écoutait le bruit du ruisseau qui courait vers la mer au milieu des détritus de la ville, écorces de pastèque, épis de maïs tout rongés.

Un vieil Abase, vêtu d'une chemise de satinette noire ceinturée par un étroit lien de cuir, se dirigeait vers le marché en portant un panier de châtaignes.

Peut-être Ivan Grigorievitch avait-il acheté dans son enfance des figures et des châtaignes à ce vieillard dont le visage, sous les cheveux blancs, paraissait sans âge, immuable. C'était le même vent matinal, vent du sud frais et tiède, sentant la mer et le ciel de montagne, la cuisine à l'ail et la rose. C'étaient les mêmes maisons aux volets fermés, aux rideaux tirés. C'étaient les mêmes enfants que quarante ans auparavant, des enfants qui n'avaient pas grandi et c'étaient les mêmes vieillards, des vieillards qui n'étaient pas descendus dans la tombe, qui dormaient derrière ces persiennes closes.

Il parvint à la route et se mit à gravir la montagne. Le ruisseau chantait et Ivan Grigorievitch se souvenait de sa voix.

Jamais il n'avait vu sa vie en son entier et voici qu'elle lui apparaissait. En la voyant ainsi, il n'éprouva aucun ressentiment envers les hommes.

Tous, ceux qui l'avaient conduit en le frappant de leur crosse dans le cabinet du juge d'instruction, ceux qui l'avaient empêché de dormir en période d'interrogatoire, ceux qui avaient eu la lâcheté de le dénoncer à des réunions publiques et de parler de lui chez le juge d'instruction, ceux qui l'avaient renié, ceux qui lui avaient volé sa ration de pain, ceux qui l'avaient battu, tous, dans leur faiblesse, dans leur grossièreté, dans leur méchanceté avaient fait le mal sans vouloir lui faire du mal.

Ils avaient trahi, ils avaient calomnié, ils s'étaient reniés parce que, sans cela, ils n'auraient pas survécu, ils seraient morts. Mais, tout de même, c'étaient des hommes. Non, aucun d'eux n'avait vraiment souhaité le voir ainsi, vieil homme privé de tout amour, reprendre seul le chemin de sa maison abandonnée.

Ces hommes ne souhaitaient de mal à personne, mais toute leur vie ils avaient fait le mal.

Et pourtant, ces hommes étaient des hommes. Et, chose étonnante, chose merveilleuse, qu'ils l'eussent voulu ou non, ils n'avaient pas laissé mourir la liberté. Même les pires d'entre eux l'avaient conservée dans leurs cœurs effrayants et dénaturés. Des cœurs d'homme, malgré tout.

Quant à lui, il n'avait rien réalisé. Il n'avait pas écrit de livre, il n'avait pas peint. Il n'avait pas fait de découvertes. Il n'avait pas fondé d'école ou de parti. Il n'avait pas de disciples. Il ne laisserait rien derrière lui.

Pourquoi sa vie avait-elle été si pénible ? Il n'avait pas prêché, il n'avait pas enseigné. Il était resté ce qu'il était de naissance : un homme.

Le versant de la montagne parut s'ouvrir, les cimes des chênes surgirent de derrière le col. Dans son enfance, il marchait là, dans la pénombre de la forêt, examinant avec soin les traces de la vie des Tcherkesses, de la vie disparue : arbres de jardin rendus à l'état sauvage, vestiges des clôtures entourant les habitations.

Peut-être sa maison natale n'avait-elle pas plus changé que n'avaient changé les rues, le ruisseau…

Ce serait au prochain tournant. Il lui sembla un instant que la terre était inondée de lumière, d'une lumière incroyablement vive, d'une lumière jamais vue… Encore quelques pas et dans cette lumière il apercevrait la maison. Sa mère viendrait vers lui, l'enfant prodigue, et il s'agenouillerait devant elle. Et elle poserait ses mains jeunes et belles sur sa tête chenue.

Il vit les buissons, le houblon. Il n'y avait ni maison ni puits, seulement quelques pierres blanches, éparses dans l'herbe poussiéreuse et brûlée par le soleil.

Ivan Grigorievitch était de retour. Son dos s'était voûté, ses cheveux avaient blanchi. Et pourtant il était toujours le même. Il n'avait pas changé.

1955-1963

DOCUMENTS

*présentés par Tzvetan Todorov
et traduits du russe par Luba Jurgenson*

Lettre au Premier secrétaire du Comité central du Parti communiste de l'Union soviétique Nikita Sergueïevitch Khrouchtchev[1]

Cette lettre, défense de son roman confisqué, a été adressée par Grossman à Khrouchtchev en février 1962.

Cher Nikita Sergueïevitch !

En octobre 1960, j'ai confié le manuscrit de mon roman *Vie et destin* à la revue *Znamia*[2]. C'est à peu près au même moment que le rédacteur en chef de la revue *Novy Mir*[3], Alexandre Tvardovski, a eu connaissance de ce livre.

À la mi-février 1961, des agents du Comité pour la sécurité de l'État[4], entrés chez moi avec un mandat de perquisition, ont confisqué tous les exemplaires du manuscrit et les brouillons que j'avais gardés. Les exemplaires déposés aux revues *Znamia* et *Novy Mir* ont également été saisis.

C'est ainsi qu'a pris fin ma collaboration avec ces revues qui avaient à plusieurs reprises publié mes textes et que j'avais sollicitées pour leur remettre le résultat des dix dernières années de ma vie d'écrivain.

Après la confiscation de mon manuscrit, j'ai contacté le camarade Polikarpov du Comité central du Parti. Ce dernier a sévèrement condamné mon ouvrage ; m'a conseillé de réfléchir, de prendre conscience des erreurs et du caractère nocif de mon livre et d'adresser une lettre au Comité central.

Une année s'est écoulée depuis. Je n'ai cessé de penser à la catastrophe qui avait bouleversé ma vie d'écrivain, au sort tragique de mon livre.

---

1. © Ayants droit Vassili Grossman.
© Éditions Robert Laffont pour la traduction française, 2006. Toutes les notes de bas de page du présent document sont de la traductrice.
2. « L'Étendard ».
3. « Le Monde nouveau ». Revue réputée comme progressiste au moment du Dégel. En 1961, Tvardovski publia *Une journée d'Ivan Denissovitch* d'Alexandre Soljenitsyne.
4. C'est-à-dire le KGB.

Je voudrais vous livrer mes pensées en toute sincérité. Tout d'abord, je dois vous dire une chose : je n'ai pas trouvé de mensonges dans mon livre. J'y ai écrit ce que je croyais être la vérité et, depuis, je n'ai pas changé d'avis. J'y ai consigné le résultat de mes pensées, mon vécu, mes souffrances.

Il ne s'agit pas d'un livre politique. Dans la mesure de mes capacités, qui sont limitées, j'y ai évoqué des gens avec leurs peines, leurs joies, leurs erreurs ; j'ai parlé de la mort, de l'amour et de la compassion.

Il y a dans mon livre des pages pleines d'amertume et de douleur, tournées vers notre passé récent, les événements de la guerre. Elles ne sont peut-être pas faciles à lire. Croyez-moi, il ne m'a pas été facile non plus de les écrire. Mais je n'ai pas pu faire autrement.

J'avais commencé à écrire ce livre avant le XXe Congrès du Parti, du vivant de Staline. À cette époque, il n'y avait pas l'ombre d'un espoir qu'il soit un jour publié. Mais j'ai continué d'écrire.

Votre rapport au XXe Congrès[1] m'a donné du courage. Car les idées d'un écrivain, ses sentiments, sa douleur font partie des idées et de la douleur de tous, de la vérité de tous.

En donnant mon manuscrit à la revue, j'avais imaginé qu'il y aurait des discussions entre l'auteur et le rédacteur en chef, que ce dernier me demanderait de couper quelques pages, voire quelques chapitres.

Or, après avoir lu le manuscrit, Kojevnikov, le rédacteur de la revue *Znamia*, ainsi que les chefs de l'Union des écrivains, Markov et Chtchipatchev, ont déclaré mon livre impubliable et nuisible. Toutefois ils ne l'ont pas trouvé mensonger. L'un de ces camarades a même dit : « Tout cela est véridique ou vraisemblable, vos personnages ressemblent à des gens réels. » Un autre a affirmé que mon livre ne pourrait pas paraître avant deux cent cinquante ans.

Votre rapport au XXIIe Congrès[2] a éclairé avec une force nouvelle toutes les erreurs, tout le mal que notre pays avait subi à l'époque du stalinisme, me confirmant dans l'idée que mon livre *Vie et destin* n'était pas en contradiction avec la vérité révélée par vous, que cette vérité, aujourd'hui, était acquise, et qu'il ne fallait pas attendre encore deux cent cinquante ans pour pouvoir la dire.

Il est d'autant plus terrible pour moi de voir que mon livre m'a été confisqué, pris de force. J'y tiens comme un père tient à ses enfants. Me priver de mon livre est comme priver un père de son enfant.

Cela fait un an que mon livre a été saisi. Depuis je ne cesse de penser à son destin tragique, cherchant à m'expliquer ce qui s'est passé. Mon livre est-il trop subjectif ? Est-ce la raison ?

---

1. Le 16 février 1956, au cours du XXe Congrès du Parti, Khrouchtchev dénonça certains crimes du régime stalinien, dans un rapport secret.

2. Lors de ce congrès, qui s'est tenu du 17 au 31 octobre 1961, un nouveau règlement du PCUS a été adopté. À la suite de ce congrès, la dépouille de Staline fut retirée du Mausolée, où elle reposait aux côtés de Lénine, et enterrée dans le mur du Kremlin.

Mais tous les livres portent l'empreinte du subjectif, du personnel, à moins d'être l'œuvre d'un artisan. Un texte d'écrivain n'est jamais l'illustration directe des opinions de chefs politiques ou de révolutionnaires. Il peut s'en rapprocher ou les épouser, toujours est-il qu'il exprime nécessairement le monde intérieur de l'écrivain, ses sentiments, les images qu'il a faites siennes. Il ne peut être que subjectif. Il en a toujours été ainsi. La littérature n'est pas un écho. C'est à sa manière qu'elle parle de la vie, de ses drames.

Tourgueniev a témoigné de l'amour des Russes pour la vérité, la liberté, le bien. Mais il n'a pas illustré les idées des chefs de la démocratie russe ; il a exprimé à sa manière, à la Tourgueniev, la vie de la société. De même, chez Tolstoï, Dostoïevski, Tchekhov leur vécu et la vie russe, ses joies, ses peines, sa beauté et sa terrible laideur, le bien et le mal font l'objet d'une transposition. Ni Tolstoï ni Tchekhov n'ont cherché à illustrer les opinions des leaders de la démocratie révolutionnaire en Russie. Ils ont poli le miroir de la vie russe, mais ce miroir est très différent de celui des chefs de la révolution. Pourtant, ni Herzen ni Tchernychevski ni Plekhanov ni Lénine n'en ont tenu rigueur aux écrivains, ils voyaient en eux leurs alliés et non leurs ennemis.

Je sais que mon livre est imparfait, qu'il ne supporterait absolument pas la comparaison avec les grandes œuvres du passé. Mais ce n'est pas mon talent qui est en cause. C'est le droit d'écrire la vérité, une vérité passée au creuset de plusieurs années de réflexion et de souffrance.

Alors, pourquoi a-t-on interdit mon livre qui répond peut-être, dans une certaine mesure, aux besoins des lecteurs soviétiques ? Pourquoi ce livre qui ne contient ni mensonge ni calomnie, mais seulement la vérité, la douleur, l'amour des hommes m'a-t-il été confisqué par des moyens de violence administrative, pourquoi l'a-t-on séquestré comme s'il s'agissait d'un criminel, d'un assassin ?

Voici déjà plus d'un an que j'ignore s'il existe encore, s'il n'a pas été détruit, brûlé.

Si mon livre est mensonger, alors qu'on l'explique aux gens qui veulent le lire. S'il est calomniateur, qu'on le dise ouvertement. Que les lecteurs soviétiques pour lesquels j'écris depuis trente ans puissent juger par eux-mêmes de la vérité et du mensonge dans mon livre.

Mais le lecteur est dans l'impossibilité de porter ce jugement sur moi et sur mon travail, le jugement du cœur, de la conscience, bien plus grave que tout autre. J'ai toujours désiré et je désire encore entendre ce jugement-là.

Pis, lorsque mon livre a été refusé par la revue *Znamia*, on m'a suggéré de dire aux lecteurs que je n'avais pas encore terminé le travail sur le manuscrit, que j'en avais encore pour très longtemps. En d'autres mots, on m'avait conseillé de mentir.

Pis encore, en me confisquant mon livre, on a voulu me faire signer un engagement à ne pas divulguer ces faits sous peine de prison.

Les méthodes qu'on utilise pour garder secret ce qui est arrivé à mon livre ne sont pas celles qui servent à lutter contre le mensonge et la calomnie. Ce n'est pas le mensonge qu'on combat de la sorte, mais la vérité.

Que se passe-t-il donc ? Et comment comprendre tout cela à la lumière des idées du XXIIe Congrès du Parti ?

Cher Nikita Sergueïevitch ! Ces derniers temps, dans notre pays, on dit et on écrit souvent que nous sommes sur le point de revenir aux normes de la démocratie fixées par Lénine. À l'époque dure de la guerre civile, de l'occupation étrangère, de la destruction de l'économie, Lénine avait fixé des normes de la démocratie qui, pendant toute l'époque stalinienne, furent du domaine du rêve.

Au XXIIe Congrès du Parti, vous avez condamné sans retour les crimes sanglants et la cruauté de Staline. La force et le courage dont vous avez alors fait preuve ont permis d'espérer que, désormais, la démocratie progresserait au même rythme que la production de l'acier, du charbon, de l'électricité, qui a augmenté depuis les catastrophes de la guerre civile. Car la nouvelle société repose bien davantage sur l'épanouissement de la liberté et de la démocratie que sur la croissance. Je ne puis concevoir la société en dehors de ce progrès permanent des normes de la liberté et de la démocratie.

Comment interpréter donc, de nos jours, une perquisition chez un écrivain, à qui l'on confisque un livre peut-être truffé d'imperfections, mais écrit avec le sang du cœur, au nom de la vérité et de l'amour des hommes, et qu'on menace de jeter en prison, par-dessus le marché, s'il parle de son malheur ?

Je suis persuadé que les procureurs les plus sévères, les plus implacables doivent changer leur opinion au sujet de mon livre et reconnaître qu'ils se sont trompés en avançant toute une série d'accusations graves à l'adresse de mon manuscrit il y a de cela un an ou un an et demi, avant le XXIIe Congrès.

Je vous prie de rendre la liberté à mon livre, afin que je puisse en parler avec des éditeurs et non des agents du KGB.

Ma situation actuelle, ma liberté physique n'a aucun sens, elle n'est que mensonge, car le livre auquel j'ai consacré ma vie se trouve, lui, emprisonné. J'en suis bel et bien l'auteur, je ne l'ai jamais renié et n'ai pas l'intention de le faire. Cela fait douze ans que j'ai commencé ce travail. Je continue de penser que j'y ai dit la vérité et qu'en l'écrivant j'étais mû par la foi dans l'homme, l'amour et la compassion. Je vous prie de rendre la liberté à mon livre.

Avec mon profond respect.

VASSILI GROSSMAN
Moscou, rue Begovaïa 1, bât. 31, appt. 1
Tél. D-3-00-80, poste 16

Entretien avec M.A. Souslov[1]

À la suite de sa lettre à Khrouchtchev, Grossman est convié à une rencontre avec Mikhaïl Souslov, membre du Bureau politique, responsable des questions idéologiques. Au sortir de la rencontre, Grossman transcrit le discours que lui a adressé Souslov.

23 juillet 1962

SOUSLOV : La lettre que vous avez adressée à Nikita Sergueïevitch Khrouchtchev est tout à fait franche. C'est un geste positif.

Dans votre lettre, vous demandez à ce que votre roman *Vie et destin* soit publié. C'est impossible. Vous dites que votre livre est sincère. Mais de nos jours la sincérité -1,5n'est pas une condition suffisante pour créer une œuvre d'art.

Votre roman est bel et bien un livre politique. Vous avez tort d'affirmer qu'il s'agit d'un texte purement littéraire.

Votre roman est hostile au peuple soviétique, sa publication nuirait non seulement à notre peuple et à notre État, mais à tous ceux qui luttent pour le communisme en dehors de l'Union soviétique, à tous les travailleurs progressistes des pays capitalistes, à tous ceux qui combattent pour la paix.

Ce roman servirait nos ennemis.

Vous savez aussi bien que nous que la tension internationale est à son comble et qu'une lutte intense oppose aujourd'hui les deux systèmes.

Malgré tout, je continuerai de vous dire « camarade[2] ». Camarade Grossman.

Vous avez abandonné les positions qui étaient les vôtres au moment où vous écriviez les romans *Stepan Koltchouguine*[3], *Le peuple est immortel,*

---

2. Ce qui veut dire que Grossman n'est pas en état d'arrestation. Lorsqu'un homme était arrêté comme ennemi du peuple, son juge d'instruction cessait de l'appeler « camarade ».
3. Premier texte de Grossman, écrit dans les règles du réalisme socialiste, qui lui vaut la protection de Gorki et l'entrée dans la littérature soviétique.

Pour une juste cause[1] ; la faute en est cet isolement que vous vous êtes imposé. Votre subjectivité l'a emporté sur tout le reste, votre intérêt pour les aspects sombres de la période du culte de la personnalité est tout à fait exagéré. Vous vous détournez d'un grand nombre de phénomènes positifs de la vie actuelle. Vous vous enfermez.

La même chose était arrivée à Gogol : il s'était isolé, et à force de se concentrer sur ses impressions personnelles, il s'était laissé envahir par des idées réactionnaires et décadentes, sombrant dans la religion et le mysticisme. Il avait publié *Passages choisis de ma correspondance avec mes amis*[2]. Je suis persuadé que, s'il avait vécu plus longtemps, il aurait surmonté cette crise.

Tout le monde, et moi le premier, nous apprécions ce que vous avez fait avant et pendant la guerre ; nous espérons que vous allez retrouver vos positions d'alors.

Rappelez-vous que Tourgueniev et Léon Tolstoï luttaient contre le servage et les idées réactionnaires ; rappelez-vous avec quelle passion Tolstoï a exprimé sa haine de l'autocratie ! C'est bien pour cette raison que Lénine l'a appelé le « miroir de la révolution russe » et que l'opinion démocratique l'a soutenu.

Nous rétablissons les normes de la démocratie fixées par Lénine. Mais ce ne sont pas des normes bourgeoises. Par exemple, lorsque Gorki, durement impressionné par les privations, la famine, la crise de logement des premières années de la Révolution, avait renié les idées de la révolution d'Octobre, Lénine n'avait pas hésité à fermer *Novaïa Jizn*[3].

Vous considérez que nous avons enfreint le principe de liberté à votre égard. Oui, si l'on interprète la liberté au sens bourgeois. Mais nous n'avons pas la même notion de la liberté. Nous ne comprenons pas la liberté de la même façon que les capitalistes, comme le droit de faire tout ce qui vous plaît sans tenir compte des intérêts de la société. Cette liberté-là, seuls les impérialistes et les milliardaires en ont besoin.

Nos écrivains soviétiques, dans leur travail, ne doivent faire que ce dont le peuple a besoin, ce qui est utile pour la société.

Je n'ai pas lu votre livre, mais j'ai lu attentivement les nombreuses recensions et notes de lecture où votre roman est abondamment cité. Regardez tous les passages que j'ai recopiés à partir de ces citations.

---

1. Première partie de *Vie et destin*, dans laquelle apparaissent la plupart des personnages ; c'est également dans ce roman que Strum reçoit la lettre de sa mère, mais il ne la lit que dans *Vie et destin*.

2. Texte dans lequel Gogol exprime ses dispositions mystiques, critique ses *Âmes mortes* et projette d'écrire une suite où Tchitchikov, repenti, servirait la Russie. Ce texte valut à Gogol une réaction extrêmement violente du critique Bielinski, qui voyait en Gogol avant tout un dénonciateur de la réalité existante. Bielinski exprima son opinion dans sa fameuse lettre où il accuse Gogol de faire l'apologie du knout. Pendant la période soviétique, la position officielle à l'égard de cette œuvre coïncidait avec celle de Biélinski.

3. « Vie nouvelle », organe des sociaux-démocrates créé après la révolution de février 1917 et interdit en 1918, après que Gorki y a publié ses « Pensées intempestives ».

Les réactions à votre livre sont unanimes : ceux qui l'ont lu le trouvent politiquement hostile. Cela n'aurait aucun sens de le donner à recenser aux écrivains comme Fedine, Leonov, Ehrenbourg. Les lecteurs ont pu se tromper quant aux aspects littéraires de votre texte, mais je n'ai pas le moindre doute sur la pertinence de leur jugement politique.

Votre livre n'est pas publiable et il ne sera pas publié.

Mais il n'a pas été détruit. On le garde. Ce qui ne change rien à son sort.

Pourquoi ajouterions-nous votre livre aux bombes atomiques que nos adversaires préparent contre nous ? Sa publication aiderait nos ennemis.

Cela ne ferait qu'augmenter le nombre de victimes. Nous sommes appelés à consolider l'État et à défendre le peuple. Comment pourrions-nous publier votre roman ?

Dans votre livre, on trouve des parallèles entre nous et le nazisme hitlérien. Votre livre donne une mauvaise image de nos hommes, de nos communistes. Comment aurions-nous gagné la guerre s'ils ressemblaient à ce que vous en dites ? En revanche, la religion, Dieu, le catholicisme, tout cela suscite votre sympathie. Vous défendez Trotski. Votre livre déborde de doutes quant à la légitimité du pouvoir soviétique.

Vous n'ignorez pas le mal immense que nous a causé le livre de Pasternak. Pour tous ceux qui ont lu le vôtre ou ont pris connaissance des notes de lecture, il est absolument évident que *Vie et destin* est un texte infiniment plus nocif et dangereux pour nous que *Le Docteur Jivago*.

Après quarante ans d'existence victorieuse du pouvoir soviétique, après la victoire sur les nazis, qui étaient pourtant arrivés jusqu'à Volgograd[1], après qu'un tiers de l'humanité s'est rassemblé sous nos drapeaux, quel sens aurait pour nous de publier votre livre et de nous lancer dans une discussion publique avec vous sur le thème : les gens ont-ils besoin du pouvoir des Soviets ?

Nous avons dévoilé les erreurs commises pendant le culte de la personnalité de Staline, mais jamais nous ne condamnerons Staline pour avoir lutté contre les ennemis du Parti et de l'État. Nous l'avons condamné pour avoir sévi contre les nôtres.

Il n'y a aucune analogie possible entre le destin de votre roman et celui de *Pour une juste cause*. Ces livres ne sont pas comparables. Un jour, Fadeïev est venu me voir pour me demander de lire *Pour une juste cause*. Je l'ai lu, il n'y avait là rien de politiquement condamnable. Tandis que votre roman *Vie et destin* est hostile au pouvoir des Soviets, il est criblé de points d'interrogation. Vous ne considérez pas notre vie avec le regard d'un Soviétique. Vous doutez de tout.

Nous ne craignons pas que soient évoqués les aspects sombres de notre vie, du moment que nos convictions sont globalement partagées.

---

1. Le nom de Stalingrad, à l'origine Tsaritsyne, après le XXe Congrès du Parti.

Si on suit votre raisonnement, on ne comprend plus pourquoi nous avons gagné la guerre. À en croire votre livre, nous ne pouvions pas gagner. Notre victoire est incompréhensible.

Le Parti et le peuple ne nous auraient jamais pardonné d'avoir publié votre livre. Cela n'apporterait qu'une effusion de sang supplémentaire.

Mikhaïl Ivanovitch Kalinine, un sage vieillard, m'a raconté une altercation avec les cosaques, lors d'un meeting sur le Don. « Vous nous avez retiré la liberté, vous arrêtez des gens, vous distribuez nos terres à des étrangers ! », se plaignaient les cosaques. Kalinine leur avait répondu : « Et vous, si un jour vous avez le pouvoir, ne nous arrêterez-vous pas ? Ne reprendrez-vous pas ces terres que nous avons partagées en toute justice entre les cosaques et leurs voisins ? » Ils avaient ri, car c'était une évidence.

Nous avons tous lu votre lettre ; vous voyez, elle est là, devant moi. Nous en avons débattu.

J'ai la plus haute opinion de vos livres *Koltchouguine, Le peuple est immortel, Pour une juste cause.*

Je n'en ai pas lu d'autres.

Je vous conjure de revenir à la position qui était la vôtre à l'époque où vous avez écrit ces livres.

Si vous ne les avez pas reniés, on pourrait les rééditer, par exemple, *Pour une juste cause.*

Il n'y a pas longtemps, j'ai lu votre récit *La Route.* Ce n'est pas ce qu'on attend de vous. Je n'ai pas aimé ce récit. On attend de vous des livres comme *Le peuple est immortel.*

Je vous conseille vivement de sortir de votre bulle, de ne pas vous couper de la société, d'entrer au contraire en contact avec la vie pour prendre conscience de ce qui s'y passe de merveilleux ; vous devriez rencontrer des gens qui accomplissent des choses formidables, aller voir les belles réalisations qui ont lieu à Volgograd, à Voljsk : les chantiers, la récolte qui s'annonce extraordinaire, comme nous n'en avons encore jamais eue. Parce que vous ne vous êtes plus rendu sur les lieux depuis la guerre.

J'espère que vous allez rejeter vos opinions d'aujourd'hui et retrouver l'inspiration qui vous guidait dans vos livres précédents.

Je pars en vacances et peut-être, en profiterai-je pour lire *Vie et destin.*

Je souhaiterais vous revoir d'ici à deux mois. Mais nous ne parlerons pas de *Vie et destin.* Même après lecture, je ne vous en dirai rien de nouveau.

Mes meilleurs vœux vous accompagnent.

Les propos de Grossman reprennent ceux de sa lettre adressée à Khrouchtchev[1].

---

1. Voir p. 1005.

Lettres à la mère[1]

Après la mort de Grossman, ses proches ont découvert dans ses papiers personnels ces deux lettres envoyées à sa mère, l'une neuf ans, l'autre vingt ans après sa mort.

Chère maman, j'ai appris ta mort en hiver 1944. En arrivant à Berditchev, je suis entré dans la maison où tu habitais et d'où étaient partis tante Aniouta, oncle David et Natacha. Je compris aussitôt que tu n'étais plus de ce monde. Mon cœur l'avait senti d'ailleurs dès 1941. Une nuit, au front, j'avais fait un rêve. J'entrais dans une chambre qui ne pouvait être que la tienne et je voyais ton fauteuil vide tout en sachant que tu y avais dormi. Le châle avec lequel tu te couvrais les jambes retombait jusqu'au sol. Longtemps, je restai les yeux rivés sur ce fauteuil et, m'éveillant, je sus que tu n'étais plus. J'ignorais toutefois quelle mort terrible avait été la tienne, je ne l'ai appris qu'à Berditchev, en interrogeant les gens qui étaient au courant de l'exécution de masse du 15 septembre 1941. Des dizaines, peut-être même des centaines de fois, j'ai essayé d'imaginer ta mort, ta marche vers la mort, j'ai essayé de visualiser l'homme qui t'a tuée. Il était le dernier à t'avoir vue. Je sais que pendant tout ce temps tu as beaucoup pensé à moi.

Cela fait plus de neuf ans que je ne t'écris plus de lettres, que je ne te raconte plus ma vie ni mon travail. Durant ces neuf années, tant de choses se sont accumulées dans mon cœur que j'ai décidé de t'écrire, de te parler et, bien sûr, de me plaindre, car au fond il n'y a que toi que mes chagrins intéressent, les autres n'en ont rien à faire.

Je vais être franc, je te raconterai ce que je ressens, mais peut-être que ce ne sera pas la vérité entière. Car je ne suis pas toujours dans la vérité, certains de mes sentiments sont sans doute faux et dérisoires. Mais avant tout, je voudrais te dire qu'en ces neuf années, j'ai pu m'assurer véritablement que je t'aimais, car mes sentiments envers toi n'ont pas du tout bougé, je ne t'ai pas oubliée, je ne me suis pas calmé, ni consolé, le temps

1. © Ayants droit Vassili Grossman.
© Éditions Robert Laffont pour la traduction française, 2006. Toutes les notes de bas de page du présent document sont de la traductrice.

ne m'a pas guéri. Tu es aussi vivante pour moi que lors de notre dernière rencontre ou lorsque, enfant, je t'écoutais lire à voix haute. Ma douleur est la même que le jour où une voisine de la rue de l'École m'a dit que tu n'étais plus et qu'il n'y avait plus d'espoir de te retrouver parmi les vivants. Et il me semble que cet amour et ce chagrin ne me quitteront plus jusqu'à ma mort.

1950

Ma chère maman, vingt années se sont écoulées depuis le jour de ta mort. Je t'aime, je pense à toi tous les jours de ma vie et dans mon cœur tu es la même qu'il y a vingt ans. Il y a dix ans, quand je t'ai écrit cette première lettre après ta mort, tu étais aussi comme de ton vivant, tu habitais ma chair et mon cœur. Toi et moi, nous ne faisons qu'un, tu es l'être qui m'est le plus proche. Tant que je vis, tu vivras. Quand je serai mort, tu vivras encore dans le livre que je t'ai consacré et dont le destin était lié au tien.

Au cours de ces vingt ans bien des gens qui t'aimaient sont morts ; tu n'es plus dans le cœur de papa, ni dans celui de Nadia, ni dans celui de tante Lisa : ils ne sont plus de ce monde.

Il me semble que mon amour pour toi est de plus en plus fort et responsable, car il y a si peu de cœurs nouveaux qui te portent en eux. Ces dix dernières années, en travaillant, j'ai pensé à toi sans discontinuer ; mon amour et mon devoir envers les hommes sont au centre de ce travail, c'est pour cela qu'il t'est dédié. Tu représentes pour moi l'humain par excellence et ton terrible destin est celui de l'humanité en des temps inhumains. Toute ma vie j'ai cru que ce qu'il y avait de bon en moi, d'honnête, tout ce qui était amour me venait de toi. Ce qu'il y a de mauvais, ne me le pardonne pas, ce n'est pas toi. Mais toi, maman, tu m'aimes, malgré tout ce que j'ai de mauvais.

Aujourd'hui, j'ai relu les quelques lettres de toi qui restent parmi les centaines que tu m'avais écrites ; je le fais souvent, depuis des années. J'ai relu aussi tes lettres à papa. J'ai encore pleuré en les lisant. J'ai pleuré en lisant cette phrase : « Et aussi, Zioma, je ne pense pas que je vivrai très longtemps, je l'attends celle qui avance à pas de loups au coin de la rue. Mais si je devais avoir une longue et grave maladie ? Que deviendrait alors mon pauvre petit garçon, il aurait tant de soucis ! »

Je pleure en lisant ces lignes où toi qui considérais la vie avec moi comme le bonheur suprême, et qui étais alors tellement seule, tu écrivais à papa : « Tout bien réfléchi, je me dis que si Vassia[1] avait de la place, tu devrais t'installer chez lui. Je te le dis, car moi, je ne suis pas si mal lotie. Quant à ma vie affective, ne t'inquiète pas : je sais protéger mon monde

---

1. Diminutif de Vassili.

intérieur de ceux qui m'entourent. » Je pleure sur tes lettres, car je t'y retrouve, avec ta bonté, ta pureté, ta vie si dure, ton sens de la justice, ta noblesse, ton souci des autres, ta merveilleuse intelligence.

Je ne crains rien, car ton amour est avec moi et mon amour est avec toi pour l'éternité.

1961

DICTIONNAIRE
par Ludmila Gaav-Mathis

Le présent dictionnaire a été conçu pour le lecteur curieux qui voudrait élargir ses connaissances sur les sujets évoqués directement ou indirectement par Vassili Grossman. Il y trouvera des articles sur des personnalités politiques, littéraires et historiques ; d'autres sur les principaux organes, grades, fonctions et institutions du pouvoir soviétique ; d'autres enfin sur les lieux mentionnés au fil des pages par Grossman. Sont ici également décrits certains aspects de la société et de la vie quotidienne au temps de l'Union soviétique.

1905, rue de (Moscou). Autrefois rue Voskressenskaïa (rue de la « Résurrection »), elle menait vers la ville de Voskressensk (nommée Istra depuis 1930) et reçut son nom actuel en 1931. Le quartier de la Presnia qu'elle traverse fut le théâtre de l'insurrection armée de décembre, point culminant de la révolution de 1905. Plusieurs endroits y furent rebaptisés en souvenir de ces événements, notamment la rue des Barricades et la rue de Décembre ; le quartier lui-même prit le nom de Presnia rouge.

6 août 1945. Bombardement atomique sur la ville japonaise d'Hiroshima par les États-Unis. Le projet Manhattan, selon son nom de code, fut confié au commandant Paul Tibbets. Le stade final de l'entraînement se passait à Tinian, une des îles Mariannes. La décision de lancer la bombe atomique fut prise par le président Truman le 5 août 1945, dans l'après-midi.

L'avion B-29 *Enola Gay* (qui porte le nom de la mère de son commandant, Paul Tibbets), avec un équipage composé de douze personnes, lança la bombe atomique *Little Boy* (une bombe à uranium, équivalente à 20 kilotonnes) sur la ville d'Hiroshima à 8 h 15 du matin, le 6 août 1945. L'explosion coûta la vie à plus de 140 000 personnes. L'avion qui largua la bombe était piloté par le major Thomas Ferebee.

Le second bombardement eut lieu le 9 août 1945. À 11 h 02, l'avion B-29 *Bockscar* lança la bombe *Fat Man* (une bombe à plutonium de la même puissance que *Little Boy*) sur la ville de Nagasaki. Presque 70 000 personnes périrent immédiatement, plus de 35 000 moururent au cours de la même année. L'avion était piloté par le major Charles Sweeney, la bombe fut lancée par Frederick Ashworth.

Plus tard, au cours d'entretiens, Charles Sweeney dira qu'il n'avait fait que son devoir et qu'il voulait que la guerre se termine.

Paul Tibbets écrira dans ses Mémoires : « Les considérations morales ne me touchaient pas du tout. J'avais une mission de combat à remplir, et j'ai employé toute mon expérience et mes compétences pour la réussir. »

Un seul membre des deux équipages souffrira de remords, et sera traité dans un hôpital psychiatrique.

ABAKOUMOV, Victor Semionovitch (1908-1954), un des chefs de la sécurité d'État, général-colonel. Il connut une ascension rapide lors des purges des « organes de sécurité ». Responsable des purges massives de Rostov-sur-le-Don, en 1938, il fut, pendant la guerre, chef de la sécurité d'État dans l'armée. Il dirigea notamment le Smerch (voir ce mot), qui « filtrait » les prisonniers soviétiques libérés et la population des territoires qui avaient été occupés par les nazis. Responsable de l'arrestation du diplomate suédois R. Valenberg, il organisa « l'affaire de Leningrad » en 1950-1951. En juillet 1951, pour manque de zèle dans l'affaire des « médecins empoisonneurs », il fut déchu et arrêté sur une lettre d'accusation écrite par son adjoint Rioumine. Accusé de « complot sioniste », il fut jugé, après la mort de Staline et la chute de Beria, comme membre de la « bande de Beria » bien qu'il fût son adversaire dans les luttes d'influence. Il fut condamné et exécuté en 1954.

Adventistes et adventistes du Septième Jour. Ces sectes évangéliques, dont les fidèles croient au second avènement du Messie, sont apparues en Russie, principalement dans les régions périphériques de l'empire, dans les années 1880. Opposées au pouvoir soviétique pendant la guerre civile, elles ne l'ont reconnu qu'en 1924.

AKHMATOVA, Anna Andreïevna Gorenko, *dite* **Anna** (1889-1966), poétesse russe, membre du groupe des acméistes avant la Révolution. Elle est l'auteur de nombreuses poésies lyriques et de poèmes : *Requiem*, inspiré par l'époque de la Terreur ; *Poème sans héros*, évocation du Saint-Pétersbourg de l'Âge d'argent. Elle fut tout au long de sa vie un lien vivant avec cette époque, dont de nombreux représentants partirent en émigration ou périrent pendant la Terreur. Passée sous silence dans les années 1930-1940, elle fut persécutée après la guerre, lors de la campagne jdanovienne.

AKSAKOV, Ivan Sergueïevitch (1823-1886), publiciste, éditeur, poète, slavophile. Partisan de la liberté de parole, critique envers le pouvoir de la bureaucratie et les privilèges sociaux, il s'opposait en même temps au mouvement révolutionnaire étudiant et à la philosophie matérialiste.

AKSAKOV, Konstantin Sergueïevitch (1817-1860), frère du précédent, slavophile, il développa dans ses nombreux ouvrages historiques l'idée de la coexistence, dans l'histoire russe, de deux forces principales dont l'équilibre fut brisé par les réformes de Pierre Ier : d'une part, le peuple ou la communauté rurale vivant d'après la loi chrétienne, d'autre part, le pouvoir ou l'État.

AKSAKOV, Sergueï Timofeïevitch (1791-1859), écrivain, auteur des *Chroniques familiales* et des *Années d'enfance du petit-fils Bagrov* consacrées aux récits de la vie patriarcale russe. Ses deux fils, Konstantin et Ivan, furent des représentants éminents du mouvement slavophile (voir ces noms ci-dessus).

ALEXANDRE NEVSKI, Alexandre Iaroslavovitch, *dit* (1220-1263), prince russe de la famille des Riourikides, qui régna à Novgorod et à Vladimir. Il doit son surnom de « Nevski » à sa victoire sur les Suédois sur les bords de la Neva (1240). Ayant battu les chevaliers Teutoniques sur la glace du lac Tchoudskoïe (Peipus), il conclut la paix avec l'Ordre et ses alliés (1242). Les succès de sa diplomatie protégèrent les principautés russes des invasions tatares. Il fut canonisé par l'Église orthodoxe.

Alma-Ata. Fondée en 1854 comme place forte russe, sous le nom de Verny (« fidèle »). Rebaptisée Alma-Ata en 1921, elle est la capitale de la République soviétique kazakhe. Actuellement capitale du Kazakhstan.

***Almaz*, révolte des matelots de l'.** Un des épisodes de la révolution de 1905-1907. L'équipage du croiseur *Almaz*, appartenant à la flotte de la mer Noire, se rangea du côté des insurgés et exigea le retour de Saint-Pétersbourg du commandant du navire, le grand-duc Alexandre

Mikhaïlovitch, l'un des cousins de Nicolas Ier, pour le prendre en otage.

Analphabétisme, liquidation de, *voir* Liquidation de l'analphabétisme.

ANNENSKI, Innokenti Fiodorovitch (1855-1909), poète, dramaturge et critique littéraire, précurseur des acméistes (dont faisaient partie, notamment, Akhmatova et Mandelstam) qui appréciaient la « belle clarté » de sa poésie. Il est l'auteur d'essais sur la littérature russe *Le Livre des reflets* et du recueil de poèmes *L'Écrin de cyprès* (1910).

Appartements communautaires. L'habitat, comme tous les autres domaines de la vie, subit de profondes transformations après 1917 : nationalisation, redistribution du fonds immobilier, éviction des anciens propriétaires et « densification » des habitants dans les logements à l'époque du communisme de guerre. Plusieurs essais de propriété collective, au milieu des années 1920, aboutirent, à la fin de la NEP, à l'institutionnalisation des appartements communautaires, appelés *kommounalka* dans le langage familier. La vie dans ces appartements était régie par une série de codes destinés aux gens venant d'horizons différents et forcés de partager commodités, cuisine, salle de bains, couloirs, téléphone, porte d'entrée, etc.

Approvisionnement. Au moment du communisme de guerre apparurent de nombreux comités régionaux à l'approvisionnement afin de résoudre la crise du ravitaillement, provoquée par la paralysie de l'économie nationale.

ARAKTCHEÏEV, Alexeï Alexandreïevitch (1769-1834), ministre de la Guerre d'Alexandre Ier, son influence était énorme de 1815 à 1825, pendant les longs séjours de l'empereur en Europe. Connu pour son dévouement à Alexandre Ier mais aussi pour son caractère borné et intransigeant, il tomba en disgrâce sous Nicolas Ier, pour ne pas avoir pris de mesures préventives contre la révolte des décembristes. Son nom est souvent utilisé comme symbole de la réaction politique.

Arkhangelsk. Port fluvial et maritime important de la mer Blanche, situé sur l'estuaire de la Dvina du Nord, fondé en 1584 sur l'ordre d'Ivan le Terrible. Premier port reliant la Russie aux pays de l'Europe.

Armée russe de libération. Également appelée « armée Vlassov », elle était composée de prisonniers de guerre soviétiques – réunis en 1942 sous le nom de « bataillons de l'Est » – et d'unités de cosaques. L'idée de sa création pour lutter contre le bolchevisme fut proposée en juillet 1942 par A. A. Vlassov, général soviétique emprisonné après l'échec d'une offensive soviétique sur Leningrad. Officiellement, l'Armée russe de libération ne fut fondée qu'à l'automne 1944 et Vlassov n'en fut nommé commandant par Hitler que le 28 janvier 1945. Les trois divisions de cette armée prirent part aux combats entre février et avril 1945 ; celles de ses unités qui essayèrent par la suite de rejoindre l'Ouest pour se rendre aux Alliés furent emprisonnées par l'armée Rouge et en partie internées par les Américains. Après sa dissolution officielle, le 12 mai 1945, les Américains livrèrent ces prisonniers à l'armée Rouge. Les principaux commandants passèrent en cour martiale à Moscou et furent condamnés à mort. Ils furent exécutés en août 1946.

Assemblée constituante. Convoquée par le gouvernement provisoire formé le 2 mars 1917, l'Assemblée constituante, représentative de toute la Russie, comprenait le 6 janvier 1918, lors de sa première et unique réunion, 707 députés dont 370 SR et 40 SR de gauche, 34 mencheviks et 170 bolcheviks ainsi que des représentants d'autres partis et des sans parti.

Ataman. Chef cosaque, traditionnellement élu par le *kroug* (le « cercle »), administration autonome des cosaques.

Avogadro, loi d'. Une des lois des gaz idéaux d'après laquelle des volumes égaux de gaz différents contiennent le même nombre de molécules, à des conditions de température et de pression équivalentes. Formulée en 1811 comme hypothèse par le chimiste italien Amedeo Avogadro (1776-1856), confirmée et reformulée, à la base d'une nouvelle conception des molécules, par le chimiste français Charles Gerhardt (1816-1856).

Avortement. Les avortements, légalisés en Russie soviétique en novembre 1920, furent de nouveau interdits entre juin 1936 et novembre 1955, ce qui provoqua un accroissement considérable des pratiques clandestines.

AVVAKOUM (1620 ou 1621-1681), chef des opposants lors du schisme de l'Église russe, protopope, prédicateur et écrivain. Auteur d'une *Vie*, première autobiographie dans la littérature russe, écrite dans une langue parlée et savoureuse. Défenseur zélé de la « vieille foi », il s'opposa résolument à la réforme du patriarche Nikon, notamment à la correction des livres liturgiques d'après les livres grecs, qui impliquait le changement des dogmes orthodoxes. Excommunié, il fut exilé dans le Nord. Après quatorze années d'incarcération, pendant lesquelles il ne cessa pas de prêcher, il fut envoyé au bûcher par le tsar pour avoir écrit une lettre « dénigrant sans mesure le souverain et sa maison ».

AXELROD, Lubov Isaakovna (1868-1946), surnommée l'« Orthodoxe » par les camarades du Parti. Elle était historienne de la littérature et philosophe, membre du groupe marxiste « Libération du travail » (à partir de 1892). Proche, par ses opinions, de Plekhanov, elle adhéra en 1903 aux vues des mencheviks. En 1921-1923, elle enseigna à l'Institut des professeurs rouges, puis dans différents instituts académiques.

AZEF, Evno Fichelevitch (1869-1918), agent double qui travailla à partir de 1893 pour le Département de police et fut, de 1903 à 1908, à la tête de l'Organisation de combat des socialistes révolutionnaires (SR). Il organisa de nombreux assassinats, dont ceux du ministre de l'Intérieur Plehve et du gouverneur de Moscou, le grand-duc Serge Alexandrovitch. Mais pour garder la confiance de l'Okhrana, il en empêcha d'autres, en particulier celui de Nicolas II. Démasqué en 1908, il fut condamné à mort par les SR, mais réussit à s'échapper et s'exila à Berlin. À partir de 1910, il fut courtier à la Bourse de Ber-

lin. De 1915 à 1917, il fut incarcéré dans la prison de Moabit par la police allemande, en tant que dangereux terroriste russe. Il mourut à Berlin.

BABEL, Isaak Emmanouïlovitch (1894-1940), écrivain. Il publia ses premiers récits en 1916, soutenu par Gorki. En 1917-1924, il travailla au service de traduction de la Tchéka et participa à la guerre civile, dans la 1re armée de cavalerie qu'il décrivit dans *Cavalerie rouge* et le *Journal de 1920* en montrant les combats quotidiens et les massacres ; ces livres déplurent à Boudienny, célèbre commandant de cette armée. Progressivement marginalisé au cours des années 1930, il fut fusillé en 1940 et réhabilité en 1954.

Bakhmouta. Petite ville du bassin du Don (depuis 1924, Artemovsk) et centre important d'extraction du sel.

BAKOUNINE, Mikhaïl Alexandrovitch (1814-1876), célèbre révolutionnaire russe, théoricien de l'anarchisme, adversaire idéologique et politique de Karl Marx. Il fut deux fois condamné à mort en 1850 et 1851 (d'abord en Allemagne puis en Autriche) pour avoir participé aux révolutions de 1848 et livré aux autorités russes. Après quelques années d'incarcération, il fut libéré grâce aux lettres qu'il adressa à Nicolas Ier et Alexandre II, mais relégué en Sibérie d'où il s'évada à l'étranger. En 1864, il devint membre de la Ire Internationale. En 1868, il créa son organisation semi-secrète : l'Alliance de la démocratie socialiste, qu'il essaya sans succès d'incorporer à la Ire Internationale ; il fut d'ailleurs exclu en 1874, compromis par ses liens avec S. Netchaïev. Dans sa polémique avec Marx à propos du « communisme étatique », Bakounine dénonça avec beaucoup de clairvoyance le danger de son évolution vers un régime despotique, contraire aux intérêts du peuple.

Balkhach, lac. Ce lac, dont la superficie atteint 22 km², est situé à l'est du Kazakhstan.

BAOUMAN, Nikolaï Ernestovitch (1873-1905), révolutionnaire russe, membre du parti bolchevique. Tué par un agent de la police secrète pendant une manifestation ; son enterrement se transforma en une véritable manifestation politique qui préluda à la « révolution de décembre 1905 ».

BARATYNSKI, Evgueni Abramovitch (1800-1844), poète russe. Sa poésie philosophique, ses poèmes et ses élégies sont empreints d'une vision tragique du monde, d'un sentiment de solitude, métaphysique et personnel, de la quête passionnée d'une âme sœur.

Barvikha. Petit hameau aux environs de Moscou ; une maison de repos portant le même nom et dotée de services médicaux de haut niveau y fut construite en 1931-1935 sur le territoire d'une réserve forestière au bord de la Moskova. Alors le lieu de repos de l'élite soviétique, elle est, aujourd'hui, celui de la nouvelle élite russe.

BATIOUK, Nikolaï Filipovitch (1905-1943), lieutenant-colonel. La 284e division des tirailleurs de la garde commandée par le colonel Batiouk traversa la Volga dans la nuit du 23 septembre 1942, quand les troupes allemandes s'emparèrent du centre de Stalingrad après l'offensive des 21 et 22 septembre. Il joua un rôle très important dans la lutte pour le Mamaïev Kourgan. Devenu général vers la fin de la bataille de Stalingrad, Batiouk périt pendant la libération de l'Ukraine.

BEBEL, Auguste (1840-1913), socialiste allemand, l'un des fondateurs du parti social-démocrate allemand (1869) et de la Ire Internationale. Ses vues évoluèrent du libéralisme démocratique au marxisme. Brillant orateur, organisateur, tacticien et parlementaire, il devint, après le congrès de Gotha (1875), le chef du mouvement social-démocrate en Allemagne. Il fut critiqué par le marxisme orthodoxe soviétique pour son manque de fermeté dans la « lutte contre le révisionnisme et l'opportunisme ».

BEDNY, Demian, Efim Alexeïevitch Pridvorov, *dit* (1883-1945), poète soviétique d'origine paysanne. Ses fables satiriques et ses chansons socialement engagées, écrites dans la tradition de la poésie populaire, étaient très appréciées pendant la guerre civile, par les lecteurs et les idéologues bolcheviques, notamment par Lénine, Trotski et Lounatcharski. Devenu poète officiel, il travailla pour la propagande soviétique, mais tomba en disgrâce à partir de 1930, quand ses œuvres antireligieuses, dans le style des images d'Épinal, furent critiquées. Exclu du Parti en 1938, il fut réhabilité à titre posthume en 1956 sous Khrouchtchev.

BELINSKI, Vissarion Grigorievitch (1811-1848), fondateur de la critique littéraire russe. Connu comme l'un des chefs de file des occidentalistes et des révolutionnaires démocrates réunis autour de la revue *Le Contemporain*, il était surnommé l'« ardent Vissarion ». Ayant fait un bilan de la littérature de l'époque de Pouchkine, Lermontov et Gogol, il accueillit vers la fin de sa vie les premières œuvres de Dostoïevski. Dans ses vues esthétiques et politiques, influencées par Shelling, Fichte et Hegel, il évolua de l'« esthétisme pur » vers le « caractère social » de l'art. Il reste une des figures emblématiques de l'histoire de la littérature russe, que l'idéologie soviétique s'est appropriée.

BELOV, Pavel Alexeïevitch (1897-1967), commandant d'escadron pendant la guerre civile, il dirigea un régiment et une division dans les années 1930. Pendant la bataille de Moscou, en janvier 1942, son corps de cavalerie étant coupé des armées soviétiques, il mena des opérations derrière la ligne de front six mois durant. À partir de juin 1942, il dirigea une armée. Après la guerre, il devint commandant de district militaire.

BENCKENDORF, Alexandre Khristoforovitch (1783-1844), premier chef de la IIIe section (la police secrète) de la chancellerie de Sa Majesté, resté à ce poste pendant dix-sept ans. Monarchiste convaincu, il soumit à Alexandre Ier deux rapports dénonçant les sociétés des futurs décembristes ; laissés sans suite par Alexandre Ier, ces rapports le portèrent au pouvoir sous Nicolas Ier. Il joua un rôle dramatique dans les dernières années de la vie de Pouchkine, qui fut surveillé par la police secrète.

BENDERA, Stepan Andreïevitch (1909-1959), leader de l'organisation des nationalistes ukrainiens, président du Comité exécutif à partir de 1934. En juin 1941, il déclara la souveraineté de l'Ukraine à Lvov. De 1941 à 1944, il fut détenu dans un camp de concentration allemand. De 1945 à 1947, il dirigea, à partir des zones d'occupation occidentale en Allemagne, les actions de l'armée des insurgés ukrainiens en Ukraine occidentale. Il aurait été assassiné.

Berchtesgaden. Station de ski située à 25 km de Salzbourg. Résidence de campagne d'Hitler.

BERDIAÏEV, Nikolaï Alexandrovitch (1874-1948), philosophe. Influencé à ses débuts par le marxisme et la philosophie néokantienne, il se tourna, sous l'influence des idées de Dostoïevski, de Vladimir Soloviev et de Jakob Böhme, vers « la quête d'une nouvelle vision religieuse » et évolua vers le personnalisme et l'existentialisme. Il s'opposa également à la tradition étatique et ecclésiale russe et au marxisme, entendu comme un dogme quasi religieux. Partisan de réformes libérales, il fonda l'Académie libre de philosophie (1918-1922). Deux fois arrêté par la Tchéka, interrogé par Dzerjinski, il fut expulsé du pays en 1922. À partir de 1924, il vécut aux environs de Paris, où il fut le rédacteur en chef de la revue philosophique et religieuse *La Voie* et de la maison d'édition YMCA-Press. Parmi ses nombreuses œuvres : *La Crise spirituelle de l'intelligentsia* (1910), *Philosophie de la Liberté* (1911), *Le Destin de la Russie* (1918), *Le Sens de l'histoire* (1923), *Les Sources et le sens du communisme russe* (1937), *Connaissance de soi* (1949).

Berditchev. Petite ville d'Ukraine mentionnée pour la première fois dans les chroniques historiques en 1545. C'est là qu'Honoré de Balzac se maria avec Mme Hanska. Avant 1917, Berditchev était située dans la « Zone de Résidence » imposée aux populations juives de l'Empire. Ville natale de Vassili Grossman dont l'une des premières nouvelles – appréciée de Gorki – s'intitule « Dans la ville de Berditchev ».

BERGELSON, David Rafaïlovitch (1884-1952), prosateur, chef de file de la nouvelle littérature juive en Ukraine. Il est l'auteur de romans consacrés au sort de l'intelligentsia juive, à l'époque de la révolution et de la guerre civile : *Après tout* (1913), *Départ* (1920), *Sur le Dniepr* (1932-1940).

BERIA, Lavrenti Pavlovitch (1899-1953), nommé narkom aux Affaires intérieures (1938-1945), après la chute du « narkom de fer », N. I. Ejov. Il fut membre du Politburo (1946-1953), vice-président du Sovnarkom (1941-1953), vice-président du comité d'État de la Défense pendant la guerre, organisateur du Smerch (voir ce mot) et des détachements de barrage, organisateur des purges politiques et des déportations massives des minorités nationales. Il fut également curateur des branches clefs de l'industrie militaire, y compris du « projet atomique ». Deuxième personnage après Staline, il resta au pouvoir pendant quelques mois avant d'être vaincu dans la lutte politique. En juin 1953, il fut arrêté et inculpé d'espionnage et de complot pour s'emparer du pouvoir. Il fut exécuté en décembre 1953 après un jugement exprès de la Cour suprême de l'URSS, troisième chef du NKVD, après Iagoda et Ejov, à être fusillé. Ses actes furent évoqués en détail dans le « Rapport secret » de Khrouchtchev au XXᵉ Congrès du Parti (1956), dont le thème principal était la dénonciation du « culte de la personnalité de Staline ». Chef de la « Sécurité d'État », figure emblématique et particulièrement sinistre de l'époque de Staline, Beria inspira de nombreux livres et films, dont *Repentir* de Tenguiz Abouladze (1984). La relecture récente de l'histoire soviétique provoqua des tentatives pour reconsidérer le personnage et son rôle politique.

BERNSTEIN, Eduard (1850-1932), théoricien social-démocrate allemand, connu pour être le fondateur du « révisionnisme ». Dans son ouvrage *Les Prémisses du socialisme*, écrit à la fin des années 1890, il critiqua la théorie de Marx, en particulier ses thèses sur la chute inéluctable du capitalisme, l'appauvrissement du prolétariat, la concentration grandissante du capital, surtout dans l'agriculture, la dictature du prolétariat... Il critiqua également le coup d'État d'Octobre en Russie.

BIÉLY, Andreï, Boris Nikolaïevitch Bougaïev, *dit* (1880-1934), poète et théoricien du symbolisme russe. Influencé par la théosophie et l'occultisme, la philosophie de Vladimir Soloviev et de Nietzsche, il était partisan des idées anthroposophiques de Rudolf Steiner. Il est l'auteur de nombreux recueils de poésies, de romans dont le célèbre *Pétersbourg* et de : *Mémoires.*

BLOK, Alexandre Alexandrovitch (1880-1921), poète qui ouvre l'« Âge d'argent », « ténor tragique de l'époque » (Anna Akhmatova). D'inspiration symboliste à ses débuts (*Vers de la belle Dame*), il connaît ensuite une évolution, où l'on trouve des motifs de la poésie épique et populaire, des pressentiments de la tempête sociale. « Le peuple et l'intelligentsia » est le thème central de ses dernières années dont les œuvres majeures sont *Les Douze*, vision en même temps réaliste et mystique de la révolution, et *Les Scythes*, réflexion sur la mission historique de la Russie.

BLÜCHER, Vassili Konstantinovitch (1889-1938), maréchal soviétique. « Héros » de la guerre civile, il s'est fait connaître par des faits d'armes tels que la prise de Perekop en Crimée, un raid en Sibérie et des opérations en Extrême-Orient. Conseiller militaire en Chine de 1924 à 1927, il fut commandant des armées de l'Extrême-Orient (1929-1938). De 1936 à 1938, il resta neutre pendant les purges dans les armées qu'il commandait. Il présida le tribunal militaire qui condamna à mort un groupe de généraux de l'armée Rouge parmi lesquels se trouvait Mikhaïl Toukhatchevski. Après l'échec des opérations contre les Japonais près du lac Khasan, il fut écarté du commandement et arrêté. Mort pendant l'instruction, il ne fut réhabilité qu'en 1956.

Bobrouïsk. Petite ville fondée au XVIIe siècle sur la rivière Bérézina, située dans l'actuelle Biélorussie. Elle se trouvait

dans la « Zone de Résidence » avant 1917 et comptait une forte population juive.

BOHR, Nils (1885-1962), physicien danois. Un des fondateurs de la mécanique quantique. Il créa l'Institut de physique théorique à Copenhague. Il obtint le prix Nobel en 1922.

Bolchevique, organisation clandestine. Fraction du parti social-démocrate, héritier de l'« Union de lutte pour la libération de la classe ouvrière », fondée en 1895 par Lénine et Martov. En 1903, le Parti se divisa en deux fractions : bolcheviks et mencheviks. Le parti bolchevique et, plus largement, le parti social-démocrate furent interdits jusqu'en février 1917 et de juillet à octobre 1917. Les activités du parti, telles que la mise en place de presses typographiques ou la diffusion des proclamations et des livres révolutionnaires, étaient clandestines. Ce travail et l'organisation des congrès du Parti à l'étranger étaient financés par les dons des sympathisants, dont l'écrivain Maxime Gorki et l'actrice Vera Komissarjevskaïa. Une partie importante de la « caisse du Parti » provenait des « expropriations », notamment des hold-up de banques, montées par un réseau clandestin. La plus célèbre « expropriation » fut celle de la Banque de Tiflis (Tbilissi), organisée par Staline. Cette méthode était un des sujets de discorde entre les bolcheviks et les mencheviks. *Voir aussi* « Menchevik ».

Borodino, champ de bataille de. La bataille de la Moskova eut lieu près de Borodino, village situé à 124 km à l'ouest de Moscou, au confluent de deux rivières : la Moskova et la Kolocza. C'est actuellement un musée, une réserve historique.

BOUBNOV, Andreï Sergueïevitch (1883-1938), bolchevik depuis 1903. Membre du Politburo en octobre 1917 et du Bureau organisationnel (1924-1934), Boubnov prit part à la répression de la révolte de Cronstadt. Après la chute de Trotski, il devint chef de l'administration politique de l'armée Rouge et membre du Conseil de guerre révolutionnaire (1924-1938). Il dirigea les purges qui éliminèrent des commissaires politiques loyaux à

Trotski. Narkom de l'Instruction publique (1929-1938), il fut l'un des initiateurs des idéologisations de l'école et de la falsification de l'histoire. Arrêté en 1937, il fut condamné et exécuté en 1938. Il fut réhabilité en 1956.

BOUDIENNY, Semion Mikhaïlovitch (1883-1973), maréchal, « héros » de la guerre civile glorifié par la propagande stalinienne. Sous-officier de cavalerie hardi, il créa en 1918-1919 la 1ʳᵉ armée de cavalerie qui joua un rôle important dans la débâcle des armées de Denikine. Il fit une carrière politique, participa à l'exclusion du Parti de N. Boukharine et de A. Rykov, ainsi qu'aux purges des commandants de l'armée Rouge. Son refus de moderniser l'armée joua un rôle non négligeable dans les défaites de 1941. À cause de son incapacité à diriger les opérations militaires de la guerre moderne, il fut nommé, en 1942, à la tête de l'armée de réserve. Après la guerre, il devint membre du Comité exécutif du Parti. *Voir aussi* « Première armée de cavalerie ».

BOUKHARINE, Nikolaï Ivanovitch (1888-1938), bolchevik depuis 1906, il fut l'un des principaux théoriciens du Parti. Membre du Politburo (1924-1929) et du Comité exécutif du Komintern (1919-1929) ; rédacteur en chef de la *Pravda* (1918-1929) et des *Izvestia* (1934-1937). Dans la lutte pour la succession politique de Lénine, il se rangea d'abord aux côtés de Staline contre Trotski, Zinoviev et Kamenev. De 1925 à 1927, il partagea le pouvoir avec Staline. À partir de 1928, son opposition aux excès de la collectivisation et de l'industrialisation fut étiquetée « déviationnisme de droite ». Sa lutte contre Staline se termina en 1929 par son exclusion du Politburo. Après son autocritique et sa promesse de s'en tenir à « la ligne générale du Parti », il continua à occuper des postes gouvernementaux. Accusé pendant le procès de Kamenev et Zinoviev, il fut arrêté en 1937. Principal accusé au procès du groupe antisoviétique trotskiste de droite, il fut condamné à mort et exécuté en 1938 (voir « Procès de Moscou »). Il sera réhabilité en 1988.

BOUSSENARD, Louis (1847-1910), romancier populaire, auteur de romans d'aventures riches, comme ceux de Jules Verne, de renseignements géographiques et de descriptions de la faune et de la flore. Sa notoriété est surtout liée à la publication de deux séries de romans, les aventures du « gamin de Paris », et la saga des « robinsons de la Guyane ».

Boutyrki, les (Moscou), prison située près de la barrière Boutyrskaïa depuis la fin du XVIIIᵉ siècle. Au XIXᵉ siècle, elle servit de prison de transit, puis, après 1917, à la détention pendant l'instruction.

Brest (avant 1921, Brest-Litovsk ; de 1921 à 1939, Brest-sur-le Boug). Ancienne ville russe, mentionnée dans les chroniques en 1019 sous le nom Berestov (du russe *beresta*, « écorce de bouleau »). Ayant appartenu à la Lituanie, à la Pologne et à la Russie, Brest se trouve aujourd'hui en Biélorussie. La construction de fortifications au XIXᵉ siècle, après la campagne de 1812, dota la ville d'une puissante citadelle. C'est à Brest-Litovsk que les bolcheviks signèrent en mars 1918 la paix séparée avec l'Allemagne, qui leur permit de rester au pouvoir. Rattachée à l'URSS en 1939, Brest, l'une des premières villes attaquées par les Allemands le 22 juin 1941, fut le théâtre de combats acharnés. La garnison de la citadelle résista pendant un mois à l'assaut allemand.

BROWN, Robert (1773-1858), botaniste anglais qui découvrit et décrivit en 1827 le mouvement chaotique des particules minuscules heurtées, dans les gaz ou les liquides, par les molécules.

Bund. L'Union générale des ouvriers juifs de la Russie et de la Pologne est un parti politique fondé en 1897 (*bund* signifiant « union » en yiddish). Le Bund entra dans le parti ouvrier social-démocrate russe en 1898, en tant qu'organisation autonome. Proche à ses débuts des mencheviks, le Bund se rallia définitivement au Parti communiste en 1921, à la conférence de Moscou. Une partie de ses membres forma une organisation indépendante jusqu'à la fin des années 1930 en Pologne.

Bureau organisationnel du Comité central du Parti communiste, *voir* Orgburo.

BUSH, Alan Dudley (1900-1995), compositeur, chef d'orchestre et pianiste anglais. Membre du Parti communiste de Grande-Bretagne, fondateur et président de l'association ouvrière musicale britannique, il visita plusieurs fois l'URSS (la première fois en 1935) et contribua à la diffusion de la musique des compositeurs soviétiques. Son œuvre, dont *La Fantaisie sur des thèmes soviétiques* (1945), est, aux dires des encyclopédies musicales soviétiques, empreinte « de motifs sociaux et se distingue par la simplicité et le caractère démocratique du langage musical ».

Calendrier. L'ancien calendrier, ou calendrier julien, est le système introduit par Jules César en 46 av. J.-C. Le calendrier julien, dont le décalage par rapport à l'année solaire est d'environ trois jours tous les quatre cents ans, fut remplacé en Europe par un nouveau calendrier minimisant le décalage, introduit par le pape Grégoire XIII en 1582. En Russie le calendrier grégorien ne fut adopté que le 14 février 1918. Le décalage entre l'ancien et le nouveau calendrier est au XIXe siècle de douze jours, au XXe et au XXIe siècle de treize jours.

Canal de la mer Blanche à la Baltique (*Belomorkanal*). En 1923, le premier camp soviétique est ouvert dans les îles Solovki, au bord de la mer Blanche. Il va devenir un laboratoire du Goulag, nom désignant la Direction générale des camps (*Glavnoïe Oupravlenie Laguereï*), administrativement créée en 1930 sur décision du Politburo. Ainsi, au début des années 1930, 250 000 détenus travailleront-ils à la construction du Belomorkanal, reliant la mer Blanche au lac Onega.

Caucase, guerre du. Le littoral de la mer Noire fut conquis par les armées russes en 1859-1864, au cours de la guerre du Caucase (1817-1864). Cette dernière avait été menée pour le rattachement des territoires situés entre les frontières russes de l'époque et la Géorgie, passée sous protectorat russe en 1783 aux termes du traité de Gueorguievsk.

Cens électoral. Le cens était particulièrement élevé en Russie. Il fut abaissé après le 17 octobre 1905, et annulé en octobre 1917.

Cent-Noirs. Organisations monarchistes nationalistes et antisémites, liées à l'Union de l'archange saint Michel et, plus encore, à l'Union du peuple russe. Très actifs au début du XXe siècle (jusqu'à la révolution de 1917), les Cent-Noirs organisent de nombreux pogromes et sont l'incarnation de la réaction violente.

Chabolovka, rue et quartier (Moscou). Rue et quartier au sud de Moscou, dont le nom vient d'un ancien village. Ici fut installé en 1927 la radio du Komintern, dotée d'un émetteur puissant. En 1938, le premier studio de télévision y fut organisé.

CHATSKINE, Lazar Abramovitch (1902-1937), membre du parti bolchevique à partir de mai 1917. Il fut l'un des organisateurs des Jeunesses communistes en 1917 et occupa des postes importants dans l'Internationale de la Jeunesse communiste (KIM). En 1930, sous prétexte d'activités fractionnaires, il fut exclu du Comité central du Parti. Arrêté en 1935, il fut condamné à mort en 1937, accusé d'appartenir à une organisation contre-révolutionnaire. Il fut réhabilité en 1963.

CHEVTCHENKO, Tarass Grigorievitch (1814-1861). Poète et peintre, fondateur de la littérature ukrainienne. Il fut exilé de 1847 à 1856 pour avoir été membre de la société secrète de l'université de Kiev. Reçu académicien dans la classe de gravure de l'académie des Beaux-Arts de Saint-Pétersbourg, il est l'auteur de poèmes dont « Kobzar », « Catherine » et « Le Rêve ». Il fut proche des cercles littéraires gravitant autour de la revue *Le Contemporain*.

CHLIAPNIKOV, Alexandre Gavrilovitch (1885-1937), membre du parti social-démocrate à partir de 1901, bolchevik et, à partir de 1909, membre du parti socialiste français. Après 1917, il devint narkom du Travail, puis narkom du Commerce. En 1918, Lénine l'envoya au sud de la Russie avec Staline pour « y drainer toutes les ressources en blé ». Il s'éleva contre les opinions de Trotski sur l'organisation militaire du travail et soutint l'idée de l'importance des syndicats contre celle du Parti dans la gestion de l'économie, ce qui fut furieusement critiqué par Lénine. Il devint diplomate en 1923. Exclu du Parti en 1933, il fut condamné à cinq ans de prison en 1935 pour avoir participé à l'« opposition ouvrière ». En 1936, il fut condamné à mort, exécuté et réhabilité en 1988.

CHOLOKHOV, Mikhaïl Alexandrovitch (1905-1984), écrivain soviétique. Auteur (contesté) de l'épopée *Le Don paisible*, panorama de la guerre civile dans le sud de la Russie, et de *Terres défrichées*, roman qui raconte la collectivisation dans un village cosaque. Correspondant de guerre de la *Pravda* et de *L'Étoile rouge* en 1941-1945 ; il participa aux batailles près de Smolensk. Il reçut le prix Nobel de littérature en 1965.

CHOSTAKOVITCH, Dmitri Dmitrievitch (1906-1975). Grand compositeur soviétique, auteur de pièces pour piano, poèmes symphoniques, quatuors, sonates, opéras, symphonies… Fortement engagé dans la musique contemporaine, il sera critiqué pour son modernisme. Obligé de s'amender, il rendra son style plus conforme aux exigences officielles. Il fut persécuté à plusieurs reprises par le régime. Citons, par exemple, l'article « Le Chaos au lieu de la musique » (paru dans la *Pravda* en 1936), une critique rude et incompétente de l'opéra *Katerina Ismaïlova* publiée sur l'insistance de Staline. Dans la période d'après-guerre, Chostakovitch fut critiqué par Jdanov qui le considérait comme l'un des champions du « formalisme dans l'art ». Dans l'ambiance plus libérale des années 1960, le pouvoir se montra plus conciliant, décernant au compositeur différents titres honorifiques soviétiques et le nommant premier secrétaire de l'Union des compositeurs de la RSFSR.

CHOUMILOV, Mikhaïl Stepanovitch (1895-1975), général soviétique. Commandant de la 64ᵉ armée qui participa à la bataille de Stalingrad. Il commanda aussi

des armées sur le front de Leningrad, du Don, de Voronej. Après la guerre, il devint commandant d'armée, puis conseiller militaire. Il est enterré au Mamaïev Kourgan, à Volgograd.

Chroniques russes. Annales historiques créées entre le XIe et le XVIIe siècle, qui constituent la principale source de l'histoire russe médiévale. Elles relatent les événements historiques, année par année, et compilent récits de chroniqueurs antérieurs, épisodes de l'histoire biblique et byzantine, actes juridiques anciens, documents d'archives princières, légendes et œuvres de la poésie épique. Les chroniques manuscrites parvenues jusqu'à nous atteignent le nombre de mille cinq cents textes. Le plus connu, « La Chronique des années écoulées », a été rédigé par le moine kievien Nestor, autour de 1113. Son récit servit souvent de prélude aux annales plus tardives, provenant de différents centres historiques, tels que Novgorod, Pskov, Rostov, Tver et Moscou. L'étude et la publication des annales commencèrent au milieu du XVIIIe siècle. La collection complète des chroniques fut publiée entre 1841 et 1973.

CHTCHEDRINE, *voir* Saltykov-Chtchedrine.

CHTCHERBAKOV, Alexandre Sergueïevitch (1901-1945), général d'armée. Apparatchik professionnel, premier secrétaire de l'Union des écrivains de l'URSS à partir de 1934, il fut responsable de son administration et de sa politique, bien que, formellement, l'union fût présidée par Maxime Gorki. Pendant la guerre, il se trouvait au Conseil de la propagande militaire et politique, de la Section d'information sur l'étranger du Comité central. Il fut emporté par une attaque cardiaque. Sa mort, ainsi que celle de Jdanov, son beau-frère, sera à l'origine de l'affaire des « médecins empoisonneurs » (voir cette entrée).

CHTCHTORS, Nikolaï Alexandrovitch (1895-1919), commandant de la 1ʳᵉ division ukrainienne qui lutta contre les armées allemandes et celles du nationaliste Petlioura. Il mourut au combat. Ce personnage historique est devenu célèbre avec le film de Dovjenko, *Chtchtors*, sorti en 1939.

Classification des détenus. Les *zeks* qui faisaient les travaux les plus durs dans les camps étaient baptisés « travailleurs ». Les détenus plus débrouillards ou chanceux, qui étaient occupés à un travail moins dur et avaient des conditions de vie plus faciles, étaient nommés les « planqués » ou les « godiches » ; il s'agissait de ceux qui travaillaient à l'infirmerie des camps, aux bains, aux cuisines, dans les sections d'éducation, à la comptabilité, etc. Les *putes* et les *hommes* constituaient deux castes de prisonniers de droit commun. Les « hommes », qu'on appelait aussi « voleurs honnêtes », vivaient d'après la « loi des voleurs » qui interdisait de participer à la vie publique et officielle, c'est-à-dire de travailler, faire le service militaire, se marier devant une autorité légale, avoir un passeport. Les « putes » étaient d'anciens « voleurs » qui travaillaient officiellement ou qui, pendant la guerre, entraient dans les bataillons disciplinaires. Dans les camps, la lutte de ces deux castes ennemies devint encore plus acharnée après la guerre. Cette classification est décrite notamment par Soljenitsyne.

Collectivisation. À la fin des années 1920 la lutte entre les membres du Politburo de Lénine pour le pouvoir au sein du Parti se cristallise autour de la discussion de la thèse stalinienne de l'édification du socialisme en un seul pays. Elle aboutit en 1929 aux pleins pouvoirs de Staline et à l'abandon de la NEP, à la collectivisation et à l'industrialisation forcées. Après les premiers échecs de la collectivisation par la propagande, des méthodes coercitives furent utilisées pour accélérer la création des kolkhozes, dont la confiscation des biens et la déportation des paysans plus aisés, les *koulaks*. Ce processus marque la fin de la paysannerie russe. *Voir aussi* « Dékoulakisation ».

Comité antifasciste juif. Organisation de juifs soviétiques fondée à Moscou, en août 1941, dans le but de mobiliser l'opinion publique soviétique et mondiale contre le nazisme. De nombreux comités d'aide à l'URSS furent créés, à partir de 1942, par les organisations juives dans les pays occidentaux, dont le comité américain, présidé par Albert Einstein. Conçu comme un outil de la propagande soviétique, le Comité antifasciste juif fut attaché au Sovinformburo et contrôlé par son chef, S.A. Lozovski, membre éminent du Parti et du gouvernement. Le comité publiait en yiddish le journal *Einickeit*, collectait des informations sur les crimes des nazis et organisait des émissions radiodiffusées destinées à la diaspora juive d'Europe et des États-Unis. Il organisa également une collecte d'argent pour l'armée Rouge. Le comité, présidé par l'acteur et metteur en scène S.M. Mikhoels, comptait parmi ses membres l'élite de l'intelligentsia juive soviétique : des hommes de lettres, des scientifiques, des cinéastes, des artistes, comme V.L. Zouskine, I.S. Fefer, P.D. Markish, L.M. Kvitko, L.S. Stern. La dissolution du Comité fut envisagée dès 1946, quand furent liquidés ou transformés les autres comités (comités panslave, des scientifiques soviétiques, des femmes, etc.). Elle ne fut effectuée qu'en 1948, quand les activités du Comité, notamment la rédaction du *Livre noir* sur les crimes des nazis contre les Juifs dans les territoires soviétiques occupés, sortirent du cadre étroit prescrit par Staline. En novembre 1948, le Comité fut dissous par décision du Politburo en tant que « centre de propagande antisoviétique ». Quinze membres du présidium du Comité furent arrêtés sur une accusation d'espionnage, condamnés à mort en juillet 1952 (à l'exception de l'académicienne Lina Stern) et exécutés. Plusieurs autres membres du Comité furent également victimes de la répression. Cette sentence ne fut annulée qu'en 1955 et l'annulation ne fut rendue publique qu'en janvier 1989.

Commissaire de brigade. L'armée Rouge était dotée d'un corps de responsables politiques, dits commissaires, créé en avril 1918 par Trotski à l'instar des représentants en mission aux armées de la Convention montagnarde en France. Susceptibles de contrôler les officiers, les commissaires partageaient avec eux le commandement et s'occupaient de l'éducation politique des soldats. Après l'adoption du principe de commandement unique, en octobre 1942, les commissaires sont devenus commandants adjoints, responsables du travail politique. Leur hiérarchie allait du *politrouk* au commissaire d'armée de 1er ou 2e rang (correspondant au grade d'amiral et de général), en passant par commissaire de bataillon, de régiment, de brigade, etc.

Communisme de guerre. La politique économique des bolcheviks de 1918 à 1921, appelée « communisme de guerre », fut une véritable dictature économique : nationalisation de l'industrie, du commerce extérieur et intérieur, abolition de la propriété immobilière, nationalisation de la terre, réquisition des récoltes, travail forcé et salaire unique, rationnement et distribution étatique des produits de première nécessité. Les révoltes ouvrières et paysannes forcèrent les bolcheviks à instaurer la NEP (Nouvelle politique économique) en 1921.

Congrès des vainqueurs. Le XVIIe Congrès (janvier-février 1934), connu sous le nom de « Congrès des vainqueurs » (janvier-février 1934), fut lié au « succès » du premier plan quinquennal, durement payé par la population. C'est l'un des moments clés du renforcement de la dictature de Staline, marquant le début de sa victoire politique sur les « vieux bolcheviks léninistes », qui tous y firent son éloge, mais furent éliminés en 1936-1938.

Conseil de groupe d'armées, Conseil d'armée, Conseil de front. Organes consultatifs de l'administration militaire, destinés à résoudre les questions d'organisation, à maintenir le moral et l'état d'alerte des armées, ainsi qu'à assurer le déroulement des opérations militaires. Le contrôle politique et idéologique de l'armée, pendant la guerre, était effectué par leur intermédiaire. De 1941 à 1945, les Conseils de groupe d'armées avaient le droit d'octroyer les grades de lieutenant et de *politrouk*, et les Conseils de front ceux de major et de commissaire de bataillon. Les grades de commandants nécessitaient un avis du Conseil d'armée ou de front.

Cronstadt, révolte de. La révolte de Cronstadt (mars 1921), déclenchée par les marins de la forteresse sur l'île Kotline dans le golfe de Finlande, soutint les revendications des ouvriers de Petrograd contre le « communisme de guerre » et la « commissarocratie ». Les délégations envoyées par les insurgés pour des pourparlers pacifiques furent arrêtées sur l'ordre de Trotski et, par la suite, fusillées. Sous la pression de la révolte, le Xe Congrès du Parti (mars 1921) annula la pratique des réquisitions de blé mais décida, sur l'insistance de Lénine et de Trotski, d'écraser les insurgés. La forteresse navale fut prise d'assaut par les troupes d'infanterie. 2 100 insurgés furent fusillés ; 6 500 furent envoyés dans les camps ; 8 000 réussirent à s'échapper en Finlande, en traversant le golfe gelé. Un an plus tard, à la suite d'une promesse de pardon publiée dans les journaux bolcheviques, une grande partie des fuyards revint, pour être fusillée.

CUNOW, Heinrich (1862-1936), théoricien du parti social-démocrate allemand. Il critiqua la théorie de Marx, en particulier la révolution prolétaire et la dictature du prolétariat. Il est considéré comme « révisionniste » par les marxistes soviétiques.

Dachau. Premier camp de concentration de l'Allemagne nazie, créé en mars 1933 à 17 km de Munich. Avant la guerre, c'était le « polygone d'essai » des méthodes de persécution des opposants au régime nazi. Pendant la guerre, c'est là qu'étaient effectuées les expériences médicales sur des prisonniers de vingt-quatre nationalités différentes. Sur les 250 000 détenus, 140 000 furent transférés vers d'autres camps, 70 000 périrent, 30 000 survécurent jusqu'à la Libération. Une insurrection organisée par les détenus le 28 avril 1945, la veille de l'arrivée de l'armée américaine, empêcha les nazis de les exterminer tous.

DAHL, Vladimir Ivanovitch (1801-1872), écrivain, lexicologue et ethnologue russe. Auteur de contes, récits et recueils de proverbes et dictons, et surtout connu pour son *Dictionnaire raisonné de la langue russe vivante*, qui reste aujourd'hui un ouvrage de référence.

Décadents. Nom donné aux représentants du mouvement symboliste russe. Considérés comme le reflet de la crise de la culture bourgeoise, les « décadents » furent fortement critiqués pour leur individualisme et leur esthétisme par les théoriciens marxistes, ce qui occulta dans les années 1930 un grand nombre d'auteurs de l'« Âge d'argent » (début du XXe siècle et époque pré-révolutionnaire).

Décembristes. La révolte des décembristes eut lieu le 14 décembre 1825 pendant l'interrègne qui suivit la mort d'Alexandre Ier et la confusion liée à l'abdication du grand-duc Constantin, héritier du trône. Les officiers nobles insurgés, membres de sociétés secrètes inspirées par les idées des Lumières, réclamaient une Constitution pour la Russie. Cet événement clé de l'histoire russe servit de prélude aux mouvements sociaux et révolutionnaires du XIXe siècle.

DEGAÏEV, Sergueï Petrovitch (1857-1920), membre de l'Organisation de combat de la « Volonté du Peuple ». Il livra à la police secrète les presses clandestines de l'organisation et plusieurs de ses membres. Accusé de trahison, il avoua sa collaboration avec le chef de la police secrète Soudeïkine. Le comité de la « Volonté du Peuple » le condamna à assassiner Soudeïkine, ce qu'il fit pour rester en vie. Il émigra ensuite aux États-Unis où il vécut jusqu'à la fin de sa vie sous un faux nom.

DEGTEREV, Vassili Alexeïevitch (1880-1949), spécialiste soviétique de la conception des armes à feu. Il élabora plusieurs modèles de mitraillettes utilisés pendant la Seconde Guerre mondiale.

Dékoulakisation. La campagne de dékoulakisation fut déclenchée le 30 janvier 1930 par la résolution du Politburo « Sur les mesures de liquidation des exploitations koulaks dans les régions de la collectivisation de masse ». Les koulaks furent divisés en trois catégories. Les chefs de famille de la première catégorie furent arrêtés et leur sort décidé par des troïkas (composées de représentants de l'Oguépéou et du Parti). Les membres des familles koulaks des deux premières catégories devaient être déportés dans des régions reculées du pays. Les koulaks de la troisième catégorie devaient être établis sur des terres situées hors des zones collectivisées mais dans les limites de leurs régions. Le Politburo donnait le nombre approximatif de koulaks de chaque catégorie. Il est difficile d'évaluer l'ampleur de cette campagne répressive. L'étude des années 1930-1940, fondée sur les archives récemment ouvertes, fait état de 2 293 214 personnes déportées, dont 1 803 392 en 1930-1931. *Voir aussi* « Collectivisation ».

DENIKINE, Anton Ivanovitch (1872-1947), général russe, commandant d'un corps d'armée pendant la Première Guerre mondiale, puis commandant en chef des armées Blanches au sud de la Russie (1918-1919). « Gouverneur en chef de l'État russe » (janvier-avril 1920), son offensive en direction de Moscou s'arrêta à 200 km de la ville, car la restitution des droits des propriétaires fonciers sur la terre et la mobilisation massive dans son armée le privèrent du soutien de la population. Il émigra en Europe en avril 1920. Partisan de réformes profondes en Russie par des moyens politiques, il est l'auteur de nombreux ouvrages historiques, dont *Les Récits du temps des troubles en Russie*, consacrés à l'époque de la guerre civile. Pendant la Seconde Guerre mondiale, il insista sur la nécessité de soutenir l'armée Rouge « pour renverser par la suite, avec son aide, le pouvoir communiste ». En 1945, il émigra aux États-Unis où il mourut. Sa dépouille fut transférée à Moscou au monastère Donskoï en octobre 2005.

Déportation des minorités nationales. Les déportations massives des minorités nationales commencèrent à l'automne 1941 par celle des Allemands de la Volga, descendants des colons invités par Catherine II plus de cent soixante-dix ans auparavant. Cette politique prit de l'ampleur en 1943-1944, où huit peuples furent déportés en Asie centrale et au Kazakhstan.

DERJAVINE, Gavrila Romanovitch (1743-1816), poète et homme politique russe. Auteur d'odes officielles et satiriques, philosophiques et religieuses

(« Felitsa », « Grand Seigneur », « Chute d'eau », « Dieu ») et de poésies lyriques. Meilleur représentant du classicisme russe qui « remarqua et bénit » le talent du jeune Pouchkine. Au cours de sa carrière politique, il occupa de nombreux postes importants : secrétaire de Catherine II, gouverneur, chancelier d'État, ministre de la Justice.

DIETL, Eduard (1890-1944), général allemand. Il participa au « putsch de Munich » en 1923. Commandant des troupes d'élite de chasseurs alpins qu'il contribua à créer en 1931, il fut l'un des « héros » de la propagande nazie. Considéré comme « général du peuple, populaire parmi les soldats », il se distingua à Narvik (Norvège, 1941), mais ne réussit pas, la même année, à prendre Mourmansk, port soviétique où arrivaient les convois des Alliés. Il périt dans un accident d'avion en 1944.

DIMITROV, Gueorgui Mikhaïlovitch (1882-1949), communiste bulgare. Accusé par les nazis en 1933 de l'incendie du Reichstag, il prononça devant le tribunal un discours célèbre contre le fascisme et fut acquitté. Il émigra en URSS, où il obtint la nationalité soviétique. Il fut secrétaire général du Komintern de 1935 à 1943. Après la libération de la Bulgarie et l'instauration d'une « démocratie populaire », il y exerça les fonctions de président du Conseil de 1946 à sa mort.

Direction politique générale. Organisme de contrôle et d'éducation politique et idéologique, issu du Bureau des commissaires politiques créé par Trotski en avril 1918 (inspiré lui-même par les commissaires révolutionnaires de l'armée républicaine en France). Pendant la guerre, la direction politique générale était responsable, entre autres, des services d'information et des « brigades artistiques » au front.

DJOUGACHVILI, Iakov Iossifovitch (1907-1943), fils aîné de Staline (né de son premier mariage avec Ekaterina Svanidze). Emprisonné par les Allemands en juillet 1941, au cours de la prise de Vitebsk. Utilisé tout d'abord dans des buts propagandistes (des tracts rédigés en

son nom, appelant à la reddition, furent lancés par des avions allemands au-dessus des troupes soviétiques), il fut ensuite proposé en échange contre le maréchal Paulus. Après le refus de Staline (« Je n'échange pas un soldat contre un maréchal »), Iakov Djougachvili fut tué dans le camp de Saxenhausen au cours d'une tentative d'évasion désespérée en avril 1943. L'emprisonnement du fils de Staline fut gardé secret jusqu'en 1978 car, d'après l'ordre n° 270 du 16 août 1941, les soldats soviétiques prisonniers de guerre étaient considérés comme traîtres à la Patrie. En 1977, Iakov Djougachvili fut décoré de l'ordre de la Grande Guerre patriotique à titre posthume.

DOBROLIOUBOV, Nikolaï Alexandrovitch (1836-1861), critique littéraire et publiciste, proche des radicaux réunis autour de la revue *Le Contemporain*. Ses articles sur Tourgueniev et Ostrovski, Gontcharov et Dostoïevski, où l'analyse des œuvres littéraires est indissociable de la critique sociale et politique, furent accueillis avec enthousiasme par les milieux de gauche. Il est l'un des idéologues du nihilisme russe et inspira à Tourgueniev le personnage de Bazarov dans le roman *Pères et fils*.

DOLGOROUKAÏA, Natalia Borissovna (1714-1771), fille du feld-maréchal de Pierre Ier, Boris Cheremetiev, se maria par amour, contre la volonté de sa famille, avec le prince Ivan Dolgorouki, favori de Pierre II et frère de la fiancée du tsar. Reléguée avec son mari en 1730 dans le village de Berezovo, elle fut séparée de lui en 1738, et apprit son exécution bien après. Elle fut autorisée par l'impératrice à revenir à Moscou pour l'éducation de ses enfants. En 1758, elle prit le voile dans un couvent à Kiev.

DOLIVO, Anatoli Leonidovitch, professeur au Conservatoire de Moscou, chanteur connu des années 1930-1940 dont le répertoire comprenait de la musique de chambre, des romances et des chansons populaires russes.

Donbass. Vaste bassin houiller situé dans la région de Rostov en Russie et dans les régions de Donetsk et de Vorochilovgrad, en Ukraine. Découvert au début du XVIIIe siècle par une expédition du Berg-collège (ministère des Gisements) de Pierre Ier, il fut étudié de façon systématique à la fin du XIXe siècle. L'exploitation industrielle du bassin commença après les réformes des années 1860. Gravement endommagé pendant la guerre civile en 1918-1920, le Donbass devint, pendant les premiers plans quinquennaux (1929-1940), une des plus importantes régions de l'industrie lourde en URSS.

DONSKOÏ, Dmitri (1350-1389), grand-prince de Moscou (en 1359) et de Vladimir (en 1362). Sa victoire retentissante à la bataille de Koulikovo Pole (« Champs des Bécasses », 1380) fut un tournant dans la lutte contre la Horde d'Or. Le règne de ce prince, le premier à léguer le pouvoir à son fils sans l'autorisation des Mongols, assura la suprématie de la principauté de Moscou dans les terres russes.

Donskoï, monastère (Moscou). Fondé en 1591, il fut nommé ainsi en l'honneur de l'icône de la Vierge du Don, palladium de Dmitri Donskoï. Bel ensemble architectural des XVIe et XVIIe siècles qui comporte deux cimetières : l'ancien, où l'on trouve les tombes de décembristes, d'artistes et d'hommes de lettres, et le nouveau, créé à l'époque soviétique près d'une église transformée en crématorium.

DOUBOVOÏ, Ivan Naoumovitch (1896-1938), commandant de division pendant la guerre civile, puis commandant d'armée et des districts militaires en Ukraine. Il protesta contre l'organisation de l'« affaire » Toukhatchevski. Arrêté sur l'ordre personnel de Staline, il « reconnut sa culpabilité ». Condamné et exécuté, il fut réhabilité en 1956.

Douglas. Les DS-3, principaux avions américains utilisés lors de la Seconde Guerre mondiale aussi bien pour les passagers que pour le frêt.

Douma. Conseil ou Parlement en Russie (dérivé du russe *doumat*, « penser », « réfléchir »).

1. Dans la Russie prépétrovienne, la Douma des boyards représentait la curie féodale auprès du grand-prince ou du tsar et discutait les lois, la politique extérieure, etc. Elle fut dissoute en 1711 par Pierre Ier, après la création du Sénat.

2. La Douma d'Empire, chambre basse du parlement russe, fut créée par le manifeste du 17 octobre 1905, accordant des libertés civiques. Les députés des quatre groupes sociaux : propriétaires fonciers, citadins, paysans et ouvriers, étaient élus au suffrage indirect censitaire masculin. Le pouvoir de la Douma était limité par le veto du Conseil d'Empire, chambre haute du parlement, et le monarque gardait le pouvoir de dissolution. Quatre Douma successives furent élues entre 1906 et 1917. La dernière fut dissoute par le Gouvernement provisoire afin de préparer les élections de l'Assemblée constituante.

Le même terme de Douma a été repris par la Fédération de Russie pour désigner la chambre basse du gouvernement fédéral.

DOVJENKO, Alexandre Petrovitch (1894-1956), metteur en scène et scénariste soviétique. Originaire d'Ukraine, il n'a cessé de chanter l'avènement de l'ordre soviétique dans son pays. Parmi ses films les plus célèbres, citons *Arsenal* (1929), « épopée d'esprit révolutionnaire » sur le retour au pays d'un soldat ukrainien, et *La Terre* (1930), œuvres qui placèrent Dovjenko au premier plan des réalisateurs soviétiques. Son film *Chtchors* (1939), réalisé à la demande de Staline pour glorifier le « héros » de la guerre civile commandant la 1re division ukrainienne, lui valut cependant d'être suspecté de « nationalisme ukrainien ».

DRAGOMIROV, Mikhaïl Ivanovitch (1830-1905), général, professeur, puis chef de l'Académie de l'état-major (1878). Il commanda une division pendant la guerre contre la Turquie (1877-1878). Il est l'auteur de *Récits de la guerre entre l'Autriche et la Prusse* (1860).

Drapeau rouge, ordre du. Le premier ordre soviétique, institué en septembre 1918 pour distinguer les mérites et le courage militaires.

Droit de séjour. À partir de 1932, tout déplacement impliquait de se faire enregistrer dans un délai de trois jours à une adresse temporaire. La domiciliation permanente n'était possible que chez les membres d'une même famille, ou si l'on était convoqué par une entreprise pour des raisons professionnelles. Le tampon du droit de séjour devait être apposé sur le passeport intérieur (voir cette entrée).

Droits civiques. La Constitution de la RSFSR (République socialiste fédérative soviétique de Russie) du 10 juillet 1918 priva de leurs droits civiques plusieurs catégories de la population : commerçants, clergé séculier et moines, anciens nobles, puis, par la suite, officiers des armées Blanches, parents d'émigrés, nepmen et dékoulakisés... Ces catégories n'avaient ni le droit de vote, ni le droit à un livret de travail, ni le droit aux tickets ou aux rations alimentaires..., leurs droits à l'éducation étaient également limités. La justification officielle de ces mesures fut les « intérêts de la classe ouvrière dans son ensemble ». Le suffrage universel indépendant des origines sociales ne fut instauré que par la Constitution du 5 décembre 1936.

DUMAS, Jean-Baptiste (1800-1884), chimiste et homme politique français, créateur de l'analyse organique.

DYBENKO, Pavel Efimovitch (1889-1939), bolchevik à partir de 1912 ; après février 1917, il devint président du Comité central de la Flotte de la Baltique et participa à la préparation du coup d'État du 25 octobre. Il prit part à la dissolution de l'Assemblée constituante en janvier 1918. Narkom de la Marine en 1918, il contribua à la débâcle de Denikine et à l'écrasement de la révolte de Cronstadt. Il occupa de hautes fonctions dans l'armée Rouge ; participa à la Session spéciale, tribunal qui condamna Toukhatchevski, Iakir et d'autres. Arrêté à son tour en 1938, il « reconnut sa culpabilité ». Il fut condamné et exécuté, puis réhabilité en 1956.

DZERJINSKI, Felix Edmundovitch (1877-1926), révolutionnaire à partir de 1895, bolchevik depuis 1906 (dans sa jeunesse il voulait entrer dans l'ordre des Jésuites). Fondateur et premier chef de la Vétchéka-Oguépéou (décembre 1917-

1926), il instaura le système des exécutions d'otages, la Terreur rouge, organisa des sanctions disciplinaires sanglantes dans l'armée Rouge pendant la guerre civile. Narkom des Affaires intérieures (1919-1923), chef du comité de surveillance du travail obligatoire (1920), narkom des Voies de communications et chef du comité de lutte contre la délinquance des enfants sans foyer (1921-1924). À partir de 1924, il fut en outre chargé de l'organisation de l'économie du pays et soutint la lutte contre la nouvelle bureaucratie ; il défendait l'idée d'une certaine liberté économique des entreprises socialistes et des paysans. Il accéda au poste de membre candidat au Politburo (1924-1926). Il mourut d'une attaque cardiaque au cours d'une session plénière du Parti, après avoir prononcé un discours contre la déviation du Parti de la ligne léniniste. En 1949, sa sœur fut victime de l'appareil de répression politique qu'il avait créé. Sa légende de « chevalier de la révolution », façonnée à l'époque de Staline, resta officiellement intacte jusqu'à la parution des premières publications critiques à la fin des années 1980. Après l'échec du putsch communiste d'août 1991, le monument érigé à la gloire de Dzerjinski et situé sur la place qui portait son nom (redevenue aujourd'hui place de la Loubianka) fut déboulonné par la foule.

Économats. Magasins spéciaux réservés aux diverses catégories de l'élite soviétique : membres du Parti appartenant aux niveaux élevés de la hiérarchie, chercheurs des instituts de l'académie des Sciences, artistes, etc.

EGOROV, Alexandre Ilitch (1883-1939), maréchal soviétique. Pendant la guerre civile, Egorov commanda les troupes qui écrasèrent les armées de Denikine et défendit la ville de Tsaritsyne (ce qui fut attribué plus tard à Staline). Commandant du quartier général de l'armée Rouge (1931-1937), il fut le premier adjoint du narkom de la Défense (1937-1938). Il vota pour l'exclusion du Parti et les procès de Toukhatchevski et d'autres généraux connus, mais refusa de témoigner au procès de 1938 contre Boukharine et Rykov. Arrêté sur les dénonciations de ses collègues (dont G. Joukov), il fut accusé d'espionnage et de complot contre Staline, condamné à mort et exécuté. Il fut réhabilité en 1956.

EHRENBOURG, Ilya Grigorievitch (1891-1967), journaliste et romancier soviétique, auteur de nombreux romans et récits inspirés de l'actualité. Il passe sa jeunesse à Kiev, mais, lycéen révolutionnaire, il doit émigrer. En 1917 il retourne pour trois ans en Russie : la révolution d'Octobre le fascine en même temps qu'elle l'effraie. Reparti à l'Ouest, il publie son premier roman en 1921, *Les Aventures extraordinaires de Julio Jurenito*, satire de la civilisation européenne. Au début des années 1930, il se met au service de la lutte antifasciste et couvre comme journaliste la guerre d'Espagne puis le conflit germano-soviétique. Pendant la guerre, il participe avec Vassili Grossman à l'élaboration du *Livre noir*, recueil de témoignages sur les atrocités nazies commises contre les Juifs d'URSS et de Pologne, dont la publication sera interdite. Profondément marqué par les horreurs dont il a été le témoin, il écrit *La Tempête* (1947). Ehrenbourg est, après la mort de Staline, un des premiers écrivains en URSS à lutter pour la réhabilitation des intellectuels soviétiques. *Le Dégel* (1954-1956), critique de la vie quotidienne soviétique, évoque les mois d'effervescence qui suivirent la mort du dictateur. Sa dernière œuvre, *Les Années et les Hommes* (1961-1965), est un bilan de sa vie.

EÏCHE, Robert Indrikovitch (1890-1940), membre du parti social-démocrate letton (depuis 1905). Narkom de l'Approvisionnement en 1923-1924, il fut l'un des organisateurs des détachements confisquant les ressources alimentaires (*prodotriady*) et d'expéditions punitives contre les paysans. Responsable des purges en Sibérie, où il occcupa différents postes à partir de 1924. Il appela « à traquer et à démasquer l'ennemi partout où il est caché ». Arrêté en 1938, condamné à mort et exécuté en 1940, il fut réhabilité en 1956.

EJOV, Nikolaï Ivanovitch (1895-1940), membre du Parti depuis 1917. Il connut une ascension rapide, liée à sa fidélité absolue envers Staline. Il succéda à Iagoda à la tête du NKVD le 1er octobre 1936. Le télégramme, signé par Staline et Jdanov et daté du 25 septembre, annonçant cette nomination critiquait le retard pris par son prédécesseur « dans la lutte contre le bloc zinovievo-trotskiste ». Considéré comme le principal organisateur des répressions massives des années 1936-1938, appelées *ejovchtchina*, Ejov fut surnommé le « narkom de fer ». En 1938, son autorité déclina ; il fut nommé narkom des Transports fluviaux et maritimes, et Beria lui succéda à la tête du NKVD. Son arrestation en 1939, puis sa condamnation et son exécution s'accompagnèrent d'une nouvelle purge au sein du NKVD.

Elets. Petite ville provinciale très ancienne (on trouve mention de son existence dans les chroniques en 1146), située sur la route qui va de Moscou à Voronej.

Emprunts. Les emprunts intérieurs furent largement utilisés pour financer le budget d'État à partir de la fin des années 1920. La somme à laquelle les travailleurs étaient forcés de « souscrire » atteignait parfois 50 % du salaire mensuel. Il s'agissait d'emprunts à primes, des lots étant payés pour certaines obligations. Vers la fin des années 1950, la somme d'argent à rembourser à la population était devenue si importante que Khrouchtchev « gela » tous les paiements en les reportant de vingt ans, provoquant ainsi un grand mécontentement. À Leningrad, par exemple, l'immense portrait de Khrouchtchev affiché sur la place du Palais fut recouvert par des obligations, qui avaient alors perdu toute valeur. En raison de l'inflation du rouble, les sommes remboursées dans les années 1970-1980 étaient d'une valeur très inférieure à celle des sommes de l'époque.

Ennemi du peuple. Cette formule sinistre fut trouvée bien avant les répressions politiques massives des années 1930 en URSS. Apparaissant déjà chez Robespierre et Marat, elle entre dans la rhétorique révolutionnaire russe à partir de 1917 pour désigner successivement les monarchistes et les défenseurs de la révolution de février 1917 puis les opposants au coup d'État d'octobre 1917. Largement utilisée et institutionnalisée pendant la Grande Terreur stalinienne, elle fut critiquée dans le rapport secret de Khrouchtchev au XXᵉ Congrès du Parti communiste (1956).

Être déclaré « ennemi du peuple » avait des répercussions sur l'ensemble de la famille. Après l'arrestation de leurs parents, les « enfants des ennemis du peuple » étaient placés « en rééducation » dans des centres spéciaux, puis envoyés dans des orphelinats fermés, qui faisaient partie de la structure administrative du NKVD. On séparait couramment les enfants d'une même famille, en les envoyant dans des orphelinats différents.

Enseignement du soir. Destiné, en 1918, à lutter contre l'analphabétisme et à former des cadres pour l'industrie, l'enseignement du soir prit de l'ampleur à partir de 1919 et connut un grand essor dans les années 1950-1960.

ENTCHMÈNE, Emmanouil Semionovitch (1891-1966), chercheur et fonctionnaire du Parti, auteur de la théorie de la « nouvelle biologie » ou de la « physiologie historique », qui devait, selon lui, remplacer la philosophie. En 1923-1924, il est critiqué, notamment par Boukharine, pour son « matérialisme vulgaire ».

EREMENKO, Andreï Ivanovitch (1882-1970), maréchal soviétique (1955). Commandant le front sud-ouest (de Stalingrad) en août-décembre 1942, il réussit à encercler l'armée de Paulus, mais fut écarté du commandement à l'étape finale de la bataille pour être remplacé par K. K. Rokossovski.

ERMAK, Timoféïevitch (mort en 1585), ataman des Cosaques, connu sous le nom de « conquérant de la Sibérie », bien que ses expéditions n'aient fait qu'ouvrir la voie à l'expansion russe. Il fut recruté en 1577 par les Stroganov pour protéger les terres que le tsar Ivan IV le Terrible leur avait octroyées dans l'Oural, frontière russe de l'époque. Autour de 1582, Ermak entreprit une expédition contre le khanat de Sibérie. Après trois jours de combats sur l'Irtych, il remporta une victoire sur le khan Koutchoum, entra dans sa capitale et repoussa le reste de son armée dans la steppe. Mais, au cours d'une contre-attaque de l'armée du khan en 1585, il fut blessé et se noya dans un affluent de l'Irtych. Sa vie légendaire inspira de nombreux contes et chansons populaires.

ESSEN, Maria Moïsseïevna (1872-1956), membre du mouvement social-démocrate. Elle participa à la publication du journal bolchevique *Iskra* (« L'Étincelle »). Après la révolution, elle fut fonctionnaire politique et historienne du Parti. Elle laisse un livre de mémoires intitulé *Rencontres avec Lénine à la veille et lors de la première révolution russe*.

ESSENINE, Sergueï Alexandrovitch (1895-1925), poète. Son œuvre qui, à ses débuts, est inspirée par la vie paysanne évolue vers le mouvement poétique de l'imaginisme, et vers l'expression du drame historique (*Pougatchev*) et personnel (*L'Homme noir*). La révolution qu'il avait ardemment souhaitée était d'essence paysanne. La révolution bolchevique le déçut. Il se suicida dans une chambre de l'hôtel *Angleterre* à Leningrad. Il fut marié successivement à la danseuse américaine Isadora Duncan et à Sofia Tolstoï, petite-fille de l'écrivain.

EVDOKIMOV, Guéorgui Eremeïevitch (1884-1936), bolchevik depuis 1903. Il fut chef de la direction politique de l'armée Rouge pendant la guerre civile. En 1923-1925, il fut le bras droit de Zinoviev dans l'organisation des purges contre les « ennemis de classe » à Petrograd. Devenu l'un des chefs de la « nouvelle opposition » en 1925, il fut exclu du Parti en 1927, mais rétabli après avoir reconnu ses erreurs. Au procès public du « centre de Moscou », il fut condamné à huit ans de prison. De nouveau accusé au premier des trois grands procès de 1936, il fut condamné à mort et fusillé, avant d'être réhabilité en 1988.

EVREÏNOV, Nikolaï Nikolaïevitch (1879-1953), dramaturge, metteur en scène et théoricien de théâtre. Il fonda des théâtres novateurs : le Vieux Théâtre, le Théâtre gai pour les enfants âgés, le Miroir déformant. En 1920, il mit en scène *La Prise du palais d'Hiver*. Émigré en France en 1925, il travailla avec Jacques Copeau et Charles Dullin. Auteur du *Théâtre en soi* (1913), où il élabora l'idée de « théâtralisation de la vie » en tant qu'« instinct de transformation éternelle », influençant les mentalités et le quotidien, il écrivit en 1915 *Le Théâtre pour soi*, où il théorisa l'inclusion du spectateur dans le drame, ainsi que des ouvrages sur les origines du drame (1921-1923).

Ezel. Ezel, ou Sarema, ou encore Kouressaate, la plus grande île de l'archipel de Moonzund, ou Ouest estonien, dans la mer Baltique, est située à l'entrée du golfe de Riga.

Fabrique-cuisine. Les « fabriques-cuisines », destinées à « libérer la femme », furent créées en URSS à partir de 1925. Cette entreprise alimentaire d'État, comprenant des « ateliers » dans lesquels on préparait des plats de légumes, de viande et de poisson, et des confiseries, était à la fois une grande cantine et un traiteur.

FALK, Robert Rafaïlovitch (1886-1958), peintre, membre du célèbre groupe d'avant-garde « Le Valet de carreau » (1910-1916) et de la fameuse et controversée Association des peintres de la Russie révolutionnaire (1926-1928). Cézannien russe, il excella dans les paysages et les natures mortes. À partir des années 1920, il travailla beaucoup comme décorateur de théâtre.

Famines (années 1920-1930). La famine qui frappa le pays, notamment les régions de la Volga, en 1921, emportant des millions de vies, fut l'aboutissement de plusieurs facteurs conjugués parmi lesquels les conséquences de la guerre, les réquisitions de blé par les bolcheviks, l'état arriéré de l'agriculture russe, aggravés par la sécheresse et la disparition des grandes propriétés agricoles d'avant la révolution. La famine de 1931-1933 en Ukraine, au sud de la Russie et au Kazakhstan, fut le résultat de la politique de collectivisation forcée et du retour aux pratiques de réquisition du blé. Particulièrement terrible en Ukraine, la famine causa, d'après les différentes évaluations, entre 3 et 7 millions de morts.

Fastov. Petite ville de la région de Kiev.

FEDINE, Konstantin Alexandrovitch (1892-1977), écrivain soviétique, premier secrétaire (1959-1971), puis président de l'Union des écrivains (à partir de 1977). À ses débuts, il fut membre du mouvement littéraire d'avant-garde les Frères de Sérapion. Son roman *Les Cités et les années,* consacré « à la guerre, l'amour et la révolution », lui apporta la reconnaissance, qui s'accrut avec la publication d'une trilogie dans les années d'après-guerre. Devenu écrivain officiel, il prit part à la campagne contre Boris Pasternak.

FEFER, Isaak Solomonovitch (1900-1952), poète juif. Sa poésie, caractérisée par la simplicité et le réalisme, est consacrée à la guerre civile et à l'édification socialiste. Membre du présidium de l'Union des écrivains ukrainiens, il était aussi le secrétaire du Comité antifasciste juif.

Feldgendarmerie. Service de gendarmerie aux armées, police militaire en Allemagne.

FET, Afanassi Afanassievitch Chenchine, *dit* (1820-1892), poète lyrique. Partisan convaincu de « l'art pour l'art », il vouait un vrai culte à la Beauté, liée pour lui à l'Éternel et au Divin. Il traduisit en russe des poètes latins ainsi que Schopenhauer.

FIGNER, Vera Nikolaïevna (1852-1942), populiste, membre de « Terre et Liberté », puis du Comité exécutif de la « Volonté du Peuple ». Seule personne du comité qui ne fut pas arrêtée après l'assassinat d'Alexandre II, Figner fut dénoncée à la police deux ans plus tard par S. Degaïev. Condamnée à mort au « procès des vingt », elle vit sa peine commuée en réclusion à perpétuité. Après vingt ans à l'isolement et deux ans de relégation, elle fut libérée et émigra en Europe où elle organisa une campagne de soutien aux détenus politiques russes. Membre du parti des SR en 1907, elle le quitta en 1918 après avoir appris que le provocateur E. Azef, qui était à la tête de l'Organisation de combat du Parti, travaillait comme agent de la police secrète. Députée de l'Assemblée constituante, elle fut très critique envers sa dissolution par les bolcheviks et envers la révolution d'Octobre. Elle ne participa plus à la vie politique et garda une position neutre. Elle signa en 1927 une lettre publique, adressée au gouvernement soviétique et qui protestait contre les procès politiques.

FISCHER, Ruth (1895-1961), une des leaders de la fraction ultra-gauche du parti communiste allemand au milieu des années 1920. Exclue en 1926, elle fut fortement critiquée par les communistes soviétiques pour ses positions politiques, proches du trotskisme.

FRANK, Hans (1900-1946), juriste nazi, chef de la Direction juridique du IIIᵉ Reich. Il fut missionné pour soumettre politiquement, économiquement et culturellement la Pologne dont il était gouverneur. À la fin de l'année 1942, il envoya 85 % des Juifs polonais dans les camps. Il fut condamné à mort au procès de Nuremberg et exécuté.

FRANKFURT, Semion Mironovitch (1888-1937), chef de la construction (1930-1932) et directeur du combinat métallurgique de Kouznetsk. À partir de 1934, il dirigea la construction d'un autre « géant » métallurgique : l'usine Orsko-Khalilovski. Il est l'auteur de *La Naissance de l'homme et de l'acier*, qui eut un certain retentissement lors de sa parution. Initiateur de nombreuses dénonciations d'« ennemis de classe » et de « saboteurs », il fut accusé à son tour. Condamné et exécuté en 1937, il fut réhabilité en 1956.

FRETTER-PICO, Maximilian (1892-1984), général d'artillerie allemand, il commanda, entre 1942 et 1944, le XXXᵉ corps d'armée, puis la VIᵉ armée à partir de 1944. À ce titre, il participa notamment à la campagne de Crimée (8 mai-9 juillet 1942) puis aux combats acharnés qui se déroulèrent dans la région de Rjev en novembre-décembre 1942. On lui doit deux ouvrages : *Missbrauchte Infanterie* (1957), témoignage de son expérience pendant la guerre germano-soviétique, et *Die Jahre danach* (1985), ses Mémoires d'après-guerre.

FROLENKO, Mikhaïl Fiodorovitch (1848-1938), populiste, membre du Comité exécutif de la « Volonté du Peuple ». Frolenko participa aux attentats contre Alexandre II en 1879 et en 1881. Condamné à mort au « procès des vingt », il vit sa peine commuée en réclusion à perpétuité. Libéré en 1905, il fut membre de la « société des anciens prisonniers politiques » à partir de 1922. En 1936, à l'âge de 88 ans, il entra au parti communiste.

FROUNZE, Mikhaïl Vassilievitch (1885-1925), bolchevik depuis 1904. Il joua un rôle important dans la guerre civile, notamment dans la défaite de l'amiral Koltchak, et fut nommé, après Trotski, à la tête du Conseil de guerre révolutionnaire (1925). À sa mort, survenue après une opération, beaucoup suspectèrent un assassinat masqué. Son fils Timour (1923-1942) périt en mission de combat pendant la bataille de Moscou.

GALOIS, Évariste (1811-1832), mathématicien français dont les idées extrêmement fécondes inspirèrent l'algèbre du XIXᵉ siècle. Membre de la société secrète « Les Amis du peuple », il fut incarcéré deux fois pour avoir protesté contre le pouvoir royal. Il mourut en duel.

GAMARNIK, Ian Borissovitch (1894-1937), bolchevik depuis 1916. En 1918, il fut élu au Comité central avant de devenir membre du Conseil révolutionnaire de guerre. Il occupa des postes importants en Extrême-Orient dans les années 1920. En 1928, Gamarnik fut l'un des responsables de la collectivisation en Biélorussie. À partir de 1929, il devint chef de la direction politique de l'armée Rouge et bras droit de Toukhatchevski alors chargé de moderniser l'armée. En 1929, il soutint Staline contre Boukharine, Rykov et Tomski. Initiateur des purges dans l'armée Rouge contre les « anciens Blancs », il fut un maillon essentiel entre l'armée et le NKVD. Nommé en 1937 à un poste moins important, ce qui est toujours le signe annonciateur d'une arrestation, il se suicida et fut déclaré « ennemi du peuple » après sa mort.

Gaspra. Station balnéaire de Crimée.

Gastronome. Il s'agit d'un type de magasin d'alimentation d'État en URSS. Ce nom était tellement usité que le contraste paradoxal entre le choix extrêmement réduit de nourriture et le sens du mot passait inaperçu.

GLINKA, Mikhaïl Ivanovitch (1804-1857), compositeur, fondateur de l'école musicale russe. Auteur de deux opéras, *La Vie pour le tsar* (ou *Ivan Soussanine*) et *Rouslan et Lioudmila*, il composa des ouvertures symphoniques, de nombreuses pièces pour piano, des romances. Influencé par les écoles italienne et allemande, il trouvait son inspiration dans les musiques populaires russe et espagnole.

GOLOVATY, Feraponte Petrovitch (1890-1951), membre de l'administration du kolkhoze stakhanoviste qui, en donnant ses économies pour la construction de deux avions de chasse, initia le mouvement de collecte de fonds pour l'armée pendant la guerre. Il devint, grâce à l'ampleur de la propagande, un emblème du « dévouement inconditionnel du peuple soviétique au Parti et au camarade Staline ».

GORBATOV, Alexandre Vassilievitch (1891-1973), commandant de brigade pendant la guerre civile, commandant de division dans les années 1930. Arrêté en 1937 et condamné à une peine de camp, il fut libéré avec l'arrivée de Beria à la tête du NKVD. Commandant adjoint d'armée pendant la Seconde Guerre mondiale, il fut, en 1945, commandant militaire de Berlin. Dans les années 1950, il devint commandant de l'aviation puis inspecteur général du ministère de la Défense. Il laisse un livre de Mémoires où il raconte son expérience des camps.

Gorki. Ancienne propriété du gouverneur de Moscou, A. A. Reinbot, elle devint la résidence secondaire de Lénine en 1918. Ce dernier y vécut de façon permanente à partir de l'hiver 1921-1922, quand sa santé commença à rapidement décliner, jusqu'à sa mort, le 21 janvier 1924. Depuis 1949, Gorki est un musée à la mémoire de Lénine.

GORKI, Alexeï Maximovitch Pechkov, *dit* **Maxime** (1868-1936). Écrivain russe et soviétique. Reconnu à partir de 1898 avec la publication de ses *Récits et nouvelles* et la mise en scène de ses pièces dont *Les Bas-fonds*. Proche des cercles révolutionnaires, il accueillit avec enthousiasme la révolution de février 1917, mais fut critique envers celle d'octobre. Il prit de nombreuses initiatives pour la sauvegarde du patrimoine et l'instruction publique. En 1921, sur les instances de Lénine, qui n'approuvait pas sa lutte contre le rôle destructeur de la révolution dans la culture, il partit en Italie où il resta jusqu'en 1928, date à laquelle il revint s'installer définitivement en URSS après de multiples invitations de Staline. Dans les dernières années de sa vie, il joua un rôle de premier plan dans la vie littéraire soviétique, en tant que président de l'Union des écrivains, plaçant son prestige littéraire au service de la dictature stalinienne.

Görlitz. Ville de la région de Dresde.

Gosbank. Banque soviétique d'État qui, à la suite de la réforme du début des années 1930, assurait la régulation centralisée et planifiée de la circulation des finances.

Gosplan ou **Comité d'État pour la planification.** Organisme soviétique créé le 22 février 1921, le Gosplan dirigeait l'élaboration des plans quinquennaux et contrôlait leur application. Il est à la base du comité responsable du plan de l'électrification du pays (GOELRO), le premier plan soviétique.

Goubtchéka, *voir* Organes de sécurité de l'État.

GOUROV, Kouzma Akimovitch (?-1943), général soviétique, « membre du Conseil militaire » des 62e et 29e armées pendant la bataille de Stalingrad. Il périt en août 1943.

Guépéou, *voir* Organes de sécurité de l'État.

GUERCHOUNI, Grigori Andreïevitch (1870-1908), un des fondateurs de l'Organisation de combat du parti socialiste-révolutionnaire, organisation terroriste. Il prépara l'assassinat du ministre des Affaires étrangères, Sipiaguine, et ceux d'autres hauts fonctionnaires. Arrêté en

1903 et condamné à perpétuité, Guerchouni s'évada à l'étranger en 1906. Ayant appris qu'Azef, son successeur à la tête de l'Organisation de combat, avait été démasqué en tant qu'agent de la police secrète, il refusa d'y croire. Gravement malade, mais poussé par sa foi révolutionnaire, il voulut retourner en Russie pour organiser avec Azef un attentat contre Nicolas II et prouver ainsi l'injustice des accusations contre Azef. Mort à Paris, il est enterré au cimetière du Montparnasse.

Guerre civile. Guerre qui se déroula en Russie de 1918 à 1921 entre les Rouges, c'est-à-dire les bolcheviks, et les Blancs, réunissant leurs adversaires d'opinions politiques variées, des membres du parti constitutionnel-démocrate aux socialistes-révolutionnaires de droite, soutenus par des armées étrangères (anglaises, françaises, américaines, allemandes, japonaises et tchèques). Après la signature de la paix séparée de Brest-Litovsk (mars 1918), vers l'été 1918 les trois quarts du pays sont occupés par les armées opposées au pouvoir bolchevique. Le succès des armées Blanches semble alors inévitable, et l'étau se resserre jusqu'à l'été 1919. La situation s'inverse grâce à la mobilisation de l'armée Rouge par Trotski, au soutien des paysans, mécontents du retour des propriétaires fonciers, ainsi qu'aux désaccords entre les généraux blancs et aux tiraillements entre les pays participant à l'intervention étrangère. Le succès des Rouges fut quasi complet en 1921, après l'écrasement des révoltes paysannes dans la région de Tambov et en Ukraine et la révolte de Cronstadt. Le régime socialiste avait résisté à une coalition hétéroclite au prix de 8 à 13 millions de morts et d'atrocités de part et d'autre. Deux millions de personnes émigrèrent.

GUGEL, Iakov Semionovitch (1895-1937), chef de la construction et directeur des plus puissants combinats métallurgiques du pays : « Azovstal » à Marioupol et celui de Magnitogorsk dans l'Oural. Accusé d'« espionnage », il fut arrêté et exécuté en 1937, avant d'être réhabilité en 1965.

GVAKHARIA, Gueorgui Vissarionovitch (1901-1937), attaché commercial soviétique à Londres en 1925. Fonctionnaire du narkomat de l'Industrie lourde, Gvakharia dirigea la construction de plusieurs centrales électriques et la rénovation du Donbass. En 1937, il fut accusé d'« activités trotskistes », arrêté et exécuté. Sa femme, arrêtée en 1938, fut exécutée en 1941. Tous deux furent réhabilités en 1956.

HEISENBERG, Werner (1901-1976), physicien allemand, un des fondateurs de la mécanique quantique, prix Nobel (1932).

HERZEN, Alexandre Ivanovitch (1812-1870), révolutionnaire russe, écrivain et philosophe, il fut l'un des leaders des occidentalistes. Il émigra en Europe en 1847 mais fut déçu par les révolutions de 1848-1849 et par l'« esprit petit-bourgeois » européen. Il se tourna alors vers l'étude de la communauté rurale russe, comme base du socialisme, se rapprochant des slavophiles. Son « socialisme utopique » russe fut à l'origine du mouvement populiste. Il contribua à la création de « Terre et Liberté », fonda, à Londres, l'Imprimerie russe libre (1853), où il publia le journal politique *La Cloche* (*Kolokol*). Il est l'auteur d'essais philosophiques tels que *Le Dilettantisme dans la science* et *Lettres sur l'étude de la nature*, du roman *À qui la faute ?* et du livre de Mémoires *Passé et Méditations*.

HILFERDING, Rudolf (1877-1941), un des chefs et théoriciens du mouvement social-démocrate autrichien et de la IIᵉ Internationale. Hilferding proposa une critique de la théorie de Marx dans son ouvrage *Le Capital financier*. Député du Reichstag, il fut très critique envers le nazisme. Il émigra en France en 1933. Il fut livré à la Gestapo par le gouvernement de Vichy.

IAGODA, Guenrikh Grigorievitch (1891-1938), chef adjoint du Guépéou-NKVD (1924-1935), il fut commissaire général de la sécurité d'État (1935-1938) et narkom des Affaires intérieures (1936-1937). Il transforma le NKVD en un empire industriel, fondé sur le travail des prisonniers. Il fut l'un des principaux exécuteurs des purges politiques et l'organisateur des premiers procès publics truqués en 1936. Il fut écarté du pouvoir et, à son tour, condamné à mort au procès du bloc antisoviétique trotskiste de droite en 1938.

IBARRURI, Dolorès (1895-1989), secrétaire générale du parti communiste espagnol, membre du Comité exécutif du Komintern. Plus connue sous le nom de *La Pasionaria*, elle s'illustra pendant la guerre d'Espagne et se réfugia à Moscou après la défaite des républicains espagnols. Son fils, Ruben Ibarruri (1920-1942), périt en mission de combat pendant la bataille de Stalingrad.

Idéalisme, *voir* Lutte contre l'idéalisme.

Institut de technologie de Saint-Pétersbourg. École supérieure de chimie et des technologies de l'industrie chimique, fondée en 1828-1831. À partir des années 1860, elle devint un centre important du mouvement révolutionnaire étudiant.

Institut polytechnique de Saint-Pétersbourg. À la fois école supérieure spécialisée en sciences techniques et centre de recherche important, l'Institut fut fondé en 1910. Plusieurs fois rebaptisé, l'Institut est aujourd'hui appelé Université d'État polytechnique de Saint-Pétersbourg.

Internationale de la Jeunesse communiste (KIM). Parmi les nombreuses sections du Komintern il y avait celle de l'organisation de la jeunesse (fondée en novembre 1919 à Berlin) qui travaillait en contact avec les Jeunesses communistes soviétiques.

IOFFÉ, Abram Fiodorovitch (1880-1960), physicien, vice-président de l'académie des Sciences (1926-1929), fondateur de l'Institut physico-technique de Petrograd et l'un des pionniers de l'école de physique soviétique.

IPATIEV, Vladimir Nikolaïevitch (1867-1952), chimiste russe, spécialiste de chimie organique, académicien. Envoyé en 1927 en mission aux États-Unis, il s'y installa. Il travailla, à partir de 1930, à la Universal Oil Product Company et enseigna à l'université de Chicago.

ISOTOV, Nikita Alexeïevitch (1902-1951), mineur du Donbass célébré par la propagande stalinienne pour ses records « organisés » (jusqu'à vingt fois plus de charbon que la norme en une seule journée).

Jardins des Plaisirs (Moscou). *Neskoutchny sad* (littéralement, « où l'on ne s'ennuie pas »). C'est un jardin paysagé situé près du palais du même nom, reliquat des grandes propriétés princières du XVIIIe siècle, qui fait partie du Parc central Gorki.

JDANOV, Andreï Alexandrovitch (1896-1948). Remarqué par Staline en 1925, il fit une carrière rapide dans le Parti, entrant au Comité central en 1927. Après l'assassinat de Kirov en 1934, il devint le secrétaire du Parti à Leningrad, où il effectua de nombreuses purges politiques dirigées contre les « ennemis de classe » mais également contre des membres du Parti (le nombre de communistes à Leningrad chuta de trois cent mille à cent vingt mille entre 1934 et 1938). Il fut membre du Politburo à partir de 1939. Après la guerre, il mit sur pied la campagne de renforcement du contrôle du Parti sur l'intelligentsia artistique. Parmi les victimes de la « jdanovchtchina » figuraient Akhmatova, Zochtchenko, Prokofiev, Chostakovitch, Eisenstein, Poudovkine. Il fut l'un des organisateurs de la campagne contre la génétique classique à la session de l'Académie des sciences agricoles en août 1948. Il mourut d'une crise cardiaque.

JELIABOV, Andreï Ivanovitch (1851-1881), propagandiste actif des idées révolutionnaires « parmi le peuple », il entra en 1879 à « Terre et Liberté » ; après la dissolution du mouvement, il devint l'un des dirigeants de l'organisation de combat de la « Volonté du Peuple », qui monta plusieurs attentats contre Alexandre II. Organisateur de l'assassinat du tsar le 1er mars 1881, Jeliabov fut arrêté par hasard deux jours avant l'exécution de son plan. Il demanda lui-même à être inclus dans l'enquête et le procès. Condamné à mort, il fut exécuté en même temps que les autres membres du complot.

JODL, Alfred (1890-1946), général allemand. De 1939 à 1945, il fut chef du bureau des opérations de la Wehrmacht et conseiller principal de Hitler pour les questions stratégiques. Le 7 mai 1945, il signa la capitulation de l'Allemagne avec les Alliés. Condamné à mort par le tribunal de Nuremberg, il fut pendu.

JOUKOV, Gueorgui Konstantinovitch (1896-1974), maréchal soviétique (1943). Commandant de l'état-major général et ministre adjoint de la Défense de janvier à juillet 1941. Pendant la guerre il fut membre de la Stavka, adjoint du commandant suprême. Commandant des armées soviétiques en Allemagne en 1945-1946, il devint premier adjoint (1953), puis ministre de la Défense (1955-1957). Il soutint Khrouchtchev en contribuant à écarter Beria du pouvoir.

Journée-travail (*troudoden*). Unité de mesure et de rémunération du travail des kolkhoziens. Introduite en 1930-1931, pendant la collectivisation, elle n'est pas complètement abandonnée qu'en 1966, quand les kolkhoziens deviennent salariés. Dans la vision officielle, la journée-travail était « une catégorie économique spécifique, engendrée par les conditions historiques concrètes du développement de la production kolkhozienne ».

KAGANOVITCH, Lazar Moïsseïevitch (1893-1991), bolchevik depuis 1911. Il fut successivement secrétaire général du Parti en Ukraine (1925-1928), membre du Politburo (1930-1957), narkom (Industrie lourde, Chemins de fer, etc.), vice-président du Sovnarkom (1953-1956). En 1934-1935, il organisa l'élaboration et la mise en œuvre du « plan de reconstruction bolchevique » de Moscou, précédé en 1930-1935 par la campagne de destructions massives de nombreux monastères et églises à Moscou, y compris certaines cathédrales du Kremlin. Organisateur de la construction du métro à Moscou, qui porta son nom jusqu'en 1955. Membre du cercle des intimes de Staline,

il fut l'un des principaux instigateurs des purges politiques des années 1930-1950. En 1957, il fut vaincu dans sa lutte politique contre Khrouchtchev, fut classé comme membre du « groupe anti-Parti » et démis de toutes ses fonctions. De 1957 à 1961, il travailla comme directeur d'un grand combinat de l'Oural, puis fut définitivement exclu du Parti en 1962.

KALEDINE, Alexeï Maximovitch (1861-1918), général de cavalerie. Pendant la Première Guerre mondiale, il joua un rôle important dans la « percée de Broussilov ». En mai 1917, il fut écarté du commandement de l'armée par le Gouvernement provisoire. Élu chef des cosaques du Don mais déchiré entre leur volonté de soutenir les bolcheviks et ses propres convictions, il se suicida.

KALIAÏEV, Ivan Platonovitch (1877-1905), membre de l'Oganisation de combat du parti socialiste-révolutionnaire. Il prit part à l'organisation de l'assassinat du ministre de l'Intérieur V. Plehve. En 1905, Kaliaïev assassina le gouverneur général de Moscou, le grand-duc Serge Alexandrovitch, oncle de Nicolas II. Condamné à mort par le Sénat réuni en session extraordinaire, il prononça devant la Cour un discours fustigeant le gouvernement. Il fut exécuté.

Kalinine, *voir* Tver.

KALININE, Mikhaïl Ivanovitch (1875-1946), social-démocrate à partir de 1898, bolchevik ; membre du Politburo (1926-1946). Il fut l'un des fondateurs de la *Pravda*. En octobre 1917, il participa à la réunion du Comité central qui prit la décision du coup d'État. Après la prise du pouvoir par les bolcheviks, il fut à la tête de la Douma de Petrograd, où il lutta contre le « sabotage » des fonctionnaires et initia le déménagement des ouvriers dans les appartements « bourgeois ». En 1919, il devint président du Comité central exécutif et occupa, de 1938 à 1946, le poste honorifique de président du Soviet suprême de l'URSS. Figure emblématique de l'union des ouvriers (par son militantisme) et des paysans (par ses origines), il fut utilisé notamment par Lénine dans la campagne contre l'Église russe et Staline fit appel à lui dans l'organisation « juridique » des purges politiques. Kalinine signa, en 1934, le décret instituant les Osso, ouvrant ainsi la voie à la Grande Terreur. Bien que la légende créée autour de Kalinine le représente comme un homme politique resté proche des paysans, il n'eut jamais de réelle influence. Sa femme passa de nombreuses années dans les camps du Goulag. Un de ses fils se suicida.

KALMYKOV, Betal Edykovitch (1893-1940), homme politique soviétique. Originaire du Caucase du Nord, il joua un rôle important dans la guerre civile et la prise du pouvoir par les Soviets dans cette région. Premier secrétaire du Comité du Parti en Kabardino-Balkarie de 1930 à 1938, il fut député du Soviet suprême de l'URSS et délégué du Xe au XVIIe Congrès du Parti. Arrêté en 1938, il fut exécuté en 1940.

KALTENBRUNNER, Ernst (1903-1946), un des chefs de l'appareil répressif du IIIe Reich, Obergruppenführer SS. Il joua un rôle important pendant l'occupation de l'Autriche. Adjoint de Himmler, responsable des services de renseignement, il dirigea l'action du SD dans les territoires russes jusqu'en 1943. Condamné à mort par le tribunal de Nuremberg, il fut pendu.

KAMENEV, Lev Borissovitch Rosenfeld, *dit* (1883-1936), bolchevik depuis 1903, il fut l'un des compagnons d'armes de Lénine. Il s'opposa, avec Zinoviev, à l'idée du coup d'État en octobre 1917. Membre du Politburo (1917, 1919-1925), il fut également chef du soviet de Moscou (1918-1926). Il contribua à l'ascension de Staline en proposant de le nommer, en avril 1922, secrétaire général du Comité central. De 1923 à 1926, il dirigea l'Institut Lénine (qui lui avait confié ses archives). En 1923-1924, il lutta, aux côtés de Staline et Zinoviev, contre Trotski et, en 1925-1927, participa à la « nouvelle opposition ». Il fut réintégré dans le Parti après en avoir été deux fois exclu. Au XVIIe Congrès du Parti, il fit, comme Zinoviev, l'éloge de Staline et de son entourage. Définitivement exclu du Parti

communiste en 1932, Kamenev essaya de trouver sa place dans la vie académique. Il occupa les postes de directeur de la Maison Pouchkine (Institut de la littérature russe), de l'Institut de la littérature mondiale et de la maison d'édition Academia. Arrêté en 1935 et condamné à cinq, puis à dix ans de prison, il est condamné à mort en 1936 au cours du « procès du bloc zinovievo-trotskiste ». Exécuté, il sera réhabilité en 1988.

Karaganda. Deuxième ville du Kazakhstan, au centre d'une importante région houillère.

KARAKOZOV, Dmitri Vladimirovitch (1840-1866), membre de la société révolutionnaire secrète « l'Enfer », proche des cercles populistes. Partisan des méthodes radicales, il diffusa lui-même la proclamation « Aux amis ouvriers » appelant à la révolution et à l'instauration de l'ordre socialiste. Il tenta d'assassiner Alexandre II, en tirant sur le tsar qui sortait du Jardin d'été, mais il échoua. Condamné à mort par la cour suprême de droit commun, il fut exécuté. L'attentat de Karakozov provoqua un renforcement des tendances conservatrices du gouvernement et un ralentissement des réformes d'Alexandre II.

KARPOV, Lev Iakovlevitch (1879-1921), homme politique, chimiste, il fut l'un des organisateurs de l'industrie chimique en Russie soviétique. Il fonda, en 1918, à Moscou le très réputé institut de chimie et physique, qui porte son nom.

KATZ, Grigori, poète qui dirigea la section littéraire du journal *Le Marteau* (*Molot*) à Rostov ; il périt à la guerre.

KAUTSKY, Karl (1854-1938), un des chefs du mouvement social-démocrate allemand et de la IIe Internationale. Théoricien de la pensée révolutionnaire, il s'opposa, à partir de 1905, aux marxistes radicaux (comme Rosa Luxemburg). Il prit une position pacifiste pendant la Première Guerre mondiale. Ses nombreuses critiques de la révolution d'Octobre en Russie lui valurent d'être souvent qualifié dans les ouvrages de Lénine de « cet opportuniste de Kautsky ».

KEITEL, Wilhelm (1882-1946), maréchal allemand. De 1935 à 1938, il fut chef du service politique et militaire de la Wehrmacht. À partir de 1938, il devint commandant suprême des forces armées. En juin 1944, il fit partie du tribunal qui jugea les officiers ayant pris part au complot contre Hitler. Il signa la capitulation de l'Allemagne à Berlin le 8 mai 1945. Il fut condamné à mort par le tribunal de Nuremberg et pendu.

KELLERMAN, Bernhard (1879-1951), écrivain et journaliste allemand. Néoromantique dans ses premiers romans, dont *Yester et Li* (1904), il écrit ensuite des œuvres empreintes d'une vision sociale critique, tel son roman le plus connu : *Le Tunnel* (1913).

Kharkov. Grande ville d'Ukraine, fondée au milieu du XVIIᵉ siècle, elle fut la capitale de la République soviétique d'Ukraine entre 1919 et 1934.

KHATAÏEVITCH, Mendel Markovitch (1893-1937), bolchevik depuis 1913, membre du Comité central depuis 1930. C'est l'un des principaux organisateurs de la collectivisation en Ukraine, responsables de la ruine des paysans et de la famine des années 1933-1934. En 1937, il fut accusé d'avoir pris part à une organisation contre-révolutionnaire ; condamné à mort et exécuté, réhabilité en 1956.

KHLEBNIKOV, Victor Vladimirovitch, *dit* **Velemir** (1885-1922), un des fondateurs du futurisme dans la poésie russe. Khlebnikov unit l'expérience linguistique à une vision philosophique et une interprétation du symbolisme numérique dans l'histoire (les lois du temps). Prophète d'une « nouvelle mythologie » cherchant à rapprocher l'art et la science, il fut élu par les poètes russes « président du globe terrestre ». Maïakovski l'appelait le « chevalier le plus honnête de la poésie ».

KHMELNITSKI, Bogdan Mikhaïlovitch Zinovi, *dit* (1595-1657), homme politique et militaire, hetman de l'Ukraine. Il dirigea la guerre contre la Pologne (1648-1654). En 1648, il écrivit une lettre au tsar Alexis Mikhaïlovitch pour demander le rattachement à la Russie. Le 1ᵉʳ octobre 1653, le Zemski sobor à Moscou décida de réunir la Russie et la Petite Russie (Ukraine), décision confirmée par le traité de Pereïaslal. L'ordre de Bogdan Khmelnitski fut institué pendant la guerre, le 10 octobre 1943 ; il est décerné pour mérites militaires.

KHODASSEVITCH, Vladislav Felitsianovitch (1886-1939), poète et historien de la littérature russe. Auteur de recueils de poésie dont *La Lyre lourde*, d'une biographie de G. Derjavine, d'une série d'essais consacrés à Pouchkine et du livre de mémoires littéraires *Nécropole*. Il émigra en Italie en 1922 où il fut, avec Gorki, corédacteur de la revue *Conversation* (*Besseda*), il s'installa ensuite à Paris en 1925.

Khodinka. Champ de manœuvres situé au nord-ouest de Moscou. Il fut, en mai 1896, lors des fêtes du couronnement de Nicolas II, le théâtre d'une gigantesque bousculade. D'après les données officielles, 1 389 personnes furent écrasées et 1 300 mutilées. L'événement eut un grand retentissement dans le pays.

KHODJAÏEV, Faïzoula Khotaïevitch (1896-1938), membre du parti des jeunes Boukhariens à partir de 1916, du parti bolchevique à partir de 1920, membre du Conseil révolutionnaire à Boukhara. À partir de 1924, Khodjaïev fut président du Sovnarkom de la République soviétique ouzbek. Condamné en 1938 au procès du « bloc antisoviétique trotskiste de droite », il fut exécuté la même année, avant d'être réhabilité en 1965.

KHROUCHTCHEV, Nikita Sergueïevitch (1894-1971), bolchevik depuis 1918. Il participa à la guerre civile. Dans les années 1930-1940, il occupa les postes de secrétaire du Parti à Moscou et en Ukraine, continuant les purges politiques. Pendant la Seconde Guerre mondiale, il fut membre du Conseil du front. Après la mort de Staline, soutenu par Malenkov, Molotov, Kaganovitch et Joukov, il renversa et liquida Beria en juin 1953. Il délencha la déstalinisation au XXᵉ Congrès du Parti, en février 1956. En juin 1957, soutenu par le maréchal G. Joukov et le chef du KGB I. Serov, il réussit à réunir une assemblée plénière du Comité central du Parti et à l'emporter sur Molotov, Malenkov et Kaganovitch qui avaient l'intention de le déchoir en utilisant leur majorité au présidium du Comité central. Ses réformes libérales contradictoires furent interrompues en 1964, quand il fut démis de toutes ses fonctions par l'assemblée plénière du Comité central du Parti en octobre 1964.

KIBALTCHITCH, Nikolaï Ivanovitch (1853-1881), populiste, membre du groupe terroriste « La liberté ou la mort », où il était technicien et préparait les explosifs. Arrêté en mars 1881 comme l'un des organisateurs de l'assassinat d'Alexandre II, il fut condamné à mort. Dans une lettre adressée, la veille de son exécution, à Alexandre III, il évoque la nécessité de réformes profondes du système politique russe. Il est l'auteur d'un projet d'appareil aérostatique conservé dans les archives de la police jusqu'en 1917.

KIKVIDZE, Vassili Isidorovitch (1895-1919), membre du parti socialiste-révolutionnaire. Chef d'une célèbre division de tireurs d'élite, « héros » de la guerre civile, il fut tué au combat.

KIM, *voir* Internationale de la Jeunesse communiste.

Kirov, rue (Moscou). Autrefois appelée rue Miasnitskaïa à cause des bouchers qui y habitaient au XVIᵉ siècle, la rue Kirov est l'une des rues les plus connues de Moscou, habitée au XVIIIᵉ et au XIXᵉ siècle par des nobles, puis par de riches marchands et des industriels. De 1935 à 1990, elle fut rebaptisée en souvenir du passage du cortège funèbre de Kirov.

KIROV, Sergueï Mironovitch Kostrikov, *dit* (1886-1934), bolchevik depuis 1904, membre du Politburo depuis 1930, il effectua, à la tête de l'organisation du Parti à Leningrad (1926-1934), les purges massives des vieux cadres du Parti, des « ennemis de classe », des personnes « d'origine non prolétaire ». D'après une des hypothèses, son assassinat le 1ᵉʳ décembre 1934 au Smolny aurait été organisé par Staline. Khrouchtchev raconte dans ses Mémoires

que les « vieux bolcheviks » auraient proposé à Kirov, au cours du XVIIᵉ Congrès du Parti (janvier-février 1934), de remplacer Staline au poste de secrétaire général, proposition que Kirov avait rejetée. L'assassinat de Kirov le 1ᵉʳ décembre 1934 déclencha la période dite de la Grande Terreur. Les nouveaux détenus étaient surnommés dans les camps le « flot kirovien » ou le « recrutement kirovien ». À Leningrad, le NKVD publia le 27 février 1935 la Résolution « Sur l'expulsion des éléments contre-révolutionnaires de Leningrad et de la région de Leningrad ». Environ 12 000 personnes étaient inscrites sur les listes de déportés : anciens nobles ou officiers, enfants de prêtres (eux-mêmes déjà déportés).

Kislovodsk. Kislovodsk (« eau acide ») est une station thermale située dans une gorge creusée dans les contreforts montagneux du nord du Caucase, célèbre depuis le début du XIXᵉ siècle pour les eaux minérales *Narzan*. Fondée en 1803, Kislovodsk était une place forte du régiment des cosaques du Terek.

KOBOULOV, Amaïak Zakharovitch (1906-1958), général-lieutenant de la sécurité d'État, frère de Bogdan Koboulov. Avec le soutien de son frère, il fit rapidement carrière dans le NKVD, surtout lorsque Beria prit la tête de la police secrète. Il fut narkom des Affaires intérieures dans différentes républiques soviétiques, et, à partir de 1945, occupa des postes importants dans la structure du NKVD. Arrêté après la chute de Beria, il fut condamné et exécuté.

KOBOULOV, Bogdan Zakharovitch, (1904-1953), commissaire de la sécurité d'État. En 1937, il était le chef du NKVD en Géorgie, où il organisa des purges politiques. Promu en 1938 par Beria dont il devint le bras droit, il prit la tête de l'administration économique du NKVD. Membre de la « troïka » qui dressa la liste des officiers polonais condamnés à être exécutés (Katyn, 1940). Koboulov compte aussi parmi les responsables de la déportation des Tchétchènes et des Ingouches en février 1944. À partir de 1946, il occupa des postes variés à l'étranger, en particulier celui de chef de la sécurité d'État en territoire allemand occupé. Après la mort de Staline, il fut nommé par Beria premier adjoint à l'Intérieur. La chute de ce dernier entraîna son arrestation et, accusé de nombreuses exactions et d'espionnage, il fut fusillé.

KOCH, Robert (1843-1910), biologiste allemand, l'un des fondateurs de la bactériologie et de l'épidémiologie. Prix Nobel (1905).

Kolkhoze. Du russe *kollektivnoe khoziaïstvo*, « exploitation collective », le kolkhoze remplace les exploitations paysannes individuelles à partir de la collectivisation de 1929. La terre, les instruments de travail sont collectifs, et le bénéfice partagé proportionnellement à la participation. La collectivisation rencontra une forte résistance. Après 1991, certains kolkhozes furent transformés en sociétés par actions, d'autres fermèrent.

KOLTCHAK, Alexandre Vassilievitch (1874-1920), amiral, un des chefs des armées Blanches. « Dictateur » de Sibérie pendant la guerre civile, il prit le titre de Gouverneur suprême de la Russie (novembre 1918-janvier 1920). Après la défaite des Blancs en Sibérie, il fut trahi par la légion tchèque et livré aux bolcheviks. Il fut exécuté le 7 février 1920 sur décision du comité révolutionnaire bolchevique.

Kolyma. Fleuve du nord-est de la Sibérie, situé dans la région de Magadan et dans la république de Iakoutie (centre administratif des camps nord-est du NKVD de 1930 à 1950). Par extension, symbole des camps soviétiques.

Komintern. Créé en mars 1919 à Moscou, le Komintern (Internationale communiste ou IIIe Internationale) regroupait les partis communistes de nombreux pays. Au IIe Congrès (1920) fut votée la clause de Lénine prônant l'adoption, par les partis du Komintern, des principes d'organisation du parti bolchevique et la rupture avec le mouvement international social-démocrate. Le rôle du Komintern sur la scène internationale fut important dans la lutte antifasciste où il servait d'instrument à la politique étrangère soviétique, oscillant entre le soutien direct aux mouvements révolutionnaires et les tentatives d'établissement d'un « front populaire » qui réunissait parti communiste et autres partis de gauche. N'étant plus jugé utile dans le contexte de la Seconde Guerre mondiale et de l'alliance militaire avec la Grande-Bretagne et les États-Unis, le Komintern fut dissous en mai 1943.

Komis. République autonome du nord-est de la partie européenne de la Russie.

Konotop. Petite ville et nœud ferroviaire d'Ukraine.

KORNEÏTCHOUK, Alexandre Evdokimovitch (1905-1972), écrivain et homme politique soviétique. Président de l'Union des écrivains ukrainiens, il fut un dramaturge reconnu de l'époque stalinienne. Membre du Comité central du parti communiste ukrainien (à partir de 1949), puis vice-président du Conseil des ministres d'Ukraine (1953-1954). Auteur de pièces qui présentent une version « enjolivée » de l'histoire bolchevique du pays et qui furent jouées avec succès sur les meilleures scènes du pays, notamment au célèbre Théâtre d'Art à Moscou. Le sommet de sa carrière fut la publication dans quatre numéros de la *Pravda* (du 24 au 27 août 1942) de sa pièce *Le Front*, consacrée à la critique des méthodes de l'époque de la guerre civile et à la relève des générations dans l'armée soviétique. Cette pièce, dont le manuscrit fut lu et corrigé par Staline, cherchait à justifier les répressions contre le commandement de l'armée Rouge en 1938 ; elle provoqua l'indignation de nombreux généraux (Timochenko et Koniev, entre autres) qui exigèrent une sanction. Dans une interprétation satirique et sous un autre nom, *C'est ainsi qu'ils font la guerre*, cette pièce fut jouée à Kiev pendant l'occupation nazie.

KORNILOV, Lavr Gueorguievitch (1870-1918), général russe. Commandant en chef de la région militaire de Petrograd (mars-juillet 1917) puis commandant en chef de l'armée russe (juillet-août 1917). En août 1917, dans le but de prévenir la prise du pouvoir par les bolcheviks, et avec l'accord du Gouvernement provisoire, il approcha les régiments fidèles au pouvoir de Petrograd. Tandis que Kornilov marchait sur la capitale, le chef du gouvernement, A. F. Kerenski, sous la pression du Soviet de Petrograd, le déclara insurgé. L'un des organisateurs des armées Blanches au sud du pays (novembre-décembre 1917), il fut tué par un obus au cours de l'offensive d'Ekaterinodar en avril 1918.

KOROLENKO, Vladimir Galaktionovitch (1853-1921), écrivain, proche des populistes et du mouvement révolutionnaire. Il est l'auteur de récits sur la vie des « petites gens », paysans, artisans et vagabonds, et de Mémoires : *L'Histoire de mon contemporain*. Il accueillit la révolution de février 1917 comme une promesse d'ouverture et de réforme, mais fut très critique envers la prise du pouvoir par les bolcheviks. Il protesta contre la Terreur rouge, autant que contre la blanche, contre les réquisitions de blé chez les paysans et la suppression de la liberté de parole. Il est l'auteur de lettres très virulentes adressées à Lounatcharski.

KOSSIOR, Stanislav Vikentievitch (1889-1939), bolchevik à partir de 1907, il participa au coup d'État du 25 octobre 1917. En 1918, il devint narkom des Finances en Ukraine, et, à partir de 1928, secrétaire général du Parti en Ukraine. Partisan convaincu de Staline, il fut responsable de la collectivisation et de la famine en Ukraine (1932-1933). Organisateur des purges, il fut membre d'une « troïka » qui prononça des dizaines de milliers de sentences de mort. Il participa à l'élaboration du texte de la Constitution de 1936. Accusé de « manque de vigilance », il fut arrêté et condamné à mort puis réhabilité en 1956.

Kotlas. Petite ville de la région d'Arkhangelsk, devenue pendant les premiers plans quinquennaux un centre industriel important et un nœud de communications ferroviaires.

Kouïbychev, *voir* Samara.

Koukourouznik, *voir* U-2.

Koulak. Ce terme, « poing, poigne » en russe, désignait les paysans aisés apparus à la suite de l'abolition du servage en 1861 et surtout des réformes de Stolypine qui libérèrent les paysans de l'emprise de la communauté rurale (1906-1911). En 1913, 20 % environ des paysans « koulaks » produisaient 50 % du blé destiné à la vente. Entre 1929 et 1933, pendant la collectivisation des terres en URSS sur décision du Parti, cette notion fut, de fait, étendue à ceux qui refusaient les kolkhozes et les « koulaks » furent « liquidés en tant que classe » par l'expropriation de leurs biens et par la déportation des familles dans les régions reculées du pays. *Voir aussi* « Dékoulakisation ».

KOUPRINE, Alexandre Ivanovitch (1870-1938), écrivain. Auteur de nombreux récits et nouvelles, dont *Le Duel* (1905) qui fut un événement de la vie littéraire russe, *Le Bracelet de grenats, Les Junkers*. Émigré de 1919 à 1937, il retourna en URSS à la fin de sa vie.

Kouressaate, *voir* Ezel.

Koursk. Ville ancienne du sud-ouest de la Russie, située au cœur d'immenses réserves de fer (on trouve mention de son existence dans les vieilles chroniques de 1095). Pendant l'été 1943, Koursk fut le théâtre d'une gigantesque et sanglante bataille de chars, et d'une victoire décisive pour l'armée Rouge.

KOURTCHATOV, Igor Vassilievitch (1903-1960), physicien et académicien (1953). Créateur de la première bombe thermonucléaire soviétique (1953). Son nom fut donné au 104e élément de la classification périodique des éléments chimiques.

KOUTOUZOV, Mikhaïl Illarionovitch (1745-1813), maréchal russe. Disciple du célèbre Souvorov, il participa aux guerres contre la Turquie aux XVIIIe et XIXe siècles et à la coalition austro-russe contre la France en 1805. Pendant la campagne de 1812, que l'histoire russe appelle la guerre patriotique, il ne fut nommé à la tête des armées russes qu'en août, en raison du manque de confiance d'Alexandre Ier qui n'avait pas oublié la défaite d'Austerlitz. Après la bataille de Borodino, le 7 septembre 1812, il choisit de laisser Moscou à Napoléon plutôt que de perdre son armée. Ce choix difficile ainsi que son refus de négocier furent décisifs dans l'issue de la campagne.

Kouzbass. Important bassin houiller dans les régions de Novossibirsk et de Kemerovo, découvert en 1721. Son exploitation, commencée en 1851, devint systématique en 1914 et prit encore de l'ampleur en 1930 après la création d'un grand centre métallurgique (décision du XVIe Congrès du Parti).

Kouznetski Most, rue (Moscou). Rue du centre de Moscou, célèbre pour ses magasins de mode et ses librairies, ses restaurants et hôtels. Les boutiques françaises, installées à partir du milieu du XVIIIe siècle, furent protégées par les soldats de Napoléon pendant l'incendie de 1812.

Krasnoïarsk. Grande ville située sur l'Ienisseï et desservie par le Transsibérien. Fondée en 1628 comme place forte, elle fut un lieu de relégation politique avant 1917. Elle devint, au cours des premiers plans quinquennaux, le plus grand centre industriel de Sibérie orientale.

KRASSINE, Leonid Borissovitch (1870-1926), un des bolcheviks de la première heure, qui travailla dans les groupes clandestins. Entre 1912 et 1917, ayant abandonné l'action révolutionnaire, il travailla comme ingénieur pour *Siemens*. En 1917, il fut invité par Lénine et Trotski à participer à la délégation de Brest-Litovsk. Après 1917, il fut l'un des organisateurs des détachements chargés de réquisitionner la nourriture. Il occupa des postes dans les Commissariats des Affaires étrangères, des Communications, du Commerce extérieur. Il protesta contre l'asphyxie de l'industrie par les réglementations bureaucratiques. Ambassadeur soviétique en Angleterre (1920-1923 et 1925-1926) et en France (1924), il est mort à Londres.

Kremlin, hôpital du (Moscou). Hôpital réservé aux membres du gouvernement et aux hauts fonctionnaires soviétiques. Il fut fondé en 1919 dans le cadre de la direction médico-sanitaire du Kremlin. Situé d'abord à proximité du Kremlin, l'hôpital fut transféré, en 1958, aux environs de Moscou, à Kountsevo.

KRIVOROUTCHKO, Nikolaï Nikolaïevitch (1887-1938), commandant d'armée pendant la guerre civile, membre du Conseil de guerre auprès du narkom de la Défense (1935-1937). Arrêté, condamné et exécuté en 1938, il fut réhabilité en 1956.

KROPOTKINE, Piotr Alexeïevitch (1842-1921), révolutionnaire et savant russe, théoricien de l'anarchisme. Issu d'une vieille lignée princière, il abandonna une brillante carrière à la cour pour se consacrer aux recherches géographiques et géologiques, puis à l'action révolutionnaire. Secrétaire de la Société géographique russe, il fut également membre de la Ire Internationale (1872). Arrêté en 1874 pour propagande populiste « parmi le peuple », il s'évada en 1876. Pendant les quarante années que dura son émigration, il écrivit de nombreux ouvrages historiques et sociologiques. De retour à Petrograd en 1917, il refusa un poste au Gouvernement provisoire. Approuvant d'abord les « soviets », comme une initiative de la « base », il condamna par la suite la Terreur rouge et la prise des otages que pratiquaient les bolcheviks. Il essaya d'influencer Lénine et de lutter contre le régime dictatorial bolchevique, qui, présageait-il, « signerait l'arrêt de mort de la nouvelle société ».

KROUPSKAÏA, Nadejda Konstantinovna (1869-1939), membre de l'« Union pour la libération de la classe ouvrière », noyau du parti bolchevique depuis 1895. Épouse de Lénine, elle l'accompagna dans son exil en Sibérie puis dans son émigration à l'étranger. À partir de 1917, elle occupa différents postes dans le gouvernement soviétique, dans le domaine de l'éducation ; elle fut présidente du comité pour l'éducation politique. Au XIVe Congrès (1925), elle soutint la « nouvelle opposition » de Zinoviev et de Kamenev contre Staline, mais par la suite elle reconnut son « erreur ». Elle vota pour l'exclusion du Parti de Trotski, de Zinoviev et de Kamenev, ainsi que pour l'arrestation de

Boukharine. Elle est l'auteur de nombreux livres sur Lénine.

KRYLOV, Nikolaï Ivanovitch (1903-1972), maréchal soviétique (1962). Pendant la bataille de Stalingrad il était à la tête du QG de la 62ᵉ armée. Après la guerre, il commanda différentes régions militaires. Il devint, en 1963, vice-ministre de la Défense.

KRYLOV, Nikolaï Mitrofanovitch (1879-1955), mathématicien soviétique, académicien (1929). Il élabora de nombreuses méthodes de physique mathématique.

KUBELIK, Jan (1880-1940), violoniste et compositeur tchèque, connu pour sa virtuosité, notamment dans l'interprétation des œuvres de Paganini. Il effectua des tournées en Russie en 1901, en URSS en 1927.

KVITKO, Lev Moïssevitch (1890-1952), poète juif. Dans sa poésie d'inspiration populaire, une place de choix revient aux poèmes pour enfants.

LACHEVITCH, Mikhaïl Mikhaïlovitch (1884-1928), membre du parti social-démocrate à partir de 1901, bolchevik. Pendant la guerre civile, il fut commissaire politique des détachements de barrage et membre du Conseil révolutionnaire de guerre. Il devint, en 1925, adjoint du narkom de la Guerre et de la Marine. Ayant soutenu Trotski et les autres membres de l'opposition au XVᵉ Congrès, il fut exclu du Parti en 1927, puis réintégré en 1928 après avoir fait son autocritique.

Lance-missiles. Les lance-missiles soviétiques, appelés par les Allemands pour le bruit qu'ils produisaient les « orgues de Staline », étaient surnommés dans l'armée soviétique les « Katioucha » (diminutif affectueux de Catherine) d'après une chanson du même nom, très populaire pendant la guerre. Les lance-missiles allemands étaient baptisés les « Vanioucha » (diminutif affectueux d'Ivan).

LANDAU, Lev Davidovitch (1908-1968), physicien et académicien (1946). Il reçut le prix Nobel (1962).

Landlease. Aide matérielle des Alliés (Grande-Bretagne et États-Unis) qui livraient du matériel de guerre, de l'essence et de la nourriture à l'armée Rouge, confrontée à la machine de guerre allemande disposant des ressources de l'Europe occupée.

LASSALLE, Ferdinand (1825-1864), philosophe et économiste, un des fondateurs du mouvement social-démocrate allemand. Il soutenait l'idée de l'association productive des travailleurs et du suffrage universel, et critiquait la théorie économique de Ricardo.

LAVROV, Piotr Lavrovitch (1823-1900), penseur russe, théoricien du populisme révolutionnaire. Proche de l'organisation clandestine « Terre et Liberté », il fut déporté dans le nord du pays. Il s'évada en 1870 pour Paris, participa à la Commune, puis à la Iʳᵉ Internationale. Dans les années 1880, il se rapprocha de la « Volonté du Peuple » dont il refusait pourtant les méthodes terroristes. Il est l'auteur de *Lettres historiques* et de *L'Histoire de la pensée*, ouvrages consacrés aux problèmes de la révolution et de la morale. Il s'opposait à l'idée du pouvoir révolutionnaire fondé sur la violence. Marx, dont il était l'ami, lui légua sa bibliothèque russe. Il est mort à Paris.

LEBEDEV, Piotr Nikolaïevitch (1866-1912), fondateur de l'École russe de physique. Ses études des ondes électromagnétiques confirmèrent la théorie électromagnétique de la lumière.

LEBEDEV-KOUMATCH, Vassili Ivanovitch (1898-1949), poète, auteur des paroles de chansons populaires soviétiques dont certaines sont devenues emblématiques des années 1930-1940, comme *Vaste est mon pays natal, La Guerre sacrée*.

Lefortovo (Moscou). Prison de Moscou située dans le quartier historique de Lefortovo (du nom de Franz Lefort, conseiller et ami de Pierre Iᵉʳ). Construite en 1880 comme prison militaire. À l'époque des purges staliniennes, elle avait la sinistre réputation d'être un lieu de torture : les accusés étaient prêts à tout signer quand on leur annonçait leur transfert à Lefortovo. Avant son départ en exil, Soljenitsyne y fut emprisonné quelques jours.

LEMECHEV, Sergueï Iakovlevitch (1902-1977), ténor lyrique du Bolchoï (1931-1965) jouissant de la reconnaissance officielle. Célèbre pour ses interprétations dans les opéras de Tchaïkovski et de Rimski-Korsakov, de Verdi et de Gounod.

Lénine, bibliothèque (Moscou). C'est la bibliothèque la plus riche du pays, elle compte environ trente-neuf millions de livres, de revues et de journaux. Elle faisait partie, à l'origine, du musée du comte Roumiantsev, et fut transférée, en 1861, de Saint-Pétersbourg à Moscou. Son fonds fut constamment enrichi de copies de tous les ouvrages et périodiques publiés en Russie, et, après 1917, par de nombreuses collections de livres nationalisées. Après la fermeture du musée Roumiantsev en 1919, elle prit le nom de bibliothèque Roumiantsev, puis celui de Lénine en 1924, comme plusieurs autres établissements culturels, villes, rues et places. Depuis 1992, elle se nomme Bibliothèque d'État de la Russie.

Leningrad, siège de. Aucune ville dans l'histoire moderne n'a subi un siège aussi long et aussi pénible (neuf cents jours). Le blocus de Leningrad par les armées allemandes, depuis le 8 septembre 1941, ne fut percé que le 18 septembre 1943 avant d'être définitivement levé le 27 janvier 1944. Le siège s'accompagna de tirs d'artillerie, de bombardements et d'une famine sans précédent. Le nombre de victimes qui moururent de faim est difficile à évaluer ; selon les différentes estimations, il oscille entre 649 000 et 2 millions. Pendant l'hiver 1941-1942, où le rationnement était tombé à 250 grammes de pain pour les personnes actives et à 125 grammes pour les inactifs, 3 500 à 4 000 personnes mouraient chaque jour (en septembre 1941, 2 540 000 civils étaient bloqués à Leningrad). Pendant le siège, de nombreux habitants de Leningrad furent évacués (environ un million de personnes au cours de l'année 1942). Une des régions d'évacuation était le Kazakhstan.

Leninsk. Petite ville (avant 1919, Prichib) de la région de Stalingrad, sur la rive gauche de la rivière Akhtouba, un des bras de la Volga. Le même nom fut donné, à l'époque soviétique, à trois villes, deux en Sibérie et une en Ouzbékistan.

LEONOV, Leonid Maximovitch, (1899-1994), écrivain et publiciste soviétique. Fils d'un poète d'origine paysanne, il se consacra très tôt à la carrière littéraire. Ses premiers romans, notamment *Le Voleur* (1927), furent hautement appréciés par Maxime Gorki. Dans son œuvre, consacrée au caractère russe face aux épreuves du xxe siècle, la quête littéraire des années 1920 céda progressivement le pas à l'esthétique réaliste. La nature, qui lui inspira son roman le plus connu, *La Forêt russe,* reste un des thèmes centraux de son dernier roman, *La Pyramide,* inachevé.

LESKOV, Nikolaï Semionovitch (1831-1895), écrivain et publiciste russe. Partisan des réformes, boycotté par la presse radicale, il critiqua dans ses romans, *Sans issue* et *À couteaux tirés* (1871), le nihilisme et le mouvement révolutionnaire des années 1860-1870, avant de se tourner vers une peinture des mœurs qui rendait bien l'ambiance de la Russie provinciale et patriarcale. Son écriture élaborée, où résonnent les accents de la poésie épique populaire et les différents parlers russes, fait de lui un maître incontesté de la nouvelle avec, par exemple, son célèbre *Gaucher*, sorte de *loubok* (image d'Épinal traditionnelle russe) raffiné. Méconnu de son vivant, il fut hautement apprécié par les écrivains au tournant du xxe siècle.

LEVANDOVSKI, Mikhaïl Karpovitch (1890-1937). En août 1917, il participa à l'écrasement du putsch de Kornilov. Membre du parti socialiste-révolutionnaire. Commandant d'armées pendant la guerre civile, il occupa ensuite des postes élevés au narkomat de la Guerre et fut député au Soviet suprême de l'URSS. Arrêté en 1937, il se reconnut coupable de complot antisoviétique et trotskiste. En 1938, il fut condamné à mort et exécuté. Il fut réhabilité en 1956.

LEVINE, Lev Grigorievitch (1870-1941), médecin, assistant du médecin-chef de l'hôpital du Kremlin. Il fut accusé, avec Pletnev, d'avoir assassiné Gorki, Kouïbychev et Menjinski. Sur les causes de sa mort, voir « Pletnev, Dmitri Dmitrievitch ».

LEVITAN, Iouri Borissovitch (1914-1983), speaker à la radio, il lisait, pendant la guerre, les communiqués du Sovinformburo et les ordres de Staline. Familière à tous les habitants du pays, sa voix, grave et solennelle, avait un fort impact émotionnel. Pendant presque cinquante ans Levitan annonça les décisions les plus importantes du gouvernement. Il fut nommé artiste du peuple de l'URSS en 1980.

LIOUBOTCHKA AXELROD, *voir* Axelrod, Lubov Isaakovna.

Liquidation de l'analphabétisme. La publication du décret « Sur la liquidation de l'analphabétisme parmi la population de la RSFSR » en décembre 1919 marqua le début de la campagne de *likbez* (abréviation de *likvidatsia bezgramotnosti*). Le décret stipulait l'obligation, pour chaque personne entre huit et cinquante ans, d'apprendre à lire et à écrire dans sa langue maternelle ou en russe. Les administrations locales avaient un délai de deux mois pour planifier cette campagne et pouvaient embaucher des enseignants parmi les gens instruits, soumis alors à un service de travail obligatoire.

LOBATCHEVSKI, Nikolaï Ivanovitch (1792-1856), mathématicien russe, créateur en 1826 de la géométrie non euclidienne dont la présentation fut publiée en 1829. Sa théorie, méconnue de son vivant en Russie, fut hautement appréciée par Gauss après la traduction de ses ouvrages en allemand (1840), et influença par la suite les sciences et les arts : ses postulats furent utilisés par Einstein dans la théorie de la relativité, ses idées inspirèrent des artistes et des poètes de l'avant-garde russe comme Malevitch et Khlebnikov.

Loi des trois épis. Le 7 août 1932, le Comité central adopta la loi « Sur la protection de la propriété socialiste », qui prévoyait la déportation pour dix ans ou la condamnation à mort avec confiscation des biens de l'accusé pour toute atteinte à la propriété socialiste, quelle que soit l'importance du délit. D'après cette loi, appelée par le peuple « Loi des trois épis », le simple fait de voler une poignée de blé ou quelques pommes de terre dans un champ kolkhozien pouvait être puni avec toute la sévérité requise. Environ un million de paysans furent durement sanctionnés pour avoir dérobé de petites quantités de blé kolkhozien.

LOMINADZE, Vissarion Vissarionovitch (1897-1935), bolchevik à partir de 1917. Il participa à l'écrasement de la révolte de Cronstadt. Il occupa des postes importants dans le Parti et dans le Komintern. Sa critique de la politique étrangère de Staline lui valut d'être « exilé » au poste de dirigeant de l'organisation du Parti au combinat métallurgique de Magnitogorsk. Il se suicida après avoir appris l'arrestation de son ami Chatskine et celle d'autres dirigeants des Jeunesses communistes. Il fut déclaré « ennemi du peuple » après sa mort.

LOMONOSSOV, Mikhaïl Vassilievitch (1711-1765), savant russe polyvalent, qui fit des découvertes importantes en sciences naturelles, en physique et en chimie. Homme au savoir encyclopédique, il fut aussi artiste, grammairien, poète, et posa les fondements de la langue littéraire moderne russe. Premier académicien russe (1745), il fonda l'université de Moscou.

LOMOV, Gueorgui Ippolitovitch Oppokov, *dit* (1888-1938), bolchevik à partir de 1903. Il fut l'un des organisateurs de la prise du pouvoir par les bolcheviks le 25 octobre 1917. Narkom de la Justice dans le premier gouvernement soviétique en 1917, il occupa des postes importants dans le Parti et le gouvernement. Arrêté sur dénonciation en 1937, il fut condamné à mort par le tribunal militaire. Il fut réhabilité à titre posthume en 1956.

Londres, accord de (1953). Cet accord, conclu le 27 février 1953 à Londres, régla la question de la dette extérieure allemande, en reportant le paiement au moment de la réunification du pays. L'accord régla également le problème des réparations aux prisonniers de guerre des pays occidentaux. Dans cette période de guerre froide, l'URSS ne participa pas aux accords.

Loubianka (Moscou). Nom de la place où se trouvait le siège de la police politique, successivement, la Tchéka, le Guépéou, le NKVD, le KGB. Depuis 1991, le FSB, le Service fédéral de Sécurité, y a ses quartiers.

LOUNATCHARSKI, Anatoli Vassilievitch (1875-1933), membre du parti social-démocrate depuis sa fondation, proche des bolcheviks. Narkom de l'Instruction publique (1917-1929), il fut l'un des fondateurs du système soviétique de l'enseignement fortement idéologisé. Il entama une collaboration avec la vieille intelligentsia et essaya de protéger des persécutions de la Tchéka des savants dont le régime avait besoin. En même temps, il organisa les exils massifs des meilleurs penseurs et savants russes à l'étranger et déclencha la campagne d'expulsion des enseignants pour des raisons politiques. Un des organisateurs du Proletkult. Considéré parmi les bolcheviks comme le meilleur expert dans le domaine de la culture, il contribua à la sauvegarde de certains monuments d'art et d'histoire, mais initia également de nombreuses démolitions et la création de monuments « idéologiquement corrects ». À partir de 1929, il occupa des postes diplomatiques.

LOUPPOL, Ivan Kapitonovitch (1896-1943), historien de la littérature et philosophe soviétique, chercheur à l'Institut Marx-Engels, professeur de l'université de Moscou, il fut l'un des premiers à étudier les écrits philosophiques de Lénine. Il devint directeur de l'Institut de la littérature mondiale (1935-1940) et académicien (1939). Arrêté en 1941, il fut incarcéré avec N. Vavilov dans la cellule des condamnés à mort. Sa peine fut commuée en vingt ans d'emprisonnement. Il mourut dans un camp.

LOZOVSKI, Solomon Abramovitch Drizdo, *dit* (1878-1952), membre du parti social-démocrate à partir de 1901. Il fut l'un des fondateurs de l'Internationale des syndicats. À partir de 1937, il devint directeur des Éditions politiques. De 1939 à 1946, il fut adjoint du narkom des Affaires étrangères, à partir de 1941, adjoint du chef, et, de 1945 à 1948, chef du Sovinformburo. Il contrôla les activités du Comité juif antifasciste (1942-1948). Exclu du Parti en 1949, il fut l'un des principaux accusés dans l'affaire du Comité juif antifasciste ; condamné à mort, il fut fusillé en 1952.

Lutte contre l'idéalisme. La publication en URSS en 1925 des ouvrages d'Engels *L'Anti-Dühring* et *La Dialectique de la nature* aboutit, dans le contexte social et politique de la fin des années 1920, à leur interprétation dogmatique et à la nécessité de soumettre toute recherche en sciences naturelles à la lumière du matérialisme dialectique. Cela conduisit à la montée en puissance de chercheurs soutenant des points de vue dépassés et anachroniques et introduisant des arguments politiques dans la polémique scientifique, dont les plus notoires sont T. D. Lyssenko avec ses recherches sur les hybrides et O. B. Lepechinskaïa avec sa « théorie de la matière vivante ».

LYSSENKO, Trofim Denissovitch (1898-1976), biologiste et agronome soviétique, académicien. Lyssenko joua un rôle dramatique dans la « débâcle de la biologie soviétique » dans les années 1930-1960. Dénonçant la génétique classique comme « une science bourgeoise », il affirmait la transmission des caractères acquis et proposait une théorie qui permettrait de donner naissance à une espèce végétale à partir d'une autre, ce qui promettrait des miracles pour l'agriculture et correspondait, d'après les dirigeants du Parti, à la vision marxiste. L'importance prise par Lyssenko, qui était soutenu par Staline dont il chantait les louanges, et l'introduction de méthodes de dénonciation politique dans la science, aboutirent à la disparition des écoles scientifiques, à l'emprisonnement et à la mort de plusieurs savants parmi lesquels N. I. Vavilov (1887-1943), qui jouissait d'une renommée mondiale. À la session de l'Académie des sciences agricoles en août 1948, les tenants de la génétique classique furent obligés de faire leur *mea culpa*. Les postes clés dans les académies, les universités et les instituts de recherche furent dès lors accaparés par les collaborateurs de Lyssenko.

Ces péripéties tragiques firent l'objet de plusieurs publications. L'une des premières, *The Rise and Fall of Lyssenko* de Jaurès Medvediev, parue en 1970 aux États-Unis, valut à son auteur d'être incarcéré en hôpital psychiatrique ; il fut relâché après de multiples protestations.

MacDONALD, James Ramsay (1866-1937), homme politique britannique, l'un des fondateurs, puis le chef, du parti travailliste. Pacifiste et partisan d'un socialisme évolutionniste, il fut nommé Premier Ministre des deux premiers gouvernements travaillistes (en 1924, puis de 1929 à 1931). Ce premier gouvernement travailliste reconnut l'URSS en 1924 et le deuxième rétablit, en 1929, les relations diplomatiques rompues par les conservateurs en 1927.

Madone Sixtine. Tableau de Raphaël peint en 1512-1513 et conservé à la Gemälde Galerie de Dresde. Évacués de Dresde par les autorités nazies en janvier 1945, les tableaux du musée étaient cachés dans de nombreux endroits, mal adaptés à la conservation de la peinture. Les recherches, entreprises par un détachement spécial de l'armée soviétique, permirent de découvrir quarante-cinq cachettes, en particulier une mine abandonnée, aux environs du château de Koenigstein, où avait été enseveli l'essentiel de la collection, avec son plus beau fleuron, *La Madone Sixtine*. Transportés à Moscou, les tableaux y furent restaurés puis exposés en 1955 avant d'être rendus à l'Allemagne de l'Est.

Le culte de la *Madone Sixtine*, initié par les romantiques allemands Tieck, Wackenroder, Novalis et Schlegel, fut introduit en Russie par Joukovski, poète et traducteur de la poésie allemande, pour confiner à une vénération quasi mystique et inciter des hommes de lettres et des artistes russes à faire un pèlerinage à Dresde. La parfaite harmonie du tableau fut chantée dans des essais, des poèmes et

des lettres par le critique Belinski, les poètes Ogarev et Fet, ainsi que par Dostoïevski et Tolstoï.

Magadan. Ville créée en 1939, située dans la baie de Nagaïevo sur la mer d'Okhotsk, au centre de la région de Magadan, au nord-est de l'URSS. Dans les années 1930-1950, Magadan était le centre administratif des camps nord-est du NKVD (MVD).

MAÏAKOVSKI, Vladimir Vladimirovitch (1893-1930) fut l'une des figures centrales de l'avant-garde littéraire russe, qui allia, après octobre 1917, révolution artistique et révolution politique. Poète futuriste, Maïakovski mit son talent au service de la propagande politique (pour les affiches de l'Agence télégraphique) et exalta la révolution (*Vladimir Ilitch Lénine*, 1924 ; *Octobre*, 1927). L'évolution du régime lui inspira son théâtre critique (*La Punaise*, 1928 ; *Les Bains*, 1929). La difficulté de réconcilier ses idéaux avec la réalité et les déceptions dans sa vie privée le poussèrent au suicide. Sa disparition permit au régime de le « canoniser ».

Maïdanek. Camp d'extermination situé en Pologne où, d'après les documents du procès de Nuremberg, furent assassinés entre 170000 et 235000 détenus de différents pays. Il fut fermé en 1944 au cours de l'offensive de l'armée Rouge.

Maison des Syndicats (Moscou). Avant la révolution, ce monument architectural de la fin du XVIIIe siècle abritait l'Assemblée de la noblesse : Alexandre II y parla devant la noblesse moscovite de la nécessité de libérer les paysans, Liszt, Tchaïkovski, Rachmaninov y donnèrent des concerts, et Dostoïevski y prononça son célèbre discours en l'honneur de Pouchkine. C'est le seul bâtiment d'époque dans la rue Okhotny Riad qui échappa aux démolitions des années 1930. Après la révolution, c'est dans la Maison des Syndicats qu'eurent lieu les congrès du Komintern, mais aussi des concerts, etc. Depuis les funérailles solennelles de Lénine, en janvier 1924, la coutume était de rendre les derniers hommages aux hauts fonctionnaires et aux dirigeants du Parti dans cette salle.

Maison du Spécialiste. La maison du Spécialiste – un des immeubles de prestige de Stalingrad, habité avant la guerre par des dirigeants d'entreprises industrielles et des fonctionnaires du Parti – est située dans un endroit stratégique près de la rive de la Volga. Connue sous le nom de « maison Pavlov », du nom du sergent de la 13ᵉ division de tirailleurs de la garde, qui la reprit aux Allemands le 27 septembre et qui, pendant cinquante-huit jours, réussit à la défendre avec un petit groupe de soldats contre les attaques incessantes, jusqu'à la contre-offensive soviétique.

Major. Dans l'armée soviétique, le grade de major est équivalent à celui de commandant.

MAKHNO, Nestor Ivanovitch (1888-1934), leader anarchiste, chef d'un mouvement paysan au sud de l'Ukraine pendant la guerre civile. Il fut condamné à mort en 1909 pour l'assassinat d'un fonctionnaire de police. Sa peine fut commuée en prison à vie car il était mineur. Libéré pendant la révolution de février 1917, il revint en Ukraine du sud, où il fut élu à la tête du Soviet des députés paysans à Goulaï-pole, sa ville natale. Il soutenait l'idée de l'abolition de l'État et créa une armée insurrectionnelle révolutionnaire pour défendre « les soviets libres », qui mirent en place une administration paysanne autonome sur les terres expropriées. Makhno aida l'armée Rouge en luttant contre l'intervention étrangère d'occupation et les armées Blanches. Téméraire et doué d'un réel talent militaire, il mena avec succès des opérations contre les armées de Denikine et de Wrangel. Il reçut l'Ordre révolutionnaire du Drapeau rouge. Après avoir soutenu et utilisé Makhno, l'armée Rouge, une fois le danger contre-révolutionnaire passé, se retourna contre les anarchistes. En 1921, il réussit à s'échapper en Roumanie avec une partie de ses troupes, puis s'exila à Paris. Il est enterré au cimetière du Père-Lachaise. Le terme « makhnovtchtina » désigne depuis un type de guérilla menée par un mouvement paysan indépendant.

Malakhov Kourgan (Sébastopol). Colline stratégique située au sud-ouest de Sébastopol (actuellement, dans les limites de la ville). Les Russes s'y défendirent héroïquement contre les troupes anglo-françaises en 1854-1855, puis contre les troupes allemandes en 1941-1942.

MALENKOV, Gueorgui Maximilianovitch (1902-1988), membre du Parti depuis 1920, c'est un apparatchik de la « nouvelle génération ». Il fut commissaire politique de l'armée Rouge (1919-1921). Sa carrière connut une ascension rapide : secrétaire de Staline (1938), membre du bureau organisationnel du Comité central (1939) puis du Politburo (1946-1957), vice-président et président du Conseil des ministres de l'URSS (1946-1955). Auparavant, il fut membre du Comité d'État de la Défense (1941-1945), nommé à la tête du Comité pour la reconstruction dans les régions libérées de l'occupation nazie (à partir de 1943). Il joua un rôle important dans l'organisation des purges politiques et dirigea la vague de contrôle des membres du Parti qui précéda la Grande Terreur. On le compte également parmi les organisateurs de la débâcle du Comité antifasciste juif (1948) et de l'« affaire de Leningrad », purge de l'appareil du Parti de la ville (1951). Après la mort de Staline, il soutint Khrouchtchev contre Beria. En 1957, il fut démis de ses fonctions au Comité central et de celles de président du Conseil des ministres après l'échec de la lutte politique contre Khrouchtchev au sein du Parti. À partir de 1957, il travailla comme directeur à la construction des centrales électriques. En 1961, il fut définitivement exclu du Parti.

Mamaïev Kourgan. Colline de 102 mètres de haut, dominant Stalingrad et la Volga. Point stratégique, elle fut le lieu de batailles acharnées pendant plus de 100 jours au cours de la bataille de Stalingrad. En 1967, un immense mémorial y fut érigé.

MANDELSTAM, Leonid Isaakovitch (1879-1944), physicien et académicien (1929).

MANDELSTAM, Ossip Emilievitch (1891-1938), poète, membre du cercle des acméistes dans les années 1910. Sa première publication date de 1913. Sa renommée ne cessa de grandir dans les années 1920. Il fut arrêté en 1934 pour un poème contre Staline et exilé à Voronej. À son retour d'exil, il fut arrêté une deuxième fois en 1937. Condamné à cinq ans de camp, il mourut dans un camp de transit. Le nom de ce poète fut occulté en URSS jusqu'en 1972 où, après presque un demi-siècle d'interdiction, parut une sélection de ses œuvres, heureusement sauvegardées par sa veuve Nadejda Mandelstam.

Manège, place du (Moscou). Située au cœur de Moscou, près du jardin Alexandre, au pied de la muraille du Kremlin, cette place doit son nom à l'ancien Manège, érigé dans le style néoclassique d'après le projet d'Auguste Béthencourt en 1817.

MANSTEIN, Friedrich von Lewinski, *dit* **Eric** (1887-1973), maréchal allemand, chef d'état-major (1934), auteur des plans d'opérations militaires contre la France en 1940. À la tête des groupes d'armées sur le front russe, il commanda un corps de blindés dans l'offensive contre Leningrad (1941-1942), conquit la Crimée (1942), mais échoua à Stalingrad pendant l'opération de désencerclement de la 6e armée. Écarté en 1944 par Hitler, il fut prisonnier des Alliés après la guerre (jusqu'en 1953). Il est l'auteur de *Victoires perdues,* Mémoires où il explique les échecs militaires allemands par le « dilettantisme » de Hitler.

MARKISH, Perets Davidovitch (1895-1952), prosateur, poète et dramaturge juif. Novateur et lyrique à ses débuts, il se tourna plus tard vers des thèmes d'inspiration soviétique. Une de ses œuvres très connue est *Le Tas,* poème qui raconte un pogrome en Ukraine.

MARTOV, Iouli Ossipovitch Tsederbaum, *dit* (1873-1923), leader des mencheviks. C'est l'un des fondateurs, avec Lénine, de l'« Union de lutte pour la libération de la classe ouvrière » (1895), devenue par la suite le parti social-démocrate.

En 1903, au IIe Congrès du Parti, il prit ses distances vis-à-vis de Lénine. Martov se prononça en faveur de l'action légale du Parti, s'opposant au centralisme en son sein. Pendant la révolution de 1917, il tenta de lutter contre les bolcheviks par des moyens politiques. « Profondément convaincu que c'était une utopie insensée d'essayer d'implanter le socialisme dans un pays économiquement et culturellement retardé », il croyait que le pays connaîtrait l'« anarchie pour aboutir, sans aucun doute, à une forme de césarisme ». Il est mort en exil.

Matrosskaïa Tichina (Moscou). Vieille prison de Moscou, où sont incarcérés les détenus pendant la période de l'instruction. C'est également le nom d'une rue. *Matrosskaïa Tichina* signifie le « repos du matelot », ce qui rappelle qu'à l'origine, Pierre Ier y avait fondé un hôpital pour les marins.

Mauthausen. Camp de concentration situé en Autriche, près de Linz, ouvert en 1938. Le nombre de victimes atteignit 150 000 vers 1945.

Médecins empoisonneurs, affaire des. L'affaire des « médecins empoisonneurs », également appelée le « complot des blouses blanches », fut montée au début de 1953 contre un groupe de médecins de haut rang de l'hôpital du Kremlin, dont plusieurs étaient juifs (M. S. Vovsi, V. N. Vinogradov, M. B. Kogan, P. I. Egorov et I. J. Ettinger). Ils furent accusés d'avoir voulu tuer des dirigeants du Parti (Chtcherbakov, Jdanov). Une campagne de presse fut lancée, provoquant une vague d'antisémitisme dans le pays. Après la mort de Staline, Beria choisit de clore l'affaire et de reconnaître le caractère fallacieux des accusations. *Voir aussi* « Timachouk, Lidia Fedosseïevna ».

Melitopol. Ville d'Ukraine, centre industriel situé dans la région de Zaporojié.

Menchevik. Une des fractions du parti social-démocrate (les SD), héritier de l'« Union de lutte pour la libération de la classe ouvrière », fondée en 1895 par Lénine et Martov. Le Parti prit son nom et adopta son programme, inspiré par la théorie de Marx, au Ier Congrès en 1898.

En 1903, le Parti se divisa en deux fractions : bolcheviks et mencheviks (avec Martov à leur tête), dont la première sera le noyau du Parti communiste. Cette scission résulta des désaccords sur les principes d'organisation du Parti et les méthodes d'action.

MENDEL, Johann (en religion Gregor) (1822-1884), religieux et botaniste autrichien qui découvrit les lois fondamentales de la génétique en réalisant une série d'expériences sur l'hérédité chez les végétaux (1856-1864). Ses découvertes, passées inaperçues au moment de leur publication, ne furent reconnues qu'au début du XXᵉ siècle.

MENDELEÏEV, Dmitri Ivanovitch (1834-1907), chimiste russe, créateur de la classification périodique des éléments chimiques (1869). Savant pluridisciplinaire, il fit aussi des découvertes importantes en physique et en météorologie, élabora la théorie des mesures, publia des ouvrages sur l'économie, l'agriculture, etc. Il fut le fondateur et le premier directeur de la Chambre des poids et mesures de Saint-Pétersbourg.

MENJINSKI, Viatcheslav Rudolfovitch (1874-1934), adjoint du chef de la Tchéka, Dzerjinski, de 1923 à 1926 et, après la mort de ce dernier, chef de l'Oguépéou (1926-1934). Bolchevik depuis 1903, Menjinski fut narkom des Finances (1917). Il fut l'un des principaux organisateurs des purges : liquidation des quatre-vingt-neuf « bandes ennemies de classe » (56 000 personnes), « liquidation des koulaks en tant que classe », répression des révoltes paysannes, organisation de la lutte contre les ennemis des Soviets à l'étranger. Pour cela, Menjinski utilisa largement les provocations (l'affaire Savinkov) et les falsifications (différents procès contre des ingénieurs et techniciens, des paysans, des mencheviks en 1928-1931). Sous sa direction, le NKVD devint un « État dans l'État », l'instrument répressif du Parti. En 1938, son adjoint Iagoda fut accusé, entre autres crimes, du meurtre de son chef.

MEREJKOVSKI, Dmitri Sergueïevitch (1866-1941), écrivain et critique littéraire. Auteur d'un des textes fondateurs du symbolisme russe, *Des causes de la décadence et des nouvelles tendances de la littérature russe contemporaine*. Dans ses nombreux essais et romans historiques, où la fiction s'allie à la recherche documentaire, il analysa les liens entre religion et politique. Il émigra en 1920 à Paris, où il fut l'un des pivots de la vie intellectuelle de la diaspora russe.

MERKOULOV, Vsevolod Nikolaïevitch (1895-1953), un des chefs de la sécurité d'État. À partir du début des années 1930, Merkoulov était soutenu par Beria dont il était l'adjoint. Il participa à l'organisation des purges politiques en Géorgie. Rappelé à Moscou en 1938, quand Beria fut nommé à la tête du NKVD, il devint son adjoint et organisa des purges contre les cadres du NKVD, nommés par Ejov. En 1939, il fut l'un des principaux organisateurs des purges en Ukraine occidentale. Il écrivit un livre sur Beria, intitulé *Le Fils dévoué du parti de Lénine et de Staline*. Narkom du NKVD pendant quelques mois en 1941, il redevint le premier adjoint de Beria, dont dépendaient de nombreux services du NKVD : le service secret politique, le service du contre-espionnage, la Kommandantur du Kremlin, la garde personnelle des membres du gouvernement... Écarté du NKVD dans les années 1947-1953, il dirigea l'Administration des biens soviétiques à l'étranger, et fut ministre du Contrôle d'État. Arrêté avec Beria, il fut jugé au cours de la même séance extraordinaire de la Cour suprême, et exécuté en même temps que lui.

Messer. Avion de chasse de nouvelle génération conçu par W. Messerschmidt dans les années 1930. Sa conception très moderne permit la création de plusieurs versions améliorées. Le Messer fut reconnu comme l'un des meilleurs avions de chasse de la Seconde Guerre mondiale.

MEYERHOLD, Vsevolod Emilievitch (1874-1940), metteur en scène qui modernisa, avant 1917, le théâtre russe dans l'esprit symboliste et créa le théâtre révolutionnaire après 1917. Il est célèbre pour ses spectacles à l'esthétique constructiviste, notamment pour ses mises en scène de pièces de Maïakovski et du *Revizor* de Gogol. En accord, dans les années 1920, avec l'utopie communiste, son art en divergea de plus en plus avec la nouvelle réalité socialiste des années 1930. Après la fermeture de son théâtre en 1938, il fut arrêté en 1939 et condamné à mort ; il fut réhabilité à titre posthume en 1955.

MIKHAÏLOV, Timofeï Mikhaïlovitch (1859-1881), révolutionnaire populiste. Mikhaïlov appartenait à l'équipe des poseurs de bombes constituée par le Comité exécutif de la « Volonté du Peuple » pour commettre un attentat contre Alexandre II. Au « procès du 1ᵉʳ mars 1881 », il fut condamné à mort et exécuté.

MIKHAÏLOVSKI, Nikolaï Konstantinovitch (1842-1904), publiciste, sociologue et critique littéraire, théoricien du populisme. Rédacteur en chef de la revue démocratique *Otetchestvennié zapiski* (« Les Annales de la Patrie »), puis de la revue *Rousskoïé bogatstvo* (« La Richesse russe »). Partisan de réformes libérales, il s'opposait néanmoins au matérialisme économique du marxisme.

MIKHOELS, Solomon Mikhaïlovitch Vovsi, *dit* (1890-1948), acteur et metteur en scène. Artiste du peuple de l'URSS en 1939, prix Staline en 1946, Mikhoels fut le directeur artistique du Théâtre juif de Moscou. Il fut aussi le président du Comité antifasciste juif qui, créé en 1942 pour « engager dans la lutte contre le fascisme les masses juives du monde entier », collecta des sommes importantes pour l'effort de guerre soviétique. En 1948, après la fermeture du Comité, considéré comme inutile depuis l'échec de la politique soviétique envers Israël, plusieurs de ses dirigeants furent arrêtés et accusés d'espionnage. Mikhoels périt dans un accident de voiture organisé par le NKVD.

MIKOÏAN, Anastase Ivanovitch (1895-1978), bolchevik depuis 1915. Sa carrière politique, commencée en 1919, traversa la tourmente des années 1920-1960 : luttes pour le pouvoir et périodes de terreur. Il occupa de nombreux postes gouvernementaux importants et fut membre du Politburo (1930-1966). Il joua un

grand rôle dans la résolution de la crise de Cuba (1962). Sa souplesse politique, devenue proverbiale, suscita cette boutade : « D'un Ilitch [Lénine] à l'autre [Brejnev], sans être atteint ni d'embolie ni de paralysie. » Ses deux fils servirent dans l'aviation pendant la guerre : Vladimir (1924-1942), mort en mission de combat, et Alexeï (1925-1986), général.

MILIOUKOV, Pavel Nikolaïevitch (1859-1943), homme politique, historien et publiciste. Il fut l'un des fondateurs (1905), puis théoricien et leader, de 1907 à 1917, des KD (parti constitutionnel-démocrate) dont le programme prévoyait le passage à une monarchie constitutionnelle. Il avança l'idée d'une Assemblée constituante en 1905. Il fut l'initiateur du Bloc progressiste qui exigeait des réformes libérales en 1915. En 1916, il prononça le célèbre discours « Stupidité ou trahison ? », critiquant l'entourage de la famille impériale. Il devint ministre des Affaires étrangères du Gouvernement provisoire (de mars à mai 1917) après l'abdication de Nicolas II. En août 1917, ayant soutenu, contre l'avis de Kerenski, l'idée d'un contrôle militaire par le général Kornilov, il fut fortement critiqué par la droite et par la gauche. Il partit alors en Crimée en 1917, puis émigra à Paris en 1920. Il espérait que la paysannerie serait une force susceptible de faire exploser le régime bolchevique de l'intérieur. Il est l'auteur d'ouvrages sur la Russie du XVIIIᵉ et du XIXᵉ siècle, sur les révolutions de Février et d'Octobre, de Mémoires.

Moabit, prison de. Célèbre prison de Berlin, qui fut sous le IIIᵉ Reich un lieu de détention pour les antinazis, et où l'on exécutait les condamnés à la hache.

Moineaux, mont des (Moscou). Appelé, de 1924 à 1991, le mont Lénine, le mont des Moineaux est l'une des « sept collines » de Moscou. Ce lieu emblématique de la ville offre un beau panorama. Les pentes couvertes d'un parc arboré restent un endroit de repos et de promenade. Au XVIIᵉ siècle s'y trouvait le palais d'été des tsars, remplacé après la campagne de 1812 par une église vouée au Christ Sauveur. C'est là que les « dissidents » du XIXᵉ siècle, Alexandre Herzen et son ami Nikolaï

Ogarev, firent le serment de lutter contre l'autocratie. En 1949-1953, les nouveaux locaux de l'université de Moscou y furent érigés, le bâtiment central est l'un des sept « gratte-ciel staliniens » de Moscou.

MOLOTOV, Viatcheslav Mikhaïlovitch Scriabine, *dit* (1890-1986), bolchevik depuis 1906. Connu sous le pseudonyme de Molotov (de *molot*, « marteau »), il fit partie du Comité du Soviet de Petrograd en 1916. Organisateur de la purge de l'appareil du Parti à Moscou (1928-1929) puis président du Sovnarkom (1930-1941), c'est lui qui organisa les réquisitions et le stockage du blé pendant la collectivisation (1930-1932) et qui, par conséquent, porte en partie la responsabilité de la famine en Ukraine. « Bras droit » de Staline, il entérina fréquemment les exécutions de masse des « ennemis du peuple ». En 1936, il affaiblit cependant ses positions, en essayant de dissuader Staline d'organiser un procès public contre Zinoviev et Kamenev. En qualité de narkom aux Affaires étrangères (1939-1949, 1953-1956), il signa avec l'Allemagne nazie le fameux pacte de non-agression (23 août 1939) et celui concernant les frontières (28 septembre 1939). Pendant la guerre, il fut membre du Comité d'État de la Défense. Vaincu dans la lutte politique contre Khrouchtchev, il fut demis de ses fonctions. Entre 1957 et 1962, il occupa des postes diplomatiques avant d'être exclu du Parti en 1962 (puis réintégré en 1984).

MOROZOV, Nikolaï Alexandrovitch (1854-1946), populiste, membre de « Terre et Liberté », puis du Comité exécutif de la « Volonté du Peuple ». Condamné lors du « procès des vingt » à la réclusion à perpétuité, Morozov passa vingt-cinq ans en prison où il se consacra à l'étude des langues (il en possédait onze), des sciences naturelles et des mathématiques. Après sa libération, il enseigna la chimie et l'astronomie et obtint le grade de professeur. Correspondant au front pendant la Première Guerre mondiale, député de l'Assemblée constituante des KD, il fonda l'Institut des sciences naturelles à Leningrad, et fut membre honoraire de l'Académie des sciences d'URSS.

MOURALOV, Nikolaï Ivanovitch (1877-1937), bolchevik depuis 1903, il prit part à l'insurrection armée à Moscou en 1905. Pendant la guerre civile, il fut membre du Conseil révolutionnaire de guerre du front de l'Est. Mouralov exerça de hautes fonctions dans l'armée, mais après le XVe Congrès (1927) au cours duquel il critiqua l'outrance des accusations formulées contre l'opposition, il fut exclu du Parti et occupa des postes insignifiants. À la suite de ses lettres à Staline dans lesquelles il condamnait les trotskistes et demandait à être réintégré dans le Parti, il fut arrêté et devint l'un des accusés du procès contre le « bloc antisoviétique trotskiste » de 1937. Condamné et fusillé, il fut réhabilité en 1986.

Mourmansk. Port fondé en 1916 au bord de la mer de Barents. Pendant la guerre, il fut le principal port d'arrivée de l'aide militaire alliée.

Mourom. Très ancienne petite ville russe située dans la région de Vladimir, sur les bords de la rivière Oka, affluent de la Volga ; elle est mentionnée dans les chroniques dès 862.

MTS, *voir* Station de machines et de tracteurs.

Musée des beaux-arts Pouchkine (Moscou). Nommé initialement musée Alexandre III, il fut créé par le professeur de l'université de Moscou Ivan Tsvetaïev qui voulait réunir des copies représentant les périodes importantes de l'histoire de l'art. Enrichi par des donations avant 1917, puis par les collections nationalisées après la révolution, le musée Pouchkine reçut de nombreuses œuvres provenant de l'Ermitage dans les années 1930 et du musée de l'Art occidental moderne (anciennes collections Chtchoukine et Morozov) dans l'après-guerre.

NAKHIMOV, Pavel Stepanovitch (1802-1855), amiral russe, héros de la guerre de Crimée. Au début de la guerre, en 1853, il découvrit et anéantit la flotte turque dans la baie de Sinope. Commandant l'escadre qui défendait Sébastopol, il fut mortellement blessé pendant la bataille du Malakhov Kourgan.

Narkom. Abréviation du russe *Narodny komissar*, « Commissaire du peuple ». Agent supérieur du pouvoir exécutif (équivalent de ministre) dans la Russie soviétique et en URSS de 1917 à 1946. Les narkom dirigeaient le travail des narkomat, « ministères bolcheviques ». Cette appellation de « Commissaire du peuple » fut proposée par Trotski, qui s'inspira du vocabulaire de la Révolution française.

Narkomat. Abréviation du russe *Narodny kommissariat*, « Commissariat du peuple ». Organe du pouvoir exécutif, responsable d'un domaine particulier de la fonction publique, dans la Russie soviétique et en URSS de 1917 à 1946. Les douze premiers narkomat furent institués par le décret du IIe Congrès panrusse des soviets, au lendemain de la prise du pouvoir par les bolcheviks. La structure des narkomat, tant au niveau de l'URSS que des républiques socialistes, subit de multiples transformations, rythmées essentiellement par l'adoption des Constitutions soviétiques successives en 1918, 1924 et 1936. En mars 1946, les narkomat furent transformés en ministères.

Nationalisation des biens, entrepôts de biens confisqués. La nationalisation des biens, monuments et œuvres effectuée par le pouvoir soviétique s'accompagna de la concentration des objets d'art et de leur sélection, en fonction de leur qualité artistique, par des commissions spécialement créées. Une partie des œuvres d'art fut attribuée aux musées tandis que les objets jugés « sans grande valeur » furent destinés à la vente, à l'étranger et dans le pays, en partie pour rémunérer la nouvelle bureaucratie ; de même certaines propriétés célèbres furent habitées par des membres du gouvernement bolchevique. Par exemple, Arkhangelskoïe, la célèbre propriété des Youssoupov aux environs de Moscou, devint jusqu'en 1928 la « datcha » de Trotski, choisie parmi d'autres résidences princières par l'épouse du chef du Conseil révolutionnaire de guerre, qui fut à la tête de la Section des musées du Commissariat des biens de la République.

NEKRASSOV, Nikolaï Alexeïevitch (1821-1877), poète et écrivain russe. Rédacteur en chef de la revue *Le Contemporain*, qui fut la première à publier maintes œuvres majeures de la littérature russe et qui diffusait auprès d'un large public les idées radicales et révolutionnaires. Nekrassov, qui mit son talent au service de l'engagement social, fut l'une des idoles de l'intelligentsia révolutionnaire russe. Il esquissait, dans son œuvre poétique, l'idéal de l'ascèse révolutionnaire et glorifiait l'abnégation en recourant parfois aux images et au lexique de l'Évangile.

Nepman. Ce nom, apparu au temps de la NEP, désignait les entrepreneurs privés, les commerçants et les hommes d'affaires qui s'enrichissaient sans vergogne. Cette appellation comportait une nuance péjorative. *Voir aussi* « Nouvelle politique économique (NEP) ».

NERNST, Walther (1864-1941), physicien et chimiste allemand, un des fondateurs de la chimie physique moderne. Prix Nobel (1920).

NETCHAÏEV, Sergueï Guennadievitch (1847-1882), figure extrêmement controversée du mouvement révolutionnaire russe. Il est l'auteur du *Catéchisme révolutionnaire*, justifiant la mystification et la provocation en tant que méthodes de lutte et écrit sous l'influence des idées de Bakounine qui finança ses activités révolutionnaires. À la tête de la société secrète « La vindicte du peuple », Netchaïev organisa en 1869 l'assassinat de l'étudiant Ivanov qui protestait contre ses méthodes dictatoriales. Évadé à l'étranger avant le procès des quatre-vingt-cinq membres de sa société secrète, il fut livré en 1872 par les autorités suisses. En 1873, il fut condamné à vingt ans de bagne et mourut en prison. L'apologie de la terreur totale, l'idéal du « communisme de caserne » et la justification des moyens amoraux au nom de la cause révolutionnaire, prônés par Netchaïev, influenceront la future histoire du mouvement russe révolutionnaire. Le procès de la société secrète de Netchaïev inspira le célèbre roman « anti-nihiliste » de Dostoïevski *Les Démons*,

Netchaïev servant de modèle pour le personnage de Piotr Verkhovenski.

NIKON, Nikita Minov, *dit* (1605-1681), métropolite de Novgorod (1648) puis patriarche de Moscou à partir de 1652. Il est l'auteur des réformes destinées à mettre le rite russe en accord avec le rite grec, qui suscitèrent l'opposition virulente des traditionalistes ou vieux-croyants et furent à l'origine du schisme de l'Église russe (*raskol*). Son amitié avec le tsar Alexis Mikhaïlovitch, qui en avait fait son premier conseiller, se transforma bientôt en lutte pour le pouvoir. Partisan de la suprématie du spirituel sur le temporel, il se brouilla avec le tsar (1656) et dut s'exiler dans un monastère au nord du pays (1658).
Voir aussi « Avvakoum ».

NKVD, *voir* Organes de sécurité de l'État.

Nomenklatura. La nomenklatura désigne la caste hiérarchisée des fonctionnaires du Parti qui jouissaient d'un système de privilèges liés à leurs postes : appartements, datchas, voitures de fonction, ainsi que magasins, services médicaux, ateliers spéciaux, etc. L'âge d'or de la nomenklatura fut le temps de Khrouchtchev et de Brejnev, quand, après la mort de Staline, disparut la peur des purges politiques. Le processus de privatisation au début de l'époque Eltsine permit à une grande partie de la nomenklatura d'entrer dans la nouvelle élite politique du pays.

Norilsk. Ville centrale d'une région minière du nord de la Sibérie, l'une des villes les plus septentrionales du monde.

NOUSSINOV, Isaak Markovitch (1889-1952), critique littéraire et historien de la littérature. Il est l'auteur d'ouvrages sur les classiques de la littérature juive, ainsi que d'une étude sur *Les Problèmes du roman historique* ; il a également signé des articles sur Léon Tolstoï et Maxime Gorki.

Nouvelle Église. Mouvement dans l'Église russe orthodoxe appelé aussi « Église vivante », « Union de la renaissance ecclésiastique », etc., apparu après octobre 1917 et d'abord soutenu par les bolcheviks qui souhaitaient successivement le schisme et la destruction de l'Église russe. Ce mouvement se prononça pour la modernisation du culte, la mise en place d'élections dans l'administration ecclésiastique et la collaboration avec le pouvoir soviétique. La Nouvelle Église est revenue dans le giron de l'Église orthodoxe en 1946. *Voir aussi* « Séparation de l'Église et de l'État ».

Nouvelle opposition. Fraction politique apparue au sein du Parti en 1925, dirigée par Zinoviev et Kamenev et comprenant d'autres grandes figures emblématiques de la révolution telles que Kroupskaïa et Sokolnikov. Cette tendance, critique envers Staline, proposa la destitution de ce dernier du poste de secrétaire général du Comité central. La « nouvelle opposition » protestait contre le développement de l'industrie lourde au détriment de l'industrie légère et de l'agriculture, militait pour le rétablissement de la liberté du commerce extérieur et l'importation de produits de consommation courante. Elle fut soutenue par l'organisation du Parti de Leningrad, dirigée par Zinoviev. Désapprouvés par le XIVᵉ Congrès, les principaux membres de la « nouvelle opposition » furent néanmoins élus au Comité central et au Politburo. Déclarés par la suite membres d'une fraction « anti-Parti », ses participants furent presque tous victimes de la répression.

Nouvelle politique économique (NEP). Lancée par Lénine en raison de l'échec économique du « communisme de guerre », elle permit un retour limité au capitalisme, en réintroduisant le profit individuel. Cette politique, annoncée au printemps 1921 par le Xᵉ Congrès du Parti, prévoyait d'importantes mesures : suppression des réquisitions de blé, possibilité de retour à une exploitation agricole individuelle, rétablissement de la liberté du commerce intérieur, dénationalisation des petites entreprises, appel aux capitaux privés et aux techniciens étrangers, hiérarchisation des salaires, rétablissement de la propriété privée et de l'héritage. Lénine justifia cette nouvelle politique par la nécessité d'une période de transition pour redresser l'économie en vue du passage au socialisme. La NEP, qui donna d'excellents résultats, fut remplacée en 1929 par l'économie planifiée.

Novodievitchi, cimetière (Moscou). Ce cimetière, datant du XVIe siècle et situé près du couvent du même nom, abritait les tombes de la noblesse et du haut clergé aux XVIIe et XVIIIe siècles, de l'intelligentsia et des commerçants au XIXe siècle. Dans les années 1930, lors de la suppression de nombreux cimetières à Moscou, on y transféra les tombes d'hommes de lettres et d'artistes. Deuxième cimetière prestigieux de Moscou après celui situé près de la muraille du Kremlin, il abrite les tombes de révolutionnaires, de dirigeants soviétiques, d'hommes de lettres, de compositeurs, de cinéastes et de scientifiques.

Novokouznetsk. Nommée initialement Kouznetsk, entre 1932 et 1961, puis Stalinsk avant de devenir Novokouznetsk, cette ville fondée en 1617, et de petite taille jusqu'en 1917, devint un centre industriel très important, grâce à la construction, de 1929 à 1932, d'un combinat métallurgique.

NOVOROUSSKI, Mikhaïl Vassilievitch (1861-1925), populiste, membre de la section terroriste de la « Volonté du Peuple ». Il participa, avec Alexandre Oulianov, frère de Lénine, aux préparatifs d'un attentat contre Alexandre III en mars 1887. Condamné à la peine de mort, puis à la réclusion à perpétuité, il fut libéré en 1905. Il travailla à l'Instruction publique comme vulgarisateur dans le domaine des sciences et de l'histoire. Il laisse un livre de Mémoires intitulé *Notes d'un prisonnier de la forteresse de Schlüsselbourg*.

« Nuit des longs couteaux ». Purge sanglante organisée par Hitler et effectuée par les SS, le 30 juin 1934, dans le but de contrer l'influence grandissante des SA et d'Ernst Röhm qui, tenté par le socialisme, appelait à la « deuxième révolution ». On estime à un millier le nombre de personnes tuées. Ce bain de sang fut justifié *post factum* par un ordre du ministre de l'Inté-

rieur et ratifié par le parlement comme étant conforme aux intérêts de l'État.

Numerus clausus ou **quota.** Un pourcentage d'étudiants juifs dans les lycées et les universités fut instauré en Russie le 18 juin 1888 par une circulaire du ministère de l'Instruction publique, qui limitait en même temps l'accueil des enfants d'origine roturière et imposait la russification des écoles allogènes. Le pourcentage des Juifs admis était de 10 % dans la « Zone de Résidence », de 5 % dans le reste du pays et de 3 % dans les capitales.

Oboïan. Petite ville située à 60 km de Koursk, fondée au XVIIe siècle.

Odessa. Port sur la mer Noire, Odessa fut construit en 1794 sur l'emplacement d'une bourgade tatare. Place forte turque par la suite, elle fut rattachée à la Russie par le traité de Iassy (1791), et se trouve actuellement en Ukraine. Administrée au début du XIXe siècle par A. Richelieu ; port franc de 1819 à 1859, Odessa devint un centre commercial, industriel et culturel important. Pendant la guerre de Crimée (1853-1856), la ville résista aux attaques anglo-françaises. Occupée par les Allemands entre octobre 1941 et avril 1944, la ville fut fortement endommagée.

Odnodvortsy. Descendants des « hommes d'armes » qui s'étaient fixés aux XVIe et XVIIe siècles sur les frontières est et sud de la Moscovie, où ils avaient reçus de petites propriétés de l'État. Ils devaient payer l'impôt, mais avaient le droit de disposer d'un nombre, très restreint, de paysans-serfs attachés à leur domaine. *Odnodvortsy* désigne « ceux qui vivent dans un même enclos ».

Oguépéou, *voir* Organes de sécurité de l'État.

Okhotny riad (Moscou). Avenue Marx de 1961 à 1990, c'est la rue qui relie la place du Manège, à côté du Kremlin, à celle des Théâtres, où se trouve le Bolchoï. C'est dans cette rue qu'est située la Maison des Syndicats, où furent célébrées les funérailles de Lénine (salle des Colonnes), avant que le corps ne fût exposé dans le mausolée temporaire sur la place Rouge.

Okhrana. Département du maintien de l'ordre et de la sécurité, l'Okhrana était une police secrète rattachée au département de la police créé en 1866. Vers 1914, elle comptait vingt-six sections en Russie qui fermèrent en février 1917. L'objectif de cette police secrète était le contrôle du mouvement révolutionnaire.

Okhta. Désigne à la fois la rivière qui se jette dans la Neva et un quartier, autrefois faubourg, de Saint-Pétersbourg.

OLDENBOURG, Sergueï Fiodorovitch (1863-1934), orientaliste, archéologue et ethnographe, fondateur de l'indologie en Russie, académicien (1900). Il fut membre du parti KD (constitutionnel-démocrate). Après la révolution de Février, il soutint l'idée de créer un ministère des Beaux-Arts et de nombreux projets d'universités. Critique envers la prise du pouvoir par les bolcheviks en octobre 1917, il joua par la suite un rôle important dans la communication entre le pouvoir soviétique, l'intelligentsia russe et les intellectuels occidentaux, toujours dans le but de protéger les sciences, les arts et la culture.

OLEÏNITCHOUK, Semion, homme de lettres, représentant de l'intelligentsia paysanne, membre du mouvement révolutionnaire.

Opritchnina. L'*Opritchnina* (étymologiquement, « domaine à part ») représentait l'armée créée par Ivan le Terrible et le domaine dégagé de l'État par le tsar pour l'entretien de cette armée (1564-1572). Comptant mille hommes au début et par la suite six fois plus, elle fut utilisée par le tsar pour « extirper la sédition » et persécuter les boyards, les grands féodaux russes dont le tsar distribuait les terres aux *opritchniks*. Ces gardes, montés sur des chevaux noirs, portaient, accrochés à leur selle, une tête de chien et un balai, symbolisant le fait qu'ils devaient « mordre les ennemis du tsar et balayer la trahison ».

Or et devises étrangères. La confiscation des roubles or d'avant 1917 et des bijoux était effectuée par la Tchéka dans la période du « communisme de guerre », au début des années 1920. Après la réforme financière du début des années

1930, qui interdit aux particuliers les opérations bancaires avec des devises étrangères et des roubles or d'avant 1917, furent ouverts les magasins « Torgsin » où l'on pouvait vendre des objets précieux pour acheter de la nourriture, des vêtements, des chaussures, etc.

ORDJONIKIDZE, Grigori Konstantinovitch (1886-1937), bolchevik depuis 1903, membre du Comité central du parti social-démocrate de 1912 à 1917. Il participa au coup d'État d'octobre qui porta les bolcheviks au pouvoir. En 1917 et 1918, il fut nommé commissaire extraordinaire responsable des réquisitions, en Ukraine puis au sud de la Russie. Il fut l'un des organisateurs de la défense de Tsaritsyne en mai 1918, où il se lia avec Staline. Il joua un rôle important dans la prise du pouvoir par les bolcheviks dans le Caucase. En 1926, il fut élu candidat au Politburo, et en devint membre en 1930. Narkom de l'Industrie lourde à partir de 1930, il fut le principal organisateur de la construction des gigantesques complexes industriels, qui furent réalisés au prix d'énormes sacrifices. Il s'opposa à la Grande Terreur. Les circonstances de sa mort restent obscures. Retrouvé mortellement blessé dans son appartement, il fut déclaré mort d'une attaque cardiaque, le certificat de décès étant signé par des médecins de l'hôpital du Kremlin. D'après une première version il se serait suicidé, d'après une autre il aurait été tué sur l'ordre de Staline. Plusieurs membres de sa famille furent victimes de la répression.

Orel, prison centrale d' (*Orlovski central*). Prison fondée en 1908 pour les criminels de droit commun et les prisonniers politiques (dont le plus célèbre fut Felix Dzerjinski, futur chef de la Tchéka), elle était connue pour son régime extrêmement dur. Après 1917, elle servit de lieu de détention pour les victimes des répressions politiques des années 1920-1950. En octobre 1941, avant la reddition d'Orel aux Allemands, cent soixante-dix prisonniers politiques – socialistes-révolutionnaires, hommes politiques soviétiques – y furent fusillés sur l'ordre personnel de Staline ; parmi eux figuraient Khristian

Rakovski, communiste bulgare, la célèbre SR Maria Spiridonova, le docteur D. Pletnev, accusé du meurtre de Gorki, O. Kameneva, femme de Kamenev et sœur de Trotski.

Organes de sécurité de l'État. Les principaux organes punitifs d'espionnage et de contre-espionnage du système soviétique, apparus dès 1917, connurent plusieurs transformations et prirent des noms différents tout au long de la période soviétique. Après 1917, les comités révolutionnaires de guerre eurent les pleins pouvoirs dans la lutte contre l'opposition, les arrestations préventives, la prise d'otages, les exécutions. La *Vétchéka*, appelée *Tchéka*, commission panrusse extraordinaire de lutte contre la contre-révolution, la spéculation et le sabotage, était un instrument de la terreur révolutionnaire. Elle fut créée en décembre 1917, avec Dzerjinski à sa tête. La *Goubtchéka*, branche locale de la Tchéka, combattait la contre-révolution au niveau des *goubernia*, territoires administratifs de la Russie d'avant la révolution, toujours en vigueur après 1917. Le *Narkomat* (Commissariat du peuple) des Affaires intérieures (novembre 1917-1930), ou NKVD, constitua un système parallèle. La *Guépéou* puis l'*Oguépéou* (l'administration politique principale) du NKVD apparut en 1922 pour mettre fin à ce parallélisme des institutions et prit successivement les noms de NKGB, MGB, MVD puis KGB.

Organisations clandestines révolutionnaires. Les organisations clandestines révolutionnaires apparaissent en Russie à partir des années 1860, période des réformes d'Alexandre II, et connaissent un grand essor dans les années 1870-1880. L'époque est caractérisée par la montée de l'intelligentsia, constituée essentiellement de roturiers, dont sont issus « les nihilistes » décrits par Tourgueniev. Les jeunes « jacobins russes », soutenus par les révolutionnaires de la génération précédente, formèrent plusieurs organisations. « Terre et Liberté » (1861-1864), à laquelle participa Tchernychevski et qui fut liée à Herzen et Ogarev, comptait environ deux cents membres et avait comme programme la distribution des terres aux paysans. Elle fut dissoute après la répression de l'insurrection polonaise. Elle renaquit dans les années 1870, à l'initiative de jeunes populistes, riches de l'expérience de l'« Aller au peuple » de 1874, qui voulurent diffuser les idées révolutionnaires parmi les paysans, mais connurent un échec complet. Leur programme prévoyait de mettre toutes les terres à la disposition des paysans. Cet objectif devait être réalisé d'une part grâce à la propagande effectuée par les centres révolutionnaires créés dans les villages, d'autre part au moyen de « la désorganisation de l'État par l'élimination de membres éminents et nocifs du gouvernement ». En 1879, les deux mouvements, « propagandiste » et « terroriste », fondèrent respectivement le « Partage noir », qui évoluerait par la suite vers le marxisme, et la « Volonté du Peuple », qui choisirait comme méthode le terrorisme. Conformément à son programme de désorganisation du gouvernement et de prise du pouvoir, le comité exécutif de la « Volonté du Peuple » commit une série d'attentats contre Alexandre II, qui se termina par l'assassinat du tsar le 1er mars 1881 et par l'arrestation des membres dirigeants de l'organisation, condamnés à mort et exécutés. Les méthodes terroristes seront réutilisées par les socialistes-révolutionnaires, formés en 1901-1902 à partir de groupes populistes divers. L'instrument principal de la lutte terroriste des socialistes-révolutionnaires fut l'Organisation de combat.

Orgburo (Bureau organisationnel du Comité central du Parti communiste). Organe exécutif élu par le Comité central du Parti communiste pour assurer l'organisation du travail du Parti de 1919 à 1952. Il était en charge des problèmes de personnel, du contrôle de l'application des décisions, du perfectionnement de la structure organisationnelle, des relations avec les syndicats, des organisations de jeunesse, etc.

Osso. Les Osso sont des commissions délibératives spéciales, ou tribunaux d'exception, composées de deux ou trois personnes, les « dvoïkas » et les « troïkas », organisées par le NKVD ; elles prononçaient les sentences à huis clos et sans délibération, très souvent pour toute une série de suspects.

OSTROVSKI, Nikolaï Alexandrovitch (1904-1936), auteur de *Et l'acier fut trempé* (1932-1934) – son seul roman achevé –, qui relate son expérience de la guerre civile et le travail qu'il effectua au sein des brigades de jeunes communistes, et témoigne de son dévouement aux idéaux de la révolution. Il ne commença à écrire qu'après qu'une grave maladie lui fit perdre la vue et la mobilité. Son livre, qui respectait tous les canons du réalisme socialiste, ainsi que sa lutte contre l'infirmité furent exaltés par la propagande stalinienne. Il venait de terminer le premier volume de son second roman, *Enfantés par la tempête*, lorsqu'il mourut.

OUCHAKOV, Fiodor Fiodorovitch (1745-1817), amiral russe qui fut à l'origine de la création de la Flotte de la mer Noire. Il remporta de nombreuses victoires sur les flottes turque (1790-1791) et française (1798-1800).

OULANOVA, Galina Sergueïevna (1910-1998), danseuse classique soviétique, étoile du Kirov (1928-1944) et du Bolchoï (1944-1960), qui excellait dans *Gisèle, Roméo et Juliette* et les ballets de Tchaïkovski. Jouissant de la reconnaissance officielle, elle fut un professeur de danse réputé.

OULIANOV, Alexandre Ilitch (1866-1887), frère de Lénine, brillant étudiant de l'université de Saint-Pétersbourg, membre de la fraction terroriste de la « Volonté du Peuple ». Il participa à l'organisation d'un attentat, manqué, contre Alexandre III en 1887. Après sa condamnation à mort, il refusa d'écrire une lettre demandant sa grâce au tsar, et fut exécuté avec quatre de ses complices. Marqué par le sort de son frère, Lénine rejeta les méthodes terroristes et opta pour le marxisme.

OULIANOVA, Maria Ilinitchna (1878-1937), sœur de Lénine, membre du parti social-démocrate depuis 1898. Elle participa activement aux activités des bolcheviks avant 1917. Membre de la rédaction de la *Pravda* de 1917 à 1929, elle

initia le mouvement des correspondants ouvriers et paysans. Elle travailla à l'Institut Lénine, préparant la publication des lettres et des ouvrages de son frère. Elle présida le bureau des plaintes et participa à la commission du contrôle soviétique.

OULIANOVA-ELISAROVA, Anna Ilinitchna (1864-1935), sœur de Lénine, membre du parti social-démocrate depuis 1898. Elle participa activement au travail révolutionnaire. En 1918-1921, elle fut chef de la section pour la protection des enfants. Elle participa à la fondation de l'Institut Lénine et aux recherches sur l'histoire du Parti.

OUSPENSKI, Gleb Ivanovitch (1843-1902), prosateur et publiciste russe, proche des cercles révolutionnaires démocrates et populistes ainsi que de revues littéraires telles que *Le Contemporain* et *Les Annales de la Patrie*, dirigées par Nekrassov et Saltykov-Chtchedrine. Il fut l'auteur de récits et de nouvelles sur la vie des couches les plus pauvres de la société russe : *La Conscience malade, La Puissance de la terre*, ainsi que d'un essai, *Chiffres vivants*.

Ovroutch. Petite ville d'Ukraine occidentale.

Parti socialiste-révolutionnaire (SR). Fondé en 1901-1902, il était l'héritier du mouvement populiste. Les SR de gauche utilisaient, à l'instar des populistes, le terrorisme comme méthode d'action. Le programme du parti incluait l'abolition de l'autocratie en Russie et la recherche de solutions aux problèmes agraires. En 1917-début 1918, le parti avait la majorité absolue à l'Assemblée constituante, dont la mise en place dura presque un an à partir de février 1917, et qui fut dissoute par les bolcheviks en janvier 1918.

Passeport intérieur. Le 27 décembre 1932, le système des passeports intérieurs, aboli après la révolution, fut réintroduit dans le but de contrôler et limiter les migrations des populations urbaines. Pour mieux maîtriser ses déplacements, un décret stipulait aussi la nécessité d'obtenir un droit de séjour (ou enregistrement, *propiska* en russe), permanent ou temporaire. *Voir aussi* « Droit de séjour ».

PASTERNAK, Boris Leonidovitch (1890-1960). Ce poète et écrivain célèbre se tint à l'écart de la vie littéraire publique dans les années 1940, se « réfugiant » dans la traduction (on lui doit, entre autres traductions, celles de *Faust* et des tragédies de Shakespeare). Il reçut le prix Nobel de littérature en 1958 pour son roman *Le Docteur Jivago*. Publié en Italie, cet ouvrage fut interdit en URSS, où l'on déclencha une violente campagne contre son auteur.

Patriarche, étangs du (Moscou). Situés au centre de Moscou, ces étangs ont été rendus célèbres en France par Mikhaïl Boulgakov qui les a choisis comme cadre de la première scène de son roman bien connu *Le Maître et Marguerite*. Ce site fut également décrit par Tolstoï et Kouprine. Des trois étangs qui existaient au XVIIᵉ siècle dans le faubourg du Patriarche, il n'en restait qu'un au début du XIXᵉ siècle, rebaptisé de 1932 à 1992 : étang des Pionniers.

PAULUS, Friedrich von (1890-1957), feld-maréchal allemand, officier d'état-major général dans les années 1930 et pendant la campagne de France. Un des principaux auteurs du plan « Barbarossa », Paulus obéit contre son gré à Hitler qui refusa de battre en retraite quand la VIᵉ armée se trouva menacée d'encerclement à Stalingrad. Manstein fut alors envoyé pour sauver les troupes, son opération se solda par un échec. Paulus ne se suicida pas comme le lui suggérait Hitler dans un télégramme qui l'informait également de sa nomination au grade de feld-maréchal. En 1944, Paulus (prisonnier de guerre en URSS) entra dans l'Union antinazie des officiers allemands prisonniers de guerre, puis au Comité national « Allemagne libre », s'engageant ainsi dans l'action de propagande menée au front pour persuader les Allemands de se retourner contre Hitler. Il témoigna du côté soviétique au procès de Nuremberg. Après sa libération en 1953, il vécut en Allemagne de l'Est, à Dresde, où il travailla comme inspecteur de la « police populaire ».

PAVLOV, Ivan Petrovitch (1849-1936), physiologiste russe dont les découvertes, notamment celle des réflexes conditionnés, sont à l'origine de la psychophysiologie et de la psychologie expérimentale. Prix Nobel en 1904, il fut élu académicien en 1907. Membre honoraire de nombreuses académies et sociétés, reconnu *princeps physiologorum mundi*. Enthousiasmé par la révolution de février 1917, il fut extrêmement critique envers celle d'Octobre. Dans les années 1920-1930, il protesta maintes fois publiquement contre les rigueurs du régime.

Penza. Ville du centre de la Russie située sur la rivière Soura, au confluent de la Volga. Penza fut fondée en 1663 comme place forte aux frontières sud-ouest de la Russie de l'époque.

Perekop. Perekop est le nom donné à l'isthme de la péninsule de Crimée et à une ville, ancienne forteresse protégée par un ravin, d'où son nom, « fossé en travers ».

Perm. Ancien nom russe de la région située entre les monts Oural et la rivière Petchora, peuplée par les Komis. C'est actuellement un district autonome. La ville principale, Perm (Molotov de 1940 à 1957), connue depuis le XVIIᵉ siècle, fut le centre administratif des usines de l'Oural.

PEROVSKAÏA, Sofia Lvovna (1853-1881), révolutionnaire populiste, d'origine aristocratique. Elle prit part au mouvement de l'« Aller au peuple » et fut membre du comité exécutif de la « Volonté du Peuple » qui prononça la « condamnation à mort » d'Alexandre II. En 1881, après l'arrestation du chef du comité, Jeliabov, avant la date retenue pour l'attentat, elle prit la tête du groupe et mena à bien le projet. Elle fut en Russie la première femme condamnée à mort et exécutée pour raisons politiques.

PESTEL, Pavel Ivanovitch (1793-1826), décembriste, fondateur de la « Société secrète du Sud » et auteur du projet de Constitution « La justice russe ». Républicain, partisan d'un État fort et centralisé, Pestel prévoyait l'abolition du servage, la suppression des privilèges et l'exécution de la famille impériale, une nationalisation partielle des terres, le suffrage universel pour les personnes âgées de vingt ans et plus, et la création d'une police politique pour le maintien de l'ordre. Ambitieux et résolu, il suscita des jugements controversés : « un homme dangereux pour la Russie » (Ryleïev, chef de la « Société secrète du Nord ») ; « un des esprits les plus originaux que j'ai connus » (Pouchkine). Ayant donné les noms des autres conjurés pendant l'instruction, il finit par écrire une lettre à Nicolas Ier pour lui demander sa grâce. Condamné à mort avec les autres leaders décembristes, il fut exécuté.

PETLIOURA, Semion Vassilievitch (1879-1926), homme politique ukrainien, membre du parti social-démocrate ukrainien depuis 1900. Après février 1917, en tant que président du Conseil du front ukrainien et chef du Comité général auprès de la Rada (conseil) centrale, il soutint le Gouvernement provisoire russe, qui promettait l'autonomie de l'Ukraine. Après octobre 1917, il s'opposa aux bolcheviks en s'alliant au général blanc Kaledine. Il fut ministre de la Guerre (à partir de novembre 1918) et chef du Directoire ukrainien (à partir de février 1919) pendant la brève indépendance ukrainienne. Chassé par les bolcheviks en avril 1919, il s'allia à Denikine pour rentrer à Kiev, mais fut aussitôt rejeté par ce dernier qui, poursuivant la politique de la Russie unie, se retourna contre lui. Réfugié en Pologne, Petlioura y fit l'union contre les Soviets, mais après la fin de la guerre soviéto-polonaise en 1920, il signa, le 20 novembre 1920, la liquidation du Directoire ukrainien. Il émigra en 1924 à Paris où il fut assassiné en 1926 par S. Schwarzbart qui, pendant son procès, l'incrimina dans l'organisation de pogromes en Ukraine.

PIATAKOV, Gueorgui Leonidovitch (1890-1937), bolchevik depuis 1910. En 1918, il dirigea le Gouvernement provisoire des ouvriers et paysans ukrainiens. En 1920, il fit exécuter massivement des officiers des armées Blanches en Crimée. Piatakov occupa alors des postes importants au Gosplan, au Comité des concessions, etc. En 1934-1936, il fut narkom adjoint de l'Industrie lourde. Condamné à mort au « procès du bloc antisoviétique

trotskiste » de 1937, il fut exécuté. Il a été réhabilité en 1988.

PIATNITSKI, Iossif Tarchis, *dit* **Iossif Aronovitch** (1882-1938), membre du parti social-démocrate à partir de 1898, bolchevik. Membre du Comité de guerre révolutionnaire et du Komintern, il fut également membre du Comité central à partir de 1927. Il protesta ouvertement contre les pleins pouvoirs attribués à Ejov et contre l'exécution de Boukharine. Arrêté en 1937, il fut condamné à mort en 1938 et réhabilité à titre posthume en 1956.

PIERRE II (1715-1730), petit-fils de Pierre Ier, il monte sur le trône à la mort de Catherine Ire en 1727. Sous l'influence des princes Dolgorouki, il se prononce contre les réformes de son grand-père, après avoir écarté le prince Menchikov, favori tout-puissant de Pierre Ier. Fiancé à la princesse Dolgoroukaïa le 30 novembre 1729, Pierre II mourut de la variole à la veille de son mariage.

Pierre-et-Paul, forteresse (Saint-Pétersbourg). Construite au moment de la fondation de Saint-Pétersbourg dans des buts défensifs, elle perdit sa fonction militaire pour devenir une prison politique où furent incarcérés, au XVIIIe siècle, les adversaires politiques des monarques et, au XIXe siècle, les membres du mouvement révolutionnaire.

PIKSINE, Ivan Alexeïevitch (1905-1973), fut un des secrétaires du *raïkom* du Parti à Stalingrad.

PILNIAK, Boris Andreïevitch Vogau, *dit* (1894-1937 ou 1938), écrivain. Auteur de romans et de récits novateurs tels que *L'Année nue* (1920), *Conte de la lune non éteinte* (1926, tirage confisqué), *L'Acajou* (publié à Berlin, 1929). Il montra le lien profond de la révolution avec l'esprit des révoltes populaires de la Russie pré-pétrovienne, le sens de l'absurdité et la rationalité inhumaine du nouveau monde. À la fin des années 1920, le pouvoir déclencha contre lui une effoyable campagne. Arrêté en 1937, il fut condamné à mort pour « espionnage au profit du Japon » et exécuté ; il fut réhabilité en 1956.

Piriatinsk. Petite ville d'Ukraine occidentale.

PISSAREV, Dmitri Ivanovitch (1840-1868), critique littéraire et publiciste russe, une des « idoles » de l'intelligentsia révolutionnaire. Idéologue du « nihilisme », partisan convaincu de l'art engagé, il poussa à l'extrême le rôle utilitaire de l'art, ainsi que la vision critique des grands noms de la littérature russe, notamment Pouchkine. Pour avoir écrit un pamphlet appelant à renverser le pouvoir et à liquider physiquement la dynastie régnante, il fut emprisonné pendant quatre ans à la forteresse Pierre-et-Paul, où il écrivit l'essentiel de son œuvre. Il est mort en se noyant accidentellement.

PLANCK, Max (1858-1947), physicien allemand, créateur de la théorie des quanta. Prix Nobel (1918).

PLATONOV, Andreï Platonovitch Klimentov, *dit* (1899-1951), écrivain. D'origine ouvrière, il accueillit la révolution avec enthousiasme, adhéra au parti bolchevique et prit part à la guerre civile. Reconnu comme écrivain après la publication du récit *Les Écluses d'Épiphane* en 1927, il s'installa à Moscou où il fut attaqué par la critique littéraire officielle pour *L'Origine d'un maître* (1929) et provoqua la rage de Staline par son récit satirique *À l'avance* (1931), dont le sous-titre *Chronique des pauvres* fut rebaptisé par le censeur du Kremlin « chronique koulak ». Il réussit pourtant à publier en 1937 son recueil de nouvelles *La Rivière Potoudan*, mais ses œuvres principales, le récit *La Fouille* et le roman *Tchevengour* restèrent longtemps à l'état de manuscrit. Pendant la guerre, de 1942 à 1945, Platonov fut correspondant du journal de l'armée *L'Étoile rouge*. Une nouvelle campagne de critique acharnée en 1946 lui interdit toute forme de reconnaissance officielle. L'œuvre profondément originale et prophétique de Platonov, populaire dans les années 1970 grâce au *samizdat* (autodiffusion des œuvres dactylographiées), ne fut reconnue qu'à la fin des années 1980.

PLEKHANOV, Gueorgui Valentinovitch (1856-1918), un des premiers théoriciens marxistes russes. D'abord populiste, Plekhanov s'opposa aux méthodes terroristes. Émigré de 1880 à 1917, il fonda le premier groupe marxiste russe, « Libération du travail » (1883), puis devint membre de la IIᵉ Internationale. Il participa également aux congrès du parti social-démocrate russe. Après avoir essayé de rapprocher les mencheviks et les bolcheviks, Plekhanov rallia les premiers en raison de son désaccord profond avec la position de Lénine. Revenu en Russie en 1917, il soutint le Gouvernement provisoire. Plekhanov fut très critique envers la révolution d'Octobre. Il publia le 28 octobre 1917 une « Lettre ouverte aux ouvriers de Petrograd », où il prévenait des dangers de la prise du pouvoir par « une seule classe sociale et, pis, par un seul parti » et dans laquelle il critiquait la dissolution de l'Assemblée constituante. Il refusa toutefois de prendre la tête d'un gouvernement antibolchevique, déclarant : « J'ai donné quarante ans de ma vie au prolétariat, je ne peux pas le fusiller, même s'il se fourvoie. »

PLETNEV, Dmitri Dmitrievitch (1872-1941), professeur de médecine renommé et haut fonctionnaire au ministère de la Santé, consultant à l'hôpital du Kremlin. Il fut accusé, avec le docteur Levine, des assassinats de Kouïbychev, Gorki et Menjinski au procès du bloc antisoviétique trotskiste de droite en mars 1938. Sa mort, ainsi que celle de Levine, aurait été décidée en 1932 quand il avait refusé de signer l'acte de décès falsifié de la mort de la femme de Staline, Nadejda Allilouïeva, dont le suicide était secret d'État. Il fut exécuté à la prison d'Orel peu de temps avant la prise de la ville par les Allemands. *Voir aussi* « Levine, Lev Grigorievitch ».

Podol, quartier de (Kiev). Un des quartiers historiques de Kiev, situé dans la partie basse de la ville d'où vient son nom (« le long du val »). Habité depuis les temps anciens par les artisans, il comptait, depuis le XIXᵉ siècle, une forte population juive.

Politburo du Comité central du Parti communiste. Organe directeur du Parti, élu par le Comité central pour assurer la continuité entre les sessions plénières. Le premier, avec Lénine à sa tête, fut élu le 23 octobre 1917 pour diriger le coup d'État mais il ne commença à fonctionner de façon permanente qu'après le VIIIe Congrès du Parti (mars 1919). Il fut maintenu jusqu'à la dissolution du Parti en 1991, avec une interruption de 1952 à 1966, où il fut remplacé par le Présidium du Comité central du PCUS. C'est au sein du Politburo, dont les conflits internes déterminaient le sort du pays, que les décisions politiques et économiques les plus importantes étaient prises.

Politrouk. Le *politrouk* est le grade de base dans la hiérarchie des commissaires politiques.

Politsaï. Auxiliaires de la police nazie et des commandos spéciaux, les *politsaï* étaient recrutés parmi la population locale pour maintenir l'ordre en Ukraine occupée. Ils participèrent à l'extermination de la population juive. 1 200 *politsaï* ukrainiens, appartenant aux bataillons policiers « Boukovinski koren » que dirigeait P. Voïnarovski et encadrés par 150 SS, assassinèrent 100 000 Juifs à Babi Iar.

Populistes. Les populistes étaient membres de mouvements révolutionnaires dans les années 1870-1880. Après l'échec de la propagande des idées révolutionnaires de l'« Aller au peuple », le premier groupe populiste, « Terre et Liberté », en raison de divergences d'opinion se sépara en deux, la « Volonté du Peuple » et « Partage noir ». Le comité exécutif de la « Volonté du Peuple » choisit comme méthode d'action la terreur contre le gouvernement qu'il poursuivit avec acharnement : huit attentats contre Alexandre II, l'assassinat de centaines de hauts fonctionnaires. Le dernier attentat contre le tsar, qui le blessa mortellement, eut lieu le jour même de la signature d'un projet de Constitution.

POSKREBYCHEV, Alexandre Nikolaïevitch (1891-1965), « fidèle écuyer de Staline » d'après le mot de Khrouchtchev. Il commença comme chef de l'administration du Comité central du Parti en 1923-1924, avant de devenir le secrétaire personnel et l'homme de confiance de Staline, filtrant pour lui les informations et suggérant des solutions. D'après des Mémoires et des études (non confirmées par les documents historiques), il fut impliqué dans les crimes du régime, notamment dans l'élimination d'Ordjonikidze, les procès de 1936-1938, l'affaire des « médecins empoisonneurs ». Après l'arrestation de sa femme, parente éloignée de Trotski, il implora Staline de la sauver, mais n'y parvint pas. En novembre 1952, Beria réussit à l'éloigner du Kremlin. Sa carrière politique prit fin avec la mort de Staline.

POSTYCHEV, Pavel Petrovitch (1887-1939), bolchevik depuis 1904. C'est l'un des organisateurs de la Terreur rouge en Sibérie et en Extrême-Orient. En 1933, il fut envoyé en Ukraine, où sévissait la famine, pour « remplir à tout prix le plan d'approvisionnement en blé ». Principal initiateur des purges de l'intelligentsia ukrainienne (1932-1937), il fut transféré dans la région de Kouïbychev (Samara), où il organisa des purges d'une envergure sans précédent. En 1938, il fut exclu du Parti ; en 1939, il fut condamné et exécuté, puis réhabilité en 1956.

POUGATCHEV, Emelian Ivanovitch (1740 ou 1742-1775), cosaque de la région du Don, chef d'une révolte paysanne (1773-1774) qui se répandit dans l'Oural et dans la région de la Volga. Ayant usurpé le nom de Pierre III, mari assassiné de Catherine II, il entraîna dans cette révolte les cosaques privés de leurs libertés et les paysans aspirant à la libération, par la promesse d'un pouvoir juste du « tsar moujik ». Trahi par ses compagnons, il fut jugé, condamné et mis à mort. Pouchkine lui consacra *L'Histoire de la révolte de Pougatchev*, fondée sur des recherches dans les archives et des témoignages recueillis lors d'un voyage dans l'Oural, et fit de lui un des personnages centraux du roman *La Fille du capitaine*.

POUNINE, Nikolaï Nikolaïevitch (1888-1953), historien d'art et critique artistique, il fut le mari d'Anna Akhmatova. Partisan convaincu du futurisme russe et d'autres mouvements d'avant-garde, il fut arrêté à maintes reprises.

Première armée de cavalerie. Apparue en 1918, c'est un détachement de cavalerie placé sous le commandement de Semion Boudienny, transformé successivement en régiment, brigade, division, corps, pour devenir une armée en 1919. Elle joua un rôle important dans la guerre civile en Ukraine, au sud de la Russie et en Crimée.

Presnia, barrière de (Moscou). Ancienne porte des vieux remparts de Moscou et quartier environnant qui fut le théâtre de combats pendant la révolution de 1905. Le quartier fut rebaptisé « Presnia Rouge » après 1917. Une des rues a reçu le nom de 1905, en souvenir de cette révolution manquée. *Voir aussi* « 1905, rue de ».

Prilouki. Petite ville de la région de Tchernigov, en Ukraine occidentale.

Procès de Moscou. Procès publics retentissants, ils étaient montés sur de fausses accusations de terrorisme, d'espionnage, de complots contre Staline et Lénine, d'assassinat de Gorki. Des campagnes de propagande sans précédent furent organisées : meetings, réunions, lettres signées collectivement qui exigeaient l'exécution des « ennemis du peuple », parmi lesquels figuraient essentiellement les membres du Politburo de Lénine, la « vieille garde bolchevique ». Du 19 au 24 août 1936 : le « procès du bloc zinovievo-trotskiste », ou « procès des 16 », dont L. Kamenev, G. Zinoviev. Du 23 au 30 janvier 1937 : le « procès du bloc antisoviétique trotskiste », ou « procès des 17 », dont G. Piatakov, K. Radek. Du 2 au 13 mars 1938 : le « procès du bloc antisoviétique trotskiste de droite », ou « procès des 21 », dont N. Boukharine, A. Rykov, le trotskiste Kh. Rakovski, l'ancien chef du NKVD G. Iagoda.

Proletkult. Abréviation de « Culture prolétarienne », nom d'une organisation fondée en 1917 par Bogdanov et Pletnev entre autres. Ses objectifs étaient la diffusion culturelle, la création et la promotion de la culture prolétarienne dans les arts et, en particulier, dans la littérature et le théâtre. Elle se distinguait par ses tendances à rejeter le patrimoine artistique et la littérature classique ainsi que par son idéologisation extrême.

PROUT, William (1785-1850), chimiste et médecin anglais.

RADICHTCHEV, Alexandre Nikolaïevitch (1749-1802), écrivain proche des cercles influencés par les idées des Lumières. Son livre le plus connu, *Voyage de Saint-Pétersbourg à Moscou* (1790), critiquait fortement l'autocratie et le servage, ce qui provoqua l'indignation de Catherine II : « Il est un émeutier pire que Pougatchev. » Condamné à dix ans d'exil en Sibérie, il fut autorisé par Paul Ier, en 1796, à vivre dans sa propriété, puis complètement libéré par Alexandre Ier en 1801. Invité à participer à la commission pour l'élaboration des lois, il fit des propositions sur l'abolition du servage et des privilèges. Rappelé à l'ordre par le chef de la commission, désespéré, il se suicida.

Raïkom. Comité du Parti d'un arrondissement ou d'un district.

RAZINE, Stepan Timofeïevitch (1630-1671), cosaque du Don, chef d'une révolte paysanne (1670-1671) provoquée par la lourdeur des impôts levés pour les guerres contre la Pologne et la Suède. À la tête de troupes cosaques, Stepan Razine fit la guerre aux Tatars de Crimée, aux Turcs, puis partit en expédition sur la Volga, la mer Caspienne et en Perse. Promettant la liberté aux paysans, il souleva quelque dix mille personnes dans la région de la Volga, les entraînant jusqu'à Nijni-Novgorod. Trahi par des cosaques, condamné et mis à mort à Moscou, il devint un héros de la poésie populaire russe.

Réalisme socialiste. Dogme esthétique élaboré au tournant des années 1920-1930 et imposé, à partir du Ier Congrès des écrivains, aux peintres, musiciens, auteurs… Dès lors, les créateurs durent, dans leurs œuvres, « refléter la vie à la lumière des idéaux socialistes ».

Réhabilitations. La « dénonciation du culte de la personnalité » de Staline, que Khrouchtchev entreprit au XXe Congrès du Parti en 1956, déclencha le processus des réhabilitations. Les commissions de réhabilitation spécialement créées avaient le droit de reconsidérer les sentences de l'époque stalinienne. Des milliers de détenus du Goulag furent libérés. Très souvent les réhabilitations des membres du Parti, des militaires, des hommes de lettres et des scientifiques, « victimes de répressions infondées » selon la formule consacrée à cette époque, furent posthumes. Le retour des camps des réhabilités et les réhabilitations posthumes furent l'un des moments centraux de cette époque, connue sous le nom de « Dégel ». Pourtant, cette première vague de réhabilitations ne révéla pas la vérité sur les « procès de Moscou » des années 1936-1938, il fallut attendre pour cela la perestroïka et l'après-1991.

REMIZOV, Alexeï Mikhaïlovitch (1877-1957), prosateur et dramaturge. Avant de devenir écrivain, il voyagea comme pèlerin dans les monastères et, pour avoir participé au mouvement révolutionnaire, passa six ans en prison et en relégation. Son écriture s'inspire du langage et des formes littéraires de la Russie pré-pétrovienne, ainsi que de la vie provinciale russe. Parmi ses nombreuses œuvres : le livre de légendes et de textes apocryphes *Limonar* (1907), *Le Pleur de la ruine de la Russie* (1918), *La Russie dans la tourmente* (1927), *Les Yeux tondus* (1951), un essai sur la littérature russe classique *Le Feu des choses* (1954). Il émigra en 1921 à Berlin, puis à Paris.

RÉPINE, Ilia Efimovitch (1844-1930), peintre russe. L'un des chefs de l'école réaliste russe, il fit partie du groupe des « Ambulants » (mouvement opposé à l'art académique). Il est l'auteur de nombreux tableaux historiques et de genre, ainsi que de toute une galerie de portraits de ses contemporains célèbres.

République socialiste fédérative soviétique de Russie (RSFSR). La République socialiste fédérative soviétique de Russie fut formée le 25 octobre (7 novembre) 1917. La plus importante république de l'URSS occupait les trois quarts de sa superficie, comptait plus de la moitié de sa population, fournissait les deux tiers de sa production industrielle et la moitié de sa production agricole. Sa superficie était supérieure à 17 millions de km^2 et sa population (au 1er janvier 1976) dépassait 134 millions de personnes dont 108 millions de Russes. La composition administrative de la RSFSR comprenait 16 républiques autonomes, 6 territoires, 49 régions et 10 districts nationaux, avec différentes formes d'administration locale pour les nombreuses minorités ethniques. Elle est devenue, en juin 1990, la Fédération de Russie.

RIAZANOV, David Borissovitch Goldenbach, *dit* (1870-1938), populiste en 1887, proche par la suite du groupe marxiste « Libération du travail » puis, à partir de 1917, membre du parti bolchevique. Auteur d'un index bibliographique des ouvrages de sciences sociales, largement utilisé par la jeunesse révolutionnaire en Russie. Partisan d'un gouvernement composé de représentants de différents partis socialistes, il protesta contre la dissolution de l'Assemblée constituante et les persécutions contre les professeurs d'université. Directeur de l'Institut Marx-Engels (1921-1931), il fut aussi académicien (1929). Arrêté et exilé en 1931, il fut condamné à mort en 1937, puis réhabilité à titre posthume.

RIOUMINE, Mikhaïl Dmitrievitch (1913-1954), un des chefs de la sécurité d'État. Chef adjoint du Smerch, juge d'instruction chargé des dossiers spéciaux, il dénonça son chef Abakoumov. Il lança l'affaire du prétendu « complot sioniste » dirigé contre des personnalités des arts et de la culture, des officiers du MGB et des « médecins empoisonneurs » juifs. Ayant provoqué le mécontentement de Staline, il fut démis de ses fonctions. Arrêté par Beria quelques jours après la mort de Staline, il fut condamné et exécuté en 1954.

RIOUTINE, Martemian Nikititch (1890-1937), bolchevik à partir de 1914. Il occupa des postes dans les comités révolutionnaires et dans l'armée Rouge en Sibérie. Il participa à l'écrasement de la révolte de Cronstadt. À partir de 1924, il fut à la tête de la section d'agitation et de propagande à Moscou. Au XIVe Congrès, il soutint Zinoviev et Kamenev. En 1927, il critiqua Staline dans une lettre adressée à tous les membres du Parti. Il fut sauvé de l'exclusion et de l'exécution par Kirov. En 1929, il travailla en qualité de responsable de la collectivisation de la Sibérie et protesta contre la répression des koulaks. Son rapport critique fut utilisé par Staline dans l'article « Le vertige du succès ». Il fut arrêté en 1932 et condamné à dix ans de prison. En 1937, il fut condamné à mort, accusé d'activités contre-révolutionnaires. Il fut réhabilité en 1988.

RODIMTSEV, Alexandre Ilitch (1905-1977), général soviétique. Il se distingua pendant la bataille de Stalingrad en commandant la 13ᵉ division de tirailleurs de la garde qui empêcha les troupes allemandes de prendre le passage central du cours de la Volga et les évinça des quartiers du centre, en libérant une des gares. Il joua un rôle important dans les combats autour du Mamaïev Kourgan.

RODINE, Alexeï Grigorievitch (1902-1955), général soviétique. Le succès de l'offensive des blindés à Stalingrad lui valut le titre de « héros de l'URSS ». Il participa à la bataille de Koursk, aux opérations en Biélorussie et en Prusse orientale. Plusieurs fois décoré, il fut, après la guerre, nommé chef suprême des blindés de l'armée Rouge.

RÖHM, Ernst (1887-1934), chef des SA nazies. Ami de Hitler, il participa avec lui au « putsch de Munich » manqué. Prétendant au poste de ministre de la Guerre, après l'échec des élections de 1930, il s'occupa, sur la suggestion de Hitler, de l'organisation des sections d'assaut dont la croissance rapide vers 1933 (deux millions d'hommes) provoqua l'inquiétude de l'armée et des cercles industriels. Cette ascension rapide de Röhm poussa Hitler à réagir. Röhm fut arrêté par les SS lors de la « Nuit des longs couteaux » et tué en prison.

ROKOSSOVSKI, Konstantin Konstantinovitch (1896-1968), maréchal soviétique. Il participa à la Première Guerre mondiale et à la guerre civile dans l'armée Rouge. Emprisonné pendant les purges, il fut libéré en 1940 sur la requête personnelle de Joukov qui appréciait ses compétences militaires. Pendant la Seconde Guerre mondiale, il commanda une armée dans la bataille de Moscou où il fut gravement blessé, puis participa à la phase finale de la bataille de Stalingrad, aux opérations sur la Vistule et l'Oder et à la prise de Berlin. Ministre de la Défense (1949-1956), puis vice-ministre de la Défense (1956-1957, 1958-1962), il fut maréchal de la République polonaise (1949-1956).

ROMANOV, dynastie qui régna sur la Russie de 1613 à 1917, depuis le « Temps des troubles » qui suivit l'extinction de la dynastie des Riourikides jusqu'à la révolution russe. Le nom de la dynastie vient de Roman Iourevitch, père d'Anastasia, première femme d'Ivan IV le Terrible. Le premier tsar de la nouvelle dynastie, Michel Romanov, petit-fils de Roman, fut élu par le Zemski sobor (voir ce mot).

RÖMMEL, Erwin (1891-1944), maréchal allemand, l'un des chefs du quartier général du Führer (1939). Il se distingua à la tête d'une division de blindés en France (1940), puis de l'Africakorps (1941-1943). Il ne put empêcher le débarquement des Alliés en Normandie (1944), où il fut grièvement blessé. Il essaya en vain de persuader Hitler d'arrêter la guerre en juin 1944. Son nom ayant été mentionné par un des conjurés contre Hitler (le 20 juillet 1944), il reçut l'ordre de se suicider.

ROSENBERG, Alfred (1893-1946), principal idéologue du nazisme, bras droit de Hitler pour l'« éducation idéologique et spirituelle » dans le parti national-socialiste. Né à Tallin, il fit ses études à Riga et Moscou et parlait parfaitement le russe. Il fut nommé ministre des Territoires occupés à l'est. Il est l'auteur du projet de division des territoires soviétiques d'Europe en gouvernements du Reich et de la politique de germanisation forcée. Il fut exécuté au terme du procès de Nuremberg.

Roslavl. Petite ville de la région de Smolensk, fondée au XIIᵉ siècle. Elle subit d'importants dommages pendant l'occupation allemande, entre le 2 août 1941 et le 25 septembre 1943.

Rostov-sur-le-Don. Ce port fluvial situé à 46 km de la mer d'Azov fut fondé en 1749 comme douane et place forte. Pendant la guerre, il fut deux fois occupé par les armées allemandes : du 21 au 29 novembre 1941 et du 27 juillet 1942 au 14 février 1943.

ROUBLEV, Andreï (vers 1360 ou 1370-v. 1430), le plus illustre peintre russe médiéval dont le chef-d'œuvre est la célèbre icône de la *Trinité*. On lui doit des fresques et des icônes dans des cathédrales de Moscou, Zvenigorod et Vladimir.

ROZANOV, Vassili Vassilievitch (1856-1919), écrivain et philosophe. Un des fondateurs de la Société religieuse et philosophique de Saint-Pétersbourg (1900). Ses idées originales, voire paradoxales, sur la religion, la famille et l'éducation (*Les Ténèbres des Lumières*), furent critiquées par les deux camps, conservateur et libéral. Il écrivit des essais sur Gogol et Dostoïevski (*La Légende du grand inquisiteur*) et de nombreux livres sur la culture, l'histoire et la révolution russes dont *Feuilles tombées* et *L'Apocalypse de notre temps*.

RSFSR, *voir* République socialiste fédérative soviétique de Russie.

RUTHERFORD, Ernst (1871-1937), physicien anglais qui posa les bases de la théorie de la radioactivité et démontra l'existence du noyau atomique. Il réalisa la première transmutation de l'atome. Membre de la Société royale de Londres, il reçut le prix Nobel (1908).

RYKOV, Alexeï Ivanovitch (1881-1938), bolchevik de la première heure, entré au parti social-démocrate en 1898, premier narkom des Affaires intérieures. Il fut partisan de la formation d'un gouvernement composé de tous les partis socialistes russes. Premier adjoint de Lénine (1921), il se trouva à la tête du gouvernement après sa mort. Partisan de la NEP. Son opposition aux excès de la collectivisation et de l'industrialisation fut qualifiée de « déviationnisme de droite ». Évincé du Politburo par Staline, il resta, de 1931 à 1936, narkom des Postes et Télégraphes. Exclu du Parti en 1937, condamné en 1938 au procès du « bloc antisoviétique trotskiste de droite », il fut exécuté ; réhabilité en 1988.

RYLEÏEV, Kondrati Fiodorovitch (1795-1826), poète, décembriste, membre de la « Société secrète du Nord ». Le credo poétique de cet auteur de poèmes historiques et d'élégies, « Je ne suis pas poète, mais citoyen », préfigurait la « poésie civique » des années 1840-1860. Pendant la révolte des décembristes et lors de l'instruction, il montra un grand courage, essayant de prendre sur lui toute la responsabilité pour sauver ses camarades. Condamné à mort, il fut exécuté.

Sadovo-Samotetchnaïa, rue (Moscou). C'est l'une des rues appartenant à la ceinture de Jardins, tracée sur les anciens remparts en terre battue, qui délimite la partie centrale de Moscou.

Saint-Synode. Organe suprême de l'Église orthodoxe russe, créé en 1721 par Pierre Ier, qui supprima le patriarcat (rétabli par le Concile de 1917). Composé des hauts dignitaires ecclésiastiques, le Saint-Synode était administré par un fonctionnaire civil, le haut-procureur, nommé, comme les ministres, par l'empereur.

Sakhaline, île de. Île située à l'est de l'Asie, baignée par la mer d'Okhotsk et la mer du Japon.

Salekhard. Petite ville des bords de l'Ob, nommée Obdorsk avant 1933. Centre du district autonome des Nenets, fondé en 1595 comme lieu de détention, Salekhard est aujourd'hui un centre d'exploitation forestière.

SALTYKOV-CHTCHEDRINE, Mikhaïl Efgrafovitch (1826-1889), écrivain satirique, publiciste et critique littéraire. Il fut membre de la rédaction de la revue *Le Contemporain*, corédacteur, avec Nekrassov, de la revue *Les Annales de la Patrie*, dont il devint par la suite le rédacteur. Considéré comme un héritier de Gogol, il jouissait d'un immense succès dans les cercles radicaux. Il exprime sa verve satirique avec le plus d'amertume dans *Histoire d'une ville* (1870) et sa vision pessimiste de la Russie dans *La Famille Golovlev* (1880).

Samara. Kouïbychev (1935-1991), qui a repris aujourd'hui le nom de Samara, est une ville importante, fondée au XVIe siècle sur la Volga. Elle abrita, en 1941-1942, la plupart des administrations soviétiques. De 1941 à 1945, la production de la ville quintupla par rapport à celle de 1940, grâce à l'évacuation de nombreuses entreprises importantes de l'ouest du pays.

Sapoun, mont. Le mont Sapoun est une colline située au sud-est de Sébastopol. Point hautement stratégique, elle fut prise d'assaut par les armées soviétiques le 7 mai 1944. Actuellement s'y trouvent un musée mémorial et un monument.

Saratov. Port important situé sur la rive droite de la Volga, qui fut fondé en 1590 comme place forte. C'est aujourd'hui une ville industrielle et un centre culturel importants.

Sarema, *voir* Ezel.

SARIAN, Martiros Sergueïevitch (1880-1972), peintre arménien soviétique. Académicien, président de l'Union des artistes arméniens, artiste du peuple de l'URSS. Au début du XXe siècle, pris dans l'effervescence de la vie artistique russe, il participa activement aux expositions du « Monde de l'art », de « la Rose bleue » et de « l'Union des artistes russes ». Il voyagea en Turquie, en Égypte et en Iran (1910-1913), puis à Paris (1926-1928). Il vécut en Arménie à partir de 1921. Son art s'est formé au carrefour de nombreuses influences : avant-garde russe, art oriental, impressionnisme et post-impressionnisme français.

Sauveur, tour et porte du (Moscou). En russe, *Spasskaïa*. Tour principale du Kremlin, donnant sur la place Rouge. Sa porte était un passage obligé pour les sorties solennelles des tsars et des patriarches, en particulier lors de la procession des Rameaux. Symbolisant alors l'entrée à Jérusalem, le cortège allait de la cathédrale de la Dormition du Kremlin à la cathédrale de Saint-Basile-le-Bienheureux sur la place Rouge. Le Kremlin redevenant le siège du gouvernement à partir de 1918, la porte du Sauveur servit alors, et sert encore, de passage officiel réservé aux hauts fonctionnaires de l'État.

SAZONOV, Egor Sergueïevitch (1879-1910), révolutionnaire, membre de l'Organisation de combat du parti socialiste-révolutionnaire. En 1904, il assassina le ministre de l'Intérieur Plehve. Blessé lui-même par la bombe, il fut condamné au bagne à perpétuité. Pour protester contre le sort fait aux prisonniers, il s'empoisonna.

Schlüsselbourg, forteresse de. Ancienne forteresse russe située près de la source de la Neva et du lac Ladoga, nommée Orechek avant 1611, puis, entre 1611 et 1702, Notebourg et, depuis 1944, Petrokrepost. À partir de 1703, elle devint une prison de haute sécurité à régime sévère pour prisonniers politiques – opposants au trône aux XVIIIe et XIXe siècles, puis membres du mouvement révolutionnaire et au début du XXe siècle. Détruite pendant la Seconde Guerre mondiale, elle abrite aujourd'hui un musée.

SCHMIDT, Arthur (1895-?), général allemand. Pendant la Première Guerre mondiale, il participa aux batailles de la Marne et de la Somme. Il fit une carrière rapide sous Hitler : nommé commandant en 1937, il devint général en 1942. En juin 1942, il fut nommé chef d'état-major de la VIe armée. Il joua un rôle important dans la dernière phase de la bataille de Stalingrad, commandant *de facto* l'opération et persuadant Paulus de ne pas contrevenir aux ordres de Hitler en prenant l'initiative de sauver l'armée menacée d'encerclement. Il refusa de s'engager dans l'action de propagande contre Hitler. Condamné à vingt-cinq ans de travaux forcés, il fut libéré avec tous les autres prisonniers de guerre en octobre 1955. Il refusa par la suite de reconnaître son influence sur les événements pendant la bataille de Stalingrad.

SCRIABINE, Alexandre Nikolaïevitch (1871-1915), pianiste et compositeur russe. Son langage musical, personnel et novateur, s'exprima pleinement dans *Le Poème de l'extase*, le *Poème divin*, la symphonie *Prométhée* et les sonates pour piano. Scriabine expérimenta les correspondances entre les lumières et les sons. Il fut l'un des précurseurs de l'avant-garde musicale russe.

Sébastopol. Célèbre port russe sur la mer Noire, actuellement en Ukraine. Fondé sur l'emplacement d'une cité antique en 1783, quand la Crimée fut rattachée à la Russie, Sébastopol est connu pour sa défense héroïque pendant la guerre de Crimée en 1854-1855 et pendant la Seconde Guerre mondiale où la ville était occupée par les Allemands, entre juillet 1942 et mai 1944.

Section de lutte contre le vol de la propriété socialiste. La section de lutte contre le vol de la propriété socialiste, connue sous le sigle OBKHSS, a été fondée en 1937. Pendant la perestroïka, elle fut transformée en section de lutte contre les crimes économiques (OBEP).

Section spéciale ou **service spécial.** Les premières sections spéciales de l'armée Rouge apparurent pendant la guerre civile, en septembre-octobre 1918, sur le front Sud dans le but d'assurer simultanément un contrôle politique (exercé initialement par la Tchéka) et militaire. L'ordre officiel de leur création date de janvier 1919. Subordonnées au NKVD à partir de 1942, elles contrôlèrent les détachements de barrage, les services secrets, organisèrent le maintien de l'ordre, le filtrage de la population sur les territoires libérés au cours des offensives, etc. Un service analogue, nommé Première section, responsable du contrôle politique et idéologique existait aussi dans les entreprises, les établissements de recherche et d'enseignement, etc.

SEMIONOV, Nikolaï Nikolaïevitch (1896-1986), un des fondateurs de la chimie physique, créateur de la théorie des polymères. Prix Nobel (1956), il fut lauréat de nombreux prix soviétiques (1941, 1949, 1976) et de la médaille d'or de Lomonossov de l'Académie des sciences d'URSS (1970).

Séparation de l'Église et de l'État. La séparation de l'Église et de l'État en 1917 fut suivie par une vague de répressions dans les années 1918-1922 : assassinats de prêtres, « profanation » de reliques de saints « dans des buts scientifiques », fer-

meture de monastères transformés, dans certains cas, en camps de concentration (le monastère des îles Solovki par exemple). Au printemps 1922, le Politburo du parti bolchevique mit sur pied tout un programme de lutte contre l'Église orthodoxe, élaboré par Trotski, soutenu par Lénine et officiellement mené par Kalinine : confiscation massive et vente à l'étranger des biens de l'Église, anéantissement de l'Église par sa scission et persécutions successives de la « vieille » Église ainsi que de l'Église « renouvelée », séduite par la collaboration avec les bolcheviks, exécutions de métropolites et de prêtres, arrestation du patriarche.

Serguiev Possad. La ville de Serguiev Possad (en 1919 : Serguiev ; de 1930 à 1991 : Zagorsk), située à 70 km de Moscou, se constitua autour de la laure de la Trinité-Saint-Serge, un des plus importants monastères russes, fondé au XIVe siècle par Serge de Radonège.

Service du personnel. Le service du personnel, qui s'occupait des embauches, était contrôlé par les organismes du service spécial.

SETON, Ernest Thompson, *dit* (1860-1946), artiste, naturaliste et écrivain américain d'origine britannique. Il écrivit un recueil de récits devenu un classique de la littérature pour enfants, très populaire en Russie, intitulé *Les animaux sauvages que j'ai connus* ; les héros en sont des êtres fiers, épris de liberté.

Shtetl. Petites bourgades habitées majoritairement par des Juifs qui, dans l'Empire russe, étaient cantonnés dans la « Zone de Résidence » (à l'exception des marchands de la première guilde, des artisans et de certaines autres catégories). Cette « Zone », instaurée en 1791 et supprimée en février 1917, comprenait quinze gouvernements en Pologne, Lituanie, Biélorussie, Bessarabie et Ukraine.

Sicherheitsdienst (*Sicherheitsdienst [SD] des Reichsführers SS*). Service de sûreté ou Service de renseignement fondé en 1931 par Himmler dans le but d'obtenir des informations sur les ennemis réels ou potentiels des nazis afin de les neutraliser.

SKLIANSKI, Efraïm Markovitch (1892-1925), bolchevik depuis 1913. Il prit part au coup d'État du 25 octobre 1917 et devint, en 1918, chef adjoint du Conseil révolutionnaire de guerre. Il mourut noyé pendant un voyage de mission aux États-Unis.

SKOURATOV, Maliouta (mort en 1673), fidèle lieutenant d'Ivan le Terrible. Il fit carrière dans *l'Opritchnina*. Ce bourreau fut pour le tsar un instrument efficace grâce auquel il sévit contre les complots, réels ou imaginaires, et mata la République de Novgorod.

SKRYPNIK, Nikolaï Alexandrovitch (1872-1933), social-démocrate à partir de 1897, bolchevik. En 1918, il se trouva à la tête du premier gouvernement soviétique d'Ukraine, puis de la Section politique secrète de la Tchéka. Il fut l'un des principaux organisateurs de la terreur pendant la guerre civile. En tant que narkom du Contrôle étatique en Ukraine, il dirigea les expéditions punitives et les exécutions d'otages. Narkom des Affaires intérieures, il persécuta les partisans de Trotski et de la « nouvelle opposition ». Accusé de nationalisme ukrainien, il se suicida pendant la réunion du Politburo d'Ukraine qui discutait son cas personnel.

Smerch (abréviation de « Mort aux espions »). Direction principale du contre-espionnage militaire, qui fut subordonnée directement à Staline tout en faisant partie de la structure du narkomat de la Défense de l'URSS. L'objectif principal de ce service, actif entre 1943 et 1946, était de démasquer les agents secrets nazis et de prévenir les actes de sabotage dans les zones de combat et sur les territoires libérés.

Smolevitchi. Petite ville dans la région de Minsk.

Smolny (Saint-Pétersbourg). Institut pour jeunes filles nobles, premier établissement d'enseignement pour les femmes, fondé par Catherine II en 1764. Le bâtiment abrita le quartier général du coup d'État du 25 octobre 1917. Devenu le siège du premier gouvernement soviétique et, après le départ du gouvernement pour Moscou, celui de l'organisation du Parti de la ville, il abrite aujourd'hui la mairie de Saint-Pétersbourg.

Sociétés secrètes : Société secrète du Nord, Société secrète du Sud. Les sociétés secrètes en Russie, inspirées des idées des Lumières, apparurent après la campagne de l'armée russe en Europe en 1813-1814, campagne qui permit aux officiers nobles de se familiariser avec les réalités politiques européennes. L'apparition des sociétés secrètes fut aussi favorisée par le caractère répressif de la seconde moitié du règne d'Alexandre Iᵉʳ qui, occupé par la politique extérieure, confia les affaires intérieures à Araktcheïev. Fondée en 1816, l'« Union pour le salut » ne comptait que trente membres et fut transformée, en 1818, en « Union pour la prospérité », qui comptait environ deux cents membres dont trente formaient le Conseil principal et six la Douma. Le programme, élaboré par Pavel Pestel et prévoyant l'abolition de l'autocratie, n'était connu que des membres éminents. L'objectif révélé aux autres membres était la diffusion et la promotion des idées des Lumières. La dissolution de la société en 1821, en raison de désaccords politiques et tactiques, visait en fait à éliminer des membres suspects. Ceux qui appartenaient au noyau actif fondèrent la Société du Sud et la Société du Nord, qui seront à l'origine de la révolte des décembristes en 1825. Les deux sociétés étaient semblables dans leur structure, qui comprenait trois degrés d'initiation, mais différaient par le radicalisme de leur programme. Auteur de *La Justice russe*, Pavel Pestel, à la tête de la Société du Sud, se prononçait pour la république. Le programme de la Société du Nord, exposé par Nikita Mouraviev dans *La Constitution*, plus modéré, préconisait l'instauration d'une monarchie constitutionnelle. En 1823, l'adhésion du radical Kondrat Ryleïev à la Société du Nord contribua au rapprochement des deux sociétés, qui fixèrent alors la date de l'insurrection à 1826. La mort d'Alexandre Iᵉʳ en 1825 accéléra les événements. Après l'échec de la révolte des décembristes, déclenchée par la Société du Nord sur la place du Sénat au moment de l'interrègne, la plupart des membres des deux sociétés furent arrêtés. Parmi les 121 membres jugés par la Cour suprême, cinq leaders furent condamnés à mort, les autres furent condamnés aux travaux forcés et déportés en Sibérie.

Sokolniki, quartier (Moscou). Quartier historique situé au nord-est de Moscou, célèbre pour son parc du même nom. Sokolniki vient du russe *sokol* qui signifie « faucon ».

SOKOLNIKOV, Grigori Iakovlevitch Brilliant, *dit* (1888-1939), bolchevik depuis 1905. En tête de la délégation soviétique lors des pourparlers avec l'Allemagne, il signa la paix séparée de Brest-Litovsk. Narkom des Finances (1922-1926), il participa à la « nouvelle opposition » en 1925-1926 (avec Kamenev et Zinoviev), à l'« opposition réunie de gauche » en 1927 et à la « déviation de droite » en 1928, protestant contre la collectivisation et l'industrialisation forcées. Il occupa des postes aux Affaires étrangères à partir de 1929. Exclu du Parti en 1936, il fut arrêté la même année et condamné en 1937 à une peine de dix ans de réclusion. Il mourut – d'après la version officielle –, tué par ses voisins de cellule. Il fut réhabilité en 1988.

Solikamsk. Ville située au bord de la Kama, affluent de la Volga, et fondée au XVe siècle. C'est un centre industriel important.

SOLOVIEV, Vladimir Sergueïevitch (1853-1900), philosophe, poète et publiciste. Il était le fils de l'éminent historien russe Sergueï Soloviev (1820-1879). Sa philosophie marqua profondément son époque. Il rêvait de l'union des Églises, et son orthodoxie, orientée vers Rome, était libre de tout sentiment nationaliste (*La Russie et l'Église universelle*, 1889). En 1898, il publia un traité de théologie morale, *La Justification du bien*.

Solovki, îles. Îles situées dans la mer Blanche, où fut fondé, au XVe siècle, un monastère qui devint le centre politique et économique de la contrée ainsi qu'une importante place forte. Au XVIIe siècle, au moment du schisme de l'Église, les Solovki furent le refuge des défenseurs de la « vieille foi », et par la suite, après

l'écrasement de la révolte des Solovki (1668-1676), elles devinrent un lieu d'exil pour les vieux-croyants et les opposants à l'Église orthodoxe. Après la révolution et la fermeture du monastère, un premier camp y fut ouvert en 1923, dans lequel on incarcéra et exécuta des opposants au pouvoir soviétique, anciens nobles, membres du clergé, intellectuels. Aujourd'hui, c'est un musée qui relate l'histoire mouvementée du lieu.

Sotchi. Importante station balnéaire située sur les bords de la mer Noire, dans l'estuaire de la rivière Sotchi. Fondée en 1838 sous le nom de bourg Alexandria, elle fut rebaptisée par la suite fort Navaguinski. Abandonnée par l'armée russe en 1853-1856, pendant la guerre de Crimée, reconstruite en 1864 sous le nom de Poste Dakhovski, avant qu'elle ne prenne en 1896 son nom actuel.

SOUDEÏKINE, Gueorgui Porfirievitch (1850-1883), chef de la police secrète, homme de confiance du ministre de l'Intérieur Plehve. Il connut une ascension rapide après avoir démasqué l'organisation révolutionnaire la « Volonté du Peuple » à Kiev. Il organisa des provocations politiques en s'appuyant sur l'« agent double » Sergueï Degaïev. Il fut assassiné par le même Degaïev qui avait avoué sa trahison aux membres du Parti.

Soukhoumi. Capitale de la république d'Abkhazie, dont l'histoire commence au XIIe siècle avec la fondation d'une place forte génoise. Située au bord de la mer Noire, Soukhoumi appartint successivement à la Turquie (XVIe siècle-début du XIXe), à la Russie puis à l'URSS (1810-1991).

SOURIKOV, Vassili Ivanovitch (1848-1916), peintre, membre des « Ambulants », mouvement artistique des années 1870-1890 opposé à l'art académique. Auteur de tableaux historiques, il choisissait des sujets liés aux périodes dramatiques de l'histoire russe (époque de Pierre Ier, schisme du XVIIe siècle…).

SOUSLOV, Mikhaïl Andreïevitch (1902-1982), membre du Parti depuis 1921. Après avoir fait ses études à l'Institut des professeurs rouges et travaillé dans les différents organismes de contrôle soviétique, il participa aux purges et fit sa carrière dans le Parti en dénonçant le trotskisme et les autres « déviations ». Membre du Comité central à partir de 1941, élu à son présidium à partir de 1955, il devint membre du Politburo à partir de 1966. Après la guerre, il organisa les purges en Lituanie. Rédacteur en chef de la *Pravda* de 1949 à 1950, il fut l'un des principaux instigateurs de l'affaire du Comité antifasciste juif. Très influent déjà à l'époque de Khrouchtchev, il devint sous Brejnev le principal idéologue du Parti, « éminence grise » déterminant la politique du PCUS. Bien qu'il n'eût pas soutenu le projet de réhabilitation officielle de Staline, élaboré au sein du Parti en 1969, il contribua à promouvoir publications et films réalisés dans cet esprit.

SOUVOROV, Alexandre Vassilievitch (1730-1800), célèbre chef militaire russe de l'époque de Catherine II. Il remporta de nombreuses victoires dans les guerres contre la Prusse, la Turquie, l'Italie et la France. En 1799, lors de la campagne d'Italie, il sortit son armée de l'encerclement grâce à la légendaire traversée des Alpes. Il écrivit des traités théoriques dont *La Science de la victoire*, où il élabora un système original de stratégie et de tactique militaires.

Sovinformburo. Le bureau soviétique d'information (1941-1961) était une agence d'information et de propagande. Créé deux jours après le début des hostilités avec l'Allemagne, le 24 juin 1941, par décret du Sovnarkom et du Comité central, il fut dirigé pendant la guerre par un haut fonctionnaire du Parti, A. S. Chtcherbakov, et diffusa plus de deux mille bulletins sur la situation au front. Outre les sections d'information et de propagande, il comprenait aussi une section littéraire, où travaillèrent de nombreux écrivains de talent, et coordonnait l'action de multiples comités antifascistes.

Sovnarkom. Du russe *Soviet narodnykh komissarov*, « Conseil des commissaires du peuple ». Organes suprêmes exécutifs et administratifs du pouvoir en Russie soviétique, en URSS et dans les républiques fédérales et autonomes de l'URSS de 1917 à 1946. Le premier Sovnarkom, dirigé par Lénine, fut formé au IIe Congrès panrusse des soviets en octobre 1917. Après la création de l'URSS, des Sovnarkom furent instaurés dans toutes les républiques. Le Sovnarkom de l'URSS était responsable de la coordination du travail dans les républiques, de la réalisation des plans économiques, du budget, du système des finances, de l'ordre public, de la politique extérieure, etc. En mars 1946, les Sovnarkom furent transformés en Conseils des ministres.

Spartakiste, mouvement (*Spartakusbund*). Organisation révolutionnaire des sociaux-démocrates allemands de gauche, fondée en novembre 1918, qui fut à l'origine du parti communiste allemand. Parmi ses leaders figurent Karl Liebknecht et Rosa Luxemburg.

Spassopeskovski, passage (Moscou). Une des ruelles du quartier de l'Arbat ; son nom provient de l'église du « Sauveur-sur-les-sables ».

SPENGLER, Oswald (1880-1936), philosophe et historien allemand, principal théoricien de l'historisme. Dans son ouvrage majeur, *Le Déclin de l'Occident* (1916-1920), il élabora une conception cyclique de l'histoire : les cultures, comme les organismes vivants, suivent un cycle de vie, de la naissance au déclin, et possèdent leur « âme », leur propre forme d'expérience et de réactivité. Avant Spengler, les idées des types culturels et des cycles de vie avaient été développées au XIXe siècle par deux penseurs russes : N. Danilevski et K. Leontiev.

Sretenka, rue (Moscou). Rue de la Présentation-au-Temple, son nom provient d'un monastère qui s'y trouvait.

STAKHANOV, Alexeï Grigorievitch (1905-1977), mineur du Donbass à l'origine d'une campagne destinée à augmenter le rendement des travailleurs soviétiques. En 1935, sur la suggestion du chef du comité local du Parti, Stakhanov réalisa une performance record en l'honneur de la Journée mondiale de la jeunesse. Aidé dans les tâches secondaires par les autres ouvriers, il réussit à extraire quatorze fois plus de charbon que la norme. Cet exemple d'héroïsme, qui donna lieu au mouvement connu sous le nom de stakhanovisme, fut pour l'essentiel, comme on l'a depuis reconnu officiellement en Russie, une opération de propagande.

Stalag. Abréviation de *Stammlager*. Nom donné pendant la Seconde Guerre mondiale aux camps allemands où étaient internés les prisonniers de guerre non officiers.

Stalindorf. Avant la guerre, Stalindorf était un centre administratif de la région juive autonome située au sein de la région de Stalingrad. Cette région avait été créée avec la participation financière du comité juif américain « Joint ».

Staline, prix. Les prix Staline (d'une dotation de 100 000 roubles) ont été institués par le Conseil des commissaires du peuple en décembre 1939, à l'occasion du soixantième anniversaire du « Grand Guide ». Ils comprenaient quatre prix littéraires (décret du 1er décembre 1939) et seize prix pour les mérites dans les sciences, les techniques et les arts (décret du 20 décembre 1939). Décernés jusqu'en 1952, ils furent ensuite remplacés ensuite par les prix Lénine.

STALINE, Vassili Iossifovitch (1921-1962), fils cadet de Staline (né de son second mariage avec Nadejda Alliloueva). Il participa activement à la Seconde Guerre mondiale : vingt-sept missions de combats, deux avions ennemis abattus. Commandant de l'aviation de la région de Moscou (1948-1952), il dut quitter ce poste sur l'ordre personnel de Staline jugeant qu'il en était indigne. Il fut président de la Fédération des sports équestres. Après la mort de Staline, il fut arrêté et condamné à huit ans de prison pour « abus de pouvoir et calomnie contre les dirigeants du Parti et de l'État soviétique ». Libéré en 1960 sur l'ordre de Khrouchtchev. Jugé pour avoir causé un accident de voiture, il dut s'exiler à Kazan.

Stalingrad, *voir* Volgograd.

Stalingrad, bataille de. La bataille de Stalingrad commença le 17 juillet 1942 et se déroula sur un territoire de près de 100 000 km². Plus de deux millions de soldats et d'officiers y prirent part. Après deux mois de combats pour s'emparer de ce point stratégique donnant un accès rapide à la mer Caspienne, les Allemands réussirent à s'introduire, à partir du 13 septembre, dans les rues de la ville. Les batailles les plus dures eurent lieu autour de Mamaïev Kourgan, au bord de la rivière Tsaritsa, proche des gares ferroviaires. Les 21 et 22 septembre, les Allemands, effectuant une percée jusqu'à la Volga, envahirent une grande partie de la ville. Deux mois durant, des combats de rues acharnés furent menés pour la conquête des points stratégiques de la ville, comme l'usine de tracteurs qui réparait les chars soviétiques jusqu'à sa prise par la Wehrmacht, le 14 octobre. Malgré tous leurs efforts, les Allemands ne purent s'emparer entièrement de la ville avant la mi-novembre. La contre-offensive soviétique, commencée le 19 novembre, fut parachevée le 23 par l'encerclement de l'armée de Paulus. Après l'échec de la percée entreprise entre le 12 et le 29 décembre par l'armée de Manstein, la nouvelle offensive soviétique, engagée le 10 janvier, fit capituler l'armée de Paulus le 2 février 1943.

STANISLAVSKI, Constantin Sergueïevitch Alexéïev, *dit* (1863-1938), acteur, metteur en scène et théoricien du théâtre. En 1898, il fonda avec V. I. Nemirovitch-Dantchenko, le Théâtre d'art de Moscou qui acquit, au tournant du siècle, une grande notoriété par ses mises en scène des pièces de Tchekhov et de Gorki, puis de Maeterlinck et de Hamsun. À partir de 1918, il travailla aussi comme metteur en scène au Bolchoï. Il fut le créateur de la « méthode psychotechnique », fondée sur l'analyse psychologique et l'identification de l'acteur au personnage joué, qui allait influencer toute la pratique théâtrale.

STAS, Jean Servais (1813-1891), chimiste belge, collaborateur de Dumas.

Station de machines et de tracteurs (MTS). Station de matériel agricole destinée à satisfaire aux besoins des kolkhozes. La construction en masse des MTS comença en 1929, sur décision du Conseil du travail et de la défense du 5 juin 1929. Ces stations existèrent jusqu'en 1958, où l'on jugea plus avantageux de vendre le matériel agricole directement aux kolkhozes.

Stavka. La « Stavka du commandement suprême » est le grand quartier général des forces soviétiques à Moscou. Institué le 23 juin 1941, il fut initialement présidé par S. Timochenko, puis par Staline à partir du 10 juillet 1941. Il comprenait G. Joukov, V. Molotov, K. Vorochilov, S. Boudienny, N. Kouznetsov et B. Chapochnikov.

Stolypine, réformes de. À partir de 1906, une série de réformes fut entreprise par le Premier ministre Piotr Stolypine. Elles visaient à soustraire les paysans à l'emprise de la communauté rurale, le *mir*, pour créer une classe de petits propriétaires exploitants. Les paysans étaient autorisés à quitter le *mir* qui redistribuait périodiquement les terres arables et pouvaient devenir des propriétaires individuels (loi du 9 novembre 1906). La mise en vente des domaines de l'État et de la famille impériale à leur profit fut soutenue par une politique active de crédit, promue par la Banque foncière paysanne. Les réformes proposaient également des mesures pour améliorer la réglementation de l'exploitation des terres (lois du 14 juin 1910 et du 29 mai 1911). Comme ces réformes ne prévoyaient pas la mise en vente des terres de la noblesse, elles poussèrent les paysans à s'installer sur des terres inexploitées, notamment en Sibérie. Ces réformes contribuèrent à l'accroissement considérable de la production de blé et à la prospérité des campagnes, mais l'assassinat de Stolypine, le 14 septembre 1911, empêcha leur complète réalisation.

Strastnaïa, place (Moscou). La place Strastnaïa, nommée d'après le monastère Strastnoï (monastère de la Passion), devint place Pouchkine après le transfert du monument dédié au poète, initialement situé sur le boulevard Tverskoï.

Strastnoï, boulevard (Moscou). Ce boulevard fait partie de la ceinture des Boulevards, qui, tracée sur l'emplacement de l'enceinte du Moscou médiéval, délimite le cœur historique de la ville.

Strastnoï, monastère (Moscou). Fondé en 1654 à l'endroit où les habitants de Moscou accueillirent l'icône de la Vierge Strastnaïa (« de la Passion »). Le monastère et la cathédrale à cinq coupoles, datant aussi du XVIIe siècle, furent fermés au culte en 1928 pour être transformés en Musée central antireligieux de l'Union des athées. Il fut démoli dans les années 1930 pendant la reconstruction soviétique de Moscou.

STRELNIKOV. Le général V. S. Strelnikov fut, en août 1881, l'un des six gouverneurs militaires provisoires mandatés dans la lutte contre la sédition au sud de la Russie. Il fut assassiné par les membres du comité exécutif de la « Volonté du Peuple » en mars 1882 à Odessa.

Sturm und Drang. « Tempête et élan », mouvement littéraire de l'Allemagne des années 1770-1780, qui tire son nom d'un drame de F. Klinger. Inspirée des idées de Rousseau, l'œuvre des « génies rhénans » (dont les jeunes Goethe et Schiller, H.-L. Wagner, Lenz, ainsi que d'autres poètes et dramaturges) fut une réaction à l'esthétique normative du classicisme et au maniérisme du rococo. Ce mouvement, imprégné par l'esprit de rébellion et de révolte, fut également fortement influencé par les idées de Herder sur l'évolution des sociétés, sur le caractère national et les origines populaires de l'art.

T-34. Les divisions blindées de l'armée Rouge commencèrent à être équipées du char T-34 à partir de 1940. Conçu par M. I. Kochkine, il fut reconnu comme le meilleur char de la Seconde Guerre mondiale.

TALALAÏEVSKI, Matveï Aaronovitch (1908-1978), poète et dramaturge, réprimé politiquement pour sa participation au Comité juif antifasciste.

TAMM, Igor Evguenievitch (1895-1971), physicien et académicien (1953). Il reçut le prix Nobel (1958).

TCHAADAÏEV, Piotr Iakovlevitch (1794-1856), penseur russe. Auteur des célèbres *Lettres philosophiques* (1829-

1831), réflexion sur les voies de l'humanité vers l'union et la liberté, où il critiqua l'isolationnisme et l'étatisme russes. Officiellement reconnu fou à la publication de la première des *Lettres philosophiques*, qui provoqua une vive polémique dans la bonne société russe, il vécut pendant une année sous surveillance médicale et policière. Plus tard, Tchaadaïev reconsidéra sa vision historiosophique de la Russie dans *L'Apologie d'un fou*. Perçu tantôt comme un occidentaliste, tantôt comme un mystique et un conservateur, tantôt comme un penseur révolutionnaire ou religieux, Tchaadaïev fut à l'origine des réflexions sur le destin de la Russie.

TCHAPAÏEV, Vassili Ivanovitch (1887-1919), commandant d'une division de tireurs de l'armée Rouge pendant la guerre civile sur le front de Koltchak. Il périt au cours d'une attaque surprise des Blancs. Le film *Tchapaïev* (1934), tiré du livre de D. Fourmanov, contribua à sa grande notoriété. Film culte des années 1930, il inspira, en 1941, un court métrage de propagande *Tchapaïev est avec nous* où le héros lutte contre les nazis, et fut à l'origine de toute une série de plaisanteries « désacralisant » la révolution dans les années 1960-1970.

Tchéka, *voir* Organes de sécurité de l'État.

TCHERNOV, Victor Mikhaïlovitch (1873-1952), un des fondateurs du parti socialiste-révolutionnaire (en 1901-1902), théoricien et rédacteur en chef du journal *La Russie révolutionnaire*. En mai-août 1917, il fut ministre de l'Agriculture du Gouvernement provisoire. Il s'opposa à la prise du pouvoir par les bolcheviks en octobre 1917. Il fut élu président de l'Assemblée constituante, dissoute au lendemain de sa création. En 1919, Tchernov écrivit à Lénine : « Votre régime communiste est un mensonge, il s'est transformé en bureaucratie en haut, et en travaux forcés en bas. Votre "pouvoir soviétique" est un mensonge, le pouvoir arbitraire à peine masqué d'un seul parti. » Émigré en 1920 à Prague, il fut à la tête de la Délégation étrangère des SR qui soutint des révoltes paysannes et ouvrières contre les bolcheviks. Pendant la Seconde Guerre mon-

diale, il participa à la Résistance en France. Il mourut aux États-Unis.

TCHERNYCHEVSKI, Nikolaï Gavrilovitch (1828-1889), publiciste et écrivain. Idéologue du mouvement révolutionnaire russe et de l'art engagé, il fut très populaire au sein de l'intelligentsia dans les années 1860 pour sa critique sociale. Il fut condamné au bagne et exilé en Sibérie pour sa coopération avec l'émigré révolutionnaire Alexandre Herzen. Incarcéré à la forteresse Pierre-et-Paul il y écrivit son célèbre roman *Que faire ?*, dont les idées ont influencé les futures générations de révolutionnaires russes dont Lénine, mais dont le côté littéraire inspirera de cruelles critiques, notament à Vladimir Nabokov (*Le Don*).

TCHETVERIKOV, Sergueï Sergueïevitch (1880-1959), biologiste soviétique qui travailla au croisement de la génétique et de la théorie de l'évolution. Proche collaborateur de l'académicien Nikolaï Vavilov, il fut, comme ce dernier, écarté des recherches et arrêté.

TCHITCHIBABINE, Alexeï Evguenievitch (1871-1945), chimiste russe, prix Lénine (1926), académicien (1928). Fondateur de l'industrie pharmaceutique russe, il est l'auteur d'un manuel bien connu *Traité de chimie organique*. Envoyé en France en 1930, il s'y installa, malgré un ultimatum l'obligeant à revenir en URSS en 1936. Il travailla pour des entreprises privées et au Collège de France (excepté entre 1939 et 1944, car il n'avait pas la nationalité française). En 1936, il fut exclu de l'Académie des sciences d'URSS et déchu de la citoyenneté soviétique.

TCHOUÏKOV, Vassili Ivanovitch (1900-1982), maréchal soviétique (1955). À partir du 12 septembre 1942, il commanda la 62e armée ; il participa à la prise de Berlin. Après la guerre, il devint commandant en chef des armées soviétiques en Allemagne et vice-ministre de la Défense.

Tchoukotka. Péninsule située à l'extrême nord-est de la Sibérie. C'est un district autonome.

Terre et Liberté, *voir* Organisations clandestines révolutionnaires.

Terreur, rouge, blanche. La confrontation entre les bolcheviks et les armées Blanches, luttant pour le pouvoir, engendra des exécutions massives de part et d'autre. La décision du Sovnarkom en date du 5 septembre 1918, instituant la « terreur rouge » en réaction à l'assassinat du chef de la Tchéka de Petrograd et à la tentative d'assassinat de Lénine, fut l'un des moments décisifs dans l'escalade des atrocités. Parmi les nombreuses manifestations de la « terreur rouge », il faut mentionner les fusillades d'otages effectuées par la Tchéka et les exécutions consécutives aux sentences des tribunaux des conseils révolutionnaires. Les Blancs mirent également en place des cours martiales qui, avec les services de contre-espionnage, firent régner la « terreur blanche » dans les territoires sous leur contrôle. Le nombre de victimes des terreurs de 1918 à 1922 est difficile à évaluer. La guerre civile emporta des millions d'hommes.

Terreur, Grande. La Grande Terreur des années 1930 commença par la persécution des paysans au cours de la collectivisation. Les purges prirent de l'ampleur et touchèrent toute la société, à commencer par le Parti, après l'assassinat de Kirov en 1934, pour atteindre leur apogée pendant les procès de Moscou de 1936 à 1938. *Voir aussi* « Collectivisation » ; « Dékoulakisation » ; « Kirov, Sergueï Mironovitch » ; « Procès de Moscou » ; « Réhabilitations ».

THÄLMANN, Ernst (1886-1944), leader des communistes allemands, un des principaux opposants politiques à Hitler. Il se présenta à deux reprises à l'élection présidentielle, en 1925 et en 1932. Arrêté quelques jours après l'incendie du Reichtag, il fut incarcéré dans la prison de Moabit. En 1944, il fut fusillé à Buchenwald sur ordre personnel de Himmler et de Hitler.

Tickets de rationnement. Le système centralisé de rationnement pour l'achat de la nourriture et des biens de consommation fut introduit dans les années 1928-

1930. Annulé en 1935, il fut réintroduit pendant la guerre.

TIMACHOUK, Lidia Fedosseïevna (1898-1983), médecin du service cardiologique de l'hôpital du Kremlin. Sa lettre, accusant plusieurs médecins connus de l'hôpital d'avoir prescrit un traitement non adapté à Jdanov, adressée en 1948 au Comité central du Parti, fut rendue publique en 1952 et utilisée pour déclencher l'« affaire des médecins-empoisonneurs ». *Voir aussi* « Médecins empoisonneurs, affaire des ».

TIMIRIAZEV, Kliment Arkadievitch (1843-1920), naturaliste, un des fondateurs de l'école russe de physiologie des plantes. Auteur de nombreux travaux consacrés à l'étude des mécanismes de photosynthèse, il contribua également au développement de l'agronomie en Russie.

TIOUTTCHEV, Fiodor Ivanovitch (1803-1873), poète et diplomate russe, il vivra vingt-deux ans hors de Russie (dont vingt à Munich). Sa poésie, d'inspiration philosophique, met en scène l'homme condamné à une lutte inégale et désespérée contre le destin.

TOLBOUKHINE, Fiodor Ivanovitch (1894-1949), maréchal soviétique. Officier d'état-major dans les années 1930, il prouva ses capacités d'organisateur et de stratège pendant la guerre. Tolboukhine participa à la bataille de Stalingrad, aux opérations en Ukraine et dans les pays de l'Europe de l'Est. Après la guerre, il fut commandant en chef de la région transcaucasienne.

TOLSTOÏ, Alexeï Nikolaïevitch (1883-1945), figure controversée de la littérature russo-soviétique. Écrivain de talent, auteur d'un des meilleurs romans historiques russes, *Pierre Ier* (1930-1945), il mit, dans le même temps, sa plume au service du régime de Staline dans le roman de propagande *Le Blé* (1937). Il évolua de la « haine physique des bolcheviks », qui le poussa à une courte émigration, à la reconnaissance de la révolution d'Octobre, qui lui « donna tout en tant qu'artiste », le transformant en haut fonctionnaire littéraire soviétique. Une de ses œuvres majeures, la trilogie *Le Chemin des tourments* (1927-1941), dont les héros issus des ci-devant trouvent leur place dans la nouvelle Russie, reflète parfaitement la métamorphose de ce « camarade comte », académicien et trois fois prix Staline.

Tolstoïen, mouvement. Partisans des idées de Léon Tolstoï, notamment sur la non-violence. Apparu en Russie dans les années 1880, le mouvement tolstoïen, cherchant à transformer la société par la voie du perfectionnement moral et religieux, joua un rôle civilisateur important. Les communautés de tolstoïens, persécutées pour la première fois en 1901, année de l'excommunication de Tolstoï, furent liquidées dans les années 1920-1930, et plusieurs de leurs membres arrêtés.

TOMSKI, Mikhaïl Pavlovitch Efremov, *dit* (1880-1936), bolchevik depuis 1904. Président du Conseil central panrusse des syndicats (1918-1921, 1922-1929), il fut également, à partir de 1922, membre du Politburo. Partisan de la NEP, il se rangea du côté de la « déviation de droite », protestant contre la collectivisation et l'industrialisation. Exclu du Politburo en 1930, il travailla aux éditions d'État à partir de 1932. Il se suicida pendant le premier procès public de Moscou, quand son nom fut mentionné. Reconnu coupable après sa mort, en 1937-1938, d'avoir participé à un complot contre le gouvernement, il fut réhabilité en 1988.

TOUKHATCHEVSKI, Mikhaïl Nikolaïevitch (1893-1937), maréchal soviétique, théoricien de la guerre. Il commanda les opérations contre Koltchak et Denikine, participa à l'écrasement des révoltes des matelots de Cronstadt et des paysans de Tambov. Il contribua à la modernisation de l'armée Rouge, soutint les projets de recherches pour la création de missiles. Il critiqua les compétences du narkom de la Défense et membre du Politburo, Vorochilov, proposant même de le remplacer. Accusé de trotskisme, condamné à mort comme « ennemi du peuple » et exécuté, il fut réhabilité en 1957. Il est l'auteur d'ouvrages sur l'histoire de la guerre civile et de travaux théoriques.

TOURGUENIEV, Ivan Sergueïevitch (1818-1883), auteur de romans et de récits qui reflètent la fermentation révolutionnaire dans la société russe avant et après les réformes de 1860 : *Roudine* (1856), *À la veille* (1860), *Pères et fils* (1862) dans lequel il créa le célèbre personnage de Bazarov, premier héros nihiliste. Proche du cercle radical de la revue *Le Contemporain*, sympathisant des idées révolutionnaires, ami de M. Bakounine et d'A. Herzen, il évolua vers une vision réformiste, critique envers la contestation et la période révolutionnaire, qu'il exprima dans *Fumée* (1867) et *Terres vierges* (1876).

Travail obligatoire en Allemagne. Parmi les 8 millions de personnes déportées d'Europe de l'Est en Allemagne pour le travail obligatoire, 5 millions étaient des Soviétiques, dont 2,5 millions d'Ukrainiens. Les *Ostarbeiter* travaillaient dans l'armement, les mines, l'agriculture et comme domestiques. L'accord de Londres (1953) imposa à l'Allemagne de l'Est de payer des indemnités aux ressortissants des pays d'Europe occidentale. Après la chute du Mur, l'Allemagne réunifiée commença à indemniser les ressortissants de l'ex-URSS. *Voir aussi* « Londres, accord de ».

Treblinka. Camps nazis en Pologne installés près de Treblinka, dans la région de Varsovie. Le camp de concentration Treblinka I, créé pendant l'été 1941, fut démoli par les nazis en juillet 1944, peu de temps avant l'offensive soviétique. Treblinka II est l'un des quatre grands « camps de la mort » situés sur le territoire de la Pologne. Il fut ouvert au printemps 1942 et fermé en août 1943, après la répression, par les nazis, de l'insurrection des détenus, préparée par une organisation clandestine de la Résistance. Plus de 800 000 détenus, en majorité des Juifs venus de différents pays d'Europe, périrent dans ces deux camps. Un monument aux morts et un cimetière symbolique furent érigés en 1964 en l'honneur des victimes.

Tretiakov, galerie (Moscou). Grand musée national issu des collections rassemblées à partir de 1856 par Pavel Tretiakov, riche industriel et mécène. Ces collections, réunies dans le but de montrer l'évolution de l'école russe de peinture, furent léguées par Tretiakov en 1892 à la ville de Moscou.

TRIGONI, Mikhaïl Nikolaïevitch (1850-1917), membre de la « Volonté du Peuple ». Arrêté en février 1891, il fut condamné, à l'issue du « procès des vingt », à vingt ans de bagne.

IIIe section. Police secrète russe créée en juillet 1826, sous Nicolas Ier dont l'avènement au trône s'était accompagné de la révolte des décembristes. La IIIe section se composait de cinq départements qui étaient responsables 1°) des « personnes sous surveillance policière » ; 2°) des vieux-croyants, des faux-monnayeurs, des criminels de droit commun et de « la question agraire » ; 3°) des étrangers ; 4°) des « faits divers », etc. ; 5°) de la censure théâtrale (à partir de 1842). La surveillance des personnes suspectes, le dépistage et les enquêtes étaient organisés par les gendarmes dont les méthodes étaient, à cette époque, encore « artisanales ». En 1880, les fonctions de la IIIe section furent confiées au département de la Police. Une brillante description de celle-ci, notamment de sa rivalité avec le ministère de l'Intérieur, fut donnée par A. Herzen dans son livre de Mémoires *Passé et Méditations*.

TROTSKI, Lev Davidovitch Bronstein, *dit* (1879-1940). Social-démocrate, menchevik (1903-1904), opposé à Lénine, il n'adhéra au bolchevisme qu'à l'été 1917. Il contribua beaucoup à l'organisation du coup d'État du 25 octobre. Après la révolution, il devint narkom des Affaires étrangères, narkom de l'Armée et de la Flotte, président du Conseil militaire, membre du Politburo et du Comité exécutif du Komintern. Après la mort de Lénine, il fut vaincu par Staline dans la lutte pour le pouvoir. Exclu du Parti en 1927, expulsé d'URSS en 1929, il fut déchu de la citoyenneté soviétique en 1932. Il mourut assassiné au Mexique par l'agent du NKVD P. Mercader.

Troudoviks. Travaillistes, ou « groupe de travail », fraction présente aux quatre

Douma successives (1906-1917) et qui comprenait les députés paysans et l'intelligentsia populiste. Leur programme était proche de celui des socialistes populistes. A. F. Kerenski appartenait à ce groupe avant de passer aux SR de droite.

Tsaritsyne, *voir* Volgograd.

TSERETELI, Irakli Gueorguievitch (1882-1959), un des leaders mencheviques. Il fut député de la 2e Douma (1907) où il dirigea la fraction social-démocrate. Déporté en Sibérie en 1907, il revint après la révolution de février 1917 à Petrograd et fut élu membre du Comité exécutif du Soviet de Petrograd. De mai à juillet 1917, il fut membre du Gouvernement provisoire, occupa le poste de ministre de la Poste et du Télégraphe, puis en juillet celui de ministre de l'Intérieur. De mars à octobre 1917, il insista sur la nécessité d'une union de toutes les forces démocratiques pour empêcher la guerre civile et s'opposa à la révolution d'Octobre. Député de l'Assemblée constituante, il revint en Géorgie après sa dissolution. Membre du Conseil national de Géorgie, il vota l'indépendance du pays en mai 1918. En 1921, il émigra en France, et en 1940 aux États-Unis.

TVARDOVSKI, Alexandre Trifonovitch (1910-1971), poète et critique littéraire soviétique. D'origine paysanne, il fit ses débuts avec un poème chantant la collectivisation dont sa propre famille fut victime. Son expérience de la guerre lui inspira *Vassili Tiorkine* (1941-1945). À partir de 1950, Tvardovski devint le rédacteur en chef de la revue littéraire *Novy mir*. Connu pour son intégrité et son goût sûr, il attira une pléiade d'écrivains de talent. Il réussit, en particulier, à publier *Une journée d'Ivan Denissovitch* de Soljenitsyne, mais, sous la pression politique, ne put faire publier le *Pavillon des cancéreux*. Satire mordante du régime, le poème *Vassili Terkin dans l'autre monde* lui coûta son poste qu'il retrouva en 1958 pour le perdre définitivement en 1970. Son bilan poétique, le poème *De par les droits de la mémoire* fut interdit et ne vit le jour que lors de la perestroïka en 1987, tandis que ses carnets de guerre et lettres ne furent publiés que très récemment (2005).

Tver. Appelé Kalinine entre 1931 et 1990, Tver est un port situé en amont de la Volga. Ancienne ville russe, mentionnée pour la première fois dans les chroniques en 1164, Tver fut un des centres politiques et culturels de la Russie médiévale. Occupée par les armées allemandes entre le 17 octobre et le 16 décembre 1941, la ville fut gravement endommagée.

U-2. L'avion U-2, biplan léger conçu par N. N. Polikarpov en 1928 pour l'apprentissage, servit pendant la guerre comme avion de chasse et bombardier puis comme moyen de liaison. Ce petit avion aux couleurs sombres, volant au ras du sol, fut utilisé le plus souvent la nuit car il était alors plus difficile à abattre. Appelés *koukourouzniks*, de *koukourouza*, le « maïs », ces avions servaient, avant la guerre, pour l'agriculture. Les Allemands les surnommaient *Russfaner*, les « contre-plaqués russes », ou parfois aussi les « moulins à café ». Les aviateurs et les servants de DCA étaient décorés d'une « Croix de fer » quand ils abattaient un U-2.

ULRICH, Vassili Vassilievitch (1889-1951), bolchevik depuis 1910. Il travailla dans la sécurité d'État (la Vétchéka et le NKVD) à partir de 1918, dirigea les exécutions d'officiers des armées Blanches en Crimée (1922). Président du Collège militaire de la Cour suprême d'URSS (1926-1948) et vice-président de la Cour suprême (1935-1938), il présida de nombreux procès politiques des années 1930, y compris les trois grands procès de 1936-1938. Il recevait ses ordres personnellement de Staline sur les sentences à prononcer. Arrêté en 1950, il mourut pendant l'instruction de son procès.

Union des artistes d'URSS. La Résolution du Comité central du Parti « Sur la réorganisation des sociétés littéraires et artistiques », en date du 23 avril 1932, changea radicalement la vie culturelle du pays. De multiples groupes artistiques, particulièrement nombreux en Russie dans les années 1910 et 1920, furent rassemblés dans les Unions d'artistes soviétiques des différentes républiques, appelées à encadrer leurs activités dans l'esprit du « réalisme socialiste ». La censure idéologique, de plus en plus forte, contribua à une sclérose de l'art officiel et à l'occultation d'une page brillante de l'art russe, l'avant-garde des années 1910-1920. La création assez tardive de l'Union des artistes d'URSS, en 1957, coïncida avec le début d'un essor de la vie artistique alternative, opposée aux dogmes idéologiques. *Voir aussi* « Union des écrivains d'URSS ».

Union des écrivains d'URSS. Cette association d'écrivains fut créée en avril 1932, le Comité central du Parti ayant décidé de liquider les différentes organisations littéraires et de « réunir tous les écrivains soutenant le programme du pouvoir soviétique et aspirant à participer à l'édification socialiste ». Le Ier Congrès des écrivains soviétiques (août 1934) adopta le code de l'Union qui définissait le réalisme socialiste comme méthode de création obligatoire. Maxime Gorki joua un rôle important dans sa création : il présida son premier congrès et en dirigea le travail jusqu'à sa mort en 1936. Le contrôle exercé par l'Union mena à l'appauvrissement de la littérature officielle et à l'apparition d'un « espace littéraire parallèle », très actif à partir de la déstalinisation.

Universités ouvrières. Les « facultés ouvrières », ou *rabfak* (abréviation du russe *rabotchi fakultet*), en partie héritées du système des maisons et des universités pour le peuple ou des universités libres, qui existaient bien avant la révolution, furent créées pour permettre aux jeunes issus du peuple et n'ayant pas de formation suffisante d'acquérir le niveau nécessaire pour poursuivre des études dans le supérieur.

UNSCHLICHT, Iossif Stanislavovitch (1879-1938), membre du parti social-démocrate de Pologne depuis 1900. Il occupa des postes importants au sein du Conseil révolutionnaire de guerre. Il fut l'un des fondateurs de la Tchéka. À partir de 1921, il fut chef adjoint de la Tchéka-Guépéou. Arrêté en 1937, il fut condamné et fusillé en 1938, puis réhabilité en 1956.

Vagankovo, cimetière (Moscou). Ce vieux cimetière de Moscou, datant de 1771, est un bel ensemble architectural dont l'entrée remonte au premier quart du XIXe siècle, dans le style de l'Empire russe. On y trouve des tombes de décembristes, de militaires morts à la bataille de Borodino (la bataille de la Moskova) en 1812, de participants à la révolution manquée de décembre 1905, d'artistes et d'hommes de lettres, de scientifiques du XIXe et du début du XXe siècle ainsi que de l'époque soviétique.

VAREÏKIS, Iossif Mikhaïlovitch (1894-1939), membre du parti bolchevique depuis 1913. En 1918, Vareïkis réprima cruellement la révolte des SR de gauche. Il fut le secrétaire des comités du Parti de Bakou, de Kiev, d'Asie centrale, de Voronej, d'Extrême-Orient. Arrêté en 1937, il fut condamné à mort et exécuté en 1939. Réhabilité en 1956.

Varsovie, citadelle de. Construite un an après l'insurrection de 1831, elle servit de garnison à l'armée russe (pouvant contenir 16 000 soldats) et de prison politique. Pendant un siècle, 4 000 prisonniers environ y furent incarcérés, dont les plus connus étaient Felix Dzerjinski, Rosa Luxemburg et Joseph Pilsudski, futur homme politique et maréchal polonais. La prison ferma en 1920, mais rouvrit pendant l'occupation nazie.

Varsovie, pacte de (1955). Ce pacte pour la coopération et l'assistance mutuelle entre l'URSS, la Pologne, la Tchécoslovaquie, l'Allemagne de l'Est, la Roumanie, la Hongrie, la Bulgarie et l'Albanie fut conclu en mai 1955. Le commandement unique des forces militaires des huit pays fut placé sous la direction de l'URSS. C'était une riposte soviétique aux accords de Paris de 1954, qui prévoyaient l'entrée de la République fédérale d'Allemagne dans le Pacte atlantique et la création d'une armée allemande (Bundeswehr).

VASSILIEVSKI, Alexandre Mikhaïlovitch (1895-1977), maréchal de l'URSS (1943), héros de l'URSS (1944, 1945). En 1942-1944, il coordonna les opérations militaires des différents groupes d'armées. Commandant en chef dans la guerre contre le Japon, il fut chef de l'état-major (1946-1949), ministre de la Guerre (1949-1953), puis ministre de la Défense (1953-1956). Il prit sa retraite après le rapport Khrouchtchev au XXe Congrès (1956).

VATOUTINE, Nikolaï Fiodorovitch (1901-1944), général soviétique. Il participa à la guerre civile et devint, avant la Seconde Guerre mondiale, commandant de la Direction exécutive de l'état-major général. Il commanda pendant la guerre sur différents fronts, y compris celui de la bataille de Stalingrad, celui de Koursk et lors de la libération de Kiev. Il mourut au combat.

VAVILOV, Nikolaï Ivanovitch (1887-1943), biologiste, académicien (1929). Auteur de travaux sur les origines géographiques et la sélection naturelle des plantes cultivées, il formula la loi des séries homologiques. Il fut directeur de l'Institut des plantes et président de la Société géographique. Arrêté pour « sabotage de l'agriculture soviétique », au moment de la montée au pouvoir des faux savants dont Trofim Lyssenko, provoquée par l'idéologisation de la science biologique. Mort en prison, il fut réhabilité en 1965.

Vechniaki. Ancien village situé à l'est de Moscou. Déjà connu au XVIe siècle, il fut englobé dans les limites administratives de Moscou en 1960 et urbanisé en 1969.

VERTINSKI, Alexandre Nikolaïevitch (1889-1957), chanteur, auteur et compositeur d'« ariettes tristes », taxées de « décadentes », mais qui rencontrèrent un énorme succès auprès du public. Émigré en 1919, il vécut en France, se produisant aux États-Unis, en Europe et en Chine avec beaucoup de succès. Par ses requêtes insistantes, il obtint en 1943 la permission de revenir en URSS, où il donna plus de trois mille concerts devant un public mêlant plusieurs générations. Occulté par la presse et les éditions musicales soviétiques jusqu'à la fin des années 1970, il est aujourd'hui reconnu comme l'une des figures symboliques de l'« Âge d'argent », le « Pierrot russe ».

Vieille-Place (Moscou). Ancienne place commerçante du centre de Moscou. Après le transfert de la capitale, les locaux des anciennes maisons de commerce abritèrent les commissariats du peuple (ministères soviétiques) et les organismes dirigeant le parti bolchevique-communiste. Aujourd'hui, ils sont le siège de l'administration du président de Russie.

VINOGRADOVA, Evdokia Ivanovna (1914-1962), tisseuse qui, avec sa sœur Maria Vinogradova, introduisit le mouvement stakhanoviste dans l'industrie textile.

VIRCHOW, Rudolf (1821-1903), médecin et homme politique allemand qui, dans son ouvrage *Pathologie cellulaire*, formula le principe fondamental de la théorie cellulaire : *omnis cellula e cellula* (« toute cellule tire son origine d'une autre cellule »).

Vitalisme. Doctrine affirmant l'irréductibilité de la vie au simple jeu des forces physico-chimiques. Dans le contexte de la « lutte contre l'idéalisme dans les sciences de la nature », l'accusation de vitalisme pouvait avoir de graves conséquences.

VIZE, Vladimir Ioulievitch (1886-1954), explorateur polaire, membre correspondant de l'Académie des sciences (1933). Il est l'auteur d'ouvrages sur la météorologie et l'océanographie.

VLASSOV, Andreï Andreïevitch (1901-1946), général soviétique devenu, en septembre 1944, commandant de l'« Armée russe de libération » créée par les Allemands. Avant 1942, il dirigea avec succès maintes opérations de l'armée Rouge. À la tête d'un groupe armé sur le front de Leningrad, il essuya une défaite, due en grande partie aux erreurs de ses supérieurs. Sortant de l'encerclement allemand avec les restes de son armée, il se rendit à l'ennemi. Déclaré traître par Staline, il se retourna contre lui en signant un tract appelant à la résistance qui allait être diffusé par les Allemands. Après avoir tenté de passer en zone anglo-américaine avec son armée, il fut arrêté en 1945, jugé en cour martiale et exécuté en 1946.

Volgograd. Avant 1925, la ville s'appelait Tsaritsyne, du nom de la rivière Tsa-

ritsa, affluent de la Volga ; de 1925 à 1961, elle prit le nom de Stalingrad. Centre industriel, nœud ferroviaire et port fluvial important en aval de la Volga. La ville fut fondée à la fin du XVIᵉ siècle, sur un point stratégique à l'endroit du rapprochement de la Volga et du Don, reliés actuellement par un chenal. Au cours de son histoire, la ville fut maintes fois le théâtre de combats : révoltes paysannes de Razine et de Pougatchev au XVIIᵉ et au XVIIIᵉ siècle, défense de Tsaritsyne pendant la guerre civile (1918-1919), et la célèbre bataille de Stalingrad (1942-1943) qui causa sa destruction complète. Elle fut reconstruite d'après un projet d'ensemble établi en 1945 et sauvegardant l'ancien plan.

Volkhonka, rue (Moscou). Rue située au centre de Moscou. Son nom vient de l'ancienne propriété des princes Volkhonski. Habitée aux XVIᵉ et XVIIᵉ siècles par des clercs, des *opritchniks* et des *strleltsy* (arquebusiers), elle devint aux XVIIIᵉ et XIXᵉ siècles un quartier aristocratique. Le musée des beaux-arts Pouchkine fut édifié sur l'emplacement de la cour des carrosses royaux, qui existait depuis le XVIᵉ siècle.

VOLOCHINE, Maximilian Alexandrovitch (1877-1932), poète, essayiste, critique littéraire et artistique, proche des symbolistes à ses débuts. Installé en 1916 en Crimée, il se situa « au-dessus de la mêlée », accueillant successivement des « Blancs » et des « Rouges » pendant la guerre civile. Déjà critique envers la révolution de février 1917, il perçut celle d'octobre comme une dure épreuve imposée à la Russie. Il légua à l'Union des écrivains sa maison de Koktebel, qui fut « un foyer artistique » avant de devenir un musée littéraire.

Vologda. Ville ancienne de la Russie du Nord, elle fut mentionnée pour la première fois dans les chroniques en 1147. Avant la fondation de Saint-Pétersbourg, centre commercial important sur la route entre Moscou et le port d'Arkhangelsk. Célèbre pour ses dentelles et son beurre.

Volonté du Peuple, *voir* Organisations clandestines révolutionnaires.

Vorkouta. Ville de la République des Komis, dans la toundra, à 160 km au nord du cercle polaire. Fondée en 1931, centre administratif de la région houillère où était largement utilisé le travail des détenus des camps, Vorkouta est devenue une importante ville industrielle dans les années 1950.

VOROCHILOV, Kliment Efremovitch (1881-1969), maréchal soviétique, bolchevik depuis 1903. Membre du Politburo (1926-1960). Pendant la guerre civile, il commanda la défense de Petrograd (1917), fut membre du Conseil révolutionnaire dans la 1re armée de cavalerie (à partir de 1918), commanda dans le Caucase du Nord. Narkom de la Défense de 1925 à 1934, il soutint Staline dans sa lutte pour le pouvoir, ainsi que lors des répressions en 1936-1937, contre les autres maréchaux et commandants de haut rang. Dans la lutte entre les « cavaliers » et les « motoristes », il prit le parti des premiers, freinant la modernisation de l'armée. Pour manque de compétence, il fut démis par Staline de ses fonctions de narkom de la Défense et de commandant du front de Leningrad. Il réussit pourtant à demeurer pendant la guerre membre du Comité d'État de la Défense et de la Stavka.

Bien qu'ayant participé au « groupe anti-Parti », opposé à Khrouchtchev en 1957, il resta au Parti et au gouvernement.

Voronej. Importante ville du centre de la Russie, au bord d'un affluent du Don. Mentionnée pour la première fois dans les chroniques en 1177. Chantier naval à l'époque de Pierre Ier, Voronej et sa contrée sont célèbres pour leurs terres noires fertiles. À partir de juillet 1942 et pendant six mois et demi, la ville fut le théâtre de violents combats.

Vostriakovo, cimetière (Moscou). Vieux cimetière de Moscou situé près du grand périphérique sur un territoire qui fait actuellement partie de la ville. Il porte le nom du village construit sur ce site à la fin du XVIIIe siècle. Il abrite des tombes de personnalités de la culture et de la science.

VOVSI, Miron Semionovitch (1897-1960), frère du metteur en scène et acteur Mikhoels, médecin en chef de l'armée Rouge, professeur, chef de service à l'hôpital du Kremlin. Arrêté en janvier 1953 comme l'un des « médecins empoisonneurs » du Kremlin, il fut libéré en avril de la même année, quand l'affaire fut close par Beria après la mort de Staline.

VYCHINSKI, Andreï Ianouarievitch (1883-1954), menchevik depuis 1904, bolchevik depuis 1920. Vychinski fit la connaissance de Staline en 1905, pendant son emprisonnement à Bakou. Après février 1917, il prit, en tant que commissaire de la milice de Moscou, des mesures pour arrêter Lénine que le Gouvernement provisoire persécutait. Après octobre 1917, il fit une brillante carrière comme fonctionnaire soviétique chargé des distributions de nourriture, puis comme enseignant et juriste, « inquisiteur stalinien ». Procureur de l'URSS à partir de 1935, il fut « accusateur public » aux nombreux procès, complètement falsifiés, des années 1930. Il est l'auteur d'ouvrages dans lesquels il pose les bases juridiques de la thèse stalinienne de l'accroissement de la lutte des classes et théorise la primauté de l'aveu de l'accusé sur les autres preuves. Narkom des Affaires étrangères en 1949, sa carrière fut interrompue par la mort de Staline. Il obtint toutefois le poste honorifique de représentant de l'URSS aux Nations unies en 1953.

Walther. Pistolets allemands, connus pour être efficaces et simples à manier, élaborés par la société éponyme qui existait depuis la fin du XVIIIe siècle et qui fut toujours gérée par les descendants de la même famille.

WEICHS, Maximilian von (1881-1954), feld-maréchal allemand. Il prit part à la campagne militaire dans les Balkans, à la guerre contre la France et contre l'URSS. Commandant du groupe d'armées B (1942), dont la VIe armée de Paulus, puis du groupe d'armées F dans les Balkans. Il organisa le massacre des populations des territoires occupés et la démolition de villes et de villages, en suivant la tactique de la « terre brûlée ». Il fut incarcéré par les

Américains pour crimes de guerre (1945-1948).

WEISMANN, August (1834-1914), biologiste allemand, fondateur du néo-darwinisme. Ses recherches, donnant des bases théoriques au rejet de l'hérédité des caractères acquis, furent à l'origine de la génétique.

WRANGEL, Piotr Nikolaïevitch (1878-1928), général russe, dernier commandant en chef des armées Blanches, après la retraite de Denikine (depuis mars 1920) et chef du « gouvernement du Sud de la Russie » (reconnu *de facto* par la France). Après la percée de l'armée Rouge en Crimée, il organisa l'évacuation par la mer des armées Blanches et des civils (novembre 1920). Il fonda l'Union des armées russes en septembre 1924, avec des sections dans différents pays d'Europe. À la tête de l'Union, il continua à lutter contre les bolcheviks jusqu'à sa mort en 1928 (d'après une version non prouvée, il aurait été empoisonné).

YOUDENITCH, Nikolaï Nikolaïevitch (1862-1933), général, commandant en chef de l'armée russe du Caucase pendant la Première Guerre mondiale. En mai 1917, il fut forcé de prendre sa retraite pour « résistance aux ordres » du Gouvernement provisoire. En 1919, il fut nommé par A. V. Koltchak commandant en chef de l'armée du Nord-Ouest, formée par les Russes émigrés en Estonie, et qui devait réaliser l'union avec les États baltes. En septembre 1919, l'armée de Youdenitch s'approcha de Petrograd, mais faute de soutien de la part de l'Estonie et de la Finlande, opposées au slogan de « la Russie unie », l'offensive ne put aboutir. Youdenitch renonça à l'action politique et émigra en Angleterre en 1920.

Zagorsk, *voir* Serguiev Possad.

ZAÏTSEV, Vassili Grigorievitch (1915-1991), célèbre sniper, « héros » de l'URSS. Fils d'un chasseur, matelot de la Flotte d'Extrême-Orient, il demanda à être muté à Stalingrad en 1942, pendant les combats de rues. Il abattit 242 soldats et officiers allemands. Il est l'auteur de deux manuels pour les snipers et d'un livre de Mémoires.

Zamoskvoretchie (Moscou). Littéralement, « au-delà de la Moskova ». Quartier historique situé face au Kremlin. Aux XIVe et XVe siècles, c'était de là que partait la route vers la Horde d'Or, d'où le nom de la rue centrale, la Grande Ordynka. Le quartier, habité par des *streltsy* (arquebusiers) et des cosaques au XVIIe siècle, des marchands aux XVIIIe et XIXe siècles, est devenu industriel au XXe siècle. Aujourd'hui, le Zamoskvoretchie est en voie de devenir un quartier résidentiel.

ZAVENIAGUINE, Avraami Pavlovitch (1901-1956), un des dirigeants du Goulag. À partir de 1938, il prit la tête des camps de Norilsk, d'Extrême-Orient et de plusieurs autres dont les détenus travaillaient pour l'industrie lourde. À partir de 1946, chef de la 9e direction du NKVD, il fut responsable des « instituts spécialisés » (le projet nucléaire). Il est mort irradié au cours d'essais nucléaires.

ZEITZLER, Kurt (1895-1963). Général allemand, nommé chef de l'État-major de l'armée de terre par Hitler en septembre 1942.

Zek. Abréviation de *zaklioutchenny*, désignant, en russe, un détenu. La graphie *z/k*, souvent utilisée dans les documents, donna tout d'abord le mot *zeka*, puis *zek*. *Voir aussi* « Classification des détenus ».

Zemski sobor. En Russie, de 1549 à 1684, assemblée représentative des états, composée du haut clergé, des boyards, des représentants de la noblesse et des citadins ; elle était convoquée par le tsar ou, en son absence, par le métropolite ou le patriarche. Elle prenait des décisions de la plus grande importance pour l'État : élection au trône, adoption des lois et introduction des impôts, levée de troupes en cas de danger, rattachement de nouveaux territoires, etc. Le Zemski sobor de 1613 élut au trône Michel Romanov, premier tsar de la nouvelle dynastie. Celui de 1648-1649 élabora et adopta le Code des lois. Cette assemblée cessa d'être convoquée avec l'avènement au trône de Pierre Ier qui renforça le pouvoir absolu et mit en place de nouvelles institutions.

Zemstvo. Organes de gestion locale, les zemstvos furent institués en 1864, au cours des réformes d'Alexandre II, et supprimés par les bolcheviks en 1918. Ils jouèrent un rôle important, notamment en contribuant à l'amélioration de l'instruction publique et des services médicaux dans la Russie rurale.

ZETKINE, Clara (1857-1933), membre du mouvement social-démocrate allemand et l'une des fondatrices du parti communiste allemand. Elle fut membre de la IIe Internationale, membre du Comité exécutif du Komintern et présidente du secrétariat international des femmes. Députée au Reichstag à partir de 1920, elle en ouvrit la session de 1932 par un discours mettant en garde contre le danger nazi. Elle mourut à Moscou.

ZININE, Nikolaï Nikolaïevitch (1812-1880), académicien et chimiste russe éminent, qui contribua par ses découvertes en chimie organique au développement de l'industrie des colorants synthétiques, des explosifs et des produits pharmaceutiques. Créateur de l'école russe de chimie qui réunissait, entre autres, A. Boutlerov, A. Borodine et N. Beketov, il fut le fondateur et le premier président de la Société russe de chimie.

ZINOVIEV, Evseï-Gerchen Aronovitch Radomyslski, *dit* **Grigori Evseïevitch** (1883-1936), bolchevik, compagnon d'armes de Lénine, il rentra d'émigration politique en Suisse avec lui en avril 1917. En octobre 1917, il s'opposa, avec L. Kamenev, à l'organisation du coup d'État, préférant agir à travers les soviets et l'Assemblée constituante pour garder le soutien des paysans. Membre du Politburo (1917, 1921-1926), il fut chef du soviet de Petrograd (1917-1926) et président du comité exécutif du Komintern (1919-1926). Un des organisateurs de la « terreur rouge » à Petrograd, il souhaitait « permettre aux ouvriers de faire justice à l'intelligentsia directement dans les rues ». Il organisa des déportations d'« ennemis de classe » dans le nord du pays. En 1923-1924, il lutta avec Staline et Kamenev contre Trotski, et contribua beaucoup à l'installation du pouvoir personnel de Staline. En 1925, il voulut s'imposer comme chef de la « nouvelle opposition » contre Staline, soutenu par Boukharine. En 1927, sa tentative d'union avec Trotski mit fin à sa carrière politique. En 1934, au XVIIe Congrès, il prononça un discours élogieux sur la politique de Staline. Arrêté en 1934, après la mort de Kirov, il fut condamné à dix ans de réclusion, au cours du « procès du bloc zinovievo-trotskiste ». Il fut ensuite condamné à mort et fusillé le lendemain du procès. Il fut réhabilité en 1988.

ZIS-101. Voitures de fonction utilisées par les hauts fonctionnaires soviétiques. Le sigle veut dire « Usine Staline ». Sous Khrouchtchev le nom de Staline fut remplacé par celui de Lénine, ce qui donna un autre sigle : ZIL.

ZLATOGOROV, Semion Ivanovitch (1873-1931), microbiologiste, disciple de Metchnikov. Membre correspondant de l'Académie des sciences (1929). Il organisa plusieurs expéditions pour lutter contre les épidémies et contribua beaucoup à faire avancer les recherches en immunologie.

Znamenka, rue (Moscou). Rue située au centre de Moscou, partant de la place de l'Arbat et dont le nom vient de l'église de la Vierge du Signe (détruite en 1931). Le siège du Conseil révolutionnaire de guerre, dont Trotski fut le chef jusqu'en 1925, s'y trouvait à partir de 1917.

ZOCHTCHENKO, Mikhaïl Mikhaïlovitch (1895-1958), écrivain. Membre du groupe littéraire des « frères de Sérapion » (1921). Auteur de nombreuses nouvelles, d'un récit autobiographique et de pièces de théâtre qui eurent beaucoup de succès. Son écriture satirique et triste, où l'on entend les voix des « petites gens soviétiques », lui valut les persécutions des gardiens du « socialisme réaliste ». Après la Résolution du Parti sur les revues littéraires *Zvezda* et *Leningrad*, initiée par Jdanov en 1946, il fut exclu de l'Union des écrivains (puis réintégré en 1953).

ZOUSKINE, Veniamine Lvovitch (1899-1952), acteur et metteur en scène du Théâtre juif de Moscou. Après la mort de Mikhoels, il en fut pendant un an le directeur artistique, jusqu'à sa fermeture en 1949. Condamné à mort et exécuté avec d'autres membres éminents du Comité antifasciste juif ; il fut réhabilité en 1955.

ZVENIGORODSKI, Andreï Vladimirovitch (1878-1961), descendant d'une illustre famille princière, poète peu connu, consultant littéraire, il participa, entre autres, à la publication des *Œuvres complètes* de Léon Tolstoï. Il publia avant la révolution deux recueils poétiques : *Delirium tremens* (1906) et *Sub jove frigido* (1909). L'œuvre poétique de Zvenigorodski est réunie actuellement dans l'anthologie électronique *La Poésie de l'université de Moscou depuis Lomonossov...*

CARTES

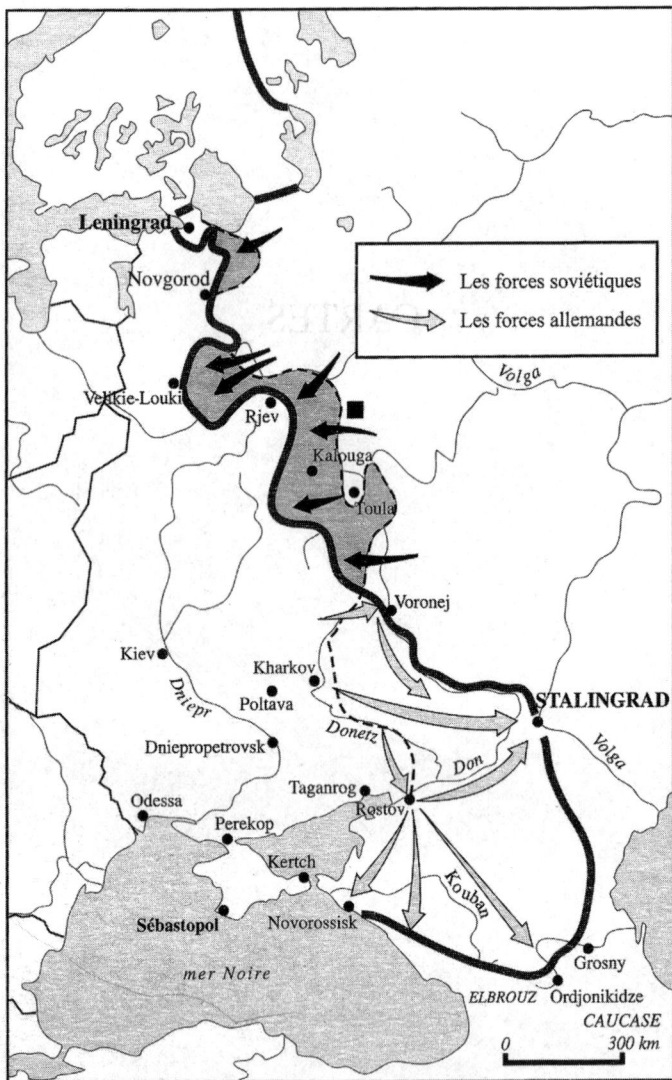

Légende:
- Les forces soviétiques
- Les forces allemandes

Villes et lieux:
Leningrad, Novgorod, Velikie-Louki, Rjev, Kalouga, Toula, Voronej, Kiev, Kharkov, Poltava, Dniepropetrovsk, Odessa, Perekop, Kertch, Sébastopol, Novorossisk, Taganrog, Rostov, STALINGRAD, Grosny, Ordjonikidze

Cours d'eau et régions:
Volga, Dniepr, Donetz, Don, Kouban, mer Noire, ELBROUZ, CAUCASE

0   300 km

LE FRONT RUSSE DE DÉCEMBRE 1941
À NOVEMBRE 1942

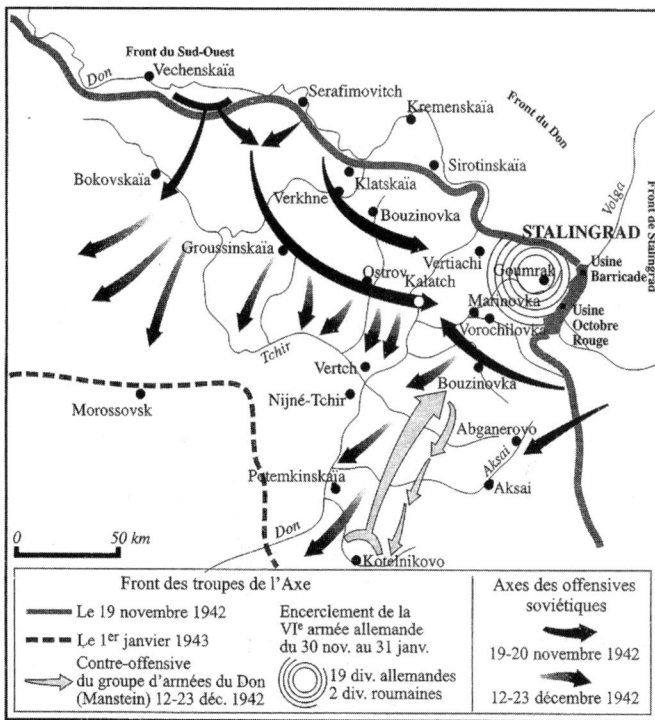

Front du Sud-Ouest
Vechenskaïa
Don
Serafimovitch
Kremenskaïa
Front du Don
Sirotinskaïa
Bokovskaïa
Klatskaïa
Verkhne
Bouzinovka
Groussinskaïa
Volga
Front de Stalingrad
STALINGRAD
Vertiachi
Ostrov
Kalatch
Goumrak
Usine Barricade
Marinovka
Usine Octobre Rouge
Vorochilovka
Tchir
Vertch
Bouzinovka
Morossovsk
Nijné-Tchir
Abganerovo
Aksai
Potemkinskaïa
Aksai
Don
0   50 km
Kotelnikovo

Front des troupes de l'Axe		Axes des offensives soviétiques
▬▬ Le 19 novembre 1942	Encerclement de la VIᵉ armée allemande du 30 nov. au 31 janv.	
■ ■ ■ Le 1ᵉʳ janvier 1943		➤ 19-20 novembre 1942
Contre-offensive du groupe d'armées du Don (Manstein) 12-23 déc. 1942	◎ 19 div. allemandes 2 div. roumaines	→ 12-23 décembre 1942

LA BATAILLE DE STALINGRAD

NOTICE BIBLIOGRAPHIQUE

par Tzvetan Todorov

ŒUVRES DE VASSILI GROSSMAN

En russe :

Sobranie sochinenij v 4 tomakh, Moscou, Vagrius-Agraf, 1998.

En français mais qui ne figurent pas dans la présente édition :

Vivre, Alger, Office français d'édition, 1944.
Stalingrad, Choses vues, Paris, France d'abord, 1945.
L'Amour, Paris, Arthaud, 1947.
Le peuple est immortel, Paris, Les éditeurs français réunis, 1950.
L'Enfer de Treblinka, Paris, Arthaud, 1966.
La paix soit avec vous !, Paris-Lausanne, De Fallois-L'Âge d'homme, 1989.
Années de guerre, Paris, Autrement, 1993.
(avec I. Ehrenbourg), *Le Livre noir*, Arles, Actes Sud, 1995.
Pour une juste cause, Lausanne, L'Âge d'homme, 2000.

OUVRAGES SUR VASSILI GROSSMAN

A. Berzer, *Proshchanie*, Moscou, Kniga, 1990.
A. Botcharov, *Vasily Grossman, zhizn', tvorchestvo, sud'ba*, Moscou, Sovetsky pisatel'*, 1990.
F. Ellis, *Vasily Grossman, The Genesis and Evolution of a Russian Heretic*, Oxford-Providence, R. I., Berg, 1994.
J. et C. Garrard, *The Bones of Berdichev, The Life and Fate of Vasily Grossman*, New York, The Free Press, 1996.
S. Lipkine, *Le Destin de Vassili Grossman*, Lausanne, L'Âge d'homme, 1990.
S. Markish, *Le Cas Grossman*, Paris-Lausanne, Julliard-L'Âge d'homme, 1983.

NOTICE BIBLIOGRAPHIQUE

ŒUVRES DE VASSILI GROSSMAN

El russe :

...

OUVRAGES SUR VASSILI GROSSMAN

TABLE DES MATIÈRES

VIE ET DESTIN

NOUVELLES

TOUT PASSE

DOCUMENTS

DANS LA MÊME COLLECTION

LITTÉRATURE

ALLAIS, Alphonse

Œuvres anthumes : A se tordre — Vive la vie ! — Pas de bile ! — Le Parapluie de l'escouade — Rose et vert pomme — Deux et deux font cinq — On n'est pas des bœufs — Le Bec en l'air — Amours, délices et orgues — Pour cause de fin de bail — Ne nous frappons pas — Le Captain Cap *(1 volume)*

Œuvres posthumes, 1877-1905 : Le Tintamarre — L'Hydropathe — Le Chat-Noir — Gil Blas — Le Journal *(1 volume)*

ANTHOLOGIE ÉROTIQUE

LE XVIIIᵉ SIECLE : Histoire de la vie et des mœurs de mademoiselle Cronel dite Frétillon — Les Galanteries de Thérèse — La Grivoise du temps ou la Charolaise — Mademoiselle Javotte — Les Lauriers ecclésiastiques — Les Cannevas de la Pâris — Correspondance de Madame Gourdan — Correspondance d'Eulalie — Le Courrier extraordinaire des fouteurs ecclésiastiques — Les Sérails de Paris — Les Amours de Charlot et Toinette — Portefeuille d'un talon rouge — Le Godemiché royal — L'Autrichienne en goguettes — La Confession de Marie-Antoinette — Bordel royal — Bordel patriotique — Grande fête donnée par les maquerelles de Paris — Fureurs utérines de Marie-Antoinette — Les Adieux de La Fayette ou Cadet Capet à Antoinette — Les Adieux de la reine à ses mignons et mignonnes — Les nouvelles du ménage royal sens dessus dessous — La Journée amoureuse *(1 volume)*

AUDOUARD, Yvan

Tous les contes de ma Provence : Ma Provence à moi — Le Trésor des Alpilles — Bons baisers de Fontvieille — Les Cigales d'avant la nuit — Lettres de mon pigeonnier — L'Heure d'été — L'Apprenti fada — Le Noble Jeu provençal — Camargue — Almanach égoïste à l'usage de quelques-uns — La Vérité du dimanche — Le Sabre de mon père — La Cabane de mon père *(1 volume)*

BALZAC, Honoré de

Premiers romans : 1822-1825 *(2 volumes)* : *Tome 1* : L'Héritière de Birague — Jean Louis, ou la Fille trouvée — Clotilde de Lusignan, ou le Beau Juif — Le Centenaire, ou les Deux Beringheld — *Tome 2* : La Dernière Fée, ou la Nouvelle Lampe merveilleuse — Le Vicaire des Ardennes — Annette et le Criminel — Wann-Chlore

Lettres à Madame Hanska *(2 volumes sous coffret)* : *Tome 1* : 1832-1844 — *Tome 2* : 1844-1850

BARBEY D'AUREVILLY, Jules

Une vieille maîtresse — L'Ensorcelée — Un prêtre marié — Les Diaboliques — Une page d'histoire *(1 volume)*

BARRÈS, Maurice

Romans et voyages *(2 volumes)* : *Tome 1* : Le Culte du Moi : Sous l'œil des Barbares. Un homme libre. Le Jardin de Bérénice — L'Ennemi des lois — Du Sang, de la volupté et de la mort — Le Roman de l'énergie nationale — *Tome 2* : Amori et dolori sacrum — Les Amitiés françaises — Les Bastions de l'Est — Le Voyage de Sparte — Greco ou le Secret de Tolède — La Colline inspirée — Un jardin sur l'Oronte — Le Mystère en pleine lumière

BENOIT, Pierre

Romans : Kœnigsmark — L'Atlantide — Pour Don Carlos — Le Puits de Jacob — Le Roi lépreux — Le Désert de Gobi *(1 volume)*

BIBLIOTHEQUE BLEUE (LA)

Littérature de colportage *(1 volume)*

BIOY CASARES, Adolfo

Romans : L'Invention de Morel — Plan d'évasion — Le Songe des héros — Journal de la guerre au cochon — Dormir au soleil — Un photographe à La Plata — Un champion fragile — Un autre monde *(1 volume)*

BLONDIN, Antoine

L'Europe buissonnière — Les Enfants du bon Dieu — L'Humeur vagabonde — Un singe en hiver — Monsieur Jadis — Quat' saisons — Certificats d'études — Ma vie entre les lignes — L'Ironie du sport *(1 volume)*

BLOY, Léon

Journal *(2 volumes)* : *Tome 1* : 1892-1907 : Le Mendiant Ingrat — Mon Journal — Quatre Ans de captivité à Cochons-sur-Marne — L'Invendable — *Tome 2* : 1907-1917 : Le Vieux de la Montagne — Le Pèlerin de l'Absolu — Au seuil de l'Apocalypse — La Porte des Humbles

BOULGAKOV, Mikhaïl

La Garde blanche — La Vie de monsieur de Molière — Le Roman théâtral — Le Maître et Marguerite *(1 volume)*

BRONTË, Anne, Charlotte, Emily et Patrick Branwell

Œuvres *(3 volumes)* : *Tome 1* : E. Brontë : Wuthering Heights — A. Brontë : Agnès Grey — C. Brontë : Villette — *Tome 2* : C. Brontë : Jane Eyre — A. Brontë : La Châtelaine de Wildfell Hall — C. Brontë : Le Professeur — *Tome 3* : C. Brontë : Shirley ; Caractères des hommes célèbres du temps présent ; Albion et Marina ; Le Grand Monde à Verdopolis ; Le Sortilège ; Quatre Ans plus tôt — P. B.Brontë : Magazine (juin) (juillet) ; L'Histoire des jeunes hommes ; Le Pirate ; The Monthly Intelligencer ; La Mort de Mary Percy ; « Et ceux qui sont las se reposent »

BUZZATI, Dino

Œuvres : Bàrnabo des Montagnes — Le Secret du Bosco Vecchio — Le Désert des Tartares — Petite Promenade — Les Sept Messagers — La Fameuse Invasion de la Sicile par les ours — Panique à la Scala — Un cas intéressant *(1 volume)*

CAMÕES, Luís de

Les Lusiades *(1 volume)*

CARCO, Francis

Romans : Jésus-la-Caille — Les Innocents — L'Équioe — Rien qu'une femme — L'Homme traqué — Verotchka l'étrangère ou le Goût du malheur — Perversité — Rue Pigalle — La Rue — L'Ombre — Lumière noire — Brumes *(1 volume)*

CARROLL, Lewis

Œuvres *(2 volumes sous coffret)* : *Tome 1* : Les Aventures d'Alice sous terre — Les Aventures d'Alice au pays des merveilles — De l'autre côté du miroir et ce qu'Alice y trouva — Le Frelon à perruque — Alice racontée aux petits enfants — Autour du pays des merveilles — Lettres à ses amies-enfants — Petites Filles en visite — Jeux, casse-tête, inventions — Les Feux de la rampe — Fantasmagorie et poésies diverses — Journaux — *Tome 2* : La Chasse au Snark — Sylvie et Bruno — Tous les contes et nouvelles — Une histoire embrouillée — Le Magazine du presbytère — Le Parapluie du presbytère — Méli-Mélo — Logique sans peine — La Vie à Oxford — Essais et Opinions

CASANOVA

Histoire de ma vie *(3 volumes sous coffret)* : *Tome 1* : Volumes 1 à 4 — Annexes : A la recherche de trois femmes — Théologie et religion — Philosophie et morale — Amour du beau — Le pédagogue — *Tome 2* : Volumes 5 à 8 — Annexes : L'évasion des Plombs — L'Icosameron — A propos des œuvres de Bernardin de Saint-Pierre — Sur la loterie — La Kabbale — Casanova économiste — *Tome 3* : Volumes 9 à 12 : Annexes : Casanova après les Mémoires — Derniers textes de Casanova

COLETTE

Romans, récits, souvenirs *(3 volumes)* : *Tome 1* : (1900-1919), Claudine à l'école — Claudine à Paris — Claudine en ménage — Claudine s'en va — La Retraite sentimentale — Les Vrilles de la vigne — L'Ingénue libertine — La Vagabonde — L'Envers du music-hall — L'Entrave — La Paix chez les bêtes — Les Heures longues — Dans la foule — Mitsou — *Tome 2* : (1920-1940) : Chéri — La Chambre éclairée — Le Voyage égoïste — La Maison de Claudine — Le Blé en herbe — La Femme cachée — Aventures quotidiennes — La Fin de Chéri — La Naissance du jour — La Seconde — Sido — Douze Dialogues de bêtes — Le Pur et l'Impur — Prisons et Paradis — La Chatte — Duo — Mes apprentissages — Bella-Vista — Le Toutounier — Chambre d'hôtel — *Tome 3* : (1941-1949), *suivi de* Critique dramatique (1934-1938) : Journal à rebours — Julie de Carneilhan — De ma fenêtre — Le Képi — Trois... six... neuf... — Gigi — Belles Saisons — L'Étoile Vesper — Pour un herbier — Le Fanal bleu — Autres bêtes — En pays connu — La Jumelle noire

COURTELINE, Georges

Théâtre, contes, romans et nouvelles, philosophie, écrits divers et fragments retrouvés : Théâtre : Boubouroche — La Peur des coups — Un client sérieux — Hortense couche-toi ! — Monsieur Badin — Théodore cherche des allumettes — La Voiture versée — Les Boulingrin — Le gendarme est sans pitié — Le commissaire est bon enfant — L'Article 330 — Les Balances — La Paix chez soi — Mentons bleus — Contes : Le Miroir concave — Lieds de Montmartre — Dindes et grues — Les Miettes de la table — Scènes de la vie de bureau — Les Fourneaux — L'Ami des lois — Romans et nouvelles : Messieurs les ronds de cuir — Les Linottes — Le Train de 8 h 47 — Les Gaîtés de l'escadron — Philosophie — Écrits et fragments retrouvés : Pochades et chroniques — L'Affaire Champignon — Rimes — X..., roman impromptu *(1 volume)*

CROISADES ET PÈLERINAGES

Récits, chroniques et voyages en Terre sainte, XIIᵉ-XVIᵉ siècle : Chansons de croisades — La Chanson d'Antioche — La Conquête de Jérusalem — Le Bâtard de Bouillon — Saladin — Chronique de la croisade — La Conquête de Constantinople — La Fleur des histoires de la Terre d'Orient — Traité sur le passage en Terre sainte — Récits de pèlerinages — Récits de voyages hébraïques — Le Livre de Messire Jean de Mandeville *(1 volume)*

DAUDET, Léon

Souvenirs et Polémiques : Souvenirs — Député de Paris — Paris vécu — Le Stupide XIXᵉ Siècle *(1 volume)*

DICKENS, Charles

Les Grandes Espérances — Le Mystère d'Edwin Drood — Récits pour Noël *(1 volume)*

DIDEROT, Denis

Œuvres *(5 volumes)* : *Tome 1* : Philosophie : Pensées philosophiques — Addition aux Pensées philosophiques — De la suffisance de la religion naturelle — La Promenade du sceptique — Lettre sur les aveugles — Additions à la Lettre sur les aveugles — Encyclopédie — Suite de l'apologie de M. l'abbé de Prades — Pensées sur l'interprétation de la nature — Le Rêve de d'Alembert — Principes philosophiques sur la matière et le mouvement — Observations sur Hemsterhuis — Réfutations d'Hélvétius — Entretien d'un philosophe avec la maréchale de *** — Sur les femmes — Essai sur les règnes de Claude et de Néron — Éléments de physiologie — *Tome 2* : Contes : Les Bijoux indiscrets — L'Oiseau blanc, conte bleu — La Religieuse — Mystification — La Vision de M. de Bignicours — Les Deux Amis de Bourbonne — Entretien d'un père avec ses enfants — Ceci n'est pas un conte — Madame de La Carlière — Supplément au Voyage de Bougainville — Satyre première — Lui et moi — Le Neveu de Rameau — Jacques le Fataliste — *Tome 3* : Politique : Articles de politique tirés de l'*Encyclopédie* — Lettre sur le commerce de la librairie — Apologie de l'abbé Galiani — L'Anti-Frédéric — Mélanges philosophiques, historiques, etc. pour Catherine II — Plan d'une université — Observations sur le Nakaz — Contributions à l'histoire des deux Indes — Lettre apologétique de l'abbé Raynal à Monsieur Grimm — *Tome 4 :* Esthétique-Théâtre : Esthétique : Lettre sur les sourds et muets — Additions à la Lettre sur les sourds et muets — Traité du beau — Articles d'esthétique tirés de l'*Encyclopédie* — Au petit prophète de Boehmischbroda — Les Trois Chapitres — Éloge de Richardson — Les Salons de 1759, 1761, 1763, 1765, 1767, 1769, 1771, 1775 et 1781 — Pensées détachées sur la peinture, la sculpture et la poésie — Théâtre : Le Fils naturel — Entretiens sur Le Fils naturel — Le Père de famille — De la poésie dramatique — Sur Térence — Paradoxe sur le comédien — Est-il bon ? Est-il Méchant ? — *Tome 5 :* Correspondance

DUMAS, Alexandre

Mes mémoires *(2 volumes sous coffret) : Tome 1 :* (1802-1830) — *Tome 2 :* (1830-1833) *suivi d'un* Quid d'Alexandre Dumas

Mémoires d'un médecin *(3 volumes) : Tome 1 :* Joseph Balsamo, *suivi d'un* Dictionnaire des personnages — *Tome 2 :* (1830-1833) Le Collier de la reine, Ange Pitou — *Tome 3 :* La Comtesse de Charny — Le Chevalier de Maison-Rouge

Les Mousquetaires *(3 volumes) : Tome 1 :* Les Trois Mousquetaires — Vingt ans après, *précédé d'un* Dictionnaire des personnages — *Tomes 2 et 3 :* Le Vicomte de Bragelonne

Les Valois *(2 volumes) : Tome 1 :* La Reine Margot — La Dame de Monsoreau, *précédé d'un* Dictionnaire des personnages — *Tome 2 :* Les Quarante-Cinq, *suivi des* Adaptations théâtrales.

Le Comte de Monte-Cristo *(1 volume)*

ÉRASME

Éloge de la folie — Adages — Colloques — Réflexions sur l'art, l'éducation, la religion, la guerre, la philosophie — Correspondance, *précédé d'un* Dictionnaire d'Érasme et de l'humanisme

FONTANE, Theodor

Errements et Tourments — Jours disparus — Frau Jenny Treibel — Effi Briest *(1 volume)*

GALSWORTHY, John

Histoire des Forsyte *(2 volumes) : Tome 1 :* La Saga des Forsyte — *Tome 2 :* Comédie moderne — Fin de chapitre

GAUTIER, Théophile

La Cafetière — Omphale — Les Jeunes-France — Mademoiselle de Maupin — La Morte amoureuse — La Chaîne d'or — Fortunio — La Pipe d'opium — Une nuit de Cléopâtre — La Toison d'or — Le Pied de momie — La Mille et Deuxième Nuit — Le Roi Candaule — Le Club des hachichins — Arria Marcella — Avatar — Jettatura — Le Roman de la momie — Le Capitaine Fracasse — Spirite *(1 volume)*

GONCOURT, Edmond et Jules de

Journal. Mémoires de la vie littéraire, 1851-1896 *(3 volumes sous coffret)*
Les Maîtresses de Louis XV. Et autres portraits de femmes *(1 volume)*

GRAND-GUIGNOL (LE)

Le théâtre des peurs de la Belle Époque *(1 volume)*

GROSSMAN, Vassili

Vie et destin — La Madone Sixtine — Le Repos éternel — Le Phosphore — La Route — Abel. Le six août — Tiergarten — Maman — À Kislovodsk — Tout passe *(1 volume)*

HARRISON, Jim

Wolf, Mémoires fictifs — Un bon jour pour mourir — Nord-Michigan — Légendes d'automne — Sorcier *(1 volume)*

HOMÈRE

L'Iliade et l'Odyssée *(1 volume)*

HUGO, Victor

Roman *(3 volumes)* : *Tome 1* : Han d'Islande — Bug-Jargal — Le Dernier Jour d'un condamné — Notre-Dame de Paris — Claude Gueux — *Tome 2* : Les Misérables — *Tome 3* : L'Archipel de la Manche — Les Travailleurs de la mer — L'homme qui rit — Quatrevingt-treize

Poésie *(4 volumes)* : *Tome 1* : Premières publications — Odes et Ballades — Les Orientales — Les Feuilles d'Automne — Les Chants du Crépuscule — Les Voix intérieures — Les Rayons et les Ombres — *Tome 2* : Châtiments — Les Contemplations — La Légende des Siècles, première série — Les Chansons des rues et des bois — La Voix de Guernesey — *Tome 3* : L'Année terrible — La Légende des siècles, nouvelle série — La Légende des siècles dernière série — L'Art d'être grand-père — Le Pape — La Pitié suprême — Religions et Religion — L'Âne — Les Quatre Vents de l'esprit — *Tome 4* : La Fin de Satan — Toute la lyre — Dieu — Les Années funestes — Dernière Gerbe — Océan vers

Théâtre *(2 volumes)* : *Tome 1* : Cromwell — Amy Robsartl — Hernani — Marion de Lorme — Le roi s'amuse — Lucrèce Borgia — Marie Tudor — Angelo, tyran de Padoue — La Esmeralda — *Tome 2* : Ruy Blas — Les Burgraves — Torquemada — Théâtre en liberté — Les Jumeaux — Mille francs de récompense — L'Intervention

Politique : Paris — Mes fils — Actes et paroles I — Actes et paroles II — Actes et paroles III — Actes et paroles IV — Testament littéraire — Préface à l'édition *ne varietur (1 volume)*

Critique : Préface de *Cromwell* — Littérature et philosophie mêlées — William Shakespeare — Proses philosophiques des années 60-65 *(1 volume)*

Histoire : Napoléon le Petit — Histoire d'un crime — Choses vues *(1 volume)*

Voyages : Le Rhin — Fragment d'un voyage aux Alpes — France et Belgique — Alpes et Pyrénées — Voyages et excursions — Carnets 1870-1871 *(1 volume)*

Chantiers : Notre-Dame de Paris — Châtiments — La Fin de Satan (fragment) — Dieu (fragment) — Le Dossier des Misérables — Autour des Chansons des rues et des bois — Fragments critiques — Fragments dramatiques *(1 volume)*

Océan : Océan prose — Philosophie prose — Faits et croyances — Moi, l'amour, la femme — Philosophie vers — Plans et projets *(1 volume)*

Correspondance familiale et écrits intimes, 1802-1839 *(2 volumes)*

HUYSMANS, Joris-Karl

Romans : Marthe — Les Sœurs Vatard — Sac au dos — En ménage — À vau-l'eau — À rebours — En rade — Un dilemme — La Retraite de monsieur Bougran *(1 volume)*

JAMES, Henry

Daisy Miller — Les Ailes de la colombe — Les Ambassadeurs *(1 volume)*

JARRY, Alfred

Œuvres : Les Minutes de sable mémorial — César Antechrist — Poèmes de jeunesse — Écrits sur l'art — L'Ymagier — Perhinderion — Ubu roi — Ubu enchaîné — Ubu cocu — Ubu sur la butte — Almanach du père Ubu — Gestes et opinions du Dr Faustroll, pataphysicien — Les jours et les Nuits — L'Amour en visites — L'Amour absolu — L'autre Alceste — Messaline — Le Surmâle — Poèmes — La Chandelle verte — La Dragonne *(1 volume)*

KIERKEGAARD, Søren

Œuvres : L'Alternative (Ou bien… Ou bien…) — La Répétition (La Reprise) — Stades sur le chemin de la vie — La Maladie à la mort *(1 volume)*

LABICHE, Eugène

Théâtre *(2 volumes)* : *Tome 1* : Rue de l'Homme-Armé n° 8 bis — Embrassons-nous, Folleville ! — Un garçon de chez Véry — La Fille bien gardée — Un chapeau de paille d'Italie — Un monsieur qui prend la mouche — Le Misanthrope et l'Auvergnat — Edgard et sa bonne — Le Chevalier des dames — Mon Isménie — Si jamais je te pince… ! — L'Affaire de la rue de Lourcine — L'Avocat d'un grec — Voyage autour de ma marmite — La Sensitive — Les Deux Timides — Le Voyage de monsieur Perrichon — Les Vivacités du capitaine Tic — Le Mystère de la rue Rousselet — La Poudre aux yeux — *Tome 2* : La Station Champbaudet — Les 37 sous de M. Montaudoin — La Dame au petit chien — Permettez, madame !… — Célimare le bien-aimé — La Cagnotte — Moi — Premier Prix de piano — Un pied dans le crime — La Grammaire — Les Chemins de fer — Le Papa du prix d'honneur — Le Dossier de Rosafol — Le Plus

Heureux des trois — Doit-on le dire ? — 29 degrés à l'ombre — Garanti dix ans — Madame est trop belle — Les trente millions de Gladiator — Un mouton à l'entresol — Le Prix Martin — La Cigale chez les fourmis

LAWRENCE, T. E.

Œuvres *(2 volumes)* : *Tome* 1 : Dépêches secrètes d'Arabie — Correspondance et autres textes — *Tome 2* : Les Sept Piliers de la sagesse

LE BRAZ, Anatole

Magies de la Bretagne *(2 volumes)* : *Tome 1* : La Bretagne à travers l'Histoire — La Légende de la mort chez les Bretons armoricains — Récits de passants — Vieilles Histoires du pays breton — Pâques d'Islande — Contes du soleil et de la brume — Les Saints bretons — Au pays des pardons — *Tome 2* : Le Gardien du feu — Le Sang de la Sirène — Âmes d'Occident — Chansons populaires de la Basse-Bretagne — Le Théâtre celtique — Cognomerus et sainte Tréfine — Croquis de Bretagne et d'ailleurs — Vieilles Chapelles de Bretagne — Îles bretonnes — La Terre du passé

LÉGENDE ARTHURIENNE (LA)

Le Graal et la Table Ronde : Perceval le Gallois, par Chrétien de Troyes — Perlesvaus — Merlin et Arthur, attribué à Robert de Boron — Le Livre de Caradoc — Le Chevalier à l'épée — Hunbaut — La Demoiselle à la mule, attribué à Païen de Maisières — L'Âtre périlleux — Gliglois — Méraugis de Portlesguez, par Raoul de Houdenc — Le Roman de Jaufré — Blandin de Cornouaille — Les Merveilles de Rigomer — Méliador, par Jean Froissart — Le Chevalier au Papegau *(1 volume)*

LEVI, Primo

Œuvres : Si c'est un homme — La Trêve — Le Système périodique — La Clé à molette — Maintenant ou jamais — Conversations et entretiens *(1 volume)*

LOTI, Pierre

Voyages (1872-1913) : L'Ile de Pâques — Une relâche de trois heures — Mahé des Indes — Obock (en passant) — Japoneries d'automne — Au Maroc — Constantinople en 1890 — Le Désert — Jérusalem — La Galilée — L'Inde (sans les Anglais) — Les Pagodes d'or — En passant à Mascate — Vers Ispahan — Les Derniers Jours de Pékin — Un pèlerin d'Angkor — La Mort de Philae — Suprêmes visions d'Orient *(1 volume)*

MAUPASSANT, Guy de

Contes et nouvelles. Romans *(2 volumes)* : *Tome 1* : Quid de Guy de Maupassant — Contes divers (1875-1880) — La Maison Tellier — Contes divers (1881) — Mademoiselle Fifi — Contes divers (1882) — Contes de la Bécasse — Clair de lune — Contes divers (1883) — Une vie — Miss Harriet — Les Sœurs Rondoli — *Tome 2* : Yvette — Contes divers (1884) — Contes du jour et de la nuit — Bel-Ami — Contes divers (1885) — Toine — Monsieur Parent — La Petite Roque — Contes divers (1886) — Le Horla — Contes divers (1887) — Le Rosier de Mme Husson — La Main gauche — Contes divers (1889) — L'Inutile Beauté

MAUROIS, André

Prométhée ou la Vie de Balzac — Olympio ou la Vie de Victor Hugo — Les Trois Dumas *(1 volume)*

MÉLANCOLIES

De l'Antiquité au XXe siècle. Anthologie critique et commentée *(1 volume)*

MERCIER, Louis Sébastien et RESTIF DE LA BRETONNE

Paris le jour, Paris la nuit : Tableau de Paris — Les Nuits de Paris *(1 volume)*

MILLE ET UNE NUITS (LES)

Dans la traduction du Dr J.-C. Mardrus *(2 volumes)*

MONTESQUIEU

Pensées — Le Spicilège *(1 volume)*

MORALISTES DU XVIIe SIÈCLE (LES)

La Rochefoucauld : Maximes et réflexions diverses — Mme de Sablé : Maximes — Abbé d'Ailly : Pensées diverses — Étienne de Vernage : Nouvelles Réflexions — Pascal : Pensées — Jean Domat : Pensées ;

Discours sur les passions de l'amour — La Bruyère : Les Caractères — Dufresny : Amusements sérieux et comiques *(1 volume)*

MORAND, Paul

Voyages : Paris-Tombouctou — Hiver caraïbe — Le Rhône en hydroglisseur ou un Mississippi sans crocodiles — New York — Londres — Le Nouveau Londres — Bucarest — Méditerranée, mer des surprises — L'Europe russe annoncée par Dostoïevski — Le Voyage *(1 volume)*

NIETZSCHE, Friedrich

Œuvres *(2 volumes)* : *Tome 1* : La Naissance de la tragédie — Considérations inactuelles — Humain, trop humain — Aurore — *Tome 2* : Le Gai Savoir — Ainsi parlait Zarathoustra — Par-delà le bien et le mal — La Généalogie de la morale — Le Cas Wagner — Le Crépuscule des idoles — L'Antéchrist — Ecce homo — Nietzsche contre Wagner — Dithyrambes de Dionysos

PEPYS, Samuel

Journal (1660-1669) *(2 volumes sous coffret)*

POE, Edgar Allan

Contes, essais, poèmes *(1 volume)*

PROUST, Marcel

À la recherche du temps perdu *(3 volumes)* : *Tome 1* : Du côté de chez Swann — A l'ombre des jeunes filles en fleurs, *précédé d'un* Quid de Marcel Proust — *Tome 2* : Le Côté de Guermantes — Sodome et Gomorrhe — *Tome 3* : La Prisonnière — La Fugitive — Le Temps retrouvé

RÉCITS D'AMOUR ET DE CHEVALERIE (XIIᵉ-XVᵉ siècle)

Pirame et Tisbé — Narcisse — Ipomédon — Protheselaüs — Floris et Lyriopé — Joufroi de Poitiers — Le Roman de Silence — Durmart le Gallois — Le Roman du comte d'Anjou — Ponthus et Sidoine — Histoire d'Olivier de Castille et Artus d'Algarbe — Histoire de Jason *(1 volume)*

RÉCITS DE CAMPAGNE ET DE CHASSE

La Vie à la campagne d'un gentilhomme picard à la fin du XVIᵉ siècle — Laurent Labruyerre : Les Ruses du braconnage mises à découvert ou Mémoires et instructions sur la chasse et le braconnage ; Mémoires d'un braconnier — Melchior de Savigny : Un jour de chasse à Lorcy — John Delegorgue-Cordier : La Chasse au tir — Elzéar Blaze : Le Chasseur conteur — Théophile Deyeux : Tablettes de Saint-Hubert, ses commandements, ses aphorismes — Adophe d'Houdetot : Le Chasseur rustique — Théodore de Foudras : Les Gentilshommes chasseurs ; Les Veillées de Saint-Hubert — Léon Bertrand : Tonton Tontaine Tonton — Charles Jobey : La Chasse et la Table — Alphonse Daudet : Lettres de mon moulin ; Contes du lundi — Jules Verne : Dix heures en chasse — Guy de Maupassant : Quelques contes — Florian de Pharaon : Le Fusil sur l'épaule — Gustave Black : Le Château de la Baraque. Roman de chasse et de sport — Alexandre Dumas : Coups de fusil — Henri Gourdon de Genouillac : L'Église et la Chasse — André Theuriet : Contes pour les soirs d'hiver — Paul Arène : Contes de Paris et de Provence — Étienne Grosclaude : Les Joies du plein air — Gaspard de Cherville : Récits de terroir — Paul Bilhaud : Les Vacances de Bob et Lisette illustrées par Job — Jules Renard : Histoires naturelles — Gyp : Sportmanomanie — Jean Marbel : Histoires de chasseurs — Louis Pergaud : Le Roman de Miraut, chien de chasse — E. Descours : En quête dans le Velay. Clo-Grand Feutre et Foulard rouge. Notes, impressions de chasse et de la vie au grand air *(1 volume)*

RENAN, Ernest

Histoire et Parole. *Morceaux choisis* de : Correspondance — Lettres intimes — Cahiers de jeunesse — Fragments intimes — L'Avenir de la science — Essais de morale et de critique — Vie de Jésus — Les Apôtres — Saint Paul — L'Antéchrist — L'Église chrétienne — Marc-Aurèle — La Réforme intellectuelle et morale — Dialogues philosophiques — Drames philosophiques — Examen de conscience philosophique — Souvenirs d'enfance et de jeunesse — Feuilles détachées — Histoire du peuple d'Israël — Conférences d'Angleterre *(1 volume)*

Histoires des origines du christianisme *(2 volumes sous coffret)* : *Tome 1* : Vie de Jésus — Les Apôtres — Saint Paul, *précédé d'un* Dictionnaire de Renan — *Tome 2* : L'Antéchrist — Les Évangiles — L'Église chrétienne — Marc-Aurèle

RENARD, Jules

Journal (1887-1910) *(1 volume)*

RESTIF DE LA BRETONNE

Romans *(2 volumes)* : *Tome 1* : Le Pied de Fanchette — Le Paysan perverti — La Jolie Polisseuse. La Jolie Fourbisseuse. La Jolie Boursière. La Belle Imagère. La Petite Coureuse (*extraites de* Les Contemporaines du commun) — *Tome 2* : La Vie de mon père — La Femme de laboureur — La Femme infidèle — Ingénue Saxancour — L'Épouse d'homme veuf — La Dernière Aventure d'un homme de quarante-cinq ans — La Fille de mon hôtesse

ROMAINS, Jules

Les Hommes de bonne volonté *(4 volumes)* : *Tome 1*: Le 6 octobre — Crime de Quinette — Les Amours enfantines — Éros de Paris — Les Superbes — Les Humbles — Recherche d'une Église — *Tome 2* : Province — Montée des périls — Les Pouvoirs — Recours à l'abîme — Les Créateurs — Mission à Rome — Le Drapeau noir — *Tome 3*: Prélude à Verdun — Verdun — Vorge contre Quinette — La Douceur de la vie — Cette grande lueur à l'Est — Le monde est ton aventure — Journées dans la montagne — *Tome 4* : Les Travaux et les Joies — Naissance de la bande — Comparutions — Le Tapis magique — Françoise — Le 7 octobre

ROMANS DE CIRQUE

Jules Claretie : Le Train 17, *suivi de* Boum-Boum — Edmond de Goncourt : Les Frères Zemganno — Rodolphe Darzens : Ukko'Till — Gustave Kahn : Le Cirque solaire — Félicien Champsaur : Lulu — Gustave Coquiot : Histoire de deux clowns et d'une petite écuyère *(1 volume)*

ROMANS DE FEMMES DU XVIIIe SIÈCLE

Mme de Tencin : Mémoires du comte de Comminge — Mme de Graffigny : Lettres d'une Péruvienne — Mme Riccoboni : Lettres de mistriss Fanni Butlerd — Mme de Charrière : Lettres de mistriss Henley ; Lettres neuchâteloises ; Lettres écrites de Lausanne — Olympe de Gouges : Mémoire de Mme de Valmont — Mme de Souza : Adèle de Sénanges — Mme Cottin : Claire d'Albe — Mme de Genlis : Mademoiselle de Clermont — Mme de Krüdener : Valérie — Mme de Duras : Ourika ; Édouard *(1 volume)*

ROMANS FIN-DE-SIÈCLE (1890-1900)

Jean Bertheroy : Le Mime Bathylle — Jean Lorrain : Monsieur de Bougrelon — Louis Dumur : Albert — Catulle Mendès : Le Chercheur de tares — Georges Eekhoud : Escal-Vigor — Rachilde : Les Hors Nature — Camille Mauclair : Le Soleil des morts *(1 volume)*

ROMANS LIBERTINS DU XVIIIe SIÈCLE

Crébillon fils : Les Égarements du cœur et de l'esprit — Charles Pinot Duclos : Les Confessions du comte de *** — Godard d'Aucour : Thémidore ou Mon histoire et celle de ma maîtresse — La Morlière : Angola, histoire indienne — Voisenon : Le Sultan Misapouf - Histoire de la félicité — Boyer d'Argens : Thérèse philosophe ou Mémoires pour servir à l'histoire du père Dirrag et de mademoiselle Éradice — Fougeret de Monbron : Margot la ravaudeuse — François-Antoine Chevrier : Le Colporteur — Claude-Joseph Dorat : Les Malheurs de l'inconstance — Andréa de Nerciat : Félici ou Mes fredaines — Vivant Denon : Point de lendemain *(1 volume)*

SAGAN, Françoise

Bonjour tristesse — Un certain sourire — Dans un mois, dans un an — Château en Suède — Aimez-vous Brahms… — Les Merveilleux Nuages — La Chamade — Le Garde du cœur — Un peu de soleil dans l'eau froide — Des bleus à l'âme — Le Lit défait — Le Chien couchant — La Femme fardée — La Laisse — Les Faux-fuyants *(1 volume)*

SAINTE-BEUVE

Portraits littéraires *(1 volume)*
Port-Royal *(2 volumes sous coffret)*

SAND, George

Consuelo — La Comtesse de Rudolstadt *(1 volume)*

SEGALEN, Victor

Œuvres complètes *(2 volumes)* : *Tome 1* : *Cycle des apprentissages :* Les Cliniciens ès lettres — Les Synesthésies et l'école symboliste — Essai sur soi-même — Journal de voyage — *Cycle Polynésien :* Les Immémoriaux — Gauguin dans son dernier décor — Le Maître-du-Jouir — Hommage à Gauguin — La Marche du feu — Pensers païens — Journal des îles — Le Double Rimbaud — Vers les sinistrés —

Hommage à Saint-Pol-Roux — *Cycle musical et orphique :* Voix mortes : Musiques maori — Dans un monde sonore — Siddhârtha — Entretiens avec Debussy — Orphée-Roi — Gustave Moreau, maître imagier de l'orphisme — Queques musées par le monde — *Cycle des ailleurs et du bord du chemin :* Essai sur l'exotisme — Essai sur le mystérieux — Imaginaires — Un grand fleuve — Briques et Tuiles — Feuilles de routes — *Tome 2 : Cycle chinois :* Stèle — Peintures — Équipée — le Fils du Ciel — René Leys — Odes — Thibet — Le Combat pour le sol — Lettre X — Sites — *Cycle archéologique et sinologique :* Chine. La Grande Statuaire — Les Origines de la statuaire de Chine — Chez le président de la République chinoise — Une conversation avec Yuan-Che-K'ai — Rapport de M. Victor Segalen sur les résultats archéologiques de la mission Voisins, Lartigue et Segalen — Premier exposé des résultats archéologiques obtenus dans la Chine occidentale par la mission Voisins, Lartigue et Segalen — Sépultures des dynasties chinoises du Sud — Le Tombeau du fils du roi de Wou — La Queste à la Licorne

SÉGUR, comtesse de

Œuvres *(3 volumes sous coffret) : Tome 1 :* Lettres à son éditeur — Nouveaux Contes de fées — Les Petites Filles modèles — Les Malheurs de Sophie — Les Vacances — Mémoires d'un âne — Pauvre Blaise, *suivi d'un* dictionnaire de la Comtesse de Ségur — *Tome 2 :* La Sœur de Gribouille — Les Bons Enfants — Les Deux Nigauds — L'Auberge de l'Ange Gardien — Le Général Dourakine — François le Bossu — Comédies et Proverbes — Un bon petit diable — *Tome 3 :* Jean qui grogne et Jean qui rit — La Fortune de Gaspard — Quel amour d'enfant ! — Le Mauvais Génie — Diloy le chemineau — Après la pluie le beau temps — La Santé des enfants

SÉNÈQUE

Entretiens et Lettres à Lucilius *(1 volume)*

SHAKESPEARE

Œuvres complètes *(8 volumes)*

Tragédies *(2 volumes sous coffret) : Tome 1 :* Titus Andronicus — Roméo et Juliette — Jules César — Hamlet — *Tome 2 :* Othello — Timon d'Athènes — Roi Lear — Macbeth — Antoine et Cléopâtre — Coriolan

Histoires *(2 volumes sous coffret) : Tome 1 :* Le Roi Jean — Richard II — 1 Henri IV — 2 Henri IV — Henri V — *Tome 2 :* 1 Henri VI — 2 Henri VI — 3 Henri VI — Richard III — Henri VIII — Sir Thomas More

Comédies *(2 volumes sous coffret) : Tome 1 :* Les Deux Gentilhommes de Vérone — La Mégère apprivoisée — La Comédie des erreurs — Peines d'amour perdues — Songe d'une nuit d'été — *Tome 2 :* Le Marchand de Venise — Les Joyeuses commères de Windsor — Beaucoup de bruit pour rien — Comme il vous plaira — La Nuit des Rois

Tragicomédies et Poésies *(2 volumes sous coffret) : Tome 1 :* Troïlus et Cresside — Mesure pour Mesure — Tout est bien qui finit bien — Cymbelin — Les Deux Nobles Cousins — *Tome 2 :* Périclès — Le Conte d'hiver — La Tempête — Vénus et Adonis — Le Viol de Lucrèce — Sonnets — Complainte d'une amante — Poèmes divers — Musique des chansons de Shakespeare

SPLENDEURS DE LA COUR DE BOURGOGNE

Récits et chroniques : Baudouin de Flandre — La Belle Hélène de Constantinople — Gillion de Trazegnies — Le Cycle de la fille du comte de Ponthieu — Histoire du bon roi Alexandre — Faits du Grand Alexandre — Les Actions et paroles mémorables d'Alphonse, roi d'Aragon et de Naples — La Mort du Téméraire — Banquets, entremets et cuisine à la cour de Bourgogne — Les Vœux du faisan — Le Pas du Perron fée — Le Livre des faits du bon chevalier messire Jacques de Lalaing *(1 volume)*

SUARÈS, André

Idées et Visions et autres écrits polémiques, philosophiques et critiques, 1897-1923 *(1 volume)*

Valeurs et autres écrits historiques, politiques et critiques, 1923-1948 *(1 volume)*

TCHÉKHOV, Anton

Œuvres *(3 volumes) : Tome 1 :* Théâtre complet : Platonov — Ivanov — Le Génie des bois — La Mouette — L'Oncle Vania — Les Trois sœurs — La Cerisaie — Sur la grand-route — Les Méfaits du tabac — Le Chant du cygne — L'Ours — La Demande en mariage — Tatiana Répina — Le Tragique malgré lui — Une noce — Le Jubilé, *précédé d'un* Dictionnaire de Tchékhov — *Tomes 2 et 3 à paraître*

THÉÂTRE DE LA CRUAUTÉ ET RÉCITS SANGLANTS, édition établie sous la direction de Christian Biet *(1 volume)*

TOULET, Paul-Jean
Œuvres complètes *(1 volume)*

TRAGIQUES GRECS (LES)
(2 volumes) : *Tome 1* : Eschyle : Les Perses ; Prométhée enchaîné ; Les Sept contre Thèbes ;
Les Suppliantes ; L'Orestie : L'Agamemnon ; Les Choéphores ; Les Euménides — Sophocle : Ajax ;
Les Trachiniennes ; Antigone ; Œdipe roi ; Électre ; Philoctète ; Œdipe à Colone — *Tome 2* : Euripide :
Le Cyclope ; Alceste ; Médée ; Les Héraclides ; Hippolyte ; Andromaque ; Hécube ; Les Suppliantes ; Électre ;
Héraclès ; Les Troyennes ; Iphigénie en Tauride ; Ion ; Hélène ; Les Phéniciennes ; Oreste ; Les Bacchantes ;
Iphigénie à Aulis ; Rhésos

VIALATTE, Alexandre
Chroniques de La Montagne *(2 volumes)* : *Tome 1* : 1952-1961 — *Tome 2* : 1962-1971

VIEL CASTEL, Horace de
Mémoires sur le règne de Napoléon III, 1851-1864 *(1 volume)*

ZINOVIEV, Alexandre
Les Hauteurs béantes — L'Avenir radieux — Notes d'un veilleur de nuit *(1 volume)*

ZOLA, Émile
Les Rougon-Macquart *(5 volumes)* : *Tome 1* : La Fortune des Rougon — La Curée — Le Ventre de Paris —
La Conquête de Plassans — *Tome 2* : La Faute de l'abbé Mouret — Son Excellence Eugène Rougon —
L'Assommoir — Une page d'amour — *Tome 3* : Nana — Pot-Bouille — Au Bonheur des dames — La Joie
de vivre — *Tome 4* : Germinal — L'Œuvre — La Terre — Le Rêve — *Tome 5* : La Bête Humaine —
L'Argent — La Débâcle — le Docteur Pascal

Dictionnaire d'Émile Zola : Sa vie, son œuvre, son époque *(1 volume)*

HISTOIRE ET ESSAIS

AMOUROUX, Henri
La Grande Histoire des Français sous l'Occupation *(4 volumes)* : *Tome 1* : Le Peuple du désastre —
Quarante millions de pétainistes — *Tome 2* : Les Beaux Jours des collabos — Le Peuple réveillé — *Tome 3* :
Les Passions et les Haines — L'Impitoyable Guerre civile — *Tome 4* : Un printemps de mort et d'espoir —
Joies et douleurs du peuple libéré
La Grande Histoire des Français après l'Occupation : Les Règlements de comptes — La page n'est pas
encore tournée *(1 volume)*

ANTHOLOGIE MONDIALE DE LA STRATÉGIE
Des origines au nucléaire, édition établie par Gérard Chaliand *(1 volume)*

BARK, Dennis L. — GRESS David R.
Histoire de l'Allemagne (1945-1991) *(1 volume)*

BENNASSAR, Bartolomé
Histoire des Espagnols (VIᵉ-XXᵉ siècle) *(1 volume)*

BENOIST-MÉCHIN, Jacques
Soixante jours qui ébranlèrent l'Occident (10 mai-10 juillet 1940) *(1 volume)*
Histoire de l'armée allemande *(2 volumes)* : *Tome 1* : 1918-1937 — *Tome 2* : 1937-1939

BETTELHEIM, Bruno
Parents et enfants : Freud et l'âme humaine — Psychanalyse des contes de fées — L'amour ne suffit pas —
Pour être des parents acceptables — Dialogue avec les mères *(1 volume)*

BOORSTIN, Daniel
Les Découvreurs *(1 volume)*
Histoire des Américains *(1 volume)*

CONQUEST, Robert
La Grande Terreur, *précédé de* Sanglantes Moissons *(1 volume)*

COURTOIS, Stéphane - WERTH, Nicolas - PANNÉ, Jean-Louis - PACZKOWSKI Andrzej - BARTOSEK, Karel - MARGOLIN Jean-Louis
Le Livre noir du communisme : Crimes, terreur, répression *(1 volume)*

DARU, Pierre
Histoire de la République de Venise *(2 volumes sous coffret)*

DROYSEN, Johann Gustav
Histoire de l'Hellénisme *(1 volume)*

ELLIOTT, John H.
Olivares (1587-1645) : L'Espagne de Philippe IV *(1 volume)*

EUROPES
De l'Antiquité au XXᵉ siècle. Anthologie critique et commentée, par Yves Hersant et Fabienne Durand-Bogaert *(1 volume)*

EXPLORATEURS (LES)
Des pharaons à Paul-Émile Victor, publié sous la direction de L.-H. Parias, mise à jour de Guy Stavridès, préface de Lucien Febvre *(1 volume)*

FRANÇAIS VUS PAR EUX-MÊMES (LES)
Le Siècle de Louis XIV : Textes choisis et présentés par Alain Niderst *(1 volume)*
Le XVIIIᵉ siècle : Textes choisis et présentés par Arnaud de Maurepas et Florent Brayard *(1 volume)*
Le Consulat et l'Empire : Textes choisis et présentés par Alfred Fierro *(1 volume)*

FRAZER, James George
Le Rameau d'Or *(4 volumes)* : *Tome 1* : Le Roi magicien dans la société primitive — Tabou ou les Périls de l'âme — *Tome 2* : Le Dieu qui meurt — Adonis — Atys et Osiris — *Tome 3* : Esprits des blés et des bois — Le Bouc émissaire — *Tome 4* : Balder le Magnifique — Bibliographie générale

GABORY, Émile
Les Guerres de Vendée : La Révolution et la Vendée — Napoléon et la Vendée — Les Bourbons et la Vendée — L'Angleterre et la Vendée *(1 volume)*

GIBBON, Edward
Histoire du déclin et de la chute de l'Empire romain *(2 volumes)* : *Tome 1* : Rome de 96 à 582 — *Tome 2* : Byzance de 455 à 1500

GREEN, Peter
D'Alexandre à Actium : Du partage de l'Empire au triomphe de Rome *(1 volume)*

GRIMAL, Pierre
Voyage à Rome *(1 volume)*

GUICCIARDINI, Francesco
Histoire d'Italie (1492-1534) *(2 volumes sous coffret)* : *Tome 1* : 1492-1513 — *Tome 2* : 1513-1534

GUILLEMINAULT, Gilbert
Le Roman vrai de la IIIᵉ et de la IVᵉ République (1870-1958) *(2 volumes)* : *Tome 1* : 1870-1918 — *Tome 2* : 1919-1958

GUIZOT, François

Histoire de la révolution d'Angleterre *(1 volume)*

HÉRITAGE DE LA GRÈCE ET DE ROME (L')

Textes réunis par Moses I. Finley et Cyril Bailey *(1 volume)*

HISTOIRE AUGUSTE, édition bilingue latin-français établie par André Chastagnol

Les empereurs romains des IIe et IIIe siècles *(1 volume)* : Vie d'Hadrien — Vie d'Aelius — Vie d'Antonin le Pieux — Vie de Marc Aurèle — Vie de Vérus — Vie d'Avidius Cassius — Vie de Commode — Vie de Pertinax — Vie de Didius Julianus — Vie de Septime Sévère — Vie de Pescennius Niger — Vie de Clodius Albinus — Vie de Caracalla — Vie de Géta — Vie de Macrin — Vie de Diaduménien — Vie d'Élagabal — Vie d'Alexandre Sévère — Vie des deux Maximins — Vie des trois Gordiens — Vie de Maxime et Balbin — Vie des deux Valériens — Vie des deux Galliens — Vie des trente tyrans — Vie de Claude — Vie d'Aurélien — Vie de Tacite — Vie de Probus — Le quadrige des tyrans — Vie de Carus, Carin et Numérien

HISTOIRE ET DICTIONNAIRE

La Préhistoire, sous la direction de Denis Vialou, assisté de Roger Joussaume et de Jean-Pierre Pautreau pour le Mésolithique et le Néolithique *(1 volume)*

Les Celtes, par Venceslas Kruta *(1 volume)*

Alexandre le Grand, sous la direction d'Olivier Battistini et de Pascal Charvet *(1 volume)*

Les Capétiens (927-1328), par François Menant, Hervé Martin, Bernard Merdrignac et Monique Chauvin *(1 volume)*

La France de la Renaissance (1470-1559), par Arlette Jouanna, Dominique Biloghi, Philippe Hamon et Guy Le Thiec *(1 volume)*

Les Guerres de Religion (1559-1598), par Arlette Jouanna, Jacqueline Boucher, Dominique Biloghi, et Guy Le Thiec *(1 volume)*

France baroque, France classique (1589-1715), par René et Suzanne Pillorget *(1 volume)*

Le Temps des Lumières (1715-1789), par Jean de Viguerie *(1 volume)*

La Révolution française (1789-1799), par Jean Tulard, Jean-François Fayard et Alfred Fierro *(1 volume)*

Le Consulat et l'Empire (1799-1815), par Jean Tulard, Alfred Fierro et André Palluel-Guillard *(1 volume)*

Paris, par Alfred Fierro *(1 volume)*

Dictionnaire historique de la Résistance et de la France libre, sous la direction de François Marcot, avec la collaboration de Bruno Leroux et de Christine Levisse-Touzé *(1 volume)*

Paris, par Alfred Fierro *(1 volume)*

La Police, sous la direction de Mibel Aubouin, Arnaud Teyssier et Jean Tulard *(1 volume)*

KOESTLER, Arthur

Œuvres autobiographiques : La Corde raide — Hiéroglyphes — Dialogue avec la mort [Un testament espagnol] — La Lie de la terre — L'Étranger du square *(1 volume)*

LAVISSE, Ernest

Louis XIV. Histoire d'un grand règne (1643-1715) *(1 volume)*

LEA, Henry Charles

Histoire de l'Inquisition au Moyen Âge *(1 volume)*

LEROY-BEAULIEU, Anatole

L'Empire des tsars et les Russes *(1 volume)*

LÉVI, Éliphas

Secrets de la magie : Dogme et Rituel de la haute magie — Histoire de la magie — La Clef des grands mystères *(1 volume)*

LEYS, Simon

Essais sur la Chine *(1 volume)*

MACAULAY, Thomas Babington

Histoire d'Angleterre *(2 volumes sous coffret)*. Depuis l'avènement de Jacques II (1685) jusqu'à la mort de Guillaume III (1702)

McEVEDY, Colin

Atlas historiques *(4 volumes sous rétractable)* : Atlas de l'histoire ancienne (50000 av. J.-C.-362 apr. J.-C.) — Atlas de l'histoire du Moyen Âge (362-1478) — Atlas de l'histoire moderne (1483-1815) — Atlas de l'histoire des XIXᵉ et XXᵉ siècles (l'Europe depuis 1815)

MACHIAVEL

Premiers écrits politiques — Le Prince — Discours sur la première décade de Tite-Live — L'Art de la guerre — Vie de Castruccio Castracani — Histoire de Florence — Écrits littéraires — Lettres familières, *précédé d'un* Dictionnaire de Machiavel *(1 volume)*

McPHERSON, James M.

La Guerre de Sécession (1861-1865) *(1 volume)*

MADELIN, Louis

Histoire du Consulat et de l'Empire *(4 volumes sous coffret)*

MICHELET, Jules

Histoire de la Révolution française *(2 volumes)* : *Tome 1* : Livres I à VII — *Tome 2* : Livres VIII à XXI
Le Moyen Âge : Livres I à XVII de l'Histoire de France *(1 volume)*
Renaissance et Réforme : Histoire de France au XVIᵉ siècle *(1 volume)*

MOMMSEN, Theodor

Histoire romaine *(2 volumes)* : *Tome 1* : Des commencements de Rome jusqu'aux guerres civiles — *Tome 2* : La Monarchie militaire — Les Provinces sous l'Empire

MONDE ET SON HISTOIRE (LE), édition dirigée par Maurice Meuleau *(4 volumes)*

Tome 1 : Le Monde antique et les débuts du Moyen Âge, par Maurice Meuleau et Luce Pietri — *Tome 2* : La Fin du Moyen Âge et les débuts du monde moderne, par Luce Pietri et Marc Venard — *Tome 3* : Les Révolutions européennes et le partage du monde, par Louis Bergeron ; Le Monde contemporain de 1914 à 1938, par Marcel Roncayolo — *Tome 4* : Le Monde contemporain de la Seconde Guerre mondiale à nos jours, par Marcel Roncayolo

MOUSNIER, Roland

L'Homme rouge ou la Vie du cardinal de Richelieu (1585-1642) *(1 volume)*

MÜLLER, Max

Mythologie comparée *(1 volume)*

NAPOLÉON À SAINTE-HÉLÈNE

Par les « quatre Évangélistes » : Las Cases, Gourgaud, Montholon, Bertrand. Textes préfacés, choisis et commentés par Jean Tulard *(1 volume)*

PLUTARQUE

Vies parallèles *(2 volumes)* : *Tome 1* : Thésée et Romulus — Lycurgue et Numa — Solon et Publicola — Thémistocle et Camille — Périclès et Fabius Maximus — Alcibiade et Coriolan — Timoléon et Paul-Émile — Pélopidas et Marcellus — Aristide et Caton l'Ancien — Philopœmen et Flamininus — Pyrrhos et Marius — Lysandre et Sylla — Cimon et Lucullus — Nicias et Crassus — Sertorius et Eumène — *Tome 2* : Agésilas et Pompée — Alexandre et César — Phocion et Caton le Jeune — Agis et Cléomène. Les Gracques — Démosthène et Cicéron — Démétrios et Antoine — Dion et Brutus — Artaxerxès et Aratos — Galba et Othon

RANKE, Leopold

Histoire de la papauté pendant les XVIᵉ et XVIIᵉ siècles *(1 volume)*

RÉAU, Louis

Histoire du vandalisme : les monuments détruits de l'art français *(1 volume)*

REINACH, Joseph

Histoire de l'affaire Dreyfus *(2 volumes sous coffret)* : *Tome 1* : Le Procès de 1894 — Esterhazy — La Crise — *Tome 2* : Cavaignac et Félix Faure — Rennes — La Revision

REINACH, Salomon
Cultes, mythes et religions *(1 volume)*

RENAN, Ernest
Histoire et Parole : Œuvres diverses *(1 volume)*
Histoire des origines du christianisme *(2 volumes sous coffret)* : *Tome 1* : Vie de Jésus — Les Apôtres — Saint Paul — *Tome 2* : L'Antéchrist — Les Évangiles — L'Église chrétienne — Marc-Aurèle

RETOUR DES EXILÉS (LE)
La lutte pour la Palestine de 1869 à 1997, édition établie par Henry Laurens *(1 volume)*

REVEL, Jean-François
Ni Marx ni Jésus — La tentation totalitaire — La grâce de l'État — Comment les démocraties finissent *(1 volume)*
Pourquoi des philosophes — Pour l'Italie — Sur Proust — La cabale des dévots — Contrecensures — Descartes inutile et incertain *(1 volume)*

RIASANOVSKY, Nicholas V.
Histoire de la Russie (des origines à 1996) *(1 volume)*

ROSTOVTSEFF, Michel
Histoire économique et sociale de l'Empire romain *(1 volume)*
Histoire économique et sociale du monde hellénistique *(1 volume)*

SAINTYVES, Pierre
Les Contes de Perrault et les récits parallèles — En marge de la *Légende dorée* — Les Reliques et les Images légendaires *(1 volume)*

SERGE, Victor
Mémoires d'un révolutionnaire, et autres écrits politiques *(1 volume)*

STANISLAS LESZCZYNSKI
Anthologie, édition établie et présentée par Anne Muratori-Philip *(1 volume)*

TAINE, Hippolyte
Les Origines de la France contemporaine *(2 volumes)* : *Tome 1* : L'Ancien Régime — La Révolution — *Tome 2* : La Révolution — Le Régime moderne

THOMAS, Hugh
La Guerre d'Espagne (juillet 1936-mars 1939) *(1 volume)*

THUCYDIDE
Histoire de la guerre du Péloponnèse, *précédée de* En campagne avec Thucydide, par Albert Thibaudet — Dictionnaire de Thucydide, sous la direction de Jacqueline de Romilly, de l'Académie Française *(1 volume)*

TOCQUEVILLE, Alexis de
De la démocratie en Amérique — Souvenirs — L'Ancien Régime et la Révolution *(1 volume)*

TREVELYAN, George Macaulay
Histoire sociale de l'Angleterre : six siècles d'histoire de Chaucer à la reine Victoria *(1 volume)*

VAN GENNEP, Arnold
Le Folklore français *(4 volumes sous coffret)* : *Tome 1* : Cérémonies familiales : Du berceau à la tombe — Cérémonies périodiques : Carnaval-Carême, Pâques — *Tome 2* : Cérémonies périodiques (suite) : Cycle de mai, Cycle de la Saint-Jean, Cérémonies agricoles de l'été, Cérémonies agricoles de l'automne — : *Tome 3* : Cérémonies périodiques (fin) : Cycle des Douze Jours : Noël, de Noël aux Rois *(rédigé par Bernadette Guichard)* — Textes inédits sur le folklore français contemporain — Essais divers de folklore — : *Tome 4* : Bibliographies : Questionnaires, provinces et pays — Bibliographie méthodique — Index des auteurs cités, Index des provinces — Bibliographie personnelle de Van Gennep

VENISE ET LA RÉVOLUTION FRANÇAISE
Les 470 dépêches des ambassadeurs de Venise au doge (1786-1795) *(1 volume)*

WALLON, Henri
Histoire de l'esclavage dans l'Antiquité *(1 volume)*

WILSON, Arthur M.
Diderot — Sa vie et son œuvre *(1 volume)*

*Photocomposé par Nord Compo
à Villeneuve-d'Ascq*

Cet ouvrage a été achevé d'imprimer en mars 2006
dans les ateliers de Normandie Roto Impression s.a.s.
61250 Lonrai
N° d'impression : 060552

Imprimé en France

**Si vous appréciez les volumes de la collection « Bouquins »
et si vous désirez être informé de ses publications,
découpez ce bulletin et adressez-le à :**

ÉDITIONS ROBERT LAFFONT
Bouquins, Service commercial
24, avenue Marceau - 75381 PARIS Cedex 08

NOM . . . .

PRÉNOM . . . .

PROFESSION. . . . .

ADRESSE . . . .

Je m'intéresse aux disciplines suivantes : . . . .
. . . .
. . . .

• Dictionnaires et Ouvrages de référence . . . . ☐

• Histoire et Essais. . . . . ☐

• Littérature et Poésie. . . . . ☐

• Littérature populaire. Aventures et Policiers . . . . ☐

• Musique. . . . . ☐

• Voyages. . . . . ☐

(Cochez la case correspondant à vos préférences)

Suggestions . . . .
. . . .
. . . .
. . . .
. . . .
Titre de l'ouvrage dans lequel est insérée cette page . . . .
. . . .